過去の変化

ich lernte	wir lernten
du lerntest	ihr lerntet
er lernte	sie lernten

| Sie lernten |

命令の変化

	du	ihr	Sie
lernen sprechen	lern(e) ! sprich !	lernt ! sprecht !	lernen Sie ! sprechen Sie !

〈sein支配〉

ich bin		wir sind	
du bist	... gefahren	ihr seid	... gefahren
er ist		sie sind	

形容詞の比較変化

複 数
reife Äpfel
reifer Äpfel
reifen Äpfeln
reife Äpfel

原 級	klein	alt
比較級	kleiner	älter
最上級	kleinst	ältest

中 性	複 数
das gute Kind	die guten Kinder
des guten Kinds	der guten Kinder
dem guten Kind	den guten Kindern
das gute Kind	die guten Kinder

中 性	複 数
ein gutes Kind	meine guten Kinder
eines guten Kinds	meiner guten Kinder
einem guten Kind	meinen guten Kindern
ein gutes Kind	meinie guten Kinder

ドイツ語ポケット辞典
改訂版

兒玉 彦一郎 [著]
研究社辞書編集部 [編]

KENKYUSHA
Taschenwörterbuch
Deutsch-Japanisch
Japanisch-Deutsch
2., neu bearbeitete Auflage

© 2013 株式会社 研究社
KENKYUSHA Taschenwörterbuch Deutsch-Japanisch Japanisch-Deutsch
2., neu bearbeitete Auflage
ドイツ語ポケット辞典　改訂版

執筆・校閲	兒玉彦一郎
執筆協力	滝藤早苗
装　丁	Malpu Design（宮崎萌美）
地　図	有限会社 ジェイ・マップ
校　正	市川しのぶ
	千葉由美
	丸山京子
	望月羔子

「ドイツ語ポケット辞典」の使い方

① 見出し語

- 見出し語の選定に当たっては,現代ドイツ語による日常的コミュニケーションに必要十分な内容をカバーするよう心がけた.その結果,主見出しは約20000語,追い込み見出し・成句を合わせて約30000項目を収録した.
- 見出し語のうち,約2300語を重要語として,見出しを色刷りで示した.これはドイツ語技能検定試験(独検)の3級に相当するレベルの語彙である.さらに4級,5級に相当するレベルの見出し語は,末尾に **4級**,**5級** と示した.なお,この重要語は日常生活でドイツ語を支障なく運用するための語彙である.
- 配列はアルファベット順とした.小文字を大文字より前に,ä, ö, ü, ßはそれぞれa, o, u, ssの後に配した.
- 複合語の第1構成要素の区切りを「·」で,分離動詞の分離する位置を「|」で示した.
- 女性形の名詞は隣接する場合は追い込み見出しとして,訳語は省略したものがある.

　　Pfleger [プフレーガー] 男 (-s/-) 看護師. ◇ **Pflegerin** 女 (-/-nen).

② 発音

- 発音はカナ表記で示し,太字でアクセントの位置を示した.重要語の中でも基本的なものにはさらに国際音声記号を基にした発音表記を併記した.
- 複合語・分離動詞については,それぞれの構成要素の見出しを参照することで発音がわかる.あるいは,同じ第1構成要素を含む語が続く場合はその最初の見出しで発音を表示した.原則として,第1構成要素にアクセントが置かれる.

　　Tor·differenz 女 (-/-en) (ゴールの)得失点差．
　　　Tor [トーァ] + Differenz [ディフェレンツ] ⇨ [トーァディフェレンツ]

- 略語の発音は,規則的な場合(アルファベットを1字ずつ読んで最後にアクセントを置く)には省略した.

③ 品詞

- 品詞は記号を用いて示した.

　　男:男性名詞／女:女性名詞／中:中性名詞／他:他動詞／自:自動詞／再:再帰動詞／助:助動詞／形:形容詞／副:副詞／前:前置詞／接:接続詞／間:間投詞／冠:冠詞／複:複数

- 品詞の分類,あるいはそれに準ずる大きな区分は **(I) (II) (III)** で示した.
- 冠詞・代名詞・副詞・疑問詞などの内容の規定は直後に「〈　〉」で示した.

　　冠〈定〉→定冠詞　　代〈不定〉→不定代名詞

④ 変化形

- 変化形を表示する場合は「(　)」に入れて示した.特に使用頻度の高い重要語には,規則・不規則を問わず,変化形を一覧表で示した.複合語の変化形については,その構成要素の見出しを参照.
- 名詞は2格と複数形を「/」で区切って示した.複数形が用いられない場合は2格形のみの表示となっている.見出しと同じつづりは「-」で省略し,見出しのつづりの一部を省略する場合は「..」で示した.

(ii)

Ruck·sack 男(-(e)s/..säcke) リュックサック.
–(e)s ⇨ Rucksacks (または) Rucksackes　..säcke ⇨ Rucksäcke

- 動詞の変化が規則的でない場合，注意を要する場合は「過」として過去形を，「過2」として過去分詞を，「接II」として接続法II式を示した．また，それ以外の人称変化は「du ...」「er ...」のように主語と共に示した．
- 不規則変化動詞の肩に「*」を付けた．複合語の不規則変化動詞については，構成要素である動詞の変化を巻末「不規則動詞変化表」で知ることができる．
- 形容詞の変化が規則的でない場合，注意を要する場合は，「比較」として比較級を，「最上」として最上級を示した．

⑤ **語義**
- 語義分類は「**❶❷❸**」で示し，その下位分類は「**(a)(b)(c)**」で示した．
- 語義に対する補助的な語句は「( )」で，語義内容に対するまとまった説明は「(( ))」で示した．
- 理解の助けとなると思われる場合に，訳語の前または後に類義語・反意語を「〔 〕」に入れて示した．反意語は「↔」で識別した．

⑥ **語法**
- 語法の説明は「《 》」で示した．
- 頻度の高い説明語句には以下のような略形を用いた．
  形容詞 《付加》:付加語用法／《述語》:述語的の用法／《副》:副詞的の用法
  名詞 《単》:単数形／《複》:複数形／《弱》:弱変化／《形容詞変化》:形容詞のような変化　※弱変化は Student, 形容詞変化は Alte(r) などを参照．

⑦ **コロケーション**
- コロケーションは「〈 〉」で示した．
- ①②③④ はそれぞれ，1格，2格，3格，4格の名詞を表す．
- 他動詞は4格目的語をとるのが原則のため，単に〈④〉となる表示は省略した．
- 日本語でコロケーションを説明的に表示する場合は肩付き数字で格を示した．
  unterscheiden* ...((I))他〈④ (**von** ③)〉〈物⁴を〈物³から〉〉区別する ...
- 「〈+場所〉」「〈+方向〉」「〈+様態〉」「〈+結果〉」はそれぞれ，動詞が場所・方向・様態・結果を伴う副詞句を伴うことを示す．
- 「...」で省略された部分で，その形式が決まっている場合は，直後に「〈dass副文〉」「〈zu不定詞〉」のように説明を補った．

⑧ **使用地域・文体上の指示**
- 使用地域や文体上の指示は「(( ))」で示した．特に以下の場合は略記した．
  ((口)):口語／((俗)):俗語／((書)):書き言葉／((方)):方言／((古)):古くなった言い回し／((やや古)):やや古くなった言い回し／((比)):比喩的な言い回し

⑨ **用例**
- 用例は開始の部分を「♦」で示した．
- 原則として，用例は品詞ごとにまとめてその末尾に示しているが，項目によっては理解の便宜を考えて語義ごとに用例を付した場合もある．

⑩ **成句**
- 成句は太いイタリック体で示した．

(iii)

- 成句の意味の分類は「1) 2) 3)」で示した.

⑪ 動詞完了形のhaben支配, sein支配
- ⓗは完了形でhabenを, ⓢはseinを用いることを示す.
- 特に指示がない場合, 動詞は全て完了形でhabenを用いる.
- 完了形でseinを用いる動詞, あるいは語義に応じてhabenとseinの両方を用いる動詞には, わかりやすいようにⓗⓢを表示した.

⑫ 専門分野
- 専門分野の語彙・語義については「〔 〕」で示した. 下の「略語表」参照.

⑬ 正書法
- 旧正書法によるつづりには「旧」と表示して, 新正書法によるつづりを参照させた.
- 旧正書法で1語だったものが新正書法で2語に分かれた場合, その参照先は最初の構成要素の見出しの記述中となる. 検索の便宜上, そのようなケースは末尾にまとめて示し, その先頭に「■」を付けて際立たせた.

    Rad [raːt ラート] 中 (–(e)s/Räder) ❶ (乗り物の)車輪, 輪. ... ■ *~ fahren* 1) 自転車に乗る, 自転車に乗って行く. 2) 〔口;軽蔑〕上にはペコペコして下には威張る.

    rad|fahren 自ⓢ旧 = Rad fahren (⇨Rad ■).

⑭ 対応する英語
- 特に理解に役立つ場合は, 見出しのドイツ語に意味の上で対応する英語を「(英...)」のように示した.

⑮ 特に注意すべき記号
( ): 省略可能な語句及び訳語などの補足説明を示す.
[ ]: 直前の語句と置き換え可能な語句を示す.
~: 用例・成句の中で, 見出しと同じつづりを示す.

    Rolle¹ [rɔlə ロレ] 女 (–/–n) ... *eine* [*keine*] *~ spielen* 重要である[ない], 問題になる[ならない].
    ⇨ eine [keine] ~ spielen 重要である[ない] ⇨ eine Rolle spielen 重要である (または) keine Rolle spielen 重要でない

略 語 表

〔医〕	医学	〔建〕	建築	〔社〕	社会学	〔農〕	農業
〔印〕	印刷	〔言〕	言語学	〔宗〕	宗教	〔美〕	美術
〔映〕	映画	〔工〕	工学	〔商〕	商業	〔法〕	法学
〔化〕	化学	〔光〕	光学	〔植〕	植物(学)	〔薬〕	薬学
〔解〕	解剖学	〔鉱〕	鉱山	〔心〕	心理学	〔郵〕	郵便
〔機〕	機械	〔昆〕	昆虫	〔数〕	数学	〔理〕	物理学
〔気〕	気象	〔史〕	歴史	〔生〕	生物(学)	〔ロ神〕	ローマ神話
〔ギ神〕	ギリシア神話	〔詩〕	詩学	〔政〕	政治(学)	〔論〕	論理学
〔軍〕	軍事	〔歯〕	歯科	〔地〕	地(質)学		
〔経〕	経済	〔写〕	写真	〔動〕	動物(学)		

アルファベット

A	a	[a: アー]	**N**	n	[ɛn エン]
B	b	[be: ベー]	**O**	o	[o: オー]
C	c	[tse: ツェー]	**P**	p	[pe: ペー]
D	d	[de: デー]	**Q**	q	[ku: クー]
E	e	[e: エー]	**R**	r	[ɛr エル]
F	f	[ɛf エフ]	**S**	s	[ɛs エス]
G	g	[ge: ゲー]	**T**	t	[te: テー]
H	h	[ha: ハー]	**U**	u	[u: ウー]
I	i	[i: イー]	**V**	v	[fao ファオ]
J	j	[jɔt ヨット]	**W**	w	[ve: ヴェー]
K	k	[ka: カー]	**X**	x	[ɪks イクス]
L	l	[ɛl エル]	**Y**	y	[ýpsilon ユプスィロン]
M	m	[ɛm エム]	**Z**	z	[tsɛt ツェット]
Ä	ä	[ɛ: エー]	**Ü**	ü	[y: ユー]
Ö	ö	[ø: エー]		**ß**	[ɛstsét エスツェット]

注意すべき綴り字の基本的な発音

ei	[aɪ アイ]	Zeit [ツァイト]
eu	[ɔy オイ]	Leute [ロイテ]
äu	[ɔy オイ]	Käufer [コイファー]
ch	[x ハ, フ, ホ]	Dach [ダッハ], Tuch [トゥーフ], Woche [ヴォッヘ], Rauch [ラオホ] ★a, o, u, au の後で.
	[ç ヒ]	Recht [レヒト], dicht [ディヒト] ★a, o, u, au 以外の後で.
chs	[ks クス]	wachsen [ヴァクセン]
qu	[kv クヴ]	Qualität [クヴァリテート]
sch	[ʃ シュ]	Schuh [シュー], Mensch [メンシュ]
sp	[ʃp シュプ]	sprechen [シュプレッヒェン], Spiel [シュピール]
st	[ʃt シュト]	studieren [シュトゥディーレン], Stein [シュタイン]
tsch	[tʃ チュ]	Deutsch [ドイチュ], rutschen [ルッチェン]
tz	[ts ツ]	Satz [ザッツ]
ß	[s ス]	groß [グロース], Straße [シュトラーセ]

A

a, A [アー] 中 (-/-, (ロ) -s) ❶アルファベットの第1字. ❷《音楽》イ音, イ調. ♦a-Moll イ短調. A-Dur イ長調. *von A bis Z* 初めから終わりまで, 終始, 徹頭徹尾.

ä, Ä [エー] 中 (-/-, (ロ) -s) a, Aの変音を表す文字. ★ae, Ae と綴られることがある.

à [ア] 前 《4格支配》（値段が一個）...の.

a.. [ア, ア] 《形容詞に付く》「否定, 欠如」: anormal 異常な. ★an-（特に母音の前）, ab- と綴られることがある: anorganisch, abnorm.

Aal [アール] 男 (-(e)s/-e) ウナギ（鰻）. *sich⁴ wie ein Aal winden* のらりくらりと（言い）逃れようする.

aalen [アーレン] 再 sich⁴ のらくらする, 寝そべる.

aal-glatt 形 《軽蔑》（のらりくらりと）捕まえどころのない, 信頼できない.

Aas [アース] 中 ❶ (-es/-e)（動物の）死骸. ❷ (-es/Äser) (ロ;軽蔑) やつ, 野郎, げす.

ab [ap アップ] ((I)) 前 《3格支配》《地名・時間と》...から《数詞で下限を示して》...から. ♦*ab Wien* ウィーンから. *ab morgen* 明日から. *Jugendliche ab 14 Jahren* 14歳以上の青少年. ★冠詞がないと4格の場合もある: *Jugendliche ab 14 Jahre* 14歳以上の青少年. ((II)) 副 ❶《時刻表で地名と時刻の間で》...発 (↔ an). ❷ (a)《命令で》(ロ) とっとと行け[消えせろ]. (b)《演劇》《ト書きで》退場. (c)《号令で》下へ. ♦*Wien ab 9.53 Uhr* ウィーン9時53分発. *Ab ins Bett mit dir!* とっとと寝なさい. *Hut ab* 脱帽. *ab und zu* =《北独》*ab und an*（不規則な期間で）時折, 折に触れて. *von... ab* ...から. ❸*ab sein* 1)〈(von ③)〉〈本来の場所から〉離れている,〈ボタン⁴などが〉取れている. 2) ヘとへとである, 疲れ果てている. **5級**

ab..《前綴り》《分離》❶「場所から離れる」: ab|fahren 出発する. ❷「物を手離す」: ab|schicken 発送する. ❸「分離」. ❹「（あって欲しくないので）取り去る」: ab|wischen ふき取る. ❺「機能を停止する」. ❻「写し取る」. ❼「反対」.

ab|ändern 他 （目的に合わせて一部を）変更する, 手直しする[修正, 改正]する.

Ab·änderung 女 (-/-en)（部分的な）変更, 手直し, 修正, 改正.

ab|arbeiten ((I)) 他 〈借金・罪⁴を〉働いて帳消しに[埋め合わせ]する. ((II)) 再 sich⁴ あくせく働く, 働き疲れる.

Ab·art 女 変種, ヴァリエーション.

ab·artig 形（特に性的に）変態の, アブノーマルな.

Ab·bau 男 (-(e)s/) ❶採掘. ❷解体. ❸削減, 縮小, 緩和. ❹（徐々の）撤廃. ❺《化学》分解.

ab|bauen ((I)) 他 ❶採掘する. ❷解体する,〈テント⁴などを〉たたむ. ❸削減[縮小, 緩和]する,〈偏見⁴などを〉取り除く. ❺《化学》分解する. ((II)) 自〈人³が〉へばれる, 衰える.

ab|beißen* 他 〈(④) (von ③)〉〈〈物⁴を〉(物³から)〉かみ切る, かみちぎる, かみ取る.

ab|bekommen* 他 ❶〈④ (von ③)〉〈(人・物³の[から])物⁴(の一部)を〉もらう. ❷〈損害・被害⁴を〉被る. ❸取り除く, 取り外す.

ab|berufen* 他 〈④ (von ③)〉〈人⁴を(物³から)〉呼び戻す, 召還する.

ab|bestellen 他 取り消す, キャンセルする, 断る.

ab|bezahlen 他 ❶〈借金⁴を〉全部支払う, 完済する, 清算する. ❷分割払いにする, 分割で支払う.

ab|biegen* [アップビーゲン] 自 (S)〈人¹[通り¹]が〉曲がる, それる. **4級**

Ab·bild 中 模写, 描写, 生き写し.

ab|bilden 他（絵[写真]に）写し取る, 模写する, 描写する.

Ab·bildung 女 (-/-en) ❶《単》描写, 肖像. ❷図版.

□①1格 ②2格 ③3格 ④4格

ab|binden* **(I)** 他 ❶解く, ゆるめて外す. ❷〈血管・傷⁴を〉結紮(ケッサツ)する, 縛って止血する. ❸〈小麦などのつなぎを入れて〉〈スープ・ソース⁴を〉固める. **(II)** 自〈セメント・モルタル¹などが〉固まる.

ab|blasen 他 ❶〈口〉〈催し物⁴を〉中止して, 取り消す. ❷吹き飛ばす, 吹き払う.

ab|blättern 自(S)〈少しずつ〉はげ[はがれ]落ちる.

ab|blenden **(I)** 他〈光源⁴を〉(部分的[全体的]に)覆う, 暗くする. **(II)** 自〈車のヘッドライトを〉下向きにする.

ab|blitzen 自(S)〈口〉〈bei ③ (mit ③)〉〈人³に〉〈(事³に関して)〉すげなく断られる, うまくいかない.

ab|brausen **(I)** 他〈人・物⁴に〉水[シャワー]をかける. **(II)** 自(S)〈口〉轟音を立てて走り去る.

ab|brechen* **(I)** 他 ❶〈④ (von ③)〉〈物⁴を〈物³から〉〉折り取る, ちぎって[割って, 壊して]取る. ❷(話がまとまる前に突然)打ち切る, 中断する, 断交する. ❸〈建物⁴などを〉撤去する, 取り払う. ❹(移動のために)畳む, 撤収する, 解体する. **(II)** 自(S) ❶折れて[ちぎれて, 割れて, 壊れて]取れる. ❷(使い物にならないくらいに)壊れる. ❸途絶える, 途切れる. ❹〈mitten in ③〉〈(事³の途中で)〉(急に)やめる.

ab|bremsen 他〈止まるまで〉〈(車⁴に)〉ブレーキをかける.

ab|brennen* **(I)** 他焼き払う, 〈花火⁴を〉(打ち)上げる. **(II)** 自(S)〈物¹が〉(火で)焼け落ちる.

ab|bröckeln 自(S)〈ぼろぼろと〉はがれ[崩れ]落ちる, ❷〈相場¹が〉(徐々に)下落する.

Ab·bruch 男〈-(e)s/Abbrüche〉 ❶取り壊し, 撤去, 解体, 撤収. ❷打ち切り, 中止, 断交.

ab|buchen 他〈④ (von ③)〉〈料金⁴を(口座³から)〉引き落とす.

ab|bürsten 他〈④ (von ③)〉〈物⁴を〈物³から〉〉ブラシで払い落とす. ❷〈人・物⁴に〉ブラシをかける.

ab|büßen 他〈罪⁴を〉償う, あがなう.

Abc [アー(ー)ベーツェー] 中〈-/-〉(主に単) ❶アルファベット. ❷いろは, 基礎, 初歩.

Abc-Schütze [..シュッツェ] 男〈-/-n〉(ヒャウゴ)新入生.

ab|dampfen 自(S)〈口〉消える, 立ち去る.

ab|danken 自辞任[辞職, 退官]する; 退位する.

Abdankung [アップダンクング] 囡〈-/-en〉辞任, 辞職, 退官.

ab|decken 他 ❶〈④ (mit ③)〉〈物⁴を〈物³で〉〉(保護のために)覆う. ❷〈家⁴の〉屋根をはがす. ❸〈要求⁴を〉満たす. ❹〈den Tisch〉~〉食事の後片付けをする.

ab|dichten 他〈窓・戸などを〉密閉する, ふさぐ, 目張りをする.

ab|drängen 他〈④ (von ③)〉〈人・物³から〉押しのける.

ab|drehen [アップドレーエン] **(I)** 他 ❶〈口〉〈栓⁴を〉(ひねって)閉める[締める, 止める]. 〈スイッチ⁴を〉(ひねって)切る. ❷ねじって外す[切る]. ❸〈顔⁴などを〉背ける. ❹撮影し終える. **(II)** 自 ⓘ(S)〈飛行機・船¹が〉コースを変える, 針路を変更する. **(III)** 再 sich⁴ ソッポを向く.

Ab·druck¹ 男〈-(e)s/-e〉 ❶印刷(物). ❷増刷, 複刻.

Ab·druck² 男〈-(e)s/Abdrücke〉(押)型.

ab|drücken **(I)** 他 ❶〈③ ④〉〈人³の物⁴を〉締め付ける, 強く押さえる. ❷〈④ (von ③)〉〈(物³で)物⁴の〉型を取る. **(II)** 自引き金を引く, 発砲する. **(III)** 再 sich⁴ ❶〈von ③〉〈所³から思い切って〉跳ぶ. ❷〈物¹の〉跡が付く[残る].

ab|dunkeln 他〈物⁴を〉暗くする.

ab|duschen 他〈人・物⁴に〉シャワーをかける. 《再帰的》sich⁴ ~ シャワーを浴びる.

..abel [..アーベル] 形〈-ieren で終わる動詞と構成して; 名詞を修飾する場合は able-》..可能な.

Abend [áːbənt アーベント] 男〈-(e)s/

–e) ❶(普通,日没から0時までの)晩,夕方,夕刻. ❷夕べ(の催し),夜会. **~ für** ～毎晩,夜毎に. **am (frühen [späten]) Abend** 夕方(早く[夜遅く]). **gegen ~** 夕方頃. **Guten ~!** 今晩は. **jeden ~** 毎晩. **zu ~ essen** 夕食を取る. 5級

Abend·brot 中(–(e)s/)《北ド》(パンが中心の簡素な)夕食,晩御飯.

Abend·dämmerung 女夕暮れ,黄昏.

Abendessen [アーベントエッセン] 中夕食. 4級

abend·füllend [..フュレント]形《主に付加》〈映画やプログラムが〉一晩かかる(くらい長い),一晩ものの.

Abend·gymnasium 中(社会人が大学入学資格を取得するための)夜間高校,定時制ギムナジウム.

Abend·kasse 女(夜の公演の前に開く)当日券売場.

Abend·kleid 中夜会服,イブニングドレス.

Abend·land 中《単》《書》西洋,西欧.

abendlich [アーベントリヒ]形《通例付加》晩の,夕方の,夕刻の.

Abend·mahl 中《単》[宗教]聖餐(式). ♦**das Letzte ~** 最後の晩餐.

Abend·programm 中晩の番組.

Abend·rot 中《単》夕焼け(空),夕暮れ(空).

abends [áːbənts アーベンツ]副(毎)晩,(毎日)夕方[夕刻]に. 4級

Abend·schule 女(主に社会人が通う)夜間学校,夜学.

Abend·sonne 女夕日.

Abend·stern 男(–(e)s/)宵の明星[金星].

Abend·stunde 女夕刻,晩の時間.

Abend·zeitung 女夕刊.

Abenteuer [アーベントイアー]中(–s/–) ❶冒険. ❷アヴァンチュール,情事.

abenteuerlich [アーベントイアーリヒ]形冒険的な,スリルのある,危険に満ちた,波瀾万丈の,冒険好きな.

Abenteuer·lust 女(–/)冒険心

[欲],冒険好き.

Abenteuer·roman 男冒険小説.

Abenteurer [アーベントイアラー]男(–s/–)冒険家. ◇**Abenteu(re)rin** 女(–/–nen).

aber [áːbɐr アーバー]《(I)》接《並列》しかし,けれども,だが,ところが. 《(II)》副《不変化》《アクセントなし》❶《感嘆文で》《期待していなかったことを表して》(それにしても)何とまあ. ❷《我慢できず,催促を表して》さあもう(いい加減に). ❸《怒りを表して》こらこら,これこれ. ❹《肯定の答えを強めて》もちろん,本当に. ❺《異議を唱え,逆らって》いや. ♦**Aber(, aber)!** 《アクセントを置いて》(怒って)こらこら,これこれ. **Aber ja!** もちろんいいですとも. **Aber gern!** もちろん喜んで. **Aber sicher [natürlich]!** もちろんですとも. **Aber nein!** いやとんでもない. ★**Der Kaffee ist ja heiß.** は「この珈琲は(冷たい珈琲を期待していたが)熱いねー」. **Der Kaffee ist aber heiß.** は「この珈琲はそれにしても熱いなー(熱い珈琲を期待していたがこれほど熱いとは思わなかった)」. 5級

Aber·glaube 男(–ns/)迷信.

aber·gläubisch [..グロイビッシュ]形迷信の,迷信的な.

aber·mals [..マールス]副《書》再度,またしても,重ねて.

Abf.《略》Abfahrt 発車,出発.

ab|fahren* [ápfaːrən アップファーレン]《(I)》他 ❶〈物⁴を〉(車で)運び去る,回収する. ❷Ⓢⓑ〈区間・距離⁴を〉行く,踏破する. ❸〈タイヤ⁴などを〉(頻繁にドライブして)すり減らす,磨耗させる. ❹《③ ④》〈人³に体の部分⁴を〉(車でひいて)失わせる. 《(II)》自Ⓢ ❶〈人¹が〉立ち去る,出発する. ❷〈乗り物¹が〉発車する,出航する. ❸(口)〈voll) **auf** ④〉〈人・物⁴に〉お熱[夢中]である. 4級

Abfahrt [ápfaːrt アップファーアト]女(–/–en) ❶発車,出航,出発(↔ Ankunft). ❷(スキーの)滑降. ❸(スキーの)滑走路,スロープ,斜面. ❹(アウトバーンの)出口. 4級

① 1格 ② 2格 ③ 3格 ④ 4格

Abfahrts·lauf 男〔スキーの〕滑降.
Abfahrts·rennen 中〔スキーの〕滑降.
Abfahrt(s)·zeit 女 発車[出航]時刻.
Abfall [アップファル] (-(e)s/..fälle) 男 ❶ 廃棄物, 廃物, くず, ごみ. ❷《単》減少, 低下, 降下, 衰え. ❸《単》離反, 棄教.
Abfall·beseitigung 女 廃棄物処分, ごみ処理.
Abfälle Abfall の複数形.
Abfall·eimer 男 ごみ容器, ごみバケツ, ごみ箱.
ab|fallen* 自 S ❶〈物¹が〉〔離れて〕落ちる, 落下する. ❷〈土地³が〉傾斜する. ❸〈für ④〉〈物¹が人⁴にとって〉良いこと[メリット, 利益]がある. ❹〈von ③〉〈人³が政党・信仰³から〉〔だんだんと〕離れていく, 離反する, 遠ざかる. ❺ 減少する, 低下する, 降下する, 衰える. ❻〈neben [gegenüber] ③; (gegen ④)〉〈人・物³・⁴に比べて〉落ちる, 見劣りする.
ab·fällig 形 こき下ろすような, 軽蔑に満ちた.
Abfall·produkt 中 ❶〔産業〕廃棄物. ❷ 副産物. ❸ 再生[リサイクル]品.
ab|fangen* 他 ❶〈人・物⁴を〉〔待ち伏せて〕横取りする, 奪い取る,〔途中で〕押さえる, インターセプトする. ❷〈人⁴を〉〔待ちながら途中で〕つかまえる. ❸〈人・物⁴を〉〔途中で〕阻止する, さえぎる. ❹〈乗り物⁴を〉正常に戻す. ❺〔4〕〈人⁴に〉追いつく.
ab|färben 自 ❶〈物¹の〉色が落ちる. ❷〈auf ④〉〈人⁴に〉〔悪い〕感化[影響]を与える.
ab|fassen 他〈文書⁴を〉起草する, 作成する.
ab|feiern 他〔口〕〈超過勤務時間⁴の〉代休をとる.
ab|fertigen 他 ❶〈人⁴の〉手続きを終える. ❷〈4 (mit ③)〉〈人⁴を〈物³で〉〉そっけなく扱う, 処理する.
ab|feuern 他〈銃弾・ロケット⁴などを〉発射する, 発砲する.

ab|finden* (**I**) 他〈④ (mit ③)〉〈人⁴に〔物³を〕〉賠償[補償]する,〈人⁴を〔物³で〕〉示談にする. (**II**) 再 sich⁴〈mit ③〉〈人・物³に〉甘んじる, 身を任せる;〈事³を〉受け入れる.
Ab·findung [アップフィンドゥング] 女 (-/-en) ❶ 補償, 賠償, 弁償. ❷ 補償[賠償, 示談]金.
Abfindungs·summe 女 補償[賠償, 示談](金)額.
ab|flauen [..フラオエン] 自 S 弱まる, 衰える, 薄らぐ,〔風が〕なぐ.
ab|fliegen* [アップフリーゲン] (**I**) 自 S 飛び立つ, 離陸[離水]する. (**II**) 他〈④ (nach ③)〉〈所⁴を〈物³を求めて〉〉巡回する, 偵察飛行をする.
ab|fließen* 自 S ❶〈物¹が〉流れ出[去る]. ❷〈資本¹などが〉流出する.
Ab·flug 男 離陸, テイクオフ.
Abflug·zeit 女 離陸[出発]時間.
Ab·fluss 男 ❶《単》排水,〔水の〕流出, 放出. ❷ 排水[放水, 流出]口.
Ab·folge 女 順序, 順番; 連続.
ab|fragen 他〈④ (③)〉〈人⁴に事⁴の〔知識〕を〉質問して試す. ❷〈物⁴を〉呼び出す
Ab·fuhr 女 (-/-en) ❶《単》搬出, 運び出し, 運送. ❷〔口〕〔そっけない〕拒絶. ❸〔学生〕大敗.
ab|führen (**I**) 他 ❶〈人⁴を〉連行する, 連れ[運び]去る. ❷〈④ (an ④)〉〈金銭⁴を〈人⁴に〉〉支払う. (**II**) 自〈物¹が〉便通を促す[催させる], お通じに効く.
Abführ·mittel 中 下剤.
ab|füllen 他 ❶〈④ (in ④)〉〈物⁴を〔小さい容器⁴の中に〕〉移す, 移しかえる. ❷〔口〕〈人⁴を〉酔わせる, 泥酔させる.
Ab·gabe 女 ❶《単》引き渡し, 手渡し, 売り渡し, 交付. ❷《単》〔判決などの〕言い渡し, 公表. ❸〔球技〕〔ボールの〕パス. ❹〔球技〕〔セット・ポイントなどを〕落とすこと. ❺《単》投票. ❻《単》発砲, 発射. ❼《複》税金.
Ab·gang 男 (-(e)s/..gänge) ❶ 退去, 出発, 発車, 発送, 退職, 辞任, 引退. ❷〔劇〕退場. ❸《単》卒業. ❹ 降り口,

下り階段. ❺ [競] フィニッシュ. ❻ [医学] 排出, 摘出.

Abgas [アップガース] 田 (-es/-e) 《主に複数》排気ガス, 廃気ガス.

Abgas-katalysator 男 (自動車の) 触媒式排気浄化装置.

ab-gearbeitet ((I)) abarbeiten の過去分詞. ((II)) 形 疲れ切った.

ab|geben* [アップゲーベン] ((I)) 他 ❶ 《④ (bei ③)》〈物⁴を〉〈手に〉渡す, 引き渡す. ❷〈品物⁴を〉売り渡す. ❸〈物⁴を〉(公に) 言い渡す,〈物⁴の〉声明を出す. ❹ 放出する, 発する. ❺ 《④》〈人³に〉物の部分⁴を〉分け与える, 分与する. ❻ (口)〈物⁴で〉ある,〈物⁴の〉役を務める,〈物⁴を〉表す. ❼ (口)〈物⁴を〉パスする;〈ポイント・セットを〉失う. ((II)) 再 sich⁴ (口) ❶〈mit ③〉《軽蔑》〈人・物³に〉かかわり合う,〈人・物³の〉相手をする. ❷〈mit ③〉〈人³と〉つき合う.

ab-gebogen abbiegen の過去分詞.

ab-gebrüht ((I)) abbrühen の過去分詞. ((II)) 形 (道徳的に) 麻痺した, すれた.

ab-gedreht abdrehen の過去分詞.

ab-gedroschen 形 紋切り型の, 陳腐な, 使い古された.

ab-gefahren abfahren の過去分詞.

ab-geflogen abfliegen の過去分詞.

ab-gegeben abgeben の過去分詞.

abgehangen [アップゲハンゲン] abhängen の過去分詞.

abgehängt [アップゲヘングト] abhängen の過去分詞.

ab|gehen* 自 ⑤ ❶〈von ③〉〈所³から〉離れる, 立ち去る. ❷〈道¹が〉分かれる, 分岐する. ❸〈von ③〉(口)〈ボタンなどが〉物³から〉取れる, 離れ落ちる. ❹〈von ③〉〈物³から〉それる, 離れる,〈物³を〉やめる. ❺〈物¹が体内から〉出る, 流出する. ❻〈(von ③)〉〈価格¹が〉(物³から) 割り引かれる, 値引きされる. ❼ (口)〈事¹が〉運ぶ, 経過する, 進行する. ❽〈③〉〈物¹が人³には〉欠けている. ❾ [競] 演技を終える.

ab-gehoben abheben の過去分詞.

abgeholt [アップゲホールト] abholen の過去分詞.

ab-gelegen 形 (↔ nahe) 辺部(へんぶ)な, 人里離れた, 僻地(へきち)の.

abgelehnt ablehnen の過去分詞.

abgemacht abmachen の過去分詞.

ab-gemeldet abmelden の過去分詞.

ab-geneigt 形《述語》いやな, 気が向かない, 乗り気のしない.

abgenommen [アップゲノメン] abnehmen の過去分詞.

Abgeordnete(r) [アップゲオルドネテ[ター]] 男 女《形容詞変化》❶ 議員, 代議士 (略: Abg.). ❷ 代表, 代理, 使節, 委員.

ab-gerechnet abrechnen の過去分詞.

ab-gerissen ((I)) abreißen の過去分詞. ((II)) 形 ❶ (衣服が) みすぼらしい; ぼろぼろの. ❷ (言葉が) 支離滅裂な, とぎれとぎれの.

ab-geschieden 形 ❶ 人里離れた, 隔絶した. ❷ 隠遁(いんとん) した, 世間と交わらない.

ab-geschlagen ((I)) abschlagen の過去分詞. ((II)) 形 ❶ たくさんの, 疲れ切った, 疲れ果てた. ❷ [競] (大差で) 負けた, 完敗した.

ab-geschlossen abschließen の過去分詞.

ab-gesehen ((I)) absehen の過去分詞. ((II)) 形 ~ ~ = ~ von ③ 物³を除いて [別として].

ab-gespannt ((I)) abspannen の過去分詞. ((II)) 形 (↔ erholt) 疲れ切った [果てた], へとへとの.

ab-gestanden ((I)) abstehen の過去分詞. ((II)) 形 (長く置いて) 新鮮でない, 気の抜けた, 鮮度の落ちた, (空気など) よどんだ.

ab-gestimmt abstimmen の過去分詞.

ab-getrocknet abtrocknen の過去

abgewaschen abwaschenの過去分詞.

ab|gewaschen abwaschenの過去分詞.

ab|gewöhnen 他《③ ④》〈人³のある悪習を〉やめさせる,癖を直す. sich³ ④ ~ 事⁴ [喫煙,飲酒など]をやめる.

ab|gießen* 他 ❶〈④ (von ③)〉〈水⁴を〉(物³から)切る. ❷鋳造する.

ab|göttisch 形《付加または副》偶像崇拝的に,盲目的に.

ab|grenzen ((I))他 ❶〈物⁴に〉境をつける,区切る,区画する. ❷〈④ (gegen ④)〉〈物⁴に対して〉物⁴の境界[輪郭]をハッキリさせる,〈④ (von ③)〉〈物⁴を〉(物³から)〉仕切る,区別する. ((II))再 sich⁴《④ (von ③)》〈物³から〉距離をおく,一線を画す.

Ab.grund 男 ❶深淵,底知れない割れ目. ❷〈単〉奈落(ならく),どん底,破滅. ❸越えがたい溝,大きな隔たり.

ab|hacken 他《④》〈人³のために〉物⁴を〉(斧などで)切り落とす.

ab|haken 他〈物⁴に〉チェック済の印をつける,〈物⁴に〉チェックして消す.

ab|halten* 他 ❶《④ (von ③)》〈人⁴の物³の〉邪魔をする. ❷〈会議⁴などを〉挙行[開催]する,催す ❸〈物⁴が物⁴を〉防ぐ,寄せ付けない.

ab|handeln 他 ❶《③ ④》〈人³から物⁴を〉交渉して買う. ❷〈物⁴を学問的に〉論ずる,扱う.

abhanden|kommen* [アップハンデンコメン]自⑤《③》（人³の所から）無くなる.

Ab.handlung 囡 論文,研究報告 ((略:Abh.)).

Ab.hang 男 傾斜,斜面.

ab|hängen* [アップヘンゲン] ((I))自《強変化》❶〈von ③〉〈物³次第である,〈物³に〉左右される,依存している. ❷〈von ③〉〈物³に〉頼っている,必要としている. ❸〈von ③〉〈人³に〉従属している. ◆davon ~, ob … …のかどうかにかかっている. ((II))他《弱変化》❶ (↔ aufhängen)〈掛かっている物⁴を〉取り外す. ❷〈④ (von ③)〉〈車両⁴を〉(物³から)切り離す. ❸ (口)〈人⁴を〉振り切る,引き離す,〈人¹から〉逃れる.

ab|hängig [アップヘンギヒ] 形 ❶ (↔ selbständig)《(von ③)》《(人・物³に)》依存[従属]している,頼っている. ❷《von ③》〈物³に〉左右される,…次第である. ❸《von ③》〈国³が国³から〉独立していない,〈国³に〉従属している. ❹《von ③》〈人³が麻薬³などの〉依存症にかかっている,中毒である. **4級**

..abhängig 形《名詞が付く》❶「左右される,次第である」:preisabhängig 価格に依存した. ❷「依存症にかかっている,中毒である」:alkoholabhängig アルコール依存症の.

Abhängigkeit [..カイト] 囡 依存(関係),従属(関係)・依存症.

ab|härten 他〈物⁴を〉鍛え上げる,〈物⁴に〉抵抗力をつける. ((II))再 sich⁴《gegen ④》〈物⁴に対して〉心身を鍛える.

ab|hauen* ((I))他《過 haute ab, (書・古)hieb ab; 過分 abgehauen》〈物⁴を〉(斧で)切り落とす[離す]. ((II))自 ⑤《過 haute ab》(口) (すばやく)立ち去る,姿を消す,ずらかる.

ab|heben* [アップヘーベン]((I))他 ❶《④》《(受話器⁴を)》取る,取り外す. ❷〈金⁴を〉引き出す. ((II))自 ❶〈飛行機⁴が〉飛び立つ,離陸する. ❷(口)うぬぼれる,有頂天になる. ((III))再 sich⁴《(von ③)》〈物・人³から〉際立って[浮き上がって]見える,〈(物・人³)〉と〉対照をなす.

ab|heften 他〈物⁴を〉綴じ込む,ファイルする.

ab|hetzen 再 sich⁴ (口) (奔走して)疲れ果てる,へとへとになる.

Ab.hilfe 囡《単》(病気・弊害・悪いことの)除去,矯正(きょうせい),対処.

ab|holen [áphoːlən アップホーレン] 他 ❶〈物⁴を〉行って取って来る,取りに行く. ❷〈人⁴を〉迎えに[迎えに]行く. ❹④ vom [am] Bahnhof ~ 人⁴を駅に迎えに行く. **4級**

ab|horchen 他 ❶〈人・体⁴に〉（聴診器⁴を当てて）聞く,聴診する. ❷盗聴する,盗み聞きする.

ab|hören 他 ❶《③ ④》〈人³に物⁴を〉

聞きただす;〈人⁴に〉試問する. ❷〈人・体⁴を〉聴診する. ❸盗聴する, 盗み聞きする.

abhör・sicher [アップヘーァ..]形《副なし》盗聴防止用の, 盗聴防止に適した.

ab|hungern 再 sich³ ❶〈金⁴を〉（食う物も食わずに）節約して浮かす. ❷〈体重⁴を〉（減食して）減らす.

Abi [アビ]中（-s/-s）《主に単》〈学生語〉= Abitur.

Abitur [アビトゥーァ]中（-s/-e）《主に単》アビトゥーア, 高等学校［ギムナージウム］卒業資格試験（（大学入学資格試験でもある；略：Abi））. ◆ das ~ machen アビトゥーアを受ける.

Abiturient [アビトゥリエント]男（-en/-en）高等学校［ギムナージウム］卒業資格試験の合格者［受験生］. ◇ **Abiturientin** 女（-/-nen）.

ab|jagen (I)他 ③ ④〈全力を尽くして〉奪い取る. (II)再 sich⁴ (ロ)（奔走して）疲れ果てる, へとへとになる.

Abk.《略》Abkürzung 略語, 略記.

ab|kapseln [アップカプセルン]再 sich⁴〈von ③〉〈〈人・世間³から離れて〉〉閉じこもる, 引きこもる.

ab|kaufen 他 ❶（↔ verkaufen）〈（③ ④〈人³から〉物⁴を〉買い取る. ❷ ③ ④〈人³の 事⁴を〉信じる, 真に受ける.

Ab・klatsch 男 (-(e)s/-e)〈軽蔑〉模写, (単なる)模倣, イミテーション.

ab|klopfen 他 ❶〈④〈von ③〉〈ほこり⁴などを〈人・物⁴から〉〉たたいて取り除く, 払い［たたき］落とす. ❷〈物⁴を〉たたいてきれいにする. ❸〈人・物⁴を〉打診する, 〈壁⁴などを〉たたいて調べる. ❹〈④ auf ④ hin〉;〈④ nach ③〉(ロ)〈物⁴の適切さ・正確さ³⁴を〉吟味する.

ab|knallen 他(ロ)〈軽蔑〉〈人・動物⁴を〉〈容赦なく〉撃ち殺す, 射殺する.

ab|knicken (I)他〈物⁴を〉ポキッと折り取る, ポキッと折り曲げる. (II)自(S)〈物⁴が〉ポキッと折れ(曲が)る.

ab|kochen 他〈物⁴を〉煮沸消毒する, 殺菌する.

ab|kommen* 自(S)〈von ③〉❶〈道・本質³から〉（意図せず）それる, 離れる, 遠ざかる. ❷〈計画³などを〉やめる, 放棄する.

Ab・kommen 中 (-s/-)（国家間などの）協定, 取決め.

abkömmlich [アップケムリヒ]形《主に述語》《否定で用いられる》仕事を抜けられる, 手が空いている.

ab|können* 他〈北⁷〉(ロ)〈人・物⁴が〉耐えられる. ◆ das nicht ~ それは我慢ならない［嫌いである］.

ab|kratzen (I)他 ❶〈④ (von ③)〉〈汚れ⁴などを〈物³から〉〉かき落とす［取る］. ❷〈物⁴を〉（かき落として）きれいにする. (II)自(S)〈俗〉死ぬ, くたばる.

ab|kriegen 他(ロ) ❶〈④ (von ③)〉〈人・物³の［から］物⁴(の一部)を〉もらう. ❷〈損害・被害⁴を〉被る. ❸〈物⁴を〉取り除く, 取り外す.

ab|kühlen (I)他〈物⁴を〉冷ます, 冷やす, 涼しくする. (II)自(S)〈物⁴が〉冷める, 冷える. (III)再《非人称で》Es kühlt (sich⁴) ab.（大気⁴が）冷える, 温度が下がる, 涼しくなる.

ab|kürzen 他〈時間・距離・原稿⁴を〉短縮する, 〈滞在・対話⁴などを〉（予定より）早めに切りあげる, 〈単語⁴を〉略す, 略語で示す.

Ab・kürzung 女 (-/-en) ❶近道. ❷（時間・距離の）短縮. ❸略語（（略：Abk.）), 略記.

ab|küssen 他〈人⁴に〉何度も激しいキスをする.

ab|laden* 他 ❶〈④ (von ③)〉〈荷⁴を〈車・船³から〉〉下ろす. ❷〈車・船⁴の〉積み荷を下ろす, 空にする. ❸ auf ④〉(ロ)〈嫌なこと⁴を人⁴に〉押しつける. ❹〈④ (bei ③)〉〈怒り・苦しみ⁴などを〈人³に〉〉聞いてもらう, ぶちまける.

Ab・lage 女 ❶（書類・本・ファイルの）整理箱［戸棚］. ❷〈単〉（ファイルの）整理保存. ❸洋服棚, 衣類携帯品置場［預り所］, クロークルーム. ❹〈ス⁷〉取次店, 代理店.

ab|lagern (I)他 ❶〈物⁴を〉堆積(たいせき)させる, 沈殿させる. ❷〈ワイン⁴など

① 1格 ② 2格 ③ 3格 ④ 4格

ab|lassen* ((I))他 ❶〈液体・気体⁴を〉放出させる, 流出させる, 抜く. ❷〈④ (an ③)〉〈人⁴への〉怒り・憎しみなどを〉言う. ((II))自〈von ③〉〈計画・習慣³を〉やめる, 中止する, 捨てる.

Ab·lauf 男 ❶〔事柄の時間的な〕経過, 進行, 進展, 推移. ❷流出, 排水. ❸〔一定期間の〕満了, 終了. ❹流出口, 排水口.

ab|laufen* ((I))自 ⓢ (↔ einlaufen)〈水¹などが〉流れ出る, 流れ去る, 引く. ❷〈巻いた物¹が〉繰り出す. ❸〈＋様態〉〈物¹が〉進行する, 経過する. ❹〈期間・期限¹が〉切れる, 満了する. ❺〈ビザ・条約¹などが〉切れる, 失効する, 無効になる. ((II))他 ❶ⓗⓢ〈所⁴を〉探し回る. ❷〈靴⁴などを〉〔歩き回って〕すり減らす.

ab|lecken 他〈④ (von ③)〉〈物⁴を〈物³から〉〉なめて取り去る［取る］. ❷〈物⁴を〉なめきれいにする.

ab|legen ((I))他 ❶〈④〉〈〈コート⁴などを〉〉脱ぐ. ❷〈試験⁴を〉受ける. ❸〈悪習⁴などを〉やめる, 捨てる. ❹〈物⁴を〉〔一定の場所に〕置く, ファイルする. ((II))自〈船¹が〉岸を離れる, 出航［出港］する.

Ableger [アップレーガー] 男 〈-s/-〉〔園〕さし枝, 取木（のための若枝）.

ab|lehnen [アップレーネン] 他 ❶〈物⁴を〉断る, 拒絶する, 拒否する. ❷辞退する, 受け取らない. ◆es ～, ... (zu 不定詞) ...することを断る. ❸〈人・物⁴を〉非とする, 好ましくないと思う, 受け入れない.

Ablehnung [アップレーヌング] 女 〈-/-en〉❶拒絶, 拒否. ❷辞退. ❸不承認, 不賛成.

ab|leiten ((I))他 ❶〈気体・液体⁴を〉〈他に〉そらす. ❷〈④ von ③〉〈人・物³から〉導き出す, 派生させる, 演繹する. ((II))再 sich⁴〈von ③〉〈物³から〉導き出される, 〈物³に〉由来する.

Ab·leitung 女〈-/-en〉❶〔単〕他へそらすこと, 迂回誘導. ❷〔単〕派生, 演繹. ❸派生語.

ab|lenken ❶他〈物⁴を〉別の方向へ向ける［変える〕, そらす；〔理〕〈光線⁴を〉屈折させる. ❷〈④〉〈 von ③〉〉〈〈人⁴の注意・関心を〉〈事³から〉〉そらす, 〈〈人⁴の気を〉〈事³から〉〉紛らす.

Ab·lenkung [アップレンクング] 女 ❶気晴らし, 気分転換. ❷注意・関心をそらすこと.

Ablenkungs·manöver 中〔軍〕陽動作戦；人の注意を他へそらすこと. もの.

ab|lesen* 他〈④〉〈 von ③〉〉〈〈書かれた物⁴を〉〈物³から〉〉読み上げる；朗読する. ❷〈計器類⁴の〉目盛りを読み取る, 〈計器類⁴を〉読む. ❸〈④ (aus [von] ③)〉〈事⁴を〈事³から〉〉読み取る, 推察［察知］する.

ab|lichten 他 ❶〔書〕〈物⁴を〉〈写真〉複写〔コピー〕する. ❷〔口〕〈人・物⁴の〉写真を撮る.

Ab·lichtung 女 ❶複写, コピー. ❷写真撮影.

ab|liefern 他〈④ (bei ③); (③) ④〉〈人³に〉物⁴を〉届ける, 引き渡す.

ab|lösen ((I))他〈④〉〈 von ③〉〉〈物⁴を〈物³から〉〉はがす, はぐ, 解き離す. ❷〈人⁴と〉〈ある時間〉交代する. ❸〈債務⁴などを〉弁済する, 清算する. ((II))再 sich⁴〈 von ③〉〉〈物³から〉はがれる, はげ落ちる, とれる.

Ab·lösung 女〈-/-〉❶剥離, 分離. ❷交代. ❸一括払い.

ab|machen [アップマッヘン] 他 ❶〔口〕〈④〉〈 von ③〉〉〈物⁴を〈物³から〉〉取り除く, 取り外す, 取り去る. ❷〈④ (mit ③)〉〈価格・期限⁴などを〈人³と〉〉取り決める, 申し合わせる. ❸〈④ (unter sich³)〉〈物⁴を〈内輪で〉〉〔穏便に〕解決する, 処理する. **Abgemacht!** それで話は決まりだね.

Abmachung [アップマフング] 女 取り決め, 申し合わせ, 協定.

ab|magern [アップマーゲァン] 自 ⓢ やせ〔衰え〕る, やつれる.

ab|marschieren ((I))自 ⓢ〔行進

ab|melden [アップメルデン]《(I)》他 ❶〈人⁴の〉転出を届け出る. ❷〈4 (bei [von] ③)〉〈(機関³に) 人⁴の〉脱会[退部, 退学など]を届け出る. ❸〈車・電話⁴などの〉(登録の)取り消し[使用中止]を届け出る.《(II)》再 sich⁴ ❶〈(bei ③)〉〈(上官³に)休暇願などを〉届け出る. ❷転出[脱会, 退部, 退学, 不使用などの]届を出す.

Ab·meldung 女 ❶転出[脱会, 退部, 退学, 不使用などの]届け出. ❷(登録の)取り消し[使用中止]の届け出. ❸(上官への)届け出.

Ab·messung 女 ❶《単》測定, 測量, 計量, 算定, 査定. ❷《複》寸法, 大きさ.

ab|montieren [アップモンティーレン]他〈4 (von ③)〉〈部品⁴を(機械³から)〉取り外す.

ab|mühen [アップミューエン] 再 sich⁴〈(mit ③)〉〈(人・事³で)〉苦労する, 奮闘する.

ab|murksen [アップムァクセン] 他 《口》〈人⁴を〉ばらす, 殺す.

Abnahme [アップナーメ]女(-/-n)《主に単》❶検査, 点検, 検閲, 視察. ❷買い取り. ❸(体重の)減少, 減量, やせること. ❹減少, 減退, 低下, 衰退.

ab|nehmen* [アップネーメン]《(I)》他〈4 (von ③)〉〈物⁴を(物³から)〉取り外す, 取る, 取り去る, 取り除く. ❷〈物⁴を〉検査する, 点検する, 監査する, 検閲する, 視察する. ❸〈(③) ④〉〈(人³から) 4を〉買い取る, 引き取る. ❹〈③ ④〉〈人³から物⁴を〉引き受ける, 〈人³の代わりに物⁴を〉してあげる, 持ってあげる. ❺《口》〈③ ④〉〈(人³から)物⁴を〉取り上げる, 巻き上げる, 奪取する. ❻《口》〈③ ④〉〈人³の言う事⁴を〉真に受ける. ❼〈(③) ④〉〈(人³から)体の部分⁴を〉《医》切断する, 取り除く. ❽〈(④)〉〈[手芸]〈(編目⁴を)〉減らす. ◆(den) Hörer ～ 電話に出る. Das nehme ich dir nicht ab. そんなことは信じないよ. 《(II)》自 (↔ zuneh-men) ❶〈物¹が〉減る, 減少する;下がる, 低下する;衰退する, 衰える;(日が)短くなる. ❷〈(④)〉〈(...キロ⁴)〉やせる, 体重が減る.

Ab·neigung 女(-/-n)《主に単》〈(gegen ④)〉〈..に対する〉嫌悪, 反感.

ab|nutzen 《(I)》他〈物⁴を〉使い古す, 〈靴⁴を〉履き減らす, 〈衣服⁴を〉着古す, 〈タイヤ⁴を〉すり減らす.《(II)》再 sich⁴ 使い古される, すり減る, すり切れる, 減る, 傷む.

ab|nützen 他《南ド・オーストリア》= ab|nutzen.

Abonnement [アボヌマン, (オーストリア)アボヌマーン]中(-s/-s)《略:Abo.》〈(für ④)〉〈新聞・雑誌⁴などの〉予約購読, 〈劇場・コンサート⁴などの〉シーズン通しの座席の予約(申し込み). ◆ein ～ für eine Zeitung 新聞の予約購読.

Abonnent [アボネント]男(-en/-en)《弱》予約申込[購読]者, 予約会員. ◇**Abonnentin** 女(-/-nen).

abonnieren [アボニーレン]他(過分 abonniert)〈新聞・雑誌⁴などを〉予約購読する, 〈座席⁴などを〉(シーズン)予約する, 〈座席⁴などの〉予約会員になる.

Ab·ordnung 女 ❶《単》代表派遣. ❷派遣[代表]団.

ab|packen 他〈商品⁴を〉(販売用に)小分けにして)包装する.

ab|passen 他 ❶〈人⁴を〉待ち受ける, 待ち伏せする. ❷〈好機⁴を〉うかがう, 待つ.

ab|pausen 他〈物⁴を〉透写する, トレースする.

ab|pfeifen 他 (↔ anpfeifen)【スポ】(審判員が)〈ゲーム⁴の終了などを〉ホイッスルで合図する.

Ab·pfiff 男[スポ](ゲームの終了などの)ホイッスルの合図, ファイナル・ホイッスル.

ab|plagen 再 sich⁴〈(mit ③)〉〈(人・事³のために)〉さんざん苦労する, 辛苦する.

ab|prallen 自(S)〈物¹が〉はね返る.

ab|putzen 他〈4 (von ③)〉〈汚れ

① 1格 ② 2格 ③ 3格 ④ 4格

abquälen

を〈物³から〉》すっかり落とす,（拭いたり，ブラシをかけたりして）きれいにする.

ab|quälen 再 ❶ sich⁴〈mit ③〉〈事³で［人³のことで］〉ひどく苦労する. ❷ sich⁴〈事⁴を〉苦労して作り出す,成し遂げる.

ab|rackern [アップラッカァン] 再 sich⁴〈mit ③〉〈事³で〉ひどく苦労する.

ab|rasieren 他〈③〉④〈(人³の)ひげなどを〉そり落とす. ❷(口)〈爆発・嵐などが物⁴を〉根こそぎにする,完全に破壊する.

ab|raten 自〈③〉(von ③)〈(人³に)事³を〉思いとどまらせる,しないように忠告する.

ab|räumen 他〈④〉〈物⁴を〉片付ける,取り除く；〈物⁴の〉後片付けをする.

ab|rechnen [アップレヒネン] ((I)) 自 ❶ 清算する,（勘定を）締める. ❷〈mit ③〉〈人³と〉清算する,決着［けり］をつける. ((II)) 他〈von ③〉〈物⁴の金額を〈物³から〉差し引く.

Ab·rechnung 女 決算(書),（勘定の）締め；清算.

Ab·rede 女◆ 1 in ～ stellen〈事⁴を〉否定［否認］する.

ab|regen 再 sich⁴ (口) 頭を冷やす,落ち着く.

ab|reiben* ((I)) 他 ❶〈④ (von ③)〉〈物⁴を〈物³から〉〉引き取る,こすり落とす. ❷〈物⁴を〉(こって)みがく. ❸〈人・物⁴を〉（ハンカチなどで）拭き取る,よく拭く. ((II)) 再 sich⁴〈物⁴が〉すり切れる,磨耗［摩滅］する.

Ab·reise [アップライゼ] 女《主に単》旅立ち,出発. 4級

ab|reisen 自ⓢ 旅立つ,旅に出かける［出発する］. 4級

ab|reißen* ((I)) 他 ❶〈④ (von ③)〉〈物⁴を〈物³から〉〉引きはがす,はぎ取る,むしり［破り,ちぎり,もぎ］取る. ❷〈建物⁴などを〉引き倒す,取り壊す,撤去する. ((II)) 自ⓢ〈通信・関係などが〉プツンと切れる,急に途切れる［途絶える］.

ab|richten 他〈動物⁴を〉仕込む,調教する.

Ab·riss 男《単》(家屋などの)取り壊し. ❷ 概説,概観,概要.

ab|rollen ((I)) 他〈④ (von ③)〉〈巻いてある物⁴を〈物³から〉〉解く,広げる,繰り出す. ((II)) 自ⓢ〈巻いた物¹が〉解ける,広がる,繰り出す. ((III)) 再 sich⁴ 丸くなる,回転する.

Ab·ruf 男《主に単》❶ 請求. ❷〔ﾃﾞｰﾀ〕(データの)呼び出し.

ab|rufen* 他❶〈物⁴の〉引き渡しを請求する. ❷〔ﾃﾞｰﾀ〕(データを)呼び出す.

ab|runden [アップルンデン] 他 ❶〈物⁴を〉丸くする. ❷〈④ (auf ④)〉〈数⁴を(数⁴に)〉切り捨てる. ❸〈物⁴を〉良くする,完全にする.

abrupt [アプルプト] 形 不意の,突飛な,出し抜けの.

ab|rüsten (↔ aufrüsten) 他〈(軍備⁴を)〉縮小［削減］する.

Ab·rüstung 女《単》軍備縮小［削減］,軍縮.

ab|rutschen 自ⓢ ❶ 滑り落ちる,わきへ滑る,スリップする. ❷ (口) (成績が)悪化する,落ちる,下がる.

ABS [アーベーエス] (略) Antiblockier(ungs)system (自動車の)アンチロック・ブレーキシステム((急ブレーキ時の車輪ロックの防止用ブレーキシステム)).

Abs.《略》❶ Absatz 段落. ❷ Absender 送信人.

Ab·sage 女 ❶ (↔ Zusage) 取り消し,キャンセル. ❷ 拒否,拒絶,辞退.

ab|sagen ((I)) 他 ❶ (↔ ankündigen)〈物⁴を〉取り止める,中止する,断る. ❷ (↔ zusagen)〈③〉《単》④〈(人³に)物⁴を〉取り消す,キャンセルする,断る.

ab|sägen 他 ❶〈④ (von ③)〉〈物⁴を〈物³から〉〉ノコギリで切断する,切り離す. ❷ (口)〈人⁴を〉首にする,お払い箱にする.

Ab·satz 男 ❶ (文章の)段落,パラグラフ,段. ❷ (印) 改行. ❸《単》[商] 需要行き,売り上げ,販売,セールス,需要. ❹ (階段の)踊り場. ❺ (靴の)かかと(踵),ヒール.

① 1格　② 2格　③ 3格　④ 4格

Absatz·markt 男 販売市場.

ab|saufen* 自 (S) (口) ❶〈船¹などが〉沈む, 沈没する. ❷ 溺死する. ❸〈車¹などが〉エンストする, エンジンがかからない.

ab|saugen(*) 他 ❶〈４ (aus [von] ③)〉〈物⁴を(物³から)〉(ポンプなどで)吸い取る[出す], くみ取る[出す]. ❷〈じゅうたん⁴に〉掃除機をかける, 〈じゅうたん⁴などのほこりを〉(掃除機で)吸い取る.

ab|schaben [アップシャーベン] 他 ❶〈４ (von ③)〉〈物⁴を(物³から)〉削り[こすり]取る, かき落とす[取る]. ❷〈物⁴を〉(かき[削り, こすり]落として)きれいにする.

ab|schaffen 他 ❶〈法律⁴などを〉廃止する. ❷〈口〉〈金のかかる物⁴を〉処分する, やめる.

Ab·schaffung 女〈単〉❶〈法律制度などの〉廃止, 撤廃. ❷処分.

ab|schalten ((I)) 他 (↔ einschalten)〈４〉〈(テレビ⁴などの)〉スイッチを切る, 消す. ((II)) 自 (口) ❶注意力がなくなる. ❷(何もかも忘れてしばし)くつろぐ, リラックスする, 傾聴しなくなる. ❸〈von ③〉〈物³から(離れることによって)〉元気を回復する.

ab|schätzig [アップシェッツィヒ] 形 見くびる, けなすような, 軽蔑的な.

Ab·scheu 男 (–s/.まれに) 女 (–/)〈vor [gegenüber] ③〉〈人・物³に対する〉嫌悪, 憎悪.

abscheulich [アップショイリヒ] 形 ❶卑しむべき, 卑劣な. ❷吐き気をもよおさせるような, 胸が悪くなるような. ((II)) 副 (口)〈悪いことを強めて〉非常に, ひどく.

ab|schicken 他〈物⁴を〉郵送する, 発送する.

ab|schieben* ((I)) 他 ❶〈４ von ③〉〈物⁴を物³から〉(少し押して)動かす, 押しやる[のける]. ❷〈４ auf ４〉〈責任・罪⁴などを人⁴に〉押しつける, 転嫁する. ❸〈人⁴を〉国外追放する, 国外に退去させる. ❹ (口)〈人⁴を〉左遷する. ((II)) 自 (S) (口) (軽蔑) 立ち去る, いなくなる.

Ab·schiebung 女 ❶国外追放[退去]. ❷左遷.

Abschied [アップシート] 男 (–(e)s/–e)《主に単》❶別れ, 別離, いとまごい. ❷辞職, 辞任. (von ③) ~ nehmen〈書〉(人・物³に)別れを告げる.

ab|schießen 他 ❶〈銃⁴などで〉弾丸⁴を発射する;〈銃⁴を〉撃つ;〈矢⁴を〉放つ, 〈弓⁴を〉射る;〈ロケット⁴を〉打ち上げる. ❷(a)〈動物⁴を〉射殺する, 撃ち殺す, 射止める. (b)〈人・動物⁴を〉撃つ. ❸〈戦車・飛行機などを〉撃破[撃墜]する. ❹ (口)〈高位の人⁴を〉失脚させる, 追い落とす. ❺〈③ ４〉〈人間⁴の身体の一部⁴を〉(射って)失わせる.

ab|schirmen [アップシルメン] 他 ❶〈４ (gegen ４)〉〈人・物⁴を(物³に対して[から])〉守る, ガードする. ❷〈物⁴を〉覆う, 遮る, 遮蔽(シャヘイ)する.

ab|schlachten [アップシュラハテン] 他〈動物⁴を〉(大量・残虐に)屠殺する;〈人⁴を〉(大量・残虐に)虐殺する, 殺戮する.

Ab·schlag 男 ❶(一回の)分割払い込み金, 内金, 前払い金, 頭金. ❷(↔ Aufschlag)割引, 値引き. ❸〔サ〕ブリー; 〔サ〕ティー(オフ); 〔サ〕ゴールキック.

ab|schlagen* 他 ❶〈４ (von ③)〉〈物⁴を(物³から)〉たたき[はたき]落とす, 払いのける. ❷〈③ ４〉〈(人³の)願い⁴などを〉はねつける, 断る. ❸〈ボール⁴を〉ゴールキック[キックアウト]する;〔サ〕ティーオフする; 〔サ〕(バックを)ブリーオフする.

ab|schleifen* [アップシュライフェン] ((I)) 他 ❶〈４ (von ③)〉〈物⁴を(物³から)〉磨き落とす. ❷〈物⁴を〉磨いてきれいにする, 磨く;〈刃⁴を〉研ぐ. ((II)) 再 sich⁴〈物⁴が〉なめらかになる.

Abschlepp·dienst [アップシュレップ..] 男 (故障車などの)牽引(ケンイン)(作業), レッカーサービス.

ab|schleppen [アップシュレッペン] ((I)) 他〈人⁴[故障車⁴など]を〉引いて[牽引して], ((II)) sich⁴〈(mit ４)〉(口)〈(重荷⁴を)〉運ぶのに苦労する, 運んで疲れる.

Abschlepp·seil 中 牽引(ケンイン)用ロー

---

④1格 ②2格 ③3格 ④4格

Abschlepp·stange 囡牽引(炊)棒.
Abschlepp·wagen 男レッカー車.
ab|schließen* [ápʃliːsən アプシュリーセン] ((I)) 他 ❶〈部屋・家・ドアに〉錠をかける. ❷〈学校・研究などを〉修了[終了]する,完了する. ❸《④ von ③》〈人・物⁴を物³から〉遮断[隔離]する. ❹〈契約・協定・同盟⁴などを〉結ぶ,締結する. ((II)) 自《mit ③》〈事³で〉終わる,決着をみる,決算となる. ((III)) 再 sich⁴《von ③; gegen ④》〈書〉〈人³·⁴と〉断絶[絶交]する. 4級

Ab·schluss 男 ❶修了,終了,完了. ❷修了試験. ❸〈契約などの〉締結,成立. ❹〈帳簿の〉帳締め,(収支)決算. ◆ zum ~ bringen〈事⁴を〉終了する,完了させる.

Abschluß 旧= Abschluss.

Abschluss·ball 男卒業[修了]舞踏会[ダンスパーティー].

Abschluss·prüfung 囡卒業[修了]試験.

ab|schmecken 他《④》〈物⁴に〉味付けをする,味を調える.

ab|schmieren ((I)) 他〈物⁴に〉グリース[潤滑油]をさす[塗る]. ((II)) 自 (S)〈飛行機¹が〉急降下する;(急降下して)墜落する,落ちる.

ab|schminken [アプシュミンケン] ((I)) 他〈人⁴の化粧⁴を〉落とす. ((II)) 再 ❶ sich⁴ 化粧を落とす. ❷ sich³〈顔などの〉化粧を落とす.

ab|schnallen [アプシュナレン] ((I)) 他 (↔ anschnallen) ❶〈人⁴の〉締め金を外す. ❷《③ ④》〈人³の締め金⁴を〉外す. ((II)) 再 ❶ sich⁴ 締め金[シートベルト]を外す. ❷ sich³〈自分³の締め金[シートベルト]⁴を〉外す.

ab|schneiden* [アプシュナイデン] ((I)) 他 ❶《(sich³) ④》〈(自分³の)物⁴を〉切り離す,切り取る,切り落とす,カットする. ❷《④ von ③》〈物⁴が人⁴·物⁴を物³から〉遮断(☆)する,さえぎる. ((II)) 自《bei ③》〈テスト³などで〉(成績⁴を)上げる.

Abschnitt [アプシュニット] 男 (-(e)s/-e) ❶部分;区間,区域,地区. ❷〈本などの〉節,章,段落. ❸〈切符などの〉半券,券片. ❹〈歴史などの〉時期,段階.

ab|schrauben [アプシュラオベン] 他《von ③》〈物⁴を物³から〉はずして[ねじって,ひねって]取る,外す.

ab|schrecken 他 ❶《④ von ③》〈人⁴を脅かして〈事³を)〉思いとどまらせる,おじけさせる. ❷〈物で〉人は(事⁴を)〉おじけづく,思いとどまる. ❸〈物⁴を急に冷やす,急冷する,焼入れする.

Abschreckung [アプシュレックング] 囡 (-/-en) 威嚇,抑止,阻止,制止.

ab|schreiben* ((I)) 他 ❶《(④) (von ③)》〈(テキスト⁴を)(人³から)〉盗作[剽窃(☆☆)]する;カンニングする. ❷《④ (von [aus] ③)》〈物⁴を物³から〉書き写す,書き取る,〈(物³から)物⁴の〉写しを取る. ❸〈商〉〈物⁴を〉減価して見積もる,帳簿価額を下げる,減価償却する. ❹《④ (als ④)》〈(口)〉〈人⁴を(友人とは)〉考えない;〈人⁴が生きているとは〉思わない. ❺〈口〉〈物⁴を〉(ないものとして)あきらめる. ((II)) 自〈人³に〉(招待などを)手紙で断わる[取り消す].

Ab·schreibung 囡〈商〉減価見積もり,減価償却.

Ab·schrift 囡写し,複写,複製.

ab|schürfen [アプシュァフェン] 他 (sich³)〉皮膚⁴をすりむく,切り右こす.

abschüssig [アプシュッスィヒ] 形《副なし》急傾斜[急勾配]の,険しい,切り立った.

ab|schütteln 他 ❶《④ (von ③)》〈物⁴を(物³から)〉振り払う[落とす]. ❷〈口〉〈人⁴を〉振り切る.

ab|schwächen [アプシュヴェッヒェン] ((I)) 他〈物⁴を〉徐々に弱める,和らげる,トーンダウンする. ((II)) 再 sich⁴ 徐々に弱まる[和らぐ,衰える].

Ab·schwächung 囡 (-/-) 弱化,緩和,衰弱.

ab|schweifen [アプシュヴァイフェン] 自 (S)《von ③》〈テーマ・本題³から〉

Abschweifung [アップシュヴァイフング]女 脱線, 逸脱.

ab|schwören* [アップシュヴェーレン]他《③《書》〈悪癖³を〉(誓って)絶つ, (自発的に)やめる.

absehbar [アップゼーバーァ]形 予見できる, 見通し[予測]の可能な.

ab|sehen* (I) 他〈物⁴を〉見て取る, 予見する, 予想[予測]する. (II) 自《von ③》〈物³を〉見合わせる, 差し控える, 思いとどまる. ❷〈物³を〉軽視する, なおざりにする.

ab|seilen [アップザイレン] (I) 他《④ (von ③)》〈人・物⁴を〉〈物³から〉ザイル[綱]で下ろす. (II) 再 sich⁴ **❶**《登山》ザイルで下りる. ❷《口》ずらかる, 逃走する.

abseits [アップザイツ] (I) 前《2格支配》...から離れて, はずれて, ...の horizonに, 側方に, ...の周りに. (II) 副 **❶**《(von ③)》〈物³から〉離れて, はずれて, わきに, 側方に. ❷(サッカーなどで)オフサイド(の位置)である.

Abseits 中(-/-) (サッカーなどの)オフサイド. ♦ im ~ stehen オフサイドである.

ab|senden* 他〈物⁴を〉郵送する, 発送する, 送付する.

Ab·sender [アップゼンダー]男(-s/-) **❶** 差出人, 発送者, 発信人. ❷差出人住所氏名((略:Abs.)).

ab|setzen (I) 他《↔ aufsetzen》〈頭や鼻にある物⁴を〉取り去る, 〈帽子⁴を〉脱ぐ, 〈めがね⁴を〉外す. ❷〈重い荷物⁴を〉下ろす, 下へ置く. ❸〈物¹が〉〈物⁴を〉沈殿[沈積]する. ❹《↔ ansetzen》〈物⁴を〉置く, 離す. ❺《↔ einsetzen》〈公職にある人⁴を〉やめさせる, 罷免[解任]する. ❻《口》〈人⁴を〉(乗り物でつれて行って)降ろす. ❼《④ von ③》〈物⁴を〉〈物³から〉外す, 下ろす. ❽《④ (von der Steuer)》〈コスト⁴を〉(税金³から)控除する, 差し引く. ❾〈商品⁴を〉(大量に)売る, 売りさばく. ❿《④ (von ③)》〈物⁴を〉〈物³から〉際だたせる, 〈物⁴を〉〈物³と〉対照させる. ⓫〈服用物⁴を〉しばらく控える. (II) 再 sich⁴ **❶**沈殿[沈積]する. ❷(警察などから)逃げる, 逃走する, 逃亡する. ❸《von ③》〈物³との関わりを否定する, 〈物³と〉距離を置く. ❹《von ③》〈人・物⁴から〉際だつ,〈人・物³と〉対照をなす.

Absetzung [アップゼッツング]女 **❶** 免職, 解任, 廃位. ❷控除. ❸服用の中止. ❹逃走, 逃亡.

ab|sichern (I) 他《④ (mit ③ [gegen ④])》〈物³˙⁴の〉危険個所⁴の)安全を確保する,〈危険個所⁴に〉〈物³˙⁴で〉守る,〈危険個所⁴に〉〈物³˙⁴で〉予防策を講じる. (II) 再 sich⁴ 《gegen ④》〈物⁴に対して〉身を守る, 自衛策を講じる.

Ab·sicht [アップズィヒト]女(-/-en) 意図, もくろみ, 目的, 計画. ♦ die ~ haben, ...《zu 不定詞》...するつもりである. *mit* ~ 故意に, 意図的に. *ohne* ~ 何気なく, 意図せず.

absichtlich [アップズィヒトリヒ,(強調)アプズィヒトリヒ]形 故意の, 意図的な.

ab|sinken 自(S) **❶**沈む, 沈没する. ❷〈物¹が〉悪化する, 下がる, 落ちる.

absolut [アプゾルート] (I) 形 **❶**《付加または副》《口》《否定を表す語を修飾して》絶対の, 絶対的な, 全くの, 底抜けの. ❷《付加》完全な, 無条件の, 無制限の. ❸絶対の, 専制の, 独裁の. ♦ ~e Mehrheit 絶対多数. ~e Ruhe 絶対安静. (II) 副 **❶**絶対(的)に, 全く, どうしても. ❷《否定を強めて》全然...ない.

Absolutismus [アプゾルティスムス]男(-/) **❶**絶対主義, (特に17·18世紀ヨーロッパの)絶対王制[君主制]. ❷絶対主義時代.

Absolvent [アプゾルヴェント]男(-en/-en) 《弱》卒業生, (課程の)修了者. ◇ **Absolventin** 女(-/-nen).

absolvieren [アプゾルヴィーレン]他 《書》**❶**〈学校⁴を〉卒業する,〈課程⁴を〉終了する. ❷〈トレーニング⁴などを〉済ます, 消化する. ❸〈試験⁴に〉合格する, 及第する.

absonderlich [アプゾンダーリヒ]形

①1格 ②2格 ③3格 ④4格

absondern 〔書〕独特な,一風変わった,奇抜な.

ab|sondern [アップゾンダァン] ((I)) 他 ❶〈④ (von ③)〉〈人・物³から〉引き離す,隔離する. ❷〈物⁴を〉分泌する. ((II)) 再 sich⁴ 〈von ③〉〈人・物³から〉離れる,疎遠になる,孤立する.

absorbieren [アプゾルビーレン] 他 ❶〔化・理〕〈物¹が物⁴を〉吸収する. ❷〔口〕〈人・物⁴を〉引きつける,夢中にさせる;要求する,必要とする.

ab|speisen 他〈④ mit ③〉〈人⁴を〉(物³でだまして)〉引き下がらせる,厄介払いをする.

abspenstig [アップシュペンスティヒ] 形 ❸ ~ machen 人³から人⁴を引き離す,奪う.

ab|sperren 他〈交通事故現場⁴を〉通行止めにする,遮断する,閉鎖する,封鎖する. ❷〈南・稀〉〈ドア・家⁴に〉鍵をかける.

Ab·spiel 中 (–(e)s/–e) 〔球技〕パス.

ab|spielen ((I)) 他 ❶〈テープなどを〉(始めから終りまで)かける. ❷〈an ④〉〔球技〕〈(ボール⁴を)人⁴に〉パスする. ((II)) 再 sich⁴ 起こる,行われる.

Ab·sprache 女 取り決め.◆eine ~ treffen 申し合わせる,談合する.

ab|sprechen* ((I)) 他 ❶〈④ mit ③〉〈事⁴を(人³と)〉取り決める[申し合わせる,談合する]. ❷〈③④〉〈人³から権利・特権⁴を〉(宣告して)取り上げる,剥奪する,没収する. ❸〈③④〉〔書〕〈人³に物⁴がないと〉主張する,〈人³の物⁴を〉否認する,認めない. ((II)) 再 sich⁴ 〈mit ③〉〈人³と〉取り決める[申し合わせる,談合する].

ab|springen* 自 ⑤ ❶ 飛び跳ねる,ジャンプする. ❷〈von ③〉〈物³から〉飛び降りる,飛び込む. ❸〈von ③〉〈物¹が(物³から)〉はじけ飛ぶ,はじけ取れる;はげ落ちる,はがれる. ❹〈von ③〉〈口〉〈物³から〉脱落する,離脱する,離れる.

Ab·sprung 男 ❶ 飛び跳ね,ジャンプ. ❷飛び下りること,飛び込み.

ab|spülen 他 ❶〈(食器⁴を)(水で)

すすぎ洗う,洗浄する. ❷〈④ von ③〉〈汚れ⁴を(物³から)〉洗い落とす,洗い流す.

ab|stammen 自 ❶〈von ③〉〈人³[家系³]の〉出である,系統を引く,子孫[後裔]である. ❷〈von ③〉〈物¹が物³から〉由来する,起源[語源]を持つ. ★完了形として用いられない.

Ab·stammung 女 系統,血統,血筋,家柄,生まれ;由来,起源,語源.

Ab·stand 男 ❶〈von ③〉〈物³から物⁴までの〉(比較的短い)距離,間隔,隔たり;車間距離. ❷賠償[補償]金.

ab|stauben 他〈物⁴の〉ほこり[ちり]を払う,ほこりを取る. ❷〈物⁴を〉かすめとる,くすねる,かっぱらう.

Abstecher [アップシュテッヒャー] 男 (–s/–)(旅行での)寄り道.

ab|stehen* 自 ⑤ ❶〈von ③〉〈物³から〉離れて(立っている),〈耳¹が〉突き出ている,〈髪¹が〉(立って)反り返っている.

Absteige [アップシュタイゲ] 女 (–/–n)〔軽蔑〕(汚い)安宿.

ab|steigen* 自 ⑤ ❶〈von ③〉〈馬・自転車³から〉降りる. ❷ 宿泊する,泊まる. ❸〔スポ〕〈チーム¹が〉(下位のリーグなどへ)落ちる,降格する.

ab|stellen 他 ❶〈さし当たり要らない物⁴を〉しまう,しまっておく. ❷〈物⁴を〉(さし当たり)置く,下に置く. ❸〈④ (für ④)〉〈書〉〈人⁴に(事をするように)〉命令する. ❹〈ガス・水道・モーター・機械⁴などを〉止める,〈電気・ラジオ⁴などを〉切る,〈明かり⁴などを〉消す. ❺〔書〕〈弊害・悪癖⁴を〉矯正する,是正する. ❻〈④ auf ④〉〈物⁴を人・物⁴に〉合わせる,適合させる.

Abstell·kammer [アップシュテル..] 女 物置部屋,納戸.

Abstell·raum 男 納戸,物置.

ab|stempeln 他 ❶〈手紙・切手⁴などに〉消印[押印,スタンプ]を押す. ❷〈④ als ...〉〈人・物⁴に...という〉烙印(ﾗｸｲﾝ)を押す.

ab|sterben* 自 ⑤ ❶〈植物¹が〉枯れる,しぼむ. ❷〈指¹などが〉かじかむ,

麻痺(ﾏﾋ)する.

Abstieg [アプシュティーク] 男 (-s/-e) ❶ (↔ Aufstieg) 下り(道). ❷ 没落, 衰退, 転落. ❸ (下位リーグなどへの)降格[格下げ].

ab|stimmen [アプシュティメン] ((I)) 自 ❶ ⟨**über** ④⟩ (人・物について) ⟩ 投票[票決, 採決, 表決]する. ((II)) 他 ❶ ⟨④ **auf** ④⟩ ⟨物⁴を人・物¹に⟩合わせる, 調整する, 調節する. ❷ ⟨④ (**mit** ③)⟩ ⟨物⁴を(人³と)⟩取り決める, 打ち合わせる.

Ab·stimmung 女 ❶ 調整, 調節. ❷ 投票, 票決, 採決, 表決.

abstinent [アプスティネント] 形 禁酒の, 禁欲の, 節制している.

Abstinenz [アプスティネンツ] 女 (-/-) 禁酒, 禁欲, 節制.

Abstinenzler [アプスティネンツラー] 男 (-s/-) 禁酒[禁欲, 節制]家. ◇ **Abstinenzlerin** 女 (-/-nen).

ab|stoppen [アプシュトペン] ((I)) 他 ❶ ⟨機械などを⟩止める, 停止させる. ❷ ⟨物⁴を⟩ストップウオッチで計る. ((II)) 自 停車する, 止まる, 停止する.

Ab·stoß 男 ❶ 跳躍, 突き離すこと. ❷ [蹴(ｹ)]ゴールキック.

ab|stoßen* [アプシュトーセン] ((I)) 他 ❶ ⟨物⁴を⟩突き離す, 突きのける. ❷ ⟨角⁴などを⟩ (ぶつけて)損ねる, 傷つける. ❸ ⟨物⁴を⟩投げ売りする, 安く売り払う. ❹ ⟨④⟩ ⟨物¹が(人⁴を)⟩不快な気持ちにする, 嫌悪感を催させる, ⟨物¹で(人⁴が)⟩反感をもつ. ((II)) 再 sich⁴ ⟨(**von** ③)⟩ ⟨物³から⟩ ⟩ 強く突いて)離れる.

abstrakt [アプストラクト] 形 (最上 ~ est) (↔ konkret) 抽象的な.

ab|streifen [アプシュトライフェン] ((I)) 他 ❶ ⟨指輪などを⟩外す, ⟨衣類⁴などを⟩さっと脱ぐ, 脱ぎ捨てる, ⟨蛇¹などが⟩脱皮する. ❷ ⟨物⁴を⟩捨て去る. ((II)) 再 sich³ ⟨靴の裏⁴などを⟩ (家に入る前に)さっとぬぐい落とす, 拭いてきれいにする.

ab|streiten* 他 ❶ ⟨事⁴を⟩強く否認[否定]する, ⟨事¹が⟩事実でないと強く言う. ❷ ⟨③ ④⟩ ⟨人³の事⁴を⟩認めない.

Ab·strich 男 ❶ 削減, 減額. ❷ [医] 粘膜組織採取. ❸ [医] 粘膜組織標本.

ab|stumpfen ((I)) 他 ❶ ⟨角⁴などを⟩鈍くする, 丸くする. ❷ ⟨④⟩ ⟨物¹が(人⁴を)⟩無感覚にする. ((II)) 自 Ⓢ ❶ ⟨先・ハサミなどが⟩鈍くなる, 切れ味が悪くなる. ❷ ⟨人・感情・良心¹などが⟩無感覚になる, 麻痺する.

Ab·sturz 男 墜落.

ab|stürzen 自 Ⓢ ❶ ⟨飛行機¹などが⟩墜落する, ⟨人¹が⟩まっさかさまに落ちる. ❷ ⟨コンピュータなどが⟩フリーズ[ダウン]する.

ab|stützen ((I)) 他 ⟨物⁴を⟩ (倒れないように)支える. ((II)) 再 sich⁴ ⟨(**von** ③)⟩ ⟨物³から⟩ ⟨手足を突っぱって⟩身を離す, 離れる.

ab|suchen 他 ⟨④ (**nach** ③)⟩ ⟨場所⁴を(人・物³を求めて)⟩捜索する, 探し回る.

absurd [アプズァルト] 形 (最上 ~est) 不条理[不合理]な, 常識に反した.

Absurdität [アプズァディテート] 女 (-/-en) 不条理[不合理]な, 常識に反していること[ばかげたこと].

Abszess [アプスツェス] 男 (ﾃｼﾞ) 中 (-es/-e) [医] 膿瘍(ﾉｳﾖｳ), 腫れ物.

Abszisse [アプスツィッセ] 女 (-/-n) [数] 横座標.

Abt [アプト] 男 (-(e)s/Äbte) 僧院長, 大修道院長.

ab|tasten 他 ⟨人・物⁴を⟩ (手で)探る, 調べる; [医] 触診する.

ab|tauen ((I)) 他 ⟨物⁴を⟩解凍する, ⟨冷蔵庫⁴の⟩霜を取る. ((II)) 自 Ⓢ ⟨冷凍食品¹が⟩解凍する, ⟨氷¹などが⟩溶ける, 溶けてなくなる.

Abtei [アプタイ] 女 (-/-en) [ｶﾄﾘ] 僧院, 大修道院.

Abteil [アプタイル] 中 ❶ [鉄道] コンパートメント, (区切った) 客[車]室 ((4 - 6 人用)). ❷ (棚などの) 仕切られた[区切られた] 場所.

Abteilung [アプタイルング] 女 (-/-en) ❶ 局, 部, 課, 科; デパートの売場; (病院の)科. ❷ [軍] 部隊, 大隊. ❸ [植物] 門. ❹ [アプタイルング] 仕切ること, 分割, 分けること.

① 1格 ② 2格 ③ 3格 ④ 4格

Abteilungs·leiter 男 局長, 部長, 課長, 科長, 主任.

ab|tippen 他〈手書きの原稿⁴を〉タイプする, 入力する.

ab|töten 他〈バクテリアなどを〉殺す;〈感情⁴を〉鈍感にする, 抑圧する.

ab|tragen* 他 ❶〈物¹が土地⁴を〉(運び去って)平らにする, 削る, 浸食する. ❷〈土⁴を〉運び去る. ❸〈古い家などを〉取り払う, 撤去する. ❹〈服⁴を〉着古す,〈靴⁴を〉履き古す. ❺〈負債・抵当⁴を〉支払う, 返済[償還, 償却]する. ❻(〈4〉)〈書〉〈食べ物・飲み物⁴を〉片づける.

ab·träglich 形《主に述語》〈3〉〈人・事³に〉有害[不利]で,〈人・物³を〉損なって.

Ab·transport 男 (車などによる)運搬, 輸送.

ab|transportieren 他〈人・物⁴を〉(車などで)運び去る, 病院に運ぶ.

ab|treiben* (I) 他 ❶〈物¹が人・物⁴を〉運び去る, 押し流す, さらう,〈風が〉吹き飛ばす. (II) 自(〈4〉)〈胎児⁴を〉堕胎[妊娠中絶]する. (III) 自Ⓢ〈風や潮流に〉押し流される.

Ab·treibung 女 堕胎, 妊娠中絶.

ab|trennen 他〈4〉〈von〉〈物³から〉もぎ取る, 引きちぎる, 引きはがす, 引き離す, 分離する.

ab|treten* (I) 他 ❶〈3〉〈人³に〉物⁴を〉譲る, 譲渡する,〈領土⁴を〉割譲する. ❷〈絨毯⁴を〉踏み減らす[いためる]. ❸〈物⁴を〉踏んで取り除く, こすり落とす. ❹(sich³)〈4〉〈靴・足⁴の汚れを〉(家に入る前にマットなどで)こすり落とす, こすってきれいにする. (II) 自Ⓢ 立ち去る, 退く, 退場する, 引退する, 退職する.

ab|trocknen [アップトロックネン] (I) 他 ❶(sich³)〈4〉〈人・体の部分⁴(の水気)を〉ふき取る, ぬぐう,(拭くなどして)乾かす. ❷(〈4〉)〈食器⁴を〉拭く, (拭いて)乾かす. (II) 自Ⓢ〈物¹が〉乾く.

ab|tropfen 自Ⓢ ❶〈von〉〈しずくなどが〉〈物³から〉したたり[ポタポタ]落ちる. ❷〈物¹がしずくをしたたらせる, ポタポタ落とす.

ab·trünnig [アップトリュニヒ] 形《副なし》〈書〉背反[離反, 離脱]した, 変節した, 裏切った.

ab|tun* 他 ❶〈4〉(als ...)〈異議・問題⁴を(...として)〉(よく考えもせず)片付ける, すます. ❷〈口〉〈身につけた物⁴を〉取る, ぬぐ, 脱ぐ.

ab|wägen* 他 (比較)検討する, 慎重に選ぶ.

ab|wählen 他〈人⁴を〉投票して職から外す, 解任する.

ab|wandeln 他〈物⁴を〉(部分的に)変更する, 修正する.

ab|wandern 自Ⓢ 移動する, 移住する, (別の職場に)移る, 移籍する.

Ab·wanderung 女 移動, 移住, 移籍.

Ab·wandlung 女 修正, (部分的)変更.

Abwart 男 (-(e)s/-e) (𝔰) = Hausmeister.

ab|warten 他 ❶(〈人・物⁴の〉)(到来を)じっと待つ. ❷(〈4〉)〈雨・嵐などが通り過ぎるのを〉じっと待つ.

abwärts [アップヴェルツ] (↔ auf-wärts) 副 下方へ, 下って.

abwärts|gehen* 自 Mit ③ geht es abwärts. 人・物が悪くなっている, 悪化している, 落ち目である.

Abwärts·trend 男 下方傾向, 下落, 下降.

Ab·wasch 男 (-(e)s/) ❶(食後の汚れた)食器. ❷(食後の)食器洗い.

abwaschbar [アップヴァッシュバール] 形《副なし》洗うことのできる, 洗濯の出来る.

ab|waschen* [アップヴァッシェン] (I) 他〈4〉〈von〉〈3〉〈汚れ⁴を〉〈物³から〉洗い落とす, 洗ってきれいにする. (II) 他〈物⁴を〉水ですすぐ.

Ab·wasser 中 (-s/..wässer) 廃水, 汚水, 下水.

Abwasser·kanal 中 廃水[下水]管[溝], 下水道.

ab|wechseln 自 ❶sich⁴〈3〉(bei③)〈人¹が人³と(事³の際に)〉交替[交代]する. ❷sich⁴〈mit③〉; sich⁴

〈物¹が物³と〉交替する, 交互に現われる.

Ab·wechslung [アップヴェクスルング] 囡(-/-en) ❶気晴らし, 気分転換. ❷《単》変化(に富むこと), 多様(性), バラエティー.

abwegig [アップヴェーギヒ] 形 邪道の, 風変わりな, 奇怪な.

Abwehr 囡(-/) ❶防衛, 防御. ❷抵抗, 拒絶, 拒否. ❸【スポーツ】ディフェンス(陣), 守り, 守備.

ab|wehren 他 ❶〈敵・攻撃⁴を〉防ぐ, 阻止する, 撃退する. ❷〈人・物⁴を〉寄せつけない, はねつける, 拒否する. ❸【スポーツ】〈ボール・攻撃⁴を〉打ち返す.

Abwehr·spieler 男 ディフェンダー, 守備の選手.

ab|weichen* 自(s)〈von ③〉❶〈コース³などから〉それる, 外れる, 逸脱する. ❷〈事³と〉異なる[違う]ようになる.

Abweichung [アップヴァイヒュング] 囡 ❶それること, 逸脱. ❷相違.

ab|weisen* 他〈人・願い・提案⁴などを〉はねつける, 拒絶する; 撃退する, 追い返す.

abweisend [アップヴァイゼント] ((I))abweisenの現在分詞. ((II))形 拒絶的な, 無愛想な.

Abweisung 囡(-/-en) 拒絶, 撃退.

ab|wenden⁽*⁾ ((I))他 ❶〈まなざし・顔⁴などを〉他方へ向ける, そらす. ❷《規則動詞》〈④ (von ③)〉〈危険⁴などを(人³から)〉そらす, 防ぐ;〈危険⁴などが(人³に及ばないように)〉阻止する, 阻止する, 阻止する. ((II))再sich⁴ 〈von (③)〉〈人・物³に〉背を向ける, 〈人・物⁴から〉顔を背ける, 手を引く.

ab|werben* 他〈(③) ④〉〈(人³から)人⁴を〉引き抜く, 奪う, スカウトする, ヘッドハンティングする.

ab|werfen* 他 ❶〈物⁴を〉(高いところから)落とす, 投下する. ❷〈物¹が〉〈利益⁴などを〉生む, 生ずる.

ab|werten 他 ❶〈(auf ④)〉〈通貨の平価⁴を(値⁴に)〉切下げる. ❷〈物⁴を〉低く評価する, 軽視する.

Ab·wertung 囡 ❶【経】平価切下げ. ❷過小評価, 軽視.

abwesend [アップヴェーゼント] 形 ❶不在の, 欠席[欠勤]している. ❷うわのそらの, ぼんやりしている. 4級

Abwesenheit [アップヴェーゼンハイト] 囡(-/) ❶不在, 欠席, 欠勤. ❷放心(状態). ◆in ② ~ 人²の不在の場合.

ab|wickeln 他 ❶〈巻いた物⁴を〉解く, ほどく. ❷〈物⁴を〉(決められた通りに)処理する, 片付ける.

Abwicklung [アップヴィックルング] 囡(-/-en) 処理, 片付けること.

ab|wiegen* 他〈物⁴の〉重さ[目方]を量る.

ab|wimmeln* 他(口)〈人・物⁴を〉振り払う, のがれる, 敬遠する.

ab|winken 自〈(③)〉〈人³に〉拒否の合図[目配せ, 手まね]をする.

ab|wischen 他〈④ (von ③)〉〈ほこり⁴などを(物³から)〉ふき取る, ぬぐい去る[取る]. ❷〈物⁴を〉ふいてきれいにする.

ab|zahlen 他〈車⁴などを〉分割払いする, 〈借金・ローン⁴などを〉分割払いで返済する.

ab|zählen 他 ❶〈人数・個数⁴を〉数える. ❷〈物⁴を〉数え分ける, 数えて取る.

Ab·zahlung 囡(-/-en) ❶《単》分割払い, 賦払い. ❷分割払い金額, 賦金. ◆auf ~ kaufen 物⁴を分割払いで買う.

Ab·zeichen 中(服につける)記章, バッジ;(ランク・業績を表す)記章, 勲章, メダル.

ab|zeichnen ((I))他 ❶〈物⁴を〉写生する, 模写する; スケッチする. ❷〈文書⁴などに〉(目を通した印として)自分の名前の頭文字を書く, 頭文字で署名する. ((II))再sich⁴〈傾向・危機⁴などが〉(徐々に)姿を現す, 浮かび上がってくる, 見えてくる.

ab|ziehen* 他 ❶〈④ (von ③)〉〈物⁴を(物³から)〉(引っ張って)取り去る, 外す, はがす, むく, はく, 抜き取る, 引き抜く. ❷〈物⁴を〉複写する, コピー

Ab·zug 男 ❶〖単〗〖軍〗撤退, 退却. ❷ 排気 [排出] 口; 排気 [排出] 管. ❸〖複〗引き落とし(額), 差し引き額. ❹(銃の)引き金. ❺コピー, 複写. ❻〖写〗印画, 陽画, 焼き付け, 焼き増し.

abzüglich [アップツュークリヒ] 画《2格支配》《書》...を除いて, 差し引いて.

ab|zweigen ((I)) 自《道¹などが》分岐する, 分かれる. ((I)) 他《sich³ ³》《(自分のために)物⁴を》(不正なやり方で)取り分ける, 取っておく.

Abzweigung [アップツヴァイグング] 女(–/–en) (道などの)分岐(点); 支流;〖鉄道〗支線.

ach [ax アッハ] 間 ああ, おお (悲しみ・痛み・希望・願望・喜び・驚きなどの感情を表わす叫び声). *Ach ja!* 《思い出して》ああそうでした, ああそうそう. *Ach so!* 《やっと理解して》あっそう, ああそうですか.

Achse [アクセ] 女(–/–n) 〖工〗車軸, 軸, 心棒;〖天〗地軸;〖理〗回転軸;〖数〗座標軸.

Achsel [アクセル] 女(–/–n) 腋窩 (ᵂ), わき(の下). *mit den ~n zucken* 肩をすくめる.

Achsel·höhle 女 腋 (ᵂ) の下.

..achsig [..アクスィヒ] ..軸のある.

acht¹ [アハト] ((I)) 数詞《基数》8, 八つ. ♦*zu ~ 8人で*. ((II)) 数詞《序数》第8番目の. 5級

acht² ⇒ Acht².

Acht¹ [アハト] 女(–/–en) ❶ 8の数(字). ❷ 8の字; [まれ] エイト. ❸ 8という数のつくもの, (例) 8の札.

Acht² 女(–/–) ❶ 注意. ❷〖史〗法律の保護を奪うこと, 追放;〖宗〗破門. ❸ *außer ~ lassen* 物⁴に注意を払わない, 物⁴を無視する. *sich⁴ (vor ③) in ~ nehmen* 人・物³に気をつける, 注意する.

Acht·eck [..エック] 中(–(e)s/–e) 8角形.

acht·eckig 形 8角形の.

achtel [アハテル] 形《付加; 無変化》8分の1の.

Achtel [アハテル] 中 (ˢ¹ 男) (–s/–) ❶ 8分の1. ❷〖楽〗8分音符.

Achtel·note 女(–/–n)〖楽〗8分音符.

achten [áxtən アハテン] (du achtest, er achtet; 過 achtete; 過分 geachtet) ((I)) 他《人⁴に》敬意を払う [尊重する]《人・物⁴に》(たとえ嫌いでも)敬意を払う. ((II)) 自《auf ④》《人・物⁴を》気に留める, 気にかける;《人・物⁴に》注意を払う.

achtens [アハテンス] 副 第8に, 8番目に.

Achter·bahn [アハター..] 女 ジェットコースター.

achtete [アハテテ] achten の過去形.

acht|geben* 自 *auf ④ ~ geben* 人・事に注意を払う [気をつける].

acht·hundert 数詞《基数》800.

acht·los 形《主に副》(↔ achtsam) 軽率な, うっかりした, 無思慮な, 無頓着な.

Acht·losigkeit [..ローズィヒカイト] 女(–/) 軽率, 無思慮, 無頓着.

acht·tägig 形《付加》❶ 8日間の. ❷(口) 1週間の.

acht·tausend 数詞《基数》8000.

Achtung [アハトゥング] 女(–/) ❶ 高い評価, 好評, うけ. ❷《vor ④》《(人・物⁴に対する)》尊敬, 敬意. ❸ 注意. *~!* 気を付けて; すごい!

achtzehn [アハツェーン] 数詞《基数》18. 5級

achtzig [アハツィヒ] 数詞《基数》80. 4級

achtziger 形 80年代の; 80歳代の.

Achtziger 男(–s/–) 80年代のもの [人]; 80歳(台)の人.

ächzen [エヒツェン] 自 (苦痛で) うめく, うなる;《椅子・階段¹などが》ギイギイ鳴る.

Acker [アッカー] 男(–s/Äcker) 田畑, 耕地.

Acker·bau 男〖-(e)s/〗耕作, 農業.
Acker·land 中耕(作)地, 農地.
ADAC [アーデーアーツェー] 男〖-(s)/〗《略》Allgemeiner Deutscher Automobil-Club 全ドイツ自動車クラブ, ドイツ自動車連盟((日本のＪＡＦに当たる)).
Adam [アーダム] 男〖-s/〗《人名》〖聖〗アダム((人類の始祖; 創世記2, 7)).
Adams·apfel 男〖単〗(特に男性の)のどぼとけ.
adäquat [アデクヴァート] 形〖書〗適(合)した, ふさわしい, 適切な.
addieren [アディーレン] 他 (④) (zu ③)〈(物⁴を)(物³に)〉加える, 加算する, 合計する.
Addition [アディツィオーン] 女〖-/-en〗〖数〗足し算, 加算, 合計, 加法.
Adel [アーデル] 男〖-s/〗〖総称〗貴族, 貴族階級, 高貴の生まれ.
adelig [アーデリヒ] 形= adlig.
Adelige(r) = Adlige(r).
adeln [アーデルン] 他 ❶〈人⁴を〉貴族に列する, 〈人⁴に〉爵位を授ける. ❷〖書〗〈物⁴が〉〈人⁴を〉高尚[高貴]にする, 気高くする.
Adels·titel 男貴族の称号, 爵位((Graf, Herzog など)).
Ader [アーダー] 女〖-/-n〗❶血管, 脈管; 〖動〗翅脈(しみゃく); 〖植〗葉脈, 木理. ❷〖坑〗鉱脈; (地下の)水脈. ❸〖単〗(口)素質, 天分.
Adjektiv [アトイェクティーフ] 中〖-s/-e [..ティーヴェ]〗〖言〗形容詞.
Adjutant [アトユタント] 男〖-en/-en〗〖軍〗(主に事務をする)副官.
Adler [アードラー] 男〖-s/-〗❶ワシ(鷲). ❷(旗・コインなどの)ワシ(の紋章)((旧ドイツ・オーストリア・フランスなどの帝国の象徴)).
adlig [アードリヒ] 形〖副なし〗貴族の, 名門の.
Adlige(r) [アードリゲ[ガー]] 男女〖形容詞変化〗貴族.
Admiral [アトミラール] 男〖-s/-e, Admiräle〗海軍の将官, 提督, 艦隊

司令長官; 海軍大将.
adoptieren [アドプティーレン] 他〈人⁴を〉養子にする.
Adoption [アドプツィオーン] 女〖-/-en〗養子縁組.
Adoptiv·eltern [アドプティーフ..] 複養父母, 養親.
Adoptiv·kind 中養子.
Adressat [アドレサート] 男〖-en/-en〗《弱》(↔ Absender)受取[名あて]人, 受信人. ◇ **Adressatin** 女〖-/-nen〗.
Adresse [アドレッセ] 女〖-/-n〗❶宛名, 送付先; 住所. ❷(口頭・書面での公式な)挨拶, 演説. ❸〖ニュー〗メールアドレス, インターネットアドレス. *bei* ③ *an der falschen [verkehrten] ~n sein* (口)(依頼など)適切でない人³に持っていく, お門(2)違いをする. 5級
adressieren [アドレッシーレン] 他 ❶〈手紙・葉書・小包⁴などに〉〈宛先〉を書く. ❷(④) *an*〈物⁴を人⁴に宛てて〉送る, 発送する. ❸(④) *an* ④〈苦情・批判⁴などを人⁴に〉向ける, 向けて言う. ★②, ③は主に状態受動で用いられる.
adrett [アドレット] 形(最上 ~est)小ざっぱりした, 小ぎれいな.
Advent [アドヴェント] 男〖-(e)s/〗〖宗教〗❶待降節, 降臨節((クリスマスの4週間前の日曜日からクリスマスまでの期間)). ❷待降節の日曜日.
Advent·kalender (オースト) = Adventskalender.
Advent·kranz (オースト) = Adventskranz.
Advents·kalender 男アドヴェント・カレンダー((12月1日から12月24日までの子供用カレンダーで, 毎日その日付の所を開けると, そこに絵やチョコレートなどがある)).
Advents·kranz 男アドヴェント・クランツ((モミの小枝を編んだ環で, アドヴェントの日曜日ごとに一本ずつろうそくに火を灯し, クリスマス前には四本立つ)).
Adverb [アトヴェルプ] 中〖-s/..bien [..ビエン]〗〖言〗副詞.

adverbial [アドヴェァビアール] 形 〘言〙副詞(的)の.

Advokat [アドヴォカート] 男 (-en/-en) 〘古・雅〙弁護士.

Affäre [アフェーレ] 女 (-/-n) ❶もめ事, 事件. ❷不倫, 浮気, 情事. ❸〘口〙事柄, 用件.

Affe [アッフェ] 男 (-n/-n) 〘弱〙❶サル(猿). ❷〘口〙〘軽蔑〙ばか, 間抜け.

Affekt [アフェクト] 男 (-(e)s/-e) 興奮, 激情, 〘心〙情動.

affektiert [アフェクティート] 形 (最上 ~est) 〘軽蔑〙気取った, きざな, わざとらしい, 不自然な.

Affen.. [アッフェン..] 《名詞に付加して》❶「猿の」,❷「ものすごい」: Affenschande ひどい恥辱.

Affen·theater 中 (-s/) 〘口〙猿芝居, 茶番.

Affix [アフィクス] 中 (-es/-e) 接辞.

Afrika [アーフリカ] 中 (-s/) アフリカ(大陸).

Afrikaner [アフリカーナー] 男 (-s/-) アフリカ人. ◇ **Afrikanerin** 女 (-/-nen).

afrikanisch [アフリカーニシュ] 形 アフリカ(人[産])の, アフリカ的な.

After [アフター] 中 (-s/-) 肛門(詫).

AG 《略》 Aktiengesellschaft.

Agent [アゲント] 男 (-en/-en) 〘弱〙❶秘密情報員, 諜報部員. ❷仲介業者, エージェント, ブローカー.

Agentur [アゲントゥーア] 女 (-/-en) ❶代理店, 取次店. ❷通信社.

Agentur·meldung 女 通信社報道.

Aggregat [アグレガート] 中 (-(e)s/-e) ユニット; 集合(体); 〘数〙総計.

Aggression [アグレスィオーン] 女 (-/-en) ❶〘心理〙攻撃(性). ❷敵対心. ❸攻撃, 侵略(行為).

aggressiv [アグレスィーフ] 形 ❶攻撃[侵略]的な. ❷無謀な, 無茶な. ❸精力的な, 積極的な.

Aggressivität [アグレスィヴィテート] 女 (-/-en) ❶攻撃性, 攻撃[侵略]的なこと. ❷無謀, 無茶. ❸精力的なこと, 積極性.

Aggressor [アグレッソァ] 男 (-s/..soren [..ゾーレン]) 侵略者[国].

Agitation [アギタツィオーン] 女 (-/-en) 《主に単》 (政治的)扇動, アジ(テーション).

agitieren [アギティーレン] ((I)) 自 〈**für** [**gegen**] 4〉〈(人・物に賛成[反対]の)〉扇動運動をする, アジる. ((II)) 他 〘まれ〙扇動する.

Agrar·land [アグラーァ..] 中 農業国.

ah [アー] 間 ❶〈驚嘆・感嘆・安堵して〉ああ(よかった), あら(すてき), おや, まあ. ❷〈やっと理解して〉あっ(そうか), あはん, なるほど(そうか). ♦ **Ah so!** ああ, そうですか.

aha [アハ(ー)] 間 ❶〈やっと理解して〉あっ(そうか), ああわかった. ❷〈予想がたった今当たって〉そらね, ほうらね(そうでしょう).

Ahn [アーン] 男 (-s, -en/-en) 《主に複》先祖, 祖先.

ähneln [エーネルン] 自 〈3 (**in** 3)〉〈人・物に(点で)〉似ている.

ahnen [アーネン] 他 ❶〈未来の出来事に〉予感する. ★ dass副文もとる. ❷〈悪いことが起こるという〉悪い[妙な]予感がする.

Ahnin [アーニン] 女 (-/-en) (女性の)先祖, 祖先.

ähnlich [ɛːnliç エーンリヒ] (比較 ~er; 最上 ~st) 形 〈**wie** ...〉〈(...と)〉似ている, 同じような, 類似の; 〈3〉〈人・物3に〉(特に外見が)似ている. **oder Ähnliche(s)** 《物を数え上げていて》またはこれに類するもの, など, 等々 ((略:o. Ä.)). **und Ähnliches** 《物を数え上げていて》そしてこれに類するもの, など, 等々 ((略:u. Ä.)). 4級

..ähnlich 形 《名詞と》「...に似た, ...のような」: gottähnlich 神のような.

Ähnlichkeit [..カイト] 女 似ていること, 類似, 類同; 類似[近似]点.

Ahnung [アーヌング] 女 (-/-en) ❶ (悪い)予感, 胸騒ぎ, 虫の知らせ, 疑念, 懸念. ❷知識. ♦ **eine böse [dunkle, düstere] ~** いやな[おぼろげな]予感. **Keine ~!** 〘口〙《質問に答えて》

1 1格 2 2格 3 3格 4 4格

知りません,分かりません.

ahnungs·los [形]思いもよらない,いやな予感[胸騒ぎ,虫の知らせ]もない.

Ahnungs·losigkeit [..ローズィヒカイト] 囡 思いもよらないこと,いやな予感[胸騒ぎ,虫の知らせ]のないこと.

ahoi [アホイ] 間〖海〗おーい((他船や船員への呼びかけ)).

Ahorn [アーホルン] 男 (-s/-e) ❶《主に単》〖植〗カエデ(楓). ❷カエデ(の木)材.

Ähre [エーレ] 囡 (-/-n) 〖植〗穂.

Aids [エーツ] 囲 (-/-) エイズ,後天性免疫不全症候群((Acquired Immune Deficiency Syndrome の略)).

Aids·kranke(r) 男囡《形容詞変化》エイズ患者.

Aids·test 男 エイズ検査.

ais, Ais [アーイス] 囲 (-/-) 〖楽〗嬰(ネ_)イ音. ♦ais-Moll 嬰イ音短調. Ais-Dur 嬰イ音長調.

Akademie [アカデミー] 囡 (-/..mien [..ミーエン]) ❶アカデミー,芸術院,学士院. ❷(美術・音楽などの)専門大学,専門学校. ❸アカデミー[芸術院,学士院,芸術大学,専門学校]校舎.

Akademiker [アカデーミカァ] 男 (-s/-) 大学教育を受けた人,学卒者,学士. ◇**Akademikerin** 囡 (-/-nen).

akademisch [アカデーミッシュ] 形 ❶《付加または副》大学の,アカデミックな. ❷非実用的な,分かりづらい.

Akazie [アカーツィエ] 囡 (-/-n) 〖植〗アカシア.

akklimatisieren [アクリマティズィーレン] 再 sich⁴ 順応する,(気候風土に)馴れる.

Akkord [アコルト] 男 (-(e)s/-e) ❶〖楽〗和音,協和音,コード. ❷《単》出来高払い.

Akkordeon [アコルデオン] 囲 (-s/-s) 〖楽〗アコーディオン.

Akku [アクー] 男 (-s/-s)《略》= Akkumulator.

Akkumulator [アクムラートァ] 男 (-s/..toren [..トーレン])〖電〗蓄電池,バッテリー,二次電池((略:Akku)).

akkurat [アクラート] ((I))形〔最上 ~est〕綿密な,きちんとした,細心の注意を払った. ((II))副〔南ド・オストァ〕まさに,まさしく,ちょうど.

Akkusativ [アクザティーフ] 男 (-s/-e)〖文法〗(第)4格,対格((略:Akk.)).

Akkusativ·objekt 囲 4格[対格]目的語.

Akne [アクネ] 囡 (-/-n) 〖医〗痤瘡(ざそう);にきび.

Akribie [アクリビー] 囡 (-/) 〖書〗細心,綿密,緻密.

akribisch [アクリービッシュ] 形〖書〗細心の,綿密な,緻密な.

Akrobat [アクロバート] 男 (-en/-en)《弱》綱渡り師,軽業[曲芸]師. ◇**Akrobatin** 囡 (-/-nen).

Akrobatik [アクロバーティック] 囡 (-/) 曲芸[軽業,アクロバット](の練習).

akrobatisch [アクロバーティッシュ] 形 曲芸の(ような),軽業(タミ)の[的な],アクロバットの.

Akt¹ [アクト] 男 (-(e)s/-e) ❶行い,行為,行動,動作. ❷儀礼,儀式. ❸〖劇〗幕,段. ❹(ショーなどの)演目,出し物. ❺〖絵彫〗裸体,裸体画[像],ヌード.

Akt² (-(e)s/-en)〔南ド・オストァ〕= Akte.

Akte [アクテ] 囡 (-/-n)《主に複》(公)文書,議定書,決定書,(一件の)書類,調書,ファイル,記録. ♦zu den ~n legen〈事⁴を〉解決[決済]済みとする.

Akten·koffer 男 アタッシュ・ケース.

Akten·mappe 囡 紙ばさみ,ホルダー;書類かばん,ブリーフケース.

Akten·notiz 囡 (書類に書かれた)メモ,覚え書き.

Akten·ordner [..オァドナー] 男 (書類整理・保存用)ファイル,ケース,ホルダー,書類綴じ,綴じ込み,書類差し.

Akten·tasche 囡 書類かばん,ブリーフケース.

Akten·zeichen 囲 ファイルナンバー,書類整理記号.

..akter [..アクター] 男 (劇・戯曲)の「...幕物」 ◆ Einakter [Dreiakter] 1 [3]幕物.

Aktie [アクツィエ] 女 (-/-n) 【商】株, 株券, 株式.

Aktien-gesellschaft 女 株式会社 (略:AG).

Aktien-kapital 中 株式資本.

Aktien-markt 男 株式市場.

Aktion [アクツィオーン] 女 (-/-en) ❶ (共同の)行動, 活動, キャンペーン. ❷《複》行動, 行為, 動作. ❸【競】プレー, アクション. *in ~ treten* 行動を起こす, 活動を始める.

Aktionär [アクツィオネーア] 男 (-s/-e) 株主.

aktiv [アクティーフ, アクティーフ] 形 ❶ (↔ passiv) 積極的な, 能動[主動]的な. ❷ (↔ inaktiv) 活動的な[活発, 元気］な. ❸ 現役の, 活動中の, 活躍中の. ❹効力[効果]のある. ❺《主に付加》【化】活性の, 放射性の. ❻【言】能動(態[形])の. ◆ *~es Wahlrecht* 選挙権.

Aktiv [アクティーフ] 中 (-s/-e) 《主に単》【言】(↔ Passiv) 能動態[形].

Aktive(r) [アクティーヴェ[ヴァー], アクティーヴァー] 男女 《形容詞変化》現役メンバー[選手].

aktivieren [アクティヴィーレン] 他 ❶《4 (zu 3)》〈人4を(事3に)〉働かせる, 参加させる. ❷〈物4を〉促進させる, 活発化させる. ❸活性化する.

Aktivität [アクティヴィテート] 女 (-/-en) ❶積極性, 能動[主動]性. ❷活動(力), 活気, 活発, 元気. ❸効力, 効果. ❹【化】活性, 放射性. ❺能動(態, 形, 性).

aktualisieren [アクトゥアリズィーレン] 他 〈本4などを〉(改訂して)最新の [アップツーデイト]ものにする.

Aktualität [アクトゥアリテート] 女 (-/-en) (時の)話題性, 今日性, 最新流行性, 時事性.

aktuell [アクトゥエル] 形 目下話題の, 今日的な, 最新流行の.

Akupunktur [アクプンクトゥーア] 女 (-/-en) 【医】鍼術(しんじゅつ), 針療法.

Akustik [アクスティック] 女 (-/) ❶【理】音響学. ❷音響効果.

akustisch [アクスティッシュ] 形 音響(学)の; 音響効果の(良い); 聴覚の.

akut [アクート] 形 ❶差し迫った, 緊急の, 焦眉(しょうび)の. ❷ (↔ chronisch) 【医】急性の.

AKW [アーカーヴェー] 中 (-(s)/-(s)) 《略》Atomkraftwerk 原子力発電所.

Akzent [アクツェント] 男 (-(e)s/-e) ❶《単》(独特の)なまり, 口調. ❷力点, 重点, 強調. ❸【言】アクセント, 強勢. ❹ (フランス語などの)アクセント記号.

akzeptabel [アクツェプターベル] 形 (比較 akzeptabler) 引き受け[受け入れ]うる, 受諾[受容, 許容, 容認]しうる[できる], 一応満足できる.

akzeptieren [アクツェプティーレン] 他 ❶〈物4を〉受諾する, 受理する. ❷〈物4に〉甘んじる, 諦観する. ★falsch 副 文もとる. ❸〈物4を〉受け入れる, 容認する. ❹《4 (als ...)》〈人4を(...と)〉認める, 容認する.

à la [アラ] 前《1・4格支配》...風の[に], ...流の[に]; ...式の[に]; ...の流儀に従って[の], ...をまねて[た]. ◆ *à la mode* 最新流行の.

Alabaster [アラバスター] 男 (-s/-) 【鉱】雪花石膏(せっかせっこう), アラバスター.

à la carte [アラカルト] 献立表によって, お好み[一品料理]で.

Alarm [アラルム] 男 (-(e)s/-e) ❶警報. ❷警報状態, 非常事態. *~ schlagen* 注意を喚起する, 警報を出す. *~ auslösen [läuten]* 警鐘を鳴らす.

alarm-bereit 形 警戒態勢の(整った), 警戒待機中の.

Alarmbereitschaft 女 (-/) 警戒態勢, 警戒待機中, 警報発令状態.

alarmieren [アラルミーレン] 他 ❶〈人4に〉急報する, 出動を要請する. ❷〈物4が〉〈人4を〉不安に陥れる, 驚かす; 〈人4に〉危急を告げる.

Alarm-stufe 女 警戒[危険]段階.

Albatros [アルバトロス] 男 (-/-se) 【鳥】アホウドリ (信天翁).

albern [アルバァン] 形 ❶《軽蔑》ばかば

かしい，くだらない，子供じみた． ❷〔口〕取るに足りない，たわいない．

Albernheit [..ハイト]囡⟨-/-⟩ 愚かな行為，ばかげたこと，へま，たわごと．

Albino [アルビーノ]男⟨-s/-s⟩ 先天性色素欠乏症の白子(ﾊｸｼ)．

Albtraum [アルプトラオム]男 ❶ 悪夢，うなされてみた夢．❷ 恐ろしいこと，恐怖感，(精神的な)負担．

Album [アルブム]中⟨-s/Alben,〔口〕-s⟩ ❶〔写真・切手などの〕アルバム．❷〔CD・レコードなどの〕アルバム．

Alge [アルゲ]囡⟨-/-n⟩〖植〗藻(ﾓ)，藻類(ｿｳﾙｲ)．

Algebra [アルゲブラ]囡⟨-/-⟩〖数〗代数(学)．

alias [アーリアス]《名前と名前の間に入れて》またの名は，別名は．

Alibi [アーリビ]中⟨-s/-s⟩ ❶〖法〗アリバイ，現場不在(証明)．❷ 言い逃れ，言い訳，口実．

Alkohol [アルコホール，アルコホール]男⟨-s/(種類)-e⟩ ❶〖化〗アルコール，酒精．❷《単》アルコール飲料，酒類．**4級**

alkoholabhängig 形 アルコール依存(症)の〔中毒の〕．

alkohol-frei 形《副なし》アルコール分のない，ノンアルコールの．

Alkoholiker [アルコホーリカー]男⟨-s/-⟩ 飲酒常習者，アルコール中毒者．

alkoholisch [アルコホーリッシュ]形 アルコール(飲料)の．

Alkoholismus [アルコホリスムス]男⟨-/⟩ 飲酒癖，〖医〗アルコール中毒．

Alkohol-konsum 男 酒の消費，飲酒．

Alkohol-missbrauch 男 酒の悪習〔悪癖〕．

Alkohol-sucht 囡 アルコール中毒．

alkoholsüchtig [アルコホーリズュヒティヒ]形 アルコール中毒の．

Alkohol-vergiftung 囡 アルコール中毒．

all [al アル]冠⟨不定数詞《dieserと同じく，allに続く形容詞は弱変化する；allの前に冠詞は置かれない⟩ ❶《複数名詞を修飾して》= alle． ❷《単数名詞を修飾して》= aller． ♦**alle [all] die Menschen** その人たち全員〔皆〕． ♦ 他の冠詞の前に立つ，名詞が不可算名詞の場合は all は無変化：**all das [sein, dieses] Geld** その〔彼の，この〕金全部． ★比較：**das ganze Geld** その金全部． ただし，**alle Tage** 毎日(「毎日」は **jeden Tag** が普通)． **den ganzen Tag** 一日中．

all..〈形容詞に付いて〉❶「毎，定期的な」：**allsonntäglich** 毎週日曜日の． ❷〈強調して〉「まったく，よく」．

All [アル]中⟨-s/-⟩ 宇宙．

alle[1] [álə アレ]⟨(I)⟩冠⟨不定数量⟩(⇒aller)． ❶ 全ての，あらゆる，全部の，全ての，全…，ありったけの；どの…も． ❷《数量詞と共に4格形で》毎…，…の間隔を置いての． ★方言では aller という2格形になることもある． ♦**alle Freunde** 友人全員を〔が〕 ★比較：**jeder Freund** どの友人も． **alle vier Kilometer** 4キロごとに． ⟨(II)⟩代⟨不定⟩《複数形》みんな，全員，全ての人． ★2格形 aller はまれにしか用いられない．**wir alle** 私達全員，我々みな． ★人称代名詞の後ろに立つ：**Wir tragen alle die Schuld.** 我々全員にその責任があります． ★強調：**Alle tragen wir die Schuld.**

alle[2] 副〔口〕なくなった，使い果たした，尽きた，終わった．

all(e)dem [アル[レ]デーム] ♦ **von ～** その全てについての〔の〕． **bei [trotz] ～** それ[それら全て]にもかかわらず．

Allee [アレー]囡⟨-/-n⟩ 並木路．

allein [aláin アライン]⟨(I)⟩形《述語》❶ただひとりの，ひとりぼっちの． ❷孤独な，寂しい． ♦ **～ bleiben** ずっと一人〔独身〕である． 4 **～ lassen** 人を一人にする． **von ～** ひとりでに，自分で，自分から，おのずから． ⟨(II)⟩副 ❶ 一人で；独力で，自力で，誰の手も借りず． ❷ (…)だけ． ★強調：**ganz ～, nur ～, ～ nur.** ❸ (…)だけでも(すでに)． ★強調：**schon ～ … = ～ … schon. nicht ～ …, sondern auch …** …だけでなく(…も)．⟨(III)⟩接《並列》〈文〉しかしながら，しかるに．**4級**

4 1格 2 2格 3 3格 4 4格

Allein.. 《名詞に付いて》「ただ一人だけに属する，独占的な」：Alleinverkauf 独占販売，専売．

alleine [アライネ] 形《述語または副》(口) = allein.

Allein-gang 男 ❶ 単独(行)．❷ [スポ] 単独プレー．

alleinig [アライニヒ] 形《付加》❶ 唯一の，ただ一人[一つ]の，単独の，唯一の．❷《やや古》身寄りのない，独身の，孤独な．

Alleinstehende(r) [アラインシューテーエンデ[ダー]] 男女《形容詞変化》身寄りのない人，独身の人，孤独な人．

allem [アレム] (I) 冠《不定数量》⇨aller (男性・中性単数3格形)．(II) 代《不定》⇨alles (3格形)．

allemal [アレマール] 副 (口) ❶ (いつだって)きっと，必ず．❷《質問に対する答えとして》もちろん，そうです．❸《北ドイ》(これまで)ずっと，いつも．

allen [アレン] (I) 冠《不定数量》⇨aller (男性4格形・複数3格形)．(II) 代《不定》⇨allen (3格形)．

allenfalls [アレンファルス] 副 ❶ 場合によっては．❷ (口)《しばしば皮肉》良くても，せいぜい；多くても．

aller [アラー]

格	男性	女性	中性	複数
1	aller	alle	alles	alle
2	alles	aller	alles	aller
3	allem	aller	allem	allen
4	allen	alle	alles	alle

(I) 冠《不定数量》《単数形の物質名詞や抽象名詞などを修飾して；⇒ all》全ての，全部の，全…，あらゆる，ありったけの，できる限りの．◆alle Zeit 全ての時間．mit aller Kraft 全力で，全力をあげて．Es bedurfte allen Mutes. もてる限りの勇気が必要でした．★ 男性・中性の単数2格は通例，名詞が－(e)s の語尾を持つので allen となる．ただし慣用句は:die Wurzel alles Übel 諸悪の根元．(II) 代《不定》⇨alle (2格形)．

aller.. 〈形容詞・副詞に付いて〉《最上級の意味を強めて》「(あらゆる物の中で)最も」：allerbest 最上の，最上の．

allerdings [アラーディングス] 副《不変化詞》❶《アクセントなしで；丁寧な制限を表して》ただし，もっとも，そうはいっても．❷《アクセントをおいて；強い肯定；懐疑・制限を含めながら，質問に対する答えとして》もちろん，決まってるじゃないか (いつものようにだけどね，残念だけどね). **4級**

Allergie [アラギー] 女 (–/..gien [..ギーエン]) 医〈gegen 4〉〈物に対する〉アレルギー，異常過敏症．

allergisch [アレァギッシュ] 形 **gegen** 4〈物に対して〉アレルギー(性)の．◆～ auf 4 reagieren (口) 人・物にアレルギー反応を起こす，過敏に反応する．

allerhand [アラーハント] (I) 冠《不変化；付加》種々の，さまざまな，色々な．(II) 代《不定》種々の事[物]，さまざまな事[物]，色々な事[物]．

Allerheiligen [アラーハイリゲン] 中 (–/–) [カト] 万聖節 ((11月1日；諸聖人の霊をまつる)).

allerlei [アラーライ] (I) 冠《不変化；付加》種々の，さまざまな，色々な．(II) 代《不定代名詞》種々の事[物]，さまざまな事[物]，色々な事[物]．

Allerlei [アラーライ] 中 (–s/–) 混合物，ごった煮．

allerletzt [アラーレッツト] 形 ❶ 最後の．❷《付加》(口) ひどい，最低の．

allerliebst [アラーリープスト] 形 ❶ 最愛の．❷ 非常に可愛らしい．

allerseits [アラーザイツ] 副 ❶ (口) 皆さまに，みなさんに．❷ 各方面に[から]．

Allerwelts.. [アラーヴェルツ...] 《名詞に付いて》(主に軽蔑)「月並みな，平凡な (従って興味もない)」．

alles [アレス] (I) 冠《不定数量》⇨aller (男性単数2格，中性単数1・2・4格形)．(II) 代《不定》《中性単数1・2・4格形》❶ 全てのこと[もの]．❷ (口)《集合的に》全員，すべての人々．◆alles das [das alles, all das] その全てのこと[もの]. Alles ist in Ordnung. 全て順調です[うまくいっています]. Es ist nicht alles Gold, was glänzt. 輝くもの必ずしも金ならず. *alles in allem* 全体から見れば、全体として、何もかも. *vor allem* 主に, 特に, とりわけ. *Alles Gute!* お元気で《別れの挨拶》.

allesamt [アレザムト] 副 全員(いっしょに), ことごとく.

Alles･kleber 男 万能接着剤.

allgemein [álgəmáin アルゲマイン] (I) 形 ❶《付加》(世間)一般の, みんなの; 公共の, 共通の, 普通の. ❷ (↔ speziell)一般的な, 全般的な, 全体的な. ❸《主に軽蔑》大まかな, 大ざっぱな, おおよその. ◆die ~e Lage 全般的状況. die ~e Meinung 世論. *im Allgemeinen* 一般に, たいてい, 全体として. (II) 副 (↔ nirgends)一般に, 全般的に, 全体的に, みんなから. ◆~ bekannt 周知の. ~ gesprochen 総じて[全般的に]言えば. 4級

Allgemeinheit [アルゲマインハイト] 女(–/–en)❶《単》一般大衆, 社会全体, 万人, 公衆. ❷《単》概略, 大まかなこと. ❸《複》ありふれた言い回し, 月並みな表現.

Allgemein･medizin 女 一般医学.

Allheil･mittel [アルハイル..] 中《主に軽蔑; 皮肉》万能薬, 特効薬.

Alligator [アリガートァ] 男(–s/..toren [..トーレン]) 動 アリゲーター((アメリカ・中国に生息するワニ)).

Alliierte(r) [アリイーアテ[ター..] 男《形容詞変化》同盟者[国] *die ~n* 複 (両世界大戦の対ドイツ)連合国.

alljährlich [アルイェーァリヒ] 形《付加または副》毎年の, 例年の, (毎)年1回の.

allmächtig [アルメヒティヒ] 形《副なし》全能の, 無限の力を持った.

allmählich [almɛ́ːlɪç アルメーリヒ] 形 (↔ abrupt) 徐々の, ゆっくりとした, ゆるやかな, 漸次の. 4級

Allround.. [オールラウンド..] 《名詞に付いて》「多芸の, 多才の, オールラウンドの, 万能の」: Allroundspieler 万能選手, オールラウンド・プレーヤー.

allseitig [アルザイティヒ] 形 あらゆる方面からの, 多岐にわたる, 各方面の, 全般の.

allseits [アルザイツ] 副 あらゆる方面に[から], 多方面に[から], どの[各]面でも[からも].

Alltag [アルターク] 男(–(e)s/–)《主に単》❶ 日常, 単調な[ありふれた]毎日, 平凡な日々. ❷ (日曜祭日以外の)平日, 仕事日.

alltäglich [アルテークリヒ, アルテークリヒ] 形 ❶ いつもの, ありふれた, 平凡な, 毎日[日々]の, 日常の. ❷《付加または副》平日の.

allzu [アルツー] 副 あまりに(も…すぎる).

All･zweck.. 《名詞に付いて》「多目的の」: Allzweckhalle 多目的ホール.

Alm [アルム] 女(–/–en) (アルプス山上の)高原放牧場, 高原牧草地.

Alm･hütte 女 (高原放牧場の)小屋.

Almosen [アルモーゼン] 中(–s/–) はした金.

Alp [アルプ] 女(–/–en) (スイス) アルプス山腹の牧場[牧草地].

Alpaka [アルパカ] 中(–s/–s) ❶ 動 アルパカ (南米産の羊に似た毛の長い家畜). ❷《単》アルパカの毛(織物).

Alpe [アルペ] 女(–/–n) (スイス) = Alpen; (スイス) = Alm.

Alpen [アルペン] 複《die ~》アルプス山脈.

Alpen･rose 女 植 シャクナゲ(石南)属.

Alpen･veilchen 中 植 シクラメン.

Alphabet [アルファベート] 中(–(e)s/–e) アルファベット, 字母; ABC.

alphabetisch [アルファベーティッシュ] 形 アルファベット(順)の.

Alp･horn 中 アルペンホルン ((長い角笛)).

alpin [アルピーン] 形 ❶《副なし》アル

Alpinist

ブス(地方)の, 高山(性)の. ❷《付加》(スキーの)アルペン種目[競技]の((回転(Slalom)・大回転(Riesenslalom)・滑降(Abfahrtslauf))). ❸(アルプス)登山の.

Alpinist [アルピニスト]男(-en/-en)《弱》アルピニスト, アルプス登山家. ◇**Alpinistin** 女(-/-nen).

Alp·traum = Albtraum.

als [als アルス]接《(I)》《従属》《過去における一度の出来事を表して》...したとき(に). ★wenn は過去における反復的出来事を表す. ◆vor einem Jahr, ~... した1年前に. ◆《(II)》《比較級の後で比較の対象を示して》...と比較して, よりも. ◆Er ist größer ~ ich. 彼は私よりも背が高いです. Sie ist mehr weise ~ klug. 彼女は利口というよりは聡明です. ★(1) 二つの「として」のalsを比較する場合は, denn を用いる: mehr ~ Dichter denn ~ Arzt 医者としてよりはむしろ作家として. ★(2)(soと呼応して) wieの代わりに als が用いられることもある: so bald [schnell] ~ möglich できるだけ早く. **alles andere ~** (...であるとは)とんでもない, 全く(...では)ない. **~ ob** 1) あたかも(...であるかの)ように. 2)《副文が独立して》まさか...ではあるまいに: Er ging, ~ ob er lahm sei [wäre]. = Er ging, ~ sei [wäre] er lahm. 彼は足が不自由であるかのように歩いた. **~ wenn** 1) まるで...(であるか)のように. 2)《副文が独立して》まさか...ではあるまいに. **anders ~** ...とは違う, 異なっている. **kein anderer ~** ある人以外の誰[何者]も...しない, ある人の外には...しない, ...しない. **nichts (anders) ~** ...以外の何物も...ない, ...しか...しない. **was [wer, wo, ...] sonst ~** ...以外の何が[を][誰が, どこで...] ...するのであろうか (その物[人, そこ...]がそうなのである). 《(III)》接《修飾する名詞句と格を一致させて》...として. ◆der Ruf seines Vaters ~ Arzt 彼のお父さんの医師としての評判. ★als が修飾する名詞句が2格の場合は, als 内の名詞句は1格となる. ~

Kind 子供の頃. **zu ...**《形容詞》**, ~ dass ...** あまりに(も)... すぎて...でない ((...するには...すぎる)). 4級

also [álzo アルゾ]副《(I)》❶《接続詞的》それゆえに, したがって, だから. ❷《列挙してある例をまとめて》つまり. ◆Ich denke, ~ bin ich. 我思う, 故に我あり. 《(II)》《不変化詞》❶《話を終わらせる時に, または話を促して》(それ)では, (それ)じゃあ. ❷《アクセントなしで》《もう一度確認して, またはしばらくしてからもう一度取り上げて》つまり, 要するに. ❸《アクセントなしで》《急に確信して》そうだったのか. ❹《アクセントをおいて》《口》《説明などの前に》さて, ええと, ところで. ~ dann それじゃあ, または, ね. **Na ~ !** (口)それみろ, ほらごらんなさい, 言った通りでしょう. 4級

alt [ált アルト](比較級 älter; 最上級 ältest) 形 ❶ (↔ jung)《年》老いた, 年とった, ふけた; 老いぼれの, 老獪(ろうかい)の; 年上の, 年長の. ❷(↔ neu)《副なし》古い, 年月を経た, 過ぎ去った; 年輪を感じさせる, 経験を積んだ, 老練な; 使い古しの, 中古の; 古びた, 古ぼけた; 旧態依然の. ❸《数詞を伴って》(年齢が)...歳の, ...の年月がたった. ❹ (↔ frisch) 古くなった, 新鮮でない. ❺《付加》昔なじみの, 懐かしい. ❻月並みの, 陳腐な, 分かりきった. ❼《付加》昔(から)の, 古来(から)の, 昔ながらの. ❽ (↔ modern)《付加》古代の, 古典の. ❾《付加》年代ものの. ❿《付加》以前の, かつての, 元の. ⓫《付加》《口》《軽蔑》いまいましい, 憎ったらしい. **Alt und Jung**《名詞的に》老いも若きも. **Es bleibt alles beim Alten.** 全て昔のままである, 何もかもこれまで通りである, 相変わらずである. **immer noch der [die] alte sein** (口)相変わらず昔のままである, 変わっていない. 5級

Alt [アルト]男(-(e)s/-e)《楽》❶アルト, 中高音(女声及び少年声の最低音). ❷アルト歌手; アルト声部; アルト楽器.

Alt..《名詞について》❶「(リサイクルに

① 1格 ② 2格 ③ 3格 ④ 4格

する)古い」:Altpaier 古紙. ❷「以前の」:Altbundeskanzler 前連邦首相.

Altar [アルターァ]男[(-e)s/Altäre]【宗】❶祭壇, 供物台. ❷聖餐台, 聖体拝領台.

Alt·bau·wohnung 女古いアパート, 古い住まい.

altbekannt [アルトベカント]形昔から有名な, 古くから知られた, 旧知の.

Altenheim [アルテンハイム]中[(-e)s/-e] 老人ホーム.

Alten·pfleger 男老人介護[看護]ヘルパー, ホームヘルパー.

Alten·tages·stätte 女老人センター.

Alte(r) [アルテ[ター]]《形容詞変化》
((I))男女

格	男性	女性	複数
1	der Alte	die Alte	die Alten
2	des Alten	der Alten	der Alten
3	dem Alten	der Alten	den Alten
4	den Alten	die Alte	die Alten
1	ein Alter	eine Alte	Alte
2	eines Alten	einer Alten	Alter
3	einem Alten	einer Alten	Alten
4	einen Alten	eine Alte	Alte

❶老人, 年長者. ❷《口;軽蔑》親;伴侶;上役, ボス.
((II))中《単》

格		
1	das Alte	etwas Altes
2	des Alten	
3	dem Alten	etwas Altem
4	das Alte	etwas Altes

古い事[物]. ♦am Alten hängen 古いものに執着する.

Alter [アルター]中[(-s/)]❶年齢;年数, ❷時代, 世. ❸高齢, 老年, 熟年. ❹長い年月, 歳月. ❺〈集合的に〉老人, 年寄り, 年長者, 年輩. ❻ある年

齢層. ♦im ~ von 70 Jahren 70歳で[の].

älter [エルター]形❶《alt の比較級》年上の, 年長の. ❷《副なし》中年の;より古い;比較的古い. ❸《副なし》《婉曲》年配の;高年の, 初老の, 中年過ぎの.

altern [アルタァン]((I))自⑤ⓗ❶(目に見えて)老ける, 老化する, 老衰する. ❷(物質が)経年変化をする. ((II))他(見た目に)老けさせる;(ワインなどを人工的に)熟成する;エージングする.

alternativ [アルタナティーフ]形二者択一の;(従来とは)別の, 代替の.

Alters·genosse 男同年輩[同時代]の者.

Alters·gruppe 女年齢グループ.

Alters·heim [アルタースハイム]中 老人ホーム.

Alters·rente 女養老年金.

alters·schwach 形《副なし》老衰した;老朽した.

Alters·schwäche 女老衰.

Alters·stufe 女年齢層.

Alters·versorgung 女養老制度[手当].

Altertum [アルタートゥーム]中[(-e)s/..tümer]❶《単》古代 (特にギリシア・ローマ). ❷:《複》古代の遺物, 骨董(ｺﾞﾄｳ).

ältest [エルテスト]形《alt の最上級》最年長の;最古の.

Alt·glas 中再生用ボトル[ビン].

alt·hochdeutsch 形古高ドイツ語の ((750–1050年の高地ドイツ語;略:ahd.)).

altklug [アルトクルーク]形ませた, こしゃくな, 小利口な.

Alt·lasten 複有害な産業廃棄物(による汚染区域).

ältlich [エルトリヒ]形やや年とった(ような), 初老の(ような).

Alt·material 中再生資源.

alt·modisch 形流行[時代]遅れの, 古風な.

Alt·papier 中古紙.

Alt·stadt 女旧市街地.

① 1格 ② 2格 ③ 3格 ④ 4格

Alt·waren·händ·ler 男 古物商, 中古品業者, 骨董屋.

Alu [アール] 中 (-s/)《略》= Aluminium.

Aluminium [アルミーニウム] 中 (-s/) アルミニウム（《記号：Al》）.

am [アム] an と dem の融合形 (⇨ an I). **5級**

Amalgam [アマルガーム] 中 (-s/-e) 〖化〗アマルガム；(比)混合物.

Amateur [アマテーァ] 男 (-s/-e) しろうと, アマチュア, (芸術・スポーツの)愛好家. ◇ **Amateurin** 女 (-/-nen).

Amboss [アンボス] 男 (-es/-e) (鍛冶屋の)金床(なえ), 鉄敷(なえ); 〖解〗(耳の)砧骨(きぬた).

ambulant [アンブラント] 形 移動[遍歴]する; 〖医〗外来[通院]の.

Ambulanz [アンブランツ] 女 (-/-en) (病院の)外来診療部; 救急車, 患者運搬車.

Ameise [アーマイゼ] 女 (-/-n) アリ (蟻); (比)勤勉家.

Ameisen·bär 男 〖動〗オオアリクイ.

Ameisen·haufen 男 蟻塚, 蟻の塔.

amen [アーメン] 副 アーメン, かくあれかし《キリスト教の祈りの結語》.

Amen [アーメン] 中 (-s/-) 〖宗〗アーメン; 同意, 承諾, 是認; 結末.

Amerika [アメーリカ] 中 (-s/) ❶ アメリカ大陸. ❷ アメリカ合衆国《die Vereinigte Staaten von Amerika; USA》.

Amerikaner [アメリカーナー] 男 (-s/-) ❶ アメリカ人. ❷ アメリカン《ケーキの一種》. ◇ **Amerikanerin** 女 (-/-nen) (女性の)アメリカ人.

amerikanisch [アメリカーニッシュ] 形 アメリカ(人・語)の.

Aminosäure [アミーノゾイレ] 女 (-/-n) アミノ酸.

Ammann [アンマン] 男 (-(e)s/..männer) (スイス)郡長, 長官.

Amme [アメ] 女 (-/-n) 乳母(うば); 保母; 産婆.

Amnestie [アムネスティー] 女 (-/..stien [..スティーエン]) 大赦, 恩赦.

amnestieren [アムネスティーレン] 他〈人 4〉に大赦[恩赦]を施す.

Amöbe [アメーベ] 女 (-/-n) 〖動〗アメーバ.

Amok [アーモク, アモック] 男 **Amok laufen** 錯乱状態で走り回り, 手あたりしだいに人を殺す. **Amok fahren** 錯乱状態で車を乗り回す.

Ampel [アンペル] 女 (-/-n) ❶ (交差点の)信号機, 交通信号(灯). ❷ つりランプ. ❸ つるし花鉢. ❹ (聖体の前の)常明燈. ❺ アンプル. **4級**

Amphibie [アンフィービエ] 女 (-/-n) 《主に複》〖動〗(水陸)両棲(せい)類(動物); 〖軍〗水陸両用機[車].

Amphibien·fahrzeug 中 水陸両用車.

Amphi·theater [アンフィー..] 中 (-s/-) ❶ (古代ローマの)円形の大演技場[劇場]. ❷ (近代劇場の)半円形のひな壇式観覧席.

Ampulle [アンプレ] 女 (-/-n) 〖医〗アンプル.

Amputation [アンプタツィオーン] 女 (-/-en) 〖医〗(身体部分の外科的な)切断(術).

amputieren [アンプティーレン] 他 (手術で)切断する.

Amsel [アムゼル] 女 (-/-n) 〖鳥〗クロウタドリ《ツグミ科》.

Amt [アムト] 中 (-(e)s/Ämter) ❶ 公務, 官職, 公職; 役目, 職務; 地位; 職権; (比) 責務, 使命. ❷ 官庁, 役所, 省; 裁判所; 会議所; 官邸. ❸ 局, 署; 電話(交換)局. ❹ 行政, 司法; 管轄[行政]区域. ♦ das Auswärtige ~ 外務省. **von ~s wegen** 職務上, 職権をもって.

Ämter Amt の複数形.

amtieren [アムティーレン] 自 ❶ 《...として》務める; 役割を果たす. ❷ 代行する.

amtlich [アムトリヒ] 形 ❶ 官の, 公の, 職務上の. ❷《述語》保証付きの, 確実な, 確定している.

Amt·mann 男 (-(e)s/..männer, ..leute) ❶ 上級官吏, 役人, 法官; 長官, 上司; 郡長; 領地主務官.

① 1格 ② 2格 ③ 3格 ④ 4格

Amts·arzt 男《厚生省の》保健医, 衛生技官.
Amts·gericht 中区[地方]裁判所.
Amts·handlung 女(–/–en) 職務(行為), 務め.
Amts·sprache 女公用語.
Amulett [アムレット] 中(–(e)s/–e) 災難[病魔]よけ, 護符, お守り.
amüsant [アミュザント] 形楽しい, おもしろい.
amüsieren [アミュズィーレン]《(I)》他楽しませる, 慰める.《(II)》再 sich⁴ 打ち興ずる, 楽しむ. ◆sich⁴ über ④ ~ 物⁴を楽しむ, 人⁴をからかう.《過 amüsierte; 過分 amüsiert》
an [an アン]《(I)》前《3・4格支配》
  Das Bild hängt **an der** Wand.
  その絵は壁に掛かっています.
  Er hängt das Bild **an die** Wand.
  彼はその絵を壁に掛けます.
  A《位置を表す3格と; am = an dem》❶《空間的》**(a)**《接触・付着》…に(くっついて[接して]). **(b)**《近接》…ぎわに[で], …のそばに[で], …のはて[に]. ◆an der Grenze 国境で. die Früchte am Baum 木になっている果物 //★die Vögel auf dem Baum 木にとまっている鳥). an dieser Stelle この箇所で((★auf der Stelle は「その場で, すぐに」の意)). an der Ecke (外から)かどに[で]((★in der Ecke は「(内から)かどに, 角に」の意)). ❷《時間的; 主に日に関係して》…に. 月の場合は in: im Januar 1月に((注意: am 9.5.(1991)(1991年)5月9日に)). **am Morgen** 朝(に). an Weihnachten《南ド》クリスマスに. ★zuを用いると目的の意味が加わる: zu Weihnachten クリスマス(のため)に. ❸**(a)**《物を用いて》…を, を頼りに[使って, 利用して]. **(b)**《認識の根拠》…で, …から(見て). ④ an der Hand führen 人の手を取って案内する. ❹《勤務先》…に(勤めている). ◆Schauspieler an einem Theater sein 劇場の俳優である. ❺《まだ変わらずに進行中である》…中で, …に携わって. ◆

an der Arbeit sein 仕事中である. ❻《名詞と形容詞のより詳しい規定》…について[関して]((★knapp an ihm に用いられる)). ◆an ③ reich [arm] sein 物³に富む[乏しい]. Was besitzt er noch an Immobilien? 彼はまだどのくらい不動産を所有していますか. ❼《病気の原因》…に[で], …のせいで. ◆an einer Krankheit sterben ある病気で死ぬ. ❽《最上級; am ...sten 性の形で》一番[最も] …で. ❾《形容詞の名詞化とう》◆Das Neue an dem Konzept ist, dass ... このコンセプトの新しさは…である. ❿《動作の場所・体の部分を示して》◆am ganzen Leibe zittern 体じゅうが震える. ⓫《特定の動詞・形容詞・名詞と》◆Interesse an ③ haben 物³に関心を持つ. an ③ zweifeln 人・物³を疑う. B《運動の方向を表す4格と; ans = an das》❶《空間的; 接触・接近》…に[へ](接して), …のきわへ, …側へ, …脇へ. ◆ans Fenster 窓辺へ. an den Strand 浜辺へ. ★浜辺に接触することを含意しないのならば zum Strand gehen (海辺に向かって行く). ❷《仕事・研究の場所》…へ[に]. ◆ans Krankenhaus gehen 病院へ行っている. ❸《宛て先・依頼先》…へ, …宛に. ◆Ich habe eine Bitte an Sie. あなたに一つお願いがあります. ❹《特定の動詞と》◆an ④ denken 人・物⁴のことを考える. **an sich³** それ自体[自身]として; 身に備わって[付いて]. **an (und für) sich** それ自体[自身]として; 本当は, 厳密に言えば. **an was**（口）= woran. **bis an** ④ 時間・場所まで. ④ **an** ④《無冠詞の同一名詞2語と共に; 密接していることを表して》: Schulter an Schulter [Rücken an Rücken, Kopf an Kopf] stehen ひしめき合って[ぎっしりと]立っている.
《(II)》副 ❶《交通機関の到着; 時刻表で》(↔ ab)着. ◆München an [an München] 12.10 ミュンヒェン着12時10分. ❷《von ... an の形で; 始点を示して》…から. ◆von hier an ここか

① 1格 ② 2格 ③ 3格 ④ 4格

ら. von heute an 今日から. ❸《an (die) ...の形で；概数を示して》(口) 約, おおそ, 近く. ◆Er ist an die 80 Jahre alt. 彼は80近い年齢[80歳ぐらい]です. ★後続する名詞の格にかかわりなく an (die)という形が用いられる. ❹(a)《スイッチの入った状態；特に要求表現で》ついて(いる). (b)《省略表現として》(口)〈着衣を〉身に付けて. ◆Licht an! 電気をつけて. Nur rasch den Mantel an und weg von hier! さっさとコートを着てここを立ち去れ! !5級

an.. 《前綴り》《分離》❶「付着」：ankleben 貼り付ける. ❷「短い時間・少しの程度の行為」：anbraten さっと焼く. ❸「人・物への方向・対象」：anbellen 人に向かって吠える. ❹「動作・状態の開始」：anrosten 錆び始める. ❺「持続」：anhalten 持続する.

analog [アナローク]形 ❶《(zu) ③》(書)〈人・物³に〉類似[相似]の. ❷〔ﾋﾟｭｰﾀ〕(↔digital)アナログ(方式)の.

Analphabet [アナルファベート, アナルファベート]男(-en/-en)無学[文盲]の人, 読み書きの出来ない人. ◇ Analphabetin 女(-/-nen).

Analyse [アナリューゼ]女(-/-n) ❶分析. ❷(↔Synthese)〔化〕分析. ❸〔心〕心理分析.

analysieren [アナリュズィーレン]他 ❶〈物⁴を〉分析する. ❷〈人⁴の〉精神分析をする. (過 analysierte；過分 analysiert)

analytisch [アナリューティッシュ]形 分析(的)の；解析の.

Ananas [アナナス]女(-/-, -se)〔植〕パイナップル.

Anarchie [アナヒー]女(-/..chien [..ヒーエン])無政府(状態), アナーキー, 無統制；無秩序, 混脈.

Anarchist [アナヒスト]男(-en/-en)無政府主義者, アナーキスト. ◇ Anarchistin 女(-/-nen).

Anästhesie [アネステズィー, アネス..]女(-/..sien[..ズィーエン])〔医〕 ❶(主に麻酔による)知覚麻痺, 無感覚. ❷麻酔(法). ◆lokale ~ 局所麻酔.

anästhesieren [アネステズィーレン, アネス..]他〈人⁴に〉麻酔をかける.

Anästhesist [アネステズィスト, アネス..]男(-en/-en)《弱》麻酔医. ◇ Anästhesistin 女(-/-nen).

Anatomie [アナトミー]女(-/..mien [..ミーエン]) ❶《単》解剖学. ❷(人体の)解剖学的構造[組織, 形態].

anatomisch [アナトーミッシュ]形 《副なし》解剖学(上)の.

an|bahnen ((I))他〈物⁴のための〉準備をする, 道を開く, 開拓をする. ((II))再 sich⁴〈物¹が〉開ける, 起こり始める,〈物¹の〉兆しが現れる[見える].

an|bandeln (南ドイツ・オーストリア)= an|bändeln.

an|bändeln [アンベンデルン]自 〈mit ③〉(口)〈人³を〉引っかけようとする.

An.bau 男(-(e)s/-ten) ❶《単》増築, 建て増し. ❷増築[建て増し]部分, 新館, 別棟. ❸《単》耕作, 栽培.

an|bauen 他❶《④ (an ④)》〈物⁴を(物⁴に)〉増築する, 建て増しする. ❷〈物⁴を〉耕作する, 栽培する.

anbei [アンバイ, アンバイ]副(書)ここに添付して, ここに添えて[同封して].

an|beißen* ((I))他〈物⁴に〉かみつく, 一口かじる. ((II))自❶〈魚⁴が〉(餌に)食いつく. ❷《auf ④》(口)〈物⁴に〉飛びつく, 乗る.

an|belangen 他〈人・物⁴に〉関係する.

an|beten 他❶〈人⁴を〉崇拝する. ❷〈人・物⁴を〉礼賛する, 賛美する, 心酔する.

An.betracht 男 in ~ ② (書)事²を考慮して, 物²の点から見て.

an|betreffen* 他 was ④ anbetrifft (書)人・物⁴に関して.

an|betteln 他《④ (um ④)》〈人⁴に(物⁴の施しを)〉請う, せがむ.

Anbetung [アンベートゥング]女(-s/-en)《主に単》崇拝, 礼賛, 賛美, 心酔.

an|biedern [アンビーダン]再 〈sich⁴〉《bei ③》(軽蔑)〈《人³に》〉おべっかを使う, ゴマをする.

an|bieten* [アンビーテン] ((I))他

①1格 ②2格 ③3格 ④4格

31 einunddreißig　　　　　　　　　　　　　　　　　　**ändern**

⟨③ ④⟩ ❶⟨・⟨人³⟩に物⁴を⟩提供する, すすめる, 提案する. ❷⟨⟨人³⟩に物⁴を⟩売り込む. ♦ ~ ...⟨zu 不定詞⟩人³に...することを申し出る. ♦ Darf ich Ihnen eine Tasse Kaffee ~? コーヒーを一杯いかがですか. ⟨⟨II⟩⟩ 再 sich⁴ ❶⟨③⟩⟨⟨人³⟩に⟩用意があることを申し出る. ❷⟨**für**⟩⟨⟨物⁴にとって⟩⟩もっとも[適当]である, うってつけである, 適している.

an|binden* 他④ ⟨③ ④⟩⟨人・物⁴を⟨物³·⁴に⟩⟩つなぐ;縛り[結び]付ける.

An·blick 男 ❶⟨単⟩見ること, 一見, 一目. ❷眺め, 光景, 様相.

an|blicken 他⟨人・物⁴を⟩(じっと)見る, 注視する.

an|blinken 他⟨人⁴に⟩(車のライトで)合図する.

an|blinzeln 他⟨人⁴に⟩まばたきしてサインを送る, 目配せする, ウインクする.

an|brechen* ⟨⟨I⟩⟩ 他⟨物⁴を⟩(消費するために)開ける, ⟨樽⁴などの⟩口を開ける, 封を切る. ⟨⟨II⟩⟩ 自⑤⟨書⟩現れ始める, 始まる. ♦ Der Tag [Die Nacht] bricht an. 夜が明けそめる[日が暮れかかる].

an|brennen* ⟨⟨I⟩⟩ 他⟨物⁴に⟩火をつける, 燃やす, ともす. ⟨⟨II⟩⟩ 自⑤ ❶(小さく)火がつく, 燃え始める. ❷[料理]鍋などの底に焦げつく.

an|bringen* 他⟨⟨物⁴を⟩しつらえる, 備え[取り]付ける. ❷⟨事⁴を⟩(機を見て)口にする, 言い出す, 持ち出す. ❸⟨口⟩⟨物⁴を⟩売り込む, さばく. ❹⟨口⟩⟨人・物⁴を⟩(家に)持って[連れて]来る. ❺⟨④ (**als** ...)⟩⟨人⁴を(...として)⟩就職[嫁入り]させる.

An·bruch 男⟨単⟩始まり, 開始, 現出. ♦ bei ~ des Tages 夜明けに.

an|brüllen ⟨アンブリュレン⟩ 他 ❶⟨動物¹が⟩⟨人⁴に⟩ほえかける. ❷⟨口⟩⟨人⁴を⟩どなりつける.

Andacht ⟨アンダハト⟩ 女 (-/-en) ❶ 礼拝, 祈禱, 勤行. ❷⟨単⟩信心, 敬虔(ﾎﾞ)(な気持), ❸一心不乱.

andächtig ⟨アンデヒティヒ⟩ 形 ❶ 信心深い, 敬虔な. ❷一心不乱の, 熱心な.

an|dauern 自絶えまなく続く, 持続する.

an·dauernd [..ﾄ] ⟨⟨I⟩⟩ andauern の現在分詞. ⟨⟨II⟩⟩ 形⟨付加⟩絶え間のない, ひっきりなしの. ⟨⟨III⟩⟩ 副再三再四, 絶えず.

An·denken 中(-s/-) ❶⟨単⟩思い出, 追憶, 回想. ❷思い出の品, 記念, 形見. ♦ zum ~ (an ④)⟨人・物⁴の⟩記念(のために).

ander [ándər アンダー] 形⟨英 other⟩⟨代名詞的にも用いられる⟩ ❶ 他の, ほかの, 別の;向こうの, 反対の. ❷⟨定冠詞と共に⟩残りの, もう一方の, その残り(全て)の. ❸ 次の. ♦ in eine ~e Stadt ziehen 他の町へ引っ越す. ~er Meinung² sein als ① 人¹と意見を異にする. der eine ..., der and(e)re ... 一方は..., 他方は.... **alles andere als ...** 全く...ない, ...と正反対である. **und ~(e)s mehr** その他(略: u.a.m.). **unter ~em** なかでも, その上(略: u.a.). 5級

ander(e)nfalls ⟨アンダァン[デレン]ファルス⟩ 副⟨書⟩それ以外の場合には, そうでなければ, さもなければ.

andererseits ⟨アンデラァザイツ⟩ 副 ⟨しばしば einerseits と共に⟩他方(において).

andermal ⟨アンダァマール⟩ 副 **ein ~** (いつか)他の時に, 次の時に.

ändern [éndərn エンダァン]

現在	ich änd(e)re	wir ändern
	du änderst	ihr ändert
	er ändert	sie ändern
過去	ich änderte	wir änderten
	du ändertest	ihr ändertet
	er änderte	sie änderten
過分	geändert	接II änderte

⟨⟨I⟩⟩ 他 ❶⟨物⁴を⟩変える, 変更する, 改める. ❷⟨物¹が⟩⟨人⁴(の態度・考え方など)を⟩変える. ♦ Daran kann ich

① 1格　② 2格　③ 3格　④ 4格

nichts ~. それについては何も変えることはできません. Das ist nicht zu ~. それはどうにもなりません. ((II))再 sich⁴ 変わる, 変化する, 改まる. 4級

anders [ándərs アンダァス] 副 ❶ 別のように, 違うふうに, 異なって, 他の仕方で. ❷《疑問詞・不定代名詞・副詞と共に》その他に[の], 代わりに[の]. ~ als ... ...とは異なって, 違って. *nicht* ~ *als* ... ...と違わずに, 全く...のように, ただ...のようにしか. 4級

anders-artig 形 他種[別種, 異種]の, 異なった.

anders-farbig 形 色の異なる[違った].

anders-herum 副 ❶ 別の方向に, 反対方向に. ❷ 別の側に, 反対側に.

anders-wo 副(口) 他の場所で, どこか別の所に.

anders-woher 副(口) 他の場所から, どこか別の所から.

anders-wohin 副(口) 他の場所へ, どこか別の所へ.

anderthalb [アンダァトハルプ] 形 1 と 2 分の 1 (1 ½). ♦ ~ Stunden 1 時間半.

Änderung [エンデルング] 女(-/-en) 変化, 変更, 変動, 改正, 修正. 4級

anderweitig [アンダァヴァイティヒ] 形《付加または副》その他の.

an|deuten ((I))他 ❶〈物⁴を〉暗示[示唆]する, ほのめかす. ★ dass 副文もとる. ❷ 概略を述べる, 輪郭だけを描く. ((II))再 sich⁴〈物¹の〉徴候が現れる, 兆しが見えてくる.

An-deutung 女 ❶ 暗示, 示唆, ほのめかし. ❷ かすかな兆候. ♦ in ~en 暗示的に, それとなく.

An-drang 男(-(e)s/) (人間が) 押し寄せること, 殺到.

an|drehen 他 ❶〈ガス・水⁴などの〉栓をひねって開ける[出す]. ❷〈ラジオ・電灯⁴などの〉スイッチを(ひねって)入れる. ❸〈ネジなどを〉回して固定する, 締める. ❹〈③ ④〉(口)〈人³ に粗悪な物⁴を〉売りつける, 押しつける.

andrerseits [アンドラァザイツ] 副 = andererseits.

an|drohen 他〈③ ④〉〈(人³に)物⁴で〉脅す, 脅迫する.

An-drohung 女 脅迫, 脅し.

an|drücken ((I))他〈④ (an ④)〉〈物⁴を(物⁴に)〉押しつける. ((II))再 sich⁴〈(an ④)〉〈(人・物⁴に)〉体を押しつける.

an|ecken [アンエッケン] 自⑤ ❶〈(an ③)〉(誤って)〈(物³の)〉角(ᵏᵈ)にぶつかる. ❷ (口)〈(bei ③)〉〈(人³の)〉ひんしゅくを買う, 〈(人³のご機嫌を)〉損ねる.

an|eignen 再〈sich³〉❶〈物⁴を〉不当に自分の物にする, 着服[横領]する. ❷〈物⁴を〉(学習・練習によって) 身につける, 習得する.

aneinander [アンアイナンダァ] 副 ❶ 互いに接し合って, 互いに向かい合って. ❷ お互いに.

Anekdote [アネクドーテ] 女(-/-n) 逸事, 逸話.

an|ekeln 他〈人⁴に〉吐き気[嫌悪]を催させる.

Anemone [アネモーネ] 女(-/-n) [植] アネモネ.

an|erkennen* 他 ❶〈人・物⁴を〉認める, (高く)評価する. ❷〈物⁴を〉尊重する, 遵守する. ❸〈④ (als ...)〉〈人・物⁴を(...であると)〉承認する, 公認する, (子を)認知する.

anerkennens-wert 形 賞賛に値する.

Anerkennung [アンエァケヌング] 女(-/-en) ❶ 価値を認めること, 評価, 賞賛. ❷ 承認, 公認, 認知.

an|fahren* ((I))他 ❶〈人⁴を〉ひく, はねる. ❷〈物⁴を〉(車などで) 運ぶ, 運搬する. ❸〈人⁴に〉怒って言う. ((II))自⑤ 動き出す.

An-fahrt 女 ❶ (車などによる) 運搬. ❷ (目的地までの) 道のり.

An-fall 男 ❶ [医] 発作, ひきつけ. ❷ 一時的興奮, (感情の) 爆発. ❸《単》《書》(仕事量, (産出)高.

an|fallen* ((I))他〈人⁴を〉襲う, 襲いかかる. ((II))自⑤ たまる; 生ずる.

an-fällig 形 (副なし) ❶〈(für ④)〉〈(病気⁴などに)〉かかりやすい, 抵抗力

①1格 ②2格 ③3格 ④4格

がない. ❷《für ④》《〈物⁴に〉》影響を受けやすい, デリケートである.

Anfang [ánfaŋ アンファング] (-(e)s/..fänge) 男 ❶《単》初め, 初頭, 最初, 冒頭. ❷《複》起源, 原点, 初期, 揺籃時代. ◆am ~ dieses Jahrhunderts 今世紀の初頭[初めに]. ~ 1990 1990年の初頭[初めに]. *von ~ an* 初めから. *Aller ~ ist schwer.* 《諺》何事も初めが難しい. 5級

an|fangen* [ánfaŋən アンファンゲン]

現在	ich fange ... an	wir fangen ... an
	du fängst ... an	ihr fangt ... an
	er fängt ... an	sie fangen ... an
過去	ich fing ... an	wir fingen ... an
	du fingst ... an	ihr fingt ... an
	er fing ... an	sie fingen ... an
過分	angefangen	接II finge ... an

《(I)》他 ❶《〈④〉》〈〈物⁴を〉〉始める, 〈〈物⁴を〉〉始める ★zu不定詞もとる. ❷《口》する, 行う, 扱う. 《(II)》自 ❶〈物¹が〉始まる. ❷〈物³を〉始める. ❸《mit ③》〈〈物³でもって[から, で]〉〉始まる. ◆damit ~, dass ... ... ということをもって始まる. von vorn ~ 前から始める. *Das fängt ja gut [heiter] an!* 《口; 皮肉》これは幸先(読み)のいいことです. 4級

Anfänger [ánfɛŋər アンフェンガー] 男 (-s/-) 初心[初学]者, 入門者. ◆Kurse für ~ 初心者コース. ◇ **Anfängerin** 女 (-/-nen).

anfänglich [ánfɛŋlɪç アンフェングリヒ] 《(I)》 形《付加》最初の; 初期の. 《(II)》 副 最初に, 始めに.

anfangs [ánfaŋs アンファングス] 《(I)》 副 初めに, 最初に. 《(II)》 前《2格支配》...の初めに[は]. ◆~ des Monats その月の初めに.

Anfangs·buchstabe 男 頭文字, イニシャル.

Anfangs·stadium 中 (-s/..dien) 初期[最初の]段階, 第1段階.

an|fassen [アンファッセン] 他 ❶〈人・物⁴に〉さわる, 触れる; つかむ. ❷〈人⁴に〉接する, 〈人⁴を〉取り扱う. ❸〈物⁴に〉取りかかる, 〈物⁴を〉始める.

anfechtbar [アンフェヒトバー] 形《副なし》論駁(ろんばく)の余地のある; 取り消すことのできる.

an|fechten* 他〈物⁴に〉異議を申し立てる, 〈物⁴を〉争う, 〈物⁴の〉妥当性を認めない, 否認する.

an|fertigen 他《書》〈物⁴を〉製作[作成]する.

an|feuchten [アンフォイヒテン] 他〈物⁴を〉少しぬらす, 湿らせる, 潤す.

an|feuern 他 ❶〈スポーツで〉〈ひいきの選手・チーム⁴を〉声援して元気づける, 燃え立たせる. ❷〈ストーブ・釜などに〉火を付ける, 点火する.

an|flehen 他〈人⁴に〉哀願[嘆願, 懇願]する ★zu不定詞もとる.

an|fliegen* 《(I)》 他 ❶〈空港・都市⁴に向かって〉飛行する. ❷〈航空会社¹が〉〈空港・都市⁴に〉就航させる. 《(II)》 自⑤ 飛んで来る.

An·flug 男《主に単》❶《空》着陸態勢, アプローチ. ❷かすかな痕跡(こんせき), 気味.

an|fordern 他〈人・物⁴を〉切に求める, 要請する, 請求する.

An·forderung 女 (-/-en) ❶《主に複》要請, 要請. ❷《単》要請[要請]すること.

An·frage 女 ❶〈官庁への〉問い合わせ, 照会. ❷《議会》〈政府への書面による〉質問, 質疑.

an|fragen 自《bei ③》〈〈人・物³に〉〉問い合わせる, 照会する.

an|fressen* 他 ❶〈動物¹が〉〈物⁴を〉(少しずつ)かじる. ❷《化・医》腐食[侵食]する.

an|freunden [アンフロインデン] 再 ❶〈sich⁴〉〈《mit ③》〉〈人³と〉〉親しくなる, 友達になる. ❷〈sich⁴〉《mit ③》〈考えなどに〉なじむ, 慣れる.

an|fügen 《④ (③ [an ③④])》《書》〈物⁴を〉〈物³·⁴に〉添える, 付加する.

an|fühlen 《(I)》 他〈物⁴を〉さわってみる, 触れて調べる. 《(II)》 再 sich⁴ 感触

① 1格 ② 2格 ③ 3格 ④ 4格

[手ざわり]がする.

an|führen 他 ❶〈物⁴を〉持ち出す, 申し立てる, 述べる. ❷〈人・物⁴を〉(例証・証拠として)挙げる, 引用する. ❸〈物⁴の〉先頭をきる, 先導する. ❹〈物⁴の〉指揮をとる,〈物⁴を〉率いる, 指導する. ❺(口)〈人⁴を〉冷やかす, からかう. ◆an angeführten Ort = 上述の箇所において, 上掲書にて((略: a.a.O.))

An·führer 男 指揮者, 指導者, リーダー. ◇**Anführerin** 女(-/-nen).

An·führung 女《主に単》❶ 申し立て, 陳述. ❷ 引用, 挙証. ❸ 指揮, 指導.

Anführungs·zeichen 中(-s/-)《主に複》引用符((„ ")).

An·gabe 女(-/-n) ❶ 提示, 説明; 情報, 報告; 表示, データ. ❷《単》(口; 軽蔑) 自慢, みせびらかし, ひけらかし. ❸ [球技] サーブ(権).

an|geben* (I) 他 ❶〈③④〉〈人³に〉物⁴を〉挙げる, 述べる; 提示する, 示す. ❷〈物⁴を〉決定する, 指定する. ❸〈④ als ...〉〈人⁴を ...だと〉(警察などで)申し立てる, 届け出る. (II) 自 ❶〈(mit ③)〉(口)(軽蔑)〈(物⁴を)〉自慢する, 鼻にかける. ❷[球技] サーブする.

An·geber 男(-s/-)自慢屋, ほら吹き. ◇**Angeberin** 女(-/-nen).

angeblich [アンゲープリヒ] 形《付加または副》自称の, 表向きの.

an·geboren 形《副なし》生まれつきの, 天性[生来]の, 先天的な.

Angebot [アンゲボート] 中(-(e)s/-e) ❶(商品の)提供, 売り出し; 値引き. ❷(商品の)品揃え, 売り物. ❸[経済](↔ Nachfrage)供給(量). 4級

an·geboten anbieten の過去分詞.

an·gebracht (I) anbringen の過去分詞. (II) 形(その状況に)相応しい, 適切な, 当[時宜]を得た.

an·gefangen anfangen の過去分詞.

an·gefasst anfassen の過去分詞.

an·gegangen angehen の過去分詞.

an·gegriffen angreifen の過去分詞.

an·gehabt [アンゲハープト] anhabenの過去分詞.

an·gehalten anhalten の過去分詞.

an|gehen* [アンゲーエン] (I) 他 ❶ (S)〈物³が〉〈人・物⁴に〉関係する, かかわる. ★主に現在形か過去形で用いられる. ❷ ⓑ〈南ⁿ・ 南ⁿ・ス〉〈仕事などに〉取りかかる, 着手する. ❸ ⓑ〈南ⁿ・ 南ⁿ・ス〉〈人・物⁴に〉襲いかかる; [競]タックルする. ❹ ⓑ〈南ⁿ・ 南ⁿ・ス〉(S)〈④ um ④〉〈人に物⁴を〉頼む, 請う, 求める. *Was* ④ *angeht* (口) 人・物に関していえば. (II) 自 ❶〈durch ④〉〈人・物⁴に〉(対抗措置を持って)立ち向かう,〈人・物⁴と〉闘う. ❷ (口)〈物³が〉始まる. ❸ (口)〈火・オーブンなどが〉燃え出す, 火がつく,〈ランプなどが〉つく. ❹ (口)〈車・エンジンなどが〉始動する, かかる.

an·gehend [アンゲーエント] (I) angehenの現在分詞. (II) 形(ある職業に)なりかけの, 駆け出しの.

an|gehören 自〈集団³に〉(所)属する,〈集団³の〉メンバーである.

an·gehörig 形《副なし》〈③〉(...に)(所)属する.

Angehörige(r) [アンゲヘーリゲ[ガー]] 男女《形容詞変化》❶《主に複》親族, 家族, 一家; 親類. ❷ 所属者, メンバー, 一員.

Angeklagte(r) [アンゲクラークテ[ター]] 男女《形容詞変化》[法](刑事訴訟の)被告(人). ★(民事訴訟の)被告(人)はBeklagte(r).

an·gekommen ankommen の過去分詞.

Angel [アンゲル] 女(-/-n) ❶ 釣り竿. ❷(ドア・窓などの)蝶番(ちょうつがい).

Angelegenheit [アンゲレーゲンハイト] 女(-/-en) 事柄, 用件, 問題, 事件.

Angel·haken 男 釣り針.

angeln [アンゲルン] (I) 他 ❶〈④〉〈(魚⁴を)〉釣る, 魚釣りをする. ❷〈(sich³) ④〉(口)(軽蔑)〈結婚相手な

どを〉引っかける.釣り上げる.**((II))**〔自〕〈**nach** ③〉〔口〕〈物³を〉(努力して)得ようとする,探り出そうとする.
Angel･rute 囡釣り竿.
Angelsachse [アンゲルザクセ] 男(–n/–n)《弱》アングロサクソン人.◇**Angelsächsin** 囡(–/–nen).
Angel･schnur 囡釣り糸.
an･gemeldet anmeldenの過去分詞.
an･gemessen 形(その状況に)ふさわしい,(つり)合った.
angenehm [ángəne:m アンゲネーム] 形〔比較 ~er; 最上 ~st〕❶ 快い,快適な,気持ちいい;好ましい,うれしい.❷(人が)感じのいい.*Sehr ~!*《初対面の挨拶として》初めまして,どうぞよろしく.**4級**
an･genommen annehmenの過去分詞.
an･gerufen anrufenの過去分詞.
an･geschafft anschaffenの過去分詞.
an･geschaut anschauenの過去分詞.
an･geschnallt anschnallenの過去分詞.
an･gesehen ansehenの過去分詞.
angesichts [アンゲズィヒツ]**((I))**副《2格支配》…を目の前にして[目の当たりにして,直面して];…に鑑みて.**((II))**前〈**von** ③〉〈人・物³を〉目の前にして[目の当たりにして,直面して];鑑みて.
an･gespannt ((I)) anspannenの過去分詞.**((II))** 形❶緊張した,張り詰めた.❷《副なし》緊迫した,逼迫した,由々しい.
an･gestellt ((I)) anstellenの過去分詞.**((II))** 形〈**bei** ③〉〈(会社・研究所³などに)〉勤めている.
Angestellte(r) [アンゲシュテルテ[ター]] 男囡《形容詞変化》(月給をもらう)勤め人,サラリーマン,会社員,職員.**4級**
an･gestrengt anstrengenの過去分詞.

an･getan ((I)) antunの過去分詞.**((II))** 形 *von* ③ *~ sein* 人・物³に魅せられている,人・物³を気に入っている.
an･getrunken ((I)) antrinkenの過去分詞.**((II))** 形少しほろ酔いの.
an･gewiesen ((I)) anweisenの過去分詞.**((II))** 形 *auf* ④ *~ sein* 人・物⁴が頼りである,人・物⁴に依存している.
an･gewöhnen 他 (↔ abgewöhnen)〈③ ④〉〈人³に物⁴の〉習慣をつけさせる.★zu不定詞もとる.
An･gewohnheit 囡(主に悪い)習慣,癖.
an･gezogen anziehenの過去分詞.
an･gezündet anzündenの過去分詞.
an|gleichen 他〈④ ③〉;〔④ *an* ④〕〈人・物³を人・物³⁴に〉合わせる,一致させる;適合させる.
An･gleichung 囡同化,一致;適合.
Angler [アングラー] 男(–s/–)魚を釣る人,釣り師.◇**Anglerin** 囡(–/–nen).
Anglistik [アングリスティック] 囡(–/)英語英文学研究.
Angora･wolle [アンゴーラ..] 囡アンゴラヤギから作る毛糸[毛織物],モヘヤ.
an|greifen* [アングライフェン]**((I))** 他❶〈(人・物⁴を)〉攻撃する,攻める.❷〈(④)〉〈(問題・仕事⁴など に)〉取りかかる,着手する.❸〈(④)〉〈(人⁴を)〉[球技]攻撃する,アタックする〈人・物⁴を〉[口頭・書面で]非難する.❹〈物¹が〉〈物⁴を〉[化]浸食する,腐食する[させる].❻〈病気などが〉〈人・物⁴を〉冒す,襲う;〈人・物⁴を〉弱らせる.❼〈蓄え⁴などに〉手をつける.❽(南ド)〔口〕〈人・物⁴に〉触る,触れる.**((II))** 再 *sich*⁴(南ド)〔口〕〈物¹が〉手触りがする.
Angreifer [アングライファー] 男(–s/–)攻撃者,アタッカー,攻撃プレーヤー.◇**Angreiferin** 囡(–/–nen).
An･griff 男❶攻撃,襲撃.❷激しい

angst

批判[非難]. ❸ 《球技》攻め, 攻撃. ❹ 《単》《球技》攻める側, 攻撃側[陣], オフェンス, フォワード. ④ *in ~ nehmen* 事⁴に着手する, 手を付ける.

angst [アングスト] 形③ *ist ~ (und bange) (um* ④ *[vor* ③]). 人³は(人⁴ [物³] ④)〈人⁴で[のこと]で〉怖い). ★*sein, werden*などと用いられる.

Angst [ángst アングスト] 囡(-/Ängste) ❶ 〈*vor* ③〉〈(人・物³に対する)〉不安, 恐怖. ❷〈(*um* ④)〉〈(人・物⁴についての)〉危惧, 懸念, 心配. ♦ *Keine ~!* びくびくするなよ, 心配するな. ③ *~ machen* 人³を不安にする.
5級

ängstigen [エングスティゲン] ((I)) 他《書》〈人⁴を〉不安にする, おびえさせる, 怖がらせる. ((II)) 再 *sich*⁴ ❶〈*vor* ③〉〈(人・物³を)〉恐れる, 怖がる. ❷〈(*um* ④)〉〈(...のことを)〉心配する.

ängstlich [エングストリヒ] ((I)) 形 臆病な, 小心な, 気の弱い, 心配性の. ((II)) 副 ❶ 不安[心配]そうに, びくびくしながら. ❷ 念入りに.

an|gucken 他(口)〈人・物⁴を〉じっと見る, 見つめる.

an|gurten [アングァテン] 他(口)〈人⁴に〉シートベルトを付ける.

an|haben* [アンハーベン] 他〈衣類⁴を〉身につけている(〔頭に被るものを除く〕). ★「頭に被る」は*aufhaben*.

an|halten* ((I)) 他 ❶〈人・物⁴を〉止める, 停止させる. ❷〈④ *zu* ④ (*dazu* ~, ...*zu*不定詞)〈人⁴に事³をするように[...するように]〉強く迫る, 催促する, 説得する. ((II)) 自 ❶ 止まる, 停止する. ❷〈ある状態¹が〉持続する, 絶え間なく続く.

An·halter 男(-s/-) ヒッチハイカー. ♦ *per ~* (口) ヒッチハイクで. ◇**Anhalterin** 囡(-/-nen).

Anhalts·punkt 男より所, 手掛かり, 糸口.

anhand [アンハント] ((I)) 前《2格支配》...に基づいて, ...によって. ((II)) 副 ~ *von* ③ 物³に基づいて[よって].

An·hang 男 ❶《主に単》付属物; 付録, 補遺. ❷《単》信奉者, 支持者,

ファン(クラブ). ❸《単》(口) 身寄り.

an|hängen¹* 自〈③〉《書》〈人・物³を〉信奉している, 熱狂的に支持している.

an|hängen² ((I)) 他 ❶〈④ (*an* ④)〉〈物⁴を (物⁴に)〉掛ける; 付ける, つなぐ. ❷〈*an* ④〉〈物⁴を (既に出来ている物⁴に)〉添える, 加える. ❸〈③ ④〉(口)〈人³に物⁴を〉なすりつける.

Anhänger [アンヘンガァ] 男(-s/-) ❶ 信奉者, 支持者, シンパ; サポーター, ファン. ❷ トレーラー; (牽引車に対する) 付属車(両), 連結車(両). ❸ ペンダント. ◇**Anhängerin** 囡(-/-nen) (女性の) 信奉者, 支持者, シンパ; サポーター, ファン.

Anhängerschaft [..シャフト] 囡 信奉[支持]者, サポーター, ファン(全体).

anhänglich [アンヘングリヒ] 形《副なし》献身的な, 愛情のこもった.

Anhänglichkeit [..カイト] 囡 献身, 愛着, 忠実.

an|hauchen 他〈人・物⁴に〉息を吹きかける.

an|häufen ((I)) 他〈物⁴を〉(大量に) ためる, 蓄える, 蓄積する, 抱え込む. ((II)) 再 *sich*⁴〈物⁴が〉たまる.

an|heben* ((I)) 他 ❶〈物⁴を〉(短い間) 持ち上げる. ❷〈質・量⁴を〉高める, 上げる. ❸〈事⁴を〉始める. ((II)) 自 [文学] 始まる.

anheim|stellen [アンハイム..] 〈③ ④〉《書》〈人³に事⁴の決定[判断] を〉任せる.

Anhieb [アンヒープ] 男 *auf (den ersten) ~* (口) 一発で, 一回で, 即座に.

an|himmeln [アンヒメルン] 他(口; ほぼ 軽蔑)〈人⁴を〉熱狂的に崇拝する,〈人⁴に〉夢中である.

An·höhe 囡丘, 丘陵.

an|hören ((I)) 他 ❶〈(*sich*³) ④〉〈物⁴に〉(最後まで注意深く) 耳を傾ける. ❷〈③ *mit*〉〈物⁴を (偶然・思いがけず)〉耳にする. ❸〈人⁴の言いたいことを〉聞く. ❹〈③ ④〉〈人³の言い方で事⁴が〉聞いて分かる. ★*dass*副文もとる.

① 1格 ② 2格 ③ 3格 ④ 4格

❺〈人⁴に〉意見を聞く,〈人⁴の〉事情聴取をする. ((II)) 再 sich⁴ ((口)) 聞こえる.

animieren [アニミーレン] 他 ⟨④ zu ③⟩〈人⁴に 事⁴を〉けしかける, 励ます.

Anion [アンイオーン] 中 ⟨-s/-en⟩〔化〕陰[負]イオン.

Anis [アニース] 男 ⟨-(es)/-⟩ **❶**〔植〕アニス ((セリ科の1年草)). **❷** アニスの実 ((香味料・香辛料)).

Ank. 《略》Ankunft 到着.

An·kauf 男 (地所などの高額な)購入, 買い付け; (多量の)購入品.

an|kaufen 他〈高額な物⁴・多量の商品⁴を〉購入する.

Anker [アンカー] 男 ⟨-s/-⟩〔海〕錨(いかり), アンカー.

ankern [アンカァン] 自 錨を降ろす, 投錨(とうびょう)する.

Anker·platz 男 (投) 錨地(びょうち).

An·klage 女 **❶**〔法〕公訴, (刑事訴訟の)起訴, 訴追. **❷**《しばしば複》非難, 咎め. **❸**《単》〔法〕検察庁(側), 検事(側), 検察官. ◆⟨gegen ④⟩~ erheben ⟨④⟩を告発する.

an|klagen 他 **❶**⟨④ wegen ②⟩〈人⁴を 事²のかどで〉〔法〕起訴する. **❷**〈人⁴・物⁴を〉非難する, 咎める, 責める.

An·kläger 男 (刑事事件の)告訴人, 告訴人, 弾劾人. ◇ **Anklägerin** 女 ⟨-/-nen⟩.

an|klammern ((I)) 他 ⟨④ an ③ ④⟩〈物⁴を(物³・⁴に)〉(クリップ・洗濯ばさみなどで)留める. ((II)) 再 sich⁴ ⟨an ③ ④⟩〈人・物³・⁴に〉すがりつく, しがみつく. **❷**⟨an ③⟩(主に情緒不安定のため)〈人・物³に〉すがりつく.

An·klang 男《複》⟨an ④⟩〈人・物⁴を〉ほうふつさせるもの, 類似, 面影(おもかげ), なごり.

an|kleben ((I)) 他 ⟨④ an ③ ④⟩〈物⁴を(物³・⁴に)〉貼り付ける, くっつける. ((II)) 自 Ⓢ ⟨an ③⟩〈物¹が〉〈(物³に)〉粘着[付着]する, くっつく.

an|kleiden 他 《書》〈人⁴に〉服を着せる, 盛装[正装]させる, 着替えさせる.

an|klopfen 自 **❶** (入室の)ノックをする. **❷**⟨bei ③ (um ④)⟩((口))〈物⁴を求めて〉人³に〉打診する[探りを入れる].

an|knüpfen ((I)) 他 ⟨④ an ③⟩〈物⁴を(物³に)〉結びつける. **❷**⟨mit ③⟩〈関係⁴などを(人³と)〉結ぶ, 〈関係⁴などの〉糸口を付ける. ((II)) 自 ⟨an ④⟩〈物⁴を〉引き継ぐ, 糸口にする.

an|kommen* [ánkɔmən アンコメン]

現在	ich komme ... an	wir kommen ... an
	du kommst ... an	ihr kommt ... an
	er kommt ... an	sie kommen ... an
過去	ich kam ... an	wir kamen ... an
	du kamst ... an	ihr kamt ... an
	er kam ... an	sie kamen ... an
過分	angekommen	接II käme ... an

((I)) 自 Ⓢ **❶** 着く, 到着する. **❷**⟨bei ③⟩⟨(人³に)⟩〈物⁴を〉好感を持って受け入れられる, 受けがよい. **❸**⟨gegen ④⟩〈人・物⁴に〉太刀打ちできる. ★主に否定で用いられ「太刀打ちできない, かなわない, 歯が立たない」を表す. **❹**⟨mit ③⟩((口))〈お願い³などに〉頭を悩ませている. ((II)) 他 Ⓢ〈物¹が〉〈人⁴にとって〉感じられる. **Es kommt darauf an.** それは事と次第によります. **Es kommt ③ auf ④ an.** 人³にとって物⁴が重要[大切, 問題]である. 4級

an|koppeln ((I)) 他 ⟨④ an ④⟩〈物⁴を(物⁴に)〉つなぐ, 連結する. ((II)) 自 ⟨an ④⟩〈(物⁴に)〉ドッキングする.

an|kreuzen 他〈物⁴に〉×印を付ける, ×印で回答する.

an|kündigen ((I)) 他 **❶**〈催し物⁴などを〉(公に)予告する, (公に)知らせる, 公表する, 公告する. **❷**⟨④ bei ③⟩〈人⁴に(人³の来訪を)〉告げる, 知らせる. ((II)) 再 sich⁴《書》〈物¹の到来の〉兆しがみえる,〈物¹の到来を〉告げる, 知らせる.

An·kündigung 女 **❶** (公の)予告,

---

① 1格 ② 2格 ③ 3格 ④ 4格

公表, 公告. ❷前触れ, 前兆.

Ankunft [ánkunft アンクンフト] 囡 (-/) (↔ Abfahrt) 到着 (略:Ank.)). 4級

an|kuppeln 他 ④ (an ④) 〈物⁴に〉つなぐ, 連結する.

an|kurbeln 他 〈機械⁴のクランクを回して〉始動させる.

an|lächeln 他 〈人⁴に〉微笑みかける, 微笑しながら見る.

an|lachen 他 ❶〈人⁴に〉笑いかける. ❷〈物¹が〉〈人⁴の〉心[味覚]をそそる, 〈人⁴に〉魅惑的に見える. ❸ sich³ (口) 〈異性⁴を〉ひっかける.

An·lage [アンラーゲ] 囡 (-/-n) ❶施設, プラント, 設備. ❷(生まれつきの)素質, 資質, 天分, 才能；体質, 性質. ❸(建物などの)設計, レイアウト, 構想. ❹資産, 投資対象. ❺装置. ❻(書)(公式の)同封物.

Anlage·berater 男 (-s/-) 投資顧問. ◇**Anlageberaterin** 囡 (-/-nen).

Anlage·kapital 中 投下[投入]資本.

An·lass 男 (-es/Anlässe) ❶催し. ❷きっかけ, 原因, 動機. ❸機会, 折. **aus** ~ ② 事²のおり[際, 機会]に, 事²に当たって.

An·laß 男 = Anlass.

an|lassen* (I) 他 ❶ (口) 〈衣服⁴などを〉着たままでいる. ❷ (口) 〈電気用品⁴を〉つけっぱなしにする. ❸ 〈モーター・車⁴などを〉始動[運転]させる. (II) 再 sich³ (口) 〈物¹の〉出だしが … である, 〈物¹が〉スタートを切る.

Anlasser [アンラサー] 男 (-s/-) 始動[起動]機, スターター.

anlässlich [アンレスリヒ] 前 《2格支配》(書) …のおり[際, 機会]に, …に当たって.

anläßlich 同 = anlässlich.

An·lauf 男 ❶助走(距離). ❷試み, 試し.

an|laufen* (I) 自 (S) ❶〈物¹が〉始動する, 運転し始める；スタートする, 動き始める；始まる. ❷〈メガネ・ガラス¹などが〉曇る. (II) 他 [海] 〈所⁴に〉(船で)寄港する.

an|legen (I) 他 ❶〈物⁴を〉(計画に従って)つくる, 建設する；作成する. ❷ (④ (an ④)) 〈物⁴を(物⁴に)〉あてる, あてがう, 置く, 添える. ❸〈高い衣服⁴を〉身にまとう[つける], 装う. ❹投資する. ❺ (④ (für ④)) 〈多額の金⁴を(物⁴のために)〉出す, 使う. ❻ (④) ④ 〈〈人³に〉物⁴を〉取り付ける. (II) 自 ❶〈人¹が〉着く, 停泊する. ❷〈(auf ④)〉(銃で)ねらいを定める[つける]. (III) 再 sich⁴ (mit ③) 〈人³と〉争うように挑発する, 喧嘩するようにしむける.

Anlege·platz [アンレーゲ..] 男 桟橋(恐), 船着き場, 停泊所.

an|lehnen 他 ❶ (④ (an ③ [④])) 〈物⁴を(物³・⁴に)〉もたせ[立て]掛ける. ❷〈ドア・窓⁴などを〉少し開いたままにしておく. (II) 再 sich⁴ ❶〈(an ④)〉〈人・物⁴に〉寄りかかる[もたれる]. ❷ an ④ 〈人・物⁴に〉頼る, 〈人・物⁴を〉範とする, 〈人・物⁴から〉着想を得ている.

Anlehnung [アンレーヌング] 囡 (-/) 依存, 準拠.

Anleihe [アンライエ] 囡 (-/-n) ❶借入金, 公債, 国債, 公社債. ❷[比軽蔑](他人の作品などの)借用, 剽窃(ホミラシ).

an|leiten 他 ④ (bei ③) 〈人⁴に(課題・仕事³の)〉手ほどきをする, 〈人⁴に(課題・仕事³を)〉教える, 教示する, 指導する.

Anleitung [アンライトゥング] 囡 (-/-en) ❶指導, 手ほどき, 教示. ❷取扱説明書.

an|lernen (I) 他 〈人⁴に〉(仕事の)手ほどきをする, 仕事を仕込む. (II) 〈sich³ (口)〈物⁴を〉速成で習得する.

an|liegen* 自 ❶〈衣類¹が〉(体のサイズに)ぴったり合う, フィットする. ❷未処理である.

An·liegen 中 (-s/-) 頼み[願い]事, 依頼.

anliegend [..ト] (I) anliegenの現在分詞. (II) 形 《付加または副》隣接した, 隣の.

Anlieger [アンリーガー] 男 (-s/-) 沿道居住者. ◆~ frei. 沿道居住者の車のみ進入可(の道路標識).

an|locken 他 ❶〈動物⁴を〉おびきよせる. ❷〈人⁴を〉誘惑する, ひき付ける.

an|lügen 他〈人⁴に〉(面と向かって)うそをつく, 臆面(%)もなくだまそうとする.

an|machen [アンマッヘン] 他 ❶〈電気・器具・火⁴などを〉つける,〈エンジン⁴などを〉かける. ❷〈④ (an ③)〉〈物⁴を(物³に)〉(取り)付ける. ❸〈物⁴を〉混ぜ合わせる, かき混ぜる. ❹〈④ (mit ③)〉〈物⁴を(物³で)〉調合する, 加工する. ❺〈口〉〈人⁴をナンパする, ひっかける. ❻〈口〉〈人⁴を〉ひきつける,〈人⁴の〉気持ちをそそる,〈人⁴に〉興味を起こさせる. 4級

an|malen ((I)) 他〈④ (an ④)〉〈口〉〈物⁴を(物³に)〉(ハッキリさせるために)塗る, 描く. ((II)) 再 sich⁴〈口〉《主に軽蔑》厚化粧をする.

an|maßen [アンマーセン] 再 sich³《しばしば軽蔑》〈物⁴を〉不当に振り回す,〈物⁴の〉越権行為をする.《zu不定詞と》不遜にも[生意気にも]...する.

anmaßend [..ト] 形 僭越な, 越権的な, 不遜な, 生意気な.

Anmaßung [アンマースング] 女 ❶ 僭越, 越権行為, 不遜. ❷《単》《書》僭越[不遜, 生意気]な態度.

an|melden [アンメルデン] ((I)) 他 ❶〈④ (bei ③)〉〈人・物⁴を(人³に)〉届け出る, 申請[申告]する. ❷〈④ (zu ③)〉〈人⁴の〉〈物⁴を〉申し込む. ❸〈④ (bei ③)〉〈(人³に)人・物⁴について〉通知[予告, 予約]する,〈人⁴の事・物⁴を(人³に)〉告げる. ❹〈④ (bei ③)〉〈要望・異議⁴を(人³に)〉通告する, 申し立てる. ((II)) 再 sich⁴ ❶〈(bei ③)〉〈自分の事を(人³に)〉届け出る, 申請[申告]する,〈〈人³に〉自分の届け出をす す, 住民登録する. ❷〈(zu ③)〉〈(物³の参加・入会を)〉申し込む,〈(物³の参加・入会の)〉申し込みをする. ❸〈(bei ③)〉〈(人³に)〉〈(自分の)予約をする,〈(人³に)〉自分の来訪を告げる.

Anmeldung [アンメルドゥング] 女 ❶ 届け出, 申告, 申請, 登記, (住民)登録. ❷申し込み. ❸予告, 通告.

an|merken 他 ❶〈人⁴に〉(所見・コメントとして)述べる,〈事⁴の〉所見を述べる, コメント(を)する. ❷〈物⁴に〉印を付ける, マークする. ❸〈③ ④〉〈(口)〈人³のふぶり・外観から事⁴に〉気付く,〈事⁴が〉分かる, 見て取れる. ★ dass副文もとる.

Anmerkung [アンメァクング] 女 (-/-en) ❶所見, 意見, コメント. ❷注(釈)(略:Anm.)).

an|motzen [アンモッツェン] 他〈口〉〈人⁴を〉悪く言う, 馬鹿にする.

An-mut 女《単》《書》優美(さ), 優雅(さ), しとやか(さ), 上品.

an-mutig 形 優美[優雅]な, しとやかな, 上品な, 品(%)のよい.

an|nähen 他〈④ (an ③ ④)〉〈物⁴を(物³·⁴に)〉縫い付ける.

an|nähern ((I)) 他〈④ ③〉〈物⁴を物³に〉近い物にする, 似せる, 近似させる. ((II)) 再 sich⁴〈③〉〈人・物³に〉歩み寄る, 接近する, 接近する; 親しくなる.

annähernd [..ト] ((I)) annähernd の現在分詞. ((II)) 副《書》おおよそ, 約.

Annahme [アンナーメ] 女 (-/-n) ❶ (贈り物などを)受け取ること, 受け取り, 受領, 受理. ❷受け入れ, 引き受け;(養子)縁組. ❸承認, 受諾, 承諾; 採択;採用. ❹推測, 憶測, 推定; 仮定. ◆ in der ~, dass .... という推測で.

annehmbar [アンネームバァ] 形 ❶ 受け入れられる, 受諾しうる. ❷〈口〉(一応)満足できる, 好ましい.

an|nehmen* [アンネーメン] ((I)) 他 ❶ (↔ ablehnen)〈物⁴を〉受け取る, 受領[受理]する. ❷〈物⁴を〉受け入れる, 引き受ける. ❸〈物⁴を〉(吟味した後で)承認[受諾, 承諾]する;採択する, 採用する. ❹〈物⁴を〉(ある情報に基づいて)推測[憶測, 推定]する. ★ zu不定詞, dass副文もとる. ❺〈人⁴を〉採用する, 雇う. ❻〈習慣⁴などを〉身につける,〈悪習⁴に〉染まる;〈態度・姿勢⁴を〉とる. ❼仮定す

① 1格 ② 2格 ③ 3格 ④ 4格

Annehmlichkeit — vierzig 40

る. ❽〈物¹が〉〈物⁴の〉輪郭を現す, 呈する,〈外観・様相⁴を〉帯びる. **(II)** 再 sich⁴ 《②》《書》〈人・物²の〉世話をする, 面倒を見る;〈人・物²に〉気を配る,〈人・物²を〉心にかける. *Angenommen, ...*と仮定した場合.

Annehmlichkeit [アンネーミッヒカイト] 女 (–/–en)《主に複》《書》(生活を)快適に[楽しく]する物, 快適さ, 心地よさ, アメニティ.

annektieren [アネクティーレン] 他〈国¹が〉〈他国の領土⁴などを〉(不法に・力ずくで)併合する.

Annexion [アネクスィオーン] 女 (–/–en) (他国の領土などの)併合.

Annonce [アノーンセ] 女 (–/–n) 広告.

annoncieren [アノンスィーレン] 他《⑷》〈物⁴の〉広告を出す[載せる], 公告する.

annullieren [アヌリーレン] 他《書》〈法・判決・婚姻⁴などを〉取り消す, (法的に)無効にする, 無効を宣言する,〈物⁴を〉解約する.

Annullierung [アヌリールング] 女《書》取り消し, (法的な)無効(化), 解約.

anonym [アノニューム] 形 ❶ 匿名の, 無名の, 作者不明の. ❷《口》名前の分かりづらい[見つけにくい].

Anonymität [アノニュミテート] 女 (–/) ❶ 匿名性, 無名, 作者不明. ❷《口・主に軽蔑》匿名性, 名前の分かりづらい[見つけにくい]こと.

Anorak [アノラク] 男 (–s/–s) アノラック.

an|ordnen 他 ❶〈物⁴を〉(公式に)命じる, 命令[指令]する. ❷ きちんと並べる, 整理[配列]する.

An·ordnung 女 ❶ 命令, 指令, 指示. ❷ 整理, 整頓, 整列, 配列.

an·organisch 形《副なし》(↔ organisch)無機の.

an|packen (I) 他 ❶〈人・物⁴を〉(ひっ)つかむ. ❷〈人⁴を〉乱暴に扱う. ❸《口》〈課題・仕事⁴に〉取り組む. **(II)** 自《mit ③》《口》〈事³に〉手を貸す.

an|passen (I) 他《④ ③》〈物⁴を人・物³に〉合わせる, 適合[適応]させる,〈服⁴を人・物³に〉フィットさせる. **(II)** 再 sich⁴ 《③ [an ④]》《〈人・物³·⁴に〉順応[適合, 適応]する, 慣れる.

Anpassung [アンパスング] 女 (–/–en)《主に単》適応, 順応, 適合.

anpassungs·fähig 形 適応[順応]力[性]のある.

an|pfeifen (I) 他 ❶《⑷》《競技⁴の》開始[再開]をホイッスルを吹いて合図する, ホイッスルを鳴らす. ❷《口》〈人⁴を〉強く叱る, 怒鳴る.

An·pfiff 男 ❶《競技》競技開始[再開]のホイッスル. ❷《口》きつい叱責(ぱき).

an|pflanzen 他 ❶〈植物⁴を〉植え付ける. ❷〈庭⁴などの〉手入れをする, 世話をする.

an|pöbeln [アンペーベルン] 他《軽蔑》〈人⁴を〉やじる,〈人⁴に〉からむ.

an|prangern [アンプランガァン] 他〈人・物⁴を〉さらし物[笑い物]にする, 公然と非難する, 弾劾する.

an|preisen 他〈物⁴を〉(良い質により)ほめて勧める, 推奨する.

An·probe 女 (衣類の)試着.

an|probieren [アンプロビーレン] 他《過分 anprobiert》《⑷》〈〈衣類⁴などを〉〉試着する,〈〈靴⁴などを〉〉試しに履いてみる. 4級

an|rechnen 他 ❶《③ ④ (auf ④)》〈〈人⁴に対し〉古い物⁴を〈新しい物⁴のために〉〉差し引く, 下取りする,〈〈人³に対し〉物⁴を(物⁴に)〉算入する. ❷《③ ④ (als ...)》〈人³の事⁴を(...と)〉評価する. ③ ④ *hoch* ～ 人³の事⁴を高く評価する.

An·recht 中《主に単》要求[請求]権.

An·rede 女 呼びかけ, 呼称.

an|reden (I) 他〈人⁴に〉話しかける, 呼びかける. **(II)** 自 ❶《gegen ④》〈音⁴に負けないよう〉声を張り上げて話す[呼びかける], 張り合う. ❷《gegen ④》〈人⁴に負けないよう〉(より良い論拠で)自説を主張する, 論ずる.

an|regen 他 ❶〈物⁴を〉提案する,

① 1格 ② 2格 ③ 3格 ④ 4格

勧める. ❷《④ zu》〈人⁴を事³をする気にさせる,〈人⁴を事³をするように〉けしかける,〈人⁴を励まして[促して]事³を〉させる. ❸〈物¹が〉〈人・物⁴を〉刺激[鼓舞]する, 興奮させる, そそる.

An･regung 囡 ❶提案, 示唆. ❷刺激, ヒント. ❸元気づけ, 興奮.

an|reichern 《(I)》他《④ (mit ③)》〈物⁴を(物³で)〉(質的に)向上させる, 強化する;〈ウラン⁴などを〉濃縮する. 《(II)》再 ❶〈④ (書)〉(大量に)積もる, たまる. ❷《mit ③》〈物¹に〉〈特定の物質³が〉蓄積される.

An･reise [アンライゼ] 囡《主に単》 ❶ (乗物で行く目的地への)旅行, 往路. ❷《単》(旅行者の)到着.

an|reisen 自(S)(↔ abreisen)(旅の目的地へ)旅行する,(旅の目的地に)到着する.

An･reiz 男 刺激, 励み, 動機.

an|rempeln [アンレンペルン] 他〈人⁴に〉(故意に肩・ひじなどで)突き当たる, 押しのける.

Anrichte [アンリヒテ] 囡(–/–n) 食器棚[台], 配膳(ぜん)台, サイドボード.

an|richten 他 ❶〈食事⁴を〉(大きな皿に)盛り付ける[合わせる], 調膳する. ❷《主に悪い事⁴を》引き起こす.

anrüchig [アンリュヒヒ] 形《副なし》(風俗・道徳的に)評判の悪い, いかがわしい.

an|rücken 自(S) ❶〈警察・消防・軍隊¹などが〉出動する. ❷(口;皮肉)(大勢で)押し寄せる, 押しかける, 大挙して来る.

Anruf [アンルーフ] 男 通話, 電話. 4級

Anruf･beantworter 男 ..ベアントヴォァター(–s/–) 留守番電話機.

an|rufen* [ánru:fən アンルーフェン]

現在	ich rufe ... an	wir rufen ... an
	du rufst ... an	ihr ruft ... an
	er ruft ... an	sie rufen ... an

過去	ich rief ... an	wir riefen ... an
	du riefst ... an	ihr rieft ... an
	er rief ... an	sie riefen ... an

過分 angerufen　接II riefe ... an

《(I)》他 ❶《(④)》〈(人⁴に)〉電話をかける. ❷〈人⁴[裁判所など]に〉調停を求める, 訴える. 《(II)》自《bei ③》〈人³の所に〉電話をかける. ♦Hast jemand (mich) angerufen? 誰かから電話がありましたか. 4級

Anrufer [アンルーファー] 男(–s/–) 電話をかけ(て来)る人. ◇**Anruferin** 囡(–/–nen).

an|rühren 他 ❶〈人・物⁴を〉(手で)触れる, 触る. ★主に否定で用いられる. ❷手をつける. ★主に否定で用いられる. ❸《④ (mit ③)》〈物⁴を(物³で)〉(かき)混ぜる, 混ぜて作る.

ans [アンス] an das の融合形. ★(1)熟語, (2)動詞の名詞化などの場合, ans は an das に書き換えられない.

An･sage 囡 (テレビ・ラジオ・催しなどの)お知らせ, 案内, アナウンス.

an|sagen 《(I)》他 (テレビ・ラジオ・催しなどで)〈人・物⁴のお知らせ[告知, 案内, アナウンス]をする. 《(II)》再 sich⁴《(bei ③)》〈(人³に)〉訪問を知らせる.

Ansager [アンザーガー] 男(–s/–) (テレビ・ラジオなどの)アナウンサー, 司会者. ◇**Ansagerin** 囡(–/–nen).

an|sammeln 《(I)》他〈物⁴を〉(無差別に)集める, 収集する. 《(II)》再 sich⁴〈物¹が〉たまる, 積もる, 鬱積する, 蓄積する.

An･sammlung 囡 ❶(ある人の)収集品, コレクション. ❷群集, 人だかり.

ansässig [アンゼスィヒ] 形 ~ **sein** 定住している, 暮らしている.

An･satz 男 ❶始まり, 発端;兆し, 芽生え;手がかり, 糸口;アプローチ. ❷(腕などの)付け根. ❸《単》[楽] アンザッツ(((管楽器の)吹き始めの唇の構え, (声楽の)歌い出しの発声法)). ❹〔数〕(計算の)式, 式化, 公式化.

an|schaffen [アンシャッフェン] 《(I)》再 sich³〈高額の物⁴を〉購入する, 調達する, 仕入れる. 《(II)》他《南・オ・スィ》(口)《(③) ④》〈(人³に)物⁴を〉命ずる, 指図する, 注文する. 《(III)》自(口)

①1格　②2格　③3格　④4格

(売春して)稼ぐ.

An·schaffung 囡(−/−en) ❶購入, 買い入れ, 調達, 仕入れ. ❷購入物[品], 調達物, 仕入れ品.

an|schalten 他《④》〈電気製品⁴の〉スイッチを入れる.

an|schauen [アンシャオエン] 他《南ﾄﾞ,ｵｰｽﾄ,ｽｲｽ》〈人・物⁴を〉じっと見る, 観賞する.

anschaulich [アンシャオリヒ] 形 よく分かる, 明瞭な, 明快な, 具体的な; 直観的な.

Anschauung [アンシャオウング] 囡(−/−en) ❶《über ④》〈物⁴についての〉見方, 考え方, 人生[世界]観. ❷《哲》直観, 考え方, 見解, 意向. ❸《単》観察, 見聞.

An·schein 男《単》《書》外見, 見かけ, 様子. ◆der erste ~ 第一印象. dem [allem] ~ nach 外見上, 見たところ(...)らしい.

anscheinend [アンシャイネント] 副 どうやら[見たところ](...)らしい, 察するに(...)らしい. ★scheinbar は「一目見れば...らしいが, 実際は違う」ということを意味するのに対し, anscheinend は「外見上...らしい」の意味しない.

an|schieben* 他《④》〈人・物⁴を〉押して動かす, 〈車などを〉押してエンジンをかける.

an|schießen* 他〈人⁴[動物⁴]を〉撃って傷つける((殺さない)). angeschossen kommen (口) 飛ぶようにして[猛烈なスピードで]やって来る.

An·schlag 男 ❶掲示, 公示, 看板, 広告, ポスター. ❷(ピアノ・キーボードなどの)タッチ, 打ち具合, 手応え. ❸《主に複》打数. ❹全開, 限界点. ❺射撃の構え[姿勢]. ❻(政治的理由による)陰謀, 暗殺(計画), テロ行為.

an|schlagen* (I) 他 ❶《④ (an ③ ④)》〈物⁴を〈物³·⁴に)》掲示する, 貼り付ける[出す], 取り付ける, 打ちつける. ❷(sich³)《④ (an ③ ④)》〈物⁴を〈物³·⁴に)》(誤って)ぶつけて傷める[傷つける]. ❸〈メロディー・和音⁴を〉弾く, 〈キー⁴を〉たたく. (II) 自 ❶《bei ③》〈口〉〈物¹

が〉〈人³の〉体重を増やす. ❷⑤《(mit ③) an 》〈物¹が〉〈物³·⁴に〉(激しく)つける, 〈(物³で)物⁴に〉(激しく)打ちつける, 〈(物⁴に)(激しく)当たる, ぶつかる.

an|schließen* (I) 他 ❶《④ (an ③ ④)》〈物⁴を〈物³·⁴に)〉〈鎖・南京錠などで〉つなぐ. ❷《④ (an ④)》〈電化製品⁴を(プラグなどに)〉つなぐ, 接続[連結]する. ❸《④ (an ④)》〈物⁴を〈物⁴に)〉付け加える. ❹《④ (③ [an ④])》〈物⁴を〈物³·⁴に)〉添える, 付属させる. (II) 自 ❶《an ④》〈物¹が〉〈物⁴に〉(空間的に)つながっている, 接している. ❷《an ④》《書》〈物¹が〉〈物⁴に〉(時間的に)(引き)続く. (III) 再 **sich**~《(an ④)》〈物⁴に〉付け加わる. ❷《(④)》〈人⁴の仲間に〉》加わる. ❸《③》《書》〈人・物³に〉従う, 同意[賛成]する.

An·schluss 男(−es/..schlüsse) ❶(電気・ガス・水道などの配管への)接続, (電話線への)接続, (列車など交通機関への)接続, 連絡. ❷《単》(人間的な)接触, コンタクト, 交友, 交際. ❸《歴史》併合((1938年のドイツによるオーストリア併合)).

Anschluß 男 = Anschluss.

Anschluss·zug 男 連絡[接続]列車.

an|schnallen [アンシュナレン] 他 ❶《(③) ④》〈(人³の)物⁴を〉ベルト[締め金]で留める. ❷〈人⁴の〉シート[安全, 座席]ベルトを締める.

an|schrauben [アンシュラオベン] 他《④ (an ③ [④])》〈物⁴を(物³·⁴に)〉ねじで固定する[取り付ける].

an|schreien 他〈人⁴を〉どなりつける.

An·schrift 囡 住所, あて名, 上書き.

Anschuldigung [アンシュルディグング] 囡 告発, 告訴.

an|schwärzen [アンシュヴェルツェン] 他《④ (bei ③)》(口) 《軽蔑》〈人⁴を(人³の)〉悪く言う, 誹謗[中傷]する.

an|schwellen* 自⑤《体の部分¹が〉ふくれる[はれる](上が)る. ❷〈程度・強さなどが〉増大する, 強まる; 水かさを増す, 増水する;

① 1格 ② 2格 ③ 3格 ④ 4格

an|schwemmen [アンシュヴェメン] 他《波4を》《物4を》岸に運ぶ, 打ち上げる, 流し寄せる.

an|sehen* [アンゼーエン] 他 ❶《人・物4を》見る, 眺める, 注視する. ❷〈sich3 ④《人・物4を》(比較的長く)見る, 眺める, 観察する, 凝視する. ❸〈sich3 ④《物4を》見物[観賞]する. ❹〈③ ④《人3の外観・様子から事4を》見て取る,〈人3が事4であることが見て分かる. ❺〈für [als] ...〉《人・物4を...と》見なす. ❻ *Sieh (mal) (einer) an!* (口)《驚いて》これはビックリだ, 思いもよらなかった.

An·sehen 甲 (–s/) 尊敬, 信望, 名声, 威信.

ansehnlich [アンゼーンリヒ] 形《書》❶《副なし》かなりの, 相当な. ❷《外見が》りっぱな, すてきな, 見ばえの良い.

an|setzen ((I))他 ❶〈④ (an ④)〉〈物4を(物3に)〉(取り)付ける, 当てる; 結び[縫い]つける. ❷〈物4を〉混ぜ合わせる, (調合して)作る. ❸〈グラス・楽器などを〉口に当てる, あてがう. ❹〈物4の日時を〉決める, 設定する. ❺〈物4を〉付け始める,〈葉・実4などを〉つける. ❻〈物4が〉〈物4の表面を〉覆う. ❼〈脂肪・肉などを〉つける, 増やす. ❽〈物4を〉見積もる, 査定する, 算定する. ❾〈④ auf ④〉〈人4を物4に〉投入する,〈人4を物4の仕事を〉やらせる,〈人4に人4をマークさせる, 見張らせる. ((II))自 S ❶〈zu ③〉〈(物3を)〉しようとしている[しているところである],〈物3の〉用意[準備]をする. ❷〈mit ③〉〈(物3を)〉始める,〈(物3に)〉取りかかる. ❸〈物4が〉付く, 付着する, 焦げつく. ((III))再 sich4〈物4が〉付く, 付着する, 生ずる.

Ansicht [アンズィヒト] 囡 (–/–en) ❶ (良く考えた後の)意見, 見解, 考え. ❷ながめ, 光景, 景色. ❸ (建物の)面. ◆ nach meiner ~ = meiner ~ nach 私の意見では(略 :m.A.n.). der ~2 sein, dass ... ...という考えである.

Ansichts·karte 囡 絵はがき.

an|spannen 他 ❶〈④〉〈(動物4 を)〉〈(引っ張らせるために車に)〉つなぐ. ❷〈物4を〉ピンと張る, 引きしめる. ❸ 緊張させる, 張りつめる.

An·spannung 囡《単》❶ 緊張. ❷ 重圧; 尽力.

an|spielen ((I))他《人4に》ボールをパスする. ((II))自《auf ④》《人・物4を》当てこする, ほのめかす.

Anspielung [アンシュピールング] 囡 (–/–en) 当てこすり, 当てつけ; 暗示.

An·sporn 男 (–(e)s/) (何かをしようとする)気持ち, 励み, 動機.

an|spornen [アンシュポルネン] 他〈④ (zu ③)〉〈人4を(物4に)〉駆り立てる,〈人4にはっぱをかけて(物4に)〉なるようにする,〈人4を煽って[励まして](物3を)〉させる.

An·sprache 囡 ❶ 式辞, スピーチ, あいさつ. ❷《単》(南独・オストリア) (他の人との)接触, 交流, 対話.

an|sprechen* ((I))他 ❶《人4に》話しかける. ❷《テーマ・問題4に》触れる, 言及する,〈テーマ・問題4について〉述べる, 論ずる. ❸〈④ (auf ④)〉〈人4に(話4を)〉(特定の機会に)持ちかける, 相談する. ❹〈人4の〉心に訴える[アピールする],〈人4の〉好みに合う,〈人4の〉気に入る. ((II))自 ❶〈auf ④〉〈(物4に)〉(好)反応を示す, 反応する, 応ずる. ❷〈bei ③〉〈物4が〉〈人3に〉効果を現す,〈人3に〉効く.

ansprechend [..ト] ((I))自 ansprechen の現在分詞. ((II))形 (一緒にいる人に)喜びを与える, 心をひく, 魅力的な.

Anspruch·partner [アンシュプレヒ..]男 (話し)相手, 対話者. ◇ **An·sprechpartnerin** 囡 (–/–nen).

an|springen* ((I))他《人4に》飛び付く, 飛び[襲い]かかる. ((II))自 S ❶《物4が》動き出す, 始動する,〈エンジン1が〉かかる. ❷ (口)〈提案4などに〉飛び付く, 好意的に反応する.

An·spruch 男 ❶《主に複》要求. ❷ (要求する)権利, 請求権.

anspruchs·los 形 (最上 ~est) ❶ 控え目な, つつましい, 慎み深い. ❷ 低俗な, 中身の乏しい.

① 1格 ② 2格 ③ 3格 ④ 4格

anspruchs·voll 形 ❶要求の多い, うるさい. ❷(芸術的に)価値の高い, 高級な, 洗練された.

Anstalt [アンシュタルト] 囡(-/-en) (やや古)(公共的・教育的な)施設, 公共機関;学校, 病院;(社会的・教育的な)会, 協会, 学会;会社, 企業. ❷(特に)精神病院(の建物).

An·stand 男(-(e)s/ 礼儀(作法), 上品さ, 礼儀正しさ, マナー, エチケット

an·ständig ((Ⅰ))形 ❶礼儀正しい, 行儀[品]のよい, 上品[丁重, 端正]な, 作法にかなった. ❷きちんとした, ちゃんとした, しっかりした, りっぱな, 公正な;堅実[実直, 律儀, まじめ]な. ❸(口)適正な, ふさわしい, 相応な;満足のいく, 申し分のない, 十分な. ❹(副なし)(口)かなりの, かなり多い, 相当な, だいぶ. ((Ⅱ))副(口)ひどく, すごく, さんざんに.

an|starren 他〈人・物⁴を〉じっと見つめる, 見据える, 凝視する.

anstatt [アンシュタット] 前《2格支配》...の代わりに. ★zu不定詞, dass 副文もとる. ♦~ eines Beweis für meine Behauptung = ~ meine Behauptung zu beweisen = ~ dass ich meine Behauptung beweist 私が自分の主張を証明する代わりに. ★(1) 人称代名詞の場合は anstatt seiner よりも an seiner Stelle の方が用いられる: Ich komme an seiner Stelle. 私は彼の代わりに参ります. ★(2) 固有名詞の場合は anstelle von ③ の方が用いられる: anstelle von Herrn Müller ミュラーさんの代わりに.

an|stecken ((Ⅰ))他 ❶《④ (mit ③)》〈人⁴に(病気・行為³などを)〉うつす, 感染させる. ❷《 ④ [sich³] 》④〈人³[自分³]に〉物⁴を〉(ピンなどに)固定する, 刺し留める;差して付ける, はめる. ❸《③ [sich³]》 ④〈人³[自分³]の〉物⁴に〉火をつける. ((Ⅱ))再sich⁴〈(bei ③)(mit ③)〉〈(人³から)(病気³を)〉うつされる, 〈(人³の)(病気³が)〉感染[伝染]する.

る.

ansteckend [アンシュテッケント]形 伝染[感染]性の, 伝染[感染]する, うつりやすい.

Ansteckung [アンシュテックンク]囡 (-/-en)《主に単》伝染, 感染.

Ansteckungs·gefahr 囡《単》伝染[感染]の危険性[恐れ].

an|stehen* 自(h)《(南ドイツ・オーストリア・スイス)(s)》 ❶(並んで順番を)待つ, (立って)並ぶ. ❷〈処理すべき物⁴が〉ある, 残っている. ❸《(für [auf] ④)》〈(期日⁴に)〉 定めてある.

anstelle, an Stelle [アンシュテレ] ((Ⅰ))前《2格支配》...の代わりに. ((Ⅱ))副《von ③》〈人・物³の〉代わりに.

an|stellen ((Ⅰ))他 ❶《↔ abstellen》〈水・ガスなどの栓をひねって〉出す. ❷〈テレビ・照明などの〉スイッチを入れる, つける. ❸《↔ entlassen》〈人⁴を〉雇う, 雇用する. ❹《④ zu ③》(口)〈人⁴を物³に〉使う, 〈人⁴に物³を〉頼む, 頼んでしてもらう. ❺〈④ (um ④)〉企てる, 試みる, 行う. ❻(口)〈悪い事・困った事⁴を〉しでかす, やらかす. ❼《④ (an ④)》〈物⁴を(物⁴に)〉立てかける, 据える. ((Ⅱ))再sich⁴《(um ④)》〈(物⁴を求めて)〉並ぶ, 列に加わる. ❷《(bei ③)》〈(事³を際に)〉(...に)ふるまう, 装う.

An·stellung 囡 ❶就職口, 定職. ❷雇用.

Anstieg [アンシュティーク]男(-(e)s/-e) ❶《単》登る[上がる]こと, 上がり勾配[傾斜]. ❷上り道[坂]. ❸《単》(温度などの)上昇. ❹《主に単》増加, 増大.

an|stiften 他 ❶〈悪い事⁴を〉引き起こす, たくらむ. ❷《④ (zu ③)》〈人⁴を〈事³するように〉〉そそのかす, 吹き込む, 〈人⁴を(事³へ)〉扇動する.

An·stifter 男(-s/-) そそのかす[吹き込む]人, 扇動[教唆(ぎょうさ)]者. ◇ **Anstifterin** 囡(-/-nen).

An·stiftung 囡(-/-en)《主に単》(悪事の)そそのかし, 扇動[教唆(ぎょうさ)].

an|stimmen 他 ❶〈歌⁴を〉歌い始

① 1格 ② 2格 ③ 3格 ④ 4格

める,〈音⁴を〉出し始める,〈曲・メロディー⁴を〉演奏し始める. ❷〈笑い声・叫び声⁴を〉あげる.

An·stoß 男 ❶ きっかけ,刺激,動因. ❷《主に単》[スポ]キックオフ. ❸ぶつかる[ぶつける]こと,衝突.

an|stoßen* ((I))他 ❶〈人⁴を〉(合図のために手・足で)つつく,〈人⁴を〉(手・足でつついて)知らせる[合図する]. ❷〈人・物⁴に〉(うっかり)ぶつかる,〈人・物⁴を〉ぶつける. ((II))自 ❶ 〈 (auf ⁴)〉〈人³と〉(人・物⁴を祈って)乾杯する. ❷ ⓢ 〈an ⁴〉〈物⁴に〉(うっかり)ぶつかる. ❸ ⓢ 〈(bei ³)〉〈(人³に)〉不快感を与える,〈(人³の)〉感情を害する,ひんしゅく[不興]を買う. ❹ ⓗ (口)〈(mit der Zunge)〉舌足らずで発音する[しゃべる]. ❺ [スポ] キックオフする.

anstößig [アンシュテースィヒ] 形 気に障る,不快な;いかがわしい,みだらな.

an|strahlen 他 ❶〈人・物⁴を〉照らす[照らし出す],〈人・物⁴に〉光[スポットライト]を当てる,〈物⁴を〉ライトアップする,〈物⁴に〉イルミネーションを施す. ❷〈人⁴に〉微笑みかける,うれしそうに見つめる,笑顔で迎える.

an|streben 他〈物⁴を〉得ようと努める,目指す.

an|streichen* 他 ❶〈物⁴に〉(色を)塗る. ❷〈物⁴に〉印を付ける,アンダーラインを引く.

an|strengen [アンシュトレンゲン] ((I))他 ❶〈物⁴を〉<u>緊張させる</u>,〈物⁴を〉精いっぱい働かせる. ❷〈物¹が〉〈人・物⁴を〉ひどく疲れさせる. ((II))再 sich⁴ 努力[緊張]する,懸命に頑張る.

Anstrengung [アンシュトレングング] 女 (‒/‒en) ❶努力,苦労. ❷疲労,精神的緊張.

An·strich 男 ❶《単》外観,うわべ,様子. ❷色合い,塗料. ❸塗り,塗装,塗り具合.

An·sturm 男《主に単》❶ 〈auf ⁴〉〈人・物⁴への〉(群集・注文などの)殺到. ❷突撃,襲撃.

Antarktis [アンタルクティス] 女 (‒/) (↔ Arktis) 南極(地方).

antarktisch [アンタルクティッシュ] 形 南極(地方)の.

An·teil 男 ❶〈an ③〉〈(物³の正当な)〉分け前,持ち分,取り分,配当,シェア,率;関係,関与. ❷《書》(特定の)部分,割合. ❸《主に複》[商]株(券),出資. ❹《単》関心,興味;同情.

Anteil·nahme [..ナーメ] 女 (‒/) ❶弔意,お悔み,同情. ❷関心,興味;関与.

Antenne [アンテネ] 女 (‒/‒n) [電]アンテナ;[動]触角.

anti.. [アンティ..,アンティ..] 《形容詞・名詞に付いて;母音の前では ant..》「反・非・抗・対」:antibakteriell 抗菌(性)の.

Antialkoholiker [アンティアルコホーリカー] 男 禁酒主義者,禁酒論者. ◇ **Antialkoholikerin** 女 (‒/‒nen).

Antibiotikum [..ビオーティクム] 中 (‒s/..ka) [生]抗生物質 ((ペニシリンなど,菌を殺す物質)).

Anti-faschist [..ファシスト] 男 (‒en/‒en) 反ファシスト,反ファシズム主義者. ◇ **Antifaschistin** 女 (‒/‒nen).

anti-faschistisch [..ファシスティッシュ] 形 反ファシズムの[的な,主義者の].

antik [アンティーク] 形 ❶《付加または副》古典的な,古典古代の,古代ギリシア・ローマ時代の. ❷古風な,アンティークな.

Antike [アンティーケ] 女 (‒/) 古典古代,古代ギリシア・ローマ時代,古代,古典期;古典古代様式.

Antilope [アンティローペ] 女 (‒/‒n) [動]レイヨウ(羚羊),アンテロープ ((アジア・アフリカにいるカモシカ)).

Antipathie [アンティパティー] 女 (‒/..thien [..ティーエン]) 《書》嫌悪(²₃),反感,毛嫌い.

Antiquariat [アンティクヴァリアート] 中 (‒(e)s/‒e) ❶古本[古書]店. ❷《複》古本[古書]業,古書売買.

Antiquität [アンティクヴィテート] 女 (‒/‒en) 《主に複》(家具・食器などの)

骨董品, 古美術品, アンティーク.

Antlitz [アントリッツ] 中(-es/-e)《主に単》(詩)顔, 面(㌢).

Antonym [アントニューム] 中(-s/-e) 反対[反義]語, 対義語 (↔ Synonym).

Antrag [アントラーク] 男(-(e)s/Anträge) ❶《書類による》申請, 出願, 陳情；申請[出願, 陳情]書(式用紙). ❷動議, 法案, 提案. ❸結婚申し込み.

Antrags･formular 中(-s/-) 申請[出願, 申し込み]用紙.

an|treffen* 他〈人⁴に〉出会う；〈人⁴が〉…であることを見出す.

an|treiben* 他❶〈人⁴を(物³に)〉(言葉で)駆り立てる, せかす, 強いる；〈物³に〉駆られて〈人⁴が(物³を)〉するようになる. ❷〈物¹が〉〈物⁴を〉始動させ, 駆動させる. ❸〈物¹が〉〈物⁴を〉漂着させる, 押し流す.

an|treten* ((I))他❶〈物⁴の〉第一歩を踏み出す, 〈物⁴を〉(最初に)始める, 〈仕事・職などに〉就く；〈仕事を〉(準備万端整えて)始める. ❷〈バイクなどのペダルを踏んで〉始動させる. ((II)) 自(S)❶〈zu ³〉〈所³に〉(仕事などのために)やって来る. ❷〈軍隊¹が〉整列する, 集合する. ❸〈[㌧]〉〈(gegen ⁴)〉〈(人⁴と)〉対戦する, 〈(人⁴に)〉チャレンジする.

An･trieb 男《単》❶刺激, 原動力, 励みとなる動因. ❷[工]推進[駆動, 機動]力, 原動力；推進[駆動, 機動]装置. ♦ aus eigenem ~ 自発的に, 自分から.

An･tritt 男(-(e)s) ❶開始；就任, 就職；出発. ❷(遺産の)引き受け, 相続.

an|tun* 他〈③ ④〉〈人³に悪い事⁴を〉加える.

Antwort [ántvort アントヴォルト] 女(-/-en) ❶〈auf ⁴〉〈物⁴への〉(口頭・書面による)答え, 返答, 回答, 答弁, 応答. ❷〈auf ⁴〉〈物⁴に対する〉反応, 反響. ♦ eine ~ auf einen Brief erhalten [bekommen] 手紙の返事を受け取る. **5級**

antworten [ántvɔrtən アントヴォル

テン]

現在	ich antworte	wir antworten
	du antwortest	ihr **antwortet**
	er **antwortet**	sie **antworten**

過去	ich antwortete	wir antworteten
	du antwortetest	ihr antwortetet
	er antwortete	sie antworteten

過分	geantwortet	接II antwortete

((I)) 自❶〈③〉 (auf ⁴) 〈〈人³に〉(事⁴に対して)〉答える, 返答する, 返事をする, 回答する. ❷〈auf ⁴ mit ³〉〈事⁴に対して事³で〉応じる, 応答する, 反応する. ((II)) 他〈③〉④ (auf ⁴)〉〈(人⁴に)(事⁴に対して)事⁴を〉答える, 返答する, 返事をする, 回答する. ♦ mit Ja oder Nein ~ イエスかノーかで答える. auf den Brief ~, dass... その手紙に…と返事をする. **5級**

antwortete antwortenの過去形.

an|vertrauen* ((I))他❶〈③〉④〈人³に物⁴を〉任せる, 委ねる, 預ける, 委託する, 委任する. ❷〈人³に事⁴を〉打ち明ける. ((II)) 再 sich⁴〈③〉〈人³に〉心中を打ち明ける.

an|wachsen* 自(S)❶〈植物¹が〉根づく；〈縫い合わせた皮膚組織¹などが〉癒合(㌫)する. ❷〈段々と数¹が〉増え続ける, 増大[増加, 膨張]し続ける.

Anwalt [アンヴァルト] 男(-(e)s/Anwälte) ❶弁護士. ❷(書)代弁者, 擁護者. ◇ **Anwältin** 女(-/-nen).

An･wärter 男(-s/)〈auf ⁴〉〈(地位・職などの)〉候補者, 継承者. ◇ **An･wärterin** 女(-/-nen).

an|weisen* 他❶〈④ + zu不定詞〉〈人⁴に…するように〉指示する, 指図する. ❷〈④ (bei ³)〉〈人⁴の(物³を)〉指導する, 〈人⁴に(物³の)〉手ほどきをする. ❸〈③〉〈人³に物⁴を〉指定配る, 割り当てる. ❹〈お金⁴を(人³に)〉(銀行を通して)送る, 送金する, 振り込む.

An･weisung 女❶(書)指示, 命令,

①1格 ②2格 ③3格 ④4格

指令, 指図. ❷使用説明書. ❸送金, 振り込み. ❹指図[委託]証券, 小切手, 為替(ﾅｶﾞｾ)手形.

an|wenden(*) 他 ❶〈物⁴を〉(ある目的のために)用いる, 使用する. ❷〈④ **auf** ④〉〈物⁴を物⁴に〉適用[応用, 利用]する, 当てはめる.

Anwender [アンヴェンダー] 男 (ﾋﾟｽｰ) 利用者, ユーザー.

An·wendung 女 (–/–en) ❶《単》使用. ❷適用, 応用, 利用.

An·wesen 中 (–s/–) 《書》(家屋付きの)地所, 不動産.

anwesend [アンヴェーゼント] 形《副なし》(↔ abwesend) 出席[列席, 参会, 参列]している. 4級

Anwesenheit [..ハイト] 女 (–/) ❶出席, 列席, 参会, 参列. ❷含有, 存在.

an|widern [アンヴィーダァン] 他〈人⁴を〉嫌悪させる,〈人⁴の〉気分を害する,〈人⁴を〉不快にする.

An·wohner 男 (–s/–) 道路沿いの住民[居住者]. ◇ **Anwohnerin** 女 (–/–nen).

An·zahl 女 (–/) ❶《eine 〜で》(不定の)数. ❷《die 〜で》(総)数.

an|zahlen 他〈物⁴の〉(分割払いでの)最初の支払い[払い込み]をする,〈物・金額⁴の〉(分割払いの)頭金を払う,〈金額⁴を〉内金[手付金]として支払う.

An·zahlung 女 (分割払いの)初回金, 頭金.

An·zeichen 中 (–s/–) 徴候, 印, 気配.

Anzeige [アンツァイゲ] 女 (–/–n) ❶(新聞・雑誌などの)広告; 公示, 告示. ❷(警察や役所などへの)通告, 届け出; 告発. ❸《単》表示, 掲示. ❹目盛り, 示度, 度数, 標示; 表示器.

an|zeigen 他 ❶〈身近な事⁴を〉(新聞などに)広告する,〈身近な事⁴を〉広告を出す. ❷〈人⁴を〉(主に警察に)告訴する, 通告する. ❸〈事⁴を〉(主に警察に)届け出る, 知らせる. ❹〈(③) ④〉〈(人³に)物⁴を〉教える, 指示する. ❺〈計器類¹が〉〈物⁴を〉表示する, 示す.

Anzeige(n)·blatt 中 (無料の)広告紙.

an|ziehen* [アンツィーエン] ((I)) 他 ❶ (↔ ausziehen) 〈③ ④〉〈人³に衣類⁴を〉身につけさせる;〈衣類⁴を〉着せる;(手袋を)はめる;(靴を)はかす;(帽子を)かぶらせる;〈sich³ ④〉〈衣類⁴を〉身につける; 着る; はめる; かぶる. ❷〈人⁴に〉衣類を身につけさせる;〈衣類⁴を〉着せる;(手袋を)はめる;(靴を)はかせる;(帽子を)かぶらせる. ❸〈人⁴を〉引き付ける, 魅了する,〈人⁴の〉心をひく, 興味をそそる. ❹〈磁石¹などが〉〈物⁴を〉引き付ける. ❺〈物¹が〉〈物⁴を〉吸収[吸入]する, (湿気を)吸う. ❻〈物⁴を〉(自分の方へ)引っ張る, 引き付ける;(引っ張って)引き締める. ((II)) 自 ❶ⓑ〈物価¹が〉上がる, 上昇する. ❷〈人¹が〉スピードを上げる,〈乗り物¹が〉加速がよい. ((III)) 再 sich⁴ 衣服を着る. ♦ sich³ ein Hemd 〜 シャツを着る.

anziehend [..ト] ((I)) anziehen の現在分詞. ((II)) 形 (容姿・振る舞いが)(人を)引き付ける, 魅力[魅惑]的な, 感じのよい.

An·ziehung 女《主に単》引き付けること, 魅力.

Anziehungs·kraft 女 ❶[理]引力. ❷魅力.

Anzug [ántsuːk アンツーク] 男 (–(e)s/ ..züge) ❶(特に男の)スーツ, 背広, 衣服. ❷《単》接近. ❸《単》(スタート時の)加速能力. ♦ ein Maßgeschneiderter 〜 オーダーメイドの背広. ein zweireihiger 〜 ダブルのスーツ. im 〜 接近中. 5級

Anzüge Anzug の複数形.

anzüglich [アンツュークリヒ] 形《書》みだらな, 猥褻(ﾜｲｾﾂ)な, 嫌らしい.

Anzüglichkeit [..カイト] 女 猥褻(さ), 卑わいさ.

an|zünden [アンツュンデン] 他〈(sich³) ④〉〈物⁴に〉火をつける, 点火[点灯]する.

an|zweifeln 他〈物⁴が正しいか・真実かを〉疑う,〈物⁴に〉疑念をはさむ, 疑いを持つ.

apart [アパルト] 形 目立つ, 際立つ, 独特の魅力がある.

Apartment [アパートメント] 中 (-s/-s) (一人用の小さな)アパート.

Apathie [アパティー] 女 (-/-) 無情, 無感動, 無感覚, 無関心, 冷淡.

apathisch [アパーティッシュ] 形 無感覚な, 無感動な, 無感情の, 無関心な, 冷淡な.

Aperitif [アペリティーフ] 男 (-s/-s) 食前酒, アペリチーフ.

Apfel [ápfəl アプフェル] 男

格	男性	複数
1	der Apfel	die Äpfel
2	des Apfels	der Äpfel
3	dem Apfel	den Äpfeln
4	den Apfel	die Äpfel

リンゴ (林檎). *in den sauren ~ beißen (müssen)* (口) いやなことを仕方なしにする. 5級

Apfel·baum 男 リンゴの木.

Apfel·kuchen 男 リンゴ入りのケーキ, アップルパイ.

Apfel·mus 中 リンゴのピュレー; リンゴソース.

Apfel·saft 男 リンゴジュース.

Apfelsine [アプフェルズィーネ] 女 (-/-n) [植] オレンジ.

Apfel·strudel 男 アプフェルシュトルーデル ((薄いパイ生地を巻いて, リンゴなどを詰めて焼いた, オーストリアのデザート)).

Apfel·wein 男 リンゴ酒.

Apostel [アポステル] 男 (-s/-) ❶ 使徒 ((キリストの12人の弟子)); 初期のキリスト教伝道者 ((パウロなど)). ❷ 《しばしば皮肉》(新しい主義・教義の)主唱者, 指導者.

Apotheke [apoté:kə アポテーケ] 女 (-/-n) (薬剤師のいる)薬屋, 薬局. 4級

Apotheker [アポテーカー] 男 (-s/-) 薬剤師, 薬屋. ◇**Apothekerin** 女 (-/-nen).

Apparat [apará:t アパラート] 男 (-(e)s/-e) ❶ 機器, 器械, 器具, 装置; テレビ; 電話機; ラジオ; 電気かみそり; カメラ. ❷《主に単》《主に複合語で》[解] 器官. ❸《主に単》機構, 組織. ❹ 内線. ◆ *Bleiben Sie bitte am ~!*《電話の相手に》どうぞそのまま(切れずに)お待ち下さい. *Wer ist am ~?*《電話の相手に》どちら様でしょうか. 4級

Appartement [アパルトマン] 中 (-s/-s, -e) ❶ (Apartment) (特に単身者向けの)アパート. ❷ (ホテルなどの)スイートルーム.

Appell [アペル] 男 (-s/-e) ❶ アピール, 呼び掛け, 訴え, 警告. ❷ [軍] 点呼, 集合.

appellieren [アペリーレン] 自 〈**an** 4 (+ zu不定詞)〉〈人・物 4 に〈... することを〉〉アピールする, 訴える.

Appetit [apetít アペティート] 男 (-(e)s/-e) 食欲. ◆ (großen) ~ *auf* 4 *haben* 物 4 への食欲が(大いに)ある, 物 4 が(大いに)食べたい[欲しい]. *Guten ~!*《食事の前の言葉として》いただきます, おあがりなさい ((他に Mahlzeit!)).

appetitlich [アペティートリヒ] 形 ❶ 食欲をそそる, うまそうな. ❷ (口) (若くて)魅力的な, 可愛い.

Appetit·losigkeit [.. ローズィヒカイト] 女 (-/-) 食欲不振.

applaudieren [アプラオディーレン] 自 (())〈(人 3 に)〉拍手(喝采)する, 拍手(喝采)を送る.

Applaus [アプラオス] 男 (-es/) 拍手喝采.

Apposition [アポズィツィオーン] 女 (-/-en) 同格.

Aprikose [アプリコーゼ] 女 (-/-n) [植] アンズ(杏)(の実), アプリコット.

April [アプリル] 男 (-(s)/-e) 4月 ((略: Apr.)). ◆ *im* ~ 4月に. 5級

apropos [アプロポー] 副 ついでに(言うと), ちなみに; それはそうと, ところで.

Aquarell [アクヴァレル] 中 (-s/-e) 水彩画.

Aquarium [アクヴァーリウム] 中 (-s/ Aquarien) ❶ (ガラスの)水槽(芬), 養

① 1格 ② 2格 ③ 3格 ④ 4格

魚[水草]ばち. ❷水族館.

Äquator [エクヴァートァ]男《-s/》(地球の)赤道.

Ar [アーァ]中《-(e)s/-e》アール(面積の単位；100㎡(平方メートル)；記号：a). ★単位は無変化.

Ära [エーラ]女《-/Ären》《主に単》(書)時代；(有名な人の)在職期間；[地](分類上の)代.

Araber [ア(-)ラバァ, アラーバァ]男《-s/-》❶アラブ人, アラビア人, アラブ民族. ❷アラブ(種の馬), アラビア馬. ◇**Araberin** 女《-/-nen》(女性の)アラブ[アラビア]人.

arabisch [アラービッシュ]形 アラビア(人[語])の, アラブ(人[族])の.

Arbeit [árbaɪt アルバイト]女《-/-en》❶(肉体的･精神的な)仕事；勉強, 研究；執筆；労働；(仕事の)作業, 活動；製作, 制作, 製造；任務, 責任. ❷《単》仕事をすること, 働くこと, 働き；勤め, 就労, 勤務. ❸《単》勤め[働き]口, 職；職場. ❹《単》手間, 苦労, 骨折り. ❺(仕事の)成果；作品, 製作物, 細工物；論文, 著作, 出版物. ❻ 試験答案. ◆～ finden [suchen] 仕事を見つける[捜す]. seine ～ verlieren 失業する. seine ～ tun [machen] 自分の仕事をきちんとする, 自分の務めを果す. **5級**

arbeiten [árbaɪtən アルバイテン]

現在	ich arbeite	wir arbeiten
	du **arbeitest**	ihr arbeitet
	er **arbeitet**	sie arbeiten
過去	ich arbeitete	wir arbeiteten
	du arbeitetest	ihr arbeitetet
	er arbeitete	sie arbeiteten
過分	**gearbeitet**	接II **arbeitete**

((I)) 自 ❶働く, 仕事をする；研究[勉強]する；労働する. ❷(職業として)勤めている, 勤務[就職]している. ❸《物》が機能[作動]する, 動く. ❹《an ③》〈物³〉を)作っている；作業中である, 製作[制作, 製造]中である；執筆中である. ❺《an sich³》修業する, 修行を積む. ((II)) 再 sich⁴ ❶〈durch ④〉〈物⁴を〉かき分けて進む. ❷〈+結果〉sich⁴ nach oben ～ 働いて社会的に上昇する. ◆bei einer Firma [in der Fabrik] ～ ある会社[工場]に勤めている. **5級**

Arbeiter [アルバイタァ]男《-s/-》❶《肉体的労働に従事する者》労働者, 労務者, 工員. ❷働いている人, 職を持っている人. ◇**Arbeiterin** 女《-/-nen》. **4級**

Arbeiter·kind 中 労働者階級の子供.

Arbeiter·klasse 女《単》(やや古) 労働者階級.

Arbeiter·partei 女 労働党.

Arbeiterschaft [アルバイターシャフト]女《-/》《総称》全労働者, 被雇用者集団.

arbeitete [アルバイテテ]arbeiten の過去形.

Arbeit·geber [..ゲーバァ]男《-s/-》雇い主, 雇用者, 使用者, 企業主. ◇**Arbeitgeberin** 女《-/-nen》.

Arbeit·nehmer [..ネーマァ]男《-s/-》雇われている人, 被用者, 従業員, 使用人. ◇**Arbeitnehmerin** 女《-/-nen》.

Arbeits·agentur [アルバイツ..]女《-/-en》職業斡旋所((Arbeitsamt の公式名称)).

Arbeits·amt 中 労働局, 職業安定所.

Arbeits·erlaubnis 女(外国人に対する)労働[就業]許可. ◆③ eine ～ erteilen 人³に労働許可を出す.

arbeits·fähig 形《副なし》働くことの出来る, 労働[就労]能力のある.

Arbeits·gang 男 工程, 作業段階[過程].

Arbeits·gericht 中[法]労働裁判所.

Arbeits·kraft 女 ❶《単》(精神的･肉体的な)労働(能)力. ❷(働き手としての)労働力, 労働者.

arbeits·los [アルバイツロース]形《副なし》失業[失職]している, 失業[失

Arbeitslosengeld / fünfzig 50

職]中の, 無職の, 仕事[働き口]のない. 4級

Arbeitslosen·geld [アルバイツローゼン..] 中 (国からの)失業手当[給付金].

Arbeitslosen·hilfe 女(-/-ﾝ) 失業救済金[扶助]((失業保険金が切れた人, または資格がない人で困窮した失業者に支払われる)).

Arbeitslose(r) [アルバイツローゼ[ザー]] 形女《形容詞変化》失業者.

Arbeits·losigkeit [..ローズィヒカイト] 女(-/) 失業(状態); 無職.

Arbeits·markt 男 労働市場.

Arbeitsmarkt·service [..サーヴィス] 中[男](-/) (オーストリア) = Arbeitsamt.

Arbeits·platz 男 ❶勤務先, 勤め口. ❷仕事場. ◆am ～ 職場で.

arbeits·scheu 形《副なし》労働[仕事]嫌いの.

Arbeits·tag 男 ❶(一日一定の)勤務時間. ❷仕事[労働, 就業]日.

Arbeits·teilung 女(-/-) 分業.

arbeits·unfähig 形 労働出来ない, 労働能力のない.

Arbeits·unfähigkeit 女 労働の出来ないこと, 労働[就業]不能.

Arbeits·unfall 男 労働災害.

Arbeits·vermittlung 女 職業紹介(所).

Arbeits·vertrag 男《法》労働契約.

Arbeits·zeit 女 ❶(法的・契約上の一日・週・月の)労働[勤務]時間. ❷(必要な)作業時間.

Arbeits·zimmer 中 仕事部屋, 書斎.

Archäologe [アルヒェオローゲ] 男 (-n/-n)《弱》考古学者. ◇ **Archäologin** 女(-/-nen).

Archäologie [アルヒェオロギー] 女 (-/) 考古学.

archäologisch [アルヒェオローギッシュ] 形《付加または副》考古学(上)の.

Arche [アルヒェ] 女(-/-n) 箱舟. ◆ die ～ Noah《聖》ノアの箱舟.

Architekt [アルヒテクト] 男 (-en/-en) 建築技師, 建築家, 設計師. ◇ **Architektin** 女(-/-nen).

Architektur [アルヒテクトゥーァ] 女 (-/-en) ❶《単》建築学; 建築(術). ❷建築様式; 建築物.

Archiv [アルヒーフ] 中(-s/-e) ❶公文書(集), 古文書(集), 記録文書, 史料集, 文庫. ❷公文書[古文書, 記録文書]保管所, (公)文書館, 史料保管所, 文庫.

Arena [アレーナ] 女(-/-Arenen) ❶アリーナ; (円形劇場の)闘技場; (観客席が周囲についた)競技場; (サーカスの円形の)演技会場, 闘牛場. ❷(書) (政治・経済闘争の)舞台, 会場; 戦場.

arg [アルク] ((I)) 形(比較 ärger; 最上 ärgst) ❶悪意のある, 邪悪な, よこしまな; 悪い, ひどい, いやな, 困った. ❷(悪い意味で)ひどい, 非常に「大変」な, はなはだしい. ((II))副(口) ひどく, とても, 非常に.

Argentinien [アルゲンティーニエン] 中(-s/) アルゼンチン(《南米の共和国》).

ärger [エァガー] arg の比較級.

Ärger [エァガー] 男(-s/) ❶腹立ち, 苛立ち, 憤懣(款), 不機嫌. ❷腹立たしい[不愉快な]こと; 迷惑, トラブル, いざこざ.

ärgerlich [エァガーリヒ] 形(副) ❶腹を立てる, 立腹する, むっとする, 不機嫌[不愉快そう]な. ❷腹立たしい, 不愉快な, しゃくにさわる, いまいましい.

ärgern [érgərn エァガァン] (過 ärgerte; 過分 geärgert) ((I))他(人を)怒らせる, むっとさせる, いらいらさせる. ((II))再 sich⁴《**über**(4)》(人・事に)怒る, しゃくにさわる, 腹を立てる, むっとする, いらいらする.

Ärgernis [エァガーニス] 中 (-ses/-se) しゃくの種, (はた)迷惑なこと.

ärgerte [エァゲァテ] ärgern の過去形.

Arg·list [アルク..] 女(-/)《書》奸計(款), 悪だくみ, 奸知.

arg·listig 形《書》奸知にたけた, 悪だくみの, 人をだます, 嘘つきの.

arg·los 形 悪意のない; 無邪気な.

①1格 ②2格 ③3格 ④4格

Arg·losigkeit [..ローズィヒカイト] 女 (-/) 悪意のないこと；無邪気.

ärgst [エルクスト] arg の最上級.

Argument [アルグメント] 中 (-(e)s/-e) 論拠, 根拠, 論点.

Argumentation [アルグメンタツィオーン] 女 (-/-en) 論証, 根拠を示す事；論争, 議論.

argumentieren [アルグメンティーレン] 自 ❶ 論証する, 論拠を示す. ❷ 〈**für** [**gegen**] 4〉〈人・物 4 に〉賛成[反対]する論拠を述べる.

Argus·augen [アルグス..] 複 **mit ~ beobachten** [**bewachen**] 人・物 4 を油断なく見張る[監視する].

Argwohn [アルクヴォーン] 男 (-(e)s/) 《書》邪推, 猜疑(ぎ), 疑心, 疑念, 疑惑.

argwöhnen [アルクヴェーネン] 他 《書》〈物 4 を〉邪推する, 怪しいと思う.

argwöhnisch [アルクヴェーニッシュ] 形 《書》邪推[疑念]に満ちた, 疑い深い, 疑心を抱いた；疑惑を起こさせる, 不審な.

Arie [アーリエ] 女 (-/-n) 【楽】アリア, 詠唱.

Aristokrat [アリストクラート] 男 (-en/-en) 弱 ❶ 貴族；上流階級の人. ❷ 上品な人. ◇ **Aristokratin** 女 (-/-nen).

Aristokratie [アリストクラティー] 女 (-/..tien [..ティーエン]) ❶ 貴族階級[社会]；上流階級(の人), エリート階層(の人). ❷ 貴族政治[政体]；貴族政治国家.

aristokratisch [アリストクラーティッシュ] 形 ❶ 貴族階級[社会]の；上流階級の, エリート政体[国家]の.

arithmetisch [アリトメーティッシュ] 形 《付加または副》算術の, 算数の.

Arkade [アルカーデ] 女 (-/-n) ❶ 《複》アーケード, 商店街. ❷ 【建】拱廊(きょうろう), 柱廊；列拱.

Arktis [アルクティス] 女 (-/) (↔ Antarktis) 北極地方.

arktisch [アルクティッシュ] 形 ❶ 《付加または副》北極(地方)の. ❷ (北極

のように)非常に寒い[低温の], 極寒の.

arm [アルム] 形 (比較 ärmer; 最上 ärmst) ❶ (↔ reich) 貧しい, 貧乏[貧困]な. ❷ (↔ reich) 乏しい, 貧弱な, わずかな；粗末な. ❸ 哀れな, かわいそうな, 気の毒な；みじめな, みすぼらしい. **~ an** 3 **sein** 物 3 に乏しい, 物 3 が少ない[わずかしかない]. 5版

..arm 形 《名詞と共に》「...が乏しい, ...少ない」：blutarm 貧血の.

Arm [arm アルム] 男 (-(e)s/-e) ❶ 腕. ❷ (腕のようなもの) (道標・天秤などの)横木；(河の)支流；(海の)入り江；(山脈の)支脈；(シャンデリア・錨(いかり)などの)枝, 股(また)；(のこぎり・はさみなどの)柄；(衣服の)袖；(挺子の)腕. ❸ 触手, 触覚；触毛. ♦ **die ~e ausbreiten** [**ausstrecken**] 両腕を広げる[伸ばす]. **einen langen** [**längeren**] **~ haben** 大きな影響力を持っている, 顔がきく. 4 **auf den ~ nehmen** (口) 人 4 をからかう. 4 **mit offenen ~en aufnehmen** [**empfangen**] 人 4 を心から迎え(入れ)る, 歓迎する. 4版

Armaturenbrett [アルマトゥーレンブレット] 中 (-(e)s/-er) (自動車・飛行機などの)計器盤, ダッシュボード.

Arm·band 中 (-(e)s/..bänder) 腕輪, ブレスレット；(腕時計の)バンド.

Armband·uhr 女 腕時計.

Armee [アルメー] 女 (-/..meen [..メーエン]) ❶ 全地上兵力, 軍, 軍隊；軍勢, 兵力, 軍団. ❷ 陸軍.

Ärmel [エァメル] 男 (-s/-) 袖.

Ärmel·kanal 男 (-s/) 英仏[ドーヴァー] 海峡.

ärmer [エァマー] arm の比較級.

..armig [..アルミヒ] 形 《数詞と》「...の腕を持った」：einarmig 1 本の腕のある.

ärmlich [エァムリヒ] 形 見すぼらしい, 貧相な, 粗末な, 貧しげな, 貧弱な.

arm·selig 形 ❶ みじめな, 貧窮している, 悲惨な；哀れがちな. ❷ 《主に軽蔑》わずかばかりの, 乏しい.

ärmst [エァムスト] arm の最上級.

Armut [アルムート] 囡 (-/) (↔ Reichtum) ❶ 貧乏, 貧困. ❷ 欠乏, 不足. 4級

Aroma [アローマ] 匣 (-s/..men, -s) ❶ 芳香, よい香り, 風味. ❷ (食品などに加える) (人工) 香料.

aromatisch [アロマーティッシュ] 形 芳香のある, 香ばしい; (化) 芳香族の.

arrangieren [アランジーレン] ((I)) 他 ❶ 〈物⁴の〉手配をする, お膳立てをする, アレンジする. ❷ 〈物⁴を〉形よく整える. ❸ 〈物⁴の〉編曲 [アレンジ] をする. ((II)) 再 sich⁴ ❶ 〈mit ③〉〈人³と〉妥協点を見出す, 折り合いをつける, 合意する. ❷ 〈mit ③〉〈物³に〉妥協する, 甘んじる.

Arrest [アレスト] 男 (-(e)s/-e) (法) ❶ 拘留, (短い) 禁固刑. ❷ 仮差し押え.

arrogant [アロガント] 形 (最上 〜est) (軽蔑) (↔ bescheiden) 傲慢な, 尊大な, うぬぼれた, 思い上がった, 横柄な, 高慢な.

Arroganz [アロガンツ] 囡 (-/) (軽蔑) 傲慢さ, 尊大さ, 思い上がり, 横柄さ, 高慢さ.

Arsch [ア(−)ルシュ] 男 (-(e)s/Är-sche) (俗) ❶ 尻(ｼﾘ), けつ. ❷ 《怒って罵倒して》馬鹿野郎, こん畜生.

Arsch·loch 匣 (俗) ❶ 肛門(ｺｳ). ❷ (嫌いな人に) ばか, まぬけ, くそったれ.

Art [á:rt アート] 囡 (-/-en) ❶ やり方, 仕方, 方法. ❷ 《単》 流儀, 様式; 作法, 作風, マナー. ❸ 種類, 品種. ❹ 《単》 気質, 性質, 特質. ❺ [生物] 種. ♦ eine 〜 und Weise 一つの方法 [やり方]. auf die(se) 〜 (und Weise) このやり方で, こういう風にして. *so ein 〜 (von)* ③ 人・物³の様な人 [物]. *aus der 〜 schlagen* 変わり種である, 異彩を放つ.

arten·reich 形 《副なし》種類の多い.

Arten·schutz 男 (-es/-) (絶滅危惧) 種の保護.

Arterie [アルテーリエ] 囡 (-/-n) (解) (↔ Vene) 動脈.

artig [アーァティヒ] 形 (特に子供が大人の期待通りに) 行儀 [しつけ] のよい.

..artig 形 《名詞と共に》「...の性質の, ...のような」: glasartig ガラス状の.

Artikel [アルティケル] 男 (-s/-) ❶ (新聞・雑誌などの) 記事, 小論文, 論説. ❷ 品目, 品物 ((略: Art.)). ❸ [言] 冠詞 ((略: Art.)). ❹ (法規・条約などの) 条 (項); (事典の) 項目 ((略: Art.)).

Artillerie [アルティリリー] 囡 (-/..rien [..リーエン]) 砲兵隊.

Artischocke [アルティショッケ] 囡 (-/-n) (植) チョウセンアザミ (朝鮮薊) ((食用)).

Artist [アルティスト] 男 (-en/-en) (弱) (特にサーカスなどの) アクロバット芸人, 曲芸師, 軽業師.

Arznei [アルツナイ] 囡 (-/-en) 医薬 (品), 薬剤, 内服薬, 薬物.

Arznei·mittel 匣 薬, 薬剤, 医薬品.

Arzt [a:rtst アーァット] 男

格	男性	複数
1	der Arzt	die Ärzte
2	des Arztes	der Ärzte
3	dem Arzt	den Ärzten
4	den Arzt	die Ärzte

医者, 医師. ♦ einen 〜 holen [rufen] 医者を呼ぶ. zum 〜 gehen 医者に行く. 5級

Ärzte [エァツテ, エァツテ] Arzt の複数形.

Arzt·helferin 囡 (女性の) 診療助手 [アシスタント].

Ärztin [エーァツティン, エァツティン] 囡 (-/-nen) (女性の) 医者, 女医.

ärztlich [エーァツトリヒ] 形 《付加または副》 医者 [医師] の [による]; 医療 [医術] (上) の.

Arzt·praxis [..プラクスィス] 囡 (-/..praxen [..プラクセン]) 診療所.

As [アス] 匣 = Ass.

Asbest [アスベスト] 男 匣 (-(e)s/-e) アスベスト, 石綿.

Asche [アッシェ] 囡 (-/-n) 灰.

Aschen·becher 男 (-s/-) 灰皿.

Ascher·mittwoch [..ミットヴォッホ]男[(ﾐﾂ)](四旬節(Fastenzeit)の初日の)聖灰の水曜日((懺悔の象徴として頭に灰をかける風習から)).

Asiat [アズィアート]男(-en/-en)《弱》アジア人. ◇**Asiatin** 女(-/-nen).

asiatisch [アズィアーティッシュ]形アジア(大陸)の, アジアの.

Asien [アーズィエン]中(-s/) アジア(大陸).

Askese [アスケーゼ]女(-/) ❶禁欲. ❷苦行, (宗教的)修徳.

Asket [アスケート]男(-en/-en) 禁欲主義者, 修行[苦行]者. ◇**Asketin** 女(-/-nen).

asketisch [アスケーティッシュ]形禁欲の, 苦行の, 修行[苦行]者のような.

asozial [アゾツィアール]形 ❶(軽蔑)反社会的な. ❷社会に受け入れられない.

Aspekt [アスペクト]男(-(e)s/-e) ❶観点, 視点. ❷様相, 局面. ❸〔言〕アスペクト, (動詞の)相.

Asphalt [アスファルト, アスファルト]男(-(e)s/-e) アスファルト.

Aspik [アスピーク, アスピック, アスピック]男|中(-s/-e) 〔料理〕肉[魚]汁ゼリー.

Ass [アス]中(-ses/-se) ❶(トランプの)エース. ❷(特にスポーツの分野で)第一人者, エース, 達人. ❸[ﾃﾆｽ](サービス)エース.

aß [アース] essenの過去形.

Assistent [アシステント]男(-en/-en)《弱》助手, アシスタント, 補佐 ((略:Ass.)). ◇**Assistentin** 女(-/-nen).

Ast [アスト]男(-(e)s/Äste) ❶(幹から出た)(大)枝. ❷ふし, 付け根. ❸分枝, 枝分かれ.

Äste [エステ] Ast の複数形.

Aster [アスター]女(-/-n) 〔植〕アスター, エゾギク, シオン(紫苑) ((秋に咲く)).

ästhetisch [エステーティッシュ]形美(学)的な, 審美的な, 耽美的な.

Asthma [アストマ]中(-s/) 〔医〕喘息(ｾﾞﾝ).

astrein [アストライン]形(口)申し分のない, 素晴らしい;(物¹が)ダメである, 許されていない.

Astrologe [アストローゲ]男(-n/-n)《弱》占星術師. ◇**Astrologin** 女(-/-nen).

Astrologie [アストロロギー]女(-/) 占星術[学].

Astronaut [アストロナオト]男(-en/-en)《弱》宇宙飛行士. ◇**Astronautin** 女(-/-nen).

Astronom [アストロノーム]男(-en/-en)《弱》天文学者. ◇**Astronomin** 女(-/-nen).

Astronomie [アストロノミー]女(-/) 天文学.

astronomisch [アストロノーミッシュ]形 ❶《付加または副》天文の, 天文学(上)の. ❷《副なし》(口)(数字・金額などが)天文学的な, 膨大な.

Asyl [アズュール]中(-s/-e) ❶《単》(被迫害者などの)庇護, 保護. ❷避難所;(住む所のない人のための)保護施設, ホーム.

Asylant [アズュラント]男(-en/-en)《弱》政治的保護[庇護, 亡命]を求める人. ◇**Asylantin** 女(-/-nen).

Asyl·bewerber 男保護[庇護]権申請者. ◇**..bewerberin** 女(-/-nen).

Asyl·recht 中(亡命者の)庇護権.

AT 《略》Austria(ラテン語), Autriche(フランス語) オーストリア.

..at [..アート]中《アクセントあり》❶-ierenで終わる動詞の「行為・結果」: Zitat 引用(文). ❷「職・地位」またはその行われる「場所」. ❸職・地位の「期間」. ❹〔化〕「酸の塩」.

Atelier [アテリエー]中(-s/-s) ❶(芸術家の)仕事場, アトリエ, 工房. ❷〔写・映〕撮影所, スタジオ.

Atem [アーテム]男(-s/) 息, 呼吸, いぶき. ♦in einem ~ 一息で. *außer ~ sein* 息が切れている.

atem·beraubend [..ベラオベント]形息をのむような.

atem·los 形 ❶息切れした, 息も絶え絶えの. ❷息を殺した, 息詰まるよう

Atem·pause 囡(-/-n) 呼吸の間, 息をつく間; 短い休息, ひと休み.

Atem·zug 男 呼吸. ♦in einem ~ 一気に.

Atheismus [アテイスムス] 男(-/-) 無神論.

Atheist [アテイスト] 男 (-en/-en)《弱》無神論者. ◇ **Atheistin** 囡 (-/-nen).

atheistisch [アテイスティッシュ] 形 無神論(者)の.

Äther [エーター] 男(-s/-) エーテル((天空に漂う霊気)); 天空.

Athlet [アトレート] 男(-en/-en)《弱》 ❶ 運動選手, スポーツマン. ❷ 力持ち, 筋肉たくましい人. ◇ **Athletin** 囡 (-/-nen).

athletisch [アトレーティッシュ] 形 ❶ (体格などが)筋骨隆々とした, (運動選手の様に)がっしりした. ❷ 運動競技の, 体育の.

Atlantik [アトランティック] 男(-s/) 《der ~》大西洋.

atlantisch [アトランティッシュ] 形 大西洋の.

Atlas [アトラス] 男(-(ses)/Atlanten, Atlasse) 地図帳[書], (学術的)図解書.

atmen [áːtmən アートメン](過 atmete; 過分 geatmet) 自 呼吸する, 息をする.

Atmosphäre [アトモスフェーレ] 囡 (-/-n) ❶《単》(地球を取り巻く)大気(圏), (天体を取り巻く)ガス体, 大気. ❷《単》雰囲気, ムード, 空気, 環境. ❸ 〔理〕気圧(の単位)((略: atm)).

Atmung [アートムング] 囡(-/-en) 呼吸, 息づかい.

Atom [アトーム] 甲(-s/-e) 〔理・化〕原子. 4級

atomar [アトマーァ] 形 ❶《付加また は副》〔理・化〕原子力の, 原子エネルギーの. ❷《付加》〔軍〕核兵器の. ❸ 〔理・化〕〔付加〕核[原子]の.

Atom·bombe 囡 原子爆弾, 原爆.

Atom·energie 囡 原子力, 原子

[核]エネルギー.

Atom·kraft 囡 原子力.

Atom·kraftwerk 甲 原子力発電所((略: AKW)).

Atom·krieg 男 核戦争.

Atom·müll 男 放射性廃棄物.

Atom·physik 囡 原子物理学.

Atom·pilz 男 (核爆弾による)きのこ雲.

Atom·reaktor 男 原子炉.

Atom·strom 男 原子力発電による電気.

Atom·zeitalter 甲(-s/-) 原子力時代.

..ator [..アートァ] 男(-s/..atoren [..アトーレン]) ..ierenで終わる動詞の意味する「行為者・物」.

Attacke [アタッケ] 囡(-/-n) ❶ 攻撃, 〔史〕(騎馬による)襲撃. ❷〔球〕攻撃(プレー). ❸ (激しい)批判. ❹〔医〕発作.

Attentat [アテンタート, アテンタート] 甲(-(e)s/-e) 暗殺計画.

Attentäter [アテンテーター, アテンテーター] 男 (-s/-) 刺客, 暗殺者. ◇ **Attentäterin** 囡(-/-nen).

Attest [アテスト] 甲(-(e)s/-e) (医者の)診断書.

Attraktion [アトラクツィオーン] 囡 (-/-en) ❶ (人を)引き付ける力, 魅力; 引き付けるもの, 魅力あるもの. ❷ 呼び物, アトラクション.

attraktiv [アトラクティーフ] 形 魅力のある, 魅力的な, 人を引きつける.

Attrappe [アトラッペ] 囡(-/-n) 模造品, ダミー, 見せ掛け.

Attribut [アトリブート] 甲(-(e)s/-e) (書) ❶ 属性, 特性; 付属物, 持物(⁶ᵗ). ❷〔言〕付加語, 修飾語.

ätzen [エッツェン] 他 ❶〈④〉〈物¹が〉〈〈物⁴〉を〉腐食する. ❷〈④ in ④〉〈物⁴ を物⁴に〉エッチング[食刻]する.

ätzend [エッツェント] ((I)) ätzenの現在分詞. ((II)) 形 ❶ 腐食性の. ❷ 辛辣な, 手厳しい, 痛烈な. ❸ (口)くだらない, うんざりする.

au [アオ] 間 ❶ 痛いっ, あいた. ❷《喜んで》やった.

Aubergine [オベアジーネ] 女 (-/-n) 【植】ナス(の実).

auch [aux アオホ] ((I)) 副 ❶ …もまた, (同様に) …も; それにまた, その上[他]に, さらに …も. ❷《認容》《w- で始まる疑問詞と共に (immer を伴うこともある); so + 形容詞・副詞と共に》, でも, (…であろう) とも, (たとえ…である) にしても. ((II)) 副《不変化》《アクセントなしで》❶《規定する語句の前で》さえ[すら]も. ❷《疑問文で; そうあって欲しいと期待 (肯定文) や・懸念 (否定文) して》(本当にしたの) かな, (しているじゃないのか) かな. ❸《命令文で; 警告して》(ちゃんとして) ね, (ちゃんとしているんです) よ. ❹《理由・説明を強調して》実際また, 本当に. ❺《平叙文で; 主に ja を伴い, 同意し理由を挙げて》だって…だもの, それもそのはず [なにしろ] …なのだから. ❻《w- で始まる修辞疑問文で; 答えを求めず》どうして…なの, (一体全体…とは) どういうことなんだ [どうなっているんだ]. ❼《独立した dass 文の中で; 文脈によって残念なことに, または嬉しいことに解釈される》:…とは. ♦ Ich ~. 私も (そうです). Warum auch? なぜなの. 5級

Audienz [アオディエンツ] 女 (-/-en) 謁見, 拝謁.

Auditorium [アオディトーリウム] 中 (-s/..torien) ❶ (特に大学の) 講堂. ❷ (講堂にいる) 聴衆, 聴講者. (大学の) 大講堂, 大講義室.

auf [aof アオフ] ((I)) 前《3格・4格支配》《auf は上面接触を表し, an は側面接触, über は接触しない上方を表す》

Er setzt sich auf den Stuhl.
彼は椅子に座ります.
Er sitzt auf dem Stuhl.
彼は椅子に座っています.

A《運動の方向を表す4格と; aufs = auf das》❶《空間的》(a)《接触; (下から) その上への動作》…の上に[へ]. ♦ ❹ auf den Tisch legen 物⁴を机の上に置く. (b)《方向を示して》Das Fenster geht auf die Straße. 窓は通りに面しています. ❷《用を済ま

せるために》…に[へ]. ♦ auf die Post [die Bank] gehen 郵便局[銀行] へ行く. ❸ (会合・行事へ) …に[へ]. auf eine Party gehen パーティーに行く. ❹《旅行など》…に[へ]. ♦ auf eine Reise gehen 旅行に行く. ❺《範囲》…(の距離) にわたって, …まで. ♦ auf einige Kilometer 数キロにわたって. ❻《時間的》…(の期間・時刻⁴)の予定で; …の期限で, …にわたって. ★期間の場合 für よりは口語的. ♦ auf vier Jahre 4年間 (の予定で). ❼《期間・時点》…にかけて[またがって]. ♦ in der Nacht von Sonntag auf Montag 日曜から月曜の夜に ★参考: in der Nacht zum Montag 月曜にかけての夜に. ❽《様態, 方法》(やり方) で. ♦ auf diese Weise このやり方で, このようにして. auf Deutsch ドイツ語で. ❾《因果的, 根拠・理由》…に基づいて, 従って, 応じて. ♦ auf ② Bitten [Wunsch] 人²の願い[希望] で. ❿《配分・分配》…(当たり) につき. ♦ Auf 38 Schüler kommt ein Lehrer. 生徒38に対し先生1の割合になります. ⓫《連続して》…に引き続いて. ♦ Schlag auf Schlag 続けざまに. Auf Regen folgt Sonnenschein.《諺》苦あれば楽あり (雨の次に日光が続く).

B《位置を表す3格と》❶《空間的》(→ unter) (a)《接触・付着》(物³の) 上に[で] (くっついて), (場所⁴に) [へ]. ♦ auf der Brücke [dem Schiff] 橋[船] の上で. (b)《位置を示して》: auf Seite 5 5ページに. ❷《用を済ませるために》(機関⁴に) [で]. ♦ auf der Post [der Bank] sein 郵便局[銀行] にいる ★職場の場合はbeiを用いる: bei der Post [der Bank] arbeiten 郵便局[銀行] で働いている. ❸ (会合・行事の) 席上で[際に]. ♦ auf der Hochzeit [der Party] 結婚式[パーティー] で. ❹《従事》(事³の) 最中に[際に]. ♦ auf einer Reise 旅行中に. ❺《様態の, 手段》(物³) を用いて, で. ♦ auf Kredit クレジット[信用] で. **auf** ④ (*genau*) 物⁴も狂わな

① 1格 ② 2格 ③ 3格 ④ 4格

いほど正確に. **auf** ④ (*hin*) ④に基づいて. **auf** ④ *zu* 場所⁴の方(向)へ, 場所⁴を目指して.
(II) 副 ❶上方へ, 上面へ. ❷(→zu)開いて. ❸《急がせて》さあ(早くして). ❹《寝床から》起きて. ❺《*von* と共に》…から. ◆Die Tür ist auf. ドアが開いています. Auf geh's ! さあレッツゴー. früh auf sein 早くから起きている. von klein auf 小さい時から, 元から. ***auf und ab*** 1)上下に, 上や下に. 2)行ったり来たり, あちこちに. ***auf und davon*** (口) (素早く)立ち去って. **5級**

auf.. 《前綴り》《分離》❶「開ける・開く」(動詞の意味によって「行為」「状態」を表す): aufschließen 錠を開ける. ❷「突然の開始」: auflachen どっと吹きだす. ❸「人・物の上」((動詞の意味によって「行為」「状態」を表す): aufkleben 貼り付ける. ❹「基礎動詞の行為によって上がる」: aufsteigen 昇る, 登る. ❺「行為の完了・終結」: aufessen 食いつくす. ❻「基礎動詞の行為を再びし直す」: aufwärmen 温め直す. ❼「形容詞派生の動詞で, その状態にする」: aufbessern 修繕する, 改善する

auf|atmen 自 ❶深く息をつく, 深呼吸する. ❷ほっと一息つく, 安堵のため息をつく.

auf|bahren [..バーレン] 他〈ひつぎ⁴を〉棺台にのせる, 安置する.

Auf·bau 男 (-(e)s/-ten) ❶《単》(テントなどの)組み立て. ❷《単》再建, 復興. ❸《単》(機構などの)設立, 創立. ❹《単》構造, (劇・楽曲などの)構成. ❺《主に複》【工】(自動車などの)車体, ボディー; 【建】上部構造; 【海】甲板上構造物.

auf|bauen (I) 他 ❶〈足場⁴などを〉組み立てる. ❷〈壊れた物⁴を〉再建する, 復興する. ❸〈物⁴を〉きれいに並べる, 陳列する. ❹〈sich³〉 ④〈物⁴を〉創設[創立]する, 興す. ❺〈物⁴を〉構成する, 構想する. ❻〈人⁴を〉育て上げる, 育成する. ❼(口)〈物¹を〉〈人⁴を〉奮い立たせる. ❽〈④ *auf* ③〉〈物⁴

を〉物³の上に〉築く, 立てる. **(II)** 自〈*auf* ③〉〈物³に〉基づく,〈物³を〉基礎にしている. **(III)** 再 sich⁴ ❶〈気圧・梅雨前線¹などが〉発生する. ❷(口) 立ちはだかる.

auf|bäumen [..ボイメン] 再 sich⁴ ❶〈馬¹などが〉(驚いたりして)あと足で立つ. ❷〈*gegen* ④〉〈人・物⁴に対して〉立ち上がる, 反抗する, 反発する.

auf|bessern 他〈物⁴を〉改善する.

auf|bewahren 他〈高価な物⁴を〉保管する.

Auf·bewahrung 女《単》保管.

auf|bieten* 他〈④ (*für* ④) *zu* ③〉〈人・物⁴を〉〈物³·⁴に〉投入する, 動員する.

auf|blasen (I) 他〈物⁴を〉吹いて膨らませる. **(II)** 再 sich⁴ (軽蔑) 威張る, 偉ぶる.

auf|bleiben* 自 Ⓢ ❶起きている. ❷〈物¹が〉開いたままでいる.

auf|blenden (I) 他 (↔ abblenden)〈④〉〈(ヘッドライト⁴を)〉ハイ[フル]ビームにする, 上向きにする. **(II)** 自 (↔ ausblenden) 【映】シーンが次第にはっきりする, フェードインする.

auf|blicken 自 ❶〈*von* ③〉(*zu* ③)〈物³から目を離して〉〈人・物³を〉)見上げる, 仰ぐ, 目を上げる. ❷〈*zu* ③〉〈人³を〉仰ぎ見る, 尊敬する.

auf|blühen 自 Ⓢ ❶〈花¹などが〉咲き出す, 開花する. ❷〈物¹が〉うまく行くようになる, 栄える. ❸〈人¹が〉はつらつとしてくる, 元気になる.

auf|brauchen 他〈物⁴を〉使いつくす[果たす, 切る], 出しつくす.

auf|brechen* (I) 他 ❶〈閉まっている物⁴を〉(無理に)開ける, こじ開ける. ❷〈物⁴を〉掘り起こす, はがす. ❸〈手紙⁴などの〉封を(切り裂いて)開ける. ❹〈死んだ動物⁴の〉はらわたを開いて取り出す, 腹を裂いて内臓を抜く. **(II)** 自 Ⓢ ❶〈物¹が〉(ひとりでに)開く, 口を開ける. ❷〈物¹が〉(急に)姿を現す, 突発する. ❸〈*zu* ③〉〈所³へ〉)出発する, 出て行く. ❹〈*zu* ③〉〈新しい事³に〉目覚める,〈新しい事⁴を〉始める.

① 1格 ② 2格 ③ 3格 ④ 4格

auf|bringen* 他 ❶⟨④ (für ④)⟩⟨勇気などを(人・物⁴のために)⟩奮い起こす,示す. ❷⟨新しい事⁴を⟩広める. ❸⟨④ (gegen ④)⟩⟨人⁴を(人⁴に対して)⟩怒らせる. ❹(口)⟨閉まっている物⁴を⟩やっと開ける. ❺⟨人・船⁴を⟩拿捕(ﾀﾞﾎ)する.

Auf·bruch 男《単》❶出発. ❷目覚め,覚醒.

auf|brühen [アオフブリューエン] 他⟨コーヒー・紅茶⁴に⟩熱湯を注ぐ.

auf|decken ((I))他 ❶⟨人・物⁴から⟩覆いを取る. ❷⟨物⁴(の正体)を⟩暴く,⟨物⁴を⟩暴露する,摘発する. ((II))再 sich⁴⟨夜具⁴を⟩押しのける. ((III))自⟨口⟩(テーブルクロスなどをかけて)食卓の用意をする.

auf|drängen ((I))他⟨③ ④⟩⟨人³に物⁴を⟩押しつける,押し売りをする,無理強いする. ((II))再 sich⁴ ❶⟨人³に⟩しつこく交際[手助け,同伴]を求める. ❷⟨(③)⟩⟨(人³に)⟩⟨物¹が⟩(執拗に)浮かんでくる.

auf|drehen ((I))他⟨口⟩❶(↔ zudrehen)⟨物⁴を⟩ねじを[回して]開ける. ❷(口)⟨物⁴の⟩ボリュームを上げる. ((II))自(口)スピード[ピッチ]を上げる,スパートをかける.

auf·dringlich 形 ❶しつこい,うるさい,厚かましい. ❷(においが)きつい,(色が)どぎつい,けばけばしい.

Aufdringlich·keit 女 ❶しつこさ,厚顔. ❷どぎつさ,けばけばしさ.

aufeinander [アオフアイナンダー] 副 ❶重なり合って,相上下して. ❷互いに相手に対して. ❸相次いで,相前後して. ❹お互いに. **~ folgen** = aufeinanderfolgen.

aufeinander.. 《分綴り》《分離》❶「相上下して」. ❷「お互いに」.

Aufeinander·folge 女 連続,シリーズ.

aufeinander|folgen 自(S) 連続[継続]する,続いて起こる.

aufeinander|treffen* 自(S) (試合相手と)出会う,当たる.

Aufenthalt [アオフエントハルト] 男(-(e)s/-e) ❶滞在(期間),逗留(ﾄｳﾘｭｳ). ❷[鉄道]停車(時間);[海]停泊. ❸(書)(今現在の)居所,滞在場所. 4級

Aufenthalts·erlaubnis 女 滞在許可.

Aufenthalts·raum 男 休憩室,ラウンジ.

auf|essen* 他⟨(④)⟩⟨⟨物⁴を⟩⟩残さず(に)食べる,平らげる.

auf|fahren* ((I))自(S) ❶⟨auf ④⟩⟨人・物⁴に⟩追突する,衝突する. ❷⟨(④)⟩⟨(人・乗り物⁴の)⟩後ろにつく,近づく. ❸⟨(aus ③)⟩⟨(物³から)⟩(突然)立ち[飛び]上がる. ((II))他 ❶(口)⟨物⁴を⟩(たくさん)ごちそうする. ❷⟨物⁴を⟩(前線に)繰り出す.

Auf·fahrt 女 ❶⟨④⟩(↔ Ausfahrt)(高速道路などへの)進入路,(入口)ランプ. ❷(宮殿などの上り坂の)車寄せ. ❸車で登ること. ❹(ﾄﾋﾟﾘｽﾄ)昇天.

Auffahr·unfall [アオフファーァ..] 男 追突事故.

auf|fallen* 自(S) ❶⟨(③) (durch ④)⟩⟨(物⁴によって)(人³の)⟩人目を引く;目立つ. ❷⟨(an ③)⟩⟨(人・物³の)⟩目に止まる,注意を引く;⟨(an ③)⟩⟨(人³は人・物³に)⟩気がつく.

auffallend [アオフファレント] ((I))auffallenの現在分詞. ((II))形 人目を引く,図だった,著しい. ((III))副 《形容詞を強調して》目立って,著しい.

auf·fällig 形 人目につく,目立つ,顕著な.

auf|fangen* 他 ❶⟨飛んでいる[落ちてくる]物⁴を⟩受け止める,捕まえる,キャッチする. ❷⟨人⁴を⟩(両手で抱きしめて)保護する,守る. ❸⟨難民など⁴を⟩一時収容する. ❹⟨雨水⁴などを⟩受け集める,ためる. ❺⟨物⁴の⟩衝撃を和らげる. ❻⟨悪い結果⁴を⟩緩和する. ❼⟨物⁴を⟩(偶然)傍受する.

Auffang·lager [アオフファング..] 中 (難民などの)仮収容所,仮避難所.

auf|fassen 他 ❶⟨④ als...⟩⟨人⁴を...と⟩(主観的に)(理)解する[受け取る]. ❷⟨新しい事・難しい事⁴を⟩理解する[つかむ].

Auf·fassung 女 ❶(特定の)見方,

① 1格 ② 2格 ③ 3格 ④ 4格

auffindbar 見解, 考え(方), 観. ❷《単》理解力.

auffindbar [アオフフィントバァ]形《副なし》(長く捜せば)見つけ出せる, 発見できる.

auf|finden* 他 ❶〈人・物⁴を〉(長く捜した後でやっと)見つけ出す, 発見する. ★主に否定・不定詞で用いられる. ❷〈人・物⁴を〉ある状態で見つける, 発見する.

auf|fordern [アオフフォルダァン]他 ❶〈④ zu 〉〈人⁴に事³を〉勧める, 促す. ❷〈④ zu ③〉〈人⁴に事³を〉公式に要求する. ◆ ④ (dazu), 〈zu 不定詞〉人⁴に, ...することを要求する.

Auf·forderung 女 ❶勧誘. ❷要求.

Aufforderungs·satz 男要求文.

auf|forsten [アオフフォルステン]他〈所⁴に〉植林する, 植林して森林を再生させる.

Auf·forstung [..フォルストゥング]女植林.

auf|fressen* 他 ❶〈(④)〉〈動物¹が〉〈(人・物⁴を)〉食いつくす. ❷〈蚊¹などが〉〈人⁴を〉(あちこち)刺す, 食う. ❸〈心配・仕事¹などが〉〈人⁴を〉消耗させる, 〈人⁴の〉心身をすり減らす.

auf|frischen [..フリッシェン] ((I)) 他 ❶〈古びたもの⁴を〉修復する, 〈衰えた技能⁴に〉磨きをかける, 〈蓄え⁴を〉補充する. ((II)) 自 h ⑤ (↔ abflauen)〈風¹などが〉強くなる.

auf|führen ((I)) 他 ❶〈物⁴を〉(舞台で)上演する, 演奏する, 上映する. ❷〈物⁴を〉目録に載せる, リストに入れる. ((II)) 再 sich⁴ (口) ❶振る舞う. ❷ (軽蔑)品行が悪い.

Auf·führung 女上演, 演奏, 上映.

Auf·gabe [áofɡaːbə アオフガーベ]女 (-/-n) ❶任務, 使命, 職責, 課題. ❷(数学の)問題. ❸《単》依頼, 委託. ❹〈手紙〉(学校の)宿題. ❹《単》(途中の)放棄, 断念, 棄権. ◆ eine ~ erfüllen 務めを果たす. [4級]

Aufgaben·bereich 男任務の範囲, 責任領域.

Auf·gang 男 ❶上り階段. ❷ (↔ Untergang)《主に》日[月]の出.

auf|geben* [アオフゲーベン] ((I)) 他 ❶〈物⁴を〉委託する, 依頼する. ❷〈③〉④〈先生¹が〉〈生徒³に〉宿題⁴を〉出す, 課す. ❸〈物⁴を〉(最終的に)やめる, 放棄する, 断念する, あきらめる. ❹〈患者⁴などを〉見放す, 見捨てる. ((II)) 自 [²⁵⁴]棄権する.

Auf·gebot《主に単》❶婚姻予告. ❷動員数.

auf·gegangen aufgehen の過去分詞.

auf·gegeben aufgeben の過去分詞.

auf|gehen* 自 ⑤ ❶〈ドア・窓¹などが〉開く, 開(ひ)く;〈つぼみ・傘¹などが〉開く. ❷ (↔ untergehen)〈太陽・月¹などが〉上がる, 昇る. ❸〈パン¹などが〉膨れる. ❹〈種¹などが〉芽ばえる, 芽を出す. ❺〈結び目¹などが〉解ける, ほどける. ❻ 〈in ③〉〈物³に〉没頭している, 耽(ふけ)る, 夢中になっている. ❼〈③〉〈物¹が〉〈人³に〉分かる,〈人³に〉明らかになる. ❽〈数¹が〉割り切れる.

auf·gehoben aufheben の過去分詞.

auf·gehört aufhören の過去分詞.

auf|geilen [..ガイレン] ((I)) 他〈人⁴を〉性的に興奮させる,〈人⁴の〉欲情をそそる. ((II)) 再 sich⁴ ❶ 〈an ③〉〈(人・物³で)〉性的に興奮する, 欲望をそそられる. ❷〈an ③〉(軽蔑)〈物³で〉興奮する.

auf·geklärt [..ゲクレァト] ((I)) aufklärenの過去分詞. ((II)) 形《副なし》啓発された, 迷信[偏見]を脱した, 啓蒙された.

auf·gelegt [..ゲレークト] ((I)) auflegenの過去分詞. ((II)) 形〈最上 ~est〉(...の)気分の.

auf·gelöst [..ゲレースト] ((I)) auflösenの過去分詞. ((II)) 形 (苦痛・喜びで)取り乱した, 心が乱れた.

auf·gemacht aufmachen の過去分詞.

auf·genommen aufnehmen の過去分詞.

auf·gepasst aufpassen の過去分詞.

① 1格 ② 2格 ③ 3格 ④ 4格

auf•ge•räumt [..ゲロイムト] aufräumen の過去分詞.

auf•ge•regt [..ゲレークト] **(I)** aufregen の過去分詞. **(II)** 形 興奮した, ハラハラした.

auf•ge•schlossen (I) aufschließen の過去分詞. **(II)** 形《③ **gegenüber** [**über** ④]》〈新しい事³·⁴ に対して〉興味のある, 関心のある;心の広い, 偏見のない.

Auf•ge•schlossen•heit 女 (−/) 興味, 関心;心の広いこと, 偏見のないこと.

auf•ge•schrieben aufschreiben の過去分詞.

auf•ge•standen aufstehen の過去分詞.

auf•ge•wacht aufwachen の過去分詞.

auf•ge•weckt [..ゲヴェックト] **(I)** aufwecken の過去分詞. **(II)** 形〈子供などが〉利発な,(年の割には)知的な, 利口な, ませた.

Auf•ge•weckt•heit [..ハイト] 女 (−/) 利発, 利口, おさせ.

auf|gießen* 他 ❶〈物⁴を〉(熱湯を注いで)出す. ❷〈焼き肉などに〉水を加える.

auf|gliedern 他《④ **in** ④》〈物⁴を〉物⁴に〉分類する, 細分する.

auf|greifen* 他 ❶〈人⁴を〉捕える, 逮捕する. ❷〈物⁴を〉取り上げる. ❸〈物⁴に〉(もう一度)立ち戻る.

auf•grund, auf Grund (I) 前《2 格支配》❶…に基づき[より](証拠など). ❷…の(理由の)ため. ◆ ~ seiner Aussage 彼の供述に基づいて. ~ des schlechten Wetters 悪天候のため. ★ 理由を意味する aufgrund は主に定冠詞を伴った名詞と共に用いられる. **(II)** 副《**von** ③》〈事³に〉基づいて[より].

auf|haben* 他 **(I)** 他 ❶〈物⁴を〉開けている, 開いている. ❷〈帽子⁴などを〉かぶっている,〈めがね⁴を〉かけている. ❸〈物⁴の〉宿題がある,〈物⁴が〉課されている. **(II)** 自〈店¹などが〉開いている.

auf|halsen [アオフハルゼン] 他 (口)(軽蔑)《③ ④》〈人³に不快な人・物⁴を〉押しつける, 負わせる.

auf|halten* (I) 他 ❶〈人・物⁴を〉止める, はばむ, 阻止する, 抑える;引き止める, 邪魔をする. ❷《③ ④》〈(人³のために)物⁴を〉開けたままにしておく[あげる]. **(II)** 再 sich⁴ ❶ 滞在[滞留]する. ❷《**mit** ③》〈人・物³で〉時間をつぶす[無駄にする].

auf|hängen (I) 他 ❶〈物⁴を〉掛ける, つるす, 下げる. ❷〈人⁴を〉縛り首にする, 絞首刑にする. ❸《③ ④》〈人³に課題⁴を〉押しつける. ❹《④ **an** ③》〈話⁴を物³をきっかけにして〉始める,〈話¹を物³のきっかけとして〉利用する. **(II)** 再 sich⁴ 首をくくって死ぬ.

Auf•hänger [アオフヘンガー] 男 (−s/−) ❶ (服に付いている)襟つり. ❷ 話のきっかけ.

auf|heben [アオフヘーベン] 他 ❶〈物⁴を〉持ち上げる, 拾い上げる. ❷〈人⁴を〉助け起こす. ❸《(③) ④》〈人³に物⁴を〉(消費しないで後に)取っておく. ❹《sich³》《④》〈物⁴を〉(捨てないで)取っておく, 保管[貯蔵]する. ❺〈物⁴を〉取り消す, 無効にする, 廃止[破棄]する, 解消する. ❻ (書)〈催し物⁴を〉(公式に)終える, 終了する, 閉幕する, 散会にする. ❼〈物¹が〉〈物⁴を〉相殺(さい)する, 帳消しにする. ❽ [哲]止揚する.

Auf•heben 中 (**um** ④) **viel ~(s) machen** = **von** ③ **viel ~(s) machen** (書) 人・事⁴·³を大いに評価する [大切に扱う].

auf|heitern [..ハイタン] **(I)** 他 (悲しんでいる人⁴を)元気づける, 慰める, 晴れやかにする. **(II)** 再 sich⁴〈物¹が〉元気づける, 慰められる, 晴れやかになる.

Auf•heiterung [..ハイテルング] 女 元気づけ, 慰め, 晴れやか.

auf|hetzen 他 ❶《④ (**gegen** ④)》〈人⁴をけしかけて(人・物⁴に)〉反抗させる. ❷《④ **zu** ③》〈人⁴をそそのかして悪い事³を〉させる.

auf|holen 他《(④)》〈(物⁴を)〉巻き

返す, 挽回する, 〈遅れ⁴などを〉取り戻す, 〈物³との〉差を縮める.

auf|horchen 圓 聞き耳を立てる, 耳をそばだてる.

auf|hören [áofhø:rən アオフヘーレン] 圓 (↔ anfangen, beginnen)

現在	ich höre ... auf	wir hören ... auf
	du hörst ... auf	ihr hört ... auf
	er hört ... auf	sie hören ... auf
過去	ich hörte ... auf	wir hörten ... auf
	du hörtest ... auf	ihr hörtet ... auf
	er hörte ... auf	sie hörten ... auf
過分	aufgehört	接II hörte ... auf

❶〈mit ③〉〈物³を〉やめる. ★計画どおり最後までいった場合は enden を用いる. 〈物⁴を〉やむ, 終る. ◆mit der Arbeit ~ 仕事をやめる[切り上げる]. Der Regen hört auf. = Es hört auf zu regnen. 雨がやむ. *Da hört (sich⁴) doch alles auf!* もうたくさんだ, いいかげんにしてくれ. [4級]

auf|kaufen 他〈物⁴を〉買い集める, 買いあさる, 買い占める.

auf|klappen ((I))他〈物⁴を〉パタンと開ける, 開く. ((II))圓⑤〈物¹が〉(突然)パタンと開く.

auf|klären [アオフクレーレン] ((I))他 ❶〈物⁴を〉明らかにする, 解明する. ❷〈über ④〉〈人³に〉教える, 知らせる, 説明する; 啓蒙する. ❸〈人に〉性教育をする. ((II))画 sich⁴ ❶〈物¹が〉明らかになる, 〈物¹の〉真相が判明する. ❷〈空¹が〉晴れる.

Auf|klärung 囡(–/–) ❶解明. ❷教え, 説明. ❸性教育. ❹啓蒙主義. ❺〘軍〙偵察.

auf|kleben 他〈④ (auf ④)〉〈物⁴を〉〈物⁴に〉のり付けする, はり付けする.

Auf|kleber 男(–s/–) ステッカー, のり付きラベル, シール.

auf|knöpfen 他〈衣服⁴などの〉ボタンを外す.

auf|kochen ((I))圓⑤ 煮える[沸き]立つ, 沸騰する. ((II))他〈物⁴を〉煮立てる, 沸かす; 煮直す.

auf|kommen* 圓⑤ ❶〈物¹が〉はやりだす, 流布する, 現れ出す. ❷〈嵐などが〉発生してゆっくり近づいてくる. ❸〈für ④〉〈人・物⁴の〉費用を負担する, 責任を負う, 〈物⁴を〉補償[賠償]する. ❹再び着地する. ❺〖競〗遅れを取り戻す, 追いつく. ❻〈南⁷〉〈悪事¹がばれる, 漏れる, 知られる. ❼〈お金¹が〉入ってくる, 集まる. ❽〈gegen ④〉〈人・物⁴に〉対抗する, 匹敵する. ★通例否定的に用いられる.

auf|krempeln [..クレンペルン] 他〈袖⁴などを〉まくり上げる, 折り返して上げる.

auf|laden* ((I))他 ❶(↔ abladen)〈④ (auf ④)〉〈荷⁴を〉(トラック⁴などに)積み込む, 積載する. ❷〈③ ④〉〖口〗〈人³に責任・仕事⁴などを〉負わせる. 〈物⁴を〉充電する. ((II))再 sich⁴〈物¹が〉(摩擦によって)帯電する.

Auf|lage 囡 ❶〖印〗版 (略: Aufl.); 発行部数. ❷〈書く際の〉下敷き, 敷板. ❸〈主に複〉付帯条件, 負担[履行]義務.

auflagen·stark 形〖副なし〗発行部数の多い, 発行部数を誇る.

auf|lassen* 他 ❶(↔ zulassen)〖口〗〈ドア⁴などを〉開けておく. ❷〖口〗〈頭にかぶる物⁴を〉かぶったままでいる. ❸〖口〗〈子供⁴を〉寝かせずにおく, 起きていることを許す. ❹〈工場⁴などを〉閉鎖する, 廃止する.

auf|lauern 圓〈③〉〈人³を〉(襲うために)待ち伏せる.

Auf|lauf 男 ❶〈主に単〉(自然と集まった)人だかり, 群衆. ❷グラタン, スフレ(のような料理).

auf|leben 圓⑤ 生気を取り戻す, 生き返る, (再び)元気になる, よみがえる; 活発になる, 復活する, 復興[回復]する.

auf|legen 他 ❶〈物⁴を〉(目的のために)上に置く[はる, かける, 塗る], 載せる. ❷〈化粧品⁴を〉塗る. ❸〈本⁴を〉出版する, 刊行する, 再版する. ★受動で用いられることが多い. ❹〈商品⁴の〉大

量生産に取り掛かる. ❺〈燃える物⁴を〉暖炉に入れる. ❻〈物⁴を〉閲覧に供する, 陳列する.

auf|lehnen 掴sich⁴ ❶〈(gegen ④)〉〈(人・物⁴に)〉反対[反抗]する, 背く. ❷〈(auf ④)〉〈(物⁴に)〉寄り掛かる, もたれる.

Auf·lehnung [..レーヌング] 囡 反対, 反抗, 反逆.

auf|leuchten 圓Ⓢⓗぱっと輝く, ひらめく.

auf|lockern ((I))他 ❶〈物⁴をほぐす, ばらす. ❷〈物⁴に〉変化をつけて楽しいものにする. ((II))再 sich⁴ ❶〈雲¹〉が散り散りになる, 消散する. ❷体をほぐす.

Auf·lockerung 囡 ❶ほぐすこと, ほぐし. ❷楽しい物にすること. ❸ 消散.

auf|lösen ((I))他 ❶〈④ (in ③)〉〈物⁴を(物³に)〉溶かす. ❷〈物⁴を〉分散させる, 解体する. ❸〈物⁴を〉解消する, 解約する. ❹〈謎⁴などを〉解く, 解き明かす. ❺〖楽〗〈不協和音⁴を〉解決する, (本位記号によって)幹音に戻す. ★主に過去分詞で. ((II))再 sich⁴ ❶ 溶ける, 溶解する. ❷解消する, 解散する, 解体される.

Auflösung 囡 ❶解散, 解体, 解消, 解約. ❷解明.

auf|machen [áofmaxən アオフマッヘン] ((I))他 ❶(↔ zumachen)〈口〉〈物⁴を〉開く, 開ける. ❷〈店⁴を〉(新たに)開く, 開業する, オープンする. ❸〈物⁴の〉外見を整える, 〈物⁴を〉装う, メークアップする. ★主に過去分詞で. ((II))圓(↔ schließen)〈口〉〈店¹などが〉開く. ((III))再 ❶出かける. ❷取りかかる, 取り組み始める. ★zu不定詞もとる. ★ただし:sich⁴ auf und davon machen 逃亡する. **4級**

Auf·machung [..マフング] 囡 《-/-en》包装, 装丁, 装い.

auf|marschieren 圓Ⓢ〈兵士¹などが〉(整列して)行進する.

aufmerksam [áofmɛrkza:m アオフメルクザーム] 形 ❶注意深い, 謹聴する, 注意を集中した[怠らない]. ❷よく気の付く, 思いやりのある, 気の利く. ④

auf ④ ~ *machen* 人⁴に人・事⁴のことを気づかせる.

Aufmerksamkeit [..カイト] 囡 《-/-en》 ❶《単》注意, 注目;注意深いこと, 綿密. ❷《単》親切な言行, 思いやり, 気遣い. ❸ささやかな贈り物.

auf|motzen [..モッツェン] 他《口》《軽蔑》〈物⁴の〉外見を装う, 〈物⁴を〉めかし込む.

auf|muntern [..ムンタァン] 他〈人⁴を〉元気づける.

Auf·munterung [..ムンテルング] 囡 元気づけ.

Auf·nahme [..ナーメ] 囡《-/-n》 ❶《単》開始, 着手. ❷《単》受け入れ, 収容. ❸《単》入会, 入学, 帰化, 採用. ❹《単》収録. ❺受容, 理解. ❻撮影;写真, 映画. ❼録音, 録画;録音[録画]されたもの. ❽《単》嗅ぎつけること. ❾《単》借り入れ, 借金, 調達. ❿摂取.

aufnahme·fähig 形《副なし》〈(für ④)〉〈(物⁴に対して)〉受容力[理解力]のある.

Aufnahme·fähigkeit 囡《単》受容力;理解力.

auf|nehmen* [アオフネーメン] 他 ❶〈物⁴を 取り上げる, 持ち上げる. ❷〈物⁴を〉始める, 着手する. ❸〈物⁴を〉(地面から)拾い上げる. ❹〈人⁴を〉歓迎する, 迎える, 泊める. ❺〈④ (in ④)〉〈人⁴を(クラブなどに)〉受け入れる, 迎える. ❻〈物¹が〉〈人・物⁴を〉収容する, 〈物¹に〉〈人・物⁴を〉入れられる, 収容する(スペースがある). ❼〈④ in ④〉〈物⁴を物³に〉(追加して)載せる, (取り)入れる, 収録する. ❽〈④＋様態〉〈物⁴を...として〉受けとめる, 受け取る, 受け入れる. ❾〈物⁴を〉(精神的に)受容[理解]する. ❿〈物⁴を〉書き留める, (文書に)記録する. ⓫〈物⁴を〉撮影する. ⓬〈④ (auf ④)〉〈物⁴を(物⁴に)〉録音する, 録画する. ⓭〈物⁴を〉摂取する, 取り入れる, 吸収する. ⓮〈犬¹などが〉〈臭跡⁴を〉見つける, 嗅ぎつける. ⓯〈金⁴を〉借りる, 調達する, 借金する. ♦ Verhandlungen [die Arbeit] ~ 交渉[仕事]を始める. ④ im Kranken-

auf|opfern ((I))他⟨③⟩⟨人・物³に⟩〜を捧げる,⟨⟨人・物⁴のために⟩物⁴を⟩犠牲にする[なげうつ]. ((II))再 sich⁴ ⟨für ④⟩⟨⟨人・物⁴のために⟩⟩一生[一身]を捧げる[犠牲にする,なげうつ].

aufopfernd [..ト]形献身的な,(自己)犠牲的な.

auf|passen [アオフパセン]自❶注意を払う,気を付ける. ❷⟨auf ④⟩⟨人・物⁴に⟩気を配る,⟨人・物⁴を⟩よく見る,見守る.

auf|platzen 自(S)⟨物¹が⟩(はじけて)開く,ぱっくり開く.

Auf·prall 男⟨-[e]s/-e⟩《主に単》跳ね上がること,衝撃.

auf|prallen 自(S)⟨auf ④ [③]⟩⟨物⁴·³に⟩ぶつかる,衝突する,(ぶつかって)跳ね返る.

Auf·preis 男追加額,追加料金,上乗せ.

auf|pumpen 他⟨タイヤに⟩(ポンプで)空気を入れる,⟨乗り物⁴のタイヤに⟩空気を入れる.

auf|putschen ((I))他⟨④ (zu ③)⟩⟨人・物⁴を(言葉・行為によって)(暴力的な行為³に)⟩扇動する. ((II))再 sich⁴ ⟨mit ③⟩⟨(刺激物³で)⟩元気をつける,興奮する.

Auf·putsch·mittel 中興奮剤,刺激剤((コーヒー,ドーピング剤など));麻薬.

auf|räumen [アオフロイメン]((I))他⟨(④)⟩⟨物⁴を⟩片付ける,整理整頓する. ((II))自❶⟨mit ③⟩⟨物³を⟩取り除く,除去する,一掃する. ❷⟨unter ③⟩⟨口⟩⟨人³を⟩一掃する.

auf·recht 形(最上〜est)❶⟨姿勢が⟩直立の,まっすぐな,背筋の伸びた. ❷心のまっすぐな,正直な,しゃん[毅然(きぜん)]とした.

aufrecht|erhalten* 他⟨物⁴を⟩保持[堅持]する,維持する.

auf|regen [アオフレーゲン]((I))他❶⟨人⁴を⟩刺激する,興奮させる. ❷⟨④ (durch ④ [mit ③])⟩⟨口⟩⟨人⁴を(物⁴·³で)⟩いらいらさせる,むっとさせる. ((II))再 sich⁴ ⟨über ④⟩⟨人・物⁴のことで⟩心を乱す,取り乱す,気をもむ.

auf·regend [..ト]形(最上〜st[..ッスト])興奮させる(ような),刺激的な.

Auf·regung 女⟨-/-en⟩興奮,動揺,混乱,パニック.

auf|reißen* ((I))他❶⟨物⁴を⟩破り開ける. ❷⟨物⁴を⟩さっと開ける. ❸⟨物⁴を⟩掘り起こす. ❹⟨物⁴の⟩概略を述べる,⟨物⁴を⟩簡単に説明する. ❺⟨口⟩⟨人⁴を⟩引っかける,ナンパする. ((II))自(S)❶⟨物¹が⟩裂ける,破れる,ひび割れる,⟨傷口¹が⟩開く. ❷⟨雲¹が⟩切れる,切れて天気が良くなる. *Es reißt auf.* 雲が切れて天気が良くなる.

auf|reizen 他⟨人⁴を⟩挑発する,刺激する;(性的に)興奮させる.

auf|richten ((I))他❶⟨人・物⁴を⟩(まっすぐに)起こす. ❷⟨人⁴を⟩励ます,励まして元気づける. ❸⟨物⁴を⟩(梁などで)建てる,築く,組み立てる. ((II))再 sich⁴ ❶⟨体を(まっすぐに)起こす,起き上がる. ❷⟨an ③⟩⟨人・物³で⟩元気を取り戻す,立ち直る.

auf·richtig 形(自分の心に)正直[誠実]な,心からの.

Aufrichtigkeit [..カイト]女⟨-/⟩正直,誠実.

auf|rücken 自(S)❶(間隔・席を)詰める. ❷⟨in ④⟩⟨(高い地位⁴に)⟩昇進する.

Auf·ruf 男❶(番を知らせるための)呼び出し. ❷呼びかけ,アピール.

auf|rufen 他❶⟨人⁴の名前を⟩(点呼で[番を知らせるために])呼び上げる. ❷⟨生徒⁴を⟩(授業中に質問のために)指名する,指す,⟨生徒⁴に⟩あてる. ❸⟨(④) zu ③⟩⟨(人⁴に)事³を⟩呼びかける.

Auf·ruhr 男⟨-[e]s/-e⟩《主に単》❶騒ぎ,騒動,反乱,一揆. ❷(感情の)大混乱.

auf·rührerisch [..リューレリッシュ]形反乱の,反乱[謀反(むほん)]を起こした;扇動的な.

auf|rüsten 自(↔ abrüsten)(国の)

①1格 ②2格 ③3格 ④4格

軍備を強化[拡張]する.

Auf·rüstung 囡《主に単》軍備強化[拡張].

aufs [アオフス] auf das の融合形 ((1) 絶対最上級を作る. (2) 熟語に用いられ, この場合 auf das に戻すことは出来ない)).

auf|sagen 他 ❶〈詩⁴ などを〉暗唱する. ❷〈③ ④〉〈書〉〈人³ に事⁴ の〉終結[解消]を通告する.

auf|sammeln 他〈物⁴ を〉拾い集める.

auf·sässig [..ゼスィヒ]形〈軽蔑〉(不当に)反抗的な, 始末[手]に負えない.

Aufsässig·keit [..カイト]囡反抗的なこと, 始末[手]に負えなさ.

Auf·satz 男 ❶ (生徒の)作文. ❷ (学術)論文, 論説;覚え書. ❸ 頭(上)飾り.

auf|saugen(*) 他〈液体⁴ を〉吸い上げる, 吸収する, 吸い込む;吸収させる, 吸い込ませる.

auf|schieben* 他 ❶〈嫌な事⁴ を〉延期する, 延ばす. ❷〈物⁴ を〉押し開ける.

Auf·schlag 男 ❶ 値上り, 騰貴. ❷ (袖・襟などの)折り返し. ❸ [スポ]サーブ(権). ❹ (地面への)衝突, 激突.

auf|schlagen* (Ⅰ) 他 ❶〈物⁴ を〉ぶつけて開ける[割る]. ❷ (↔ zuschlagen)〈本⁴ などを〉開く. ❸ (↔ abbrechen)〈テント⁴ などを〉(短時間で)組み立てる, 設営する. ❹〈sich³ ④〉〈物⁴ を〉打って傷つける. (Ⅱ) 自他 〈(um) ④〉〈物⁴ の〉価格を上げる, 値上げをする;値上がりする. (Ⅲ) 自 ❶ (h)[スポ]サーブする. ❷ ⑤〈(auf ③ ④)〉〈物³·⁴ に)〉(落ちて)ぶつかる, 衝突する, 激突する.

auf|schließen* (Ⅰ) 他 (↔ abschließen)〈④〉〈(ドア・部屋⁴ を)〉(鍵で)開ける. (Ⅱ) 自 ❶ 間隔を詰める. ❷〈zu ③〉[スポ]〈(先頭の人・物³ との)〉間を詰める[差を縮める], キャッチアップする.

Auf·schluss 男解明, 説明.

Aufschluß 男 = Aufschluss.

auf|schneiden* (Ⅰ) 他 ❶〈物⁴ を〉切って開く[開ける], 切り取る. ❷〈物⁴ を〉切り分ける, スライスする. (Ⅱ) 自 (口)〈軽蔑〉ほらを吹く, 自慢する.

Auf·schneider [..シュナイダー] 男 (-s/-)(口)〈軽蔑〉ほら吹き.

Auf·schnitt 男《主に単》〈集合的に〉 (ハム・ソーセージ・チーズなどの)薄切り, スライス;薄切りの盛り合わせ.

auf|schnüren [..シュニューレン] 他 〈物⁴ の〉ひもを解く.

auf|schrauben [..シュラオベン] 他 ❶ (↔ zuschrauben)ねじって開ける, ねじを緩めて開ける, ふたを回して開ける. ❷ (↔ abschrauben)〈④ **auf** ④〉〈物⁴ を物⁴ に〉ねじってとめる, ねじで締めつける.

auf|schreiben* [アオフシュライベン] 他 ❶〈(sich³) ④〉〈物⁴ を〉書き付ける[留める], メモする. ❷ (口)〈警官¹ が〉〈違反者⁴ の〉住所・氏名を記録[記入]する.

Auf·schrift 囡上書き, レッテル, ラベル.

Auf·schub [..シューブ] 男猶予(期間), 延期.

Auf·schwung 男 ❶ 景気上向き, 好況, 好転. ❷ (精神などの)はずみ, 活力. ❸ [体操](鉄棒などでの)振り上がり.

Auf·sehen 中 (-s/) 注目, センセーション.

Auf·seher 男 (-s/-) 監視[監督]者, 番人, 看守, 守衛. ◇ **Aufseherin** 囡 (-/-nen).

auf|setzen (Ⅰ) 他 ❶〈物⁴ を〉(上に)置く, 載せる. ❷〈(③ ④)〉〈(人³ の)頭⁴ に〉帽子⁴ をのせる. ❸〈食べ物・飲み物⁴ を〉火にかける. ❹〈顔⁴ を〉作る, 〈顔つき⁴ を〉する. ❺〈飛行機⁴ を〉着陸させる. ❻〈契約書・遺言⁴ などを〉作成する, 作る. ❼〈作文・手紙⁴ などの〉下書きを書く, 草案を作る. (Ⅱ) 自 〈(auf ③ ④)〉〈(物³·⁴ に)〉〈飛行機¹ が〉着地する. (Ⅲ) 再 sich⁴ (寝床に)起き上がる, 体を起こす.

Auf·sicht 囡 (-/-en) ❶〈単〉監督, 監視, 管理. ❷《主に単》監督者, 監視

Aufsichtsrat

人, 管理者.

Auf・sichts・rat 陽 監査役会.

auf|spielen 圓((I)) ❶(人を楽しませるために)演奏する, 演奏を始める. ❷ [スポ] プレーをする. ((II)) 再 sich⁴ ⟨als ①⟩⟨人¹として⟩気取る, 誇示する.

auf|springen* 圓⑤ ❶飛び起きる, 飛び上がる. ❷⟨(auf ④)⟩⟨(乗り物⁴に)⟩飛び乗る. ❸ (→ zufallen) ⟨物¹が⟩パッと開く. ❹⟨物¹が⟩(乾燥・寒さで)亀裂(힏)が入る, ひびが入る, ひびが切れる.

auf|stacheln [..シュタッヘルン] 他 ❶⟨④ (gegen ④)⟩⟨人⁴に(人・物⁴に対する)⟩(憎しみの)感情をかき立てる, 刺激する. ❷⟨④ (zu ③)⟩⟨人⁴をしかけて[あおり立てて](事³を)⟩させる.

Auf・stand 陽 暴動, 蜂起(훐잉).

auf・ständisch [..シュテンディッシュ] 形 《副なし》反乱[暴動]の, 反乱[暴動]を起こした.

auf|stehen* [áofsteːən アオフシュテーエン]

現在	ich stehe ... auf	wir stehen ... auf
	du stehst ... auf	ihr steht ... auf
	er steht ... auf	sie stehen ... auf
過去	ich stand ... auf	wir standen ... auf
	du standest ... auf	ihr standet ... auf
	er stand ... auf	sie standen ... auf
過分	aufgestanden	接II stünde ... auf

圓 ❶⑤ 立ち上がる, 起立する. ❷⑤ 起床する, 起きる;(病気の後)起き上がる. ❸ ⓑ (南ドイツ・オーストリア・スイス S)⟨物¹が⟩開いている. ❹ ⓑ ⟨(auf ③)⟩⟨物³の上に)⟩立っている;そびえている. ♦ vom Tisch ~ 食事を終えて立ち上がる. 4級

auf|steigen* 圓⑤ ❶上がる, (立ち)昇る, 上昇する;登る, 登山する. ❷⟨感情¹が⟩(わき)起こる, 生ずる. ❸⟨(zu ③)⟩⟨(地位³へ)⟩昇進[立身]する. ❹ [スポ] 上位リーグに昇格する. ❺ ⟨auf ④⟩⟨物¹(の上に)⟩乗る.

auf|stellen ((I)) 他 ❶⟨物⁴を⟩立[建]てる, ⟨横になった物⁴を⟩(再び)立てる, ⟨計画・目的⁴などを⟩立てる, ⟨理論・学説・仮説⁴などを⟩立てる; ⟨人⁴を⟩(ある場所に)立てる, ⟨人⁴を候補者・出場メンバーに)立てる. ❷ ⟨物⁴を⟩置く, 据える, 配置する. ❸⟨事⁴を⟩(公に)行う((★機能助詞として)). ❹⟨リスト・規則⁴などを⟩作る. ((II)) 再 sich⁴ ❶⟨物¹が⟩立つ, ⟨人¹が⟩並ぶ, 位置につく. ◆ die Ohren ~ ⟨動物¹が⟩耳を立てる. eine Behauptung [eine Forderung] ~ 主張[要請]をする. einen Rekord ~ 新記録を打ち立てる[樹立する]. ❷ als Kandidaten für ~ ⟨人⁴を物⁴の候補者として立てる.

Auf・stellung 女《主に単》❶立てること;設置, 取り付け, 架設;設立;措定;擁立;樹立;配置;陳列;整列;編成. ❷作成, 構想. ❸ [スポ] 出場選手リスト[一覧表, 名簿], 登録メンバー.

Auf・stieg [..シュティーク] 陽 (-(e)s/-e) 《主に単》 ❶ (a) 登ること, 登山; 上り道[坂]. (b) 上がること, 上昇. ❷ 隆盛, 発展, 躍進; 昇進. ❸ (→ Abstieg) [スポ] (上位リーグへの)昇格.

auf|stoßen* ((I)) 他 ❶⟨ドア⁴などを⟩(勢いよく)押し[突き, 蹴り]開ける. ❷⟨(sich³) ④⟩⟨身体の一部⁴を⟩ぶつけて傷つける. ❸⟨物⁴を⟩(勢いよく)打ち[降ろ]す, どんと置く. ((II)) 圓 ⓑ げっぷをする. ❷⑤ ⟨③⟩⟨(口) 嫌な物¹が⟩⟨人³の)目にとまる, ⟨物¹が⟩⟨人³に⟩奇異な感じを与える. ❸⟨auf ④⟩⟨物⁴に⟩突き当たる.

Auf・strich 陽 《主に単》(バター・ジャムなど)パンに塗るもの.

auf|stützen ((I)) 他 ❶⟨④ (auf ④ [③])⟩⟨物⁴を(物³・⁴に)⟩もたせかける. ❷⟨人⁴を支えて体をねじにさせる. ((II)) 再 sich⁴ ⟨(mit ③)⟩⟨(物³で)⟩体を支える.

auf|suchen 他《書》❶⟨人⁴を⟩(特定の目的で)訪問する. ❷⟨所⁴に⟩(特定の目的で)行く. ❸⟨物⁴を⟩(特定の場所で)探す, 探し出す.

Auf・takt 陽 ❶[楽] 上拍. ❷(催し物

①1格　②2格　③3格　④4格

などの)幕開け,皮切り.

auf|tauchen 自⑤ ❶(水面に)浮かび上がる;(念頭に)浮かぶ. ❷(突然)現われる,出現する.

auf|tauen ((I))自⑤ ❶〈雪・氷などが〉解ける. ❷〈口〉〈人⁴が〉うちとける. ((II))他〈凍った物⁴を〉解かす,解凍する.

auf|teilen 他 ❶〈物⁴を〉分ける,分け合う,分配する. ❷〈④ (in ④)〉〈人・物⁴を〈物⁴に〉〉分割する,グループ分けする.

Auf·trag [..トラーク] 男〈-(e)s/Aufträge〉❶依頼,委託,(依頼・委託された)仕事. ❷発注,注文. ❸〈主に単〉任務,使命. ◆im ~ 委任[委託]により.

auf|tragen* ((I))他 ❶〈③ ④〉〈人³に物⁴を〉依頼[委託]する. ❷〈④ (auf ④)〉〈塗料・化粧品などを〈物⁴に〉〉塗る. ❸〈口〉〈服⁴を〉着つぶす,着古す;おさがりで着る. ❹〈食べ物⁴を〉〈祝いの席で〉出す,給仕する. ((II))自〈衣類¹などが〉着ぶくれして[だぶだぶに]見える.

Auftrag·geber [..ゲーバー] 男 依頼人;注文[発注]者.

auf|treten* ((I))自⑤ ❶振る舞う,行動する. ❷地面を踏む,踏みつける. ❸〈als...〉〈...として〉登場する;〈(in ③)〉〈(舞台・映画³などに)〉登場する,出演する. ❹〈物¹が〉(突然に)発生する,生ずる,起こる. ((II))他〈ドア⁴などを〉蹴って開ける,〈物⁴を〉踏み割る[破る].

Auf·treten 中〈-s〉行動,ふるまい,態度,物腰.

Auf·trieb 男 ❶〈単〉力,活力,やる気,刺激. ❷〖理〗浮力,浮揚力.

Auf·tritt 男 ❶〖劇〗(舞台への)登場,出演. ❷登場場面,出演シーン. ❸〖劇〗の場(＝幕は Akt)). ❹(激しい)いさかい,争い(事).

auf|tun* ((I))他〈口〉〈物⁴を〉(偶然に)見つける,発見する. ((II))再 sich⁴ ❶〈(③)〉〈(人³に)〉(突然に)開ける,見えてくる. ❷〖開く.

auf|wachen [アオフヴァッヘン] 自⑤ ❶(眠りなどから)目を覚ます,覚める. ❷(外の世界に)目覚める,自覚する.

Auf·wand 男〈-(e)s〉❶コスト,費用. ❷消費,投入;出費,支出. ❸浪費,贅沢(ぜい),奢侈(しゃ). ◆ein ~ an Energie エネルギーの消費.

aufwändig ＝aufwendig.

Aufwands·entschädigung 女 (交際費などの)出費手当.

auf|wärmen ((I))他 ❶〈調理した物⁴を〉温め直す. ❷〈古い話⁴などを〉蒸し返す. ((II))再 sich⁴ 体を暖める;ウォーミングアップする.

aufwärts [アオフヴェッツ] ((I))副 (下から)上方へ. ((II))前〈2格支配〉...の上方に,...を上って.

aufwärts|gehen* 自⑤ mit ③ *geht es* ~ 人・物³が向上する[よくなる].

auf|wecken ❶目を覚まさせる,(眠りから)起こす;蘇生(セェい)させる. ❷〈口〉呼び覚ます,活気づける.

auf|weichen ((I))他(水分・湿気・熱などにより)柔らかくする,軟化させる;弱体化させる. ((II))自⑤ 柔らかくなる.

auf|wenden(*) 他〈④ für ④〉〈物⁴に金・労力⁴などを〉〉かける,費やす.

auf·wendig 形 金のかかる,高価な,ぜいたくな.

Auf·wendung 女〈-/-en〉❶〈単〉消費. ❷〈複〉出費,支出.

auf|wiegeln [..ヴィーゲルン] 他 そそのかす,扇動[教唆]する.

auf|wirbeln [..ヴィベルン] ((I))自⑤ 塵¹などが巻き[舞い]上がる. ((II))他〈塵⁴などを〉巻き上げる.

auf|wischen 他〈こぼした液体⁴などを〉ふき取る;〈床⁴などを〉ふく,ふき掃除(そう)する.

auf|zählen 他 数え上げる,列挙する.

auf|zeichnen 他 ❶〈物⁴の〉略図を描く,製図する,スケッチする. ❷書き留める,メモする;記載[記録]する;録音[録画]する.

Auf·zeichnung 女〈-/-en〉製図;

① 1格 ② 2格 ③ 3格 ④ 4格

略図, スケッチ;記載;記録;文書.

auf|ziehen* ((I))他❶〈旗・ブラインド・水門`4`などを〉引き上げる;持ち上げる;つり上げる;引っぱり上げる. ❷〈引き出し・カーテン・ジッパー`4`などを〉引き開ける;〈結んだもの・編んだもの`4`を〉ほどく. ❸張る, 張り付ける. ❹〈時計・おもちゃの`4`ぜんまいねじ]を巻く. ❺育てあげる. ❻〈事業・企業`4`を〉興す, 設立する;〈催し・行事`4`などを〉催す, 手配する;〈会・集まり`4`などを〉組織する. ❼からかう, なぶりものにする. ((II))自⑤❶〈軍隊・楽隊などが〉整列し行進して来る. ❷〈雲・霧・もやなどが〉現れてくる, 近づいてくる.

Auf·zucht 囡 (–/–en) (家畜の)飼育;(植物の)栽培;養育.

Auf·zug [アオフツーク] 男 (–(e)s/..züge) ❶エレベーター, リフト;起重機, 巻き上げ機, ホイスト. ❷(蔑)(奇妙な)服装, 身なり, いでたち. ❸《単》行進, 行列, パレード;〈雲・あらしなどの〉接近. ❹ [劇] 幕.

Aug·apfel [アオク..] 男 (–s/..äpfel) 眼球, 目玉.

Auge [áʊɡə アオゲ] 中 (–s/–n) ❶目, 眼;視力;視点. ❷(さいころなどの)目;(トランプの札などの)点数. ❸(植物の)芽. ♦ein blaues ~ (殴られたりして)青あざのできた目. mit bloßem ~ 肉眼で. gute [schlechte] ~ haben 目が良い[悪い]. ⓸ *aus den* ~*n* [*dem* ~] *verlieren* `4`を見失う, 人・物`4`とつながりが切れる, 人・物`4`の行方がわからない. ⓷ *die* ~*n* (*über* ⓸) *öffnen* 人`3`に〈物`4`について〉目を開かせる. *seinen* (*eigenen*) ~*n nicht trauen* (口) わが目を疑う, わが目を信じられない. *ein* ~ [*beide* ~*n, zwei* ~*n*] *zudrücken* (口) 目をつぶる, 大目に見る, 見逃してやる. (*große*) ~*n machen* (口) 目を丸くする, びっくりする. ⓸ *im* ~ *behalten* [*haben*] 人・物`4`を見守る, 目をつけている. ⓸ *ins* ~ *fassen* `4`を考慮に入れる, 企てる. ⓷ *ins* ~ [*in die* ~] *fallen* [*springen*] 人`3`の目につく. ⓸ *nicht aus den* ~ [*dem* ~] *lassen* 人・物`4`から目を離

さない. *ins* ~ *gehen* (口)〈物事が〉まずいことになる. ⓸ *mit neuen* [*anderen*] ~*n* (*an*) *sehen* [*betrachten*] 人・物`4`を新しい[別の]視点から見る, 別の見方をする. *unter vier* ~*n* (二人だけの)内々で, 内密で. 5級

Augen·arzt 男 (–es/..ärzte) 眼科医.

Augen·blick [áʊɡn̩blɪk, áʊɡn̩blɪk アオゲンブリック, アオゲンブリック] 男 (–(e)s/–e) 瞬間;わずかな間;(特定の)時点, 時機, 機会. ♦ ~ *bitte*! (口) ちょっとお待ちください. *im* ~ 目下のところ, たった今しがた, 今すぐにも. *im letzten* ~ 最後[きりぎり]の瞬間に.

augenblicklich [アオゲンブリックリヒ, アオゲンブリックリヒ] 形《述語なし》❶すぐの, 今すぐの, 即座の. ❷今[現在, 当面]の;現在のところ;一瞬の;一時的な, 一時の.

Augen·braue 囡 (–/–n) 眉毛(́).

Augen·klinik 囡 (–/–en) 大学病院眼科.

Augen·lid 中 (–(e)s/–er) [解] 眼瞼(), まぶた.

Augen·maß 中 (–es/) 目測((能力)).

Augen·merk [..メルク] 中 (–(e)s/) (書) 注意.

Augen·optiker 男 (–s/–) 眼鏡技師, 眼鏡屋. ◇..**optikerin** 囡 (–/–nen).

Augen·schein 男 (–(e)s/) 外見, 外観, 見掛け.

augenscheinlich [アオゲンシャインリヒ, アオゲンシャインリヒ] ((I)) 形 明白な, 確かな. ((II)) 副 見たところ;どうやら.

Augen·weide 囡 (–/–) 美しく見事な眺め, 目の保養 [娯楽].

Augen·zeuge 男 (–n/–n) 目撃者, (実地)証人.

Augsburg [アオクスブルク] 中 アウクスブルク((ドイツ南部の都市)).

August¹ [アオグスト] 男 (–(e)s, –/–, –e) 《主に単》8月 ((略:Aug.)). ♦ *im* ~ 8月に. *Mitte* ~ 8月中旬に. 5級

August² [アオグスト] **(I)**《男名》アウグスト. **(II)**男(-(e)s/-e) *der dumme ~* (口)(サーカスの)道化.

Auktion [アオクツィオーン]女(-/-en) 競売, オークション.

Aula [アオラ]女(-/..len, -s) (大学などの)大講堂, 式場.

aus [aus アオス] **(I)**前《3格支配》《aus は内部からを表し, von は接触面・点からを表す》(↔ in) ❶《空間的》...の内から(外へ). ❷《出所, 起源, 初めの状態・地点》...から, ...の(出)の, ...産の. ❸《材料》で作られた[出来た], ...製の. ❹《全体の部分》...の(一部分の). ❺《原因・動機・意識的な理由》...からで. ❻《時間的な由来》...から(の時代の), ...から伝わっている. ♦ ein Brief ~ Wien ウィーンからの手紙. ein Kleid ~ Wolle 綿製のワンピース. ~ Liebe 愛(という理由)から. ~ der Erfahrung [~ der Zeitung] wissen 経験[新聞]で[から]知る. ~③ *her*《不定冠詞付きの名詞と共に》〈物〉の内的な)理由から[で]. **(II)**副 ❶《要求で》消して, 切って. ❷《動詞が省略されて》~ sein を参照. ♦ Licht ~! 明かりを消して. *von* ③ ~ 物³から(発して); (人)³からは何も異такは何も異変はありません: von mir ~ 私はかまいません. *weder ~ noch ein [nicht ~ und ein] wissen* 全く途方にくれる. ■ *~ sein* 1)〈物¹が〉終わっている, おしまいである. 2)〈火・明りなどが〉消えている. 3)(↔ ansein)〈機器¹の〉スイッチが切れている. 4)〈人¹が〉出かけている, 外出している. 5)[スポ]〈球¹が〉ファウル[アウト]である. 6)*auf* ④〈物⁴を〉狙っている, 目を付けている, 手に入れようと夢中になっている. **5級**

aus..《前綴り》《分離》❶「(内から)外へ」((他動詞の場合は「外に出す」, 自動詞の場合は「外に出る, 現れる」を表す)): ausatmen 深呼吸で吐き出す. ❷「終わりまで行う・行く」((a)動詞の意味により「空にする・なる」, (b)「細部にわたり終わりまで集中して行う」, (c)「終わる・完了する・完成する」を表す)): austrinken 飲み干す.

ausdiskutieren 議論しつくす. ❸「スイッチを切る」:ausschalten 消す. ❹「いくつかの方向へ」:ausschwärmen 四散する. ❺「除去」((その結果として「きれいにする」も表す)): ausschütteln 払って取り除く, 振ってきれいにする. ❻「内部に何かを施す」:ausschmücken 内側に飾る, 装飾する. ❼「きっちり」:auswiegen (目方を)正確に量る.

Aus [アオス]中(-/) ❶[スポ]アウト・ゾーン. ❷タイムアップ, 試合終了;終わり.

aus|atmen 自他(↔ einatmen) 〈(④)〉〈(息・煙などを)〉吐き出す.

aus|baden 他(口)〈悪いこと⁴の〉後始末をする, 責任をとる. ★ müssen と共に用いられることが多い.

Aus·bau 男(-(e)s/-ten) ❶(機械などの部品の)撤去, 取り外し. ❷拡充, 拡張;強化, 発展. ❸改築, 改修. ❹増築. ❺住めるようにすること.

aus|bauen 他 ❶〈機械などの部品を〉取り外す, 撤去する. ❷〈物⁴を〉拡充[強化]する, 拡張[拡大]する. ❸〈(④ (zu ③)〉〈物⁴を〉物³に〉改造する, 改装[改修, 改築]する. ❹〈(物⁴を)〉増築する. ❺〈(場所⁴を)〉住めるようにする.

Aus·beute 女《主に単》収穫, 産出高, 収量;利益, 収益;成果.

aus|beuten [..ボイテン]他 ❶〈人⁴を〉搾取する, 食い物にする. ❷〈物⁴を〉利用しつくす, 使いきる, 枯渇させる.

Aus·beutung [..ボイトゥング]女 ❶搾取, 食い物にすること. ❷利用しつくすこと, 枯渇.

aus|bilden **(I)**他 ❶〈④ (zu ③)〉〈人⁴を(職業³に)〉教育する, 訓練する, 養成する. ❷〈物⁴が〉〈物⁴を〉発達させる, 伸ばす. **(II)**再 sich⁴〈物⁴が〉段々と発達する, 伸びてくる;芽を出す, 開花する.

Ausbildung [アオスビルドゥング]女《主に単》❶職業[専門]教育[訓練], 養成, 修業. ❷発達, 発展;開花.

Aus·blick 男 ❶〈*auf* [*über*] ④〉〈物⁴への〉見晴らし, 眺め, 眺望[展

ausbrechen 望. ❷《auf ④》〈前途⁴の〉見通し, 見込み, 展望.

aus|brechen* (I) 他〈③〉④〉〈〈人³から〉物⁴を〉もぎ取る, 折り取る, 破り取る. (II) 自 ❶〈〈aus ③〉〉〈物³から〉脱走する, 脱出する, 逃げ出す. ❷〈異変・疫病・戦争などが〉突発[勃発]する,〈歓声¹が〉わき起こる. ❸《in ④》〈感情⁴を〉噴出[爆発]させる;〈事⁴を〉突然に始める. ♦ in Lachen [Tränen] ~ 急に笑い出す[わっと泣き出す].

aus|breiten (I) 他 ❶〈複数の物⁴を〉広げる, 並べる. ❷〈たたんである物⁴を〉広げる. ❸《vor ③》④〉〈人³に〉考えなどを〉広げて見せる, 披露する, 披瀝する. ❹〈翼⁴などを〉広げる,〈腕⁴などを〉伸ばす. ❺〈考え・宗教⁴を〉広める. (II) sich⁴〈火事⁴などが〉広がる,〈不安・モード⁴などが〉広まる, 流布する, 蔓延(まんえん)する.

Aus·bruch 男 ❶ 脱出, 脱走, 脱獄. ❷《単》(戦争などの) 突発, 勃発(ぼっぱつ); (事故・疫病などの) 発生, ❸(笑い・怒りなどの) 爆発, 噴出; (火山などの) 爆発.

aus|brüten 他 ❶〈鳥¹が〉〈卵⁴・ひな⁴を〉かえす, 孵化(ふか)させる. ❷〈口〉〈考え・計画⁴などを〉ひねり出す, たくらむ, もくろむ. ❸〈病気⁴に〉なりかけている.

aus|bürsten 他〈物⁴に〉ブラシをかける, ブラッシングする, ブラシをかけてきれいにする.

Aus·dauer 女《-/》根気, 粘り強さ, 耐久力, スタミナ.

aus·dauernd 形 根気のよい, 粘り強い, 辛抱強い, 持久力[スタミナ]のある.

Ausdauer·training 中 スタミナ・トレーニング.

aus|dehnen (I) 他 ❶〈物⁴(の長さ・面積・体積)を〉拡大[拡張]する, 延長する, 伸ばす, 広げる, 膨張する. ❷④《auf ④》〈物⁴を〉〈人・物⁴に〉適用範囲を拡大する, 拡大適用する. ❸〈物⁴を〉〈時間的に〉延長する, 延ばす. (II) 再 sich⁴〈物¹が〉(空間的に) 伸びる, 延びる, 広がる, 膨らむ; (時間的に) 延びる, 長びく.

Aus·dehnung [..デーヌング] 女 (空間的な) 拡張, 拡大, 延長, 膨張; (時間的な) 延長; (Dimension) 広がり, 範囲; 次元.

aus|denken* 他〈sich³〉④〉〈物⁴を〉考え出す, 考案する. **nicht auszudenken sein**〈物¹が〉(あまりにも悪くて) 想像したくもない, 計り知れない.

aus|diskutieren 他〈物⁴を〉徹底的に議論しつくす,〈(検討して) 物⁴の〉結論を得る.

Ausdruck¹ [áosdrok アオスドルック] 男《-(e)s/..drücke》❶ 表現. ❷ 表現法, 表現方法. ❸(書) (思想・考えなどの) 表明, 表出. ❹ (感情などの) 表れ, 表情. ♦ **ein passender [treffender] ~** 適切な [ピッタリした] 表現. ④ **zum ~ bringen** 《書》事⁴を表明する, はっきり言う, 表現する. 4級

Ausdruck² 男《-(e)s/-e》[ピェー] 出力, プリントアウト, アウトプット.

aus|drucken 他〈物⁴を〉打ち出す, プリントアウトする, アウトプットする.

aus|drücken (I) 他 ❶〈物⁴を〉表現する. ❷〈③〉④〉〈人³に〉感情などを〉表す, 示す, 表明する. ❸〈物¹が〉〈物⁴を〉表す. ❹〈果汁などが液体⁴を〉しぼり出す. ❺〈物⁴を〉しぼる. (II) 再 sich⁴ ❶ 表現する, 言葉にする. ❷《in ③》〈物¹が〉〈言葉・態度³に〉表れる, 出ている.

ausdrücklich [アオスドリュックリヒ, アオスドリュックリヒ] 形《付加または副》明確[明白]な, はっきり[きっぱり]とした, 厳然[断固]たる.

ausdrucks·los 形 無表情の, 表現に乏しい.

ausdrucks·voll 形 表情豊かな, 表現力に富んだ.

auseinander [アオスアイナンダー] 副 ❶(空間的に) 互いに隔たって[分かれて], 離ればなれに. ❷(口) (時間的に) 離れている. ❸ 次々と. 4級

Auseinander·setzung 女《-/-en》❶(問題に) 取り組むこと. ❷ 討論, 論争, 対決.

①1格 ②2格 ③3格 ④4格

Aus·fahrt [アオスファールト] 女 ❶ (↔ Einfahrt)(ガレージなどの)出口. ❷ (↔ Auffahrt)(高速道路の)出口. ❸ ドライブ. ❹ (↔ Einfahrt)出発;出航. ◆eine ～ machen ドライブする.

Aus·fall 男 ❶《単》(歯・毛などが自然に)抜けること. ❷《単》(催し物・番組などの)中止, 取りやめ;(授業などの)休講. ❸損失, 欠損, 損害, ロス. ❹ 穴が空くこと;欠席. ❺(機械などの)停止, 故障. ❻[軍](包囲へ向けての)出撃, 突撃.

aus|fallen* ((I))自⑤ ❶⟨⟨③⟩(歯・毛¹などが自然に)⟨(人・動物³から)⟩抜ける, 抜け落ちる. ❷⟨催し物・番組¹などが⟩中止になる, 取りやめになる;⟨授業¹などが⟩休講になる. ❸⟨機械¹などが⟩動かなくなる, 止まる, 停止する;⟨列車¹などが⟩運休になる;⟨電気¹⟩が停電する. ❹ 病気のために)欠席する, 穴が空く;欠場する. ❺⟨物¹が⟩(...な)結果になる.

aus·fallend ((I))ausfallenの現在分詞. ((II))形無礼な, 侮辱的な, 不快な, 個人攻撃の.

Ausfall·straße 女(市外へ出る)幹線道路.

aus·findig 形④ ～ machen (長く捜した後に)物・人⁴を見つけ出す.

Aus·flug [アオスフルーク] 男(–(e)s/..flüge) 遠足, ハイキング, 遠出.

Aus·flügler [..フリューグラー] 男(–s/–) 遠足者, ハイカー, 行楽客.

Ausflugs·dampfer 男(蒸気)遊覧船.

Ausflugs·lokal 中(景色が美しい)レストハウス, 行楽地の飲食店.

Ausflugs·verkehr 男行楽地への交通事情.

aus|fragen 他④ ⟨über ④⟩⟨人⁴に(人・事⁴について)⟩問いただす, 根掘り葉掘り聞く.

aus|fransen [..フランゼン]自⑤⟨服¹の端)がほつれる, すり切れる.

Aus·fuhr 女(–/–en) ❶《単》(↔ Einfuhr)輸出. ❷輸出品.

aus|führen 他 ❶ (↔ einführen)⟨物⁴を⟩輸出する. ❷⟨人⁴を⟩(外へ)連れ出す. ❸⟨人⁴の手をとって[動物⁴を]⟩散歩に連れ出す[連れていく]. ❹⟨命令・計画・アイデア⁴などを⟩実行[遂行, 実現]する. ❺⟨仕事・実験⁴などを⟩行なう, する. ❻⟨理論・アイデア⁴などを⟩詳しく述べる, 詳細に論述する.

ausführlich [アオスフューリヒ, アオスフューリヒ]形 詳しい, 詳細な, 事細かな.

Aus·führung 女 ❶《単》(計画などの)実行, 遂行, 実現. ❷(商品などの)仕上げ方, 仕上がり, 出来映え, 品質. ❸(ある動作を)行うこと;動作;演技;パフォーマンス. ❹《複》論評, 説明, コメント;詳述, 詳説.

Ausfuhr·verbot 中輸出禁止.

aus|füllen [アオスフュレン]他 ❶ ④ **(mit** ③⟩⟨物⁴を(物³で)⟩埋める, ふさぐ, 詰める, 充填(じゅうてん)する;⟨空間⁴を⟩埋める;⟨用紙⁴に⟩必要事項を記入する, 書き込む. ❸⟨物¹が⟩⟨人⁴(の心や生活など)を⟩満たす, 占める.

Aus·gabe 女《主に複》(↔ Einnahme)支出, 出費. ❷《単》(物の)支給, 配給, 配布;(株券・貨幣・切手などの)発行;(荷物などの)引き渡し;(旅券などの)交付;引き渡し[交付]窓口. ❸《単》(命令などの)発表, 発布. ❹(出版物の)版 (略: Ausg.);(書籍の)版;(新聞・雑誌の)号, 刊, 版;(テレビ・ラジオの連続番組の)一回分の放送[放映].

Ausgang [アオスガング] 男(–(e)s/..gänge) ❶ (↔ Eingang)出口. ❷ (空間的な)終わり, 外れ. ❸(器官の)開口部. ❹(兵士などの)外出(許可). ❺《単》結末, 結果. ❻《単》《書》(↔ Anfang)(時間的な)終わり, 末期, 終末. 4級

Ausgangs·punkt 男(↔ Ziel)出発点, 起点.

Ausgangs·sperre 女(特に軍隊の)外出禁止.

aus|geben* [アオスゲーベン] ((I)) 他 ❶ (↔ einnehmen)⟨④ **(für** ④⟩⟨金⁴を(物⁴に)⟩支出する, 使う, 出す.

①1格 ②2格 ③3格 ④4格

❷⟨↔ erhalten⟩⟨④ (an ④)⟩⟨物⁴を(人³に)⟩支給[配給, 配布]する; 引き渡す, 手渡す, 交付する. ❸⟨(③) ④⟩⟨(人³に)飲み物⁴を⟩おごる. ❹⟨当局¹が⟩⟨貨幣・切手⁴などを⟩発行する. ❺⟨命令⁴などを⟩出す, 発する. ❻⟨④ als [für] ...⟩⟨人・物⁴を...であると⟩(偽って)通す, 称する, 見せかける, 騙る. **(II)** 再 sich⁴ ⟨als [für] ...⟩⟨自らを...と⟩(偽って)名乗る, 詐称する, なりすます.

aus·gebucht [..ゲブーフト] 形 全席[全室]予約済みの, 満席[満室]の.

aus·gedehnt [..ゲデーント] **(I)** ausdehnenの過去分詞. **(II)** 形 ❶ (比較的)長い, 長時間の. ❷ 大きな, 大がかりな.

aus·gefallen (I) ausfallenの過去分詞. **(II)** 形 風変りな.

aus·gefüllt ausfüllenの過去分詞.

aus·gegangen ausgehen の過去分詞.

aus·gegeben ausgeben の過去分詞.

aus·geglichen (I) ausgleichenの過去分詞. **(II)** 形 ❶ 穏やかな, 落ち着いた. ❷ 調和のとれた, バランスの良い[とれた]; 互角の.

aus|gehen* [áosge:ən アオスゲーエン] 自⑤ ❶ ⟨(mit ③)⟩⟨(人³と)⟩外出する, 出かける. ❷ ⟨(③)⟩⟨(人³の)⟩〈物¹が〉乏しくなる, 尽きる, なくなる, 底をつく. ❸ 〈機械・機器¹が〉停止する, 止まる, 〈火・明かり¹などが〉消える. ❹ 〈物¹が〉(ある結果)で終わる. ❺ ⟨von ③⟩〈物¹が〉〈物³から〉出ている, 始まる, 〈物³に〉端を発する. ❻ ⟨von ③⟩〈物¹が〉〈人・物³から〉発している, 溢れ出ている, 〈人・物³に〉〈物¹が〉感じられる. ❼ ⟨von ③⟩〈物¹は〉〈人³が〉(責任を持って)始める[着手する], 〈人³の〉アイデアである, 〈人・物³に〉由来している. ❽ ⟨von ③⟩〈物³を〉出発点[前提, もと]とする. ❾ ⟨(③)⟩⟨人・動物³から⟩〈毛・歯¹などが〉抜ける, 抜け落ちる. ❿ ⟨auf ④⟩〈物⁴を〉得よう[しよう]と躍起になる, ねらう. ⓫ ⟨auf ④⟩〈単語¹が〉〈物⁴で〉終わる. ♦ Ich gehe davon aus, dass ... 私は...ということを前提としています. 4級

aus·gelassen (I) auslassenの過去分詞. **(II)** 形 元気にあふれた, 活発な, いきいきとした, はちきれるほどの.

aus·gemacht [..ゲマハト] ausmachenの過去分詞.

aus·genommen (I) ausnehmenの過去分詞. **(II)** 接 ❶ 《並列》(...を)除いて, 以外は. ❷ 《先行する文と対比される名詞・代名詞と同格》(...を)除いて, 以外は. **(III)** 前 《4格支配》《II ❷と同じ用法であるが, 名詞の後ろに位置する》...を除いて, ...以外は.

aus·gepackt auspackenの過去分詞.

aus·geprägt [..ゲプレークト] **(I)** ausprägenの過去分詞. **(II)** 形 《副なし》はっきりした, 明瞭な, 際だつ.

aus·gerechnet [..ゲレヒネット] **(I)** ausrechnenの過去分詞. **(II)** 副 《不変化詞》よりによって, 事もあろうに.

aus·gereicht ausreichenの過去分詞.

aus·geruht [..ゲルート] ausruhenの過去分詞.

aus·geschaltet ausschaltenの過去分詞.

aus·geschaut ausschauenの過去分詞.

aus·geschlossen (I) ausschließenの過去分詞. **(II)** 《述語》ありえない, 考えられない, 問題にならない.

aus·geschnitten (I) ausschneidenの過去分詞. **(II)** 形 《副なし》[服]えりくりの深い.

aus·gesehen aussehen の過去分詞.

aus·gesprochen (I) aussprechenの過去分詞. **(II)** 形 《付加》目立つ, 際立った, 著しい. **(III)** 副 本当に, 実に, 全く, 非常に.

aus·gestiegen aussteigenの過去

分詞.
aus·gestellt ausstellenの過去分詞.
aus·gestorben [..ゲシュトルベン] ((I)) ausserbenの過去分詞. ((II)) 形《副なし》死に絶えた, 人影の絶えた, 人気(ひとけ)のない.
aus·gesucht aussuchenの過去分詞.
aus·gewogen ((I)) auswiegenの過去分詞. ((II)) 形《副なし》均衡[釣合い]のとれた, バランスの良い, 調和のとれた.
Ausgewogen·heit [..ハイト] 囡 (-/-) 均衡[釣合い]のとれていること, バランスの良いこと, 調和のとれていること.
ausgezeichnet [アオスゲツァイヒネット] ((I)) auszeichnenの過去分詞. ((II)) 形 見事な, すばらしい.
aus·gezogen ausziehenの過去分詞.
ausgiebig [アオスギービヒ] 形 充分な, たっぷりの.
aus|gießen* 他 ❶〈液体⁴を〉注ぎ出す. ❷〈容器⁴を〉(注いで)空にする. ❸〈④ (mit ③)〉〈物⁴を(物³で)〉(注いで)ふさぐ, うずめる.
Aus·gleich 男 (-(e)s/-e) 《主に単》❶均等(化), 均衡, バランス, 釣り合い. ❷埋め合わせ, (失敗・不足等の)補い, (損害の)補償. ❸【スポ】同点 (ゴール), タイ・スコア.
aus|gleichen ((I)) 他 ❶〈異なった物⁴を〉等しくする, 均(なら)す;調整する, 調停する. ❷〈④ (durch ④)〉〈不足分⁴を〈物⁴で〉〉埋め合わせをする, 補う. ((II)) 自【スポ】同点に持ち込む[する]. ((III)) 再 sich⁴〈相違点¹などが〉取り除かれる, 相殺(そうさい)される.
aus|graben* 他 ❶〈物⁴を〉掘り出す. ❷〈埋もれていた物⁴を〉見つけ出す. ❸〈忘れていた事⁴を〉掘り返す, 呼び起こす, 蒸し返す. ❹〈(④)〉〈(遺跡⁴などを)〉発掘する. ★主に受動態で用いられる.
Aus·grabung 囡 (-/-en) ❶掘り出すこと, 発掘. ❷発掘物, 出土品. ❸発掘[出土]場所.
Aus·guss 男 ❶(台所などの)流し(台). ❷(浴槽などの)流し口, 排水口.
Ausguß 男 = Ausguss.
aus|halten* 他 ❶〈物⁴を〉耐え抜く, 我慢する, 辛抱する, こらえる《esを目的語にする場合もある》. ❷(口)《軽蔑》〈人⁴を〉養う, 囲う.
aus|handeln 他〈物⁴を〉(交渉して)取り決める, 協定する.
aus|händigen [..ヘンディゲン] 他〈(③)〉〈(人³に)物⁴を〉(公的に)交付する, 引き渡す.
Aus·hang 男 (-(e)s/..hänge) (公の)掲示, 告示, 公告;張り札, ポスター.
aus|heben* 他 ❶(↔ zuschütten)〈物⁴を〉掘って作る. ❷〈人⁴を〉検挙[逮捕]する, 手入れする.
aus|helfen* 自 ❶当座のしのぎに[間に合わせに]手助けする. ❷〈③ (mit ③)〉〈人³に (必要な物³を)〉貸してあげる, 〈(必要な物³で) 人³の〉急場をしのいでやる.
Aus·hilfe 囡 ❶《主に単》当座のしのぎ, 間に合わせ, (応急の)救助, 助力. ❷臨時の手伝い, 臨時雇い.
Aushilfs·kraft [アオスヒルフス..] 囡 臨時雇い, アルバイト.
aushilfs·weise 副 間に合わせに, 当座しのぎに, 応急的に.
aus|holen 自 ❶(ある動作を起こすために手・足に)反動をつける, 構える. ❷大股で行く.
aus|kennen* 再 sich⁴〈(mit ③)〉〈事³に〉精通している, 〈事³が〉わかっている. 4級
Aus·klang 男《単》フィナーレ.
aus|kleiden ((I)) ❶(↔ ankleiden)《書》〈人⁴(の服)を〉脱がせる. ❷〈④ (mit ③)〉〈(壁紙などで)部屋(などの)内側を張る, 内張りをする. ((II)) 再 sich⁴《書》着ている物を脱ぐ.
aus|klingen 自 Ⓢ 終わる, フィナーレを迎える.
aus|klopfen 他〈物⁴を〉たたいて掃除をする[きれいにする].
aus|kochen 他 ❶〈物⁴を〉(肉汁・

スープなどに)煮出す. ❷(口)(事⁴を)もくろむ, たくらむ.
aus|kommen* 圓⑤ ❶(mit ③)(人³と)うまくやっている. ❷(mit ③)(物³で)やっていく, やりくりする.
Aus·kommen 回(-s/) 生活費;生計, 暮らし.
Auskunft [áuskunft アオスクンフト] 囡(-/..künfte) ❶(問い合わせに関する)回答, 案内, インフォメーション. ❷(単)(駅や電話局などの)案内所[窓口], 受付. ❸(単)案内係. ◆ ❹ (eine) ~ über ④ geben 人³に事⁴に関する情報を提供する.
Aus·künfte [..キュンフテ] Auskunft の複数形.
Auskunfts·schalter 男案内窓口, インフォメーション.
aus|kurieren ((I))他(人・物⁴を)完全に治す, 全治させる. ((II))再 sich⁴ 全治する, 完全に治る.
aus|lachen 他(人⁴を)あざ笑う, 笑いものにする.
aus|laden* 他 ❶(↔ einladen)(④)(物⁴の)(積み)荷を下ろす. ❷(人⁴の)招待を取り消す.
Aus·lage 囡 ❶陳列品; ショーウィンドウ, ショーケース. ❷(主に複)立替金; 立替.
Ausland [áoslant アオスラント] 回(-s/) ❶(↔ Inland)外国. ❷(集合的に)外国; 外国の人々. ◆ im ~ leben 異国の地で生活する. ins ~ gehen [reisen] 外国へ(住むために)行く[旅行する]. 4級
Aus·länder [..レンダー] 男(-s/-)外国人. ◇ **Ausländerin** 囡(-/-nen). 4級
ausländer·feindlich 形外国人[物]嫌いの.
ausländisch [アオスレンディッシュ] 形《付加》外国(人)の, 外国産[外来]の. 4級
Auslands·aufenthalt [アオスランツ..] 男外国滞在.
Auslands·gespräch 回国際電話, 海外通話, インターナショナル・コール.
Auslands·korrespondent 男(-en/-en)《弱》外国通信記者, 特派員. ◇ **..korrespondentin** 囡(-/-nen).
Auslands·reise 囡外国旅行.
aus|lassen* ((I))他 ❶(人・物⁴を)抜かす, とばす, 落とす. ❷ an ④(人³に気分・感情⁴を)あらわに出す. ❸(バター・ベーコンなどを)溶かす. ❹(口)(電灯・ストーブなどを)消したままにしておく, つけないでおく. ((II))再 sich⁴ über ④(範囲)(事・人に関して悪い)意見を述べる.
Aus·lauf 男 ❶(水などの)出口, 流出口. ❷(単)(主に子供・犬が)戸外で自由に歩き回ること, 運動. ❸(動物などの檻の)運動場.
aus|laufen* ((I))圓⑤ ❶(流体¹が)漏る, 漏出する, 流れ出る, 流出する; (流出して)無くなる, 空になる. ❷(船・人¹が)出港する. ❸(モーター¹などが)徐々に止まる[停止する]. ❹(コース・契約・期日などが)終わる, 終わりに近づく. ❺(in ④)(物¹が)(物⁴に)連なる, (スムーズに移行して)なる. ❻(für ④)(物¹が)(人⁴にとって)(ある結果に)終わる.
Aus·läufer 男(-s/-) ❶周辺部. ❷(山脈などの)山脚.
aus|legen 他 ❶(物⁴を)(見えるように)広げる, 展示する, 陳列する. ❷(わななどを)しかける, 置く;(餌¹を)まく. ❸(④ mit ③)(床¹などを物³で)覆う, 敷き詰める;(引き出しなどを物³で)一杯にする, 満たす. ❹(④ für ④)(物¹を物⁴)向けに設計する. ❺(③ ④)(人³に金⁴を)貸す, (④ für ④)(金⁴を人⁴のために)立て替える. ❻(物⁴を)解釈する;(...と)受け取る.
Aus·legung [..レーグング] 囡解釈.
aus|leihen* 他 ❶(③ ④)(人³に物⁴を)(無料で)貸し出す, 貸し付ける, 貸す. ❷((sich³)④)(bei [von] ③)(人³から物⁴を)借りる.
Auslese [アオスレーゼ] 囡(-/-n) アウスレーゼ((高級ワイン)).
aus|liefern 他 ❶(商品⁴を)出荷す

る, 市場に出す. ❷〈人⁴を〉引き渡す. ❸(4 3)〈人⁴を物³に〉委ねる.
Aus|lieferung 囡 ❶出荷. ❷引き渡し.
aus|löschen 他 ❶〈火・明かり⁴などを〉消す. ❷〈物⁴を〉消し去る, 抹消する. ❸(書)〈人・物⁴を〉抹殺する, 消す.
aus|losen 他〈人・物⁴を〉くじ[抽籤(ちゅうせん)]で決める.
aus|lösen 他 ❶〈物⁴を〉作動する, 駆動させる. ❷〈物⁴を〉動かす. ❸〈物⁴を〉誘発する, 惹起する, 発生させる. ❹(4 (bei 3))〈物⁴を〈人³に〉引き起こす, 呼び起こす. ❺〈人⁴を〉(金を払って)釈放させる, 〈人⁴の〉保釈金を払う.
Aus·löser 男 (-s/-) ❶作動スイッチ. ❷誘因, 引き金;発発体, 発発因.
aus|machen [アオスマッヘン] 他 ❶ (↔ anzünden)〈火⁴などを〉消す. ❷ (↔ anmachen)(口)〈機器⁴の〉スイッチを切る, 〈機器⁴を〉消す. ❸〈遠くにいる人・物⁴を〉目を凝らして見定める, 確認する. ❹〈物⁴が〉〈物⁴の(本質)を〉なす, 構成する;〈物⁴に〉なる. ❺(4 mit 3)〈物⁴を人³と〉(相談・協議して)取り決める, 打ち合わせる. ❻(4 mit [unter] 3)(口)〈人³と[人³の間で](話し合いで)争い事⁴の)片[決着]をつける, 〈人³と[人³の間で]事⁴を〉(話し合いで)解決する. 3 **nichts** ~ 〈物¹が〉人³にとって何(の苦労)でもない:Das macht mir nichts aus. それは何でもありません, かまいません. **4級**
Aus·maß 中 ❶《単》規模, 程度. ❷《主に複》広さ, 大きさ, 範囲.
aus|messen* 他〈土地⁴などを〉測量する.
Aus·nahme [アオスナーメ] 囡 (-/-n) ❶例外;特例;異例. ❷(書) 除名. ♦ eine ~ machen 例外とする, 特別扱いする. **mit** ~ 2 (書)人・物²を除いて. ~**n bestätigen die Regel.** (諺)例外は規則のある証拠.
Ausnahme·zustand 男 ❶(国家の)非常事態, 戒厳令(状態). ❷例外状態;緊急措置.
Ausnahms·zustand [アオスナームス..](南(独)・(ト)・(スイ))=Ausnahmezustand.
ausnahms·los ((I))形《付加》例外のない. ((II))副例外なく.
ausnahms·weise 副例外として, 例外的に, 特別に.
aus|nehmen* ((I))他 ❶(4 (von 3))〈人・物⁴を〉(物³から)除外する, 例外とする, 例外として扱う. ❷(口)〈人⁴から〉金を巻き上げる, だまし取る. ❸〈死んだ動物⁴から〉はらわたを抜く, 内臓を取る. ((II))再 sich⁴〈物¹が〉印象を与える.
aus|nüchtern 自酔いがさめる.
Aus·nüchterung [..ニュヒテルング] 囡《主に単》酔いがさめること, 酔いをさますこと.
Ausnüchterungs·zelle 囡(警察署の)泥酔者用の部屋.
aus|nutzen 他 ❶(4 (zu 3 [für 4]))〈物⁴を(物³⋅⁴のために)〉(存分に)利用する. ❷〈人⁴に〉付け込む, 〈人⁴を〉食い物にする.
aus|nützen (南(独)・(ト))=ausnutzen.
Aus·nutzung 囡《単》利用.
Aus·nützung 囡《単》(南(独)・(ト))=Ausnutzung.
aus|packen [アオスパッケン]((I))他 ❶(↔ einpacken)〈包み⁴などを〉解く, 開く, 解いて取り出す. ❷(4)〈物⁴を〉あけて空(から)にする. ((II))自 (口)(怒りから)ぶちまける, ばらす.
aus|pressen 他 ❶(4 (aus 3))〈物⁴を(物³から)〉搾り出す[取る]. ❷〈果物⁴を〉搾ってジュースを取る, 〈果物⁴の〉ジュースを作る.
aus|probieren 他(4 (an 3))〈新しい物⁴を(人・物³に)〉(初めて)試す, テストする, (性能・効果をみるために初めて)使ってみる.
Aus·puff 男 (-(e)s/-e) ❶排気(ガス). ❷排気管.
aus|radieren 他 ❶〈物⁴を〉(消しゴムで)消す. ❷(口)〈町⁴などを〉(完全に)破壊する, 抹殺する.

aus|rangieren [..ランジーレン] 他 〈不要になった物⁴を〉廃棄する, 処分する.

aus|rasten 自(S) ❶ (→ einrasten)〈物¹が〉外れる, 飛び出す. ❷ (口)頭にくる.

aus|rauben 他 ❶〈人⁴から〉(力ずくで)残らず略奪する. ❷〈家⁴などの中にある高価な物⁴を〉略奪する.

aus|räuchern 他 ❶〈有害な動物⁴を〉(煙やガスで)いぶして駆除する, いぶり出す. ❷〈場所⁴を〉燻蒸(くんじょう)消毒する.

aus|räumen (I)他 ❶〈(物⁴を)〉取り除く, 一掃する, 片付ける. (II)他 ❶〈部屋⁴などを〉空にする. ❷〈誤解⁴などを〉取り除く, 一掃する.

aus|rechnen [アオスレヒネン] 他〈物⁴を〉算出する, 算定する. ◆sich³ 自 〜 を思い[考え]つく.

Aus·rede 女 口実, 言い訳, 言い逃れ.

aus|reden (I)他〈③ ④〉人³を説得して考え・意見・計画などを〉変えさせる,〈人³に事⁴を〉思いとどまらせる. (II)自 話し終える, 終わりまで話す.

aus|reichen [アオスライヒェン] 自 ❶〈物¹が〉十分である, 足りる, 間に合う. ❷〈(für ④)〉〈物¹が〉〈物⁴に〉十分な品質を備えている, 用が足りる. ❸〈mit ③〉〈物⁴で〉やっていける.

ausreichend [..ト] (I)① ausreichen の現在分詞. (II)形 ❶ 十分な, 足りる, 間に合う. ❷ 可 ((6段階評価の上から4番目)).

Aus·reise 女(-/-) (→ Einreise) 外国への旅行, 海外渡航, 出国.

aus|reißen* (I)他〈③ ④〉〈(人⁴から)物⁴を〉引き抜く, むしり取る. (II)自(S) ❶〈物¹が〉ちぎれる, ほころびて取れる. ❷〈(aus [von] ③)〉〈人・動物¹が〉〈物⁴から〉逃げ出す. ❸〈(vor ③)〉〈人・物³(の前)から〉逃げ出す, 逃走する.

aus|renken 他〈sich³ ④〉〈物⁴を〉脱臼(だっきゅう)させる. ❷〈③ ④〉〈人³の物⁴を〉脱臼させる.

aus|richten 他 ❶〈イベント⁴などを〉催す, 主催[開催]する, 挙行する. ❷〈④ auf ④; ④ nach [an] ③〉〈事⁴を人・物⁴(³に)〉合わせる, 調整する. ❸〈人・物⁴を〉整列させる. ❹〈(③)〈人³に)事⁴を〉伝える. ❺〈南独〉〈人⁴の〉陰口を言う.

aus|rollen (I)自(S) ❶〈車¹が〉ゆっくり停車する,〈飛行機¹が〉ゆっくりと滑走を終える. (II)他 ❶〈生地⁴などを〉(平らに)伸ばす. ❷〈巻いた物⁴を〉広げる.

aus|rotten [..ロッテン] 他〈人・物⁴を〉根絶やしにする, 根絶する, 絶滅させる;〈迷信⁴などを〉一掃する.

Aus·ruf 男 (短い突然の)叫び, 叫び声, 絶叫.

aus|rufen* 他 ❶〈事⁴を〉(突然大声で短く)叫ぶ. ❷〈事⁴を〉公表する, 宣言する. ❸〈事⁴を〉マイクで知らせる, アナウンスする,〈人⁴を〉アナウンスで呼び出す, 呼んで捜す. ❺〈④ zu ③〉〈人⁴を物³に〉布告する, 公式に宣言する.

Ausrufe·satz [アオスルーフェ..] 男 (-es/..sätze) 感嘆文.

aus|ruhen [アオスルーエン] (I)再 sich⁴〈(von ③)〉〈物³から〉(十分) 休む, 十分休息[休憩]する. (II)他〈身体の必要な部分⁴を〉休める, 休ませる.

aus|rüsten 他〈④ (mit ③)〉〈人⁴に〈物³を〉〉装備させる;〈④ (mit ③)〉〈物¹に〈物³を〉〉装備する.

Aus·rüstung 女 ❶《単》装備, 備え付け. ❷ 装具, 装備品, 備品.

Ausrüstungs·gegenstand 男 (-(e)s/..stände) 装具, 装備品.

aus|rutschen 自(S) ❶ つるりと滑る, 足を滑らす, 滑って転ぶ. ❷〈③〉〈物¹が〉〈人³の手から〉滑り落ちる.

aus|säen 他〈種子⁴を〉まく.

Aus·sage 女 (-/-n) ❶〈(über ④)〉〈人・物⁴についての〉発言, 言明, 陳述. ❷〈(zu ③)〉〈事³についての〉供述, (宣誓)証言. ❸ (芸術作品などの)メッセージ, 訴え.

Aussage·kraft 女 《単》表現力, 訴える力.

① 1格 ② 2格 ③ 3格 ④ 4格

aussage·kräftig 形 表現に富む, 何か訴えるような, 意味ありげな.

aus|sagen 他 ❶〈芸術作品¹など が〉〈物⁴を〉語っている. ❷〈(④)〉〈(物⁴ を)〉供述する, 証言する.

Aussage·satz 男 平叙文.

aus|saugen(*) 他〈物⁴を〉吸い出す, 吸いつくす, 吸って空にする.

aus|schaben 他 ❶〈物⁴を〉かき[えぐり]出す; こすり取る, こすり落とす. ❷〈物⁴を〉かいて[こすって]きれいにする.

aus|schalten [アオスシャルテン] ((I)) 他 ❶〈機器⁴の〉スイッチを切る; 〈機器⁴を〉消す. ❷〈人・物⁴の働きを〉妨げる, 停止させる, 〈人・物⁴を〉排除する, 締め出す. ((II)) 再 sich⁴〈機器¹が〉切れる, 〈機器¹の〉スイッチが(自動的に)切れる.

Aus·schank [..シャンク] 男 (–(e)s / ..schänke) ❶ 単 酒を出す[売る]こと. ❷ 男, ((スイス)) 女 (–/–en) (酒場の)カウンター.

aus|schauen 自 ❶〈nach ③〉〈人・物³が来るのを〉うかがう, 見張りながら待ち受ける. ❷〈南ド・オーストリア〉 ...のようである, 様子である.

aus|scheiden* ((I)) 他〈物⁴を〉排泄(はいせつ)する. ((II)) 自 ❶ 問題にならない, 除外される. ❷【スポーツ】試合に参加できない, 失格する. ❸〈aus ③〉〈書〉〈物³から〉退く, 退職[引退, 脱退]する.

Aus·scheidung 女 ❶ 単 排泄(はいせつ)(行為). ❷ 主に複 排泄物. ❸【スポーツ】予選.

aus|schenken 他〈(④)〉〈(酒など を)〉グラスに注ぐ, 〈飲み屋で〉グラスに注いで出す.

aus|scheren 自 (S) ❶〈aus ③〉〈(所属から)〉(突然)脇へそれる, 〈(編隊³などから)〉離脱する. ❷ 〈みんなの意見から離れて〉我が道を行く.

aus|schildern 他〈物⁴に〉案内標識を施す, 〈物⁴を〉案内標識で示す.

aus|schimpfen 他〈人⁴を〉厳しくしかる, 叱責する.

aus|schlachten [..シュラッハテン] 他 ❶〈畜殺した畜類⁴の〉内臓を抜き出す. ❷〈口; 軽蔑〉〈物⁴を〉(マスメディアで)容赦なく利用しつくす, 食い物にする. ❸〈古い自動車⁴などから〉生かせる部品を取り外す.

aus|schlafen* ((I)) 自 (ハーベン)(S), 再 sich⁴ 十分眠る, 眠って疲れや酔いを取る. ((II)) 他〈酔い⁴などを〉眠って取る.

Aus·schlag 男 ❶ 発疹(はっしん), 吹出物. ❷ ふれ, 偏差; (振子の)振幅.

aus|schlagen* ((I)) 他〈(③) ④〉〈〈人³からの〉物⁴を〉受け付けない, 拒絶する. ((II)) 自 ❶〈計器の針・振子¹などが〉振れる. ❷〈動物¹が〉蹴(け)る, はねる. ❸〈樹木¹が〉芽を吹く, 葉におおわれる.

ausschlag·gebend [..ゲーベント] 形《最上 ~st[..ツット]《副なし》決定的な.

aus|schließen* [アオスシュリーセン] ((I)) 他 ❶〈人⁴を〉ドアに鍵をかけて中に入れなくする, 閉め出す. ❷〈④ (aus ③)〉〈人⁴を〈組織³などから〉〉追い出す, 追放[除名, 破門]する. ❸〈④ (von ③)〉〈人・物⁴を〈会合³などから〉〉締め出す, 仲間外れにする, 除外[排除]する. ❹〈物⁴を〉あり得ないとする, 考えに含めない, 除外する. ❺〈物⁴を〉排除する, 取り除く, 〈物⁴に〉余地を与えない. ♦ ④ aus dem Haus ~ 人⁴を家から締め出す. jeden Irrtum ~ いかなる誤りもないようにする. Wir schließen nicht aus, dass wir uns geirrt haben. 私たちは思い違いをしたことがありえないとは思いません. vom Umtausch ausgeschlossen sein 取り替えはできない.

aus·schließlich [アオスシュリースリヒ, アオスシュリースリヒ] ((I)) 形《付加》独占的な, 唯一無二の, 専有の, 専属の. ((II)) 副 もっぱら, 独占的に. ((III)) 前《2 格支配》...を除いて, ...を別として. ★冠詞や付加形容詞のない単数名詞には2 格語尾をつけない. また冠詞や付加形容詞のない複数名詞は3 格形にする: ~ Porto 郵送料別で, ~ Getränken 飲物料別で.

Aus·schluss 男 締め出し, 仲間外れ, 除外, 排除.

Ausschluß ⊕ = Ausschluss.

aus|schmücken [..シュミュッケン] 他4 (mit 3) ❶〈部屋⁴を(絵画・飾り³などで)〉飾る, 装飾する. ❷〈話⁴に（尾ひれ³を)〉付ける,〈話⁴を（逸話³などで)〉脚色する, 潤色する.

aus|schneiden* 他4 (aus 3)〈物⁴を〈物³から)〉切り抜く[取る].

Aus·schnitt 男 ❶〈衣服の）襟くり, ネックライン. ❷抜粋, ハイライト,（新聞などの）切り抜き.

aus|schreiben* 他4 ❶〈物⁴を〉(省略[短縮]せずに)全書する. ❷〈物⁴を〉（文書で）公告[公募, 公示]する. ❸〈(3格 4格)〉〈（人³に）物⁴を〉(書いて)提出する, 書いて渡す.

Aus·schreibung [..シュライブング] 女 公告, 公募, 公示.

Aus·schuss 男 ❶ (↔ Plenum) 委員会. ❷《単》きずもの, 不良品.

Ausschuß ⊕ = Ausschuss.

aus|schütten [..シュッテン] ((I)) 他 ❶〈物⁴を〉こぼす, ぶちまける. ❷〈物の中身を空にする, あける. ❸〈利益⁴を〉分配[配分]する. ((II)) 再 sich⁴〈vor Lachen〉抱腹絶倒する, 笑い転げる.

aus·schweifend [..シュヴァイフェント] 形 度を超した, 常軌を逸した, 勝手気ままな, 放埒(ホウラツ)な.

Aus·schweifung [..シュヴァイフング] 女 度を超すこと, 常軌を逸したこと, 勝手気ままなこと, 放埒(ホウラツ).

aus|sehen* [áusze:ən アオスゼーエン]

現在	ich sehe ... aus	wir sehen ... aus
	du siehst ... aus	ihr seht ... aus
	er sieht ... aus	sie sehen ... aus

過去	ich sah ... aus	wir sahen ... aus
	du sahst ... aus	ihr saht ... aus
	er sah ... aus	sie sahen ... aus

過分 **ausgesehen**		接II **sähe ... an**

自 ❶ (...のように)見える, (...の)印象を与える, (...の)様子をしている. ❷〈(3格) nach 3〉(口)〈物³が〉〈（人³には）物³と〉思える, 思われる,〈（人³には）物³のような〉気配が感じられる. ♦Es sieht nach Regen aus. 雨が降りそうです. 4級

Aus·sehen 中 (-s/) 外観, 外見, 外貌, 風采(ﾌｳｻｲ).

aus|sein* 自 = aus sein (⇨aus 1).

außen [áusən アオセン] 副 (↔ innen) 外に, 外側に, 外部に, 外国に. ♦von ~ 外からの[外部からの, 外国からの]. nach ~ 外へ, 外部へ. 4級

Außen·dienst 男《単》(↔ Innendienst) 外勤.

Außen·handel 男 (↔ Binnenhandel) (海外)貿易, 通商.

Außen·minister 男 (↔ Innenminister) 外務大臣.

Außen·ministerium 中 外務省.

Außen·politik 女 (↔ Innenpolitik) 外交(政策).

außen·politisch 形《付加または副》外交(政策)上の, 外交(政策)に関する.

Außen·seiter [..ザイター] 男 (-s/-) ❶アウトサイダー, のけ者, 異端者. ❷[競]勝ち目のない選手[チーム];大穴, 穴馬. ◇**Außenseiterin** 女 (-/-nen).

Außen·spiegel 男 サイドミラー.

Außen·stände [..シュテンデ] 複 未払い残金, 売掛金.

Außen·wand 女 外壁.

Außen·welt 女 (-/-) 外界(ｶﾞｲ), 外部世界.

außer [áusər アオサー] ((I)) 前《3格支配》❶ ...のほか, ...以外, ...を除いて. ❷ ...の他に, ...だけでなく, ...に加えて. ❸《主に冠詞なしで》...の外(ｿﾄ)に. ♦~ Haus 家の外で. ~ sich³〈vor Freude [Zorn]〉sein (喜び[激怒]のあまり)我を忘れている, 興奮している. 4級 ((II)) 接《並列》...でない限り, ...はさておき, ...を別にすれば. ~ dass ... ...を除いては. ~ wenn ... ...の場合を除き, ...でなければ.

---

① 1格 ② 2格 ③ 3格 ④ 4格

außer.. 《-lich, -isch などの形容詞に付いて》「外, 以外」: außerberuflich 仕事以外の.

äußer [オイサー] 形(比較級なし; 最上 äußerst)《付加》❶(↔ inner)外の, 外側[外部]の, 屋外の. ❷外部からの. ❸外的な, 外面的, 表面[見かけ]上の. ❹対外[国際]的な, 国外(関係)の, 外国(向け)の.

außerdem [áosɐde:m アオサーデーム, アオサーデーム] 副 その外に, おまけに, 更に, また. 4級

Äußere(s) [オイセレ(ス)] 中《形容詞変化》《単》外面, うわべ, 外見, 外観, 見かけ, 風采(ふうさい).

außer-gewöhnlich 形 並外れた, 格別な, 際立った, 非凡な, 極度の.

außerhalb [アオサーハルプ] **(I)** 前《2格支配》(↔ innerhalb) ❶ ...の外(そと)に. ❷ ...の以外に, ...を除いて. 4級 **(II)** 副《**von** ③》〈物³の〉郊外に, 市外に.

äußerlich [オイサーリヒ] 形 ❶ (↔ innerlich) 外の, 外部の, 外面, 外側の, 表面の. ❷ 外面[表面]上の, 外面[表面]的な, 外見[見かけ]上の, うわべ[見た目]の. ❸ 外用の.

Äußerlichkeit [..カイト] 女 〈-/-en〉《主に複》❶ 外観, 外見, 見た目, うわべ, 体裁. ❷ 取るに足らないこと, 些細なこと, 些事(さじ).

äußern [オイセァン] **(I)** 他 〈事⁴を〉(言ったり書いたりして)表わす, 発表する, 述べる. **(II)** 再 sich ❶ 《**zu** ③》〈事³に〉(公式に)言及する, コメントする, 声明を出す. ❷〈**über** ④〉〈人・物⁴について〉意見を述べる. ❸〈**in** ③〉〈物¹が〉〈物³の形で〉現われる, 兆候[兆し]が見える.

außerordentlich [アオサーオルデントリヒ] **(I)** 形 ❶《副なし》けた外れの, 並外れた, 非凡[格別]な, 途方もない. ❷《付加》異常[非常]な, 正常[普通]でない, 非常事態の, 特別[臨時, 異例]の. **(II)** 副 非常[格別, 大変]に, 極めて, 甚だしく, ことのほか.

äußerst [オイサァスト] **(I)** 形《付加》❶(↔ innerst)一番[最も]外[外側, 外部, 外れ]の, 最も遠くの, 離れた. ❷ 極度の, 極端な, 最大[最高]の, この上もない, 極限の, 可能な限り[極限, きりぎり]の, 最終的な, 最後[非常]の. ❸ 最悪の. **(II)** 副《形容詞・副詞を修飾して》極度[極端]に, 極めて, この上もなく. 4級

außerstande, außer Stande [アオサーシュタンデ] 形《述語》《書》《主に特定の動詞と共に》(...する)立場でない, 能力がない. ◆ ~ sein, ... 〈+ zu 不定詞〉...する立場ではない[能力がない].

Äußerung [オイセルング] 女 〈-/-en〉発言, コメント; 発話.

aus|setzen **(I)** 他〈人・動物⁴を〉置き去りにする, 捨てる, 遺棄する. ❷〈動物⁴を〉逃がしてやる, (解き)放つ. ❸〈④ ③〉〈人・物⁴を物³に〉さらす. ❹〈④ (**für** ④)〉〈物⁴に〉賞金⁴を かける, 〈物⁴に〉物⁴を提供する. ❺〈法〉〈刑⁴の執行を〉猶予する, 停止する. ❻〈〈④〉〉〈〈物⁴を〉〉休む, 休憩する. **(II)** 自 ❶ 〈**mit** ③〉〈事³を〉中止する. ❷〈物¹が〉(突然)止まる, 停止する, 動かなくなる.

Aussicht [áoszɪçt アオスズィヒト] 女 〈-/-en〉❶《単》眺め, 見晴らし, 展望, 景色. ❷《主に複》見込み, 見通し, チャンス, 可能性. ◆ eine herrliche ~ auf ④ haben 物⁴への素晴らしい眺めを得る. gute ~en haben, ... 〈zu 不定詞〉...する見込みがある. ④ **in ~ haben** 事⁴の見込みがある, 事⁴を期待できる. 4級

aussichts-los 形 (↔ aussichtsreich) 見込みのない, 可能性のない.

Aussichtslosigkeit [..ローズィヒカイト] 女 〈-/〉見込みのないこと, 可能性のないこと.

Aussichts-punkt 男 眺望のよい地点[場所].

aussichts-reich 形 見込み[チャンス]が十分にある, 可能性が高い.

Aussichts-turm 男 展望タワー.

Aus-siedler 男 強制移住者; (旧)(東ヨーロッパからの)帰郷ドイツ人. ◇ **Aussiedlerin** 女 〈-/-nen〉.

aus|sortieren 他〈人・物⁴を〉より[えり]分ける, 仕分ける; (分類して)選び出す, 類別する.

aus|spannen ((I)) 他 ❶ (↔ anspannen)〈(動物⁴を)〉馬車・引き具から外す. ❷〈③ ④〉(口)〈人³から恋人⁴を〉横取りする. ((II)) 自 休養をとる, 休息する. ((III)) 再 sich⁴ (口) 休養をとる, 休息する, リラックスする.

aus|sparen 他 ❶〈物⁴を〉空(ぁ)けておく. ❷〈物⁴に〉触れずにおく.

Aus·sparung [..シュパールング] 女《主に単》❶ 空(ぁ)けておくこと. ❷〈物⁴に〉触れずにおくこと.

aus|sperren 他 ❶〈人⁴を〉(ドアに鍵をかけて)閉め出す, 締め出す. ❷〈労働者⁴に対して〉工場閉鎖を行う, ロックアウトする.

Aus·sperrung 女 職場閉鎖, ロックアウト.

aus|spielen 他 ❶〈(④)〉〈カードを)〉出す. ❷〈賞金⁴を〉賭ける, 賭けて勝負[競技]する. ❸ [比喩]〈敵⁴を〉(ボールを持って)巧みにかわす, うまくかわしていく. ❹〈④ gegen ④〉(口)〈人³を人⁴と〉(自分の利益になるように)張り合わせる, 争わせて漁夫の利を占める.

Aus·sprache 女 ❶《単》発音, 発音の仕方. ❷ 話し合い, 討議. [4級]

aus|sprechen* [áosʃprɛçən アオスシュプレヒェン] ((I)) 他 ❶〈物⁴を〉発音する. ❷〈事⁴を〉述べる, 言葉で表わす, 言い渡す. ((II)) 自 ⑤ 話し終わる, 言いつくす. ((III)) 再 sich⁴ ❶〈über ④〉〈(物について)〉考え[意見]を述べる. ❷〈über ④〉(書)〈人・物⁴について〉評価する. ❸〈für [gegen] ④〉(口)〈人・物⁴について〉賛成[反対]を表明する. ❹〈mit ③〉〈人³ととことん話し合う, 徹底的に討議する. ♦ Wie spricht man das Wort aus? この単語はどうやって発音するのですか. [4級]

Aus·spruch 男 格言, 金言, 箴言(しんげん), 諺.

aus|spucken ((I)) 他 ❶〈食べたくない物⁴を〉吐き出す. ❷ (口)〈機械が〉〈物⁴を〉出す. ((II)) 自 唾を吐く.

aus|spülen ((I)) 他〈④ (aus ③)〉〈物⁴を(物³から)〉すすぎ流す, すすぎ落とす, 洗浄する. ((II)) 自 洗浄する.

Aus·stand 男《主に単》同盟罷業, ストライキ.

aus|statten [..シュタッテン] 他 ❶〈④ mit ③〉〈人⁴に物³を〉着せる, 装備させる. ❷〈④ mit ③〉〈部屋⁴などに必要な物³を〉備えつける. ❸〈④ mit ③〉(書)〈人⁴に物³を〉賦与(ふよ)する, 委ねる.

Aus·stattung [..シュタットゥング] 女 (-/-en) ❶ 家具, 調度, インテリア, 備品. ❷ 装備, 設備. ❸ (本の)装丁; [劇・映] 舞台セットと衣装.

aus|stehen* ((I)) 他〈物⁴を〉耐え忍ぶ, (最後までじっと)我慢する; (飢え・渇き・苦痛を)こらえる. ((II)) 自〈物³が〉済んでいない, 片付いていない, 欠けている.

aus|steigen* [áosʃtaɪɡən アオスシュタイゲン] 自 ⑤ (aus ③) ❶〈(乗り物³から)〉降りる, 下車する. ❷ (口)〈(プロジェクト³などから)〉降りる, 手を引く, 〈(計画³などを)〉中途で投げ出す. ❸ (口)〈社会³から〉ドロップアウトする. [4級]

Aus·steiger 男 (-s/-) (既成社会から)ドロップアウトした男. ◇ **Aussteigerin** 女 (-/-nen).

aus|stellen [アオスシュテレン] 他 ❶〈(④)〉〈(物⁴を)〉陳列[展示, 公開, 出品]する. ❷〈(③) ④〉〈(人³に)〉証明書⁴などを〉交付する, 発行する.

Aus·stellung [アオスシュテルング] 女 (-/-en) ❶ 展示, 陳列, 出品, 公開. ❷ 展覧会, 展示会, 博覧会, 見本市. ❸《単》交付, 発行.

Aus·stellungs·katalog 男 展示[出品, 陳列]カタログ.

aus|sterben* 自 ⑤〈種・民族¹などが〉死に絶える, 滅びる.

Aus·steuer 女 (-/-) 嫁入り支度と持参金.

Aus·stieg [..シュティーク] 男 (-(e)s/-e)《主に単》❶ (↔ Einstieg) 下車, 降車, 下船. ❷ 手を引くこと, 途中で投げ出すこと. ❸ 降車[下船]口.

aus|stopfen 他 ❶〈④ (mit ③)〉

〈物¹に〈物³を〉〉詰め込む, 〈物⁴を〈物³で〉〉埋める, 詰めてふさぐ. ❷〈動物⁴を〉剥製(はく)にする.

Aus·stoß 男 (-es/) ❶生産力[量]. ❷排気総量.

aus|stoßen* 他 ❶〈④ (aus ③)〉〈人⁴を〈物³から〉〉追放する, 排斥[除名, 破門]する. ❷〈物⁴を〉上げる, 発する, 吐く. ❸〈物¹が〉〈蒸気・煙⁴などを〉(勢いよく)吐[噴]き出す. ❹〈物⁴を〉(一定の期間内に)生産する.

aus|strahlen ((I)) 他 ❶〈物⁴を〉発する, 放つ, 〈にじみ[あふれ]出る. ❷〈物⁴を〉放送する, 流す, 放映する. ((II)) 自 ❶〈物¹が〉出る, 広がる. ❷〈(auf ④)〉〈物⁴に〉影響を及ぼす[与える], 感化する.

Aus·strahlung 女 ❶放送, 放映. ❷《単》魅力.

aus|strecken ((I)) 他〈四肢⁴などを〉ピンと伸ばす, 伸ばしきる. ((II)) 再 sich⁴ ❶身体を伸ばす. ❷背伸びをする.

aus|streichen* 他〈物⁴を〉(線を引いて)抹消する, 消す.

aus|strömen ((I)) 他《書》〈物⁴を〉放射[放出]する, 発する, 放つ;〈雰囲気⁴などを〉醸(かも)し出す. ((II)) 自 (S) 〈(aus ③)〉〈液体・気体¹が〈物³から〉〉流れ出る.

aus|suchen [アオスズーヘン] 他〈(④ (für ④)); ((③ ④))〉〈人・物⁴を〈人⁴のために〉〉;〈(人³のために) 人・物⁴を〉〉選ぶ, 選び出す.

Aus·tausch 男 (-(e)s/) ❶交換, 交流, 交易. ❷(壊れた物の)交換, 取り替え. ❸[芝居]交代, 入れ換え.

aus|tauschen 他 ❶〈④ (gegen [für] ④)〉〈物⁴を〈物⁴と〉〉交換する, やり取りする. ❷(壊れた物⁴を)交換する, 取り替える. ❸[芝居]〈人⁴を〉交代させる, 入れ換える. ❹〈④ mit ③〉〈事⁴について人³と〉お互いに語り合う[意見を交わす]. ❺〈人⁴を〉交換する, 派遣し合う.

Austausch·motor 男 交換[取り替え]エンジン.

aus|teilen 他 ❶〈(③ [an ④]) ④〉〈(人³·⁴に)物⁴を〉配る, 分ける. ❷〈(トランプ⁴などを)〉配る.

Auster [アオスター] 女 (-/-n) 【貝】カキ (牡蠣).

aus|tragen* 他 ❶〈物⁴を〉配達する, 届ける. ❷〈争い事⁴に〉決着[黒白]をつける. ❸〈競技会⁴などを〉行う, 実施する, 開催する. ❹〈女性・雌¹が〉〈胎児⁴を〉臨月まで懐胎する.

Australien [アオストラーリエン] 中 (-s/) オーストラリア大陸;オーストラリア連邦.

Australier [アオストラーリアー] 男 オーストラリア人. ◇ **Australierin** 女 (-/-nen).

australisch [アオストラーリッシュ] 形 オーストラリア(人)の, 豪州の, オーストラリアに関する.

aus|treiben* 他 ❶〈③ ④〉〈人³から悪癖⁴を〉取り除く, 〈人³に悪癖⁴を〉やめさせる. ❷〈(③ ④)〉〈(人³から)悪魔[悪霊]⁴を〉(呪文やお祓いで)追い払う.

aus|treten* ((I)) 他 ❶〈火⁴などを〉踏み消す, 足でもみ消す. ❷〈階段など〉踏み減らす, 踏みつぶす. ((II)) 自 (S) ❶〈(aus ③)〉〈物¹が〈(物³から)〉〉流れ出す, 流出する;わき出る. ❷〈(aus ④)〉〈(組織・団体⁴から)〉脱退[離脱]する.

Austria オーストリア(Österreich)のラテン語形.

aus|trinken* 他〈(④)〉〈(グラス・飲み物⁴などを)〉飲みつくす, 飲み干す.

Aus·tritt 男 ❶《主に単》流出. ❷(↔ Beitritt)脱退, 離脱, 脱会, 離党.

Austritts·erklärung 女 脱退[離脱, 脱会, 離党]宣言[通知].

aus|trocknen ((I)) 他〈物¹が〉〈物¹を〉カラカラに乾かす. ((II)) 自 (S) 〈物¹が〉乾く, 乾燥する, 〈川¹などが〉干上がる, 涸(か)れる.

aus|üben 他 ❶〈職業⁴に〉ついている[従事する], 〈職業⁴を〉生業としている. ❷〈権力などを〉行使する, 振るう. ❸〈④ (auf ④)〉〈影響などを(人・物⁴に)〉及ぼす.

Aus·verkauf 男 (クリアランス)セール.

① 1格 ② 2格 ③ 3格 ④ 4格

aus•verkauft [..フェアカオフト] 形 《副なし》〈物・入場券¹が〉売り切れの.

Aus•wahl 囡《単》❶ 選び出すこと,選択. ❷（選択可能な）品数,品ぞろえ,バラエティ. ❸ 精選品;選集. ❹ [スポーツ] 選抜チーム. ♦ eine große [reiche] ~ an ③ haben 物³を豊富にとりそろえている. eine ~ treffen 選択する.

aus|wählen 他〈④ (für ③)〉; 〈(③ ④)〉〈人・物⁴を〈人・物⁴・³のために)〉〉選ぶ,選び出す.

Aus•wanderer 男（↔ Einwanderer）（国外への）移民,移住者. ◇ ..wanderin 囡(-/-nen).

aus|wandern 国 ⑤ (↔ einwandern)（国外へ）移住する.

Aus•wanderung 囡（↔ Einwanderung）移民すること,国外移住.

auswärtig [アオスヴェァティヒ] 形 《付加》❶ 外国の,国外の; よその,市外（から）の. ❷ 外国に関する,対外的な. ♦ das Auswärtige Amt 連邦外務省（略: AA）.

auswärts [アオスヴェァツ] 副 ❶ よそで[へ]; 外国で[へ]. ❷ [スポーツ] アウェイで[へ]. ❸ 外で[へ], 外部 [外側] で[へ]. ♦ ~ essen 外食する. von ~ よそから, 国外から.

Auswärts•spiel 田 [スポーツ] アウェイの試合, 遠征試合.

aus|waschen* 他 ❶〈物⁴を〉洗ってきれいにする; 洗浄する. ❷〈物⁴を〉洗い落とす, 洗い流す. ❸〈水¹などが〉〈物⁴を〉えぐる, 浸食する.

aus|wechseln 他 ❶〈壊れた物⁴を〉取り替える, 交換する. ❷〈(④)〉[スポーツ]〈人⁴を〉交代させる.

Aus•weg 男 逃げ道, 出口; 解決法, 打開策.

ausweg•los 形《副なし》逃げ道[出口]のない, どうしようもない; 解決[打開]策のない, 絶望的な.

Ausweg•losigkeit 囡 [..ローズィヒカイト] 〈単〉(-/-) 逃げ道[出口]のないこと, どうしようもないこと; 解決[打開]策のないこと, 八方ふさがり.

aus|weichen* 国 ⑤ ❶〈(③)〉〈人・物³を〉避ける, かわす, よける, 回避する. ❷〈auf ④〉〈物⁴を〉(やむを得ず)選ぶ, 〈auf ④に〉(やむを得ず)鞍替えする, 変更する.

Ausweich•manöver [アオスヴァイヒ..] 田 (衝突を避けるための)ハンドルさばき.

aus|weinen 囲 sich⁴ 〈bei ③〉〈人³に〉〉泣いて胸を晴らす.

Ausweis [áʊsvaɪs アオスヴァイス] 男(-es/-e) （身分）証明書. ♦ ③ einen ~ ausstellen 人³に証明書を発行する. 4級

aus|weisen ((I)) 他 ❶〈④ (aus ③)〉〈人⁴を〈国³などから)〉追放する, 国外退去[追放]にする. ❷〈物⁴を〉明示する, 示す. ❸〈④ als ...〉〈物¹が〉〈人⁴が...であることを〉示す, 証明する. ❹〈④ (als ...)〉〈書〉〈物⁴を〉(...と)〉定める. ((II)) 囲 sich⁴〈(als ...)〉〈(...であると)〉（旅券などで）身分を証明する.

Ausweis•papiere 榎 身分証明書（類）.

Aus•weisung 囡 ❶ 国外退去（令）, 追放. ❷ 明示. ❸（土地の）用途を定めること.

aus|weiten ((I)) 他〈物⁴を〉広げる, 伸ばす, 拡大させる. ((II)) 囲 sich⁴〈物¹が〉広がる, 伸びる, 拡大する.

aus•wendig 形 暗記した, そらで言える. ♦ ~ lernen 物⁴を暗記する.

aus|werfen* 他 ❶〈物¹が〉〈一定量⁴を〉生産する. ❷（↔ einholen）〈物⁴を〉（魚を捕まえるために）投げる.

aus|werten 他〈物⁴を〉評価する, （検討した上で）利用する, 活用する.

Aus•wertung 囡 評価, 利用, 活用.

aus|wirken 囲 sich⁴〈auf ④〉〈(人・物⁴に)〉影響を及ぼす, 作用する, 効果が現われる.

Aus•wirkung 囡〈auf ④〉〈物⁴への)〉影響, 効果.

Aus•wuchs 男(-es/Auswüchse) ❶ [医] 腫瘍(ようきょ), 瘤(こぶ); 異常発育, 奇形. ❷〈主に複〉肥大化, 過度, 過大.

aus|wuchten [..ヴフテン] 他〈回転部分⁴を〉つり合わせる, 平衡させる.

aus|zahlen ((I)) 他 ❶〈③ ④〉〈人³に金銭⁴を〉支払う. ❷〈人⁴に〉支払うべき金を払う, 清算する. ((II)) 再 sich⁴〈物¹が〉甲斐がある, 報われる.

aus|zählen 他 ❶〈物⁴の〉数を正確に数え上げる. ❷〈ボクサー⁴に〉(10まで数え終わって)ノックアウト負けを宣告する, カウントアウトを宣言する.

aus|zeichnen ((I)) 他 ❶〈商品⁴に〉値札を付ける. ❷〈④ (mit ③)〉〈人・物⁴を〈物³で〉〉表彰する, 〈人・物⁴に〈物³を〉〉授与する. ❸〈物¹が〉〈人・物⁴を〉特徴づける. ((II)) 再 sich⁴〈durch ④〉〈物⁴で〉優れている, 秀でている.

Aus·zeichnung 囡 ❶〈単〉値札付け. ❷表彰, (賞の)授与. ❸勲章, 賞; 栄誉, 名誉. ❹〈成績の〉優.

aus|ziehen* [アオスツィーエン] ((I)) 他 ❶〈物⁴を〉引き出す, 引き伸ばす. ❷ (↔ anziehen)〈③ ④〉〈人³から〉衣服⁴などを脱がす. ❸〈人⁴の〉衣服を(全部)脱がす. ❹〈③ ④〉〈人³から物⁴を〉引き抜く. ((II)) 自 ⑤ ❶〈aus ③〉〈場所³を〉引き払う, 転出する, 〈場所³から〉引っ越す. ❷〈aus ③〉〈場所³から〉(列をなして)出て行く, 出かける. ((III)) 再 sich⁴ (↔ anziehen)〈衣服を全部〉脱ぐ. ♦ sich³ ⑤ ~ 物⁴を脱ぐ.

Auszubildende(r) [アオスツービルデンデ[ダー]] 男 囡〈形容詞変化〉職業訓練生, 実習生[研修生]((略: Azubi)).

Aus·zug 男 ❶〈単〉(↔ Einzug)転出, 引っ越し. ❷〈単〉(↔ Einzug)出て行くこと. ❸(抽出した)エキス, エッセンス. ❹抜粋, 概要, 要約, レジュメ; 抄本. ❺〈預金の〉借入明細.

auszugs·weise 副 抜粋[要約]して.

AUT《略》Autriche オーストリアのフランス語形.

authentisch [アオテンティッシュ] 形 真正の, 本物の; 確実な, 信頼できる.

Auto [áuto アオト] 匣 (-s/-s)

格	単数	複数
1	das Auto	die **Autos**
2	des Autos	der Autos
3	dem Auto	den Autos
4	das Auto	die Autos

自動車. ♦ ~ fahren ドライブする, 自動車を運転する. mit dem [im] ~ fahren 自動車で行く. **5級**

auto.. 《名詞・形容詞に付いて; 母音の前では aut..》❶「自分で」: Autodidakt 独学者. ❷「自動の」: Autofokus オートフォーカス.

Auto·bahn [アオトバーン] 囡 自動車専用道路, アウトバーン, ハイウェイ ((略: A)). **4級**

Auto·bombe 囡 (テロ目的の)自動車(に置かれた)爆弾.

Auto·bus 男 バス.

Auto·fähre 囡 カーフェリー.

Auto·fahrer 男 自動車運転者[手], ドライバー. ◇ ..fahrerin 囡 (-/-nen).

Auto·fahrt 囡 ドライブ.

Autogramm [アオトグラム] 匣 (-s/-e) (有名人の)サイン.

Auto·kino 匣 ドライブイン・シアター.

Automat [アオトマート] 男 (-en/-en) 《弱》❶自動販売機. ❷自動機械, 自動制御装置. **4級**

Automatik [アオトマーティック] 囡 (-/-en) ❶〈主に単〉自動制御[操縦]装置. ❷〈単〉自動調節[運転].

automatisch [アオトマーティッシュ] 形 ❶ (↔ mechanisch) 自動の, 自動化された, オートマチックの, 自動(制御)[調節]装置付きの[による]. ❷無意識的な, 反射的な, ひとりでの, 自動的な.

automatisieren [アオトマティズィーレン] 他 (④)〈物⁴を〉自動化[機械化]する, 自動式にする, オートメーション化する.

Automatisierung [アオトマティズィールング] 囡 自動化, オートメーション化.

Automobil [アオトモビール] 田 (-s/-e)《書;やや古》自動車.

autonom [アオトノーム] 形 ❶自治の, 自治権のある, 独立した. ❷急進左派の, 過激派の. ❸自律の; 自発的な.

Autonomie [アオトノミー] 安 (-/..mien [..ミーエン])《主に単》《書》自治, 自主独立; 自治権[制].

Auto-nummer 安 自動車ナンバー.
Auto-pilot 男 自動操縦装置.
Autopsie [アオトプスィー] 安 (-/..sien [..スィーエン])〖医〗検死, 死体解剖.

Autor [アオトァ] 男 (-s/..toren, [..トーレン]) 著者, 作者, 原作者; 作家, 著述家, 文筆家. 4級

Auto-radio 田 カーラジオ.
Auto-reifen 男 自動車タイヤ.
Auto-reise-zug 男《人と車を一緒に運ぶ》モートレール列車.

Autoren Autor の複数形.
Autorin [アオトーリン] 安 (-/-nen)《女性の》著者, 作者, 原作者; 作家, 著述家, 文筆家.

autoritär [アオトリテーァ] 形 ❶権威主義の, 権威的な. ❷(↔ demokratisch)独裁的な, ワンマンの.

Autorität [アオトリテート] 安 (-/-en) ❶権威, 威信. ❷大家, オーソリティ.

Autos Auto の第2格形・複数形.
Auto-schlüssel 男 自動車のキー.
Auto-skooter [..スクーター] 男 (-s/-) ゴーカート, ドジェム.

Auto-stopp 男 ヒッチハイク.
Auto-telefon 田 自動車電話, カーフォーン.

Auto-unfall 男 自動車事故.
Auto-vermietung 安 カーレンタル.
Auto-werkstatt 安 自動車整備[修理]工場.

Auxiliar-verb [アオクスィリアーァ..] 田 (-s/-en) 助動詞.

Axt [アクスト] 安 (-/Äxte) 斧(おの), まさかり((Beil より柄が長く刃が狭い)).

Azalee [アツァレーエ] 安 (-/-n)〖植〗アザリア, つつじ, さつき.

Azubi [アーツビ, アツービ] ((I)) 男 (-s/-s) 職業訓練生[実習生, 研修生]. ((II)) 安 (-/-s)《女性の》職業訓練生[実習生, 研修生] (< Auszubildende).

B

b, B [ベー] 田 (-/-, (口)-s) ❶アルファベットの第2字. ❷〖音楽〗変ロ音, 変ロ調. ❸〖音楽〗♭ ((フラットの記号)). ♦ b-Moll 変ロ短調. B-Dur 変ロ長調.

b.《略》bei(m).
B《略》Bundesstraße 国道.
Baby [ベービ] 田 (-s/-s)《人間・動物の》赤ちゃん, 赤ん坊. 4級

Babysitter [ベービスィッター] 男 (-s/-) ベビーシッター. ◇**Babysitterin** 安 (-/-nen).

Bach [バッハ] 男 (-(e)s/Bäche) 小川, 細流. *den ~ runter gehen* (口)〈計画'などが〉流れる, ダメになる. 4級

Backblech [バックブレヒ] 田 (オーブンの)天板.

Backbord [バックボルト] 田 (↔ Steuerbord)左舷(さげん).

Backe [バッケ] 安 (-/-n) ❶頬(ほお). ❷(口)しりたぶ. ❸(頬の形をした)つかみ, つめ.

backen* [bákən バッケン]

現在	ich backe	wir backen
	du **bäckst**, backst	ihr backt
	er **bäckt**, backt	sie backen

過去	ich backte	wir backten
	du backtest	ihr backtet
	er backte	sie backten

過分 **gebacken**　接II backte

((I))他 ❶〈パン・ケーキ'などを〉焼く. ❷〈肉・魚・鳥'などを〉焼く, (油で)炒める, 揚げる. ((II))自〈物'が〉焼ける. 4級

Backen-zahn 男 臼歯(きゅうし), 奥歯.
Bäcker [ベッカー] 男 (-s/-) (パ

ン・ケーキ・クッキー類を焼く)パン屋((人)). ◇**Bäckerin** 囡 (–/–nen). 4級

Bäckerei [ベッケライ]囡(–/–en)(パン・ケーキ・クッキー類を扱う)パン屋((店)). 4級

Back·fisch 男 ❶(口;古)(14から17歳の)小娘. ❷フライド・フィッシュ.

Back·form 囡焼き型.

Back·ofen 男オーブン.

Back·pulver 中ふくらし粉, ベーキング・パウダー.

bäckst [ベックスト]backen の2人称単数現在形.

bäckt [ベックト]backen の3人称単数現在形.

Bad [ba:t バート]中(–(e)s/**Bäder**) ❶入浴. ❷風呂. ❸(有料)プール. ❹《単》泳ぐこと,水浴,水泳. ❺《主に複》(治療用)温泉,湯治. ❻温泉,湯治場. ❼温泉の湯,鉱泉. ♦ein heißes ~ 熱い風呂. ein Zimmer mit ~ バス付きの部屋. ein ~ in diesem Fluss この川での遊泳. ins ~ steigen 風呂(の中)に入る. ein ~ nehmen 入浴する. *(das)* ~ *in der Menge genießen* 大衆と直接にふれ合う. 5級

Bade·anzug [バーデ..]男(ワンピースの)水着.

Bade·hose 囡(男性用)水着,水泳パンツ.

Bade·mantel 男ビーチ・ガウン,バスローブ.

Bade·meister 男プール監視員;浴場の管理人.

Bade·mütze 囡水泳帽.

baden [ba:dən バーデン]《du badest, er badet; 過 badete, 過分 gebadet) ((I))他《人・動物4を》入浴させる, 風呂に入れる. ((II))自 ❶入浴する, 風呂に入る. ❷泳ぐ, 水浴びをする. ♦heiß ~ 熱い風呂に入る. ~ gehen 泳ぎに行く. 4級

Bäder [ベーダー]複 ⇨Bad.

Bade·strand 男ビーチ.

Bade·tuch 中バスタオル.

Bade·wanne 囡浴槽.

Bade·wasser 中風呂の湯.

Bade·zimmer 中浴室, バスルーム.

Badminton [ベトミントン]中(–/) バドミントン.

Bagatelle [バガテレ]囡(–/–n)くだらない[つまらない]物, 些細なこと.

Bagger [バッガー]男(–s/–) パワーショベル.

Bahn [ba:n バーン]囡(–/–en) ❶道. ❷(a)鉄道, (路面)電車; (特に)ドイツ鉄道 (Deutsche Bahn). (b)《単》(口)駅. ❸軌道, コース. ❹(競技用)トラック, (スケート用)リンク, コース, レーン. ❺車線. ❻《主に複》進路. ❼(織物・紙などの)一巻き;テープ. ♦mit der ~ fahren [reisen] 鉄道で行く[旅行する]. *auf die schiefe* ~ *geraten* [*kommen*] 道を踏み外す, くれる. 4 *aus der* ~ *werfen* [*schleudern*] 人4の人生を狂わせる. 4級

bahn·brechend 形先駆的な, 先駆けとなる.

Bahn·damm 男(–/–en)鉄道用築堤[盛り土].

bahnen [バーネン]他《3 den Weg (durch 4)》《人3のために(所4へ行く)》道を作って[つけて]やる.

Bahn·fahrt 囡鉄道の旅.

Bahnhof [bá:nho:f バーンホーフ]男

格	単数	複数
1	der Bahnhof	die **Bahnhöfe**
2	des Bahnhof(e)s	der Bahnhöfe
3	dem Bahnhof	den Bahnhöfen
4	den Bahnhof	die Bahnhöfe

駅. ♦auf dem ~ 駅で. im ~ 駅の構内で. 4 am [vom] ~ abholen 人4を駅に迎えに行く. 4 zum ~ begleiten [bringen] 人4を駅へ送りに行く[連れて行く]. *(ein) großer* ~ (口)盛大な出迎え[歓迎]. 5級

Bahn·reise 囡鉄道旅行.

Bahn·schranke 囡踏切の遮断機.

Bahnsteig [バーンシュタイク]男(–(e)s/–e) プラットホーム. 4級

Bahn·übergang 男踏切.

Bahre [バーレ] 囡 (–/–n) 担架.
bairisch [バイリッシュ] 形 バイエルン(族[語])の.
Baiser [ベゼー] 匣 (–s/–s) メレンゲ.
Bajonett [バヨネット] 匣 (–(e)s/–e) 銃剣.
Bakterie [バクテーリエ] 囡 (–/–n)《主に複》バクテリア, 細菌.
Balance [バランセ, バランス] 囡 (–/–n) バランス.
balancieren [バランスィーレン] 《(I)》他《(auf ③)》《《物³の上の》物⁴の》バランスをとる. 《(II)》 直 ⑤《(über ④)》《《物⁴の上を》バランスをとって進む.
bald [balt バルト] 副 (比較 eher; 最上 am ehesten) ❶ まもなく, すぐに. ❷ 《口》 もう少しで. ❸ 《南》《口》もうそろそろ, もういい加減に. ◆ ~ danach [darauf] その後すぐに. so ~ wie möglich 出来るだけ早く. *Bis (auf) ~!*《口》《別れの挨拶》また近いうちに, またね. *(Na,) wird's ~?*《口》(さあ)さっさとしなさい. *~... ~...*《口》ある時は... (また)ある時は... 5級

Baldrian [バルドリアーン] 匣 (–s/–e) ❶ カノコソウ. ❷ 吉草(ネォ)根 (鎮痛剤として用いられる).
Balken [バルケン] 匣 (–s/–) ❶ 角材, 梁(ジ), 桁(ミ). ❷ (紋章の)横帯. ❸ [ザォ]平均台.
Balkon [バルコ(–)ン] 匣 (–s/–s, –e) ❶ バルコニー. ❷ (劇場などの)二階桟敷席, バルコニー席.
Ball [bal バル] 匣 (–(e)s/**Bälle**) ❶ ボール, 球;シュート, ショット. ❷ 舞踏会, ダンスパーティー. ◆ (mit dem) ~ spielen ボールでプレイする. ⑤ den ~ zuwerfen [zuspielen] 人³にボールを投げる[パスする]. einen ~ geben [veranstalten] 舞踏会を催す. einen ~ gehen 舞踏会に行く. *am ~ bleiben [sein]*《口》1) ボールをキープしている. 2) 先に進み続ける. 3) 最新のことに目配りしている. 4級

Ballade [バラーデ] 囡 (–/–n) バラード.
Ballast [バラスト,《特·オ》バラスト] 匣 (–(e)s/–e) ❶ (船などの)バラスト, 底荷. ❷ (気球の)砂袋. ❸ 邪魔物.

ballen [バレン] 《(I)》他《④ (zu ③)》《物⁴を》丸めて《物³を》作る. 《(II)》 再 sich⁴ 《(zu ③)》《物⁴が》丸まって《物³の》塊になる, 丸まって《物³に》なる.
Ballen [バレン] 匣 (–s/–) ❶ (輸送等に圧縮梱包した)荷物, 梱(♂). ❷ 圧縮梱包した物.
Ballerina [バレリーナ] 囡 (–/Ballerinen) バレリーナ.
Ballett [バレット] 匣 (–(e)s/–e) ❶《単》バレエ. ❷ バレエ団.
Ballett·schule 囡 バレエ学校.
Ball·kleid 匣 舞踏会用ドレス.
Ballon [バロ–ン] 匣 (–s/–s, –e) ❶ 気球, バルーン, 風船. ❷ カルボイ ((大瓶)).
Ball·saal 匣 舞踏会ホール.
Ball·spiel 匣 球技.
Ballungs·gebiet [バルングス..] 匣 産業ベルト地域.
Balsam [バルザーム] 匣 (–s/) ❶ 香油, 芳香. ❷《書》(心的·肉体的な)苦痛を和らげる物.
Baltikum [バルティクム] 匣 (–s/) バルト三国 ((エストニア, ラトビア, リトアニア)).
Bambus [バンブス] 匣 (–(ses)/–se) ❶《主に単》竹. ❷《単》竹材.
banal [バナール] 形 ❶《軽蔑》陳腐な, ありふれた, ありきたりの, 月並みな. ❷ 簡単な.
Banane [バナーネ] 囡 (–/–n) バナナ. 4級
Banause [バナオゼ] 匣 (–n/–n)《弱》(芸術などに)教養のない人.
band [バント] binden の過去形.
Band¹ [バント] 匣 (–(e)s/**Bänder**) ❶ (結び)紐(ミ), テープ, バンド, ベルト;リボン. ❷《主に複》じん帯. ❸ (録音·録画用)テープ. ❹ (タイプ用)リボン. ❺ (流れ作業の)ベルトコンベア;(運搬用)コンベヤーベルト. ◆ ein ~ abspielen [aufnehmen, löschen] テープを再生する[テープに録音·録画する, テープを消す]. ④ auf ~ (auf)nehmen

物⁴をテープに録音［録画］する. *am laufenden ~* 《口》再三再四, 絶えず; 次々に, 次から次に.

Band² 男《-(e)s/Bände》(書籍の)巻, 冊(略:単数 Bd. 複数 Bde.)).

Band³ 中《-(-s/-s》バンド, 楽団.

Bande¹ [バンデ]女《-/-n》❶ギャング, 一味. ❷悪ガキ連中.

Bande² 女《-/-n》【ﾋﾞﾘﾔｰﾄﾞ】❶縁(ビリヤードの)クッション. ❷(ホッケーの)板囲い, ボード. ❸(観客とコートの間の)敷居, フェンス.

Banden·werbung 女フェンス広告.

bändigen [ベンディゲン]他❶〈動物⁴を〉なだめる,(飼い)慣らす.❷〈人⁴を〉おとなしくさせる, 従順にする. ❸〈衝動⁴などを〉抑える, コントロールする.

Bandit [バンディート, バンディット]男《-en/-en》《弱》盗賊, 強盗, 追い剥ぎ.

Band·scheibe 女《-/-s》椎間板《ｶﾝﾂｲﾊﾞﾝ》.

bang [バング] = bange.

bange [バンゲ]形《比較 banger, bänger; 最上 bangst, bängst》不安でいっぱいの, おびえた.

Bange 女《-/》《方》不安.《3》 *~ machen* 人³を不安にする.◆*Nur keine ~ !* 怖がるな ~ !

bangen [バンゲン]自〈*um* 4〉〈人・物⁴を〉不安に思う, 心配する, 気遣う.

Bank¹ [baŋk バンク]女《-/Bänke》❶ベンチ,(主として木製の数人掛けの)腰掛け. ❷座席;(教室の)机.◆*sich⁴ auf eine ~ setzen* ベンチに腰掛ける. 《口》 *auf die lange ~ schieben* 《口》不快な事⁴を〉延期する, 先に延ばす.

Bank² 女《-/-en》❶銀行. ❷《単》(賭け事の)親, 胴元, 元締め.◆*auf die [zur] ~ gehen* 銀行へ行く. *ein Konto bei der ~ eröffnen* 銀行に口座を開く. *die ~ sprengen* (賭博の胴元を)破産させる. 5級

Bänke [ベンケ]女⇨Bank¹.

Bankett¹ [バンケット]中《-(e)s/-e》宴会, 祝宴.

Bankett² 中《-(e)s/-e》路肩, 路側帯.

Bank·geheimnis 中(顧客に関する銀行の)秘密保持の権利［義務］.

Bankier [バンキエー]男《-s/-s》銀行家.

Bank·kauffrau 女《-/-en》(女性の)銀行員.

Bank·kaufmann 男(資格を持った)銀行員.

Bank·konto 中銀行預金口座(残高).

Bankleitzahl [バンクライトツァール]女銀行コード(番号).

Bank·note 女銀行券, 紙幣.

Bankomat [バンコマート]男《-en/-en》《弱》【ｵｰｽﾄ・ｽｲｽ】現金自動支払機, ATM.

Bank·raub 男銀行強盗.

Bank·räuber 男銀行強盗犯.

bankrott [バンクロット]形破産した, 支払能力のない.◆*~ sein* 破産［倒産］している, 一文無しである.

Bankrott [バンクロット]男《-(e)s/-e》❶破産, 倒産, 支払不能. ❷破綻(ﾊﾀﾝ).

Bankrott·erklärung 女破産宣言［宣告］.

Bann [バン]男《-(e)s/-e》❶金縛り, 呪縛, とりこ, 魅了. ❷(教皇による)破門. *Endlich war der ~ gebrochen.* やっと呪縛が解けた, 臆した気持ちを克服した.

bar [ba:r バーァ]形 現金の, キャッシュの.◆*~es Geld* 現金.《4》*(in) ~ bezahlen* 物⁴の代金を現金で支払う. 4級

Bar [バーァ]女《-/-s》❶酒場, バー. ❷(バーの)カウンター. ❸(酒を入れる)棚, キャビネット. ❹(戸棚に入っている)酒.

Bär [ベーァ]男《-en/-en》《弱》❶熊. ❷大男, 無骨者.

Baracke [バラッケ]女《-/-n》バラック, 仮小屋.

Barbar [バルバァー]男《-en/-en》《弱》野蛮人;無教養な人.

Barbarei [バルバライ]女野蛮(さ), 無教養, 蛮行(ﾊﾞﾝｺｳ).

barbarisch [バルバーリッシュ]((I))

① 1格 ② 2格 ③ 3格 ④ 4格

Bar·dame 囡女性バーテンダー.

Bären·dienst [ベーレン‥] 男③ *einen ~ erweisen [leisten]* 善意があだとなって人³に迷惑をかける.

Bären·hunger 男(口)ものすごい空腹.

bären·stark 形《比較なし》(口) ❶ めちゃくちゃ良い. ❷めちゃくちゃ強い.

bar·fuß 形裸足の, 素足の.

barg [バルク]bergenの過去形.

bärge [ベァゲ]bergenの接続法II式形.

Bar·geld [バーァゲルト] 囲(–(e)s/)現金.

bargeld·los 形現金なしの, 現金払いによらない.

Bar·hocker 男(バーの)スツール.

Bariton [バ(–)リトン] 男(–s/–e) ❶《単》バリトン. ❷バリトン歌手. ❸《単》バリトン声部.

Barkasse [バルカッセ] 囡(–/–n) (港内用の)大型モーターボート, ランチ.

barmherzig [バルムヘルツィヒ] 形《mit ③ [gegen ④]》人³[人⁴に対して]あわれみ[思いやりの]深い, 情け[慈悲]深い.

Barmherzigkeit [‥カイト] 囡(–/) あわれみ[思いやりの]深いこと, 慈悲(心), 憐憫.

Barock [バロック] 囲囡(–(s)/) ❶バロック((17世紀初めから18世紀半ばまでの芸術様式)). ❷バロック時代.

Barometer [バロメーター] 回(男) (–s/–) ❶気圧計, 晴雨計. ❷バロメーター, 指標. *Das ~ steht auf Sturm.* 1) 気圧計は暴風雨を示している. 2) (口)険悪な状態である.

Baron [バローン] 男(–s/–e) ❶《単》男爵((フランスの称号から)). ❷男爵(の身分の人).

Baroness [バロネス] 囡(–/–en), **Baronesse** 囡(–/–n)男爵令嬢.

Baronin [バローニン] 囡(–/–nen)男爵夫人; 女男爵.

Barren [バレン] 男(–s/–) ❶【スポーツ】平行棒. ❷(貴金属の)延べ棒.

Barriere [バリエーレ] 囡(–/–n) ❶防壁, 柵, 横木. ❷障害(物), 障壁.

Barrikade [バリカーデ] 囡(–/–n) (街路に急造した)通行止めの柵, バリケード.

barsch [バルシュ] 形(最上 –(e)st)ぶっきらぼうな, つっけんどんな.

Barsch [バルシュ] 男(–es/–e)バーチ((スズキ(鱸)の類の淡水魚)).

barst [バルスト]berstenの過去形.

bärste [ベァステ]berstenの接続法II式形.

Bart [バート] 男(–(e)s/Bärte) ❶ ひげ; (雄鶏の)肉垂(にくすい); (魚の)触鬚(しょくしゅ). ❷ 鍵の歯, かかり. ✦ *einen ~ tragen* ひげを生やしている. ((③ [sich³]) *den ~ abnehmen* 人³[自分]のひげをそる. ④ *in seinen ~ (hinein)brummen [murmeln]* (口) 事⁴を口の中でもぐもぐと言う.

bärtig [ベーァティヒ] 形《副なし》ひげのある[生えた], ひげ面の.

Bart·wuchs 男ひげの生え方.

Bar·zahlung 囡現金払い.

Basalt [バザルト] 男(–(e)s/–e) 玄武岩.

Basar [バザーァ] 男(–s/–e) ❶慈善市, バザー. ❷(近東諸国の)市場.

Basis [バーズィス] 囡(–/Basen) ❶ 基礎, 基盤, ベース. ❷【建】土台, 台座, 柱礎; 【数】底辺, 底面; 基数; (対数の)底; 【薬】主薬; 【軍】基地; 【言】基語, 語根. ❸ 一般党員, 支持団体.

Baskenmütze [バスケンミュッツェ] 囡ベレー帽.

Basketball [バ(–)スケットバル] 男 ❶《単》バスケットボール(の競技). ❷ バスケットボール用のボール.

Bass [バス] 男(–es/Bässe) ❶バス((男声の最低音)); バス歌手. ❷(楽曲の)低音部. ❸低音楽器((コントラバスなど)). ❹《主に複》低音, バス, ベース.

Baß 囲= Bass.

Bassin [バサン] 回(–s/–s) 水槽, プー

① 1格 ② 2格 ③ 3格 ④ 4格

ル.

Bassist [バスィスト]男(-en/-en)《弱》❶バス歌手. ❷バス[ベース]奏者.

Bast [バスト]男(-(e)s/-e) 靱皮(じんび), 内皮((編んで籠やマットを作る)).

basta [バスタ]間《口》たくさんだ, おしまい.

basteln [バステルン]《(I)》他〈物⁴を〉(趣味として)工作する, 組立てる, 日曜大工をする. 《(II)》自〈an ③〉〈物³を〉工作する, 日曜大工で作る.

Bastion [バスティオーン]女(-/-en) ❶(要塞の)稜堡(りょうほ). ❷かなめ.

bat [バート]bittenの過去形.

Bataillon [バタリョーン, バタヨーン]中(-s/-e)《軍》大隊((略:Bat.)).

Batik [バーティク]男(-s/-en), 女(-/-en) ❶《単》ろうけつ染. ❷ろうけつ染めした布地.

Batist [バティスト]男(-(e)s/-e) バチスト((薄地の上等の麻布; 木綿・毛・絹でも作る)).

Batterie [バテリー]女(-/..rien[..リーエン]) ❶(車などの)バッテリー. ❷電池.

batteriebetrieben [バテリーベトリーベン]形《主に付加》電池による, 電池駆動の.

Batterie-huhn 中鶏飼育場のニワトリ.

Batzen [バッェン]男(-s/-) ❶かたまり, 一塊. ❷多額; 多量;《口》大金.

Bau¹ [バオ]男(-(e)s/-ten) ❶《単》建築, 建設, 土木工事. ❷生産, 製造, 組立, 製作, (船の)建造. ❸《単》建築[工事]現場. ❹建設[建築]工事, 建物. ❺《単》体, 体格, 体つき. ◆ sich⁴ im [in] ~ befinden = im [in] ~ sein 建築[建造]中である.

Bau² [バオ]男(-(e)s/-e) ❶(キツネなどの)巣穴, すみか. ❷《単》《口》営倉(えいそう).

Bau·arbeiten 複建設[建築]作業[工事].

Bauch [baox バオホ]男(-(e)s/Bäuche) ❶腹, 腹部; (動物の)腹面, 下面;《口》お腹. ❷お腹の脂肪, 腹肉. ❸(たるバイオリンなどの)胴. ❹船腹.

♦ **auf dem ~ schlafen** 腹ばい[うつ伏せ]で寝る. **sich³ (mit ③) den ~ vollschlagen** 《口》物³をたらふく食べる. 5級

bauchig [バオヒヒ]形《副なし》腹の出た, 腹部がふくらんだ, 太った.

Bauch·laden 男(立ち売りの)商品トレー((首から吊るして腹のところにくる)).

Bauch·landung 女《口》❶胴体着陸. ❷失敗, ミス.

Bauch·nabel 男へそ.

Bauch·redner 男腹話術師.

Bauch·schmerzen 複腹痛.

Bauchspeicheldrüse [バオホシュパイヒェルドリューゼ]女(Pankreas)膵臓(すいぞう).

Bauch·tanz 男ベリーダンス.

Bauch·tänzerin 女ベリーダンサー((女性)).

Bauch·weh 中《単》《口》腹痛.

Bau·denkmal 中(文化財的)記念建築[建造]物.

bauen [báoən バオエン]過 baute; 過分 gebaut)《(I)》他 ❶〈物⁴を〉建築する, 建設する, 建てる, 作る, 建造する. ❷〈製品⁴を〉組み立てる, 製造する, 製作する. ❸〈動物¹が〉〈巣⁴などを〉造る. 《(II)》自 ❶(自分の)家を建てる. ❷〈an ③〉〈物³の〉建築[建設]に関わっている, 〈物³のために〉働いている. ❸〈auf ④〉〈人・物⁴を〉頼りにする, 当てにする. ◆ **ein Haus ~** 家を建てる. **eine Straße [Brücke] ~** 道路を造る[橋をかける]. 4級

Bauer¹ [báoɐr バオアー]男(-n, 古-s/-n)❶《主に弱》農民, 農夫, 農家の主人. ❷《口; 軽蔑》田舎者. ❸《チェス》ポーン, 歩(ふ). ❹《トランプ》ジャック. 4級

Bauer² 中(-s/-) 鳥かご.

Bäuerin [ボイエリン]女(-/-nen) ❶農家の女性主人. ❷農民の妻, 百姓女.

bäuerlich [ボイアーリヒ]形農民の, 農民らしい, 田舎(ふう)の, 田園の.

Bauern·haus 中農民の家, 農家.

Bauern·hof 男農場, 農園.

bau·fällig 形《副なし》倒れそうな, 倒

① 1格 ② 2格 ③ 3格 ④ 4格

Baufälligkeit

壊れそうな、ボロボロの.
Baufälligkeit 囡《単》倒れそうな状態、倒壊しそうなこと.
Bau·herr 男 建築[建設](依頼)主、建て主.
Bau·jahr 中 建築[建設]年(度), 製造年.
Bau·kasten 男 積み木箱, 箱入り積み木セット.
Baukasten·system 中 ユニットシステム[方式].
Bau·klotz 男 積み木.
Bau·kran 男 建築[建設]クレーン.
baulich [バオリヒ] 形《付加または副》建築に関する, 建築(上)の.
Baum [baom バオム] 男

格	単数	複数
1	der Baum	die Bäume
2	des Baum(e)s	der Bäume
3	dem Baum	den Bäumen
4	den Baum	die Bäume

木, 樹木. ◆einen ~ pflanzen [fällen] 木を植える[切り倒す]. 5級

Bau·markt 男 建設[建築]資材販売会社.
Bau·meister 男 建築士[マイスター].
baumeln [バオメルン] 自⑤《物¹が》たれ下がる;《人¹が》ぶら下げする.
Baum·schule 囡 養樹場, 種苗栽培園.
Baum·stamm 男 樹幹.
Baum·sterben 中 樹木の死.
Baum·stumpf 男 (木の)切り株.
Baum·wolle 囡《単》❶(の木). ❷綿(花), 綿花. ❸木綿, コットン.
Bau·platz 男 建築[建設]用地.
bäurisch [ボイリッシュ] 形《軽蔑》田舎くさい, 粗野な, 無作法な.
Bausch [バオシュ] 男 (-(e)s/-e, Bäuche) (軽い物の)固まり; 束, 包み.
bauschen [バオシェン] 他《I》〈物¹が〉〈物⁴を〉ふくらます. 《II》再 sich⁴ 〈物¹が〉ふくらむ.
bau·sparen 自《不定詞・過去分

詞のみ》(Bausparkasse で)住宅貯蓄をする[積み立てる]. ★過去分詞は bausgespart.
Bau·sparkasse 囡 住宅貯蓄金庫, 住宅金融共済組合.
Bau·stein 男 ❶建築用石材, 煉瓦. ❷基礎, 礎石; 構成要素.
Bau·stelle 囡 ❶建築[建設]現場, 工事現場. ❷道路工事.
Bau·stoff 男 建築材料[資材].
Bau·teil 中 ❶建築[建設]要素; 部品, 部材. ❷建築[建設]部分.
Bauten [バオテン] Bau¹ の複数形.
Bau·unternehmer 男 住宅建築[建設]業者.
Bau·weise 囡 建築[建設]方法, 施工方式.
Bau·werk 中 建築物.
Bayer [バイアー] 男 (-n/-n)《弱》バイエルン人. ◇**Bayerin** [バイエリン] 囡 (-/-nen).
bayerisch [バイエリッシュ] 形 バイエルン(方言)の.
Bayern [バイエァン] 中 (-s/-) バイエルン州《ドイツ南部; 州都 München》.
bayrisch = bayerisch.
Bazille [バツィレ] 囡 (-/-n) = Bazillus.
Bazillus [バツィルス] 男 (-/Bazillen) バチルス, 桿状(かんじょう)細菌, ばい菌; (比喩的に)病原菌.
Bd.《略》Band².
Bde.《略》Bände (Band² の複数).
be..《前綴り》《非分離》❶他動詞を作る(a)《自動詞から》: beantworten 答える (< (auf ④) antworten). (b)《名詞から》: beglückwünschen お祝いを述べる (< Glückwunsch). (c)《形容詞から》: belustigen 楽しませる (< lustig). ❷他動詞と結合し, 4格目的語が入れ代わる:④ mit ③ beschenken 人に物³をプレゼントする (<③④ schenken 人³に物⁴をプレゼントする).

★be.. で始まる動詞の過去分詞には ge.. を付けない.

beabsichtigen [ベアップズィヒティゲン] 他〈物⁴を〉意図する, ...するつもり

①1格 ②2格 ③3格 ④4格

beachten [ベアハテン]他 ❶〈規則⁴などを〉守る,遵守(じゅん)する. ❷〈物⁴に〉注意する,注意を払う. ❸ (↔ ignorieren)《主に否定で》〈人・物⁴に〉気づく,注目する.

beachtet beachten の過去分詞.

beachtlich [ベアハトリヒト]形 ❶相当な,かなり(大きい)な. ❷立派な,非常に満足できる.

Beachtung [ベアハトゥング]女⟨–/⟩ ❶遵守(じゅん). ❷注目,顧慮.

Beamte(r) [bəámtə ベアムテ(ター)]男《形容詞変化》公務員,官公吏,役人((女性形は Beamtin)). **4級**

Beamtin [bəámtɪn ベアムティン]女⟨–/–nen⟩(女性の)公務員,役人.

beängstigend [ベエングスティゲント]形不安[心配,恐怖]を抱かせる,恐ろしい.

beanspruchen [ベアンシュプルヘン]他 ❶〈物⁴を〉〈書面で〉要求する,請求する. ❷〈物⁴を〉利用する,〈親切などに〉甘える. ❸〈人⁴を〉煩わす,〈人⁴に〉負担[重荷]になる. ❹〈物¹が〉〈物⁴に〉負担[荷重]をかける,負担になる. ❺〈時間・空間⁴を〉必要とする,とる.

Beanspruchung [ベアンシュプルフング]女⟨–/–en⟩《主に単》負担,荷重.

beanstanden [ベアンシュタンデン]他⟨④ (an ③)⟩〈物⁴の〉苦情を言う,文句をつける.

Beanstandung [ベアンシュタンドゥング]女苦情,文句.

be·antragen [ベアントラーゲン]他 ❶⟨④ (bei ③)⟩〈物⁴を〈人³[役所³]に)〉申請する. ❷求刑する.

beantragt beantragen の過去分詞.

be·antworten 他 ❶〈質問⁴に〉(明確に)答える,返答[返事,回答]をする. ❷⟨④ mit ③⟩〈物⁴に対して物³で〉答える,反応[対応]する.

be·arbeiten 他 ❶〈物⁴に〉手を加える[入れる],加工する. ❷〈物⁴を〉処理する,審理する. ❸〈物⁴について〉論ずる,論文を書く,〈物⁴を〉研究する. ❹〈物⁴を〉改訂[改作,編集]する,編曲する. ❺⟨④ mit ③⟩〈物⁴を化学物質³で〉処理する. ❻⟨④ mit ③⟩(口)〈人・物⁴を物³で〉ぶつ,殴る;ける,けとばす. ❼(口)〈人⁴の〉説得に努める,〈人⁴を〉納得[承服]させようとする.

Bearbeitung [ベアルバイトゥング]女⟨–/–en⟩ ❶処理,取り扱い. ❷論説. ❸改作,改訂,翻案,脚色;編集;編曲. ❹加工,細工.

beaufsichtigen [ベアオフズィヒティゲン]他〈人・物⁴を〉監督[監視,管理]する.

be·auftragen 他⟨④ (mit ③)⟩〈人⁴に〉〈事³を〉〉委任[委託]する,〈人⁴に〉(命令³を)〉指示[指図]する,〈人⁴に〉(願い事³を)〉頼む.

be·bauen 他 ❶⟨④ (mit ③)⟩〈所⁴に〈建物³を)〉建てる. ❷〈土地⁴を〉耕す,耕作する,〈土地⁴に〉植えつけをする.

Bebauung [ベバオウング]女建築物を土地に建てること,建築.

beben [ベーベン]自 ❶震動する,揺れる. ❷⟨(vor ③)⟩〈身体・声¹などが〉〈物³のあまり〉震える,身震いする.

Beben [ベーベン]中⟨–s/–⟩ ❶地震. ❷《単》揺れ,震動,震え.

bebildern [ベビルデァン]他〈文⁴などを〉絵で飾る,〈本⁴などに〉挿絵[イラスト]を入れる.

Bebilderung [ベビルデルング]女⟨–/⟩挿絵(を入れること),イラスト;図解.

Becher [ベッヒャー]男⟨–s/–⟩(取っ手のない)コップ,グラス,タンブラー;杯.

Becken [ベッケン]中⟨–s/–⟩ ❶洗面器,(台所の)流し. ❷プール. ❸骨盤. ❹窪地. ❺《主に複》シンバル.

bedacht [ベダハト] **(I)** bedenken の過去分詞. **(II)** 形思慮深い,慎重な. ♦ auf ④ ~ sein 事⁴をいつも心に思っている.

bedächtig [ベデヒティヒ]形 ❶落ち着き払った,ゆったりした,悠然とした. ❷思慮[分別]のある,慎重な.

bedanken [ベダンケン] 再 sich⁴ 〈**bei** ③〉〈**für** ④〉〈人³に〉〈物⁴のことで〉**お礼を言う**, 感謝の意を表す.

Bedarf [ベダルフ] 男 (-(e)s/) 必要(量, 数), 需要. ♦~ **an** ③ **haben** 人・物³が必要[入用]である. *Mein ~ ist gedeckt.* (口) もうたくさん[十分]だ.

bedauerlich [ベダオアーリヒ] 形《副なし》残念な, 遺憾な.

bedauerlicherweise [ベダオアーリヒャヴァイゼ] 副 残念[遺憾]ながら.

bedauern [ベダオエァン] 他 ❶〈人⁴を〉気の毒に思う, あわれむ, 〈人⁴に〉同情する. ❷〈物⁴を〉残念[遺憾]に思う. ① *ist zu ~*. 人¹は気の毒です, 同情に値します, 可哀想です. (*Ich*) *bedaure!* お気の毒ですが, 残念ですが.

Bedauern [ベダオエァン] 中 (-s/) ❶憐憫(熟), 同情. ❷遺憾(の念), 悲哀.

bedauerns·wert 形 気の毒な, かわいそうな, あわれな.

be·decken 他 ❶〈④ (**mit** ③)〉〈人・物⁴を〉〈物³で〉覆う, 〈人・物⁴に〉〈物⁴を〉かぶせる, 包む, 掛ける. ❷〈物⁴が〉〈物⁴を〉覆う.

bedeckt [ベデックト] ((I)) bedecken の過去分詞. ((II)) 形《副なし》(雲に) 覆われた, 曇った.

be·denken* 他 ❶〈まだ起こっていない事⁴を〉よく考える, 考慮する, 熟慮する. ❷〈④ **mit** ③〉〈書〉〈人⁴に物³を〉(共感して)送る, 贈る, 与える. ③ *zu ~ geben, dass ...* 〈書〉〈人³に〉...を考慮することを求める, 示唆する, 注意する.

Be·denken 中 (-s/) 《主に複》疑念, 懸念.

bedenken·los 形 ❶躊躇しない, ためらわない. ❷よく考えない, 無思慮な.

bedenklich [ベデンクリヒ] 形 ❶考慮すべき, 容易ならぬ, ゆゆしい, 重大な. ❷疑わしい, 懐疑的な. ❸いかがわしい, うさん臭い.

Bedenk·zeit 女 (-/) 猶予.

bedeuten [badóytən ベドイテン] 他 〈物¹が〉〈物⁴を〉意味する, 表す. ★ zu 不定詞, dass 副文もとり, 受動態なし. ③ [*für* ④] *viel* [*nichts*] ~ 人³·⁴にとって重要である[ない], 意味[価値]がある[ない]. **4級**

bedeutend [ベドイテント] ((I)) bedeuten の現在分詞. ((II)) 形 ❶傑出した, 優れた, 著名な. ❷重要な, 重大な. ❸著しい. ((III)) 副《形容詞の比較級・動詞を強めて》著しく, はるかに. **4級**

bedeutet [ベドイテト] bedeuten の過去分詞.

Bedeutung [ベドイトゥング] 女 (-/-en) ❶意味. ❷意義, 重要性, 価値. ♦ **von** ~ **sein** 重要である, 意義がある. **4級**

bedeutungs·los 形 無意味な, 意味[意義]のない, 重要でない.

bedeutungs·voll 形 ❶意味[意義]のある. ❷含みのある, 意味深長な, 意味ありげな.

bedienen [bədíːnən ベディーネン] ((I)) 他 ❶〈店員が〉〈客⁴に〉給仕する, サービスする; 応対する. ❷〈人⁴に〉つくす, 仕える; 応待する. ❸〈大きな機械⁴を〉操作[操縦, コントロール]する. ((II)) 再 sich⁴ ❶ (食事の際に) 自分で取って食べる[飲む], セルフサービスをする. ❷〈②〉〈書〉〈物²を〉用いる, 利用する. ♦ *Wer bedient an diesem Tisch ?* このテーブルの係は誰ですか. *Werden Sie schon bedient ?* いらっしゃいませ, ご用は承りましたか, 何に致しましょうか. *Bitte, bedient euch !* どうぞ自由に取ってね.

Bedienstete(r) [ベディーンステテ[ター]] 男 女 《形容詞変化》❶〈書〉(官公庁の) 職員, 公務員. ❷〈家の〉使用人.

bedient [ベディーント] bedienen の過去分詞.

Bedienung [ベディーヌング] 女 (-/-en) ❶《単》サービス(料). ❷《単》(客への)応対. ❸《単》操作, 操縦, コントロール. ❹(女性)店員, ウエイトレス.

Bedienungs·anleitung 女 操作マニュアル.

bedingen [ベディンゲン] 他 〈物¹が〉

① 1格 ② 2格 ③ 3格 ④ 4格

〈物⁴を〉引き起こす, 生じさせる, 〈物⁴の〉原因[前提]となる.

bedingt [ベディングト] ((I)) bedingen の過去分詞. ((II)) 形 条件[留保]付きの.

Bedingung [bədíŋʊŋ ベディングング] 女 (-/-en) ❶ 条件, 制約, 前提. ❷《複》情況, 事情. ♦ unter der ~, dass ... ...という条件[前提]で. ③ eine ~ (für ④) stellen 人³に〈事⁴の〉条件を出す. 4級

bedingungs·los ((I)) 形 無条件の, 無制限の. ((II)) 副 無条件に[で]; 全面的に.

be·drängen 他 ❶〈④ (mit ③)〉〈人・物³を〉攻めたてる, 困らせる. ❷〈人・物⁴を〉(圧迫を加えて)攻め立てる, 攻撃する.

Bedrängnis [ベドレングニス] 女 (-/-) 苦境.

be·drohen 他 ❶〈④ (mit ③)〉〈物⁴を〉(物³で) 脅す, 脅迫する. ❷〈物¹が〉〈人⁴を〉危険にさらす, おびやかす.

bedrohlich [ベドローリヒ] 形 危険な, 切迫した, さし迫った.

bedroht [ベドロート] ((I)) bedrohen の過去分詞. ((II)) 形《主に述語》危険にさらされている, おびやかされている.

Be·drohung 女 ❶ 脅迫. ❷ 危険, 危機, 危険にさらすこと, おびやかすこと.

be·drucken 他〈④ (mit ③)〉〈物⁴に〉(模様³で)〉印刷する, プリント染めにする.

be·drücken 他〈物¹が〉〈人⁴の〉気をふさがせる, 〈人⁴の〉心に重くのしかかる.

be·dürfen* 自〈②〉〈人・物²を〉必要とする.

Bedürfnis [ベデュルフニス] 中 (-ses/-se) 欲求, 要求, ニーズ; 欲望. ♦ Es ist mir ein ~, 〈zu 不定詞〉私はぜひ...したい.

bedürfnis·los 形 無欲の, つましい, 控え目な.

bedürftig [ベデュルフティヒ] 形《副なし》貧しい, 困窮した. ② ~ sein 人・物²を必要としている.

Beefsteak [ビーフステーク] 中 (-s/-s) ビフテキ, ステーキ. *deutsches* ~ ハンバーグステーキ.

be·ehren 他〈④ (mit ③)〉《しばしば皮肉》〈人・催し物⁴に〉(物³で)光栄[栄誉]を与える.

beeiden [ベアイデン] 他〈事⁴を〉宣誓によって証言する, 〈事⁴が〉真実であると誓う.

be·eilen [bəáɪlən ベアイレン] 再 sich⁴ 〈(mit [bei] ③)〉〈(事³を)〉急ぐ.

beeilt [ベアイルト] beeilen の過去分詞.

Beeilung [ベアイルング] 女 (-/-) 急ぐこと. ♦ ~! 急いで!

beeindrucken [ベアインドルッケン] 他〈人⁴に〉強い印象[感動, 感銘]を与える.

beeinflussen [ベアインフルセン] 他 ❶〈④ (in [bei] ③)〉〈人⁴の(事³に)〉影響[感化]を及ぼす, 〈人⁴の(事³を)〉左右する. ❷〈物⁴に〉影響を与える.

Beeinflussung [ベアインフルスング] 女 影響, 感化.

beeinträchtigen [ベアイントレヒティゲン] 他〈物¹が〉〈物⁴の〉邪魔をする, 〈物⁴を〉妨害する, 妨げる; 侵害する.

Beeinträchtigung [ベアイントレヒティグング] 女 邪魔, 妨害, 侵害.

be·enden 他〈活動⁴を〉終える, 終わらせる, 終了する, 〈活動⁴に〉ピリオドをうつ.

beendigen [ベエンディゲン] 他〈物⁴を〉終える, 終わらせる, 終了する.

beengen [ベエンゲン] 他 ❶〈物¹が〉〈人⁴を〉窮屈にする, 圧迫する. ❷〈人⁴を〉拘束する, 束縛する.

beengt [ベエングト] ((I)) beengen の過去分詞. ((II)) 形 狭苦しい, 窮屈な.

be·erben 他〈人⁴の〉財産を相続する, 〈人⁴の〉相続人に[と]なる.

beerdigen [ベエァディゲン] 他〈人⁴を〉埋葬する.

Beerdigung [ベエァディグング] 女 埋葬.

Beerdigungs·institut 田葬儀社.

Beere [ベーレ] 囡(-/-n) 漿果(ホショ), ベリー.

Beeren·auslese 囡貴腐ワイン((高級ワイン)).

Beet [ベート] 田(-(e)s/-e) 苗床; 畝(2); (園芸用の)畑, 花壇.

Beethoven [ベートホーフェン]《人名》ベートーベン((Ludwig van ― ドイツの作曲家; 1770–1827)).

befähigt [ベフェーイヒト] 形《書》能力[資質, 資格]のある.

befahl [ベファール] befehlenの過去形.

befähle [ベフェーレ] befehlenの接続法II式形.

befahrbar [ベファァーバァ] 形《副なし》通行[航行] 可能である.

be·fahren* 他〈道・海などを〉走行する, 通る;〈河・海を〉航行する.

be·fallen* 他 ❶〈不安・後悔・病気などが〉〈人⁴を〉(不意に)襲う,〈人⁴の身に〉ふりかかる. ❷〈害虫などが〉〈植物などに〉(取り)付く.

be·fangen 形 ❶ 不自然な, ぎこちない, とまどった, かたよった. ❷ 予断[先入観]を持った, かたよった, バイアスのかかった.

Befangenheit [ベファンゲンハイト] 囡(-/-) ❶ 不自然, ぎこちなさ, とまどい. ❷ 予断, 偏見, バイアス.

be·fassen 再 sich⁴〈mit ③〉〈人・物³に〉関わる, たずさわる.

Befehl [ベフェール] 男 (-(e)s/-e) ❶ 命令, 指令. ❷〈単〉《軍》命令[指揮, 統率](権). ♦③ einen ~ geben 人³に命令する. einen ~ ausführen 命令を実行[遂行]する.

befehlen* [bəfé:lən ベフェーレン] 他

現在	ich befehle	wir befehlen
du **befiehlst**	ihr befehlt
er **befiehlt**	sie befehlen

過去	ich **befahl**	wir befehlen
du **befahlst**	ihr befahlt
er **befahl**	sie befahlen

過分 **befohlen** 接II**befähle, beföhle**

❶〈③ ④〉〈(人³に)事⁴を〉命じる, 命令する. ★zu不定詞もとる ❷〈人⁴に〉来る[行く]ことを命令する. ♦④ an die Front ~ 人⁴に前線に行くように命ずる.

Befehlshaber [ベフェールスハーバァ] 男 司令官, 指揮官.

be·festigen 他 ❶〈④ ⟨an ③⟩〉〈物⁴を〉(物³に)〉固定する, (しっかりと)留める, 取り付ける. ❷ 堅固にする, 強くする.

Befestigung [ベフェスティグング] 囡(-/-) ❶ 固定(化). ❷ 堅固化, 強化.

be·feuchten [ベフォイヒテン] 他〈sich³〉 ④ 〈mit ③〉〈物⁴を(物³で)〉湿らす, ぬらす, 潤す.

befiehl [ベフィール] befehlen の2人称単数命令形.

befiehlst [ベフィールスト] befehlen の2人称単数現在形.

befiehlt [ベフィールト] befehlen の3人称単数現在形.

be·finden* ((I)) 再 sich⁴ ③ ❶ (ある場所に)いる, ある. ❷〈in ③〉〈(ある状態³で)〉いる, ある. ((II)) 他 ④ als [für] ...〉《書》〈人・物⁴が...だと〉(専門家として)認める, 判定する. ♦④ als [für] unschuldig ~ = ~, dass ① unschuldig ist 人¹⁴が無罪だと認める.

Befinden 田(-s/) 健康状態, 容態.

befindlich [ベフィントリヒ] 形《主に付加》《書》(ある場所・状態に)いる, ある, 存する.

beflecken [ベフレッケン] ((I)) 他 ❶〈④ ⟨mit ③⟩〉〈物⁴を(物³で)〉汚(ポ)す,〈物⁴に(物³の)〉染みをつける. ❷〈名誉⁴を〉汚(ケホ)す. ((II)) 再 sich⁴ 自分の身体[衣服]を汚す.

befőhle [ベフェーレ] befehlenの接続法II式形.

befohlen [ベフォーレン] befehlen の過去分詞.

be·folgen 他〈物⁴に〉従う,〈法⁴などを〉守る, 遵守する.

Befolgung [ベフォルグング] 女(-/-) 従うこと, 遵守.

be·fördern 他❶⟨4 (mit [in] 3)⟩⟨人・物4を(物3で)⟩運ぶ, 運搬[運送, 輸送]する, 送付する. ❷⟨4 (zu 3)⟩⟨人4を(地位3などに)⟩昇進[昇格]させる.

Be·förderung 女(-/-en) ❶運搬, 運送, 輸送, 送付. ❷昇進, 昇格.

be·fragen 他⟨4 (zu 3) [über 4])⟩⟨人4に(事3・4について)⟩尋ねる, 助言を求める, 問い合わせる, 聞く.

Befragung [ベフラーグング] 女質問, 問い合わせ, 相談.

befreien [ベフライエン] ((I)) 他 ❶⟨4 (von 3)⟩⟨人・物4を(人・物3から)⟩自由にする, 解放[釈放]する. ❷⟨4 (von [aus] 3)⟩⟨人・物4を(人・物3から)⟩救い出す. ❸⟨4 (von 3)⟩⟨人・物4から(邪魔な・不快な物4を)⟩取り除く, 取り去る; ⟨人・物4を(人・物3から)⟩免除[控除]する. ((II)) 再 sich4 ❶⟨von 3)⟩⟨(人・物3から)⟩自由になる, 解放[釈放]される. ❷⟨von [aus] 3⟩⟨(人・物3から)⟩脱出する. ❸⟨von 3⟩⟨(人・物3を)⟩捨てる.

Befreiung [ベフライウング] 女(-/-) ❶解放, 釈放. ❷救出. ❸除去; 解除. ❹免除, 控除.

befremden [ベフレムデン] 他 (書)⟨物1が⟩⟨人4に⟩違和感[不快感]を抱かせる, ⟨人4を⟩まごつかせる, 当惑させる.

Befremden [ベフレムデン] 中(-s/) (書) 怪訝(けげん)(の念), 不快感.

befremdlich [ベフレムトリヒ] 形 怪訝な; 不快な; 当惑した.

befreunden [ベフロインデン] 再 sich4 ⟨mit 3⟩ ❶⟨人3と⟩親しくなる, 友だちになる. ❷⟨物3に⟩(なれ)親しむ, なじむ.

befreundet [ベフロインデット] ((I)) befreunden の過去分詞. ((II)) 形 ⟨mit 3⟩⟨人3と⟩親しい, 仲の良い.

befriedigen [ベフリーディゲン] ((I)) 他⟨人・物4を⟩満足させる, ⟨物4を⟩満たす, かなえる. ((II)) 再 sich4 (selbst) 自慰を行う, オナニーをする.

befriedigend [ベフリーディゲント] (最上 ~st[..ット]) 形 ❶満足できる, 十分な. ❷まずまずの, 平均的な, (成績が)良の ((6段階の上から3番目で, gut の下)).

Befriedigung [ベフリーディグング] 女(-/-en) ❶満たすこと, 充足. ❷満足(感).

be·fruchten 他 ❶⟨女性・動植物4を⟩受精[受胎, 受粉]させる. ❷⟨人・物4を⟩実り豊かにする, ⟨人・物4に⟩創造的な刺激を与える.

Befruchtung [ベフルフトゥング] 女 受精, 受胎, 受粉.

Befugnis [ベフークニス] 女(-/-se) (書)権限, 権力, 資格.

be·fühlen 他⟨物4に⟩触(さわ)って調べる, 触れてみる.

Befund [ベフント] 男(-es/-e) 【医】所見, 検査結果. ♦ ohne ~ 所見[異常]なし ((略:o.B.)).

be·fürchten 他 (悪い事4を)恐れる, 危ぶむ, 危惧する.

befürworten [ベフューァヴォルテン] 他⟨物4を⟩支持する, 賛成する, サポートする.

begabt [ベガープト] 形 《副なし》天分[才能]に恵まれている, 才能がある. ♦ für 4 ~ sein 事4に対して良い素質[才能]を持っている.

Begabung [ベガーブング] 女(-/-en) ⟨(für 4 [zu 3])⟩⟨(物4・3の)⟩才能, 天分, 素質.

begangen [ベガンゲン] begehen の過去分詞.

begann [ベガン] beginnen の過去形.

begänne [ベゲネ] beginnen の接続法II式形.

begatten [ベガッテン] ((I)) 他⟨雄1が⟩⟨雌4と⟩交尾する. ((II)) 再 sich4 つがう.

Begattung [ベガットゥング] 女 交尾.

be·geben* ((I)) 再 sich4 (書) ❶赴(おもむ)く. ❷⟨an 4⟩⟨事4に⟩取りかかる, 着手する. ❸(やや古)⟨事件1などが⟩起

1 1格 2 2格 3 3格 4 4格

こる. ((II))(I)の過去分詞.

Begebenheit [ベゲーベンハイト] 囡 (-/-en)《書》〈異常な〉事件, 出来事.

begegnen [bəgé:gnən ベゲーグネン] 圓(S) ❶〈③〉〈人³に〉(偶然)出会う. ❷〈③〉《書》〈人³に〉接する. ❸〈③〉〈意見・態度³に〉遭遇する, 出くわす. ❹〈③〉〈物³に〉立ち向かう, 対処する. 4級

begegnet [ベゲーグネト] begegnen の過去分詞.

Begegnung [ベゲーグヌング] 囡 (-/-en) ❶〈mit ③〉〈人・物³との〉(偶然の・約束しての)出会い, 遭遇. ❷ [스포] 対抗試合.

be-gehen* 他 ❶〈悪い事⁴を〉する, 行なう, 犯す. ❷〈重要な祭り⁴を〉祝う, 祝賀する. ❸〈所⁴を〉巡視[巡回]する, 見回る.

begehren [ベゲーレン] 他 ❶〈人⁴に〉(性的)欲望を抱く. ❷《書》〈物⁴を〉所有したいと思う, 所望する. ❸《書》〈物⁴を〉懇願する.

begehrens-wert 形 ❶(性的)欲望をかきたてる. ❷我がものにしたいと思うような, 望ましい.

begehrlich [ベゲーアリヒ] 形《書》(やや古)もの欲しそうな.

begehrt [ベゲーァト] ((I))begehren の過去分詞. ((II))形 非常にほしいと思う, 求められている, 人気のある.

begeistern [ベガイステァン] ((I))他 ❶〈人⁴を〉感激[熱狂]させる, 心酔させる. ❷〈④ **für** ④〉〈人⁴に人・物⁴への〉関心を呼び起こす, 情熱を起こさせる. ((II))再 sich⁴〈**für** ④〉〈人・物⁴に〉感激[熱狂]する, 心酔する.

begeistert [ベガイステァト] ((I))begeistern の過去分詞. ((II))感激した, 熱狂的な, 熱烈な. ◆von ③ ～ sein 物³に夢中である.

Begeisterung [ベガイステルング] 囡 (-/) 感激, 熱狂, 熱中.

Begeisterungs-fähig 形 熱狂的な, 熱狂[感激, 興奮]しやすい.

Begierde [ベギーァデ] 囡 (-/-n)〈**nach** ③〉〈物³への〉欲望, 願望, 切望, 欲情.

begierig [ベギーリヒ] 形 熱望[切望, 渇望]した; もの欲しそうな. ◆auf ④ [**nach** ③] ～ sein 物⁴·³を切望[渇望]する.

be-gießen* 他 ❶〈④ (**mit** ③)〉〈物⁴に(水³などを)〉注(₹)ぐ, かける. ❷(口)〈物⁴の〉乾杯をする, 〈物⁴を〉祝って酒を飲む.

Beginn [ベギン] 男 (-(e)s/) (↔ Ende) ❶ 初め, 始まり; 開始; 発端; 起源. ❷ 始まる場所[地点]. ◆bei [zu] ～ 開始時に. von ～ an 初めから. 5級

beginnen* [bəgínən ベギネン]

現在	ich beginne	wir beginnen
	du beginnst	ihr beginnt
	er beginnt	sie beginnen

過去	ich **begann**	wir begannen
	du begannst	ihr begannt
	er begann	sie begannen

過分 **begonnen** 接II begänne, begönne

((I))他〈(物⁴を)〉始める. ★zu不定詞ともとる. ((II))自 ❶〈物¹が〉始まる. ❷〈**mit** ③〉〈物³を(もって)〉始める; 〈物¹が〉〈物³から[で]〉始まる. ◆eine Arbeit ～= mit einer Arbeit ～ 仕事を始める. Ich beginne zu verstehen. 私はわかり始めている. 5級

beglaubigen [ベグラオビゲン] 他〈主に官庁¹が〉〈物⁴を〉証明する, 認証[認定]する, 保証する.

Beglaubigung [ベグラオビグング] 囡 証明, 認証, 認定, 保証.

be-gleichen* [ベグライヒェン] 他《書》〈物⁴を〉清算する, 返済する.

Begleit-brief [ベグライトブリーフ] 男 添え状.

be-gleiten [ベグライテン] 他 ❶〈人⁴に〉同行する, 付き添って行く, エスコートする. ❷〈乗り物⁴を〉護衛する. ❸〈④ (**auf** [**an**] ③)〉〈(物³で)人⁴の〉伴奏をする. ❹〈物⁴に〉付随する, 伴う. ◆❶ nach Hause [zum Bahnhof] ～ 人⁴を家[駅]まで送って行く.

Begleiter [ベグライター] 男 (-s/-) ❶

同行者, 付き添い. ❷[楽]伴奏者. ◇ **Begleiterin** 囡(-/-nen).

Begleitung [ベグライトゥング]囡 (-/-en)《主に単》❶同行, 同伴, エスコート;護衛. ❷同行[同伴]者, 連れ, 付き添い, お供, 随員, 護衛(者). ❸ [楽]伴奏, 伴奏曲, 伴奏部. ♦in ~ ② 人に同行して.

beglück·wünschen [ベグリュック..]他《④ (zu ③)》〈人⁴に(人・事³の)〉お祝いを言う, 祝辞を述べる.

begnadet [ベグナーデット]形《書》神の恵みを受けた, 天分に恵まれた, 才能豊かな.

begnadigen [ベグナーディゲン]他《④ (zu ③)》〈人⁴に(事³の)〉恩赦[特赦]を与える.

Begnadigung [ベグナーディグング]囡 恩赦, 特赦, 大赦.

begnügen [ベグニューゲン]再 sich⁴ 〈mit ③〉〈物³で〉よし[足れり]とする.

Begonie [ベゴーニエ]囡(-/-n)[植]ベゴニア.

begönne [ベゲネ]beginnen の接続法II式 begänne の別形.

begonnen [ベゴネン]beginnen の過去分詞.

be·graben* 他❶〈人⁴を〉埋葬する. ❷《④ (unter sich³)》〈物¹が〉〈人・物⁴を〉埋める;生き埋めにする. ❸〈物⁴を〉(可能性がないので)葬り去る, 諦める. ❹〈争い事⁴を〉やめる.

Begräbnis [ベグレープニス]中 (-ses/-se) 埋葬, 土葬.

be·greifen* ((I))他❶理解[把握]する, 分かる. ❷《④ als ...》《書》〈人・物⁴を...と〉みなす. ((II))再 sich⁴ 〈als...〉《書》...とみなされる.

begreiflich [ベグライフリヒ]形《主に述語》理解[把握]できる.

be·grenzen 他❶〈物⁴に〉境界をつける. ❷〈物⁴に〉制限をつける, 〈物⁴を〉限定する.

begrenzt [ベグレンツト] ((I)) begrenzen の過去分詞. ((II))形《副なし》制限された, 限られた, 限定的な, 狭い.

Begriff [ベグリフ]男(-(e)s/-e) ❶概念. ❷《単》想像, 観念, 着想. ❸《単》理解(力). ♦sich³ einen falschen ~ von ③ machen 事³について間違った観念を持つ, まちがった想像をする. (③) *ein ~ sein* (人³に)よく知られている, 名が通っている, 有名[著名](人)である. *im ~ sein* [**stehen**], ...《zu 不定詞》まさに...しようとしている, ...するところである.

begriffen [ベグリッフェン] ((I)) begreifen の過去分詞. ((II))形*in ③ ~ sein* 事³が進行中である, 事³の最中である.

begriffsstutzig [ベグリフスシュトゥッツィヒ]形理解のにぶい, 飲み込みの悪い, 愚鈍な.

Begriffsstutzigkeit [..カイト]囡 理解のにぶいこと, 飲み込みの悪いこと, 愚鈍.

begründen [ベグリュンデン]他❶〈物⁴に〉理由[根拠]づける, 〈物⁴の〉理由[根拠]を挙げる. ❷《書》〈物⁴を〉打ち立てる, 創立[創設, 設立]する.

Begründer [ベグリュンダー]男 (-s/-) 創始[創立, 創設]者. ◇ **Begründerin** 囡(-/-nen).

begründet [ベグリュンデット]begründen の過去分詞.

Begründung [ベグリュンドゥング]囡(-/-en) ❶理由, 根拠. ❷創始, 創立, 創設.

begrüßen [bəgrýːsən ベグリューセン]他❶〈人⁴を〉出迎える, お迎えする. ❷〈物⁴を〉歓迎する, 喜んで受け入れる. 4級

begrüßt [ベグリューストゥ]begrüßen の過去分詞.

Begrüßung [ベグリューズング]囡 (-/-en)出迎え, お迎え.

begünstigen [ベギュンスティゲン]他❶〈物¹が〉〈物⁴に〉幸いする. ❷〈人⁴を〉引き立てる, かわいがる, 目をかける. ❸〈犯罪者・犯罪⁴を〉助ける.

Begünstigung [ベギュンスティグング]囡❶ひいき, 優遇, 引き立て. ❷[法]対物援助.

begutachten [ベグートアハテン]他❶〈物⁴を〉(専門家として)よく調べる

[吟味する], 品定めする. ❷《物⁴を》鑑定する, 査定する.

Begutachtung [ベグートアハトゥング]女 ❶吟味. ❷鑑定, 査定.

begütert [ベギューテット]形《副なし》資産のある, 裕福な.

behaart [ベハールト]形毛むくじゃらの, 毛の生えた.

behäbig [ベヘービヒ]形 ❶鈍重な. ❷(⁀)裕福な, 金持ちの. ❸(⁀)どっしりした, ずっしりした.

behagen [ベハーゲン]自《③》〈物¹が〉〈人³の〉気に入る,〈人³に〉好都合である,〈人³を〉満足させる.

Behagen [ベハーゲン]中(-s/)快適, 満足, 安楽.

behaglich [ベハークリヒ]形快適な, 心地よい, 気持のよい.

Behaglichkeit [ベハークリヒカイト]女(-/-en)快適(さ),(居)心地よさ.

behält [ベヘルト]behaltenの3人称単数現在形.

behalten* [bəháltən ベハルテン] 《du behältst, er behält; 過 behielt; 過分 behalten》((I))他❶《物⁴を》**持ち続ける**, 手もとに(取って)おく, 手放さない. ❷〈人⁴との〉関係を保つ[維持する];〈人⁴を〉(手)放さない. ❸〈物¹が〉〈物⁴などを〉保つ, 維持する, 失わない. ❹《物⁴を》心に留めている, 記憶している, 覚えている ★können と共に用いられることが多い. ❺〈人⁴を〉留める[泊める]. ❻〈物⁴を〉〈所⁴においたままに〉しておく. ♦Sie können das Wechselgeld ~. おつりは結構です. ④ *für sich*⁴ ~ 事⁴を自分の胸にしまっておく, 秘密にしておく. ((II))((I))の過去分詞. 4級

Behälter [ベヘルター]男(-s/-)(気体・液体・固体を入れる)容器, 入れ物((缶・ボックス・ドラム缶・タンク・コンテナーなど)).

behältst [ベヘルツト]behalten の2人称単数現在形.

behandeln [ベハンデルン]他 ❶〈人⁴を〉〈(取り)扱う. ❷〈人⁴を〉治療する[処置する]. ❸《④ mit ③》〈物・植物⁴を化学物質⁴などで〉処理する.

❹《物⁴を》〈(テーマとして)取りあげる, 論ずる.

Behandlung [ベハンドルング]女 ❶取り扱い, 待遇, 扱い方. ❷治療, 処置, 手当. ❸処理. ❹論述, 論じ方. ♦ bei ③ in ~ sein 医師³の治療を受けている.

behängen [ベヘンゲン]他《④ (mit ③)》〈多くの物⁴を〉〈物³を〉掛ける, 吊るす, 垂らす.

be-harren 自《*auf* ③》〈物³に〉固執する,〈物³を〉頑固に言い張る, 頑として言うことを聞かない.

beharrlich [ベハルリヒ]形辛抱強い, 頑固な, 不屈の.

Beharrlichkeit [ベハルリヒカイト]女(-/-)辛抱強さ, 頑固さ, 不屈.

be·hauen* 他《過去 behaute; 過分 behauen》《④ (mit ③)》〈物⁴を〈物³で〉〉切って[刻んで, 削って]作る.

behaupten [bəháupton ベハオプテン]((I))他 ❶ **主張する**. ★zu不定詞, dass副文をとる. ❷《物⁴を》維持する, 守る. ((II))再 sich⁴ ❶自分の位置[立場, 地位]を守る, 地歩を固める. ❷《*gegen* ④ [*in* ③]》〈敵⁴に[試合³に]〉勝つ.

behauptet [ベハオプテット]behauptenの過去分詞.

Behauptung [ベハオプトゥング]女(-/-en)主張.

Behausung [ベハオズング]女(-/-en)(軽蔑)(貧相な)住宅, 住居, 家(宅), 住まい.

be·heben* 他 ❶〈欠陥・損傷・困難⁴などを〉取り除く, 片付ける. ❷(ੈੈ)〈預金⁴を〉引き出す.

Behebung [ベヘーブング]女 除去, 片付け.

beheimatet [bəháiptən ベハイマーテット]形 *in* ③ ~ *sein* 所³に在住[定住]している; 所³の出身である, 所³を郷里とする: 所⁴の原産である.

beheizbar [ベハイツバァ]形暖房できる.

be·heizen 他《④ (mit ③)》〈所⁴を〈物³で〉〉暖房する.

be·helfen* 再 sich⁴ ❶《mit ③》

〈物³で〉間に合わせる，一時しのぎをする．❷何とかやっていく，うまく切り抜ける．

behelfsmäßig [ベヘルフスメースィヒ]形 間に合わせの，一時しのぎの，仮の，暫定的な，応急の．

behelligen [ベヘリゲン]他《書》〈④ (mit ③)〉〈人⁴を〈事³で〉〉煩わす，悩ます，〈人に〈事³で〉〉やっかい[めんどう]をかける．

beherbergen [ベヘアベァゲン]他〈人⁴を〉泊める，宿泊させる．

be·herrschen《(I)》他 ❶〈人・所⁴を〉支配する，統治する，〈人・所⁴に〉君臨する．❷〈物¹が〉〈人⁴の心[物⁴]を〉占める，〈物⁴で〉〈人⁴の頭[物⁴]がいっぱいである．❸〈人・物⁴を〉制御する，コントロールする．❹〈感情⁴などを〉抑える，抑制する．❺〈物¹が〉〈物⁴の〉優位[大勢]を占める．❻〈物⁴を〉マスターする，習得する．《(II)》再 sich⁴ 自制する，自重する．

beherrscht [ベヘルシュト]《(I)》beherrschen の過去分詞．《(II)》形 自制した，自重した，感情を抑えた．

Beherrschung [ベヘルシュング]女 ❶《単》支配，統治，君臨．❷制御，コントロール．❸自制，自重．❹マスター，習得．

beherzigen [ベヘァツィゲン]他〈事⁴を〉肝に銘ずる，心に留める．

beherzt [ベヘァット]形《書》勇気のある，勇敢な，大胆不敵な．

behielt [ベヒールト] behalten の過去形．

behilflich [ベヒルフリヒ]形《副なし》有益な，役に立つ，助けになる．

behindern [ベヒンダァン]他 ❶〈④ (bei ③)〉〈人⁴の〈事³を〉〉妨げる，邪魔する，〈人⁴の〈事³の〉〉邪魔になる．❷〈物⁴を〉妨げる，妨害する．

behindert [ベヒンダァト]《(I)》behindern の過去分詞．《(II)》形《副なし》〈生まれつき〉障害のある．♦ körperlich ~ 身体障害のある．

Behinderte(r) [ベヒンダァテ(ター)]男|女《形容詞変化》障害者．♦ ein geistig Behinderter 精神障害者．

Behinderung [ベヒンデルング]女 (–/–en) ❶妨害，じゃま．❷《単》〈精神・身体の〉障害．

Behörde [ベヘーァデ]女 (–/–n) 官庁，役所，当局．

behördlich [ベヘーァトリヒ]形《付加または副》官庁[役所]の，当局の．

be·hüten 他《⑷ (vor ③)》〈人・物⁴を〈人・悪い事³から〉〉保護する，守る．*(Gott) behüte!*《古》とんでもない《拒絶して》．

behutsam [ベフートザーム]形 慎重な，注意深い．

bei [baɪ バイ]前《3格支配》《融合形：beim》❶《空間的近接》〈物³〉のそばに，近くに．❷〈所・店・職場³〉で，に，〈出典³の中で〉に．❸〈人³の中に．❹〈人³〉の傍らに，所に，元に，〈人³〉と一緒に．❺「手につかむ」を意味する動詞と共に〈身体の一部³〉を．❻〈時間³〉の時に，〈事³〉をすると（ともに）．❼〈行為³〉が進行中に，最中に，〈行為・出来事³〉の際に《beim 以外は主に無定冠詞で》．❽〈状況・条件・前提³〉の場合に，ならば．❾《主に所有・指示冠詞と共に》〈理由・原因³〉のために，ゆえに，〈理由・原因³〉であるから，ので．❿〈人・物³〉に関して，ついて．⓫《主に all, dies, so, solch と共に》〈事・物³〉であるのに，とはいえ，にもかかわらず，〈事・物³〉であっても．
♦ bei uns (zu Hause) わが家では．bei uns (in Japan) わが国(日本)では．bei ③ wohnen 人³の所に住んでいる．bei der Post [Polizei, Bahn] arbeiten 郵便局[警察，鉄道]で働いている．Vorlesungen bei Professor X hören X教授の講義を聴く．bei schönem Wetter 晴天の場合，天気が良ければ．beim Essen 食事中に，食事の際に．*bei sich³* 手元に，身につけて，携帯して，同伴して．5級

bei|behalten* 〈過 beliebt bei; 過分 beibehalten〉他〈物⁴を〉〈意識して〉持ち続ける，保持[維持]する，継続する．

bei|bringen* 他〈③ ④〉《口》❶〈人³に事⁴を〉教える，教え込む，わからせる．

Beichte [バイヒテ] 囡 (–/–n) 懺悔(ざんげ), 告白, (カトリック)(Sündenbekenntnis)告解.

beichten [バイヒテン] 他 ❶《③》(囚)《(人³に)(事⁴を)》告解[懺悔]する. ❷《③》④《(人³に)悪い事⁴を》告白する, 打ち明ける.

Beicht-stuhl [バイヒト..] 男 (カトリック) 告解[懺悔, 聴聞]席[室].

Beicht-vater [《主に単》] (カトリック) 聴聞司祭.

beide [báidə バイデ]《既知・前述の二人の人間・二つの事物に関して》❶(I) 形《冠詞類と》その二人[二つ]の, 両方[両者]の, 双方の. ❷《無冠詞で; 通例強く発音され, 後続の形容詞は弱変化する》両方[両者]の, 双方ぞうほうの. ◆jeder der ~[von (den) ~n] その両者のいずれも. ~ Töchter その二人の娘. meine ~n Töchter 私の二人の娘. (II) 代《不定》《人称代名詞と同格的に用いられる; 主に強変化》二人[二つ]とも, 両方[両者, 双方]とも. ◆wir ~ 私たち二人(とも). Ihr ~ habt Recht. = Ihr habt ~ Recht. 君たち二人とも正しいです. 5級

beiderlei [バイダーライ] 形《付加; 無変化》両種の, 両様の.

beiderseits [バイダーザイツ] (I) 前《2格支配》…の両側[両面, 両側]に[で]. (II) 副 両側に[で], 両方[両者]に[で], 二人とも.

beides [バイデス] 代《不定》《3格形 beidem; 2格では用いられない; 性・数関係なく, 異種の事物をまとめて》(その)両方とも, (その)どちらも. ◆Kommen Sie morgen oder übermorgen? ― Beides ist mir recht. 明日いらっしゃいますか, それともあさってですか? ― どちらでも結構です.

beieinander [バイアイナンダー] 副 相並んで, そろって.

Bei-fahrer 男 (自動車・オートバイなどの)同乗者, (同乗の)運転助手. ◇

Beifahrerin 囡 (–/–nen).

Beifahrer-sitz [バイファーラーズィッツ] 男 (自動車・オートバイなどの)助手席.

Bei-fall [(–(e)s/)] 男 ❶ 喝采(かっさい), 拍手. ❷賛成, 同意. ◆③ ~ klatschen 人³に喝采を送る.

bei-fällig 形 賛同の, 同意の.

beige [ベーシュ, ベージェ] 形 ベージュ色の.

Bei-geschmack 男《単》❶(本来の味でない)副味, 別の味. ❷後味(あとあじ).

Bei-hilfe 囡 (–/–n) ❶(国家からの)給付金, 交付金, 助成金, 奨学金. ❷【法】従犯, 幇助(ほうじょ).

bei|kommen* 自 ⑤ ❶《③ (mit ③)》〈扱いにくい人³を(物³で)〉意のままにする. ❷《③ (mit ③)》〈問題⁴を(物³で)〉うまく処理する[片付ける, 解決する].

Beil [バイル] 中 (–(e)s/–e) 手斧(ちょうな).

Bei-lage 囡 (–/–n) ❶(新聞・雑誌などの)付録, 折り込み. ❷(メイン料理の)添え物, 付け合せ.

beiläufig [バイロイフィヒ] 形 ❶付随的な, ついでの. ❷《南部・オーストリア》おおよそ, 約.

bei|legen 他 ❶《③》④《〈物⁴を添える,〈手紙³に写真⁴などを〉同封する. ❷〈争い⁴などを〉(平和的に)決着させる, 調停する.

Bei-leid 中 (–(e)s/) 悔み, 弔慰(ちょうい).

bei|liegen* 自《③》〈物¹が〉(物³に)添えてある, 同封してある.

beiliegend [バイリーゲント] (I) beiliegen の現在分詞. (II) 形《副なし》《書》同封[添付]の(略: beil.). ◆Beiliegend senden wir Ihnen ④. 同封に物⁴をお送りします.

beim [バイム] bei dem の融合形. ★次の用法では bei dem は用いられない. (1) 熟語: ④ ~ Wort nehmen 人⁴の言質(げんち)を取る. (2) 名詞化した不定詞: ~ Schreiben 書いている最中に[で].

bei|messen* 他《③》④《〈物³に〉意味・価値⁴を》与える, 置く.

Bein [bain バイン] (I) 中 (–(e)s/–e) ❶(人間・動物の)脚(あし), 足. ❷(事

①1格 ②2格 ③3格 ④4格

子・机などの)脚. ❸(ズボンの)脚部. ♦ schlanke [hübsche] ~e haben 細い[美しい]脚をしている. die ~e ausstrecken [übereinander schlagen] 足を伸ばす[組む]. *auf eigenen ~en stehen* (経済的に)自立している. ③ *ein ~ stellen* 1)足を出して人³をつまずかせる. 2)(口)人³を失脚させる, 人³の足をすくう. *wieder auf die ~en sein* (口)健康を回復する. ((II)) 中 (–(e)s/–er)《解ᵈᵉˢ・ᵈᵉⁿ・ᵉⁱⁿᵉˢ・ᵉⁱⁿᵉⁿ》(Knochen)骨. 4級

beinah [バイナー, バイナー] 副 (口) = beinahe.

beinahe [バイナーエ, バイナーエ] 副 ❶ ほぼ(...に近い[...と同じ]), ほとんど. ❷ あやうく, すんでのところで. ★ 口語ではfastの方がよく用いられる. 4級

Bei-name 男 添え名;異名, 別名, あだな(例:Karl der Große(カール大帝)der Große).

Bein-bruch 男 下肢骨折.

be·inhalten [ベインハルテン] 他 (書) 〈物¹が〉〈物⁴を〉内容としている, 含む, 〈物¹の〉内容は〈物⁴〉である.

..beinig [..バイニヒ] 形 《数詞・形容詞と共に》『...の脚の, ...の足を持った』: langbeinig 長脚の.

bei|pflichten [バイプフリヒテン] 自 〈③(in ③)〉〈人·物³に(物³の点で)〉賛成[同意]する, 〈人·物³と(物³の点で)〉意見が一致する.

be·irren [ベイレン] 他 〈人⁴を〉惑わせる, 混乱[困惑]させる.

beisammen [バイザメン] 副 一緒に, (一つに)まとめて; 全てそろって.

Beisammen-sein 中(–s/) 一緒にいること, 集まり.

Bei-schlaf 男 (書) [法] 肉体関係, 性交, 同衾(ドウキン).

Bei·sein 中 *im [ohne] ~* ③ = *im [ohne] ~ von* ③ 人²·³のいる[いない]所で, 人²·³が同席して[しないで].

bei·seite 副 傍らへ, わきへ; 側に. ♦ ~ lassen 物⁴を無視する.

bei|setzen 他 〈人⁴の〉葬式をする, 〈人⁴を〉葬る, 埋葬する.

Beisetzung [バイゼッツング] 女 葬式, 埋葬.

Beispiel [バイシュピール] 中 (–(e)s/–e) ❶ (実)例; 見本. ❷ 模範, 手本; 見せしめ. ♦ *ein treffendes ~* 適切な例. ③ *an [mit] einem ~ erklären* 事⁴を例で説明する. *ein ~ anführen* 一例をあげる. ③ *ein ~ geben* 人³に手本を示す, (範)例をあげる. ③ *als ~ (für* ④*) dienen* 人³にとって(事⁴の)模範になる. *sich³ an* ③ *ein ~ nehmen* 人·物³を手本にする. *mit gutem ~ vorangehen* (難しいことの)先陣を切る, 手本を示す. *zum ~* 例えば((略:z.B.)). 4級

beispielhaft [バイシュピールハフト] 形 模範的な, 手本となる.

beispiel·los 形 先例[比類]のない, 未曾有(ミゾウ)の.

beispiels·weise 副 例えば, 例としてあげれば.

beißen* [バイセン] (du, er beißt; 過 biss; 過分 gebissen) ((I)) 他 ❶〈物⁴を〉かむ. ❷〈④ (in ③)〉〈人⁴に; 人⁴の(物⁴に)〉かみつく, 食いつく. ❸〈④ (in ④)〉〈穴·軸などを(物⁴に)〉かみついて作る, かんで開ける. ❹〈虫¹などが〉〈人⁴を〉刺す. ((II)) 自 ❶〈in ④〉〈食べ物⁴に〉食いつく. ❷〈in [auf] ④〉〈舌などを〉(誤って)かむ. ❸〈auf ④〉〈物⁴に〉(かんでいて)当たる. ❹〈nach ③〉〈動物¹が〉〈人·物³にかみつこうとする, 飛びつく. ❺〈③ in ④〉〈(人·物³の)物⁴に〉かみつく. ❻〈in ③〉〈(物³を)〉刺す, しみる, 刺戟する. ((III)) 再 sich⁴ 〈mit ③〉〈色¹などが〉〈物³と〉調和しない.

beißend ((I)) beißenの現在分詞. ((II)) 形 刺すような; 辛辣な, 痛烈な.

beißt [バイスト] beißenの2·3人称単数現在形.

Beiß·zange [バイス..] 女 ❶ やっとこ, ニッパー, ペンチ. ❷ (口; 軽蔑) 口やかましい[がみがみ] 女.

Bei·stand 男 (–(e)s/..stände) ❶ 《単》助力, 援助, 補佐. ❷ [法] 補佐人, 訴訟補助人. ♦ ③ ~ *leisten* 人³に助力する, 人³の力になる.

① 1格 ② 2格 ③ 3格 ④ 4格

bei|stehen* 圓〈南ド・オースト・スイス〉⑤〈(in ③)〉〈(状態³の)人³の〉力になる,〈(状態³の)人³を〉助ける,サポートする.

bei|steuern 他④〈(zu ③)〉〈(物⁴を)(物³に)〉寄付する,援助資金を出す;寄与する.

Beitrag [バイトラーク]男〈(–(e)s/..träge〉❶〈(für ④)〉〈(物⁴の)〉会費;掛け金;負担金;納付金;保険料. ❷〈(zu ③)〉〈(物³への)〉寄与, 貢献. ❸〈(新聞・雑誌などへの)〉寄稿, 投稿.

bei|tragen* 他〈(zu ③)〉〈(物⁴を)(物³に)〉の貢献する,〈(物³に)(物⁴を)〉寄与[寄稿]する.

bei|treten* 圓⑤〈③〉〈(物³に)〉加入する, 加盟する.

Bei·tritt 男加入, 加盟.

bei|wohnen 圓〈③〉〈書〉〈(式典³などに)〉出席[列席]する.

Beize [バイツェ]女〈(–/–n)〉❶腐食剤の;〈(金属の酸洗い用の)〉希薄酸液,〈(木材の)〉着色(剤), ステイン;〈(皮なめし用の)〉浸染(剤);〈(タバコの)〉味付け(液);〈(繊維の)〉媒染(剤);種子消毒剤. ❷調味液[料].

beizeiten [バイツァイテン]副〈(やや古)〉時機をのがさずに, 早めに.

beizen [バイツェン]〈(du beizt)〉他〈(木材に)〉着色する;〈(腐食剤で)〉腐食する;〈(金属面を)〉酸洗いする;〈(皮を)〉なめす;〈(タバコに)〉味付けする;〈(繊維を染色しやすいように)〉媒染する;〈(傷口を)〉焼灼する;〈(種子を)〉消毒する.

bejahen [ベヤーエン]他 ❶〈(質問⁴に)〉はいと答える,〈(質問⁴を)〉肯定する. ❷〈(物⁴を)〉是認する,〈(物⁴に)〉賛同[賛成]する.

Bejahung [ベヤーウング]女肯定, 是認, 賛同, 賛成.

bejammern [ベヤンメァン]他〈(事⁴を)〉嘆く, 悲しむ.

bejubeln [ベユーベルン]他〈(人・物⁴を)〉歓呼して迎える,〈(人・物⁴のために)〉歓呼する.

bekam [ベカーム]bekommen の過去形.

be·kämpfen 他〈(人・物⁴と)〉戦う.

Bekämpfung [ベケンプフング]女〈(–/)〉戦い.

bekannt [ベカント] ((I)) bekennen の過去分詞. ((II)) 形〈(最上 –est)〉❶ 知られた, 有名な, 著名な, 周知の;〈(人³に)〉知られている. ❷ 知り合いの. ❸ 熟知している, 精通している. ♦ dafür ~ sein,〈(zu 不定詞, dass副文)〉...という点で知られている[名がある]. ♦ mit ④ ~ machen 人⁴に人³を紹介する. ■ ~ geben〈(物⁴を)〉公に知らせる, 発表[公表]する. ~ machen〈(物⁴を)〉公にする, 公表[公示]する. ★ dass副文もとる. ~ werden 1)公にされる, 知れわたる. 2)知り合いになる. 4級

Bekannte(r) [ベカンテ[ター]]男女〈形容詞変化〉知り合い, 知人. 4級

Bekannt·gabe 女〈(–/)〉公表, 発表.

bekannt|geben* 他 = bekannt geben (⇒bekannt■).

bekanntlich [..リヒ]副周知のように, ご存じのように.

bekannt|machen 他 = bekannt machen (⇒bekannt■).

Bekanntmachung [ベカントマフング]女〈(–/–en)〉❶ 公布, 公告, 公示, 告示. ❷ 掲示, 広告.

Bekanntschaft [..シャフト]女〈(–/–en)〉❶〈(単)〉面識, なじみ. ❷〈(単)〉知人(関係), 交際(範囲), 交友. ❸〈(主に複)〉知人たち.

bekannt|werden* 圓 = bekannt werden (⇒bekannt■).

be·kehren ((I)) 他④〈(zu ③)〉〈(人⁴を)(物³へ)〉改宗[回心]させる;転向させる, 改心させる. ((II)) 再 sich⁴〈(zu ③)〉〈(物³へ)〉改宗[回心]する, 転向[改心]する.

be·kennen* ((I)) 他 ❶〈(罪⁴などを)〉告白[白状]する. ❷〈(信仰⁴を)〉告白する. ((II)) 再 sich⁴〈(zu ③)〉〈(人³の)〉味方であることを公言[告白]する;〈(教義・意見³などを)〉信じていることを公言[告白]する.

Bekenntnis [ベケントニス]中〈(–ses/–se)〉❶ 自白, 白状. ❷〈(zu ③)〉〈(教義・意見³などの)〉表明, 公言, 告白. ❸ 信仰告白.

① 1格 ② 2格 ③ 3格 ④ 4格

be·klagen ((I))他〈人・物⁴を〉悼(いた)む;嘆く,悲しむ. ((II))再 sich⁴〈(bei ③)〈(über ④)〉〈(人⁴・物⁴の)〉文句を言う,苦情を言う.

be·kleckern ((I))他〈④ (mit ③)〉(口)〈物⁴に(物³で)〉しみを付ける,汚す. ((II))再 sich⁴〈(mit ③)〉(口)〈(物³で)〉自分の体を汚す,服にしみを付ける.

be·kleiden 他〈官職・地位⁴などを〉占める.

bekleidet [ベクライデット] ((I)) bekleiden の過去分詞. ((II))形〈(mit ③)〉〈(服³を)〉身につけている.

Bekleidung [ベクライドゥング]女 ❶ 衣服,衣料品. ❷〈書〉任官;在職,在任.

beklemmend [ベクレメント]形息苦しい,重苦しい.

Beklemmung [ベクレムング]女重圧感,胸苦しさ,不安感.

beklommen [ベクロンメン]形胸苦しい,不安な.

bekloppt [ベクロップト]形《副なし》(北ドイツ)(口)頭がおかしい,狂った.

beknackt [ベクナックト]形《副なし》(口)馬鹿な,頭の弱い.

be·knien 他〈人⁴に...してくれるように〉しきりに頼む,〈(um ④)〉〈(物⁴を)〉しつこくねだる. ★zu不定詞をとる.

bekommen* [bəkɔ́mən ベコメン]

現在	ich bekomme	wir bekommen
	du bekommst	ihr bekommt
	er bekommt	sie bekommen

過去	ich bekam	wir bekamen
	du bekamst	ihr bekamt
	er bekam	sie bekamen

| 過分 | **bekommen** | 接II bekäme |

((I))他《自分の意思とは関係なく受け取るということから,受動態を作らない;erhaltenの方が上品》❶〈④ (von ③)〉〈品物・情報・名誉・援助などを(人³から)〉得る,もらう,受け取る,受ける. ❷〈物⁴を〉(探して・努力して)手に入れる,入手する,獲得する. ❸〈罰則・などを〉受ける,くらう. ❹〈乗り物に〉間に合う,乗れる. ❺〈物⁴を...して〉もらう ((3・4格をとる他動詞の過去分詞と)). ❻〈物⁴を...する〉ことが出来る. ★zu不定詞をとる. ❼〈④ + zu不定詞〉〈悪い事⁴を〉(我慢して)...しなければならない. ❽〈状態⁴に〉なる. ❾〈④ + 形容詞〉(口)〈人・物⁴を...に〉する,させる. ❿(口)移す,移動させる. ⓫〈④ aus [von]〉(口)〈物⁴を物³から〉取る,取り去る. ⓬〈④ zu ③〉(口)〈人⁴を状態³にする〉,〈人⁴を場所³に〉行かせる. ((II))自 S〈③〉〈物¹が〉〈人³に〉(健康・幸福に関して)影響を及ぼす,〈人³(の健康・幸福)に〉役立つ,適当である,合う. ◆Urlaub ~ 休暇を取る[もらう]. Hunger ~ お腹がすく. ④ geschenkt [geliehen] ~ 物⁴を贈られる[貸してもらう]. ④ zu hören ~ 事⁴を聞かされる. *Was bekommen Sie (bitte)?* (口) 何にいたしましょうか((店員の言葉)). *Was bekommen Sie (dafür)?* おいくらですか(お客の言葉)). ((III)) bekommen((I))((II))の過去分詞. **5級**

bekömmlich [ベケムリヒ]形《副なし》胃に良い,消化しやすい.

beköstigen [ベケスティゲン]他〈人⁴に〉(規則的に)食事を用意する,食事を出す.

be·kräftigen 他 ❶〈④ (mit ③ [durch ④])〉〈事⁴を(物³・④で)〉裏付ける,保証する. ❷〈④ in ③〉〈物¹が〉〈人⁴の物³を〉強める,強固にする.

be·kreuzigen 再 sich⁴ 十字を切る.

be·kriegen 他〈やや古〉〈人⁴を〉攻める,攻撃する,〈人⁴と〉戦う.

be·kümmern ((I))他〈物¹が〉〈人⁴を〉心配させる,〈事³で〉〈人³は〉気に病んでいる. ((II))再 sich⁴ um ④ ~ 人・事⁴が気がかりである.

bekümmert [ベキュメァト] ((I)) bekümmern の過去分詞. ((II))形〈über ④〉〈物⁴を憂慮[心配]している,気に病んでいる;気がかりの.

bekunden [ベクンデン]他〈(③) ④〉《書》〈(人³に)感情などを〉明白に示

①1格 ②2格 ③3格 ④4格

be・lächeln 他〈人・物⁴を〉(優越感をもって)にやにや笑う,あざ笑って見ている.

be・laden* 他④ mit ③〈物⁴に物³を〉積む,載せる.

Belag [ベラーク] 男(-(e)s/Beläge) ❶(表面の)薄い層,コーティング；床張り. ❷《単》被覆；《医》舌苔(ぜったい). ❸《単》(パンにのせた肉・チーズの)スライス.

be・lagern 他〈軍隊⁴が〉〈町・要塞⁴などを〉攻囲する,包囲する. ❷(口)〈ファンなどが〉〈人・物⁴を〉取り巻く,〈人・物⁴に〉押し寄せる,群がる.

Be・lagerung 女❶攻囲,包囲攻撃. ❷(口)取り巻くこと,押し寄せること,群がること.

Belang [ベラング] 男(-(e)s/-e) ❶《主に複》関心事. ❷重大事. ❸重要性.

be・langen 他④ für ④〈人⁴を物⁴で〉訴える,〈人⁴に物⁴を求めて〉訴訟を起こす.

belanglos [ベラングロース] 形《副なし》(für ④)〈(人・物⁴にとって)〉重要でない,取るに足りない.

Belanglosigkeit [ベラングロージィヒカイト] 女重要でないこと.

be・lassen* 他④ bei [in] ③〈人⁴を事⁴の状態に〉しておく,変えないでおく.

belastbar [ベラストバァァ] 形《副なし》❶荷重[負担]をかけることの出来る,悩みに耐えうる. ❷悪影響を与えることがある. ❸重荷をのせることの出来る,荷重をかけることの出来る.

Belastbar・keit [..カイト] 女(-/) 荷重可能性,負荷能力,負担能力.

be・lasten 他 ❶④ (mit ③ [durch ④])〉〈人⁴に(物³・⁴で)〉荷重[負担]をかける,〈人⁴を(物³・⁴で)〉悩ます,苦しめる. ❷④ (mit ③ [durch ④])〉〈物⁴に(物³・⁴で)〉負担をかける,悪影響を与える,汚染する. ❸④ (mit ③)〉〈物⁴に(物³で)〉重荷をのせる,荷重をかける. ❹《法》〈人⁴に〉罪を負わせる,〈人⁴を〉有罪にする. ❺④ (mit ③)〉〈物⁴の借方に(物³を)〉記入する,入れる. ❻④ (mit ③)〉〈人⁴に(物³を)〉要求する.

belästigen [ベレスティゲン] 他④ (mit ③)〉〈人⁴を(物³で)〉悩ます,煩わす,困らす,〈人⁴に〉しつこくまとわりつく,からむ.

Belästigung [ベレスティグング] 女 ❶迷惑,厄介,邪魔. ❷まとわりつくこと,からむこと.

Belastung [ベラストゥング] 女 (-/-en) ❶重荷,負担,苦労. ❷汚染. ❸負荷,荷重. ❹積載力,塔載量. ❺有罪にすること. ❻借方記入,物権設定.

Belastungs・zeuge 男(-n/-n) 《独》《法》被告側に不利な事実を陳述する証人.

be・laufen* 再 sich⁴ auf ④〈物¹が〉〈額・数値⁴に〉達する,及ぶ.

be・lauschen 他〈人・物⁴を〉盗み聞く,立ち聞きする,盗聴する.

be・leben ((I)) 他 ❶〈物¹が〉〈人・物⁴を〉活性化する,活気[元気]づける,活発にする. ❷④ (mit ③ [durch ④])〉〈物⁴に(物³・⁴で)〉生気[生命]を与える,〈物⁴を(物³・⁴で)〉蘇生(そせい)させる. ((II)) 再 sich⁴〈物¹が〉活性化する,活気[元気]づく,活発になる. ❷〈物¹が〉(段々と)にぎわう.

belebt [ベレープト] ((I)) beleben の過去分詞. ((II)) 形活気がある,にぎやかな,にぎわっている.

Beleg [ベレーク] 男(-(e)s/-e) 〈für ④〉〈物⁴の〉受領書. ❷(書物の)典拠,出典,例証；証拠文書.

be・legen 他 ❶④ (mit ③)〉〈物⁴を(物³で)〉おおう,〈物⁴に(物³を)〉のせる,敷く,かぶせる. ❷④ (mit ③ [durch ④])〉〈物⁴を(典拠・例証³・⁴で)〉裏付ける. ❸〈物⁴の〉履修申告をする,履修届を出す. ❹〈順位・地位⁴を〉占める,確保する. ❺④ (mit ③)〉〈人・物⁴に悪い物³を〉課[科]する.

Belegschaft [ベレークシャフト] 女 (-/-en) 仕事場に配置された労働者全員,全職員,総人員.

belegt [ベレークト] ((I)) belegen の過去分詞. ((II)) 形《副なし》❶全室がふさがっている,満室である. ❷予約

されている. ❸《(mit ③)》《〈物³が〉の》のせてある. ❹ 声がかすれた, しゃがれた, ハスキーな. ❺《電話回線が》話し中の, 使用中の. ◆ein ~es Brot オープンサンド.

be·lehren 他《④ (über ④)》〈人⁴に〈事⁴を〉〉教える, 分からせる.

belehrend [ベレーレント] ((I)) belehren の現在分詞. ((II))形 ためになる.

Belehrung [ベレールング]女 教えること, 指示.

beleibt [ベライプト]形《婉曲》ふくよかな, でっぷりした, 肥満の.

beleidigen [bəláidigən ベライディゲン]他《④ (mit ③ [durch ④])》〈人⁴を〈物³·⁴で〉〉侮辱する, 〈人⁴の感情を〈物³·⁴で〉〉害する. ◆mein Auge [Ohr] beleidigen〈物¹が〉目[耳]ざわりである.

beleidigt [ベライディヒト] ((I)) beleidigen の過去分詞. ((II))形 ❶ 侮辱された, 気分を害した. ❷《付加または副》憤慨した, ムッとした.

Beleidigung [ベライディグング]女(−/−en) ❶ 侮辱(する言葉·行為), 無礼. ❷《単》侮辱(すること), 感情を害すること.

be·lesen 形《副なし》多読の; 博識の, 博学な.

be·leuchten 他 ❶《④ (mit ③)》〈人·物⁴を〉照らす, 〈物⁴に〈照明³を〉〉当てる. ❷《事⁴を》究明する, 吟味する, 解明する.

Beleuchtung [ベロイヒトゥング]女(−/−en) ❶ 照明. ❷ 照明(装置), 明かり, ライト, イルミネーション. ❸ 究明, 吟味, 解明.

Belgien [ベルギエン]中(−s/) ベルギー((ヨーロッパ北西部の王国)).

Belgier [ベルギアー]男(−s/−) ベルギー人. ◇**Belgierin** [ベルギエリン]女(−/−nen).

belgisch [ベルギッシュ]形 ベルギー(人)の.

belichten [ベリヒテン]他《〈物⁴を〉》感光させる, 露光する.

Belichtung [ベリヒトゥング]女 露光, 露出.

Belieben [ベリーベン]中(−s/) *nach* ~ お好みで, 好きなように.

beliebig [ベリービヒ]形 ❶ 任意の, 随意の, どんな...でも. ❷ 好きなだけの.

beliebt [ベリープト]形《副なし》好かれている, 人気のある, 好評の, 好んで用いられる. ◆bei ③ ~ sein 人³に評判がよい, 好んで扱われる. **4級**

Beliebtheit [ベリープトハイト]女(−/) 人気, 好評, 人望.

beliefern [ベリーフェルン]他《④ (mit ③)》〈人·物⁴に〈物³を〉〉供給する, 提供する.

bellen [ベレン]自《犬¹が》吠える.

bellend [ベレント] ((I)) bellen の現在分詞. ((II))形《付加または副》せき込む.

Belletristik [ベレトリスティク]女(−/) 文学, 文芸.

belog [ベローク] belügen の過去形.

belöge [ベレーゲ] belügen の接続法II式形.

belogen [ベローゲン] belügen の過去分詞.

be·lohnen 他《④ (für ④)》〈人⁴の〈物⁴に〉〉報いる, 報酬を与える. ❷《④ (mit ③ [durch ④])》〈物⁴の労を〈物³·⁴で〉》ねぎらう, 償う.

Belohnung [ベローヌング]女(−/−en) ❶ 報酬, ほうび, (報)賞金. ❷《単》報いること, 報賞.

be·lügen* 他《人⁴に》うそを言う, 〈人⁴を〉(うそで)だます.

belustigen [ベルスティゲン]他《④ (mit ③)》〈人⁴を〈物³で〉〉楽しませる, おもしろがらせる, 笑わせる.

Belustigung [ベルスティグング]女 楽しませる[楽しむ]こと, 娯楽, 余興.

bemächtigen [ベメヒティゲン]再 sich⁴《②》《書》〈物²を〉(力ずくで)手に入れる, 奪い取る;《②》《書》〈人²を〉捕える, 取り押さえる.

be·malen 他《〈物⁴に〉》色[ペンキ]を塗る, 彩色する; 絵で飾る, 絵を描く.

bemängeln [ベメンゲルン]他《④ (an ③)》《(人·物³について)事⁴の》文句を言う, 〈事⁴を〈人·物³について〉》

非難する, とがめる.

bemerkbar [ベメァクバール] 形《副なし》認める, 感じとれる. *sich*⁴ ~ *machen* 1)〈人⁴が〉人目をひく[気づかれる]ようにする. 2)〈効果・影響・兆しなど〉が現れてくる, 見えてくる.

bemerken [bəmέrkən ベメァケン] 他 ❶〈人・物⁴を〉認める, 気づく, 見かける. ❷〈④ (**zu** ③)〉〈物³について〉事⁴を(短く)述べる, 言う. ★ dass副文もとる. *nebenbei bemerkt* ついでに言うと.

bemerkens・wert ((I))形注目すべき, 注目に値する. ((II))副《形容詞・副詞を強めて》目立って, 並外れて.

Bemerkung [ベメァクング] 女 (-/-en) (短い口頭の)論評, 所見, コメント ((略:Bem.)).

bemessen [ベメッセン] 形決められた, 限られた.

bemitleiden [ベミットライデン] 他〈人⁴を〉哀れむ, かわいそう[気の毒]と思う,〈人⁴に〉同情する.

bemitleidens・wert 形同情すべき, かわいそうな, 哀れな.

bemühen [bəmýːən ベミューエン] ((I))他《書》〈専門家などを〉呼ぶ, わずらわす,〈専門家などに〉面倒をみてもらう, お願いする. ((II))再 *sich*⁴ ❶〈**um** ④〉〈物⁴を得ようと〉骨折る, 努力する, 頑張る. ❷〈**um** ④〉〈人⁴を助けようと〉骨折る, 尽力する,〈人⁴の〉世話をする. ❸〈人⁴の心を得ようと〉骨折る, 苦労する. ♦ *sich*⁴ ~, ...(**zu** 不定詞)...しようと骨折る, 頑張る.

bemüht [ベミュート] ((I))形 (I) bemühen の過去分詞. ((II))形〈**um** ④〉〈物⁴を得ようと〉努力している, 頑張っている;〈人⁴を助けようと〉骨を折っている, 尽力している,〈人⁴の〉世話をしている.

Bemühung [ベミューウング] 女 (-/-en) ❶《主に複》骨折り, 努力, 頑張り, 尽力. ❷《複》《書》(行われた)仕事.

benachbart [ベナハバールト] 形《副なし》隣の, 近隣の, 近所の, 隣接する.

benachrichtigen [ベナーハリヒティ

ゲン] 他〈④ (**von** ③)〉〈人⁴に〈事³を〉〉報告[通知]する, 知らせる.

Benachrichtigung [ベナーハリヒティグング] 女 (-/-en) ❶《単》通知, 報告. ❷(書類による)通知, 届け.

benachteiligen [ベナーハタイリゲン] 他〈④ (**gegenüber** ③)〉〈人⁴を(人³より)〉冷遇する, 不利に扱う.

benahm [ベナーム] benehmen の過去形.

benähme [ベネーメ] benehmen の接続法II式形.

be・nehmen* 再 *sich*⁴ ふるまう, 態度をとる. *Benimm dich!* お行儀よくしなさい.

Benehmen [ベネーメン] 中 (-s/)ふるまい, 行儀, 作法.

be・neiden 他〈④ (**um** ④)〉〈人⁴の(物⁴を)〉うらやましく思う, うらやむ, ねたむ. *nicht zu ~ sein* 苦境にいる.

beneidens・wert 形うらやましい, ねたましい.

be・nennen* ❶〈人・物⁴の〉名を挙げる. ❷〈④ (**nach** ③)〉〈人・物⁴に(人・物³にちなんで)〉名をつける, 命名する. ❸〈④ **als**〉〈人⁴を物⁴として〉指名する.

Bengel [ベンゲル] 男 (-s/-, (北ﾄﾞ・ロ)-s)腕白坊主, 若造.

benimm [ベニム] benehmen の2人称単数命令形.

benimmst [ベニムスト] benehmen の2人称単数現在形.

benimmt [ベニムト] benehmen の3人称単数現在形.

benommen [ベノメン] ((I)) benehmen の過去分詞. ((II))形《付加語または副》《意識が》ぼんやりした, 麻痺した, 朦朧(ﾓｳﾛｳ)とした.

benoten [ベノーテン] 他〈物⁴に〉評点をつける,〈物⁴を〉採点する.

be・nötigen 他〈人・物⁴を〉必要とする.

benutzen [bənótsən ベヌッツェン] 他 ❶〈④ (**zu** ③ [**für** ④])〉〈物⁴を(物³・⁴のために)〉使用する. ❷〈④ (**zu** ③ [**als** ④])〉〈人・物⁴を(物³のために[物⁴として])〉利用する. 5級

① 1格 ② 2格 ③ 3格 ④ 4格

現在	ich benutze	wir benutzen
	du benutzt	ihr benutzt
	er benutzt	sie benutzen

過去	ich benutzte	wir benutzten
	du benutztest	ihr benutztet
	er benutzte	sie benutzten

過分	benutzt	接II benutzte

★《南ド・オーストリア・スイス》benützen, Benützer, Benützung などのように ü を用いる.

Benutzer [ベヌッツァー]男(-s/-)《書》利用[使用]者. ◇**Benutzerin** 女(-/-nen).

benutzer-freundlich 形利用[使用]者にやさしい[便利な], 使いやすい, 利用しやすい.

benutzt [ベヌット](I) benutzen の過去分詞. (II)形《比較なし;副なし》使用済みの, 使用[利用]された, 中古(品)の.

Benutzung [ベヌッツング]女(-/-) 利用, 使用.

Benzin [bentsíːn ベンツィーン]中(-s/《種類》-e) ガソリン;ベンジン. ♦ bleifreies ~ 無鉛ガソリン. ~ tanken ガソリンを給油する. 4級

beobachten [bəóːbaxtən ベオーバハテン]他 ❶《人・動きのある物⁴を》観察[観測]する. ❷《人・物⁴を》(比較的長く関心を持って)見守る. ❸《人⁴を》監視する. ❹《4 (an ③)》《事⁴を(人³について)》気付く. ★ dass 副文もとる.

Beobachter [ベオーバハター]男(-s/-) 観察[観測]者;監視人;オブザーバー;ウォッチャー. ◇**Beobachterin** 女(-/-nen).

beobachtet [ベオーバハテト] beobachten の過去分詞.

Beobachtung [ベオーバハトゥング]女(-/-en) ❶観察, 観測, 監視. ❷観察[観測, 監視]結果.

be-packen 他《4 (mit ③)》《物⁴に(多くの物³を)》積む, 積み込む, 載せる,《人⁴に(多くの物³を)》背負わせる, 持たせる, 運ばせる.

be-pflanzen 他《4 (mit ③)》《物⁴に(植物³を)》植える, 植え付ける.

bequem [bəkvéːm ベクヴェーム]形 ❶快適な, 心地よい;(安)楽な, くつろいだ, ゆったりした. ❷楽な, 容易な. ❸《軽蔑》安楽を好む, 怠惰な. *Machen Sie es sich³ ~!* どうぞお楽にして下さい. 4級

bequemen [ベクヴェーメン]再 sich⁴ 《zu ③》《書》《物³を》しぶしぶ[やっとのことで]する.

Bequemlichkeit [ベクヴェームリヒカイト]女(-/-en) ❶《単》快適さ, 心地よさ, 安楽;便利(さ). ❷便利[快適なもの[設備]. ❸《単》《軽蔑》不精, 怠惰.

berappen [ベラッペン]他《4 (für ④)》《金⁴を(物⁴に)》(いやいや[しぶしぶ])支払う.

berät [ベレート] beraten の3人称単数現在形.

beraten* [ベラーテン](I)他 ❶《4 (bei [in] ③)》《人⁴に(事で)》助言する, 忠告する. ❷《事⁴を》協議[審議, 相談]する. ((II))自《über ④》《(問題⁴について)》相談[協議]する, 話し合う. ((III))再 sich⁴《mit ④》《über ④》《(人³と)(事⁴について)》相談[協議]する, 話し合う. ((IV))(I)〜(III)の過去分詞.

beratend [ベラーテント]((I)) beraten の現在分詞. ((II))形 (決定はしないが)助言を与える, 審議する, 諮問の, 顧問の.

Berater [ベラーター]男(-s/-) 助言者, 顧問, アドバイザー, コンサルタント. ◇**Beraterin** 女(-/-nen).

beratschlagen [ベラートシュラーゲン]((I))他《4 (mit ③)》《(人³と)事⁴を》協議[審議, 相談]する. ((II))再 sich⁴《mit ③》《über ④》《(人³と)(事⁴について)》相談[協議]する, 話し合う.

berätst [ベレーツト] beraten の2人称単数現在形.

Beratung [ベラートゥング]女 ❶《単》

①1格 ②2格 ③3格 ④4格

助言,忠告. ❷協議,相談,審議. **zur ~ kommen** 〈物³が〉協議[審議]される. **in ~ sein** 〈物³が〉協議[審議]されている.

be·rauben 他⟨④ (②)⟩〈人³から〈物²を〉〉(力ずくで)奪う,略奪する.

beraubt [ベラオプト] **((I))** berauben の過去分詞. **((II))** 形⟨②⟩〈物²を〉無くした,失った.

be·rauschen **((I))** 他⟨④⟩〈人⁴を〉酔わせる. **((II))** 再 sich⁴ ⟨an ③⟩ ❶〈書〉〈物³に〉酔う,うっとりする. ❷〈酒³などに〉酔う.

be·rauschend [ベラオシェント] **((I))** berauschen の現在分詞. **((II))** 形 ❶うっとりさせる,陶酔させる,恍惚感にひたらせる. ❷酔わせる.

berechenbar [ベレッヒェンバーァ] 形 ❶予測できる[可能な],予測のつく. ❷計算できる[可能な].

be·rechnen 他 ❶〈物⁴を〉計算[算出,算定]する. ❷⟨④ für ④⟩〈物⁴を〉人⁴用と〉予定する,見込む. ❸⟨④ auf ④⟩〈物⁴を〉予測する,見積る. ❹⟨(③) ④ (für ④)⟩〈(人³に)〈物⁴の〉代金⁴を〉請求する.

berechnend [ベレヒネント] **((I))** berechnen の現在分詞. **((II))** 形打算的な,計算高い.

Berechnung [ベレヒヌング] 女(-/-en) ❶計算,算出,算定. ❷見積り,予測. ❸〈単〉打算.

be·rechtigen [ベレヒティゲン] **((I))** 他⟨④ zu ③⟩〈物¹が〉〈人⁴に〉事³の権利[資格]を与える. **((II))** 自⟨zu ③⟩〈物¹からすると〉〈物³が〉当然である,〈物¹が〉〈物³を〉保証する.

berechtigt [ベレヒティヒト] **((I))** berechtigen の過去分詞. **((II))** 形 ❶《副なし》正当な,妥当な. ❷⟨zu ③⟩〈物⁴の〉権利[資格]がある,〈物¹は〉許されている.

Berechtigung [ベレヒティグング] 女 (-/-en) ❶権利,資格;許可,認可. ❷正当性,根拠.

be·reden **((I))** 他⟨④ (mit ③)⟩〈事⁴について〈人³と〉〉協議する,相談する. **((II))** 再 sich⁴ ⟨mit ③ (über ④)⟩〈人³と〈事⁴について〉〉協議する,相談する.

beredsam [ベレートザーム] 形能弁[雄弁]な.

Beredsamkeit [ベレートザームカイト] 女 (-/) 能弁,雄弁;雄弁術;説得力.

beredt [ベレート] 形 ❶雄弁[能弁]な. ❷〈書〉表情豊かな.

Bereich [ベライヒ] 男 (-(e)s/-e) ❶(勢力)範囲,圏内;射程. ❷領域,(専門)分野.

bereichern [ベライヒェァン] 〈書〉 **((I))** 他 ❶⟨④ (mit ③ [um ④])⟩〈物⁴を〈物³によって[物⁴の分で]〉〉富ます,豊かにする. ❷〈物¹が〉〈人・物⁴を〉豊かにする. **((II))** 再 sich⁴ ⟨an ③⟩〈人³を利用して[物³で]〉私腹を肥やす.

Bereicherung [ベライヒェルング] 女 (-/) ❶豊かにすること,充実化. ❷不正利得.

bereifen [ベライフェン] 他〈車⁴などに〉タイヤを付ける.

bereift [ベライフト] **((I))** bereifen の過去分詞. **((II))** 形タイヤの付いた;霜の降りた,霜で覆われた.

Bereifung [ベライフング] 女 (-/-en) ❶タイヤを付けること. ❷(ある乗り物の)タイヤ(全体).

be·reinigen 他〈問題・誤解⁴を〉解く,解決する,〈問題・誤解⁴に〉決着を付ける.

be·reisen 他〈国・地方⁴などを〉(知るために)旅行して回る,視察[商用]旅行する.

bereit [boráit ベライト] 形《述語》 ❶〈(zu ③)〉〈物³の〉用意[準備]のできた[整った]. ❷〈(zu ③)〉〈物⁴を〉喜んで[進んで]する,乗り気である. ♦ sich⁴ zu ③ ~ erklären 事³の覚悟[意志]のあることを表明する. sich⁴ zu ③ ~ machen 物³の準備[用意]をする. ~ sein, ...〈zu不定詞句〉...する用意[準備]ができている; ...する覚悟ができている. **4級**

be·reiten [ベライテン] 他⟨③ ④⟩ ❶〈人³に事⁴をひき起こす,呼び起こす,〈人³に悪い事⁴を〉もたらす,与える. ❷

bereit|finden* 再 sich⁴〈zu ③〉〈事³に〉同意[賛同]する.

bereit|haben* 他④ ~ haben 事⁴を用意[準備]している.

bereit|halten* ((I))他〈物⁴を〉用意[準備]して持っている, 用意[準備]しておく. ((II))再 sich⁴ 用意[準備]してある.

bereit|legen 他〈(③ [für ④]) ④〉〈(人³·⁴に)物⁴を〉用意して(置いて)おく.

bereits [ベライツ] 副 ❶ (↔ erst) 思ったよりも早く, 早くも. ❷ (↔ noch nicht)もうすでに. ❸《次に来る語句または前の語句を限定する》...だけでも. ♦ Bereits die Idee [Die Idee ~] ist fruchtbar. その考えだけでも有益です.

Bereitschaft [ベライトシャフト] 女 (-/-en) ❶《単》用意してあること, 準備. ❷《単》〈(zu ③)〉(...にむけての)意志があること, 乗り気. ❸ (緊急のための)待機. ❹ (警察などの)緊急待機隊, 緊急機動隊.

Bereitschafts-dienst 男 (緊急用の)待機勤務.

bereit|stehen* 自(南ド, オースト, スイス)(S)〈(für ④)〉〈物¹が〉〈(人·物⁴のために)〉準備[用意]できている, 待機している, スタンバイしている.

bereit|stellen 他 ❶〈④ (für ④)〉〈(人·物⁴のために)物⁴を〉供給[提供, 支出]する. ❷〈物⁴を〉準備[用意]する, 手配する, 待機させる.

bereit|willig 形 喜んで[進んで, 快く]する, いとわない.

Bereitwilligkeit [ベライトヴィリヒカイト] 女 (-/) 喜んで[進んで, 快く]すること, いとわないこと.

bereit|zeigen 再 sich⁴〈zu ③〉〈事³の〉覚悟[意志]を示す.

bereuen [ベロイエン] 他〈事⁴を〉後悔する, 悔やむ, 残念に思う.

Berg [berk ベァク] 男 (-(e)s/-e) ❶ 山, 山岳. ❷《複》山地, 連山, 山脈.

格	単数	複数
1	der Berg	die Berge
2	des Berg(e)s	der Berge
3	dem Berg	den Bergen
4	den Berg	die Berge

❸《口》山のような多量(の物). ♦ auf einen ~ steigen [klettern] 山に登る[よじ登る]. ein ~ von Arbeit 山ほどの仕事. *(längst) über alle ~e sein* 《口》(とっくに)高飛びしている, ずらかっている, 逃げのびている. *über den [dem] ~ sein* 《口》(病気などの)峠を越して, 山を越えている. 5級

bergab [ベァクアップ] 副 山を下って, 下の方へ; 下り坂で, 《口》落ち目で.

bergauf [ベァクアオフ] 副 山を上がって, 上の方へ, 山上へ; 《口》上向きに.

Berg·bahn 女 登山鉄道.

Berg·bau 男 (-(e)s/) 採鉱(業), 採掘, 鉱(山)業.

bergen* [ベァゲン] (du birgst, er birgt; 命 birg; 過 barg; 過分 geborgen) 他 ❶〈人·物⁴を〉(事故などの後で)収容する, 救助する, 保護する, 〈船⁴を〉(事故などの後で)引き揚げる. ❷《書》〈物¹が〉〈物⁴を〉秘蔵する. ❸〈④ (in sich³)〉《書》〈物¹が〉〈危険·リスクなどを〉伴う, 内に秘める.

Berg·führer 男 ❶ 山のガイド. ❷ 登山のガイドブック.

bergig [ベルギヒ] 形《副なし》山の多い.

Berg·kette 女 山脈, 連山, 山並み.

Berg·kristall 男 (-s/-e) [鉱] (無色透明な)水晶.

Berg·mann 男 (-(e)s/..leute) 坑夫, 鉱夫, 炭鉱労働者.

Berg·steiger 男 (-s/-) 登山家[者], アルピニスト. ◇ **~in** 女 (-/-nen).

Bergung [ベルグング] 女 (-/-en)《主に単》収容, 救助, 保護; [海] 海難救助, サルベージ.

Berg·wacht 女 (-/-en)《主に単》遭難救助隊.

Berg·werk 中 鉱山, 炭鉱; 採鉱場;

① 1格 ② 2格 ③ 3格 ④ 4格

鉱業所.

Bericht [ベリヒト] 男 (-(e)s/-e) ❶ (口頭・文書の) 報告, リポート, 報道 (記事). ❷ (公式な) 報告, コミュニケ. ◆ einen ~ über ④ geben 物⁴について報告する. ~ erstatten 報告する.

berichten [ベリヒテン] ((I)) 他 (③) ④〈(人³に) 事⁴を〉(客観的に) 報告 [報道] する. ★ dass 副文もとる. ((II)) 自 (③) (von ③ [über ④])〈(人に) (事³[事⁴について])〉報告 [報道] する.

berichtet berichten の過去分詞.

Bericht·erstatter [..エァシュタッター] 男 ❶ (新聞) 通信員, 報道記者, 特派員, レポーター. ❷ 報告者. ◇ **~in** 女 (-/-nen).

Bericht·erstattung [..エァシュタットゥング] 女 (公式な) 報告, 報道, 通信.

berichtigen [ベリヒティゲン] 他 ❶〈(誤り⁴などを)〉正す, 直す, 訂正する. ❷〈お金⁴を〉清算する.

Berichtigung [ベリヒティグング] 女 ❶ 訂正, 修正, 是正. ❷ 清算.

be·rieseln [ベリーゼルン] 他 (④ (mit ③))〈人⁴に (物³を)〉浴びせ(かけ)る;〈土地⁴に〉水を注ぐ [引く].

beriet [ベリート] beraten の直説法過去形.

beriete [ベリーテ] beraten の接続法II式形.

Berlin [ベァリーン] 中 (-s/) ベルリン ((ドイツの首都, 州に相当する市)).

Berliner [ベァリーナー] ((I)) 男 (-s/-) ❶ ベルリン人. ❷ ベルリーナー ((揚げパン)). ((II)) 無変化《無変化》ベルリンの. *die ~ Mauer* ベルリンの壁. *~ Weiße* (ベルリン名物の) 白ビール ((しばしばキイチゴのジュースを混ぜて飲む)). ◇ **Berlinerin** 女 (-/-nen).

berlinerisch = berlinisch.

berlinisch [ベァリーニッシュ] 形 ベルリン (風) [方言] の.

Bern [ベァン] 中 (-s) ベルン ((スイスの首都及び州, 州都)).

Bernhardiner [ベァンハルディーナー] 男 (-s/-) 〔動〕 セントバーナード.

Bernstein [ベァンシュタイン] 男 (-(e)s/) 琥珀(こはく).

bersten [ベァステン] 自 ⓈD (du, er birst; 命 birst; 過 barst; 過分 geborsten) 《書》 ❶ 張り裂ける, 割れる, 破裂する. ❷〈vor ③〉〈物³のあまり〉我を忘れる.

berüchtigt [ベリュヒティヒト] 形《副なし》〈für ④; wegen ②〉〈事⁴·²のために〉評判の悪い, 悪評のある, 悪名高い.

berücksichtigen [ベリュックズィヒティゲン] 他 ❶〈物⁴を〉顧慮 [考慮] する, 考えに入れる, 斟酌(しんしゃく)する. ★ dass 副文もとる. ❷〈人³にチャンスを与える. ❸〈事⁴を〉尊重する.

Berücksichtigung [ベリュックズィヒティグング] 女 (-/-) ❶ 顧慮, 考慮, 斟酌. ❷ チャンスを与えること. ❸ 尊重.

Beruf [ベルーフ borúːf] 男 (-(e)s/-e) 職業, 職;〔書〕使命, 天職. ◆ *Was sind Sie von ~ ?* ご職業は何ですか. *im ~ stehen* 就職している. 5級

be·rufen * [ベァルーフェン] 他 ❶〈人⁴を〉(職に) 任命 [指名] する, 招聘(しょうへい)する, 天職 [使命] を授ける. ((II)) 再 sich⁴〈auf ④〉〈(人・物⁴を)〉証人 [証拠] とする. ((III)) ((II)) の過去分詞. ((IV)) 形〈zu ③〉〈(事³に)〉天賦の才のある, 非常に能力のある.

beruflich [ベルーフリヒ] ((I)) 形《付加》職業上の. ((II)) 副 職業上, 職業として. ◆ *Was machen Sie ~ ?* ご職業は何ですか.

Berufs·ausbildung 女 職業教育 [訓練].

Berufs·aussichten 複 就職の見込み.

Berufs·berater 男 職業相談員.

Berufs·beratung 女 (労働局) 職業指導, 職業相談.

Berufs·bild 中《単》職業イメージ.

Berufs·erfahrung 女 職業経験.

Berufs·geheimnis 中 ❶《単》(医師・弁護士などの) 秘密保持義務. ❷ 職務上守るべき秘密.

Berufs·krankheit 女 職業病.

Berufs·leben 中 職業生活.

① 1 格 ② 2 格 ③ 3 格 ④ 4 格

Berufs·schule 囡 職業学校 ((通常の職業訓練と平行して週二日ほど通わねばならない)).

Berufs·sportler 男 プロスポーツ選手.

berufs·tätig [ベルーフステーティヒ] 《副なし》職のある, 職についている.

Berufs·verkehr 男 (-(e)s/) (朝夕の)通勤ラッシュ; 通勤輸送.

Berufung [ベルーフング] 囡 (-/-en) ❶《単》天職の自覚, 使命感. ❷《単》指名, 任命, 招聘(しょうへい). ❸《単》証拠[証人]として引き合いに出すこと, 引証, 援用. ❹《主に単》《法》控訴, 上告.

be·ruhen 自〈auf ③〉〈物¹〉が〈物³〉に〉基づく, 基礎をおく.

beruhigen [ベルーイゲン] ((I)) 他 〈人⁴を〉静める, 落ち着かせる. ((II)) 冉 sich⁴ ❶ 心を落ち着ける, 気を静める, 安心する. ❷〈怒り・海¹などが〉静まる, 落ち着く, 〈苦痛¹などが〉和らぐ.

beruhigend [ベルーイゲント] ((I)) beruhigen の現在分詞. ((II)) 形 ❶ 静める, 落ち着かせる, なだめる; 鎮静(作用)の. ❷ 安心させる, 安心感を与える.

beruhigt [ベルーイヒト] beruhigen の過去分詞.

Beruhigung [ベルーイグング] 囡 (-/) ❶ 落ち着かせる[落ち着つく]こと, 静める[静まる]こと; 沈静化, 鎮静化. ❷ 安心(した状態[心境]).

Beruhigungs·mittel 中 鎮静剤.

berühmt [berý:mt ベリュームト] (最上 ~est) 形《副なし》〈wegen ②; durch [für] ④〉〈物²·⁴で〉有名な, 著名な, 名高い, 名声のある. **4級**

Berühmtheit [..ハイト] 囡 (-/-en) ❶《単》有名, 著名. ❷ 有名[著名]人, 名士.

berühren [ベリューレン] ((I)) 他 ❶ 〈人·物³に〉触れる, さわる; 接触する, 接する; 手を触れる. ❷〈物⁴が〉〈人⁴の〉心に触れる, 〈人⁴を〉感動させる. ❸〈テーマ⁴に〉触れる, (ちょっと)言及する. ◆Bitte nicht ~! 手を触れないで下さい. ((II)) 冉 sich⁴〈意見・見方¹などが〉(互いに)触れ合う, 相通じるところがある, よく似ている.

Berührung [ベリューアルング] 囡 (-/-en) ❶ 触れること, 接触. ❷ 触れ合うこと, 知ること, 関係. ❸ (ちょっとした)言及. ◆mit ③ in ~ kommen 人·物³と触れ合う, 接触する, 出会う.

be·sagen 他《書》〈法·規定¹などが〉〈事⁴を〉述べる, 意味する, 〈法·規定¹の〉内容は〈事⁴で〉〈事⁴と〉なっている. ★dass節文もとる, 受動態なし.

besagt [ベザークト] ((I)) besagen の過去分詞. ((II)) 形《付加》《古》前記[前述]の.

besänftigen [ベゼンフティゲン] 他 〈人⁴を〉(言葉で)なだめる, 落ち着かせる.

besaß [ベザース] besitzen の過去形.

besäße [ベゼーセ] besitzen の接続法II式形.

Besatz [ベザッツ] 男 (-es/-Besätze) 飾り, 飾りひも, 飾りレース; 衣服の縁(飾り), ささべり.

Besatzung [ベザッツング] 囡 (-/-en) ❶ (艦船·飛行機の)全乗組員, 全乗務員, 全クルー. ❷《単》占領軍, (占領地の)進駐軍.

Besatzungs·macht 囡 占領国[軍] ((占領軍を派遣している国)).

Besatzungs·zone 囡 占領地帯[地区].

be·saufen* 冉 sich⁴《口》酔っぱらう.

Besäufnis [ベゾイフニス] ((I)) 中 (-ses/-se), 囡 (-/-se)《口》どんちゃん騒ぎ. ((II)) 囡 (-/) 泥酔.

beschädigen [ベシェーディゲン] 他 〈物⁴を〉傷つける, いためる, 破損する, 〈物⁴に〉損害を与える.

Beschädigung [ベシェーディグング] 囡 ❶ 破損, 損害, 毀損. ❷ 破損個所.

be·schaffen¹ 他 ❶〈(sich³) ④ für ④〉〈物⁴を物⁴のために〉(工面して)手に入れる, 調達する. ❷〈③ ④〉〈(人³に)人·物⁴を〉調達してあげる, 手に入

beschaffen² 形《副なし》(…という)性質[状態]である, ～ sein, dass ….◆so ～ sein, dass …. …というたち[性質]です.

Beschaffenheit [ベシャッフェンハイト] 囡 (-/-) ❶ 性質, 素質. ❷ 状態.

Beschaffung [ベシャッフング] 囡 調達, 入手.

beschäftigen [bəʃɛ́ftigən ベシェフティゲン] ((I)) 他 ❶〈人⁴を〉雇う. ❷〈人⁴を〉忙しくさせる, 働かせる,〈人⁴に〉仕事をさせる. ❸〈物¹が〉〈人⁴(の心)に〉かかっている,〈人⁴の〉関心を引く,〈人⁴(の心)から〉離れない. ((II)) 再 sich⁴ ❶〈mit ③〉〈物³で〉忙しい. ❷〈mit ③〉〈物³に〉時間を費やす;〈物³に〉関わり合っている;〈物³と〉取り組んでいる;〈物¹が〉〈物³を〉(取り)扱っている,〈物¹は〉〈物³を〉内容としている.

beschäftigt [ベシェフティヒト] ((I)) beschäftigen の過去分詞. ((II)) 形《述語》❶ 働いて[雇われて]いる, 仕事をしている. ❷ 多忙な, 忙しい. ❸〈mit ③〉〈事³に〉携わっている, 従事している.

Beschäftigte(r) [ベシェフティヒテ(ター)] 男 囡《形容詞変化》従業員, 被用者.

Beschäftigung [ベシェフティグング] 囡 (-/-en) ❶ 活動, 暇つぶし. ❷ 仕事, 職業. ❸〈mit ③〉〈事³への〉取り組み;〈物³への〉従事.

be-schämen 他〈④ (mit ③)〉〈人⁴を〉〈物³で〉恐縮させる, 恥じ入らせる,〈物¹が〉〈人⁴を〉赤面させる.

beschämend [ベシェーメント] ((I)) beschämen の現在分詞. ((II)) 形 ❶ 恥ずべき, けしからぬ. ❷ 恥ずかしさを呼び起こすような, 恥ずかしい. ((III)) 副《形容詞の意味を強めて》ひどく, 非常に.

beschämt [ベシェームト] ((I)) beschämen の過去分詞. ((II)) 形 恥ずかしい.

Beschämung [ベシェームング] 囡 (-/-en)《主に単》恥, 恥辱.

beschatten [ベシャッテン] 他 ❶〈人⁴を〉つける, 尾行する. ❷〈物¹が〉〈人・物⁴を〉おおう, (日)陰にする,〈人・物⁴に〉陰を付ける.

beschaulich [ベシャオリヒ] 形 平穏な, 静かな, ゆったりした.

Beschaulichkeit [ベシャオリヒカイト] 囡 (-/-) 平穏, ゆったりしていること.

Bescheid [ベシャイト] 男 (-(e)s/-e) ❶《単》知らせ, 回答, 案内. ❷ (当局の)決定, 通知.◆über ④ ～ bekommen [erhalten] 事⁴について情報を得る. ③ über ④ ～ geben 人³に事⁴について知らせる. ③ ～ sagen, dass [ob]… 人³に …のこと[…かどうか]を知らせる. ③ (gehörig) ～ sagen (口) 人³にはっきり意見を言う. ～ wissen よく知っている, 詳しい.

bescheiden¹ [ベシャイデン] 形 ❶ 控えめの, 謙遜な, 謙虚な. ❷ (生活・食事などが)つつましやかな, 質素な. ❸ (報酬・利益などが)ささやかな, わずかばかりの. ❹ (口) (婉曲)ひどい, 粗末な.

bescheiden*² ((I)) 他〈③ ④〉《書》〈神・運命¹などが〉〈人⁴に物⁴を〉賦与(ふよ)する, 授ける. ★主に状態受動で用いられる. ((II)) 再 sich⁴〈mit ③〉《書》〈物³で〉満足する,〈物³に〉甘んじる.

Bescheidenheit [ベシャイデンハイト] 囡 (-/-) ❶ 控えめ, 謙虚. ❷ つつましやか, 質素.

bescheinigen [ベシャイニゲン] 他〈③〉〈〈人³に〉物⁴を〉(書類・文書で)証明する,〈(人³に)事⁴の〉証明書を与える,〈(人³に)事⁴があることを〉証明する.

Bescheinigung [ベシャイニグング] 囡 (-/-en)〈(über ④)〉(書類による)〈(事⁴の)〉証明(書).

bescheißen* [ベシャイセン]《俗》他 ❶〈④ (um ④)〉〈人⁴から〉〈物⁴を〉だまし取る, 奪う. ❷〈人⁴を〉だます, あざむく.

beschenken 他〈④ (mit ③)〉〈人⁴に〈プレゼント³を〉〉贈る.

bescheren [ベシェーレン] 他 ❶〈④〉; ④〈mit ③〉〈人³⁄⁴に物⁴³を〉(クリスマスに)贈る. ❷〈③ ④〉《書》〈物¹が〉〈人³に物⁴を〉与える, 授ける.

Bescherung [ベシェールング] 囡

(-/-en) ❶《特にクリスマスの》贈り物をすること. ❷《主に単》〘口〙《皮肉》突発的なうっかり事, 予期しない不快事.

bescheuert［ベシォイアト］形〘口〙❶頭がおかしい, 狂っている. ❷むかつく, 腹だたしい.

be·schichten 他〈4 mit 3〉〈物4に物3を〉コーティング［上塗り］する.

Beschichtung［ベシヒトゥング］女 コーティング, 上塗り.

be·schießen*［ベシーセン］他❶〈4（mit 3）〉〈人・物4を(物3で)〉射撃［砲撃］する. ❷〘口〙〈人4に〉(質問・非難などの)集中砲火をあびせる. ❸〈4（mit 3）〉〘理〙〈物4に(物3を)〉衝突させる.

be·schimpfen 他〈4 mit 3〉;〈4 (als ...)〉〈人4を(物3で);人4を(...である)と〉侮辱する, 誹謗(ひぼう)する, 中傷する, 罵倒(ばとう)する.

Beschimpfung［ベシンプフング］女 (-/-en) ❶《単》侮辱, 中傷, 誹謗. ❷ 侮辱［中傷, 誹謗］の言動.

beschissen［ベシッセン］((I)) be- scheißen の過去分詞. ((II))《俗》形 ひどい, いやな, くだらない.

Beschlag［ベシュラーク］男 ❶《保護・飾りの》金具;帯金, 留め金. ❷《主に単》蹄鉄(ていてつ)など. ❸《単》《ガラスなどの表面の》曇り, 被膜.

beschlagen*［ベシュラーゲン］((I)) 他 ❶〈物4を〉(釘・鋲で)打ち付ける, (金具で)留める. ❷〈物3に〉〈馬4に〉蹄鉄を打つ. ❸〈物4に〉〈物3に〉被膜を作る, 曇らせる. ((II))自〈物1が〉表面に曇り［さび, かび］を生ずる. ((III))再 sich4 〈物1が〉表面がさびる, かびる, 曇る. ((IV))((I))〜((III))の過去分詞. ((V))形《副なし》〘口〙〈4 (in 3)〉〈(物3に)〉堪能(かんのう)である, 詳しい, 精通している.

Beschlagnahme［ベシュラークナーメ］女 (-/-en)差し押え, 押収, 没収;拿捕.

beschlagnahmen［ベシュラークナーメン］他《過 beschlagnahmte; 過分 beschlagnahmt》❶〈物4を〉差し押える, 押収する, 没収する;拿捕する. ❷〘口〙〈人・物4を〉独占する, 独り占めする.

Beschlagnahmung［ベシュラークナームング］女差し押え, 押収, 没収;拿捕.

beschleunigen［ベシュロイニゲン］((I))自《テンポを》速める, 加速する. ((II))他〈物4を〉早める, 速める, 促進する, 〈物4に〉拍車をかける. ((III))再 sich4〈物1が〉速［早］まる, 加速する, 〈物4に〉拍車がかかる.

Beschleunigung［ベシュロイニグング］女 (-/-en) ❶《単》加速, スピードアップ, 促進;急ぎ. ❷加速度.

beschließen*［ベシュリーセン］((I)) 他 ❶(a)〈物4を〉**決める**, 決定する;決心［決意］する. (b)成文不定詞, dass副文もとる. ★いずれも zu4不定詞, dass副文もとる. ❷〈4 (mit 3)〉〈物4を(物3で)〉終える, 締めくくる. ((II))自〈über 4〉〈(事4について)〉採決［表決］する.

beschloss［ベシュロス］beschließen の過去形.

beschloß旧 = beschloss.

beschlösse［ベシュレッセ］beschließenの接続法II式形.

beschlossen［ベシュロッセン］((I)) beschließen の過去分詞. ((II))形 ❶決定した. ❷〘書〙含まれた.

Beschluss［ベシュルス］男 〈-es/Beschlüsse〉(公的な)決議, 議決;決定;判決. (über 4) einen ~ fassen 《書》〈物4に関して〉決議する.

Beschluß男 (Beschlusses/Beschlüsse) 旧 = Beschluss.

beschluss·fähig形《副なし》《会議などで定足数を満たして》議決能力のある, 定足数を満たした.

Beschluss·fähigkeit女 (-/) 議決能力;定足数.

beschmieren［ベシミーレン］他〈4 (mit 3)〉❶〈物4に(物3を)〉塗り付ける, 〈物4を(物3で)〉汚くする. ❷〈物4に(物3を)〉落書きする.

beschmutzen［ベシュムッツェン］他 ❶〈4(mit 3)〉〈人・物4を(物3で)〉汚(けが)す. ❷〈人4[名声・名誉など]を〉汚(けが)す, 〈人4[名声・名誉など]に〉泥を塗る.

beschneiden*［ベシュナイデン］他

［1］1格 ［2］2格 ［3］3格 ［4］4格

❶〈物⁴を〉〈(ハサミで)切りつめる,切り取る[落とす],切りそろえる. ❷〈(③) ④ (in ③)〉〈(人³の) 物⁴を;人⁴を(事³に関して)〉制限する,制約する,削減する. ❸〈人⁴に〉割礼(ホミ)を施す.

Beschneidung [ベシュナイドゥング] 囡 ❶〈(ハサミで)切ること,剪定(ネミ). ❷削減,制限. ❸割礼.

beschnüffeln [ベシュニュッフェルン] 他 ❶〈動物¹が〉〈人・物⁴を〉くんくん嗅ぐ. ❷(口)〈人・物⁴を〉知り合いになろうとする,探りを入れる.

beschönigen [ベシェーニゲン] 他 〈事⁴を〉言いつくろう,取りつくろう.

beschränken [ベシュレンケン] 他 ❶〈④ auf ④〉〈物⁴を物⁴に〉制限[抑制,限定]する. ❷〈④ in ③〉〈人⁴の事³を〉制限する,制約する. ((II))再 sich⁴〈auf ④〉〈物⁴に〉限定される,留める,〈物⁴で〉我慢する.

beschränkt [ベシュレンクト] ((I)) beschränken の過去分詞. ((II))形 ❶制限[限定]された. ❷(軽蔑) 知恵おくれの,頭の弱い.

Beschränktheit [ベシュレンクトハイト] 囡(-/) 頭の弱いこと,愚かさ.

Beschränkung [ベシュレンクング] 囡(-/-en) ❶(主に)制限,限定. ❷制約,抑制.

beschreiben* [bəˈʃraɪbən ベシュライベン](過 beschrieb; 過分 beschrieben) 他 ❶〈(③) ④〉〈(人³に対して)人・物⁴を〉記述する,描写する. ❷〈物¹が〉〈形⁴を〉描く. *nicht zu ~ sein*〈喜び・驚き¹などが〉筆紙に尽くせない,言い表せない.

Beschreibung [ベシュライブング] 囡(-/-en) 記述,描写.

beschrieb [ベシュリープ] beschreibenの過去形.

beschriebe [ベシュリーベ] beschreibenの接続法II式形.

beschrieben [ベシュリーベン] beschreiben の過去分詞.

beschriften [ベシュリフテン] 他 〈物⁴に〉表題[見出し,ラベル]を付ける.

beschuldigen [ベシュルディゲン] 他〈④ (②)〉〈人⁴に(物²の)〉罪を負わせる,容疑をかける.

Beschuldigte(r) [ベシュルディヒテ[ター]] 男囡《形容詞変化》容疑者;〔法〕被疑者.

Beschuldigung [ベシュルディグング] 囡(-/-en) 告発,告訴.

beschummeln [ベシュメルン] 他 (口)〈人⁴を〉だます.

Beschuss [ベシュス] 男(-es/) ❶ (公の)厳しい批判. ❷〔軍〕射撃,砲撃;(銃砲の)試射. ❸〔理〕衝撃(高エネルギー粒子を衝突させること).

Beschuß 男(Beschusses/) 旧 = Beschuss.

be‧schützen 他〈④ (vor ③)〉〈人⁴を(人・物³から)〉保護する,かばう,守る.

Beschützer [ベシュッツァー] 男(-s/-) 保護者,庇護者. ◇ **Beschützerin** 囡(-/-nen).

Beschwerde [ベシュヴェーァデ] 囡(-/-n) ❶苦情,不服. ❷〔法〕抗告,異議. ❸〈複〉(年齢・病気から来る)体のトラブル,痛み. *über* ③ [*gegen* ④] *eine ~ führen* [*vorbringen*] 事⁴について[人⁴に対して]苦情を言う.

beschweren [ベシュヴェーレン] ((I)) 再 sich⁴〈(bei ③)〈über ④)〉〈(人³に)事・人⁴について〉苦情[文句]を言う. ((II)) 他〈④ (mit ③)〉〈物⁴に(物³の)〉重石(クニ)を載せる.

beschwerlich [ベシュヴェーァリヒ] 形つらい,骨の折れる,ハードな.

beschwichtigen [ベシュヴィヒティゲン] 他〈人⁴を〉なだめる;〈怒り・憎しみ⁴などを〉鎮める,和らげる.

Beschwichtigung [ベシュヴィヒティグング] 囡 宥和(化),鎮撫(化).

beschwingt [ベシュヴィングト] 形意気盛んな,生き生きした,快活な.

beschwipst [ベシュヴィプスト] 形 (口) ほろ酔い(気分)の.

be‧schwören* 他 ❶〈事⁴が真実であると〉断言する,誓って保証する,誓う. ★ dass副文もとる. ❷〈人⁴に事⁴を〉懇請[嘆願]する. ★ zu不定詞をとる. ❸〈霊・神・悪魔⁴などを〉(呪文[魔法]

①1格 ②2格 ③3格 ④4格

で)呼び出す, 呼び起こす.
Beschwörung [ベシュヴェールング]囡 ❶断言, 誓約, 言明. ❷懇請, 懇願, 嘆願. ❸(呪文[魔法]で)呼び出す[呼び起こす]こと, まじない, 呪縛, 悪魔祓い.

beseitigen [ベザイティゲン]他 ❶〈物⁴を〉片づける, 取り除く, 除去する. ❷(口)(婉曲)〈人⁴を〉片づける, 殺害する.

Beseitigung [ベザイティグング]囡(−/−) ❶片づけること, 取り除くこと, 除去. ❷(口)(婉曲)(人を)片づけること, 殺害.

Besen [ベーゼン]男(−s/−) ❶ほうき, (長柄の)ブラシ. ❷(口)(軽蔑)つっけんどんな女. *Neue ~ kehren gut.*(諺)新しいほうきはよく掃ける, 新しい人は(最初のうちだけは)よく働く.

besessen [ベゼッセン]((I))besitzen の過去分詞. ((II))形〈(von ③)〉〈物³に〉憑(ﾂ)かれた, 取りつかれた.

Besessenheit [ベゼッセンハイト]囡(−/) 憑(ﾂ)かれた状態, 取りつかれること, 執着.

be·setzen 他 ❶〈場所・席⁴を〉取る, 占める. ❷〈④ (mit ③)〉〈地位・役⁴などを(人³に)〉割り振る[当てる], あてがう. ❸〈④ (mit ③)〉〈物⁴に(飾りを)〉縫い[取り]付ける, あてがう. ❹〈軍隊¹が〉〈所⁴を〉占領する, 占拠する.

besetzt [ベゼット]((I))besetzen の過去分詞. ((II))形〈述語〉ふさがった, 占められた, 大入りの, 満員の. ◆*Ist der Platz ~?* この席はふさがっていますか. *Das Telefon ist ~.*(電話が)話し中である. *Besetzt*《表示》使用中, 話し中, 満員.

Besetzung [ベゼッツング]囡(−/−en) ❶《単》占めること. ❷《単》割り当て, 役に任ずること. ❸《単》占領, 占拠. ❹〔劇〕(全ての)配役, 出演者.

besichtigen [bəzíçtɪgən ベズィヒティゲン]他〈物⁴を〉見物[見学]する, 視察する, 参観する. 4級

besichtigt [ベズィヒティヒト]besichtigen の過去分詞.

Besichtigung [ベズィヒティグング]囡(−/−en) 見学, 見物, 視察, 参観.

be·siedeln 他〈土地⁴に〉植民する, 入植する.

besiedelt [ベズィーデルト]((I)) besiedeln の過去分詞. ((II))形《副なし》人が住んでいる.

be·siegen 他〈人・物⁴に〉打ち勝つ, 〈人⁴を〉打ち負かす, 〈物⁴を〉克服する, 抑制する, 征服する.

besinnen* [ベズィネン]再 sich⁴ ❶(書)思いを巡らす, 熟考する. ❷〈auf ④〉〈物⁴を〉思い出して, 想起する.

Besinnung [ベズィヌング]囡(−/) ❶意識. ❷正気. ❸思いを巡らせること, 熟考. ❹思い起こすこと, 想起. ◆*zur ~ kommen* 正気になる; 意識がもどる.

besinnungs·los 形 ❶意識[正気]を失った, 気絶した. ❷〈vor ③〉〈怒り³などのあまり〉理性[思慮]を失った, 無分別な.

Besinnungslosigkeit [ベズィヌングスローズィヒカイト]囡(−/) ❶意識不明, 気絶. ❷理性[思慮]のないこと, 無分別.

Besitz [ベズィッツ]男(−es/) ❶所有(物); 財産. ❷〔法〕占有(物).

besitzen* [bazítsən ベズィッツェン](過 besaß; 過分 besessen)他《受動態にならない》 ❶〈物⁴を〉所有している. ❷〈物⁴を〉占有する. ❸〈性質・特性・知識⁴などを〉持っている. ❹〈物¹が〉〈物⁴を〉装備している, 備えている. ◆*die besitzende Klasse = die Besitzende* 有産階級. *Mut ~* 勇気がある. 5級

Besitzer [ベズィッツァー]男(−s/−) ❶所有者. ❷〔法〕占有者. ◇**Besitzerin** 囡(−/−nen).

besoffen [ベゾッフェン]((I))besaufen の過去分詞. ((II))形(口) 泥酔した, ぐでんぐでんに酔っぱらった.

Besoffene(r) [ベゾッフェネ[ナー]]男 囡《形容詞変化》ぐでんぐでんに酔っぱらった人, 酔っぱらい.

besohlen [ベゾーレン]他〈靴⁴に〉(新しい)底革をつける, 〈靴⁴の〉底を張り替える.

besonder [ベゾンダー] 形《付加》❶ 特殊な, 特別の; 特有の, 独特の, 異例の, 特異の. ❷ 並々ならぬ, 並外れた, 格別の. *im Besonder(e)n* 特に, 主として. 4級

Besonderheit [ベゾンダーハイト] 囡 (-/-en) 特質, 特色, 特徴; 特殊性, 特異性.

besonders [bəzóndərs ベゾンダース] 副 ❶特に, 主として. ❷それだけ別に, 別個に, 個別に, 単独に. ❸《形容詞・副詞を強調して》特に, 並々外れて, 格別に. *nicht ~* (口) 1) とりたてて良くはない, たいしたことはない. 2)《答えとして》別に(何もないよ). 4級

besonnen [ベゾンネン] ((I)) besinnen の過去分詞. ((II)) 形冷静な, 思慮深い, 分別のある.

Besonnenheit [ベゾンネンハイト] 囡 (-/) 思慮深さ, 冷静.

besorgen [ベゾルゲン] 他 ❶〈(③)〉〈(人³のために)物⁴を〉調達する, 手に入れる; 世話をする, 面倒を見る. ❷〈物⁴を〉片づける, 処理する, 果たす. ♦ (③) *eine Karte [ein Taxi] ~* (人³のために)チケットを入手する[タクシーを呼ぶ].

Besorgnis [ベゾルクニス] 囡 (-/-se) 〈(*um* ④)〉〈人・物⁴についての〉心配, 懸念, 気遣い. ♦ ② ~ *erregen* 〈物¹が〉人²の心配の種となる, 人²の不安をかき立てる.

besorgt [ベゾルクト] ((I)) besorgen の過去分詞. ((II)) 形〈(*um* ④)〉〈人・物⁴を〉心配している, 気づかっている, 憂慮している. ❷〈書〉〈人・物⁴に〉気を配っている.

Besorgung [ベゾルグング] 囡 (-/-en) ❶処理, 片づけ. ❷調達, 買い物.

bespitzeln [ベシュピッツェルン] 他 (軽蔑)〈人・物⁴を〉スパイする.

besprach [ベシュプラーハ] besprechen の過去形.

bespräche [ベシュプレーヒェ] besprechen の接続法II式形.

be⋅sprechen* ((I)) 他 ❶〈(*mit* ③)〉〈事⁴を(人³と)〉話し合う, 相談 [協議] する. ❷〈映画・本などを〉

批評する. ((II)) 再 sich⁴ 〈(*mit* ③) (*über* ④)〉〈(人³と)(事⁴について)〉話し合う, 相談[協議]する.

Besprechung [ベシュプレッヒュング] 囡 (-/-en) ❶話し合い, 協議, 相談. ❷協議[相談]会. ❸批評, 論評, 書評.

bespritzen [ベシュプリッツェン] 他 〈④ (*mit* ③)〉〈人・物⁴に(物³を)〉はねかける.

besprochen [ベシュプロッヘン] besprechen の過去分詞.

be⋅sprühen 他〈物⁴に〉吹きかける, 噴霧する.

besser [ベッサー] ((I)) 形 ❶*gut* の比較級《より良い[優れた], ❷《付加》《主に皮肉》上流(階級)の. ❸《付加》《口・軽蔑》(無いよりは)ましな(程度の), ちょっとした. ♦ ~ *als (gar) nichts*〈なし〉何もないよりはまし. *Du kannst das ~ als ich.* 君は僕よりうまくそれができる. ~ (*gesagt*) もっと上手な言い方をすれば. *Besser ist ~.* 用心にこしたことはない, 念には念を, 石橋をたたいて渡れ. *Besseres zu tun haben* 他にやる事がある, 忙しい. *meine ~e Hälfte* うちの女房[ベターハーフ]. *Um so* [*Desto*] ~. (口) それは益々結構なことです. ((II)) 副…した方が良い. 4級

bessern [ベッセルン] ((I)) 他〈物¹が〉〈人⁴を〉改心させる, 矯正する. ((II)) 再 sich⁴ ❶良くなる, 回復する, 改善される, 上向く. ❷改心する, 行いを改める.

Besserung [ベッセルング] 囡 (-/-) 良くなること, 回復, 改善; 改心, 矯正. ♦ *auf dem Wege der ~ sein* 良くなりつつある, 回復基調である. *Gute ~!* (お身体)お大事に, ご全快を祈ります (病人へ).

best [ベスト] 形 ❶《*gut* の最上級》最も良い, 最も上手な, 最良[最善]の, 最高の, 最適の, 極上の(⇨ *Beste(r), Beste(s)*). ❷上流(階級)の. ❸(口) 適切な. ♦ *mein ~er Freund* 私の親友. *am ~en* 1)一番, 最も. 2)(...する) のが一番良い. *aufs Beste [~e]* 極め

① 1格 ② 2格 ③ 3格 ④ 4格

て良く, 大変良く. 4級

bestand [ベシュタント] bestehen の直説法過去形.

Bestand [ベシュタント] 男 ⟨-(e)s/Bestände⟩ ❶《単》存立, 存続. ❷⟨**an** ③⟩⟨⟨物³の⟩⟩現存高;［商］在庫(品);現金在高;準備金;財産, 資産.

bestände [ベシュテンデ] bestehen の接続法II式形.

bestanden [ベシュタンデン] ((I)) bestehen の過去分詞. ((II))形(木に)おおわれた, 木の生い茂った.

beständig [ベシュテンディヒ] ((I)) 形 ❶安定した, 落ち着いている. ❷ 持続的な, 長く続く, 絶え間ない. ❸ ⟨**gegen** ④⟩⟨⟨物⁴に対して⟩⟩耐久[抵抗]力のある. ((II))副絶えず, 絶え間なく.

Beständigkeit [ベシュテンディヒカイト] 女⟨-/-⟩ ❶安定していること. ❷持続, 継続. ❸耐久(力), 抵抗(力).

Bestandteil [ベシュタントタイル] 男 ⟨-(e)s/-e⟩ (構成)要素;［工］部品, パーツ;［化］成分.

be·stärken 他⟨④ (**in** ③)⟩⟨⟨人⁴の(物³)⟩⟩強固(なもの)にする, 強める.

bestätigen [ベシュテーティゲン] ((I)) 他 ❶⟨事⁴(が真実[有効])である⟩と⟩認める, 確証[確認]する. ★dass 副文もとる. ❷⟨物¹が⟩⟨物⁴を⟩裏付ける, 支持[証明]する. ❸〔書〕⟨物⁴を⟩受取ったことを(発送人に)知らせる, 通知する. ❹⟨④ (**in** ③)⟩⟨物¹が⟩⟨人⁴の(物³)を⟩強固(なもの)にする, 強める. ❺⟨④ (**in** ③) (**als** ④)⟩⟨人⁴を(物³において)(物⁴として)⟩認める, 承認[認証]する. ((II))再 sich⁴ ⟨事¹が⟩ 真実[正しい]と認められる, 実証[確認]される.

bestätigt [ベシュテーティヒト] bestätigen の過去分詞.

Bestätigung [ベシュテーティグング] 女 ⟨-/-en⟩ ❶確認, 確認. ❷立証, 実証. ❸受領通知. ❹承認, 認証, 批准;〔法〕追認. ❺⟨**über** ④⟩⟨物⁴の⟩ (書面・口頭による)確認, 受領[証明]書, 受領通知.

bestatten [ベシュタッテン] 他〔書〕 ⟨人⁴を⟩埋葬する, 葬る.

Bestattung [ベシュタットゥング] 女 〔書〕埋葬, 葬儀, 葬式.

Bestattungs·institut 中 葬儀屋[社].

bestäuben [ベシュトイベン] 他 ❶ ⟨雌しべ⁴に⟩受粉させる. ❷⟨④ (**mit** ③)⟩⟨物⁴に(物³を)⟩振りかける, まぶす.

be·staunen 他⟨人・物⁴を⟩驚いて見る.

Beste ⇨ Beste(s), Beste(r).

be·stechen* ((I))他⟨④ (**mit** ③)⟩ ⟨人⁴を(物³で)⟩買収する, ⟨人⁴に⟩贈賄する. ((II))自⟨**durch** ④⟩⟨物⁴で⟩魅了[魅惑]する, 籠絡(ろうらく)する.

bestechlich [ベシュテヒリヒ] 形賄賂[買収]のきく.

Bestechung [ベシュテッヒュング] 女 ⟨-/-en⟩ ❶《単》贈収賄, 買収. ❷賄賂の授受.

Bestechungs·geld 中 ⟨-(e)s/-er⟩《主に複》賄賂(わいろ), 贈賄[収賄]金.

Besteck [ベシュテック] 中 ⟨-(e)s/-e⟩ ❶食事用具セット, カトラリー((特にナイフ, フォーク, スプーンのひとそろい)). ❷手術用具などのセット.

bestehen* [bəʃteːən ベシュテーエン]⟨過 bestand; 過分 bestanden⟩ ((I))自 ❶⟨物¹が⟩ある, 存在する, 現存する;存続する, (生き)残る. ❷⟨**aus** ③⟩⟨物¹が⟩⟨物³から⟩できている, 成り立っている. ❸⟨**in** ③⟩⟨物¹は⟩⟨物³に⟩本質がある, ⟨物¹は⟩⟨(内容)が物³⟩である. ❹⟨**in** ③⟩⟨困難³を⟩乗り越える[乗り切る], 克服する, ⟨困難³に⟩持ちこたえる, 耐え抜く, 負けない. ❺⟨(**gegenüber** ③) **auf** ③⟩⟨(人³に対して)事³に⟩固執する, ⟨(人³に対して)事³を⟩主張する. ♦auf seinem Recht ~ 自分の権利を譲らない. ♦I~ **bleiben** ⟨物¹が⟩存続する, 続く, 残る, 無くならない;変わらずにいる, 維持される. ((II))他⟨試験⁴に⟩合格する;⟨(試練⁴を)⟩乗り越える[乗り切る], 克服する, ⟨(試練⁴に)⟩持ちこたえる, 耐え抜く, 負けない. ♦in der Prüfung ~

試験に通る. das Examen mit der Note "gut" ~「優」の成績で試験に合格する. im Kampf ~ 戦争に耐え抜く. einen Kampf ~ 戦い抜く. 4級

bestehen|bleiben* 㸦自㸧= bestehen bleiben (⇨bestehen ■).

be･stehlen* [ベシュテーレン] 他 (**um** ③)〈人⁴から〈物⁴を〉盗む, 奪う.

be･steigen* [ベシュタイゲン] 他 ❶〈山・塔などに〉登る, 登頂する. ❷〈馬・自転車などに〉乗る, またがる. ❸〈列車などに〉(ステップを上って)乗り込む.

Besteigung [ベシュタイグング] 囡 ❶登ること, 登頂. ❷乗ること, 乗車, 乗船.

bestellen [bəʃtélən ベシュテレン] 他 ❶(a) ④ (**bei** ③)〈物⁴を〈人³〔会社³〕などに〉〉**注文[発注]する**. (b)〈〈食事・飲み物⁴〉など〉注文する. ❷〈物⁴を〉予約する. ❸〈人⁴に〉来るように頼む,〈人⁴を〉来させる. ❹ (④) (**von** ③)〈人³に〉〈人³からの伝言⁴などを〉伝える. ★ dass副文もとる. ❺〈畑⁴などを〉耕す, 耕作する. ♦ für 12 Uhr einen Tisch für zwei Personen ~ 12時にテーブルを二人分予約する. Haben Sie schon bestellt? (ボーイが客に対し)もうご注文はお済みですか. [an ④] viele Grüße von ③ ~ 人³・⁴に人³からよろしくと伝える. 5級

Bestellung [ベシュテルング] 囡 (-/-en) ❶注文, 予約. ❷注文[誂え]品. ♦ auf ④ ~ 注文を受けて. eine ~ aufgeben 注文する, オーダーする.

bestenfalls [ベステンファルス] 副 良くても, せいぜい, 高々.

bestens [ベステンス] 副 ❶非常に[極めて, すこぶる]良く. ❷心から(相手のことを思って).

Beste(r) [ベステ[ター]] 男 囡《形容詞変化》最もすぐれた者; 最も親愛なる者, 親友, 最愛の人.

Beste(s) [ベステ(ス)] 中 最もすぐれた物[事]; 最善, 極上; 裁量; 福利, 利益. sein Bestes geben ベスト[最善]を尽くす. Es ist das Beste(, wenn ...) (...するのが)一番良い. ④ zum Besten geben 物⁴を余興に披露する. ④ zum Besten haben [halten] 人⁴をからかう.

besteuern [ベシュトイアン] 他〈人⁴・物⁴に〉課税する.

bestialisch [ベスティアーリッシュ] ((Ⅰ)) 形 ❶野獣のような, 残忍な. ❷耐えられない. ((Ⅱ)) 副 猛烈に, ものすごくひどく.

Bestialität [ベスティアリテート] 囡 (-/-en)《主に単》獣性, 残忍(な行為).

bestichst [ベシュティヒスト] bestechenの2人称単数現在形.

besticht [ベシュティヒト] bestechenの3人称単数現在形.

besticken [ベシュティッケン] 他 (③)〈物⁴に〈物³の〉〉刺繍(しゅう)をする.

Bestie [ベスティエ] 囡 (-/-n) ❶野獣. ❷《軽蔑》獣(けだもの) ((人間に対して)).

bestieg [ベスティーク] besteigenの過去形.

bestiege [ベスティーゲ] besteigenの接続法Ⅱ式形.

bestiegen [ベスティーゲン] besteigenの過去分詞.

bestimmen [bəʃtímən ベシュティメン] ((Ⅰ)) 他 ❶〈物⁴を〉**決める**, 決定する, 定める, 設定する. ❷ (**für** ④)〈物⁴を人⁴に〉指定[予定]する. ★ 主に状態受動で. ❸〈物⁴を〉(調査して)特定する, 確定する, 算定[鑑定]する. ❹〈物¹が〉〈物⁴を〉決定づける, 特色づける, 規定する. ❺ (④) **zu** ③〈人⁴をポスト³に〉指名する, 決める. ((Ⅱ)) 自〈**über** ④〉〈人・物⁴について〉決定権を持つ, 自分の自由にできる. ♦ für ④ bestimmt sein〈物¹が〉事・人⁴のためのものである. nichts zu ~ haben 決定権がない.

bestimmt [ベシュティムト] ((Ⅰ)) bestimmenの過去分詞. ((Ⅱ)) 形 ❶《付加》**ある**, 例の, ある種の; ある程度の, いくぶんかの. ❷《付加》特定の, 一定の. ❸断固とした, きっぱりとした. ((Ⅲ)) 副 ❶きっと, 確実に; 間違いなく, 確かに. ❷《答えとして》もちろん(です). ❸断固として, きっぱりと; はっきりと. 5級

Bestimmtheit [ベシュティムトハイト] 囡《-/》断固[決然]としていること. *mit* ~ 断固として; 間違いなく, 確かに.

Bestimmung [ベシュティンムング] 囡《-/-en》❶ 規則, 規定, 法規. ❷《単》決定(確定, 算定, 鑑定)(すること). ❸ 使用目的, 用途. ❹《単》使命, 宿命, 運命. ❺《言》規定[修飾]語. ❻ 目的地, 行き先; 運送先, 仕向け地.

best·möglich 形《付加または副》できるだけ最高[最適]の.

bestochen [ベシュトッヘン] bestechen の過去分詞.

bestrafen [ベシュトラーフェン] 他 ❶ 《4 (**für** 4 [**wegen** 2])》〈人 4 を〈物 4·2 により〉》(処)罰する. ❷〈行為 4 を〉罰する.

Bestrafung [ベシュトラーフング] 囡 (処)罰.

be·strahlen 他 ❶〈物 4 を〉照らしだす, ライトアップする. ❷〈人·物 4 に〉(X線などを)照射する.

Bestrahlung [ベシュトラールング] 囡 ❶ 照らしだすこと, ライトアップ. ❷《医》照射, 放射線療法; 《理》光滲(しん).

Bestreben [ベシュトレーベン] 囲《-s/》《zu不定詞をとる》(…するための)努力, 試み.

bestrebt [ベシュトレープト] 形《述語; zu不定詞をとって》(…しようと)努力して[はげんで]いる.

Bestrebung [ベシュトレーブング] 囡 《-/-en》《主に複》努力, 骨折り, 奮闘.

bestreichen* [ベシュトライヒェン] 他《4 (**mit** 3)》〈物 4 に〈物 3 を〉》塗る.

be·streiten* 他 ❶〈事 4 に〉異論を唱える, 疑いをさしはさむ, 反論する. ★zu不定詞もとる. ❷〈物 4 の〉費用を(受け)持つ, 負担する. ❸〈番組などを〉受け持つ, 担当している. ❹〈試合 4 に〉出る, 出場する.

bestreuen [ベシュトロイエン] 他《4 (**mit** 3)》〈物 4 に〈物 3 を〉》振りかける, ばらまく.

bestritten [ベシュトリッテン] bestreiten の過去分詞.

Bestseller [ベストゼラー] 男《-s/-》(主として書籍の)ベストセラー.

bestückt [ベシュテュックト] 形 備えてある.

bestürzt [ベシュテュルツト] 形《最上 ~est》〈**über** 4〉〈〈物 4 に〉〉狼狽(ろうばい)した, ショックを受けた, 度を失した.

Bestürzung [ベシュテュルツング] 囡 《-/》〈**über** 4〉〈〈物 4 についての〉〉ショック, 狼狽.

Besuch [bəzúːx ベズーフ] 男《-(e)s/-e》❶ 訪問; 見物, 見学; 見舞; 往診. ❷《単》訪問客, 来客. ❸ 通い, 通学, 通院. ♦~ **bekommen** [**haben**] 客が来る[来ている]. (**bei**) 3 einen ~ **machen** [**abstatten**] 人 3 を訪問する. (**bei** 3) **zu** [**auf**] ~ **sein** (人 3 を)訪問している, (人 3 のところに)おじゃましている. 5級

besuchen [bəzúːxən ベズーヘン] 他

現在	ich besuche	wir besuchen
	du besuchst	ihr besucht
	er besucht	sie besuchen

過去	ich besuchte	wir besuchten
	du besuchtest	ihr besuchtet
	er besuchte	sie besuchten

過分 besucht 接II besuchte

❶〈人 4 を〉訪問する, 訪ねる; 見舞う; (医者が)往診する. ❷〈催し物 4 を〉見物[見学]しに行く, 見物[見学]する; 〈催し物 4 に〉参加[出席]する. ❸〈学校 4 に〉通う. 5級

Besucher [ベズーハー] 男《-s/-》❶ 訪問客, 来客, ゲスト; 顧客; 見舞人. ❷ 見学者, 見物人, 観光客; 観客, 聴衆. ◇ **Besucherin** 囡《-/-nen》.

Besuchs·erlaubnis 囡 訪問[面会]許可.

Besuchs·zeit 囡 訪問[面会]時間.

betagt [ベタークト] 形《副なし》《書》高齢の.

betasten [ベタステン] 他〈人·物 4 に〉

手でさわる[触れる], 触れて見る;〔医〕触診する.

betätigen [ベテーティゲン] ((I))他 (書)〈機械⁴を〉動かす, 作動させる, 操作する. ((II))再 sich⁴ 活動する, 働く.

Betätigung [ベテーティグング]女 ❶ 作動, 操作. ❷ 活動.

betäuben [ベトイベン] ((I))他 ❶ 〈人・動物⁴に〉麻酔をかける. ❷〈物⁴が〉〈人⁴の〉意識を奪う,〈物⁴が〉〈人・物⁴を〉気絶[失神]させる. ❸ 意識[感覚]を麻痺させる. ❹〈人⁴の〉気を紛らす. ((II))再 sich⁴ 気を紛らす.

Betäubung [ベトイブング]女(-/-en) ❶ 麻酔. ❷《単》失神, 気絶. ❸ 失神[気絶]状態. ◆eine örtliche ~ 局部麻酔.

Betäubungs-mittel 中(-s/-) 〔医〕麻酔剤.

beteiligen [ベタイリゲン] ((I))他 ❶ 〈人⁴に〉〈分配・利益³を〉あずからせる. ❷〈(an ③)〉〈人⁴を〉(積極的に)参加させる; 関与させる. ((II))再 sich⁴〈(an ③)〉〈物³に〉参加する, 加わる; 関与する. ❷〈(物³を)〉分担する.

Beteiligte(r) [ベタイリヒテ[ター]]男女《形容詞変化》関係者, 当事者, 参加者.

Beteiligung [ベタイリグング]女 ❶ 〈an ③〉〈分配・利益³に〉あずかること. ❷参加, 関与. ❸分担.

beten [ベーテン](過 betete; 過分 gebetet) ((I))自〈(für ④)(um ④) (zu ③)〉〈(人⁴のために)〉〈物⁴を求めて(人³に)〉祈る. ((II))他〈祈りの文句⁴を〉唱える.

beteuern [ベトイアァン]他〈事⁴を〉断言[確言]する.

Beteuerung [ベトイエルング]女断言, 確言.

Beton [ベトン, (南ド·オーストリア)ベトーン]男 (-s/-, (南ド·オーストリア)-e[..トーネ])《単》コンクリート.

betonen [ベトーネン]他 ❶〈物⁴に〉アクセント[強勢]を置く. ❷〈事⁴を〉強調する, 力説する. ❸〈物⁴〉〈物⁴を〉引き立たせる, 際立たせる.

betonieren [ベトニーレン]他〈物⁴を〉コンクリートで建てる, コンクリート製にする;〈物⁴に〉コンクリートを打つ;〈事⁴を〉強固にする.

betont [ベトーント] ((I)) betonen の過去分詞. ((II))形 (故意に)強調した.

Betonung [ベトーヌング]女(-/-en) ❶ 強勢, アクセント. ❷《単》強調, 力説.

betören [ベテーレン]他〈④ (mit ③ [durch ④])〉(書)〈人⁴を〈物³·⁴で〉〉惑わす, 魅惑[誘惑]する.

betr. 《略》betreffend; betreffs.

Betr. 《略》Betreff.

Betracht [ベトラハト]男(書) *außer ~ lassen* 物⁴を考慮から外す, 対象[問題]外にする. *(für ④) in ~ kommen* (物⁴の)対象になる, (に対して)考慮される. ④ *in ~ ziehen* 人・物⁴を考慮に入れる.

betrachten [ベトラハテン]他 ❶ 〈人・動かない物⁴を〉観察する, 注意深く見る, 鑑賞する, 熟視する. ❷〈事⁴を〉考察する, 熟慮する. ❸〈④ als〉〈物·人⁴を…と〉思う, みなす. 4級

Betrachter [ベトラハター]男(-s/-) ❶ 観察[鑑賞]者. ❷ 考察者. ◇**Betrachterin** 女(-/-nen).

beträchtlich [ベトレヒトリヒ] ((I))形 (数·量·大きさ·程度などが)相当の; かなり重要な; 相当良い. ((II))副《比較級を強調して》ずいぶん, ずっと. ♦um ein Beträchtliches 著しく, 非常に.

Betrachtung [ベトラハトゥング]女 ❶ 熟視, 観察, 鑑賞. ❷ 考察, 熟慮.

betraf [ベトラーフ] betreffen の直説法過去形.

beträfe [ベトレーフェ] betreffen の接続法II式形.

Betrag [ベトラーク]男(-(e)s/Beträge) 総額, 額; 金額.

betragen* [ベトラーゲン] (er beträgt; 過 betrug; 過分 betragen) ((I))他〈物¹が〉〈数量⁴に〉及ぶ, 達す

① 1格 ② 2格 ③ 3格 ④ 4格

る. ★受動なし. ◆**Wie viel beträgt die Rechnung? –Sie beträgt 100 Euro.** お勘定はいくらですか─100ユーロです. **((II))** 再 sich⁴ **振る舞う**((社会規範に関して)). **((III))** betragen の過去分詞.

Betragen [ベトラーゲン] 中(–s/) 振る舞い, 行儀, 品行.

beträgst [ベトレークスト] betragen の 2 人称単数現在形.

beträgt [ベトレークト] betragen の 3 人称単数現在形.

betrat [ベトラート] betreten の過去形.

beträte [ベトレーテ] betreten の接続法II式形.

Betreff [ベトレフ] 男 (–(e)s/–e) (書) ((略: Betr.)) (官庁・商用通信文で文頭におかれ)…に関する件. ◆**Betr.: …** …に関する件.

be·treffen* 他 ❶〈物¹が〉〈人・物⁴に〉関係[該当]する, 関わる. ❷〈物¹が〉〈人⁴の〉心[気持ち]を動かす. ◆**was⁴ betrifft** 人・物に関しては[ついて言えば].

betreffend [ベトレッフェント] **((I))** betreffen の現在分詞. **((II))** 形 (付加) ❶該当する, 当該の. ❷関係する.

betreffs [ベトレフス] 前 (2格支配) (官庁) (書) …の件に関して(は).

be·treiben* [ベトライベン] 他 ❶〈事⁴を〉する, 行なう, 〈事⁴に〉従事する. ❷〈事業⁴を〉営む, 経営する, 運営する. ❸〈事⁴を〉推し進める, 推進する.

be·treten* [ベトレーテン] **((I))** 他 〈所⁴に〉足を踏み入れる, 〈所⁴の〉中に(立ち)入る. **((II))** 形 狼狽(ろうばい)した[困惑]した.

betreuen [ベトロイエン] 他 ❶〈人⁴の〉世話をする, めんどうを見る, 〈人⁴に〉付き添う. ❷〈人・物⁴を〉担当する, 受け持つ.

Betreuer [ベトロイアー] 男 (–s/–) 世話人; チューター. ◇**–in** 女 (–/–nen).

Betreuung [ベトロイウング] 女 ❶《単》世話, 付き添い. ❷世話をする人.

Betrieb [ベトリープ] 男 (–(e)s/–e) ❶企業; 会社; 工場, 商店. ❷《単》 従業員全体. ❸《単》経営; 操業, 営業, 稼働. ❹活況, 活気, 人出. ◆**ein privater [staatlicher] ~** 民間[国営]企業. **außer ~ sein** 〈物¹が〉 稼働[操業, 運転]を休止している, 機能していない. **in ~ sein** 〈物¹が〉稼働[操業, 運転]中である, 機能している.

Betriebsanleitung [ベトリープスアンライトゥング] 女 操作マニュアル[説明書].

Betriebs·ausflug 男 社員旅行.

Betriebs·klima 中 労働[業務, 作業, 職場]環境.

Betriebs·rat 男 経営協議会(員), 事業所委員会 ((4年毎に選出される従業員の代表)).

Betriebs·system 中 (コンピュータの) オペレーティング・システム.

Betriebs·versammlung 女 従業員総会.

Betriebs·wirt 男 経営学士, MBA の卒業生.

Betriebs·wirtschaft 女 経営学.

Betriebs·zeit 女 操業[営業]時間.

betrinken* [ベトリンケン] 再 sich⁴ (酒で)酔っぱらう.

betroffen [ベトロッフェン] **((I))** betreffen の過去分詞. **((II))** 形 ❶〈**von** ③〉〈(災害³ などに)〉見舞われた, 襲われた. ❷〈**über** ④〉〈(悪い事・悲しい事⁴に)〉狼狽(ろうばい)した, 当惑した, 呆然(ぼうぜん)とした.

Betroffenheit [ベトロッフェンハイト] 女 (–/) 狼狽, 当惑, 呆然.

betrog [ベトローク] betrügen の過去形.

betröge [ベトレーゲ] betrügen の接続法II式形.

betrogen [ベトローゲン] betrügen の過去分詞.

betrüblich [ベトリューブリヒ] 形 悲しい, 悲しい気持ちにさせる.

betrübt [ベトリュープト] 形 (書) 悲しい.

betrug [ベトルーク] betragen の過去

Betrug [ベトルーク] 男 (-(e)s/) 詐欺；欺瞞(ぎ).

betrüge [ベトリューゲ] betragen の接続法II式形.

betrügen* [bətrý:gən ベトリューゲン] (過 betrog; 過分 betrogen) (I) 他 (④ (um ④)) 〈人⁴から〈物⁴を〉だまし取る，〈人⁴を〉だます. ❷ (④ (mit ③)) 〈夫・妻⁴を〉裏切って〈〈人³と〉不倫する. (II) 再 sich⁴ ❶ 欺かれる，失望を味わう，幻滅を味わう.

Betrüger [ベトリューガー] 男 (-s/-) 詐欺師，ぺてん師. ◇ **Betrügerin** 女 (-/-nen).

Betrügerei [ベトリューゲライ] 女 (-/-en) 詐欺，欺瞞，ごまかし，いかさま.

betrunken [ベトルンケン] 形 酔っぱらった，酩酊(%)した.

Betrunkene(r) [ベトルンケネ(ナー)] 男女 《形容詞変化》酔っぱらい.

Bett [bet ベット] 中 (-(e)s/-en) ❶ベッド，寝台，寝床. ❷寝具，ベッド用品. ❸川床. ♦ ins [zu] ~ gehen 就寝する，寝る. im ~ liegen ベッドに寝ている. das ~ machen ベッドを整える. das ~ hüten müssen (書) 病気で床についていなければならない. 5級

Bett·bezug 男 寝具カバー.

Bett·decke 女 ❶掛けぶとん. ❷ベッドカバー.

betteln [ベッテルン] 自 (um ④) 〈〈物⁴を〉しつこくねだる，せがむ，無心する，しきりに頼む. ❷〈物⁴の〉施しを乞う，物ごいする.

bettlägerig [ベットレーゲリヒ] 形 《副なし》寝たきりの.

Bettlaken [ベットラーケン] 中 シーツ ((上下2枚を対にしている)).

Bettler [ベトラー] 男 (-s/-) 物ごい. ◇ **Bettlerin** 女 (-/-nen).

Bett·ruhe 女 ベッドでの安静.

Bett·schwere 女 *die nötige ~ haben* (口) 眠くなっている.

Bett·tuch [ベットゥーフ] 中 敷布，シーツ.

Bettuch 中 = Betttuch.

Bett·wäsche 女 寝具用布類 ((シー

ツや布団・毛布・枕のカバーなど)).

Bett·zeug 中 (口) 寝具，ベッド用品.

betucht [ベトゥーフト] 形 《副なし》(口) 裕福な，金持ちの.

beugen [ボイゲン] (I) 他 ❶〈物⁴を〉(折り)曲げる；(下へ)曲げる，かがめる. ❷〈単語⁴を〉語形変化させる. (II) 再 sich⁴ ❶かがむ. ❷ (③) 〈人・物³に〉屈する，屈服する.

Beugung [ボイグング] 女 ❶曲げること，屈曲，湾曲. ❷ (単) 語形変化.

Beule [ボイレ] 女 (-/-n) ❶こぶ，腫れ. ❷(打って作った)へこみ，くぼみ.

beunruhigen [ベウンルーイゲン] 他 〈人⁴を〉不安にする，心配させる.

beurlauben [ベウーァラオベン] 他 ❶〈人⁴に〉休暇を与える. ❷〈人⁴を〉(しばらく)休職にする.

beurteilen [ベウァタイレン] 他 (④ (nach ③)) 〈人・物⁴を〈物³で〉〉[判定] する，評価する. ♦ *richtig [falsch] ~* 人・物⁴を正しく [間違って] 判断する.

Beurteilung [ベウァタイルング] 女 (-/-en) ❶判断，評価. ❷判定書.

Beute [ボイテ] 女 (-/) ❶略奪物，盗品；戦利品. ❷獲物. ❸餌食(%)，犠牲.

Beutel [ボイテル] 男 (-s/-) ❶小袋，小物入れ；小銭入れ，財布. ❷(カンガルーなどの) 腹袋，育児囊(%).

bevölkern [ベフェルケァン] 他 ❶〈所⁴に〉住む，定住する. ❷〈所⁴に〉あふれていている，たくさんいる，群れる.

Bevölkerung [ベフェルケルング] 女 (-/-en) 人口，住民数. ♦ *Die ~ nimmt zu.* 人口が増加しています.

Bevölkerungs·dichte 女 人口密度.

Bevölkerungs·explosion 女 人口爆発，人口の爆発的な増加.

Bevölkerungs·zunahme 女 人口の増加.

bevollmächtigen [ベフォルメヒティゲン] 他 (④ (zu ③)) 〈人⁴に〈事³をする〉〉権限 [権威] を与える，全権を委任する.

Bevollmächtigte(r) [ベフォルメヒティヒテ(ター)] 男女 《形容詞変化》全

① 1格 ② 2格 ③ 3格 ④ 4格

権利代表者[使節, 公使, 大使].
bevor [bəfóːr ベフォーァ] 腰《従属》❶ (↔ nachdem)《時間的に》...する前に, ...しないうちに. ❷《条件的に》...しないうちは[限り, なら]《主に nicht を伴う》. 4級

bevormunden [ベフォーァムンデン] 他《軽蔑》〈人⁴を〉半人前に扱う, 保護下におく.

bevor|stehen* 自ⓑ《南`・`中`・`下`オ`》(s)《物¹が》〈(人³に)〉差し迫っている,《(人³の)》間近にある.

bevorzugen [ベフォーァツーゲン] 他 ❶《4 (vor [gegenüber] 3)》〈人⁴を(人³より)〉優遇する, ひいきする. ❷《4 (vor 3)》〈人・物⁴を(人・物³より)〉愛する, 好む.

Bevorzugung [ベフォーァツーグング] 女《-/-en》❶ 優遇, ひいき. ❷ 好むこと, 寵愛.

bewachen [ベヴァッヘン] 他〈人・物⁴を〉見張る, 監視する,〈物⁴の〉番をする.

Bewacher [ベヴァハー] 男《-s/-》見張り, 監視. ◇ **Bewacherin** 女《-/-nen》.

Bewachung [ベヴァフング] 女 見張, 監視.

bewaffnen [ベヴァフネン]((I)) 他〈人⁴に〉武装させる, 装備を施す. ((II)) 再 sich⁴ 武装する, 武器を装備[携帯]する.

bewaffnet [ベヴァフネット]((I)) bewaffnen の過去分詞. ((II)) 形《mit 3》❶〈物³で〉武装した. ❷《盆₄ⁿ》〈物³を〉持った, 携帯した.

Bewaffnung [ベヴァフヌング] 女《-/-en》❶《単》武装, 装備. ❷ 武器, 兵器.

be·wahren 他〈物⁴を〉(苦しい間も)保持する, 維持する,〈伝統・習慣⁴などを〉守る. ❷《4 vor 3》〈人・物⁴を人・物³から〉守る, 防ぐ, 保護する. ❸〈物⁴を〉しまっておく, 保管[保存]する; 胸に秘めておく.

be·währen 再 sich⁴ 本当[有効, 適格]であることが実証される, 実力が示される, 値打ちがわかる.

bewährt [ベヴェーァト]((I)) bewähren の過去分詞. ((II))《付加》❶ 定評[実績]のある.

Bewährung [ベヴェールング] 女《-/-en》❶ 実証, 証明. ❷《法》保護観察, 執行猶予.

Bewährungs·frist 女《法》執行停止[猶予]期間, 保護観察期間.

Bewährungs·helfer 男《-s/-》《法》保護観察官.

bewaldet [ベヴァルデット] 形《副なし》森に覆われた, 樹木の茂った, 森のある.

bewältigen [ベヴェルティゲン] 他〈仕事⁴などを〉成し遂げる,〈辛い事・困難⁴などを〉克服する.

Bewältigung [ベヴェルティグング] 女《-/-》成就, 克服.

bewandert [ベヴァンデァト] 形《in 3》〈事³に〉精通している.

Bewandtnis [ベヴァントニス] 女 *Mit 3 hat es eine besondere ~.* 事・人³には特別の事情がある.

bewarb [ベヴァルプ] bewerben の過去形.

bewässern [ベヴェッセァン] 他〈広い土地⁴に〉水を引く[注ぐ, 撒く],〈広い土地⁴を〉灌漑(ガイ)する.

Bewässerung [ベヴェッセルング] 女《-/-en》灌水, 灌漑, 水撒き.

bewegen¹ [bəvéːɡən ベヴェーゲン]((I)) 他 ❶〈物⁴を〉動かす, 運動させる, 移動させる. ❷〈問題・考え¹が〉〈人⁴の〉心を占める, 心を捉えて離れない. ❸〈物¹が〉〈人⁴の〉心を動かす,〈人⁴を〉感動させる. ((II)) 再 sich⁴ ❶ 動く, 運動する, 移動する, 変動する. ❷ 付き合いがある, 接触[コンタクト]がある. ♦ die Arme ~ 腕を動かす. Die Erde bewegt sich⁴ um die Sonne. 地球は太陽のまわりを回っています.

bewegen*² 《過 bewog; 過分 bewogen》他《4 zu 3》〈人⁴に事³をする〉気にさせる.

Beweg·grund 男 動機, 誘因.

beweglich [ベヴェークリヒ] 形 ❶ (↔ starr) 動かせる, 可動の, 動く. ❷ 良く動く, 機敏な, 身軽な. ❸ (↔ unbe-

bewegt [ベヴェークト] ((I)) bewegen¹の過去分詞. ((II)) 形 ❶（感情で）胸がいっぱいになった, 打ち震えた. ❷激動の, 動乱の, 波瀾に富む. ❸波の高い.

Be·wegung [ベヴェーグング] 女 (-/-en) ❶動き, 動作, 運動;（為替などの）変動. ❷《単》(ダイエット) 運動;（人・物の）移動, 運行, 進行;（体の）動作, 行動;（心の）動き, 動揺. ❸（政治）運動, 活動. ❹活動グループ［家］, 運動員. ♦4 in ~ bringen [setzen] 物⁴を動かす, 運動させる. in ~ kommen [geraten] 動く, 動き出す, 変わり始める. in ~ sein [bleiben] 動いていく［動いたままである］. sich⁴ in ~ setzen 動き出す.

Bewegungs·freiheit 女 (-/) ❶活動[行動, 運動]の自由. ❷自由に動ける空間.

bewegungs·los 形動かない, じっとした, 不動の.

Be·weis [ベヴァイス] 男 (-es/-e) ⟨(für ④)⟩⟨〈物⁴の⟩〉証拠, あかし; 証明, 論証, 実証. ♦4 als ~ vorlegen 物⁴を証拠として提出する.

be·weisen* [bəváɪzən ベヴァイゼン] (過 bewies; 過分 bewiesen) 他 ❶⟨(③) ④⟩⟨(人³に) 物⁴を⟩証明する, 論証する, 証明だてる. ★dass副詞もともなる. ❷⟨(③) ④⟩⟨(人³に) 事⁴を⟩はっきりと示す, 実証する. ♦seine Ausdauer [seinen Mut] ~ 自分の忍耐力［勇気］を示す.

Beweis·material 中 【法】証拠物件［資料］.

Beweis·mittel 中 証明の材料; 証拠.

Beweis·stück 中 証拠物件［資料］.

be·wenden [ベヴェンデン] **es bei [mit]** ③ **~ lassen** 事³でよいことにする［打ち切る, 確定させる］.

be·werben* [ベヴェァベン] (er bewirbt; 過 bewarb, 過分 beworben) 再 sich⁴ ⟨(um ④)⟩⟨〈職・地位⁴などに〉⟩応募[志願, 出願]する; 立候補する. ♦sich⁴ bei einer Firma ~ ある会社の求人に応募する.

Be·werber [ベヴェァバー] 男 (-s/-) 応募[求職]者, 志望[志願]者, 候補者. ◇**Bewerberin** 女 (-/-nen).

Be·werbung [ベヴェァブング] 女 (-/-en) ❶⟨(um ④)⟩⟨〈職・地位⁴などへの⟩〉応募, 志願, 出願; 立候補. ❷申込書, 願書.

Bewerbungs·schreiben 中 (志)願書, 申込書.

Bewerbungs·unterlagen 複 (志)願書, 申込書類.

be·werfen* [ベヴェァフェン] 他 ⟨④ mit ③⟩⟨人・物⁴に物³を⟩投げつける.

be·werkstelligen [ベヴェァクシュテリゲン] 他⟨物⁴を⟩何とかやり遂げる, 実現させる, 成就する.

be·werten 他 ❶⟨人・物⁴を⟩評価する. ❷⟨④ als ④⟩《書》⟨物⁴を物⁴と⟩みなす, 評価する. ❸⟨④ mit ③⟩《書》⟨物⁴を物³と⟩査定する, 見積もる.

Be·wertung [ベヴェーァトゥング] 女 評価, 査定.

bewies [ベヴィース] beweisenの過去形.

bewiese [ベヴィーゼ] beweisenの接続法II式形.

bewiesen [ベヴィーゼン] beweisenの過去分詞.

be·willigen [ベヴィリゲン] 他 ⟨(③) ④⟩《書》⟨(人³に) 物⁴を⟩許可[認可]する.

Be·willigung [ベヴィリグング] 女 認可, 許可.

bewirb [ベヴィァブ] bewerbenの2人称単数命令形.

bewirbst [ベヴィァブスト] bewerbenの2人称単数現在形.

bewirbt [ベヴィァブト] bewerbenの3人称単数現在形.

be·wirken [ベヴィァケン] 他 ⟨事⁴を⟩（生じ）させる, ひき起こす, （結果として）もたらす.

be·wirten [ベヴィァテン] 他 ⟨④ (mit ③)⟩⟨人⁴を(物³で)⟩もてなす, 接待する, 饗応（ﾔｳ）する.

①1格 ②2格 ③3格 ④4格

bewirtschaften [ベヴィァトシャフテン]他 ❶《旅館⁴などを》経営［営業, 運営］する. ❷《土地⁴を》耕作する.

Bewirtung [ベヴィァトゥング]女(-/-en)《主に単》もてなし, 接待, 饗応(ホホ³).

bewog [ベヴォーク]bewegen² の過去基本形.

bewöge [ベヴェーゲ]bewegen² の接続法II式形.

bewogen [ベヴォーゲン]bewegen² の過去分詞.

bewohnbar [ベヴォーンバーァ]形《副なし》住むことができる, 住める；居住に適した.

bewohnen [ベヴォーネン]他《所⁴に》住む, 居住する.

Bewohner [ベヴォーナー]男(-s/-)住民, 居住者.◇**Bewohnerin** 女(-/-nen).

bewölken [ベヴェルケン]再 sich⁴《空が》曇る, 雲におおわれる.♦《非人称で》Es bewölkt sich. 曇る.

bewölkt [ベヴェルクト]形《副なし》《空が》曇った, 雲におおわれた, 曇りの.

beworben bewerben の過去分詞.

Bewunderer [ベヴンデラー]男(-s/-) 賞賛者, 賛美者, 崇拝者.◇**Bewunderin** 女(-/-nen).

bewundern [ベヴンダァン]他 ❶《人⁴に》感心［敬服］する；《an ③ ④》《人³について》《物⁴を》賞賛する. ★ dass副文もとる. ❷見とれる.

bewunderns·wert 形 賞賛［感嘆］に値する, 賞賛［感嘆］すべき.

Bewunderung [ベヴンデルング]女 (-/) 賞賛, 感嘆, 感心, 敬服.♦ mit ~ 賞賛［感嘆］して.

bewürbe [ベヴュルベ]bewerben の接続法II式形.

bewusst [ベヴスト]形 ❶《付加または副》故意の, 意識的な. ❷分かっている, 自覚のある, 意識した. ❸《付加》確信した, 自覚した. ❹《付加》例のあの, あの話題の.① *ist sich*³ ② ~. (=③ ① ~.) 人¹·³ は事²·¹ を分っている, 意識している, 自覚している, 人¹·³ は事²·¹ の覚えがある.

bewusst·los 形《比較なし；副なし》意識を失った, 気絶した.

bewußtlos ⑲= bewusstlos.

Bewusstlosigkeit [..ローズィヒカイト]女(-/-)無意識状態, 失神.

Bewußtlosigkeit ⑲= Bewusstlosigkeit.

Bewusst·sein 囲(-s/-)意識；正気；自覚.♦ das ~ verlieren 意識を失う, 失神する. wieder zu ~ kommen 意識が戻る, 正気に返る.

Bewußtsein ⑲= Bewusstsein.

<u>**bezahlen**</u> [bətsáːlən ベツァーレン]

現在	ich bezahle	wir bezahlen
	du bezahlst	ihr bezahlt
	er bezahlt	sie bezahlen

過去	ich **bezahlte**	wir bezahlten
	du bezahltest	ihr bezahltet
	er bezahlte	sie bezahlten

| 過分 | **bezahlt** | 接II bezahlte |

他 ❶《《物⁴の》》代金を払う,《《家賃・借金⁴などを》》払う. ❷《④ **(für** ④)》《人⁴に》《物⁴に対する》》金［報酬］を払う. ❸《④》《人⁴》《物⁴のために物⁴の》代金を払う.♦ ein Auto bar [mit Scheck, in Raten] ~ 車の代金を現金で［小切手で, 分割払いで］支払う. Ich bezahle dir das Bier. そのビールの代金は私が払います, ビールはおごります. **5級**

bezahlt [ベツァールト]bezahlen の過去分詞.

Bezahlung [ベツァールング]女 (-/-en)《主に単》❶ 支払い. ❷ 報酬；賃金, 給料.

be·zaubern 他《《人⁴を》》魅了［魅惑］する.

bezaubernd [ベツァオベァント] ((I)) bezaubern の現在分詞. ((II)) 形 魅力のある, 魅惑的な, うっとりさせる.

be·zeichnen 他《④ **als** ...》《人・物⁴を...と》呼ぶ, 名付ける, 称する. ❷《物⁴が》《事⁴を》表す, いう, 示す, 指示する. ❸《④ **(mit** ③)》《物⁴に《記号・し

① 1格 ② 2格 ③ 3格 ④ 4格

るし³などを》付ける, 付けてわかるようにする, 表示する.

bezeichnend [ベツァイヒネント] ((I)) bezeichnen の過去分詞. ((II)) 形《副なし》〈(für ④)〉〈(人・物⁴にとって)〉特徴的な, 典型的な, 〈人⁴〉らしい.

Bezeichnung [ベツァイヒヌング] 女 (-/-en) ❶《(für ④)〉〈(人・物⁴の)〉名称 ((略:Bez.)). ❷名称[記号, 表示] (であること).

bezeugen [ベツォイゲン] 他 ❶〈事⁴を〉証言する ★dass 副文もとる. ❷〈物¹が〉〈物⁴を〉立証する, 証明する. ❸③④〈人³に事⁴を〉表明する, 言明する.

bezichtigen [ベツィヒティゲン] 他 ②〉《書》〈人⁴を事²で〉非難する, 責める.

beziehen* [ベツィーエン] ((I)) 他 ❶〈④ (mit ③)〉〈物⁴に〈物³を〉〉かぶせる, かける, 〈物⁴に〈物³を〉〉張る. ❷〈物⁴に〉〈カバーを〉かける, かぶせる. ❸〈建物⁴に〉引き移る, 引っ越す, 入居する. ❹〈軍隊¹が〉〈位置⁴に〉つく. ❺〈④ (durch [über] ④ [von ③])〉《書》〈品物⁴を〉〈〈人⁴を通して[人³から]〉〉購入[調達]する, 取り寄せる. ❻〈(von ③ [aus ③])〉〈年金・手当などを定期的に〉〈〈人³から[役所・会社³から]〉〉得る, 受給される, 支給される. ❼〈④ (von ③ [aus ③])〉〈情報⁴を〉〈人・本³から〉得る, 〈④ auf ④〉〈物を物⁴に〉関係づける, 関連させる, 適用する. ((II)) 再 sich⁴ ❶〈auf ④〉〈物¹が〉〈物⁴に〉関係[関連]する, 当てはまる. ❷〈auf ④〉〈物⁴を〉暗にさす. ❸〈auf ④〉〈人・物⁴を〉引き合いに出す.

Beziehung [bətsí:uŋ ベツィーウング] 女 (-/-en) ❶関係, 関連. ❷《主に複》(人と人との) 関わり; 交際, つて, コネ, 縁故. ❸《主に単》親近感, 相性. ❹視点, 観点. ♦die ~ zwischen ③ und ③ 物³と物³との関係. die ~en zu ③ abbrechen 物³との関係を断つ. in dieser ~ この点に関しては. *in ~ zu ③ stehen* 事³に関連している.

seine ~en spielen lassen (皮肉) って[コネ]を使う. **4級**

beziehungs·weise 副 ((略:bzw.)) ❶もしくは, ないしは; または ((二つの内の一つ)); あるいはむしろ. ❷つまり, 詳しく言えば. ❸それぞれ.

beziffern [ベツィッフェァン] 他〈④ **auf** ④〉《書》見積る, 推定する. ★主に受動態で. ♦Der Schaden wird auf eine Million Euro beziffert. 損害は100万ユーロにのぼる[達する].

Bezirk [ベツィァク] 男 (-(e)s/-e) ((略:Bez, Bz.)) ❶区域, 管区, 地区. ❷(州の中の)地方, 郡; 市区, 区; (旧東独の)県.

bezog [ベツォーク] beziehen の過去形.

bezöge [ベツェーゲ] beziehen の接続法II式形.

Bezug [ベツーク] 男 (-(e)s/Bezüge) ❶張った物, 上張り; 張り布; (ラケットの)ガット. ❷カバー, シーツ. ❸《単》定期購読[購入]. ❹《単》(手当などの定期的な)受給, 支給. ❺《複》収入, 支給額. ❻関係, 関連. *in ~ auf ④* 事・人に関して. *zu ③ keinen ~ (mehr) haben* (口) 人・物³に(もはや)関心がない. *~ nehmen* 《書》物・事⁴を引き合いに出す.

bezüglich [ベツーゥクリヒ] ((I)) 前 (官)《書》《2格支配》(...に)関して ((略:bez.)). ((II)) 形《比較なし; 副なし》関係のある.

be·zwecken 他〈④ (mit ③)〉〈物⁴を(物³で)〉目指す, 企てる.

be·zweifeln 他〈事⁴を〉疑う, 〈事⁴に〉疑念を持つ.

be·zwingen* 他 ❶〈人⁴を〉破る, 負かす. ❷〈物⁴を〉(危険を冒して)克服[征服]する. ❸〈感情⁴を〉抑える, コントロールする.

Bf. 《略》Bahnhof 駅; Brief 手紙.

BH [ベーハー] 男 (-(s)/-(s)) (口) ブラ (< Büstenhalter ブラジャー).

Bhf. 《略》Bahnhof 駅.

Bibel [ビーベル] 女 (-/-n) 聖書, バイブル. **4級**

Biber [ビーバー] 男 (-s/-) (動) ビー

① 1格 ② 2格 ③ 3格 ④ 4格

Bibliograf [ビブリオグラーフ]男（-en/-en）《弱》❶書誌学者．❷文献目録編集者．

Bibliografie [ビブリオグラフィー]女（-/..fien[..フィーエン]）❶関係書目，出版目録；参考書目；(参照)文献目録；著書目録．❷書誌学．

bibliografisch [ビブリオグラーフィシュ]形書誌学的な，文献解題的な；図書[文献]目録の．

Bibliograph [ビブリオグラーフ]男（-en/-en）《弱》= Bibliograf.

Bibliographie [ビブリオグラフィー]女（-/..phien[..フィーエン]）= Bibliografie.

bibliographisch = bibliografisch.

Bibliothek [bibliotéːk ビブリオテーク]女（-/-en）❶図書館；文庫；蔵書．❷叢書，双書．

Bibliothekar [ビブリオテカーァ]男（-s/-e）司書，図書館員．◇ **Bibliothekarin** 女（-/-nen）.

biblisch [ビーブリシュ]形聖書の；聖書に由来する；聖書にあるような[関連する]．

Bidet [ビデー]中（-s/-s）ビデ．

bieder [ビーダー]形❶《俊》愚直な，ばか正直な，ひとの好い．❷《やや古》実直な，正直な；誠実な，まっすぐな．

biegen* [ビーゲン] (過 bog；過分 gebogen) ((I))他❶曲げる，たわめる．❷(言)（語形）変化させる．((II))❶ sich⁴ ❶体を曲げる．❷曲がる，たわむ．((III))自Ⓢ曲がって[カーブで，迂回して]行く．

biegsam [ビークザーム]形曲がりやすい；しなやかな．(比)柔順な．

Biegsamkeit [ビークザームカイト]女（-/）しなやかさ，柔軟性；たわみ性．

Biegung [ビーグング]女（-/-en）❶屈曲，湾曲；曲がり角，曲がり．(工)曲げ，たわみ．❷(言)(古)(転)（語形）変化．

Biene [ビーネ]女（-/-n）ミツバチ（蜜蜂）；(比)勤勉家；(口)少女，小娘．*fleißig wie eine ~* （ミツバチのように）勤勉な[で]．

Bienen·honig 男（-s/）はちみつ．

Bienen·königin 女（-/-nen）女王蜂．

Bienen·korb 男（-(e)s/..körbe）蜂房，(わらで編んだ)ミツバチの巣箱．

Bienen·stock 男（-(e)s/..stöcke）ミツバチの巣箱．

Bier [biːr ビーァ]中（-(e)s/(種類)-e）ビール．♦ *Das ist nicht mein ~.* (口)それは私と関係ありません． *auf ein ~ gehen* (飲み屋に)1杯やりに行く．5級

Bier·bauch 男（-es/..bäuche）(口)ビール腹．

Bier·brauerei 女（-/-en）ビール醸造(業)；ビール醸造所．

Bier·deckel 男（-s/-）ビールマット．

Bier·dose 女（-/-n）ビール缶．

Bier·fass 中（-es/..fässer）ビール樽(ざる)；(口・戯)でぶ．

Bier·flasche 女（-/-n）ビール瓶．

Bier·garten 男（-s/..gärten）ビアガーデン．

Bier·glas 中（-es/..gläser）ビール(用)のグラス．

Bier·kasten 男（-s/..kästen）ビールケース．

Biest [ビースト]中（-(e)s/-er）獣；(口)ちくしょう．

bieten* [bíːtən ビーテン](du bietest, er bietet；過 bot；過分 geboten) ((I))他❶‹(人³に) 物⁴を›提供する，申し出る；差し出すことを約束する．❷提示する，見せる．❸‹光景などを›呈する．❹‹(人³に) 物⁴を›過度に[不当に]要求する，押しつける．((II))自 sich⁴ ‹(機会・光景¹などが)›呈示される，現れる，やって来る．

Bigamie [ビガミー]女（-/..mien[..ミーエン]）重婚．

Bigamist [ビガミスト]男（-en/-en）重婚者．◇ **~in** 女（-/-nen）.

Bikini [ビキーニ]男（-s/-s）ビキニ．

Bilanz [ビランツ]女（-/-en）❶決算；貸借対照表，バランスシート；残高；均衡．❷*(die) ~ (aus ³) ziehen*（事³の）結果を総括する．

Bild [bɪlt ビルト] 田

格	単数	複数
1	das Bild	die Bilder
2	des Bild(e)s	der Bilder
3	dem Bild	den Bildern
4	das Bild	die Bilder

❶ 絵, 絵画; 写真; 映像, 画像; 図版; (トランプの)絵札. ❷ 光景, 眺め, 風景. ❸ 心象, 表象, イメージ. ❹ 〔劇〕場. ❺ 比喩(的表現). ❻〔数〕像. ❼ ビルト((ドイツの大衆紙)). *ein ~ des Jammers*〘書〙非常にいたましい光景. *(über 4) im ~e sein*(事4について)よく事情がわかっている. 5級

bilden [ビルデン] ((I))他 ❶ 形作る, 形成する; 作り出す; 造形する; 〈集団・組織などを〉結成[構成]する; 創設[設立]する. ❷ (それ自体の中から)発生させる, 産み出す, 形成する. ❸ 描く, 成す. ❹ 〈人格4などを〉形成する, 〈人4に〉教養を与える, 教育[養成]する, 磨く. ((II))再 sich4 形成される, 作られる. 生じる.

Bilder·buch [ビルダー..] 田(-(e)s/..bücher) (特に児童向きの)絵本.

Bilder·rahmen 男(-s/-) 額縁.

Bilder·rätsel 田(-s/-) ❶ 判じ絵. ❷ 絵探し.

Bildhauer [ビルトハオアー] 男(-s/-) 彫刻家. ◇ **Bildhauerin** 女(-/-nen).

bildhübsch [ビルトヒュプシュ] 形 絵のようにきれいな; 並外れてきれいな.

bildlich [ビルトリヒ] 形 ❶ 絵で表した; 具象的な, 一目瞭然な. ❷ 比喩的な, 象徴的な, 形象的な.

Bildnis [ビルトニス] 田(-ses/-se) 〘文〙肖像(画).

Bild·qualität 女(-/) 画質.

Bild·schirm 男(-(e)s/-e) ❶ (ブラウン管などの)受像面, 画面, テレビ受像機. ❷ 映写幕, スクリーン.

Bildschirm·gerät 田(-(e)s/-e) 表示装置, ディスプレイ装置.

Bildschirm·schoner [..ショーナー] 男(-s/-) スクリーンセイバー.

bildschön [ビルトシェーン] 形 絵のように美しい, 非常に美しい.

Bild·telefon 田 ビデオフォン, テレビ電話.

Bildung [ビルドゥング] 女(-/-en) ❶ 〘単〙形成, 生成, 組成; 語形成. ❷ 形成物; 形態, 姿; 組織, 構造, 造語. ❸ 〘単〙教養, 育成, 陶冶(とうや), 教育; 学識; 文化, 文明.

Bildungs·lücke 女(-/-n) 教養の欠如.

Bildungs·wesen 田(-s/) 教育(制度).

Bild·unterschrift 女(図版の)キャプション.

Billard [ビリヤルト, (オーストリア)ビヤーァ] 田(-s/-e, (オーストリア)-s) ❶ ビリヤード, 玉突き. ❷ ビリヤード台.

Billard·kugel 女(-/-n) 玉突きの球.

Billard·queue [..ケー] 田(-s/-s) 男(-s/-s) (ビリヤードの)キュー.

Billard·tisch 男 ビリヤード台.

Billet [ビ(リ)イェー, ビレー] (オーストリア)田(-s/-s) グリーティングカード; 入場券; (オーストリア)乗車券.

Billett [ビルイェット] 田(-s/-e, -s) メモ; 短い手紙; (オーストリア)入場[乗車]券.

Billiarde [ビリアルデ] 女(-/-n) 1千兆(10^{15}).

billig [bílɪç ビリヒ] 形(比較 billiger; 最上 billigst) ❶ (↔ teuer) 安い, 手頃な, 廉価な. ❷ 〘蔑〙安っぽい; おさなりな. 5級

Billig·angebot 田 特価品.

billigen [ビリゲン] 他〈事4を〉承認する; 〈事4に〉同意[賛成]する.

Billig·lohn·land 田 低賃金国.

Billigung [ビリグング] 女(-/) 是認, 同意, 賛成.

Billion [ビリオーン] 女(-/-en) 《ドイツ, フランスで》1兆;《アメリカ・ロシア・イギリスで》10億(10^{12}).

bimmeln [ビメルン] 自(口; 戯) リンリン鳴る.

bin [ビン] sein¹ の1人称単数現在形.

binär [ビネーア]形 2成分の, 2重の, 2連の;双体の.

Binde [ビンデ]女(-/-n) ❶ひも, 帯, バンド;腕章;鉢巻. ❷包帯;眼帯;目隠し. ❸襟飾り, ネクタイ.

Binde·gewebe 中(-s/-)〖解〗結締［結合］組織.

Binde·haut 女(-/..häute) 結膜, 結合組織膜.

binden* [ビンデン](過 band; 過分 **gebunden**) ((I)) 他 結ぶ, 縛る, 束ねる, くくる;束縛［強制］する;製本する;〖楽〗レガート［タイ］でつなぐ;〖料理〗(スープなどに)とろみをつける;粘着させる, 固める. ((II)) 再 sich⁴ 縛られる;拘束される;(比)婚約する.

Binder [ビンダー]男(-s/-) ❶ネクタイ. ❷((南))おけ屋.

Bindestrich [ビンデシュトリヒ]男(-(e)s/-e)ハイフン, 連字符.

Bind·faden 男(-s/..fäden)結びひも, 荷造りひも.

Bindung [ビンドゥング]女(-/-en) 結びつき, つながり;結合, 接合;固着, 粘着;〖楽〗スラー;製本;結び［締め］方;(スキーの)ビンディング;束縛, 拘束.

binnen [ビネン]前《3格または2格支配;主として時間》...以内に, ...の内に. ♦~ Kurzem ほどなく, まもなく.

binnen.. 《名詞などに付く;場所を示す本来の意味で用いられる》「内地·国内·内部の」(↔ außen..).

Binnen·markt 男域内［国内］市場.

Binsen·wahrheit [ビンゼン..]女(-/-en) だれでも知っている(わかりきった)こと, 自明の理.

Binsen·weisheit 女(-/-en) = Binsenwahrheit.

bio.. [ビオ]《名詞などに付く》❶生物の. ❷自然の, 有機物の.

Bio·abfall 男生ゴミ.

Bio·chemie 女(-/)生化学.

Biograf [ビオグラーフ]男(-en/-en)伝記作者. ◇**~in**女(-/-nen).

Biografie [ビオグラフィー]女(-/..fien[..フィーエン])伝記.

Bio·kost 女自然食品.

Bio·laden 男自然食品店.

Biologe [ビオローゲ]男(-n/-n)《弱》生物学者. ◇**Biologin** 女(-/-nen).

Biologie [ビオロギー]女(-/) 生物学. 4級

biologisch [ビオローギッシュ]形 生物学(上)の, 生物学的な;生薬［自然食品］の.

biologisch-dynamisch 形 有機農法の, 無農薬の.

Bio·müll 男生ゴミ.

Biotop [ビオトープ]男中(-s/-e)〖生態学〗小生活圏, ビオトープ(特定の生物群集が生存する均一な環境をそなえた区域).

birgst [ビルクスト]bergenの2人称単数現在形.

birgt [ビルクト]bergenの3人称単数現在形.

Birke [ビルケ]女(-/-n) ❶〖植〗シラカバ(白樺)(の木). ❷《単》シラカバ材.

Birma [ビルマ]中(-s/)ビルマ(現在のミャンマー).

Birnbaum [ビァンバオム]男(-(e)s/..bäume)〖植〗セイヨウナシの木.

Birne [ビァネ]女(-/-n) ❶〖植〗ナシ(の実または木);セイヨウナシ. ❷電球. ❸(俗)頭. 4級

birst [ビァスト]berstenの2·3人称単数現在形.

bis [bɪs ビス] ((I))前...まで《空間的または時間的目標·限界·終点を示す;無冠詞の名詞, 時や場所の副詞, 数詞の前では単独で用いられ4格支配;その他の場合には他の前置詞を伴いその前置詞が格支配を行う》❶《空間的》♦~ Berlin ベルリンまで. von Kopf ~ Fuß 頭のてっぺんから爪先まで. ~ zum Bahnhof 駅まで. ❷《時間的》♦~ 8 Uhr morgens 朝の8時まで. von Montag ~ (einschließlich) Freitag 月曜日から金曜日まで. ~ wann ...まで. Bis morgen! ではまたあした. ~ in die Nacht (hinein) 夜まで. ❸《程度》

♦~ ans Ende der Welt 世界の果てまで. **((II))**〖前〗...まで. ❶《並列》《数量・数詞と》♦Das kostet 20 ~ 30 Mark. それは20ないし30マルクする. ❷《従属》(a)《時間的限界》(b)《条件》♦Er wartet, ~ sie kommt. 彼は彼女が来るまで待つ. Sie konnte nicht nach Hause gehen, ~ die Arbeit (nicht) fertig war. 彼女は仕事が済むまで帰宅できなかった. ***bis auf*** ④ (a)《極限にあるものの除外》...を除いて. (b)《極限にあるものの包含》...に至るまで: alle ~ auf einen ただ一人を除いて皆. alle ~ auf den letzten Mann 最後の一人に至るまで皆.

Bisamratte [ビーザムラッテ] 囡 (-/-n) 〖動〗マスクラット.

Bischof [ビショフ, ビショーフ] 男 (-s/Bischöfe) ❶ (ギリシア正教会・英国国教会などの)主教;(カトリックの)司教;(プロテスタントの)監督. ❷ ビショップ酒((赤ワインに砂糖・香料をミックスした清涼飲料)).

bischöflich [ビッシェ(-)フリヒ] 形《比較なし;副 なし》主教[司教, 監督]の.

bisexuell [ビーゼクスエル, ビゼクスエル] 形 バイセクシャルの;雌雄両性の.

bisher [ビスヘーァ ビスヘーァ] 副 今まで, これまで, 従来. **4級**

bisherig [ビスヘーリヒ] 形《比較なし;付加》今までの, 従来の.

Biskuit [ビスクヴィート, ビスクヴィット] 囲男 (-(e)s/-s, -e) ❶ ビスケット. ❷ (二度焼きの)素焼の陶器.

bislang [ビスラング] 副 これまで, 今まで.

biss [ビス] beißen の過去形.

Biss [ビス] 男 (-es/-e) ❶ かむ[刺す]こと. ❷ (歯による)かみ傷, (虫による)刺し傷. ❸ 〖比〗良心のとがめ, 苛責.

biß ⑩ = biss. **Biß** ⑩ = Biss.

bisschen [ビスヒェン] 代〈不定〉《無変化》❶ (**ein bisschen**)《形容詞的に》少しの, わずかな《副詞的に》少しばかり, ちょっと. ❷ (**kein bisschen**) 少しも...ない. ❸《定冠詞・所有冠詞などと共に》わずかばかりの, ささやかな. ♦kein ~ Zeit haben 少しの暇もない. die ~ Freude このわずかな喜び. ihr ~ Schmuck 彼女のわずかなアクセサリー. **5級**

bißchen ⑩ = bisschen.

bisse [ビッセ] beißen の接続法 II 式形.

Bissen [ビッセン] 男 (-s/-) ❶ 一口, 少量(の食物). ❷ スナック, おやつ. **keinen ~ herunterbringen** (口) 一口もひとを通らない.

bissig [ビッスィヒ] 形《副 なし》❶ (動物が)かみつく性癖のある. ❷ 〖比〗辛辣[皮肉]な.

Biss·wunde 囡 (-/-n) かみ傷, 咬創.

bist [ビスト] sein¹ の 2 人称単数現在形.

Bistum [ビストゥーム] 田 (-s/..tümer) 司教区.

bis·weilen [ビスヴァイレン] 副 時々, 時には, 折々.

Bit [ビット] 田 (-(s)/-(s)) ❶ ビット(情報量の基本単位). ❷ 二進数字((二進法における0または1)).

bitte [bítə ビテ] 副《願望・要求など》(a) どうぞ; すみませんが((丁寧(にいな表現に)). (b) どうか, ぜひ, お願いして((強調して)). ♦Einen Kaffee ~! コーヒーを一杯下さい. Nehmen Sie ~ Platz! どうぞお掛け下さい. **Bitte!**《許可・応諾して》どうぞ: Entschuldigung!–Bitte! すみません―大丈夫です. Vielen Dank.–Bitte! (, gern geschehen). ありがとうございます―どういたしまして. **Bitte (schön [sehr])!** (a) どう致しまして((「ありがとう」に対して)). (b) (さあ)どうぞ((相手に何か差し出しながら)). (**Ja,) bitte!** (はい,) いただきます, お願いします((何か差し出された時; 断るときは (Nein,) danke.)). **Ja, bitte?** はい, ご用件は((電話をとったり, ドアをあけたりして)). **Na bitte!** (口) ほらね, それ見たことか, 言ったとおりでしょ. **Wie bitte?** え, 何ですって, 何とおっしゃいましたか((聞き返して));ええ, 何ですっ

て((驚いて)). 5級

Bitte [bítə ビテ] 囡 (-/-n) 願い, 頼み, 懇願. ♦ eine ~ um Geld お金の無心. Ich hätte eine ~ an Sie. お願いがあるのですが. 5級

bitten* [ビテン] 他

現在	ich bitte	wir bitten
	du **bittest**	ihr **bittet**
	er **bittet**	sie bitten
過去	ich **bat**	wir baten
	du batst	ihr batet
	er bat	sie baten
過分	**gebeten**	接II bäte

★過去の2人称単数でdu batestの形もある.

❶《④~ um ④》《(人³に)事⁴を》頼む, お願いする, おねだりする. ❷《④ + 場所》〈人⁴に...へ〉来て[行って]くれるように言う. ❸《④+代名詞 ④》〈人⁴に 事⁴を〉願う. ♦《④》um Verzeihung ~〈人³に〉詫びを請う. ④ zu sich³ ~ 人⁴に来てくれるように[食卓に着くよう]に言う. ④ zu Tisch [zum Essen] ~ 人⁴に食事に来てくれるよう頼む. wenn ich (Sie) ~ darf,... すみませんが, よければ. (**Aber**) **ich bitte Sie [dich]**! 《口》何ですって, そんなことはない, やめてくれ ((怒って, 抗議して)). 5級

bitter [bítər ビター] ((比較 ~er [ビテラー]; 最上 ~st)) ((I)) 形 ❶ (味が)苦い, 渋い. ❷ 辛(ら)い, 苦しい, ひどい. ♦ eine ~e Erfahrung machen 辛い [苦しい] 経験をする. ((II)) 副 非常に, ひどく; 身を刺すように. ♦ ④ ~ nötig haben 物⁴をしんから必要としている. 5級

bitter·böse 形 激怒した; 悪意のある, 意地悪な.

bitter·kalt 形 身を刺す寒さの, 酷寒の.

bitterlich [..リヒ] 副 ひどく, 激しく.

bitter·süß 形 ❶ (味が)苦くて甘い. ❷ (感じ・気分などが)ほろ苦い.

Bittsteller [ビトシュテラー] 男 (-s/-) 請願者. ◇**Bittstellerin** 囡 (-/-nen).

Biwak [ビーヴァック] 中 (-s/-e, -s) 【軍】露営, 野営; 【登山】ビバーク.

bizarr [ビツァル] 形 奇異な, 奇怪な, 怪奇な, 風変りな, とっぴな.

Bizeps [ビーツェプス] 男 (-(es)/-e) 【解】(上腕)二頭筋.

Blähung [ブレーウング] 囡 (-/-en) 《主に複》腸にガスがたまること, 鼓腸, 鼓張.

Blamage [ブラマージェ] 囡 (-/-n) 恥さらし, 不名誉, 不面目, 恥辱.

blamieren [ブラミーレン] ((I)) 他 〈人⁴に〉恥をかかせる, 〈人⁴を〉笑い物にする. ((II)) 再 sich⁴ 〈(vor ③)〉〈(人³の前で)〉恥をさらす, 物笑いになる.

blank [ブランク] 形 ❶ ピカピカの, 光沢のある. ❷ 裸の, あらわの, むきだしの. ❸《付加》ありのままの, 全くの.

Blankoscheck [ブランコシェック] 男 白地小切手.

Blase [ブラーゼ] 囡 (-/-n) ❶ 泡(ᵃゎ), あぶく, 気泡. ❷ 水泡, 水脹れ. ❸ 膀胱(ᵇᵒᵘ).

Blasebalg [ブラーゼバルク] 男 (-(e)s/..bälge) 鞴(ふいご); じゃばら, (オルガンの)送風機.

blasen* [ブラーゼン] (du [er] bläst; 過 blies; 過分 geblasen) ((I)) 自 ❶ (強く)吹く; (スープを)吹きさます. ❷ 〈風・嵐¹が〉吹く. ((II)) 他 ❶〈(楽器⁴などを)〉吹き鳴らす. ❷《④ + 方向》〈物⁴を...へ〉吹きかける, 吹き払う, 〈風¹などが〉〈物⁴を...へ〉吹き上げる. ❸《④》《卑》〈人³の性器⁴に〉フェラチオをする.

Bläser [ブレーザー] 男 (-s/-) 吹奏者; 吹く人.

blasiert [ブラズィアート] 形 独りよがりの, うぬぼれの強い, 高慢な.

Blas·instrument [ブラース..] 中 吹奏楽器, 管楽器.

Blas·kapelle 囡 ブラスバンド.

Blas·musik 囡 吹奏楽.

Blasphemie [ブラスフェミー] 囡 (-/

..mien[..ミーエン](書)不敬,冒瀆;瀆神(%).

Blas-rohr 田(吹き矢の)吹き筒,吹き管.

blass [blas ブラス]形《比較 blasser, blässer;最上 blassest, blässest》❶ 蒼白な,青ざめた. ❷淡い,薄い. ❸おぼろげな,かすかな. ein ~es Gesicht 青白い顔. im Gesicht ~ werden 顔が青白くなる. ein ~es Blau 淡い青(色). eine ~e Erinnerung [Hoffnung] かすかな記憶[淡い希望].

blaß ⑱= blass.

Blässe [ブレッセ]囡(—/) 蒼白.

blässer [ブレッサー]blassの比較級blässerの別形.

blässest [ブレッセスト]blassの最上級blässestの別形.

bläst [ブレースト]blasenの2・3人称單数現在形.

Blatt [blat ブラット]田(–(e)s/Blätter) ❶葉. ❷《単位を示して;複 –, またはBlätter》(決まった大きさの通例四角い)紙(片). ❸(本・ノートなどの)一枚,2ページ (一枚の裏表),一葉. ❹新聞. ❺《主に単》[俗](配られた)カード(全体),手札. ❻(複 –)[俗]カード,札. ♦ein leeres ~ (Papier) 何も書かれていない紙一枚. fliegende [lose] Blätter 綴じてない紙,ルーズリーフ,びら,ちらし. *Das steht so bei einem anderen ~*. それは別問題[無関係だ]. 4級

Blätter [ブレッター]Blatt の複数形.

blättern [ブレッタァン]((I))圓❶《in ③》《本³などの》ページを(パラパラと)めくる. ❷⑤《von ③》《物¹が》《物³から》薄片となって割れる[落ちる];(ペンキなどが)はげ落ちる. ((II))他《④+方向》《物⁴を...へ》一枚ずつ出す.

Blätterteig [ブレッタータイク]男[料理]折り込みパイ生地 ((焼いて薄い層をなした生地)).

Blatt-gold 囲 金箔(%).
Blatt-grün 囲 葉緑素,クロロフィル.
Blatt-laus 囡[動]アリマキ,アブラムシ.

blau [blau ブラオ]形《比較 blauer;最上 blau(e)st》❶青い;空色の,ブルーの. ❷血の気のない,蒼白の. ❸(口) 酔っぱらった. *~er Montag* 憂うつな月曜日. *der Blaue Planet* 地球. 5級

Blau [ブラオ]田(–s/–, (口)–s) 青色,空色.

blau-äugig 形❶《副なし》青い目の,碧眼(%)の. ❷純真な,無邪気な.

Blau-beere 囡 (Heidelbeere) ブルーベリー.

blau-grau 形《副なし》青灰色の,鉛色の.

blau-grün 形《副なし》青緑色の. ★「青と緑の」の場合はハイフンを用いて blau-grün.

Blau-licht 田《単》青色信号灯 ((パトカー,消防車,救急車などの点滅する青;日本では赤)).

blau|machen 回(口)仕事を休む,サボる.

Blau-säure 囡(–/)[化]青酸.

Blazer [ブレーザー]男(–s/–) ブレザー(コート).

Blech [ブレヒ]田(–(e)s/–e) ❶(金属の)薄板,板金(%)(%);ブリキ;トタン板. ❷(ケーキ・パン焼き用)鉄板. ❸《単》(口)くだらない事.

Blech-büchse 囡 ブリキ缶,缶詰.
Blech-dose 囡 ブリキ缶,缶詰.

blechen [ブレッヒェン]他(④) (für ④》《物⁴の》(代金⁴を)《しぶしぶ》払う.

blechern [ブレッヒェァン]形❶《副なし》板金[ブリキ]製の. ❷(声・音などが)金属的な.

Blech-schaden 男 (自動車の事故による)車体の損傷.

blecken [ブレッケン]他《動物¹が》《歯⁴を》むき出す.

Blei¹ [ブライ]田(–(e)s/–e) 《単》鉛((記号:Pb)). *~ in den Gliedern haben* (口)とても疲れている ((鉛のように手足が重い)).

Blei² 男(–(e)s/–e)(口)= Bleistift 鉛筆.

Bleibe [ブライベ]囡(–/)(口)宿;宿泊

① 1格 ② 2格 ③ 3格 ④ 4格

所:滞在所.

bleiben* [bláɪbən ブライベン] 自 ⑤

現在	ich bleibe	wir bleiben
	du bleibst	ihr bleibt
	er bleibt	sie bleiben

過去	ich **blieb**	wir blieben
	du bliebst	ihr bliebt
	er blieb	sie blieben

過分	**geblieben**	接II bliebe

❶(ある場所に)留まる, 残る, 滞在する. ❷(ある状態の)ままである, 相変わらず…である. ❸《**bei** ③》《意見・主張・決定³などに》固執する. ❹《動詞 hängen, liegen, sitzen, stehen と》(…した)ままである. ❺《(③)》《(人³には)》《事・物¹に》可能性が残っていない. ★zu 不定詞をとる. ◆*Wie lange können Sie bei uns ~?* どれ位わが家に居られるのですか. (③) *im Gedächtnis* [*in Erinnerung*] ~ 人³の記憶[思い出]に残っている. *bei seiner Meinung* ~ 自分の考えに固執する, 自説を曲げない. *Es bleibt abzuwarten, ob …* …かどうかは静観するしかない. *am Leben* ~ 生存している. *bei der Sache* ~ 本題から離れない. *Wo bleibt* ① *?* (いらいらして)人・物¹はどこに行っているんだ(遅いじゃないか). *Wo ist denn* ① *geblieben?* (口)人・物¹はどこに行ったんだろう((見つからないじゃないか)). *Das bleibt unter uns!* (口)それはここだけの話です, あなたの胸にしまって置いて下さい. ④ *~ lassen* (口)《すべき事・しようとしていた事⁴を》やめる, やめて[放って, しないで]おく 5級

bleibend [ブライベント]《(I)》bleibenの現在分詞. 《(II)》形《付加形》永続的な, 長持ちする, 恒久的な.

bleiben|lassen* 他 (過分 bleiben(ge)lassen) = bleiben lassen (⇒ bleiben ④).

bleich [ブライヒ](最上 ~est) 形 ❶青ざめた, 蒼白な. ❷(暗々(ʦゝ)と)明るい.

bleichen* [ブライヒェン]《(I)》他〈物¹を〉漂白する, (日の光に)晒(ʦ)す, 〈髪⁴を〉脱色する. 《(II)》自過 bleichte, (古)blich; 過分 gebleicht, (古)geblichen) ⑤色あせる. ◆*in der Sonne* ~ 日光で晒(ʦ)される, 白くなる.

blei-frei 形 鉛のない, 無鉛の. ◆*~es Benzin* 無鉛ガソリン.

Blei-frei 中(–s/) 無鉛ガソリン.

Blei-kristall 中(–s/) 鉛ガラス, クリスタル[プリント]ガラス((厚くて高価なガラス)).

Blei-kugel 女 鉛弾.

Bleistift [bláɪʃtɪft ブライシュティフト] 男(–(e)s/–e) 鉛筆. ◆*ein stumpfer* [*spitzer*] ~ 先が丸くなった[とがった]鉛筆. *einen* ~ *(an)spitze* 鉛筆を削る. 4級

Bleistift-spitzer 男 鉛筆削り.

Blende [ブレンデ] 女(–/–n) ❶(レンズの)絞り. ❷日よけ, ブラインド.

blenden [ブレンデン] 他 ❶(a)〈物¹が〉〈(人⁴を)〉まぶしがらせる. (b)〈(人⁴)を)〉眩惑(ʦʎʧ)する, 惑わす. ❷〈④〉《**mit** ③》〈人⁴を〉〈物³で〉まぶしがらせる. ❸〈人⁴の〉目を(罰として)つぶす.

blendend [ブレンデント]《(I)》blendenの現在分詞. 《(II)》形 ❶すばらしい, すごい. ❷輝くばかりの, まぶしいほどの, まばゆい.

blich [ブリッヒ]《古》bleichenの過去形(bleichteの別形).

bliche [ブリッヒェ]《古》bleichenの接続法II式形(bleichteの別形).

Blick [blɪk ブリック] 男(–(e)s/–e) ❶〈**auf** ④〉《(人・物⁴への)》一見, 一瞥(ｲﾁﾍﾞﾂ), 視線. ❷《単》まなざし, 目つき, 顔つき. ❸《単》〈**auf** ④〉《(物⁴への)》ながめ, 見晴らし. ❹《単》〈**für** ④〉《(人・物⁴に対する)》見る目, 眼光, 洞察(力). ◆*einen flüchtigen* [*raschen, kurzen*] ~ *auf* ④ *werfen* 人・物⁴にちらっと[さっと]目を向ける. ④ *mit einem* ~ *erkennen* 物⁴を一目で認識する. *auf den ersten* ~ 一目で. ④ *keines ~es würdigen* 人・物⁴を無視する. *Wenn ~e töten* könnten! にらまれているよ, にらんでるよ. **4級**

blicken [ブリッケン] 自 ❶ 〈ちらっと〉見る, 目[まなざし]を向ける. ❷ 目つき[顔つき]をしている; 目つきに現われている. *sich⁴ (bei ③) lassen* (人³を)(ちょっと)訪ねてくる, (人³の所に)顔を出す.

blicken|lassen = blicken lassen (⇨blicken).

Blick·feld 中《単》視野, 視界.

Blick·punkt 男 *im ~ (der Öffentlichkeit) stehen*) 世間の注目の的になっている.

Blick·winkel 男 視角, 観点, 視点.

blieb [ブリープ] bleibenの過去形.

bliebe [ブリーベ] bleibenの接続法II式形.

blies [ブリース] blasenの過去形.

bliese [ブリーゼ] blasenの接続法II式形.

blind [blɪnt ブリント] (最上~est) ((I)) 形 ❶ 盲目の. ❷《付加または副》盲目的な. ❸《付加》(怒り・憎しみ・心配のあまり) やみくもな, 見境のない. ❹《副なし》(ガラス・鏡などが)曇った. ❺ 見せかけの, まがいの. ❻ 窓[出口]のない. ◆ *auf einem Auge ~ sein* 片目が見えない. ③ *~ vertrauen* 人³を盲目的に信じる. *~ vor ③ sein* 怒り・憎しみ・恋³などのあまり見境がつかなくなっている. *Bist du (denn) ~?* どこに目を付けているんだ ((怒って)). ((II)) 副 ❶(真っ暗で)見えなくて. ❷ 目に頼らないで, 見ないで; ブラインド・タッチで. **4級**

Blind·darm 男 盲腸, 虫様突起, 虫垂.

Blinde·kuh [ブリンデ..] 女《無冠詞, 不変化》(目に目隠しをして行なう)鬼ごっこ. ◆ *~ spielen* 鬼ごっこする.

Blinden·hund 男 盲導犬.

Blinden·schrift 女 点字(印刷物).

Blinde(r) [ブリンデ[ダー]] ((I)) 男《形容詞変化》盲人. ((II)) 中《形容詞変化》見えないところ.

Blindheit [ブリントハイト] 女(-/-) ❶ 盲目. ❷ 〈gegenüber ③〉〈物³を〉(意図的に)見過ごすこと; 蒙昧(もうまい). (*wie) mit ~ geschlagen sein* 先が見えていない, 事態がわかっていない.

blindlings [ブリントリングス] 副 ❶ むやみに, やみくもに. ❷ 盲目的に, 無批判に.

Blindschleiche [ブリントシュライヒェ] 女 (-/-n) アシナシトカゲ ((無害のトカゲ)).

blinken [ブリンケン] 自 ❶ 〈物¹が〉きらめく, ピカッと光る, 明滅する. ❷ ライトの点滅で合図する, 方向指示を出す.

Blinker [ブリンカー] 男 (-s/-) (自動車の進路変更を示す)ウィンカー, 方向指示燈.

Blink·licht [ブリンクリヒト] 中 明滅(信号)灯.

blinzeln [ブリンツェルン] 自 まばたきする.

blitz.. 《形容詞に付いて意味を強調する》: blitzblank ピカピカの.

Blitz [blɪts ブリッツ] 男 (-es/-e) ❶ 稲妻, 稲光, 電光; 閃光(せんこう), ひらめき. ❷ 〔写〕フラッシュ(装置). ◆ *vom ~ erschlagen werden* 雷に打たれて死ぬ. *In den Turm schlägt ein ~ ein.* 塔に落雷する. *(schnell) wie der ~ [wie ein geölter ~]* (口) 電光石火の. *wie ein ~ aus heiterem Himmel* 青天の霹靂(へきれき)のごとく.

Blitz.. 《名詞に付いて》「電光石火の, 驚くほど」: Blitzstart 電光石火のスタート.

Blitz·ableiter 男 ❶ 避雷針. ❷ 怒りのはけ口.

blitz·blank 形 ピカピカの, 真新しい, 清潔な.

blitzen [ブリッツェン] ((I)) 自 ❶〈ダイヤ・目¹などが〉ピカッと光る, きらめく. ❷ (口) フラッシュを使って撮影する. ❸《非人称で》稲光(いなびかり)がする. ((II)) 他 (口)〈人⁴を〉(スピード違反で)写真撮影で捕まえる. **4級**

Blitz·licht 中 フラッシュ(ライト), ストロボ.

① 1格 ② 2格 ③ 3格 ④ 4格

blitzschnell [ブリッツシュネル]形 電光石火の.

Block [ブロック]男(-(e)s/Blöcke, -s) ❶(複 Blöcke)(木・石・金属の)塊(ホミナ), 角材, ブロック. ❷(複 –s, Blöcke)棟, ビル, 建物. ❸(複 –s, Blöcke)街区, ブロック. ❹(政経)政党, ブロック, 圏. ❺(複 –s, Blöcke)厚とじの紙片, はぎ取り帳. ❻(複 Blöcke)情報の塊.

Blockade [ブロカーデ]囡(-/–n) 封鎖.

Block・flöte 囡 (木製の)たて笛, リコーダー.

Block・haus 囲 丸太小屋, ほったて小屋.

blockieren [ブロッキーレン](I)他 ❶〈所⁴を〉封鎖する, 塞(ホォ)ぐ. ❷〈(流れ・進行⁴などを)〉妨害する, ストップさせる. (II)自〈機械・装置⁴などが〉(突然)作動しなくなる, 動かなくなる.

Block・schrift 囡 活字体, ブロック体((ふつう大文字)). 4級

blöd(e) [ブレート[デ]]形《軽蔑》❶(口)馬鹿な, 間抜けな, ぼけた, ナンセンスな; くだらない, つまらない. ❷(古)(医)精神薄弱の. ❸(口)いまいましい, ばかばかしい, 馬鹿げた. ❹(口)むかつく, くそったれの.

Blödelei [ブレーデライ]囡(-/–en) ❶馬鹿なこと, 間抜けなこと, ぼけたこと, ナンセンス. ❷馬鹿な冗談, 間抜けな洒落.

blödeln [ブレーデルン]自(口)(わざと)馬鹿なことを言う[する].

Blödheit [ブレートハイト]囡(-/–en) ❶間抜け, 愚鈍, 低能. ❷(古)(医)精神薄弱.

Blöd・mann 男(-(e)s/..männer)(口;軽蔑)馬鹿, アホ, 間抜け, たわけ((ののしって)).

Blöd・sinn 男《単》《軽蔑》馬鹿なこと, たわけたこと.

blöd・sinnig 形 馬鹿な, アホな, ナンセンスな.

blöken [ブレーケン]自〈羊¹が〉メーと鳴く, 〈牛¹が〉モーと鳴く.

blond [ブロント](最上 ~est)形 ブロンドの, 金褐色[明色]の, 金髪の. 5級

Blondine [ブロンディーネ]囡(-/–n)(美しい)金髪の女, ブロンドの女.

bloß [blo:s ブロース](I)形 ❶《主に付加》裸の; むき出しの. ❷《付加》何も付けない. ❸《付加》単なる, ただ(それだけ)の, 内容のない. ◆mit ~em Auge 肉眼で, 裸眼で. ~e Vermutungen 単なる推測. (II)副 ただし. (III)副《不変化詞》❶ただ...だけ, 単に...にすぎない. ❷ただ, もっぱら(内容を強調する). ❸《疑問文で》...のかなあ((助けて欲しいんだけれど)). ❹《感嘆文で》...だなんて((驚き・失望を表す)); 《疑問詞のある修辞疑問で》...と(でも)いうのか((驚き・失望を表す)). ❺《命令文で》...(しなくても)いいよ[大丈夫だよ]((慰めて, 落ち着かせて)). ❻《命令文で》さっさと...しろ, 絶対に...するんじゃないぞ((脅して, 警告して)). ❼《願望文で》せめて...(あり)さえすればなあ. 4級

Blöße [ブレーセ]囡 sich³ eine ~ geben 隙を与える, 弱点を見せる. 3 eine ~ bieten 人³に隙を与える, 弱点をさらけ出す.

bloß|stellen (I)他〈人⁴の〉弱みを暴露する, 〈人⁴を〉さらし者にする. (II)再 sich⁴ 弱みを見せる, さらし者になる.

Blouson [ブルゾ(-ン)]男田(-s/–s) ブルゾン.

blubbern [ブルッバァン]自〈物¹が〉ブクブク(音をたてて)泡立つ, 〈物¹が〉ぐつぐつ煮える.

Bluejeans [ブルージーンズ]囡(-/–) 複(服)(ブルー)ジーンズ. ★Blue Jeans とも綴る.

Blues [ブルース]男(-/–)(楽)ブルース(の曲).

Bluff [ブルフ, ブレフ]男(-s/–s)《主に軽蔑》はったり, ブラフ, こけおどし.

bluffen [ブルッフェン]他〈(人⁴を)〉(はったりで)だます, ごまかす.

blühen [blý:ən ブリューエン]自 ❶〈花¹が〉咲く, 咲いている. ❷〈商売¹などが〉繁盛している, うまく行っている, 好調である. ❸〈③〉(口;皮肉)〈悪い物¹

blühend

が〉〈人 ³の身に〉起こる，〈人 ³を〉見舞う，待ち受けている．♦Die Bäume ~ im Mai. その木は5月に花が咲きます．

blühend [ブリューエント] ((I)) blühen の現在分詞．((II)) 形 ❶《主に付加》旺盛な，活発な．❷《主に付加》非常にいい，好調の．❸はつらつとした，生気あふれる，元気いっぱいの．

Blume [blúːmə ブルーメ] 女

格	単数	複数
1	die Blume	die **Blumen**
2	der Blume	der Blumen
3	der Blume	den Blumen
4	die Blume	die Blumen

❶花，草花 ((咲いている部分の花は Blüte))．❷(ワインの)芳香，(ビールの)泡(ﾁｬ)．♦~n pflanzen [züchten] 花を植える[栽培する]．*durch die ~* そしてなく．5級

Blumen·beet 中 花壇．
Blumen·erde 女 (花栽培の)肥土．
Blumen·kohl 男 カリフラワー，花キャベツ．
Blumen·strauß 男 花束．
Blumen·topf 男 植木鉢；鉢植えの花[植物]．
Blumen·vase 女 花瓶．
Blumen·zwiebel 女 草花の鱗茎(ﾘﾝ)；球根．

Bluse [blúːzə ブルーゼ] 女 (-/-n) ブラウス．♦eine langärmelige ~ 長袖のブラウス．5級

Blut [bluːt ブルート] 中 (-(e)s/-e) ❶血，血液．❷純血，血統；高貴，名門．❸気質；情熱．♦③ ~ abnehmen [entnehmen] 人³から(検査のために)採血する．~ spenden 献血する．~ *gelockt haben* (口)味を占める，病みつきになる．~ (*und Wasser*) *schwitzen* (口)びくびくする，冷や汗をかく((血の汗をかく))．~ *ist dicker als Wasser*. 血は水よりも濃い．③ *im* ~ *haben* 物⁴を天分[遺伝]で受け継いでいる，物⁴が血の中に流れている．③ *im* ~ *liegen* 人³の天分である，人³の血の中に流れている，人³の血となり肉となっている．(*Nur* [*Immer*]) *ruhig* ~! (まあ)落ち着きなさい．4級

blut·arm 形 貧血(症)の．
Blut·armut 女《単》貧血(症)．
Blut·bad 中 大殺戮，大量虐殺．
Blut·bank 女 (-/-en) (輸血用の)血液銀行．
blutbefleckt [..ベフレックト] 形 血痕のついた，血まみれの，血で汚された．
blutbeschmiert [..ベシュミールト] 形 血痕のついた，血まみれの．
Blut·druck 男 (-(e)s) 血圧．

Blüte [ブリューテ] 女 (-/-n) ❶花 ((咲いている部分；草此は Blume))．❷《単》花全体．❸《単》咲いていること，花時，花盛り，満開；全盛(期[時代])，絶頂(期)．❹咲いている時期[期間]．❺(口)偽札(ﾆｾ)．*in der ~ seiner Jahre* (書)人²の人生の絶頂期に．

bluten [ブルーテン] 過 blutete；過分 geblutet] 自 出血する．
Blüten·blatt 中 花弁，花びら．
Blüten·honig 男 花の蜜．
Blüten·staub 男 (Pollen)花粉．
blütenweiß [ブリューテンヴァイス] 形 (洗濯物などが清潔で)まっ白な．
Bluter [ブルーター] 男 (-s/-) 血友病(患)者．
Bluterguss [..エアグス] 男 血腫(ﾂｭ)，溢血(ｲｯ)．
Bluterguß 男 中 = Bluterguss.
Bluter·krankheit [ブルーター..] 女 血友病．
Blut·fleck 男 血のしみ，血痕．
Blut·gefäß 中 血管．
Blutgerinnsel [..ゲリンゼル] 中 (凝)血塊，血栓．
Blut·gruppe 女 血液型 ((O, A, B, AB の4種類))．
Blut·hochdruck 男 高血圧(症)．
blutig [ブルーティヒ] 形 ❶血だらけの，血まみれの，血の．❷血なまぐさい，流血の，残虐な．❸《付加》(口)全くの，大の ((強調で))．
blutjung [ブルートユング] 形 非常に

若い.
Blut·konserve 囡 保存血液.
Blutkörperchen [..ケルパーヒェン] 田(-s/-)《主に複》血球.♦rote [weiße] ~ 赤[白]血球.
Blut·krebs 男 白血病.
Blut·kreislauf 男 血液循環.
Blut·lache 囡 血の海, 血だまり.
blut·leer 形 貧血の, 血の気のない.
Blut·leere 囡 貧血.
Blut·orange 囡 果肉[果汁]の赤いオレンジ.
Blut·probe 囡 血液検査(の試料採血).
Blut·rache 囡 かたき討ち, あだ討ち.
blutrot [ブルートロート] 形 血のように赤い, 暗赤色の.
blutrünstig [..リュンスティヒ] 形 ❶血に飢えた, 血を好む, むごたらしい. ❷(映画などが)殺人ばかりの, 血なまぐさい.
Blut·schande 囡(-/) 近親[血族]相姦(ᡵᢇ).
Blut·spende 囡(輸血の)給血, 献血.
Blut·spender 男(輸血の)給血者, 献血者. ◇**Blutspenderin** 囡(-/-nen).
Blut·spur 囡 血痕.
blutstillend, Blut stillend [ブルートシュティレント] 形 血止めの, 止血の.
bluts·verwandt 形《副なし》近親の, 血縁の.
Bluts·verwandtschaft 囡 血縁(関係).
Blut·tat 囡《書》(Mord)凶行, 殺人.
Blut·transfusion [..トランスフズィオーン] 囡 輸血.
Blut·übertragung 囡 輸血.
Blutung [ブルートゥング] 囡 出血, 流血.
blut·unterlaufen 形 皮下出血した, 内出血した.
Blut·vergießen 田(-s/) 流血(の惨事), 殺戮(ᡵᡓ).
Blut·vergiftung 囡 敗血症.
Blut·wurst 囡 ブラッドソーセージ((特に豚の血を入れて作るソーセージ)).
BLZ 《略》Bankleitzahl.
BMW [ベーエムヴェー] 《(I)》囡 ベーエムヴェー((ドイツの自動車メーカー Bayerische Motorenwerke AG の略称)). ((I)) 田(-(s)/-(s)) ベーエムヴェー((BMW社製の自動車)).
Bö [ベー] 囡(-/-en)突風, はやて.
Bob [ボップ] 田(-s/-s) {英} (2人・4人用)ボブスレー((Bobsleighの短縮形).
Bob·bahn 囡 ボブスレーのコース.
Bob·fahrer 男 ボブスレー選手[競技者].
Bock¹ [ボック] 男(-(e)s/Böcke) ❶雄((ヤギ・羊・鹿など角のある動物, 家ウサギの雄)). ❷(口)奴, 野郎((男に対する罵りとして)). ❸《体操》ボック(跳馬の器具). ❹(物を載せる4脚の)台; 木挽(ᠲᡓ)台; 脚立(ᠲᡓ). ❺《無変化》(口)〈(auf ④)〉〈(物へ)の〉意欲.
Bock² 田(-s/-) = Bockbier.
Bock·bier 田 ボックビール((春に醸造して貯蔵する強い黒ビール)).
bocken [ボッケン] 自 ❶〈馬・山羊¹などが〉(足をつっぱって)言うことを聞かない, いやがって逆らう, 後足で立つ. ❷〈子供¹が〉言うことを聞かない, 意固地になる, すねる.
bockig [ボッキヒ] 形 (動物・子供などが)言うことを聞かない, 手に負えない.
Bocks·horn 田 山羊の角.
Bock·wurst 囡 ボック・ソーセージ((赤身のソーセージ; 熱湯でゆでて食べる)).
Boden [bóːdən ボーデン] 男(-s/Böden) ❶土地, 地, 土壌, 土. ❷《単》大地, 地面, 地表; (Fußboden)床. ❸(容器・川・海などの)底. ❹領土, 国土. ❺基盤, 地盤, 足場. ❻(居住用ではない)屋根裏(部屋), ロフト. ♦am [auf dem] ~ des Meeres 海底に. auf den ~ [zu Boden] fallen [stürzen] 地面に倒れる. *festen ~ unter die Füße bekommen*

[kriegen] しっかりした(経済的)基盤を得る. **auf fruchtbaren ~ fallen** よい結果を得る, 実を結ぶ, (進んで)受け入れられる, 賛同[共鳴]を得る. ③ **brennt der ~ unter den Füßen.** (口) 人³は身の危険を感じる, 人³の足もと[尻]に火がついている. **den ~ unter den Füßen verlieren** (経済的)基盤[足場]を失う. **festen ~ unter den Füßen haben** しっかりした(経済的)基盤を持っている. 5級

Boden·belag 男 敷物, 床張り.
Boden·fläche 安 ❶ 床の表面[面積]. ❷ 土地の表面[面積].
Boden·frost 男 地上霜, 地面の凍結.
Boden·kammer 安 屋根裏部屋, ロフト.
boden·los 形 ❶ (口) 底なしの, ひどい((悪い意味の名詞・形容詞・副詞を強調して)). ❷ 底のない, 底知れぬ, 非常に深い.
Boden·nebel 男 地表(近くに発生する)霧.
Boden·satz 男《単》滓(), 沈殿物, かす.
Boden·schätze 複 地下資源.
Boden·see 男(-s)《der ~》ボーデン湖((ドイツとスイスの境にある湖)).
boden·ständig 形 ❶ その土地の, 地場の, 土着の, はえ抜きの. ❷ その土地特有の, 名産の.
Bodybuilding [ボディビルディング] 中(-s) ボディビルディング.
Böe [ベーエ] 安(-/-n) = Bö.
bog [ボーク] biegen の過去形.
böge [ベーゲ] biegen の接続法 II 式形.
Bogen [ボーゲン] 男(-s/-,《南·ボ·ズ·》Bögen) ❶ 弓形, 弧, 曲線, カーブ. ❷ (橋・天井などの)アーチ(形構造). ❸ 弓;(弦楽器の)弓. ❹ 1 枚の紙;全紙((略: Bg.));= Fragebogen. ♦ **ein ~ Briefmarken** 1 シートの切手. **einen ~ machen** [beschreiben, schlagen] 弧を描く. **den ~ spannen** [führen] 弓を引く[(弦楽器の)弓を使う]. **den ~ heraushaben** こ

つが分かる. **den ~ überspannen** 度を過ごす, 不相応なことをする. **einen (großen) ~ um** ④ **machen** (大回りして) 人・物⁴を避ける, 敬遠する.
bogenförmig [ボーゲンフェルミヒ] 形 弓形の, アーチ形の.
Bogen·schießen 中(-s/) アーチェリー, 弓術, 弓技.
Boheme [ボエーム, ボヘーム] 安(-/) (学生や芸術家などの)自由放縦な連中, ボヘミアンたち.
Bohemien [ボエミエン, ボヘミエン] 男(-s/-s) ボヘミアン.
Bohle [ボーレ] 安(-/-n) 厚板.
Böhme [ベーメ] 男(-n/-n)《弱》ボヘミア人. ◇ **Böhmin** 安(-/-nen).
Böhmen [ベーメン] 中(-s/-) ボヘミア(地方)(チェコの西部).
böhmisch [ベーミッシュ] 形 ボヘミア(人;語)の.
Bohne [ボーネ] 安(-/-n) ❶ 豆;豆の木((大豆・インゲン類及びその植物)). ❷ (豆状のコーヒー・ココアの)実. ♦ **grüne ~n** サヤインゲン(英語元).
Bohnen·kaffee 男(-s/)《単》❶ (豆をひいた)コーヒー. ❷ (いれた)コーヒー.
Bohnen·kraut 中④《単》セイボリー((キダチハッカの葉で香辛料)). ❷ キダチハッカ.
Bohnen·suppe 安 豆入りスープ.
bohnern [ボーネァン] 他《(物⁴に)》ワックスをかける,《(床⁴などを)》《(ワックスで)》磨く.
Bohnerwachs [ボーナーヴァクス] 中(-es/-e) (床みがき用)ワックス.
bohren [ボーレン] ((I)) 他 ❶《(穴⁴を)》あける,《井戸⁴などを》彫り抜く,《(仮⁴などに)》穴をあける. ❷《(③) in** ④《物⁴を(人³の)物⁴に》突き通す. ((II)) 自 ❶《(mit ③)》《(物⁴で)》穴をあける. ❷《(nach ③)》《(物³を求めて)》ボーリングする, 試掘する. ❸ (口) しつこく問う. ((III)) 再 sich⁴《(③) in** ④《(人³の)物⁴に》突き刺さる,《(③) durch** ④《(人³の)物⁴に》貫き通る,《(人³の)物⁴を》貫いて穴をあける.

□ ①1格 ②2格 ③3格 ④4格

bohrend [ボーレント] **((I))** bohren の現在分詞. **((II))** 形《付加または副》突き刺すような, しつこい.

Bohrer [ボーラー] 男 (-s/-) ドリル, 穿孔器; 中ぐり機; 錐(きり); らせん錐.

Bohr・insel [ボーァ..] 女 (-/-n) (海底の地下資源掘削のための)人工の島[基地].

Bohr・maschine [ボーァ..] 女 電気ドリル, 穿孔(せんこう)機, ボーリング機.

Bohrung [ボールング] 女 (-/-en) ❶ ボーリング, 試掘. ❷ 穴, 穿孔, 中ぐり.

böig [ベーイヒ] 形 突風の(ような), 突風の来そうな.

Boiler [ボイラー] 男 (-s/-) ボイラー, 湯沸かし器, 給湯器.

Boje [ボーイェ] 女 (-/-n) 浮標, ブイ.

Böller・schuss [ベラー..] 男 礼砲.

Bollwerk [ボルヴェァク] 中 ❶ 土塁, 稜堡(りょうほ); 防塁. ❷ 防波堤, 防壁(となるもの).

Bolzen [ボルツェン] 男 (-s/-) 〖工〗ボルト, ピボット.

bombardieren [ボンバルディーレン] 他 ❶〈敵・都市4などを〉砲撃する; 爆撃する. ❷〈4 mit 3〉(口)〈人・物4に物3を〉投げつける. ❸〈4 mit 3〉(口)〈人4を物3で〉うるさく攻めたてる.

Bombardierung [ボンバルディールング] 女 ❶ 砲撃, 爆撃. ❷ (口) 投げつけること. ❸ (口) うるさく攻めたてること.

bombastisch [ボンバスティッシュ] 形 大言壮語の; 大げさな.

Bombe [ボンベ] 女 (-/-n) 爆弾. *wie eine ~ einschlagen* ひどい騒動[混乱]を引き起こす. *Die ~ ist geplatzt.* (口) 1)予想された[恐れていた]ことが起こった. 2)隠されていたことが明かされた.

Bomben.. [ボンベン..] 《名詞に付いて》❶「爆弾の」. ❷「もの凄く良い, 大きい, 強い」: Bombenflugzeug 爆撃機. Bombenrolle 夢のような役.

Bomben・angriff 男 爆(弾攻)撃.

Bomben・anschlag 男 爆弾テロ.

Bomben・attentat 中 爆弾テロ, 爆弾による襲撃.

Bomben・drohung 女 爆弾による脅迫.

Bomben・erfolg 男 大成功.

bomben・fest [ボンベンフェスト, ボンベンフェスト] 形 (口) (爆弾に耐えることのできる位に)しっかりした, どんなことにもビクともしない.

bomben・sicher [ボンベンズィッヒャー, ボンベンズィッヒャー] 形 (口) (爆弾にも耐えるほど)安全な, しっかりした, ビクともしない.

Bomben・stimmung 女 (口)非常に楽しい気分[雰囲気].

Bomben・trichter 男 (爆弾により生じたすり鉢状の)弾孔, 穴.

Bomber [ボンバー] 男 (-s/-) 爆撃機.

Bon [ボーン, ボン] 男 (-s/-s) ❶ レシート, 領収書, 受領書. ❷ 商品券, クーポン券, 引換券, 食券.

Bonbon [ボンボン] 男 《南ド・オストリ》中 (-s/-s) ボンボン, キャンディー, ドロップ.

Bonmot [ボンモー] 中 (-s/-s) (口) (当意即妙の)しゃれ, 警句, 機知, 名文句.

Bonn [ボン] 中 (-s/) ボン (《ドイツ西部の都市; 旧西独の首都》).

Bonze [ボンツェ] 男 (-n/-n) 《弱》(口) ❶ (軽蔑) (利権をあさる)大物幹部, お偉方, 大物, (傲慢な)金持ち. ❷ (仏教の)坊主, 僧侶.

Boom [ブーム] 男 (-(s)/-s) ブーム, 大流行; にわか景気; 株価の急騰.

Boot [boːt ボート] 中 (-(e)s /-e) ボート, 小舟. ◆ ~ fahren ボートに乗る. *in einem [im gleichen] ~ sitzen* 同じ(困難な)運命[境遇, 立場]にある. 5級

Boots・bau [ボーツ..] 男 ボートの建造.

Boots・fahrt 女 ボートに乗るこ[旅行].

Boots・steg 男 ボート用桟橋.

Boots・verleih 男 ボート貸し.

Bord[1] [ボルト] 男 (-(e)s/-e) 船縁(ふなべり), 舷側(げんそく), 甲板; 船内; 機内. *an ~* (船・飛行機の)船内で, 機内で. 4

über ~ werfen 物⁴を船から投げすてる;(口)意図⁴などを放棄する, (見)捨てる. **Mann über ~!**《船で》人が落ちたぞ.

Bord² 中(-(e)s/-e) 棚板.

Bordell [ボルデル] 中(-s/-e) 売春宿.

Bordstein 男 歩道の縁石.

borgen [ボルゲン] 他 ❶《③ ④〉人³に物⁴を〉(無償で)貸す. ❷〈sich³ bei [von] ③ ④〉人³に物⁴を〉(無償で)借りる.

Borke [ボルケ] 女(-/-n)《北》樹皮.

Borken·käfer 男《動》キクイムシ.

borniert [ボルニーァト] 形《軽蔑》固陋(ころう)な, 偏狭な;狭量な.

Börse [ベルゼ] 女(-/-n) ❶《証券》取引所, (株式)市場. ❷《書》《やや古》財布.

Börsen·krach 男 株価の暴落.

Börsen·makler 男 株式[証券取引]仲買人, ブローカー.

borst [ボルスト]《まれ》berstenの直説法過去形barstの別形.

Borste [ボルステ] 女(-/-n) (特に豚・猪の)剛毛(ごうもう).

börste [ベルステ] berstenの接続法II式形 bärsteの別形.

borstig [ボルスティヒ] 形《副なし》剛毛(ごうもう)のある, 剛毛のような.

Borte [ボルテ] 女(-/-n) (テープ状の)縁飾り, 笹縁(ささべり), レース;うちひも, 金モール.

bös [ベース] 形 = böse.

bös·artig 形 ❶たちの悪い, 陰険な;(馬など)癖の悪い;(動物が)有毒の. ❷(病気が)悪性の, 難治の.

Bösartigkeit [..カイト] 女(-/-) ❶悪意のある[陰険な, 意地の悪い]こと. ❷(病気の)悪性.

Böschung [ベッシュング] 女(-/-en) (道路・堤防・土手などの)斜面, スロープ.

böse [bǿːzə ベーゼ] 形《比較 böser; 最上 bösest》❶ (↔ gut) (道徳的・宗教的に)**悪い**, 不良の;いやな, 不快な;邪悪な, よこしまな. ❷《副なし》怒っている, 感情を害している. ❸《付加または副》《口》ひどい;悪性の, 病んでいる, 痛んでいる, 炎症を起こした. ❹親の言うことを聞かない, 腕白な. ◆(mit) ③ [auf ④] ~ sein 人³·⁴に対して怒っている, 人³·⁴と仲違いしている. **Mit ③ sieht es ~ aus.**《口》人・物³はひどい状態である. 4級

boshaft [ボースハフト] 形 悪意のある, 意地悪な, 陰険な, 不快な, むかつく.

Boshaftigkeit [ボースハフティヒカイト] 女(-/-en) 悪意のある[意地悪な, 陰険な, 不快な, むかつく]こと.

Bosheit [ボースハイト] 女(-/-en) ❶《単》悪意, 意地悪;陰険;怨恨(えんこん). ❷悪意のある[意地悪な]言行.

Bosnien-Herzegowina [ボスニエン・ヘルツェゴーヴィナ] 中 ボスニア・ヘルツェゴヴィナ ((バルカン半島の共和国)).

bosnisch [ボスニッシュ] 形 ボスニア(人)の.

bosnisch-herzegowinisch [..ヘルツェゴヴィーニッシュ] 形 ボスニア・ヘルツェゴヴィナ(人)の.

Boss [ボス] 男(-es/-e) 《口》ボス, 上司, 社長, 首脳部;親分;首領, 党首, 領袖(りょうしゅう);(組合)指導者.

Boß 男 (Bosses/Bosse) 旧 = Boss.

böswillig [ベースヴィリヒ] 形 悪意のある, 悪意に満ちた, 悪事をたくらんだ;《法》故意の.

Böswilligkeit [..カイト] 女 悪意;故意.

bot [ボート] bietenの過去形.

Botanik [ボターニック] 女(-/-) 植物学.

botanisch [ボターニッシュ] 形《付加または副》植物(学)の. ◆ **~er Garten** 植物園.

Bote [ボーテ] 男(-n/-n)《弱》❶ (走り)使い, 使者, メッセンジャー, 配達人. ❷《書》先ぶれ, 前ぶれ;最初の徴候;《聖》使徒.

böte [ベーテ] bietenの接続法II式形.

Botin [ボーティン] 女(-/-nen) (女性の)使い.

Botschaft [ボートシャフト] 囡 (–/–en) ❶ 大使館. ❷《für ④》《von ③》《(人³ のための)》《(人³ からの)》(公式な)通知, 報告. ❸《an ④》《(人⁴への)》声明, メッセージ; (大統領の)教書. ❹《書》知らせ, 報. ♦die deutsche ~ in Tokio 東京のドイツ大使館.

Botschafter [ボートシャフター] 男 (–s/–) 大使.

Botschafterin [ボートシャフテリン] 囡 (–/–nen) ❶ 女性大使. ❷ 大使夫人.

Bottich [ボッティヒ] 男 (–(e)s/–e) 桶, たらい.

Bouillon [ブルヨン, 《話》ブヨン] 囡 (–/–s)《主に単》ブイヨン, (コンソメ)スープ, 肉スープ.

Boulevard [ブレヴァーァ, 《話》ブルヴァーァ] 男 (–s/–s) (並木のある広い)大通り;(特にパリの)ブルヴァール.

Boulevard·blatt 中 (街頭で売られるセンセーショナルな)大衆向け新聞, タブロイド版新聞.

Boulevard·stück 中 (大衆向け)娯楽劇.

Boulevard·zeitung 囡 (街頭で売られるセンセーショナルな)大衆向け新聞, タブロイド版新聞.

Bourgeoisie [ブァジョアズィー] 囡 (–/..sien[..ズィーエン]) 《↔ Proletariat》《主に単》❶ (軽蔑) ブルジョアジー, 有産者[資本家]階級. ❷《書》(やや古) (裕福な) 市民階級, 中産階級の市民.

Boutique [ブティーク, 《話》ブティク] 囡 (–/–n) ブティック.

Bowle [ボーレ] 囡 (–/–n) ❶ パンチ, ポンチ ((ワイン・シャンパン・ブランデーに果汁・香料などを加えた飲み物)).

Bowling [ボウリング] 中 (–s/–s) 《話》ボーリング.

Bowling·bahn 囡 ボーリング・レーン.

Box [ボクス] 囡 (–/–en) ❶ (蓋の付いた)箱, ボックス. ❷《主に複》スピーカーボックス. ❸ (厩・ガレージの)仕切り.

boxen [ボクセン] 《du boxt》 **(I)** 圁 《(gegen ④)》《(人⁴ と)》ボクシング(の試合)をする. **(II)** 他 《人⁴ の...を》こぶしでなぐる, こぶしで打ち飛ばす. **(III)** sich⁴ (口) ボクシング(の試合)をする.

Boxer [ボクサー] 男 (–s/–) ❶ ボクサー. ❷【動】ボクサー ((ドイツ原産の犬)). ◇ **Boxerin** 囡 (–/–nen).

Box·handschuh 男 ボクシング・グローブ.

Box·kampf 男 ボクシングの試合.

Box·ring 男 ボクシング・リング.

Box·sport 男 ボクシング.

Boykott [ボイコット] 男 (–(e)s/–e, –s) ボイコット, 不買[排斥]運動[同盟].

boykottieren [ボイコティーレン] 他 《人・物⁴ を》ボイコットする.

brach [ブラーハ] brechenの過去形.

bräche [ブレーヒェ] brechenの接続法II式形.

Brach·land 中 休閑[休耕]地.

brach|liegen* 圁 ❶《物¹ が》耕作されないでいる. ❷《書》《能力¹などが》活用されないでいる.

brachte [ブラハテ] bringenの過去形.

Brahms [ブラームス] 《人名》ブラームス ((Johannes ~ ドイツの作曲家; 1833–1897)).

Branche [ブランシェ, 《話》ブランシュ] 囡 (–/–n) 【経済】部門, 課; 業界, 業種.

Branchen·verzeichnis 中 職業[業種]別電話帳, イエローページ.

Brand [ブラント] 男 (–(e)s/Brände) ❶ 火事, 火災;燃焼. ❷ (口) 激しいのどの渇き.

Brand·anschlag 男 放火.

branden [ブランデン] 圁 《波¹ が》(うち寄せて)砕け散る.

Branden·burg 中 (–s/) ブランデンブルク ((ドイツ北東部の州, 都市)).

brandenburgisch [..ブルギッシュ] 厖 ブランデンブルク(人[方言])の.

brand·marken 《過 brandmarkte; 過分 gebrandmarkt》他 《④ als ...》《人・物⁴ に...の》烙印を押す.

brandneu [ブラントノイ]形《比較なし》真新しい；まっさらな，未使用の．

Brand·schaden 男火災による損害．

Brand·stelle 女火事の現場，焼け跡，焼けた箇所．

Brand·stifter 男(-s/-)放火犯人，放火魔．

Brand·stiftung 女放火(罪)．

Brandung [ブランドゥング]女《単》波の砕け散ること；寄せては砕ける波．

Brand·wunde 女やけど，火傷．

brannte [ブランテ] brennenの過去形．

Brannt·wein 男(-(e)s/-e)火酒 ((Schnapsなどの蒸留酒)).

Brasil [ブラズィール] ((I))男(-s/-e, -s) ❶ブラジルたばこ．❷ブラジルコーヒー．((II))女(-/-(s)) ブラジル葉巻．

Brasilianer [ブラズィリアーナー]男(-s/-) ブラジル人．◇**Brasilianerin** 女(-/-nen).

brasilianisch [ブラズィリアーニッシュ]形ブラジル(人)の．

Brasilien [ブラズィーリエン]中(-s/) ブラジル((南米の連邦共和国)).

brät [ブレート] bratenの3人称単数現在形．

braten* [bráːtən ブラーテン]

現在	ich brate	wir braten
	du **brätst**	ihr **bratet**
	er **brät**	sie braten

過去	ich briet	wir brieten
	du brietst	ihr brietet
	er briet	sie brieten

| 過分 | gebraten | 接II briete |

((I))他〈肉4などを〉焼く；ローストにする；油でいためる．((II))自 ❶〈物1が〉焼ける，あぶられる．❷(口)日に焼く．♦4 in Butter [Öl] ~ 4をバターで焼く(油でいためる). in der Sonne ~ 日光浴[日焼け]する. 4級

Braten [ブラーテン]男(-s/-)焼き肉，ロースト，焼き肉用の肉の塊. 5級

Braten·saft 男焼き汁．
Brat·fisch 男魚フライ．
Brat·hähnchen 中ローストチキン．
Brat·hering 男フライにしたニシン．
Brat·kartoffel 女(-/-n)《主に複》(ドイツ風の)油でいためたジャガイモ．
Brat·pfanne 女フライパン．
Brat·spieß 男焼き串(5).
brätst [ブレーツト] bratenの2人称単数現在形．
Brat·wurst 女焼きソーセージ．
Brauch [ブラオホ]男(-(e)s/Bräuche)風習，ならわし，しきたり．
brauchbar [ブラオホバーァ]形《副なし》❶使える，重宝な，役に立つ．❷(口)手ごろな，比較的質の良い．

brauchen [bráʊxən ブラオヘン]他

現在	ich brauche	wir brauchen
	du brauchst	ihr braucht
	er braucht	sie brauchen

過去	ich brauchte	wir brauchten
	du brauchtest	ihr brauchtet
	er brauchte	sie brauchten

| 過分 | gebraucht | 接II brauchte |

❶《4 (für 4 [zu 3])》〈(物4・5のために)人・物4を〉必要とする，〈人・物1が〉入用である；〈時間・金〉などがかかる；〈物4を〉消費する，くう，〈物4を〉使う，使用する，用いる．❷《否定表現で；zu 不定詞をとって》…する必要はない，…しなくてもよい，…するには及ばない；《du, ihrに対する命令として》…することはないじゃないか．★(1)主にnichtと共に用いられ，この場合の過去分詞はbrauchen. ★(2) zuのない不定詞と共に用いられることもある．❸《nur [bloß]と共に；zu不定詞をとって》…しさえすればよい．♦seinen Verstand ~ 頭を使う．《非人称で》Es braucht 4. (南ド・スイス) 物4が必要である，入用である. 5級

Brauchtum [ブラオホトゥーム]中(-s/) (総体としての)習俗，風習，習わし，しきたり．

①1格 ②2格 ③3格 ④4格

Braue [ブラオエ] 囡 (-/-n) 眉(毛).
brauen [ブラオエン] 他 ❶〈ビール⁴を〉醸造する. ❷(口)〈珈琲・紅茶⁴を〉(熱湯を注いで)入れる.
Brauerei [ブラオエライ] 囡 (-/-en) ビール会社;醸造所,ビール工場;醸造業.
braun [braon ブラオン] 形 (比較 ~er, bräuner; 最上 ~st, bräunst) ❶褐色の, こげ茶(色)の, ブラウンの, とび色の, 茶色の ((黄色に近い茶色から黒に近いこげ茶色までの色の幅がある)). ❷日焼けした. ♦ ganz ~ im Gesicht sein 顔が日に焼けて真っ黒である. ■ ~ gebrannt 小麦色[褐色]に日焼けした. 5級

Braun [ブラオン] 中 (-s/, -, (口)-s) 褐色, とび色.
Bräune [ブロイネ] 囡 (-/) 褐色[小麦色]の肌.
bräunen [ブロイネン] ((I)) 他 ❶〈人・物⁴を〉小麦色に焼く. ❷〈砂糖・肉・バター⁴などを〉褐色にする, 焼く, 焦がす. ((II)) 再 sich⁴ 日焼けする, 小麦色[褐色]になる.
bräuner braunの比較級.
braun-gebrannt = braun gebrannt (⇒braun ■).
Braun·kohle 囡 褐炭.
bräunlich [ブロインリヒ] 形 やや褐色を帯びた, 茶色がかった.
bräunst braunの最上級.
Bräunung [ブロイヌング] 囡 日焼けすること, 小麦色[褐色]になること.
Brause [ブラオゼ] 囡 (-/-n) ❶シャワー(装置);シャワーのノズル, 散水口. ❷(口)轟音を立て(口)ラムネ, サイダー.
brausen [ブラオゼン] ((I)) 自 ❶ (h)〈物¹が〉ゴウゴウと音を立てる,(ゴウゴウと音を立てて)たけり[荒れ]狂う. ❷ (s)(口)轟音を立てて疾走する[走る]. ❸シャワーを浴びる. ((II)) 再 sich⁴ シャワーを浴びる.
Brause·pulver 中 (粉状の)ソーダ水の素.
Braut [ブラオト] 囡 (-/Bräute) ❶(結婚式当日の)花嫁, 新婦. ❷(女性の)婚約者, フィアンセ. ❸(口)女の子.

Bräutigam [ブロイティガム] 男 (-s/-e) ❶(結婚式当日の)花婿, 新郎. ❷いいなずけの男.
Braut·jungfer 囡 花嫁の付き添い, 新婦の介添え ((若い未婚の女性)).
Braut·kleid 中 花嫁衣裳, ウェディングドレス.
Braut·paar 中 新郎新婦.
brav [ブラーフ] 形 (比較 ~er, (口) braver; 最上 ~st, (口)brävst) ❶(子供ťの)行儀のよい, 言うことをよくきく, おとなしい. ❷《付加または副》(しばしば軽蔑)生真面目[律儀]な, 真面目[律儀]すぎる. ❸《付加または副》まあまあの, 並以下の. ❹(軽蔑)パッとしない. ❺(古)勇敢な.
bravo [ブラーヴォ] 間 ブラボー, うまい, すてき ((喝采の叫び)).
Bravo-ruf 男 喝采の叫び.
BRD [ベーエルデー] 囡 (-/) ドイツ連邦共和国 (Bundesrepublik Deutschland).
Brech·eisen [ブレヒ..] 中 鉄挺(かなてこ), バール.
brechen＊ [bréçən ブレッヒェン]

現在	ich breche	wir brechen
	du **brichst**	ihr brecht
	er **bricht**	sie brechen

過去	ich **brach**	wir brachen
	du brachst	ihr bracht
	er brach	sie brachen

| 過分 **gebrochen** | 接II **bräche** |

((I)) 他 ❶〈物⁴を〉折る, 砕く, 割る, 破る, 壊す, 裂く, ちぎる. ❷〈sich³ ④〉〈体の部分⁴を〉折る. ❸〈抵抗・反抗⁴などを〉くじく, 打ち破る, 屈服させる. ❹〈物¹が〉〈光・波⁴などを〉屈折させる. ❺〈石⁴を〉切り出す,〈鉱石⁴を〉採掘する. ❻〈物⁴を〉口からもどす, 吐く, 嘔吐(おうと)する. ((II)) 自 ❶ (s) 折れる, 砕ける, 割れる, 破れる, 壊れる, 裂ける, ちぎれる. ❷ (h)〈mit ③〉(書)〈人・物³との〉関係を絶つ,〈人³と〉別れる, 絶交する,〈伝統・過去³などを〉捨てる.

brechend

❸ⓈⒽ (突然現われ)出る,つき破って出る,急に起こる. ((Ⅲ))再 sich⁴〈波¹などが〉砕ける;〈光線・音波¹などが〉屈折する.♦das Glas in Stücke ~ そのコップを粉々に割る. sich³ den Arm ~ 腕を折る. ein Versprechen ~ 約束を破る. mit einer Gewohnheit ~ ある習慣をやめる. *zum Brechen voll sein* はち切れるほどいっぱい詰まっている,超満員である.

brechend [ブレッヒェント] [brechen の現在分詞]. *~ voll sein* はち切れそうにいっぱい詰まっている,超満員である.

Brecher [ブレッヒャー] 男 (-s/-) 砕け波,激浪,波浪,白波.

Brech·mittel 中 催吐(さい)剤.

Brech·reiz 男 (-es/) 吐き気.

Brech·stange 女 鉄梃(てつてい),バール.

Brei [ブライ] 男 (-(e)s/-e) ❶ (カラスムギなどの)粥(かゆ). ❷ 粥状のもの;糊(のり);(果汁などの)ジェリー. *um den (heißen) ~ herumreden* (口) 肝心な点をさけて話す,はぐらかす.

breiig [ブライイヒ] 形 粥(かゆ)の,どろどろした.

breit [brait ブライト] 形 (最上 ~est) ❶ 幅がある. ❹ 4格の名詞の後に来て. ❷ (↔ schmal) (幅の)広い,広がった. ❸ (話が)長ったらしい,詳細な. ❹ 《付加または副のみ》幅広い,広範な,広範囲にわたる. ❺ ゆったりとした,たっぷりした. ♦*eine 6 Meter breite Straße* 6メートル幅の道路. *die ~e Masse* 一般大衆. ∎ *~ machen* 広くする. 4級

breit·beinig 形 《主に副》両足を広げた.

Breite [ブライテ] 女 (-/-n) ❶ 幅. ★*Länge* 縦, *Breite* 横, *Höhe* 高さ. ❷ [地] 緯度;[天] 黄緯. ❸ 《複》(その緯度の)地方,地域. *in die ~* 《軽蔑》事細かく,詳細に. *in die ~ gehen* (口) 太る.

breiten [ブライテン] ((Ⅰ)) 他 〈4 über ④〉〈物⁴を人·物⁴に〉広げる,掛ける,敷く. ((Ⅱ)) 再 sich⁴〈über ④〉《書》〈物⁴に〉広がる,伸びる.

Breiten·grad 男 緯度.

breit|machen 再 sich⁴ ❶ 場所を取る〈ふさぐ〉. ❷ 《軽蔑》〈物¹が〉のさばる,蔓延(まんえん)する.

breitschultrig [..シュルトリヒ] 形 《副なし》肩幅の広い.

Breit·seite 女 ❶ (長い方の)側. ❷ [海] 舷側,船縁(ふなべり);[軍] 舷側砲の一斉発射,片舷斉射(へんげんせいしゃ).

breit|treten* 他 ❶ (口;軽蔑)〈テーマ⁴などを〉くどくど述べ立てる,長々と話す. ❷〈事⁴を〉吹聴する,言いふらす. ★ただし *die Schuhe breit treten* 靴をはき広げる.

Breit·wand 女 [映] ワイドスクリーン.

Bremen [ブレーメン] 中 (-s/) ブレーメン((ドイツ北部の都市及び州名)).

Bremsbelag [ブレムスベラーク] 男 ブレーキライニング.

Bremse¹ [ブレムゼ] 女 (-/-n) ブレーキ. ♦*auf die ~ treten* ブレーキを踏む.

Bremse² 女 (-/-n) アブ(虻),ウマバエ.

bremsen [ブレムゼン] 他 ❶〈物⁴に〉ブレーキをかける. ❷〈物⁴を〉抑制する. ❸〈人⁴を〉抑える.

Brems·klotz 男 ブレーキ·ブロック;ブレーキ片.

Brems·licht 中 (自動車後部の)制動灯,ブレーキランプ.

Brems·pedal 中 ブレーキペダル.

Brems·spur 女 (急)ブレーキ(によるタイヤの)跡,スリップ跡.

Brems·weg 男 制動距離((ブレーキをかけてから停車するまでの距離)).

brennbar [ブレンバーァ] 形《比較なし·副なし》燃えやすい,可燃性の.

brennen* [brénən ブレネン] (過 brannte; 過分 gebrannt; 接Ⅱ brennte) ((Ⅰ)) 自 ❶〈物¹が〉燃える,燃焼する,〈家屋¹などが〉焼ける. ❷〈かまど·炉¹などの火が〉燃える;〈マッチ·タバコに火が〉つく. ❸〈電灯¹などの明かりが〉ともる. ❹〈物¹が〉焼けつくように痛む,(燃えるように)ひりひりする. ❺〈vor ③〉〈事³のあまり〉身を焦がす,〈事³の感情が〉燃え上がる,〈事³の思

①1格 ②2格 ③3格 ④4格

いに燃える. ❻⟨auf ③⟩⟨事³をしたくて⟩たまらない, うずうずしている. ★darauf ~, ... ⟨zu不定詞⟩の形もと. ((II))他 ❶⟨物⁴を⟩火勢で作る;⟨磁器・煉瓦などを⟩焼く;⟨シュナップス⁴などを⟩蒸留して造る. ❷⟨④ in ④⟩⟨物⁴を物⁴に⟩焼いて作る. ❸[電算]⟨CD⁴などを⟩焼く. ((III))囲 sich¹⟨口⟩火傷(ﾔｹﾄﾞ)する. ♦⟨非人称で⟩Bei ③ brennt es. 人³の家が火事である. Die Sonne brennt. 太陽がじりじり照りつける. Porzellan ~ 磁器を焼く. *Wo brennt's (denn)?* 1)火事はどこですか. 2)いったい何事ですか, いったいどうしたんですか.

brennend [ブレネント] ((I))brennen の現在分詞. ((II))形 ❶⟨副なし⟩緊急の, 焦眉の. ❷ひりひりする;燃えるような. ((III))副⟨口⟩非常に.

Brenner¹[ブレナー]男⟨-s/-⟩燃焼室[焼却]装置,燃焼器,バーナー,火口(ﾎｸﾁ).

Brenner² 男⟨-s/⟩《der ~》ブレンナー峠((オーストリアとイタリアの国境にある峠;南北チロルを結ぶ)).

Brennerei [ブレネライ]女⟨-/-en⟩❶蒸留酒[火酒]醸造場. ❷[単]蒸留酒[火酒]醸造(法).

Brennnessel [ブレンネセル]⊕= Brennnessel.

Brenn·glas [ブレン..]中集光レンズ, 凸レンズ.

Brenn·holz 中⟨-es/⟩たきぎ, まき.

Brenn·material 中核物.

Brenn·nessel [植]イラクサ.

Brenn·punkt 男[理]焦点;中心(点).

Brenn·stoff 男❶燃料;可燃物. ❷核燃料. ♦feste [flüssige] ~e 固形[液体]燃料.

brennte [ブレンテ]brennenの接続法II式形.

Brenn·weite 女焦点距離.

brenzlig [ブレンツリヒ]形❶⟨古⟩焦げ臭い. ❷⟨口⟩うさん臭い, 危険な.

Bresche [ブレッシェ]女⟨城壁·防御線などの⟩突破口, 破れ目.

Brett [ブレット]中⟨-(e)s/-er⟩❶板. ❷ゲーム盤(チェスなどの)盤. ❸⟨複⟩

⟨口⟩舞台. ❹⟨複⟩⟨口; ｽﾎﾟｰﾂ⟩スキーの板. *das Schwarze ~* (大学などの)掲示板,告知板. *die ~er, die die Welt bedeuten* 舞台, ステージ.

Bretter·wand [ブレッター..]女板の仕切り, 板壁.

Bretter·zaun 男板塀.

Brett·spiel 中ボードゲーム((チェスなど)).

Brezel [ブレーツェル]女⟨-/-⟩, ⟨ｵｰｽﾄﾘｱ⟩中⟨-s/-(n)⟩プレッツェル((塩味の8の字形のパン)).

brich [ブリヒ]brechenの2人称単数命令形.

brichst [ブリヒスト]brechenの2人称単数現在形.

bricht [ブリヒト]brechenの3人称単数現在形.

Brief [briːf ブリーフ]男

格	単数	複数
1	der Brief	die **Briefe**
2	des Brief(e)s	der Briefe
3	dem Brief	den Briefen
4	den Brief	die Briefe

手紙, 書簡;封書;信書. ♦⟨[an ④]⟩einen ~ schreiben 人³·⁴に(宛てて)手紙を書く. einen ~ bekommen [beantworten] 手紙をもらう[手紙の返事を書く]. *offener ~* 公開状. 5級

Briefbeschwerer [ブリーフベシュヴェーラー]男⟨-s/-⟩文鎮.

Brief·bogen 男便箋(ﾋﾞﾝｾﾝ), 書簡箋.

Brief·freund 男ペンフレンド, ペンパル.

Brief·geheimnis 中⟨-ses/⟩信書の秘密.

Brief·kasten 男❶(郵便)ポスト. ❷郵便受け[箱].

Brief·kopf 男レターヘッド, 便箋の頭書き.

Brief·kuvert 中封筒.

brieflich [..リヒ]形手紙の, 手紙[書面]による.

Brief·marke 女(郵便)切手.

Briefmarken·album 中切手帳,

① 1格 ② 2格 ③ 3格 ④ 4格

Briefmarkensammler 収集アルバム.

Briefmarken•sammler 男 切手収集家.

Briefmarken•sammlung 女 切手収集;収集した切手.

Brief•öffner 男 開封ナイフ, ペーパーナイフ.

Brief•papier 中 便箋(と封筒).

Brief•schreiber 男 手紙を(まめに)書く人;手紙の書き手[発信人]. ◇ **Briefschreiberin** 女 (−/−nen).

Brief•tasche 女 札入れ;紙入れ.

Brief•taube 女 伝書鳩.

Brief•träger 男 郵便配達人. ◇ **Briefträgerin** 女 (−/−nen).

Brief•umschlag 男 封筒.

Brief•waage 女 手紙用秤(はかり).

Brief•wechsel 男 ❶手紙の交換, 文通. ❷往復書簡(集).

briet [ブリート] braten の過去形.

briete [ブリーテ] braten の接続法II 式形.

Brigade [ブリガーデ] 女 (−/−n) ❶〔軍〕旅団. ❷(共同作業)班, 組, 隊((旧東独における集団の最小単位)).

Brikett [ブリケット] 中 (−s/−s) 煉炭, 豆炭.

brillant [ブリリアント] 形 輝かしい, 見事な, 華々しい, 優秀な, すばらしい.

Brillant [ブリリャント] 男 (−en/−en) 《弱》ブリリアントカットの宝石 (特にダイヤモンド).

Brillant•ring 男 ダイヤモンド・リング [指輪].

Brillant•schmuck 男 ダイヤモンド・ジュエリー.

Brillanz [ブリリャンツ] 女 (−/) 輝き, 見事さ, 優秀さ, すばらしい能力.

Brille [ブリレ ブリレ] 女 (−/−n) めがね (眼鏡). ◆ eine ~ tragen [aufsetzen, abnehmen] めがねをかけている[かける, はずす].

Brillen•etui 中 めがねケース.

Brillen•futteral 中 めがねケース.

Brillen•glas 中 めがねの玉[レンズ].

Brillen•schlange 女 ❶〔動〕コブラ. ❷(口;蔑)めがねをかけた女.

Brillen•träger 男 めがねをかけている人. ◇ **Brillenträgerin** 女 (−/−nen).

Brimborium [ブリンボーリウム] 中 (−s/)(口;軽蔑) つまらないこと, くだらない物, 空騒ぎ.

bringen* [bríŋən ブリンゲン] 他

現在	ich bringe	wir bringen
	du bringst	ihr bringt
	er bringt	sie bringen
過去	ich **brachte**	wir brachten
	du **brachtest**	ihr brachtet
	er **brachte**	sie brachten
過分	**gebracht**	接II **brächte**

❶〈4 〉〈人³に物⁴を〉持って来る[行く], 運ぶ, 持参する, 届ける. ❷〈4 ＋方向〉〈人⁴を…へ〉連れて行く[来る]. ❸〈テレビ・新聞¹などが〉〈事⁴を〉報道する, 伝える, 〈記事⁴を〉掲載する. ❹〈物¹が〉〈物⁴を〉もたらす, 生じさせる, 生む, ひき起こす, 〈物⁴の〉原因となる. ❺〈事⁴を〉成し遂げる, 成就する, 達成する. ❻〈4 zu 3 〉〈人⁴を状態³に〉至らせる[置く], 〈人⁴に事³を〉させる. ★機能動詞としても:4 in Gefahr ~ 人⁴を危険にさらす. 4 (wieder) in Ordnung ~ ミス⁴などを直す, 元通りにする. ❼〈4 um〉〈人⁴から物⁴を〉奪う. ♦ 4 zur Post ~ 物⁴を郵便局に持って行く. 4 dazu ~, …⁽zu不定詞⁾人⁴にすすめて…させる, 人⁴を…する気にさせる. 4 zum Lachen ~ 人⁴を笑わせる. *Das bringt nichts!* (口) それは割に合わない, そんなことをしても何にもならない. 4 *mit sich*³ ~ 1)物⁴が当然必要である. 2)物⁴を必然的に伴う. **5級**

brisant [ブリザント] 形 ⟨最上 ~est⟩ 《書》物議をかもす[議論を招く]おそれのある, 紛糾する危険のある, 問題をはらんだ.

Brisanz [ブリザンツ] 女 (−/−en) 物議[紛糾]のたね, 問題性.

Brise [ブリーゼ] 女 (−/−n) (海から吹いてくる)微風;〔海〕順風.

Britannien [ブリタニエン] 中 (-s/-) ブリタニア((イギリスの古い呼び名)).
Brite [ブリ(ー)テ] 男 (-n/-n)《弱》イギリス人.
Britin [ブリティン] 女 (-/-nen) イギリス人女性.
britisch [ブリティッシュ] 形 イギリスの.
bröckelig [ブレッケリヒ] 形 砕けやすい, もろい.
bröckeln [ブレッケルン] ((I)) 他〈物⁴を〉小片にする, ちぎる. ((II)) 自 ⑤〈von ③〉〈物³から〉はがれ落ちる.
Brocken¹ [ブロッケン] 男 (-s/-) ❶ (石・食物などの)破片, 小片, かけら; パン屑. ❷《比》大きな人[物].
Brocken² 男 (-s/)《der ~》ブロッケン山 ((ドイツHarz山地の最高峰; 1142メートル)).
brodeln [ブローデルン] 自 ❶(汁・油などが)グツグツと煮え返る, 沸騰する; 泡立つ; (霧が)たちのぼる. ❷《非人称構文で》騒がしくなる, 騒ぎが起きる. ❸ (南独; 俗)ぶらぶら時を過ごす.
Broiler [ブロイラー] 男 (-s/-) (特に旧東独)ブロイラー((ロースト用のチキン)).
Brokat [ブロカート] 男 (-(e)s/-e) 錦, 金襴(きん).
Brokkoli [ブロッコリ] 複 男 (-s/-s) ブロッコリ.
Brombeere [ブロムベーレ] 女 (-/-n) [植]クロイチゴ(の実)《特に》セイヨウヤブイチゴ(の実).
Bronchie [ブロンヒエ] 女 (-/-n)《主に複》気管支.
Bronchitis [ブロンヒーティス] 女 (-/..chitiden[..ヒーティデン]) [医] 気管支炎[カタル].
Bronze [ブロンセ, (稀) ブロンス] 女 (-/-n) ❶《単》青銅, ブロンズ. ❷ 青銅製品. ❸《単》赤銅色. ❹ ブロンズ色の塗料. ❺《単; 無冠詞で》(記念) (俗) 銅メダル.
Bronze·medaille 女 銅メダル.
bronzen [ブロンゼン] 形 ブロンズ(製[色])の.
Brosche [ブロッシェ] 女 (-/-n) ブローチ.

broschieren [ブロシーレン] 他〈本を〉仮綴じにする; [織]〈物⁴に〉模様を織り込む.
Broschüre [ブロシューレ] 女 (-/-n) 小冊子, パンフレット; 仮綴じ本.
bröselig [ブレーゼリヒ] 形 砕けやすい, もろい.
bröseln [ブレーゼルン] ((I)) 他〈物⁴を〉砕いて(パン)粉にする. ((II)) 自 砕ける, 粉々になる.
Brot [brort ブロート] 中 (-(e)s/-e) ❶ パン; スライスしたパン; 食事. ❷ 生計, 暮らし. ♦ schwarzes ~ 黒パン. frisches ~ 焼きたてのパン. ein Stück ~ パン1個. *das tägliche ~* 日々の糧(かて).
Brötchen [ブレートヒェン] 中 (-s/-) (小さい)丸パン. 4級
Brotaufstrich [ブロートアオフシュトリヒ] 男 パンに塗るもの.
Brot·erwerb 男 (-(e)s/) 生業(を営むこと); 生計(の道).
Brot·korb 男 (-(e)s/..körbe) パン籠(かご).
Brot·laib 男 (-(e)s/-e) パンの全塊, (切っていない)一塊のパン.
Brot·messer 中 (-s/-) パン切りナイフ.
Brot·rinde 女 (-/-n) パンの皮.
Brot·zeit 女 (-/-en) (南独) おやつ(の時間).
Browser [ブラオザー] 男 (-s/-) [電算] ブラウザー, (インターネット)閲覧ソフト.
Bruch [ブルフ] 男 (-(e)s/Brüche) ❶ 破(れ)ること; 折れること; 破壊, 破砕; 決裂, 断絶, 解消; 違反. ❷ 折り目, ひだ. ❸ 破れ[砕け]たもの; 砕片; [数]分数. ❹ 破壊箇所; 裂け目; 断層; 採掘場, 石切り場. ❺ [医]骨折; ヘルニア; 脱腸.
brüchig [ブリュッヒヒ] 形 ❶ 破れ[折れ, 割れ, 砕け, くずれ]やすい, もろい. ❷ 破れた, 壊れた, 折れた, 砕けた, 破損した, ひびの入った; (声の)しわがれた; 《比》(健康などの)損なわれた.
Bruch·landung 女 (-/-en) [空] (機体の破損を伴う)不時着陸.

① 1格 ② 2格 ③ 3格 ④ 4格

Bruch·rechnung 囡(-/-en)分数計算.

Bruch·stück 中(-(e)s/-e) 破片, 断片; 断篇;〔商〕端株;〔彫〕トルソ.

Bruch·teil 男(-(e)s/-e) 断片;小部分, 半端;〔法〕割り[分け]前;〔数〕分数部分, 端数(はた).

Brücke [brýka ブリュッケ] 囡(-/-n)
❶ 橋, 橋梁; 陸橋;〔海〕桟橋(はし);ブリッジ, 艦橋. ❷ 橋渡し, 連絡. ❸ 小さい敷物[絨毯]. ❹〔医〕加工義歯, ブ. 5級

Brücken·bogen 男(-s/-, 南ド..bögen)(橋脚間の)アーチ.

Brücken·geländer 中(-s/-) 橋の欄干(か).

Brücken·kopf 男(-(e)s/..köpfe) 橋頭;〔軍〕橋頭堡(きょうとうほ).

Bruder [brúːdər ブルーダー] 男

格	単数	複数
1	der Bruder	die **Brüder**
2	des Bruders	der Brüder
3	dem Bruder	den Brüdern
4	den Bruder	die Brüder

❶ 兄弟, 兄または弟. ❷ 仲よし, 友達;仲間, 同僚, 同胞. ❸ [宗]平(ひら)修士, ブラザー. ❹(口)やつ. *der große* ~ 1)兄. 2)兄貴分(の人). 3)独裁者. 5級

Brüder [ブリューダー] 複 ⇨ Bruder.
brüderlich [..リヒ] 形 兄弟の(ような), 親しい, 友愛的な.
Brüderlichkeit [..カイト] 囡(-/) 兄弟のようであること, 友愛, 親愛.
Brüderschaft [..シャフト] 囡(-/-en)(*mit* ③) *~ trinken* (口)〈人³と〉兄弟の杯を交わす, 俺お前(で呼び合えるほど)の仲になる, 心おきなく飲む, うちとけて飲み合う.
Brühe [ブリューエ] 囡(-/-n) ❶ 煮出し汁, 肉汁;(コンソメ)スープ;グレーヴィソース. ❷(蔑)濁った液体;薄くてまずい飲み物.
brühen [ブリューエン] ((I))他 ❶〈物⁴に〉熱湯を注ぐ;ゆがく. ❷〔方〕〈コー

ヒー・紅茶⁴を〉入れる. ((II))再 sich⁴(熱湯で)やけどする.
brüh·warm [ブリューヴァルム] ((I))形《副なし》〈情報などが〉最新の, ほやほやの, ホットな. ((II))副(口)すぐに, ただちに.
Brüh·würfel [ブリューヴュルフェル]男(サイコロ形の)固形ブイヨン, コンソメ.
brüllen [ブリュレン] ((I))自〈獣¹が〉うなる, ほえる;〈人¹が〉うなる, どなる, わめく;(口)〈子供が〉大声で泣きわめく;〈大砲が〉とどろく. ((II))他〈事⁴を〉大声で叫ぶ, わめく.
brummen [ブルメン] ((I))自 ❶〈獣がうなる, ほえる;(ハエなどが)ブンブンいう;(モーターなどが)うなる;〈大砲が〉とどろく, (鐘が)響く;口の中で歌う;ブツブツつぶやく;不平を鳴らす. ❷(口)獄にいる, 監禁中である. ((II))他(ボソボソ, ブツブツ)つぶやく.
Brummer [ブルマー] 男(-s/-) ❶ 不平を言う人;(口)へたな歌い手. ❷ ブンブンと羽音を立てる昆虫;《特に》アオバエ;カナブン. ❸ うなる動物;《特に》牡牛. ❹(口)うなる物;重砲;爆撃機;大型トラック. ❺(俗)グラマーな女の子.
brummig [ブルミヒ] 形(口)不平家の, 気むずかしい;不機嫌な.
Brumm·kreisel [ブルムクライゼル] 男(-s/-) うなり独楽(ごま).
Brumm·schädel 男(-s/-)(口)頭痛;ふつか酔い.
brünett [ブリュネット] 形《副なし》褐色がかった, ブルネットの.
Brunnen [ブルネン] 男(-s/-) 井戸;噴水;泉;鉱泉;温泉場;《比》源泉, 根源, みなもと. 4級
Brunnen·kresse 囡(-/-n)〔植〕クレソン, オランダガラシ.
brüsk [ブリュスク] 形 そっけない, ぶあいそうな;手荒な.
brüskieren [ブリュスキーレン] 他〈人⁴を〉手荒く[ぶあいそうに]取り扱う, 冷たくあたる.
Brüssel [ブリュッセル] 中(-s/) ブリュッセル((ベルギーの首都)).
Brust [brust ブルスト] 囡(-/**Brüste**) ❶《単》胸, 胸部;肺. ❷ 乳房. ❸《単》

心情, 胸中. ❹《単》【料理】胸肉. ❺《単》[ｽﾎﾟｰﾂ]平泳ぎ. *mit geschwellter ~* 胸を張って, 誇りをもって. *~ schwimmen* 平泳ぎで泳ぐ. 4級

brüsten [ブリュステン] 再 sich⁴ 胸を張る, いばる.

Brust·kasten 男 (-s/..kästen)《口》= Brustkorb.

Brust·korb 男 (-(e)s/..körbe)【解】胸郭.

Brust·krebs 男 乳癌.

brust·schwimmen 自S《主に不定詞・過去分詞》平泳ぎで泳ぐ. ★口語では分離動詞としても用いる. その場合はEr schwimmt Brust となる.

Brust·schwimmen 中 (-s/) 平泳ぎ.

Brüstung [ブリュストゥング] 女 (-/-en) 手すり, 欄干(らんかん); 窓敷居 ((床から窓までの壁の部分)).

Brust·warze 女 (-/-n) 乳頭, 乳首.

Brut [ブルート] 女 (-/-en) ❶《単》孵化(ふか), 孵卵. ❷ 一孵(かえ)りのひな; (魚・虫などの)一腹の子. ❸ 《集》動物の子; 幼虫; 幼魚; 子供たち, ちびども, 悪童. ❹《単》《蔑》やくざ者, 悪党.

brutal [ブルタール] 形 ❶ 野蛮な, 乱暴な; 残忍[残酷]な; 容赦ない, 無遠慮な. ❷《若者ことば》すごくいい.

Brutalität [ブルタリテート] 女 (-/-en) ❶《単》残忍; 野蛮; 容赦なさ. ❷ 野蛮[残酷]な言動.

brüten [ブリューテン] ((I)) 自 ❶ 抱卵する; (卵が)かえる. ❷《**über** 4》熟慮[黙考]する. ❸【理】増殖反応する. ((II)) 他《卵⁴を》かえす, 孵化(ふか)する. ❷《蔑》《悪事⁴を》もくろむ, 企む.

Brüter [ブリューター] 男 (-s/-) ❶ 抱卵中の鳥. ❷【理】= Brutreaktor.

Brut·kasten 男 (-s/..kästen) ❶《口》(早産児の)保育器. ❷非常に暑い部屋.

Brut·reaktor 男 (-s/-en)【理】増殖炉.

Brut·stätte 女 (-/-n) 孵化場所; (伝染病・悪事などの)温床, 巣.

brutto [ブルット] 副《商》(↔ netto) 差し引かずに, 全部で; 風袋(ふうたい)[包装]を含めて, 総計して, 総体で ((略: btto.)).

Brutto·einkommen 中 (-s/-) (税込みの)総収入, 総所得.

Brutto·gehalt 中 税込み給与.

Brutto·sozialprodukt 中 国民総生産.

brutzeln [ブルッツェルン] ((I)) 自《口》(フライパンの中などで)ジュージュー焼け(てい)る. ((II)) 他《口》(油で)ジュージュー焼く.

BSE 女 (-/)《略》bovine spongiforme Enzephalopathie 牛海綿状脳症(狂牛病).

Bub [ブープ] 男 (-en/-en)《弱》《南ドイツ・スイス》= Bube ❶.

Bube [ブーベ] 男 (-n/-n)《弱》❶《古》男の子, 少年; 息子; (わんぱく)小僧; 若者; 恋人; 徒弟. ❷ (トランプの)ジャック. ❸《やや古》《蔑》悪党, 卑劣漢, ならず者.

Bubi [ブービ] 男 (-s/-s) ❶ 坊や, 小僧. ❷《俗》ちんぴら, 若造, がき.

Buch [buːx ブーフ] 中

格	単数	複数
1	das Buch	die Bücher
2	des Buch(e)s	der Bücher
3	dem Buch	den Büchern
4	das Buch	die Bücher

❶ 本, 書物; シナリオ, 脚本. ❷ ノート, 筆記帳; 《主に複》【商】帳簿, 会計簿. ❸ (書物の)巻, 編. *das ~ der Bücher* 聖書. *ein aufgeschlagenes [offenes] ~ für* ... *sein* 人⁴にとってよくわかった相手である. 5級

Buch·besprechung 女 (-/-en) 書評.

Buch·binder 男 (-s/-) 製本工, 製本業者. ◇**Buch·binderin** 女 (-/-nen).

Buche [ブーヘ] 女 (-/-n) ❶【植】ブナ(山毛欅). ❷《単》ブナ材.

Buchecker [ブーフエッカー] 女 (-/-n) ブナの実.

① 1格 ② 2格 ③ 3格 ④ 4格

buchen¹ [ブーヘン]他❶〈座席などを〉予約する.❷記帳[登録]する.

buchen² 男《比較なし》ブナの(木で作った).

Bücher [ビューヒャー]複 ⇨Buch.

Bücher・brett 中(-(e)s/-er)(壁などに固定した1,2段の簡単な)本棚,書架.

Bücherei [ビューヒェライ]女(-/-en)(あまり大きくない)図書館,文庫;双書;蔵書.

Bücher・regal 中(-s/-e)(壁などに取り付けた,あるいは組立て式の数段の)本棚,書架.

Bücher・schrank 男(-(e)s/..schränke)本棚.

Bücher・wurm 男(-(e)s/..würmer)(シミ・チャタテムシなどの)本食い虫;(口)本の虫,読書狂.

Buchfink [ブーフフィンク]男(-en/-en)[鳥]ズアオアトリ.

Buch・führung 女(-/-en)[商]簿記.

Buch・halter 男(-s/-)簿記係,帳簿方.

Buch・haltung 女(-/-en)❶簿記,記帳.❷帳場,会計,経理部.

Buch・händler 男(-s/-)本屋,書籍商.

Buch・handlung 女(-/-en)(小売)書店,本屋.

Buch・laden 男(-s/..läden)=Buchhandlung.

Buch・messe 女(-/-n)書籍見本市,ブックフェア.

Buchs・baum [ブクスバオム]男[植]ツゲ.

Buchse [ブクセ]女(-/-n)[工]ブッシュ,入れ子,軸受け筒;[電]差し込み口,コンセント,ソケット.

Büchse [ビュクセ]女(-/-n)❶缶;小箱,筒,缶;缶詰め;(口)募金箱.❷[狩]猟銃;[軍]小銃,ライフル銃.

Büchsen・milch 女(-/)缶入りミルク,コンデンスミルク.

Büchsen・öffner 男(-s/-)缶切り.

Buch・stabe 男(-ns,(古)-n/-n)文字;字母;活字. **4級**

buchstabieren [ブーフシュタビーレン]他(過 buchstabiert; 過分 buchstabiert)〈語⁴の〉綴りを言う[書く],〈語⁴を〉綴る,文字に分解する;一字一字(ゆっくり)読む.

buchstäblich [ブーフシュテープリヒ]((I))副文字どおりに,実際,全く;厳密に.((II))形〈述none〉(まれ)文字[字句]どおりの,逐語的な;真の,全くの.

Bucht [ブフト]女(-/-en)湾,入江.

Buckel [ブッケル]男(-s/-)❶曲がった背,猫背.❷(口)背中,背.❸(口)(丸い)小高い丘,隆起(箇所);モーグル,こぶ.❹(口)突起(箇所),起伏,でこぼこ.

buckeln [ブッケルン]((I))自❶〈vor ³〉(軽蔑)〈人³に〉ぺこぺこする,平身低頭する.❷〈動物¹が〉背中を丸める.((II))他〈荷⁴などを〉背負う,運ぶ.

bücken [ビュッケン]再sich⁴(膝を曲げて)身をかがめる,かがむ.

bucklig [ブックリヒ]形❶背の曲がった,猫背の.❷(口)(丸い)小高い,隆起のある;モーグルの,こぶの.❸(口)突起した,でこぼこの,起伏のある.

Bückling [ビュックリング]男(-s/-e)❶燻製ニシン.❷(腰をかがめる)おじぎ.

buddeln [ブデルン]他❶〈物⁴を〉掘る.❷〈(4格 aus ³)〉〈物⁴を物³から〉掘り出す.❸砂遊びする.

Buddha [ブッダ]((I))男仏陀(ダ)((紀元前5世紀中頃に生まれた仏教の創始者釈迦(シャカ)の尊称)).((II))男(-/-s)❶仏教伝導者(の尊称).❷仏像.

Buddhismus [ブディスムス]男(-/)仏教.

Buddhist [ブディスト]男(-en/-en)〖弱〗仏教徒.◇**~in** 女(-/-nen).

buddhistisch [ブディスティッシュ]形仏教(徒)の.

Bude [ブーデ]女(-/-n)❶(市場の)売店,露店,屋台.❷(口)(軽蔑)あばら家.❸(口)下宿,部屋.

Budget [ビュジェー]中(-s/-s)予算

①1格 ②2格 ③3格 ④4格

Büfett [ビュフェット，(㊗)ビュフェー] 田(-(e)s/-s, -e) 食器棚；(飲食店の)カウンター．

Büffel [ビュッフェル] 男 (-s/-) 【動】水牛((主にアフリカ・南アジアで)).

büffeln [ビュッフェルン] 他(口)〈(事⁴を)〉ガリ勉する，(一夜づけなどで)頭に詰め込む．

Buffet [ビュフェー] 田 (-s/-s) (㊗㊙) = Büfett.

Bug¹ [ブーク] 男 (-(e)s/-e) 舳(へさき)，船首，艦首；機首．

Bug² [バグ] 男 (-s/-s) 【コンピュ】バグ．

Bügel [ビューゲル] 男 (-s/-) ❶洋服掛け，ハンガー．❷(眼鏡の)つる((耳にかけるところ))．❸鐙(あぶみ)．

Bügel･brett 田(-(e)s/-er) アイロン台．
Bügel･eisen 田(-s/-) アイロン．
Bügel･falte 女(主に複)(ズボンなどの)折り目．
bügel･frei 形 アイロンかけ不要の，ノーアイロンの．

bügeln [ビューゲルン] 他〈(物⁴に)〉アイロンをかける．

Buggy [バギー] 男 (-s/-s) (折りたたみ式)ベビーカー．

bugsieren [ブクスィーレン] 他(口)〈人・物⁴を〉引っ張って行く，引きずり出す，引きずりこむ；船を曳航(えいこう)する．

buh [ブー] 間 ブー，ブーイング((特に劇場などでの大衆の叫び声))．

buhen [ブーエン] 自(口)(劇場などで観客が)ブーブー言って不満を表す，ブーイングする．

Buh･mann 男(-s/..männer)(口)身代わり，スケープゴート．

Bühne [ビューネ] 女 (-/-n) ❶舞台，ステージ．❷(書)劇場．◆auf die ~ treten 舞台に上がる．④ auf die ~ bringen 物⁴を上演する．zur ~ gehen 俳優になる．

Bühnen･bild [ビューネン..] 田(-(e)s/-er)【劇】舞台面[風景]，舞台装置[セット]．
Bühnenbildner [..ビルドナー] 男【劇】舞台装置家，ステージデザイナー．◇**Bühnenbildnerin** 女(-/-nen).

Buh･ruf 男 ブーという不満の声，ブーイング((特に劇場などで))．

buk [ブーク] backenの過去 backteの別形．

büke [ビューケ] backenの接続法II式形 backteの別形．

Bukett [ブケット] 田(-(e)s/-e, -s) ❶花束，ブーケ．❷(ワインの)芳香，香り．

Bulette [ブレッテ] 女(-/-n)(北ドイツ)焼いた肉団子，フリカデレ，ミートボール．

Bulgare [ブルガーレ] 男 (-n/-n)《弱》ブルガリア人．◇**Bulgarin** 女 (-/-nen).

Bulgarien [ブルガーリエン] 田 (-s/) ブルガリア((略：BG))．

bulgarisch [ブルガーリッシュ] 形 ブルガリア(人[語])の．

Bull･auge [ブルアオゲ] 田(-s/-n) 丸窓，【海】舷窓(げんそう)．

Bulldogge [ブルドゲ] 女 (-/-n) 【動】ブルドッグ．

Bulldozer [ブルドーザー] 男 (-s/-) ブルドーザー．

Bulle [ブレ] 男 (-n/-n)《弱》❶【動】雄牛；(大きな哺乳類の)雄．❷(口；軽蔑)大男．❸(口；軽蔑)ポリ公，デカ．

Bullen･hitze 女(口) 猛暑，酷暑．

Bulletin [ビュルタン] 田 (-s/-s) (書)〈(**über** ④)〉〈(物⁴についての)〉(公的な)報告，日報，公報；病床日誌，(要人の)容態報告書．

bullig [ブリヒ] 形(軽蔑)雄牛のような，雄牛のように強い，ものすごい．

bum [ブム] 間 ボーン，バーン，ドン((打撃・銃声など鈍い音))．

Bumerang [ブーメラン] 男 (-s/-e, -s) ブーメラン．

Bummel [ブメル] 男 (-s/-) ぶらぶら歩き，散歩．

bummeln [ブメルン] 自 ❶Ⓢ ぶらつく．❷ⓗ (口；軽蔑)だらだら働く．❸ⓗ のらくら暮らす，ぶらぶらして時を過ごす．

Bummel･zug 男(口) 各駅停車，鈍行．

bums [ブムス] 間 ドシン，ドスン，バン((落下・打撃などの鈍い音))．

bumsen [ブムゼン] 自 ❶〈**gegen**

Bund

[an] ④《物⁴を》ドンドンと音をたててたたく. ❷Ⓢ《gegen [an]》④《物⁴に》ドンドンと音をたててぶつかる. ❸《(mit ③)》(卑)《(人³と)》やる, セックスする.

Bund [bont ブント] ((I))匣(-(e)s/-Bünde) ❶同盟, ❷(国家などの)連合, 連盟;(州などの)連邦. ❸(口)(Bundeswehr)連邦軍. ❹ひも, 帯, (ウエスト)バンド. ◆einem ~ beitreten 同盟(に加入)する. den ~ der Ehe (mit ③) eingehen [schließen](書)(人³と)結婚する. ((II))匣(-(e)s/-e, (単位)-)束.

Bündchen [ビュントヒェン]匣(-s/-)(シャツなどの)そで口;(ブラウスなどの)細い立てえり.

Bünde [ビュンデ]匣⇨Bund ((I)).

Bündel [ビュンデル]匣(-s/-) (小さな)束;(数)束線;(理)光束;(医)繊維束.

bündeln [ビュンデルン]他《物⁴を》束にする, 束ねる.

Bundes.. [ブンデス..]《名詞に付いて》「連邦の」: Bundesbank 連邦銀行.

Bundes・bürger 匣(-s/-)(女)ドイツ国民.

bundes・deutsch 形ドイツ連邦共和国の.

Bundes・gerichtshof 匣(-(e)s/-̈e) 連邦通常裁判所((ドイツの民事・刑事の最高裁判所;略:BGH)).

Bundes・kabinett 匣(単)(-(e)s/) 連邦(政府)内閣.

Bundes・kanzler [ブンデスカンツラー]匣(-s/-)(女)連邦首相, 宰相. ❷(女)連邦首相府[官房]長官((大統領直属)).

Bundes・land [ブンデスラント]匣(連邦国家の)州.

Bundesliga [ブンデスリーガ]匣(-/-) ブンデスリーガ((ドイツのサッカーなどの最高リーグ)).

Bundes・minister 匣(-s/-)(女)連邦大臣.

Bundes・ministerium 匣(連邦政府の)省.

Bundes・präsident 匣(-en/-en)(弱)連邦大統領((ドイツ・オーストリアでは国家の代表からなる));(ドイツでは連邦首相が政権を担う;スイスではBundesratの首班で首相に相当)).

Bundes・rat ❶(単)(-(e)s/-̈e)連邦参議院((各州政府の代表からなる)); (-(e)s/) 連邦政府[内閣]((連邦評議会の意)). ❷(-(e)s/-̈e)参議院議員;(女)連邦政府[内閣]閣僚.

Bundes・regierung 匣連邦政府.

Bundes・republik 匣 ❶連邦共和国. ❷ドイツ連邦共和国((略:BRD)).

Bundes・straße 匣(-/-n)連邦道, 国道.

Bundes・tag 匣(-(e)s/)連邦議会((衆議院[下院]に相当;国民から選挙される)).

Bundestags・abgeordnete(r) 匣 匣《形容詞変化》連邦議会議員, 代議士.

Bundes・verfassungs・gericht 匣(-(e)s/)(女)連邦憲法裁判所((略:BVerfG)).

Bundes・wehr 匣(-/-)(女)連邦防軍((ドイツの軍隊)).

Bund(falten)hose [ブント(ファルテン)ホーゼ]匣ニッカーボッカーズ((ズボン)).

bündig [ビュンディヒ]形 ❶(建)同一平面に並ぶ. ❷適切[的確]な.

Bündnis [ビュントニス]匣(-ses/-se)同盟, 盟約.

Bungalow [ブンガロ]匣(-s/-s)(建)バンガロー.

Bunker [ブンカー]匣(-s/-) 防空壕;トーチカ.

bunt [bont ブント]形(最上 ~est) ❶多彩な, 色とりどりの, カラフルな. ❷《付加》多彩な, 多種多様な, 色々な, 種々の. *es ~ treiben* (口;主に軽蔑)度を超す, はめを外す. *Das wird mir (jetzt) zu ~.* (口)それは耐えられない, 堪忍袋の緒が切れる. 4級

Buntspecht [ブント..]匣(鳥)アカゲラ.

Bunt･stift 男色鉛筆, クレヨン.
Bürde [ビュルデ] 女(-/-n)《主に単》(書) ❶ 重荷. ❷ 負担, 苦労.
Burg [ブルク] 女(-/-en) (山上の, または濠で囲まれた)城(郭), 城塞(じょう).
bürge [ビュルゲ] bergen の接続法II式形((bärge の別形)).
Bürge [ビュルゲ] 男(-n/-n)《弱変化》保証人.
bürgen [ビュルゲン] 自 ❶〈für④〉〈物⁴を〉保証する. ❷〈für④〉〈人⁴の〉保証人となる.
Bürger [býrgər ビュルガー] 男(-s/-) ❶ 市民; 公民, 国民. ❷ 市民階級の人, ブルジョア. ◇**Bürgerin** 女(-/-nen).
Bürger･initiative 女市民[住民]運動(略:BI).
bürgerlich [ビュァガーリヒ] 形《主に付加》❶市民の. ❷庶民的な. ❸《軽蔑》プチブル《俗物》根性の, 小市民的な.
Bürger･meister 男(-s/-) ❶ 地方自治体の長, (リューベックの)市長 ((一般に市長は Oberbürgermeister)). ❷ (都市州ブレーメン・ハンブルクの)(市長兼)州首相.
Bürger･pflicht 女市民の義務.
Bürger･steig 男(北ッ)歩道.
Bürgertum [..トゥーム] 中(-s/)《集合的に》市民[ブルジョア]階級.
Bürgschaft [ビュルクシャフト] 女(-/-en) ❶ 保証. ❷ 保証[保釈]金; 担保, 抵当. ❸ 保証契約.
Burgund [ブルグント] 中(-s/) ❶ ブルゴーニュ ((フランスの地方名;= Bourgogne)). ❷(史)ブルグント王国.
Burgunder 男(-s/-)ブルゴーニュ･ワイン.
Büro [byró: ビュロー] 中(-s/-s) ❶ 事務室[所], オフィス; 会社; 事務局, 役所. ❷《集合的に》事務職員(全体); 重役, 幹部. ♦ **ins ~ gehen** 事務所[会社, 役所]へ行く. 5級
Büro･angestellte(r) 男女《形容詞変化》事務職員, ホワイトカラー.
Büro･haus 中 高層の事務棟, オフィスビル.

Büro･klammer 女 クリップ.
Bürokrat [ビュロクラート] 男(-en/-en)《弱》《しばしば軽蔑》官僚(主義者), 役人根性の人, 杓子定規(じょうぎ)の人.
Bürokratie [ビュロクラティー] 女(-/..tien[..ティーエン])《主に単》《しばしば軽蔑》官僚制[政治], お役所政治.
bürokratisch [ビュロクラーティッシュ] 形《しばしば軽蔑》官僚的な, お役所的な, 杓子定規(じょうぎ)の, 官僚政治の.
Bürschchen [ビュルシュヒェン] 中(-s/-)《主に軽蔑》若僧, お若いの.
Bursche [ブルシェ] 男(-n/-n)《弱》❶ 若者, 青年, 少年 ((大体14歳から20歳まで)). ❷(軽蔑)野郎 ((形容詞と共に)).
burschikos [ブルシコース] 形 (主に女の子が)ボーイッシュな, 活発な, おてんばな, 放縦な.
Bürste [ビュルステ] 女(-/-n) ブラシ, はけ.
bürsten [ビュルステン] 他 ❶〈④ (von ③)〉〈ほこりなどを〉〈物³から〉〉(ブラシをかけて)とる. ❷〈物⁴にブラシをかける.
Bus [bos ブス] 男

格	単数	複数
1	der Bus	die **Busse**
2	des Busses	der Busse
3	dem Bus	den Bussen
4	den Bus	die Busse

バス. ♦ **mit dem ~ fahren** バスで行く. 5級
Busch [ブッシュ] 男(-(e)s/Büsche) ❶ 灌木(かん), 低木. ❷ やぶ, 茂み, 木立, 叢林(そう). ❸ (折りとって乱雑にまとめた)大きな花束. ❹ 未開地, 奥地; ブッシュ (熱帯地方の灌木林)). (bei ③) **auf den ~ klopfen** (口)それとなく(人³の)意向を探る, それとなく聞き出す. **Da ist** (**doch**) (**et**)**was im ~.** (口)裏に何かある.
Büschel [ビュッシェル] 中(-s/-)(細長く伸びた草花･毛髪･羽などの)房,

束, 総(㈱).
Busen [ブーゼン] 男 (-s/-) ❶ (特に女の両方の)胸, 乳房. ❷(古)心中, 胸奥, 胸中.
Bus·fahrer 男 バスの運転手.
Bus·haltestelle 女 バス停留所.
Bussard [ブッサルト] 男 (-s/-e)【鳥】ノスリ属 (はげたかの一種)).
Busse 複 ⇨Bus.
Buße [ブーセ] 女 (-/-n) ❶〘単〙〖宗〗懺悔(ざん), 罪滅ぼし, 悔い改め; 贖罪(しょく). ❷〘ほん〙告解〖改俊〗(秘跡). ❸賠償金, 罰金, 違約金.
büßen [ビューセン] (I) 他〈4 (mit ③)〉〈罪⁴を (物³で)〉あがなう, 償う; 補償〖賠償〗する. (II) 自〈für ...〉〈罪¹などの〉報いを〖罰〗を受ける, 罪滅ぼしをする, 償う. *Das sollst du mir ~!* (そんなことをしたら)お返しにひどい目にあわせてやる.
Buß·geld 中 罰金, 過料.
Buß- und Bettag [ブースウントベーターク] 男 贖罪と祈りの日 (プロテスタントで教会暦年最後の日曜の前の水曜日)).
Büstenhalter [ビュステンハルター] 男 ブラジャー (《略:BH》).
Butter [ブッター] 女 (-/) バター. *Es ist alles in (bester [schönster]) ~.* (口) 万事順調である. 4級
Butter·berg 男 (口) (売れ残りの)バターの山.
Butter·blume 女 黄色の花 (野に咲く黄色い花; 特にキンポウゲなど)).
Butter·brot 中 バター付きパン.
Butter·creme 女 バタークリーム ((バターにミルク・砂糖などを加えたもの)).
Butter·milch 女 脱脂乳, バターミルク.
butterweich [ブッターヴァイヒ] 形 バターのようにやわらかい; 非常にやわらかい.
BWL 《略》Betriebswirtschaftslehre 経営学.
BWV 《略》Bach-Werke-Verzeichnis J.S.バッハ作品目録〖番号〗.
Bypass [バイパス] 男 (-es/ Bypässe)【医】バイパス.

Byte [バイト] 中 (-(s)/-(s)) 【電算】バイト.
Byzanz [ビュツァンツ] 中 (-/) ビザンティン, ビザンティウム ((イスタンブールの旧称)).
bzw. [ベツィーオングスヴァイゼ] 《略》 beziehungsweise あるいは(また).

C

c, C (I) 中 (-/-, (口)-s) ❶アルファベットの第3字. ★cは, ドイツ語では主にch, ck, sch で用いられ, 外来語では主にk, tsch, z などで代用される. ❷〖音楽〗ハ音, ハ調. ❸〖音楽〗4分の4拍子. ✦c-Moll ハ短調. C-Dur ハ長調. (II) 《記号》❶Carboneum 炭素. ❷Celsius 摂氏 ((専門用語では°C)). ❸Coulomb クーロン. ❹centum ローマ数字の100.
c 《略》Cent.
ca. [ツィァカ]《略》circa 約, おおよそ.
Café [カフェー] 中 (-s/-s) カフェ, 喫茶店. 4級
Cafeteria [カフェテリーア] 女 (-/-s, ..rien..リーエン) カフェテリア ((セルフサービスの軽食店)).
Camion [カミヨン] 男 (-s/-s) (スイス) トラック.
Camp [ケンプ] 中 (-s/-s) キャンプ(場); 野営地.
campen (自) キャンプする[を張る], 野営する; キャンプ生活をする.
Camping [ケンピング] 中 (-s/) キャンプ(生活), キャンピング.
Camping·bus 男 キャンピング・カー.
Camping·platz 男 キャンプ場.
Campus [カンプス] 男 (-/-) (学校の)キャンパス.
canceln [キャンツルン], (旧正) **canclen** [キャンスレン] 他 キャンセルする.
Caravan [カーラヴァン, カラヴァーン] 男 (-s/-s) ❶ トレーラーハウス. ❷ライトバン, ステーションワゴン.
Catcher [ケッチャー] 男 (-s/-) プロスラー. ◇**~in** 女 (-/-nen).

CD [ツェーデー] 安 (-/-s)《略》Compact Disc コンパクトディスク, CD.
CD-Player 男 (-s/-) CDプレーヤー.
CD-ROM [ツェーデーロム] 安 (-/-(s)) CD-ROM.
CD-Spieler 男 (-s/-) ＝ CD-Player.
CDU [ツェーデーウー]《略》Christlich-Demokratische Union (Deutschlands)(ドイツ)キリスト教民主同盟((保守系政党)).
Cellist [チェリスト, シェ..] 男 (-en/-en)《弱》チェロ奏者. ◇ **Cellistin** 安 (-/-nen).
Cello [チェロ, シェロ] 中 (-s/-s, Celli) チェロ ((Violoncello の略)).
Celsius [ツェルズィウス] 男 (-/-) 摂氏 ((100分度寒暖計の目盛の尺度;略: C)).
Cembalo [チェンバロ] 中 (-s/-s, ..bali)《楽》チェンバロ.
Cent [ツェント, セント] 男 (-(s)/-(s)) セント((補助通貨の名称; 1/100 Euro, 1/100 Dollar;略:c, ct)). **5級**
CH《略》Confoederatio Helvetica スイス.
Champagner [シャンパニャー] 男 (-s/-) シャンパン ((発泡性の(白)ワイン)).
Champignon [シャンピニヨン, シャンピニョン] 男 (-s/-s)《植》(白い)ツクリタケ(培茸), シャンピニヨン.
Chance [シャーンセ, シャンス] 安 (-/-n) ❶〈auf [für] 4〉〈(物⁴への[のための])〉チャンス, 好機;めぐり合わせ, 運. ❷〈主に複〉見込み, 公算, 成算. ★zu不定詞もとる. ◆③ eine ～ bieten [geben] 人³にチャンスを与える.
Chancen･gleichheit [シャーンセン..] 安 (-/-) 機会の平等, 機会均等.
Chaos [カーオス] 中 (-/-) 無秩序, 大混乱;混沌, カオス.
Chaot [カオート] 男 (-en/-en)《弱》《軽蔑》❶過激派, 急進論者. ❷(口)はちゃめちゃな人. ◇ **~in** 安 (-/-nen).
Chaote [カオーテ] 男 (-n/-n)《弱》

(_略) ＝ Chaot.
chaotisch [カオーティシュ] 形 大混乱の, 無秩序の;混沌とした.
Charakter [カラクター] 男 (-s/..tere [..テーレ]) ❶ 性格, 気質, 個性, 性質;特質, 特性, 特色, 特徴. ❷ 人格, 品性. ❸ 登場人物, キャラクター. ～ **beweisen** 芯(しん)のある態度をとる, 信念を曲げない, ぶれない.
charakterisieren [カラクテリズィーレン] 他 ❶〈人･物⁴の〉性格[特徴]を描写する. ❷〈物¹が〉〈(人･物⁴の)〉特徴づけている, 〈人･物⁴の〉特徴となっている.
charakteristisch [カラクテリスティッシュ] 形〈**für**〉〈(人･物⁴に)〉特徴的な[典型的]な, 特有な.
charakterlich [カラクターリヒ] 形《付加または副》性格(上)の, 性格的な.
Charisma [ヒャ(ー)リスマ, ヒャ[カ]リスマ, (_英) カ(ー)リスマ] 中 (-s/..men, ..mata)《書》❶ カリスマ性. ❷[お_ん] (恩恵として与えられた)特殊能力.
charismatisch [ヒャ[カ]リスマーティッシュ] 形 カリスマ的な, カリスマ性のある.
charmant [シャルマント] 形 魅力ある, チャーミングな.
Charme [シャルム] 男 (-s/) 魅力, 人の心を惹き付ける力.
Charter･flug [チャルター..] 男 チャーター便.
Chassis [シャスィー] 中 (-[シャスィース]/-[シャスィース]) (自動車などの)車台;シャシー.
Chauffeur [ショフェーァ] 男 (-s/-e) 職業運転手, プロドライバー. ◇ **Chauffeurin** 安 (-/-nen).
checken [チェッケン] 他 ❶〈人･物⁴を〉点検する, チェックする. ❷(口)〈事⁴を〉分かる.
Checkliste [チェック..] 安 ❶ チェック･リスト, 照合表. ❷ 搭乗者名簿.
Chef [ʃɛf シェフ] 男 (-s/-s) ❶ 最高責任者, 社長, 長官, チーフ, 上司, 上役, 支配人, ボス. ❷ シェフ, 料理長. **4級**

① 1格 ② 2格 ③ 3格 ④ 4格

Chefin 囡(-/-nen) ❶(女性の)最高責任者,社長. ❷(口)社長夫人.

Chef-koch 男シェフ,料理長.

Chef-sekretärin 囡(女性の)社長[最高責任者]秘書.

Chemie [ヒェミー,(南ドイツ·オーストリア)ケミー] 囡(-/) 化学. ♦die organische [anorganische, physikalische] ~ 有機[無機,物理]化学. 4版

Chemikalie [ヒェミカーリエ] 囡(-/-n)《主に複》化学製品,化学薬品.

Chemiker [ヒェーミカー,(南ドイツ·オーストリア)ケーミカー] 男(-s/-) 化学者. ◇**Chemikerin** 囡(-/-nen).

chemisch [ヒェーミッシュ,(南ドイツ·オーストリア)ケーミッシュ] 形《付加または副のみ》化学の,化学的な.

Chemotherapie [ヒェモテラピー] 囡(-/..pien[..ピーエン])《主に単》[医](癌などへの)化学療法.

..chen [..ヒェン]中(-s/-)《縮小辞;名詞に付く》「小さい」: Päckchen 小包.

chic [シック]形= schick.

Chicorée [シコレ(-)] 男(-s/-), 囡(-/)[植]チコリー((冬にサラダとして食べる少し苦味のある野菜)).

Chiffon [シフォン,(オーストリア)シフォーン] 男(-s/-s, -e)シフォン(透けるような絹または人絹織物)).

Chiffre [シッフレ,シッファー,(フランス語)シファ,シフル] 囡(-/-n) ❶暗号. ❷略号,コード番号.

Chile [チーレ,ヒーレ]中(-s/) チリ((南米の共和国)).

Chili [チーリ] 男(-s/-s) チリ(トウガラシ).

China [ヒーナ,(南ドイツ·オーストリア)キーナ]中(-s/) 中国. ♦die Volksrepublik ~ 中華人民共和国.

Chinese [ヒネーゼ,(南ドイツ·オーストリア)キネーゼ] 男(-n/-n)《弱》中国人. ◇**Chinesin** 囡(-/-nen, Chinese).

chinesisch [ヒネーズィッシュ,(南ドイツ·オーストリア)キネーズィッシュ] 形中国(人[語])の. ♦die Chinesische Mauer 万里の長城. ~ **für** 4 **sein** (口)〈事が〉人4にとってちんぷんかんぷんである.

Chip [チップ] 男(-s/-s) ❶(集積回路の)チップ. ❷(ルーレットなど賭博の)賭け牌(はい),点棒,チップ. ❸《主に複》ポテトチップス.

Chirurg [ヒルルク] 男(-en/-en)《弱》外科医. ◇~**in** 囡(-/-nen).

Chirurgie [ヒルルギー] 囡(-/..gien[..ギーエン]) ❶外科. ❷(病院の)外科部[病棟].

chirurgisch [ヒルルギッシュ] 形《付加または副》外科(医)の,外科手術の.

Chlor [クローァ]中(-s/)[化]塩素((記号:Cl)).

Chloroform [クロロフォルム]中(-s/)[薬]クロロフォルム((甘い匂いのする麻酔剤)).

Chlorophyll [クロロフュル]中(-s/)[植]葉緑素,クロロフィル.

Cholera [コーレラ] 囡(-/)[医]コレラ.

cholerisch [コレーリッシュ]形 短気な,怒りっぽい,激しやすい;[心]胆汁質の.

Cholesterin [ヒョレステリーン,コレ..]中(-s/)[生化]コレステリン,コレステロール.

Chor [コーァ] 男(-(e)s/Chöre [ケーレ])コーラス,合唱団,聖歌隊.

Choral [コラール] 男(-s/Choräle) 聖歌,讃美歌,コラール;[カトリック]グレゴリオ聖歌.

Choreograf, ..graph [コレオグラーフ] 男(-en/-en)《弱》(バレエの)振り付け師,舞踊作者. ◇**Choreografin, ..graphin** 囡(-/-nen).

Choreografie, ..graphie [コレオグラフィー] 囡(-/-n) 舞踊振り付け(法),舞踊図解,舞踏[身ごなし,足どり]の記号(法).

choreografisch, ..graphisch [コレオグラーフィッシュ]形《付加または副》(バレエの)振り付け(譜)の[に関する].

Chose [ショーゼ] 囡(-/-n)《主に単》(口)(軽蔑)こと,件.

① 1格 ② 2格 ③ 3格 ④ 4格

Chow-Chow [チャオチャオ, シャオシャオ] 男 《-(s)/-s》チャウチャウ(犬).

Christ [クリスト] 男《-(en)/-en》《弱》キリスト教徒, クリスチャン. 4級

Christ·baum 男《南ドイツ・オーストリア》クリスマスツリー.

Christ-demokrat 男 CDU(キリスト教民主同盟)の党員.

Christenheit [クリステンハイト] 女 《-/》全キリスト教徒, キリスト教国[教界].

Christentum [クリステントゥーム] 中 《-s/》キリスト教;キリスト教の信仰[精神].

Christin [クリスティン] 女《-/-nen》(女性の)キリスト教徒, クリスチャン.

Christ·kind 中《-(e)s/》❶幼児[みどりご](の姿に描かれた)キリスト. ❷《特に南ドイツ》クリスマスの贈り物を持って来るとされる子供の姿の天使.

christlich [クリストリヒ] 形《付加語または副》キリスト教を信じる, キリスト教(徒)の, キリスト教的な, キリスト教の精神にかなった(略:christl.)).

Christmette [クリストメテ] 女《-/-n》クリスマス(前夜祭から早朝にかけての)ミサ.

Christ-stollen 男《-s/-》クリスマスのシュトレン((ケーキ)).

Christus 《無変化;2格は Christi の形が多く, 3格 Christo, 4格 Christum, 呼格 Christe の形もある;(即位の際聖油を注がれた)王への敬称》(Jesus ~) 救世主イエス, イエス·キリスト. ◆vor ~ 紀元前((略:v. Chr.)).

Chrom [クローム] 中《-s/》《化》クロム((記号:Cr)).

Chromosom [クロモゾーム] 中《-s/-en》《生》染色体.

Chronik [クローニック] 女《-/-en》年代記, 編年史, 編年式記録.

chronisch [クローニッシュ] 形❶《医》(↔ akut)慢性の. ❷(口)慢性的な, 長びく.

Chrysantheme [クリュザンテーメ] 女《-/-n》《植》キク(菊), キクの花.

circa [ツィルカ] 副約, おおよそ((略:

ca.)).

City [スィティ] 女 《-/-s, Cities》(大都市の)中心部, 都心, 商業区;(特にロンドンの)旧市の中心部.

clean [クリーン] 形 ~ **sein** (口)麻薬をやっていない.

clever [クレヴァー] 形《時に軽蔑》小利口な, 抜け目のない, 悪がしこい.

Clique [クリッケ, クリーケ] 女《-/-n》❶(若い人たちの)グループ, 仲間. ❷《軽蔑》徒党, 派閥.

Clown [クラオン] 男《-s/-s》道化(役者), 道化師, ピエロ;おどけ役.

Club [クルプ] 男《-s/-s》= Klub.

cm 《ツェンティメーター》《略》Zentimeter センチメートル.

Co, Co. [コー] 《略》Compagnie 会社(Kompanie).

Coach [コーチ] 男《-(s)/-s》《スポーツ》コーチ.

Cockpit [コックピット] 中《-s/-s》(飛行機·レーシングカーなどの)コックピット, 操縦[操舵]席.

Cocktail [コックテール] 男《-s/-s》カクテル.

Cognac [コニャック] 男《-s/-s》コニャック((高級ブランディー)).

Coiffeur [コアフェーァ] 男《-s/-e》《スイス》理髪師. ◇**Coiffeuse** [コアフェーゼ] 女《-/-n》.

Cola [コーラ] 中《-(s)/-s》, 女《-/-s》コーラ.

Comeback, Come-back [カムベック] 中《-(s)/-s》カムバック, 再起, 返り咲き, 復帰.

Computer [コンピューター] 男《-s/-》コンピューター. 5級

computer·gestützt [..ゲシュテュッツト] 形コンピューター使用の, コンピューターで処理された.

Computer·spiel 中コンピューター·ゲーム.

Confoederatio Helvetica [コンフェデラーツィオ ヘルヴェーティカ] 女《-/》スイス連邦((ラテン語名;略:CH)).

Container [コンテーナー] 男《-s/-》(貨物輸送用·ゴミ用の)コンテナー.

cool [クール] 形 (口) ❶ クールな. ❷ 好みの, 最高の.

Cord [コルト][コーント] 男 (–(e)s/–e, –s) コールテン, コーデュロイ.

Corned Beef, Cornedbeef [コルント[コーント]ビーフ] 中 (–(s)/) コーンビーフ.

Couch [カオチ] 女 (–/–s, –en), (ス)中 (–s/–(e)s) 寝椅子, ソファーベッド.

Coup [クー] 男 (–s/–s) 奇襲, 不意打ち. *einen ~ landen* 大成功を納める, 当たりをとる.

Coupon [クポン], (ス)[クポーン] 男 (–s/–s) クーポン(券).

Courage [クラージェ] 女 (–/) (口) 勇気.

Cousin [クゼン] 男 (–s/–s) (Vetter) 従兄弟(いとこ).

Cousine [クズィーネ] 女 (–/–n) (Kusine) 従姉妹(いとこ).

Couvert [クヴェーァ] 中 (–s/–s) (ス) 封筒.

Cover [カヴァー] 中 (–s/–(s)) ❶ (本の) 表紙, カバー. ❷ (レコードの) ジャケット, カバー.

Cowboy [カオボイ] 男 (–s/–s) カウボーイ.

Credo [クレード] 中 (–s/–s) 【キリスト教】 (書) 使徒信条.

Creme [クレーム] 女 (–/–s, (オーストリア)–n) [クレーメン] ❶ (生) クリーム, 乳脂. ❷ (化粧品などの) クリーム, 乳剤. ❸ (単) (書) (比喩的) 極上, 精髄, 粋.

CSU [ツェーエスウー] 女 (–/) (略) Christlich-Soziale Union キリスト教社会同盟 ((Bayern を基盤とする保守政党)).

Curry [キャリ, カリ] 男中 (–s/) カレー(粉, 料理).

Cursor [ケーアザー] 男 (–s/–s) 【コンピュータ】 カーソル.

Cyberspace [サイバースペース] 男 (–/) 【コンピュータ】 サイバースペース.

D

d, D [デー] 中 (–/–, (口)–s) ❶ アルファベットの第4字. ❷ 【音楽】 二音, 二調. ♦ d-Moll ニ短調. D-Dur ニ長調.

D (略) ❶ Damen 婦人(用). ❷ Deutschland ドイツ.

da [da: ダー] ((I)) 副 ❶ 《指示された場所》(あ) そこに[で]. ❷ (口) ここに[で]. ❸ 《名詞・代名詞と》(口) あそこ[そこ]の. ❹ 《文脈で指示された時間の強調》(主に口) その時; その[あの]頃, 当時. ❺ そのような場合, そういう状況では, それならば; その点について, それに関して. ❻ 《理由》それで, だから, そのため. ❼ 《説明の導入》それなら, それでは. ❽ 《驚いて》すると, とその時. ❾ 《文頭で文の導入》(話口) あの(ですが). ❿ 《古風》(ある所に) 昔々, ある所に. ♦ ~ draußen あそこの外で. ~ drüben その向こうに. ~ vorn その前方に. *für* 4格 ~ *sein* 人4格のためにいつでもいる, 人を助ける用意が常にある. *von ~ an* その時から[以来]. *zu* 3格 ~ *sein* 事3格のために[役に立つように]ある[いる]. ♦ ~ *sein* 1) 〈人1格〉 (その場に[在宅して]) いる, 〈物4格〉 がある, 存在している. 2) 生きている. 3) (口) 来ている, 到着している, 到来している. ((II)) 接 《従属》 ❶ 《既知の理由》...なので, ...だから, ...ゆえに. ★ 通例 da に導かれる副文が先行する; 話し言葉より書き言葉で用いられる; [なぜ(warum など)]という疑問には, weil で答える; darum, deswegen, deshalb などと呼応しない. ❷ 《書》...した時. ❸ 《書》...した後で, ...してから. ♦ Da die Sicht schlecht war, mussten wir langsam fahren. 視界が悪かったのでゆっくり運転せざるを得ませんでした. *in den Tagen* [*an dem Tage*], *da* ... 《書》...があった時[日](に). *jetzt* [*nun*], *da* ... 《書》...した今(から). 5級

da.. 《人称代名詞・指示代名詞が前置詞と結びついて融合するとき, その代名詞の代用となる形; 前置詞が母音で始まる代名詞では dar– となる; 一般に代名詞が人間を指す場合には用いない》 例: durch + ihn, sie, es ⇒ dadurch.

dabei [dabáɪ,《強調》dá:baɪ ダバイ,《強調》ダーバイ] 副 **そのそば[かたわら]に[で]**;その場合に,その時(に),その場合,((それ)と)同時に;それに付随して;その上,しかも;(それ)にもかかわらず;それについて[関して]. ★後続の zu 不定詞, dass 副文と呼応. ∎ **~ sein** その場に居合わせる;そこに行く[来る];それに参加する. 4級

dabei|bleiben* 自⑤ ❶(活動などを)継続する,堅持する. ❷そこに留まる⇨dabei. *Ich bleibe ~!* 私の意見は変わりません.

dabei|haben* 他(口)〈物⁴を〉その場に持っている,持ち歩く,持ち合わせている;〈人・動物を〉連れている.

dabei|sein* 自⑤ⓢ= dabei sein (⇨dabei■).

dabei|stehen* 自ⓗ(《南ᵈ》ⓢ) (偶然にその場に)居合わせる,そばに(突っ)立っている,傍観する.

da|bleiben* 自⑤そこに留まる[あり続ける].

Dach [dax ダッハ] 中(–(e)s/Dächer) 屋根. ♦ein flaches ~ 平屋根. *unter ~ und Fach sein* 〈物⁴が〉成功裡に[無事に]終わっている. 4級

Dach·boden [..ボーデン] 男(–s/) 屋根裏,ロフト.

Dach·decker [..デッカー] 男(–s/–) 屋根ふき職人. ◇**~in** 安(–/–nen).

Dächer [デッヒャー] 複⇨Dach.

Dach·garten 男屋上庭園.

Dach·rinne 安(屋根の)とい.

Dachs [daks ダクス] 男(–es/–e) アナグマ(穴熊).

Dach·stuhl 男屋根組み,小屋組み.

dachte [ダハテ] denken の過去形.

dächte [デヒテ] denken の接続法Ⅱ式形.

Dach·terrasse 安屋上テラス.

Dackel [ダッケル] 男(–s/–) ダックスフント.

dadurch [ダドゥルヒ,《強調》ダードゥルヒ] 副 **そこを通って**,それを通じて,それ[そのこと]によって,そのため(に). **~, dass ...** 《理由を示して》…なので,…のために,…のことで. 4級

dafür [ダフューァ,《強調》ダーフューァ] 副 **そのために,その代わり(に),それに対して,そのことで**;それに賛成して,それを支持して;そのわりには,それにしては. ★後続の zu 不定詞, dass 副文と呼応. ♦*Ich bin (sehr) dafür.* 私は(大)賛成です.

dafür|können 他 *nichts ~ , dass* ...（主に疑問文・否定文で）…であることに責任はない,…であることはどうしようもない.

dagegen [ダゲーゲン,《強調》ダーゲーゲン] 副 **それに向かって**;それに対して[反して],それに逆らって[対抗して],それとは逆に[逆に];それに比べて,それと比較して;そのお返しに[代わりに],それと引き換えに[交換]に. ★後続の zu 不定詞, dass 副文と呼応. ♦*Ich bin ~.* 私は反対です.

daheim [ダハイム] 副 (特に南ᵈ) ❶自宅で[に]. ❷故郷で[に].

daher [ダヘーァ,《強調》ダーヘーァ] 副 ❶**それゆえ,だから,そのために**. ❷そこから,こちらへ. ★後続の weil 副文, dass 副文と呼応. **(von) ~** そこから;そういうことからすると. 4級

daher|kommen* 自⑤(口) ❶そこから[向こうから]やって来る[来ている],そこの出身である. ❷…な格好をしてくる[で現れる].

dahin [ダヒン,《強調》ダーヒン] 副 ❶**そこへ,あちらへ,そこに**. ❷過ぎ去って. ★後続の zu 不定詞, dass 副文と呼応. **bis ~** それまで(に),その時まで(に);そこまで. **~ gehend** そのように. 4級

dahinten [ダヒンテン] 副その後ろに,その向こうに.

dahinter [ダヒンター,《強調》ダーヒンター] 副 **その後ろ[背後]に[へ]**,その裏に[へ].

Dahlie [ダーリエ] 安(–/–n) ダリア.

da|lassen* 他(口) 〈人・物⁴を〉(一時的にそこに)置いておく,預けておく.

dalli [ダリ] 副 *Dalli, ~!* = *(Jetzt) aber ~!* 早く早く,急いで急いで.

damalig [ダーマーリヒ] 形《付加》当

時の, その頃の.

damals [dá:ma:ls ダーマールス] 副 当時, その頃, あの時. ◆~, als ... ...した当時. Aufnahmen von ~ 当時の写真. 4級

Dame [dá:mə ダーメ] 女 (-/-n) (英 lady) ❶ ご婦人, 女性の方; 淑女, レディー; (ダンスなどの女性)パートナー. ❷《スポーツなどで性別を示して》《複》女子(用), 女性(用), 婦人(用). ❸ (チェス・トランプの)クイーン. ❹ (ゲームの)チェッカー. *Meine ~n und Herren*《呼びかけ》ご来席の皆様. *sehr geehrte* [*verehrte*] *~n und Herren*《手紙やスピーチでの呼びかけ》拝啓, ご来席の皆様. 5級

Damen·binde 女 生理用ナプキン.

damit [damít,《強調》dá:mɪt ダミット,《強調》ダーミット] ((I)) 副 それで(もって), それによって; それと共に, それに伴って; そのまま; それについて[関(連)して]; それで, そのため(に). ★後続の zu 不定詞, dass 副文と呼応. 4級 ((II)) 接《従属》❶ 目的》...するために, ...するように. ★主文と副文の主語が同じ場合は「um ...〈zu 不定詞〉」の方が普通: Wir müssen uns beeilen, um rechtzeitig da zu sein. 時間に間に合うためには急がなければならない.

dämlich [デームリヒ] 形 (特に北^{ドイツ}) (口) 馬鹿な, 愚かな.

Damm [ダム] 男 (-(e)s/Dämme) ❶ 堤防, 土手, 堤;ダム. ❷ 盛り土. ❸ [医学] 会陰(^{えいん}). *auf dem ~ sein* (口) 加減[体の調子]が良い.

dämmerig [デメリヒ] 形 = dämmrig.

dämmern [デメァン] 自 ❶ 薄明るく[薄暗く]なる;〈朝・夜が〉始まる. ❷ 〈③〉(口)〈物¹が人³の〉意識[記憶]の中ではっきりしない. ◆ *Der Morgen* [*Der Tag*] *dämmert.* 夜が明ける. *Der Abend dämmert.* 日が暮れる. *Es dämmert.* 夜が明ける; 日が暮れる. *vor sich⁴ hin ~* まどろむ, うとうとする.

Dämmerung [デメルング] 女 (-/) (日の出前・日没後の)薄明, 黎明, 黄昏.

dämmrig [デムリヒ] 形 薄暗い, 薄明かりの.

Dämon [デーモン] 男 (-s/Dämonen [デモーネン]) ❶ 悪霊, 悪魔, 鬼神, デーモン. ❷ 魔性, 魔力. ◇ *~in* 女 (-/-nen).

dämonisch [デモーニッシュ] 形 悪魔の(ような), 悪霊[悪魔]に取り付かれた(ような).

Dampf [ダンプフ] 男 (-(e)s/Dämpfe) ❶ 蒸気, 湯気, スチーム. ❷ [物理] 気体; 気化物質. ❸《複》(悪臭を発し, 有害な)ガス.

Dampf·bügeleisen 中 スチームアイロン.

dampfen [ダンプフェン] 自 ❶ 湯気をたてる, 蒸気をだす. ❷〈馬¹が〉大汗をかいている.

dämpfen¹ [デンプフェン] 他 ❶ 弱める, 和らげる; 音を消す, 声を殺す. ❷〈事⁴の〉興[勢い]をそく, 雰囲気を壊す.

dämpfen² 他 ❶〈食べ物⁴を〉蒸す, ふかす, とろ火で煮込む. ❷ (スチームで)〈服⁴の〉しわを伸ばす.

Dampfer [ダンプファー] 男 (-s/-) 汽船, 蒸気船.

Dampf·maschine 女 (-/-n) 蒸気機関.

Dampf·walze 女 (道路のアスファルトを平らにする)スチームローラー.

danach [danáːx,《強調》dáːnaːx ダナーハ,《強調》ダーナーハ] 副 その後(で); その後に[で]; それに従って[よって, 応じて], それによると[よれば]; その方(向)へ, それに向かって. ★後続の zu 不定詞, dass 副文と呼応. 4級

Däne [デーネ] 男 (-n/-n) (弱) デンマーク人.

daneben [danéːbən,《強調》ダーネーベン] 副 その横[隣り]に[へ], それと並んで(みると), それと比べて[比較すると];そのかたわらに, その他に; 的を外れて. 4級

daneben|benehmen* 再 sich⁴ (口) 常軌を逸した振る舞いをする.

daneben|gehen* 自 ⑤ ❶〈弾'な

どが〉(的を)外れる. ❷(口)〈事¹が〉(期待通りに)うまく行かない.

Dänemark [デーネマルク] 中(-s/)デンマーク((略:DK)).

Dänin [デーニン] 女(-/-nen) デンマーク人女性.

dänisch [デーニッシュ] 形 デンマーク(人[語])の.

dank [ダンク] 前《2・3格支配》…のおかげで, …のかいあって.

Dank [daŋk ダンク] 男(-(e)s/)《**für** 4》〈物⁴に対する〉感謝, 謝意, お礼(の言葉). ♦ als [zum] ~ (für 4) 〈物⁴に対する〉感謝のしるしとして, お礼に. ③ ~ ausdrücken [aussprechen] 人³に感謝の言葉を述べる. *Vielen* [*Besten, Schönen*] *~!* 本当にありがとうございます.

dankbar [ダンクバァ] 形 ❶ 感謝している, ありがたく思っている. ❷《付加》鑑識眼のある. ❸《副なし》やってみる価値のある, 報われることの多い. ❹《副なし》(口)丈夫な, 長持ちする. ♦ für 4 ~ sein 物⁴をうれしく思っている.

Dankbarkeit [..カイト] 女(-/) ❶ 感謝の気持ち, 謝意. ❷ 持ちの良さ.

danke [ダンケ] 間 (< ich danke) ありがとう. ♦ Danke für das Geschenk. プレゼントありがとう. Wie geht es Ihnen? – Danke, gut! ご機嫌いかがですか-いいですよ. *Danke schön* [*sehr*]. *Nein, ~.* いいえ, 結構です. *Ja, ~. = Danke, gern.* はい, お願いします. ③ *danke schön sagen* 人³にありがとうを言う. 5級

danken [daŋkən ダンケン] ((I))自《③ (**für** 4)》〈人³に(物⁴のことで)〉感謝する, 〈人³に(物⁴の)〉礼を言う. ((II))他《③ 4》〈人³に物⁴を〉感謝する. ★ 目的語は es, das が多い. ❷《③ 4 **mit** ③》〈人³に物⁴の恩を物³で〉返す, お返しをする. ♦ Ich danke dir. 感謝するよ, ありがとう. Ich danke dir für deine Hilfe. = Ich danke dir (dafür), dass du mir geholfen hast. 手伝ってくれてありがとう.

現在	ich danke	wir danken
	du dankst	ihr dankt
	er dankt	sie danken

過去	ich **dankte**	wir dankten
	du danktest	ihr danktet
	er dankte	sie dankten

| 過分 | **gedankt** | 接II dankte |

Nichts zu ~. お礼には及びません, どういたしまして. 5級

dankend [..ト] ((I)) danken の現在分詞. ((II)) 副 ありがたく.

Danke-schön 中((-s)/-) 感謝の言葉[しるし, プレゼント].

dann [dan ダン] 副 ❶ それから, その後に[で], その次に, 次いで, それに続いて. ❷ その時(に), その時は, その場合(に), そうならば. ★ 後続の wenn 副文と呼応. ❸ (口) それなら, それじゃ. ❹ (口) それに(加えて), さらに, おまけに. ❺ (口) (漠然と) 後で(また). (*Also*) *~!* (口) それじゃ, またね(さようなら). *Bis ~!* その時まで, またね(さようなら). *~ und wann*(不規則に)時々, 時折, 時には, ときたま. 5級

dar.. [ダーァ] ⇨ da..

daran [darán 《強調》dá:ran ダラン, 《強調》ダーラン] 副 それに(接して[付着して]); それで, そのせいで; それについて[関(連)して], dass 副文と呼応. *nahe ~ sein*, ... 〈**zu** 不定詞〉今にも…しそうである, 危うく…するところである. 4級

daran|setzen 他 *alles* [*alle Kräfte*] *~*, ... 〈**zu** 不定詞〉…することに本腰を入れて取り組む, …するために全力を尽くす.

darauf [daráof,《強調》dá:raof ダラオフ,《強調》ダーラオフ] 副 その上に[へ]; それに向かって, それをめがけて[目指して]; それに続いて, それから, その後; それによって; その点に関して, その観点から. ★ 後続の **zu** 不定詞, dass 副文と呼応. ▮ *~* [ダーラオフ] *folgend* (主に時間的に)その次の. 4級

darauf·folgend 形《付加》= darauf folgend (⇨darauf❶).

daraufhin [ダラオフヒン,ダラーオフヒン] 副 ❶ その点に関して，その観点から． ❷ その後，それから；その結果，そのため(に)． ❸ それを目指して．

daraus [daráos,《強調》dá:raos ダラオス,《強調》ダーラオス] 副 そこから，その中から；それを材料にして，それで，それから． ★後続の dass 副文と呼応． ♦ Es ist nichts ~. それは物になりません． 4級

dar|bieten [ダー..] 他 ❶《③ ④》〈人³に〉物⁴を〉披露する，公開する，上演する，演奏する． ❷ 呈示する，提示する，提供する． ❸《③ ④》〈人³に〉食べ物⁴を〉出す，振る舞う． ❹〈sich(③)〉〈場所³に〉姿を現す，現れる；起こる．

Darbietung [ダービートゥング] 女 (-/-en) ❶《単》披露，公開，上演，演奏． ❷《単》呈示，提示，提供． ❸ 出し物，見せ物，演目．

darf [ダルフ] dürfen の 1・3人称単数現在形．

darfst [ダルフスト] dürfen の 2人称単数現在形．

darin [ダリン,《強調》ダーリン] 副 その中に[で]，それに，その点で． ★後続の zu 不定詞，dass 副文と呼応． ♦ Es ist nichts ~. その中には何もありません． 4級

dar|legen 他《③ ④》〈人³に物⁴を〉はっきり述べる，説明する．

Dar·lehen 中 (-s/-) ローン，貸し付け金，融資．

Darm [ダルム] 男 (-(e)s/Därme) ❶ 腸． ❷ (ソーセージの)皮．

dar|stellen 《(I)》他 ❶ 表す，表現する． ❷ 描写する，叙述する． ❸ 図示する，叙述する． ❹〈人⁴の〉役を演じる． ❺〈...の〉意味をもつ． 《(II)》再 sich⁴〈als ...〉〈...のように〉見える[思われる]． ❷〈...であるように〉見せる，〈...を〉気取る． ♦ Das Problem stellte sich⁴ als schwierig dar. この問題は難しいように見える．

Darsteller [ダーシュテラー] 男 俳優，役者，演技者． ◇**Darstellerin** 女 (-/-nen).

Darstellung [ダーシュテルング] 女 (-/-en) ❶ 表現． ❷ 描写，叙述． ❸ 図示． ❹ 演技．

darüber [darý:bər,《強調》dá:ry:bər ダリューバー,《強調》ダーリューバー] 副 その上に[で，へ]；それ以上(に)；それについて[関(連)して]；そうしている間に，そうするうちに． ★後続の zu 不定詞，dass 副文と呼応． ♦ ~ **hinaus** それを超えて；その上，更に． 4級

darüber|stehen* 自 (h)《(南ドツ・ス)(S)》それを超越している．

darum [darům,《強調》dá:rom ダルム,《強調》ダールム] 副 ❶ そのまわり[周囲，周辺]に[で]，それをめぐって，そこをまわって；それを求めて，そのために；それと引き替え[交換]に． ★後続の zu 不定詞，dass 副文と呼応． ❷ それゆえに，そのために，それで，(それ)だから． ★後続の weil 副文と呼応． ❸《doch と》それでも，それだからといって． ♦ **ein Haus mit einem Garten ~** 庭で囲まれた家． 4級

darunter [ダルンター,《強調》ダールンター] 副 ❶ その下に[で，へ]；それ以下(に)． ★後続の dass 副文と呼応． ❷ その中に[で，へ]，その中から，(それ)らの間に． ★「人間」にも用いる：「その人たちの中で」． 4級

das [das ダス]《(I)》冠《定》❶ ⇨ der. ❷《形容詞が中性名詞化した場合》(...な)もの[こと]． ♦ **das Kleine** 小さいもの，些細なこと． ★他の品詞が名詞化する場合にも用いる．
《(II)》代《指示》《⇒ der 中性単数1・4格形》そのもの[こと]，その人(たち)． ★以下の点で指示代名詞の der と異なる． ❶《紹介・導入の場合，性・数に関係なく指示的に用いる》この方は，これは． ♦ **Das ist meine Frau.** これが私の妻です． ❷《先行の語句や不定詞または文意を指示して》それ，そのこと． ♦ **Das weiß ich.** そのことは分かっています． ★文頭に立たない主語の das は 3・4格の人称代名詞の後に位置することが普通である：Sicher hat ihn das

geärgert. きっとそのことで彼は怒ったのです. ❸《前後の副文を指示する》: ♦Dass ich ihn nicht mehr gesehen habe, (das) bedauere ich sehr. 彼ともう会えなかったことはとても残念です. ★ 4格の目的語 es が文頭に立つ場合は das となる:Das bedauere ich sehr, dass ich ihn nicht mehr gesehen habe. ★参考:Ich bedauere (es) sehr, dass ich ihn nicht mehr gesehen habe. ❹《関係代名詞 was の先行詞》(...である)もの, (...である)こと. ♦Was bedeutet das, was hier steht? ここに(書いて)あることはどういう意味ですか. ((III))代《関係》⇨der. **5級**

da|sein* 圓Ⓢ⑱= da sein (⇨da Ⅱ).

Da·sein 匣(-s/)《書》存在, 生存;生活;その場にいること;現存在.

da|sitzen* 圓ⓑ《南ᵇ·オースト·スイス》Ⓢ(口)〈mit ③〉〈(人·物³と)〉(経済的に悪い状態で)そこに取り残される. ★「そこに座っている」は da sitzen と離して書かれる.

dasjenige [ダスイェーニゲ]⇨derjenige.

dass [das ダス]圈《従属》(英that) ❶《名詞に対応する副文を導く》...する(という)こと. ♦Ich bin froh, ~ ich hier bin. ここにいて楽しいです. ★(1) 主語·目的語となったり,「dar+前置詞」と呼応したりする.(2) 主文と副文の主語が一致している場合, zu 不定詞句で書き換えられる:Ich bin froh, hier zu sein. ❷《名詞 + dass ... で》...する[である]という... . ♦Ich bin der Meinung, dass ... 私は...という意見です. ❸《dass が導く副文が独立して感嘆文を表す》(口) (a)《願望》...する[である]といいのだが, ...であればなあ. (b)《命令》...する[である]こと. (c)《遺憾》とは[なんて](残念だ). **4級**

daß ⑱=dass.

dasselbe [ダスゼルベ]=derselbe.

dasselbige [ダスゼルビゲ]⇨derselbige.

da|stehen* 圓ⓑ《南ᵇ·オースト·スイス》Ⓢ〈+様態〉(口) ...の状態である. ★「そこに立っている」は da stehen と離して書かれる.

Datei [ダタイ]安(-/-en)データファイル. ♦eine ~ erstellen [abspeichern] ファイルを作成する[保存する].

Daten ((I)) Datum の複数形. ((II)) 覆データ;資料. ♦~ eingeben [abrufen] データを入力する[呼び出す].

Daten·bank 安データバンク.

Daten·schutz 男(-es/)《法》(プライバシーに関する)データ保護.

Daten·träger 男(CD-ROMなどの)データ記録媒体.

Daten·verarbeitung 安(-/-en) 《電算》データ[情報]処理(略:DV).

datieren [ダティーレン] ((I)) 他 ❶(専門的に)〈物の〉年代[時期]を算定する, 特定する. ❷〈物に〉日付を書く. ((II)) 圓 ❶〈aus ③〉〈年代³の〉ものである, 〈年代³から〉始まる, 〈年代³に〉由来する. ❷〈von ③〉〈...の〉日付けになっている.

Dativ [ダーティーフ](-s/-e) 3格, 与格(略:Dat.).

Datum [ダートゥム]匣(-s/Daten) ❶日付け, 年月日. ❷時代, 年代. ♦Welches ~ haben wir heute ? – Den neunten Mai. 「今日は何月何日ですか」–「5月9日です」. **4級**

Dauer 安(-/-) 継続[存続, 持続]時間, 期間. auf (die) ~ (口)長期に渡り, ロングランで;無期限に, いつまでも.

Dauer·auftrag 男(銀行口座の)自動振替(契約).

dauerhaft [..ハフト]形 ❶永続性のある, 永続的な. ❷長持ちする, 日持ちの良い.

Dauer·karte 安定期(乗車)券, 定期[シーズン]入場券.

Dauer·lauf 男(-(e)s/-e) 長距離走, ランニング.

dauern [dáuɐrn ダオエァン] 圓 時間ガカカる, 続く. ♦Es dauert lange [zwei Wochen], bis ... ...するまで長時間[二週間]かかります. **5級**

現在	ich dauere	wir dauern
	du dauerst	ihr dauert
	er dauert	sie dauern
過去	ich dauerte	wir dauerten
	du dauertest	ihr dauertet
	er dauerte	sie dauerten
過分	**gedauert**	接II dauerte

dauernd [ダオェァント] ((I))dauern の現在分詞. ((II))形《付加》持続[継続]的な,絶え間ない;あまりに頻繁な. ((III))副 絶え間なく;しょっちゅう.

Dauer・welle 女(-/-n) [美容]パーマ(ネントウェーブ).

Dauer・wurst 女(-/-e)ハードソーセージ,保存用《燻製》ソーセージ((サラミのように燻製などにして持ちをよくした)).

Dauer・zustand 男(-(e)s/-e)いつまでも続く状態((望ましくないものについて)).

Daumen [ダオメン](-s/-)親指. ◇ *den Daumen [die Daumen] halten [tragen]* 人³の幸運[成功]を祈る.

Daune [ダオネ]女(-/-n)ダウン,(鳥の)綿毛.

davon [ダフォン,《強調》ダーフォン]副 ❶**そこから**,そのことから;それで;そのこと(が原因)で;それによって;それについて[関して];去って. ★後続の zu 不定詞, dass 副文と呼応. ❷その内で,その中に[で]. ★集合名詞的な場合,人間も受ける:「その人たちの中で」. 4級

davon|kommen* [ダフォン..] 自(S)⟨mit ③⟩⟨危険³からなんとか逃れる,免れる.

davon|laufen* 自(S) ❶⟨③⟩⟨人³のもとから⟩いなくなる,立ち[走り]去る. ❷⟨③⟩⟨人³よりも⟩速く走る. ❸⟨vor ③⟩⟨口⟩⟨事³から⟩逃れようとする.

davon|tragen* 他 ❶⟨人・物⁴を⟩運び[持ち]去る. ❷⟨書⟩⟨損害⁴など を⟩被る,⟨傷⁴を⟩負う. ❸⟨勝利⁴などを⟩獲得する.

davor [ダフォーア,《強調》ダーフォーア] 副 **その前に[で]**;その前(方)へ;目の前に,それを前にして. ★後続の zu 不定詞, dass 副文と呼応. 4級

dazu [datsú,《強調》dá:tsu: ダツー,《強調》ダーツー]副 **そこに[へ]**,その方向に[へ];そのために;それに(加えて),おまけに;それに添えて,それに合わせ;それに対して[ついて]. ★後続の zu 不定詞, dass 副文と呼応. 4級

dazu|gehören [ダツー..] 自⟨zu ③⟩⟨人・物³に⟩所属[付属]している.

dazu|kommen* 自(S) ❶その場に来る. ❷来合わせる,出くわす. ★ただし:dazu kommen そのために来る.

Dazu・tun 中 *ohne* ②〜 人²の関与[手助け]なしに.

dazwischen [ダツヴィッシェン,《強調》ダーツヴィッシェン]副 **その間に[で,へ]**,その中に[で,へ]. ★集合名詞的な場合,人間も受ける:「その人たちの中に[で,へ]」. 4級

dazwischen|fahren* [ダツヴィッシェン..] 自(S)止めに入る,割って入る.

dazwischen|kommen* 自(S) ⟨(③)⟩⟨邪魔なこと¹が(人³に)⟩思いがけなく起こる.

DDR [デーデーエル]女(-/)《略》Deutsche Demokratische Republik ドイツ民主共和国((旧東ドイツの正式名称;1949-1990)).

dealen [ディーレン]自麻薬を密売する.

Dealer [ディーラー]男(-s/-)(麻薬の)売人. ◇ *~in* 女(-/-nen).

Debatte [デバッテ]女(-/-n)⟨書⟩⟨*über* ④⟩(主に公開の議題の)事⁴についての⟩討論,討議.

Début [デビュー]中(-s/-s)デビュー,初舞台.

Deck [デック]中(-(e)s/-s) ❶甲板,デッキ. ❷(大きな船などの)階.

Decke [dékə デッケ]女(-/-n) ❶(掛け)ぶとん,毛布;敷物. ❷一面を覆う物. ❸天井. ◆四 [*sich*⁴] mlt der

~ zudecken 人⁴[自分⁴に]布団をかける. eine ~ Schnee 一面の雪. an der ~ 天井に. *mit ③ unter einer ~ stecken* (口) 人³とぐるになっている, 結託している. **4級**

Deckel [デッケル] 男 (-s/-) ❶蓋. ❷(本の)厚表紙. ❸(口)帽子.

decken [デッケン] 他 (I) ❶覆う, かぶせる, 包む. ❷《③④》〈人⁴[人⁴の物⁴]を〉かばう, 守る. ❸償う, 相殺する;〈需要⁴を〉満たす ❹(den Tisch ~)(食卓の)用意をする. 〈[スポ]相手⁴を〉マーク[ガード]する. ❺〈雄³が(雌⁴と)〉交尾する, つがう. ((II)) 自〈色¹が〉下塗り[下地]を隠す. ((III)) 再 sich⁴ ❶ 《mit ③》〈意見¹などが人³と〉合う, 一致する. ❷〈図形¹などが〉重なり合う, 合同である.

Deckung [デックング] 女 (-/-en)《主に単》❶隠れ場, 避難場所, シェルター. ❷《[スポ]》ディフェンス;《[サッカー]》ガード. ❸補償, 補填. ❹裏付け, 担保, 保証. ❺《需要の》充足.

deckungs·gleich 形《副なし》合同の, 重なり合う, 一致の.

decodieren [デコディーレン] 他(書)解読する.

de facto [デファクト] 副 事実上.

defekt [デフェクト] 形《比較なし; 副なし》《機械が》欠陥[故障]のある.

Defekt [デフェクト] 男 (-(e)s/-e) ❶(機械の)欠陥, 故障. ❷(器官・精神の)障害, 欠陥.

defensiv [デフェンズィーフ, デーフェンズィーフ] 形 ❶防衛[自衛]的な, 防御用の (↔ offensiv). ❷(運転などが)遠慮がちな. ❸《[スポ]》守備の, ディフェンスの.

Defensive [デフェンズィーヴェ] 女 (-/-n) ❶(書)防衛, 防御, 自衛, 守り, 守勢. ❷《[スポ]》ディフェンス.

definieren [デフィニーレン] 他 定義する.

Definition [デフィニツィオーン] 女 (-/-en)(書)定義(づけ).

definitiv [デフィニティーフ, デーフィニティーフ] 形 決定的な, 最終的な.

deformieren [デフォルミーレン] 他 (書)形を変える, 変形させる.

deftig [デフティヒ] 形(口) ❶中身の充実した. ◆ein ~es Essen 食べごたえのある食事. ❷粗野な, 下品な.

Degen [デーゲン] 男 (-s/-) 剣.

degradieren [デグラディーレン] 他〈人⁴を〉格下げする,〈人⁴の〉階級[官位]を下げる, 降格する; 左遷する.

Degradierung [デグラディールング] 女 格下げ, 降等, 降格, 左遷.

dehnbar [デーンバァ] 形《副なし》伸縮性[弾力性]のある, 融通の利く.

Dehnbarkeit [..カイト] 女 (-/-) 弾力性, 伸縮性, 弾性, 融通性.

dehnen [デーネン] 他 (I) ❶伸ばす, 広げる. ❷手足[身体]を伸ばす. ((II)) 再 sich⁴ 伸びる, 伸縮する, 延びる, 広がる.

Deich [ダイヒ] 男 (-(e)s/-e) 堤防, 土手.

Deichsel [ダイクセル] 女 (-/-n) (車の)ながえ.

deichseln [ダイクセルン] 他(口)うまく取り扱う, うまく対処する.

dein [ダイン] 冠《所有》

格	男性単数	女性単数	中性単数	複数
1	dein	deine	dein	deine
2	deines	deiner	deines	deiner
3	deinem	deiner	deinem	deinen
4	deinen	deine	dein	deine

《人称代名詞duと対応し, 所有関係を表す》❶《冠詞として》君[おまえ, あんた]の. ❷《代名詞的》君[おまえ, あんた]のもの. **5級**

deine [ダイネ] , **deinem** [ダイネム] , **deiner** [ダイナー] ⇒dein.

deinerseits [ダイナーザイツ] 副 君の側[立場, 方]で[から], 君に関する限り.

deines [ダイネス] ⇒dein.

deinetwegen [ダイネットヴェーゲン] 副 君のために, 君のせいで.

dekadent [デカデント] 形 退廃的な, 退廃期の, デカダン(ス)の.

Dekadenz [デカデンツ] 女 (-/-) 退廃,

deklamieren
デカダン(ス), 衰退, 堕落.
deklamieren [デクラミーレン]他 (書)劇的に朗唱[朗読]する, 熱弁をふるう.
Deklination [デクリナツィオーン]女 (-/-en)【文法】語形変化.
deklinieren [デクリニーレン]他【文法】(語形)変化させる.
dekodieren [デコディーレン]他 ⇨decodieren.
Dekolleté [デコルテー]中 (-s/-s) (書)デコルテ.
Dekor [デコーァ]男中 (-s/-s, -e) (陶磁器・ガラスなどの)装飾[模様].
Dekoration [デコラツィオーン]女 (-/-en) ❶《単》装飾, 飾り付け. ❷飾り, 装飾物.
dekorativ [デコラティーフ]形装飾的な, 装飾用の.
dekorieren [デコリーレン]他 ❶《(mit ③)》〈物⁴を(物³で)〉飾る, 飾り付ける. ❷〈人⁴に〉勲章を授与する.
Delegation [デレガツィオーン]女 (-/-en) (書)代表(派遣)団.
delegieren [デレギーレン]他 (書) ❶代表として派遣する. ❷《(④ (an ④))》〈事⁴を(人³に)〉委任する, 委譲する, 委託する.
Delegierte(r) [デレギーァテ[ター]]男女《形容詞変化》代表, 使節.
Delfin [デルフィーン]男 (-s/-e) イルカ. ♦~ schwimmen バタフライ[ドルフィン・キック]で泳ぐ.
delikat [デリカート]形 (書) ❶美味な. ❷《副なし》微妙な, デリケートな.
Delikatesse [デリカテッセ]女 (-/-n) 珍味, 高級特選食料品.
Delikt [デリクト]中 (-(e)s/-e) 犯罪, 罪, 法律違反, 不法[違法]行為.
Delle [デレ]女 (-/-n) (書)へこみ, くぼみ.
Delphin ⇨Delfin.
dem [デーム]冠《定》《指示》《関係》⇨der, das. *wenn dem so ist* もしそうであるなら. *wie dem auch sei* そうであろうとも.
Demagoge [デマゴーゲ]男 (-n/-n) 《弱》扇動者, 扇動政治家, デマゴーグ.

dementsprechend [デームエントシュプレッヒェント]形それに応じた, それに対応した.
demgemäß [デームゲメース]副それに応じて.
demjenigen [デームイェーニゲン] ⇨derjenige.
demnach [デームナーハ]副それによれば, そうなると.
demnächst [デームネーヒスト, デームネーヒスト]副 ❶まもなく, じきに, もうじき, 近く. ❷その次に, その後で.
Demo [デ(ー)モ]女 (-/-s) (口)デモ.
Demokrat [デモクラート]男 (-en/-en) 《弱》❶民主主義者. ❷民主党員.
Demokratie [デモクラティー]女 (-/..tien[..ティーエン]) ❶民主主義, デモクラシー; 民主制, 民主政体[政治]. ❷民主主義国家. ❸《単》(多数決原理による)民主的意思決定(権).
demokratisch [デモクラーティシュ]形 ❶民主主義の, 民主制の, 民主政体[政治]の. ❷民主的な.
demokratisieren [デモクラティズィーレン]他 (書)民主化する.
demolieren [デモリーレン]他 (意図的に)破壊する.
Demonstrant [デモンストラント]男 (-en/-en)《弱》デモ参加者, 《複》デモ隊. ◇**Demonstrantin** 女 (-/-nen).
Demonstration [デモンストラツィオーン]女 (-/-en) デモ, デモンストレーション, 示威運動.
demonstrativ [デモンストラティーフ]形 (書)示威的な.
Demonstrativ·pronomen 中 指示代名詞.
demonstrieren [デモンストリーレン]他 (I)自《(für [gegen] ④)》〈(人・物⁴に賛成[反対]の)〉デモをする. (II)他 ❶実例[実物]で説明する, 実演[実物教示]する, 実地教育[講習]する, デモンストレーションを行なう. ❷〈感情・意図などを〉(行動によって)あからさまに示す, 明示する, 誇示する.
demselben [デ(ー)ムゼルベン] ⇨derselbe.
demütig [デミューティヒ]形謙遜し

① 1格 ② 2格 ③ 3格 ④ 4格

demütigen [デーミューティゲン] 他 〈人⁴に〉恥をかかせる, 屈辱を与える.

Demütigung [デーミューティグング] 女 屈辱.

demzufolge [デームツフォルゲ] 副 その結果, それによれば[よって], それに従えば[従って].

den [デーン] 冠〈定〉代〈指示〉代〈関係〉⇨der.

denen [デーネン] 代〈指示〉代〈関係〉⇨der.

denjenigen [デーンイェーニゲン] ⇨derjenige.

denkbar [デンクバー] ((I))形〈副なし〉考えられる, ありそうな. ((II))副《否定的な形容詞を強めて》考えられる限り, できるかぎり, 極めて.

denken* [déŋkən デンケン]

現在	ich denke	wir denken
	du denkst	ihr denkt
	er denkt	sie denken
過去	ich **dachte**	wir dachten
	du dachtest	ihr dachtet
	er dachte	sie dachten
過分	**gedacht**	接II dächte

((I))他 考える, 思う. ★ dass副文, zu 不定詞もとる. ((II))自 ❶〈**über** ④〉〈人・物⁴について〉考える, 思う. ❷〈**an** ④〉〈人・物⁴を〉思い出す, 忘れない; 考える, 念頭に置く. ★ daran ~, ...〈zu 不定詞〉でも. ((III))画〈sich³ ④〉〈事⁴を〉思い浮かべる, 想像する. ♦ schlecht von ③ ~ 人³のことを悪く思う[考える]. Was denken Sie? どう思いますか[何をお考えですか]. Wie denken Sie darüber? それについてどう思いますか[どうお考えですか]. sich³ nichts (**weiter** [**Böses**]) bei ③ ~ 物³について何も思うところ[悪意]はない. **Ich denke schon** [**nicht**]. そう思い[考え]ます[そうは思いません]. **Ich denke nicht daran, ...** 〈zu 不定詞〉...するなんて考えてみたこともあ

りません. 5級

Denker [デンカー] 男〈-s/-〉思想家, 思索家. ◇~**in** 女〈-/-nen〉.

denk·faul [デンク..] 形〈副なし〉《軽蔑》考えるのが嫌な, 知的に怠惰な.

Denk·mal 中〈-s/Denkmäler, (まれに)-e〉❶ 記念碑, 記念像, モニュメント. ❷ 文化財, 文化遺産.

Denkmal(s)·schutz 男〈-es/〉《集合的》(国による)文化財保護, 史跡保護.

Denk·pause 女 (考慮のための)中休み, 休憩.

Denkste! [デンクステ] 間〈口〉そう思っているでしょ(実は違うんだよ).

denk·würdig 形〈副なし〉記憶すべき, 記憶に値する, 重大な.

Denk·zettel 男 ③ *einen ~ geben* [*verpassen*] 人³にお灸をすえる, 懲らしめる.

denn [den デン] ((I)) 接〈並列〉❶《文の最初におかれ, 通例知られた理由・根拠を後から補足的に提示して》というのは[なぜなら]. ❷《書》《比較を表す als の代用; 「として」の als と「比較」の als との重複を避けて》...より(も). ♦ Er ist als Dichter bekannter ~ als Arzt. 彼は医者としてよりも詩人として名が知られています. ❸《比較級》~ *je* (*zuvor*) 以前にもまして[これまでよりも] .... ((II))副 *es sei ~*, (*dass*) ....でなければ. ((III))副〈不変化〉《平叙文・命令文には用いられない; denn doch は例外》❶《アクセントなし; 疑問詞のある疑問文で; 親しみを込め, 答えを求めて》ねえ. ❷《アクセントなし; 疑問詞のない疑問文で; 答えを期待しないで, 驚き・疑問を示して》そもそも. ❸《アクセントなし; 疑問詞のある疑問文で; 非難・いらだちを込めて》一体全体. ❹《アクセントを置いて; 相手の意見を否定して》それなら, それじゃ. ★ 強調の場合は denn dann が用いられる. ❺《アクセントなし; 疑問文のある修辞疑問文で; 同意を期待して》では[一体] ...というのか. ★ 強調の場合は denn schon が用いられる. ❻《アクセントなし; 動詞が

① 1格 ② 2格 ③ 3格 ④ 4格

文頭に来る感嘆文で;予期していないことで驚いて》ああ...であるとは(残念だ). 5級

dennoch [デノッホ] 副 それでも(なお), やはり.

denselben [デンゼルベン] ⇨ derselbe.

Deo [デーオ] 中 (-s/-s) (口) = Deodorant.

Deodorant [デオドラント] 中 (-s/-s, -e) (体臭の)防臭剤, デオドラント(スプレー).

Deponie [デポニー] 女 (-/..nien [..ニーエン]) ごみ廃棄場.

deponieren [デポニーレン] 他《貴重品⁴を》預ける.

Depot [デポー] 中 (-s/-s) ❶倉庫, 貯蔵所, 保管所. ❷(バスなどの)車庫. ❸有価物受託課.

Depression [デプレスィオーン] 女 (-/-en) ❶《主に複》憂鬱, スランプ. ❷【経済】不景気, 不況.

depressiv [デプレスィーフ] 形《主に付加》❶ 意気消沈した, 落胆した. ❷ 鬱病の.

der [der デァ] ((I)) 冠《定》(英the)《原則としてアクセントをもたない;アクセントをもつと指示の機能が強まる》

格	男性単数	女性単数	中性単数	複数
1	der	die	das	die
2	des	der	des	der
3	dem	der	dem	den
4	den	die	das	die

❶(a)その, この, あの, 例の《前後に言及されるものを指す;文脈で特定される場合,話し手と聞き手がお互いに了解している場合など》. (b)《一つしかないもの》. (c)《形容詞の最上級・序数詞の前に付く》. ♦ die Sonne 太陽. Er ist der fleißigste (Schüler) in der Klasse. 彼はクラスで一番勉強(生徒)である. ★名詞は省略される場合がある. ❷《固有名詞に付いて》(a)《中性以外の姓名・国名》. (b)《既出の人物を指す》. (c)《形容詞に修飾される》. ♦ die Schweiz スイス. Das ist der Karl. これが例のカールです. der junge Goethe 若きゲーテ. ❸《総称》...というもの. ♦ Der Mensch ist sterblich. 人間とは死ぬべきものである. ❹《形容詞・動詞などを名詞化した場合》. ♦ der [die] Verlobte 婚約者.

((II)) 代《指示》

格	男性単数	女性単数	中性単数	複数
1	der	die	das	die
2	dessen	deren	dessen	deren derer
3	dem	der	dem	denen
4	den	die	das	die

❶《前に言及されたものを指して》そのもの[こと];その人(たち). ★人間に用いる場合は口語的で, 失礼な言い方である. ❷《既出の名詞の反復を避けて》それ, その人(たち). ❸《人称代名詞 er と sie の代わりに》(口)その人(たち), そのもの[こと].

((III)) 代《関係》

格	男性単数	女性単数	中性単数	複数
1	der	die	das	die
2	dessen	deren	dessen	deren
3	dem	der	dem	denen
4	den	die	das	die

...する(ところの)人[もの]. ♦ der Zug, mit dem er nach München fährt 彼がミュンヘンへ乗っていく列車. 5級

derart [デァアールト] 副 ~..., dass ... 非常に...なので, ... ※ so ..., dass ...の強調.

derartig [デァアールティヒ] 形 ❶《副なし》このような, そのような, こんな, そんな. ❷《副で》= derart.

derb [デァプ] 形 ❶粗野な, 粗悪な, 下品な. ❷粗雑な, 荒っぽい. ❸(粗雑だが)丈夫な.

deren [デーレン] 代《指示》, 代《関

係）⇨der.

derentwegen [デーレントヴェーゲン] 副《女性・複数名詞を受けて》そのために.

derer [デーラー] 代〈指示〉《複数2格形；⇒ der》《後続する関係文の先行詞としてのみ用いる》…する人々の.

dergleichen [デーァグライヒェン] 代〈指示〉《無変化；略：dgl.》❶《付加のみ》そのような, その種の. ❷そのような事［物］, その種の事［物］.

Derivat [デリヴァート] 中(-(e)s/-e)〖言〗派生語;〖経〗金融派生商品, デリバティブ.

Derivation [デリヴァツィオーン] 女(-/-en)派生.

derjenige [デーァイェーニゲ] 代〈指示〉《der は定冠詞変化, jenige は形容詞変化》

格	男性単数	女性単数	中性単数
1	derjenige	diejenige	dasjenige
2	desjenigen	derjenigen	desjenigen
3	demjenigen	derjenigen	demjenigen
4	denjenigen	diejenige	dasjenige

	複数	
複数	diejenigen(1格)	derjenigen(2格)
	denjenigen(3格)	diejenigen(4格)

❶《代名詞として》**(a)**《関係文を伴って》（…する）そのもの［こと］, その人（たち）. **(b)**《2格名詞, 前置詞句を伴って》それ, その人（たち）. ❷《冠詞的；関係文を伴って》（…するような）その. 4級

derlei [デーァライ] 代〈指示〉《無変化》❶《付加》そのような, そういう, その種の. ❷そのような事［物］, その種の事［物］.

dermaßen [デーァマーセン] 副 **~ ..., dass ...** 非常に…なので, …★ **so ..., dass ...** の強調.

derselbe [de(:)ɐsélbə デー(ァ)ゼルベ] 代〈指示〉《der は定冠詞変化, selbe は形容詞変化》

❶ **(a)**《冠詞的》《wie を伴って》（…と）同じ, 同一の. **(b)**〘口〙同じような. ❷《代名詞として》同じ人［もの］.

格	男性単数	女性単数	中性単数
1	derselbe	dieselbe	dasselbe
2	desselben	derselben	desselben
3	demselben	derselben	demselben
4	denselben	dieselbe	dasselbe

複数	dieselben(1格)	derselben(2格)
	denselben(3格)	dieselben(4格)

★ **derselbe** は同一を表すので, 同種同質の場合には **dergleichen** を使用するのが正しい. 4級

des [デス] 冠〈定〉⇨der.

Deserteur [デゼァテーァ] 男(-s/-e)脱走兵, 逃亡者, 脱営者. ◇ **Deserteurin** 女(-/-nen).

desertieren [デゼァティーレン] 自(S)脱走する, 逃亡する.

desgleichen [デスグライヒェン] 副〘書〙同じように, 同様に（略：desgl.）.

deshalb [déshalp デスハルプ] 副それだから, そのために, それで, そういうわけで. 4級

Design [ディザイン] 中(-s/-s)デザイン.

Designer [ディザイナー] 男(-s/-)デザイナー. ◇ **Designerin** 女(-/-nen).

Desinfektion [デスインフェクツィオーン] 女(-/-en)殺菌, 消毒.

Desinfektions·mittel 中 殺菌剤, 消毒剤.

desinfizieren [デスインフィツィーレン] 他(④)〈(傷*などを)〉殺菌する, 消毒する.

Desinteresse [デスインテレッセ] 中(-s/-)〘書〙無関心.

desjenigen [デスイェーニゲン]⇨derjenige.

Despot [デスポート] 男(-en/-en)〘弱〙❶専制君主. ❷〘軽蔑〙暴君, 独裁者. ◇ **Despotin** 女(-/-nen).

despotisch [デスポーティッシュ] 形専制的な, 独裁的な, 横暴な.

desselben [デスゼルベン]⇨derselbe.

dessen [デッセン]囲〈指示〉囲〈関係〉⇨der.

Dessert [デセーァ]申(-(e)s/-s) デザート. ◆zum ~ デザートに.

destillieren [デスティリーレン]他 蒸留する.

desto [désto デスト]副 *je ...,* ~ *...* ⇨je.

deswegen [デスヴェーゲン]副 それだから, そのために, それで. 4級

Detail [デタイ]申(-s/-s)《書》細部, 詳細, ディテール, 細目. ◆bis ins kleinste ~ 細部に至るまで.

detailliert [デタイーァト]形《書》詳細な, 詳細にわたる.

Detektiv [デテクティーフ]男(-s/-e) 探偵. ◇**Detektivin** 囡(-/-nen).

deuten [ドイテン]((I))他解釈する, 解き明かす. einen Traum ~ 夢判断をする. ((II))自 ❶〈mit ③〉auf ④〉〈指³などで〉人・物⁴を指し示す. ❷〈auf ④ (als ④)〉〈人・物⁴を〈人⁴であると〉〉暗示する, 傾向を示す, 教えている.

deutlich [dɔıtlıç ドイトリヒ]形 はっきりした, 明瞭な, 明確な. ~ **werden** 忌憚(きたん)のない[ぶしつけな]意見を述べる.

Deutlichkeit [..カイト]囡(-/) 明瞭(さ), 明確(さ).

deutsch [dɔıtʃ ドイチュ]形 ❶ドイツの, ドイツ人[語]の; ドイツ風[式, 産, 系]の, ドイツ(人)的な, ドイツ(人)らしい. ❷《付加または副》ドイツ文字の, ドイツ語の. mit ③ ~ **reden** (口) 人³とあけすけに[率直に, オープンに]話す. 4級

Deutsch [dɔıtʃ ドイチュ]((I))申 (-(s)/)《無冠詞で》ドイツ語. ◆~ lernen ドイツ語を習う. ((ein) fließendes) ~ sprechen (流暢な)ドイツ語を話す. Wie heißt das auf ~? それはドイツ語で何と言いますか.
((II))形ドイツの. ◆die ~e Demokratische Republik ドイツ民主共和国 ((旧東ドイツの正式名, 1949-1990年; 略:DDR)). ~e Mark ドイツマルク ((ユーロ導入前のドイツの貨幣単位; 略: DM)). 5級

Deutsche [ドイチェ]囡《形容詞変化》《das ~》ドイツ語. ◆④ ins ~ übersetzen 物⁴をドイツ語に翻訳する.

Deutsche(r) [ドイチェ(チャー)]男囡《形容詞変化》ドイツ人. 5級

Deutsch·land 申(-s/) ドイツ ((略:D)). ◆nach ~ fahren ドイツへ行く. 5級

deutsch·sprachig [..シュプラーヒヒ]形ドイツ語による; ドイツ語を話す.

Devise [デヴィーゼ]囡(-/-n)《主に単》標語, 座右の銘, モットー.

Devisen [デヴィーゼン]複 外貨, 外国為替.

Dez. [デツェンバー]《略》Dezember.

Dezember [デツェンバー]男(-(s)/-) 《主に単; 略:Dez.》12月. ◆im ~ 12月に. Anfang [Mitte, Ende] Dezember 12月初め[中頃, 終わり]に. am 1. [ersten] ~ 12月1日に. 5級

dezent [デツェント]形 ❶しとやかな, 奥ゆかしい. ❷控えめな, 人目を引かない.

Dezimal·system [デツィマール..]申(-(e)s/)《単》10進法.

Dezimal·zahl 囡小数.

dezimieren [デツィミーレン]((I))《書》他《主に受動形で》多数の人[動物]を殺す. ((II))再 sich⁴〈物³の〉数が激減する.

DFB [デーエフベー]《略》Deutscher Fußball-Bund ドイツサッカー協会. *DFB-Pokal* (サッカーの)ドイツ杯.

dgl. [デーグライヒェン]《略》dergleichen そのような(もの[こと]).

d.h. [デー ハー イスト]《略》das heißt つまり; 言い換えれば.

d.i. [ダス イスト]《略》das ist つまり, すなわち.

Di. [ディーンスターク]《略》Dienstag.

Dia [ディーァ]男(-s/-s) スライド.

Diabetes [ディアベーテス]男(-/) 糖尿病.

Diabetiker [ディアベーティカー]男

(–s/–)糖尿病患者. ◇**Diabetikerin** 囡(–/–nen).

Diagnose [ディアグノーゼ]囡(–/–n) 診察, 診断.

diagonal [ディアゴナール]形 ❶《幾何》対角の. ❷ 斜めの;斜線(模様)の.

Diagonale [ディアゴナーレ]囡(–/–n) 対角線.

Diagramm [ディアグラム]中(–s/–e) 《書》図表, 図解, 図式, グラフ, ダイヤグラム.

Dialekt [ディアレクト]男(–(e)s/–e) 方言, なまり.

Dialog [ディアローク]男(–(e)s/–e) ❶《書》対話, 対談, 問答. ❷(映画・劇などの)会話(の部分).

Dialyse [ディアリューゼ]囡(–/–n) 透析.

Diamant [ディアマント]男(–en/–en) 《弱》ダイヤモンド.

Diät [ディエート]囡(–/–en)《主に単数》規定食;ダイエット. ◆~ leben ダイエットする.

Diäten [ディエーテン]覆(議員の)手当, 給与.

dich [ディヒ]⇨du.

dicht [ディヒト ディヒト](比較 ~er; 最上 ~est) ((I))形 ❶密な, 密集した, 混み合った. ❷濃い, 見通せない. ❸(空気・水などが)漏れない, 通らない. ❹きっしり詰まった, 引き締まった. ◆~er Nebel 濃霧. ((II))副 ❶(時間的に)間をおかずに, 直前[直後]に. ❷(空間的に)密接して, ぴったり接して, 近くに. ~ an [bei] 物³に密接して.

Dichte [ディヒテ]囡(–/) ❶高密度, 密集, 濃密. ❷密度, 濃度, 比重.

dichten [ディヒテン]((I))自詩作する. ((II))他〈詩⁴を〉創作する.

Dichter [ディヒター]男(–s/–)詩人, 文学者. ◇**Dichterin** 囡(–/–nen).

dichterisch [ディヒテリッシュ]形《付加または副》❶詩の, 詩的な, 詩のような, 詩才のある. ❷《副なし》詩人(肌)の.

dicht|machen (口) ((I))自店を閉める, 店じまいする, 廃業する. ((II))他〈店⁴を〉閉める.

Dichtung¹ [ディヒトゥング]囡(–/–en) ❶(特に詩・戯曲の)文芸作品. ❷《単》文学, 文芸.

Dichtung² 囡(–/–en) パッキング, ガスケット.

dick [dɪk ディック](比較 **dicker**; 最上 **dickst**)形 ❶厚い, 太い, かさばった. ❷《単位を示す4格名詞と共に》…の厚さ[太さ]の. ❸太った, 肥満した. ❹大きい, 腫(は)れた. ❺濃い, 濃厚な. ❻《主に最上級で》(口) 濃厚な, 濃密な. ❼《付加》(口)(車などが)大きくて高価な. ❽《付加》(口) 親密な. ◆eine ~e Suppe 濃いスープ. **mit** ③ **durch ~ und dünn gehen** 人³と苦楽を共にする. **5級**

Dicke [ディッケ]((I))囡(–/–n) ❶太[厚い]こと;肥満. ❷太さ, 厚さ. ((II)) = Dicke(r).

Dicke(r) [ディッケ(カー)]男囡《形容詞変化》ふとっちょ, デブ.

dickfellig [..フェリヒ]形(口;軽蔑)面の皮が厚い, 無神経な.

Dickfelligkeit [..カイト]囡(–/)面の皮が厚いこと, 無神経さ.

Dickicht [ディッキヒト]中(–s/–e)《主に単》❶やぶ, 茂み. ❷もつれ, 錯綜;迷宮, 迷路.

Dick·kopf 男(口) 強情な人, 頑固者.

dick·köpfig [..ケプフィヒ]形(口) 強情な, 頑固な.

Dick·milch 囡凝乳, サワーミルク.

die [di(:) ディー]冠〈指示〉, 代〈指示〉, 代〈関係〉⇨der.

Dieb [di:p ディープ]男(–(e)s/–e) 泥棒, 盗人. ◇**Diebin** 囡(–/–nen).

diebisch [ディービッシュ]形 ❶《付加》盗癖のある. ❷すごい.

Diebstahl [..シュタール]男(–(e)s/..stähle)盗み, 窃盗.

diejenige [ディーイェーニゲ], **diejenigen** [ディーイェーニゲン]⇨derjenige.

Diele [ディーレ]囡(–/–n) ❶(クロークがある)玄関ホール. ❷《複》床板.

dienen [diːnən ディーネン]自 ❶

Diener [ディーナー] 男(-s/-) 召使い, 使用人. ◇**Dienerin** 女(-/-nen).

dienlich [ディーンリヒ] 形 ③ ~ sein 人・物³に役立つ, 有益である, 有用である.

Dienst [ディーンスト] 男(-(e)s/-e) ❶《単》(特に役人・兵士・医師・看護師などの)勤め, 職務; 勤務, 業務; 当番, 当直; 官庁業務, 公務; 兵役. ❷《複》(政府機関の)部局, 省庁. ❸公職. ❹サービス, 奉仕. ♦~ haben 勤務がある. im [außer] ~ sein 勤務中[勤務外]の, 当直[非番]の. ❺ gute ~e tun [leisten]《物¹が》人³の役にたつ. seinen ~ [seine ~e] tun《機械³などが》動く, 使える, 役目を果たす.

Dienstag [ディーンスターク] 男 火曜日 (略:Di.). ♦am ~ 火曜日に. letzten [diesen, nächsten] ~ この前の[今週の, この次の]火曜日に. ~ früh [mittag] 火曜日の朝早く[昼]に. 5級

dienstags [ディーンスタークス] 副 (毎週)火曜日に.

dienst·eifrig 形《軽蔑》(上司に気に入られようと)仕事熱心な.

dienst·frei 形《副なし, 比較なし》勤務のない, 非番の.

Dienst·grad 男(-(e)s/-e) 〔軍〕階級.

Dienst·leistung 女(-/-en)《主に複》サービス(業務[業]).

dienstlich [ディーンストリヒ] 形 ❶公務の, 職務(上)の, 業務(上)の. ❷お役所風な, 形式張った.

Dienst·stelle 女(-/-n) 役所, 支所, 署.

Dienst·wagen 男(-s/-) 公用(の自動)車, 業務用(の自動)車.

Dienst·weg 男(-(e)s/) (所定の)事務手続; 〔法〕審級順序.

diente [ディーンテ] dienenの過去形.

dies [ディース]《中性単数1・4格形; ⇒dieses》((I))園〈指示〉この, このこと, こちらの. ((II))园〈指示〉そのもの[こと], その人(たち). ★以下の点で指示代名詞の dieser と異なる. ❶《紹介・導入の場合, 性・数に関係なく指示的に用いられる》これは, これは. ❷《先行の語句や不定詞または文意を指示して》これは, このことは.

dies·bezüglich 形《付加または副》(書)これ[この件]に関する.

diese [ディーゼ] ⇒dieser.

Diesel [ディーゼル] 男(-s/-) ❶《単》ディーゼル機関, ディーゼル燃料. ❷(口)ディーゼル車.

dieselbe [ディーゼルベ], **dieselben** [ディーゼルベン] ⇒derselbe.

Diesel·motor 男〔機〕ディーゼルエンジン.

diesem [ディーゼム], **diesen** [ディーゼン] ⇒dieser.

dieser [di:zɐr ディーザー]

格	男性単数	女性単数	中性単数	複数
1	dieser	diese	dieses	diese
2	dieses	dieser	dieses	dieser
3	diesem	dieser	diesem	diesen
4	diesen	diese	dieses	diese

((I))园〈指示〉❶《空間的・心理的に話し手に近い人・物を指して》この, この, こちらの. ★強調する場合は, 副詞を用いて dies(es) Buch da や eben-dieser などを用いる. ❷《時間的にこれから始まる》今の. ❸《jener と共に》後者の. ★人によっては「前者」の意味で用いることもある. ♦an diesem Tag この日に. diese Woche 今週. diesen Monat 今月. dieses Jahr 今年. ((II))园《性・数は指示物と一致》これ, この人, 後者. 5級

dieses [ディーゼス] ⇒dieser.

diesig [ディーズィヒ] 形《副なし》かす

①1格 ②2格 ③3格 ④4格

んだ, もやのかかった.

diesmal [ディースマール] 副 今度は, 今回は, この度は. 4級

dies・seits [..ザイツ] (I) 前《2格支配》《書》こちら側に[で] (↔ jenseits). (II) 副 こちら側に[で]. ♦~ des Flusses = ~ vom Fluss 川のこちら側に[で].

Dietrich [ディートリヒ] 男 (-s/-e) 合い鍵.

diffamieren [ディファミーレン] 他《書》《軽蔑》中傷[誹謗]する.

Diffamierung [ディファミールング] 女 (-/-en) 中傷, 誹謗.

Differential [ディフェレンツィアール] 中 (-s/-e) 差動歯車装置.

Differenz [ディフェレンツ] 女 (-/-en) ❶《書》相違, 違い, 差. ❷《数》差. ❸ 差額, 過不足. ❹《主に複》相違点, 意見の相違.

digital [ディギタール] 形 デジタル(表示, 方式)の.

Diktat [ディクタート] 中 (-(e)s/-e) ❶ 口述筆記(されたもの); 書き取り, ディクテーション. ❷《書》(社会的な)強制.

Diktator [ディクタートァ] 男 (-s/-en [ディクタトーレン]) 独裁者.

diktatorisch [ディクタトーリッシュ] 形《書》独裁者の, 独裁的な, 専制的な.

Diktatur [ディクタトゥーァ] 女 (-/-en) ❶《単》独裁(制, 政治). ❷ 独裁国.

diktieren [ディクティーレン] 他《(③)(④)》《(人³に)(手紙³などを)》口述する, 書き取らせる.

Dilemma [ディレンマ] 中 (-s/-s, -ta) ジレンマ, 板ばさみ.

Dilettant [ディレタント] 男 (-en/-en)《弱》《書》(素人の芸術)愛好家, 好事家, ディレッタント.

dilettantisch [ディレタンティッシュ] 形 アマチュアの, (素人の芸術)愛好家の, ディレッタントな.

Dill [ディル] 男 (-s/-e) イノンド ((セリ科で, 葉などを香辛料に用いる)).

Dille [ディレ] 女 (-/-n) (話) = Dill.

Dimension [ディメンズィオーン] 女 (-/-en) ❶《複》《書》寸法, 大きさ, 規模; 範囲, 広がり. ❷ 次元.

Diminutiv [ディミヌティーフ] 中 (-s/-e) 縮小辞, 指小詞 ((-chen, -leinなど)).

DIN [ディ(-)ン] 女《略》❶ Deutsche Industrie-Norm(en) ドイツ工業規格 ((日本のJISに相当)). ❷ Deutsches Institut für Normung e.V. ドイツ工業規格統一協会.

Ding [diŋ ディング] 中 (-(e)s/-e, (口) -er) ❶《主に複 -e》(特定の)物, 品. ❷《複 -er》(口)(はっきり名指したくない, 名指せない)もの, それ. ❸《複 -e》こと, 事柄, 物事; 正確に言えない[言いたくない]事情[事態]. ♦ persönliche [private] ~e 個人的[プライベート]なこと. guter ~e sein 快活[元気]である, 機嫌がいい, 楽観的である. über den ~en stehen 超然としている, 浮世離れしている. vor allen ~en 特に, 何よりもまず, とりわけ. 4級

Dinosaurier [ディノザオリアー] 男 (-s/-) 恐竜.

Dioxin [ディオクスィーン] 中 (-s/-e) ダイオキシン.

Diözese [ディエツェーゼ] 女 (-/-n) (カトリックの)(司)教区.

Dipl. [ディプローム]《略》Diplom.

Diplom [ディプローム] 中 (-(e)s/-e) ❶ (大学の)卒業証書; (手工業の)資格免許状[証書]. ❷ 学士の資格 ((略: Dipl.)). ❸ 賞状.

Diplomat [ディプロマート] 男 (-en/-en)《弱》❶ 外交官. ❷ 外交的手腕のある人, 駆け引きのうまい人.

diplomatisch [ディプロマーティッシュ] 形 ❶《付加または副》外交の, 外交上の. ❷ 外交官の, 外交官に関する. ❸ 外交的手腕のある, 駆け引きのうまい.

dir [ディーァ] ⇨ du.

direkt [dirέkt ディレクト](最上 ~est) (I) 形 ❶《付加または副》(最短で)まっすぐな. ❷《付加または副》(中間物がなく)直接の, じかの, 直接的な (↔ indirekt). ❸ 単刀直入の, ぶしつけな. ♦ eine ~e Verbindung (列車などの)直通[直行](便). ❹ ~ über-

tragen 物⁴を生中継する. **((II))** 圖全く, まさしく, まさに. **4級**

Direktion [ディレクツィオーン] 囡(-/-en) ❶首脳部, 幹部, 経営陣, 管理職, 取締役会, 重役会. ❷《単》管理, 指揮, 経営, 監督. ❸幹部室, 取締役室, 重役室.

Direktor [ディレクトァ] 男(-s/-en [..トーレン]) ❶(公共機関の)長((美術館館長, 動物園園長, 警察署署長))(ギムナジウムの)学校長. ❷(会社の)部長, 課長.
◇**Direktorin** [ディレクトーリン] 囡(-/-nen)

Dirigent [ディリゲント] 男(-en/-en) 《弱》指揮者. ◇**Dirigentin** 囡(-/-nen).

dirigieren [ディリギーレン] 他 ❶〈(曲・コンサート・オーケストラ⁴を)〉指揮する. ❷(身ぶりなどで)指示する, 誘導する.

Disco [ディスコ] 囡(-/-s) ディスコ. ♦ in die ~ gehen ディスコへ行く.

Diskette [ディスケッテ] 囡(-/-n) フロッピー(ディスク).

Disko [ディスコ] = Disco.

Diskont·satz [ディスコント..] 男 公定歩合.

Diskothek [ディスコテーク] 囡(-/-en) ❶ディスコ. ❷レコード・ライブラリー.

Diskrepanz [ディスクレパンツ] 囡(-/-en)《書》矛盾, 食い違い, 不一致, 相違.

diskret [ディスクレート] 形 思慮[分別]のある, 慎重な, 配慮した.

Diskretion [ディスクレツィオーン] 囡(-/)《書》思慮, 分別, 慎重(さ), 配慮.

diskriminieren [ディスクリミニーレン] 他〈人⁴を〉差別(待遇)する;〈人・物⁴を〉おとしめる.

Diskriminierung [ディスクリミニールング] 囡 差別(待遇).

Diskussion [ディスクスィオーン] 囡(-/-en) 議論, 論議, 討議, 討論, 審議, ディスカッション. ④ **zur ~ stellen** 事⁴を討論の対象とする, 協議事項にする.

diskutieren [ディスクティーレン] **((I))** 自〈(**über** ④)〉〈事⁴について〉議論[討論, 審議]する, 論じ合う. **((II))** 他〈事⁴を〉議論[討論, 審議]する, 論じ合う.

diskutiert [ディスクティート] diskutierenの過去分詞.

Disposition [ディスポズィツィオーン] 囡(-/-en) ❶自由裁量. ♦ ④ **zur ~ haben** 物⁴を自由に使える. ❷《複》準備, 手配, 予定. ❸素因, 因子, 素質.

Disqualifikation [ディスクヴァリフィカツィオーン] 囡(-/-en) (出場)資格剥奪, 失格;不適格, 不適任.

disqualifizieren [ディスクヴァリフィツィーレン] **((I))** 他〈人⁴の〉資格を剥奪する;〈人⁴を〉失格にする. **((II))** 再 **sich**⁴〈(**durch** ④ [**mit** ③])〉《書》〈物³·⁴によって〉失格になる, 不適任と判定される.

Dissertation [ディセァタツィオーン] 囡(-/-en) 博士論文.

Distanz [ディスタンツ] 囡(-/-en)《書》❶距離, 道のり. ❷《単》(対人関係での)隔たり, 距離. ❸《ボクシング》ラウンド数.

distanzieren [ディスタンツィーレン] **((I))** 再 **sich**⁴ ❶〈**von** ③〉〈物³を〉支持しない,〈物³に〉同意しない,〈物³と〉(自分との)関係を否定する. ❷〈**von** ③〉〈人³と〉距離をおく, 関わろうとしない. **((II))** 他〈人⁴を〉引き離す.

distanziert [ディスタンツィーァト] **((I))** distanzierenの過去分詞. **((II))** 形《書》距離をおいた, うちとけない, よそよそしい.

Distel [ディステル] 囡(-/-n) アザミ(の花).

Disziplin [ディスツィプリーン] 囡(-/) ❶規律, しつけ, 風紀. ❷抑制, 自制, 統制. ❸(-/-en) (スポーツの)種目;(学問の)分野.

diszipliniert [ディスツィプリニーァト] 形 規律のある, 規律正しい, しつけ[訓練]の行き届いた.

divers [ディヴェァス] 形《付加;複数名詞を伴って》《書》様々な, いろいろな,

Dividende [ディヴィデンデ] 囡(-/-n) (株の)配当(金).

dividieren [ディヴィディーレン] 自他 割る, 割り算をする.

Division [ディヴィズィオーン] 囡(-/-en) 《主に単》割り算, 除法.

d.J. 《略》❶[ディーゼス ヤーレス] dieses Jahres 本年(の[に]). ❷der Jüngere (同名の親子などの)年少の方, ジュニア.

DJH [デーヨットハー]《略》Deutsche Jugendherbergswerk ドイツユースホステル協会.

d.M. [ディーゼス モーナツ]《略》dieses Monats 今月(の[に]).

DM [デーマルク]《略》Deutsche Mark ドイツ・マルク.

D-Mark [デーマルク]《略》Deutsche Mark ドイツ・マルク.

d.O. [デァ[ディー] オービゲ]《略》der [die] Obige 上記[前述]の者.

Do. 《略》Donnerstag.

doch [dɔx ドホ] ((I)) 接《並列》《文の最初に置かれて》しかし, だが, でも. ((II)) 副 ❶《アクセントをおいて文中で》それなのに, それでもやっぱり. ★aber や und を伴う場合がある. ❷《否定疑問を肯定する場合》いいえ. ((III)) 副《不変化》《アクセントなしで》❶《平叙文で; 想起・同意をうながす》…じゃないか; やっぱり(…だ). ❷《平叙文の形の疑問文で; 不安・心配を表現しながら肯定を期待して》(…だ)よね. ❸《命令・非難に対する答の文で; 反駁して》(何いってんだ)…じゃないか; (そうはいっても…なんだ)から. ❹《疑問文で; 思い出せずに》…だっけ. ❺《命令文・要求文で; 要求を強調して》(a)《主に doch endlich [immer]で》いいかげんに, とにかく, いいから; くぐずしないで, さっさと. (b)《主に doch bitte [mal]で》お願いだから, 頼むから. (c)ぜひ. ❻《感嘆文で; 驚き・憤慨を示して》(…だ)とは[なんてまた](…なんだ). ❼《接続法II式の文で; 切実な願いを表して》本当に[実際に](…だったらなあ). **5級**

Docht [ドホト] 男(-(e)s/-e) (ロウソク・ランプの)芯.

Dock [ドック] 申(-s/-s) ドック.

Dogge [ドッゲ] 囡(-/-n) 大型犬. *deutsche* ~ グレートデン. *englische* ~ マスティフ.

Dogma [ドグマ] 申(-s/..men) ❶《軽蔑》独断, 教条. ❷《宗》教義, 教理.

dogmatisch [ドグマーティッシュ] 形《書》《軽蔑》教条的な, 独断的な.

Dohle [ドーレ] 囡(-/-n) コクマルガラス《小型の鳥》.

Doktor [dɔ́ktoːr ドクトァ,..ター] 男(-s/-en [ドクトーレン]) ❶(口)医者. ❷《単》ドクター, 博士(号)(略:Dr.)). ♦zum ~ gehen (口)医者にかかる. *den [seinen] ~ machen* (口)博士の学位を得る.

Doktor・arbeit 囡博士(学位請求)論文.

Doktorin [ドクトーリン, ドクトリン] 囡(-/-nen) Doktor の女性形.

Doktrin [ドクトリーン] 囡(-/-en) ❶(政策上の)主義, 原則, 方策, ドクトリン. ❷《書》《軽蔑》独断, 教条, ドグマ.

Dokument [ドクメント] 申(-(e)s/-e) 公文書, 証明書類, 証書, 記録文書, 記録.

Dokumentar・bericht [ドクメンターァ..] 申 ドキュメンタリー・リポート.

Dokumentar・film 男 記録映画, ドキュメンタリー映画.

Dokumentation [ドクメンタツィオーン] 囡(-/-en) ❶《über 4 [zu 3]》《(事3・4についての)》記録, 資料. ❷ドキュメンタリー番組.

dokumentieren [ドクメンティーレン] ((I)) 他《意見・態度4などを》はっきり示す. ((II)) 再 sich4《in 3》《物3の中で》はっきりと示される.

Dolch [ドルヒ] 男(-(e)s/-e) 短剣, 短刀.

Dolde [ドルデ] 囡(-/-n) 散形花序.

Dollar [ドラー] 男(-(s)/-s) ドル(記号:$).

dolmetschen [ドルメッチェン] 他《話4を》通訳する.

Dolmetscher [ドルメッチャー] 男

(–s/–)（職業的）通訳. ◇ **Dolmetscher** 女 (–/–nen).

Dom [ドーム] 男 (–(e)s/–e)（主に司教座）教会, 大聖堂.

dominieren [ドミニーレン] ((I)) 自〈人・物⁴を〉支配する（主に受動態で用いる）. ((II)) 自優位を占める.

Domino [ドーミノ] 中 (–s/–s) ドミノゲーム（(28の牌(ﾊｲ)で点あわせをする遊び)).

Domizil [ドミツィール] 中 (–s/–e)《書》居住地, 住居, 居所.

Donau [ドーナオ] 女 (–/)《die ~》ドナウ河.

Don·ner [ドナァ] 男 (–s/–)《主に単》雷, 雷鳴. *wie vom ~ gerührt*（恐怖で）雷に打たれたように（硬直して）.

donnern [ドナァン] ((I)) 自 ❶《非人称》Es donnert. 雷が鳴る. ❷《雷のような》大きな音を立てる, 轟かせる. ❸ ⑤轟音を立てて走る, 動く. ❹ ⑤《口》勢い良くぶつかる. ❺〈gegen [auf] ④〉〈〈物⁴を〉〉（特に拳で）激しく叩く. ((II)) 他 ⑤《口》投げ付ける, 放り投げる, 投げ飛ばす.

Donnerstag [ドナァスターク] 男 (–(e)s/–e) 木曜日（略:Do.）. ♦ *am ~* 木曜に. *letzten [diesen, nächsten] ~* この前の[今週の, その次の]木曜に. 5級

donnerstags [ドナァスタークス] 副（毎週）木曜日に.

Donner·wetter 中《口》大目玉. ♦ ¹《感嘆して》すごい. *Zum ~ (noch einmal)!*《怒って》ちくしょう, くそっ.

doof [ドーフ] 形《口》《軽蔑》 ❶ 馬鹿な. ❷ つまらない, うんざりする.

Doping [ドーピング] 中 (–s/–s) ドーピング.

Doppel [ドッペル] 中 (–s/–) ダブルス.

Doppel·bett 中 ダブルベッド.

Doppel·decker [..デッカー] 男 (–s/–) ❶ 2階建てバス, ダブルデッカー. ❷《空》複葉（飛行）機.

doppel·deutig 形 曖昧な, どちらとも取れる.

Doppelgänger [..ゲンガー] 男 (–s/–) そっくりの人；分身. ◇ **Doppelgängerin** 女 (–/–nen).

Doppel·haus 中 2軒建ての家.

Doppel·kinn 中 (–(e)s/–e) 二重あご.

Doppel·punkt 中 (–(e)s/–e) (Kolon)コロン（:）.

doppelt [dópelt ドッペルト] 形 ❶ 2倍の, 二重の, 重複した. ❷（酒について）ダブルの, 2倍の量の. ❸《軽蔑》二通りにとれる, 曖昧な, 裏表のある. *~ so*〈+形容詞・副詞〉非常に...で. 4級

Doppel·zentner 男 (–s/–) 2ツェントナー（100キログラム）（記号:dz）.

Doppel·zimmer [ドッペルツィマー] 中（ホテルの）ダブル[ツイン]（の部屋）, 二人部屋. 4級

Dorf [dorf ドルフ] 中 (–(e)s/Dörfer) ❶ 村, 村落. ❷（口）村人, 村民. ♦ *auf dem ~ wohnen* 村に住んでいる. 5級

Dörfer [デルファー] Dorfの複数形.

Dorn [ドルン] 男 (–(e)s/–en) ❶ とげ. ❷《複》《書》苦労[苦痛]の種. ③ *ein ~ im Auge sein* 人³にとってしゃくの種である, 目の上のたんこぶである.

dornig [ドルニヒ] 形《副なし》とげのある, とげだらけの, 苦難に満ちた.

Dorsch [ドルシュ] 男 (–(e)s/–e)（食用）タラ.

dort [dort ドルト] 副 ❶《場所を指しながら》あそこに[で], そこに[で]；そちらにに[で]. ❷《前に言及したものを受けて, または関係副詞 wo の先行詞として》あそこに[で], そこに[で]；そちらに[で]. ♦ *~ drüben [hinten, vorn]* あの向こうに[の後ろに, あの前に].《*da* よりも遠くの（の方が口語的）》. *da und ~*,（または）*hier und ~* ここかしこに, あち（ら）こち（ら）に. 5級

dorther [ドルトヘァー, ドルトヘァー] 副 *von ~* あそこから[こちらへ],（こちらへ）.

dorthin [ドルトヒン, ドルトヒン] 副 あそこへ, そちらへ.

dortig [ドルティヒ] 形《付加》そこの, その地の.

Dose [ドーゼ] 女 (–/–n) ❶（ふた付き

① 1格 ② 2格 ③ 3格 ④ 4格

の小さい)容器, 入れ物. ❷缶, 缶詰. ❸(口)コンセント, プラグソケット. 4級

Dosen 関〜Dose, Dosis.

dösen [デーゼン] 自(е)うたたねする, まどろむ. ♦vor sich⁴ hin 〜 うとうとする, うつらうつらする.

Dosen-öffner [男] (-s/-) 缶切り.

dosieren [ドズィーレン] 他〈物⁴を〉計量する, 服用量を計る.

Dosierung [ドズィールング] 女(薬)量測定, 服用量(測定).

Dosis [ドーズィス] 女 (-/Dosen) (主に薬の)服用量, 1服, (1回分の)投薬量.

Dossier [ドスィエー] 甲 (-s/-s) (比較的多量の)ファイル, 綴じ込み.

Dotter [ドッター] 甲 (-s/-) 黄身, 卵黄.

Dotter-blume 女 (小川の岸などに咲く黄色い)キュウキンカ(など).

doubeln [ドゥーベルン] 他〈人⁴の〉スタントマンを務める.

Doz. [ドツェント]《略》Dozent 講師.

Dozent [ドツェント] 男 (-en/-en)《弱》(大学・市民講座などの)講師. ◇ **Dozentin** 女 (-/-nen).

Dr. [ドクトァ]《略》Doktor, Doktorin.

Drache [ドラッヘ] 男 (-en/-en)《弱》❶竜, ドラゴン. ❷(口)(軽蔑)文句ばかりいう女.

Drachen [ドラッヘン] 男 (-s/-) ❶凧. ❷ハンググライダー.

Dragee [ドラジェー] 甲 (-s/-s) ❶糖衣錠. ❷ドラジェ ((砂糖でくるんだキャンディー)).

Draht [ドラート] 男 (-(e)s/Drähte) 針金, ワイヤー, 金属線;導線;電線;電信[電話]線;有刺鉄線. *der heiße 〜* ホットライン.

draht-los 形 無線の;(電話が)コードレスの.

Draht-zieher 男 (-s/-) (軽蔑)裏で糸を引く人, 黒幕.

drall [ドラル] 形《副なし》(女性が)ふくよかな.

Drama [ドラーマ] 甲 (-s/Dramen) ❶劇, 戯曲, ドラマ. ❷《単》演劇, 劇文

学. ❸《主に単》劇的事件, 騒ぎ. ❹(口;軽蔑)興奮(状態). ♦ein 〜 aufführen [spielen] 劇を上演する[演じる].

Dramatiker [ドラマーティカー] 男 (-s/-) 劇作家.

dramatisch [ドラマーティッシュ] 形 ❶劇的な, ドラマチックな. ❷《付加》劇[戯曲]の, 劇[戯曲]に関する.

dramatisieren [ドラマティズィーレン] 他 ❶劇的に表現する. ❷劇化[戯曲化, 脚色]する.

dramaturgisch [ドラマトゥルギッシュ] 形《付加または副》❶劇作法の, 演出法の[演出上の], 演劇論の. ❷脚色の[に関する]. ❸(放送局の)制作部の.

Dramen [ドラーメン] Dramaの複数形.

dran [ドラン] 副 (口) = daran. ♦〜 sein 〈人¹の〉順番である. *gut [schlecht] 〜 sein* うまくいっている[いない]. *An ③ ist (et)was [nichts] 〜.* 事³には真実味がある[ない]. *An ③ ist nichts 〜.* 人³はやせている[細い].

dran|bleiben* 自⑤ 自 ❶〈an ③〉根気よく頑張る. ❷電話を切らない.

drang [ドラング] dringenの過去形.

Drang [ドラング] 男 -(e)s/〈nach ③〉〈物³への〉衝動, 欲動, 強い欲望, 渇望.

dränge [ドレンゲ] dringenの接続法II式形.

drängeln [ドレンゲルン] (口) (I) 自 押しのけて行く. (II) 再 sich⁴ 押しのけて行く, 押しわけて行く.

drängen [ドレンゲン] (I) 他 ❶(無理に)押しやる. ❷せかす, せきたてる, しつこくせがむ;急がせる. (II) 自 ❶(多くの人が)押しよせる, 殺到する. ❷〈auf ④〉しつこくせがむ, 懇願する. (III) 再 sich⁴ ❶押しのけて行く, 押しわけて行く. ❷(多くの人が)押しよせる, 殺到する. ❸〈nach ③〉(口)〈物³を〉ぜひとも手に入れようとする.

drangsalieren [ドラングザリーレン] 他〈④ (mit ③)〉(口)〈人⁴を(物³で)〉

悩ませる, 困らせる.

dran|halten* 〔口〕 **((I))**他 = daranhalten. **((II))**再 sich⁴ 急ぐ; 頑張る.

dran|kommen* 〔口〕 自Ⓢ ❶（自分の）番が来る, 番になる. ❷〈生徒が先生に〉当てられる. ❸〈an ③〉〈〈人・物に〉〉手が届かない.

dran|nehmen* 〔口〕 ❶〈生徒⁴を〉当てる. ❷（順番に従って）処理[処置]する.

drastisch ［ドラスティッシュ］❶（悪い意味で）思い切った, 徹底的な, 露骨な. ❷（悪い意味で）激烈な, 猛烈な, ドラスティックな.

drauf ［ドラオフ］副〔口〕= darauf. ~ *und dran sein, ...*〈zu 不定詞〉〔口〕（今にも）…しようとしている.

Drauf·gänger ［..ゲンガー］男〈-s/-〉向こう見ずな人.

drauf|gehen* 自Ⓢ〔口〕❶死ぬ. ❷〈bei ③〉(a)〈事³で〉無くなる, 使い果たす. (b)〈事³で〉壊れる, だめになる.

draußen ［dráʊsən ドラオセン］副 ❶外で, 戸外で, 屋外で, 野外で. ❷遥か（遠くで）. 4級

Dreck ［ドレック］男〈-(e)s/〉❶〔口〕汚物, 泥, 排泄物. ❷〔口〕事, 件.

dreckig ［ドレッキヒ］形〔口〕❶〈副なし〉泥だらけの, 汚い. ❷〈付加または副〉〈軽蔑〉汚らわしい, いやらしい.

Dreh ［ドレー］男〈-(e)s/-s, -e〉〔口〕こつ, 秘訣.

Dreh·buch 中 台本, スクリプト, 映画脚本, シナリオ.

drehen ［dré:ən ドレーエン］

現在	ich drehe	wir drehen
	du drehst	ihr dreht
	er dreht	sie drehen
過去	ich **drehte**	wir drehten
	du drehtest	ihr drehtet
	er drehte	sie drehten
過分	**gedreht**	接Ⅱ drehte

((I))他 ❶回す, 回転させる. ❷回転させて作る, 旋盤で作る. ❸〈（映画⁴などを）〉撮影する. **((II))**自 ❶〈主に風が〉向きを変える. ❷〈an ③〉〈物³を〉回す, ひねる, ねじる. **((III))**再 sich⁴ ❶〈um ④〉〈物⁴の〉周りを回る, 回転する. ❷向きを変える. ❸〈um ④〉〈話が〉〈人・物⁴を〉めぐっている, 〈人・物⁴の〉ことである. 4級

Dreh·kreuz 中 ❶（入り口などの）回転式バー. ❷ハブ（空港）.

Dreh·orgel 女 手回しオルガン.

drehte ［ドレーテ］drehenの過去形.

Drehung ［ドレーウング］女〈-/-en〉回転, 旋回, 転換, ひねり, ターン, スピン.

Dreh·zahl 女 回転数.

drei ［draɪ ドライ］数詞〈基数〉3. *nicht bis ~ zählen können*〈人¹は〉（3まで数えられないくらい）馬鹿である. *drei viertel* 4分の3 ;〔口〕45分. 5級

Drei ［ドライ］女〈-/-en〉3という数（字）. ❷3番の人. ❸（成績の）3（（ドイツでは6段階の上から3番目）). ❹（市電・バスの）3番（線）.

Drei·eck 中〈..エック〉三角形.

drei·eckig 形 三角形の.

Dreier ［ドライアー］男〈-s/-〉〔口〕❶3という数（字）. ❷（くじの）三つの当り数字.

drei·fach 形 3倍の, 三重の.

Dreifaltigkeit ［..ファルティヒカイト］女〈-/〉（父・子・聖霊の）三位一体.

drei·hundert 数詞〈基数〉300, 三百.

Drei·klang 男〔音楽〕三和音.

drei·mal 副 3回.

Drei·rad 中（特に子供用）三輪車.

dreißig ［ドライスィヒ］数詞〈基数〉30. 4級

dreißigst ［ドライスィヒスト］数詞〈序数〉❶30番目の. ❷30年代の.

dreist ［ドライスト］形 ずうずうしい, 厚かましい.

Dreistigkeit ［ドライスティヒカイト］女 ずうずうしさ, 厚かましさ.

drei·tausend 数詞〈基数〉3000, 三

① 1格 ② 2格 ③ 3格 ④ 4格

dreiviertel 〘⑪〙= drei viertel (⇒drei❶).

Dreiviertel•takt [ドライフィァテル..] 男(-(e)s/) 4分の3拍子.

dreizehn [ドライツェーン] 数詞〈基数〉13. *Jetzt schlägt's ~!* 〘口〙ひどいことだ. 5級

drei•zehnt 数詞〈序数〉13番目の.

dreschen* [ドレッシェン] 他〈麦⁴などを〉脱穀する.

Dresden [ドレースデン] 中(-s/-) ドレスデン((Sachsen 州の州都)).

dressieren [ドレスィーレン] 他〈動物⁴を〉調教する, 仕込む.

Dressur [ドレスーァ] 女(-/-en) 《主に単》❶ 馬術, ドレサージュ. ❷ 調教, 訓練. ❸ 曲芸, 芸当.

Drill [ドリル] 男(-(e)s/) 教練, 訓練, 反復練習.

drillen [ドリレン] 他 ❶〈軽蔑〉〈兵士⁴を〉教練する. ❷〈生徒⁴に〉〈厳しく〉教え込む, 叩き込む.

Drilling [ドリリング] 男(-s/-e) 三つ子(の一人).

drin [ドリン] 副〘口〙= darin, drinnen. *~ sein* 可能性がある.

dringen* [ドリンゲン] 自 ⓢ ❶ 突き進む, (無理に)押し通る, (押し進んで)達する, 押し(漏れ, しみ)出る. ❷〈auf ④〉〈事⁴を〉強く言い張る, 迫る.

dringend [ドリンゲント] ((I)) dringen の現在分詞. ((II)) 形〈最上 ~st [..ツト]〉❶ 緊急の, 急を要する, 差し迫った, 切迫した. ❷ しつこい, うるさくせがむ, しきりに催促する. ❸〈疑いなどが〉非常に強い. 4級

dringlich [ドリングリヒ] 形 ❶ 緊急の, 急を要する, 差し迫った, 切迫した. ❷ しつこい, うるさくせがむ, しきりに催促する.

Dringlichkeit [..カイト] 女(-/) ❶ 緊急(性), 切迫, 急迫. ❷ しつこさ.

drinnen [drínən ドリネン] 副 ❶ 屋内に, 室内に. ❷ (その)内に[で], (その中に[で]. 4級

drischst [ドリッシュスト] dreschen の2人称単数現在形.

drischt [ドリッシュト] dreschen の3人称単数現在形.

dritt [ドリット] 数詞〈序数〉3番目の. ♦ *zu ~* 3人で. *der Dritte* 第三国[第三者]. *der lachende Dritte* 漁夫の利を得る人. 4級

drittel [ドリッテル] 形〈分数〉3分の1の.

Drittel [ドリッテル] 中(-s/-), (ﾇｲｽ) 男(-s/-) 3分の1. 4級

dritteln [ドリッテルン] 他 三分割する, 三(等)分する.

drittens [ドリッテンス] 副 第3に, 3番目に.

Droge [ドローゲ] 女(-/-n) ❶ 麻薬, ドラッグ. ❷ 薬種, 生薬.

Drogerie [ドロゲリー] 女(-/..rien [..リーエン]) (処方箋を必要としない)薬局, ドラッグストア.

Drogist [ドロギスト] 男(-en/-en) 《弱》薬局の店員, 薬屋. ◇ **Drogistin** 女(-/-nen).

drohen [ドローエン] 自 ❶〈③〉 mit ③〉〈人³を〉物³で〉脅す, 脅迫する;〈zu 不定詞と〉...するよう脅す. ❷〈③〉〈(人・物⁴にとって)〈悪いこと¹が〉起こりそうである, 迫っている;〈zu 不定詞と〉...しそうである.

Drohne [ドローネ] 女(-/-n) ❶ (蜜蜂の)雄バチ. ❷ 〘口; 軽蔑〙居候, ひも, 寄生虫のような人.

dröhnen [ドレーネン] 自 ❶〈エンジン¹が〉轟音を立てる. ❷ とどろく, どよめく, 鳴り響く. ♦ *Mir dröhnt der Kopf.* 私は頭ががんがんします.

Drohung [ドローウング] 女(-/-en) 脅し, 脅迫.

drollig [ドロリヒ] 形 ❶ おかしい, 面白い. ❷ かわいい, キュートな.

Dromedar [ドロメダーァ, ドローメダーァ] 中(-s/-e) ヒトコブラクダ.

Drops [ドロップス] 男中(-/-) 《主に単》ドロップ.

drosch [ドロッシュ] dreschen の過去形.

Drossel [ドロッセル] 女(-/-n) ツグミ(の類).

drosseln [ドロッセルン] 他 ❶ 弱くす

る, 減滅する. ❷《量を》抑制する, 抑える.

drüben [drý:bən ドリューベン] 圖 ❶《線・境界・道路・海の》向こう(側)で, あちら(側)で. ❷《歴史》(統一前のもう一方のドイツを指して)向こう(側)で, あちら(側)で. 4級

Druck¹ [ドルック] 男 (–(e)s/Drücke) ❶《主に単》(特に気体・液体の)圧力, 水圧, 気圧. ❷《単》《auf 4》《〈物 4を〉》押すこと, 〈〈物 4への〉〉圧力. ❸《単》圧迫感. ❹《単》(心理的) 圧力, 重圧, プレッシャー. *in* [*im*] ~ *sein*《口》せっぱつまっている.

Druck² [ドルック] 男 (–(e)s/–e)《単》印刷. ❷印刷物, プリント.

Druck·buchstabe 男 活字体の文字, ブロック字体.

Drücke 複 ⇨ Druck¹.

drucken [drúkən ドルッケン]((I))他《〈auf 4〉》〈物 4を〈物 4に〉〉印刷する. ((II)) 自 (大量に)印刷物をつくる.

drücken [drýkən ドリュッケン]((I))他 ❶押す. ❷《〈 aus 3〉》〈物 4を物 3から〉押し出す, しぼり出す. ❸押し下げる. ❹〈〈人 4に〉〉圧迫感を与える;〈人 4の〉心に重くのしかかる. ❺押しつぶす, 傷つける. ❻《口》(麻薬 4を)〈自分に〉打つ. ((II)) 自《auf 4》❶〈物 4を〉押す. ❷〈物 1が物 4に〉悪い影響を与える. ((III)) 再 *sich* ❶《an* [*in*] 4》(見られないように物 4に)背を押し付ける. ❷こっそり出る, 秘かに立ち去る. ❸《vor 3; um 4》〈〈物 3・4を〉〉怠ける, 怠る. ♦ ③ aufs Gefühl ~ 人の心に重くのしかかる. ③ ④ in die Hand ~ 人 3の手に物 4を握らせる. ③ die Hand ~ 人 3と握手する.

drückend [..ト] ((I)) drücken の現在分詞. ((II)) 形 ❶息苦しい, 重苦しい, うっとうしい. ❷《主に付加》圧倒的な, 大変な.

Drucker [ドルッカー] 男 (–s/–) ❶印刷工, 印刷業者. ❷ プリンター. ◇ **Druckerin** 女 (–/–nen).

Druckerei [ドルッケライ] 女 (–/–en) 印刷所, 印刷屋.

Druck·fehler 女 誤植, ミスプリント.

Druck·knopf 男 ❶ スナップ留め. ❷押しボタン.

Druck·luft 女 (–/–) 圧縮空気.

Druck·mittel 中 (人に対して)圧力をかける手段, 脅迫手段.

druck·reif 形《副なし》❶(原稿がすぐ)印刷に回せる(状態である). ❷《口》(原稿が)よくできている.

Druck·sache 女 印刷物 (郵便物における分類).

Druck·schrift 女 ❶《単》活字体, ブロック体. ❷綴じていない印刷物.

drum [ドルム] 圖《口》= darum.

drunter [ドルンター] 圖《口》その下へ [で, に]. ♦ **Hier geht es alles ~ und drüber.** ここは上を下への大騒ぎで, 大混乱です.

Drüse [ドリューゼ] 女 (–/–n) 腺.

Dschungel [ジュンゲル] 男 (–s/–) ジャングル, 密林.

dt. [ドイチュ]《略》deutsch ドイツ(語)の.

Dtzd. [ドゥッツェント]《略》Dutzend.

du [du: ドゥー] 代《人称》

1	2	3	4	所有冠詞
du	deiner	dir	dich	dein

《2人称単数》❶君, お前; 汝. ★ 以下の呼びかけに用いられる: (1) 性別を問わず, 家族・親戚・友人・同僚間などの親しい間柄で. (2) 大人が子供に対して. (3) 動物・事物に対して. (4) 聖人に対して. ❷《口》人(々). *per du sein* お互いにduと呼びあう関係である. 5級

d.U. [デア[ディー]ウンターツァイヒネテ]《略》der [die] Unterzeichnete 署名者.

dual [ドゥアール] 形 ♦ *das Duale System* 容器包装の回収・リサイクルを行う会社.

ducken [ドゥッケン] 再 *sich* ❶身をすくめる, かがむ. ❷(特に目上の人に)ぺこぺこする.

Duckmäuser [ドゥックモイザー] 男 (–s/–)《書》《軽蔑》(逆らえない)臆病

Dudelsack [ドゥーデルザック]男《特にスコットランドの》バグパイプ.
Duell [ドゥエル]中(-s/-e) ❶決闘, 果し合い. ❷《スポーツの》対戦. ❸《書》論争, 舌戦.
Duett [ドゥエット]中(-(e)s/-e) 二重奏(曲), 二重唱(曲), デュエット(曲).
Duft [ドゥフト]男(-(e)s/Düfte) 香り, (良い)におい.
duften [ドゥフテン]自 ❶《花¹などが》香る, (良い)におい[香り]がする. ❷〈nach ③〉〈物³の〉におい[香り]がする. ❸《非人称》Es duftet (nach ③). (物³の)におい[香り]がする.
dulden [ドゥルデン]他 ❶《主に否定で》許容する, 大目にみる, 寛大に取り扱う. ❷《書》耐える, 辛抱する.
duldsam [ドゥルトザーム]形 寛容な, 寛大な, 辛抱強い, 大目にみる.
dumm [dʊm ドゥム]《比較 dümmer[デュマー]; 最上 dümmst[デュムスト]》形 ❶ばかな, 愚かな; ばかげた. ❷(口)厄介な, 困った. ❸《闇なし》闇のめまいがする, sich⁴ (von ③) nicht für ~ verkaufen lassen (口)〈人³に〉だまされない, かつがれない. 4級
Dumme(r) [ドゥメ[マー]]男女《形容詞変化》ばかな人.
dummer·weise [ドゥマー..]副 ❶残念なことに, あいにく. ❷ばかなことに, 軽率にも.
Dummheit [..ハイト]女(-/-en) ❶《単》愚かさ, 愚鈍. ❷愚かな考え[発言]. ❸《複》愚行, 愚かな行為.
Dumm·kopf 男《軽蔑》ばか野郎.
dumpf [ドゥンプフ]形 ❶《音が》鈍い, さえない. ❷《においが》かび臭い, 湿っぽい. ❸《軽蔑》鈍感な, 鈍い, ぼんやりとした, おぼろげな.
Dumping [ダンピング]中(-s/)ダンピング, 投げ売り.
Düne [デューネ]女(-/-n) 砂丘.
düngen [デュンゲン]((I))他〈土地⁴に〉肥料をやる. ((II))自肥料となる.
Dünger [デュンガー]男(-s/-) 肥料.
dunkel [dóŋkəl ドゥンケル]《比較 dunkler; 最上 dunkelst》★語尾が付くとdunkle, dunklen, dunklerとなる. 形 ❶《副なし》暗い, 闇の. ❷(色が)暗い, ダークな, 黒っぽい, 黒みがかった. ❸(音・声が)暗く沈んだ, 暗い響きの. ❹ぼやけた, あいまいな. ❺はっきりしない. ❻《主に付加》《軽蔑》腹黒い, 闇の, うさん臭い. ◆Es wird ~. 暗くなる, 晩になる. eine dunkle Erinnerung おぼろげな記憶. 5級
Dünkel [デュンケル]男(-s/)《書》《軽蔑》慢心, 高慢, うぬぼれ.
dunkel·blond 形 暗いブロンド[金髪]の, ライト・ブラウンの.
dunkel·häutig [..ホイティヒ]形《副なし》浅黒い肌の[をした].
Dunkelheit [..ハイト]女(-/) 暗さ, 闇, 暗黒; 色の黒さ. ◆bei Einbruch der ~ 夕暮れ[日暮れ]時に.
Dunkel·kammer 女 暗室.
dunkeln [ドゥンケルン]自《非人称》Es dunkelt. 《書》暗くなる, 晩になる, 日が暮れる.
Dunkel·ziffer 女(公式に報告されていない数値, 隠れた数値.
dünken [デュンケン]他自〈人⁴·³に〉...と思われる.
Dunkles [ドゥンクレス]中《形容詞変化》黒ビール.
dünn [dʏn デュン]形 ❶薄い; 細い, やせた; 希薄な. ❷(声が)細い. ◆~er Kaffee 薄いコーヒー. ~ besiedelt sein 人口密度が低い. ★名詞を修飾する場合は一語で ein dünnbesiedeltes Land 人口密度が低い国. 5級
Dunst [ドゥンスト]男(-(e)s/Dünste) ❶《単》もや, 霞. ❷蒸気; (むっとするような)気体.
dünsten [デュンステン]他 蒸す, ふかす.
dunstig [ドゥンスティヒ]形《副なし》 ❶かすんだ, もやのかかった. ❷(なま暖かい)空気のよどんだ.
Duo [ドゥーオ]中(-s/-s) ❶二重唱(曲), 二重奏(曲). ❷二人組, デュオ.
Duplikat [ドゥプリカート]中(-(e)s/-e)《書》(同一物の)写し, 複製, コピー, 謄本.

Dur [ドゥーァ] 甲 (-/-) 〔音楽〕長調 (↔ Moll).

durch [dorç ドゥルヒ] 前《4格支配》❶《hindurch を伴う(ことがある)》…を通って[通り抜けて, 貫いて, 通して];《媒介する素材》…の中を(通って). ❷《(地域)の至る所[あちこち]を》(くまなく). ❸《(期間)…の間じゅう(ずっと). ★ 後置される. ◆ den Winter ~ 冬の間ずっと. ❹《手段・原因・理由;受動文の行為者を表示して》…を通じて, …によって, …のせいで[ために]. ❺…の初めから終わりまで, …を切り抜けて[経て, 終えて]. ◆ von Deutschland ~ Österreich nach Ungarn fahren ドイツからオーストリアを通ってハンガリーに行く. **~ und ~** まったく, 完全に, すっかり, 根っから, 徹頭徹尾. ■ **~ sein**〈(**durch** ④)〉〈(口)〈durch- を持った分離動詞の短縮形でその行為が完了していることを意味する〉》: durch eine Stadt ~ sein 町を通り過ぎている. durch einen Roman ~ sein 小説を読み終えている. ***Er [Sie] ist bei mir unten ~.*** (口) 私は彼[彼女] に幻滅しました (もう嫌いです). 5級

durch|arbeiten ((I)) 他 ❶ 丹念に読む, 徹底的に研究する. ❷ こつこつとこなす, 苦労しながら仕事を進める. ((II)) 自 働き通す, 休みなく働き続ける. ((III)) 他 sich⁴〈(**durch** ④)〉〈(物⁴を)〉苦労して[かき分けて]進む;〈(物⁴を)〉こつこつと進める.

durchaus [ドゥルヒアオス, ドゥルヒアオス] 副 ❶ まったく, 本当に. ❷ ぜひとも, どうしても. **~ nicht** (疑いなく) 絶対に[全然] …ない.

durch|beißen* ((I)) 他 かみ切る, かみちぎる, かんで二つに割る. ((II)) 再 sich⁴〈(**durch** ④)〉 歯を食いしばって頑張り抜く.

durch|blättern 他〈(物⁴に)〉さっと目を通す, ぱらぱらめくって読む.

Durch·blick 男 (-(e)s/-) ❶ 眺め, 見通し.

durch|blicken 自 ❶〈(**bei** ③; **in** ③)〉(口)〈(物³について)〉見通しがつく, 分かる. ❷〈(**durch** ④)〉〈(物⁴を通して)〉のぞく, かいま見る.

Durch·blutung [..ブルートゥング] 女《単》血行, 血の巡り.

durch|bohren [ドゥルヒボーレン] 他〈(④ **mit** ③)〉〈(人・物⁴に (物³を))〉突き通す[貫通する].

durch|bohren [ドゥルヒボーレン] 他〈(物⁴に)〉穴を開ける.

durch|brechen* [ドゥルヒブレッヒェン] 他 壊して通る, 突破する.

durch|brechen* [ドゥルヒブレッヒェン] ((I)) 他 二つに折る[割る]. ((II)) 自 (s) 二つに折れる[割れる].

durch|brennen* [ドゥルヒブレネン] 自 (s) ❶〈電気〉などが〉切れる. ❷〈(③)〉(口)〈(人³のもとから)〉こっそり去る. ❸〈**mit** ③〉(口)〈(物³を)〉持ってずらかる.

durch|bringen* 他 (口) ❶〈(人⁴に)〉 (病気などを)切り抜けさせる,〈(人⁴を)〉助けて死なないようにする. ❷〈(④ [sich⁴] **mit** ③)〉〈(人⁴を (物³で))〉苦労して暮らす[生活させる]. ❸〈(財産)〉[散財]する. ❹〈(法案)〉などを)通過させる. ❺〈(**durch** ④)〉〈(口)〈(狭い所を)〉通す, 移動させる. ❻〈(④ **mit** ③)〉〈(口)〈(物⁴を (物³で))〉二つにする.

Durch·bruch 男 (-(e)s/..brüche) ❶〈(**zu** ③)〉〈(物³への)〉打開, 躍進, 大発見, ブレイクスルー. ❷ (力ずくでの) 突破, 打破.

durch|drehen ((I)) 自 (s) ❶〈タイヤなどが〉空回りする, スリップする. ❷ (口) 気が変になる, パニックになる. ((II)) 他〈肉・野菜などを〉細かく刻む.

durchdringen* [ドゥルヒドリンゲン] 他 貫通する, 貫く.

durch|dringen* [ドゥルヒドリンゲン] 自 (s) ❶〈(**durch** ④)〉〈(物⁴を)〉突き抜ける,〈(物⁴に)〉染み通る, 漏れる. ❷〈(**zu** ③)〉〈(ニュース)などが (人³の所にまで)〉漏れてくる, リークされる.

durcheinander [ドゥルヒアイナンダー] 副 ごちゃごちゃに, 乱雑に入り乱れて, 散乱して. ***durcheinander bringen*** = durcheinanderbringen.

Durcheinander [ドゥルヒアイナンダー, ドゥルヒアイナンダー] 中(-s/) 混乱; 散乱; 困惑, 狼狽.

durcheinander|bringen* 他 (口) ❶〈物⁴を〉ごちゃ混ぜにする, ごちゃごちゃにする. ❷〈人・物⁴を〉取り違える, 混同する. ❸〈④ [mit ③]〉〈人⁴を([物³で])〉混乱させる.

durch|fahren* 自 ⑤ ❶〈(durch ④)〉〈所⁴を〉通り抜ける, 通過する. ❷〈(bis ④)〉〈所⁴まで〉〈(ノンストップで)走り続ける.

Durch・fahrt 囡(-/-en) ❶(車の)通路, 出入口. ❷通行, 通過. ❸立ち寄り. ◆~ verboten! 通行禁止.

Durch・fall 男(-(e)s/..fälle) ❶下痢, 腹下し. ◆~ haben [bekommen] 下痢をしている[する].

durch|fallen* 自 ⑤ ❶〈(durch ④)〉〈穴などを通り抜けて〉落ちる, 〈…から〉抜け落ちる. ❷〈(in ③ [bei ③])〉〈試験³などに〉落ちる. ❸〈(bei ③)〉(口)〈人³の〉不評をかう.

durch|finden* 〈(durch ④; zu ③)〉自 ❶〈所⁴を通る; 所³に行く〉道が分かる. ❷〈(durch ④)〉〈物⁴について〉見通しがついている. ((II)) 再 sich⁴ ❶ 道が分かる. ❷〈durch ④〉〈物⁴についての〉見通しがついている.

durch・führbar [..フューァバール] 形 《副なし》実施[実行, 開催]可能な.

durch|führen 他 実施する, 実行する, 〈実験・会議⁴などを〉行う.

Durch・führung 囡《単》実施, 実行, 開催.

Durch・gang 男(-(e)s/..gänge) ❶通路, 出入口. ❷《単》通り抜け, 通行, 通過. ❸(複数の段階の)一回; 1回戦, 1ラウンド. ◆Bitte den ~ freihalten! 通路を空けておいて下さい. ~ verboten! 通り抜け禁止.

Durchgangs・verkehr 男(-(e)s/) 通関貿易; 通過交通.

durch|geben* 他 (無線・ラジオ・テレビなどを通して)伝達する, 伝達する.

durch|gehen* ((I))他 ⑤ ❹〈(auf ④ (hin))〉〈(物⁴を捜しながら)物⁴に〉念入りに目を通す, 〈物⁴を〉調べる. ((II)) 自 ⑤〈(durch ④)〉❶(a)通り抜ける, 通過する. (b)(口)〈狭い所⁴を〉通る, 通れる. (c)(口)〈物⁴を通って〉染みてくる. ❷〈③ [mit ③]〉〈馬¹が人³によって〉抑えきれなくなる, 暴走する. ❸〈(mit ③)〉〈物¹が(人³には)〉抑えきれない, 制御できない, 暴走する. ❹〈(mit ③)〉〈物³を〉持ち逃げする. ❺(口)(審査・審議などに)通る, パスする. ❻〈bis ④〉〈所⁴まで〉続く, 通じる. ❼駆け落ちする.

Durch・gehend [..ト] ((I)) durchgehenの現在分詞. ((II)) 形 休みのない, ぶっ通しの.

durch|greifen* 自 ❶〈(durch ④)〉〈物⁴の間から〉手を差し入れる. ❷〈(gegen ④)〉〈主に警察が人・物⁴に対して〉(断固たる)処置を取る.

durch|halten* 他〈(戦い⁴などを)〉耐え抜く, がんばり通す.

durch|hängen* 自 ❶ たわんでいる, たるんでいる, 垂れ下がっている. ❷ へばっている, へとへとである.

durch|kämmen* 他 ❶〈髪⁴を〉櫛でとかす. ❷〈④ (nach ③)〉〈(人・物³を求めて)場所⁴を〉くまなく探す[捜索する].

durch|kommen* 自 ⑤ ❶〈(durch ④)〉通り抜ける; 通過する. ❷(口)(電話が)つながる, 通じる. ❸(口)試験に通る, パスする. ❹(口)生き抜く, 切り抜ける, 危機を乗り切る. ❺〈ニュース¹が〉(ラジオやテレビから)流れてくる. ❻〈(bei ③) mit ③〉〈物³で〉成果を得る, 〈物³が〉うまくいく.

durchkreuzen [..クロイツェン] 他〈意図・計画⁴を〉挫折させる, だめにする.

durch|lassen* 他〈④ (durch ④)〉通す; 通過させる; 通行を許可する.

durch・lässig 形《副なし》〈(für ④)〉〈(物⁴に対して)〉透過性のある, 通気[通水]性の.

Durch・lauf 男(-(e)s/..läufe) 通過.

durchlaufen* [ドゥルヒラオフェン] 他 ❶〈学校・課程⁴を〉卒業する, 修了する. ❷〈段階・局面⁴を〉通過する. ❸

① 1格 ② 2格 ③ 3格 ④ 4格

〈戦慄・震えなどが体⁴を〉走り抜ける. ❹横断する, 縦走する.

durch|laufen* [ドゥルヒラオフェン] ((I))自⑤〈(**durch** ④)〉走り[通り]抜ける, 駆け抜ける. ❷〈(**durch** ④)〈物⁴を通って〉流れ出る,〈物⁴で〉滴(したた)〉る. ❸〈ノンストップで〉走り続ける. ((II))他〈靴⁴などを〉すり減らす.

durch|lesen* 他〈(sich³ ④)〉読み通す, 通読する.

durchleuchten [..ロイヒテン]他❶詳細に調べる[調査する], 徹底的に研究する. ❷レントゲン検査をする.

durchlöchern [..レッヒァン]他❶穴だらけにする. ❷骨抜きにする.

durch|machen ((I))他❶〈病気・困難⁴などを〉(長期間)耐える, 味わう. ❷卒業する, 修了する. ((II))自(口)(休みなく)続ける, ずっと働く.

Durch·messer 男〈-s/-〉直径.

durch|nehmen* 他〈教材⁴を〉詳しく扱う.

durch|peitschen ❶(口;軽蔑)〈法案⁴などを〉(ろくな議論もなく)急いで通過させる. ❷〈人⁴を〉鞭でさんざん打つ.

durch·queren [..クヴェーレン]他横断する, 横切る.

durch|rechnen 他初めから終わりまで計算する, 念入りに調べる.

Durch·reise 女〈-/-n〉 *auf der ~ sein* = *sich⁴ auf der ~ befinden* (短時間)旅の途中で立ち寄る.

durchreisen [ドゥルヒライゼン]他〈場所⁴を〉横断[縦断]して旅する.

durch|reisen [ドゥルヒライゼン]自⑤〈(**durch** ④)〉〈場所⁴を〉経由する, 旅の途中で通りすぎる.

Durchreise·visum [ドゥルヒライゼ..]中 通過ビザ[査証].

durch|reißen* ((I))他〈二つに〉引き裂く, 引きちぎる. ((II))自⑤〈物⁴が〉まっぷたつに〉裂ける, 破れる, ちぎれる, 切れる.

durch|rosten 自⑤さびてぼろぼろになる.

durchs [ドゥルヒス]durch das の融合形.

Durch·sage 女〈-/-n〉アナウンス, ニュース速報.

durch·schauen [..シャオエン]他見抜く, 見破る, 見通す.

durch|schlafen* 自ずっと眠り続ける, 寝続ける.

Durch·schlag 男〈-(e)s/..schläge〉(カーボン紙による)写し, コピー.

durch|schlagen* ((I))他❶(叩いて二つに)割る. ❷〈④ (**durch** ④)〉〈釘(くぎ)などを〈物⁴の中に〉〉打ちつける, 打ち込む. ((II))自⑤〈(**durch** ④)〉〈(物⁴を通って)〉染み通る. ((III))再 sich⁴ ❶〈(**durch** ④)〉〈困難⁴を切り抜けて〉たどり着く. ❷なんとか暮らす.

durch|schneiden* 他〈物⁴を〉(二つに)切る, 切断する.

Durch·schnitt 男〈-(e)s/-e〉❶(主に単)平均(値). ❷標準, 並. ◆*über [unter] dem ~ liegen* 標準以上[である[標準以下である]. *im ~* 平均して, 一般的に.

durchschnittlich [ドゥルヒシュニットリヒ]形❶平均の. ❷並の, 普通の.

Durch·schrift 女〈-/-en〉写し, コピー.

durch|sehen* ((I))他❶さっと目を通す. ❷〈④ (**auf** ④ (**hin**))〉〈物⁴がないかどうか〉物⁴を〉始めから終わりまで詳しく見ていく. ❸(口)点検する, チェックする. ((II))自〈(**durch** ④)〉〈物⁴を通して〉見る, のぞく.

durch|sein* 自⑤ = **durch sein** (⇨durch ❶).

durch|setzen ((I))他〈④ (**gegen** ④)〉〈計画・意図⁴などを(人⁴の反対にもかかわらず)〉押し通す. ((II))再 sich⁴ ❶〈(**bei** ③)〉(先生や上司として)〈人³を〉従わせる, コントロールする. ❷自分の意志を押し通す. ❸(多くの人によって)受け入れられる.

Durch·sicht 女 詳しく見ること, 点検, チェック.

durchsichtig [ドゥルヒズィヒティヒ]形[副なし]❶透き通った, 透明な, 透けて見える, シースルーの. ❷見え透いた.

durch|sprechen* ((I))他よく[十

①1格 ②2格 ③3格 ④4格

分)話し合う.《(II)》⾃〈(durch ④)〉〈マイク⁴などを通して〉話す.

durch|stehen* 他〈口〉〈苦しいこと⁴などを〉耐え抜く, 頑張り通す.

durch|stellen 他〈(通話⁴を)〉回す, つなぐ.

durch|streichen* 他 線を引いて消す.

durch·suchen [..ズーヘン] 他 ❶〈④ (nach ③)〉〈場所⁴を(物³を求めて)〉くまなく捜す. ❷〈④ (nach ③)〉〈物³を求めて〉人⁴を身体検査する, ボディチェックする.

Durchsuchung [..ズーフング] 囡 (家宅)捜索, (身体)検査, ボディチェック.

durch|treten* 《(I)》他〈ブレーキなどを〉踏み込む.《(II)》⾃ S〈(durch ④)〉〈物⁴を通して〉漏れ出る, 染み出る.

durchtrieben [ドゥルヒトリーベン] 形〈軽蔑〉ずるい, ずる賢い.

durch·wachsen* [..ヴァクセン] 形〈副なし〉❶(肉・ベーコンが)霜降りの, 脂肪が筋状に入った. ❷〈述語〉〈口〉(天気が)良かったり悪かったりする.

Durch·wahl 囡 (–/–) ダイヤル通話, 直通電話.

durch|wählen ⾃ ダイヤル通話をする, 直通電話をかける.

durch|zählen 他 (初めから終わりまで通して)数えната.

durch|ziehen* 《(I)》他 ❶〈(durch ④)〉〈人・物⁴を(所⁴に)〉通す, 通して引っ張る. ❷〈口〉〈困難なことを〉やり通す.《(II)》⾃ S〈(durch ④)〉〈所⁴を〉通っていく.《(III)》再 sich〈durch ④〉〈物⁴を〉一貫して流れている, 貫いて(存在して)いる.

Durch·zug 男 (–(e)s/) ❶すきま風, 通風, 風通し. ❷通過, 通行.

dürfen* [dýrfən デュルフェン]《(I)》助 ❶〈権限を持つ人からの許可がある〉...することが許され(てい)る, ...してよい, ...して差し支えない, ...して構わない. ❷〈正当性・権利・資格がある〉...することが許され(てい)る, ...することがで

現在	ich darf	wir dürfen
	du darfst	ihr dürft
	er darf	sie dürfen

過去	ich durfte	wir durften
	du durftest	ihr durftet
	er durfte	sie durften

過分	dürfen(不定詞を伴うとき),
	gedurft(不定詞を伴わないとき)

接I	dürfe	接II	dürfte

きる. ❸...する理由がある, ...するのはもっともである. ❹《dürfteで》おそらく[多分]...でしょう. ⇨ dürfte. ❺《特に疑問文で》(丁寧に)...してもよろしいですか. ❻《特に否定文で》**(a)**《禁止》...してはいけない, ...してはならない. **(b)**...であってほしくない, ...しないでほしい, ...しないほうがよい. **(c)**《動詞を否定して》...しなくてもよい. ♦ Darf ich? よろしいですか. Darf ich Sie bitten, ...〈zu 不定詞〉? ...をお願いしてもよろしいですか. ★ 更に丁寧にする場合は接続法II式のdürfteを用いる: Dürfte ich Sie bitten, ...〈zu 不定詞〉? ...することをお願いしてもよろしいでしょうか. ⇨ dürfte.《(II)》〈口〉〈不定詞を伴わず本動詞的に用いて; 過去分詞はgedurft〉(...)することが許されている. ♦ Wir dürfen nach Hause. 私たちは帰宅してよい. Das darfst du. 君はそれをしていいよ. **5級**

dürfte [デュルフテ]《dürfen の接続法II式》❶《wahrscheinlich, vermutlich の意味で話者の確信を表現する》おそらく[多分]...でしょう. ❷《丁寧な許可》(...しても)よろしい.

dürr [デュル] 形〈副なし〉❶乾燥した, ひからびた. ❷やせた, やせこけた. ❸不毛の. *mit ~en Worten* 誇張のない言葉で, 言葉少なに.

Dürre [デュレ] 囡 (–/–n) 乾燥(状態), 日照り(続き), 干魃.

Durst [dorst ドゥルスト] 男 (–(e)s/) (のどの)渇き. ♦ ~ bekommen [ha-

durstig

ben] のどが渇く[渇いている]. den ~ löschen [stillen] のどの渇きをいやす. **~ auf** ④ 物⁴を飲みたいという願望. **ein ~ nach** ③《書》物³への渇望, 切望. [5級]

durstig [ドゥルスティヒ] 形《副なし》❶のどが渇いた. ❷〈nach ③〉《書》〈物³を〉渇望して.

Durst·strecke 女 窮乏期間.

Dusche [dúʃə, dúːʃə ドゥッシェ, ドゥーシェ] 女 (-/-n) ❶ シャワー(装置). ❷シャワー室. **unter die ~ gehen** シャワーを浴びに行く. **die ~ aufdrehen [zudrehen]** シャワーのコックを開く[しめる]. **eine ~ nehmen** シャワーを浴びる. [5級]

duschen [ドゥッシェン, ドゥーシェン] ((I)) 自シャワーを浴びる. ((II)) 他〈人⁴に〉シャワーをかける. ((III)) 再 sich⁴ シャワーを浴びる. [4級]

Düse [デューゼ] 女 (-/-n) ノズル, 噴射口.

Düsen·flugzeug 中《空》ジェット機.

Düsseldorf [デュッセルドルフ] (-s/) デュッセルドルフ ((ドイツ西部の Nordrhein-Westfalen の州都)).

düster [デュースター]《比較 düst(e)rer》 形 ❶薄暗い. ❷憂鬱な, 陰鬱な. ❸悲観的な, 希望のない.

Dutzend [ドゥッツェント] 中 (-s/-e)《やや古》1 ダース (12 個). **Ein ~ Eier kostet [kosten] vier Euro.** 卵 1 ダースは 4 ユーロです. **Duzende von Leute** 多数の人.

dutzend·weise 副《口》多量に, 大勢で.

duzen [ドゥーツェン] ((I)) 他〈人⁴と〉 du を使って話す. ((II)) 再 sich⁴《mit ③》〈人³と〉 du で呼び合う, ファースト・ネームで呼び合う仲である.

Duz·freund [ドゥーツ..] 男 (友人ではないが) 良き知人. ◇**~in** 女 (-/-nen)

DVD [デーファオデー] 女 (-/-s)《略》 digital versatile disc.

dynamisch [デュナーミッシュ] ❶ ダイナミックな. ❷活動的な, 精力的な.

Dynamit [デュナミート] 中 (-s/) ダイナマイト.

Dynamo [デュナーモ, デューナモ] (-s/-s)(特に自転車の)発電機.

Dynastie [デュナスティー] 女 (-/-n) [..ティーエン])❶王朝, 王家. ❷《書》一族, 名門, 家.

D-Zug [デーツーク] 男《略》 Durchgangszug 急行列車.

E

e, E [エー] 中 (-/-, (口)-s) ❶アルファベットの第 5 字. ❷【音楽】ホ音, ホ調. **e-Moll** ホ短調. **E-Dur** ホ長調.

€《記号》Euro.

Ebbe [エッベ] 女 (-/-n) ❶ (↔ Flut) 干潮, 引き潮. ❷《口》金欠. **~ und Flut** 潮の干満;栄枯盛衰.

ebd.《略》ebenda 同じ所に, 同書に.

eben [éːbən エーベン] ((I)) 形 平らな, 平たい, 平滑な, 平坦な;《数》平面の. **~es Land** 平地. ((II)) 副 ❶《時間的に》たった今, つい今しがた, ついさっき. ❷《時間的に》ちょうど (今), まさに. ❸まさしく, まさに, 他ならぬ. ❹《同意・相槌をうち, 答えとして》(Eben!)(まさしく)そうなんですよ, そうでしょ;《皮肉に同意して》だから((何なんですか, 早くしましょう等)). ❺《北ド》《口》ちょっと, すぐに, さっさと. ((III)) 副《不変化詞》⁷⁷_{ページ}も ❶《変更不可能であることを表して》どうにも (しかたがない), どうしても. ❷《命令・催促を表して》(それ以外には方法がないのだから)さっさと, いい加減にして, もう (しなさい). **Das ist eben so.** それはもうそうなのです (どうしようもないのです). **(gerade) nicht eben**《nicht にアクセント》(必ずしも)...とはいえない, 別段 ...でない, ...というほどでない. **(Oder) eben nicht!**《nicht にアクセント》《否定の強調》それは違います, 全くそうではありません, その反対です. [4級]

eben·da 副 同じ所に, 同書に ((略:ebd.)).

Ebene [エーベネ] 囡 (-/-n) ❶ 平野, 平原, 平地. ❷ 次元, レベル, 水準, 局面. ❸ 〘数〙平面. ❹ 階, フロア.

eben·falls 副 同様に；そちら様も；こちらこそ, 私もです. ♦ Schönes Wochenende! – Danke, ~. 素敵な週末をあなたもね. 4級

ebenso [é:bɛnzo エーベンゾー] 副 ❶〔全く〕同様に. ❷《形容詞・副詞の前に位置して同等比較を表す；後続するwieを伴って》〔ちょうど〕同じ程度に. ♦ Er ist ~ groß wie ich. 彼は私と同じ背の高さです. Er hat ~ viele Freunde wie ich. 彼は私と同じくらい友人がいる. 4級

Eber [エーバァ] 男 (-s/-) 〘動〙〔去勢していない〕ブタの雄.

EC [エーツェー] 男 (-(s)/-(s)) 〘略〙Eurocity ヨーロッパ特急〔列車〕(⇨IC).

Echo [エヒョ] 中 (-s/-s) こだま, 反響, 山びこ.

echt [エヒト] ((I)) 形 ((最上 ~est)) ❶ (↔ falsch, imitiert) 本物の［真正の］, 純粋〔純正〕な；〔本人〕直筆の. (↔ unecht)《副なし》本当〔真〕の, 正真正銘の, 心からの, うそ偽りのない. ❸ 《付加または副》典型的な, 生粋(蒸)の, いかにもこの, 〔動物が〕純種〔純血種〕の. ((II)) 副 本当に, 実に. 4級

..echt 形《名詞と共に》「…に耐えうる, …しても落ちない」: farbecht 色あせない.

Eck·ball [エック..] 男 (-(e)s/..bälle) ❶ 〘蹴〙コーナーキック. ❷ 〘送球・水球〙コーナースロー.

Ecke [ɛkə エッケ] 囡 (-/-n) ❶ 角(〚）；〘幾何〙頂点. ❷ 少し. ❸ 〔片〕隅. ❹ 〘蹴〙〔サッカーの〕コーナーキック；〘送球・水球〙コーナースロー. ♦ in der ~. 隅に. das Haus an der ~ 角の家. an allen ~n (und Enden [Kanten]) 〘口〙至る所で〔から〕. um die ~ 〘口〙この近くに. 5級

eckig [エッキヒ] 形 ❶ (↔ rund) 角(〚)のある〔付いた〕, 角(〚)の, 角形の, 角張った. ❷ 角のある, ぶっきらぼうな, 無作法な, 愛想の悪い, 無愛想な. ❸ ぎ

こちない, 不器用な, 無骨な.

..eckig 形《数詞と共に》「…の角の〔ある〕」: dreieckig 三角形の.

Eck·stoß 男 〘蹴〙コーナーキック.

edel [エーデル] 形 ((比較 edler)) ❶ 高尚〔高潔〕な, 気高い；気品のある. ❷《主に付加》価値の高い, 高級の, 貴重な；優れた. ❸〘書〙形の良い, 美形の. ❹〘古〙貴族の, 高貴な, 名門の.

Edel·metall 中 貴金属.

Edel·stein 男 宝石, 宝玉.

Edel·weiß 中 (-(es)/-(e)) 〘植〙エーデルワイス ((ウスユキソウ属；アルプスの名花)).

Edition [エディツィオーン] 囡 (-/-en) ❶ 出版, 刊行. ❷ 版 ((略 :Ed.)).

EDV [エーデーファオ] 囡 (-/) 〘略〙elektronische Datenverarbeitung コンピューターによる情報処理.

Efeu [エーフォイ] 男 (-s/) 〘植〙セイヨウキヅタ〔木蔦〕.

Effekt [エフェクト] 男 (-(e)s/-e) ❶ 効果, 効力, 影響；結果, 作用；感銘, 印象. ❷ 効果的な手段〔技法〕.

effektiv [エフェクティーフ] 形 効果的な；実際の, 実質的な.

effekt·voll 形 効果の多い, 効果的な, 効き目のある, 有効な.

egal [エガール] 形《述語》〘口〙❶〈(3)〉〈(人³には)〉どうでも〔どちらでも〕よい；興味〔関心〕のない. ❷《疑問詞と共に》…しようとも ((譲歩・認容を表す)). ♦ Das ist mir völlig [ganz] ~. それは, 私にはどうでもいいことです. 4級

Egge [エッゲ] 囡 (-/-n) 砕土機, ハロー, 馬鍬(〚).

Egoist [エゴイスト] 男 (-en/-en) 〘弱〙利己主義者, エゴイスト. ◇ **Egoistin** 囡 (-/-nen).

egoistisch [エゴイスティッシュ] 形 利己主義の, 利己(主義)的な, エゴイスティックな.

ehe [エーエ] 接《従属》〘書〙《eh' や eh, ehe dass となることがある》❶ (…する) 前に, 以前に, (…しない) うちに. ❷ (…するよりも) むしろ, (…するくらいなら) いっそ.

Ehe [éːə エーエ] 女(-/-n) 結婚(生活), 婚姻, 夫婦(関係); (動物の雌雄一組の)共棲. *eine ~ eingehen* 結婚する. *eine ~ schließen* 1) 結婚する. 2) (司祭・牧師・戸籍係として)婚姻を成立させる. 4級

Ehe·bruch 男《主に単》姦通, 不貞.
Ehe·frau 女(-/-en) 妻.
Ehe·leute 《複》夫婦.
ehelich [エーエリヒ] 形 (↔ unehelich) 《付加または副》婚姻[結婚]上の, 夫婦の.
ehemalig [エーエマーリヒ] 形《付加または副》(もう存在しない)以前の, 昔の.
Ehe·mann 男 夫.
Ehe·paar 中 夫婦, 夫妻.
eher [エーアー] 副 ❶《baldの比較級》より早く, より以前に. ❷(口)(…)はむしろ. ◆Je …, desto besser. 早ければ早いほど良い. Ich bin — hungrig als durstig. 私はのどが渇いているというよりは腹がすいている. 4級

Ehe·ring 男 結婚指輪.
Ehe·scheidung 女 離婚.
Ehre [エーレ] 女(-/-n) ❶《単》名誉, 栄誉, 栄光, 体面; 自尊心, プライド. ❷敬意, 尊敬; 賞賛, 名声. ❸ (古)《単》貞操, 貞節, 操, 純潔. ♦ zu ② ~n ²の名誉のために. ③ (eine) ~ erweisen 人³に敬意を表す. *Auf ~! = Bei meiner ~!* 名誉にかけて, 誓って. *auf ~ und Gewissen* 名誉と良心にかけて, 誓って. ③ *die letzte Ehre erweisen* (書) 人³の葬式に参列する.

ehren [エーレン] 他 ❶〈人⁴を〉尊敬する, 〈人⁴に〉敬意を表す. ❷〈物³が〉〈人⁴の〉名誉になる, 〈人⁴を〉光栄に思わせる. ❸《④ (mit ③) (für ④)》〈人⁴を〉〈物³で〉〈事⁴に対して〉表彰する, 〈人⁴に〉〈物³を〉〈事⁴に対して〉授与する.

Ehren·amt 中 名誉職 ((特に無給の公職)).
ehren·amtlich 形 名誉(上)の.
ehrenrührig [..リューリヒ] 形 中傷の, 名誉毀損(きそん)の.

Ehren·wort 中 (-(e)s/-e) ③ *sein ~ (auf ④) geben* 人³に名誉にかけて〈物⁴を〉約束する.
ehrerbietig [エーァエァビーティヒ] 形 (書) 敬意あふれた, 敬意を表する, 尊敬の念のある, うやうやしい.
Ehrfurcht 女 畏敬[畏怖]の念.
ehr·fürchtig 形 畏敬の念を抱いた, かしこまった.
Ehr·geiz 男 (-es/-) 功名心, 名誉欲, 野心.
ehr·geizig 形 功名心の盛んな, 野心のある.

ehrlich [エーァリヒ] ((I)) 形 ❶ 正直な, 良心的な, 誠実な, 実直な. ❷率直な, ごまかさない, 包み隠しのない, 隠し立てしない. ❸ありのままの, 本当の, 心から本気の, うそ偽り[下心, 二心]のない. *Ehrlich währt am längsten.* (諺) 正直は最も長続きする[最良の策である]. ((II)) 副 本当に, 非常に.

Ehrlichkeit [..カイト] 女《単》❶ 率直, 誠実, 正直, 実直. ❷本当, 本気, 真剣.

Ei [aɪ アイ] 中 (-(e)s/-er) ❶ 卵; 卵のような(壊れやすい性質の)もの[人]. ❷《動》卵子, 卵細胞; (植) 胚珠(はいしゅ). ❸《主に複》(子) きんたま. ♦ *ein gekochtes [hart gekochtes, weich gekochtes] ~* ゆで[固ゆで, 半熟]卵. ④ *wie ein rohes ~ behandeln* 人・物⁴をはれ物にさわるように[細心の注意を払って]扱う. *sich³ wie ein ~ dem andern gleichen* 〈人¹が〉うり二つである. 4級

Eiche [アイヒェ] 女(-/-n) ❶(植)オーク((カシワ・ナラ・カシ・クヌギなどブナ科ナラ属の樹木の総称; 力と自由の象徴)). ❷《単》オーク材.
Eichel [アイヒェル] 女(-/-n) どんぐり((カシワ・ナラ・カシなどの実)).
eichen [アイヒェン] 他《計量器⁴などを》正しく合わせる, 〈度量衡器⁴を〉検定する.
Eich·hörnchen 中 (-s/-) リス(栗鼠).
Eid [アイト] 男 (-(e)s/-e) 宣誓; 誓い;

①1格 ②2格 ③3格 ④4格

誓約.

Ei-dechse 女(-/-n)トカゲ.

eidg.《略》eidgenössisch スイス連邦の.

Eid-genosse 男(-n/-n)《弱》スイス国民.

Eid-genossenschaft 女(-/)《die Schweizerische ～》スイス連邦(正式名).

Eid-genossin 女(-/-nen)(女性の)スイス国民.

eid-genössisch 形スイス連邦の((略:eidg.)).

Eier [アイアー]Eiの複数形.

Eies [アイエス]Eiの単数2格形.

Eifer [アイファー]男(-s/) ❶熱心, 熱中, 熱意, 精励;熱望. ❷興奮, 激情.

Eifer-sucht 女(-/)〈(auf 4)〉〈(人4への)〉嫉妬, ねたみ.

eifer-süchtig 形〈(auf 4)〉〈(人・物4に)〉嫉妬した;嫉妬深い, やきもち焼きの.

eifrig [アイフリヒ]形熱心な, 勤勉な.

Ei-gelb 田(-s/-e)卵黄, 黄身.

eigen [アイゲン アイゲン]形《付加》自分(自身)の, 自己の, 個人[私有, 自前]の;特異な, 風変わりな ♦ein ～es Auto 自分の車, 自家用車, マイカー. ③ ～ sein – 人・物³に特性[典型]のである, 特有[独特, 独自, 固有]である. sich³ 4 zu Eigen machen《書》物⁴を自分のもの[我がもの]にする, 身につける取り入れる, 習得する. 4級

Eigen-art 女(-/-en)特色, 特性;癖.

eigen-artig 形奇妙な, 変な, 異常な, (一風)変わった, 不思議な, 特異な.

Eigenbrötler [..ブレートラー]男(-s/-)孤独を好む人, 一匹狼.

eigen-händig [..ヘンディヒ]形《付加または副》直接自分で(仕上げた), 手製の, じきじきの;自筆の;〔郵〕親展の((略:e.h.)).

Eigen-heim 田持ち家.

Eigenheit [..ハイト]女(-/-en) = Eigenart.

eigen-mächtig 形権限[許可]な

しの, 独断的な, 自分勝手な.

Eigen-name 男(-ns/-n)固有名詞.

eigen-nützig [..ニュッツィヒ]形利己的な, 私利私欲の.

eigens [アイゲンス]副特別に, わざわざ.

Eigenschaft [..シャフト]女(-/-en) ❶性質;特性;特徴;〔哲〕固有性, 属性. ❷資格, 地位.

Eigenschafts-wort 田(-(e)s/..wörter)〔言〕(Adjektiv)形容詞.

Eigen-sinn 男(-(e)s/)頑固, 強情, 片意地.

eigen-sinnig [..ズィニヒ]形頑固な, 強情な, 意地っ張りな.

eigen-ständig 形《書》独立した, 自主の.

Eigen-ständigkeit [..シュテンディヒカイト]女《書》独立, 自立, 自主.

eigentlich [áɪgəntlɪç アイゲントリヒ]《(I)》形《付加》❶本当の, 真の, 実際の;本質的な, 核心をつく. ❷本来の, もともとの.《(II)》副《不変化詞》《ある場合とない場合がある》((略:eigtl.))❶実は, 本当は;正確に言えば. ❷本来なら(ば);《期待したことが満たされない場合》いつもならば, 普通ならば;そもそも, もともと. ❸《話題を変えたり, 新しい事柄を切り出して》それはそうと(して);ところで;ともかく. ❹(考えてみれば)要するに, つまり. 4級

Eigen-tor 田〔球技〕自殺点, オウンゴール.

Eigentum [アイゲントゥーム]田(-s/-e)所有物, 財産;所有;所有権. ⃞ geistiges ～ 人²の知的所有権. 4級

Eigentümer [アイゲンテューマー]男(-s/-)所有者, 持ち主. ◇ **Eigentümerin** 女(-/-nen).

eigen-willig 形 ❶頑固な, 強情なわがままな. ❷個性的な, 癖のある.

eignen [アイグネン]再sich⁴ ❶〈für 4〉〈物⁴に〉適している, 向いている, ふさわしい. ❷〈als 1〉〈物¹として〉役に立つ, 有用である, 都合がよい.

Eignungs-test 男適性検査.

eigtl.《略》eigentlich 元来.

Eil・bote 男(–n/–n)《弱》急使;速達便配達人. ◆durch ~n〔郵〕速達.

Eil・brief 男(–(e)s/–e)急信, 速達便(郵便).

Eile [アイレ] 女(–/) 急ぎ, 至急;性急. ◆in aller [großer] ~ 大急ぎで. *mit* 3 *hat es (keine)* ~. 〈口〉物は急を要す(要しない). *in* ~ *sein* 急いでいる.

eilen [アイレン] 自①〈書〉急いで移動する, 急いで行く[向かう]. ❷〈物¹が〉急を要する, 急ぎこある. *Eile mit Weile.* 〈諺〉急がば回れ.

eilig [アイリヒ] 形 ❶急を要する, 緊急の. ❷あわただしい. *es* ~ *haben* 急いでいる.

Eil・zug 男 準急列車((Schnellzugに次ぐ;略:E)).

Eimer [アイマー] 男(–s/–) バケツ, 手おけ;つるべ. *im* ~〈口〉〈物¹が〉ダメである, ごみ箱行きである.

ein¹ [ain アイン]((I))冠〈不定〉

格	男性	女性	中性
1	ein	eine	ein
2	eines	einer	eines
3	einem	einer	einem
4	einen	eine	ein

《アクセントなし, 単数形のみ》❶《初めて言及される未知の可算名詞に付いて;普通日本語には訳さない》◆Das ist ein Haus. Das Haus ist alt. これは家です. その家は古いです. ★不定冠詞は, 意味上, 複数形がないので, 複数名詞は無冠詞になる:Das sind Häuser. それ(ら)は家です. ❷(a)《同種の中の不特定な任意の1個物を示して》ある(一つの). (b)《同種の集合の一要素》◆Gib mir bitte einen Bleistift! 鉛筆を一本(取って)下さい. Der Löwe ist ein Saugetier. ライオンは哺乳類です. ❸《(同種の中の任意の1個物を選び出して)全体の代表とする総称化》◆Ein Mensch kann nicht ewig leben. 人は永遠には生きられないものです. ❹《ある概念の性質を強調して》◆Er ist doch ein Deutscher. 彼はやはり(性質・考え方などが)ドイツ人ですね. ★国籍・職業などの場合は無冠詞. ❺《物質名詞》《ある一定の量や種類が考えられる場合》一杯の, 1人前の. ◆Fräulein, bitte einen Kaffee [ein Bier]! おねえさん, コーヒー[ビール]を1杯お願いします. ★ただし不定のある量を表現する場合は無冠詞:Ich möchte Wasser. 水が欲しいのですが. ❻《抽象名詞》(a)《一つの場合・現象, ある一定の量として考えられていることを示して》ある種の, ちょっとの. ★ただし不定なある量を考えるときは無冠詞:③ Freude machen 人³を喜ばす. (b)《関係文によって限定された不特定の名詞の前で》◆Eine Furcht überkam mich. ある種の恐怖が私を襲いました. mit eine Begeisterung, die sie bei ihm nicht kannte 彼女が彼には見たこともなかったような熱心さで. ★ 物質名詞でも同様:Ich möchte einen Wein, der nicht so süß ist. あまり甘くないワインが欲しいのですが. ❼《固有名詞;人名・地名など》(a)《普通名詞化して》...のような人. (b)...という(名の)人. (c)...の作品, ...の製品. (d)...(家)の一員. ◆Beethoven ベートーヴェンのような人. Ein (gewisser) Herr Müller möchte Sie sprechen. ミュラー氏とかいう人がお会い[お話し]したいとのことすが. Dieses Bild ist in Rubens. この絵はルーベンス(の作)です. Er ist ein Schmidt. 彼はシュミット家の者です. *ein jeder* めいめい, 各人, それぞれの人だれもが. ((II))数詞〈基数〉《アクセントあり》1. ❶〈不変化〉《= eins;合成用語で, 2桁の数字でundの前に現れる1及びhundert, tausendの前に置かれる1の場合など》◆einundzwanzig 21. um ein Uhr 1時に. ★ただし時刻を示すUhrがない場合:um eins 1時に/Es ist eins. 1時です. ❷《付加語的用法》(a)《変化は不定冠詞と同じ;不定冠詞と区別するために印刷では隔字体が用いられることがある》一つの, 一人の, (の)

1 1格 2 2格 3 3格 4 4格

《変化は形容詞と同じ;定冠詞・所有冠詞・指示代名詞2格・名詞2格の関係代名詞・名詞の前に置かれるとき》**(c)**《変化は形容詞と同じ;名詞を修飾して》同じ,同一の. **(d)**《不変化》《単位として用いられる数詞,分数,不定の数量を示す代名詞・名詞の前に置かれて》◆ in einem Jahr 1年後に,1年間[内]に. mein einer Sohn 私の一人の息子. (mit ③) einer Meinung² sein (人³と)同意見である. mit ein Dutzend Bleistiften 1ダースばかりの鉛筆で. ★ ただし, mit einem Dutzend Bleistiften 1ダースの鉛筆で. *ein und derselbe [dasselbe, dieselbe]* まったく同じ [同一の]. ❸《名詞的用法;変化は形容詞と同じ;ただし,中性1・4格はein(e)s》**(a)**一つ,一人. **(b)**《状況で意味が分かる場合》**(c)**《機能動詞と結合して》◆ einer von uns われわれの中の誰か(一人). der Besuch eines unserer Herren 皆様方のうちのどなたかのご訪問. ((★ einerは用いない)). einen [eins (= ein Glas)] trinken 1杯(酒を)飲む. ③ ein Ende setzen [machen] 物³にピリオドをうつ. *ein für allemal* この一回限りで,これを最後に,(これ以来)きっぱりと. ((III)) 代〈不定〉⇨einer. 5級

ein² 副 (herein, hinein)(外から)内へ,中へ. ◆ bei ③ ~ und aus gehen 人³のところに出入りする.

ein..¹ 《前綴り》《分離》❶「中へ[に],内へ[に]」. ❷「(動詞の状態に)なる,する」. ❸「まわり」. ❹「(動詞の行為による)破壊・崩壊」.

ein..² 《形容詞・名詞に付いて》《常にアクセントを持つ》「1つ」: einbändig 1冊[巻]の.

einander [aɪnándər アイナンダァ] 代《相互》《主に物³格の意識が失われ無変化》互い,相互に. ◆ Sie helfen ~. 彼らは互いに助け合う. ★ (1) 現在(特に口語)ではsichを用いるのがふつうである. ただしsichを使用すると誤解が生ずる場合,及び前置詞と結合する場合にはeinanderが用いられる:Sie töten sich. で「彼らは自殺する」ではなく「互いに殺し合う」を明示したい場合,Sie töten ~. とする. この場合にも現在では「相互に」を表わす副詞 gegenseitigをsichに添えて Sie töten sich gegenseitig. とする方が普通である. まれにsichとeinanderを重ねて強調することもある:Sie töten sich ~. 彼らは互いに殺し合う. (2) 相互代名詞 sich に前置詞が付く場合は,その前置詞と einander との結合形の方を用いる. ただし「...の中に[で]」の間に[で]」の のunterの場合はunter sich³ を用いる. ◆ Sie stehen neben ~. 彼らは互いに並んで立っています. 4級

ein|arbeiten ((I)) 他 ❶〈④ (in ④)〉〈人⁴を〉習熟させる,精通させる,教え込む,〈人⁴に〈物⁴の〉仕方を教える. ❷〈④ (in ④)〉〈物⁴を〈物⁴に〉〉入れる,(付け)加える,書き込む. ❸〈日時⁴を〉取り戻す,埋め合わせる,〈④〉の〉帳尻を合わせる. ((II)) 再 sich⁴〈(in ④)〉〈(新しい事⁴に)〉精通 [習熟]する,覚える,なじむ,慣れる.

ein|äschern [..エッシェァン] 他 ❶〈死者⁴を〉火葬にする. ❷〈都市・建造物⁴などを〉焼き払う,(焼いて)灰にする.

ein|atmen ((I)) 他〈物⁴を〉吸い込む,吸入する. ((II)) 自息を吸う[吸い込む].

Einbahn-straße 女一方通行路.

Ein·bau 男〈(e)s/–ten〉❶〈単〉作り[取り,据え]付ける(こと),架設. ❷作り[取り,据え]付けたもの[装置,設備,施設];調度品,付属器具類.

ein|bauen 他〈④ (in ④)〉❶〈物⁴を(物⁴の(内部)に)〉作り付ける,〈家具・器具⁴などを(物⁴の(内部)に)〉備え[据え,取り]付ける,はめ込む,組み入れる,組み込む. ❷〈物⁴を(物⁴に)〉付け加える,追加する.

ein·begriffen 形〈(in ③)〉〈(物³に)〉含まれて,〈(物³を)〉算入して. ◆ Die Bedienung ist im Preis ~. サービス料は価格に含まれています.

ein|berufen* (過 berief ein; 過分 einberufen) 他 ❶〈④ (zu ③)〉〈人⁴を(兵役³などに)〉召集[動員]する. ❷〈会議⁴を〉召集する.

①1格 ②2格 ③3格 ④4格

ein|beziehen* 過 bezog ein; 過分 einbezogen〉⑩ ❶〈④ (in ④) (mit)〉〈人⁴を(物⁴に)〉取り込む,引き込む,勧誘する. ❷〈④ (in ④) (mit)〉〈物⁴を(物⁴に)〉含める,考えに入れる,〈物⁴を(物⁴の)〉勘定に入れる.

ein|biegen* 圁⑤〈＋方向前〉曲がる.

ein|bilden 再 sich³ ❶〈事⁴を〉(根拠もなく［誤って］)思い込む,想像する;妄想する. ❷〈auf ④〉〈人・事⁴のことを〉うぬぼれる,思い上がる. ❸〈事⁴を〉⑩むやみに欲しがる,どうしても欲しいと思う.

Ein·bildung 囡(-/-en) ❶《単》思い込み,想像,思い違い,思いすごし. ❷《複》妄想. ❸《単》うぬぼれ,思い上がり.

ein|binden* 男 ❶〈④ (in ④)〉〈物⁴を〉⑩製本する. ❷〈人・物⁴に〉包帯をする,包帯を巻く. ❸〈④ (in ④)〉〈人⁴を(物⁴に)〉(しっかり)包(み込)む;取り込む;融和させる.

Ein·blick 男 ❶(新しいことに対する初めての)認識,見通し. ❷(官)閲覧. ❸〈(in ④)〉〈(物⁴への)眺め,〈(物⁴の内部を)〉見ること.

ein|brechen* ((I))⑩〈物⁴を〉力ずくで開ける,こじ開ける. ((II))圁⑤ ❶〈in ④〉〈物⁴に〉(暴力的に)押し入る,侵入する. ❷〈bei ③ [in ③]〉人³の家［所³]に泥棒が入る,盗みに入る. ❸⑤〈物⁴が〉崩れ落ちる,崩壊する. ❹〈(in ④)〉〈(物⁴の中に)〉(割れて)落ち込む,落ち込む. ❺⑤〈mit [bei] ③〉⑩〈事³に関して〉敗れる,失敗する. ❻⑤(突然)現われる,始まる,起こる.

Ein·brecher 男〈-s/-〉押込み強盗. ◇~in 囡(-/-nen)

ein|bringen* 男 ❶〈④ in ④〉⑩〈収穫物を〉運び入れる,運び込む(納屋へしまう. ❷〈案⁴を〉提出する. ❸〈in ④〉〈物⁴を所⁴に〉持参する. ❹〈③ ④〉〈(人³に)利益⁴などを〉もたらす. ((II)) 再 sich⁴〈(in ③ ④)〉〈事³·⁴に〉(自分の)精力をつぎ込む.

Ein·bruch 男 ❶押し込み(強盗),(不法目的)侵入;侵略. ❷崩壊. ❸(突然の)出現,始まり. ❹(口)失敗,敗北.

ein|bürgern [..ビュルゲァン] ((I))⑩ ❶〈外国人⁴を〉帰化させる,〈外国人⁴に〉市民権を与える. ❷〈物⁴を〉移植する,一般にひろめる. ((II)) 再 sich⁴〈事⁴が〉一般化する,一般に行われる.

Ein·bürgerung [..ビュルゲルング] 囡 ❶帰化,市民権取得. ❷移植,移入. ❸一般化.

Ein·buße 囡(-/-n) 損失,損害.

ein|büßen ⑩ ❶〈金銭⁴などを〉失う,損失する. ❷〈事故で身体の一部を〉失う.

ein|dämmen [..デメン] ⑩ ❶〈水·洪水⁴などを〉せき止める. ❷〈事⁴を〉食い止める,(大きくなるのを)阻止する.

ein|decken ((I))⑩〈④ (mit ③)〉(口)〈人⁴に(必要以上の物³を)〉与える,しこたま与える. ((II)) 再 sich⁴〈mit ③〉〈物³を〉蓄える,買い置く.

ein·deutig [..ドイティヒ] 形一義的な,明らかな,明白な,明確な,間違えようのない.

Ein·deutigkeit [..カイト] 囡明らかなこと,明白[明確](であること).

ein|dringen* 圁⑤ ❶〈(in ④)〉〈物⁴が〉〈(物⁴の中に)〉押し入る,侵入する;染み込む[通る],入り込む. ❷〈in ④〉〈事⁴に〉精通している,〈事⁴を〉究める. ❸〈(mit ③) auf ④〉〈(物³で)人⁴に〉しつこく迫る,押しかける. ❹〈(mit ③) auf ④〉〈(物³で)人⁴を〉脅す.

ein·dringlich 形執拗(シツヨウ)な.

Ein·dringling [アインドリンクリング] 男(-s/-e) 侵入者,乱入者.

Eindruck [アインドルック] 男(-(e)s/..drücke) ❶印象,感じ,感銘. ❷痕跡. ◆einen guten ~ von ③ bekommen [gewinnen] 事³について良い印象を得る. den ~ haben, dass ... ...という印象を受ける.

ein|drücken ⑩ ❶〈物⁴を〉(押し)壊す,押しつぶす,打ち破る. ❷〈④ in ④〉〈物⁴を物⁴に〉押し込む,押しつける.

①1格 ②2格 ③3格 ④4格

eindrucks·voll 形 印象[感銘]深い.

eine [アイネ] ((I)) 冠 ⇨ein. ((II)) 代 einer.

ein·einhalb [アインアインハルプ] 数詞 〈基数〉1と2分の1, 1.5.

einem [アイネム] ((I)) 冠 ⇨ein. ((II)) 代 ⇨einer.

einen [アイネン] ((I)) 冠 ⇨ein. ((II)) 代 ⇨einer.

einer [áinər アイナー] ((I)) 冠〈不定〉⇨ein. ((II)) 代〈不定〉

格	男性	女性	中性
1	einer	eine	ein(e)s
2	eines	einer	eines
3	einem	einer	einem
4	einen	eine	ein(e)s

《男性2格以下は man の2・3・4格としても用いられる》❶ (jemand) 誰かある人. ❷ (口) (man) (一般的な) 人. ♦Das muss einer wissen! (口) (人は) みんなのことは知っていなければなりません. ★jemand の意味の einer は er で受けることができる: Wenn einer etwas nicht versteht, dann soll er darüber nicht reden. (口) わからないことについては語るものではありません. 5級

Einer [アイナー] 男 〈-s/-〉 ❶ 1 の位の数. ❷シングルスカル ((一人漕ぎのボート及びそのレース)).

einerlei [アイナーライ] 形〈述語〉どうでも[どちらでも]よい, 構わない.

Einerlei [アイナーライ] 中〈-s/〉(軽蔑) 同一(のこと), 同じこと; 単調[退屈] なこと, 変化[変哲] のないこと, 変わりばえのしないこと.

einerseits [アイナーザイツ] 副 一方では, 一面では **~ ..., ander(er)seits ...** 一方では..., 他方[もう一方]では....

eines [アイネス] ((I)) 冠 ⇨ein. ((II)) 代 ⇨einer.

einfach [áinfax アインファハ] ((I)) 形 ❶ (↔ schwierig) 簡単な, 単純な, 易しい, 平易な. ❷ 質素な, 簡素な, 地味な, つつましい. ❸ (↔ mehrfach) 《付加または副》一回限りの, 単一な, 一重の, 単式の; (酒が) シングルの. ❹ 《付加または副》片道の. ♦eine ~e Fahrkarte (鉄道などの) 片道切符. (Nach) Berlin einfach, bitte! ベルリン片道をお願いします. Die deutsche Sprache ist nicht ganz ~ zu lernen. ドイツ語は学ぶのにまったく簡単というわけではありません. ((II)) 副《不変化詞》(口) ❶《余計な事を抜きにして》とにかく, ともかく; さっさと, あっさりと. ❷《議論の余地なく》何たって, 理屈抜きに, とうてい(...ない). ♦Das ist ~ so. それは, とにかくそういうものなんです. 5級

Einfachheit [..ハイト] 女〈-/〉 ❶ 簡単, 単純, 易しいこと, 平明さ. ❷ 質素, 簡素, 地味.

ein|fädeln [..フェーデルン] ((I)) 他 ❶ 〈糸 (in 4)〉 〈物⁴を (物⁴に)〉通す, はめ込む. ❷ (口)〈事⁴を〉巧みに起こさせる,〈事⁴の〉手はずを整える, お膳立てをする. ((II)) 再 sich⁴〈(in 4)〉〈(車線⁴に)〉(車線変更して) 入り込む, 割り込む.

ein|fahren* ((I)) 自 S〈(in 4)〉〈列車¹などが〉〈(駅¹などに)〉入る, 入港する. ((II)) 他 ❶〈物⁴を〉運び入れる. ❷〈新車⁴に〉試乗する,〈新車⁴を〉試運転する;〈物⁴の〉手ならしをする.❸〈器具⁴などを〉引っ込ませる, 自動格納する. ❹〈物⁴を〉(車をぶつけて) 壊す, はねる. ((III)) 再 sich⁴ ❶ 運転の練習をする, 運転に慣れる. ❷ (口)〈事¹が〉習慣となる, なじむ.

Ein·fahrt 女 ❶ (↔ Ausfahrt) (特に車庫や高速道路への) 乗り入れ口, 入口. ❷ (入口までの) 私設) 道路. ❸〈単〉入構 (許可), 乗り入れ, 入車, 入港. ♦~ frei halten! 入口につき駐車お断り ((掲示)).

Ein·fall 男 ❶ 思いつき, ひらめき. ❷ 侵略. ❸〈単〉(光などの) 差し込み, 投射, 入射.

ein|fallen* [アインファレン] 自 S ❶〈3〉〈事¹が〉〈人³の〉心に浮かぶ,〈事¹

が〉〈人³に〉ひらめく,〈事¹を〉〈人³に〉思いつく,〈事¹を〉〈人³が〉思い出す. ❷〈古い物¹が〉崩れ落ちる,崩壊する,倒壊する. ❸〈in ④・所⁴を〉侵略する,〈所⁴に〉侵入する. ❹〈光¹が〉射し込む,入射する. *Was fällt dir (eigentlich) ein?* (口) なんてばかなことを(考えているんだ).

Ein·falt [..ファルト]安(-/-)(書)無邪気,純真,天真爛漫(らんまん).

ein·fältig [..フェルティヒ]形 ❶無邪気な,純真な,天真爛漫(らんまん)な. ❷単純な,おめでたい,お人好しな.

Ein·familien·haus 中一家族[世帯]用住宅.

ein|fangen* 他 ❶〈人・物⁴を〉捕える,逮捕する;監禁する. ❷〈sich³ ④〉(口)〈病気⁴に〉かかる. ❸〈sich³ ④〉(口)〈一発⁴を〉食らう. ❹〈書〉〈物⁴を〉うまくとらえて表現する.

ein·farbig, (ｽｲｽ) **einfärbig** 形 単色の;無地の.

ein|fassen 他 ❶〈④ (mit ③)〉〈物⁴に〉〈物³で〉縁を付ける,〈物⁴を物³で〉囲む. ❷〈物⁴に〈物³を〉〉はめ込む,詰める.

ein|finden* sich⁴ (決められた場所に)集まる,出頭[出席]する.

ein|fliegen* ((Ⅰ))自Ｓ ❶〈in ④〉〈所⁴に〉飛び込む,飛んで入る,進入する. ❷(飛行機で)到着する. ((Ⅱ))他〈人・物⁴を〉空輸する.

ein|flößen 他 ❶〈③・④〉〈病人³に〉を(少しずつ慎重に)流し込む,注ぎ入れる,飲ませる. ❷〈人³の心に事⁴を〉吹き込む,〈人³の心に感じ⁴を〉抱かせる.

Ein·fluss [アインフルス]男(-es/..flüsse) ❶影響,作用,感化. ❷影響力,勢力. ♦ auf ④ ~ haben [ausüben, nehmen] 人・物に影響を及ぼしている[与える].

Einfluß (旧)=Einfluss.

Einfluss·bereich 男 影響[勢力]範囲,勢力圏.

Einflüsse 複⇒Einfluss.

Einfluss·nahme 安(-/-)(書)〈**auf** ④〉〈(人・物⁴への)〉影響力の行使,作用,感化.

ein·förmig 形 一様の,単調な,退屈な.

ein|frieren ((Ⅰ))自Ｓ〈物¹が〉凍結する. ((Ⅱ))他 ❶〈食べ物⁴を〉冷凍する. ❷〈預金・物価・協議⁴などを〉凍結する.

ein|fügen ((Ⅰ))他〈④ (in ④)〉〈物⁴を(物³に)〉はめ込む,挿入する. ((Ⅱ))再 sich⁴〈(in ④)〉〈(物⁴に)〉適合[順応]する,うまく調和する.

ein|fühlen 再 sich⁴〈(in ④)〉〈(物⁴に)〉共鳴[共感]する,なじむ.

Einfühlung [アインフュールング]安(-/)共鳴,共感,感情移入.

Ein·fuhr 安(-/-en) ❶(単)輸入,輸入品.

ein|führen ((Ⅰ))他 ❶(↔ ausführen)〈物⁴を〉輸入する. ❷〈物⁴を〉差し込む,差し入れる;持ち[運び]込む,導入する,取り入れる,採用する. ❸〈④ (in ④)〉〈人⁴に(新しい事⁴を)〉指導する,手ほどきする. ❹〈人⁴を〉紹介する,登場させる. ((Ⅱ))再 sich⁴ 受け入れられる,なじめる,なれる.

Einführung 安 ❶(単)差し込み,挿入;導入,採用;指導,手ほどき;紹介. ❷入門,概論,概説.

Ein·gabe 安(-/-n) ❶請願(書),陳情(書),嘆願(書). ❷(単)インプット,入力. ❸入力データ.

Eingang [áɪngan アインガング]男(-(e)s/Eingänge) ❶(↔ Ausgang)入口,玄関;導入部,序. ❷(単)(官)(書)(金・品物・手紙などの)到着,受領;入荷,入金. ❸《主に複》入荷物,到着郵便物. ❹(単)《やや古》冒頭,初め,発端. ♦ am ~ 入り口の所で. **in** [③] ~ **finden** ...に採用される,普及する,受け入れられる. 4級

ein·gängig 形 理解[記憶]しやすい,分かりやすい.

eingangs [アインガングス] ((Ⅰ))副(書)最初に,冒頭に. ((Ⅱ))前《2格支配》(書)...の最初に,冒頭に((冠詞類および形容詞を伴わない単独名詞では格語尾の欠けることがある)).

Eingangs·tür 安 入口のドア.

① 1格 ② 2格 ③ 3格 ④ 4格

ein|geben* 他 ❶〈③ ④〉〈人³に薬などを〉投与する. ❷〈④ (in ③)〉〈データ⁴を〈コンピュータ⁴に〉〉インプット[入力]する.

ein-gebildet (I) einbilden の過去分詞. (II) 形〈auf ④〉〈(物に)〉うぬぼれた, 思い上がった.

Eingeborene(r) [アインゲボーレネ(ナー)] 男女《形容詞変化》土着の人, 先住民.

Ein-gebung 女 (とっさの)思いつき, インスピレーション.

ein-gefallen (I) einfallen の過去分詞. (II) 形《副なし》(頰などが)やせこけた, やつれた, (目などが)おちくぼんだ.

ein|gehen* (I) 自 S ❶〈auf ④〉〈人・物⁴に〉立ち入る, 〈人・物⁴と〉かかわりあう, 取り組む, 〈人・物⁴(の面倒)を〉引き受ける. ❷〈auf ④〉〈物⁴に〉同意する, 承諾を与える. ❸〈物¹が〉(洗って)縮む. ❹〈動物¹が〉死ぬ, 〈植物¹が〉枯れる, しぼむ. ❺死にそうなくらいである, 参っている. ❻ 〈口〉〈会社・企業¹がつぶれる, ダメになる; 損をする, 失敗する; 大敗する, 完敗する. ❼〈物¹が〉着く, 届く; 入荷する; 金が入る, 入金される. ❽〈③〉〈事¹が〉〈人³の〉頭に入る, 〈人³に〉理解される. (II) 他 S ❶〈④ (mit ③)〉〈同盟・契約⁴などを〉(人³と)結ぶ. ❷〈mit ③〉〈物¹が〉〈物³と〉(化学的に)結合する.

eingehend [アインゲーエント] (I) eingehen の現在分詞. (II) 形立ち入った, 細部に至る, 詳細な, 綿密な.

eingekauft einkaufen の過去分詞.

ein-geladen einladen 過去分詞.

Eingemachte(s) [アインゲマハテ(ス)] 中《形容詞変化》〈単〉(砂糖煮の)保存食品 ((特に果物; コンポート, マーマレードなど)). ★無冠詞で用いられることが多い.

ein-genommen (I) einnehmen の過去分詞. (II) 形 von ③ ~ sein 人・物³に心を捕われている, 魅せられている, 夢中である.

eingepackt einpacken の過去分詞.

eingerichtet einrichten の過去分詞.

eingeschaltet einschalten の過去分詞.

ein-geschlafen einschlafen の過去分詞.

ein-geschlossen (I) einschließen の過去分詞. (II) 形〈in ③〉〈(物³に)〉含まれて, 〈(物³を)〉算入して. ♦Bedienung und Steuern sind im [in den] Preis ~. サービス料と税は価格に含まれています.

eingeschnappt [アインゲシュナップト] 形 ~ sein 口 むくれている.

ein-geschrieben (I) einschreiben の過去分詞. (II) 形《郵》書留の.

ein-geschworen 形 auf ④ ~ sein 人・物⁴を一番だと思っている, ひいきにしている, 人・物に固執する.

ein-gesessen 形《付加》(前々の世代から)居住[定住]した, 住み着いた, 地元の.

eingesetzt einsetzen の過去分詞.

Ein-geständnis 中《書》(罪・過ち・誤り・弱点などを)認めること, 告白; 自白, 自供, 白状.

ein|gestehen* 他《過 gestand ein; 過分 eingestanden》〈(③) ④〉〈(人³に)罪・過ち・誤り・弱点⁴などを〉認める, 告白する, 自白[自供]する.

eingestellt [アインゲシュテルト] (I) einstellen の過去分詞. (II) 形《述語》(...という)スタンスである, 考え方をしている, 立場をとっている.

ein-gestiegen einsteigen の過去分詞.

ein-getragen (I) eintragen の過去分詞. (II) 形 登録された, 登録済みの. ♦~es Warenzeichen 登録商標.

Eingeweide [アインゲヴァイデ] 中 (-s/-)《主に複》内臓, 臓物, はらわた.

ein|gewöhnen《過分 eingewöhnt》再 sich⁴〈+場所〉慣れる, なじ

eingezahlt einzahlen の過去分詞.

ein-gezogen ((I)) einziehen の過去分詞. ((II)) 形 家に引きこもった, 孤独な.

ein|gießen* 他 ((③④))〈((人³に)) 飲み物⁴を)〉注ぐ, 注ぎ込む.

ein|gliedern ((I)) 他〈④ (in ④)〉〈人・物⁴を〈物⁴に)〉組み入れる, 融和させる, 受け入れさせる, 順応させる. ((II)) 再 sich⁴〈(in ④)〉〈(物⁴に)〉組み込まれる, 融和する, 受け入れられる, 順応する.

ein|graben* 他〈④ (in ④)〉〈物⁴を(物⁴の中に)〉掘って埋める, 植え付ける.

ein|greifen* 自〈(in ④)〉❶〈(事⁴に)〉介入する, 干渉する, 口出しする. ❷〈物⁴に〉〈事⁴に〉食い込む, はまり込む, かみ合う.

Ein-griff 男 ❶〈(in ④)〉〈(事⁴への)〉介入, 干渉, 口出し. ❷〈書〉処置, 治療, 手術.

..einhalb [..アインハルプ]《数詞と共に》0.5, 2分の1. ◆ zweieinhalb 2と2分の1.

Ein-halt 男 (-(e)s/) ③ ~ **gebieten [tun]**〈書〉事⁴を止める, 阻止する.

ein|halten* ((I)) 他 ❶〈期日・約束など⁴を〉守る, 遵守する. ❷〈現在の事⁴を〉維持する, 固守する. ((II)) 自〈mit ③〉〈書〉〈やや古〉〈事³を〉やめる, 中止する.

ein-heimisch 形《主に付加》❶(↔ fremd) その土地の, 地元の, 土着の, 原住の, 定住の. ❷自国の, 国産の, 原産の.

Ein-heimische(r) 男女《形容詞変化》土地[地元]の人, 先住[土着]民.

Einheit [アインハイト] 女 (-/-en) ❶《単》統一[統合](体); 一体(性), 単一(性); 一致. ❷単位(となる数量). ❷〔軍〕部隊; 〔言〕単数.

einheitlich [..リヒ] 形 ❶一律[均一]の, 画一的な; 同一[同形, 同型]の, そろいの; 均一[均質]の; 規格化した. ❷統一[まとまり]のある, 統一的な, まとまった; 一体を成す, 一体[一元]化した, 単一の, 単一的な. ❸一貫した, むらのない; 一致した.

ein-hellig 形 異口同音の, (満場)一致の.

ein|holen 他 ❶〈人・物⁴に〉追いつく. ❷〈遅れ・損失⁴を〉取り戻す[返す]. ❸〈物⁴を〉しまい込む, 取り入れる;〈旗⁴を〉下ろす;〈綱⁴を〉たぐり込む;〈帆⁴を〉収める. ❹〈(bei ③) ④〉〈書〉〈(人³から)事⁴を〉〈与えて〉手に入れる, 得る. ❺〈口〉〈(物⁴の))〉買い物をする.

ein-hundert [アインフンダァト] 数詞《基数》100, 百.

einig¹ [アイニヒ] ((I)) 形《不定数量》《複数形の名詞を修飾して; 単数 ⇒ einiger》❶(einig の後に置かれる形容詞も普通強変化する) 2・3の, 数人[数個]の, 若干の, いくらかの, ◆~e ältere Männer 数人の年老いた男たち. ~e Male 数回. ~e wenige 少数(の人). ❷《普通の数詞(基数)と》; その数を若干超える数をまるで)あまりの, ほぼ, 約. ◆ Er ist ~e dreißig (Jahrealt). 彼は30才を少し越しています(= dreißig und einige). ★ hundert, tausend などが単位として用いられる場合は:~e Hundert [hundert] Menschen 2・3百人. ((II)) 代〈不定〉《複数形で》2・3の人[もの], 幾人か, いくらかのもの. ◆~em einer Freunde 私の友人のうちの2・3人. ~e, ... andere ... ある人々は..., 他の人々は.... 5級

einig² 形《主に述語のみ》(考え・意見が)一致した, 同意見[同じ考え, 同一見解]の, 同意[合意]した.

einigen [アイニゲン] ((I)) 他《集団・国家⁴などを》(特に政治的に)統一[統合]する. ((II)) 再 sich⁴〈(mit ③) (auf [über] ④)〉〈(人³と)(事⁴で)〉(意見が)一致する, 合意[妥協]する, 歩みよる.

einiger [アイニガー] 代《不定数量》《単数形の物質名詞や抽象名詞を修飾して》❶少しの. ❷《アクセントを持って》かな

りの, 相当の, 少なからぬ. ♦mit einigem guten Willen 少しの善意で. nach ~er Zeit しばらくして.

einigermaßen [アイニガーマーセン] 副 ❶ある程度, いくらか, いくぶん, やや. ❷《問いへの答えとして》まあまあ ♦ Wie geht es dir? – Einigermaßen. 元気かい？—まあまあだよ.

einiges [アイニゲス] 代《不定》少しばかりのこと[もの], 多少のこと. ♦~ davon そのうちの少し.

Einigkeit [..カイト] 女(–/)(意見の)一致, 合意.

ein|jährig 形《副なし》❶《付加》1年[1歳]の; 1年間の. ❷《植》1年生の.

Ein·kauf 男(–(e)s/..käufe) ❶（↔ Verkauf）買物; 購入, 買い入れ, 仕入れ. ❷買い物[購入]品, 仕入れ物. ❸購買係, 購買部. ♦Einkäufe machen 買物[ショッピング]をする.

ein|kaufen [áɪnkaofən アインカオフェン] 他 ❶〈物⁴の〉買い物をする, 〈物⁴を〉購入する, 買い入れる, 仕入れる. ❷〈人⁴を〉(契約金を払って)スカウトする. ~ gehen 買い物に行く. 4級

Ein·käufer 男 買い手, バイヤー, 仕入れ係.

Einkaufs·bummel 男 散歩ついでの買い物, ショッピング.

Einkaufs·tasche 女 ショッピング・バッグ, 買い物袋[手さげ].

Einkaufs·zentrum 中 ショッピングセンター.

ein|kehren 自(S) ❶〈(in ③)〉〈口〉〈(飲食店³などに)〉立ち寄る, 逗留する. ❷〈季節・平和¹などが〉(再び)訪れる.

ein|klammern 他 括弧に入れる, 括弧でくくる.

Ein·klang 男(–s/) ❶《書》一致, 調和. ❷《楽》同音度の音, 同音.

ein|kleiden ((I))他 ❶〈人¹に〉(新しい)着物を与える, 着物を新調してあげる. ❷〈人¹に〉制服を支給する. ❸〈(in ④)〉〈物⁴を〉〈物⁴で〉(間接的に)言い表す. ((II))再 sich⁴ neu ~ 服を新調する, 着る.

ein|kochen ((I))他〈物⁴を〉(煮つめて)保存加工する, (煮がきくようになるまで)煮つめる. ((II))自(S)〈物¹が〉煮つまる.

Ein·kommen [アインコメン] 中(–s/–) 所得, 収入; 俸給, 給料; 収益. ★複数の意味ではEinkünfteを用いる

Einkommen(s)·steuer 女 所得税.

Einkünfte [アインキュンフテ] 複 収入, 所得; 収益.

ein|laden* [áɪnla:dən アインラーデン]

現在	ich lade ... ein	wir laden ... ein
	du lädst ... ein	ihr ladet ... ein
	er lädt ... ein	sie laden ... ein

過去	ich lud ... ein	wir luden ... ein
	du lud(e)st ... ein	ihr ludet ... ein
	er lud ... ein	sie luden ... ein

過分	eingeladen	接II lüde ... ein

他 ❶〈④ (zu ③)〉〈人⁴を(物に³)〉招く, 招待する;(費用もちで)誘う, おごる ❷〈④ (in ④)〉〈荷物⁴を(車などに)〉積み込む. ♦④ zum Essen ~ 人⁴を食事に招待する. 4級

Einladung [アインラードゥング] 女(–/–en)〈(zu ③)〉〈(物³への)〉招待, 案内; 招待状. 4級

Ein·lage 女 ❶(幕間の)出し物, 余興. ❷《主に複》(銀行の)預金. ❸[歯](一時的な歯の)詰め物, 充填物. ❹《主に複》(靴の)中敷. ❺[料理]スープの具[実].

Ein·lass 男(–es/..lässe)《主に単》入るのを許すこと, 入場許可.

Einlaß 中 = Einlass.

ein|lassen* ((I))他 ❶〈人⁴を〉入れる, 通す. ❷〈④ (in ④)〉〈水⁴などを(物⁴に)〉入れる, 注入する. ❸〈④ (in ④)〉〈物⁴を(物⁴に)〉はめ込む, セットする. ((II))再 sich⁴ ❶〈mit ③〉《主に軽蔑》〈人³と〉関係する, かかわりあう. ❷〈mit ③〉《主に軽蔑》〈人³と〉深い関係になる, できちゃう. ❸《主に否定で》

①1格 ②2格 ③3格 ④4格

einlaufen

⟨mit ③⟩⟨人³と⟩いさかいを起こす, ⟨人³のいさかいに巻き込まれる. ❹ ⟨auf ④⟩⟨事⁴に⟩(リスクを承知で)かかわる, 首を突っ込む;巻き込まれる.

ein|laufen* ((I)) 圓(S) ❶⟨物¹が⟩(洗濯して)縮む. ❷⟨液体¹が⟩流れ込む;⟨河¹に⟩注ぎ込む. ❸⟨列車¹などが⟩(ホームに)入る, 到着する. ❹⟨チーム¹が⟩駆け足で)入場する. ❺ 走り込む, ゴールインする. ❻⟨⟨bei ③⟩⟨書⟩⟨物¹が⟩⟨人³の所に⟩届く;舞い込む. ((II)) 他⟨靴⁴を⟩なじませる, はきならす. ((III)) 再sich ❶[蛇肉]ウォーミングアップする. ❷⟨機械¹などが⟩順調に動きはじめる, 順調に走り出す;軌道に乗る.

ein|leben 再sich⁴ 住み慣れる, 落ち着く.

ein|legen 他❶⟨④ (in ④)⟩(a)⟨物⁴を⟨物⁴に⟩⟩入れる, 納める;セットする, 装填(\u305f\u3093)する, はめ込む, 差し込む, 挿入する;しまい込む;⟨手紙⁴を⟩封入する. (b)⟨食物⁴を⟩(酢で)漬ける, ⟨食物⁴を⟩漬け物にする. ❷⟨④ (in ④)⟩⟨物⁴を⟨物⁴に⟩⟩はめ込む, ⟨④ ⟨mit ③⟩⟩⟨物⁴を⟨物³で⟩⟩象眼する. ❸⟨苦情・異議・反論¹などを⟩申し入れる, 申し出る. ❹⟨休憩¹などを⟩とる, 入れる. ❺⟨事⁴を⟩(間に合わせるために特別に)実施する. ❻⟨ギア⁴を⟩入れる.

ein|leiten 他❶⟨④ mit ③⟩⟨物⁴を⟨物³で⟩⟩始める, 開始する. ❷⟨官⟩⟨書⟩⟨事⁴を⟩(当局として)実行に移す, 開始する, 実施する. ❸⟨④ in ④⟩⟨水⁴などを川¹などに⟩流す, 放流する. ❹⟨物⁴が⟩⟨物⁴を⟩切り開く, 導入する, ⟨物⁴の⟩先駆けとなる.

Ein-leitung 囡⟨単⟩❶開始. ❷⟨官⟩⟨書⟩(当局として)処置を講ずること, 実施. ❸放流. ❹分娩[陣痛]誘起. ❺序論, 前文, 前置き, はしがき;導入部.

ein|lenken 圓譲歩する.

ein|leuchten 圓⟨③⟩⟨事³が⟩⟨人³に⟩わかる, 納得がいく.

ein|liefern 他⟨④ (in ④)⟩⟨人⁴を⟩⟨所⁴に⟩入れる, 収容する.

ein|lösen 他❶⟨小切手・手形⁴などを⟩現金化する. ❷⟨書⟩⟨約束⁴などを⟩果たす, 履行する.

ein|machen 他⟨果物・野菜⁴などを⟩(煮たり・漬けたりして)保存食に加工する, 保存加工する.

einmal [áinma:l **アインマール**] ((I)) 圖 ❶一度, 一回, 一倍;一人分. ❷ (a)⟨過去に関して⟩一度, かつて, 昔. (b)⟨未来に関して⟩一度, いつか, いずれ, そのうち. ♦~ im Jahre [im Monat, in der Woche] 年[月, 週]に一度[一回]. Waren Sie schon ~ in Deutschland? ドイツにいらっしゃったことがありますか. **auf** ~ 1) (plötzlich)突然, 不意に, 急に, 思いがけなく. 2)同時に, いちどきに. **noch** ~ もう一度. ((II)) 圖⟨不変化詞⟩⟨アクセントなし⟩⟨文頭に立たない;主にmalの形が多い⟩❶⟨命令文で⟩(命令や依頼を和らげて)ちょっと. ❷⟨条件文で⟩⟨事態が変更不可能であることを表す⟩いったん, ひとたび, 一度. ❸⟨平叙文で⟩⟨事態が変更不可能であることを表す⟩一応は;何と言ったって(仕方がない). ❹⟨驚きを表して⟩何と. **5級**

Einmaleins [アインマールアインス] 回(/-) ❶⟨数⟩九九(の表). ❷基礎的知識, イロハ.

einmalig [アインマーリヒ] 形⟨比較なし⟩❶(⇔ mehrmalig) 一度[一回]の. ❷⟨口⟩一度[一回]だけ[限り]の, またとない. ❸⟨口⟩空前(絶後)の, たぐいまれな;類例をみない(ほどの), 比べようもない(ほどの). ♦die ~e Chance 二度と(やって来)ないチャンス.

Ein-marsch 男❶⟨軍⟩進入, 進軍, 進駐. ❷入場(行進).

ein|marschieren 圓(S) ❶⟨in ④⟩⟨軍隊¹が⟩⟨ ④に⟩進入[進軍, 進駐]する. ❷⟨グループが⟩⟨場所⁴に⟩行進して入る, 入場する.

ein|mischen 再sich⁴ ⟨in ④⟩⟨物⁴に⟩首を突っ込む, 口出しする, 干渉[介入]する.

ein|motten [アインモッテン] 他 ❶⟨衣類⁴などを⟩防虫剤を入れて保管す

①1格 ②2格 ③3格 ④4格

einmütig [アインミューティヒ] 形 全員一致した.

Einnahme [アインナーメ] 女 (-/-n) ❶ (↔ Ausgabe)《主に複》収入(金額). ❷《単》(薬品の)服用；(食事の)摂取. ❸《単》占領, 占拠.

ein|nehmen* 他 ❶〈金額⁴の〉収入を得る, 収入がある；〈金⁴を〉稼ぐ, もうける. ❷〈薬⁴を〉のむ, 服用する. ❸〈書〉〈食事⁴を〉取る, 摂取する. ❹〈所⁴を〉占領[占拠]する；(席に)着く. ❺〈物¹が〉〈場所⁴を〉とる, 占める. ❻〈意見・観点などを〉持つ. ❼〈態度・姿勢⁴を〉とる. ❽ (a)〈4 für 4〉〈事¹が〉〈人⁴に人・物について〉良い印象を与える. (b)〈4 gegen 4〉〈事¹が〉〈人⁴に人・物について〉悪い印象を与える.

Ein-öde 女 (-/-n) 荒地, 荒野；僻地.

ein|ordnen ((I)) 他〈4 (in 4)〉〈人・物を(物⁴に)〉分類する, 〈人⁴を(分類⁴に)〉入れる, 色分けする, 〈物⁴を(物⁴に)〉配列する. ((II)) 再 sich⁴ ❶〈(in 4)〉〈(物⁴に)〉順応[適応]する, なじむ. ❷ 車線変更する, 所定の車線に入る.

ein|packen [アインパッケン] 他〈4 (in 4)〉〈物⁴を(物⁴に)〉包む, 包装する；詰める, 荷造りする.

ein|prägen ((I)) 他 ❶〈sich³ 4〉〈事⁴を〉心に刻み込む. ❷〈3 4〉〈人³に事⁴を〉たたき込む. ❸〈4 (in 4)〉〈事⁴を(物⁴に)〉刻み込む, 押印[刻印]する, 型をつける, 打刻する. ((II)) 再 sich⁴〈物³が〉〈人³に〉印象づける, 感銘を与える.

einprägsam [アインプレークザーム] 形 印象に残りやすい, 印象的な, 感銘を与える, 心に残る.

ein|quartieren [...クヴァルティーレン] 他 宿泊させる.

ein|räumen 他 ❶〈4 (in 4)〉〈物⁴を(物⁴に)〉(整理して)入れる, しまう, 片付ける. ❷〈事⁴を〉容認する, 認める, 譲歩する. ❸〈3 4〉〈(官)〉〈書〉〈人⁴に物⁴を〉譲与[譲渡]する, 与える.

❷〈物⁴を〉しまっておく, しまい込む.

ein|reden ((I)) 他〈口〉❶〈sich³ 4〉〈事⁴を〉自分で(勝手に)思い[信じ]込む, 思い違いをする. ❷〈3 4〉〈人³に事⁴を〉吹き込む, 信じ込ませる. ((II)) 自〈auf 4〉〈人⁴を〉しつこく(語りかけて)説得する, 長々と口説く.

ein|reiben* ((I)) 他〈4 (in 4)〉❶〈流体・クリームなどを(物⁴に)〉すり込む. ❷〈3 4〉〈人³の体の一部⁴に〉クリームを塗り込む, 塗りつける. ((II)) 再 sich⁴〈(mit 3)〉〈(クリーム³などを)〉すり込む.

ein|reichen 他《主に官》《書》〈書類⁴を〉(官庁などに)提出する.

ein|reihen ((I)) 他〈4 unter 4〉〈人・物を(物⁴の)〉列に入れる, 一員に加える. ((II)) 再 sich⁴〈(in 4)〉〈(物⁴の)〉列に入る[加わる].

Ein-reise 女 入国.

ein|reisen 自 (S) 入国する.

ein|reißen* ((I)) 他 ❶ 取り壊す, 崩す. ❷ 引き裂く, 引きちぎる, 裂け目をつける. ((II)) 自 (S)〈物¹が〉裂ける, 破れる；裂け目[ひび]が入る. ❷〈(bei 3)〉〈事¹が〉〈(人³の)〉悪い習慣になる[悪い事¹が〉〈(人³に)〉蔓延(はびこ)する.

ein|renken [アインレンケン] ((I)) 他〈(3) 4〉〈(人³に)〉物⁴を〉整骨[整復]する. ❷〈事⁴を〉元のさや[順序]に納める, まるくおさめる. ((II)) 再 sich⁴〈物¹が〉(自然に)元どおりになる, まるくおさまる.

ein|richten [アインリヒテン] ((I)) 他 ❶〈物⁴を〉整える；〈物⁴の〉設備を整える. ❷〈物⁴を〉設立[開設]する, 立ち上げる. ❸〈事⁴を〉(計画に従って)手配する. ((II)) 再 sich⁴ ❶ 家具調度を整える. ❷〈auf 4〉〈人・物⁴の〉用意[心構え]をする.

Ein-richtung 女 ❶《単》整えること, しつらえること；備え付け, 取り付け. ❷ 調度(品), 家具；設備, 装置. ❸ (公共)施設[設備]；公共機関.

ein|rosten 自 (S) さびつく.

eins [aɪns アインス] ((I)) 数詞〈基数〉《単独で用いられる場合のみ eins；付加語的に用いられる場合には不定冠詞 ein と同形になる》《アクセントあり》1；《時刻》1時

[1] 1格 [2] 2格 [3] 3格 [4] 4格

(ein Uhr). ◆um eins 1時に. Es ist eins. 1時です. **((II))**代《不定》(口) ❶《中性名詞を受けて》((中性名詞を受けて))((もの[こと], あるもの[こと]. ❷《状況で意味が分かる場合》◆noch ~ もう一度, もうひと言. eins (= ein Glas) trinken 1杯(酒を)飲む. **((III))**形(書) 一つの, 一体の, 同じ. ◆Ich bin mit ihm ~ darin [darüber], dass ... ...という点[ということについて]私は彼と意見が一致しています. 5級

Eins [アインス] 囡 ❶**(a)** 1という数(字). **(b)**《1という数のつくもの》(さいころの)1の目; (市電・バスの)1番(線); 1の札, エース. ❷《学校の成績評点》優 (= sehr gut); 最高点[位].

einsam [アインザーム] 形 ❶ 孤独な, ひとりぼっちの. ❷ 人里[ぽつんと]離れた, へんぴな, 孤立した. ❸ 人気・人影[人通り]のない; 人が住んでいない, 無人の, がらんとした.

Einsamkeit [..カイト] 囡 (−/−) ❶ 孤独; 寂寥($\begin{smallmatrix}せき\\りょう\end{smallmatrix}$). ❷ 人気[人通り]のないこと, 人影[人通り]のないこと; 無人.

ein|sammeln 他 (拾い)集める, 採集する; 収穫する; 回収する; 集金する.

Ein-satz 男 (−es/..sätze) ❶ 投入, 動員; 行使, 使用; 出動, 出撃; 配置. ❷ [服]胸飾りレース, はめ込み(布)(ワイシャツのフロント, いか胸). ❸ 賭け金. ❹ 抵当, 担保, 保証金. ❺ [楽] (合奏などで)出だしの合図.

ein|schalten [アインシャルテン] **((I))** 他 ❶〈機器⁴の〉スイッチを入れる[つける]. ❷〈専門家⁴を〉呼ぶ, 介入させる;〈保険⁴に〉加入する. **((II))** 再 sich⁴ 介入する, 干渉する, 割り込む.

ein|schärfen 他〈③ ④〉〈人³に事⁴を〉厳しく教え込む.

ein|schätzen 他〈人・物⁴を〉評価する, 査定する.

ein|schenken 他〈(③) (④)〉〈(人³に)(飲み物⁴を)〉注(ᠨ)ぐ, 酌をする.

ein|schicken 他〈④ (an ④)〉〈郵便物⁴を(機関⁴に宛てて)〉送付する, 送る.

ein|schiffen [アインシッフェン] **((I))** 他〈人・物⁴を〉船に積み込む; 乗船させる. **((II))** 再 sich⁴ 乗船する.

einschl. 《略》einschließlich ...を含めて.

ein|schlafen* [áınʃla:fən アインシュラーフェン]

現在	ich schlafe ... ein	wir schlafen ... ein
	du schläfst ... ein	ihr schlaft ... ein
	er schläft ... ein	sie schlafen ... ein

過去	ich schlief ... ein	wir schliefen ... ein
	du schliefst ... ein	ihr schlieft ... ein
	er schlief ... ein	sie schliefen ... ein

| 過分 | eingeschlafen | 接II schliefe ... ein |

自⑤ ❶ 寝入る, 眠りにつく. ❷〈(③)〉〈(人³の)〉〈体の部分¹が〉しびれる. ❸〈物¹が〉(次第に)途絶える, なくなる, 忘れられる, すたれる.

ein|schläfern [アインシュレーフェルン] 他 ❶〈物¹が〉〈人⁴を〉寝つかせる, 眠らせる. ❷〈動物⁴を〉安楽死させる.

ein|schlagen* **((I))** 他 ❶〈窓など⁴を〉打ち割る, たたいて壊す. ❷〈④ (in ④)〉〈くぎ・杭⁴などを〈物⁴に〉打ち込む. ❸〈④ (in ④)〉〈物⁴を(紙・布⁴などに)〉包む, くるむ, 包装する. ❹〈方向⁴を〉とる,〈方向⁴に〉進む,〈道⁴を〉選ぶ. ❺〈乗物⁴の〉かじを回す. **((II))** 自 ⓑ ❶〈auf ④〉〈人⁴[動物⁴]を〉めった打ちにする, ぶちのめす. ❷ ⓑ ⓢ〈(in ④)〉砲弾⁴などが〈物⁴に〉落ちて爆発する, 着弾する, 炸裂する;〈雷¹が〉落ちる. ❸ ⓗ ⓢ (口)〈物¹が〉当たる, 好評を得する, 大成功する;〈歌¹が〉ヒットする. 4級

einschlägig [アインシュレーギヒ] 形 《付加》当該の, 関係[関連]する, 所属の.

ein|schleichen* [アインシュライヒェン] 再 sich⁴〈(in ④)〉 ❶〈(物⁴に)〉忍び込む. ❷〈誤り¹などが〉〈(所⁴に)〉入り込む, 紛れ込む.

ein|schließen* **((I))** 他 ❶〈④ (in ③[④])〉〈人⁴を(所³·⁴に)〉閉じ込める, 監禁[拘禁]する. ❷〈④ (in ④)〉〈物⁴

①1格 ②2格 ③3格 ④4格

を(所⁴に)〉(大切に)保管する, しまい込む. ❸〈人・物⁴を〉取り囲む, 取り巻く.❹〈④ (in ③[④])〉〈人・物⁴を(…に)〉含める. ((II))再 sich⁴〈(in ③[④])〉〈物³·⁴に鍵を掛けて)〉閉じこもる. ♦Die Bedienung ist im Preis eingeschlossen. サービス料は料金に含まれています.

ein·schließlich ((略:einschl.)) ((I))前《2格支配》…を含めて. ♦~ Porto und Verpackung 郵送料と包装を含めて. ★冠詞類及び形容詞を伴わない単独名詞の場合, 単数では1格, 複数では3格を支配する. ((II))副 *bis ~* (...を)含めて. ♦bis ~ Seite 59 (そのページを含めて)59ページまで. **4格**

ein|schmeicheln [アインシュマイヒェルン]再 sich⁴〈(bei ③)〉〈(人³に)〉巧みに取り入る[媚びる], 〈(人³の)〉ご機嫌をとる, ゴマをする.

ein|schmuggeln [アインシュムゲルン]他 ❶〈④ (in ④)〉〈物⁴を(所⁴に)〉密輸する, 密輸入する, こっそり持ち込む. ❷〈④ (in ④)〉〈人⁴を(所⁴に)〉(チケットなしで)こっそり入り込ませる. ❸〈④ (in ④)〉〈人⁴を(所⁴に)〉密入国させる.

ein|schneiden* ((I))他 ❶〈物⁴に〉切れ目[切れ込み]を入れる. ❷〈④ (in ④)〉〈物⁴を(物⁴に)〉彫り入れる, 刻みつける, 彫り[刻み]込む. ((II))自〈物¹が〉(皮膚・心に)食い込む.

einschneidend [..ト] ((I))einschneidenの現在分詞. ((II))形 抜本的な, 思い切った, ドラスティックな.

Ein·schnitt 男(-(e)s/-e) ❶切れ目を入れること, 切り込むこと, 切開; 切り口; 切り傷; 刻み目. ❷分岐点, 転機, ターニング・ポイント.

ein|schränken [アインシュレンケン] ((I))他 ❶〈④ (in ③)〉〈人⁴を(…を)〉制限[制約, 限定]する, 束縛[拘束]する. ❷〈事⁴を〉制限[制約, 限定]する. ❸〈発言⁴を〉留保する, 〈発言⁴に〉条件を付ける. ((II))再 sich⁴ 節約して[切り詰めて]生活する.

Einschränkung [アインシュレンクング]女(-/-en) ❶制限, 制約, 限定, 束縛, 拘束. ❷留保, 条件. *ohne* ~ 無制限に, 無条件に.

ein|schreiben* ((I))他 ❶〈④ (in ④)〉〈物⁴を(物⁴に)〉書き込む, 書き入れる, 記入する. ❷〈郵〉〈局員が〉手紙などを〉書留にする. ((II))再 sich⁴ 登録する, 登記する. ❸④ eingeschrieben schicken 物⁴を書留で送る.

Einschreiben [アインシュライベン]中(-s/-) 書留郵便(物). ♦④ als [per] ~ schicken 物⁴を書留で送る.

ein|schreiten* 自⑤〈書〉介入[干渉]する, 調停[仲裁]する.

ein|schüchtern [アインシュヒテァン]他〈人⁴を〉脅しつける, おびえさせる, こわがらせる, 威嚇する.

ein|schulen 他 〈就学年齢に達した子供を〉小学校へ入れる, 入学させる.

ein|sehen* 他 ❶悟る, わかる, 納得する, 認める. ❷見る, 見渡す. ❸〈官〉〈書〉閲覧する, 〈物⁴に〉目を通す.

einseitig [アインザイティヒ]形 ❶一面的な, 偏った, 偏狭な, (視野・心などが)狭い. ❷片面[片側]だけの. ❸一方的な, 一方からだけの, 片務的な.

ein|senden* 他〈④ (an ④)〉〈物⁴を(新聞社・放送局・役所などに)〉送付[送達]する; 寄稿[投稿, 投書]する.

Einsender 男(-s/-) 送付[寄稿, 投稿, 投書]者. ◇ **Einsenderin** 女(-/-nen).

Einser 男(-s/-) (ｵｰｽﾄ) = Eins.

ein|setzen ((I))他 ❶〈④ (in ④)〉〈物⁴を(物⁴に)〉はめる, 差し[はめ]込む, 入れる. ❷〈人・物⁴を〉投入[動員]する, 差し向ける; 〈物⁴を〉使用[行使]する; 〈人⁴を〉出動[出撃]させる, 配置する. ❸〈④ als ... ; ④ zu ...〉〈...に〉指名する, 指定する, 任命する; 設置する. ❹〈④ (für ④)〉〈物⁴を(人・物⁴に)〉賭ける. ❺〈物⁴を〉担保[保証金, 抵当]にする. ((II))自〈一定期間続く物¹が〉始まる. ((III))再 sich⁴〈(für ④)〉〈(人・物⁴のために)〉尽力する, 力を尽くす.

Ein·sicht 女(-/-en) ❶〈(in ④)〉〈(物⁴の)〉洞察, 悟り, 認識, 納得. ❷

einsichtig [アインズィヒティヒ] 形 ❶ 道理をわきまえた, 分別のある, 道理にかなった, 妥当な. ❷ 説得力のある, もっともな.

Ein|siedler 男 隠遁(いとん)者, 隠者; 世捨て人. ◇**Einsiedlerin** 女《-/-nen》.

einsilbig [アインズィルビヒ] 形 ❶《副なし》単҈語の, 1音節の. ❷ 言葉数の少ない, 無口な, そっけない.

ein|sinken 自S《in ④》《(物⁴の中へ)》埋没する, 沈下する, 落ち込む, 陥没する.

ein|sparen 他 ❶《物⁴を》節約する. ❷《労働者⁴を》削減する.

ein|speichern 他《④ (in ④)》《データ・プログラム⁴を(記憶装置⁴に)》入れる, 入力する, インストールする.

ein|sperren ((I)) 他 ❶《④ (in ③[④])》《人⁴を(所³·⁴に)》閉じ込める, 監禁[拘禁]する. ❷《口》《人⁴を》投獄する. ((II)) 再 sich⁴《(in ③[④])》《(物³·⁴に)》閉じこもる.

ein|springen* 自S《für ④》《人⁴の(短期間急な)》代わり[代役, 代理]を務める.

Ein·spruch 男《-(e)s/..sprüche》《官》《書》(書面による)異議申し立て.

einspurig [アインシュプーリヒ] 形 (道路などが)一車線の; (鉄道が)単線の.

einst [アインスト] 副《書》❶ かつて, 昔, 以前に. ❷ 将来, いつか, いつの日か.

Ein·stand 男 ❶ (同僚による)入会[入社]祝賀会, 就任祝いの宴会. ❷《テニス》ジュース.

ein|stecken 他 ❶《物⁴を》(持って行くために)ポケットに入れる, (ポケットに入れて)持って来る[行く]. ❷《口》《手紙⁴などを》ポストに入れる, 投函する. ❸《④ (in ④)》《物⁴を(物⁴に)》(機能するように)入れる, 差し込む. ❹《口》《金銭・貴金属⁴などを》ふところに入れる, せしめる. ❺《(敗北・批判⁴などを)》耐え忍ぶ, 甘受する.

ein|stehen* 自S《für ④》《人・物⁴に対して》責任を負う[持つ].

ein|steigen* [áinʃtaɪgən アインシュタイゲン] 自S ❶《(↔ aussteigen)》《(in ④)》《(乗物⁴に)》乗車する, 乗り込む. ❷《(in ④)》《(家⁴に)》忍び込む, 侵入する. ❸《(in ④)》《(始まっている企画⁴などに)》加わる, 参加する, 乗り出す, 一口乗る. ❹《(in ④)》《(会社⁴などに)》入る. 4級

ein|stellen [アインシュテレン] ((I)) 他 ❶《(↔ entlassen)》《人⁴を》雇用[採用]する, 雇い入れる. ❷《④ (in ④)》《物⁴を(所⁴に)》(差し当たり用がないので)しまう, しまい込む. ❸《④ (auf ④)》《機器⁴を(物⁴に合わせて)》調節する, 調整する, (調節して)合わせる. ❹《書》《事⁴を》やめる, 中止[停止]する. ((II)) 再 sich⁴ ❶《書》(指定の場所・時間に)姿を現す, 出席[出頭]する. ❷《悪い事⁴が》生ずる, 起こる. ❸《auf ④》《人・物⁴への》心構え[覚悟]をする.

Ein·stellung 女 ❶ 雇用, 採用. ❷《単》調節, 調整. ❸ 中止, 停止. ❹《(zu ③)》《(物³に対する)》スタンス, 見地, 見解.

Ein·stieg 男《-(e)s/-e》❶ 市電・バス・飛行機などの乗車[昇降]口. ❷《単》《書》乗車; 侵入. ❸《(in ④)》《(事⁴への)》スタート, 船出; アプローチ, 導入.

ein|stimmen ((I)) 他 ❶《楽器⁴の》音程を合わせる, チューニングする. ❷《④ (auf ④)》《人⁴を(事⁴の)》気分[気持ち]にする, ムードに持っていく. ((II)) 自 ❶《(in ④)》《(音楽⁴に)》(途中から)加わる, 合わせる. ❷《(物⁴に)》同調する, 口をそろえる, 調子を合わせる. ((III)) 再 sich⁴《(auf ④)》《(物⁴の)》気分[気持ち, ムード]になる.

einstimmig [アインシュティミヒ] 形 ❶《楽》単声[単音, 単旋律]の, 同音[(全音)同度]の, ホモフォニーの, 斉唱[斉奏, ユニゾン]の. ❷ 満場[全員]一致の, 口をそろえての, 調子を合わせての.

ein|streichen* 他 ❶《④ (mit ③)》

〈物⁴に〉〈物³を〉塗る, 塗りつける, 塗り込む. ❷〈口〉〈軽蔑〉〈物⁴を〉(当然のように)自分のものにする, いただく, 着服する. ❹〈テクスト⁴を〉削除する, 短くする, 短縮する.

ein|studieren 他 ❶〈物⁴を〉(人前で見せるために集中的に)練習[けいこ]する, 覚え込む. ❷〈物⁴を〉練習させる, けいこをつける.

ein|stufen [アインシュトゥーフェン] 他〈官〉〈書〉〈人・物⁴を〉格付けする, 等級分けする.

ein-stündig 形《副なし》1時間の.

Ein-sturz 男 倒壊, 崩壊.

ein|stürzen 自(S)〈屋根・家・壁¹などが〉崩れ落ちる, 崩壊[倒壊]する.

einstweilen [アインストヴァイレン] 副 ❶ 差し当たり, 当分[しばらく]の間, 当座. ❷ その間に, そうこうしている間に, とかくするうちに.

ein|tauchen 《(I)》他〈4 (in 4)〉〈物⁴を(物⁴に)〉ちょっと浸す, さっとつける.《(II)》自(S)〈(in 4)〉〈(物⁴に)〉もぐる, 沈む.

ein|tauschen 他〈4 (für [gegen] 4)〉〈物⁴を(同等な物⁴と)〉交換する, 交換して手に入れる.

Ein-tausend 数詞《基数》1000, 千.

ein|teilen 他 ❶〈4 (in 4)〉〈全体⁴を(部分⁴に)〉分ける, 分割する, 区分する. ❷〈4 (nach 3)〉(in 4)〉〈人・物⁴を(基準³に従って)(ランク⁴に)〉分ける, 分類する. ❸〈4 (zu 3 [für 4])〉〈人⁴に(役目³・⁴を)〉割り当てる, 配置[配属]する. ❹〈(sich³)〉〈4〉を〉(計画的に)配分する. ◆ die Torte in 6 Stücke ~ ケーキを6個に分ける.

Ein-teilung 女(-/-en) 区分; 分類; 振り分け.

eintönig [アイントーニヒ] 形 単調な, 変化のない, 一本調子の, 退屈な.

Eintopf 男 (鍋一つで手軽に作った)ごった煮, 煮こみ, シチュー.

Ein-tracht 女(-/)〈書〉調和, ハーモニー, 協調.

einträchtig [アイントレヒティヒ] 形 調和のとれた, 調和[協調]した, 仲むつまじい.

Eintrag [アイントラーク] 男 (-(e)s/..träge) ❶ 記入[登録, 登記]. ❷ (書かれた)記入[登録, 登記, 記載]事項.

ein|tragen* 《(I)》他 ❶〈4 (in 4 [auf 3])〉〈人・物⁴を(物⁴に)〉記入[記名]する, 登録[登記]する. ❷〈4〉〈(人³に)利益・損失⁴などを〉(結果として)もたらす, 生む.《(II)》再 sich⁴〈(in 4 [auf 3])〉〈(物⁴・³に)〉記名する, 登録[登記]する.

einträglich [アイントレークリヒ] 形 収益の上がる, 利益のある, もうかる, 割に合う.

ein|treffen* 自(S) ❶ 到着する. ❷〈事¹が〉当たる, 的中する, 現実となる, 実現する.

ein|treiben* 他〈租税・借金⁴など〉を取り立てる, 徴集する, 回収する. 〈力ずくで〉踏みつけて(押し)入れる, 踏み破る.

ein|treten* 《(I)》自(S) ❶〈(in 4)〉〈(物⁴に)〉入る, 足を踏み入れる. ❷〈(in 4)〉〈(会⁴に)〉入る, 入会する; 加入[加盟]する. ❸〈(in 4)〉〈(物⁴に)〉達する, 到達する. ❹〈事¹が〉起こる, 生ずる, 現れる, 始まる. ❺〈für 4〉〈人・物⁴のために〉働く, 力を貸す, 尽力する.《(II)》他〈物⁴を〉(力ずくで)踏みつけて(押し)入れる, 踏み破る.

Ein-tritt [アイントリット] 男 (-(e)s/-e)《主に単》❶ 入場[料], 入場金; 入場権, 入会権. ❷ 到達. ❸ 入会, 入学, 入社, 入党; 加入, 加盟. ❹ 開始; 出現; 発生. ◆ ~ frei! 入場無料.

Eintritts-geld 中 入場料; 入会[入学]金.

Eintritts-karte 女 入場券.

ein|üben 他〈物⁴を〉稽古(ガ)する, 練習して覚え込む, 繰り返して覚える.

einverstanden [アインフェアシュタンデン] 形〈(mit 3)〉〈(事³に)〉同意した, 〈(事³を)〉承知[承諾, 了解, 了承, 承認]した. *Einverstanden!* 承知[了解]しました, わかりました.

Einverständnis 中《主に単》❶〈(zu 3)〉〈(事³の)〉同意, 承諾, 了解, 了承. ❷〈(über 4)〉〈(事⁴についての)〉合意, 協定.

①1格 ②2格 ③3格 ④4格

Ein・wand 男(-(e)s/..wände)《(gegen 4)》《(物4に対する)》異議, 異論; 抗議, 抗弁.

Ein・wanderer 男(-s/-) (他国からの)移住者, 移民, (他国からの)入植者.

ein|wandern 自(S)(↔ auswandern) (他国から)移住する, 移民する.

einwand・frei 形(↔ mangelhaft) 非の打ち所[申し分]のない, 異議[論]の余地のない, 非難の余地のない, 文句[けち]のつけようのない.

ein|wechseln 他《4 (gegen 4)》〈人4を(人4と)〉交替で出場させる, 〈人4を(人4を)〉選手交代させる.

Ein・weg.. 《名詞に付いて》「使い捨ての」.

Einweg・flasche 女 使い捨ての瓶.

ein|weichen 他〈物4を〉(洗浄液・水などにつけて・浸して)柔らかくする, ふやかす.

ein|weihen 他 ❶〈建物4の〉落成式[除幕式, 竣工式]を行う. ❷《in 4》〈人4に(事4を)〉打ち明ける, 伝授する.

ein|wenden* 他《4 (gegen 4)》〈人・事4に対して〉事4を異議[異論]として唱える

ein|werfen* 他 ❶《4 (in 4)》〈郵便物4を(ポスト4などに)〉投函する, 〈金4を(販売機4に)〉入れる, 投入する. ❷〈ガラスなどを〉(石などを投げて)壊す. ❸〈質問・意見4などを〉さしはさむ. ❹〈(ボール4を)〉スローインする; シュートする.

ein|wickeln 他 ❶(↔ auswickeln)《4 (in 4)》〈物4を(物4で)〉(保護・包装のために)包む, くるむ. ❷〈口〉〈人4を〉まるめこむ, 言いくるめる.

ein|willigen [アインヴィリゲン] 自《in 4》〈(提案4などに)〉同意[賛成]する, 〈〈物4を〉〉承諾する, のむ.

ein|wirken 自《auf 4》〈人・物4に〉影響[感化]を及ぼす, 《auf 4》〈物4が〉〈人・物4に〉作用する.

Ein・wohner [アインヴォーナー] 男(-s/-) 住民, 居住者. ◇ Einwohnerin 女(-/-nen).

Ein・wurf 男(-(e)s/..würfe) ❶ 投函, 投入. ❷ 口出し; 異議, 反論. ❸ (郵便箱の)差入れ口; (自動販売機などの)コイン投入口. ❹ (サッカーなどの)スローイン.

Ein・zahl 女(-/-en) 《主に単》単数.

ein|zahlen [アインツァーレン] 他《(4)》《auf 4》〈(金4を)(口座4に)〉振り込む, 払い込む, 預ける, 預金する, 入金する.

Ein・zahlung 女 ❶ 振り込み, 払い込み, 預け入れ, 預金. ❷ 振り込み[払い込み, 預け入れ]金, 預金.

ein|zäunen [アインツォイネン] 他〈物4を〉垣[塀, 柵]で囲む, 〈物4に〉垣根[塀, 柵]をめぐらす.

ein|zeichnen 他《4 (in 4)》〈物4を〉(地図4などに)書き込む, 記入する.

Einzel [アインツェル] 中(-s/-) 【競】(↔ Doppel) シングルス.

Einzel.. 《名詞に付いて》 ❶「単独の, 個人の, 個々の」. ❷「特別な, 特殊な, 例外的な」.

Einzel・gänger [..ゲンガー] 男(-s/-) 一匹狼, 異端者.

Einzel・handel 男《単》小売(業).

Einzel・händler 男 小売業者[商人].

Einzelheit [アインツェルハイト] 女(-/-en) 個々の事[物]; 個物. 《主に複》詳細, 明細, 細目, 細部, ディテール. ◆ bis in die ~en 細部に至るまで. in allen ~en 詳細に, 細部にわたって.

einzeln¹ [aintsəln アインツェルン] (I)形《付加》❶《単数名詞を修飾して》一つ[一人]だけの; 一部分の, 片方の, 孤立した. ❷《複数名詞を修飾して》個々の, 個別の. ◆ der [die] Einzelne《名詞化して》個々人, 一人・一人の人間. das Einzelne 個々のこと, 詳細. jeder [jede, jedes] Einzelne (例外なく)どの一つ一つも; 各人めいめいの, 一人一人の, 各々方の. im Einzelnen 個々に, 別々に; 詳細に. (II)副 個々に, 個別(的)に; 一つ一つ(別々に); 一人ずつ, 孤立して. 4級

einzeln² [形]《不定数量》《無冠詞の複数名詞を修飾して》いくつかの, いく人かの. ♦~e Bäume いくつか散在している木. Einzelne《名詞化して》いく人かの人たち.

Einzelnes [アインツェルネス] 中《einzelnの名詞化》(取るに足りない)いくつかのこと, 些細なこと.

Einzel·teil 男中 部品, パーツ.

Einzel·zelle 女 ❶ 独房. ❷ 単細胞.

Einzel·zimmer [アインツェルツィマー] 中 (ホテルなどの) シングル(ルーム), 一人部屋. ★ツイン(ルーム)はDoppelzimmer.

ein|ziehen* [アインツィーエン] ((I)) 他 ❶〈物⁴を〉引いて入れる, 取り込む, しまい込む, たたむ;〈身体の一部⁴を〉引っ込める. ❷〈4 (in 4)〉〈壁⁴などを〉(家⁴に)〉はめ込む, 作り付ける. ❸〈兵⁴を〉召集[徴兵]する. ❹〈銀行⁴などが〉〈要求している金⁴を〉取り立てる, 徴集する, 回収する;〈不要となった金⁴を〉回収する. ❺〈国⁴などが〉〈物⁴を〉差し押える, 没収[押収]する. ❻〈情報⁴を〉問い合わせる, 収集する, 集める. ((II)) 自 ⑤ ❶〈in 4〉〈(新しい所⁴に)〉引っ越す. ❷〈in 4〉〈(所⁴に)〉行進して入る, 進駐する, 入城する. ❸〈in 4〉〈物⁴が〉〈(所⁴に)〉入る, 入り込む,〈水⁴などが〉染み込む[通る].

入れること, 取り込むこと, しまい込むこと, たたむこと, 引っ込めること. ❷ 取り立て, 徴集, 回収. ❸ 差し押え, 没収, 押収. ❹ 引っ越し, 入居. ❺ 入って来ること;(入場)行進;進駐, 入城.

einzig [áintsɪç アインツィヒ] ((I)) 形 ❶〈口語で最上級einzigstの形も〉唯一の;(ただ)一つ[一人]の, (ただ)一回[一度]限りの;たった一つ[一人]だけの. ❷〈述語のみ〉たぐいまれな, 比類のない. ♦ein ~es Mal たった一回. mein ~er Sohn 私の一人息子. ((II)) 副 ❶ ただ[もっぱら], ただ一人[一つ]だけ. ❷ 比べるものなく, 比類なく. ♦~ und allein ただただ(...)だけ, ひとえに, 唯一. 4級

einzig·artig ((I)) 形 並ぶものがないような, 他に(類)例がないような. ((II)) 副 並ぶものがないくらいに, 他に(類)例がないくらいに.

Ein·zug 男 (–(e)s/..züge) ❶ 引いて

Eis [aɪs アイス] 中 (–es/)《単》❶ 氷;(アイス)リンク(の氷). ❷ **アイスクリーム**. ♦aufs ~ gehen スケートに行く. *sich⁴ auf dünnes ~ [aufs ~] begeben* 薄氷を踏む, 危険を冒す. *Das ~ ist gebrochen.* 1) 氷が割れた. 2)(初めて会った同士が)打ち解けた. 4級

Eis·bahn 女 スケート場, アイスリンク.

Eis·bär 男 (–en/–en)《弱》白熊, 北極熊.

Eis·bein 中 (–(e)s/–)《化学》アイスバイン((塩漬けにした豚の足をゆでた料理)).

Eis·berg 男 (–(e)s/–e) 氷山.

Eisen [アイゼン] 中 (–s/–) ❶《単》【化】**鉄**((記号:Fe));鉄分. ❷ 鉄製品;蹄鉄;アイロン;(ゴルフの)アイアン. ♦us ~ geben, *ein heißes ~* 扱いにくい[面倒な, 嫌な]事[問題]. *ein heißes ~ anfassen [anpacken, anrühren]* やっかいな問題に手を出す.

Eisenbahn [アイゼンバーン] 女 (–/–en) ❶《単》**鉄道**. ❷ 列車, 車両. ❸《主に単》〔口〕鉄道会社.

Eisen·bahner [..バーナー] 男 (–s/–) 鉄道(職)[従業]員. ◇**Eisenbahnerin** 女 (–/–nen).

Eisen·beton 中 (–s/–) 鉄筋コンクリート.

eisern [アイザァン] 形《比較なし》❶《付加》鉄(製)の. ❷ 鉄のように堅い, びくともしない, 強靱[強固]な;断固[確固]たる[とした];かたくなな;不屈の;飽くことのない. ❸ 非常用的;常備の.

Eishockey [アイスホッキ[ホッケ]] 中 (–s/–) アイスホッケー.

eisig [アイズィヒ] 形 ❶ 氷のような, 冷えきった. ❷ 冷たい, 冷淡な, よそよそしい, そっけない.

Eis·kaffee 男 コーヒーフロート.

① 1格 ② 2格 ③ 3格 ④ 4格

eis・kalt ((I))形《比較なし》❶氷のように冷たい, 冷えた, 非常に寒い, 身も凍るような, 冷酷な, 残虐な. ((II))副仮借[容赦]なく, 無情[無慈悲]に, 遠慮会釈なく.

Eiskunst・lauf [アイスクンスト..]男(-(e)s/)フィギュアスケート(競技).

Eiskunst・läufer 男 フィギュアスケートの選手. ◇**Eiskunstläuferin** 女(-/-nen).

Eis・lauf 男(-(e)s/)アイススケート(競技).

eis|laufen 自⑤ (アイス)スケートをする.

Eis・zapfen 男 氷柱(ごぁ).

Eis・zeit 女 [地]氷河期, 氷河時代.

eitel [アイテル]形《比較 eitler》❶《軽蔑》虚栄心の強い, うぬぼれた; 得意気な, 誇らし気な; 見栄っ張りの. ❷《書》(やや古)空虚な, 内容[実質, 意味]のない ❸《付加;無変化》《書》《古》純粋な, 本物の, 混じり気[混ぜ物]のない, 純然たる. ❹《無変化》ただ...ばかり[だけ]の.

Eitelkeit [..カイト]女(-/-en)《主に単》虚栄(心); うぬぼれ; 見栄.

Eiter [アイター]男(-s/)[医]膿(②), うみ.

eitern [アイタァン]自化膿する, うむ.

eitrig [アイトリヒ]形化膿性の; 化膿した, うんだ; 膿状の.

Ei・weiß 中(-(e)s/-e) ❶卵白. ❷[生化]蛋白質(シ).

Ekel [エーケル] ((I))男(-s/)〈vor [gegenüber] ③〉〈(人・事³に対する)〉吐き気, むかつき; (むかつくような)嫌悪感, 不快感. ((II))中(-s/-)(口)嫌な人[やつ], 気に障るやつ.

ekel・haft ((I))形 ❶吐き気[嘔吐]を催させる(ような), 吐き気を感じる(ような), 気持ち[気味]の悪い. ❷不快[不愉快]きわまる, ひどくいやな. ((II))副 (口)ひどく, 不快で[忌まわしい]ほど(に).

ekeln [エーケルン] ((I))自《非人称》〈④〉〈人³·⁴が〉〈人·事³に〉吐き気を覚える[催す]. ((II))再 sich⁴〈vor ③〉〈(人・物³に)〉吐き気がする.

ek(e)lig [エーク[ケ]リヒ]形 ❶吐き気[嘔吐]を催させる(ような). ❷(口)愛想[意地]が悪い, 気むずかしい; 嫌な, 厄介な.

Ekstase [エクスターゼ]女(-/-n)エクスタシー, 恍惚(そ²), 陶酔境.

Ekzem [エクツェーム]中(-s/-e) [医]湿疹(ミネ).

elastisch [エラスティッシュ]形 ❶伸縮性[弾性]の(ある), 弾力のある, 伸び縮みする; 弾力性[柔軟性]のある, 弾力的な, 柔軟な. ❷弾むような, 軽やかで[軽快]な, しなやかな.

Elbe [エルベ]女(-/)(die ~)エルベ河((チェコから, ドイツを通って北海に注ぐ)).

Elefant [エレファント]男(-en/-en) 《弱》象. sich⁴ wie ein ~ im Porzellanladen benehmen (口)はた迷惑[不作法, 無神経]な振る舞いをする.

elegant [エレガント]形《最上 ~est》エレガントな, 洗練された, 優雅[優美]な, 上品な. eine ~e Lösung エレガント[あざやか]な回答.

Eleganz [エレガンツ]女(-/)エレガンス, 洗練, 優雅, 上品, 端麗.

Elektriker [エレクトリカー]男(-s/-) 電気技師; 電気工事人, 電気修理人. ◇**Elektrikerin** 女(-/-nen).

elektrisch [エレクトリッシュ]形《主に付加》❶電気の, 電気性[作用]の, 電気的な; 電気に関する; 電気による; 電気を帯びた, 帯電している; 電気を通す[伝える], 伝導性[導体]の; 電気を起こす[生じる], 発電(性)の. ❷電気で動く, 電動(式)[電気仕掛け]の, 電気を利用した[用いた]. ♦~e Leitung 電線. ~er Strom 電流.

elektrisieren [エレクトリズィーレン] ((I))他〈物¹が〉〈(人⁴を)〉興奮させる, 感激させる. ((II))自〈物¹が〉帯電[荷電]している, 電気を帯びている; 電気が流れている, 電流が通じている.

Elektrizität [エレクトリツィテート]女 (-/)電気; 電流; 電力.

Elektro.. [エレクトロ]《名詞に付いて》「電気の, 電動の」.

Elektro・herd 男 電気レンジ, 電気

釜.

Elektron [エーレクトロン, エレクトロン, エレクトローン] 中《-s/..tronen [エレクトローネン]》〖理〗電子, エレクトロン.

Elektronik [エレクトローニック] 女《-/》❶電子工学, エレクトロニクス. ❷《集合的》電子機器, 電気システム.

elektronisch [エレクトローニッシュ] 形 ❶電子工学の, エレクトロニクスの;電子の. ❷電子機器の, 電気システムの.

Elektro·technik 女《-/》電気工学.

Element [エレメント] 中《-(e)s/-e》 ❶構成要素, 成分;(構成)部分;本質的特徴. ❷《複》基本, 基礎, 原理, 原則. ❸《複》自然の力［猛威］. ❹元素;(集合論の)元, 要素. ❺《主に複》《軽蔑》(いかがわしい団体の)分子, 連中.

elementar [エレメンターァ] 形 ❶《付加》基本的な, 根本的な, 基礎的な, 初歩的な;主要な. ❷はなはだしい, 激しい.

elend [エーレント]《(I)》形 ❶悲惨な, みじめな;みすぼらしい;やつれた, やせ衰えた. ❷〔口〕気分［体〕の悪い. ❸《付加または副》〔口;軽蔑〕ひどい, ろくでもない;まずい, 苦しい. ❹《付加》〔口〕ものすごい. 《(II)》副〔口〕ものすごく.

Elend [エーレント] 中《-(e)s/》《単》❶悲惨さ, みじめさ;みすぼらしさ. ❷不幸, 悲しみ, 苦しみ.

elf [エルフ エルフ エルフ] 数詞〈基数〉11, 十一. 5級

Elf [エルフ] 女《-/-en》❶11(という数). ❷(サッカーチームの)イレブン. ❸(11という数のつくもの, 特に)(a) 〔じゅ〕11(の札). (b) (バスなどの路線で)11番系統.

Elfe [エルフェ] 女《-/-n》女の妖精［妖魔］.

Elfen·bein 中《-(e)s/》象牙.

Elf·meter [エルフメーター] 男《-s/-》〔じゅ〕ペナルティキック ((ゴール前11メートルの距離から行う)). ♦ einen ~ geben [verhängen] ペナルティキックを課す. einen ~ ausführen [verschießen] ペナルティキックをする.

Elfmeter·schießen 中〔じゅ〕PK戦.

elft [エルフト] 数詞〈序数〉第11の, 11番目の. 4級

Elite [エリーテ] 女《-/-n》エリート(集団), 精鋭.

Elisabeth [エリーザベット]《女名》エリーザベト.

..ell [..エル] 形《名詞と共に》❶「...に関する, 属する」: finanziell 財政の. ❷「...による」. ❸「...の特徴を持つ, ...的な」.

Ellbogen [エルボーゲン] 男《-s/-》ひじ. *die ~ gebrauchen* [*einsetzen*] 強引に押し通す.

Ellen·bogen 男 ひじ.

Ellipse [エリプセ] 女《-/-n》❶楕円(だ), 長円. ❷省略(法).

Elsass [エルザス] 中《-(es)/》《das ~》エルザス, アルザス ((1871年から1918年までドイツ領で, 現在はフランス領;フランス語でAlsace)).

Elsaß 中 = Elsass.

elsässisch 形 エルザス(人［語］)の.

Elsass-Lothringen [エルザスロートリンゲン] 中《-(s)/》エルザス・ロートリンゲン, アルザス・ロレーヌ ((フランス語でAlsace-Lorraine)).

Elster [エルスター] 女《-/-n》〖鳥〗カササギ.

elterlich [エルターリヒ] 形《付加》父母の, 両親の, 親の.

Eltern [éltərn エルタァン]《複》両親, 父母. ♦ *strenge ~* 厳しい親. 5級

em. 《略》emeritus, emeritiert 退職の.

Email [エマイ, エマール] 中《-s/-s》琺瑯(ほう), エナメル;うわぐすり;七宝(しっ), エマイユ.

E-Mail [イーメイル] 女《-/-s》, 〔南ド・オ・スイ〕 中《-s/-s》 Eメール, 電子メール. ♦ *eine ~ senden* [*bekommen*] Eメールを送る［もらう］. 4級

Emanzipation [エマンツィパツィオーン] 女《-/-en》《主に単》(特に女性の)解放.

emanzipieren [エマンツィピーレン]

〔1〕1格 〔2〕2格 〔3〕3格 〔4〕4格

Embargo

囲sich⁴ 解放される, 自由になる, 自立する.

Embargo [エンバルゴ] 中 (-s/-s) 輸出入[供給]禁止, 経済制裁.

Emblem [エンブレーム, アンブレーム] 中 (-s/-e) ❶紋章, 標章, 国章. ❷(伝統的に定まった)象徴.

Embryo [エンブリョ] 男(中) (-s/-s, ..bryonen [..ブリョーネン]) 胎芽(ボ゙), 胚(ミ゙), 萌芽(エ゙); 胚胎.

Emigrant [エミグラント] 男 (-en/-en) (政治・経済・宗教などによる)亡命者, (他国への)移住者, 移民. ◇ **Emigrantin** 女 (-/-nen).

Emigration [エミグラツィオーン] 女 (-/-en) ❶亡命[移民]先. ❷亡命, 移住, 移民.

emigrieren [エミグリーレン] 自⑤ 亡命[移住]する.

Emil [エーミール]《男名》エーミール.

Emotion [エモツィオーン] 女 (-/-en) 心の動揺, 感情, 感動, 感激.

emotional [エモツィオナール] 形 情動的な, 感情(的)の, 感動[感激]的な.

empfahl [エンプファール] empfehlenの過去形.

empfähle [エンプフェーレ] empfehlenの接続法II式形.

empfand [エンプファント] empfindenの過去形.

empfände [エンプフェンデ] empfindenの接続法II式形.

Empfang [エンプファング] 男 (-(e)s/..fänge) ❶《単》(主に官)(書)受け取り, 受領, 領収. ❷《単》出迎え, 接見, 謁見. ❸ (公的な)レセプション, 歓迎会, 宴会. ❹《単》受信, 受像. ❺受付, (ホテルの)フロント.

empfangen* [エンプファンゲン] ((I))他 (du empfängst, er empfängt; 過 empfing; 過分 empfangen) ❶〈４格 (von ③)〉〈物⁴を〈人³から〉〉受け取る, 受ける, 受領する. ❷(出)迎える, 接見[謁見]する. ❸〈放送⁴などを〉受信[受像]する. ((II))((I))の過去分詞.

Empfänger [エンプフェンガー] 男 (-s/-) ❶受取人, 受領者. ❷受信人.

❸受信機, 受像機. ◇ **~in** 女 (-/-nen).

empfänglich [エンプフェングリヒ] 形 〈**für** ④〉❶〈物⁴の〉影響を受けやすい, 〈物⁴に〉動かされやすい. ❷〈病気⁴に〉かかりやすい, 感染しやすい.

Empfängnis [エンプフェングニス] 女 (-/-se) 受胎.

Empfängnis‧verhütung (-/-en)《主に単》避妊.

empfängst [エンプフェングスト] empfangenの2人称単数現在形.

empfängt [エンプフェングト] empfangenの3人称単数現在形.

empfehlen* [ɛmpfé:lən エンプフェーレン]

現在	ich empfehle	wir empfehlen
	du **empfiehlst**	ihr empfehlt
	er **empfiehlt**	sie empfehlen
過去	ich empfahl	wir empfehlen
	du empfahlst	ihr empfahlt
	er empfahl	sie empfehlen

過分 **empfohlen**
接II empföhle, empfähle

((I))他 ❶〈③ ④〉〈(人³に)人・物⁴を〉推薦する, 推奨する, 勧める. ❷〈③ ④〉〈(人³に)事⁴を〉奨励する, 勧める. ★zu不定詞, dass副文をとる. ((II))再 sich⁴〈物¹が〉うってつけである, 推薦できる, するとよい, 得策である. ❷いとまを告げる, おいとまする. **4級**

empfehlens‧wert 形 推薦[推奨]するに値する[足りる], 勧められる.

Empfehlung [エンプフェールング] 女 (-/-en) ❶勧め, 薦(ボ)め, 推薦. ❷推薦[紹介]状. ♦ auf ② ~ 人²の推薦[勧め, 紹介]で.

empfiehl [エンプフィール] empfehlenの命令法2人称単数形.

empfiehlst [エンプフィールスト] empfehlenの2人称単数現在形.

empfiehlt [エンプフィールト] empfehlenの3人称単数現在形.

empfinden* [エンプフィンデン] 他 感

①1格 ②2格 ③3格 ④4格

empfindlich [エンプフィントリヒ] ((I))形 ❶〈gegen ④〉〈物⁴に対して〉感じやすい, 敏感な; 鋭敏な, 過敏な. ❷虚弱な; アレルギー性の. ❸傷つきやすい, 感受性の強い; 神経過敏の. ❹感度の良い, 高感度の. ❺〔付加〕激しい; 手痛い; 耐えがたい. ((II))副〔強調して〕厳しく, ひどく, はなはだしく, 甚大に.

empfindsam [エンプフィントザーム] 形 心情的な, 感傷的な, センチメンタルな.

Empfindung [エンプフィンドゥング] 女(-/-en) 感じ, 感覚; 感情.

empfing [エンプフィング] empfangenの過去形.

empfinge [エンプフィンゲ] empfangenの接続法II式形.

empfohlen [エンプフォーレン] empfehlenの過去分詞.

empfunden [エンプフンデン] empfindenの過去分詞.

empor [エンポーァ] 副 上の方へ, 上へ, 高く; 上に.

empören [エンペーレン] ((I))他〈物¹が〉〈人⁴を〉憤激させる, 立腹させる, 憤慨させる. ((II))再 sich⁴〈über ④〉〈人・物⁴に〉憤慨［立腹］する. ❷〈gegen ④〉〈人・物⁴に対して〉反逆する, 〈人・物⁴に〉そむく.

Empörung [エンペールング] 女(-/-en) ❶〔単〕〔書〕憤慨, 憤激. ❷反逆; 反乱, 暴動.

emsig [エムズィヒ] 形 ❶せっせと励む, せわしい. ❷こつこつと働く, 根気のよい, たゆまぬ, 営々たる.

Ende [éndə エンデ] 中(-s/-n) ❶〔単〕(↔ Anfang) 終わり, 最後; 端, 果て, 外れ; 末, 終末, 結末; 最期, 死; (先)端, 末端. ❷〔北ドイツ〕切れ端, 小片. ♦am ~ der Stadt 町のはずれに. am [bis, gegen] ~ des Monats 月末に［月末までに, 月末ごろ］. am ~ 1) 結局, 根本的には. 2)〔口〕もしかして, ひょっとして. am ~ der Welt woh-

nen 世の果て［辺鄙な所］に住んでいる. am ~ sein (疲れて)くたくたである. kein ~ nehmen〈悪い事¹が〉終わらない. ④ zu ~ bringen [führen] 事⁴を終える［終わらせる, やり遂げる］. zu ~ gehen〈物¹が〉終わる, 終わりに近づく. zu ~ sein 終わっている. 5級

End-effekt [エント..] 男〔単〕最終効果. im ~ 最終的に.

enden [エンデン] 自(↔ anfangen, beginnen) ❶終わる, 済む, やむ; 尽きる. ❷（まれに Ⓢ）最期を遂げる, 死ぬ; 果てる. ❸〈auf ③〉〈語¹が〉〈末尾音・語尾³を〉とる. 5級

end-gültig [エントギュルティヒ] 形 最後の, 最終の, 最終的の, 決定した, 変更できない. 4級

End-kampf 男 最後の戦い, 決戦; 決勝戦, ファイナル.

End-lager 中 (核廃棄物などの)最終処分場.

End-lauf 男 決勝レース.

endlich [エントリヒ] ((I))副 ❶ようやく, ついに, やっと, とうとう. ❷〈(しばしば命令文に入れられ)〉もうそろそろ, いいかげんに(こにいちど). ❸最後に, 終わりに; 結局は. ((II))形 ❶限られた, 有限の. ❷待ちに待った, 長く待ち望んだ. 5級

end-los 形 終わりのない, 果てしない, 際限のない; とどめない, 絶え間ない.

End-runde 女〔ⁿᵈ〕(サッカー・ハンドボールなどの) 決勝トーナメント, 決勝シリーズ, 決勝リーグ. ♦in die ~ kommen = die ~ erreichen 決勝トーナメント［シリーズ］に勝ち進む.

End-spiel 中(チェスなどの)終盤. ♦das ~ erreichen 決勝戦に勝ち進む.

Endung [エンドゥング] 女(-/-en)〔言〕語尾. ❷接尾辞.

Energie [エネルギー] 女(-/..gien [..ギーエン]) ❶精力, 活力, 気力; 力, パワー, 実行力. ❷〔理〕エネルギー.

Energie-einsparung [..アインシュパルング] 女 省エネ.

energisch [エネァギッシュ] 形 ❶精力的な, エネルギッシュな, 活発な, 活

動的な. ❷《主に副》断固[決然]とした, 力を込めた.

eng [ɛŋ エング] 形 ❶ (↔ breit)(幅が)狭い. ❷密接[密集]した, (間隔の)詰まった. ❸ (↔ weit)(スカートなどが)タイトな, きつい, 窮屈な ❹親密な, 緊密な. ♦ im engeren Sinne より狭い意味において. mit ③ ~ befreundet sein 人³と親しい間柄である. einen ~en Horizont haben 視野が狭い. im ~sten Familienkreis 家族内の, 家族だけの. 4級

Enge [エンゲ] 囡 (-/-n) ❶《単》狭いこと, 狭さ, 窮屈さ. ❷狭い場所; 地峡, 海峡; 窮地, 隘路. ◆ in die ~ treiben (質問などによって)人⁴を窮地に追い込む.

Engel [エンゲル] 男 (-s/-) 天使; 天使のような人.

engl. 《略》= englisch.

England [エングラント] 田 (-s/) ❶イギリス, 英国. ❷イングランド.

Engländer [エングレンダー] 男 (-s/-) イギリス[英国]人. ◇ **Engländerin** 囡 (-/-nen).

englisch [エングリッシュ] 形 ❶英語の. ❷イギリス(人[風])の, 英国(人[風])の. ❸イングランド(人)の.

Englisch [エングリッシュ] 田 (-(s)/) 英語.

engstirnig [エングシュティルニヒ] 形 (軽蔑)考え[視野]の狭い, 度量[了見]の狭い, 偏狭な.

Enkel [エンケル] 男 (-s/-) ❶孫. ❷《複》子孫, 後世の人々. ◇ **Enkelin** [エンケリン] 囡 (-/-nen) 孫娘. 5級

Enkel-kind 田

enorm [エノルム] ((I)) 形 莫大な, 巨大な, とてつもない, ものすごい, 法外な. ((II)) 副 とてつもなく, ものすごく.

ent.. [エント] 田《前綴り》《非分離》《常にアクセントなし; 多くは他動詞を構成; 文体的には《書》となることが多い; f の前では emp.. となる》❶「取り去る」. ❷「去る, 逃れる」. ❸「流れ出る, 漏れ出る」. ❹「基礎動詞の意味の反対」. ❺「悪化・変質する」. ❻「ある状態への移行とその強調」. ❼「開始・生成」.

❽「分離する」. ❾「対して向って」. ♦ entlausen シラミを駆除する. entfliegen 飛び去る. entbinden 解き放つ. entarten 退化[堕落]する.

★ ent.. で始まる動詞の過去分詞には ge.. を付けない.

entbehren [エントベーレン] ((I)) 他 《書》〈物⁴なしで〉やっていく, 済ます. ((II)) 自〈③〉《書》〈物²を〉欠いている. ⑭ *nicht ~ können* 人⁴がいなくて困る.

entbehrlich [エントベーアリヒ] 形 なくても済む, 必要でない, 無用の, 余計な.

Entbehrung [エントベールング] 囡 (-/-en) 《書》欠乏, 欠如, 窮乏; 不足, 不自由.

ent-binden* ((I)) 他〈④ **von** ③〉《書》〈人⁴を事³から〉解く, 解任する, 〈人⁴に対して事³を〉免除する. ((II)) 自 お産をする, 子供を産む.

Ent-bindung 囡 (-/-en) ❶《単》解除, 免除. ❷分娩, 出産.

entblößen [エントブレーセン] 《書》((I)) 他〈物⁴を〉むき出しにする, 露出させる, さらけ出す, 裸にする. ((II)) 再 sich⁴ 裸になる, 露出する.

entdecken [エントデッケン] 他〈人・物⁴を〉発見する.

Entdecker [エントデッカー] 男 (-s/-) 発見者. ◇ **Entdeckerin** 囡 (-/-nen).

entdeckt entdecken の過去分詞.

Entdeckung [エントデックング] 囡 (-/-en) ❶《単》発見. ❷発見物. ♦ eine ~ machen 発見する.

Ente [エンテ] 囡 (-/-n) ❶アヒル; カモ(鴨). ❷雌のアヒル[カモ]. ❸〘料〙アヒル[カモ]の肉, カモ料理. ❹ (口) シトロエン 2 CV ((フランスの小型車)). ❺誤報, 虚報.

ent-eignen 他〈人⁴から〉接収[没収, 収用]する, 〈人⁴の〉所有権[所有物, 財産]を接収[没収, 収用]する, 公用徴収をする.

ent-fallen* 自 ❶〈事¹を〉度忘れする, 思い出せない. ❷〈③〉《書》〈物¹が〉〈人³の手から〉すべり[抜け]落ちる. ❸《書》〈物¹が〉行われない, キャンセ

ent·falten
(I) 他 ❶〈たたんである物⁴を〉開く, 広げる. ❷〈活動⁴などを〉展開する, 発展させる. ((II)) 再 sich⁴ ❶ 力[才能, 自己]を発揮する. ❷〈花⁴などが〉開く, 広がる.

ent·fernen
[..フェァネン]《書》((I)) 他 ❶〈④ (von [aus] ③)〉〈物⁴を〉取り除く, 除去する. ❷〈④ (von [aus] ③)〉〈人⁴を〉〈物³から〉解任する. ((II)) 再 sich⁴ 離れる, 去る, 消える.

entfernt
[entfernt エントフェァント] ((I)) entfernenの過去分詞. ((II)) 形 《最上~est》 ❶《付加》遠く隔った, 離れた. ❷《述語または副》距離がある. ❸《付加または副》かすかな, わずかな, おぼろげな, ぼんやりとした. ◆ weit ~ von hier ここから遠く離れて. 20 km von der Hauptstadt ~ 首都から20キロ離れている. *nicht im Entferntesten* 少しも[全く, 決して] …でない. *weit davon ~ sein*, 〈zu不定詞句〉…することは決してない[考えてもいない]. 4級

Entfernung
[エントフェァヌング] 女 (-/-en) ❶ 距離, 間隔, 隔たり. ❷ 離れること, 去ること, 離脱.

ent·fesseln
他〈物¹が〉〈物⁴を〉引き[巻き]起こす, 解き放つ.

ent·fliehen*
自 (S) ❶〈(aus ③)〉〈(物³から)〉逃げ去る. ❷〈③〉《書》〈不快な物³から〉逃れる.

entfremden
[エントフレムデン] ((I)) 他〈④ (③)〉〈人⁴を人³から〉遠ざける, 引き離す,〈人⁴を人³と〉疎遠にする, 不仲にする, 疎外する. ((II)) 再 sich⁴〈(von) ③〉〈人³と〉疎遠になる, 不仲になる, 仲たがいする.

Entfremdung
[エントフレムドゥング] 女 (-/-) 疎遠, 疎外; 離反; 仲たがい.

ent·führen
他 ❶〈子供⁴などを〉誘拐する,〈飛行機⁴などを〉乗っ取る, ハイジャックする. ❷〈(③) ④〉《口》〈人³に〉物⁴を〉(ちょっとの間)拝借する, 失敬する.

Ent·führer
男 (-s/-) 誘拐犯人, 人さらい; 乗っ取り犯人, ハイジャッカー. ◇ Entführerin 女 (-/-nen).

Ent·führung
女 誘拐, 人さらい; 乗っ取り, ハイジャック.

entgangen
[エントガンゲン] entgehenの過去分詞.

entgegen
[entgé:gən エントゲーゲン] ((I)) 前《3格支配; 時に名詞の後に置かれる》…に反[против]して, 逆らって. ((II)) 副《3格の(代)名詞の後に置かれて》…の方へ, …に向かって. ◆ Geh ihm ein Stück ~! 彼の方に少し行って.

entgegen..
《前綴り》《非分離; 常にアクセントなし; 3格と共に》❶「…に向かって」. ❷「…に反して」.

entgegen|bringen*
他〈③ ④〉〈人³に好意⁴などを〉示す.

entgegen|fahren*
自 (S) 〈③〉〈人・物³に〉向かって(乗物で)行く,〈人³を迎えに〉行く.

entgegen|gehen*
自 (S) 〈③〉〈人・物³に〉向かって行く,〈人³を迎えに〉行く.

entgegen|gesetzt
((I)) entgegensetzenの過去分詞. ((II)) 形 ❶ 逆方向の, 反対の. ❷ 向かい合った, 相対する. ❸ 対立[敵対]する.

entgegen|kommen*
自 (S) 〈③〉 ❶〈人³に〉向かって(逆方向から)やってくる, 近づいてくる. ❷〈人³(の希望)に〉歩み寄る, 応ずる. ❸〈人³に対して〉(ある態度で)対応する, 応ずる.

Entgegen·kommen
中 (-s/-) ❶ 歩み寄ること, 譲歩, 妥協. ❷ 親切(心), 好意.

entgegen·kommend
((I)) entgegenkommenの現在分詞. ((II)) 形 気さくに応じる, 親切な, 好意的な, 愛想のいい.

entgegen|nehmen*
他〈④ (von ③)〉《書》〈物⁴を〈人³から〉受け取る, 受領する, 受ける.

entgegen|setzen
他〈③④〉〈人³に対して物⁴を〉持ち出す.

entgegnen
[エントゲーグネン] 他

ent□t, ent□te ⇒ ent□en

〈③〉④《書》〈〈人³に〉反対の事⁴を〉言い返す,応酬[応戦]する.

ent·gehen* 圓⑤ ❶〈③〉〈人・事³から〉(運よく)逃れる,〈人・事³を〉免れる. ❷〈③〉〈事⁴を〉〈人³が〉見[聞き]落とす.

entgeistert [エントガイスタァト] 形 呆然(ぼうぜん)とした,ショックを受けた.

Entgelt [エントゲルト] 中(-(e)s/-e) 《主に単》代償,報酬.

ent·ging entgehenの過去形.

ent·ginge entgehenの接続法II式形.

entgleisen [エントグライゼン] 圓⑤ ❶〈列車¹などが〉脱線する. ❷羽目を外す,逸脱した振る舞いをする.

ent·hält enthaltenの3人称単数現在形.

enthalten* [エントハルテン] ((I))他〈物¹が〉〈物⁴を〉含む,包含[含有]する,入っている. ★受け身なし. ((II))再 sich⁴〈②〉《書》〈快い物²を〉節制する,控える,自制する,やめる. ((III))〈 (I),((II))の過去分詞. ♦sich⁴ des Alkohols [der Stimme] ~ 禁酒[投票を棄権]する. *in* ③ *enthalten sein* 〈物¹が〉物³に含まれている.

enthaltsam [エントハルトザーム] 形 控え目な,節制[自制]している;禁欲的な,禁酒した.

Enthaltsamkeit [..カイト] 囡(-/) 控え目,節制,自制;禁欲,禁酒.

enthältst enthaltenの2人称単数現在形.

Ent·haltung 囡棄権.

enthaupten [エントハオプテン] 他〈人⁴の〉首を切る[はねる],〈人⁴を〉斬首(ざんしゅ)(刑)にする.

ent·heben* 他〈④〉〈②〉《書》❶〈人⁴を〉物²から〉解く,解任する,免職する. ❷〈人⁴を事²から〉解放する,解除[免除]する.

enthemmt [エントヘムト] 形 抑圧から開放された,自制心を失った.

ent·hielt enthaltenの過去形.

ent·hielte enthaltenの接続法II式形.

ent·hüllen 他《書》❶〈物⁴を〉除幕する,〈物⁴の〉ベール[覆い]を取り除く. ❷〈③〉④〈人³に〉秘密⁴などを〉打ち明ける;明らかにする,公(おおやけ)にする,暴露する.

Enthusiasmus [エントゥズィアスムス] 男(-/-) 熱狂,熱中.

enthusiastisch [エントゥズィアスティッシュ] 形 熱狂[狂信]的な,熱中[心酔]した.

ent·kleiden 《書》((I))他 ❶〈人⁴の〉衣服を脱がせる[はぐ]. ❷〈②〉〈人⁴から物²を〉剝奪する,奪う,取り上げる. ((II)) 再 sich⁴ 《書》着物を脱ぐ,脱衣する.

ent·kommen* 圓⑤ ❶〈③〉〈追手³から〉逃れる,逃げおおせる. ❷〈aus ③〉〈物³から〉脱する,脱出する.

entkorken [エントコルケン] 他〈瓶⁴などの〉栓(せん)[コルク]を抜く.

entkräften [エントクレフテン] 他 ❶〈論拠⁴などの〉説得力を弱める,無効にする,〈事⁴を〉論破する. ❷〈物¹が〉〈人⁴の〉力を殺(そ)ぐ,弱らせる,衰弱させる.

ent·laden* ((I))他 ❶〈トラック⁴などの〉積み荷を下ろす. ❷〈銃⁴などの〉弾薬を抜き取る. ((II))再 sich⁴ ❶〈物¹が〉放電する. ❷〈怒り⁴などが〉爆発する,一気に吹き出る.

entlang [entláŋ エントラング] ((I)) 前《名詞の後に置かれる場合は4格支配,前に置かれる場合は3格支配;まれに2格(古4格)支配》《空間的に》...に沿って,...伝いに. ♦die Straße ~ = ~ der Straße 通りに沿って. ((II))副《他の前置詞と共に》《空間的に》沿って. ♦an der Straße ~ 通りに沿って. 4級

entlang.. 《前綴り》〈分離〉「沿って」.

entlang|gehen* 圓⑤ 沿って行く[歩く].

entlarven [エントラルフェン] 他〈(人・物⁴の)〉仮面をはぐ,本性[正体]を暴く.

ent·lassen* [エントラッセン] ((I))他 ❶〈人⁴を〉解雇する. ❷〈④ (aus ③)〉〈人⁴が(所³から)〉去ることを許す.

ent□t, ent□te ⇒ ent□en

Entscheidung

《(II)》《(I)》の過去分詞.

Entlassung [エントラッスング]囡《-/-en》❶解雇. ❷去らせること；卒業(式)；退院；釈放，出獄.

ent·lasten 他❶〈人⁴の〉重荷[負担]を軽減する，軽くする. ❷〈物⁴を〉緩和する.

ent·laufen* 直⑤〈犬・猫¹などが〉いなくなる，家出する.

entledigen [エントレーディゲン]再 sich⁴《②》《書》❶〈人・物³から〉逃れる，免れる. ❷〈物²を〉片付ける，〈義務²を〉果たす. ❸〈服²を〉脱ぐ.

ent·leeren 他〈物⁴を〉空(窆)にする，あける.

ent·legen 形《副なし》《書》遠く隔たった，辺鄙(ぴ)な.

ent·leihen* 他借り出す.

ent·ließ entlassen の過去形.

ent·locken 他〈③ ④〉〈人³から事⁴を〉誘い出す，引き出す.

entmachten [エントマハテン]〈人⁴から〉力[権力，影響力]を奪う，無力化する.

entmilitarisieren [エントミリタリズィーレン]他〈所⁴の〉軍備を禁止[撤廃]する，軍事施設を撤去する，〈所⁴を〉非武装化する.

entmündigen [エントミュンディゲン]他〈裁判所¹が〉〈人⁴に〉禁治産宣告を下す.

entmutigen [エントムーティゲン]他〈人⁴の〉元気[勇気，希望，自信]を失わせる，意気を沮喪(そう)させる，落胆させる.

Entnahme [エントナーメ]囡《-/-n》取り出すこと；引き出し；採血.

ent·nehmen* 他〈③〉❶〈③ ④〉〈人³から物⁴を〉取り出す. ❷〈aus〉〈③ ④〉〈事³から事⁴を〉見て取る，読み取る，察知する. ★dass副文もとる.

entpuppen [エントプッペン] 再 sich⁴〈als ...〉〈...と〉判明する〈正体⁴が〉わかる，ばれる.

ent·rahmen 他〈牛乳⁴から〉脂肪を除く. ◆～e Milch スキムミルク.

ent·reißen* 他❶〈③ ④〉〈人³から物⁴を〉ひったくる，強奪する. ❷〈③ ④〉〈人⁴を危険・人³から〉かろうじて救い出す.

ent·richten 他《官》《書》〈税金・会費⁴などを〉納める，納付する.

ent·rüsten 再 sich⁴〈über ④〉〈人・物⁴に〉憤激[憤慨，激怒]する.

Entsafter [エントザフター]男《-s/-》(電動)ジューサー.

ent·sagen 自〈③〉《書》〈人・物³を〉あきらめる，断念する.

ent·schädigen 他〈④ (für ④)〉〈人⁴に(事⁴に対して)〉償いをする，賠償[弁償]をする，損害賠償をする.

Entschädigung [エントシェーディグング]囡《-/-en》❶《単》損害賠償，埋め合わせ. ❷賠償金.

ent·schärfen 他❶〈地雷・爆弾⁴の〉信管をはずす[取り去る]. ❷〈議論⁴などを〉和らげる，静める.

entscheiden* [εnt-ˈʃaɪdən エントシャイデン]

現在	ich entscheide	wir entscheiden
	du entscheidest	ihr entscheidet
	er entscheidet	sie entscheiden

過去	ich entschied	wir entschieden
	du entschiedest	ihr entschiedet
	er entschied	sie entschieden

| 過分 entschieden | 接II entschiede |

《(I)》他〈事⁴を〉決める，決定する. ★zu 不定詞もとる. 《(II)》自〈über ④〉〈事について〉(判断して)決定する，判断[判決]を下す. ❷〈事¹が〉〈事⁴を〉決定づける，〈事⁴の〉方向を決める. 《(III)》再 sich⁴〈(für ④)〉❶〈(複数の選択肢から)〉〈人・物⁴に〉決める，決定する，〈〈人・物⁴を〉〉選ぶ. ❷〈事¹が〉(複数の選択肢から)決まる，決定される，決着する. **4級**

entscheidend [..ト] 《(I)》entscheiden の現在分詞. 《(II)》形《付加》〈für ④〉〈事¹が物⁴にとって〉決定[最終]的な，致命的な. 《(III)》副決定的に，根本的に，まったく，すっかり.

Ent·scheidung 囡《-/-en》決定，

1格　2格　3格　4格

決着, 決断;勝負. ♦eine ~ treffen 決定を下す.

ent·schied entscheidenの過去形.

ent·schiede entscheidenの接続法II式形.

entschieden [エントシーデン] ((I)) entscheidenの過去分詞. ((II)) 形《付加または副》はっきりとした, 明らかな, 決然[断固]とした. ((III)) 副はっきりと, 明らかに;決然[断固]として, きっぱりと.

ent·schlafen* 自(S)《書》《婉曲》永眠する, 死ぬ.

ent·schließen* [エントシュリーセン] 再 sich⁴ 〈zu 3〉〈事³を〉《良く考えて》決心をする, 決意する, 〈事³の〉決意を固める. ★zu不定詞もとる.

ent·schloss entschließenの過去形.

ent·schlösse entschließenの接続法II式形.

entschlossen [エントシュロッセン] ((I)) entschließenの過去分詞. ((II)) 形決意を固めた, 思い切った, 決然とした. ♦zu ③ - sein または ~ sein, ... 〈zu不定詞〉事³をする[...する]決心をしている, 決意を固めている.

Entschlossenheit [..ハイト] 女決心していること, 決意を固めていること.

Ent·schluss 男 (-es/..schlüsse) (良く考えた)決心, 決断, 決意.

Entschluß 男 = Entschluss.

entschlüsseln [エントシュリュッセルン] 他 ❶(↔ verschlüsseln) 〈暗号⁴などを〉解読する. ❷〈事⁴を〉解明する, 〈事⁴の〉謎を解く.

entschuldigen [ɛntˈʃʊldɪɡən エントシュルディゲン]
((I)) 他 ❶〈④ (mit ③)〉〈人・事⁴を(事³で)〉弁明[弁解]する, 言い訳する, 理由付けする. ❷〈人⁴の欠席を〉届け出る, 通知して許しを得る. ❸〈事⁴を〉許す, 免責する. ((II)) 再 sich⁴ 〈bei ③ für ④[wegen ②]〉〈人³に事⁴·²で〉詫びる, 謝る, 謝罪する. *Entschuldigen Sie, bitte!* すみません, 失礼します. **5級**

現在	ich entschuldige	wir entschuldigen
	du entschuldigst	ihr entschuldigt
	er entschuldigt	sie entschuldigen

過去	ich **entschuldigte**	wir entschuldigten
	du entschuldigtest	ihr entschuldigtet
	er entschuldigte	sie entschuldigten

過分 **entschuldigt**	接II entschuldigte

Entschuldigung [ɛntˈʃʊldɪɡʊŋ エントシュルディグング] 女 (-/-en) ❶弁解, 弁明, 言い訳. ❷謝辞, 詫び. ❸許し, 容赦, 免責. ❹詫び状, 断り状;欠席届. ♦④ für ④ um ~ bitten 人⁴に事⁴に対して許しをこう, お詫びをする. ~ (,bitte)! 失礼, ごめんなさい, すみません. **5級**

entschwinden* 自(S)《書》消えうせる.

ent·setzen ((I)) 他〈人⁴を〉ぎょっと[ぞっと]させる. ((II)) 再 sich⁴ 〈über ④〉〈物⁴で〉ぎょっと[ぞっと]する.

Ent·setzen 中 (-s/)《単》ぎょっと[ぞっと]すること;仰天;恐怖.

entsetzlich [エントゼッツリヒ] 形 ((I)) ❶ぎょっと[ぞっと]するような, 恐ろしい. ❷《副なし》《口》ものすごい, ひどい, 途方もない. ((II)) 副《口》ものすごく, ひどく, 途方もなく.

ent·sinnen* 再 sich⁴ 〈②; an ④〉《書》〈人・物²·⁴を〉思い出す, 回想する, 記憶している, 覚えている.

ent·sorgen 他《官》《書》〈物⁴の〉廃棄物を処理する.

Entsorgung [エントゾルグング] 女廃棄物処理.

ent·spannen ((I)) ❶他〈人⁴[体⁴など]を〉リラックスさせる, 息抜きさせる, 〈人⁴を〉くつろがせる. ❷〈物⁴の〉緊張を緩める, 緩和させる. ((II)) 再 ❶ sich⁴ リラックスする, くつろぐ, 息抜きする. ❷〈情勢・状況⁴などが〉緩和する, 緩む, やわらぐ.

Ent·spannung 女 ❶ (緊張・筋肉・精神などの)緩み, 弛緩, 緩和;リラックス, くつろぎ, 息抜き. ❷緊張緩和, デ

タント.

ent·sprach entsprechenの過去形.

entspräche entsprechenの接続法II式形.

entsprechen* [エントシュプレッヒェン] 自 ③ ❶〈物¹が〉〈物³に〉相当[対応]する, 当たる, 一致する;〈期待・要求³などに〉添う, かなっている,〈事実³などに〉合っている. ❷《古》〈物¹が〉〈人³に〉合う, かなう, ふさわしい. ❸《官》《書》〈物³に〉応ずる,〈物⁴を〉満たす. 4級

entsprechend [エントシュプレッヒェント] ((I))entsprechenの現在分詞. ((II)) 形 ふさわしい, 合った, (それに)相応の, (それに)応じた;当該の. ((III)) 前 《3格支配;名詞の前後に置かれる》…に応じて, 従って, 相応の, よれば. ♦ ~ seinem Vorschlag = seinem Vorschlag ~ 彼の提案に通りに.

entsprich entsprechenの命令法2人称単数形.

entsprichst entsprechenの2人称単数現在形.

entspricht entsprechenの3人称単数現在形.

ent·springen* 自 ⑤ ❶〈川¹が〉源を発する. ❷〈③〉〈物³から〉発する, 生ずる,〈物³に〉起因する, 由来する. ❸〈(aus ③)〉〈(物³から)〉脱獄する, 脱走する.

entsprochen [エントシュプロッヒェン] entsprechenの過去分詞.

ent·stand entstehenの過去形.

ent·stände entstehenの接続法II式形.

entstanden entstehenの過去分詞.

entstehen* [エントシュテーエン] 自 ⑤〈新しい事物¹が〉生じる, 発生する, 起こる;成立する;出来る, 始まる.

Entstehung [エントシュテーウング] 女 生起, 発生, 成立, 誕生;起源.

ent·stellen 他 ❶〈物¹が〉〈人⁴の形・外観を〉損なう, ゆがめる,〈人⁴を〉醜くする. ❷〈物⁴を〉曲げる, ゆがめる, 歪曲する, 曲解する;偽り伝える.

ent·stünde entstehenの接続法II式形.

ent·täuschen [エントトイシェン] 他〈人⁴を〉失望させる, がっかりさせる,〈人⁴の〉期待を裏切る. ♦ von ③ enttäuscht sein 人・事³にがっかり[がっくり]している.

enttäuschend 形 失望[期待]させる(ような).

enttäuscht enttäuschenの過去分詞.

Ent·täuschung 女 (–/–en) ❶失望のもと, つまらない物[人]. ❷幻滅, 失望, 落胆.

entwaffnen [エントヴァフネン] 他 ❶〈人⁴から〉武器を奪う,〈人⁴の〉武装を解除する. ❷〈人⁴の心を〉和らげる,〈人⁴の怒り・敵意などを〉そぐ.

entwarf [エントヴァルフ] entwerfenの過去形.

entweder [éntveːdɐr, -́- エントヴェーダー, エントヴェーダー] 接《並列》《oderと共に》(...か)あるいは, (...の)いずれか一方. ♦ Entweder, oder! 《口》どちらかに決めなさい, (一つを)選びなさい. ★文頭に置かれるときは接続詞的副詞としても用いられる:Entweder er ist [Entweder ist er] im Irrtum oder ich. 彼が思い違いをしているのか私がしているかのどちらかです. 4級

ent·weichen* 自 ⑤〈(aus ③)〉〈(物³から)〉流れ出る, 漏れる.

ent·wenden 他〈③〉④〈書〉〈(人³から)物⁴を〉盗む, 横領[着服]する.

ent·werfen* 他〈新しい物⁴の〉下絵[スケッチ]を描く, 輪郭[略図, アウトライン]を描く, デザインする;構想をたてる,〈新しい事⁴を〉立案する.

ent·werten 他 ❶〈切手⁴などに〉消印を入れる. ❷〈貨幣⁴などの〉価値を下げる;〈貨幣⁴などを〉無価値にする.

Entwerter [..ヴェーアター] 男 (–s/–) (電車・バスの)自動改札機.

entwickeln [ɛntvíkəln エントヴィッケルン] ((I)) 他 ❶〈商品・手法⁴などを〉開発する, 案出する. ❷〈考え・計画⁴などを〉展開する, 進展させる. ❸〈才能⁴などを〉発揮する;〈感性⁴など

① 1格 ② 2格 ③ 3格 ④ 4格

を〉伸ばす, 育てる, 発現させる. ❹〈物¹が〉〈ガス・煙・熱⁴などを〉発する, 発生する. **((II))** 再 sich⁴ 〈(zu ③)〉〈(人・物³に)〉なる, 〈(人・物³へ)〉発展[発達]する;成長する, 発育する, 生長する. ❷〈霧・ガスなどが〉発生する, 生ずる. 4級

entwickelt entwickelnの過去分詞.

Entwicklung [エントヴィックルング] 女 (-/-en) ❶ 開発. ❷ 発達, 発展;成長, 発育, 生長. ❸ 発生. ❹ 現象. ❺ 展開;発揮. 4級

Entwicklungs·helfer 男 発展途上国の開発にボランティアとして働く人, 海外協力隊員.

Entwicklungs·hilfe 女 (発展途上国に対する)開発援助(資金).

Entwicklungs·land 中 発展[開発]途上国.

entwirf [エントヴィルフ] entwerfen の命令法2人称単数形.

entwirfst [エントヴィルフスト] entwerfen の2人称単数現在形.

entwirft [エントヴィルフト] entwerfen の3人称単数現在形.

ent·wischen 自 (S) 〈(③)〉〈(口)〉〈(人³から)〉すばやく(そっと)逃げる.

entwöhnen [..ヴェーネン] 他 〈④ (von ③)〉〈人⁴に対して(酒・麻薬³などの習慣を)〉やめさせる.

Entwurf [エントヴルフ] 男 (-(e)s/..würfe) ❶ 下絵, スケッチ, アウトライン;設計図, 略図, ドラフト;構想, プラン. ❷ 草案, 草稿, 腹案;法案.

entwürfe [エントヴュルフェ] entwerfen の接続法II式形.

ent·wurzeln 他 ❶〈植物⁴を〉根こそぎにする. ❷〈人・物⁴の〉拠り所を失わせる, 〈人・物⁴を〉根無し草にする.

ent·ziehen* **(I)** 他 〈③ ④〉〈人³への援助⁴などを〉打ち切る, 〈人³に物⁴を〉(以後)与えない;〈人³から権利⁴などを〉取り上げる, 剥奪(はくだつ)する. **((II))** 再 sich⁴ ❶〈③〉〈人³から〉自分の身を(引き)離す;逃れる, 自由になる. ❷〈③〉〈義務・責任³などから〉逃れる, 果たさない.

ent·ziffern 他 ❶〈暗号文⁴などを〉解読する. ❷〈テキスト⁴を〉判読[解明]する.

entzückend [エントツュッケント] 形 かわいらしい, 愛らしい.

entzückt [エントツュックト] 形 〈(über ④) [von ③]〉〈人⁴・③に〉感激した, 大喜びした, 狂喜した.

Ent·zug 男 (-(e)s/) ❶ 打ち切り, 拒否. ❷ 剝奪, 取り消し, 停止. ❸ (口) (麻薬などの)禁断療法.

Entzugs·erscheinung 女 (-/-en) 《主に複》禁断症状.

ent·zünden **(I)** 他 (書)〈マッチ・蝋燭⁴など(に火)を〉付ける, 点火する. **((II))** 再 sich⁴ ❶〈物¹が〉発火する. ❷〈an ③〉〈議論・紛争¹などが〉〈物³をきっかけに[が原因となって]〉燃え上がる, 沸き上がる. ❸ [医] 炎症を起こす.

entzündlich [エントツュントリヒ] 形 [医] 炎症(性)の.

Ent·zündung 女 (-/-en) ❶《主に単》発火, 点火, 引火. ❷ 燃え上がること, 激化, 沸騰. ❸ [医] 炎症.

ent·zwei 形 《やや古》 ~ sein 〈物¹が〉割れて[壊れて, 裂けて, 折れて]いる.

entzweien [エントツヴァイエン] **((I))** 他〈人⁴を〉仲たがいさせる, 不和にする, 相争わせる. **((II))** 再 sich⁴ 〈(mit ③)〉〈(人³と)〉仲たがいする, 不和になる, 相争う.

entzwei|gehen* 自 (S) 〈物¹が〉割れる, 壊れる, 砕ける, 裂ける, 折れる.

Enzian [エンツィアーン] 男 (-s/-e) ❶ [植] リンドウ. ❷ リンドウ酒 ((蒸留酒)).

Enzyklopädie [エンツュクロペディー] 女 (-/..dien [..ディーエン]) 百科事典 [全書].

enzyklopädisch [エンツュクロペディッシュ] 形 百科事典[全書]の;該博な, 博識な.

Epidemie [エピデミー] 女 (-/..mien [..ミーエン]) [医] 流行[伝染]病, 疫病.

epigonal [エピゴナール] 形 (書) 亜流の, 模倣の.

ent□t, ent□te ⇒ ent□en

Epik [エーピック] 囡(-/)叙事文学;叙事詩.

episch [エーピッシュ] 形叙事的な;叙事詩の.

Episode [エピゾーデ] 囡(-/-n) 挿話, エピソード;挿話的な出来事.

Epoche [エポッヘ] 囡(-/-n) (歴史を画する)時期, 時代;新時代, エポック. **~ machen** 新時代を画する[開く].

Epos [エーポス] 囲(-/Epen) (長編)(英雄)叙事詩;英雄史.

er [ɛ(:)r エ(ー)ァ] 代《人称》

1	2	3	4	所有冠詞
er	seiner	ihm	ihn	sein

《人物》彼, その人, あの人, あの男;《人間以外の男性名詞を受けて》それ, そのもの. ♦Ich kenne den Mann. Er ist unser Lehrer. その男の人を知っています. 彼は私たちの先生です. Der Tisch steht da. Er ist neu. 机はそこにあります. それは新しいです. ★不定代名詞の, manを受けることはできない(manは常に繰り返す).

Er [エァ] 囲(-/-s)《主に不定冠詞と共に》男, 雄.

er.. 《前綴り》《非分離》❶(a)「内より外へ」.(b)「下から上へ」: erbrechen 吐き出す. ❷「目的の達成(完成・獲得・案出・致死)」. ❸《形容詞から造られて》《主に書》「ある状態になる, する」: erkranken 病気になる. ❹《自動詞から他動詞を造る》: erwarten 期待する.

★er..で始まる動詞の過去分詞にはge..を付けない.

..er¹ [..アー]《《ごなし》》囲(-s/-)❶「…する人, 行為者・従事者・職業人」: Leser 読者. ❷「国名・地名などの人」: Berliner ベルリン市民. ❸「…する物, 道具」: Wecker 目覚まし時計. ❹「…する事, した事, 行為」: -el に終わる女性名詞に対応する男性名詞」: Witwer 男やもめ(< Witwe). ★語調・区別などのために-l-, -n-の挿入されることがある:Künstler芸術家.

..er² 《《ごなし》》形《語尾変化なし》「地名の」(《複数2格形の転用》): Wiener Schnitzel ウィーン風カツレツ.

er·achten 他《④》als [für] ...》《書》〈人・物⁴を…と〉考える, 判断する, みなす, 思う.

er·arbeiten 他《④》❶〈報告書⁴などを〉仕上げる, 作り上げる, 練り上げる. ❷〈sich³〉④〈事⁴を〉(集中的に勉強して)習得する. ❸〈sich³〉④〈物⁴を〉働いて得る.

erbarmen [エァバルメン]《書》《やや古》((I))他〈物¹が〉〈人⁴に〉哀れみの情を催させる, 同情させる,〈物¹で〉〈人⁴が〉かわいそう[哀れ]に思う.
((II))囲 sich⁴《②》〈人²を〉哀れむ, かわいそうに思う.

Erbarmen [エァバルメン] 囲(-s/) 哀れみ, 同情, 思いやり, 慈悲.

erbärmlich [エァベァムリヒ]((I))形
❶哀れな, ひどく不幸な, 惨めな, 悲惨な. ❷(口)お粗末な, 貧弱な, なっていない. ❸(口)卑しい, 浅ましい, 卑劣な.
❹《副なし》(口)すごい, めちゃくちゃな.
((II))副(口)ひどい.

er·bauen ((I))他《④》❶〈大きな建物⁴を〉建てる, 建立[建設]する. ❷《書》(やや古)〈物¹が〉〈人⁴に〉深い感動を呼び起こす,〈人⁴の〉精神を高揚させる,〈物¹で〉〈人⁴の〉心が洗われたように感じる. ((II))囲 sich⁴〈an ③〉〈物³で〉深い感動に打たれる,〈物³に〉精神が高揚する, 心が洗われる.

Er·bauer 囲建立[創設]者;建築[建設]者. ◇**Erbauerin** 囡(-/-nen).

Erbe¹ [エァベ] 囲(-s/) 遺産, 相続財産. ♦das kulturelle [geschichtliche] ~ 文化的[歴史的]遺産.

Erbe² 囲(-n/-n)《弱》❶相続人. ❷《主に複》後継者.

erben [エァベン] 他❶《④》(von ③)〈(遺産⁴を)(人³から)〉相続する. ❷《④ (von ③)》〈物⁴を〉〈人³から〉(遺伝的に)受け継ぐ, もらう. ❸《④ von ③》〈物を人³から〉譲り受ける,(お下がりで)もらう.

er·beuten 他 ぶんどる, 略奪する.

Erbin [エァビン] (-/-nen) ❶〈女性の〉相続人. ❷《主に複》〈女性の〉後継者.

er·bitten* 他 〈sich³〉 ④ 〈von ③〉《書》〈物⁴を〈人³から〉〉〈得ようと〉懇願する, 請い求める.

erbittern [エァビッタァン] 他 〈物¹が〉〈人⁴を〉〈がっかりさせて〉立腹［激昂］させる, 非常に怒らせる.

er·bittert [エァビッタァト] (I) erbittern の過去分詞. (II) 形 ❶ 激怒した. ❷ 激烈な, 壮絶な, すさまじい, 頑強な, 必死の.

Erb·krankheit 女(-/-en) 遺伝病, 遺伝性疾患.

erblassen [エァブラッセン] 自 (S) 《書》〈vor ③〉〈物³に〉青ざめる, 顔色を失う.

er·bleichen* 自 (S) ❶〈弱変化〉《書》顔色を失う, 青ざめる; 色あせる. ❷《強変化》《詩》死ぬ.

er·blich [エァブリヒ] 形 ❶ 遺伝(性)の, 親譲りの, 代々の. ❷ 世襲の; 相続権のある.

er·blicken 他 《書》〈人・物⁴を〉目にとめる, 〈人・物⁴の〉姿を見かける.

erblinden [エァブリンデン] 自 (S) ❶ 失明する. ❷〈鏡・ガラスなどが〉曇る.

er·blühen 自 (S) 《書》開花する.

erbost [エァボースト] 形〈über ④〉〈人・物⁴のことで〉怒った.

er·brechen* (I) 他〈物⁴を〉吐く, もどす, 嘔吐する. (II) 再 sich⁴ 吐く, もどす, 嘔吐する.

Er·brechen 中 (-s) *bis zum Erbrechen*〈口；軽蔑〉へどがでるほど, 嫌になるほど, うんざりするほど.

Erb·schaft [エァプシャフト] 女 (-/-en) 相続財産, 遺産.

Erbse [エァプセ] 女 (-/-n) ❶〔植〕エンドウ(属の植物). ❷《主に複》エンドウ豆; サヤエンドウ. *grüne ~n* グリーンピース.

Erb·stück 中 相続物(件).

Erd·apfel [エート..] 男〈ﾄﾞｲﾂ〉= Kartoffel.

Erd·beben 中 (-s/-) 地震.

Erd·beere 女 (-/-n)〔植〕イチゴ(苺); イチゴの実.

Erd·boden 男 (-s/) 地面, 大地. ◳ *dem ~ gleichmachen* 物⁴をならす, 都市⁴などを徹底的に破壊する.

Erde [éːrdə エーァデ] 女 (-/-n) ❶《単》地球. ❷《単》地上, 地面, 大地. ❸ 土, 土壌; 土地; 土類. ❹《単》地上. ❺ 地上, この世, 現世. ❻〔電〕アース, 接地. ♦ *auf der ~* 地上で, この世で, 世間で. 5級

erdenklich [エァデンクリヒ] 形《書》《付加》考えうる限りの, ありとあらゆる((alleまたはjeder と共に)).

Erd·erwärmung 女 地球温暖化.

Erdg.〈略〉Erdgeschoss.

Erd·gas 中 (-es/) 天然ガス.

Erd·geschoss [エーァトゲショッス] 中 (-es/-e) 1階((略: Erdg.)). ♦ *im ~* 1階に.

Erdgeschoß〈南ﾄﾞ·ｵｰｽﾄ〉= Erdgeschoss.

Erd·kugel 女 ❶《単》地球. ❷〈やや古〉地球儀.

Erd·kunde 女 (-/) ❶ (Geographie) 地理学. ❷ 地理の授業.

Erd·nuss 女 (-/..nüsse) ❶〔植〕落花生. ❷ 落花生の実, ピーナッツ.

Erdnuß 中 = Erdnuss.

Erd·öl 中《単》原油, 鉱油, 石油.

er·drosseln 他〈人⁴を〉絞め殺す.

er·drücken 他 ❶〈物¹が〉〈人⁴を〉押しつぶす, 圧殺する. ❷〈物¹が〉〈人⁴の〉心を〉重苦しくする, 〈物¹で〉〈人⁴が〉打ちひしがれる. ❸〈口〉〈物¹が〉〈物⁴を〉圧倒［圧迫］する.

Erd·rutsch 男〔地理〕崖崩れ, 地滑り.

Erd·teil 男〔地理〕大陸.

er·dulden 他〈事⁴を〉耐え忍ぶ.

er·eifern [エァアイファァン] 再 sich⁴〈über ④〉〈（軽蔑〉〈人・物⁴のことで〉エキサイト［カッカ］する.

ereignen [エァアイグネン] 再 sich⁴〈異常な事¹が〉起こる, 生ずる, 発生する.

ereignet ereignen の過去分詞.

Ereignis [ɛráɪgnɪs エァアイグニス]

er□te, er□t ⇨ er□en

田 《-ses/-se》（非日常的な）出来事, 事件. **4級**

ererbt [エァエァプト] 形《副なし》相続した, (祖先から)継承した；〖生〗遺伝性の.

erfahren*¹ [ɛrfáːrən エァファーレン]

現在	ich erfahre	wir erfahren
	du **erfährst**	ihr erfahrt
	er **erfährt**	sie erfahren

過去	ich erfuhr	wir erfuhren
	du erfuhrst	ihr erfuhrt
	er erfuhr	sie erfuhren

| 過分 **erfahren** | | 接II **erführe** |

《(I)》他 ❶〈事⁴を〉(聞いて・読んで・告げられて)知る, 〈書〉〈喜び・悲しみなどを〉経験する；受ける. 《(II)》自〈**von** ③〉〈事³について〉(聞き)知る, 耳にする. ◆④ durch ④ [von ③]〜事⁴を人⁴を通じて[人³から]耳にする. die Nachricht aus der Zeitung [aus dem Fernsehen] 〜 そのニュースを新聞[テレビ]で知る. (davon) 〜, dass ... ...ということを聞く. ★受動形の書き換えとして: eine Veränderung 〜 変更される(= verändert werden). **5級**

erfahren² 《(I)》erfahren¹の過去分詞. 《(II)》形〈**in** ③〉〈事³に〉経験を積んだ, 熟練した, 老練な, 堪能な.

erfährst erfahren¹の2人称単数現在形.

erfährt erfahren¹の3人称単数現在形.

Erfahrung [ɛrfáːruŋ エァファールング]女《-/-en》経験. ◆aus (eigener) 〜 (自分の)経験から. **4級**

erfand erfindenの過去形.

erfände erfindenの接続法II式形.

er·fassen 他 ❶〈事⁴を〉把握する, 分かる, のみこむ. ❷〈官〉〈書〉〈人・物⁴を〉収集し記録する, 集計する；カバーする, 網羅する, 包括する. ❸〈人・物⁴を〉巻き込む, 引きずり込む. ❹〈感情¹などが〉〈人⁴を〉襲う, 見舞う ((主に受動態で)). ❺〈データ⁴を〉入力する.

er·finden* [エァフィンデン] 他 ❶〈物⁴を〉発明する, 創り出す, 考案[案出]する. ❷〈人物・出来事⁴などを〉考え出す, 創作する.

Er·finder 男《-s/-》発明者, 考案者, 創始者, 創作者. ◇**Erfinderin** 女《-/-nen》.

erfinderisch [エァフィンデリッシュ] 形発明[独創]の才のある, 創意に富む.

Erfindung [エァフィンドゥング] 女《-/-en》❶《単》発明；創作, フィクション. ❷発明品；創作品. ◆eine 〜 machen 発明する.

Erfolg [エァフォルク] 男《-(e)s/-e》(↔ Misserfolg)成功, 成果. ◆mit 〜 成功裏に, 首尾良く, 成功した, うまくいった. ohne 〜 成功せずに, 成果があがらずに, うまくいかずに. mit ③ 〜 haben 事³に成功する.

er·folgen 自 ❶〈**auf** ④〉;〈**nach** ③〉〈物¹が〉〈物の結果として[物に続いて]〉(事の後で)〉起こる[生ずる]. ❷〈動作名詞の内容¹が〉行われる, なされる.

erfolg·los 形不成功の, 成果のあがらない, うまくいかない；徒労に終わった, むだな, むなしい.

erfolg·reich 形成功した, 好結果の, うまくいった.

erforderlich [エァフォルダーリヒ] 形《副なし》〈**für** ④〉〈物⁴に〉必要な, 不可欠な, 必須の.

er·fordern 他〈書〉〈物¹が〉〈忍耐・勇気・集中力などを〉必要とする, 要(求)する, 〈金・時間⁴などが〉かかる.

er·forschen 他（学術的)研究[調査, 探究]する.

Er·forschung 女《単》(学術的)探究, 研究, 調査.

er·freuen 《(I)》他〈④ **mit** ③ [**durch** ④]〉〈人⁴を物³·⁴で〉喜ばせる. 《(II)》再 sich⁴ ❶〈**an** ③〉〈人・物³で〉喜ぶ. ❷〈②〉〈書〉〈物²を〉享受する.

erfreulich [エァフロイリヒ] 形喜ばしい, うれしい, 好ましい, 結構な.

erfreut [エァフロイト] ((I)) erfreuen の過去分詞. ((II)) 形 〈(**über** 4)〉〈(物4のことで)〉うれしい, 喜んだ.

er·frieren [エァフリーレン] ((I)) 自 Ⓢ ❶凍死する; 〈植物・野菜4などが〉凍害[霜害]を受けて枯死する. ❷〈3〉〈人3の〉〈手足4などが〉凍傷にかかる, 凍傷で壊死(ｴ)する ((II)) 他 〈sich4 4〉〈手足4などに〉凍傷を負う.

erfrischen [エァフリッシェン] ((I)) 他 〈物1が〉〈人4を〉元気づける, 〈人4の〉気分をさわやか[爽快(ｿｳｶｲ)]にする. ((II)) 再 sich4 元気になる, さわやかになる, リフレッシュする, 爽快気分になる.

Erfrischung [エァフリッシュング] 囡 〈-/-en〉 ❶〈単〉リフレッシュ, 気元回復. ❷ (冷たい・さっぱりした)軽い飲食物, 清涼飲料.

erfuhr erfahren¹の過去形.

erführe erfahren¹の接続法II式形.

erfüllen¹ [エァフュレン] ((I)) 他 ❶〈義務・課題4などを〉**果たす**, 履行[実行]する. ❷〈物1が〉〈欲求・構成要素4などを〉満たす. ❸〈物1が〉〈人4に〉充実感を与える, 〈人4を〉満足させる. ❹〈3 4〉〈人3の願い4などを〉かなえる, 実現する. ((II)) 再 sich4〈願いなどが〉実現する, 満たされる, かなう;〈予言などが〉現実である, 的中する.

erfüllen² [書]〈他〉❶〈4 (**mit** 3)〉〈空間4を〉〈物3で〉満たす, 充満させる. ❷〈感情1が〉〈人4の心を〉満たす, 占める. ❸ 〈4 **mit** 3〉〈事1が〉〈人4の心を感情3で〉いっぱいにする, 〈事1で〉〈人4の心は感情3に〉満たされる.

erfüllt erfüllen¹·²の過去分詞.

Erfüllung [エァフュルング] 囡 ❶果たすこと, 履行, 実行;満たすこと. ❷実現. ❸充実感, 満足.

er·funden erfindenの過去分詞.

Erfurt [エァフルト] 中 〈-s/〉 エアフルト ((中部ドイツの都市名)).

erg. 《略》= ergänze! 補え, 補足せよ.

ergänzen [エァゲンツェン] ((I)) 他 ❶ 〈4 (**durch** 4)〉〈物4に (欠けた物4を)〉補う, 補足[補完, 補充]する, 〈物4を (物4によって)〉完全にする. ❷〈4 (**zu** 3)〉〈物4に (物4を)〉付け足す. ((II)) 再〈sich4 [**einander**]〉互いに相補う, 補い合う, 補完し合う.

Ergänzung [エァゲンツング] 囡 〈-/-en〉 ❶〈単〉補足, 補充, 増補. ❷ 補足物;[言]目的[補足]語.

ergattern [エァガッタァン] 他 (口) 〈珍らしい・残り少ない物4を〉何とか手に入れる, 入手する.

ergaunern [エァガオナァン] 他 〈(sich³) 4〉(口) 〈物4を〉詐取する, だまし取る.

er·geben*¹ ((I)) 他 ❶〈物1が〉〈事4を〉(結果として)生じる, もたらす. ❷〈事1が〉〈事4を〉明らかにする. ❸〈物1が〉〈物4に〉なる, 〈物1から〉〈物4に〉なる. ((II)) 再 sich4 ❶〈(**aus** 3)〉〈物1が〉〈(物3から)〉(結果として)明らかになる, 判明する. ❷〈(**aus** 3)〉〈物1が〉〈(物3から)〉(結果として)生じる, 生まれる.

er·geben*² 再 sich4 ❶〈(3)〉〈(人4に)〉降伏する, 投降する. ❷〈(3)〉[書]〈(物3に)〉身も心も捧げる, おぼれる, 熱中する. ❸〈**in** 3〉〈事4に〉身を任せる[ゆだねる], 甘受する.

ergeben³ ((I)) ergeben¹·²の過去分詞. ((II)) 形 ❶[書] 従順な, 忠実な. ❷〈3〉〈人3に〉服従している.

Ergebnis [エァゲープニス] 中 〈-ses/-se〉 結果;成果;結論;答.

er·gehen* ((I)) 自 Ⓢ 〈**an** 4〉 ❶〈物1が〉〈人4に〉発送される, 出される. ❷[書]〈命令・要請などが〉〈人4に対して〉発せられる, 出される. ((II)) 再 sich4〈**in** 3〉[書] (軽蔑)〈物3を〉長々と述べ立てる. ((III))《非人称》Ⓢ〈es ergeht 3〉+様態, 〈人3は…で〉ある.

er·gib ergebenの命令法2人称単数形.

er·gibst ergebenの2人称単数現在形.

er·gibt ergebenの3人称単数現在形.

ergiebig [エァギービヒ] 形 ❶豊富な, 豊かな;使いでがある. ❷実り豊かな, 収穫[収益]の多い, 成果の多い, 生産的な.

er·greifen* 他 ❶〈人・物4を〉つかむ,

握る, 手に取る. ❷〈人⁴を〉逮捕する, 捕える. ❸〈病気・災害¹などが〉〈人・物⁴を〉襲う, 襲いかかる. ❹〈感情¹が〉〈人⁴を〉襲う;〈物¹が〉〈人⁴の心を〉捉える;〈人⁴を〉感動させる;〈人⁴を〉深い悲しみに落ち込ませる. ♦④ bei der Hand [am Arm] ~ 人⁴の手[腕]をつかむ.

ergreifend [エァグライフェント] ((I)) ergreifen の現在分詞. ((II))形 心を打つ, 感動的な.

er·haben 形 ❶(書) 崇高[荘厳]な; 高貴[高尚]な. ❷浮き上がった, 隆起した;レリーフの.

er·hält erhaltenの3人称単数現在形.

erhalten* [ɛɐ̯háltən エァハルテン] ((I))他《受動なし》❶〈物・事⁴を〉受ける;受け取る. ❷得る;手に入れる. ((II))〈物⁴を〉(ある状態のままに)保つ, 保存する. ((III))再 sich⁴ ❶〈(durch ④)〉〈(事⁴によって)〉自分の体を保つ. ❷〈物¹が〉保たれる, 保存[維持]される. ♦eine Antwort ~ 返事をもらう. den Frieden ~ 平和を維持する. sich⁴ gesund ~ 健康を維持する. ★ein Lob ~「賞賛を得る, 賞賛される」のように受動の意味が感じられる. **4級**

erhältlich [エァヘルトリヒ]形《比較なし》入手可能な, 手に入る, 買える.

er·hältst erhaltenの2人称単数現在形.

Erhaltung [エァハルトゥング]女《単》保存, 保持;維持.

er·hängen ((I))他 絞殺する. ((II))再 sich⁴ 縊死(いし)する, 首をくくる.

er·härten ((I))他 ❶(書)〈物⁴を〉(徐々に)固くする, 固める. ❷〈物¹が〉〈命題・仮説・疑い⁴などを〉固める, 強化する. ((II))自Ⓢ(書)〈物¹が〉固くなる, 固まる. ((III))再 sich⁴〈疑い¹などが〉強くなる, 固まる

er·heben* (書) ((I))他 ❶〈物⁴を〉高く上げる. ❷〈税・料金⁴などを〉取り立てる, 徴収する. ❸〈④ **zu** ③ [**in** ④]〉〈人・物⁴を物³·⁴に〉昇格[昇進, 昇級]させる. ((II))再 sich⁴ ❶起き上がる, 立ち上がる. ❷〈鳥・飛行機¹などが〉飛び立つ. ❸〈物¹が〉そびえ立つ. ❹〈(**gegen** ④)〉〈(人・物⁴に対して)〉蜂起(ほうき)する, 立ち上がる. ❺〈声・嵐¹などが〉わき起こる,〈声¹などが〉沸き上がる,〈争い¹などが〉起こる.

erhebend [..ト] ((I))erheben の現在分詞. ((II))形《副なし》厳かな, 荘厳な.

erheblich [エァヘープリヒ] ((I))形 (書) 甚大な, かなりの, 相当な, 多大な. ((II))副《比較級を強調して》かなり, 相当に, だいぶ, ずいぶん.

Erhebung [エァヘーブング]女 (-/-en) ❶(書) 峰, 山. ❷《主に複》(官)(書) 調査(データ). ❸(書) 蜂起, 反乱, 動乱. ❹《単》(訴訟などの)提起, 申し立て. ❺《単》徴収, 取り立て. ❻《単》昇位, 昇格, 昇級.

erheitern [エァハイタァン]他〈人⁴を〉朗らかにする, 快活[晴れやか]にする.

Erheiterung [エァハイテルング]女《単》朗らかにすること, 快活[晴れやか]にすること.

erhellen [エァヘレン] ((I))他 ❶〈所⁴を〉明るくする, 照らす. ❷〈物⁴を〉解明する, 明らかにする,〈物⁴の〉真相を究明する. ((II))自〈**aus** ③〉(書)〈物³から〉判明する, 明らかになる. ((III))再 sich⁴ ❶〈空¹などが〉明るくなる. ❷〈顔・表情¹が〉明るくなる, 輝く, 晴れやかになる. ♦Daraus erhellt, dass... そのことから...が判明する.

er·hielt erhaltenの過去形.

er·hielte erhaltenの接続法II式形.

erhitzen [エァヒッツェン] ((I))他 ❶〈物⁴を〉熱する, 加熱(滅菌)する. ❷〈人・物⁴を〉熱くする, かっかさせる, いきり立たせる, 逆上させる. ((II))再 sich⁴ ❶〈物¹が〉熱せられる, ヒートする. ❷体がほてる[熱い], 汗をかく. ❸〈(**an** ③)〉〈(事³で)〉かっかする, いきり立つ, 逆上する.

er·hoffen 他〈(sich³) ④ (**von** ③)〉〈事⁴を(人・物³から)〉期待する, 望む.

erhöhen [エァヘーエン] ((I))他〈④ (**um** ④)〉❶〈物⁴を(物⁴の分だけ)〉高

er□te, er□t ⇨ er□en

erhöht erhöhen の過去分詞.

erholen [エァホーレン] ((I)) 再 sich⁴ ⟨⟨(von ③)⟩⟨(病気・ショック³などから)⟩⟨元気を⟩回復する, 立ち直る. ♦ sich⁴ von der Arbeit ~ 休養する. sich⁴ im Urlaub gut ~ 休暇で十分休養して元気を取り戻す.

erholsam [エァホールザーム] 形 元気を回復させる, 休養[休息]になる.

erholt erholen の過去分詞.

Erholung [エァホールング] 囡 (-/-) 回復, 休養, 保養, レクリエーション.

Erich [エーリヒ]⟨男名⟩エーリッヒ.

Erika¹ [エーリカ]⟨女名⟩エーリカ.

Erika² 囡 (-/-Eriken) 【植】エリカ(属), ヒース ((花は赤から紫色で, 荒野などに生息)).

erinnern [ɛrínɐrn エァイナァン]

現在	ich erinn(e)re	wir erinnern
	du erinnerst	ihr erinnert
	er erinnert	sie erinnern
過去	ich erinnerte	wir erinnerten
	du erinnertest	ihr erinnertet
	er erinnerte	sie erinnerten
過分	**erinnert**	接II **erinnerte**

((I)) 再 sich⁴ ⟨(an ④)⟩⟨(人・物⁴を)⟩思い出す, 覚えている, 記憶している. ((II)) 他 ❶⟨(④) an ④⟩⟨(人⁴に) 人・物⁴を⟩思い出させる, ⟨(人⁴に)⟩人・物⁴の記憶をよみがえらせる, ⟨人・物⁴を見ると⟩⟨(人⁴は)⟩ 人・物⁴を⟩思い出す, 偲ばれる. ♦ wenn ich mich recht erinnere 私の記憶が正しければ.... **4級**

Erinnerung [ɛrínɐrʊŋ エァイネルング] 囡 (-/-en) ❶ 思い出. ❷⟨単⟩記憶, 追憶, 回想. ❸ 記念. ❹⟨単⟩思い出[追憶]の品. ♦ zur [in] ~ an ④ 人⁴

の記念のために[記念して]. ❹ in ~ haben [behalten] 人・物⁴を憶えている, 記憶している. gute Erinnerungen an *seine* Kindheit haben 子どものころの良き思い出がある. **4級**

erkalten [エァカルテン] ((I)) 自 (S) ❶⟨物¹ が⟩冷たくなる, 冷える. ❷⟨愛情・情熱¹などが⟩冷める.

erkälten [ɛrkɛ́ltən エァケルテン] (du erkältest, er erkältet; 過去 erkältete; 過分 erkältet) ((I)) 他 風邪をひく. ♦ Ich habe mich erkältet. 風邪をひきました. ((II)) 再 ⟨sich³ ④⟩⟨身体の一部⁴が⟩(寒さのために)炎症を起こす. **4級**

erkältet [エァケルテット] ((I)) erkälten の過去分詞. ((II)) 形 風邪を引いている. ♦ stark ~ sein ひどい風邪をひいている.

Erkältung [ɛrkɛ́ltʊŋ エァケルトゥング] 囡 (-/-en) 風邪. ♦ eine (leichte) ~ bekommen [haben] (軽い)風邪をひく[ひいている]. **4級**

er-kämpfen 他⟨sich³ ④⟩⟨物⁴を⟩戦い取る;(努力して)勝ち取る.

erkannt [エァカント] erkennen の過去分詞.

erkannte [エァカンテ] erkennen の過去形.

er-kaufen 他 ❶⟨(sich³) ④⟩ (mit ③)⟩⟨物⁴を(代償・犠牲³を払って)⟩手に入れる. ❷⟨(sich³) ④⟩ (mit ③ [durch ④])⟩⟨事⁴を(贈賄・買収³・⁴によって)⟩得る.

erkennen* [エァケネン] ((I)) 他 ❶⟨人・物⁴を⟩(はっきり)知覚[認識, 認知]する, 見える. ❷⟨(④ (an ④))⟩⟨人・物⁴を(特徴³によって)⟩見分ける, 識別する, わかる. ★ dass副文もとる. ❸⟨事⁴を⟩悟る, 気付く;見抜く. ((II)) 自⟨auf ④⟩⟨裁判所¹が⟩⟨判決⁴を⟩下す, 宣告する. ❹⟨④ als seine Pflicht ~ 事⁴を自分の義務だと認める.

erkennte [エァケンテ] erkennen の接続法II式形.

erkenntlich [エァケントリヒ] 形 ⟨als ④⟩(官)(書)⟨物⁴として⟩(はっきり)認識できる, 識別できる.

Erkenntnis [エァケントニス] 囡(-/-se) ❶《主に複》認識(内容), 知識. ❷認識, 洞察, 理解. ❸《複》《官》《書》情報.

Erker [エァカー] 男(-s/-)《建》(やぐら形の)張り出し窓, 出窓.

erklären [エァクレーレン] ((I)) 他❶《③》《④》〈人³に事⁴を〉説明[解説]する. ❷〈物¹が〉〈事⁴を〉物語っている,〈事⁴の理由を〉説明している. ❸〈事⁴を〉(公式に)宣言する, 布告する. ❹《④ zu ③》〈人⁴が物³になる[である]ことを〉言明[宣言]する, 公表する. ❺《④ für ④》《書》〈人・物⁴を〉物⁴であると〉(公式に)見なす, (見なして)表明[言明, 宣言, 宣告]する. ❻〈sich³〉〈事⁴を〉理解する, わかる, 解釈する. ((II)) 再 sich⁴ ❶(公式に)〈態度を〉表明する, 意志表示をする に行う. ❷説明される, 説明がつく. ❸ den Krieg ~ 国などに宣戦布告する. ❹ für tot ~ 人⁴が死んでいるものと宣言する[声明を出す]. 5級

erklärlich [エァクレーァリヒ] 形《副なし》❶想像[納得, 理解]しうる[できる], わかる. ❷説明できる.

erklärt [エァクレーァト] ((I)) erklären の過去分詞. ((II)) 形《付加》(公言して)はっきりとした, 公然の, 明白な.

Erklärung [エァクレールング] 囡(-/-en) ❶説明, 解説. ❷理由. ❸(公式な)言明, 声明, 布告.

erkranken [エァクランケン] 自〈(an ③)〉〈病気³に〉かかる, なる.

erkunden [エァクンデン] 他〈物⁴を〉偵察する, 探知[調査]する.

erkundigen [エァクンディゲン] 再 sich⁴ nach ③〈人・物⁴について〉尋ねる, 問い合わせる.

erkundigt erkundigen の過去分詞.

er·lahmen 自(S) ❶だるくなる, 疲れる, 弱る. ❷〈注意力¹などが〉衰える, 弱まる,〈情熱・興味¹などが〉薄れる, なくなる.

er·langen 他❶〈好ましい事⁴を〉手にする, 獲得する, 勝ち得る. ❷《書》〈目標⁴などに〉手が届く, 達する.

Erlass [エァラス] 男(-es/-e, (オーストリア)..lässe) ❶《官》《書》(官吏に対する)訓令, 発令. ❷勅令, 王令, 命令; 政令. ❸《単》《書》布告, 発令, 発布. ❹《単》《書》免除; 赦免; 軽減.

er·lassen* 他❶〈命令⁴などを〉(文書で)出す, 発令する,〈法律⁴などを〉発布[公布, 布告]する. ❷《③》《④》〈人³に対して義務・罰⁴などを〉免除する, 赦免する.

erlauben [エァラオベン] ((I)) 他❶(↔ verbieten)〈(③)》《④》〈人³に事⁴を〉許す, 許可する, 同意する, 認可する. ★ zu 不定詞, dass 副文もとる. ❷〈③〉《④》〈物¹が〉〈人³に事⁴を〉許す, 可能にする. ★ zu 不定詞もとる. ((II)) 再 sich³ 《④》〈物⁴を〉あえてする. ◆wenn es die Umstände [die Verhältnisse] ~, ... 事情[状況]が許せば. Erlauben Sie, dass ich rauche? タバコを喫っても構いませんか.

Erlaubnis [エァラオプニス] 囡(-/-) ❶許可, 認可. ❷許可証, 認可証. ◆③ die ~ zu ③ geben [erteilen] 人³に事³の許可を与える.

erlaubt erlauben の過去分詞.

erläutern [エァロイタァン] 他〈③〉《④》〈人³に〉複雑な事⁴を〉詳しく解説[説明]する.

Erle [エァレ] 囡(-/-n)《植》ハンノキ.

er·leben [エァレーベン] 他 体験する, 経験する, 身を以て知る, 見聞する, 味わう;〈事⁴に〉遇う;〈出来事⁴を〉生きて迎える.

Erlebnis [エァレープニス] 中(-ses/-se) (印象に残る)体験, 経験.

erlebt erleben の過去分詞.

er·ledigen [エァレーディゲン] 他 ❶〈課題⁴を〉済ます, 片付ける, 処理する;〈問題⁴を〉解決する. ❷〈(口)〉〈人⁴を〉(社会的に)葬る, 再起不能にする. ❸〈(口)〉〈人⁴を〉抹殺する, 片付ける. ◆ seine Einkäufe ~ 買い物を済ます.

erledigt [エァレーディヒト] ((I)) erledigen の過去分詞. ((II)) 形《主に述語》❶解決した, 片付いた. ❷《für ④》〈人⁴にとって〉うんざりである,〈人⁴から〉軽蔑される. ❸〈(口)〉くたくたに疲

れきった，へとへとの．❹《口》〈人¹が〉終わりである．

er・legen 《(I)》他《書》〈動物⁴を〉（撃って）倒す，仕留める，射止める．《(II)》erliegenの過去分詞．

..erlei [..アーライ]形《無変化》「...種類の」．zweierlei 2種類の．

erleichtern [エァライヒタァン]他 ❶〈③〉④〈〈人³にとっての〉負担⁴を〉軽くする，楽にする．❷《④ um ④》〈物⁴の重さ⁴を〉〈④の分だけ〉軽くする．❸〈物¹が〉〈人⁴を〉ほっとさせる，安心させる．❹《④ um ④》《口》《ぼかし》〈人⁴から金銭⁴を〉巻き上げる，せしめる，〈人⁴の懐⁴をお金⁴の分だけ軽くする．

erleichtert [エァライヒタァト]《(I)》erleichternの過去分詞．《(II)》形《über ④》〈④ 事⁴に〉〈心などが〉楽になった，ほっとした，安心した．

Erleichterung [エァライヒテルング]女(-/-en)《主に単》❶ 軽減，緩和．❷ 安心，安堵（感）．

er・leiden* 他〈損害・災厄などを〉受ける，〈病気⁴などに〉苦しむ，悩む，〈痛手⁴を〉被る．

er・lernen 他〈時間のかかる事⁴を〉修得［習得］する，修める，マスターする．

er・lesen 形《副なし》《書》精選された，選り抜きの，選び抜かれた．

erleuchten [エァロイヒテン]他〈物⁴を〉明るくする，照らす．★ 主に受動態で．◆《von ③》erleuchtet werden ❶〈事³を〉ひらめく．

er・liegen* 自③ ❶〈③〉〈物³に〉（ためらった後）負ける，屈する．❷〈③〉〈病気³で〉死ぬ，倒れる．❸〈③〉〈人・物³に〉敗れる，負ける．

er・lischt erlöschenの3人称単数現在形．

erlogen [エァローゲン]形 うその，虚偽の，でっちあげの，捏造（ねつぞう）の．

Erlös [エァレース]男(-es/-e) 純益，純利得，収得金，手取金，売り上げ．

er・löschen* 自 ❶〈火・光などが〉消える．❷〈契約・権利などが〉切れる，失効する，効力を失う，無効となる．❸〈貸借勘定¹が〉取り消される，消滅する．❹〈憎しみ・愛・希望¹などが〉なくなる，消滅する．

er・lösen 他《④ von [aus]》〈人⁴を物³［状況］から〉救い出す，救済する；〈人⁴を義務・仕事などから〉解放する．

Erlöser [エァレーザー]男(-s/) 《宗》救世主（イエス・キリスト）．

Er・lösung 女(-/-) 救出，救済，解放．

ermächtigen [エァメヒティゲン]他《④ zu ③》〈人⁴に権限・権力・権能などを〉付与する，与える．★ zu不定詞句もとる．

Ermächtigung [エァメヒティグング]女 全権委任，権限［権力・権能］賦与（物），授権．

er・mahnen 他《④（zu ③）》〈人⁴に〈事³を〉〉警告する，訓戒する ★ zu不定詞句もとる．

Ermang(e)lung [エァマング［ゲ］ルング]女(-/) in ~ ② 《書》物² が欠けているので．

er・mäßigen 他〈価格・料金⁴などを〉引き下げる，値引き［値下げ］する．

ermatten [エァマッテン]《(I)》他〈事¹が〉〈人⁴を〉疲労［消耗］させる，ぐったりさせる．《(II)》自 ❶ ❶ 疲労［消耗］する，ぐったりする．❷〈物¹が〉衰える，衰弱する．

er・messen* 他《書》〈物⁴の価値を〉測る，判断［評価］する，見積る．

ermitteln [エァミッテルン] 《(I)》他 ❶〈人・物⁴を〉突きとめる，探し見つけ［出す．❷〈勝利者・獲得者⁴などを〉確定する．❸〈結果⁴を〉算出［算定］する．《(II)》自《gegen ④》〈容疑者⁴などを〉取り調べる，調査する；捜査する．

ermöglichen [エァメークリッヒェン]他《③》④《〈人¹が〉事⁴をするのを〉可能にする，〈人・物によって〉〈〈人¹が〉事⁴をすることが〉できる．

er・morden 他 殺害する；暗殺する．

ermüden [エァミューデン]《(I)》他〈事¹が〉〈人⁴を〉疲れさせる，だるくさせる．《(II)》自 ❶ ❶ 疲れる，だるくなる．❷〈金属¹が〉疲労する．

ermuntern [エァムンタァン]他《④ zu ③》〈人⁴が物³をするように〉元気づける，励ます，仕向ける．

ermutigen [エァムーティゲン] 他《④ **zu** ③》〈人⁴が物⁴をするように〉勇気づける, 励まして, けしかける.

er·nähren [エァネーレン]((I)) 他 ❶《④ (**mit** ③)》〈人・動物⁴に(栄養分³を)〉与える. ❷《④ (**mit** [**von**] ③)》〈人⁴を(物³で)〉養う, 扶養する, 養育する. ((II)) 再《④》《③》〈物³で[を食べて]〉生きている, 《(物³で)》栄養を摂取している.

ernährt ernährenの過去分詞.

Ernährung [エァネールング] 囡 《-/》 ❶ 栄養の供給[摂取]. ❷ 扶養, 養育.

er·nennen [エァネネン] 他《④ **zu** ③》❶〈人⁴を役職³に〉任命する, 指名する. ❷〈人⁴に名誉³を〉授与する.

erneuern [エァノイァン]((I)) 他 ❶〈古びた設備⁴などを〉新しくする, リニューアルする. ❷〈申請・提案⁴などを〉もう一度行う;〈契約⁴などを〉更新する, 書き換える, 継続する. ❸〈事⁴を〉新たにする. ((II)) 再 sich⁴ 新たになる, 再生する;再興する, 復活する.

Er·neuerung 囡《-/-en》 ❶ 新しくすること, リニューアル. ❷ 再度行うこと;更新, 書替え. ❸ 新たにすること. ❹ 再生, 再興, 復活.

erneut [エァノイト]((I)) 形《付加《書》再度の, 新たな. ((II))副 再度, 新たに, 改めて, 再び.

erniedrigen [エァニードリゲン]((I)) 他《人⁴を》卑しめる, 〈人⁴の〉品位を下げる, 面目を失わせる. ((II)) 再 sich⁴ ❶《軽蔑》自分の品位を落とす. ❷《**vor** ③》〈人³に対して〉卑下する, 謙遜する.

ernst [εrnst エァンスト] 形《↔ fröhlich》生まじめな, まじめな. ❷《↔ lustig》堅い. ❸ 本気の, 真剣の. ❹《副なし》重大な, 深刻な, たいへんな;重態の, 生死にかかわる. ♦**ein ~es Gesicht machen** 真顔になる. ♦**etw. ~ nehmen** 人⁴の言うことを真に受ける, 本気にとる. [4級]

Ernst [エァンスト] 男《-es/》《単》本気, 真剣. ❷ 重大《性》, 深刻さ, 厳しさ;厳粛. ♦**im ~** 本気で. **mit ~** 真剣に. **Ist das dein ~?** = **Ist das dir ~ damit?** 本気なの? **allen ~es = im ~** 本気で, 真剣に.

Ernst·fall 男 緊急時, 事態が切迫した場合.

ernsthaft [..ハフト] 形《付加または副》❶ まじめな. ❷ 堅い. ❸ 本気の, 本心からの, 本当の, 熱心な. ❹ 重大な, 深刻な, たいへんな;重態の, 生死にかかわる.

ernstlich [..リヒ] 形《付加または副》❶ 本気の, 真剣な, 本心からの, 本当の. ❷ 重大な, 深刻な, たいへんな;重態の, 生死にかかわる.

Ernte [εrntə エァンテ] 囡《-/-n》❶《単》取り入れ[刈り入れ], 収穫. ❷ 収穫量[高]. [4級]

ernten [エァンテン] 他 ❶〈農作物⁴を〉収穫する, 取り入れる. ❷〈成果・報い⁴などを〉得る.

ernüchtern [エァニュヒタァン] 他 ❶〈物¹が〉〈人⁴の〉酔いを覚ます. ❷〈物¹が〉〈人⁴の〉興を覚ます, 幻滅させる.

erobern [エァオーバァン] 他 ❶〈国・都市⁴などを〉征服する, 攻略する, 占領する. ❷《(sich³)》《④》〈賞・地位⁴などを〉獲得する, 得る. ❸〈人・物⁴を〉くどき落とす, ものにする.

Eroberung [エァオーベルング] 囡《-/-en》 ❶ 征服して得た物, 分捕り品, 獲得物. ❷《おどけ》ものにした人. ❸ 征服, 攻略, 占領;(人・心・愛などの)獲得.

er·öffnen [エァオェフネン]((I)) 他 ❶〈商売⁴などを〉開業する, 開設する, 開く. ❷《④ (**mit** ③)》〈祝祭・討論会⁴などを(宣言³などで)〉開始する, 開く. ❸ 他《③》《④》〈《人・物》³に〉可能性や夢を切り開く. ❹《③ ④》〈人³に事⁴を〉打ち明ける. ★ **dass**副文もとる. ((II)) 再 sich⁴《可能性¹などが》開ける, 開(ʰ)く, 現れる. ((III)) 自《物¹が》開業する, 開設する, 開く. ♦**ein Geschäft ~** 店を出す. **ein Konto ~** 口座を開設する.

eröffnet eröffnenの過去分詞.

Er·öffnung 囡 ❶ 開くこと, 開業, 開設;開始. ❷ 切り開くこと. ❸ 打ち明けること, 告白.

er□te, er□t ⇨ er□en

erörtern [エァエァタァン]他〈事⁴を〉(隅々まで)論じる, 詳論する, 討論[討議]する;吟味する.

Erörterung [エァエァテルング]女討論, 討議.

Eros [エ(−)ロス]男(−/−) ❶〈単〉〖ギ神〗エロース《恋愛の男神》;〖哲〗エロス《真善美の世界にあこがれる純粋愛》. ❷〈単〉性愛.

Erosion [エロズィオーン]女(−/−en) 〖地〗浸食(作用), 水食.

Erotik [エローティク]女(−/) ❶ エロチシズム, 官能. ❷性愛, 性欲.

erotisch [エローティッシュ]形 ❶ エロチシズムの[を扱った];エロチックな. ❷性愛の, 性の, 性欲の.

Erpel [エァペル]男(−s/−) 雄ガモ《鴨》.

erpicht [エァピヒト]形 *auf* ⁴ **~ sein** 《俚軽蔑》事⁴に執心[執着]している, 物⁴が欲しくてたまらない.

er·pressen 他 ❶〈⁴ (*mit* ③)〉〈人⁴を〉(物³で)ゆする, 恐喝(誌)する. ❷〈⁴ (*von* ③)〉〈物⁴を〉(人³から)〉恐喝して取る, 脅し[ゆすり]取る.

er·proben 他〈物⁴を〉試す, 試験する, テストする.

Erprobung [エァプローブング]女試し, 試験, テスト.

er·rät errantenの3人称単数現在形.

er·raten* ((I))他〈事⁴を〉(推測して)当てる, 察知する. ((II))((I))の過去分詞.

er·rätst errantenの2人称単数現在形.

er·rechnen 他〈事⁴を〉計算して出す, 算出する.

er·regen ((I))他 ❶〈人⁴を〉苛(ぃ)立たせる, いきり立たせる, 興奮させる. ★主に受動態で. ❷〈人⁴を〉(性的に)刺激する, 興奮させる. ❸〈感情などを〉起こさせる, 引き起こす. ((II))再 *sich*⁴ 〈*über* ④〉〈人・物⁴に〉苛立つ, いきり立つ, 興奮する.

Erreger [エァレーガー]男(−s/−) 〖医〗病原体.

Erregung [エァレーグング]女(−/−en) 興奮.

erreichen [エァライヒェン]他 ❶〈人・物³に〉手が届く. ❷〈所⁴に〉達する, 到達する, 到着する. ❸〈乗り物⁴に〉間に合う. ❹〈人⁴に〉(電話で)連絡をとる[がつく]. ❺〈④ (*bei* ③)〉〈事⁴を〉(人³に対して)〉達成する, 成就する. ◆den Zug ~ 列車に間に合う. ein Ziel ~ 目標に到達する. Wie sind Sie zu ~? あなたにはどうすればご連絡できるのですか.

erreicht erreichenの過去分詞.

er·richten 他 ❶〈建造物⁴などを〉建設する, 建てる,〈構築物⁴を〉築く. ❷〈新しい事⁴を〉創設[創立, 樹立]する, 打ち立てる.

er·ringen* 他〖書〗〈事⁴を〉(努力して・戦って)獲得する, 勝ち取る.

er·röten 自(S)〖書〗〈顔¹が〉赤くなる, 頬(¼)を紅潮させる.

Errungenschaft [エァルンゲンシャフト]女(−/−en) ❶〖書〗成果, 業績, 偉業. ❷獲得[取得]物.

Er·satz (−es/) ❶代わり(の人[物]), 代用品, 代理人;補充(品);予備, スペア. ❷賠償, 代償, 補償.

Ersatz·spieler 男補欠[控え]選手, 交替要員.

Ersatz·teil [エァザッツタイル]中(男)予備品, スペア.

er·schaffen 他〖書〗〈神¹などが〉〈人・物⁴を〉創造する.

erscheinen* [エァシャイネン]自(S) ❶ 現れる, 出現する, 姿を見せる. ❷〈出版物¹が〉出版[刊行]される. ❸ 〈③〉〈人³には〉〉見える, 思われる.

Erscheinung [エァシャイヌング]女(−/−en) ❶現象, 事象. ❷幻影;亡霊. ❸姿. ❹出版, 刊行.

er·schien erscheinenの過去形.

er·schiene erscheinenの接続法II式形.

erschienen [エァシーネン]erscheinenの過去分詞.

er·schießen* ((I))他〈人⁴[動物⁴]を〉射殺[銃殺]する. ((II))再 *sich*⁴ (銃で)自殺する.

erschlaffen [エァシュラッフェン]自 (S)力が抜ける, 緩む, たるむ;衰える, 弛

緩(ルン)する.

er·schlagen[1] 他 ❶⟨④ (mit ③)⟩⟨人⁴を⟨物³で⟩⟩打ち殺す, 殴り殺す, 撲殺する. ❷⟨物¹が当たって⟩⟨人⁴が⟩死ぬ. ❸⟨口⟩⟨物¹が⟩⟨人⁴を⟩ビックリさせる.

er·schlagen[2] ((I))erschlagen[1] の過去分詞. ((II))形《付加または副》⟨口⟩疲れ果てた, へとへとに疲れた.

er·schließen* 他 ❶⟨資源⁴などを⟩開発する, ⟨市場⁴などを⟩開拓する. ❷⟨④ (aus ③)⟩⟨事⁴を⟨事³から⟩⟩推論[推定]する, 演繹する.

er·schöpfen ((I)) 他 ❶⟨物¹が⟩⟨人⁴を⟩疲れさせる. ❷⟨物⁴を⟩使い果たす, 利用し尽くす. ((II)) 再 sich⁴ ⟨in ③⟩⟨話題・関心・忍耐⁴などが⟩⟨事³に⟩尽きる.

erschöpfend [..ト] ((I))erschöpfenの現在分詞. ((II))形 余すところなく, 網羅的な, 徹底的な.

erschöpft [エァシェプフト] ((I))erschöpfen の過去分詞. ((II))形 ❶ 使い果たした, 尽きた. ❷ へとへとに疲れきった.

Erschöpfung [エァシェプフング] 女 ⟨-/-en⟩《主に単》疲労困憊(ﾊｲ).

erschossen [エァショッセン] ((I)) erschießen の過去分詞. ((II))形 ⟨口⟩疲れ果てた.

er·schrak erschreckenの過去形.

er·schräke erschreckenの接続法 II 式形.

erschrecken(*) [エァシュレッケン] ((I))《強変化》⟨du erschrickst, er erschrickt; 過 erschrak; 過分 erschrocken⟩ 自 ⟨S⟩⟨vor ③⟩; (über ③)⟨⟨人・物³·⁴に⟩⟩⟨不意のことで⟩驚く, ぎょっとする. ((II))《強変化》再 sich⁴ ⟨口⟩⟨vor ③⟩; (über ④)⟨⟨人・物³·⁴に⟩⟩ぎょっとする, 驚く. ((III))《弱変化》他⟨人⁴を⟩ぎょっとさせる, 驚かせる.

erschreckt erschreckenの過去分詞.

erschrick [エァシュリック]erschreckenの命令法2人称単数形.

erschrickst [エァシュリックスト]erschreckenの2人称単数現在形.

erschrickt [エァシュリックト]erschreckenの3人称単数現在形.

erschrocken [エァシュロッケン] ((I)) erschrecken ((I))の過去分詞. ((II))形 驚いた, ぎょっとした, びっくりした.

erschüttern [エァシュッタァン]他 ❶⟨物¹が⟩⟨人⁴に⟩(突然)衝撃[ショック]を与える, ⟨物¹で⟩⟨人⁴が⟩(突然)動揺[震撼(ｶﾝ)]する. ❷⟨物¹が⟩⟨物⁴を⟩激しく揺り動かす, 震動させる. ❸⟨信念・名声・決心⁴などを⟩ゆるがす, ぐらつかせる, 揺さぶる.

Erschütterung [エァシュッテルング] 女 ⟨-/-en⟩ ❶《主に単》衝撃, ショック; 動揺, 震撼. ❷震動. ❸《単》ゆるがすこと, ぐらつかせること, 揺さぶること.

erschweren [エァシュヴェーレン] 他 ⟨(③) (④)⟩⟨(人³に対して)⟨物⁴を⟩⟩(いっそう)困難にする, むずかしくする; 妨げる.

erschwinglich [エァシュヴィングリヒ]形 調達できる, 工面のつく, 手ごろな.

er·setzen 他 ❶⟨③⟩ ④⟨(人³にとって)人・物⁴の⟩代わりとなる, 代理となる. ❷⟨④ (durch ③)⟩⟨人・物⁴を⟨人・物⁴と⟩⟩取り替える, 交換する. ❸⟨(③) ④⟩⟨(人³に)物⁴を⟩償う, 補償する, 弁償する.

er·sichtlich 形 見てとれる, 明瞭な, 明白な.

er·sparen 他 ❶⟨(sich³) ④⟩⟨書⟩⟨金⁴を⟩ためる, 貯蓄する. ❷⟨③ ④⟩⟨人³に事⁴をする⟩手間を省く, ⟨人³に事⁴をする⟩労をかけない. *Es bleibt mir (aber auch) nichts erspart.* (またもや)こんな目に遭うとは.

Ersparnis [エァシュパーァニス] 女 ⟨-/-se⟩ ❶《主に複》貯蓄, 貯金. ❷《主に単》節約, 倹約, 節減.

erst[1] [eːrst エァースト] ((I)) 数詞《序数》1番目の, 第1の. ♦ der ~e Mai 5月1日. Karl der Erste カール1世(略: Karl I.). im ~en Stock wohnen 2階に住む. *am* [*zum*] Er-

sten (des Monats) 一日に. **((II))** 形《付加》《主に定冠詞と》❶最初の, 初めての, 初期の, 真っ先の. ❷さし当たりの; 応急の. ❸一流の, 最高の, 最上の. ◆die ~en zwei Seiten das Buchs その本の最初の2ページ.《名詞化して》der [die] Erste 一流[トップ]の人; 最初[先頭]の人. 5級

erst² [エーアスト] **((I))** 副《比較なし》まず, 初めに, 第一に, 最初に, 真っ先に. **((II))** 《不変化詞》❶ (← schon) (時間になって)ようやく, やっと;(そういう時に)ならないと[ならないうちは](...ない);(そういう時になったら(...する). ❷《さらに程度が高いことを表して》(...ときたら)なおさらだ, (...にいたっては[のほうが])もっとそうだ. ❸《時間の隔たりが小さいことを表して》(ついさっき...した)ばかりである. ❹ (← schon)(時間的に)(まだやっと...でしか)ない, (まだ...した)ばかりだ, まだ(...に)すぎない. **~ recht (richtig)** いよいよ本格的に, ますます, いっそう, なおさら, よけいに.

er·starren 自⑤ ❶〈(zu ③)〉〈物¹が〉〈(物³へと)〉固まる, 凝固[凝結]する; 堅くなって〈(物³に)〉なる. ❷〈(⑧)〉〈(人³の)〉〈指・足¹などが〉(寒さなどのために)麻痺する, かじかむ. ❸〈(vor ③)〉〈(物³のあまり)〉硬直する, こわばる.

erstatten [エァシュタッテン] 他〈③ ④〉〈書〉〈人¹に負債¹などを〉返済[弁済, 補償, 償還]する, 払い戻す.

Erst·aufführung 女 初日, プレミア; 初演, 封切.

er·staunen ((I)) 他〈物¹が〉〈人⁴を〉驚かす, びっくりさせる. **((II))** 自⑤〈(über ④)〉〈書〉〈(物⁴に)〉驚く, びっくりする.

erstaunlich [エァシュタオンリヒ] 形 驚くほどの, 驚くべき.

erstaunt [エァシュタオント] **((I))** erstaunen の過去分詞. **((II))** 形 驚いた, びっくりした.

er·stechen* 他〈④ (mit ③)〉〈人⁴を〉〈(物³で)〉刺し殺す, 突き殺す.

er·stehen* 他〈物⁴を〉購入する, 買い求める.

er·steigern 他〈物⁴を〉(競売で)競り落とす.

er·stellen 他〈⑥〉❶〈テキスト・計画⁴などを〉作成する, 作り[仕]上げる. ❷〈(官)〉〈書〉〈物⁴を〉建設[建築, 建造]する.

erstens [エーアステンス] 副 第一に, 最初に, まず.

er·sticken ((I)) 自⑤〈(an ③)〉〈(物³で)〉窒息(死)する. **((II))** 他 ❶〈人⁴を〉窒息(死)させる. ❷〈火⁴を〉(酸素を遮断して)消す. ❸〈書〉〈反乱⁴などを〉鎮圧する.

erst·klassig [..クラシヒ] 形《比較なし》(口) ❶ 一流の, トップクラスの. ❷〈[スポ]〉1部リーグの.

erst·mals [..マールス] 副 初めて; 最初に.

er·streben 他〈書〉〈権力・富⁴などを〉得ようと努力する, 強く望む.

er·strecken 再 sich⁴ ❶〈(von ③) (bis zu ③)〉〈物¹が〉〈(物³から)(物³まで)〉(空間的に)延びる;〈über [auf] ④〉〈年月⁴などにわたって〉(時間的に)延びる, 広がる, 達する, 及ぶ, わたる. ❷〈auf ④〉〈人・物⁴に〉かかわる, 及ぶ, 当てはまる, カバーする.

er·suchen 他〈④ (um ④)〉〈書〉〈人⁴に〉〈(事⁴を)〉丁寧に頼む, 丁重に要請する, 懇請する.

er·tappen ((I)) 他〈④ (bei ③)〉〈人⁴が〉(こっそり悪い事³をしているのを)取り押える, 不意に襲って捕える; 気付く. **((II))** 再 sich⁴〈bei ③〉〈事³をしていることに)はっと気付く.

er·teilen 他〈(③) ④〉〈書〉〈(人³に)〉事⁴を〉与える. ★主に機能動詞として. ◆〈(③) einen Auftrag ~〈(人³に)〉任務を与える.

ertönen [エァテーネン] 自⑤〈音楽・声¹などが〉聞こえてくる.

Ertrag [エァトラーク] 男〈—(e)s/Erträge〉《主に複》❶ 収穫(高), 産出量. ❷ 収益, 利益, 利潤, 利得.

er·tragen* ((I)) 他〈物⁴を〉耐え忍ぶ, 我慢[辛抱]する. **((II))** ((I))の過去分詞.

erträglich [エァトレークリヒ] 形 ❶耐

er☐te, er☐t ⇒ er☐en

えられる, 我慢[辛抱]できる, しのげる. ❷割によい, まあまあの.

er·trag·reich 形 ❶収穫(高)[産出量]の多い, 生産的な. ❷収益[利益]の多い.

er·trägst ertragenの2人称単数現在形.

er·trägt ertragenの3人称単数現在形.

er·trinken* 自(S)おぼれ死ぬ, 溺死(できし)する.

erübrigen [エァユーブリゲン]《(I)》他〈物⁴を〉(節約して)残す, 余す. 《(II)》再 sich⁴〈物¹が〉余計[無用]である, 必要でない.

er·wachen 自(S)《書》〈(aus ③)〉〈(眠り・幻想³などから)〉目を覚ます, 覚める;現実に戻る. ❷〈in ③〉〈不信・興味³などが〉〈(人³の中に)〉生じる.

er·wachsen*¹ 自(S)《書》〈(aus ③)〉〈物¹が〉〈(物³から)〉〈段々と〉生ずる, 起こる, 発生する.

erwachsen² 《(I)》erwachsen¹の過去分詞. 《(II)》形〈十分に〉成長した, 成人した, 成年の, 大人の.

Erwachsene(r) [エァヴァクセネ[ナー]] 男|女《形容詞変化》大人(҇), 成人. 4級

er·wächst erwachsen¹の2人称単数現在形.

er·wächst erwachsen¹の3人称単数現在形.

erwägen* [エァヴェーゲン]《過 erwog; 過分 erwogen》他《書》〈事⁴を〉(徹底的に)考慮[考量, 熟考]する, 吟味[検討]する. ★zu不定詞もとる.

Erwägung [エァヴェーグング] 女(−/−en)《書》考慮, 熟考;吟味, 検討. ③ *in ~ ziehen* 事⁴を熟考する, 吟味する.

erwähnen [エァヴェーネン] 他〈人・事⁴について〉一言述べる[触れる, 話しに出す], (言ったり書いたりして)言及する. ★dass副文もとる.

er·wärmen 《(I)》他 ❶〈物¹が〉〈物⁴を〉暖める, 熱する. ❷〈für ④〉〈人⁴に対して人・物⁴に〉興味を起こさせる, 〈人⁴が人・物⁴に〉賛成するようにする.

《(II)》再 sich⁴ ❶〈物¹が〉(徐々に)暖まる, 暖かくなる. ❷〈für ④〉〈人・物⁴に〉興味がわく, 興味が段々出てくる;共感する.

Erwärmung [エァヴェルムング] 女 暖めること.

erwarten [εrvártən エァヴァルテン] 他

現在	ich erwarte	wir erwarten
	du erwartest	ihr erwartet
	er erwartet	sie erwarten

過去	ich erwartete	wir erwarteten
	du erwartetest	ihr erwartetet
	er erwartete	sie erwarteten

| 過分 erwartet | 接II erwartete |

❶〈人・物⁴を〉待ち受ける, 待ち望む. ❷〈事⁴を〉予想[予期]する. ★ dass副文もとる. ❸〈(sich³) 〈von ③〉④〉〈(人・物³に)事⁴を〉期待する, 見込む, 当てにする. ♦ Es steht zu ~, dass ... ...ということが期待できる, ...になる見込がある. 4級

erwartet erwartenの過去分詞.

Erwartung [エァヴァルトゥング] 女(−/−en) ❶《主に複》期待. ❷《単》期待受けること, 待ち望んでいること.

erwartungs·voll 形 期待に満ちた, 待ちかねた, かたずをのんだ.

er·wecken 他〈(in ③)④〉〈(人³に)同情・親愛⁴などの念を〉呼び起こす, 呼び覚ます, 目覚めさせる.

er·weisen* 《(I)》他 ❶〈書〉〈物⁴を〉立証する, 実証する. ❷〈③ ④〉〈人³に敵意・好意⁴などを〉示す. ★ 機能動詞として. ♦ ③ Achtung ~ 人³に敬意を示す. 《(II)》再 sich⁴〈als ...〉〈...と〉立証される, 判明する.

er·weitern [エァヴァイテァン]《(I)》他〈物⁴を〉広くする, 拡大[拡張]する;〈知識⁴などを〉広げる, 向上[進歩]させる, 良くする. 《(II)》再 sich⁴〈物¹が〉広くなる, 広がる, 拡大[拡張]する[される].

Er·weiterung 女 拡大, 拡張.

Erwerb [エァヴェァプ] 男(-(e)s/) ❶ 取得;購入;獲得;習得. ❷(官)(書) 所得, 収入.

er·werben* 他 ❶〈価値のある物などを〉手に入れる, 取得する;購入する. ❷〈sich³〉④〈物⁴を〉(努力してやっと)勝ち得る, 獲得する. ❸〈sich³〉④〈物⁴を〉習得する;後天的に獲得する.

erwerbs·los 形《副なし》(官)(書) 生業のない, 失業の.

Erwerbslose(r) [エァヴェァプスローゼザー] 男女《形容詞変化》(官)(書) 失業者.

erwidern [エァヴィーダァン] 他 ❶〈③〉④〈auf ④〉〈事⁴に対して〉〈人³に〉事⁴を〉返事する, 回答する. ❷〈物⁴の〉返礼をする, 〈物⁴に〉お返しをする, 応じる, 応える.

erwiesen [エァヴィーゼン] **(I)**erweisen の過去分詞. **(II)**形 実証された, 明白な.

er·wirbst erwerbenの2人称単数現在形.

er·wirbt erwerbenの3人称単数現在形.

er·wirken 他(官)(書)〈事⁴を〉(裁判所・官庁などから尽力して)手に入れる, 勝ち取る.

er·wischen 他(口) ❶〈人⁴を〉(かろうじて)つかまえる, 〈人⁴と〉(かろうじて)話ができる;ひっつかまえる. ❷〈乗り物⁴に〉(かろうじて)間に合う. ❸〈物⁴を〉(かろうじて)キャッチする, すばやくつかむ;うまく手に入れる. *Es erwischt* ④. 1) 人⁴は恋のとりこになる. 2)病気になる. 3) 人⁴に災いがふりかかる, 事故で死ぬ.

erwünscht [エァヴュンシュト] 形 ❶《付加》願い[望み]どおりの, 望ましい, 好都合の. ❷《述語》歓迎された.

er·würgen 他〈④〉〈mit ③〉〈人⁴の〉首を〈物³で〉絞めて殺す, 〈人⁴を〉〈物³で〉〉絞め殺す, 絞殺する.

Erz [エ(-)ァッ] 中(-es/-e) 鉱石.

erz.. [エァッ..]《形容詞・名詞に付いて》❶「(位階・称号で高位の)大・首」. ❷(軽蔑)「最悪・極悪の」.

---

erzählen [εrtsɛ́:lən エァツェーレン] 他

現在	ich erzähle	wir erzählen
	du erzählst	ihr erzählt
	er erzählt	sie erzählen

過去	ich erzählte	wir erzählten
	du erzähltest	ihr erzähltet
	er erzählte	sie erzählten

| 過分 erzählt | 接II erzählte |

❶〈③〉④〉〈〈人³に〉(話⁴を)〉物語る, 話して聞かせる. ❷〈③〉④〈von ③〉〈über ④〉〉〈〈人³に〉〈事³⁴について〉事⁴を〉話す. [5版]

Erzähler [エァツェーラー] 男(-s/-) 話し[語り]手;作者.

erzählt erzählenの過去分詞.

Erzählung [エァツェールング] 女(-/-en) ❶物語ること, 話して聞かせること. ❷(比較的短い)物語, お話.

Erz·bischof 男[.] 大司教;[新教]監督;[ギ正教]大主教.

Erz·engel 男(-s/-) 大天使, 天長, 首天使.

er·zeugen 他 ❶〈物⁴を〉生み出す, 生む, 生じさせる. ❷〈農産物・生産物⁴を〉生産[産出]する, 作り出す, 製造する.

Erzeugnis [エァツォイクニス] 中(-ses/-se) ❶生産物;製品. ❷創作物, 作品.

Er·zeugung 女 生み出すこと;生産, 産出;(化)発生;(電)発電.

Erz·gebirge [エーァッ[エァッ]..] 中(-s/)〈das Sächsische 〜〉エルツ山脈((ドイツのSachsenとチェコの間にある山脈)).

erziehen [エァツィーエン] 他〈④〉〈zu ③〉〈人⁴を〉〈物³に〉育て上げる, しつける, 教育[養育]する. ♦ *seinen Sohn zu einem ehrlichen Menschen* 〜 息子をりっぱな人間に育てる.

Erzieher [エァツィーアー] 男(-s/-). 教育者;指導員;保育士. ◇ **Erzieherin** 女(-/-nen).

Erziehung [エァツィーウング] 女(-/)

---

er□te, er□t ⇨ er□en

教育;しつけ. ♦Ihm fehlt jede ~. 彼は全くしつけができていません.

Erziehungs・geld 中 育児手当.

Erziehungs・urlaub 男 育児休暇.

er・zielen 他《目的・目標4を》(努力して)獲得[達成]する.

er・zog erziehenの過去形.

er・zöge erziehenの接続法II式形.

erzogen [エァツォーゲン] erziehenの過去分詞.

erzürnen [エァツュルネン]《(I)》他《書》《物1が》《人4を》立腹させる.《(II)》再 sich4 **über** 4《人・物4に》立腹する.

er・zwingen* 他《事4を》強制[強要]する, 無理強いする.

es [es エス]《(I)》代《人称》

1	2	3	4	所有冠詞
es	seiner	ihm	es	sein

★4格のesは文頭に置くことはできない.文頭に置く場合は das とする; 短縮されて(')s となる. ❶《前方照応》(a)《先行する中性名詞を受けて;日本語に訳さないことが多い》《無生物を表す場合》それ;《性別の明確な人を表す場合》彼, 彼女. ♦Wo ist das Mädchen? – Es ist da drüben. その女の子はどこにいるのですか→あそこにいます. ★es を前置詞と共に用いるのははまれであり, その場合には, 「da(r) + 前置詞」の形にするか, その名詞を繰り返す. (b)《男性名詞・女性名詞・複数名詞・不定代名詞を受ける;主に sein と共に》それは. ♦Ist hier jemand Wiener? – Herr Meyer ist es. ここにいらっしゃる方でウィーンの方は誰からいらっしゃいますか→マイヤーさんがそうです. Es ist so. そうです. ★以下のような場合, es の代りに das を用いると das は文頭に置かれる: Ich bin es. = Ich bins. (それは)私です. (= Das bin ich). (c)《bleiben, sein, werdenなどの動詞の直後に位置し, 述語内容の名詞・形容詞・過去分詞・不定詞などを受ける》そう. ♦Sein Vater ist Lehrer, und er ist es auch.(= er ist auch Lehrer) 彼の父親は先生だが, 彼もそうです. (d)《代動詞的に;es tun, es können などで》そう. ♦Ich gehe heute aus, aber du darfst ~ nicht. 私は今日出かけますが, 君はそうしてはいけません(= du darfst nicht ausgehen). (e)《先行する文意を受けて;これに対応する関係代名詞は was》それ. ♦Er liebt mich, ich weiß es. 彼は私を愛しています, 私はそれがわかっています. ❷《後方照応》(a)《4格の目的語・主語で, 後続の副文またはzu不定詞句を示して》♦Es freut mich sehr, Sie kennen zu lernen. 初めまして((あなたと知り合いになれて嬉しいです)). ★es が主語の場合, 他の文成分が文頭に立てば, es は省略可能: Mich freut (es) sehr, dass ich Sie wiedersehe. あなたにまたお目にかかれてとても嬉しいです. (b)《関係文の先行詞として;強調構文において》♦Ich bin es, der [die] das getan hat. それをしたのは私です. ❸《外部照応的に, または, その場でわかるものを表して》♦Es ist an mir. 私の番です. **es sei denn, dass ...** (...する)場合を除いて, (...)は別として.

《(II)》《非人称のes;先行・後続するものを受けない;普通, 日本語に訳さない》❶《主語》(a)《天候・気象》♦Es ist kalt [warm]. 寒い[暖かい]です. ★他の成分が文頭に立っても es は消えない: Heute ist es kalt. 今日は寒いです. (b)《時刻;距離など》♦Wie spät ist es? – Es ist ein Uhr. 何時ですか→1時です. (c)《非人称熟語の主語として》♦Wie geht ~ Ihnen? – Danke, es geht mir gut. ご機嫌いかがですか→元気です. (d)《非人称表現に用いられる動詞;成長・音などを意味する動詞》♦Es klopft [klingelt] an der Tür. 戸口でノック[ベル]の音がします. (e)《再帰表現に用いられて;しばしば lassen と共に;leben, wohnen, arbeiten, fahren, schreiben などに共に》♦In dem

Stuhl sitzt ~ sich⁴ bequem. この椅子は座り心地がよいです. ❷《熟語の目的語として》**(a)**《漠然とした意味の4格目的語として;動詞の他動詞性を補足する》♦~ eilig [gut, schlecht] haben 急いでいる[幸福である, 不幸である]. **(b)**《3格として》♦~ ③ recht machen 人³を満足させる. ❸《文頭に置かれて;穴埋めとして;この場合, 他の文成分が文頭に立ち, 定形第2位の原則が保障され, es が現れる必然性がなくなる》**(a)**《不定冠詞付きの名詞の主語が出来事などを表す動詞・物語の導入・慣用句などで》♦Es war einmal ein König. 昔々王様がおりました. **(b)**《季節・月日・曜日・日時などにes ist [wird] + 主格名詞 などで;名詞句は無冠詞》♦Heute ist Sonntag.(= Heute ist Sonntag.) 今日は日曜日です. **(c)**《心理・生理などを表す非人称表現で》《人物を表す4格・3格と》《書》♦Es hungert mich. 私はお腹がすきます. (= Mich hungert.) **(d)**《後続の副文またはzu不定詞句が意味上の主語で》♦Es freut mich, dich zu sehen. 君に会えて嬉しいよ. ★I ②ⓐ参照. **(e)**《受動態;特に自動詞の受動形で》♦Es wird heute Abend getanzt. 今晩ダンスがあります. (= Man tanzt heute Abend.) ((★heute Abend を文頭に置けば: Heute Abend wird getanzt.))

Esche [エッシェ] 囡 (-/-n) ❶《植》トネリコ(秦皮). ❷《単》トネリコ材.

Esel [エーゼル] 男 (-s/-) ❶《動》ロバ. ❷(口) とんま, ぬけさく, うすのろ.

Eskalation [エスカラツィオーン] 囡 (-/-en)《書》(段階的)拡大, エスカレーション.

eskalieren [エスカリーレン] 自ⓢ《書》〈zu ③〉〈物¹が〉〈(物³にまで)〉エスカレートする.

Espe [エスペ] 囡 (-/-n)《植》ヤマナラシ.

Essay [エッセ, エセー] 男 中 (-s/-s) エッセイ, 随筆; 評論.

ess-bar [エス..] 形《副なし》食べられ

る, 食用の.

eßbar ⓑ=essbar.

essen [ésən エッセン]

現在 ich esse	wir essen
du **isst**	ihr esst
er **isst**	sie essen

過去 ich aß	wir aßen
du aßest	ihr aßt
er aß	sie aßen

| 過分 gegessen | 接II äße |

| 命令 iss, esst |

(I) 他〈物⁴を〉食べる. **(II)** 自 食事をする. ♦In diesem Restaurant isst man gut. このレストランの料理はおいしい. **(III)** 自《結果を表す》♦sich⁴ satt [krank] ~ 腹いっぱい食べる[食べておなかをこわす]. ④ ~ gehen〈物⁴を〉食べに出かける. zu Mittag [Abend] ~ 昼食[夕食]をとる. 5級

Essen¹ [ésən エッセン] 中(-s/-) ❶《単》食事(をすること). ❷食事. ★朝食は Essen には含まれない. ❸宴会. ♦beim ~ 食事中に. vor [nach] dem ~ 食事の前[後]で. zum ~ gehen 食事に行く. ④ zum ~ einladen 人⁴を食事に招待する. 5級

Essen² 中(-s/) エッセン((ドイツ西部 Ruhr地方の中心的工業都市)).

Essig [エッスィヒ] 男 (-s/-e)(食用)酢.

Ess-löffel 男 (スープ用などの)テーブル・スプーン, 食[大]さじ.

Eßlöffel ⓑ=Esslöffel.

Ess-zimmer 中(-s/-) 食堂, ダイニング・ルーム.

Eßzimmer ⓑ=Esszimmer.

esst [エスト] essenの現在2人称複数形・命令形.

eßt ⓑ=esst.

Este [エーステ] 男 (-n/-n)《弱》エストニア人. ◇**Estin** 囡 (-/-nen).

Estland [エーストラント] 中(-s/) エス

①1格 ②2格 ③3格 ④4格

トニア (バルト海沿岸の共和国)).

Estländer [エストレンダー] 男 (-s/-) エストニア人. ◇**~in** 女 (-/-nen)

etablieren [エタブリーレン] 再 sich⁴ 〈書〉地歩を固める.

etabliert [エタブリーアト] (I) etablieren の過去分詞. (II) 形既成の.

Etage [エタージェ] 女 (-/-n) 〈書〉(2 階以上の)階.

Etappe [エタッペ] 女 (-/-n) ❶区間, 道程, 一行程. ❷段階.

Etat [エター] 男 (-s/-s) (国家)予算 (案); (口) (個人の)予算.

Ethik [エーティック] 女 (-/) ❶倫理学. ❷倫理(観).

ethisch [エーティッシュ] 形 ❶倫理学 の. ❷倫理(上)の.

ethnisch [エトニッシュ] 形 《付加また は副》エスニックの, 人種[民族]特有 の, 人種[民族]の.

Etikett [エティケット] 中 (-(e)s/-e(n), -s) ラベル, 貼り札, タグ; 正札; レッテ ル.

Etikette [エティケッテ] 女 (-/-n) 《主に 単》エチケット, 礼儀作法.

etlich [エトリヒ] (I) 形 《不定数量》 《複数形の名詞を修飾して; ⇒ etlicher》 数人[数個]の, 若干の, いくらかの. ★etlichの後に置かれる形容詞も普通強 変化する. (II) 代 《不定》《複数形》 幾人か; いくらかのもの. ★ (I) (II) ともに einig の方が多く用いられる

etlicher [エトリヒャー] 代 《不定数 量》(やや古) 《単数形の物質名詞や抽象名 詞を修飾して》少しの.

etliches [エトリヒェス] 代 《不定》少 しばかりのこと[もの], 多少のこと.

Etüde [エテューデ] 女 (-/-n) 〈音楽〉エ チュード.

Etui [エトヴィー, (稀)エトゥィー] 中 (-s/-s) (小さな平たい)ケース ((めがね・ 万年筆などを入れる)).

etwa [étva エトヴァ] (I) 副 (↔ genau) およそ, ほぼ, 約, だいたい. ♦**~ um 3 Uhr = um 3 Uhr ~** だいたい3時 に. **so ~** ほぼこのように, 大体こんな 具合に. **(wie [so]) ~** (可能性として) 例えば. (II) 副 《不変化詞》❶《疑

問文で》《文内容が現実ではないことを 期待し, 安心できる回答を望む話者の 気持ちを表す》まさか, もしかして, もし や, よもや. ❷《否定文で》《nicht と共 に文内容の可能性を否定して強調す る》(…などということでは)決してない, 毛頭ない. ❸《命令文で》《nicht と共 に文内容の可能性を否定して強調す る》(…などということは)決してしない ように(してほしい), 決してしないで下 さい. ❹《条件文で》《起こりうる可能 性があることを表して》(…などという ことがあれば, (…ということに)でもなれ ば. **4級**

etwaig [エトヴァ(-)イヒ] 形 《付加》 起こりうる, あり得る, 可能性のある; 万一の, 不時[臨時]の.

etwas [étvas エトヴァス] (I) 代 《不 定》《無変化》; (口) **was**) ❶ある物[事], ある事, 何か. ❷《名詞化した形容詞と 何か…の物[事]. ❸《von ④》《物⁴ の)一部分, 一(小)片; 少しばかり, い くらか, 多少. ❹相当な[重要な, かな りの)物[事]; ひとかどの事, 大した事. ♦**irgend ~** 何かある物[事]. **~ Neues** 何か新 しい物[事], ニュース. **~ anderes** 別の 物[事]. **~ zu essen haben** 食べる 物がある. **so ~** (口;拒蔑義)そんな物 [事]. **~ gegen ④ haben** (口) 物⁴に 反感を持っている, 嫌っている. (II) 形 《不変化; 物質・抽象名詞の前で》 少しばかりの, いくらかの, 多少の. ♦**~ Mut** 少しの勇気. (III) 副 《形容詞 を修飾して》少々, 少し(ばかり), いくら か, 多少. **5級**

Etymologie [エテュモロギー] 女 (-/ ..gien [..ギーエン]) ❶ 〈単〉語源学. ❷ (個々の単語の)語源.

EU [エーウー] 女 (-/) 《略》Europä-ische Union ヨーロッパ連合.

eu.. [オイ..] 《名詞・形容詞と共に付いて》 「良い, すぐれた」: Euphonie 快い響 き.

euch [オイヒ] ihr または sich の 3・4 格形.

euer [5yər オイアー] (I) 代 《所有》 《2人称親称複数 ihr (君たち)の所 有関係を表す; 手紙では大文字で書く

格	男性	女性	中性	複数
1	euer	eu(e)re	euer	eu(e)re
2	eu(e)res	eu(e)rer	eu(e)res	eu(e)rer
3	eu(e)rem	eu(e)rer	eu(e)rem	eu(e)ren
4	eu(e)ren	eu(e)re	euer	eu(e)re

ことがある》❶《冠詞的用法》(＠your) 君たちの，おまえたちの；あなたの．❷《代名詞的用法》君たち［おまえたち］のもの．❸《述語的用法》《書》君たち［おまえたち］のである．((II))《人称》2人称親称複数ihrの2格．

Euer [オイアー] 代《身分の高い男性の尊称・呼びかけに添えられる；略Ew.》◆ Euer [(古)Ewer] Majestät 陛下((皇帝・王に対して；1・2・3・4格)). ★但し，Eureは格変化する：Eure Majestät(1・4格)，Eurer Majestät(2・3格)．

euere [オイエレ] ⇨euer.
euerem [オイエレム] ⇨euer.
eueren [オイエレン] ⇨euer.
euerer [オイエラー] ⇨euer.
eueres [オイエレス] ⇨euer.
euerm [オイエルム] ＝eurem.
euern [オイエルン] ＝euren.
euers [オイアース] ＝eures.
Eule [オイレ] 女(-/-n)〖鳥〗フクロウ(梟)((賢さの象徴)).
Euphrat [オイフラット] 男(-(s)/) 《der ~》ユーフラテス川((Tigris川と合流しペルシア湾に注ぐ)).
..eur [...エーア] 男(-s/-e)「…する人」: Boykotteur ボイコットする人．
eure [オイレ] ⇨euer.
eurem [オイレム] ⇨euer.
euren [オイレン] ⇨euer.
eurer [オイラー] ⇨euer.
eures [オイレス] ⇨euer.
euretwegen [オイレットヴェーゲン] 副 君たちのために；君たちとしては．
Euro [オイロ] 男(-(s)/-s) ユーロ(EUの貨幣単位；記号€；コードEUR)). 5級
Euro-cheque [..シェック] 男(-s/-s) ユーロチェック．

Euro-city [..スィティー] 男(-s/-s) ヨーロッパ特急列車((略：EC)).
Europa [オイローパ] 中(-s/) ヨーロッパ，欧州. 5級
Europäer [オイロペーアー] 男(-s/-) ❶ヨーロッパ[欧州]人．❷《書》汎ヨーロッパ[欧州]主義者．◇ ~in 女(-/-nen).
europäisch [オイロペーイッシュ] 形 ヨーロッパ[欧州](人)の．
Europa-meister [..] 男(-s/-) ヨーロッパ・チャンピオン，欧州選手権優勝者[保持者]．
Europa-meisterschaft 女(-/-en) ヨーロッパ選手権(試合).
Europa-pokal 男 ヨーロッパ・カップ[杯]((争奪試合)).
Europa-union 女 欧州連合，EU.
Euro-scheck 男 ユーロチェック．
..euse [...エーゼ] 女(-/-n)「…する人(女性)」: Kommandeuse 女性指揮官．
Euter [オイター] 中(-s/-) (雌牛などの垂れた)乳房．
ev.《略》＝evangelisch.
Ev.《略》＝Evangelium.
e.V., E.V. [エーファオ]《略》＝Eingetragener Verein 登記社団((日本の社団法人に相当するドイツの法人)).
Eva [エーファ，エーヴァ] 女(-/-s) ❶《人名》エヴァ，イブ．❷女性の典型．
evangelisch [エヴァンゲーリッシュ] 形 新教の，プロテスタントの((略：ev.)).
Evangelium [エヴァンゲーリウム] 中(-s/..lien) ❶《単》(キリスト教の)福音．❷福音書．
eventuell [エヴェントゥエル] ((I))形《付加語または副》《比較なし》起こるかもしれない，場合によってはありうる，偶発的な，不慮の，不測の，万一の. ((II)) 副 事情[場合]によっては，もしかすると，ひょっとすると((略：evtl.)).
evtl.《略》eventuell((II)).
Ew.《略》Euer, Eure.
ewig [エーヴィヒ] ((I))形《比較なし》❶永久の，永遠の；無限の；不滅の；終身の．❷(口)果てしない，絶え間ない，不断の．◆ ③ ~e Liebe

[1] 1格　[2] 2格　[3] 3格　[4] 4格

schwören 人³に永遠の愛を誓う. **(II)** 副 ❶永久に. ❷(口)非常に長い間. **4級**

Ewigkeit [..カイト]女(–/–en)《単》(書)永遠(性),永久,永劫;無限;不朽,不滅. ❷(口)非常に長い時間.

Ex.. [エクス..]《結合辞「前の,先の,元の」》:Exkanzler 前宰相.

exakt [エクサクト]形(最上 ~est) ❶正確な,的確な,ぴったりの. ❷厳密な,精密な;厳格な. ❸綿密な,緻密(⁵ˢ)の,入念な,きちょうめんな.

Examen [エクサーメン]中(–s/–,..mina [..ミナ])《特に大学の修了時の》試験,最終試験. ♦ein mündliches [schriftliches] ~ machen 口頭[筆記]試験を受ける. ein ~ bestehen 試験に合格[及第]する.

exekutieren [エクセクティーレン]他(書)《人⁴を》処刑する,《人⁴に対して》死刑を執行する.

Exekution [エクセクツィオーン]女死刑執行,処刑.

Exemplar [エクセンプラーァ]中(–s/–e) (同種の中の)一つ,1個;部数;サンプル(略:Expl., Ex.)).

exemplarisch [エクセンプラーリッシュ]形(書)(見本[標本]の)例による,実例による.

exerzieren [エクセァツィーレン]自(軍)教練を行う.

Exil [エクスィール]中(–s/–e)《主に単》 ❶亡命地. ❷亡命.

Existenz [エクスィステンツ]女(–/–en) ❶《単》存在,実在,現存;(哲)実存. ❷(人間の)生存,生活(基盤),暮らし,《いかがわしい》やから.

Existenz·kampf 男生存競争.

existieren [エクスィスティーレン]自 ❶存在[実在,現存]する. ❷《(mit [von] ³)》《(物³で)》生活する,生計を立てる,暮らす.

exklusiv [エクスクルズィーフ]形 ❶ (↔ inklusiv)排他的な,閉鎖的な,非開放的な;独占的な,専用の. ❷特権階級の;会員制の;高級な.

Exkursion [エクスクルズィオーン]女(–/–en)(書)研究[研修,修学]旅行;遠足.

exotisch [エクソーティッシュ]形外来の,外国(産)の;異国風の,エキゾチックな.

Expansion [エクスパンズィオーン]女(–/–en)拡大,拡張,膨張.

Expedition [エクスペディツィオーン]女(–/–en)(学術的な)派遣(団),調査(旅行)(団),探検(隊),遠征(隊).

Experiment [エクスペリメント]中(–(e)s/–e) ❶(科学的な)実験. ❷大胆な試み.

experimentell [エクスペリメンテル]形 ❶《付加または副》実験[経験]に基づく,実験による,実験(上)の. ❷実験的な.

experimentieren [エクスペリメンティーレン]自(《mit [an] ³》)《(物³を用いて)[対象に]》実験する.

Experte [エクスペァテ]男(–n/–n)《弱》(für ⁴ [in ³])《事⁴·³の》専門家,エキスパート,達人,プロ. ◇Expertin 女(–/–nen).

Expl. 《略》Exemplar サンプル.

explizit [エクスプリツィート]形(最上 ~est)明確な,明示的な;はっきりとした,あからさまの,露骨な.

explodieren [エクスプロディーレン]自(S) ❶《物³が》爆発する,破裂する. ❷(口)激怒する. ❸爆発的に増大[増加]する.

Explosion [エクスプロズィオーン]女(–/–en) ❶爆発,破裂. ❷(人口などの)爆発的増大[増加],(金額などの)急上昇.

explosiv [エクスプロズィーフ]形 ❶爆発しやすい,爆発性の;一触即発の. ❷怒りっぽい.

Export¹ [エクスポルト]男(–(e)s/–e) (↔ Import) ❶《単》輸出(貿易). ❷輸出品.

Export² 中(–/–) (輸出用)ビール.

Export·artikel 男輸出品目.

Exporteur [エクスポルテーァ]男(–s/–e)輸出業者,輸出商社. ◇–in 女(–/–nen).

Export·handel 男輸出貿易.

exportieren [エクスポルティーレン]

Expressionismus (↔ importieren)他 輸出する.

Expressionismus [エクスプレスィオニスムス]男《-/》表現主義.

exquisit [エクスクヴィズィート]形《書》この上なく優れた,申し分のない,精良「優良」な.

extern [エクステァン]形 (↔ intern)外部の,外来の,外からの;通学の,通勤の.

extra [エクストラ]((Ⅰ))形《無変化》(口)❶《付加または副》特別の,特別の;余分[余計]な.((Ⅱ))副 ❶特別に. ❷別に,別々に,別個に;余分に,余計に,おまけに. ❸わざわざ. ❹(口)わざと.

Extra [エクストラ]中《-s/-s》《主に複》特別(注文)部品.

Extra-blatt 中(新聞の)号外;臨時増刊号.

Extrakt [エクストラクト]男 中《-(e)s/-e》❶抽出[濃縮]物,エキス,精. ❷《書》抜粋,抄録.

extravagant [エクストラヴァガント,エクストラヴァガント]形《最上 -est》常軌を逸した,突飛な,奇抜な.

extrem [エクストレーム]((Ⅰ))形 ❶極端な,極度の. ❷過激な,急進的な. ((Ⅱ))副 極端に,極度に,極めて.

Exzellent [エクスツェレント]形《書》優れた;すばらしい.

Exzellenz [エクスツェレンツ]女《-/-en》閣下((尊称として;略:Exz.)).

exzentrisch [エクスツェントリッシュ]形 常軌を逸した,一風かわった,風変わりな,奇抜な,奇矯(きょう)の.

Exzess [エクスツェス]男《-es/-e》やり過ぎ,行き過ぎ,過度;過多,過剰.

Exzeß 男= Exzess.

F

f, F [エフ]中《-/-,(口) -s》❶アルファベットの第6字. ❷《音楽》ヘ音,ヘ調. ◆f-Moll ヘ短調. F-Dur ヘ長調.

F 《略》Fahrenheit 華氏.

Fa. 《略》Firma 会社.

Fabel [ファーベル]女《-/-n》❶寓話(ぐうわ)((特に動物寓話)),たとえ話. ❷作り話,作り事;虚構,うそ.

fabelhaft [..ハフト]形《信じられないくらい》すばらしい,すてきな.

Fabrik [fabríːk ファブリーク]女《-/-en》工場,製造[製作]所. 4級

Fabrikant [ファブリカント]男《-en/-en》《弱》❶工場主. ❷メーカー. ◇**Fabrikantin** 女《-/-nen》.

Fabrikat [ファブリカート]中《-(e)s/-e》製(造)品.

Fabrikation [ファブリカツィオーン]女《-/-en》(工場での)製造,製作.

Fabrik-besitzer 男 工場主. ★オーストリアではFabrikの合成語には-sが間に入ってFabriksbesitzerとなる.

fabrizieren [ファブリツィーレン]他 ❶〈物⁴を〉(苦労して)作り上げる. ❷《軽蔑》〈ばかな[へまな]事⁴を〉しでかす.

fabulieren [ファブリーレン]他《(4)》〈(空想的な事⁴を)〉作り上げる;空想まじりに語る,作り話をする.

Fach [ファッハ]中《-(e)s/Fächer》❶専門(分野);学科;科目. ❷区画,仕切り(棚);(分類)棚;引出し. *vom ~ sein* 専門家である.

..fach 尾《付加または副》「…倍の,…重の」:zweifach 2倍の.

Fach-arbeiter 男(国家検定をパスした)専門工,特殊技能工;熟練工.

Fach-arzt 男 専門医.

Fach-bereich 男 ❶専門領域. ❷学部,学科.

Fächer [フェッヒャー]複 ⇒ Fach.

Fach-geschäft 中 専門店.

Fach-hochschule 女 専門(単科)大学(略:FH).

fachlich [..リヒ]形《主に付加》専門の,専門的な,本職の,プロの.

Fach-mann 男《-(e)s/..leute,(稀)..männer》《**für** ⁴》〈事⁴の〉専門家,エキスパート,プロ.

Fach-werk 中《-(e)s/-e》《建》木骨造り,ハーフティンバー.

Fachwerk-haus 中 木骨[ハーフティンバー]様式の家(屋).

Fach-zeitschrift 女《-/-en》専門雑誌.

①1格 ②2格 ③3格 ④4格

Fackel [ファッケル] 女 (-/-n) 松明(たいまつ).
fad [ファート], **fade** [ファーデ] 形 (比較 fader; 最上 fadest) ❶ (料理などが)味のない; (飲物などが)気の抜けた. ❷ (南ド・オーストリア)(口)面白味のない, つまらない.
Faden [ファーデン] 男 (-s/Fäden) ❶ 糸, 縫い糸, より糸. ❷ 糸状のもの, 筋, 線. *der rote ~* (一貫した)根本思想, 基本モチーフ. *die [alle] Fäden (fest) in der Hand haben [halten]* 全てを完全に掌握している.
fadenscheinig [..シャイニヒ] 形 ❶ (軽蔑)見え透いた; 取るに足りない. ❷ (やや古)糸目もあらわな, すり切れた.
Fagott [ファゴット] 中 (-(e)s/-e) 〚楽〛ファゴット.
fähig [フェーイヒ] 形 (副なし) ❶ 〈zu ③〉事³ができる(立場にある), 〈事³をする〉能力[素質]がある; 〈事³をやりて〉しかねない, 〈事³をする〉可能性[余地]がある. ★ zu 不定詞もとる. ❷ 〈主に付加〉有能な, 才能[能力, 力量, 素質, 手腕]のある, 腕利きの. *vor allem ~ sein* (口; 軽蔑)どんな(悪い)ことでもやりかねない.
Fähigkeit [..カイト] 女 (-/-en) ❶ 〈主に複〉能力, 資格. ❷ 〈単〉素質; 才能, 力量. *~ zu ③ haben [besitzen]* 事³の素質[才能]がある.
fahl [ファール] 形 (書) ❶ 生気のない, 血の気のない. ❷ はっきりしない, 色あせた, かすかな, 薄い, 淡い; 薄暗い, おぼろな.
fahnden [ファーンデン] 自 〈nach ③〉〈警察¹などが〉〈人・物³を〉捜す, 捜査する, 追跡する.
Fahndung [ファーンドゥング] 女 (-/-en) (警察の)捜査, 追跡.
Fahne [ファーネ] 女 (-/-n) ❶ 旗, 旗印. ❷ (口; 軽蔑)(口からの)酒臭い息. ♦ *eine ~ hissen [einholen]* 旗を掲げる[おろす]. *die [seine] ~ nach dem Wind drehen [hängen]* (軽蔑)日和見する, 大勢に従う.
Fahr-bahn 女 車道, 車線.
Fähre [フェーレ] 女 (-/-n) フェリー(ボート); 渡し船, 連絡船.

fahren* [fáːrən ファーレン]

現在	ich fahre	wir fahren
	du **fährst**	ihr fahrt
	er **fährt**	sie fahren

過去	ich fuhr	wir fuhren
	du fuhrst	ihr fuhrt
	er fuhr	sie fuhren

| 過分 gefahren | | 接II führe |

((I)) 自 Ⓢ ❶ (乗り物で)行く. ❷ 運転する, 乗り物を走らせる; ドライブする, 車で走る. ❸ 〈乗り物¹が〉走る, 行く, 走行する, 動く. ❹〈公共の乗り物が〉運行する. ❺ Ⓢ ⓗ 〈(sich³) (mit ③) durch [über] ④〉〈物³で〉物⁴をなでる, 拭(ぬぐ)く. ❻(副詞的4格と) **(a)** Ⓢ〈距離⁴を〉走る. **(b)** Ⓢ〈スキー・そりで〉などを〉する. ((II)) 他〈乗り物⁴を〉運転する, 操縦する, 走らせる. ❷〈人・物⁴を〉車で連れていく, 運ぶ. ❸〈車⁴を所有する〉(乗って)いる. ❹〈ある燃料⁴で〉走る. ((III)) 再 sich⁴〈+様態〉: *Das Auto fährt sich⁴ gut [leicht].* この車は運転しやすい. ♦ *mit dem Bus ~* バスで行く. *in die Stadt ~* 町へ行く. *nach Berlin ~* ベルリンへ行く. *Was ist denn in dich gefahren?* (口)いったいどうしたんだい(なぜ君は急にそんな態度をとるようになったんだい). 5級
Fahrenheit [ファーレンハイト] 女 華氏((英語圏で用いられる温度計の目盛り; 記号: F, °F)).
Fahrer [fáːrɐr ファーラー] 男 (-s/-)(自動車の)運転手, ドライバー((職業としても)); (自転車などに)乗る人. ◇ **Fahrerin** 女 (-/-nen). 4級
Fahrer-flucht 女 (ひき逃げ, 当て逃げ.
Fahr-gast [ファー..] 男 (官)(書)(バス・列車などの)乗客, 旅客 ★ 飛行機・船では Passagier.
Fahr-geld 中 (-(e)s/-) 運賃, 乗車[乗船]賃, 料金.
fahrig [ファーリヒ] 形 落ち着きのない.
Fahrkarte [ファーァカルテ] 女 乗車

Fahrkartenautomat

[乗船]券, 切符. ◆eine ~ hin und zurück 往復切符. eine ~ (nach Hamburg) lösen (ハンブルクまでの)切符を買う.

Fahrkarten•automat 男 乗車[乗船]券自動販売機.

Fahrkarten•schalter 男 乗車券販売窓口, 発券[出札]窓口.

fahr•lässig 形〔書〕不注意な, 軽率な, 軽はずみな.

Fahr•lehrer 男(自動車教習所の)指導員. ◇**Fahrlehrerin** 女(-/-nen).

Fahr•plan [ファープラーン] 男 (バス・列車の)時刻表, ダイヤ.

fahrplan•mäßig 形(官)〔書〕時刻表どおりの, 定時[定刻]の.

Fahr•preis 男 乗車[乗船]料金, (航空以外の)運賃.

Fahr•prüfung 女 運転免許試験.

Fahrrad [fá:rra:t ファーラート] 中 (-(e)s/..räder) 自転車. ◆(mit dem) ~ fahren 自転車で行く. **4級**

Fahr•schein 男(官・書)乗車[乗船]券, 切符.

Fahr•schule 女 ❶自動車運転教習所, 自動車学校. ❷教習所の授業.

fährst [フェーアスト] fahren の 2 人称単数現在形.

Fahr•stuhl 男 エレベーター, 昇降機.

Fahr•stunde 女(自動車の)教習時間.

Fahrt [fa:rt ファールト] 女 (-/-en) ❶《単》乗り物に乗っていくこと, 進行, 走行, 運行, 航行. ❷《単》速度, 速力. ❸(乗り物での)旅, 旅行, ドライブ, 航海. ◆eine ~ machen ❸ 旅行する [unternehmen] 所³へ旅行する. **4級**

fährt [フェーアト] fahren の 3 人称単数現在形.

Fährte [フェーアテ] 女 (-/-n)〔狩〕(野獣の)足跡, 臭跡 (ぷ゚ゥ);(探している対象への)手がかり. *auf der richtigen [falschen] ~ sein* 正しい[誤った]方向を追っている, 方針が正しい[見当違いをしている].

Fahrt•kosten 複 交通費.

Fahrt•richtung 女 進行方向, 進路.

fahr•tüchtig 形(人・車両が)運転に差し支えない状態にある;〈車両¹が〉運行可能な状態にある.

Fahr•wasser 中〔海〕水路, 航路.

Fahr•werk 中 (飛行機の)脚部, 離着陸装置.

Fahr•zeit 女 走行[航行]所要時間, 運転時間.

Fahr•zeug 中 (-(e)s/-e) 乗り物, 輸送機関;船舶;車両.

Fahrzeug•papiere 複(主に官)〔書〕車検証.

fair [フェーア] 形 フェアな, 公正な;正々堂々とした.

Fakten [ファクテン] Faktum の複数形.

faktisch [ファクティッシュ] ((I)) 形《付加》事実上の, 実際の. ((II)) 副(口)実際には, 事実上.

Faktor [ファクトァ] 男 (-s/..toren [..トーレン]) ファクター, 要素, 要因;〔数〕因数;〔生〕(遺伝)因子.

Faktum [ファクトゥム] 中 (-s/..ten)〔書〕事実.

Fakultät [ファクルテート] 女 (-/-en) 学部.

Falke [ファルケ] 男 (-n/-n)〔弱〕❶タカ(鷹), ハヤブサ. ❷《主に複》〔書〕タカ派の人.

Fall [fal ファル] 男 (-(e)s/Fälle) ❶《単》落ちること, 落下, 降下, 転落;下がること, 下落, 下降, 減少;滝. ❷転倒;倒壊. ❸場合, ケース. ❹事例;事態. ❺事件, 問題;出来事. ❻〔医〕症例, ケース;患者. ❼〔言〕(Kasus)格. ◆*in diesem ~* この場合. *in meinem ~* 私の場合, 私なら. *in jedem ~* それがどうあれ, いずれにせよ, いかなる場合にも. *im ~(e) ~, dass ...* ...の場合には. *auf alle Fälle* 1)必ず, きっと. 2)いずれにせよ, どっちみち, ともかく, とにかく. 3)念のため. *auf jeden ~* 1)必ず, きっと. 2)いずれにせよ, どっちみち, ともかく, とにかく. *auf keinen ~* どんな場合でも[決して](...し)ない. *für alle Fälle* 念のため. *der ~ sein* そのケースである, 当てはまる: wenn

Falle [ファレ] 女 (-/-n) ❶わな;落とし穴. ❷計略, 策略. ❸〔狩〕寝床. *in eine ~ locken* 人⁴をわなに誘い込む. ③ *eine ~ stellen* 〈人³の〉わなにかける, 陥れようとする.

Fälle [フェレ] ⇨Fall.

fallen* [fálən ファレン] 自

現在	ich falle	wir fallen
	du fällst	ihr fallt
	er fällt	sie fallen

過去	ich fiel	wir fielen
	du fielst	ihr fielt
	er fiel	sie fielen

| 過分 gefallen | | 接II fiele |

⑤ ❶〈物¹が〉落ちる, 落下する, 降下する. ❷〈人¹が〉倒れる, 転ぶ;〈兵士¹が〉戦死する. ❸〈光・太陽¹などが〉射す, 射し込む, 〈視線・眼差し¹などが〉とまる, 向く. ❹〈温度・水面・価値¹などが〉下がる, 低くなる. ❺〈結論・判決¹が〉下りる, 下される. ❻〔書〕〈物¹が〉なくなる. ❼〈auf [in] ④〉〈事¹が〉〈ある時期・日付⁴に〉当たる, くる, 該当する. ❽〈in ④〉〈物¹が〉〈領域⁴に〉入る, 含まれる, 関わる, 属する. ❾〈an ④〉〈物¹が〉〈人⁴の〉ものになる, 〈人⁴に〉与えられる, 帰属する. ❿〈in ④〉〈人¹が〉〈状態⁴に〉なる, 陥る. ⓫〈durch ④〉〈試験⁴に〉落ちる. ⓬〈(③)+様態〉〈物・事¹が〉〈〈人³にとって〉〉... な状態である. ♦ *auf den Boden [auf die Erde] ~* 地面に落ちる, 地面に倒れる. *aus dem Bett ~* ベッドから落ちる. ③ *um den Hals ~* 人³の首に抱きつく. **~ lassen** 1)〈物¹を〉落とす. 2)〈計画⁴を〉やめる, 中止[放棄]する;〈考え⁴を〉捨てる. 3)〈口〉〈人⁴を〉見捨てる, 〈人⁴と〉手を切る. 4級

fällen [フェレン] 《fallen の作為動詞》他 〈木⁴などを〉切り倒す, 伐採する. *ein Urteil über* ④ ~ 〈人⁴・事⁴について判断を下す, 意見を述べる *eine Entscheidung ~* 〔書〕決定[判定]

を下す.

fallen|lassen* 他 ⇨ = fallen lassen (⇨fallen 自).

fällig [フェリヒ] 形《副なし》❶〔官〕〔書〕支払期限に達した, 支払うべき, 満期の. ❷予定である.

Fall·obst 中 落ちた果物.

Fallout [フォールアオト] 男 (-s/-s) 〔書〕(核爆発による)放射性降下物, 死の灰.

Fall·rückzieher 男 オーバーヘッドキック.

falls [ファルス] 接〈従属〉〈万が一[偶然に] ...の〉場合には, もしも(...)ならば. ★wennより実現の可能性が低い. 4級

Fall·schirm 男 落下傘, パラシュート.

fällst [フェルスト] fallen, fällen の2人称単数現在形.

fällt [フェルト] fallen, fällen の3人称単数現在形.

falsch [falʃ ファルシュ] 形《比較 **falscher**; 最上 **falschest**》❶ (↔ richtig)間違った, 誤った, 間違い[誤り]のある, 不正確な. ❷ (↔ echt)偽(ﾆｾ)の, まがいの, 偽造の, 贋作の;模造の, イミテーションの. ❸虚偽の, 偽り[嘘]の, ごまかしの, いんちきな. ❹思い[考え]違いによる, 見当違い[はずれ]の. ❺〔付加〕ふさわしくない, 適切[適当]でない, 不適切[不適当]な, 当を得ていない, 場違いな. ❻〔軽度〕不実[不誠実]な, 表裏のある, うわべを偽った, 本心を見せない, 見せかけ(だけ)の;偽善的な, 腹黒い, 陰険な. ♦ *~e Zähne* 義歯, 入れ歯. *unter ~em Namen* 偽名で. *Sie sind ~ verbunden!*《電話で》(番号が)違います. 5級

fälschen [フェルシェン] 他 〈物⁴を〉偽造する, 捏(ﾈﾂ)造する, 模造する, 〈物⁴の〉贋作[偽作]を作る.

Fälscher [フェルシャー] 男 偽造[贋造, 模造]者.

Falsch·geld 中 にせ金[札, コイン], 贋造[偽造]貨幣.

fälschlich [フェルシュリヒ] 形《付加または副》〔書〕事実に基づかない, 間違い[誤り]に基づく, 間違った, 誤った.

① 1格 ② 2格 ③ 3格 ④ 4格

Falsch・meldung 囡誤報.

Fälschung [フェルシュング]囡(-/-en) ❶偽造物, 偽作, 贋作; 模造品, イミテーション. ❷《主に単》偽造, 贋造, 模造, 捏(⁵)造.

Falt・blatt 囲(キに新聞の)折りたたみ広告, リーフレット.

Falte [ファルテ]囡(-/-n) ❶(額・衣服などの)しわ. ❷(ズボンなどの)折り目, (スカートなどの)ひだ.

falten [ファルテン]個《物⁴を》折り重ねる[畳む]. *die Hände ~* 指を組み合わせる.

Falten・rock 男プリーツスカート.

Falter [ファルター]男(-s/-)〖動〗鱗翅(ニ)目; チョウ(蝶), ガ(蛾).

faltig [ファルティヒ]形しわの寄った; 折り目[ひだ]のある.

familiär [ファミリエーァ]形 ❶家族[家庭]の, 家族[家庭]に関する. ❷親しい, 打ち解けた, 気楽な.

Familie [famíːliə ファミーリエ]囡

格	単数	複数
1	die Familie	die **Familien**
2	der Familie	der Familien
3	der Familie	den Familien
4	die Familie	die Familien

❶家族, 家庭, 世帯, 一家. ❷家系, 家柄;一族, 一門. ❸〖生物〗科. ♦~ Schmidt シュミット家. *Das kommt in den besten ~n vor.* (口)それはだれにでもよくあることです, たいしたことではない. **5級**

Familien・angehörige(r) 男囡《形容詞変化》家族の一員.

Familien・feier 囡家族[身内]の祝い(の会), 祝い事.

Familien・name [ファミーリエンナーメ]男(-ns/-n)(↔ Vorname)家族名, 姓, 名字, 氏.

Familien・stand 男〖官〗(-(e)s/)(親族法上の)身分(既婚(verheiratet), 未婚(ledig), 離婚(geschieden), 寡婦[夫](verwitwet)など).

Fan [フェン, ファン]男(-s/-s)(口)(音楽・スポーツなどの)ファン, 愛好者.

Fanatiker [ファナーティカー]男(-s/-)狂信者, 熱狂者. ◇~**in** 囡(-/-nen).

fanatisch [ファナーティッシュ]形(軽蔑)狂信[熱狂]的な.

fanatisieren [ファナティズィーレン]他狂信的にさせる, 熱狂させる.

fand [ファント]finden の過去形.

fände [フェンデ]finden の接続法Ⅱ式形.

Fanfare [ファンファーレ]囡(-/-n) ファンファーレ.

Fang [ファング]男(-(e)s/Fänge) ❶捕えること, 捕獲, 捕捉, 採取; 猟, 漁. ❷獲物, 収穫.

fangen* [ファンゲン]

現在	ich fange	wir fangen
	du **fängst**	ihr fangt
	er **fängt**	sie fangen

過去	ich fing	wir fingen
	du fingst	ihr fingt
	er fing	sie fingen

過分 **gefangen**		接Ⅱ finge

《(Ⅰ)》個 ❶(↔ freilassen)〈魚・獣などを〉捕える, 捕獲する, 〈蝶⁴などを〉採取する. ❷〈逃げた人⁴を〉捕らえる, 捕まえる, 逮捕する. ❸〈(飛んでくる物⁴を)〉キャッチする, (手で)受ける, 受けとめる. 《(Ⅱ)》再 sich⁴ ~ ❶《(in ³)》〈(物³に)〉捕えられる, 捕獲される, 採取される. ❷(体勢[姿勢]を)立て直す, 持ち直す. ❸(口)気を取り直す, 落ち着きをとり戻す.

Fang・frage 囡引っかけ問題, 誘導尋問.

fängst [フェングスト]fangen の2人称単数現在形.

fängt [フェングト]fangen の3人称単数現在形.

Fantasie [ファンタズィー]囡(-/..sien [..ズィーエン]) ❶《単》空想[想像]力. ❷《主に複》空想, 想像, 夢想; 幻想, 幻覚, 白日夢. ♦*eine rege ~ haben* すごい空想力がある.

①1格 ②2格 ③3格 ④4格

fantasie·los 形 空想[想像]力のない.

Fantasie·losigkeit 女《単》空想[想像]力のないこと.

fantasieren [ファンタズィーレン] 自 ❶《(von ③)》〈(事³を)〉空想[想像]している. ❷譫言 (うわごと) を言う, うなされる.

fantasie·voll 形 空想[想像]力に富んだ, ファンタジーに満ちた.

fantastisch [ファンタスティッシュ] 形 ❶空想的な, 夢みたいな, 奇想天外な, 突拍子もない. ❷(口)すばらしい, すてきな, ファンタスティックな. ❸(口)とてつもない, とんでもない, 法外な.

Farb·dia [ファルプ..] 中 カラースライド (写真).

Farbe [fárbə ファルベ] 女 (-/-en) ❶色; 色彩, 色合い, 色調; 彩り, 生彩. ❷《単》(白黒に対して)カラー. ❸絵の具, ペンキ, 塗料, 染料, 顔料. ❹顔色; 肌の色. ❺(トランプの)組札. ◆ Welche ~ hat dein Auto? 君の車は何色ですか. **5級**

farb·echt 形《副なし》色の落ちない (さめない, 抜けない), 変色しない.

..farben [..ファルベン] 形『...色の』: pastellfarben パステルカラーの.

färben [フェァベン] (I) 他 〈物⁴を〉染める, 着色する, 〈物⁴に〉色をつける. (II) 再 sich⁴〈物⁴が〉色づく, 染まる, 〈広葉樹¹などが〉紅葉する;〈顔・ほお¹が〉赤くなる.

farben·blind 形《副なし》色盲の, 色覚障害の.

farben·froh 形 カラフルな, 色とりどりの.

Farben·pracht 女 (-/)《書》色が華やかなこと, みごとな色彩, 絢爛 (けんらん) .

farben·prächtig 形 色の華やかな, 彩り鮮やかな, みごとな色合い[色彩]をした, 絢爛 (けんらん) たる.

Farb·fernseher 男 カラーテレビ.

Farb·film 男 カラーフィルム, カラー映画.

Farb·foto 中 カラー写真.

farbig [ファルビヒ] 形 ❶(↔ farblos) 色つきの, カラーの, 色物の, 着色[染色]した, 彩色した, 色刷りの(《★色の多さを強調する場合は bunt》). ❷《副なし》有色(人種)の, 非白人の. ❸生彩のある, 多彩な, 生き生きとした.

..farbig 形《主に色の数》『...色の』: einfarbig 単色の.

färbig 形 (オーストリア) = farbig.

Farbige(r) [ファルビゲ(ガー)] 男 女《形容詞変化》(白人に対する)有色人.

farblich [..リヒ] 形《主に付加》色の[に関する], 色彩の[に関する].

farb·los 形 ❶色のない, 無色の. ❷生彩の無い[を欠いた], 単調な.

Farb·losigkeit 女 (-/) ❶無色. ❷生彩の無いこと, 単調.

Farb·stift 男 色鉛筆, クレヨン, カラーペン.

Farb·stoff 男 色素; 染色剤, 顔料.

Farb·ton 男 色調, (色の)トーン, 色合い; 【理】色相.

Färbung [フェァブング] 女 (-/-en) ❶色の濃淡, 色彩の明暗, 色合い. ❷染色, 着色, 色染め; 彩色.

Farn [ファルン] 男 (-(e)s/-e) 【植】シダ.

Fasan [ファザーン] 男 (-(e)s/-e(n))【鳥】キジ(雉).

Fasching [ファッシング] 男 (-s/-e, -s)《南ドイツ・オーストリア》謝肉祭, カーニバル;(主に1月・2月の仮装行列など) お祭り行事 ((北ドイツでは Karneval といい, 南ドイツでは Fasching, スイスでは Fasnacht という)).

Faschismus [ファシスムス] 男 (-/..men) ファシズム.

Faschist [ファシスト] 男 (-en/-en)《弱》◇~in 女 (-/-nen).

faschistisch [ファシスティッシュ] 形 ファシズムの, ファッショの[的な].

faseln [ファーゼルン] (口;軽蔑)(I) 他〈馬鹿げた事⁴を〉くどくど言う. (II) 自《über ④ [von ③]》〈事⁺³について〉たわごとを言う.

Faser [ファーザー] 女 (-/-n) 繊維, 繊維質, 繊維組織, ファイバー.

Fass [ファス] 中 (-es/Fässer) 樽 (たる) . *ein ~ ohne Boden sein* (金・労力などが)むだに費やされる.

① 1格 ② 2格 ③ 3格 ④ 4格

Faß 中 (Fasses/Fässer) 男= Fass.

Fassade [ファサーデ] 女(-/-n) ❶ (建物の)正面, 前面, ファサード. ❷(軽蔑)外面(的), 外見, 見かけ.

fassbar [ファスバァ] 形 理解[合点]のいく.

faßbar = fassbar.

Fass·bier 中(-(e)s/-e) 樽詰めビール, 生ビール.

fassen [ファッセン] ((I)) 他 ❶ (↔ loslassen)〈人・物⁴を〉つかむ. ❷ (↔ freilassen)〈人⁴を〉捕まえる, 捕らえる. ❸〈+様態〉表現する, 言い表す. ♦ seinen Gedanken in Worte ~ 自分の考えを言葉に表す. ❹ (なぜかを)把握する, 会得する, 分かる, 解する ((kaum, nicht と共に)). ❺ 〈受動なし〉〈物⁴が〉〈人・物⁴を〉収容できる. ((II)) 自 手を伸ばす, 手を伸ばしてつかもうとする. ((III)) 再 sich⁴ 自分を抑える, 自制する; 落ち着き[平静]を取り戻す, 心を落ち着ける. ♦ ㋐ am [beim] Arm ~ 人⁴の腕をつかむ. ㋑ mit beiden Händen ~ 物⁴を両手でつかむ.

fasslich [ファスリヒ] 形 理解できる[しやすい], 分かりやすい.

Fasson [ファソーン] 女(-/-en) nach seiner ~ 自分なりの流儀で.

Fassung [ファッスング] 女(-/-en) ❶ (電球などの)ソケット, ねじ込み. ❷ (宝石などの)台, はめ込み; フレーム, 枠. ❸ 稿, 版, バージョン; テクスト. ❹ 落着き, 平静(さ).

fassungs·los 形 唖(ぁ)然[茫(ぼう)然]とした, あっけにとられた.

fast [fást ファスト] 副 ❶ ほとんど, おおよそ, 大体. ❷ すんでのところで, あやうく, もう少しで ((完了形式と)). 4級

fasten [ファステン] 自 ❶ (宗教的理由から)断食する. ❷ (健康上の理由から)絶食する.

Fast·nacht 女(-/-) 懺悔(ざん)節 ((特に謝肉祭 (Fasching) の最終日で, 四旬節の前)).

faszinieren [ファスツィニーレン] 他 〈人⁴を〉魅惑[魅了]する, とりこにする.

faszinierend [..ト] 形 魅力的な, 魅惑[魅了]する, とりこにする.

fatal [ファタール] 形 致命的な; 宿命的な; 不吉な; 不幸な.

fauchen [ファオヘン] ((I)) 自〈猫などが〉威嚇のために鳴く, 歯をむいてうなる. ((II)) 他〈(事⁴を)〉つっけんどんに[かみつくように]言う.

faul [fáol ファオル] 形 ❶ 腐った, 朽ちた, 腐敗した, 傷んだ, だめに[悪く]なった; 虫歯の. ❷《付加》おそまつな, いい加減な, できそこないの, 陳腐な. ❸ (↔ fleißig) 怠惰な, 無精な, 怠け者の, ものぐさな. 4級

Fäule [フォイレ] 女(-/-) 腐敗, 腐爛(らん).

faulen [ファオレン] 自 ⓢ ⓗ 腐る, 腐敗する, 腐朽する; 〈歯¹が〉むし歯になる.

faulenzen [ファオレンツェン] 自 怠惰に過ごす, のらくらして暮らす.

Faulenzer [ファオレンツァー] 男 (-s/-) 怠け者, 無精者, のらくら[ものぐさ]者. ◊ ~in 女 (-/-nen).

Faulheit [..ハイト] 女(-/-) 怠惰, 無精, ものぐさ.

faulig [ファオリヒ] 形 腐った, 腐敗した; (腐って)臭い, 悪臭を放つ.

Fäulnis [フォイルニス] 女(-/-) 腐敗, 腐爛(らん).

Faul·pelz 男(-es/-e) (軽蔑)怠け者, 不精者.

Fauna [ファオナ] 女(-/..nen)《主に単》(書) (一地方・一時代の)動物相[群], フォーナ (植物相は Flora).

Faust¹ [ファオスト] 女(-/Fäuste) 握りこぶし, げんこつ. *auf eigene ~* (口) 独力で, 自分自身の才覚で, 一人で.

Faust²《人名》(Doktor ~) ファウスト博士 (16世紀ドイツの伝説的錬金術士の名; Goethe の同名戯曲の主人公)).

faust·dick 形 ❶ こぶし大の. ❷ 非常に太い ((名詞や動詞に添えてその意味を強める)).

Fäustling [フォイストリング] 男(-s/-e) ミトン(手袋).

Faust·regel 女 (単純で)大まかな原則.

Fauteuil [フォテーイ] 中 田 (-s/-s)

Favorit [ファヴォリート, ファヴォリット] 男(-en/-en) 《雅》本命, 優勝候補. ◇ **Favoritin** 女(-/-nen).

Fax [ファックス] 中, (ズ) 男(-/-e) ファックス;ファックス装置.

faxen [ファクセン] 他(4)〈(事4を)〉ファックスする.

Fazit [ファーツィット] 中(-s/-e, -s) 《主に単》《書》結論, 結果, 総括.

FC [エフツェー] 男(-/-)《略》Fußballclub サッカークラブ.

FCKW [エフツェーカーヴェー] 中(-(s)/-s)《略》Fluorchlorkohlenwasserstoff(e) フロン(ガス).

FDP [エフデーペー] 女(-/)《略》Freie Demokratische Partei《自由民主党のドイツの政党名》.

Feature [フィーチャー] 中(-s/-s), 女(-/-s)(テレビ・雑誌などのドキュメンタリー風の)特集, 呼びもの;特集番組;特集記事.

Feber [フェーバー] 男(-(s)/-)《オース》= Februar.

Febr.《略》Februar 二月.

Februar [フェーブルアーァ] 男(-(s)/--e) 2月《略:Febr.》. ◆im ~ 2月に. 5級

fechten* [フェヒテン] 自 (du fichtst, er ficht;過去 focht;過分 gefochten) (剣・槍などで)戦う;《スポ》フェンシングをする.

Fechter [フェヒター] 男(-s/-) フェンシングの選手;剣士. ◇ **Fechterin** 女(-/-nen).

Feder [フェーダー] 女(-/-n) ❶(a)羽根, 羽毛. (b)《複》《口》羽ぶとん, 寝床. ❷ペン, ペン先. ❸【工】ばね;スプリング;ゼンマイ. *sich*⁴ *mit fremden* ~*n schmücken*《軽蔑》他人の手柄を横取りする《他人の羽で身を飾る》.

Feder·ball 男 ❶(バドミントンの)羽根, シャトルコック. ❷バドミントン.

Feder·bett 中 羽根布団(ぶとん).

Feder·halter 男(-s/-) ペン軸.

federleicht [フェーダーライヒト] 形 羽毛のように軽い.

federn [フェーダァン] ((I)) 自 弾(力)性がある, ばねが効く, はずむ. ((II))他 〈物⁴に〉ばね[スプリング, クッション]を付ける.

Federung [フェーデルング] 女(-/-en) 弾(力)性;(自動車などの)緩衝装置, スプリング, サスペンション, クッション.

Fee [フェー] 女(-/Feen[フェーエン]) 妖精, 精.

Fegefeuer [フェーゲフォイアー] 中 (-s/)【カト】煉獄(れんごく), 浄罪界.

fegen [フェーゲン] 《主に北ドイツ》((I))他 ❶〈所⁴を〉(ほうきで)掃く, 掃除(そうじ)をする. ❷〈4 **von**〉〈物⁴を物³から〉(激しい勢いで)払いのける, ふき払う, たたき落とす;一掃する. ((II)) 自 ⑤ (風が激しく吹きながら)さっと通過する, 疾過する, 瞬く間に吹き荒れて行く.

Fehde [フェーデ] 女(-/-n)《書》(長期にわたる)反目, 確執, 不和;私闘.

Fehde·handschuh 男(中世騎士などの)籠手(こて);(乗馬用の)長手袋.

fehl [フェール] 形 **~ am Platz(e) [Ort(e)] sein** 場ちがいである, 不適当である, そぐわない.

Fehl.. [フェール..]《名詞に付いて》「誤った, 正しくない」: Fehlplanung 誤ったプランニング.

Fehl·anzeige 女(-/-) 不在[不適合]の通告[公告].

fehlen [féːlən フェーレン] 自

現在	ich fehle	wir fehlen
	du fehlst	ihr fehlt
	er fehlt	sie fehlen

過去	ich fehlte	wir fehlten
	du fehltest	ihr fehltet
	er fehlte	sie fehlten

| 過分 gefehlt | | 接II fehlte |

❶〈(3)〉〈あるべき物¹が〉〈(人³に)〉欠けている, 欠如している, ない;〈物¹が〉足りない, 不足している. ❷〈いるはずの人¹が〉いない, 不在である, 欠席[欠勤]している;まだ使われない. ❸〈(3)〉

(口)〈人¹がいなくて〉〈人³は〉寂しい,寂しく思う.♦in der Schule ~ 欠席している. Es fehlt ③ an ③.《非人称》〈(人³に)物³が〉足りない,欠けている,不十分である. *Das hat mir gerade noch gefehlt.*（皮肉）それは踏んだり蹴ったりです. *Fehlt dir was?* どこか具合が悪いの. *Mir fehlt nichts.* どこも悪くありません. 4級

Fehl·entscheidung 囡 誤った決定;誤審.

Fehler [féːlər フェーラー] 男 ⟨-s/-⟩ ❶ 間違い,ミス,誤り;過ち,過失,失敗,失策,落ち度;エラー,バグ. ❷ 欠点,欠陥,故障(個所). ❸ (宝石などの)傷,ひび;〔法〕瑕疵(かし).♦einen ~ machen 間違える. 4級

fehler·frei 形 ❶ 間違い[ミス,誤り]のない. ❷ 傷のない.

fehler·haft [..ハフト] 形 ❶ 間違い[ミス,誤り]のある. ❷ 傷のある,破損した.

Fehl·geburt 囡 流産.

Fehl·schlag 男 ミス,失敗,不成功.

fehl|schlagen* 自⑤〈物¹が〉失敗する,失敗[徒労]に終る.

Fehl·start 男 ❶（競）フライング. ❷（飛行機などの）離陸失敗.

Fehl·urteil 匝（書）❶ 誤った判決,誤審. ❷ 誤った判断.

Feier [ファイアー] 囡 ⟨-/-n⟩ 祝い,祝賀会,祝宴,パーティー;式典,祝典,セレモニー;祝祭,祭典,祭り;送別会. *zur ~ des Tages* この日を祝して.

Feier·abend 男 ❶ 終業(時),仕事じまい;閉店(時間). ❷ (仕事のあとの)夜の自由時間.

feierlich [..リヒ] ⟨(I)⟩ 形 厳粛な,厳かな,荘重[荘厳]な;儀式にのっとった,正式な. *Das ist (ja [schon]) nicht mehr ~.* (口) それはひどすぎます[もう我慢なりません],冗談じゃないよ. ⟨(II)⟩ 副 改まって;力強く;厳粛に,厳かに.

Feierlichkeit [..カイト] 囡 ⟨-/-en⟩ ❶ 〈複〉式典,儀式,セレモニー. ❷ 〈単〉厳粛,厳か,荘厳,荘重.

feiern [ファイアァン] 他 ❶〈事⁴を〉祝う,催す. ❷⟨④ (als ④)⟩〈人⁴を〉〈物⁴として⟩ほめたたえる,賛美する. ❸⟨〈物⁴の〉⟩パーティーをする,〈⟩お祝いをする.♦(den) Geburtstag ~ 誕生日を祝う.

Feiertag [ファイアータ-ク] 男 (↔ Werktag) 祝日,祭日,公休日. 4級

feig [ファイク], **feige** [ファイゲ] 形 ❶ 臆病[小心]な,意気地のない. ❷ 卑怯[卑劣]な,陰険な.

Feige [ファイゲ] 囡 ⟨-/-n⟩ ❶ イチジクの実[木]. ❷ 女陰.

Feigheit [..ハイト] 囡 ⟨-/⟩ ❶ 臆病,小心,弱虫. ❷ 卑怯,卑劣.

Feigling [..リング] 男 ⟨-s/-e⟩ (軽蔑) 臆病者,腰抜け,意気地なし,弱虫.

Feile [ファイレ] 囡 ⟨-/-n⟩ やすり;磨き,仕上げ;推敲(掫).

feilen [ファイレン] ⟨(I)⟩ 他〈物⁴に〉やすりをかける. ⟨(II)⟩ 自 ⟨an ③⟩(口) 〈物³に〉磨きをかける,〈物³を〉磨き上げる,洗練する,推敲する.

feilschen [ファイルシェン] 自 ⟨(③) (um ④)⟩〈人³から〉〈金額⁴を〉値切る,〈(人³と交渉して) (金額⁴を)〉値引きしてもらう.

fein [ファイン] ⟨(I)⟩ 形 ❶ (↔ grob, dick)〈糸·粒などが〉細い;〈織物·肌などが〉きめの細かい,目の細かい,薄手の. ❷ (↔ grob)〈体つきなどが〉か細い,ほっそりした,きゃしゃな. ❸ (↔ grob)〈粒などが〉細かい. ❹《付加》微細な,かすかな,ほのかな;わずかな. ❺ 神経[心遣い]の細やかな,繊細な,デリケートな. ❻ 巧妙な,巧みな,綿密に練り上げられた,うまく考え抜かれた. ❼ 良質[上質]の,上等の,優れた,優良な,特製の;(治)混じり気のない,純粋[純良]な. ❽ (皮肉)上品そうな,上品ぶった,こきれいな. ❾ (口) いい,好ましい,感じのいい. ❿ すばらしい,すてきな,立派な.♦*ein ~er Regen* 霧雨,こぬか雨. ∎*~ machen* (口)〈人⁴に〉正装させる. ⟨(II)⟩ 副 (口)《形容詞を強調して》非常に,とても,実に,きちんと,ちゃんと.

Feind [ファイント] 男 ⟨-(e)s/-e⟩ ❶ (↔ Freund) 敵;敵対者;かたき. ❷

反対者. ◇**Feindin** 囡(-/-nen).
feindlich [..リヒ]形 ❶敵対的な, 敵対心のある. ❷敵[敵国, 敵軍]の; 敵[敵国, 敵軍]からの.
..feindlich 形 ❶《主として名詞と共に》「敵対的な」: frauenfeindlich 反女性的な. ❷「不利な, 良くない」: lebensfeindlich 生存に適さない.
Feindschaft [..シャフト]囡(-/-en) (↔ Freundschaft)敵対関係; 不和, 反目, 仲違い.
feind·selig 形敵意に満ちた, 悪意のある.
Feind·seligkeit 囡(-/-en) ❶《単》敵意. ❷《複》《書》《婉曲》戦闘(行為), 戦争.
Feinheit [..ハイト]囡(-/-en) ❶《単》細いこと; きめの細かいこと. ❷《単》か細いこと, ほっそりしていること, きゃしゃ. ❸《主に複》微妙な差異[ニュアンス], 微細な点.
Fein·kost·geschäft 中高級食品[嗜好品]店.
fein|machen 他④= fein machen (⇨fein ❶).
Fein·schmecker 男(-s/-) 美食家, 食通, グルメ.
fein·sinnig 形 感性が繊細な[強い].
feist [ファイスト]形(最上 ~est)《主に軽蔑》《醜く》太った, でぶの, ぶよぶよの.
Feld [fɛlt フェルト]中(-(e)s/-er) ❶(仕切られた)畑, 耕地, 農地. ❷《単》野, 原, 野原. ❸(区切られた)地, スペース, 区画; (チェスなどのゲームの)ます目; (記入)欄. ❹《単》分野, 領域. ❺《主に単》フィールド; コート. ❻[記](競技者の)集団. ❼[理]場, 界; [言]語場. ❽《単》(やや戦)戦場. ♦auf freiem [offenem] ~ 広々とした野原で, 野外で. das ~ räumen 退却する, 撤退する, その場を立ち退く. ein weites ~ sein 幅の広い[論じ尽くせない]テーマである. 4級
Feld·herr 男 最高[軍]指揮官, 将軍.
Feld·salat 男ノチシャ, サラダ菜.

Feld·stecher 男双眼鏡.
Feld·webel 男 ❶曹長. ❷《口/軽蔑》男勝り.
Feld·weg 男野道; 農道.
Feld·zug 男 ❶《gegen ④》〈人·物4に対する〉遠征, 出兵, 軍事行動. ❷〈gegen [für] ④〉〈人·物に反対[賛成]する〉キャンペーン.
Felge [フェルゲ]囡(-/-n)(車輪の)外縁, リム, ホイール.
Fell [フェル]中(-(e)s/-e) ❶《主に単》(毛で覆われた)皮; 獣皮, 毛皮. ❷《俗》(人間の)皮膚.
Fels [フェルス]男(-ens, -en/-en) ❶《無変化で》岩盤. ❷岩, 岩石, 巌.
Felsen [フェルゼン]男(-s/-)岩, 岩塊, 岩石, 巌.
felsenfest [フェルゼンフェスト]形 確固たる, ゆるぎない, びくともしない, 岩のように堅い.
felsig [フェルズィヒ]形 ❶岩の多い, 岩だらけの. ❷岩石でできた.
Fels·wand 囡岩壁.
feminin [フェミニーン, フェーミニーン]形 ❶《書》女らしい, 女っぽい, 女性的な((男性にも用いるが, その場合は軽蔑的)). ❷[言]女性の.
Femininum [フェーミニヌム, フェーミニーヌム]中(-s/..nina)女性名詞.
Feminismus [フェミニスムス]男(-/..men)フェミニズム(運動), 男女同権主義, 女権拡張運動.
Feminist [フェミニスト]男(-en/-en)《弱》(男性の)フェミニスト. ◇**Feministin** 囡(-/-nen).
Fenchel [フェンヒェル]男(-s/-)[植]ウイキョウ.
Fenster [fɛ́nstər フェンスター]中

格	単数	複数
1	das Fenster	die **Fenster**
2	des Fensters	der Fenster
3	dem Fenster	den Fenstern
4	das Fenster	die Fenster

❶窓. ❷《口》(Schaufenster)ショーウィンドー, 飾り窓. ❸[記→]ウィンド

ウ. ♦ das ~ öffnen [aufmachen] 窓を開ける. das ~ schließen [zumachen] 窓を閉める. 5級

Fenster·bank 囡(-/..bänke) 窓台, 窓のしきい, 膳板.

Fenster·laden 男(窓の)鎧戸(よろい).

Fenster·leder 中(皮の)ガラス拭き.

Fenster·platz 男(列車・バスなどの)窓側の座(席).

Fenster·rahmen 男窓枠.

Fenster·scheibe 囡窓ガラス.

Ferien [féːriən フェーリエン] 覆(学校などの長期の)休み, 休暇, バカンス. ♦ ~ haben 休みである, 休暇中である. in die ~ fahren [gehen] 休暇に出かける. 5級

Ferien·haus 中休暇[バカンス]用ハウス, 別荘.

Ferien·job 男休暇[バカンス]のアルバイト.

Ferien·kurs 男 ❶ (外国人学生のための)夏期[冬期]講座[コース]. ❷(休暇中の)語学研修.

Ferien·wohnung 囡休暇[バカンス]用住居.

Ferkel [フェァケル] 中(-s/-) ❶子豚. ❷(口)不潔な[汚い]奴. ❸(口)(性的に)汚らわしい人, 恥知らず.

fern [fern フェァン] ((I)) 形(↔ nah)(空間的・時間的に)遠い, 遠くの. *von ~* から, ((II)) 副《3格支配》(書)《3》《物³から》遠く離れて.

..fern 尾「...とは無縁の, ...とはほど遠い」: wirklichkeitsfern 現実離れした.

Fern·bedienung 囡リモコン.

fern|bleiben* 自⑤《3》(官)(書)〈物³を〉欠席する, 参加しない.

Ferne [フェルネ] 囡(-/-n) 遠く, 遠方;(書)遠い所. *in weiter ~* (空間的に)はるか向こうに, (時間的に)遠い過去[将来]に.

ferner [フェルナァ] ((I)) 形 ❶ fern の比較級. ❷(書)それ以上の, さらに. ((II)) 副さらに, その他に. *unter ~ liefen rangieren* たいしたものではない((勝ち馬以外の出走馬にランクされる)).

Fern·fahrer 男長距離トラック運転手[ドライバー].

Fern·gespräch 中(電話の)市外通話, 長距離通話.

fern·gesteuert 形遠隔操作された, リモートコントロールされた.

Fern·glas 中(-es/..gläser) 双眼鏡.

fern|halten* 他((I))《4》(*von* ③)〈人・物⁴を〈人・物³から〉〉遠ざけておく, 〈人・物⁴を〈人³の〉〉手の届かないようにしておく. ((II)) 再 sich⁴ 《*von* ③》〈人・物³から〉(意識して)遠ざかっている, 〈〈人・物³に〉〉近づかないようにしている.

Fern·heizung 囡地域暖房.

Fern·lenkung 囡遠隔操作, リモートコントロール.

Fern·licht 中(-(e)s/-er)(自動車のヘッドライトの)ハイ[フル]ビーム.

Fern·meldeamt 中電信電話局.

Fernost [フェルンオスト] 男《無変化;無冠詞》極東.

Fern·rohr 中望遠鏡.

Fern·schreiben 中テレタイプ文書, テレックス.

Fern·schreiber 男テレタイプ, テレックスの器.

Fernseh·antenne 囡テレビアンテナ.

Fernseh·apparat [フェァンゼー..] 男テレビ(受像機).

fern|sehen* [férnzeːən フェァンゼーエン] 自テレビを見る.

Fernsehen 中(-s/) テレビ;テレビ放送, テレビメディア;テレビ局;テレビ番組;(口)テレビ受像機. ♦ Was bringt das ~ heute? = Was gibt es heute im ~? 今日はテレビでは何がありますか.

Fern·seher 男 ❶(口)テレビ(受像機). ❷テレビ視聴者. ◇ **Fernseherin** 囡(-/-nen). 5級

Fernseh·gebühr 囡テレビ受信料.

Fernseh·gerät 中テレビ(受像機).

Fernseh·programm 中テレビ番組(表).

① 1格 ② 2格 ③ 3格 ④ 4格

Fernseh·sendung 囡 テレビ放送.

Fernseh·serie 囡 テレビの連続放送番組, テレビ·シリーズ.

Fernseh·zuschauer 男 テレビの視聴者.

Fern·sicht 囡《単》見晴らし, 遠望, 眺望.

Fern·sprecher 男 (–s/–)《官·書》電話機.

Fernsprech·gebühren [フェァンシュプレヒ..] 複 電話料金, 通話料.

Fern·steuerung 囡 無線[遠隔]操縦.

Fern·studium 中 大学通信教育.

Fern·unterricht 男 (遠隔)テレビ授業; 通信教育.

Fern·verkehr 男 (–(e)s/) 長距離輸送.

Ferse [フェルゼ] 囡 (–/–n) かかと (踵), ヒール. ③ (*dicht*) *auf den Fersen sein* [*bleiben, sitzen*] 人³の後をピッタリつけている.

fertig [férʦiç フェァティヒ] 形 ❶《主に述語》*zu* ③〈物³の〉準備[支度]ができた. ❷ できあがった, 完成した, 仕上がった; 既製の. ❸〈*mit* ③〉〈物³が〉済んだ, 終わった. ❹《主に述語》《口》くたくたである, まいっている. ◆*Das Essen ist ~.* 食事の用意が出来ています. *mit dem Essen ~ sein* 食事が済んでいる. *mit* ③ *~ sein* 《口》人³とはもう関係が終っている, もう顔も見たくない. *mit* ③ *~ werden* 事³から立ち直る. *~ bringen* ⇨ fertig|bringen. *~ machen* ⇨ fertig|machen. *~ stellen* ⇨ fertig|stellen. 5級

..fertig 形《名詞·動詞語幹と共に》「...の準備の整った[出来た]」: koch-fertig 調理済みの, インスタントの.

Fertig·bau 男 (–(e)s/–ten) プレハブ (住宅);《単》プレハブ建築.

fertig|bringen* 他 ❶〈困難な事⁴を〉やってのける,〈困難な事⁴が〉できる, うまくいく. ❷ 仕上げる, 完成する, 処理する.

fertigen [フェルティゲン] 他《書》製造[製作]する.

Fertig·gericht 中 調理済み[レトルト, インスタント]食品.

Fertig·haus 中 プレハブ(住宅).

Fertigkeit [..カイト] 囡 (–/–en) ❶《単》熟練, 技量, 腕前. ❷《複》技能, 技術, 腕.

fertig|machen 他《口》❶〈*für* ④〉〈人·物⁴に (物⁴のための)〉準備[用意]をさせる. ❷〈事⁴を〉完成する, 仕上げる. ❸〈人⁴を〉批判する, 痛めつける, やっつける. ❹〈人⁴を〉消耗[疲労]させる, くたくたにする.

fertig|stellen 他〈物⁴を〉完成させる, 仕上げる.

Fertig·stellung 囡《単》完成, 仕上げ.

Fertigung [フェァティグング] 囡《書》製造, 製作.

Fessel [フェッセル] 囡 (–/–n) ((I))《主に複》鎖(ﾗ), 手錠, 足かせ, 馬かせ; 束縛, きずな, 桎梏(ﾙｯ), 拘束. ((II)) ❶ 足首. ❷ あくと (馬などのけづめとくるぶしの間)).

fesseln [フェッセルン] 他 ❶〈④ (*an* ④)〉〈人⁴(の部分⁴)を〉鎖(ﾗ)につなぐ, 縛りつける, 束縛[拘束]する. ❷〈物¹が〉〈人⁴を〉魅了する, 夢中にさせる,〈人⁴の〉心を捉えてはなさない.

fesselnd [..ト] 形 興味を抱かせる, 夢中にさせる, 心を捉えてはなさない.

fest [fest フェスト] ((I)) 形 (最上 ~est) ❶ 固形の. ❷ (物理的に)硬い, 固い, 堅い. ❸ 頑丈な, 丈夫な, よくもつ. ❹ しっかりした, ピッタリとした. ❺ ぶれない, ぐらつかない. ❻ 固定した, 定まった. ◆*einen ~en Schlaf haben* ぐっすり眠る. ((II)) 副 (①③) 大いに, 非常に, しっかりと. ◆④ *an der Hand ~ fassen* 人⁴の手をしっかり握る. 4級

Fest [fest フェスト] 中 (–(e)s/–e) ❶ 祝祭, 祝典, お祝い, 祭り; 祝宴, パーティー, 宴会. ❷ 祝祭日 ((特に, クリスマス(Weihnachtsfest), 復活祭(Osterfest), 聖霊降臨祭(Pfingstfest))). *Man muss [soll] die ~e feiern, wie sie fallen.* (諺) 好機逸すべからず ((祭りの日には祭りを祝え)). 4級

fest.. 《前綴り》《分離》「しっかりとし

..fest た固定」：festbinden しっかりと結ぶ．

..fest 形《名詞と共に》❶「…に強い，…に耐える」：kältefest 耐寒性の ❷「…が強い，…がしっかりした」：charakterfest 気骨のある，毅然とした．

Fest·essen 中 饗宴，宴会，祝宴．

fest|fahren* 再 ❶はまりこんで動けなくなる，立ち往生する．❷(口)〈事¹が〉行き詰まる，進展しない，身動きがとれない，暗礁に乗り上げる．

festgehalten festhalten の過去分詞

fest|halten* [フェストハルテン] (I) 他 ❶〈人・物⁴を〉しっかり持っている，捕まえて離さない；拘束する，拘留する．◆4 am Armel ~ 人⁴の袖をつかまえて離さない．4 mit den Händen ~ 物⁴を両手でしっかり持つ．❷《4 (in ³ [mit ³])》〈人・物⁴を〉(写真³などに[ビデオ³などに])記録しておく，撮っておく，留めておく．(II) 自 ❶《an ³》〈物³に〉固執[執着]する．❷《an ³》〈人³に〉ついている，〈人³から〉離れない．(III) 再 sich⁴《an ³》〈人・物⁴に〉しっかりつかまる，しがみつく，すがりつく．

festigen [フェスティゲン] (I) 他 〈物⁴を〉強める，強くする，強固なものにする．(II) 再 sich⁴ 〈物¹が〉強まる，強くなる，強固なものになる．

Festival [フェスティヴァル] 中 (-s/-s) 祭り，(祝祭の)催し，フェスティバル；音楽祭，芸術祭．

fest|kleben (I) 自 ⓢ 〈物¹が〉貼り付いている．(II) 他 〈物⁴を〉(のりなどで)貼り付ける．

Fest·land 中 (↔ Insel) 本土，陸地，大陸．

fest|legen (I) 他 ❶(書)〈物⁴を〉確定[決定]する．❷《4 auf ④》〈人⁴に(事⁴を)〉確約させる，〈人⁴から(事⁴の)〉言質(ᵍᵉⁿᶜʰ)を取る．(II) 再 sich⁴ 拘束される，言質を与える；確言する，断言する．

festlich [..リヒ] 形 祝祭の，お祝いの，祝宴の．

fest|machen (I) 他 ❶〈物⁴を〉固定する．❷《mit ③》(4)(口)〈人³と〉事⁴を〉取り決める，定める．(II) 自 (船¹が)停泊する．

fest|nageln (I) 他 ❶〈物⁴を〉くぎづけにする．❷《4 auf ④》(口)〈人⁴に事⁴を〉守らせる，言質(ᵍᵉⁿᶜʰ)をとる．

Festnahme [フェストナーメ] 女 (-/-n) 逮捕，検挙．

fest|nehmen* 他 〈人⁴を〉逮捕する，検挙する．

Fest·platte 女 ハードディスク．

Fest·rede 女 式辞，祝辞，スピーチ．

fest|schnallen (I) 他 《4 an ③》〈物⁴を物³に〉留め金[ベルト]でしっかり留める．(II) 再 sich⁴ 安全[シート]ベルトを締める．

fest|sitzen* 自 ⓑ (南·ﾐｯﾃ·ｵｰｽﾄ·ｽｲｽ ⓢ) ❶〈物¹が〉しっかりついている，付着している．❷(口)身動きが出来ない，立ち往生している．

fest|stehen* 自 ⓑ (南·ﾐｯﾃ·ｵｰｽﾄ·ｽｲｽ ⓢ) (最終的に)決まっている，確定している．★ただし：fest stehen ぐらつかない．

feststehend [..ト] (I) feststehen の現在分詞．(II) 形 確立した，確定した，定まっている．

fest|stellen ❶〈事⁴を〉確定する，確かめる，つきとめる，確認する．★dass 副文も伴う．❷《4 (an ③)》〈人・物³の) 事⁴に〉気づく，認める．❸〈事⁴を〉はっきり言う，断言する．

Fest·stellung 女 (-/-en) ❶《単》確定，確認．❷発見物；明らかになったこと．❸断言．

Fest·tag 男 祝祭[記念]日，祝日，祭日．

Festung [フェストゥング] 女 (-/-en) 要塞，城塞．

fest|ziehen* 他 〈物⁴を〉しっかり締める，ぴんと張る，かたくする．

Fete [フェーテ] 女 (-/-n) (口) パーティー，コンパ．

fett [フェット] 形 (比較 fetter; 最上 fettest) ❶ (↔ mager) 脂肪分の多い，脂っこい．❷ (↔ mager) (口;軽蔑) 太った，ずんぐりした，肥えた．❸ [印] (文字などが) 肉太の，ボールド体の．❹《副なし》(口) ぼろ儲けの，多額の．

① 1格 ② 2格 ③ 3格 ④ 4格

Fett [フェット] 中(-(e)s/-e) ❶《単》(人間または動物の皮膚の下の)脂肪(組織). ❷《動物性・植物性の》油脂. *sein ~ (ab)bekommen [(ab)kriegen]* [口] 当然の報いを受ける, こっぴどくお目玉をくらう.

fett·arm 形 脂肪(分)の乏しい, 低脂肪の.

fettig [フェッティヒ] 形 脂肪を含んだ, 脂肪性の, 脂(プ)っこい.

Fett·polster 中 皮下脂肪.

fett·reich 形 脂肪分の多い, 高脂肪の.

Fetzen [フェッツェン] 男 (-s/-) ❶(紙・布などの)切れ端, 小片; ぼろ切れ. ❷《複》(会話・メロディーなどの)断片. ❸[口](安物の, 体に合わない)服.

feucht [フォイヒト] 形 (比較 **feuchter**; 最上 **feuchtest**) 湿った, 湿っぽい, 湿気を含んだ, 湿度の高い.

feucht·fröhlich 形 [口] ほろ酔いきげんの, 酒に浮かれた, はしゃいだ.

Feuchtigkeit [フォイヒティヒカイト] 女 (-/-) ❶湿度. ❷湿り気, 湿気, 水分.

feucht·kalt 形 冷たく湿った.

feucht·warm 形 暖かく湿った.

feudal [フォイダール] 形 ❶封建制の; 封建的な. ❷[口]豪華な, 豪勢な, ぜいたくな, 貴族的な.

Feuer [fɔ́yɐr フォイアー] 中 (-s/-) ❶《主に単》火, 炎; タバコの火. ❷《単》火事, 火災. ❸《単》射撃, 砲撃, 砲火. ❹《単》(宝石などの)輝き, きらめき. ❺《単》炎, 情熱, 激情. ◆~! 火事だ; 撃て. *mit dem ~ spielen* 軽率に危険を冒す, 火遊びをする. *für 4格 ~ und Flamme sein* 事・人 4格に熱中している, 熱を上げている. 5級

Feuer·alarm 男 火災警報; 火災報知機.

feuer·fest 形《副なし》耐火[防火]性の, 不燃性の.

feuer·gefährlich 形《副なし》引火[発火]しやすい, 火災の危険のある.

Feuer·leiter 女 (建物の外壁に取り付けられた)避難用はしご; 非常階段.

Feuer·löscher 男 消火器.

Feuer·melder 男 火災報知機.

feuern [フォイアァン] ((I)) 自 ❶ 〈mit 3格〉〈木³を〉焚く; 〈木³で〉暖房する. ❷〈auf 4格〉〈人・物⁴に向けて〉発砲する. ((II)) 他 [口] ❶〈人⁴を〉解雇する, くびにする. ❷〈物⁴を〉投げつける.

feuer·rot 形《副なし》火のように赤い.

Feuer·stein 男 燧石(ぎょう), 火打ち石; ライターの石.

Feuer·versicherung 女 火災保険.

Feuer·waffe 女 (-/-n)《主に複》火器, 銃砲.

Feuer·wehr 女 (-/-en) 消防隊.

Feuerwehr·auto 中 消防車.

Feuerwehr·mann 男 (-s/männer, ..leute) 消防士, 消防団員.

Feuer·werk 中 花火.

Feuerwerks·körper 男 花火の本体[玉].

Feuer·zeug 中 (-(e)s/-e) ライター, 点火器.

Feuilleton [フェイェトーン, フェイェトーン] 中 (-s/-s) (新聞の)文芸[学芸]欄; 文芸欄の読み物.

feurig [フォイリヒ] 形 ❶燃え上がるような, 火[炎]のような. ❷火のように赤い, 真っ赤な. ❸(宝石などが)光り輝く.

ff.《略》folgende (Seiten) 次ページ以下.

FH 女 (-/-s)《略》Fachhochschule 専門(単科)大学.

Fiaker [フィアカー] 男 (-s/-) (2頭立ての観光用)辻(⁰)馬車; (その)御者.

ficht [フィヒト] fechten の 3人称単数現在形, 命令法 2人称単数形.

Fichte [フィヒテ] 女 (-/-n) ❶[植](a)トウヒ属. (b)ドイツトウヒ. ❷《単》トウヒ材.

fichtst [フィヒツト] fechten の直説法 2人称単数現在形.

fidel [フィデール] 形 [口] 愉快な, 陽気な, 愉しい.

Fieber [fíːbɐr フィーバー] 中 (-s/-) ❶(高い)熱, 発熱. ❷興奮状態; 熱中, 熱狂. ◆*hohes [leichtes] ~ haben*

fieber-frei 形《副なし》熱のない;熱の出ない, 無熱(性)の.

fieberhaft [..ハフト] 形 熱にうかされたような, 大慌ての, 熱の入った.

fiebern [フィーバァン] 自 ❶熱がある[出る]. ❷熱にうかされた[熱狂]状態にある. ❸〜 **nach** ③〈物³を〉熱望[切望, 渇望]する.

Fieber·thermometer 中 体温計.

fiebrig [フィーブリヒ] 形 ❶熱のある;熱を伴う, 発熱性の;熱っぽい. ❷熱にうかされたような, 大慌ての, 熱の入った.

Fiedel [フィーデル] 女 (–/–n) (口) バイオリン.

fiel [フィール] fallen の過去形.

fiele [フィーレ] fallen の接続法II式形.

fies [フィース] 形 (最上 〜est) (口;軽蔑) いやな, むかつく, 下劣な.

FIFA, Fifa [フィーファ] 女《略》Fédération Internationale de Football Association 国際サッカー連盟(ドイツ名 Internationale Fußballverband)).

Figur [フィグーァ] 女 (–/–en) ❶《主に単》容姿, 外形, 姿, スタイル;体形, 体つき, プロポーション. ❷人物, 大立者. ❸登場人物, キャラクター;役. ❹ (口;主に軽蔑) 輩(やから), やつ. ❺ (人物・動物などの)像;彫像, 画像, 肖像. ❻ (チェス)駒. ❼図形;図. ❽ (スケートなどの)フィギュア. ❾ (言葉の)綾.

fiktiv [フィクティーフ] 形 (書) 虚構の, 架空の;仮想の, つくられた, フィクションの, みせかけの.

Filet [フィレー] 中 (–s/–s) (牛や豚の)ヒレ肉;鳥の胸肉, 笹身;(骨と皮を除いた)魚の切身.

Filiale [フィリアーレ] 女 (–/–n) 支店, 支社;支部, 支局, 出張所.

Film [film フィルム] 男 (–(e)s/–e) ❶ (写) フィルム, 乾板. ❷映画. ❸《単》映画界, 映画業界[会社]. ❹薄い膜. ♦ Was für Filme sehen Sie gern? どんな映画を見ますか. 4級

Filme·macher 男 (–s/–) 映画製作者[監督].

filmen [フィルメン] (I) 他〈人・物⁴を〉撮影する, 〈(人・物⁴の)の〉映画を撮る, ロケをする. (II) 自 映画に出演する.

Film·festival 中 映画祭, 映画フェスティバル.

Film·fest·spiele 複 映画祭, 映画コンクール.

Film·industrie 女 映画産業.

Film·kamera 女 映画撮影機, ムービー[シネ]カメラ.

Film·musik 女 映画音楽, サウンドトラック.

Film·produzent 男 (–en/–en) 《弱》映画製作者, プロデューサー.

Film·regisseur 男 映画監督[演出家], ディレクター. ◇..**regisseurin** 女 (–/–nen).

Film·schauspieler 男 映画俳優. ◇..**schauspielerin** 女 (–/–nen) 映画女優.

Film·star 男 (–s/–s) 映画スター.

Filter [フィルター] 男 (中) (–s/–) 濾過(ろか)器, 濾紙;フィルター.

filtern [フィルタァン] 他〈物⁴を〉濾す, 濾過(ろか)する, フィルターにかける[通す].

Filter·papier 中 濾過(ろか)紙, 濾紙(ろし).

Filz [フィルツ] 男 (–es/–e) [織]フェルト;毛氈(もうせん);[植]綿毛;けば, もつれ髪;フェルト帽;ピアマット.

filzen [フィルツェン] (I) 他 (口) 〈人⁴を〉(持ち物などを)すみずみまで調べる, ボディーチェックをする. (II) 自 (ウールやセーターⅠが)(縮んで)フェルトのようになる.

Filz·stift 男 フェルトペン.

Fimmel [フィンメル] 男 (–s/–) 《主に単》(口;軽蔑) 熱狂, 偏執.

Finale [フィナーレ] 中 (–s/–, Finals) ❶ [競技] 決勝戦, 最終戦, ファイナル;最終ラウンド. ❷ [楽] 終楽章, 終曲, フィナーレ.

Finanz [フィナンツ] 女 (–/–) 金融, 金融市場, 金融業界, 金融業《総称的に》金融資本家, 金融業者.

Finanz-amt 中(-(e)s/..ämter) 税務署, 財務官署.

Finanzen [フィナンツェン] 複 ❶ (国家・公共団体の)財政(状態), 会計, 歳入歳出. ❷ (口)(個人の)金まわり, 懐具合.

finanziell [フィナンツィエル] 形《付加または副》財政上の, 財政的な, 資金面の, 金銭的な.

finanzieren [フィナンツィーレン] 他(書) ❶ 〈4格 (durch 4格 [mit 3格]〉〈物4・3で〉物4に財政[資金]援助をする, 融資する, 資金を提供する. ❷ 〈3格 4格〉〈人3に物4の〉資金を提供する, 財政[資金]援助をする.

Finanzierung [フィナンツィールング] 女 財政[資金]援助, 融資.

finanz-kräftig 形《副なし》財政豊かな, 資金力のある.

Finanz-lage 女 財政状態.

Findel-kind 中 捨て子, 拾い子.

finden* [fɪndən フィンデン]

現在	ich finde	wir finden
	du **findest**	ihr **findet**
	er **findet**	sie finden
過去	ich fand	wir fanden
	du fand(e)st	ihr fandet
	er fand	sie fanden
過分 gefunden		接II fände

((I)) 他 ❶ 〈人・物4を〉見つける, 見つけ出す, 見出す, 発見する. ❷ 〈4格 ＋様態〉〈人・物4が…と〉分る, みなす. ❸ 〈4格 an 3格〉〈人・物3を事4と〉感じる, 〈人・物3について事4を〉感じる. ❹〈＋dass副文〉〈…だと〉思う. ❺《機能動詞として；しばしば受動的意味を表わす》…される. ◆Ich finde, dass er recht hat. = Ich finde, er hat recht. 私は彼は正しいと思う. (*Das*) *wird sich4 alles ~*. それは全て明らかになるだろう, うまくいくだろう, 答えが見つかるだろう. 5級

Finder [フィンダー] 男(-s/-) 見つけた人, 発見者；遺失物拾得者. ◇**~in** 女 (-/-nen).

Finder-lohn 男(-(e)s/-) 拾得者に対する報酬[謝礼](金).

findig [フィンディヒ] 形 機転[融通]の利く, 着想力豊かな, 器用な.

fing [フィング] fangen の過去形.

finge [フィンゲ] fangen の接続法II式形.

Finger [fɪŋər フィンガー] 男(-s/-) 指. ★親指(Daumen), 人差し指(Zeigefinger), 中指(Mittelfinger), 薬指(Ringfinger), 小指(kleiner Finger)；足の指は Zeh(e). ❶*einen Ring am ~ tragen* 指輪をしている. *die ~ von ... lassen* (口) 事3に手を出さない, 事3から手を引く, 人3と縁を切る. (*für* 4格) *keinen ~ rühren* [*krumm machen*] (口；軽蔑) (事4に対して) 指一本動かさない, 何もしない. *sich3 (bei [an]* 3格) *die ~ verbrennen* (口) (人3に [事3で]) 痛い目に遭う, 失敗する. *sich3* 4格 *an den (fünf [zehn]) ~n abzählen können* (口) 事4はすぐに分る ((＜ 5本の指で数え上げられる)). *sich ~ auf die ~ sehen [schauen, gucken]* (口) 人3を監視する, 見張る. *sich3* 4格 *aus den ~n saugen* (口)《主に軽蔑》物4を捏造する, でっち上げる. 4級

Finger-abdruck 男 指紋.

Finger-fertigkeit 女〔音楽〕鮮やかな指の動き.

Finger-hut 男(-(e)s/..hüte) (裁縫用の)指ぬき.

..fingerig [..フィンゲリヒ] 形《数詞・形容詞と共に》「…指をもつ, …指の」：langfingerig 指の長い.

Finger-kuppe 女 指先.

fingern [フィンガァン] (口) 自 ❶ 〈an 3格〉〈物3に〉手で触れる；(無意識に) 指でいじくる, もてあそぶ. ❷ 〈nach 3格〉〈物3を〉(探して)まさぐる.

Finger-nagel 男 指の爪.

Finger-spitze 女 指先, 指頭.

1格 ② 2格 ③ 3格 ④ 4格

Fingerspitzen·gefühl 匣(-(e)s/)
鋭敏[繊細]な感覚, 敏感さ, 勘.

fingieren [フィンギーレン] 他《書》
〈物⁴を〉でっち上げる, 見せかける, 偽装する, 装う, 捏造する.

Fink [フィンク] 男(-en/-en)《鳥》アトリ科の小鳥の総称((スズメ, ベニスズメ, ウソなど)).

Finne [フィネ] 女(-n/-n)《鳥》フィン人, フィンランド人. ◇**Finnin** 女(-/-nen).

finnisch [フィニッシュ] 形 フィンランド(人, 語)の.

Finnland [フィンラント] 匣(-s) フィンランド((記号:FIN).

Finnländer 男(-s/-) フィンランド人. ◇**Finnländerin** 女(-/-nen).

finnländisch 形 フィンランド(人)の.

finster [フィンスター] 形 ❶ (↔hell) 真っ暗な, 闇[暗闇]の. ❷ (薄暗くて)気味の悪い, 不気味な. ❸ (↔heiter)(軽蔑)陰気[陰鬱]な, 不機嫌[無愛想]な, 陰険な, 意地悪そうな. ❹ (胡乱)(軽蔑)うさん臭い, いかがわしい, 怪しげな, 得体の知れない. ❺ (軽蔑)災いをもたらす, 物騒な, 邪悪な.

Finsternis [フィンスターニス] 女(-/-se) ❶《単》《書》暗闇, 暗黒. ❷日食月食.

Finte [フィンテ] 女(-/-n)《書》術策, 詭計, 計略, 策略, たくらみ;《^{スポ}》フェイント, 牽制動作.

Firlefanz [フィルレファンツ] 男(-es/-e)(口)(やや古) ❶がらくた, 安ぴかもの. ❷くだらないこと, 愚行, 幼稚なこと.

firm [フィルム] 形 精通[熟達]した, 堪能な.

Firma [firmə フィルマ] 女(-/..men) 会社 ((略:Fa.)). **5級**

Firmen·inhaber 男 社主, オーナー.

Firmen·zeichen 匣 ロゴ, 商標, 社標, トレードマーク.

Firmung [フィルムング] 女(-/-en)《^{カト}》堅信礼.

First [フィルスト] 男(-(e)s/-e)(屋根の)棟.

Fisch [fɪʃ フィッシュ] 男

格	単数	複数
1	der Fisch	die Fische
2	des Fisch(e)s	der Fische
3	dem Fisch	den Fischen
4	den Fisch	die Fische

❶魚. ❷《単》魚肉, 魚料理. ❸《複》《天》魚座;《占星》双魚宮. 魚座生まれの人. *wie ein ~ im Wasser* 水を得た魚のように. *wie ein ~ auf dem Trocknen* 陸(^{おか})に上った河童も同然((手も足も出ない, 困惑する)). *weder ~ noch Fleisch sein* (口) 海のものとも山のものともはっきりしない, どっちつかずである. **5級**

fischen [フィッシェン] (I)囯漁をする, 魚釣り[魚捕り]をする. (II)他 ❶〈魚⁴を〉釣る, 捕る;〈真珠·サンゴ·カキ⁴などを〉採取する. ❷〈④ *aus* ③〉〈人·物⁴を物³から〉(注意深く·苦労して)取り出す, 引き上げる,〈人⁴を物³から〉連れ出す, 探し出す. ❸〈(sich³) ④ (*aus* ③))(口)〈物⁴を(物³から)〉取り出す,(取り出して)自分のものにする, 手に入れる.

Fischer [フィッシャー] 男(-s/-) 漁師, 漁夫.

Fischer·boot 匣 漁船, 釣り舟.
Fischer·dorf 匣 漁村.
Fischerei [フィッシェライ] 女(-/-) 漁猟, 漁;漁業, 養殖, 水産業.

Fischerin 女(-/-nen) (女性の)漁師.

Fisch·fang 男 漁獲, 漁猟, 漁.
Fisch·konserve 女 魚の缶詰.

Fiskus [フィスクス] 男(-/-) 国庫, 国有財産((財産所有者としての)国家.

fit [フィット] 形(比較 **fitter**;最上 **fittest**)《付加なし》体の調子[コンディション]がいい. ★名詞を修飾する時はtを重ねてfitt-とする.

Fittich [フィッティヒ] 男(-(e)s/-e) *unter seine ~e nehmen* 人⁴をかばう[庇護する, 保護する].

fix [フィクス] ((I)) 形 (最上 fixest)(口)

❶ すばしこい, 素早い, さとい. **❷**《付加》固定した, 一定の, 決まった. ((II)) 副 素早く, さっと, てきぱきと.

fixen [フィクセン] 自《口》麻薬を注射する.

Fixer [フィクサー] 男 (-s/-) 麻薬常習者. ◇**Fixerin** 女 (-/-nen).

fixieren [フィクスィーレン] 他 ❶《書》(官)《話した事⁴を》書き留める, 記録する. ❷《書》《物⁴を》固定[定着]させる, 取り付ける, セットする. ❸《書》〈人・物⁴を〉じっと見つめる, 見据える, 凝視する. ❹〈フィルム⁴などを〉固定剤で処理する, 定着させる, 色留めする.

fixiert [フィクスィーアト] ((I)) fixieren の過去分詞. ((II)) 形 〈auf ④を〉(主に軽度)〈人・物⁴に〉精神的に依存し, 〈事⁴に〉心を奪われた, 執着した.

Fix-stern 男 恒星.

Fjord [フィヨルト] 男 (-(e)s/-e) フィヨルド.

FKK [エフカーカー] 女 (-/), 中 (-s/) 《略》Freikörperkultur ヌーディズム, 裸体主義.

FKK-Strand [エフカーカーシュトラント] 男 ヌーディスト・ビーチ.

flach [flax フラッハ] 形 (比較 **flacher**; 最上 **flach(e)st**) (↔ gebirgig) **❶** 平らな, 平坦な; 水平の. **❷** (↔ hoch) 低い. **❸** (↔ tief) 浅い. **❹** (↔ 深) 浅薄な, 浅はかな, 内容の薄い, うすっぺらな. 4級

Fläche [フレッヒェ] 女 (-/-n) **❶** 平地, 平野; 地域. **❷**(物の)面, 平面; 水面;(水晶などの)切り子面, カット面. **❸** 面積.

Flächen-inhalt 中 面積.
Flächen-maß 中 面積測定の単位.
flach|fallen* 自 (S)《口》〈物¹が〉取り止め[中止]になる.
..flächig [..フレヒヒ] 形 「...の面をしている」.
Flach-land 中《単》(比較的広い)平地, 平野.
Flachs [フラクス] 男 (-es/) ❶《植》アマ(亜麻). ❷ 亜麻の繊維[靭皮(じんぴ)]. ❸《口》 からかい, 冗談, ばかげたこと.
flachsen [フラクセン] 自《口》からかう, ふざける.

flackern [フラッカァン] 自 〈光¹が〉チラチラする;〈火¹が〉ゆらゆらと燃える;〈明り¹が〉明滅する.

Fladen [フラーデン] 男 (-s/-) **❶** パンケーキ; 丸く平たい菓子. **❷** 平たく広がったどろどろした塊; 牛糞.

Flagge [フラッゲ] 女 (-/-n) (小さな)旗; 船旗, 艦船旗.

flambieren [フランビーレン] 他《料理⁴に》フランベする((香りをつけるためにブランデーなどをかけて火をつける)).

Flamme [フラメ] 女 (-/-n) ❶ 炎, 火炎. ❷《主に複》燃え上がるような激情, 情熱. ❸《口; やや古》好きな女の子.

Flanell [フラネル] 男 (-s/-e) フランネル, フラノ.

flanieren [フラニーレン] 自 (h) (S)《書》当てもなくぶらぶら歩く, 散策する.

Flanke [フランケ] 女 (-/-n) ❶ (人馬などの)横腹, わき腹; 脾腹(ひばら). ❷《軍》(隊の)側面, (左右の)翼(よく);(要塞などの)側堡(そくほ). ❸ (フィールドの)左[右]側からのシュート; センタリング. ❹《器械体操》(鞍馬(あんば)などでの)横向き跳び越し.

Flasche [flaʃə フラッシェ] 女 (-/-n) **❶** 瓶(びん) ((ガラス製に限らず, 首がある容器)), ボトル; 哺乳ビン. **❷**(口; 軽蔑)役立たず, 能なし; 意気地なし. ◆ eine ~ Wein ワイン 1 瓶; 1 瓶分のワイン. 5級

Flaschen-bier 中 瓶(詰め)ビール.
Flaschen-öffner [フラッシェンエフナー] 男 (瓶の)栓抜き.

flatterhaft [フラッターハフト] 形 気の変わりやすい, 移り気な.

flattern [フラッタァン] 自 ❶ ⓢ〈鳥¹などが〉バタバタと飛んでゆく,〈蝶・紙¹などが〉ヒラヒラと飛んでゆく. ❷ ⓗ〈鳥¹などが〉羽根をバタバタさせる,〈蝶¹などが〉羽根をヒラヒラさせる;〈紙¹などが〉舞う. ❸〈洗濯物¹などが〉(風で)バタバタとはためく, 翻る.

flau [フラオ] 形 (最上 ~(e)st) ❶《述語》気分が悪い. ❷《副として》《口》生気のない, 冴えない;(味が)気の抜けた;(話が)間の抜けた;(風が)ないだ. ❸

Flaum

《主に述語》売れ行きの悪い, 景気の悪い, 不振の.

Flaum [フラオム] 男 (-(e)s/) ❶ (鳥の)綿毛, ダウン. ❷ (口) 産(ホ)ひげ, 産毛, 和毛(ᘧ). ❸ (果実の表皮の)軟毛.

flauschig [フラオシヒ] 形 フリースのように柔らかい.

Flause [フラオゼ] 女 (-/-n) 《主に複》たわごと, ばかげた考え.

Flaute [フラオテ] 女 (-/-n) ❶ [海] 凪(ᘧ), 微風. ❷ (経済の)不振, 不景気, 不況. ❸ (人間の)沈滞, 不調.

Flechte [フレヒテ] 女 (-/-n) ❶ [植] 地衣類. ❷ [医] 苔癬(ᘧ).

flechten* [フレヒテン] (du flichtst, er flicht; sang flocht; pp geflochten) 他《物⁴を》編む, よる, なう, 絡ませる; 編んで[よって]つくる.

Fleck [フレック] 男 (-(e)s/-e) ❶ 染み, 汚れ. ❷ 斑点, 汚点, ぶち. ❸ (皮膚の)あざ. ❹ (口) (ある特定の)場所, 箇所, スポット. ❺ (口) 小さな土地.

flecken·los 形《副なし》❶ 染み[汚れ]のない. ❷ 斑点[まだら, ぶち]のない.

fleckig [フレッキヒ] 形 ❶ 染み[斑点]のある, 汚れのある. ❷ 斑点のある; (動物が)ぶちの, まだらの.

Fleder·maus [フレーダー..] 女 (-/..mäuse) [動] コウモリ.

Flegel [フレーゲル] 男 (-s/-) (口;軽蔑) 生意気なやつ, 無作法者, 粗野なやつ.

flegelhaft [..ハフト] 形 生意気な, 無作法な, 無骨な.

flegeln [フレーゲルン] 再 sich⁴ (口) (軽蔑) 不作法に[だらしなく]腰をおろす.

flehen [フレーエン] 自 《um ⁴》), 他 《物⁴を》懇願[嘆願, 哀願]する, 切に願う.

Fleisch [flaɪʃ フライシュ] 中 (-(e)s/) ❶ 肉. ❷ 果肉. ❸ 〔書; やや古〕 肉体, 肉欲. *sich³,⁴ ins eigene ~ schneiden* 自分で自分の首を絞める ③ *in ~ und Blut übergehen* 〈人³に〉しっかりと身につく, 〈人³の〉血となり肉となる. 5級

Fleisch·brühe 女 [料理] ブイヨン.

Fleischer [フライシャー] 男 (-s/-) 肉屋, 食肉業者. 4級

Fleischerei [フライシェライ] 女 (-/-en) 肉屋(の店), 食肉業. 4級

Fleisch·fresser 男 (-s/-) 肉食動物.

fleischig [フライシヒ] 形《副なし》❶ 肉付きのよい. ❷ 果肉の多い.

Fleisch·vergiftung 女 食肉中毒.

Fleisch·waren 複 肉製品.

Fleisch·wolf 男 肉挽き器[機].

Fleisch·wunde 女 肉にまで達する傷.

Fleiß [フライス] 男 (-es/) 勤勉, 精励, 不断の努力.

fleißig [フライスィヒ] 形 (↔ faul) 勤勉な, 熱心な. 5級

flennen [フレンネン] 自 (口; 軽蔑) 泣きわめく.

fletschen [フレッチェン] 他 *die Zähne ~* 〈犬·ライオンなどが〉歯をむき出す, 歯をむいてうなる.

flexibel [フレクスィーベル] 形 (比較 *flexibler*) ❶ しなやかな, 弾力のある; 柔軟な. ❷ 融通の利く.

Flexion [フレクスィオーン] 女 (-/-en) 語形変化.

flicht [フリヒト] flechten の3人称単数現在形; 命令法2人称単数形.

flichtst [フリヒット] flechten の2人称単数現在形.

flicken [フリッケン] 他 《物⁴に》継ぎを当てる, 《物⁴を》 (継ぎなどを当てて)修繕する, 繕う.

Flicken [フリッケン] 男 (-s/-) 継ぎ, 当て布; 当て金[板], (修理用の)革, ゴム, 板.

Flick·werk 中 (-(e)s/) (口;軽蔑) 継ぎはぎ細工, へたな仕事.

Flick·zeug 中 (-(e)s/) 裁縫道具; 修理道具.

Flieder [フリーダー] 男 (-s/-) [植] ライラック, リラ.

Fliege [フリーゲ] 女 (-/-n) ❶ ハエ. ❷ 蝶ネクタイ. *keiner ~ etwas zuleide tun [können]* 虫一匹殺さない[殺せない]性格である. *zwei ~n mit*

① 1格 ② 2格 ③ 3格 ④ 4格

einer Klappe schlagen (口) 一石二鳥を得る.

fliegen* [fli:gən フリーゲン]

現在	ich fliege	wir fliegen
	du fliegst	ihr fliegt
	er fliegt	sie fliegen
過去	ich flog	wir flogen
	du flog(e)st	ihr flogt
	er flog	sie flogen
過分	geflogen	接II flöge

((I)) 圓 ❶ 飛ぶ;飛んで行く. ❷ ⓗⓈ 《副詞的4格と共に》〈あるコース・時間 4格〉を飛行する. ❸ すっ飛んで行く. ❹ (口)(ころげ)落ちる. ❺ (口) 追い出される;(職場を)首になる;退学になる. ❻ 《auf 4》(口)〈人・物に〉惹かれる, 魅せられる. ((II)) 他 ❶〈飛行機などを〉操縦する. ❷〈人・物 4 を〉(飛行機などで)運ぶ, 空輸する. ((III)) 再 sich 4 《+様態》:Die Maschine fliegt sich 4 gut. この飛行機は性能が良い. ♦Fliegen Sie, oder fahren Sie mit der Bahn? 飛行機で行きますか, それとも列車で行きますか. Wann fliegt die nächste Maschine nach Wien? ウィーン行きの次の便は何時ですか. 5級

fliegend [..t] ((I)) fliegen の現在分詞. ((II)) 形《付加》❶ 飛ぶような, 速い. ❷ 移動する, 仮設の.

Fliegen·gewicht 中 [ス^ポ] フライ級.

Fliegen·pilz 男 [植] ベニテングダケ (《毒キノコ》).

Flieger [フリーガー] 男 (–s/–) (口) 飛行機.

fliehen* [フリーエン] (過 floh; 過分 geflohen) 圓 Ⓢ 逃げる.

fliehend [..t] 形《主に付加》後退している, 後ろに引いている.

Flieh·kraft [フリー..] 囡 遠心力.

Fliese [フリーゼ] 囡 (–/–n) タイル.

Fließ·band 中 (–(e)s/..bänder) ベルトコンベヤー.

fließen* [フリーセン] (過 floss; 過分 geflossen) 圓 Ⓢ 流れる;流れて行く;(流れるように)滞りなく動く.

fließend [..t] ((I)) fließen の現在分詞. ((II)) 形《副なし》流動的な;流動性の. ((III)) 副 流暢に, 流れるように, すらすらと. 4級

Flimmerkiste [フリンマーキステ] 囡 (口) テレビ(受像機).

flimmern [フリンマァン] 圓〈光¹などが〉チラチラする.

flink [フリンク] 形 (最上 ~(e)st) すばやい;機敏な;器用な.

Flinkheit [..ハイト] 囡 (–/–) すばやさ;機敏;器用.

Flinte [フリンテ] 囡 (–/–n) 散弾銃, ショットガン. ***die ~ ins Korn werfen*** (口) やる気をなくす, 諦める.

Flirt [フレァト, フリァト] 男 (–s/–s) ❶ いちゃつくこと. ❷ 情事, 色事.

flirten [フレーァテン] 圓《(mit 3)》〈人³と〉いちゃつく.

Flittchen [フリットヒェン] 中 (–s/–) (口/軽蔑) ふしだらな娘, 尻軽女.

Flitter [フリッター] 男 (–s/–) ❶《単》(軽蔑) 安物の飾り, 虚飾. ❷ (舞台衣装などにつける) 金ぴかの飾り, スパンコール.

flitzen [フリッツェン] 圓 Ⓢ《(mit 3)》(口)〈乗物³で〉大急ぎで行く, すっ飛んで行く.

Flitzer [フリッツァー] 男 (–s/–) (口) スピードの出る小型自動車.

floaten [フロウテン] 圓〈通貨¹が〉変動する.

flocht [フロホト] flechten の過去形.

Flocke [フロッケ] 囡 (–/–n) ❶ (綿・泡などの) ふんわりした小さな塊;綿くず;雪片;あぶく. ❷《主に複》フレーク.

flockig [フロッキヒ] 形 ふわふわした, 綿くずのような;薄片状の.

flog [フローク] fliegen の過去形.

flöge [フレーゲ] fliegen の接続法II式形.

floh [フロー] fliehen の過去形.

Floh [フロー] 男 (–(e)s/Flöhe) ノミ. ***einen ~ ins Ohr setzen*** (口) 人³にはかない希望を抱かせる.

flöhe [フレーエ] fliehen の接続法II

① 1格 ② 2格 ③ 3格 ④ 4格

式形.
Floh-markt 男 ノミの市, がらくた市.
Flora [フローラ] 囡 (-/..ren)《書》植物相;植物誌 ((動物相はFauna)).
Florett [フロレット] 回 (-(e)s/-e)〘スポ〙フォイル[フルーレ](の剣).
florieren [フロリーレン] 圓《物¹が》花盛りである, 繁盛する, 景気がいい.
Florist [フロリスト] 男 (-en/-en)《弱》フラワー・デザイナー;花屋. ◇**Floristin** 囡 (-/-nen).
Floskel [フロスケル] 囡 (-/-n)《主に軽蔑》(中味のない)決まり文句, 紋切り型の言い回し.
floss [フロス] fließen の過去形.
floß 回= floss.
Floß [フロース] 回 (-es/Flöße) 筏(いかだ).
Flosse [フロッセ] 囡 (-/-n) ❶(魚などの)ひれ. ❷(潜水具の)足ひれ, フィン. ❸(口) **(a)**手. **(b)**足.
flösse [フレッセ] fließen の接続法II式形.
flößen [フレーセン] 他《木材などを》いかだにして流す, いかだで運ぶ.
Flößer [フレーサー] 男 (-s/-) いかだ師, いかだ乗り.
Flöte [フレーテ] 囡 (-/-n) 笛 ((縦・横笛));フルート.
flöten [フレーテン] **(I)** 他 ❶《曲⁴を》フルート[笛]で吹く. ❷(口)《諧, 軽蔑》《物⁴に》(ねだって)甘えた声を出す. **(II)** 圓《鳥¹が》さえずる.
flott [フロット] 形《最上 ~est》(口) ❶すばやい, 機敏な, きびきびした. ❷エレガントな;素敵な;面白い;しゃれた;魅力的な. ❸走行[航行]可能な.
Flotte [フロッテ] 囡 (-/-n) ❶(一国の)海軍(力), 全艦船, 全艦隊. ❷船団, 船隊, 艦隊.
Fluch [フルーフ] 男 (-(e)s/Flüche) ❶《über ④》《人・物⁴についての》ののしり, 悪口. ❷《gegen ④》《人⁴への》呪い. ❸《auf ③》《人・物³への》たたり, 災い. ❹《für ④》(口)《人・物⁴にとっての》不幸のもと.
fluchen [フルーヘン] **(I)** 自 (④)《事⁴と》悪態をつく, ののしる, 文句を言う. **(II)** 自《für [auf] ④》《人・物⁴を》ののしる, 《人・物⁴に》悪態をつく.
Flucht [フルフト] 囡 (-/) ❶《vor ③》《人・物³からの》逃走, 逃亡;《aus ③》《物³からの》脱走. ❷《aus [vor] ③》《書》《物³からの》逃避, 回避.
flucht-artig 形 逃げるような, 慌ただしい, 大急ぎの.
flüchten [フリュヒテン] **(I)** 自 ⓢ《vor ③》《人・物³から》逃げる, 逃亡する, 避難する. **(II)** 再 sich⁴ 逃れる, 逃亡する, 逃避する.
Flucht-helfer 囡 逃亡幇助(ほうじょ)者.
flüchtig [フリュヒティヒ] 形《主に付加》逃走中の. ❷ちょっとした, 慌ただしい;ちょっとだけの, 表面的な, うわべだけの. ❸さっと目を通しただけの. ❹(早くて)いい加減な, ずさんな. ❹《付加》《書》束の間の, 一時的な.
Flüchtigkeits・fehler [..カイツ..] 男 ケアレス・ミス, 見落し.
Flüchtling [フリュヒトリング] 男 (-s/-e)(戦争の)難民, 避難民, 亡命者.
Flüchtlings・lager 回 難民収容所.
Flucht・weg 男《主に物》❶逃走路. ❷避難路.
Flug [flu:k フルーク] 男 (-(e)s/Flüge) ❶《単》飛ぶこと, 飛行. ❷空の旅, フライト. ♦Wie viel kostet ein Flug nach Berlin? ベルリンへの飛行機はいくらですか. (wie) im Fluge(e) vergehen〈時間¹が〉飛ぶように過ぎる.
Flug・bahn 囡 弾道;飛行コース.
Flug・blatt 回 (-(e)s/..blätter) ビラ, ちらし.
Flüge [フリューゲ] 男 ⇨ Flug.
Flügel [フリューゲル] 男 (-s/-) ❶(鳥などの)翼, (昆虫の)羽;(コウモリなどの)飛膜. ❷**(a)**(飛行機などの)翼;(ロケット・ミサイルなどの)羽根. **(b)**(観音開きの)扉;(祭壇の三枚絵の)両端の一枚. **(c)**〘医〙葉(よう). **(d)**〘建〙翼, そで. **(e)**〘軍〙(本隊の)翼. **(f)**〘球技〙ウィング. **(g)**〘政治〙党派, 陣営. ❸ *die ~ stut-*

zen 人³を束縛する.

Flug･gast 男 飛行機の乗客, 旅客.

flügge [フリュッゲ]形《述語》❶(ひな鳥が)飛べるようになった. ❷(口)(戯)自立できる, 一人前になった.

Flug･gesellschaft 女 航空会社.

Flug･hafen [フルークハーフェン] 男 空港. 5級

Flug･linie 女 (定期)航空路.

Flug･lotse 男 航空管制官. ◇..lotsin 女(-/-nen).

Flug･platz 男 飛行場.

Flug･schreiber 男 フライトレコーダー.

Flug･verbindung 女 飛行機の接続[連絡].

Flugzeug [フルークツォイク] 中 (-(e)s/-e) 飛行機, 航空機.

Flugzeug･absturz 男 飛行機[航空機]の墜落.

Flugzeug･entführer 男 航空機乗っ取り[ハイジャック]の犯人. ◇..entführerin 女(-/-nen).

Flugzeug･entführung 女 航空機乗っ取り, ハイジャック.

Flugzeug･katastrophe 女 飛行機[航空機]事故.

Flugzeug･träger 男 航空母艦, 空母.

Flunder [フルンダー] 女(-/-n) [魚] カレイ(鰈), ヒラメ(平目).

flunkern [フルンカァン] 自(口)(戯) (大したことでもないのに)嘘を並べたてる, ほらを吹く, 得意話をする.

Fluor [フルーオァ] 中 (-s/) フッ素 (弗素).

Fluorchlor･kohlen･wasserstoff 男 フロン(ガス), CFC ((略: FCKW)).

Flur¹ [フルーァ] 男 (-(e)s/-e) 玄関(の間), 入ホール, 屋内の通路, 廊下.

Flur² 女 (-/-en)(書) 農地, 耕作地, 田畑；牧草地, 牧場.

Fluss [flos フルス] 男 ❶川, 河川, 水流. ❷《単》(書) 流れ, 進行；推移. *in ~ kommen [geraten]* 動き出す, 進み出す. 5級

Fluß 男 (Flusses/Flüsse) ⑧ Fluss.

格	男性	複数
1	der Fluss	die **Flüsse**
2	des **Flusses**	der Flüsse
3	dem Fluss	den Flüssen
4	den Fluss	die Flüsse

fluss･ab(wärts) [フルスアップ(ヴェルツ)] 副 川を下って, 下流へ.

fluss･auf(wärts) [フルスアオフ(ヴェルツ)] 副 川をさかのぼって, 上流へ.

Fluss･bett 中 河床.

Flüsse [フリュッセ] 複 ⇒Fluss.

flüssig [フリュスィヒ] 形 ❶(↔ fest) 流動的な, 液体[液状]の, 溶けた. ❷(↔ holperig)(読む・話す・書くことに関して)流れるような, スムーズな, 流暢な, 流麗な. ❸流動性のある, 現金化しやすい, すぐ自由に使える. ~ *machen* = flüssigmachen.

Flüssigkeit [..カイト] 女 (-/-en) ❶流動体, 液体. ❷《単》スムーズさ, 流暢[流麗]さ.

flüssig|machen 他《金銭⁴を》調達する, 用意[工面]する.

Fluss･pferd 中 カバ(河馬).

flüstern [フリュスタァン] 他《〈事⁴を〉ささやく, 小声で[ひそひそ]話す.

Flut [フルート] 女 (-/-en) ❶《単》(↔ Ebbe)上げ潮, 満ち潮, 満潮. ❷《主に複》(書) 大波, 奔流, 高潮；大水, 洪水, 氾濫；満々たる水. *eine ~ von* ❸(書)(突然現れた)おびただしい数[量]の物³.

fluten [フルーテン] 自(書)〈おびただしい光・空気・水などが〉みなぎる, あふれる；流れ込む, 押し寄せる；〈おびただしい光¹が〉射し込む；〈多量の水¹が〉氾濫する；〈おびただしい人¹が〉なだれ込む, ひしめく.

Flut･licht 中 フラッドライト.

focht [フォホト] fechten の過去形.

föchte [フェヒテ] fechten の接続法II式形.

Föderalismus [フェデラリスムス] 男 (-/) 連邦主義[制度, (体)制].

föderalistisch [フェデラリスティッ

①1格 ②2格 ③3格 ④4格

Fohlen [フォーレン] 中 (-s/-) (3歳までの)馬,ウマ,ラクダ)の子;若馬.

Föhn [フェーン] 男 (-(e)s/-e) ❶ [気象]フェーン(現象)((特にアルプスの北側に吹きおろす乾燥した暖かい南風)). ❷ヘアドライヤー.

föhnen [フェーネン] 他 〈人 4の〉髪をヘアドライヤーで乾かす,髪にドライヤーをかける.

Folge [フォルゲ] 女 (-/-n) ❶ 連続,一連. ❷ 続き. ❸ (行為・出来事などの)結果,結末,帰結. *in der ~* 今後.

folgen [fɔ́lgən フォルゲン] ((I)) 自 ⑤ ❶ 〈③〉〈人・物 3の〉**後について行く[回る]**,後をつける,後を追う,後をたどる. ❷ 〈③〉〈話・思考 3に〉ついてゆく,〈話・思考 3を〉理解する,理解しながら聴く. ❸ 〈③〉〈人・物 3に〉ならう,〈人・物 3の〉後を継ぐ. ❹ (((auf)) ③)〈物 1が〉〈物 3に〉次に来る,〈物 3に〉続く;〈nach ③〉〈物 3に〉続いて[後に]来る. ❺ 〈aus ③〉〈物 1が〉〈物 3から〉結果として推論される,明らかとなる. ((II)) 自 ❶ ⓑ ⑤ 〈③〉〈〈人 3の言うことに〉〉従う,〈〈人 3の言うことを〉〉守る. ❷ ⑤ 〈③〉〈事 3に〉従う. — können 人 3 の言うこと[事 3]についてゆける,理解できる. *Daraus folgt, dass ...* そのことから...ということになります. *Auf Regen folgt Sonnenschein.* 待てば海路の日和あり,苦あれば楽あり((雨の後には日光が続く)). 4級

folgend [fɔ́lgənt フォルゲント] ((I)) folgen の現在分詞. ((II)) 形 《付加》次の,以下の,下記の,次に述べる. ◆ *am ~en Tag* 次の日に,翌日. 4級

folgendermaßen [フォルゲンダーマーセン] 副 次のように,次[以下]の通りに(て).

folge・richtig 形 《書》論理的に[筋道として]正しい,ロジカルな.

Folge・richtigkeit 女 (-/-) 論理的に[筋道として]正しいこと,筋の通ったこと,一貫性.

folgern [フォルゲァン] 他 ④ 〈aus ③〉〈事 4を〉〈事 3から〉推論[推断,判断]する.

Folgerung [フォルゲルング] 女 (-/-en) 推論,結論,判断,推断.

folglich [フォルクリヒ] 副 従って,その結果,それゆえに.

folgsam [フォルクザーム] 形 《主に子供・動物が》よく言うことを聞く,従順な;忠実な.

Folgsamkeit [...カイト] 女 (-/-) 従順,恭順;忠実,服従.

Folie [フォーリエ] 女 (-/-n) (包装用の)ラップ,フォイル.

Folklore [フォルクローレ] 女 (-/-) 民俗(学),民間伝承;民衆芸術,フォークロア,民俗音楽[舞踏];民謡.

Folkloristisch [フォルクロリスティッシュ] 形 民俗(学)の,民間伝承の;民衆芸術の,フォークロアの,民俗音楽[舞踏]の,民謡の.

Folter [フォルター] 女 (-/-n) ❶ 《単》拷問,加虐,虐待. ❷ (口)苦痛.

foltern [フォルタァン] 他 ❶ 〈人 4を〉拷問する,虐待する,なぶる. ❷ (口)〈事 1が〉〈人 4を〉ひどく苦しめる,悩ませる.

Folterung [フォルテルング] 女 (-/-en) 拷問.

Fön [フェーン] 男 (-(e)s/-e) ヘアドライヤー((商標から)) ⇨ Föhn.

Fond [フォン] 男 (-s/-s) 《主に単》(書)(車の)後部座席.

Fonds [フォン] 男 (-/-[フォンス]/-[フォンス]) ❶ 基金,資金,ファンド;積立金,準備金. ❷《複》国債,公債.

Fondue [フォンデュー, (ﾞ)フォンデュー] 中 (-s/-s), 女 (-/-s) [料理]フォンデュー.

fönen [フェーネン] 他 ⇨ föhnen.

Fontäne [フォンテーネ] 女 (-/-n) ❶ 噴水,噴泉,泉. ❷ 噴出水,勢いよく噴き上がる水.

forcieren [フォルスィーレン] 他 《書》〈事 4を〉促進させる,強化する.

Förderer [フェルデラー] 男 (-s/-) 支援[後援]者,助成者,パトロン. ◇ **Förderin** 女 (-/-nen).

fordern [フォルダァン] 他 ❶ 〈von ③〉 ④ 〈〈人 3[当局 3から)〉物 4を〉要求

する, 請求する. ★zu不定詞, dass副文もとる. ❷〈仕事¹などが〉〈人⁴を〉消耗させる.

fördern [フェルダァン] (I)他 ❶〈人・事⁴を〉助成[奨励]する;〈人⁴を〉育成する, 保護する. ❷《書》〈事⁴を〉助長する, 促進する, 推進する, 増進させる. (II)他(a)〈鉱石などを〉採掘する, 産出する. (b)〈事⁴を〉明るみに出す.

Forderung [フォルデルング] 女(-/-en) ❶〈an ④; nach ④〉〈人⁴への; 物⁴の〉要求; 要請. ❷〈(an ④)〉〈官〉《書》〈〈人⁴への〉〉請求(権); 請求額; [法]債権請求.

Förderung [フェルデルング] 女(-/-en) ❶《単》助成, 奨励; 育成;助長, 促進, 推進, 増進. ❷[坑]採掘, 産出; 産出量[高].

Forelle [フォレレ] 女(-/-n) ニジマス((ヨーロッパで最も一般的なマス)).

Form [form フォルム] 女(-/-en) ❶形, 外形. ❷形態, あり方; 様態. ❸形式. ❹《主に複》礼式, 儀礼, 作法; しきたり, 慣例. ❺(手続きなどの)書式, 方式. ❻《主に複》《主に女性の》体つき, スタイル. ❼型, 雛形, 鋳型(ﾆｶﾞﾀ). ❽《単》(良い)コンディション, 調子, 体調. ❾語形. (feste) ~en annehmen〈計画¹などが〉明確な形をとる, はっきりした姿を現す, 具体化する. 4級

formal [フォルマール] 形《主に付加のみ》❶形式(上)の, 書式上の. ❷形式的な, 外面的な, 形だけの.

Formalität [フォルマリテート] 女(-/-en) ❶《主に複》(所定の)形式, (正式な)手続き. ❷(外面的な)礼式, 形式的なこと;(実質の伴わない)形式的なこと, 虚礼.

Format [フォルマート] 中(-(e)s/-e) (紙・本などの)判, 判型. ~ haben〈人¹が〉ひとかどの[相当の]人物である.

formatieren [フォルマティーレン] 他〈(フロッピーディスク⁴を)〉フォーマットする, 初期化する.

formbar [..バァァ] 形 ❶(手で)作ることの出来る, 造形しうる, 可塑性の. ❷陶冶(ﾄｳﾔ)しうる, 柔軟な.

Form·blatt 中(官)《書》申込用紙.

Formel [フォルメル] 女(-/-n) ❶式; 公式; 数式. ❷決まり文句, 成句. ❸簡潔明解な表現. ❹フォーミュラ((レーシングカーのクラス分けを表わす公式規格)).

formell [フォルメル] 形 ❶格式[形式]張った, 儀礼的な. ❷正式の, 公式の. ❸(礼儀正しいが)堅苦しい, 他人行儀な. ❹《主に副》形式的な, 外面的な, 表面的な, 形だけの.

formen [フォルメン] 他 ❶〈(aus ③)〉〈物⁴を(物³から)〉作る, 作り出す. ❷〈(zu ③)〉〈物⁴を(物³の)〉形にする,〈物⁴から(物³を)〉作る. ❸〈人格⁴を〉形成する;〈(zu ③)〉〈人⁴を(人格⁴へ)〉形作る.

Form·fehler 男形式上の誤り;(書類手続き上の)不備[欠陥].

formieren [フォルミーレン] (I)他〈縦隊などを〉組む,〈チーム⁴などを〉組織[編成]する. (II)再 sich⁴〈zu ③〉〈(形³に)〉整列する, 隊列を作る, 組織[編成]される, ラインナップする.

..förmig [..フェルミヒ] 形《名詞と共に》「…の形の, …状の」: sternförmig 星の形をした.

förmlich [フェルムリヒ] (I)形 ❶堅苦しい, 他人行儀な, よそよそしい. ❷正式[公式]の. (II)副《不変化詞》まさに, まさしく, 全く, 文字どおり.

form·los 形 ❶《副なし》(特定の)形を持たない, 定形のない. ❷非公式の.

Form·sache 女形式[儀礼]上の事柄.

Formular [フォルムラァァ] 中(-s/-e) (書式の印刷された)用紙, 申告[申込み, アンケート]用紙; 書式. 4級

formulieren [フォルムリーレン] 他〈事⁴を〉言葉で表現する, 明確に述べる, 練り上げる.

Formulierung [フォルムリールング] 女(-/-en)《書》❶《単》言葉で表現すること, 明確に述べること. ❷(書かれた)表現, 文言; 書式.

forsch [フォルシュ] 形(最上 ~est)決

1格 2格 3格 4格

forschen [フォルシェン] 自❶研究する;(念入りに)調べる,調査する. ❷ 〈nach ③〉(書)〈人・物³を〉探る,捜す,捜し求める.

Forscher [フォルシャー] 男〈-s/-〉研究者,探究者;(学術)調査者;(学術)探険家. ◇**Forscherin** 女〈-/-nen〉.

Forschung [フォルシュング] 女〈-/-en〉❶研究,探究;(学術)調査. ❷研究[探究,調査]者.

Forst [フォルスト] 男〈-(e)s/-e(n)〉(官)(書)森林,山林,森林地帯;営林区,植林区.

Förster [フェルスター] 男〈-s/-〉林務官,森林監視官,営林署員. ◇**~in** 女〈-/-nen〉.

Forst·wirtschaft 女山林経営[管理];林学,営林.

fort [フォルト] 副 (weg)〈人¹が〉(立ち)去って,出かけて;〈物¹が〉なくなって,見つからない. *und so ~* などなど,等々(略:usf., u.s.f.).

fort.. 〈前綴り〉〈分離〉❶「去って,離れて」:fortfliegen 飛び去る. ❷「引き続き」:fortbestehen 存続する. ❸「前方へ」:fortschreiten 前進する.

Fort·bestand 男〈-(e)s/-〉(書)持続,継続.

fort|bewegen ((I)) 他〈人・物⁴を〉(ある場所から)動かす,どける,移動させる. ((II)) sich⁴ (ある場所から)動く,どく,移動する.

fort|bilden 再 sich⁴〈in ③〉〈(物³の)〉勉強を更に続ける;研鑽(汰)を更に積む.

Fort·bildung 女《単》(更なる)教育の継続;職業教育,成人教育.

fort|bleiben* 自(S)〈von ③〉〈物³から〉離れたままである,出て来ない;〈(物³に)〉不在の[外出した]ままである.

fort|bringen* 他〈人・物⁴を〉(しかるべき場所に)運ぶ[持ってゆく],移動させる.

Fort·dauer 女持続,続き,連続.

fort|dauern 自(書)〈状態・関係〉などが〉持続する,変わらず続く,やまない.

fort|fahren* [フォルトファーレン] ((I)) 自(S) ❶(乗り物で)立ち[走り]去る,出発する,出かける. ❷〈mit ③〉(書)〈事³を〉(休止の後で再び)続ける,続行する. ★zu不定詞もとる. ♦mit der Arbeit ~ 仕事を続ける. ((II)) 他〈人・物⁴を〉(乗り物で)運び去る,連れ去る;輸送する.

fort|führen [フォルトフューレン] 他 (書)〈事⁴を〉引き継ぐ,受け継いでやってゆく,継承する,続ける.

Fort·gang 男〈-(e)s/-〉(書) ❶進捗(はか)[進行](状況),進展. ❷去ること,退去.

fort·gefahren fortfahren の過去分詞.

fort·gegangen fortgehen の過去分詞.

fort|gehen* 自(S) ❶立ち去る,出かける,出発する. ❷(口)〈物¹が〉ずっと続く,進行する,継続される.

fort·geschritten ((I)) fortschreiten の過去分詞. ((II)) 形 ❶進んだ,進歩した,進展した. ❷〈(in ③)〉〈(物³に関して)〉上級の,〈(物³が)〉上達した.

Fortgeschrittene(r) [フォルトゲシュリッテネ[ナー]] 男女《形容詞変化》上級[中級]既習者.

fortgesetzt [..ゲゼット] ((I)) fortsetzen の過去分詞. ((II)) 形《付加または副》(悪い行為に関して)連続した.

fort|kommen* 自(S) ❶〈von ③〉(口)〈(人・物³から)〉離れる,〈(人・物³を)〉去る. ❷前へ進む,前進する. ❸出世[昇進]する,成功する.

fort|laufen* 自(S) ❶走り去る. ❷〈(③)〉(口)〈〈人³のもとから)〉去る,逃げる.

fort·laufend ((I)) fortlaufen の現在分詞. ((II)) 形《付加または副》連続する,通しの,連載の.

fort|pflanzen 再 sich⁴ ❶生殖[繁殖,増殖]する;〈思想・伝統〉などが〉後世に伝わる. ❷〈音・光・電気〉などが〉伝わる,伝播[波及]する,広がる.

①1格 ②2格 ③3格 ④4格

伝導する.
Fort·pflanzung 囡((-/)) 生殖, 繁殖, 増殖; 伝導, 伝播, 波及.
fort|schaffen 他〈人・物⁴を〉(ある目的のために) 移す, 〈物⁴を〉移動する, 運び去る, 〈人⁴を〉運ぶ, 連れ去る.
fort|schreiten* 圁(S)(書)〈主語が〉(拡大しながら) 進む, 進展する, 進行する.
Fort·schritt [フォルトシュリット] 男 ((-(e)s/-e)) ❶((単))(↔ Rücktritt) 進歩, 進展, 発達, 発展; 向上, 上達. ❷《複》(努力の結果による) 成功, 上達.
fort·schrittlich 形 ❶進歩的な, 進歩主義の. ❷進歩[進展, 発達, 発展, 向上, 上達]の.
fort|setzen [フォルトゼッツェン] ((I)) 他〈物⁴を〉(休止の後再び) 続ける, 継続[続行]する. ((II)) 再 sich⁴〈物¹が〉続く, 伸びる; 連なる, 広がる. 4級
Fortsetzung [..ゼッツング] 囡((-/-en)) ❶((単))(↔ Abschluss) 続けること, 継続, 続行. ❷ (連載記事・小説などの)続き.
Fortsetzungs·roman 男 (新聞・雑誌などの) 連載小説.
fort|während 形《付加用法または副》(負担になるような) 絶え間ない, ひっきりなしの; 再三再四の.
fort|werfen 他〈物⁴を〉投げ捨てる; 捨てる.
Fossil [フォスィール] 中((-s/-ien))《主に複》化石.
Foto [fóːto フォート] ((I)) 中((-s/-s)) 写真 ((Fotografie の略形)). ♦ Könnten Sie ein Foto von uns machen? 私たちの写真を撮っていただけませんか. ((II)) 中((-s/-s))《口》カメラ, 写真機 ((Fotoapparat の略形)). 4級
Foto·album 中 写真アルバム.
Foto·apparat 男 写真機, カメラ.
fotogen [フォトゲーン] 形 写真写りの良い.
Fotograf [フォトグラーフ] 男((-en/-en))《弱》(職業) 写真家, カメラマン. ◇ **Fotografin** 囡((-/-nen)).
Fotografie [フォトグラフィー] 囡((-/..fien[..フィーエン]) ❶《単》写真撮影(技術). ❷写真.
fotografieren [フォトグラフィーレン] 他〈人・物⁴の〉写真を撮る, 〈人・物⁴を〉撮影する. 4級
Fotokopie [フォトコピー] 囡 写真複写.
fotokopieren [フォトコピーレン] 自他〈物⁴を〉写真複写する.
Foto·labor 中 写真現像室, 暗室.
Foto·modell 中 写真モデル.
Foul [ファオル] 中((-s/-s))《スポーツ》反則, ファウル.
Foyer [フォワイエー] 中((-s/-s)) (劇場などの) ロビー, フォアイエ, 休息室, 遊歩場.
FPÖ [エフペーエー] 囡((-/))《略》Freiheitliche Partei Österreichs (オーストリア) 自由党.
Franc [フラン] 男 Franc フラン.
fr. 《略》❶ frei, frankiert, franko 無料の, 郵送料支払済みの. ❷ französisch フランス語の[で]. ❸ früher 以前の.
Fr. 《略》❶ Franken スイスフラン ((貨幣単位)). ❷ Frau 夫人 ❸ Freitag 金曜日.
Fracht [フラハト] 囡((-/-en)) 運送貨物, 積み荷; 船荷, 空輸貨物; 貨物便.
Fracht·brief 男 出荷通知書, 運送状, 送り状.
Frachter [フラハター] 男((-s/-)) 貨物船.
Fracht·gut 中((-(e)s/..güter)) 運送貨物, 積み荷.
Fracht·schiff 中 貨物船.
Frack [フラック] 男((-(e)s/Fräcke, -s)) 燕尾服(ネネミ); モーニング.
Frage [fráːgə フラーゲ] 囡

格	単数	複数
1	die Frage	die **Fragen**
2	der Frage	der Fragen
3	der Frage	den Fragen
4	die Frage	die Fragen

❶(↔ Antwort)〈(nach ③)〉〈(人・

①1格 ②2格 ③3格 ④4格

Fragebogen　　　　　　　　　　　　　　zweihundertsechzig 260

物³についての》》質問, 問い; 疑問, 疑い; 可能性. ★ob副文 [間接疑問文] も伴う. ❷問題(点), 論点. ◆auf die ~ antworten = eine ~ beantworten 質問に答える. eine ~ lösen [klären] 問題を解決 [解明] する. Das ist eine andere ~. それはまた別の問題です. ohne ~ 疑いなく, 確かに. nicht in ~ kommen 問題外である, 問題にならない, 不可能である. ④ in ~ stellen 人・事⁴を疑問視するに値問を はさむ). Das ist noch (sehr) die ~. それはまだ決定されていませんし, どうなるか分かりません. Das ist die große ~. それは大いに疑問です, まだ不確かです. Das ist keine ~. それは疑問の余地はありません, 間違いありません. 5級

Frage・bogen 男(-s/-) (主に官庁の) 質問票 [書], 調査 [アンケート] 用紙.

fragen [frá:gən フラーゲン]

現在	ich frage	wir fragen
	du fragst	ihr fragt
	er fragt	sie fragen

過去	ich fragte	wir fragten
	du fragtest	ihr fragtet
	er fragte	sie fragten

| 過分 | gefragt | 接II fragte |

《標準ドイツ語では弱変化; 口語では du frägst, er frägt ということもある》 (I) 他 ❶《④》《(人⁴に) (事⁴を)》 質問する, 尋ねる, 問う, 聞く. ★ob副文 [間接疑問文] もとる. ❷《④》 nach ③》《(人⁴に) 事・人のことを》質問する, 尋ねる, 問い合わせる, 聞く. ❸《④》 um ④》《(人⁴に) (事⁴を) 求める, 請う, 頼む. (II) 再 sich⁴ 熟考する, 自問する. (III) 自《nach ③》《書》 人・物⁴を気にかける, 《主に否定で》気にもとめない, お構いなしである, 問題にしない. ◆④ nach dem Weg zum Bahnhof ~ 人⁴に駅への道順を尋ねる. Darf ich Sie etwas ~? ちょっとお尋

ねしてよろしいですか. 5級

Frage・satz 男(-es/..sätze) 疑問文.

Frage・zeichen 中(-s/-) 疑問符, クエスチョンマーク ((?)).

fraglich [フラークリヒ] 形《副なし》 ❶《述語的》不確かな, まだ片付かない, 未決定の; 疑わしい. ❷《付加語または副》 (官) (書) 問題の, 当該の.

Fragment [フラグメント] 中(-(e)s/-e) (書) 断片, 破片; 断章; 未完成作品.

fragwürdig [フラーク..] 形 疑わしい, おかしい, 納得のいかない, 腑に落ちない, 疑問の余地のある.

Fraktion [フラクツィオーン] 女(-/-en) (議会内の) 党派, 会派; (政党内の) 分派, 派閥, グループ.

Fraktur [フラクトゥーア] 女(-/-en) ❶ 骨折. ❷《単》フラクトゥーア, ドイツ文字, 亀の甲文字, ひげ文字.

Franc [フラン] 男(-s/-, (単位を示して)-/-) フラン ((ユーロ導入以前のフランスなどの通貨単位; 略: fr, 複 frs; スイス・フランは Franken)).

frank [フランク] 形 ~ und frei 率直に, 遠慮なく, ざっくばらんに, ありのままに.

Franken [フランケン] (I) 男(-s/-) スイスフラン ((スイスの貨幣単位; 記号: CHF; 略: Fr, sFr; ドイツの銀行間では sfr, 複 sfrs)). (II) 中 フランケン地方.

Frankfurt [フランクフルト] 中(-s/) フランクフルト (~ am Main ドイツの都市名)).

Frankfurter [フランクフルター] (I) 男(-s/-) フランクフルト市民, フランクフルト出身の人. (II) 女(-/-) フランクフルトソーセージ. (III) 形《不変化》フランクフルトの.

frankieren [フランキーレン] 他《郵便物⁴に》(郵送料納入済みの) 消印を押す, 切手を貼る.

Frankreich [フランクライヒ] 中(-s/) フランス ((記号: F)).

Franse [フランゼ] 女(-/-n) ❶《主に複》(絨毯・カーテンなどの) 総(ふさ), 総

① 1格　② 2格　③ 3格　④ 4格

[緑]飾り, フリンジ. ❷《複》切り下げ前髪;ポニーテール.

Franzose [フランツォーゼ]男(–n/–n)《弱》❶フランス人;フランス人男性. ❷[エ]自在スパナ. ◇**Französin** [フランツェーズィン]女(–/–nen)(女性の)フランス人.

französisch [フランツェーズィシュ]形❶フランスの, フランス人の, フランス風の. ❷フランス語の.

Französisch [フランツェーズィシュ]中(–(s))フランス語.

Fräse [フレーゼ]女(–/–n) ❶[エ]フライス盤《円筒形の刃物を回転して金属木材などを削る機械》. ❷ロータリー式耕転機(読).

fraß [フラース]fressenの過去形.

Fraß [フラース]男(–es/–e)(口;軽蔑)まずい食べ物.

fräße [フレーセ]fressen の接続法II式形.

Fratz [フラッツ]男(–es/–e, ‑en/–en) ❶かわいい子, お茶めな子. ❷(南ドイツ・オーストリア)おてんば, わんぱく, 悪がき.

Frau [frau フラオ]女

格	単数	複数
1	die Frau	die Frauen
2	der Frau	der Frauen
3	der Frau	den Frauen
4	die Frau	die Frauen

❶(↔Mann)女, 女性, 婦人. ❷(Ehefrau)妻, 女房, 家内, 細君, 夫人, 奥様;女主人, 主婦. ❸《既婚・未婚の女性の姓・称号などの前で;略: Fr.》…さん[様], …夫人;…女史. ◆~ Meier マイヤーさん[夫人]. meine ~ 私の妻, 家内. 5級

Frauen·arzt 男(産)婦人科医. ◇**..ärztin** 女(–/–nen)

Frauen·bewegung 女女性(解放)運動, 女権拡張運動.

Frauen·emanzipation 女女性解放.

Frauen·haus 中女性の家《避難施設》《子供と共に住むことが出来, 法的・金銭的な保護が受けられる》).

Frauenrechtlerin [フラオエンレヒトレリン]女(–/–nen)(女性の)男女同権論者.

Frauen·zeitschrift 女女性雑誌.

Fräulein [フロイライン]中(–s/–, (口)–s) ❶《単》(やや古)未婚女性, お嬢さん. ❷《単》(やや古)未婚の女性の呼びかけ;略:Frl.》…さん, …嬢《今日では Frauを使うのが普通》. ❸(口)《女性従業員・ウエイトレスへの呼びかけ》おねえさん. 5級

fraulich [..リヒ]形(成熟した)女らしい, 女性的な;母性的な.

frech [フレヒ]形 ❶《(zu ③)》〈(人³に)》あつかましい, ずうずうしい, 厚顔無恥な, 横柄な, 無遠慮な, 不遜な, 無礼な. ❷大胆な, 思いきった, 奇を衒(てら)った, 派手な.

Frech·dachs 男(口)小生意気な子供[小僧].

Frechheit [..ハイト]女あつかましさ, ずうずうしさ, 厚顔無恥, 生意気;あつかましい[無礼な]態度[言葉].

frei [frai フライ]形《比較 freier; 最上 frei(e)st》❶(他の支配などを受けずに)自由な, (主)独立した, 自由を有する. ❷《von ③》《物³の》. ★古い用法では ③の代わりに 2格を用いる. ❸《(nach ③)》〈(人³[原典・原作³]に)》とらわれない, 正確[厳密]でない, 自由な. ❹無料の, ただの. ❺空いている. ❻妨げる[遮る]もののない, 障害のない, 支障がない, 覆われていない, 肌の出た, 裸の, あらわな, むき出しの, 露出した. ❼《主に付加》フリーの, 自由業[自由契約]の. ❾《囲まれていない》開放的な, 広々とした;戸外[野外]の. ❿観覧[入場]を許可された, 観覧自由[可]の. ◆~e Wirtschaft [Marktwirtschaft] 自由(主義)経済[市場経済]. Bist du heute abend ~? 今晩暇かい. Ist hier [dieser Platz] noch ~? ここ[この席]はまだ空いていますか. 5級

..frei [..フライ]「ない, 含有しない」:alkoholfrei アルコール分のない. ❷「免除された, 免れた」:zollfrei 無税関の.

Freibad

❸「生じない」:knitterfrei しわの寄らない．❹「不要の，しなくても良い」:bügelfrei アイロンがけのいらない．❺「自由の」:wahlfrei 選択自由の．❻「覆われていない，むき出しの」:rückenfrei 背中の開いた．❼「許されている」:jugendfrei 未成年者も鑑賞自由の．

Frei・bad 田 屋外プール．

frei|bekommen* ((I))他 ❶〈人⁴を〉釈放[解放]してもらう[させる]．❷〈差し押え物件⁴を〉返還してもらう．((II))自休みをもらう，休ませてもらう．

frei・beruflich 形《付加または副》フリーの，自由業(として)の．

Frei・betrag 男 非課税額，控除額．

Frei・bier 田(-(e)s/)(祝い事などで)無料でふるまわれるビール．

Freiburg [フライブルク]田(-s/) ❶フライブルク((~ im Breisgau ドイツ南西部の都市名))．❷フリブール((スイス西部の Fribourg 州のドイツ語名))．

Freier [フライアー]男(-s/) ❶〈婉曲〉(売春婦などの)客．❷〈やや古〉(男の)求婚者．

Frei・exemplar 田(-s/-e) 無料見本，献本；(出版元から著者などへの)寄贈[贈呈]本．

Frei・frau 女(-/-en) (↔ Freiherr) 男爵夫人．

Frei・gabe 女 ❶(捕虜などの)釈放，解放．❷(管理統制の)解除，解禁；(鉄道・道路などの)開通．❸許可．

frei|geben* ((I))他 ❶(↔ festhalten)《書》〈人⁴を〉釈放[解放]する；(拘束・束縛などから)解放する．❷《書》〈事⁴について〉(管理・統制・禁止・閉鎖などを)解除する，解く，自由に利用できるようにする．❸〈④ zu ③〉〈物⁴の公開・販売⁴を〉許可する．((II))自〈③〉〈人³に〉(短期間の)休みを与える；休ませてやる．

freigebig [..ゲービヒ]形(↔ geizig) 気前のよい，もの惜しみしない，きっぷのよい．

Freigebigkeit [..カイト]女(-/) 気前[きっぷ]のよさ，もの惜しみしないこと．

frei・gesprochen freisprechen の過去分詞．

Frei・hafen 男 自由(貿易)港；自由港区(港の税関管轄外区域)．

frei|halten* 他 ❶〈人⁴に〉おごる．❷〈③〉〈④〉〈(人³のために)席・場所⁴などを〉空けておく，取っておく．

freihändig [..ヘンディヒ]形《付加または副》手放しの；フリーハンドの．

Freiheit [フライハイト]女(-/-en) ❶《単》自由；解放．❷《主に複》特権，特典．❸《複》自由権．

Freiheits・strafe 女《法》(身体の自由を拘束する)自由刑(懲役・禁固・拘留など)．

Frei・herr 男(-(e)n/-(e)n) 男爵((略:Frhr.))．

Frei・karte 女(劇場などの)無料入場券，招待券；無料乗車券[バス]．

frei|kommen* 自Ⓢ 釈放される，自由の身になる，無罪放免になる．

Frei・körper・kultur 女(-/) ヌーディスト運動，ヌーディズム ((略:FKK))．

frei|lassen* 他 ❶〈人⁴を〉釈放[解放]する，解放する，自由の身にする．❷〈動物⁴を〉放してやる．

frei|legen 他《書》〈物⁴を〉露出させる，あらわにする，発掘する，掘り出す．

freilich [フライリヒ]副 もちろん，むろん，いかにも，確かに．

Freilicht・bühne 女 野外劇場．

Freilicht・theater 田 ❶野外劇場．❷《単》野外上演．

frei|machen ((I))他 (frankieren)(官)《書》〈郵便物⁴に〉切手を貼る．((II))再 sich⁴ (口)休みを取る，時間を空ける．

frei・mütig 形 包み隠さない．

frei・schaffend 形《主に付加》自由契約の，フリーランサーの．

frei|sprechen* 他〈④ (von ③)〉〈裁判官・裁判所¹が〉〈人⁴に〉(物³について)〉無罪判決を下す，〈人⁴を〉(物³について)〉無罪[免訴]とする．★ただし: frei sprechen 原稿なしで話す．

Frei・spruch 男《書》無罪判決．

Frei·staat 男 共和国.

frei|stellen 他 ❶《③》《書》〈人³に事⁴を〉ゆだねる, 任す, 〈人³の〉自由裁量に任せる. ❷《④ (von ③)》〈人⁴を〉〈勤務・兵役などから〉免除する. ★ただし: frei stellen 支えなしに置く〔立てる〕.

Frei·stoß 男 [ː] フリーキック.

Frei·tag [フライターク] 男 -(e)s/-e 金曜日 ((略: Fr.)). ◆am ~ 金曜日に, nächsten ~ 次の金曜日に. 5級

frei·tags 副 (毎週)金曜日に, 金曜日ごとに.

Frei·tod 男《主に単》《書》自殺.

Frei·treppe 女 (建物へ通じている)屋外階段.

Frei·übung 女《主に複》(器具を用いない)徒手体操; 柔軟[美容]体操.

frei·willig 形 自由意志(で)の, 自発的な; 任意の [義勇]の.

Freiwillige(r) [..ヴィリゲ[ガー]] 男 女《形容詞変化》ボランティア; [軍] 志願兵; 義勇兵.

Frei·zeichen 中 -s/- (電話の)回線が空いていることを示す信号音, 呼び出し音.

Frei·zeit [フライツァイト] 女 -(/-) 自由な時間, 余暇.

Freizeit·beschäftigung 女 レジャー, 余暇の活動.

Freizeit·gestaltung 女 リクリエーション, 余暇の利用.

frei·zügig 形 (規範・道徳などに)とらわれない, 拘束[束縛]されない, 自由な.

Frei·zügigkeit 女 -/-en (規範・道徳などに)とらわれないこと, 拘束[束縛]されないこと, 放任, 自由.

fremd [frɛmt フレムト] 形《比較 fremder; 最上 fremdest》❶《主に付加》よその, よその国[土地, 家]の, 外国[異国, 他国]の, 異郷の; 外国産の, 外来[舶来]の. ❷《③》〈人³にとって〉なじみのない, 面識のない, 見かけない, 見[聞き]覚えのない, 見[聞き]慣れない; 不案内な, 不慣れな. ❸ いつも[普段]と違った, 妙[変]な, 違和感がある, 落ち着かない. ❹ (↔ eigen) 他人の, よその人, 他人[よその人]に関する. ❺ 異質の, 無関係の, 無縁の, 縁遠い. 4級

..fremd 形《名詞と共に》「...に属さない, ...にうとい, ...から離れた, ...とは無縁[無関係]の」: fachfremd 自分の専門外の.

fremd·artig 形 外国風の, 異国的な; 異種[異質]の.

Fremde [フレムデ] 女 -(/-) 《書》(↔ Heimat) よその土地, 異郷, 異国, 外国.

Fremde(r) [フレムデ[ダー]] 男 女《形容詞変化》❶ よそ者, よその(土地の)人, 他国の人, 外国人. ❷ 知らない人, 面識のない人; 他人, よその人.

fremden·feindlich 形 外国人嫌いの, 外国人排斥の.

Fremden·feindlichkeit 女 外国人嫌い, 外国人排斥.

Fremden·führer 男 ガイド, 外人[観光客]案内者.

Fremden·hass 男 外国人嫌い.

Fremden·haß 男 = Fremdenhass.

Fremden·verkehr 男 -(e)s/ 観光旅行; 観光事業; 観光旅行客の往来.

Fremden·zimmer 中 -(/-) (ホテル・旅館などの)客室.

fremd|gehen* 自 ⓢ (口) 浮気をする.

Fremd·herrschaft 女 -(/-) 外国(人)による支配[統治].

fremd·ländisch 形 外国の, 外国産の; 異国風の.

Fremdling [フレムトリング] 男 -s/-e 《やや古》よそ者, 異邦人.

Fremd·sprache 女 -(/-n) (↔ Muttersprache) 外国語. 4級

fremd·sprachig 形 外国語での, 外国語を話す [用いる].

fremd·sprachlich 形《主に付加》外国語の[に関する].

Fremd·wort 中 -(e)s/..wörter 外来語. (für ④) ein ~ sein 〈事⁴が〉(人⁴にとって)なじみがない, 無縁である.

frenetisch [フレネーティッシュ] 形 熱

Frequenz [フレクヴェンツ] 囡 (−/ −en) ❶振動数;周波数;サイクル数; [医]脈拍数. ❷(稀)(書)頻度,度数.

Fressalien [フレッサーリエン] 覆(口) 食べ物,食糧.

Fresse [フレッセ] 囡 (−/−n) (俗) ❶つら,顔. ❷口.

fressen* [フレッセン] (du frisst, er frisst; 過 fraß; 過分 gefressen) ((I)) 他 ❶〈動物¹が〉〈〈物⁴を〉〉食べる, かじる. ❷(俗)〈人間¹が〉〈〈物⁴を〉〉ガツガツ[むさぼり]食う. ❸(口)〈物¹が〉〈ガソリン・時間・費用⁴を〉多量に食う,消費する,かかる. ❹〈in [durch] ④〉〈穴などを〈物⁴に〉〉作る,開け出す. ❺〈 ＋様態〉〈動詞本来の目的語ではない物⁴を〉食べて…な状態にする. ((II)) 圓 ❶〈an ③〉〈物³が〉〈物³を〉腐食[侵食]する. ❷〈an [in] ③〉〈物¹が〉〈人³の心を〉蝕(むしば)む,広がる. ((III)) 再 sich⁴ 〈in [durch] ④〉〉〈物⁴に〉穴を開ける.

Fressen [フレッセン] 匣 (−s/) ❶(口) (動物の)餌. ❷(俗)(軽蔑)(まずい人間の)食い物. ❸食べること.

..fresser [フレッサー] 男 (−s/−) 《名詞に付いて》《...を餌として食べる動物など》.

Fresserei [フレッセライ] 囡 (−/−en) (口;主に軽蔑) ❶豪華なごちそう,(大がかりな,延々と続く)宴会,大盤ぶるまい. ❷《単》大食い,ガツガツ食べること.

Freud [フロイト] 《人名》フロイト ((Sigmund～オーストリアの精神医学者;精神分析学の創始者;1856−1939)).

Freude [frɔ́idə フロイデ] 囡 (−/−n) ❶《単》喜び,歓喜. ❷〈an ③〉〈人・物³についての〉〉(時間的に長い)楽しみ,喜び. ❸〈über ④〉〈物⁴に〉〈瞬間的に感じる)うれしさ,喜び. ❹《複》喜びを与えるもの;喜びの体験[時]. ◆ mit ～(n) 喜んで. 回 (*ganze* [*einzige*] *~ sein* 〈人¹が〉人²の楽しみの(全て)である,唯一の楽しみである. 4級

Freuden·fest 匣 祝賀会,祝宴,祝 祭.

Freuden·haus 匣 売春宿,娼家(しょうか).

Freuden·tag 男 喜ばしい[うれしい]日.

freude·strahlend 形《付加または副》喜びに輝いた[あふれた],晴れやかな.

freudig [フロイディヒ] 形《主に付加》 (書) ❶喜ばしい,嬉しい. ❷喜びに満ちた,喜々とした.

..freudig 形《名詞・動詞語幹と共に》❶「...を喜んでいる気持ちがある,意欲のある」:arbeitsfreudig 働く意欲のある. ❷「...をするのが好きな」を表す:reisefreudig 旅行好きの.

freud·los 形喜びのない,嬉しくない.

freuen [frɔ́yən フロイエン]

現在	ich freue	wir freuen
	du freust	ihr freut
	er freut	sie freuen

過去	ich freute	wir freuten
	du freutest	ihr freutet
	er freute	sie freuten

| 過分 gefreut | | 接II freute |

((I)) 再 sich⁴ ❶〈über ④〉〈物⁴を〉〉喜ぶ,うれしく思う. ❷〈auf ④〉〈人・物⁴を〉楽しみにしている. ❸〈an ③〉〈物⁴を〉見て楽しむ,見て喜び[幸福,楽しみ]を感じる[覚える]. ((II)) 他〈物¹が〉〈人⁴を〉喜ばせる,うれしがらせる. ★受動なし. *Freut mich(, Sie kennen zu lernen)!* 初めまして,お近づきになれてうれしく思います. 4級

Freund [frɔ́ynt フロイント] 男

格	単数	複数
1	der Freund	die Freunde
2	des Freund(e)s	der Freunde
3	dem Freund	den Freunden
4	den Freund	die Freunde

❶友人,友達,仲よし. ❷恋人. ❸(↔ Feind)味方,仲間,同志,党友. ❹

①1格 ②2格 ③3格 ④4格

(↔ Gegner)《圏》愛好者, 愛好家, ファン; 後援者, 支持者. **kein ~ von** ③ **sein** 物³を好まない. 5級

Freundes·kreis 男(-es/-e) 交友範囲[関係], 友人仲間.

Freundin [フロインディン] 囡(-/-nen) ❶(女性の)友人. ❷(女性の)恋人, ガールフレンド.

freundlich [frɔ́yntlıç フロイントリヒ] 形 ❶《zu ③》《(人³に対して)》親切な, やさしい, 好意的な, 思いやりのある, 愛想のいい; 友好的な, 親善の. ❷快適な, 心地よい, 感じのいい. ❸《経》好調な. ◆mit ~en Grüßen 敬具《(手紙の結びとして)》. Das ist sehr ~ von Ihnen. ご親切にありがとうございます. 5級

..freundlich 形《名詞と共に》❶「...にやさしい」: kinderfreundlich 子供にやさしい. ❷「...にやさしい, 良い」: umweltfreundlich 環境にやさしい.

Freundlichkeit [..カイト] 囡(-/-en) ❶《単》親切, 好意. ❷《やや古》親切な言行.

Freundschaft [フロイントシャフト] 囡(-/-en)《主に単》❶ 友情, 友愛, 交友; 親睦, 親善. ❷ 男と女の関係. ❸ 友人[交友]関係, 友好関係.

freundschaftlich [..リヒ] 形 友情のある[のこもった], 親しみのある, 友好的な, 好意的な; 親しい, 仲の良い.

Frevel [フレーフェル] 男(-s/-) ❶《書》《an ③; gegen ④》物³への; 物に対する》冒瀆, 涜神, 不敬. ❷悪事, 不埒(らち)な行為, 不法行為.

frevelhaft [..ハフト] 形《書》冒瀆的な, けしからぬ, 不埒(らち)な, 不法な.

Frhr.《略》Freiherr 男爵.

Friede [フリーデ] 男(-ns/-n)《主に単》《やや古》= Frieden.

Frieden [frí:dən フリーデン] 男(-s/-) ❶(↔ Krieg) 平和. ❷《書》講和[平和]条約. ❸(↔ Zwietracht, Streit) 安らぎ, 安息, 平静, 平安. ❹《単》《書》安らぎ, 安息, 平静. **keinen ~ vor** ③ **haben**《口》人³につきまとう, 人³から責められる. 4級 (**mit** ③

in ~ lassen《口》人⁴を《事³で煩わさずに》かまわないでおく, そっとしておいてやる. **~ stiften** 仲裁する, 和解させる. 4級

Friedens·bewegung 囡 平和運動.

Friedens·bruch 男 講和[平和]条約違反[不履行].

Friedens·konferenz 囡 平和[講和]会議.

Friedens·verhandlungen 囡(-/-en)《主に複》和平交渉.

Friedens·vertrag 男 講和[平和]条約.

Friedens·zeit 囡(-/-en)《主に複》平和の時代; 平和時.

Friederike [フリーデリーケ]《女名》フリーデリーケ((Friedrich の女性形)).

fried·fertig 形 平和を好む, 温和な.

Fried·hof 男(-(e)s/..höfe) 墓地, 埋葬地.

friedlich [フリートリヒ] 形 ❶ 平和的な, (人物·性格が) 穏やかな, 平和を好む. ❷《書》(状況·雰囲気などが) 平和な, 平穏な, 落ち着いた.

Friedlichkeit [..カイト] 囡(-/-) ❶ 平和的なこと. ❷(人物·性格が) 穏やかなこと, 温和. ❸《書》平穏, 落ち着いていること.

fried·liebend 形 平和を愛する.

Friedrich [フリードリヒ]《男名》フリードリヒ((愛称は Fritz)).

frieren* [frí:rən フリーレン]《過 fror; 過分 gefroren》(**I**) 自 ❶ ⓗ 《an ③》人¹(の体の部分³)が》寒い, 凍える, 凍える. ❷ 凍る, 凍結する, 氷結する. ★zu ③ ~ 凍って物³になる. (**II**) 自《非人称》ⓑ ❶ 気温が氷点下になる. ❷《人⁴が》寒い, 寒気を感じる[寒気がする], 凍える, 冷たい, 冷える, かじかむ.

Frikadelle [フリカデレ] 囡(-/-n)《料理》ハンバーグ((ひき肉にふやかした白パン, 卵, タマネギ, スパイスなどをまぜて平たく丸い形に焼いたもの)).

frisch [frıʃ フリッシュ] 形《比較 frischer; 最上 frischest》❶(↔ alt) 新鮮な, 新しい, 生きのいい, 生の; 出来た

frisch.. ばかりの. ❷ 生じた[起こった, なされた]ばかりの, まだ使われていない. ❸(口)新品の. ❹ 生き生きとした, 元気な, はつらつとした. ❺(休養して)元気[活力]を回復した; 新たな, 改めての. ❻《副なし》(水・空気・風などが)爽快な, さわやかな, すがすがしい. ❼(風が)はっきりした, かなり強い. ❽(↔ blass, fahl)(色が)はっきりとした, 鮮やかな, 鮮明な. ◆～e Lebensmittel 生鮮食料品. ◆～ Brot 焼きたてのパン. ④ ～ halten 物⁴を新鮮に保つ. *sich⁴ ~ machen* (体の汗を落として)さっぱりする. **5級**

frisch.. 形《付加または過去分詞に付いて》「生じた[起こった, なされた]ばかりの」: frischverheiratet 新婚ほやほやの.

..frisch 形《動詞の語幹に付いて》「生じた[起こった, なされた]ばかりの」: druckfrisch 印刷したての.

Frische [フリッシェ] 囡 (-/) ❶元気, はつらつ. ❷新鮮さ, 生身の良さ, 新しさ. ❸(水・空気・風などの)清涼感, 爽快さ, さわやかさ, すがすがしさ.

Frisch·fleisch 中 新鮮な生肉.

Frischhaltebeutel [フリッシュハルテボイテル] 男 (食料品を入れる)鮮度保存袋.

Frisch·luft 囡 新鮮な[さわやかな]空気.

Frisch·milch 囡 新鮮な[しぼり立ての]ミルク.

Friseur [フリゼーァ] 男 (-s/-e) 理容師, 美容師. ◇**Friseurin** 囡 (-/-nen). **4級**

frisieren [フリズィーレン] 他 ❶〈人⁴の〉髪を整える, 調髪[整髪]する. ❷〈③ ④〈人⁴の髪⁴などを〉整える. ❸(口)〈勘定・報告⁴などを〉取り繕う, 粉飾する, ごまかす. ❹(口)〈エンジン⁴の〉馬力をアップする, 〈エンジン⁴を〉改良する.

friss [フリス] fressen の命令法2人称単数形.

friß 旧 = friss.

frisst [フリスト] fressen の2, 3人称単数現在形.

frißt 旧 = frisst.

Frist [frist フリスト] 囡 (-/-en) 期限, 期日, 締め切り; 期間; (期限つきの)猶予, 延期.

frist·gemäß 形 期限内の[通りの].

frist·gerecht 形 = fristgemäß.

frist·los 形《付加または副》即時の, 猶予なしの.

Frisur [フリズーァ] 囡 (-/-en) 髪型, ヘアスタイル, ヘアカット.

frittieren [フリティーレン] 他〈魚・じゃがいも⁴などを〉フライにする.

..fritze [..フリッツェ] 男 (-n/-n)《弱》《名詞・動詞語幹などに付いて》❶「…に従事している男」: Immobilienfritze 不動産業者. ❷「よく…をする男」: Meckerfritze 文句ばかりを並べる男.

frivol [フリヴォール] 形 いかがわしい, みだらな, 猥褻(ﾜｲｾﾂ)な.

Frl.《略》Fräulein.

froh [fro: フロー] 形 (比較 froher; 最上 froh(e)st) ❶(↔ traurig) 嬉しい, 喜んでいる, 朗らかな, 嬉しそうな. ❷《付加または副》喜ばしい, 嬉しい, めでたい. ❸〈über [um] ④〉(口)〈(事⁴を)〉嬉しく思う, 喜んでいる. **4級**

fröhlich [fr̞ɔ:rɪç フレーリヒ] **(I)** 形 楽しい, 愉快な, 陽気な, 快活な, 楽しげな, 気持ちのいい; 機嫌のいい, 上機嫌の. **(II)** 副 (口) 無頓着に.

Fröhlichkeit [フレーリヒカイト] 囡 (-/) 楽しさ, 愉快さ, 陽気さ, 快活さ, 気持ちの良さ.

Froh·natur 囡 (-/-en) 陽気な[楽しい]人.

Froh·sinn 男 (-(e)s/) 楽しさ, 愉快, 陽気, 快活.

fromm [フロム] (比較 frommer, frömmer; 最上 frommst, frömmst) 形 ❶信心深い, 敬虔な. ❷聖なる.

Frömmigkeit [フレンミヒカイト] 囡 (-/) 信心深いこと, 敬虔(ｹｲｹﾝ)さ, 敬神.

Front [フロント] 囡 (-/-en) ❶(建物の)正面, 表, 前面. ❷車のフロント, 前面. ❸〔気〕前線. ❹《単》〔軍〕(最)前線, 戦線. ❺〔軍〕前線部隊, 前衛; 第一線. ❻(闘争の集団としての)戦線.

~ gegen ④ **machen** 人・事⁴に反対[敵対]する,反対[敵対]する立場に立つ.

frontal [フロンタール]形《付加または副》正面[前面](から)の.

Front·antrieb 男 前輪駆動.

fror [フローァ] frieren の過去形.

fröre [フレーレ] frieren の接続法II式形.

Frosch [フロッシュ] 男 (-(e)s/Frösche)〖動〗カエル.**einen ~ im Hals [in der Kehle] haben**〔口〕(一時的に)しわがれ声である.

Frosch·mann 男 (-(e)s/..männer) (軍務または海難救助のために出動する)ダイバー,フロッグマン.

Frosch·perspektive 女 ❶ 下からの眺め.❷ 狭い見識.

Frost [フロスト] 男 (-(e)s/Fröste) (氷点下の)寒さ,厳寒.

Frost·beule 女 霜焼け,凍傷.

frösteln [フレステルン] (I) 自 (寒さや恐怖で)震える,身震いする,寒けがする.(II) 他《非人称》**es fröstelt** ④《人⁴が》寒けがする.

frostig [フロスティヒ] 形 ❶《冠なし》寒さの厳しい,凍りつくような(寒さの),凍てつくような.❷ 冷やかな,冷たい,冷淡な.

Frostigkeit [..カイト] 女 (-/-) 冷やかさ,冷たさ,冷淡.

Frost·schaden 男 (植物・道路などの)霜害.

Frost·schutz·mittel 中 凍結防止剤,不凍液.

Frottee [フロテー] 中男 (-(s)/-s) タオル地.

Frottee·handtuch 中 タオル地のタオル.

frottieren [フロティーレン] 他《人⁴を》(タオルなどで)拭いて水気を取る.❷《③ ④》《人⁴の体の部分⁴を》拭いて水気を取る.

frotzeln [フロッツェルン] 自《**über** ④》〔口〕《人⁴・物⁴を》からかう,嘲笑する.

frs《略》Francs フラン(複数形)).

Frucht [フルフト] 女 (-/Früchte) ❶ 果物,果実.❷ (植物の)実,果実.❸《主に複》〔書〕所産,産物;成果;結晶;報い,結末.

fruchtbar [..バーァ] 形 ❶ 豊かな実りをもたらす,肥沃な.❷ 実り豊かな,生産的な,成果の多い.❸ 繁殖力旺盛の;生殖力のある.**nicht ~** 生殖[妊娠]能力のない.

Fruchtbarkeit [..カイト] 女 (-/) ❶ 豊かな実りをもたらすこと,肥沃.❷ 実り豊かなこと,生産的なこと,成果の多いこと.❸ 繁殖力旺盛なこと;生殖能力のあること.

Früchte [フリュヒテ] 女⇒Frucht.

fruchten [フルフテン] 自《**bei** ③》《物¹が》《人³に》効果[成果,効き目]がある.★主に否定文で用いられる.

fruchtig [フルフティヒ] 形 フルーティーな,果実の香り[味]がする.

frucht·los 形 実を結ばない,成果のあがらない,効果のない,無益な.

Frucht·saft 男 果汁,フルーツジュース.

Frucht·wasser 中 (-s/)〖生〗羊水,羊膜液.

früh [fry: フリュー] (I) 形《比較 **früher**;最上 **früh(e)st**》❶ (↔ spät)《付加または副》(時刻・時期の)早い,初期の.❷《付加または副》予定[定刻,通例,基準]より早い,時ならぬ;早期の,早目の;早くからの.♦ **morgen ~** 明日の朝に.((★オーストリアではmorgen Früh)) **am Morgen = am ~en Morgen** 朝早く,早朝に.(II) 副 朝に.**~er oder später** 遅かれ早かれ,早晩,どっちみちいつかは.5級

Früh·aufsteher 男 (-s/-) 早起きの人.

Frühe [フリューエ] 女 (-/)〔書〕早朝;早い時刻[時期].

früher [フリューアー] (I) 形 ❶《früh の比較級》(時刻・時期の)より早い,より以前の,もっと前の.❷ かつての,昔の,以前の,先の.(II) 副 以前に,かつて,昔.5級

Früh·erkennung 女《単》(特に癌の)早期発見.

frühestens [フリューエステンス] 副

Früh·geburt 囡(–/–en) ❶早産. ❷早産[生]児.

Früh·jahr [フリューヤーァ]田(–(e)s/–e) (Frühling) 春. 5級

Frühjahrs·müdigkeit 囡春の眠たさ.

Frühling [フリューリンク]男(–s/–e) ❶春((公的には3月21日から6月21日まで)). ❷青春(期), 興隆期, 開花期. 5級

Frühlings·anfang 男春の始まり, 春分の日((北半球では3月20日～23日の間にある)).

früh·reif 形 ❶(肉体的・精神的に)早熟な, ませた. ❷(果物・穀物などが)早生の.

Frühstück [fry:ʃtyk フリューシュテュック]田(–(e)s/–e) 朝食. ◆4 zum ～ essen [trinken] 物⁴を朝食に食べる[飲む]. Ab wann gibt es Frühstück? 朝食は何時からですか? 5級

frühstücken [フリューシュテュッケン](過分 gefrühstückt) ((I))自 朝食を食べる[とる]. ((II))他〈物⁴を〉朝食に食べる. 4級

Früh·warnsystem [..ヴァルンズュステーム]田早期警戒システム.

früh·zeitig 形(時間的・時期的に)早い, 早くからの, 早めの, 早期の.

Frustration [フルストラツィオーン]囡(–/–en)《書》欲求不満, フラストレーション.

frustrieren [フルストリーレン]他 ❶〈物¹が〉〈人⁴を〉失望させる,〈人⁴に〉挫折感を与える. ❷他《mit ③》〈人⁴を〈物⁴で〉意気消沈[落胆]させる.

ft《略》Foot, Feet フィート.

FU [エフウー]囡《略》Freie Universität (ベルリンの)自由大学.

Fuchs [フクス]男(–(e)s/Füchse) ❶キツネ. ❷ずる賢い[狡猾な]人. ❸栗毛の馬.

fuchsen [フクセン] ((I))他〈物¹が〉〈人⁴を〉怒らせる. ((II))再 sich⁴ 腹を立てる.

fuchs(teufels)wild [フクス(トイ

フェルス)ヴィルト] 形《主に述語》(口)怒り狂った.

Fuchtel [フフテル]囡(–/–n) (口; 主に軽蔑)厳格な規律[監督].

fuchteln [フフテルン]自《mit ③》(口)〈物³を〉振り回す.

Fuge [フーゲ] ((I))囡 ❶《4 an ④》〈物⁴を物⁴に〉接合する, 継ぎ合わせる, 組み合わせる. ❷《4 zu ③》《書》〈物⁴で物³を〉作る. ❸《4 in ④》《書》〈物⁴を物⁴に〉はめ込む. ((II))再 sich⁴ ❶〈4 zu〉〈物¹が〉(組み合わさって)〈物³に〉なる. ❷《in ④》〈物¹が〉〈物⁴に〉(ぴったり)合う, 適合する, とけ込む, ぴったりはまる. ❸《(③)》《書》〈人・物³に〉従う, 従順な. ❸《in ④》《書》〈事⁴を〉受け入れる, 順応する.

fügsam [フュークザーム]形 言うことを良くきく, 従順な.

fühlbar [フュールバァ]形 ❶(肉体的に)感じられる, 知覚される, 触知される. ❷はっきりとわかる, 感じられる[気づく]ほどの, 目立った, 顕著な.

fühlen [fy:lən フューレン]

現在	ich fühle	wir **fühlen**
	du fühlst	ihr fühlt
	er fühlt	sie fühlen

過去	ich **fühlte**	wir fühlten
	du fühltest	ihr fühltet
	er fühlte	sie fühlten

過分 **gefühlt**	接II fühlte

((I))他 ❶〈物⁴を〉(肉体的に)感じる, 知覚する;〈事⁴を〉(心理的に)感じる, 感知する;感じがする, 感じを受ける. ❷〈物⁴を〉触ってみる, 調べる. ((II))自《nach ③》〈物³を〉手探りで探す.

①1格 ②2格 ③3格 ④4格

Füllung

((III))再 sich⁴ ❶〈+様態〉〈(自分の肉体・心理の状態)が〉... だと〉感じる. ❷(口;軽蔑)うぬぼれている, 鼻にかけている. ♦ Wie fühlen Sie sich⁴? ご気分はいかがですか. sich⁴ wohl [krank] ~ 体の調子が良い[具合が悪い]と感じる. 5級

Fühler [フューラー] 男 (-s/-) (動)触角, (カタツムリの)つの, 触手.

Fühlungnahme [フュールングナーメ] 女 (-/-n) 接触すること.

fuhr [フーァ] fahren の過去形.

Fuhre [フーレ] 女 (-/-n)（1車分の）積荷, 荷.

führe [フューレ] fahren の接続法Ⅱ式形.

führen [fýːrən フューレン] ((I))他 ❶〈人・物⁴を〉連れて歩く. ❷〈4+方向〉〈人・動物⁴を...へ〉連れて行く;〈4 (durch 4)〉〈人⁴に(所⁴)を〉案内する;〈4 (in 4)〉〈人⁴を〈所に)〉連れて行っておこる. ❸〈4+方向〉〈事¹が〉〈人⁴を...へ〉至らしめる[導く],〈事¹で〉〈人⁴は...へ〉行くことになる. ❹〈人⁴を〉指導する, 教育する. ❺〈会社・組織⁴などを〉経営[管理]する;指揮する, 統率する, 率いる. ❻〈帳簿・リスト⁴などに〉記入する, 記録する. ❼〈4〉〈武器⁴を〉操る, 操作する. ❽〈官〉〈書〉〈乗り物⁴を〉操縦する, 運転する. ❾〈4 bei [mit] sich³〉〈官〉〈書〉〈物⁴を〉携帯する, 持ち歩く, 身につけている. ❿〈称号・肩書き⁴などを〉保持している, 持っている. ⓫〈店¹が〉〈商品⁴を〉(取り)扱っている ((II))自 ❶トップ[先頭, 先導的地位]に立つ, リードする. ❷〈道¹などが〉続いている, 通じている, 向かう, 延びている. ❸〈zu 3〉〈結果³に〉なる, 至る, 達する, 行き着く. ((III))再 sich⁴ 行状[素行, 態度]が ... である. ❹an [bei] der Hand ~ 人⁴の手を引いて行く. Dieser Weg führt in die Stadt [zum Bahnhof]. この道は町へ[駅に]通じています. 4級

führend [...t] ((I))形 führen の現在分詞. ((II))形 トップをきっている[走っている], 指導的な, 一流の.

Führer [フューラー] 男 (-s/-) ❶案内人, ガイド. ❷〈組織などの〉指導者, 指揮者, リーダー;長, 首領;経営者, 支配人;総統 ((ナチスドイツの指導者 Hitler の称号)). ❸(官)運転者;運転士, 操縦士. ❹案内書, ガイドブック. ◇**Führerin** 女 (-/-nen).

Führer·schein [フューラーシャイン] 男 (-(e)s/-e) 運転免許証. den ~ machen 運転免許を取る. 4級

Führerschein·entzug 男 運転免許停止.

Führung [フュールング] 女 (-/-en) ❶案内人[ガイド]付きの見学, 見学ツアー. ❷〈単〉経営, 管理;指揮, 統率. ❸〈単〉経営陣;指導者層, 指導部. ❹〈単〉優位, リード. ❺〈単〉行状, 品行, 素行, 態度. ❻〈単〉指導, 教育. ❼〈単〉取扱い, 操作, 使用(法), 運用. ❽〈単〉記帳, 記入, 記載, 登録. ♦ die ~ übernehmen 主導権を握る, 指揮する;リードを取る.

Führung·zeugnis 中 *ein polizeiliches ~* 〈警察が発行する〉行状[品行]証明書, 無犯罪証明書.

Fuhr·werk 中 (馬や牛に引かせる)荷車, 馬車.

Fülle [フュレ] 女 (-/) 〈書〉❶〈eine ~ で〉多量, 多数. ❷〈die ~ で〉豊かさ, (種類の)豊富;充満, 充溢.

füllen [フュレン] ((I))他 ❶〈4 (mit ³)〉〈物⁴を(物³で)〉満たす, いっぱいにする. ❷〈4 (in ³)〉〈物⁴を(物⁴に)〉(いっぱいに)入れる, 詰め込む, 詰める. ❸〈物¹が〉〈スペース⁴を〉取る[要する], いっぱいにする. ((II))再 sich⁴ 〈(mit ³)〉〈物¹が〉〈(物³で)〉いっぱいになる, 満ちる. 4級

Füller [フューラー] 男 (-s/-) 万年筆.

Füll(·feder)·halter 男 (-s/-) 万年筆.

füllig [フュリヒ] 形 〈婉曲〉太りぎみの, 丸々とした, 〈髪型などが〉ふっくらとした.

Füllung [フュルング] 女 (-/-en) ❶（マットレス・ペット・クッションなどの）詰め物, 充填物[材]. ❷（虫歯の）充填材. ❸〈料理〉詰め物, 中身.

1 1格 2 2格 3 3格 4 4格

fummeln [フメルン](口) 自⑤ ❶〈**nach** ③〉〈物³を〉まさぐりながら探す. ❷〈**an** ③〉〈〈仕事³などを〉いじくり回す. ❸〈**mit** ③〉〈人³を〉愛撫する.

Fund [フント] 男 (-(e)s/-e) ❶拾得(とうとく)[発見]物. ❷発見, 発掘.

Fundament [フンダメント] 中 (-(e)s/-e) ❶(建物の)基礎, 土台, (機械の)台座. ❷基礎, 基盤, 基本, 根底.

fundamental [フンダメンタール] 形 《書》基礎の, 根本[基本]的な.

Fundamentalismus [フンダメンタリスムス] 男 (-/-) 《書》根本[原理]主義.

Fundamentalist [フンダメンタリスト] 男 (-en/-en)《弱》《書》根本[原理]主義(信奉)者.

Fund·büro 中《単》遺失物保管所[取扱所].

Fund·grube 女豊かな[有望な]鉱脈;《知識や物の》宝庫.

fündig [フュンディヒ] 形《副なし》《坑》(鉱脈などが)有望な, 埋蔵量の多い.

Fund·ort 男発見場所, 拾得地.

fünf [fýnf フュンフ] 数詞〈基数〉5. ♦ Es ist ~ (Uhr). 5時です. **~(e) gerade** [*eine gerade Zahl*] *sein lassen* (口) 大目に見る, 細かいことは言わない((5を偶数ということにする)). **5級**

Fünf [フュンフ] 女 (-/-en) ❶5の数(字). ❷(a)トランプの5の札. (b)(さいころの)5の目. (c)(学校の成績の)評点5 ((6段階で1が一番良い)). (d)(バス・市電などの)5番系統.

Fünf·eck 中 5角形.

Fünfer [フュンファー] 男 (-s/-)(略) = Fünf.

fünf·fach [フュンフ] 形 5倍の, 5重の((5fachとも書く)).

fünfhundert [フュンフフンダァト] 数詞〈基数〉500.

fünft [フュンフト] 数詞〈序数〉5番目の, 第5の. **4級**

Fünf·tage·woche 女 (労働や学校の授業などの)週五日(制), 週休二日(制).

fünftausend [フュンフタオゼント] 数詞〈基数〉5000.

fünftel [フュンフテル] 形《付加》《無変化》5分の1の.

Fünftel [フュンフテル] 中 (-s/-) 5分の1.

fünftens [フュンフテンス] 副 5番目に, 第5に.

fünf·zehn 数詞〈基数〉15. **5級**

fünf·zehnt 数詞〈序数〉15番目, 第15の.

fünf·zig 数詞〈基数〉50. **4級**

fünfziger [フュンフツィガー] 形《無変化; 付加》(ある世紀の)50年代の.

Fünfziger [フュンフツィガー] 男 (-s/-) ❶50歳代の男. ❷50ペニヒ硬貨[切手]. ❸《複》50年代.

fünfzigst [フュンフツィヒスト] 数詞〈序数〉50番目の, 第50の.

fungieren [フンギーレン] 自《書》〈**als** ①〉〈物¹を〉務める, 〈物¹の〉機能[役割]を果たす, 〈物¹として〉働く[作動する].

Funk [フンク] 男 (-s/) 《主に無冠詞で》❶無線(通信). ❷無線機[装置]. ❸ラジオ放送(局), ラジオ.

Funke [フンケ] 男 (-ns/-n) 火花, 火の粉, スパーク.

funkeln [フンケルン] 自〈物¹が〉(不規則に)キラキラ輝く, きらめく.

funken [フンケン] 他〈(④)〉〈事⁴を〉〉無電で送信する, 〈(事⁴の)〉無電を打つ.

Funker [フンカー] 男 (-s/-) 無電技手, 無線通信士. ◇**~in** 女 (-/-nen)

Funk·gerät 中無線通信機.

Funk·sprechgerät 中携帯用無線電話機.

Funk·spruch 男無線通信(文).

Funk·stille 女 ❶無線連絡[交信]の中断. ❷放送休止時間.

Funk·streife 女無線パトカー.

Funk·telefon 中無線電話(機).

Funktion [フンクツィオーン] 女 (-/-en) ❶機能, 働き;作用. ❷職務, 役職, 役目, 役割. ❸《単》活動, 作動, 機能. ❹《数》関数. *in* [*außer*] ~³ *sein*

①1格 ②2格 ③3格 ④4格

〈物¹が〉作動[機能]している[いない], 動いている[いない].

Funktionär [フンクツィオネーァ] 男 《-s/-e》(政党や労働組合などの)役員, 幹部. ◇**~in** 女《-/-nen》.

funktionieren [フンクツィオニーレン] 自〈物¹が〉(正常に)**機能する**, 作動する, 働く, 働く. 4級

Funk·turm 男 無線[放送]塔.

Funzel [フンツェル] 女《-/-n》〔口; 軽蔑〕薄暗いランプ[ろうそく].

für [fy:r フューァ] 前《4格支配》❶《対象の方向》**...のために**; ...に対して. **(a)**《目的》**...を求めて, 得ようとして**. ◆**~ ④ sparen** 物⁴のために貯金する. **(b)**《利益》**...の役に立つように, ...に対かれと**. ◆**Reklame ~ ④ machen** 物⁴の宣伝をする. **(c)**《適用》**...向けの[に], ...用の[に], ...に適した, ふさわしい, ...宛ての[に]**. ◆**Bücher ~ Kinder** 子供向けの本. **(d)**《準備》**...に備えて**. ◆**~ die Prüfung lernen** 試験勉強をする. **(e)**《代理》**...の代わりに, ...に代わって**. ◆**für ④ unterschreiben** 人⁴に代わって署名する. **(f)**《支持》**...を擁護して, ...の側に**. ◆**für ④ kämpfen** 人⁴のために戦う. **(g)**《賛成》**...に賛成して, 味方して**. ◆**~ ④ sein [stimmen]** 人・事⁴に賛成である[賛成票を投じる]. **(h)**《防止・対抗》〔口〕**...に対抗して**. ◆**ein Mittel für das Fieber** 解熱剤. **(i)**《交換》**...の金額⁴で, ...と交換に, ...と引き換えに, ...の代価[代償]として**. ◆**für 100 Euro Bücher kaufen** 100ユーロで本を買う. **(j)**《根拠》**...が原因[理由]で, ...で** ◆**~ ④ bekannt sein** 事⁴で知られている. **(k)**《感謝・表彰》**...のことで, 点で**. ◆**~ seinen Fleiß gelobt werden** 勤勉ぶりをほめられる. **(l)**《謝罪・賞罰》**...のかどで, 故に**. ◆**④ ~ ④ bestrafen** 人⁴を物⁴のかどで罰する. **(m)**《関心, 熱中, 好悪, 尊敬・軽蔑の念, 感受性など》**...に(対して)**. ◆**einen Sinn ~ Humor haben** ユーモアのセンスがある. ❷《範囲の制限》**...にとって**. **(a)**《観点》**...からすれば, すれば**. ◆**Die Nachricht enthielt für mich nichts Besonders.** そのニュースは私にとって何も新しいことではありませんでした. **(b)**《関連》**... について, 関して**. ◆**Ich ~ meine Person [mein(en) Teil]** 私個人としては. **(c)**《比較》**...のわりには, ...にしては**. ◆**Für sein Alter ist das Kind sehr groß.** 年齢のわりにはその子はたいへん大きいです. **(d)**《時間; 期間》**...間の予定で, ...の間**. ◆**~ ein Jahr nach Deutschland gehen** 1年間の予定でドイツへ行く. ◆**längere Zeit** かなりの長期にわたって. ★単なる期間を示す場合には, 副詞的4格を用いるのが普通. **(e)**《時間; 時点》**...の決まった日時に**. ◆**Hast du ~ heute Abend schon etwas vor?** きみは今晩なう何か予定があるの. ❸《特性》《形容詞などと共に》**...であると(して)**. ◆**④ ~ nett [einen großen Künstler] halten** 人⁴をいい人[偉大な芸術家]だと思う. ❹《同一の無冠詞名詞による反復》◆**Jahr ~ Jahr** 来る年も来る年も, 年々歳々. **Schritt ~ Schritt** 一歩一歩, 漸次. **für sich⁴** 一人で, 自分で, それ自体で, 個別に. 5級

Furche [フルヒェ] 女《-/-n》❶《畝(ぅ)と畝との間の》溝, 畝間. ❷〔書〕(顔などの)深いしわ.

Furcht [フルヒト] 女《-/-》〔書〕**恐れ, 恐怖**. *keine ~ kennen* 恐れを知らない, 勇気がある.

furchtbar [fórçtba:r フルヒトバーァ] 《(I)》形 ❶**恐ろしい, 怖い**. ❷《副なし》〔口〕ものすごい, すさまじい. 《(II)》副〔口〕ものすごく.

fürchten [fýrçtən フュルヒテン] 《(I)》他 ❶〈人・物⁴を〉**恐れる, 怖がる**. ❷〔やや古〕〈神などを〉畏れる, 畏敬する. ❸《+ zu不定詞, dass副文》**心配[懸念, 危惧]する**. ◆**Ich fürchte, du hast recht.** 君の言っていることが正しいのではないかと不安に思う. **Ich fürchte zu stören.** おじゃまじゃないでしょうか. 《(II)》自〈**um [für]** ④〉〈人・物⁴のことを〉気遣う[心配する]. 《(III)》再 sich⁴〈**vor** ③〉〈(人・物³を)〉恐れる, 怖がる. 4級

①1格 ②2格 ③3格 ④4格

fürchterlich [フュルヒタリヒ]((I)) 形 ❶恐るべき, 実に恐ろしい. ❷《副なし》(口)ものすごい, ひどい. ((II)) (口)ものすごく.

furcht·los 形 恐れを知らない, 大胆不敵の.

furchtsam [..ザーム] 形 臆病な, こわがりの, びくびくした, 小心な.

füreinander [フューァアイナンダー] 副 互いのために, 互いに対して, 互いに代わり合って.

Furie [フーリェ] 女 (-/-n) ❶[ロ神]フリア((復讐の女神)). ❷《軽蔑》狂暴な女, 悍婦(ホネム).

Furnier [フルニーァ] 中 (-s/-e), (ルスト)女 (-/-e) 化粧板, 張り板.

fürs [フューァス] für das の融合形.

Für·sorge 女 (-/) ❶世話, 介護, 保護, ケア. ❷社会福祉[事業, 施設], 公的な救済[扶助]. ❸生活保護(金), 福祉手当.

für·sorglich 形 配慮[思いやり]のある, よく気がつく.

Für·sprache 女《単》取りなし, 仲裁.

Für·sprecher 男 (-s/-) 仲裁者, 調停者, 代弁者. ◇**Fürsprecherin** 女 (-/-nen).

Fürst [フュルスト] 男 (-en/-en)《弱》❶(公国・小国の)公, 君公; (貴族で最も高位の)公爵. ❷諸侯. ❸(一国の)君主, 領主.

Fürstentum [フュルステントゥーム] 中 (-s/..tümer) 公国領, 公国.

Fürstin [フュルスティン] 女 (-/-nen) 公爵夫人; (女性の)公爵.

fürstlich [フュルストリヒ] 形 ❶(付加のみ)《副なし》領主[君主, 王侯]の; 公爵の. ❷王侯(貴族)のような, 品位のある, 堂々たる, 豪奢[豪華]な, 気前のよい.

Furt [フルト] 女 (-/-en) (歩いて渡れる)浅瀬.

Furunkel [フルンケル] 男 中 (-s/-) フルンケル, ねぶと, 腫れ物, おでき.

Für·wort 中 (Pronomen)代名詞.

Furz [フルツ] 男 (-es/Fürze) 《俗・卑》屁(ペ), おなら.

furzen [フルツェン] 自 《俗・卑》屁をする.

Fusion [フズィオーン] 女 (-/-en) ❶(企業などの)合併, 合同. ❷融合; 核融合.

fusionieren [フズィオニーレン] 自 (企業などが)合併する.

Fuß [fu:s フース] 男 (-es/Füße) ❶(人間・動物の)足((足首から先の部分). ★犬・猫などは Pfote, 牛・馬などは Huf, 熊・ライオンなどは Pranke [Tatze]という. ❷(スタンド・テーブル・椅子・グラスなどの)脚; (山・丘陵などの)ふもと, すそ. ❸《主に単》(塔・柱など高さのあるものの)根もと, 基部, 底部, 台座. ❹(口)(小さい動物の)脚, 足(小さ ミ・ネズミ・カエルなど)(人間の)脚 ((Bein)). ❻(英語圏の長さの単位の)フィート(30.48センチ). ♦ **von Kopf bis ~** 頭のてっぺんから足の爪先まで. **kalte Füße bekommen [kriegen]** (口)(計画などに)二の足を踏む, 尻込みする. **auf großem ~(e) leben** 豪勢な生活をする. **auf eigenen Füßen stehen** 自立している, 一人立ちしている. **mit ③ auf gutem [freundschaftlichem] ~(e) stehen** 人³と良い[友好的な]関係である, 仲が良い,うまくいっている. ③ **auf den ~ [auf die Füße] treten** 1) 人³の足を踏む. 2) (口) 人³を侮辱する, 人³の感情を害する. 3) (やや古) 人³を叱りつける. **zu ~ gehen** 徒歩で, 歩いて: **zu ~ gehen** 歩いて行く. **Wie lange dauert es zu Fuß?** 歩くとどの位時間がかかりますか. 5級

Fußball [fúːsbal フースバル] 男 ❶《単》サッカー, 蹴球. ❷サッカーボール. ♦ **~ spielen** サッカーをする. 5級

Fußballer [フースバラー] 男 (-s/-) (口)サッカー選手. ◇**~in** 女 (-/-nen).

Fußball·mannschaft 女 サッカーチーム.

Fußball·meister 男 サッカーの優勝チーム.

Fußball·platz 男 サッカー競技場.
Fußball·profi 男 プロサッカー選手.
Fußball·spiel 中 サッカーの試合.
Fußball·spieler 男 サッカー選手.

① 1格 ② 2格 ③ 3格 ④ 4格

Fußball·trainer 男 (-s/-) サッカーの監督[コーチ].
Fußball·verband 男 サッカー連盟.
Fußball·verein 男 サッカー協会.
Fußball·weltmeisterschaft 女 サッカー・ワールドカップ.
Fuß·boden 男 床(%).
Fußboden·heizung 女 床暖房.
Füße [フューセ] 複 ⇨Fuß.
fußen 自 《**auf** 3》《書》〈物 1 が〉〈物 3 に〉基づく, よる.
Fuß·ende 中 (-s/-n) (↔ Kopfende)(寝台などの)足の方の端.
Fuß·gänger [フースゲンガー] 男 (-s/-) 歩行者. ◇**..gängerin** 女 (-/-nen).
4級
Fußgänger·brücke 女 (川などにかけられた)歩道橋.
Fußgänger·überweg 男 (-s/-e) 横断歩道.
Fußgänger·zone [フースゲンガーツォーネ] 女 歩行者専用区域, 歩行者天国.
..füßig [..フュースィヒ] 形 ❶《形容詞と共に》「...の足の, ...の足の形をした」: schnellfüßig 足の速い ❷《数詞と共に》「...本足[脚]の, ...詩脚の」: einfüßig 1本足の, 片足の.
Fuß·note 女 脚注.
Fuß·stapfen 男 (-s/-) 《主に複》(柔らかい地面の)足跡.
Fuß·tritt 男 足蹴(%), 踏みつけ.
Fuß·volk 中 (-(e)s/) ❶(口)(軽蔑)(組織・団体などの)下っ端. ❷歩兵.
Fuß·weg 男 ❶(田舎の)小径. ❷歩道, 歩行者専用歩道. ❸(一定時間に徒歩で行ける)道のり.
futsch [フッチュ] 形 **~ sein** (口) 失われた, 消え[失せ]た; 壊れた, だめになった.
Futter¹ [フッター] 中 (-s/) (動物の)餌(%), 飼料.
Futter² 中 (-s/-) (衣服・靴・皮革製などの)裏地, 裏; 内[裏]張り, ライニング.
Futteral [フテラール] 中 (-s/-e) ケース; カバー.

Futter·mittel 中 飼料.
füttern¹ [フュッタァン] 他 ❶《4》《病人など...人を食べられない者 4 に》(スプーン 3 などで)食べさせてあげる. ❷《4 (**mit** 3)》〈動物 4 に(えさ[飼料]3 を)〉与える. ❸《(3)》《4》《動物 3 にえさ[飼料]4 を〉与える.
füttern² 他〈衣服 4 に〉裏(地)を付ける, 裏打ちをする; 〈物 4 に〉内張り[ライニング]する.
Fütterung [フュッテルング] 女 (-/-en) 餌付け.
Futur [フトゥーァ] 中 (-s/-e) 【言】未来(時制).

G

g, G [ゲー] 中 (-/, (口) -s) ❶アルファベットの第7字. ❷【音楽】ト音, ト調. ♦g-Moll ト短調. G-Dur ト長調.
g 《記号》Gramm グラム.
gab geben の過去形.
Gabe [ガーベ] 女 (-/-n) ❶《書》天分. ❷《書》贈り物. ❸《単》(薬の)投与. ❹(%) 賞金.
gäbe geben の接続法 II 式形.
Gabel [gáːbəl ガーベル] 女 (-/-n) ❶フォーク. ❷(農業用の)フォーク. ❸ふたまた状のもの. ♦mit Messer und ~ essen ナイフとフォークで食べる.
gabeln [ガーベルン] **(I)** 再 sich⁴ 〈枝・道¹ などが〉分岐する, 二つに分かれる, 二股状になっている. **(II)** 他〈枯草 4 などを〉フォークで刺して取る, フォークで積む[下ろす].
Gabel·stapler [..シュタープラー] 男 (-s/-) フォーク・リフト.
Gabelung [ガーベルング] 女 (-/-en) ❶(枝などの)また. ❷(道などの)分岐点; 分かれ道; 支流.
Gaben·tisch [ガーベン..] 男 (特にクリスマスの)プレゼント台.
gackern [ガッカァン] 自 ❶〈雌鳥¹ が〉(コッコッと)鳴く. ★雄鳥 Hähne krähen. ❷(口)〈若い娘¹ が〉キャッキャと喋る.

1格 2格 3格 4格

gaffen [ガッフェン] 自《軽蔑》ポカンと見とれる.

Gaffer [ガッファー] 男 (-s/-) ポカンと見とれている人.

Gag [ゲク, ギャグ] 男 (-s/-s) ❶ギャグ. ❷ビックリしたこと.

Gage [ガージェ] 女 (-/-n) ギャラ, 出演料.

gähnen [ゲーネン] 自 あくびをする.

Gala [ガ(ー)ラ] 女 (-/-s) ❶《単》晴れ着, 盛装. ❷(盛装で臨むような)催し, (オペラなどの祝祭的な)特別公演, ガラ公演

galant [ガラント] 形 (最上～est)(やや古)(男性が女性に対して)礼儀にかなった, 礼儀正しく親切な, 慇懃(いんぎん)な.

Gala-vorstellung 女 (祝祭的な)特別公演, ガラ公演.

Galeere [ガレーレ] 女 (-/-n) ガレー船((中世の大型帆船)).

Galerie [ガレリー] 女 (-/..rien[..リーエン]) ❶美術品陳列室, 画廊, ギャラリー. ❷回廊, 柱廊, 歩廊, 廊下. ❸(やや古)(劇場の)天井桟敷((最も安い席)).

Galgen [ガルゲン] 男 (-s/-) 絞首台.

Galgen-humor 男 強がりの[皮肉な]ユーモア.

Galle [ガレ] 女 (-/-n) ❶《単》胆汁. ❷胆嚢(のう).

Galopp [ガロップ] 男 (-s/-s, -e) ❶ (↔Schritt, Trab) ギャロップ((4脚とも空中に浮く最も速い走り方)). ❷ギャロップ((2/4拍子のテンポの速い円舞曲)).

galoppieren [ガロッピーレン] 自 ❶ⓗⓢギャロップで疾走[疾駆]する. ❷ⓢギャロップで疾走して行く. ❸ⓢ(口)疾走して行く.

galt [ガルト] gelten の過去形.

gälte [ゲルテ] gelten の接続法 II 式形.

Gamasche [ガマッシェ] 女 (-/-n)《主に複》ゲートル, すね当て, 脚絆(きゃはん).

Gamma-strahlen [ガマ..] 複 ガンマ線.

gammelig [ガメリヒ] 形 (口) ❶(飲食物が)腐った, 傷んだ, 悪くなった. ❷(軽蔑)(特に服装が)だらしのない, みすぼらしい.

gammeln [ガメルン] 自 (口) ❶(物¹が)腐る, 傷む. ❷(軽蔑)怠け者である; 職もなくぶらぶらしている.

Gammler [ガムラー] 男 (-s/-) (口)(軽蔑)社会からドロップアウトした若者. ◇**Gammlerin** 女 (-/-nen).

Gämse [ゲムゼ] 女 (-/-n) シャモア, アルプスカモシカ.

Gang [ガング] 男 (-(e)s/Gänge) ❶《単》歩き(方), 足どり, 歩調. ❷(ある目的で)行くこと, 用, 使い; 散歩, 一回り. ❸《主に単》動き; (機械などの)運転, 運動, 回転. ❹《書》成り行き, 進行, 進展; 進み方, 進度, 進み具合. ❺廊下. ❻(劇場などの)通路. ❼(狭くて長い)地下道. ❽(料理の)一品. ❾(変速)ギア. ④ in ~ bringen [setzen] 物⁴を始動させる, 動かす. ④ in ~ halten 物⁴を動かし続ける. im Gang(e) sein 〈事¹が〉進行[進展]中である.

gangbar [..バー] 形《副なし》通行[実行]可能な, (貨幣などが)流通可能な.

Gänge 複 ⇨ Gang.

Gängel-band [ゲンゲル..] 中 ④ am ~ haben [halten, führen] 人⁴を意のままにしている[操る].

gängeln [ゲンゲルン] 他 (口;軽蔑)〈人⁴を〉意のままに操る.

gängig [ゲンギヒ] 形《副なし》❶受け入れられている, 通用[流通]している, 一般に行われている. ❷良く売れる, 売れ行きの良い.

Gang-schaltung 女 (ギア)変速装置.

Gangway [ゲングウェイ] 女 (-/-s) タラップ.

Ganove [ガノーヴェ] 男 (-n/-n)《弱》(口)泥棒, 詐欺師, ペテン師.

Gans [ガンス] 女 (-/Gänse) ❶ガチョウ(鵞鳥); ガチョウの雌. ❷ガチョウのロースト[肉]. ❸(口;軽蔑)ばかな女.

Gänseblümchen [ゲンゼブリュームヒェン] 中 (-s/-) ヒナギク(雛菊).

Gänse·braten 男 ガチョウ(鵞鳥)のロースト[焼き肉].

Gänsefüßchen [ゲンゼフュースヒェン] 中 (伎) 引用符.

Gänse·haut 女 (-/-) 鳥肌.

Gänse·marsch 男 (-(e)s/) *im ~* 《口》後ろから(列をなして[そろそろと(相前後して)]).

Gänserich [ゲンゼリヒ] 男 (-s/-e) 雄のガチョウ(鵞鳥).

ganz [gants ガンツ] 《(I)》形 ❶ **すっかり**, 完全に, まったく, 実に. ❷《アクセントなしで》かなり, まずまず. ◆ *nicht ~* まったく ... というわけではない. *~ schön* 1) まあまあ美しい. 2) けっこう. *~ und gar* すっかり, 全く, 完全に, 徹頭徹尾. *~ und gar nicht* 全く[全然] ... ない. *~ meinerseits* こちらこそ. 《(II)》形《付加》❶《例外なく》全ての, 全体の, 全部の. ❷《口》《数量を強調して》たっぷり, まるまる. ❸《数詞の前で》たった[わずか] ... (ぽっち)しかない. ❹《付加または副》《口》無傷の, 壊れていない, 欠けた[壊れた]ところのない, 完全な. 5級

Ganze(s) [ガンツェ(ス)] 中《形容詞変化》《単》❶ 完全な物, 統一体. ❷《das ~》全部, 総体. *im (Großen und) Ganzen* 1) 全部で, 合わせて, 合計して, まとめて. 2) 全体として, 全体的に見て, 総体的にみれば.

gänzlich [ゲンツリヒ] 形《付加または副》全くの, 完全な.

ganz·tägig 形《付加または副》❶ 一日中の, 24時間の, 全日の. ❷ フルタイム(8時間)の.

ganz·tags 副《付加または副》フルタイム(8時間)で.

Ganztags·schule 女 全日制の学校(午後もある)).

gar [ga:r ガーァ] 《(I)》形《述語》(肉・野菜などが) 調理された, (肉が)焼けた, (野菜が)煮えた. 《(II)》副 ❶《否定を強調して》まったく, 全然, 全く (...ない). ❷ それも, それどころか, まして や. ❸(怒り)非常に, はなはだ, すこぶる. *~ nicht* 少しも ... ない, 決して ... ない. *~ so* とても, 全く, 実に ((so の強調)). *~ zu* あまりにも(...し)すぎる ((zu の強調)). 《(III)》副《不変化詞》《アクセントなし》❶《否定の答えを期待した(修辞)疑問文として》まさか(...ではない)だろうね. ❷《肯定文で驚きを表し》ビックリすることに)本当に, 実際, 全く. 4級

Garage [ガラージェ] 女 (-/-n) 車庫, ガレージ.

Garant [ガラント] 男 (-en/-en)《弱》保証[担保, 引き受け]人.

Garantie [ガランティー] 女 (-/..tien [..ティーエン])❶《(für 4)》《(事4)》保証. ❷《(auf 4)》《(物4)》保証期間. ❸《主に複》担保.

garantieren [ガランティーレン] 《(I)》他《(für 3)》《《人3に》《(事4を)》保証する. ★ dass副文をも. 《(II)》自《(für 4)》《(物4を)》保証する, 請け合う.

garantiert [ガランティーァト] 《(I)》garantierenの過去分詞. 《(II)》副 ❶ 必ず, きっと, 確実に.

Garantie·schein 男 保証書.

Garbe [ガルベ] 女 (-/-n) ❶ (穀物の)束. ❷ 集束弾道.

Garde [ガルデ] 女 (-/-n) 護衛[警護, 親衛, 近衛]隊.

Garde·robe [ガルデローベ] 女 (-/-n) ❶ **クローク**, 携帯品預り所. ❷ 帽子[コート]掛け. ❸ (個人の)衣服, 衣装 ((下着以外の)手袋, 帽子, コート. ❹ (出演者の)楽屋.

Garderoben·frau 女 女性のクローク係.

Gardine [ガルディーネ] 女 (-/-n) (薄手の)カーテン.

Gardinen·stange 女 カーテン・レール.

gären [ゲーレン] 過 gor, gärte; 過分 gegoren, gegärt 《(I)》自 ❶ⓗⓈ 発酵する. ❷ⓗ《主に 過 gärte, 過分 gegärt》(a)《in 3》《感情などが》《人3 の中で》わき上がる. (b)《非人称で》《in 3 [unter 3]》《人3の中で[間で]》動揺[不安]がわき上がる. 《(II)》他 発酵させる.

Garn [ガルン] 中 (-(e)s/-e) ❶ (紡ぎ)

糸, より糸;〚海〛(特に船員のする)大げさなほら話. ❷〚狩猟〛網.

Garnele [ガルネーレ]女(-/-n)〚動〛ガルネール(《欧州産の透明な殻を持つ小エビの総称》).

garnieren [ガルニーレン]他 ❶(〔4〕(**mit** 〔3〕))〈物4に物3で〉飾りを付ける; 〈物4に物3を〉付け合わせる. ❷〚海〛(船底に)内張り板を張る.

Garnison [ガルニゾン]女(-/-en)〚軍〛❶守備隊;駐屯(ﾁｭｳﾄﾝ)軍. ❷駐屯地.

Garnitur [ガルニトゥーァ]女(-/-en) ❶(a)《家具・服・食器・機械などのそろい》組, 一式, セット. (b)〚軍〛(目的別の)軍装, 装備(一そろい). ❷(〔3〕(人の集団の等級・技量別の)グループ. ❸(a)(帽子・衣服などの)飾り付け, 装飾品. (b)(料理の付け合わせ, 飾り. (c)(かばんなどの装飾を兼ねた)金具(全体).

garstig [ガルスティヒ]形 ❶嫌な, 不快な, 醜い. ❷意地の悪い;ずうずうしい, 厚かましい.

Gärtchen [ゲァトヒェン]中(-s/-)小庭園.

Garten [gártən ガルテン]男

格	単数	複数
1	der Garten	die Gärten
2	des Gartens	der Gärten
3	dem Garten	den Gärten
4	den Garten	die Gärten

庭, 庭園;花園, 果樹園, 菜園;遊園. *ein botanischer* [*zoologischer*] ~ 植[動]物園. 5級

Garten·arbeit 女(-/-en) 庭仕事;植木[園芸]作業.

Garten·bau 男(-(e)s/) 庭造り, 園芸.

Garten·fest 中(-(e)s/-e) ガーデンパーティー.

Garten·haus 中(-es/..häuser) 東屋(ｱｽﾞﾏﾔ), 亭(ﾁﾝ);(口) 後屋, 裏側の住宅.

Garten·laube 女(-/-n) 園亭, 東屋(ｱｽﾞﾏﾔ).

Garten·lokal 中(-(e)s/-e) 庭園風の(屋外)飲食店, ビヤガーデン.

Garten·zwerg 男(-(e)s/-e) (庭園装飾用陶製の)小人像;(俗;蔑) 小さな醜い人, つまらない人間.

Gärtner [ゲァトナァ]男(-s/-) 園丁, 庭師;園芸家;花屋;植木屋. ◇ **Gärtnerin** 女(-/-nen).

Gärtnerei [ゲァトネライ]女(-/-en) ❶〚単〛造園(術), 園芸(術). ❷造園業.

Gärung [ゲールング]女(-/-en) ❶発酵. ❷激昂(ｹﾞｯｺｳ), 興奮, 不穏な空気, 騒擾(ｿｳｼﾞｮｳ).

Gas [ガース]中(-es/-e) ❶ガス, 気体. ❷燃料ガス;都市ガス. ❸(口) ガス器具, ガスコンロ;ガスの炎. ❹(a)(自動車の)混合気体. (b)アクセル(ペダル). ~ *geben* (口) (自動車の)アクセルを踏み込む, 加速する.

Gas·flasche 女(-/-n) ガスボンベ.
gas·förmig 形 気体状の, ガス状の.
Gas·hahn 男 ガス栓[コック].
Gas·herd 男(-(e)s/-e) (台所用の)ガスコンロ, ガスレンジ.
Gas·kammer 女(-/-n) ガス室(《特にナチスの強制収容所における毒ガス処刑室》).
Gas·leitung 女(-/-en) ガスの(配)管.
Gas·maske 女(-/-n) ガスマスク, 防毒面.
Gas·pedal 中(-s/-e) (自動車の)アクセルペダル.

Gasse [ガッセ]女(-/-n) ❶狭い通り, 横町, 小路, 裏町. ❷小路に住む人々. ❸(ｵｰｽﾄﾘｱ)道路, 通り, 街路. ❹(ｼﾝｸﾞﾙ)(ボーリングの)ガター;(ラグビーの)ラインアウト;(サッカーの)スペース(《相手のディフェンスの間の空き》).

Gast [gast ガスト]男(-es/Gäste) (↔ **Wirt**) ❶客, 来訪者, ゲスト. ❷(飲食店・宿屋などの)客. ❸(a) 一時的な滞在者, 訪問者;ホテル宿泊客, 休暇で来ている客, 滞在者. (b)〚劇〛客演者. (c)(ｽﾎﾟｰﾂ)遠征競技者, 遠征軍;招待選手, 招待チーム. ♦ *bei* 〔3〕 *zu* ~(*e*) *sein* 人3のもとに客となっている. 4級

①1格 ②2格 ③3格 ④4格

Gast·arbeiter 男 (-s/-) (外国からの)出稼ぎ労働者, 外国人労働者.

Gäste 複 ⇨Gast.

Gäste·buch [ゲステ..] 中 (-(e)s/..bücher) ❶来客名簿. ❷(旅館の)宿帳.

Gäste·haus 中 (-es/..häuser) 来客用宿舎, 迎賓館.

gast·freundlich 形 客を厚遇する, 愛想のよい.

Gast·freundschaft [ガストフロイントシャフト] 女 (-/) おもてなし, ホスピタリティ.

Gast·geber 男 (-s/-) ❶(客に対して)主人(役), 饗応(きょうおう)者, ホスト. ❷【スポ】ホームチーム.

Gast·haus 中 (-es/..häuser) 飲食店(兼酒屋).

Gast·hof 男 (-(e)s/..höfe) 旅館, ホテル;料理屋 (Gasthaus より小さく, 多くは郊外にある)).

gastieren [ガスティーレン] 自 ❶(他の劇団・楽団などが)客演する ❷【スポ】相手のホームグランドで試合をする.

gastlich [..リヒ] 形 客を厚遇する;居心地のよい.

Gastronom [ガストロノーム] 男 (-en/-en) 弱 ❶料理店の主人, 経営者. ❷食通, 食い道楽. ❸腕のよい料理人. ◇**Gastronomin** 女 (-/-nen).

Gastronomie [ガストロノミー] 女 (-/) ❶食い道楽, 美食. ❷高級調理法, 料理の名人芸 ❸ (レストラン・ホテルなどの)飲食サービス業.

Gast·spiel 中 (-(e)s/-e) 【劇】客演;【スポ】ホームグランド以外での競技, アウェーでの試合.

Gast·stätte [ガストシュテッテ] 女 (-/-n) 飲食[料理]店, レストラン;飲食店を兼ねた旅館[ホテル].

Gast·wirt 男 (-(e)s/-e) 飲食店(旅館)の主人. ◇**..wirtin** 女 (-/-nen).

Gast·wirtschaft 女 (-/-en) 簡易飲食店, 簡易ホテル.

Gas·vergiftung 女 (-/-en) ガス中毒.

Gas·versorgung 女 (-/-en) ガスの供給.

Gas·zähler 男 (-s/-) ガスメーター.

Gatte [ガッテ] 男 (-n/-n) 弱 ❶配偶者, 夫;《オーストリア以外では特に話し相手の夫を指して》ご主人(様). ❷《複》(やや古)夫婦.

Gatter [ガッター] 中 (-s/-) 欄干;格子;垣, 柵;【馬術障害】のゲート.

Gattin [ガッティン] 女 (-/-nen) 妻, 夫人;《オーストリア以外では特に話し相手の妻を指して》奥様.

Gattung [ガットゥング] 女 (-/-en) ❶種類, 種族;【植・動】属. ❷ジャンル, 類;類概念.

Gaukler [ガオクラー] 男 (-s/-) ❶〖書〗手品[奇術]師;道化師;曲芸師. ❷〖書〗大道商人, 香具師(やし), ぺてん師. ❸〖鳥〗ダルマワシ.

Gaumen [ガオメン] 男 (-s/-) ❶【解】口蓋(がい), 口腔(こう), 上あご. ❷《主に書》(味覚器官としての)口.

Gauner [ガオナー] 男 (-s/-) ❶詐欺師, ぺてん師, 泥棒;悪漢, ならず者. ❷《口》ずる賢い人間, 抜け目のないやつ;いたずら者, 小生意気なやつ.

Gaze [ガーゼ] 女 (-/-n) 【織】紗(しゃ), 絽(ろ);(細い針金の)金網;【医】ガーゼ.

Geäst [ゲエスト] 中 (-(e)s/) 木の枝((全体)), 枝ぶり, 枝葉.

geb. 《略》❶**geboren**. ❷**gebunden** 製本された.

Gebäck [ゲベック] 中 (-(e)s/(種類を示して)-e) 焼き菓子, (特に)クッキー, プレッツェル.

gebacken [ゲバッケン] **backen** の過去分詞.

Gebälk [ゲベルク] 中 (-(e)s/) ❶【建】小屋組み, (屋根などの)部材の組立. ❷(古代建築の)円柱のなげし, エンタブラチュア.

gebar [ゲバール] **gebären** の過去形.

Gebärde [ゲベールデ] 女 (-/-n) ❶身ぶり, 手ぶり, ジェスチャー;挙動, 態度, ふるまい. ❷〖書〗顔つき, 顔色, 表情, 態度.

gebärden [ゲベールデン] 再 sich⁴ ⟨+様態⟩...にふるまう, ...の風を装う.

gebäre [ゲベーレ] **gebären** の接続法II式形.

gebären* [ゲベーレン]（du gebärst [(やや古)gebierst], sie gebärt [(やや古)gebiert]; gebar; 過分 geboren) 他 ❶《④》〈〈子⁴を〉〉産む, 分娩する. ❷《書》生み出す, 呼ぶ, 作り出す.

Gebär-mutter 女 (–/(まれ)..müt-ter) 〔解〕子宮.

Gebäude [ゲボイデ] 中 (–s/–) ❶建築物, 建物; 家屋. ❷構造, 組織. 5級

Gebein [ゲバイン] 中 (–(e)s/–e) 〈高〉 ❶〈古〉骨格, 全身, 身体. ❷〈複〉遺骨, 骸骨.

geben* [gé:bən ゲーベン]

現在	ich gebe	wir geben
	du **gibst**	ihr gebt
	er **gibt**	sie geben
過去	ich gab	wir gaben
	du gabst	ihr gabt
	er gab	sie gaben
過分 gegeben		接II gäbe

《(I)》他 (↔ nehmen) ❶〈③ ④〉(a)〈人³に物⁴を〉与える, 贈る, 恵む. (b)〈人³に物⁴を〉渡す, 差し出す, 手渡す, 取ってやる. (c)〈人³に物⁴を〉譲る, 売る. (d)〈人³のために人⁴を〉電話口に呼び出す,〈人⁴に〉つなぐ. ❷(a)《④ (A) für [um]《(B)》》〈物⁴(A)を物⁴(B)と〉交換する,〈(B)に金額⁴(A)を〉支払う. (b)〈飲食物⁴を〉出す, 提供する. (c)《〈④〉》《〔遊〕》〈〈カード⁴を〉〉配る;〔球〕〈〈ボール⁴を〉〉サーブする. ❸委ねる, 引き渡す. ❹(a)〈③ ④〉〈人³[物³]に物⁴を〉与える, 提供する, 加える. (b)《機能動詞的に》...する. (c)《zu 不定詞と》...させる.♦eine Antwort ～ 答える. einen Befehl ～ 命令する. ③ einen Rat ～ 人³に助言する. zu bedenken ～ 熟考を求める. ❺〈果実⁴などを〉生じる;〈結果⁴などを〉生み出す, もたらす. ❻〈行事・パーティー⁴などを〉催す, 開く, 上演する. ❼《④ **von** sich³》(a)〈音・光・においなどを〉発する. (b)〈意見⁴などを〉述べる. ❽《④ **von** sich³》《〈口〉》〈食物⁴を〉吐く. ❾《④ **auf** ④》〈人・事⁴に〉重きをおく.♦**viel auf** ④ ～ 人・事⁴を重視する. ❿《非人称で》**es gibt** ④ 1)〈物⁴が〉いる, ある, 存在する. 2)《否定詞を伴って不可能であることを指示する》: Für mich gab es kein Entweichen. 私は逃れることができなかった. 3) 起こる, 生ずる, 結果として残る. 4) 提供される. 《(II)》再 sich⁴ ❶〈＋様態〉...にふるまう. ❷自分が...だと認められる, 言明する. ❸止む, 弱る, 衰える;〈興奮¹が〉静まる;〈熱¹が〉下がる;〈熱心さ¹が〉冷める. ❹降伏[屈服]する, 身を捧げる[委ねる]. ❺明らかになる. ❻《まれ》ある, 起こる. **es** ～《口》1) 人³にずけずけと意見を言う. 2) 人³をなぐる. 5級

Gebet [ゲベート] 中 (–(e)s/–e) 祈り, 祈禱(とう);祈りの言葉, 祈禱文.

gebeten [ゲベーテン] bitten の過去分詞.

Gebets-teppich 男 〔イスラム教〕（ひざをつくための）礼拝用敷物.

gebier [ゲビーァ] gebären の命令法 2人称単数形.

gebierst [ゲビーァスト] gebären の 2人称単数現在形.

gebiert [ゲビーァト] gebären の 3人称単数現在形.

Gebiet [ゲビート] 中 (–(e)s/–e) ❶地域, 地帯;領地, 領土, 領域, 版図(ずと). ❷〈専門〉分野, 領域;方面, 界.♦**auf diesem** ～ この分野で. 4級

gebieten* [ゲビーテン] (du gebietest, er gebietet; gebot; 過分 geboten) 《書》《(I)》他 ❶《③ (④)》《④ に》〈事⁴を〉命ずる, 命令する. ❷〈事¹が〉〈事⁴を〉要する, 必要とする;強く求める. 《(II)》自《**über**④》〈人・物⁴を〉支配する.

gebieterisch [ゲビーテリッシュ] 形 《書》命令的な, 支配者的な, 絶対的な;専横な, 尊大な, 傲慢(ごう)な.

Gebilde [ゲビルデ] 中 (–s/–) ❶形成物, 創造物, 構成物. ❷空想の産物, こしらえ物;心象, 幻.

gebildet [ゲビルデット] 《(I)》bilden

の過去分詞. ((II))形(高等)教育を受けた, 教養のある.

Gebirge [ゲビァゲ]中(-s/-)山脈, 連山;山地, 山岳(地域), 高地. 4級

Gebiss [ゲビス]中(-es/-e) ❶上下の歯(全体);歯列. ❷義歯, 入れ歯. ❸(馬の)はみ.

Gebiß 中⊕=Gebiss.

gebissen [ゲビッセン]beißen の過去分詞.

ge·blasen blasen の過去分詞.

geblichen [ゲブリッヒェン]bleichen の過去分詞.

geblieben [ゲブリーベン]bleiben の過去分詞.

geblümt [ゲブリューム卜] ((I))blümen の過去分詞. ((II))形《副なし》花模様の;花で飾った.

gebogen [ゲボーゲン]biegen の過去分詞.

geboren [gəbó:rən ゲボーレン] ((I))gebären の過去分詞. ((II))形 ❶《付加》旧姓の ((略:geb.)). ❷《付加》生まれた;生粋の;生まれつきの. ❸《副なし》**für** 4 **[zu** 3**]**~天性[生来]の〈物3・4である〉,〈物3・4に〉生まれついた. 5級

geborgen [ゲボルゲン] ((I))bergen の過去分詞. ((II))形《付加または副》保護された, 安全な.

Geborgenheit [..ハイト]女(-/) 保護されていること, 安全, 安心感.

geborsten [ゲボルステン]bersten の過去分詞.

Gebot [ゲボート]中(-(e)s/-e) ❶戒律, 掟(おきて);〔宗〕神の命令. ❷《書》(法律上の)命令, 規則. ❸(特に競売での)付け値.

geboten [ゲボーテン]bieten, gebieten の過去分詞.

Gebr. 《略》= Gebrüder

gebracht [ゲブラハト]bringen の過去分詞.

gebrannt [ゲブラント] ((I))brennen の過去分詞. ((II))形《主に付加》炒って(薄く)砂糖を塗った.

gebraten [ゲブラーテン]braten の過去分詞.

Gebrauch [ゲブラオホ]男(-(e)s/Gebräuche) 使用, 利用;実用, 応用. **im [in]** ~ **sein**〈物1が〉(定期的に)使用[利用]されている, 用いられている. **von** 3 ~ **[keinen** ~**] machen**《書》物3を用いる[用いない], 使用[利用]する[しない].

gebrauchen [gəbráoxən ゲブラオヘン]他〈物4を〉用いる, 使用[利用]する. 3 ~ **können**〈人・物1が〉使える,〈人・物1の〉役に立つ. 4級

gebräuchlich [ゲブロイヒリヒ]形《副なし》よく使われている, 通用している, 通例の, 普通の.

Gebrauchs·anweisung 女取り扱い[使用]説明書, 使用書[法].

gebrauchs·fertig 形《副なし》すぐに使える.

Gebrauchs·gegenstand 男日用品, 日常の必需品.

Gebrauchs·wert 男使用[実用]価値.

gebraucht [ゲブラオホト] ((I)) brauchen, gebrauchen の過去分詞. ((II))形 使用された, 使い古しの, 中古の.

gebrauchte [ゲブラオヒテ]gebrauchen の過去形.

Gebraucht·wagen [ゲブラオホト..]男(-s/-)中古車.

Gebrechen [ゲブレッヒェン]中(-s/-)《書》身体障害, 肉体的欠陥, ハンディキャップ.

gebrechlich [ゲブレヒリヒ]形弱った, ひ弱な, 老衰した.

gebrochen [ゲブロッヘン] ((I))brechen の過去分詞. ((II))形 ❶(肉体的・精神的に)打ちひしがれた, 悲嘆にくれた, 失意の, 傷心の. ❷《付加または副》不完全[破格]な, 片言の, ブロークンの. ❸《主に付加》(色の混合によって)くすんだ, 濁った.

Gebrüder [ゲブリューダー]複兄弟商会 ((略:Gebr.));(同じ仕事を共同でする)兄弟.

Gebühr [gəbý:r ゲビューア]女(-/-en)《主に複》手数料, (郵便・電話等

gebühren の)料金, 使用料; 報酬. ♦Wie hoch ist die Gebühr? 料金はいくらですか. 4級

gebühren [ゲビューレン]《書》((I)) 自《③》〈物¹が〉〈人・物³に〉(権利上)値する, 当然属すべき[帰すべき]である, ふさわしい. ((II)) 再 sich³《非人称で》妥当[至当]である

gebührend [..t] 形《付加または副》適切な, ふさわしい, 当然の.

Gebühren·ermäßigung 女 手数料[料金]の割り引き.

gebühren·frei 形 手数料なしの; 無料の.

gebühren·pflichtig 形《副なし》《官》《書》(手数料[料金]の)支払い義務がある, 有料の.

gebunden [ゲブンデン] ((I)) binden の過去分詞. ((II)) 形 ❶結ばれた, 拘束[束縛]された. ❷《名詞と共に》《官》《書》「...に拘束[束縛]された, ...に依存した」.

Geburt [ゲブート] 女(-/-en) ❶分娩(ポン), 出産; 誕生, 生誕. ❷《書》生まれ, 素性, 血統, 家系, 家柄. ❸《書》幕開け, 始まり; 出現, 発生, 起源. ♦bei der ~ 出産時に. von ~ an 生れつき. *eine schwere ~ sein* (口)《事¹が》大変な苦労[難儀]である.

Geburten·kontrolle 女【政】産児調節[コントロール].

Geburten·rate 女 出生率.

gebürtig [ゲビュルティヒ] 形《主に付加》...生まれの. ♦Er ist ~ Berliner. (または) Er ist ~ aus Berlin. 彼はベルリン生まれだ.

Geburts·datum [ゲブルツ..] 中 生年月日.

Geburts·haus 中 生家.

Geburts·helfer 男 助産夫, 産科医. ◇~helferin 女(-/-nen) 助産婦, 産科医.

Geburts·ort 男 出生地.

Geburts·tag [ゲブルツターク] 男(-(e)s/-e) ❶誕生日. ❷《官》《書》生年月日. ♦Herzlichen Glückwunsch [Alles Gute] zum ~! 誕生日おめでとう. 5級

Geburts·urkunde 女(-/-n)【法】出生証明(書).

Gebüsch [ゲビュッシュ] 中(-(e)s/-e) 《主に単》やぶ, 茂み; 灌木林.

gedacht [ゲダハト] ((I)) denken, gedenken の過去分詞. ((II)) 形《副なし》❶予定の, つもりの, 念頭にある. ❷想定された, 仮想の.

Gedächtnis [ゲデヒトニス] 中(-ses/-se) ❶《主に単》記憶力. ❷《単》記憶, 物覚え. ❸《単》《書》追悼, 記念; 想い出, 追憶, 回想.

Gedächtnis·lücke 女 記憶の欠如(部分).

Gedächtnis·schwund 男 記憶喪失.

Gedanke [ゲダンケ] 男(-ns/-n) ❶考え, 考えたこと, 思い; 思いつき. ❷〈an ④〉〈人・物に関する〉考え, 思考. ❸《複》思案, 沈思, もの思い; もくろみ. ❹概念, 観念. *sich³ ~n über machen* 1) 事⁴をじっくり考える. 2) 人⁴のこと[事⁴]を心配する. 3) 事⁴について考えを決める.

Gedanken·gang 男 思考の過程; 一連の思想.

gedanken·los 形 無思慮な, よく考えない, 軽率な, 不注意な.

Gedanken·losigkeit [..ローズィヒカイト] 女 無思慮なこと, よく考えないこと, 軽率, 不注意.

Gedanken·strich 男 横線, ダッシュ((—)).

gedanken·verloren 形 沈思する, もの思いにふけっている.

gedanklich [ゲダンクリヒ] 形《付加または副》❶思考上の, 思考に関する. ❷観念的な, 空想的な, 想像上の.

Gedärm [ゲデルム] 中(-(e)s/-e) (集合的に) 内臓, 臓物; 腸, はらわた.

Gedeck [ゲデック] 中(-(e)s/-e) 一人前の食器((皿, フォーク, ナイフなど)).

gedeihen* [ゲダイエン] (過 gedieh; 分過 gediehen) 自⑤《書》❶すくすくと育つ;〈植物¹が〉繁茂する〈子供¹が〉成長する;〈動物¹が〉増殖する. ❷〈物・事¹が〉進捗(ジ)する, はかどる.

ge□t ⇨ □en

gedenken* [ゲデンケン]《書》(I)他《zu不定詞と》…するつもりである ★受動なし. (II)再《2》〈死者4に》[過ぎ去った事4を〉偲ぶ, 追悼する.

Gedenk·stätte 囡記念の場所.

Gedicht [ゲディヒト]中(-(e)s/-e) 詩, 韻文, 詩歌;詩的作品.

gediegen [ゲディーゲン]形 ❶《副なし》純粋の, 混じり気のない. ❷高品質の, 念入りに作られた. ❸根底のしっかりした, 確実な.

gedieh [ゲディー]gedeihenの過去形.

gediehe [ゲディーエ]gedeihenの接続法II式形.

gediehen [ゲディーエン]gedeihenの過去分詞.

Gedränge [ゲドレンゲ]中(-s/) 殺到, 押し寄せること;雑踏する人波, 群集.

gedroschen [ゲドロッシェン]dreschenの過去分詞.

gedrungen [ゲドルンゲン] (I)) dringenの過去分詞. (II))形〈姿の〉ずんぐりした.

Geduld [ゲドゥルト]囡(-/) ❶忍耐(力), 我慢[辛抱](強さ)と堪忍. ❷〈für 4 [zu 3]〉〈物4·3に対する〉根気(強さ), 持久(力).

gedulden [ゲドゥルデン]再《sich4》《書》我慢する, 忍耐強く[辛抱して]待つ.

geduldig [ゲドゥルディヒ]形 我慢[辛抱, 忍耐]強い;根気よい, 気長な.

Gedulds·probe [ゲドゥルツ..]囡忍耐の試練, 根気のいる仕事.

Geduld(s)·spiel 中 ❶根気のいる遊び((ジグソーパズルなど)). ❷《軽蔑》根気仕事.

gedungen [ゲドゥンゲン]dingenの過去分詞.

gedurft [ゲドゥルフト]dürfenの過去分詞.

geehrt [ゲエーァト] ((I))ehrenの過去分詞. ((II))形敬愛する.

geeignet [ゲアイグネト] ((I))eignenの過去分詞. ((II))形〈**für** 4 [**zu** 3]〉〈事4·3に〉適切な, ふさわしい, 適した, 適任の, 向いている.

Gefahr [gəfá:r ゲファーァ]囡(-/-en)危険. ♦ in ~ geraten [kommen] 危険に陥る. ~ laufen,...〈zu不定詞〉《書》…するという危険を冒す, 危ない橋を渡る, ...という危機に陥る. **4級**

gefährden [ゲフェーァデン]他〈人·物4を〉危険にさらす, 危険な目にあわす.

Gefährdung [ゲフェーァドゥング]囡危険にさらすこと, 危険に瀕(ﾋﾝ)していること.

gefahren [ゲファーレン]fahrenの過去分詞.

gefährlich [gəfé:rlıç ゲフェーァリヒ]形《**für** 4》〈(人·物4にとって)〉危ない, 危険な;生命にかかわるような;リスクの大きい. **4級**

gefahr·los 形危険のない.

Gefährt [ゲフェーァト]中(-(e)s/-e) 《やや古》(馬)車, 乗り物.

Gefährte [ゲフェーァテ]男(-n/-n) 《弱》同行[同伴]者, 伴侶, 連れ;仲間. ◇ **Gefährtin** 囡(-/-nen).

Gefälle [ゲフェレ]中(-s/) 《主に単》❶勾配(ｺｳ), 傾斜(度), 傾き. ❷《書》(質·価値などの)差, 格差;落差.

gefallen*1 [gəfálən ゲファレン].

現在	ich gefalle	wir gefallen
	du **gefällst**	ihr gefallt
	er **gefällt**	sie gefallen

過去	ich gefiel	wir gefielen
	du gefielst	ihr gefielt
	er gefiel	sie gefielen

| 過分 | **gefallen** | 接II gefiele |

自《《3)》《〈人3の〉気に入る, 好みである, 《《人3に)》好かれる, 喜ばれる;《nichtと》気にかかる. ♦ Das gefällt mir. 私はそれが好きです, それが気に入りました.《非人称で》Wie gefällt es Ihnen hier [in dieser Stadt]? ここ[この町]はお気に召しましたか. **5級**

① 1格 ② 2格 ③ 3格 ④ 4格

gefallen² fallen, gefallen の過去分詞.

Gefallen¹ [ゲファレン] 男 (-s/) 好意, 親切心.

Gefallen² 中 (-s/) 気に入ること;満足, 喜び;楽しみ.

Gefallene(r) [ゲファレネ(ナー)] 男女《形容詞変化》戦死[戦没]者.

gefällig [ゲフェリヒ] 形 ❶ (見た目が)感じのよい, 快い, 好ましい. ❷ 親切な, ていねいな(略:gefl.)).

Gefälligkeit [..カイト] 女 (-/-en) ❶《単》親切心. ❷ (簡単な)好意;親切, 世話.

gefälligst [ゲフェリヒスト] ((I)) 形 gefälligの最上級. ((II)) 副《不変化詞》《アクセントあり;命令文・要求文で;不快, 怒りを表して》(口)とにかく(したらどうだ), いい加減に.

gefällst [ゲフェルスト] gefallen の2人称単数現在形.

gefällt [ゲフェルト] ((I)) fällenの過去分詞. ((II)) gefallenの3人称単数現在形.

gefangen [ゲファンゲン] fangen の過去分詞. ■ ~ halten 〈人⁴[動物⁴]を〉(檻に)捕えておく, 拘留[禁固, 監禁]する. ~ nehmen 1)〈人⁴を〉捕虜にする;武装解除する. ★ 犯罪者は festnehmen, verhaften. 2)〈物⁴が〉〈人⁴の〉心をとらえる, 〈人⁴を〉魅惑する, うっとりさせる.

Gefangene(r) [ゲファンゲネ(ナー)] 男女《形容詞変化》❶ 捕虜. ❷ 囚人;受刑者;被監禁者.

gefangen|halten* 他 ⇔ gefangen halten (⇨gefangen■).

gefangen|nehmen* 他 ⇔ gefangen nehmen (⇨gefangen■).

Gefangenschaft [..シャフト] 女 (-/-en) ❶ とらわれの身[状態], 捕虜;拘留, 監禁, 幽閉. ❷ (動物の)捕獲された状態, 檻の中での飼育.

Gefängnis [ゲフェングニス] 中 (-ses/-se) ❶ 刑務所, 監獄, 牢屋. ❷《略》禁固[懲役]刑.

Gefängnis-strafe 女 禁固[懲役]刑.

Gefäß [ゲフェース] 中 (-es/-e) ❶ (比較的小さな)容器, 入れ物. ❷ 導管, 脈管, 血管, リンパ管.

gefasst [ゲファスト] ((I)) fassenの過去分詞. ((II)) 形 落ち着いた, 冷静な;覚悟をした.

gefäßt 中 = gefasst.

Gefecht [ゲフェヒト] 中 (-(e)s/-e) (小規模の)戦闘, 交戦, 小競り合い;口論;試合.

Gefieder [ゲフィーダー] 中 (-s/-) (鳥の)羽(全体), 羽毛 (個々の羽は Feder)).

gefiedert [ゲフィーダット] ((I)) fiedernの過去分詞. ((II)) 形《副なし》❶ 羽毛のある, 羽の付いている. ❷ 〔植〕羽状の.

gefiel [ゲフィール] gefallen¹ の過去形.

gefiele [ゲフィーレ] gefallen¹ の接続法II式形.

geflissentlich [ゲフリッセントリヒ] 副《書》故意に, 意図的に, 意識的に.

geflochten [ゲフロホテン] flechtenの過去分詞.

geflogen [ゲフローゲン] fliegenの過去分詞.

geflohen [ゲフローエン] fliehenの過去分詞.

geflossen [ゲフロッセン] fließenの過去分詞.

Geflügel [ゲフリューゲル] 中 (-s/) ❶ (食用になる)家禽(きん), 鳥. ❷ 鳥[家禽]の肉.

geflügelt [ゲフリューゲルト] ((I)) flügelnの過去分詞. ((II)) 形《副なし》(主に昆虫について)翼のある;羽状の. ◆ ein ~es Wort 成句, 名言.

gefochten [ゲフォホテン] fechtenの過去分詞.

Gefolge [ゲフォルゲ] 中 (-s/-) ❶ (身分の高い人の)随伴者, 従者, お供, 護衛. ❷ (葬式の)参列者全員.

Gefolgschaft [ゲフォルクシャフト] 女 (-/-en) ❶ (ある人の)支持者全員, シンパの全体, 取り巻き連. ❷《単》(やや古)服従;忠誠, 忠節. ◆ ~ leisten 人³に服従する;忠誠[忠節

gefragt [ゲフラークト] **(I)** fragen の過去分詞. **(II)** 形 [副なし] 引っ張りだこの, 人気のある; 需要のある.

gefräßig [ゲフレーズィヒ] 形 [軽蔑] 大食の, 食い意地のはった.

Gefreite(r) [ゲフライター] 男 [形容詞変化] [軍] 一等兵((下から2番目の位)); 一等航海士.

gefressen [ゲフレッセン] fressen の過去分詞.

gefrieren* [ゲフリーレン] 自⑤〈物¹が〉凍結する, 氷結する.

Gefrier·fach [ゲフリーァ..] 中 冷凍室, フリーザー.

Gefrier·punkt 男 [単] 凝固点; [理] 氷点.

Gefrier·schrank 男 冷凍庫, フリーザー.

gefror [ゲフローァ] gefrieren の過去基本形.

gefroren [ゲフローレン] frieren, gefrieren の過去分詞.

Gefüge [ゲフューゲ] 中 (-s/-) 組み立て(方); (内部)構造, 機構, 骨組み.

gefügig [ゲフューギヒ] 形 (他人の意向に)従順な, 御しやすい, 言いなりになる.

Gefühl [ゲフュール] 中 (-(e)s/-e) ❶ [単] (神経で)感じること, 感覚, 手ざわり. ❷ (心で)感じること, 感情. ❸ [単] 感じ, 予感. ❹ [単] 〈für 4〉〈(物·に対する)〉感受性, センス. *mit gemischten ~en* 複雑な気持で.

gefühl·los 形 ❶ 感覚のない, 無感覚な. ❷ 感情のない, 鈍感な; 思いやりのない, 冷淡な.

gefühls·betont [ゲフュールス..] 形 感情的な, 主情的な.

Gefühlsduselei [..ドゥーゼライ] 女 (-/-en) [主に軽蔑] 感傷癖.

gefühl·voll 形 ❶ 感情[情緒]豊かな; 感情をこめた. ❷ [しばしば軽蔑] 感情過多の; 感傷的な.

gefunden [ゲフンデン] finden の過去分詞.

gegangen [ゲガンゲン] gehen の過去分詞.

gegeben [ゲゲーベン] **(I)** geben の過去分詞. **(II)** 形 [副なし] [書] 現有する, 既存の, 所定の, 既知の, 一定の. ❷〈付加〉適切な, ふさわしい, 特定の. ❸ [数] 与えられた, 所与の.

gegebenenfalls [ゲゲーベネンファルス] 副 [書] その時才来たら, その時には, 場合によっては, 必要のある場合には((略: ggf.)).

gegen [gé:gən ゲーゲン] **(I)** 前 《4格支配》...に対して. ❶《空間的》(a)...に向けて, 向かって. (b)...に接触[衝突]して. ♦*sich⁴ mit dem Rücken ~ die Wand lehnen* 背中を壁にもたれる. ❷《逆方向》...に逆らって. ♦*den Strom [den Wind] 流れ[風]に逆らって*. ❸《時間的》...の近くに, ...の頃に, ...の前後に. ♦*~ Ende August* 8月の末近くに. *~ Abend* 夕方頃に. ❹《反対》...に反して, 背いて. ♦*gegen den Befehl* 命令に逆らって. ❺《交換》...と引き換えに. ♦*gegen bar* 現金(との引き換え)で. ❻《比較》...と比べて. ❼《対比·防止》...に対(抗)して. ♦*ein Mittel ~ Zahnweh* 歯痛薬. **(II)** 副 [口] 《数字の前で概数を示す》おおよそ, ほぼ ♦*~ fünf Euro* 約5ユーロ. [5級]

Gegen.. 《名詞に付いて》❶「反対, 逆手」: Gegenlicht 逆光. ❷「敵対, 対抗, 対蹠」: Gegenmittel 対抗手段, 解毒剤. ❸「反応, 返答, 仕返し, 報復」: Gegengeschenk 返礼の贈り物.

Gegen·angriff 男 反撃, 逆襲, カウンターアタック.

Gegen·argument 中 反論.

Gegen·besuch 男 答礼訪問.

Gegend [gé:gənt ゲーゲント] 女 (-/-en) ❶ (比較的範囲の狭い) 地域, 地方, 地帯. ❷ 界隈(然). ❸ 周囲, 付近, 辺り. ❹ [単] [口] (一地方の) 住民. ♦*Er wohnt in dieser ~.* 彼はこの辺りに住んでいる. [4級]

Gegen·darstellung 女 訂正, 修正, 反論記事.

gegeneinander [ゲーゲンアイナンダー] 副 相対して, 敵味方として; 相互

Gegen·gewicht 囲 ❶《zu ③》〈物³に対する〉釣合いの重り,〔工〕対重. ❷《zu ③》〈物³に対する〉平衡[バランス, 均衡](をとる物事).

Gegen·gift 囲解毒剤, 毒消し.

Gegen·kandidat 男(-en/-en)〈弱〉対立候補者.

Gegen·leistung 囡《für ④》〈物⁴に対する〉代償, 報酬;〔法〕反対給付.

Gegen·mittel 囲拮抗(きっこう)薬.

Gegen·partei 囡相手方;反対派, 野党.

Gegen·probe 囡逆算, 検算.

Gegen·satz [ゲーゲンザッツ]男対立, 対照, 際立った違い;矛盾;〔楽〕(フーガの)対位主題. *im ~ zu* ③ 人・物³と違って[対照的に, 対立して]. **4級**

gegensätzlich [ゲーゲンゼッツリヒ] 形違いの際立った, 対照的な, 対立の, 逆の, 反対の.

Gegen·seite 囡 ❶反対側, 向かい側. ❷手[反対]側, 野党.

gegenseitig [ゲーゲンザイティヒ]形 ❶相互の, 相互的な, お互いの. ❷双方[双務]の.

Gegen·stand [ゲーゲンシュタント]男 ❶物体, 事物;客体. ❷《単》対象(物), 的(まと). ❸《単》主題, テーマ, 話題.

gegenständlich [ゲーゲンシュテントリヒ]形対象に関する[即した], 即物的な;具体的な, 具象的な, 写実的な.

gegenstands·los 形根拠[説得力]のない, いわれのない, 無効の.

Gegen·stimme 囡 ❶反対投票;反対意見. ❷〔楽〕対声音.

Gegen·stück 囲(-(e)s/-e) ❶お互いによく似た者[物], 対をなすもの, カウンターパート. ❷逆[反対](のもの).

Gegen·teil [ゲーゲンタイル]囲(-(e)s/-e)《主に単》逆さま, 反対. ◆*im* ~ 逆に. **4級**

Gegen·tor 囲(相手方の得点になる)ゴール, オウンゴール.

gegenüber [ge:gən-ý:bər ゲーゲニューバー] **(I)** 副向かい側に, 相対して. ◆*das Haus* ~ 向かいの家. **(II)** 前《3格支配》❶《空間的》〈人/事物³の〉...の向かい側に, ...に相対して. ❷《比較》...と比べて. ◆ *dem Haus* = *dem Haus* ~ その家の向かい側に, ...に関係して, ...を前にして. ◆*Er ist ihr* ~ *besonders nett.* 彼は彼女には特に親切です. **5級**

gegenüber..《前綴り》《分離》「向かい合って, 向かい合わせに」.

gegenüber|stehen* 自《③》〈人・物³に〉相対して[向かい合って]立っている. ❷《③》〈事³に〉直面している. ❸(a)《③》〈人・物³に対して〉ある態度をとる. (b)〈チーム³が〉対戦する. (c)〈意見など³が〉対立する.

gegenüber|stellen **(I)** 他《④ ③》〈物⁴を物³の〉向かい側におく, 〈人⁴を物³と〉向かい合わせにおく. ❷《④ ③》〈人⁴を人³と〉対決[対抗]させる. ★主に状態受動たる. ❸《④ ③》〈人・物⁴を人・物³と〉対比する.

Gegenüber·stellung 囡対決, 対抗, 対置.

Gegen·verkehr 男対向車(通行), 対面交通[通行].

Gegenwart [ゲーゲンヴァルト]囡(-/-) (↔ Zukunft, Vergangenheit) 現在;現代;〔言〕現在時制. ◆*in der* ~ 現在では.

gegenwärtig [ゲーゲンヴェルティヒ, ゲーゲンヴェルティヒ]形 ❶《付加語または副》現在の, 現代の, 現時点の, 目下[今]の. ❷《副なし》〔書〕居合わせている, その場にいる;出席[列席, 参列]している. ❸〔書〕記憶[意識]にある.

Gegen·wehr 囡(-/-)〔書〕防御;抵抗.

Gegen·wind 男逆風, 向かい風.

Gegen·zug 男 ❶対抗措置. ❷〔鉄道〕反対方向から来る列車.

gegessen [ゲゲッセン]essen の過去分詞.

geglichen [ゲグリッヒェン]gleichen の過去分詞.

geglitten [ゲグリッテン]gleiten の

geglommen [ゲグロメン] glimmen の過去分詞.

Gegner [ゲーグナー] 男 (-s/-) 敵, 敵対者; 反対者; [競技]ライバル, 対戦相手; 相手チーム. ◇**Gegnerin** 女 (-/-nen).

gegnerisch [ゲーグネーリッシュ] 形 《付加》敵の, 相手の.

Gegnerschaft [..シャフト] 女 (-/) 《主に単》敵対, 敵意; 反対, 反抗, 対抗; 《総称》敵側, 反対者.

gegolten [ゲゴルテン] gelten の過去分詞.

gegoren [ゲゴーレン] gären の過去分詞.

gegossen [ゲゴッセン] gießen の過去分詞.

gegraben [ゲグラーベン] graben の過去分詞.

gegriffen [ゲグリッフェン] greifen の過去分詞.

Gehabe [ゲハーベ] 中 (-s/) 《軽蔑》気取り, わざとらしさ, 気取ったふるまい.

gehabt [ゲハープト] haben の過去分詞.

Gehalt [gəhált ゲハルト] ((I)) 中, (スィス) 男 (-(e)s/Gehälter) 給料, 給与, サラリー. ★ **Lohn** (労働者), **Bezüge** (官吏), **Honorar** (医者・弁護士), **Gage** (俳優). ((II)) 男 (-(e)s/-e) 《主に単》❶〈an ③〉〈物³の〉成分, 含有量, 中身; 《貨幣の》本位. ❷《書》(思想的な)内容, 実質; 真価.

gehalten [ゲハルテン] halten の過去分詞.

Gehälter [ゲヘルター] 複 ⇨Gehalt.

Gehalts·empfänger [ゲハルツ..] 男 サラリーマン, 給与所得者.

Gehalts·erhöhung [..エアヘーウング] 女 増給, 昇給, ベースアップ.

gehalt·voll 形 内容[中身]のある.

gehangen hängen の過去分詞.

gehässig [ゲヘッスィヒ] 形 悪意[敵意]のある, 意地の悪い, 憎らしい.

gehauen [ゲハオエン] hauen の過去分詞.

gehäuft [ゲホイフト] ((I)) 形 häufen の過去分詞. ((II)) 形 ❶《主に副》度々

の, 頻繁の. ❷《副なし》(スプーンなどが)山盛りになった.

Gehäuse [ゲホイゼ] 中 (-s/-) ❶ (カタツムリなどの)殻. ❷ (リンゴなどの)果心(%); [植]莢(♣). ❸ 入れ物, 箱, ケース; 外被, 胴; (カメラの)ボディー.

Gehege [ゲヘーゲ] 中 (-s/-) (塀などで)囲まれた場所, 囲内(%%); 構内, 境内; [林]苗圃(%%); [狩]猟区; 小さな放牧地.

geheim [ゲハイム] 形 ❶ 秘密[機密]の, 内密[内緒, 内々]の, ひそかな, (心胸に)秘めた. ❷《主に付加》神秘的[不可思議, 不可解]な, 謎めいた. *im Geheimen* 秘密(裏)に, ひそかに, こっそり, 内密[内緒, 内々]に. ■**~ halten** ④〈(vor ③)〉〈事⁴を(人³に)〉秘密にする, 隠しておく, 知らせずにおく.

Geheim·agent 男 諜報(%%%)部員, スパイ.

Geheim·dienst 男 (国家の)秘密情報機関[局].

geheim|halten* 他 ④ = geheim halten (⇨geheim ■).

Geheimnis [ゲハイムニス] 中 (-ses/-se) ❶ 秘密, 機密, 内密, 内緒[隠し]事. ❷《複》秘訣, 秘伝, こつ, 奥義. ❸ 神秘, 不可思議.

geheimnis·voll 形 ❶ 不可思議[不可解]な, 謎めいた, 説明できない. ❷ いわく[秘密]ありげな.

Geheim·nummer 女 秘密[暗証]番号.

geheißen [ゲハイセン] heißen¹ の過去分詞.

gehen* [géːən ゲーエン]

現在	ich gehe	wir gehen
	du gehst	ihr geht
	er geht	sie gehen

過去	ich ging	wir gingen
	du gingst	ihr gingt
	er ging	sie gingen

| 過分 | **gegangen** | 接II **ginge** |

((I)) 自 ⑤ ❶ (a) 歩く, 歩行する, 進む;

① 1格 ② 2格 ③ 3格 ④ 4格

行く,向かう,出かける;⟨区間⁴を⟩歩く (b)通学する,通う. (c)⟨そこに住んだり,働いたりするために⟩長期的に行く. (d)⟨ある職業の⟩道に進む. (e)職を去る,退職する.◆Ich muss langsam ~. そろそろおいとまします. zur Schule ~ 学校へ行く.《不定詞と》einkaufen [schwimmen] ~ 買い物に[泳ぎに]行く.

❷⟨I⟩(a)⟨乗り物¹が⟩行く,運行する. (b)⟨乗り物¹が⟩動く,発車する. (c)⟨道¹などが⟩通じている,至る,達する. (d)⟨auf ④ [nach ③]⟩⟨部屋・窓などが⟩⟨方向⁴・³に⟩面している,向いている. (e)⟨物¹が⟩向かっていく,当たる;与えられる;費やされる. (f)⟨物¹が⟩収納しうる,入る,納まる. (g)⟨物¹が⟩渡って行く;⟨ニュース¹などが⟩広まる. (h)⟨⟨ein ④⟩⟩⟨郵便物¹が⟩〜宛である. (i)⟨物¹が⟩機能する,動く,作動する. (j)⟨事¹が⟩(うまく)行っている,行われる,進行する;経過をたどる,運ぶ. (k)⟨事¹が⟩可能である. (l)⟨ベルなどが⟩鳴る,作動する. (m)⟨商品¹が⟩売れる,売られる. (n)⟨粉・ケーキなどが⟩ふくらむ.◆Der Weg geht nach Berlin [zum See]. この道はベルリン[湖]に通じている.

((II))再 ❶⟨+結果⟩:sich⁴ müde ~ 歩き疲れる. ❷⟨非人称⟩Hier geht es sich⁴ gut. ここは歩き心地がよい. an ④ ~ 1)ある行為を始める. 2)⟨物⁴に⟩近づく,触れる. Es geht ③ ... ⟨人³の⟩具合[様子,調子]は...である. Es geht um ④. 人・物⁴が問題である,人・物⁴のことである. in sich⁴ ~ 後悔する,よく考えて悔い改める. mit ③ ~ 人³と性的な関係がある,恋人である. über ④ ~ 事⁴を超える:Das geht über meine Kräfte. それは私の手に余ります. vor sich⁴ ~ 起こる,生ずる. Wie geht es Ihnen? = Wie geht's (, wie steht's)? ご機嫌いかがですか. ★返事は例えば次のように言う:Danke, es geht mir gut. Und Ihnen? 私は元気です.で,あなたはお元気ですか. wo ① geht und steht (書) 1)いつも. 2)どこでも,至る所に[で]. zu weit ~ 度を越す:Das geht zu weit. それは度を越していて,やりすぎです,ひどすぎます,できない相談です. ■sich⁴ ~ lassen したい放題をする,はめをはずす. 5級

gehen|lassen* 再 sich⁴ = gehen lassen (⇨gehen Ⅰ).

geheuer [ゲホイアー] 形③ *nicht (ganz)* ~ 人³には気味の悪い,怖い,そっとする.

Gehilfe [ゲヒルフェ] 男 (-n/-n)《弱》❶助手,アシスタント. ❷(書)[法]犯罪幇助(ほうじょ)者,従犯者. ❸手助けする人. ◇**Gehilfin** 女 (-/-nen).

Gehirn [ゲヒャン] 中 (-(e)s/-e) [解] 脳(髄).

Gehirn・erschütterung [..エアシュッテルング] 女 脳震盪(のうしんとう).

Gehirn・schlag 男 脳卒中.

Gehirn・wäsche 女 洗脳.

gehoben [ゲホーベン] ((I)) heben の過去分詞. ((II)) 形《主に付加》❶高位の. ❷荘重な,高尚な. ❸高揚した. ❹高級(志向)の.

geholfen [ゲホルフェン] helfen の過去分詞.

Gehör [ゲヘーア] 中 (-(e)s/) ❶聴覚,聴力. ❷(書) 傾聴.

gehorchen [ゲホルヒェン] 自 ❶⟨③⟩⟨人・物³に⟩従う,⟨人³の⟩言うことをきく,⟨人³に⟩従順である,⟨事³を⟩守る. ❷⟨③⟩⟨物³が⟩⟨人・物³の⟩思うように動く[機能する].

gehören [gəhø:rən ゲヘーレン]

現在	ich gehöre	wir gehören
	du gehörst	ihr gehört
	er gehört	sie gehören

過去	ich gehörte	wir gehörten
	du gehörtest	ihr gehörtet
	er gehörte	sie gehörten

過分 gehört	接II gehörte

((I))自 ❶⟨③⟩⟨物¹が⟩⟨人³に⟩属する,⟨人³の⟩所有[もの]である. ❷⟨zu ③⟩⟨物³の⟩一部を成す,一部[一つ]であ

る, 付属[所属]する. ❸適する, 合う, ふさわしい, 似つかわしい. ❹《zu》〈物³に〉必要である. ❺《過去分詞と》《南'ロ'》(...されることは)当然である, しかるべきである. ◆Das Buch gehört mir. その本は私のです. 《(II)》画 nach³《物³に》公序良俗にふさわしい, 礼儀[習慣]にかなっている. 5級

gehörig [ゲヘーリヒ] 《(I)》形 ❶《付加または副》当然の, しかるべき. ❷《付加またなし》口 十分な, かなりの. ❸《③〈人・物³の〉所有の. (b) 《zu》〈物³に〉付属[所属]する, 〈人・物³の〉一部を成す, 一部[一つ]である.

gehorsam [ゲホーァザーム] 形《③ **gegenüber**》《〈人³に対して〉従順[恭順]な, 言うことを聞く; 服従的な.

Gehorsam [ゲホーァザーム] 男 (-s/) 従順, 恭順, 服従.

gehörte [ゲヘーァテ] gehören の過去形.

Gehsteig [ゲーシュタイク] 男 歩道.

Geier [ガイアー] 男 (-s/-) コンドル(属), ハゲワシ, ハゲタカ(禿鷹); (口) 貪欲な人.

Geige [ガイゲ] 女 (-/-n) (Violine) ヴァイオリン. *die erste [zweite]* ~ *spielen* 1) 第1[2]ヴァイオリンを弾く. 2) (口) 指導的役割を演ずる[わき役に甘んずる].

Geiger [ガイガー] 男 (-s/-) ヴァイオリン奏者, ヴァイオリニスト. ◇ ~in 女 (-/-nen).

Geiger·zähler [..] 男 (-s/-) ガイガー・カウンター[計数管].

geil [ガイル] 形 (口) ❶ (主に軽蔑)欲情している, みだらな, 好色な. ❷すごい, すばらしい. ❸ (植物の)勢いの盛んな, 盛んに繁茂する; (土壌の)肥沃な.

Geisel [ガイゼル] 女 (-/-n) 人質 (院).

Geisel·nahme [..ナーメ] 女 (-/-n) 人質を取ること.

Geisel·nehmer [..ネーマー] 男 人質[誘拐]者.

Geißel [ガイセル] 女 (-/-n) ❶ (書) (神の)試練; 天罰, 災厄. ❷ むち.

Geist [ガイスト] 男 (-(e)s/-er) ❶ 《単》精神; 才気, 機知; 気風, 風潮, 思潮; 生命力, 活気, 生気, 息吹 (境). ❷ 霊, 霊魂; 亡霊, 幽霊. ❸ (...の)精神の持ち主, 人. *den [seinen] ~ aufgeben* 1) (古;ﾍ゙ｷﾞ) 死ぬ, 息を引き取る. 2) (口) 〈物¹が〉壊れる, 動かない.

Geister [ガイスター] Geist の複数形.

geisterhaft [..ハフト] 形 幽霊のような; 超自然的, 神秘的な.

geistes·abwesend [ガイステス..] 形 放心している, ぼんやりしている.

Geistes·blitz 男 (口) ひらめき.

Geistes·gegenwart 女 冷静沈着, 機敏.

geistes·gegenwärtig 形 沈着な, 機敏な, 油断のない.

geistes·krank 形《副なし》精神病の, 精神異常の.

Geistes·krankheit 女 精神病; 精神異常.

Geistes·zustand 男 (-(e)s) 精神[心理]状態.

geistig [ガイスティヒ] 形《付加または副》 ❶ 精神(上)の, 精神的な. ❷ (書) 知的な, 知性[才気]のある. ❸ アルコールを含有する. ◆ ~es Eigentum [法] 精神的所有権; (著作権法の対象となる)精神的所有物.

geistlich [ガイストリヒ] 形《付加または副》 (↔ **weltlich**) 宗教(上)の, 宗教的な; 教会の; 聖職(者)の; 信仰(上)の.

Geistliche(r) [ガイストリヒェ[ヒャー]] 男《形容詞変化》聖職者, 牧師, 司祭, 僧侶.

geist·los 形 精神[知性]のない, 無知な, 凡庸な, 内容のない.

geist·reich 形 精神[機知]に富んだ, 才知のある, 才気あふれる.

Geiz [ガイツ] 男 (-es/-e) (軽蔑) けち, 吝嗇 (殼).

geizen [ガイツェン] 自《*mit* ③》〈物³ を〉惜しむ, けちる.

Geiz·hals 男 (軽蔑) けちん坊, 守銭奴.

geizig [ガイツィヒ] 形 けちな, しみたれた, みみっちい, けちけちした.

gekannt [ゲカント]kennen の過去分詞.

Gekicher [ゲキッヒャー]中⟨-s/⟩(口)(軽蔑)しきりにクスクス笑うこと, 忍び笑い.

geklungen [ゲクルンゲン]klingen の過去分詞.

gekniffen [ゲクニッフェン]kneifen の過去分詞.

gekommen [ゲコメン]kommen の過去分詞.

gekonnt [ゲコント]((I))könnenの過去分詞. ((II))形巧みな, 器用な, 巧妙な, 出来ばえの見事な.

gekrochen [ゲクロッヘン]kriechen の過去分詞.

gekünstelt [ゲキュンステルト] ((I))künstelnの過去分詞. ((II))形(軽蔑)人工的な, わざとらしい, 不自然な.

Gelächter [ゲレヒター]中⟨-s/-⟩《主に単》(絶え間ない)大笑い, 哄笑(ょぅ).

geladen [ゲラーデン] ((I))ladenの過去分詞. ((II))形(auf 囲) ~ sein⟨口⟩(人・事⁴に対して)とても腹を立てている.

Gelände [ゲレンデ]中⟨-s/-⟩ ❶(地勢的に見た)土地, 地形, 地勢. ❷用地, 敷地(ょぅ). ❸ゲレンデ.

Geländer [ゲレンダー]中⟨-s/-⟩(階段・橋・バルコニーなどの)欄干, 手すり; 安全柵(さ).

gelang [ゲラング]gelingen の過去形.

gelänge [ゲレンゲ]gelingen の接続法 II 式形.

gelangen [ゲランゲン]自⟨S⟩ ❶到達する, 達する, 届く. ❷⟨zu 囲⟩⟨望んでいる事³に⟩至る;⟨物³を⟩達成する, 得る.

gelassen [ゲラッセン] ((I))lassenの過去分詞. ((II))形落ち着いた, 平然[悠然]とした, 平静[冷静]な.

Gelassenheit [..ハイト]囡⟨-/-⟩落ち着いていること, 平然[悠然]としていること, 平静[冷静].

Gelatine [ジェラティーネ]囡⟨-/-⟩ゼラチン.

gelaufen [ゲラオフェン]laufen の過去分詞.

geläufig [ゲロイフィヒ]形 ❶《副なし》よく知られた, 周知の, よく使われる, よく見かける. ❷すらすらとできる, 流暢(りゅうちょう)な.

gelaunt [ゲラオント]形《副なし》気分の.

gelb [gelp ゲルプ]形 黄色の, イエローの. 5級

Gelb [ゲルプ]中⟨-(e)s/-, (口) -s⟩《主に単》❶黄色; 黄色染料[絵の具]. ❷(交通信号の)黄色.

gelblich [..リヒ]形 黄色っぽい, 黄味がかった.

gelb-rot 形 **Gelb-Rot** [~] sehen (古)イエローカードの累積で退場になる.

Gelb-sucht 囡⟨-/-⟩[医]黄疸(だん).

Geld [gelt ゲルト]中⟨-(e)s/-er⟩ ❶《単》金(ね), 金銭, 貨幣. ❷《複》一定の目的のために見込まれる多額の金, 資金. ~ wie Heu [Dreck] haben ⟨口⟩掃いて捨てるほどお金がある. das [sein] ~ (mit beiden [vollen] Händen) auf die Straße werfen [zum Fenster hinauswerfen]⟨口⟩金銭を湯水のように使う, 浪費する, 金遣いが荒い. ⟨③⟩ das ~ aus der Tasche ziehen [locken]⟨口⟩人³から金を巻き上げる. ins ~ laufen [gehen]⟨口⟩費用がかさむ, 高くつく. zu ~ machen 物⁴を金に換える, 売る. 5級

Geld-automat 男現金自動支払機.

Geld-beutel 男(主に革の)財布, がま口.

Geld-börse 囡 財布, がま口.

Geld-buße 囡過料, 罰金, 科料.

Gelder [ゲルダー]複 ⇨ Geld.

Geld-gier [..ギーア]囡⟨軽蔑⟩金銭欲.

Geld-mangel 男金不足.

Geld-mittel 匣資金, 資力, 財源.

Geld-schein 男紙幣.

Geld-schrank 男金庫.

Geld-spende 囡寄付, 寄贈.

Geld-strafe 囡罰金刑, 科料.

Geld-stück 中 (一個の)硬貨, コイ

Geld·wechsel 男 両替.
Gelee [ジェレー] 田(-s/-s) ゼリー.
gelegen [ゲレーゲン] liegenの過去分詞. ((II))形 ❶具合[都合]のよい,頃合いの,時宜を得た. ❷(書)大切な. ❸位置している.
Gelegenheit [ゲレーゲンハイト] 女(-/-en) ❶機会, 好機, きっかけ, チャンス. ❷特別提供[奉仕]品, バーゲンセール品. *die ~ beim Schopf fassen* [*ergreifen, packen*] 逃さず好機をつかむ.
Gelegenheits·arbeit 女 臨時雇いの仕事.
Gelegenheits·kauf 男 ❶特売, バーゲンセール. ❷掘り出し物, バーゲン品.
gelegentlich [ゲレーゲントリヒ] ((I))形 折にふれての, ついでの;時折の. ((II))副 ついでの折に, 折をみて, 都合のいい時に.
gelehrig [ゲレーリヒ] 形 教えやすい;もの覚えのよい, 賢い.
gelehrt [ゲレールト] ((I))形 lehrenの過去分詞. ((II))形 (最上 ~est) ❶学問[学識]のある, 博学[博識]な. ❷学問[学術]的な. ❸(口)学者的な, もの知りのような;難解な.
Gelehrte(r) [ゲレールテ[ター]] 男 女 《形容詞変化》学者.
Geleit [ゲライト] 田(-(e)s/-e)《書》(敬意・保護の)同伴, 随行, 見送り, 護衛;葬送.
geleiten [ゲライテン] 他〈人⁴に〉随行する, 〈人⁴の〉お伴をする, エスコートする;護衛[護送]する.
Geleit·schutz [..シュッツ] 男 護送, 護衛.
Gelenk 田(-(e)s/-e) ❶〖解〗関節, 節(⁴);〖植〗(枝葉などの)つけ根, 結節. ❷〖工〗継手(⁴), ジョイント.
gelenkig [ゲレンキヒ] 形 柔軟な, しなやかな.
Gelenkigkeit [..カイト] 女(-/-) 柔軟なこと, しなやかなこと.
gelernt [ゲレルント] lernenの過去分詞.

gelesen [ゲレーゼン] lesen の過去分詞.
Geliebte(r) [ゲリープテ[ター]] 男 女《形容詞変化》❶愛人, 情婦, 情夫. ❷(やや古)《呼びかけて》いとしい人よ, あなた.
geliefert [ゲリーファルト] liefernの過去分詞.
geliehen [ゲリーエン] leihen の過去分詞.
gelind, gelinde [ゲリント, ゲリンデ] 形《書》軽微な;寛大な;柔らかな, 穏やかな, 温和な.
gelingen* [ゲリンゲン] (過 gelang; 過分 gelungen) 自⒮ (↔ misslingen) ⟨③⟩〈事¹が〉〈人³にとって〉うまくいく, 成功する.
gelitten [ゲリッテン] leiden の過去分詞.
gellen [ゲレン] 自(口)〈物¹が〉鋭く[甲高く]響く.
geloben [ゲローベン] 他⟨③ ④⟩《書》〈人³に事⁴を〉堅く約束する, 誓約する.
gelogen [ゲローゲン] lügen の過去分詞.
geloschen [ゲロッシェン] löschen¹ の過去分詞.
gelöst [ゲレースト] ((I)) lösenの過去分詞. ((II))形 (最上 ~est)(精神的に)リラックスした, ゆったりした.
gelten* [ゲルテン] (du giltst, er gilt; 過 galt;過分 gegolten) ((I))他〈物¹が〉〈物⁴の〉価値がある,〈物⁴に〉値する. ((II))自 ❶〈物¹が〉有効である, 通用する. ❷⟨**für** ④⟩〈物¹が〉〈人・物⁴に対して〉適用される, 行われる. ❸⟨③⟩〈物¹が〉〈人・物³に〉向けられているものである,〈人・物⁴に対して〉なされたものである;〈事³のために〉なされる. ❹⟨**als** ①⟩〈事¹と〉(大多数の人から)みなされている, 考えられている;⟨**für** ④⟩(やや古)〈事⁴と〉みなされている. ④ ~ *lassen* 事⁴を正当なものとみなす, 承認する.
Geltung [ゲルトゥング] 女(-/-)《書》効力, 価値;有効性, 妥当性.
gelungen [ゲルンゲン] ((I)) gelin-

① 1格 ② 2格 ③ 3格 ④ 4格

gemächlich [ゲメ(ー)ヒリヒ] 形 ゆっくりした，ゆったりした．

Gemahl [ゲマール] ((I))男 ((-(e)s/-e) 《主に単》《書》夫君 ((自分の夫には用いない))．

gemahlen [ゲマーレン] mahlen の過去分詞．

Gemahlin [ゲマーリン] 女 (/-nen) 《主に単》《書》夫人 ((自分の妻には用いない))．

Gemälde [ゲメールデ] 中 (-s/-) (特に彩色の)絵画；油絵．

gemäß [ゲメース] ((I))形 《3》〈人・物 ^{3} に〉適した，ふさわしい．((II))前 《3格支配》《主に名詞の後に置かれる》《書》…に従って，応じて．

gemäßigt [ゲメースィヒト] ((I)) mäßigen の過去分詞．((II))形 ❶ (↔ maßlos) 節度のある．❷ (政治的に)穏健な，温和な．

gemein [ゲマイン] ((I))形 ❶ (↔ anständig, edel) 卑劣な，卑しい，さもしい；不快な，いやな．❷ 《副なし》(口) 非常に不快な，ひどい，下品な，野卑な．❸ 《付加》(やや古) ありふれた，普通の，並の．((II))副 (口)《悪いことを強調して》非常に，ひどく．

Gemeinde [ゲマインデ] 女 (/-n) ❶ (最小の行政単位の)市町村自治体；市町村民；(市)役所，(町[村])役場．❷《宗》教区；教区民，教会員；礼拝の会衆［信者］．❸ 集まった人々；列席者，参列者．

Gemeinde·rat 男 ❶ 市町村議会．❷ 市町村議会議員．◇**Gemeinderätin** 女 (/-nen)．

Gemeinde·schwester 女 (/-n) (市町村の)ホームヘルパー［看護師］．

Gemeinde·verwaltung 女 市町村行政当局．

gemeingefährlich 形 公安を害するおそれのある，公共の危険性のある．

Gemein·gut 中 《単》 共有財産［物］．

Gemeinheit [..ハイト] 女 (/-en) ❶ 《単》意地悪，悪意，卑劣．❷ 意地悪な［悪意のある，卑劣な］言行．❸ (口) いまいましい［腹が立つ］こと．❹ 《主に複》罵声，下品な言葉．

gemein·nützig [..ニュッツィヒ] 形 公益［共益］の．

gemeinsam [ゲマインザーム] 形 共同［共通，共有］の，一緒の．◆(mit ③) ④ ~ haben (人・物 ^{3} と)事 ^{4} を共有している．**4級**

Gemeinsamkeit [..カイト] 女 (/-en) ❶ 共有性［点］，共通性［点］．❷ 共同．

Gemeinschaft [ゲマインシャフト] 女 (/-en) ❶ 共同社会，共同体，コミュニティー；アソシエーション，団体，社会；国家連合．❷ 共同，共通，共有；結合，連合，一致．

gemeinschaftlich [..シャフトリヒ] 形 共同［共通，共有］の，連帯の，一緒の．

Gemein·wohl 中 公共の福祉［福利］，公益．

gemessen [ゲメッセン] ((I)) messen の過去分詞．((II))形 ❶ ゆったりとした，悠然 (悠) とした，謹厳［荘重］な．❷ 節度ある，控えめな．

Gemetzel [ゲメッツェル] 中 (-s/-) (武器を持たない人の)殺戮 (戮)［虐殺］，大虐殺．

gemieden [ゲミーデン] meiden の過去分詞．

Gemisch [ゲミッシュ] 中 (-(e)s/-e) 混合物．

gemocht [ゲモホト] mögen の過去分詞．

gemolken [ゲモルケン] melken の過去分詞．

Gemse [ゲムゼ] 女 = Gämse．

Gemüse [gəmý:zə ゲミューゼ] 中 (-s/-) 野菜，青物．**5級**

gemusst [ゲムスト] müssen の過去分詞．

gemußt ⑧= gemusst．

Gemüt [ゲミュート] 中 (-(e)s/-er) ❶ 《単》心情，情緒，気持ち；気質，性向．❷ 《複》心の持ち主，心ある人．*sich* ^{3} *zu ~e führen* (口) 1) 事 ^{4} を肝に銘じる．2) (味わって)食う，飲む，賞味する．

gemütlich [ゲミュートリヒ]形 ❶快適な,心地よい,住み心地[居心地,座り心地]のよい. ❷くつろいだ,ゆったりとした,悠々とした,のんびりした,ざっくばらんな. ❸なごやかな,暖かみ[情味]のある,楽しい. ❹情緒のある,趣のある. *es sich*³ *~ machen* 楽にする

Gemütlichkeit [..カイト]女(-/) ❶快適,心地よいこと,住み心地[居心地,座り心地]のよいこと. ❷くつろぎ. ❸なごやかさ,暖かみ,情味. ❹情緒,趣.

gemüts·krank 形《副なし》心を病んだ;鬱(う)病の;情緒不安定の.

Gemüts·mensch 男(-en/-en)《弱》情のある人;のんびり構えている人.

gemüt·voll 形 情味あふれる,情緒豊かな,心の温かい,心のこもった.

Gen [ゲーン]中(-s/-e)《主に複》【生】遺伝(因)子,ゲン.

genannt [ゲナント]nennen の過去分詞.

genas [ゲナース]genesen の過去形.

genäse [ゲネーゼ]genesen の接続法II式形.

genau [gənáo ゲナオ]《(I)》形《比較 genauer;最上 genau(e)st》 ❶ (↔ ungefähr) 正確な,ちょうどの,ぴったりの,きちんとした,寸分違わない. ❷ (↔ oberflächlich) 精密な,詳細な,綿密な,厳密な,厳格な,細心な,几帳面な. ◆(Stimmt,) ~! (口) 全くそのとおりです. *es mit* ③ *~ nehmen* 事³に厳格である[細かい],事³をやかましく言う,事³を文字どおりに取る. ❕*~ genommen* 厳密にとれば[言えば,考えれば]((省略形は g.g.)).《(II)》副 きちんと,ちゃんと,よく,はっきりと.《(III)》副《不変化》ちょうど,ぴったり. 4格

genau·genommen 副《分》=genau genommen (⇨genau ❶).

Genauigkeit [ゲナオイヒカイト]女(-/) ❶正確さ,精確さ. ❷精密さ,綿密さ,厳密さ,精密さ,几帳面さ,厳格さ. ❸詳細,確実さ.

genauso [ゲナオゾー]副 まったく同様に. ★ *~ gut, lange, oft, viel, wenig, weit* などと用いられる. 4格

genehm [ゲネーム]形《副なし》《書》好ましい,好都合の.

genehmigen [ゲネーミゲン]他《(③)④》《(人³に)事⁴を》(公式に)許可する,裁可[認可]する.

genehmigt genehmigen の過去分詞.

Genehmigung [ゲネーミグング]女(-/-en) ❶《für ④ zu ③》《事⁴·³の》許可,裁可,認可. ❷許可書.

geneigt [ゲナイクト]《(I)》neigen の過去分詞.《(II)》形《書》 ❶《zu ③》《事³の》傾向がある,性癖のある,しがちである. ❷《③》《人³に》好意を持っている.

General [ゲネラール]男(-s/-e, Generäle)(陸軍·空軍の)大将;将軍,将官;軍司令官((海軍は Admiral)).

General..《名詞に付いて》 ❶「最高位の,上席の」:Generalkommando 総司令部. ❷「一般的な,総合的な」.

General·direktor 男(-s/-en) ❶《単》総支配人[総裁,社長]の職位. ❷総支配人,総裁,総長,社長((人)). ◇..direktorin 女(-/-nen).

generalisieren [ゲネラリズィーレン]他《(④)》《(事⁴を)》一般[普遍]化する.

Generalisierung [ゲネラリズィールング]女(-/)一般[普遍]化.

General·probe 女【楽】総練習,総リハーサル,ゲネプロ;【劇】最後の舞台稽古.

general·überholen 他 車や機械⁴を全面的にオーバーホールする. ★ 不定詞と完了形(hat generalüberholt)しか用いられない.

General·vertreter 男 総代理人.

Generation [ゲネラツィオーン]女(-/-en) 世代,ジェネレーション;(二·三十年間の)一世代.

Generations·konflikt 男 世代間の葛藤,ジェネレーション·ギャップ.

Generator [ゲネラートァ]男(-s/

generell [ゲネレル] 形 一般的な, 全般的な, 全面的な, 全体的な.

genesen* [ゲネーゼン] 過 genas; 過分 genesen) 自⑤《(von ③)》《書》〈病気³が〉治る.

Genesung [ゲネーズング] 女《主に単》《(von ③)》〈病気³からの〉全快, 治癒, 回復.

genetisch [ゲネーティッシュ] 形 遺伝(学)(上)の.

Genf [ゲンフ] 中(-s/-) ジュネーブ ((スイスの州名, その州都)).

Genfer [ゲンファー] (Ⅰ) 男(-s/-) ジュネーブ市民. (Ⅱ) 形《不変化; 付加》ジュネーブの. ◆der ~ See レマン[ジュネーブ]湖. ★スイスではGenfersee.

genial [ゲニアール] 形《副なし》天才的な, 天賦の才がある, 独創的な.

Genialität [ゲニアリテート] 女(-/-) 天才, 天賦の才, 独創力[性].

Genick [ゲニック] 中(-(e)s/-e)《主に単》首筋(ホシ), うなじ.

Genie [ジェニー] 中(-s/-s) ❶ 天才((人)). ❷《単》天賦の才, 天分; 独創力.

genieren [ジェニーレン] (Ⅰ) 再 sich⁴ 遠慮[当惑]する, 恥ずかしがる. (Ⅱ) 他〈人⁴を〉当惑させる, 恥ずかしがらせる.

genießbar [ゲニースバァ] 形《副なし》《主に否定の形で》❶ 味わえる, 食べられる, 飲める. ❷ 〔口〕機嫌のよい.

genießen* [ゲニーセン] 他 (du genießt; 過 genoss; 過分 genossen) 他 ❶ 〈物⁴を〉楽しむ, 満喫する, 享受する. ❷ 〈利益になること⁴を〉受ける, 享受する.

Genießer* [ゲニーサー] 男(-s/-) 楽しむ[味わう]ことのできる人, 通, グルメ.

genießerisch [ゲニーセリッシュ] (Ⅰ) 形 通のような, (Ⅱ) 副 楽しみながら, 味わいながら.

Genitale [ゲニターレ] 中(-s/..lien)《主に複》生(殖)器, 陰部.

Genitiv [ゲーニティーフ] 男(-s/-e)(Wesfall)第2格, 属格, 所有格 ((略: Gen.)).

Gen·manipulation 女 遺伝子操作.

gen·manipuliert [..マニプリーァト] 形《副なし》遺伝子操作による[された].

genommen [ゲノメン] nehmen の過去分詞.

genoss [ゲノス] genießen の過去形.

Genosse [ゲノッセ] 男(-n/-n)《弱》❶ (特に左翼政党の)党員, 同志 ((呼びかけとしても用いる)). ❷ 〔古〕仲間, 同僚.

genoße 旧 = genosse.

genösse [ゲネッセ] genießen の接続法Ⅱ式形.

genossen [ゲノッセン] genießen の過去分詞.

Genossenschaft [ゲノッセンシャフト] 女(-/-en) (主に農業・手工業の)(協同)組合 ((略: Gen.)).

Genossin [ゲノッスィン] 女(-/-nen) Genosse の女性形.

Gen·technik 女(-/-) 遺伝子工学.

gen·technisch 形 遺伝子工学の.

Gen·technologie 女(-/-) 遺伝子工学[技術].

genug [ɡənúːk ゲヌーク] 副 **十分に, 足りて, 足りる.** ★英語に掛かる場合は名詞の前後に置かれる; 形容詞に掛かる場合は形容詞の後に置かれる; 古い用法では名詞の2格と用いられることがある; 名詞を修飾している形容詞を修飾するときは genügend を用いる; 否定的な内容を強調することもある. ◆Ich habe Zeit ~ [~ Zeit]. 私には十分時間があります. Er ist klug ~, um das zu begreifen. 彼は十分賢くてそれを理解できます((それを理解するのに十分賢い)). *von* ③ ~ *haben* 〔口〕人・物³はもううんざりである, もうたくさんである. **4級**

genügen [ゲニューゲン] 自 ❶ 《(③)》〈für ④ [zu ③]〉〈物³が〉〈〈人³にとって)〉〈事⁴·³のために〉**十分である**, 足り

る. ❷《③》《書》《事³を》満足させる, 満たす,《事³に》添う.

genügend [..ト] **(I)** genügen の現在分詞. **(II)** 形《無変化; 名詞の前に置かれる》十分な, たっぷりした. **(III)** 副《形容詞・副詞の前に置かれる》十分に, たっぷり.

genügsam [..ザーム] 形 欲の少ない, 足るを知る, 分に甘んずる; 控え目な.

Genugtuung [ゲヌークトゥ(ー)ウング] 女 (-/-) ❶《über ④》《(事⁴についての)》満足(感). ❷《über ④》《(事⁴に対する)》(肉体的・精神的な)償い, 補償, 弁償; 名誉回復,〔宗〕贖罪, あがない.

Genus [ゲ(ー)ヌス] 中 (-/Genera) 種, 類;〔言〕性;〔生〕属.

Genuss [ゲヌス] 男 (-es/Genüsse) ❶喜び, 楽しみ, 享楽, 悦楽, 歓楽. ❷《単》《書》《von ③》《(物³の)》飲食, 摂取.

Genuß 男 (..nusses/Genüsse) 中 = Genuss.

genüsslich [..リヒ] **(I)** 形 楽しみながらの, 喜んでいる. **(II)** 副 楽しみながら, 喜んで; うまそうに.

genüßlich 中 = genüsslich.

Geograf [ゲオグラーフ] 男 (-en/-en) 《弱》地理学者. ◇**Geografin** 女 (-/-nen).

Geografie [ゲオグラフィー] 女 (-/-) 地理学.

geografisch [ゲオグラーフィッシュ] 形 地理学(上)の, 地理の, 地理的な.

Geograph 男 = Geograf.

Geologe [ゲオローゲ] 男 (-n/-n) 《弱》地質学者. ◇**Geologin** 女 (-/-nen).

Geologie [ゲオロギー] 女 (-/-) 地質学.

geologisch [ゲオローギッシュ] 形 地質学(上)の.

Geometrie [ゲオメトリー] 女 (-/..trien [..トリーエン]) 幾何学.

geometrisch [ゲオメートリッシュ] 形 幾何学(上)の, 幾何学的な.

Georg [ゲオルク, ゲーオルク]《男名》ゲ(ー)オルク.

Georgien [ゲオルギエン] 中 (-s/) グルジア((ヨーロッパ南東部の一共和国)).

Gepäck [gəgέk ゲペック] 中 (-(e)s/)(旅行用の)(手)荷物. **5級**

Gepäck·aufbewahrung 女 手荷物(一時)預かり所.

Gepäck·ausgabe 女 手荷物引渡し所.

Gepäck·kontrolle 女 手荷物(税関)検査.

Gepäck·netz 中 (車内の)網棚.

Gepäcks.. オーストリアではGepäckの代わりにGepäcksを用いる. 例: Gepäcksnetz.

Gepäck·schein 男 手荷物引換券〔証〕.

Gepäck·träger 男 ❶(自転車などの)荷台. ❷(駅の)ポーター, 赤帽.

Gepard [ゲーパルト, ゲパルト] 男 (-s/-e), (-en/-en)《弱》〔動〕チータ.

gepfeffert [ゲプフェッファァト] **(I)** pfeffernの過去分詞. **(II)** 形《副なし》(II) ❶(値段の)法外な. ❷(しゃれなど)きわどい, いかがわしい, いやらしい.

gepfiffen [ゲプフィッフェン] pfeifenの過去分詞.

gepflegt [ゲプフレークト] **(I)** pflegenの過去分詞. **(II)** 形 手入れ[手当]の行き届いた; 洗練された, 教養のある; 身だしなみの良い; 好みの良い.

geflogen [ゲプフローゲン] pflegenの過去分詞.

Gepflogenheit [..ハイト] 女 (-/-en)《主に複》《書》慣習, 慣例, 習慣.

Geplapper [ゲプラッパー] 中 (-s/)(特に子供が)ペチャクチャしゃべること, たわごと, おしゃべり.

gepriesen [ゲプリーゼン] preisenの過去分詞.

gequält [ゲクヴェールト] **(I)** quälenの過去分詞. **(II)** 形《最上 ~est》(表情が)苦しそうな, 苦しげな.

gequollen [ゲクヴォレン] quellenの過去分詞.

gerade [gərá:də ゲラーデ] **(I)** 形 ❶(↔ krumm, schief) まっすぐな, 直

線的な、ストレートな；直立した；直線の；垂直の。❷ (↔ aufrichtig) 率直な，正直な；打ち明けた，公然の，単刀直入な。❸《付加または副》(genau) 直接的な；ちょうどの、全くの。❹ (↔ ungerade) 偶数の。((II))副 ❶《時間的に》(a)《主に現在形と》ちょうど今、ただ今；(b)《主に過去形と》ちょうどそのとき。(c)《主に完了形と》たった今さっき、つい今しがた。❷《空間的に》まっすぐに；まさに、ちょうど。♦Ich wollte ~ ...〈不定詞句〉ちょうど…しようとしていたところだ。((III))副《不変化》❶ まさに、ちょうど。❷ によって、ほかでもない。**~ biegen** = geradebiegen **5級**

Gerade [ゲラーデ] 囡(-n/-n)《形容詞変化》【数】直線；【競】（競輪・自動車レース等の）直線コース；【ボクシング】ストレート．

geradeaus [gəra:dáoas ゲラーデアオス] 副 まっすぐに(外へ，前方へ)；わき道にそれずに；乗り換えなしに；率直[正直]に. **4級**

gerade|biegen* 他(口) ❶〈物⁴を〉修復する，元どおりにする．❷〈曲がった物⁴を〉まっすぐにする．

gerade-heraus [..ヘラオス] 副(口) 率直で，ありのままに，あけすけに，ざっくばらんに．

gerade-so 副 ちょうどそのように．

gerade|stehen* 自(白北・南・独S)〈für ④〉〈悪い事⁴に対して〉責任を持つ. ★ **gerade stehen** 直立している．

geradezu [ゲラーデツー, ゲラーデツー] ((I)) 副《名詞・形容詞を強調して》まさしく，全く，実に(驚異的な). ((II)) 副 あけすけの，ざっくばらんの．

geradlinig [ゲラートリーニヒ] 形 ❶ 直線の，直線的な；直系の．❷ 率直な，誠実な．

Geranie [ゲラーニエ] 囡(-/-n)【植】ゼラニウム，テンジクアオイ．

gerann [ゲラン] gerinnen の過去形．

gerannt [ゲラント] rennen の過去分詞．

gerät [ゲレート] geraten の3人称単数現在形．

Gerät [gərέ:t ゲレート] 中(-(e)s/-e) ❶ 道具，器具，用具．❷ 器械，機器，機械，装置；《特に》ラジオ，テレビ．❸《主に複》（体操の）補助器具．❹《集合的に》装備，備品，器具，用具，設備．**5級**

geraten*¹ [ゲラーテン] (du gerätst, er gerät; 過 geriet; 過分 geraten) 自(S) ❶（偶然）行きつく，入り込む，落ち込む．❷〈in ④〉〈悪い状態・状況⁴に〉陥る，巻き込まれる．❸〈an ④〉〈不快な人・物⁴に〉出会う，出くわす．❹〈植物¹などが〉発育する[育つ]，〈人³が〉成長する．❺ (S)〈物¹が〉〈(人³にとって)〉うまくゆく；〈物¹が〉〈(人³にとって)〉結果として〉...になる．❻ **nach** ③〈子供¹が〉〈人³に〉似ている．

geraten² [ゲラーテン] ((I)) raten の過去分詞；geraten¹ の過去分詞．((II)) 形《述語》《書》勧めてよい，当を得た，得策の．

Geratewohl [ゲラーテヴォール, ゲラーテヴォール] 中 **aufs ~** (口) 運を天に任せて，当てずっぽうに，行き当たりばったりに．

gerätst [ゲレーツト] geraten¹ の2人称単数現在形．

geräumig [ゲロイミヒ] 形 広い，広々とした．

Geräusch [ゲロイシュ] 中(-(e)s/-e) 音，音響，サウンド；物音；騒音，雑音．

geräusch-arm 形 騒音[物音]のない，音の弱い．

geräusch-los 形 騒音[物音]のない，静かな．

geräusch-voll 形 騒々しい，騒がしい，やかましい，うるさい．

gerben [ゲァベン] 他〈皮⁴を〉なめす．

gerecht [ゲレヒト] 形《最上 ~est》❶ (↔ ungerecht) 公正[公平]な，偏らない，公明正大な．❷《付加》正当[もっとも]な，当然の，理由[根拠]のある．❸ ⟨③⟩〈物³に〉適した，向いた，ふさわしい．

gerechtfertigt [..フェァティヒト] 形《主に述語》正当と認められる．

Gerechtigkeit [ゲレヒティヒカイト] 囡(-/-) ❶ 公正(さ)，公平(さ)．❷《書》

Gerede [ゲレーデ] 匣 (-s/-) 《軽蔑》❶ (長い) おしゃべり; 雑談, むだ話. ❷ 〈über 4〉《事4についての》(悪い) うわさ, 風評, 流言, ゴシップ. *ins ~ kommen* [*geraten*] 人のうわさに上る.

gereizt [ゲライット] ((I)) reizenの過去分詞. ((II)) 形 《最上級は ~est》いらだった, 怒りっぽい.

Gericht[1] [ゲリヒト] 匣 (-(e)s/-e) (暖かい) 料理.

Gericht[2] 匣 (-(e)s/-e) ❶《単》(機関としての) 裁判所, 法廷; 審判; 判決. ❷《単》裁判官 (総称). ❸ 裁判所 (の建物). ◆ *das Jüngste* [*Letzte*] ~ — 〔宗〕最後の審判. *mit j³ streng* [*hart, scharf*] *ins ~ gehen* 人³を厳しく叱責する [罰する]. *vor ~ kommen* 1)〈人¹が〉裁判を受ける, 訴えられる. 2)〈事¹の〉判決が下される. *vor ~ stehen* 裁判を受けている.

gerichtlich [..リヒ] 形 裁判の [である], 裁判上の, 法廷の; 法律 [司法] (上) の, 法的な.

Gerichts·hof [ゲリヒツ..] 匣 法廷, 裁判所.

Gerichts·kosten 複 裁判費用.

Gerichts·saal 匣 法廷.

Gerichts·verfahren 匣 裁判 [訴訟] 手続き.

Gerichts·vollzieher [..フォルツィーアー] 匣 執行官.

gerieben [ゲリーベン] ((I)) reibenの過去分詞. ((II)) 形《口; 主に軽蔑》すれっからしの, ずるい, 抜け目のない.

geriet [ゲリート] geraten¹の過去形.

geriete [ゲリーテ] geraten¹の接続法II式形.

gering [gərɪŋ ゲリング] 形 ❶ (数量などが) 少ない, 小さい, わずか (ばかり) [僅少] の; (程度が) 低い; ごくわずか [最小限] の; 乏しい, 微々たる, 取るに足らない, 些細な. ❷《書》(物の価値が) 重要ではない, 大したことのない, 価値の低い; (品) 質の悪い [劣った], あまり良くない, 劣等な; (人の身分の低い, 卑しい. *nicht im Geringsten* 全く [少しも] ない. *~ achten*〈人・物⁴を〉軽視 [軽蔑] する, 侮る; 低く評価する. 4級

gering·fügig [..フューギヒ] 形 わずか (ばかり) [僅少] の, 微々たる, 取るに足らない, 些細な.

gering·schätzig [..シェッツィヒ] 形 軽蔑的な, 軽蔑に満ちた.

gerinnen* [ゲリンネン] 自 (過 gerann; 過分 geronnen) ⓢ〈物¹が〉凝固 [凝結] する.

Gerippe [ゲリッペ] 匣 (-s/-) ❶ 骨格, 骸骨. ❷ (航空機・建物などの) 骨組み, フレームワーク; 骨子, アウトライン.

gerissen [ゲリッセン] ((I)) reißenの過去分詞. ((II)) 形《口; 主に軽蔑》悪賢い, ずる賢い, 抜け目のない.

geritten [ゲリッテン] reiten の過去分詞.

Germane [ゲァマーネ] 男 (-n/-n) 《弱》ゲルマン人. ◇ **Germanin** 女 (-/-nen).

germanisch [ゲァマーニッシュ] 形 ゲルマン (民族 [語]) の.

Germanistik [ゲァマニスティック] 女 (-/) ドイツ語学 [文学] (研究). 4級

gern(e) [ゲルン(ネ)] 副 (比較 *lieber*; 最上 *am liebsten*) ❶ 好んで, 喜んで; (...するのが好きである; 《接続法第II式と共に》...したいのですが. ❷ すすんで, 喜んで;《しばしば *können* と共に》(...しても) いっこうに構わない, 遠慮なく [構わずに] どうぞ...して下さい. ❸ ...しがちである, ...しやすい. ★ 強調. ◆ *Ich lese ~.* 私は読書が好きです. *Ich hätte* [*hätt*] *~* 4. 物⁴が欲しいのですが. 4 *~ haben* [*mögen*] 人・物⁴が好きである. 4 *zum Fressen ~ haben* 人⁴が大好きである. 5級

gerochen [ゲロッヘン] riechen の過去分詞.

Geröll [ゲレル] 匣 (-(e)s/-e) 砂利; (山腹や川床の) 石原, 河原石, 岩屑; 〔地〕礫(⁵); 漂礫(³³³⁵⁵), 漂石.

geronnen [ゲロンネン] rinnen, gerinnenの過去分詞.

Gerste [ゲァステ] 囡(-/(種類を表すとき)-n) 大麦.

Gersten·korn 囲 ❶大麦の粒. ❷〔医〕麦粒腫(ばくりゅうしゅ), ものもらい.

Gerte [ゲァテ] 囡(-/-n) ❶(乗馬用)鞭(むち). ❷しなやかな小枝.

Geruch [ゲルーフ] 囲(-(e)s/Gerüche) ❶におい, かおり; 芳香. ❷《単》嗅覚(きゅうかく), 嗅感. ❸《単》〔書〕評判, うわさ.

Gerücht [ゲリュヒト] 囲(-(e)s/-e) うわさ, 風評.

gerufen [ゲルーフェン] rufen の過去分詞.

geruhsam [ゲルーザーム] 厖 ゆっくりとした, のんびりした, やすらかな.

Gerümpel [ゲリュンペル] 囲(-s/)(軽蔑)(家具などの)がらくた, 古道具.

gerungen [ゲルンゲン] ringen の過去分詞.

Gerüst [ゲリュスト] 囲(-(e)s/-e) ❶足場, 台枠, 骨組; 〔建〕構脚, 桟敷(さじき). ❷骨組み, 枠組み, フレームワーク; 概略, 輪郭, 骨子, アウトライン.

gesalzen [ゲザルツェン] salzen の過去分詞.

gesamt [ゲザムト] 厖 [付加]全体[総体]の, 全部[すべて]の, 合計の. **4級**

gesamt·deutsch 厖 全ドイツの, ドイツ人全体の, ドイツ全体に関する.

Gesamt·eindruck 囲 全体の印象, (個々の)印象の全体像.

Gesamtheit [..ハイト] 囡(-/) 全体, 全部, 総体, 全員; 総括; 全額, 総額, 総計.

Gesamt·hochschule 囡 総合制大学.

Gesamt·schule 囡(-/-n) 総合学校((1970年代より; 従来のGymnasium, Realschule, Hauptschule を統合した学校)).

Gesamt·werk 囲 (一作家の)全集.

gesandt [ゲザント] senden の過去分詞.

Gesandte(r) [ゲザンテ[ター]] 囲囡 《形容詞変化》外交使節, 公使((Botschafter の下)).

Gesandtschaft [ゲザントシャフト] 囡(-/-en) ❶公使一行; 公使の任[職]. ❷公使館.

Gesang [ゲザング] 囲(-(e)s/Gesänge) ❶(a)歌うこと, 歌唱. (b)動物の鳴き声; 響き, 音. ❷歌曲, 歌謡, 詩歌; 賛美歌. ❸(科目としての)唱歌, 声楽. ❹叙事詩の章[節, 篇].

Gesang·buch, (新正) **Gesangs·buch** 囲 歌の本, 歌曲集; 賛美歌集.

Gesäß [ゲゼース] 囲(-es/-e) 〔書〕臀部(でんぶ), 尻(しり).

geschaffen [ゲシャッフェン] schaffen¹ の過去分詞.

Geschäft [ga∫éft ゲシェフト] 囲(-(e)s/-e) ❶商売, 取引, 売買, ビジネス; 貿易, 商業, 事業. ❷《単》景気, 売れ行き, 商売. ❸店, 店舗; 会社, 企業. ❹用事, 要件, 用件. ❺《複》仕事, 事務, 業務. sein ~ verstehen 自分の仕事を良く分かっている, 有能である. **5級**

Geschäfte·macher [ゲシェフテ..] 囲(-s/-) (口;軽蔑) 暴利をむさぼる者, 金もうけ主義者.

geschäftig [ゲシェフティヒ] 厖 せわしげな, せかせか動き回る, せわしく立ち働く.

geschäftlich [..リヒ] 厖 ❶仕事上の, ビジネスの, 取引[商業]上の, 商用の. ❷事務的な, 儀礼的な, そっけない.

Geschäfts·bedingungen [ゲシェフツ..] 囡契約約款(やっかん), 契約条件.

Geschäfts·freund 囲 取引先[相手], 顧客.

Geschäfts·führer 囲 (雇われた)店[会社]の経営者, 取締役; 業務執行者, 支配人, マネージャー.

Geschäfts·führung 囡《単》❶業務執行, 店[会社]の経営. ❷経営陣, 業務執行部; (会社の)役員, 首脳部, 取締役会.

Geschäfts·inhaber 囲 商店主, 営業主.

Geschäfts·jahr 囲 営業[業務]年度.

ge□t ⇨ □en

Geschäfts·kosten 中 経費, 業務費.

Geschäfts·leitung 女 店[会社]の経営.

Geschäfts·mann 男 (-(e)s/..leute) 実業家; ビジネスマン. ◇**..frau** (-/-en).

Geschäfts·ordnung 女 (-/-en) 事務[業務]規定; 職務規定.

Geschäfts·partner 男 ❶ 共同経営者. ❷ 取引先.

Geschäfts·reise 女 商用[職務, 公務]旅行, 出張.

Geschäfts·schluss 男 閉店.

Geschäftsschluß 男 = Geschäftsschluss.

Geschäfts·stelle 女 《主に単》オフィス, 事務所, 営業所.

Geschäfts·straße 女 商店街.

geschäfts·tüchtig 形 商売[取引]上手の, 経営に有能な.

Geschäfts·viertel 中 商業地域, 商店街, 繁華街.

Geschäfts·zeit 女 営業時間.

geschah [ゲシャー] geschehen の過去形.

geschähe [ゲシェーエ] geschehen の接続法II式基本形.

geschehen* [ゲシェーエン] ((I)) (es geschieht; 過 geschah; 過分 geschehen) 自 ⓢ ❶《事¹が》起こる, 生ずる(その結果変化が起こる). ❷《³》〈悪い事¹が〉〈人³の〉身に起こる. ❸《事¹が》なされる, 行われる. *Gern(e) ~!* どういたしまして((相手の感謝の言葉に対して)). *Es ist um ④ geschehen.* ④ が失われた, 人・物 ④ が終わりだ. ((II)) geschehen ((I)) の過去分詞. 4級

gescheit [ゲシャイト] ((I)) 形《最上 ~est》❶《内容が》すぐれた, 気の利いた, うまい. ❷《口》分別のある, 物の分かった, 賢い, 賢明な. ❸《副なし》《南ドイツ》《口》大きな, たっぷりとした, 相当[非常]な. ((II)) 副《南ドイツ》《口》❶よく, うまく, 巧みに. ❷相当[非常]に.

Geschenk [gəʃέŋk ゲシェンク] 中 (-(e)s/-e)《(von ④); (für ④)》《《人³からの》; 《人⁴のための》》贈り物, プレゼント, ギフト, 進物. ❷ ein ~ (mit ③) machen 人³に〈物³を〉プレゼントする. ❸ ④ zum ~ machen 人³に物⁴を贈る. 4級

Geschenk·artikel 男 (-s/-) 贈答[進物]用品.

Geschenk·packung 女 進物[贈り物]用包装, ギフト用ラッピング.

Geschichte [gəʃίçtə ゲシヒテ] 女 (-/-n) ❶《単》歴史; 歴史学, 史学. ❷ 歴史書. ❸《**über** ④》〈人・物について〉の話, 物語. ❹《口; 主に軽蔑》こと, 事柄, 出来事. *in die ~ eingehen* 記憶[記録]される, 歴史に名を残す. 4級

geschichtlich [ゲシヒトリヒ] 形《付加または副》歴史の, 歴史に関する. 歴史的な; 歴史上の, 史実に基づく; 歴史上重要な, 歴史的な.

Geschichts·buch [ゲシヒツ..] 中 歴史教科書; 史書, 歴史の本.

Geschick [ゲシック] 中 (-(e)s/-e) ❶《単》技能, 技量, 熟練. ❷《書》神の摂理; めぐり合わせ, 定め, 天命, 運命. ❸《主に複》(国家などの)命運.

Geschicklichkeit [..リヒカイト] 女 (-/) 器用さ, 巧みさ, 巧妙さ, 手際の良さ; 技能.

geschickt¹ [ゲシックト] schicken の過去分詞.

geschickt² [ゲシックト] 形《最上 ~est》器用[上手, 巧み]な, 手際のよい, 熟練した, 腕のよい.

geschieden [ゲシーデン] ((I)) scheiden の過去分詞. ((II)) 形 別れた, 離婚した (略: gesch.).

geschieht [ゲシート] geschehen の3人称単数現在形.

geschienen [ゲシーネン] scheinen の過去分詞.

Geschirr [ゲシル] 中 (-(e)s/-e) ❶《単》食器. ❷ 馬具(一式), 引き具(一式). 4級

Geschirr·spülmaschine 女 (自動)食器洗い機.

Geschirr·tuch 中 布巾.

geschissen [ゲシッセン] scheißen の過去分詞.

geschlafen [ゲシュラーフェン] schlafen の過去分詞.

geschlagen [ゲシュラーゲン] (I) schlagen の過去分詞. (II) 形《付加または副》《時間を表す数詞・名詞と共に》まるまるの, たっぷりの.

Geschlecht [ゲシュレヒト] 中 (-(e)s/-er) ❶《単》(男女の)性;性器;(文法上の)性. ❷(-(e)s/-er) 名門, 氏族;(有名な)血統, 家柄, 家系. ❸《主に複》(書)世代, 一代.

geschlechtlich [..リヒ] 形《付加または副》❶性の, 性的な, 性に関する. ❷有性の.

Geschlechts-akt [ゲシュレヒツ..] 男 性行為.

geschlechts-krank 形《副なし》性病の.

Geschlechts-krankheit 女 [医] 性病.

Geschlechts-organ 中 生殖器, 性器.

Geschlechts-verkehr 男 (-(e)s/) 性交.

Geschlechts-wort 中 [言] 冠詞.

geschlichen [ゲシュリッヒェン] schleichen の過去分詞.

geschliffen [ゲシュリッフェン] (I) schleifen の過去分詞. (II) 形 磨かれた, 洗練[推敲]された, 研ぎすまされた.

geschlossen [ゲシュロッセン] (I) schließen の過去分詞. (II) 形 ❶《付加または副》閉じた, 中へ入れない;非公開の, 閉鎖的な, 排他的な, 秘密の, 制限された, 限定の;それだけで完結した. ❷《副なし》[言] 閉音節の. ❸閉店の. (III) 副 全員一致して, 満場一致で, 全員で.

geschlungen [ゲシュルンゲン] schlingen[1,2] の過去分詞.

Geschmack [ゲシュマック] 男 (-(e)s/Geschmäcke, (口) Geschmäcker) ❶《単》味, 風味;味覚. ❷《単》審美眼, 鑑賞力, センス. ❸《個人的な》趣味, 好み, 嗜好(シコウ). ❹《書》時代のセンス, 好尚, 流行. *an* ❸ *~ finden* [*gewinnen*] 物[3]に趣味を見出す, 人・物[3]が好きになる. *Die Geschmäcker sind verschieden.* (口) 好みは様々, 蓼(タデ)食う虫も好き好き.

geschmacklos 形 (最上 ~est) ❶味のない, 無味の. ❷悪趣味な, 品のない, 俗悪な. ❸礼儀を欠く, 無作法な, 無礼な.

Geschmack-losigkeit [..ローズィヒカイト] 女 (-/-en) ❶無味, 無趣味, 俗悪. ❷無作法, 粗野, 下品.

Geschmacks-sache 女 趣味に関する事柄, 趣味の問題.

geschmack-voll 形 趣味の良い, 趣のある, 上品な.

Geschmeide [ゲシュマイデ] 中 (-s/-)《書》(やや古) 高価な装身具, 宝飾品;宝石.

geschmeidig [ゲシュマイディヒ] 形 柔軟な, しなやかな.

geschmissen [ゲシュミッセン] schmeißen[2] の過去分詞.

geschmolzen [ゲシュモルツェン] schmelzen の過去分詞.

geschnitten [ゲシュニッテン] schneiden の過去分詞.

geschoben [ゲショーベン] schieben の過去分詞.

geschollen [ゲショレン] schallen の過去分詞.

gescholten [ゲショルテン] schelten の過去分詞.

Geschöpf [ゲシェプフ] 中 (-(e)s/-e) ❶被造物, 創造物;《特に》人間. ❷(書) (人間の物質的・精神的)所産, 産物;(作家の創った)作中人物.

geschoren [ゲショーレン] scheren[1] の過去分詞.

Geschoss [ゲショス] 中 (-es/-e) ❶弾(ダ), 弾丸, 銃[砲]弾;射られた物. ❷(シュ) (Stockwerk) 階. ★ Erdgeschoss 1 階.

Geschoß 中 (..schosses/..schosse) (南オ) = Geschoss.

geschossen [ゲショッセン] schießen の過去分詞.

geschraubt [ゲシュラオプト] (I)

Geschrei [ゲシュライ]中(-(e)s/) ❶(軽蔑)しきりに叫ぶこと，叫喚；叫び(声)，わめき声．❷(口;軽蔑)騒ぎ立てること，大騒ぎ．

geschrieben [ゲシュリーベン] schreiben の過去分詞．

geschrieen 中= geschrien.

geschrien [ゲシュリーン, ゲシュリーエン] schreien の過去分詞．

geschritten [ゲシュリッテン] schreiten の過去分詞．

geschunden [ゲシュンデン] schinden の過去分詞．

Geschütz [ゲシュッツ]中(-es/-e) 飛び道具；大砲，火砲．

Geschütz·feuer 中発砲，砲火，砲撃；砲．

Geschwätz [ゲシュヴェッツ]中(-es/) (口;軽蔑) ❶くだらないおしゃべり，よもやま話．❷うわさ話，ゴシップ．

geschwätzig [ゲシュヴェッツィヒ]形(軽蔑)おしゃべりの，口数の多い；口の軽い．

geschweige [ゲシュヴァイゲ]接 ~ *denn* いわんや，まして． ★この前の文は主に否定．

geschwiegen [ゲシュヴィーゲン] schweigen の過去分詞．

geschwind [ゲシュヴィント]形(南ド;話)速い，すばやい，敏捷(ビンショウ)な．

Geschwindigkeit [ゲシュヴィンディヒカイト]女(-/-en)速度，速力，スピード，速さ．

Geschwindigkeits·begrenzung 女速度制限[規制]．

Geschwindigkeits·beschränkung 女速度制限[規制]．

Geschwister [gəʃvístər ゲシュヴィスター]中(-s/-)《主に複》兄弟姉妹．★男だけの場合は Brüder を用いる． 4級

geschwollen [ゲシュヴォレン] ((I)) schwellen の過去分詞． ((II))形(軽蔑)大げさな，ほらを吹く，誇張した．

geschwommen [ゲシュヴォメン] schwimmen の過去分詞．

geschworen [ゲシュヴォーレン] schwören の過去分詞．

Geschworene(r) [ゲシュヴォーレネ[ナー]]男|女《形容詞変化》陪審員．

Geschwulst [ゲシュヴルスト]女(-/-Geschwülste), 中(-es/Geschwülste) (医)腫瘍(シュヨウ)，腫れ物．

geschwunden [ゲシュヴンデン] schwinden の過去分詞．

geschwungen [ゲシュヴンゲン] schwingen の過去分詞．

Geschwür [ゲシュヴューァ]中(-(e)s/-e)(医)潰瘍(カイヨウ)．

gesehen [ゲゼーエン] sehen の過去分詞．

Geselle [ゲゼレ]男(-n/-n)(弱) ❶(職人試験に合格した一人前の)職人．❷(やや古)若い者．

gesellen [ゲゼレン]再 sich⁴ ❶⟨zu ③⟩⟨人 ³の⟩仲間に加わる．⟨人 ³と⟩一緒になる．❷⟨zu ③⟩⟨物 ³が⟩⟨物 ³に⟩付け加わる．

gesellig [ゲゼリヒ]形 ❶社交的な，人付き合いのよい，交際好きの．❷(会合などが)なごやかな，うちとけた．

Geselligkeit [..カイト]女(-/-) 社交的なこと，社交性．

Gesellschaft [ゲゼルシャフト]女(-/-en) ❶《単》社会，利益社会，世間．❷上流社会，社交界．❸《単》仲間，々交際，付き合い，お相手．❺会社，組合；会，協会，団体，組合，結社．⑤ ~ *leisten* 人 ³のお相手をする[お付き合いをする]．

Gesellschafter [ゲゼルシャフター]男(-s/-) (商)社員((GmbH などの出資者))，組合員．◇ **Gesellschafterin** 女(-/-nen).

gesellschaftlich [..リヒ]形《付加または副》❶社会の，社会的な．❷上流社会[社交界]の．

Gesellschafts·ordnung [ゲゼルシャフツ..]女社会秩序．

Gesellschafts·schicht 女社会層，社会階層．

Gesellschafts·spiel 中(暇つぶしの)室内ゲーム((トランプなど))．

① 1格 ② 2格 ③ 3格 ④ 4格

gesendet [ゲゼンデット] senden の過去分詞.

gesessen [ゲゼッセン] sitzen の過去分詞.

Gesetz [gəzéts ゲゼッツ] 中(-es/-e) ❶法, 法律, 法規, 法令;法案. ❷《主に複》慣例, 決まり, 掟(ｵｷﾃ). ❸法則, 原理. *mit dem ~ in Konflikt kommen* [*geraten*] 法に触れる.

Gesetz-buch 中法典, 法令集.

Gesetz-geber 男(-s/-) 立法者[機関].

Gesetz-gebung [..ゲーブング] 女立法.

gesetzlich [..リヒ] 形法律[法則]上の, 法で定められた;法律[法則]にかなった, 合法の.

gesetzlos [..ロース] 形《最上級は ~est》無法の;法を守らない.

Gesetz-mäßig 形法律[法則]に従った;合法の, 適法の.

Gesetz-mäßigkeit [..メースィヒカイト] 女(-/-en) 合法(性), 適法(性).

gesetzt [ゲゼット] ((I)) setzenの過去分詞. ((II)) 形落ち着いた, しっかりした, 堂々とした;分別のある. ((III)) 接仮定すれば.

gesetz-widrig 形法律違反の, 違法の.

Gesicht [gəzíçt ゲズィヒト] 中(-(e)s/-er) ❶顔, 顔面. ❷(口)顔つき, 顔色, 表情, 容貌, 人相. *zu ~ bekommen* 人・物⁴を目にする, 見たことがある. 3級 4級 *ins ~ sagen* [*schleudern*] 人³に(言いにくい)事⁴を面と向かってずけずけ言う. 3級 4級 *wie aus dem ~ geschnitten sein* 人³に瓜(ｳﾘ)二つである. *sein wahres ~ zeigen* 自分の本性を現す. 5級

Gesichts-ausdruck [ゲズィヒツ..] 男顔の表情, 顔色.

Gesichts-punkt 男視点;着眼[立脚]点, 見地.

Gesichts-wasser 中(-s/..wäs-ser) 化粧水.

Gesindel [ゲズィンデル] 中(-s/)《軽蔑》ならず者, ごろつき.

gesinnt [ゲズィント] 形《副なし》心[考え]を抱いている, 考え方をする.

Gesinnung [ゲズィヌング] 女(-/-en)《主に単》(人や物事に対する)基本的な考え方[態度], 心根, 心情, 志操;意向;定見, 心構え, 信念.

gesinnungs-los 形《軽蔑》定見のない, 無節操な.

Gesinnungs-wandel 男変説, 変心.

gesittet [ゲズィッテット] 形しつけのよい, 礼儀正しい, 上品な, 洗練された.

gesoffen [ゲゾッフェン] saufen の過去分詞.

gesogen [ゲゾーゲン] saugen の過去分詞.

gesollt [ゲゾルト] sollen の過去分詞.

gesondert [ゲゾンダァト] ((I)) sondernの過去分詞. ((II)) 形個別の, 別々の, 個々の, 別個の.

gesonnen [ゲゾンネン] ((I)) sinnen の過去分詞. ((II)) 形 ❶ *~ sein, ...* 《+ zu 不定詞(書)...するつもりである. ★主に否定で用いられる. ❷《3》〈人³に〉ある感情を抱いている.

gesotten [ゲゾッテン] siedenの過去分詞.

gespalten [ゲシュパルテン] spalten の過去分詞.

Gespann [ゲシュパン] 中(-(e)s/-e) ❶連獣, 役畜((1台の車につないだ2頭以上の牛馬)). ❷車をひく動物;牛車, 一組の車馬. ❸(口)ペア, デュオ, 一組(の人);二人一組のチーム.

gespannt [ゲシュパント] ((I)) spannenの過去分詞. ((II)) 形 ❶〈*auf* 4〉〈人・物⁴に対して〉好奇心[関心, 興味]に満ちた;わくわくしながら待っている, 手に汗を握る. ❷緊張した, 緊迫した, 張りつめた, 一触即発の.

Gespenst [ゲシュペンスト] 中(-(e)s/-er) ❶幽霊, 亡霊, 化け物. ❷差し迫る危険[危機]. *~er sehen* (口)まったくありもしないものを見る, 起こりもしないことをいわれもなく恐れる((幽霊を見る)).

gespenstisch [ゲシュペンスティッ

gespien [ゲシピーエン] speien の過去分詞.

gesponnen [ゲシュポンネン] spinnen の過去分詞.

Gespött [ゲシュペット] 中 (-(e)s/) (人間性のない)あざけり, からかい, 嘲弄(きょう), 嘲笑;もの笑いの種, 笑いもの.

Gespräch [gəʃprɛːç ゲシュプレーヒ] 中 (-(e)s/-e) ❶ 〈über ④〉〈事⁴についての〉対談, 会談, 座談, 話し合い; 会話, 対話. ❷《単》話題, 話の種. 〈über ④〉〈事⁴についての〉(電話の)通話. ♦mit ③ ein ~ führen 人³と対談する. im ~ sein 話題にのぼっている. 4級

gesprächig [ゲシュプレーヒヒ] 形 おしゃべりな, 多弁な, 話し好きな.

Gesprächs·partner 男 話し相手.

Gesprächs·stoff 男 話の種, 話題.

Gesprächs·thema 中 話題.

gesprochen [ゲシュプロッヘン] sprechen の過去分詞.

gesprossen [ゲシュプロッセン] sprießen の過去分詞.

gesprungen [ゲシュプルンゲン] springen の過去分詞.

Gespür [ゲシュピューア] 中 (-s/) 〈über ④〉〈事⁴に対する〉感受能力, 予知能力.

gest.《略》gestorben 死去した.

Gestalt [ゲシュタルト] 女 (-/-en) ❶《単》(人間の外的な)姿, 形; 体つき, 体格. ❷ (誰だかよくわからない)人の姿, 人影. ❸ 人物; (作中の登場)人物. ❹ ゲシュタルト, 形態. ♦eine historische ~ 歴史上の人物.

gestalten [ゲシュタルテン] (I) 他 〈物⁴を〉形づくる, 作り上げる, 仕立てる. (II) 再 sich⁴《書》〈物¹が〉形に なる, 形をとる; ある状態(形勢)になる.

Gestaltung [ゲシュタルトゥング] 女 (-/-en) 《主に単》形作ること, 形成, 作り; (特に芸術的な)制作, 造形, 塑像; 表現.

gestand [ゲシュタント] gestehen の過去形.

gestände [ゲシュテンデ] gestehen の接続法II式形.

gestanden [ゲシュタンデン] (I) stehen, gestehen の過去分詞. (II) 形 ❶〈付加〉(南ド·オーストリア)力強い; ベテランの, 経験豊富な. ❷ 〈ふつう〉かなり古い[年老いた].

geständig [ゲシュテンディヒ] 形 《副なし》罪を認めている.

Geständnis [ゲシュテントニス] 中 (-ses/-se) 告白, 自白, 白状.

Gestank [ゲシュタンク] 男 (-(e)s/) 悪臭.

Gestapo [ゲシュターポ] 女 (-/-) ゲシュタポ ((ナチスドイツの秘密国家警察 (Geheime Staatspolizei)の略称)).

gestatten [ゲシュタッテン] 《書》他 〈③ ④〉〈(人³に)事⁴を〉許す, 許可する. ★主に否定形に.

Geste [ゲ(ー)ステ] 女 (-/-n) ❶ (手による)身ぶり, ジェスチャー, 手まね. ❷ 意思表示.

Gesteck [ゲシュテック] 中 (-(e)s/-e) (生花あるいはドライフラワーの)盛り花, 生け花.

gestehen* [ゲシュテーエン] (過 gestand; 過分 gestanden) 他 ❶〈((③) ④)〉〈((人³に)悪い行ない⁴を)〉白状する, 自白する. ❷〈③ ④〉〈人³に事⁴を〉打ち明ける, 告白する.

Gestein [ゲシュタイン] 中 (-(e)s/-e) ❶ 岩石; 鉱物, 鉱石. ❷《単》(大きな)岩, 岩塊.

Gestell [ゲシュテル] 中 (-(e)s/-e) ラック, 棚, 台.

gestern [géstərn ゲスタァン] 副 昨日. ♦~ Abend [Nachmittag] 昨晩 [きのうの午後]. ~ früh [morgen] きのうの朝. ★オーストリアでは ~ Früh. 4級

gestiefelt [ゲシュティーフェルト] (I) stiefeln の過去分詞. (II) 形 長靴をはいた; (口)(出発)準備の整った.

gestiegen [ゲシュティーゲン] steigen の過去分詞.

gestikulieren [ゲスティクリーレン] 自 身振り手振りをする, 身振り手振り

で伝える.

Gestirn [ゲシュティァン]中(-(e)s/-e)《書》天体, 星辰(ﾁﾝ);星座;星((誕生時の星の位置)),運命.

gestochen [ゲシュトッヘン] ((I)) stechenの過去分詞. ((II)) 形 ~ **scharf** 非常に鋭い(ピントの合った).

gestohlen [ゲシュトーレン] stehlenの過去分詞.

gestorben [ゲシュトルベン] ((I)) sterbenの過去分詞. ((II)) 形死去した((略:gest.)).

gestört [ゲシュテーァト] ((I)) störenの過去分詞. ((II)) 形《最上級は~est》障害のある.

gestoßen [ゲシュトーセン] stoßenの過去分詞.

Gesträuch [ゲシュトロイヒ]中(-(e)s/-e) 灌木(ｶﾝ)林, やぶ, 叢林(ｿｳ).

gestreift [ゲシュトライフト] ((I)) streifenの過去分詞. ((II)) 形《副なし》筋のついた, 縞(ﾋ)になった, ストライプの.

gestrichen [ゲシュトリッヒェン] ((I)) streichenの過去分詞. ((II)) 形平らにした.

gestrig [ゲストリヒ]形《付加》❶昨日の. ❷《書》時代遅れの, 取り残された, 旧態の.

gestritten [ゲシュトリッテン] streitenの過去分詞.

Gestrüpp [ゲシュトリュップ]中(-(e)s/-e)《主に単》《集合的》やぶ, 茂み, 灌木叢(ｿｳ).

gestunken [ゲシュトゥンケン] stinkenの過去分詞.

Gestüt [ゲシュテュート]中(-(e)s/-e)種馬飼育場.

Gesuch [ゲズーフ]中(-(e)s/-e) (役所などへの)願い, 請願書, 嘆願書, 陳情書.

gesucht [ゲズーフト] ((I)) suchenの過去分詞. ((II)) 形《最上級は~est》《副なし》❶切望される, 求められている;希少価値のある, [商]需要の多い. ❷(軽蔑)わざとらしい, 不自然な;こじつけの.

gesund [gəzńnt ゲズント]形(比較 ge-sünder, gesunder; 最上 gesündest, gesundest) 形 ❶(↔ krank) 健康な, じょうぶ[元気]な. ❷健康そうな, 血色の[元気の]よい, 溌剌とした. ❸健康[身体]によい, 健康的な, ヘルシーな. ❹健全[正常, 適正]な. 5級

gesunden [ゲズンデン]自⑤(書)健康になる, 全快する, 治癒する;正常に復する;〈景気'などが〉回復する.

Gesundheit [ゲズントハイト]女(-/) ❶健康, 健全. ❷健康状態, 調子. ◆~! (くしゃみに対して)お大事に!

gesundheitlich […リヒ]形 ❶健康(上)の. ❷健康によい, 健康的な.

Gesundheits·amt [ゲズントハイツ…]中衛生局, 保健所.

gesundheits·schädlich 形健康に悪い, 有害な.

Gesundheits·zeugnis 中健康証明書[診断書].

Gesundheits·zustand 男健康状態.

gesungen [ゲズンゲン] singenの過去分詞.

gesunken [ゲズンケン] sinkenの過去分詞.

getan [ゲターン] tunの過去分詞.

getragen [ゲトラーゲン] ((I)) tragenの過去分詞. ((II)) 形 ❶ゆったりとした, 悠然とした, 荘重な. ❷着古した, 着込んだ.

Getränk [gotrénk ゲトレンク]中(-(e)s/-e) 飲み物, (清涼)飲料, ドリンク. 5級

getrauen [ゲトラオエン]再 sich⁴ [古:sich³]〈やや古〉〈事⁴を〉あえてする, するだけの勇気[自信]がある. ★主に否定で.

Getreide [gotráidə ゲトライデ]中(-s/-) 穀物;穀粒;禾穀(ｶｺｸ)類. 4級

Getreide·anbau 男(-(e)s/)穀物の栽培.

Getreide·handel 男穀物取引[貿易].

getreten [ゲトレーテン] tretenの過去分詞.

getreu [ゲトロイ]形(③)《主に付加》《書》〈〈物³に〉〉忠実な, 〈〈原物³の〉〉

ge□t ⇨ □en

Getriebe [ゲトリーベ]囲(-s/-) ❶〚機〛ギア,歯車[伝動]装置,連動機,ギアボックス;(自動車の)変速機,トランスミッション. ❷〘単〙《集合的》往来,混雑;活発な営み,活動.

getrieben [ゲトリーベン]treiben の過去分詞.

getroffen [ゲトロッフェン]treffen の過去分詞.

getrogen [ゲトローゲン]trügen の過去分詞.

getrost 圖安心して,安んじて,自信[確信]をもって,悠然と.

getrunken [ゲトルンケン]trinken の過去分詞.

Getto [ゲット]囲(-s/-s) ❶ゲットー,ユダヤ人街((ユダヤ人が強制的に居住させられていた区域)). ❷《軽蔑》スラム,貧民窟[街].

Getue [ゲトゥーエ]囲(-s/-)《口;軽蔑》もったいぶった物腰[態度],わざとらしいふるまい.

Getümmel [ゲテュメル]囲(-s/-)騒動,混乱;雑踏,混雑.

geübt [ゲユープト] ((I))übenの過去分詞. ((II))形《最上級は ~est》《in ③》《〈事³に〉》熟練した,練習を積んだ,経験豊富な,手慣れた,手腕のある.

Gewächs [ゲヴェクス]囲(-es/-e) ❶〈栽培〉植物;作物. ❷腫れ物,腫瘍(しゅよう).

gewachsen [ゲヴァクセン] ((I)) wachsen²の過去分詞. ((II))形 ❶〈③〉《〈事³に〉》張り合える,〈人³に〉比べて遜色(そんしょく)がない,〈人³に〉匹敵する. ★主に否定で:③ nicht ~ sein 人³にはかなわない,人³より下である. ❷〈③〉〈事³に〉対処できる,耐えられる.

gewagt [ゲヴァークト] ((I))wagenの過去分詞. ((II))形《最上級は ~est》❶危険な,冒険的な,リスキーな,思いきった,大胆な. ❷道徳に抵触しそうなきわどい,大胆な.

gewählt [ゲヴェールト] ((I))wählen の過去分詞. ((II))形《最上級は ~est》精選された,選り抜きの,上品な.

Gewähr [ゲヴェーァ]囡(-/)《書》保証,担保,ギャランティ.

gewähren [ゲヴェーレン]他〈③ ④〉《書》❶〈人³に求める事⁴を〉許す,与える,授ける,聞き入れる,かなえてやる. ❷〈事¹が〉〈人³に事⁴を〉与える,もたらす.

gewähr·leisten (ich gewährleistete, ich leistete (dafür) Gewähr; 過 gewährleistete; 過分 gewährleistet)他〈③ ④〉〈〈人³に〉事⁴を〉保証する.

Gewahrsam [ゲヴァーァザーム]囲(-s/)《書》拘留,拘禁,禁固.

Gewährs·frau 囡〈女性の〉証人,保証人.

Gewährs·mann 囲(-(e)s/..männer, ..leute)〈確実な〉証人;保証人.

Gewalt [ゲヴァルト] [gəvált] 囡(-/-en) ❶〘単〙《(gegen ④)》《〈人・物⁴に対する〉》暴力,強制(力),威圧;腕力. ❷〘単〙(自然の)力,威力,猛威;激しさ,強烈さ. ❸〘単〙《über ④》〈〈人・物⁴に対する〉〉力,権力;主権,支配(権);権限. ❹ 政治権力. ♦ mit ~ 力ずくで,無理やりに. sich⁴ in der ~ haben 自制する,自分をコントロールする. ❷ in der ~ haben 物⁴をコントロールする,自分の意のままにする. 4級

Gewalt·akt 囲❶暴行,無法な行為. ❷骨の折れる仕事;力業(ちからわざ).

gewalt·bereit 形暴力容認の,暴力も辞さない.

Gewalten·teilung 囡(-/)権力分立;三権分立.

gewaltig [ゲヴァルティヒ] ((I))形 ❶ 威圧的な,圧倒的な,強大な,巨大な. ❷すさまじい,ものすごい,激しい,強烈[猛烈]な,荒々しい. ❸とんでもない;非常な,著しい. ((II))形《口》《形容詞・動詞などを強めて》すさまじく,ひどく,ものすごく,とんでもないくらい.

gewaltsam [ゲヴァルトザーム]形 ❶ 暴力による,乱暴な,力ずくの,強制的な,無理やりの,やっとの思いの. ❷事故による,不自然な.

gewalt・tätig 形 乱暴な, 暴力的な.

Gewand [ゲヴァント] 中 (-(e)s/Gewänder) ❶ 長衣, ガウン, 式服;トーガ. ❷《南ド・オーストリア・スイス》衣服. ❸《単》装い, 外観.

gewandt [ゲヴァント] ((I)) wenden の過去分詞. ((II)) 形《最上級は~est》熟練[熟達]した, 器用[上手]な, 巧みな.

Gewandtheit [..ハイト] 女 (-/) 熟練, 熟達, 器用, 上手, 達才.

gewann [ゲヴァン] gewinnen の過去形.

gewänne [ゲヴェネ] gewinnen の接続法II式形.

gewaschen [ゲヴァッシェン] waschen の過去分詞.

Gewässer [ゲヴェッサー] 中 (-s/-) (河川・湖沼など)水が集まる所. ♦ fließendes ~ = 流れ行く水, 川. stehendes ~ 湖, 沼, よどみ;海.

Gewebe [ゲヴェーベ] 中 (-s/-) ❶ 織物, 布地, 編み物. ❷《解・植》組織.

Gewehr [ゲヴェーア] 中 (-(e)s/-e) (小)銃, 鉄砲, ライフル, 火器.

Geweih [ゲヴァイ] 中 (-(e)s/-e) 角;《特に》鹿の枝角.

gewendet wenden の過去分詞.

Gewerbe [ゲヴェルベ] 中 (-s/-) ❶ 業(種), 商売, 生業(なりわい). ❷ 中小企業. ❸《古》農場.

gewerblich [ゲヴェァプリヒ] 形 商工業(上)の, ビジネス用の, 産業上の, 製造業(上)の.

gewerbsmäßig [ゲヴェァプスメースィヒ] 形 商売[職業]としての, 職業的な.

Gewerkschaft [ゲヴェァクシャフト] 女 (-/-en) 労働組合.

Gewerkschafter [ゲヴェァクシャフター] 男 (-s/-) 労働組合員, 組合員, 専従職員. ◇ **Gewerkschafterin** 女 (-/-nen).

gewesen [ゲヴェーゼン] sein¹ の過去分詞.

gewichen [ゲヴィッヒェン] weichen¹ の過去分詞.

Gewicht [ゲヴィヒト] 中 (-(e)s/-e) ❶《単》重さ, 重量, 目方;体重;重力. ❷《主に複》錘(おもり), 分銅;ウエイト. ❸《単》重量き, 重み, 重要さ, 影響力;重荷, 重圧. *ins ~ fallen*《物¹が》重きをなす, 重要である.

Gewicht・heben 中 (-s/-) 重量挙げ, ウェイトリフティング.

gewichtig [ゲヴィヒティヒ] 形 ❶《書》重要[重大]な, 影響力のある. ❷(十分に)重量のある, 重くてかさばる. ❸ 重々しい, おもおもしい.

Gewichts・klasse [ゲヴィヒツ..] 女 (運動選手の)重量別クラス, (柔道・ボクシング・レスリングなどの)級.

gewieft [ゲヴィーフト] 形《最上~est》《口》抜け目のない, ずるい.

gewiesen [ゲヴィーゼン] weisen の過去分詞.

gewillt [ゲヴィルト] 形《述語的;zu 不定詞をとって》...するつもりである, ...するのをいとわない.

Gewimmel [ゲヴィメル] 中 (-s/) 群がること;雑踏;群集.

Gewinde [ゲヴィンデ] 中 (-s/-) 〔工〕ねじ山.

Gewinn [ゲヴィン] 男 (-(e)s/-e) ❶ 利益, 利潤, もうけ, 収益. ❷ 賞金, 賞品;当たりくじ. ❸《単》《**für** 4格》《人・物⁴にとっての》益, 得.

gewinn・bringend [..ブリンゲント] 形 利益をもたらす, もうかる;有益な.

gewinnen* [ゲヴィネン] (過 *gewann*; 過分 *gewonnen*) ((I)) 他 (↔ *verlieren*)《4格》《事⁴に》勝つ, 勝利を得る;《(事の勝負に)》勝つ,(賭け・懸賞などで)当たる,《(金額⁴の)》賞金を得る[獲得する]. ❷ (↔ *verlieren*)《物⁴を》(努力して)獲得する, 得る,(戦って)手に入れる, 勝ち取る. ❸《4 **für** 4》《人⁴を事⁴の方へ》(説得などで)向ける, 誘き伏せる, 賛成[参加]させる. ❹《4 **aus** 3》《自然食品⁴などを自然物³から》つくる, 取る. ❺《鉱物資源⁴を》採掘する. ((II)) 自 ❶ 得をする, もうける. ❷《**an** 3》《物³を》増す, 増やす. ❸《**durch** 4》(..によって)魅力[効果など]がいっそう増す[加わる].

gewinnend [..ト] **(I)** gewinnen の現在分詞. **(II)** 形 人を引きつける.

Gewinner [ゲヴィナー] 男 (-s/-) ❶ 勝利者, 勝者;勝ち馬;受賞者. ❷ 当りくじ;(くじの)当選者. ◇~**in** 女 (-/-nen).

Gewinn·zahl 女 (-/-en)《主に複》(くじの)当選番号.

Gewirr [ゲヴィル] 中 (-(e)s/) ❶(糸などの)もつれ. ❷入り乱れ, 混乱, 紛糾.

gewiss [ゲヴィス] **(I)** 形 ❶《述語《最上 ~est》〈③〉〈人³に〉》確かな, 確実な. ❷《付加》ある種[程度]の, 一種の, なんらかの;少しばかりの, ちょっとした. ★gewiss のあとに付加語的用法の形容詞が来るとき, 同じ格語尾をとる:ein gewisser Herr N N さんという人. **(II)** 副 確実に, 確かに, 疑いなく, 必ず. ★aber や (je)doch と呼応して「確かに ... ではあるが, しかし ...」も表す.

gewiß 旧 = gewiss.

Gewissen [ゲヴィッセン] 中 (-s/-) 《主に単》良心, 善悪の判断力, 道徳意識, 分別. ♦**ein gutes [böses, schlechtes] ~ haben** 良心にやましくない[心にやましいところがある]. **ein reines [ruhiges] ~ haben** 心にやましいところがない.

gewissenhaft [..ハフト] 形 良心的な, 誠実な, 信頼[信用]できる, まじめな;綿密な, 細心の.

gewissen·los 形 良心のかけらもない, 不誠実な, 無責任な, 悪徳の.

Gewissens·bisse 複 良心の呵責(かしゃく).

gewissermaßen [ゲヴィッサーマーセン] 副 言ってみれば, いわば;ある意味では;ある程度まで, 幾分か.

Gewissheit [..ハイト] 女 (-/-) 確実(性), 確信, 確証.

Gewißheit 旧 = Gewissheit.

Gewitter [gəvítər ゲヴィッター] 中 (-s/-) 雷雨(らいう), 暴風雨, 雷雨, 夕立. 4級

gewittrig [ゲヴィットリヒ] 形 《副なし》❶暴風雨[雷雨]の(天気の). ❷暴風雨[雷雨]になりそうな, 嵐が来そうな.

gewitzt [ゲヴィッツト] 形 《最上 ~est》抜け目のない, 如才ない, ずるい.

gewoben [ゲヴォーベン] weben の過去分詞.

gewogen [ゲヴォーゲン] **(I)** ❶ wägen の過去分詞 ❷ wiegen² の過去分詞. **(II)** 形 《述語》〈③〉〈人³に〉好意を持っている, 親切な.

gewöhnen [ゲヴェーネン] **(I)** 再 sich⁴ 〈**an** ④〉〈人・物⁴に〉慣れる. **(II)** 他 〈④ **an** ④〉〈人⁴に人・物⁴を〉慣れさせる, 親しませる, なじませる, 順応させる.

Gewohnheit [ゲヴォーンハイト] 女 (-/-en) 習慣, (習)癖;慣行, 慣例.

gewohnheits·mäßig [ゲヴォーンハイツ..] 形 《付加または副》習慣的な, 癖になった, 常習的な.

gewöhnlich [ゲヴェーンリヒ] 形 ❶ 普段の, いつもの[通常]の;普通の, 並の, 平凡な, ありふれた, ありきたりの. ❷ 《やや古》《軽蔑》(振る舞いが)下品な, 卑しい.

gewohnt [ゲヴォーント] **(I)** wohnen の過去分詞. **(II)** 形 《主に付加》習慣になった, 慣れた, いつも(ながら)の, 普段(通常)の.

Gewölbe [ゲヴェルベ] 中 (-s/-) ❶ [建]丸天井, アーチ型屋根;丸屋根, ドーム. ❷ 丸天井のある構造物;家;穴蔵, 地下室;地下墓地.

gewollt [ゲヴォルト] **(I)** wollen の過去分詞. **(II)** 形 わざとらしい, 不自然な, 故意の, 意図的な.

gewönne [ゲヴェネ] gewinnen の接続法 II 式形.

gewonnen [ゲヴォネン] gewinnen の過去分詞.

geworben [ゲヴォルベン] werben の過去分詞.

geworden [ゲヴォルデン] werden の過去分詞.

geworfen [ゲヴォルフェン] werfen の過去分詞.

gewrungen [ゲヴルンゲン] wringen の過去分詞.

Gewühl [ゲヴュール] 中 (-(e)s/) (狭

① 1格 ② 2格 ③ 3格 ④ 4格

gewunden い空間での)ひしめき合い、こった返し、押し合いへし合い。

gewunden [ゲヴンデン] winden¹の過去分詞.

gewunken [ゲヴンケン] winken の過去分詞.

Gewürz [ゲヴュルツ] 甲 (—es/—e) スパイス、香辛料、薬味、香料、調味料.

Gewürz-gurke 女 (キュウリの)ピクルス.

gewusst [ゲヴスト] wissen の過去分詞.

gewußt 甲 = gewusst.

gez.《略》gezeichnet 署名のある.

gezielt [ゲツィールト] (I) zielen の過去分詞. (II) 形《最上級は ~est》的を射た、目的にかなった.

geziemen [ゲツィーメン] (書)(やや古) (I) 自 (3)〈事¹が〉人³に〉ふさわしい、適当[当然]である. (II) 再 sich⁴〈事¹が〉似合う、ふさわしい、適当[当然]である;作法にかなう.

geziert [ゲツィールト] (I) zierenの過去分詞. (II) 形《最上級は ~est》気取った、きざな.

gezogen [ゲツォーゲン] ziehen の過去分詞.

Gezwitscher [ゲツヴィッチャー] 甲 (—s/) (鳥などが)しきりにさえずること[声].

gezwungen [ゲツヴンゲン] (I) zwingen の過去分詞. (II) 形 強いられた、無理な;不自然な、わざとらしい、ぎこちない.

gezwungener-maßen 副 強制的に、無理(やり)に、やむを得ず.

ggf.《略》gegebenfalls 場合によって.

Ghetto 甲 = Getto.

gib [ギープ] geben の命令法2人称単数形.

gibst [ギープスト] geben の2人称単数現在形.

gibt [ギープト] geben の3人称単数現在形.

Gicht [ギヒト] 女 (—/) 痛風.

Giebel [ギーベル] 男 (—s/—) (建)切妻、破風(はふ);切妻壁、破風壁;切妻型

の装飾.

Gier [ギーア] 女 (—/)〈nach 3〉〈物³の〉欲;貪欲⑧;情欲;渇望、熱望.

gierig [ギーリヒ] 形〈auf ④ [nach ③]〉〈物⁴·³を〉切望[渇望]している、貪欲な、がつがつした.

gießen * [ギーセン] (du gießt;過 goss, 過分 gegossen) (I) 他 ❶〈液体⁴を〉注ぐ、かける;注ぐ、移す. ❷〈液体⁴を〉注ぐ〈花·植物³に〉、水をやる、水をかける. ❸〈物⁴を〉鋳る、鋳造する;〈物⁴を〉鋳型に流し込む. (II) 自《非人称》:Es gießt (in Strömen [wie aus Kannen, mit Kannen]). (口) どしゃ降りである.

Gießer [ギーサー] 男 (—s/—) 鋳造工[者]、鋳物工[師]. ◇~in 女 (—/—nen).

Gießerei [ギーセライ] 女 (—/—en) ❶鋳造所[工場]. ❷鋳造[鋳物]術;鋳造.

Gift [ギフト] 甲 (—(e)s/—e) 毒、毒薬、毒物. ♦ (das reinste) ~ für ~ sein 4·物 ⁴にとって(非常に)毒[有害]である.
Darauf kannst du ~ nehmen. (口) それは全く確かです、全くそうなんです.

gift-grün 形 緑青(ろくしょう)色の (明るい緑).

giftig [ギフティヒ] 形 ❶《副なし》毒をもつ、毒のある、有毒の、有毒物質を含んだ. ❷ (口) 悪意のある、とげのある、意地の悪い. ❸ (色が)毒々しい、どぎつい、けばけばしい.

Gift-mord 男 毒殺.

Gift-müll 男《単》有毒廃棄物、有毒なごみ.

Gift-pilz 男 毒キノコ.

Gift-schlange 女 毒蛇.

Gift-zahn 男 (特に毒蛇の)毒牙(どくが).

Gigabyte [ギーガバイト] 甲 (—(s)/—(s)) (ビュ—) ギガバイト.

Gigant [ギガント] 男 (—en/—en) 弱 ❶【神話】巨人、ギガース、巨人族. ❷ (書) 偉大な人;巨大なもの. ◇~in 女 (—/—nen).

gigantisch [ギガンティッシュ] 形 巨人のような、巨大な、ものすごい.

Gilde [ギルデ]囡(–/–n)(中世の)ギルド,同業組合.

gilt [ギルト]geltenの3人称単数現在形,命令法2人称単数形.

giltst [ギルツト]geltenの2人称単数現在形.

Gimpel [ギンペル]男(–s/–) ❶〔鳥〕ウソ. ❷((軽蔑))ばか((鳥のウソが容易に捕えられたことから)).

Gin [ジン]男(–s/(種類を示すとき)–s)〔酒〕ジン.

ging [ギング]gehenの過去形.

ginge [ギンゲ]gehenの接続法II式形.

Ginster [ギンスター]男(–s/–)〔植〕エニシダ(属),エニシダ.

Gipfel [ギプフェル]男(–s/–) ❶頂上,いただき,てっぺん;山頂. ❷頂点,絶頂,最盛,極致,ピーク. ❸首脳,サミット.

Gipfel·konferenz 囡首脳会議,サミット.

gipfeln [ギプフェルン]自〈in ③〉〈書〉〈物¹が〉〈点³で〉頂上[頂点]に達する.

Gipfel·treffen 中首脳会談,サミット.

Gips [ギプス]男(–es/(種類を示すとき)–e)〔鉱〕石膏;焼き石膏. ❷ギプス(包帯).

Gips·abdruck 男石膏(焼)模型[像].

gipsen [ギプセン]他 ❶〈物⁴に〉漆喰(しっくい)[石膏(せっこう)]を塗る[塗って修理する]. ❷〈人・物⁴に〉ギプスを付ける.

Gips·verband 男石膏包帯,ギプス.

Giraffe [ギラフェ]囡(–/–n)キリン.

Girlande [ギャランデ]囡(–/–n)花づな;花飾り,花輪.

Giro [ジーロ]中(–s/–s) ❶振替. ❷(手形の)裏書,譲渡.

Giro·konto 中振替口座.

Gischt [ギッシュト]囡(–/–en);男(–(e)s/–e)(荒波の)泡,泡立つ水,しぶき.

Gitarre [ギタレ]囡(–/–n)ギター.

Gitarrist [ギタリスト]男(–en/–en)《弱》ギタリスト,ギター奏者. ◇Gitar-ristin 囡(–/–nen).

Gitter [ギター]中(–s/–)格子;柵(さく),フェンス,欄干;〔電〕格子,グリッド.

Gitter·fenster 中格子窓.

Glace [グラセ]囡(–/–n)(ス¹)アイスクリーム.

Gladiole [グラディオーレ]囡(–/–n)〔植〕グラジオラス.

Glanz [グランツ]男(–es/–e)輝き;きらめき;光輝,光沢.

glänzen [グレンツェン]自 ❶〈物¹が〉輝く,光る,きらめく;光輝[光沢]がある. ❷〈人¹が〉輝く,ひときわ目立つ,秀でる,抜きんでる.

glänzend [..ト]形(光り)輝く,ピカピカの,輝かしい,素晴らしい,優れた.

Glanz·leistung 囡《しばしば皮肉》りっぱな事業[功績].

glanz·los 形 ❶光(沢)のない,曇った,濁った. ❷冴えない,パッとしない.

glanz·voll 形 ❶輝きに満ちた,輝かしい,素晴らしい,優れた,見事な. ❷華麗な,豪華絢爛な;盛り上がった.

Glas [gla:s グラース]中

格	単数	複数
1	das Glas	die **Gläser**
2	des Glases	der **Gläser**
3	dem Glas	den **Gläsern**
4	das Glas	die **Gläser**

❶《単》ガラス;ガラス板,窓ガラス. ❷ガラス容器;コップ,グラス;ジョッキ;ビン. ★量の単位では主に単数形,複数形もしばしば用いられるが,その場合は無変化. ❸《主に複》(めがね)レンズ. ❹双眼鏡;オペラグラス. ♦zwei Glas [Gläser] ~ Wein 2杯のワイン. *ein ~ über den Durst trinken* (口)酒を飲み過ぎる. 5級

Glas·bläser [..ブレーザー]男 ガラス(吹き)工.

Glaser [グラーザー]男(–s/–)ガラス屋[職人]. ◇~in 囡(–/–nen).

Gläser 複⇨Glas.

gläsern [グレーザァン]形 ガラス製[質]の.

① 1格 ② 2格 ③ 3格 ④ 4格

Glas·haus 中 温室.

glasieren [グラズィーレン] 他 ❶〈陶器⁴に〉釉薬(ゆうやく)をかける;〈物⁴に〉エナメル[ニス]を塗る. ❷〈菓子⁴に〉糖衣をかける.

glasig [グラーズィヒ] 形 ❶(ガラスのように)透myeu明な. ❷(まなざしが)とろんとしてすわった.

Glasur [グラズーァ] 女 (–/–en) ❶ 釉薬(ゆうやく)(の塗布);エナメル;ニス. ❷(菓子の)糖衣.

glatt [glat グラット] ((I)) [比較 glatter, glätter; 最上 glattest, glättest] 形 ❶ 滑らかな,すべすべした;でこぼこのない,しわのない;つるつるの,滑りやすい. ❷(髪が)まっすぐな,癖のない. ❸〈副なし〉(数)が端数のない,きっちりの. ❹〈付加または副〉スムーズな,順調な,円滑な. ❺〈付加または副〉(口)あきらかな,はっきりした,全くの. ❻〈付加または副〉(返事など)躊躇のない,きっぱりとした,断固とした. ❼(軽蔑)お世辞のうまい,こびるような. ((II)) 副《不変化詞》(口)本当に,まったく,すっかり(強調して). 4級

Glätte [グレッテ] 女 (–/) 滑らかなこと,滑りやすいこと,つるつるの状態.

Glatt·eis [..(e)s/] (路上の)氷. ♦ *aufs ~ führen* 人⁴をまんまと窮地に追い込む,乗せる,かつぐ,ひっかける.

glätten [グレッテン] ((I)) 他〈物⁴を〉滑らかにする,平らにする,ならす;しわを伸ばす. ((II)) sich⁴〈物⁴が〉(再び)滑らかになる,平らになる;(海が)凪(なぎ)ぐ,穏やかになる;(しわが)伸びる.

glatt|gehen* 自(S)(口)〈事が〉(障害や遅滞なく)うまくゆく,順調に運ぶ.

glatt·weg [..ヴェック] 副 (口) 躊躇なく,きっぱりと,はっきりと;全く,まるっきり,あきらかに.

Glatze [グラッツェ] 女 (–/–n) (頭部の)はげ;はげ頭,はげ.

Glaube [グラオベ] 男 《2格 des Glaubens, 3格 dem Glauben, 4格 den Glauben》《単》❶〈(an ⁴)〉〈事⁴を〉信じること;信用,信頼;信念. ❷信仰,信心;信条;宗旨;宗教;宗派.

glauben [gláʊbən グラオベン]

現在	ich glaube	wir glauben
	du glaubst	ihr glaubt
	er glaubt	sie glauben

過去	ich glaubte	wir glaubten
	du glaubtest	ihr glaubtet
	er glaubte	sie glaubten

過分 geglaubt	接II glaubte

((I)) 他 ❶〈(⁴)〉〈〈事⁴を〉〉思う. ★ zu 不定詞句,dass副文もとる. ❷〈(³)(⁴)〉〈人³(の言う事⁴)を〉,人³の言葉[事⁴]を〉信じる,本当だと思う. ❸〈人⁴が...だと〉思い込む. ((II)) 自 ❶〈³〉〈事³を信じる,本当だと思う. ❷〈an ⁴〉〈事⁴があり得ると,物⁴の存在を〉信じる,思う. ❸〈an ⁴〉〈人⁴が正しいと〉信じる,思う. ♦ *an Gott [Wunder] ~* 神[奇蹟]を信ずる. *Ob du es glaubst oder nicht, ...* 君が信じようが信じまいが(そんなことにかかわらず),こんなことを言っても信じないとは思うけど. 5級

Glaubens·bekenntnis 中 (–ses/–se) ❶信仰告白;懺悔(ざんげ). ❷《単》(キリスト教の)信仰箇条,信条. ❸信条,信念.

Glaubens·freiheit 女 信仰[信教]の自由.

glaubhaft [グラオブハフト] 形 信用できそうな,納得のいく.

gläubig [グロイビヒ] 形 ❶信心深い,敬虔(けいけん)な. ❷信頼のおける,信頼している,信じきった.

Gläubige(r) [グロイビゲ[ガー]] 男 女《形容詞変化》信者.

Gläubiger [グロイビガー] 男 (–s/–) [法]債権者,貸し主.

glaub·würdig [グラオブ..] 形 信ずるに値する,信用[信頼]できそうな.

Glaub·würdigkeit 女 (–/) 信ずるに値すること;信憑性.

gleich [glaɪç グライヒ] ((I)) 形 ❶同じ,等しい. ❷同じような. ❸〈付加〉(口)同一の. ♦ *in ~er Weise* 同様に,

同じように. *Das ist mir ~.* それは私にとって同じです[どうでもいいです]. ★主語が人間の場合は gleichgültig を用いる. ***Gleiches mit Gleichem vergelten*** (仕返しに)同じことをする, しっぺ返しをする. **((II))** 副 **①**《時間的に》すぐ(に), 間もなく, さっそく. **②**《空間的に》すぐ(そばに), 近接して. **((III))** 副《不変化詞》**①**《アクセントなしで; 疑問文で》《何かが思い出せなくて》ええと. **②**《平叙文・要求文で》《いらいらを表して》はじめから, すぐ. **③**《アクセントなしで; 主に数詞の前で》《驚きを表して》(よりにもよって)一度[同時, 一挙に][に(...です)]とは. **((IV))** 副《3格支配》《書》...と同じように. ★しばしば, 名詞の後ろに置かれる. **5級**

gleich·alt(e)rig [..アルト[テ]リヒ] 形《副なし》同年齢[代]の, 同い年の.

gleich·artig 形 同種[同質]の; 同様の.

gleichberechtigt [グライヒベレヒティヒト] 形 同権の.

Gleich·berechtigung 女(-/) 同権; 男女同権.

gleichen* [グライヒェン] (過 glich, (古) gleichte; 過分 geglichen, (古) gegleicht) 自《3 (**in** [an] 3)》〈人・物 3 と(ある点 3 において)〉同じである, 等しい; 似ている.

gleichermaßen [グライヒャーマーセン] 副 同じように, 同様に, 等しく.

gleich·falls 副 同様にも, 同じく, 同じように.

gleich·förmig 形 同形の, 同じ; 一様な; 単調な.

gleich·geschlechtlich 形 **①** 同性愛の. **②** 同性による, 同じ性の.

Gleich·gewicht 中(-(e)s/-e) **①** 平衡, 釣り合い, バランス, 均衡. **②**《心の》平衡, 平静, 落ち着き.

Gleichgewichts·störung 女(-/) 平衡障害.

gleich·gültig 形 **①** 無関心な, 冷淡[無頓着]な. **②**《副なし》〈人3にとって〉どうでもよい, どちらでもかまわない. ♦*Es ist mir ganz [völlig] ~, ob ...* ...かどうかは私には(全く)どうでもいいことです.

Gleich·gültigkeit 女(-/) 無関心, 冷淡, 無頓着.

Gleichheit [..ハイト] 女(-/) **①** 同じであること; 同一, 同等; 〔数〕等式; 一致. **②** 平等, 対等.

Gleichheits·zeichen 中 等号 ((=)).

gleich|kommen* 自(S) **①**《3》〈物 1〉が〈物 3 に〉匹敵[比肩]する, 〈物 3 と〉同等である, 〈物 3 に〉同然である. **②**《3 (**in** [**an**] 3)》〈人 3 に(ある点 3 において)〉等しい, 〈人 3 と(ある点 3 において)〉肩を並べる. ★参照: gleich kommen すぐ来る.

gleich|machen 他《3》〈4〉等しくする, 同じにする; 平等にする. ★ただし: gleich machen 直ちに行う.

Gleichmacherei [グライヒマッヘライ] 女(-/) 《軽蔑》悪平等.

gleich·mäßig [グライヒメースィヒ] 形 **①** 規則的な, 規則正しい, 一定の. **②** 均等の, 一様な, 平等の; 釣り合った, 均斉のとれた. **4級**

Gleich·mut 男(-(e)s/) 気持ちに変化のないこと; 平静さ, 落ち着き; 無関心.

gleich·mütig [..ミューティヒ] 形 平静な, 落ち着いた, 平然とした; 無関心な.

gleich·namig [..ナーミヒ] 形《副なし》同名[同姓]の; 〔数〕同分母の.

Gleichnis [グライヒニス] 中(-ses/-se) (宗教的な)たとえ(話), 寓話; 直喩.

gleichsam [..ザーム] 副《書》(やや古)いわば; 幾分か; あたかも.

gleich|schalten 他《軽蔑》〈組織 4 を〉(思想など)画一化する, 統制する. ★ただし: gleich schalten 直ちに連結[処理]する.

gleichschenk(e)lig [グライヒェンクリヒ] 形 2 等辺の.

Gleich·schritt 男(-(e)s/) 同一歩調(の行進).

gleich·seitig 形〔数〕等辺の.

gleich|setzen 他《4 **mit** 3》〈物 4 を〉〈物 3 と〉同等とみなす[に扱う], 同一視する. ★ただし: gleich setzen すぐに

① 1 格 ② 2 格 ③ 3 格 ④ 4 格

gleich|stellen 他《4 (mit)》③〈人・物4を人・物3と〉同等[対等,同列,同格]にする[扱う],対等の立場におく. ★ただし:gleich stellen すぐに立てる[据える].

Gleich·strom 男 (↔ wechselstrom) 直流.

Gleichung [グライヒュング] 囡 (-/-en) 方程式;〔天〕均差.

gleich·wertig 形《副なし》同価値の,同等の,等価の.

gleichwohl [グライヒヴォール,グライヒヴォール] 副 (やや古) それにもかかわらず.

gleich·zeitig [グライヒツァイティヒ]《(I)》形《付加》同時的な;同時に起こる.《(II)》副 時を同じくして,同じ時に,同時に. 4級

Gleis [グライス] 中 (-es/-e) レール,軌道,線路;(駅の)番線. 4級

gleiten* [グライテン] (過 glitt/過分 geglitten)《(I)》自⑤ ❶《über 4》〈物1の上を〉(意図して)滑る,(氷上・水中・空中などを)滑走する. ❷〈鳥1が〉(羽を動かさずに)滑るように動く. ❸《über 4》(書)〈物1が〉〈物4の上を〉滑るように動く.《(II)》自⑤ (口) フレックスタイム制を実行している.

Gleit·flug [グライト..] 男〔空〕滑空.

Gleit·zeit 囡《単》(口) フレックスタイム(制).

Gletscher [グレッチャー] 男 (-s/-) 氷河.

Gletscher·spalte 囡 氷河の割れ目〔亀裂〕,クレバス.

glich [グリヒ] gleichen の過去形.

gliche [グリッヒェ] gleichen の接続法 II 式形.

Glied [グリート] 中 (-(e)s/-er) ❶(身体の)部分,(人間・動物の)手足,肢(し);男根,ペニス. ❷〔解〕関節((間の部分)),節,(鎖の)輪,環(%);結合させる[物],絆,つながり. ❸〈全体の〉一部,構成要素;一員,構成員;(文の)句,節;〔数〕項.

gliedern [グリーダァン]《(I)》他〈4

(in 4)〉〈全体4を(部分4に)〉区分する,(系統的に)整理[整頓]する.《(II)》再 sich4〈in 4〉〈部分4に〉分かれる,分類される,〈部分4の〉構成になっている.

Gliederung [グリーデルング] 囡 (-/-en) ❶区分け,区分,(系統的)分類. ❷構成;〔軍〕編成;(文語句などの)構造,組み立て.

Glied·maße 囡 (-/-n)《主に複》〔解〕四肢(し),手足.

glimmen* [グリメン] (過 glimmte, (書) glomm;過分 geglimmt, (書) geglommen) 自〈物1が〉くすぶる,いぶる.

Glimmstängel [グリムシュテンゲル] 男 (-s/-) (口)《主に軽蔑》シガレット;葉巻.

glimpflich [グリンプフリヒ] 形 ❶大事にいたらない. ❷寛大な,情け深い.

gliss [グリス] gleißen の過去形.

gliß (田)= gliss.

glisse [グリッセ] gleißen の接続法 II 式形.

glitschig [グリッチヒ] 形《副なし》(口) (ぬれて)滑りやすい,(床・道路などが)ツルツルする,(魚などが)ヌルヌルする.

glitt [グリット] gleiten の過去形.

glitte [グリッテ] gleiten の接続法 II 式形.

glitzern [グリッツァァン] 自〈星・ダイヤ・雪1などが〉きらめく,(反射して)きらきら光る.

global [グロバール]《(I)》形 (書) ❶地球全体の,(全)世界的な,グローバルな. ❷《副なし》全体的な,包括的な. 《(II)》副 (書;しばしば軽蔑) 大雑把な,概観的な,おおよその.

Globalisierung [グロバリズィールング] 囡 グローバル化.

Globetrotter [グローベトロッター] 男 (-s/-) 世界漫遊者,世界を歩き[観光して]回る人. ◇~in 囡 (-/-nen).

Globus [グローブス] 男 (-(ses)/(書) Globen, -se) ❶地球儀,天体儀. ❷(口) 地球.

Glocke [glɔ́kə グロッケ] 囡 (-/-n)

①1格 ②2格 ③3格 ④4格

❶鐘. ❷《やや古》(ドアの)ベル, 呼び鈴. ❸銅鑼(どら), ゴング. ❹鐘形容器, 覆い, カバー [植]花萼; (ランプの)丸傘. ♦die ~ läuten 鐘を鳴らす. ④ *an die große ~ hängen*《口》《軽蔑》言い触らす, 吹聴(ふいちょう)する.

Glocken-blume [女]《-/-n》ブルーベル, フウリンソウ(風鈴草).

Glocken-spiel [中] ❶(教会の鐘楼などの)組み鐘の奏する音曲, 鐘楽, カリヨン. ❷(教会の鐘楼などに音階的に並べた)組み鐘.

glomm [グロム] glimmen の過去形.

glömme [グレメ] glimmen の接続法 II 式形.

Glorien·schein [グローリエン..] [男] 円光, 光の輪, 後光.

Glorifizierung [グロリフィツィールング] [女]《書》栄光をたたえること, 賛美, 賞賛.

glorreich [グローァライヒ] [形]《主に付加》❶《口》《皮肉》ひどい, ひどく悪い. ❷光栄にみちた, 栄光ある, 輝かしい.

Glossar [グロサァァ] [中]《-s/-e, ..rien》語彙(ごい)解説集, 注解集, 専門[特殊]語辞典.

Glosse [グロッセ, グローセ] [女]《-/-n》❶(ギリシア語・ラテン語文献において解釈を必要とする)難解語彙; (行間または欄外の)語句注解. ❷(新聞・テレビなどの)(皮肉な)注釈, 寸評.

Glotze [グロッツェ] [女]《-/-n》《口》《軽蔑》テレビ.

glotzen [グロッツェン] [自]《口》《軽蔑》❶《auf ④》《(人・物⁴を)》(ばかみたいに)じっと目つめる. ❷テレビを見る.

Glück [glyk グリュック] [中]《-(e)s/(まれ) -e》(↔ Pech, Unglück) ❶(幸)運, つき. ❷幸せ, 幸福. ♦(Es ist) ~, dass ... …ということは運が良い[もっけの幸いである]. Viel ~ im Neuen Jahr! 新年も良いことがたくさんありますように. *zum* ~ 幸運にも. *bei* ③ *mit* ③ ~ *haben* 人³に対して事³がかなう, 人³に事³をききとどけてもらえる. 5級

Glucke [グルッケ] [女]《-/-n》抱卵中の[ひなを連れた]雌鶏.

glücken [グリュッケン] [自]⑤《③》《事¹が》《人³に》うまくいく, 《事¹に》《人³は》成功する.

gluckern [グルッカァン] [自]《液体¹が》ゴボゴボ[ドクドク]と音を立てて流れる.

glücklich [glýklɪç グリュックリヒ] [形] ❶《付加または副》幸運な, 運のいい, ついている, ラッキーな; 恵まれた. ❷《付加または副》無事の, 順調な. ❸《über ④》《(物⁴で)》幸せな, 幸福な. ❹都合の良い, 有利な; 適切な, うまい; 成功した. 《(II)》[副] 幸い, 首尾よく, うまく, 無事に, やっと. 5級

glücklicherweise [グリュックリヒャァヴァイゼ] [副] 幸いなことに, 幸いにして, 幸運にも, ありがたいことに.

Glück-sache [女] = Glückssache.

glückselig [グリュックゼーリヒ] [形] この上なく幸せな, 至福[至幸]の.

Glückseligkeit [..カイト] [女]《-/-》この上なく幸せなこと, 至福, 至幸.

glucksen [グルックセン] [自] ❶《液体¹が》ゴボゴボ[ドクドク]と音を立てて流れる. ❷(笑いを抑えようとして)クックッという声を出す.

Glücks-klee [男] (幸運をもたらすという)四つ葉のクローバ.

Glücks-pilz [男]《口》幸運児; ラッキーボーイ.

Glücks-sache [女] 運で決まるもの, 富くじ.

Glücks-spiel [中] (運不運で決まる)ゲーム, 賭け事, ギャンブル.

Glücks-zahl [女] 幸運の数, ラッキーナンバー.

Glück-wunsch [グリュックヴンシュ] [男] お祝いの言葉, 祝辞, 祝詞. ♦Herzlichen ~ zum Geburtstag! お誕生日おめでとう.

Glüh-birne [グリュー..] [女]《-/-n》(普通の白熱)電球.

glühen [グリューエン]《(I)》[自] ❶《物¹が》(炎・煙を出さずに)真っ赤に燃える, 灼熱(しゃくねつ)する; 白熱[赤熱]する. ❷《vor ③》《体の部分¹が》《(熱などのために)》燃えるようである, 紅潮す

glühend [..ト] ((I)) glühen の現在分詞. ((II)) 形 ❶燃え上がる[立つ]ような, 熱烈な. ❷燃えるように暑い.

Glüh·wein 男《単》クリューワイン((赤ワインに砂糖, 香料を加えて温めたもの)).

Glüh·würmchen [..ヴュルムヒェン] 中(-s/-) [昆]ツチボタル (土蛍).

Glut [グルート] 女(-/-en) ❶《主に単》残り火, おき火. ❷《単》灼熱, 赤熱. ❸《単》《書》熱情, 激情, ほむら, 紅潮.

glut·rot 形 燃えるように赤い.

Glyzerin [グリュツェリーン] 中(-s/-e) [化]グリセリン.

GmbH [ゲーエムペーハー] 女(-/-s) (略) Gesellschaft mit beschränkter Haftung 有限(責任)会社.

Gnade [グナーデ] 女(-/-n) ❶《単》好意, 親切, 恩情, 情け. ❷親切な行為, 寛大な行為. ❸《単》(罪の)赦し, 赦免, 恩赦; (神の)赦し, 慈悲, 哀れみ. *~ vor Recht ergehen lassen* 寛大に処置する. *~ vor* ② *Augen* [vor ③] *finden.* 人²,³のめがねに適う, 人²,³に気に入られる[受け入れられる].

Gnaden·frist 女《単》(特別の)猶予(期間); [法](刑の)執行猶予.

Gnaden·gesuch 中 赦免 [減刑] の請願 [嘆願] (状).

gnaden·los 形 無慈悲な, 情け容赦のない.

Gnaden·schuss 男《書》(死の苦痛を除くための)止めの一撃.

Gnaden·schuß 中 = Gnadenschuss.

gnädig [グネーディヒ] 形《しばしば皮肉》慈悲 [情け] 深い; 寛大な, 恩情のある; (神が)恵み [慈悲] 深い.

Gnom [グノーム] 男(-en/-en)《弱》, (-s/-e)(地中の宝を守るという)地の神 [精], 小鬼; (醜い)こびと.

Gockel [ゴッケル] 男(-s/-)《南ドイツ・オーストリア》雄鶏.

Goethe [ゲーテ]《人名》ゲーテ (Johann Wolfgang von ~; ドイツの詩人 1749–1832).

Gold [ゴルト ゴルト] 中(-(e)s/-) ❶金 ((記号: Au)); 黄金; 金製品; 金貨; 金メダル. ❷金色(の輝き), こがね色. 4級

Gold·barren [..バレン] 男 金の延べ棒, 金塊, 金のインゴット.

golden [ゴルデン] 形《付加》金の, 黄金の, 金製の [金めっき, 金張り] の. ❷金色の, 金色に輝く.

Gold·fisch 男 [魚] 金魚.

Gold·grube 女 ❶《やや古》金山, 金鉱. ❷金づる, 金のなる木, 金脈.

Gold·hamster 男(-s/-) [動]ゴールデンハムスター.

goldig [ゴルディヒ] 形 (口) ❶ (子供・小さな動物に対して)かわいい, 愛くるしい. ❷心から親切な.

gold·richtig 形《主に述語》(口) ❶全く正しい. ❷気さくな, 感じの良い.

Gold·schmied [..シュミート] 男(-(e)s/-e) 金細工師 [職人].

Gold·währung 女 金本位(制度).

Golf¹ [ゴルフ] 男(-(e)s/-e) 湾.

Golf² 中(-s/-)【スポ】ゴルフ.

Golf·platz 男 ゴルフ場.

Golf·schläger 男(-s/-) (ゴルフの)クラブ.

Golf·spieler 男 ゴルフ・プレーヤー.

Golf·strom 男(-(e)s/-) メキシコ湾流.

gölte [ゲルテ] gelten の接続法 II 式形.

Gondel [ゴンデル] 女(-/-n) ❶ゴンドラ((ヴェニスの小舟)). ❷ゴンドラ((ケーブルカー・飛行船・気球などの)).

gondeln [ゴンデルン] 自(S) ❶ゴンドラに乗って行く. ❷ (口) のんびり揺られて行く; 気の向くままにのんびり旅行する.

Gong [ゴング] 男(-s/-s) ❶ [音楽] ゴング, 銅鑼(どら). ❷ (食事や試合の開始を知らせる)ゴング [銅鑼] (の音). ❸ゴングベル(の音).

gongen [ゴンゲン] 自 ゴング [銅鑼] (どら)を鳴らす [鳴らして合図する].

gönnen [ゲネン] 他《3》4 ❶人³の

Gönner [ゲナー] 男 (-s/-) パトロン, 愛顧者, 後援者, 保護者.

gönnerhaft [..ハフト] 形 《軽蔑》恩着せがましい, 横柄な.

gor [ゴーァ] gären の過去形.

göre [ゲーレ] gären の接続法 II 式形.

Gorilla [ゴリラ] 男 (-s/-s) ❶《動》ゴリラ. ❷《口》屈強な体格のボディガード.

goss [ゴス] gießen の過去形.

goß ⑮ = goss.

Gosse [ゴッセ] 女 (-/-n) ❶《やや古》(下水[排水])溝, 側溝. ❷《軽蔑》貧民街, スラム.

gösse [ゲッセ] gießen の接続法 II 式形.

Gotik [ゴーティック] 女 (-/)《美術》ゴシック様式 ((十二世紀中頃から十五世紀の終わり頃まで)).

gotisch [ゴーティシュ] 形 ❶ゴート人[語]の. ❷《副なし》ゴシック様式[風]の.

Gott [gɔt ゴット] 男 (-es/Götter) ❶《単》(一神教, 特にキリスト教の)神; 創造[造物]主 ★ 修飾語を伴うと定冠詞が付く. ❷ (多神教の男の)神. *wie ein junger ~* (人間わざとは思えないほど)非常に上手に美しく ((副詞的に)). *weiß ~* (口)本当に, 確かに ((副詞的に)). *so ~ will* (口)何事も(その間に)なければ, 順調に行けば, 神の思し召しなら ((副文的に)). *Mein ~!* = *O (mein) ~!* = *(Ach,) du lieber ~!* = *Großer [Guter, Gütiger, allmächtiger] ~!* = *~ im Himmel!* (口)ああ, おお, おや, まあ, 何ということか, これは困った, 大変だ. *Grüß (dich, euch, Sie) ~!* ((南独・墺))こんにちは, おはよう, こんばんは, ただいま, さようなら ((あいさつの言葉)). *~ weiß!* = *Das wissen die Götter.* それは神様にしかわかりません, 誰にもわからないことです. *leider ~es* (口)残念ながら, 悲しいかな, 残念至極ですが ((副詞的に)). *Um ~es Willen!* (口) 1)ああ, お

お, おや, まあ, 何ということか, これは困った, 大変だ ((驚き・悲しみ・苦痛など)). 2)後生だから, 是非とも ((副詞的に)). *in ~es Namen* (口)かまわないから, (返答として)かまわないよ, しかたがないよ ((しぶしぶ承諾)). *~ sei (Lob und) Dank!* 1)(口)ああありがたい, あああよかった, ありがたいことに ((副詞的に)). 2)神に賞賛と感謝を ((祈りの文句)). ④級

Götter 複 ⇒ Gott.

Gottes·dienst [ゴッテス..] 男 (-(e)s/-e) 礼拝(式), 祭式, ミサ.

Gottes·haus 中 教会, 礼拝堂.

Gottes·lästerung [..レステルング] 女 (-/-en) 神の冒瀆(どく), 不敬, 瀆神.

Gottheit [..ハイト] 女 (-/-en) (多神教の)神, ご神体.

Göttin [ゲッティン] 女 (-/-nen) 女神.

göttlich [ゲットリヒ] 形 ❶神の, 神による. ❷神のような, 神的な, 崇高な; 天賦の才に恵まれた, 非の打ちどころのない; 不滅[不朽]の. ❸《口》すばらしい, またとない; とてもおいしい. ④級

gottlob [ゴットローブ] 副 《やや古》ありがたい, やれやれ, ありがたいことに.

gott·los 形 (↔ fromm) 罰当たりの, 罪深い, 恥ずべき, 不埒(らち)な; 不信心の, 無神(論)の.

Gott·vater [ゴットファーター] 男 (-s/)《無冠詞で》《キリスト教》父なる神.

gott·verlassen [..] 形 《口》《軽蔑》ひどく辺鄙(ぴ)な, 人里離れた, さびれた, 荒涼とした, 殺風景な; 神に見捨てられた.

Götze [ゲッツェ] 男 (-n/-n)《弱》 ❶偶像神, 神像, 神(を描いた図). ★ キリスト教・ユダヤ教・イスラム教の神には用いない. ❷崇拝の対象.

Götzen·bild [ゲッツェン..] 中 偶像 ((特に非キリスト教の)).

Götzen·diener 男 偶像崇拝者.

Gouverneur [グヴェァネーァ] 男 (-s/-e) ❶ (植民地などの)総督, 地方長官. ❷ (アメリカの州の)知事.
◇**~in** (-/-nen).

Grab [グラープ] 中 (-(e)s/Gräber) ❶

graben 墓穴. ❷墓,墓所. (sich³) *sein eigenes ~ graben* [*schaufeln*] 自ら墓穴を掘る.

graben* [グラーベン](du gräbst, gräbt; 過 grub; 過分 gegraben) ((I)) 他〈溝・穴・井戸⁴などを〉掘る. ((II)) 自〈nach ③〉〈物を求めて〉掘る.〈物³を〉掘り求める. ((III)) 再 sich⁴ 〈in ④〉〈物⁴が〉〈物⁴の中に〉入り込む, 食い込む.

Graben [グラーベン] 男 (–s/Gräben) 溝, 排水溝, 水路, 堀, 濠(ξ); [軍] 塹濠(ξ²).

Grab·hügel 墓丘, 土饅頭(ξ²), 墓塚.

Grab·mal 中 (–(e)s/..mäler, (書) –e) 墓石, 墓標, 墓碑.

Grab·schändung [..シェンドゥング] 女 墓荒らし, 墓を暴くこと.

gräbst [グレープスト] graben の 2 人称単数現在形.

gräbt [グレープト] graben の 3 人称単数現在形.

Grabung [グラーブング] 女 (–/–en) [考古学] (古代の遺物などの)発掘, 採掘.

Grad [グラート] 男 (–(e)s/–e, ❶ 圏) [理・数・地・天] 度 (記号:°). ❷程度, 度合い;[数]次;[法]親等;[言] (比較の)級;[印]ポイント.

grade [グラーデ] (口) = gerade.

Grad·messer 男 (–s/–) 尺度, 基準, 指標.

graduell [グラドゥエル] 形 ❶程度 [度合い,段階,等級]のある. ❷漸進的な, 漸次の, 徐々の.

graduiert [グラドゥイーアト] 形 大学を卒業した, 学士の, 学位のある.

Graf [グラーフ] 男 (–en/–en)《弱》 ❶ [史] 伯 ((中世国王直属の高級官僚(直参旗本)で, 王に代わって地方を治める代官). ❷伯爵 (Fürst の下, Freiherr の上の爵位)).

Grafik [グラーフィック] 女 (–/–en) ❶《単》グラフィックアート, 印刷 [複製]芸術;コンピューター・グラフィックス. ❷ (グラフィックによる)複製(画 [品]

(木版 [銅版] 画など)). ❸図(表), グラフ, ダイヤグラム.

Grafiker [グラーフィカー] 男 (–s/–) グラフィック・デザイナー;版画家, (複製の原版の)画家. ◇**Grafikerin** 女 (–/–nen).

Gräfin 女 (–/–nen) 女性の Graf, 伯爵夫人.

grafisch [グラーフィッシュ] 形《付加または副》❶グラフィックの, 印刷 [複製]芸術の. ❷図(表)による.

Grafit [グラフィート, (ﾄﾞｲﾂ) グラフィット] 男 (–s/–e)《主に単》[鉱] グラファイト, 石墨, 黒鉛.

Grafschaft [..シャフト] 女 (–/–en) ❶伯爵領. ❷ (特に英国の)行政 [裁判]区, 州.

Gram [グラーム] 男 (–(e)s/)《書》悲嘆, 心痛.

grämen [グレーメン]《書》(やや古) ((I)) 他〈事³が〉〈人⁴を〉深く悲しませる. ((II)) 再 sich⁴〈**über** ④〉〈(人・事⁴を)〉深く悲しむ, 嘆き悲しむ,〈(人・事⁴を)〉悲嘆にくれる.

Gramm [グラム] 中 (–s/–e, –) グラム ((略:g)). 4級

Grammatik [グラマティク] 女 (–/–en) ❶《単》文法. ❷文法書, 文典.

grammatisch [グラマティッシュ] 形 ❶文法の, 文法上の, 文法に関する. ❷文法にかなった, 文法的に正しい.

Grammophon [グラモフォーン] 中 (–s/–e) [商標] グラモフォーン ((蓄音機)).

Granat [グラナート] 男 (–(e)s/–e, (ﾄﾞｲﾂ) –en/–en) ザクロ(柘榴)石, ガーネット (1月の誕生石).

Granate [グラナーテ] 女 (–/–n) 榴弾(ゅうだん).

grandios [グランディオース] 形 (最上 ~est) 雄大 [壮大] な, 堂々とした, 圧倒的な.

Granit [グラニート, グラニット] 男 (–s/ (種類を示して)–e) [鉱] 花崗(ゕこう)岩, 御影石.

grantig [グランティヒ] 形 (南ドィ・ォー) (口) 不機嫌な, 気むずかしい.

Grapefruit [グレープフルート] 女 (–/–

Graphik = Grafik.
Graphiker = Grafiker.
graphisch = grafisch.
Graphit = Grafit.
Gras [gra:s グラース] 中 (–es/Gräser) ❶《単》《集合的》草;芝生(^{しば});牧草;草地,牧草地;《植》イネ科の植物. ❷ (口) (喫煙用の)麻薬,マリファナ. *das ~ wachsen hören* (口;皮肉) 耳ざとい[自分が賢い]と思い込む,さといなことから未来が分かると思い込んでいる. *über 4 ~ wachsen lassen* (口) (嫌なに不快な)事⁴が忘れられる[おさまる]まで待つ. **4級**
grasen [グラーゼン] 自《家畜¹などが》草を食べる.
Gräser 複 ⇨ Gras.
Gras·narbe 女(–/–n) 地面の草が密に茂っている箇所;芝土,芝生.
grässlich [グレスリヒ] 形 ❶ 恐ろしい,ぞっとする(ような),身の毛もよだつ. ❷ (口) ひどく嫌な,ひどく不愉快な,嫌悪感を起こす. ❸《副なし》(口) ひどい,ものすごい. ((II)) 副《否定的な意味の形容詞・副詞・動詞などを強調して》ひどく,ものすごく,恐ろしく.
gräßlich 旧 = grässlich.
Grässlichkeit [..カイト] 女 ❶ 恐ろしさ,ぞっとする(ような)こと,身の毛もよだつこと. ❷ (口) ひどく嫌なこと,ひどく不愉快なこと,嫌悪感を起こすこと.
Gräßlichkeit 旧 = Grässlichkeit.
Grat [グラート] 男 (–(e)s/–e) 尾根,山の背;《建》屋根の背,棟(^{むね});《工》角片(^{かくへん}).
Gräte [グレーテ] 女 (–/–n) (魚の)小骨.
Gratifikation [グラティフィカツィオーン] 女 (–/–en) ボーナス,賞与,祝儀,心づけ.
gratinieren [グラティニーレン] 他《物⁴の》グラタンを作る.
gratis [グラーティス] 形《付加または副》無料の,ただの.
Gratis·probe 女 無料見本[サンプル],試飲.
Grätsche [グレーチェ] 女 (–/–n) (体

操)開脚姿勢.
Gratulant [グラトゥラント] 男 (–en/–en) 《弱》祝辞を述べる人,お祝いの客. ◇ **Gratulantin** 女 (–/–nen).
Gratulation [グラトゥラツィオーン] 女 (–/–en) ❶ 祝賀. ❷《zu》《事³の》祝辞.
gratulieren [グラトゥリーレン] 自 《(3) (zu (3))》《人³に》《事³の》祝いの言葉を述べる. (b) (皮肉) たいへんである,えらいことである. ♦ *Ich gratuliere dir zum Geburtstag.* 誕生日おめでとう.
gratuliert gratulieren の過去分詞.
grau [grao グラオ] 形 (比較 **grauer**; 最上 **grau(e)st**) ❶ 灰色の,ねずみ色[グレー]の. ❷ 白髪(交じり)の,髪白い. ❸ (顔色などが)青ざめた,蒼白[土色]の,さえない. ❹ 人生が退屈[単調]な;わびしい,生彩がない. ❺ (空が)曇っている,どんよりした. ❻《付加または副》(時間的に)はるかな,いつともわからない,遠い昔の. **5級**
Gräuel [グロイエル] 男 (–s/–) 《主に複》《書》恐怖,戦慄(させるもの),悲惨さ,惨事.
Gräuel·tat 女 残虐行為,凶行.
grauen[1] [グラオエン] 自 《書》薄明るくなる,白む.
grauen[2] ((I))《非人称で》《vor (3)》《(人³[物³])が》恐ろしい,ぞっとする. ♦ *Mir graut (es) vor der Prüfung.* 試験が恐ろしい. ★ **es** は文尾以外で省略できる. ((II)) 再 sich⁴ 《vor (3)》《(人・物³を)》恐れる,《(人・物³で)》ぞっとする,身の毛もよだつ.
Grauen [グラオエン] 中 (–s/–) ❶《単》《vor (3)》《(人・物³に対する)》恐怖,戦慄(^{せんりつ}). ❷ 恐ろしいこと,ぞっとすること,おぞましいこと,悲惨さ. *Grauen erregend* 恐ろしい,ぞっとする,おぞましい,悲惨な.
grauenhaft [..ハフト] ((I)) 形 ❶ 恐ろしい,ぞっとする(ような),身の毛もよだつ. ❷《副なし》(口) ものすごい,ひどい. ((II)) 副《否定的な意味の形容詞・動詞などを強調して》ひどく,も

① 1格 ② 2格 ③ 3格 ④ 4格

grau‧haarig [形]《副なし》白髪の.

gräulich [グロイリヒ] ((I))[形] ❶ 恐ろしい, ぞっとする(ような), 身の毛もよだつ. ❷《口》ひどく嫌な, ひどく不愉快な, 嫌悪感を起こす. ((II))[副]《口》《否定的な意味の形容詞・副詞・動詞などを強調して》ひどく, ものすごく, 恐ろしく.

Graupe [グラオペ] [女](–/–n)《主に複》麦粒(ぴき), 搗麦(鍼), ひきわり燕麦, 〔鉱〕つき砕かれた鉱石.

Graupel [グラオペル] [女](–/–n)《主に複》(小粒の)あられ[ひょう].

graupeln [グラオペルン] [自]《非人称》Es graupelt. あられ[ひょう]が降る.

grausam [グラオザーム] ((I))[形] ❶ 〈zu [gegenüber] ③〈人³に〉残酷な, 残忍[残虐]な, 無慈悲で[冷酷]な, 非情な, 情容赦ない; むごい, むごたらしい, 痛ましい. ❷《副なし》ひどい, 激しい. ((II))[副]《口》《否定的な意味の形容詞・副詞・動詞などを強調して》ひどく, ものすごく, 恐ろしく.

Grausamkeit [..カイト] [女](–/–en) ❶《単》残酷, 残忍, 残虐, 冷酷. ❷《主に複》残酷[残忍]な行為.

grausen [グラオゼン] ((I))[自]《非人称》〈vor ③〉〈人³[物³]が〉嫌でたまらない, ぞっとする, 恐い. ◆Mir graust (es) vor Würmern. 私は虫が嫌でたまらない. ★es は文頭以外で省略できる. ((II))[再]sich⁴〈vor ③〉〈人・物³が〉嫌でたまらない, ぞっとする, 身の毛がよだつ.

Grausen [グラオゼン] [中](–s/) 恐怖の戦慄, 非常な嫌忌(ウォン).

grausig [グラオズィヒ] [形] 恐ろしい, ぞっとする, おぞましい, 悲惨な.

gravieren [グラヴィーレン] [他] ❶〈in ④〉〈事⁴を(金属・石・ガラスなどに)〉彫る, 刻む, 彫り[刻み]込む. ❷〈物⁴に〉文字[飾り]を彫る, 刻む.

gravierend [..ト] [形]《主に複》《書》《悪い意味で》重大な;(罪などを)重くする.

Gravierung [グラヴィールング] [女] ❶ 彫ること, 刻むこと, 彫り[刻み]込むこと. ❷ 彫られたもの, 刻まれたもの, 彫り[刻み]込まれたもの.

Gravitation [グラヴィタツィオーン] [女](–/) 重力, 万有引力.

Gravur [グラヴーァ] [女](–/–en) (金属版・石版などに刻まれた)文字, 模様.

Graz [グラーツ] [中] グラーツ((オーストリア南東部の都市)).

Grazie [グラーツィエ] [女](–/–n) ❶《単》優雅, 優美, 典雅, 端麗. ❷(ふず)優雅な若い婦人.

greifbar [グライフバーァ] [形] ❶ 手の届く, つかみうる; 連絡のとれる, つかまえる. ❷ 明白な, 明らかな.

greifen* [グライフェン] (過 griff; 過分 gegriffen) ((I))[他]〈sich³ ④〉〈物⁴を〉つかむ, 手にとる. ((II))[自] ❶〈nach ③〉〈人・物³の方へ〉(つかもう[触れよう]と)手を出す[伸ばす], 物³[人³]をつかもうとする. ❷〈zu ③〉《書》〈物³に〉(習慣的に)手を出す, 〈物³を〉(常習的に)手にとる. ❸〈zu ③〉〈悪い事³に〉手を出す, 〈悪い事³を〉(最後の手段として)使う. ❹〈an ③〉〈物³に〉手で触れる. ❺〈um sich⁴〉〈火事・病気などの悪いが〉広がる. ❻〈タイヤなどが〉充分な摩擦力を持つ, 滑らない. ❼〈車¹が〉うまくいく, 効く, 〈事¹の〉効果が現れる.

Greis [グライス] [男](–es/–e) 年老いた男, 老人, 年寄り.

Greisin [グライズィン] [女](–/–nen) 老女, 老婆.

grell [グレル] [形] ❶(光が)ギラギラ輝く, まばゆい, 目もくらむほどの. ❷(色が)けばけばしい, どぎつい. ❸(声・音が)甲(ﾝ)高い, 耳をつんざくような, 金切り声の, 鋭い.

Gremium [グレーミウム] [中](–s/..mien[..ミエン])《書》委員会, 協議会.

Grenze [グレンツェ] [女](–/–n) ❶ 国境; 境界(線). ❷《主に複》限界, 制限, 限度; sich⁴ in ~n halten《物⁴が》度を越さない, 並の大きさ[分量]である.

grenzen [グレンツェン] [自]〈an ④〉 ❶

|①|1格|②|2格|③|3格|④|4格|

〈物¹が〉〈物³に〉〈境を〉接する. ❷〈物¹が〉〈物³に〉近い, 近似する, 類する, 〈物³と〉言ってもいいくらいである.

grenzen・los ((I))形 ❶境界[限界]のない. ❷無(制)限の, 果てしない, 限りない, 際限のない. ((II))副 限りなく, 無限に, 際限なく.

Grenzen・losigkeit [..ローズィヒカイト]女(-/-) ❶境界[限界]のないこと. ❷無(制)限, 果てしのないこと, 限りないこと, 際限のないこと.

Grenz・gänger 男(-s/-) 頻繁に国境を行き来する人, (隣国へ通う)越境通勤[通学]者.

Grenz・konflikt 男国境紛争.

Grenz・übergang 男 ❶国境通過, 越境. ❷実際に国境越えをする場所[地点].

Grenz・verkehr 男国境交通[往来], 国境交易[取引].

Greuel [グロイエル]男⑬= Gräuel.

greulich [グロイリヒ]形⑬= gräulich.

Grieche [グリーヒェ]男(-n/-n)《弱》ギリシャ人. ◇ **Griechin** 女(-/-nen).

Griechenland [グリーヒェンラント]中(-s/)ギリシャ.

griechisch [グリーヒシュ]形 ギリシャ(人[語])の.

Griechisch [グリーヒシュ]中(-(s)/)ギリシャ語.

griesgrämig [グリースグレーミヒ]形 怒りっぽい, 気むずかしい.

Grieß [グリース]男(-es/-e) ❶粗びき穀物((麦・トウモロコシなど)), セモリーナ. ❷[医]尿砂, 結石.

Grieß・brei 男粗びき小麦のかゆ.

griff greifen の過去形.

Griff [グリフ]男(-(e)s/-e) ❶つかむ[握る, 捕える]こと, 手を伸ばすこと. ❷〈zu ③〉〈薬³や〉〈物³に〉手を出すこと, 飲むこと. ❸つかみ[握り]方, 取り扱い方, 手の運び; [楽]指使い. ❹柄(ぇ), 取っ手, ハンドル; (刀の)つか; (弦楽器の)さお. ❺ *im ~e haben* (口)人・物を制御[掌握]している.

griff・bereit 形 手元[手近]にある, すぐ使える, スタンバイの状態にある.

griffe [グリッフェ]greifen の接続法II式形.

Griffel [グリッフェル]男(-s/-) ❶尖筆, 鉄筆, 石筆, ペン; 彫刻刀. ❷《主に複》(口)指. ❸[植]花柱.

griffig [グリッフィヒ]形《副なし》❶覚えやすい. ❷握りやすい, ハンディな. ❸滑らない, 滑りにくい. ❹(布などの)手ざわりのよい.

Grill [グリル]男(-s/-s) ❶グリル((網で焼く器)), 焼き網. ❷(自動車の)ラジエータグリル.

Grille [グリレ]女(-/-n) ❶[昆]コオロギ(蟋蟀). ❷(やや古)ふさぎ, もの思い, 憂愁; 妄想, 奇想.

grillen [グリレン]他(④)〈(肉⁴など を)〉グリルで焙る, 焼き網で焼く.

Grimasse [グリマッセ]女(-/-n) しかめつら.

Grimm [グリム]《人名》グリム((Jakob ~ (1785–1863) と Wilhelm ~ (1786–1859); ドイツの言語学者・文芸学者の兄弟; メルヒェンなどの収集で有名)).

grimmig [グリミヒ]形 ❶激怒[憤激]した. ❷(書)(表情・態度が)恐い, 恐ろしい, 険しい. ❸(書)激しい, 恐るべき, ひどい.

grinsen [グリンゼン]自(歯を見せて)うす笑いをする, (あざけって)ニヤニヤ笑う, にやりとする.

Grippe [グリッペ]女(-/-n) ❶インフルエンザ, 流行性感冒. ❷(口)高熱の風邪. ◆ (eine) ~ haben インフルエンザにかかっている.

Grips [グリプス]男(-es/-e)(口)頭脳, 知力, 理解力.

grob [グロープ](比較 **gröber**; 最上 **gröbst**)形 ❶(↔ fein)(目・粒・きめなどの)粗い; (手触りなどが)さらさらした; 荒削りの, 粗雑な, 粗製の; ごつい, ごつごつした, いかついた. ❷(軽蔑)粗野な, 無礼な, がさつな, 無骨な, 荒っぽい, 荒々しい. ❸大ざっぱな, 大まかな, あらましの. ❹《主に付加》ひどい, 重大な, 著しい.

Grobheit [..ハイト]女(-/-en) ❶

Grobian 《単》粗野, 無礼, 粗暴. ❷《主に複》粗野[無礼]な言行, 侮辱.

Grobian [グロービアーン]男(-(e)s/-e)(口;軽蔑)無骨でないなか者, 無作法者.

Grog [グロック]男(-s/-s)グロッグ酒((ラム酒に砂糖・湯を混ぜた飲物)).

groggy [グロギ]形《述語または副》(口)《無変化》(疲れて)くたくたの;ふらふらの, グロッキーの.

grölen [グレーレン]他((4))(口;軽蔑)〈事4を〉蛮声を挙げて叫ぶ[歌う, わめく].

Groll [グロル]男(-(e)s/)(心に秘めた)恨み, 憎しみ, 怨恨, 遺恨.

grollen [グロレン]自❶(書)〈(mit)3〉〈人3に〉恨みを抱く, 〈人3を〉恨む, 憎む. ❷〈雷・大砲などが〉(遠くで)轟く, 響く.

Grönland [グレーンラント]中(-s/)グリーンランド.

Gros¹ [グロー]中(-/-) 大部分, 主要部;[軍]主力, 本隊.

Gros² [グロス]中(-es/-e, (数詞の後で)-)グロス(12ダース;略 Gr.)).

Groschen [グロッシェン]男(-s/-) ❶グロッシェン((オーストリアの旧貨幣単位; 1/100 Schilling;略:g)). ❷(口)(ドイツで)10ペニヒ硬貨. ❸《主に複》(口)わずかな金, 小金. *Der ~ fällt (endlich) (bei)* 3. (口)やっと〈人3に〉理解できた[〈人3の〉腑に落ちた].

groß [gro:s グロース](比較 *größer*, 最上 *größt*)(**(I)**)形 ❶(↔ klein)(空間的に)大きい, 広い, 高い, 長い;大文字の. ❷(↔ klein)(人間が)**(a)**背の高い, 大柄の. **(b)**《主に付加》(口)年上[年長]の. **(c)**(口)成長した, 成人した, 大人の. ❸(↔ klein)《副なし》(数量が)多い, 多数[多量]の;(金額・額面の)大きい, 多額[高額]の. ❹(↔ klein)《主に付加》(時間的に)長い, 長期の. ❺**(a)**《主に人間が》《副なし》偉大な;大した, 非常に良い, 素晴らしい. **(b)**《付加》大きな, 非常な;(口)《悪い意味の単語を強調して》大いなる, ひどい. ❻《副なし》《主に事柄が》大事な, 重大な. ❼《副なし》《(程

度・度合が)大きい, 大変な, 激しい. ❽(↔ klein)《付加または副》盛大な, 大々的な, 大がかりな;大げさな, 大仰な. ❾《付加または副》大体の, 大まか[大雑把]な. *Groß und Klein* 老いも若きも, 誰も彼も. *im Großen und Ganzen* 大体において, 大まかにいえば, 大局として, 大筋では. ⑩ ~ *schreiben* 物4を大切にする, 重視する. (**(II)**) ❶《否定詞と共に》取り立てて, 大して[さほど](...でない). ❷《修辞疑問で;主に denn, schon と共に》そもそも(大したことではない).

[5級]

Groß·abnehmer [..アプネーマー] 男大口買付け人, 大量購入者.

Groß·auftrag 男大口[大量]の注文.

Großbritannien [グロースブリタニエン]中(-s/)グレート・ブリテン;英国.

Groß·buchstabe 男(-ns, (まれ)-n/-n)大文字.

Größe [grø:sə グレーセ]女(-/-n) ❶(長さ, 高さ, 深さ, 面積, 体積などの)大きさ, 規模, 広さ, 容積;[天文]等級. ❷《単》身長. ❸(服・靴などの)寸法, サイズ. ❹《主に単》(数量の)大きさ, 数, 量;値. ❺《主に単》偉大さ, 重要性;意味, 価値. ❻大物, 大人物, 大家. ❼心の広さ, 寛容さ, 寛大さ.

[4級]

Großeltern [グロースエルタァン]複 祖父母.

Größen·ordnung [グレーセン..]女 およその量数, ...台.

großenteils [グローセンタイルス]副 大部分は, 多くは, 大方, 大半.

Größen·wahn 男誇大妄想, 自意識過剰, 思い上がり.

größer [グレーサー]groß の比較級.

Groß·fahndung 女(警察の大捜査網による)徹底集中捜査.

Groß·familie 女大家族.

Groß·handel 男(-s/)[経]卸し売り業, 問屋業.

Groß·händler 男(↔ Einzelhändler)卸売業者, 卸し商, 問屋.

Groß·industrielle(r) [..インドゥス

トリエレ[ラー][男][女]《形容詞変化》大工業[企業]家.

Grossist [グロスィスト][男](-en/-en)《弱》(↔ Großhändler)卸し売り商人, 問屋.

Groß·macht [女]大国, 強国, 列強.

Groß·maul [中]《主に単》《軽蔑》大口をたたく人.

Groß·mut [女](-/-) 寛容, 寛大; 気前のよさ, 太っ腹.

groß·mütig [..ミューティヒ][形]寛容〔寛大〕な; 気前のよい, 尊大な.

Großmutter [グロースムター][女]祖母. [4級]

Großreinemachen [グロースライネマヘン][中](-s/)[口]大掃除.

groß|schreiben* [他]《単語4の頭文字を》大文字書きにする.

groß·spurig [..シュプーリヒ][形]《軽蔑》傲慢(ごうまん)な, 横柄な, 横柄な.

Großstadt [グロースシュタット][女](人口100万以上の)大都会; 大都市. [4級]

Groß·städter [男]大都市の住人. ◇ **~in** [女](-/-nen).

größt [グレースト]groß の最上級.

Groß·teil [男](-(e)s/-e) 大多数, 大部分.

größtenteils [グレーステンタイルス][副]大部分, ほとんど全て, 往まで.

größtmöglich [グレーストメークリヒ][形]《付加》できるだけ大きな.

groß|tun* 《(I)》[再]《(mit 3)》《口; 軽蔑》《(物3を)》見せびらかす, ひけらかす, 誇示する. 《(II)》[再] sich4 《(mit 3)》《口; 軽蔑》《(物3で)》自分を誇示する, えらそうにする.

Groß·unternehmen [中]大企業, ビッグ・ビジネス.

Großvater [グロースファーター][男]祖父. [4級]

groß|ziehen* [他]《人4[動物4]を》(独立できるまで)育て上げる; (子供を)養育する, (動物を)飼育する.

großzügig [グロースツューギヒ][形] ❶気前のよい, もの惜しみしない. ❷寛大, 寛容な, 度量の広い. ❸広い, 広々とした, 広大な.

Großzügigkeit [..カイト][女] ❶気

前のよさ, もの惜しみしないこと. ❷寛大, 寛容, 度量の広いこと. ❸広いこと, 広々としていること, 広大.

grotesk [グロテスク][形]グロテスクな, 風変わりな, 奇怪な, 異様な; 滑稽な, おどけた, おかしな.

Grotte [グロッテ][女](-/-n) (あまり深くない)洞窟, 洞穴.

grub [グループ]graben の過去形.

Grübchen [グリュープヒェン][中](-s/-)えくぼ.

Grube [グルーベ][女](-/-n) (掘った)穴, 凹(おう)所; [坑]炭鉱, 鉱坑; 落とし穴, 陥穽(かんせい).

grübe [グリューベ]graben の接続法 II 式形.

grübeln [グリューベルン][自] ❶《über 3》《(事3を)》思い巡らす, 思案する, 考え込む. ❷《über 4》《(事4を)》思い悩む, 思いわずらう.

Gruben·arbeiter [男]坑夫, 鉱山労働者.

Grüezi [グリューエツィ][(スイ)](Guten Tag)こんにちは, さようなら.

Gruft [グルフト][女](-/Grüfte) (アーチ状の)地下納骨室, 霊廟.

grün [gry:n グリューン][形] ❶緑(色)の; (信号が)青の. ❷熟して[熟れて]いない, まだ青い. ❸生の, 調理されていない; 未加工の(塩漬け燻製などの保存処理のほどこされていない). ❹《軽蔑》経験に乏しい, 未熟な. ❺緑の党の(環境保護を掲げている政党). ◆der Grüne Punkt グリーン・ポイント(リサイクル・マーク). sich4 **~ und gelb** [blau] **ärgern** [口]激怒する, かんかんに怒る. [5級]

Grün [グリューン][中](-s/-, [口]-s) ❶緑色(のもの); 緑の服. ❷《単》《集合的に》植物; 若芽, 若葉; 野菜, 青菜; 緑野; 緑の自然, 緑地帯. ❸《単》[ト]グリーン. ❹[ト]スペードの札.

Grün·anlage [女]《主に複》緑地(帯); 公園.

Grund [gront グルント][男](-(e)s/Gründe) ❶《単》地面, 地表; [古]土, 土壌; 土地, 地所. ❷《単》(海・湖などの)底. ❸《主に単》(絵画・織物などの)

[1] 1格 [2] 2格 [3] 3格 [4] 4格

地,下地,地色;(舞台の)背景. ❹根拠,理由,動機,原因;基礎,基盤,土台,根本,根底. ~ und Boden 土地,地所. im ~e (genommen) 根底において,結局,実際,つまり. ⑧ auf den ~ gehen [kommen] 事³の根本を究明する,真因[真相]を究める. sich⁴ in ~ und Boden schämen 穴があったら入りたい. von ~ auf [aus] 根底から,根本的に,全く. 4級

Grund·besitz 男 所有地;土地所有(権).

Grund·buch 中《法》土地登記簿,土地台帳.

Gründe 複 ⇨ Grund.

gründen [グリュンデン] ((I)) 他 ❶ 〈物⁴の〉基礎を築く,〈町⁴などを〉建設する,〈会社⁴などを〉設立する,創設[創立]する;〈絵〉〈物⁴の〉下地を塗る,背景を描く. ❷ ④ (A) auf ④ (B) 〈書〉〈物⁴ (B) を物⁴ (A)の〉根拠[土台]とする. ((II)) 再 sich⁴ 《auf ④》〈物⁴に〉基づく,基因する. ((III)) 自 《auf ④》〈書〉〈物⁴に〉基づいている.

Gründer [グリュンダー] 男 (–s/–) 建設者,創設[創立,設立]者;(ある理論の)提唱者;〖宗〗開祖. ◇ **Gründe-rin** 女 (–/–nen).

Grund·gesetz 中 (–es/) 基本法 ((ドイツの憲法;略:GG)).

grundieren [グルンディーレン] 他 〈④〉〈(物⁴に〉地(⁵)を作る,下塗りをする.

Grund·kenntnis 女 (–/–se)《主に複》基礎知識.

Grundlage [グルントラーゲ] 女 基礎,基盤,土台,前提;(和音の)基本位置,根音位置.

Grundlagen·forschung 女 基礎研究.

grund·legend [..レーゲント] 形 《書》根本的な.

gründlich [グリュントリヒ] ((I)) 形 徹底的な,入念な,丹念な,綿密な. ((II)) 副 (口) 根本的に,抜本的に,ひどく,はなはだしく.

Gründlichkeit [..カイト] 女 (–/) 徹底的なこと,入念なこと,丹念,綿密.

grund·los 形 ❶ 根拠のない,理由[いわれ]のない. ❷ 底なしの,底知れない;(道路などが)路盤のしっかりしない,ぬかるんだ.

Grund·nahrungsmittel 中 (–s/–) 基礎食品,主食 ((パン・ジャガイモ・ミルクなど)).

Gründonnerstag [グリューンドナァスターク] 男 (–(e)s/くまれ〉–e) 〖新教〗洗足木曜日;聖木曜日 ((復活祭前の木曜日;キリストが最後の晩餐(㊗)で使徒の足を洗ったことの記念の日)).

Grund·ordnung 女《集合的に》基本秩序[体制].

Grund·prinzip 中 根本原理.

Grund·recht 中 (–(e)s/–e)《主に複》〖法〗基本的人権,基本権.

Grund·riss 男 (–es/–e) ❶ 見取り図,略図;平面図;〖数〗投影図. ❷ 概要,概説.

Grundriß ⑮ = Grundriss.

Grund·satz 男 (–es/..sätze) 原則,原理;(個人的な)主義.

grundsätzlich [グルントゼッツリヒ] ((I)) 形 《付加》原則[原理]に関する[基づく],原則[原理]的な;(個人の)主義[原則]に基づいた. ((II)) 副 原則として,原理的に,基本的に;主義として. 4級

Grund·schule 女 (ドイツ・オーストリアの)基礎学校,小学校 ((6歳からの義務教育の最初の4学年)).

Grund·stein 男 (–(e)s/–e) 〖建〗礎石.

Grundstein·legung [..レーグング] 女 礎石を置くこと,起工式,定礎式.

Grund·stück 中 (区割された)土地,地所,敷地,不動産.

Gründung [グリュンドゥング] 女 (–/–en) 建設,創設,創立,設立.

Grund·wasser 中 (–s/–, ..wässer) 地下水.

Grund·wortschatz 男 基礎語彙.

Grund·zug 男《主に複》根本的特徴[特色].

Grüne(r) [グリューネ(ナー)] ((I)) 男

①1格 ②2格 ③3格 ④4格

Grüne(s) [グリューネ(ス)] 田《形容詞変化》*im Grünen* 緑の自然の中[野外, 郊外]で. *ins Grüne* 緑の自然の中[野外, 郊外]へ.

Grün·fläche 囡(-/-n)《主に複》(森林・公園などの)緑地(帯).

Grün·glas 田(分別回収する)緑のビン.

Grün·schnabel 男《しばしば軽蔑》くちばしの黄色いヒヨコ, 青二才, 世間知らず, うぶ.

Grünspan [グリューンシュパーン] 男(-(e)s/)《化》緑青(ろくしょう).

Grün·streifen 男(高速道路などの)中央分離帯, 緑地帯, グリーンベルト.

grunzen [グルンツェン]《擬声語》((I)) 圓《豚¹などが》ブーブーうなる. ((II)) 他《事⁴を》聞きとれないような声で言う, ブツブツ言う.

Gruppe [grópə グルッペ] 囡(-/-n) 集団, グループ, 群れ; 班, 組;(分)派;《軍》分隊;《美術》群像;《数》群. 4級

Gruppen·leiter 男 グループリーダー.

Gruppen·reise 囡 グループ旅行.

gruppieren [グルピーレン] ((I)) 他《人・物⁴を》(一箇所に)まとめる, 集める;仕分ける, グループ分けする, グループ化する. ((II)) 再 *sich*⁴ (一箇所に)集まる, 群がる.

Gruppierung [グルピールング] 囡(-/-en) ❶ グループ化, グループ分け, グルーピング. ❷(種類・目的別に形成された)グループ, 集まり, 集団.

grus(e)lig [グルースゼ]リヒ] 形 気味悪い, 恐ろしい, 身の毛もよだつ.

gruseln [グルーゼルン] 再 *sich*⁴ ⟨(**vor** ③)⟩《人・物³が》気味悪く思う.

Gruß [gru:s グルース] 男(-es/Grüße) ❶《単》(口頭や身ぶりで示す)挨拶(あいさつ). ❷《主に複》よろしくという挨拶. ♦ Viele Grüße an die Familie! ご家族の皆様によろしく. *mit freundlichen* [*herzlichen*, *besten*] *Grüßen* 敬具((手紙の結び)). 4級

Grüße 囡 ⇒ Gruß.

grüßen [グリューセン] 他《人⁴に》挨拶する;《軍》敬礼する. 囲 **~ lassen** 人⁴によろしくとの伝言を頼む. *Grüß dich!* (口) こんにちは, おはよう, こんばんは, さようなら. 4級

Grütze [グリュッツェ] 囡(-/(種類)-n) ❶《単》粗びきの穀物, ひき割り麦, オートミール, ひき割り麦の粥(かゆ). ❷(口;やや古) 脳味噌, 理解力, 知恵.

gucken [グッケン], (北ドイツ) クッケン] 圓 (口) ❶ のぞく, うかがう, 見る. ❷ 目つきをしている. ❸ ⟨**aus** ③⟩《物¹が》《物³から》のぞいている, 見える, 現れている. ♦ *Guck mal!* ちょっと見て!

Guckloch [グックロホ] 田 のぞき穴.

Guerilla [ゲリリャ] ((I)) 男(-(s)/-s)《主に複》ゲリラ(兵[戦士]), パルチザン. ((II)) 囡(-/-s) ゲリラ戦.

Gulasch [グ(ー)ラッシュ] 男, 囡 田(-(e)s/-e, -s)《料理》グーラッシュ((香辛料入り牛肉・豚肉のハンガリー風シチュー)).

Gulden [グルデン] 男(-s/-) ❶ グルデン(((昔の)金または銀貨幣の名称で, 14世紀から19世紀まで)). ❷ ギルダー(2002年までのオランダの貨幣単位; = 100 Cent;略:hfl., Fl, fl)).

gültig [ギュルティヒ] 形 ❶ 有効な, 効力のある, 合法的な. ❷ 妥当な. ♦ *für* ④ *~ sein* 事⁴に当てはまる.

Gültigkeit [..カイト] 囡(-/) ❶ 有効(性), 効力. ❷ 妥当(性).

Gummi [グミ] ((I)) 男 田(-s/-(s)) ゴム. ((II)) 田(-s/-s) ❶ 消しゴム;輪ゴム. ❷ (口) コンドーム. ((III)) 田(-s/-s) ゴムバンド, ゴム紐.

Gummi·band 田(-(e)s/..bänder) ❶ ゴムバンド;ゴム入り包帯. ❷ 輪ゴム.

Gummi·baum 男《植》ゴムの木, パラゴムノキ((よく室内装飾用に用いられる)).

Gummi·handschuh 男 ゴム手袋.

Gummi·knüppel 男（硬質）ゴム製の警棒.

Gummi·sohle 女 ゴムの靴底, ラバーソール.

Gummi·stiefel 男 ゴム長靴.

Gunst [グンスト] 女 (-/-) (書) ❶ 好意, 親切;支持;ひいき, 偏愛, 情実;愛顧, 寵愛. ❷ 親切心, 親切な行為, 好意のしるし, 寵愛のしるし.

günstig [ɡýnstɪç ギュンスティヒ] 形 ❶ 〈für 4〉〈人・物³に〉有利な, 有益[有望]な, 好都合な, 恵まれた. ❷〈付加または副〉〈書〉〈古〉好意ある, 好意的[親切]な;ひいきする.

günstigsten·falls [ギュンスティヒステン..] 副 よくても, うまくいって, 都合よくいって, せいぜい.

Gurgel [グゲル] 女 (-/-n) (Kehle) 喉首;のど, 咽喉(いんこう), 咽頭.

gurgeln [グゲルン] 自 ❶〈mit ³〉〈物³で〉のどをガラガラ[ゴロゴロ]鳴らす;うがいをする. ❷〈水¹などが〉こんこんと流れる.

Gurke [グケ] 女 (-/-n) ❶ キュウリ (胡瓜). ❷ (口) (ぶかっこうな大きな)鼻.

gurren [グレン] 自〈鳩¹が〉クークー鳴く.

Gurt [グルト] 男 (-(e)s/-e, (専門用語)-en) (幅広の)帯, ひも, ベルト, 腰帯;シート[安全]ベルト;(馬の)腹帯;(ハンモックなどの)つりひも;(軍)(機関銃などの)弾帯;(建)飾り迫縁(せりぶち);蛇腹(じゃばら).

Gürtel [ギュルテル] 男 (-s/-) ❶ バンド, ベルト;飾り帯, 腰帯[ひも];(武道)帯. ❷ (分布)地帯.

Gürtel·linie 女 〈単〉〔服〕ウェストライン;〔ファッシ〕ベルトライン.

Guru [グル] 男 (-s/-s) ❶ (ヒンズー教の)導師. ❷ (口)指導者.

GUS [ゲーウーエス] 女 (-/) (略) Gemeinschaft Unabhängiger Staaten 独立国家共同体((旧ソ連;英語でCIS)).

Guss [グス] 男 (-es/Güsse) ❶ 鋳物(いもの);(菓子の)ころもり(衣). ❷ 鋳造(ちゅうぞう);(液状の物を)注ぐこと, 注入, 注ぎ. ❸ (口) (短時間の)豪雨.

Guß 旧 = Guss.

Guss·eisen 中 (-s/) 鋳鉄.

guss·eisern 形 鋳鉄(製)の.

gut [guːt グート] ((I)) (比較 besser; 最上 best) 形 ❶ (↔ schlecht) よい; (行為・活動などが)上手な, うまい;まともな, きちんと[ちゃんと]した, 申し分のない;(製品などが)性能[品質]のよい, 良質の, 優良[良好]な;(成績の評点で)良の ((優 (sehr gut) の下)). ❷ (副なし)(能力が)人並みか優れた, 有能[優秀]な, 水準[レベル]の高い. ❸ (↔ böse, schlecht) (人・行為などが道徳的に)優れた, 立派な, 公正な;人のよい, 誠実な, 善良な, 高潔な;心の優しい, 親切な, 思いやりのある. ❹〈für 4〉〈人⁴に(とって)〉望ましい, 有益な, ためになる, 得になる, 役立つ, 好都合の;適した, 適切な, 当を得た. ❺〈gegen [für, bei] 4〉〈物⁴に〉効き目[効力]のある, よく効く. ❻ うれしい, 喜ばしい;心地よい, 気持ちのよい, 楽しい, 愉快な. ❼ 収益[収穫]の多い, 実入りのよい. ❽ (口) (子供・動物などが)行儀[しつけ]のよい, 素直[従順]な. ❾ 〈付加〉仲のいい, 親密な, 親しい. ❿ (↔ knapp)〈付加または副〉たっぷり, 優に, 少なくとも. ⓫ 〈付加〉特別な, 特別(祝典, 祭典, よそ行き)用の, 取っておきの, 晴れの, 普段用ではない. ⓬ 〈述語〉元気な, 健康な, 丈夫な, 損傷[障害]のない, 無事の;無事な. ⓭ 育ちの良い;洗練された, 礼儀作法にかなった. ◆ ein ~es Essen おいしい食事. ein ~er Freund 親友. *Guten Abend [Morgen, Tag]!* 今晩は[おはよう, こんにちは]. *Gute Nacht!* おやすみ. *so ~ wie* (口) ほとんど, ほとんど, ほぼ, ...も同然. *~ daran [dran] sein* (口) 運がいい, ついている, 幸せだ. *es mit ³-sein lassen* 事³でよしとする, やめておく. ③ *wieder ~ sein* 人³と仲直りする, よりを戻す. *Es kann ~ sein, dass ...* ...ということは十分ありうることです. ③ *ist nicht gut.* 人³は体調[気分]が悪い.

---

① 1格　② 2格　③ 3格　④ 4格

((II))（比較 **besser**；最上 **am besten**）圖（↔ **schlecht**）❶よく；うまく，上手に；十分に，ちゃんと，しっかりと．❷たやすく，容易に，簡単に，楽に，難なく，やすやすと．◆④ ～ **kennen** 人⁴[事⁴]をよく知っている，人⁴と昵懇(じっこん)である．**Du hast ～ lachen.** 君は(他人事だとのんきに)笑っていられるね．■～ **aussehend** 美人の，ハンサムな，魅力的な．～ **gehen**〈物¹が〉順調である，うまくゆく，よい結果になる：《非人称》③ **geht es gut.** 人¹は健康[調子がいい]である．～ **gemeint sein**〈忠告・提案などが〉よかれと思ってなされた．～ **tun**〈人・物³に〉よい，よい効果がある，有効である，ためになる，効く．5級

Gut [グート] 中 (-(e)s/Güter) ❶所有物，物品，品物；所有地，地所．❷《書》財産，宝；財，財貨．❸《*複*》貨物，積荷．❹農場，農園；荘園．

Gut·achten 中 (-s/-)❶専門家の判定[鑑定]；法律家の意見．❷(教授の大学生への)推薦状，証明書．

gut·artig 形 ❶(子供・動物などが)おとなしい．❷[医]良性の．

Gutartigkeit [..カイト] 女 (-/-)❶おとなしいこと．❷[医]良性．

gutaussehend [グートアオスゼーエント] 形 中 = **gut aussehend**〈◇**gut**■）．

gutbürgerlich [グートビュルガーリヒ] 形 ❶(しばしば軽蔑) 中流の，暮し向きのいい，堅実な．❷(レストランなどが)家庭的な．

Gutdünken [グートデュンケン] 中 (-s/) 判断，考え，自由裁量．

Güte [ギューテ] 女 (-/-)❶親切心，好意，思いやり．❷(やや古)良(品)質．

Gutenacht·kuss [グーテナハト..] 男 おやすみのキス．

Gutenberg [グーテンベルク]《人名》グーテンベルク (Johannes ～，ドイツの活版印刷術の発明者；1390年代後半–1468)．

Güter·wagen [ギューター..] 男 (一両の)貨車．

Güter·zug 男 貨物列車．

gut|gehen* 中 = **gut gehen** (◇**gut**■)．

gut·gläubig 形 人のいい，人を疑わない；[法]善意の．

Gut·haben 中 (-s/) [商]貸し；(銀行の)預金．

gut|heißen* 他《書》〈事⁴を〉よいと認める，是認[認可]する，〈事⁴に〉賛成する，同意する．

gut·herzig 形 心優しい，気立てのよい，思いやりのある，情け深い．

gütig [ギューティヒ] 形〈(**gegenüber** ③ [**gegen** ④])〉〈(人³·⁴に対して)〉心優しい，思いやりのある，寛大な．

gütlich [ギュートリヒ] 形 穏便な，話し合いによる．

gut|machen 他 ❶〈物⁴を〉償う，補償[賠償]する，〈損害・不始末⁴などの〉埋め合せをする．❷(口)〈物⁴の〉お返しをする．❸〈金額⁴を〉(商売などで)もうける，利益を出す．★注意：④ **gut machen** 事⁴をうまくする．

gutmütig [グートミューティヒ] 形 人のいい，気のいい，気立てのいい．

Gutmütigkeit [..カイト] 女 (-/) 人のいいこと，気のいいこと，気立てのいいこと．

Gut·schein 男 手形，証券；為替(かわせ)；引き替え券，クーポン券，商品券．

gut|schreiben* 他〈(⑶) ④〉[商]〈人³の口座などに金額⁴を〉貸方に記入する．

Gut·schrift 女 [商]貸し(方)；貸方記入．

Guts·hof 男 (農家の)家屋敷，地所．

gut·willig 形 ❶自発的な，進んでの．❷親切な．

Gymnasium [ギュムナーズィウム] 中 (-s/..sien [..ズィエン]) ギムナジウム ((小学校と大学を結ぶ中高等学校；ドイツでは9年制))．

Gymnastik [ギュムナスティク] 女 (-/) 体操，体育．

Gynäkologe [ギュネコローゲ] 男 (-n/-n)《弱》婦人科医．◇**Gynäkologin** 女 (-/-nen)．

Gynäkologie [ギュネコロギー] 女 (-/) 婦人科．

① 1格 ② 2格 ③ 3格 ④ 4格

H

h, H [ハー] 田(-/-, (ロ)-s) ❶ アルファベットの第8字. ❷〖楽〗口音, 口調. ◆ h-Moll ロ短調. H-Dur ロ長調.

h [ハー]《記号》❶〖楽〗h-Moll ロ短調. ❷ hora 時 (Uhr), 時間 (Stunde).

H [ハー]《(I)》《記号》〖楽〗❶ H-Dur ロ長調. ❷〖化〗Hydrogenium 水素. ❸〖電〗Henry ヘンリー((インダクタンス[誘導係数]の実用単位)).《(II)》《略》❶ Herren 男性((トイレなど; 女性は D)). ❷ Haltestelle 停留所. ❸ Heroin ヘロイン.

ha¹ [ハ(-)]《記号》Hektar ヘクタール.

ha² [ハ(-)] 間 わあい, おや, まあ, へえ, ほう ((歓喜・驚き・勝ち誇った気持ち)).

Haar [ha:r ハーァ] 田(-(e)s/-e) ❶ (人間・動物の)毛, 毛髪;《集合名詞として単数形で》髪の毛. ❷《単》(哺乳動物の)毛(皮). ◆ sich³ das ~ [die Haare] schneiden lassen 散髪してもらう. *ein ~ in der Suppe finden* あらさがしする. *niemandem ein ~* [③ *kein ~*] *krümmen können* 誰にも[人³に]少しの害[損傷, 損害]も加えない. *kein gutes ~ an* ③ *lassen* 人・事³を徹底的に悪く言う, こきおろす. *an* [*bei*] *den ~en herbeigezogen sein* 〈軽蔑〉〈事¹が〉こじつけである. *sich³* [*einander*] *in die ~ geraten* = *sich⁴* [*einander*] *in die ~ kriegen* (ロ) [互いに]争い始める, 激しくけんか[口論]になる. *um ein* [*ums*] *~* (ロ) すんでのことで, 間一髪のところで.
5級

Haar·ausfall 男〖医〗脱毛症.

Haar·bürste 女 髪[ヘア]ブラシ; (ブラシ状の)こく短い髪.

Haar·büschel 田 髪の房.

haaren [ハーレン] 自〈動物¹の〉毛が抜ける.

Haares·breite 女 *um ~* 1) ほんのわずか(だけ). 2) 間一髪で, すんでのことに.

haar·genau 形 (ロ) 非常に正確[精密]な, 事細かな.

haarig [ハーリヒ] 形 ❶《副なし》毛深い, 毛むくじゃらの, 毛だらけの. ❷ (ロ) いやな, ひどい, やっかいな.

Haar·klemme 女 ヘアクリップ.

Haar·nadel 女 髪針, ヘアピン.

Haarnadel·kurve 女 ヘアピンカーブ.

Haar·schnitt 男 ❶ ヘアカット, 理髪. ❷ ヘアスタイル.

Haar·spalterei [ハーァシュパルテライ] 女 (-/-en) 〈軽蔑〉つまらないことをやかましく言うこと, あらさがし.

Haar·spange 女 (装飾用の)髪留め.

haar·sträubend [..シュトロイベント] 形 (ロ) 信じられない, 考えられないような, ぞっとする.

Haar·teil 田 ヘアピース, 入れ毛.

Haar·waschmittel 田 シャンプー.

Haar·wasser 田 ヘアトニック[ローション].

Hab [ハープ]《次の用法で》 *das ~ und Gut* 全財産.

Habe [ハーベ] 女 (-/)〈書〉財産, 所有物.

haben* [há:bən ハーベン]

現在	ich habe	wir haben
	du **hast**	ihr habt
	er **hat**	sie haben
過去	ich hatte	wir hatten
	du hattest	ihr hattet
	er hatte	sie hatten
過分	**gehabt**	接II hätte

★ 受動態なし. 《(I)》他 ❶〈物⁴を〉持っている, 〈物⁴が〉ある, 〈人⁴が〉いる, 〈物⁴を〉所有[保持, 所持]している; 〈物¹は〉〈物⁴を〉有する;〈事⁴が〉(心に)ある;〈病気⁴を〉わずらう;〈動物⁴を〉飼っている. ◆ Kinder [Freunde]

~ 子供[友達]がいる. Fieber [Schmerzen] ~ 熱[痛み]がある. eine Idee ~ アイデアがある. ❷《物⁴を》手に入れる, 得る, もらう; 与えられている, 負わされている. ♦ Gestern hatten wir schönes Wetter. 昨日は天気が良かったです. es im Halse ~ のどの具合が悪い. es eiling ~ 急いでいる. ❸させる. ♦④ hängen [liegen] ~ 物⁴を掛けて[置いて]おく. ④ stehen [sitzen] ~ 人⁴を立たせて[座らせて]おく. ❹《zu 不定詞と》...しなければ[せねば]ならない, ...すべきである; ...することができる. ★ 4格目的語を省略して用いることができる》(viel) zu tun ~ するべきことが(たくさん)ある, 忙しい. nichts zu essen ~ 食べる物がない. ((II))再 sich⁴ ~ (口;軽蔑)《主に nicht と》気取った[もったいぶった]態度をとる, 格好をつける. ((III))自《非人》es hat ... (口)気温が...度である. ④ hinter sich³ ~ 1) 人⁴を後ろ立てにしている, 人⁴に支援されている. 2) 人⁴を乗り越えている. es in sich³ ~ (口)過小評価できない, あなどれない. ④ (noch) vor sich³ ~ 事⁴が先に控えている, まだこれがある. (et)was gegen ④ ~ 人・事⁴が嫌いである, 人・事⁴が気に入らない. ④ nicht ~ können (口)事⁴が我慢ならない, 耐えがたい. zu haben sein 入手可能である, 手に入る, 買うことができる. *Er [Sie] hat ja.* (口)彼[彼女]は持ってたんだもの, 金持ちなんだもの. *Jetzt [Da] hast du(')s [haben wir(')s, habt ihr(')s]!* (口)そら見ろ(言ったとおりだ), さあ困った, 大変だ. *Haste was, biste was!* (口)金持ちは何でもあるよ. *Wer hat, der hat.* (口)ある人にはあるのさ((どうしようもないよ)).

((IV))助《sein をとる自動詞以外の全ての動詞の過去分詞と完了形を作る》♦Haben Sie gut geschlafen? よく眠れましたか. ★(1)助動詞は完了形より, 過去形が普通用いられる: Er konnte nach Deutschland gehen. 彼はドイツへ行くことができた. ★(2) 話法助動詞と共に用いられる場合, 意味に注意: Er soll es selbst getan haben. 彼はそれを自分でしたといううわさです. Du hättest in die Schule gehen sollen. 君は学校へ行くべきだったのに.

⑤級

Haben [ハーベン] 中 (-s/-) [商](↔Soll)貸し方(帳簿の右側)).

Habe·nichts 男 (-(es)/-e)(やや古)文無し, 素寒貧(ぴん).

Hab·gier 女 (軽蔑)貪欲, 強欲.

hab·gierig 形 貪欲[強欲]な, 欲深い.

Habicht [ハービヒト] 男 (-s/-e) 〔鳥〕タカ(鷹); アオタカ(蒼鷹).

Habsburg [ハープスブルク] 女 (-/-) ハプスブルク((スイスの地名・古城名, 「Habichtの城」の意; Habsburger の家名の由来)).

Habsburger [ハープスブルガー] ((I))男 (-s/-) ハプスブルク家(の人). ((II))形《無変化》ハプスブルク(家)の. ◇~**in** 女 (-/-nen).

habsburgisch [ハープスブルギッシュ] 形 ハプスブルク(家)の.

Hab·seligkeit 女 (-/-en)《主に複》(価値のない)小物類, 身の回り品, がらくた.

Hab·sucht 女 (-/)= Habgier.

Hachse [ハクセ] 女 (-/-n) ❶ (牛や豚の)すね(肉), 足先. ❷(口)(人間の)足.

Hack·braten [ハック..] 男 ハンバーグ風のひき肉料理, ミートローフ.

Hacke [ハッケ] 女 (-/-n) ❶ 鍬(くわ), 草かき; つるはし. ❷《方》(足の)かかと; (靴の)かかと.

hacken [ハッケン] ((I))他 ❶《物⁴を》(細かく)たたき切る, 《野菜・肉⁴を》切り刻む. ❷《(土地⁴を》)掘り起こす, (くわ・つるはしで)耕す. ((II))自 ❶《nach ③》《鳥¹が》《人・物³を》くちばしでつつく, ついばむ. ❷[ジ..](ハッカーが)システムに侵入する.

Hacker [ハッカー, ヘッカー] 男 (-s/-) [ジ..]ハッカー. ◇~**in** 女 (-/-nen).

Hack·fleisch [ハックフライシュ] 中

① 1格 ② 2格 ③ 3格 ④ 4格

Häcksel (–es/) ひき肉, ミンチ.

Häcksel [ヘックセル] 男 中 (–s/–) (わら・青まぐさなどの)刻み飼料, 刻みわら.

hadern [ハーダァン] 自 ⟨mit ③⟩⟨書⟩⟨人・物³を⟩嘆く.

Hafen [ハーフェン] 男 (–s/Häfen) ❶ 港, 港湾, 停泊所; 安らぎの場所, 安息地, 避難所. ❷ (ﾄﾌﾟﾌ・ﾊﾞﾁ) (土製の)つぼ.

Hafen‧arbeiter 男 港湾労務者.

Hafen‧rundfahrt 女 港内周遊[巡り].

Hafen‧stadt 女 港湾都市, 港町.

Hafen‧viertel 中 港湾[臨港]地区.

Hafer [ハーファー] 男 (–s/–) 【植】オートムギ, カラスムギ; 【農】エンバク(燕麦 ((オートミールの材料;寒冷地で栽培される)).

Hafer‧brei 男 燕麦(ﾊﾟﾌ)がゆ, オートミールがゆ.

Hafer‧flocken 複 つぶし燕麦.

Haff [ハフ] 中 (–(e)s/–s, –e) (特にバルト海沿岸の)潟, ラグーン.

Haft [ハフト] 女 (–/) 拘束, 監禁; 禁固, 拘置, 拘留, 留置;【法】禁固刑.

..haft [..ハフト] 形 ❶「...らしい, ...のような」: heldenhaft 英雄らしい. ❷「...習性[傾向]のある」: schwatzhaft おしゃべりの. ❸「...のある, ...を具えた」: tugendhaft 有徳の. ❹「...することのできる」: glaubhaft 信ずべき. ❺「...させる, 催させる」: ekelhaft 吐き気を催させる.

haftbar [ハフトバァァ] 形 *für* ④ ~ *sein* 事⁴に対して法的責任がある.

Haft‧befehl 男 (–(e)s/–e) 【法】勾留状; 拘禁命令.

haften [ハフテン] 自 ❶ (↔ abgehen)⟨物¹が⟩付着している, くっついている;⟨an ③⟩⟨物¹が⟩⟨物³から⟩離れない. ❷⟨für ④⟩⟨物⁴に対して⟩賠償責任がある, 損害を賠償する;⟨für ④⟩⟨人⁴に対して⟩賠償の責を持つ. ❸ ⟨(③) für ④⟩⟨人³に対して⟩事⁴の⟩責任がある. **~ *bleiben*** 1) 粘着[付着]したままでいる, くっついている. 2) ⟨bei ③⟩⟨人³の⟩記憶にこびりついている, 脳

裏に焼き付いている.

Häftling [ヘフトリング] 男 (–s/–e) 拘留[拘置]されている者, 囚人.

Haft‧pflicht 女 ❶【法】賠償義務 [責任]. ❷ 損害賠償保険.

Haftpflicht‧versicherung 女 (–/–en) 【法】責任保険, 損害賠償保険.

Haft‧schale 女 (–/–n) ⟪主に複⟫コンタクトレンズ.

Haft‧strafe 女【法】禁固刑.

Haftung [ハフトゥング] 女 (–/) 法的責任, 賠償義務.

Hagebutte [ハーゲブッテ] 女 (–/–n) 【植】野バラの実.

Hagel [ハーゲル] 男 (–s/) (単) 霰(ｱﾗﾚ), 雹(ﾋｮｳ).

hageln [ハーゲルン] 《非人称》 **(I)** 自 Es hagelt. 霰(ｱﾗﾚ)[雹(ﾋｮｳ)]が降る. **(II)** 他 Es hagelt ④. 物⁴が雨あられと降る.

Hagel‧schaden 男 雹(ﾋｮｳ)害.

Hagel‧schauer 男 降雹.

Hagel‧schlag 男 (激しい, 大粒の)降雹.

hager [ハーガー] 形 肉の落ちた, 骨ばった, ひょろ長い.

Häher [ヘーアー] 男 (–s/–) 【鳥】(ミヤマ)カケス, カシドリ.

Hahn [ハーン] 男 (–(e)s/Hähne) ❶ (↔ Henne) 雄鶏, 雄鳥(ﾄﾞﾘ), (多くの鳥類の)雄;風見鶏, 風向計. ❷ (たる・水道・ガス管などの)栓(ｾﾝ), コック. **(der) ~ im Korb sein** ⟨口⟩女性グループの中で唯一の男性である, グループの中心人物として優遇される.

Hähnchen [ヘーンヒェン] 中 (–s/–) (料理用)若鶏, チキン.

Hahnen‧fuß 男 (–es/) 【植】キンポウゲ.

Hai [ハイ] 男 (–(e)s/–e) 【魚】サメ (鮫).

Häkchen [ヘークヒェン] 中 (–s/–) 小さい鈎(ｶｷﾞ); 【言】アポストロフ, 省略符号 ((')); 区別的発音符 ((â, ã, a, ä, c などの文字に付いた記号)); 引用符 (("")).

häkeln [ヘーケルン] 他 ⟨(④)⟩⟨物⁴

Häkel·nadel [ヘーケル..] 囡《編み物・刺繡用》鉤針.

haken [ハーケン] **(I)** 他 ④ **in [an]** ④《物⁴を物⁴の》鉤にかける，〈物⁴を〉鉤状にして〈物⁴に〉かける. **(II)** 自〈物¹が〉鉤にかかっている［引っかかっている］;動かない，固定されている.

Haken [ハーケン] 男⟨-s/-⟩ ❶鉤(かぎ);帽子[衣服]掛け，ホック，鐶(かん)，鉤状の道具（鳶口(とびぐち)など）;フック. ❷（文字につける）鉤じるし，チェック;飾り文字. ❸ひっかかり，わな，落とし穴;問題点，障害.

haken·förmig 形鉤の形をした，鉤状の.

Haken·kreuz 中鉤(かぎ)十字，ハーケンクロイツ（ナチの紋［記］章）.

Haken·nase 囡鉤鼻.

halb [halp ハルプ] 形《(英)half》❶《付加または副》半分の，2分の1の;ほぼ(おおよそ，大体，約)半分の;《erst と》やっと半分くらい[部分的]の，ようやく半分までの;《noch と》まだ不完全[不十分]な，まだ半分の;《nur と》部分的にしか，半分だけの. ❷《付加》大半の，過半数(以上)の. ❸《付加または副》中途半端[生半可]な，ちゃんと[きちんと]していない，どっちつかずの. ❹《付加》半ばの，せいぜい半分の，(通常の)半分以下の. ❺《付加または副》ほとんど，ほとんど...に近い，すんでのところで;《noch と》もう...も同然の，もう半分の. ♦ eine ~e Stunde 30分(間). eine und eine ~e Stunde 1時間半. um ~ eins 12時半に. *nichts Halbes und nichts Ganzes sein* 中途半端でどうにもならない，どうしようもない. 5級

Halb·dunkel 中⟨-s/⟩薄闇，薄明.

Halbe [ハルベ] 囡《形容詞的変化》❶(南ベ;中)1リットルの(淡色)ビール. ❷〔音楽〕(halbe Note) 2分音符.

Halb·edelstein 男⟨-(e)s/-e⟩準宝石(トルコ石，オパールなど).

halber [ハルバー] 前《2格支配》《名詞の後ろに置かれる》〈書〉...のために.

Halb·finale 中⟨-s/-⟩〔スポ〕準決勝(戦)，セミ・ファイナル.

Halbgefrorene(s) [..ゲフローレネ(ス)] 中《形容詞変化》ソフトアイス，パフェ，(部分的に凍った)半氷菓，みぞれアイス.

Halbheit [..ハイト] 囡⟨-/-en⟩《主に複》中途半端，不完全[不十分]な事[行為]，その場しのぎ.

halbieren [ハルビーレン] 他 ④ ❶〈物⁴を〉半分に分ける，〔数〕2 等分する. ❷〈物⁴を〉半分(二分の一)にする.

Halb·insel 囡⟨-/-n⟩半島.

Halb·jahr [ハルプヤール] 中⟨-(e)s/-e⟩半年;(大学の)学期. 4級

halb·jährig 形《述語なし》半年の.

halb·jährlich 形《述語なし》半年ごとの.

Halb·kreis 男⟨-es/-e⟩半円.

Halb·kugel 囡⟨-/-n⟩半球. ♦ die nördliche [südliche] ~ 北[南]半球.

halb·lang 形半分の長さの.

halb·mast 副〔海〕半旗の位置で(哀悼の表示).

Halb·mond 男⟨-(e)s/-e⟩ ❶〔天〕半月. ❷（イスラムのシンボルとしての）三日月.

Halb·pension [ハルプパンズィオーン] 囡⟨-/⟩(ホテルなどの)2食付きの宿泊(朝及び昼). ★三食付きは Vollpension.

Halb·schlaf 男浅い眠り.

Halb·schuh 男⟨-(e)s/-e⟩半靴，短靴.

Halb·starke(r) [..シュタルケ[カー]] 男囡《形容詞変化》(軽蔑)つっぱり，不良少年[少女].

halb·tags 副半日(の)間.

Halbtags·arbeit 囡半日労働，半日勤務.

halb·wegs [ハルプヴェークス] 副〈口〉ある程度，いくぶん，いくらか，どうにか.

halb·wüchsig [..ヴュクスィヒ] 形《副なし》成長半ばの，未熟な，未成年の.

Halb·zeit 囡[ツァィト] ❶（試合時間の）

前半,後半. ❷休憩時間,ハーフタイム. ♦in der zweiten ~ 後半(戦)で.

Halde [ハルデ]女(-/-n) ❶(なだらかな)斜面,スロープ. ❷(ごみ・砂利などの)山;ぼた山,鉱滓(こうさい)の堆積;在庫品の山.

half [ハルフ]helfenの過去形.

hälfe [ヘルフェ]helfenの接続法 II 式形.

Hälfte [hélftə ヘルフテ]女(-/-n) 半分;およそ半分. ❷ *bessere* ~ 《口》ベターハーフ,人³の女房[亭主]. 5級

Halfter [ハルフター]中/男(-s/-) ❶(馬の口につける)端綱(はづな);頭絡(とうらく). ❷(馬の鞍の側面にある)ピストル用ケース.

Hall [ハル]男(-(e)s/) 響き,音響,反響.

Halle [ハレ]女(-/-n) 大広間,ホール,ラウンジ;大柱廊(広間);会館;陳列会場,駅舎(ホール),工場棟,体育館,屋内プール;美術館,画廊;玄関,ロビー;デパート,購買部;市場(の建物),マーケット;格納庫. ♦in der ~ ホールで.

hallen [ハレン]自 響く,反響する.

hallo [ハロ]間 ❶《呼びかけで》あのう,ちょっと,おーい. ❷《口》もしもし. ❸《特に若い人の間のあいさつ》やあ,ハロー,ハーイ,こんにちは. 5級

Hallo [ハロ]中(-s/-s) halloという挨拶[呼びかけ].

Halluzination [ハルツィナツィオーン]女(-/-en) 幻覚,錯覚.

Halm [ハルム]男(-(e)s/-e) (草や穀類の節のある)茎;(飲み物用の)ストロー.

Hals [hals ハルス]男(-es/**Hälse**) ❶首((頭(Kopf)と肩の間)),頸,うなじ,襟元,首筋;襟,カラー. ❷のど. ❸(ビン(バイオリンの)首. ♦*Mir tut der ~ weh.* = *Mein ~ tut weh.* のどが痛いです. *aus vollem ~(e)* 声を限りに,声を張り上げて. ③ *um den ~ fallen* 人³の首に抱きつく. *~ über Kopf* 突然,あわてて,あわてふためいて. *den [seinen] ~ aus der Schlinge ziehen* 危なく難を[危機一髪のところで]逃れる. ① *hängt* ③ *zum ~ heraus.* 《口》人¹が物³にうんざりしている. *bis an den [über den, zum] ~ in* ③ *stecken* 物³(借金など)に首までどっぷり浸かっている. 4級

Hals·abschneider [..アプシュナイダー]男(-s/-) 《口》《軽蔑》高利貸し,暴利を貪る人;詐欺師.

Hals·band [..バント]中(-(e)s/..bänder) ❶(犬などの)首輪. ❷首の(刺繍をした)リボン;首飾り,ネックレス.

Hals·entzündung 女(-/-en) 〔医〕咽喉(いんこう)炎,(特に)扁桃腺炎;咽喉カタル.

Hals·kette 女(犬などの)首くさり;(くさり状の)首飾り,ネックレス.

Hals-Nasen-Ohren-Arzt 男(-es/..Ärzte) 耳鼻咽喉科医((略:HNO-Arzt)).

Hals·schlag·ader 女(-/-n)〔解〕頸動脈.

Hals·schmerzen 複 のどの痛み.

hals·starrig 形《軽蔑》強情な,頑固な,片意地な.

Hals·tuch 中(-(e)s/..tücher) ネッカチーフ,襟巻,スカーフ,マフラー.

Hals·weh 中(-(e)s/)《口》= Halsschmerzen.

halt¹ [ハルト]副《不変化詞》《南ド・南チロル・オーストリア》《口》★ebenと同じような意味であるが,ebenより親しみを感じさせる響きがある ❶《平叙文で;変更できないことを表して》全く,まさに,事実(...なのだから). ❷《命令文で;催促して》とにかく(...しなさい).

halt² 間 止まれ,動くな,ストップ.

Halt [ハルト]男(-(e)s/-e, -s) ❶〔書〕停止,静止,休止;停車. ❷停車場,停留所. ❸〔書〕(a)支え,つかまえ所,手[足]がかり. (b)(精神的な)支え,よりどころ. ♦ ~ *machen* ⇒ haltmachen.

hält [ヘルト]halten の 3 人称単数現在形.

haltbar [ハルトバー]形《副なし》❶ 長持ちする,持ちがいい,丈夫な,耐久性のある. ❷《主に否定の形で》批判に耐えられる,根拠が確かな,確固とした;言い[守り]通せる. 4級

① 1格 ② 2格 ③ 3格 ④ 4格

Haltbarkeit [..カイト] 囡 (‒/‒) ❶ 長持ちすること, 持ちがいいこと; 丈夫なこと, 耐久性のあること. ❷ 批判に耐えられること, 根拠が確かなこと, 確固としたこと; 言い[守り]通せること.

halten* [háltən ハルテン]

現在	ich halte	wir halten
	du **hältst**	ihr haltet
	er **hält**	sie halten

過去	ich hielt	wir hielten
	du hielt(e)st	ihr hieltet
	er hielt	sie hielten

過分	**gehalten**	接II hielte

《I》他 ❶〈4格〉(持続的に) つかんで [握って, くわえて] いる, つかまえている, 持っている, 保持している. ❷〈4+方向〉〈物⁴を...へ〉持っていく, 当てがう, かざす. ❸〈4+場所〉〈物⁴を...に〉留めている, 固定している;〈4+場所〉〈人⁴を...に〉引き止めている, おしとどめている. ❹〈4+様態〉〈人・物⁴を...の状態に〉しておく, 保つ. ❺〈事⁴を〉維持する, 保つ;〈言った事⁴を〉守る, 遵守する.〈所⁴を〉(攻撃に対して) 持ちこたえる, 確保する;〈球技〉〈ボール⁴を〉止める, 押さえる; キープする. ❼〈事⁴を〉(準備して聴衆の前で) 行なう, 挙行する. ❽〈sich³〉4格〈動物⁴を〉飼っている;〈sich³〉4格〈人⁴を〉(使用人として) 置いている,〈使用人⁴を〉抱えている;〈人⁴を〉(愛人として) 囲っている,〈愛人⁴が〉いる. ❾〈4 **für** 4〉〈人・物⁴が人・物⁴であると〉思う, みなす;(誤って) みなす, 思いこむ. ★ für の次には名詞だけでなく, 形容詞もくる.

《II》自 ❶ 止まる, 停車する. ❷〈物・事⁴が〉続く, 持ちこたえる, 持ちがよい, (よく長く) 持つ, しっかりしている. ❸〈**zu** 3〉〈人³に〉つく, 味方する,〈人³を〉支持する. ❹〈**auf** 4〉〈事⁴に〉価値を置く, 留意する, 努める,〈事⁴を〉尊重する. ❺〈**auf** 4〉〈人・物⁴に〉(武器の) 照準 [狙い] を定める. ❻〈+方向〉〈...の〉舵を取る.《III》再 sich⁴ ❶ 持ちこたえる, (よく[長く]) 持つ, 持続する. ❷ (ある状態・姿勢・態度・位置を) 保つ, 維持する. ❸〈+方向〉〈...に〉行く,〈...の方向を〉取る. ❹〈**an** 4〉〈事⁴を〉守る, 尊重する;〈事⁴に〉忠実である,〈事⁴を〉拠り所にしている. ❺〈**an** 4〉〈担当者⁴と〉話をする,〈人⁴に〉頼る, 相談を持ちかける. ♦ 4 an [bei] der Hand ~ 人⁴の手を握っている. 4 warm ~ 物⁴を温かく[暖かく] しておく. 4 für falsch ~ 事⁴が間違っていると思う. einen Rekord ~ 記録を保持する. Was hältst du davon? そのことについてどう思っているの. Das Wetter hält sich⁴. この天気はもちます. **viel [nichts] von** 3 ~ 人・物³を高く評価する[しない], 重んじる[重んじない], 重視する[しない], 尊敬する[しない]. 5級

Halte·punkt 男 (‒(e)s/‒e) ❶〔鉄道〕(小さい) 駅, 停車場. ❷〔理〕臨界点. ❸〔軍〕(射撃の) 照準点.

Halter [ハルター] 男 (‒s/‒) ❶ (a) ホルダー. (b) 持former, 取手, ハンドル, 柄. (c) (口) 万年筆; 洋服かけ; 靴下留め; ブラジャー. ❷〈官〉所有者, 保持者; 犬の飼い主; 車の持主; 家畜の所有者. ◊ **Halterin** 囡 (‒/‒nen).

Halterung [ハルテルング] 囡 (‒/‒en) 留具, 取付け具.

Halte·stelle [ハルテシュテレ] 囡 (‒/‒n) (市電・バスなどの) 停留所. 4級

Halte·verbots·schild 中 停車禁止の立て札.

..haltig [..ハルティヒ], (ﾋﾟﾞｯﾄ) **..hältig** [..ヘルティヒ] 形《副なし》「...を含む」: kalkhaltig 石灰分を含んだ.

halt·los 形 ❶《副なし》根拠のない. ❷ 落ち着かない, 移り気の, ふらふらした.

Halt·losigkeit [..ローズィヒカイト] 囡 (‒/) ❶ 根拠のないこと, いわれのないこと. ❷ 落ち着かないこと, 移り気なこと, ふらふらしていること.

halt|machen 他 **an** 3 ~ 場所³で停止 [静止, 休止] する, 立ち止まる, 一服する. **vor** 3 **nicht** ~ 人・物³に対して容赦 [躊躇] しない. **vor nichts**

hältst [ヘルツト] halten の2人称単数現在形.

Haltung [ハルトゥング] 囡(–/–en) ❶《単》姿勢. ❷《主に単》**zu** [**gegenüber**] ③《人・物³に対する》態度, 心構え；ふるまい, 行状；立場, 見解. ❸ 平静, 落ち着き. ❹《単》halten すること；飼育.

Halunke [ハルンケ] 男(–n/–n)《弱》(しばしば戯)ならず者, 詐欺師；悪童, いたずらっ子.

Hamburg [ハンブルク] 田(–s/)ハンブルク((ドイツ北部の州及び都市名)).

Hamburger [ハンブルガー] (**I**)男(–s/–)ハンブルク人. (**II**)男(–s/–, (英語発音のとき)–s)ハンバーグ. (**III**)形《無変化》ハンブルクの. ◇**~in** (–/–nen).

hämisch [ヘーミッシュ] 形陰険な, 悪意のある, 小気味よげな, 意地悪い.

Hammel [ハメル] 男(–s/–) ❶去勢された雄羊；その肉. ❷(口)軽蔑ばか者.

Hammel·fleisch [ハンメルフライシュ] 田羊肉.

Hammer [ハマー] 男(–s/Hämmer) ❶ハンマー, (金[木])槌(ﾂﾁ)；《音楽》(ピアノの)ハンマー；《解》(耳の)槌(ﾂﾁ)骨. ❷《陸上競技》ハンマー投の球. ❸(口)重大な過ち, 失敗.

hämmern [ヘマァン] 自 ❶ハンマーで打つ. ❷ドンドンと激しくたたく；〈鳥¹が〉(くちばしで木を)トントンとつつく. ❸〈**auf** ③〈キー³を〉(ゆっくり・強く)たたく.

Hämorrhoide [ヘモリローデ] 囡(–/–n)《主に複》痔(核).

Hampel·mann [ハンペル..]男(–(e)s/..männer)操り人形；(口)(軽蔑)傀儡(ｶｲﾗｲ)；無定見な人.

Hamster [ハムスター] 男(–s/–)ハムスター.

hamstern [ハムスタァン] 他〈(④)〉(口)〈(食料品・日用品⁴などを))(パニック状態でハムスターのように)買いだめする, ためこむ.

Hand [hant ハント] 囡(–/Hände) ❶ 手；手のひら；(牛馬などの)前足；人手. ❷《単》《冠詞なしで》〔競技〕ハンド. ◆⑷ **in der ~ halten** 物⁴を手にしている. **Hände weg!** 手を放せ, 手を触れるな. **(klar) auf der ~ liegen**〈事¹が〉明らかである. ⑷ **bei der Hand nehmen** 人⁴の手を取る. ③ **in die ~** [**Hände**] **fallen** [**kommen**] 人³の手に落ちる[渡る]. ⑷ **in die ~** [**in seine Hände**] **nehmen** 1)物⁴を手に取る. 2)事⁴を引き受ける, 事⁴のイニシアチブを取る. **in festen Hände sein**(特定の)恋人がいる. **mit leeren** [**bloßen**] **Händen**(プレゼントもなく)空手で；何の成果も上げないで, なんら得るところなく. **mit den Händen** [**mit Händen und Füßen**] **reden**(口)身振り手振りで話す. **zu Händen (von)** ...(手紙で)...様(宛て)((略：z.H. [z.Hd.])). ② **rechte ~** 人²の右腕. **eine ~ voll** 少ない, ほんの少しの. ③ **die ~ geben** [**bieten**] 人³と握手する[人³に握手を求める]. **~- und Fuß haben**(口)〈事¹が〉よく考えられている[練られている], 筋道が通っている. **zwei linke Hände haben**(口)不器用である. **alle** [**beide**] **Hände voll zu tun haben** 両手がふさがっている, 手いっぱいである, 多忙である. 5級

Hand·arbeit [ハントアルバイト] 囡(–/–en) ❶手細工[手工芸, 手づくり, ハンドメイド]品. ❷手細工, 手づくり. ❸《単》手仕事.

Hand·ball 男〔競技〕❶《単》ハンドボール. ❷ハンドボールのボール.

Hand·besen 男(–s/–) 手ぼうき, ブラシ.

Hand·bewegung 囡手の動き, 手振り, 手まね.

Hand·bremse 囡〔工〕手動ブレーキ, ハンドブレーキ.

Hand·buch 田ハンド[ガイド]ブック, 小形便覧, マニュアル, 案内書.

Händchen [ヘントヒェン] 田(–s/–)

Hände 冠⇨Hand.

Hände・druck [ヘンデ..] 男 握手.

Handel [hándəl ハンデル] 男 (-s/) ❶ 商売, 商い, 取引き, 売買; 貿易, 通商. ❷ 小売業; 小売商店. ❸ 売買契約, (取引上の)合意; (商売上の)件, 商談. ♦ (mit ③) ~ treiben (人 ³ と) 取引をする. 4級

handeln [hándəln ハンデルン] ((I)) 他 (④) <物 ⁴ を>商う, 販売 [取引, 売買] する. ★主に受動で. ((II)) 自 ❶ <mit ③> <物 ³ を [人 ¹ と]> 商う, 商売 [取引, 売買, 貿易] する. ❷ <mit ③> <人 ³ と>(値段の)交渉をする, 値切る. ❸ 行動する, ふるまう, 行う. ❹ <von ③ [über ④]> <事 ³・⁴ を>論ずる, 扱う, <事 ⁴ が>論題である. *Es handelt sich⁴ um* ④. 物・人 ⁴ が扱われている, 問題 [眼目] である, 肝要である. 4級

Handels・abkommen 中 (-s/-) 通商協定, 貿易協約.

Handels・bank 女 商業 [市中] 銀行.

Handels・bilanz 女 貿易収支; 営業貸借対照表 [決算].

Handels・flotte 女 (一国の) 商船隊.

Handels・gesellschaft 女 [法] 商 (事会) 社.

Handels・kammer 女 商業会議所.

Handels・klasse 女 [商] (農水産物の) 品質等級 [グレード, 基準].

Handels・partner 男 取引相手; 貿易相手国.

Handels・register 中 (-s-) [法] 商業登記 [登録] 簿 [所].

Handels・schiff 中 商船.

Handels・schule 女 商業 [実業] 学校.

Handels・straße 女 (シルクロードなどの) 通商路.

handels・üblich 形 《副なし》商慣習上の.

Handels・vertreter 男 貿易エージェント, 代理商; 外交員, セールスマン.

Handels・vertretung 女 ❶ 販売代理(店). ❷ (国の外) 通商代表部.

händeringend [ヘンデリンゲント] 形 《主に副》嘆願して, 哀願して; 切羽詰って, 緊急の.

Hand・feger [..フェーガー] 男 (-s/-) 掃除ブラシ, 手ぼうき.

hand・fest 形 《主に付加》❶ 頑強な, たくましい. ❷ 滋養のある, (食事などが) 精のつく. ❸ ひどい, シリアスな, 深刻な. ❹ 明白な, 確実な, 完全な.

Hand・fläche 女 手のひら, たなごころ.

Hand・gelenk 中 手首の関節.

Hand・gemenge [..ゲメンゲ] 中 (-s/-) 《主に単》格闘, なぐり合い; [軍] 白兵戦.

Hand・gepäck 中 (携帯) 手荷物.

Hand・geschrieben 形 《副なし》手書きの.

Hand・granate 女 (-/-n) [軍] 手榴弾(しゅりゅうだん).

hand・greiflich [..グライフリヒ] 形 ❶ つかみ合いの, 腕力沙汰の. ❷ 《主に付加》明白な, 確実な, 完全な.

Hand・griff 男 ❶ 手の操作, 取り扱い (方); 呼吸, こつ. ❷ ささやかな骨折り, 助力, 手助け. ❸ 握り, ハンドル, 取手; (刀剣の) 柄(つか).

Hand・habe 女 (-/-n) 根拠, 理由.

handhaben [ハントハーベン] (過 handhabte; 過分 gehandhabt) 他 ❶ <武器・道具 ⁴ などを>手で扱う, 操作する, 使用する. ❷ <法 ⁴ など(裁量の余地のあるものを)>適用する, 運用する, 執行する.

Handhabung [ハントハーブング] 女 (-/) ❶ 取り扱い, 操作, 使用. ❷ 適用, 運用, 執行.

Handicap, Handikap [ヘンディケップ] 中 (-s/-s) ハンディキャップ; 不利な条件.

Hand・kuss 男 (男性が女性の) 右手の甲にするキス.

Handlanger [ハントランガー] 男

Händler [ヘンドラー] 男 (-s/-) 商人, 小売り業者, 小売の店主, ディーラー.

handlich [ハントリヒ] 形 (大きさや性質が)ハンディな, 扱いやすい, 持ちやすい.

Handlung [ハンドルング] 女 (-/-en) ❶行い, 行為, 行動, ふるまい. ❷《主に単》(劇・小説・映画などの)筋, ストーリー, 話の展開. ❸《古》(小売りの)商店.

handlungs·arm 形《副なし》話の筋が乏しい.

handlungs·fähig 形《副なし》行動能力のある;《法》行為能力のある.

Handlungs·freiheit 女《単》行動の自由.

Handlungs·weise 女 (行動の)仕方, 手口.

Hand·schelle 女 (-/-n)《主に複》手錠, 手かせ.

Hand·schlag 男 (-(e)s/) 握手, 手打ち (約束などの印).

Hand·schrift [..シュリフト] 女 (-/-en) ❶筆跡, 手跡. ❷(芸術家の)作風, スタイル. ❸(自筆)原稿;(手)写本, 古文書(略: Hs., 複 Hss.)).

hand·schriftlich 形 手書きの, 自筆の;手写した, 写本の.

Hand·schuh [..シュー] 男 (-(e)s/-e) 手袋, グローブ.

Handschuh·fach 中 (自動車の助手席前の)小物入れ, グラブコンパートメント.

Hand·stand 男 逆立ち, 倒立.

Hand·tasche [ハントタッシェ] 女 (-/-n) ハンドバッグ. 4級

Hand·tuch [ハントトゥーフ] 中 (-(e)s/ ..tücher) タオル, 手ぬぐい.

Hand·umdrehen 中 im ~ (口) 手のひらを返す間に, あっという間に, 即座に.

Hand·wäsche 女 ❶手で洗うこと, 手洗い. ❷《単》手洗いした洗濯物.

Hand·werk 中 (-(e)s/-e) ❶手職, 手工業;(手を使う)職業, 商売, 職業. ❷職人(の組合), 同業者仲間;同業組合. ❸ das ~ legen (口) 人³の悪行をやめさせる.

Handwerker [ハントヴェルカー] 男 (-s/-) (手)職人, 手工業者, 手細工人;職工. ◇~in 女 (-/-nen).

handwerklich [..リヒ] 形《付加または副》❶手仕事[手工業]の, 手細工の. ❷職人的な, 職人仕事の.

Handwerks·zeug 中 (-(e)s/)《集合的に》職人の道具[手工具](一式).

Handy [ヘンディ] 中 (-s/-s) 携帯電話. 4級

Hand·zeichen 中 手の合図;(賛否の)挙手.

Hanf [ハンフ] 男 (-(e)s/) ❶《植》アサ(麻), タイマ(大麻). ❷アサの実. ❸アサの繊維, 麻糸.

Hang [ハング] 男 (-(e)s/Hänge) ❶傾き, 傾斜, 勾配, 坂, 斜面;山腹. ❷《単》(心の)傾向, 性癖, 性向;素質, 気質. ❸《体操》懸垂.

Hänge·brücke [ヘンゲ..] 女 つり橋.

Hänge·matte [ヘンゲマッテ] 女 ハンモック, つり床.

hängen* [héŋgən ヘンゲン]

現在	ich hänge	wir hängen
	du hängst	ihr hängt
	er hängt	sie hängen

過去	ich **hing**	wir hingen
	du hingst	ihr hingt
	er hing	sie hingen

| 過分 gehangen | 接II hinge |

((I)) 自 (b) (南独·オーストリア·スイス) ⑤ ❶掛かっている, 掛けてある;ぶら下がっている, 垂れ下がっている;絞首台につるされている. ❷〈an ③〉〈物³に〉くっついている, つながっている, まとわりついて離れない, 釘付けである. ❸〈an ③〉(a)〈人·物³に〉執着している, 愛着を抱いている, こだわる. (b)(口)〈人·物³に〉かかっている, 依る, 〈人·物³〉次第である. (c)(口)〈人·物³に〉引っかかっている;停滞している;懸案となっている. ❹

Harmonisierung

傾いている.

((II)) 他《規則変化》❶〈物⁴を〉掛ける, つるす, たらす, 下げる. ❷〈④〈an ④〉〉〈物⁴を〈物⁴に〉〉くっつける, つなげる, 連結する. ❸〈④〉〈人⁴を〉縛り首にする, 絞首刑にする.

((III)) 再 sich⁴ ❶ぶら下がっている. ❷〈an ③〉〈人・物⁴に〉へばりつく, 付きまとう, 執着する;〈人・物⁴を〉つけ回す. *mit Hängen und Würgen* (口) ひどく苦労して, やっとの思いで. ■ ~ *bleiben* 1) 掛かったままである. 残したままである, 離れない. 2)〈mit ③〉〈物³が〉引っかかって先へ進めない. 3)〈an ③〉(口)〈事¹が〉〈人³が〉一人でしなければならない. 4)(口) 留年する, 落第する. ■ ~ *lassen* 1)〈物⁴を〉掛けたままにしておく;（掛けたまま）置き忘れる. 2)(口)〈人⁴を〉ほったらかしにしておく,〈人⁴(が困っているの)を〉見捨てる. 3)〈腕・頭などを〉下げる, たれる.

5級

hängen|bleiben* = hängen bleiben (⇨hängen ■).

hängen|lassen* = hängen lassen (⇨hängen ■).

Hänge·schrank 男 つり戸棚.

Hannover [ハノーファー] 中 (-s/-s) ハノーファー((Niedersachsen州の州都)).

Hans [ハンス] **((I))**《男名》ハンス((Johannes の短縮形)). **((II))** 男 (-/-Hänse)男, 人, 愚物.

Hanse [ハンゼ] 女 (-/(まれ) -n) ハンザ同盟((13-17世紀の北ドイツ商業都市の同盟)).

hänseln [ヘンゼルン] 他〈子供¹が〉〈人⁴を〉いじめる, からかう.

Hanse·stadt 女 ハンザ同盟加入都市.

Hantel [ハンテル] 女 (-/-n) バーベル, 亜鈴(˙ヤ゙ャ゙), ダンベル.

hantieren [ハンティーレン] 自〈mit ③〉〈物³を使って〉(手)仕事をする, 立ち働く,〈物³を〉取り扱う.

Happen [ハッペン] 男 (-s/-) 少量[小片]の食物, 一口(の食物);一口用の薬味の利いたオードブル.

happig [ハッピヒ] 形 (口) 度が過ぎる, すごい, ひどい.

Happy End, Happyend [ヘピエント] 中 (-(s)/-s) ハッピーエンド.

Happy-End 中 = Happy End.

Harass [ハラス] 男 (-es/-e) (˙リー) 箱.

Hardware [ハラス] 女 《主に単》(↔Software) ハードウェア.

Harfe [ハルフェ] 女 (-/-n) ハープ, 竪琴(²ﾝﾞ).

Harke [ハルケ] 女 (-/-n) (北'⁵ﾞ゙) レーキ((土ならし・草かき用の農具)), 熊手, 馬鍬(˙ꞌぴ゙);（熊手状の）アンテナ.

harken [ハルケン] 他〈土地⁴などを〉(熊手でかいて)ならす;〈干し草などを〉かき寄せる, かき寄せて取る, 積み上げる.

harm·los [ハルム..] 形 (最上 ~est) ❶害のない, 危険のない, 無害[安全]な;心配のない[すぎる]. ❷悪意のない, 悪気[敵意]のない. ❸（娯楽などが）罪のない, 害にならない, 当たり障りのない, 毒にも薬にもならない.

Harm·losigkeit [...ローズィヒカイト] 女 無害.

Harmonie [ハルモニー] 女 (-/..nien [..ニーエン]) ❶〔楽〕和声, ハーモニー. ❷調和, 均整;（人間同士の）協調, 和合.

harmonieren [ハルモニーレン] 自 ❶ (a)〔楽〕和音をなす. (b)〈mit ③〉〈物³と〉よく合う, 調和する. ❷〈mit ③〉〈人³と〉仲良くやる[する], 協調[和合]する.

Harmonika [ハルモーニカ] 女 (-/-s, ..ken)〔楽〕ハーモニカ;アコーディオン.

harmonisch [ハルモーニッシュ] 形 ❶ (↔disharmonisch)〔楽〕和声[和音]の. ❷調和[バランス]のとれた, 調和[一致, 和合]した. ❸円満な, 仲むつまじい, 仲の良い.

harmonisieren [ハルモニズィーレン] 他 ❶〈メロディー⁴に〉和声[和音]を添える. ❷〈物⁴を〉調和[一致]させる.

Harmonisierung [ハルモニズィールング] 女 ❶和声[和音]を添えるこ

①1格 ②2格 ③3格 ④4格

と. ❷調和,一体化.
Harn [ハルン]男(-(e)s/-e) 尿, 小水.
Harn·blase 囡(-/-n) 膀胱(髭).
Harnisch [ハルニッシュ]男(-(e)s/-e) 甲胄(禁), 鎧兜(赘); 〔地〕鏡肌(ぎ).
Harpune [ハルプーネ]囡(-/-n)(捕鯨用の)銛(竺).
harren [ハレン]自❶《**auf** ❹》(書)〈人・物⁴·にに対して〉(期待して)待つ, 待ちこがれる, 待ちわびる.
harsch [ハルシュ]形冷たい, 無情な; つっけんどんな, ぶっきらぼうな, すげない.
Harsch [ハルシュ]男(-(e)s/) (表面が氷結した)硬雪.
hart [hart ハルト]形(比較級 **härter**; 最上 **härtest**) (**I**) 形❶ (↔ weich) 堅[硬, 固]い; 硬質の; 堅固[頑丈]な, しっかりした. ❷ (↔ mild, freundlich) 厳しい, 過酷[過酷]な, (情け)容赦のない, 仮借ない. ❸ (↔ leicht) 難しい, 困難な, やっかいな. ❹《《für ❹》》〈〈人⁴にとって〉〉手痛い, 痛切な, 耐え難い; つらい, 苦しい, 苦労の多いハードな. ❺ (度合いが)強い, 強烈な; 激しい, 力いっぱいの; 荒々しい, 荒っぽい, 乱暴な; (感じ・印象などが)きつい, どぎつい; 生硬な. ❻《副なし》(アルコール・麻薬などが)強い. ❼ (人⁴が)鍛えられた, 鍛錬された, たくましい, 強靭[頑健]な, タフな, 不屈の. ❽コントラストの強い, 硬調の. ❾〔言〕硬音の, 子音が強い, 口蓋化されていない. ❿《付加;副なし》(通貨について)安定した, 変動のない. ⓫《副なし》(鉛筆などの芯が)硬い. **~ gekocht** (卵が)固くゆでた. **~ im Nehmen sein** 1) (特にボクサーが)打たれ強い. 2) 逆境に強い, 決してくじけて[へこたれ]ることがない. (**II**)副密接して, すれすれに, すぐ接して, すぐそば[近く]に. **4格**
Härte [ヘァテ]囡(-/-n) ❶《主に単》かたいこと, 堅さ, 硬さ, 固さ; (物体・水などの)硬度; (鉛筆などの芯の)硬さ. ❷《単》厳格さ, 苛酷さ, 厳しさ. ❸つらさ, 苦しさ, 困難さ. ❹厳しさ, 困難[過酷]さ, (情け)容赦のなさ. ❺《単》強さ, 激しさ, 荒々しさ; 痛烈さ, 辛辣さ.

❻《単》きつさ, どぎつさ.
Härte·fall 男❶苦難, 困窮. ❷(口)ひどい目にあっている人.
härten [ヘァテン]他〈物⁴を〉かたくする, 硬化させる; 〔冶〕焼き入れする, 鍛える.
härter [ヘァター]形 hart の比較級.
härtest [ヘァァテスト]形 hart の最上級.
hart·gekocht [..ゲコッホト] (比較 härter gekocht; 最上 am härtesten gekocht) 形＝hart gekocht (⇨hart ❶).
Hart·geld 田(-(e)s/) 硬貨((紙幣 (Papiergeld)に対して)).
Hart·gummi 田/男硬質ゴム, エボナイト.
hart·herzig 形無情な, 冷酷な.
Hartherzigkeit [..カイト]囡(-/) 無情; 冷酷.
Hart·käse 男ハードチーズ.
hart·näckig [..ネッキヒ]形❶強情な, 頑固な, 頑強な, かたくなな, 意地っ張りな. ❷しぶとい, しつこい, 執拗な. ❸(病気が)治りにくい, 長引く.
Hartnäckigkeit [..カイト]囡(-/) ❶強情さ, 頑固さ, かたくなななこと, 意地っ張り. ❷しぶとさ, しつこさ, 執拗さ. ❸(病気が)治りにくいこと, 長引くこと.
Harz¹ [ハールツ]男(-es/)《der ~》ハールツ((ドイツ中央部の山地)).
Harz² 田(-es/-e) (特に松・樅など針葉樹の)樹脂, やに, 樹液.
Haschee [ハシェー]田(-s/-s) ハヤシ肉[刻み肉, ひき肉]料理.
haschen¹ [ハッシェン](書) (**I**)他〈人・物⁴を〉(すばやく)捕える. (**II**)自《**nach** ❸》〈人・物³を〉さっと捕えようとする, 得ようと努める.
haschen² 自(口) ハシッシュ(Haschisch)を吸う.
Haschisch [ハシッシュ]田/男(-(s)/) ハシッシュ, マリファナ((インド大麻から作る麻薬)).
Hase [ハーゼ]男(-n/-n) ❶(野)ウサギ (兎); (↔ Häsin)雄ウサギ; (口)イエウサギ. ❷(口)(やや古)(若い魅力的な

① 1格 ② 2格 ③ 3格 ④ 4格

な)女性. *sehen* [*wissen*], *wie der* ~ *läuft* (口) 事のなりゆきを見通せる. *ein alter* [*kein heuriger*] ~ *sein* (口) ベテランである.

Hasel·nuss [ハーゼルヌス] 囡 (–/ ..nüsse) [植] ❶ セイヨウハシバミ. ❷ セイヨウハシバミの実.

Hasen·fuß 男 (口)(軽蔑) 臆病者, 逃げ足の速い奴.

Hasen·scharte [..シャルテ] 囡 (–/–n) [医] 口唇裂(ﾚﾂ).

Hass [ハス] 男 (–es/) ❶ (↔ Liebe) 〈gegen 囚 auf 囚〉〈人・物 4 に対する〉憎しみ, 憎悪, 嫌悪; 恨み, 怨恨. ❷〈auf 囚〉〈人・物 4 に対する〉怒り. 4級

Haß 旧 ⇨ Hass.

hassen [hásən ハッセン] 他 (↔ lieben) ❶〈(囚)〉〈人・物 4 を〉憎む, ひどく嫌う. ❷〈事 1 が〉いやである, 好きではない. 4級

hass·erfüllt [..エァフュルト] 形 ❶ 憎悪に満ちた. ❷ (口) 怒りに満ちた.

hässlich [ヘスリヒ] 形 ❶ (視覚的に) 醜い, 醜悪な, 見るのもいやな, 不格好 [不細工] な, 見苦しい. ❷ (道徳的に) よこしまな, 卑しい, 下品 [下劣, 野卑] な. ❸ いやな, 不 (愉) 快な. 4級

häßlich 旧 ⇨ hässlich.

Hässlichkeit [..カイト] 囡 ❶ 醜さ, 醜悪, 不格好, 不細工. ❷ よこしまなこと, 卑しさ, 下品, 下劣. ❸ いやなこと, 不 (愉) 快.

hast [ハスト] haben の 2 人称単数現在形.

Hast [ハスト] 囡 (–/) 急ぎ, あわただしさ, 性急.

hasten [ハステン] 自 (S) 急いで行く.

hastig [ハスティヒ] 形 (↔ bedächtig) 大急ぎの, 大慌ての, せわしない, あたふたとした.

hat [ハット] haben の 3 人称単数現在形.

hätscheln [ヘッチェルン] 他 ❶〈子供・動物 4 などを〉抱いてかわいがる, 愛撫する. ❷〈人 4 を〉ちやほやする, 好意的に扱う.

hatschi [ハチー, ハッチ] 間 ハクション

((くしゃみの音)).

hatte [ハッテ] haben の過去形.

hätte [ヘッテ] haben の接続法 II 式形.

Hauch [ハオホ] 男 (–(e)s/–e) ❶〈吐く〉息, 呼気, 呼吸, 息吹; [音声] 気音 ((h の音)). ❷ 微風; (ほのかな) かおり. ❸ (かすかな) 痕跡, 気配(ｹﾊｲ); 淡い色調; 薄い層 ((薄もや・霞・ガラスのくもりなど)).

hauchdünn [ハオホデュン] 形 ❶ 非常に薄い, 透ける. ❷《副なし》きりきりの.

hauchen [ハオヘン] ((I)) 自 息を吹きかける. ((II)) 他 ❶〈事 4 を〉ささやく (ように言う). ❷ [言] 有気音で発音する.

Haue[1] [ハオエ] 囡 (–/) (罰としての) 殴打.

Haue[2] 囡 (–/–n) (南ド・オーストリア・スイス) つるはし, 斧, 鍬の類.

hauen* [ハオエン] (過 haute, hieb; 過分 gehauen) ((I)) 他 ❶〈(囚)〉〈人 4 を〉なぐる, たたく, ぶつ ★特に子供が用いる. ❷〈(S) (A) in 囚〉〈物 4 (A) から物 4 (B) に〉(切ったり削ったりして) 作り出す, 取り出す;〈物 4 (A) を〉〈物 4 (B) に〉打ち込む. ❸〈(囚)〉〈物 4 を〉たたきつける, 放り込む, 放り出す. ((II)) 再 sich⁴ (過 haute のみ) (口) ❶ お互いにたたきあう ★特に子供が用いる. ❷ 身を投げ出す, 飛びこむ. ❸ ぶつかる. ((III)) 自 ❶ ⓑ 打つ, たたく, なぐる. ❷ (過 haute のみ) ((口)) 倒れる, 落ちる. ❸ (S) (過 haute のみ)〈(mit 3)〉(意図せず) 〈物 3 を〉ぶつける. ❹ (S) (過 haute のみ)〈(an 囚)〉(意図せず)〈物 1 が〉〈人 3 (の体の部分 4) に〉ぶつかる.

Hauer [ハオアー] 男 (–s/–) ❶ 雄イノシシの牙. ❷ (南ド) ブドウ栽培者; ワイン醸造者. ◇ **Hauerin** 囡 (–/–nen)

Haufen [ハオフェン] 男 (–s/–) ❶ 堆積物, 山. ❷ 群れ, 群衆; 多数, 多量, たくさん.

häufen [ホイフェン] ((I)) 他〈物 4 を〉山に積む, 積み重ねる; 増す, 集める; 蓄

える. ((II)) 再 sich⁴〈物¹が〉積み重なる, たまる;〈事¹が〉度重なる;〈人¹が〉集まる, 殺到する.

häufig [ホイフィヒ] 形 たび重なる, よくある, たびたびの, 頻繁な; 非常に多くの, たくさん[多数]の. 4級

Häufigkeit [..カイト] 女(–/–) たび重なること, 頻発, 頻繁; 頻度, 度数.

Häufung [ホイフング] 女(–/–) 蓄積, 堆積, 集合(性); 増加; 頻発.

Haupt [ハオプト] 中(–(e)s/Häupter)〖書〗❶頭(。), 頭部, 首(ả). ❷頭(。), 首領; 長, 長.

Haupt·bahnhof 男中央駅((略: Hbf.)).

haupt·beruflich 形 本業[本職]の.

Haupt·darsteller 男 主演俳優, 立役者. ◇..darstellerin 女(–/–nen) 主演女優.

Haupt·eingang 男 正門, 正面入口, 表玄関.

Haupt·fach 中(–(e)s/..fächer) 主専攻科目, 専門.

Haupt·figur 女 主人公, 主役.

Haupt·film 男 上映映画.

Haupt·gang 男 メインディッシュ.

Haupt·gebäude 中 本館, メイン・ビル.

Haupt·gericht 中 メインディッシュ.

Haupt·gewinn 男(くじ・懸賞の)大当たり, 一等当選.

Häuptling [ホイプトリング] 男(–s/–e) 酋長; 首領, ボス, 親玉.

Haupt·mahlzeit 女(1日の)最も主要な(暖かい)食事((ドイツでは昼食)).

Haupt·mann 男(–(e)s/..leute)〖軍〗大尉; 中隊長((中尉(Oberleutnant)と少佐(Major)の間)).

Haupt·person 女 主役, 主人公, 中心人物.

Haupt·quartier 中(–s/–e)〖軍〗司令部, 本部((略: H.Qu.)).

Haupt·reisezeit 女 旅行シーズン(のピーク).

Haupt·rolle 女 主役.

Hauptsache [ハオプトザヘ] 女(–/–n) 主要な事[点], 眼目; 〖法〗本案, 要点.

haupt·sächlich [ハオプトゼヒリヒ] ((I)) 形〖付加〗主要な, 主だった, メインの, 最も重要な, 最優先の. ((II)) 副 主として, 主に.

Haupt·saison 女《主に単》旅行シーズン(のピーク).

Haupt·satz 男 ❶〖言〗(↔ Nebensatz)主文. ❷〖楽〗(第1)主題. ❸〖論〗主命題. ❹〖数〗公理.

Haupt·schlag·ader 女〖解〗大動脈.

Haupt·schul·abschluss 男 ハウプトシューレ卒業.

Haupt·schule 女 ハウプトシューレ, 基幹学校((ドイツで Grundschule につづく義務教育後期課程のひとつ; Realsschule, Gymnasium へ行かず, 卒業後直ちに就職する者を対象とする; 修業年限 4–5 年)).

Haupt·schüler 男 ハウプトシューレの男子生徒. ◇..schülerin 女 ハウプトシューレの女子生徒.

Hauptstadt [háuptʃtat ハオプトシュタット] 女 首都((略: Hptst.)). 4級

haupt·städtisch 形 首都の.

Haupt·straße [..シュトラーセ] 女(–/–n)(地区内の)目抜き[大]通り.

Haupt·thema 中 主要[メイン]テーマ.

Haupt·verkehrs·straße 女(市内の)幹線道路.

Haupt·verkehrs·zeit 女 ラッシュ時[アワー].

Haupt·versammlung 女 総会, 株主総会.

Haupt·wort 中(–(e)s/..wörter)〖言〗名詞.

hau ruck [ハオ ルック] 間〖口〗えーんやこら, それ, せえの((重いものを一緒に持ち上げたり動かしたりするときの掛け声)).

Haus [haus ハオス] 中 ❶ 家; 住まい, 住宅; 邸宅, 屋敷. ❷《集合的に》一家, 家庭, 家族;世帯, 所帯. ❸〖書〗家; 王家, 王族, 王朝. ❹《集合的》〖口〗やつ. ❺〖書〗(公共的)

① 1格 ② 2格 ③ 3格 ④ 4格

格	単数	複数
1	das Haus	die **Häuser**
2	des Hauses	der **Häuser**
3	dem Haus	den **Häusern**
4	das Haus	die **Häuser**

建物;(国会)議事堂,議院;企業,会社,商店,商館;ホテル,レストラン;劇場.♦nach ~e gehen 帰宅する,家に帰って行く.nach ~e kommen 帰宅する,家に帰って来る. **von ~(e) aus** 1)初めは,元々. 2)親から受け継いで,生まれつき. **das ~ hüten**(病気で)家に引きこもっている,留守番をする. **in** ③ **zu ~e sein**(口)ある専門³などに精通[通暁]している. ③ **ins Haus stehen**(口)〈悪い事¹が〉人³の目前に迫っている. **zu ~e** 家に,在宅して.**~ halten** =haushalten. **5級**

Haus・angestellte 囡《形容詞的変化》家政婦,家事使用人;お手伝い.

Haus・apotheke 囡家庭救急箱;家庭常備薬.

Haus・arbeit 囡❶《単》家事.❷(学校の)宿題;(家に持ち帰ってする)残業.

Haus・arrest 男自宅拘留,禁足,閉門.

Haus・arzt 男家庭医,かかりつけの医者.

Haus・aufgabe 囡(-/-n)《主に複》宿題. **4級**

haus・backen 形《軽蔑》ぱっとしない,さえない;素人くさい.

Haus・besetzer [..ベゼッツァー]男(-s/-)《主に複》家屋の不法占拠[無断居住]者.

Haus・besitzer 男家屋所有者,家主.

Haus・besuch 男家庭訪問,往診.

Haus・boot 匣居住用船.

Häuschen [ホイスヒェン]匣(-s/-) ❶小さい家;小屋.❷(口)便所.

hausen [ハオゼン]自 ❶(悪条件のもとで)住む.❷(口)めちゃくちゃにする;狼藉をはたらく;荒れ狂う.❸(ﾆの)(上手に)家政をとる,やりくりする;つましく暮らす.

Häuser [ホイザー]複⇨Haus.

Häuser・block 男《集合的に》(街路で囲まれた)一群の家屋,街区,区画,ブロック.

Haus・flur 男玄関(の間),(入口の)ホール,(階段からドアまでの)通路.

Haus・frau [ハオスフラオ]囡(-/-en)(専業)主婦. **4級**

Haus・freund 男❶家族の親しい友人.❷(口)人妻の情夫.

Haus・friedens・bruch 男(-(e)s-)【法】住居[家宅]侵入(罪).

Haus・gebrauch 男 **für den ~** 家庭用の,自家用の;私的な.

Haus・halt [ハオスハルト]男(-(e)s/-e) ❶《主に単》家事(仕事).❷《主に単》家財一式;家計.❸家族,所帯,世帯.❹(国家の)予算,財政.

haus・halten [ハオスハルテン](er haushaltet; 過去 haushaltete; 過分 gehaushaltet)自〈**mit** ³〈物³を〉節約する,やりくりする;(力や時間などを)考えてうまく使う.

Haus・hälterin [..ヘルテリン]囡(-/-nen)家政婦,(女性の)ハウスキーパー.

Haushalt(s)・artikel 男(-s/-)《主に複》家庭用品.

Haushalt(s)・debatte 囡予算審議.

Haushalt(s)・geld 匣(-(e)s/-)家計費.

Haushalt(s)・jahr 匣(官庁)会計年度((1961年以降は暦年に従う);以前は4月1日から翌年の3月31日まで)).

Haushalt(s)・plan 男(国家の)予算案.

Haushalts・waren 複家庭用品.

Haus・herr 男(-(e)n/-en) ❶一家の主人,家長;(客の)主人役.❷(南ﾄﾞ/ｵｰｽﾄﾘｱ)家主.◇..**herrin** 囡(-/-nen).

haushoch [ハオスホーホ]形 家ほどの高さのある,うず高い.❷(口)非常に高い;非常に多い;ひどい,著しい.

1格　2格　3格　4格

hausieren [ハオズィーレン] 圓《**mit** ③》〈物³の〉行商をする.

Hausierer [ハオズィーラー] 男〈−s/−〉行商人. ◇**~in** 囡〈−/−nen〉.

häuslich [ホイスリヒ] 形 ❶家の, 家庭の, 家族の, 家事[家政, 家計]の; 自宅[家内, 家庭内](で)の. ❷家庭的な, 家庭本位[マイホーム主義]の, 家族思いの.

Haus･mann 男〈−(e)s/..männer〉(専業の)家事をする夫, 主夫.

Hausmanns･kost 囡 ❶家庭料理, 簡素な食事. ❷並の出来ばえ.

Haus･marke 囡 ❶(所有者を示す)刻印, 焼印. ❷銘柄品, 自社ブランド. ❸(口)(a)(個人の)嗜好品銘柄, 好きなブランド. (b)(レストランなどで促される手軽な)ハウス・ワイン.

Haus･meister 男家屋管理人.

Haus･musik 囡家庭音楽(会).

Haus･nummer 囡家屋番号, 番地.

Haus･ordnung 囡(アパート・寮などの)規則, 居住者心得.

Haus･putz 男大掃除.

Haus･rat 男〈−(e)s/〉《集合的に》家具, 家財一式.

Hausrat･versicherung 囡家財保険.

Haus･schlüssel 男建物の入口の鍵.

Haus･schuh 男室内履き, 上靴, スリッパ.

Haus･suchung 囡〈−/−en〉(官)(書)家宅捜索.

Haus･tier 甲ペット, 家畜.

Haus･tür 囡家の戸(口), 玄関[家の入口]のドア.

Haus･verbot 甲立ち入り禁止.

Haus･verwalter 男家屋[家財]管理人. ◇**..verwalterin** 囡〈−/−nen〉.

Haus･wirt 男(アパートの)家主, 大家(おおや), 主人. ◇**..wirtin** 囡〈−/−nen〉.

Haus･wirtschaft 囡 ❶家事, 家政. ❷家庭科, 家政学.

Haut [haut ハオト] 囡〈−/Häute〉 ❶《単》皮膚, 肌. ❷(a)外皮, 表皮. (b)(なめす前の)獣皮. (c)(果物などの

皮. (d)外殻. (e)《単》被覆, カバー;(船体・機体などの)外板, 装甲. (f)(液体の表面に生じる薄い)膜, 被膜. ◆**eine helle [dunkle] ~ haben** 白い[あさ黒い]肌をしている. ④ **auf der bloßen ~ tragen** 物⁴を(素肌に)じかに着ている. **eine ehrliche [gute] ~** (口)正直者[いいやつ]だ. **nur [bloß] noch ~ und Knochen sein** (口)(骨と皮ばかりに)やせこけている, やせ細っている. **sich⁴ auf die faule ~ legen = auf der faulen ~ liegen** (口)ぶらぶらしている, 怠けている. **aus der ~ fahren** (口)すぐかっとなる, 頭にくる. **nicht aus seiner ~ (heraus)können** (口)持って生まれた性格は変えられない, 自分の殻から出ることはできない. **sich⁴ in seiner ~ nicht wohl fühlen** (口)今の状況に満足でない. **nicht in ⌐ ~ stecken mögen [wollen]** (口)人²の身になりたくない, 人²のようになりたくない. **mit ~ und Haar(en)** (口)残らず, すっかり. ③ **unter die ~ gehen [dringen]**〈物¹が〉人³に鳥肌をたたせる; ぞっとさせる; 夢中にさせる, 感動させる. 4級

Haut･arzt 男皮膚(及び性病)科医. ◇**..ärztin** 囡〈−/−nen〉.

Haut･ausschlag 男【医】発疹(ほっしん), 吹き出物.

häuten [ホイテン]((I))他 ❶〈動物⁴の〉(毛)皮をはぐ. ❷〈果物⁴の〉皮をむく. ((II))再 sich⁴〈蛇¹などが〉脱皮する; 皮がむける; 変身する.

haut･eng 形(服などが)体にぴったり合う, 肌に密着した.

Haut･farbe 囡皮膚の色, 肌色.

Haut･krankheit 囡皮膚病[疾患].

Haut･krebs 男皮膚癌.

Haxe [ハクセ]囡〈−/−n〉(南)⁴すね肉.

Haydn [ハイドン]《人名》ハイドン((Franz Joseph ~ オーストリアの作曲家; 1732–1809)).

Hbf.《略》Hauptbahnhof中央駅.

he [ヘー]間 (口)おい, もし, よお. ねえ((注意・喚起));おや, あら, へえ, えっ, ふん(驚き・喜び・質問・不機嫌・拒絶).

① 1格 ② 2格 ③ 3格 ④ 4格

Hebamme [ヘーバメ] 女 (-/-n) (国家資格のある)産婆, 助産婦.

Hebel [ヘーベル] 男 (-s/-) ❶ レバー, ハンドル, クランク. ❷ てこ, 槓杆(ぶん). *alle ~ in Bewegung setzen* あらゆる手段を尽くす, 全力を傾注する. *am längeren ~ sitzen* 相手より勢力が強い, 有利な立場にある.

heben* [ヘーベン] 過 hob, 過分 gehoben) ((I))他 ❶〈人・物⁴を〉上[揚]げる, 持ち上げる. ❷ (書)〈事¹が〉〈物⁴を〉高める, 向上させる, 増進させる, (コントラストによって)引き立たせる. ❸ (書)〈物⁴を〉引き揚げする, 発掘する. ((II))再 sich⁴ (書) ❶ 上[揚]がる. ❷ 高まる, 向上する, 盛んになる, 繁盛する. *einen ~* (口) 一杯やる, 飲む.

hecheln¹ [ヘッヒェルン] 自〈über ⁴〉(口;軽蔑)〈人・物⁴を〉こきおろす, けなす, 酷評する.

hecheln² 自〈擬声語〉(特に犬が)ハーハー息をする;(激しい運動の後や高熱の際に)激しい息をする, あえぐ.

Hecht [ヘヒト] 男 (-(e)s/-e) ❶〈魚〉カワカマス (食用になる淡水肉食魚)). ❷ (口)〖水泳〗エビ型飛び込み;〖体操〗伸身飛び.

Hecht·sprung 男 〖水泳〗エビ型飛び込み;〖体操〗伸身飛び.

Heck [ヘック] 中 (-(e)s/-e,-s) (↔ Bug) 船尾, 艦(び);(飛行機や車の)後部, リア.

Heck·antrieb 男 〖車〗後輪駆動, リアドライブ FR.

Hecke [ヘッケ] 女 (-/-n) 生垣(炫), 垣根.

Hecken·rose [ヘッケン..] 女 (-/-n) 〖植〗生垣に用いるバラ, イヌバラ.

Hecken·schütze 男 (-n/-n) (軽蔑)狙撃者, 暗殺者.

Heck·scheibe 女 (自動車の)リアウィンドーのガラス.

Heer [ヘーァ] 中 (-(e)s/-e) ❶ 軍隊, 軍勢, 地上部隊;(特に)陸軍 ((海軍 (Marine), 空軍 (Luftwaffe)). ❷ 〈von ³〉〈人³の〉大群, 大勢.

Hefe [ヘーフェ] 女 酵母;パン種, イースト.

Hefe·teig 男 イースト入りこね粉.

Heft [hεft ヘフト] 中 (-(e)s/-e) ❶ ノート, 帳面;仮綴じ本, パンフレット, 小冊子. ❷ (雑誌の)号;(定期刊行物の) 1 冊, 分冊 (略:H.). ❸ 〈主に単〉(ナイフなどの)柄, (剣などの)つか. **4級**

heften [ヘフテン] ((I))他 ❶〈物⁴を〉仮綴じにする. ❷〈物⁴を〉(接着剤・ピン・画鋲などで一時的に)留める, 付ける, (クリップなどで)まとめる. ❸〈(口)〉〈物⁴を〉仮縫いする.

Hefter [ヘフター] 男 (-s/-) ❶ 紙[書類]ばさみ, ファイル, バインダー. ❷ (小さい)ホチキス, ステイプラー.

heftig [ヘフティヒ] 形 ❶ 激しい, 猛烈[強烈, 激烈]な, すさまじい, 急激[性急]な;激情的な. ❷ 気性の激しい, かっとなりやすい, 怒りっぽい. **4級**

Heftigkeit [..カイト] 女 (-/) ❶ 強烈, 激烈;激情. ❷ 短気, かんしゃく.

Heft·klammer [ヘフトクラマー] 女 (-/-n) ホッチキスの針.

Heft·pflaster 中 (-s/-) 絆創膏(ぽう).

Heft·zwecke [..ツヴェッケ] 女 画びょう.

Hegel [ヘーゲル]《人名》ヘーゲル ((Georg Wilhelm Friedrich ~ ドイツの哲学者;1770–1831)).

hegen [ヘーゲン] 他 ❶〈動・植物⁴を〉保護[保存, 育成]する. ❷ (書)〈人⁴を〉世話する. ❸ (書)(心中に)抱く, 持つ.

Hehl [ヘール] 中 (お) 男 *kein(en) ~ aus ③ machen* 事³を隠さない[秘密にしない].

Hehler [ヘーラー] 男 (-s/-) 〖法〗犯人蔵匿者, 盗品故買者. ◇ **~in** 女 (-/-nen).

Hehlerei [ヘーラライ] 女 (-/-) 〖法〗臓物(ぶっ)収受罪.

Heide¹ [ハイデ] 男 (-n/-n)〈弱〉(やや古) 異教徒;《特に》多神教徒, 非キリスト教徒;無神論者.

Heide² 女 (-/-n) 荒地, 荒野.

Heidegger [ハイデガー]《人名》ハイデガー ((Martin ~, ドイツの哲学者;

Heide·kraut 中(-(e)s/)【植】ヒース, エリカ.

Heide·land 中(-(e)s/)荒地, 荒野.

Heidel·beere [ハイデル..] 女(-/-n)【植】コケモモ((スノキ(属))).

Heidelberg [ハイデルベルク] 中(-s/)ハイデルベルク((ドイツ南西部の大学都市)).

Heidin [ハイディン] 女(-/-nen)(女性の)異教徒.

heidnisch [ハイドニッシュ] 形異教の, 異教徒の.

heikel [ハイケル] 形(比較 heikler) ❶えり好みする, 好き嫌いのある, うるさい, 注文[文句]の多い. ❷《主に付加》扱いにくい, 慎重(な扱い)を要する, 難しい, 問題の多い, 容易ならぬ, やっかいな, 面倒な, 微妙な, デリケートな.

heil [ハイル] 形《主に述語》 ❶無傷の;けがのない, 傷を負っていない;無事な. ❷(↔ krank)(口)(傷などが)治った, 回復した, 元どおりよくなった. ❸(↔ kaputt)(口)無傷[元のまま]の, 破損[損傷]のない, 壊れていない;(皿・卵などが)割れて[ひびの入って]いない;(衣服などが)破れて[裂けて]いない.

Heil [ハイル] 中(-(e)s/)(書) ❶幸福, 福利, 救い. ❷【宗教】至福, (神の)救済. *sein ~ bei* ③ *[mit* ③*] versuchen* 人³の許で[事³に関して]成功するかどうか試してみる.

Heiland [ハイラント] 男(-(e)s/-e) ❶救済者;救国者. ❷救世主;キリスト.

Heil·anstalt 女療養所, 隔離病院, 精神病院.

heilbar [..バール] 形治療しうる, 治せる, 治る見込みのある.

Heilbutt [ハイルブット] 男(-(e)s/-e)【魚】オヒョウ, ハリバット((北方海洋に産する大ヒラメ)).

heilen [ハイレン] **(I)** 他《4(von ③)》人⁴を(病気³から)治す, 全快させる. ❷(病気⁴などを)治す. **(II)** 自⑤(病気・傷⁴などが)治る, いえる.

heilfroh [ハイルフロー] 形《述語のみ》(口)(事態が好転して)非常にうれしい, ホッとする.

heilig [ハイリヒ] 形 ❶神聖な, 聖なる. ❷【宗教】神[キリスト]の, 神性を有する. ❸【宗.】聖人に列せられた, 聖別[祝聖]された, 聖 ...((略:hl., 複 hll.));敬虔な, 信仰(心)のあつい, けがれのない, 清らかな. ❹(書)神聖不可侵の, 犯すことの出来ない, 崇高な, 厳粛な;畏敬[畏怖]の念を抱かせる, 畏敬[尊重]すべき. ❺(口)大変[非常]な, ものすごい, 途方もない, 度外れた;貴重な, 大切な.

Heilig·abend [ハイリヒアーベント] 男(-s/-e) クリスマスイブ. 4級

Heilige [ハイリゲ] 男女《形容詞的変化》 ❶聖列に加えられた人, 聖人, 聖者. ❷(口;主に皮肉)信心深い人.

heiligen [ハイリゲン] 他(書)(人・物⁴を)神聖にする, 神聖なものとして崇(ፉ)める, 清める;神に捧げる.

Heiligen·schein 男(聖像をとりまく)後光, 円光, 光輪, 光背.

Heiligkeit [..カイト] 女(-/) 神聖なこと[もの];聖性. ♦ *Eure* [*Seine*] ~ 教皇聖下.

Heiligtum [..トゥーム] 中(-s/..tümer) ❶神聖な場所, 聖殿, 神殿;エルサレム;【宗.】聖遺物安置所. ❷神聖な物;聖遺物. ❸(口;しばしば皮肉)貴重な物, 宝物.

Heil·kraut 中(-(e)s/..kräuter) 薬草.

Heil·mittel 中(-s/-) 薬剤, 医薬品;治療法.

Heil·praktiker 男(-s/-) 治療師((当局の許可は受けてはいるが, 普通のやり方とは異なる方法を用いる)).

heilsam [ハイルザーム] 形(誤った考えや態度を直すのに)役に立つ, ためになる.

Heils·armee 女(-/-) 救世軍(Salvation Army)((キリスト教の精神に基づいて1865年設立)).

Heilung [ハイルング] 女(主に単) 治療;治癒, 回復.

Heim [ハイム] 中(-(e)s/-e) ❶《単》わが家, 自宅, 住まい, 家庭;(住まいとしての)家. ❷(公共の)ホーム, (収容)施

①1格 ②2格 ③3格 ④4格

設. ❸クラブハウス.

Heim·arbeit 囡《単》家内労働, 内職.

Heimat [háima:t ハイマート] 囡《-/-en》❶《単》故郷, 郷里, 生地; 故国, 生国, 本国. ❷(動物の)生息地; (植物の)自生地; (製品などの)原産地; 発祥地. 5級

Heimat·kunde 囡《-/》(学校の教科としての)郷土誌(学).

Heimat·land 囡《-(e)s/..länder》故国, 生国; 自国, 母国, 本国.

heimatlich [..リヒ] 形 故郷の, 郷里[郷土]の; 故郷のような[を思わせる].

heimat·los 形 故郷のない, 本国[国籍]のない; 流浪の, 故国を追われた.

Heimat·museum 匣 郷土博物館.

Heimat·ort 男《-(e)s/-e》出身地, 郷里.

Heimat·stadt 囡 郷里の町, 出身地市.

heim|bringen* 他 ❶《人⁴を》家へ送る, 連れ帰る. ❷《物⁴を》家に持ち帰る.

Heim·computer 男《-s/-》家庭用コンピューター.

heim|fahren* ((I)) 自 (S)(乗り物で)帰宅[帰国]する. ((II)) 他《人⁴を》(乗り物で)家へ送る.

Heim·fahrt 囡 帰宅, 帰郷, 帰国.

heim|gehen* 自 (S) ❶帰宅する. ❷《書; 婉曲》みまかる, 亡くなる, 他界する.

heimisch [ハイミッシュ] 形 ❶《付加》その土地(生まれ)の, 土着の; 原産の, (動物が)生息地の, (植物が)自生地の; 発祥地の, 自国[郷里]の, 本国[自国, 故国]の. ❷《付加なし》アットホームな, 居心地のよい, なじんだ.

Heimkehr [ハイムケァ] 囡《-/》(長い不在の後の)帰郷, 帰国, 帰還.

heim|kehren 自 (S)(長い不在の後に)帰郷[帰国, 帰還]する.

heim|kommen* 自 (S) 帰宅する, 帰郷[帰国]する.

heimlich [ハイムリヒ] 形 ひそかな, 秘密[内密, 内緒]の; 人目を忍ぶ[はばかる], 人知れぬ.

Heimlichkeit [..カイト] 囡《-/-en》秘密, 内密, 内緒, 隠しだて.

Heim·reise 囡《-/-n》帰郷[帰国]の旅, 帰航.

Heim·spiel 匣 (↔ Auswärtsspiel) ホームゲーム.

heim|suchen 《書》他 ❶《人⁴の》家に押し入る. ❷《病気・災難⁴などが》《人・物⁴を》襲う, 見舞う. ❸《口》《人⁴のところに》押しかける.

Heim·suchung [..ズーフング] 囡《-/-en》由《雅》不幸, 災難, 天災.

Heim·tücke 囡《-/》❶陰険, 狡猾(ぬ), 悪意. ❷(病気などの)潜行性, 悪性.

heim·tückisch 形 ❶陰険な, 狡猾な, 悪意のある, 油断できない. ❷(病気などが)潜行性の, 悪性の.

heimwärts [ハイムヴェァツ] 副 わが家へ, 郷里へ, 本国へ.

Heim·weg 男 家路.

Heim·weh [ハイムヴェー] 匣《-s/》(↔ Fernweh) 《nach ③》《人・物³への》郷愁, 里心, ホームシック.

heim|zahlen 他《書 ④》《人³に事⁴の》返報[報復]をする.

Heine [ハイネ]《人名》ハイネ ((Heinrich ~ ドイツの詩人; 1797-1856)).

Heinzelmännchen [ハインツェルメンヒェン] 匣《-s/-》(夜間ひそかに現われて家の仕事をしてくれる小さな)家の精, 小夭精.

Heirat [ハイラート] 囡《-/-en》《mit ③》《人³との》結婚, 婚姻; 結婚式.

heiraten [háira:tən ハイラーテン] ((I)) 他《人⁴と》結婚する. ((II)) 自《nach ③》《人³に》暮らす. 4級

Heirats·antrag 男 結婚申込.

Heirats·anzeige 囡 ❶結婚通知; (新聞広告による)結婚報告. ❷(新聞などでの)結婚相手探し(の広告).

Heirats·schwindler 男 結婚詐欺師.

heiser [ハイザー] 形 (風邪・しゃべり過ぎなどで声の)かれた, しわがれた, しゃがれた, かすれた.

Heiserkeit [..カイト] 囡《単》声のかれていること.

heiß [haɪs ハイス] 形 (比較 **heißer**; 最上 **heißest**) ❶ (↔ **kalt**) 熱い, 暑い, 高温の; (体が) 熱くほてった, 熱のある. ❷《付加または副》熱烈な, 情熱[熱情]的な, 燃えるような, 燃えさかる; 心[心底]からの, 切なる; 熱心な, 熱意のこもった. 熱気を帯びた. 激しい, 猛烈[強烈, 激烈]な, すさまじい. ❸《副なし》危険な, やっかい[面倒]な, 手におえない, 物議をかもす. ❹《付加》(口) 有望[有力]な, 大いに期待できる; (口) 刺激的な, 興奮させる; (音楽・リズムなどが) 熱い, ホットな. ❺ (口) (スポーツカーなどが) 高性能の; 加速性能のよい, ものすごくスピードの出る. ❻ (口) (若者用語) すごくいい, いかす. ❼ (理) 高放射性[強放射線]の. ♦ ~es Wasser 熱湯. Es ist heute sehr ~. 今日はとても暑いです. **~er Draht** ホットライン, 緊急直結電話 (回線) ((2国間の直通回線)). 5級

heißen* [háɪsən ハイセン]

	現在	
	ich heiße	wir heißen
	du **heißt**	ihr heißt
	er heißt	sie heißen

	過去	
	ich **hieß**	wir hießen
	du hießest	ihr hießt
	er hieß	sie hießen

過分	**geheißen**	接II hieße

((I)) 自 《1格と》《...と》呼ばれる, 《...という》名(前)である. ❷ (...という) 意味である. ((II)) 他 (書)《4》《4》❶ (やや古)《人4を...と》名付ける. ❷ (古)《人4を...と》言う, 呼ぶ[名指す, 称する]. ❸《4+不定詞》《人4に》...することを命ずる, ...するよう言いつける. ♦ Wie heißen Sie (mit Familiennamen [Nachnamen])? お名前(姓)は何とおっしゃいますか? Ich heiße Karl Meier. わたしはカール・マイヤーと申します. Es heißt, dass... ...といううわさである, ...と言われている, ...と書いてある. *das heißt* すなわち, 言うところは, つまり ((略:d.h.)). *Was soll das ~?* それはいったいどういうことですか ((抗議して)). 5級

Heiß·luft 女 (人工的な) 熱風, 熱気.

heiter [ハイター] 形 (比較 **heit(e)rer**; 最上 **heiterst**) ❶ (↔ **bedrückt**) 晴れやかな, 朗らかな, 明朗[快活]な, 陽気な, 明るい; 上機嫌な;ほろ酔い (機嫌) の. ❷ (事物が) 楽しい気分にさせる, 愉快な, おもしろい, 楽しい, 陽気な. ❸ (↔ **trüb**) 晴れた, 快晴の. ❹ (口; 皮肉) ひどい, とんでもない.

Heiterkeit [..カイト] 女 (-/-) ❶ 明朗, 快活, 陽気, 晴朗; 上機嫌. ❷ 高笑い, 大笑い.

heizbar [ハイツバァ] 形 暖め[熱し]うる; 暖房 (装置) のある.

Heiz·decke 女 (-/-n) 電気毛布.

heizen [háɪtsən ハイツェン] ((I)) 自 暖房する. ((II)) 他 ❶ 〈部屋4などを〉暖房する. ❷《4》《3》〈ストーブなどで〉〈ガス3などの燃料を〉燃やす, 燃やして暖かくする. ((III)) 再 sich4 〈部屋4などが〉暖まる. 4級

Heizer [ハイツァー] 男 (-s/-) 火夫, ボイラーマン.

Heiz·kissen 中 電気布団[ベッド].

Heiz·körper 男 (暖房器具の) 発熱体, 放熱体[器]; ラジエーター.

Heiz·ofen 男 (-s/-) ヒーター, ストーブ.

Heizung [ハイツング] 女 (-/-en) ❶ 暖房器具[装置]. ❷ (口) 発熱体. ❸《単》暖房. 4級

Hektar [ヘクタァ, ヘクタァ] 中 男 (-s/-e, (単位を示すとき)-) ヘクタール (面積の単位; 記号:ha).

Hektik [ヘクティク] 女 (-/-) 非常な忙しさ, 大繁忙, せわしなさ.

hektisch [ヘクティッシュ] 形 あわただしい, せわしない, せかせかした.

Held [ヘルト] 男 (-en/-en) 《単》❶ ヒーロー, 英雄, 勇士; 偉人. ❷ 戦士. ❸ (劇・小説などの男性の) 主人公. ❹ 半神的な勇者, 神人.

heldenhaft [ヘルデンハフト] 形 ヒーローの, 英雄の, 英雄的な, 英雄らしい; 勇猛果敢な; 主人公の.

Heldentum [..トゥーム] 中 (-s/-) 英雄

Heldin [ヘルディン] 囡 (–/–nen) ❶英雄的女性, 女丈夫, 女傑. ❷ (劇・小説などの) 女主人公, ヒロイン. ❸半神女.

helfen* [hélfən ヘルフェン]

現在	ich helfe	wir helfen
	du **hilfst**	ihr helft
	er **hilft**	sie helfen
過去	ich half	wir halfen
	du halfst	ihr halft
	er half	sie halfen
過分	**geholfen**	接II hülfe

圁 ❶⟨③⟩ (**bei** ③)⟨人³の⟩ (事³を)⟩ 手伝う, 手助けする. ❷⟨③⟩ (**bei** ③ [**gegen** ④])⟨人³の⟩ (事³を...に)⟩ 役に立つ, 有益である; 効く, 効き目がある. ◆③ bei der Arbeit [beim Einsteigen] ～ 人³の仕事を [乗車を] 助ける. ③ aus den Mantel [Wagen] ～ 人³がコートを脱ぐ [車から降り る] のを助ける. Sie half mir den Koffer tragen [mir, den Koffer zu tragen]. 彼女は私がトランクを運ぶのを手伝ってくれた. 5級

Helfer [ヘルファー] 男 (–s/–) 助ける人, 手伝い, 援助者, 協力者, 助手. ◇ **Helferin** 囡 (–/–nen).

Helikopter [ヘリコプター] 男 (–s/–) ヘリコプター.

hell [hel ヘル] 形 ❶ (↔ dunkel) 明るい; (明るく) 輝く [光る], まぶしい. ❷ (色が) 明るい; 淡い, 薄い, ライトな. ❸ (↔ tief, dunkel) (明るい) 響きのある, 良く通る, 明瞭な; (音声が) (甲)高い, 澄んだ, 高音の. ❹(口)利発[聡明, 利口]な, 頭のよい. ❺(付加)たいへんな, 全くの, 本当の, 粉れもない. 5級

hell·blau 形 淡青色の, ライトブルーの.

Helle(s) [ヘレ(ス)] 囲 (形容詞的変化) ❶明るいこと [もの]. ❷淡色ビール ((普通のビール)).

hell·grün 形 淡緑色の, 浅緑の, ライトグリーンの.

Helligkeit [ヘリヒカイト] 囡 (–/–en) ❶明るいこと, 明るさ, 光明. ❷(単)光度, 輝度;[天文]星の光度, 等級 ((記号:m)).

hell·sehen 圁《不定詞でのみ使用される》[心理学] 遠隔地 [未来] の出来事などを見通す, 透視する.

Hell·seher 男 (–s/–) 透視者, 千里眼.

hell·wach 形 (↔ schläfrig) 完全に目の覚めた; 冴えている.

Helm [ヘルム] 男 (–(e)s/–e) ヘルメット; (中世騎士などの) かぶと (兜).

Hemd [hemt ヘムト] 匣 (–(e)s/–en) シャツ; (Oberhemd) ワイシャツ; (Unterhemd) 下着, 肌着, シュミーズ, アンダーシャツ; (Nachthemd) ナイトウェア, 寝間着. 5級

Hemd·ärmel 男(普通複) ワイシャツの袖.

hemmen [ヘンメン] 他(書) ❶⟨物⁴(の運動)を⟩阻止する, 制動する, ブレーキをかける. ❷⟨④ **in** ③⟩⟨事¹が⟩⟨人・物⁴の事³を⟩妨げる, 阻む, 抑制[抑圧]する, 遅らせる.

Hemmung [ヘンムング] 囡 (–/–en) ❶《複》ためらい, 躊躇 (ちゅうちょ), 物おじ. ❷《主に複》自制, 慎み, 抑制, 抑圧. ❸(書)制止, 阻止; 妨害, 停止, 制動; [心](心理作用の)禁止; (生理活動の)制止, 抑制;[医]阻止, 障害;[化](化学作用の)阻害.

hemmungs·los 形 自制 [慎み] のない, 抑制のない, とめどない.

Hengst [ヘングスト] 男 (–es/–e) (↔ Stute) (馬・ロバ・ラクダなどの単蹄動物の)雄.

Henkel [ヘンケル] 男 (–s/–) (壺・カップなどの) 取っ手, 柄.

Henker [ヘンカー] 男 (–s/–) 死刑執行人, 絞首刑吏.

Henne [ヘネ] 囡 (–/–n) (↔ Hahn) 雌鳥.

her [heːr ヘーァ] 副 ❶《空間的; 話者の方へ向かって》(↔ hin)⟨**von** [**aus**] ③⟩⟨所³から⟩こちらへ, ここへ. ❷《時間的; 過去から現在まで間断なく継続

して》《von ③》〈時³から〉ずっと. ❸〈von ③〉〈視点³から〉見てみると,〈視点³から〉すると. ♦von da [dort]~ そこから(こちらへ). Komm ~! こちらへおいで. um ④ ~ 物⁴のまわり[周囲]に. *hinter* ③ ~ *sein* (口) 人³の後から(等間隔を保って)ついて行く;(軽蔑)人³の尻を追いかけている,人³を追い回している,物³をつけ狙っている.

herab [ヘラップ] 副 (↔ hinauf)(あちらの上からこちらの)下へ,下方へ. ★ 4格を伴うことがある:den Berg ~ 山を下って.

herab..《前綴り》〈分離〉(↔ hinauf)「(こちらの)下(方)へ」.

herab|hängen 国〈物¹が〉(こちらへ)垂れ下がっている,ぶら下がっている,垂れこめている.

herab|lassen (**(I)**)他〈人・物⁴を〉(あちらの上の方からこちらの下の方へ)下げる,おろす. (**(II)**)再 sich⁴ ~ *zu* ③ 〈(自分の地位・身分にふさわしくない)事³を〉気安く行う.

herablassend [..ト]形 (偉ぶって)恩着せがましく,見下したような.

herab|sehen 国 ❶ 見下ろす. ❷〈*auf* ④〉〈人⁴を〉蔑視する,見下す.

herab|setzen 他〈物⁴を〉下げる,減少させる;〈価格・賃金⁴などを〉引き下げる;〈スピード⁴などを〉落とす. ❷〈人・物⁴を〉おとしめる,けなす.

heran [ヘラン] 副 こちらへ(近づいて).

heran|bilden 他〈④ *zu* ③〉〈人⁴を物³に〉養成[教育,育成]する.

heran|kommen* 国⑤ ❶ 近づいて来る,近寄る,(時間的に)近づく. ❷〈*an* ④〉〈物⁴に〉手が届く,達する. ❸〈*an* ④〉〈物⁴を〉手に入れる. ❹〈*an* ④〉〈人・物⁴に〉匹敵する.

heran|reifen 国⑤ ❶〈物¹が〉(段々と)熟す,熟しつつある. ❷〈人¹が〉成長してゆく. ❸〈*in* ③〉〈事¹が〉〈(人³の中で)〉成熟してゆく,形をなしていく.

heran|treten* 国⑤ ❶〈*an* ④〉〈物⁴に〉近づく,歩み寄る. ❷〈*mit* ③〉*an* ④〈書〉〈物³を〉人⁴に〉依頼する,陳情する.

heran|wachsen 国⑤ (段々と)成長する,成人する;〈*zu* ③〉〈成長して人・物³に〉なる.

heran|ziehen* (**(I)**)他 ❶〈人・物⁴を〉引き寄せる. ❷〈④ *zu* ③〉〈人⁴を事³に〉慣れさせる,つかせる;利用する. ❸〈人・物⁴を〉呼び寄せる,招致する,動員する. ❹〈物⁴を〉証拠として提出する,引き合いに出す,援用する. ❺〈動植物⁴を〉育てる,育成する,栽培する. ❻〈sich³·⁴〉〈人⁴を〉養成する,育成する. (**(II)**)国⑤〈嵐¹などが〉次第に近づいてくる.

herauf [ヘラオフ] 副 (↔ hinab, hinunter)(あちらの下方からこちらの上方へ,こちらへ上って;(口) 南から北へ.

herauf|beschwören* 他〈悪い事⁴を〉招き寄せる,呼び出す,引き起こす.

herauf|kommen* 国⑤ ❶ 上[登,昇]って来る. ❷〈嵐¹などが〉近づいてくる.

herauf|setzen 他〈物⁴を〉上へ置く,上げる.

heraus [ヘラオス] 副 (↔ hinein) (外から見ていて)あちらの内からこちらの外へ.

heraus|bekommen* 他 ❶〈④ (*aus* ③)〉〈物⁴を(物³から)〉取り出す,引き抜く,抜き取る;取り除く;救い出す. ❷〈お釣り⁴を〉もらう. ❸〈④ (*aus* ③)〉〈事⁴を(人³から)〉引き出す,探り出す,聞き出す. ❹(口)〈問題⁴などを〉解く.

heraus|bringen* 他 ❶〈④ (*aus* ③)〉〈人・物⁴を(物³の中から)〉運び出す,連れ出す. ❷〈物⁴を〉市場に出す,売り出す,〈本⁴を〉発行する,刊行する. ❸〈音・言葉⁴を〉出す,発する. ❹〈④ (*aus* ③)〉(口)〈事⁴を(人³から)〉聞き出す,探り出す. ❺(口)〈結果・答え⁴を〉出す.

heraus|fahren* (**(I)**)他 ❶〈乗り物⁴を〉(外に)出す. ❷〈記録・勝利⁴などを〉(乗り物で)達成する. (**(II)**)国⑤(乗り物で[乗り物が]外に)出て来る.

heraus|finden* (**(I)**)他 ❶〈④

① 1格 ② 2格 ③ 3格 ④ 4格

(aus ③)〉〈人・物⁴を(多く³の中から)〉見つけ出す,発見する. ❷〈事⁴を〉(調べて)突きとめる,探し出す. **((II))** 圓〈**aus** ③)〉圃 sich⁴ 〈**aus** ③)〉外への道が分かる;(出口を見つけて)出て来る,脱出する;打開策を見つける.

heraus|fordern 他 ❶〈④ **(zu** ③)〉〈人⁴に(物³のために)〉挑戦する,挑(いど)む. ❷〈事⁴を〉(軽率なことをして)招く. ❸〈人⁴を〉挑発する,刺激する.

Herausforderung 囡(-/-en) ❶(決闘などの)挑戦する;挑発. ❷(難しい)課題,難題;やりがい.

heraus|geben* **((I))** 他 ❶〈③ ④〉〈(人³に)物⁴を〉(内からこちらの)外へ出す. ❷〈捕虜⁴などを〉解放する,引渡す,〈物⁴を〉返す,返却[返還]する. ❸〈書籍・新聞⁴などを〉出版[発行,編集]する. ❹〈(③ ④)〈(人³に)金銭⁴の)釣銭を出す,〈(人³に)お釣りを〉払う. **((II))** 圓 sich⁴ 〈④ **auf** ④〉〈(人³に)紙幣⁴に対して〉お釣り[釣銭]を出す.

Herausgeber 男(-s/-)出版[発行]者,編者 ((略:Hrsg., Hg.)). ◇**-in** 囡(-/-nen).

heraus|gehen* 圓 ⑤ ❶〈**aus** ③)〉〈(所³から)〉(外へ)出てくる,出かける,外に出る,出て行く. ❷〈**aus** ③)〉〈釘・コルクなどが〉〈(物³から)〉抜ける,〈染み⁴などが〉〈(物³から)〉とれる,落ちる.

heraus|halten* 他 ❶〈物⁴を〉(こちらの)外へ差し出す. ❷〈④ **(aus** ③)〉〈人・事⁴を(事³から)〉遠ざける,引き離しておく.

heraus|hängen 他 ❶〈物⁴を〉外へ垂らす[掛ける];(店に商品を)並べる,陳列する. ❷〈口;軽蔑〉〈物⁴を〉自慢する,ひけらかす.

heraus|holen 他 ❶〈④ **(aus** ③)〉〈人・物⁴を(物³から)〉(行って外に)連れ出す[持ち出す],取って来る,取り出す;助け出す,救出する. ❷〈物⁴を〉かせぐ,もうける. ❸〈口〉〈事⁴を〉浮き上がらせる,浮き彫りにする,明らかにする.

heraus|kommen* 圓 ⑤ ❶〈**aus** ③)〉〈(物³から)〉(こちらの外へ)出てく

る,外へ出る;現れ出る;抜け出る,切り抜ける. ❷〈製品⁴などが〉市場[世]に出る. ❸〈事¹が〉はっきりする,明らかになる,everyone,人に知られる. ❹〈**bei** ③)〉〈口〉〈事¹が〉〈(事³において)〉結果[成果]として出る. ❺〈口〉〈物¹が〉はっきり出ている;目立つ. ❻〈**mit** ③)〉〈不快な事⁴を〉(ためらった後)口に出す[すする]. ❼(トランプで)最初にカードを出す.

heraus|nehmen* 他 ❶〈④ **(aus** ③)〉〈物⁴を(物³から)〉取り出す,引き出す;取り除く. ❷〈**sich**³ ④〉〈口〉〈事⁴を〉不遜(ぶそん)にもする,あえてする.

heraus|reden 圓 sich⁴ 〈**aus** ③)〉〈口〉〈(事³から)〉言い逃れる.

heraus|reißen* 他 ❶〈④ **(aus** ③)〉〈物⁴を(物³から)〉裂き[やぶり,もぎ]とる,〈草花⁴などを〉抜きとる,むしりとる. ❷〈④ **(aus** ③)〉〈人⁴を(今までの環境⁴から)〉急に引き離す,〈口〉〈人⁴を(悪い環境³から)〉救出する,救い出す. ❸〈事¹が〉〈不利・欠点⁴を〉埋め合わせる.

heraus|rutschen 圓 ⑤ ❶〈**aus** ③)〉〈(物³から)〉(こちらの外へ)滑り出る,〈シャツなどが〉外にこぼれ出る. ❷〈③)〉口がすべって〈人³が言葉¹を〉うっかり言う,〈言葉¹が人³の〉口からつい出てしまう.

heraus|stellen **((I))** 他 ❶〈物⁴を〉(こちらの)外へ立てる[置く,出す],〈人⁴を〉(こちらの)外へ立たせる,外へ出す. ❷〈④〉〈人・物⁴を〉大きく取り上げる,強調する,明らかにする,はっきりさせる. **((II))** 圓 sich⁴〈物¹が〉(最後に)明らかになる,判明する.

heraus|suchen 他〈④ **(aus** ③)〉〈人・物⁴を(多くの物³から)〉探し出す,選び出す.

herb [ヘァプ] 形 ❶(味や臭いについて)きつい,渋い,酸っぱい;辛口の. ❷つんとした,きつい感じの,とりすました. ❸辛辣な,手厳しい. ❹耐え難い,つらい,苛酷な. ❺不愉快な.

herbei.. [ヘァバイ..] 《前綴り》〈分離〉「こちらへ,ここへ」.

herbei|eilen 圓 ⑤ こちらに急いで

① 1格 ② 2格 ③ 3格 ④ 4格

やって来る.

Herberge [ヘァベァゲ] 囡(-/-n)《やや古》❶宿屋,簡易宿泊施設;(Jugendherberge)ユースホステル.❷《単》宿泊.

Herbergs|mutter [ヘァベァクス..] 囡(ユースホステルの女性の)管理人,ペアレント.

Herbergs|vater 男(ユースホステルの)管理人,ペアレント.

Herbst [ヘァプスト] 男(-(e)s/(稀) -e) 秋.◆im ~ 秋に. 5級

Herbst|anfang 男秋分(北半球では9月23日頃).

herbstlich [ヘァプストリヒ] 形秋の,秋らしい,秋にふさわしい.

Herd [ヘァト] 男(-(e)s/-e) ❶調理用こんろ,レンジ;かまど,炉;〔工〕(蒸気機関の)火室;〔冶〕(高炉の)火床(炬).❷(火事・地震など災害の)火元,震源,発生源;〔医〕病巣,感染源.

Herde [ヘーァデ] 囡(-/-n) ❶(同一種の)群れ,畜群,獣群.❷《軽蔑》人の群れ,群衆,衆愚,烏合の衆.

Herd|platte 囡(-/-n) 調理用こんろ[レンジ]の熱板.

herein [heráin ヘライン] 副《内から見て》(こちらの)中へ.*Herein!* どうぞ(お入りください). 4級

herein.. [ヘライン..] 《前綴り》《分離》(↔ hinaus)「(こちらの)中へ」.

herein|bitten* 他〈4格〉〈人4に〉中に入ってくれるように頼む.

herein|brechen* 自(S) ❶ 〈über 4格〉〈事1が〉〈人・物4に〉(思いがけず)襲う,〈人4の身に〉(不意に)降りかかる,襲いかかる,見舞う.❷(夜・冬・冬などが)急に始まる.

herein|bringen* 他 ❶〈物4を〉(この中へ)持ち込む,運び込む,〈人4を〉連れ込む.❷〈4格 (wieder)〉〈(口)〉〈失った物4を〉取り戻す.

herein|fallen* 自(S) (口) ❶(穴などに)落ち込む,〈光4などが〉入り込む,差し込む.❷〈auf 4格〉〈人・物4に〉だまされる,ひっかかる,一杯食わされる.❸〈bei [mit] 3格〉〈物3で〉損をする,被害に遭う.

herein|kommen* 自(S) ❶入って来る.❷〈お金・利子1などが〉手に入る.❸〈商品1が〉入荷する.

herein|lassen* 他(口)〈人・動物4を〉中に入らせる,中へ入れる.

herein|legen 他 ❶〈物4を〉(外からこちらの)中へ置く,〈人・物4を〉中へ入れる.❷(口)〈人4を〉べてんにかける,一杯食わせる.

herein|platzen 自(S) (口) いきなり入って来る,乱入する,闖入(ちん)する.

Her|fahrt [ヘーァ..] 囡 ❶(乗り物で)こちらへ来ること.❷こちらへ運んで来ること.

her|fallen* 自(S) ❶〈über 4格〉〈人4を〉襲撃する,〈人4に〉襲いかかる.❷〈über 4格〉〈物4を〉がつがつ食べ始める,貪り食う.❸〈über 4格〉〈人・物4を〉批判する,けなす,ぼろくそに言う.

Her|gang 男(-(e)s/) (事件の)経過,経緯,成り行き.

her|geben* 他 ❶〈4格〉〈物4を〉(こちらの方へ)手渡す,よこす.❷〈物4を〉手ばなす,引き渡す,差し出す.❸〈4格 für 4格〉〈物4を物4のために〉用いる,使う.

her|gebracht ((I))herbringenの過去分詞. ((II)) 形昔ながらの,旧来の,伝統[因襲]的な.

her|gehen* 自(S) ❶〈hinter [vor, neben] 3格〉〈人・物3の後を[の前を,と(横に)並んで]〉(歩いて)追って行く,追いかける,ついて行く.❷《南ドイツ・オーストリア》こちらへ来る.

her|haben* 他 (口)〈物4を〉得ている,入手している.

her|halten* ((I)) 他〈物4を〉こちらへ差し出している.((II)) 自 als [für 4格] ~ müssen (口) 意に反して人の責任をとらせられる. für 4格 ~ müssen 人・物4のしりぬぐい[埋め合わせ]をさせられる.

her|hören 自(口)(こちらへ)耳を傾ける.

Hering [ヘーリング] 男(-s/-e) ❶ニシン(鯡).❷天幕の杭(く),ペッグ.

her|kommen* 自(S) ❶こちらへ来る.❷〈von 3格〉〈所3の〉出(身)である.

1 1格 2 2格 3 3格 4 4格

herkömmlich [ヘァケムリヒ] 形《付加》従来どおりの、これまでの;伝来の、慣習的な、伝統的な.

Herkunft [ヘァクンフト] 女(-/Herkünfte)《主に単》❶ 生まれ、血統、家柄、素性. ❷ 由来、出所、起源.

Herkunfts·land 中(商品の)生産国.

her|laufen* 自⑤ 走って来る.

her|leiten ((I)) 他 ❶《④ aus ③》〈結論⁴を〈物³から〉〉導く、導き[引き]出す、推論する. ❷《④ von [aus ③]》〈物⁴が〈物³に〉〉由来すると推論する. ((II)) 再 sich⁴《von [aus] ③》〈物³に〉由来[派生]する.

her|machen ((I)) 再 sich⁴《über ④》〈事⁴に〉勢いよく取りかかる、〈事⁴を〉すぐさま始める;〈物⁴を〉がつがつ食べ始める. ❷《über ④》〈人・物⁴を〉批判[非難]する. ((II)) 自《viel ~ 非常に見栄えがする. wenig [nichts] ~ あまり見栄えがしない[全く見栄えがしない].

Hermelin [ヘァメリーン] ((I)) 中(-s/-e) 動 アーミン、オコジョ((エゾイタチ))、白テン. ((II)) 男(-s/-e)《主に単》❶ アーミン[オコジョ]の毛皮(王侯貴族が用いた). ❷《紋章》アーミン模様(アーミンの毛皮の白に(尾端の)黒を配した紋章)).

hermetisch [ヘァメーティッシュ] 形《主に副》〔書〕気密の、密閉した、厳重に閉鎖[遮断]された.

Heroin ((I)) [ヘロイーン] 中(-s/) 薬 ヘロイン. ((II)) [ヘローイン] 女(-/-nen) ヒロイン、女主人公.

heroin·süchtig 形 ヘロイン中毒[依存症]の.

Herr [her] ヘァ、ヘル] 男

格	単数	複数
1	der Herr	die **Herren**
2	des **Herrn**	der Herren
3	dem **Herrn**	den Herren
4	den Herrn	die Herren

👤(↔ Dame) 男の人、男性、殿方、紳士. ❷(↔ Frau)《敬称の呼びかけ》氏、様、殿. ❸(↔ Damen)《スポーツ》の男子選手(チーム). ❹《über ④》〈人・物⁴の〉主人、雇い主;主君、領主;支配者;所有者、オーナー. ❺ 主、神. ◆ ein älterer ~ 中年の男性. ~ Schmidt シュミットさん[氏]. ~ und Frau Schumann シューマン夫妻. ~ Doktor 博士、(医師に対して)先生. Meine (sehr verehrten) Damen und ~en!(紳士淑女の)皆さん. *sein eigener ~ sein* 自立している. *~ der Lage [der Situation] sein* 事態を掌握している、危機的状況に対処する能力がある. ② *~ werden = ~ über ④ sein* 人・物⁴を意のままにできる[支配する]、事⁴を克服する. 5級

Herrenausstatter [ヘレンアオスシュタッター] 男(-s/-) 紳士服品店.

herren·los 形 持ち主が不明の、所有者のいない;(動物が)飼い主のいない.

Herren·toilette 女 男性用トイレ.

Herr·gott 男(-s/) ❶(創造主なる)神. ❷〔南²/西²〕(キリストの)十字架像.

her|richten 他 ❶〈物⁴を〉整える、準備[用意]をする. ❷〈物⁴を〉修繕する、手入れをする、改訂する. ❸〈人⁴の〉身だしなみを整える.

Herrin [ヘリン] 女(-/-nen) 女主人、(女性の)支配者、所有者.

herrisch [ヘリッシュ] 形〔軽蔑〕命令的な、専制的な、高圧的な、高飛車な、横柄な.

herrlich [ヘルリヒ] 形 すばらしい、みごとな、りっぱな;豪華な、壮麗な、壮大な、堂々とした.

Herrlichkeit [..カイト] 女 ❶ すばらしさ、みごとさ、豪華、壮麗、壮大. ❷《主に複》すばらしい物[事].

Herrn Herr の単数2・3・4格形.

Herrschaft [ヘルシャフト] 女(-/-en) ❶《単》《über ④》〈人・物⁴の〉支配権、命令権;主権、権力、政権、覇権(ﾊ²);管理、統治;抑制、コントロール、支配力、制御力. ❷《主に単》〔やや古〕主人;主人とその家族、主家の

① 1格 ② 2格 ③ 3格 ④ 4格

人々. ❸《複》《口》集まっている人々, みんな, 諸君, 紳士淑女たち. ❹《史》領地, 荘園；領主制.

herrschen [ヘルシェン] 自 ❶ 〈über ④〉〈人・物⁴を〉**支配する**, 統治する, 治める. ❷〈事¹が〉支配的である, 影響力を行使している, 大勢を占めている.

Herrscher [ヘルシャー] 男 〈-s/-〉 〈über ④〉〈人・物⁴の〉主権者, 支配者, 統治者, 為政者, 君主.

Herrsch·sucht 女 〈-/〉支配[権勢]欲.

herrsch·süchtig 形《軽蔑》支配[権勢]欲の強い.

her|rühren 自〈von ③〉〈物¹が〉〈物³に〉起因する,〈物³の〉せい[ため]である,〈物³に〉端を発する.

her|stellen [ヘァシュテレン ヘーァシュテレン] (I)他 ❶〈物⁴を〉**製造する**, 製作する, 生産する. ❷〈物⁴を〉築く, 作り出す. ❸〈物⁴を〉(こちらに)置く, 据える, 立てる. (II)再 sich⁴ ❶〈事¹が〉作り出される, 確立する. ❷こちらへ来て立つ. **4級**

Her·steller [..シュテラー] 男 〈-s/-〉製造者, 生産者, メーカー, 製作[制作]者.

Her·stellung 女 ❶《単》生産, 製造, 製作. ❷(関係・状態などを)作り出すこと, 成立, 確立.

Hertz [ヘァツ] 中 〈-/-〉ヘルツ((周波数の単位；略:Hz))

herüber [ヘリューバー] 副 ((向こうから越えて)こちら(側)へ.

herum [ヘルム] 副 ❶〈um ④〉〈物⁴を〉回って, 曲がって；ぐるりと一巡して. ❷〈um ④〉〈人・物⁴の〉周り[周囲]に, 周辺[あたり]に. ❸あちこちに, 至る所に, どこかに. ❹〈um ④〉〈時間・量⁴に関して〉約, およそ, 頃 (ឌ). **~ sein** 1)〈um ④〉〈人⁴の〉そばにいる,〈人⁴に〉付き添っている. 2)(時間が)過ぎ去っている, 経過している.

herum|ärgern 再 sich⁴ 〈mit ③〉《口》〈人・物³のことで〉絶えず腹を立ててばかりいる.

herum|drehen (I)他 ❶〈人・物⁴を〉回転させる, 回す. ❷〈物⁴を〉裏返す,〈物⁴の〉向きを変える. (II)自〈an ③〉〈物³を〉いじり回す, もてあそぶ.

herum|fahren* (口) (I)自 ⑤ ❶ (あてもなく)乗り回る, ドライブする. ❷〈um ④〉〈人・物⁴を〉迂回する. ❸ (驚いて)ぱっと振り向く. ❹〈mit ③〉を〉ぶらぶら動かす. (II)他〈人・物⁴を〉(車に)乗せて連れ回る[あちこち回る].

herum|führen (I)他 ❶〈人⁴を〉連れて[案内して]回る；〈④ um ③〉〈人⁴を連れて人・物⁴の周りを〉回る. ❷〈④ um ③〉〈人・物⁴の周りに〉めぐらす. (II)自〈um ④〉〈道路¹などが〉〈物⁴の〉周りを通っている,〈物⁴を〉取り巻いて走っている, めぐっている.

herum|gehen* 自 ⑤ (口) 〈um ④〉〈人・物⁴を〉一周する, ぐるりと回る, 迂回する, 避けて通る. ❷(あてもなく)ぶらぶら歩き回る, ぶらつく. ❸順に[次々に]回って歩く[めぐる]. ❹〈物¹が〉回ってゆく, めぐる. ❺〈ニュース・噂などが〉(人から人へと)伝わる, 広まる. ❻〈時¹が〉過ぎる, 過ぎ去る.

herum|kommandieren 他(口) 〈人⁴を〉絶えずあれこれ命令する,〈人⁴を〉あごでこき使う.

herum|kommen* 自 ⑤ 〈um ④〉 ❶〈不快な物⁴を〉避けて通る, 迂回(ᵠ)する. ❷〈物⁴を〉回る, 回って来る. ❸〈zu ③〉〈人³の所に〉ちょっと立ち寄る.

herum|laufen* 自 ⑤ (口) ❶〈um ④〉〈人・物⁴の〉周りを(走り)回る；よけて通る, 避ける；〈物⁴が〉周りをめぐっている. ❷(あてもなく)歩き回る；ぶらつく, 徘徊する. ❸(ある身なりをして)外に出かける, 人中に出る.

herum|lungern [..ルンガァン] 自 ⑤ (口) たむろする.

herum|schlagen* (I)他〈④ (um ④)〉〈物⁴を〈物⁴のまわりに〉〉巻きつける,〈物⁴で〈物⁴を〉〉くるむ. (II) 自 (当たらないがあちこちに)パンチを繰り出す. (III) 再 sich⁴ 〈mit ③〉(口) 〈人³と〉渡り合う,〈不快な事³に〉取り

①1格 ②2格 ③3格 ④4格

組む.

herum|sein* ⓑ = herum sein (⇨herum ▮).

herum|sitzen* 圁ⓑ (南・オーストリア・スイス ⓢ) ❶ 〈**um** ④〉〈(口)〈人・物⁴を〉囲んで座っている. ❷ ぼんやり座っている, 座ってぼけっとしている.

herum|sprechen* 冓 sich⁴〈事¹が〉広まる, 知れ渡る.

herum|stöbern 圁(口) かき回して捜す, 捜し回る.

herum|treiben* 冓 sich⁴ (口;軽蔑) ぶらつく, ぶらぶら過す, 放浪する.

herunter [ヘルンター] 圕 (こちらの) 下へ, 下りて (きて). ▮~ **sein** 1) 〈カーテンなどが〉下りている. 2) 落ち込んでいる, (精神的・肉体的に) まいっている.

herunter.. 〈前綴り〉〈分離〉(↔ hinauf-) ❶「こちらの下へ」. ❷「衰微・零落」. ❸「機械的な単調さで, 味も素っ気もなく」.

herunter|fallen* 圁(S) (上から) 落ちてくる 〈光¹が〉降り注ぐ.

herunter|gehen* 圁(S) ❶ (こちらへ) 下りてくる 〈熱¹などが〉下がる. ❷〈**(von** ③)〉〈(物³から)〉降りる, 取りのける. ❸ (↔ hinaufgehen) 〈**(mit** ③)〉〈(価格³などを)〉下げる.

heruntergekommen (I) herunterkommen の過去分詞. (II) 圏 落ちぶれた, 衰弱した.

herunter|handeln 囮 〈❹ **(auf** ④)〉〈(口)〈値段⁴を (値段⁴へと)〉値切る; 〈❹ **(auf** ④)〉〈(口)〈人⁴に (値段⁴へと)〉値引きさせる.

herunter|kommen* 圁(S) ❶ 降りて来る. ❷ 衰える, 衰弱する, 落ちぶれる, 振るわなくなる. ❸ 〈**von** ③〉 **(auf** ④)〉〈(口)〈悪い成績³から (良い成績⁴に)〉上がる.

herunter|lassen* (I) 囮 〈人・物⁴を〉下ろす, 下げる; 〈人⁴を〉降りてこさせる. (II) 冓 sich⁴ 下りる.

herunter|schlucken 囮 ❶ 〈物⁴を〉飲み下す, 飲み込む. ❷ (口) 〈事⁴を〉こらえる, 飲み込む.

herunter|sein ⓑ = herunter sein (⇨herunter ▮).

herunter|spielen 囮 ❶ 〈事⁴を〉(意図的に) 軽くみる, 軽く受けとめる, 軽く扱う. ❷ (口) 〈曲目⁴を〉魂を入れずに [機械的に] 演奏する [弾 (ひ)く].

hervor [ヘァフォーア] 圕 ❶ (背後からこちらの) 前方へ, 先へ. ❷ (内部・間・下などからこちらの) 外へ, 表 (面) へ.

hervor|heben* 囮 〈物⁴を〉きわだたせる, 強調する; 〈功績⁴などを〉称揚する.

hervor·ragend [..ラーゲント] (I) hervorragen の現在分詞. (II) 圏 抜群の, 抜きん出た, 傑出した; 優れた, すばらしい; 際立った, 特別な.

hervor|tun* 冓 sich⁴ ❶ 秀でる, 並外れている. ❷ 〈**(mit** ③)〉(口) (軽蔑) 〈事³を〉ひけらかす, (これ見よがしに) 誇示する.

Herz [hɛrts ヘァツ] ⓝ (**-ens/-en,** (6(b)のみ-) ★単数3格は Herzen. ❶ 心臓, (左) 胸, 心, ハート. ❸ ハート形の物. ❹ 〈単〉核, 髄; 芯心. ❺ 〈単〉心臓部, 中心部, 核. ❻ 〔ゲ〕(a) 〈単〉 〈冠詞なして〉ハート. (b) 〈複-〉ハートのカード. *leichten ~ens* (深く考えないで) 軽い気持で. *schweren ~ens* 重い心 [憂鬱な気持で], でいやいや. 囮 *sein ~ ausschütten* 人³に心中を打ち明ける. 囮 *das ~ brechen* 人³を悲嘆にくれさせる. *sich³ ein - fassen [nehmen]* 勇気を奮い起こす, 意を決する. 囮 *blutet [bricht] das ~.* 人の胸が痛む. 囮 *ist [wird] das ~ schwer.* 人³の心が重い [重くなる], 悲しい [悲しくなる]. *Sie sind ein ~ und eine Seele.* 彼らは相思相愛です, 一心同体です. 囮 *am ~en liegen* 人³が深く心にかけている, 深い関心を寄せている. 囮 *ans ~ legen* 人³に事⁴に目をかけて [配慮して] くれるよう頼む. 囮 *auf dem ~en haben* 事⁴を心にかけている [話したいと思っている]. *aus tiefstem ~en* (書) 心の奥底から. 囮 *nicht übers - bringen* 事⁴をする勇気がない. *von ganzen ~en* 1) 心の奥底から. 2) よく考えて.

① 1格 ② 2格 ③ 3格 ④ 4格

Herzanfall

sich³ ④ **zu ~en nehmen** 事⁴を心に受け止める, 気にかける. 5級

Herz·an·fall [ヘルツアンファル] 男 心臓発作.

Herz·be·schwerden 複 心臓障害, 胸苦しさ.

herzensgut [ヘルツェンスグート] 形 心から親切な, 心優しい.

Herzens·lust 女 nach ～ 思う存分, 心ゆくまで, 心の赴くままに.

herzhaft [ヘルツハフト] 形 ❶ 腹の底からの; 力強い. ❷(食事が)栄養分のある;薬味[スパイス]のよく利いた.

her|ziehen* ((I)) 他 ❶ ⟨④(zu sich³)⟩ ⟨物⁴を⟩(自分のほうに)引き寄せる. ❷ ⟨④ hinter sich³⟩ ⟨人・物⁴を⟩ひっぱってゆく. ((II)) 自 ⓈⓁ ❶ 引っ越してくる. ⟨hinter [neben, vor]⟩ ⟨人・物³のあと[横, 前]を⟩(一緒に)歩いて行く, ついて行く. ❷ ⟨über ④⟩ ⟨人・物⁴を⟩陰でけなす. ⟨人・物⁴の陰口をたたく.

herzig [ヘルツィヒ] 形 (やや古) 愛くるしい, かわいらしい, キュートな.

Herz·infarkt [ ] 男 (―(e)s/―e) [医] 心筋梗塞(こうそく).

Herz·klappen·fehler 男 [解] 心臓弁膜症.

Herz·klopfen 中 (―s/) 動悸(どうき).

herz·krank 形 心臓病の.

Herz·kranz·gefäß 中 (―es/―e) ⟨主に複⟩ (心臓)冠状血管(冠動脈と冠静脈).

herzlich [hértsliç ヘァツリヒ] ((I)) 形 心のこもった, 心温まる, 心の温かい[優しい]; 心の通った; 心(の底)からの, 本心からの. **Herzlichen Dank!** 本当にありがとう(ございます). **Herzlichen Glückwunsch zum Geburtstag!** お誕生日おめでとう. **Herzliche Grüße an alle!** 皆さんにどうぞ[くれぐれも]よろしく. ((II)) 副 ⟨悪いことを強調して⟩ 非常に, 全く, 実に, ひどく.

Herzlichkeit [..カイト] 女 (―/―en) ❶ ⟨単⟩ 真心, 誠実; 情愛, 友誼(ゆうぎ). ❷ 心のこもった行為.

herz·los 形 冷酷[非情]な, 薄情な.

Herzog [ヘァツォーク] 男 (―(e)s/Herzöge) ❶ ⟨単⟩ 公爵 (König(王)と Fürst(侯爵)の間の位;民族領邦国家の君主). ❷ 公爵の位の人. ★ 爵位は上から Herzog, Fürst, Graf, Vicomte(フランス系), Freiherr. ❸ 将軍 (古代ゲルマンの戦時における軍事最高指揮者). ◇ **Herzogin** (―/―nen) (女性の)公爵; 公爵[大公]夫人[令嬢], 公妃[女].

Herz·schlag 男 ❶ 心拍, 心臓の鼓動. ❷ ⟨単⟩ 心臓卒中, 心臓麻痺(まひ).

Herz·schmerzen 複 心(臓)の痛み.

Herz·schritt·macher 男 (―s/―) [解] ペースメーカー [医] ペースメーカー, 脈拍調節装置.

Herz·transplantation 女 [医] 心臓移植(手術).

herz·zerreißend 形 ⟨比較なし⟩ 胸の張り裂けるような, 悲痛な.

Hesse [ヘッセ] ((I)) 男 (―n/―n) ヘッセン人. ((II)) ⟨人名⟩ ヘッセ ((Hermann ～ ドイツの作家;1877-1962)).

Hessen [ヘッセン] 中 (―s/) ヘッセン ((ドイツ連邦共和国の州名;州都は Wiesbaden)).

hetero·sexuell [ヘテロ..] 形 (↔ homosexuell) 異性(愛)の.

Hetze [ヘッツェ] 女 (―/―n) ❶ ⟨口⟩ 慌ただしさ, 気ぜわしさ, 大あわて. ❷ ⟨軽蔑⟩ 中傷, 誹謗(ひぼう), 煽動, アジ(テーション).

hetzen [ヘッツェン] ((I)) 他 ❶ ⟨④⟩ ⟨人・動物⁴を⟩ 猟犬を使って[猟犬が]追い立てる, 狩り立てる. ❷ ⟨④ auf ④⟩ ⟨犬 などに人・動物⁴を⟩追う[追い払う, せきたてる]ように命令する. ❸ ⟨④⟩ ⟨口⟩ ⟨人⁴を⟩急き立てる. ((II)) 自 ❶ ⓑ 急く, 急いで働く. ❷ Ⓢ 大急ぎで行く. ❸ ⟨gegen ④⟩ ⟨人・動物⁴の⟩悪口を言う, ⟨人・動物⁴を⟩誹謗(中傷)する; 煽動する. ((III)) 再 sich⁴ ⟨口⟩ 急く, 急いで働く.

Hetzkampagne [ヘッツカンパニェ] 女 (軽蔑) 扇動[誹謗中傷]運動[キャンペーン].

Hetz·rede 女 (軽蔑) 扇動[アジ]演

Heu [ホイ]中((-(e)s/)) 干し草, まぐさ.

Heuchelei [ホイヒェライ]女(-/-en) ❶《単》偽善, 見せかけ, ねこかぶり. ❷ 偽善的行為[言葉], うそいつわりの言動.

heucheln [ホイヒェルン]((I))自(本心を)偽る, ねこをかぶる, 偽善を行う. ((II))他《4》〈事4〉を装う, 〈物4〉のふりをする.

Heuchler [ホイヒラー]男(-s/-) 偽善者. ◇**Heuchlerin** 女(-/-nen).

heuchlerisch [ホイヒリッシュ]形 偽善的な, みせかけの, まことしやかな.

heuer [ホイアー]副《南ド,オーストリア,スイス》今年, 本年.

Heuer [ホイアー]女(-/-n)《主に単》(船員の)賃金.

Heu·ernte 女(-/-n) 干し草の収穫; 干し草の収量[収穫高].

heulen [ホイレン]自 ❶〈犬・オオカミ1〉などが遠吠えする. ❷〈サイレン・モーター1〉などがうなる, うなり音を発する, けたたましく鳴り響く. ❸〈風・嵐1〉などがヒューヒュー[ゴウゴウ]音を立てる, 吹きすさぶ. ❹〈人1〉がわーわー泣く, 号泣する.

heurig [ホイリヒ]形《付加》《南ド,オーストリア,スイス》今年の.

Heu·schnupfen 男[医]枯草(ホシ)熱.

Heuschreck 男(-(e)s/-e)《南ド,オーストリア》 = Heuschrecke.

Heuschrecke [ホイシュレッケ]女(-/-n) [昆] 直翅(ゲッ)類 ((バッタ・イナゴ・キリギリスなど)).

heute [hɔytə ホイテ]副 ❶今日(キョゥ), 本日. ❷今日(シン). ♦~ Abend 今夕; 今夜. ~ früh [Morgen] けさ. ~ Nacht 今夜; 昨夜. Heute ist Montag, der 9. Mai. きょうは5月9日月曜日です. [5級]

heutig [ホイティヒ]形《主に付加》 ❶きょう[本日]の; きょう行われる[催される]. ❷現在[今, 目下]の, 今日(シン)[現代]の, 現代的な, この頃の.

heutzutage [ホイトツーターゲ]副 今日(シン), 現在, この頃, 近頃.

Hexe [ヘクセ]女(-/-n) ❶(童話・神話の)魔女, 女魔法使い; [史](中世の魔女裁判の)魔女. ❷(口)(軽蔑)邪悪な女.

hexen [ヘクセン]自 魔法を使う.
Hexen·schuss 男 ぎっくり腰.
Hexerei [ヘクセライ]女(-/-en)《主に単》魔法, 妖術.

hg.《略》herausgegeben 編, 発行.
Hg.《略》Herausgeber, Herausgeberin 発行者.

Hickhack [ヒックハック]中男(-s/-s) (口)(軽蔑) 意味のないいさかい.

hieb [ヒープ] hauen の直説法過去形.

Hieb [ヒープ]男(-(e)s/-e) ❶(刀・剣・棒・むちなどで)一打, 一撃, 打撃, むち打ち; [スポーツ] カット, 打ち込み; 刀傷, 切り傷, 傷あと. ❷《主に複》あてこすり, あてつけ; ののしり. ❸《複》(口)殴打.

hiebe [ヒーベ] hauen の接続法 II 式形.

hieb·fest 形 *hieb- und stichfest* (証拠などが)すきのない, 確固たる, 反論の余地のない.

hielt [ヒールト] halten の過去形.

hielte [ヒールテ] halten の接続法 II 式形.

hier [hi:r ヒーア]副 ❶《空間的》(↔ dort) ここに[で], 当地に[で], この辺で;《後ろから名詞を修飾して》ここにいる, この. ❷《時間的》この[現]時点で, いま現在; 同時に. ❸この点で, この場合, この点に関して. ❹はい ((点呼の返事)). ❺《命令文の前で》さあ, ほら, おい. ♦ von ~ bis zum Bahnhof ここから駅まで. Hallo, ~ (spricht [ist]) Müller [bei Müller]! もしもし, こちらはミュラー[ミュラー宅]です. ~ *und da* [*dort*] 1) あちらこちらに, ここかしこに. 2) 時々, 時折. [5級]

hieran [ヒーラン, ヒーラン]副 ❶ ここに[で], ここへ; これに隣接して. ❷ これについて; これによって, これを手がかりにして.

Hierarchie [ヒエラルヒー]女(-/..chien [..ヒーエン]) ❶(ピラミッド型の)階級[階層]制度, ヒエラルキー; 階

①1格 ②2格 ③3格 ④4格

hierauf [ヒーラオフ, ヒーラオフ] 副 ❶ この上に[で]; この上へ; これに対して, この点に関して; これに続いて. ❷《時間的に》この後すぐ; それに続いて, そのあと.

hieraus [ヒーラオス, ヒーラオス] 副 ❶ この中から; これから; これで. ❷ このことから, 前述のことから.

hier|behalten* 他《人・物⁴を》預かる

hierbei [ヒーァバイ, ヒーァバイ] 副 このそばに, このかたわらに; この際に, この折に; この場合に; この点に関して, これについて.

hier|bleiben* 自 ここを去らない, この場にとどまる;〈物⁴が〉ここに置いておかれる.

hierdurch [ヒーァドゥルヒ, ヒーァドゥルヒ] 副 ❶ ここを通って, この間を抜けて; これに[このことに]よって, このために. ❷ ここに; 本状[本証書]により.

hierfür [ヒーァフューァ,《強調》ヒーァフューァ] 副 この(目的)のために; これに対して; これについて, この件に関して; この代わりに, この代償として, これと引き換えに; これに賛成して.

hierher [ヒーァヘーァ,《強調》ヒーァヘーァ] 副 (↔ dorthin) ここへ, こちらへ. 4級

hierhin [ヒーァヒン,《強調》ヒーァヒン] 副 (↔ dorthin) こちらへ, ここへ.

hierin [ヒーリン,《強調》ヒーリン] 副 この中に; この点では.

hier|lassen* 他《物⁴を》ここに置いておく, 置いたままにしておく,〈人⁴を〉残しておく.

hiermit [ヒーァミット,《強調》ヒーァミット] 副 ❶ これを使って; こんな方法で[は]; これについて[関して]; これに伴い, こう言って. ❷ ここに, これをもって, 本状[本証書]により.

hiernach [ヒーァナーハ,《強調》ヒーァナーハ] 副 これに従って; これによると; この後で; これに向かって; これに応じて.

Hieroglyphe [ヒエログリューフェ] 女 (-/-n) ❶ ヒエログリフ ((古代エジプトの象形文字)); 絵文字. ❷《複》(口) 読みづらい文字, 悪筆.

hierüber [ヒーリューバー,《強調》ヒーリューバー] 副 この上方に[で]; この上方へ; これを越えて; こうしているうちに, この間に; これに関して.

hiervon [ヒーァフォン,《強調》ヒーァフォン] 副 ここから(去って); これから; これで; これについて; これにより, このために; この中で, このうち.

hierzu [ヒーァツー,《強調》ヒーァツー] 副 ❶ ここへ, ここまで; これに(属するものとして), これの一員として. ❷ これのために. ❸ これに関して. ❹ これと合わせて, これに添えて.

hierzulande, hier zu Lande [ヒーァツランデ] 副《やや古》この国では, 当地では, 我々の所では.

hiesig [ヒーズィヒ] 形《付加》ここの, 当地の.

hieß [ヒース] heißen の過去形.

hieße [ヒーセ] heißen の接続法 II 式形.

high [ハイ] 形《主に述語》(口) ❶ (麻薬で)陶酔状態の, 恍惚としている. ❷ (↔ down) ハイな状態の, 高揚した気分の, 有頂天の.

Hightech [ハイテク] 中 (-(s)) 女 (-/-) ハイテク(機器・技術).

hilf [ヒルフ] helfen の命令法2人称単数形.

Hilfe [ˈhɪlfə ヒルフェ] 女 (-/-n) ❶《単》助け, 手助け, 手伝い, 援助, 支援, 救済, 救援, 助成; 補佐, 補助, 介助. ❷ 手助けしてくれる人; お手伝い. ❸ 援助[救援, 支援]金. ♦ um ~ rufen 人に助けを求めて叫ぶ. **mit ~** 支持[援助]を得て; 助けを借りて, 使用して. (Zu) ~! 助けてくれ. 4 **zu ~ nehmen** 物・人⁴の助けを借りる, 物⁴を使う, 利用する. 4級

Hilfe·leistung 女 援助, 手伝い; [法] 救助, 救出.

Hilfe-ruf 男 助けを呼ぶ声.

Hilfe·stellung 女 補助(員), 介添え(人), サポート, 援助, 支援.

hilf·los 形《最上 ~est》❶ どうすることもできない, 無力な; どうしたらよいのか

わからない，途方に暮れた．❷頼りなげな，ぎこちない，もたもた[ぎくしゃく]した，おぼつかない，まごついた，不器用な．

Hilf·losigkeit [..ローズィヒカイト]囡(-/)無力；頼りないこと．

hilfs·bedürftig [ヒルフス..]形助けを必要とする，困窮している．

hilfs·bereit 形(最上 ~est)❶喜んで人助けする，慈善心のある，親切で，協力的な．❷役立つ，助けになる，有益な．

Hilfs·bereitschaft 囡《単》❶喜んで人助けをすること，慈善心のあること．❷役立つこと，助けになること，有益．

Hilfs·gelder [..ゲルダー]複補助金，助成金，救援金．

Hilfs·kraft 囡 補助[協力]者；臨時雇い．

Hilfs·mittel 中(-s/-)❶補助具，(助けとなる)器具，設備，手段．❷《複》義援金；救援物資．

Hilfs·organisation 囡 (災害時などの)救済[救援]隊，救援組織．

hilfst [ヒルフスト]helfen の直説法2人称単数現在形．

Hilfs·verb 中(-s/-en)〖言〗助動詞．

hilft [ヒルフト]helfen の直説法3人称単数現在形．

Himalaja [ヒマーラヤ, ヒマラーヤ]中(-(s)/)ヒマラヤ山脈．

Him·beere [ヒン..]囡(-/-n)〖植〗❶キイチゴ(の実)，ラズベリー．❷キイチゴの木．

Himmel [híməl ヒメル]男(-s/-) 《単》天，空；(↔Hölle)天国，天上界；(Gott)神，運命．❷(玉座・寝台の)天蓋㈿．*aus heiterem ~* 青天のもときれに[寝耳に水](のような)，予期せずに．*~ und Hölle [~ und Erde] in Bewegung setzen* あらゆる手を尽す，何でもやってみる．*im sieb(en)ten ~ sein = sich⁴ (wie) im sieb(en)ten ~ fühlen* 〔口〕天国にいる心地がする，至福である，幸せすぎる((第七天≒ユダヤ教の)最上天)．*unter (Gottes) freiem ~* 青天井の下で，野外で．*Um (des) ~s willen!* 〔口〕1)お願い[後生]だから．2)おやおや，ま

あ，何てことだ，しまった．*zum ~ schreien* 〔口〕〈事⁴が〉とんでもない，けしからん，我慢ならない．4級

Himmel·bett 中(-(e)s/-en)天蓋㈿付きの[四柱式]寝台．

himmel·blau 形 空色の，淡青色の，スカイブルーの．

Himmel·fahrt 囡《単；無冠詞で》(キリスト)昇天祭((Ostern 後40日目))；(聖母の)被昇天祭((8月15日；オーストリア，バイエルン州などで休日))．

Himmels·richtung 囡 方位，方角(Nord, Süd, West, Ost)．

himmelweit [ヒメルヴァイト]形《付加または副》〔口〕天のように遠い，非常に大きい[隔りのある]，ものすごい．

himmlisch [ヒムリッシュ]形 ❶天(国)の，天にいます；神の．❷〔口〕この世ならぬ，すばらしい．

hin [hɪn ヒン]副 ヒン《話者から遠ざかる一定の場所に向かって》(↔her)あちらへ，あそこへ，そこへ．❷《特定の時点に向かって》(...に)かけて．❸《特定の方向を示す》(...は)(...づたいに)ずっと，広がって．❹《特定の時点を示さず，長く続くことを表して》ずっと(引き続き)；だらだらと．◆*zum Bahnhof ~* 駅の方へ．*auf* 4格 *~* 1)物⁴に向かって[目指して，狙って]．2)事⁴が考えられるので，事⁴に関して，事⁴を覚悟して，事⁴を期待して．3)事⁴に基づいて．*nach außen ~* 外へ向かって(は)；外見的には，外づらだけは．*nach einigem [langem, ewigem] Hin und Her* しばらく[長く]あれこれと話した[議論した]後で．*~ und her* 行ったり来たり，あちこちに，あてどなく；あれこれと，迷って．*~ und wieder* 時おり，時々．*~ und zurück* 行き帰り，往復して：*Bitte einmal Hamburg ~ und zurück!* ハンブルク往復1枚ください((切符を買う時))．*~ oder her* 〔口〕たかだか，多かろうが少なかろうが．■*~ sein* 1)そこへ行く．2)〈動物⁴が〉死ぬ．3)〈人¹が〉疲れ果てている，精根が尽きている．4)〈物・事¹が〉消えてしまっている，滅んでいる，だめになっている．*Es ist noch lange ~*

1格　2格　3格　4格

hinab [ヒナップ] 副《主に名詞の後に置かれて》(書)下方へ，下って．

hinab..《前綴り》〈分離》(書)「(あちらの)下へ，下方へ」: hinabstürzen 墜落する．

hinauf [ヒナオフ] 副 (下から)上方へ，上って．

hinauf|gehen* 自⑤ ❶ 上がって行く，登っていく．❷〈物価³などが〉上がる，上昇する．❸《**mit** ③》〈(物価³を)〉上げる，高める．

hinaus [ヒナオス] 副 (↔ herein) (内から見て向こうの)外へ；先へ．**|~ sein** (口) 1) 外に出ている．2)〈**über** ④〉〈時⁴を〉過ぎている，越えている，終わっている．

hinaus..《前綴り》〈分離》「(内部からあちらの)外へ，遠くへ，越えて」: hinausschieben 押し出す．

hinaus|fahren* (Ⅰ)⊜⑤ ❶〈乗物が，または乗物に乗って〉出る．❷〈**über** ④〉〈境界⁴を〉越える．(Ⅱ)他〈人・物⁴を〉乗せて出す，外へ出す．

hinaus|gehen* 自⑤ ❶ 外に出る，出て行く．❷〈**über** ④〉〈限界・境⁴を〉越えている．❸〈**nach** [**zu**] ③ [**auf** ④]〉〈物³·⁴に〉面している，〈方向³·⁴に〉向いている．

hinaus|kommen* 自⑤ ❶ 外へ出る，出て来る；外出する．❷〈**über** ④〉〈限界・程度などを〉越えて出る，越える．❸〈**auf** ④〉〈口〉〈事³が〉〈事⁴に〉終わる，結果として〈事⁴に〉なる，帰着する．

hinaus|laufen* 自⑤ ❶ 走り出る．❷〈**über** ④〉〈事³が〉〈限界・程度などを〉越えて出る，越える．❸〈**auf** ④〉〈口〉〈事³が〉〈事⁴に〉終わる，結果として［とどのつまりには]〈事⁴に〉なる；〈事⁴を〉目的とする．

hinaus|sehen* 自〈〈**aus** ③〉〉〈所³から〉外を見る．

hinaus|sein* 自⑥= hinaus sein (⇨hinaus).

hinaus|werfen* 他 ❶〈人・物⁴を〉外へ投げ出す，放り出す．❷ (口)〈人⁴を〉追い出す［払う]，くびにする．❸ (口)〈人⁴を〉外に追い出す．

hinaus|ziehen* (Ⅰ)他〈人・物⁴を〉外へ引き出す．(Ⅱ)⓪ sich⁴〈事¹が〉先延ばしになる，延び延びになる，遅れる．(Ⅲ)自⑤ ❶ 外へ出て行く[行進する]，進軍して出る．❷ 町の外へ引っ越す．

hinaus|zögern (Ⅰ)他〈事⁴を〉先に延ばす，引き延ばす，遅らせる．(Ⅱ)⓪ sich⁴〈事¹が〉先延ばしになる，延び延びになる，遅れる．

Hin·blick 男 **im** [**in**] ~ **auf** ④ 1)事⁴を考慮［顧慮]して，事⁴から考えて，2)事⁴に関して［ついて]．

hin|bringen* 他〈人⁴を〉連れて行く，〈物⁴を〉持って行く．❷〈事⁴を〉やり遂げる．

hinderlich [ヒンダリヒ] 形《主に述語》(↔ förderlich)〈③〉; **für** ④〉〈人・物³·⁴にとって〉妨げになる，じゃまな．

hindern [ヒンダァン] 他〈④ **an** ③〉〈人・物⁴が事³をするのを〉**妨げる**．〈④〉 **bei** ③〉〈事¹が〉〈(人⁴にとって)事³をする際の〉妨げ［じゃま]になる，〈(人¹が)事³をするのを〉じゃまする．

Hindernis [ヒンダァニス] 中 (−ses/−se) ❶ 妨害［障害](物); [陸上競技・馬術]障害物．❷ 困難，支障．

hin|deuten 自〈**auf** ④〉〈人⁴が〉〈物⁴を〉指し示す．〈事⁴を〉示唆［暗示，予告]する，〈事⁴の〉印である．

Hindu [ヒンドゥ] 男 (−(s)/−(s)) ヒンズー教徒；インド人．

Hinduismus [ヒンドゥイスムス] 男 (−/) ヒンズー教．

hindurch [ヒンドゥルヒ] 副 ❶《空間的；主に前置詞 durch を強めて》**durch** ④ ~ 物⁴を通り抜けて，貫いて．❷《時間的；名詞の後に置かれて》④ ~ 物⁴を通じて，物⁴の間ずっと，物⁴の始めから終わりまでずっと．

hinein [ヒナイン] 副 (↔ heraus) (外から見て向こうの)中へ，内へ．

hinein|fahren* (Ⅰ)自⑤ ❶〈〈**in** ④〉〉〈所⁴の〉中へ〈(乗物が，または乗物に乗って)〉入って行く．❷〈〈**in** ④〉〉〈(所⁴に)〉突然ぶつかる．(Ⅱ)他〈④〈**in** ④〉〉〈人・物⁴を〉〈物⁴の中に〉運び

①1格 ②2格 ③3格 ④4格

hinein|fallen* 自S⟨in ④⟩ ❶⟨所⁴に⟩落ち込む. ❷⟨光¹などが⟩⟨所⁴に⟩差し込む.

hinein|gehen* 自S ❶⟨in ④⟩⟨所⁴の⟩中へ入ってゆく. ❷⟨in ④⟩⟨物¹が⟩⟨所⁴に⟩入る,収容しうる,収まる.

hinein|kommen* 自 ❶⟨in ④⟩⟨⟨物¹の⟩⟩中に入る. ❷⟨in ④⟩⟨ある地位⁴などを⟩得る. ❸⟨in ④⟩⟨ある状態⁴に⟩陥る,入り込む.

hinein|versetzen 再 sich⁴⟨in ④⟩⟨人⁴の⟩身になって考える,⟨ある状態⁴に⟩身を置いてみる[考える].

hinein|ziehen* ((I))他 ❶⟨④ (in ④)⟩⟨人・物⁴を⟩⟨物⁴の⟩中へ引いてゆく. ❷⟨in ④ (mit)⟩⟨人⁴を⟨事⁴に⟩⟩引き込む,引っぱり込む,巻き添えにする. ((II))自S ⟨in ④⟩⟨⟨所⁴に⟩⟩入っていく;引っ越す.

hin|fahren* ((I))自S ❶⟨乗物でそこへ⟩乗って行く. ❷⟨über ④⟩⟨物⁴の上を⟩(手で)なでる. ((II))他⟨人・物⁴を⟩⟨乗物でそこへ⟩運ぶ.

Hin·fahrt 女 ⟨−/−en⟩ (↔ Rückfahrt)⟨乗り物による⟩旅行;往路,行き.

hin|fallen* 自S ❶ ⟨そこに⟩倒れる,転倒する. ❷⟨③⟩⟨⟨人⁴の手から⟩⟩落ちる,⟨人³が⟩⟨人⁴を⟩落とす.

hinfällig [ヒンフェリヒ] 形 ❶無用な,無効な. ❷⟨書⟩老衰した.

hin|fliegen* ((I))自S ❶そちらへ飛ぶ,飛行機で行く. ❷(口) すってんと転がる. ((II))他⟨人・物⁴を⟩空輸する.

Hin·flug 男 (↔ Rückflug)⟨飛行機による⟩旅行;往路,行き.

hing [ヒング] hängen の過去形.

Hin·gabe 女 ⟨−/−⟩⟨an ④⟩⟨⟨事⁴への⟩⟩没頭,熱中.

hinge [ヒンゲ] hängen の接続法 II 式形.

Hingebung [ヒンゲーブング] 女 ⟨−/⟩献身;没頭.

hingebungs·voll 形 献身的な,忠実な.

hingegen [ヒンゲーゲン] 副 これに反して,それどころか,それとは反対に,他方.

hin|gehen* 自S ❶そこへ行く. ❷⟨物¹が⟩何とか我慢ができる,まあまあの出来である. ❸⟨書⟩⟨時¹が⟩経過する,過ぎる. ❹⟨婉曲⟩この世を去る,死ぬ.

hin|halten* 他 ❶⟨③ ④⟩⟨人³に物⁴を⟩差し出す,差し出して見せる. ❷⟨人⁴を⟩気をもたせて待たせる;食い止めておく.

Hinhalte·taktik [ヒンハルテ..] 女 引き延ばし戦術.

hin|hören 自 耳を傾ける.

hinken [ヒンケン] 自 ❶ⓗ 片足を引きずって歩く,跛行する. ❷S 片足を引きずって歩いてゆく.

hin|kommen* 自S ❶そこへやって来る. ❷⟨an ④⟩(口)⟨物⁴に⟩手を触れる,触る. ❸⟨(mit ③)⟩(口)⟨物³で⟩やっていける,間に合う,充分である,足りる. ❹(口)⟨事¹が⟩正しい,合っている.

hinlänglich [ヒンレングリヒ] 形⟨付加または副⟩十分な,不足のない.

hin|legen ((I))他 ❶⟨人⁴を⟩そこに横たえる,寝かせる,⟨物⁴を⟩そこに置く. ❷(口)⟨役割⁴などを⟩りっぱに演ずる,やってみせる. ((II))再 sich⁴ 寝ころぶ,横になる,休む.

hinreichend [..ライヒェント] 形 充分な.

Hin·reise 女 ⟨−/−n⟩ (↔ Rückreise)往きの旅,行程.

hinreißend [..ライセント] 形 思わず息をのむような[うっとりするような].

hin|richten 他⟨人⁴を⟩(判決に基づいて)死刑に処する,処刑する.

Hin·richtung 女 ⟨−/−en⟩ 死刑執行,処刑.

hin|sein* 自⊕ = hin sein (⇨hin Ⅰ).

hin|setzen ((I))他⟨人⁴を⟩そこに座らせる,着席させる,⟨物⁴を⟩そこに置く,据える. ((II))再 sich⁴ 着席する.

Hinsicht [ヒンズィヒト] 女 ⟨−/−en⟩《主に単》観点,視点.

hinsichtlich [..リヒ] 前《2格支配》⟨書⟩...に関して,...について.

hin|stellen 他 ❶⟨物⁴を⟩そこに立て

hinten [hínten ヒンテン]副 (↔ vorne)後ろに, 後ろ側に, 背後に, 裏に, 後方に, 奥に;最後に, 末尾に, しんがりに;(口)尻に, 後ろから. **~ und vorn(e)** (口)至る所で, どこもかしこも, 何から何まで, 何もかも. **~ und vorn(e) nicht** 全く...ない. 5級

hinter [hínter ヒンター]**(I)**前《3格または4格支配》(↔ vor) ❶《3格支配》...の後ろ(側)[背後, 陰]で[に], ...の奥[内部, 内側]で[に], ...の裏[向こう](側)で[に]. ❷《4格支配》...の後ろ(側)へ, ...の奥[内部, 内側]へ, ...の裏[向こう](側)へ. ◆Das Auto steht ~ dem Haus. 自動車はその家の裏にあります. Das Auto fährt ~ das Haus. 自動車はその家の裏に行きます. **~** 3 (*her*)(前を行く)人・物³の後ろから. **(II)**副 ❶dahinter, hierhinter, wohinter の分離した形. ❷《南・〔*ö・*〕口》後ろへ, 後方へ, 尻へ, 奥へ, 裏へ. **(III)**形《付加》(↔ vorder)後ろの, 後方の, 尻の, 奥の, 裏の. 5級

hintereinander [ヒンターアイナンダー]副 (↔ nebeneinander)相前後して;《空間的に》前後に並んで, 列をなして;《時間的に》相次いで, 次々と[に], 引き続いて, 続けて.

Hinter·gedanke 男(–ns/–n)底意, 下心.

hintergehen* [ヒンターゲーエン]他〈人⁴を〉欺く, だます.

Hinter·grund 男(–(e)s/..gründe) ❶ (↔ Vordergrund)《主に単》背景, 遠景, バック;地. ❷(↔ Vordergrund)背後. ❸《主に複》背後関係, 背景, 事情.

hinter·gründig [..グリュンディヒ]形 何かわけあり気な.

Hintergrund·information 女 背景についての情報, 裏情報, 予備知識.

Hinter·halt 男(–(e)s/–e)《主に単》隠れ場, 潜伏所;待ち伏せ, 罠.

hinter·hältig [..ヘルティヒ]形(最上 ~st)(表面的には愛想がいいが)悪事をたくらんでいる, 腹黒い, 陰険な.

hinterher [ヒンターヘーァ, ヒンターヘァ]副 ❶(↔ voraus)(その)後ろから, (その)あとに続いて((zuerst, voraus, voran と対を成して)). ❷(↔ vorher)(その)後, (その)あとから. **I~ sein** (口) 1)《⒊》〈人・物³を〉追跡している. 2)《⒊》〈人・物³に〉気をつけている, 注意している. 3)《⒊》〈人・物³を〉(手に入れようと)追い回している. 4)《mit [in]》⒊》〈事³に〉遅れている, 劣っている. 4級

Hinter·hof 男(薄暗い)裏庭, 中庭.

Hinter·land 中(–(e)s)後背地, (都市や港などの)周辺地域;〔軍〕後方地域.

hinterlassen* [ヒンターラッセン]他 ❶〈物⁴を〉後に残す;言い残す. ❷《⒊》〈人³に物⁴を〉後に残す, 遺産として残す. ❸〈人⁴を〉(死んで)後に残す.

hinterlegen [ヒンターレーゲン]他 〈物⁴を〉預ける, 保管してもらう;〔法〕供託する.

Hinter·list 女 (–/)たくらみ, 奸計, 術策.

hinter·listig 形(最上 ~st)たくらみのある, 術策的な, 陰険な.

hinterm [ヒンターム](口) hinter dem の融合形.

Hinter·mann 男(–(e)s/..männer) ❶後ろに(すわって[立って])いる人. ❷《主に複》陰の実力者, 黒幕;〔球技〕後衛, バックス;〔商手形〕次の裏書人.

hintern [ヒンターン](口) hinter den の融合形.

Hintern [ヒンターン]男(–s/–)(口)しり.

Hinter·rad 中(–(e)s/..räder) (↔ Vorderrad)後輪.

hinters [ヒンタース]hinter das の融合形.

Hinter·sinn 男(–(e)s)隠れた[隠された, 背後にある]意味;裏の意味.

hinter·sinnig 形 背後に潜む意味の;裏の意味のある.

Hinter·teil 中(–(e)s/–e)(口)しり.

Hinter·treffen 中 *ins ~ geraten [kommen]* 不利な状況に陥る.

hintertreiben* [ヒンタートライベン] 他〈事⁴を〉(ひそかに, 不正な手段で)妨害[阻止]する.

Hinter·treppe 女(–/–n)裏階段.

Hinter·tür 女(–/–en)(↔ Vordertür)裏口, 裏門; 非常口; 抜け道, 逃げ口.

Hinter·wäldler [...ヴェルトラー]男(–s/–)〈軽蔑〉世間知らずな[世事にうとい]人. ◇–**in** 女(–/–**nen**).

hinter·wäldlerisch [..ヴェルトレリッシュ]形〈軽蔑〉世間知らずの, 世事にうとい.

hinüber [ヒニューバー]副〈越えて〉向こうへ, あちら(側)へ.

hinunter [ヒヌンター]副(↔ herauf)(上から見て向こうの)下へ, 下方へ.

Hin·weg [ヒンヴェーク]男(–(e)s/–e)(↔ Rückweg)そこ[そちら]への道; 往路.

hinweg [ヒンヴェック]副 ❶〈**über** ④〉〈人・物⁴を〉越えて(向こうへ), 〈人・物⁴〉越しに. ❷〈**über** ④〉〈時間⁴に〉わたって. ❸〈書〉かなたへ, 去って.

hinweg.. 〈前綴り〉〈分離〉「(障害を)越えて」.

hinweg|gehen* 自(S)❶〈**über** ④〉〈事⁴を〉聞き流す, 気にとめない, (故意に)無視する. ❷〈**über** ④〉〈書〉〈物⁴に〉〈物⁴に〉多大な影響を及ぼして去る, 〈物⁴の上を〉通過して多大な影響を残す.

hinweg|kommen* 自(S)〈**über** ④〉〈事⁴を〉(精神的に)乗り越える, 乗り切る, 克服する, 打ち勝つ.

hinweg|setzen (I)自〈**über** ④〉❶(h)〈物⁴を〉飛び[乗り]越える. ❷(S)〈物⁴を〉飛び[乗り]越えていく. (II)再 sich⁴ 〈**über** ④〉〈事⁴を〉無視する, 無視してやる.

Hinweis [ヒンヴァイス]男(–es/–e)❶〈**auf** ④〉〈物⁴への〉指示, 指摘; 示唆; 内報. ❷〈**für** [**auf**] ④〉〈物⁴についての〉助言, ヒント; 手がかり, 糸口.

hin|weisen* (II)他〈**auf** ④〉

〈(人⁴に)事⁴を〉指摘する. (II)自〈**auf** ④〉〈事⁴を〉指す, 暗示[示唆]する;〈看板などが〉指す, 指し示す.

hin|werfen* (II)他 ❶〈物⁴を〉投げ出す, 投げ捨てる. ❷(口)〈事⁴を〉(突然)投げ出す, さっさとやめる[切り上げる]. ❸〈事⁴を〉ふとっ気なく, なにげなく言う;さっと言う. ❹〈事⁴を〉さっと書く[スケッチする]. (II)再 sich⁴ 身を投げ出す, ひれ伏す.

hinzu|fügen [ヒンツー..]他〈(③)④〉〈(物³に)物⁴を〉付け加える, 付加[添付]する;言いたし, 付け加えて言う[書く], 付言する.

hinzu|kommen* 自(S) ❶そこにやって来る;そこに加わる. ❷〈〈**zu** ③〉〉〈(人³に)〉さらに加わる. ❸〈〈**zu** ③〉〉〈物・事³に〉〈(物・事³に)〉さらに付け加わる.

hinzu|tun* 他〈(③)④〉(口)〈物³に〉物⁴を付け加える, 付加[添付]する.

Hiobs·botschaft [ヒーオプス..]女(–/–en)凶報, 悪い[不吉な]知らせ.

Hirn [ヒァン]中(–(e)s/–e) ❶〈解〉脳, 脳髄. ❷〈料理〉(家畜の)脳. ❸〈口〉頭脳, 知力.

Hirsch [ヒァシュ]男(–(e)s/–e) ❶鹿. ❷雄鹿 ((★ 雌鹿は Hirschkuh, Hinde, Hindin などという)).

Hirse [ヒァゼ]女(–/–n)〈植〉❶キビ;雑穀((キビ・ヒエ・アワなどの植物)). ❷(キビ・ヒエ・アワなどの)穀粒.

Hirte [ヒァテ]男(–en/–en)〈弱〉羊[牛]飼い, 牧童, 牧人.

hissen [ヒッセン]他〈④〉〈旗・帆などを〉掲げる.

historisch [ヒストーリシュ]形 ❶〈付加または副〉歴史(上)の, 史的な, 歴史に関する;史実による[基づく], 史的根拠のある, 史料によって裏付けされた, 史実として証明された;史学的方法の. ❷歴史的(に重要な), 歴史的意味[価値]のある, 歴史に残る.

Hit [ヒット]男(–(s)s/–s)(口)ヒット曲;ヒット商品.

Hit·liste 女ヒットチャート.

Hit·parade 女 ❶ヒットチャート. ❷ヒットパレード((ヒット曲を並べた番組

①1格 ②2格 ③3格 ④4格

Hitze [hítsə ヒッツェ] 女 (-/-) ❶ (↔ Kälte) 暑さ, 高温, 熱気, 暑気; (発) 熱, 熱さ. ❷ 激しさ, 激情, 興奮, 熱烈. 4級

hitze・beständig 形 耐熱性の.

hitze・frei 形 暑気休暇[休業]の.

hitzig [ヒッツィヒ] 形 ❶ 激しやすい, 怒りっぽい, 短気な. ❷ (議論などが) 激しい, 激烈な, 熱気を帯びた.

Hitz・kopf 男 激しやすい[短気な, 怒りっぽい]人, かんしゃく持ち.

hitz・köpfig [..ケプフィヒ] 形 激しやすい, 怒りっぽい, 短気の.

Hitz・schlag 男【医】熱射[日射]病.

HIV [ハーイーファオ] 中 (-(s)/-(s)) 《略》human immunodeficiency virus ヒト免疫不全ウィルス, エイズウィルス.

HIV-positiv 形 エイズウィルス陽性[キャリア]の.

HIV-Test 男 エイズ感染テスト.

hl 《記号》=Hektoliter 100リットル.

H-Milch [ハーミルヒ] 女 《略》haltbare Milch 長期保存(用)ミルク.

HNO-Arzt [ハーエヌオー..] 男 Hals-Nasen-Ohren-Arzt 耳鼻咽喉科医.

hob [ホープ] heben の過去形.

Hobby [ホビィ] 中 (-s/-s) 趣味.

höbe [ヘーベ] heben の接続法 II 式形.

Hobel [ホーベル] 男 (-s/-) ❶ 鉋(かんな). ❷【料理】スライサー.

Hobel・bank 女 (-/..bänke) 鉋(かんな)(かけ)台, 工作台.

hobeln [ホーベルン] 他 ❶《物に》鉋(かんな)をかける.《物を》鉋で平らにする. ❷《野菜などを》スライスする.

hoch [ho:x ホーホ] (比較 **höher**; 最上 **höchst**)《名詞を修飾する場合, c が脱落し hoh- となる》
((I)) 形 ❶ (↔ niedrig) 高い; (位置などが地面・水面から離れて) 高い所にある; 丈が長い. ★ 人間の場合は groß を用いる. ❷ (↔ tief)《数詞と共に》...の高さの(ある), 高さが...の; ...の高さにあ

格	男性「高い血圧」	女性「高い質」
1	hoher Blutdruck	hohe Qualität
2	hohen Blutdruck(e)s	hoher Qualität
3	hohem Blutdruck	hoher Qualität
4	hohen Blutdruck	hohe Qualität

格	男性「高い山」	女性「高い壁」
1	ein hoher Berg	eine hohe Mauer
2	eines hohen Berg(e)s	einer hohen Mauer
3	einem hohen Berg	einer hohen Mauer
4	einen hohen Berg	eine hohe Mauer

格		
1	der hohe Berg	die hohe Mauer
2	des hohen Berg(e)s	der hohen Mauer
3	dem hohen Berg	der hohen Mauer
4	den hohen Berg	die hohe Mauer

格	中性「高い熱」	複数「高い波」
1	hohes Fieber	hohe Wellen
2	hohen Fiebers	hoher Wellen
3	hohem Fieber	hohen Wellen
4	hohes Fieber	hohe Wellen

格	中性「高い家」	
1	ein hohes Haus	
2	eines hohen Hauses	
3	einem hohen Haus	
4	ein hohes Haus	

1	das hohe Haus	die hohen Wellen
2	des hohen Hauses	der hohen Wellen
3	dem hohen Haus	den hohen Wellen
4	das hohe Haus	die hohen Wellen

る. ❸ (平均より) 高い; ランクの高い, 高位の, 高級(職)の, 高貴な; 質の高い, 高度の, 高品質の; 品位が高い, 気高い, 高潔[高尚, 崇高]な. ❹ (↔ tief) 高音[高い調子]の. ❺【数】累乗の, 乗の. ❻ 遅い, 末期の; 高齢の. ◆ Wie ~ ist der Baum? その木の高さはどれくらいですか. Der

1 1格　2 2格　3 3格　4 4格

Schnee liegt einen Meter ~. 積雪は1メートルです. **(II)** 圖 ❶高く;高い所に[で];...の高さに[で]. ❷上へ向かって, 上[上方]へ. ❸上[上方]まで. ❸《強調》高度に, 非常に, 極めて, 大変, 大いに. ♦~ begabt 非常に才能がある. ~ hinauswollen (口) 高い地位[出世]を望む. ⚃ ~ **und heilig versprechen** 事⁴を厳か[厳粛]に誓う, 確約する. ~ **bezahlt** 高給の, 高給取りの, 高給を(支)払われる. ~ **stehend** 高位にある, 高官の. ~ **achten** (書)〈人・物⁴を〉非常に尊敬[尊重]する. 5級

Hoch [ホーホ] 中(-s/-) ❶万歳(の声); 乾杯(の辞). ❷〔気〕高気圧(圏).

Hoch·achtung 囡(-/)〈vor ③〉〈(人・物³に対する)〉非常な尊敬[尊重].

hoch·achtungs·voll 副《やや古》敬具 ((公式な手紙の結びで;一般に手紙では mit freundlichen Grüßen 敬具)).

hoch·aktuell 形 目下話題の, 焦眉(びぜん)の.

Hoch·amt 中〔カト〕歌唱ミサ;盛儀ミサ, 荘厳ミサ.

hoch|arbeiten 再 sich⁴ 努力して出世する.

hoch·betagt 形 高齢の.

Hoch·betrieb 男(-(e)s/)(商業などの)大繁盛, 大にぎわい, 活況.

Hoch·blüte 囡(-/) 満開; 全盛, 最盛期.

Hoch·burg 囡(-/-en) ❶高地にある城, 要塞. ❷(精神・政治運動などの)中心(地), 牙城.

hoch·deutsch ❶標準ドイツ語の. ❷(↔ niederdeutsch)高地ドイツ語の.

Hoch·deutsch 中(-(s)/) 標準ドイツ語.

Hoch·deutsche(s) 中《形容詞的変化》《単》❶標準ドイツ語. ❷高地ドイツ語.

Hoch·druck 男(-(e)s/-e) ❶《単》〔理〕高圧; 〔気〕高気圧; 〔医〕高血圧.

❷《単》凸版印刷; 凸版による印刷物.

hoch|fahren* **(I)** 他 ❶〈人・物⁴を〉(乗物で)上の方へ運ぶ; 北へ運ぶ. ❷〈物⁴の〉出力[性能]を上げる;〈物⁴を〉立ち上げる. **(II)** 自(S) ❶(乗物で)上って行く; 北へ行く. ❷驚いて飛び上がる, ぱっと飛び起きる.

Hoch·finanz 囡(-/)《集合的に》金融界[財界]の首脳(陣).

hochfliegend [..フリーゲント] 形《主に付加》(計画など)遠大な.

Hoch·form 囡(-/)(スポーツ選手などの)最高のコンディション.

Hoch·gebirge 中(-s/-)(二千メートル以上の)高い山脈, 高山系, 高連山地.

hoch|gehen* 自(S) ❶上の方へ行く, のぼる, 上昇する. ❷(口)〈物¹が〉爆発する. ❸(口) 怒る, 怒りを爆発させる.

Hoch·genuss 男(-es/-e) この上ない楽しみ.

Hochgenuß 男(..nusses/..nusse) = Hochgenuss.

Hoch·geschlossen 形《副なし》ハイネックの.

hoch·gestellt [..ゲシュテルト] 形 ❶〔数〕累乗の. ❷高位[高官]の.

Hoch·glanz 男 ピカピカの輝き[光沢].

hoch·gradig [..グラーディヒ] 形《付加または副》極度の, 極端な, 高度の.

hoch|halten* 他 ❶〈人・物⁴を〉高く持ち上げる, 差し上げる, 高い所に保つ, 揚げておく. ❷〈物⁴を〉維持する, 保つ; 尊重する, 支持する.

Hoch·haus 中 高層建築物, 高層ビル.

hoch|heben* 他〈人・物⁴を〉高く持ち上げる.

hoch·interessant 形 非常におもしろい[興味深い].

hoch·kant [..カント] 副 細い[狭い]方を下にして.

hoch·kantig [..カンティヒ] 副 = hochkant.

hoch|kommen* 自(S) (口) ❶上がって[昇って, 登って]くる. ❷立ち上

⚀1格 ⚁2格 ⚂3格 ⚃4格

Hochkonjunktur

がる, 起き上がる. ❸昇進[出世]する. ❹健康を回復する. ❺⟨³⟩⟨食べ物¹を⟩⟨人³が⟩(胃から)戻す. ❻⟨³⟩⟨事¹が⟩⟨人³に⟩よみがえってくる, こみ上げて来る, (記憶などが)浮かんで来る.

Hoch·kon·junk·tur 囡 (-/-en)《主に単》《経》好景気.

hoch|krempeln 他⟨袖·裾⁴など を⟩まくり上げる, たくし上げる.

Hoch·land 回 (-(e)s/..länder, -e) 高地, 高原.

hoch|leben 国④ ~ lassen 人⁴(の健康)を祝して乾杯[万歳]する.

Hoch·leistungs·sport 男 (-(e)s/) プロ級の[世界レベルの]スポーツ.

hoch·modern 形 超近代的な, 最新式の, 非常にモダンな.

Hoch·mut 男 傲慢, 横柄, 高慢, 思い上がり.

hoch·mütig [..ミューティヒ] 形 傲慢な, 横柄な, おごり高ぶった, 思い上がった.

hoch·näsig [..ネーズィヒ] 形 (口)(軽蔑) 高慢な, 思い上った, お高くとまった, 鼻高々の.

hoch|nehmen* 他 ❶⟨人·物⁴を⟩(手で)持ち上げる;⟨子供⁴などを⟩抱き上げる. ❷(口)⟨人⁴を⟩からかう. ❸(口)⟨警察¹が⟩⟨人⁴を⟩逮捕する, お縄にする.

Hoch·ofen 男 高炉, 溶鉱炉.

hoch·prozentig 形 副ない(比較 höherprozentig; 最上 höchstprozentig) 高パーセンテージの, アルコール度の高い.

Hoch·rechnung 囡 (-/-en) (特に選挙結果の)集計, 推計, 予測.

Hoch·ruf 男 (-(e)s/-e) 万歳の叫び, 歓呼[乾杯]の声.

Hoch·saison 囡 (-/-s, -en) ❶シーズンの最盛期, ピーク, 最盛のシーズン. ❷人出の最盛期, 大賑わい, 大繁盛.

hoch|schlagen* ((I)) 他⟨袖·裾⁴などを⟩まくり上げる, たくし上げる. ((II)) 国 ⓢ⟨炎¹が⟩急に燃え上がる[立ち昇る],⟨火柱¹などが⟩高く上がる; ⟨波¹などが当たって⟩高くしぶきを上げる, どっと砕ける.

Hoch·schule 囡 (-/-n)《総称的に》大学; 単科大学.

Hochsee·fischerei [ホーホゼー..] 囡 遠洋漁業.

Hoch·sitz 男 (-es/-e)〖狩〗見張り台.

Hoch·sommer 男 夏の盛り[さなか], 盛夏.

Hoch·spannung 囡 (-/-en) ❶〖電〗高圧. ❷《単》異常な緊張状態.

hoch|spielen 他 (口)⟨物⁴を⟩誇張する, 誇張して言いふらす.

höchst [ヘーヒスト]《hoch の最上級》((I)) 形 ❶最も高い. ❷最高の, 極度の, はなはだしい. *Es wird höchste Zeit*. そろそろ急がなければ. ((II)) 副《形容詞·副詞を強めて》最も, 最高度に; 極度に, 極めて, はなはだ. ★動詞を修飾する場合はaufs [auf das] ~e.

Hoch·stapler [..シュターブラー] 男 (-s/-) ❶名士をかたって働く詐欺師, 信用詐欺師. ❷知識や腕があるふりをする人.

höchstens [ヘーヒステンス] 副 (↔ mindestens) 最大限(に見積もっても), せいぜい, 多くても. 4級

Höchst·fall 男 *im* ~ 多くても, せいぜい.

Höchst·form 囡 (⁻ˢ/) 最高の状態, 絶好調.

Höchst·geschwindigkeit 囡 最速速度;〖交通〗最高許容速度.

Hoch·stimmung 囡 (-/) 高揚した気分.

Höchst·leistung 囡 (-/-en) 最高能率[性能], 最高記録.

Höchst·maß 中 最高限度, 最大限.

höchst·persönlich 副 (ᵈˣ̇) おん自らの, ご自身で.

Höchst·temperatur 囡 (-/-en) 最高温度[気温].

höchst·wahrscheinlich 副 まず間違いなく, 十中八九まで, きっと.

hoch·trabend [..トラーベント] 形 (↔ schlicht)(軽蔑)大げさな, 仰々しい, 誇張した.

① 1 格 ② 2 格 ③ 3 格 ④ 4 格

hoch|treiben* 他《価格⁴を》つり上げる.

Hoch·verrat 男《–(e)s/》(国家に対する)大[反]逆罪.

Hoch·wasser 中《–s/》大水, 洪水(沈); (海の)高潮.

hoch·wertig 形 高品質の, 栄養価の高い, ハイグレードな.

Hoch·zeit [ホホツァイト] 女《–/–en》❶結婚(式), 婚礼. ❷《書》最盛期, 全盛期, 黄金時代. ◆~ halten [feiern] 結婚式をあげる. *(die) silberne* ~ 銀婚式 ((結婚25年目)). *(die) goldene* ~ 金婚式 ((結婚50年目)). *nicht auf zwei ~en tanzen können* (口)同時の二つのことはできない. 4級

Hochzeits·feier [ホホツァイツ..] 女《–/–n》結婚式, 婚礼.

Hochzeits·nacht 女《–/–n》初夜.

Hochzeits·reise 女《–/–n》新婚旅行.

Hocke [ホッケ] 女《–/–n》❶しゃがんだ姿勢. ❷**(a)**[体操]かがみ[閉脚]跳び. **(b)**[野球]クラウチ ((攻撃待機の姿勢)).

hocken [ホッケン] 《(I)》自 ❶ⓈⒷ(南ド・オーストリア・スイス)しゃがむ;(口)うずくまる. ❷ⓑ(南ド・オーストリア・スイス)しゃがみこんでいる. ❸ⓈⒷ(南ド・中部)座っている. ❹(口)《主に軽蔑》居座る, 長居をする, 粘る. ❺Ⓢ[体操]かがみ[閉脚]跳びをする. 《(II)》再 sich ~ ❶しゃがむ. ❷Ⓢⓑ(南ド・中部)うずくまる. ❸ⓑ(南ド・中部)(無雑作に)座る.

Hocker [ホッカー] 男《–s/–》(ひじかけ・背もたれのない)腰掛け, 折りたたみ椅子;足台.

Höcker [ヘッカー] 男《–s/–》❶(ラクダなどの)こぶ. ❷突起したもの;(人体にできる)こぶ;(手の)まめ;(屋根などの)突起.

Hockey [ホッケ, ホッキ] 中《–s/》ホッケー.

Hoden [ホーデン] 男《–s/–》《主に複》[解·動]睾丸(沈).

Hoden·bruch 男[医]陰囊(沈)ヘルニア.

Hof [ホːフ ホーフ] 男《–(e)s/Höfe》❶(建物·塀·柵などに囲まれた)中庭;後庭, 裏庭. ❷(農家の)家屋敷, 農場, 農園. ❸宮廷;宮殿, 館;王宮. ❹《単》《集合的に》宮廷人, 宮廷の人々;(宮廷に仕える)廷臣. ❺《単》(月などの)暈(2), かさ, ハロー, コロナ. ❻旅館.

Hof·dame 女 女官.

hoffen [hɔ́fən ホッフェン] 《(I)》他 (↔ befürchten)《事⁴を》希望する, 期待する, 待つ, 思う. 《(II)》自《auf ④》《人·事⁴を》望む, 期待する, 信じて待つ, 頼みにしている, 当てにする;《人·事⁴に》期待する, 希望を持つ. ◆*Ich hoffe es.* そうだといいですね, そうだと思います. 5級

現在	ich hoffe	wir hoffen
	du hoffst	ihr hofft
	er hofft	sie hoffen

過去	ich hoffte	wir hofften
	du hofftest	ihr hofftet
	er hoffte	sie hofften

過分	**gehofft**	接II hoffte

hoffentlich [hɔ́fəntliç ホッフェントリヒ] 副 ❶望むらくは...であればいいのだが. ❷《質問の答えとして》そうだといいですね;そうだったらいいんですけど. 5級

Hoffnung [hɔ́fnuŋ ホフヌング] 女《–/–en》❶《auf ④》《(事⁴の)》希望, 望み;期待, 見込み. ❷希望[期待]の星, ホープ. 5級

hoffnungs·los 形 希望[見込み]のない, 絶望的な.

hoffnungs·voll 形 ❶希望にあふれた[満ちた], 期待している, 楽観した. ❷有望な, 期待できる, 見込みがある.

höflich [ヘーフリヒ] 形 (↔ unhöflich)礼儀正しい, 礼儀をわきまえた.

Höflichkeit [..カイト] 女《–/–en》❶《単》《(③ gegenüber)》《(人³に対して)》礼儀正しいこと;礼儀. ❷《主に複》儀礼的なあいさつ.

Höhe [ヘーエ] 女《–/–n》❶(↔ Tiefe)高さ(長さ die Länge, 幅 die

Hoheit

Breite);高度, 海抜, 標高. ❷(数値の)高さ, 大きさ;(金)額;(音)の高さ, ピッチ. ❸〔書〕高地, 丘陵;頂上, 頂点. ❹《複》(音)の高音(部). ❺《単》高レベル. ❻垂線. ❼〔天〕仰角. *auf der ~ sein* (口)絶頂にいる;調子[コンディション]がよい. *Das ist ja die ~!* (口)これはとんでもない, 前代未聞だ, あつかましいにもほどがある.

Hoheit [ホーハイト]囡(-/-en)❶《単》〈**über** ④〉(の)主権, 統治権, 国権. ❷《単》〔書〕崇高, 尊厳, 高貴, 威厳, 荘重. ❸王侯(の家族). ◆Eure [Euer]～殿下.

Hoheits·gebiet [ホーハイツ..]田(-(e)s/-e)〔法·政〕(領海も含めて)領土.

Hoheits·gewässer 田〔法·政〕領海.

Höhen·angst [ヘーエン..]囡《単》高所恐怖症.

Höhen·flug 男 ❶高空(度)飛行. ❷(皮肉;軽蔑)奔放な空想. ❸急上昇, 大成功.

Höhen·lage 囡 ❶高度, 海抜, 標高. ❷高地.

Höhen·luft 囡(-/)高地の空気.

Höhen·messer 男高度計.

Höhen·sonne 囡(-/-n) 男 ❶《単》高山の太陽照射. ❷〔医〕(商標)太陽灯((紫外線に富む石英灯)).

Höhen·unterschied 男高度[高低]差.

Höhe·punkt [ヘーエプンクト]男(-(e)s/-e)頂点, 絶頂, 最高潮, クライマックス, ハイライト.

höher [ヘーアー]形《**hoch** の比較級》❶より高い, 上位の. ❷さらに強大な, 優れた;超越的な, 人間を超越した, 人間の力[人知]の及ばない. ❸《付加》(教育·機関·技術などが)上の, 上に続く, (いっそう)高等な, 上級の.

hohl [ホール]形 ❶(内部が)空(ﾞ)の, 空洞の, 中身の(入っていない, 中空な. ❷内側に湾曲した, くぼんだ, へこんだ;凹面[U型, 凹状]の, 中くぼみの. ❸(↔ **dumpf**)(声音などが)こ

もった, うつろに響く, くぐもった. ❹内容[中身, 意味, 実効]のない, うわべだけの, 空虚な, からの, 口先だけの.

Höhle [ヘーレ]囡(-/-n)❶ほら穴;(野獣の)巣穴. ❷眼窩(ﾞ). ❸(軽蔑)巣窟(ﾟ). ❹(口)むさくるしい部屋, 独房.

Hohl·maß 田(-es/-e) ❶(液体などの分量測定の)容積[容量]単位((立方メートル, リットルなど)). ❷桝(ﾟ).

Hohl·raum 男空所, 空洞.

Hohl·spiegel 男(-s/-)〔光〕凹面鏡.

Hohn [ホーン]男(-(e)s/)あざけり, 嘲笑. *~ sprechen* 〈④〉〈物³が〉〈物¹を〉笑い飛ばす, 〈物¹で〉〈物³を〉一笑に付される, 無に帰する.

höhnen [ヘーネン]他〈④〉〔書〕〈事⁴を〉あざけって[嘲笑して]言う, せせら笑う.

höhnisch [ヘーニッシュ]形嘲笑的な, 侮蔑的な.

hold [ホルト]形〔書〕麗しい, 可憐な, 優美な, 甘美な, うっとりするような.

holen [hóːlan ホーレン]他 ❶(↔ (weg)bringen)〈④〉〈物⁴を〉取(りに行)ってくる, 行って持ってくる;〈人⁴を〉呼びに行ってくる, 連れてくる. ❷〈④ **aus**〉〈物⁴を〉〈物⁴から〉取り出す. ❸〈④〉〈人⁴を〉(電話で)呼ぶ. ❹〈④〉(口)〈物⁴を〉買ってくる. ❺〈④ **zu** sich〉〈人⁴を〉(自分のところに)〉引き取る. ❻〈(sich³) ④〉〈物⁴を〉獲得する. ❼〈sich³〉④〉(口)〈風邪⁴などを〉く, 招く. ❽〈sich³ (**von** ③)〉〈④〉〈人³から〉事⁴を〉得る, もらう;〈sich³ (**bei** ③)〉〈④〉〈人³に〉事⁴を〉求める. 4級

Holland [ホラント]田(-s/)❶オランダの州名. ❷(口)オランダ.

Holländer [ホレンダー]((I))男(-s/-)❶オランダ人. ❷《単》オランダ·チーズ. ❸子供用のハンドル付きの4輪車. ❹製紙原料を粉砕する機械. ((II))形《無変化》オランダの. ◊**Holländerin** 囡(-/-nen).

holländisch [ホレンディッシュ]形オランダ(人;語)の.

Hölle [ヘレ]囡(-/-n) ❶《単》(↔

Honoratioren

Himmel) 地獄, よみの国, 冥土(㍿), 冥府. ❷地獄のような場所, 生き地獄; 地獄の苦しみ. ③ *die ~ heiß machen* (口) 脅して人³に圧力をかける, 人³に脅しをかける. *die ~ auf Erden sein* この世の地獄である. *Die ~ ist los.* (口) 地獄のようである, 修羅場である.

Höllen·lärm 男 すさまじい騒音.

höllisch [ヘリッシュ] ((I)) 形 ❶【宗】地獄の, 悪魔のような. ❷(口) 恐ろしい, ひどい, すさまじい. ((II)) 副 (口) ものすごく, すさまじく.

Holm [ホルム] 男 (-(e)s/-e) ❶(オールの) 柄, (おのなどの) 柄. ❷ (はしごの) 横木, (手すりの) かさ木;【体操】(平行棒の) 横木, バー. ❸【空】(翼の) 桁(㍿);【建】横木, 梁(㍿).

Holocaust [ホーロカオスト, ホロコースト] 男 (-(s)/-s) ❶ホロコースト ((ナチスによる計画的なユダヤ人殺戮(㍿))). ❷大虐殺.

holpern [ホルパァン] 自 ❶Ⓢでこぼこ道をガタガタ走る. ❷ⓗ ⟨乗り物¹などが⟩でこぼこ道でガタガタ揺れる, がたつく, 上下にゆれる.

holprig [ホルプリヒ] 形 ❶(副なし) でこぼこの, 平坦でない. ❷ (↔ *flüssig*) なめらかでない, たどたどしい, (リズムなどが) 流れない, きこちない.

Holstein [ホルシュタイン] 中 (-(-s/) ホルシュタイン ((北ドイツの地域名; ⇨*Schleswig-Holstein*)).

Holunder [ホルンダー] 男 (-s/-) ❶《単》【植】ニワトコ. ❷ニワトコの実【花】.

Holz [holts ホルツ] 中 (-es/*Hölzer*) ❶《単》(a) 木材, 材木, 建築用材. ★種類の複数は *Holzarten, Holzsorten*. (b) まき, たきぎ. (c)《複》(各種の) 木材. ❷ (やや古) 森林, 叢林(㍿); やぶ. *aus anderem [aus dem gleichen] ~ (geschnitzt) sein* 性格が違う [同じである]. **4級**

Holz·bein 中 木製の義足.

hölzern [ヘルツァァン] 形 ❶(付加) 木の, 木製の; 木造の. ❷ (動作・身のこなしなどが) ぎこちない, ぎくしゃくし

た, こわばった. ❸下手な, 不器用な.

Holz·fäller [..フェラー] 男 (-s/-) きこり.

holzig [ホルツィヒ] 形《副なし》木質の, 木(質)のような; (野菜が乾いて) 硬い.

Holz·klotz 男 木の積み木 (ブロック).

Holz·kohle 女 木炭, 炭.

Holz·kopf 男 ❶ (人形などの) 木製の頭. ❷ (口; 軽蔑) うすのろ, でくのぼう, のろま.

Holz·scheit 中 まき, たきぎ.

Holz·schnitt 男 (-(e)s/-e) ❶《単》木版 (彫刻). ❷木版画 [刷り].

Holz·schuh 男 (-(e)s/-e)《主に複》木靴; 木底靴.

Holz·stoß 男 木材の山, まきの山.

Holz·weg 男 *auf dem ~ sein* = *sich⁴ auf dem ~ befinden* (口) 思い違いをしている, 勘違いをしている.

Holz·wolle 女 (詰め物用の) 薄くて細い鉋(㍿) くず, 木毛(㍿).

Holz·wurm 男 (-(e)s/..*würmer*)【動】キクイ虫.

homogen [ホモゲーン] 形 【書】 (↔ *heterogen*) 同質の, 同種の.

homöopathisch [ホメオパーティッシュ] 形 同種 [同毒] 治療の.

Homosexualität [ホモゼクスアリテート] 女 (-/-) 同性愛.

homosexuell [ホモゼクスエル] 形 同性愛の ((女性の場合は主に *lesbisch*)).

Honig [ホーニヒ] 男 (-s/-e) 蜂蜜(㍿). ③ *~ um den Mund [ums Maul, um den Bart] schmieren* (口) 人³に甘言でとりいる, 人³におべっかを使う.

Honig·kuchen 男 (-s/-) 蜂蜜入りの菓子 (*Lebkuchen, Pfefferkuchen* など).

Honig·wabe [..ヴァーベ] 女 (-/-n) 蜜がいっぱいの蜂の巣.

Honorar [ホノラーァ] 中 (-s/-e) (医師・弁護士・文士・芸術家などへの) 謝礼, 報酬.

Honoratioren [ホノラツィオーレン]

① 1格 ② 2格 ③ 3格 ④ 4格

honorieren

囲《書》地方の名士連[有力者たち, 名望家たち].

honorieren [ホノリーレン] 他 ❶《④ (für ④)》〈人⁴に(事⁴の)〉報酬[謝礼]を払う. ❷《④ (mit ③)》〈人⁴に(物³で)〉報酬[謝礼]を払う;〈物⁴に(物³で)〉報いる.

Hopfen [ホプフェン] 男 (–s/–) 〖植〗ホップ((ビール醸造に用いる)).

hoppeln [ホッペルン] 自 (S)〈ウサギなどが〉ピョンピョン跳んで[はねて]行く.

hoppla [ホップラ] 間 (つまずいたり, ころんだりしそうになって)おっと, おっとっと.

hopsen [ホプセン] 自 (S)〈子供¹などが〉跳び回る, ピョンピョン跳ね回る;〈ボール¹などが〉バウンドして転がっていく.

Hopser [ホプサー] 男 (–s/–)〔口〕小躍り, (胸の)高鳴り.

hörbar [ヘーァバァァ] 形 聞きとれる, 聞こえる.

horchen [ホルヒェン] 自 ❶盗み[立ち]聞きする, こっそり聞き耳を立てる. ❷耳をすまして聞く, 聞き耳を立てる. ❸《auf ④》(南・オーストリア, スイス)〔口〕〈人⁴の言うこと[事⁴]を〉よく聞く,〈人⁴の言うこと[事⁴]に〉従う.

Horde [ホルデ] 女 (–/–n) ❶《集合的に》《主に軽蔑》(統制のない)一団, 群集, 集団. ❷《集合的に》〖民族学〗家族集団. ❸(果物・野菜などの保存用の)すのこ状の棚[柵].

hören [hǿ:rən ヘーレン]

現在	ich höre	wir hören
	du hörst	ihr hört
	er hört	sie hören

過去	ich **hörte**	wir hörten
	du hörtest	ihr hörtet
	er hörte	sie hörten

| 過分 | **gehört** | 接II hörte |

((I)) 他 ❶〈人⁴の言うこと[物⁴]を〉聞く;〈物⁴を〉聴く. ❷《④ (über ④)》〈(人・物⁴について)事⁴を〉耳にする.

聞く. ❸《④ an ③》〈事⁴が物³で〉分かる. **((II))** 自 ❶聞こえる. ❷《auf ④》〈人⁴の言うこと[事⁴]を〉聞く,〈人⁴の言うこと[事⁴]に〉耳を貸す, 従う. ❸《von ③》〈人・事³について〉耳にする, 聞く. ❹《von ③》〈人³の〉消息を聞く,〈人³から〉便りをもらう. ♦ Radio ~ ラジオ(放送)を聞く. ♦ von [durch ④] ~ 事⁴を人³・⁴から聞く. (et)was [nichts] von sich⁴ ~ 消息を聞く[聞かない]. **Hör mal!** = **Hören Sie mal!** ねえ聞いて聞いて, ちょっと聞いて((切願して)). **Na, hör mal!** = **Na, hören Sie mal!** まあ聞けば, ねえ聞いてよ((抗議の気持ちを表わして)). **Wer nicht ~ will, muss fühlen.** 言うことを聞かない者は痛い目にあうことになるよ. 5級

Hören·sagen 中 (–s/) *nur von ~ kennen* 人・物⁴をただ聞いて知っているだけである.

Hörer [ヘーラー] 男 (–s/–) ❶聞く人, 聞き手;(ラジオなどの)聴取者, 聴衆. ❷受話器, レシーバー. ❸《単》(大学の)聴講生. ◇**Hörerin** [ヘーレリン] 女 (–/–nen)《書》(大学の)女子聴講生.

Hör·fehler 男 (–s/–) 聞き違い.

Hör·funk 男 (やや古) (Rundfunk) ラジオ放送.

Hör·gerät 中 (–(e)s/–e) 補聴器.

hörig [ヘーリヒ] 形 (性的に)とりこになっている.

Horizont [ホリツォント] 男 (–(e)s/–e) ❶《単》地平線, 水平線. ❷ (理解の)限界, 視野, 展望.

horizontal [ホリツォンタール] 形 (↔ vertikal, senkrecht) 水平[地平]の.

Horizontale [ホリツォンターレ] 女 (–/–n) (↔ Vertikale)〖数〗水平線, 水平面, 水平位置[状態].

Hormon [ホルモーン] 中 (–s/–e) 〖生理〗ホルモン.

Horn [ホルン] 中 (–(e)s/Hörner) ❶ (動物の)角(⌒). ❷《単》(材料としての)角質, 角質. ❸ (–(e)s/–e) 〖楽〗ホルン. ❹クラクション.

Hörnchen [ヘルンヒェン] 中 (–s/–) 角[三日月]形のパン, クロワッサン.

①1格 ②2格 ③3格 ④4格

Horn·haut 囡《単》❶硬皮,角質層,たこ.❷〖解〗角膜.

Hornisse [ホルニッセ] 囡(–/–n)〖昆〗スズメバチ《属》.

Horoskop [ホロスコープ] 中(–s/–e) ホロスコープ, 天宮図((占星術に用いる天体配置図));星位;星占い,占星術.

horrend [ホレント] 形《軽蔑》ものすごい,とてつもない,法外な.

Horror [ホロァ] 男(–s/) 戦慄,恐怖;(非常な)嫌悪.

Horror·film 男(–(e)s/–e) ホラー映画.

Hör·saal 男(–(e)s/..säle) ❶(階段状の大学の)講義室,大教室,講堂.❷(の)聴講者.

Hör·spiel 中(–(e)s/–e) 放送劇, ラジオドラマ.

Horst [ホルスト] 男(–(e)s/–e)(猛禽の)高巣.

Hort [ホルト] 男(–(e)s/–e) ❶学童保育所, 託児所. ❷《書》避難所, より所;牙城(がじょう). ❸《文学》財宝.

horten [ホルテン] 他《物⁴を》大量に蓄える, 買いだめする, ため込む.

Hortensie [ホルテンスィエ] 囡(–/–n)〖植〗アジサイ《属》.

Hör·weite 囡(–/–n) 聴界, 音声の届く距離. *in* [*außer*] *~ sein* 聞こえる範囲である[範囲にない].

Höschen [ヘースヒェン] 中(–s/–) ❶(子供用の)小さいズボン. ❷(女性用の)パンティ.

Hose [hóːzə ホーゼ] 囡(–/–n) ❶ズボン. ★複数形でもズボン1本の意味で用いられる. ❷ショーツ;ズボン下. ◆*ein Paar (neue) ~n* (新しい)ズボン1本. (*zu Hause*) *die ~n anhaben* (口)夫を尻に敷いている, かかあ天下である. *die ~(n) (gestrichen) voll haben = sich³ (vor Angst) die ~n machen* (口)ビビっている. 5級

Hosen·anzug 男(女性用の)パンタロンスーツ.

Hosen·rock 男(女性用の)キュロットスカート.

Hosen·tasche 囡(–/–n) ズボンのポケット.

Hosen·träger [..トレーガー] 男(–s/–)《主に複》ズボン吊り.

Hospital [ホスピタール] 中(–s/Hospitäler, –e)《やや古》(小規模の)病院;(老人・慢性病患者の)長期収容施設;養老院, 養護院.

Hospiz [ホスピーツ] 中(–es/–e) ❶ホスピス. ❷《やや古》(巡礼者などのための修道院)内宿泊施設, 宿坊;(キリスト教の精神で営まれる)ペンション[ホテル].

Hostie [ホスティエ] 囡(–/–n)〖カト〗ホスチア, 聖餅(せいへい)((聖餐式用のパン)).

Hotel [hotél ホテル] 中

格	単数	複数
1	das Hotel	die **Hotels**
2	des Hotels	der Hotels
3	dem Hotel	den Hotels
4	das Hotel	die Hotels

ホテル, 旅館. 5級

Hotel·bar 囡ホテルのバー.

Hotelier [ホテリエー] 男(–s/–s) ホテル経営者[オーナー]. ◇**~in** 囡(–/–nen).

Hotline [ホットライン] 囡(–/–s) ホットライン.

Hr.《略》Herr((3・4格の略形はHrn.)).

hrsg.《略》herausgegeben ...編, 発行.

Hrsg.《略》Herausgeber(in) 発行者.

Hs.《略》Handschrift 写本.

Hss.《略》Handschriften (複数の)写本.

hübsch [hypʃ ヒュプシュ]((I))形 ❶(→ *hässlich*) きれいな;かわいい;ハンサムな. ❷感じのよい, 心地よい;(音声が)きれいな. ❸(口)(完全ではないが)結構な, なかなか良い. ❹(口;しばしば皮肉)かなりの, 相当な;ひどい, 嫌な, 困った, まずい. ((II))副《不変化詞》❶(口)(皮肉)かなり, 相当に(口), なかなか. ❷ちゃんと, しかるべく. 4級

Hubschrauber [フープシュラオバー] 男(–s/–)〖空〗ヘリコプター.

①1格 ②2格 ③3格 ④4格

huckepack [フッケパック]副④ ~ **nehmen** 人・物⁴を背負う. ~ **tragen** 人・物⁴を背負っている, 背負って運ぶ.

hudeln [フーデルン]自(口)(南)¹そんさいな[やっつけ]仕事をする.

Huf [フーフ]男(-(e)s/-e)(有蹄類の)蹄(ひづめ).

Huf·eisen [フーフアイゼン]中(-s/-) ❶蹄鉄《幸運のシンボル》. ❷馬蹄形(のもの).

hufeisen·förmig 形馬蹄[U字]形の.

Huf·schmied [..シュミート]男蹄鉄工, 装蹄職人.

Hüfte [ヒュフテ]女(-/-n)腰(部), ヒップ;[解]寛(座)骨部.

Hüft·gelenk [ヒュフト..]中(-(e)s/-e)[解]股(こ)関節.

Hügel [ヒューゲル]男(-s/-)丘, 小山, 丘陵.

hügelig [ヒューゲリヒ]形丘陵の多い, 起伏に富んだ; 丘陵(状)の.

Huhn [フーン]中(-(e)s/Hühner) ❶(雌雄の区別なく)鶏. ❷雌鶏(めんどり). ★雄鶏は Hahn, 雌鶏は Henne, 雛(ひな)は Küken という. ❸鶏肉, 鳥肉. ★Hühnchen の方が用いられる. *Ein blindes ~ findet auch einmal ein Korn.* (諺)下手な鉄砲数打ちゃ当たる《目の見えない鶏でさえも穀粒を見つけることがある》. *mit den Hühnern* (戯)非常に早く(起きる, 寝る). 5級

Hühnchen [ヒューンヒェン]中(-s/-)ひなどり, 小さい鶏.

Hühner 複⇒Huhn.

Hühner·auge [ヒューナー..]中(-s/-n)[医](足にできる)まめ, 魚の目.

Hühner·brühe 女(-/-n)[料理]チキンスープ[コンソメ]《薄く澄んだスープ》.

hui [フイ]間 ❶(風などの音)ヒュー, ザーザー, ゴーゴー. ❷(驚きの叫び声)わお, えっ, わあ.

huldigen [フルディゲン]自(書) ❶〈③〉《主に皮肉》〈事³を〉信奉する, 〈人³に〉心酔する. ❷〈③〉(やや古)〈人³に〉

敬意を表わす, 心酔する. ❸《主に皮肉》熱中する, ふける.

Huldigung [フルディグング]女(-/-en)(書) ❶《主に皮肉》信奉, 心酔. ❷(やや古)敬意(を表すること). ❸《主に皮肉》熱中, ふけること.

hülfe [ヒュルフェ]helfen の接続法Ⅱ式形.

Hülle [ヒュレ]女(-/-n) ❶覆い, カバー; 包装紙. ❷包み, ケース; 封筒, (レコードなどの)ジャケット.

hüllen [ヒュレン]((Ⅰ))他〈④ in ③〉〈人・物⁴を物⁴で〉覆う, 包む, くるむ. ❷〈④ um ③〉〈物⁴を人・物⁴(のまわり)に〉巻く, かける. ((Ⅱ))再 sich⁴(書)包まれる, 覆われる.

Hülse [ヒュルゼ]女(-/-n) ❶鞘(さや), サック, (莢(さや)状の)ケース; (万年筆などの)キャップ; [軍]薬莢(やっきょう). ❷(豆などの)莢(さや), (穀類の)殻(から); [植]豆果(とうか), 莢果(きょうか).

Hülsen·frucht 女(-/.. früchte)《主に複》豆果, 莢果(きょうか), 莢(さや)豆.

human [フマーン]形人間らしい, 人間的な, 人道的な, 人情のある; 人間(固有)の, 人間が持っている, 人間に関する.

Humanismus [フマニスムス]男(-/) ❶人文[人間]主義. ❷(ルネッサンス期の精神運動としての)人文主義.

humanitär [フマニテーァ]形人道[博愛]主義の.

Humbug [フンブク]男(-s/-)(口;軽蔑) ❶いかさま, ごまかし, でたらめなこと. ❷ナンセンス.

Hummel [フメル]女(-/-n)[昆]マルハナバチ(円花蜂).

Hummer [フマー]男(-s/-)[動]ロブスター, ウミザリガニ.

Humor [フモーァ]男(-s/-) ❶ユーモア, おかしみ, 諧謔(かいぎゃく), 機知. ❷ユーモアのセンス. ❸気分, 快活, 上機嫌.

Humorist [フモリスト]男(-en/-en)(弱) ❶ユーモアのある人; 喜劇役者. ❷ユーモア作家.

humoristisch [フモリスティッシュ]形ユーモラスな.

①1格 ②2格 ③3格 ④4格

humor·los 形 ユーモアのない.
Humorlosigkeit [..ローズィヒカイト] 女 (-/-) ユーモアのないこと.
humor·voll 形 ユーモアに富んだ.
humpeln [フンペルン] 自 ❶ (h) びっこを引く. ❷ (s) びっこを引いて行く.
Hund [hʊnt フント] 男

格	単数	複数
1	der Hund	die Hunde
2	des Hund(e)s	der Hunde
3	dem Hund	den Hunden
4	den Hund	die Hunde

❶ (雌雄の区別なく)犬;《複》イヌ科. ★オス犬は Rüde, メス犬は Hündin, 子犬は Welpe という. ❷《俗》やつ, 野郎. ♦ einen ~ halten [besitzen] 犬を飼っている[所有している]. *ein armer ~* (口) 哀れなやつ. *Schlafende ~e soll man nicht wecken.*(諺) さわらぬ神にたたりなし((眠っている犬は起こすべきではない)). *wie ~ und Katze leben* [sein] (口) 仲が悪い, 犬猿の仲である. *vor die ~e gehen* (口) だめになる, 落ちぶれる. 5級

hundeelend [フンデエーレント] 形 (口) ひどくみじめな.
Hunde·hütte [フンデヒュッテ] 女 (-/-n) 犬小屋.
Hunde·kuchen 男 (-s/-) (堅い)犬用ビスケット.
hunde·müde 形 (口) 疲れ果てた.
Hunde·rasse 女 犬の品種[ブリード].
hundert [hʊ́ndərt フンダァト] 数詞 《基数》 ❶ 百, 100. ❷《複数名詞を修飾して》(口) 数百, たくさん. *auf ~ sein* (口) カンカンに怒っている. 4級
Hundert [フンダァト] (I) 中 (-(e)s/-en) ❶ 100の数. ❷《単》100という数字[文字, 番号]. (II) 中 (-s/-) (まとまりとしての)100.
Hunderter [フンダァタァ] 男 (-s/-) ❶ (口) 100の数;100位の数. ❷ (口) 100ユーロ紙幣.
hundert·mal 副 ❶ 100回;100倍.
❷ 何百回も, 何度も何度も.
Hundert·meter·lauf 男 100メートル走 ((100-m-Lauf とも書く)).
hundert·prozentig (I) 形《比較なし》100パーセントの. (II) 副 (口) 100パーセント(確実に), 絶対に, 必ず.
hundertst [フンダァトスト] 数詞《序数》第 100 の, 100 番目の ((記号: 100.)). *vom Hundertsten ins Tausendste kommen* (口) 話の本題から[脇道へ]どんどんそれていく.
hundertstel [フンダァツテル] 形《無変化; 付加のみ》100分の1の.
Hundertstel [フンダァツテル] 中 (-s/-) 100分の1.
hunderttausend [フンダァトタオゼント] 数詞《基数》10万.
Hunde·steuer 女 畜犬税 ((飼い犬にかかる税金)).
Hündin [ヒュンディン] 女 (-/-nen) 雌犬.
Hüne [ヒューネ] 男 (-n/-n)《弱》巨人, 巨漢, 大男; 巨匠, 偉人.
Hünen·grab 中 (石器時代の)巨人塚; 巨石墳墓; 古墳.
Hunger [hʊ́ŋər フンガァ] 男 (-s/) ❶ 空腹(感), ひもじさ, ひもじい思い ((★のどの渇きは Durst)); 飢え, 飢餓感; 飢饉. ❷《書》*nach* ❸〈物³への〉飢え, 渇望. ♦ *Haben Sie noch ~? – Nein, ich bin schon satt.* まだお腹がすいていますか–いいえ, もう満腹です. *~ ist der beste Koch.*(諺) 空腹にまずいものなし ((空腹は最高の料理人)). 5級
Hunger·kur 女 [医] 断食療法.
hungern [フンガァン] (I) 自 ❶ 飢えている. ❷ 絶食[断食]している. ❸ 〈*nach* ❸〉〈物³を〉渇望する. ❹《非人称》*Mich hungert (es).* 私はお腹がすいています. (II) 再 *sich⁴* 食事を控える.
Hungers·not [フンガァスノート] 女 飢饉, 食糧難.
Hunger·streik 男 ハンガーストライキ.
hungrig [フングリヒ] 形 ❶ 空腹の, 腹をすかせた, 腹のへった, ひもじい, 飢え

Hupe

た. ★のどの渇きは durstig. ❷《書》〈nach ③〉〈事³を〉渇望する,〈事³に〉飢えている. ❸〈nach ③〉〈食べ物³を〉とても食べたがっている,〈食べ物³に〉飢えている.

Hupe [フーペ] 囡 (-/-n)(自動車などの)警笛.

hupen [フーペン] 圓 警笛を鳴らす.

hupfen [フプフェン] 圓《南ドイツ・オーストリア》= hüpfen.

hüpfen [ヒュプフェン] 圓 ⑤ぴょんと跳ぶ, ぴょんぴょん跳ねる.

Hürde [ヒュルデ] 囡 (-/-n)〈für ④〉〈物⁴の〉障害(物); ハードル.

Hürden-lauf 男《陸上競技》ハードルレース, 障害物競走.

Hure [フーレ] 囡 (-/-n)《軽蔑》娼婦, 売春婦; 淫婦, 姦婦(紫); 売女(兵).

huren [フーレン] 圓《軽蔑》乱れたセックスをする.

hurra [フラー] 圓 万歳, やった!

Hurra [フラー] 囲 (-s/-s) hurra の叫び.

hurtig [フルティヒ] 形《やや古》敏速な, 素早い, 急いだ, 敏捷な.

huschen [フッシェン] 圓 ⑤ さっさと移動する, すばやく動く.

hüsteln [ヒューステルン] 圓 (何回か)軽くせき払いする, せき払いして注意をひく.

husten [húːstən フーステン] ((I)) 圓 ❶せき(咳)をする. ❷〈auf ④〉〈物⁴を〉あきらめる, 軽視する, 問題にしない. ((II)) 囮〈④〉〈血⁴などを〉せきをして吐き出す. ((III)) 圃 sich⁴〈+形容詞〉せきをしすぎて...になる.

Husten [フーステン] 男 (-s/) せき(咳); 《医》咳嗽(妙).

Husten-anfall 男 せきの発作.

Husten-bonbon 男中 (-s/-s) せき止め飴[のど]飴.

Husten-saft 男 せき止めシロップ.

Husten-tropfen 圃 せき止め滴薬.

Hut¹ [フート] 男 (-(e)s/Hüte) ❶(縁のある)帽子. ★縁のない帽子は Mütze. ❷(帽子形のもの); 茸の傘; 塔の円蓋; 円錐形のふた; 指ぬき; (三角帽子状の)砂糖. ④ *unter einen ~ bringen* (口)人・事⁴を一つにまとめる, 一致させる.

Hut² [フート] 囡 (-/)(*bei* [*vor*] ③) *auf der ~ sein* (*müssen*) 人・事³に気を付ける[用心する].

hüten [ヒューテン] ((I)) 囮 ❶〈動物⁴の〉(見張り)番をする. ❷〈子供⁴の〉子守りをする. ❸〈zu 不定詞〉〈人・物³に〉用心する. ((II)) 圃 sich⁴〈zu 不定詞〉(...することを)(用心のため)差し控える, ...しないよう用心する.

Hütte [ヒュッテ] 囡 (-/-n) ❶(平屋で一部屋の)小屋, ほったて小屋; ヒュッテ, 山小屋, バンガロー; スキーロッジ; 避難小屋. ❷《工》製鋼所, 冶金工場, 製錬[熔鉱]所; 製鉄所; ガラス工場; 銅精錬所; 黄銅鋳造所; 窯業所.

Hütten-käse 男 コテージチーズ((白くて軟らかい)).

Hütten-schuh 男 (-(e)s/-e)《主に複》室内用布靴.

Hyäne [ヒュエーネ] 囡 (-/-n) ❶《動》ハイエナ. ❷強欲な人.

Hyazinthe [ヒュアツィンテ] 囡 (-/-n)《植》ヒアシンス.

Hybrid·auto [ヒュブリート..] 由 ハイブリッドカー.

Hydrant [ヒュドラント] 男 (-en/-en)《弱》消火栓, 給水栓.

Hydrat [ヒュドラート] 由 (-(e)s/-e)《化》含水化合物, 水化物.

Hydraulik [ヒュドラオリク] 囡 (-/-en) ❶《理》水[流体]力学, 水理学. ❷《工》油圧[水圧]装置.

hydraulisch [ヒュドラオリッシュ] 形 ❶《理》水[流体]力学の. ❷《工》液圧[水圧, 油圧]の, 水力の.

Hydro·kultur [ヒュードロ..] 囡《農》水耕(法), 水栽培(法).

Hygiene [ヒュギエーネ] 囡 (-/) ❶《医》衛生学, 予防医学, 健康法. ❷衛生, 清潔.

hygienisch [ヒュギエーニッシュ] 形 ❶衛生(学)の[に関する]. ❷衛生的な, 清潔な.

Hymne [ヒュムネ] 囡 (-/-n) 頌歌(ピッ), 賛歌; 《宗教》賛美歌, 聖歌.

(National Hymne)国歌.
Hypnose [ヒュプノーゼ] 囡(-/-n)催眠(状態).
hypnotisieren [ヒュプノティズィーレン] 他〈人4に〉催眠術をかける.
Hypochonder [ヒュポホンダー] 男(-s/-)[医]ヒポコンデリー[心気症]患者. ◇~**in** 囡(-/-nen).
Hypochondrie [ヒュポホンドリー] 囡(-/..drien[..ドリーエン])[医]ヒポコンデリー,心気症,憂鬱症.
hypochondrisch [ヒュポホンドリッシュ] 形心気症の.
Hypotenuse [ヒュポテヌーゼ] 囡(-/-n)[数](直角3角形の)斜辺.
Hypothek [ヒュポテーク] 囡(-/-en) ❶[法]抵当権,担保. ❷重荷,負担,マイナス.
Hypothese [ヒュポテーゼ] 囡(-/-n)仮定;仮説.
hypothetisch [ヒュポテーティッシュ] 形仮定[仮説](上)の.
Hysterie [ヒュステリー] 囡(-/..rien[..リーエン])[医]ヒステリー.
hysterisch [ヒュステーリシュ] 形 ❶[医]ヒステリー(性)の,ヒステリー状態の;ヒステリーを引き起こす. ❷《主に軽蔑》極度に興奮した,ヒステリックな.
Hz《略》Hertz ヘルツ.

I

i, I [イー] ((I))匣(-/-, (ロ)-s)アルファベットの第9字. ((II))《略》=im, in ((地名の前で)). ((III))《記号》imaginäre Einheit 虚数単位.
i 圃(ロ)《不快・嫌悪を表して》わっ,えっ,うえっ.
i.A., I.A. [イーアー]《略》im Auftrag, Im Auftrag 委任[委託]により,代理で.
i.Allg.《略》im Allgemeinen 一般[普通]に.
i.b.《略》im Besonderen 特に,個別的に.
ib., ibd. ibid.《略》(<ラ語)ibi-dem 同じ箇所に.
IC [イーツェー] 男(-(s)/-(s))《略》Intercity(zug) (都市間)特急(列車). ★外国へ行くのはEC.
ICE [イーツェーエー] 男(-(s)/-(s))《略》Intercityexpress(zug) (都市間)超特急(列車).
ich [ɪç イヒ] 代〈人称〉

格	1	2	3	4	所有冠詞
	ich	meiner	mir	mich	mein

《性の区別なく》私;僕. ◆~ selbst 私自身. Ich bin's. 私です(英語のIt's me.)). ★関係文の中では一般に繰り返して用いる:ich [mir, mich], der [die] ich ... ...する私((関係文中で主語の場合)). 5級
Ich [イヒ] 匣(-(s)/-(s)) ❶自己,自分(自身),我,エゴ. ❷[心]自我.
Ich-form 囡(-/)[文学]一人称(の物語)形式,自叙体.
Icon [アイコン] 匣(-s/-s) [ピㇲー゙]アイコン.
ideal [イデアール] 形 ❶〈(zu ③ [für ④])〉〈〈物3・4に〉〉理想的な. ❷(↔real)理念上の,観念的な.
Ideal 匣(-s/-e) 理想(像);[数]イデアル.
Ideal·bild 匣(-(e)s/-er) 理想像.
Ideal·fall 男理想的な場合[ケース].
Ideal·gewicht 匣理想的な体重.
idealisieren [イデアリズィーレン] 他(書)〈人・物4を〉理想化する;美化する.
Idealismus [イデアリスムス] 男(-/) ❶理想主義. ❷理想(像). ❸[哲]観念論;唯心論.
Idealist [イデアリスト] 男(-en/-en) ❶《弱》❶理想主義者;現実離れした人,空想家. ❷観念[唯心]論者.
idealistisch [イデアリスティッシュ] 形 ❶理想主義(者)の;理想的な,理想化された. ❷観念[唯心]論(者)の.
Idee [idé: イデー] 囡(-/Ideen[イデーエン]) ❶思いつき,アイデア,考え;着

① 1格 ② 2格 ③ 3格 ④ 4格

ideell

想；構想. ❷《主に複》意見, 見解. ❸〖哲〗イデー, 理念, 観念, （根本）思想. ♦Ich habe eine gute ～. 私にいい考えがあります. *Keine* ～. 分かりません, 知りません；(口)決してそんなことはありません. 5級

ideell [イデエル] 形 観念[理念]上の；精神的な.

ideen・los 形 アイデアを持たない, 着想[構想]のない.

Identifikation [イデンティフィカツィオーン] 女 (-/-en) 同一であることの確認, 同定；身元の確認；同一視.

identifizieren [イデンティフィツィーレン] (I) 他 ❶《④ (als ④)》〈人・物⁴を〉〈人・物⁴と〉〈同一だと〉認める, 同定[確認, 認定]する；〈人⁴の〉身元を確認する. ❷《④ (mit ③)》〈人・物⁴を〉〈人・物³と〉同一視する, 同じものとして扱う；結びつける. (II) 再 sich⁴ ～ 《mit ③》❶〈人・物³に〉賛同する, 共感する, 〈人・物³を〉支持する, 〈人・物³と〉行動を共にする. ❷〈人・物³と〉自分を同一視する, 一体であると考える, 〈人・物³の〉身[立場]になりきる.

identisch [イデンティッシュ] 形《書》同一の, 全く同じ, あらゆる点で一致した, 完全に等しい.

Identität [イデンティテート] 女 (-/-en)《主に単》《書》❶本人であること, 身元；同一物であること；アイデンティティ, 自己同一（性）, 一致；同一視. ❷個性, 固有性；社風；作風.

Ideologe [イデオローゲ] 男 (-n/-n)《弱》イデオロギーの代弁[首唱]者, イデオローグ, 政治理論家. ◇ **Ideologin** (-/-nen).

Ideologie [イデオロギー] 女 (-/-gien [..ギーエン]) 観念形態[体系], イデオロギー.

ideologisch [イデオローギッシュ] 形 イデオロギーの.

id est [イト エスト]《ラテン語》すなわち ((略：i. e.)).

Idiot [イディオート] 男 (-en/-en)《弱》ばかな人；〖医〗白痴.

Idioten・hügel 男 (-s/-)(口)(スキーの)初心者用のなだらかなスロープ.

idioten・sicher 形 (口) 誰にでも簡単に使える.

Idiotie [イディオティー] 女 (-/..tien [..ティーエン])(口；軽蔑) ひどくばかげた考え[行為], 愚行.

idiotisch [イディオーティッシュ] 形 愚かな, ばかげた.

Idol [イドール] 中 (-s/-e) 偶像.

Idyll [イデュル] 中 (-s/-e) 牧歌的生活, 田園風景.

Idylle [イデュレ] 女 (-/-n) ❶田園(風景)画；〖文学〗田園詩, 牧歌；〖音楽〗イディレ ((牧歌的な楽曲)). ❷ = Idyll.

idyllisch [イデュリッシュ] 形 田園詩風の, 牧歌的な, 素朴で平和な.

i.e.《略》《ラテン語》id est すなわち.

I.E.《略》❶Internationale Einheit 国際単位. ❷Immunitätseinheit 免疫単位.

..ieren [..イーレン]《動詞》❶《主に外来語をドイツ語化する》：marschieren 進行する. ❷《ドイツ語の動詞・名詞・形容詞から外来語風に動詞をつくる》：buchstabieren 字母を1字1字読む. ❸《主にドイツ語の形容詞から動詞をつくる；ver-を付加することもある》：verabsolvieren 絶対化する.

★ 過去分詞形に ge- を付けない：marschiert, buchstabiert, verabsolviert.

i.f.《略》《ラテン語》ipse fecit 自作 ((作者のサインの前または後に記す)).

IG《略》❶Industriegewerkschaft 産業別労働組合. ❷Interessengemeinschaft 企業連合.

..ig [..イヒ] 形《幹母音がウムラウトすることがある》❶《名詞と共に》「...がある, ...を持つ」：mutig 勇気のある. ★ 形容詞・数詞+名詞に付けて：großohrig 大きな耳の. ❷《名詞と共に》「...のような, ...に似た」：eisig 氷のような. ❸《名詞と共に》「...の形をした, ...状の」：kugelig 球形の. ❹《数詞+時を表す名詞と共に》「...の間の」：einsekundig 1秒間の. ❺《動詞語幹と共に》「...する」：kratzig 耳障りな. ❻《副詞・形容詞(・前置詞)と共に》《付加

「…の」:dortig あそこの(<dort).

Igel [イーゲル]男(-s/-)[動]ハリネズミ.

Ignoranz [イグノランツ]女(-/)[書;軽蔑]無知,無学,馬鹿.

ignorieren [イグノリーレン]他〈人・物⁴を〉無視する,知らない[見ない]ふりをする.

IHK [イーハーカー]女(-/-s)[略]Industrie- und Handelskammer商工会議所.

ihm [イーム]代〈人称〉er, esの3格形.

ihn [イーン]代〈人称〉erの4格形.

ihnen [イーネン]代〈人称〉3人称複数sie の3格形.

Ihnen [イーネン]代〈人称〉Sieの3格形.

ihr¹ [i:r イーァ]代〈人称〉

格	1	2	3	4	所有冠詞
	ihr	euer	euch	euch	euer

((I))《2人称親称複数;手紙では大文字で書く》君たち[おまえたち]が[は]. ((II))《2人称敬称単数》[古]あなたが[は],あなたがたが[は]((現在では:諸君,君たち)). **5級**

ihr² 代〈人称〉3人称女性単数sie の3格形.

ihr³ [i:r イーァ] ((I))冠〈所有〉

格	男性	女性	中性	複数
1	ihr	ihre	ihr	ihre
2	ihres	ihrer	ihres	ihrer
3	ihrem	ihrer	ihrem	ihren
4	ihren	ihre	ihr	ihre

❶《単数sie の所有》彼女[それ]の. ❷《複数sie の所有》彼(女)らの,それらの. ♦Das ist Frau Müller, ihre Tochter und ihr Sohn. こちらはミュラーさんで,それにお嬢さんと息子さんです. ★意味関係を明確にするためには指示代名詞derenを用いる:Das ist Frau Müller, ihre Tochter und deren Sohn (= der Sohn der Tochter). こちらはミュラーさんで,それにお嬢さんとその息子さんです.
((II))代[書]

1格	男性	女性	中性	複数
	ihrer	ihre	ihres, ihrs	ihre
	der ihre	die ihre	das ihre	die ihren

❶彼女[それ]のもの. ❷彼ら[それら]のもの.

Ihr [i:r イーァ] ((I))冠〈所有〉

格	男性	女性	中性	複数
1	Ihr	Ihre	Ihr	Ihre
2	Ihres	Ihrer	Ihres	Ihrer
3	Ihrem	Ihrer	Ihrem	Ihren
4	Ihren	Ihre	Ihr	Ihre

《2人称敬称》❶《単数Sie の所有》あなたの. ❷《複数Sie の所有》あなたがたの. ♦Ihr Herr Vater ご尊父(様).
((II))代[書]

1格	男性	女性	中性	複数
	Ihrer	Ihre	Ihres, Ihrs	Ihre
	der Ihre	die Ihre	das Ihre	die Ihren

❶あなたのもの. ❷あなたがたのもの. **5級**

ihre [イーレ]⇨ihr³.

Ihre [イーレ]⇨Ihr. *Ihre Majestät* 女王[皇后]陛下((略:I.M.)).

ihrem [イーレム]⇨ihr³.

Ihrem [イーレム]⇨Ihr.

ihren [イーレン]⇨ihr³. ★定冠詞を伴う場合は,定冠詞の格による.

Ihren [イーレン]⇨Ihr. ★定冠詞を伴う場合は,定冠詞の格による.

ihrer¹ [イーラー]冠〈所有〉,代〈所有〉⇨ihr³.

ihrer² [イーラー]代〈人称〉3人称単数,複数sieの2格形. ★この人称代名詞の2格形は所有を表さない;所有関係を表すには所有冠詞ihrを用いる.

ihrer³ [イーラー] 代《再帰》《まれ》3人称単数, 複数 sie の2格形.

Ihrer¹ [イーラー] 冠〈所有〉, 代〈所有〉 ⇨ Ihr.

Ihrer² [イーラー] 代〈人称〉2人称敬称単数・複数 Sie の2格形. ★この人称代名詞の2格形は所有を表さない; 所有関係を表すには所有冠詞 Ihr を用いる.

Ihrer³ [イーラー] 代《再帰》《まれ》2人称敬称単数・複数 Sie の2格形.

ihrerseits [イーラーザイツ] 副彼女[彼ら, 彼女ら, それら]の側[方, 立場]では[からすれば].

Ihrerseits [イーラーザイツ] 副あなた(がた)の側[方, 立場]では[からすれば].

ihres [イーレス] 冠〈所有〉, 代〈所有〉 ⇨ ihr³.

Ihres [イーレス] 冠〈所有〉, 代〈所有〉 ⇨ Ihr.

ihresgleichen [イーレスグライヒェン] 代《無変化》(主に軽蔑) 彼女[彼ら, 彼女ら]のような人; それ(ら)のような物[事].

Ihresgleichen [イーレスグライヒェン] 代《無変化》(主に軽蔑) あなた(がた)のような人[の同輩].

ihretwegen [イーレットヴェーゲン] 副彼女[彼ら, 彼女ら, それら]のために[せいで].

Ihretwegen [イーレットヴェーゲン] 副あなた(がた)のために.

i.J. 《略》 im Jahre …… 年に.

Ikone [イコーネ] 女 (-/-n) (ギリシア正教会の)聖(画)像, イコン.

ill. 《略》 illustriert 図解された.

illegal [イレガール, イレガール] 形 (↔ legal) 不法[違法]の, 規則違反の.

Illegalität [イレガリテート, イレガリテート] 女 (-/-en) 不法, 違法, 規則違反; 不法[違法]行為.

illegitim [イレギティーム, イレギティーム] 形 (↔ legitim) ❶ 非合法な, 不当な, 法に合わない, 根拠のない. ❷ (やや古) 嫡出でない, 婚姻外の.

illuminieren [イルミニーレン] 他〈物⁴を〉(華やかに)照明する, イルミネーションで飾る.

Illusion [イルズィオーン] 女 (-/-en) 《主に複》幻想, 錯覚, 幻覚, 妄想.

illusorisch [イルゾーリッシュ] 形 (書) 錯覚に基づく, 幻想にすぎない, 架空の.

Illustration [イルストラツィオーン] 女 (-/-en) ❶ 挿絵(さしえ), 図解, 説明図, イラスト. ❷ イラスト[挿絵, 図解]を入れること, 具体的説明を付けること. ❸ (実例・図解による)説明.

illustrieren [イルストリーレン] 他 ❶〈書籍⁴に〉挿絵[図解]を入れる. ❷〈4格 (mit ³)〉〈物⁴を〉(実例・図解³で)(具体的に)説明する.

Illustrierte [イルストリーァテ] 女《形容詞変化》グラフ(雑)誌.

Iltis [イルティス] 男 (-ses/-se) ❶ (動) ケナガイタチ. ❷ ケナガイタチの毛皮.

im [イム] in と dem の融合形. ※熟語の場合は, in と dem に分解できない. 5級

im... [イム...] 《b, m, p の前では in...》 ❶「不・非・無・反」: immoralisch 不道徳な. ❷「中へ, 内部へ」: implodieren 内側へ破裂する[内破する].

I.M. 《略》 ❶ Ihre Majestät 皇后[女王]陛下. ❷ Innere Mission [プロテスタ] 社会福祉活動機関.

Image [イミッチ, (ﾄﾞｲﾂ風) イマージ] 中 (-(s)/-s) イメージ; 印象; 心象; 像.

imaginär [イマギネーァ] 形《副なし》(↔ wirklich, real) 想像上の, 空想[架空, 仮想]の, 実在しない.

Imbiss [インビス] 男 (-es/-s) (立ったままの) 軽い食事, スナック; 軽食スタンド.

Imbiss·stube 女 スナック, 軽食堂.

Imitation [イミタツィオーン] 女 (-/-en) イミテーション, まね, 模倣, 模造; (↔ Orginal) 模造品, にせ物, まがい品.

imitieren [イミティーレン] 他〈人・物⁴を〉まねる, 模倣[模造]する, 〈人⁴の〉物まねをする, 〈物⁴に〉似せて[まねて]作る.

Imker [イムカー] 男 (-s/-) 養蜂(ようほう)者. ◇ **Imkerin** 女 (-/-nen).

Immatrikulation [イマトリクラツィ

オーン] 囡 (−/−en) 大学学籍登録, 大学入学許可.

immatrikulieren [イマトリクリーレン] 他《書》〈人⁴を〉大学学籍簿に記入する, 〈人⁴に〉大学入学の許可を与える. ♦ sich¹ ~ (大学)入学手続きをする.

immer [ímɐ イマー] ((I)) 副 ❶ ~ nie, niemals) 常に, 絶えず, いつも, 毎度. ❷《形容詞・副詞の比較級と》いよいよ, ますます, さらに. ❸《wann, was, wer, wie, woなどと共に》たとえ(…で)あるにしても, いかに(…で)あっても. ★譲歩文でauch や mögen の直説法を伴うことが多い. ~ wieder = ~ und ~ wieder 繰り返し繰り返し, 再三再四, 何度も何度も. nicht ~ 必ずしもない. noch ~ = ~ noch (しばらく前から)今もなお, 依然として, まだ相変わらず; とにかく, ともかく; 何にしても, 何しろ. ~ wenn … …する時はいつも. wie ~ いつものように. ((II)) 副《不変化詞》《要求文で》❶《優しく勧誘して; 動詞が省略されている》構わないから, さあ, とにかく. ❷《mögen, sollen などと共に; nur を伴うこともある》構わずに, 勝手に(…するなら)すればいい. ♦ Immer mit der Ruhe! まあ落ち着いて. 5級

immerfort [イマーフォルト] 副《やや古》絶えず, 間断なく, 引き続き.

immergrün [イマーグリューン] 形《主に付加；副なし》常緑の.

immerhin [イマーヒン] 副《不変化詞》❶ 悪いことを相対化して》少なくとも, とにかく, それでも, いずれにしても. ❷ 言うにいたって[何しろ] (…だから), (…ということも)忘れないでね. 4級

immerzu [イマーツー] 副《口》絶え間なく, 絶えず, 引き続き, ずっと.

Immigrant [イミグラント] 男 (−en/−en)《弱》❶ (↔ Emigrant)(他国からの)移住者, 移民. ❷《生》帰化植物[動物].

Immigration [イミグラツィオーン] 囡 (−/−en) (↔ Emigration)移住, 移民.

immigrieren [イミグリーレン] 自⑤ 移民して来る, 移住する.

Immission [イミスィオーン] 囡 (−/−en) 公害.

Immobilie [イモビーリエ] 囡 (−/−n)《主に複》(↔ Mobilie)不動産；固定資産.

immun [イムーン] 形 免疫(性)のある；〔法〕刑事訴追をうけない.

Immunität [イムニテート] 囡 (−/) 〔医〕《gegen ④》《(病気⁴に対する)》免疫(性); 〔法〕不可侵権；治外法権.

Immun-schwäche [イムーン..] 囡 (−/)〔医〕免疫不全.

Imperativ [インペラティーフ, インペラティーフ] 男 (−s/−e)〔言〕命令法 (略: Imp.).

Imperfekt [インペァフェクト, インペァフェクト] 中 (−s/−e)〔言〕過去(形); (フランス語などの)半過去(形), 未完了過去(形).

Imperialismus [インペリアリスムス] 男 (−/) 帝国主義.

imperialistisch [インペリアリスティッシュ] 形 帝国主義的な, 帝国主義(者)の.

Imperium [インペーリウム] 中 (−s/..rien[..リエン]) ❶ 帝国. ❷ 命令権.

impfen [インプフェン] 他《④》(gegen ④)》《人⁴に》(病気⁴の)》予防接種をする.

Impf-pass [インプフ..] 男 予防接種証明書.

Impf-stoff [男] (−(e)s/−e) ワクチン.

Impfung [インプフング] 囡 (−/−en) 〔医〕予防接種.

implantieren [インプランティーレン] 他《③ ④》〔医〕《人³に》器官⁴を》移植する.

imponieren [インポニーレン] 自《③》〈人³に〉感銘を与える.

Imponiergehabe [インポニーァゲハーベ] 中 (−s/) ❶〔動〕(雌やライバルに対する)威圧態, 威圧行動. ❷《軽蔑》自己顕示行動.

Import [インポルト] 男 (−(e)s/−e) (↔ Export) ❶ 輸入(貿易), 輸入業. ❷ 輸入品.

Importeur [インポルテーァ] 男 (−s/

① 1格 ② 2格 ③ 3格 ④ 4格

importieren

–e）(↔ Exporteur)輸入業者；貿易商社；輸入国．

importieren [インポルティーレン] 他〈④〉(aus ③)〈物⁴を〉(所³から) 輸入する．

imposant [インポザント] 形 感銘を与える，印象深い，壮大な，堂々とした．

impotent [インポテント] 形《副なし》(↔ potent) (男性が)性交不能の，勃起しない，インポの．

Impotenz [インポテンツ] 女 (–/–en) (男性の)性交不能(症)，インポテンツ．

imprägnieren [インプレグニーレン] 他 ❶〈服⁴を〉防水加工する．❷〈物⁴を〉(長持ちするように化学的に)加工する．

Improvisation [インプロヴィザツィオーン] 女 (–/–en) ❶即興，即興で作った[演じた]もの((即席スピーチ，即興詩，即興曲など))；即興演奏．

improvisieren [インプロヴィズィーレン] 他〈物⁴を〉即興[即席]で演じる[作る]．

Impuls [インプルス] 男 (–es/–e) ❶《主に複》刺激，推進力；衝撃．❷衝動，(心の)はずみ．❸《主に複》[電]インパルス，パルス，衝撃電流．[理]力積．

impulsiv [インプルズィーフ] 形 衝動的な，一時の感情にまかせた，軽はずみな，出来心の．

imstande [イムシュタンデ] 副 ～ sein, ...〈zu不定詞〉...できる立場にある，...する能力がある．

in [ɪn イン] 前《3格または4格支配》Ich fahre den Wagen ～ den Garage. 車をガレージ(の中)に入れます．
Der Wagen steht ～ der Garage. 車はガレージ(の中)にあります．
A《場所・位置を3格と；im = in dem；略：i.》❶《空間的》...に，...で (↔ außerhalb). ◆～ diesem Land この国で．❷《所属・参加》...に所属[従事，参加]して(いる). ◆～ der Armee [～ einer Partei] sein 軍隊[ある政党]に入っている．❸《時間的》...の間で，...のうちに，...以内に；...の間中

ずっと；(↔ vor)(今から)...の後に，...(の間)たって．◆～ der Nacht 夜に，夜中に．im letzten Jahr 昨年[去年]中(★ letztes Jahr は「昨年」). ★(1)「...の間，...以内，...後」のいずれかは文脈による：～ einer Woche 1週間で；1週間以内に；1週間後に．★(2)過去の経過時間には nach を用いる：Nach einigen Jahren kam er wieder zu uns. 何年か後に彼は再び私たちのところへやって来ました．❹...の仕方で，...ふうに，...(の方式)で；...(の調子)で．◆～ dieser Art und Weise このようなやり方で．❺《状況・状態；心理的な状態》...の状態[状況]で．◆～ Bewegung sein 動いて[活動して]いる．～ meiner Wut sein. ★ meiner Wut は vor Wut「怒りのあまりに」という原因と voller Wut「怒った状態」という様態の二つの解釈が可能．❻《形状・配置・状態》...の形状[状態]で，...をなして，...になって．◆～ einer langen Schlangen 長蛇の列をなして．ein Roman ～ acht Bänden 8巻の長編小説．❼《手段・材料・内容》...を使って；...(の言語・科目・通貨)で．◆Lehrer [Fachmann] ～ Mathematik 数学の教師[専門家]．～ Öl malen 油絵具で描く．❽《着用》...の服装で，...を身に着けて[着て，かぶって，履いて，はめて]；...の色をした．◆～ Stiefeln ブーツを履いて．❾《限定・関連》...について[関して]，...の点で．◆～ diesem Sinne [Punkt, Fach] この意味[点，分野]で．❿《範囲》...の範囲に．◆～ Sicht sein 視野に入っている．⓫《単位》...の単位で．～ Stücken zu 200 Gramm 一個200グラムで．

B《運動の方向・行先・目標を表す4格と；ins = in das》❶《空間的》(↔ aus)...の中へ[に]，...のほうへ．◆～ die Schweiz reisen スイスへ旅行する．★定冠詞を伴わない中性の地名の場合は nach を用いる：nach Berlin fahren ベルリンへ行く．❷《所属・参加》...に入る．◆～ die Regierung kommen 入閣する．❸《目的》...のために，

① 1格 ② 2格 ③ 3格 ④ 4格

♦~ (den) Urlaub fahren（車で）休暇(旅行)に出かける. ❹《状態の変化；結果》...の状態[形状]へ. ♦~ Angst [Gefahr] geraten 不安にな[危険に陥る]. ❺《範囲》...の範囲へ. ♦~ Sichtweit kommen 視野に入ってくる. (bis) ~ ④ ...まで. ~ *sein*《若者ことば》(~ out)関心[注目]の的である, 人気がある, はやっている. 5級

in.. [イン.., イン..]《外来語の前綴;lの前では il-, b, m, p の前では im-, r の前では ir- となる》❶「不・非・無・反」:inhomogen 同質[同種]でない. ❷「中へ, 内部へ」:inklusive ...を含めて.

Inanspruchnahme [インアンシュプルフナーメ]女(-/-)《書》❶使用, 利用; 要求. ❷駆使, フル回転.

In·begriff 男(-(e)s/-e)典型, 化身, 権化.

in·begriffen 形《主に述語》《(in ③)》《(物³に)》含まれている, 込みになっている.

Inbetriebnahme [インベトリープナーメ]女(-/-n)《書》(大きな機械の)運転[操業]開始, (大きな施設・システムなどの)開業, 使用開始.

Inbrunst [インブルンスト]女(-/)《書》情熱, 熱烈.

inbrünstig [インブリュンスティヒ]形《書》熱意を込めた, 情熱的な, 熱烈な, 燃えるような.

inc.《略》incidit ......作.

Ind.《略》❶[インディカティーフまたはインディカツィーフ]Indikativ 直説法. ❷[インデクス]Index インデックス. ❸[インドゥストリー]Industrie 工業, 産業.

indem [インデーム]接《従属》❶《手段》...することによって, ...して. ★理由・原因と解釈されることもある. ❷《同時的なふたつの出来事を示す》...しながら, ...していると. ★Indem に導かれる副文が主文に先行することが多い: Indem ich dies schrieb, trat sie ins Zimmer. 4級

Inder [インダー]男(-s/-)インド人. ◇**~in** 女(-/-nen).

indes [インデス], **indessen** [インデッセン]《書》((I))副 ❶それにもかかわらず, けれども, それでも. ❷その間に. ((II))接《従属》《主文が indessen に導かれる副文に先行する》《書》❶(...している)間に. ❷(...する)一方で, (...である)のに反して.

Index [インデクス]男(-(e)s/-e, ..dizes) ❶(本の巻末にある)索引, インデックス. ❷《複 Indexe》【カトリック】禁書目録. ❸《複 Indices》指数; 肩番号; 〖経数〗指数, 指標.

Indianer [インディアーナー]男(-s/-) アメリカインディアン. ◇**Indianerin** 女(-/-nen).

Indianer·häuptling 男(-s/-e)アメリカインディアンの酋長[族長].

indianisch [インディアーニッシュ]形《付加》アメリカインディアンの.

Indien [インディエン]中(-s/-)インド((インド亜大陸；インド半島；インド共和国)).

indifferent [インディフェレント, インディフェレント]形《書》❶《(③ gegenüber)》《(人・物³に対して)》無関心の, 無頓着な, 《(人・物³が)》眼中にない, 《(人・物³を)》気にかけない. ❷〖化·薬〗不定の, 無反応の, 無作用の.

Indikativ [インディカティーフ]男(-s/-e)〖言〗直説法 ((略:Ind.)).

Indikator [インディカートァ]男(-s/..katoren ..カトーレン])《書》❶《(für ④)》《(物⁴の)》指標, 尺度, バロメーター. ❷〖化〗指示薬;〖理〗トレーサー;〖機〗インジケーター, 表示計器.

indirekt [インディレクト, インディレクト]形(↔ direkt)間接の, 間接的な.

indisch [インディッシュ]形インド(人)の, インド産の, インド風の.

indiskret [インディスクレート, インディスクレート]形《最上-est》無分別な, せんさく好きな, 無作法な.

Indiskretion [インディスクレツィオーン]女無分別, 無思慮.

Individualist [インディヴィドゥアリスト]男(-en/-en)《騎》(↔ Konformist)個人主義者;自己本位の人, 利己主義者.

□1格 □2格 □3格 □4格

Individualität [インディヴィドゥアリテート] 女 (–/–en)《書》個性, 人格.

individuell [インディヴィドゥエル] 形《書》❶ 個人的な, 個人の. ❷ 個性的な, 独特の.

Individuum [インディヴィードゥオム] 中 (–s/..duen [..ドゥエン])❶ 個人；個体. ❷《軽蔑》やつ.

Indiz [インディーツ] 中 (–es/..zien [..ツィエン])❶《主に複》[法]（犯罪の）徴憑(ちょう), 情況[間接]証拠. ❷《書》〈(für 4)の〉（物事の）徴候.

Indizes [インディツェース] 複 → Index.

Indizien·beweis [インディーツィエン..] 男 (–es/–e) [法] 間接[情況]証拠による証明.

Indonesien [インドネーズィエン] 中 (–s/) インドネシア(共和国).

Indonesier [インドネーズィァ] 男 (–s/–) ❶ インドネシア人. ❷《複》インドネシア民族. ◇**~in** 女 (–/–nen).

indonesisch [インドネーズィッシュ] 形 インドネシア(人[語])の.

industrialisieren [インドゥストゥリアリズィーレン] 他〈所4を〉工業[産業]化する.

Industrialisierung [インドゥストゥリアリズィールング] 女 (–/–en) 工業[産業]化.

Industrie [ɪndustrí: インドゥストリー] 女 (–/..strien [..ストリーエン])❶《主に単》産業(界), 工業(界), 製造業. ❷(ふつう)工業施設, プラント, 工場. 4級

Industrie·betrieb 男 (–(e)s/–e) 製造会社[工場].

Industrie·gebiet 中 (–(e)s/–e) 工業地帯, 産業地域.

Industrie·kaufmann 男《資格のある》ホワイトカラー（の職員）.

industriell [インドゥストリエル] 形 産業[工業, 製造](用)の.

Industrielle(r) [インドゥストリエレ[ラー]] 男・女《形容詞変化》産業経営者, 実業家, 企業主, 工業経営者.

Industrie·staat 男 (–(e)s/–en) 工業国, 産業国家.

Industrie·stadt 女 産業[工業]都市.

Industrie- und Handels·kammer 女 (–/–n) 商工会議所《略: IHK》.

Industrie·zweig 男 (–(e)s/–e) 産業[工業]部門.

ineinander [インアイナンダー] 副 互いの中へ, 相互に入りまじって.

infam [インファーム] 形《軽蔑》❶《書》不名誉な, 恥ずべき, 卑劣な, 破廉恥な, 下劣な. ❷ (口) ものすごい.

infantil [インファンティール] 形《軽蔑》子供じみた, 幼稚な, 子供っぽい.

Infarkt [インファルクト] 男 (–(e)s/–e) [医] 梗塞(こう); 心筋梗塞.

Infekt [インフェクト] 男 (–(e)s/–e) [医] (Infektion) 伝染, 感染；伝染病, 感染症.

Infektion [インフェクツィオーン] 女 (–/–en) [医] 伝染, 感染；伝染病, 感染症.

Infektions·gefahr 女 (–/–n) 感染の危険[おそれ].

Infektions·herd 男 (–(e)s/–e) 感染源.

Infektions·krankheit 女 (–/–en) 感染症, 伝染病.

Inferno [インフェルノ] 中 (–s/) 《主に単》《書》地獄；生き地獄, 大惨事；大火.

Infinitiv [インフィニティーフ, インフィニティーフ] 男 (–s/–e) [言] (動詞の) 不定詞.

infizieren [インフィツィーレン] ((I)) 他 [医]〈人4に〉（病気などを）伝染[感染]させる, うつす. ((II)) sich4 感染する.

Inflation [インフラツィオーン] 女 (–/–en)《主に単》(↔ Deflation) [経] インフレ(–ション), 通貨膨張.

inflationär [インフラツィオネーァ] 形 インフレ(–ション)の, インフレを引き起こす（傾向のある), インフレを誘発する.

Inflations·rate 女 (–/–n) インフレ率.

infolge [インフォルゲ] ((I)) 前《2格

infolgedessen [インフォルゲデッセン]副《書》その結果として、そのために、それによって、従って.

Informatik [インフォァマーティク]囡(-/)情報(科)学.

Informatiker [インフォァマーティカー]男(-s/-)情報科学研究者. ◇ **Informatikerin** 囡(-/-nen).

Information [ɪnformatsi̯oːn]囡(-/-en) ❶《主に複》《über ④》《〈人・事⁴についての〉》情報. ❷《単》案内所[係], 受付, インフォメーション. ❸《単》通知, しらせ, 案内. 5級

Informations・material 囲(-s/-ien)情報資料.

Informations・quelle 囡 情報源.

informativ [インフォァマティーフ]形《書》情報[知識]を与えてくれる, 有益な.

informieren [インフォァミーレン]《(I)》他《④ (über ④)》〈人⁴に〈人・事⁴についての〉〉情報[知識]を与える, 〈④ (von ③)〉〈人⁴に〈事³について〉〉知らせる, 通知する. 《(II)》再 sich⁴ 《über ④》〈〈人・事⁴についての〉〉情報[知識]を得る, 〈〈人・事⁴について〉〉知る.

informiert informieren の過去分詞.

infrage, in Frage 副《für ④》~ **kommen** (人・事⁴にとって)問題となる. ④ ~ **stellen** 1)〈事³が〉事⁴にとって問題となる, 危うくなる. 2) 事⁴を疑う.

infra・rot [インフラ..]形 赤外線[部]の.

Infra・struktur 囡(-/-en)《書》インフラ(ストラクチャー), 経済[生産]基盤, 基幹施設.

Infusion [インフズィオーン]囡(-/-en)[医]点滴;注入.

Ing. 《略》Ingenieur(in) 技師.

Ingenieur [ɪnʒeni̯øːr インジェニエーァ]男(-s/-e) 技師, 技術者 (略:Ing.). ◇ **Ingenieurin** 囡(-/-nen). 4級

Ingwer [イングヴァー]男(-s/-)(香辛料・薬品としての)ショウガ.

In・haber 男(-s/-)《略:Inh.》❶(店などの)所有者, 持ち主, オーナー. ❷(記録などの)保持[保有]者. ◇ **In・haberin** 囡(-/-nen).

inhaftieren [インハフティーレン]他《書》〈人⁴を〉逮捕する, 検挙する.

Inhaftierung [インハフティールング]囡(-/-en)《書》逮捕;検挙.

inhalieren [インハリーレン]他《(④)》❶〈(気体・薬剤などを)〉(治療のために)吸い込む, 吸入する. ❷〈(タバコの煙などを)〉吸い込む.

Inhalt [ɪnhalt インハルト]男(-(e)s/-e)《主に単》❶ 中身;内容;[言・告]意味;[論]内包. ❷ 収容力;[数]容量, 面積, 体積. 4級

inhaltlich [..リヒ]形(↔ formal)内容[趣旨]に関する, 内容的な.

Inhalts・angabe [インハルツ..]囡(-/-n)内容表示, 内容説明;梗概(記), 要旨.

Inhalts・verzeichnis 囲(-ses/-se)(本などの)目次, 内容目録[表示], 索引;ディレクトリー.

inhuman [インフマーン, インフマーン]形 非人間的な, 不人情な, 無情な, 情け容赦のない, 残酷な.

Initiale [イニツィアーレ]囡(-/-n)《主に複》頭文字, イニシャル, (章の初めの)飾り文字.

Initiative [イニツィアティーヴェ]囡(-/-n) ❶ イニシアチブ, 先導, 主導, 首唱;発案, 発意. ❷《単》決断力. ❸〈für [gegen] ④〉〈事⁴に賛成[反対]する〉市民[住民]運動グループ. ❹《議会》法律発案(権), (認)(法律に関する)国民発案, 国民請願.

Initiator [イニツィアートァ]男(-s/..toren [..ツィァトーレン])創始者, 発起人;首唱者, 先導者.

Injektion [インイェクツィオーン]囡

injizieren [インイィツィーレン]他《③格》〈(人²に)物¹を〉注射する.

Inkarnation [インカルナツィオーン]女《-/-en》《書》❶権化(ごん),化身.❷(神のキリストにおける)顕現,受肉.

inkl. 《略》inklusive〈物²を〉含めて,入れて.

inklusive [インクルズィーヴェ]前《2格支配》(↔ exklusive)…を含めて,(勘定に)入れて((略: inkl., incl.)).◆~ Mehrwertsteuer 付加価値税も込みで.★(1)名詞に冠詞や付加語が付かないときは,単数では無変化,複数では主に3格が用いられる:~ (der) Versandkosten 送料も入れて.~ (2)名詞の後ろに来ることもある:Mehrwertsteuer ~ 付加価値税込みで.

inkognito [インコグニト]副《述語または副のみ》匿名で[変名で].

inkompetent [インコンペテント,インコンペテント]形《最上 ~est》資格[権限]のない,不適格の,無能力の,無能な;精通していない.

Inkompetenz [インコンペテンツ,インコンペテンツ]女《-/-en》無資格,不適格,無能力,無能.

inkonsequent [インコンゼクヴェント,インコンゼクヴェント]形《最上 ~est》《書》首尾一貫しない,一貫性のない,矛盾した.

Inkonsequenz [インコンゼクヴェンツ,インコンゼクヴェンツ]女《-/-en》首尾一貫しないこと,一貫性のないこと,矛盾,不合理.

inkorrekt [インコレクト,インコレクト]形正しくない,不正確な,間違った.

Inkorrektheit [..ハイト]女《-/-》不正確,間違い.

Inkrafttreten [インクラフトトレーテン]中《-s/》《書》(法律・契約などの)効力発生,発効.

Inkubations-zeit [インクバツィオーンス..]女《-/-en》《医》潜伏期;《動》抱卵期.

Inland [インラント]中《-(e)s/》❶(↔ Ausland)国内,自国,内地.❷(↔ Küstengebiet)(海岸から離れた)内陸,奥地.

inländisch [インレンディッシュ]形国内の,自国の,国産の,内国の.

Inlands-markt [インランツ..]男《経》国内市場.

Inlands-porto 男国内郵便料金.

inmitten [インミッテン]前《2格支配》《書》…の真ん中[最中]に;…に囲まれて.◆~ eines Waldes 森の真ん中で.★冠詞のない複数名詞の場合は前置詞 von を伴うことが多い:~ von bunten Blumen 色とりどりの花の真ん中に.

inne|haben* [イネ..]他《書》〈官職・地位¹などに〉就いている.

innen [イネン]副(↔ außen) 内側[内部]に[で],中に[で];国内[屋内,車内]に[で];心の中に[で],内心では. 4級

Innen.. 《名詞に付いて》(↔ Außen..)「内側,内部」.

Innen-architekt 男《-en/-en》《弱》インテリアデザイナー,室内装飾家. ◇**Innenarchitektin** 女《-/-nen》.

Innen-aufnahme 女《-/-n》室内撮影;スタジオ撮影.

Innen-einrichtung 女《-/-en》室内設備,インテリア.

Innen-hof 男内庭,中庭.

Innen-leben 中《-s/》内面[精神]生活;(知られざる)生活の内面.

Innen-minister 男《-s/-》内務大臣,内相.

Innen-ministerium 中《-s/..rien》内務省.

Innen-politik 女(↔ Außenpolitik)内政,国内政策.

innen-politisch 形内政(上)の,国内政策(上)の.

Innen-stadt [イネンシュタット]女《(大)都市の中心部,都心.

inner [イナー]形《付加》(↔ äußer) ❶内側の,内部の;内的な,内在的な,本質的な.❷内面的な,内なる,秘めた;心の,精神的な.❸《医》内部器官の,内科の.❹国内の.

Innere(s) [インネレ(ス)]中《形容詞

変化》《単》❶内側, 内部;国内. ❷内面, 心の内.

Innereien [イネライエン]複《食用の》内臓, 臓物, もつ.

inner·halb [イナーハルプ]((I))前《2格支配》(↔ außerhalb) ❶《空間的》...の内部[内側]に[で], 中に[で]. ❷《時間的》...以内に, ...の間に. ((II))副 ~ von ③ 1) 物³の内部に. 2) 時間³以内に. ★(1) 2格が語序上明示されない場合は3格を伴うことが多いが, 前置詞 von を伴う場合が多い:~ von zehn Tagen 10日のうちに. ★(2) 地名の固有名詞の場合は前置詞 von を伴う:~ von Berlin ベルリン内で.

innerlich [..リヒ]((I))形(↔ äußerlich)内部の, 内側の. ((II))副(↔ äußerlich)心の中で, 内心, 密かに, 内面的に.

innerst [イナースト]形《inner の最上級》最も内部[内奥]の;心の奥底の.

inne|wohnen 自〈③〉〈書〉〈事¹が〉〈人³に〉内在する, 備わっている, 宿っている, 固有である.

innig [イニヒ]形心からの;親密な;切なる;衷心の.

Innigkeit [..カイト]囡《単》衷心;親密.

innovativ [イノヴァティーフ]形イノベーションの, 新機軸の, 革新的;新結合の.

Innsbruck [インスブルック]中〈-s/-〉インスブルック((オーストリア西部の都市)).

inoffiziell [イノフィツィエル, イノフィツィエル]形非公式の, 内々の.

in puncto [インプンクト]《冠詞なしで》(...の)点で, (...に)関して.

ins [インス]in das の融合形. ★熟語で用いられた場合 in das に戻すことは出来ない. 5級

Insasse [インザセ]男〈-n/-n〉《弱》❶乗客, 同乗者. ❷(施設などの)居住者, 収容者, 入院患者. ◇ **Insassin** [インザスィン]囡〈-/-nen〉.

insbesond(e)re [インスベゾンドレ[デレ]]副特に, とりわけ, ことに.

Inschrift [インシュリフト]囡〈-/-en〉銘, 碑銘, 碑文.

Insekt [インゼクト]中〈-(e)s/-en〉昆虫, 虫. 4級

Insel [ínzəl インゼル]囡〈-/-n〉島. 4級

Insel·bewohner 男〈-s/-〉島民, 島の住人.

Insel·gruppe 囡〈-/-n〉群島, 諸島.

Insel·staat 男島国.

Inserat [インゼラート]中〈-(e)s/-e〉(新聞・雑誌などの)広告.

Inserent [インゼレント]男〈-en/-en〉《弱》広告主. ◇ **Inserentin** 囡〈-/-nen〉.

inserieren [インゼリーレン]他〈④〉〈(物⁴を)〉(売買のために新聞などに)広告する.

insgeheim [インスゲハイム, インスゲハイム]副心ひそかに;陰で, こっそりと.

insgesamt [インスゲザムト, インスゲザムト]副全部で, 合計で, いっしょにひっくるめて;全体としては, 全体的には. 4級

insofern ((I))[インゾーフェルン, インゾフェルン, 《接続・又》インゾフェルン]副 ❶その限りでは, その点では, その点までは, そこまでは. ❷《後続の als と呼応して》(...する)限りでは, (...という)点では. ♦Das Essen ist immer gut, ~ bin ich mit dem Hotel zufrieden. 食事はいつも良い, その点で私はこのホテルに満足しています. ((II))[インゾーフェルン]接《従属》《insofern als の形の場合もある》(...する)限りでは, (...という)点では. ♦~ es mich betrifft, ... 私に関する限りは.

in·soweit ((I))副[インゾーヴァイト, 《接続》インゾヴァイト]= insofern. ((II))接[インゾーヴァイト]= insofern.

Inspektion [インスペクツィオーン, インシュペクツィオーン]囡〈-/-en〉❶監査, 査察, 点検, 調査. ❷(車の定期的な)検査, 整備.

Inspiration [インスピラツィオーン]囡〈-/-en〉《書》霊感, インスピレーション;思いつき.

① 1格 ② 2格 ③ 3格 ④ 4格

inspirieren [インスピリーレン] 他〈④ (**zu** ③)〉《書》〈人⁴に〉(事³への)〉インスピレーション[着想]を与える.

inspizieren [インスピツィーレン] 他〈人・物⁴を〉監査[検査, 査察, 調査, 視察]する.

Installateur [インスタラテーァ] 男 (–s/–e) (水道・ガス・電気などの)設備工事人, 取り付け工, 配管工. ◇~**in** 女 (–/–nen).

Installation [インスタラツィオーン] 女 (–/–en) (水道・ガス・電気などの)取り付け(工事); 取り付けられた設備.

installieren [インスタリーレン] 他〈設備・装置などを〉取り付ける, 備え付ける, 据え付ける, 設置する;〈ソフト⁴を〉インストールする.

instand, in Stand [インシュタント] 副 ④ ~ **halten** 物⁴を使用できる状態に維持する. ④ ~ **bringen** [**setzen**] 物⁴を修理[修復]する.

Instand·haltung 女 (–/–en) 良好な状態に保つこと, 整備, 手入れ, メンテナンス.

inständig [インシュテンディヒ] 形《付加または副のみ》切実な, 切迫した, 差し迫った.

Instand·setzung 女 (–/–en) 修復, 修理, 手入れ.

Instanz [インスタンツ] 女 (–/–en) ❶ 当局; 主務[当該]官庁; 所轄[担当]部局. ❷《法》審.

Instinkt [インスティンクト] 男 (–(e)s/–e) ❶《主に単》本能. ❷ 勘, 直観. ❸《主に複》衝動.

instinktiv [インスティンクティーフ] 形 本能の, 本能的な, 直観的な.

Institut [インスティトゥート] 中 (–(e)s/–e) ❶(調査・研究のための公的な)機関; 研究所, (大学の)研究科; 協会. ❷ ❶の建物, 施設.

Institution [インスティトゥツィオーン] 女 (–/–en) ❶公的な機関, 機構, 組織. ❷制度, 慣行, 習慣, しきたり.

Instruktion [インストゥルクツィオーン] 女 (–/–en) ❶指示, 指導, 指図; 命令, 指令, 訓令. ❷教示, 情報を与えること; インストラクション.

Instrument [インストゥルメント] 中 (–(e)s/–e) ❶器具, 器械; 道具, 手段. ❷器具. ❸手先.

instrumental [インストゥルメンタール] 形 (↔ vokal)楽器による.

Insulin [インズリーン] 中 (–s/–e)《主に単》インシュリン ((a) 膵臓から分泌されるホルモン, b) 糖尿病薬)).

inszenieren [インスツェニーレン] 他 ❶〈劇⁴を〉演出する. ❷《比軽蔑》〈事件⁴などを〉演出する, 仕組む, 企てる.

Inszenierung [インスツェニールング] 女 (–/–en) 演出.

intakt [インタクト] 形《副なし》❶(器具などが)正常の, 十分機能する. ❷(関係などが)問題のない, 健全な, 無傷の.

integer [インテーガー] 形 (比較 integrer)《書》誠実な, 高潔な.

Integral [インテグラール] 中 (–s/–e)《数》積分.

Integration [インテグラツィオーン] 女 (–/–en)《書》❶統合, 同化, 融合; 政治[経済, 企業]統合. ❷《数》積分(法). ❸ (異人種・障害者などの)融和, 無差別待遇, インテグレーション.

integrieren [インテグリーレン] 他 ❶〈④ (**in** ④)〉〈人⁴を〉(物の中に)〉融和[同化]させる, とけ込ませる. ❷〈④ (**in** ④)〉〈部分・要素⁴を〉(物⁴に)〉まとめる, 集約する, 統一する, 統合する, 組み入れる, (組み入れて)一つに[全体に]まとめる;〈(物⁴を)〉《数》積分する; 集積する.

Intellekt [インテレクト] 男 (–(e)s/–e)《書》知性, 知力; 知能, 思考力.

intellektuell [インテレクトゥエル] 形 ❶《付加または副》知性[知能]に関する, 知(性)的な; 精神的な. ❷《比軽蔑》知性偏重の. ❸《付加》知識階級の, インテリの.

Intellektuelle(r) [インテレクトゥエレ[ラー]] 男 女《形容詞変化》《比軽蔑》知識人, インテリ.

intelligent [インテリゲント] 形 (最上 ~est) 知力[知能]のすぐれた, 聡明な, 頭のよい; 教養[知識]の豊かな. 4級

Intelligenz [インテリゲンツ] 女 (–/

–en》《主に単》❶知力, 知能; 聡明さ. ❷《集合的に》知識階層, インテリ層. ❸知的労働.

Intelligenz-quotient [男]《–en/–en》《般》知能指数 (略: IQ).

Intendant [インテンダント] [男]《–en/–en》《般》(劇場・放送局などの)総監督, 支配人, 制作責任者. ◇ **~in** [女]《–/–nen》.

Intensität [インテンズィテート] [女]《–/》❶《単》徹底〔性, 激しいこと, 強烈〔猛烈〕さ; 〔エネルギー反応などの〕強度. ❸〔農業〕(集約農業による)集約効果.

intensiv [インテンズィーフ] [形]（↔ extensiv）❶徹底的な, 集中的な. ❷〔刺激・作用など〕強度の, 強烈な. ❸〔農〕集約的な.

intensivieren [インテンズィヴィーレン] [他]〈事⁴を〉強める, 高める, 強化〔増強〕する; 集中〔集約〕する.

Intensiv-station [女] 集中治療室.

inter.., Inter.. [インター..] 〈形容詞・名詞に付いて〉「…間の, 相互の, 国際の」.

Intercity [インタースィティー] [男]《–(s)/–s》〔鉄道〕特急(列車) (略: IC).

Intercity-express [男]《–(es)/–e》〔鉄道〕超特急(列車) (略: ICE).

interessant [intərɛsánt インテレサント] (最上 ~est) [形] ❶興味〔関心〕を引く, 注目に値する. ❷気を引く, 注意を向ける. ❸ 利益になる, 引き合う. **5級**

interessanter·weise [インテレサンター ..] [副] 興味深い〔面白い〕ことに; おかしなことに.

Interesse [インテレッセ] [中]《–s/–n》❶《単》《an ③》〈人・物³への〉興味, 関心; 購買欲, 買気; 需要. ❷《複》好み, 趣味. ❸《主に複》利益, 利害(関係). ◆ wenig ~ an ③ haben 事³に関心〔興味〕がない. Das ist für mich nicht von ~. それは私には興味のないことです.

interesse·halber [副] 興味〔関心〕を持って.

Interessen·gebiet [インテレッセ ン..] [中]《–(e)s/–e》関心分野, 趣味の領域.

Interessen·gemeinschaft [女] サークル, 愛好会; 利益共同体 (略: IG).

Interessent [インテレセント] [男]《–en/–en》《般》《(für ④)》《(事⁴に)》興味〔関心〕のある人, 〔入会, 購入〕希望者, 応募者. ◇ **Interessentin** [女]《–/–nen》.

Interessen·verband [男] 利益団体.

Interessen·vertretung [女] 利益代表.

interessieren [intərɛsíːrən インテレスィーレン] (I) [他] ❶〈人⁴に〉関心〔興味〕を起こさせる. ❷《für ④》〈人⁴に事⁴への関心〔興味〕を抱かせる. (II) [再] sich⁴《für ④》〈物・人⁴に〉関心〔興味〕を示す, 関心〔興味〕がある. **4級**

interessiert [インテレスィァート] (I) interessieren の過去分詞. (II) [形]《an ③》〈人・物³に〉関心〔興味〕のある.

Interjektion [インターイェクツィオーン] [女]《–/–en》〔言〕間投〔感嘆〕詞.

Inter·kontinental·rakete [女]《–/–n》大陸間弾道ミサイル.

Intermezzo [インターメッツォ] [中]《–s/–s, ..mezzi》❶〔音楽〕間奏曲; 〔劇〕幕間(まくあい)劇. ❷ちょっとした出来事〔エピソード〕.

intern [インテァン] [形]（↔ extern）〔書〕内(部)の, 内務〔内勤〕の; うちわの, 部内の; 国内の, 内政の; 〔医〕内科の; 体内の.

Internat [インターナート] [中]《–(e)s/–e》学生寮; 寄宿制の学校.

Internats·schüler [インターナーツ..] [男]《–s/–》寮生.

international [インターナツィオナール] [形] 国際的な, インターナショナルな, 国家〔国民〕間の, 世界的な, 万国の.

Internet [インターネット] [中]《–s/–s》インターネット. ◆ im ~ インターネットで. das ~ anwählen インターネットにアクセスする. das ~ nutzen [aufrufen]

① 1格 ② 2格 ③ 3格 ④ 4格

internieren [インターニーレン] 他《人⁴を》収容[抑留, 拘禁]する.

Internierung [インターニールング] 囡 (-/-en) 収容, 抑留.

Internist [インターニスト] 男 (-en/-en)《弱》〔医〕(特に心臓・胃・腸の専門の)内科医. ◇**Internistin** 囡 (-/-nen).

Interpol [インターポール] 囡 (-/) 国際警察, インターポール.

Interpret [インタープレート] 男 (-en/-en)《弱》❶ (作品などの)解釈者. ❷ (自己の解釈を表出する)演奏家, 演出家, 演技者. ◇**Interpretin** 囡 (-/-nen).

Interpretation [インタープレタツィオーン] 囡 (-/-en) ❶ (作品などの)解釈. ❷ (解釈に基づく)演奏, 演出, 演技.

interpretieren [インタープレティーレン] 他 ❶《④ (als ...)》〈事⁴を(...と)〉解釈する. ❷〈人の作品を〉(自己の解釈に基づいて)演奏する, 演出[演技]する.

Interpunktion [インタープンクツィオーン] 囡 句読法.

Interregio [インターレーギオ] 男 (-(s)/-s) 〔鉄道〕インターレーギオ, (国内の地域間)急行列車 (略: IR).

Interrogativ-satz 男 (-es/..sätze) 疑問文.

Intervall [インターヴァル] 回 (-s/-e) ❶《主に複》〔書〕《zwischen ③》〈物³の間の〉(時間的)間隔; 休止期間. ❷〔音楽〕音程;〔数〕区間.

intervenieren [インターヴェニーレン] 自 ❶〔書〕《bei ③》《gegen ④》〈人³に〉〈事⁴に対して〉抗議する. ❷〈国・軍³が〉介入[干渉]する.

Intervention [インターヴェンツィオーン] 囡 (-/-en) ❶ 抗議. ❷ 介入, 干渉.

Interview [インタヴュー, インタヴュー] 回 (-s/-s) インタビュー.

interviewen [インターヴューエン, インタヴューエン] 他《④ (über ④)》〈人³に(事⁴について)〉インタビューをする.

Interviewer [インタヴューアー] 男 (-s/-) インタビュアー. ◇**~in** 囡 (-/-nen).

intim [インティーム] 形 ❶ 親密な, 親しい, 心おきない; 内輪の, プライベートな;くろ気分の, 親しみやすい. ❷《付加》性器に関する;(婉曲)性愛の, 性行動の. ❸ (知識など)精通した, 詳細な. ❹ 心に秘めた.

Intimität [インティミテート] 囡 (-/-en)《単》❶ 親密; 親交, 親密な[内輪の]関係. ❷《複》性的[エロチック]な言動. ❸《複》全く個人的な事柄, プライバシーの領域.

Intim-sphäre 囡 全く私的[個人]的な領域, プライベートな事柄.

intolerant [イントレラント, イントレラント] 形 (最上 ~est)《gegen ④; genüber ③》〈(人・物⁴³に対して)〉寛容でない, 狭量な, 偏狭な; 耐性のない.

Intoleranz [イントレランツ, イントレランツ] 囡 不寛容, 狭量.

Intonation [イントナツィオーン] 囡 (-/-en) 〔言〕イントネーション, 抑揚, 音調.

intra.. [イントラ..]《形容詞に付いて》「...内部の, 間の」.

intransitiv [イントランズィティーフ] 形 〔言〕自動詞の.

intravenös [イントラヴェネース] 形《付加または副》〔医〕静脈内(へ)の.

Intrige [イントリーゲ] 囡 (-/-n) (軽蔑) 陰謀, 策略.

Intuition [イントゥイツィオーン] 囡 (-/-en) 直観(力), 直覚, ひらめき.

intuitiv [イントゥイティーフ] 形 直観[直覚]的な.

Invalide(r) [インヴァリーデ[ダー]] 男 囡《形容詞変化》身体障害者; 傷病兵, 傷痍(いしょう)軍人.

Invasion [インヴァズィオーン] 囡 (-/-en) ❶ 侵略, 侵入, 侵攻, 侵襲. ❷ (軽蔑) 大挙乱入, 殺到.

Inventar [インヴェンタール] 回 (-s/-e) ❶〔経〕(目録・表に記載された)財産, 在庫(品), 設備(品);〔法〕属具, 船舶

属具. ❷〖経・法〗財産目録, 棚卸表;〖法〗遺産目録.

inventarisieren [インヴェンタリズィーレン] 他〈(④)〉〖書〗〈人⁴の〉財産目録[一覧表]を作成する, 棚卸しをする.

Inventur [インヴェントゥーァ] 囡〈−/−en〉棚卸し, 在庫調べ, 在庫品調査.

investieren [インヴェスティーレン] 他 ❶〈(④)(in ④)〉〈(資金⁴を)(物⁴に)〉投資する. ❷〈(時間・労力⁴などを)(物⁴に)〉投入する, つぎ込む.

Investition [インヴェスティツィオーン] 囡〈−/−en〉❶ 投資, 出資. ❷ 投資[出資]対象.

inwiefern [インヴィ(−)フェァン] 副〈疑問〉〖間接疑問文で; 接〈従属〉〉どのような点で, どのようなわけで, どんなふうに;どの程度まで, どれほど.

inwieweit [インヴィ(−)ヴァイト] 副〈疑問〉〖間接疑問文で; 接〈従属〉〉どの程度[範囲]に(まで);どのような点で, どのようなわけで, どんなふうに.

Inzest [インツェスト] 男〈−(e)s/−e〉〖主に単〗近親相姦(ぞうかん).

Inzucht [インツフト] 囡〈−/〉〖生〗近親[同系]交配;近親婚, 血族結婚.

inzwischen [ɪntsvíʃən インツヴィッシェン] 副 ❶〈過去から現在へ〉その間に, そうこうするうちに, あれから今まで. ❷〈現在から未来へ〉差し当たり, 今のところ, 今のうち, とりあえず. 4級

IOK [イーオーカー] 甲〈−(s)/〉《略》Internationales Olympisches Komitee 国際オリンピック委員会.

Ion [イオーン, イ(−)オン] 甲〈−s/−en〉〖化〗イオン.

ionisieren [イオニズィーレン] 他〈物⁴を〉イオン化する, 電離する.

Iono・sphäre [イオノ..] 囡〈−/〉電離層, 電離圏, イオン圏.

IR [イーエル] 男〈−(s)/−(s)〉《略》Interregiozug 急行列車.

i.R. 《略》im Ruhestand(e) 退職した.

ir.. [イル..]〈r で始まる語の前で in−が変じた形〉❶「不・非・無・反」:irreli-

giös 無[不]信仰な. ❷「中へ, 内部へ」.

Irak [イラーク, イーラク] 男〈−s/〉《der ~》イラク((アジア南西部の共和国)).

Iraker [イラーカー] 男〈−s/−〉イラク人. ◇~in 囡〈−/−nen〉.

irakisch [イラーキッシュ] 形 イラク(人[風])の.

Iran [イラーン] 男〈−s/〉《der ~》イラン((アジア南西部の共和国; 首都は Teheran)).

Iraner [イラーナー] 男〈−s/−〉イラン人. ◇~in 囡〈−/−nen〉.

iranisch [イラーニッシュ] 形 イラン(人[語, 風])の.

irden [イァデン] 形 陶製の, (粘)土製の.

irdisch [イァディッシュ] 形〈副なし〉❶ この世の, 現世の, 浮世の;世俗的な. ❷〖書〗地上の, 地球(上)の.

Ire [イーレ] 男〈−n/−n〉〖弱〗アイルランド人((Irländer の方が普通)).

irgend [イァゲント]《(I)》副《jemand などの前に置いて不定性を強調して》何かしら, なんらかの. 《(II)》副《不変化詞》〈wenn, was, wer, wo, wie, solange などに導かれる副文中に用いられて強調する〉なんらかの方法[形]で, なんとか, とにかく, そもそも, およそ.

irgendein [イァゲントアイン] 冠《不定冠詞と同じ変化;名詞が複数形の時は irgendwelche》何か[誰か]ある;どれ[誰]でもよい, 何でもいい;どれ[誰]かの中の. 4級

irgendeine [..アイネ]《(I)》冠 ⇒irgendein. 《(II)》代〈不定〉⇒irgendeiner.

irgendeiner [..アイナー]《(I)》冠 ⇒irgendein. 《(II)》代〈不定〉《独立して用いられ, 定冠詞類と同じ変化;複数形は irgendwelche;今日では2格形は用いられない》何かあるもの, 誰かある人;どれ[誰]でもよいあるもの[人], どれ[誰]かの中のあるもの[人].

irgendeins [イァゲントアインス] 代〈不定〉何かあるもの;どれ[誰]でもよいあるもの, どれ[誰]かの中のあるもの.

irgendetwas [イァゲントエトヴァス]

irgendjemand [イァゲントイェーマント]代〈不定〉誰かある人.

irgendwann [イァゲントヴァン]副いつか, いつだったかある時に.

irgendwas [イァゲントヴァス]代〈口〉何かあるもの[こと].

irgendwelche [イァゲントヴェルヒェ] (I)冠⇒irgendwelcher. (II)代〈不定〉《複》独立して用いられ, 定冠詞類と同じ変化;単数形は irgendein》何かあるもの, 誰かある人; どれ[誰]でもよいあるもの[人], どれ[誰]かの中のあるもの[人].

irgendwelchem [..ヴェルヒェム]冠《welcher と同じ変化;名詞が単数形のときは irgendein》男なんらかの.

irgendwelches [..ヴェルヒェス]冠 甲⇒irgendwelcher.

irgendwer [イァゲントヴェーァ]代〈不定〉〈口〉誰かある人.

irgendwie [イァゲントヴィー]副 ❶ なんとかして, どうにかして, なんらかの方法で. ❷〈口〉何だか, 何とはなしに, どことなく, なんとなく. [4級]

irgendwo [イァゲントヴォー]副 ❶ どこか(ある所)で[に]. ❷〈口〉= irgendwie 2. [4級]

irgendwoher [イァゲントヴォ(ー)ヘーァ]副 ❶ どこかで, どこかから. ❷ 何かの事情で, どういうわけ(だ)か, なぜかは知らないが.

irgendwohin [イァゲントヴォーヒン]副 どこかあるところへ[に], どこかへ.

Irin [イーリン]女(-/-nen)アイルランド女性の (Irländerin の方が普通).

Iris [イーリス] (I)《女名》イーリス; [ギ神]イリス (虹の女神の名; 神々の使者). (II)女(-/-) [植]アヤメ属の植物 (アヤメ, イリス, アイリスなど). ❷(-/-, Irinen [イリーデン], Irides)《主に単》[解](目の)虹彩(説).

irisch [イーリッシュ]形アイルランド(人[語])の.

IRK [イーエルカー]甲(-/)《略》Internationales Rotes Kreuz 国際赤十字社.

Irland [イァラント]甲(-s/) ❶ アイルランド(共和国) ((略:IRL)). ❷ アイルランド島.

Irländer [イァレンダー]男(-s/-)アイルランド人. ◇~in 女(-/-nen).

irländisch [イァレンディッシュ]形アイルランド(人[語])の.

Ironie [イロニー]女(-/..nien [..ニーエン])《主に単》❶ 皮肉, 当てこすり. ❷ [修辞]アイロニー, 反語(法).

ironisch [イローニッシュ]形 ❶ 皮肉な, 当てこすりの; 皮肉好きな. ❷ 反語的な.

irrational [イラツィオナール, イラツィオナール]形 ❶〈書〉(↔ vernünftig)不合理な, 非合理な; 理性を失った. ❷[数]無理(数)の, 整数位で表せない.

irr(e) [イル[イレ]] (I)形 ❶ 発狂している; 気が狂ったような. ❷《若者ことば》(めちゃくちゃ)いい, ものすごい. ❸《副なし》〈口〉ものすごい, めちゃくちゃな. (II)副《形容詞・動詞を強調して》ものすごく, めちゃくちゃ.

Irre(r) [イレ[ラー]]男女《形容詞変化》狂人.

irre|führen 他〈人 ⁴を〉(故意に)間違った方向へ導く, 道に迷わせる; だます, 惑わす.

Irre.führung 女(-/) (故意に)間違った方向へ導くこと, 道に迷わせること; だますこと, 惑わすこと.

irrelevant [イレレヴァント, イレレヴァント]形〈書〉重要でない, 見当違いの.

irre|machen 他〈人 ⁴を〉惑わす, 迷わす, 混乱させる.

irren [イレン] (I)再 sich⁴《mit [in] ³》〈人・物 ³について〉思い違いをする; 〈人・物 ³を〉間違う; 取り違える, 誤解する. (II)自〈書〉間違っている, 思い違いをしている. (III)自 ⑤ さまよう, さすらう.

irreparabel [イレパラーベル, イレパラーベル]形〈書〉回復[修理]できない, 取り返しのつかない. [医]不治の.

Irr.fahrt [イル..]女(-/-en)さまようこと, 彷徨(½).

irrigerweise [イリガーヴァイゼ]副 誤って, 間違えて, 思い違いをして.

Irritation [イリタツィオーン]女(-/

**–en》《書》❶困惑, 狼狽；いらだち, 立腹. ❷邪魔；刺激.

irritieren [イリティーレン] 他 ❶《人⁴を》困惑[いらいら]させる. ❷《人⁴を》邪魔する；刺激する.

Irr･sinn 男《–(e)s/》❶ 狂気, 狂乱状態, 精神錯乱. ❷狂った行為[行動].

irr･sinnig 《(I)》形 ❶狂気の, 狂乱状態の, 精神錯乱した；気が狂ったような. ❷《副なし》《口》《程度を強調して》ものすごい, ものすごくちゃな.《形容詞･動詞を強調して》《(II)》副ものすごく, めちゃくちゃに.

Irrtum [イルトゥーム] 男《–(e)s/Irrtümer》間違い, 誤り；思い[考え]違い, 誤謬(ごびゅう)；〔法〕錯誤. *im ~ sein = sich⁴ in ~ befinden* 間違っている, 思い違いをしている. *sich⁴ über ④ in ~ befinden*《書》人･物⁴について思い違いをする；人･物⁴を間違う；取り違える；誤解する.

irrtümlich [イルテュームリヒ] 形《↔ richtig》間違った, 間違いに基づいた, 思い違いをした.

Irrweg [イルヴェーク] 男《–(e)s/–e》間違った道[方法]；迷路.

Isar [イーザァ] 女《die ~》イーザル川《ドナウ川の支流；München を貫流する》.

ISBN [イーエスベーエン] 女《–(/–(s))》《略》Internationale Standardbuchnummer 国際標準図書番号.

..isch [..イッシュ] 形《名詞と共に；幹母音がウムラウトすることもある；語末部分が省略されることもある》「（由来･所属を示して）...の, ...的な, ...のような」❶《国名･国民名･地名･固有名詞などに付いて》japanisch 日本の, 日本的な（< Japan). ausländisch 外国の（< Ausland). ★..isch と ..lich の両形の相違；–isch は往々侮蔑の意味合いを含む：kindisch（子供っぽい, 子供じみた, 幼稚な), kindlich（子供らしい, 無邪気な). ❷《外来語系形容詞と共に》：analogisch 類推に基づく（< analog 類似の).

Ischias [イシアス, イスヒアス] 男 中

**(〔医〕〔女〕《–/》)座骨神経痛.

Islam [イスラーム, イスラム] 男《–(s)/》〔宗〕イスラム(教), 回教.

islamisch [イスラーミッシュ] 形 イスラム（教）の, 回教の.

Island [イースラント] 中《–s/》アイスランド（共和国).

Isländer [イースレンダァ] 男《–s/–》アイスランド人. ◇~in 女《–/–nen》.

isländisch [イースレンディッシュ] 形 アイスランド(語[人])の.

..ismus [..イスムス] 男《–/..men》《-isch で終わる形容詞のときは -izismus となる》❶《単》「...主義, ...説, ...論, ...教」：Buddhismus 仏教. ❷「...に特有な語法」：Gallizismus フランス語特有語法. ❸「...症」. ❹「機能する組織」：Organismus 有機体. ❺「性質･資質」：Heroismus 英雄的資質. ❻「現象･行為」：Atavismus 先祖返り(的な現象).

iso.. [イゾ..]《名詞･形容詞に付いて》「等, 同」：isomer〔化〕同質異性の.

Isolation [イゾラツィオーン] 女《–/–en》《主に単》孤立(させること), 接触を絶つこと, 切り離し；隔離, 分離, 遮断. ❷〔電〕絶縁；〔化〕単離.

Isolator [イゾラートァ] 男《–s/..latoren[..ラトーレン]》〔電〕絶縁体[物, 器], 碍子(がいし)；〔建〕断熱[防音]材.

Isolier･band 中《–(e)s/..bänder》〔電〕絶縁テープ.

isolieren [イゾリーレン]《(I)》他 ❶《物⁴を》分離する, 切り離す,《熱･音⁴などを》遮断する；〔電〕絶縁する；〔化〕単離させる. ❷《④（③）》《人･国⁴などを（人･物³から)》孤立させる,《病人⁴などを》隔離する.《(II)》自《物¹が》分離している, 切り離されている,《熱･音⁴などが》遮断されている；〔電〕絶縁されている；〔化〕単離している.

Isoliert･station [イゾリーァト..] 女《(–/–en)》〔医〕隔離病棟.

Isolierung [イゾリールング] 女《–/–en》(Isolation) 隔離, 孤立；〔電〕絶縁.

Isotop [イゾトープ] 中(-s/-e) 【化】同位元素, アイソトープ.

Israel [イスラエ(ー)ル] **(I)** 中《男名》イスラエル. **(II)** 中(-s/) ❶ イスラエル(共和国) ((1948年独立)). ❷《無冠詞で》(旧約聖書の)ユダヤ民族.

Israeli [イスラエーリ] 男(-s/-), (-/-s) (現代の)イスラエル人[国民]. ◇ **Israelin** 女(-/-nen).

israelisch [イスラエーリッシュ] 形 (現代の)イスラエル人[国]の.

Israelit [イスラエリート] 男(-en/-en)《弱》【旧約】イスラエル族の人, ユダヤ人. ◇ **~in** 女(-/-nen).

israelitisch [イスラエリーティッシュ] 形 【旧約】イスラエル(族)の, ユダヤ(人)の.

iss [イス] essen の命令法 2 人称単数形.

iß [イス] 中 = **iss**.

isst [イスト] essen の 2・3 人称単数現在形.

ist [イスト] sein の 3 人称単数現在形.

Italien [イターリエン] 中(-s/) イタリア.

Italiener [イタリエーナー] 男(-s/-) イタリア人. ◇ **Italienerin** 女(-/-nen).

italienisch [イタリエーニッシュ] 形 イタリア(人[語, 風])の. ◆ **das Italienische**《形容詞変化》イタリア語.

Italienisch 中(-(s)/) イタリア語.

i-Tüpfelchen 中(-s/-) i の上の点.

i.V.《略》in Vertretung 代表して; in Vollmacht 代理で.

J

j, J [ヨット, (ﾄﾞｲﾂ)イェー] 中(-/-, (口)-s) アルファベットの第10字.

J.《略》Jahr 年.

ja [ja: ヤー] **(I)** 副《不変化詞》❶ (↔ nein) 《疑問文に対する肯定の答えとして; 文に相当》はい, ええ(そうです) ; 《相手の言葉に同意して》そうです, その通りです. ❷《電話などで》はい, ええ(聞いてますよ). ❸《これから発言をする合図として》そうだなあ, それはですね, ええと, いやあ, まあ, それじゃ; さて, ところで, そうそう, (あっ)そうだ. ◆ **Ja, gern.** はい, 喜んで. **Ja!** ええ, そうなんですよ. そうなんですよ. **Ja(, ehrlich)?** え?, そうなんですか, 本当?. 本当なんですか. **Ja?** 1) ね, でしょ?, そうでしょう?, いい?. 2) で, でしょうか, (あの)何か, 何して. 3) 分かりましたね, いいですね. 4) ほう, それで, **O, ja!** 1) もちろん, そうです. 2)《否定疑問に対して》もちろん, そんなことはありません. ★ 一般的には否定疑問を肯定する場合 doch を用いる. **(II)**《心態詞》❶《平叙文で; 聞き手も知っていると話者が想定していることを表す; アクセントなしで; 同意を期待して》◆ **Ich komme ~ schon.** ちゃんと行きますよ. ★ 理由を表すこともある; 理由を表す副文の中でも用いられる: **Ihm kann ich vertrauen. Er ist ~ mein bester Freund.** 彼は信頼できますよ, 何しろ一番の親友ですから(ね). ❷《感嘆文で; アクセントなしで; (思っていたのとは逆で)驚く》◆ **Du blutest ja!** わあ, 血が出てるよ(よ). ❸《命令形・要求文で; アクセントあり; 威嚇・警告して》◆ **Vergiss ja nicht, mich heute noch anzurufen!**(分かっていると思うけど)今日中に私に電話するのを絶対忘れないでね(もし忘れたらただじゃすまないから). ★ (1) **doch ja, nur ja** で更に強調されることもある. ★ (2) 要求を表す副文の中でも用いられる. 5級

Ja [ヤー] 中(-(s)/-(s))(↔ **Nein**) はいと言うこと, イエス; 肯定, 承諾, 賛成.

Jacht [ヤハト] 女(-/-en) 【海】ヨット.

Jacke [jákə ヤッケ] 女(-/-n) (背広・婦人服・子供服などの)上着; ジャケット. 5級

Jackett [ジャケット] 中(-s/-s) (紳士服の)上着, ジャケット.

Jade [ヤーデ] 男(-(s)/) 女【鉱】翡翠(ヒスイ).

Jagd [ヤークト] 女(-/-en) ❶〈auf 4〉〈(動物 4 の)〉狩り, 狩猟. ❷〈auf 4〉〈(人 4 の)〉追跡. ❸〈nach 3〉〈(物 3 の)〉追求. ❹狩場, 猟区; 狩猟権.

Jagd·beute 女(-/-n) 狩猟の獲物.

Jagd・flugzeug 中(-(e)s/-e) 戦闘機.

Jagd・gewehr 中(-(e)s/-e) 猟銃.

Jagd・hund 男(-(e)s/-e) ❶猟犬. ❷《複》〖天〗猟犬(りょうけん)座.

Jagd・hütte 女(-/-n) 狩猟小屋, 番小屋.

Jagd・revier 中(-s/-e) 狩猟区, 猟場.

Jagd・schein 男(-(e)s/-e) 狩猟免許証.

jagen [ヤーゲン] **(I)** 他 ❶《(4)》〈動物(4格)を〉狩る, 狩猟する. ❷〈人(4格)を〉追う, 追跡する. ❸《(4)+方向》〈口〉〈人・物を…へ〉狩り[追い]立てる;追い払う. ❹《(3)+方向》〈口〉〈物を人(3格)の…に〉突き刺す, 打ち込む. **(II)** 自 ❶ 疾駆[疾走]する, 突進する, 急ぐ. ❷〈nach (3)〉〈物(3格)を〉追い求める.

Jäger [イェーガー] 男(-s/-) ❶猟師, 狩猟家, ハンター. ❷〖軍〗戦闘機. ❸〖軍〗**(a)**狙撃兵. **(b)**《複》狙撃隊.

Jäger・latein 中(-s/) 狩猟者の自慢話;ほら話.

Jaguar [ヤーグアール] 男(-s/-e) 〖動〗ジャガー, アメリカヒョウ.

jäh [イェー] 形《主に付加》《書》❶急激な, 突然の, 不意の. ❷(↔ sanft)険しい;切り立った.

jählings [イェーリングス] 副《やや古》❶急に, 突然, 不意に, あわてて. ❷険しく, まっさかさまに.

Jahr [ja:r ヤール] 中

格	単数	複数
1	das Jahr	die **Jahre**
2	des Jahres	der Jahre
3	dem Jahr	den Jahren
4	das Jahr	die Jahre

❶ 年, 1年, 暦年((1月1日から12月31日まで));1年間;年度(数);《主に複》(長い)年月, 歳月, 長い間, 多年. ❷年齢, 歳;《複》適齢, 老年, 寿命. ◆ dieses ~ 今年, 当年. im nächsten [kommenden, folgenden] ~(e) 翌年, 来年, その次の年に. jedes ~ 毎年((略:j.J.)). alle vier ~e 4年ごとに, 4年に1回. für *seine* ~e その割に. ~ *für* ~ 年々(歳々), 毎年. *in den besten* ~*en* 働き盛[男, 女]盛りの, 油ののりきった. 5級

jahre・lang 形《比較なし;付加または副》長年にわたる, 何年(間)かの, 数年間の, 多年の.

jähren [イェーレン] 再 sich⁴ ❶(ある出来事[日]から)1年が経過する. ❷数年が経過する.

Jahres・bilanz [ヤーレス..] 女 年度決算.

Jahres・einkommen 中(-s/-) 年収, 年間所得.

Jahres・ende 中(-s/-n) 年末, 大晦日;年度末.

Jahres・karte 女(-/-n) 年間通用(乗車[入場])券, 年間定期券.

Jahres・tag 男(-(e)s/-e) (例年の)記念日[祭], 周年祭.

Jahres・umsatz 男 年間売上高.

Jahres・urlaub 男(-(e)s/-e) 年次休暇.

Jahres・wechsel 男(-s/-) 年の変わり目.

Jahres・zahl 女(-/-en) (紀元の)年数.

Jahres・zeit [ヤーレスツァイト] 女(-/-en) 季節, シーズン. 4級

Jahr・gang 男(-(e)s/..gänge) ❶(新聞・雑誌などの)1年分, 巻((略:Jg.;複 Jgg)). ❷《集合的に》同じ年生まれの(人全員);同年代の;(学校の)同期生;同年兵. ❸1年間の生産物;ワイン.

Jahr・hundert [ヤーァフンダァト] 中(-s/-e) 100年, (1)世紀((略:Jh.)).

Jahrhundert・wende 女(-/-n) 世紀の変わり目, 世紀転換期, (世紀の末期を指して)世紀末.

..jährig [..イェーリヒ] 形 ❶《主に付加》「…の年の」「…歳の(年齢)の」. ❷「…年間の」.

jährlich [イェーァリヒ] 形《付加または副》毎年(の), 例年(の), 年々(の). 5級

Jahr·markt [(-e)s/..märkte] 男 大市, 年の市 ((年1回または数回催され る)).

Jahr·tausend [ヤーァタオゼント] 中 (-s/-e) 1000年(間), 10世紀(間).

Jahrtausend·wende 女 1000年 [ミレニアム]の変わり目.

Jahr·zehnt [ヤーァツェーント] 中 (-(e)s/-e) 10年(間).

jahrzehnte·lang [ヤーァツェーン テ..] 形 数十年(間)の.

Jäh·zorn [イェー..] 男 短気, 癇癪(かんしゃく).

jäh·zornig 形 かっとなる, かんしゃく 持ちの.

jaja [ヤーヤー] 圏 《不変化詞》❶そう なんだよ, ❷わかってますよ.

Jalousie [ジャルズィー] 女 (-/..sien [..ズィーエン]) (日よけ用の巻き上げ式 の)ブラインド.

Jammer [ヤマー] 男 (-s/) ❶〈über [um] 4格〉〈事についての〉悲嘆, 嘆 き(の声). ❷悲惨(な状態), 苦境, 不 幸, 苦難, 苦しみ.

jämmerlich [イェメーァリヒ] ((I)) 形 悲惨な, 痛ましい, 不憫(ふびん)な, 惨めな. ((II)) 副 ひどく.

jammern [ヤマァン] ((I)) 自 〈über [um] 4格〉〈事 4格の〉嘆く. ((II)) 他 〈事4格を〉嘆く.

Jan. 《略》Januar 1月.

Jän. 《略》(オーストリア) Jänner 1月.

Janker [ヤンカー] 男 (-s/-) (南ドイツ・オーストリア) ヤンカー・ジャケット ((短い上着)).

Jänner [イェナー] 男 (-s/-) (オーストリア) 1 月.

Januar [ヤヌアーァ] 男 (-(s)-e) 1月 ((略:Jan.)). ♦ im ~ 1月に. 5級

Japan [ヤーパン] 中 (-s/-) 日本. 5級

Japaner [ヤパーナー] 男 (-s/-) 日本 人. ◇ **Japanerin** 女 (-/-nen). 5級

japanisch [ヤパーニッシュ] 形 日本 (人[語])の, 日本製の. 4級

Japanisch 中 (-(s)/-) 日本語. 5級

Japanologie [ヤパノロギー] 女 (-/) 日本学, 日本語・日本文学研究.

japsen [ヤプセン] 自 (口) はあはあと息 をする, 息切れをする, あえぐ.

Jargon [ジャルゴン] 男 (-s/-s) 〔言〕 (地域・職業・階層による集団独特の) 特殊用語, 専門語, 通語;隠語, 符 丁.

Jasmin [ヤスミーン] 男 (-s/-e) 〔植〕 ジャスミン, ソケイ.

Ja·stimme 女 (-/-n) 賛成票.

jäten [イェーテン] 他 ❶〈〔雑草などを〕〉取る. ❷〈(庭4格などの)〉草取 りをする, 除草をする, 雑草を取る.

Jauche [ヤオヘ] 女 (-/-n) 《主に単》 〔農〕水肥.

jauchzen [ヤオホツェン] 自 (書) 歓声 をあげる, 歓呼する.

jaulen [ヤオレン] 自 〈犬1格が〉遠吠えを する;悲しげにクンクン泣く. ★ 狼は heulen.

Jause [ヤオゼ] 女 (-/-n) (オーストリア) 午後の 間食, おやつ, 軽食.

jawohl [ヤヴォール] 圏 《不変化詞》 《強い肯定・命令に答えて》そうです(と も), 承知しました, かしこまりました.

Jazz [ジャズ, ジェス, ヤッツ] 男 (-/-) ジャ ズ.

jazzen [ジャゼン, ジェセン, ヤッツェン] 自 ジャズを演奏する;ジャズで踊る.

Jazzer [ジャザー, ジェサー, ヤッツァー] 男 (-s/-) ジャズミュージシャン.

Jb. 《略》Jahrbuch 年鑑.

je [je: イェー] ((I)) 副 ❶〈過去・未来 に関して不定の時を示して〉いつか, かつて, 今までに, これまでに;いずれ, その うち, いつの日か. ❷それぞれ(に), おの おの. **seit (eh und)** ~ 以前からずっ と, ずっと昔[以前]から. **wie** ~ いつも のように, 相変わらず;従来どおり, 昔 [以前]のままに. ~ **nach** 事3格に応じ て, 事3格に従い, 事3格につれて. **Je nachdem!** 《質問の答えとして独立的に》 状況[都合]次第です, 場合によりけり です, ケースバイケースです, 事と次第に よります. ~ **nachdem ob...** ...に応じ て, ...次第で, ...によって;~ nachdem es regnet oder nicht (regnet) = ~ nachdem ob es regnet oder nicht (regnet) 雨が降るかどうかに よって. ((II)) 接《従属》《比較級と》 ...であればあるほど, ...すればするほど[す るだけ]. ♦ Je eher, desto lieber. 早

① 1格 ② 2格 ③ 3格 ④ 4格

ければ早いほどよい.Je mehr, desto besser. 多ければ多いほどよい. ★desto, umso の代わりに比較級などもある:Sie war immer lustiger, ~ mehr Wein sie trank. 彼女はワインを飲むほどにますます陽気になりました. ★desto, umso の代わりに je を用いるのは,《やや古》である:Je länger, ~ lieber. 長ければ長いほどよい. **((III))** 前《4格支配》…につき,…あたり. **((IV))** 間《驚き・残念を表して》*Ach [Herr, O] ~!* あ呼呼ってこだ,しまった,どうしよう.

4級

Jeans [ジーンズ]**女複**(-/-) ジーンズ,ジーパン.

jede [イェーデ] ⇨ jeder.
jedem [イェーデム] ⇨ jeder.
jeden [イェーデン] ⇨ jeder.
jedenfalls [イェーデンファルス] 副《不変化詞》❶ どっちみち,どの場合でも,いずれにせよ,ともかく. ❷ 少なくとも;たしかに.

jeder [jéːdər イェーダー]

格	男性	女性	中性
1	jeder	jede	jedes
2	jedes	jeder	jedes
3	jedem	jeder	jedem
4	jeden	jede	jedes

★(1)不定冠詞 ein の後に置かれる時,または無冠詞状態とみなされる時には形容詞的に変化することがある. ★(2)複数では alle が用いられる
((I)) 冠 各々の,それぞれの,どの…も,毎….,どの…;あらゆる,すべての. ♦jeder Einzelne 各人が. ♦jeden Morgen [Tag, Sonntag, Monat] 毎朝[毎日,毎日曜日,毎月]. jeden dritten Tag 二日おきに,三日目ごとに. *jedes Mal* 毎回,その都度.
((II)) 代《不定》《文頭以外では小文字》各々,各人,誰も,すべての[あらゆる]人;各々の物[事],すべての物[事]. ♦jedes der Kinder 子供は誰でも[すべて]. ein jeder 誰もが,各人が,めいめいが ★ein jeder は jeder よりも意味が強く,さらに (ein) jeder Einzelne の方が強い. ★jeder を独立的に用いることがある:Die Kinder haben jedes ein Eis bekommen. どの子供もアイスを一つもらいました.

jedermann [イェーダーマン] 代《不定》(-s/) 《やや古》誰も,みんな,すべての[あらゆる]人,各々の人,各々,各人. ♦Das ist ein Buch für ~. これは万人向けの本です ★(1) 口語では jederman の代わりに jeder が用いられる:Das ist ein Buch für jeden. ★(2) 否定形は全体否定と部分否定で異なる:Das wird nicht ~⁴ freuen. それはすべての人を喜ばすわけではありません(喜ぶ人もいる). Das wird niemand(en) [keinen] freuen. それは誰も喜ばせん. *nicht ~s Sache [Geschmack] sein*《口》万人には向かない,誰にでもできることではない,誰の好みにも合うというものではない.

jederzeit [イェーダーツァイト] 副 ❶いつでも,どのようなときでも,常に. ❷《können と》いつ…するかもしれない,今にも…しそうだ.
jedes [イェーデス] ⇨ jeder.
jedesmal [イェーデスマール] 副 = jedes Mal (⇨ jeder 成句).
jedoch [イェドッホ] 副,《稀》《並列》《書》しかしながら,けれども,だが;それにもかかわらず,とはいうものの. 4級
jegliche [イェークリヒェ] jeglicher の女性単数1・4格形,複数1・4格形.
jeglichem [イェークリヒェム] jeglicher の男性単数3格形,中性単数3格形.
jeglichen [イェークリヒェン] jeglicher の男性単数4格形.
jeglicher [イェークリヒャー] 冠《否定表現と共に現れやすい;変化は jeder に準ずる;一般的には抽象名詞の前で用いられる;jeder と異なり,複数形でも用いられる》いかなる,なんらの.
jegliches [イェークリヒェス] jeglicher の男性単数2格形,中性単数

1・2・4格形.

jeher [イェーヘーァ, イェーヘーァ] 副 *seit [von]* ~ 昔から.

jemals [イェーマールス] 副《過去・未来に関して不定の時を示して》いつか; かつて, 今までに, これまでに; いずれ, そのうち, いつの日か. 4級

jemand [jé:mant イェーマント] 代 〈不定〉

| 1格 jemand | 3格 jemand(em) |
| 2格 jemand(e)s | 4格 jemand(en) |

だれか, ある人 (↔ niemand). ★(1) 副詞句が付加する場合には格変化は: mit ~em in der Stadt この町の誰かと一緒に. ★(2) jemand の関係代名詞は, 男性形を用いる: Hier ist ~, der dich sprechen wollte. ここに君に会いたがっていた人がいます. 5級

jemandes [イェーマンデス], **jemandem** [イェーマンデム], **jemanden** [イェーマンデン], **jemands** [イェーマンツ] ⇨jemand.

Jena [イェーナ] 田 (–s) イェーナ ((ドイツ中部の Saale 河畔の都市)).

jene, [イェーネ], **jenem** [イェーネム], **jenen** [イェーネン] ⇨jener.

jener [jé:nər イェーナー]

格	男性	女性	中性	複数
1	jener	jene	jenes	jene
2	jenes	jener	jenes	jener
3	jenem	jener	jenem	jenen
4	jenen	jene	jenes	jene

《(I)》冠 (↔ dieser) ❶《指示冠詞の der よりはっきりと空間的・時間的・意識的に遠いものを指して》あの, その, かなたの, あちらの, 向こうの; かつての, 以前の, 昔の, あの過ぎ去った; かの, 例の, かの有名な, (先刻)ご承知の. ❷《二つのうちの》後者. ♦jener mann あの男の人.《dieser と対をなして》Ich möchte nicht dieses, sondern jenes Bild. この絵ではなくて, あの絵が欲しいのですが.《関係代名詞と》Sie war an jenen Punkt gekommen, an dem die Grenze ihrer Geduld lag. 彼女は我慢の限界点に達していました.《(II)》代〈不定〉《文頭以外では小文字》❶あの人, かの人, その人, 例の人; あれ, あの物[事], かの物[事], その物[事], 例の物[事].《dieser と対をなして》あちら, そちら. ♦von diesem und jenem sprechen いろいろの事について話す, あれこれ話す. ★jener は文脈にかかわらず, 男性・女性・複数形で用いられると人を表し, 中性形ならば物を表す. ❷前者. ♦Die Mutter liebt die Tochter, diese liebt aber jene nicht. 母親は娘を愛しているが, 後者[娘]はしかし前者[母親]を愛していない. ★比較: Die Mutter liebt die Tochter, die liebt aber sie nicht. 母親は娘を愛しているが, 娘はしかし母親を愛していない.

jenes [イェーネス] jener の男性単数2格形, 中性単数1・2・4格形.

jenseits [イェ(—)ンザイツ]《(I)》前《2格支配》(↔ diesseits) あちら側に, 向こう側に, 越えて.《(II)》副あちら側に; あの世で. ♦~ des Gebirges [der Grenze] = ~ vom Gebirge [von der Grenze] 山[国境]の向こう側に.

Jenseits [イェ(—)ンザイツ] 田 (–/) (↔ Diesseits) あの世, 来世, 彼岸.

Jersey [ジェァズィ]《(I)》男 (–(s)/–s) ジャージ ((布地)).《(II)》田 (–s/–s) ジャージ ((運動着)).

Jesus [イェーズス] 男 ~ Christus イエス・キリスト ★2格 Jesu Christi, 3格 ~ Christus 及び Jesu Christo, 4格 ~ Christus 及び Jesum Christum; 呼格 ~ Christus 及び Jesu Christe.

Jet [ジェット] 男 (–(s)/–s) ❶ジェット機. ❷ジェットエンジン.

jetzig [イェッツィヒ] 形《付加》今の, 現在の, 目下の, 現時の, 現今の, 現代の; 現実の.

jetzt [jetst イェッツト]《(I)》副 ❶《現在の時点を示して》今, 現在, 目下; 今日(ほぁ), このごろ, 現今; 今度は. ❷《現在の直前・過去を示して》今まで, これ

まで;今や, 今となっては. ❸《現在の直後・未来を示して》今から, これから;さあ, いざ. ((II))圖《不変化詞》《主に疑問文に用いられて, 話者のいらだちを表す》(ロ)何という事だ. 5級

jeweilig [イェーヴァイリヒ]形《付加》その都度の, その時々の, 折にふれての.

jeweils [イェーヴァイルス]副 ❶ そのたびごとに, その都度, 毎度;それぞれ. ❷《時を表わす語句と》(...の)たびに, ごとに. 4級

Jg.《略》Jahrgang.

Jgg. 圏《略》Jahrgänge.

Jh.《略》Jahrhundert 世紀.

jiddisch [イディッシュ]形 イディシュ(語)の.

Jiddisch [イディッシュ]甲(-(s)/)イディシュ語《主にドイツ及び東ヨーロッパで話されるユダヤ人の言語》.

Job [ジョップ]男(-s/-s) (ロ) アルバイト. 4級

jobben [ジョベン]自 アルバイトで稼ぐ, バイトする.

Job-sharing [..シェアリング]甲(-(s)/) アルバイトのシェア.

Joch [ヨッホ]甲(-(e)s/-e) ❶軛(%). ❷《単》束縛, 圧制, 隷属.

Jockei [ジョッケ, ジョッキ]男 = Jockey.

Jockey [ジョッキ, ジョッケ]男(-s/-s)(職業的)競馬騎手, ジョッキー.

Jod [ヨート]甲(-(e)s/)《化》ヨード, 沃素(½)《記号:J》.

jodeln [ヨーデルン]自《アルプス地方の》ヨーデルを歌う.

jod·haltig 形《副なし》ヨードを含んだ.

Joga [ヨーガ]甲男(-(s)/) ❶《ヒンズー教》ヨガ[瑜伽(%)](の行). ❷ヨガ体操.

joggen [ジョゲン]自 ❶ジョギングをする. ❷⑤ジョギングをして行く.

Jogging [ジョギング]甲(-s/)[ジョギング]男 ジョギング.

Joghurt [ヨーグルト]男, ((ホゥʷタ・ネ スマ))甲 (-(s)/-(s))ヨーグルト.

Joghurt·becher 男 ヨーグルトのカップ[パック].

Jogurt = Joghurt.

Johannis·beere 囡(-/-n)《植》❶スグリ. ❷《主に複》スグリの実.

johlen [ヨーレン]自《(④)》《(事⁴を)》わめく, わめき立てる.

Joint [ジョイント]男(-s/-s) (ロ) ジョイント. ((ハッシュやマリファナ入りの手巻きタバコ)).

Jolle [ヨレ]囡(-/-n)《海》❶(船に積む)小船, 救命ボート. ❷小さいセーリングヨット.

Jongleur [ジョングレーァ]男(-s/-e)曲芸師, 軽業師. ◇ **~in** 囡(-/-nen).

jonglieren [ジョングリーレン] ((I))自《mit ③》《(物³で)》曲芸[奇術]をする, 《言葉⁴などを》巧みに操る. ((II))他《物⁴を》巧みに操る.

Joppe [ヨッペ]囡(-/-n) (ローデン製の男性用)上着, ジャケット.

Jordanien [ヨァダーニエン](-s/)《国名》ヨルダン.

Jot [ヨット]甲(-/-)ドイツ語アルファベットJ, jの名称.

Journalismus [ジュルナリスムス]男(-/)ジャーナリズム.

Journalist [ジュルナリスト]男(-en/-en)《弱》ジャーナリスト. ◇ **Journalistin** 囡(-/-nen).

journalistisch [ジュルナリスティッシュ]形 新聞[雑誌](記者)的な, ジャーナリスティックな, ジャーナリズム上の;新聞学の.

Joystick [ジョイスティック]男(-s/-s)(ゲーム機などの)操作レバー.

jr.《略》junior.

Jubel [ユーベル]男(-s/) 歓呼, 歓喜[万歳]の叫び, 歓声.

Jubel·jahr 甲(-(e)s/-e) 記念祝祭の年;[ユダヤ教]ユダヤ50年節;[カトリック]聖年《25年ごとの大赦の年》.

jubeln [ユーベルン]自《**über** ④》歓声をあげる.

Jubilar [ユビラーァ]男(-s/-e) 記念祭[式]の祝賀を受ける人. ◇ **Jubilarin** 囡(-/-nen).

Jubiläum [ユビレーウム]甲(-s/..läen) (区切りのよい年などに行われる)記念(祝)祭, 記念式;記念日.

①1格 ②2格 ③3格 ④4格

jubilieren [ユビリーレン] 自 ❶《古》= jubeln. ❷ (口) 祝賀する. ❸《書》(鳥が)さえずる, 歌う.

juchzen [ユフツェン] 自《口》= jauchzen.

jucken [ユッケン] ((I)) 自 ❶(a)〈衣服・繊維・虫刺されなど〉かゆい, ムズムズ[チクチク]する. (b)〈③〉〈人³の〉〈体の部位¹が〉かゆい, ムズムズする. ❷《非人称で》〈③④+場所〉〈人³·⁴の...のあたりが〉かゆい, ムズムズする. ((II)) 他 ❶〈人⁴に〉かゆみを感じさせる, ムズムズさせる. ❷《非人称で》〈人⁴が〉かゆい, ムズムズする. ((III)) 再 sich⁴ (口)〈体(の部位)を〉かく.

Juck|reiz [(-es/(まれ)-e) かゆみを起こす刺激, 掻痒(ミミミミ)感.

Judas [ユーダス] ((I))《人名》《聖》ユダ. ((II)) 男 (-/-se)《軽蔑》裏切り者, 反逆者.

Jude [ユーデ] 男 (-n/-n)《弱》❶ユダヤ人; ユダヤ教徒. ❷高利貸, 金もうけ専一の商人, 守銭奴.

Judentum [ユーデントゥーム] 中 (-s/) ユダヤ教; ユダヤ人気質; ユダヤ民族.

Juden|verfolgung 女 (-/-en) ユダヤ人迫害.

Jüdin [ユーディン] 女 (-/-nen) ユダヤ人女性.

jüdisch [ユーディシュ] 形 ユダヤ(人語)の; ユダヤ人風[気質]の.

Judo [ユード, (ヨ゙゙゙) ジュード] 中 (-(s)/) 柔道.

Jugend [júːgənt ユーゲント] 女 (-/) (↔ Alter) ❶若いこと, 若さ; 若年, 青春; 青年期, 少年期, 青春時代. ❷青少年, 若者, 少年[少女]. ❸ジュニアクラス[チーム], 青年部.

Jugend|buch 中 (-(e)s/..bücher) 青少年向け図書.

jugend|frei 形《副なし》(映画などで)未成年者も見てよい.

jugendgefährdend [..ゲフェーァデント] 形《副なし》(映画・書籍などで)青少年に害のある.

Jugend|herberge 女 (-/-n) ユースホステル.

Jugend|kriminalität 女 (-/) 青少年犯罪.

jugendlich [..リヒ] 形 ❶年若い, 青年[少年]の(ような). ❷《比》若々しい, 血気盛んな, 元気な.

Jugendliche(r) [ユーゲントリヒェ[ヒャー]] 男女《形容詞変化》少年, 少女, 青少年, 若者, 未成年者(法律上は14歳以上18歳未満の者)).

Jugend|liebe 女 (-/-n) 少年[少女]の恋(人), 初恋.

Jugend|schutz 男 (-es/)《法》(青)少年保護.

Jugend|stil 男 (-(e)s/) ユーゲント様式, ユーゲントシュティール(19世紀末から20世紀初頭にかけての装飾性の強い芸術様式; ドイツ語圏におけるアールヌーボーの展開)).

Jugend|strafe 女 (-/-n)《法》少年刑(罰).

Jugend|sünde 女 (-/-n) 幼少時のあやまち[罪]; 青少年の過失.

Jugend|zeit 女 (-/) 青年[少年]時代, 幼少の時.

Jugoslawe [ユゴスラーヴェ] 男 (-n/-n)《弱》ユーゴスラビア人. ◇ **Jugoslawin** 女 (-/-nen).

Jugoslawien [ユゴスラーヴィエン] 中 (-s/) ユーゴスラビア(バルカン半島にあった共和国(1929-91)).

jugoslawisch [ユゴスラーヴィッシュ] 形 ユーゴスラビアの.

Julei [ユーライ] 男 (-(s)/(まれ)-s) (口) 7月((Juniとの混同を避けて)).

Juli [ユーリ] 男 (-(s)/(まれ)-s) 7月. ♦im ~ 7月に. 5版

jung [joŋ ユング] ❶《比較 jünger; 最上 jüngst》形 ❶《副なし》(↔ alt) (人間・動植物が) (年の)若い, 若年の, 幼い; 未完成の, 発展期にある; 未熟[不慣れ]な, 経験の乏しい; 《他の人と比べて》若い[年下の]方の, 《比較級で》年下の, 《最上級で》一番年下の. (b)《副なし》... Jahr(e) ~ の形で》(口; 戯) ...歳の(若さの), (また)...歳の. ❸《副なし》若々しい; 気の若い; 若々しい, はつらつとした, 元気な. ❹(a)《通例付加》(まだ)新しい,

まだ日[歴史]の浅い, 新生[新設, 新興]の; でき[獲れ]たての, 初物[走り]の, 新鮮な; 清新の, さわやかな. **(b)**《比較のみ; 特に最上級で; 付加》(ついく)最近の; より[最も]現在に近い; 最後[最終]の. **5級**

Junge [jóŋə ユンゲ]**男**

格	単数	複数
1	der Junge	die Jungen
2	des Jungen	der Jungen
3	dem Jungen	den Jungen
4	den Jungen	die Jungen

男の子, 少年, 若者. **5級**

Junge(r) [ユンゲ[ガー]]《形容詞変化》**(I)男女** 若い人. **(II)中**(動物の)子, 雛**中**.

jungen [ユンゲン]**自 ❶**(家畜などが)子を産む. **❷**《詩》若返る.

jungenhaft [..ハフト]**形** 男の子らしい, 男の子っぽい, 子供らしい.

jünger [ユンガー]《jung の比較級》**形 ❶**より若い. **❷**比較的[割合に]若い, 中年の, 壮年の.

Jünger [ユンガー]**男**(−s/−)〔キリスト教〕門人, 弟子; 信奉者, 帰依者.

Jungfer [ユングファー]**女**(−/−n)
eine alte ~ オールドミス.

Jungfern·fahrt **女**(−/−en) 処女航海.

Jungfern·häutchen [..ホイトヒェン]**中**(−s/−)〔解〕処女膜.

Jung·frau 女(−/−en)(やや古) **❶**処女, 乙女, 未婚婦人; 若い女;《比》純潔なもの. **❷**〔天〕乙女座. **❸**《die ~》ユングフラウ(スイスアルプスの山り).

jung·fräulich 形 ❶《書》処女のような, 乙女らしい; 純潔な, しとやかな, 内気な, 汚れのない. **❷**人跡未踏の, 手つかずの.

Jung·geselle 男(−n/−n)《弱》独身男性. ◇ **Jung·gesellin 女**(−/−nen).

Jüngling [ユングリング]**男**(−s/−e)(古)青年, 若者; 若造, 半人前.

jüngst [ユングスト]《jung の最上級》**(I)形**《付加》**❶**最も若い. **❷**《時間》最近の, 近頃の. **❸**(letzt) 最終の, 現在から最も遠い. **(II)副**《書》近頃, 最近.

Jung·wähler 男(−s/−) 新有権者(《選挙権を得たばかりの若い国民》); 〔政〕若年層有権者.

Juni [ユーニ]**男**(−(s)/(古)−s) 6月.
♦ *im ~* 6月に. **5級**

junior [ユーニオァ]**形**《無変化; 人名に後置される》(↔ senior) 年下の, 小《(父子同名であるときの子, 同名異人の年若い方を呼ぶ; 略: jn.)》.

Junior [ユーニオァ]**男**(−s/Junioren [ユニオーレン]) (↔ Senior) **❶**《主に単》(しばしば戯) 父と同名の息子. **❷**〔商〕経営者の息子, 若旦那. **❸**《主に複》(スポーツ・ファッションなどの) ジュニア.

Junior·chef 男(−s/−s) 経営者の息子, 若旦那.

Juno [ユーノ] **(I)男**(−(s)/−s)(口) 6月((Juli との区別を明示するために)). **(II)女**〔ロ神〕ジューノー((Jupiter の妃; 〔ギ神〕Hera)). **(III)女**(−/−)〔天〕ジュノー(小惑星の名).

Junta [フンタ, ユンタ]**女**(−/..ten) (スペイン・ポルトガルなどの) 軍事政権[政府], 議会, 会議.

Jupe [ジューペ]**女**(−/−s),**男**(−s/−s)(ス) スカート.

Jura [ユーラ] **(I)復**《無変化; 無冠詞で》法(律)学. **(II)男**(−(s))〔ノ(スイスのユーラ山).

Jurist [ユリスト]**男**(−en/−en)《弱》法学者, 法律家; 法学(部学)生. ◇ **~in 女**(−/−nen).

juristisch [ユリスティッシュ]**形**《述語なし》**❶**《付加》法学の, 法律の, 裁判の, 法律家(としての). **❷** 法律[法学]上の; 合法の, 法にてらした.

Jury [ジュリー, ジューリ]**女**(−/−s) (催し物・コンクールなどの) 審査委員会; (英米法の) 陪審(裁判).

just [ユスト]**副**(やや古) **❶**まさに, ちょうど, 全く, 正確に; によりにもよって. **❷**ただいま, 今しがた.

justieren [ユスティーレン]**他**《機械^{4}を》(使用前に)調整[調節]する.

Justiz [ユスティーツ]**女**(−/) 司法(行

Justizirrtum

政), 司法権; 司法機関, 司法制度, 裁判所; 判決.

Justiz·irrtum 男 (-(e)s/..tümer) [法] 誤判, 誤審.

Justiz·minister 男 (-s/-) 法務大臣, 司法大臣.

Justiz·ministerium 中 (-s/..rien) 司法省, 法務省.

Justiz·mord 男 (-(e)s/-e) 法の殺人 ((冤罪(紛)による死刑)).

Jute [ユーテ] 女 (-/-) ❶[植]ツナソ(黄麻). ❷[織]ジュート麻(の繊維).

Jütland [ユートラント] 中 (-(e)s) ユトランド半島((北海とバルト海を隔てる)).

Juwel [ユヴェール] ((I))中/男 (-s/-en) 《主に複》(特に磨いた)宝石, 宝石を用いた装身具. ((II))中 (-s/-e) (口; 誇張) 至宝, 逸品, 精華; 貴重な人物, 宝石のような人.

Juwelier [ユヴェリーァ] 男 (-s/-e) 宝石[貴金属]商; 宝石細工師. ◇**Juwelierin** 女 (-/-nen).

Juwelier·geschäft 中 (-(e)s/-e) 貴金属宝石店[商].

Jux [ユクス] 男 (-es/(稀)-e) (口) しゃれ, 冗談, 戯れ.

K

k, K [カー] 中 (-/-, (口)-s) アルファベットの第11字.

k. 《略》❶**kaiserlich** 皇帝[帝国]の. ❷**königlich** 国王[王国]の.

K ❶[化] **Kalium** カリウム. ❷[理] **Kelvin** ケルヴィン((絶対温度の単位)).

Kabarett [カバレット, カバレット, (フラ)カバレ] 中 (-s/-s, -e) ❶[単]カバレット, 時事諷刺劇 ((コント・シャンソン・ダンスなどによる)). ❷カバレットの舞台[店, 一座]. ❸カバレット芸人.

Kabarettist [カバレッティスト] 男 (-en/-en)《弱》カバレット芸人. ◇**Kabarettistin** 女 (-/-nen).

kabarettistisch [カバレッティスティッシュ] 形 カバレットの.

Kabel [カーベル] 中 (-s/-) ❶(通信・送電などの)ケーブル, 海底[地下]ケーブル. ❷ワイヤロープ.

Kabel·fernsehen 中 ケーブルテレビ, 有線テレビ.

Kabeljau [カーベルヤオ] 男 (-s/-s, -e) [魚]タラ(鱈).

Kabine [カビーネ] 女 (-/-n) ❶(仕切られた)小部屋, 個室; 更衣室. ❷船室, キャビン; (飛行機の)客室.

Kabinett [カビネット] 中 (-s/-e) ❶内閣; 《集合的に》閣僚(全員). ❷[史](諸侯の)執務室. ❸(古風)(窓がひとつだけの)小部屋. ❹[ワイン]カビネット(ワイン)((高級ワイン; Qualitätswein mit Prädikat の一番下の等級)).

Kabrio [カーブリオ] 中 (-s/-s) ⇒**Kabriolett**.

Kabriolett [カブリオレット] 中 (-s/-s) カブリオレ (a) 開閉可能な幌付きオープンカー. b) (昔の)一頭立て二輪幌馬車).

Kachel [カッヘル] 女 (-/-n) (化粧)タイル.

kacheln [カッヘルン] 他 〈所4に〉タイルを張る; 〈物4を〉タイル張りにする.

Kachel·ofen 中 タイル張りの暖炉.

Kadaver [カダーヴァー] 男 (-s/-) (獣の)死体.

Kader [カーダー] 男, (スイス) 中 (-s/-) (軍隊・党などの)幹部, 中核; (スポーツの)中心選手(団).

Käfer [ケーファー] 男 (-s/-) ❶[動]甲虫. ❷(古; 口)若い娘. ❸(口)(カブトムシ型の)フォルクスワーゲン.

Kaff [カフ] 中 (-s/-s) (口; 軽蔑)退屈な場所, 片田舎, 寒村.

Kaffee [káfe: カフェー, (フランス) カフェー] 男 (-s/-s, (カフェなどでコーヒーを注文する場合)-) ❶[単](飲み物としての)コーヒー. ❷コーヒー豆. ❸[単][植]コーヒーノキ. ❹[単](午後[午前]の)コーヒーブレイク, 間食, おやつ; (コーヒーの出る)茶話会. ◆～ **trinken** コーヒーを飲む; 茶話会をする. Ein ～ [Eine Tasse ～], bitte! コーヒーを一杯ください. 5級

Kaffee·haus 田(⸨⸩) 喫茶店.
Kaffee·kanne 囡(-/-n) コーヒーポット.
Kaffee·kränzchen [..クレンツヒェン] 田(-s/-)（コーヒーを飲みながらの）茶話会（の参加者）.
Kaffee·maschine 囡(-/-n)（電気）コーヒーメーカー.
Kaffee·mühle 囡(-/-n) コーヒー豆碾(⸨⸩)き器，コーヒーミル.
Kaffee·satz 男コーヒーのおり，出しがら.
Kaffee·tante 囡(-/-n)（口）コーヒー好きの女性；コーヒーを飲みながらのおしゃべりが好きな女性.
Käfig [ケーフィヒ] 男(-s/-e) 檻(⸨⸩)；かご.
kahl [カール] 形 ❶ はげた，毛のない；（鳥などが）羽毛のない；（木の）葉のない；（山などが）草木のない. ❷（部屋・壁などが）飾りのない. ■ ~ fressen 〈虫¹などが〉〈植物⁴の〉葉を食って裸にする. ~ scheren 〈人・物⁴を〉（刈って）丸坊主にする.
kahl|fressen＊= kahl fressen (⇨kahl ■).
kahl·köpfig [..ケプフィヒ] 形はげ頭の，禿頭(⸨⸩)の.
kahl|scheren＊= kahl scheren (⇨kahl ■).
Kahl·schlag 男《単》〘林〙伐採，皆伐(⸨⸩). ❷伐採皆伐区画.
Kahn [カーン] 男(-(e)s/Kähne) ❶小舟，ボート；（動力を持たない）荷船，平底船. ❷（口；⸨⸩；軽蔑）船.
Kai [ケー，カイ] 男(-s/-s) 波止場，埠頭(⸨⸩)，桟橋.
Kaiser [カイザー] 男(-s/-s) 皇帝.
Kaiserin [カイゼリン] 囡(-/-nen) 女帝；皇后.
Kaiser·krone 囡(-/-n) ❶ 皇帝の冠，帝冠. ❷〘植〙ヨウラクユリ（バイモ属の一種）.
kaiserlich-königlich [カイザーリヒ..] 形〘史〙オーストリア・ハンガリー二重帝国(1867-1918)の（（k.k.;称号として Kaiserlich-Königlich；略：K.K.）).

Kaiser·reich 田(-(e)s/-e) 帝国.
Kaiser·schnitt 田(-(e)s/-e)〘医〙帝王切開.
Kajüte [カユーテ] 囡(-/-n) 船室，キャビン，客室.
Kakao [カカオ] 男(-s/-s)〘植〙カカオ；カカオの木；カカオの実；（粉末・飲み物の）ココア.
Kakerlak [カーカーラク] 男(-s, -en/-en) ゴキブリ.
Kaktus [カクトゥス] 男(-/Kakteen [カクテー(エ)ン],（口）-ses/-se)〘植〙サボテン.
Kalauer [カーラオアー] 男(-s/-) だじゃれ；下手な冗談.
Kalb [カルプ] 男(-(e)s/Kälber) ❶ 子牛.《単》子牛の肉. ❷（ゾウ・キリンなどの大型哺乳動物の）子，幼獣.
kalben [カルベン] 自〈牝牛¹などが〉子を産む.
Kalb·fleisch 田子牛の肉.
Kalbs·braten [カルプス..] 男(-s/-) 子牛の焼肉.
Kalbs·schnitzel 田(-s/-) 子牛のシュニッツェル（カツレツ）.
Kalender [カレンダー] 男(-s/-) カレンダー，暦；暦法.
Kalender·jahr 田(-(e)s/-e) 暦年（（1月1日から12月31日まで）).
Kali [カーリ] 田(-s/-s)《主に単》〘化〙❶ カリ鉱物. ❷ カリウム化合物.
Kaliber [カリーバー] 田(-s/-)（管状の物の）直径，内径；（銃砲の）口径；（弾丸の）外径，弾径.
Kalifornien [カリフォルニエン] 田(-s/-) カリフォルニア（（アメリカ合衆国西海岸の州名；略CA）).
Kalium [カーリウム] 田(-s/)〘化〙カリウム（（記号：K）).
Kalk [カルク] 男(-(e)s/-e) ❶ 石灰（石）. ❷ 生石灰；石灰モルタル.
kalken [カルケン] 他 ❶〈所⁴に〉石灰モルタルを塗る. ❷〈所⁴に〉石灰をまく.
Kalk·mangel 男(-s/)（生物・土壌の）カルシウム欠乏.
Kalk·stein 男(-(e)s/-e)《主に単》石灰岩，石灰石.

Kalkül [カルキュール]((I))中(-s/-e)(書) ❶計算, 予測. ❷打算, たくらみ. ((II))男(-s/-e) 計算法.

Kalkulation [カルクラツィオーン]女(-/-en)(原価)計算, 見積り, 算定.

kalkulieren [カルクリーレン]他〈…を〉(あらかじめ)計算[算定]する, 見積もる; 〈事⁴を〉見積る, 推測する.

Kalorie [カロリー]女(-/..rien[..リーエン])❶〈主に複〉カロリー((食品に含まれる栄養価・熱量単位;数値は実際にはキロカロリー単位で表示される)). ❷カロリー((熱量の単位;記号:cal)).

kalorien·arm 形低カロリーの.

Kalorien·gehalt 男(-(e)s/-e)《主に単》(特に食品の)カロリー量.

kalt [kalt カルト](比較 **kälter**; 最上 **kältest**) 形 ❶(↔ heiß, warm)寒い, 冷たい. ❷〈副なし〉冷たくした, 冷やした; 冷えた, さめた. ❸冷たい, 冷淡な, 冷静な, 冷やかな. ❹そっとするような. ◆~es Essen (火を使わない)冷たい食事((パン, ハム, ソーセージ, チーズなどで済ませる夕食)). Heute ist es ~. 今日は寒いです. Mir ist ~. 私は寒いです. ■~ **bleiben** 平然としている, 落ち着いている; 冷たい; 冷ままである. ~ *lächelnd* (軽蔑)冷笑に. **5級**

kalt|bleiben* = kalt bleiben (⇨ kalt ■).

kalt·blütig [..ブリューティヒ]形 ❶(軽蔑)冷酷な, 残酷な, 残忍な, 無情な. ❷平静な, 冷静な, クールな. ❸〔動〕変温の.

Kaltblütigkeit [..カイト]女(-/) ❶(軽蔑)冷酷, 残酷, 残忍. ❷平静, 冷静. ❸〔動〕変温性.

Kälte [kéltə ケルテ]女(-/) ❶(↔Hitze, Wärme)寒さ, 冷たさ; 冷え, 寒さ; 零下(の温度). ❷冷たさ, 冷やかさ, 冷淡(さ); 無関心. **4級**

Kälte·einbruch 男 急な寒さの到来, 寒波の突然の襲来.

Kälte·grad 男(-(e)s/-e) 氷点下(の温度).

kälter [ケルター]kalt の比較級.

kältest [ケルテスト]kalt の最上級.

Kälte·welle 女(-/-n)《主に単》(↔Hitzewelle)寒波.

kalt·herzig 形冷淡な, 無情な, 冷たい心の.

kalt·lächelnd [..レヒェルント] = kalt lächelnd (⇨ kalt ■).

kalt|lassen* 他 ❶〈人⁴の〉関心をひかない, 心を動かさない. ❷〈物⁴を〉冷たいままにしておく.

kalt|machen 他(口)〈人⁴を〉バラす, 殺す. ★ただし:❹ kalt machen 物⁴を冷やす.

Kalt·miete 女(-/-n) 光熱費込みでない家賃.

kam [カーム]kommen の過去形.

Kambodscha [カンボジャ]中(-s/) カンボジア((インドシナ南部の国)).

käme [ケーメ] kommen の接続法II式形.

Kamel [カメール]中(-(e)s/-e) ラクダ(駱駝).

Kamera [カメラ]女(-/-s) (広く)カメラ; 写真機; 映画撮影機. **4級**

Kamerad [カメラート]男(-en/-en)(弱) ❶仲間, 友(達); 同僚, 同窓[同級]生; 同志, 戦友; 伴侶, 連れ. ❷同好の友. ◇ **Kameradin** [カメラーディン]女(-/-nen).

Kameradschaft [..シャフト]女(-/-en)《主に単》〈(mit ③)〉〈(人³との)〉仲間[僚友]関係, 親交(関係); 友情.

kameradschaftlich [..リヒ]形《付加または副》仲間の[らしい]; 仲良しの.

Kamerun [カメルーン, カメルーン](-s/) カメルーン((アフリカ西部のギニア湾に臨む国)).

Kamille [カミレ]女(-/-n)《主に単》〔植〕カミツレ[カミルレ]属((薬に用いられる)).

Kamin [カミーン]男(-s/-e) ❶(壁に取り付けた)暖炉. ❷(南ドイツ・オーストリア)煙突.

Kamm [カム]男(-(e)s/Kämme) ❶櫛(く). ❷(鶏の)とさか(トカゲなどの背中や皮膚の)とさか状突起. ❸山の稜線, 尾根; 波頭(なみ).

kämmen [ケーメン]((I))他〈人⁴の〉髪

をくしでとかす.《(II)》再 sich⁴ 髪を
とかす.

Kammer [カマー] 囡(-/-n) ❶小部屋;納戸,物置部屋,貯蔵室. ❷(エンジンの)燃焼室. ❸[生・医]室,房;心室. ❹[法・政](国会の)議院;(議会などの)委員会,部会. ❺(同業者の)(圧力)団体. ❻[法](裁判所の)部.

Kammer·diener 男(-s/-)[史]近侍,従者,付き人.

Kammer·jäger 男(-s/-)害虫駆除業者.

Kammer·musik 囡室内楽.

Kammer·sänger 男(-s/-)カンマーゼンガー《a) 声楽家の名誉称号.b) その称号を持つ歌手》.

Kamm·garn 中(-(e)s/-e) ❶[織]ウーステッドヤーン,梳毛糸(ｿﾓｳｼ). ❷ウーステッド《①による織物》.

Kampagne [カンパニェ] 囡(-/-n)〈für [gegen] ④〉〈(人・物⁴のための[に反対する])〉キャンペーン;(政治などの)運動,宣伝活動.

Kampf [カンプフ] 男(-(e)s/Kämpfe) ❶戦い,戦闘,闘争. ❷〈mit ③ [gegen ④]〉〈(人・物³,⁴との[に対する])〉格闘,殴り合い;決闘;(スポーツの)試合,競技. ❸(心理的な)葛藤. ♦ der ~ ums Dasein 生存競争.

Kampf·abstimmung 囡(-/-en) 決戦投票.

kampf·bereit 形戦闘準備の整った.

kämpfen [ケンプフェン] 自〈mit ③ [gegen ④]〉〈(人³,⁴と)〉戦う;戦争する;闘う,競う,格闘する,殴りあう;決闘する,(スポーツで)試合をする,競争する. *mit sich*³ ~ 自分と格闘する,考えあぐねる. 4級

Kampfer [カンプファー] 男(-s/-)樟脳(ｼｮｳﾉｳ);[医]カンフル.

Kämpfer [ケンプファー] 男(-s/-)戦士,闘士;選手,競技者. ◇ **Kämpferin** 囡(-/-nen).

Kampf·handlung 囡(-/-en)《主に複》戦闘行為,軍事行動.

Kampf·preis 男競争価格.

Kampf·richter 男(-s/-)審判(員),ジャッジ,レフェリー.

kampf·unfähig 形[副なし]戦闘(能)力のない.

kampieren [カンピーレン] 自キャンプする,野営する;一時しのぎの場所で夜を明かす[寝泊りする].

Kanada [カナダ] 中(-s/) カナダ.

Kanadier [カナーディアー] 男(-s/-) ❶カナダ人. ❷[スポーツ]カナディアンカヌー. ◇ **Kanadierin** 囡(-/-nen)(女性の)カナダ人.

kanadisch [カナーディッシュ] 形カナダの.

Kanal [カナール] 男(-s/Kanäle) ❶運河,水路. ❷下水道(管),排水溝. ❸(一定の)周波数帯,放送の[チャンネル. ❹(情報などが伝わる)経路,ルート,チャンネル. ❺ドーヴァー海峡.

Kanalisation [カナリザツィオーン] 囡(-/-en) 下水道,下水施設[システム].

kanalisieren [カナリズィーレン] 他 ❶〈町⁴などに〉下水道を敷設する. ❷〈書〉〈事⁴を〉誘導する.

Kanal·tunnel 男ドーヴァー海峡トンネル.

Kanaren [カナーレン] 複《die ~》カナリア諸島.

Kanarien·vogel [カナーリェン..] 男[鳥]カナリア.

Kandare [カンダーレ] 囡(-/-n)(馬具の)大勒銜(ﾀﾞｲﾛｸｶﾞﾝ).

Kandidat [カンディダート] 男(-en/-en)《弱》❶〈für ④〉〈物⁴の〉候補者,志願者. ❷(大学の)卒業試験受験(資格)者,(国家試験などの)受験者. ◇ **Kandidatin** 囡(-/-nen).

Kandidatur [カンディダトゥーア] 囡(-/-en)〈für ④〉〈物⁴への〉立候補[志願](資格).

kandidieren [カンディディーレン] 自〈für ④〉〈物⁴に〉立候補する,志願する.

kandieren [カンディーレン] 他〈果実⁴などを〉砂糖漬けにする.

Kandis [カンディス] 男(-/) = Kandiszucker.

Kandis·zucker 男(-s/)氷砂糖.

①1格 ②2格 ③3格 ④4格

Känguru [ケングル] 中 (-s/-s) 【動】カンガルー.

Känguruh 中 = Känguru.

Kaninchen [カニーンヒェン] 中 (-s/-) (カイ)ウサギ, アナウサギ ((野ウサギはHase; 野ウサギより耳が短い)).

Kanister [カニスター] 男 (-s/-) (ブリキやプラスチック製の)液体容器, 小型タンク.

kann [カン] können の 1・3 人称単数現在形.

Kännchen [ケンヒェン] 中 (-s/-) (お茶などの)小ポット ((カップ二杯分くらいの量)). ♦ Bitte zwei ~ Kaffee [Tee]. コーヒー[紅茶]をポットで二つお願いします.

Kanne [カネ] 女 (-/-n) ❶ ポット, 水差し; (ふたの付いた)ジョッキ; (輸送用の大型の)牛乳缶. ❷〈古〉カンネ ((液量単位; 約 1-2 リットル)).

kannst [カンスト] können の 2 人称単数現在形.

kannte [カンテ] kennen の過去形.

Kanon [カノン] 男 (-s/-s) ❶【音楽】カノン, 輪唱曲. ❷〈主に単〉戒律, 法規, 規範, 規準. ❸〈単〉【神学】聖書の正典; 一覧表; 聖徒名簿. ❹〈複 -es〉【キリスト教】教会典礼; 典文. ❺【美術】カノン ((人体各部の(特に理想的な)比率)).

Kanone [カノーネ] 女 (-/-n) ❶ 大砲, カノン砲, 平射砲. ❷〈口〉ピストル, 拳銃. ❸〈口〉大家, 第一人者, 名手.

Kant [カント] 《人名》カント ((Immanuel ~ ドイツの哲学者; 1724-1804)).

Kantate [カンターテ] 女 (-/-n) 【音楽】カンタータ.

Kante [カンテ] 女 (-/-n) 角(ミミ); 隅, ふち(縁), へり; (織物などの)みみ; (スキー・船などの)エッジ; (両側が切り立った岩山の)稜.

kantig [カンティヒ] 形 角のある; (顔などが)角ばった; (体つきが)ゴツゴツした, 骨ばった.

Kantine [カンティーネ] 女 (-/-n) 社員[従業員]食堂; 【軍】酒保.

Kanton [カントーン] 男 (-s/-e) ❶〈ス〉州, カントン ((全部で 26; 略: Kt.)). ❷(フランス・ベルギーの)小郡.

kantonal [カントナール] 形《副なし》 (ミミ)州(カントン)の.

Kantor [カントーア] 男 (-s/..toren[..トーレン]) 聖歌隊指揮者, カントル ((カトリック教会の聖歌隊のリーダーでオルガンも弾く)).

Kanu [カーヌ, (ミミ)カヌー] 中 (-s/-s) 丸木舟, カヌー; (競技用の)カヌー.

Kanüle [カニューレ] 女 (-/-n) 【医】カニューレ, 套(ミミ)管, 排管; 注射.

Kanzel [カンツェル] 女 (-/-n) ❶ (教会前部の高い)説教壇; 講壇; (特にミミ)(大学の)講座. ❷【空】操縦席, コックピット.

Kanzlei [カンツライ] 女 (-/-en) ❶(ミミ・ミミ・ミミ)(弁護士などの)事務所. ❷(市などの)事務局; 官房.

Kanzler [カンツラー] 男 (-s/-) ❶ (a) (ドイツ・オーストリアの)連邦首相. (b) ドイツ帝国宰相. ❷(大学の)事務局長. ◇~in 女 (-/-nen).

Kap [カプ] 中 (-s/-s) 岬(ミミ).

Kap. (略) Kapitel 章.

Kapazität [カパツィテート] 女 (-/-en) ❶ 生産(能)力. ❷ 受け入れ能力, 収容[受容]能力; 容積. ❸【熱・電気などの】容量. ❹ エキスパート, 大家.

Kapelle [カペレ] 女 (-/-n) ❶ 礼拝堂, チャペル; (比較的大きい教会や建物内の)礼拝室. ❷ 小編成の楽団[オーケストラ].

Kapell・meister [カペル..] 男 (-s/-) ❶ 楽長, バンドマスター. ❷(音楽監督に次ぐ地位の)常任指揮者.

Kaper [カーパー] 女《主に複》ケーパー, ケッパース ((フウチョウソウのつぼみの酢漬け; 香辛料・付け合わせに用いる)).

kapern [カーパァン] 他 ❶【史】商船などを〈拿捕(ミミ)する, 掠奪する. ❷〈sich〉④〈物⁴を〉奪い取る, 捕まえる.

kapieren [カピーレン] 他〈(④)〉〈物⁴を〉理解する, 分かる.

Kapital [カピタール] 中 (-s/-e, (ミミ)..lien[..リエン]) 資本, 資本金; (企業などの)資産; 元金; (金銭を生

① 1 格 ② 2 格 ③ 3 格 ④ 4 格

み出す)元手. **~ aus ③ schlagen [ziehen]** 物³を利用する, 物³でもうける.

Kapital·anlage 囡(–/–n) 資本投下, 投資；投下資本.

Kapitalismus [カピタリスムス] 男(–/) 資本主義.

Kapitalist [カピタリスト] 男(–en/–en) 《弱》資本家；資本主義者.

kapitalistisch [カピタリスティッシュ] 形 資本主義の.

Kapital·verbrechen 中(–s/–) (殺人などの)重大犯罪, 重罪, 大罪.

Kapitän [カピテーン] 男(–s/–e) ❶ 〖海〗船長, 艦長；〖空〗機長. ❷〖スポーツ〗(チームの)主将, キャプテン. ❸〖海軍〗大佐.

Kapitel [カピテル] 中(–s/–) ❶ (書物などの)章 ((略:Kap.)). ❷〖ネメシネ〗参事会；《特に》司教座聖堂参事会.

Kapitulation [カピトゥラツィオーン] 囡(–/–en) ❶降伏. ❷降伏文書.

kapitulieren [カピトゥリーレン] 自 ❶ 降伏する. ❷《vor ③》《事³に》すっかり降参している, かぶとを脱ぐ.

Kaplan [カプラーン] 男(–s/Kapläne) 〖ネメシネ〗(チャペルの補助)司祭；(学校・病院・兵営などの)施設付き司祭.

Kappe [カッペ] 囡(–/–n) ❶ (ひさしのない)帽子；頭巾. ❷ 覆い, カバー；ふた, キャップ, 栓；(坑道・地下室などの)丸天井. ❸ (靴の)つま先の(革). ❹〖数〗球冠.

kappen [カッペン] 他 ❶〈物⁴を〉切り取る, 刈り込む. ❷〈物⁴を〉切る.

Käppi [ケピ] 中(–s/–s) 頂部の平らな軍帽, 略帽.

Kapsel [カプセル] 囡(–/–n) ❶ (円形または楕円形の小さな)容器, ケース, 箱；袋, サック. ❷ (薬の)カプセル. ❸〖植〗蒴, 蒴果(ӡ̞);胞子嚢；〖解〗被膜, 嚢(ӡ̞).

kaputt [kapót カプット] 形《副なし》(口) ❶ 壊れた, だめになった, 割れた, やぶれた, 折れた；故障した, 動かない；破綻した, つぶれた, ばてた. ❸ (身体・器官などが)病気の. 中 **~ machen** 物⁴をだめにする[壊す]. 5級

kaputt|gehen* 自⑤(口) ❶〈物¹が〉だめになる, 壊れる；故障する, 動かない；破綻する. ❷〈人¹が〉破産する；〈会社¹が〉倒産する. ❸《an ③》《(事³で)》(精神的に)打撃をうける, 生きる喜びを失う.

kaputt|lachen 再 sich⁴《über ④》〈(人・物⁴を)〉死ぬほど笑う, 笑いこける.

kaputt|machen (口) **((I))** 他 ❶ 〈物⁴を〉だめにする, 壊す. ❷〈人⁴に〉(精神的に)打撃を与える；〈人⁴を〉(精神的に)弱らせる. **((II))** 再 sich⁴ 心身ともにボロボロになる.

Kapuze [カプーツェ] 囡(–/–n) (コートなどに付いた)フード, 頭巾.

Kapuziner [カプツィーナー] 男(–s/–) ❶〖ネメシネ〗カプチン会修道士. ❷〖ネメシネ〗(カプチーノに似た)ホイップクリーム入りコーヒー.

Karabiner [カラビーナー] 男(–s/–) カービン銃.

Karaffe [カラッフェ] 囡(–/–n) (多く栓付きの)ガラスビン, (ワインなどを食卓に供するための)デカンター.

Karambolage [カランボラージェ] 囡(–/–n) ❶〖ビリヤード〗キャノン ((突き手の手球が続けて2個の球に当たること)). ❷(口) (自動車の)玉突き衝突(事故).

Karamel 中 = Karamell.

Karamell [カラメル] 男(҃Ͻ̀ͥ) 中(–s/) カラメル ((糖類を煮詰めてあめ状にしたもの；着色料・香料に用いる)).

Karamell·bonbon 男, (҃Ͻ̀ͥ) 中 (–s/–s) キャラメル.

Karat [カラート] 中(–(e)s/–, –e) ❶カラット (宝石の重量の単位；0.2g；略: k, Kt.)). ❷金位 (合金中の純金含有度を示す単位；24段階に分かれる；略: K, K)).

Karate [カラーテ] 中(–(s)/) 空手.

Karawane [カラヴァーネ] 囡(–/–n) キャラバン, 隊商.

Kardinal [カルディナール] 男(–s/Kardinäle) ❶〖ネメシネ〗枢機卿(҃Ͻ̀ͥ). ❷〖鳥〗ショウジョウコウカンチョウ(属), ムネアカコウカンチョウ(属). ❸ カルディ

① 1格　② 2格　③ 3格　④ 4格

Kardinalfehler

ナール((白ワインに砂糖・ダイダイなど加えた飲料)).

Kardinal·fehler 男(-s/-)根本的誤り.

Kardinal·zahl 女(-/-en)基数.

Karfreitag [カーァフライターク]男(-(e)s/-e)[宗]聖金曜日,[プロテスタント]受難(記念)日((復活祭前の金曜日)).

karg [カルク][比較 karger,(まれ)kärger;最上 kargst,(まれ)kärgst]形 ❶わずかな,乏しい. ❷[副なし](土地が)やせた,不毛の.

kärglich [ケァクリヒ]形 ❶(必要最小限で)質素な,つましい. ❷わずかな,乏しい.

kariert [カリーァト]形 ❶[副なし](模様が)チェックの;方眼の. ❷(口;軽蔑)わけのわからない.

Karies [カーリエス]女(-/)[医]カリエス;虫歯.

Karikatur [カリカトゥーァ]女(-/-en)カリカチュア,戯画,風刺画.

Karikaturist [カリカトゥリスト]男(-en/-en)[弱]風刺漫画家. ◇ **Karikaturistin** 女(-/-nen).

karikieren [カリキーレン]他〈人・物⁴を〉カリカチュアに描く,風刺[戯画]化する.

kariös [カリエース]形(最上 ~est)[医]カリエス性の.

karitativ [カリタティーフ]形 慈悲深い,慈愛に満ちた,惜しまず施しをする.

Karlsruhe [カルルスルーエ]中(-s/)カールスルーエ((ドイツ南西部の都市)).

Karneval [カルネヴァル]男(-s/-e,-s)(主に単)(特に二月の)謝肉祭,カーニバル((主にライン地方の名称)).

karnevalistisch [カルネヴァリスティッシュ]形カーニバルの.

Karnevals·kostüm 中カーニバルの衣装.

Karnevals·zug 男(-(e)s/..züge)カーニバルのパレード,仮装行列.

Karnickel [カルニッケル]中(-s/-) ❶(方)=Kaninchen. ❷(口) **(a)** 贖罪(しょくざい)の山羊,スケープゴート. **(b)** お人好

し,まぬけ.

Kärnten [ケァンテン]中(-s/)ケルンテン((オーストリア南部の州)).

Karo [カーロ]中(-s/-s) ❶チェック,格子縞(じま);ひし形. ❷(複 -)[トランプ](組札としての)ダイヤ;(口)ダイヤのカード.

Karosserie [カロセリー]女(-/..rien[..リーエン])(自動車などの)ボディー,車体.

Karotte [カロッテ]女(-/-n) ❶[植]ニンジン(人参). ❷(方)赤カブ.

Karpaten [カルパーテン]複《die ~》カルパチア山脈((主にルーマニア中部にそびえる)).

Karpfen [カルプフェン]男(-s/-)[魚]コイ(鯉).

Karre [カレ]女(-/-n) ❶手押し車,カート,一輪車,荷車. ❷(口;軽蔑)ポンコツ車,ボロ車.

Karree [カレー]中(-s/-s)四角,(建物などの)コーナー;[軍]方陣.

karren [カレン]他〈物⁴を〉手押し車で運ぶ. ❷(口;主に軽蔑)〈人⁴を〉自動車で運ぶ[送る].

Karren [カレン]男(-s/-) = Karre.

Karriere [カリエーレ]女(-/-n)(輝かしい)経歴,履歴,キャリア;栄達.

Karsamstag [カーァザムスターク]男(-(e)s/-e)[キリスト教](復活祭前の)聖土曜日.

kart. 《略》kartoniert ハードカバーの.

Karte [kartə カルテ]女(-/-n) ❶カード. ❷(整理・目録・検索用などの)カード,穿孔カード,パンチカード. ❸郵便はがき;絵はがき. ❹入場券. ❺献立表,メニュー;ワインリスト. ❻地図;海図;星図;天体図;月面図. ❼トランプ,カルタ. ❽乗車[乗船]券,航空券,切符. ❾名刺. ❿クレジット・カード. *die gelbe ~* [競]イエローカード((危険行為などを犯した選手に審判が警告を与える際に示す)). *die rote ~* [競]レッドカード((退場を示す)). *die grüne ~* [交通]グリーンカード((自動車運転者が賠償責任保険加入を証明するもの)). *alles auf eine ~ set-*

①1格 ②2格 ③3格 ④4格

zen 大ばくちを打つ. 5級
Kartei [カルタイ] 囡 (-/-en) カード索引, カード目録, カードボックス.
Kartei・karte 囡 (-/-n) 索引[整理]カード, インデックスカード.
Kartei・kasten 男 (-s/-) 索引カードボックス.
Kartell [カルテル] 田 (-s/-e) 〚経〛カルテル, 企業連合.
Kartell・amt 田カルテル庁.
Kartell・gesetz 田カルテル法, 独占禁止法.
Karten・haus 田トランプで組み立てた家.
Karten・spiel 田 (-(e)s/-) ❶ トランプ遊び. ❷ トランプの一組.
Karten・vorverkauf 男チケット[切符]の前売り.
Kartoffel [kartɔ́fəl カルトッフェル] 囡 (-/-n) ジャガイモ. 4級
Kartoffel・brei 男 (-(e)s/) マッシュポテト.
Kartoffel・chips [..チップス] 複ポテトチップス.
Kartoffel・käfer 男 (-s/-) 〚昆〛コロラドハムシ ((ジャガイモの害虫)).
Kartoffel・kloß 男ジャガイモのだんご.
Kartoffel・puffer 男 (-s/-) ポテトパンケーキ ((ジャガイモ, 卵, 小麦粉で作る薄切りの衣上げ)).
Kartoffel・püree 田《単》マッシュポテト.
Karton [カルトン, 《南ドト・オストト》カルトーン] 男 (-s/-s) ❶《単》段ボール, ボール紙, 厚紙, 板紙. ❷ 段ボール箱, カートン.
kartoniert [カルトニーァト] 形《副なし》ハードカバーの.
Karussell [カルセル] 田 (-s/-e, -s) 回転木馬, メリーゴーランド.
Karwoche [カーァヴォッヘ] 囡 (-/(まれ)-n) 〚キリスト教〛聖週間, 受難週 ((復活祭の前週)).
karzinogen [カルツィノゲーン] 形発癌(ガン)性の.
Karzinom [カルツィノーム] 田 (-s/-e) 〚医〛癌腫(ガンシュ), 悪性腫瘍.

kaschieren [カシーレン] 他《欠陥・欠点などを》(覆い)隠す.
Kaschmir [カシミーァ] ((I)) 田 (-s/) カシミール ((インド北西からパキスタン北東に広がる地域)). ((II)) 男 (-s/-e)《主に単》カシミア ((カシミアヤギの毛織)).
Käse [ケーゼ] 男 (-s/-)《種類: Käsesorten》❶ チーズ. ❷ 〚口/軽蔑〛ナンセンス, ばかげたこと, くだらないもの. 4級
Käse・blatt 田 〚口/軽蔑〛くだらない新聞[雑誌].
Käse・glocke 囡 (-/-n) (吊り鐘型のふたの付いた)チーズ容器[ケース].
Kaserne [カゼァネ] 囡 (-/-n) 兵営, 兵舎.
käse・weiß 形《副なし》〚口〛蒼白(ソウハク)な.
käsig [ケーズィヒ] 形《副なし》〚口〛蒼白(ソウハク)な.
Kasino [カズィーノ] 田 (-s/-s) ❶ カジノ. ❷ クラブハウス. ❸ 将校クラブ, 士官食堂. ❹ 社員食堂.
Kasko・versicherung [カスコ..] 囡 (-/-en) 車体[船体]保険 ((自己原因の事故でも適用される)).
Kasper [カスパー] 男 (-s/-) ❶ カスパー ((人形芝居の道化役; 東方の3博士の1人の名から)). ❷ 〚口〛おどけ者.
Kasperl [カスパール] 男 (-s/-(n)) 《南ドト・オストト》= Kasper.
Kasperle [カスパーレ] 田 男 (-s/-) 《南ドト》= Kasper.
Kasperl(e)・theater 田 (-s/-) 《南ドト・オストト》= Kaspertheater.
Kasper・theater 田 (-s/-) カスパー劇 ((Kasper ① が主人公の人形道化芝居)).
Kassa [カッサ] 囡 (-/Kassen)《オストト》= **Kasse** [kásə カッセ] 囡 (-/-n) ❶ 金庫. ❷ (商店などの)レジ. ❸ (劇場などの)入場券売場; (銀行などの)現金出納窓口. ❹ 〚口〛健康保険. ❺ 《口, やや古》貯蓄銀行. ♦ an der ~ レジで. 4級
Kasseler [カッセラー] 田 (-s/-) 塩漬け燻製の豚肉.

① 1格 ② 2格 ③ 3格 ④ 4格

Kassen·arzt [カッセン..]男 健康保険医.

Kassen·bon 男 レシート.

Kassen·patient 男⟨-en/-en⟩《弱》健康保険の患者.

Kassen·wart 男 (クラブなどの)金庫番, 会計担当者[係]. ◇ **..wartin** 女⟨-/-nen⟩.

Kassen·zettel ⟨-s/-⟩ レシート, 領収書.

Kassette [カセッテ] 女⟨-/-n⟩ ❶ カセット(テープ). ❷ (貴重品・本などを入れる)小箱, ボックス, ケース.

Kassetten·deck [..デック] 中⟨-s/-s⟩ カセットデッキ.

Kassetten·rekorder, ..recorder 男⟨-s/-⟩ カセットレコーダー.

kassieren [カスィーレン] 他 ❶ (↔ bezahlen)⟨⟨(D)⟩⟩⟨⟨物⁴の代金を⟩⟩もらう, 取り立てる;集金[徴収]する. ❷ (口)⟨物⁴を⟩自分のものにする, 着服する. ❸ (口)⟨物⁴を⟩取り上げる, 没収する, 差し押さえる. ❹ (口)⟨報酬・利子・賞賛⁴などを⟩取る, ⟨敗北⁴などを⟩喫する;⟨罰・批判⁴などを⟩受ける, 被る;⟨パンチなどを⟩くらう.

Kassierer [カスィーラー] 男⟨-s/-⟩ ❶ 出納係, 会計係, 窓口係. ❷ 会計担当者[係];会計監査役. ◇ **Kassiererin** 女⟨-/-nen⟩, 《ｽｲｽ·ｵｰｽﾄ》 **Kassierin** 女⟨-/-nen⟩.

Kastanie [カスターニエ] 女⟨-/-n⟩ [植]クリ(栗);マロニエ;クリ[マロニエ]の実.

kastanien·braun [カスターニエン..]形 《雅な》栗色の.

Kästchen [ケストヒェン] 中⟨-s/-⟩ ❶ 小箱. ❷ 方眼.

Kaste [カステ] 女⟨-/-n⟩ ❶ カースト((インドの身分制度)). ❷ 《軽蔑》排他的な社会階級.

kasteien [カスタイエン]⟨過 kasteite;過分 kasteiet⟩ 再 sich⁴ 《書》 ❶ 自分の身を痛めつける, 難行苦行する. ❷ ⟨ｶﾄ⟩禁欲生活をする.

Kasteiung [カスタイウング] 女⟨-/-en⟩ 難行苦行.

Kastell [カステル] 中⟨-s/-e⟩ (古代ローマ・中世の)城砦(じょう), 要塞, 砦, 城.

Kasten [kástən カステン] 男⟨-(s)/Kästen, -⟩ ❶ 箱, ケース, ボックス;郵便ポスト;陳列箱, ショーケース;(方)引き出し. ❷ (口;軽蔑) (大きな箱物す:車・家などの)ポンコツ, オンボロ. ❸ (口;軽蔑) (箱型の物:)テレビ, ラジオ. ❹ (南ﾄﾞ·ｵｽﾄ·ｽｲｽ) 棚, たんす. ❺ 飛び箱. ♦ zwei ~ Bier ビール2ケース.

Kasten·brot 中 (箱形の)食パン.

Kastration [カストラツィオーン] 女⟨-/-en⟩ 去勢(術).

kastrieren [カストリーレン] 他 ⟨男性・雄⁴を⟩去勢する. ★ sterilisieren は男女双方に用いられる.

Katalog [カタローク] 男⟨-(e)s/-e⟩ ❶ 目録, 便覧, 一覧. ❷ 目録, カタログ.

katalogisieren [カタロギズィーレン] 他 ⟨物⁴の⟩目録を(番号を付けて)作る;⟨カタログに(番号を付けて)載せる.

Katalysator [カタリュザートァ] 男⟨-s/..zatoren[..ザトーレン]⟩ [化]触媒.

Katamaran [カタマラーン] 男⟨-s/-e⟩ カタマラン船, 双胴船 ((双胴のカヌーやヨット)).

katapultieren [カタプルティーレン] 他 ⟨人・物⁴を⟩勢いよく投げ出す, カタパルトで射出する.

Katarr(h) [カタル] 男⟨-s/-e⟩ [医]カタル, 粘膜炎症;(軽い)風邪.

katastrophal [カタストローファール] 形 破滅的な, 壊滅的な, すさまじい, ものすごい.

Katastrophe [カタストローフェ] 女⟨-/-n⟩ ❶ 大災害, 大惨事;(突然の)大変動, 天変地異;破局, 破滅, 悲惨な結末. ❷ [劇]カタストロフィー (悲劇の大詰め).

Katastrophen·alarm 男⟨-(e)s/-e⟩ 災害警報.

Katastrophen·gebiet 中⟨-(e)s/-e⟩ 被災地, 災害地.

Katastrophen·schutz 男 ❶ 災害救助隊. ❷ 災害防止措置.

Kategorie [カテゴリー] 女⟨-/..rien[..リーエン]⟩ カテゴリー, 範疇(はんちゅう).

kategorisch [カテゴーリッシュ]形
《書》❶絶対の, 無条件の, 断固とした；
断言的な, 断定的な. ❷［哲］定言的
な.

Kater¹ [カーター]男(–s/–)雄猫.

Kater² 男(–s/–)(口)二日酔い.

kath.《略》katholisch (ローマ)カト
リック(教)の.

Kathedrale [カテドラーレ]女(–/–n)
❶[旅,]（特にフランス・スペインの）司
教座聖堂［教会］；［英国国教会］主教
座聖堂. ❷大聖堂, 大寺院. ★ドイツ
では主に Dom, Münster という.

Katholik [カトリーク]男(–en/–en)
《弱》(ローマ)カトリック教徒. ◇**Ka-
tholikin** 女(–/–nen).

katholisch [カトーリッシュ]形(ロー
マ)カトリック(教)の(略；kath.)).

Katholizismus [カトリツィスムス]
男(–/)カトリック教《教義, 信仰》, カト
リシズム, カトリック主義.

Katz [カッツ]女*für die* ~ *sein* (口)
〈事¹が〉むだである, だめである. *~ und
Maus* (*mit* ③) *spielen* 〈人³を〉(上
の立場から)いじめる, 意地悪くもてあ
そぶ[じらす, なぶる].

Kätzchen [ケッツヒェン]中(–s/–)
❶小猫, 子猫；小娘, 女の子. ❷《主に
複》［植］尾状花序. ❸《俗》女性の陰
部.

Katze [kátsə カッツェ]女(–/–n)

格	単数	複数
1	die Katze	die **Katzen**
2	der Katze	der Katzen
3	der Katze	den Katzen
4	die Katze	die Katzen

❶猫；(↔Kater)雌猫. ❷［動］ネコ科
(の動物)((トラ・ライオンなど)). 5級

Katzen·auge 中(–s/–n)❶猫の目.
❷(自転車などの)リアーレフレクター.
❸［鉱］猫目石, キャッツアイ.

Katzen·jammer 男(–s/)❶二日酔い；
ブルーな気分, 意気消沈.

Katzen·musik 女《単》(口；戯)調
子はずれの音楽.

Katzen·sprung 男(*nur*) *ein* ~
(口)ほんのわずかの距離, 目と鼻の先.

Katzen·wäsche 女(–/–n)(口)い
いかげんに顔や身体を洗うこと.

Kauderwelsch [カオダーヴェル
シュ]中(–(s)/)《軽蔑》ちんぷんかんぷ
ん.

kauen [カオエン]((I))他〈④〉〈〈物⁴
を)〉噛(ヵ)む, 咀嚼(ﾋ゛ｬｸ)する, 噛み砕く.
((II))自*an* [*auf*] ③〈物³を〉軽く噛
みつづける, かじる.

kauern [カオァァン]((I))自⑥(南ﾄﾞ･
ｵｰｽﾄ･ｽｲｽ) Ⓢしゃがんでいる, うずくまって
いる. ((II))再 sich⁴ しゃがみ込む, う
ずくまる.

Kauf [カオフ]男(–(e)s/Käufe) ❶(↔
Verkauf)買物, 購入. ❷売買. ④ *in
~ nehmen* (他の利益のために)事⁴を
我慢する, よしとする. 5級

kaufen [káofən カオフェン]他

K

現在	ich kaufe	wir kaufen
	du kaufst	ihr kauft
	er kauft	sie kaufen

過去	ich **kaufte**	wir kauften
	du kauftest	ihr kauftet
	er kaufte	sie kauften

| 過分 **gekauft** | | 接II kaufte |

❶(↔verkaufen)〈〈④〉〉〈〈物⁴を)〉
買う, 購入する. ❷〈③〉〈〈人³に〉〉
物⁴を〉買ってあげる. ❸(口)〈人⁴を〉買
収する. ❹〈sich³ ④〉(口)〈人⁴を〉問い
つめる, 釈明させる, 呼びつけてしかる. ♦
④ billig [für viel Geld] ~ 物⁴を安
く[大枚をはたいて]買う. ④ bei ③ [in
einem Fachgeschäft, auf dem
markt] ~ 物⁴を人³の店［専門店, 市
場]で買う. 5級

Käufer [コイファー]男(–s/–)(↔
Verkäufer)買い手, 買い主, 購入者；
顧客. ◇**Käuferin** 女(–/–nen).

Kauf·frau 女(–/–en)ビジネスウーマ
ン.

Kauf·haus 中(–es/..häuser)デパー
ト, 百貨店. 5級

①1格 ②2格 ③3格 ④4格

Kauf·kraft 囡(−/)購買力.

käuflich [コイフリヒ]厖❶金で買える, 売り物の. ❷《やや古》買収[賄賂(ポ)]が利く.

Kauf·mann 男(−(e)s/..leute) ❶(教育・訓練を受けた)ビジネスマン, 商人, ディーラー, 商社マン. ❷《やや古》商店主.

kaufmännisch [カオフメニッシュ]厖《付加または副》❶ビジネスマン[営業員]としての. ❷商業(上)の, 商業に通じた, 商業的な. ❸商人の, 商売人らしい.

Kau·gummi 男中(−s/−(s)) チューインガム.

Kaukasus [カオカーズス]男(−/)《der ～》カフカス[コーカサス]山脈.

Kaulquappe [カオルクヴァッペ]囡(−/−n) オタマジャクシ.

kaum [kaʊm カオム]副 ❶《準否定》ほとんど...ない; ほんのわずかしか...ない; ...でないも同然である; およそ...ない. ❷《noch や完了形と》ようやく, 辛うじて, なんとか; 危うく...しそうになる[なった]. ❸《wohl や推量の werden などと; 応答などにも用いられる》おそらく[多分]...ない. ❹《als に導かれる副文, あるいは, da または so で始まる主文と》ちょうど...(したところで[したとたんに]), まさに...(したばかりで); ...するかしないかのうちに..., ...するやいなや... ♦ Das kann ich ～ glauben. それはほとんど信じられません. Ich war ～ aus der Tür, als das Telefon klingelte. 私がちょうど戸口を出たか出ないかのところで電話が鳴りました. 4級

kausal [カオザール]厖 ❶《書》原因の[である, となる], 因果関係のある; 因果律の. ❷【言】原因[理由]を表す, 因由の.

Kau·tabak [カオ..]男(−s/−e) かみタバコ.

Kaution [カオツィオーン]囡(−/−en) ❶敷金; 保証金. ❷保釈金.

Kautschuk [カオチュック]男(−s/−e)《主に単》天然ゴム, 生ゴム.

Kauz [カオツ]男(−es/Käuze) ❶【動】フクロウ(鼻). ❷《軽蔑; ネミ》変わり者, 変人, 奇人.

Kavalier [カヴァリーァ]男(−s/−e) 特に女性に対して礼儀正しい)紳士.

Kavaliers·delikt [カヴァリーァス..]中(−(e)s/−e) (法には抵触するが社会が容認する)微罪, 軽い罪.

Kavallerie [カヴァレリー, カヴァレリー]囡(−/..rien[..リーエン])《主に単》(↔ Infanterie)騎兵(隊).

Kavallerist [カヴァレリスト, カヴァレリスト]男(−en/−en)《弱》騎兵.

Kaviar [カーヴィアル]男(−s/(種類を示して)−e)【料理】キャビア((Stör(チョウザメ)の卵の塩漬け)).

kcal《記号》Kilokalorie キロカロリー.

keck [ケック]厖 向こう見ずな, 無鉄砲な, 威勢のいい, 大胆な, 思いきった.

Keckheit [..ハイト]囡(−/−en) 向こう見ず, 大胆.

Kegel [ケーゲル]男(−s/−) ❶【数】円錐(ポヘ), 円錐形のもの; 円錐形の山; (懐中電灯などの)円錐形の光. ❷ボウリング[九柱戯]のピン.

Kegel·bahn 囡(−/−en) ❶ボウリング[九柱戯]場. ❷(ボウリング[九柱戯])のレーン.

kegel·förmig 厖《副なし》円錐形[体]の.

kegeln [ケーゲルン]自 九柱戯[ボウリング]をする.

Kehle [ケーレ]囡(−/−n) 喉(ジ); 喉のあたり, 気管, 食道. *aus voller* ～ 大声で, 声を限りに.

Kehl·kopf [ケール..]男【解】喉頭.

Kehlkopf·krebs 男【医】喉頭癌.

Kehre [ケーレ]囡(−/−n) ❶急カーブ, ヘアピンカーブ. ❷【体操】(鉄棒などの)上向き跳び越し.

kehren¹ [ケーレン]囡(I)他《物⁴を》向ける, 回す, 転ずる. (II)再 sich⁴ 向く, 向かう. (III)自⑤《書》戻る.

kehren² 他《南ミ》❶《ごみなどを》掃き出す. ❷《所⁴を》掃く, 払う, 掃除する. ★北ドイツでは主に fegen を用いる.

Kehricht [ケーリヒト]男中(−s/)《書》(掃き集めた)ごみ, くず.

①1格 ②2格 ③3格 ④4格

Kehr·seite [ケァ..] 安(-/-n) ❶ 不利な面, 影の部分, 裏. ❷(俗) 尻; 背中. ❸(やや古)〈貨幣などの〉裏(面).

kehrt|machen [ケァト..] 自 引き返す, 回れ右をする.

keifen [カイフェン] 他〈④〉〈〈事⁴を〉〉〈(軽蔑)〉〈主に女性が〉ガミガミ言う, うるさく言う.

Keil [カイル] 男 (-(e)s/-e) くさび(楔);〈くさび形の〉輪止め.

keilen [カイレン] ((I))他〈④ in ③〉〈物⁴を〈くさびとして〉木材⁴などに〉打ち込んで割る. ((II))再 sich*〈mit ③〉(口)〈人³と〉なぐり合いをする.

Keiler [カイラー] 男 (-s/-)(狩)雄のイノシシ.

Keilschrift [カイルシュリフト] 安 くさび形文字, 楔形(快)文字.

Keim [カイム] 男 (-(e)s/-e) ❶ 芽; 胚(胎), 胚芽(胚);萌芽(胚). ❷〈主に複〉(医·生)病原菌, ばい菌. ❸ 芽生え, 萌芽(胚), 兆し, 芽. ④ im ~ ersticken 物⁴を芽のうちにつむ, 大事に至る前に処理する.

Keim·drüse 安 (-/-n) (生)生殖腺, 精線((卵子や精子を作る)).

keimen [カイメン] 自 ❶〈植物が〉発芽する, 胚胎する; 発生する. ❷〈in [bei] ③〉〈感情〉が〉〈人³に〉芽生える.

keim·frei 形 無菌の, 滅菌[殺菌]した.

Keim·zelle 安 (-/-n) ❶(生)胚[生殖]細胞. ❷ 起源, 出発点;核.

kein [kaɪn カイン] ((I))冠〈否定〉

格	男性	女性	中性	複数
1	kein	keine	kein	keine
2	keines	keiner	keines	keiner
3	keinem	keiner	keinem	keinen
4	keinen	keine	kein	keine

❶(一つも[一人も]）…(し)ない, (少しも)…(し)ない;(何も)…(し)ない. kein は, 特定されていない名詞, すなわち不定冠詞つき単数名詞, 不定冠詞がつけられない無冠詞の複数名詞及び不可算名詞などを否定する場合に用いる.《単数名詞と》♦Wir haben kein Auto. 私たちは自動車がありません. ((⇔ Wir haben ein Auto. 私たちは自動車があります)). ★数詞 ein(s) を特に否定するには nicht ein を用いる：Wir haben nicht ein Auto. 私たちは一台の自動車もありません. Er hat kein Geld. 彼はお金がありません. ((⇔ Er hat Geld. 彼はお金があります)). ★nicht を用いることもある：Ich bin kein [nicht] Lehrer (mehr). 私は（もう）教師ではありません. ★kein を用いず, nicht のみを用いる例：Sie spielt nicht Klavier. 彼女はピアノを弾きません. ❷《数詞を否定して》…もない. ♦Es ist noch keine zwei Wochen her. まだ２週間も経っていません. ❸《形容詞の概念を否定して反対概念を表す》：Das ist keine schlechte Idee. それは悪くない考えです. ((= eine ziemlich gute Idee かなり良い考え)). ❹《比較表現で一番の意味（最上級）を表す》：Kein Buch ist so wichtig wie dieses. この本ほど大切なものはありません. Ich habe keinen anderen Freund als ihn. 私には彼以外の友達はいません. ❺《否定の強調》：Das ist ~en Pfennig wert. それはまったく値打ちがない.

((II))代〈不定〉《文中に kein の形では現れない》

格	男性	女性	中性	複数
1	keiner	keine	kein(e)s	keine
2	keines	keiner	keines	keiner
3	keinem	keiner	keinem	keinen
4	keinen	keine	kein(e)s	keine

誰[何]も…(し)ない. ♦Haben Sie Kinder? – Nein, wir haben keine. お子さんがいらっしゃいますか – いいえ, おりません. Keiner, der im Zimmer war, hat das gehört. 部屋にいた人（男）は誰もそれを耳にしませんでした ((★部屋にいたのが女性ならば Keine, die となり, Kind（子供）ならば

keine

Keines, das となる).《強調》Urlaub hat er in diesem Jahr noch keinen. 休暇を彼は今年まだとっていません.《比較表現》Keiner weiß das so gut wie er. 誰も彼ほどにはそれが良くわかっていない. **5級**

keine [カイネ], **keinem** [カイネム], **keinen** [カイネン], **keiner** [カイナー] ⇒kein.

keinerlei [カイナーライ] 形《不変化》《付加》(↔ vielerlei) 少しも…ない, どんな種類のものも…(し)ない.

keinesfalls [カイネスファルス] 副 どんな場合でも[決して] …(し)ない.《質問の答えとして》とんでもありません, 決してそんなことはありません.

keineswegs [カイネスヴェークス] 副 少しも[決して] …(し)ない(可能性がない).《質問の答えとして》とんでもありません, 決してそんなことはありません.

keinmal [カインマール] 副 1度も[決して] …(し)ない.

Keks [ケークス] 男 (-/-), (-es/-e), (特に) 中 (-(es)/-(e)) クッキー, ビスケット.

Kelch [ケルヒ] 男 (-(e)s/-e) (高)脚のついたグラス, ゴブレット; 【植】聖杯, カリス.

Kelle [ケレ] 女 (-/-n) ❶ しゃくし, ひしゃく, お玉, レイドル. ❷ (左官用の) こて. ❸ (柄の付いた)信号棒[盤] ((列車の発着・交通整理などに用いる)).

Keller [kέlər ケラー] 男 (-s/-) ❶ (地下)貯蔵室[庫], (地下の)食品貯蔵室; ワインセラー, ブドウ酒貯蔵室. ❷ 地下室; (地下の)防空壕. **4級**

Keller·assel [..アセル] 女 (-/-n) 【動】ワラジムシ.

Kellerei [ケレライ] 女 (-/-en) ワイナリー, ブドウ酒醸造所.

Keller·geschoss 中 (-es/-e) 地階.

Keller·wohnung 女 (-/-en) 地階の住まい[住居].

Kellner [kέlnər ケルナー] 男 (-s/-) 給仕, ボーイ, ウェーター. ★呼びかけるときは Herr Ober! **4級**

Kellnerin [ケルネリン] 女 (-/-nen) ウェートレス. ★呼びかけるときは Fräulein!

kellnern [ケルナァン] 自 (口) (臨時に)ウェーターの仕事をする.

Kelte [ケルテ] 男 (-n/-n)《弱》ケルト人.

Kelter [ケルター] 女 (-/-n) (ブドウなどの)圧搾(あっさく)器.

keltern [ケルタァン] 他《果実⁴を》圧搾する, (圧搾器で)搾る;《果実⁴の》(果汁などを)圧搾器で搾りとる.

Keltin [ケルティン] 女 (-/-nen) (女性の)ケルト人, ケルト人女性.

keltisch [ケルティッシュ] 形 ケルト(風[人, 語])の.

Kenia [ケーニア] 中 (-s/-) ケニア(東アフリカの共和国)).

kennen* [kέnən ケネン]

現在	ich kenne	wir kennen
	du kennst	ihr kennt
	er kennt	sie kennen

過去	ich kannte	wir kannten
	du kanntest	ihr kanntet
	er kannte	sie kannten

| 過分 | gekannt | 接II kennte |

((I)) 他 ❶《人・物⁴を》(体験として)知っている. ★kennen は wissen と異なり, 副文をとらない. ❷《人⁴と》知り合いである, 面識がある. ❸《事⁴を》(専門家として)熟知している, よく知っている;《事⁴に》精通している;《事⁴を》心得ている. ❹《事⁴を》知っている ((言うことができる)). ❺《④ an ③》《物³で人・物⁴だと》分かる;《物³で人・物⁴を》見分ける, 聞き分ける. ❻《主に否定または限定的な表現で》《kein ④》《事⁴が》頭にない;《物に物⁴が》ない, 存在しない. **((II))** 再 sich⁴ おのれ自身を知っている, 自己をわきまえている.
~ **lernen** ⇒kennenlernen. **5級**

kennen|lernen [ケネンレァネン] 他《人⁴と》知り合いになる;《人・物⁴につ

いて)知るようになる,(初めて)見聞する,接する. ◆**Es freut mich, Sie kennen zu lernen.** 始めまして((初対面の挨拶として)). 4級

Kenner [ケンナー] 男 (-s/-) 専門家, エキスパート, 権威, 玄人(ﾞ<ろうと).

Kenner·blick [(-(e)s/-e] 専門家の目.

Kenn·marke [ケン..] 女 識別マーク[タグ].

kennte [ケンテ] kennen の接続法II式形.

kenntlich [ケントリヒ] 形 見分けられる, 識別できる; 目立つ.

Kenntnis [ケントニス] 女 (-/-se) ❶《主に複》(全般的な)知識. ❷《単》〈von 3~事³についての〉(個別の)知識. **von 3 ~ nehmen** 事⁴に気づく, 事⁴を心に留める, 事³に注意を払う. 4 **zur ~ nehmen** 事⁴が耳に入る, 事⁴を心に留める, 事⁴に注意を払う; 人⁴に注意を向ける, 注目する.

Kenntnis·nahme [..ナーメ] 女 (-/) 知ること; 閲覧.

kenntnis·reich 形 《副なし》博学な, 博識な.

Kenn·wort 中 (-(e)s/..wörter) パスワード; 暗証(番号); 暗号, 合い言葉.

Kenn·zahl 女 (-/-en) ❶ 識別番号. ❷ (電話の)市外局番. ❸ 指数; 係数.

Kenn·zeichen 中 (-s/-) ❶ 特徴, 特色. ❷ 印, バッジ, エンブレム. ❸ (自動車・船舶などのアルファベットや数字による)登録ナンバー; ナンバープレート.

kenn·zeichnen (過去 kennzeichnete, 過分 gekennzeichnet) 他 ❶〈物⁴に〉印を付ける. ❷〈4 **als**...〉〈人・物⁴が...であると〉みなす. ❸〈4 **als**...〉〈事¹が〉〈人・物⁴が...であると〉特徴づけている[示している]. ❹〈事¹が〉〈人・物⁴の〉特性となっている,〈人・物⁴を〉表している.

kennzeichnend [..ト] 形 《副なし》特徴的な.

kentern [ケンタァン] 自 (S)〈船¹が〉転覆する.

Keramik [ケラーミック] 女 (-/-en) ❶

《単》焼物, 窯業(ﾖｳｷﾞｮｳ)製品, セラミックス. ❷(工芸品としての)陶器.

Kerbe [ケァベ] 女 (-/-n) (V字型)刻み目, きざまさ, 切れ込み.

Kerbel [ケァベル] 男 (-s/) [植] ❶ セリ科アンスリスクス属. ❷ チャーヴィル((香草で,その葉は香辛料として用いられる)).

Kerker [ケァカー] 男 (-s/-) ❶ 《やや古》(特に地下の)牢獄. ❷ (ｵｰｽﾄﾘｱ) 禁固刑.

Kerl [ケァル] 男 (-s/-e, (北ﾄﾞｲﾂ)-s) (口) やつ, あいつ, 野郎; 若僧.

Kern [ケァン] 男 (-(e)s/-e) ❶(a)(モモ・メロン・ヒマワリなどの)種; (リンゴ・ナシなどの)芯(ｼﾝ); (クルミなどの殻の中の)実, 核; (小麦などの殻を取り除いた)種子, 穀物粒. (b) [生]細胞核; [地]地核; [理]原子核; [工](原子炉の)炉心; [解]神経核. ❷ 核心, 中心部; 本質. **In** 3 **steckt ein guter ~.** 人³にはいい芽[可能性]がある.

Kern·energie 女 核エネルギー.

Kern·gehäuse 中 [植]果心, 内果皮.

kerngesund [ケァンゲズント] 形 《副なし》(口) しんから健康な, 健康そのものの.

kernig [ケァニヒ] 形 ❶ 粗野な, 荒っぽい; 固い. ❷ がっしりした, たくましい, スポーツマン風の; がんじょうな. ❸《副なし》(果実の)種が多い; 種[核, 芯]のある.

Kern·kraft 女 (-/..kräfte) ❶ 核エネルギー. ❷《複》[理]核力.

Kern·kraftwerk 中 原子力発電所((略:KKW)).

kern·los 形 [植]種のない, 芯のない.

Kern·obst 中 [植]梨果((リンゴ・ナシなど)).

Kern·physik 女 核物理学.

Kern·reaktor 男 (-s/..toren[..トーレン])原子炉.

Kern·seife 女 (色素・香料などの入っていない)石鹸, ソーダ石鹸, 硬石鹸.

Kern·spaltung 女 [理](原子)核分裂.

Kern·waffe 女 (-/-n)《主に複》核兵

Kern・zeit 囡(-/-en)《主に単》コアタイム((フレックスタイム制で全員が就業している時間帯)).

Kerze [ケァツェ] 囡(-/-n) ❶ロウソク(蝋燭). ❷点火栓, 点火プラグ. ❸[体操](肩と首で支え両足を垂直に上方へ上げる)背倒立.

kerzen・gerade [ケァツェン..] 形 (ロウソクのように)直立した, 垂直な, まっすぐな.

Kerzen・halter 男(-s/-)(一本用の)ロウソク立て.

Kerzen・leuchter 男(-s/-)(二本以上立てる装飾用)燭台, ロウソク立て.

Kerzen・licht 中ロウソクの光.

kess [ケス] 形(最上 ~est) ❶(若者が)小生意気な, こましゃくれた, はすっぱな. ❷小粋な, あかぬけた, いかす.

keß 中= kess.

Kessel [ケッセル] 男(-s/-) ❶(Wasserkessel)湯わかし, やかん. ❷(やや古)水ばち, たらい, なべ, かま. ❸ボイラー;暖房用ボイラー. ❹盆地, くぼ地. ❺[軍](周囲を敵に占領された)孤立地帯, 囲み. ❻[狩](獲物を最終的に追いつめる)囲み, 追い込み地点.

Kessel・stein 囡(-(e)s/)湯あか, 水あか.

Kessel・treiben 中(-s/-) ❶(ウサギなどの)追い込み猟, 狩り出し. ❷(組織的な)批判キャンペーン, 魔女狩り.

Kette [kétə ケッテ] 囡(-/-n) ❶鎖, チェーン;キャタピラ. ❷首飾り, ネックレス, ブレスレット. ❸[商]チェーン(店)(組織). ❹連なり, 連鎖, 列. *eine ~ von* ③ 山³などの連なり, 出来事³などの連鎖.

ketten [ケッテン] 他 ❶(④ an ④)〈人・物⁴を人・物⁴に〉鎖でつなぐ[つなぎとめる]. ❷(④ an sich⁴)〈人⁴の〉心をしっかりと自分につなぎとめる.

Ketten・raucher 男(-s/-)チェーンスモーカー((たて続けに何本も喫煙する人)).

Ketzer [ケッツァー] 男(-s/-) ❶[宗教]異端者. ❷(多数派に対する)異分子, 少数派. ◇**Ketzerin** 囡(-/-nen).

Ketzerei [ケツェライ] 囡(-/-en)[宗教]異端(信仰).

keuchen [コイヒェン] (I) 自あえぐ, 息をきらす;ゼーゼーいう. (II) 他《直接引用文と》(...と)あえぎあえぎ話す, あえぎながら言う.

Keuch・husten 男[医]百日ぜき.

Keule [コイレ] 囡(-/-n) ❶(一方の端が太く, 他方の端が細い)棍棒(勤);(体操の)棍棒, インディアンクラブ. ❷(家畜などの)もも肉, 後脚の上腿(勤).

keusch [コイシュ] 形(最上 ~est)(やや古)(性的に)汚(勤)れのない, 純潔な, 貞節な;童貞の, 童貞の.

Keuschheit [..ハイト] 囡(-/)(性的に)汚(勤)れのない[清らかな]こと, 純潔, 貞節;童貞, 処女.

Kfz 囡(-/-)《略》Kraftfahrzeug 自動車.

kg [記号]Kilogramm キログラム.

KG 囡(-/-s)《略》Kommanditgesellschaft 合資会社.

KGaA 《略》Kommanditgesellschaft auf Aktien 株式合資会社.

kgl. 《略》königlich 王室の((称号で用いるとき:Kgl.)).

kichern [キッヒァン] (I) 自クスクス笑う, 忍び笑いをする. (II) 他《直接引用文と》(...と)忍び笑いをしながら言う.

kicken [キッケン] (口) (I) 他《ボールを》蹴る, キックする. (II) 自サッカーをする.

kidnappen [キットネッペン] 他〈子供⁴などを〉さらう, 誘拐(勤)する.

Kidnapper [キットネッパー] 男(-s/-)人さらい, 誘拐犯(人). ◇**Kidnapperin** 囡(-/-nen).

Kiebitz [キービッツ] 男(-es/-e) ❶[鳥]タゲリ((チドリ科の一種)). ❷(トランプ・チェスで)おせっかいな口出しをする見物人.

Kiefer¹ [キーファー] 男(-s/-)[解]あご(顎).

Kiefer² 囡(-/-n)[植]松.

Kiefern・holz 中松材.

Kiel¹ [キール] 男 (-(e)s/-e) ❶ 羽幹 [羽茎]. 鷲(ﾜｼ)ペン. ❷ (船の) 竜骨, キール.

Kiel² 中 (-s/) キール ((ドイツ北部の港湾都市)).

Kiel·wasser 中 (-s/-)《主に単》航跡.

Kieme [キーメ] 女 (-/-n) えら呼吸.

Kien [キーン] 男 (-(e)s/-e) 樹脂の多い材木;(マツ)材.

Kies [キース] 男 (-es/-e) ❶《単》砂利(ｼﾞｬﾘ), 砂礫(ｻﾞﾚｷ). ❷《単》《口》金(ｶﾈ). ❸《鉱》硫化鉱.

Kiesel [キーゼル] 男 (-s/-) (丸くなった)小石, 砂利.

Kiesel·stein 男 (-(e)s/-e) =Kiesel.

Kies·weg 男 砂利(ｼﾞｬﾘ)道.

kiff [キフ] keifen の過去形.

kiffe [キッフェ] keifen の接続法II式形.

kiffen [キッフェン] 自 ハシッシュ(喫煙用の麻薬)を吸う.

Kiffer [キッファー] 男 (-s/-) ハシッシュ(喫煙用の麻薬)の常用者. ◇**Kifferin** 女 (-/-nen).

Killer [キラー] 男 (-s/-)《口》人殺し, 殺し屋.

Kilo [キーロ] 中 (-s/-(s)) 《口》 (Kilogramm) キロ. ★ 数字の後の複数形は Kilo で -s を付加しない. 4級

Kilogramm [キログラム, キログラム] 中 (-(e)s/-e) キログラム ((記号:kg)). ★ 数字の後の複数形は Kilogramm で -s を付加しない. 4級

Kilometer [キロメーター, キーロメーター] 男 (-s/-) ❶ キロメートル ((記号:km)). ❷《口》時速...メートル ((略:km/h)). 4級

kilometer·lang 形 ❶ 数キロメートルにも及ぶ. ❷《口》非常に長い.

Kilometer·stand 男 キロ表示距離.

Kilo·watt·stunde 女 (-/-n)《電》キロワット時(記号:kWh).

Kimme [キメ] 女 (-/-n)(銃の)照門.

Kimono [キ(ー)モノ, キモーノ] 男 (-s/-s) (日本の)着物.

Kind [kɪnt キント] 中

格	単数	複数
1	das Kind	die **Kinder**
2	des Kindes	der Kinder
3	dem Kind	den Kindern
4	das Kind	die Kinder

❶(大人に対する)子供, 小児.;(法律では14歳未満の)児童;赤ちゃん, 赤ん坊. ★ 18ヶ月位までを Baby, 4歳位までを Kleinkind, 12歳以上を Judendliche(r)という. ❷《親しい呼び掛け;何人かの人に対して》みんな, 君たち. ❸(ある特定の時代・境遇の特徴を刻印された)人, 産物;所産. ♦❹ wie ein ~ behandeln 人⁴を子供のように扱う. *von ~ an [auf]* 子供のときから. *ein gebranntes ~ sein* (悪い経験によって)用心深くなっている. 5級

Kinder·arzt [キンダー..] 男 小児科医.

Kinder·dorf 中 (孤児などを収容する)子供の村.

Kinderei [キンデライ] 女 (-/-en) 子供っぽいふるまい[態度];子供のいたずら[遊び];児戯.

kinder·feindlich 形 子供向けでない;子供嫌いの.

kinder·freundlich 形 子供向けの;子供好きの, 子煩悩(ぼんのう)な.

Kinder·garten [キンダーガルテン] 男 幼稚園. 4級

Kinder·gärtner [..ゲァトナー] 男 (-s/-) (男性の)幼稚園の先生.

Kinder·gärtnerin [..ゲァトネリン] 女 (-/-nen) (女性の)幼稚園の先生, 保母.

Kinder·geld 中 子供[児童]手当て[補助金].

Kinder·hort 男 (-(e)s/-e) (放課後の)学童保育所.

Kinder·krankheit 女 (-/-en) ❶ 小児病. ❷ (プロジェクトの)初期段階の欠陥[困難].

Kinder·krippe 女 (働く親のために乳幼児を預かる)託児所.

Kinder·lähmung 囡《単》【医】小児麻痺(まひ), ポリオ.

kinder·leicht 形(口)子供にもできる, とても易しい.

kinder·lieb 形子供好きな.

kinder·los 形《副なし》子供のない.

Kinder·sterblichkeit 囡《書》幼児死亡率.

Kinder·stube 囡 *eine gute ~ haben* しつけがいい.

Kinder·tages·stätte 囡 (−/−n) (全日制の)託児所, 保育園 ((略: Kita)).

Kinder·wagen 男 (−s/−)(主として乳児を寝かせるタイプの)ベビーカー. ★幼児が座るタイプのベビーカーは der Buggy.

Kindes·misshandlung 囡幼児虐待.

Kindheit [..ハイト]囡(−/) 子供[幼年]時代[期], 幼時(期) ((15歳ぐらいまで)).

kindisch [キンディシュ]形《軽蔑》(大人が)子供っぽい, 幼稚な, おとなげない.

kindlich [..リヒ]形(↔ erwachsen)子供らしい. 子(として)の; 純真な, 無邪気な, あどけない, うぶな.

Kinkerlitzchen [キンカーリッツヒェン]中 (−s/−)《主に複》(口)くだらないもの, つまらない事; がらくた, 半端物; たわごと.

Kinn [キン]中 (−(e)s/−e)あご, 下あご.

Kinn·haken 男 (−s/−)【ボクシング】(あごへの)フック.

Kinn·lade [..ラーデ]囡 (−/−n) 下あご.

Kino [kí:no キーノ]中 (−s/−s) ❶映画館. ❷《単》(映画の)上映. ❸(メディア・ジャンルとしての)映画. ♦ *ins ~ gehen* 映画を見に行く. 5級

Kino·karte 囡 (−/−n) 映画の入場券.

Kiosk [キ(ー)オスク]男 (−(e)s/−e)(駅や街頭の)売店, スタンド, キオスク. 4級

Kipfel [キプフェル]中 (−s/−), **Kipferl** [キプフェァル]中 (−s/−(n))《南独・墺》クロワッサン.

Kippe [キッペ]囡 (−/−n) ❶(口)(タバコの)吸い殻;燃えさし. ❷ごみ捨て場. ❸【体操】(鉄棒などの)蹴(け)上がり; (床の)倒立回転.

kippen [キッペン]《(I)》他 ❶〈物⁴を〉傾ける, かしげる, 倒す. ❷〈物⁴を〉(注ぐために)傾ける, (傾けて)中身を空ける, 注ぐ;傾けてこぼす;ひっくり返す. 《(II)》自(S) ❶平衡を失う, 傾く, (バランスを崩して)倒れる, ひっくり返る. ❷〈物⁴が〉傾く, 悪くなる.

Kipp·fenster [キップ..]中 (−s/−)引き倒し窓.

Kipp·schalter 囡 (−s/−)【電】(上下する)トグル[タンブラー]スイッチ.

Kirche [kírçə キルヒェ]囡

格	単数	複数
1	die Kirche	die Kirchen
2	der Kirche	der Kirchen
3	der Kirche	den Kirchen
4	die Kirche	die Kirchen

(キリスト教の)教会. ♦ *in die [zur] ~ gehen* 教会に行く, 礼拝に行く. 5級

Kirchen·fest 中教会の祝祭(日).

Kirchen·lied 中 (−(e)s/−er) 聖歌, 賛美歌.

Kirchen·musik 囡 教会音楽, 宗教音楽.

Kirchen·steuer 囡 (−/−n) 教会税.

Kirch·hof [キルヒ..]男 (−(e)s/..höfe)(やや古)(教会付属の)墓地.

kirchlich [..リヒ]形《付加または副》(キリスト)教会の[に関する];礼拝上の;教会上の;教会の規則による, 宗教の.

Kirch·turm 男教会の塔.

Kirch·weih [..ヴァイ]囡 (−/−en) (教会の)献堂記念祭, 教会堂開基祭 ((市が立つ)).

Kirmes [キルメス]囡 (−/−sen)(方)= Kirchweih.

Kirsch·baum [キルシュ..]男 (−(e)s/..bäume) ❶(サクランボが実る)サクラ属の木;《特に》セイヨウミザクラ, スミノ

キザクラ. ❷《単》サクラ属の木材, サクラ材.

Kirsche [キルシェ] 囡 (-/-n) ❶ サクランボ. ❷ (サクランボが実る)サクラ属の木.

Kirsch·wasser 中 (-s/-) キルシュ(ヴァッサー), シェリー・ブランデー.

Kissen [キッセン] 中 (-s/-) クッション, 座布団.

Kiste [キステ] 囡 (-/-n) ❶ (比較的大型の木の)箱, 荷箱, わく箱. ❷《口;軽蔑》(オンボロの)自動車, 飛行機, 船.

Kita [キータ] 囡 (-/-s)《略》Kindertagesstätte (全日制の)託児所, 保育.

Kitsch [キッチュ] 男 (-(e)s/) キッチュ, 俗悪な作品.

kitschig [キッチヒ] 形 俗悪の, まがい物の, 低俗の.

Kitt [キット] 男 (-(e)s/-e)《主に単》パテ, 接着剤, 接合剤, セメント.

Kittchen [キットヒェン] 中 (-s/-)《口》刑務所, ブタ箱.

Kittel [キッテル] 男 (-s/-) スモック, 上っぱり;仕事着.

kitten [キッテン] 他〈物⁴を〉(接着剤などで)くっつける, 接合する;〈壊れた人間関係⁴などを〉元へ戻す, 修復する.

Kitz [キッツ] 中 (-es/-e) (カモシカ・鹿・ヤギなどの)子.

kitzeln [キッツェルン] 他 ❶〈人⁴を〉くすぐる, むずむずさせる. ❷〈物¹が〉〈人⁴を〉くすぐる;〈人⁴の欲求・感情などを〉そそる, かき立てる;〈人⁴の感覚などを〉(心地よく)刺激する.

kitz(e)lig [キッツ(ェ)リヒ] 形 ❶ くすぐったい, くすぐったく感じる;むずむずする;くすぐったがりの. ❷ 扱いにくい, むずかしい, 微妙な.

Kiwi [キーヴィ] 囡 (-/-s) キウイ.

k.J.《略》künftigen Jahres 来年の[に].

k.k.《略》kaiserlich-königlich オーストリア・ハンガリー帝国の((称号で用いるとき:K.K.)).

KKW 中 (-(s)/-(s))《略》Kernkraftwerk 原子力発電所.

Klacks [クラックス] 男 (-es/-e)《口》(バターやジャムなどの柔らかい物の)小量, 一さじ分, 少量の加味.

Kladde [クラッデ] 囡 (-/-n) ❶ (此か)雑記帳, メモ帳, 剥ぎ取り式ノート. ❷ 下書き, 草稿.

klaffen [クラッフェン] 自〈隙間・割れ目・傷¹などが〉あいている, 割れている, 裂けている.

kläffen [クレッフェン] 自〈犬¹が〉キャンキャン鳴く[ほえたてる].

Kläffer [クレッファー] 男 (-s/-)《口;軽蔑》よくほえる(小)犬.

Klage [クラーゲ] 囡 (-/-n) ❶《書》嘆き, 悲嘆「苦痛」(の声). ❷《über ④》〈人・物⁴についての〉苦情, 文句, 不平. ❸《(auf ④) (gegen ④)》《法》〈(人・物⁴に対する)(事⁴についての)〉告訴, 訴訟.

klagen [クラーゲン]《(I)》他《書》《主に直接引用文と》〈…と嘆き悲しむ, 泣き叫ぶ. 《(II)》自 ❶《über ④》〈物⁴について〉訴える. ❷《über ④》〈人・物⁴について〉苦情を言う, 不平をこぼす. ❸《(gegen ④) (auf ④)》《法》〈(人・物⁴に対して)(事⁴について)〉訴える, 告訴する, 訴訟をおこす.

Klagenfurt [クラーゲンフルト] 中 (-s/) クラーゲンフルト ((オーストリアの Kärnten 州の州都)).

Kläger [クレーガー] 男 (-s/-) (↔ Beklagte) 原告. ◇**Klägerin** 囡 (-/-nen).

kläglich [クレークリヒ] 形 ❶ (声・表情などが)悲痛な, 痛ましい. ❷ 哀れな, 哀れみを誘う, ふびんな, 嘆かわしい. ❸ 貧弱な, わずかの, 乏しい. ❹ くだらない, つまらない, 軽蔑に値する. ❺ ひどい, 悲惨な.

Klamauk [クラマオク] 男 (-s/) どたばた(喜劇), 大騒ぎ, 騒動.

klamm [クラム] 形《副なし》❶ しめっぽい. ❷ (寒さで)かじかんだ.

Klammer [クラマー] 囡 (-/-n) ❶ クリップ, ホッチキス(の針), 洗濯ばさみ;締め金, かすがい;[医] 鉗子(ホシ), クランプ. ❷ 括弧(ミコ). ★eckige ~n は [ ],

runde ~n は( ), geschweifte ~n は { }, spitze ~n は〈 〉.

klammern [クラマァン] ((I)) 他 ❶ 〈4 an ④〈物4を物4に〉クリップ[ホッチキス, 洗濯ばさみ, 留め金]で留める. ❷〈傷4を〉鉗子(かんし)[クランプ]でとめる. ❸〈物4を〉括弧に入れる. ((II)) 再 sich4 ❶〈人・物に〉くっつく, しがみつく, すがりつく. ❷〈an ④〈事4に〉執着する, 固守する.

Klamotte [クラモッテ] 女 (-/-n) ❶《複》衣服, 衣装. ❷《主に軽蔑》陳腐な映画, 三文芝居.

Klampfe [クランプフェ] 女 (-/-n) (口; やや古) ギター.

klang [クラング] klingen の過去形.

Klang [クラング] 男 (-(e)s/Klänge) ❶ (心地よい) 音, 響き, 音響;〔音楽〕複合音;音色. ❷《複》音楽, メロディー.

klänge [クレンゲ] klingen の接続法 II 式基本形.

Klänge [クレンゲ] Klang の複数形.

Klapp·bett [クラップ..] 中 (-(e)s/-en) 折りたたみ式ベッド.

Klappe [クラッペ] 女 (-/-n) ❶ (パタンと開閉するもの:)(a) (一端が固定された) ふた, はねぶた, はね上げ戸. (b) (ポケットなどの) たれぶた;(封筒などの) 折り返し. (c) (管楽器の) 鍵, キー. (d)〔工〕バルブ, 弁. (e)《主に複》(心臓の) 弁. (f) (映画の) カチンコ. ❷ (口;軽蔑) 口. ❸ (口) ベッド. Halt die ~! (口) 黙れ.

klappen [クラッペン] ((I)) 他〈物4を...へ〉パタンと動かす[上げる, 下げる, 立てる, 倒す]. ((II)) 自 ❶ ⑤ パタンと動く[上がる, 下がる, 立つ, 倒れる]. ❷ ⓗ カタン[ピシャリ] と音がする;パタンと開く[閉まる]. ❸ ⓗ (口) 成功する, うまくいく.

klapperig [クラッペリヒ] 形 = klapprig.

klappern [クラッパァン] 自 ❶〈物1が〉(ガタガタ[カチャカチャ] と) 音をたてる. ❷〈mit ③〉〈物3を〉ガタガタ[カチャカチャ] 鳴らす.

Klapper·schlange [クラッパァ..] 女 (-/-n) ガラガラヘビ.

klapprig [クラップリヒ] 形 (口) ❶ (古くて) ガタガタの. ❷ (年老いて) ヨボヨボの.

Klapp·sitz 男 (-es/-e) (劇場などの) はね上げ椅子;(バスなどの) 折りたたみシート.

Klapp·stuhl 男 折りたたみ椅子.

Klaps [クラップス] 男 (-es/-e) (口)(軽い) 平手打ち, ピシャリ (とたたくこと).

Klaps·mühle 女 (-/-n) (口) 精神病院.

klar [kla:r クラーァ] 形 ❶ (↔ trübe) 澄んだ, 透き通った, 透明な. ❷ (↔ bedeckt, dunstig) (空などが) 澄み渡った, 晴れた, 快晴の. ❸ (頭脳が) 明晰な, さえた;意識がはっきりした. ❹ はっきりした, 明らかな, 明白な;自明な, 当然の;確かな, 明確な;わかりやすい, 平明な. ❺ (↔ verschwommen) (輪郭・映像などが) くっきりした, 鮮明な, 明瞭な;(色が) 混じり気のない, 鮮やかな. ❻《付加語的》(すましの, コンソメの. ③ ~ sein〈事1は〉人にははっきりしている, よく分かっている. sich3 über ④ klar [im Klaren] sein 事4がはっきりわかっている, 事4を認識し[心得]ている. (Na) ~! (口) もちろん, わかりきったことだよ. ~ denkend 形 論理的思考のできる, 明晰な思考を持った, 頭脳明晰な. ▮ ~ sehen (口) はっきりわかる[理解する]. ~ werden 1)〈③〉〈事3が〉〈人3に〉はっきりする, 明らかになる, よく分かる;(空が) 晴れる. 2)〈sich3 (über ④)〉〈〈人・事4〉が〉はっきりと分 (かっ)てくる. 4級

Klär·anlage [クレーァ..] 女 (-/-n) (下水の) 浄化設備;下水[汚水] 処理場[施設].

Klare(r) [クラーレ[ラー]] 男《形容詞変化》(透明な) 蒸留酒, 穀物酒.

klären [クレーレン] ((I)) 他〈事4を〉解く, 明らかにする, 解明する, 解決する.〈液体4を〉澄ます, 透明にする, 濾(こ)す, 浄化する, きれいにする;精製する. ((II)) 再 sich4 ❶〈液体1が〉澄

む、透き通る、透明になる、きれいになる. ❷〈事³〉が解ける、明らかになる、解明[解決]される.

klar|gehen* 自Ⓢ(Ⅱ)〈事¹〉が(望んでいるように)うまくいく.

Klarheit [..ハイト]女(−/−en)《主に単》❶ 澄明、透明. ❷快晴. ❸明白;明瞭;明確;明晰. ④ ~ *verschaffen* 事⁴を明確に知る、事⁴がはっきりと分かる.

Klarinette [クラリネッテ]女(−/−n)【音楽】クラリネット.

klar|machen 他〈③〉④〈人³に〉事⁴を〉はっきり分からせる、明らかにする、説明する.

klar|sehen* = klar sehen (⇒klar ■).

Klar·sicht·folie 女(食品などを包装する透明な)ラップ.

klar|stellen 他〈事⁴を〉明らかにする、はっきりさせる.

Klar·text 男(−(e)s/−e)(暗号が)解読された文;【ピュータ】プレーンテキスト((最も基本的な文字体系のみを利用したテキスト(ファイル))).

Klärung [クレールング]女(−/−en)《主に単》❶解明、解決、明確化. ❷透明化、純化、浄化、精製.

klar|werden* = klar werden (⇒klar ■).

klasse [クラッセ]形《無変化》(口)素晴らしい、すてきな.

Klasse [クラッセ]女(−/−n) ❶クラス;学級;学年;教室. ❷《集合的》階級. ❸《スポーツ》級、組、クラス;(自動車・ヨットなどの大きさ・性能などによる)等級、種別、型;(免許証などの)等級((~ *eins*(第一種)はバイク、~ *zwei*(第二種)はトラック、~ *drei*(第三種)は乗用車)). 種. ❹等級. ❺【生】綱(ニュゥ);【論】部類. (*große*) ~ *sein* 全くすてきである. **5版**

Klassen·arbeit [クラッセン..]女(−/−en) (↔ Hausarbeit)(教室での筆記)試験、テスト.

Klassen·buch 中出席簿、(教師の)学級記録簿.

Klassen·gesellschaft 女(−/−en) 階級社会.

Klassen·kampf 男(−(e)s/−) 階級闘争.

Klassen·lehrer 男(−s/−) 学級担任.

klassen·los 形階級(差別)のない、等級差のない.

Klassen·sprecher 男(−s/−) 学級委員長、級長.

Klassen·treffen 中(−s/−) 同級[同窓]会、クラス会.

Klassen·ziel 中(−s/−)《書》学習到達目標.

Klassen·zimmer 中(−s/−) 教室、クラスルーム.

klassifizieren [クラスィフィツィーレン]他〈**nach** ③〉④〈物³に従って物⁴を〉分類する、等級[クラス]分けする、類別[クラス]に分ける.

Klassifizierung [クラスィフィツィールング]女(−/−en) 分類、等級分け、区分.

Klassik [クラスィック]女(−/) ❶古典期. ❷古代ギリシア・ローマの古典文化. ❸クラシック(音楽).

Klassiker [クラスィカー]男(−s/−) ❶古典的な芸術家[作家、学者];(ギリシア・ローマの)古典詩人;古典派の芸術家[作家];古典文学者. ❷古典(作品)、名著.

klassisch [クラスィシュ]形 ❶(古代)ギリシア・ローマ(時代)の、古典古代の. ❷古典の;古典的な;古典主義的な. ❸クラシック(音楽)の、古典派の. ❹(↔ *modern*)伝統的な. ❺模範的な、典型的な.

Klassizismus [クラスィツィスムス]男(−/) 古典主義;古典様式、古典的語法.

Klatsch [クラッチュ]男(−(e)s/−e)《主に単》(軽蔑)ゴシップ、うわさ話、陰口.

Klatsch·base [..バーゼ]女(−/−n) (口;軽蔑)噂話[ゴシップ]好きの女.

klatschen [クラッチェン] (Ⅰ)自 ❶〈**gegen [an, auf]** ④〉〈物¹が〉〈物⁴に当たって〉ピシャリ[パチッ、パチャッ]と鳴る[音を立てる]. ❷(手を)たたく;拍手をする. ❸〈**mit** ③〉**über** ④〉(軽

①1格 ②2格 ③3格 ④4格

klatschhaft

蔑》〈人³が〉事⁴を〈ペチャクチャと〉うわさ話をする,陰口をたたく. ❹〈③ ④〉《方》〈事⁴を〉もらす,告げ口する. (II)他《口》〈物⁴を...へ〉ピシャッと音を立てて投げつける[打ちつける].

klatsch・haft [..ハフト]形《副なし》ゴシップ好きの,うわさ話ばかりする.

Klatsch・mohn 男(-(e)s/-e)〔植〕ヒナゲシ.

klatsch・nass 形《口》ずぶぬれの.

klatschnaß ⊕=klatschnass.

Klatsch・spalte 女《軽蔑》ゴシップ欄.

Klaue [クラオエ] 女(-/-n) ❶〈猛獣・猛禽類の〉爪(⁸),鉤爪(⁵). ❷《主に複》〈偶蹄類の〉蹄(⁵). ❸《単》(口;軽蔑》悪筆. ❹《口;軽蔑》手.

klauen [クラオエン] 他〈③〉〈④〉《口》〈(人³から)(小さい物⁴を)〉盗む,くすねる,ちょろまかす.

Klause [クラオゼ] 女(-/-n) ❶いおり(庵),庵室,隠遁(⁶)所. ❷岩の裂け目;峡間,隘路(⁶).

Klausel [クラオゼル] 女(-/-n)〔法〕条項,約款,条款;付則.

Klausur [クラオズーァ] 女(-/-en) ❶(大学の)筆記試験(答案). ❷(修道院などの)禁域.

Klausur・arbeit 女(-/-en)(監督下の)筆記試験(答案).

Klausur・tagung 女(-/-en)非公開会議.

Klavier [クラヴィーァ] 中(-s/-e) ピアノ.

kleben [kléːbən クレーベン] (I)他 ❶〈破れた物⁴を〉貼り合わせる,くっつける,粘着[付着]させる,くっつけて元通りにする. ❷〈物⁴を...へ〉貼り付ける. (II)自 ❶〈物¹が〉べとべとする,ぺたぺたと,粘りつく. ❷⟨an ③⟩〈物¹が〉〈物³に〉くっついている,貼り付いている,粘着[付着]している. ❸〈物¹が〉粘着力がある,くっつき,付着する. ❹⟨an ③⟩《口》〈人³に〉つきまとう,くっついてはなれない;〈事³に〉執着する. ■ ~ bleiben 1)〈昆虫¹などが〉(ハエ取り紙などに)くっついている,離れない. 2)〈人¹が〉落第[留年]する.

kleben|bleiben* = kleben bleiben (⇨kleben Ⅱ).

Kleber [クレーバー] 男(-s/-)接着剤,のり.

klebrig [クレーブリヒ] 形 べとべと[ねばねば]する,(手のひらなどが)じっとりとした.

Kleb・stoff 男(-(e)s/-e) 接着剤;ボンド.

kleckern [クレッカァン] (I)他 ⟨auf ④⟩〈物⁴を〉〈物⁴の上に〉ぽとりとたらす,こぼす,落として汚す. (II)自 ⑤,⟨auf ④⟩〈〈物の上に〉したたる,ぼたぼた落ちて染みを付ける.

Klecks [クレックス] 男(-es/-e) ❶(色のついた)染み,汚点. ❷ほんの少量.

klecksen [クレックセン] (I)自染みが落ちる[出る]. (II)他⟨④⟩⟨auf ④⟩〈物⁴を〈物の上に〉〉ぽとりと落として染みをつける.

Klee [クレー] 男(-s/)〔植〕クローバー.

Klee・blatt 中(-(e)s/..blätter) ❶クローバーの葉. ❷(四つ葉の)クローバー型立体交差(点)[インターチェンジ].

Kleid [klaɪt クライト] 中

格	単数	複数
1	das Kleid	die **Kleider**
2	des Kleid(e)s	der Kleider
3	dem Kleid	den Kleidern
4	das Kleid	die Kleider

❶ワンピース,ドレス. ❷《複》(身につける一切の)衣服,衣類,着物. ♦ das ~ anziehen [tragen] ワンピースを着る[着ている]. 5級

kleiden [クライデン] 他 ❶〈人⁴に...の〉着物を着せる,装い[身なり,服装]をさせる. ❷⟨④ (gut)⟩〈物¹が〉〈人⁴に(よく)〉似合う. ♦ modisch [nach der neuesten Mode] ~ 人⁴に流行の[最新の]服装をさせる.

Kleider 複=Kleid.

Kleider・bügel 男(-s/-) 洋服かけ,ハンガー,衣紋かけ.

Kleider・bürste 女(-/-n) (衣服

①1格 ②2格 ③3格 ④4格

Kleider・haken 男(-s/-) (洋服を掛ける)ホック.

Kleider・schrank 男 洋服だんす, 衣装戸棚.

Kleider・ständer 男(-s/-) コートかけ, 衣桁(いこう).

kleidsam [..ザーム] 形 (衣服・髪型などが)よく似合う.

Kleidung [クライドゥング] 女(-/) 衣服, 衣装;服装. 5級

Kleidungs・stück 中(-(e)s/-e) (上着・ズボンなど個々の)衣服.

klein [klaɪn クライン] 形 ❶(↔ groß)小さい, 短い, 狭い. ❷(↔ groß)《副なし》(数量的に)少ない, わずかな. ❸(↔ groß)《主に付加;副なし》(時間的に)短い. ❹(↔ groß)《副なし》(重要度が)小さい, 低い, 瑣末な. ❺《付加》(地位が)低い, ただの. ❻(↔ groß)《主に付加;副なし》(口)(年齢的に)小さい, 幼い. ❼(↔ groß)《主に付加;副なし》(口)(程度が)小さい, ささやかな. ❽小文字の. *von ~ auf* 幼少の頃から. *bis ins Kleinste* 細かな点に至るまで. ■*~ schneiden* ⟨③ ④⟩⟨人³のために⟩物⁴を小さく切る[割る, 刻む]. *klein schreiben* 1)⟨物⁴を⟩軽視する. ((★ 主に受動態で用いられる)). 2) 中 = kleinschreiben. 5級

Klein・asien [クラインアージィエン] 中(-s/) 小アジア.

Klein・buchstabe 男(-ns/-n) 小文字.

Klein・bürger 男(-s/-) 小市民, プチブル;《軽蔑》俗物.

klein・bürgerlich 形 ❶小市民の, 小市民的な. ❷《軽蔑》俗物根性の.

Kleine(r) [クライネ(ナー)] ((I))男女《形容詞変化》❶小さな子, おちびさん;《愛称》かわいい人, 《複》子供たち. ((II)) 中 ❶小さな子, 赤ん坊. ❷小事, 些細な事;小規模.

Klein・familie 女(-/-n) (↔ Großfamilie)核家族.

Klein・geld 中(-(e)s/) (↔ Papiergeld)小銭, 硬貨.

klein・gläubig 形《書;軽蔑》懐疑的な.

Kleinigkeit [クライニヒカイト] 女(-/-en) ❶ちょっとした[ささやかな]もの. ❷《主に複》些細なこと, つまらないこと;わずかなもの. ♦ ③ eine ~ zum Geburtstag schenken 人³に誕生日にちょっとしたものを贈る.

Klein・kind 中(-(e)s/-er) 幼児, 小児((2歳から6歳くらいまで)).

Klein・kram 男(-(e)s/)《集合的に》(口)くだらない[つまらない]もの[こと], 雑事.

klein|kriegen 他 ❶(口)⟨人⁴を⟩屈服させる, くじく. ❷⟨物⁴を⟩小さくする, 細かくする, バラバラにする;壊す, だめにする. ❸⟨食べ物⁴を⟩平らげる;⟨お金⁴を⟩使い果たす.

Klein・kunst 女(-/) (Kabarettなどの)出し物.

klein・laut 形(最上 ~est)(威勢のよかった者が)しゅんとなった, 気勢をそがれた, おじけづいた.

kleinlich [..リヒ] 形《軽蔑》❶些細(ささい)なことにこだわる, 杓子定規な;狭量な, こせこせした. ❷けちな, しみったれた, みみっちい.

Kleinod [クラインオート] 中(-(e)s/-e, ..odien[..オーディエン]) 高価な装飾品[装身具], 宝石;宝物, 貴重品.

klein|schneiden* = klein schneiden (⇨klein ■).

klein|schreiben* 他 小文字書きにする, 小文字で書き始める.

Klein・stadt 女(人口2万までの)小都市.

Klein・städter 男(-s/-) 小都市住民.

Klein・wagen 男(-s/-) 小型(自動)車.

Kleister [クライスター] 男(-s/-) のり(糊).

Klementine [クレメンティーネ] 女(-/-n) クレメンタイン ((小型の種のないオレンジの一種)).

Klemme [クレンメ] 女(-/-n) ❶締め金[道具];クリップ;やっとこ. ❷【医】鉗子(かんし). ❸(電気などの)端子. ❹

① 1格 ② 2格 ③ 3格 ④ 4格

klemmen (ロ)苦しい[困った]立場, 窮境.

klemmen [クレメン] **(I)**働 ❶〈物⁴を〉はさむ, 締めつける, 押さえつける. ❷〈sich³ ④〉〈身体の部分⁴などを〉はさんで痛める[傷つける]. **(II)**圓〈⓵〉〈物¹が〉きつくはさまっている, (つかえて)動かない.

Klempner [クレンプナー] 男(-s/-) 配管工. ◇**-in** 女(-/-nen).

Kleptomanie 女(-/) 〖心〗(病的)盗癖.

klerikal [クレリカール] 形《主に付加》〖書〗聖職(者)の; (カトリック)教会の.

Klerus [クレールス] 男(-/) 〖書〗《総称》(カトリックの全)聖職者(階級).

Klette [クレッテ] 女(-/-n) 毬(いが)のある果実をつける種々の植物, (特に)ゴボウ.

klettern [klétərn クレッタァン] 圓(S) ❶よじ登る; 登攀(とうはん)する. ❷(ロ)〈温度・物価・バロメーター¹などが〉急上昇する.

Kletter·pflanze [クレッター..] 女(-/-n)〖植〗攀縁(はんえん)植物.

klicken [クリッケン] 圓❶〈物¹がカチッ[カチャッ]と音がする[音をたてる]. ❷〖コンピュ〗〈**auf** ④〉〈プログラム⁴などを〉(マウスで)クリックする.

Klient [クリエント] 男(-en/-en)〈弱〉〖法〗(訴訟[弁護])依頼人; 〖史〗(ローマ貴族の)被保護民. ◇**Klientin** 女(-/-nen)(女性の)訴訟[弁護]依頼人.

Klima [クリーマ] 中(-s/-ta, 〖書〗Klimate, (ガル)-s) ❶気候, 風土. ❷〖単〗雰囲気, 精神的風土. 4級

Klima·anlage 女(-/-n) 空気調節設備, エアコン; 冷暖房設備.

Klima·schütz 男 地球環境保全.

klimatisch [クリマーティッシュ] 形 気候[風土]の.

klimatisieren [クリマティズィーレン] 他〈部屋⁴などを〉空気調節する.

Klima·wechsel 男(-s/-)(療養のための)転地.

Klimm·zug [クリム..] 男 〖体操〗懸垂.

klimpern [クリンパァン] 圓❶〈コイ

ン・鍵などが〉カチャカチャ[ジャラジャラ]鳴る. ❷〈mit ③〉〈物³を〉カチャカチャ[ジャラジャラ]鳴らす. ❸〈**auf** ③〉〈ピアノ・ギター³などを〉ポツンポツンと弾き鳴らす.

Klinge [クリンゲ] 女(-/-n)(ナイフなどの)刃; 剣刀(けんとう)の刃.

Klingel [クリンゲル] 女(-/-n) 鈴, 呼び鈴(りん), ベル.

Klingel·knopf 男 呼び鈴の押しボタン.

klingeln [klíŋəln クリンゲルン] 圓❶ベル[呼び鈴]を鳴らす. ❷〈目覚まし・電話¹などが〉鳴る.

klingen* [クリンゲン] (過 klang; 過分 geklungen) 圓❶〈鐘・グラス・バイオリン¹などが〉(明るく美しく)鳴る, 響く. ❷〈物¹が〉響きをもつ, 聞こえる, (...に)聞こえる. ❸(...と)思われる.

Klinik [クリーニク] 女(-/-en)(特定の)専門病院, クリニック.

Klinke [クリンケ] 女(-/-n)(ドアの)取っ手, ハンドル, ノブ.

Klinker [クリンカー] 男(-s/-) 硬質れんが, クリンカー.

Klippe [クリッペ] 女(-/-n) ❶岩礁. ❷(ロ) 困難, 障害; 難所.

klirren [クリレン] 圓❶〈金属・ガラス¹などが〉カチャカチャ[ガタガタ]音を立てる. ❷〈mit ③〉〈物³を〉カチャカチャ[ガタガタ]いわせる.

Klischee [クリシェー] 中(-s/-s)〖書; 軽蔑〗❶型にはまった思考. ❷陳腐な決まり文句.

klitschnass [クリッチュナス] 形(ロ) びしょぬれの.

klitschnaß 形 = klitschnass.

klitze·klein [クリッツェ..] 形(ロ; 幼児語) ちっぽけな.

Klo [クロー] 中(-s/-s)(ロ) トイレ, 便所; 便器 ((Klosett の略語)).

Kloake [クロアーケ] 女(-/-n)(地下)下水道, 下水管[溝]; 〖動〗(総)排泄腔(はいせつこう).

klobig [クローピヒ] 形 丸太[割木]のような, ごつい, かさばった.

Klon [クローン] 男(-s/-e) クローン.

klonen [クローネン] 他〈物⁴の〉クロー

ンをつくる;〈物⁴を〉無性生殖させる.

Klo-papier [中]トイレット・ペーパー.

klopfen [klɔpfən クロプフェン] **((I))** 自 ❶〈an ③〉〈ドア³を〉ノックする. ❷〈an [auf] ④〉〈物⁴を〉トントンとたたく. ❸〈心臓・脈〉などが〉(不整に)打つ, 鼓動する, 動悸(ぎ)がする, どきどきする;〈エンジンが〉ノッキングをおこす. ❹《非人称で》ノックの音がする. **((II))** 他 ❶〈絨毯(ぽ)などを〉たたいてほこりを取る. ❷〈肉⁴などを〉(料理する前に)たたいて柔らかくする. ❸〈~ aus [von] ③〉〈ほこりなどを物³から〉払い落とす, たたいて取り除く. ❹〈~ in ④〉〈物⁴を物⁴に〉たたきこむ, 打ちこむ.♦an die [der] Tür ~ ドアをノックする.《非人称》Es hat geklopft. ノックの音がしました. 4級

Klöppel [クレッペル] 男 (-s/-) ❶(鐘・鈴の)舌. ❷(太鼓などの)ばち, スティック. ❸(レース編みの)ボビン.

klöppeln [クレッペルン] 他〈レース⁴を〉ボビンレース編みで編む;〈テープ・ブレードなどを〉ボビンレースで作る.

Klops [クロップス] 男 (-es/-e)〖料理〗(北ド)肉だんご, ミートボール.

Klopstock [クロプシュトック]《人名》クロプシュトック((Friedrich Gottlieb ~ ドイツの詩人;1724-1803)).

Klosett [クロゼット] 中 (-(e)s/-s, -e) ❶便器. ❷トイレ, 便所.

Kloß [クロース] 男 (-es/Klöße)〖料理〗だんご((南ドで Knödel)).

Kloster [クロースター] 中 (-s/Klöster) 修道院, 僧院.

Klotz [クロッツ] 男 -es/Klötze, (口)Klötzer) ❶(大きな)木塊, 丸太;(木の)台. 薪( )割り台. ❷コンクリートの塊. ❸積み木.

Klub [クルプ] 男 (-s/-s) ❶クラブ, 同好会. ❷クラブハウス, クラブ室.

Kluft¹ [クルフト] 女 (-/Klüfte) ❶(岩の)割れ目,隙間,クレバス;峡谷;深淵( ). ❷(人間間の)隔たり,相違,ギャップ.

Kluft² [クルフト] 女 (-/-en)《主に単》(口)(特別な)服, 着物.

klug [klu:k クルーク]《比較 klüger;

最上 klügst》形 (↔ dumm) 利口な, 賢い, 賢明な, 思慮のある, 分別のある. **aus ③ nicht ~ werden** 人³(の気持)を理解できない, 人³を見抜けない. **Der Klügere gibt nach.**《諺》負けるが勝ち. 5級

Klugheit [..ハイト] 女 利口さ, 賢さ, 賢明さ, 機敏さ;狡猾( ).

klumpen [クルンペン] 自〈物¹が〉塊になる.

Klumpen [クルンペン] 男 (-s/-) 塊.

km《記号》Kilometer キロメートル.

k.M.《略》künftigen Monats 来月(の).

km/h [カーエムハー]《略》時速.

knabbern [クナッバァン] 他〈((I))〉〈(物⁴を)〉バリバリ[ポリポリ]食べる, かじって食べる. ((II)) 自〈an ③〉〈物³を〉かじる.

Knabe [クナーベ] 男 (-n/-n)《弱》❶(官庁;書)やや古(15歳位までの)男の子;童( ),少年. ★普通は Junge を用いる. ❷(口;戯)(成人の)男(性).

knabenhaft [..ハフト] 形 少年のように見える, 少年のような.

Knäckebrot [クネッケブロート] 中 (-(e)s) クネッケ・パン((ライ麦からつくられた薄手のビスケット)).

knacken [クナッケン] ((I)) 自〈物¹が〉ポキッ[パチン, パリッ]という音を立てる. ((II)) 他 ❶〈木の実・胡桃⁴などを〉割る, 砕く. ❷〈物⁴を〉無理やりこじ開ける.

knackig [クナッキヒ] 形 ❶(かじると)新鮮でパリッと音のする. ❷(性的な魅力で)ピチピチした.

Knacks [クナックス] 男 (-es/-e) ❶ポキッ[パリッ, パチッ]という音. ❷(口)亀裂, ひび割れ. ❸(口)(精神的・肉体的)損傷, 障害.

Knall [クナル] 男 (-(e)s/-e) (短く鋭い)ドカン[ドン, パン]という音;銃声, 爆音.

knallen [クナレン] ((I)) 自 ❶ⓐ〈物¹が〉パチッ[ドン, パン, ピシャッ]と音を立てる. ❷ⓑ〈mit ③〉〈物³を〉パチッ[ドン, パン, ピシャッ]と鳴らす;〈物³で〉音を立てる. ❸ⓢ(口) 激しくぶつかる.

① 1格 ② 2格 ③ 3格 ④ 4格

knallhart ((II)) 他 (口)〈物⁴を〉(猛烈な勢いで)投げつける;たたきつける;(パチンと)ぶつける;(ドーンと)打ち込む.

knall-hart [クナルハルト] 形 (口) 残忍な, 冷酷な, 無情な, ひどい.

knall-rot [..ロート] 形 (口) どぎつい赤の.

knapp [クナップ] ((I)) 形 ❶ (↔ reichlich)〈主に述語〉(時間・金銭・数量などが) わずかの, 乏しい, 僅少の. ❷ ほんのわずかの差の, ぎりぎりの, すれすれの, かろうじて足りる. ❸ (↔ gut)〈付加語なる語〉〈数量⁴と〉わずかに足りない. ❹ (↔ weit)〈衣服・くつなどが〉きつい, 窮屈な, タイトな. ❺ (要点だけを絞って) 簡潔な, 手短かな. ♦ ~(e) drei Monate 3ヶ月足らず. Die Schuhe sind mir zu ~. 靴はきつすぎます. ((II)) 副 ❶ 間近く, すぐ近くに, すれすれに, すぐわきに, ぎりぎりに. ❷ かろうじて, どうにか. *knapp halten* (口)〈人³に〉あまり[十分に]与えない. 〔4級〕

knapp|halten* = knapp halten (⇨knapp ❶).

Knappheit [..ハイト] 女 (-/-) ❶ 乏しいこと, 僅少, 不足, 欠乏[窮乏]. ❷ 簡潔, 簡素.

Knarre [クナレ] 女 (-/-n) (口) 銃, ピストル.

knarren [クナレン] 自〈ベッド・戸・床板¹などが〉ギーギー鳴る, きしむ.

Knast [クナスト] 男 (-(e)s/-e, Knäste)〈主に単〉(口) ❶ 刑務所. ❷ 〈単〉禁固刑.

Knatsch [クナーチュ] 男 (-(e)s/) (口) けんか.

knattern [クナッタァン] 自 ❶〈バイク¹などが〉ダダダダッと音をたてる;〈旗¹などが〉バタバタと音をたてる. ❷ ダダダダッと音をたてて進む.

Knäuel [クノイエル] 中 男 (-s/-) 糸球.

Knauf [クナオフ] 男 (-(e)s/Knäufe) (ドア・ステッキなどの) 握り, 取っ手, ノブ;(刀の) 柄頭(かしら);(なべぶたなどの) つまみ;[建] 柱頭.

knauserig [クナオゼリヒ] 形 (口) けちな, しみったれた.

knausern [クナオザァン] 自 (**mit** ³)(口)〈物³を〉けちけちする.

knautschen [クナオチェン] ((I)) 他 (口)〈物⁴を〉しわくちゃにする. ((II)) 自〈物¹が〉しわ(くちゃ)になる.

Knebel [クネーベル] 男 (-s/-) 猿ぐつわ.

knebeln [クネーベルン] 他〈人⁴に〉猿ぐつわをはめる. ❷〈人・物⁴の〉口を封じる, 抑圧する.

Knecht [クネヒト] 男 (-(e)s/-e) ❶ (やや古) 農家の雇い人, 作男 (女性は Magd). ❷ しもべ, 召使, 下僕;家来.

knechten [クネヒテン] 他〈人・国⁴を〉奴隷にする;制圧[圧制] する, しいたげる.

Knechtschaft [..シャフト] 女 (-/) (書) 奴隷[しもべ] の状態, 圧制, 隷属.

kneifen* [クナイフェン] (過 kniff;過分 gekniffen) ((I)) 他 ❶〈(in ⁴)〉(に³)〈人⁴の所を〉つねる. ❷ (⟨⁴⟩) 〈物¹が〉〈(人⁴を)〉(はさんで) 締めつける;〈衣服¹が〉窮屈である. ((II)) 自 ❶〈(vor ³)〉(口)〈物³に〉尻込みする, おじけづく. ❷ つねる.

Kneif-zange [クナイフ..] 女 (-/-n) くぎ抜き, ペンチ.

Kneipe [クナイペ] 女 (-/-n) (口) 居酒屋, 飲み屋, 酒場.

kneippen [クナイペン] 自 (クナイプ式) 冷水浴療法をする.

Kneipp-kur [クナイプ..] 女 (-/-en) (クナイプ式) 冷水浴療法.

kneten [クネーテン] 他 ❶ (⟨⁴⟩)〈物⁴を〉こねる, 練る;〈(筋肉⁴などを)〉マッサージする. ❷ (⟨⁴ (aus ³)〉〈物⁴を〉〈物³から〉こねて作る.

Knetmasse [クネートマセ] 女 (色のついた) 工作用粘土.

Knick [クニック] 男 (-(e)s/-e) ❶ (急な) 屈曲;急カーブ. ❷ 折れ目, ひだ.

knicken [クニッケン] ((I)) 他〈物⁴を〉折り曲げる, (二分せずに) へし折る; 〈物⁴に〉折り目をつける. ((II)) 自 ❶ (へし) 折れる.

knickerig [クニッケリヒ], **knickrig** [クニックリヒ] 形 (口) けちな.

Knicks [クニックス] 男 (-es/-e) (特に

女性の)片足を引いてひざを曲げるお辞儀.

knicksen [クニックセン] 自 ひざをかがめてお辞儀する.

Knie [kniː クニー] 中 (-s/-[クニー(エ)]) ★ 複数3格形 (Knien) は [クニーエン] と発音. ❶ひざ(膝), ひざがしら, ひざ関節. ❷(ズボンなどの)ひざ. ❸急な曲がり目, 屈曲部,(河川などの)湾曲部. ♦ die ~ beugen ひざを曲げる. *in die ~ gehen* 1)がっくり膝をついてくずおれる. 2)(口)降参する.

Knie-beuge [..ボイゲ] 女 (-/-n) [体操]ひざの屈伸運動.

Knie-fall 男 ひざまずくこと;屈服.

Knie-kehle 女 (-/-n) ひかがみ (ひざの裏側)).

knien [クニーン, クニーエン] (I) 自 (h) (南ゲ゙・オーストリア・スイス ⑤) ひざまずく, ひざをつく. (II) 再 sich⁴ ❶ ⟨vor ③⟩⟨人・物⁴の前に⟩ひざまずく. ❷ ⟨in ④⟩(口)⟨事⁴に⟩没頭する, 取り組む.

Knie-scheibe [..シャイベ] 女 (-/-n) 膝蓋(シツガイ)骨, ひざのさら.

Knie-strumpf [..シュトルンプフ] 男 (↔ Socke) ハイソックス, ニーソックス.

kniff [クニフ] kneifen の過去形.

Kniff [クニフ] 男 (-(e)s/-e) ❶つまむ [はさむ, つねる]こと. ❷こつ, 細工, 術策, 手練手管. ❸折り目, ひだ.

kniffe [クニッフェ] kneifen の接続法II式形.

knipsen [クニプセン] (口) (I) 自 パチッと鳴らす. (II) 他 ⟨④⟩⟨(人・物⁴を)⟩パチリと写真にとる.

Knirps [クニルプス] 男 (-es/-e) ❶(口)小さい男の子. ❷[商標]クニルプス(折りたたみ傘).

knirschen [クニルシェン] 自 ⟨物¹が⟩ギシギシ音をたてる, 軋(キシ)る.

knistern [クニスタァン] 自 ❶ ⟨火¹などが⟩パチパチいう, パチパチと音を立てる;⟨絹¹などが⟩サラサラという[音を立てる];⟨紙¹などが⟩パリパリという[音を立てる]. ❷ ⟨mit ③⟩⟨物³を⟩パリパリ[パチパチ, ギシギシ]いわせる.

knittern [クニッタァン] (I) 自 ⟨布地¹に⟩しわが寄る. (II) 他 ⟨物⁴を⟩し

わにする.

knobeln [クノーベルン] 自 ❶ダイスゲームをする, ダイスでばくちをする. ❷ ⟨(um ④)⟩⟨(事⁴をダイスやジャンケンなどで)⟩決める. ❸ ⟨an [über] ③⟩⟨事³を⟩あれこれと考える;⟨事⁴に⟩頭を悩ます.

Knoblauch [クノープラオホ, クノブ..] 男 (-(e)s/) [植]ニンニク, ガーリック.

Knoblauch-zehe 女 (-/-n) ニンニクの小鱗茎(リンケイ) [一片(イッペン)].

Knöchel [クネッヒェル] 男 (-s/-) ❶くるぶし(踝), 足[踝(クルブシ)]関節. ❷指関節.

Knochen [クノッヘン] 男 (-s/-) ❶(人間・獣・鳥の)骨 (★魚の骨は Gräte). ❷ ⟨複⟩(口)四肢, 手足;全身.

Knochen-bau 男 (-(e)s/) 骨格.

Knochen-bruch 男 骨折.

knochen-hart 形 (口)(柔らかいはずのものが)非常に堅い.

Knochen-mark 中 (-(e)s/) [解]骨髄.

knochig [クノッヒヒ] 形 (↔ fleischig) 骨ばった, 骨と皮ばかりの.

Knödel [クネーデル] 男 (-s/-) ⟨主に複⟩(南ゲ゙・オーストリア) (肉入り)だんご, クネーデル.

Knolle [クノレ] 女 (-/-n) ❶[植](ジャガイモなどの)塊茎, 球根. ❷(口)ジャガイモ.

Knopf [knɔpf クノプフ] 男 (-(e)s/Knöpfe) ❶(衣服の)ボタン. ❷(ベル・スイッチの)押しボタン, つまみ.

knöpfen [クネプフェン] 他 ❶⟨物⁴を⟩ボタンで開閉する. ★主に受動で. ❷⟨④ an ③⟩⟨物⁴を物³に⟩ボタンで留める.

Knopf-loch 中 (-(e)s/..löcher) ボタン穴.

Knorpel [クノルペル] 男 (-s/-) [解]軟骨.

knorrig [クノリヒ] 形 (木・枝が)節くれ立った;(木材などが)節の多い.

Knospe [クノスペ] 女 (-/-n) [植]芽, つぼみ, 萌芽;幼芽;[生]芽体.

knospen [クノスペン] 自 ⟨物¹が⟩芽

① 1格 ② 2格 ③ 3格 ④ 4格

を出す, 発芽する, 芽を吹く, つぼみをつける.

knoten [クノーテン] 他 ❶⟨(sich³)⟩④⟨物⁴を⟩結ぶ; 結び目を作る; 結び合わせる. ❷⟨(sich³)⟩④ **um [an]** ④⟨物⁴を物³に⟩結びつける.

Knoten [クノーテン] 男⟨-s/-⟩ ❶結び目. ❷(後頭部で髪をまとめた女性の)束髪, まげ. ❸【解】(神経・リンパの)節;【医】こぶ, 結節;(樹木などの)こぶ,(植物の)節;【理】(定常波の)節;【天】交点. ❹【海】ノット(船舶の速度単位; 毎時1海里(1852メートル); 記号: kn)).

Knoten·punkt 男⟨-(e)s/-e⟩(交通網・川などの)結節点, ハブ, 合流点;【理】節点.

Know-how [ノウハオ, ノウハオ] 中⟨-(s)/⟩ ノウハウ, 実用的知識[技能].

knuffen [クヌッフェン] 他⟨人⁴を⟩(こぶし・ひじで)こづく.

Knüller [クニュラー] 男⟨-s/-⟩ (口) ヒット(商品); ヒット作品[曲]; センセーショナルなもの.

knüpfen [クニュプフェン] 他 ❶④ **an** ④⟨物⁴を物³に⟩結ぶ, 結びつける. ❷④ **an** ④⟨事⁴を事⁴に⟩つける. ❸⟨物⁴を⟩つなぐ, 結び合わせる.

Knüppel [クニュッペル] 男⟨-s/-⟩(太い)こん棒, 丸太;(警官の)警棒.

knüppel·dick 形 (口) とてもひどい.

Knüppel·schaltung 女⟨-/-en⟩(自動車の)フロアシフト, ギアチェンジレバー.

knurren [クヌレン] (I) 自 ❶⟨犬¹などの動物が⟩うなる. ❷⟨**über** ④⟨事⁴について⟩⟩ぶつぶつ文句を言う. (II) 他 ❶⟨直接引用文と⟩⟨...と⟩ぶつぶつ言う. ❷ *knurrt der Magen (vor Hunger).* 人³の腹が(空腹で)グーグーいう.

knusperig [クヌスペリヒ] 形 = knusprig.

knusprig [クヌスプリヒ] 形 ❶(パンなどが適度に堅く焼かれて)パリパリ[カリカリ]した. ❷(口) (若い娘が)ピチピチした.

knutschen [クヌーチェン] (I) 他 ⟨④⟩⟨⟨人⁴に⟩⟩ディープキスをする. (II) 自 ⟨**mit** ③⟩⟨口⟩⟨人³を⟩愛撫する; ⟨人³と⟩いちゃつく.

k.o. [カーオー] 形《述語または副》 ❶【ボクシング】ノックアウトされた. ❷(↔ fit)(口) ばてた, グロッキーな.

koalieren [コアリーレン] 自⟨**mit** ③⟩⟨政党¹が⟩⟨政党³と⟩連立する, 連立を組む.

Koalition [コアリツィオーン] 女⟨-/-en⟩連立.

Kobalt [コーバルト] 中⟨-s/⟩【化】コバルト((記号: Co)).

Kobold [コーボルト] 男⟨-(e)s/-e⟩ コーボルト((ドイツ民間信仰のいたずら好きの家の精)).

Kobra [コーブラ] 女⟨-/-s⟩【動】コブラ((アジア・アフリカに生息する毒蛇)).

Koch [コッホ] 男⟨-(e)s/Köche⟩ 料理人, コック, 調理師. *Viele Köche verderben den Brei.* (諺) 船頭多くして船山に上る((料理人が多いとかゆをダメにする)).

Koch·buch 中料理の本.

Köchel·verzeichnis [ケッヘル..] 中⟨-ses/⟩【音楽】(Mozart 作品の)ケッヘル番号 ((Ludwig von Köchel (1800–77)が年代順に付けた番号; 略: KV)).

kochen [kɔxən コッヘン]

現在	ich koche	wir kochen
	du kochst	ihr kocht
	er kocht	sie kochen

過去	ich **kochte**	wir kochten
	du kochtest	ihr kochtet
	er kochte	sie kochten

| 過分 gekocht | 接II kochte |

(I) 他 ❶⟨④⟩⟨物⁴を⟩(熱を加えて)料理[調理]する. ❷⟨コーヒー・紅茶⁴を⟩入れる. ❸⟨物⁴を⟩(熱湯で)煮る; ゆでる; 沸かす; 炊く. ❹⟨洗濯物などを⟩(約90度で)煮沸する. (II) 自 ❶沸騰する, 沸く; 煮える; ゆだる. ❷⟨海¹などが⟩沸き立つ. ❸(口) (内心

①1格 ②2格 ③3格 ④4格

で)激昂(げっ)する,いきり立つ. ♦Kochen Sie gerne? お料理が好きですか. gut ~ 料理の腕がいい. **5級**

Kocher [コッハー] 男(–s/–) (小型の)こんろ,レンジ; (野外炊飯用の)コッヘル.

Köcher [ケッヒャー] 男(–s/–) 矢筒, えびら.

Köchin [ケッヒン] 女(–/–nen) (女性の)料理人,コック,調理師.

Koch·löffel 男(–s/–) (木製で大型の)料理用スプーン.

Koch·nische 女(–/–n) (部屋の一隅の)簡易台所.

Koch·salz 中 食塩.

Koch·topf 男(–(e)s/..töpfe) (深い)なべ,ソースパン.

Koch·wäsche 女(–/–) 煮沸(しゃふつ)洗濯した下着(類).

Köder [ケーダー] 男(–s/–) ❶(動物を捕まえるための)餌(えさ). ❷おびき出すもの,おとり.

ködern [ケーダァン] 他 ❶(動物⁴を)(えさで)おびきよせる. ❷(口)〈人⁴を〉おびき出す.

Koffein [コフェイーン] 中(–s/–) カフェイン.

koffein·frei 形 カフェインを含まない,カフェイン抜きの.

Koffer [kɔ́fɐ コッファー] 男(–s/–) トランク,スーツケース,旅行かばん. ♦einen Koffer packen トランクを詰める. **5級**

Koffer·kuli 男 (手荷物)カート.

Koffer·radio 中(–(–/–s) ポータブル[携帯]ラジオ.

Koffer·raum 男 (自動車の)トランク.

Kognak [コニャック] 男(–s/–s) コニャック ((フランスの Cognac 地方原産の高級ブランデー)).

Kohl [コール] 男(–(e)s/–e) ❶(特に)キャベツ;(キャベツ・カリフラワーなど葉・花序・側芽が結球する)アブラナ属の野菜. ❷(口;軽蔑)中身のない話,くだらないこと[話],たわごと,ナンセンス.

Kohl·dampf 男(–(e)s/) (口)(ものす

ごい)空腹.

Kohle [コーレ] 女(–/–n) ❶《単》(鉱物としての)石炭(類). ❷《複》(燃料用の)石炭. ❸《単》(デッサン用)木炭. 〔化〕活性炭;〔電〕カーボンブラシ. ❹《主に複》(口)お金,銭.

Kohle·hydrat 中 = Kohlenhydrat.

Kohlen·dioxid [コーレンディーオクスィート] 中(–(e)s/) 〔化〕二酸化炭素,炭酸ガス.

Kohlen·hydrat [コーレン..] 中(–(e)s/–e) 〔化〕炭水化物.

Kohlen·monoxid [..モノクスィート] 中(–(e)s/) 〔化〕一酸化炭素.

Kohlen·säure 女(–/–) 〔化〕炭酸.

Kohlen·stoff 男(–(e)s/) 〔化〕炭素 ((記号:C)).

Kohle·papier 中(–s/–) カーボン紙.

Köhler [ケーラー] 男(–s/–) ❶〔職業〕炭焼き. ❷セース ((タラ科の黒い魚)).

Kohle·zeichnung 女(–/–en) 木炭画.

Kohl·kopf 男 キャベツの玉.

Kohl·rübe 女(–/–n)〔植〕スウェーデンカブ,カブハボタン;(食用・飼料用の)根.

Koitus [コイトゥス] 男(–/–(se)) 《書》性交.

Koje [コーイェ] 女(–/–n) ❶(船の作り付け)寝棚,寝台. ❷(口)ベッド. ❸(博覧会などの仕切りのある陳列所.

Kokain [コカイーン] 中(–s/–) コカイン.

kokett [コケット](最上 –est)(女性が)媚態(びたい)を作る,媚を売るような,色っぽい,あだっぽい,コケティッシュな.

kokettieren [コケティーレン] 自 ❶〈mit ③〉(やや古)〈人³に〉媚(こ)びる,媚態(びたい)を作る,媚(こ)びを見せる. ❷〈mit ③〉〈事³を〉ちゃかす,ちゃかして気を引く. ❸〈mit ③〉〈考え³を〉もてあそぶ.

Kokos·nuss [コーコス..] 女(–/..nüsse) ココやしの実,ココナッツ.

Kokosnuß 中 = Kokosnuss.

Koks [コークス] 男(–es/(種類を示して)–e) ❶《主に単》コークス. ❷(口)コカイン. ❸(口)お金.

Kolben [コルベン] 男(–s/–) ❶〔工〕ピ

ストン. ❷(銃の)床尾, 台尻. ❸ 【化】フラスコ. ❹【植】(トウモロコシ, パイナップルなどの)肉穂花序, 穂軸.

Kolibri [コーリブリ] 男(-s/-s)【鳥】ハチドリ(蜂鳥).

Kolik [コーリック, コリーク] 女(-/-en) 【医】疝痛(%).

Kollaborateur [コラボラトーァ] 男(-s/-e)(敵への)協力者(特に第2次大戦中ドイツ軍占領地においてナチスに協力した人). ◇ **Kollaborateurin** 女(-/-nen).

Kollaps [コラプス, コラプス] 男(-es/-e) 【医】虚脱, 無空気状態.

Kolleg [コレーク] 中(-s/-s, -ien[..ギエン]) ❶コレーク((大人が働きながら大学資格を取得するための学校)). ❷〔古〕(大学の)講義((普通は Vorlesung)).

Kollege [kɔlé:gə コレーゲ] 男(-n/-n)《弱》(職場・企業などの)同僚, 同役, 仲間; 同業者; (生活・勉強などを共にする)仲間((略: Koll.)). ◇ **Kollegin** 女(-/-nen). 4版

kollegial [コレギアール] 形 (同僚のように)親密な.

Kollegium [コレーギウム] 中(-s/..gien) 教授陣[団].

Kollekte [コレクテ] 女(-/-n) (教会での)献金, 募金, 寄付(金).

Kollektion [コレクツィオーン] 女(-/-en) ❶【服】新作コレクション. ❷コレクション, 収集(品).

kollektiv [コレクティーフ] 形 (↔ individuell)集団の, 団体の; 共同の, 連帯の, 共通の; 集合的な, 包括的な.

kollidieren [コリディーレン] 自 ❶〈mit ③〉〈乗物¹が〉〈乗物³と〉衝突する, ぶつかる. ❷〈mit ③〉〈事¹が〉〈事³と〉(時間的に)かち合う, 重なる, ぶつかる; 〈利害・意見¹などが〉衝突する, 抵触する.

Kollier [コリエー] 中(-s/-s) (幾重にも宝石を連ねた)首飾り, ネックレス.

Kollision [コリズィオーン] 女(-/-en) ❶衝突. ❷食い違い.

Köln [ケルン] 中(-s/)ケルン((ドイツのライン河畔の都市)).

Kölner [ケルナー] ((I)) 男(-s/-s)ケルン市民. ((II)) 形《不変化》ケルンの.

Kölnisch·wasser [ケルニッシュ..] 中(-s/) オーデコロン.

Kolonialismus [コロニアリスムス] 男(-/)植民地主義; 植民地政策.

Kolonie [コロニー] 女(-/..nien[..ニーエン]) ❶植民地, (海外の)属領. ❷居留地, 移民街; (特定の人々の)集団居住地. ❸海外居留民集団, 移民(集団). ❹【生態】(動植物の)コロニー, 個体群, 群落; 【生】群体.

kolonisieren [コロニズィーレン] 他 ❶〈国¹が〉〈所⁴を〉植民地化する; 〈所³に〉植民地を建設する. ❷〈未開地⁴を〉開拓する.

Kolonisierung [コロニズィールング] 女(-/) ❶植民, 拓殖; 植民地化. ❷(国内の)開拓.

Kolonne [コロンネ] 女(-/-n) ❶縦列, 縦隊, 縦陣. ❷(自動車などの)長い列. ❸数字の列, 縦の行. ❹(作業面での)グループ, 集団.

Koloss [コロス] 男(-es/-e) ❶巨人. ❷巨大なもの; 巨像.

Koloß 中= Koloss.

kolossal [コロサール] ((I)) 形 ❶巨大な. ❷〔付加〕(口) ものすごい, 途方もない, 法外な. ((II)) 副 (口) 大いに, ものすごく, 途方もなく, 法外に.

Kolumbien [コルンビエン] 中(-s/) コロンビア((南米の共和国)).

Kombination [コンビナツィオーン] 女(-/-en) ❶組み合わせ, コンビネーション; 連合, 連携; 結合, 配合. ❷推理, 推測, 連想. ❸【球技】連係プレー; 【チェス】一連の手筋; 【スキー】複合競技; 【ボクシング】コンビネーションブロー.

kombinieren [コンビニーレン] 他 ❶〈(〈事⁴を〉〉推理[推測]する, 総合判断を下す. ❷〈④ mit ③〉〈物⁴を物³に〉結合させる, 組み合わせる, 総合[合併]する.

Kombi·wagen [コンビ..] 男(-s/-)ステーションワゴン, ライトバン.

Kombi·zange 女万能ペンチ[プラ

Komet [コメート]男(-en/-en)《弱》〖天〗彗星, ほうき星.

Komfort [コンフォーァ]男(-s/-) 快適さ(を生む設備), 便利(な備品).

komfortabel [コンフォルターベル]形 快適な.

Komik [コーミック]女(-/) おかしみ, おかしさ, 滑稽(㍿).

Komiker [コーミカー]男(-s/-) コメディアン, 喜劇役者[俳優]. ◇**Komikerin** [コーミケリン]女(-/-nen).

komisch [kóːmɪʃ コーミッシュ]形 ❶ (↔ernst, traurig)おかしな, 滑稽(㍿)な. ❷(口)奇妙な, 変な, 変わった.

Komitee [コミテー]中(-s/-s) 委員会.

Komma [コマ]中(-s/-s, -ta) ❶〖言〗コンマ((,)), 読点(㍿). ❷〖数〗小数点. ★日本で小数点は点((.))であるが, ドイツではコンマ((,))である: 1.4 は 1,4 ((eins Komma vier と読む)).

Kommandant [コマンダント]男(-en/-en)《弱》指揮官, 司令官, 長官; 艦長; 機長.

Kommandeur [コマンデーア]男(-s/-e) (大隊以上師団までの)指揮官, 司令官. ◇**~in** 女(-/-nen).

kommandieren [コマンディーレン]他 ❶〈事⁴を〉命令する, 命ずる. ❷〈人⁴に〉...へ行くように〉命令する. ❸〈(④)〉〈人⁴・軍隊⁴を〉〉指揮する;《〈人・軍隊⁴に〉〉命令を出す. ❹(口; 軽蔑)〈人⁴に〉命令する, 命令的に言う.

Kommandit·gesellschaft [コマンディット..]女(-/-en) 合資会社((略: KG)).

Kommando [コマンド]中(-s/-s, (㍿)..den) ❶命令, 指揮; 号令. ❷命令[指揮]権. ❸特別派遣[分遣]隊, コマンド. ❹〖軍〗司令部.

kommen* [kómən コメン]自(S) ❶(a)(話し手の方へ)(やって)来る, (目的地・聞き手の方に)行く; 引っ越す; 〈物¹が〉近づく, 到来する; ◆Der Bus kommt. バスが来ます. Ich komme gleich すぐ参ります, すぐ行

現在	ich komme	wir kommen
	du kommst	ihr kommt
	er kommt	sie kommen

過去	ich kam	wir kamen
	du kamst	ihr kamt
	er kam	sie kamen

過分	gekommen	接II käme

きます; すぐ戻って来ます. Wie komme ich zum Bahnhof? 駅へはどう行ったらいいのですか, 駅へ行く道を教えて下さい. **(b)**《zu なしの不定詞と》...しに来る. ◆Er kam uns abholen. 彼は私たちを迎えに来てくれました. **(c)**《lassen と》◆einen Arzt [ein Taxi] ~ lassen 医者[タクシー]を呼ぶ. **(d)**《過去分詞と》◆gelaufen ~ 走って来る. ❷(ある場所に)着く, 達する; 届く; 家に着く; 家へ行く, 訪問する. ❸〈順序¹などが〉(順序として)(回って)来る. ◆Er kommt hinter [nach] mir. 彼は私の後で. ❹〈物¹が〉(目で見えるくらいに)出てくる, 現われる, 生じ(てく)る; 〈事¹が〉(結果として)起こる. ◆Die Knospen ~. つぼみがつく, 芽が出る. ❺〈事¹が〉(ある状態)になる. ◆Es kam schlimmer, als wir dachten. それは我々が考えていたより悪くなりました. ❻〈物¹が〉(ある場所に)入る[置かれる, 納まる](ことになっている); 掲載される. ❼〈感情・考え¹などが〉〈③〉〈人³に〉浮かぶ; 〈人³の〉心にひらめく. ◆Mir kommen Zweifel. 私は疑念が生じました. ❽〈③+様態〉(口; 軽蔑)〈人³に対して...の〉態度をとる, 〈...に〉ふるまう. ◆Bitte, komm mir nicht so! そんな態度とらないで. ❾(口) オルガスムスに達する, いく. ❿(口)《命令形で; 促して》さあ, ねえ, しっかり, これこれ. ⓫〈(④) + 様態〉〈人⁴にとって〉高く[安く]つく. **aus** ~ 所³の中から[出て]来る; 所³の出である; 施設³から去る. ***Es kommt zu*** ③ 悪いこと³になる. ***Komme [Mag ~], was (da) will*** [**wolle**] 何がこようとも, 何が起ころうと. **nach Hause** ~ 帰宅[帰国]する. **zu** ③ ~ 1) 人³を訪れる. 2) 物³を得る, 手に入れる. 3) 目標³に達する. 4) 職業³につく. 5) 所³に参加する. 6) 事³に行く. 7) 事³をする時間・機会がある. 5級

kommend [..ト] 形《付加》次の, 今度の, 未来の; これからの, 前途[将来]有望な, 新進の.

Kommentar [コメンターァ] 男 (-s/-e) ❶《zu ③》《事³についての》《報道の》解説, 論評; (ラジオなどの実況中継の)解説. ❷《zu ③》《法律の条文³などについての》注釈, 注解. ❸《zu ③》《事³についての》《個人的な》コメント.

Kommentator [コメンターㇳァ] 男 (-s/..tatoren [..タㇳ—レン]) 解説者, コメンテーター; 注釈者. ◇ **Kommentatorin** [コメンタㇳ—リン] 女 (-/-nen).

kommentieren [コメンティーレン] 他《④》《事⁴についての》解説[コメント]する, 注釈[注解]する.

kommerziell [コメァツィエル] 形 営利的な, 商売(上)の.

Kommissar [コミサーァ] 男 (-s/-e) ❶ 刑事, 警部. ❷ 国家委員, 長官.

Kommission [コミスィオーン] 女 (-/-en) ❶ 委員会;《集合的に》委員(全体). ❷《単》委託(売買).

Kommode [コモーデ] 女 (-/-n) (下着用の収納)たんす.

kommunal [コムナール] 形 地方自治体の; 市[町, 村]の.

Kommunikation [コミュニカツィオーン] 女 (-/-en)《主に単》コミュニケーション; 伝達, 通信, 連絡; 心の交流[ふれ合い].

Kommunion [コムニオーン] 女 (-/-en)《宗》聖体拝領; (特に)初聖体拝領 ((10歳前に行う)).

Kommuniqué [コミュニケ—] 中 (-s/-s)(外交上の)公式発表, 声明(書), コミュニケ.

Kommunismus [コムニスムス] 男 (-/) 共産主義; 共産主義運動[体制, 理論].

Kommunist [コムニスト] 男 (-en/-en)《弱》共産主義者; 共産党員. ◇ **Kommunistin** 女 (-/-nen).

kommunistisch [コムニスティッシュ] 形 共産主義の, 共産主義的な; 共産党の.

kommunizieren [コムニツィーレン] 自《書》❶《mit ③》《人³と》意思を通じ合う, 情報を伝え合う, 連絡を取り合う, コミュニケートする. ❷〔宗〕聖体を拝領する.

Komödiant [コメディアント] 男 (-en/-en)《弱》❶ コメディアン(俳優). ❷ 人をよく笑わせてくれる人. ❸《軽蔑》猫かぶり, 偽善者. ◇ **Komödiantin** 女 (-/-nen).

Komödie [コメーディエ] 女 (-/-n) (↔ Tragödie) 喜劇; (一般に) 劇, 芝居; 狂言, 茶番劇.

Kompagnon [コンパニョーン, コンパニョーン] 男 (-s/-s)〔商〕共同出資者, 組合員, 社員.

kompakt [コンパクト] 形 (最上 ~est) ❶ (↔ lose) きっしり詰まった, 目の詰まった, 密集した; コンパクトな. ❷ (口) 引き締まった, ガッシリした.

Kompanie [コンパニー] 女 (-/..nien [..ニーエン]) ❶〔軍〕中隊 ((100から250人の規模)). ❷ (やや古) 会社, 商会 ((略: Co または Cie)).

Komparativ [コンパラティーフ, コンパラティーフ] 男 (-s/-e)〔言〕比較級. ★ 原級は Positiv, 最上級は Superlativ.

Kompass [コンパス] 男 (-es/-e) 羅針儀[盤], コンパス.

Kompaß ⓑ = Kompass.

kompatibel [コンパティーベル] 形 (比較 kompatibler) ❶ 互換性のある; 両立しうる, 両立(方)式の. ❷〔医〕(薬剤・血液型などが)適合する.

Kompatibilität [コンパティビリテート] 女 (-/-en) ❶ 互換性; 両立性. ❷ 適合[一致]性.

Kompensation [コンペンザツィオーン] 女 (-/-en) 補償, 代償, 埋め合わせ; 賠償;〔理〕補正;〔法〕相殺;〔生・心〕代償作用.

kompensieren [コンペンズィーレン]

ン]囡《④(durch ④)》〈物⁴を(物⁴で)〉補償する, 埋め合わせる; 賠償する; 補正する;《商》相殺する.

kompetent [コンペテント]形《最上 ~est》能力[力量, 適正]のある;《法》権限[権能, 資格]のある.

Kompetenz [コンペテンツ]囡(–/–en) ❶(専門的)能力, 力量, 適正; [言](母語の)言語能力. ❷《法》資格, 権限.

komplett [コンプレット]形《最上 ~est》❶完全な, 全部そろった;(調度・備品などの)そろった, 完備した. ❷《述語》全員そろった. ❸(口)《付加または副》全くの.

komplettieren [コンプレティーレン]他《書》〈物⁴を〉完全なものにする.

komplex [コンプレクス]形《最上 ~est》複合した; 入り組んだ, 複雑な.

Komplex [コンプレクス]男(–es/–e) ❶複合(体);(建物などの)群, 団地, 総合ビル, 合同庁舎; 集団; [数]複体. ❷[心]コンプレックス, 観念複合.

Komplexität [コンプレクスィテート]囡(–/)《書》複合性; 複雑性.

Komplikation [コンプリカツィオーン]囡(–/–en)《主に複》困難な情況; [医]合併発症.

Kompliment [コンプリメント]中(–(e)s/–e)《über ④》〈(物⁴についての)〉讃辞, 賛美, 敬意.

Komplize [コンプリーツェ]男(–n/–n)《弱》共犯者, 共謀者.

komplizieren [コンプリツィーレン]他〈事⁴を〉複雑にする, 面倒にする.

kompliziert [コンプリツィーァト]《(I)》komplizierenの過去分詞.《(II)》形《最上 ~est》(↔ einfach)複雑な, めんどうな, 込み入った, 困難な.

Kompliziertheit [..ハイト]囡(–/)複雑さ, 困難さ.

Komplizin [コンプリツィン]囡(–/–nen)(女性の)共犯者, 共謀者.

Komplott [コンプロット]中,《口》男(–(e)s/–e)《軽蔑》《gegen ④》《〈人³に対する〉》陰謀, 共謀, 謀叛(㋪).

komponieren [コンポニーレン]他 ❶《④》〈(曲⁴を)〉作曲する. ❷《書》〈物⁴を〉組み立てる[構成する].

Komponist [コンポニスト]男(–en/–en)《弱》作曲家. ◇**Komponistin** 囡(–/–nen).

Komposition [コンポズィツィオーン]囡(–/–en) ❶《単》作曲[創作](法). ❷楽曲, 作品. ❸構成, 組み立て.

Kompost [コンポスト]男(–(e)s/–e)《主に単》[農]堆肥.

Kompost·haufen 男堆肥(㋪)の山.

kompostieren [コンポスティーレン]他《農》❶〈物⁴を〉堆肥にする. ❷〈土地⁴に〉堆肥をほどこす.

Kompott [コンポット]中(–(e)s/–e)コンポート, 果物の砂糖煮[漬]((デザート)).

Kompresse [コンプレッセ]囡(–/–n) [医]湿布; 圧定包帯.

Kompression [コンプレスィオーン]囡(–/–en)圧搾, 圧縮, 凝縮.

Kompressor [コンプレッソァ]男(–s/..pressoren[..プレッソーレン]) [工]圧縮機, 圧搾機, コンプレッサー;(車の)過給機, スーパーチャージャー, ターボ.

komprimieren [コンプリミーレン]他《書》❶〈物⁴を〉圧縮[圧搾]する. ❷〈文章などを〉凝縮[短縮]する.

Kompromiss [コンプロミス]男(–es/–e)《mit ③》《über ④》《〈人³と〉(事⁴についての)》妥協, 折衷, 歩み寄り.

Kompromiß 男= Kompromiss.

kompromiss·bereit 形妥協の用意がある, 妥協的な.

kompromiss·los 形妥協のない, 妥協しない.

Kompromiss·vorschlag 男妥協の提案.

kompromittieren [コンプロミティーレン]他〈人⁴の〉面目をつぶす, 体面を傷つける, 名誉を汚(㋘)す.

Kondensation [コンデンザツィオーン]囡(–/–en)凝結, 凝結, 圧縮; 濃縮.

kondensieren [コンデンズィーレン] 《(I)》自 S.b.〈物⁴が〉凝結[凝縮]する. 《(II)》他〈ミルク・果汁⁴を〉濃縮する,

①1格 ②2格 ③3格 ④4格

濃くする；〈物⁴を〉凝結させる，凝縮する．★ 主に受動で用いられる．

Kondens・milch [コンデンス..] 囡 練乳, コンデンスミルク.

Kondens・streifen 男《空》飛行(機)雲.

Kondens・wasser 匣 (-s/) 凝縮水, 結露水; 結露.

Kondition [コンディツィオーン] 囡 (-/-en) ❶《主に複》(特に商取引上の)条件. ❷《単》(スポーツ)精神的・肉体的状態, コンディション.

konditional [コンディツィオナール] 形 条件(付き)の.

Konditions・training 匣 (-s/) 《スポーツ》コンディショントレーニング.

Konditor [コンディートァ] 男 (-s/..ditoren[..ディートーレン]) ケーキ製造[販売]業者, ケーキ屋.

Konditorei [コンディトライ] 囡 (-/-en) (喫茶部もある)洋菓子店, ケーキ屋.

Konditorin [コンディートリン] 囡 (-/-nen) (女性の)ケーキ屋, 菓子屋.

kondolieren [コンドリーレン] 自《3》〈人³に〉お悔みを言う.

Kondom [コンドーム] 匣男 (-s/-e, -s) コンドーム.

Konfekt [コンフェクト] 匣 (-(e)s/-e)《主に単》(Praline などの)菓子, 糖菓.

Konfektion [コンフェクツィオーン] 囡 (-/) ❶ 既製服. ❷ 既製服製造業.

Konferenz [コンフェレンツ] 囡 (-/-en) (年一回開催されるような特定のテーマの)会議, 協議会.

konferieren [コンフェリーレン] 自 ❶《mit ³》《über ⁴》〈人³と〉〈事⁴について〉協議する, 話し合いをする. ❷ 司会する.

Konfession [コンフェスィオーン] 囡 (-/-en) ❶ 信仰告白; 《法》告解. ❷ 宗派, 教派; 信仰, 信条.

konfessionell [コンフェスィオネル] 形 宗派による, 宗派別の, 特定宗派の.

Konfetti [コンフェッティ] 匣 (-(s)/), 《バァ》匣 (謝肉祭などに投げる)紙玉(篦), 紙吹雪.

Konfirmand [コンフィルマント] 男 (-en/-en)《弱》[プロテスタント]堅信礼を受ける[受けた]少年. ◇ **Konfirmandin** 囡 (-/-nen).

Konfirmation [コンフィルマツィオーン] 囡 (-/-en) [プロテスタント]堅信礼 ((幼児洗礼を受けた者が成長して, 教徒信条 を信仰告白する信仰確認式)).

konfirmieren [コンフィルミーレン] 他 [プロテスタント]〈人⁴に〉堅信礼を施す.

konfiszieren [コンフィスツィーレン] 他《法》〈物⁴を〉没収[押収]する; 差し押える.

Konfitüre [コンフィテューレ] 囡 (-/-n) (1種類の果物を丸ごと煮つめた)ジャム, マーマレード.

Konflikt [コンフリクト] 男 (-(e)s/-e) ❶ 争い(ごと), 紛争, 衝突, 抗争. ❷《心》葛藤, 板ばさみ.

Konföderation [コンフェデラツィオーン] 囡 (-/-en) (国家)連合, 連邦.

konform [コンフォルム] 形 一致した, 同じ;《数》等角の.

Konformismus [コンフォルミスムス] 男 (-/) 《書》(大勢)順応主義.

konformistisch [コンフォルミスティッシュ] 形 《書》(大勢)順応主義の; 順応した.

Konformist [コンフォルミスト] 男 (-en/-en)《弱》《書》❶ (大勢)順応主義者. ❷ イギリス国教徒. ◇ **~in** 囡 (-/-nen).

Konfrontation [コンフロンタツィオーン] 囡 (-/-en)《法》対決, 対質; 対審.

konfrontieren [コンフロンティーレン] 他 ❶《⁴ mit ³》〈人⁴を人³と〉対決させる. ❷《⁴ mit ³》〈人⁴を事³に〉直面させる. ❸《⁴ mit ³》〈事⁴を事³と〉対照する;〈物⁴を物³に〉付き合わせる.

konfus [コンフース] 形 (最上 ~est) 混乱した, 錯乱した.

Kongo [コンゴ] ((I))匣 (-(s)/) 《der ~》コンゴ河 ((中部アフリカの河)). ((II))匣 (-s/)《der ~》コンゴ ((中部アフリカの国; 2000年現在, コンゴ共和

国とコンゴ民主共和国(旧ザイール)の二カ国がある)).

Kongress [コングレス] 男 (–es/–e) ❶(代表者・専門家などの大規模な)会議, 大会, 学会. ❷《単》アメリカ合衆国議会((上院(Senat)と下院(Repräsentantenhaus)からなる)).

Kongreß 旧 = Kongress.

Kongress・halle 女 会議ホール.

König [kø:nɪç ケーニヒ] 男 (–s/–e) ❶王, 国王, キング((Kaiserに次ぐ位)). ❷王, 第一人者, 一番良いもの. ❸〔チェス・トランプ〕キング.

Königin [ケーニギン] 女 (–/–nen) ❶女王; 王妃. ❷(女性の)王者, 第一人者, 一番良いもの. ❸〔トランプ・チェス〕クイーン, 女王. ❹〔昆〕ミツバチの女王.

königlich [ケーニクリヒ] 形 ❶《付加》(国)王の, 王национ[王宮]の; 王たる. ❷王のような, 超一流の, 豪華な, 豪勢な. ❸(口)非常な.

König・reich [ケーニク..] 中 (–(e)s/–e) 王国.

Königtum [ケーニヒトゥーム] 中 (–s/..tümer) ❶《主に単》王国, 君主国. ❷王位; 王権.

Konj. 《略》Konjunktiv 接続法.

Konjugation [コンユガツィオーン] 女 (–/–en)〔言〕動詞の語形変化, 活用;〔生〕接合(生殖).

konjugieren [コンユギーレン] 他 〔言〕(動詞⁴を)変化させる, 活用する.

Konjunktion [コンユンクツィオーン] 女 (–/–en) ❶〔言〕接続詞. ❷〔天〕合(ご), 接近. ❸〔論〕連言.

Konjunktiv [コンユンクティーフ] 男 (–s/–e)〔言〕接続法.

Konjunktur [コンユンクトゥーァ] 女 (–/–en) 景気, 商況.

konjunkturell [コンユンクトゥレル] 形 景気[商況]の.

Konjunktur・politik 女 (国の)景気政策.

konkav [コンカーフ] 形 (↔ konvex) 凹(おう)面の, 中くぼみの.

konkret [コンクレート] 形 (最上 ~est) (↔ abstrakt) 具体[具象]的な, 有形

の; 実際の, 現実の.

konkretisieren [コンクレティズィーレン] ((I)) 他 《事⁴を》具体化する, 実現化する; 具象化する. ((II)) 再 sich⁴ 具体化する, 具体的になる.

Konkurrent [コンクレント] 男 (–en/–en)《弱》競争相手, 商売がたき. ◇ **Konkurrentin** 女 (–/–nen).

Konkurrenz [コンクレンツ] 女 (–/–en) ❶《単》〈(mit ③) (um ④)〉〈(人³との)(人・物⁴をめぐる)〉(特に経済的な)競争, 競合. ❷《単》(特に経済的な)競争相手, 商売がたき. ❸(スポーツの)競技, 試合. *ohne ~ sein* 抜きん出ている, 無敵の.

Konkurrenz・kampf 男《主に単》競争.

konkurrieren [コンクリーレン] 自〈mit ③ (um ④)〉〈(物⁴をめぐって[得ようとして])(人³と)〉競争する[競(きょ)り合う, 張り合う].

Konkurs [コンクァス] 男 (–es/–e) ❶破産. ❷破産手続き.

können [kœnən ケネン] 助〈話法〉

現在	ich **kann**	wir können
	du **kannst**	ihr könnt
	er **kann**	sie können

過去	ich **konnte**	wir konnten
	du **konntest**	ihr konntet
	er konnte	sie konnten

過分 **können**(不定詞を伴う場合), **gekonnt**(不定詞を伴わない場合)

接Ⅰ	könne	接Ⅱ	könnte

((I))《不定詞と》★過去分詞は können. ❶《能力》(...することが)できる;(...する)力を備えている;(...する)能力・技能がある. ♦ Er kann Deutsch sprechen. 彼はドイツ語を話すことができる. ❷《前提のある実現可能性》((...だから)...)できる; (...する)機会・可能性がある. ♦ Der Fuji kann jederzeit wieder ausbrechen. 富士山はいつ再び噴火するかわかりませ

① 1格 ② 2格 ③ 3格 ④ 4格

Können

ん。❸《許可》…してよい：Kann ich heute fernsehen? 今日はテレビを見てもいい？ ★接続法II式形のほうが丁寧：Könnte ich Sie einen Moment sprechen? 少しお話してよろしいですか。❹《中立的な推量，推測の可能性》(a)(…で)ありうる，(…と)考えられる；(…)かもしれない：Es kann sein, dass er stirbt. 彼は死ぬかもしれません (彼が死ぬということがあり得る: Er kann sterben.). (b)《過去のことに関する論理；しばしば完了不定詞と》(…した)かもしれない；《否定で》(…しなかった)かもしれない：Der Brief kann unterwegs verloren gegangen sein. = Es kann sein, dass der Brief unterwegs verloren gegangen ist. その手紙は途中で紛失したのかもしれません。★接続法II式は，可能性が低いことを表す：Der Brief könnte unterwegs verloren gegangen sein. その手紙は途中で紛失したとも考えられるでしょう。(c)《否定で》事実に基づく推論》(…の可能性が)ない；(…で)ありえない；(…)のはずがない；(…で)あっては困る：Man kann nicht alles haben. 欲しいものの全てが手に入ることがありはしません。(d)《接続法II式で；hätte … ~の形で》(仮の話…することが)ありえたでしょう：Das hätte mir nie passieren ~. そんなことは決して私には起こり得なかったでしょう。(e)《接続法II式で； hätte … ~の形で》(非難を込めて)(…することが)出来たであろうに；(…してくれれば)よかったのに：Er hätte sich bei uns melden ~, als er sich in unserer Nähe aufhielt. 近くに滞在していたのなら，彼は連絡ぐらいしてくれたってよかったのに。(f)《非難の気持ちを込めて；否定疑問文で》(…くらい)できないのか；《接続法II式で》(…してくれさえすれば)よかったのに，すればできたのに：Kannst du denn nicht anklopfen? ノックぐらいしたらどうなんだい。❺《過去形で》(時には…)したものだ；(時には…する こと)もあった，(時には…することも)あ

り得た。❻《依頼；2人称を主語とする疑問文で》(…して)くれますか。(★接続法II式を用いると，丁寧になる). ❼《話者の気持の強調》(a)(…したら)していい[結構だ]：Das kann mir egal sein. それは私にとってどうでもいいのです。(b)(…するのが)当然である，当然できる(と思う)，当然そうあるべきだ：Du kannst dich auf mich verlassen. 私のことを信じてもらっていいよ。

((II))《不定詞を伴わず本動詞として》★過去分詞は gekonnt. 他 ❶《〈4〉》(ロ)〈(事⁴が)〉できる，しうる；《(ロ)》(事⁴が)わかっている；〈(事⁴に)〉習熟している。♦Das kann er. 彼はそれができます。❷《ロ》〈＋方向〉〈…の方へ〉行くことができる。♦Kann ich in die Stadt? 町に行ってもいい。❸体力がある。♦Ich kann nicht mehr. もうダメです，これ以上できません。

nichts für 〈4〉…〈(ロ)事⁴に対して責任がない，事⁴は人³のせいではない。

4級

Können [ケネン]中《-s/》《主に単》能力，腕前。

Könner [ケナー]男《-s/-》能力[腕前]のある人，エキスパート。◇**Könnerin** 女《-/-nen》。

konnte [コンテ]können の過去形。

könnte [ケンテ]können の接続法II式形。

konsekutiv [コンゼクティーフ]形連続した；結果を表す。

konsequent [コンゼクヴェント]形(最上 ~est) ❶(↔ inkonsequent)首尾一貫した，矛盾のない，言行一致の，筋の通った，ぶれない。❷徹底的な。

Konsequenz [コンゼクヴェンツ]女《-/-en》❶《必然的な》結果，帰結；結論。❷首尾一貫した態度[行為]，言行一致。❸《単》徹底性。*aus* ③ *die ~(en) ziehen* 事から結論を導き出す，学びとる；事の責任をとる。

konservativ [コンゼァヴァティーフ, コン..]形 ❶(↔ progressiv) 保守的な；保守主義の。❷保守性のある，伝統的な，古風な。❸《医》(外科的治療法

[1]1格 [2]2格 [3]3格 [4]4格

Konservative(r) [コンゼァヴァティーヴェ[ヴァー]] 男《形容詞変化》保守主義者；保守党員.

Konservatorium [コンゼァヴァトーリゥム] 中 (-s/..rien[..リエン]) 音楽大学, 音楽学校, コンセルバトワール.

Konserve [コンゼァヴェ] 女 (-/-n) 缶[瓶]詰め(食料品), 保存食品；缶[瓶]詰め用の缶[瓶].

Konserven‧büchse 女 (-/-n) (缶詰め用の)缶.

Konserven‧dose 女 (-/-n) = Konservenbüchse.

konservieren [コンゼァヴィーレン] 他 ❶〈物⁴を〉(食品を防腐・冷凍処理などで)保存する, 保存加工する. ❷〈芸術作品⁴などを〉(劣化しないように)保つ, 保護する.

Konservierung [コンゼァヴィールング] 女《単》❶(食品などの)保存, 保存加工. ❷(劣化させないための)保存, 保護.

Konservierungs‧mittel 中 保存料.

konsolidieren [コンゾリディーレン] ((I))他《書》〈物⁴を〉固める, 強固にする, 強化する. ((II))再 sich⁴ 固まる, 強固になる.

Konsolidierung [コンゾリディールング] 女 (-/-en) 強化.

Konsonant [コンゾナント] 男 (-en/-en)《弱》〔言〕(↔ Vokal) 子音(字).

Konsortium [コンゾルツィゥム] 中 (-s/..tien[..ツィエン])《集合的に》(企業)連合, シンジケート, 借款団.

konspirativ [コンスピラティーフ] 形 ❶共謀の, 陰謀の, 共同謀議の. ❷共謀[陰謀, 共同謀議]者.

konstant [コンスタント] ((I))形《最上 ~est》❶一定の, 不変の, コンスタントな. ❷休みなく続く, 断え間ない. ❸確固とした, 頑固な, 執拗な. ((II))副 ずっと, 断え間なく.

Konstellation [コンステラツィオーン] 女 (-/-en) ❶〔天〕星座, 星位. ❷《書》情勢, 状態.

konsterniert [コンステニールト] 形 びっくり(仰天)した, 面食らった.

konstituieren [コンスティトゥイーレン] 他 ❶〈組織・クラブ・委員会⁴などを〉創立[設立, 設置]する. ❷〈物¹が〉〈物⁴を〉構成する；〈物⁴の〉性質[体質]である, 本質を規定する, 基礎をなす. ((II))再 sich⁴ 創立[設立, 設置, 制定]される, 成立[発足]する.

Konstitution [コンスティトゥツィオーン] 女 (-/-en) ❶《単》〔医〕体質, 素質, 気質, 素質. ❷憲法, 基本法；〔カトリック〕教皇令. ❸構成；〔化〕(分子の)構造.

konstruieren [コンストルイーレン] 他 ❶〈自動車⁴などを〉組み立てる；〈飛行機・船⁴などを〉建造する；〈橋・建物⁴を〉建設する. ❷(軽蔑)〈アリバイ⁴などを〉でっち上げる, (頭で)ひねり出す, 工作[偽造]する. ❸〔数〕〈物⁴を〉作図する. ❹〈文⁴などを〉作る.

Konstrukteur [コンストルクテーァ] 男 (-s/-e) 設計者, 考案者. ◇~in 女 (-/-nen).

Konstruktion [コンストルクツィオーン] 女 (-/-en) ❶組み立て, 建造, 建築. ❷組み立て[建造, 建築]物. ❸作図；設計. ❹〔言〕(文の)構造, 構文, 構成.

konstruktiv [コンストルクティーフ, コン..] 形《書》(↔ destruktiv) 建設的な, 積極的な.

Konsul [コンズル] 男 (-s/-n) 領事.

Konsulat [コンズラート] 中 (-(e)s/-e) 領事館；領事の職.

konsultieren [コンズルティーレン] 他《書》❶〈専門家⁴に〉意見を求める[聞く]；〈政府⁴などに〉相談する. ❷〈辞書・事典⁴を〉引く, 調べる.

Konsum [コンズーム] 男 (-s/)《書》〈von [an]〉③〈物³の〉消費(量[高]).

Konsument [コンズメント] 男 (-en/-en)《弱》消費者. ◇**Konsumentin** 女 (-/-nen).

Konsum‧gesellschaft 女 (-/-en)《しばしば軽蔑》消費社会.

konsumieren [コンズミーレン] 他《書》〈物⁴を〉消費する.

Kontakt [コンタクト] 男 (-(e)s/-e) ❶ 〈**mit** [**zu**] ③〉〈人・物³との〉接触, 触れ合い, コンタクト; 近づき, 関係, 連絡. ❷ [電]接触; 接点.

kontakt・freudig 形 人付き合いのよい, 交際好きな.

Kontakt・linse 女 (-/-n) 《主に複》コンタクトレンズ.

Kontakt・mann 男 (-(e)s/..männer, ..leute) 渉外担当者, 連絡係.

Kontakt・person 女 (-/-en) ❶ [医] (伝染病患者と)接触した人. ❷ = Kontaktmann.

Kontamination [コンタミナツィオーン] 女 (-/-en) 〔書〕❶ [言] (言語の)混交 [混成] (語). ❷ (放射能などによる)汚染(物).

Konten [コンテン] 複 ⇨ Konto.

kontern [コンタァン] 他 ❶〈③ (④)〉〈人³に(事⁴だと)〉言い返す, 逆襲する. ❷ [スポーツ]反撃に出る, カウンター攻撃をかける.

Kontext [コンテクスト, ..テクスト] 男 (-(e)s/-e) 文脈, コンテキスト.

Kontinent [コンティネント, コンティネント] 男 (-(e)s/-e) 大陸;《特に der ~》ヨーロッパ大陸.

kontinental [コンティネンタール] 形《主に付加; なし》大陸の, 大陸的な.

Kontingent [コンティンゲント] 中 (-(e)s/-e) 〈**an** ③〉〈物³の〉分配(額[量, 数], 割り当て; [軍]派兵隊, 派遣団.

kontinuierlich [コンティヌイーアリヒ] 形 〔書〕連続 [継続]的な, 絶え間ない.

Kontinuität [コンティヌイテート] 女 (-/) 〔書〕(↔ Diskontinuität) 連続 [継続] (性).

Konto [コント] 中 (-s/..ten, -s, ..ti) (銀行の)口座.◆ auf seinem ~ haben 口座に金¹がある.

Konto・auszug 男 (銀行の)口座残高通知(書).

Konto・nummer 女 (-/-n) 口座番号.

Kontor [コントーァ] 中 (-s/-e) 在外支社, 営業所, 支局, 支店.

Konto・stand 男 口座残高, 口座の状態.

kontra [コントラ] ((I)) 前《4 格支配》(↔ pro) ...に対して, 反対して. ((II)) 副対して, 反対して.

Kontra [コントラ] 中 (-s/-s) 反対. *das Pro und ~* 賛否.◆ (③) ~ geben (口) (人³に)激しく反対 [抵抗]する, 逆らう.

Kontrahent [コントラヘント] 男 (-en/-en) 〔弱〕❶〔書〕敵, 相手. ❷ [商・法]契約の相手. ◇ **Kontrahentin** 女 (-/-nen).

konträr [コントレーァ] 形〔書〕反対の, 逆の.

Kontrast [コントラスト] 男 (-(e)s/-e) 対照, 対比; [写]コントラスト.

Kontroll・abschnitt [コントロル..] 男 (-(e)s/-e) (領収証・入場券の)半券, 控え.

Kontrolle [コントロレ] 女 (-/-n) ❶ (会計・旅券などの)検査. ❷〈**über** ④〉〈(人・物⁴の)〉監督, 管理; 管制, 制御, 操縦.◆ die ~ über ④ haben 人・物⁴を管理している.

Kontrolleur [コントロレーァ] 男 (-s/-e) (電車やバスの)検札係. ◇ **~in** 女 (-/-nen).

kontrollieren [コントロリーレン] 他 ❶〈(④)〉〈(人・物⁴を)〉検査する, 検札する. ❷〈物⁴を〉支配する, コントロールする; 監督 [管理]する.

Kontroll・turm 男 管制塔, コントロール・タワー.

kontrovers [コントロヴェァス] 形 〔書〕❶ 対立 [矛盾]した. ❷ 物議をかもす, 議論の余地がある.

Kontroverse [コントロヴェァゼ] 女 (-/-n) 〔書〕〈**über** ④〉〈(事⁴に関する)〉論争, 論戦, 激論, 意見対立.

Kontur [コントゥーァ] 女 (-/-en) 《主に複》輪郭(線), 外形.

Konvention [コンヴェンツィオーン] 女 (-/-en) 〔書〕❶ しきたり, 因習, 慣習, 習慣. ❷ (多国間)協定, 協約.

konventionell [コンヴェンツィオネル] 形 [書] ❶ 因襲的な, 慣習上の; 型

にはまった，紋切り型の．❷《兵器・戦略などが》通常の，在来型の，非核の．

Konversation [コンヴェァザツィオーン] 囡 ⟨-/-en⟩⟨mit ③⟩⟨über ④⟩⟨書⟩⟨人・物³と⟩⟨人・物についての⟩ 会話，談話，会談．

Konversations·lexikon 中 ⟨-s/-ka, -ken⟩ 百科事典 ((以前は社交会話に役立てたところから))．

konvertieren [コンヴェァティーレン] ⟨(I)⟩ 自 ⓢ ⓑ⟨in ④⟩⟨書⟩⟨宗派³に⟩改宗する．⟨(II)⟩ 他 ❶⟨④ (in ④)⟩⟨通貨⁴を通貨⁴に⟩交換する．❷⟨ｺﾝﾋﾟｭｰﾀ⟩⟨データ⁴を⟩変換する．

konvex [コンヴェクス] 形 (↔ konkav) 凸(ﾄﾂ)の，凸状の．♦eine ~e Linse 凸レンズ．

Konvoi [コンヴォィ, コンヴォィ] 男 ⟨-s/-s⟩ (自動車の)一団, 隊列；護送船団；(海空の)護衛部隊．

Konzentration [コンツェントラツィオーン] 囡 ⟨-/-en⟩ ❶ 単⟨auf ④⟩⟨人・物⁴に対する⟩(力・手段・物資などの)集中；⟨von ③⟩⟨物³の⟩集中；(精神の)集中, 集中力．❷ 化 濃度．

Konzentrations·fähigkeit 囡 集中力．

Konzentrations·lager 中 ⟨-s/-⟩ (特にナチスの)強制収容所 ((略：KZ))．

konzentrieren [コンツェントリーレン] ⟨(I)⟩ 他 ❶⟨④ (auf ④)⟩⟨物⁴を(人・物⁴に対して)⟩集中させる, 集める, 向ける, 努力・注意を集中させる；⟨物⁴を(人・物⁴の)⟩一点に集める．❷⟨物⁴を⟩集める, 集結する．❸ 化 濃縮する．⟨(II)⟩ 再 sich⁴ ❶⟨auf ④⟩⟨人・物⁴に対して⟩心を集中する；⟨⟨人・物⁴に⟩⟩没頭する；⟨注意¹などが⟩⟨人・物⁴に⟩集中する, 集まる, 向く．❷⟨軍隊・物⁴などが⟩集結する．

konzentriert [コンツェントリーァト] ⟨(I)⟩ konzentrieren の過去分詞. ⟨(II)⟩ 形 ❶ 集中した, 集中的な. ❷ (内容が)密度の濃い, 凝縮[集約]された. ❸ 化 濃縮された.

Konzept [コンツェプト] 中 ⟨-(e)s/-e⟩ ⟨書⟩❶⟨für ④⟩⟨物⁴の⟩草案, 草稿, 下書き, ドラフト. ❷ 計画, 構想. ♦aus dem ~ bringen 人⁴の気をそらす, 人⁴を狼狽[当惑]させる. aus dem ~ kommen [geraten] 話の筋道を失う, うろたえる, 当惑する.

Konzern [コンツェァン] 男 ⟨-s/-e⟩ 経 コンツェルン.

Konzert [kɔntsért コンツェァト] 中 ⟨-(e)s/-e⟩ ❶ 音楽会, 演奏会, コンサート. ❷ 協奏曲, コンチェルト. ♦in ein [zu einem] ~ gehen 音楽会に行く. 5級

Konzert·saal [..ザール] 男 コンサート・ホール, 演奏会場, 音楽堂.

Konzession [コンツェスィオーン] 囡 ⟨-/-en⟩ ❶ (当局による営業の)認可, 免許, 許可. ❷⟨主に複⟩⟨書⟩譲歩, 認容.

konzessiv [コンツェスィーフ] 形 譲歩[認容]的な.

Konzil [コンツィール] 中 ⟨-s/-e, -ien [..リエン]⟩ ｶﾄﾘｯｸ 司教会議, 公会議.

konzipieren [コンツィピーレン] 他 計画する, 構想を立てる.

Kooperation [コオペラツィオーン] 囡 ⟨-/-en⟩⟨書⟩⟨mit ③⟩⟨人・物³と の⟩協力, 協同.

kooperativ [コオペラティーフ] 形 ⟨書⟩協力的な, 共同の.

kooperieren [コオペリーレン] 自 ⟨mit ③⟩⟨書⟩⟨人・会社³などと⟩協力[協同]する.

Koordinate [コオルディナーテ] 囡 ⟨-/-n⟩ 数 座標.

Koordinaten·system ⟨-s/-e⟩ 数 座標系.

koordinieren [コオルディニーレン] 他 ⟨書⟩❶⟨④ (mit ③)⟩⟨物⁴を(物³と)⟩調整する, 調和させる. ❷⟨物⁴を⟩対等にする；言 並列する.

Kopenhagen [コ(ー)ペンハーゲン] 中 ⟨-s/-⟩ コペンハーゲン ((デンマーク王国の首都)).

Kopf [kɔpf コプフ] 男 ⟨-(e)s/Köpfe⟩ ❶ (人や動物の)頭(ｱﾀﾏ), 頭部, 頭蓋(ｽﾞｶｲ). ❷ (口) 頭脳を持つ人. ❸⟨②⟩⟨人²の⟩頭(ｱﾀﾏ), 頭目, トップ, 首脳, 首

①1格 ②2格 ③3格 ④4格

長. ❹頭数(𩙉𩙉), 人数. ❺頭部;(キャベツ・レタスなどの)結球. ❻尖端, 先頭, 初め, 発端;船首;(飛行機の)機首;パイプのがん首;山頂;(くぎなどの)頭;(音符の)符頭;字字;標題, 見出し, ヘッド. ◆ein kluger ~ sein 賢い頭脳の持ち主である. einen klaren [kühlen] ~ behalten [bewahren] 冷静さを失わない, 落ち着きを保っている. den [mit dem] ~ schütteln 首を横に振る, 否定する, だめ出しをする. den ~ verlieren 狼狽(ろうばい)する, 思慮を失う, パニックになる. auf dem ~ stehen 逆立ちしている, 逆さである, 秩序が乱れている. sich³ ❹ durch den ~ gehen lassen 事⁴をよく考えてみる, よく吟味する. ❹ im ~ behalten [haben] (口)事⁴を記憶している, 覚えている. ❹ im ~ rechnen 事⁴を暗算する. den ~ bis über den ~ in ③ stecken 1)事⁴に深く首を突っ込んでいる. 2)事³で首が回らない. von ~ bis Fuß 頭のてっぺんから爪先まで, すっかり, 徹底徹尾. 5級

Kopf·bedeckung [..ベデックング] 女(-/-en) 被り物;帽子, スカーフ.

Köpfchen [ケプフヒェン] 中(-s/-) ❶小さな頭(Kopfの縮小形). ❷(口)理解力, 頭が切れること.

Köpfe 複⇨Kopf.

köpfen [ケプフェン] 他 ❶〈人⁴の〉首をはねる. ❷〈物⁴の〉先端を切り取る;〈草木⁴の〉頭を切る[刈る]. ❸〈(㉔)〉〈(ボール⁴を)〉ヘディングする.

Kopf·ende 中(-s/-n)(↔ Fußende)(ベッドなどの)頭(端)部, 先端.

Kopf·haut 女(-/-) 頭皮.

Kopf·hörer 男(-s/-) ヘッドホン.

Kopf·kissen 中(-s/-) まくら.

kopf·lastig 形 ❶頭でっかちの;(船や飛行機の)船首が重すぎる. ❷(企業で)幹部が多すぎる.

kopf·los [..ロース] 形《最上 ~est》❶《副なし》頭[首]のない. ❷理性を失った, ろうばいした.

Kopf·rechnen 中(-s/-) 暗算.

Kopf·salat 男(-(e)s/-e) [植](タマ)レタス, サラダ菜, タマチシャ.

Kopf·schmerz 男(-es/-en)《主に複》頭痛. ◆~en haben 頭痛がする. 4級

Kopf·sprung 男 [水泳]前飛び込み.

Kopf·stand 男 (頭をつけた)逆立ち, 頭倒立.

kopf|stehen 自 (㉔) (S)(口)ひっくり返るような騒ぎである, てんやわんやである.

Kopf·tuch 中 (頭の下で結ぶ)スカーフ.

Kopf·weh 中(-s/-) (口)頭痛.

Kopf·zerbrechen 中(-s/-) 頭を悩ますこと, 苦慮.

Kopie [コピー] 女(-/..pien..ピーエン)コピー, 複製, 模写, 写し.

kopieren [コピーレン] 他 ❶〈(㉔)〉〈〈物⁴を〉〉コピーする, 複製する;〈〈物⁴の〉〉複製を作製する. ❷〈人・物⁴を〉模倣する, まねる.

Kopierer [コピーラー] 中(-s/-) コピー機.

Kopier·gerät [コピー..] 中(-(e)s/-e) 複写機, コピー装置;焼きつけ機.

Ko·pilot [コー..] 男(-en/-en)《弱》副操縦士. ◇**Kopilotin** 女(-/-nen).

Koppel¹ [コッペル] 女(-/-n) ❶(柵で囲まれた)放牧地, 牧草地. ❷(犬などをつなぐ)革紐(ひも), 手綱.

Koppel² 中(-s/-), (㉔) 女(-/-n) (制服の)剣帯, 革ベルト.

koppeln [コッペルン] 他 ❶〈❹ an ❹ [mit ③]〉〈物⁴を(物⁴に[物⁴と])〉(コードなどで)つなぐ, 接続する;〈車両⁴などを〉連結する;[言]〈語⁴を〉ハイフンでつなぐ. ❷〈❹ an ❹ [mit ③]〉〈書〉〈物⁴を(物⁴に[物⁴と])〉結びつける;関連させる. ❸〈猟犬・馬⁴などを〉革紐(ひも)でつなぎ合わせる.

Kopp(e)lung [コップ[ペ]ルング] 女(-/-en) 結びつけること, 連結, 接続;[電]結合;[化]配統;[海]船位推算(法);[音楽]連合栓(せん), カップリング;[航空]ドッキング.

kopulieren [コプリーレン] 自《mit ③》〈書〉〈動物¹が〉〈動物³と〉交尾する.

①1格 ②2格 ③3格 ④4格

Koralle [コラレ] 囡 (–/–n)《主に複》サンゴ(珊瑚);サンゴ細工.

Koran [コラーン, コーラン] 男 (–s/(書物として)–e) コーラン ((イスラム教の経典)).

Korb [コルプ] 男 (–(e)s/Körbe) ❶ (編み細工の)籠(ホポ), バスケット. ❷《単》藤の編み細工. ❸気球のつり籠. ❹〔スポーツ〕(バスケットボールの)バスケット.

Kord [コルト] 男 (–(e)s/–e, –s)《主に単》〔織〕コールテン, コーデュロイ.

Kordel [コルデル] 囡 (–/–n) 編みひも, よりひも.

Korea [コレーア] 囲 (–s/) 朝鮮 ((Korea は高麗に由来する)). ♦Republik ～ 大韓民国. Koreanische Demokratische Volksrepublik ～ 朝鮮民主主義人民共和国.

Koreaner [コレアーナー] 男 (–s/–) 朝鮮[韓国]人. ◇**Koreanerin** 囡 (–/–nen).

koreanisch [コレアーニッシュ] 形 朝鮮[韓国](人,語)の). *das Koreanische*《形容詞変化》朝鮮[韓国]語.

Korinthe [コリンテ] 囡 (–/–n) 小粒の種なし干しブドウ ((コリント港から輸出されたことによる)).

Kork [コルク] ((I)) 男 (–(e)s/–e) コルク樹皮. ((II)) 男 (–s/–en)《南ドイ・オーストリア》= Korken.

Korken [コルケン] 男 (–s/–) コルク栓.

Korken·zieher 男 (–s/–) コルク栓抜き.

Korn [コルン] ((I)) 囲 (–(e)s/Körner, (種類を表わすとき)–e) ❶穀物の粒;(砂・砂糖・塩などの)粒. ❷《単》穀物,穀類;ライ麦,燕麦,大麦,小麦. ❸〔写〕粒子,粒面;〔地〕(岩石の表面の肌;(紙などの表面の)きめ;〔石材・石炭・木材などの)木目,石目,はだ. ((II)) 囲 (–(e)s/–e)〔軍〕(銃の)照星. ((III)) 男 (–(e)s/–e)〔口〕コルン ((麦などの穀物から造る蒸留酒)).

Korn·blume 囡 (–/–n)〔植〕ヤグルマギク(矢車菊).

Körnchen [ケルンヒェン] 囲 (–s/–) 小粒.

Körner 圈 ⇒Korn.

Korn·feld 囲 (–(e)s/–er) 穀物畑,麦畑.

körnig [ケルニヒ] 形 粒(状)の;ざらざらした,粒起のある.

Korona [コローナ] 囡 (–/..nen)《主に単》❶〔天〕コロナ, 白光環;〔電〕コロナ放電. ❷〔口〕(陽気な)一団〔連中〕.

Körper [kǿrpər ケルパァ] 囲 (–s/–) ❶ からだ, 身体, 肉体. ❷胴体, 体躯;本体, 主要部. ❸物質,立方体;〔理〕物体;〔数〕立体. **4級**

Körper·bau 囲 (–(e)s/) 体格, 体つき, 骨組み.

körper·behindert 形《副なし》身体障害者の.

Körper·behinderte(r) 男囡《形容詞変化》身体障害者.

Körper·geruch 男 体臭, わきが.

Körper·größe 囡 (–/–n) 体の大きさ, 身長.

körperlich [..リヒ] 形《付加または副》からだの, 身体[肉体](上)の.

Körper·pflege 囡 体の手入れ.

Körperschafts·steuer [ケルパーシャフツ..] 囡 (–/–n) 法人税.

Körper·teil 囲 (–(e)s/–e) 肢体.

Korps [コーァ] 囲 (–/–) ❶〔軍〕兵団, 軍団. ❷団体;組合;学生組合, 学友会.

korpulent [コルプレント] 形《副なし》肥満の, 太った.

korrekt [コレクト] 形 ❶ (↔inkorrekt) 規範にあった, 正確な. ❷ (↔falsch) 正しい;正式の;誤りのない.

korrekter·weise [コレクター..] 副 ❶規範の通りに, 正確に. ❷正しく;正式に;誤りなく.

Korrektheit [..ハイト] 囡 (–/) 正確さ.

Korrektor [コレクトァ] 男 (–s/..toren[..トーレン])〔書〕〔印〕校正者.

Korrektur [コレクトゥーァ] 囡 (–/–en)《書》❶訂正, 校正, 添削;〔印〕校正(刷り), ゲラ. ❷訂正, 修正.

Korrespondent [コレスポンデント]

〔男〕(-en/-en)《弱》(新聞・放送局などの)特派員.

Korrespondenz [コレスポンデンツ]〔女〕(-/-en)《書》❶《単》文通, 通信. ❷(文通の)手紙, 通信文.

korrespondieren [コレスポンディーレン]〔自〕《書》❶〈mit ③〉〈人³と〉文通[通信]する. ❷〈mit ③〉〈物³〉が〉〈物³と〉関係している.

Korridor [コリドーァ]〔男〕(-s/-e) ❶廊下, 回廊, 通路. ❷(外国に囲まれた狭い)回廊地帯.

korrigieren [コリギーレン]〔他〕❶〈④〉〈物⁴を〉訂正[修正]する; 添削する;〔印〕校正する. ❷〈人⁴の〉誤りを正す. ❸〈意見⁴などを〉(良いように)変える.

korrigiert korrigieren の過去分詞.

korrodieren [コロディーレン]〔自〕⑤腐蝕する.

Korrosion [コロズィオーン]〔女〕(-/-en)《書》腐蝕(作用), 錆(ᅡ)つくこと;〔地〕溶蝕.

korrosions-beständig 〔形〕耐蝕(性)の.

Korrosions-schutz 〔男〕(-es/-e) 腐蝕防止(加工).

korrupt [コルプト]〔形〕(最上 ~est)《軽蔑》買収された, 腐敗した, 汚職の.

Korruption [コルプツィオーン]〔女〕(-/-en)《軽蔑》贈賄, 買収, 汚職, 腐敗.

Korsett [コルゼット]〔中〕(-s/-e, -s)コルセット.

Korsika [コルズィカ]〔中〕(-s/)コルシカ(地中海の島).

Kortison [コルティゾーン]〔中〕(-s/)〔医〕コーチゾン((関節炎・リュウマチなどの治療薬で副腎皮質ホルモンの一種)).

koscher [コーシャー]〔形〕(→ treife) (ユダヤ教の食事の戒律にかなって)適法な, 清浄な.

Kose-form [コーゼ..]〔女〕(-/-en)〔言〕愛称形.

Kose-name 〔男〕(-ns/-n)愛称.

Kosinus [コーズィヌス]〔男〕(-/-, -se)

〔数〕(↔ Sinus)余弦, コサイン((記号:cos)).

Kosmetik [コスメティク]〔女〕(-/) ❶美容(術), 化粧(法). ❷(表面的な)取り繕い, 虚飾, 粉飾.

Kosmetikerin [コスメティケリン]〔女〕(-/-nen) 女性ビューティシャン. ◊ **Kosmetiker** 〔男〕(-s/-).

kosmetisch [コスメティッシュ]〔形〕《付加または副》❶美容[化粧]の. ❷うわべだけの, (表面的に)取り繕う, 虚飾[粉飾]の.

kosmisch [コスミッシュ]〔形〕《付加》宇宙の, 天体の.

Kosmos [コスモス]〔男〕(-/)《書》(秩序のある)世界, 宇宙.

Kost [コスト]〔女〕(-/)食べ物, 飲食物, 糧(ᅡ).

kostbar [..バーァ]〔形〕❶高価な, 価値のある. ❷貴重な.

Kostbarkeit [..カイト]〔女〕(-/-en) ❶貴重品, 価値のあるもの, 宝物. ❷《単》価値のあること, 貴重, 豪華.

kosten¹ [kɔ́stən コステン]〔他〕

現在	ich koste	wir kosten
	du kostest	ihr kostet
	er kostet	sie kosten

過去	ich kostete	wir kosteten
	du kostetest	ihr kostetet
	er kostete	sie kosteten

過分 gekostet		接II kostete

❶〈...の〉値段である, (費用が)かかる. ❷〈人⁴から〉〈人⁴に労力・犠牲⁴などを〉必要とする, 費やさせる, 要求する. ★受動なし. ❸〈③ ④〉〈事¹が〉〈人³にとって事⁴を失う〉原因である;〈人³にとって事⁴に〉かかわる. ★受動なし. ♦ Was kostet das ? それはいくらですか. 5級

kosten² ((I))〔他〕〈④〉〈物⁴を〉試食する, 吟味する. ((II))〔自〕〈von ③〉〈物³を〉試食する, 吟味する.

Kosten [kɔ́stən コステン]〔複〕《für ④》〈〈物⁴の〉〉コスト, 費用, 経費, 出

① 1格　② 2格　③ 3格　④ 4格

費;原価,手数料;負担;値段;【法】訴訟費用. **~ sparend** = kostensparend.

kosten-deckend 形 費用を清算する,損失のない.

Kosten-erstattung 女 費用の補償;払い戻し,返済.

kosten-los [コステンロース] 形 無料の,費用免除の. **4級**

kostenpflichtig [..プフリヒティヒ] 形【法】費用負担の義務がある.

Kosten-punkt 男《口》費用の点[問題].

kosten-sparend 形 費用節約の.

Kosten-voranschlag 男《**für** ④》《物⁴の》費用見積もり,概算.

Kost-gänger 男(-s/-)《やや古》まかない付き下宿人.

köstlich [ケストリヒ] 形 ❶美味な,おいしい. ❷傑作な,愉快な.

Köstlichkeit [..カイト] 女(-/-en) 美味な[おいしい]物.

Kost-probe 女(-/-n) ❶試食,味見;試食[試飲]品. ❷一端;小手だめし.

kost-spielig [..シュピーリヒ] 形 金のかかる,高価な,ぜいたくな.

Kostüm [コステューム] 中(-s/-e) ❶(婦人用)スーツ,ツーピース. ❷(特定の民族や時代などの)衣装,服装;舞台衣装,コスチューム.

kostümieren [コステュミーレン] 他《④ **als** ④》《人⁴に(物⁴の)》衣装を着せる,仮装させる.

Kot [コート] 男(-(e)s/ 糞,糞便,排泄(セツ)物.

Kotangens [コータンゲンス] 男(-/-)《主に単》【数】余切,コタンジェント(記号:cot).

Kotelett [コトレット] 中(-s/-s) (子牛・羊・豚の)あばら肉;(本来はあばら肉の)カツレツ.

Koteletten [コテレッテン] 複 (もみあげに続けた)頰髯(ヒゲ).

Köter [ケーター] 男(-s/-)《軽蔑》(雑種)犬,野良犬.

Kot-flügel 男(-s/-) (自動車などの)泥よけ,フェンダー.

kotzen [コッツェン] 自《口》吐く,もどす,嘔吐(オウト)する.

KP [カーペー] 女(-/-)《略》Kommunistische Partei 共産党.

Krabbe [クラッベ] 女(-/-n) カニ(蟹);十脚類.

krabbeln [クラッベルン] (I) 自⑤ ❶《赤ん坊¹などが》はいはいする. ❷《蜘蛛・虫¹などが》這(ウ)いまわる. (II) 他《北²;口》《人⁴をくすぐる.

Krach [クラッハ] 男(-(e)s/Kräche, (ヒラ)-s[-e]) ❶《単》(↔ Stille)《複数》バリッ[メリッ,ガシャン,ドシン]という音. ❷《**mit** ③》《口》《人³との》けんか,いさかい,ののしり合い.

krachen [クラッヘン] (I) 自 ❶《物¹が》(バリッ[バキッ,メリッ])と大きな音を立てる,轟音(ゴウ)を響かせる. ❷(壊れて[落ちて,倒れて])大きな音を立てる. ❸⑤ 大きな音を立ててぶつかる. (II) 《**sich⁴**》《**mit** ③》《人³と》大声でけんかする,ののしり合う. **Es kracht.**《口》1)(自動車などの)衝突事故が起こる. 2)いさかいがある. 3)大きな音がする.

krächzen [クレヒツェン] (I) 自(カラス・カエルなどが)カーカー[ガーガー]鳴く. (II) 他《④》《事⁴を》しわがれ声で物を言う[歌う];うめく;(スピーカーなどが)ひずんだ音を出す.

kraft [クラフト] 前《2 格支配》《書》…によって. ◆ **~ des Gesetzes** 法により.

Kraft [kraft クラフト] 女(-/Kräfte) ❶力,パワー,能力;体力;気力,精神力,知力;力強さ,スタミナ. ❷効力,働き,作用力. ❸【理】力,働き,エネルギー. ❹働き手,労働力,スタッフ,人材. ❺《主に複》勢力;兵力,軍勢. ◆ **mit aller ~** 全力で,全力を尽くして,力を振り絞って. **außer ~ treten**《法律・契約などが》無効になる,行われなくなる. **in ~ treten** 効力を発する[生ずる],実施される.

Kraft-aufwand 男 骨折り,尽力.

Kraft-brühe 女(-/-n) 肉スープ,ビーフ・ティー((普通の肉汁に牛肉のこまぎれを加えた栄養に富むスープ)).

① 1 格 ② 2 格 ③ 3 格 ④ 4 格

Kräfte 複 ⇨Kraft.

Kraft・fahrer 男(-s/-)〘書〙(職業的な)自動車運転者.

Kraft・fahrzeug 中(-(e)s/-e)〘官庁;書〙(原動機付き)車両〔自動車・オートバイなどの総称;略:Kfz〕.

Kraftfahrzeug・brief 男(-(e)s/-e)〘官庁;書〙(原動機付き)車両登録証,車検証.

Kraftfahrzeug・steuer 女(-/-n)〘官庁;書〙車両税.

kräftig [kréftuç クレフティヒ] 形 ❶(↔ schwächlich)元気な.(↔ schwach)力強い, パワフルな;(飲食物が)栄養のある, こくのある, こってりした;(色が)鮮明な,強烈な,さえた. ❸(↔ fein)激しい,強烈な.

kräftigen [クレフティゲン] ((I))他(↔ schwächen)〈物¹が〉〈人⁴の筋肉⁴など〉を強くする,強化する;〈人・物⁴に〉力をつけさせる;〈人・物⁴を〉元気づける,リフレッシュさせる. ((II))再 sich⁴ (病気の後で)元気になる.

Kraft・meier [..マイアー] 男(-s/-)〘口;軽蔑〙= Kraftprotz.

Kraft・probe 女(-/-n)力だめし,力くらべ.

Kraft・rad 中(-(e)s/..räder)〘官庁〙オートバイ,単車.

Kraft・stoff 男(-(e)s/-e)(ガソリンなどの動力用)燃料.

Kraftstoff・verbrauch 男 燃料消費(量).

kraft・voll 形(↔ kraftlos)力強い,力いっぱいの,パワフルな.

Kraft・wagen 男〘官庁;書〙自動車.

Kraft・werk 中(-(e)s/-e)発電所.

Kragen [クラーゲン] 男(-s/-, (南ドイツ)Krägen) 襟(えり);カラー;襟首.

Kragen・weite 女(-/-n) 襟回り.

Krähe [クレーエ] 女(-/-n) カラス(鳥).

krähen [クレーエン] 自 ❶(雄鶏(おんどり)が)鳴く. ❷(子供が)歓声を上げる;(人が)高い不快な声で歌う[叫ぶ, 話す].

Krähen・fuß 男(-es/..füße)《主に複》目じりのしわ.

krakeelen [クラケーレン] 自〘口;軽蔑〙大声でけんかする.

krakeln [クラーケルン] 他〘口;軽蔑〙〈(事⁴を)〉へたな字で書く, なぐり書きする.

Kralle [クラレ] 女(-/-n)(鳥や獣の)鉤爪(かぎづめ), けづめ.

krallen [クラレン] ((I))他 ❶〈④ in ④〉〈爪⁴などを物⁴に〉突き刺す, 突き立てる. ❷〈④ an ④〉〈爪⁴などを物⁴に突き立てて〉しがみつく. ❸〈sich³ ④〉〘口;軽蔑〙〈物⁴を〉さっとつかむ, かっぱらう. ((II))再 sich⁴ 〈an ④〉〈物⁴に〉爪でしがみつく;〈物⁴を〉爪でつかむ.

Kram [クラーム] 男(-s/-)〘口;軽蔑〙❶ がらくた. ❷(つまらない)用事, くだらないこと.

kramen [クラーメン] ((I))自〈(in ③)(nach ③)〉〈(物³の中をかき回して)(物³を)〉探し回る, 探す. ((II))他〈④ aus ③〉〈物⁴を物³の中から〉(やっとのことで)探し出す, 取り出す.

Krämer [クレーマー] 男(-s/-)(やや古)小さな食料品の主人,雑貨屋. ◇ **Krämerin** 女(-/-nen).

Kram・laden 男(口)小さな食料品店, 日用雑貨店.

Krampf [クランプフ] 男(-(e)s/Krämpfe) ❶痙攣(けいれん), ひきつけ. ❷《単》〘口;軽蔑〙(無駄な)悪あがき;から騒ぎ, 無意味.

Krampf・ader 女(-/-n)〘医〙静脈瘤(りゅう).

krampfhaft [..ハフト] 形 ❶痙攣(けいれん)を起こした, 痙攣性の, 発作的な. ❷(口)一所懸命の, 必死な, 激しい. ❸ひきつった, 不自然な, ぎこちない.

Kran [クラーン] 男(-(e)s/Kräne) 〘工〙クレーン, 起重機.

Kranich [クラーニヒ] 男(-s/-e)〘動〙ツル(鶴);〘天〙ツル座.

krank [krank クランク](比較 **kränker**;最上 **kränkst**) 形 ❶(↔ gesund)病気の, 病んでいる;怪我(けが)をした, 傷ついた.(足などが)骨折した. ❷〈vor ③〉〈事³に〉悩んでいる. ♦ schwer ~ 重病の. ~ werden 病気になる. ~ vor Heimweh [Liebe] sein ホームシック[恋の病]にかかっている. 5級

① 1格 ② 2格 ③ 3格 ④ 4格

Kranke(r) [クランケ[カー]]男女《形容詞変化》病人, 患者. 4級

kränkeln [クレンケルン]自 病気がちである;病弱[虚弱]である.

kränken [クレンケン]他〈人⁴の〉心を傷つける,感情を害する;侮辱する;怒らせる.

Kranken·geld 中 (健康保険からの)病気[疾病]手当[給付金].

Kranken·gymnastik 女 治療体操.

Kranken·haus [kránkənhaus クランケンハオス]中(-es/..häuser) 病院. ♦ im ~ liegen 入院している. ins ~ kommen 入院する. 4級

Kranken·kasse 女(-/-n) 健康保険(組合).

Kranken·pfleger 男(-s/-) (男性の)看護師. ◇..pflegerin 女(-/-nen).

Kranken·schein 男(-(e)s/-e) 健康保険証.

Kranken·schwester [クランケンシュヴェスター]女(-/-n) 看護婦[師].

Kranken·versicherung 女(-/-en) 健康[医療]保険.

Kranken·wagen 男(-s/-) 患者運搬車,救急車.

kränker [クレンカー]krank の比較級.

krank|feiern 自(h) 仮病を使う,仮病で仕事を休む.

krankhaft [..ハフト]形(最上 ~est) ❶病気の,病気による. ❷病的な,とりつかれた,度を越した,異常な.

Krankheit [kránkhait クランクハイト]女(-/-en) ❶病気, 疾患, 疾病(ﾆﾐ). ❷病気の(期)間. ♦ eine ~ haben [bekommen] ある病気にかかっている[ある病気になる]. an einer ~ sterben ある病気で死ぬ. 4級

Krankheits·erreger [クランクハイツ..]男(-s/-) 病原体[菌].

kränklich [クレンクリヒ]形 ひ弱な,虚弱な,病弱な.

krank|schreiben* 他〈医者¹が〉〈人⁴が〉病気だと診断書を書く.

kränkst [クレンクスト]krank の最上級.

Kränkung [クレンクング]女(-/-en) 侮辱, (心を)傷つけること,感情を害すること.

Kranz [クランツ]男(-es/Kränze) (花・葉・枝・果実などを編んだ)輪状花輪,花冠;葉環;月桂冠;勝利の栄冠.

Kränzchen [クレンツヒェン]中(-s/-) ❶小さい花輪[花冠]. ❷(特に女性だけの)茶話会,集い.

Krapfen [クラプフェン]男(-s/-) (南ﾄﾞ・ｵｰｽﾄﾘｱ)油で揚げた丸いパンケーキ.

krass [クラス](最上 krassest) 形 (軽蔑)ひどい,著しい,はなはだしい.

kraß (正)=krass.

Krater [クラーター]男(-s/-) 噴火口,クレーター.

Kratz·bürste [クラッツ..]女(-/-n) (口) 反抗的な少女,ツッパリ.

kratzen [クラッツェン] ((I))他 ❶〈人⁴を〉かく, 引っかく;〈③ ④〉〈人³の所⁴を〉かく, 引っかく. ❷〈人⁴を〉引っかいて傷をつける, かきむしる. ❸〈④ aus [von]〉〈物⁴を物³から〉かいて取る, かき取る. ❹〈(④)〉〈服¹が〉〈(人³に)〉引っかかってチクチクする. ((II))自 ❶〈動物¹が〉爪をたてる, 引っかく; 〈物⁴を〉かく. ❷〈物¹が〉引っかかって不快な音をたてる.

Kratzer [クラッツァー]男(-s/-) ❶かき傷, かすり傷. ❷かき落とす道具, どろかき, スクレーパー.

krätzig [クレッツィヒ]形 疥癬(か)にかかっている.

Kraul [クラオル]中(-(s)/) クロール(泳法).

kraulen¹ [クラオレン]自(h)(s) クロールで泳ぐ.

kraulen² 他〈④; ③ ④〉〈人⁴を; 人³の所⁴を〉(指で)軽くなでる, 愛撫する.

kraus [クラオス]形(最上 ~est) ❶(↔ glatt) (髪が)縮れた; (服が)しわの寄った. ❷(↔ klar) 混乱した, 錯綜した; ひどい.

Krause [クラオゼ]女(-/-n) ❶ひだ飾り, フリル; ひだえり, ラフ. ❷《単》髪のウェーブ, 縮れ毛.

kräuseln [クロイゼルン] ((I)) 他 〈物⁴を〉波立たせる; 〈布⁴に〉ひだを付ける, しわを寄せる; 〈毛髪⁴を〉縮らす. ((II)) 再 sich⁴ 〈物¹が〉しわになる; 〈物¹に〉しわができる; さざなみが立つ; 〈髪¹が〉縮れる.

Kraut [クラオト] 中 (-(e)s/Kräuter) ❶《主に複》薬草, ハーブ. 香辛料として使える植物, 薬味. ❷《単》(豆・ジャガイモ・ニンジンなどの) 食用にならない葉・茎. ❸《単》《南ドイツ・オーストリア》 キャベツ ((Rotkohl, Sauerkohl, Weißkohl など)); (Sauerkraut) ザウアークラウト. ❹ (口) タバコ. *wie ~ und Rüben* 乱雑な, 無秩序な.

Kraut·salat 男 細かく刻んだキャベツのサラダ.

Krawall [クラヴァル] 男 (-s/-e) ❶《複》騒ぎ, 暴動, 騒乱. ❷《単》(口) 騒音.

Krawatte [クラヴァッテ] 女 (-/-n) ネクタイ.

kraxeln [クラクセルン] 自 (S) 《南ドイツ・オーストリア》 よじ登る.

kreativ [クレアティーフ] 形 創造[独創]的な, 創作力のある, クリエイティブな.

Kreativität [クレアティヴィテート] 女 (-/) 創造性, 創造力.

Kreatur [クレアトゥーァ] 女 (-/-en) ❶ (書) 被造物, 生き物; 人間. ❷ (軽蔑) やつ.

Krebs [クレプス] 男 (-es/-e) ❶ 〔動〕エビ, ザリガニ; 甲殻 ((八本の足がある)). ❷ 〔天〕蟹座; 〔占星〕黄道十二宮の第4宮にあたる座, 巨蟹(きょかい)座. ❸ かに座生まれの人. ❹ 〔医〕癌(がん), 癌腫(しゅ). ~ *erregend* = krebserregend. ~ *erzeugend* = krebserzeugend.

krebs·erregend 形《副なし》癌を誘発する, 発癌性の.

krebs·erzeugend 形《副なし》発癌性の, 癌原の.

Krebs·forschung 女 癌研究.

Krebs·geschwulst 女 〔医〕癌性腫瘍.

Krebs·geschwür 中 〔医〕癌性潰瘍(かいよう).

krebs·krank 形 癌にかかっている.

krebs·rot 形 ゆでたエビのように真っ赤な.

Kredit [クレディート] 男 (-(e)s/-e) ❶ (特に銀行の) 貸し付け(金額), 融資, ローン. ❷ 〔経〕信用 (貸し), 掛け(売り), つけ, クレジット. ❸ 信用, 信望, 名望, 名声.

Kredit·anstalt 女 信用銀行.

Kredit·institut 中 金融機関.

Kredit·karte 女 クレジットカード.

Kredit·nehmer [..ネーマー] 男 (-s/-) 〔商〕借り主, 信用受供者.

kredit·würdig 形《副なし》〔商〕信用がおける, 信用能力のある.

Kreide [クライデ] 女 (-/-n) ❶《単》白亜(あ) ((白色で柔らかい石灰岩の一種)); 〔地〕白亜紀. ❷ チョーク.

Kreide·felsen 男 白亜岩.

kreieren [クレイーレン] 他 kreierte, 過分 kreiert) 他 ❶ 〈物⁴を〉創り出す, 創造[創始]する. ❷ 〈人⁴を〉枢機卿に任命する[選出する].

Kreis [krais クライス] 男 (-es/-e) ❶ 円, 丸, 円形; 〔数〕円. ❷ 輪, 環. ❸ うちわ, 仲間. ❹ 一団, 一群, 一派. ❺《複》社会, 界. ❻ 郡; (Gemeinde より上位の) 地方行政地域 ((Kr., Krs.)); 市区. ❼ 〔電〕(Strom~) 回路. *sich⁴ (ständig) im ~ bewegen [drehen]* 1) ぐるぐる回る, 回転する, 循環する, 旋回する. 2) (考えなどが) 堂々めぐりをする. *(weite) ~e ziehen* ぐるぐる円を描く, 旋回する; どんどん広がる, 広い範囲に及ぶ. 4級

Kreis·bahn 女 (-/-en) ❶ (円形) 軌道. ❷ 環状線.

kreischen(*) [クライシェン] (現在では弱変化; 方言においては強変化: 過 krisch, 過分 gekrischen) ((I)) 他 《口》《...と》金切り声で叫ぶ; キーキー叫ぶ. ★ 目的語は文. ((II)) 自 〈のこぎり・ブレーキ¹などが〉 キーキー音をたてる; 〈戸¹が〉きしる.

Kreisel [クライゼル] 男 (-s/-) こま (独楽).

kreisen [クライゼン] 自 ❶ ⓗ ⓢ 回る, 回転する, 円を描く; 旋回する; 循環す

る. ★同じ場所で円を描く場合は sich⁴ drehen また rotieren. ❷ⓑ《mit ③》〈身体の部分³を〉回す, 振り回す. ❸《um ④》〈テーマ¹が〉〈事³について〉堂々巡りする.

kreis·förmig 形 円形の.

Kreis·lauf 男 (-(e)s/..läufe) ❶循環, 回転, 旋回;(貨幣などの)流通, 流れ. ❷《主に単》[医] 血液の循環, 血行.

Kreislauf·störung 女 (-/-en) [医] 循環障害.

kreis·rund 形 円形の, 丸い.

Kreis·säge 女 (-/-n) (自動の)円鋸(のこ).

Kreiß·saal 男 (-(e)s/..säle) (病院の)分娩室.

Kreis·stadt 女 地方庁[郡庁]所在都市.

Krem [クレーム] 女 (-/-s) クリーム, 乳脂;クリーム状のもの.

Krematorium [クレマトーリウム] 中 (-s/..rien[..リエン]) (墓地にある)火葬場.

Krempe [クレンペ] 女 (-/-n) 帽子のつば[縁, へり].

Krempel [クレンペル] 男 (-s/) ❶《口;軽蔑》がらくた, くず. ❷くだらないこと.

krepieren [クレピーレン] 自 ⓢ (s) ❶〈獣¹が〉死ぬ;〈人¹が〉野垂れ死にする, 犬死にする. ❷〈爆弾¹が〉爆裂[炸裂(さくれつ)]する.

Krepp [クレップ] 男 (-s/-s, -e) [織] ちりめん, 縮み, クレープ.

Kreppapier [クレップパピーァ] 中 = Krepppapier.

Krepp·papier 中 (-s/-e) 《主に単》ちりめん紙(し), クレープ紙.

Kresse [クレッセ] 女 (-/-n) 《主に単》[植・料理] クレソン, ミズタガラシ(水田芥) ((葉が辛く, サラダの香辛料に使う)).

Kreta [クレータ] 中 (-s/) クレタ(島).

Kreuz [クロイツ] (Ⅰ) 中 (-es/-e) ❶十字;十字形;ダガー ((死亡・廃語を示す記号 †));十字[×(バツ)]の記号. ❷十字架;キリストの受難の十字架. ❸十字の磔(はりつけ)の刑, 磔刑(たっけい). ❹《単》苦難の象徴としての十字架, 受難;試練. ❺[解] 脊椎の末端の十字形, 仙骨部;腰部. ❻[トランプ] (Treff)クラブ. ❼[音楽] 嬰(えい)記号 (#). ❽アウトバーンの交差部[点], 十字路. ◆ ein ~ machen [zeichnen] 十字[×(バツ)] (の記号)をつける. *über* ~ 交差した. *mit ③ sein ~ haben* (口) 人・物³で非常に苦労する. ((Ⅱ)) 女 *in die* ~ *und* (*in die*) *Quere* 縦横(無尽)に, あちこちでやたらに, あてもなくあちこちで;ごちゃごちゃに.

kreuzen [クロイツェン] ((Ⅰ)) 他 ❶〈物¹を〉〈物⁴と〉(十字に)交差する;〈複数の物⁴を〉(十字に)交える, 交差させる, 組み合わせる. ❷《4 mit ③》〈動植物⁴を動植物³と〉かけ合わせる, 交配する;〈動植物⁴と動植物³とで〉雑種を作る. ((Ⅱ)) 再 sich⁴ 〈mit ③〉❶〈道路¹などが〉〈道路³と〉交差する. ❷〈物³と〉すれ違う. ((Ⅲ)) 自 ⓑ ⓢ ❶巡航[巡洋]する. ❷[海] 風にさえぎられて Z 字形に進む.

Kreuz·fahrer 男 (-s/-) 十字軍参加者[従軍者].

Kreuz·fahrt 女 (-/-en) (休暇旅行の)船旅, 遠洋航海.

Kreuz·feuer 中 (-s/) 《主に単》[軍] 十字(砲)火.

Kreuz·gang 男 (修道院などの)回廊, 歩廊.

kreuzigen [クロイツィゲン] 他 〈人⁴を〉十字架にかける, 磔刑(たっけい)に処する.

Kreuzigung [クロイツィグング] 女 (-/-en) 磔(はりつけ), 磔刑(たっけい);キリスト磔刑像[絵].

Kreuz·otter 女 (-/-n) [動] (ヨーロッパに生息する十字形背模様のある)毒蛇, マムシ(の一種).

Kreuz·ritter 男 (-s/-) ❶十字軍参戦騎士. ❷ドイツ騎士団員, 聖十字架修道会員.

Kreuz·schmerz 男 (-es/-en) 《主に複》腰[仙骨]痛.

Kreuz·spinne 女 (-/-n) [動] オニグモ(背に十字形がある大蜘蛛).

Kreuzung [クロイツング] 女 (-/-en) ❶交差点, 十字路, 四つ角. ❷[生]

(異種)交配;(異種)交配動[植]物, 交配種. ♦an der ~ 交差点で. **4級**

Kreuz·verhör 甲(-(e)s/-e)[法]反対尋問.

kreuz·weise 副十字形に,交差して,縦横に.

Kreuz·wort·rätsel 甲(-s/-)クロスワードパズル.

Kreuz·zug 男(-(e)s/..züge) ❶十字軍. ❷〈für [gegen] 4格〉〈(人・物4格のための[に対する]]〉聖戦,戦い.

kribbelig [クリッペリヒ], **kribblig** [クリップリヒ] 形(口)いらいらした.

kribbeln [クリッベルン] 自むずむずする,むずがゆい.

kriechen* [クリーヒェン] 過 kroch; 過分 gekrochen 自(S) ❶〈蛇・鰐(ﾜﾆ)・カタツムリ・虫む・人〉などが〉這(ﾊ)う, 腹ばいで進む,葡匐(ﾎﾌｸ)する. ❷〈車な どが〉のろのろと進む. ❸〈vor 3格〉〈人 3格に〉ペコペコする[おべっかをつかう, 取り入る].

Kriecher [クリーヒャー] 男(-s/-)(軽蔑)ごますり,おべっか使い. ◇~in 女(-/-nen).

Kriech·spur [クリーヒ..] 女(-/-en) ❶(蛇などの)這った痕跡. ❷(アウトバーンの)低速車用(登坂(ﾄﾊﾝ))車線.

Krieg [kri:k クリーク] 男(-(e)s/-e) ❶(↔Frieden)〈gegen 4格〉;〈mit 3格〉〈(人・物に対する);人3格との〉戦争,戦役. ❷争闘;不和,確執. einem Land ~ erklären ある国に宣戦布告する. gegen ein Land [mit einem Land(e)] ~ führen ある国と交戦する. **der kalter** ~ 冷たい戦争,冷戦. **ein heiliger** ~ 聖戦. **~ führend**《付加;副なし》交戦中の,戦っている.

kriegen [kri:gən クリーゲン] 他(口)★bekommenよりも口語的で,会話でよく用いられる. ★受動化しない. ❶〈物4格を〉もらう,手に入れる,受け取る;〈悪い事4格を〉くらう;〈悪い事4格に〉なる. ❷〈4格+過去分詞を〉...(し)てもらう. 過去分詞は4格を伴う他動詞. ❸〈4格+zu不定詞〉〈事4格を ... する〉はめになる;〈事4格を ... しなければならない(ことになる). ❹〈病気4格に〉なる[かかる]. ❺〈人4格を〉捕まえる, 捕らえる. ♦4格 geschenkt ~ 物4格をプレゼントしてもらう.

Krieger [クリーガー] 男(-s/-) ❶つわもの,勇士,戦士,武人,武者. ❷兵士,軍人.

kriegerisch [クリーゲリッシュ] 形(↔friedlich) ❶好戦的な. ❷戦争の,軍事的な.

Kriegs·beil [クリークス..] 甲(-(e)s/-e) (アメリカ先住民の)トマホーク, 戦斧(ｵﾉ).

kriegs·beschädigt [..ベシェーディヒト]形《副なし》戦傷を受けた.

Kriegs·beschädigte(r) [..ベシェーディヒテ[ター]] 男女《形容詞変化》戦傷者.

Kriegs·dienst 男(-(e)s/-e) 兵役,軍務;戦時勤務.

Kriegs·dienst·verweigerer [..フェアヴァイゲラー] 男(-s/-) 兵役拒否[忌避]者.

Kriegs·ende 甲 戦争の終結,戦争終了.

Kriegs·erklärung 女(-/-en) 宣戦(布告).

Kriegs·gefangene(r) 男女《形容詞変化》捕虜.

Kriegs·gefangenschaft 女 捕虜(である状態).

Kriegs·opfer 甲戦争犠牲者.

Kriegs·schiff 甲(-(e)s/-e) 軍艦.

Kriegs·verbrechen 甲(-s/-) 戦争犯罪.

Kriegs·verbrecher 男(-s/-) 戦争犯罪人,戦犯.

Kriegs·waise 女(-/-n) 戦争孤児.

Krimi [クリ(ー)ミ] 男(-s/-s) (口)《略》❶Kriminalroman, Kriminalgeschichte ミステリ,推理[犯罪]小説. ❷Kriminalfilm ミステリ[犯罪]映画.

Kriminal·beamte(r) [クリミナール..] 男《形容詞変化》刑事.

kriminalisieren [クリミナリズィーレン] 他(書)〈事1格が〉〈人4格を〉犯罪に

1格 2格 3格 4格

追いやる. ❷《事⁴を》犯罪と見なす, 犯罪視する.

kriminalistisch [クリミナリスティッシュ]形犯罪(科)学(上)の.

Kriminalität [クリミナリテート]女(-/-) 犯罪(性[率, 現象]).

Kriminal･polizei 女 刑事警察 ((略: Kripo)).

Kriminal･roman 男(-s/-e) ミステリ, 推理[犯罪]小説 ((略: Krimi)).

kriminell [クリミネル]形 ❶犯罪の, 犯罪的な, 罰せられる; 刑事[刑法]上の. ❷(口)けしからん, ひどい, たちが悪い.

Kriminelle(r) [クリミネレ[ラー]]男女《形容詞変化》犯罪者, 犯人, 罪人.

Krimskrams [クリムスクラムス]男 (-(es)/) (口)がらくた, くず.

Kringel [クリンゲル]男(-s/-) ❶(なぐり書きして)丸, 輪, 渦巻き. ❷輪形[8の字形]のビスケット.

kringeln [クリンゲルン] (I) 他《物⁴を》巻く, 丸める, カールする. (II) 再 sich⁴《物¹が》輪になる, 丸まる.

Kripo [クリ(ー)ポ]女 (-/-s) (口) = Kriminalpolizei.

Krippe [クリッペ]女 (-/-n) ❶かいばおけ, まぐさおけ. ❷うまやにおけるキリスト誕生場面の模型 ((クリスマスに飾りつける)); [美術]キリスト降誕図. ❸ (口)託児所, 保育所.

krisch [クリッシュ] kreischen の過去形.

krische [クリッシェ] kreischen の接続法II式形.

Krise [クリーゼ]女 (-/-n) ❶危機, 重大局面, 急場;(運命の)分かれ目, 岐路; [経]恐慌. ❷[医]危期,(病気の)峠, 山場.

kriseln [クリーゼルン]自《非人称》es kriselt 危機が迫っている, 危機的状況である.

Krisen･gebiet 中 (-(e)s/-e) (政治や経済の)危機発生地域, 紛争地.

Krisen･herd 男 (-(e)s/-e) (政治や経済の)危機の中心地[発生地], 紛争地.

Kristall [クリスタル] (I) 男 (-s/-e) [鉱]水晶; [鉱･化]結晶. (II) 中 (-s/) クリスタルガラス;(カット)クリスタルグラス(製品).

Kristallisation [クリスタリザツィオーン]女 (-/-en) 結晶(化), 結晶作用, 晶出.

kristallisieren [クリスタリズィーレン]自 結晶[晶化]する.

Kriterium [クリテーリウム]中 (-s/-rien[..リエン])《(für ④)》《〈物⁴の〉》(判断･評価の)基準, 標準, 尺度, 指標.

Kritik [クリティーク]女 (-/-en) ❶《単》《an ③》《〈人･物³に関する〉》批判, 非難. ❷《über ④》;(von ③)《〈人･物⁴･³に関する〉》批評, 評論. ❸ 評論界, 批評家達.

Kritiker [クリ(ー)ティカー]男 (-s/-) 批評家, 評論家. ◇**Kritikerin** 女 (-/-nen).

kritik･los 形 (しばしば軽蔑) (↔ kritisch)無批判の, 批判力のない.

kritisch [クリ(ー)ティッシュ]形 ❶ (↔ unkritisch)批判的な, 評論の; 批判的な. ❷《副なし》危険な, 危機的な. ❸決定的な, 重大な. ❹[書誌学]原典[本文]批判を行った. ❺[理]臨界の.

kritisieren [クリティズィーレン]他 ❶《人･物⁴を》批判する, 非難する. ❷《人･作品⁴を》批評する.

kritzeln [クリッツェルン]他《〈④〉》❶《〈事⁴を〉》(読みにくい字で)なぐり書きする, 走り書きする. ❷《事⁴を》落書き[いたずら書き]する.

Kroate [クロアーテ]男 (-n/-n)《弱》クロアチア人. ◇**Kroatin** 女 (-/-nen).

Kroatien [クロアーツィエン]中 (-s/) クロアチア ((ユーゴスラビアから独立した共和国)).

kroatisch [クロアーティッシュ]形 クロアチア(人[語])の.

kroch [クロッホ] kriechen の過去形.

kröche [クレッヒェ] kriechen の接続法II式形.

Krokant [クロカント]男 (-s/) (アーモンドまたはクルミなどで作った)焼き菓

Krokette [クロケッテ] 囡 (–/–n) 《主に複》[料理] コロッケ.

Krokodil [クロコディール] 中 (–s/–e) [動] ワニ (鰐).

Krokodils·tränen 腹 (口) 空涙 (読な). ((ワニはうそ泣きして獲物を引きつけるという伝説から)).

Krokus [クロークス] 男 (–/–, –se) [植] クロッカス.

Krone [クローネ] 囡 (–/–n) ❶冠, [帝]冠. ❷《単》王[帝]位; 王, 君主, 王権. ❸王朝, 王族. ❹樹冠. ❺[医] クラウン, 歯冠. ❻《単》最高のもの, 至宝, 寵愛, 栄誉, 精華. ❼クローネ(北欧諸国及びチェコの貨幣単位). ❽冠状のもの; 波頭; [植] 花冠; (時計の)竜頭.

krönen [クレーネン] 囮 ❶ 《zu ③》〈人⁴を(王位[帝位]³に)〉就ける; 〈人⁴に〉戴冠する. ★主に受動で用いられる. ❷〈物¹が〉〈物⁴の〉頂点をなす[極める]. ❸《④ mit ③ [durch ④]》〈物⁴を物³·⁴(の栄誉)〉で飾る; 〈物⁴を物³·⁴で〉成功のうちに終える[完成する], 有終の美を飾る. *von Erfolg gekrönt sein* 〈事¹が〉成功のうちに終わる.

Kronen·korken 男 (–s/–) (瓶の)王冠, ふた, キャップ.

Kron·juwelen 腹 戴冠式の装飾品.

Kron·leuchter 男 (–s/–) シャンデリア.

Kron·prinz 男 (–en/–en) 《弱》皇[王]太子, 世継ぎ.

Kron·prinzessin 囡 (–/–nen) ❶皇位[王位]継承男女[王女]. ❷皇太子妃.

Krönung [クレーヌング] 囡 (–/–en) ❶即位(式), 戴冠(炊)(式). ❷頂点, 絶頂, 最高潮, 圧巻.

Kron·zeuge 男 (–n/–n) 《弱》[法] (ドイツでの)主要証人; (英·米での)共犯証人.

Kropf [クロプフ] 男 (–(e)s/Kröpfe) ❶ [医] 甲状腺腫 (––), 甲状腺肥大, 腫脹 (––); [植] 腫状突起, 瘤 (–). ❷ [動] 嗉嚢 (––), 餌袋 (––).

Kröte [クレーテ] 囡 (–/–n) ❶ [動] ヒキガエル, ガマ. ❷《複》(口)はした金. ❸ (口; --) はねかえりの小娘, おてんば娘.

Krücke [クリュッケ] 囡 (–/–n) ❶松葉杖, 撞木 (––) 杖. ❷ (杖や傘の)握り.

Krück·stock 男 (–(e)s/..stöcke) 松葉杖, 撞木杖.

Krug [クルーク] 男 (–(e)s/Krüge) ❶壺 (––), かめ; ジョッキ. ❷ (北––; やや古) 居酒屋.

Krume [クルーメ] 囡 (–/–n) 《主に単》表土, 沃土 (––), 耕土. ❷ 《主に書》パン[ケーキ]くず. ❸ 《主に単》パンの内部の柔らかい所, パンの身.

Krümel [クリューメル] 男 (–s/–) ❶パン[ケーキ]くず; 少量のタバコ; 少量 ((Krume の縮小形)). ❷ (口) おちびちゃん.

krümeln [クリューメルン] 圓 ❶〈物¹が〉砕ける, ボロボロになる, 粉々になる. ❷食べてくずを落とす, くずをボロボロ落とす.

krumm [クルム] (比較 krummer, krümmer; 最上 krummst, krümmst) 形 ❶ (↔ gerade) 曲がった, 屈曲[湾曲]した; 曲折した; ねじれた. ❷《副なし》(口) 不正な; 邪悪な; ゆがんだ; いかがわしい.

krümmen [クリュメン] ❶ 囮〈体の部分⁴を〉曲げる, 湾曲させる; かがめる; ねじる. ❷ 囯 sich⁴ 〈物¹が〉曲がる, 湾曲する; たわむ; ゆがむ; ねじれる; うねる. ❷身を曲げる[縮める]. ❸〈蛇¹などが〉身をくねらせる.

krumm|lachen 圓 sich⁴ (口) 身をよじって大笑いする.

krumm|nehmen* 囮〈(口) ④〉(口) 〈(人³の)事⁴に〉腹を立てる; 〈(人³の)事⁴を〉悪くとる, 曲解する.

Krümmung [クリュンムング] 囡 (–/–en) (↔ Gerade) 湾曲(物); 曲線; カーブ; [数] 曲率.

Krüppel [クリュッペル] 男 (–s/–) 《主に軽蔑》(身体)障害者. ★ Behinderte などの語を使う方が望ましい.

Kruste [クルステ] 囡 (–/–n) 殻, (堅い)皮; [医] かさぶた.

Kruzifix [クルーツィフィクス,(南独)クルツィフィクス] 中 (-es/-e) キリスト受難の十字架像.

Krypta [クリュプタ] 囡 (-/Krypten) (寺院などの)地下聖堂, 納骨所.

Kt. 《略》Kanton (スイスの)州.

Ktn. 《略》Kärnten (オーストリアの)ケルンテン州.

Kto. 《略》Konto 口座.

Kuba [クーバ] 中 (-s/) キューバ ((西インド諸島にある島名及び共和国名)).

Kübel [キューベル] 男 (-s/-) (手)おけ, たらい, バケツ.

Kubik [クビーク, クービック]《略》(口) Kubikzentimeter 立方センチメートル. ¶冠詞なしで用いられる: ein Motorrad mit 100 ~ 100 CCのバイク.

Küche [kýçə キュッヒェ] 囡 (-/-n) ❶台所, キッチン, 厨房, 料理場. ❷調理用具[道具]. ❸料理(法). ❹(単)《総称として》料理人, 調理士. ♦ in der ~ 台所で[に]. 4級

Kuchen [kúːxən クーヘン] 男 (-s/-) ケーキ. ♦(einen) ~ backen ケーキを焼く. 5級

Küchen·chef 男 (-s/-s) コック長, シェフ.

Kuchen·form 囡 (-/-en) ケーキ型.

Kuchen·gabel 囡 (-/-n) ケーキ用フォーク.

Küchen·gerät 中 (-(e)s/-e) 台所[キッチン]用電気器具[用具].

Küchen·maschine 囡 (-/-n) 万能電気ミキサー.

Küchen·schabe 囡 (-/-n) ゴキブリ.

Küchen·schrank 男 台所用戸棚.

Küchen·tisch 男 (-(e)s/-e) 調理[料理]台.

Kücken 中 (-s/-) (南独) =Küken.

Kuckuck [クックック] 男 (-s/-e) 〖動〗カッコウ(郭公).

Kuckucks·uhr 囡 (-/-en) ハト[カッコウ]時計.

Kufe [クーフェ] 囡 (-/-n) 橇(そり)の滑り木[滑走部]; (水上飛行機の)フロート部.

Kugel [クーゲル] 囡 (-/-n) 球(状); 玉(状); 毬; (ボウリングの)ボール; 銃弾, 砲弾; 球体; 地球.

Kugel·lager 中 (-s/-) 〖工〗球入り軸受, ボールベアリング.

kugeln [クーゲルン] ((I)) 他 ④ 〈+方向〉〈物を...へ〉転がす. ((II)) 自 ⓈS 転がる. ((III)) 再 sich⁴〈+場所〉転げまわる.

kugel·rund 形 ❶《副なし》球のように丸い. ❷(口・戯) 丸々と太った.

Kugelschreiber [kúːgəlʃraɪbər クーゲルシュライバー] 男 (-s/-) ボールペン. 4級

kugel·sicher 形《副なし》防弾の.

Kugel·stoßen 中 砲丸投げ.

Kuh [クー] 囡 (-/Kühe) ❶ (↔ Ochse, Stier) 雌牛. ❷牛. ❸ (象・鹿などの)雌. ❹(口・軽蔑)(女性について) ばか, あほう.

Kuh·fladen [..フラーデン] 男 (-s/-) 牛の糞(ふん).

Kuh·handel 中 (-s/) ❶牛の売買. ❷(口・軽蔑) 政治的取引, (抜け目のない) 駆け引き, 裏交渉.

Kuh·haut 囡 雌牛の皮.

kühl [kyːl キュール] 形 ❶ (↔ warm) 涼しい, 冷んやりする; (快く)冷たい. ❷ (丁寧だが)温かみのない, 冷ややかな, 距離をおいた. ❸冷静な, 落ち着いた, クールな. ♦ angenehm ~ 心地よく冷たい. ③ ist ~. Ich³ は少し寒い[冷たくなっている]. 5級

Kuhle [クーレ] 囡 (-/-n) 《北独》(浅い)穴, くぼみ.

Kühle [キューレ] 囡 (-/) ❶涼しさ, 冷涼. ❷冷ややかさ. ❸冷静(さ).

kühlen [キューレン] ((I)) 他〈物⁴を〉冷やす, 冷たくする; 冷却する. ((II)) 自〈物¹が〉冷える; 冷たくて気持ちがいい.

Kühler [キューラー] 男 (-s/-) (エンジンの)冷却器[装置].

Kühler·haube 囡 (-/-n) (自動車の)ボンネット.

Kühl·haus 中 冷蔵倉庫.

Kühlschrank [kýːlʃraŋk キュールシュランク] 男 (-s/-) 冷蔵庫. 4級

Kühl-truhe 囡(-/-n) 冷凍庫, フリーザー.

Kühlung [キュールング] 囡(-/-en) ❶《単》冷やすこと, 冷たくすること; 冷却. ❷《単》清涼さ, 涼しさ. ❸ 冷却[冷房]装置.

kühn [キューン] 形 ❶ (↔ ängstlich) 思いきった, 大胆[豪胆]な. ❷ 斬新な, 衝撃的な.

Kühnheit [..ハイト] 囡(-/-en) ❶ 思いきったこと, 大胆[豪胆]さ. ❷ 斬新さ, 衝撃的なこと.

Kuh·stall 男 牛舎, 牛小屋.

k.u.k. [カーウントカー]《略》kaiserlich und königlich (オーストリア) 帝国及び(ハンガリー)王国の((ハプスブルク家の)).

Küken [キューケン] 中(-s/-) ❶ 鶏の雛(なま), ひよこ. ❷ 鳥の雛. ❸ (口) ちびっ子, 小娘.

kulant [クラント] 形 (最上 ~est) ❶ (商売などで)好意的な, サービスのよい, 気前のいい, お客様本位の. ❷ (値段などが)適正な, 穏当な.

kulinarisch [クリナーリッシュ] 形《主に付加》美食的な.

Kulisse [クリッセ] 囡(-/-n) ❶ (劇) 舞台装置[セット]. ❷ 背景, バック.

kullern [クラァン]((I)) 自⑤《球状のものが》ころころ転がる.((II)) 他〈4格+方向〉〈物4格を…へ〉転がす.((III)) 再 *sich⁴ vor Lachen ~* 笑い転げる; 笑わずにはいられない.

Kult [クルト] 男(-(e)s/-e) ❶ 宗派; 宗教, カルト; 儀式, 祭式, 祭儀. ❷ 崇拝, 礼賛(らい).

kultivieren [クルティヴィーレン] 他 ❶〈物4格を〉耕す, 開墾する.〈植物4格を〉栽培する;〈菌4格などを〉培養[養殖]する. ❸〈事4格を〉洗練する, みがく, 育成する;〈友情4格などを〉育む, 深める.

kultiviert [クルティヴィーアト] 形 教養のある, 洗練された.

Kultur [koltúːr クルトゥーァ] 囡(-/-en) ❶ (↔ Natur) 文化. ❷《単》教養, 洗練. ❸《単》耕作; 栽培; 培養する; 養殖. ❹ 栽培[耕作]物, 苗(木), 苗床; 培養物, 培養菌. ♦ *die abendländische ~* 西洋文化. *~ haben* 教養がある. [4級]

Kultur·abkommen 中(-s/-) (国家間の) 文化(交流)協定.

Kultur·austausch 男 文化交流.

Kultur·beutel (-s/-) (旅行用の) 洗面用具入れ, 化粧ポーチ.

kulturell [クルトゥレル] 形《付加または副》文化(上)の, 文化的な.

Kultur·geschichte 囡(-/-n) 文化史.

Kultur·politik 囡《単》文化政策.

Kultus·minister [クルトゥス..] 男 (-s/-) (各州の) 文部大臣.

Kümmel [キュンメル] 男(-s/-) ❶《単》[植] キャラウェー, (ヒメ)ウイキョウ. ❷《単》キャラウェーの実[シード]((主にパンやチーズ用の香辛料)). ❸ キャラウェー [キュンメル] 酒.

Kummer [クマー] 男(-s/-) (↔ Freude)〈*über* ④〉;〈*mit* ③〉〈人・物⁴·³ についての〉心の苦しみ[痛み], 心労, 心痛, 苦悩, 心配(事), 悩み, 気苦労.

kümmerlich [キュマーリヒ] 形 ❶ 発育不良の, 弱々しい, 弱々しい. ❷ 不十分な, お粗末な, わずかな, 貧弱な. ❸ 貧困な, 貧しい, 乏しい.

kümmern [キュマァン] ((I)) 他〈事¹を〉〈人⁴は〉気にかける;〈事¹に〉〈人⁴は〉関心を持つ;〈事⁴は〉〈人⁴と〉関わりがある. ★ 主に否定および疑問で用いられる. ((II)) 再 *sich⁴* ❶〈*um* ④〉〈人・物⁴の〉面倒をみる, 世話をする. ❷〈*um* ④〉〈事⁴を〉気にとめる; 関心を持つ. ★ 主に否定で用いられる. ((III)) 自〈動植物¹が〉発育不全である, いじけている.

Kumpan [クンパーン] 男(-s/-e) ❶ (口) 仲間; 同僚, 同輩; 飲み仲間. ❷ 共犯者, 相棒, 一味.

Kumpel [クンペル] 男(-s/-, (口)-s) ❶ 坑夫, 鉱夫. ❷ (口) (仕事) 仲間.

Kumulus·wolke [クームルス..] 囡 (-/-n) [気象] 積雲.

kündbar [キュントバーァ] 形 ❶ 取り

① 1格 ② 2格 ③ 3格 ④ 4格

消すことができる,解約できる,解約可能な. ❷《主に述語》解雇できる.

Kunde¹ [kʊ́ndə クンデ] 男(-n/-n) 《弱》客,顧客,得意(先),取引先;〔医〕患者;〈弁護士の〉依頼者. ❷《軽蔑》やつ. 4級

Kunde² [クンデ] 囡(-/-n)《主に単》〔書〕〈(von ③)〉〈〈人・物⁴について〉〉知らせ,便り,通知,ニュース.

Kunden·dienst 男(-(e)s/-e) ❶《単》〈顧客〉サービス,アフターサービス. ❷サービスステーション.

Kundgebung [クントゲーブング] 囡(-/-en)〈野外の〉政治集会.

kundig [クンディヒ] 形(↔ dilettantisch)経験豊かな,専門知識のある.

kündigen [キュンディゲン]((I))他❶〈事⁴の〉解約[破棄]を通告[通知]する[申し入れる]. ❷〈③ ④〉〈経営者¹などが〉〈〈人³に〉〉〈事⁴の〉解約[破棄]を通告[通知]する[言い渡す]. ❸〈③ ④〉〈人³に事⁴の破棄・解約を〉通告[通知]する,言い渡す. ((II))自❶退職を申し出る. ❷〈③〉〈経営者¹などが〉〈人³に〉解雇を通告[通知]する[言い渡す],契約の解除を通告する.

Kündigung [キュンディグング] 囡(-/-en)❶解約通知[通告][書];解雇通知[通告][書];辞職[退職]表明[届け]. ❷予告通知期間,解約[解雇]告知期間.

Kündigungs·frist 囡(-/-en)〔法〕解約[解雇]告知期間.

Kündigungs·schutz 男(-es/-e)〔法〕解雇[解約]保護(規定).

Kundin [クンディン] 囡(-/-nen) Kunde¹①の女性形.

Kundschaft [クントシャフト] 囡(-/-en)❶《主に単》《集合的に》顧客,得意先,お得意;患者;訴訟依頼人. ❷《単》(やや古)情報収集;偵察(活動);諜報(活動).

Kundschafter [クントシャフター] 男(-s/-)偵察員;諜報員,スパイ. ◇**~in** 囡(-/-nen).

kund|tun* [クントトゥーン] 他〔書〕〈事⁴を〉公表[公示,通知]する.

künftig [キュンフティヒ] ((I))形《付加》来たるべき,未来[将来]の,次の,これからの. ((II))副将来,今後,これから.

Kunst [kʊ́nst クンスト] 囡(-/Künste) ❶芸術;芸術作品. ❷《単》《冠詞なしで》芸術品. ❸術,技術,技法,技芸;わざ,技巧,こつ,要領. ❹《単》《冠詞なしで》(↔ Natur)人工,人造,合成. ❺美術(の授業). ♦ die abstrakte ~ 抽象芸術. *die schönen Künste* 美術. 4級

Kunst·ausstellung 囡(-/-en)美術展覧会.

Kunst·druck 男(-(e)s/-e)複製画.

Künste 複 ⇨Kunst.

Kunst·erzieher 男美術の先生,芸術教育者.

Kunst·faser 囡(-/-n)化学繊維.

kunst·gerecht 形 ❶《付加》技巧な,玄人❷らしい,プロの手並みの.

Kunst·geschichte 囡(-/-)美術[芸術]史;美術[芸術]史学.

kunst·geschichtlich 形 美術[芸術]史(上)の.

Kunst·gewerbe 中(-s/) (美術)工芸,工芸美術.

Kunst·griff 男(-(e)s/-e) こつ,技巧,わざ,要領;手管(˝),策略.

Kunst·händler 男(-s/-)美術品[骨董]商(人).

Kunst·handwerk 中(-(e)s/-e)工芸(品).

Kunst·kritiker 男(-s/-)美術[芸術]評論家.

Künstler [kýnstlər キュンストラー] 男(-s/-) ❶芸術家. ❷(芸術以外の分野での)名人,達人. ◇**Künstlerin** 囡(-/-nen). 4級

künstlerisch [キュンストレリシュ] 形《付加または副》❶芸術的な,芸術[美術]の,美的な. ❷芸術家の.

Künstler·name 男(-ns/-n)芸名,雅号;ペンネーム.

künstlich [キュンストリヒ] 形 ❶(↔ natürlich, echt)《付加》人工の,人工的な,人造の,模造の;偽造[贋造(ガン)]の. ❷(↔ aufrichtig)不自然な,

kunstlos わざとらしい;作為的な.

kunst・los 形 非芸術的な, 芸術的要素のない.

Kunst・sammler 男 美術品収集家[コレクター].

Kunst・sammlung 女 美術品収集;収集美術品.

Kunst・schatz 男 収集した美術品, 宝物.

Kunst・stoff [クンストシュトッフ] 男 (-(e)s/-e) 合成物質, プラスチック, 合成樹脂. **4級**

Kunst・stück 中 芸当, 曲芸, トリック.

kunst・voll 形 ❶芸術的な. ❷器用な, 精巧な.

Kunst・werk 中 芸術[美術]作品.

kunter・bunt [クンター..] 形 (口) ❶カラフルな, 多色の, 色とりどりの; 多彩な. ❷乱雑な.

Kupfer [クプファー] 中 (-s/) 銅 ((記号;Cu));銅貨;銅器.

Kupfer・stich [..(e)s/-e) ❶銅版画, 銅版. ❷銅板彫刻術.

Kuppe [クッペ] 女 (-/-n) (山の)円頂;指頭, 指先;(くぎなどの)丸い先端.

Kuppel [クッペル] 女 (-/-n)〘建〙丸屋根, 丸天井, ドーム, 穹窿(きゅうりゅう).

Kuppelei [クッペライ] 女 (-/) 売春仲介[斡旋(あっせん)].

kuppeln [クッペルン] ((I)) 他 ❶ (4 an 4)〈物⁴を物⁴に〉連結する, 結合する. ❷ (4 mit 3)〈物⁴を物³に〉つなぐ, つなげる. ((II)) 自 (自動車の)クラッチを入れる.

Kuppler [クップラー] 男 (-s/-) 売春仲介者, 売春斡旋(あっせん)業者, ポン引き. ◇**Kupplerin** 女 (-/-nen).

Kupplung [クップルング] 女 (-/-en) ❶〘車〙クラッチ. ❷〘鉄道〙連結器;〘工〙継ぎ手.

Kur [クーア] 女 (-/-en) 治療;療養, 保養, 湯治.

Kür [キューア] 女 (-/-en)〘スポーツ〙(↔ Pflicht)(体操・フィギュアスケートなどの)自由演技.

Kurbel [クルベル] 女 (-/-n)〘工〙クランク, L字型ハンドル.

kurbeln [クルベルン] ((I)) 自 クランクを回す, (L字型)ハンドルを回す. ((II)) 他〈物⁴を〉クランクを回して動かす[作る].

Kurbel・welle 女 (-/-n) クランク軸[シャフト].

Kürbis [キュルビス] 男 (-ses/-se) ❶〘植〙カボチャ(南瓜). ❷(口)頭.

Kurde [クルデ] 男 (-n/-n)《弱》クルド人. ◇**Kurdin** 女 (-/-nen).

kurdisch [クルディッシュ] 形 クルド(人[語])の.

Kur・fürst 男 (-en/-en)《弱》〘史〙(神聖ローマ帝国皇帝の選挙権を有していた)選帝侯.

Kur・gast 男 (-(e)s/..gäste) 療養[保養, 湯治]客.

Kurier [クリーア] 男 (-s/-e) ❶(外交文書を運ぶ)急使, 特使, 伝令; 密使. ❷書類配達人, メッセンジャー.

kurieren [クリーレン] 他 ❶ (4 (von 3))〈人⁴の(病気³を)〉治療する, 治す, 癒(いや)す. ❷ (4 (3))〈(病気⁴を)〉治療する, 治す, 癒す. ❸ (4 (von 3))〈人⁴の(事³から)〉直す, やめさせる.

kuriós [クリオース] 形 (書) 変わった, 変な, 奇妙な, 珍奇な, 風変わりな, 一風変わった.

Kuriosität [クリオズィテート] 女 (-/-en) ❶《単》変わった[変な]こと, 奇妙, 珍奇. ❷変わった[変な]物, 珍品.

Kur・konzert 中 (-(e)s/-e) 療養地[湯治場]での音楽会.

Kur・ort 男 (-(e)s/-e) 保養地, 療養地, 湯治場.

Kurpfuscher [クーアプフッシャー] 男 (-s/-) (軽蔑) もぐり[にせ]医者.

Kurs [kors クルス] 男 (-es/-e) ❶針路, 航路, コース;進路, 路線. ❷相場, 為替レート. ❸講座, 課程, 教程, コース, 講習(会). (bei 3) hoch im stehen 〈人³に〉非常に人気がある.

Kürschner [キュルシュナー] 男 (-s/-) 毛皮加工[製造]業者.

kursieren [クルズィーレン] 自 ❶〈貨幣¹が〉流通する. ❷〈噂¹が〉広がる.

①1格 ②2格 ③3格 ④4格

Kursus [クルズス] 男《-/ Kurse》講座, 課程, 教程, コース, 講習(会).

Kurs·wagen 男《-s/-》【鉄道】直通車両 ((途中で他の車両から切り離されて目的地まで乗り換えなしで行ける)).

Kur·taxe 女《-/-n》保養客[湯治客]に課する税.

Kurve [kórvə クルヴェ, クルフェ] 女《-/-n》 ❶ (↔ Gerade) カーブ, 曲線. ❷ 曲線グラフ[図表] (の線). ❸《複》(口;戯)(女体の)曲線美.

kurven [クァヴェン] 自⑤(口)❶ カーブする, 曲がる; 旋回する. ❷ (乗物で) あちこち走り回る.

kurven·reich 形《副なし》カーブの多い, 曲がりくねった.

kurz [kɔrts クルツ] (比較 **kürzer**; 最上 **kürzest**) **(I)** 形 (↔ lang) ❶ (空間的・時間的に) 短い; 背が低い; 短時間の, 短期間の. ❷ (↔ ausführlich) 手短な, 簡潔な, 要約した, 手っ取り早い. *seit ~em* 少し前から, このところ, 近頃, 最近. *vor ~em* 少し前に, 先日, この間, 最近. **(II)** 副 ❶ (↔ weit) 近く. ★ hinter, nach, vor の前で. ❷ 手短に言えば, 要するに. ❸ 急に, 突然, とっさに, 出し抜けに. ❹ すげなく, べんもなく, ぶっきらぼうに. ◆ ~ vorher [zuvor] その直前に. ~ vor Weihnachten クリスマスの直前に. ~ nach Mitternacht 午前零時直後に. *sich⁴ ~ fassen* 手短く言う. *zu ~ kommen* 割をくう, 損をする, 貧乏くじを引く; 遅れる. 5級

Kurz·arbeit 女《-/-》【経】労働短縮, 操業短縮, 時短.

kurz·ärm(e)lig 形《副なし》袖の短い, 半袖の.

Kürze [キュルツェ] 女《-/-n》《主に単》❶《~s》《物²の》短いこと, 短さ; 近いこと, 近さ; 短時間; 簡潔, 簡単. ❷【詩学】短音節.

Kürzel [キュルツェル] 中《-s/-》略符記号, (速記用)略号.

kürzen [キュルツェン] 他 ❶ (↔ verlängern)〈物⁴を〉短くする, カットする, 縮める. ❷《③》《〈人³の〉賃金⁴ などを》減らす. ❸《〈④〉》《〈文章⁴を〉》短くする, カットする, 縮める, 簡単にする; 要約する. ❹《《mit ③》》《数》《〈分数⁴を〉〈数³で〉》約分する.

kürzer [キュルツァー] 形《kurz の比較級》より短い.

kurzer·hand [クルツァー‥] 副 さっさと, 即座に, あれこれ考えずに ((略: kh., k.H., K.H.)).

kürzest [キュルツェスト] 形《kurz の最上級》一番短い.

Kurz·form 女《-/-en》【言】短縮形.

kurz·fristig 形 ❶ 突然の, 急な, いきなりの, 直前の. ❷ 短期間(有効)の, 短時間の. ❸ 早急の, すばやい.

Kurz·geschichte 女《-/-n》短い物語, 短編小説.

kurz|halten* 他《人⁴に》(教育的配慮から)金銭を十分に与えない.

kurz·lebig [..レービヒ] 形《副なし》短命な.

kürzlich [キュルツリヒ] 副 (neulich) この間, 最近, 先ごろ.

Kurz·meldung 女 ニュース速報.

Kurz·schluss 男《-es/..schlüsse》❶【電】ショート, 短絡. ❷ 思考の短絡, 短絡的な行動.

Kurzschluß 中=Kurzschluss.

kurz·sichtig [..ズィヒティヒ] 形 ❶ (↔ weitsichtig)《副なし》近視[近眼]の. ❷ 先見の明がない, 近視眼的な.

Kurzsichtigkeit [..カイト] 女 ❶ 近視, 近眼. ❷ 先見の明がない[近視眼的な]こと, 浅慮, 短見.

kurz|treten* 自(口)❶ 節約する. ❷ 節制する, 控え目に生活[行動]する.

Kürzung [キュルツング] 女《-/-en》短くすること, 短縮; (賃金の)引き下げ, カット, 削減; 要約;【数】約分.

Kurz·waren 複 (針・糸・ボタンなどの)裁縫用品[道具], 服装小間物.

kurz·weilig 形《副なし》(↔ langweilig) 楽しい, おもしろい, 退屈しない.

kurz·zeitig 形《主に付加》短時間[期間]の.

kusch(e)lig [クッシュ[シェ]リヒ] 形

①1格　②2格　③3格　④4格

心地よい, 気持ちの良い; 居心地の良い.

kuscheln [クッシェルン] **((I))** 再 sich⁴ ❶⟨an ④·人⁴に⟩身を寄せる; ⟨人⁴に⟩抱き寄せる; ⟨人⁴に⟩抱(*いだ*)かれる, 抱(*だ*)きしめられる. ❷⟨in ④·物⁴に⟩気持よくもぐりこむ. **((II))** 自(h) 抱(*だ*)き合う, 抱(*いだ*)き合う. **((III))** 他⟨④ in ④⟩物を物⁴の中に入れる.

Kuschel·tier 中 動物の縫いぐるみ.

kuschen [クッシェン] **((I))** 自(h) ❶⟨犬¹が⟩伏せる, 静かにする. ❷⟨vor ③⟩⟨口⟩⟨人³に⟩従順である. **((II))** 再 sich⁴ ~ ⟨犬¹が⟩伏せる, 静かにする.

Kusine [クズィーネ] 女(-/-n) (Cousine)いとこ(従姉妹).

Kuss [kʊs クス] 男(-es/Küsse) キス, 口づけ, 接吻. 5級

Kuß 中 = Kuss.

kuss·echt 形 〈副なし〉⟨口紅が⟩キスしてもはげ落ちない.

kußecht 中 = kussecht.

küssen [kýsən キュッセン] 他⟨人⁴に⟩キス⟨口づけ, 接吻⟩する. ◆④ auf die Stirn [die Wange] ~ 人⁴の額[頬]にキスをする. 5級

Kuss·hand 女 投げキス.

Kußhand 女 = Kusshand.

Küste [kýstə キュステ] 女(-/-n) 海岸, 沿岸, 海浜. ◆an der ~ 海岸で, 海辺で.

Küster [キュスター] 男(-s/-) (ｷﾘｽﾄ) 聖具保管係, 納室係; 堂守, 寺男. ◇~in 女(-/-nen).

Kutsche [クッチェ] 女(-/-n) (昔の)客馬車.

Kutscher [クッチャー] 男(-s/-) 御者. ◇~in 女(-/-nen).

kutschieren [クチーレン] **((I))** 自(s) ⟨口⟩(目的なく)ドライブする. **((II))** 他 ⟨口⟩⟨人·物⁴を⟩乗物で送る[運ぶ].

Kutte [クッテ] 女(-/-n) ❶修道服, 僧衣. ❷フードアノラック.

Kutter [クッター] 男(-s/-) 〔海〕カッター; 1本マストの帆船[艇]; 機帆船.

Kuvert [クヴェーア] 中(-s /-e), [クヴェァト] 中(-(e)s/-e) 封筒.

Kuwait [クヴァィト, クーヴァィト], **Ku-weit** [クーヴェート] 中(-s/-) クウェート (ペルシア湾にある立憲君主制のイスラム教国).

kW ⟨略⟩ K1lowatt キロワット.

Kybernetik [キュベァネーティック] 女(-/-) サイバネティックス.

Kybernetiker [キュベァネーティカー] 男(-s/-) サイバネティックス研究者. ◇**Kybernetikerin** 女(-/-nen).

kybernetisch [キュベァネーティシュ] 形 サイバネティックスの, サイバネティックスに基づく.

KZ [カーツェット] 中(-(s)/-(s)) ⟨略⟩ Konzentrationslager (特にナチスの)強制収容所.

KZ-Häftling 男(-s/-e) 強制収容所囚人.

L

l, L [エル] 中(-/-, ⟨口⟩-s) アルファベットの第12字.

l ⟨記号⟩ Liter リットル(容量の単位).

l. ⟨略⟩ links 左に.

laben [ラーベン] 〔書〕 **((I))** 他 ❶⟨④ (mit ③)⟩⟨人⁴を(飲食物³で)⟩元気づける, ⟨(飲食物³で)人⁴の気分をさわやかにさせる. ❷⟨物¹が⟩⟨人⁴を⟩元気づける. **((II))** 再 sich⁴⟨an [mit] ③⟩⟨(飲食物³で)⟩元気づく, 元気を回復する, 生き返る, さわやかな気分になる.

labern [ラーバーン] 自(h) ⟨軽蔑⟩無駄口をたたく, たわごとを言う.

labil [ラビール] 形 ❶(↔ stabil)不安定な, 不確かな, 変わりやすい. ❷〔医〕病気をしやすい. ❸情緒不安定の, 気まぐれな.

Labor [ラボーア] 中(-s/-s, -e) 実験室, 研究室[所] (Laboratorium の短縮形).

Laboratorium [ラボラトーリウム] 中(-s/..rien[..リエン]) 〔書〕 (理化学·医学の)実験室[所].

Labyrinth [ラビュリント] 中(-(e)s/-e) ❶迷路, 迷宮. ❷〔ギ神〕ラビュリントス (クレタ島のミノス王が怪物を監禁するために作らせた迷宮).

Lache [ラッヘ] 囡(-/-n) ❶水たまり; (床の上などに)こぼれた液体. ❷《単》《口; 蔑廃》笑い, 笑い声; 笑い方.

lächeln [レッヒェルン] 貪 ❶ほほえむ, 微笑する. ❷《über ④》〈人・物⁴を〉茶化す, 笑いものにする. 4級

Lächeln 中(-s/) ほほえみ, 微笑.

lachen [láxən ラッヘン] 貪

現在	ich lache	wir lachen
	du lachst	ihr lacht
	er lacht	sie lachen
過去	ich lachte	wir lachten
	du lachtest	ihr lachtet
	er lachte	sie lachten
過分	gelacht	接II lachte

❶(↔ weinen)《über ④》〈事⁴を〉(声を立てて)笑う. ❷《über ④》〈人・物⁴を〉(あざけり)笑う, 笑いものにする. *Du hast [kannst] gut [leicht] ~.* (口)君は(当事者じゃないんだから)笑っていられるさ. *Wer zuletzt lacht, lacht am besten.* (諺) 最後に笑う者が一番よく笑う((最後の勝利が本当の勝利)). 5級

Lachen 中(-s/) 笑い(声).

lächerlich [レヒャーリヒ] 《(I)》形 ❶笑わせる, 笑うべき, 滑稽な; 物笑いの種になるような, くだらない. ❷取るに足りない, 些細な; (ごく・ほんの)わずかの, わずかばかりの, 微々たる. 《(II)》副《少ないことを強調して》ひどく, (もの)すごく.

Lächerlichkeit [..カイト] 囡(-/-en) ❶《単》おかしさ, ばかばかしさ. ❷《主に複》ばかばかしいこと, 取るに足りないこと.

lachhaft [ラハハフト] 形《主に述語》(軽蔑)ばかげた, ばからしい, 呆れた.

Lachs [ラクス] 男(-es/-e) 【魚】(タイセイヨウ)サケ(鮭), サーモン.

Lack [ラック] 男(-(e)s/-e) ラッカー, ニス; エナメル; 漆(うるし); うわべ.

lackieren [ラキーレン] 他 ❶《④》〈物⁴に〉ラッカー[ニス, エナメル, 漆]を塗る; マニキュアをする. ❷(口)〈人⁴を〉だます.

Lack·leder 中(-s/-) エナメル革.

laden*¹ [ラーデン](du lädst, er lädt; 過 lud; 過分 geladen) 他 ❶(↔ löschen)〈トラック・船舶などが〉〈物⁴を〉積む, 載せる. ❷《④ (mit ③)》〈トラック・船舶⁴に〉〈物³を〉積み込む, 載せる. ❸《④ (auf ④ [in ④])》〈物⁴を(トラック[船舶] ⁴に)〉積み込む, 載せる. ❹《③ auf ④》〈荷物⁴などを人³の所⁴に〉背負わせる. ❺《④ (aus [von] ③)》〈物⁴を(トラック・船舶³から)〉降ろす. ❻《ファイル・プログラム⁴を》入力する, ロードする, インストールする.

laden*² (du lädst, (やや古)ladest; er lädt, (やや古) ladet; 過 lud, (やや古) ladete; 過分 geladen; 接II lüde, (やや古)ladete) 他 ❶《④》〈銃⁴などに〉弾丸を装塡(そうてん)する; 《(穴⁴などに)》爆薬を装塡する. ❷〈カメラ⁴に〉フィルムを入れる. ❸【理】〈物⁴に〉荷電する, 充電する.

laden*³ [ラーデン](du lädst, 〈方〉ladest; er lädt, 〈方〉ladet; 過 lud, 〈方〉ladete; 過分 geladen; 接II lüde, 〈方〉ladete) 他(書) ❶《④ (zu ③)》〈人⁴を(物³に)〉招待する. ❷【法】〈人⁴を〉召喚する.

Laden [láːdən ラーデン] 男(-s/Läden, -) ❶(小売りの)店, 商店; (品物の)売り場. ❷シャッター, ブラインド, よろい戸. 4級

Laden·dieb 男(-(e)s/-e) 万引き((人)).

Laden·diebstahl 男 万引き((行為)).

Laden·schluss 男(-(e)s/) 閉店(時間).

Ladenschluß 旧= Ladenschluss.

Laden·tisch 男(-(e)s/-e) (店の)カウンター.

Lade·rampe [ラーデ..] 囡(-/-n) 貨物用プラットホーム.

Lade·raum 男【海】船倉; 【空】貨物室.

lädieren [レディーレン] 他 ❶〈物⁴を〉傷つける, 損なう, 損傷させる. ❷

①1格 ②2格 ③3格 ④4格

lädst

⟨sich³ ④⟩〈自分の体の一部⁴を〉傷つける, 負傷する.

lädst [レーツト] laden¹⁻²⁻³の2人称単数現在形.

lädt [レート] laden¹⁻²⁻³の3人称単数現在形.

Ladung¹ [ラードゥング] 囡(–/–en) ❶積み荷, 貨物;積み込み, 積載, 船積み. ❷かなりの量.

Ladung² [ラードゥング] 囡(–/–en) ❶(弾丸の)装填(ἐί). ❷〖電〗充電;帯電, 荷電.

Ladung³ [ラードゥング] 囡(–/–en) 〖法〗召喚, 呼び出し.

lag [ラーク] liegenの過去形.

Lage [ラーゲ] 囡(–/–n) ❶ 位置, 場所, ポジション;姿勢, 体位. ❷状態, 境遇, 状況, 立場;情勢, 事態. ❸重ね, 層;組, そろい. ❹〖音楽〗(a)(声部の)配置. (b)(和音の)位置. (c)(弦楽器の指板上の)ポジション. **in der ~ sein, ...** ⟨zu不定詞⟩…することができる(状態[立場]にある).

läge [レーゲ] liegenの接続法 II 式形.

Lage·plan 男(–(e)s/..pläne) (建物などの)配置[見取り]図, レイアウト.

Lager [ラーガー] 田 (**(I)**) (–s/–, Läger) 倉庫;在庫, ストック. (–s/–) ❶(一時的な)キャンプ, 野営テント, 仮設住宅;収容所. ❷党派, 陣営. ❸〖地〗鉱脈, 層, 鉱床;炭層. ❹〖工〗ベアリング, 軸受け. ❺(やや古)寝床(ぞこ), ねぐら, しとね;(野獣の)巣.

Lager·bestand 男在庫(品), ストック.

Lager·feuer 田(–s/–) キャンプファイヤー.

Lager·halle 囡倉庫.

lagern [ラーゲァン] (**(I)**) 他 ❶〈物⁴を〉貯蔵する, ストックする, 保管する, しまっておく. ❷〈人・物⁴を〉(静かに)横たえる, 寝かせる. (**(II)**) 自 ❶貯蔵[ストック]されている, 保管されている, 寝かせてある. ❷野営[キャンプ, 野宿]する.

Lager·platz 田野営地, キャンプ場, 収容所.

Lager·raum 貯蔵室[庫], 物置.

Lagerung [ラーゲルング] 囡(–/–) 貯蔵, 保管.

Lagune [ラグーネ] 囡(–/–n) ラグーン, 潟湖(き), 潟(た), 礁湖(よき).

lahm [ラーム] 形 ❶(特に足が)麻痺した, 不自由な, 不随の. ❷(人間・手足が)麻痺したような, しびれた, 力の入らない. ❸ (↔ lebendig) (口) だらだらした, さえない;疲れきった, くたくたの;活気のない, 締りのない, ぱっとしない. ❹ 〔副なし〕(説明などが)不十分な, 説得力のない, 舌足らずな.

lahmen [ラーメン] 自⟨馬¹などが⟩足が不自由である.

lähmen [レーメン] 他 ❶⟨物¹が⟩⟨人・物⁴を⟩麻痺させる, しびれさせる, 不随にする. ❷⟨物¹が⟩⟨人・物⁴を⟩萎(な)えさせる, 無(気)力化にする.

lahm‖legen 他 ❶⟨物⁴を⟩麻痺させる. ❷⟨物⁴の⟩活動を停滞させる.

Lähmung [レームング] 囡(–/–en) 麻痺(させること);停滞, 〖医〗麻痺, 不随.

Laib [ライプ] 男(–(e)s/–e) (パン・チーズなどまだ切っていないかたまりの)一個, 一塊.

Laibach [ライバッハ] 田(–s/) ライバッハ ((スロベニアの首都 リュブリャナ (Ljubljana)のドイツ語名)).

Laich [ライヒ] 男(–(e)s/–e) (魚・カエルなどの水中の)卵, 卵塊.

laichen [ライヒェン] 自⟨魚・カエル¹などが⟩(水中で)産卵する.

Laie [ライエ] 男(–n/–n) 《弱》❶素人(ξ), アマチュア, 門外漢. ❷在俗の信者, 俗人;〖カトリック〗(聖職者に対する)一般信徒, 平信徒.

Lakai [ラカイ] 男(–en/–en) 《弱》❶(王侯貴族に仕えたお仕着せを着た)侍者;従僕, 召使い. ❷(軽蔑)(従僕のような)ご機嫌取り, おべっか使い, こますり.

Lake [ラーケ] 囡(–/–n) (肉や魚の塩づけ用の)塩水.

Laken [ラーケン] 田(–s/–) (Betttuch)敷布, シーツ.

Lakritze [ラクリッツェ] 囡(–/–n) ❶

【植】カンゾウ(甘草)．❷《単》カンゾウ(の根の煮出し)汁[エキス]．❸カンゾウ入りの飴．

lallen [ラレン] 動〈④〉〈赤ん坊・酔っぱらいなどが〉〈《事⁴を》〉(ろれつが回らず)モゴモゴ言う，不明瞭に話す．

Lamelle [ラメレ] 女(-/-n) ❶(ある組織を形成する)薄板，プレート，薄層，薄葉，薄膜．❷《単》キノコの傘の裏のひだ，菌褶(きんしゅう)．❸【機】(ラジエーターの)フィン，ひれ．

lamentieren [ラメンティーレン] 自〈über ④〉(口;軽蔑)〈《事⁴を》〉嘆く，愚痴をこぼす．

Lametta [ラメッタ] 中(-s/) ❶金銀糸((クリスマスツリーの装飾用金属ひも))．❷(口)胸に飾られたた勲章．

Lamm [ラム] 中(-(e)s/Lämmer) ❶子羊．❷《単》子羊の毛皮；子羊の(焼)肉．❸(口)善良で柔和な人．

Lamm·fleisch 中子羊の肉．

lamm·fromm 形子羊のようにおとなしく従順な．

Lampe [lámpə ランペ] 女(-/-n) ❶照明(器具)，明り，灯火；電気スタンド，電灯，蛍光灯；ランプ．❷白熱灯，電球．◆die ~ anmachen [ausmachen] 電気をつける[消す]．5級

Lampen·fieber 中(試験・出演などの)本番[出番]前の極度の緊張．◆ ~ haben (人前で)あがる．

Lampen·schirm 男(-(e)s/-e) ランプの傘，シェード．

Lampion [ランピオン] 男(-s/-s) 提灯(ちょうちん)．

Land¹ [lant ラント] 中

格	単数	複数
1	das Land	die **Länder**
2	des Landes	der Länder
3	dem Land	den Ländern
4	das Land	die Länder

❶国，国家．❷ラント((ドイツ・オーストリアの行政区画))；【史】領邦．*Andere Länder, andere Sitten.*((諺))所変われば品変わる．5級

Land² [lant ラント] 中(-(e)s/) ❶陸，陸地．❷地；(特に農耕に利用される)土地，耕地，田畑．❸《das ~》田舎(いなか)，地方．◆ auf dem ~ wohnen [leben] 田舎で暮らす．

Land·bevölkerung 女(-/) 田舎[地方，農村]の住民．

Lande·anflug [ランデ..] 男(飛行機の)着陸(態勢)．

Lande·bahn 女(-/-en) 着陸(用)滑走路．

Lande·erlaubnis 女着陸許可．

landen [ランデン] ((I))自⑤〈船・人¹が〉陸[岸]に着く；〈飛行機・人¹が〉着陸する；〈スカイダイバーなどが〉着地する．❷〈in ③〉〈(所³に)(心ならずも)行き着く〈車¹などが〉突っ込む．❸(旅行やドライブなどして目的地に)たどり着く，到着する．((II))他 ❶〈人・物⁴を〉〈所³に〉上陸させる，揚陸げする；(空から)着陸[着地]させる．❷(書)〈事⁴を〉ものにする，手中におさめる．★受動なし．

Länder [レンダー] 複⇒Land¹．

Ländereien [レンデライエン] 複広大な所有地，地所，領地．

Länder·spiel [レンダー..] 中(-(e)s/-e) 国際選手権試合．

Landes·kunde [ランデス..] 女(-/)(一国・一地方の)地誌(学)，地域研究，郷土史．

Landes·regierung 女(-/-en) (国の)政府；(ドイツ・オーストリアの)州政府．

Landes·sprache 女(-/-n) (ほとんどの人が話す)共通語，国語．

Landes·verrat 男【法】国家反逆罪，外患罪，謀叛(むほん)，売国行為．

Land·friedensbruch 中(-(e)s/)【法】公安の侵害，騒乱罪．

Land·gewinnung [..ゲヴィヌング] 女陸地造成．

Land·karte [ラントカルテ] 女(-/-n) (大きな)地図．

Land·kreis 男(-es/-e) 郡((ドイツの州と市町村との間の行政単位))．

land·läufig 形《付加または副》広く

世間に行われている. 世間一般の.

Ländler [レントラー] 男(-s/-) レントラー((オーストリア・南独の 4 分の 3 または 8 分の 3 拍子のゆっくりしたダンス; ワルツの前身)).

ländlich [レントリヒ] 形(↔ städtisch) 地方の, 田舎の.

Land·luft 女 田舎の澄んだ空気.

Land·plage 女(-/-n)(害虫などによる)広域伝染病[疫病], (広域にわたる)大災害.

Land·ratte 女(-/-n) 陸に住む人, 陸者(戯).

Landschaft [ラントシャフト] 女(-/-en) ❶ 景色, 風景, 景観; 風土, 自然. ❷ [美術] 風景画. **5級**

landschaftlich [..リヒ] 形《付加または副》❶ 風景の, 景観上の; 風土に関する. ❷《言葉¹などが》その地方独特の, その土地に特有な, 風土に独自の.

Lands·frau [ランツ..] 女(-/-en)(女性の)同郷[同国]人.

Lands·mann 男(-(e)s/..leute) 同郷[同国]人, 同胞. ◇ **Landmännin** 女(-/-nen).

Land·straße 女(-/-n)(主に村を結ぶ)田舎道.

Land·streicher 男(-s/-)(軽蔑)放浪者, 浮浪者, 宿なし.

Land·strich 男(-(e)s/-e) 地域, 地方.

Land·tag 男(-(e)s/-e) 州議会.

Landung [ランドゥング] 女(-/-en) ❶(飛行機の)着陸, 着水. ❷ [軍] 上陸; (落下傘部隊の)降下.

Landungs·brücke 女(-/-n) 上陸用桟橋.

Land·weg 男(-(e)s/-e) 陸路.

Land·wirt 男(-(e)s/-e) 自営農家, 農業経営者, 自作農. ◇ **..wirtin** 女(-/-nen).

Landwirtschaft [ラントヴィルトシャフト] 女(-/-en) ❶《単》農業(経営); 農場経営. ❷ 比較的小さい農場.

landwirtschaft·lich [..リヒ] 形《付加または副》農業(上)の, 農事の.

Land·zunge 女(-/-n) [地] 岬, 崎.

lang [laŋ ラング]《比較 länger; 最上 längst》**(I)**形 ❶(↔ kurz) 長い; 時間[期間]の, 時間のかかる, 長期に渡る; 長く感じる, 長たらしい《期間を示す 4 格を伴って》...の長さの, 長さが...の; ...の長さ[期間]に渡る. ❷(↔ breit) 縦長の; 《数量を示す 4 格を伴って》縦が...の長さの. ❸《副なし》(口)(↔ klein) 長身の, 背の高い, ノッポの. **(II)**副《4 格と共に; 後置されて》(口) ...に沿って. **5級**

lang·ärm(e)lig 形 袖の長い, 長袖の.

lang·atmig 形 長ったらしい, 冗漫な, 飽き飽きする.

lange [ランゲ]《比較 länger; 最上 längst, am längsten》副(口語では lang がしばしば用いられる) ❶(↔ kurz) 長く, 長い間, (もう)長いこと. ❷ とっくに, とうに, 昔[以前]から. **5級**

Länge [レンゲ] 女(-/-n) ❶ 長さ. ❷(↔ Breite) 縦, 奥行き. ❸(口)(人の)丈(セ), 身長. ❹[スポーツ] 1 馬身, 1 挺身. ❺《複》文章・講演¹などが長たらしいこと[箇所], 冗漫な部分. ❻ [地] 経度, 経線.

langen [ランゲン] **(I)**自(口) ❶《人¹が》手を伸ばす. ❷《物¹が》達する, 届く. ❸《物¹が》十分である, 足りる. ❹《mit ③》《物³で》済む, 間に合う. **(II)**他《sich³ ④》《人・物⁴を》手にとる, つかむ, 取り出す. **(III)**再 sich⁴ 《an ④》《物⁴に》触れる,《物⁴を》つかむ.

Längen·grad [レンゲン..] 男(-(e)s/-e) 経度.

länger [レンガー]《lang の比較級》**(I)**形 ❶ より長い, 更に長い. ❷《付加または副》比較的長い, かなり長い. **(II)**副 ❶ より[いっそう]長く, より長い間. ❷ 比較的長い時間, かなり長い間, しばらくの間.

Lange·weile [ランゲヴァイレ] 女(-/-) 退屈, 手持ち無沙汰, 倦怠. ★2・3 格は冠詞を伴うと der langer Weile, 無冠詞では langer Weile となる.

lang·fristig 形 長期(間)の, 長期に

わたる.

lang·jährig 形《付加》長年[多年]の, 長期の, 長年にわたる.

Lang·lauf 男(-(e)s)《スキー》クロスカントリー, スキー距離競技.

lang·lebig [..レービヒ] 形《副なし》長寿の, 長命の, 寿命の長い; 長もちする.

länglich [レングリヒ] 形 長めの, 縦長の, 細長い.

Lang·mut 女(-/)《書》我慢強いこと, 辛抱, 忍耐.

lang·mütig [..ミューティヒ] 形《書》我慢[辛抱, 忍耐]強い.

längs [レングス] (I) 副 (↔ quer) 縦に. (II) 前《2格支配; まれに3格支配》…に沿って.

Längs·achse [レングス..] 女(-/-n) 縦軸; 《電》直軸.

langsam [lánza:m ラングザーム] (I) 形 (↔ schnell) ❶ (速度の)遅い, 緩い, スローな, ゆっくりした, 緩(ゆる)やかな, 時間のかかる; はかどらない, のんびりした. ❷ (動作が)のろい, 動きの鈍い[重い], のろま[緩慢]な, のろのろくずくず, もたもた]した, 鈍重な; (人が)ものわかりの悪い, 頭の回転が遅い, 鈍い. ❸《主に付加》漸次の, 段々の, 緩やかな, 徐々の, 少しずつの. (II) 副 ❶ ゆっくり(と), 遅く; のろく, のろのろと. ❷ 段々に, 次第に, 時と共に, 徐々に, 少しずつ. ❸ そろそろ, ぼつぼつ. 5級

Lang·schläfer 男(-s/-) 朝寝坊(の人). ◇ **~in** 女(-/-nen).

Lang·spiel·platte 女(-/-n) LPレコード ((略: LP)).

Längs·schnitt 男(-(e)s/-e) (↔ Querschnitt) ❶ 縦断すること, 縦割り. ❷ 縦断面図.

längst [レングスト]《lang, lange の最上級》(I) 形 最も長い; 非常に長い. (II) 副 ❶ とっくに, ずっと前から. **~ nicht** とうてい[決して] …ない.

längstens [レングステンス] 副 ❶ (どんなに)長くとも; (どんなに)遅くとも; せいぜい.

Languste [ラングステ] 女(-/-n) 《動》イセエビ.

lang·weilen (I) 他《人⁴を》退屈させる, うんざり[飽き飽き]させる. (II) 再 sich⁴ 退屈する.

lang·weilig [ラングヴァイリヒ] 形 退屈な, つまらない, 眠気を催させる. 4級

Lang·welle 女(-/-n) ❶《電》長波. ❷《単》長波放送.

lang·wierig [..ヴィーリヒ] 形 長く続く, 長引く, 長時間[期間]かかる, 手間のかかる.

Lanze [ランツェ] 女(-/-n) (中世の騎士などの)長槍(やり).

Laos [ラーオス] 中(-/) ラオス ((インドシナ北部の共和国)).

Laote [ラオーテ] 男(-n/-n)《弱》ラオス人. ◇ **Laotin** 女(-/-nen).

lapidar [ラピダール] 形《書》簡潔な; 〈表現 ̆が〉短いが核心をついている.

Lappalie [ラパーリェ] 女(-/-n) 些細な事, 瑣事(さじ).

Lappe [ラッペ] 男(-n/-n)《弱》ラップ人.

Lappen [ラッペン] 男(-s/-) ❶ (清掃などに用いる)布きれ, 布巾(ふきん), 雑巾. ❷《単》紙幣.

Lappin [ラッピン] 女(-/-nen) (女性の)ラップ人.

läppisch [レピッシュ] 形 (口/軽蔑) ❶ 愚劣な, 馬鹿な, あさはかな; 子供じみた; (陳腐で)ばかばかしい. ❷ 話にならないほどわずかの, 取るに足りない.

Lappland [ラップラント] 中(-s/) ラップランド ((ヨーロッパ北端の地方)).

Lärche [レァヒェ] 女(-/-n) ❶《植》カラマツ (落葉松). ❷《単》(樹脂を含む)カラマツの木材.

Lärm [lɛrm レァム] 男(-s/-) (↔ Ruhe, Stille) 騒音, 雑音; 叫び声, 騒ぎ. **Viel ~ um nichts.** とんだ空(から)騒ぎ ((W. Shakespeare の喜劇の題から)). 4級

Lärm·belästigung 女 騒音公害.

lärmen [レァメン] 自 騒音を発する, やかましい音をたてる; 騒ぐ.

Lärm·schutz 男 ❶ 騒音防止(法)[対策]. ❷ 防音設備.

Larve [ラルフェ] 女(-/-n) ❶《動》幼

虫, 幼体. ❷仮面.

las [ラース] lesen の過去形.

lasch [ラッシュ] 形 ❶生気のない, 無気力な, だらけた, たるんだ, だらしのない. ❷ずさんな, なげやりな, いい加減の, ちゃらんぽらんの.

Lasche [ラッシェ] 女 (ポケットの)たれ布; (ベルト・ハンドバックの)留め輪, バックル; (靴の結びひもの下の)下革, ベロ; (封筒の糊付けする)折り蓋.

läse [レーゼ] lesen の接続法 II 式形.

Laser [レーザー, ラーザー] 男 (-s/-) 〖理〗レーザー ((light amplification by stimulated emission of radiation の短縮語)).

Laser・drucker 男 レーザープリンター.

lass [ラス] lassen の命令法 2 人称単数形.

laß 旧 = lass.

lassen* [lásən ラッセン]

現在	ich lasse	wir lassen
	du **lässt**	ihr lasst
	er **lässt**	sie lassen

過去	ich ließ	wir ließen
	du ließest	ihr ließt
	er ließ	sie ließen

過分	lassen (不定詞を伴うとき)
	gelassen (不定詞を伴わないとき)

接 II	ließe

((I)) 動 《助動詞として用いられる場合, 過去分詞は不定詞と同形の lassen (例:Sie hat ihn warten lassen. 彼女は彼を待たせました); 完了不定詞の語順は haben +不定詞+ lassen (例:Sie wird ihn haben kommen lassen. 彼女は彼を来させるでしょう)) ❶《使役;受動なし》**(a)**《[4]+不定詞》〈人・動物[4]に〉(命令して)...させる, やらせる; (頼んで)...してもらう. ♦ Ich lasse ihn den Wagen wa-schen. 私は彼に車を洗わせます. den Arzt kommen ~ 医者に来てもらう. die Polizei holen ~ 警察を呼びにやる ((★ lassen の目的語は省略; die Polizei は holen の目的語)). **(b)**《sich³ [3]+不定詞》〈自分³[人³]のために〉〈金を払って〉...してもらう《不定詞の動作主を「von [bei][3]」〈人³〉から[に])で表現》. ♦ sich³ beim Friseur die Haare schneiden ~ その理容師に髪を切ってもらう. ❷《許可;受動なし》《[4]+ verbieten》《[4]+不定詞》〈人・動物⁴に〉...することを許す, 妨げない, させておく, 放任する, 〈人・動物⁴に〉...するにまかせる. ❸《自動詞の他動詞化》: [4] fallen ~ 物⁴を落とす; 事⁴を中止する[断念する]. ((II)) 動 《不定詞なしで本動詞として》❶《[4]+方向》〈人・物⁴を...へ行くのを〉許す, 放任する, 妨げない. ❷《[4]+様態》〈人・物⁴を...の状態に〉する. ❸《[4]+場所》〈人・物⁴を...に〉そのままにしておく, 置いておく, 後に残す; 置き忘れる. ❹《[3] [4]》〈人・物⁴を〉任せる, 委ねる, 貸す, 与える. ❺《事⁴を》やめる, 思いとどまる, 中止する. ❻《können, wollen と共に; 主に否定で》〈習慣⁴を〉やめる, 絶つ, 放棄する. ((III)) 動 《不定詞なしで本動詞として》《**von**[3]》〈習慣³を〉やめる, 絶つ, 捨てる, 放棄する, 〈人⁴を〉捨てる, 〈人³との〉関係を断つ. ♦ von seiner Meinung ~ 考えを変える. [5級]

lässest [レッセスト]〈古〉lassen の 2 人称単数現在形.

lässig [レッスィヒ] 形 ❶形式[格式]ばらない, うちとけた;〈人が〉こなしなどが〉カジュアルな, 普段着の. ❷〈口〉造作ない, 楽な.

lässt [レスト] lassen の 2・3 人称単数現在形.

läßt 旧 = lässt.

Last [ラスト] 女 (-/-en) ❶荷, 荷物, 積み荷;〖電〗負荷. ❷《主に単》荷重, 重さ, 重量; 重圧, 負担, 重荷; 心労, 苦労. ❸《主に複》〖書〗(経済的)負担, 税.

lasten [ラステン] 自 《**auf**[3]》 ❶〈物・

[1]1格 [2]2格 [3]3格 [4]4格

が)〈人・物³に〉重くのしかかっている. ❷〈責任¹などが〉〈人³(の肩)に〉かかっている, 課されている.

Laster¹ [ラスター] 男(-s/-) 悪徳, 不道徳; 罪悪; 悪癖, 悪習.

Laster² 男(-s/-) (口)トラック.

lasterhaft [..ハフト] 形 悪徳の, 不道徳な, ふしだらな, 不品行の.

lästern [レスタァン] 自〈**über** ④〉(軽蔑)〈人・物⁴の〉悪口[陰口]を言う; 中傷する.

lästig [レスティヒ] 形〈(③)〉〈(人³にとって)〉重荷[負担]となる, 煩わしい, しつこい, やっかい[面倒]な, いやな, はなはだ迷惑な, 邪魔になる.

Last-kraftwagen 男(-s/-)(官庁) = Lastwagen.

Last-schrift 女(-/-en) 借方記入(書).

Last-wagen [ラストヴァーゲン] 男(-s/-) トラック.

Latein [ラタイン] 田(-s/) ラテン語.

Latein-amerika 田(-s/) ラテンアメリカ.

lateinisch [ラタイニッシュ] 形 ラテン(語)の; ラテン文字[字体]の.

latent [ラテント] 形(最上~est) 隠れている, 潜在の, 潜在的な;〔医〕潜伏性の.

Laterne [ラテルネ] 女(-/-n) ❶街灯. ❷ランタン, カンテラ, ちょうちん; 舷灯.

Laternen-pfahl 男 街灯の柱.

Latrine [ラトリーネ] 女(-/-n)(兵営などの土を掘った)仮設便所; 下水溜, 排水溝; 糞壺.

latschen [ラーチェン] 自⑤ だらだら[だらしなく]歩く.

Latschen [ラーチェン] 男(-s/-)《主に複》(口; 軽蔑)(履き古した)靴, ボロ靴; スリッパ.

Latte [ラッテ] 女(-/-n) ❶〔建〕細長い板, 木摺(ず_り_), 木舞(_こま_い), 羽根板, よろい板; こわし板; 貫(_ぬき_)板. ❷〔スポーツ〕横木, バー. ❸〈**von** ③〉多数, 多量.

Latten-rost 男(-(e)s/-e) すのこ板, 板敷き, 踏み板.

Latten-zaun 男(-(e)s/..zäune) 格

子囲い, 杭垣, 木杭棚.

Latz [ラッツ] 男(-es/Lätze) ❶よだれ掛け, (子供用)前掛け. ❷(袖のない)胸着, 胸当て; (婦人の)胸衣, 胸掛け.

Lätzchen [レッツヒェン] 田(-s/-) よだれ掛け, (子供用)前掛け.

lau [ラオ] 形〈天候・気候¹などが〉❶(生)暖かい, 暖かな, 温暖[温和]な, 心地よい, 穏やかな. ❷(液体が)(生)ぬるい, 生暖かい. ❸はっきりしない, どっちつかずの, 微温的な.

Laub [ラオプ] 田(-(e)s/) ❶《集合的に》木の葉; 落ち葉. ❷【トランプ】スペード((ドイツでは緑色の葉)).

Laub-baum 男(-(e)s/..bäume) 闊葉(_こうよう_)樹, 広葉樹.

Laube [ラオベ] 女(-/-n) 園亭, あずまや.

Laub-frosch 男(-(e)s/..frösche)〔動〕アマガエル(雨蛙).

Laub-säge 女(-/-n) 糸のこ.

Laub-wald 男(-(e)s/-er) 広葉[闊葉]樹林.

Lauch [ラオホ] 男(-(e)s/-e)〔植〕ネギ属, ポロねぎ, ニラ; リーキ.

Lauer [ラオアー] 女 **auf der ~ liegen** [**sein, sitzen, stehen**] 隠れて[密かに]様子をうかがっている, 待ち伏せしている.

lauern [ラオアァン] 自〈**auf** ④〉〈人・物⁴を〉隠れて持つ, 待ち伏せする, 密かにうかがう, 待ち構える.

Lauf [ラオフ] 男(-(e)s/Läufe) ❶《単》走ること, 走行, ランニング; (機械の)走行, 運転, 運動. ❷〔スポーツ〕競走, レース. ❸《単》進行, 進展; 経過, 成り行き; 〔音楽〕パッセージ, 早弾き. ❹進路, コース, 流れ; (太陽・月などの)運行, 軌道. ❺銃身. ❻《主に複》〔狩〕猟獣や犬の足. **seinen ~ nehmen** 自然に進んで[進展して]ゆく.

Lauf-bahn 女(-/-en) ❶〔スポーツ〕(400メートル用の)トラック, 競走[競馬]場. ❷《主に単》経歴, 履歴, 職業歴, キャリア.

laufen* [láofən ラオフェン] ((I)) 自⑤ ❶走る, 駆ける. ❷(口)歩く; (習慣的に繰り返し)行く. ❸〈**ge-**

①1格 ②2格 ③3格 ④4格

現在	ich laufe	wir laufen
	du **läufst**	ihr lauft
	er **läuft**	sie laufen
過去	ich **lief**	wir **liefen**
	du **liefst**	ihr **lieft**
	er **lief**	sie **liefen**
過分	**gelaufen**	接II **liefe**

gen [in] ④〈物⁴に〉走っていってぶつかる. ❹〈乗り物¹が〉走る;〈機械¹が〉動く, 働く, 作動する. ❺〈映画¹が〉上演[上映]される. ❻〈事¹が〉進む, 進行する, 運ぶ, うまく行く. ❼〈手形・契約¹などが〉効力をもつ, 通用する, 有効である. ❽〈事¹が〉行われている, 続いている, 継続している, 進行中である. ❾〈商品¹が〉売れる. ❿〈物¹が〉伝わる;〈痛み¹などが〉さっと伝わる[走る]. ⓫〈流体¹が〉流れる;したたる, 漏る. ⓬〈バター・蠟¹などが〉融けて流れる. ⓭〈道¹などが〉続いている, 延びている. ⓮**auf** ② Namen ④〈物¹が〉〈人²·⁴の名義〉になっている,〈人²·⁴の名義で〉登録されている. **((II))**他《受動 な》 ❶ ⓢ ⓑ ④〈距離¹などを〉〉(競技で)走る, 競走する. ❷ h〈sich³ ④ +結果〉(足などを)走って[歩いて]...にする. ◆ **Etwa zehn Minuten zu ~.** 歩いて約10分です. sich³ **die Füße wund ~** 走って[歩いて]足を痛める. *Es läuft sich⁴ hier gut [schlecht].* ここは走りやすい[にくい]です. *gelaufen sein* (口)〈事¹が〉進行中でして, もう変更は出来ません. ▎**~ lassen** (口)〈人⁴を〉釈放する, 自由にする, 放免する. 5級

laufend [..ト] **((I))**形《付加》 ❶ 現在[今, 目下]の;発行[出版]されたばかりの, 最新[最近]の. *auf dem Laufenden sein [bleiben]* 最近の事情に通じている, 最新の情報を得ている;〔商〕記帳[記入]済みである. **((II))**副 絶え間なく, 常に, 繰り返し, ひっきりなしに, しょっちゅう.

laufen|lassen* = laufen lassen (⇨laufen ▎).

Läufer [ロイファー]男〈–s/–〉❶走者, ランナー. ❷(チェスの)ビショップ. ❸(廊下・階段などに敷くための)細長い絨毯(じゅうたん), ランナー. ◇ **Läuferin** 女〈–/–nen〉.

Lauf·feuer 中〈–s/–〉野火.

Lauf·masche 女〈–/–n〉(ストッキングの)伝線, (靴下の)ほつれ, ほころび.

Lauf·pass 男〈–es/..pässe〉解雇状.

Laufpaß 男〈..passes/..pässe〉⊕ ⇨Laufpass.

Lauf·schritt 男〈–(e)s/–e〉駆け足.

läufst [ロイフスト]laufen の 2 人称単数現在形.

läuft [ロイフト]laufen の 3 人称単数現在形.

Lauf·werk [ラオフヴェルク]中〈–(e)s/–e〉〔電算〕ドライブ;〔工〕駆動装置, 動力装置, 仕掛け;(車両の)走行部.

Lauge [ラオゲ]女〈–/–n〉❶ 洗剤を溶かした水, 石鹸水;灰汁(あく), 泡. ❷ アルカリ溶液.

Laune [ラオネ]女〈–/–n〉❶ 気分, 機嫌. ❷ むら気, 気むずかしさ, 移り気. ❸ 気まぐれ, (気まぐれな)思いつき.

launenhaft [ラオネンハフト]形 気まぐれな, 気分屋の, むら気な.

launig [ラオニヒ]形 上機嫌な, 陽気な;おもしろい, ユーモアのある, ウィットに富んだ.

launisch [ラオニシュ]形 ❶ 気まぐれな, 気分の変わりやすい. ❷ ご機嫌斜めの, 不機嫌な.

Laus [ラオス]女〈–/Läuse〉〔昆〕シラミ(虱).

Lausanne [ロザン]中〈–s/〉ローザンヌ((スイスにあるレマン湖北岸の都市)).

Laus·bub 男〈–en/–en〉(南ドイツ)(口)いたずら小僧, いたずらっ子.

lauschen [ラオシェン]自 ❶ 聞き耳を立てる, 立ち聞きする. ❷(③)〈(人³ の言葉 ・音³ などに)〉耳をすます, 注意深く[熱心に]聞く.

Lauscher [ラオシャー]男〈–s/–〉立ち聞きする人, ひそかに聞いている人. ◇

Lauscherin 囡(-/-nen).

lauschig [ラオシヒ]形《付加》❶ ひっそりした、人目につかない. ❷ やすらかな、静かで居心地よい.

lausig [ラオズィヒ]形《口》❶《軽蔑》ひどい、嫌な、どうしようもない. ❷ 取るに足らない、くだらない.

laut¹ [laot ラオト]形❶(↔ leise) 〈音声¹が〉大きい、はっきり(よく)聞こえる; 大声の、大きな音の. ❷(a) 騒々しい、やかましい; さわついた. (b)《副なし》うるさい、やかましい、騒ぎ立てる. 5級

laut² 前《3格［2格］支配》《書》...によれば、...に従って、...のとおりに((点lt.)).
★ 冠詞及び形容詞を伴わない複数名詞などの場合は3格支配の場合が多い.

Laut [ラオト] 男(-(e)s/-e) ❶ 音、声. ❷【言】音（ホン）、音声.

Laute [ラオテ] 囡(-/-n) リュート((ギターに似た6弦の弦楽器)).

lauten [ラオテン]((I))自 ❶ ...という内容である、...と書いてある[言っている]. ❷《+様態》...と鳴る、響く. ((II))他《4 +様態》【言】発音する.

läuten [ロイテン]((I))自 ❶《非人称でも》〈鐘¹が〉響く、鳴る. ❷《非人称でも》〈ベルが〉鳴る. ❸《(nach) ³》〈人³を〉ベルで呼ぶ. ((II))他 鳴らす;鐘を鳴らして知らせる.

lauter [ラオター]形 ❶《書》純粋な、混じり気のない;濁りのない、澄んだ;〈比〉(うそ)偽りのない、私心のない、誠実な. ❷《無変化;付加》ただ...だけ[ばかり].

läutern [ロイタァン]((I))他 ❶ 純粋[透明]にする、澄ます;〈液体⁴を〉濾過（ロカ）する、浄化する;〈金属⁴を〉精錬する; 蒸留する. ❷《書》〈心⁴を〉純化する、〈精神⁴を〉高める、成熟させる. ((II))再 sich⁴〈心³が〉清らかになる、高まる.

Läuterung [ロイテルング] 囡(-/) 純化;濾化.

laut·hals 副 声を限りに、声を振り絞って、大声で.

lautlich [...リヒ]形 音声(学)上の、発音上の、音声(学)に関する.

laut·los 形 物音を立てない、無音の、静かな、声に[を]出さない.

Laut·schrift 囡(-/-en)【言】音標文字、発音記号;表音文字.

Laut·sprecher 男(-s/-) 拡声器、(ラウド)スピーカー.

laut·stark 形 大きな音[声]の、声高の、やかましい.

Laut·stärke 囡(-/-n) 音量、音[声]の大きさ.

lau·warm 形 ❶ 生ぬるい、微温の. ❷〈口〉(態度などが)はっきりしない、どっちつかずの、熱(意)のない.

Lava [ラーヴァ] 囡(-/..ven)【地】溶岩.

Lavendel [ラヴェンデル] 男(-s/-)【植】ラヴェンダー.

Lawine [ラヴィーネ] 囡(-/-n) なだれ; 〈口〉大量、殺到、次々と起こる一連の出来事.

lax [ラクス]形 緩んだ、締まりのない、だらしのない、いいか加減な.

Laxheit [...ハイト] 囡(-/-en) 弛緩、たるみ、だらしなさ.

Layout [レーアオト,レーアオト] 中(-s/-s)【印】(書籍などの)割り付け、レイアウト.

Lazarett [ラツァレット] 中(-(e)s/-e)【軍】野戦病院、衛戌（エイジュ）病院.

l.c.《略》loco citato 上記引用の箇所において、上述の箇所で.

LDPD 囡(-/)《略》Liberal-Demokratische Partei Deutschlands ドイツ自由民主党.

leben [léːbən レーベン] 自

現在	ich lebe	wir leben
	du lebst	ihr lebt
	er lebt	sie leben

過去	ich lebte	wir lebten
	du lebtest	ihr lebtet
	er lebte	sie lebten

過分	gelebt	接II lebte

❶ 生きている. ❷ 生存する、存在する. ❸《+場所》住む. ❹ 生活を送る、生

活する, 暮らす. ❺(a)⟨von ③⟩⟨物³を⟩食べて生きる;⟨物³で⟩生計を立てる, 生活してゆく. (b)⟨von ③⟩⟨人³に⟩食べさせてもらう, 生活の面倒をみてもらう. (c)⟨③⟩⟨物¹が⟩⟨物³の⟩特徴を表す. ❻⟨für ④;⟨書⟩③⟩⟨事⁴·³に⟩全力を尽くす, 身⟨書⟩⟨一生⟩をささげる, ⟨事⁴·³のために⟩生きる. ❼⟨書⟩忘れられない, 生き続ける. ♦Leb(e) wohl! さようなら, ご機嫌よう.《同族語の４格と》ein elendes Leben ～ みじめな生活をする. *Es lebe ...* ...万歳. 5級

Leben [léːbən レーベン] 中(-s/-) ❶《主に単》生命, いのち, 生存. ❷《主に単》(a)人生, 一生, 生涯. (b)生活(ぶり), 暮らし(方). (c)生きがい. ❸《単》(a)現実, 社会生活, 実生活. (b)世間, 社会. ❹《単》元気, 精力, 活気;活動, 雑踏. *auf ~ und Tod* 生死を賭けた, 命がけの;のるかそるかの. *das ewige ~* (死後の)永遠の(生)命. *seinem ~ ein Ende machen* [*setzen*] = *sich³ das ~ nehmen* 自殺する. *ums ~ kommen* 死ぬ. 5級

lebendig [レベンディヒ] 形 ❶生きている, 生命[命]のある;生きているような. ❷(伝統・思い出などが)生き続けている, 生き生きした, 生々しい, 鮮やかな. ❸生き生きした, 元気[活発]な, 元気のよい, 活気あふれる, 活気のある;ありのまま[生き写し]の, リアルな. ❹(比)(色彩が)鮮やかな[鮮明]な, 明るい, 目の覚めるような, 派手な, けばけばしい. 4級

Lebendigkeit [..カイト] 女 (-/) 活気;迫真.

Lebens·abend [レーベンス..] 男 (-s/(まれ)-e) 晩年.

Lebens·art 女 (-/) ❶生き方, 生活ぶり, 生活様式, 暮らし. ❷礼儀作法.

Lebens·aufgabe 女 (-/-n) 人生の課題, 一生の事業[仕事].

Lebens·bejahend [..ベヤーエント] 形 人生を肯定する, 楽天的な.

Lebens·dauer 女 (-/) 生存期間, 寿命;(機械などの)耐用年数.

Lebens·ende 中 (-s/) 臨終, 末期, 死.

Lebens·erinnerung 女 回想[回顧]録.

Lebens·erwartung 女 (-/-) 平均寿命[余命].

lebensfähig 形《副なし》生活(能)力のある;(胎児・新生児などが)生き延びるだけの生命力がある, 生育可能な.

Lebens|freude 女 (-/) 生きる喜び[楽しさ], 人生の喜び.

lebens·froh 形 生を楽しむ, 幸福な, 楽天的な, 生きる喜びに満ちた.

Lebens·gefahr 女 (-/) 生命の危険.

lebens·gefährlich 形 生命に危険のある, 命にかかわる(ような), 致命的な.

Lebens·gefährte 男 (-n/-n)《弱》(書)生涯[人生]の伴侶;(内縁の)夫. ◇..gefährtin 女 (-/-nen).

lebens·groß 形 実物大の, 等身大の.

Lebens·größe 女 *in (voller)* ~ 実物大で, 等身大で.

Lebens·haltung 女 (-/)(経済的な面から見た)生活, 生活レベル, 生計.

Lebenshaltungs·kosten 複 生活[生計]費.

Lebens·jahr 中 (-(e)s/-e) 年齢.

Lebens·kraft 女 (-/..kräfte) 生[生命]力, 精力, 活動力, バイタリティー.

Lebens·künstler 男 (-s/-) 人生の達人, 世渡りじょうずげ, 世故にたけた人.

Lebens·lage 女 (-/-n) 生活状態, 境遇.

lebens·lang 形 一生(の間)の, 生涯[終身]の, 終生の.

lebens·länglich 形⟨刑罰¹が⟩終身の, 死ぬまで続く.

Lebens·lauf 男 (-(e)s/..läufe) ❶経歴, 履歴. ❷履歴書.

Lebens·licht 中 (-(e)s/)(書)生命のともし火 (元来誕生祝いの食卓に

飾られたろうそく));(比)生命.

lebens·lustig 形 人生を楽しむ, 生を享楽する, 快活な.

Lebensmittel [léːbənsmɪtəl レーベンスミッテル] 中 (–s/–) 《主に複》食料(品). 4級

Lebensmittel·geschäft 中 (–(e)s/–e) 食料品店.

Lebensmittel·vergiftung 女 (–/–en) [医] 食中毒.

lebens·müde 形 《副なし》人生に疲れた, 生きるのが嫌になった, 厭世(えんせい)的な.

lebens·notwendig 形 生命に必要な, 生きるのに不可欠の, 非常に大事な.

Lebens·raum 男 (–(e)s/..räume) 生活圏; 生活範囲, 環境; [生] 生息場所, 行動圏; 生存圏.

Lebens·retter 男 (–s/–) 人命救助者, 命の恩人; 救助員, 救命隊員.

Lebens·standard 男 (–s/《まれ》–s) 生活水準.

Lebens·unterhalt 男 (–(e)s/) 生計, 生活費.

Lebens·versicherung 女 (–/–en) 生命保険.

Lebens·wandel 男 (–s/) 品行, 行状, 身持ち.

Lebens·weg 男 (–(e)s/–e) 人生(行路).

Lebens·weise 女 (–/) 生き方, 生活(方)法, (特に健康に関する)習慣.

Lebens·zeichen 中 (–s/–) 生きているしるし[証拠]; 消息.

Lebens·zeit 女 (–/) 終身, 生涯.

Leber [レーバー] 女 (–/–n) ❶[解] 肝臓. ❷[料理の]レバー, 肝(きも).

Leber·fleck 男 (–(e)s/–e(n)) [医] (皮膚の)肝斑(かんぱん), 褐色斑, あざ, 染み.

Leber·käse 男 (–s/《まれ》–) [料理] レバーケーゼ ((南ドイツ名物のひき肉(やレバー)を材料にして蒸し焼きにしたミートローフの一種)).

Leber·tran 男 (–(e)s/) 肝油.

Leber·wurst 女 (–/..würste) レバーソーセージ.

Lebe·wesen [レーベ..] 中 (–s/–) 生物, 生き物.

Lebe·wohl 中 (–(e)s/–e, –s) 別れのあいさつ, さようなら.

lebhaft [レープハフト] 形 (最上 ~est) ❶(a)元気な, 生き生きした, 活発な, 溌剌(はつらつ)とした. (b)活気のある, にぎやかな. ❷はっきりとした, 鮮明な, 生々しい. ❸〈色彩などが〉鮮やかな, 派手な. ❹激しい, 強い. ❺《副のみ》非常に, きわめて.

Lebkuchen [レープクーヘン] 男 (–s/–) [方] レープクーヘン ((蜂蜜と多種の香料の入ったクッキー)).

leblos [レープロース] 形 ❶生命のない, 死んだ, 活気[生気]のない. ❷[商] 不振の, 不況の, 不景気の.

lechzen [レヒツェン] 自 〈nach ③〉《書》〈物³に〉飢える, 〈物³を〉渇望する.

leck [レック] 形 《副なし》(水の)漏る, 穴の空いた.

Leck [レック] 中 (–(e)s/–s) 水漏れ個所, 漏れ口, 亀裂, (船の)浸水個所.

lecken¹ [レッケン] (I) 他 ❶なめる. ❷なめて飲む[食べる]. ❸〈④ von ③〉〈物⁴を〉なめて取る. ((II)) 自 〈+場所〉なめる.

lecken² [レッケン] 自 〈水¹などが〉漏る, 〈船¹が〉浸水する.

lecker [レカー] 形 ❶おいしい, 美味の; おいしそうな; (女性が)かわいい, 魅力的な. ❷《まれ》より好みする, 好き嫌いの多い, 気むずかしい; 味にうるさい, 美食の.

Leckerbissen 男 (–s/–) おいしい物, 美味, 好物.

Leckerei [レケライ] 女 (–/–en) (口) うまいもの, 美味, 好物, 《特に》甘い菓子.

led. 《略》ledig.

Leder [レーダー] 中 (–s/–) ❶革, なめし革, 皮革; 革製品. ❷[スポーツ] サッカー・ボール.

Leder·handschuh 男 (–(e)s/–e) 革手袋.

Leder·hose 女 (–/–n) 革ズボン.

Leder·jacke 女 革のジャンパー.
Leder·riemen 男 革ひも, 革ベルト.
Leder·waren 複 皮革製品.
ledig [レーディヒ] 形《副なし》独身[未婚]の, 結婚していない((略:led.)).
★verheiratet 結婚している, geschieden 離婚している. ❷ ~ **sein** 事²を免れている, 免除されている. **4級**
lediglich [レーディクリヒ] 副 (nur)ただ, 単に.
leer [レーァ レーァ] 形 ❶(↔ voll)(容器などが)空(ﾗﾂ)の, 空になった, 空いた, からっぽの. ❷(↔ bewohnt)人の(住んで)いない, がらんとした, 人気(ﾋﾞﾄ)[人通り, 人影]のない. ❸(↔ voll)(バス·映画館などが)がらがらの, がら空きの, すいている. ❹(何も)書いて[記入されて]いない, (まだ)印刷されていない, 空白の, 白紙の. ❺《付加》内容[中身]のない, 空疎[空虚]な. ◆ein ~es Zimmer 家具のない(がらんとした)部屋, 人のいない[住んでいない]部屋, 空室. ▮~ **stehend**《主に付加》空家の, 人の住んでいない. **5級**
Leere [レーレ] 女 (−/) 空虚, 空, から; 〔理〕真空.
leeren [レーレン] (Ⅰ)他 (↔ füllen)〈物⁴を〉空(ﾗﾂ)にする, 空ける; 飲み干す;〈食事⁴を〉たいらげる. (Ⅱ) sich⁴〈道路·ホールなどが〉(徐々に)がらんとしてくる, 人気(ﾋﾞﾄ)[人通り, 人影]がなくなる.
leer·gefegt [..ゲフェークト] 形《副なし》(口) ❶人のいない, がらんとした, 人気(ﾋﾞﾄ)[人通り, 人影]のない. ❷(売り切れで)空になった, 一掃した.
Leer·lauf 男 (−(e)s/..läufe) ❶(機械の)空転, 空回り;(車の)アイドリング. ❷無駄な仕事, 徒労;不況.
leer|laufen* 自 ⑤〈たる·おけなどが〉漏れて空になる.
leerstehend [レーアシュテーエント] = leer stehend (⇨leer ▮).
Leer·taste 女 (−/−n)(パソコン·タイプライターなどの)スペース·キー[バー].
Leerung [レールング] 女 (−/−en) 空(ﾗﾂ)にすること;(郵便ポストの)開函(ｶﾝ).
Lefze [レフツェ] 女 (−/−n)(動物の)唇.

legal [レガール] 形(↔ illegal)法律にかなった, 合法[適法]の, 正当な.
legalisieren [レガリズィーレン] 他〈物⁴を〉合法[適法, 正当]と認める, 公認する.
legalisierung [レガリズィールング] 女 (−/) 合法[適法, 正当]と認めること, 公認.
Legalität [レガリテート] 女 (−/) 合法[適法](性).
legen [レーゲン レーゲン]《liegenの作為動詞》

現在	ich lege	wir legen
	du legst	ihr legt
	er legt	sie legen

過去	ich legte	wir legten
	du legtest	ihr legtet
	er legte	sie legten

| 過分 gelegt | | 接Ⅱ legte |

((Ⅰ))他 ❶〈(立っている)人·物⁴を〉横にする, 横える, 寝かせる. ❷〈物⁴を〉(ある場所へ)置く, 入れる, しまう;並べる, 配置する. ❸〈専門家⁴が〉〈物⁴を〉据える, 敷設する, 取り付ける. ❹〈auf ④〉〈会議などを日⁴に〉延期する, 変更する. ((Ⅱ))再 sich⁴ ❶横になる, 寝る, 伏す. ❷〈風·怒り⁴などが〉静まる, おさまる. ❸〈über ④〉〈霧³などが〉〈所⁴を〉覆う. ❹〈auf ④〉〈事⁴に〉力を入れる, 精を出す, 精力を傾ける, 専心する. ◆sich⁴ [④] schlafen ~ 寝る[人⁴を寝かしつける]. (ein Ei [Eier]) ~〈鳥¹が〉卵を産む. **5級**
legendär [レゲンデーァ] 形《副なし》伝説(上)の;伝説的な, 伝説化した;信じられないほどの, 途方もない.
Legende [レゲンデ] 女 (−/−n) ❶聖人伝, 聖人物語. ❷伝説, 説話. ❸(地図などの)記号説明, 凡例.
leger [レジェーァ] 形 ❶(態度·ふるまいなどが)うちとけた, なれなれしい. ❷(服装が)カジュアルな, 格式ばらない.
Legierung [レギールング] 女 (−/−en)

Legislative [レギスラティーヴェ]安(‒/‒n)《主に単》《集合的に》〚法〛❶立法権. ❷立法機関,立法府,議会. ★行政(Exekutive),司法(Judikative).

Legislatur・periode [レギスラトゥーァ..]安(‒/‒n)〚政・法〛立法期間,任期.

legitim [レギティーム]形《副なし》(↔ illegitim)合法[適法]の;正当な.

Legitimation [レギティマツィオーン]安(‒/‒en) ❶合法[正当]と認めること,公認. ❷資格認定.

legitimieren [レギティミーレン]((I))他❶〈物⁴を〉合法[正当]と認める,合法[正当]であると宣言する. ❷④(zu ③)〈人⁴に(事³の)〉資格[権限]を与える. ((II))再sich⁴ 自分の身分を証明する.

Legitimität [レギティミテート]安(‒/) 合法性,正当性.

Lehm [レーム]男(‒(e)s/‒e)《主に単》(黄褐色の)粘土(ネ⑫),ローム.

Lehne [レーネ]安(‒/‒n)(椅子などの)背もたれ,背;(椅子の)ひじ掛け.

lehnen [レーネン]((I))他④ an [gegen] ④〈人⁴を物⁴に〉もたせかける,立てかける. ((II))再❶sich⁴〈an ④〉〈人⁴に〉寄りかかる,もたれる. ❷〈über ④;aus ③〉〈物⁴・³から〉身を乗り出す. ((III))自〈an ③〉〈物³に〉寄りかかっている,立てかけてある.

Lehn・stuhl [レーン..]男(‒(e)s/..stühle)ひじ掛け椅子.

Lehn・wort 中(‒(e)s/..wörter)〚言〛借入語,借用語((外来語が完全に自国語化したもの;例:Fenster <ラテン語 fenestra)).

Lehr・auftrag [レーァ..]男(‒(e)s/..träge)(大学などの)講義委嘱.

Lehr・buch 中(‒(e)s/..bücher)教科書,テキストブック,手引き(書).

Lehre [レーレ]安(‒/‒n) ❶研修,実習(職人(Handwerker),事務員(Angestellter)になるための));見習〔徒弟〕修業,年季(奉公). ❷教訓,戒め,訓戒. ❸教え,教義,規範. ❹(学)説,体系. ❺研究.

lehren [レーレン]他❶(↔ lernen)④ ④〈人⁴に事⁴を〉教える,教育する. ★ (1)zu不定詞もとる. ★ (2)完了形のとき:Ich habe ihn tanzen gelehrt [(まれ) lehren]. 私は彼にダンスを教えました. ❷〈(④)〉〈(科目⁴を)〉教授する,講義する. ❸〈(④) ~, dass ...〉〈人⁴が〉〈人⁴に〉...ということを明らかにする,わからせる,さとす,示す. ◆④ Deutsch ~ 人⁴にドイツ語を教える. ④ schwimmen [Ski fahren] ~ 人⁴に水泳[スキー]を教える. ⓘ *lehrt* (④), *dass ...* 事⁴が(人⁴に)...ということを教えてくれている. 4級

Lehrer [léːrər レーラー]男

格	単数	複数
1	der Lehrer	die **Lehrer**
2	des Lehrers	der Lehrer
3	dem Lehrer	den Lehrern
4	den Lehrer	die Lehrer

先生,教師,教員(↔ Schüler). ◇**Lehrerin** 安(‒/‒nen). 5級

Lehrer・ausbildung 安教員養成[教育].

Lehrer・kollegium 中(‒s/..gien) (一学校の)全教員,全教師陣[団],ティーチング・スタッフ.

Lehrer・konferenz 安職員[教員]会議.

Lehr・gang 男(‒(e)s/..gänge) ❶ (短期の職業)課程,コース,講習. ❷ 《集合的に》全受講者.

Lehr・jahr 中(‒(e)s/‒e)見習期間(の一年);徒弟時代,修業時代.

Lehr・körper 男(‒s/)《集合的に》(官)(書)教員全体,教師陣[団].

Lehrling [レーァリング]男(‒s/‒e)(↔ Meister)見習い,徒弟,年季奉公人. ★今日では Auszubildende(r)(口語では Azubi)が用いられる.

Lehr・plan 男(‒(e)s/..pläne)カリキュラム;シラバス;教本.

lehr・reich 形教訓[教育]になる,有益な,啓発的な.

Lehr・stoff 中(‒(e)s/‒e)《主に単》

Leib

(資料)教材.

Leib [ライプ] 男 (-(e)s/-er) 《書》❶《人間と動物の頭・手足を除いた》胴体, 身体, 胴(体); 人体. ❷腹, (下)腹部. ◇ *am eigenen ~ erfahren* (悪い)事を身をもって体験する. *mit ~ und Seele* 1)全身全霊(を打ち込ん)で. 2)全く.

Leibes-visitation [ライペスヴィズィタツィオーン] 女 (-/-en) (空港などでの)身体検査, ボディーチェック.

leibhaftig [ライプハフティヒ, ライブハフティヒ] **(I)** 形《付加》❶肉体を具えた, 人間の姿をした, この世に現れた, 化身[権化]の. ❷まぎれもない, 本物の; 生き写しの. **(II)** 副 まぎれもなく, 本当に.

leiblich [ライプリヒ] 形《主に付加》生みの, 実の, 血を分けた.

Leibniz [ライプニッツ] 男《人名》ライプニッツ ((Gottfried Wilhelm ~ ドイツの哲学者・数学者 1646-1716)).

Leib·schmerz 男 (-es/-en) 《主に複》腹痛.

Leib·wächter 男 (-s/-) ボディーガード, 護衛. ◇ **..wächterin** 女 (-/-nen).

Leica [ライカ] 女 (-/-s) 《商標》ライカ ((ドイツのカメラ; Leitz-Camera の短縮形; Leitz は人名)).

Leiche [ライヒェ] 女 (-/-n) (主に人間の)死体, 遺体.

leichen·blass 形 (死人のように)まっさおな, 青ざめた.

leichenblaß 旧 = leichenblass.

Leichen·wagen 男 (-s/-) 霊柩(きゅう)車, 葬儀車.

Leichnam [ライヒナーム] 男 (-(e)s/-e) 《主に単》《書》遺体.

leicht [laɪçt ライヒト] **(I)** 形 ❶ (↔ schwer) 軽い, 軽量の, 目方[体重]の軽い[少ない]. ❷ (↔ schwierig) (仕事・問題)などが)簡単[容易]な, やさしい, たやすい, 楽な, 手軽な, 努力[苦労]を要しない. ❸〈生地〉などが〉薄い, 薄手の(織り目の粗い);〈衣服〉などが〉薄い[軽い](生地の), 薄物の, 軽装の; [軍]軽装備[武装]の; 小口径の. ❹ (↔ stark, heftig) 軽度の, 微々

---

vierhundertzweiundsechzig 462

たる, わずかな. ❺ (↔ schwer) 軽微な, ちょっとした, 大したことのない. ❻ (↔ schwer, stark) 〈食べ物などが〉軽い, あっさりした.〈ワイン¹などが〉アルコール分の少ない. ❼〈内容¹などが〉軽い, 手軽な, 肩の凝らない, 娯楽的な. ♦ *Das Gerät ist ~ zu bedienen*. その器械は扱いやすい. *ein ~er Regen* 小雨. *Das ist ~er gesagt als getan!*(口)口で言うのは簡単だ, それは言うは易(やす)く行なうは難しだ, 言うだけなら誰にでもできる. **(II)** 副 ❶軽く; ちょっと, わずかに, 少し(だけ). ❷容易に, たやすく; (気)楽に, 難なく; すぐに. ❸(傾向として)とかく[ともすれば, ややもすれば] ... しがちである, すぐに[容易に, たやすく] ... する. ❹《南ド, 南西》(vielleicht) ひょっとすると, ひょっと[もしか]して, ひょっと[もしか]したら, もしや, よもや. ♦ *~ machen* 〈3格④〉〈人³に対して事⁴を〉手軽に[手を抜いて, いい加減に]片付ける. 5級

Leicht·athletik 女 (-/) 陸上競技, トラック・フィールド競技 ((走・跳・投 (Laufen, Gehen, Springen, Stoßen und Werfen))).

leicht|fallen* 自 ⑤〈3格〉〈事¹が〉〈人³にとって〉やさしい, 容易である.

leicht·fertig 形《軽度》軽卒な, 軽はずみな, 無思慮な.

leicht·gläubig 形 信じ[だまされ]やすい.

Leichtigkeit [ライヒティヒカイト] 女 (-/) 軽いこと, 軽快さ; 簡単, 容易.

leicht|machen 自 ⑤ = leicht machen (⇨leicht Ⅱ).

leicht|nehmen* 他〈事⁴を〉軽く[気軽に, 手軽に]考える.

Leicht·sinn 男 (-(e)s/) 不注意, 不用意, 軽率さ, 無思慮.

leicht·sinnig 形 ❶不注意[不用意]な; 軽率な, 軽はずみな, 無思慮[無分別, 無頓着]な. ❷軽薄[浮薄]な, 軽々しい, 浮ついた.

leid [ライト] 形《付加》(が) 嫌な, 不(愉)快な, いとわしい; 辛い. ◇ *~ tun* ⇨leidtun. *es ~ sein [werden], dass ...[zu 不定詞]* ... ということに[...す

① 1格 ② 2格 ③ 3格 ④ 4格

ることに]あきあきしている[あきあきする], うんざりしている[うんざりする]. ④ **~ haben** 人・事⁴にうんざりしている[あきあきしている]. **5級**

Leid [ライト] 中 (-(e)s/) 悲しみ, 悲嘆, 悲痛, 不幸.

leiden* [ライデン] (過 litt; 過分 gelitten) (I) 他 (④) ⟨⟨人⁴⟩⟩苦しむ, 苦しめられる. ★ 受動なし. ((II)) 自 ❶ ⟨an ③⟩ 病気³に⟩かかっている. ❷ ⟨unter [an] ③⟩ 事³に⟩さいなまれる, 苦悩する, 困る. ❸ ⟨unter ③; durch ④⟩ 物³·⁴ (のせい) で⟩害をこうむる, 報いを受ける. ((III)) 他 (事⁴を) 容赦する, 黙認する, 許す; 我慢する, 耐える. ★ 主に否定で. an Krebs [Rheuma, Schlaflosigkeit, einer Allergie, (einer) Grippe] ~ 癌 [リューマチ, 不眠症, アレルギー, インフルエンザ] にかかっている. darunter ~, dass ... ... ということに悩む. **nicht ~ können** [**mögen**] 事・人⁴が嫌いである.

Leiden 中 (-s/-) ❶ 病, 患い, 病苦. ❷ 《複》苦悩, 苦しみ.

leidend [..ト] ((I)) leidenの過去分詞. ((II)) 形 ❶ 病気にかかっている; 病気がちな, 病弱な. ❷ [言] 受動 [受身] の.

Leidenschaft [..シャフト] 女 (-/-en) ❶ 熱情, 激情, 熱心さ, 情熱. ❷ 《単》 ⟨zu ③; für ④⟩ 人⁴への; 人・物⁴に対する⟩激しい愛, 燃える思い; ⟨物⁴に対する⟩熱中, 熱狂.

leidenschaftlich [..リヒ] ((I)) 形 ❶ (感情の) 激しい, 熱烈な, 激烈な, 猛烈な; 気性の激しい. ❷ ⟨恋愛感情などについて⟩ 情熱的な, 燃えるような. ❸ 熱狂的な, 熱狂 [熱中] した, 夢中になった, 熱を上げた. ((II)) 副 ❶ 激しく, 熱烈に, 猛烈に. ❷ 情熱的に, 燃えるように. ❸ 熱狂的に, 夢中になって.

leider [ラィダァ ライダー] 副 残念 [遺憾] ながら, 残念な [悲しい, 惜しい] ことに (は), あいにく, かわいそうに. **Leider nein** [**nicht**] 《疑問の答えとして》残念ですが, ノーです [そうではありません]. **Leider ja** 《疑問の答えと

して》残念ですが, イエス [そのよう] です. **4級**

leidig [ラィディヒ] 形 《付加》不快な, 嫌な; やっかいな, 面倒な, 困った.

leidlich [ラィトリヒ] 形 《主に付加》まあまあの, まずまずの, どうにかこうにかの.

Leid·tragende(r) [..トラーゲンデ [ダー]] 男 女 《形容詞変化》被害者, 犠牲者.

leid|tun* 他 ⟨人³にとって⟩気の毒である, ⟨人³が⟩気の毒に思う. ❷ ⟨人³が⟩申しわけなく [残念に] 思う. ♦ (Es) tut mir ~. お気の毒に; すみません [申し訳ありません] (でも私には責任はありません).

Leier [ラィアー] 女 (-/-n) ❶ (古代ギリシアの) リラ, 七弦琴; ヴィエール ((中世の手回し式擦弦楽器)). ❷ [天] 琴座.

leihen* [láiən ラィエン] 他

現在	ich leihe	wir leihen
	du leihst	ihr leiht
	er leiht	sie leihen

過去	ich lieh	wir liehen
	du liehst	ihr lieht
	er lieh	sie liehen

| 過分 | **geliehen** | 接II liehe |

❶ ⟨③ ④⟩ ⟨人³に物⁴を⟩ (無料で) 貸す. ❷ ⟨sich³ ④ (von [bei] ③)⟩ ⟨人³から [に]⟩ 物⁴を借りる. **4級**

Leih·gebühr [ラィ..] 女 (-/-en) 貸出料, レンタル料 (金), 賃貸料.

Leih·mutter 女 代理母.

Leih·wagen 男 (-s/-) レンタカー.

Leim [ラィム] 男 (-(e)s/-e) (木材・紙用の) 接着剤, のり; 膠.

leimen [ラィメン] 他 ❶ ⟨物⁴を⟩接着剤 [膠, のり] でくっつける. ❷ 《口》 ⟨人⁴を⟩ だまして巻き上げる [賭博で負かす].

Leine [ラィネ] 女 (-/-n) 細いロープ (綱); (犬などの) 綱, 手綱; 物干しひも.

① 1格 ② 2格 ③ 3格 ④ 4格

leinen [ライネン] 形 亜麻(製)の, リンネルの.

Leinen [ライネン] 甲 (-s/-) 亜麻布, リンネル.

Leinen·band 男 (-(e)s/..bände) 〖製本〗クロース装の本.

Lein·wand [ライン..] 女 ❶ スクリーン, 映写幕, 銀幕. ❷ カンバス, 画布.

Leipzig [ライプツィヒ] 中 (-s/-) ライプツィヒ((ドイツ東部の都市)).

leise [láizə ライゼ] 形 ((比較 leiser; 最上 leisest)) ❶ (↔ laut)〈声・音の〉小さい;〈音が〉かすかな, 静かな;〈声が〉小声の, ひそやかな. ❷〖付加または副〗〈(程度が)弱い, かすかな, わずかな, ほんの少しの. 5級

Leiste [ライステ] 女 (-/-n) ❶〈へり・縁(ふち)の〉薄板;枠縁(わくぶち). ❷〖解〗鼠蹊(そけい)部.

leisten [ライステン] (du leistest, er leistet; 命 leiste;過 leistete;過分 geleistet) ((I)) 他 ❶〈物⁴を〉成し遂げる, 果たす, 成就する;仕事をする, 業績をあげる. ★主に完了形で用いられる. ❷〈機械¹などが〉〈能力⁴を〉発揮する. ((II)) 再 sich³ ❶〈物⁴を〉思いきって[あえて]する, しでかす,〈事⁴が〉許される. ❷〈物⁴を〉(自分へのご褒美に)思いきって買う, 奮発する. sich³ ④ ~ können 事⁴をする[買う](経済的)余裕がある. ★受動なし.

Leisten·bruch 男 (-(e)s/..brüche) 〖医〗鼠蹊(そけい)ヘルニア.

Leistung [ライストゥング] 女 (-/-en) ❶ 成果, 業績, 出来ばえ, 成績, 偉業. ❷《単》性能, 能力;出力. ❸《主に複》給付金;〖法〗給付, 支払.

leistungs·fähig 形 能力のある;性能のよい.

Leistungs·sport 男 (プロとしてよい記録を目指す)競技スポーツ.

Leit·artikel [ライト..] 男 (-s/-) (新聞などの)社説, 論説.

leiten [ライテン] (du leitest, er leitet; 命 leite;過 leitete;過分 geleitet) 他 ❶〈人・組織⁴を〉率いる, 司(つかさど)る, 指揮[司会, 経営]する,〈人・組織⁴の〉頭(かしら)[長]である;〖スポーツ〗〈ある試合⁴の〉審判を務める. ❷〈④+方向〉〈水⁴などを...のほうへ〉流す, 送る, 導く. ❸〈④+方向〉〈人⁴を...の所に〉連れていく, 案内する, 誘導する, 導く. ❹〈物⁴が〉〈熱・音・電流⁴などを〉伝える, 伝導する. sich⁴ von ④ ~ lassen 物⁴に左右される, 物⁴の言いなりである.

Leiter¹ [ライター] 男 (-s/-) ❶ 長, リーダー;議長;指揮者;主宰者, 司会者;社長, 支配人;校長;団長;首領;指導者. ❷〖理〗(良)導体. ◇**Leiterin** [ライテリン] 女 (-/-nen).

Leiter² [ライター] 女 (-/-n) はしご.

Leit·motiv 中 (-s/-e) ❶〖音楽〗ライトモチーフ, 主導楽句〖動機〗. ❷ 主題, 中心思想.

Leit·planke 女 (-/-n) (危険なカーブ・傾斜路などの)ガードレール, 安全柵(さく), 防護柵(かべ).

Leitung [ライトゥング] 女 (-/-en) ❶《単》導くこと, 指導, 主宰;指揮, 経営, 司会. ❷《単》経営(陣), 首脳陣[部], 執行部. ❸ (水道・ガスなどの)導管, パイプ, パイプライン;水道管;ガス管. ❹〖電〗導線, (送)電線;配線, 回路;〖電話〗電話線;回線.

Leitungs·wasser 中 (-s/) 水道水.

Leit·zins 女 (-/-en) 指標[基準]金利, 公定歩合.

Lektion [レクツィオーン] 女 (-/-en) ❶ (教科書の)課, 章. ❷ 教訓, 戒め;訓戒, 叱責(しっせき).

Lektor [レクトァ] 男 (-s/..toren [..トーレン]) ❶ (大学の外国語・音楽・演習などの)講師. ❷ (出版社の)原稿審査員;編集者. ◇**Lektorin** 女 (-/-nen).

Lektüre [レクテューレ] 女 (-/-n)《主に単》❶ (特に外国語の)講読(の授業). ❷ 読み物, 作品.

Lende [レンデ] 女 (-/-n) ❶〖医〗腰, 腰部 ((Wirbelsäule と Hüfte の間)). ❷〖料理〗腰肉;サーロイン ((牛の腰上部の良質な肉));テンダーロイン ((腰の真中の軟らかい肉)).

Lenden·schurz 男 (-es/-e) (未開

民族の)腰巻き, 腰布.

Lenden·wirbel 男 腰椎(ぶ).

lenken [レンケン] 他 ❶〈④〉〈(車などを)〉運転する, 操縦する. ❷〈④ **auf** ④〉〈物⁴を人・物³に〉向ける, 導く, 誘導する. ❸〈人・物⁴を〉指導[統率, 指揮]する; 統制[制御]する.

Lenker [レンカー] 男 〈-s/-〉 ❶(自転車・バイクなどの)ハンドル(バー); 操縦桿. ❷(ﾎﾞｰﾄ·ﾌﾟﾚﾘ)(自動車などの)運転[操縦]者. ◇ **~in** 女 〈-/-nen〉.

Lenk·rad [レンク..] 中 〈-(e)s/..räder〉(自動車などの)ハンドル.

Lenk·stange 女 〈-/-n〉(自転車・オートバイの)ハンドル(バー). 〖工〗連接棒.

Lenz [レンツ] 男 〈-es/-e〉 ❶〈主に単〉(やや古; 文学)春. ❷(ﾌﾟﾗｰﾙ)〈複〉年齢.

Leopard [レオパルト] 男 〈-en/-en〉〈動〉ヒョウ. ◇ **~in** 女 〈-/-nen〉.

Lepra [レープラ] 女 〈-/-〉〖医〗癩(%)(病), ハンセン氏病.

Lerche [レァヒェ] 女 〈-/-n〉〖鳥〗ヒバリ(雲雀).

lernen [lɛ́rnən レァネン] 他

現在	ich lerne	wir lernen
	du lernst	ihr lernt
	er lernt	sie lernen

過去	ich lernte	wir lernten
	du lerntest	ihr lerntet
	er lernte	sie lernten

過分 gelernt	接II lernte

❶〈**von** [**bei**] ③〉〈④〉〈(人³から[に])(事⁴を)〉教わる, 学ぶ, 学習する, 習う, 習得する, 覚える;〈**von** [**bei**] ③〉④〉〈人³から[に]〉事⁴を〉教わる. ❷〈(④)〉**aus** ③〉〈事³から(事⁴を)〉学ぶ, 学習する. ❸〈職業⁴を〉身につける,〈職業になるための〉専門訓練を受ける. ❹(口)〈③ ④〉〈人³に事⁴を〉教える. この場合は lehren, beibringen を用いるべきである. 5級

lesbar [レースバァ] 形 ❶ (↔ unleserlich) 判読可能な, 読める, 読むこ

とができる. ❷ (↔ unlesbar) 読みやすい, 分かりやすい.

Lesbe [レスベ] 女 〈-/-n〉(口) レスビアン.

Lesbierin [レスビエリン] 女 〈-/-nen〉 レスビアン.

lesbisch [レスビッシュ] 形 (女性の)同性愛の, レスビアンの.

Lese·brille [レーゼ..] 女 〈-/-n〉 読書用めがね.

Lese·buch 中 〈-(e)s/..bücher〉 読本, リーダー; 選集.

lesen* [léːzən レーゼン]

現在	ich lese	wir lesen
	du **liest**	ihr lest
	er **liest**	sie lesen

過去	ich las	wir lasen
	du lasest	ihr last
	er las	sie lasen

過分 gelesen	接II läse

((I)) 他 ❶〈(④)〉〈(物⁴を)〉読む: 読みとる, 読解する. ❷〈(④)〉〈(物⁴を)〉朗読する. ❸〈果物⁴を〉摘み取る, 収穫する. ❹〈悪いもの⁴を〉より分けて(て捨てる). ❺〈物⁴を〉拾い集める. **((II))** 自〈(**über** ④)〉〈(人・事⁴について)〉(大学で)講義する. **((III))** 再〈sich⁴+様態〉..と読める. 5級

Leser [レーザー] 男 〈-s/-〉 ❶ 読者: 読んでいる人; 購読者; 閲覧者. ❷ 読書家. ◇ **Leserin** 女 〈-/-nen〉.

Leser·brief 男 〈-(e)s/-e〉 読者からの手紙, 投書(欄).

leserlich [レーザーリヒ] 形〈筆跡¹が〉判読可能な, 読める.

Lese·zeichen 中 〈-s/-〉 栞(ﾘ,).

Lesung [レーズング] 女 〈-/-en〉 ❶ (主に作者による)朗読(会). ❷(議会の)読会. ❸(特に礼拝で)聖書の一節を読み上げること.

Lette [レッテ] 男 〈-n/-n〉〈弱〉ラトヴィア人. ◇ **Lettin** 女 〈-/-nen〉.

lettisch [レッティッシュ] 形 ラトヴィア(人[語])の.

①1格 ②2格 ③3格 ④4格

Lettland [レットラント] 中 (-s/) ラトヴィア ((バルト海沿岸の共和国;略 LV)).

letzt [レット] 形《付加》❶ (↔ erst) 最後の. ❷ (↔ nächst) この前の,先の. ❸最後に残った,おしまいの. ★強調の場合は allerletzt を用いる.♦ ~es Jahr 昨年,去年. die zwei ~en [~en zwei] Tage その最後の二日間. ~en Endes 結局は. 5級

Letzt [レット] 中 (-/) *zu guter ~* 〈望ましいことが〉やっとのことで,とうとう.

letzter 形 後者の. ♦ der [die] Letzte 後者《「前者」は der [die] Erste》.

letztlich [..リヒ] 副 最後に(は),最終的に(は),ついに(は).

Leuchte [ロイヒテ] 女 (-/-n) ❶明かり,照明器具. ❷(口)(特定領域で)頭脳のずばぬけた人.

leuchten [ロイヒテン] 自《①》(a)(光源として)光る,光を発する;輝く,きらめく. (b)(反射して)光る,輝く. (c)(その色などから)光っている(ように見える). ❷《③》〈人³の〉足もとを照らしてやる.

leuchtend [..ト] 形 ❶光る,輝く. ❷明るい,目立つ;(比)明白な,卓越した.

Leuchter [ロイヒター] 男 (-s/-) 燭台;シャンデリア.

Leucht·farbe [ロイヒト..] 女 (-/-n) 発光塗料.

Leucht·kugel 女 (-/-n) (軍)曳光弾.

Leucht·turm 男 (-(e)s/..türme) 灯台.

leugnen [ロイグネン] 他《④》❶否認する. ❷《通例 否定文で》否定する,認めない.

Leukämie [ロイケミー] 女 (-/..mien [..ミーエン] (医)白血病.

Leumund [ロイムント] 男 (-(e)s/) (素行上の)評判, (近所の)うわさ.

Leute [ロイテ] 複 ❶(世間の)人々,大衆,公衆;(特に)成人,大人;(一地方の)住民. *unter die ~ kommen* 1)《事物が主語》世間に知れわたる,有名になる. 2)《人が主語》世人と交際を持つ. ❷(口)部下;兵卒;(古)

家事使用人, 農家の雇人[従業員]. ❸《所有冠詞と共に》(口)家族, 親族.

Leutnant [ロイトナント] 男 (-s/-, -e) ❶《単》(階級としての)少尉. ❷少尉の階級の人.

leutselig [ロイトゼーリヒ] 形 (部下や他人に対して)きさくな,愛想よい;腰の低い,ていねいな.

Lexikon [レクスィコン] 中 (-s/..ka, ..ken) ❶(百科)事典. ❷(古)辞書,辞典. ❸(言)語彙(ぃ)集.

lfd. (略) laufend.

Lfg. (略) Lieferung.

Libanon [リーバノン] 男 (-(s)/) ❶《der ~》レバノン ((西アジア,地中海岸の共和国)). ❷《der ~》レバノン山脈.

Libelle [リベレ] 女 (-/-n) ❶(昆)トンボ. ❷(工)水準器.

liberal [リベラール] 形 ❶(a)自由主義の,自由主義の,リベラルな. (b)自由(主義政)党の,自由(主義政)党に関する《(所)属する》,自由(主義政)党を支持する. ❷自由な,自由精神の;偏見[先入観]にとらわれない,伝統に固執しない,解放的な,進んだ.

liberalisieren [リベラリズィーレン] 他 自由主義的にする;自由化する,制限を解く.

Libero [リーベロ] 男 (-s/-s) 〔サッカー〕リベロ((自由に攻撃にも参加するディフェンダー)).

Libyen [リービュエン] 中 (-s/) リビア ((アフリカ北部の共和国)).

licht [リヒト] 形 ❶(a)(書)明るい,明るくまぶしい,日の当たる. (b)(色ぃが)明るい,淡い. ❷まばらな,透けた,隙間のある,目の粗い. ❸《付加のみ》内法(ぅち)の.

Licht [lɪçt リヒト] 中 (-(e)s/-er) ❶《単》光,輝き,明るさ;日光,昼,昼光 ❷明かり,照明. ❷(a)光源,灯火. (b)(複 -e も)ろうそく. (c)(単)(口;やや古)電気. ❸(絵)ハイライト,最も明るい部分. ④ *ans ~ bringen [ziehen, zerren, holen]* 事⁴を明らかにする,明るみに出す,公にする;本⁴などを発行する. *ans ~ kommen* 明らかになる, 世に現れ

る;〈本などが〉発行される. ④ **hinters ~ führen** 人⁴をだます. 5級

Licht·bild 中(-(e)s/-er)写真, スライド;〔書〕旅券用写真.

licht·empfindlich 形光に感じやすい,感光性の.

lichten¹ [リヒテン]((Ⅰ))他❶〔書〕明るくする.❷〈...の〉数を減らす;透かす;まばらにする.((Ⅱ))再sich⁴❶明るくなる;明らかになる,はっきりする.❷透いてくる,薄くなる,まばらになる,少なくなる.

lichten² [リヒテン]他〔海〕〈錨⁴を〉揚げる.

lichterloh [リヒターロー]形《比較なし;述語なし》炎々と燃える,燃えるような.

Lichter·meer 中(-(e)s/-e)一面の光,光の海.

Licht·hupe 囡(-/-n)(自動車の)パッシングライト.

Licht·kegel 男(-s/-)(一つの光源から)円錐状に広がる光.

Licht·maschine 囡(-/-n)(自動車などの)発電機,ジェネレーター.

Licht·reklame 囡(-/-n)ネオンサイン,照明広告.

Licht·schalter 男(-s/-)電灯のスイッチ.

Lichtung [リヒトゥング]囡(-/-en)〔林〕林間の空き地;森林を伐り透かすこと,間伐;明るく[薄く]すること;〔医〕管腔,内腔.

Lid [リート]中(-(e)s/-er)まぶた(眼瞼);〔方〕蓋(ふた).

lieb [li:p リープ]形❶(a)愛情のこもった,親切な,心からの.(b)愛らしい,愛すべき,かわいらしい.(c)行儀のよい,おとなしい.❷《副なし》親愛なる,大事な,いとしい,かけがえのない.❸《副なし》好ましい,歓迎すべき,喜ばれる,気に入った. 4級

Liebe [li:bə リーベ]囡(-/-n)❶《単》愛,愛情,愛着,愛好.❷(a)《単》恋,恋愛,恋心;性愛.(b)《主に単》情事,アバンチュール.❸《単》思いやり,同情;親切,好意.❹《通例 単》(口)愛人,恋人. **~ auf den ersten Blick** 一目ぼれ. 5級

Liebelei [リーベライ]囡(-/-en)戯れの恋,かりそめの恋.

lieben [li:bən リーベン]他

現在	ich liebe	wir lieben
	du liebst	ihr liebt
	er liebt	sie lieben

過去	ich liebte	wir liebten
	du liebtest	ihr liebtet
	er liebte	sie liebten

| 過分 | geliebt | 接Ⅱ liebte |

❶愛する,恋する.❷〈人⁴と〉性交する.❸愛好する,好む,好きである;かわいがる;...したがる. 5級

liebend [..ト]副(口)(sehr)非常に.

liebens·würdig 形親切な,好意的な,ていねいな.

lieber [リーバー]((Ⅰ))副《gernの比較級》❶より好んで.❷むしろ,いっそ.((Ⅱ))形《liebの比較級》より愛らしい;より好ましい. 4級

Liebes·brief [リーベス..]男(-(e)s/-e)ラブレター,恋文.

Liebes·paar 中(-(e)s/-e)恋人同士,愛し合う二人.

liebe·voll 形❶親切な,やさしい,心のこもった.❷愛情の深い[こもった].

Lieb·haber [リープハーバー]男(-s/-)❶愛人,情夫.❷愛好家,アマチュア,しろうと.❸〔劇〕色男役,二枚目. ◇**~in** 囡(-/-nen).

Liebhaberei [リープハーベライ]囡(-/-en)道楽,趣味.

lieblich [リープリヒ]形❶かわいい,愛らしい,可憐(かれん)の.❷感じのいい,好ましい.❸うまそうな,食欲をそそる;〈ワイン¹が〉口あたりのいい.❹(口;皮肉)結構な.

Liebling [リープリング]男(-s/-e)お気に入り;寵児(ちょうじ),人気者;愛する人. ★女性についても用いる.

lieblos [リープロース]((Ⅰ))形《最上~est》愛情のない,思いやりのない,不親切な,無慈悲な;冷酷な.((Ⅱ))副心をこめずに,いい加減に.

①1格 ②2格 ③3格 ④4格

Liechtenstein [リヒテンシュタイン] 中(-s/-) リヒテンシュタイン ((オーストリアとスイスの間の公国)).

Liechtensteiner [..シュタイナー] 男(-s/-) リヒテンシュタイン人. ◇**~in** 女(-/-nen).

liechtensteinisch [..シュタイニッシュ] 形 リヒテンシュタインの.

Lied [リート] 中(-(e)s/-er) ❶ 歌, 唄, 歌謡;〔音楽〕リート, 歌曲;(比)(鳥などの)歌声, さえずり. ❷〔文芸〕叙事詩.

liederlich [リーダーリヒ] 形 ❶ ぞんざいな, 放漫な, 粗漏な;だらしない, いい加減な. ❷ 放埒(ほうらつ)な, 身持ちの悪い, 不品行な, 自堕落な;不義理な.

lief [リープ] laufen の過去形.

liefe [リーフェ] laufen の接続法 II 式形.

Lieferant [リーフェラント] 男(-en/-en) 《弱》〔商〕納入[納品](業)者, 供給者.

lieferbar [リーファーバーァ] 形 〔商〕引き渡しのできる, 供給できる;在庫のある.

liefern [リーファァン] 他 ❶ 〈③ ④〉〈人³に物⁴を〉配達する, 届ける. ❷〈③ ④〉〈人³に商品⁴を〉納入する, 引き渡す, 供給する. ❸ 提供する, 挙げる, 出す, 示す. ❹〈③ ④〉〈人³と〉戦い・競技・試合⁴などを〉行う. ❺〈③ ④〉〈人³に物⁴を〉もたらす, 生み出す, 生産[産出]する.

Liefer・schein 男(-(e)s/-e) 納品書, 蔵出し指図書, 引き渡し証.

Liefer・termin 男(-s/-e) 引き渡し期日, 受け渡し日;納入期限.

Lieferung [リーフェルング] 女(-/-en) ❶(商品の)納入, 納品, 供給, 調達;配達, 引き渡し, 交付. ❷ 納(入)品, 供給品, 引き渡し品. ❸ 分冊 ((略 Lfg)).

Liefer・wagen 男(-s/-) (軽小貨物)の配達車.

Liefer・zeit 女(-/-en) 納期.

Liege [リーゲ] 女(-/-n) 休息用のソファー, 寝いす.

liegen [líːgən リーゲン] 自 ⓗ, (ﾄｯﾌﾟ・ｽｲｽ・南ﾄﾞ) ⓢ ❶ 横たわっている, 寝ている, (病気で)

現在　ich liege　　wir liegen
　　　du liegst　　ihr liegt
　　　er liegt　　　sie liegen

過去　ich lag　　　wir lagen
　　　du lagst　　 ihr lagt
　　　er lag　　　 sie lagen

過分　gelegen　　 接II läge

床に就いている;埋葬されている. ❷ 横になっている, 倒れている;静止している, 休んでいる;そのままになっている. ❸ (特に横たわっている状態である場所に)ある, 置いてある;寄りかかっている, 立てかけてある;積もっている. ❹〈+様態〉〈...の状態に〉ある. ❺〈...を〉占める, 〈...に〉ある, 位置する. ❻〈...に〉認められる, 見出される, 含まれている;置かれている, 保存されている;...の状況である;...の数[量]である. ❼〈an〉〈人・物³に〉責任[原因]がある. ❽〈an [bei]〉〈人³に〉かかわる. ❾〈③〉〈人³に〉向いている. ■~ **bleiben** 1) 寝たままでいる. 2) そのまま残っている, 放置されている. 3)〈商品¹が〉売れ残っている. 4)〈仕事¹が〉片付かない. 5)〈車¹などが〉止まったままである, 走れない. **~ lassen** 1)〈③〉置き去りにする;横になった[寝た]ままにしておく. 2) そのままにしておく;置き忘れる. 3)〈③〉[**für** ④]〈人³·⁴のために事⁴を〉やり残す. 5級

liegen|bleiben* = liegen bleiben (⇨liegen ■).

liegen|lassen* = liegen lassen (⇨liegen ■).

Liege・stuhl 男(-(e)s/-e) デッキチェア, 折りたたみ式寝いす.

Liege・stütz 男(-es/-e) 腕立て伏せ.

Liege・wagen 男(-s/-)〔鉄道〕(簡易)寝台車.

lieh [リー] leihen の過去形.

liehe [リーエ] leihen の接続法 II 式形.

lies [リース] lesen の命令法 2 人称

①1格　②2格　③3格　④4格

ließ [リース] lassen の過去形.

ließe [リーセ] lassen の接続法 II 式形.

liest [リースト] lesen の 2・3 人称単数現在形.

Lift [リフト] 男 (–(e)s/–e, –s) ❶ エレベーター, 昇降機. ❷ (複 –e) (スキーなどの)リフト.

Liga [リーガ] 女 (–/Ligen) ❶ 連合, 同盟, 連盟, 協会, 団体. ❷ (サッカー・ホッケーなどの)リーグ.

Likör [リケーァ] 男 (–s/–e) リキュール酒.

lila [リーラ] ((略)) 形 《無変化》 ライラック色の, 淡紫色の, 藤(ﾁ)色の. (II) 副 (口) まあまあ.

Lila [リーラ] 中 (–s/–, (口)–s) ライラック色, 淡紫色, 藤色.

Lilie [リーリエ] 女 (–/–n) 〔植〕 ユリ(百合) ((純潔無垢(ｸ)の象徴とされる)).

lim., Lim. 《略》limited 有限責任(会社)の.

Limit [リミット] 中 (–s/–s, –e) 限界, 限度, 上[下]限;〔商〕指値(ｻﾞｼ), 最高価格;〔スポーツ〕(ゲームに出場するための)資格, 制限.

Limonade [リモナーデ] 女 (–/–n) (果汁3％以上の)ジュース, 炭酸飲料, (特に)レモネード.

Limousine [リムズィーネ] 女 (–/–n) リムジン, (箱型の)大型乗用車.

Linde [リンデ] 女 (–/–n) 〔植〕 リンデ, シナノキ; 菩提樹. ❷《単》《無冠詞》 シナノキ材.

lindern [リンダァン] 他 (痛みなど⁴を)和らげる, 緩和する; 静める, 鎮静させる; 軽くする.

Lineal [リネアール] 中 (–s/–e) 定規.

Linie [líːniə リーニエ] 女 (–/–n) ❶ (a) 線;〔数〕線;〔スポーツ〕ライン, 境界線;(特に)ゴールライン;(皮膚の)線, しわ;〔海〕喫水線. (b)《主に複》軍(ﾂ)線. ❷ 輪郭線;(口)体の線, スタイル, 容姿. ❸列;〔チェス〕(= Reihe)(盤面の)縦線, 横線. ❹ (交通機関の)線, 路線, 運行経路, (定期)航(空)路. ❺ 家系, 血統. ❻《単》〔海〕赤道. ❼ (政治の)路線; 方針, 方向. ❽〔軍〕戦線, 戦列. *in erster ~* まず第一に, 何はさておき. 4級

Linien·bus [リーニエン..] 男 (–ses/–se) 路線バス.

Linien·richter 男 (–s/–) (球技の)ラインズマン, 線審.

linien·treu 形 (最上 ~(e)st) (蔑) (党のイデオロギーに無批判に従う);路線に忠実な.

linieren [リニーレン] 他〈物⁴に〉線を引く〈罫(ｹｲ)を, 罫線を〉引く.

liniieren [リニイーレン] 他 = linieren.

link [リンク] 形 (最上 ~est) (↔ recht) ❶《付加》(a) 左の, 左側で[左方]の. (b) 逆の, 反対の;(布地などが)裏側の, 裏編みの. ❷《付加》左翼の, 左派の. ❸ (俗) いかがわしい, 間違った, 不正の. 5級

linkisch [リンキッシュ] 形 へたな, 無器用な, ぎこちない; 無骨な.

links [lɪnks リンクス] (I) 副 ❶ (a) (↔ rechts) 左に, 左側に. (b) 左手で, 左利きで. ❷ 裏表逆に, 裏編みで. ❸ 革新側に, 左翼[左派]に. (II) 前《2格支配》...の左側[左方]に. 5級

Links·abbieger [..アプビーガー] 男 (–s/–) (車での)左折者. ◇**~in** 女 (–/–nen).

Linksaußen [リンクスアオセン] 男 (–/–) 〔スポーツ〕(サッカー・ハンドボール・ホッケーなどの)レフトウィング.

Links·extremist 男 (–en/–en) 《弱》極左主義者, 極左過激派. ◇**~in** 女 (–/–nen).

Links·händer [..ヘンダー] 男 (–s/–) 左利きの人. ◇**~in** 女 (–/–nen).

Links·kurve 女 (–/–n) 左カーブ.

links·radikal 形 極左(過激派)の.

Links·verkehr 男 (–(e)s/) 左側通行.

Linoleum [リノーレウム] 中 (–s/) リノリウム.

Linse [リンゼ] 女 (–/–n) ❶ (a)〔植〕レンズ豆. (b)《複》(俗) 硬貨. ❷〔理〕レンズ;〔解〕(眼球の)水晶体.

Linz [リンツ] 中 リンツ ((オーストリア中北部の都市)).

Lippe [リッペ] 女 (-/-n) ❶くちびる(唇). ❷《口》言葉, おしゃべり, 弁舌. ❸ 〖植〗唇(弁); 〖解〗陰唇.

Lippen・stift 男 (-(e)s/-e) リップスティック, (棒状の)口紅.

liquid [リクヴィート] 形《副なし》❶〖経〗満期の, 現金に換えられる, 自由に処分できる; 支払い能力のある. ❷ 〖化〗液状の, 流体の.

liquidieren [リクヴィディーレン] (I) 他 ❶〖経〗〈会社などを〉解散する, 清算する; 〈資産などを〉換金する; 〈負債などを〉返済する, 清算する. ❷《4》(für)〈自由業の人が仕事の報酬などを〉請求する. ❸ (a) 除去する, 片付ける. (b) (政治的に)抹殺する, 粛清する, 殺す. (II) 自〈会社などが〉解散する, 清算する.

lispeln [リスペルン] (I) 自 ❶歯擦音を歯の間に舌をはさんで発音する ((例えば s を英語の th のように)). ❷〈風・木・木の葉などが〉そよぐ, せせらぐ, ささめく. (II) 他《書》ささやく, つぶやく.

Lissabon [リサボン, リサボン] 中 リスボン (ポルトガルの首都).

List [リスト] 女 (-/-en) ❶策略, 悪だくみ, 詭計. ❷《単》ずるさ, 奸知.

Liste [リステ] 女 (-/-n) ❶リスト, 目録; 表, 名簿; 明細表, 価格表. ❷ (選挙の)候補者名簿.

listig [リスティヒ] 形 ❶狡猾(こうかつ)な, 老獪(ろうかい)な, 抜け目ない, 悪賢い, 策略の多い. ❷いたずらっぽい, 茶目っけの.

Litauen [リ(ー)タオエン] 中 リトアニア (バルト海沿岸の共和国).

Litauer [リ(ー)タオアー] 男 (-s/-) リトアニア人. ◇**Litauerin** 女 (-/-nen).

litauisch [リ(ー)タオイッシュ] 形 リトアニア (人[語])の.

Liter [リ(ー)ター] 男 中 (-s/-) リットル ((液量の単位; 記号 l)). 4級

literarisch [リテラーリッシュ] 形 文学 (上)の, 文学的な.

Literatur [リテラトゥァ] 女 (-/-en) ❶《単》著作, 著述; 文献; 参考書目;〖音楽〗作品. ❷文学, 文芸. 4級

Literatur・geschichte 女 (-/-n) ❶《単》文学史. ❷文学史研究(の著作).

Literatur・verzeichnis 中 (-ses/-se) (参考)文献リスト.

liter・weise 副 リットル単位で.

Litfaß・säule [リトファス..] 女 (-/-n) (路上の円筒形の)広告塔.

Lithografie [リトグラフィー] 女 (-/..fien [フィーエン]) ❶《単》石版印刷. ❷石版画, リトグラフ.

litt [リット] leiden の過去形.

litte [リッテ] leiden の接続法 II 式形.

live [ライフ, (英)ライヴ] 副 (ラジオ・テレビ)ライブで, 生(なま)で; ライブ録音で.

Livesendung, Live-Sendung [ライフゼンドゥング] 女 (-/-en) 生放送 (中継), 実況放送 (中継).

Lizenz [リツェンツ] 女 (-/-en) ❶許可, 認可, 免許, ライセンス; (発明の)特許; 特許権使用料; (詩人の)自由. ❷ (スポーツ) (ボクシングやオートレースなどの)選手・審判のライセンス.

Lizenz・gebühr 女 (-/-en) 版権(ライセンス)使用料, 特許権使用料.

l.J. 《略》laufenden Jahres 今年, 当年.

Lkw, LKW [エルカーヴェー] 男 (-(s)/-s, (まれ)-) = Lastkraftwagen トラック.

l.M. 《略》laufenden Monats 今月, 当月.

Lob [ローブ] 中 (-(e)s/(まれ)-e) 賞賛, 賞揚, 賛美; 賛辞; 推奨, 推賞; 名声, ほまれ, 評判; 好成績, 高点. 4級

Lobby [ロビ] 女 (-/-s, Lobbies) 圧力団体, 陳情者連, 院外団, ロビイスト.

loben [lóːbən ローベン] (I) 他 ❶賞賛する, ほめる; 推奨する. ❷《引用文と共に》〈...と〉(ほめて)言う. (II) 再 sich³ 気に入る, 好む, 高く評価する. 4級

lobens・wert 形《副詞なし》ほめる値打ちのある, 賞賛に値する.

löblich [レープリヒ] 形 ❶《副詞なし》

《しばしば皮肉》賞賛すべき, 殊勝な, ほめるべき, りっぱな, 模範的な. ❷《付加》《古》《称号に伴う》称賛[尊敬]すべき.

Lob-lied 甲(-(e)s/-er) *ein ~ auf* ④ *singen* [*anstimmen*] 人・物⁴を賞賛する, ほめる.

Loch [ロッホ] 甲(-(e)s/Löcher) ❶穴; くぼみ, 空所, 凹⁽ぼこ⁾所; 裂け[割れ]目; 洞窟⁽どうくつ⁾. ❷巣穴;《俗・蔑》狭苦しく暗い家〔室〕, 陋屋⁽ろうおく⁾;《俗》あばら家;《俗》ブタ箱, 刑務所. ❸《俗》しり(の穴), 肛門, 《卑》腟, ワギナ;《卑》女. ❹『ゴルフ』ホール.

Locke [ロッケ] 女(-/-n)(一房の)カールした髪, 巻き毛.

locken [ロッケン] 他《④+方向》〈人・動物⁴を...へ〉呼び[おびき]寄せる, 誘い出す, おびき出す; いざなう. ❷〈物⁴が〉〈人⁴の〉興味を引きつける[起こさせる], 心[気]をそそる.

Locken-wickler [..ヴィックラー] 男(-s/-)ヘアカーラー, カールクリップ.

locker [ロッカー]《(I)》形(比較 -er [ロッケラー])❶(↔ fest)緩⁽ゆる⁾い, 固定されていない, 取れ[外れ]そうな, ぐらぐらする. ❷(↔ straff)緩い, たるんだ, 締りのない, 弛緩⁽しかん⁾した. ❸(↔ streng)締まり[節操]のない, だらしない, ずぼらな. ❹密である, 疎[粗]な, 詰まっていない, 隙間だらけの, まばらな;(布地などが)目の粗い. ❺(↔ streif)《口》くだけた, リラックスした.《(II)》副《口》容易に, たやすく.

locker|lassen* 自《主に nicht と共に》《口》手を緩めない, 譲歩しない. ★ただし:locker lassen 緩くしておく.

lockern [ロッカァン]《(I)》他《物⁴を》緩める, 緩くする; 柔らかにする; ほぐす; 緩和する.《(II)》再 sich⁴〈物⁴が〉緩⁽ゆる⁾む, 緩くなる; 柔らかになる; ほぐれる; 緩和する.

Lockerung [ロッケルング] 女(-/-)弛緩; 緩和.

lockig [ロッキヒ] 形(↔ glatt)巻き毛の, カールした; ちぢれ毛[髪]の.

Lock-vogel [ロック..] 男おとり(役); 媒鳥⁽ばいちょう⁾.

Loden·mantel [ローデン..] 男ローデンのコート.

Löffel [lœfəl レッフェル] 男(-s/-) ❶スプーン, さじ;〖医〗キューレット, 鋭匙⁽えいひ⁾. ❷《複》(ウサギの)耳. 4級

löffeln [レッフェルン]《口》〈物⁴を〉スプーンで[食べる].

log [ローク] lügen の過去形.

Logarithmus [ロガリトゥス] 男(-/..men)対数((記号:log)).

Loge [ロージェ] 女(-/-n) ❶〖劇〗ボックス観覧席, 仕切り席. ❷ロッジ((フリーメーソン支部とその集会所)).

löge [レーゲ] lügen の接続法 II 式形.

logieren [ロジーレン]《(I)》自《やや古》(一時的に)住む, 宿泊する; 下宿する. 《(II)》他《古》〈人⁴を〉泊める; 下宿させる.

Logik [ローギック] 女(-/-en) ❶論理学. ❷論理, 論理的一貫性.

logisch [ローギシュ] 形 ❶論理学(上)の. ❷論理的な, 道理にかなった, 筋の通った. ❸《述語》《口》当然の, あたりまえの.

logo [ローゴ] 形《述語》《口》当然の, あたりまえの.

Lohn [lo:n ローン] 男(-(e)s/Löhne) ❶賃金, 労賃. ★ Arbeiter(労働者)に支払われるものをいう. Angestellte(サラリーマン)の場合は Gehalt, Beamte(公務員)の場合は Bezüge, Soldaten(兵士)の場合は Sold という, これらの上位概念は Verdienst という. ❷《単》《für ④》〈物⁴に対する〉報い, 報酬, 応報. 4級

lohnen [ローネン]《(I)》他 ❶《③ ④》〈人³に事⁴に対して〉報いる, 報酬を与える. ❷〈事¹は〉〈物⁴をする〉かいがある, 〈事⁴をする〉価値がある.《(II)》再 sich⁴〈物⁴が〉報われる, やりがいのある, する価値がある.《(III)》自〈物¹が〉やりがい[価値]がある.

lohnend [..ト] 形《主に付加》やってみる価値のある, やりがいのある.

Lohn·steuer 女(-/-n)(賃金から差し引かれる)給与所得税, 賃金税.

Lohnsteuer·karte 女(市町村か

らもらい企業に提出する)所得税カード.

Lohn-tüte 囡(-/-n) 給料袋.

lokal [ロカール]形《主に付加》《書》❶―地方の, 地方的な, ローカルな. ❷局地的な; 局部的な. ❸〔言〕場所の, 場所に関する.

Lokal [ロカール] 田(-(e)s/-e) パブ, 飲食店;レストラン, 食堂;ワイン酒場;ビアホール;舞踏場.

Lokal·patriotismus 男(排他的な)愛郷心, 郷土愛.

Lokal·teil 男(新聞の)地方版.

Lokal·termin 男(-s/-e)〔法〕(裁判での)現場〔実地〕検証.

Lok·führer [ロック..] 男(-s/-)〔鉄道〕機関士.

Lokomotive [ロコモティーヴェ] 囡(-/-n) 機関車(短縮形:Lok).

Lokomotiv·führer [ロコモティーフ..] 男(-s/-) 機関士.

Lokus [ローㇰス] 男(-, -ses/-, -se)《口;やや古》トイレ, 便所;便器.

London [ロンドン] 田(-s/) ロンドン((イギリスの首都)).

Londoner [ロンドナー]**(I)** 男(-s/-) ロンドン市民. **(II)**形《無変化》ロンドンの. **◇~in** 囡(-/-nen).

Lorbeer [ロルベーア] 男(-s/-en)❶〔植〕ゲッケイジュ(月桂樹)(の木〔葉〕)((地中海に分布し, 葉は香料として使われる)). ❷月桂冠;栄冠, 栄誉.

Lore [ローレ] 囡(-/-n) トロッコ.

los [los ロース]**(I)** 形《述語;付加語としては ⇒ lose)❶(~ sein)(物⁴が)解けた, ほどけた, 外れた, はがれた, (緩んで)とれた;緩んだ;(解き)放された, 逃げた. ❷〈4 ~ sein〉《口》〈嫌な人・事⁴から〉解放されている, 〈人・事⁴に〉煩わされない, 〈事⁴を〉脱している. ❸〈~ sein〉《口》〈物⁴を〉失ってしまった, 〈物⁴を〉なくし〔紛失〕してしまった. ❹〈~ sein〉《口》(普通でないことが)起きた, 起こった, 生じた. *Was ist (denn) ~?* (口) 1)(いったい)何が起こった〔あった〕んだ, (いったい)どうしたんだ. 2)えっ, 何だって, 何て言ったんだい. *Was ist denn mit dir ~?* (口) 君はいったいどうしたんだ, どこか(具合でも)悪いのかい. **(II)** 副《❶《命令で》始め, かかれ. ❷《場所の移動を表す分離動詞の不定形・過去分詞の前綴り》出かけた. *Los!* 始めよう, やろう;始め, やれ;はやく;進め, 行け, 出発.

Los [ロース] 田(-es/-e)❶宝くじ, 富くじ;当たりくじ. ❷くじ(引き), 抽籤(ちゅうせん). ❸《書》運命, 運(勢), 身の上, 境遇.

Lösch·blatt [レッシュ..] 田吸い取り紙.

löschen [レッシェン] 他❶〈火・灯火⁴などを〉消す. ❷〈文字・録音⁴を〉消す, 消去する;〈商業登記⁴を〉抹消する;〈負債⁴などを〉帳消しにする, 〈借金⁴などを〉棒引きにする. ❸〈渇き⁴を〉いやす;〈ほこり⁴などを〉(水をまいて)静める.

Lösch·fahrzeug 田消防車.

Lösch·papier 田《主に単》吸い取り紙.

lose [ローゼ]形《比較 loser》❶(↔ fest) 緩い, しっかり固定されていない, 取れ〔外れ〕そうな, ぐらぐらする, たるんだ, ほどけた. ❷(衣服などが)緩め〔大きめ〕の, だぶだぶの, ゆったりした. ❸ばら(売り)の, ばらばらの, 束ねて〔緩じて〕(売り), 詰めて〔入って〕いない, 包んで〔包装して〕いない. ❹(関係などが)緩やかな, 緊密〔密接〕でない. ❺《主に付加》(道徳的に)だらしない, しまりのない;たちの悪い, 悪ふざけの過ぎた. ★語尾変化に -e を加えない:lose Blätter ルーズリーフ.

Löse·geld [レーゼ..] 田(-(e)s/-er)《主に単》身代金, 身請け金.

losen [ローゼン] 国くじを引く, 抽籤(ちゅうせん)する.

lösen [løːzən レーゼン]**(I)** 他❶〈von [aus] ③〉〈物⁴を(物³から)〉外す, はがす, 取る, 離す. ❷〈物⁴を〉緩める;解く, ほどく;〈物¹が〉〈物⁴を〉ほぐす. ❸〈問題・質問⁴などを〉解く. ❹〈物⁴を〉解消〔解約, 解除〕する. ❺〈(A) in ③ (B)〉〈物⁴(A)を物³(B)に〉溶かす. ❻〈切符⁴などを〉買う. **(II)** 再 sich⁴ ❶〈物¹が〉外れる, はがれる,

③1格 ②2格 ③3格 ④4格

取れる. ❷〈物¹が〉緩む, 解ける, ほどける;ほぐれる. ❸《von ③》〈人³から〉離れる. ❹〈問題¹などが〉解ける, 解決する[される]. ❺〈物¹が〉溶ける, 溶解する. **4級**

los|fahren* [ロースファーレン] 自⑤ ❶《von ③》〈(所³から)〉〈乗物で〉出発する;〈乗物¹が〉出発[発進]する. ❷《auf ④》〈人・物⁴を目がけて〉突進する;《auf ④》〈人⁴を目がけて〉襲いかかる.

los|gehen* [ロースゲーエン] 自⑤ ❶〈(歩いて)〉出発する, 出かける. ❷〈口〉〈コンサート¹などが〉始まる. ❸〈弾¹が〉発射される,〈爆弾¹が〉爆発する. ❹《auf ④》〈人⁴に〉襲いかかる. ❺《auf ④》〈物¹に(向かって)〉進む, 近づく.

los|kommen* 自⑤〈口〉❶《von ③》〈人・物³から〉逃れる, 離れる;《von ③》〈人³と〉別れる;〈物・習慣³を〉捨てる. ❷《von ③》〈物³から〉逃げる, 逃走する, 自由の身になる.

los|lassen* [ロースラッセン] 他 ❶〈人・物⁴を〉放す,〈人・物⁴から〉手を放す. ❷《④ auf ④》〈動物などを人⁴に向かって〉放つ, けしかける. ❸《④ auf ④》〈口〉〈(経験・能力の疑わしい)人⁴を人・物⁴の所に〉差し向ける, 送りこむ. ❹〈口;主に軽蔑〉〈自分の考えなどを〉口に出す;〈手紙⁴などを〉送りつける.

los|legen 自〈(mit ③)》〈(①)〉❶〈(事⁴を)〉〈(猛烈な勢いで)〉のしり出す. ❷〈(事⁴を)〉〈(猛烈な勢いで)〉取りかかる,〈(事⁴を)〉〈(猛烈な勢いで)〉始める.

löslich [レースリヒ] 形〈副なし〉溶ける, 溶解する, 可溶の;溶けやすい.

Löslichkeit [..カイト] 女 (-/) 溶解[可溶]性.

los|machen 他《von ③》〈人・物⁴を(人・物³から)〉離す, 解く, 外す.

Los·nummer 女くじ(引き)[抽籤 (ちゅうせん)]番号.

los|reißen* (I) 他《④ von ③》〈人・物⁴を(人・物³から)〉引き離す,〈物⁴を(物³から)〉もぎ[ひき]取る, むしり取る. (II) 再 sich⁴ 《von ③》〈(人³から)〉身を引き離す, 振り切る, 逃げる.

los|sagen 再 sich⁴ 《von ③》〈人・物³と〉関係を絶つ, 縁を切る,〈人・物³を〉捨てる, 放棄する.

los|schlagen* (I) 他 《von ③》〈物⁴を(物³から)〉たたいて取る[外す], 打ち離す, 打ち落とす. (II) 自 《auf ④》〈人⁴に向かって〉なぐりかかる.

Losung [ローズング] 女 (-/-en) ❶標語, スローガン. ❷〖軍〗合言葉, 暗号.

Lösung [レーズング] 女 (-/-en) ❶解決;答え, 解答. ❷解法, 解決策, 処理方法. ❸離すこと, 分離, ゆるめること, 解くこと;取り消し, 解消, 抹殺, 廃止. ❹〖化〗溶解;溶液.

los|werden* 他 (①) ❶〈人・物⁴を〉やっかい払いする, 追い払う. ❷〈物⁴を〉売り払う. ❸〈物⁴を〉なくす, 失う, 取られる.

Lot [ロート] 中 (-(e)s/-e) ❶〖建〗下げ振り, 鉛錘;〖海〗測鉛. ❷〖数〗垂線;垂直.

löten [レーテン] 他《(④)》〈(物⁴を)〉はんだ付けする.

Lotion [ロツィオーン, ローション] 女 (-/-en) ローション, 化粧水.

Löt·kolben [レート..] 男 (-s/-) 〖工〗はんだごて.

Lotse [ロートゥェ] 男 (-n/-n) 〖弱〗〖海〗水先案内人, パイロット;ガイド.

lotsen [ロートゥェン] 他 《(④)》❶〈船⁴を〉水先案内する,〈飛行機⁴を〉誘導する. ❷〈④+方向〉〈人⁴を...へ (一番よい方法で)〉道案内する. ❸〈④+方向〉〈人⁴を...に〉(説得して・無理やり)引っぱって行く, 連れて行く.

Lotterie [ロテリー] 女 (-/..rien [..リーエン]) ❶宝くじ, 富くじ, 福引き. ❷宝くじ販売[引換]所.

Lotto [ロット] 中 (-s/-s) ロット ((数字合わせの宝くじ, ナンバーズ)).

Lotto·schein 男 ロットの券.

Löwe [レーヴェ] 男 (-n/-n) 〖弱〗❶〖動〗ライオン, 獅子(しし). ❷〖単〗〖天〗獅子(しし)座;〖占星〗獅子座〖宮〗. ❸獅子

座生まれ(の人).
Löwen-zahn 男(-(e)s/)【植】タンポポ(浦公英).
Löwin [レーヴィン] 女(-/-nen)雌ライオン.
loyal [ロアヤール] 形《書》❶〈gegenüber ③・人³〉【政府・政党・法・上司など】に対して〉忠実な, 忠誠心のある, 忠義な. ❷〈gegenüber ③・人³に対して〉誠実な, 律義な, 誠意のある.
Loyalität [ロアヤリテート] 女(-/-en)❶忠実, 忠誠, 忠義. ❷誠実(さ), 律儀(さ), 誠意.
LP 女(-/-(s))(口)= Langspielplatte.
LSD [エルエスデー] 中(-(s)/)エルエスディー ((Lysergsäurediäthylamid の略;幻覚剤の一種)).
lt.《略》laut ...によれば.
Lübeck [リューベック] 中(-s/)リューベック ((ドイツのバルト海沿岸の都市)).
Luchs [ルクス] 男(-es/-e)❶【動】オオヤマネコ. ❷オオヤマネコの毛皮. ❸《単》【天】山猫座.
Lücke [リュッケ] 女(-/-n)❶隙間;裂け目, 割れ目, 切れ目, 亀裂(ホェ), 穴. ❷欠落[脱落](箇所);欠陥, 不備;空所, 空白.
Lücken-büßer [..ビューサー] 男(-s/-)代理(人), ピンチヒッター, 間に合わせ.
lückenhaft [リュッケンハフト] 形(↔ lückenlos)❶隙間のある. ❷欠落[欠陥]のある, 不備な.
lücken-los 形(↔ lückenhaft)❶隙間のない. ❷欠落[欠陥]のない, 完全な.
lud [ルート] laden¹,²,³ の過去形.
lüde [リューデ] laden¹,²,³ の接続法II式形.
Luder [ルーダー] 中(-s/-)(口;軽蔑)(主に女性に対して)あばずれ, 尻軽女, すれっからし;奴.
Luft [loft ルフト] 女(-/Lüfte)❶《単》空気, 大気. ❷《単》空中, 空, 上空. ❸微風, そよ風. ❹空間, 余地.

die **~** *anhalten* 1)息を止める. 2)息をこらす. **~** *holen* 1)息を吸う, 呼吸する. 2)一息つく. *sich⁴ in ~ auflösen* 雲散霧消する, 突然消えてなくなる;〈計画¹が〉ダメになる. *in der ~ liegen*〈危険な物¹が〉(目前に)迫っている. 4級
Luft-angriff 男(-(e)s/-e)空襲.
Luft-ballon 男(-s/-s, -e)(ゴム)風船;(軽)気球.
Luft-brücke 女(-/-n)(孤立した地域への)空輸, 空の橋.
luft-dicht 形空気の通らない[を通さない], 気密(性)の.
Luft-druck 男(-(e)s/)【理】気圧;(タイヤの)空気圧.
Lüfte [リュフテ] 複⇨Luft.
lüften [リュフテン](du lüftest, er lüftet; 過 lüftete; 過分 gelüftet)(I) 他《et⁴》〈〈部屋⁴など〉〉換気する, 〈〈部屋⁴などに〉〉風を入れる[通す]. (II)他❶少し開ける[持ち上げる]. ❷〈秘密⁴などを〉暴く.
Luft-feuchtigkeit 女(-/)(空気の)湿度.
luft-getrocknet [..ゲトロックネト] 形《副なし》空気で乾いた[乾燥した].
Luft-gewehr 中(-(e)s/-e)空気銃.
Lufthansa [ルフトハンザ] 女ルフトハンザ ((Deutsche ~ AG;ドイツの航空会社;略:LH)).
luftig [ルフティヒ] 形❶(服などが)通気性のよい, 薄い. ❷風通しのよい, 風の吹き抜ける.
Luft-kissen-boot 中ホバークラフト.
luft-leer 形空気のない, 真空の.
Luft-linie 女(-/)(2地点間の)最短[直線]距離.
Luft-matratze 女(-/-n)(キャンプ用などの)エアマットレス, エアクッション.
Luft-pirat 男(-en/-en)《弱》ハイジャック犯人, ハイジャッカー, 航空機乗っ取り犯.
Luft-post [ルフトポスト] 女(-/)航空

郵便, エアメール. 4級
Luft·pumpe 囡(-/-n)〖理〗空気ポンプ, 空気入れ.
Luft·röhre 囡(-/-n)〖解〗気管.
Luft·schiff 中(-(e)s/-e) 飛行船.
Luft·schloss 中(-es/..schlösser)《主に複》空中楼閣, 空想, 幻想, 妄想.
Luft·schutz·keller 男(-s/-) 防空壕(ごう), 防空用地下室.
Luft·verschmutzung 囡(-/-en) 大気汚染.
Luft·waffe 囡《単》空軍 (↔ Heer, Marine).
Luft·zug 男(-(e)s/..züge) 微風; 隙間風; そよ風.
Lüge [リューゲ] 囡(-/-n) (↔ Wahrheit) うそ(嘘), 虚言.
lügen* [lýːɡən リューゲン] (過 log; 過分 gelogen) うそをつく.
Lügner [リューグナー] 男(-s/-) うそつき. ◇**Lügnerin** 囡(-/-nen).
Luke [ルーケ] 囡(-/-n) ❶ 明り取り, 天窓; トップライト. ❷〖海〗ハッチ, 昇降口.
lukrativ [ルクラティーフ] 形〖書〗利益の多い, もうかる, 得な.
Lümmel [リュンメル] 男(-s/-)〈口; 軽蔑〉不作法者.
Lump [ルンプ] 男(-en/-en)《弱》〈軽蔑〉ごろつき, くだらないやつ, ろくでなし.
Lumpen [ルンペン] 男(-s/-) ❶ ぼろ(切れ). ❷《主に複》ぼろ(服).
Lunge [ルンゲ] 囡(-/-n) 肺(臓).
Lungen·entzündung 囡(-/-en) 肺炎.
Lungen·krebs 男(-es/)〖医〗肺癌.
Lunte [ルンテ] 囡(-/-n) 導火線, 火縄.
Lupe [ルーペ] 囡(-/-n) 拡大鏡, 虫めがね, ルーペ.
Lurch [ルルヒ] 男(-(e)s/-e)〖動〗両生類〖動物〗.
Lust [lost ルスト] 囡(-/Lüste) ❶《単》〈(auf ④)〉〈〈物⁴への〉〉欲求, 願望. ❷《単》〈(zu ③)〉〈〈事³をする〉〉気, 意欲. ❸《単》〈(die ~ an ③)〉

〈〈事³をする〉〉喜び, 楽しみ. ❹〈(die ~ auf ④)〉〈〈人·物⁴への〉〉性欲, 情欲, 淫欲, 快楽. 4級
lustig [ルスティヒ] 形 愉快な, 楽しい; はしゃいだ; おもしろい.
lust·los 形(最上 ~est) 気乗りのしない, やる気のない, どうでもいいような.
Lust·spiel 中(-(e)s/-e) 喜劇.
Luther [ルター]《人名》ルター ((Martin ~ ドイツの宗教改革者; 1483-1546)).
lutherisch [ルテリッシュ, ルテーリッシュ] 形 ❶ ルター[ルーテル](派)の. ❷ ルター派教会の.
lutschen [ルッチェン] ((I)) 他〈物⁴を〉(口の中で)なめる; しゃぶる. ((II)) 自〈an ③〉〈物⁴を〉しゃぶる; なめる.
Luxemburg [ルクセンブルク] 中(-s/-) ルクセンブルク ((a) ヨーロッパの大公国. b) その首都)).
Luxemburger [ルクセンブルガー] ((I)) 男(-s/-) ルクセンブルク人. ((II))《無変化》ルクセンブルク(人)の.
luxemburgisch [ルクセンブルギッシュ] 形 ルクセンブルク(人)の.
luxuriös [ルクスリエース] 形 豪勢な, デラックスな; 贅沢(ぜいたく)な, 奢侈(しゃし)の.
Luxus [ルクスス] 男(-/) 贅沢(ぜいたく), 奢侈(しゃし); 豪華, デラックス.
Luzern [ルツェァン] 中(-s/) ルツェルン ((スイス中部の州, およびその州都)).
Lymphe [リュンフェ] 囡(-/-n)〖医〗❶ リンパ液. ❷ (種痘用)牛痘ワクチン.
lynchen [リュンヒェン, リンチェン] 他〈人⁴を〉私刑に処する, 〈人⁴に〉リンチを加える.
Lyrik [リューリック] 囡(-/) 叙情詩.
Lyriker [リューリカー] 男(-s/-) 叙情詩人. ◇**Lyrikerin** 囡(-/-nen).
lyrisch [リューリッシュ] 形 叙情詩の; 叙情詩風の; 叙情的な.

M

m, M [エム] 中(-/-, (口)-s) アルファ

ベットの第13字.

m 《(I)》《記号》❶ Meter メートル. ❷ Minute 分. ❸ Milli... 《(II)》《略》mit.

M 《記号》❶ (㍿) Mille ローマ数字の1000. ❷ Mega... ❸ Mark マルク. ❹ medium (服のサイズの)M.

m. 《略》❶ mit. ❷ Maskulinum [言] 男性(名詞).

MA. [ミッテルアルター]《略》Mittelalter.

M. A. [エムアー]《略》Magister [Magistra] Artium 文学修士.

Mach [マッハ] 男 (-(s)/-) [理] マッハ (速度の単位；略：Ma).

Mach·art 女 (-/-en) 製法, 作り方；(特に衣服の)仕立て.

machbar [マッハバーァ] 形 《副なし》実行[実現]可能な, 操作できる.

machen [マㇰヘン] (英 make)

現在	ich mache	wir machen
	du machst	ihr macht
	er macht	sie machen

過去	ich **machte**	wir machten
	du machtest	ihr machtet
	er machte	sie machten

| 過分 | **gemacht** | 接II machte |

《(I)》他 ❶ (a)〈物⁴を〉作る, こしらえる, 製作[製造]する；〈物⁴を〉作り出す. ♦ ein Kleid ~ ワンピースを作る. Tee [Kaffee] ~ お茶[コーヒー]を入れる. ein Feuer ~ 火を起こす. (b)(口)〈物¹が〉〈金額⁴に〉なる；〈計算の結果が〉〈数⁴に〉なる. ♦ Was [Wieviel] macht das? − Das macht zusammen 100 Euro. いくらになりますか？ − 全部で100ユーロになります. ❷(a)〈事⁴を〉する, 行う, 実行する. ♦ seine Arbeit ~ 仕事をする.《機能動詞的に》Einkäufe ~ 買い物をする. Was machen Sie hier? ここで何をしているんですか. (b)〈試験⁴を〉受ける, 受験する. ♦ das Abitur [das Examen] ~ アビトゥーア[試験]を受ける. (c)(口)〈定冠詞付きの名詞と〉〈地位・役割⁴を〉務める, 引き受ける；〈役⁴を〉演じる. ♦ den Anführer ~ リーダーを務める. ❸〈③ ④〉〈人³に〉〈心理状況⁴を〉もたらす, 〈人³にとって心理状況⁴の〉原因となる. ♦ ④ Angst ~ 人³を不安にさせる. ❹(a)〈形容詞と〉〈人・物⁴を…に〉する. ♦ ④ glücklich ~ 人⁴を幸せにする. (b)〈不定詞と〉〈人⁴を〉…させる. ♦ ④ lachen [weinen] ~ 人⁴を笑わせる[泣かせる]. ❺〈③ ④ +様態〉〈人⁴の事⁴を…に〉する. ♦ ③ das Leben schwer ~ 人³の人生をつらいものにする. ❻〈④ zu ③〉(a)〈人・物⁴を人・物³に〉する, 変える. ♦ Sie haben ihn zu einem tüchtigen Menschen gemacht. 彼らは彼を有能な人にしました((★比較：Sie haben einen tüchtigen Menschen aus ihm gemacht. 彼らは彼を有能な人にしました)). (b)〈人⁴を役職³に〉任命する. ♦ ④ zum Sekretär ~ 人⁴を秘書にする.《(II)》自(口)排便する. ♦ groß [klein] ~ 大便[小便]をする.《(III)》再 sich⁴ ❶〈an ④〉〈事³に〉取りかかる, 着手する. ❷ぴったりである, うってつけである, ふさわしい. ❸(口)うまく[調子よく]いっている, 調子がいい. (*Das*) *macht nichts.* (口)何でもありません, だいじょうぶです. *Macht's gut!* (口)それじゃ, うまくやれよ, 元気でね((別れの挨拶)). *Nun, mach schon!* さあ, 急いで；はやくして. *sich³ nichts* [*nicht viel*] *aus* ③ ~ 人・物³に興味[関心]がない, 好きではない. 5級

Machenschaft [マッヘンシャフト] 女 (-/-en)《主に複》(軽蔑)陰謀, たくらみ, 奸計.

Macher [マッハー] 男 (-s/-) (口)行動[実行]家, やり手, リーダー. ◇ **Macherin** 女 (-s/-nen).

Macho [マチョ] 男 (-s/-s)《主に軽蔑》マッチョ, (過剰に)男っぽさを気取る男.

Macht [マハト] 女 (-/**Mächte**) ❶

① 1格 ② 2格 ③ 3格 ④ 4格

《単》《**über** ④》《人・物 ⁴への》力, 支配力, 影響力; 権限. ♦**über** ④ ~ ausüben 人 ⁴に影響力を行使する, 人 ⁴に影響を及ぼす. ❷《単》権力, 政権. ♦an die [zur] ~ gelangen [kommen] 権力[政権]を握る, 政権の座につく. ❸《単》権力, 威力. ❹強国, 大国, 列強. ❺《集合的に》権力を持つグループ, 勢力. ❻《主に複》神秘的な力を持つもの. *mit (aller)* ~ 全力で, 全力をあげて. *~ geht vor Recht.* (諺)勝てば官軍.

Macht·haber 男《—s/—》《主に複》(軽蔑)権力[有力]者. ◇**~in** 女《—/—nen》.

mächtig [メヒティヒ] ((Ⅰ)) 形 ❶《副なし》(↔ schwach)権力[勢力, 権勢, 威力]のある, 権力[影響力]の大きい, 強力[強大, 有力]な. ❷《副なし》巨大な; 重量感のある, 堂々とした, がっしり[どっしり, ずっしり]した. ❸《付加》ものすごい. ② ~ *sein* (書)物 ² を思いのままにできる[支配している, 使いこなせる]. ((Ⅱ)) 副 (口)ものすごく.

Macht·kampf 男権力闘争.
macht·los 形権力[勢力]のない; 弱い, 無力な.
Macht·probe 女力だめし[比べ].
Mach·werk 男《—(e)s/—e》(蔑)ひどい仕事; 駄作, へたな作り物.
Macke [マッケ] 女《—/—n》 ❶狂っていること, 変なところ. ❷欠陥, 傷.
Mädchen [mέːtçən メートヒェン] 中

格	単数	複数
1	das Mädchen	die **Mädchen**
2	des Mädchens	der Mädchen
3	dem Mädchen	den Mädchen
4	das Mädchen	die Mädchen

❶(↔ Junge)少女, 女の子; (Tochter)娘; (未婚の)若い女性, 乙女. ❷(口)(やや古)ガールフレンド, 恋人. ❸(やや古)メイド, お手伝いさん. **5級**

mädchenhaft [..ハフト] 形少女らしい, 少女のような.
Mädchen·name 男《—ns/—n》 ❶女の子につける名. ❷(結婚前の)旧姓.

Made [マーデ] 女《—/—n》蛆(うじ).
madig [マーディヒ] 形蛆(うじ)だらけの, 蛆のわいた, (果物などが)虫食いの.
Madonna [マドンナ] 女《—/Madonnen》 ❶《単》聖母(マリア). ❷聖母像.

mag [マーク] **mögen** の1・3人称単数現在形.

Magazin [マガツィーン] 中《—s/—e》 ❶倉庫, 商品保管所, 貯蔵所. ❷(図書館の)書庫. ❸(銃の)弾倉. ❹(絵や写真の多い娯楽)雑誌. ❺(放送)(テレビ・ラジオの)時事(報道)番組.

Magdeburg [マクデブルク] 中《—s》マクデブルク(ドイツ中東部の都市).

Magen [マーゲン] 男《—s/Mägen, —》胃; 腹, おなか. ♦*einen vollen* [*leeren*] ~ *haben* 満腹[空腹]である. ③ (*schwer*) *im* ~ *liegen* (口)〈事¹が〉人³の胃に重くのしかかる, 苦労の種である,〈事¹が〉人³は心配で心配でたまらない. ③ *knurrt der* ~. (口)人³の腹ガグーッと鳴る, 空腹である.

Magen·bitter 男《—s/—》苦味薬((満腹時に飲む健胃薬)); 草酒((リキュールの一種)).
Magen·geschwür 中《—(e)s/—e》胃潰瘍(かいよう).
Magen·krebs 男胃癌(がん).
Magen·schmerzen 複胃痛.

mager [マーガー] 形《比較 magerer》 ❶《副なし》(↔ dick)(人・動物が)やせた, 肉[脂肪]の落ちた, 骨ばった. ❷(↔ fett)脂肪分の少ない, 低脂肪の; 栄養(分)[滋養]のない. ❸わずかな, 乏しい, 収穫[収益, 収入]が少ない;(内容などが)貧しい, 貧弱な, 内容[中味, 実質]のない.

Mager·sucht 女《—/》拒食症.
Magie [マギー] 女《—/》 ❶魔法, 魔術, 妖術. ❷手品, 奇術. ❸魔力, 魔力的な作用[魅力].
Magier [マーギアー] 男《—s/—》 ❶魔法使い, 魔術師; 手品師. ❷(キリスト降誕のとき東方から来たる三人の)博士. ◇**~in** 女《—/—nen》.

magisch [マーギシュ] 形 ❶ 魔法[魔術]の, 魔法のような, 魔法の力を持つ, 不思議な. ❷ あやしい魅力のある, 魅惑的な.

Magister [マギスター] 男 (-s/-) 修士.

Magistra [マギストラ] 女 (-/..トレ) (女性の)修士.

Magistrat [マギストラート] 男 (-(e)s/-e) 市庁, 市役所, 市当局;市参事会.

Magnet [マグネート] 男 (-(e)s/-e; -en/-en) ❶ 磁石, 磁鉄;電磁石. ❷ ⟨**für** 4⟩⟨⟨人・物 4 を⟩⟩引きつける[非常に魅力のある]もの[人].

magnetisch [マグネーティシュ] 形 ❶ 〖理〗磁石の, 磁気の, 磁鉄の;磁性の, 磁力のある. ❷ 人を引きつける力のある, 魅力的な.

magnetisieren [マグネティズィーレン] 他 ⟨4⟩ ❶ 〖理〗⟨物 4 を⟩磁化する. ❷ ⟨人 4 を⟩魅了する.

Magnetismus [マグネティスムス] 男 (-/) 磁気(作用), 磁力, 磁性.

magst [マークスト] **mögen** の 2 人称単数現在形.

Mahagoni [マハゴーニ] 中 (-s/) マホガニー材 (赤みがかった硬い木材).

Mähdrescher [メードレッシャー] 男 (-s/-) 〖農〗コンバイン, 刈り取り脱穀機.

mähen [メーエン] 他 ⟨4⟩ (**mit** 3) ❶ ⟨穀物などを⟨物 3 で⟩⟩刈る, 刈り取る. ❷ ⟨牧草地・芝などを⟩刈り取る.

Mahl [マール] 中 (-(e)s/Mähler, Mahle) 《主に単》 ❶ 食事. ❷ 会食, 宴会. ★ 食事の複数には, Mahlzeiten が用いられる.

mahlen* [マーレン] 過 mahlte; 過分 gemahlen) 他 ❶ ⟨穀物 4 などを⟩碾(ひ)く, 搗(つ)く, 砕く, 粉にする;⟨小麦粉 4 などを⟩碾いて作る. ❷ (車が)空回りする.

Mahl·zeit [マールツァイト] 女 (-/-en) 食事. ~! (口) どうぞお上がり下さい;いただきます.

Mähne [メーネ] 女 (-/-n) ❶ (馬・ライオンなどの)たてがみ. ❷ (口) (ボウボウの)長髪.

mahnen [マーネン] 他 ❶ ⟨4⟩ (**wegen** 2) ⟨人 4 に(事 2 についての義務の履行を)⟩催促する, 強く促す[迫る]. ❷ **an** 4 ⟨人 4 に事 4 を⟩気づかせる, 忘れないように強く言う. ❸ ⟨⟨4⟩ **zu** 3⟩ ⟨人 4 に⟩事 3 をするように⟩警告[注意]する, 強く促す.

Mahn·schreiben [マーン..] 中 支払督促状;勧告状;戒告状.

Mahnung [マーヌング] 女 (-/-en) ❶ ⟨**zu** 3⟩⟨事 3 をするようにとの⟩催促, 勧告, 強く促すこと;催促[勧告]されること, 強く促されること;警告, 警鐘, 注意. ❷ 督促(状).

Mai [マイ] 男 (-(e)s, -/-) 《主に単》5 月. im Mai 5 月に. am neunten ~ 5 月 9 日に. 5級

Mai·feiertag 男 メーデー ((5 月 1 日)).

Mai·glöckchen 中 (-s/-) 〖植〗スズラン (鈴蘭).

Mai·käfer 男 (-s/-) 〖昆〗コガネムシ, コフキコガネ.

Mail [メール] 女 (-/-s), (南ド・オーストリア・スイス) 中 (-s/-s) E メール.

Mailand [マイラント] 中 (-s/) ミラノ ((イタリアの都市)).

Mailänder [マイレンダー] ((I)) 男 (-s/-) ミラノ市民. ((II)) 形《無変化》ミラノの. ◇~**in** 女 (-/-nen).

Main [マイン] 男 (-(e)s/)《**der** ~》マイン河 ((ライン河の支流)).

Mainz [マインツ] 中 (-/) マインツ ((ドイツ中西部の都市)).

Mais [マイス] 男 (-es/(種類を示して) -e) 《主に単》 〖植〗トウモロコシ.

Mais·kolben 男 (-s/-) トウモロコシの穂軸.

Majestät [マイェステート] 女 (-/-en) ❶ 陛下 ((皇帝・国王に対する尊称)). ❷ (e)(書) 威厳, 堂々たる威風, 荘厳さ. ◆ Seine ~ = 皇帝[国王]陛下 ((略: S(e). M.)). Ihre ~ 皇后陛下 ((略: I. M.)). Euer [Eure] ~ 陛下 ((呼び掛け)) ((略: Ew. M.)).

majestätisch [マイェステーティシュ] 形 (書) ❶ 威厳のある, 堂々とした, 荘厳な. ❷ (山などが)壮大な, 雄大な.

Majonäse [マヨネーゼ] 囡 (-/-n) マヨネーズ.

Major [マーヨァ] 男 (-s/-e) 〖軍〗(陸軍・空軍)少佐.

Majoran [マーヨラン, (短く)マヨラーン] 男 (-s/-e) 〖植〗マヨラナ (シソ科の香料植物で，薬用にも用いられる).

makaber [マカーバー] 形《副なし》死を思わせる；気味の悪い.

Makedonien [マケドーニエン] 中 (-s/-) マケドニア (バルカン半島中央部にある共和国).

Makel [マーケル] 男 (-s/-) 〖書〗(身体的・道徳的)欠陥，欠点；恥.

makel・los 形 欠点のない，非の打ちどころのない.

Make-up [メークアップ, (短く)メーク・アップ] 中 (-s/-s) ❶メーキャップ，化粧. ❷(クリームなどの)化粧品.

Makkaroni [マッカローニ] 複 〖料理〗マカロニ.

Makler [マークラー] 男 (-s/-) ブローカー，仲買人，仲介人. ◇~in 囡 (-/-nen).

Makrele [マクレーレ] 囡 (-/-n) 〖魚〗サバ (鯖).

Makro [マークロ] 男 中 (-s/-s) 〖コンピュ〗マクロ ((アプリケーションソフトなどで複数の操作を一度にまとめて自動的に行える機能)).

mal¹ [ma:l マール] 副 ❶(口)一度. **(a)**《過去に関して》かつて. **(b)**《未来に関して》いつか. ❷《心態詞として；アクセントなし；文頭に立たない》《命令文および疑問詞のない疑問文の依頼文で》ちょっと. **nun ~** とにかく ((★既成事実なので変えることが出来ないことを表す；命令・疑問文には現れない))；《否定文で》ちっとも[どうやったって]…できない. 4級

mal² 副 掛ける. ◆ Drei ~ zwei ist [macht, gibt] sechs. 3×2=6.

Mal¹ [ma:l マール] 中 (-(e)s/-e) 度，回 ((★ 4格の形で副詞的に用いられることが多い)). ◆ jedes ~ 毎回，いつでも. dieses ~ 今回は. **ein für alle ~(e)** 今回かぎり. **von ~ zu ~** 回を重ねることに(ますます)；毎回毎回，その都度. 4級

Mal² 中 (-(e)s/-e,Mäler) ❶(皮膚の)しみ, 斑点；ほくろ, あざ；傷跡. ❷(複 Mäler) 〖書〗記念碑；墓標, 墓碑.

Malaria [マラーリア] 囡 (-/-) 〖医〗マラリア(熱).

Malaysia [マライズィア] 中 (-s/-) マレーシア (東南アジアの王国).

malen [má:lən マーレン] 他《④》❶《(人・物⁴を)》(絵の具で)描く, (絵に)かく. ❷《特に南》《(物⁴に)》(ペンキ・絵の具などを)塗る, 彩色する. ❸《文字などを》ゆっくりていねいに描く.

Maler [マーラー] 男 (-s/-) ❶画家. ❷ペンキ屋，塗装工, 彩色する人. ◇ **Malerin** [マーレリン] 囡 (-/-nen). 4級

malerisch [マーレリシュ] 形 ❶《付加または副》絵画の. ❷ (絵のように)美しい, 絵になる.

mal|nehmen* [マールネーメン] 他《④》 **(mit** ③)》《(物⁴に)(物³に)》掛ける.

malträtieren [マルトレティーレン] 他 ❶《(人⁴を)》虐待する. ❷《(物⁴を)》乱暴に取扱う.

Malz [マルツ] 中 (-es/) 麦芽，モルト.

Mama [マ(ー)マ] 囡 (-/-s) (↔ Papa) ママ.

Mami [マミ] 囡 (-/-s)《小児語》(↔ Papi) マミー.

Mammut [マンムート] 中 (-s/-e, -s) 〖動〗マンモス.

mampfen [マンプフェン] 他《④》《(口)》《(物⁴を)》ほおばって食べる, もぐもぐ食べる.

man [man マン] 代《不定》★ 3人称単数1格で er では足りず, man が繰り返し用いられる.

1格 man		3格 einem	
2格 eines		4格 einen	
所有冠詞 sein		再帰 sich	

❶人々，世間(の人). ❷だれか(ある人). ❸《1人称の代名詞による主語の明示を避けて》私(たち). ◆ Wie sagt man das auf Deutsch? それはドイツ語で何といいますか. Man sagt, dass ... ...といううわさ[話]です.《受動態の代わりに用いられる; man を訳さず, 受身で訳したほうが自然な日本語になる場合が多い：》Man öffnete die Grenze. 国境が開かれました((★比較：Die Grenze wurde geöffnet. 国境が開かれました)). 5級

Management [メニヂメント] 田 (-s/-s) ❶《集合的に》経営陣. ❷(大企業の)マネージメント, 経営管理.

managen [メニジェン]; 過分 gemanagte [メニジェト] 他 ❶《芸術家・運動選手などの》マネージャーを務める. ❷〈物⁴を〉(うまく)処理する, 取り計らう.

Manager [メニジャー] 男 (-s/-) ❶ [経]経営者, 管理[支配]人. ❷(芸術家・運動選手などの)マネージャー. ◇**Managerin** 女 (-/-nen).

manch [マンヒ] 形《manch は無変化；個別性を強調》かなりの, 相当数の. ♦ ~ **ein alter Mensch** かなりの年老いた人たち. ~ **einer** かなりの数の人.

manche [マンヒェ] ((I)) 冠〈不定数量〉mancher の女性1・4格, 複数1・4格. ((II)) 代〈不定〉mancher の女性形, 複数形.

mancher [マンヒァー]

格	男性	女性	中性
1	mancher	manche	manches
2	manches	mancher	manches
3	manchem	mancher	manchem
4	manchen	manche	manches

| 複数1 manche | 複数3 manchen |
| 複数2 mancher | 複数4 manche |

((I)) 冠〈不定数量〉《付加；単数で；多数の中の一部が該当することを表す》幾つかの; 幾らかの, 少しの；《複》幾らかの, 何人かの. ♦ ~ **Tage** 数日. ★(1) manch が語尾をとらない場合は manch alter Mensch のように形容詞は強変化するが, 定冠詞類のように manch が強変化する場合は, 形容詞は mancher alte Mensch のように弱変化する. ★(2) 2格で形容詞を伴わず, 名詞の語尾が-(e)s の場合は manchen Ärgers のように, manchen が用いられる. ★(3) viel とは違い, 量は表さない. ~ **liebes [~es liebe] Mal** かなりの回数, 幾度も, しばしば. **so ~** かなりの, 相当数の.

((II)) 代〈不定〉幾人かの人. ♦ **so ~** かなりの人. **ein ~** かなりの人. ★(1) ein mancher の方が mancher よりも数は多い ★(2) manch を先行詞とする場合, 関係代名詞は welcher ではなく der を用いる. 5級

manches [マンヒェス] ((I)) 冠〈不定数量〉mancher の中性1・2・4格形, 男性2格形. ((II)) 代〈不定〉mancher の中性形. ★ 不定の意味の manches を先行詞とする場合, 関係代名詞は der ではなく was を用いる.

mancherlei [マンヒァーライ] 形〈無変化〉種々[様々]の；《名詞的に》種々[様々]のこと[もの].

manchmal [mánçmaːl; マンヒマール] 副 ときどき, 幾度か, 折々. 4級

Mandant [マンダント] 田 (-en/-en) 《弱》[法](弁護士の)依頼人. ◇ **~in** 女 (-/-nen).

Mandarine [マンダリーネ] 女 (-/-n) [植]マンダリン, みかん.

Mandel [マンデル] 女 (-/-n) ❶ [植]アーモンドの核[種子]. ❷《主に複》[解]扁桃(腺)；口蓋扁桃.

Mandel-entzündung 女 (-/-en) [医](口蓋)扁桃腺炎.

Manege [マネージェ] 女 (-/-n) サーカスの(円形)演技場.

Mangel¹ [マンゲル] 男 (-s/Mängel) ❶《単》〈**an** ³〉〈(大切な人・物³の)〉欠乏, 不足. ❷《主に複》(商品の)欠陥；(性格などの)欠点, 短所；[法]瑕疵(ᵃ).

Mangel² 女 (-/-n) (洗濯物の)しわ伸ばし器(械), ローラー.

mangelhaft [,.ハフト] 形《最上 ~est》❶欠陥[欠点, 欠損, きず]のある；不完全[不十分]な, 不備[欠けたところ]のある. ❷(ツ)(成績の)不可((6段階

① 1格 ② 2格 ③ 3格 ④ 4格

の下から2番目で評価は「5」)).
mangeln¹ [マンゲルン] 自《3》《大切な物¹が》〈人³に〉欠けている. *Es mangelt* ③ *an* ③. 人³には人・物³が欠けている.
mangeln² 他《洗濯物⁴などを》しわ伸ばし器にかける.
mangels [マンゲルス] 前《2格支配》冠詞や形容詞がない複数形は3格形も用いられる；単数形はしばしば無変化となる《書》…の欠乏[欠如]のために，…が無いので.
Mango [マンゴ] 安(-/..gonen [..ゴーネン], -s) マンゴー(の実).
Manie [マニー] 安(-/Manien [マニーエン])《主に単》《書》❶とりつかれること, (病的)欲求, (病)癖；…狂. ❷[医]躁病(そうびょう).
Manier [マニーァ] 安(-/-en)《主に単》❶(特有の)仕方, 方法, 流儀. ❷作風, 手法, 様式. ❸[音楽]装飾音.
manierlich [..リヒ] 形《やや古》❶礼儀正しい, 行儀[しつけ]のよい, 上品な. ❷(口)かなり良い[上手な].
Manifest [マニフェスト] 中(-(e)s/-e) 政権公約, マニフェスト；宣言(書), 声明(書).
Maniküre [マニキューレ] 安(-/-n)《主に単》マニキュア.
Manipulation [マニプラツィオーン] 安(-/-en)《主に単》❶操作, 操縦. ❷粉飾, いじること, 手を加えること.
manipulieren [マニプリーレン]《(I)》他❶〈人⁴を〉操作する, 操る, ある方向にもっていく. ❷〈物⁴を〉不正に操作する, 粉飾する, ごまかす, いじる；〈道具⁴などに〉細工する, 手を加える. 《(II)》自〈*an* ③〉〈物³に〉細工する, 手を加える.
Manko [マンコ] 中(-s/-s) ❶欠点, 欠落, 欠陥. ❷[経]欠損, 損失, 赤字.
Mann¹ [man マン] 男
❶(複 Männer) (↔ Frau) 男性, 男；成年男子. ❷(複 Männer) (↔ Frau) 夫, 主人, 旦那. ❸(複 Mann)《数詞などを伴って集合的な意味を表す》(一般的な)人間, 人. ♦~ *und*

格	単数	複数
1	der Mann	die Männer
2	des Mann(e)s	der Männer
3	dem Mann	den Männern
4	den Mann	die Männer

Frau 夫婦. *der (kleine) ~ auf der Straße* 普通の人, 平均的な人. *ein gemachter ~ sein* (口) 成功した[立身出世した]人である. ~*!* (口) なんていうことだ((驚き))；おいこら, いい加減にしろ((怒り)). 5級
Mann² 男(-es/-en)《主に複》家臣, 臣下；(家臣の)騎士.
Mann³《人名》マン((Thomas ~ ドイツの作家；1875~1955)).
Männchen [メンヒェン] 中(-s/-) (動物の)雄.
Mannequin [マネカン, マネカン] 中(-s/-s) (女性の)ファッションモデル.
Männer [メナー] 複⇒Mann¹.
Männersache 安 男の仕事.
mannigfach [マンニヒファハ] 形《付加または副》いろいろな, さまざまな.
männlich [メンリヒ] 形 (↔ weiblich) ❶《副なし》《性としての》男[男性]の, 雄の；男性固有[特有]の. ❷ (↔ unmännlich) 男性的な, 男らしい, 男っぽい. ❸《副なし》[言]男性の.
Mannschaft [マンシャフト] 安(-/-en) ❶《複》チーム, 選手団. ❷(船・飛行機などの)乗員, 乗組員, 搭乗員, クルー. ❸(口) (仕事の)一団, グループ, スタッフ. ❹《集合的に》[軍]全兵士, 分隊. ❺《複》[軍]兵員, 下級兵士. 4級
Mannschafts·kapitän 男(同上) 主将, キャプテン, チームリーダー.
Mannschafts·spiel [マンシャフツ..] 男(同上) 団体競技.
Manöver [マネーヴァ (ファ)ー] 中(-s/-) ❶[軍]大演習. ❷(軽蔑)巧妙なやり口, 策略, 術策. ❸(船・飛行機などの)巧みな操縦[ハンドルさばき], 旋回, 方向転換.
manövrieren [マネヴリーレン]《(I)》

① 1格 ② 2格 ③ 3格 ④ 4格

Mansarde

他 ❶⟨④+方向⟩⟨乗り物⁴を…へ⟩うまく操る, 導く. ❷⟨④+方向⟩⟨主に軽蔑⟩⟨人⁴を職場・地位に⟩つかせる. ((II)) 自 ❶(巧みに)事を運ぶ, (うまく)立ち回る. ❷⟨船・飛行機¹などが⟩航路を変更する.

Mansarde [マンザルデ] 囡 (-/-n) 〔建〕マンサード, 屋根裏部屋.

Manschette [マンシェッテ] 囡 (-/-n) ❶⟨シャツの⟩袖口, 袖口(のひだ)飾り. ❷⟨植木鉢などの周りに付ける⟩装飾カバー. ❸〔工〕パッキングリング.

Manschetten·knopf 男 (-(e)s/..knöpfe) カフスボタン.

Mantel [mántəl マンテル] 男 (-s/Mäntel). ❶コート, オーバー, 外套; マント. ❷〔工〕(管・ケーブルなどを保護する)覆い, カバー, 外被, 外殻, 外皮; 外壁. ♦den ~ anziehen [ausziehen] コートを着る[脱ぐ]. 4級

Manuskript [マヌスクリプト] 中 (-(e)s/-e) 原稿, 草稿 ((略: Mskr., Ms., 複 Mss.)).

Mappe [マッペ] 囡 (-/-n) (整理用の)ファイル, フォルダー, 書類入れ; (平たい)書類かばん.

Marathonlauf [マラトンラオフ] 男 (-(e)s/-) 〘スポ〙マラソン(競走). ★動詞は Marathon laufen.

Märchen [méːɐ̯çən メーァヒェン] 中 (-s/-) ❶おとぎ話, 童話. ❷作り話, うそ. ♦die ~ der Brüder Grimm グリム童話. 4級

Märchen·buch 中 (-(e)s/..bücher) 童話の本, 童話集.

märchenhaft [..ハフト] 形 ❶童話的な, 童話のような; 童話のように美しい. ❷⟨口⟩信じられないくらいの, すごい.

Margarine [マルガリーネ] 囡 (-/) マーガリン.

Margerite [マルゲリーテ] 囡 (-/-n) 〔植〕フランスギク.

Maria [マリーア] 囡 ⟨女名⟩マリア.

Marien·käfer [マリーエン..] 男 (-s/-) 〔昆〕テントウムシ (天道虫).

Marihuana [マリフアーナ] 中 (-s/) マリファナ.

Marille [マリレ] 囡 (-/-n) 〘墺〙= Aprikose 杏.

Marinade [マリナーデ] 囡 (-/-n) 〔料理〕❶マリネード ((酢・油・香料などを混合した魚・肉・野菜などでできた漬け汁)). ❷魚のマリネード漬け, マリネ.

Marine [マリーネ] 囡 (-/-n) ❶海軍. ❷⟨集合的に⟩(一国の保有する)全艦隊, 海軍力. ❸海運力.

marinieren [マリニーレン] 他 〔料理〕⟨魚・肉⁴などを⟩マリネードに漬ける (⇒Marinade).

Marionette [マリオネッテ] 囡 (-/-n) マリオネット, 操り人形; ⟨軽蔑⟩傀儡(かいらい).

Marionetten·theater 中 (-s/-) 操り人形劇場.

Mark¹ [mark マルク] 囡 (-/-) マルク ((ユーロ導入前のドイツの通貨; Deutsche ~ ドイツマルク(略: DM, D-Mark)). ★硬貨 Markstück, 紙幣 Markschein.

Mark² 中 (-(e)s/-) ❶(骨などの)髄; 〔生〕髄質. ❷果肉. ❸果肉のジャム[ピューレ]. *bis ins ~ (hinein)* 骨の髄まで, ひどく. 〘慣〙 *durch ~ und Bein gehen* [*dringen*] ⟨人³を⟩いらだたせる; ⟨人³の⟩骨身にこたえる[しみる].

markant [マルカント] 形 (最上 ~est) ⟨副なし⟩(良い意味で)著しい, 目立つ, 際立った.

Marke [márkə マルケ] 囡 (-/-n) ❶(a)切手. (b)券, 札, 標. ❷(計測された位置を示す)標識, しるし, 記号. ❸商標, 銘柄, ブランド.

Marken·artikel 男 (-s/-) 〔経〕ブランド品.

Marken·zeichen 中 (-s/-) 〔経〕トレードマーク.

Marketing [マルケティング] 中 (-s/) 〔商〕マーケティング.

markieren [マルキーレン] ((I)) 他 ❶⟨④ (*mit* ③ [*durch* ④])⟩⟨物⁴に⟨物³・⁴で⟩⟩しるし[記号, 標識]を付ける. ❷⟨物⁴を⟩目立たせる, 際立たせる, 強調する; はっきりさせる. ((II)) 他 ⟨④⟩ ⟨口; 軽蔑⟩⟨⟨物⁴の⟩⟩ふりをする, ⟨⟨人⁴を⟩⟩装う.

markiert markieren の過去分詞.
Markierung [マルキールング] 囡 (−/−en) しるし付け; しるし, マーク.
Markt [マルクト] 男 (−(e)s/Märkte) ❶ 市, 市場. ❷ (その町の中心にあって, 市の立つ) 広場. ❸ (für 4格) (物 4格の) 市場 (じょう); 市況, 需要; 取り引き. ♦ auf den [zum] ~ gehen 市場へ (買い物に) 行く. *der schwarze ~* やみ市場, ブラックマーケット.
Markt·anteil 男 (−(e)s/−e) 【経】市場占有率, マーケットシェア.
Märkte [メルクテ] 履 ⇨ Markt.
Markt·forschung 囡 (−/−en) 【経】市場調査, マーケティングリサーチ.
Markt·frau 囡 (−/−en) 市場 (ば) の物売り女 [売り子].
Markt·halle 囡 (−/−n) 屋根つき市場.
Markt·lücke 囡 【経】市場の隙間. ♦ eine ~ sein [bilden] 〈物 1格が〉隙間産業である.
Markt·platz [マルクトプラッツ] 男 (−(e)s/..plätze) (その町の中心にあって, 市の立つ) 広場. 4級
Markt·wirtschaft 囡 (−/) 【経】市場経済 ((需要と供給で価格が決まる)).
Marmelade [マルメラーデ] 囡 (−/−n) ジャム, マーマレード. ★ 果実の形が残っているものを Konfitüre.
Marmor [マルモァ] 男 (−s/−e) 《主に単》大理石.
marokkanisch [マロカーニシュ] 形 モロッコの.
Marokko [マロッコ] 中 (−s/) モロッコ ((アフリカ西北にある国)).
Marone [マローネ] 囡 (−/−n, 南ド·オストリ Maroni) ❶ 栗の実; 焼き栗. ❷ マドリタケ, ニセイロガワリ (キノコ).
Maroni [マローニ] 囡 (−/−) 《南ド·オストリ》= Marone.
Mars [マルス] 男 (−/) ❶ 【天】火星. ❷ 【ロ神】マールス ((軍神)).
Marsch[1] [マルシュ] 男 (−(e)s/Märsche) ❶ 行進; 行軍, 進軍. ❷ 長くてつらい徒歩旅行 [ハイキング, 登山]. ❸ 【音楽】行進曲.
Marsch[2] 囡 (−/−en) (肥沃な) 低湿地, 沼地, 沼沢地 (北海沿岸).
Marsch·flugkörper 男 巡航ミサイル.
marschieren [マルシーレン] 圓 ⓢ ❶ (特に軍) 行進 [行軍, 進軍] する. ❷ (口) 長い距離を歩いて行く [徒歩旅行する, ハイキングする]. ❸ 決然と進行する [向かってゆく].
Marsch·musik 囡 《単》行進曲.
Marsch·verpflegung 囡 (行軍用の) 携行食糧.
Marter [マルター] 囡 (−/−n) (書) 苦痛, 拷問.
martern [マルテァン] 他 (書) 〈人 4格に〉苦痛を与える. 〈人 4格を〉拷問する.
Märtyrer [メァテューラー] 男 (−s/−) キリスト教の殉教者. ◇ **Märtyrerin** 囡 (−/−nen).
Martyrium [マルテューリウム] 中 (−s/Martyrien) ❶ 殉教. ❷ (口) 苦難, 苦悩, 苦痛.
Marx [マルクス] 《人名》マルクス ((Karl ~ ドイツの経済学者·哲学者·社会主義者; 1818–83)).
Marxismus [マルクスィスムス] 男 (−/) マルクス主義.
Marxist [マルクスィスト] 男 (−en/−en) 《弱》マルクス主義者. ◇ **Marxistin** 囡 (−/−nen).
marxistisch [マルクスィスティシュ] 形 マルクス主義の [的な].
marxsch [マルクスシュ] 形 マルクスの.
März [メルツ] 男 (−(es)/−e) 《主に単》3月. ♦ im ~ 3月に. am dritten ~ 3月3日に. 5級
Marzipan [マルツィパーン, (おもに オストリ) マルツィパーン] 中 (−s/−e) 《主に単》マジパン ((すりつぶしたアーモンドと粉砂糖と香料から成る菓子)).
Masche [マッシェ] 囡 (−/−n) ❶ (網·編み物の) 目; ひと編み. ❷ 《複》網 (の中). ❸ 《主に単》(口) わな, 策略; 術策, うまい手管, トリック.
Maschen·draht 男 金網.

Maschine [maʃíːnə マシーネ] 囡 («–/–n») ❶ 機械, 機械装置, 器具;(特に)タイプライター;ミシン;編み機;(洗濯機;(蒸気)機関. ❷ (口)(自動車の)エンジン. ❸ 飛行機. ❹ (口) オートバイ. ❺ (口;軽蔑) 太った女. (口) ▮~ schreiben タイプライターを打つ. 5級

maschinéll [マシネル] 形 機械による.

Maschínen·gewehr 中 («–(e)s/–e») 機関銃, マシンガン((略:MG)).

Maschínen·pistole 囡 («–/–n») 機関拳銃((略:MP, MPi)).

Maschínen·schlosser 男 機械工, 取り付け工.

maschine|schreiben* 自 = Maschine schreiben (⇨Maschine ❶).

Masern [マーザァン] 複〔医〕麻疹(はしか).

Máserung [マーゼルング] 囡 («–/–en») 木目;木目模様.

Maske [マスケ] 囡 («–/–n») ❶ 面(めん), 仮面. ❷ (防毒用などの)マスク. ❸ デスマスク;石膏(せっこう)のマスク. ❹ (舞台俳優の)扮装, 変装, 仮装;メーキャップ. *die ~ fallen lassen* 正体を現す.

Másken·ball 男 («–(e)s/..bälle») 仮装[仮面]舞踏会.

Másken·bildner 男 («–s/–») メーキャップ係[アーティスト]. ◇ **..bildnerin** 囡 («–/–nen»).

Maskeráde [マスケラーデ] 囡 («–/–n») 仮装(衣装).

maskíeren [マスキーレン] ((I)) 他 ❶ 〈人⁴を〉仮装[変装]させる, 〈人⁴に〉仮面[覆面]をかぶせる. ❷ 〈物⁴を〉隠蔽(いんぺい)する, 隠す, カモフラージュする, 〔言〕隠す. ((II)) 再 sich⁴ 仮装[変装]する, 仮面[覆面]をかぶる.

Maskóttchen [マスコットヒェン] 中 («–s/–») 幸福を呼ぶもの[マスコット].

maskulín [マスクリーン, マスクリーン] 形 ❶ 男性の;男性的な, 男っぽい, 男らしい. ❷ (女性が)男みたいな. ❸ 〔副なし〕男性の.

Maskulínum [マスクリーヌム] 中 («–s/..na») 男 〔言〕男性名詞;(名詞の)男性.

Masochismus [マゾヒスムス] 男 («–/..men») 《主に単》マゾヒズム, 被虐性愛.

Masochíst [マゾヒスト] 男 («–en/–en») 《弱》マゾヒスト, 被虐性愛者. ◇ **Masochístin** 囡 («–/–nen»).

masochístisch [マゾヒスティッシュ] 形 マゾヒストの, 被虐性愛者の.

maß [マース] messen の過去形.

Maß¹ [マース] 中 («–es/–e») ❶ (計測の)単位, 尺度, 物差し, 基準. ❷ 寸法, サイズ. ❸ 程度, 範囲, (分)量, 限度. ♦ *in gewissem ~(e)* ある程度は. *in [mit] ~en* ほどよく適度に. *über alle [die] ~en* 度を越えて, 極端に, 非常に. ~ *halten* ⇨maßhalten.

Maß² 囡 («–/–») (南ド, 墺) マース((液量の単位;1リットル)).

Masságe [マサージェ] 囡 («–/–n») マッサージ, あんま.

Massáker [マサーカー] 中 («–s/–») 《(an ³)》《(人³に対する)》大虐殺, (大量)無差別殺戮(さつりく).

Máß·anzug 男 オーダーメードの服, オーダー服.

Máß·arbeit 囡 («–/–en») ❶ 《単》几帳面な仕事, 正確な出来ばえの仕事. ❷ (服の)注文工[あつらえ]工.

Másse [マッセ] 囡 («–/–n») ❶ (固まっていない)塊(かたまり). ❷ 《主に複》(軽蔑)大衆, 群衆, 民衆. ❸ 多数, 多量. ❹ 〔理〕質量. ★ *eine ~ Menschen* という場合, Menschen は 2 格か *eine ~ von* 同格である. 同格の場合 *eine ~* が主語であれば動詞は単数形でも複数形でもよい.

mäße [メーセ] messen の接続法 II 式形.

Máß·einheit 囡 («–/–en») 度量の単位.

Mássen·arbeitslosigkeit 囡 大量失業.

Mássen·entlassung 囡 大量解雇.

Mássen·grab 中 («–(e)s/..gräber») 共同墓穴, 集団埋葬地.

massenhaft 形 《付加または は副》大量の, 多数の.

Mássen·karambolage 囡 多重

1格 2 2格 3 3格 4 4格

追突事故, 玉突き衝突事故.

Massen·kommunikations·mittel 中 大量伝達手段, マスメディア.

Massen·medium 中 (–s/..medien)《主に複》マスメディア.

Massen·mörder 男 (–s/–) 大量殺人[殺戮]者.

Massen·produktion 女 大量生産.

Massen·vernichtung 女 大量殺戮(ミュミ)[破壊].

Massen·vernichtungs·waffen 複 大量殺戮(ミュミ)[破壊]兵器.

massen·weise 副 (口) 大量に, 数多く.

Masseur [マセーァ] 男 (–s/–e) マッサージ師. ◇ **Masseurin** 女 (–/–nen).

maßgebend [マースゲーベント] 形 決定的な, 権威のある.

maßgeblich [マースゲープリヒ] 形 = maßgebend.

maß|halten* [マースハルテン] 自 ❶〈bei ③〉〈事³について〉節度を守る, 〈事³をう〉適度にする, 節制する. ❷〈mit ③〉〈事³をう〉(長く続くように)セーブする.

massieren [マスィーレン] 他〈((③) ④)〉〈((人³の)所⁴を)〉もむ, マッサージする.

mäßig [メースィヒ] 形 ❶適度な[ほどほどの], 控え目[穏当]な, 度を越さない; 中庸を得た, 節度のある. ❷あまりよくない, 芳しくない, ぱっとしない.

mäßigen ((I)) 他 適度に[ほどよく]する, 抑える, 和らげる. ((II)) 再 sich⁴ 自制する, 節制する.

Mäßigkeit [..カイト] 女 (–/) 適度; 控え目; 中庸.

Mäßigung [メースィグング] 女 (–/–en) 適度にすること; 自制.

massiv [マスィーフ] 形 ❶しっかり(と)した, 堅固な, がっしりした. ❷(素材が)混じり気のない, 純正の. ❸中味の詰まった, 中空でない. ❹強烈な, 厳しい.

Maß·krug 男 (–(e)s/..krüge)《南·オーストリア》(1リットル入り)ビールジョッキ.

maß·los 形 (最上 ~est) (↔ mäßig) 節度のない, 限界のない, 度を越した; ひどい, 極度の, 極端な.

Maßnahme [..ナーメ] 女 (–/–n) 〈gegen ④ [zu ③]〉〈(事⁴·³に対する)〉処置, 措置, 対策.

Maß·regel 女 (–/–n) ガイドライン, 指針, きまり.

maß·regeln (過分 gemaßregelt) 他〈(wegen ②)〉〈(事²により)人⁴を〉叱責(ミヘ)する; 懲戒処分にする, 処罰する.

Maß·stab 男 (–(e)s/Maßstäbe) ❶尺度; (地図などの)縮尺. ❷標準, 基準, ベンチマーク, 規範. ❸ (口) 物差し, 定規.

maß·voll 形 適度な, ほどよい, 度を越さない.

Mast [マスト] 男 (–(e)s/–en, –e) ❶帆柱, マスト. ❷(マスト状の)支柱, ポール.

mästen [メステン] ❶〈家畜⁴を〉肥育する, 太らせる. ❷ (口)〈人⁴を〉(たくさん食べさせて)太らせる.

Master [マスター] 男 (–s/–) 修士. ◇ **~in** 女 (–/–nen).

Masturbation [マストゥルバツィオーン] 女 (–/–en) 自慰, マスターベーション.

masturbieren [マストゥルビーレン] ((I)) 自 自慰を行う. ((II)) 他〈(④)〉〈(人⁴の)〉性器を手で愛撫する.

Match [メッチュ] 中, 《オー》[マッチ] 男 (–(e)s/–(e)s, –e) 試合.

Material [マテリアール] 中 (–s/–ien [..リエン]) ❶原料, 材料, 素材. ❷《主に単》資料, データ. ❸《主に単》《軍》物量.

Materialismus [マテリアリスムス] 男 (–/) ❶物質[実利]主義. ❷ 〔哲〕唯物論[主義].

Materialist [マテリアリスト] 男 (–en/–en)《弱》❶物質[実利]主義者. ❷唯物論[主義]者. ◇ **Materialistin** 女 (–/–nen).

materialistisch [マテリアリスティシュ] 形 ❶物質[実利]主義(者)の.

❷唯物論[主義](者)の.

Materie [マテーリエ] 囡 (-/-n) ❶《単》[理]物質; [哲]質料. ❷主題, テーマ, 題材, 題目;(研究)領域[分野].

materiell [マテリエル] 形 ❶物質(上)の, 物質に関する;物質的な, 物的な. ❷金銭上の, 資金面の.

Mathe [マテ] 囡 (-/) (口) (教科としての)数学.

Mathematik [マテマティーク, (ｵｰｽﾄ)マテマーティク] 囡 (-/) 数学.《無冠詞で》(教科としての)数学. 4級

mathematisch [マテマーティシュ] 形 数学(上)の, 数学的な, 数理(上)の.

Matratze [マトラッツェ] 囡 (-/-n) マットレス, 敷布団, マット;エアマット.

Matrose [マトローゼ] 男 (-n/-n)《弱》❶水夫, 船乗り, 船員. ❷[軍]水兵((海軍での最下級兵)).

Matsch [マッチュ] 男 (-(e)s/-e)《主に単》❶(口) ぬかるみ;ぬかるんだ雪. ❷かゆ状の食べ物.

matschig [マッチヒ] 形 (口) ❶ぬかるんだ, 泥んこの. ❷(果物が腐って)柔らかくなった, かゆ状の.

matt [マット] 形 (最上 ~est) ❶くたくたの, へとへとの, ぐったりした;力[元気]のない 打ちのめされた, 意気消沈した. ❷光沢[輝き, つや]のない, つや消しの[無光沢, 不透明]の, 曇った, 鈍い. ❸(明かり・光などが)ほのかな, かすかな, 弱い;(色調などが)ほのかな, 淡い. ❹説得力の弱い, 説得力[内容]のない, 生彩を欠く. ❺[チェス]詰んだ, チェックメートになった.

Matte [マッテ] 囡 (-/-n) ❶マット, むしろ, ござ, たたみ. ❷ドアマット, 靴ぬぐい;ハンモック;[体操]マット. ❸(ｽｲｽまたは 詩)(アルプス高地の)放牧地, 牧草地.

Matt·scheibe 囡 (-/-n) ❶すり[くもり]ガラス板;[写]焦点ガラス. ❷(口) ブラウン管の受像面.

Matura [マトゥーラ] 囡 (-/..ren)(ｵｰｽﾄ·ｽｲｽ) (Abitur)高等学校[ギムナジウム] 卒業試験, (大学)入学資格試験.

Mätzchen [メッツヒェン] 匣 (口) ナンセンスなこと, 冗談, ばかげたこと.

Mauer [マオアー] 囡 (-/-n) ❶(外の)壁, 囲壁, 塀(ﾍｲ);城壁. ★内の壁は Wand. ❷心の壁. ❸[球技]ディフェンスの壁. *die Berliner ~* ベルリンの壁 ((1961-89 年)). *die Chinesische ~* 万里の長城.

mauern [マオアァン] ((I)) 自 ❶(石材・モルタルなどで)壁を築く. ❷[球技] (口)ディフェンスの壁をつくる. ❸(口)秘密にしておく, 手の内を明かさない. ((II)) 他〈物を〉(石材・モルタルなどで)築く, つくる.

Mauer·segler 男 (-s/-) [鳥]ヨーロッパアマツバメ.

Mauer·werk 匣 (-(e)s/-e)《主に単》❶(石材・モルタルなどで構成された)壁の材料. ❷壁(建物の壁全体).

Maul [マオル] 匣 (-(e)s/Mäuler) ❶(動物の)口, 鼻面. ❷(軽蔑)(人間の)口. ❸《複》(口) 養わなければならない人.

Maul·esel 男 (-s/-) [動]ラバ(騾馬)((馬とロバの雑種));ケッテイ(駃騠)((雄馬と雌ロバの雑種)).

Maul·korb 男 (-(e)s/..körbe) (犬・馬などの)口籠(ｸﾂｺ)((皮ひもなどで籠状に編んだもの)).

Maul·tier 匣 (-(e)s/-e) [動]ラバ(騾馬).

Maul·wurf 男 (-(e)s/..würfe) [動]モグラ.

Maurer [マオラー] 男 (-s/-) ❶れんが職人, れんが積み工, 左官. ❷フリーメーソンの会員.

Maus [マオス] 囡 ❶(Ratte より小さい)ネズミ, ハツカネズミ, マウス. ❷[電算]マウス. ❸(口)小さい女の子, 可愛い子. ❹《複》(口)お金.

mauscheln [マオシェルン] (軽蔑) ❶不正な手段で儲ける, 裏で画策して利益を得る. ❷トランプでいかさまをする.

Mäuschen [モイスヒェン] 匣 (-s/-) ❶小さいネズミ. ❷かわいこちゃん((愛称として)).

mäuschen·still 形《述語または

Mäuse [モイゼ] 複 ⇨Maus.
Mause·falle 女 (-/-n) ネズミ捕り(器).
mausern [マオザァン] ((I)) 再 sich⁴ ❶〈鳥¹が〉羽根が生え[抜け]かわる. ❷《(zu ③)》(口)〈(物³に)〉脱皮する, 生まれかわる. ((II)) 自〈鳥¹が〉羽根が生え[抜け]かわる.
Maus·klick 男 (-s/-s) [ビュータ] (マウスの)クリック.
Maus·taste 女 [ビュータ] (マウスの)クリックボタン.
Maus·zeiger 男 [ビュータ] (マウスの)ポインター.
Maut [マオト] 女 (-/-en) (南ﾄﾞ・ｵｰｽﾄ) 通行料.
m. a. W. 《略》mit ander(e)n Worten 言い換えれば, 換言すると.
maximal [マクスィマール] ((I)) 形 (↔ minimal) 最大(限)の, 最高の, 極大の. ((II)) 副《主に数量の前で》多くても, 最大限でも.
Maxime [マクスィーメ] 女 (-/-n) ❶ 行動原則[原理], 主義, 処世法. ❷ 箴言(しん), 金言, 格言, 処世訓.
maximieren [マクスィミーレン] 他〈物⁴を〉最大[極大]にする.
Maximum [マクスィムム] 中 (-s/Maxima) (↔ Minimum) ❶ 最大限, 最高度[値], 極度. ❷〖数〗極大値.
Maxisingle ((マクスィシングル))マキシシングル((ディスクがアルバムサイズのシングル盤)).
Mayonnaise [マヨネーゼ] 女 (-/-n) マヨネーズ.
Mazedonien [マツェドーニエン] 中 Makedonien.
Mäzen [メツェーン] 男 (-s/-e) (芸術・スポーツの)後援者, 保護者, パトロン. ◇ **Mäzenin** 女 (-/-nen).
MB [エムベー]《略》Megabyte メガバイト.
MdB, M.d.B. [エムデーベー]《略》Mitglied des Bundestages (ドイツの)連邦議会議員.
MdL, M.d.L. [エムデーエル]《略》Mitglied des Landtages 州会議員.
m.E.《略》meines Erachtens 私の考えでは.
Mechanik [メヒャーニク] 女 (-/-en) ❶《主に単》〖理〗力学；〖工〗機械工学. ❷《単》メカ, 仕組み, からくり；機能, 働き；機械装置.
Mechaniker [メヒャーニカー] 男 (-s/-) 機械工, 修理工. ◇ **Mechanikerin** 女 (-/-nen).
mechanisch [メヒャーニシュ] 形 ❶《主に付加》〖理〗力学(上)の, 力学的な；機械工学[メカニズム]の, 機械工学[メカニズム]に関する. ❷ 機械(式)の, 機械仕掛けの, 機械で動く, 機械でできた, 機械による, 機械を用いた[使った], 機械化された. ❸ 機械的な, 自動(式)の；無意識の.
Mechanismus [メヒャニスムス] 男 (-/...men) ❶ メカ(ニズム), 仕組み, からくり, 構造, 機構；(官僚)組織[機構]. ❷〖哲〗機械論.
meckern [メッカァン] 自 ❶〈ヤギが〉鳴く, ヤギが鳴くように声を出す. ❷(口；軽蔑)不平[不満, 文句]を言う, 愚痴をこぼす.
Mecklenburg-Vorpommern [メークレンブルク・フォアポンメァン, メックレンブルク..] 中 (-s/) メークレンブルクフォーアポンメルン州((ドイツ北部)).
Medaille [メダリェ] 女 (-/-n) メダル.
Medaillen·gewinner 男 (-s/-) メダリスト, メダル獲得者. ◇ **Medaillen·gewinnerin** 女 (-/-nen).
Medaillon [メダリヨン, メダヨン] 中 (-s/-s,-e) ❶ ロケット((写真などを入れて鎖に付ける装身具)). ❷〖料理〗メダイヨン((円形に切った肉・魚の切身)). ❸〖美術〗円形レリーフ；〖建〗円形の装飾(模様).
medial [メディアール] 形 ❶ (マス)メディアによる. ❷〖言〗中間態の. ❸ 霊媒の.
Medien [メーディエン] 複 ⇨Medium.
Medien·konzern 男 メディア・コンツェルン.
Medien·landschaft 女 (-/-) メディア業界.

Medien·politik 囡 メディア政策.

Medikament [メディカメント] 电 (-(e)s/-e) 薬, 薬剤, 医薬品.

Meditation [メディタツィオーン] 囡 (-/-en) 瞑想(㌫), 沈思, 黙考, 黙想.

meditieren [メディティーレン] (過去 meditiert) 圁《**über** ④》〈人〉《事⁴を》深く考える, 沈思する, 黙想する, 瞑想(㌫)する, 瞑想にふける.

Medium [メディウム] 电 (-s/Medien) ❶ 媒体, 情報伝達手段, メディア, 媒介物. ❷《複 Medien》《複》マスコミ. ❸《複 Medien》[理・化] 媒質. ❹[心霊術] 霊媒, 巫女(㌫). ❺《複 Media》[言] 中鼻音.

Medizin [meditsi:n メディツィーン] 囡 (-/-en) ❶《単》医学, 医術. ❷ (口) (主に水薬などの)薬.

Mediziner [メディツィーナー] 男 (-s/-) 医学生, 医者. ◇**Medizinerin** 囡 (-/-nen).

medizinisch [メディツィーニシュ] 形 医学の, 医学的な; 医療(用)の; 薬(用)の.

Meer [me:r メーァ] 电 (-(e)s/-e) (大陸に囲まれた)海, 海洋(月面の)海. ♦ ans ~ fahren 海辺に行く. übers ~ gehen 海外へ行く. *ein* ~ *von* ③ 多量の, 無数の. 5級

Meer·enge 囡 (-/-n) 海峡.

Meeres·boden [メーレス..] 男 (-s/..böden) 海底.

Meeres·bucht 囡 湾, 入江.

Meeres·früchte 複 海の幸, シーフード.

Meeres·kunde 囡《単》海洋学.

Meeres·spiegel 男 (-s/) 海面.

Meer·jungfrau 囡 (-/-en) 人魚.

Meer·katze 囡 (-/-n) [動] (アフリカに生息する)オナガザル.

Meer·rettich 男 (-s/-e) [植] セイヨウワサビ, ホースラディッシュ.

Meer·schweinchen 电 (-s/-) [動] モルモット, テンジクネズミ.

Meer·wasser 电 (-s/) 海水.

Meeting [ミーティング] 电 (-s/-s) ❶ (口) 集会, 会合, ミーティング. ❷ (小規模な)競技会.

Mega.. [メガ..]《名詞に付いて》❶ 「100万(倍), メガ」((10⁶, 2²⁰)). ❷ 「(巨)大」.

Mega·byte 电 (-(s)/-(s)) メガバイト ((1024キロバイト; 記号: MB, MByte)).

Mehl [メール] 电 (-(e)s/-e)《主に単》❶ (小麦などをひいた食用の)粉, 穀粉. ❷ (一般に)粉(末).

mehlig [メーリヒ] 形 ❶ 粉だらけの, 粉のついた; 粉をまぶした. ❷ 粉のように細かい. ❸ (果実などが乾いて)ぱさぱさした.

Mehl·sack 男 (-(e)s/..säcke) 粉袋.

Mehl·tau 男 うどん粉病, べと病((植物の病気)).

Mehl·wurm 男 (-(e)s/..würmer) [昆] ゴミムシダマシの幼虫.

mehr [me:r メーァ] (最 more) ((I))《viel の比較級》形《mehr に続く形容詞は強変化する. ~ *als* ...》形容詞と ...以上の, 本当に..., 十二分に..., ...どころではない: Das ist ~ als genug. それは十分過ぎます. ((II))《viel, sehr の比較級》副 ❶ (→ weniger) もっと(多く), ずっと, よりいっそう. ♦ ~ *als einmal* 一度ならず, 一度以上. *Je* ~, *desto besser.* 多ければ多いほど良い. ★ 比較級をつくることができない場合に mehr が用いられる: ~ links [rechts] もっと左[右]に. ❷《名詞・形容詞を比較して; 主に自己の比較》♦ Er ist ~ Dichter als Schriftsteller. 彼は作家というよりむしろ詩人です. ❸《形容詞と》♦ ~ *als* ... ...以上の, 本当に..., 十二分に..., ...どころではない. *nicht* ~ もはや(...で)ない. *immer* ~ = ~ *und* ~ いよいよ, ますます. *nicht* ~ *als* ... ...以上の何ものでもない, ただ...にすぎない. *umso* ~, *als* ... ...だからいっそう, 特に...という理由で[ことで]. ~ *oder weniger* [*minder*] 程度の差こそあれ, 多かれ少なかれ だいたい. ((III)) 代《不定》...以上のこと[もの, 人]. ♦ ~ *als die Hälfte* 半分以上の人たち[もの]. 4級

mehr·bändig 形 二巻以上の, 複数巻の.

① 1格 ② 2格 ③ 3格 ④ 4格

mehr·deutig 形 多義的な, あいまいな.

mehren [メーレン] 他 ((I))〈物⁴を〉増やす, 多くする, 増加させる. ((II)) 再 sich⁴ 増える.

mehrere [メーレレ] ((I)) 形〈不定数量〉〈複数形の名詞を修飾;複数2格では弱変化することもある〉(↔ wenige) ❶ (二つ以上の)いくつか[いくつも]の, 数個の. ❷ 様々[いろいろ]な, 種々の. ◆~ Stunden 数時間. ~ hundert Bücher 数百冊(も)の本. ~ Male 数回, 何度か. ((II)) 代〈不定〉〈複〉数人の人々. ◆zu ~n 数人で, 数人ずつ. ~ von ihnen 彼らのうちの何人[幾人]か. **4級**

mehreres [メーレレス] 代〈不定〉いくつかのもの[こと];いろいろのこと, 様々なこと. ◆Ich habe noch ~ zu tun. 私はまだいろいろすることがあります.

mehr·fach ((I)) 形〈付加または副〉❶ 数回の, 何度もの, 幾重にもなった, 数倍の, 度重なる. ❷ いろいろな, さまざまな. ((II)) 副 ❶ 数回, 何度か[も]. 幾重にも;数倍:数冊, 数個. ❸ いろいろに, さまざまに.

Mehrheit [メーァハイト] 女 (-/-en) ❶ 大多数, 大部分. ❷ 過半数. ❸ 多数派[党]. *die absolute* ~ 絶対多数. *die einfache* [*relative*] ~ 単純[比較]多数 ((議席などが過半数よりは少ないが, 他の政党よりは多い)).

Mehrheits·beschluss [メーァハイツ..] 男 多数決による決定.

Mehrheits·entscheidung 女 = Mehrheitsbeschluss.

mehr·jährig 形〈付加または副〉数年間の, 数年にわたる;数年の;〈植〉多年生の.

mehr·malig 形〈付加または副〉数回の, たびたびの, たび重なる.

mehr·mals 副 数回, 何度か[も]. **4級**

Mehr·parteien·system 中 複数政党制.

mehr·sprachig 形〈副なし〉多言語(使用)の, 数ケ国語の.

mehr·stimmig 形〈音楽〉多声の, 多声部からなる, ポリフォニーの.

mehr·teilig 形 いくつかの部分からなる, 数部から成る.

Mehrweg·flasche [メーァヴェーク..] 女 再利用できるビン, 回収[返却]ビン.

Mehrweg·verpackung 女 再利用できる包装, 回収[返却]可能な包装.

Mehrwert·steuer 女《単》付加価値税 ((日本の消費税にあたり, ドイツでは2007年1月から19%;略 MwSt., Mw.-St.)).

Mehr·zahl 女 (-/-en) ❶ (↔ Einzahl)〔言〕(Plural)複数. ❷《単》多数, 過半数.

meiden* [マイデン] 過 mied; 過分 gemieden) 他〈人・物⁴を〉避ける. ❷〈物⁴を〉差し控える, やめる. ❸ *sich⁴* [einander] ~〈相互的〉避け合う.

Meile [マイレ] 女 (-/-n) マイル((1609 m)).

mein [main マイン] (英 my, mine)

格	男性	女性	中性	複数
1	mein	meine	mein	meine
2	meines	meiner	meines	meiner
3	meinem	meiner	meinem	meinen
4	meinen	meine	mein	meine

((I)) 冠〈所有〉私の, 我が. ◆meine drei gute Freunde 私の3人の親友. ★(1) 冠詞類と共に用いられないが, all, dieser, jener と共に用いられる場合がある. この場合 mein が後ろに置かれる. mein の変化は単独に用いられる場合と同形である:alle meine Schulbücher 私の教科書全部. ★(2) 形容詞 eigen を用いて, 所有所属関係をはっきりさせることがある:Ich habe es mit meinen eigenen Augen gesehen. 私はそれを自分自身の目で見ました. ★(3) 詩・聖書では無変化で名詞の後におかれることがある:schöne Schwester mein 美しき我が妹. ((II)) 代〈所有〉《語形変化する》私のもの. ◆Der Wa-

① 1格 ② 2格 ③ 3格 ④ 4格

gen ist meiner.= Der Wagen ist der meine. この車は私のです. ★《書；古》では sein, werden, bleiben などと共に無変化で用いる. 《(III)》代〈人称〉《古》《詩》(meiner) 1人称単数 ich の2格.

meine [マイネ] ⇒mein.
Mein·eid 男 偽誓；《法》偽証.
meinem [マイネム] ⇒mein.
meinen[1] [máinən マイネン] 他

現在	ich meine	wir meinen
	du meinst	ihr meint
	er meint	sie meinen
過去	ich meinte	wir meinten
	du meintest	ihr meintet
	er meinte	sie meinten
過分	gemeint	接II meinte

❶ 〈zu ③ ④〉〈〈物³について〉〈事⁴という〉〉意見である,〈〈事⁴と〉〉思う,〈〈事⁴を〉〉考える. ★「推測する」の意味の場合は,副文が話法の助動詞や未来・接続法などの場合が多い. ♦ Was meinst du dazu? そのことについてはどういう意見ですか, どう思って[考えて]いますか. ❷〈人・物⁴を〉意味する,〈人・物⁴のことを〉言っている. ♦ Was meinen Sie damit? = Wie meinen Sie das? それはどういう意味ですか. ❸〈〈zu ③ ④〉〉(sagen, bemerken)〈人³に〉事⁴を言う. ❹《es を目的語として》④ *böse* [*gut*] ~ 事⁴を悪意[善意]で言う[する]. *es gut* [*nicht böse*] *mit* ③ ~ 人³に好意を持つ, よく思う. *Man könnte* ~, ...と人は思うかもしれません, ...であるとみうけられます, ...のようです. 4級
meinen[2] [マイネン] ⇒mein.
meiner [マイナー] 《(I)》代〈所有〉⇒mein. ♦ meiner Meinung nach = nach meiner Meinung 私の見解によれば, 私見では (略:m. M. n.). 《(II)》代〈所有〉《主に述語的用法で》私[ぼく]のもの(男性1格形で). ♦ Der Wagen ist meiner. この車は私のです. 《(III)》代〈人称〉1人称単数 ich の2格形.
meiner·seits 副 私の方[側]で[は], 私としては, 私といえば.
meines [マイネス] mein の男性単数2格形, 中性単数2格形.
meines·gleichen 代〈不定〉《無変化》私のような人, 私と同様[同等]の人. ♦ ich und ~ 私と私のような人.
meinet·wegen 副 ❶私のために, 私のせいで. ❷私としては, 私については. ❸《口》(私なら)かまわない, いいけど.
Meinung [máinʊŋ マイヌング] 女 (–/–en) ❶〈über ④〉〈〈事⁴についての〉〉意見, 考え, 見解；自説, 信念, 持論. ❷評価, 判断, 評判, 世評. ♦ seine ~ äußern 意見を述べる. Ich bin der ~ dass... 私は...という意見です. *die öffentliche* ~ 世評, 世論. *nach meiner* ~ = *meiner* ~ *nach* 私の考え[意見]では. *eine hohe* [*gute*] ~ *von* ③ *haben* 人³を高く評価する[よく思う]. *eine schlechte* ~ *von* ③ *haben* 人³を悪く思う. 4級
Meinungs·forschung [マイヌングス..] 女世論調査[研究].
Meinungs·freiheit 女 (–/) 言論の自由.
Meinungs·umfrage 女 世論調査, アンケート.
Meinungs·verschiedenheit 女 (–/–en)《主に複》〈über ④〉〈〈事⁴についての〉〉意見の相違[対立].
Meise [マイゼ] 女 (–/–n)《鳥》シジュウカラ(四十雀).
Meißel [マイセル] 男 (–s/–)(石・金属などを刻む)のみ, たがね.
meißeln [マイセルン] 他〈物⁴を〉のみで彫る, 彫刻する, のみを使って作る；のみをふるう.
Meißen [マイセン] 中 (–s/) マイセン((ドイツ東部のエルベ河畔の都市名；焼物で有名)). ♦ Meißener Porzellan マイセン磁器.
meist [maɪst マイスト]《(英)most》《viel の最上級》《(I)》形《付加；名詞

的に用いられる場合でも小文字》❶(他と比較して)最も多くの, 一番多くの; 最高の, 最大の. ❷(全体のうちの)たいての, ほとんどの, 大部分の, 大多数の. ♦die ~en von uns 我々のうちのほとんど. am ~en 一番, 最も; 最も多く, 一番多く; 最高に. ♦Ich liebe dich am ~en. 僕が君のことを一番愛しています. ((II))副たいていの場合); 大部分は. ★(1) 過去分詞との形容詞の最上級の書き換えとして用いられる. ★(2) 後続する過去分詞との形容詞と結合して, 一語として扱われることがある: meistbegünstigt. 4級

meistens [マイステンス] 副 たいてい(の場合), 多くは; 大部分は.

Meister [máistər マイスター] (英 master) 男(-s/-) ❶マイスター, 親方((Lehrling, Geselle を経て試験に合格した職人)). ❷名人, 達人, 大家, 巨匠. ❸[スポーツ]チャンピオン, 記録保持者.

Meister-brief 男(-(e)s/-e) 親方[マイスター]検定試験合格証.

meisterhaft [..ハフト] 形 卓越した, 完璧な, すばらしい, 見事な, 堪能な, 熟練した.

Meisterin [マイステリン] 女(-/-nen) Meister の女性形.

meistern [マイステァン] 他 ❶〈困難・問題4などを〉克服する, 乗り越える, うまく処理する. ❷〈感情4などを〉抑制する, コントロールする.

Meister-prüfung 女(-/-en) (手工業の)マスター試験 ((手工業会議所による)).

Meisterschaft [..シャフト] 女(-/-en) ❶名人芸, 妙技, 見事な腕前. ❷(しばしば複)[スポーツ]選手権大会, 選手権, チャンピオンシップ.

Meister-singer 男(-s/-) 職匠[工匠]歌人, マイスタージンガー ((14–16世紀頃のドイツの職人の親方の詩人[歌人])).

Meister-stück 中(-(e)s/-e) ❶(親方になるための)検定試験提出作品. ❷傑作, 名人芸, 妙技.

Meister-titel 男 ❶マイスターの称号. ❷選手権[チャンピオン]のタイトル.

Meister-werk 中(-(e)s/-e) 傑作, 名作.

Melancholie [メランコリー] 女(-/..lien[..リーエン]) 《主に単》メランコリー, 憂鬱, 憂愁; 哀愁; [医]鬱病.

melancholisch [メランコーリシュ] 形 憂鬱な, 陰気な, ふさぎ込んだ; もの悲しい, 哀愁を帯びた; [医]鬱病の.

melden [メルデン] ((I)) 他 ❶〈事4を〉(ラジオ・テレビ・新聞などが)報道する, 伝える. ❷〈4 (bei 3)〉〈(担当の人・機関3に)人・事4を〉届け出る, 報告する, 通知する. ❸〈4 (für 4) [zu 3])〉〈人4に(事4・3に参加するように)〉知らせる, アナウンスする. ❹〈人の来訪・到着を〉知らせる, 告げる, 取り次ぐ. ((II)) sich4 ❶〈(bei 3)〉〈(人3に)〉連絡をする[とる]. ❷(口)知らせる, 告げる. ❸(学校で)〈生徒1が〉手をあげる;(手をあげて)知らせる, 答えようとする, 指名を求める, 名乗り出る. ❹〈(für 4); (zu 3)〉〈(物4·3に))申し込む, 応募する, 参加の届け出をする[出す]. ♦(bei) der Polizei 4 ~ 事4を警察に届ける. sich4 für den Sprachkurs ~ 語学コースに申し込む. sich4 krank ~ 病気の(欠勤[欠席])届けを出す.

Meldung [メルドゥング] 女(-/-en) ❶ニュース, 報道. ❷情報; 通知; 通告, 通報;(コンピューターの)警告表示. ❸届け出. ❹〈(für 4); (zu 3)〉〈(物4·3への)〉申し込み, (競技などの)参加(申し込み), エントリー, 志願.

meliert [メリァト] 形 色の混じった, まだらの; 白髪混じりの, ごま塩の.

melken(*) [メルケン] (現 er melkt, (古)er milkt; 過 melkte, (やや古) molk; 過分 gemelkt, gemolken) 他 ❶〈(家畜4の))乳を搾る. ❷(口)〈人4から〉搾(㍊)り取る, 〈人4に〉無心する.

Melodie [メロディー] 女(-/..dien[..ディーエン]) ❶[音楽]メロディー, 旋律. ❷《主に複》(オペラ等大きな作品の中の)曲, 歌. ❸[言]抑揚, イントネーション.

melodisch [メローディシュ] 形 [音

Melone [メローネ] 囡(–/–n) ❶メロン；スイカ. ❷(口:諺)山高帽子.

Memoiren [メモアーレン] 覆 回想録, 回顧録.

Menge [メンゲ] 囡(–/–n) ❶(一定の)量, (一定の)数. ❷多数, 多量, たくさん. ❸群集, 人の群れ, 人混み. ❹《数》集合. ♦eine kleine ~ Salz 少量の塩. *eine* ~ (口) たくさん：*eine* ~ *Geld* 大金. *eine* ~ *Bücher* たくさんの本.

Mengen·lehre 囡(–/)《数》集合論.
Mengen·rabatt 男大口割引.
Meniskus [メニスクス] 男(–/Menisken)《解》半月板；凹凸レンズ.
Menopause [メーノパオゼ] 囡(–/–n) 月経閉止期, 更年期.
Mensa [メンザ] 囡(–/–s, Mensen)（大学の）学食. 4級
Mensch [ménʃ メンシュ]((I))男

格	男性	複数
1	der Mensch	die **Menschen**
2	des Menschen	der Menschen
3	dem Menschen	den Menschen
4	den Menschen	die Menschen

❶《単》人類, 人, 人間. ❷(個々の)人, 人間. ~ (*Meier*)! (口)《驚き・喜びを表して》おお, (おや)まあ, なんと, おやおや, わあ；《怒り・非難を表して》おい, こら. *kein* ~ 誰も…ない. *unter* ~*en gehen* 世の中に出る.
((II)) 囲(–(e)s/–er)《方；主に軽蔑》女, あま, あばずれ；娼婦, 尻軽女. 5級

Menschen·affe [メンシェン..] 男(–n/–n)《弱》類人猿.
Menschen·feind 男(–(e)s/–e) 人間嫌いの人, 人類の敵. ◇**Menschen·feindin** 囡(–/–nen).
Menschen·fresser 男(–s/–) 人食い人種, 食人者.
Menschen·freund 男(–(e)s/–e) 博愛[人道]主義者, 人間を愛する人, 人間好きな人. ◇**Menschenfreundin** 囡(–/–nen).

Menschen·handel 男(–s/) 人身売買；《法》売春強制行為.
Menschen·kenner 男(–s/–) 人間通, 人間のことがよくわかる人. ◇~*in* 囡(–/–nen).
Menschen·kenntnis 囡(–/) 人間を理解する能力.
Menschen·leben 囲(–s/–) ❶人生, 生涯, 一生. ❷(個々の)人命.
menschen·leer 形《叙なし》人のいない, 人気(けはい)のない.
Menschen·menge 囡 群衆.
Menschen·recht 囲(–(e)s/–e)《主に複》人権.
Menschen·schlag 囲(–(e)s/) 人種 ((同種のタイプの人々)).
Menschen·seele 囡 人の霊[魂].
Menschens·kind 囲(口) おやまあ ((驚異の際の呼びかけ)).
menschen·unwürdig 形 人間の尊厳[品位]にふさわしくない[値しない], 非人間的な.
Menschen·verstand 男 *der gesunder* ~ 常識, 良識, コモンセンス, 健全な分別[思考力, 判断力].
Menschen·würde 囡(–/) 人間の尊厳[品位].
Menschheit [..ハイト] 囡(–/) 人類, 人間全体.
menschlich [メンシュリヒ] 形 ❶人間[人類]の, 人間が持っている, 人間に属する[関する], 人的な. ❷人と人との, 人間同士[人間相互, 人間間]の；個人的[私的]な. ❸(↔ unmenschlich) 人間らしい；人間[人道]的な, 人情(味)のある, 人間味のある；人間にふさわしい.
Menschlichkeit [..カイト] 囡(–/) ❶人間であること, 人間存在. ❷人間性, 人間らしさ, 人道, 人情.
Menstruation [メンストルアツィオーン] 囡(–/–en)《医》月経, 生理.
Mentalität [メンタリテート] 囡(–/–en) メンタリティー, 心的傾向, 気質, 考え方.
Menü [メニュー] 囲(–s/–s) ❶《料理》

(レストランの)定食. ❷[ﾒﾆｭｰ]メニュー, 機能選択. 4級

Mephistopheles [メフィストーフェレス]男 メフィストーフェレス((Faust を誘惑する悪魔の名)).

Mercedes-Benz [メァツェーデスベンツ]男(-/-) メルセデス・ベンツ((ダイムラー社の自動車名)).

merkbar [メァクバー]形 認めうる, 顕著な.

Merk·blatt [メァク..]中 (使用)説明書, リーフレット.

merken [mɛ́rkən メァケン]他 ❶〈事⁴に〉気付く, 感づく. ❷〈sich³ ④〉〈人・事⁴を〉記憶する, 覚える.

merklich [..リヒ]形 目に見える, 著しい.

Merkmal 中(-(e)s/-e) ❶ 特徴, 特色. ❷ 印, 標識;〔医〕徴候,〔哲〕徴表,〔言〕素性.

Merkur [メァクーァ]《(I)》男(-s/)〔ロ神〕メルクリウス((商業の神;〔ギ神〕Hermes)).《(II)》男(-s/)〔天〕水星.

merkwürdig [メァクヴュルディヒ]形 奇妙な, 奇異[不思議]な, 風変わりな;特異[独特]な, 異様な;不審[怪しげ]な, うさんくさい, いかがわしい.

messbar [メスバー]形 計測[計量]しうる.

meßbar 形=messbar.

Messe [メッセ]女(-/-n) ❶〔カトリック〕ミサ;〔音楽〕ミサ曲. ❷ メッセ, 見本市.

messen* [mɛ́sən メッセン]《du misst, er misst; 過 maß; 過分 gemessen》《(I)》自〔数量を表す4格と共に, 長さ・面積・体積などを表す〕(...の)長さ[大きさ, 広さなど]がある.《(II)》他 ❶〈大きさ・長さ・量などを〉計[測, 量]る, 測定[測量]する. ❷〈④ an〉〈人・物³を規準にして人⁴・物⁴を〉量る, 判断する;〈人・物⁴を人³・物³と〉比較する. ❸〈④ mit〉〈物⁴を人³と〉比べる, 比較する. ❹〈人・物⁴を〉じろじろ見る. ◆Das Zimmer misst 50 Quadratmeter. その部屋は50平方メートルの広さです. (bei ③) Fieber ~ (人³の)熱を計る.《(III)》再 sich⁴

〈mit ③〉〈人⁴と〉力比べをする, 競争する, 比較する, 優劣を争う. 4級

Messer [mésər メッサー]中(-s/-) ナイフ, 小刀, 短刀, 包丁;メス;〔工〕(機械の)刃. ◆ein scharfes [stumpfes] ~ よく切れる[切れない]ナイフ. *auf des ~s Schneide stehen* 〈事¹が〉きわどい瀬戸際に立っている, のるかそるかの状態である, 岐路に立っている. 4級

messer·scharf 形 ❶ナイフのように鋭い. ❷非常に頭のきれる, 頭脳明晰な.

Messer·stecherei 女(-/-en) 刃傷(にんじょう)沙汰[騒ぎ].

Messer·stich 中(-(e)s/-e) ナイフで刺すこと;ナイフの刺し傷.

Mess·gerät 中(-(e)s/-e) 測定[測量, 計測, 計量]器具.

Meßgerät 中=Messgerät.

Messias [メスィーアス]男(-/-se)〔宗〕救世主, メシア;救い主キリスト.

Messing [メッシング]中《主に単》真鍮(しんちゅう), 黄銅.

Mess·instrument 中=Messgerät.

Messung [メッスング]女(-/-en) ❶ 測量, 測定, 計量, 計測点. ❷ 測定値.

MESZ《略》mitteleuropäische Sommerzeit 中欧夏時間.

Metall [metál メタル]中(-s/-e) 金属.

metallic [メタリック]形《無変化》(輝き・色などが)金属色の, メタリックの.

Metall·industrie 女 金属工業[産業].

metallisch [メタリッシュ]形 ❶金属製の, 金属の. ❷金属的な, 金属性の, 金属のような, 金属を思わせる.

Metapher [メタファー]女(-/-n)〔修辞学〕メタファー, 隠喩, 暗喩.

metaphorisch [メタフォーリシュ]形 メタファーの, 隠喩を使った, 隠喩的な.

Metaphysik [メタフュズィーク]女(-/-en)《主に単》〔哲〕形而上学.

Metastase [メタスターゼ] 囡 (-/-n) ❶ 〖医〗転移. ❷ 〖修辞学〗転嫁法.

Meteor [メテオーァ] 囲 (-s/-e) 〖天〗流星；隕石(ﾚﾝｾｷ).

Meteorit [メテオリート] 囲 (-en/-en (または) -s/-e) 隕石(ﾚﾝｾｷ).

Meteorologe [メテオローゲ] 囲 (-n/-n) 弱 気象学者. ◇ **Meteorologin** [(-/-nen).

Meteorologie [メテオロロギー] 囡 (-/) 気象学.

meteorologisch [メテオロロギーシュ] 形 気象(学)の, 気象学的な, 気象学上の；天気の.

Meter [メータ一] 囲囲 (-s/-) メートル ((略：m)). 4級

meter·dick 形 ❶ (約) 1 メートルの厚さ[太さ]の, 1 メートルほどもある. ❷ 数メートルの厚さ[太さ]の, 数メートルもある.

meter·hoch 形 《名詞を修飾する場合は ..hohe-》 ❶ (約) 1 メートルの高さの, 1 メートルほどもある. ❷ 数メートルの高さの, 数メートルもある.

Meter·maß 囲 (-es/-e) メートル尺[ものさし, 巻尺].

Methan [メターン] 囲 (-s/) 〖化〗メタン.

Methode [メトーデ] 囡 (-/-n) 方法, 方式, やり方；教授法, 方法論.

methodisch [メトーディシュ] 形 ❶ 《付加語また副》方法論的な, 方法論上の, 方法論にのっとった. ❷ 秩序[順序]だった, 几帳面な, 整然とした.

Metier [メティエー] 囲 (-s/-s) 仕事, 職業, 専門, 商売.

Metrik [メートリク] 囡 (-/-en) ❶ 〖詩学〗韻律論, 韻律学, 詩作法. ❷ 〖音楽〗メートリク, 韻律法.

metrisch [メートリシュ] 形 ❶ 韻律学の, 韻律論上の, 韻文の, 韻律(詩)的な. ❷ 〖音楽〗韻律法の. ❸ メートル(法)の.

Metropole [メトロポーレ] 囡 (-/-n) ❶ (書) 首都. ❷ 中心地. ❸ メトロポリス, 大都市.

Mett·wurst [メット..] 囡 (-/..würste) メットヴルスト ((燻製された脂肪のないソーセージ)).

Metzger [メッツガー] 囲 (-s/-) 《南ドイツ・オーストリア・スイス》肉屋(の主人).

Metzgerei [メッツゲライ] 囡 (-/-en) 《南ドイツ・オーストリア・スイス》肉屋(の店).

Meute [モイテ] 囡 (-/-n) ❶ 〖狩〗(猟犬の)群れ. ❷ (軽蔑) 暴徒.

Meuterei [モイテライ] 囡 (-/-en) 暴動, 反乱, 反逆.

meutern [モイテァン] 自 ❶ 〈gegen 4〉〈人 に対して〉暴動[反乱]を起こす, 反抗する. ❷ (口) 不平を言う.

mexikanisch [メクスィカーニシュ] 形 メキシコ(人)の.

Mexiko [メクスィコ] 囲 (-s/) メキシコ ((北米の共和国)).

Meyer [マイアー] 《人名》マイヤー.

MEZ. [エムエーツェット] 《略》mitteleuropäische Zeit 中欧標準時.

mg 《略》Milligramm.

MG [エムゲー] 囲 (-(s)/-(s)) 《略》Maschinengewehr 機関銃.

mhd. 《略》mittelhochdeutsch 中高ドイツ語の.

Mi 《略》Mittwoch.

Mia. 《略》Milliarde(n).

miau [ミアオ] 間 ニャオ ((ネコの鳴き声)).

miauen [ミアオエン] (過分 miaut) 自 〈ネコが〉 ニャオと鳴く.

mich [ミヒ] 代 〈人称・再帰〉ich の 4格形.

mick(e)rig [ミック[ケ]リヒ] 形 (口) (軽蔑) ちっぽけな, 取るに足りない. ★ オーストリアではmickrig.

mied [ミート] meiden の過去形.

miede [ミーデ] meiden の接続法 II 式形.

Miederwaren [ミーダーヴァーレン] 複 ファウンデーション ((コルセット・ガードルなどの体の線を整える下着)).

Miene [ミーネ] 囡 (-/-n) 顔つき, 表情. ♦ keine ~ verziehen 顔色ひとつ変えない. *gute ~ zum bösen Spiel machen* (嫌な目にあっても) 平気を装っている[笑ってみせる].

mies [ミース] 形 (最上 -est) (口) ❶ (軽蔑) ひどい, 不(愉)快な. ❷ (心身が

①1格 ②2格 ③3格 ④4格

Mies·macher 男《-s/-》《口;軽蔑》よくけちをつける人, あらさがし屋, 酷評家; 悲観論者.

Mies·muschel 囡《-/-n》【貝】ムール貝, イガイ《食用》.

Miete [ミーテ] 囡《-/-n》**(I)** ❶賃貸[賃借]料, 家賃, 部屋代;《単》賃貸借(契約). ❷《車・ボートなどの》レンタル料金. ★ 地代, 小作料は Pacht を用いる.《(II)》【農】(冬期貯蔵用の)むろ;(干草・わら・穀物などの)山. 4級

mieten [míːtən ミーテン]《du mietest, er mietet; 命 miete; 過 mietete; 過分 gemietet》他《↔ vermieten》《部屋・家・車などを》(金を払って)借りる, 賃借りする, レンタル[リース, チャーター]する. ★ 農地の場合は pachten を用いる. ◆ (sich³) ein Zimmer [eine Garage, ein Haus] ～ (自分のために)部屋[ガレージ, 家]を借りる. 4級

Mieter [ミーター] 男《-s/-》賃借人, 借家人[間借り人]. ◇ **Mieterin** [ミーテリン] 囡《-/-nen》.

Miets·haus [ミーツ..] 囲《-es/..häuser》賃貸住宅.

Miet·vertrag [ミート..] 男《-(e)s/..verträge》賃貸借契約.

Miet·wagen 男《-s/-》レンタカー.

Miet·wohnung 囡 賃貸アパート[マンション].

Mignon [ミニョン, ミニョン]《女名》ミニョン.

Migräne [ミグレーネ] 囡《-/-n》【医】偏頭痛.

mikro.. [ミクロ..] ❶《形容詞・名詞に付いて》「微・小・細」: Mikrocomputer マイクロコンピューター. ❷《単位に付いて》「100万分の1」: Mikrogramm マイクログラム.

Mikrobe [ミクローベ] 囡《-/-n》微生物, 細菌, 黴菌(ばい), 病原菌.

Mikro·film 男《-(e)s/-e》マイクロフィルム.

Mikrofon [ミクロフォーン] 囲《-s/-e》マイク(ロフォン).

Mikrophon = Mikrofon.

Mikro·skop [ミクロスコープ] 囲《-s/-e》【理】顕微鏡.

mikroskopisch [ミクロスコーピッシュ] 形《付加または副》❶ 顕微鏡の, 顕微鏡を使っての. ❷(顕微鏡的)極微の, 微細な.

Mikro·welle 囡《-/-n》❶マイクロ波, 極超短波. ❷《口》電子レンジ.

Milbe [ミルベ] 囡《-/-n》【動】ダニ.

Milch [mɪlç ミルヒ] 囡《-/-e(n)》❶乳; 母乳; ミルク, 牛乳. ❷(化粧用の)乳液;【医】乳剤. ❸【植】樹乳, 乳液;【動】魚精, 白子(しらこ). ◆ saure ～ サワーミルク. 4級

Milch·flasche 囡 ❶牛乳ビン. ❷哺乳ビン.

milchig [ミルヒヒ] 形 ミルクの(ような); 乳白[乳濁]色の, 白濁した.

Milch·kaffee 男 ミルクコーヒー.

Milch·kännchen 囲 ミルク入れ[ポット].

Milch·reis 男《-es/-e》(砂糖・シナモンが入ってミルクで炊く)ミルクがゆ.

Milch·straße 囡《-/-》【天】天の川, 銀河.

Milch·zahn 男【解】乳歯.

mild [ミルト] 形 = milde.

milde [ミルデ] 形《比較 milder》❶寛大[寛容]な, (刑罰・判決などの)軽い, 甘い. ❷(気候などが)穏やかな, 温暖[温和]な. ❸(光などが)穏やかな, 柔らかな, やさしい, ほのかな;(色彩などが)淡い, しんみりした, 落ち着いた. ❹(飲食物の味が)口当たりのよい[柔らかい], まろやかな(味の), マイルドな;(タバコなどが)軽い. ❺(洗剤・石鹸・化粧品などが)刺激性の少ない, 低刺激性の, ソフトな.

Milde [ミルデ] 囡《-/-》❶寛大, 寛容, (刑罰・判決などの)軽い[甘い]こと. ❷(気候などの)温和, 温暖. ❸(光などの)穏やかな[ほのかな]こと;(色などの)淡さ. ❹(味などの)口当りのよさ, マイルドさ, まろやかさ;(タバコなどの)軽さ. ❺(石鹸などが)刺激性の少ないこと, ソフトなこと.

mildern [ミルダァン]《(I)》他《物¹を》和らげる, 緩和する, 軽減する, 静める,

Milderung 弱める. ((II))再 sich⁴〈怒り・苦痛¹などが〉和らぐ,静まる,弱まる.

Milderung [ミルデルング] 女 ❶緩和,軽減,鎮静. ❷和らぐ[静まる,弱まる]こと.

Milieu [ミリエー] 中 (-s/-s) ❶環境,境遇, ❷《俗》売春婦が立つ地域,赤線地帯.

militant [ミリタント] 形 (最上 -est)戦闘的な,好戦的な,すぐ暴力に訴える.

Militär [ミリテーァ] ((I))中 (-s/)軍隊;部隊. ((II))男 (-s/- s) (↔ Bürger)軍人,将校.

Militär·dienst 男 (-es/) 兵役,軍務.

Militär·diktatur 女 軍数独裁.

militärisch [ミリテーリシュ] 形 (↔ zivil) ❶軍(隊)の,軍事(上)の. ❷軍人らしい[風の],軍隊的な.

Militarismus [ミリタリスムス] 男 (-/)軍国主義(体制).

Militarist [ミリタリスト] 男 (-en/-en)《弱》軍国主義者. ◇~in 女 (-/-nen).

Militär·putsch 男 軍事クーデター.

Miliz [ミリーツ] 女 (-/-en) 《軍》❶民兵(隊),市民軍,在郷軍. ❷(旧社会主義国の)軍事警察.

milk [ミルク] melken の命令法2人称単数形.

milkst [ミルクスト]《やや古》melken の2人称単数現在形.

milkt [ミルクト]《やや古》melken の3人称単数現在形.

Mill.《略》Million(en).

Milli.. [ミリ..,ミリ..]《単位の前に付いて》「1000分の1」.

Milliarde [ミリアルデ] 女 (-/-n) 10億 ((略:Md., Mrd., Mia)).

Milligramm [ミリグラム,ミリグラム] 中 (-s/-e) ミリグラム ((記号:mg)).

Millimeter [ミリメーター,ミリメーター] 男 中 (-s/-) ミリメートル ((略:mm)).

Millimeter·papier 中 (1ミリ目の)方眼紙,グラフ用紙.

Million [ミリオーン] 女 (-/-en) 100万 ((略:Mill., Mio.)). 4級

Millionär [ミリオネーァ] 男 (-s/-e) 百万長者. ◇~in 女 (-/-nen).

millionen·schwer 形《副なし》(口)(数)百万の資産のある.

Millionen·stadt 女 百万人都市.

millionst [ミリオーンスト] 形《付加または副》100万番目の.

Millionstel [ミリオーンステル] 中 (-s/-) 100万分の1.

Milz [ミルツ] 女 (-/-en) 《解》脾臓(ﾋｿﾞｳ).

Mimik [ミーミク] 女 (-/) 表情,身ぶり.

Mimose [ミモーゼ] 女 (-/-n) ❶《植》ミモザ(属),オジギソウ. ❷《軽蔑》過敏な人,傷つきやすい人.

mimosenhaft [ミモーゼンハフト] 形 過敏な,傷つきやすい.

min, Min.《略》Minute 分.

minder [ミンダー] (表 less) 《本来は klein の意味を持つ語の比較級; gering, wenig の比較級として用いられるが,原級はない;最上級:mindest》 ((I)) 形《付加》より少ない,劣った,低級な. ★minder に続く形容詞には強変化する. ((II)) 副より少なく,劣って,さらに低級に.

minder·bemittelt [..ベミッテルト] 形《副なし》❶お金[資産]のない,貧しい,資金力の乏しい. ❷(口;軽蔑)(頭が)ないし足りない,賢くない.

Minderheit [ミンダーハイト] 女 (-/-en) (↔ Mehrheit) 少数(派),マイノリティ.

minder·jährig 形《副なし》未成年の,18歳未満の.

Minderjährige(r) [..イェーリゲ[ガー]] 男 女《形容詞変化》未成年者.

mindern [ミンダァン] ((I))他〈物⁴を〉減らす,下げる,弱める,落とす. ((II))再 sich⁴ 減る,下がる,弱まる.

Minderung [ミンデルング] 女 (-/-en)《主に単》減少,低下,弱化.

minder·wertig 形 価値の劣る,劣等な,平均以下の. *sich⁴* ~ *fühlen* 劣等感を抱く.

mindest [ミンデスト] ((I))形《付加;副なし》《付加》ほんの[ごく]わずかの,最小の. ★主に否定で用いられる;mindest に続く形容詞は強変化する. ❷《否定で》少しも…もない. *nicht im Minde-*

sten [~en] 少しも[まったく, 全然, いささかも]…ない. *zum Mindesten* [~en] 少なくとも, せめて. ★ この意味では zumindest, mindestens の方がよく用いられる. (II) 代《名詞的に用いられる場合も小文字のままでよい》*nicht das Mindeste* [*mindeste*] 少しも…ない, まったく…ない.

mindestens [mɪndəstəns ミンデステンス] 副 ❶《主に数量を示す語(句)の前で》少なくとも, 最小限. ❷ 少なくとも, せめて. **4級**

Mindest·haltbarkeits·datum 中 賞味期限.

Mine [ミーネ] 女 (-/-n) ❶ 鉱山, 鉱脈; 鉱坑, 坑道. ❷ (シャープペンシル・ボールペンなどの)芯(し). ❸ 〘軍〙地雷, 機雷, 水雷.《比》陰謀.

Mineral [ミネラール] 中 (-s/-e, -ien) ❶鉱物.❷ (複 -ien) (水に溶けている)ミネラル(分).

Mineralogie [ミネラロギー] 女 (-/) 鉱物学.

Mineral·öl 中 (-(e)s/-e) 鉱油; 石油.

Mineral·wasser [ミネラールヴァサー] 中 (-s/..wässer) ミネラルウォーター, (天然)鉱水; 炭酸水. **4級**

Mini [ミニ] 中 (-s/-s) 〘口〙ミニ(スカート).

Miniatur [ミニアトゥーァ] 女 (-/-en) ❶ ミニアチュール((写本の彩色された画・文字・挿画装飾図)). ❷ 細密画.

minimal [ミニマール] (I) 形 ❶ (↔ maximal) 最小[最低]限度の, 極微[極小]の. ❷ ほんの少しの, きわめてわずかの. (II) 副 最小[最低]限度の[に]; 最小[最低]限度で, 少なくとも, 最も少なく見積もって.

Minimum [ミ(ー)ニムム] 中 (-s/Minima) (↔ Maximum) 最小[最低]限(度), 最小[最低]量, 最小[最低]点, ミニマム; 〘数〙極小.

Minister [mɪnístər ミニスター] 男 (-s/-) 大臣, 長官. ◇ **Ministerin** 女 (-/-nen).

Ministerium [ミニステーリウム] 中 (-s/..rien [..リエン]) 省.

Minister·präsident [ミニスタープレズィデント] 男 (-en/-en) 〘弱〙 ❶ 首相, 総理大臣. ❷ (ドイツの)州政府首相; (旧東ドイツの)閣議の議長. ★ 連邦首相は Bundeskanzler.

Minister·rat 男 (-(e)s/..räte) (旧東ドイツの)政府, 閣議, 内閣.

Ministrant [ミニストラント] 男 (-en/-en) 〘弱〙〘カトリック〙(子供の)ミサの侍者, 奉仕者. ◇ **Ministrantin** 女 (-/-nen).

Minna [ミンナ] 《女名》ミンナ ((Wilhelmine, Hermine の愛称形)).

Minnesang [ミンネザング] 男 (-(e)s/) (12〜14世紀中世ドイツの)恋愛歌, ミンネザング.

minus [ミーヌス] (↔ plus) (記号:-)) (I) 圏 マイナス, 引く. (II) 副 ❶ マイナス, 負 ((0 より小さいことを表す; 符号: ー)). ❷ マイナス, 陰, 負 〘電極〙((負の電荷)). ❸ マイナス ((評点などで示された数値や記号より悪いことを表す)). (III) 前 《2格支配》〘商〙…を差し引いて.

Minus [ミーヌス] 中 (-/-) 《主に単》〘口〙 (↔ Plus) マイナス, 不足, 欠損; 〘商〙損失, 赤字.

Minus·zeichen 中 (-s/-) マイナス記号, 負号 ((-)).

Minute [ミヌーテ] 女 (-/-n) ❶ (時間単位)分(略:min, m)); (角度・経緯度の)分(ふん) ((1度の60分の1)). ❷ ちょっと[少し]の間. ♦ *Eine ~, bitte!* 〘口〙ちょっとお待ち下さい. *in letzter ~ = in der letzten ~* 最後の瞬間に, 土壇場(どたんば)で, ぎりぎりに. *Es ist fünf vor zwölf.* きわどい所である, 土壇場(どたんば)である, ぎりぎりである. **4級**

minuten·lang 形 数分間の, 数分間続く.

Minuten·zeiger 男 (-s/-) (時計の)分針, 長針.

Mio. 《略》Million(en) 100万.

mir [ミーァ] 代〈人称・再帰〉ich の3格形.

Mirabelle [ミラベレ] 女 (-/-n) 〘植〙セイヨウスモモ.

Misch·brot [ミッシュ..] 中 混合パン

Mischehe　((小麦粉とライ麦粉を配合)).

Misch·ehe 囡雑婚;(やや古)宗異宗婚;異民族間の結婚.

mischen [ミッシェン] ((I))他❶〈④ (mit ③)〉〈物³と〉物⁴を混ぜる,混合する.❷〈物⁴を〉(混ぜて)作る.❸〈④ (in [unter] ③)〉〈物⁴を(物³に)〉加える,混ぜる.((II))再sich ❶〈mit ③〉〈物³と〉混ざる,混合する.❷〈unter ④〉〈人⁴の中に〉紛れ込む,紛れる.❸〈in ④〉〈人⁴に〉割り込む,介入する,干渉する,口出しする.

Misch·farbe 囡混合色.

Mischling [ミッシュリング] 男(-s/-e)❶混血児,混血の人.❷生雑種,交配種.

Misch·masch [..マッシュ] 男(-(e)s/-e)《主に単》(口;軽蔑)混合物,ごった混ぜ,寄せ集め.

Misch·pult 中(-(e)s/-e)(ラジオ・テレビなどの)音声ミキサー,ミキシングパネル.

Mischung [ミッシュング] 囡(-/-en)❶〈aus [von] ③〉〈物³の〉混合,混和,融合;(音の)ミキシング;〔薬〕調合;〔化〕化合;〔冶〕合金.❷〈aus ③〉〈物³の〉混合[化合]物,合成品,ブレンド.

Misch·wald 男(-(e)s/..wälder)(広葉樹と針葉樹との)混淆(ﾐ)林.

miserabel [ミゼラーベル] 形(比較 miserabler)❶(軽蔑)ひどい,お粗末な,最低の,最悪の.❷みじめな,不幸[不運]な,哀れな,悲惨な.❸恥ずべき,破廉恥な,卑しむべき,あさましい.★名詞を修飾する場合は ..able-.

Misere [ミゼーレ] 囡(-/-n)苦境,困窮,窮地;悲惨,不幸.

miss [ミス] messen の命令法2人称単数形.

miß.. 他=miss.

miss.. [ミス..,ミス..] ((I))《形容詞に付いて;アクセントを持つことが多い》「悪い,誤った(基礎語の否定,反対の意味)」: misstönend 耳障りな,調子外れの. ((II))《前綴り》《非分離》《アクセントを持たない》「悪く,誤って(基礎語の否定,反対の意味)」: miss-brauchen 乱用する.

miß.. 他=miss...

Miss [ミス] 囡(-/-/Misses) ❶単《無冠詞》..嬢(英語からの未婚女性に対する敬称).❷ミス...((美人コンテストの優勝者)).

Miß 他=Miss.

missachten [ミスアハテン](過 missachtete;過分 missachtet)他 ❶〈法律⁴などを〉無視する,〈忠告⁴などに〉従わない.❷〈人・事⁴を〉軽蔑する,〈人⁴を〉知らん顔をする,〈事⁴を〉知らないふりをする.

missbilligen [ミスビリゲン](過 missbilligte;過分 missbilligt)他〈事⁴を〉認めない,不賛成である,好ましくないと思う;非難する.

Miss·billigung 囡(-/-en)《主に単》否認,不賛成;非難.

Miss·brauch 男(-(e)s/..bräuche)《主に単》乱用,悪用. *sexueller* ~ 婦女暴行;性的虐待.

missbrauchen [ミスブラオヘン](過 missbrauchte;過分 missbraucht)他❶〈物⁴を〉乱用する,悪用する.❷〈人⁴を〉暴行する,〈人⁴に〉性暴行する.

missen [ミッセン]他《話法の助動詞と》〈人・物⁴を〉欠く,なしで済ます.★否定で用いられることが多い.

Miss·erfolg [ミスエァフォルク] 男(-(e)s/-e)失敗,不成功;不評.

Misse·tat [ミッセ..] 囡(-/-en)(書;やや古)悪行,悪事,犯罪.

missfallen* [ミスファレン](du missfällst, er missfällt; 過 missfiel; 過分 missfallen)自〈③〉〈書〉〈人³の〉気に入らない,〈人³を〉不(愉)快にする.

Miss·fallen 中(-s/)《単》気に入らないこと,不快,不愉快,不機嫌,不満.

Miss·geschick 中(-(e)s/-e)不運,災難.

missglücken [ミスグリュッケン](過 missglückte;過分 missglückt)自⑤〈(③)〉〈〈人³の〉〉〈計画⁴などが〉成功しない,〈人³は〉〈計画⁴などに〉失敗する.

miss☐t ⇨ miss☐en

missgönnen [ミスゲネン]《過 missgönnte; 過分 missgönnt》個《③④》〈人³が物⁴を〉得ることを好まない，〈人³の物⁴を〉ねたむ[うらやむ].

Miss·griff 男《-(e)s/-e》失策，失敗，過失；誤謬(ごびゅう)；[音楽]〔楽器の〕弾き誤り.

misshandeln [ミスハンデルン]《過 misshandelte; 過分 misshandelt》個〈人・物⁴を〉虐待する，いじめる.

Miss·handlung [ミスハンドルング] 囡《-/-en》虐待，酷使.

Mission [ミスィオーン] 囡《-/-en》❶ [書]使命，任務. ❷[書]派遣〔団〕，〔外交〕使節〔団〕. ❸[単][宗]布教，伝道，宣教；布教団，伝道団.

Missionar [ミスィオナーァ],**..när** [..ネーァ] 男《-s/-e》伝道者，布教者，宣教師. ◇**~in** 囡《-/-nen》.

Miss·kredit 男④ *in ~ bringen* 人・物⁴の信用を失わせる，悪評を立てる.

misslang [ミスラング] misslingen の過去形.

misslänge [ミスレンゲ] misslingen の接続法Ⅱ式形.

missliebig [ミスリービヒ] 形 好かれない，嫌われた，不人気な.

misslingen* [ミスリンゲン]《過 misslang; 過分 misslungen》 圎⑤《③》〈〈人³の〉〉〈計画¹などが〉成功しない，〈〈人³は〉〉〈計画¹などに〉失敗する.

Misslingen [ミスリンゲン] 囲《-s/》失敗.

misslungen [ミスルンゲン] misslingen の過去分詞.

Miss·mut 男《-(e)s/》不快，不機嫌，不満.

miss·mutig [ミス..] 形 不快な，不機嫌な，不満な.

missraten* [ミスラーテン]《(Ⅰ)》《du missrätst, er missrät; 過 missriet; 過分 missraten》 圎⑤《③》〈〈人³の〉〉〈計画¹などが〉成功しない，〈〈人³は〉〉〈計画¹などに〉失敗する. 《(Ⅱ)》形《主に付加》しつけの悪い.

missriet [ミスリート] missraten の過去形.

Miss·stand 男《-(e)s/Missstände》《主に複》不都合〔な状態〕，弊害；欠点；不正.

misst [ミスト] messen, missen の2・3人称単数現在形.

misstrauen [ミストラオエン]《過 misstraute; 過分 misstraut》 圎《③》〈人・物³を〉信用しない，疑う，怪しむ，〈人・物³に〉不信[疑惑]を抱く.

Misstrauen [ミストラオエン] 囲《-s/》《(gegen ④)》《〈人・物⁴に対する〉》不信〔感〕，疑惑.

miss·trauisch 形 《(gegen ④)》〈人⁴[事⁴など]に対して〉信用[信頼]しない，不信の；疑っている，疑い[疑心]を抱いた.

miss·verständlich 形 誤解を招きやすい，間違いやすい，惑わせる，紛らわしい.

Miss·verständnis [ミスフェアシュテントニス] 囲《-ses/-se》❶ 誤解，勘違い；間違い. ❷《主に複》〔ささいな〕感情の行き違い，意見の衝突，不和.

missverstehen* [ミスフェアシュテーエン]《過 missverstand; 過分 missverstanden; (zu不定詞) misszuverstehen》★miss- にアクセントがある場合でも現在形では非分離動詞として扱われ，過去分詞には ge- を付けないが，zu不定詞は分離動詞と同じ扱いになる. 個〈人・事⁴を〉誤解[誤認]する，思い違いする.

Miss·wirtschaft 囡《-/-en》《主に単》経営[財政，家計]の失敗[乱れ]，乱脈[放漫]経営.

Mist [ミスト] 男《-(e)s》❶ 堆肥. ❷ [口；軽蔑] くだらない物，がらくた；くだらないこと，ばかげたこと，つまらないこと.

Mistel [ミステル] 囡《-/-n》[植] ヤドリギ(寄生木).

Mist·haufen 男 堆肥(たいひ)；堆肥[厩肥(きゅうひ)]の山.

Mist·kübel 男《-s/-》[オースト] ゴミバケツ.

mit [mɪt ミット] 《(Ⅰ)》前《3格支配》❶《手段・道具》(a)〔↔ *ohne*〕...で，...を用いて. ◆~ *beiden Händen* 両手で. (b)《定冠詞と共

miss□t ⇨ miss□en

に;交通手段)...で. ◆~ dem Auto [Zug, Flugzeug, Schiff] fahren 車[列車, 飛行機, 船]で行く. ❷《随伴》(↔ ohne)...と(一緒に[共に])...,...を連れて;...と,...を相手に. ◆~ ③ sprechen 人³と話す. ❸《付随》(a)(↔ ohne)...付きの,...を持った[備えた]...,をつけて.◆die Übernachtung ~ Frühstück 一泊朝食付き. (b)...の状態で. ★副詞で言い換えられることもある.◆~ hoher Geschwindigkeit 高速で. ❹《同一方向》(↔ gegen)...を受けて. ◆~ dem Wind segeln 風を受けて海上を行く. ❺《時間的》(a)...と共に,...をもって,...から. ◆~ Tagesanbruch (Sonnenaufgang) 日の出と共に. (b)《数詞と》...歳で. ◆Er starb schon ~ 40 (Jahren). 彼はすでに40歳で亡くなりました. と共に,...するにつれて. ◆~ dem Jahren 年を経るごとに. ❻《原因・理由》...が原因で, ...のため, ◆~ einer Erkältung 風邪で. ❼《包含》(↔ ohne)...を含めて, ...込みで. ◆Wir haben Montag ~ Freitag von zehn bis acht Uhr geöffnet. 毎週月曜日から金曜日, 10時から8時まで開店しています. ★これは方言で, 普通は von Montag bis Freitag. ❽《条件;etwas, viel, mehr などと》...があれば. ◆(nur) ~ etwas mehr Geld (ほんの)もう少し多くお金があれば, (ほんの)もう少し多くのお金で. ❾《関係》...に関して, ...について. ◆Was ist (los) ~ dir? いったいどうしたの. ❿《es と》(a)《es は主語》◆Es ist ~ ihm aus. (口) 彼はもうだめです. (b)《es は目的語》◆es mit ③ eilig haben 事³を急いでいる. **(II)** 副 ❶共に, 一緒に;同時に;同様に, 同じく. ◆Ich war ~ dabei. 私もそこに居合わせました. ★一時的に「一緒に」の場合は, mit は副詞であるが, 動詞と結合して分離動詞の前綴りとみなされると意味が異なる:mitarbeiten 協力する. ❷《話法の助動詞と共に用いられ, gehen, kommen, fahren などの移動を表す動詞が省略されているのが文脈から分かる場合》◆Du kannst auch ~. 君もいっしょに来てもかまわないよ. ❸《最上級と共に》(...の)一つ. ◆Das ist ~ das Beste. それは一番いいものの一つです. [5級]

Mit·arbeit 囡(-/) 共同制作[作業, 研究], 共同, 協力, 合作;寄稿.

mit|arbeiten [ミットアルバイテン] 圓〈an [bei] ③〉〈事³に〉協力[共同]する, 共同制作[作業, 研究]する, 合作する. ★mit arbeiten (一時的に)一緒に仕事をする.

Mit·arbeiter [ミットアルバイター] 團(-s/-) ❶(同じ会社などの)従業員, 正社員. ❷(アルバイトも含めて)仕事仲間, 協力者. ((★同僚は Kollege を用いる)). ◇**Mitarbeiterin** 囡(-/-nen).

mit|bekommen* 他 ❶(口)〈事が〉分かる, 〈事⁴について〉気づく, 〈事⁴を〉耳にする, 聞く. ❸〈④ ③〉〈(人³から)物⁴を〉もらっていく, 〈(人³からって)物⁴を〉持って行く.

mit|bestimmen〈**über** ④〉〈(事⁴を)〉決定に参与する[意見を出す], 〈(事⁴を)〉共同で決定する, 経営に参加する.

Mit·bestimmung [ミットベシュティムング] 囡〈**über** ④〉〈(事⁴について の)〉共同決定, 経営参加.

mit|bringen* [ミットブリンゲン] 他 ❶〈(来るついでに)人⁴を〉連れて来る, 〈(来るついでに)物⁴を〉持って来る, 持参する. ❷〈③〉〈④〉〈(人³に)物⁴を〉(プレゼントとして)持って来る[行く], 持参する. ❸〈④〉〈**für** ④〉〈(物⁴のための)〉才能〉などを〉持ち合わせている. [4級]

Mitbringsel [ミットブリンゲゼル] 中(-s/-) (口)(旅行などのささやかな)おみやげ.

Mit·bürger 圐〈-s/-〉同市民[国民], 同じ町[国]に住む人, 同胞. ◇**~in** 囡(-/-nen).

miteinander [ミットアイナンダー] 副 共に, 一緒に, 互いに.

mit|erleben 他〈事⁴を〉共に体験する, 〈事⁴に〉居合わせる.

①1格 ②2格 ③3格 ④4格

mit|fahren* [ミットファーレン] 自(S) (乗り物で)一緒に行く,同行する,同乗する,同behren[同船]する.

mit·fühlend [..フューレント] 形 同情的,思いやりのある.

mit|führen 他 ❶〈物⁴を〉携行[携帯]する,持って行く,連れて行く. ❷〈川¹などが〉〈物⁴を〉運ぶ,押し流す.

mitgearbeitet mitarbeiten の過去分詞.

mit|geben* 他 ❶〈③④〉〈人³に物⁴を〉持たせてやる. ❷〈③④〉〈人³に人⁴を〉付けてやる.

mitgefahren mitfahren の過去分詞.

Mit·gefühl 中(-(e)s/) 同情,思いやり.

mit|gehen* 自(S) ❶一緒に行く,同行する,同伴する. ❷〈(mit ③)〉〈(音楽などに)〉魅了される,引き込まれる.

mitgeholfen mithelfen の過去分詞.

mitgemacht mitmachen の過去分詞.

mitgeteilt mitteilen の過去分詞.

Mit·gift 女(-/-en) 持参金.

Mitglied [ミットグリート] 中(-(e)s/-er) 一員,会員,メンバー,構成員,成員;社員;組合員;委員;議員;加盟国.

Mitglieder·versammlung [ミットグリーダー..] 女(-/-en) 会員総会.

Mitglieds·ausweis [ミットグリーツ..] 男 会員証.

Mitglieds·beitrag 男(-(e)s/..beiträge) 会費.

Mitglied·schaft 女(-/-en) 会員の身分[資格],メンバーであること;会員数;全会員,メンバー全体.

Mitglied(s)·staat 男 加盟国.

mit|halten* 自〈(mit ③)〉〈人³と〉肩を並べてゆく,張り合う.

mit|helfen* [ミットヘルフェン] 自 手伝いをする,手助けする,協力[加勢]する.

Mit·hilfe 女(-/) 手伝い,手助け,協力,加勢.

mithilfe, mit Hilfe [ミットヒルフェ] ((I)) 前《2格支配》❶ …の助けをかりて,手助けで,協力で,おかげで. ❷ …を使って,用いて,…の助けをかりて,おかげで. ((II)) 副〈von ③〉〈人·物³の〉助けをかりて,おかげで.

mit|hören 自〈(④)〉❶〈(事⁴を)〉(偶然に)聞く,耳にする,〈(事⁴が)〉聞こえてくる. ❷〈(電話⁴などを)〉盗聴する.

mit|kommen* 自(S) ❶〈(mit ③)〉〈(人³を)〉連れて来る[行く],同行[同伴]する,〈(人³に)〉ついて来る[行く]. ❷〈(mit ③)〉〈(電車⁴などに)〉間に合う. ❸〈(mit ③)〉〈(口)〉〈(人³に)〉ついていく.

Mit·läufer 男(-s/-) (軽蔑) (政党運動などに)表面だけかかわる人,形だけ参加する人.

Mit·laut 男(-(e)s/-e) 〔言〕子音.

Mit·leid 中(-(e)s/) あわれみ,憐憫(びん),同情.

mit·leidig 形 あわれみ深い,思いやりのある,慈悲深い.

mit|machen [ミットマッヘン] ((I)) 他 (口)〈物⁴に〉加わる,参加する,一緒[共]に行う,関与する. ❷〈事⁴を〉手伝う,〈人⁴に〉協力する. ❸〈苦労⁴などを〉経験する,〈苦難⁴に〉遭う. ((II)) 自 ❶〈bei [an] ③〉〈事³を〉一緒[共]に行う,〈(事³に)〉加わる,参加する,関与する. ❷〈物¹が〉ついていく,(期待どおり)うまく動く.

Mit·mensch 男(-en/-en) 《弱》《主に複》同胞,仲間,同じ人間.

mit|nehmen* [ミットネーメン] 他 ❶〈物⁴を〉持って行く,携帯する,持ち帰る;〈人⁴を〉連れて行く. ❷〈事¹が〉〈人⁴に〉精神的な苦痛を与える,〈事¹で〉〈人⁴は〉痛手を受ける. ❸〈物⁴を〉利用する;〈所³に〉ちょっと寄ってみる. ❹〈(口)〉〈物⁴に〉傷をつける. **4級**

mit|reden 自〈(mit ③) (bei ③)〉〈(人³に)〉〈(テーマ³について)〉意見を述べる. ❷〈(bei ③)〉〈(事³の)〉決定に加わる,話の仲間に入る.

Mit·reise(r) 男女《形容詞変化》(旅行の)道連れ,同行[同伴]者;ツアー·メンバー.

① 1格 ② 2格 ③ 3格 ④ 4格

mit|reißen* 他 ❶〈人・物⁴を〉引っさらって行く,巻き込む. ❷〈人⁴の〉心を奪う,〈人⁴を〉感動[感激]させる,引きつける.

mitsamt [ミットザムト] 前《3格支配》(↔ohne)…と共に,…もろとも;…を含めて.

mit|schneiden* 他〈物⁴を〉録音[録画]する.

Mit・schuld 囡(-/)〈an ③に〉犯罪³などの〉共犯,同罪,連累.

Mit・schüler 男(-s/-) クラスメート,同級生,学友,同校生,同窓生. ◇ **Mit・schülerin** 囡(-/-nen).

mit|spielen 自 ❶一緒にプレーする[遊ぶ];ゲーム[遊び]に加わる;[競技に参加する;[劇]共演する,伴奏する.[音楽]共演する,伴奏する. ❷〈bei ③〉〈事¹が〉〈人・物³に〉影響を及ぼす,〈事¹が〉〈人・物³に〉…役かっている. ❸〈bei ③〉〈事³に〉反対しない,〈事³の〉邪魔にならない.

Mit・spieler 男(-s/-) 遊び仲間;チームメート;[音楽]共演者,伴奏者;[劇]共演者. ◇ **Mitspielerin** 囡(-/-nen).

Mittag [ミッターク] ((I))男(-s/-e) ❶《単》正午. ❷(11時から14時くらいまでの)昼,昼時. ❸昼休み. ★曜日と共に用いる場合は一語で綴る. ◆heute [gestern, morgen] ~ 今日(ゴ)[きのう,明日]の正午に[昼に]. (*zu*) *es-sen* 昼食をとる. ((II))中(-s/) (口) 昼食. 4級

Mittag・essen [ミッタークエッセン] 中(-s/)《主に単》昼食. 4級

mittags [ミッタークス] 副(毎日)正午(頃)に,昼に. 4級

Mittags・pause 囡(-/-n) 昼休み.

Mittags・ruhe 囡 昼休み;昼の休息((1時から3時くらいまで));昼寝.

Mittags・zeit 囡(-/-en) ❶《単》(真)昼時,正午頃;昼食時,ランチタイム. ❷昼休み.

Mitte [ミッテ] 囡(-/-n)《主に単》❶中央,真ん中;中間;中心. ❷《年・月などと》中旬,中ごろ. ❸《数詞と》(…歳の)半ば. ❹(政治の)中道. ❺内部,仲間,グループ. ◆~ *Januar* 1月中旬[半ば]に. *in der* ~ *sein* 真中[中心]にある. 4級

mit|teilen [ミットタイレン] ((I))他〈④に〉〈人³に事⁴を〉知らせる,伝える,通知する. ★*dass* 副文もとる. ((II))*sich*⁴ 〈③に〉〈人³に〉気持ち[心中]を打ち明ける,心の内を話す.

mitteilsam [..ザーム] 形《副なし》話好きな,おしゃべりな,オープンな.

Mit・teilung 囡(-/-en) 知らせ,通知,報告,伝達.

Mittel [ミタル ミッテル] 中(-s/-) ❶手段,方法,方策. ❷〈für [gegen] ④〉〈物⁴の〉薬,医薬. ❸〈für ④ [zu ③]〉〈物⁴³のための〉(化学)製剤,薬剤. ❹《複》資金,資力,財力,財産. ❺〈aus ③〉〈物³の〉平均,平均値. ❻ Mサイズ. ◆*ein* ~ *gegen* [*für*] *den Husten* [*zum Einschlafen*] 咳止め[睡眠薬]. 4級

Mittel・alter 中(-s/) 中世(期) ((略:MA.)).

mittelalterlich [..リヒ] 形 中世(期)の,中世風の((略:ma.)).

mittelbar [..バール] 形《書》間接の,間接的な.

Mittel・ding 中(-(e)s/-e)《主に単》(口)中間[混合]物;どっちつかずの物.

Mittel・europa 中(-s/) 中央ヨーロッパ,中欧.

Mittel・feld 中(-(e)s/-er) (サッカーなどの)ミッドフィールド.

Mittelfeld・spieler 男(-s/-) (サッカーなどの)ミッドフィールダー.

Mittel・finger 男(-s/-) 中指.

Mittel・gebirge 中(-s/-) 中級の山(岳) ((1000メートルから2000メートルくらいまで)).

mittel・groß 形 中くらいの大きさの,中程度の,中型の.

mittel・hochdeutsch 形 中高[中世高地ドイツ語の ((11世紀中頃-14世紀中頃;略:mhd.)).

Mittel・hochdeutsch 中(-(s)/) 中高ドイツ語 ((略:Mhd.)).

Mittelklasse・wagen 男 中型車.

①1格 ②2格 ③3格 ④4格

Mittel·kreis 男(-es/-e)【スポーツ】センターサークル.

Mittel·linie 女(-/-n)【スポーツ】ハーフウェイライン.

mittellos [..ロース]形 金[財産]のない,無資力の,無(資)産の,貧困な.

mittel·mäßig 形(:軽蔑)並みの,平凡な,普通の,凡庸な.

Mittel·meer 中(-(e)s/)地中海.

Mittel·punkt [ミッテルプンクト]男(-(e)s/-e) ❶(円・球などの)中心(点);中心地. ❷関心[注目]の的,花.

Mittel·scheitel 男(-s/-)髪の真ん中分け.

Mittel·schule 女(-/-n) ❶(やや古)(ドイツの)中[間]学校. ❷(ぶ)高等学校.

Mittel·stand 男(-(e)s/)《主に単》中流[中産]階級,ミドルクラス.

Mittel·strecken·rakete 女(-/-n)中距離ミサイル.

Mittel·streifen 男(-s/-)(高速道路などの芝や灌木を植えた)中央分離帯.

Mittel·weg [..ヴェーク]男(-(e)s/-e)中道,折衷案.

Mittel·welle 女(-/-n)《主に単》[放送]中波((略:MW)).

mitten [mítən ミッテン]副《主に前置詞句と》真ん中に,中央に,ただ中に;さなかに,真っ最中に. [4級]

mittendrin [ミッテンドリン]副(口)その真ん中に[で];その真っ最中に.

mittendurch [ミッテンドゥルヒ]副真ん中を貫いて[通って].

Mitternacht [ミッターナハト]女(-/-nächte)午前0時,真夜中,夜半. [4級]

Mitternachts·sonne 女(-/)(北極・南極の夏の白夜の)真夜中の太陽.

mittler [ミットラー]《元来はmittelの比較級》形(付加) ❶中央の,中間の. ❷中年の. ❸中位の,中級の,中規模の. ❹平均の,平均的な. ♦der ~e von drei Brüdern 三人兄弟の真ん中. [4級]

Mittler [ミットラー]男(-s/-)(書) ❶仲介者,周旋人;仲裁者,調停者. ❷【宗】(神と人との間の)仲介者,キリスト. ◇**Mittlerin** 女(-/-nen)

Mittlerin 女(-/-nen)

mittler·weile 副そう(こう)するうちに,その間に.

Mittwoch [ミットヴォッホ]男(-(e)s/-e)水曜日(略:Mi.)). ♦am ~ 水曜日に. [5級]

mittwochs [ミットヴォッホス]副(毎週)水曜日に.

mitunter [ミットウンター]副(書)時とすると,時折,たまに.

mit|wirken 自 ❶〈bei [an] 3〉〈物3に〉協力[協同]する,参加する,貢献する,共同関与する. ❷〈bei 3〉〈事3に〉〈物3に〉共に作用する,共に影響を与える. ❸〈in 3〉〈映画・演劇3に〉共演[出演]する.

Mitwirkende(r) [ミットヴィルケンデ[ダー]]男/女《形容詞変化》協力者,参加者;[劇]共演者.

Mit·wisser [..ヴィッサー]男(-s/-)(犯行の事情を)知っている人,関知している人;従犯者.

mixen [ミクセン]他 ❶〈(3) 4〉〈(人3のために)酒類4を〉混ぜて作る. ❷〈4 mit 3〉〈物4を物3に〉混ぜてミキサーにかける.

Mixer [ミクサー]男(-s/-) ❶ミキサー. ❷バーテン. ❸[映・放送]ミキサー((人・機械とも)).

mm 《記号》Millimeter.

Mob [モップ]男(-s/)(軽蔑)暴徒.

Möbel [mǿːbəl メーベル]中(-s/-)《主に複》(比較的大きな)家具,調度. ★個々の家具は Möbelstück という. [4級]

Möbel·wagen 男(-s/-)家具運搬車.

mobil [モビール]形 ❶動かすことができる,移動できる,可動[移動](性)の;流動性のある. ❷【軍】動員した,出動態勢の整っている. ❸(口)元気な,活発な,活動的な. ♦eine ~e Bücherei 移動図書館.

Mobiliar [モビリアーァ]中(-s/-e)《主に単》動産;家財.

mobilisieren [モビリズィーレン]

Mobilmachung

((I)) 他 ❶《4 (zu 2)》〈人4を(事3のために)〉》(総)動員する. ❷《物4を》結集する. ❸軍隊を動員する.

Mobil·machung 女《–/–en》《主に単》動員.

Mobil·telefon 中 携帯電話.

möbl.《略》möbliert.

möblieren [メブリーレン] 他《部屋4などに》家具を備え付ける.

möbliert [メブリーアト] 形 家具備え付けの.

mochte [モホテ] mögen の過去形.

möchte [mœçtə メヒテ] **((I))** mögen の接続法 II 式形.

現在	ich möchte	wir möchten
	du möchtest	ihr möchtet
	er möchte	sie möchten

((II)) 助《話法》《不定詞と》
❶《今》…したいと思っている. ◆ Möchtest du ins Kino gehen? 映画に行きたい. ★ (1) この接続法 II 式 möchte は接続法と意識されず直説法現在 mögen の代用として現在の希望を表す. 否定の場合は直説法現在の mögen も用いられる: Ich mag nichts essen. 私は何も食べたくないです. ★ (2) 過去の希望を表す場合は wollen の過去形を用いる: Ich wollte gestern ins Kino gehen. 私は昨日映画に行きたかったです. ❷《丁寧に》(できれば)…したいのですが. ◆ Ich möchte nicht gestört werden. 私は邪魔されたくないのですが. ❸《間接引用;sollen より丁寧》◆ Bitte, sagen Sie ihm, er möchte draußen auf mich warten. 外で私を待ってくださるように彼にお伝えください. ❹《主語が 2・3 人称》…して欲しいのですが, …してくれると良いのですが. ◆ Du möchtest bitte zurückrufen. 折り返し電話してね. ❺《願望;möchte が文頭》…であったらなあ. ◆ Möchte es doch bald regnen! すぐに雨が降ってくれたらなあ. **((III))**《不定詞なしで本動詞として》他 ❶《物4が》欲しいと思っている. ❷《事4を》望んでいる. ★ 受動なし. ◆ Was möchten Sie? 何がお望みですか. **((IV))**《不定詞なしで本動詞として》自《+ 方向》…へ)行きたいと思っている. ◆ Ich möchte ins Kino. 私は映画に行きたいのですが. **5級**

Mode [モーデ] 女《–/–n》❶《服などの》流行, モード, はやり. ❷《複》流行の服. ◆ in ~ sein〈物1が〉流行している, はやっている. aus der ~ kommen すたれる, 流行遅れとなる.

Mode·farbe 女《–/–n》(特に服装の)流行色.

Modell [モデル] 中《–s/–e》❶模型; モデル; 型, ひな型;【美術】モデル. ❷模範, 手本. ❸試作品, 見本. ❹ファッションの新作, ニューモード. ❺《婉曲》娼婦, コールガール. ❻鋳型.

modellieren [モデリーレン] 他《(4)》〈〈物4の〉モデル[模型, ひな型]を作る.

Modell·kleid 中《–(e)s/–er》(ファッションモデルが着る)新作服.

Modem [モーデム] 男/中《–s/–s》モデム, 変復調装置.

Moder [モーダァ] 男《–s/》かび, 腐敗物.

Moderation 女《–/–en》【放送】(ニュース)キャスターを務めること.

Moderator [モデラートァ] 男《–s/..toren[..トーレン]》❶【放送】(ニュース)キャスター. ❷【理】モデレーター, 減速材(原子炉の中性子緩速剤). **~in** 女《–/–nen》.

moderieren [モデリーレン] 他《(4)》【放送】〈番組4の〉キャスターを務める.

modern¹ [モデァン] 形 ❶最新流行の, はやりの, 流行している. ❷現代的な, 現代[今日]の, 現代風の, 最新の, モダンな, 近代的な. ❸近代の, 近代に属する. **4級**

modern² [モーダァン] 自《植物1などが》❶Ⓢ 腐敗する, かびる. ❷ⓗ 腐敗している, かびている.

modernisieren [モデアニズィーレン] **((I))** 他 ❶《工場などを》近代[現代]化する, 最新式にする. ❷《芸術作

möglich

品⁴を)現代的にする,現代風にアレンジする.(II) 圓 近代[現代]的になる,最新式になる.

Mode·schöpfer 男⟨–s/–⟩ ファッションデザイナー[クリエーター].
◇ **..schöpferin** 囡⟨–/–nen⟩.

Mode·zeitschrift 囡ファッション(雑)誌.

modifizieren [モディフィツィーレン] 他⟨書⟩⟨物⁴を⟩(新しいものに合うように)変更する,修正する;緩和する.

modisch [モーディシュ]形 最新流行の,はやりの,流行している.

Mofa [モーファ]囲⟨–s/–s⟩(最高速度25キロくらいの)原動機付き自転車((Motorfahrrad の短縮形)).

mogeln [モーゲルン] 圓⟨bei ③⟩⟨口⟩⟨物³を⟩ごまかす,ぺてんにかける.

Mogel·packung [モーゲル..]囡⟨口⟩いんちき包装[品],上げ底(の品).

mögen [mø:gən メーゲン]助⟨話法⟩

現在	ich mag	wir mögen
	du **magst**	ihr mögt
	er **mag**	sie mögen
過去	ich **mochte**	wir mochten
	du **mochtest**	ihr mochtet
	er mochte	sie mochten
過分	**mögen**(不定詞を伴うとき),	
	gemocht(不定詞を伴わないとき)	
接II	möchte	

((I))《不定詞と》★過去分詞は mögen. ❶《願望》(a)《主に否定文・疑問文で》...したい. ★肯定の意味では,現在は主に möchte が用いられる.《否定文で》...したくない.♦ Ich mag jetzt nichts essen. 今何も食べたくありません.(b)《hätte と完了形式で》...したかったのだが,...したいくらいだった.♦ Das hätte ich sehen mögen. それを私は見たかったのに.(c)《ときに gern

と》...が好きである;《否定文で》...が好きではない.♦ Ich mag schwimmen. 私は泳ぐのが好きです. ❷(a)《推量》...かもしれない,...らしい.♦ Das mag sein! = Mag sein! そうらしいね,(b)《返答を期待しない疑問詞のある疑問文で;完了形の場合は過去の出来事に関する疑問の強めとなる》いったい ...なのだろうか; ...かしら.♦ Wer mag das sein? それはいったい誰なんだろうか. ❸《間接引用;接続法Ⅰ式で》♦ Er bat mich, ich möge ihm helfen. 彼は私に助けてくれるように頼みました. ❹《譲歩》《mögen は譲歩文を強調する》(たとえ ...であって)も,(たとえ ...して)も,(どれほど...しようと)も.♦ Wenn der Film auch Schwächen haben mag, so ist er doch sehenswert. その映画に悪いところがあっても見る価値はあります. ★ wenn を用いないで mögen を文頭にたてる形式もある:Mag der Film auch Schwächen haben, so ist er doch sehenswert. ❺《無関心な許可;現在形でのみ》(したいなら勝手に)...するがいい,...したらいい.♦ Er mag tun, was er will. 彼はしたいことをすればいい(私はそんなことに関心はない). ❻《要求;接続法Ⅰ式で》(a)...でありますように.♦ Möge er gesund bleiben! 彼が健康でありますように.(b)...して欲しい,...してもらいたい.♦ Du mögest bitte zurückrufen. (折り返し)電話を掛けてよ.

((II))《不定詞なしで本動詞として》★過去分詞は gemocht. 他《人・物⁴が》好きである.♦ Er mag sie sehr. 彼は彼女がとても好きです.((III))《不定詞なしで本動詞として》★過去分詞は gemocht. 圓⟨+方向⟩⟨...へ⟩行きたい.♦ Ich mag nach Hause. 私は家に帰りたい[帰宅したい]です. 5級

möglich [mø:klɪç メークリヒ]形 ❶(実行[実現])可能な,(実行[実現])できる. ❷可能性のある,ありうる,考えられる,想像できる,考慮の対象となる. ★最上級 möglichst は主

①1格 ②2格 ③3格 ④4格

möglicherweise

に副詞として用いられる;比較級を形容詞として用いるのは本来は誤用.♦ **wenn es ~ ist** [wo ~] できれば,(もしも)可能ならば. **so schnell wie ~** できるだけ早く. **das Mögliche** 可能なこと, できること,あらゆること. **alles Mögliche** ①ありとあらゆる[いろんな]こと,あらゆる可能性. **alle mögliche …** 《複数名詞と》(口)ありとあらゆる…,いろんな…. **4級**

möglicherweise [メークリヒャーヴァイゼ] 副 もしかすると[場合によっては](…かも知れない).

Möglichkeit [mø:kliçkaɪt メークリヒカイト] 女(-/-en) ❶ 可能性,実現性. ❷ 可能な[考えられる]ケース,ありうる[起こりうる]こと;見込み,チャンス. ❸ 可能な方策. ❹《複》(なしうる)能力,資力.♦ die ~ haben, …《zu不定詞》…することのできる見込み[チャンス]がある. Es besteht die ~, dass … …ということは可能です,…という可能性があります.

möglichst [メークリヒスト]《möglich の最上級》(I) 副 できるだけ,なるべく;できれば,可能なら.♦ ~ **schnell** (= so schnell wie möglich) できるだけ速く. (II) 形 できるだけの.

Mohammed [モーハメット]《人名》マホメット,ムハンマド((イスラム教の開祖;570? -632)).

Mohammedaner [モハメダーナー] 男(-s/-) イスラム教徒.◇ **Mohammedanerin** 女(-/-nen).

mohammedanisch [モハメダーニシュ] 形 イスラム教の.

Mohn [モーン] 男(-(e)s/-e) 【植】❶ ケシ(罌粟). ❷ ケシの実[種].

Mohn·blume 女(-/-n) 【植】ケシの花.

Mohn·brötchen 中 ケシの実パン.

Mohn·kuchen 男(-s/-) ケシの実の入ったケーキ.

Möhre [メーレ] 女(-/-n) 【植】ニンジン(人参).

Mohren·kopf [モーレン..] 男(-(e)s/..köpfe) チョコレートでコーティングしてクリームを詰めた丸いケーキ.

Mohr·rübe [モァ..] 女(-/-en) 【植】(北ド) ニンジン(人参).

mokieren [モキーレン]《過分 mokiert》 sich⁴《**über** ④》《書》《〈人・物⁴e〉》あざける,ばかにする,嘲笑する.

Mokka [モッカ] (I) 男(-s/-) モカ((イエメンの都市名)). (II) 男(-s/《種類：-s》) モカコーヒー;(一般に小さいカップで飲む)強いブラックコーヒー;モカコーヒーの粉.

Molch [モルヒ] 男(-(e)s/-e) 【動】イモリ.

Mole [モーレ] 女(-/-n) 防波堤,突堤.

Molekül [モレキュール] 中(-s/-e) 【理】分子.

molekular [モレクラーァ] 形 【理】分子の.

molk [モルク] melken の過去形.

mölke [メルケ] melken の接続法II式形.

Molkerei [モルケライ] 女(-/-en) 酪農場,乳製品製造工場.

Moll [モル] 中(-/) 【音楽】(↔ Dur) 短調.

mollig [モリヒ] 形 (口) ❶ (女性が)ぽっちゃりした,ふっくらした. ❷ 暖かくてふかふかした;温かくて気持ちのよい.

Moment [モメント] (I) 男(-(e)s/-e) ❶ 瞬間,少しの間. ❷ (特定の)時点,時機. **im ~** ①今[現在]のところ. 2) すぐに. **~** (**mal**)! (口) ちょっと待った. (II) 中(-(e)s/-e) ❶ (重大な)要因,原因,ファクター;動機,理由,根拠,モチーフ. ❷ 【理】モーメント,能率.

momentan [モメンターン] (I) 形 《付加》❶ 目下の,現在の. ❷ 一時的な,一瞬の,つかの間の. (II) 副 ❶ 今のところ,目下. ❷ 瞬時に,またたく間に,たちどころに,一瞬にして. ❸ 一時的に.

Monaco [モーナコ] 中(-s/) モナコ公国.

Monarch [モナルヒ] 男(-en/-en) 《弱》君主.

Monarchie [モナルヒー] 女(-/..chien[..ヒーエン]) ❶ 君主政体,君

主制, 王政. ❷君主国. ◇**Monarchin** 囡(-/-nen)(女性の)君主.

Monat [mó:nat モーナト] 男(-(e)s/-e)(暦の)月; 1ヵ月. ♦jeden ~ 毎月. letzten [vorigen] ~ 先月. im kommenden ~ 来月(中)に. 5級

monate-lang [モーナテ..] 形数ヵ月間の, 数ヵ月間にわたる.

monatlich [モーナトリヒ] 形《付加または副》毎月[月々]の. 5級

Monats-ende [モーナツ..] 中月末.

Monats-erste(r) 男《形容詞変化》月の1日.

Monats-hälfte 囡半月.

Monats-letzte(r) [..レッツテ(ター)] 男《形容詞変化》月の末日, みそか.

Mönch [メンヒ] 男(-(e)s/-e) (↔ Nonne)(カトリックの修道会に所属する)修道士; 僧(侶).

Mond [moːnt モーント] 男(-(e)s/-e) ❶(天体の)月. ❷衛星. ❸三日月形のもの. ♦Der ~ geht auf [unter]. 月が昇る[沈む]. Der ~ ist voll. 満月である. 4級

Mond-fähre 囡(-/-n)月着陸船.

Mond-finsternis 囡(-/-se)〔天〕月食.

Mond-landung 囡月面着陸.

Mond-licht 中(-(e)s/)月光.

Mond-phase 囡(-/-n)月相, 月の満ち欠け.

Mongole [モンゴーレ] 男(-n/-n)《弱》モンゴル人. ◇**Mongolin** 囡(-/-nen).

Mongolei [モンゴライ] 囡(-/)〈die ~〉モンゴル, 蒙古.

Monitor [モーニトァ] 男(-s/..toren [..トーレン]) ❶(コンピュータ・テレビの)モニター. ❷監視装置.

mono.. [モノ.., モ(ー)ノ..]《形容詞・名詞に付いて; 母音の前では mon..》「一つ・単一・単独」: Monochrom 単色画.

Monografie [モノグラフィー] 囡(-/..fien)(特定の分野をテーマとした)研究論文[書], 専攻論文, 特殊研究.

Monogramm [モノグラム] 中(-s/-e) モノグラム((氏名の頭文字などの組み合わせ文字)); (デザイン化された)イニシャル; 花押(ポッ), 落款(ポン).

Monolog [モノローク] 男(-(e)s/-e) 〔劇〕(↔ Dialog)モノローグ, 独白, 独語.

Monopol [モノポール] 中(-s/-e) 独占(権), 専売(権); 独占企業, 専売公社; 独り占め.

monoton [モノトーン] 形 単調な, 一本調子の, 変化のない; 退屈な.

Monotonie [モノトニー] 囡(-/..nien [..ニーエン])《主に単》単調さ, 一本調子.

Monster [モンスター] 中(-s/-)怪物, 化け物, 怪獣.

Monstra, Monstren 複 ⇨Monstrum.

monströs [モンストレース] 形(最上 ~est) ❶〔書〕怪物のような, 奇怪な, 恐ろしい, 不気味な. ❷巨大な, ばかでかい, 途方もない. ❸異常な形をした, 奇形の, 不具の.

Monstrum [モンストルム] 中(-s/..stren [..ストレン], ..stra) ❶怪物, 化物. ❷〈**von** ③〉〈(物³の)〉巨大なもの, ばかでかい物.

Monsun [モンズーン] 男(-s/-e)(インド洋・南アジアの)季節風, モンスーン.

Montag [モーンターク] 男(-(e)s/-e) 月曜日. ♦am ~ 月曜日に. 5級

Montage [モンタージェ] 囡(-/-n) ❶(機械の)組み立て; 据え付け. ❷モンタージュ[合成]写真; モンタージュ編集(法).

montags [モンタークス] 副(毎週)月曜日に.

Montenegro [モンテネーグロ] 中(-s/)モンテネグロ((東ヨーロッパの共和国)).

montieren [モンティーレン](過分 montiert) 他 ❶〔工〕〈物⁴を〉(機械などを)組み立てる. ❷〈物⁴を〉据え付ける, 取り付ける, 設置する.

Monument [モヌメント] 中(-(e)s/-e)〈**für** ④〉〈(人・物⁴のための)〉記念物; 記念碑[塔, 像].

①1格 ②2格 ③3格 ④4格

monumental [モヌメンタール] 形 記念碑的な, 不朽の, 不滅の; 壮大な, 堂々とした.

Moor [モーァ] 中 (-(e)s/-e) 沼地, 泥原, 泥炭地, 沼沢(ﾀﾞｸ)地, 湿地帯.

Moos [モース] 中 (-es/-e, Möser) ❶ (複 -e) コケ(苔). ❷ (複 Möser) (南ﾄﾞ・ｵｰｽﾄ・ｽｲｽ) 沼地, 低湿の地. ❸ (単) (口) 金, ゼニ, 現生.

Moped [モーペット] 中 (-s/-s) 原付(バイク), モペット((モーター, ペダル付き)).

Mops [モプス] 男 (-es/Möpse) ❶ モプス, パグ((チンの一種の小さい犬)); デブ. ❷ (複) (口) 巨乳, ボイン. ❸ (複) (口) 金, ゼニ, 現生.

Moral [モラール] 女 (-/-en) 《主に単》 ❶ 道徳, 道義, 倫理, モラル; 規範. ❷ 規律, 士気. ❸ (寓話などに含まれる) 教訓, 寓意.

moralisch [モラーリシュ] 形 ❶《付加または副》道徳(上)の, 倫理(上)の, 道徳[倫理]に関する, 道義的な. ❷ 道徳[倫理]的な観点からにかなった, 品行方正[高潔, 貞節]な.

moralisieren [モラリズィーレン] 自 道徳を説く, 説教する; 道徳家ぶる.

Moralist [モラリスト] 男 (-en/-en) ❶《弱》道徳家, 道徳(至上)主義者; (蔑) 道学者.

Moral·predigt 女 (-/-en) (蔑) お説教; 道徳[修養] 講話, 道話.

Morast [モラスト] 男 (-(e)s/-e, Moräste)《主に単》泥土, ぬかるみ, 泥沼.

Mord [モルト] 男 (-(e)s/-e)《an ③》〈(人 ③の)〉(故意の) 殺人(行為), 殺害, 殺戮(ﾘｸ); 殺戮(ﾘｸ), 謀殺.

Mord·anschlag 男 (-(e)s/..anschläge) 殺害の企て, 襲撃.

morden [モルデン] (du mordest, er mordet; ich morde; du mordetest; 過分 gemordet) (I) 自 人殺しをする, 殺人を犯す. (II) 他〈人 ④を〉(故意に)殺す, 殺害[謀殺]する, 〈人 ④の〉命を奪う.

Mörder [メルダー] 男 (-s/-) 人殺し, 殺人犯, 殺人[殺害]者; 暗殺者, 刺客. ◇**Mörderin** 女 (-/-nen).

mörderisch [メルデリシュ] 形 ❶ 殺人(者)の, 殺意のある, 謀殺的な; 血に飢えた, 凶悪な, 残忍な; 血なまぐさい. ❷ (口) 恐るべき, ひどい, ものすごい.

mords‥ [モルツ‥]《名詞・形容詞に付いて》(口)「非常に, ひどく, 恐ろしく, ものすごい.

mords·mäßig 形《付加》(口) ものすごい, 非常[大変]な.

Mord·verdacht 男 殺人容疑.

Mord·versuch 男 殺人の試み; 殺人未遂.

Mord·waffe 女 (-/-n) (殺人に用いられた) 凶器.

morgen [mórgən モルゲン] 副 ❶(↔ gestern) あす(に), 明日(に), 翌日(に). ❷ 近い将来, 未来, 将来. ◆~ Abend 明晩. bis ~ あすまでに. ~ früh 明日の朝に. ★オーストリアでは ~ Früh. 5級

Morgen [mórgən モルゲン] ((I)) 男 (-s/-) ❶ 朝 (11時くらいまで)); 午前. ❷ (古) 東, 東方; 東洋 (朝日の出る方角)). ◆heute [gestern] ~ 今朝(ｹｻ) [昨日の朝]. am frühen ~ 朝早くに. vom ~ bis zum Abend 朝から晩まで. ★(1)「月曜日の朝」は Montagmorgen というように一語で書く. ★(2)「明朝」は morgen ~ と言わずに morgen früh である. *Guten ~!* おはよう. ((II)) 男 (-s/-) (やや古) モルゲン (地積の単位; 約 3000㎡)). ((III)) 中 (-s/-) 近い将来, 未来. 5級

morgendlich [モルゲントリヒ] 形《付加》朝の, 午前の; 毎朝の.

Morgen·essen 中 (-s/-) (ｽｲｽ) 朝食.

Morgen·grauen 中 (-s/) 夜明け, 曙暁.

Morgen·rot 中 (-s/) 朝焼け;《比》始まるきざし, 始まりの時.

morgens [モルゲンス] 副 (毎) 朝; 午前(中)に. 4級

morgig [モルギヒ] 形《付加》(↔ gestrig) 明日の, 翌日の.

Morphium [モルフィウム] 中 (-s/) 【化・医】モルヒネ.

morphium·süchtig 形 モルヒネ中毒の.

morsch [モルシュ] 形《最上 ~est》《副なし》朽ちた, 腐った; もろい, 砕けて壊れ, 破れやすい.

Mörser [メルザー] 男《-s/-》臼(ウス); すり鉢, 乳鉢;〔軍〕臼砲(キュウホウ), 追撃砲.

Mörtel [メルテル] 男《-s/-》《主に単》モルタル.

Mosaik [モザイーク] 中《-s/-en, -e》モザイク(模様).

Mosambik [モザンビーク] 中 モザンビーク ((アフリカ東部にある国)).

Moschee [モシェー] 女《-/Moscheen [モシェーエン]》モスク ((イスラム教の寺院)).

Moschus [モッシュス] 男《-/》麝香(ジャコウ)(の香り).

Mosel [モーゼル] 女《die ~》モーゼル川 (ライン河の支流).

mosern [モーザァン] 自〈(über 4)〉(口)〈(人・物 4)〉不平[文句]を言う,〈(人・物 3)〉ケチをつける.

Moskau [モスカオ] 中《-s/》モスクワ ((ロシア共和国の首都)).

Moskauer [モスカオアー]《(I)》男《-s/-》モスクワ市民.《(II)》形《無変化》モスクワの. ◇ **Moskauerin** 女《-/-nen》.

Moskito [モスキート] 男《-s/-s》蚊.

Moslem [モスレム] 男《-s/-s》イスラム教徒, 回教徒. ◇ **~in** [モスレーミン] 女《-/-nen》.

moslemisch [モスレーミシュ] 形 イスラム教[回教](徒)の.

Most [モスト] 男《-(e)s/-e》《主に単》❶ モスト, (特にワインを造るために搾った)発酵前または発酵中のブドウ汁. ❷ (発酵していない)果汁. ❸《南ダ・オーストリア》果実酒.

Mostrich [モストリヒ] 男《-s/》《北ダ》= Senf.

Motel [モーテル, モテル] 中《-s/-s》モーテル.

Motiv [モティーフ] 中《-s/-e》❶〈(für 4)〉〈(事 4 に対する)〉動機, 動因, 誘因. ❷ (文学・美術などの)主題, テーマ; 題材. ❸〔音楽〕動機, モチーフ.

Motor [móːtɔr モートァ, モートァー] 男《-s/..toren [..トーレン]》❶ エンジン, モーター, 発動機; 電動機. ❷ 原動力, 推進力[者]. **5級**

Motor·haube 女《-/-n》(車の)ボンネット, エンジンフード.

..motorig [..モートーリヒ] 形《数詞と共に》「...個の動力のある, モーター[原動機]を備えた」.

motorisieren [モトリズィーレン]《過分 motorisiert》他 ❶〈(人 4 に)〉車[バイク]を買い与える. ❷〈(物 4 に)〉モーター[エンジン]を取り付ける.

Motorrad [モートーラート] 中《-(e)s/..räder》オートバイ, バイク, 単車. **4級**

Motorrad·fahrer 男《-s/-》オートバイに乗っている人[の運転手], ライダー. ◇ **Motorrad·fahrerin** 女《-/-nen》.

Motor·roller 男《-s/-》スクーター.

Motor·schaden 男《-s/..》エンジン[モーター]の故障, エンジントラブル.

Motte [モッテ] 女《-/-n》❶ ガ(蛾); 衣蛾(イガ). ❷ (口)(愉快な)女の子.

Motten·kugel 女《-/-n》(球形の)防虫剤.

Motto [モットー] 中《-s/-s》❶ モットー, 標語, 座右銘. ❷ 題辞, 題詞 ((巻頭や章の初めの引用句)).

Möwe [メーヴェ] 女《-/-n》〔鳥〕カモメ.

Mozart [モーツァルト]《人名》モーツァルト ((Wolfgang Amadeus ~ オーストリアの作曲家; 1756–91)).

Mrd.《略》Milliarde(n) 10億.

Ms., Mskr.《略》Manuskript ((複数形 Mss.)).

MTA 女《-/-(s)》《略》medizinisch technische Assistent(in) (女性の)臨床検査技士.

mtl.《略》monatlich.

Mücke [ミュッケ] 女《-/-n》蚊(カ), 蚋(ブヨ).

Mücken·stich 男《-(e)s/-e》蚊の刺し傷; 蚊が刺すこと.

Mucks [ムクス] 男《-es/-e》《主に単》(口)(反抗の)つぶやき.

müde [mýːdə ミューデ] 形《比較 müder》疲れた, 疲労した; (疲れて)眠い, 眠気を催している; 力[元気]の

① 1格　② 2格　③ 3格　④ 4格

Müdigkeit / fünfhundertzehn 510

ない,力の抜けた. ★強調する場合は hundemüde, todmüde. ❷ **~ werden** [**sein**]〈書〉人・事に飽き飽きする[している]. **nicht ~ werden, ...**〈zu 不定詞〉飽くことなく[飽きもせず] ...し続ける. 5級

Müdigkeit [ミューディヒカイト]女(-/-) 疲れ,疲労;眠気,睡魔.

muff(e)lig [ムッフ(ェ)リヒ]形〈口;軽蔑〉不機嫌な,無愛想な.

muffig [ムッフィヒ]形 ❶かび臭い,嫌な臭いのする,鼻につく. ❷〈口〉〈軽蔑〉不機嫌な,無愛想な.

Mühe [mýːə ミューエ]女(-/-n) 苦労,骨折り,苦心,努力. ♦ **mit ~** 苦労して. **Machen Sie sich³ keine ~! = Mach dir keine ~!** どうぞお構いなく,それには及びません.

mühe·los [形(最上 ~est)骨の折れない,苦労のない,たやすい,容易な,楽な.

mühe·voll 形《副なし》苦労の多い,手数のかかる,骨の折れる,面倒な,やっかいな.

Mühle [ミューレ]女(-/-n) ❶製粉機,粉ひき器,碾臼(うす);(コーヒー・こしょうなどを挽く)ミル,粉砕器. ❷製粉所;水車(小屋);風車(小屋). ❸〈口〉〈軽蔑〉(おんぼろの)乗り物;自動車,バイク,飛行機. ❹単調[退屈]な仕事. ❺〈単〉〈冠詞なしで〉ミューレ((連珠に似たボードゲーム)).

Müh·sal [ミューザール]女(-/-e)〈書〉辛苦,苦難,困難.

mühsam [ミューザーム]形骨の折れる,面倒[やっかい,難儀]な,苦労の多い,手数のかかる;困難な,難しい.

mühselig [ミューゼーリヒ]形〈書〉苦労に満ちた,困難をきわめた.

Mulde [ムルデ]女(-/-n) (浅い)くぼみ,へこみ;窪地,盆地.

Mull [ムル]男(-(e)s/-e) 綿モスリン,ガーゼ.

Müll [ミュル]男(-(e)s/)ゴミ,くず,廃物.

Müll·abfuhr 女(-/-en) ゴミ処理[収集,回収,運搬];清掃局.

Müll·ablade·platz 男ゴミ捨て場.

Mull·binde 女ガーゼの包帯.

Müll·deponie 女(-/-..nien[..ニーエン])ゴミ[塵芥(じんかい)]集積場.

Müll·eimer 男ゴミバケツ.

Müll·frau 女(女性の)ゴミ収集作業員.

Müller [ミュラー]男(-s/-) 粉屋(の主人),製粉業者;水車小屋の持ち主. ◇ **~in** 女(-/-nen).

Müll·kippe 女(-/-n) ゴミ捨て場.

Müll·mann 男(-(e)s/..männer) ゴミ収集作業員.

Müll·sack 男ゴミ袋.

Müll·tonne 女(-/-n) 大型ゴミ回収用容器.

mulmig [ムルミヒ]形〈口〉 ❶落ち着かない,(少し)不安な. ❷(雲行きの)あやしい,やばい.

Multiplikation [ムルティプリカツィオーン]女(-/-en)〈数〉掛け算,乗法.

multiplizieren [ムルティプリヴィーレン](過分 multipliziert) 他〈(4 **mit** 3)〉〈数〉〈(物⁴を物³に)〉乗ずる,掛ける.

multilateral [ムルティラテラール]形多国間の.

Mumie [ムーミエ]女(-/-n) ミイラ.

Mumm [ムム]男(-s/)〈口〉根性,度胸.

Mumps [ムンプス]男(-/)〈医〉流行性耳下腺炎,おたふくかぜ.

München [ミュンヒェン]中(-s/) ミュンヒェン((ドイツ Bayern 州の州都)).

Münchener [ミュンヒェナー] **(I)** 男(-s/-) ミュンヒェン市民. **(II)** 形《無変化》ミュンヒェンの. ◇ **~in** 女(-/-nen).

Münch·hausen《人名》ミュンヒハウゼン((ドイツの架空の冒険談の主人公,そのモデル(1720-97);「ほら吹き男爵」の名で知られる)).

Münchner [ミュンヒナー] = **Münchener**.

Mund [mont ムント]男(英 mouth) (-(e)s/Münder) ❶ (人間の)口,口腔,唇. ★動物の口は Maul,鳥の口は Schnabel. ❷〈書〉開口部,(管などの)口;〈医〉噴門;子宮口;〈軍〉銃口,砲口;(ストーブの)焚き口. ♦ **den ~ öff-**

nen [aufmachen] 口を開ける. den ~ schließen [zumachen] 口を閉じる. **offenem ~es = mit offenem ~**《驚いて》口をポカンと開けて, 驚いて **den ~ halten** 口をつぐむ, 黙っている, 口を割らない. ③ **den ~ verbieten**《口》人 ③の発言を禁じる[口をふさぐ]. **sich³ den ~ verbrennen**《口》舌禍を招く. **nicht auf den ~ gefallen sein**《口》口が達者である, 当意即妙に応じる. **in aller (Leute) ~(e) sein** 人のうわさにのぼっている, 有名である. **5級**

Mund·art 囡(-/-en)方言, なまり.

münden [ミュンデン](er mündet; sie mündete; 過分 gemündet)自⑤ ⓗ ❶〈in ④〉河川¹などが〉〈海¹などに〉注ぐ, 流れ込む. ❷〈auf [in] ④ ③〉〈運河・街路¹などが〉〈その端が〉物⁴・³に〉通じている, 達している.

Münder [ミュンダー]複 ⇨ Mund.

mund·faul 形《副なし》《軽蔑》無口な.

mund·gerecht 形食べやすい(大きさに切った), 口に合う.

Mund·geruch 男(-(e)s/..gerüche)《主に単》口臭.

Mund·harmonika 囡(-/-s)〔音楽〕ハーモニカ.

mündig [ミュンディヒ]形《副なし》成年の, 一人前の, 一人立ちできる. ★ ドイツでは18歳で成人する.

mündlich [ミュントリヒ]形(↔ schriftlich)口頭の, 口述の, 口伝えの[口づて]の.

Mund·stück 囲(-(e)s/-e) ❶〔管楽器の〕マウスピース, 歌口. ❷〔タバコなどの〕吸い口, フィルター.

mund·tot 形④ ~ **machen** 人⁴の口を封じる, 人⁴に発言の機会を与えない.

Mündung [ミュンドゥング]囡(-/-en) ❶合流(点), 河口. ❷銃口, 砲口.

Mund·wasser 囮(-s/...wässer)(薬用の)うがい水.

Mund-zu-Mund-Beatmung [ムントツムントベアートムング]囡口口移し

による人工呼吸.

Munition [ムニツィオーン]囡(-/-en)《主に単》弾薬類.

munkeln [ムンケルン]他〈④〉; (über ④)〈(Ⅰ)〈(事⁴を);(人⁴について)〉ひそひそささやく, 陰で言い触らす, うわさする.

Münster [ミュンスター]《(Ⅰ)》囲(-s/-) 修道院教会堂, 司教座聖堂. ★修道院の聖堂に属するものであるが, 現在では特定の大聖堂をいう. 《(Ⅱ)》囮(-s/) ミュンスター(ドイツ西部の都市).

munter [ムンター]形(比較 ~er[ムンテラー]) ❶(↔ träge)生き生きした, はつらつとした, 活発な, 元気のよい. ❷快活[陽気, 明朗]な, 明るい, 楽しげ[喜ばしげ]な, うれしそうな, 晴れやかな;はしゃいだ. ❸《述語》眠くない. ❹《述語》目覚めた, 起きている. ❺《述語》健康[元気, 丈夫]な. ❻〔書〕(足取り・動きなどが)速い, すばやい, すばしこい, 軽快な.

Munterkeit [..カイト]囡(-/) 活発, 快活, 明朗, 明敏, 覚醒.

Münze [ミュンツェ]囡(-/-n) ❶硬貨, コイン. ❷貨幣鋳造所, 造幣局. ★表は Kopf, 裏は Zahl. **4級**

Münz·fernsprecher [ミュンツ..]男コイン式(公衆)電話.

Münz·tankstelle 囡コインガソリンスタンド.

Münz·wechsler 男コイン両替機.

mürbe [ミュルベ]形《副なし》 ❶もろい, もろくなった, 脆弱な. ❷(肉・果物などが)柔らかい. ❸《述語》譲歩する気になった, 折れた.

Murmel [ムルメル]囡(-/-n)(子供が遊ぶ)ビー玉.

murmeln [ムルメルン]《(Ⅰ)》他〈(④)〉〈(事⁴を)〉(モグモグ)つぶやく, ブツブツ言う. 《(Ⅱ)》自〈小川¹などが〉さらさら音を立てる.

Murmel·tier 囮(-(e)s/-e)マーモット((山に棲む動物;モルモットとは別)).

murren [ムレン]自〈über ④〉〈(事⁴について)〉ブツブツ言う, 不平を鳴らす, 不満をもらす.

mürrisch [ミュリシュ]形不機嫌な,

機嫌の悪い,無愛想な.

Mus [ムース] 中 (-es/-e) ムース((リンゴ・ジャガイモなどをジャム状にしたもの)).

Muschel [ムシェル] 女 (-/-n) ❶(二枚)貝. ❷貝殻. ❸(電話の)受話器;送話器.

Muse [ムーゼ] 女 (-/-n)《ギ神》ミューズ((芸術・学術を司る9人の女神)).

Museum [ムゼーウム] 中 (-s/Museen [ムゼーエン] 博物館,美術館. 5級

Musik [moziːk ムズィーク] 女 (-/-en) ❶《主に単》音楽;楽曲. ❷《冠詞なしで》(授業科目としての)音楽. ❸《単》快い響き,美しい調べ. ❹《単》(口)楽団,(軍)楽隊. 4級

musikalisch [ムズィカーリシュ] 形 ❶《付加》音楽(上)の,音楽に関する[による]. ❷音楽的な(素質のある),音楽の才能[センス]がある,[楽才]ある. ❸音楽的な,響きのよい.

Musikant [ムズィカント] 男 (-en/-en)《弱》(ダンス・ポピュラー音楽の)音楽家,楽士. ◇**Musikantin** 女 (-/-nen).

Musik·box 女 (-/-es) ジュークボックス.

Musiker [ムーズィカー] 男 (-s/-) (プロの)音楽家;演奏家. ◇**Musikerin** 女 (-/-nen). 4級

Musik·hochschule 女 (-/-n) 音楽大学.

Musik·instrument 中 (-(e)s/-e) 楽器.

Musik·saal 男 音楽ホール.

Musik·stück 中 (-(e)s/-e)(楽)曲,音楽作品.

Musik·stunde 女 (-/-n) 音楽のレッスン[授業].

musisch [ムーズィシュ] 形《付加または副》❶芸術に関する,芸術的な. ❷芸術的素質[センス]のある.

musizieren [ムズィツィーレン](過分 musiziert) 自 共同で音楽を演奏する.

Muskat [ムスカート, (ｵｰｽﾄﾘｱ) ムスカート] 男 (-(e)s/-e)《主に単》ナツメグ((香料・薬用にする)).

Muskat·nuss 女 (-/..nüsse) ナツメグ,ニクズクの種子.

Muskatnuß 中 = Muskatnuss.

Muskel [ムスケル] 男 (-s/-n)《主に単》《解》筋;筋肉.

Muskel·kater 男 (-s/-) 筋肉痛,筋肉の凝り.

Muskel·kraft 女 (-/..kräfte) 筋力.

Muskel·krampf 男 痙攣(ﾘﾝ),ひきつり.

Muskel·protz 男 (軽蔑) 筋肉隆々の人.

Muskel·zerrung 女 筋肉離れ.

Muskulatur [ムスクラトゥーア] 女 (-/-en)《総称》筋肉;筋肉組織.

muskulös [ムスクレース] 形 (最上 ~est)《副なし》筋肉のたくましい,筋肉質の;筋骨たくましい,強壮な,力強い.

Müsli [ミューズリ] 中 (-s/-s) ミューズリ((オートミール・果物・ナッツなどに砂糖・ミルクを加えた朝食)).
((II)) 男 (-s/-s)《主に軽蔑》環境保護者.

Muslim [ムスリム] 男 (-(s)/-e,-s) イスラム教徒. ★一般的にはMoslem, Mosleminが用いられる.

muslimisch [ムスリーミシュ] 形 イスラム教(徒)の.

muss [ムス] müssenの1・3人称単数現在形.

muß 中 = muss.

Muss [ムス] 中 (-/-)《語形変化なし》不可欠なもの,不可避なこと.

Muß 中 = Muss.

Muße [ムーセ] 女 (-/-) 余暇.

müssen [mýsən ミュッセン] 助《話法》(㊥must)
((I))《不定詞と》★過去分詞は müssen.

❶**(a)**《必然・必要》…しなければならない,…する必要がある. ♦Jetzt muss ich aber wirklich gehen. もう本当に行かなければなりません. **(b)**《必然的な帰結,しばしば ja を伴って》(…)せざるをえない,せざるをえなくなる,(…する)はめになる. ♦Bei dieser Temperatur muss ja die Milch sauer

①1格 ②2格 ③3格 ④4格

	現在	ich **muss**	wir müssen
		du **musst**	ihr müsst
		er **muss**	sie müssen

	過去	ich **musste**	wir mussten
		du musstest	ihr musstet
		er musste	sie mussten

過分 **müssen**(不定詞を伴う場合), **gemusst**(不定詞を伴わない場合)

接II **müsste**

werden. この温度ではそりゃあミルクも腐ってしまうよ. **(c)**《不快・怪訝などの感情を表す；主に ausgerechnet, gerade と》(よりによって)...しなければならないとは, (こともあろうに)...するはめになるとは. ♦Gerade heute muss es regnen. よりにもよって今日雨がふらなければならないとは. **(d)**《生理的必然》...しそうだ. **(e)**《抑えがたい衝動を示す》...せずにはいられない. **(f)**《抑えがたい習慣・性格を示して》(困ったことだが)...しないと気がすまない, ...せずにはおれない, (困ったことだが)...しないと承知できない. ❷《推定；必然的にそうと推定せざるをえない》...するに違いない, ...するはずである, きっと...する. ♦Er muss jeden Moment kommen. 彼は今にも来るに違いありません. ❸《補足疑問文で》いったい...だろうか. ♦Wer muss es ihm gesagt haben? だれがいったい彼にそれを言ったのだろう. ❹**(a)**《否定で》...する必要はない, (...)しなければならないわけではない. ♦Ich muss das nicht machen. 私がそれをしなければならないというわけでもない. ★brauchen を用いると意味がはっきりする：Ich brauche das nicht zu machen. **(b)**《否定で》《まれ》...してはいけない, してはならない. ♦Du musst nicht weinen. 泣いてはいけないよ. ★意味をはっきりさせるために, 禁止の場合は dürfen を用いたほうがよい. **(c)**《nur と》(ただ)...しさえすればいい, ...するだけで十分である. ♦

Du musst nur anrufen. 電話をかけてくれさえすればいいです. ★brauchen の方が普通である：Du brauchst nur anzurufen. ❺**(a)**《依頼；二人称で, しばしば unbedingt を伴う》(ぜひ[どうしても])...してください, (ぜひ)...して欲しい, ぜひ頼む. ♦Sie müssen einmal vorbeikommen. ぜひ一度お立ち寄りください. **(b)**《勧誘・推薦；主に完了形と》(ぜひ[どうしても])...してください, (ぜひ)...して欲しい, (ぜひ[どうしても])...しておかなければならない. ❻《接続法 II 式で；主語が３人称》...であればいいのに. ♦Das müsste immer so sein! それがいつもそうであればいいのになあ. ❼《müsste denn で》(書) ...ない限り. ♦Er kommt sicher, er müsste denn krank sein. 病気でない限り彼はきっと来ます. *Muss das sein?* (口) それはどうしても必要なんですか (やめておきましょう). 《(II)》《不定詞なしで本動詞として》★過去分詞は gemusst. 他《(4)》❶《(事を)》...しなければならない. ❷《特に子供が》《オシッコ・ウンチなどが》でる, したくなる. 《(III)》《不定詞なしで本動詞として》★過去分詞は gemusst. 自《+方向》《...へ》行かなければならない. ♦Ich muss zum Arzt [Bahnhof]. 私は医者[駅]に行かなければなりません. 4級

müßig [ミュースィヒ] 形《書》❶ 暇な, 用のない；何もしない, ぶらぶらしている. ❷《副なし》余計な, 無益な, 無用な, 無意味な.

Müßig·gang 男《-(e)s/》無為, 怠惰, 不精.

Müßig·gänger 男《-s/-》怠け者, ぐうたら, 不精者. ◇**..gängerin** 女《-/-nen》.

musst [ムスト] müssen の2人称単数現在形.

mußt 旧= musst.

musste [ムステ] müssen の過去形.

mußte 旧= musste.

Muster [ムスター] 中《-s/-》❶(布地などの)柄, 模様, パターン. ❷(商品などの)見本, サンプル. ❸ 模範, 手本,

① 1格 ② 2格 ③ 3格 ④ 4格

モデル. ❹雛型, 図案, 下絵.
Muster･beispiel 中《-(e)s/-e》模範例.
muster･gültig 形 模範的な, 模範[手本]とすべき, 手本[標準]となる, 典型的な. ★人間を修飾するのはまれ.
mustern [ムスタァン] 他 ❶〈人・物⁴を〉細かく検査[点検]する, 吟味する, じろじろ見る. ❷《軍》〈人⁴を〉徴兵検査する;《軍隊⁴を》査閲する. ❸〈物⁴に〉模様を入れる, 柄をつける, 模様を織り込む.
Musterung [ムステルング] 女 《-/-en》❶検査, 吟味, 点検. ❷《軍》徴兵検査;査閲. ❸模様[図柄](をつけること).
Mut [mu:t ムート] 男 《-(e)s/》❶勇気. ❷元気, 気力, 闘志. *(den) ~ haben, ...〈zu不定詞〉*...する勇気[度胸]がある. 4級
mutig [ムーティヒ] 形 (↔ feige) 勇気のある, 勇ましい, 勇敢[勇猛果敢]な, 大胆(不敵)な, 恐れを知らない.
mutlos [ムートロース] 形《最上 ~est》がっかりした, 落胆した, 気落ちした, 元気のない.
Mutlosigkeit [ムートローズィヒカイト] 女《-/》落胆, 気落ち.
mutmaßen [ムートマーセン] (現在 mutmaßt, er mutmaßt;過去 mutmaßte;過分 gemutmaßt) 他 《やや古》〈事⁴を〉推測[推察]する, 臆測(ぞく)する, 想像する.
mutmaßlich [ムートマースリヒ] ((I))形 《付加》《書》推測による, 推測での, 推定上の. ((II)) 副 推測では, 察するところ, おそらく, たぶん.
Mutmaßung [ムートマースング] 女《-/-en》推測, 推察, 推定, 臆測, 想像.
Mut･probe 女《-/-n》肝だめし.
Mutter [mótɐr ムッター]
((I)) 《➡mother》
母, 母親, おかあさん;動物の牝. ◆*wie ein ~ zu* ③ *sein* 人³にとって母のようである. *~ Gottes*《宗》聖母マリア.
((II)) 女《-/ Muttern》《工》ナット;雌ねじ;(接ぎ目などの)差し込み口. 5級

格	単数	複数
1	die Mutter	die **Mütter**
2	der Mutter	der Mütter
3	der Mutter	den Müttern
4	die Mutter	die Mütter

mütterlich [ミュッターリヒ] 形 ❶《付加》母(として)の, 母親(として)の;母方の, 母からの. ❷母親のような, 母性的な, 母親のようにやさしい.
mütterlicherseits [ミュッターリヒャーザイツ] 副 母方の血筋では.
Mütterlichkeit [..カイト] 女《-/》母であること, 母らしいこと.
Mutter･liebe 女 母の(慈)愛, 母性愛.
Mutter･mal 中《-(e)s/-e》母斑, (生まれつき体にある)あざ, 黒子(ほく).
Mutter･schaft 女《-/》《主に単》母であること, 母性, 母性愛.
Mutterschafts･urlaub 男 出産休暇, 産前産後休暇.
mutter･seelenallein 形《述語または副》《口》ひとりぼっちの, 天涯孤独の.
Mutter･söhnchen 中《-s/-》《口;軽蔑》❶(男の子または若い男に対して)お母さん子, 甘ったれ. ❷軟弱な男.
Mutter･sprache 女《-/-n》母国語;母語.
Mutter･tag 男《-(e)s/-e》母の日((5月の第2日曜日)).
Mutti [ムッティ] 女《-/-s》《口》ママ, 母ちゃん(母の愛称)).
mut･willig 形 嫌がらせ[悪さ](から)の, 故意の.
Mütze [ミュッツェ] 女《-/-n》(縁のない)帽子((ベレー帽・運動帽・学生帽・軍帽・スキー帽・コックの帽子など)).
MW [エムヴェー] ((I))《略》Mittelwelle. ((II))《記号》Megawatt メガワット.
m. W. [マイネスヴィッセンス]《略》meines Wissens 私の知るところでは, 私見では.
MwSt., MW-St.《略》Mehrwert-

steuer 付加価値税.

Myanmar [ミヤンマー] 中 (–s/) ミャンマー(《東南アジアの共和国》).

mysteriös [ミステリエース] 形 (最上 ~est) 摩訶(まか)不思議な, 謎の, 謎めいた, 不可解な.

Mystik [ミュスティク] 女 (–/) ❶ 神秘主義; 神秘説[論], 密教. ❷《軽蔑》神がかった考え, 非論理的思考.

Mythologie [ミュトロギー] 女 (–/..logien[..ギーエン]) ❶《総称》神話. ❷ 神話学, 神話研究.

mythologisch [ミュトローギシュ] ❶ 神話の. ❷ 神話学(上)の.

Mythos [ミュートス] 男 (–/ Mythen), **Mythus** [ミュートゥス] 男 (–/ Mythen) ❶ 神話, (英雄)伝説. ❷ 神話的出来事[人物].

N

n, N [エヌ] 中 (–/–, (口) –s) アルファベットの第14字.

N 《I》《記号》 ❶《理》Newton ニュートン(《単位》). ❷《化》Nitrogenium 窒素. 《II》《略》❶ Nord(en) 北. ❷ Nahverkehrszug 近距離列車.

n. 《略》❶ Neutrum 中性名詞. ❷ nördlich. ❸ netto.

N.《略》❶ Nord. ❷ Neutrum 中性名詞. ❸ Nominativ 主格, 1格.

na [ナー] 間 (口) ❶《親しく話しかけたり, 尋ねたりするときの導入に》ねえ, あの. ❷《催促》さあ, ねえ. ❸《なだめて》まあまあ. ❹《驚嘆》おや, まあ, まさか. ❺《威嚇·制》おい, こら. ❻《拒否ない》え. ❼《賛成》もちろん. ***Na gut.***《いやいやながらの承諾》まあいいよ, まあしょうがないな. ***Na ja.*** 1)《いやいやながらの承諾》まあしかたがない. 2)《怪訝·疑惑》ええと, そうだな….***Na schön.***《いやいやながらの承諾》まあいいよ, まあ構わないよ. ***Na, so was!***《驚嘆して》まああきれた, そんなばかな. ***Na und?***《挑発的に》それで(どうなるというの). **5版**

Nabe [ナーベ] 女 (–/–n) 【工】(車輪の中央にあり軸をはめる)ハブ, 轂(こしき).

Nabel [ナーベル] 男 (–s/–, Näbel) ❶【解】へそ(臍). ❷【植】(種子の)臍(さい).

Nabel·schnur [ナーベル/..schnüre] 【解】臍帯(さいたい), へその緒.

nach [na:x ナーハ]《I》前《3格支配》❶《空間的》**(a)**《運動の方向》…へ, …の方へ, …に向かって (↔ von). ◆ ~ Haus(e) gehen [kommen, fahren] 帰宅する. ~ Frankfurt [Deutschland] fahren フランクフルト[ドイツ]へ行く. ★ (1) 冠詞のない地名·国名に用いる場合や地名·国名などに行く場合には in を用いる: in die Schweiz fahren スイスへ行く. ★ (2) 川·湖·海などに行く場合は an を, 島へ行く場合は zu を, 人に向かって行く場合は zu を用いる. **(b)**…向きに, …に面して. ◆ Das Fenster liegt [geht] ~ Süden. 窓は南向きです. ❷《時間的》**(a)**《…後に》…より後に. ◆ ~ dem Essen 食後に. **(b)**《期間》《過去のある時点を基準として》(その時点から)…(だけ)後に. ◆ ~ einer Weile しばらくして. ★ nach と in の相違: nach は過去を振り返って事実として, in は予定として用いられる: Er kommt in zehn Minuten wieder zurück. 彼は10分後に戻って来るでしょう. **(c)**《時刻》(口) …を過ぎて. ◆ (um) zehn ~ vier 4時10分に. ❸《順序》…の次に, 後に; …に遅れて (↔ vor). ◆ Er ist ~ mir an der Reihe. 彼は私の次の番です. ❹《要求の対象》**(a)**…を求めて. ◆ ~ Hilfe rufen 助けてくれと叫ぶ. 《身体的動作の目指す方向》~ dem Messer greifen ナイフを取ろうと手を伸ばす. **(b)**…めがけて. ❺《判断の根拠》**(a)**…からすると, 判断すれば, 察するに. ◆ Seinem Aussehen ~ 彼の外見から察するに. **(b)**…によれば, …を基準にすれば. **(c)**…が言う[書いて]ところによると. ◆ nach Marx マルクスによると. **(d)**《後置されることもある》…によれば. ◆ Er hat den Sinn ~ folgendes gesagt. 彼の発言の意味を要約すれば次のようなことです. ❻《準拠》**(a)**…に従って. ◆ ~ Vorschrift handeln 規定に従って行動する. **(b)**

① 1格 ② 2格 ③ 3格 ④ 4格

nachahmen

《後置されることもある》...の順に、...に従って. ♦der Reihe [Größe] ~ = der Reihe [Größe] 順番[大きさ順]に. **(c)**...の単位で. ❼《模倣》...にならって. ♦Man hat ihn ~ dem Vater genannt. 彼は父の名をとって命名されました. ❽《相応》...に応じて. ♦(ganz) ~ Wunsch 希望に応じて. *Bitte, ~ Ihnen!* どうぞお先に. **(II)** 副 ❶《話法の助動詞と》(口) Ich muss ihm schnell ~. (= nachgehen, nachlaufen). 私は彼の後を急いで追わねばなりません. ❷《時刻》(口) Wie spät ist es? – Zehn ~. 今何時？-10分過ぎです. **~ und ~** だんだんと、しだいに、徐々に、少しずつ. *wie vor* 相変わらず、依然として. **5級**

nach|ahmen [..アーメン] 他〈人・物⁴を〉模倣する, まねる, 〈人・物⁴の〉ものまねをする;〈貨幣を〉偽造する.

Nachahmung [..アームング] 女(−/−en) 模倣, まね, ものまね;模写;模造, 偽造.

Nachbar [náxba:r ナッハバーァ] 男(−n, −s/−n) 隣りの人, 隣人;隣席[隣接]の人;隣国(の人). ♦Wir sind ~n. 私達はお隣さん同士です. ◇**Nachbarin** 女(−/−nen). **4級**

Nachbar·haus 中(−es/..häuser) 隣家, 隣の家.

Nachbar·land 中(−(e)s/..länder) 隣国, 隣の国.

Nachbarschaft [..シャフト] 女(−/−) ❶《集合的に》近所[地域]の人々. ❷近所, 近隣, 付近, 界隈(ﾂﾞ). ❸近隣のよしみ, 近所付き合い.

Nach·beben 中 余震.

nach|bestellen 他〈物⁴を〉追加注文する.

Nach·bildung 女(−/−en) ❶《単》複製[模写, 模造]すること. ❷(↔ Original)複製(品), 模造(品), コピー.

nach|blicken 自〈3〉〈人・物³(の後ろ姿)を〉見送る.

nach|datieren 《過分 nachdatiert》他〈物⁴の〉日付けをさかのぼって記入する, 〈物⁴に〉実際よりも前の日付を付ける.

nachdem [ナーハデーム] 接《従属》❶《時間的》...した後に[で]. ★副文は完了形が主に用いられる. ❷《理由》(口)...なのだから, ..なので. *je ~* (...(の事情)に)応じて, (...)次第で. **4級**

nach|denken* [ナーハデンケン] 自〈**über** ④〉〈(人・物⁴のことを)〉よく考える, 熟考する.

Nach·denken 中(−s/) 熟考, 熟慮, 思索, 物思い.

nachdenklich [..デンクリヒ] 形 ❶(人¹が)物事をよく考える, 考え深い. ❷物思いにふけった, 考え込んでいる.

Nach·druck **(II)** 男(−(e)s/) 強め, 強調;〔言〕強勢, アクセント. **(II)** 男(−(e)s/−e) 〔印〕再版, 重版, 増刷, 再刊;復刻, 複製, リプリント(版);海賊版, 偽版. ♦~ verboten! 無断で複写複製することは禁じられている.

nach·drücklich [..ドリュックリヒ] 形 強調した;力のこもった;強い;激しい;執拗(ｼﾂｳ)な.

Nachdrücklichkeit [...カイト] 女(−/) 強調;(語調の)強さ, 激しさ.

nach|dunkeln 自(S)〈絵・写真・木材¹などが〉(時の経つうちに)黒ずむ, くすむ.

Nach·durst 男(−(e)s/) (飲酒後の)のどの渇き.

nach|eifern 自〈3〉**(in** ③〉〈人³を(事³の点で)〉(熱心に)見習う, 範とする.

nacheinander [ナーハアイナンダー] 副 相前後して, 次々に, 順々に, 相次いで, 連続して.

nach|empfinden* 他〈③〉④〉〈(人³の)事⁴を〉(他人の身になって)共感する, 〈事⁴を(人³と)〉同じように感じる.

Nach·erzählung 女(−/−en) (口頭練習での)聞いた[読んだ]話の再現, 再話.

Nach·fahr 男(−en/−en), **Nach·fahre** 男(−n/−n) 《弱》〔書〕末裔(ﾏﾂｴｲ), 子孫. ◇**Nachfahrin** 女(−/−nen).

nach|fahren* 自(S)〈③〉〈人・物³

① 1格 ② 2格 ③ 3格 ④ 4格

の〉後を〈乗り物で〉追う，〈人・物³を〉〈乗り物で〉追いかける．

Nach·folge 囡《-/》後継，継承，後任．

Nach·folger 男《-s/-》後継者，継承人；後任者．◇~**in** 囡《-/-nen》．

Nach·forschung 囡《-/-en》《主に複》調査，研究，探索，吟味，取り調べ．

Nachfrage [ナーハフラーゲ] 囡《-/》〈nach ③〉〈〈物³の〉〉需要．♦ Angebot und ~ 需要と供給．

nach|fragen 直《bei ③》(wegen ②)〈〈人³に〉〈事²について〉〉問い合わせる，照会する，(詳しく)尋ねる，(詳しく)聞く．❷〈返事が得られるまで〉繰り返し尋ねる．

nach|fühlen 他《④》〈〈人³の〉気持ち⁴を〉自分のことのように感じる，共感する．

nach|füllen 他 ❶《④》〈〈物⁴を〉〉補充する，再補給する，詰め替える，再び満たす，注ぎ足す．❷《③》《④》〈〈人³の〉(グラス⁴などに)〉注ぎ足す，再び満たす．

nach|geben* (**I**) 直 ❶《③》〈〈物³に〉〉譲歩する，折れる，負ける．❷〈物¹が〉緩む，弛緩する；曲がる；崩れる；折れる．(**II**) 他《③》《④》〈〈人³に〉物⁴の〉お代わりをあげる．③ **in** [**an**] ③ **nichts** ~ 事³の点において人³に劣らない，引けを取らない，匹敵する．

Nach·gebühr 囡《-/-en》《主に単》〔郵〕未納不足料金，追加料金．

nach·gedacht nachdenken の過去分詞．

nach|gehen* 直⑤ ❶《③》〈人³の〉後からついて行く，後を追う，後をつける，〈人³を〉追う，追跡する．❷《③》〈事³を〉追う，追求する，調査する．❸《③》〈事³を〉追い求める，〈事³に〉ふける；〈事³に〉専念する，従事する．❹〈時計¹が〉遅れる．❺〈事¹が〉頭にこびりついている，心から離れない，つきまとう．

nach·geschlagen nachschlagen の過去分詞．

Nach·geschmack 男《-(e)s/》❶ 後味(烈)，後口(烈)．❷ 思い出．

nach·gestellt [..ゲシュテルト] (**I**) nachstellen の過去分詞．(**II**) 形 後置された．

nach·giebig [..ギービヒ] 形《副なし》❶〈③ **gegenüber**〉〈〈人³に対して〉〉言いなりになる，すぐ譲歩する；従順な．❷〔法〕任意の．

Nachgiebigkeit [..カイト] 囡《-/》言いなりになること．

nach·haltig 形《主に付加》後まで残る，長く引きする，長く尾を引いた，作用の続く，持続する，持続可能な．

Nach·hause·weg [ナーハハオゼヴェーク] 男《-(e)s/-e》家路，帰路．

nach|helfen* 直 ❶《③》〈〈人・物³に対して〉〉(うまくゆくように)助けてやる，〈〈人・物³に〉〉力を貸す，助け舟を出す，〈〈人・物³に〉〉援助する．❷《③》(**in** ③)〈〈人³の(教科³の)〉〉宿題を手伝う，〈人³に(教科³の)〉補習をしてやる．

nachher [na:xhé:r ナーハヘーァ] 副 ❶ 後で，後ほど．❷ その後で，それから，それがすんでから，それに続いて．**4級**

Nach·hilfe 囡《-/-en》《主に単》〈(**in** ③)〉〈(教科³の)〉補習．

Nachhilfe·stunde 囡 補習．

Nachhilfe·unterricht 男《-s/-》補習授業．

nach|holen 他 ❶〈遅れ⁴などを〉取り戻す，挽回(狄)する，〈遅れ⁴などの〉埋め合わせをする，帳尻をあわす．❷《④》〈残した人⁴を〉後から連れてくる，〈残した物⁴を〉後から取ってくる．

nach|jagen 直⑤《③》〈人・物³(の後)を〉(主に乗り物で捕まえるために)急いで追いかける，〈人・物³の〉後を追う．

Nachkomme [ナーハコメ] 男《-n/-n》《弱》(↔ Vorfahr)子孫，後裔(綫)；跡継ぎ，後継者．

nach|kommen* 直⑤ ❶ 後から来る[行く]．❷《③》〈〈人³に〉〉(遅れず)ついて行く，〈人³の〉後に続く．❸《③》〔書〕〈事³に〉従う，応じる；〈事³を〉果たす，守る，履行する．

Nachkommenschaft [..シャフト] 囡《-/》《集合的に》子孫，後裔(綫)．

Nachkömmling [ナーハケムリング] 男(-s/-e) (他の兄姉より)ずっと後から生まれた子.

Nach·lass 中(-es/-e, Nachlässe) ❶死後に残したもの; 遺産, 遺言書, 遺作. ❷値引き, 割引.

Nachlaß 中= Nachlass.

nach|lassen* (I)自 ❶(↔ zunehmen)〈事¹が〉減少する, 低下する;〈痛み¹などが〉和らぐ, 静まる;〈風・雨・嵐¹などが〉弱まる;〈熱¹が〉下がる;〈緊張¹などが〉緩む;〈視力・体力・記憶力¹などが〉衰える;〈興味¹などが〉失せる, 冷める. ❷(↔ zunehmen)〈人¹が〉能力が低下する. ❸《mit ③》〈…を〉やめる. ★ 主に否定で: nicht ..., ...《zu不定形》...することをやめない.((II))他 ❶〈物⁴を〉緩める. ❷《③》④〈人³に〉物⁴を値引きする, 割引きする. ❸《③》④〈人³の罰⁴を〉免除する, 帳消しにする, 免ずる, 軽減する.

nach·lässig 形 ❶いいかげんな, 投げやりな, ぞんざいな; 不注意な, 怠慢な. ❷だらしない.

Nachlässigkeit [..カイト] 女(-/-en) ❶いいかげんさ; 不注意, 怠慢. ❷だらしなさ.

Nachlass·verwalter 男(-s/-) [法]遺言執行者.

nach|laufen* 自S ❶《③》〈人・物³の〉後を追う,〈人・物³を〉追いかける. ❷〈人・物³を〉得ようと懸命になる[努力する].

nach|lesen* 他〈事⁴を〉よく読んで研究する,(読み直して)確かめる[調べる, チェックする].

nach|lösen 他《④》〈〈物⁴の〉〉運賃を(車中などで)精算する.

nach|machen 他 ❶《③》④〈人³の〉事⁴を〉まねる, 模倣する;〈人・事⁴をまねる. ❷〈貨幣・宝石などを〉まねる, 似せて作る. ❸《口》〈仕事⁴などを〉後からする.

Nach·mittag [ナーハミッターク] 男(-s/-e) (↔ Vormittag)午後(の)(13〜17時)). ◆am frühen [späten] ~ 午後早く[遅く]に. heute [gestern] ~ 今日[昨日]の午後. 5級

nach·mittags [ナーハミッタークス] 副 (毎日)午後に ((略:nachm., nm.)). 4級

Nach·nahme [..ナーメ] 女(-/-n) ❶ [商]着払い; [郵]代金引き替え. ❷着払いの品[商品, 郵便物]. ◆per ~ 着払いで.

Nach·name 男(-ns/-n) (↔ Vorname)姓, 名字.

nach|prüfen 他〈物⁴を〉(念のため)確かめる, チェックする; 再検査する, 再審査する.

nach|rechnen 他《《④》》〈〈物⁴を〉〉計算し直す, 検算する.

Nach·rede 女(-/-n) 中傷, 誹謗(ひぼう); [法]名誉毀損(きそん).

nach|rennen* 自S《③》〈人・物³の〉後を追う,〈人・物³を〉追いかける.

Nachricht [ná:xrɪçt ナーハリヒト] 女(-/-en) ❶《über ④》; 《von ③》〈〈人・物⁴·³についての〉〉知らせ, ニュース, 情報; 通知, 報告. ❷便り, 音信, 消息; 伝言. ❸《複》(ラジオ・テレビの)ニュース, 報道. ◆(eine) ~ erhalten 知らせを受け取る. ⓘ eine ~ hinterlassen 人³に伝言を残す. ~en hören [sehen] ニュースを聞く[見る]. 4級

Nachrichten·sprecher 男(-s/-) [放送]ニュースアナウンサー[キャスター].

nach|rücken 自S ❶(順を追って)昇進する,(昇進して)後任となる. ❷(間隔を保って)ぴったりついていく[くる], 後を追って進む;〈軍隊¹が〉追撃する. ❸間隔をつめる[空けない].

Nach·ruf 男(-(e)s/-e)〈auf ④〉〈人⁴への〉哀悼の辞, 追悼の詩文; (新聞などの)死亡記事.

nach|rufen* 他《③》④〈人³の後から〈物⁴を〉〉呼びかける.

nach|rüsten (I)自 (仮想敵国に追いつくように)軍備を増強する[拡張する]. ((II))他《④ (mit ③)》〈物⁴に〈物³を〉〉取り付ける,〈物⁴を(物³で)〉増強する.

nach|sagen 他 ❶《《③》④》〈〈人³

①1格 ②2格 ③3格 ④4格

の)言葉⁴を)繰り返す, 口まねする. ❷ ⟨③ ④⟩⟨人³の事⁴を⟩陰で言う, ⟨人³には事⁴があると⟩うわさする.

Nach·saison 囡⟨-/-s, (,⁀)-en⟩ ピークを過ぎた時期, シーズンオフ.

nach|schicken 他⟨③⟩ ④⟨⟨人³に⟩郵便物⁴を⟩転送[回送]する.

Nach·schlag 男⟨-(e)s/..schläge⟩ ❶⟨単⟩(1 人前で足りない場合の)追加料理. ❷(↔ Vorspiel)[音楽]後打音((装飾音, 装飾符)).

nach|schlagen* [ナーハシュラーゲン]((I)) 他⟨④⟩⟨⟨語句などを⟩調べる, 引く. ((II)) 自 S ⟨③⟩⟨人³の⟩性質を受け継ぐ, ⟨人³に⟩似ている.

Nachschlage·werk, **Nachschlage·werk** 中⟨-(e)s/-e⟩ (年鑑・辞書・百科事典などの)参考図書, レファレンスブック.

Nach·schub 男⟨-s/..schübe⟩⟪主に単⟫ ❶⟨an⟩ ⟨物³の⟩補給, 補充;補給物資, 補給品. ❷(1) 追加の飲み物・食べ物;追加物資.

nach|sehen* [ナーハゼーエン]((I)) 自⟨③⟩⟨人・物⁴を⟩見送る, 目で追う. ((II)) 他 ❶⟨④⟩⟨⟨物⁴を⟩調べる, チェックする, 確かめる. ❷⟨③ ④⟩⟨人³の失敗・欠点⁴などを⟩大目に見る.

Nach·sehen 中⟨-s/⟩ *das ~ haben* 何一つ得られない, 指をくわえて見ているだけである. *③ bleibt das ~.* 人³には何も残っていない[得るものない].

nach·senden⁽*⁾ 他⟨③⟩ ④⟨⟨人³に⟩物⁴を⟩転送[回送]する.

Nach·sicht 囡⟨-/⟩ 大目に見ること, 寛大, 寛容, 甘いこと.

nach·sichtig 形⟨gegen ④; mit ③⟩⟨人・事³・⁴に対して⟩甘い, 寛大な.

Nach·silbe 囡⟨-/-n⟩ [言](↔ Vorsilbe)接尾辞, 後綴(ゴバ).

nach|sitzen* 自 (放課後に罰として生徒が)残される, 居残り勉強をする.

Nach·spann [..シュパン] 男⟨-(e)s/-e, ..spänne⟩ [映画・テレビ](終わりにスタッフ・配役などの出る)エンドタイトル, クレジットタイトル.

Nach·speise [ナーハシュパイゼ] 囡⟨-/-n⟩ [料理] デザート.

Nach·spiel 中⟨-(e)s/-e⟩ ❶[音楽] (↔ Vorspiel) 後奏曲; 礼拝式後のオルガン曲. ❷⟪主に単⟫悪い[不愉快な]結果[帰結];後続事件, (事件の)余波.

Nachspiel·zeit 囡 ロスタイム.

nach|spionieren 自⟨③⟩⟨人³を⟩密かに探る, スパイする.

nach|sprechen* 他(↔ vorsprechen)⟨③⟩ ⟨④⟩⟨⟨人³の)(事⁴を⟩)まねて言う.

nächst [ネーヒスト]((I)) nahe の最上級. ((II)) 形⟪付加のみ⟫(順序・時間)が)次の, 来..., 翌..., ♦ ~ *Jahres* 来年に[の]. ~ *Monats* 来月に[の]. 5級

Nächste(r) [ネーヒステ[ター]] 男 囡 ⟨形容詞変化⟩ ❶[書] 隣人. ★定冠詞と共に用いる. ❷次の人. ♦ *Der Nächste, bitte!* 次の方どうぞ.

Nächste(s) [ネーヒステ(ス)] 中⟨形容詞変化⟩次のもの[こと].

nach|stehen* 自, (南ガ・オストリ・スイス) S⟨③⟩⟨an [in] ③⟩⟨人・物³に⟨事³に関して⟩⟩劣る, ひけをとる. ★主に否定文で;③ an ③ nicht ~ 人³に事³ではひけをとらない.

nachstehend [..ト] ((I)) nachstehen の現在分詞. ((II)) 形⟪付加または副⟫次の, 下に挙げる.

Nächsten·liebe [ネーヒステン..] 囡 隣人愛, 博愛.

nächstens [ネーヒステンス] 副 近いうちに, 近く, 近々.

nächst·liegend [..リーゲント] 形 (解決策などで)いちばん自然な, 当り前な, 手ごろな; すぐ次の, 最も手近の.

nächst·möglich 形⟪付加⟫(その)次に可能性のある, 次に可能な.

nach|suchen ❶⟨詳しく⟩捜索する, よく捜す; よく調べる. ❷⟨bei ③ um ④⟩[書]⟨人³に⟩事⁴を⟩(公式に)願い出る, 請願する.

Nacht [naxt ナハト] 囡⟨-/Nächte⟩ (働 night) (↔ Tag) 夜, 夜間;晩.
★(1) Nacht は広い意味では日没から日の出までをいい, 狭い意味では就寝から日

の出までをいう. Abend は日没から就寝までだけを意味する. ★(2)「月曜日の夜」は Montagnacht と一語で書く. ◆heute ～ 昨夜, 今夜. gestern [morgen] ～ 昨夜[明晩]. in der ～ 夜(中)に. bei ～ 夜に. *die Heilige* ～ 聖夜, クリスマスイブ. *über* ～ 一夜にして, 一夜のうちに(突然). *wie* ～ (口)非常に. *Gute* **~!** お休みなさい；さようなら. **5級**

Nacht・arbeit 囡 (深)夜業, 夜間作業[労働], 夜なべ；夜の勉強.

Nacht・blind 形 夜盲症の, 鳥目の.

Nacht・blindheit 囡〔医〕夜盲症, 鳥目.

Nacht・creme 囡 ナイトクリーム.

Nacht・dienst 男 (-(e)s/-e)《主に単》夜勤, 宿直.

Nach・teil [ナーハタイル] 男 (-(e)s/-e) (↔ Vorteil) 不利(益), デメリット, 損害；不便, 不都合；短所, 欠点. ③ *gegenüber im* **~** *sein* 人³に[と]比べて不利な立場にある, 損をしている. ③ **~e** *bringen*〈物¹が〉人³に不利益をもたらす, 損させる.

nach・teilig 形 不都合な, 悪い, 否定的な, マイナスの, 不利の, 損[害]になる.

Nacht・essen 中 (-s/-)《南ド・オ》夕食.

Nacht・hemd 中 (-(e)s/-en) (丈の長い)寝巻, ネグリジェ.

Nachtigall [ナハティガル] 囡 (-/-en) 〔鳥〕ナイチンゲール, サヨナキドリ(小夜鳴鳥)((ツグミ科で, 雄が春の夜に鳴く)).

nächtigen [ネヒティゲン] 自 夜を過ごす, 泊まる, 宿泊する.

Nach・tisch [ナーハティッシュ] 男 (-(e)s/-) 〔料理〕デザート.

nächtlich [ネヒトリヒ] 形《付加》夜の, 夜間の.

Nacht・lokal 中 (-(e)s/-e) 深夜営業のバー.

nach|tragen* 他 ❶〈(③ ④)〈(人³に)物⁴を〉(後から)運ぶ[届ける]. ❷〈物⁴を〉追加[付加]する, 書き足す, 増補する. ❸〈(③ ④)〈人³に対して物⁴について〉根に持つ, 恨みに思う；責める.

nachtragend [..ト] ((I)) nachtragen の現在分詞. ((II)) 形 執念深い, 根に持つ, 恨んでいる, 後を引く；腹を立てている.

nachträglich [ナーハトレークリヒ] 形《付加または副》後からの, 遅れての, 遅まきながらの, 事後の；追加の, 補遺[補足]の.

nach|trauern 自〈(③)〈人・物³を〉嘆く, 悲しむ, 惜しむ.

Nacht・ruhe 囡 ❶(書)夜の睡眠. ❷夜の静穏.

nachts [ナハツ] 副 夜に, 夜中に, 夜分に；毎夜. **4級**

Nacht・schicht 囡 (-/-en)(交替制の)夜勤(時間).

Nacht・schwester 囡 夜勤の看護婦[師].

Nacht・tisch 男 (-(e)s/-e) 寝台の枕もとにあるテーブル, サイドテーブル.

Nacht・topf 男 (-(e)s/..töpfe) (寝室用)便器, おまる.

Nacht・wächter 男 (-s/-) ❶夜警, 夜間警備員；夜回り. ❷(口；軽蔑)うすのろ, のろま, ばか.

nach|vollziehen* 他〈他人の考えなどを〉跡づける, 再構成する；〈他人の感情⁴を〉追体験する.

nach|wachsen* 自(S)〈物¹が〉後から再び生長する[生える]；〈植物・歯¹などが〉生え替わる, 再生する.

Nachweis [ナーハヴァイス] 男 (-es/-e) ❶証明, 立証, 実証. ❷証拠.

nachweis・bar [..バァ] 形 証明[立証, 実証]できる[しうる].

nach|weisen* 他 ❶〈事⁴を〉証明する, 立証する, 実証する. ❷〈③ ④〉〈人³の事⁴を〉証明する, 立証する, 実証する.

nachweislich [..リヒ] 形《付加または副》明らかな, 明白な.

Nach・welt 囡 (-/) 後世.

nach|winken 自〈(③)〈去っていく人・物³に対して〉手などを振って合図する.

Nach・wirkung 囡 (-/-en) ❶後まで残る作用, 後で現れる影響, 副作

Nach·wort 中(-(e)s/-e) あとがき, 結語, 後記, (手紙の)結び.

Nach·wuchs 男(-es/) 後進[後継]者, 後継ぎ, 子供.

nach|zahlen 他(④)(〈金額④を〉)後から支払う, 追加払いする, 〈〈金額④の〉〉残額を支払う[精算する].

nach|zählen 他(④)(〈物④を〉)数え直す, 検算する.

Nach·zahlung 女(-/-en) 後払い, 追加支払い.

nach|ziehen* ((I))他 ❶〈線④などを〉なぞる. ❷〈ねじなどを〉後から固く締め直す. ((II))自 ❶先例にならう, 追随する. ❷Ⓢく③〉〈人③の〉後をついて行く, 後を追って進む[移る].

Nach·zügler 男(-s/-) ❶遅れている人, 落伍者, 連れにはぐれた人;[軍]落伍兵. ❷結婚後遅く生まれた子.

Nackedei [ナッケダイ]男(-s/-s) (口) 裸ん坊, 裸の子供.

Nacken [ナッケン](英neck)男(-s/-) うなじ(項), 襟首(統), 首筋;頸(ぷ), 首(裡), 頸部(裡). 〚 im ~ sitzen 人③につきまとう, 人③を悩ます, 追う, 追跡する.

nackt [ナックト](英naked)形(↔angezogen)裸の, 裸体の [裸身の]. ❷覆いのない, むき出しの, はげた;(鳥などが)羽毛のない[生え(そろっ)ていない];(植物が)葉[枝]をつけていない, 落葉した;草木の生えていない;(壁などが)飾り[装飾]のない;(部屋などが)家具調度の(入っていない), 殺風景な, がらんとした;(地面・床などがむき出しの. ❸(付加)ありのままの, 赤裸々な;あからさまな, 露骨な;ものすごい. *die ~en Tatsachen* ありのままの [赤裸々な]事実. *nur das ~e Leben retten können* なんとか(かろうじて)命だけは助かる, 命からがら逃げる.

Nackt·badestrand [..バーデシュトラント]男 ヌーディスト・ビーチ.

Nackte(r) [ナックテ(ター)]男/女《形容詞変化》裸の人, ヌードの人.

Nackt·foto 中 ヌード写真.

nah

Nadel [ナーデル](英needle)女(-/-n) ❶針;縫い針;刺繍針;注射針;編み針;[美](エッチングなどの)彫針. ❷ピン;安全ピン;ヘアピン;(ネクタイピン・ブローチ・記章などの留め針が付いた)飾りピン. ❸計器針;磁針;羅針. ★ 時計の針は Zeiger. ❹レコード針. ❺ (↔ Blatt)《主に複》[植]針葉. *(wie) auf ~n sitzen [stehen]* 《口》 いらいらしている.

Nadel·baum 男(-(e)s/..bäume) (↔Laubbaum)針葉樹.

nadeln [ナーデルン]自(針葉樹¹が)落葉する.

Nadel·wald 男(-(e)s/..wälder) 針葉樹林.

Nagel [náːɡəl ナーゲル](英nail)男 (-s/Nägel) ❶(人間の手足の)爪. ★手の爪は Fingernagel, 足の爪は Zehennagel, 鳥・猫・鳥などの爪は Kralle. ❷釘(ǵ);画鋲. *Nägel mit Köpfen machen* きちんと最後まで仕事をやり抜く.〈*mit* ③〉*den ~ auf den Kopf treffen* 《口》 (事³で)核心[要点]をつく, 図星をさす.

Nagel·bürste 女 爪ブラシ.

Nagel·feile 女 ネールファイル, 爪やすり.

Nagel·lack 男(-(e)s/-e) マニキュア(用のエナメル).

nageln [ナーゲルン]他 ❶〈物⁴を〉釘で付けにする, 鋲(?)で留める. ❷〈物⁴を〉釘で(打って)作る. ❸〈物⁴に〉釘[鋲]を打つ.

nagel·neu 形《口》(作りたての釘(ǵ)のように)真新しい.

Nagel·schere 女(-/-n) 爪切り.

nagen [ナーゲン](英gnaw) ((I))自 ❶〈*an* ③〉《主にネズミ・犬¹などが》〈物³を〉かじる, かむ. ❷〈*an* ③〉〈事¹が〉〈人³を〉苦しめる, 蝕む, 〈事¹で〉〈人³は〉さいなまれる. ((II))他《動物が》❶〈④ (*in* ③)〉〈〈物⁴を〉〉かじって〈穴⁴などを〉開ける. ❷〈④ *von* ③〉〈〈物⁴を物³から〉〉かじり取る.

Nage·tier [ナーゲ..]中(-(e)s/-e) [動]齧歯(ǵ)類の動物.

nah [ナー]形 = nahe.

①1格 ②2格 ③3格 ④4格

Nah·aufnahme 女(-/-n)[写]近接撮影, 接写;[映]大写し, クローズアップ.

nahe¹ [ná:ə ナーエ]《比較 **näher**;最上 **nächst**》形 (↔ fern) 近い. ❶《空間的》近くの, 手近の, そばの;接近[隣接]した, 近隣の, ❷《時間的》間近の, 差し迫った. ❸《間柄》身近な, 近しい, 親しい, 親密[懇意]な;近親[近縁]の;似ている. aus [von] nah und fern = aus [von] fern und nah (書)至る所[あちこち]から. ~ daran sein, ... 〈zu 不定詞〉まさに...しようとしている, 今にも...しそうである, ほとんど[あやうく]...するところである. ❺ ~ sein 事³に負けそうである, もう少しで事³になりそうである. ❸ zu ~ treten 人³の感情を害する, 心を傷つける. ■~ liegend 明白な, わかりやすい;もっともな. 5級

nahe² 前《3格支配》(書)...の近くに.
Nähe [néːə ネーエ] 女(-/) (↔ Ferne)近いこと, 近く;近接, 隣接;近隣, 付近;(時間の)切迫, 接近;(関係の)近しさ, 親密;近親[近縁](関係). in der ~ (von ³) 〈人・物³の〉近くに. in unserer ~ 私達の近くに. 4級

nahebei [ナーエバイ] 副 すぐ近くに[で], すぐそばに[で].

nahe|bringen* 他〈3〉〈人³に 人・物⁴を〉近づき[理解し]やすくする, 親しませる, なじませる.

nahe|gehen* 自(s)〈事¹が〉〈人³の〉心を動かす;〈人³に〉感動を与える;〈人³を〉深く悲しませる.

nahe|kommen* 自(s)❶〈人³と〉親しくなる, 親密になる. ❷〈事¹が〉〈物³に〉近い, 近似する, 等しい.

nahe|legen 他 ❶〈3〉〈人³に事⁴を〉勧める, 促す. ★zu 不定詞ももとる. ❷〈人⁴に事⁴を〉示唆[暗示]する. ★dass 副文もとる.

nahe|liegen* 自〈事¹が〉すぐに心に浮かぶ, 容易に推測[納得]できる, 明白である.

nahe.liegend = nahe liegend (⇨nahe¹ ■).

nahen [ナーエン] ((I))自(s)(書)季節・時間・嵐・不幸¹などが〉近づく, (間近に)迫る. ★完了形ではあまり用いられない. ((II))sich⁴〈3〉〈人・物³に〉近づく, 接近する.

nähen [ネーエン] ((I))他 ❶《服⁴などを》縫う, 縫って作る. ❷〈穴⁴などを〉縫い合わせる, つくろう. ❸〈4 an [auf]〉〈物⁴を物⁴に〉縫い付ける. ❹ [医]〈傷・内臓器官⁴を〉縫合する;(口)〈人⁴を〉縫合する. ((II))自 縫う;裁縫をする. ¶ein Knopf ans Hemd ~ シャツにボタンを縫い付ける. mit der Maschine [mit der Hand] ~ ミシン[手]で縫う.

näher [ネーアー] 形 ❶《nahe の比較級》より近い. ❷より詳しい;さらに詳細な. ★副詞として「かなり詳しく」を意味することがある:Ich kenne ihn ~. 私は彼をかなりよく知っています. Bitte, treten Sie ~! もっとそばにお寄りください.

Nähere(s) [ネーエレ(ス)] 中《形容詞変化》さらに詳しい事情, 詳細, 委細.

näher|bringen* 他〈人³に人・物⁴を〉(より)近づけ[理解し]やすくする, 親しませる, なじませる.

näher|kommen* 自(s)❶〈人³と〉さらに親しくなる. ❷〈物¹が〉〈物³に〉(より)近い, 近似する, 等しい.

näher|liegen* 自〈事¹が〉(いっそう)容易に推測[納得]できる, 明白である.

nähern [ネーアァン] 再 sich⁴ ❶〈3〉〈人・物³に〉近づく, 近づいて行く[来る]. ❷〈物・時¹が〉近づく. ❸〈3〉〈事¹が〉〈事³に〉近い[等しい]. ❹〈3〉〈男性¹が〉〈女性³に〉近づきになる.

näher|stehen* 他〈人³と〉より親しい[良い]関係である.

nahe|stehen* 自❶〈人³と〉親しい[良い]関係である. ❷〈人・物³に〉〈意見が〉近い, 同じ意見である.

nahezu [ナーエツー] 副 ほとんど, おおかた.

Näh·garn [ネー..] 中(-(e)s/-e) 縫い

①1格 ②2格 ③3格 ④4格

糸.

Nah·kampf 男〖軍〗接近戦, 白兵戦;〖ｽﾎﾟｰﾂ〗インファイト, 接近戦.

Näh·kasten 男(-s/..kästen)針箱, 裁縫箱.

nahm [ナーム]nehmenの過去形.

Näh·maschine 女(-/-n)ミシン.♦ mit der ~ nähen 服⁴などをミシンで縫う.

Näh·nadel 女(-/-n)縫い針.

Nah·ost 男《無冠詞で》中(近)東.

nah·östlich 形中(近)東の.

Nähr·boden [ネーァ..]男(-s/..böden)〈für 物³〉土壌;〖細菌の〗培養基;〖悪の〗温床.

nähren [ネーレン]《(I)》他〖書〗❶〈やや古〉〈人⁴を〉養う,〈動物⁴を〉飼う;〈人⁴に〉食べ物を与える,〈動物⁴に〉えさを与える;〈赤ん坊⁴に〉授乳する. ❷〈希望・疑念などを〉胸にいだく, はぐくむ. 《(II)》再 sich⁴〈von ③〉〈やや古〉〈物³を〉食べている. 《(III)》自〈やや古〉栄養がある, 栄養価が高い.

nahrhaft [ナーァハフト]形《最上 ~est》《副なし》栄養のある, 栄養価の高い.

Nähr·stoff 男(-[e]s/-e)《主に複》滋養物, 栄養素, 食糧.

Nahrung [ナールング]女(-/-en)《主に複》栄養物, 養分;飲食物, 食糧;〖比〗糧(⁷);助長[維持]するもの. **4級**

Nahrungs·mittel [ナールングスミッテル]中(-s/-)《主に複》食料品, 食糧;飲食物.

Nahrungsmittel·vergiftung 女(-/-en)〖医〗食(品)中毒.

Nähr·wert 男(-[e]s/-e)栄養価.

Näh·seide 女(-/-n)絹の縫い糸.

Naht [ナート]女(-/Nähte)縫い目;縫合;〖工〗接ぎ目, 接合線;〖解〗継ぎ目. *aus den [allen] Nähten platzen* (口) 1)(服がはちきれんばかりに)太る. 2)(場所が)手狭になる.

naht·los 形❶《複なし》縫い目[接ぎ目]のない. ❷統一のとれた, 一体となった.

Nah·verkehr 男(-[e]s/)近距離交通〖運輸〗.

Näh·zeug 中(-[e]s/)裁縫道具.

naiv [ナイーフ]形❶素朴な, 無邪気な, 純真な, うぶな. ❷〖軽蔑〗幼稚な, 単純な, 愚直な.♦ Es ist ~ von ihm, ...〈zu 不定詞〉...するなんて彼は単純である.

Naivität [ナイヴィテート]女(-/-)❶素朴, 無邪気, 純真. ❷幼稚(さ), 単純(さ), 愚直(さ).

Name [ná:mə ナーメ](㊊name)男

格	単数	複数
1	der Name	die **Namen**
2	des **Namens**	der Namen
3	dem Namen	den Namen
4	den Namen	die Namen

❶名(前);姓名;名称;名義. ❷評判, 世評, 名声, 高名.♦ Wie ist Ihr Name? – Mein Name ist Karl Kleiber. あなたのお名前は何とおっしゃいますか – 私の名はカール・クライバーです. ★もっと丁寧に尋ねる場合: Darf ich Sie nach Ihrem ~n fragen? お名前をおうかがいできますか. (または) Darf ich (Sie) um Ihren ~n bitten? お名前は何とおっしゃるのですか. 〖 *beim (rechten) ~n nennen* (口) 事⁴を率直に言う, ずけずけ言う, 歯に衣を着せずに言う. 〖 *nur dem ~n nach kennen* 人⁴を名前でしか知らない. *in* ② *~n* 人・事²の名において. **5級**

Namen [ナーメン]男(-s/-)〈まれ〉= Name.

namen·los 《(I)》形❶無名の, 知られていない;名もない;匿名の. ❷〖書〗言いようもない, 言語に絶する. 《(II)》副言いようもなく, ひどく.

namens [ナーメンス]《(I)》副(...という)名の[で].♦ ein Herr ~ Müller ミュラーという人. 《(II)》前《2格支配》...の名で, ...の名代として.

Namens·schild 中(-[e]s/-er)❶(住居・戸口の)表札. ❷名札, ネームプレート.

① 1格 ② 2格 ③ 3格 ④ 4格

Namens・tag 男(-(e)s/-e)〘カト〙聖名祝日《洗礼名のもとになっている聖人の祝日》.

Namens・vetter 男(-s/-n) 同名の人.

namentlich [ナーメントリヒ]((I))形《付加》名前を挙げての, 名指しての, 記名の. ((II))副 特に, とりわけ, ことに.

namhaft [ナームハフト]形 ❶《付加》有名な, 著名な. ❷著しい額, 莫大な.

nämlich [néːmlɪç ネームリヒ]((I))副 つまり, すなわち, 詳しくいえば; というのは, そのわけは. ★文頭に置かれる場合は, 並列的接続詞のように語順に影響を及ぼさない. ((II))形《付加》《書》❶《名詞的に; 小文字で》上述の; 同一の, 同じ. ❷《古》上述の, 同一の, 同じ. 4級

nannte [ナンテ]nennen の過去形.

Nano.. [ナノ..]《単位名に付けて》「10億分の1」.

nanu [ナヌー]間《驚き・怪しみ》なんだって, おやおや, これは驚いた.

Napalm [ナーパルム]田(-s/) 〘化〙ナパーム.

Napf [ナプフ]男(-(e)s/Näpfe) 《特に丸く浅い小さな》鉢(鋏), ボール; 《家畜用の》餌箱(鋏).

Narbe [ナルベ]女(-/-n) 傷跡; 瘢痕(紋).

narbig [ナルビヒ]形《副なし》傷跡のある, 瘢痕(紋)のある.

Narkose [ナルコーゼ]女(-/-n) 《主に単》〘医〙麻酔(状態).

narkotisieren [ナルコティズィーレン]他《人⁴に》麻酔をかける, 〈人⁴を〉麻痺させる.

Narr [ナル]男(-en/-en)〘弱〙❶ばか者, 愚か者, あほう, まぬけ. ❷道化師. ❸《謝肉祭の》仮装者, 〈仮装した〉カーニバル参加者. ④ zum ~en halten 人⁴をからかう. ◇**Närrin** [ネリン]女(-/-nen).

närrisch [ネリッシュ]形 ❶ばかな, 愚かな. ❷(口) 狂ったような, ものすごい. ❸《付加》カーニバルのような.

Narzisse [ナルツィッセ]女(-/-n) 〘植〙スイセン《水仙》.

narzisstisch [ナルツィスティッシュ]形 自己陶酔的な, ナルシストの.

naschen [ナッシェン]他《()》〈(甘い)物⁴などを〉》ちょっとずつ《味わって》食べる; 間食をする; 盗み食いする.

Nascherei [ナッシェライ]女(-/-en) ❶《主に単》ちょっとずつ《味わって》食べること; 間食; つまみ[盗み]食い. ❷《主に複》甘いもの.

naschhaft [ナッシュハフト]形《副なし》(甘いものを) ちょっとずつ《味わって》食べるのが好きな, つまみ食いの好きな, 間食好きな.

Nase [náːzə ナーゼ](英 nose)女(-/-n) 鼻; 嗅覚. ♦ sich⁴ die ~ putzen [wischen] 鼻をかむ[ふく]. ④ gefällt [passt] ② ~ nicht. (口) 人³は人²が気にくわない[入らない]. eine gute [feine] ~ für ④ haben (口) 物⁴に対して鼻がきく 勘がいい, 才能がある. eine richtige ~ für ④ haben (口) 物⁴に対して鼻がきく, 正しく未来を見通す. über ④ die ~ rümpfen 人・物⁴を鼻であしらう, せせら笑う, 軽視する. die ~ hoch tragen 鼻たかだかである, 鼻にかける, お高くとまっている, うぬぼれている. sich³ eine goldene ~ verdienen (口)《努力しないで》しこたまもうける. (mit ③) auf die ~ fallen (口) 事³につまずく, 失敗する. ④ mit der ~ auf ④ stoßen (口) 人⁴の鼻先に事⁴を突きつける, 人⁴に直接事⁴をはっきりと教えてやる. 4級

Nasen・bluten 田(-s/) 鼻血.

Nasen・loch 田(-s/..löcher) 《主に複》鼻の穴, 鼻孔.

Nasen・spitze 女(-/-n) 鼻の頭[先端].

Nasen・tropfen 複 鼻の点薬.

Nasen・wurzel 女 鼻の付け根.

nase・rümpfend 形 軽蔑的な, 侮辱するような; いやいやの, 不承不承の.

nase・weis 形《特に若い人について》小生意気な, 小利口な.

Nas・horn [ナース..]田(-(e)s/..hörner) サイ《犀》.

..nasig [..ナーズィヒ]形《形容詞・分詞と共に》「..鼻の」: hakennasig かぎ

鼻の.

nass [ナス] 形《比較 nasser, nässer; 最上 nassest, nässest》 ❶ ぬれた. ★nass より水気が少ない場合は feucht「湿気のある, 湿った」という. ❷ (天候・季節などが) 雨の多い, よく雨の降る, じめじめした. ❸《付加》(ペンキ・インク・血などが) 乾いていない. ❹《副なし》(雪が) 溶けかかった, べたついた, べた雪の. ◆ vom Regen [von Schweiß] ~ sein 雨で[汗で]ぬれている.

naß ⑥ = nass.

Nässe [ネッセ] 女《-/》湿潤(じゅん), 水気, 水分; 湿気, 水.

nass·kalt 形《副なし》寒湿の, 湿冷の.

naßkalt ⑥ = nasskalt.

Nass·rasur 女 水をつけてのひげ剃り.

Naßrasur ⑥ = Nassrasur.

Nation [ナツィオーン] 女《-/-en》 ❶ 民族; (全)国民. ★一人の国民は Saatsbürger. ❷ 国家, 国.

national [ナツィオナール] 形 ❶《付加》民族の, 民族的な; 国民の, 国民的な. ❷《付加》国の, 国家の, 国家的な; 国立の, 国有の, 国定の, 中央の. ❸《主に付加》(↔ international) 国内の, 全国的な, 国全体の.

National·feiertag 男《(e)s/》建国記念日 ((10月26日)).

National·hymne 女《-/-n》国歌.

Nationalisierung [ナツィオナリズィールング] 女《-/-en》国有[国営]化.

Nationalismus [ナツィオナリスムス] 男《-/》 ❶《主に軽蔑》ナショナリズム; 民族[国粋, 愛国]主義; 国家主義. ❷ 愛国心; 国民[国家]意識; 民族独立運動.

nationalistisch [ナツィオナリスティシュ] 形《主に軽蔑》民族[国粋, 愛国]主義(者)の; 国家主義(者)の.

Nationalität [ナツィオナリテート] 女《-/-en》 ❶ ナショナリティー, 国籍; 民族. ❷ (一国の中の)少数民族.

Nationalitäten·staat [ナツィオナリテーテン..] 男 多民族国家.

National·mannschaft 女《-/-en》全国選抜チーム, ナショナルチーム.

National·rat 男《(e)s/..räte》 ❶ 国民議会((下院に相当)). ❷ 国民議会議員.

National·sozialismus 男《-/》国家社会主義, ナチズム((略: NS)).

National·sozialist 男《-en/-en》《弱》国家社会主義者, (ドイツの)国家社会主義党員, ナチス党員.

national·sozialistisch 形 国家社会主義(党)の, ナチスの.

National·spieler 男《-s/-》全国選抜チーム[ナショナルチーム]の選手.

National·staat 男《-(e)s/-en》(単一民族から成る)国民国家.

National·stolz 男 民族[国民]としての誇り, その民族[国]に属しているというプライド.

National·trainer 男《-s/-》代表監督.

NATO, Nato [ナート] 女《-/》北大西洋条約機構, ナトー((1949年発足; North Atlantic Treaty Organization)).

Natron [ナートロン] 中《-s/》(重)炭酸ナトリウム, ソーダ.

Natter [ナッター] 女《-/-n》【動】(主に毒のない)蛇.

Natur [natúːr ナトゥーア] 《⑥ nature》 女《-/-en》 ❶《単》自然, 天然; 自然界, 大自然; 自然な姿, 本物. ❷《人間の》天性, 本性; 気質, 気性, 性分, 性格;《主に形容詞と》性質, 特性; 体質. ❸《物事の》本質, 特質. ❹《主に形容詞と》(...のたちの[性質のある])人. Es liegt in meiner ~, ... 〈zu不定詞〉...するのは私の性に合っている. *in der ~ der Dinge [Sache] liegen* 当然のことである, 自然の成り行きである. *gegen* [*wider*] *die ~ sein* 自然に反している, 正しくない. ⑤ *zur zweiten ~ werden* 〈人³の〉第二の天性になる, 板についてくる. 4級

Naturalien [ナトゥラーリエン] 複 ❶

Naturalismus

天(然)産物;土地生産物,農産物. ❷現物収入,現物賃金.

Naturalismus [ナトゥラリスムス]男 (-/..lismen)《単》【芸術・哲学】自然主義.

naturalistisch [ナトゥラリスティシュ]形自然主義の.

Naturell [ナトゥレル]中(-s/-e) ❶性格,気質,気性. ❷体質.

natur·farben 形《副なし》(↔ gefärbt)天然[自然]色の.

Natur·freund 男(-(e)s/-e) 自然愛好者.

natur·gemäß ((I))形自然に即した,自然な,ナチュラルな. ((II))副 ❶自然に即して,自然に,ナチュラルに. ❷当然(のことながら).

Natur·geschichte 女(-/)《古》博物学.

Natur·gesetz 中(-es/-e) 自然法則.

natur·getreu 形自然に忠実な,真に迫る,実物どおりの,生き写しの,写実的な.

Natur·heilkunde 女(-/) 自然療法.

Natur·katastrophe 女(-/-n) 自然災害.

natürlich [natýːrlɪç ナテューァリヒ] ((I))形 ❶(↔künstlich) 自然の,天然の,自然界の,大自然の;自然のままの,人の手が加わっていない. ❷本物の,自然な姿の,実物どおりの,ありのままの. ❸自然な,自然(法則)にかなった,自然に合った,当然の,当たり前の. ❹生まれつきの,生まれながらの,生得の,生来の. ❺(ふだんのままの)自然な,飾り気のない,気取らない. ❻生理的な,本能的な,自然な. *eine ~e Zahl* 自然数. *Es ist (nur) ~, dass ...* ...ということは(全く)当然である. ((II))副 ❶自然に;気取らずに. ❷もちろん,当然,無論,言うまでもなく. ❸思ったとおり,やはり. ❹《疑問文の答えとして》もちろんです. ❺《aber, dochと呼応して》もちろん[確かに](...ではあるが,しかし). 5級

Natürlichkeit [..カイト] 女(-/) ❶自

然なこと,自然らしさ. ❷気取らないこと,飾らないこと.

Natur·park 男自然(保護)公園.

Natur·produkt 中(-(e)s/-e) 天然物;自然の恵み.

Natur·schutz 男(-es/) 自然保護.

Naturschutz·gebiet 中(-(e)s/-e) 自然保護区[地域].

Natur·talent 中持って生まれた才能[天分]のある人.

natur·verbunden 形自然に深く結びついた;自然を愛する.

Natur·volk 中(-(e)s/..völker) 原始[未開]民族.

Natur·wissenschaft 女(-/-en) 《主に複》自然科学.

Natur·wissenschaftler 男(-s/-) 自然科学者.

natur·wissenschaftlich 形《主に付加》自然科学(上)の.

Natur·wunder 中(-s/-) 自然界の驚異.

Navigation [ナヴィガツィオーン]女(-/) ❶航海,航行;飛行. ❷航海学,操船術;航空学[術].

navigieren [ナヴィギーレン]他《船・飛行機⁴を》操縦する.

Nazi [ナーツィ]男(-s/-s)《略》Nationalsozialist ナチス党員.

Nazismus [ナツィスムス]男(-/)《略》Nationalsozialismus ナチズム.

n.Br.《略》nördlicher Breite 北緯.

n.Chr.《略》nach Christo [Christus] 西暦(紀元後).

NDR 男(-/)《略》Norddeutscher Rundfunk 北ドイツ放送.

ne 副(I) = nein.

Neandertaler [ネアンデァターラー] 男(-s/-) ネアンデルタール人(種) ((旧石器時代の人種;Düsseldorfの近くの発見地 Neandertal による)).

Nebel [néːbəl ネーベル] 男(-s/-) ❶霧;もや,かすみ. ❷【天】星雲. ♦ *im dichten ~* 濃い霧の中で. 4級

neblig [ネーベリヒ] 形 = neblig.

Nebel·scheinwerfer 男(-s/-) (自動車などの)フォグランプ,霧灯.

Nebel·schluss·leuchte 女(-/

① 1格 ② 2格 ③ 3格 ④ 4格

—n)(自動車などの)リア・フォグランプ, 後部霧灯.

Nebel·schwaden 男(-s/-)《主に複》濃い霧の蒸気(ガス).

Nebel·wand 女(-/..wände)壁のような濃霧.

neben [néːbən ネーベン]前 A《3格支配》《空間的》…と横に[わきに, 隣に]. ❷…と並んで, …の他に, …と同時に. ❸比較すれば[すると], 比べれば, 比べると. ◆Sie sitzt (links) ~ ihm. 彼女は彼の(左)隣に座っています. B《4格支配》《空間的》…の横へ[わきへ, 隣へ]. ◆Sie stellte sich⁴ (links) ~ mich. 彼女は私の(左)隣に立ちました. 5級

Neben.. [ネーベン..]《名詞に付いて》❶「隣の」:Nebenzimmer 隣室. ❷「副の, 副次的, 第二の」:Nebenrolle 脇役.

nebenan [ネーベンアン]副隣に, 隣の部屋に[で], 隣の家に[で].

nebenbei [ネーベンバイ]副 ❶そのかたわら, 片手間に, 副次的に;そのほかに. ❷ついでに, 付随的に. ◆~ bemerkt [gesagt] ついでに言えば, ちなみに.

Neben·beruf 男(-(e)s/-e)副業, 兼業, 内職, アルバイト.

neben·beruflich 形《付加または副》副業の, 兼業の, 内職の, アルバイトの.

Neben·beschäftigung 女(-/-en)副業, 内職;余分な仕事.

Neben·buhler [..ブーラー]男(-s/-)恋敵(がたき), 競争相手, ライバル. ◇**Neben·buhlerin** 女(-/-nen).

nebeneinander [ネーベンアイナンダー]副 ❶互いに[一列に, 横に]並んで, お互いに肩を並べて. ❷平行して, 同時に, 一緒に. 4級

nebeneinander|legen 他❶《複数の物⁴を》一列に(横にして)並べる. ❷横に並ぶ, 一列に(横に)なる.

nebeneinander|setzen 他隣どうしに座る, 一列に(横に)座る.

nebeneinander|stehen* 自一列に(横に)並ぶ[立つ].

nebeneinander|stellen 他❶《複数の人・物⁴を》一列に(横に)並べる. ❷sich⁴ 一列に(横に)並ぶ.

Neben·erwerb 男兼業, サイドビジネス.

Nebenerwerbs·bauer [..エァヴェァプス..]男兼業農家.

Neben·fach 中(-(e)s/..fächer)副専攻.

Neben·fluss 男(-es/..flüsse)支流.

Neben·gebäude 中(-s/-)別館, 付属建物, 離れ, 別棟(ばな).

Neben·geräusch 中(-(e)s/-e)(ラジオ・電話などの背景の)雑音, ノイズ.

nebenher [ネーベンヘーァ]副 ❶(同じ速度で)横に並んで, 並行して. ❷片手間に, そのかたわら.

nebenher|gehen* 自❶❶並んで(歩いて)行く. ❷《事¹が》片手間で行われている, 片手間である.

Neben·höhle 女(-/-n)《主に複》副鼻腔(びくう).

Neben·kläger 男(-s/-)付帯訴訟の原告.

Neben·kosten 複付帯費用, 雑費.

Neben·produkt 中(-(e)s/-e)副産物.

Neben·rolle 女(-/-n)〔劇〕脇役, 添え役.

neben·sächlich [..ゼヒリヒ]形《副なし》副次的な, 些細な, 枝葉の.

Nebensächlichkeit [..カイト]女(-/-en)副次的[些細]なこと.

Neben·stelle 女(-/-n) ❶(電話の)子機. ❷支店, 社社, 支局, 出張所.

Neben·satz 男(-es/..sätze)〔言〕副文, 従属文.

Neben·straße 女(-/-n)横丁, わき道, 裏通り.

Neben·tätigkeit 女(-/-en)余分な仕事.

Neben·tisch 男(-(e)s/-e)隣のテーブル.

Neben·verdienst 男臨時[副]収

①1格 ②2格 ③3格 ④4格

Neben・wirkung 囡(-/-en) 副作用; 間接的[副次的]影響.

Neben・zimmer 囲(-s/-) 隣室, 隣の部屋.

neblig [ネーブリヒ] 形《副なし》霧のかかった, 霧深い.

Necessaire [ネセセーァ] 囲(-s/-s) (縫い物・化粧道具などの)小物入れ.

necken [ネッケン] 囮(4)〈人・物4を〉からかう, 冷やかす, 揶揄(する.

Neckerei [ネッカライ] 囡(-/-en) からかい, ひやかし, 揶揄.

Neffe [néfə ネッフェ] 囲(-n/-n)《弱》甥.

negativ [ネーガティーフ, ネガティーフ] 形(↔ positiv) ❶ 否定的な, 否定の, 打消しの; 拒否的な, 不賛成の. ❷ 消極的な; 期待に反する, 望ましくない. ❸ 負の, マイナスの, 陰性の.〔数〕負数.

Negativ [ネーガティーフ, ネガティーフ] 囲(-s/-e) (↔ Positiv) ネガ, 陰画.

Neger [ネーガー] 囲(-s/-) 黒人, ニグロ. ★現在は Schwarze(r) が一般的. ◇ **Negerin** 囡(-/-nen).

nehmen* [néːmən ネーメン] 囮

現在	ich nehme	wir nehmen
	du **nimmst**	ihr nehmt
	er **nimmt**	sie nehmen

過去	ich **nahm**	wir nahmen
	du nahmst	ihr nahmt
	er nahm	sie nahmen

| 過分 | **genommen** | 接II nähme |

❶(a)〈物4を〉取る, つかむ. (b)〈(sich3) (4)〉〈物4を〉(手に)取る, 取って自分のものにする. (c)〈要塞・町4などを〉力ずくで取る, 奪取[占領]する ❷〈(4)+方向〉〈物4を...へ〉(手で)取って holt ます〉握る, 掛ける, 載せる, 抱える, 抱く). (a)〈物4を〉選んで取る, 選び取る. (b)〈物4を〉買う. (c)〈人4を〉取る, 採用する. (d)〈道・方向4を〉取る, 取って行く. ❹〈乗り物4に〉乗る,〈乗り物3を〉利用する. ❺〈(für (4))〉〈(4)〉〈物4を引き 換えに〉[物4の報酬として]〉物4を〉受け取る, もらう. ❻〈飲食物4を〉とる, 摂取する. ❼〈薬4などを〉飲む, 服用する. ❽〈(sich3)〉(4)〉〈(4)〉. ❾〈(sich3)〉(4)〉〈(権利のある)休暇4を〉取る. ❿(4)〉〈書〉〈人3から人・物4を〉奪い取る, 奪い去る. ⓫〈人3から人・物4を〉取り去る, 奪い去る. ⓬〈(von)〉(3)〉(4)〉〈人3から物4を〉取り除く. ⓭〈(4)+方向〉〈人4を...へ〉引き取る. ⓮〈(4)+状態〉〈物4を ... なことと〉理解する, 受け取る. ⓯〈障害物・欠陥4を〉乗りきる, 克服する. ⓰〈事4を〉思い浮かべる, 想定する, 考えてみる. ♦ **in die Hand ~** 物4を手に取る. Nimm noch ein Stück Kuchen! もう一つケーキをおとりよ. das Kind auf den Arm ~ 子供を腕に抱き上げる. Das nehme ich. これにします, これを下さい[買います]. den Bus [das Auto, den Zug] ~ バス[自動車, 列車]に乗る. das Frühstück ~ 朝食をとる. ③ die Hoffnung [den Spaß] ~ 人3の希望[楽しみ]を奪う. *sich eine Frau [einen Mann]* ~ ある女性[男性]と結婚する. *sich3 nicht* ~ *lassen* どうしても事4を(自分で)しようとする. (4) **an sich4** ~ 1) 物4を自分のところに保管する. 2) 物4を引き受ける. 3) 物4の世話をする, 拾得物などを着服する. (4) **auf sich4** ~ 事4を引き受ける, 事4の責任を負う[取る]. (4) **für** (4) ~ 人・物4を人・物4ととる, 見なす. (4) **mit sich3** ~ 人・物4を一緒に連れて行く. *wie man's nimmt* (口) 受け取り方次第[解釈次第]ではあるけれど. (4) **zu sich3** ~ (書)物4をいただく, 物4を口にする;(自分の所に)人4を引き取る. 5級

Neid [ナイト] 囲(-(e)s) ねたみ, そねみ, うらやましさ, 羨望. ♦ **aus ~** ねたみから. **Das muss** ③ **der ~ lassen.** (口) しゃくでも人3のその点を認めざるを得ない.

neiden [ナイデン] (du neidest, er neidet; 過去 neidete; 過分 geneidet) 囮 ③ (4)〉〈人3の事4を〉うらやましく思う, ねたむ, そねむ.

Neid·hammel 男(-s/‥hämmel)《口;軽蔑》ねたむ人, うらやむ人, 羨望する人.

neidisch [ナイディシュ] 形 嫉妬している, ねたんでいる, うらやんでいる.

neigen [ナイゲン]《(I)》自《zu ③》《事³の》傾向[性癖]である,《事³をしがちである,《(すぐ)事³に》なる. ❷《事³に》傾向している,《事³をしたい》気持ちになっている.《(II)》他《物⁴を》傾ける, 曲げる, かがめる.《(III)》再 sich⁴ ❶《人¹が》かがむ, 身をかがめる, 体を曲げる;《物¹が》傾く, 傾斜する, 曲がる. ❷《書》傾く, 沈む.

Neigung [ナイグング] 女(-/-en) ❶《主に単》傾き, 傾斜, 傾き;《天》軌道傾斜(角);《理》(磁針の)伏角. ❷《主に単》(身を)かがめること, お辞儀. ❸好み, 嗜好,《ちょっとした》趣味, 愛好. ❹《zu ③》《‥する》傾向, 性癖;《病気³の》体質. ❺好意, 恋情.

nein [naɪn ナイン] 副 ❶《否定の答え》《↔ ja》いいえ, いや, 否;《否定疑問の答え》はい, ええ. ❷《意外・驚きの答え》《一段とレベルを上げて訂正として》いやそれどころか. ❹《同意を求めて》ねえそうでしょう. ♦ Haben Sie Kinder? – Nein, ich habe keine Kinder. お子さんはいらっしゃらないのですか—はい, おりません. Nein, noch nicht. いいえ, まだです. Aber ~!《nein を強調して》いやとんでもない. Nein, so etwas. まさかそんなことが. (Ach) ~, wie herrlich! まあすてきな, わあすばらしい. Hunderte, ~ Tausende 数百人, いや数千人の人が. [5級]

Nein [ナイン] 中(-(s)/) 否, ノー, いや;拒否, 否定, 反対(票).

Nein·stimme 女(-/-n) 反対票.

Neiße [ナイセ] 女《die ~》ナイセ河《オーダー河の支流》.

Nektar [ネクタール] 男(-s/-e)《主に単》❶《植》花蜜(みつ). ❷《搾ったままの》フルーツ・ジュース, 果汁. ❸《単》《ギリシア神話》ネクタル《神々の不老不死の飲み物》.

Nektarine [ネクタリーネ] 女(-/-n)《植》ネクタリン, ズバイモモ, 油桃(ゆとう).

《桃に似ているが, 表面がつるつるしている》.

Nelke [ネルケ] 女(-/-n) ❶《植》ナデシコ(属);カーネーション. ❷《香料用の》チョウジ(丁子).

nennen* [nénən ネンン]《過 nannte; 過分 genannt; 接 II nennte》《(I)》他 ❶《人・物⁴を…と》名付ける, 命名する. ❷《人・物⁴を…と》呼ぶ;《④ bei [mit] ③》《人⁴を名前で》呼ぶ, 呼びかける. ❸《人⁴を…の(性質)だ》という. ❹《③》《④》《(人³に)事⁴を》告げる, 挙げる.《(II)》再 sich⁴ ❶…と呼ばれる, …という名である. ❷…と自称する, 名乗る. ♦ Wie wollen Sie das Kind ~? 子供にどういう名をお付けになりたいのですか. ③ den Grund für ④ ~ 人³に事⁴の理由を挙げる.

nennens·wert [ネンンス‥] 形《主に否定詞と》挙げる[述べる]価値のある, 言うに足りる, 格別の.

Nenner [ネナー] 男(-s/-)《数》《↔ Zähler》分母.

neo‥, Neo‥ [ネオ‥, ネーオ‥]《名詞・形容詞に付く》「新しい, 若い」:Neonazi ネオナチ, 新ナチ主義者.

Neolithikum [ネオリ(ー)ティクム] 中(-s/)《地》新石器時代.

neolithisch [ネオリ(ー)ティシュ] 形《地》新石器時代の.

Neon [ネーオン] 中(-s/)《化》ネオン《記号:Ne》.

Neon·licht 中 ネオンの光.

Neon·röhre 女(-/-n) ネオン管,《棒状の》蛍光灯.

Nepal [ネーパル, ネパール] 中(-s/) ネパール《ヒマラヤ山麓の王国》.

Nepp [ネップ] 男(-s/)《口;軽蔑》暴利行為, 暴利をむさぼること, ぼる[ふっかける]こと.

neppen [ネッペン] 他《口》《軽蔑》《人⁴から》暴利をむさぼる, ぼる,《人⁴に》ふっかける.

Nepper [ネッパー] 男(-s/-) 暴利をむさぼる人, ぼる[ふっかける]人, 悪徳商人.

Nepp·lokal 中 暴利をむさぼる飲み屋, ぼる[ふっかける]酒場, 悪徳店.

Nerv [ネァフ] (愛nerve) 男 (-s, -en /-e) ❶神経. ❷《複》沈着, 冷静; 度胸, 勇気; ずうずうしさ. ❸葉脈; [昆] 翅脈 (しみゃく); 楽器の弦. ◆ starke [schwache] ~en haben 神経が太い [細い]. ❸ *auf die* ~*en* (*mit* ③) *gehen* [*fallen*] ⟨口⟩⟨事¹(の事³)が⟩人³の神経に[癇, 気]にさわる,⟨事¹(の事³)で⟩人³はいらいらしている. *den* ~ *haben,* ... ⟨*zu*不定詞⟩⟨口⟩ ...する勇気[あつかましさ]がある. (*Mit*) ③ *gehen die* ~*en durch.* ⟨口⟩ 人³は冷静さを失う, かっとなる.

nerven [ネァフェン] 他 ⟨口⟩ ❶⟨物¹がX人⁴の神経に[癇, 気]にさわる,⟨事¹で⟩人⁴はいらいらする. ❷(*mit* ③)⟨人⁴の(事³)が⟩人³に[神経に[気]にさわる,⟨人⁴(の事³)で⟩いらいらしてくる.

nerven·aufreibend 形 神経を使う [すり減らす, 消耗する].

Nerven·bündel 中 (-s/-) ❶ [解] 神経束. ❷⟨口⟩神経質 [神経過敏] な人.

Nerven·gift 中 神経毒.

Nerven·heilanstalt 女 (-/-en) ⟨書⟩神経病院.

nerven·krank 形 《副なし》 ❶神経病の. ❷⟨口⟩精神病の, ノイローゼ気味の.

Nerven·probe 女 (-/-n) 神経に対する強い試練 [ストレス].

Nerven·säge 女 (-/-n) ⟨口;軽蔑⟩神経にさわるやつ.

Nerven·zusammenbruch 男 (-(e)s/...brüche) 神経衰弱, 神経症的(発作)状態.

nervig [ネァフィヒ, ネァヴィヒ] 形 ❶筋張った, 筋骨たくましい, 強健な, 力強い. ❷⟨口⟩神経にさわる, いらいらさせる.

nervlich [ネァフリヒ] 形《付加または副》神経(系 [の組織])の, 神経に作用する.

nervös [ネァヴェース] 形 ❶神経質な,〈神経が〉いらだった, いらいらした, ナーバスな; 神経過敏の. ❷神経(系)の, 神経(性)の.

Nervosität [ネァヴォズィテート] 女 (-/) 神経質, いらいら(した状態); 神経過敏.

nerv·tötend 形 ⟨口⟩いらいらさせる, 神経にさわる.

Nerz [ネァツ] 男 (-es/-e) ❶ [動] ミンク (イタチの一種); ミンクの毛皮. ❷ミンクのコート.

Nerz·mantel 男 ミンクのコート.

Nessel [ネッセル] 女 (-/-n) [植] イラクサ.

Nest [ネスト] (愛nest) 中 (-(e)s/-er) ❶ (鳥などの)巣. ❷⟨口⟩ねぐら, 寝床. ❸⟨口;軽蔑⟩小さな辺ぴな所. ❹ (盗賊の)巣窟. *das eigene* [*sein eigenes*] ~ *beschmutzen* 自分の家族 [国] を悪く言う, 身内の悪口を言う. *sich⁴ ins warme* [*gemachte*] ~ *setzen* ⟨口⟩ 1)結構な身分になる, 玉のこしに乗る. 2)楽々と暮らす.

nett [nɛt ネット] (I) 形 ❶⟨人¹が⟩親切な, 感じのよい, 思いやりのある. ❷⟨物¹が⟩気持ちのいい, すてきな, 愛らしい. ❸ (皮肉) ひどい, とんでもない. ❹《副なし》 (額の)相当な, かなりの. Es ist ~ von dir, mir zu helfen. 手助けありがとう. (II) 副 ⟨口⟩ひどく, かなり. ♦ *ganz* ~ ⟨口⟩ひどく, かなり. 5級

netter·weise [ネッター..] 副 親切にも, 親切心から.

netto [ネット] 副 (↔ brutto) 正味の; 手取りの (《略: n., nto.》).

Netto·einkommen 中 (-s/-) 純所得, 実質所得, 手取り; 純利益.

Netto·gehalt 中 (愛男) 手取り, 実質給料.

Netto·preis 男 (-es/-e) 正価.

Netz [ネッツ] (愛net) 中 (-es/-e) ❶網, ネット; (テニスなどの) ネット; 網袋; 安全 [落下防止] 用ネット; 蚊帳; ヘアネット. ❷クモの巣. ❸ネットワーク, ウェッブ; 網状のもの; 道路 [鉄道, 航空] 網; 放送 [通信] 網; 支店網; [電] 回路網など. ❹ 電気・ガス・水道・テレビなどの) 生活基盤の供給網. ❺ ⟨⟨von ③⟩⟩⟨⟨物³の⟩⟩罠 (わな). *das soziale* ~ (失業者援助などのための)

① 1格 ② 2格 ③ 3格 ④ 4格

セーフティーネット, 社会保障制度.

Netz·haut 囡(-/..häute)〖解〗(目の)網膜.

Netz·werk 田(-(e)s/-e) ネットワーク; 網状のもの; (糸・線・血管などの)網目構造[組織]; 〖電〗回路網.

neu [nɔy ノイ] (英new)〈比較 neuer; 最上 neu(e)st〉((I))形〈副なし〉(↔ alt)新しい. ❷ (↔ gebraucht) 新品の, できたての, おろしたての; 未使用の, 初めて使う. ★「真新しい」と新しいことを強調する場合は, nagelneu, brandneu. ❸〈主に付加〉洗いたての. ❹〈副なし〉初めて現れた[作られた]の, 新発見の, 目新しい. ❺〈副なし〉(農作物などが)獲れたての, 今期収穫の, 本年産の. ❻ 新任の, 新入りの, 新参の, 今度の, 新米の. ⓘ **~ sein** 〈物¹が〉人³にとって初耳である. **seit neuestem** つい この間から, 最近, 近頃. ■**~ eröffnet** 1) 新規開店[開業]した. 2) (改めて)新たに開店[開業]した. ((II))副 ❶ 新しく, 新たに, 改めて, もう一度. ❷ 最近, 近頃, この間; 今しがた, ついさっき. 5級

neu·artig 形 新型の, 新種の, 新式の, 新しいタイプの.

Neuartigkeit [..カイト]囡(-/) 新型, 新種, 新式.

Neu·bau 男(-(e)s/-ten)❶〈単〉新築; 改築. ❷(↔ Altbau) 新しい建物, 新築, 新築住居.

Neubau·wohnung 囡(-/-en) 新築の住まい.

neuerdings [ノイアーディングス]副 ❶ (昔と違って)近頃, 最近, この間から. ❷〈南ドイツ・オーストリア・スイス〉新たに, 改めて, またもや, 再び.

neu·eröffnet = neu eröffnet (⇨neu ■).

Neu·eröffnung 囡(-/-en)❶ 新規開店[開業]. ❷ 新たな開店[開業].

Neuerung [ノイエルング]囡(-/-en) 革新, 刷新, イノベーション; 新機軸.

neu·geboren 形〈主に付加〉生まれたての.

Neugier, Neugierde [ノイギーア

(デ)]囡(-/)〈**auf** ④〉〈人・物に対する〉好奇心.

neugierig [ノイギーリヒ]形〈**auf** ④〉〈人・物に対して〉好奇心のある, 興味津々(しんしん)の.

Neuheit [ノイハイト]囡(-/-en)❶ 新しいもの, 新製品, 新発明品; 新作, ニューモード. ❷〈単〉新しいこと, 斬新, 新奇, 新鮮さ.

neu·hochdeutsch 形 新高(地)ドイツ語の ((略:nhd.); およそ17世紀中頃以後から現代に至る標準的ドイツ語)).

Neu·hochdeutsch 田(-(s)/)新高(地)ドイツ語.

Neuigkeit [ノイイヒカイト]囡(-/-en) 新しい情報[消息, 便り], ニュース.

Neu·jahr 田(-(e)s/-e) 元日, 元旦, 正月. ♦**~ feiern** 元旦を祝う. ⓘ **zu ~ Glück wünschen** 人³に新年の祝詞を述べる. ***Pros(i)t ~!*** 新年おめでとう. ★新年das neue Jahr.

Neu·land 田(-(e)s/)❶ 新開拓地, 新開地. ❷未知の土地; 未知の領域.

neulich [ノイリヒ]副〈特定の過去〉先ごろ, この間, 先日; つい最近. ★von を用いて名詞を修飾することができる.

Neuling [ノイリング]男(-s/-e) 新入り, 新米, 新顔, 新参者; 初心者, ビギナー, 未経験者.

Neu·mond 男(-(e)s/) 新月.

neun [nɔyn ノイン] (英nine) 数詞〈基数〉9. 5級

Neun [ノイン]囡(-/-en) ❶ 9という数(字). ❷ 9という数のつくもの; (市街電車・バスの)9番(線); 〖トランプ〗9の札など.

Neuner 男(-s/-)〈口語〉= Neun.

neun·hundert 数詞〈基数〉900.

neun·jährig 形 9歳の; 9年間の.

neun·mal 副 9回; 9倍.

neunt [ノイント]数詞〈序数〉9番目の, 第9の. 4級

neun·tausend 数詞〈基数〉9000.

Neuntel [ノインテル]田(ジ)男(-s/-) 9分の1.

neuntens [ノインテンス]副 第9番

目に[は].

neunzehn [ノインツェーン] 数詞〈基数〉19. 5級

neunzehnt [ノインツェーント] 数詞〈序数〉19番目の, 第19の. 4級

neunzig [ノインツィヒ] 数詞〈基数〉90. 4級

neunziger [ノインツィガー] 形《無変化》《付加》90年[歳]の; (世紀の)90年代の.

neunzigst [ノインツィヒスト] 数詞《序数》90番目の, 第90の.

neuralgisch [ノイラルギシュ] 形 [医] 神経痛性の.

neu·reich 形《副なし》《軽度》(にわか)成金の, 成り上がりの.

Neurodermitis [ノイロデァミーティス] 女 (−/..mitiden [..ミティーデン]) [医] 神経性皮膚炎.

Neurologe [ノイロローゲ] 男 (−n/−n) 《弱》神経科専門医, 神経精神科医; 神経学者. ◇ **Neurologin** 女 (−/−nen).

Neurologie [ノイロロギー] 女 (−/) 神経(医)学, 神経精神科.

neurologisch [ノイロローギシュ] 形 神経(医)学の.

Neurose [ノイローゼ] 女 (−/−n) [心・医] 神経症, ノイローゼ.

Neurotiker [ノイローティカー] 男 (−s/−) 神経症患者. ◇ **Neurotikerin** 女 (−/−nen).

neurotisch [ノイローティシュ] 形 [医] 神経症の, ノイローゼの.

Neuseeland [ノイゼーラント] 中 (−s/) ニュージーランド ((オーストラリア南東の島国)).

neutral [ノイトラール] 形 ❶ 中立の; 不偏不党の, 公平な. ❷ 何にでも合う, あたりさわりのない. ❸ [化・理] 中性の; [言] 中性の.

Neutralität [ノイトラリテート] 女 (−s/..tronen [..トローネン]) [理] 中性子 ((記号:n)).

Neutrum [ノイトルム, (ﾗﾃﾝ語)ネーウトルム] 中 (−s/..tren, ..tra) [言] 中性; 中性名詞.

Neu·wert 男 (−(e)s/−) 新品価格, 新品の価値.

neu·wertig 形 新品同様の (価値を持った).

Neu·zeit 女 (−/) 近世 (およそ1500年以後から現代まで).

neu·zeitlich 形 近世の; 近代的な.

Nibelungen 複 ニーベルンゲン ((ドイツの伝説に登場する小人族, およびその宝財を引き継いだ一族)).

Nibelungen·lied 中 (−(e)s/) ニーベルンゲンの歌 ((ドイツ中世の英雄叙事詩)).

nicht [nɪçt ニヒト] (英)not **(I)** 副《否定を表す;⇒ kein》(...し)ない, (...で)ない. ◆ Bitte ~! お願いだからやめて[しないで]. Warum (denn) ~? なぜいけないの(いいじゃないの); 構いません, やってみよう. Es ist ~ so. そうではありません. Das glaube ich ~. そうは思いません.

★ (1) 原則として否定する語句の直前に置く. nicht は単独では文頭 [第1位] に立たない. nicht を動詞(句)の直前に置いて, その動詞(句)を否定すれば, 全文否定: Er kommt heute ~. 彼は今日来ません. ★ (2) nicht を動詞(句)以外の文成分の直前に置いて, その文成分を否定すれば, 部分否定. この場合, sondern 等の語が後続することもある: Er kommt ~ heute (, sondern morgen). 彼は今日は来ません (, 明日です). ★ (3) 意味の相違がイントネーション, アクセントによって示されることがある: Heute ist er ~ gekommen. 今日は彼は来ませんでした. 比較: Heute ist er nicht gekommen. 今日彼は来ませんでした. ★ (4) nicht の強調: bestimmt ~ ek..ない. (ganz nicht) gar ~ 全然..ない. ★ (5) 従属の接続詞 bevor, ehe や ohne dass, ohne + zu不定詞などに不要な nicht が用いられる場合がある: Ich gehe nicht weg, ohne ihn ~ gesehen zu haben. 彼に会ってからでないとここを立ち去りません. ★ (6) nicht は話法の副詞 (の直前に立ち, 話法の副

① 1格 ② 2格 ③ 3格 ④ 4格

詞)を否定することはできない：Er besucht uns vermutlich ~. 彼はたぶん私たちを訪問ではあるだろう。**~ nur [allein, bloß] A, sondern (auch) B** AのみならずB(また)も、Aだけでなく B も(また)。**~, dass ... (, aber ...)** ...というわけではない(が、しかし...)。

((II))副《不変化詞；アクセントなしで》★ nicht は文頭[第1位]に立たない。❶《疑問文の中で同意を期待して》(...でない)かな。❷《感嘆文の中で話者の関与を示して；was ... alles... という形式が多い》◆ Ist es hier ~ herrlich? ここはすてきじゃない(かな)。Was es ~ alles gibt! いろんなことがあるもんだなあ。**...~ (wahr?)**《アクセントがあることもある》(...だよ)ね：Du bleibst doch noch, ~? まだいるよね。

((III))《形容詞・分詞の前に付けて》「否定」を表す。■ **~ rostend** 錆(さ)びないステンレスである。

5級

nicht.. 造「否定」。★新正書法では分詞は独自として離して書くが、形容詞は一語で書くこともある。

Nicht.. 《名詞に付けて》「否定」.

Nicht·angriffs·pakt 男(-(e)s/-e) 不可侵条約.

Nichte [ニヒテ] 女(-/-n) 姪(めい).

nichtig [ニヒティヒ] 形 ❶《書》些細な、取るに足らない、つまらない。❷《法》無効の.

Nicht·raucher [ニヒトラオハー] 男(-s/-) ❶ タバコを吸わない人、非喫煙者。❷((口))(鉄道)禁煙車両.

nicht·rostend = nicht rostend (⇨ nicht Ⅲ).

nichts [nıçts ニヒツ] (愛 nothing) 代《不定》《無変化；⇒ etwas》何も...(し)ない、全然[少しも、いっこうに] ...ない。◆ alles oder ~ すべてか無か、いちかばちか。《中性名詞化された形容詞と》~ Besonderes 特別な事[物]は何も...ない。《zu 不定詞を伴って》Nichts zu danken! どういたしまして。**~ als ...** ...以外でない、...だけしかできない：Es ist ~ als Faulheit. それは怠惰以外の何物でもない。**~ anderes als...** ...以外の何も(...し)ない、...に外ならない。**so gut wie ~** 何もないのと同じに、ないも同然である、ほとんど何もないに近い。**~ sagend** = nichtssagend.

5級

nichts·desto·weniger [ニヒツデストヴェーニガー] 副 しかるに、それにもかかわらず、それなのに.

Nichts·nutz 男(-es/-e) 役立たず、ろくでなし、能なし、ぐうたら.

nichts·nutzig 形 役に立たない、ろくでなしの、能なしの、くだらない.

nichts·sagend [...t] 形 とるに足らない、内容のない；(顔などが)無表情の.

Nickel [ニッケル] 中(-s/)【化】ニッケル(記号：Ni).

nicken [ニッケン] 自 (肯定を示して)うなずく、首を縦に振る；(うなずいて)同意する、会釈する.

nie [ni: ニー] 副 (↔ immer) 決して[一度も](...)ない。◆ ~ mehr 今後[これから]決して(...)ない。Jetzt oder ~! 今をおいてほかにない、今こそチャンスだ。**Nie wieder!** 二度とごめんだ。 5級

nieder [ニーダー] ((I))副 (より)下へ、低く。**Nieder mit ...!** ...を打倒せよ[倒せ]。 ((II))形《付加》❶ (↔ hoch) 下級「下位」の。❷ (↔ edel) 卑しい、低級な、下品な。❸《南ド・オーストリア・スイス》(↔ hoch) 下の、低い；低地の.

nieder.. 造「低い、下への、下の」：Niederlage 敗北。《地名に付いて》「低地」：Niederdeutschland 低地ドイツ.

nieder·deutsch 形 低地ドイツ(語)の((略：nd.,ndd.)).

Nieder·deutsch 中(-(s)/) 低地ドイツ語.

Nieder·gang 男(-(e)s/) 没落、衰退、衰微、退廃.

nieder|gehen* 自⑤ ❶《雨1などが》降る；《雪崩などが》起こる。❷《幕1などが》降りる。❸《飛行機などが》下降する、着陸「着水」する.

nieder·gelassen niederlassenの過去分詞.

nieder·geschlagen ((I)) nie-

Niedergeschlagenheit

derschlagen の過去分詞. ((II))形 落胆した, 意気沮喪した, 悄然とした, 打ちひしがれた.

Niedergeschlagenheit [..ハイト] 女(-/) 落胆, 意気消沈, 喪心.

Nieder・lage 女(-/-n) 負け;降服;敗戦.

Niederlande [ニーダーランデ] 複《die ～》オランダ(王国).

Niederländer [ニーダーレンダー] 男(-s/-) オランダ人. ◇..länderin 女(-/-nen).

niederländisch [ニーダーレンディシュ] 形 オランダ(人｜語)の.

Niederländisch 中(-(s)/) オランダ語.

nieder|lassen* sich⁴ ❶ 腰を下ろす, 座る. ❷ 居を構える, 定住する. ❸ 開業する.

Niederlassung [ニーダーラスング] 女(-/-en) ❶ 支店, 支社. ❷〘法〙定住[居住]権.

nieder|legen ((I))他 ❶〈4〉〈人・物⁴を〉下に置く, (地上に) 降ろす;〈人⁴を〉寝かせる. ❷〈物⁴を〉供える. ❸〈職⁴などを〉やめる, 退く;放棄する. ((II))再 sich⁴ 横になる, 寝る.

Nieder・österreich 中(-s/) ニーダーエスターライヒ((オーストリア連邦東部の州)).

Nieder・sachsen 中(-s/) ニーダーザクセン((ドイツ北西部の州)).

Nieder・schlag 男(-(e)s/..schläge) ❶〘主に複〙〘気〙降水, 降雨, 降雪. ❷〘主に単〙〘化〙沈殿, 沈殿物. ❸〘音楽〙下拍. seinen ～ in ③ finden〈事¹が〉物³の中に表現されている, 表われている;反映している.

nieder|schlagen* ((I))他 ❶〈人⁴を〉打ち[殴り]倒す, なぎ倒す, 叩きのめす. ❷〈暴動・反乱などを〉鎮圧する, 鎮める. ❸〈目・視線⁴を〉伏せる, 下げる. ((II))再 sich⁴ ❶ 結露する. ❷ 沈殿する. ❸〈in ③〉〈物³に〉表現されている, 表われている;現れる, 見えてくる.

nieder・schmetternd [..ト] 形 (最上 ～st[..ツト]) 意気消沈させる, 心を

打ちのめすような.

nieder・tourig [..トゥーリヒ] 形〘工〙回転数の少ない, 低回転の.

nieder・trächtig [..トレヒティヒ] ((I)) 形 卑劣な, 下劣な, 邪悪な, 悪意のある, よこしまな;下品な. ((II))副 ひどく, 激しく.

Niederträchtigkeit [..カイト] 女(-/-en) ❶〘単〙卑劣なこと. ❷ 卑劣な言動.

Niederung [ニーデルング] 女(-/-en) 低地.

niedlich [ニートリヒ] 形 かわいらしい, キュートな.

niedrig [ní:driç ニードリヒ] 形 ❶ (↔ hoch)(高さ・価格・温度・濃度・血圧などが) 低い;(スピードが) 遅い, 低速の. ❷ (やや古｜軽蔑)(身分・階級の) 低い. ❸ (↔ edel) 低俗な, 低劣な, 下品な;卑賎(ஜ)な. ◆ Der Tisch ist ～ für mich. その机は私には低いです. 4級

Niedrig・wasser 中(-s/-) 低潮;低水位.

niemals [ニーマールス] 副 ❶ 一度も[決して](...)ない. ❷〘返答として〙とんでもない, めっそうもない, 決してそんなことはありません. 4級

niemand [ní:mant ニーマント] 代

1格 niemand	3格 niemand(em)
2格 niemand(e)s	4格 niemand(en)

★ 口語では, 3格・4格は語形変化しないことが多い. 誰も[一人も](...し)ない (↔ jemand). ◆ ～ von uns 我々のうちの誰も(...し)ない. 5級

Niemands・land [ニーマンツ..] 中(-(e)s/) ❶ (相対する両軍の間の) 中間[無人, 非占領] 地帯. ❷ 人のいない未開の[未探検の] 地. ❸ 誰も扱わないテーマ.

Niere [ニーレ] 女(-/-n) ❶〘解〙腎臓. ❷〘主に複〙〘料理〙腎臓の付いた腰肉(のロース). ③ an die ～n gehen (口) 人³に心理的に応える.

Nieren・entzündung [ニーレン..] 女(-/-en) 〘医〙腎炎.

Nieren・stein 男(-(e)s/-e)〔医〕腎(臓結)石;〔鉱〕(腎臓形の)孔雀石(ﾏﾗｶｲﾄ).

nieseln [ニーゼルン]《非人称で》◆ Es nieselt. 霧雨が降る.

Niesel・regen [ニーゼル..] 男(-s/-) 《主に単》霧雨, 細雨, 小ぬか雨.

niesen [ニーゼン] 自 くしゃみをする.

Niete¹ [ニーテ] 女(-/-n) ❶ 空籤(ｸｼﾞ). ❷ (口:軽蔑)無能.

Niete² 女(-/-n) 鋲, リベット.

nieten [ニーテン] 他〔工〕〈物⁴を〉鋲(ﾋﾞｮｳ)で締める, 〈物⁴に〉鋲を打つ, リベットを打つ.

Nietzsche [ニーチェ]《人名》ニーチェ((Friedrich Wilhelm ~ ドイツの哲学者;1844-1900)).

Nikolaus [ニーコラオス] ((I))《人名》聖ニコラウス((der heilige ~ = Sankt ~; 4世紀の小アジアのミラ(Myra)の大司教)). ((II))男(-(e)s/-e,(口)Nikoläuse) ❶ サンタクロース(12月6日に子供にプレゼントを持ってくる)). ❷ (Nikolaustag)(12月6日の)聖ニコラウスの日.

Nikotin [ニコティーン] 中(-s/)〔化〕ニコチン.

nikotin・arm 形 ニコチンの少ない.

Nil [ニール] 男(-(s)/)《der ~》(エジプトの)ナイル川.

Nil・pferd 中(-(e)s/-e)〔動〕カバ(河馬).

nimm [ニム] nehmen の命令法2人称単数形.

nimmst [ニムスト] nehmen の2人称単数現在形.

nimmt [ニムト] nehmen の3人称単数現在形.

nippen [ニッペン] 自〈**an** [**von**] ③〉〈物³を〉(味を見るために)ちびちび飲む.

nirgends [nírgənts ニャゲンツ] 副〈= überall〉どこにも...(し)ない. ★ anders とは一緒に用いられない. ◆ sonst ~ = sonst 他のどこにも(...)ない. 4級

nirgendwo [ニャゲントヴォー] 副 どこにも...(し)ない.

Nische [ニーシュ] 女(-/-n) ❶ 〔建〕壁龕(ﾍｷｶﾞﾝ)((像・花瓶などを置く壁面のくぼみ)). ❷ ニッチ((種の生態的地位・場所)).

nisten [ニステン] 自〈鳥¹などが〉巣を作る.

Nitrat [ニトラート] 中(-(e)s/-e)〔化〕硝酸塩.

Niveau [ニヴォー] 中(-s/-s)《主に単》❶ 水準, レベル; 程度. ❷ 水(平)面; (水平面の)高さ.

nix [ニクス] 代《不定》(口) = nichts.

Nixe [ニクセ] 女(-/-n) 〔ｹﾞﾙﾏﾝ神話〕ニクセ, 水の精, 水魔. ❷ 人魚.

nobel [ノーベル] 形《比較 nobler; 最上 noblest》❶ (書) 気高い; 崇高な; 高貴な(生まれの), 名門の. ❷ (皮肉) 豪勢な, 金のかかる; お上品な. ❸ (口) 気前のいい; ものすごい.

Nobel・preis [ノベル..] 男(-es/-e) ノーベル賞.

noch [nɔx ノッホ] 副 ❶ まだ;(今)なお, 今でも, いまだに, 相変わらず, 依然として. ★ 単独で文頭に立つことができる. ❷《近い未来に関して》まだこれから, これからまだ, そのうち, いずれ, いつか. ❸《近い過去に関して》まだ[つい](...までは), まだ[つい](...した)ばかり. ❹ (期限)ぎりぎり(...までに); かろうじて, なんとか. ❺ (...しないうちに(すぐ(に))). ❻ 他にまだ, さらに, その上(なお). ◆ ~ jetzt = jetzt ~ 今もなお. ~ dazu その上, そのほかに. ~ einmal もう一度((口語で ~ mal)).《否定語と》~ nicht まだ[いまだに](...)ない. immer ~ 今なお, 今でも, いまだに, 相変わらず; 何と言っても, とにかく, とにかく. **~ (viel)**〈+形容詞[副詞]の比較級〉もっと, さらに. 5級

noch・mals [ノッホマールス] 副 もう一度. 4級

Nominativ [ノーミナティーフ] 男(-s/-e)〔言〕(Werfall)第1格, 主格((略:Nom.)).

nominieren [ノミニーレン]《過分 nominiert》他〈④ (**für** ④)〉〈人⁴を(物⁴の候補として)〉指名する, ノミネートする.

Nominierung [ノミニールング] 女 指名, ノミネート.

① 1格 ② 2格 ③ 3格 ④ 4格

Nonne [ノネ] 囡 (-/-n) 〔宗〕(↔ Mönch) 修道女, 尼(僧).

Nord [ノルト] (㊤ north) 中 (-(e)s/-e) 《主に単》❶《無変化; 冠詞なしで》**(a)**(↔ Süd)《主に気象・航海術》北. **(b)**《地名などの後に付いて》北部, 北方 (略: N). ❷〔海・詩〕(Nordwind) 北風.

Nord-afrika 中 (-s/) 北アフリカ.
Nord-amerika 中 (-s/) 北アメリカ.
nord-deutsch 形 北ドイツの.

Norden [nɔ́rdən ノルデン] 男 (-s/) ❶(↔ Süden)《冠詞なしで》北, 北方. ❷北部, 北国, 北地; 北欧. **4級**

nordisch [ノルディシュ] 形《主に付加》北欧の; 〔言〕ノルド[北ゲルマン]語の.

nördlich [ネルトリヒ] 形 (↔ südlich) **((I))** ❶《付加》北(方)の, 北からの, 北向きの. ❷《付加》北部の. **((II))** 前《2 格支配》…の北に. ♦ ~ des Rheins ライン河の北に[へ]. ★定冠詞のない名詞の場合は von を用いる: ~ von Wien ヴィーンの北に[へ]. **4級**

Nord-licht 中 (-(e)s/-er) ❶(北)極光, オーロラ. ❷〔口〕(南独, 特にバイエルンから見て)北ドイツ出身者.

Nord-pol 男 (-s/) 北極.

Nordrhein-Westfalen 中 (-s/) ノルトラインヴェストファーレン((ドイツ西部の州)).

Nord-see 囡 (-/) (die ~) 北海.
nord-wärts 副 北(の方)へ, 北方へ.
Nord-wind 男 (-(e)s/-e) 北風.

Nörgelei [ネァゲライ] 囡 (-/-en) (軽蔑)《単 絶えず不平[不満, 苦情]を言うこと, けちばかりつけること. ❷不平, 苦情; あら探し.

nörgeln [ネァゲルン] 自《(**über** ④)》(軽蔑)《(人・物④について)》不平[不満, 苦情]を言う, けちをつける, ブツブツ文句を言う.

Norm [ノルム] 囡 (-/-en) ❶《主に複》規範. ❷標準, 平均, 基準. ❸標準労働量, 作業規準量, ノルマ. ❹〔印〕(出場資格を得るための)標準[最低]記録. ❺(工業製品などの)規格.

normal [ノルマール] 形 ❶(↔ unnormal) 普通の, 通常の. ❷(↔ anormal) 正常の.

Normal-benzin 中 レギュラー(ガソリン).

normalerweise [ノルマーラーヴァイゼ] 副 普通(は), 通常(は), ふだん(は), いつも(は).

normalisieren [ノルマリズィーレン] (過分 normalisiert) **((I))** 他《状態などを》正常化する. **((II))** sich⁴ 正常に状態になる[戻る], 正常化する.

Normal-zustand 男 (-(e)s/..zustände) ❶普通の状態, 常態. ❷〔理〕(1 気圧温度 0℃の)標準状態.

Normandie [ノルマンディー] 囡 (-/) 《die ~》ノルマンディー((フランス西部の地方)).

normen [ノルメン] 他《工業製品⁴などを》規格化する; 基準[規格]として決める.

normieren [ノルミーレン] (過分 normiert) 他 = normen.

Norwegen [ノルヴェーゲン] 中 (-s/) ノルウェー((北欧の王国; 略: N)).

Norweger [ノルヴェーガー] **((I))** 男 (-s/-) ノルウェー人. **((II))** 形《無変化》ノルウェーの. ◇ **Norwegerin** 囡 (-/-nen).

norwegisch [ノルヴェーギシュ] 形 ノルウェー(人 | 語)の. ♦ das Norwegische ノルウェー語.

Nostalgie [ノスタルギー] 囡 (-/..gien [..ギーエン])《主に単》郷愁, ノスタルジア.

Not [ノート] 囡 (-/Nöte) ❶《主に単》(↔ Reichtum) 困窮, 窮乏, 貧困, 貧乏. ❷《主に単》窮地, 苦境, 窮状, 困った状態. ❸苦しみ, 苦悩; 苦労, 苦難. **ohne ~** 必要もないのに, 理由なしに. **zur ~** せっぱつまれば, いざという時には, 必要とあれば. **mit knapper [genauer] ~** かろうじて, なんとか, どうにかこうにか. **~ kennt kein Gebot.** (診)背に腹はかえられぬ((必要の前に掟なし)). **~ macht erfinderich.** 必要は発明の母((必要は工夫させる)). **In der ~ frisst der Teufel Fliegen.** (診)背に腹はかえられぬ((お

金に困れば悪魔も蝿を食べる)). ◆~ leidend 困窮[窮乏]した.

Notar [ノターァ]男《-s/-e》〖法〗公証人.

Notariat [ノタリアート]中《-(e)s/-e》公証人役場[オフィス].

Not-arzt 男《-(e)s/..ärzte》救急医. ◇**..ärztin** 女《-/-nen》.

Not-aufnahme 女《-/-n》救急病棟[受け入れ].

Not-ausgang [ノートアオスガング]男《-(e)s/..ausgänge》非常口.

Not-bremse 女《-/-n》〖鉄道〗非常(用)ブレーキ.

Not-dienst 男 救急[非常]業務, 急患.

Not-durft 女《-/》*die [seine] ~ verrichten*《書》用を足す.

not-dürftig 形 一時[当座]しのぎの, 応急的な, 間に合わせの.

Note [ノーテ]女《-/-n》❶〖音楽〗音符;《複》楽譜. ❷(学校の)成績, 評価, 評点.
★ドイツでは6段階評価: die Note **1** (sehr gut 秀)が最高で, 順に **2** (gut 優), **3** (befriedigend 良), **4** (ausreichend 可), **5** (mangelhaft 不可), **6** (ungenügend 不十分)となる. オーストリアは5段階評価: die Note **1** (sehr gut 秀)が最高で, 順に **2** (gut 優), **3** (befriedigend 良), **4** (genügend 可), **5** (nicht genügend 不可)となる. スイスは州によって異なる.
❸外交文書, 覚え書き, 通牒, メモランダム. ❹《単》特色, 特徴, (トレード)マーク. ❺銀行券, 紙幣, 札. ◆*~n lesen können* 音符[楽譜]を読むことができる. *nach ~n spielen [singen]* 譜面を見ながら演奏する[歌う]. *für* ④ *eine gute [schlechte] ~ bekommen [erhalten]* 教科④に関して良い[悪い]点をとる. *gute ~n haben* 成績が良い. **4級**

Notebook [ノートブック]中《-s/-s》ノート型パソコン.

Not-fall 男《-(e)s/..fälle》非常[緊急]の場合. ◆*im ~* 非常[緊急]の場合に.

not-falls 副 やむを得ない場合には, (どうしても)必要とあれば, いざという時.

not-gedrungen 副 やむを得ず; 必然的に.

notieren [ノティーレン]《過分 notiert》《(I)》他 ❶〈(sich³) ④〉〈物⁴を〉(覚えておくために)書き留める, メモする. ❷〈④ (**mit** ③)〉〈株⁴に(金額³の)〉の値[相場]を付ける. ❸〖音楽〗〈物⁴を〉記譜する. 《(II)》自 〖商〗値[相場]がつく.

Notierung [ノティールング]女《-/-en》〖商〗相場.

nötig [nǿːtɪç ネーティヒ]形 ❶ぜひ入用な, 必要な. ❷《述語または副》緊急な, 我慢できない. *Es nicht ~ haben,*〈zu不定詞〉...する必要はない. *falls ~* 必要なら(ば). *Das ist doch nicht ~.* = *Das wäre doch nicht ~ gewesen.*(贈り物に対して)そんなにお気遣いはご不要ですのに[でしたのに]. **4級**

nötigen [ネーティゲン]他《④ (**zu** ③)》❶〈人⁴に(事³を)〉無理に勧める. ❷〈人⁴に(事³を)〉強いる, 強要する;《zu不定詞と》〈人⁴に...するように〉強いる[勧める].

Nötigung [ネーティグング]女《-/-》強いること, 強要;〖法〗脅迫.

Notiz [ノティーツ]女《-/-en》❶ メモ, 覚え書き. ❷(新聞の)小記事, 短信. *~ von* ③ *nehmen* 人・物³に注意を払う, 気をつける.

Notiz-block 男《-(e)s/..blöcke》(はぎ取り式)メモ用紙.

Notiz-buch 中《-(e)s/..bücher》メモ(用)の手帳.

Not-lage 女《-/-n》困難な状況, 苦境, 窮地.

not-landen 自⑤《過 notlandete; 過分 notgelandet; zu不定詞 notzulanden》〖空〗緊急着陸する.

Not-landung 女《-/-en》〖空〗緊急[不時]着陸.

not-leidend 形 = Not leidend (⇨Not ◆).

Not-lösung 女《-/-en》一時[当座]しのぎ.

Not-lüge 女《-/-n》一時逃れのうそ.

① 1格 ② 2格 ③ 3格 ④ 4格

notorisch [ノトーリシュ] 形 悪名[悪評の]高い.

Not·ruf 男 [ノートルーフ] (-(e)s/-e) 緊急呼び出し[電話](番号).

Notruf·nummer 女 (-/-n) (警察・消防署などの)呼び出し番号. ★ドイツでは,警察は110,消防署・救急車は112,緊急医は19 292である.

Notruf·säule 女 (-/-n) (高速道路での警察などへの)緊急連絡用電話(ポール).

Not·signal 中 (-s/-e) SOS, 遭難[非常]信号.

Not·stand 男 (-(e)s/ 《法》緊急[非常]事態;有事;緊急避難.

Not·unterkunft 女 (-/..künfte) (テントや家などの)緊急宿泊施設[所], 仮設住宅.

Not·wehr 女 (-/) 《法》正当防衛.

notwendig [ノートヴェンディヒ] 形 ❶ぜひ必要な,必須の. ❷《付加または副》必然的な,不可避的な,当然の帰結としての. ◆die ~e Folge 当然の帰結.

Notwendigkeit [..カイト] 女 (-/-en) ❶《主に単》必要(性);必然性. ❷必要な物[こと];必然的なこと,やむを得ないこと.

Not·zucht 女 (-/) 《書;やや古》《法》強姦, レイプ.

Novalis [ノヴァーリス] 《人名》ノヴァーリス ((ドイツロマン派の詩人;Friedrich von Hardenberg (1772-1801)の筆名)).

Novelle [ノヴェレ] 女 (-/-n) ❶中編小説. ❷《法》改正[修正](案).

November [novémbɐr ノヴェンバー] 男 (-(s)/-) 《主に単》11月 ((略: Nov.)). ◆im ~ 11月に. am dritten ~ 11月3日に. 5級

Novität [ノヴィテート] 女 (-/-en) 新作, 新製品; 新発明品; 新流行品, 新柄; 新刊書.

Nr. 《略》Nummer.

NRW 《略》Nordrhein-Westfalen.

Nu [ヌー] 男 im ~, in einem ~ あっという間に.

Nuance [ニュアーンセ] 女 (-/-n) ニュアンス, 微細な差異.

nüchtern [ニュヒタァン] 形 ❶食事をとっていない,(胃が)空の. ❷ (↔ betrunken) (酒に)酔っていない, しらふの. ❸ (↔ emotional) (人が)さめている, 冷静な. ❹ (機能的で)簡素な, 飾り気のない. ◆auf ~en Magen 何も食べないで, 胃を空にして.

Nüchternheit [..ハイト] 女 (-/) ❶空腹. ❷しらふ. ❸冷静. ❹(機能的な)簡素さ.

nuckeln [ヌッケルン] 自 ⑤ 《(an ③)》《(物³を)》吸う.

Nudel [ヌーデル] (⑧ noodle) 女 (-/-n) ❶《主に複》《料理》ヌードル, 麺類. ❷(口;主に軽蔑)女(の子);(口;軽蔑)デブな[馬鹿な]女(の子). 4級

Nugat [ヌーガト] 男中 (-s/-s) 《主に単》ヌガー ((ナッツやアーモンド入りの糖菓)).

nuklear [ヌクレアーァ] 形《主に付加》(原子)核の; 核反応の; 核兵器を装備した; 核兵器の. ◆ein ~er Krieg 核戦争. ~e Energie 核エネルギー. ~e Waffen 核兵器. ~e Staaten 核兵器保有国.

Nuklear·waffe 女 (-/-n) 《主に複》核兵器.

null [ヌル] (I) 数詞 《基数》0, 零, ゼロ. ★例えば 0,14 (= 0.14)は null Komma eins vier と読む. ~ (Grad (Celsius)) 零度, 氷点. ~ Uhr 零時. ~ und nichtig 無効の. gleich ~ sein (口) 無に等しい, 何もない, ゼロである. (II) 形《変化しない;付加》(口) 少しも[全く](...)ない. 5級

Null [ヌル] 女 (-/-en) ❶ 0[零, ゼロ]という数字. ❷(口;軽蔑)無価値な物[人].

Null·punkt 男 (-(e)s/-e) ❶(計器などの)零度, 零点. ❷(水の)零度, 氷点. ❸(口)最低点, どん底.

Null·summen·spiel 中 ゼロサム・ゲーム.

numerieren 他 ⇨ nummerieren.

Numerus clausus [ヌ(ー)メルスクラウズス] 男 (-/) (大学の)入学定員制限 ((略: NC)).

Nummer [nómər ヌマー] 女《-/-n》《略:Nr., 複 Nrn.》❶番号,ナンバー,数(字);電話番号;(車などの)ナンバー;号数;室;その番号の人[物]など. ❷《商》大きさの番号,寸法,サイズ;等級,品質. ❸《音楽の》曲目,ナンバー. ❹《口》《際どった》人,やつ. ❺《卑》性交. *die ~ eins* 《口》ナンバーワン,第一人者. *eine ~ [ein paar ~n] zu groß für* ④ *sein* ④ 人⁴(の能力)にとってむずかしすぎる, 人⁴の手に余る. *(nur [bloß]) eine ~ sein* ただの人である. *auf ~ Sicher sein [sitzen]* 《口》投獄されている. 4級

nummerieren [ヌメリーレン]《過分 nummeriert》他《物⁴に》《通し》番号を付ける,ナンバリングする.

Nummerierung [ヌメリールング] 女《-/-en》番号付け,ナンバリング.

Nummern·schild 中《-(e)s/-er》(自動車などの)ナンバープレート.

nun [nu:n ヌーン]《(I)》副 ❶《jetzt》今(や),さあ,もう;今から,これから;今まで;《期間・時間を表わす語句と》今. ❷ (← *früher*) 現在(は),今(は). ❸ 今(や)(すでに),今では(もう). ★単独で文頭に立つことができる. *von ~ an [ab]* 1)今(は)から先. 2)その後(は), その時から. *Was ~?* これからどうしよう. 《(II)》副《不変化詞》❶《主文から独立して,文頭に現れて》**(a)**《結論の導入》それじゃ(ないよ), まあいいよ;つまり, そうだなあ. **(b)**《新しいテーマの導入》さて, ところで. ❷《文頭に現れて,疑問文の文中に現れて》(それで)結局[つまり](どうなんだ[どうなるんだ、もう知らせるところ]). *~ (ein)mal* 《口》《変更できないことを表して》とにかく, いずれにしろ. 4級

nur [nu:r ヌーァ]《(I)》副《不変化詞》❶《修飾する語の前に置かれて》ただ(…)だけ, ただ(…)ばかり, たった[単に](…に)すぎない,(…)しかない. ❷《副文中に用いられ, *können, wollen* と》とかして, できる限り. ❸《疑問文の中で, ぜひとも知りたいことを表わして》(どうして)いったい, そもそも. ❹《感嘆文・

修辞疑問文の中で, 驚き・非難などを表わして》ああ. ❺《催促・励まし・勧誘などを表わして》さあ, どうよ, どうぞ. ❻《願望の副文の中で》(せめて)(…)でありさえすれば(なあ),(…して)さえくれば(なあ). ◆*~ eben* たった今. *Was mache ich denn jetzt ~?* これからいったいどうすればいいんだろうか. *Nur keine Angst!* 心配なんかするなよ. *Wenn er ~ bald käme!* 彼がすぐ来てくれさえすればなあ. *~ noch* 1)今ではわずかに(…)だけである. 2)《形容詞・副詞の比較級と》かえってますます, 逆にいっそう. *~ so* 1)《強調して》非常に, 激しく. 2)《口》ただなんとなく, ただこんなふうに, ただこうして. 《(II)》接《先行文の内容の除外・制限》ただ, ただし. ★単独で文頭に立つことができる: *Ich würde gerne kommen, ~ habe ich leider keine Zeit.* 行きたいのは山々なのですが, ただ残念ながら時間がないのです. 5級

Nürnberg [ニュルンベルク] 中《-s/》ニュルンベルク(ドイツ南部の都市).

nuscheln [ヌシェルン] 他《④》《口》《事⁴を》(不明瞭に)もぐもぐと[ぶつぶつ]言う.

Nuss [ヌス](奥 nut)女《-/Nüsse》〖植〗木の実, ナッツ, 堅果;落花生, ピーナッツ;ヘーゼルナッツ;クルミ(胡桃). *eine harte ~* 《口》難事, 難問, 難題, なぞ.

Nuß 中《-》= Nuss.

Nuss·baum 男 クルミの木.

Nuss·knacker [..クナッカー] 男《-s/-》 クルミ割り(器).

Nuss·schale 女《-/-n》ナッツの殻.

Nüster [ニュースター] 女《-/-n》《主に複》(特に馬の)鼻孔.

Nut [ヌート] 女《-/-en》, **Nute** [ヌーテ] 女《-/-n》溝.

Nutte [ヌッテ] 女《-/-n》《口;軽蔑》売春婦.

nutzbar [ヌッツバーァ] 形 利用できる, 役に立つ, 有効な.

nutz·bringend [..ト] 形 有益[有効, 有利]な.

nutzen [nótson ヌッツェン]《(I)》他《④ (zu ③)》《物⁴を《物³のために》》利

① 1格 ② 2格 ③ 3格 ④ 4格

Nutzen

用する, 役立てる. **((II))** 自⟨3⟩⟨物¹が⟩⟨人・物³にとって⟩役立つ, 有益である. ◆nichts ~, ⟨zu不定詞⟩(...することは)何の役にも立たない. Es hat nichts genutzt. それは何の役にも立ちませんでした[無駄でした]. **4級**

Nutzen [ヌッツェン]男⟨-s/⟩(ある行為に対する)利得, 利益; 有利, 有益. ◆⟨3⟩(einen) ~ bringen ⟨事¹が⟩⟨人・物³に⟩利益をもたらす.

nützen [ニュッツェン](南独・墺) = nutzen.

nützlich [nýtslɪç ニュッツリヒ]形 役に立つ, 有益な, 有用な. ◆⟨3⟩ [für ⟨4⟩] (bei ⟨3⟩) ~ sein ⟨物¹が⟩⟨人³·事⟨4⟩にとって⟩(事³の時に)役に立つ. sich⟨4⟩ ~ machen (事³の(時に))役に立つ. **4級**

Nützlichkeit [..カイト]女⟨-/⟩役に立つこと, 有益(性), 有用(性), 効用.

nutz·los 形無益の, 無駄な.

Nutzlosigkeit [..ローズィヒカイト]女⟨-/⟩無益, 無駄なこと.

Nutznießer [ヌッツニーサー]男⟨-s/-⟩受益者.

Nutzung [ヌッツング]女⟨-/⟩利用.

Nylon [ナイロン]中⟨-(s)/-s⟩ ❶⟨単⟩ナイロン. ❷⟨複⟩(口;やや古)ナイロン製靴下.

Nylon·strumpf 男⟨-s/..strümpfe⟩⟨複⟩ナイロン製靴下.

Nylon·strumpfhose 女⟨-/-n⟩ナイロンのストッキング.

Nymphe [ニュンフェ]女⟨-/-n⟩【神話】ニンフ((水辺・木立などに住む美少女の妖精)).

Nymphomanin [ニュンフォマーニン]女⟨-/-nen⟩【医】色情狂[症]の女性.

O

o, O [オー]中⟨-/-, (ロ)-s⟩ アルファベットの第15字.

ö, Ö [エー]中⟨-/-, (ロ)-s⟩ o, Oの変音を表す文字. ★oe, Oeと綴られることがある.

O ((I))《略》Ost(en)東, 東風. **((II))**《記号》Oxygenium酸素.

o.a.《略》oben angeführt 上述[上記]の.

o.Ä.《略》oder Ähnliche(s) (...)など, 等.

Oase [オアーゼ]女⟨-/-n⟩ オアシス;くつろぎの場.

ob [ɔp オプ] **((I))**圈〈従属〉❶(特定の動詞・形容詞・名詞に伴って間接疑問文を導く; 主文は否定文か疑問文が多い)(...)かどうか. ❷(間接疑問文で, 自問・願い・依頼などを表して)(...なの)かな, (...なの)かしら, はたして(...なの)だろうか. ◆die Frage, ~ ... ...かどうかという問い. Ich weiß nicht, ~ ... ...かどうかは分かりません. Ob mir das jemand erklären kann? 誰かそれを説明してくれないかな. ~ ... ~ ... 《後続の主文の語順に影響を与えない》...であろうと...であろうと, ...でも...も. (egal) ~ ... oder (nicht)《後続の主文の語順に影響を与えない》...であろうがなかろうが. Und ~!⟨強い肯定⟩もちろんですよ[だとも]. **((II))**前⟨2格支配⟩〔書〕...のゆえに[せいで, ために]. **4級**

OB《略》Oberbürgermeister(in)市長.

o.B.《略》ohne Befund 所見[異常]なし.

Obacht [オーバハト]女⟨-/⟩(南独・墺) 注意, 用心.

ÖBB [エーベーベー]《略》Österreichische Bundesbahnen オーストリア連邦鉄道.

Obdach [オプダッハ]中⟨-(e)s/⟩〔書〕避難所; 住まい, 宿.

obdach·los 形 宿なしの, 家のない, よるべのない.

Obdachlose(r) [..ローゼ[ザー]]女男〈形容詞変化〉(災害などによる)難民, 家を失った被災者; ホームレス.

Obdachlosen·heim 中 被災者[ホームレス]収容施設.

Obdach·losigkeit [..ローズィヒカイト]女⟨-/⟩宿なし(状態).

Obduktion [オプドゥクツィオーン]女

①1格 ②2格 ③3格 ④4格

《(-/-en)》[医]検死(解剖), 剖検(🔊).
obduzieren [オプドゥツィーレン]他《死体⁴を》検死[解剖]剖検]する.
O-Bein 中《(-(e)s/-e)》《主に複》(↔ X-Beine)《口》O脚, 内反膝(🔊).
oben [óːbən オーベン] 副 (↔ unten) ❶上に, 上部に, 上の方に, 高い所に; 天上に. ❷表面に, 上面に. ❸上座に. ❹《口》北方に, 北に《(地図の上方)》. ❺《口》《組織の》上位に, 上層部で. ❻《書物・テキストの》前の箇所に. ♦da ~ = dort ~ あそこの高い所に. nach ~ gehen 上へ行く. **~ ohne** 《口》《女性が》上半身裸で, トップレスで. **von ~ herab** 見下して, 高飛車に. **von ~ bis unten** すっかり, 全部; 上から下まで. **wie ~ erwähnt** 先に言及したように. ■**~ genannt** 上述[前述]の. 4級
oben·genannt 形= oben genannt (⇨oben①).
ober [オーバー] 形《付加; 副詞形は oben》 (↔ unter)上の, 上部の, 上位の, 上級[高級]の, 上席[上座]の, 上流の. 5級
Ober [オーバー] 男《(-s/-)》❶《口》《主に呼びかけとして》給仕, ウェイター. ❷オーバー《ドイツのトランプでクイーンに相当する札》. ♦(Herr) ~! ボーイさん.
Ober·arm 男《(-(e)s/-e)》[解] (↔ Unterarm)上腕, 上膊(🔊).
Ober·bekleidung 女《(-/-en)》《下着の上に着用する》衣服《背広, ブラウス, コートなど》.
Ober·bürgermeister 男《(-s/-)》市長《都市によって市長の名称が異なる; 略: OB》.
ober·deutsch 形上部ドイツ語の《南ドイツ・オーストリア・スイスなど》.
Ober·deutsch 中《(-(s)/)》《das ~》上部ドイツ語.
Ober·fläche 女《(-/-n)》表面, 外面, 面, 表(🔊).
oberflächlich [オーバーフレヒリヒ] 形 ❶表面的な, うわべだけの, いいかげんの. ❷《軽蔑》浅はかな, 浅薄な.
Ober·geschoss 中《(-es/-e)》《建物の》上階.

Ober·geschoß 《南🔊・🔊》= Obergeschoss.
ober·halb 《(I)》前《2格支配》(↔ unterhalb)…の上部[上方]に; 上流に; 北の方に. 《(II)》副《von ③》《〈物³の〉》上部[上方]に; 上流に; 北の方に. 4級
Ober·hand 女《(-/)》《書》**die ~ haben [behalten]** 優勢である, 優位に立っている, 権力を握っている.
Ober·haupt 中《(-(e)s/..häupter)》《書》長, トップ, リーダー, 頭(🔊), 首長, 頭目, 首領; 元首.
Ober·hemd 中《(-(e)s/-en)》ワイシャツ.
Ober·kiefer 男《(-s/-)》[解]上顎(🔊).
Ober·körper 男《(-s/-)》上体, 上半身.
Ober·lippenbart 男口ひげ.
Ober·österreich 中オーバーエスターライヒ《オーストリア中部の州; 略: OÖ》.
Ober·schenkel 男《(-s/-)》[解]大腿(🔊)(部), ふともも.
Ober·schicht 女《(-/-en)》《社会の》上層階層, 上流階級.
Ober·schule 女《(-/-n)》《口》高等[上級]学校, 《特に》ギムナジウム (Gymnasium).
Ober·seite 女《(-/-n)》上側; 《生地などの》表の面.
Ober·stufe 女《(-/-n)》《Realschule と Gymnasium の》上級学年.
Ober·teil 中男《(-(e)s/-e)》上の部分, 上部.
obgleich [オプグライヒ] 接《従属》= obwohl. ★ obwohl より書き言葉で用いられる.
obig [オービヒ] 形《付加》《書》前の, 上の, 前記の, 上述した.
Objekt [オブイェクト] 中《(-(e)s/-e)》(↔ Subjekt) ❶対象, 的(🔊). ❷《土地・建物などの売買の対象としての》物件. ❸[言]目的語, 補足語. ❹[芸術]オブジェ. ❺[哲]客体, 客観.
objektiv [オブイェクティーフ] 形 (↔ subjektiv) 客観的な, 事実に基づく; 《主観と無関係に》存在する, 実在の.

Objektiv [オブイェクティーフ] 甲(-s/-e)〖光〗対物レンズ, 対物鏡.

Objektivismus [オブイェクティヴィスムス] 男(-/) 客観主義.

Objektivist [オブイェクティヴィスト] 男(-en/-en)《弱》客観主義者.

objektivistisch [オブイェクティヴィスティシュ] 形 客観主義(者)の.

Objektivität [オブイェクティヴィテート] 女(-/) 客観性.

obligatorisch [オブリガトーリッシュ] 形 義務的な, 必須の, 必修の.

Oboe [オボーエ] 女(-/-n) オーボエ.

Obrigkeit [オープリヒカイト] 女(-/-en)〖書〗(やや古) お上, 当局, その筋, お役人.

obschon [オプショーン] 接〈従属〉〖書〗= obwohl.

Obst [o:pst オープスト] 中(-(e)s/) 果物, 果実, フルーツ. ~ essen 果物を食べる. frisches [reifes] ~ 新鮮な[熟れた]果物. 5級

Obst·baum 男(-(e)s/..bäume) 果樹.

Obst·garten 男(-s/..gärten) 果樹園.

Obst·kuchen 男(-s/-) フルーツケーキ.

Obstler [オープストラー] 男(-s/-)〖南ド·オーストリア〗フルーツブランデー.

Obst·saft 男(-(e)s/..säfte) フルーツジュース, 果汁.

Obst·salat 男(-(e)s/-e) フルーツサラダ.

Obst·wein 男(-(e)s/-e) 果実酒, フルーツワイン.

obszön [オプスツェーン] 形 猥褻(ゎぃせつ)な, 卑猥(ひゎぃ)な, いやらしい.

Obszönität [オプスツェニテート] 女(-/-en) ❶〖単〗猥褻(ゎぃせつ), 卑猥(ひゎぃ). ❷ 猥褻な言葉[表現].

obwohl [ɔpvóːl オプヴォール] 接〈従属〉(...にも)かかわらず, (...)だけども, (...)なのに. ♦Obwohl er mir geholfen hat [half], habe ich es nicht geschafft. = Ich habe es nicht geschafft, ~ er mir geholfen hat [half]. 彼が手伝ってくれたのに, 私はそれをなしとげることができませ んでした. ★obwohl に導かれた文が主文より前に来ると, 主文に so や doch [dennoch, trotzdem] が現れることがある. 4級

Ochse [オクセ] (愛 ox) 男(-en/-en) 《弱》❶ 去勢雄牛. ❷(口) 馬鹿, まぬけ.

Ochsen·schwanz·suppe 女(-/-n)〖料理〗オックステイル[雄牛の尻尾の]スープ.

od. (略) oder または.

öde [エーデ] 形 ❶ 荒涼とした, 不毛の, 荒れ(果て)た. ❷ 空虚な, 寂しい, わびしい. ❸ 退屈な, つまらない, 味気ない.

Öde [エーデ] 女(-/-n) 荒涼, 不毛, 空虚, 退屈; 荒涼とした土地.

oder [óːdər オーダー](愛 or) 接〈並列〉❶《文と文, 文成分と文成分を対等に連結して》あるいは, また, もしくは, それとも (略:od.). ♦ja – nein – ich – jetzt ~ nie 今でなければ二度とない, 今しかない. ★(1) 三つ以上の場合は oder が一番最後の手前に位置する:A, B oder C AかBかC. ★(2) oder で結ばれた文成分が主語の場合, 動詞定形は一番近い名詞に従って人称変化する:Du – du musst – ★(3) 主語が共通なら, その方を省略する:Du kannst ihm schreiben, ~ (du kannst) auch ihn anrufen. 君は彼に手紙を書くこともできるし, 電話をかけることもできます. früher ~ später 遅かれ早かれ. mehr ~ minder [weniger] 多かれ少なかれ. ❷《言い換え》別名で言うと, 言い換えると, すなわち. ❸《主に命令文に続けて》さもないと, そうでないと. ❹《イエスを期待しての確認; 文末で..., ~? の形で》そうでしょう, 違いますか. ♦Ich habe doch Recht, ~? 私は正しいですよ, そうでしょう. **... oder so was** (口)...とかなんとかそんなもの. **... oder so (Ähnliches)** ...とかなんとかそのようなもの[そんな名前]. 5級

Oder [オーダー] 女(die ~) オーダー河 ((ドイツ·ポーランド国境を北流してバルト海に注ぐ)). ♦an der ~ オーダー河畔

① 1格 ② 2格 ③ 3格 ④ 4格

の[で]((略:a.d.O)).
Ödland [エートラント] 田 (-(e)s/..länder) 《主に単》荒地, 不毛な土地.
Oeuvre [エーヴル] 田 (-/-s) 《書》〔芸術家の〕仕事, (全) 作品.
OEZ 《略》Osteuropäische Zeit 東ヨーロッパ標準時.
Ofen [óːfan オーフェン] (英 oven) 男 (-s/Öfen) ❶ ストーブ, 暖炉, 暖房装置; [冶] (溶鉱) 炉, 釜; 天火(ﾃﾝ). ❷ オーブン, レンジ, かまど, 天火. 4級
Ofen·rohr 中 (-(e)s/-e) ストーブの煙管, 煙道パイプ.
offen [ɔfan オッフェン] (英 open) 形 ❶ (a) (↔ geschlossen, zu) 開いた, 開いている; 開店している. (b) (↔ gesperrt)〔国境・道路などが〕開いている;〔出入りの自由は, 開放されている, 公(ｵｵﾔｹ)の, 公開の;さえぎるもののない, 広々とした. (c) ボタンをかけていない. (d) ボトル(パック)に詰められていない;計り売りの. (e)〔傷などが〕開いた;傷のある. (f)〔髪が〕束ねられていない. ❷〔問題などが〕未解決の, 片がついていない. ❸ [商] (a) 未払いの, 未決算の. (b) 無記名の, 無担保の. ❹〔職・地位などが〕空いている, 空席のある. ❺ オープンな, 率直[正直]な, 隠し立てしない, 包み隠さない. ❻ 公然の, 周知の, あからさまな. ❼ 受け入れる用意のある, 受けやすい, 聞く耳がある, 理解がある. ❽ [ｽﾎﾟｰﾂ] オープン参加の;(特に球技で) ディフェンスを手薄にした. ❾〔言〕〔母音が〕開口音の;〔綴りが〕母音で終る, 開音節の. ♦ Das Geschäft ist [hat] ~. 店が開いています. auf ~er Straße 天下の公道で, 衆人環視の中で, 公然と. den Mantel ~ tragen コートをボタンをかけないで着ている. eine ~e Wunde ふさがっていない[口のあいた]傷. die Haare ~ tragen 髪を結わないでいる. Es ist noch ~, ob ... ...かどうかは, まだ決まっていません. ein ~er Mensch 率直な人. ~e Feindschaft あからさまな敵意. ~ für ④ [gegenüber ③] sein 物⁴·³ に対して理解がある, 人⁴·³ に対して偏見がない. *ein ~er Brief*

1) 公開(質問)状. 2) 無封書状. *~ gesagt* 正直に言うと, 実は. 5級
offenbar [オッフェンバーァ] ((I))形《副なし》《書》明らかな, まぎれもない. ((II)) 副 どう(見て)も[明らかに] ...らしい.
Offenbarung [オッフェンバールング] 女 (-/-en) ❶《書》打ち明けること, 告白;《主に複》打ち明け話, 告白. ❷ [宗] 天啓, 啓示, 黙示.
offen|bleiben* 自 (S) ❶〈窓・ドア¹などが〉開いたままである. ❷〈問題¹などが〉未解決[未決定, 懸案](のまま) である.
offen|halten* 他 ❶〈窓・ドア・店⁴ などを〉開けておく. ❷ 〈③ [sich³] ④〉〈(人³[自分]のために)物⁴を〉取って置く, 留保する.
Offenheit [..ハイト] 女 (-/) ❶ 率直, 正直, 誠実, 公明正大. ❷ あからさまなこと. ❸ 開かれていること, 理解があること, 偏見のないこと.
offen·kundig 形 明白な, 公然の, 周知の.
offen|lassen* 他 ❶〈窓・ドア¹ などを〉開けたままにしておく,〈手紙・小包¹ などの〉封をしないままにしておく. ❷〈席・届け出用紙の欄⁴などを〉空けておく, うめないでおく. ❸〈問題⁴ などを〉未解決のままにしておく.
offen|legen 他《書》〈事⁴を〉公開する, 明らかにする.
offen·sichtlich ((I))形《副なし》明らかな, 明瞭な. ((II)) 副 見たところ[どうやら] ...らしい.
offensiv [オフェンスィーフ] 形 (↔ defensiv) 攻撃的な, 攻勢の, 攻撃(用)の;積極的な.
Offensive [オフェンスィーフェ] 女 (-/-n) 攻撃, 攻勢.
offen|stehen* 自 ❶〈窓・ドア・ロ・襟¹ などが〉開いている. ❷〈③〉〈人³に〉〈事¹の〉決定[選択]がゆだねられている.
öffentlich [エッフェントリヒ] 形 ❶ (↔ geheim) 公開の;公然の, 周知の. ❷ (↔ privat) 公共の. (a) 誰でも利用できる, 公(ｵｵﾔｹ)の, 公衆用の. (b)《付加

または副》世間の(ための)，一般の人々(のための)，公衆のための．**(c)**《付加》公共団体の，公立の；公的な，公務の．◆④ ─ bekannt geben [machen] 事⁴を公示[公表]する．die ~e Meinung 世論．das ~e Wohl 公共の福祉．

Öffentlichkeit [エッフェントリヒカイト]女(−/)❶ 一般の人々，世間，公衆，社会．❷公開；誰でも利用できること，公共であること．*in der [aller]* ~ 人前で，公に，公然と．

offiziell [オフィツィエル]形 ❶公式の，正式の，改まった．❷《口》表向きには．

Offizier [オフィツィーァ]男(−s/−e)[軍]将校，士官；武官．

öffnen [ǿfnən オェフネン]

現在	ich öffne	wir öffnen
	du **öffnest**	ihr **öffnet**
	er öffnet	sie öffnen
過去	ich öffnete	wir öffneten
	du öffnetest	ihr öffnetet
	er öffnete	sie öffneten
過分	**geöffnet**	接II öffnete

((I)) (↔ schließen)他 ❶〈扉・窓・容器・包み・目・口⁴などを〉開ける，開く．❷〈店・博物館⁴などを〉開く，開店[開館]する；〈店⁴の〉営業を始める．**((II))** 自〈(店・博物館⁴などが)〉開く；開店する；開館する．**((III))** 再sich⁴ ❶〈物¹が〉開く．❷〈③〉〈物³を〉進んで受け入れる．❸〈③〉〈人³に〉心を開く，心の中を打ち明ける．◆einen Brief ~ 手紙を開封する．③ die Tür ~ 人³にドアを開けてあげる．Das Geschäft ist [hat] von 9 Uhr bis 18 Uhr geöffnet. 店は9時から18時まで開いています．Die Post öffnet um 8 Uhr. 郵便局は8時に開きます．5級

Öffner [エフナー]男(−s/−)(開ける道具)缶切り；栓抜き．

Öffnung [エフヌング]女(−/−en) ❶穴；裂け目，割れ目，隙間，開口部．❷《単》開けること，開放，公開；開場，開店，開館，開封．

Öffnungs-zeit 女(−/−en)《主に複》開店[開場，開館]時間；開業(中の)時間，(会議などの)会期．

oft [ɔft オフト](比較級 **öfter**; 最上 **am öftesten**)（愛 **often**)副 ❶（↔ selten）しばしば，たびたび，頻繁に，よく，何度も，幾度も．❷(短い間隔で定期的に)しょっちゅう．❸多くの場合，往々にして．◆Das habe ich schon so ~ gesagt. そのことを私にはもう何度も言いました．5級

öfter [エフター]副 ❶《oftの比較級；als ~ と共に》よりしばしば，よりたびたび，より頻繁に．❷何度か，数度，時々．

oftmals [オフトマールス]副《書》しばしば，たびたび，頻繁に．

OHG《略》Offene Handelsgesellschaft 合名会社．

ohne [ó:nə オーネ]前《4格支配》《修飾されない名詞は原則として冠詞を伴わない》(↔ mit) ❶《欠如》…なしで[の]，…を伴わずに，…抜きで[の]．Er ging ~ ein Wort. 彼は一言も言わずに出て行きました．❷《条件》(a)《主に否定と》…なしでは，…がなければ．(b)もし…なければ．◆Er wird nicht ~ Wagen nach Wien fahren. 彼は車がないのであればウィーンに行かないでしょう．Ohne deine Hilfe wäre das nicht zu schaffen gewesen. 君の助けがなければそれは成し遂げられなかったでしょう．❸《除外》…を除いて，…を別として，…抜きで．◆Ohne die Kinder sind wir 10 Personen. 子供たちを除いて私達は10人です．**~ weiteres** 1) 苦もなく，いとも簡単に，あっさりと，一も二もなく．2) 有無をいわさず，直ちに，さっさと，早速，そのまま．**~ viel**《口》少ししか(…)ない．**~ dass …** …せずに，…しないで，…しないうちに，…しないのに．★ohne dass … の副文の主語が主文の主語と同一の場合，zu不定句に書き換えられる：Ohne sich noch einmal umzudrehen, verließ er den Raum. もう一度振

① 1格 ② 2格 ③ 3格 ④ 4格

り返ることなく彼はその部屋を後にしました. *Ohne mich!* (口) 私はごめんだ,まっぴらだ, おれはごめんこうむるよ. **5級**

ohnehin [オーネヒン] 副 そうでなくても, もともと; どっちみち, いずれにせよ, どうせ.

Ohnmacht [オーンマハト] 囡 (−/−en) ❶気絶, 失神, 卒倒. ❷《単》**gegenüber** ③ 〈人・物 ³に対する〉無力(感), 無能(さ), 無気力. ◆ *in ~ fallen* 気を失う, 気絶する.

ohnmächtig [オーンメヒティヒ] 形 ❶気を失った, 気絶[失神]した. ❷無力の, お手上げの.

Ohr [oːɐ̯ オーァ] (愛ear) 匣 (−(e)s/−en) (器官としての)耳; (聴覚としての)耳, 聴力, 聴覚. *ganz ~ sein* 耳をそばだてて聞いている. *die ~en spitzen* 耳をそばだてる, 聞き耳を立てる. *seinen ~en nicht [kaum] trauen* 自分の耳が信じられない[耳を疑う]. *auf diesem [dem] ~ taub sein* (口) (特定の事に)耳をかさない, 聞いてくれない. *mit halbem [einem] ~ hinhören [zuhören]* (口) いい加減に耳をかす, うわのそらで聞く. ③ *zu ~en kommen* 〈事¹が〉人³の耳に入る. *zum [beim] einen ~ hinein und zum [beim] anderen hinausgehen* (口) 〈事¹が〉右から左に抜ける, 頭に残らない. **4級**

Öhr [エーァ] 匣 (−(e)s/−e) 針の穴, めど.

Ohren·arzt 男 (−es/..ärzte) 耳科医. ◇..**ärztin** 囡 (−/−nen).

ohren·betäubend 形 耳をつんざくような.

Ohren·sausen 匣 (−s/) [医] 耳鳴り.

Ohren·schmerzen 複 [医] 耳の痛み.

Ohr·feige 囡 (−/−n) (横面への)平手打ち, びんた.

ohr·feigen [..ファイゲン] (過分 geohrfeigt) 他〈人⁴の〉横面を平手で(一回または何回か)張る, 〈人⁴に〉びんたをくらわす.

Ohr·läppchen [..レップヒェン] 匣 (−s/−) 耳たぶ.

Ohr·ring 男 (−(e)s/−e) 耳輪, イヤリング.

Ohr·wurm 男 (−(e)s/..würmer) ❶ [昆] ハサミムシ. ❷ (口) 覚えやすいメロディー[流行歌].

o.k., O.K. [オーケー] 《略》okay.

okay [オーケー] 《(I)》形《述語》(口) 大丈夫の, オーケーの. 《(II)》副 (口) ❶オーケー ((略: o. k., O. K.)). ❷それじゃ.

Okay [オーケー] 匣 (−(s)/−s) (口) 同意, オーケー.

Öko.. [エーコ.., エコ..] 《名詞に付いて》「エコ, 環境によい」: Ökohaus エコハウス.

Ökologie [エコロギー] 囡 (−/) 生態学, エコロジー.

ökologisch [エコローギッシュ] 形 《付加》生態学[エコロジー](上)の.

ökonomisch [エコノーミッシュ] 形 経済(上)の, 経済的な, 合理的な.

Öko·produkt 匣 (−(e)s/−e) エコ製品.

Öko·steuer 囡 環境税.

Öko·system 匣 生態系, エコシステム.

Okt. 《略》Oktober 10月.

Oktober [ɔktóːtɐr オクトーバー] 男 (−(s)/−) 《主に単》10月 ((略: Okt.)). ◆ *im ~* 10月に. *am ersten ~* 10月1日に. **5級**

ökumenisch [エクメーニッシュ] 形 [神学] 全キリスト教会[教徒]の, 教会一致(論)の, 世界教会(論)の.

ö.L. 《略》östlicher Länge 東経((2 形))

Öl [øːl エール] 匣 (−(e)s/−e) 油, オイル; 石油, 原油; サラダオイル, 食用油; 暖房用油, 灯油; 潤滑油, 機械油; サンオイル. *in ~* 油絵の, 油絵の具で. *Öl ins Feuer gießen* 火に油を注ぐ, 争い[怒り]をあおりたてる. *~ auf die Wogen gießen* なだめる, 争い[怒り]を鎮める. **5級**

Oldtimer [オールトタイマー] 男 (−s/−) ❶ヴィンテージ・カー. ❷《ラテス》老人, 昔の人, 古参.

Öl·embargo 中 石油禁輸.

ölen [エーレン] 他 ❶〈機械 などに〉油をさす. ❷〈板・床 などに〉油を塗る.

Öl·farbe 女 (-/-n) ❶ 油絵具. ❷ 油性塗料, 油ペイント.

Öl·gemälde 中 (-s/-) 油絵.

ölig [エーリヒ] 形 ❶ 油の(ような); 油状の; 油性の. ❷ 油のついた; 油を含んだ; 油の染み込んだ. ❸《軽蔑》お世辞のうまい, ご機嫌とりの.

Olive [オリーヴェ, (ﾄｯﾌﾟ)オリーフェ] 女 (-/-n) 〖植〗オリーブ; オリーブの実; オリーブの木.

Oliven·baum 男 (-(e)s/..bäume) オリーブの木.

Oliven·öl 中 (-(e)s/-) オリーブ油.

Öl·ofen 男 (-s/..öfen) 石油ストーブ [ヒーター].

Öl·pest 女 (-/-) (原油流出による海浜などの)石油汚染.

Öl·quelle 女 油井(ﾕｾｲ).

Öl·sardine 女 (-/-n) 〖料理〗オイルサーディン (オリーブ油漬けのイワシ).

Öl·teppich 男 (水面の)流出した油(の帯), 油膜.

Öl·wechsel 男 オイル交換.

Olympiade [オリュンピアーデ] 女 (-/-n) オリンピック (競技大会).

Olympia·sieger [オリュンピア..] 男 オリンピック勝利者. ◇**..siegerin** 女 (-/-nen).

Olympia·stadion 中 オリンピックスタジアム [競技場].

olympisch [オリュンピシュ] 形《付加》オリンピック(競技大会)の.

Oma [オーマ] 女 (-/-s) ❶ (↔ Opa) おばあちゃん. ★無冠詞で, あるいは meine などの所有冠詞と共に用いられる. ❷《しばしば軽蔑》(年配の女性に対する呼びかけて)おばさん; ばあさん.

Omelett [オムレット] 中 (-(e)s/-e, -s) 〖料理〗オムレツ.

Omi [オーミ] 女 (-/-s) (口) (↔ Opi) おばあちゃん.

Omnibus [オムニブス] 男 (-ses/-se) バス, 乗合自動車.

Onanie [オナニー] 女 (-/-) オナニー, 自慰(行為).

onanieren [オナニーレン] 自 オナニーをする, 自慰行為をする.

Onkel [ɔŋkəl オンケル] 男

格	単数	複数
1	der Onkel	die Onkel
2	des Onkels	der Onkel
3	dem Onkel	den Onkeln
4	den Onkel	die Onkel

❶ (↔ Tante) おじ (伯父, 叔父). ❷ (口) おじさん ((大人の男性一般に対して, Herr の代わりとして用いる)). **5級**

online [オンライン] 形《述語または副》オンラインの. ◆~ **gehen** オンライン化される.

OP (-s/-s)《略》Operationssaal.

op.《略》Opus.

Opa [オーパ] 男 (-s/-s) (口) ❶ (↔ Oma) おじいちゃん. ★無冠詞で, あるいは meine などの所有冠詞と共に用いられる. ❷《しばしば軽蔑》(年配の男性一般に対して)おじさん; じいさん.

Opal [オパール] 男 (-s/-e) 〖鉱〗オパール, 蛋白石(ﾀﾝﾊﾟｸ).

OPEC [オーペック] 女 (-/-)《略》Organization of Petroleum Exporting Countries 石油輸出国機構, オペック.

Oper [オーパー] 女 (-/-en) ❶ オペラ, 歌劇 (作品). ❷ オペラ劇場, オペラハウス. ❸ 歌劇団. *in die* **~** *gehen* オペラを見に行く. **5級**

Operation [オペラツィオーン] 女 (-/-en) ❶ 手術. ❷ 〖軍〗軍事行動, 作戦. ❸ 〖数〗演算, オペレーション; 操作, 作業, 処理. ◆ *sich*[4] *einer* ~ *unterziehen* 手術を受ける.

Operations·saal 男 (-(e)s/..säle) 〖医〗手術室.

operativ [オペラティーフ] 形 〖医〗❶ 手術の, 手術による. ❷ 効力のある; 最も適切な.

Operette [オペレッテ] 女 (-/-n) 〖楽〗オペレッタ, 喜歌劇.

operieren [オペリーレン] (過分 ope-

riert) ((I)) 他〈医者¹が〉 ❶〈人・物⁴を〉**手術する**，〈人・物⁴に〉手術を施す，手術をする． ❷《④ **an** ③》〈人⁴の部分³を〉手術する，〈人⁴の部分³に〉手術を施す．**((II))** 自 ❶〈医者¹が〉手術する． ❷作戦行動をとる，作戦を実行する． ❸〈③ 行動する，働く． ❹〈**mit** ③〉《書》〈事³を〉用いる．♦*sich*⁴ ~ *lassen* 手術を受ける，手術をしてもらう．

operiert [オペリーァト] operieren の過去分詞．

Opern‧glas 中(−es/..gläser)《楽》オペラグラス．

Opfer [オプファー] 中(−s/−) ❶**犠牲**(になること)；犠牲者，被害者，被災者；殉教[受難]者． ❷《神への》捧げ物，供物；献金，お布施．**5級** ❸献金，お布施．◆*zum ~ fallen* 人・事³の犠牲になる．

opfern [オプファァン] 他 **((I))** 他 ❶《③ [**für** ④]》〈(人³に)物⁴を〉〈生贄として〉捧げる． ❷〈(③ [**für** ④])〉〈〈人・事³·⁴のために)物⁴を〉犠牲にする．**((II))** 自〈(③])〉〈(人³に)〉生贄[供え物]を捧げる，捧げ[供え]物をする．**((III))** 他 sich⁴ 〈**für** ④〉〈(人⁴のために)〉犠牲になる，我が身を犠牲にする[捧げる]．

Opi [オービ] 男(−s/−s)《口》(↔ Omi) おじいちゃん．

Opium [オーピウム] 中(−s/−)《薬》アヘン(阿片)．

opponieren [オポニーレン]《過分 opponiert》自〈(**gegen** ④)〉《書》〈人・事⁴に〉反対する，対立[反抗]する．

Opposition [オポズィツィオーン] 女(−/−en)《主に単》 ❶**野党**；反対派(グループ)． ❷《書》反対，対立，抵抗． ❸【言】対立．

optieren [オプティーレン]《過分 optiert》自〈**für** ④〉《書》〈物⁴を〉選択する．

Optik [オプティク] 女(−/−en)《単》 ❶【理】光学． ❷《光学器械のレンズ(システム)．❸《単》視覚的印象，視覚効果；外観，外見；観点．

Optiker [オプティカー] 男(−s/−) 光学機器製造人[販売人]；めがね屋．

optimal [オプティマール] 形《書》最適の，最良の，最高の．

optimieren [オプティミーレン] 他《書》〈物⁴を〉最大限に活用する．

Optimismus [オプティミスムス] 男(−/) (↔ Pessimismus) 楽天[楽観]主義．

Optimist [オプティミスト] 男(−en/−en)《弱》楽天主義者；楽天家．◇ Optimistin 女(−/−nen).

optisch [オプティシュ] 形 ❶視覚の，視力の，目の． ❷《付加》光学(レンズ)の． ❸《付加または副》視覚的な．

orange [オランジェ，(ヨラン)シュ] 形《無変化》**オレンジ色の**，だいだい色の．★口語では格変化することもある；格変化させる場合は orangefarben, orangenfarbig を用いる．**5級**

Orange [オランジェ] **((I))** 女(−/−n) オレンジ．**((II))** 中(−/−，(口)−s)《主に単》オレンジ色．**5級**

Orangen‧marmelade 女 オレンジ・マーマレード[ジャム]．

Orangen‧saft 男 オレンジ・ジュース．

Orchester [オルケスター] 中(−s/−) ❶管弦楽団，オーケストラ． ❷オーケストラボックス[ピット]．

Orden [オルデン] 男(−s/−) ❶勲章，勲位． ❷教団，修道会；騎士団．

ordentlich [オルデントリヒ] **((I))** 形 ❶ (↔ unordentlich) **きちんとした**，まともな；〈部屋¹などが〉整理整頓された，片付いている；〈人・行動¹などが〉品行方正な，堅実な． ❷《付加または副》非常な，ひどい；たっぷりした，相当な． ❸《付加》正式の，正規の，規定どおりの．♦*eine ~e Arbeit* きちんとした仕事，*ein ~es Mitglied* 正会員．**((II))** 副 ❶きちんと，ちゃんと，まともに． ❷存分に，心ゆくまで，大いに，思いきり． ❸非常に，本当に，正に，ひどく．

Ordentlichkeit [..カイト] 女(−/) きちんとしていること，まともなこと；〈部

屋¹などが〉整理整頓されていること，片付いていること；〈人・行動¹などが〉品行方正なこと，堅実なこと．

ordern [オルダァン]他〈物⁴を〉発注する．

Ordinal-zahl 囡(-/-en) 序数．

ordinär [オルディネーァ]形 ❶〈軽蔑〉品の悪い，下品な．❷《付加》並みの，普通の，ありふれた．

Ordinate [オルディナーテ] 囡(-/-n) 【数】縦座標．

ordnen [ɔ́rdnən オルドネン]他 片付ける；整える；整理する，整頓する；処理する，解決する．◆囮 nach der Größe ~ 物⁴を大きさ別に整理する．seine Gedanken ~ 考えを整理する．4級

現在	ich ordne	wir ordnen
	du **ordnest**	ihr **ordnet**
	er **ordnet**	sie ordnen
過去	ich ordnete	wir ordneten
	du ordnetest	ihr ordnetet
	er ordnete	sie ordneten
過分	**geordnet**	接Ⅱ ordnete

Ordner [オルドナー] 男(-s/-) ❶〈イベントなどの〉整理係，世話役．❷ファイル．◇~**in** 囡(-/-nen).

Ordnung [ɔ́rdnʊŋ オルドヌング] 囡(-/-en) ❶《単》きちんとすること，片付け，整理，整頓，処理．❷《単》きちんとしていること，整理[整頓](された)状態．❸《単》秩序，規律；治安；生活のペース[リズム]．❹《単》順序，序列，配列．❺《単》《序数と》等級，第…級．❻《主に単》構造，体制．❼【生】目(め)．❽法規，規則，規定．◆**die öffentliche ~** 公の秩序，治安．**Hier herrscht ~.** ここは整理整頓してある，きちんとしている．囮 **in ~ bringen** 1) 物⁴をきちんとする[片付ける]；整理[整頓]する；処理する，解決する．2) 物⁴を正常な状態に，修理[修繕]する．囮 **in ~ halten** 1) 物⁴をきちんとして[片付けて]おく．2) 物⁴を正常な状態に保つ．**Alles ist in ~.** = **(Es ist) alles in** ~. (口)万事オーケーである[問題ない，片付いている]. 5級

ordnungs·gemäß 形 規定[法規]どおりの，取り決めどおりの，きちんとした．

ordnungs·halber 副 ただ形だけ，形式上，規則なので．

ordnungs·widrig 形 秩序違反の．

Ordnungs·widrigkeit 囡(-/-en) 秩序違反，(駐車違反などの軽くて罰金でする)違法行為．

Ordnungs·zahl 囡(-/-en) 序数．

ORF 男(-/-) ❶《略》Österreichischer Rundfunk (ラジオ・テレビの) オーストリア国営放送．❷ オーストリア国営放送番組．

Organ [オルガーン] 中(-s/-e) ❶ (動植物の)器官，臓器．❷ (政党などの)機関[紙[誌]．❸ (一定の任務を持つ)機関．❹ (口)(人間の)声．◆**die inneren ~e** 内臓，臓器．

Organisation [オルガニザツィオーン] 囡(-/-en) ❶ 組織，機構，団体，組合，連合，協会．❷《単》組織すること，組織化，編成，構成．❸《単》構造，体制．

Organisator [オルガニザートァ] 男(-s/..satoren [..ザトーレン]) 組織者，オーガナイザー，まとめ役；主催者；幹事，世話役；創立者．◇**Organisatorin** [..ザトーリン] 囡(-/-nen).

organisatorisch [オルガニザトーリシュ] 形《付加または副》組織力のある，組織上の，組織的な．

organisch [オルガーニシュ] 形 ❶ (↔ psychisch) 【医】器官の，臓器に関する，器質性の．❷ (↔ unorganisch) 【書】有機的な．❸ (↔ anorganisch) 有機体(の)．

organisieren [オルガニズィーレン] (過分 organisiert) (**Ⅰ**)他 ❶〈(物⁴を)〉組織[編成]する．❷〈催し物・計画⁴などを組織的に〉企画[準備，計画]する．❸ (口)〈(物⁴を)〉(不当な手段で) 手に入れる，盗む．❹ (口)〈人・物⁴を〉手配する，調達する．(**Ⅱ**) sich⁴ 組織される，組織に入る，

organisiert [オァガニズィーァト] ((I)) organisieren の過去分詞. ((II)) 形《付加》組織化された, 組織的な.

Organismus [オルガニスムス] 男 (–/..men) 《書》❶ 有機体; (人)体; 生体. ❷ 生物. ❸ (社会などの)有機的組織体.

Organist [オルガニスト] 男 (–en/–en) 《弱》オルガン奏者, オルガニスト. ◇ **Organistin** 女 (–/–nen).

Organ·spender 男 (–s/–) 臓器提供者, ドナー. ◇ **..spenderin** 女 (–/–nen).

Orgasmus [オルガスムス] 男 (–/..men) 【医】オルガスムス(ス), 性的絶頂感.

Orgel [オルゲル] 女 (–/–n) 【音楽】パイプオルガン.

Orgie [オルギエ] 女 (–/–n) ❶ どんちゃん[乱痴気]騒ぎ; 乱交パーティー. ❷ (口) やりすぎ.

Orient [オーリエント] 男 (–s/) ❶ (特にヨーロッパから見た)中近東, オリエント. ❷ (↔ Okzident) (バングラデシュぐらいまでの)東洋.

orientalisch [オリエンターリシュ] 形 オリエントの, 中近東の.

orientieren [オリエンティーレン] (過分 orientiert) ((I)) 他 ❶《④ (über ④)》《書》〈人に〈事⁴を〉教える, 説明する, 伝える. ❷《④ auf ④》〈人・物⁴を事⁴に〉方向付ける, 向かわせる, 集中させる. ((II)) 再 sich⁴ ❶《⟨an [nach] ③〉》〈(物³によって)方向[方角]を定める, 位置[方向]を確認する. ❷〈an ③〉《書》〈人・物³に〉合わせる. ❸〈(über ④)〉《書》〈(事⁴について)〉情報を得る. ❹〈auf ④〉〈事⁴に〉向かう, 集中する.

Orientierung [オリエンティールング] 女 (–/–en) ❶ 方向[位置]を定めること, 方向づけ; 方向感覚. ❷〈über ④〉《書》〈(事⁴について)〉情報を得ること. ❸〈an ③〉《書》〈物³に〉合わせること, 適応.

Orientierungs·sinn 男 (–(e)s/) 方向感覚.

original [オリギナール] 形 ❶《主に無

変化; 主に副》オリジナルの, 本物の, 元(々)の, 本来の, 最初の, 初期の. ❷《述語または副》《放送》実況放送の, 生中継の, ライブの. 4級

Original [オリギナール] 中 (–s/–e) ❶ オリジナル; 実物, 本物, 原物; 原版, 原型; 原語; 原作, 原本, 原書, 原文; 原画, 原図, 原版. ❷ (口) (良い意味で)個性の強い[独創的な]人. ♦ im ~ オリジナルの.

Original·fassung 女 (–/–en) オリジナル版, 原典版.

Original·gemälde 中 原画.

Originalität [オリギナリテート] 女 (–/) オリジナリティー; 独創性, 新機軸, 斬新[奇抜]さ; 独創[創造]力.

originell [オリギネル] 形 斬新な, 奇抜な, 独特な.

Orkan [オルカーン] 男 (–(e)s/–e) 大暴風, 颶風(ぐふう), ハリケーン.

Ornament [オルナメント] 中 (–(e)s/–e)《書》装飾, 模様, 飾り.

Ort [ort オルト] 男 (–(e)s/–e) ❶ 場所, 所. ❷《単》然るべき所, いつもの場所. ❸ (比較的小さな)町, 村, 集落, (特定の)地方;《集合的に》(町村の)住人. *am ~* この町で. *am angeführten [angegebenen] ~* 上述の個所で, 同上 ((略: a. a. O.)). *an ~ und Stelle* 1) 現場で, その場で[すぐ]. 2) 然るべき場所に, 所定の[場]所で. 4級

orthodox [オルトドクス] 形 ❶《宗》(↔ heterodox) 正統(信仰)の, 正教を奉ずる, 正統派の, 正説の. ❷ (ギリシア)正教会の. ❸ (↔ unorthodox) 《書; しばしば軽蔑》正統の, 公認された.

Orthografie [オルトグラフィー] 女 (–/–n) 【言】(Rechtschreibung) 正書法.

ortho·grafisch 形《付加または副》正書法にかなった; 正書法上の.

Orthographie = Orthografie.

orthographisch = Orthografisch.

Orthopäde [オルトペーデ] 男 (–n/–n) 【医】整形外科医. ◇ **..pädin** 女 (–/–nen)

orthopädisch [オルトペーディシュ]

① 1格 ② 2格 ③ 3格 ④ 4格

örtlich

㊌《付加または副》整形外科(学)の[に関する].

örtlich [エルトリヒ] 形 ❶ 地域限定の, ローカルな, 局地的な. ❷《付加または副》その場所[土地]の[に関する], 地元の, 現地の. ❸ 局部[局所]的な, 局部の.

Ortschaft [オルトシャフト] 女 (–/–en) 小さい場所, 村.

Orts·gespräch [オルツ..] 中 (–(e)s/–e) (↔ Ferngespräch) 市内通話.

Orts·name 男 (–ns/–n) 地名.

Öse [エーゼ] 女 (–/–n) 留め金, 金属の環⁽ʷ⁾.

Ossi [オッシ] (I) 男 (–s/–s) (↔ Wessi) (口; 軽蔑) (旧) 東ドイツの人. ((II)) 女 (–/–s) (旧) 東ドイツの女性

Ost [オスト] (㊇east) 男 (–(e)s/–e) 《主に単》❶《無変化; 冠詞なしで》 (a) 《↔ West》《気象・航海他》東 ((略: O)). (b) 《地名などの後に付いて》東部, 東方. ❷ (口) (旧) 東ドイツ, (旧) 東独; 東側, 東欧諸国, 社会主義陣営. ❸ 《海・詩》東風.

Ost·block 男 (–(e)s/) 《史》東欧ブロック, 東欧圏.

ost·deutsch 形 ❶ ドイツ東部の. ❷ (口) (旧) 東ドイツの, (旧) 東独の.

Ost·deutschland 中 (–(s)/) ❶ ドイツ東部. ❷ (口) (旧) 東ドイツ ((1990年 10月 3日に東西ドイツの統一により, 消滅)).

Osten [ɔ́stən オステン] 男 (–s/) 《単》❶ (↔ West)《冠詞なしで》東, 東方 ((略: O)). ❷ 東部 (地方), 東側. ❸ 《史》東欧ブロック, 社会主義陣営 [諸国]; (特に) (旧) 東ドイツ. ♦ im ~ (方) に. *der Ferne* ~ 極東. *der Mittlere* ~ 中東. *der Nahe* ~ (中) 近東. 4級

Oster·ei [オースター..] 中 (–(e)s/–er) 復活祭の卵 ((彩色して復活祭に子供に贈られるゆで卵・卵形のチョコレート・卵形のマルチパンなど)).

Oster·glocke 女 (–/–n) 《植》スイセン (水仙).

Oster·hase 男 (–n/–n) ❶ 復活祭のウサギ ((Ostereier を持って来るといわ

れる)). ❷ 復活祭のウサギ(の形をした)菓子.

Oster·montag [オースターモーンターク] 男 (–(e)s/–e) 復活祭の翌日の月曜日[第 2祭日] (ドイツ・スイスでは祭日で休み).

Ostern [ɔ́stərn オースタァン] 中 (–/–) 《主に冠詞なしで》《宗教》復活祭, イースター ((キリストの復活を祝う; 春分 [3月 21日] 後の最初の満月の後の第 1日曜日)). ★ オーストリアでは形容詞が付加すると複数形でいう. ♦ (北⁽ド⁾・中⁽ド⁾) zu ~, (南⁽ド⁾) an ~ イースターに. Fröhliche [Frohe] ~! 復活祭おめでとう! 4級

Österreich [ǿːstəraɪç エースタァライヒ] 中 (–s/) オーストリア ((ヨーロッパ中部の共和国)).

Österreicher [エースタァライヒャー] 男 (–s/–) オーストリア人. ◇ **Österreicherin** 女 (–/–nen).

österreichisch [エースタァライヒシュ] 形 オーストリア(人)の.

österreichisch-Ungarisch 形 オーストリア・ハンガリー帝国の.

Österreich-Ungarn 中 (–s/) オーストリア・ハンガリー帝国 ((1867年から 1918年まで存続した二重帝国)).

Oster·sonntag [オースターゾンターク] 男 (–(e)s/–e) 復活祭当日の日曜日 [第 1祭日].

Ost·europa 中 (–s/) 東ヨーロッパ, 東欧.

östlich [エストリヒ] (I) 形 (↔ westlich) ❶《付加》東(方)の, 東からの; 東方からの; 東洋(人)の. ❷《付加または副》東(側)の, 東側(ブロック)の[(旧)社会主義(諸国)の, 東欧圏の. ((II)) 前《2格支配》…の東(方)に[へ]. ♦ ~ der Elbe エルベ河の東に[へ]. ★ 定冠詞のない名詞の場合は von を用いる:~ von Wien ウィーンの東に[へ]. 4級

Ost·see 女 (–/) 《die ~》バルト海.

ost·wärts 副 東(方)へ.

Ost·wind 男 (–(e)s/–e) 東風.

Otter¹ [オッター] 男 (–s/–) 《動》カワウソ (川獺).

① 1格 ② 2格 ③ 3格 ④ 4格

Otter² [オッター] 囡(-/-n)【動】マムシ(蝮).

Otto-motor 男(-s/..toren)【工】ガソリンエンジン, オットー機関.

out [アオト] 形 **~ sein** (口)流行[時代]遅れである.

Out·sider [アオトサイダー] 男(-s/-)(口)門外漢, 局外者; (社会からの)孤立者, アウトサイダー.

Outsourcing [アオトゾーァスィング] 中(-(s)/) アウトソーシング.

Ouvertüre [ウヴェァテューレ] 囡(-/-n)【楽】序曲.

oval [オヴァール] 形 卵形の, 長円形の, 楕円形の.

Ovation [オヴァツィオーン] 囡(-/-en)(書)大歓迎, 大喝采(た).

ÖVP 《略》Österreichische Volkspartei オーストリア国民党.

Oxid [オクスィート], **Oxyd** [オクスュート] 中(-(e)s/-e)酸化物.

Ozean [オーツェアーン] 男(-s/-e)大洋, 海洋. ♦ der Stille [Pazifische] ~ 太平洋. der Atlantische ~ 大西洋. **4級**

Ozean·dampfer 男(-s/-)遠洋航路(大型)船.

Ozon [オツォーン] 中(-s/)男(-s/) ❶【化】オゾン. ❷(口;古)新鮮な[酸素の豊富な]空気.

Ozon·loch 中(大気の)オゾンホール.

Ozon·schicht(e) 囡(-/)[気](大気の)オゾン層.

P

p, P [ペー] 中(-/-, (口)男(-/-s) アルファベットの第16字.

p 《略》❶ piano 弱く. ❷【印】Punkt ポイント. ❸【貨幣単位】Penny ペニー. ❹ Pond ポンド.

p. 《略》❶ Pagina 《数字の前で》ページ. ❷ pinxit 《絵画などの作者の署名の後で》…作, …画.

P《記号》❶【化】Phosphor 燐. ❷【理】Poise ポアーズ ((粘度単位)). ❸ (証券)Papier 有価証券; 売り(相場). ❹ Parkplatz 駐車場.

P. 《略》❶ Pastor 牧師. ❷ Pater 神父. ❸ Papa 教皇.

Pa (I)《記号》❶ Protactinium プロトアクチニウム. ❷ Pascal パスカル ((圧力単位)). (II) [パー] 男(-s/-s) パパ (Papa).

p. a. 《略》《<ラテン語》pro anno 1年期限で, 毎年.

p. A. 《略》Per Adresse …方, …気付 (⇨per).

paar [パール パーァ] 数詞《不定》《無変化》(ein ~ ...) いくつか[いくらか]の, 2, 3 の(もの), 若干の ((★ein も無変化であるが, 後続する名詞は語形変化する)). ♦ vor ein ~ Tagen 2, 3 日前に. ein ~ hundert 2, 3百[数百]の. ★ein ~ という形で名詞としても用いられる. この場合は複数: Ein ~ waren dort. 数人がそこにいました. *die* [*diese*] *~* その(ほんの)2, 3回(で). ★定冠詞などは語形変化する. ■ *ein ~ Mal* 2, 3 [数回]度, 何回[度]か. ♦ nur die letzten ~ Mal ただ最後の2, 3回.

Paar [パール パーァ] 《⇔ pair》 中(-(e)s/-e) ❶ (2 つのもの [人] からなる) 一対, 一組, そろい, ペア. ❷ 夫婦, 恋人同志, カップル; 組になった人; つがい. ♦ ein ~ Schuhe 靴1足. ★(1)後続する名詞がある場合, Paar は無変化: zwei neue ~ Schuhe 2足の新しい靴. ★(2)ein Paar Schuhe が主語の場合, 動詞は三人称単数形となる. *Das sind zwei ~ Stiefel.* (口)それは全く別物です. **4級**

paaren [パーレン] 再 sich⁴ ❶《動物¹がつがう, カップルになる, 交尾する. ❷《(bei ③) mit ③》《物³が》《人³において》物³と》と組み合わさる, 結び付く, ひとつになる.

Paarung [パールング] 囡(-/-en) ❶ つがい[対(?)]になること, 交尾, 交配, 結合. ❷ [スポ] (対戦の)組み合わせ.

paar·weise 副 一組[一対]ずつ, 2個[二人]ずつ.

Pacht [パハト] 囡(-/-en) ❶《単》賃

Pächter 貸借,リース;〔法〕用益[使用]賃借 借. ❷賃貸借料,リース料. ❸賃貸借 [リース]契約;借地[借家]契約.

Pächter [ペヒター] 男〔-s/-〕賃借 人;〔法〕用益賃借人,賃貸地人. ◇**Pächterin** 女〔-/-nen〕.

Pack [パック] (I) 男〔-(e)s/-e, Päcke〕= Packen. (II) 中〔-(e)s/〕〔口〕〔軽蔑〕やくざ[ごろつき](連中),愚連隊,ならず者,暴徒.

Päckchen [ペックヒェン] 中〔-s/-〕小包,小さな束;小パック,小ケース;〔郵〕小型包装物,小荷物(最高2kg まで;⇒Paket).

packen [パッケン] (I) 他 ❶〈in 〉〈物⁴を(物³に)〉詰める.詰め込む,〈物⁴の〉荷造りをする,梱包(こんぽう)する. ❷〈人・物⁴を〉つかむ,ひっつかむ. ❸〈恐怖・驚きなどが〉〈人⁴を〉襲う;〈人⁴の〉心をとらえる[つかむ],〈人⁴を〉ひきつける. ❹〔口〕〈物⁴を〉どうにか[きりきりで]つかまえる;〈試験⁴などを〉かろうじて[なんとか]成し遂げる,うまく片付ける;〈列車⁴などに〉かろうじて[やっと]間に合う. ❺〈⁴+場所〉(II) 〈人⁴を…に〉寝かせて布団をかけてやる. (II) 自 荷造りする. [4級]

Packen [パッケン] 男〔-s/-〕包み,束;梱(こり).

packend [..ト] 形〔最上 ~st[..ット]〕心をとらえる,読み[見]始めたら止まらない.

Packerl [パッカァル] 中〔-s/-(n)〕(オストリヤ) = Päckchen.

Pack·papier [パックパピーア] 中 (荷造り用の厚い)包装紙.

Packung [パックング] 女〔-/-en〕 ❶ パック,ケース;包み,包装品[物]. ❷ 〔医〕罨包(あんぽう),湿布. ❸〔ぞう〕〔口〕大敗 北. ❹ 装填(そうてん),充填(じゅうてん)(物). ◆ eine ~ Eier 卵1パック.

Pädagogik [ペダゴーギク] 女〔-/〕教育学;教授法.

pädagogisch [ペダゴーギッシュ] 形 教育の[に関する],教育学(上)の;教育的な.

Paddel [パッデル] 中〔-s/-〕櫂(かい), パドル,(カヌー用などの)短い幅広のオール. ★ Ruder は固定されているが,Paddel は取り外せる.

Paddel·boot [パッデルボート] 中〔-(e)s/-e〕(カヌーなどの)パドルでこぐボート.

paddeln [パッデルン] (I) 自 ❶ 櫂 [パドル]を漕(こ)ぐ[かく],カヌー[カヤック]を漕ぐ. ❷〈アヒルなどが〉(水中で)足を動かす,バシャバシャやる,犬かきをする. (II) 自〔s〕 ❶ 櫂[パドル]を漕いで行く,カヌー[カヤック]で漕ぎ渡る. ❷〈アヒルなどが〉泳いで行く.

paffen [パッフェン] 〔口〕(I) 他 ❶ 〈タバコ⁴を〉(肺に入れずに)プカプカふかす. ❷〔口〕〈タバコ⁴を〉スパスパ吸う. (II) 自 ❶ タバコを(肺に入れずに)プカプカふかす. ❷〔口〕タバコを吸う. [4級]

Page [パージェ] 男〔-n/-n〕〔弱〕(ホテルなどの制服を着た)若い給仕,ボーイ;ベルボーイ.

Paket [pakéːt パケート] 中〔-(e)s/-e〕 ❶ (ひもなどで荷造りした)小包,小荷物,束;〔郵〕小包((2kg 以上;⇒Päckchen)). ❷ (販売単位としての)一パック,一包み,一箱. ❸ 一括 (法案[提案]),パッケージ. ❹ 大口同種株券[株式]. ◆ ein ~ Waschpulver 洗剤1箱. 当 ein ~ schicken 人³に小包を送る. [4級]

Pakistan [パーキスターン] 中〔-s/〕パキスタン((インド北西のイスラム共和国)).

Pakt [パクト] 男〔-(e)s/-e〕条約,協定.

Palais [パレー] 中〔-[..(ス)]/-[パレース]〕宮殿,館;公邸,官邸;大邸宅.

Palast [パラスト] 男〔-(e)s/..Paläste〕(王などの)宮殿,御所,御殿;公邸,官邸;大邸宅.

Palästina [パレスティーナ] 中〔-s/〕パレスチナ(地中海東岸地方の名称)).

Palästinenser [パレスティネンザー] 男〔-s/-〕パレスチナ人. ◇**Palästinenserin** 女〔-/-nen〕.

palästinensisch [パレスティネンズィッシュ], **palästinisch** [パレスティーニッシュ] 形 パレスチナ(人)の[に関する].

Palatschinke [パラチンケ] 女〔-/-n〕

(…ｒ)《主に複》パラチンケン((クレープ状に焼いてジャムなどを包んだパンケーキ)).

Palette [パレッテ]囡(–/–n) ❶〔絵〕パレット. ❷多様性, 多種多様(なもの), (豊富な)選択肢, より取り見取り. ❸運び台.

Palme [パルメ]囡(–/–n) ❶〔植〕ヤシ(科の植物), 棕櫚(しゅろ) ((ナツメヤシ, ココヤシなど)). ❷〔書〕勝利の栄冠(Palmeは死や罪に対する最終的勝利の象徴)). ④ *auf die ~ bringen* 〔口〕人⁴を怒らせる.

Palmsonntag [パルムゾンターク]男(–(e)s/–e)〔カトリック, プロテス〕枝の主日, 枝の主日曜日 〔東方正教会〕聖枝祭((復活祭直前の日曜日;キリストがエルサレムに入り, 民衆がシュロの枝を持って彼を迎えた)).

Pampelmuse [パンペルムーゼ, パンペル..]囡(–/–n)〔植〕グレープフルーツ(の木[実]).

pampig [パンピヒ]形〔口;軽蔑〕ずうずうしい, 無礼な.

pan.. [パン..]《名詞・形容詞などに付く》「汎(はん), 全, 総」: Paneuropa 汎ヨーロッパ.

Panama-kanal [パナマ..]男(–s/)《der ~》パナマ運河.

panieren [パニーレン]他《過分 paniert》〔料理〕〈物⁴に〉(卵黄とパン粉で)ころもを付ける, パン粉をまぶす.

Panier-mehl [パニー..]中(–(e)s/)(フライ用の)パン粉.

Panik [パーニク]囡(–/–en)《主に単》パニック, 恐慌.

panisch [パーニシュ]形 パニック的な, 恐慌的な.

Panne [パネ]囡(–/–n) ❶パンク;故障, エンコ. ❷不運な事故, 災難;不運 ◆*Das Auto hatte eine ~*. 自動車が故障してしまった.

Pannen·dienst [パネン..]男 故障サービス(機関).

Panorama [パノラーマ]中(–s/Panoramen)パノラマ;大展望, 全景.

panschen [パンシェン]他(囲)〈(ワインなどに)〉混ぜ物をする;水で薄める.

Panter, Panther [パンター]男(–s/–)ヒョウ.

Pantoffel [パントッフェル]男(–s/–n)《主に複》スリッパ. *unter dem ~ stehen* 〔口〕女房のしりに敷かれている.

Pantomime [パントミーメ] ❶囡(–/–n) ❶パントマイム, 無言劇. ❷身ぶり, 手まね. ((II))男(–en/–en)《弱》パントマイム役者. ❖..**mimin** 囡(–/–nen)

Panzer [パンツァー]男(–s/–) ❶〔動〕甲, 甲羅, 殻;(カメなどの)背甲;(昆虫の)甲殻. ❷〔軍〕戦車, タンク;装甲;《複》甲戦車[戦車]部隊. ❸甲冑(かっちゅう), 鎧(よろい)兜(かぶと).

Papa¹ [パパー, パパ]男(–s/–s)〔口〕パパ, お父さん.

Papa² [パーパ]男(–s/)〔カトリック〕教皇((略: P.)).

Papagei [パパガイ]男(–en/–en, または –s/–e)〔鳥〕オウム (鸚鵡).

Papier [パピーァ パピーァ]❶(蔑 paper) 中(–(e)s/–e) ❶《単》紙;用紙. ❷書類, 文書. ❸《複》証明書, 証書, 証文. ❹〔商〕(略: P)有価証券;株券;手形.◆*ein [zwei] Blatt ~* 1[2]枚の紙, *ein Stück ~* 一片の紙. *(nur) auf dem ~ stehen* ただ形だけのことである, 紙に書かれているにすぎない. *~ ist geduldig.* 紙[本]に書いてあることが何でも正しいとは限らない. **4級**

Papier·deutsch 中(–(s)/)〔軽蔑〕形式ばった[まわりくどい, 固苦しい]ドイツ語, お役所言葉.

Papier·geld 中(–(e)s/)紙幣, 札, 銀行券.

Papier·korb 男(–(e)s/..körbe) 紙くずかご.

Papier·kram 男〔口;軽蔑〕文書業務, 書類事務.

Papier·schlange 囡(–/–n) 紙テープ.

Papier·taschentuch 中(–(e)s/..tücher)ティッシュ(ペーパー).

Papp·becher [パップ..]男 紙コップ.

Pappe [パッペ] 囡 (-/-n) 厚紙, 板紙, ボール紙, パッボール. **nicht ~ sein** (口) 相当なものである: ⟨人¹が⟩あなどれない, ⟨物¹が⟩しっかりしている.

Papp·karton 男 ボール(紙製の)箱.

Paprika [パ(ー)プリカ] ((I)) 男 (-s/-(s)) ❶ [植] パプリカ, ピーマン. ❷ [単] (香辛料としての)パプリカ. ((II)) 男 (-s/-(s)), 囡 (-/-(s)) パプリカ[ピーマン]の実.

Paprika·schote [..ショーテ] 囡 (-/-n) パプリカ[ピーマン](の実).

Papst [パープスト] 男 (-es/Päpste) ❶ (ローマ)教皇, 法王.

Parabel [パラーベル] 囡 (-/-n) ❶ 寓話, たとえ(話), 比喩. ❷ [数] 放物線.

Parade [パラーデ] 囡 (-/-n) ❶ [軍] 観兵式, 閲兵式; 分列式, パレード. ❷ (ゴールキーパーの)セービング. ❸ **in die ~ fahren** (口) (突然)人³のじゃま[妨害]をする.

Paradeiser [パラダイザー] 男 (-s/-) (ﾏｰｽﾄﾘｱ) トマト.

Paradies [パラディース] 中 (-es/-e) ❶ [聖] (エデンの)楽園. ❷ (↔ die Hölle) 天国. ❸ 天国のようなところ, 極楽, パラダイス.

paradiesisch [パラディーズィッシュ] 形 楽園[天国]の; 天国[極楽]のような.

paradox [パラドクス] 形 逆説的な, 理屈に合わない, 矛盾した, パラドクスの.

Paragraf, Paragraph [パラグラーフ] 男 (-en/-en), (-/-en) ❶ 段落; パラグラフ, 章, 節 ((記号: §)). ❷ [法] (法律・定款などの)条項. ★ 後に数字がくる場合は冠詞なしで用いられることが多い.

Paraguay [パーラグヴァイ] 中 (-s/) パラグアイ ((南米中部の共和国)).

parallel [パラレール] 形 ❶ 平行の; 並列の. ❷ 同じ方向[傾向]の, 対応する, 相等しい.

Parallele [パラレーレ] 囡 (-/-n) ❶ [数] ⟨zu ³⟩⟨物³の⟩平行線; [音楽] 平行(音程). ❷ 《主に複》対応する(もの), 類似(点).

Parallelogramm [パラレログラム] 中 (-s/-e) [数] 平行4辺形.

Para·nuss [パーラ..] 囡 (-/..nüsse) [植] ブラジルナッツ ((油は食用)).

Parasit [パラズィート] 男 (-en/-en) ❶ [動・植] 寄生体, 寄生生物, 寄生虫, 寄生植物. ❷ (軽蔑) いそうろう, 食客.

parat [パラート] 形 《述語》用意[準備]のできた, いつでも使える.

Pärchen [ペーァヒェン] 中 (-s/-) ❶ (若い)カップル, アベック. ❷ 小さい一対のつがい, 小さい[かわいらしい]ペア.

Parfum [パルファン] 中 (-s/-s) (ﾌﾗﾝｽ) = Parfüm.

Parfüm [パルフューム] 中 (-s/-e, -s) 香料; 香水.

Parfümerie [パルフュメリー] 囡 (-/..rien [..リーエン]) ❶ 香水店. ❷ 香水製造所.

parfümieren [パルフュミーレン] (過分 parfümiert) ((I)) 他 ⟨人・物に⟩香水をつける. ((II)) 再 sich⁴ (衣服・体などに)香水をつける.

Paris [パリース] 中 (-/) パリ ((フランスの首都)).

Pariser [パリーザー] ((I)) 男 (-s/-) ❶ パリ市民, パリっ子, パリジャン. ❷ (口) 避妊具, コンドーム. ((II)) 形 《無変化》パリの, パリっ子の, パリ風の. ◇ **Pari·serin** 囡 (-/-nen) (女性の)パリ市民, パリジェンヌ.

Park [park パルク] 男 (-(e)s/-s, -e) 公園, 大庭園; (テーマ)パーク. ♦ **in den ~ gehen** 公園に行く. 5級

Parka [パルカ] 男 (-s/-s), 囡 (-/-s) パーカ (フード付きの防寒服)).

Park·anlage 囡 (-/-n) 公園施設.

parken [párkən パルケン] ((I)) 他 ⟨⟨4⟩⟩⟨(乗り物⁴を)⟩駐車する. ((II)) 自 ⟨車⟩などが⟩駐車している. 4級

Parkett [パルケット] 中 (-(e)s/-e, -s) ❶ [建] 寄せ木張りの床. ❷ [単] [劇] 平土間, 1階(前方の上等)席, パルケット. ❸ [単] 表[檀] 舞台.

Park·gebühr 囡 駐車料金.

Park·haus [パルクハオス] 中 (-es/-

□ 1格 ② 2格 ③ 3格 ④ 4格

..häuser) 立体駐車場, パーキングビル.

Park·lücke [..(-/-n)] パーキングスペース, 駐車できる隙間.

Park·platz [パルクプラッツ] 中 (-es/..plätze) ❶(広い)駐車場((略：P)). ❷駐車できる(空き)場所.

Park·scheibe 女 (-/-n) [交通]駐車開始時刻表示器((駐車時間制限地区で車内に置く表示盤)).

Park·uhr [パルクウーァ] 女 (-/-n) パーキングメーター.

Park·verbot 中 (-(e)s/-e) 駐車禁止(区域).

Parlament [パルラメント] 中 (-(e)s/-e) ❶議会, 国会. ❷議会の建物, 国会議事堂.

Parlamentarier [パルラメンターリアー] 男 (-s/-) 国会議員, 代議士. ◇ **Parlamentarierin** 女 (-/-nen).

parlamentarisch [パルラメンターリッシュ] 形《主に付加》議会[国会]の, 議会[国会]における.

Parodie [パロディー] 女 (-/..dien [..ディーエン]) パロディ, もじり, 替え歌.

Parole [パローレ] (I) 女 ❶合い言葉. ❷モットー, キャッチフレーズ, スローガン. ❸《複》流言, 飛語, デマ. (II) 女 (-/) [言] (↔ Langue) パロール, 言((個人の具体的な言語運用)).

Part. 《略》❶ Parterre 1階. ❷ Partizip 分詞.

Partei [パルタイ] 女 (-/-en) ❶政党, 党派; 派(閥), 結社. ❷[法](係争・契約などの)当事者, 関係者. ❸(アパートなどの)入居世帯. *für* 4 ~ *ergreifen* [*nehmen*] 人・物の味方をする[肩を持つ, 側に立つ].

parteiisch [パルタイイッシュ] 形《軽蔑》党派的な; 不公平な, 偏頗(^[へんぱ])な, えこひいきのある.

Partei·vorsitzende(r) 男 女《形容詞変化》党首.

Parterre [パルテル] 中 (-s/-s) 1階, 最下階((略：Part.)).

Partie [パルティー] 女 (-/..tien [..ティーエン]) ❶(主に身体の)一部, 部分, 個所. ❷(トランプ・ビリヤードなどの)一勝負, 一局, 一戦. ❸[音楽]パート, 音部, 声部; (オペラなどの)役. ❹《やや古》遠足, ハイキング.

Partikel [パルティ(-)ケル] (I) 女 (-/-n) [言]不変化詞((副詞・接続詞・前置詞など)). (II) 中 (-s/-) [理](微)粒子, 小片, 小物質.

Partitur [パルティトゥーァ] 女 (-/-en) [音楽]総譜, スコア.

Partizip [パルティツィープ] 中 (-s/-ien) [言]分詞((略：Part.)).

Partner [パルトナー] 男 (-s/-) パートナー, 仲間, 相棒; つれあい, 配偶者, 共同生活者; 共同経営[出資]者; [劇]共演者. ◇ **Partnerin** [パルトネリン] 女 (-/-nen).

Partnerschaft [..シャフト] 女 (-/-en) 協力[協調]関係; 提携[連携]関係; パートナーシップ.

partnerschaftlich [..リヒ] 形 協力[協調]的な, 協同の.

Partner·stadt 女 姉妹都市.

partout [パルトゥー] 副 (口) どうしても, 何が何でも, ぜひとも.

Party [パーティ, パーティ] 女 (-/-s) パーティー. 5級

Pass [pas パス] 男 (-es/Pässe) ❶旅券, パスポート. ❷峠(越えの道); (谷間の)隘路(^[あいろ]). ❸(^[スポ]) (サッカー・バスケットなどの)送球, パス. 4級

Paß 中 = Pass.

Passage [パサージェ] 女 (-/-n) ❶ショッピングアーケード. ❷(狭い)通路; 水路. ❸通行, 通過. ❹航路; (海外)渡航, 旅行. ❺一節, 引用された個所. ❻[音楽]パッサージ, 経過句.

Passagier [パサジーァ] 男 (-s/-e) 乗客, 旅客. ◇ **Passagierin** 女 (-/-nen).

Passant [パサント] 男 (-en/-en)《弱》通人, 通りすがり[通りがかり]の人. ◇ **Passantin** [パサンティン] 女 (-/-nen).

Passau [パッサオ] 中 (-s/) パッサウ((Bayern 州東部, オーストリアとの国境に接する町)).

Pass·bild 中 (-s/-er) 旅券[パスポート]用写真, 証明写真.

Paßbild 中 = Passbild.

Pässe [ペッセ] 複⇨Pass.

passen [pásən パッセン] (I)自❶ 〈(3)〉〈衣服¹などが〉〈(人³に)〉(サイズが)ぴったり合う；〈物¹が〉(大きさ・形状などで)入る，合う，収まる．❷〈(zu ③)〉〈物¹が〉〈(物³に)〉合う，ふさわしい，適合する；〈人¹が〉〈人³に〉合う，お似合いである，〈人³と〉相性が合う．❸〈(3)〉〈口〉〈事¹が〉〈人³に〉好ましい，都合[具合]がよい．❹〈zu ③〉〈口〉〈事¹が〉〈人³に〉らしい．❺〈(3)〉パスをする．(II)他❶〈④ in〉〈物⁴を物³に〉適合させる，合わせる．❷〈④ zu ③〉〈(ボール⁴を)人³に〉パスする．◆ Die Schuhe ~ ihm. 靴の彼にはぴったりだ．Wann passt es Ihnen? いつご都合がよろしいのですか．**4級**

passend [..ト] (I)passen の現在分詞．(II)形 ぴったりの，ふさわしい，適切な．

Pass·foto 中(-s/-s) = Passbild.

passieren [pasíːrən パスィーレン] (I)自 ⟨sein⟩《主語には etwas，das，was などがくることが多い》❶〈(3)〉〈災難·不幸¹が〉〈(人³に)〉起こる，ふりかかる．❷〈(3)〉〈事¹を〉〈人³が〉(誤って，無意識に)してしまう．❸〈mit ③〉〈口〉〈人¹に関して〉なされる．❹〈(3)〉〈人³が〉傷つく，怪我をする．(II)他❶〈書〉〈場所⁴を〉通過する．❷〈書〉〈人⁴の〉わき[そば]を通り過ぎる．❸ [料理]〈③〉〈人³が〉うらごしする，漉(⁻)す．◆ Was ist denn hier passiert? ここでいったい何が起きたのですか．Was passiert mit ③? 物³はどうするんですか．*Das kann jedem (mal) ~.* それは誰にでもあることです，たいした事ではありません．*Das kann auch nur dir ~!* 〈口〉それは君らしい失敗だ，それは君にしかできない事だね．

passiert [パスィーァト] passieren の過去分詞．

Passion [パスィオーン] 女(-/-en) ❶〈(für ④)〉〈(物¹に対する)〉情熱，熱中．❷〈単〉キリストの受難．❸〈キリストの受難図[絵画]；受難像[彫像]；受難曲；受難劇．

passiv [パッスィーフ，パスィーフ] 形 ❶(↔ aktiv)《しばしば軽蔑》受身の，受動的な；消極的な；無抵抗の，無為の[静観]の．❷[加]（特にスポーツで）（部員·会員などが）活動していない，名前だけの．

Passiv [パッスィーフ，パスィーフ] 中(-s/-e, (稀)-a)《主に単》[言] (↔ Aktiv) (動詞の)受動態[形]．

Pass·kontrolle 女(-/-n) (出入国の際の)旅券[パスポート]検査(場)．

Pass·wort 中(-(-/-) パスワード．

Paste [パステ] 女(-/-n) (パンに塗る肉や魚などの)ペースト；(ペースト状のもの：[料理]こね粉，練り製品；[医]パスタ剤，泥膏；練り歯磨き．

Pastell·farbe [パステル..] 女(-/-n) パステルカラー．

Pastete [パステーテ] 女(-/-n) [料理] ❶(肉入り小型)パイ，(オードブル用の)パテ．❷ペースト状の物[レバー]．

Pastor [パストァ, パストーァ] 男(-s/-en[..トーレン])（特に北ドイツ）(特にプロテスタントの)聖職者，牧師（略：P.）．

Pastorin [パストーリン] 女(-/-nen) ❶(プロテスタントの)女性牧師．❷牧師の妻．

Pate [パーテ] (I)男(-n/-n) 《弱》[宗教] ❶代父，教父，名親(㍇)《(特に子供の洗礼[堅信礼]立会人》；名付け親．❷= Patenkind. *bei ③ ~ stehen* 〈口〉物³に影響[インスピレーション]を与える．(II)女(-/-n) ❶[宗教]代母，教母，名親；名付け親．❷= Patenkind.

Paten·kind 中(-(e)s/-er)（代親に対する）代子，名付け子．

Paten·onkel 男(-s/-)代父，教父，名付け親（Pate を務める男性））．

Paten·schaft [パーテンシャフト] 女(-/-en) ❶代父母[名付け親]であること．❷後援[後見, 援助]してやる義務[責任]．

patent [パテント] 形（最上 ~est）〈口〉すばらしい，すてきな．

Patent [パテント] 中(-(e)s/-e) ❶〈(für ④)〉〈(物の)〉特許(権)[状]，パテント．❷（特定の業種の）免許

① 1格　② 2格　③ 3格　④ 4格

Paten·tante 女(-/-n) 代母, 教母, 名付け親 (Pate を務める女性)).

patentieren [パテンティーレン] 他 (過分 patentiert)〈物4に〉特許権を認める.

Pater [パーター] 男 (-s/-, Patres [パートレス]) 修道(会)司祭, 神父, 師 ((略: P., 複 PP.)).

Pathos [パートス] 中 (-/) (しばしば軽蔑) 激情; パトス.

Patient [パツィエント] 男 (-en/-en)《弱》患者. ◇**Patientin** 女 (-/nen).

Patin [パーティン] 女 (-/-nen) = Patentante.

Patina [パーティナ] 女 (-/) 古錆(ふる), 緑青(ろくしょう).

Patres [パートレス] 複 ⇒ Pater.

Patriot [パトリオート] 男 (-en/-en)《弱》愛国者, 憂国の士. ◇**Patriotin** 女 (-/nen).

patriotisch [パトリオーティッシュ] 形 愛国心のある, 愛国的な.

Patriotismus [パトリオティスムス] 男 (-/)《単》愛国心, 憂国の情.

Patron [パトローン] 男 (-s/-e) ❶《宗》守護聖人, 守護神; 教会保護者 ((設立者・多額寄進者で, 優先権と共に教会保護の義務を有する)). ❷(口; 軽蔑) 嫌なやつ. ❸(古) 保護[庇護]者, パトロン.

Patrone [パトローネ] 女 (-/-n) ❶《軍》弾薬筒, 薬包, 薬莢(やっきょう). ❷(万年筆などの) カートリッジ; (フィルムの) パトローネ.

patrouillieren [パトルリイーレン] 自 ((4格))〈(場所4を)〉巡回[巡視, 哨戒(しょうかい), 巡察, パトロール]する.

Patsche [パッチェ] 女 (-/-n) (口) 苦境, 窮地.

patschnass [パッチュナス] 形 (口) びしょぬれの, ずぶぬれの.

patschnaß 旧 = patschnass.

patzig [パッツィヒ] 形 (口) 鼻もちならない, つっけんどんな, 無愛想な.

Pauke [パオケ] 女 (-/-n) ティンパニー.

pauken [パオケン] 他 (自)〈(物4を)〉猛勉強する, ガリ勉する.

Paul [パオル]《男名》パウル.

pauschal [パオシャール] 形 (付加または副) ❶ 一括した, 全部ひっくるめた. ❷ 大雑把な, 大まかに見積もった, 細部にこだわらない.

Pauschale [パオシャーレ] 女 (-/-n) 総(計)額, 一括金額, 全部込みの値段.

Pauschal·reise 女 (-/-n) パッケージツアー.

Pauschal·urteil 中 大雑把な判断.

Pause [パオゼ] 女 (-/-n) ❶ 中休み, 休み[休憩]時間; 休止, 中断, 間(ま); (劇場などの) 幕間. ❷ 透かし写し, 透写, トレーシング; 青写真. ♦ (mit ③) eine ~ machen (事3を) 中休みする. ohne ~ 休憩なしに. **4級**

Pausen·brot 中 (子供が学校に持っていく) 休み時間用の食事[パン].

pausen·los ((I)) 形 休みなしの, 休憩のない. ((II)) 副 絶え間なく, 途切れることなく.

Pavian [パーヴィアーン] 男 (-s/-e) 《動》ヒヒ.

Pazifik [パツィフィック, パーツィフィック] 男 (-s/)《der ~》太平洋.

pazifisch [パツィーフィッシュ] 形 太平洋の. *der Pazifische Ozean* 太平洋.

Pazifist [パツィフィスト] 男 (-en/-en)《弱》平和主義者. ◇**Pazifistin** 女 (-/nen).

pazifistisch [パツィフィスティッシュ] 形 平和主義の.

Pb《記号》Plumbum 鉛.

PC 男 (-(s)/-(s))《略》Personal Computer パソコン.

p.c.《略》pro centum 百分率, パーセント.

p.Chr.(n.)《略》[ラテン語] post Christum (natum) 西暦紀元後.

Pd《記号》Palladium パラジウム.

PDS [ペーデーエス] 女 (-/)《略》Partei des Demokratischen Sozialismus 民主社会党.

Pech [ペヒ] 中 (-s, -es/-e) ❶《単》不

①1格 ②2格 ③3格 ④4格

Pech・strähne [女](-/-n) 不運の連続.

Pech・vogel [男](-s/..vögel) (口) ついてない人.

Pedal [ペダール] [中](-s/-e) (パイプオルガン・ピアノの)ペダル; (自転車などの)ペダル, 踏み板.

pedantisch [ペダンティッシュ] [形] (軽蔑) 細かいことにうるさい, 杓子(しゃくし)定規の, 融通のきかない.

Pegel [ペーゲル] [男](-s/-) ❶水位計, 検潮器. ❷水位.

peilen [パイレン] [他] (海)(羅針儀で)〈船などの〉位置[方向]を測定する, (電波で)〈船などの〉位置[方向]を探知する.

peinlich [パインリヒ] ((I)) [形] ❶ばつが[きまりが, 後味が]悪い, 気まずい. ❷(付加)きちょうめんな, 綿密な, 細心の注意を払った. ((II)) [副] ❶後味が悪く, 気まずく. ❷きちょうめんに, 綿密すぎるくらいに, 神経質なくらいに. ❸きわめて, おそろしく.

Peitsche [パイチェ] [女](-/-n) むち(鞭).

peitschen [パイチェン] ((I)) [他] ❶〈人⁴を〉(罰として)むち打つ. ❷〈馬³などを〉むちをあてて走らせる, (牽引のために)むちで駆り立てる. ((II)) [自] (S)〈雨・風¹などが〉激しく打ちつける.

Peking [ペーキング] [中](-s/) ペキン(北京).

Pelikan [ペーリカーン, ペリカーン] [男] (-s/-e) (鳥)ペリカン.

Pelle [ペレ] [女](北ッ) (ソーセージ・ジャガイモ・果物などの)薄い皮.

pellen [ペレン] ((I)) [他] (北ッ)〈物⁴の〉皮をむく, 殻を取る. ((II)) [再] sich⁴〈物¹が〉皮むむける.

Pell・kartoffel [女](-/-n) (主に複) (料理) 皮付きのままでゆでたジャガイモ.

Pelz [ペルツ] [男](-es/-e) ❶(動物の)毛皮; (果物などの)細かい毛のはえた皮. ❷毛皮(製品). ❸(mit ③) ~ haben (人⁴・事³に関して)運が悪い. das ~ haben,... (zu不定詞)…するなんてついてない. ❸(㎞・㎞) 樹脂, やに; (mit ③) auf den ~ rücken (口) (事³で)人³に押しかける, しつこく迫る.

pelzig [ペルツィヒ] [形] ❶毛皮のような; 毛皮で覆われた; 細かい毛のはえた. ❷(口などが)ごわごわ[カサカサ]する; 舌苔(ぜったい)のある. ❸(手足など)麻痺した, 無感覚の.

Pelz・mantel [男](-s/..mäntel) 毛皮のコート.

Pendel [ペンデル] [中](-s/-) (理) 振り子.

pendeln [ペンデルン] [自] ❶ S 〈物¹が〉(振り子のように)振れる, 揺れ動く. ❷ ⓑ (mit ③)〈物³を〉振る, ぶらぶらさせる. ❸ S 行ったり来たりする, 往復する;〈人¹が〉(居住地と勤務地などの間を)通う, 通勤[通学]する;〈バス・電車¹などが〉折り返し運転[運行]をする.

Pendel・verkehr [男](-s/) 通勤, 通学; (一定区間を往復する)折り返し運転[運行].

Pendler [ペンドラー] [男](-s/-) 通勤[通学]者. ◇ **Pendlerin** [女](-/-nen).

Penes [ペーネス] [複] ⇒Penis.

penetrant [ペネトラント] [形] (軽蔑)〈におい・味・態度などが〉鼻につく, つんと刺激する, 刺すような, 不快な.

Penis [ペーニス] [男](-s/-se, Penes) 男根, 陰茎.

Penizillin [ペニツィリーン] [中](-s/-) (薬) ペニシリン.

pennen [ペネン] [自] (口) ❶眠る, 寝る. ❷ぼんやりしている.

Penner [ペナー] [男](-s/-) (口) (軽蔑) ❶ホームレス, ルンペン, 放浪者. ❷寝ぼすけ. ◇ ~in [女](-/-nen).

Pensa [ペンザ] [複] ⇒Pensum.

Pensen [ペンゼン] [複] ⇒Pensum.

Pension [パンズィオーン, パンスィ.., (㎞)ペンズィ..] [女](-/-en) ❶(単) (退職官吏の)年金, 恩給. ❷(単) (官吏・公務員などの)年金生活. ❸ペンション, 民宿. ◆in ~ gehen 年金生活に入る.

Pensionär [パンズィオネーァ, パンズィオ..] 男 (-s/-e) 年金[恩給]生活者. ◇~in 女 (-/-nen).

pensionieren [パンズィオニーレン, パンズィオ..] (過分 pensioniert) 他〈人⁴を〉(特に官史などに)恩給[年金]を与えて退職させる.

Pensum [ペンズム] 中 (-s/Pensen, Pensa) (ある期間に消化すべき)割り当て(量), ノルマ, 課題.

Penthouse [ペントハオス] 中 (-/-s) [建]ペントハウス(マンションや高層建築の屋上に建てられた高級住宅).

Peperoni [ペペローニ] 女 (-/-)《主に複》唐辛子.

per [ペァ] 前《4格支配》❶《冠詞なしで》(...という手段)で, ...によって. ❷《冠詞なしで》[書] ...ごとに, ...につき. ❸ [商](期限が)...(まで)に. ◆~ Kilo キロ当たり. ~ Internet インターネットで. *mit* ③ ~ *du* [*Sie*] *sein* (口) 人³と du [Sie] で呼び合う.

perfekt [ペァフェクト] 形 (最上 ~est) ❶完全(無欠)な, 完璧な, 非の打ち所のない. ❷取り決められた, 決まった, 決定した.

Perfekt [ペァフェクト] 中 (-(e)s/-e) [言]完了[形;時制]. ★完了形の複数形には Perfektformen が用いられる.

Perfektion [ペァフェクツィオーン] 女 (-/-) 完全(なこと), 完璧.

Pergament [ペガメント] 中 (-(e)s/-e) ❶《単》羊皮(紙), パーチメント. ❷ (羊皮紙に書かれた)古写本, 古文書.

Pergament·papier 中 (-(e)s/-) 硫酸紙, (半透明の)油を通さない紙.

Periode [ペリオーデ] 女 (-/-n) ❶ (特色のある)時代, 時期, 期間; [音楽]楽段. ❷[医]月経, メンス.

periodisch [ペリオーディッシュ] 形 周期的な, 定期的な; 循環する.

Peripherie [ペリフェリー] 女 (-/..rien [..リーエン]) ❶周囲. ❷ [ﾋﾟﾕｰﾀ]周辺装置.

Peripherie·gerät 中 (-(e)s/..) 周辺装置.

Perle [ペァレ] 女 (-/-n) ❶真珠, パール. ❷ (糸やひもに通す)珠, ビーズ; ガラス玉. ❸ (口) (ﾋﾞｭｰ) よく働く[得がたい]女性; 重宝[有能]な人; 珠玉, 精華. *~n vor die Säue werfen* (口) 豚に真珠を投げ与える, 猫に小判 (マタイ 7, 6 より).

perlen [ペァレン] 自 ❶h〈物¹が〉真珠のように光る;〈飲み物¹が〉真珠のような泡を立てる. ❷ s〈von ...〉〈物³から〉真珠のように(玉になって)したたり落ちる.

Perlen·kette 女 (-/-n) 真珠[パール]のネックレス.

Perlmutt [ペァルムット] 中 (-s/) (貝の内側の)真珠母, 真珠層.

Perlon [ペァロン] 中 (-(s)/) ペルロン, パーロン (ドイツのナイロンに似た合成繊維の商標).

permanent [ペァマネント] ((I)) 形 [書]絶え間ない, 絶えざる, 永続[持続]的な, 恒久の; 常設の. ((II)) 副 常に, 絶えず, 常時.

Perron [ペロン] 中 男 (-s/-s) (ｽｲｽ)プラットホーム.

perplex [ペァプレクス] 形《主に述語》(口) びっくりした, あっけにとられた.

Persien [ペァズィエン] 中 (-s/) ペルシア ((現在のイラン)).

Person [perzó:n ペァゾーン] 女 (-/-en) ❶人, 人間; 人物; 個人. ❷《形容詞を伴って》女性, 女, 少女. ❸ (劇・小説などの)登場人物; 役. ❹ [言]人称. ❺[法]人(身), 身. ◆*in eigner* ~ 自分で, 自ら, じかに. 4級

Personal [ペァゾナール] 中 (-s/)《集合的に》(総)人員, (全)職員, (全)従業員, (全)スタッフ; (全)使用人; [劇]一座.

Personal·abteilung 女 (-/-en) 人事部[課].

Personal·ausweis 男 (-es/-e) 身分証明書, アイデンティティ・カード.

Personal·chef 中 (-s/-s) 人事部長[課長, 取締役].

Personalie [ペァゾナーリエ] 女 (-/-n) (氏名・住所・誕生日などの)個人情報[記録], 身上書.

Personal·pronomen 中 (-s/-,

..pronomina〕〔言〕人称代名詞.
Personal-rat 男公務員委員会.
personell [ペァゾネル]形《付加または副》職員[従業員,人員]の[に関する];人的な,人事に関する.
Personen-kraftwagen 男(-s/-)乗用車(略:Pkw, PKW).
Personen-wagen 男乗用車;客車.
persönlich [pɛrzˈøːnliç ペァゼーンリヒ]形 ❶《主に付加》個人的な,個人の. ❷《付加または副》(本人)みずからの,自身(自分)の,じきじきの. ❸うちとけた,親しげな,親密な. ❹《付加》〔言〕人称の. *Das war nicht ~ gemeint.* それはあなたを攻撃したのではありません. ⓐ *~ nehmen [auffassen]* 事⁴を個人攻撃と受けとる. *~ werden* 感情的になる,個人攻撃をする. **4級**
Persönlichkeit [..カイト]女(-/-en) ❶《単》人格,人柄,性格,個性. ❷個性的な人(物). ❸ひとかどの人物,名士,有名人.
Perspektive [ペァスペクティーヴェ]女(-/-n) ❶遠近感;遠近法;遠景,遠近. ❷見方,見地,視角,視点. ❸(将来の)見通し,展望,見込み.
Peru [ペルー]中(-s/)ペルー((南米の共和国)).
Perücke [ペリュッケ]女(-/-n)かつら.
Pessimismus [ペシミスムス]男(-/) (↔ Optimismus)厭世主義,悲観主義;厭世観,悲観.
pessimistisch [ペシミスティッシュ]形 (↔ optimistisch)悲観[厭世]的な,厭世観の.
Pest [ペスト]女(-/) 〔医〕ペスト,黒死病.
Petersilie [ペーターズィーリエ]女(-/-n)《主に単》〔植〕パセリ.
Petroleum [ペトローレウム]中(-s/)石油;灯油.
petzen [ペッツェン]動《(3)(4)》《(先生・親³に)(事⁴を)告げ口する.
Pfad [プファート]((®path) 男(-(e)s/-e) ❶(二人が並んで歩けないほどの)小道,細道. ❷〔ピュ─〕パス.
Pfad-finder 男(-s/-) ❶《複》ボーイスカウト(運動). ❷ボーイスカウト団員. ◇..finderin 女(-/-nen).
Pfahl [プファール]男(-(e)s/Pfähle)杭(ヾ),〔建〕パイル.
Pfalz [プファルツ] ((I))女(-/-en) 〔史〕(中世における国王・皇帝などの)居城,館(タキ). ((II))女(-/)《die ~》プファルツ((Rheinland-Pfalz 州の南東部の地域)).
Pfand [プファント]((®pawn) 中(-(e)s/Pfänder) ❶担保,質,(借金の)かた,抵当;質草,抵当物. ❷預り[保証]金.
pfänden [プフェンデン][du pfändest, er pfändet; 過 pfändete; 過分 gepfändet]他 ❶《物⁴を》担保[質]に取る,抵当として差し押える. ❷《人⁴の》財産を差し押える.
Pfänder [プフェンダー]複⇨Pfand.
Pfand-flasche 女(-/-n)デポジットボトル((預かり金を払った回収可能なびん)).
Pfand-haus 中(-es/..häuser)質屋.
Pfändung [プフェンドゥング]女(-/-en) 〔法〕差押え.
Pfanne [プファンネ]女(-/-n) ❶フライパン. ❷(ネチ)(柄のついた)深鍋.ⓐ *in die ~ hauen* ((口)) 1) 人⁴をこきおろす,こてんぱんに[くそみそに]やっつける,けなす. 2) 打ち[たたき]のめす.
Pfann-kuchen [プファン..]男(-s/-) ❶(南ﾄﾞ)(薄い)パンケーキ,クレープ. ❷(北ﾄﾞ)ベルリーナー((ジャムなどを詰めた球形の揚げパン)).
Pfarrei [プファライ]女(-/-en) ❶〔ﾌﾟﾛﾃｽﾀﾝﾄ〕教区,管区〔ｶﾄﾘｯｸ〕小教区,聖堂区. ❷牧師[主任司祭]館.
Pfarrer [プファラー]男(-s/-) 〔ﾌﾟﾛﾃｽﾀﾝﾄ〕牧師,〔ｶﾄﾘｯｸ〕主任司祭. ◇**Pfarrerin** 女(-/-nen).
Pfau [プファオ]男(-(e)s/-e, -en/-en) 〔動〕(インド)クジャク(孔雀).
Pfd. 《略》Pfund.
Pfeffer [プフェッファー]男(-s/-)《主に単》〔植〕コショウ(胡椒)(の実). ❶

Pflaume

kann bleiben, wo der ~ wächst!《口》人¹には会いたくない[ここへ来て欲しくない]. 4級

Pfeffer‐minze [女](-/-) [植]ハッカ(薄荷), ミント.

pfeffern [プフェッファァン] [他] ❶〈物⁴に〉コショウで味をつける, コショウをかける. ❷〈4+方向〉《口》〈物⁴を...へ〉放り投げる, 放り出す.

Pfeife [プファイフェ] (英 pipe) [女](-/-n) ❶笛:ホイッスル, 呼び子;号笛, 警笛,(オルガンの)音笛. ❷《喫煙用の》パイプ. ❸《口;軽蔑》役立たず, 能なし. *nach* ②〜*tanzen*《軽蔑》人²の言いなりになる.

pfeifen* [プファイフェン] (過 pfiff; 過分 gepfiffen) 《I》[自] ❶口笛を吹く. ❷ホイッスルを鳴らす, 笛を吹く. ❸〈③〉〈人・動物³を〉《口》笛で呼ぶ. ❹〈物¹が〉汽笛[号笛]を鳴らす, ヒューと鳴る. ❺〈動物¹が〉ピーピー[チューチュー]鳴く. ❻〈auf ④〉〈人・物⁴を〉《口》気にしない, 問題にしない. 《II》[他] ❶〈曲⁴を〉口笛で吹く. ❷〈ファウルなどを〉〈審判¹が〉笛を吹いて宣告[警告]する.

Pfeil [プファイル] [男](-(e)s/-e) ❶(弓の)矢. ❷(方向を示す)矢印.

Pfeiler [プファイラァ] [男](-s/-) 支え,〈建〉柱, 支柱;台脚;橋脚.

Pfennig [プフェニヒ] [男](-s/-e, -) ペニヒ((Euro 以前のドイツの貨幣(及びその)単位;100分の1マルク;略:Pf.)). ★ Pfennige という複数形は複数の硬貨を意味する場合に用いる. また Pfennig という複数形は「金額」を意味する場合に用いる. *keinen [nicht einen] ~ wert sein* 一文の値打ちもない.

Pferd [プフェーァト] [中](-(e)s/-e) ❶馬. ❷《体操》鞍馬(ᵃ̈ᵏ). ❸《口》《兒》ナイト, 騎士. *aufs falsche ~ setzen*《口》負け[勝ち]馬に乗る, 失敗する[成功する]. *das beste ~ im Stall*《口》(同僚のうちで)最も有能な人. *wie ein ~ arbeiten*《口》馬車馬のように働く.

Pferde‐apfel [プフェーァデ..] [男](-s/..äpfel)《主に複》《口》馬糞.

Pferde‐rennen [中](-s/-) 競馬.

Pferde‐schwanz [男] ❶馬の尾. ❷ポニーテール(髪型).

Pferde‐sport [男] 馬術.

Pferde‐stall [男] 馬(小)屋.

Pferde‐stärke [女](-/-n) 《やや古》馬力(仕事量の単位;略:PS;現在はKWを用いている:1 PS = 0.736 KW)).

pfiff [プフィフ] pfeifen の過去形.

Pfiff [プフィフ] [男](-(e)s/-e) ❶口笛, 笛の音;(汽笛・鳴き声などの)鋭い音. ❷《単》《口》魅力, 良さ.

pfiffe [プフィッフェ] pfeifen の接続法II式形.

Pfifferling [プフィッファァリング] [男](-s/-e) [植]アンズタケ((小さい黄色の食用キノコ)).

pfiffig [プフィッフィヒ] [形] 要領のいい, ちゃっかりした.

Pfingsten [プフィングステン] [中](-/-) [宗](キリスト教の)聖霊降臨祭((キリスト復活の50日目に聖霊が降り, 教会の礎が築かれたことを記念する;(ユダヤ人の)五旬節, ペンテコステ)). ★元来は複数3格形であるが, 現在は主に単数扱いで, 冠詞もつけない;決まり文句・方言, オーストリア, スイスなどでは定冠詞や形容詞が付く場合, 複数として扱う.

Pfirsich [プフィァズィヒ] [男](-s/-e) ❶[植]モモ(桃). ❷桃の実.

Pflanze [pflántsə プフランツェ] [女](-/-n) 植物, 草木. 5級

pflanzen [プフランツェン] 《I》[他] ❶〈物⁴を〉植える;〈④+方向〉〈物⁴を...へ〉植え付ける, 植え込む. ❷〈④+方向〉〈物⁴を...に〉立てる, 据える. 《II》[他] sich⁴《口》(でんと)腰を据える.

pflanzlich [プフランツリヒ] [形] 植物の(ような), 植物性の.

Pflaster [プフラスター] [中](-s/-) ❶舗装;舗石, 敷き石;舗道. ❷ばんそうこう;膏薬(ᶜᵘˢᵘʳⁱ);硬膏(ᶜᵒᵘ).

Pflaume [プフラオメ] [女](-/-n) ❶[植] スモモ[プラム]の実[木]. ❷《軽蔑》役立たず, うすのろ.

①1格 ②2格 ③3格 ④4格

Pflaumen·mus 中 スモモ[プラム]のジャム.

Pflege [プフレーゲ] 女 (-/-) ❶ 看護, 介護, 看病, 世話, ケア. ❷ (庭・歯などの)手入れ, ケア. ❸ (芸術・研究を)高めること, 育成, 洗練, 保護; 養育; (動物の)飼育. ❹ (友情・交際などを)育むこと, 深めること.

Pflege·eltern 複 養父母, 里親.

Pflege·heim 中 (-(e)s/-e) 社会福祉施設, 養護老人ホーム, 療養所.

Pflege·kind 中 (-(e)s/-er) 里子; 被後見人.

pflege·leicht 形 (副なし) 手入れの簡単な.

pflegen(*) [pfleːɡən プフレーゲン] (過 pflegte, pflog; 過分 gepflegt, gepflogen; 接 II pflegte, pflöge) ((I)) 他 ❶〈人⁴を〉看護[介護, 看病, 世話, ケア]する. ❷〈物⁴を〉手入れする. ❸〈芸術・学問⁴などを〉高める, 育成[洗練, 保護]する. ❹〈友情・交際⁴などを〉育む, 深める. ((II)) 再 sich⁴ 身だしなみを整える;〈zu 不定詞と〉…するのが常である, いつも…する(習慣である).

Pflege·personal 中 看護[介護]スタッフ.

Pfleger [プフレーガー] 男 (-s/-) 看護師. ◇**Pflegerin** 女 (-/-nen).

Pflege·versicherung 女 介護保険.

Pflicht [pflɪçt プフリヒト] 女 (-/-en) ❶ (↔ Recht) 義務, 責務, 本分, 務め; 職責, 任務, 職責. ❷《単》(↔ Kür)【スポ】規定(演技). 例 in die ~ nehmen《書》人⁴に義務を引き受けてもらう. 5級

pflicht·bewusst 形 (最上 ~est) 義務を意識した, 義務感[責任感]のある; 良心的な.

Pflicht·fach 中 (-(e)s/..fächer) (↔ Wahlfach) 必修科目.

Pflicht·gefühl 中 (-(e)s/) 義務[責任]感.

Pflicht·versicherung 女 (-/-en) 義務[強制]保険.

Pflock [プフロック] 男 (-(e)s/Pflöcke) 杭(くい), 木杭, くさび, 標杭.

pflücken [プフリュッケン] 他〈花・果実⁴を〉摘み取る, もぐ, 摘む.

Pflug [プフルーク] 男 (-(e)s/Pflüge) すき (鋤犂), プラウ.

pflügen [プフリューゲン] 他〈畑⁴など を〉…すきで耕す, …する.

Pforte [プフォルテ] 女 (-/-n) ❶ 門, 戸口, 木戸, 城門; 出入り口, 通路. ❷ (守衛の)受付.

Pförtner [プフェルトナー] 男 (-s/-) 門番, 門衛, 守衛. ◇**Pförtnerin** 女 (-/-nen).

Pfosten [プフォステン] 男 (-s/-)【建】柱, 支柱; 方立(ほうだて); (サッカーなどの)ゴールポスト.

Pfote [プフォーテ] 女 (-/-n) ❶ (動物の)足, (特に)前足. ❷ (口・軽蔑) (人間の)手.

Pfropf [プフロプフ] 男 (-(e)s/-e) 詰め物; 血栓(けっせん); タンポン.

Pfropfen [プフロプフェン] 男 (-s/-) 栓(せん), コルク栓.

pfui [プフイ] 間《嫌悪・不快などを示す》ぺっ, ちぇっ, フン.

Pfund [プフント] 中 (-(e)s/-e, 数量・価格を表す数字の後 -) ❶ ポンド((重量単位; ドイツでは500グラム;略: Pfd.)). ❷ ポンド ((イギリスの貨幣単位)).

Pfusch [プフッシュ] 男 (-(e)s/) ❶ (口・軽蔑) そんざいな[へたな]仕事. ❷ (ほか) もぐり[無許可, 無申告]の仕事 [労働].

Pfuscher [プフッシャー] 男 (-s/-) ❶ (口・軽蔑) そんざいな仕事をする人. ❷ (ほか) もぐりの(人). ◇**Pfuscherin** 女 (-/-nen).

Pfütze [プフュッツェ] 女 (-/-n) 水たまり.

ph《記号》Phot フォート ((照度の単位)).

pH ⇨ pH-Wert.

PH [ペーハー]《略》Pädagogische Hochschule 教育大学.

Phänomen [フェノメーン] 中 (-s/-e) 《書》現象.

Phantasie [ファンタズィー] 女 (-/-n)

phantasieren [ファンタズィーレン] 自 = fantasieren.

phantastisch [ファンタスティッシュ] 形 = fantastisch.

Pharao [ファーラオ] 男 (-s/Pharaonen ..ラオーネン) ファラオ((古代エジプト王の称号(を有する者))).

Phase [ファーゼ] 女 (-/-n) ❶ 相, 面; 時期; (発展の) 段階, 局面. ❷〔化・理〕(固体・液体・気体などの) 相, (位)相, 〔天〕(天体の) 位相, 月相.

phil. 《略》〔ｼﾞｬｰ語〕philosophiae 哲学の.

Philharmonie [フィルハルモニー] 女 (-/..nien ..ニーエン) ❶ フィルハーモニー((管弦楽団などの名称)). ❷ (管弦楽向きの) コンサートホール.

Philharmoniker [フィルハルモニーカー] 男 (-s/-) ❶ フィルハーモニー管弦楽団員. ❷《複》フィルハーモニー管弦楽団. **~in** 女 (-/-nen).

philharmonisch [フィルハルモニッシュ] 形 管弦[交響]楽(団)の.

Philippinen [フィリッピーネン] 複《die ~》フィリピン((東南アジアの共和国)).

Philologie [フィロロギー] 女 (-/..gien ..ギーエン) 文献学, フィロロジー.

Philosoph [フィロゾーフ] 男 (-en/-en)《弱》❶ 哲学者, 哲学研究者. ❷ (口) よく考え議論する人.

Philosophie [フィロゾフィー] 女 (-/..phien ..フィーエン) ❶《単》哲学. ❷ 人生哲学, 考え方, ものの見方, 世界[人生]観.

philosophisch [フィロゾーフィッシュ] 形 哲学(上)の, 哲学に関する; 哲学に通じた, 哲学的な; 思索する, 思慮深い.

Phönix [フェーニクス] 男 (-(es)/-e)《主に単》〔神話〕フェニックス, 不死鳥.

Phosphor [フォスフォァ] 男 (-s/-e) ❶《主に単》〔化〕燐(記号:P). ❷《主に複》燐光[蛍光]体, 燐光物質.

Phrase [フラーゼ] 女 (-/-n) ❶ (軽蔑) (型にはまった) 決まり文句, 陳腐の内容のない) 言い回し, 美辞麗句, 空言(ぐう). ❷〔言〕句, フレーズ; 〔音楽〕楽句, フレーズ.

pH-Wert [ペーハーヴェーアト] 男 (-(e)s/-e)〔化〕ペーハー値, 水素イオン指数(略:pH).

Physik [フュズィーク] 女 (-/-) 物理学; (教科の) 物理.

physikalisch [フュズィカーリッシュ] 形《主に付加》物理学の; 物理的な, 自然法則の.

Physiker [フューズィカー] 男 (-s/-) 物理学者; 物理学専攻学生. ◇ **Physikerin** [フューズィケリン] 女 (-/-nen).

physisch [フューズィッシュ] 形 (↔ psychisch) (書) ❶ 肉体[身体](上)の, 肉体[身体]的な, 生理的な. ❷《付加》〔地理〕自然の, 自然に関する.

Pi [ピー] 中 (-(s)/-s) ❶ パイ((ギリシャ語アルファベットの第16字Π, π; P, p)). ❷《単》〔数〕パイ, 円周率の(3,14).

Pianist [ピアニスト] 男 (-en/-en)《弱》ピアニスト, ピアノ演奏家. ◇ **Pianistin** [ピアニスティン] 女 (-/-nen).

Pickel [ピッケル] 男 (-s/-) ❶ ピッケル, つるはし. ❷ 吹出物, にきび.

pickelig [ピッケリヒ] 形 にきび[吹出物]だらけの.

picken [ピッケン] ((I)) 他 ❶〈鳥¹が〉〈物⁴を〉ついばむ, つつく. ❷ 〈④ aus ③〉〈物⁴を物³から〉つまみ取る[上げる]. ((II)) 自〈an ④〉〈〈物⁴を〉〉(コツコツ) つつく, ついばむ.

Pickerl [ピッカァル] 中 (-s/-(n))（ｵｰｽ）(車検などの) ステッカー.

Picknick [ピックニック] 中 (-s/-s, -e) (ピクニックなどの) 野外の食事, 弁当.

piepen [ピーペン] 自〈物¹が〉ピーピーと鳴る, ピーピー音を出す; 〈動物¹が〉鳴く, 〈鳥¹が〉ピーピー[ピヨピヨ]と鳴く, 〈ネズミ¹が〉チューチューと鳴く.

Piercing [ピアスィング] 中 (-s/-s) ピアスの穴開け.

piesacken [ピーザッケン] 他 (口; 軽蔑) 〈人⁴を〉(意図的に) 苦しめる, 悩ますじめる.

Pigment [ピグメント] 中 (-(e)s/-e)〔生〕色素; 〔化〕顔料, 染料.

Pik [ピーク] 中 (-s/-), (🂠) 女 (-/-) 〘🂢〙 **①**〘単〙《無冠詞で》スペード. **②**スペード札.

pikant [ピカント] 形 **①**(食物などが)スパイス[辛味]のよく利いた, ピリッとする, 辛い. **②**(卑猥で)きわどい(意味をこめた), いかがわしい.

Pike [ピーケ] 女 (-/-n) 〘史〙槍(柄), 矛(武) (歩兵の武器)).

Piktogramm [ピクトグラム] 中 (-s/-e) ピクトグラム, 絵文字 ((駅・空港などで使われる((各国共通の図・絵による)標識)).

Pilger [ピルガー] 男 (-s/-) (聖地)巡礼者, 遍路. ◇**Pilgerin** [ピルゲリン] 女 (-/-nen).

Pilger·fahrt [-/-en] 巡礼(の旅路), 聖地巡り, 遍路, 行脚(勢).

pilgern [ピルガァン] 自 (S) 〈nach ③〉〈聖地へ〉巡礼する,〈聖地³に〉詣(詣)でる. **②**(🂡) (グループで)歩いて行く, 徒歩旅行する.

Pille [ピレ] 女 (-/-n) **①**〘医〙錠剤, 丸薬. **②**《die ~》〘口〙ピル ((経口避妊薬)).

Pilot [ピロート] 男 (-en/-en) 〘空〙パイロット, 操縦士. ◇**Pilotin** [ピローティン] 女 (-/-nen).

Pils [ピルス] 中 (-/-) = Pils(e)ner.

Pils(e)ner [ピルゼ(ズ)ナー] 中 (-s/-) ピルゼンビール, ピルズナー.

Pilz [ピルツ] 男 (-es/-e) **①**〘植〙キノコ(茸), **②**菌(類). *in die ~e gehen* キノコ狩りに行く. *wie ~e aus der Erde [dem Erdboden] schießen*〈家・会社¹などが〉(雨後のタケノコのように)次々に出てくる[建つ, 林立する].

pingelig [ピンゲリヒ] 形 〘口;主に軽蔑〙(pedantisch)細かい(事にこだわる), (小さなことに)うるさい.

Pinguin [ピングイーン] 男 (-s/-e) 〘鳥〙ペンギン.

Pinie [ピーニエ] 女 (-/-n) 〘植〙カサマツ(傘松).

pink [ピンク] 形《述語または副》《無変化》ピンク(色)の.

pinkeln [ピンケルン] 自 〘口〙おしっこする.

Pinsel [ピンゼル] 男 (-s/-) **①**(絵)筆, 画筆;はけ. **②**〘口〙あほう, ばかもの.

pinseln [ピンゼルン] 他 **①**〘口〙〈(字・絵⁴を)〉絵筆で描く. **②**〈物⁴に〉はけで塗る.

Pinzette [ピンツェッテ] 女 (-/-n) ピンセット.

Pionier [ピオニーァ] 男 (-s/-e) **①**開拓者. **②**パイオニア, 草分け, 先駆者. **③**〘軍〙工兵. ◇**Pionierin** [-/-nen].

Pipi [ピピー] 中 (-s/) 〘幼児話〙おしっこ.

Pirat [ピラート] 男 (-en/-en) 《弱》海賊.

Piraten·sender 男 海賊放送局.

Pirsch [ピルシュ] 女 (-/-en) 獲物に忍びよって行う狩猟.

Pistazie [ピスターツィエ] 女 (-/-n) 〘植〙ピスタチオ(の木);ピスタチオ(ナッツ)((ピスタチオノキの実)).

Piste [ピステ] 女 (-/-n) **①**〘スポ〙(スキー・バイク・自動車などの)(滑)走路, コース. **②**〘空〙滑走路. **③**(砂漠・原野などの)未舗装道路.

Pistole [ピストーレ] 女 (-/-n) ピストル, 拳銃. ③ *die ~ auf die Brust setzen*〘口〙人³にピストルを突きつける;人³を脅す;人³に(無理に)決断を迫る.

Pizza [ピッツァ] 女 (-/-s, Pizzen) 〘料理〙ピッツァ, ピザ.

Pizzeria [ピッツェリーア] 女 (-/-s, ..rien〚..リーエン〛) ピザハウス, イタリア料理店.

Pkt.《略》Punkt 点, 終止符.

Pkw, PKW [ペーカーヴェー] 男 (-(s)/-s)《略》Personenkraftwagen 乗用車.

pl., Pl.《略》Plural 複数.

plädieren [プレディーレン] 自 (過分 plädiert) **①**〈für ④〉〈事⁴を〉支持する,〈事⁴に〉賛成する;〈gegen ④〉〈事⁴に〉反対する;〈事に賛成[反対]の〉支持表明をする. **②**〘法〙弁論を行う, 論告[求刑]する. **③**〘法〙最終弁論

①1格 ②2格 ③3格 ④4格

[論告]を行う.

Plage [プラーゲ] 囡(-/-n) ❶(長期の)苦悩[心労, 悩み](の種);やっかい事, うっとうしい事. ❷つらい仕事, 負担.

plagen [プラーゲン] ((I))他〈人⁴を〉ひどく苦しめる, 悩ませる;いじめる. ((II)) 再 sich⁴ 〈mit ③〉〈物・人³で〉〉苦悩する, 悩まされる;苦労する, 骨を折る.

Plakat [プラカート] 囲(-(e)s/-e) ポスター;張り紙;広告;プラカード.

Plakette [プラケッテ] 囡(-/-n) (文字・模様のある)バッジ, ステッカー.

Plan [pla:n プラーン] 囲(-(e)s/Pläne) ❶計画, 企画, プラン, 構想;意図, もくろみ. ❷設計図, 計画図, 図面;予定表, スケジュール. ❸(都市などの)地図. (bei ③) **auf dem ~ stehen**〈事¹が〉計画[予定]されている, (人³の)計画[予定]に入っている. **nach ~ ...** 計画[予定]通りに. **Pläne schmieden** 計画を練る. 5級

Plane [プラーネ] 囡(-/-n) (防水)シート;幌(ほろ).

planen [プラーネン] 他 ❶〈事⁴を〉計画[企画]する;するつもりである. ★zu 不定詞をとる. ❷〈事⁴を〉設計する. 4級

Planet [プラネート] 囲(-en/-en) 〖弱〗 〖天〗惑星, 遊星.

planieren [プラニーレン] 他(過分 planiert)〈物⁴を〉平らにする;〖土木〗地ならしする.

Planke [プランケ] 囡(-/-n) 厚板;〖海〗船板.

plan-los 形無計画の, 行き当たりばったりの.

plan-mäßig 形 ❶計画[予定]どおりの. ❷時刻表どおりの.

Plantage [プランタージェ] 囡(-/-n) プランテーション.

planschen [プランシェン] 自(手・足を水の中で)バシャバシャして水をはね散らす, バチャバチャして遊ぶ.

Planung [プラーヌング] 囡(-/-en) 計画策定, 企画, 立案, プランニング.

plappern [プラッパァン] ((I))自(口) 〈子供などが〉ペチャクチャおしゃべりする. ((II))他〈くだらない事⁴を〉ペチャクチャしゃべる.

plärren [プレレン] 自((4))(口)(主に軽蔑)〈子供¹などが〉〈物⁴を〉〉泣きわめく, わめき立てる, 〈動物¹が〉うるさく鳴く, がなり立てる;〈ラジオ¹などが〉ガンガン鳴りひびく.

Plastik [プラスティク] ((I)) 田(-s/-s) 《主に単》プラスチック, 合成樹脂. ((II)) 囡 (-/-en) ❶彫刻(作品), 彫像, 造形美術(作)品. ❷〖単〗彫刻, 彫塑(ちょうそ), 造形美術. ❸〖医〗形成(外科)手術. 4級

Plastik-beutel 囲, **..säckerl** 囲, **..tüte** 囡 ビニール袋.

plastisch [プラスティッシュ] 形 ❶立体的な, 立体感(量感)のある;立体[三次元]的な. ❷《付加》彫刻の, 造形(芸術)の, 彫塑(ちょうそ)の. ❸生き生きとした, 生々しい, 迫力のある, 鮮烈な. ❹(物質などが)可塑(かそ)性の, 自由に形の変わる. ❺〖医〗形成(外科手術)の.

Platane [プラターネ] 囡(-/-n) 〖植〗プラタナス, スズカケノキ.

Platin [プラティーン] 田(-s/) 〖化〗白金, プラチナ((記号:Pt)).

Platon [プラートン] 《人名》 プラトン ((古代ギリシアの哲学者;紀元前427-347)).

platonisch [プラトーニッシュ] 形 ❶《副なし》プラトン(風[流])の, プラトン哲学(派)の. ❷プラトニックな, 精神的恋愛の.

plätschern [プレッチャァン] 自 ❶(h) 〈水・雨¹などが〉小さな音を立てる. ❷ⓢ 小さな音を立てて流れる[落ちる].

platt [プラット] 形(最上 ~est) ❶平たい, 平坦な, 水平な;扁平な. ❷ (タイヤに)空気の入っていない (↔ prall). ❸(軽蔑)ありふれた, 使い古された, 平凡な, 月並みな, 陳腐な.

Platt [プラット] 田(-(s)/) 低地ドイツ語.

Platt-deutsch 田(-(s)/) 低地ドイツ語.

Platte [pláto プラッテ] 囡(-/-n) ❶板, パネル, プレート. ❷(コンロの)加熱板. ❸レコード, ディスク. ❹〖料理〗(平

たい)大皿(に盛った料理), 平鉢, 盆. ❻(口)はげ(頭).

plätten [プレッテン]他《〈(北プ)〉〈《物⁴に》アイロンをかける.

Platten [プラッテン]男 *einen ~ haben* 空気が抜けている, パンクしている.

Platten-spieler 男(-s/-) レコードプレーヤー.

Platt-fuß 男(-es/..füße)《主に複》〔医〕扁平足(の人).

Platz [plats プラッツ]男

格	単数	複数
1	der Platz	die Plätze
2	des Platzes	der Plätze
3	dem Platz	den Plätzen
4	den Platz	die Plätze

❶ 広場. ❷ (ある用途の)場;遊び場;競技[運動]場;グラウンド, フィールド, ピッチ, コート. ❸《単》《(für ④)》〈(人・物のための)〉(空き)空間[場所], スペース, 余裕, 余地;《定員の》空き. ❹ (ふさわしい)場所;元の[しかるべき]場所. ❺(座)席. ❻ 位置, 立場, 地位. ❼【競】順位. ♦ *die Plätze wechseln* 席をかえる. *fehl am ~(e) sein* ふさわしくない, 適切でない, 場違いである. *~!* (犬に対して)お座り. *~ behalten* 席にとどまる. ④ *vom ~ fegen* (口)人に圧勝する. *~ nehmen* 着席する, 腰掛ける. **5級**

Platz-anweiser [..アンヴァイザー] 男(-s/-) (劇場・映画館などの座席への)案内係. ◇ *~in* 女(-/-nen).

Plätzchen [プレッツヒェン]中(-s/-) ❶小広場;狭い(空き)場所. ❷クッキー, ビスケット. ★ Plätzchen は自家製, Keks は市販品.

Plätze [プレッツェ]複 ⇒ Platz.

platzen [プラッツェン]自(S) ❶〈物⁴が〉〈破裂音を発して〉破裂する;〈タイヤ⁴が〉パンクする;〈爆弾⁴が〉爆発する;〈縫い目が〉裂ける(ように切れる), 破れる, ほころびる. ❷〈計画⁴などが〉だめになる, ぽしゃる, なくなる. ❸(口)〈事⁴が〉ばれる, 明るみに出る. ❹〈*in* ④〉(口)〈所⁴に〉突然に邪魔する, 飛び込む. *vor* ③ ~ 状態³になる. 《主に完了形で》状態³である.

platzieren [プラツィーレン]《過分 platziert》 《(I)》他 ❶〈④+方向〉〈物⁴を…に〉置く, 配置する. ❷〈人・物⁴を座らせる[配置する], 席に着かせる. ❸〈④+方向〉〔球技〕〈球⁴を…へ〉ねらい定めて放つ[打つ]. 《(II)》再 *sich⁴* ❶【競】ある順位を占める, (上位)入賞する. ❷ (口;主に軽蔑)席に着く, 座る.

platziert [プラツィーァト]《(I)》platzieren の過去分詞. 《(II)》形 うまく狙いを定めた.

Platz-karte 女(-/-n) 〔鉄道〕座席指定券.

Platz-wunde 女(-/-n) 裂傷.

plaudern [プラオダァン]自 ❶《über ④》;《von ③》〈人⁴・³について》〉おしゃべりをする, 歓談する. ❷秘密をもらす.

plausibel [プラオズィーベル]形 (比較 plausibler)もっともらしい, 納得のいくような;〈人³に〉もっともなように聞こえる[思える].

pleite [プライテ]形《述語》(口) ❶破産した, つぶれた. ❷持ち合わせがない.

Pleite [プライテ]女(-/-n) (口) ❶破産. ❷失敗.

PLO [ペーエルオー]女(-/-)《略》Palestine Liberation Organization パレスチナ解放機構.

Plombe [プロンベ]女(-/-n) ❶封印. ❷(口) (歯⁴の)詰め物.

plombieren [プロンビーレン]他 ❶〈物⁴に〉封(印)をする. ❷(口)〈歯⁴に〉詰め物をする.

plötzlich [plœtslɪç プレッツリヒ](↔ allmählich) 《(I)》形 突然の, 不意の, いきなりの, 唐突な, 急の. 《(II)》副 突然, 不意に, いきなり, 唐突に, 急に. **4級**

plump [プルンプ]形 ❶〈形が〉太くて不格好な, 見苦しい. ❷ぎこちない, 様になっていない. ❸見えすいた, しらじらしい. ❹粗野[無骨, 不作法]な, 厚顔な, あつかましい.

plumpsen [プルンプセン]自 ❶ド

① 1格 ② 2格 ③ 3格 ④ 4格

シン[ドブン]と落ちる,バタンと倒れる. ❷ⓑ《非人称》Es plumpst. ドシン[ドブン]と音がする.

Plunder [プルンダー]男《-s/-n》《主に単》《軽蔑》がらくた,くず,ボンコツ,くだらない物.

plündern [プリュンダァン]他 ❶〈物⁴を〉(戦争・災害中などに)略奪[強奪]する. ❷(口)〈物⁴を〉根こそぎとってしまう,空にする,食べ尽くす.

Plural [プルーラル]男《-s/-e》《主に単》〔言〕(↔ Singular)複数(略Pl., Plur.));複数形. ★ 複数形の意味ではPluralformen の形が用いられる.

plus [プルス](↔ minus)《記号:+》(**I**)副 ❶足す. ♦Zwei ~ eins ist [gibt, macht] drei. 2+1=3. ❷プラス,正((0より大きいことを表す)). ❸プラス,陽,正((正の電荷,磁石の北極の存在を表す)). (**II**)前《2格支配》(↔ minus)…を加えて,含めて. ★主に無冠詞で,2格の語尾のない名詞が用いられる.

Plus [プルス]中《-/-》《主に単》(↔ Minus) ❶利益,黒字. ❷プラス面,利点.

Plüsch [プリューシュ,プリュッシュ]男《-(e)s/-e》《主に単》フラシ天((ソファーなどに用いるビロードの一種)).

Plus-pol 男《-(e)s/-e》〔電〕プラス[正,陽]極.

Plusquamperfekt [プルスクヴァムペァフェクト]中《-(e)s/-e》〔言〕過去完了(形),大過去(形)((助動詞として haben または sein の過去形と,動詞の過去分詞で作る)).

Plutonium [プルトーニウム]中《-s/》〔化〕プルトニウム(略:Pu)).

PLZ 《略》Postleitzahl 郵便番号.

Pneu [プノイ]男《-s/-s》(ス)タイヤ.

Po [ポー]男《-s/-s》(口)おしり.

pochen [ポッヘン]自 ❶〈物¹が〉規則的に打つ[音を立てる],〈心臓・脈¹などが〉動悸(ё)を打つ,鼓動する,ドキドキ[ズキズキ]脈打つ. ❷〈(an ④)〉(書)〈〈ドアなどを〉〉トントン[軽く]たたく. ❸〈auf ④〉〈権利⁴を〉主張する,強く要求する;〈功績⁴などを〉自慢する.

Pocken [ポッケン]複〔医〕天然痘,疱瘡(ё),痘瘡(ё).

Podest [ポデスト]中男《-(e)s/-e》(移動可能な低い小型の)台,壇;台座.

Podium [ポーディウム]中《-s/Podien》壇;演壇;指揮台.

Podiums-diskussion 女《-/-en》パネルディスカッション.

Poesie [ポエズィー]女《-/..sien [..ズィーエン]》(書) ❶(特に韻文の)詩,詩歌,詩文,詩作品. ❷詩情,詩趣,詩的な[ロマンチックな]雰囲気[魅力].

poetisch [ポエーティッシュ]形《主に付加》詩(歌)の,詩的な,詩のような,詩趣のある;詩学に関する.

Pogrom [ポグローム]男中《-s/-e》(異民族に対する組織的・計画的な)虐殺[迫害],(特に)ユダヤ人虐殺[迫害],ポグロム.

Pointe [ポワンテ]女《-/-n》(話・冗談などの)急所,落ち.

Pokal [ポカール]男《-s/-e》 ❶(ё)優勝杯[カップ]. ❷高脚杯,台付き杯,ゴブレット.

Poker [ポーカー]中《-s/》(ёё)ポーカー.

pokern [ポーカァン]自 ❶(ёё)ポーカーをする. ❷〈(um ④)〉〈物⁴に〉賭けてみる.

Pol [ポール]男《-s/-e》〔天・地〕極;〔電〕電極;〔理〕磁極;〔数〕(円などの)極.

polar [ポラーァ]形《副なし》 ❶〔天・地〕極(地)の;〔電・理〕電極[磁極]の;〔数〕極の,極endpoints極面]の. ❷(書)極にある,正反対の.

Polar-kreis 男《-es/-e》〔地〕極圏.

Pole [ポーレ]男《-n/-n》《弱》ポーランド人.

Polemik [ポレーミック]女《-/-en》《主に単》(書)(人身攻撃を含む)論争,論戦.

polemisch [ポレーミッシュ]形 論争の,攻撃的な,論争を巻き起こす.

Polen [ポーレン]中《-s/》ポーランド((ヨーロッパ東部の共和国)).

① 1格 ② 2格 ③ 3格 ④ 4格

polieren [ポリーレン] 他 (過分 poliert)〈物⁴を〉(こすり)磨く, 艶(を)を出す; 磨き上げる.

Poli・klinik [ポ(ー)リ..] 女 (-/-en)(病院の)外来患者診療科.

Polin [ポーリン] 女 (-/-nen)(女性の)ポーランド人.

Politesse [ポリテッセ] 女 (-/-n)(女性の)駐車違反監視員.

Politik [politíːk ポリティーク, ポリティック] 女 (-/-en)《主に単》❶ 政治. ❷ 政策, 政略. ❸ 策略, 計略, 駆け引き. 4級

Politiker [ポリ(ー)ティカー] 男 (-s/-)政治家; 政治屋. ◇ **Politikerin** 女 (-/-nen). 4級

politisch [ポリ(ー)ティッシュ] 形 政治的な, 政治の.

Politur [ポリトゥーァ] 女 (-/-en) ❶ 艶(つや)出し, 光沢剤, ワックス. ❷《主に単》艶, 光沢.

Polizei [politsái ポリツァイ] 女 (-/-en)《主に単》警察;《集合的に》警官, 警官隊; 警察署. ◆ **die ~ rufen** [holen] 警察を呼ぶ [呼んで来る]. 5級

polizeilich [ポリツァイリヒ] 形《付加または副》警察の[による].

Polizei・revier [..ヴィーァ] 中 (-s/-e) ❶ 所轄(署), 管区担当署. ❷ 警察署管区.

Polizei・stunde 女 (-/-n)《主に単》(飲食店などの)法定閉店時刻.

Polizist [politsíst ポリツィスト] 男 (-en/-en)《弱》(制服の)警官, おまわりさん((民間の呼称; 呼びかけは Herr Wachtmeister!)). ◇ **Polizistin** 女 (-/-nen)(女性の)警(察)官, 婦人警(察)官. 5級

Polka [ポルカ] 女 (-/-s) ポルカ((4 分の 2 拍子の軽快な円舞及び舞曲)).

Pollen [ポレン] 男 (-s/-)《植》花粉. ◆ **gegen ~ allergisch sein** 花粉症である.

Pollen・allergie 女 花粉症.

polnisch [ポルニッシュ] 形 ポーランド(人 [語])の. ◆ **das Polnische** ポーランド語.

Polnisch [ポルニッシュ] 中 (-(s)/) ポーランド語.

Polo [ポーロ] 中 (-s/)《スポ》ポロ((馬上で球を打ち合う競技)).

Polonaise, Polonäse [ポロネーゼ] 女 (-/-n) ポロネーズ((ポーランドの 4 分の 3 拍子の国民的舞踏及び舞曲)).

Polster [ポルスター] 中 (-s/-), 《オーストリア》男 (-s/-, Pölster) ❶ (ソファーなどの)クッション, 長枕. ❷《服》パッド((服の肩などの詰め物)). ❸《口》お金の蓄え [備え].

polstern [ポルスタァン] 他〈物⁴に〉クッションを取り付ける, 柔らかい物を詰める.

Polter・abend 男 (-s/-e) 婚礼の前晩((魔除けのために花嫁の家の前で皿などの食器を砕き, 友人と騒ぐ)).

Polter・geist 男 (-(e)s/-er) ポルターガイスト((ドイツ民話に出てくる精; 音を立てたり, 物をひっくり返したりする)).

poltern [ポルタァン] 自 ❶ⓗ〈物¹が〉(動いたりなどして)ゴロゴロ [ガタガタ, ガラガラ] 音を立てる;〈物が落ちたり〉ガチャン [ドシン] と音を立てる. ❷ⓢ〈物¹が〉ガタガタ [ガラガラ] 騒々しい音を立てて動いて行く. ❸ⓗ 怒鳴り [わめき] 散らす. ❹ⓗ (Polterabend を祝い, 皿などを壊して)騒ぐ.

poly.. [ポリ..]《形容詞・名詞に付いて》「多くの」: Polyeder 多面体.

Polyester [ポリュエスター] 男 (-s/-)《化》ポリエステル.

Pommes frites [ポムフリット] 複《料理》フライドポテト, ポテトフライ.

Pomp [ポンプ] 男 (-(e)s/)《軽蔑》派手(さ), けばけばしさ.

pompös [ポンペース] 形《軽蔑》派手に目立つ, けばけばしい.

Pony [ポニ] ((I)) 中 (-s/-s) ポニー(英国の小型の馬)). ((II)) 男 (-s/-s) 切り下げ前髪, 前だれ髪.

popelig [ポーペリヒ] 形《口; 軽蔑》けちな, しみったれた, みみっちい.

poplig [ポープリヒ] 形 = popelig.

Popo [ポポー] 男 (-s/-s) おしり.

populär [ポプレーァ] 形 ❶ 人気のある, 評判の良い, 一般受けのする, ポ

Popularität [ポピュラリテート]女(-/-)人気, 評判; 大衆性. ♦ (große) ~ genießen (非常な) 人気がある[を博している].

Pore [ポーレ]女(-/-n)《主に複》孔;〔動〕毛穴〔植〕気孔〔鉱〕細孔.

Porno [ポルノ]男(-s/-s) 〔口〕ポルノ映画[雑誌].

Pornografie [ポルノグラフィー]女(-/-n) ❶《単》ポルノグラフィー. ❷ポルノ絵[写真], 春画.

porös [ポレース]形《副なし》穴のある[開いた]; 気孔[毛穴]のある; 多孔(性[質])の; 漏る.

Porree [ポレー]男(-s/-s) 〔植〕リーキ, セイヨウネギ.

Portal [ポルタール]中(-s/-e) 〔建〕(教会・城などの) 門, 入り口.

Portemonnaie [ポルトモネー]中(-s/-s) (小銭用の) 財布, がま口.

Porti [ポルティ]複 ⇒Porto.

Portier [ポルティエー]男(-s/-s), 〔 (オ) 〕[ポルティーァ]男(-s/-e) (ホテルの) ボーイ, ドアマン; フロント係, 受付.

Portion [ポルツィオーン]女(-/-en) ❶ (特に料理の) 一人分, 人前, 一盛り. ❷《単》〔主に不定冠詞付〕相当な量. ♦ eine ~ Kaffee [Tee] コーヒー[紅茶] 1 ポット分((カップ 2 杯分)). *eine halbe* ~ 〔口;ᴔ〕やせて小柄な人.

Portmonnee [ポルトモネー] = Portemonnaie.

Porto [ポルト]中(-s/-s, Porti) 郵便料金, 郵税.

Porträt [ポルトレー]中(-s/-s) ❶ポートレート, 肖像(画[写真]). ❷人物描写.

porträtieren [ポルトレティーレン]他 〔過分 porträtiert〕〈人⁴の〉肖像を作る, 肖像を描く, 肖像写真を撮る.

Portugal [ポルトゥガル]中(-s/-) ポルトガル((ヨーロッパ南西端の共和国; 略:P)).

Portugiese [ポルトゥギーゼ]男(-n/-n) ポルトガル人. ◇**Portugie**-

sin 女(-/-nen).

portugiesisch [ポルトゥギーズィッシュ]形ポルトガル(人[語])の.

Port·wein [ポルト..]男(-(e)s/-e) ポートワイン((主に食後に飲まれるポルトガル原産の甘い赤ワイン)).

Porzellan [ポルツェラーン]中(-s/-e)《主に単》❶磁土, 陶土. ❷磁器[陶器]製の食器(一式).

Posaune [ポザオネ]女(-/-n) 〔音楽〕❶トロンボーン. ❷(オルガンの) トロンボーン栓.

Position [ポズィツィオーン]女(-/-en) ❶ポスト, 地位, 身分. ❷ポジション, 位置. ❸立場, 態度, 見解. ❹姿勢. ❺順位. ❻(表などの)品目(名), 項目((略:Pos.)).

positiv [ポーズィティーフ, ポズィティーフ]形 (↔ negativ) ❶肯定的な, 肯定の. ❷好ましい, 都合のよい; 積極的な. ❸実在の; 現実的な; 実証的な. ❹(検査結果・反応が) 陽性の. ❺〔電〕陽[正](電気)の, プラスの. ❻〔写〕ポジ[陽画]の. ❼〔数〕正の.

Possessiv·pronomen [ポッセスィーフ..]中(-s/-, ..pronomina) 〔言〕所有代名詞.

Post [post ポスト]女(-/-en)《主に単》❶郵便. ❷郵便局. ♦ *Ist* ~ *für mich da?* 私宛ての郵便物は来ていますか. *Ab (geht) die* ~*!* 〔口〕1) すぐに行くぞ. 2) さっさと出かけろ, さっさと(仕事に)かかれ. 5級

post..《形容詞・名詞に付いて》(↔ prä..)「後の, 以後の」:postmodernポストモダンの.

Post·amt 中(-(e)s/..ämter) 郵便局.

Post·anweisung 女(-/-en) 郵便為替(用紙).

Post·bote 男(-n/-n)〔弱〕〔口〕郵便配達[集配]人. ◇**Postbotin** 女(-/-nen).

Posten [ポステン]男(-s/-) ❶(責任ある)地位, ポスト, 役職. ❷(歩哨などが配置された) 持ち場, 部署; 哨所. ❸歩哨, 哨兵; 見張り. ❹ひと山の商品(量). ❺(計算の) 内訳, 項目. *wie-*

Poster [ポ(-)スター] 中 (男)(-s/-) (芸術的な)ポスター.

Post·fach 中(-(e)s/..fächer) 私書箱.

Post·karte [ポストカルテ] 女(-/-n) ❶絵葉書. ❷はがき.

post·lagernd [..ラーガント] 形 局留めの.

Post·leitzahl [..ライトツァール] 女(-/-en) 郵便番号((略：PLZ)).

Östler [ペストラー] 男(-s/-)(ミネ) 郵便配達員. ◇**~in** 女(-/-nen).

Post·stempel 男(-s/-) 消印, スタンプ.

post·wendend [..ヴェンデント] 副 ❶折り返し. ❷(口) すぐに.

potent [ポテント] 形 (↔ impotent) ❶ (男性が)性交[性的, 生殖]能力のある. ❷資金力[資力, 支払い能力]のある. ❸創造[創作]能力のある, 創作的な, 創造的な.

Potential [ポテンツィアール] = Potenzial.

Potenz [ポテンツ] 女(-/-en) ❶(↔ Impotenz)《単》(男性の)性交[生殖]能力. ❷創作力, 創造力. ❸《数》幕(ベキ), 累乗.

Potenzial [ポテンツィアール] 中(-s/-e) ❶(書) 潜在(能)力, 可能性. ❷〔理〕電位, ポテンシャル(エネルギー).

Potsdam [ポツダム] 中(-s/-) ポツダム ((ドイツ東部, ベルリン郊外の都市)).

Poulet [プレー] 中(-s/-s) 若鶏.

PR 〔略〕Public Relations ピーアール, 広報[宣伝]活動.

prä.., Präー.. [プレ..]《形容詞・名詞に付いて》(↔ post.., Post..)「前の, 以前の, 先の」：prähistorisch 有史以前の, 先史時代の.

Pracht [プラハト] 女(-/-) 壮麗(さ), 華麗(さ), きらびやかさ, 豪華絢爛.

prächtig [プレヒティヒ] 形 ❶壮麗な, 華麗な, きらびやかな, 豪華絢爛(ゴン)な. ❷すばらしい, すてきな, みごとな.

pracht·voll 形 壮麗な, 華麗な, きらびやかな, 豪華絢爛(ゴン)な.

Prädikat [プレディカート] 中(-(e)s/-e) ❶〔言〕述語, 述部. ❷格付け, 等級, 評価.

Präfix [プレーフィクス, プレフィクス] 中(-es/-e) 〔言語〕接頭辞.

Prag [プラーク] 中(-(s)/) プラハ ((チェコの首都；チェコ語で Praha)).

prägen [プレーゲン] 他 ❶〈4 (auf [in] 4)〉〈模様・文字4を(金属などに)〉刻印[打印]する. ❷〈事4が〉〈人4 の〉心に刻みつけられる[刻み込まれる], 〈人4に〉影響を与える. ❸〈物4が〉〈人・物4の〉性格を作り上げる, 〈人・物4に〉特色を与える. ❹〈新語4を〉造り出す.

Prager [プラーガー] (I) 男(-s/-) プラハ市民. (II) 形《無変化》プラハの.

prägnant [プレグナント] 形 簡潔な, 簡明な.

Prägung [プレーグング] 女(-/-en) ❶刻印, 打印. ❷貨幣鋳造, 造幣. ❸刻印されたもの[模様, 文字]. ❹特性, 特質, 特徴；型. ❺造語.

prahlen [プラーレン] 自〈(mit 3)〉 〈(事3で[に関して])〉自慢する, 鼻にかける, 見せびらかす.

Praktik [プラクティク] 女(-/-en) ❶《主に複》やり方, 仕方, 取り扱い方, 処理方法. ❷《複》(軽蔑) やり口, 手練手管.

praktikabel [プラクティカーベル] 形 (比較 ..kabler) 実行しうる；実用的な.

Praktikant [プラクティカント] 男(-en/-en)《弱》(大学外での)実習[研修]生, インターン. ◇**Praktikantin** 女(-/-nen).

Praktiker [プラクティカー] 男(-s/-) ❶実務家, 熟練者 (↔ Theoretiker). ❷〔医〕(口)開業医. ◇**~in** 女(-/-nen).

Praktikum [プラクティクム] 中(-s/ Praktika, Praktiken) (大学外での)実習, 研修, インターンシップ.

praktisch [プラクティッシュ] ((I)) 形 ❶実際的な, 実地の, 実践的な, 実務

1格 2 2格 3 3格 4 4格

的. ❷実用的な, 実際に役立つ. ❸熟練した, 実地経験豊かな. *ein ~er Arzt* 一般(開業)医. ((II))副 ❶実際に, 実地に, 実践的に, 実務的に. ❷実用的に, 実際に役立つように. ❸《口》実際(のところ)は, 実際上は, 事実上(は), いわば…同然である.

praktizieren [プラクティツィーレン] ((I))他《方法などを》実際に行う, 実践する. ((II))自《医者が》開業している.

Praline [プラリーネ] 安 (-/-n) プラリーヌ ((アーモンド・リキュールなどの入っているチョコレートボンボン)).

prall [プラル] 形 ❶パンパンの, はち切れそうな. ❷《太陽が》照りつける, 灼熱(しゃくねつ)の.

prallen [プラレン] 自 ❶ⓢ《gegen ④》《物⁴に》(勢いよく)ドカンとぶつかる〔衝突する〕. ❷ⓗ《auf ④》《物⁴に》ギラギラ〔ジリジリ〕照りつける.

Prämie [プレーミエ] 安 (-/-n) ❶報奨〔奨励〕金. ❷賞金, 賞品. ❸保険料, 掛け金. ❹割り増し金, プレミアム. ❺(国の)助成〔補助〕金.

prämieren [プレミーレン] 他 (過分 prämiert)《人・物⁴に》賞を与える, 《人・物⁴を》表彰する.

Pranger [プランガー] 男 (-s/-) 《史》さらし台 ((中世の刑具;罪人の頭と両手を固定する)).

Pranke [プランケ] 安 (-/-n) ❶《猛獣の》前足. ❷《口:軽蔑》大きなごつい手.

Präparat [プレパラート] 中 (-(e)s/-e) ❶製剤, 調合剤〔薬〕, 薬剤. ❷《生・医》(組織)標本;プレパラート.

Präposition [プレポズィツィオーン] 安 (-/-en) 《言》前置詞.

Präsens [プレーゼンス] 中 (-/Präsentia, Präsenzien) ❶《言》現在時制〔称〕. ❷(動詞の)現在形 ((略:Präs)). ★「現在形」の意味の複数形は, 主に Präsensformen が用いられる.

Präservativ [プレゼァヴァティーフ] 中 (-s/-e) コンドーム.

Präsident [プレズィデント] 男 (-en/-en)《弱》❶ 大統領. ❷社長;学長;裁判長;議長;長官, 総裁;会長, 座長. ❸《㋡》市長, 郡長. ♦④ *zum ~en wählen* 人⁴を大統領に選ぶ. ★固有名詞と共に用いられる場合, 格変化しない: *Er empfängt ~ Chirac.* 彼はシラク大統領を出迎えます. ◇ **Präsidentin** [プレズィデンティン] 安 (-/-nen).

Präsidium [プレズィーディウム] 中 (-s/..dien) ❶《集合的に》(会・組織・機構の)幹部会, 執行部, 議長団, 理事会. ❷警察本部〔警視庁〕(の建物).

prasseln [プラッセルン] 自 ❶ⓗ《火・木・油¹などが》(燃えて)パチパチ音を立てる. ❷ⓢ《auf [an, gegen] ④》《雨・あられ¹に》パラパラ降ってくる.

Präteritum [プレテ(ー)リトゥム] 中 (-s/Präterita) ❶《単》《言》過去時制〔称〕. ❷(動詞の)過去形.

Praxis [プラクスィス] 安 (-/Praxen) ❶《単》実地, 実際, 実践, 実行. ❷《単》実務, (職業)経験, 熟練さ. ❸《単》やり方, 仕方, 取り扱い方, 処理方法. ❹(医者の)診察室;(弁護士などの)事務所, 面会室. ❺《単》(医者・弁護士などの)顧客層, 営業範囲.

präzis(e) [プレツィース(ゼ)] 形 ❶正確な, 精密な, 厳密な, 的確な, 一義的な.

predigen [プレーディゲン] ((I))自《über ④》《事⁴について》《教会ミサで》説教する. ((II))他《(③) ④》《口》《(人³に)事⁴を》(繰り返し)説く, 説教する.

Prediger [プレーディガー] 男 (-s/-) 説教者;牧師, 司祭;《聖》伝道者. ◇ **~in** 安 (-/-nen).

Predigt [プレーディヒト] 安 (-/-en) 説教, 説法;お説教, 訓戒.

Preis [prais プライス] 男 (-es/-e) ❶《für ④》《物⁴の》値段, 価格;《複》物価. ❷賞, 賞品, 賞金. ❸《単》《書》称賛, 賛美;栄光. ♦ *Der ~ ist mir zu hoch.* その値段は高すぎます. *zum halben ~* 半額で. *um jeden ~* どんなことがあっても, 何として

(で)も, どうしても, 何が何でも, *um keinen ~* どんなことがあっても[決して, 断じて]…ない, どうしても...(し)ない. **4級**

Preis・ausschreiben 田(-s/-) 懸賞.

Preisel・beere [プライゼル..]女(-/-n)[植]❶コケモモ, クランベリー. ❷コケモモ[クランベリー]の低木.

preisen* [プライゼン]他(du preist; 過 pries; 過分 gepriesen)《書》〈人・物⁴を〉称賛する, たたえる.

preis|geben* 他 ❶(4 (3))〈人・物⁴を〉(人・物³に)〉さらす, 委ねる, 任せる. ❷〈秘密⁴などを〉漏らす, 明かす, 人に言う. ❸〈事⁴を〉捨てる, 放棄する.

preis・günstig 形 お買い得な, 割安な.

preislich [..リヒ]形《付加または副》価格の[に関して].

Preis・richter 男(-s/-) (賞の)審査[選考]委員.

Preis・schild 田(-(e)s/-er) 値札.

Preis・steigerung 女(-/-en) 値上がり, 価格[物価]上昇[騰貴].

preist [プライスト] preisen の 2・3 人称単数現在形.

Preis・träger 男(-s/-) 受賞者. ◇..**trägerin** 女(-/-nen).

preis・wert [プライスヴェーアト]形(最上 ~est) 手ごろな, リーズナブルな, 割安な. **4級**

prellen [プレレン] **(I)** 他(4 (um 4))〈口〉〈人⁴から(物⁴を)〉だまし取る. **(II)** 再 sich³ 〈4〉; sich⁴ 〈an 3〉〈体の一部⁴・³を〉激しくぶつける.

Prellung [プレルング]女(-/-en) 打撲傷, 打ち身, 挫傷.

Premier [プレミエー]男(-s/-) = Premierminister.

Premiere [プレミエーレ, (稀)..エーァ] 女(-/-n) (劇・オペラなどの)初演;(映画の)封切り;初日, 初興行.

Premier・minister [プレミエ..]男(-s/-) 首相, 総理大臣.

Presse [プレッセ]女 **(I)** (-/) ❶《集合的》新聞雑誌. ❷《集合的》記者

団, 報道陣[関係者], 報道機関. ❸ プレッセ ((オーストリアの伝統ある高級紙)). *eine gute ~ haben* 新聞[雑誌]に持ち上げられる, 紙上で好評を得る. *eine schlechte ~ haben* 新聞[雑誌]に悪く書かれる[たたかれる], 悪く報道される. **(II)** (-/-n) ❶ プレス, 圧搾[圧縮]機. ❷搾り器. ❸ 印刷[輪転]機.

Presse・agentur 女(-/-en) 通信社.

Presse・freiheit 女(-/) 出版[報道, 言論]の自由.

Presse・konferenz 女(-/-en) 記者会見.

pressen [プレッセン]他 ❶〈物⁴を〉プレスする, 加圧する, 圧搾[圧縮]する. ❷〈果物⁴を〉搾(ピ)る, 搾り出す, 押しつぶす. ❸〈人・物⁴を〉押し込む;〈人⁴を〉押しつける;〈物⁴を〉詰め込む. ❹〈4 zu 3〉〈人⁴を軍隊³などに〉強制する, 〈人⁴に事³を〉無理強いする.

Presse・sprecher 男(-s/-) 広報係, 報道官, スポークスマン. ◇**..sprecherin** 女(-/-nen).

Presse・stelle 女(-/-en) 広報室[部].

Preuße [プロイセ]男(-n/-n)《弱》❶(南ドイツ・オーストリア)《口》《軽蔑》北ドイツ人. ❷ プロイセン人. ◇**Preußin** 女(-/-nen).

Preußen [プロイセン]田(-s/) プロイセン ((ドイツ北東部に存在した王国(1701-1871)及び州名)).

preußisch [プロイスィッシュ]形 プロイセン(人)の; プロイセン的な.

prickeln [プリッケルン]自 ❶〈手足などが〉ひりひり[ちくちく]痛む, ひりひりする, ちくちくする. ❷〈シャンパン³などが〉泡立つ, 発泡する.

pries [プリース] preisen の過去形.

priese [プリーゼ] preisen の接続法 II 式形.

Priester [プリースター]男(-s/-) (特にカトリックの)司祭, 神父; 聖職者, 僧侶, 神官. ◇**Priesterin** 女(-/-nen).

prima [プリーマ]《無変化》〈口〉非常にすばらしい, すごい((略:Ia)). **4級**

primär [プリメーァ]形《書》最初の, 第

① 1格 ② 2格 ③ 3格 ④ 4格

一(番目)の;主要な,根本的な.

Primel [プリーメル]囡(-/-n)〔植〕サクラソウ.

primitiv [プリミティーフ]形 ❶原始(時代)の,太古の. ❷原始的な;未開の;旧式で粗末な. ❸〔軽蔑〕幼稚な,低能な.

Prinz [プリンツ]男(-en/-en)《弱》プリンス,王子,皇子.

Prinzessin [プリンツェッスィン]囡(-/-nen)プリンセス,王女,皇女.

Prinzip [プリンツィープ]中(-s/-ien) ❶主義,信条,信念,ポリシー；根本方針. ❷原則,原理;道理. *aus* ~ 主義[信条,信念]として,原則に従って. *im* ~ 原則として,原則上,根本において;原則的に. *Es geht* (③) *ums* ~. それは(人³の)ポリシーです.

prinzipiell [プリンツィピエル]((I))形 原則上の,原理上の,主義上の,根本的な. ((II))副 ❶原則的に,基本的に. ❷主義[信条,信念]として.

Priorität [プリオリテート]囡(-/-en)《主に複》優先;優先権,プライオリティ,優先順位. ~*en setzen* 優先順位を決める.

Prise [プリーゼ]囡(-/-n) 一つまみ;ほんの少量. ◆*eine* ~ *Salz* 塩少量.

Prisma [プリスマ]中(-s/Prismen)〔光〕プリズム.

privat [プリヴァート]形 ❶私的な,個人の,プライベートな；私用の,自家用の；非公式の,内輪の. ❷私有の,民営[民営]の,私立の. ❸非公開の,内密の.

Privat·adresse 囡自宅[個人]の住所.

Privat·angelegenheit 囡私的な事柄[問題],私事,私用.

Privat·eigentum 中私有財産[物].

privatisieren [プリヴァティズィーレン]((I))他《公社⁴などを》民営化する(↔ verstaatlichen). ((II))自(財産・金利で)定職に就かずに生活する.

Privat·leben 中(-s/)私生活. ◆*kein* ~ *mehr haben* プライバシーがない.

Privileg [プリヴィレーク]中(-(e)s/-ien)特権,特典.

pro [プロー]前《4格支配》《冠詞なしで》…につき,…ごとに. 4級

Pro [プロー]中(-s/) *das* ~ *und Kontra* (②)(事²の)良し悪し,賛否,損得.

Probe [プローベ]囡(-/-n) ❶試み,試し,テスト;吟味,検査;実験. ❷見本,標本,サンプル. ❸(演劇などの)リハーサル,④(口)筆記試験,テスト. *auf* [*zur*] ~ 試みに,試験的に. *die* ~ *aufs Exempel machen* (理論を)検証する,実地に試してみる.

proben [プローベン]他《(④)》《(音楽・劇⁴などの)》稽古[リハーサル]をする.

probe·weise 副試みに,試しに,試験的に.

probieren [プロビーレン]他 ❶《(事⁴を)》試す,試しにやってみる,テストする. ★*zu* 不定詞もとる. ❷《(物⁴を)》試食[試飲]する,《(物⁴の)》味を見る. ❸《(服⁴を)》試着する. *Probieren geht über studieren.*《諺》習うより慣れよ《(実地に試みるのは学ぶに勝る)》. 5級

probiert [プロビーアト]probieren の過去分詞.

Problem [problé:m プロブレーム]中(-s/-e) ❶問題,課題. ❷《主に複》困っていること,難題. ◆*ein* ~ *lösen* 問題を解決する. *Das* ~ *liegt darin, dass*, …問題は…という点にある. *nicht* (②) ~ *sein* 人²のかかわり知ることではない. *Kein* ~. (口)それは問題ではありません[簡単なことです]. 4級

problematisch [プロブレマーティシュ]形問題(ある),疑問の(余地のある);疑わしい.

problem·los 形(最上 ~est)問題のない.

Produkt [プロドゥクト]中(-(e)s/-e) ❶生産物,製品;産出物. ❷所産,産物,作品;成果. ❸制作映画. ❹〔数〕積.

Produktion [プロドゥクツィオーン]囡(-/-en) ❶製造,生産,産出;製作,制

①1格 ②2格 ③3格 ④4格

作. ❷生産量, 生産高; 生産物, 製品. 4級

produktiv [プロドゥクティーフ] 形 ❶生産的な; 創造的な, 創作力のある; 生産力に富む, 多産な[多作] な. ❷《副なし》《言》造語力の強い.

Produktivität [プロドゥクティヴィテート] 囡 (-/) 生産性[力]; 多産性, 生産的であること.

Produzent [プロドゥツェント] 男 (-en/-en)《弱》❶生産者[国, 企業], 製作者, 製造人, メーカー. ❷制作者, プロデューサー. ◇-in 囡 (-/-nen).

produzieren [プロドゥツィーレン] ((I))他〈物⁴を〉生産する, 製造[作]する,〈映画などを〉プロデュース[制作]する. ❸《口》〈ばかなこと⁴を〉しでかす. ((II))再 sich⁴《口;軽蔑》自分をひけらかす[見せびらかす]. 4級

produziert [プロドゥツィーアト] produzierenの過去分詞.

Prof. 男 (-s/-s), 囡 (-/-s)《口》= Professor(in).

professionell [プロフェスィオネル] 形 プロの, 本職の, 専門の, 玄人(ろうと)の.

Professor [プロフェッソァ] 男 (-s/..fessoren [..フェソーレン]) ❶大学教授 ((略:Prof.)). ★手紙ではsehr geehrter Herr Prof. ...を用いる. 呼びかけるときは Herr ~ ! (ファッ) ギムナジウム (Gymnasium)の教師.

Professorin [プロフェソーリン] 囡 (-/-nen) ❶ (女性の)大学教授. ★手紙ではsehr geehrte Frau Prof. ...を用いる. 呼びかけるときは Frau Professor ! ❷(ファッ) ギムナジウム (Gymnasium)の女性教師.

Profi [プロフィ] 男 (-s/-s) ❶ (スポーツの)プロ[選手] (↔ Amateur). ❷ (一般に)プロ, 玄人(ろうと).

Profil [プロフィール] 匣 (-s/-e) ❶ (人の)横顔, プロフィール; 側面(図). ❷ (靴底・タイヤなどの)刻み目, 溝, トレッド. ❸《書》(際立った)特色, 個性, 人物像. ❹ (建築などでの)縦[横]断面(図). ❺ [工]形鋼.

Profit [プロフィート, プロフィット] 男 (-(e)s/-e) (↔ Verlust) 利益, 収益, 利潤, 儲け; 資本収益[利得]. ♦ ~ machen 利益[儲け]を出す.

profitieren [プロフィティーレン] 自 (過分 profitiert) ❶〈von ③〉〈物³から〉利益を得る,〈物³で〉得をする. ❷〈bei ③〉〈物³で〉儲ける.

pro forma [プローフォルマ] 副 (単に)形式的に, 形式上, 外観上, 体裁上.

Prognose [プログノーゼ] 囡 (-/-n) 《書》〈zu ③〉〈事³についての〉(科学的根拠に基づいた)予測.

Programm [prográm プログラム] 匣 (-s/-e) ❶ (放送・演劇・映画・音楽などの)プログラム, (テレビ・ラジオなどの)番組, (行事・催物などの)式次第, (会議などの)予定項目[議題]. ❷ (演劇・映画などの)プログラム, パンフレット, (テレビ・ラジオなどの)番組表. ❸ (テレビ・ラジオなどの放送)チャンネル. ❹ (仕事などの)予定, 日程, スケジュール, 計画. ❺ (政党などの)綱領, 基本路線, 公約, (政府の)施政方針. ❻《電》プログラム. ❼ (洗濯機などの)機能(選択プログラム). ❽ (定価商品の)セット, シリーズ; 品ぞろえ, 品数. nach ~ 予定どおり. auf dem ~ stehen 予定に入っている.

programmieren [プログラミーレン] 他 (過分 programmiert)〈④〉〈(コンピュータなどの)〉プログラムを組む[作る].

Programmierer [プログラミーラー] 男 (-s/-)《職》プログラマー. ◇ **Programmiererin** 囡 (-/-nen).

progressiv [プログレスィーフ] 形 ❶進歩的な; 進歩主義の, 革新的な (↔ konservativ). ❷進行性の (↔ regressiv). ❸累進的な; 段階的な.

Projekt [プロイェクト] 匣 (-(e)s/-e) (大規模な長期)事業(計画), プロジェクト.

Projektor [プロイェクトァ] 男 (-s/..toren [..トーレン])プロジェクター, (スライド)映写機, 投射機.

projizieren [プロイツィーレン] 他 (過分 projiziert)《書》〈物⁴を〉投影[投射]する; 映写する.

Prolet [プロレート] 男 〈-en/-en〉《弱》
❶無産者 ((Proletarier の略)). ❷《軽蔑》不作法な人.

Promenade [プロメナーデ] 女 〈/-n〉❶遊歩道, プロムナード; [海]遊歩甲板. ❷《やや古》散歩, 散策.

Promille [プロミレ] 中 〈-(s)/-〉パーミル, 千分率 ((記号: ‰)).

prominent [プロミネント] 形 《最上~est》《副なし》(人が)傑出した, 卓越した, 著名な.

Prominenz [プロミネンツ] 女 〈-/-en〉《主に単》❶《集合的》著名[有名]人, 名士, 大家. ❷傑出, 卓越; 重要性.

Promotion [プロモツィオーン] 女 〈-/-en〉博士の学位授与[獲得].

promovieren [プロモヴィーレン] (過分 promoviert) ((I)) 他 〈人⁴に〉博士の学位を授与する. ((II)) 自 ❶博士の学位を受ける[獲得する]. ❷〈(über ④)〉〈(テーマ⁴で)〉博士(学位)論文を書く.

prompt [プロンプト] ((I)) 形 ❶敏速[機敏]な, 即座の. ((II)) 副 ❶すぐに, 即座に, すばやく, てきぱきと. ❷《口; 皮肉》案の定, 思った通り(やっぱり).

Pronomen [プロノーメン] 中 〈-s/-, Pronomina〉[言] 代名詞.

Propaganda [プロパガンダ] 女 〈-/-〉《しばしば軽蔑》(主義・思想などの)宣伝, 宣伝活動, プロパガンダ.

Propan·gas [プロパーン..] 中 〈-es/-e〉[化] プロパンガス.

Propeller [プロペラー] 男 〈-s/-〉プロペラ; (船の)スクリュー.

Prophet [プロフェート] 男 〈-en/-en〉《弱》❶(旧約聖書の)預言者; [教教] マホメット. ❷予言者. *Ich bin doch kein ~.* 《口》先のことはわからない((私は予言者じゃないからね)). ◇ **Prophetin** 女 〈-/-nen〉.

prophezeien [プロフェツァイエン] 他 (過分 prophezeit) 〈(③) ④〉〈(人³に) 物⁴を〉予言[警告]する; (預言者として神意を)伝える, 預言する.

Proportion [プロポルツィオーン] 女 〈-/-en〉《主に複》❶割合, 比率; プロポーション, 釣り合い, バランス, 均衡. ❷《書》大きさ, 規模. ❸[数] 比例.

proportional [プロポツィオナール] 形 〈(zu ③)〉《書》❶〈(物³の)〉割合に応じた, 〈(物³に)〉比例している, 〈(物³と)〉釣り合った. ❷[数]〈(物³に)〉比例した, 〈(物³と)〉同一比の.

Prosa [プローザ] 女 〈-/-〉散文.

prosaisch [プロザーイッシュ] 形 《軽蔑》味気ない, 無味乾燥な.

prosit [プローズィット] 間 乾杯.

Prospekt [プロスペクト] 男 〈-(e)s/-e〉(宣伝用) パンフレット, カタログ, 案内書.

prost [プロースト] 間 《口》= prosit.

Prostituierte [プロスティトゥイーアテ] 女 《形容詞変化》売春婦.

Prostitution [プロスティトゥツィオーン] 女 〈-/-〉売春.

Protest [プロテスト] 男 〈-(e)s/-e〉〈(gegen ④)〉〈(人・事⁴に対する)〉抗議, 異議(の申立).

Protestant [プロテスタント] 男 〈-en/-en〉《弱》[新教] 新教徒, プロテスタント. ◇ **Protestantin** 女 〈-/-nen〉.

protestantisch [プロテスタンティッシュ] 形 プロテスタントの, 新教(徒)の ((略: prot.)).

protestieren [プロテスティーレン] 自 〈(gegen ④)〉〈(人・事⁴に対して)〉抗議する, 異議を申し立てる.

protestiert [プロテスティーアト] protestieren の過去分.

Protest·kundgebung 女 〈-/-en〉抗議集会.

Prothese [プロテーゼ] 女 〈-/-n〉❶[医] プロテーゼ; 人工器官, 人工(補)装具, 義手, 義足, 義歯, 義眼. ❷[言] 語頭音添加.

Protokoll [プロトコル] 中 〈-s/-e〉❶(会議などの)記録, 議事録; (裁判所などの)調書; (外交上の)覚え書き, 議定書. ❷実験記録; 解剖記録, 臨床日誌. ❸(外交)儀礼, (外交上の)儀典.

protokollieren [プロトコリーレン] 他 (過分 protokolliert) 〈(物⁴を)〉記録する, 調書に取る, 〈(物⁴の)〉議事

protzig [プロッツィヒ]形(口;軽蔑)これみよがしの[な], 見せびらかしの, 富を鼻にかけた, 自慢の.

Prov. 《略》Provinz 州, 省, 県.

Proviant [プロヴィアント]男(-s/-e) 《主に単》(携帯用の)食糧, 食料, (ハイキングなどの)弁当.

Provinz [プロヴィンツ]女(-/-en) ❶ 州, 省, 県 (大きな行政区画;略: Prov.); {箏}; {箏}(教会の)管区, 大教区. ❷《単》(時に軽蔑)(大都市に対する)地方, 田舎.

provinziell [プロヴィンツィエル]形 (主に軽蔑)地方的な, 地方特有の, 田舎臭い; 偏狭な, 狭い.

Provision [プロヴィズィオーン]女 (-/-en) (取引などの)手数料, コミッション, マージン; 歩合.

provisorisch [プロヴィゾーリッシュ]形 仮の, 一時的の, 一時しのぎの, 暫定的な.

Provokation [プロヴォカツィオーン]女(-/-en) 挑発.

provozieren [プロヴォツィーレン] (過分 provoziert) 他 ❶ 《4 (zu ③)》〈人⁴を挑発して〈事³を〉〉させる, 〈人⁴に〈事³をするよう〉〉たきつける, 仕向ける, 挑発する. ❷〈悪い事⁴の〉誘因となる, 〈事⁴を〉引き起こす, 誘発する.

Prozedur [プロツェドゥーア]女(-/-en) (煩雑な一連の)手続き, 手順.

Prozent [プロツェント]中(-(e)s/-e, (数詞の後で)-) ❶ パーセント, 百分率, 100分の1, 歩, 分(⁵⁾) ((記号: %; 略: p.c., v.H.)). ❷《Prozente》(口)歩合, 利息, 手数料; 割引, 値引き. [4級]

..prozentig [..プロツェンティヒ]形 《数詞と共に》「…パーセントの」: 5-prozentig 5 パーセントの ((5%ig とも表記)).

Prozent·satz 男(-es/..sätze) パーセンテージ, 率, 割合.

prozentual [プロツェントゥアール]形 パーセント表示の, 百分率の.

Prozeß [プロツェス]男(-es/-e) ❶ 裁判, 訴訟. ❷ プロセス, 経過, 過程, 進行. ③ *den ~ machen* 人³を提訴 [告訴]する, 裁判にかける]. *mit ③ kurzen ~ machen* (口)人・事³を速やかに処置[決断]する, 手際よく片づける; 人³を怒鳴りつける.

Prozeß [..zesses/..zesse] 中 = Prozess.

prozessieren [プロツェスィーレン] 自 (過分 prozessiert)《gegen ④ [mit ③]》〈人 ⁴·³に対して〉訴訟を起こす, 訴訟中である.

Prozession [プロツェスィオーン]女 (-/-en) {箏} · {箏}正教}(連を唱えながらの)行列; (葬式・祝祭などの)行列.

prüde [プリューデ]形(比較 prüder) (性的に)お堅くて潔癖な, カマトトぶった, 淑女ぶった.

prüfen [prý:fən プリューフェン]《(I)》他 ❶《4 (auf ④)》〈(事⁴について)人·物⁴を〉調べる, 確かめる, 検査[調査, 審査]する. ❷〈事⁴を〉検討する, 吟味する. ❸《書》〈物⁴が〉〈人⁴に〉試練を与える. ❹〈人⁴に〉試験する. 《(II)》自 試験する.

Prüfer [プリューファー]男(-s/-) ❶ 試験官. ❷ 検査[調査, 審査]員[官]. ◇**Prüferin** 女(-/-nen).

Prüfling [プリューフリング]男(-s/-e) 受験者, 志願者.

Prüfung [prý:fʊŋ プリューフング]女(-/-en) ❶ 試験, テスト, 考査. ❷《単》検査, 調査, 審査. ❸《主に複》試練. ◆ bestehen ~ bestehen 試験に及第する. durch eine ~ fallen = bei [in] einer ~ durchfallen 試験に落第する. [5級]

Prügel [プリューゲル]男(-s/-) (口) (棒などによる)殴打(⁵⁾).

Prügelei [プリューゲライ]女(-/-en) 《複》(棒などでの)喧嘩(⁵⁾), なぐり合い, 乱闘.

prügeln [プリューゲルン]《(I)》他〈人·動物⁴を〉(怒って何回も)棒で打つ, なぐる. 《(II)》再 sich⁴ なぐり合う.

Prunk [プルンク]男(-(e)s/) 豪華, 華麗, 豪奢, 豪華絢爛(⁵⁾).

prunk·voll 形 豪華絢爛(⁵⁾)な, 華美を極めた.

PS [ペーエス]《(I)》中(-/-)《略》

Pferdestärke 馬力((1PS = 0.7355 KW)). **(II)**《略》Postskript(um)追伸.

Psalm [プサルム]男(-s/-en)《聖》❶ (旧約聖書の詩篇の)詩. ❷《複》詩篇. ❸(詩篇をもとに作曲された)詩篇歌.

Psychiater [プスヒアーター]男 (-s/-) 精神科医. ◇**Psychiaterin** 女(-/-nen).

psychisch [プスューヒッシュ]形魂の, 精神的, 心の, メンタルな(↔ körperlich, physisch).

Psychologe [プスヒョローゲ]男 (-n/-n) ❶心理学者;心理学専攻学生. ❷人の心理を理解する人. ◇**Psychologin** 女(-/-nen).

Psychologie [プスヒョロギー]女 (-/) ❶心理学. ❷人の心理を理解する力.

psychologisch [プスヒョローギッシュ]形 ❶《付加または副》心理学の, 心理学による, 心理学的な. ❷《付加または副》心理的な, 精神的な. ❸(口) 魂の, 精神的, 心の.

Psychose [プスュヒョーゼ]女(-/-n) 精神病.

Psychotherapie [プスュヒョテラピー]女(-/..pien[..ピーエン]) 心理[精神]療法.

psychotisch [プスュヒョーティッシュ]形精神病の.

Pubertät [プベルテート]女(-/) 思春期, 年ごろ, 成熟期.

publik [プブリーク]形《書》~ *sein* 知れ渡っている, 公になっている, 周知のことである. ~ *werden* 世間に知れ渡る, 公になる.

Publikation [プブリカツィオーン]女 (-/-en)《書》❶《単》出版, 刊行, 発行;公表, 発表. ❷出版[刊行]物.

Publikum [プーブリクム]中(-s/**Publika, Publiken**)《主に単;集合的》聴衆, 観客, 観衆, 公衆;(ラジオの)聴取者;(テレビの)視聴者;読者, 読者層;客.

publizieren [プブリツィーレン]《過分 publiziert》**(I)**他❶〈本⁴などを〉出版[刊行]する. ❷〈書〉〈事⁴を〉公にする, 公表[発表]する. **(II)**自出版[刊行]する.

Publizist [プブリツィスト]男(-en/-en) 《弱》ジャーナリスト, (政治)評論家. ◇ **Publizistin** 女(-/-nen).

Pudding [プディング]男(-s/-e, -s) プディング, プリン.

Pudel [プーデル]男(-s/-) ❶プードル. ❷(口) 毛糸の帽子. *wie ein begossener* ~ (口) しょんぼりと, すごすこと. *Das ist des ~s Kern.* これが事の真相[本音]です.

Puder [プーダー]男, (口)中(-s/-) (化粧用などの)パウダー;おしろい;粉[散]薬.

Puder·dose 女《-/-n》おしろい入れ, コンパクト.

pudern [プーダン] **(I)**他〈(3) ⁴〉〈(人³の)所⁴に〉パウダーをつける[振りかける]. **(II)**再 sich⁴ 顔に粉おしろいをつける.

Puder·zucker 男《-s/》パウダーシュガー, 粉砂糖.

Puff [プフ]男**(I)**男(-(e)s/Püffe)(口) (こぶし・ひじなどによる)軽い突き, 小突くこと. **(II)**男(-(e)s/-e, -s)(脚のない)洗濯物入れ. **(III)**男中(-s/-s)(口)売春宿.

Puffer [プッファー]男(-s/-) ❶(鉄道などの)緩衝器[装置], バッファー. ❷ ポテトパンケーキ.

Pulli [プリ]男(-s/-s) (口) = Pullover.

Pullover [プローヴァー]男(-s/-) (頭からかぶって着る)セーター. 4級

Puls [プルス]男(-es/-e) ❶脈, 脈拍(數);脈拍数. ❷脈拍(數).

Puls·ader 女《-/-n》動脈.

pulsieren [プルズィーレン]自《過分 pulsiert》〈血管¹が〉脈打つ, 脈動する, 鼓動する;〈生命¹などが〉躍動する.

pulsierend [..ト]形躍動する, 活気ある.

Pult [プルト]中(-(e)s/-e) 斜面机, 書見台, 演台;[音楽]譜面台.

Pulver [プルファー]中(-s/-) ❶ 粉, 粉末;粉薬, 散薬. ❷火薬. ❸(口)

□1格 ②2格 ③3格 ④4格

おあし, お金. ***das ~ nicht erfunden haben*** 《口》頭が悪い. ***sein ~ verschossen haben*** 《口》万策尽きている, 打つ手がない.

Pulver·kaffee 男 (–s/–s) 粉末コーヒー, インスタントコーヒー.

Puma [プーマ] 男 (–s/–s) 〔動〕ピューマ 《アメリカ大陸に生息するネコ科の動物》.

pumm(e)lig [プム[メ]リヒ] 形 《口》 (少し)ふっくらした, 丸ぽちゃの, ずんぐり(むっくり)した.

Pumpe [プンペ] 女 (–/–n) ❶ポンプ. ❷《口》心臓.

pumpen [プンペン] 他 ❶〈(物⁴を)〉ポンプでくむ[送る]. ❷《口》 **(a)** 〈(sich³) **von** [**bei**] ③ ④〉〈人³に物⁴を〉借りる. **(b)**〈③ ④〉〈人³に物⁴を〉貸す.

Pumps [パンプス] 男 (–/–) パンプス 《ヒールが高めの婦人靴》.

Punk [パンク] 男 (–(s)/–s) ❶パンク(ロック). ❷パンクスタイルの若者.

Punker [パンカー] 男 (–s/–) パンクロッカー; パンクスタイルの若者. ◇**~in** 女 (–/–nen).

Punkt [poŋkt プンクト] 男 (–(e)s/–e) ❶点, ドット; (記号としての)点; 終止符, ピリオド; ウムラウト記号; 省略符; 〔音楽〕(音符の)付点; (スタッカートを示す)点. ❷(位置としての)点; 時点, 段階; 地点, 場[箇]所. ❸評価点, 点数; 得点, ポイント. ❹条項, 項目 《記号: Pkt.》. ❺要点, 論点. ❻《時刻の前に置いて》きっかり, ちょうど. ***der grüne ~*** グリューネ・プンクト 《リサイクルマーク》. ***der springende ~*** 大切な点, 要点, ポイント. ***den toten ~ überwinden*** 疲れを吹き飛ばす, 疲労を克服する. ② ***wunder ~*** 人²の弱点, 人²が触れて欲しくない点[話題]. ***~ für ~*** 一つ一つ, 一点一点, 逐一, 綿密に. ***in jedem ~*** どの点においても, あらゆる点で. ***ohne ~ und Komma reden*** 《口》しゃべりまくる, 絶え間なく話し続ける. ***Nun mach*** (***mal***) ***einen ~!*** 《口》ちょっと待ってくれ, いいかげんにしろ. 4級

P

pünktlich [pʏ́ŋktlɪç ピュンクトリヒ] 形 時間を厳守する, 時間どおりの, 期限どおりの. 4級

Pünktlichkeit [..カイト] 女 (–/) 時間厳守.

Pupille [プピレ] 女 (–/–n) ひとみ, 瞳孔.

Puppe [プッペ] 女 (–/–n) ❶人形; マリオネット, 操り人形; マネキン人形, (裁縫用の)人台(じんだい). ❷《口》女の子, かわいこちゃん; ガールフレンド. ❸〔動〕さなぎ. ***die ~n tanzen lassen*** 1) 人形を操る; 人を陰で操る, 意のままにする. 2)《口》大はしゃぎする, はめをはずす.

pur [プーァ] 形 ❶《付加》(特に貴金属が)純粋な, 混ざり物のない. ❷(アルコール飲料が)ストレートの. ★名詞の直後にくる. ❸《付加》《口》単に, 全くの, …だけの.

Püree [ピュレー] 中 (–s/–s) 〔料理〕ピューレ 《野菜・肉などを煮て裏ごししたもの》.

Purzel·baum [プルツェル..] 男 (–(e)s/..bäume) でんぐり返り[返し].

pusten [プーステン] 《I》 他〈塵(ちり)⁴などを〉吹き飛ばす, 吹き払う;〈空気⁴などを〉吹き入れる;〈煙⁴などを〉吹きかける, 吹きつける. 《II》 自 ❶息を吹きかける, フーフー吹く. ❷息切れする, (息切れして)フーフー[ゼーゼー]いう, あえぐ. ❸〈風¹が〉ヒューヒュー吹く, 強く吹く.

Pute [プーテ] 女 (–/–n) ❶七面鳥の雌. ❷《軽蔑》ばか女.

Puter [プーター] 男 (–s/–) 七面鳥の雄.

Putsch [プッチュ] 男 (–(e)s/–e) クーデター, (政権転覆のための)政治的暴動, 反乱.

Putz [プッツ] 男 (–es/) 漆喰(しっくい), 化粧塗り.

putzen [pótsən プッツェン] 《I》 他 ❶〈物⁴を〉(ふいたり, こすったりして)きれいにする, ピカピカにする, 磨く. ❷〈野菜⁴を〉(洗ったり, 食べられない部分を捨てたりして)食べられるようにする. ❸《南ドイツ・スイス》〈台所・階段⁴などを〉

(水や洗剤で)きれいにする, 掃除する. ❹⟨壁⁴に⟩化粧塗りをする. **(II)** 圁⟨(南^に)⟩(水や洗剤で)掃除をする. **(III)** 囲 sich⁴ ❶⟨猫¹などが⟩(舌で)身体をきれいにする, ⟨鳥¹などが⟩毛づくろいをする. ❷着飾る, めかし込む. 4級

Putz･frau 囡(–/–en)掃除婦.

Putz･lappen 男(–s/–)雑巾,(靴磨き・窓ふきなどに使う)布切れ.

Puzzle [パズル,プスル,パズル] 田(–s/–s)ジグソーパズル.

PVC [ペーファオツェー]田(–(s)/)⟨略⟩Polyvinylchlorid ポリ塩化ビニール.

Pyjama [ピジューマ]男(–s/–s)パジャマ.

Pyramide [ピュラミーデ]囡(–/–n) ❶ピラミッド. ❷〚数〛角錐(芯). ❸〚解〛錐体. ❹ピラミッド形のもの.

Q

q, Q [クー]田(–/–,(口)–)アルファベットの第17字.

Quacksalber [クヴァックザルバー]男(–s/–)〘賎〙やぶ医者, もぐりの医者. ◇**Quacksalberei**囡(–/–nen).

Quader [クヴァーダー]男(–s/–) ❶〚数〛直方体. ❷角石, 切り石.

Quadrat [クヴァドラート]田(–(e)s/–e) ❶正方形. ❷〚数〛二乗, 平方.

quadratisch [クヴァドラーティシュ]形 ❶正方形の. ❷二乗の, 二次の.

Quadrat･meter 男(–s/–)平方メートル((記号:m²)).

Quadrat･wurzel 囡(–/–n)〚数〛平方根((記号:√)).

Quadrat･zahl 囡(–/–en)〚数〛平方数, 二乗数.

quaken [クヴァーケン]圁 ⓑ⟨アヒル・カエル¹などが⟩ガーガー鳴く.

Qual [クヴァール]囡(–/–en) ❶⟨榎⟩(肉体的, 精神的な)激しい痛み, 苦痛, 心痛. ❷⟨主に単⟩辛労, 苦行, 試練. **die ~ der Wahl haben** 選択に苦しむ.

quälen [クヴェーレン] **(I)** 他 ❶⟨人・動物⁴を⟩(肉体的に)苦しめる. ❷⟨人・物¹が人⁴に⟩精神的苦痛を与える. ❸⟨④ **mit** ③⟩てこずらせる, 煩わす. **(II)**囲 sich⁴ ❶⟨**mit** ③⟩⟨物³に⟩苦労する, 苦しむ. ❷⟨**mit** ③⟩⟨(仕事・負担³に)⟩骨折る. ❸⟨+方向⟩⟨…へ⟩苦労して進む.

Quälerei [クヴェーレライ]囡(–/–en)ひどく骨の折れる仕事;苦しめること.

Qualifikation [クヴァリフィカツィオーン]囡(–/–en) ❶資格(証明), 能力. ❷資格付与, 評価. ❸〚スポーツ〛出場資格.

qualifizieren [クヴァリフィツィーレン] **(I)** 他 ❶資格を与える. ❷⟨④ **als**…⟩⟨物⁴を…と⟩評価する, 格付けする. **(II)**囲 sich⁴ **für** ④⟨物⁴の⟩資格を得る.

qualifiziert [クヴァリフィツィーアト] **(I)** qualifizieren の過去分詞. **(II)** 形 ❶有資格の, 特に有能な. ❷(仕事¹が)特別な能力を必要とする. ❸(判断・解説¹などが)有用な, 適格な.

Qualität [kvalitɛ:t クヴァリテート]囡(–/–en) ❶⟨榎⟩(優れた)**素質**, 資質. ❷⟨主に単⟩優れた品質のもの, 優良品. ❸⟨主に単⟩**質**, 性質, 品質. 4級

qualitativ [クヴァリタティーフ]形⟨付加または副⟩性質(上)の, 質的な.

Qualitäts･erzeugnis [クヴァリテーツ..]田(–ses/–se)高級品.

Qualitäts･wein 男高級[上質]ワイン.

Qualle [クヴァレ]囡(–/–n)クラゲ.

Qualm [クヴァルム]男(–(e)s/)もうもうとした煙, 濃煙.

qualmen [クヴァルメン] **(I)** 圁⟨煙突・煙草・蒸気機関車¹などが⟩もうもうと煙を出す. **(II)** 他 (口)⟨(煙草⁴を)⟩ふかす.

qualmig [クヴァルミヒ]形⟨副なし⟩⟨賎⟩(居酒屋や部屋が)煙でもうもうとした.

qual･voll 形苦痛に満ちた, 苦しい.

Quantität [クヴァンティテート]囡(–/–en)量;分量, 数量.

quantitativ [クヴァンティタティーフ]形⟨付加または副⟩量の, 量的な.

Quantum [クヴァントゥム]中(-/..ten) 一定量, 分量.

Quarantäne [カランテーネ]女(-/-n) (防疫のための)隔離, 検疫.

Quark [クヴァルク]男(-s/) ❶凝乳, カード((チーズの原料)). ❷(口;軽蔑)つまらないもの[事, 話], 無意味なこと.

Quark·speise 女(-/-n) フレッシュチーズを使ったスイーツ.

Quartal [クヴァルタール]中(-s/-e) 四半期, 3か月.

Quartett [クヴァルテット]中(-(e)s/-e) ❶[音楽]四重奏[唱]曲. ❷[音楽]四重奏[唱]団. ❸(トランプの)カルテットゲーム.

Quartier [クヴァルティーア]中(-s/-e) ❶(古)宿泊所, 住居. ❷(ｵｰｽﾄﾘｱ)(市の)地区. ❸[軍]宿営, 屯所.

Quarz [クヴァーツ]男(-es/-e) 石英, 水晶, クオーツ.

Quarz·uhr 女(-/-en) クオーツ時計, 水晶時計.

quasi [クヴァーズィ]副 まるで, ある程度, いわば.

quasseln [クヴァッセルン]自(特に北ﾄﾞ)(口;ﾔﾔ軽蔑)⟨⟨どうでもいいこと⁴で⟩⟩おしゃべりする, 長話をする, 無駄口をきく.

Quaste [クヴァステ]女(-/-n) 総(ﾌｻ), 総状のもの, 刷毛.

Quatsch [クヴァッチュ]男(-(e)s/) (口;軽蔑)ばかばかしいこと[行い, 話].

quatschen [クヴァッチェン](口) **(I)**他⟨⟨くだらないこと⁴を⟩⟩おしゃべりする. **(II)**自 ❶(内緒事などを)ぺらぺらしゃべる. ❷⟨人³と⟩おしゃべりする.

Quatsch·kopf 男(-(e)s/..köpfe) (口;軽蔑)ばかなことをしゃべる人, おしゃべり.

Queck·silber [クヴェック..]中(-s/) 水銀.

Quellbewölkung [クヴェルベヴェルクング]女(-/) [気象]積雲.

Quelle [クヴェレ]女(-/-n) ❶泉, 涌き出. ❷水源, 源泉. ❸原因, 出所. ❹原典, 典拠. *aus sicherer ~* 信頼できる[確かな]筋から. *an der ~ sitzen* 情報源のすぐ近くにいる, 情報が入手しやすい所にいる. 4級

quellen* [クヴェレン]自(du quillst, er quillt; quoll; gequollen) Ⓢ❶⟨水¹が⟩涌き出る, ⟨血¹が⟩吹き出る, ⟨涙¹が⟩流れ出る, ⟨煙¹が⟩立ち昇る. ❷(湿気で)膨らむ, ふやける.

Quell·wasser [クヴェル..]中(-s/-) 泉の水.

quengeln [クヴェングゲルン]自(口) ❶(子供が)泣きながらだだをこねる, 不平を言う. ❷⟨über ⁴⟩⟨物⁴について⟩不満を訴える, 愚痴をこぼす.

quer [kvéːr クヴェーァ]副 横に, 斜めに横切って. *kreuz und ~* 縦横無尽に, (無計画に)さまざまな方向へ. 4級

Quer·achse 女(-/-n) 横軸.

Quere [クヴェーレ]女(-/) (口) 横, 斜め.

Quer·flöte 女(-/-n) [音楽]横笛, (コンサート)フルート.

Quer·format 中(-(e)s/-e) (↔ Längsformat)(書籍などの)横長判.

Quer·kopf 男(-(e)s/..köpfe) (口;軽蔑)ひねくれ者, へそ曲がり, 偏屈者.

quer·köpfig [..ケプフィヒ]形 ひねくれた, へそ曲がりの.

Quer·schläger [..シュレーガー]男(-s/-) ❶跳飛弾, 流れ弾. ❷(口;軽蔑)へそ曲がりな人.

Quer·schnitt 男(-(e)s/-e) ❶(↔ Längsschnitt)横断面(図). ❷(全体の特徴を示す)断面, 概観, 展望.

querschnitt(s)·gelähmt [..グレームト]形[医]横断麻痺の.

Quer·straße 女(-/-n) (大通りなどに交差する)横の道路.

Quer·treiber [..トライバー]男(-s/-) (口;軽蔑)(他人の計画を妨害する)ぶち壊し屋, 陰謀家. ◇ **~in** 女(-/-nen).

Querulant [クヴェルラント]男(-en/-en)(弱)(俄) 苦情ばかり言う人, 不平家, 訴訟好き. ◇ **~in** 女(-/-nen).

quetschen [クヴェッチェン] **(I)**他 ❶⟨③④⟩⟨人³の身体の一部⁴を⟩はさんで傷つける. ❷⟨じゃがいも・バナナ⁴を⟩押しつぶす, 圧搾する. ❸⟨④ **ge-**

gen [an] ④〈人・物⁴を物⁴に対して〉押しつける. ((II)) sich⁴〈＋方向〉〈…へ〉(無理に)押し入る, 押し分けて進む.

Quetschung [クヴェッチュング]匣(–/–en)圧搾, 打ち身, 打撲傷.

quietschen [クヴィーチェン]围❶〈ドア・戸棚¹などが〉キーキーきしむ. ❷(口)(喜び・驚き・楽しさのあまり)キャーキャーはしゃぐ, 叫び声を上げる.

quillst [クヴィルスト] quellen の2人称単数現在形.

quillt [クヴィルト] quellen の3人称単数現在形.

Quirl [クヴィルル]男(–(e)s/–e)(料理用)泡立て器, 攪拌(ﾖこう)棒.

quirlig [クヴィァリヒ]形《副なし》(子供などが)落ち着きのない, 活発な, じっとしていない.

quitt [クヴィット]形《述語》(口)貸し借りがない, 義務責任を免れた, 関わり合いのない.

Quitte [クヴィッテ]女(–/–n)❶マルメロの木. ❷マルメロの実.

quittieren [クヴィティーレン]他❶〈(物⁴に)〉受領のサインをする, 領収書を出す[書く]. ❷(④ mit ③)〈物⁴に物³で〉応ずる, 報いる. ❸(古)(仕事を)辞める, 辞職する.

Quittung [クヴィットゥング]女(–/–en)❶領収書, 受領書, レシート, 受け取り. ❷(口)報い, 応報. 4級

Quiz [クヴィス]匣(–/–)(通常ラジオやテレビの)クイズ(番組).

quoll [クヴォル] quellen の過去形.

Quote [クヴォーテ]女(–/–n)❶割合, 比率. ❷分け前, 割り当て, 配当額.

Quoten·regelung 女(–/–en)(政)(特に女性の)議員数割合規定.

Quotient [クヴォツィエント]男(–(e)s/–en)《弱》《数》(¹⁄₅などの)除法表現. ❷割り算[除法]の答え, 商.

R

r, R [エル]匣(–/–, (口)–)アルファベットの第18字.

r. 《略》rechts 右に[へ].

Rabatt [ラバット]男(–(e)s/–e)割引, 値引.

Rabatte [ラバッテ]女(–/–n)縁どり花壇.

Rabbi [ラビ]男(–(s)/–s, Rabbinen [ラビーネン])ラビ((ユダヤ教の教師や祭司に対する尊称)).

Rabbiner [ラビーナー]男(–s/–)ラビの称号を持つ者((ユダヤ教の教師や祭司)).

Rabe [ラーベ]男(–n/–n)《弱》(大型の)カラス.

Raben·mutter 女(–/..mütter)(軽蔑)(子に愛情の無い)冷酷な母親.

rabiat [ラビアート]形(最上 ~est)狂暴な, 乱暴な, 粗暴な.

Rache [ラッヘ]女(–/–)復讐, 仕返し, 報復.

Rache·akt 男(–(e)s/–e)仕返し, 報復行為.

Rachen [ラッヘン]男(–s/–)❶のど, 口の奥, 咽頭. ❷(猛獣などの)大きく開いた口.

rächen [レッヒェン]((I))他〈人⁴・物⁴の〉復讐をする, 報復[仕返し]をする. ((II)) sich⁴ ❶〈an ③ für ④〉〈人³に事⁴の〉復讐をする. ❷報いが来る, たたる.

Rach·sucht [ラッハ..]女(–/–)復讐心, 執念深さ.

rach·süchtig 形復讐心に燃えている, 執念深い.

Rad [ra:t ラート]匣(–(e)s/Räder)❶(乗り物の)車輪, 輪. ❷(車輪状のもの:)歯車, 紡ぎ車, 水車, (車の)ハンドル, (孔雀などの)広げた尾, (体操の)側転回. ❸自転車. *das fünfte ~ am Wagen sein* (口)(グループ内で)いなくてもいい人である, 無用の長物である. ∎ *~ fahren* 1)自転車に乗る, 自転車に乗って行く. 2)(口;軽蔑)上にはペコペコして下には威張る.

Radar [ラダーァ,(ｵｰｽﾄ) ラーダーァ]匣/男(–s/–e)❶電波探知法. ❷レーダー, 電波探知機.

Radar·falle 女(–/–n)(口;軽蔑)(ス

□ 1格 ② 2格 ③ 3格 ④ 4格

ピード違反取り締まりのためにレーダーを用いた)ねずみ捕り.

Radar・kontrolle 囡(-/-n) レーダーによるスピード違反取り締まり.

Radar・schirm 男(-(e)s/-e) レーダースクリーン.

Rad・dampfer 男(-s/-) 外車船, 外輪船.

radeln [ラーデルン] 自⑤ (旦) (特に南ド・墺口)自転車で行く.

Rädels・führer [レーデルス..] 男(軽蔑)(暴動などの)首謀者, 首魁(か).

Räder [レーダー] 複⇒Rad.

rad|fahren 自⑤ (旦)= Rad fahren (⇒Rad 1).

Rad・fahrer 男(-s/-) ❶ 自転車に乗る人. ❷(口;軽蔑)上にはペコペコして下には威張る人.

Rad・fahrweg 男自転車専用道.

Radien [ラーディエン] Radiusの複数形.

radieren [ラディーレン] 他 〈(物⁴を)〉 ❶(消しゴムで)消す,(ナイフで)削り取る. ❷エッチングする.

Radier・gummi 男(-s/-s) 消しゴム.

Radierung [ラディールング] 囡(-/-en) ❶《単》エッチング技法. ❷エッチング版画.

Radieschen [ラディースヒェン] 中 (-s/-) ハツカダイコン.

radikal [ラディカール] 形 ❶根元からの, 根本的な, 断固たる. ❷徹底的な, 極端な, 過激な, 急進的な.

Radikalismus [ラディカリスムス] 男 (-/..men) 過激[急進]主義.

Radio [rá:dio ラーディオ] 中(-s/-s) ❶ ラジオ(受信機). ❷《単》ラジオ放送局. ❸《単》ラジオ放送. ◆ ~ einschalten [ausschalten] ラジオのスイッチを入れる[切る]. ~ hören ラジオを聞く. **4級**

radioaktiv [ラディオアクティーフ] 形 放射性の, 放射能のある.

Radioaktivität [ラディオアクティヴィテート] 囡(-/) 放射能.

Radio・sender 男(-s/-) ラジオ放送局.

Radio・wecker 男 (-s/-) ラジオ兼用目覚し時計.

Radius [ラーディウス] 男(-/Radien) 半径(記号:r, R).

Rad・kappe 囡(-/-n)(自動車の)ホイールキャップ.

Rad・lager 中(-s/-) 駐輪場.

Radler [ラードラー] 男(-s/-)《南ド・墺口》❶自転車に乗る人. ❷ ラードラー((レモネードで薄めたビール)). ◇ **Radlerin** 囡(-/-nen).

Rad・rennbahn 囡(-/-en) 競輪場(のコース).

Rad・rennen 中(-s/-) 自転車競走, 競輪.

Rad・sport 男(-(e)s/) 自転車競技, サイクリング.

Rad・tour 囡(-/-en) サイクリング(旅行).

Rad・weg 男(-(e)s/-e) = Radfahrweg.

raffen [ラッフェン] 他 ❶(軽蔑)〈4 (an sich⁴)〉〈物⁴を〉さっとつかむ, ひったくる, 〈服のすそを〉からげる. ❷〈カーテン⁴に〉ひだを寄せる, はしょる, 〈カーテン⁴に〉ひだを寄せる. ❸〈本・映画 などを〉要約する. ❹(口)分かる, 理解する.

Raffinerie [ラフィネリー] 囡(-/..rien [..リーエン]) 精製工場,(特に)精糖[精油]所.

Raffinesse [ラフィネッセ] 囡(-/-n) ❶《単》抜け目なさ, ずるがしこさ. ❷《複》(最新の技術による)精巧な設備[付属品], 技術の粋.

raffiniert [ラフィニーァト] 形 (最上~est) ❶洗練された, あか抜けした, 技巧的な, 精妙な. ❷抜け目のない, ずるがしこい.

Raft [ラフト] 中(-s/-s)(流木で生じた)浮き島, いかだ.

raften [ラフテン] 自 いかだで川を下る, いかだを用いる.

Rafting [ラフティング] 中(-s/) いかだによる川下り.

Rage [ラージェ] 囡(-/)(口) 憤激, 激怒; 気ぜわしさ.

ragen [ラーゲン] 自 ⓑ⑤ そびえる, 突き出する, 抜きん出る.

Ragout [ラグー] 中 (-s/-s) ラグー((肉や魚、野菜などを強い香辛料入りのソースで煮込んだフランス風のシチュー)).

Rahm [ラーム] 男 (-(e)s/) 《南ドイツ・オーストリア》(Sahne)クリーム, 乳脂.

rahmen [ラーメン] 他 [枠(額縁)に]入れる.

Rahmen [ラーメン] 男 (-s/-) ❶枠, 縁, 額縁, 戸枠, 窓枠, (自動車などの)シャシー, 車台. ❷《単》枠組み, 輪郭, 範囲, 限界, 大綱. *aus dem Rahmen fallen* 枠からはずれる, 場違いである. *im ~* ② 物²の範囲で, 物²を機縁として, 物²の期間中に.

Rakete [ラケーテ] 女 (-/-n) ❶ロケット. ❷ミサイル. ❸打ち上げ花火, のろし.

rammen [ランメン] 他 ❶〈杭⁴などを〉打ち込む. ❷〈車⁴などに〉激突する.

Rampe [ランペ] 女 (-/-n) ❶傾斜路, スロープになった道, (高速道路の)ランプウェー. ❷(貨物の)積み卸し場. ❸舞台له台, エプロンステージ.

Rampen·licht [ランペン..] 中 (-(e)s/) フットライト, 脚光.

Ramsch [ラムシュ] 男 (-(e)s/) 《軽蔑》安物, 投売り品, 見切り品.

ran [ラン] 副 《口》= heran こちらへ. ❷さあ(催促・激励の声)).

Rand [ラント] 男 (-(e)s/Ränder) ❶縁, へり, 周辺, 端. ❷欄外, 余白. ❸(輪状の)しみ, 汚れ. ❹《口》口. *am ~e* ② *stehen* 物²の危機に直面している. ④ *an den ~ bringen* 人⁴を物²の危険にさらす.

randalieren [ランダリーレン] 自 ばか騒ぎをする, 暴れまわる.

Randalierer [ランダリーラー] 男 (-s/-) 暴れまわる人, 熱狂的なサッカーファン, フーリガン. ◇ **Randaliererin** 女 (-/-nen).

Rand·bemerkung 女 (-/-en) 欄外の注釈, 傍注, (口頭での)つけたしの言葉.

Rand·gruppe 女 (社会的に疎外された)周辺集団.

Rand·stein 男 《南ドイツ・オーストリア・スイス》(道路の)へり石.

rand·voll 形 縁までいっぱいの.

rang [ラング] ringen の過去形.

Rang [ラング] 男 (-(e)s/Ränge) ❶(社会的, 職業上の)地位, 身分, 階級, 序列. ❷《単》等級, 格, 水準, 重要さ. ❸(スポーツにおける)ランキング, 順位. ❹(劇場などの)階上席. *von ~ (sein)* 重要[著名, 第一級]である.

rangieren [ランジーレン, ランギーレン] ((I)) 他〈車両⁴を〉入れ替える, 車両編成する. ((II)) 自〈+場所〉〈...の〉地位〔等級〕にある.

Rang·liste 女 (-/-n) ❶(スポーツの)ランキングリスト, 順位表, 番付. ❷《古》現役将校名簿, 高級官僚名鑑.

Rang·ordnung 女 (-/-en) 階級, 順位, 序列.

Ranke [ランケ] 女 (-/-n) (植物の)つる, 巻髭.

ranken [ランケン] ((I)) 自 ⓈS〈+場所〉〈...に〉(つるで)巻きつく. ((II)) 再 sich⁴ ❶〈+場所〉〈...に〉(つるで)巻きつく. ❷〈um ④〉〈人・物⁴に〉絡みつく, まといつく.

Ranking [ランキング] 中 (-s/-s) ランキング, 順位, 格付け.

rann [ラン] rinnen の過去形.

rannte [ランテ] rennen の過去形.

Ranzen [ランツェン] 男 (-s/-) ❶ランドセル, リュックサック. ❷《口; 軽蔑》太鼓腹.

ranzig [ランツィヒ] 形 油脂の腐った, (腐った油脂のような)悪臭のある.

Rap [ラップ] 男 (-(s)/-s) 【音楽】ラップ.

Rappe [ラッペ] 男 (-n/-n) 《弱》黒馬, あお.

rappen [ラッペン] 自 【音楽】ラップを歌う.

Rappen [ラッペン] 男 (-s/-) ラッペン((スイスの貨幣(単位); 1/100スイス・フラン; 略: Rp.)).

Rapper [ラッパー] 男 (-s/-) 【音楽】ラッパー, ラップを歌う人. ◇ **Rapperin** 女 (-/-nen).

Raps [ラプス] 男 (-es/(種類)-e) アブ

① 1格 ② 2格 ③ 3格 ④ 4格

ラナ，菜の花．

rar [ラーァ] 形 (比較 rarer[ラーラー]) ❶まれな，珍しい，レアな．❷《述語》乏しい，わずかの．

Rarität [ラリテート] 女 (−/−en) ❶まれなこと，希少(価値)．❷珍品，骨董品．

rasant [ラザント] 形 (最上 ~est) ❶非常に速い，電光石火の．❷(口)魅力的な，かっこいい，すてきな，(音楽などが)のりのきいた．

rasch [ラッシュ] 形 (最上 ~est) すばやい，迅速な，敏捷な，即座の，性急な．

rascheln [ラッシェルン] 自 (枯れ葉などが)ガサガサ[カサカサ]音を立てる．

rasen [ラーゼン] 自 ❶ⓑ〈vor ③〉〈怒り・苦痛³などのあまり〉狂ったように振舞う，暴れまわる，逆上する．❷ⓈⓈ疾走する，暴走する，疾駆する．

Rasen [ラーゼン] 男 (−s/−)《主に単》芝，芝生．

rasend [..ト] 形 (最上 ~st[..ツト]) ❶狂ったような，非常に激しい．❷ものすごく速い，猛スピードの．❸《副のみ》(口)ひどく，ものすごく．

Rasen·mäher 男 (−s/−) 芝刈り機．

Raser [ラーザー] 男 (−s/−) (口；軽蔑) (自動車・オートバイなどの)暴走者．◇ **Raserin** 女 (−/−nen).

Raserei [ラーゼライ] 女 (−/−en) ❶半狂乱になること，激怒すること．❷(口；軽蔑) (自動車，オートバイなどでの)暴走，疾走．

Rasier·apparat [ラズィーァ..] 男 (−(e)s/−e) ひげそり器．

rasieren [razi:rən ラズィーレン] 他 ❶〈④ [sich⁴]〉〈人⁴[自分⁴]の〉ひげをそる．❷〈③ [sich³] ④〉(a)〈人³[自分³]の毛⁴などを〉そり落とす．(b)〈人³[自分³]の身体部位⁴から〉毛をそり落とす．◆ *sich⁴* ~ *lassen* ひげをそってもらう．

Rasierer [ラズィーラー] 男 (−s/−) (口) = Rasierapparat．

Rasier·klinge 女 (−/−n) (安全)かみそりの刃．

Rasier·messer 中 (−s/−) かみそり．

Rasier·pinsel 男 (−s/−) ひげそり用ブラシ．

Rasier·schaum 男 (−(e)s/−) シェービングクリーム[石鹸]の泡．

Rasier·seife 女 (−/−n) ひげそり用石鹸．

rasiert [ラズィーァト] rasieren の過去分詞．

Rasier·wasser 中 (−s/−, ..wässer) ❶アフターシェーブ・ローション．❷ひげそり用のお湯．

Räson [レゾン] 女 (−/) 分別，思慮．

Rasse [ラッセ] 女 (−/−n) ❶人種，種族．❷(動物の)品種．❸(口)純血種，優秀な遺伝的素質．

Rassel [ラッセル] 女 (−/−n) (赤ん坊用の玩具の)ガラガラ；ガラガラ鳴る道具[楽器]．

rasseln [ラッセルン] 自 ❶ⓑ ガラガラ[ガチャガチャ，ジージー]音がする，〈mit ③〉〈物³で〉ガラガラ音を立てる，ガラガラ[ガチャガチャ]音を立てて動く；〈durch ④〉(試験⁴に)落第する．

Rassen·hass 男 (−es/) 人種間の憎悪[反感]．

Rassen·krawall 男 人種間の暴動[騒乱]．

Rassen·trennung 女 (−/) (差別的)人種隔離．

rassisch [ラッシシュ] 形 人種の，種族の．

Rassismus [ラスィスムス] 男 (−/) (軽蔑) (人種・民族の)純血主義，人種差別的態度．

Rassist [ラスィスト] 男 (−en/−en) 《弱》人種差別主義者．◇ **Rassistin** 女 (−/−nen).

rassistisch [ラスィスティッシュ] 形 純血主義の，人種差別(主義)の．

Rast [ラスト] 女 (−/−en)《主に単》(旅行・ドライブ・仕事などの)休憩，休息．

rasten [ラステン] 自 (旅行・ドライブ・仕事などで)休む，休息[休憩]する．

Raster [ラスター] ((I)) 男 (−s/−) (印刷)網目スクリーン．((II)) 中 (−s/−) (テレビ)ラスター，走査パターン．

Rast·haus 中 (−es/..häuser) 休憩所，(高速道路の)レストハウス，ドライブイン．

□①1格 ②2格 ③3格 ④4格

Rast·hof 男《高速道路の》宿泊施設つきレストハウス.

Rast·platz 男(-es/..plätze) 休憩所,《高速道路の》駐車場, パーキングエリア.

Rast·stätte 女(-/-n) 休憩所,《高速道路の》レストハウス, ドライブイン.

Rasur [ラズーア] 女(-/-en) ❶ひげをそること; ひげのそりあと. ❷《文書, 文字などの》削除, 消去.

Rat [raːt ラート] 男(-(e)s/Räte) ❶《単》助言, 忠告, 意見. ★複数をいう場合にはRatschlägeを用いる. ❷良い知恵, 妙案, 方策. ❸協議会, 評議会, 議会, 委員会. ❹（評）議員, 委員, 理事. ❺《単》顧問官, 評議員（(称号として)）. ◆③ einen ~ geben 人³に助言を与える. ④ um ~ fragen 人⁴に助言を求める. *Da ist guter ~ teuer.*（助言を求められても）良い知恵が浮かばない. 4級

rät [レート] raten の3人称単数現在形.

Rate [ラーテ] 女(-/-n) ❶分割払い, 賦払い, 分割払い金. ❷割合, 率, 歩合.

Räte [レーテ] 複 ⇒Rat.

raten [ráːtən ラーテン]

現在	ich rate	wir raten
	du rätst	ihr ratet
	er rät	sie raten

過去	ich riet	wir rieten
	du riet(e)st	ihr rietet
	er riet	sie rieten

| 過分 | geraten | 接II | riete |

《(I)》自 ⓑ <③(zu ③)> 〈人³に〈事³をするように〉〉《経験上》勧める, 忠告［勧告, 助言］する. ◆*richtig [falsch]* ~ 正しい［間違った］助言を与える. ⓒ ~, ...<zu不定詞> 人³に...するように勧める.《(II)》他 ⓐ <③(人⁴に)> 〈人⁴に〈事⁴を〉〉勧める, 勧告する, 促す. ❷〈物⁴を〉推測［推量］する, 言い当てる. *Dreimal darfst du* ~.《口》3回までのうちに当

ててごらん,（3回言えば当たるような）わかりきった話じゃないか. 4級

Raten·zahlung 女(-/-en) 分割払い, 賦払い（金）.

Rat·geber [..ゲーバー] 男(-s/-) ❶ガイドブック. ❷助言者, アドバイザー.

Rat·haus 中(-es/..häuser) 市庁舎, 市役所. 5級

Ratifikation [ラティフィカツィオーン] 女(-/-en)（国際条約の）批准.

Ratifizierung [ラティフィツィールング] 女(-/-en) =Ratifikation.

Rätin [レーティン] 女(-/-nen) Rat ④⑤の女性形.

Ration [ラツィオーン] 女(-/-en)（特に食料の）配分［配給］量.

rational [ラツィオナール] 形 合理的な, 道理にかなった, 理性的な.

rationalisieren [ラツィオナリズィーレン] 他 ❶〈(事⁴を)〉合理化する. ❷〈(行為・動機⁴などを)〉正当化する.

rationell [ラツィオネル] 形 ❶効率のよい, 能率的な, 経済的な. ❷合理的な, 目的にかなった.

rationieren [ラツィオニーレン] 他（生活必需品・食料などを定量ずつ）分配する, 配給する.

rat·los 形《最上 ~est》どうしたらよいか分からない, 途方にくれた.

Rat·losigkeit [..ローズィヒカイト] 女(-/) 途方にくれていること, 困惑.

ratsam [ラートザーム] 形《主に述語, 副》得策な, 賢明な, 経済的な.

Rat·schlag 男(-(e)s/..schläge) 助言, 忠告, 勧告. ★Ratschlägeは, Rat①の複数として用いられる.

Rätsel [レーツェル] 中(-s/-) ❶なぞ, 難題. ❷クイズ, なぞなぞ, 字［絵］解き. ❸不可解なこと, 秘密めいたこと.

rätselhaft [..ハフト] 形 なぞめいた, 不可解な, 神秘的な.

rätseln [レーツェルン] 自 ⓑ <über ④> 〈物⁴について〉あれこれ考える, 考え悩む, 憶測する.

rätst [レーツト] raten の2人称単数現在形.

Ratte [ラッテ] 女(-/-n) ネズミ, イエ

①1格 ②2格 ③3格 ④4格

[ドブ]ネズミ, クマネズミ ((Mausよりも大型のネズミ)). **Die ~n verlassen das sinkende Schiff.** (諺) 人は望みのない仕事からは逃げ出す (ネズミは沈む船を見捨てる)).

rau [ラオ] 形 (最上 ~est) ❶ (表面が) 平らでない, さらさらした, 粗い. ❷《副なし》(天候・風土などが) 荒れた, 厳しい. ❸ 粗野な, 無作法な, 不親切な. ❹ (声が) しわがれた, かれ気味の, (音が) 調子はずれの, 耳障りな. ❺《副なし》(海が) 荒れた, 怒涛逆巻く **ein ~er Hals** 痛めたのど.

Raub [ラオプ] 男 (-(e)s/-e) ❶ 奪うこと, 略奪, 強盗, 横領. ❷ 誘拐. ❸ 略奪品, 獲物, 餌食.

Raub·bau 男 (-(e)s/) ❶ 〈an ③〉〈土地・森林・鉱山³などを〉酷使すること, 乱伐, 地力酷使, 乱掘. ❷ 酷使, 乱用.

rauben [ラオベン] ((I)) 他 ❶〈(人³から)物⁴を〉奪う, 略奪[強奪]する, 取り上げる, 〈動物¹が〉〈獲物⁴を〉捕る. ❷〈古〉〈人⁴を〉さらう, 誘拐する. ((II)) 自 強盗[略奪]をはたらく, 〈動物¹が〉獲物をとる.

Räuber [ロイバー] 男 (-s/-) ❶ 強盗, 盗賊, 強奪者, 誘拐者. ❷ 猛獣, 肉食獣, 捕食者. ◇ **Räuberin** 女 (-/-nen).

Raub·fisch 男 (-(e)s/-e) 肉食魚.

Raub·kopie 女 無断[海賊版]コピー.

Raub·mord 男 (-(e)s/-e) 強盗殺人.

Raub·tier 中 (-(e)s/-e) 肉食獣, 猛獣.

Raub·vogel 男 (-s/..vögel) 肉食鳥, 猛禽(きん).

Rauch 男 (-(e)s/) 煙. **Kein ~ ohne Flamme.** (諺) 火のない所に煙は立たぬ.

rauchen [ráoxən ラオヘン] ((I)) 自 タバコを吸う, 喫煙の習慣がある. ((II)) 他 ❶〈タバコを〉吸う, のむ. ◆**das Rauchen abgewöhnen** タバコをやめる. **passiv ~** 同席の喫煙者の煙を吸わされる. ❷ 煙を出す, 煙となって上る, 煙る. 《非人称で》**Es raucht ...** (口) ...に煙が立ちこめている. **Rauchen verboten.** 喫煙禁止, 禁煙. 5級

Raucher [ラオハー] 男 (-s/-) ❶ 喫煙者. ❷ (口) (列車の) 喫煙席, 喫煙車室 (↔ Nichtraucher).

Raucher·abteil 中 (-(e)s/-e) (列車の) 喫煙者用コンパートメント[車室].

Raucher·husten 男 (-s/) 喫煙者特有の慢性の咳.

Raucherin [ラオヘリン] 女 (-/-nen) (女性の) 喫煙者.

räuchern [ロイヒャァン] ((I)) 他〈肉・魚⁴を〉燻製にする, いぶす. ((II)) 自〈mit ③〉〈香³などを〉たく, 燃やす.

rauchig [ラオヒヒ] 形 ❶ 煙たい, 煙がいっぱいの. ❷ 煙色の, 曇った. ❸ しわがれ声の.

Rauch·melder 男 煙[火災]報知器.

Rauch·schwaden 男 もうもうとした[大量の]煙.

Rauch·verbot 中 (-(e)s/-e) 喫煙禁止, 禁煙.

Rauch·wolke 女 (-/-n) 煙雲.

räudig [ロイディヒ] 形《副なし》疥癬(紫)にかかった.

rauf [ラオフ] 副 (南؟; 口) = herauf, hinauf 上へ, 上って.

Rau·faser·tapete 女 表面がざらざらした壁紙.

raufen [ラオフェン] ((I)) 自 再 sich⁴〈mit ③〉〈人 ³と〉取っ組み合い[殴り合い]のけんかをする;〈um ④〉〈物⁴を〉奪い合って〉けんかする. ((II)) 他〈雑草⁴などを〉引き抜く, むしる.

Rauferei [ラオフェライ] 女 (-/-en) 取っ組み合い, 殴り合い.

rauh [ラオ] 形 = rau.

Rauh·reif 中 = Raureif.

Raum [raʊm ラオム] 男 (-(e)s/Räume) ❶ 部屋, 室. ❷ (a) 空間, 広がり. (b)《単》宇宙. ❸ (a)《単》場所. (b)《主に単》地域, 領域. (c)《単》余地, 可能性. **im ~ stehen** (問題などが) 未解決である, 解決を求められている. ■ **~ sparend** 場所の節約になる, 場所をふさ

①1格 ②2格 ③3格 ④4格

räumen [ロイメン] 他 ❶《＋方向》片付ける, 運び去る. ❷明け渡す, 立ち退く. ❸空にする, 掃除する.

Raum·fahrt 女(-/-en) ❶《単》宇宙飛行学. ❷宇宙飛行.

räumlich [ロイムリヒ] 形《付加まれに副》❶場所の, 空間の. ❷立体的な, 三次元の, ステレオの.

Räumlichkeit [..カイト] 女(-/-en) ❶《複》部屋. ❷《単》空間性, 立体性.

Raum·schiff 中(-(e)s/-e) 宇宙船.

Raum·sonde 女(-/-n) 宇宙探査機.

raum·sparend = Raum sparend (⇒Raum Ⅰ).

Räumung [ロイムング] 女(-/-en) ❶片付け, 除去. ❷明け渡し, 立ち退き. ❸掃除, 清掃.

Räumungs·verkauf 男在庫一掃セール, クリアランスセール.

raunen [ラオネン] ((Ⅰ)) 他《事⁴を》ささやく, つぶやく. ((Ⅱ)) 自《über ④; von ③》〈物⁴［物³］について》ひそひそ話をする.

Raupe [ラオペ] 女(-/-n) ❶(昆虫の)幼虫, いも虫, 毛虫. ❷無限軌道, キャタピラー, ブルドーザー.

Raureif [ラオライフ] 男(-(e)s/-) 霧氷, 樹氷.

raus [ラオス] 副 (口) = heraus, hinaus.

Rausch [ラオシュ] 男(-es/Räusche) ❶酔い, 酩酊(めいてい), 忘我. ❷陶酔, 熱狂, 興奮.

rauschen [ラオシェン] 自 ❶(川·海·波·風などが)ザワザワ［サラサラ］音を立てる, ざわめく. ❷(S)《＋方向》ザワザワ音を立てて動く, サラサラ流れる. ❸(口)(S)《＋方向》(けんかの後などに怒って)音を立てて歩く.

Rausch·gift 中(-(e)s/-e) 麻薬, 麻酔薬.

Rauschgift·händler 男(-s/-) 麻薬の売人, 麻薬密売業者.

Rauschgift·sucht 女(-/-) 麻薬中毒.

raus|fliegen* 自(過 flog raus; 過分 rausgeflogen)(S)(口) 飛び出して行く, 〈銃·弾丸¹などが〉発射される.

räuspern [ロイスパァン] 再 sich⁴ 咳払いをする.

raus|schmeißen* 他(過 schmiss raus; 過分 rausgeschmissen)(口) ❶〈物⁴を〉ほっぽり出す, 外へ投げ出す. ❷〈人⁴を〉ほうり出す, 追放する, 解雇する.

Raute [ラオテ] 女(-/-n) 菱形(ひしがた); 菱形模様.

Rave [レイヴ,レイヴ] 男中(-s/-s)(口) レイヴ((テクノミュージックのダンスパーティー)).

Raver [レイヴァー] 男(-s/-)(口) レイヴァー((Raveに参加する若者)). ◇ **Raverin** 女(-/-nen).

Razzia [ラツィア] 女(-/..zien) 警察の手入れ.

rd.《略》rund.

reagieren [レアギーレン] 自 ❶〈auf ④〉〈人·物⁴に〉反応する, こたえる. ❷〈mit ③〉〈物³と〉化学反応を起こす.

reagiert reagieren の過去分詞.

Reaktion [レアクツィオーン] 女(-/-en) ❶〈auf ④〉〈人·物に対する〉反応, 作用, 反響. ❷生理的反応. ❸〈mit ③〉〈物³との〉化学反応. ❹《単》反動[保守]派(の人々).

reaktionär [レアクツィオネーァ] 形《軽蔑》反動[保守]的.

Reaktor [レアクトァ] 男(-s/..toren [..トーレン]) 原子炉.

real [レアール] 形 ❶実際の, 実在する. ❷現実的な, 現実に忠実な. ❸《経》実質の.

realisieren [レアリズィーレン] 他 ❶〈計画⁴などを〉実現[実行]する. ❷〈物⁴を〉理解[認識]する.

realisiert realisieren の過去分詞.

Realismus [レアリスムス] 男(-/-) ❶現実主義. ❷《文芸·美術》リアリズム, 写実主義.

Realist [レアリスト] 男(-en/-en) 《弱》❶現実主義者. ❷《文芸·美術》写実主義の芸術家. ◇ **Realistin** 女(-/-nen).

realistisch [レアリスティッシュ] 形 ❶現実的な. ❷写実的な, リアリズムの.

Realität [レアリテート] 女(−/−en) ❶《単》現実(性), リアリティ. ❷《die ~ ③》〈物²の〉実在, 存在. ❸事実. ❹《ﾋﾟｯﾂｧ》《複》地所, 不動産.

Real·schule 女(−/−n) 実科(中等)学校. ⇨ Hauptschule, Gymnasium.

Rebe [レーベ] 女(−/−n) ブドウ(の木).

Rebell [レベル] 男(−en/−en)《弱》反乱者, 反逆者, 謀反人. ◇ **Rebellin** 女(−/−nen).

rebellieren [レベリーレン] 自《gegen ④》〈人·物⁴に対して〉反乱[謀反]を起こす.

Rebellion [レベリオーン] 女(−/−en) 〈gegen ④〉〈人·物⁴に対する〉反乱, 謀反, 反抗.

rebellisch [レベリッシュ] 形 反乱[謀反]を起こした, 反抗[挑戦]的な.

Reb·huhn [レープ..] 中(−(e)s/..hühner) ヨーロッパヤマウズラ.

Reb·stock 男(−(e)s/..stöcke) ブドウの木.

rechen [レッヒェン] 他 (特に南ﾄﾞ·ｵｰｽﾄﾘｱ·ｽｲｽ)❶〈道⁴などを〉熊手で掃き清める, 掃除する, 〈地面⁴などを〉レーキでかきならす. ❷〈草⁴などを〉かき集める.

Rechen [レッヒェン] 男(−s/−) (特に南ﾄﾞ·ｵｰｽﾄﾘｱ·ｽｲｽ) 熊手, レーキ, 草かき.

Rechen·fehler 男(−s/−) 計算の誤り, 誤算.

Rechen·maschine 女(−/−n) 計算機.

Rechenschaft [..シャフト] 女(−/)〈über ④〉〈物⁴についての〉弁明, 釈明, 申し開き.

Rechenschafts·bericht 男(−(e)s/−e) 事業報告書, 決算報告書.

Recherche [レシェァシェ] 女(−/−n) 《主に複》調査, 探究.

recherchieren [レシェァシーレン] 他〈物⁴を〉調査[探究]する.

rechnen [réçnən レヒネン] (du rechnest, er rechnet; 過 rechnete; 過分 gerechnet) **((I))** 自 ❶計算する; 計算で解く; 比較考慮する; やりくりする. ❷〈mit ③〉〈人·物³を〉考慮に入れる, 予想する, 覚悟する. ❸〈auf ④; mit ③〉〈人·物³·⁴を〉当てにする, 頼りにする, 頼る. ♦ im Kopf ~ 暗算する. gut [schlecht] ~ können 計算が上手[下手]だ. **((II))** 他 ❶〈物⁴を〉計算する, 見積もる, 計算[勘定]に入れる. ♦ eine Aufgabe ~ 問題を(計算して)解く. ❷〈zu ③〉〈人·物⁴を人·物³に〉数える, 見なす. 4級

Rechnen 中(−s/) 計算, 算数.

Rechner [レヒナー] 男(−s/−) ❶計算する人, 計算の(良く)できる人; 打算家. ❷計算機, 電子計算機. ◇ **~in** 女(−/−nen).

rechnerisch [レヒネリッシュ] 形《付加または副》❶計算による, 計算上の. ❷打算的な, 勘定高い.

Rechnung [réçnoŋ レヒヌング] 女(−/−en) ❶計算, 算定;《単》目算, 思惑. ❷考慮, 顧慮. ❸〈für ④〉〈物⁴に対する〉勘定(書), 計算書, 請求書; 代金, 付け. ♦ ③ ~ tragen 物³を考慮する. *Das geht auf ② ~.* その勘定は人²が払う[人²のおごりである], それは人²の責任である. *die ~ für ④ bezahlen müssen* 物⁴に対する責任をとらなければならない. ② ~ *geht nicht auf* 人²の計算は間違いだ, 人²のもくろみははずれる. 4級

recht¹ [reçt レヒト] 形 ❶(↔ falsch, verkehrt)〈für ④〉〈人·物⁴にとって〉正しい, 相応しい, 適切な. ❷〈③〉〈人³から見て〉望ましい, 都合のいい. *es ③ ~ machen* 人³の都合のいい[気に入る]ようにする. ❸ (↔ unrecht)(道徳律·規範などに照らして)正しい, 正当な. *~ und billig* 正当な, 妥当な. *Das geschieht ② ~!* (口)人³にとって当然の報いだ. ❹《付加または副》真の, 本当の. ❺《付加または副》かなりの, 相当な, 本当の. *~ und schlecht* どうにかこうにか. ■ *~ behalten* 正しいと認められている. *~ bekommen* 正しいと認められる. ③ *~ geben* 人³を正しいと認める[判断す

①1格 ②2格 ③3格 ④4格

る]. **~ haben** (言うことが)正しい. 5級

recht² 形《付加》(↔ link) ❶右の, 右側の. ❷〔政〕右翼の, 保守の. ◆die ~e Hand ② sein〈人²の〉右腕である.

Recht [rɛçt レヒト] 中(-(e)s/-e) ❶《単》法, 法律, 掟. ◆das ~ anwenden [verletzen] 法律を適用する[法律に違反する]. ❷《auf ④》〈《物に対する》〉権利, 権限. ◆sein ~ fordern [verlangen] 自己の権利を要求する. ❸《単》正しいこと, 公正, 道理. **im ~ sein**（言い分が）正しい, もっともである. **zu ~** 当然, もっともな. **~ behalten [bekommen, geben]** ⇒recht¹ **❶**.

Recht·eck [..エック] 中(-(e)s/-e) 長方形.

rechtfertigen [レヒトフェァティゲン]（過分 gerechtfertigt）《(Ⅰ)他《④ mit ③》〈〈物³によって行動・主張する〉〉正当化する, 弁護する. 《(Ⅱ)再 sich⁴〈〈mit ③〉〉〈〈物³によって〉〉自己弁護する, 弁明する, 申し開きをする.

Rechtfertigung 囡(-/-en) 正当化, 釈明.

rechtlich [..リヒ] 形《付加または副》法律上の, 合法的な, 法による.

Rechtlichkeit [..カイト] 囡(-/) 合法性, 正当性, 正直.

recht·los 形 法的権利のない, 法的保護を受けない.

Recht·losigkeit [..ローズィヒカイト] 囡(-/) 法的権利[保護]のないこと.

recht·mäßig 形 合法的な, 正当な.

Recht·mäßigkeit 囡(-/) 合法性, 適法.

rechts [rɛçts レヒツ](↔ links) 《(Ⅰ)副 ❶〈von ③〉〈人・物³の〉右に, 右側に. ❷〔政治上・思想上〕右翼[右派]の立場に. ◆das dritte Haus von ~ 右から3番目の家. nach ~ へ. 《(Ⅱ)前《2格支配》...の右(側)に. 5級

Rechts·abbieger 男(-s/-) 右折車, 右折するドライバー. ◇..**abbiegerin** 囡(-/-nen).

Rechts·anwalt 男(-(e)s/..anwälte) 弁護士.

Rechts·außen 男(-s/-) ❶〔スポーツ〕(サッカーやホッケーなどの)ライトウィング, 右サイド. ❷極右派の人.

recht·schaffen 形 ❶正直な, 誠実な, まじめな. ❷《付加または副》大変な, はなはだしい.

Rech·schreib·fehler 男 正書法上の誤り.

Rechtschreibung [レヒトシュライブング] 囡(-/) 正書法.

Rechts·empfinden 中(-s/) 正・不正を識別する感覚, 正義感.

Rechts·extremist 男(-en/-en)《弱》極右主義者.

Rechts·händer 男(-s/-) 右利きの人. ◇..**händerin** 囡(-/-nen).

rechts·kräftig 形 法律上の効力のある, 確定力のある.

Rechts·kurve 囡(-/-n) 右カーブ.

Rechtsprechung [レヒトシュプレヒュング] 囡(-/) 裁判, 司法.

rechts·radikal 形 極右の.

Rechts·radikale 男《形容詞変化》極右(思想)の人.

Rechts·radikalismus 男(-/) 極右主義[思想].

Rechts·staat 男(-(e)s/-en) 〔政〕法治国家.

rechts·staatlich 形 法治国家にふさわしい.

Rechts·verkehr 男(-s/)（↔ Linksverkehr)右側通行.

Rechts·verletzung 囡(-/-en) 違法(行為).

rechts·widrig 形 違法の.

Rechtswidrigkeit [..カイト] 囡(-/-en) 違法(性).

recht·winklig 形 直角の.

recht·zeitig [レヒトツァイティヒ] 形 間に合った, 時(宜)を得た, 時間内の. 4級

Reck [レック] 中(-(e)s/-e, -s) 鉄棒.

recken [レッケン] 《(Ⅰ)他〈手足などを〉伸ばす. 《(Ⅱ)再 sich⁴ 身体を伸ばす.

recyceln [リサイケルン] 他⑥ 再利用する, リサイクルする.

① 1格 ② 2格 ③ 3格 ④ 4格

Recycling [リサイクリング]中(-s/) 再利用, 再生, リサイクルすること.

Recycling·papier 中再生紙.

Redakteur [レダクテーァ]男(-s/-e)（新聞や雑誌の）編集者[部員]. ◇**Redakteurin** 女(-/-nen).

Redaktion [レダクツィオーン]女(-/-en) ❶編集. ❷編集部員. ❸編集部[室].

redaktionell [レダクツィオネル]形 編集上の, 編集部の.

Rede [レーデ]女(-/-n) ❶⟨(an ③; vor ③) über ④⟩⟨(人³·物⁴に対する)（人·物⁴についての）⟩演説, スピーチ, 講演. ◆eine ~ halten (an die Versammlung) halten‐(会合で)演説する. ❷⟨複⟩言葉, 言いくさ. ❸⟨単⟩雄弁, 弁舌, 釈明, 弁明. ❹⟨単⟩話題, 発言, 話のたね, うわさ. ❺⟨単⟩話し方, 文体, 話法. *Davon kann keine ~ [nicht die ~] sein.*（口）そんなことは問題にならない. *Langer ~ kurzer Sinn*（口）要するに.

reden [réːdən レーデン]（du redest, er redet; 過 redete; 過分 geredet)((I))他⟨物⁴を⟩言う, 話す, 語る. ◆Unsinn ~ ⟨くだらないことをしゃべる. kein Wort ~ 一言も口をきかない. ((II))自 ❶⟨über ④; von ③⟩⟨テーマ·内容[（表面的な）事³]について⟩話す, 語る, しゃべる. ◆gut ~ haben（部外者だから）気楽になんでも言える. ❷⟨(mit ③) über ④ [von ③]⟩⟨テーマ·内容⁴[（表面的な）事³]について⟩話をする,⟨事³について⟩会話[うわさ]をする. ❸⟨(vor [zu] ③) über ④⟩⟨(人³に対して)物⁴について⟩論じる, 演説[講演]する. *mit sich³ ~ lassen* 人³とは話し合う余地がある. *Reden ist Silber, Schweigen ist Gold.*（諺）雄弁は銀, 沈黙は金. *von sich³ ~ machen* 世間を騒がせる.

【4級】**Redens·art** 女(-/-en) 慣用句, 決まり文句, 決まった言い回し.

Rede·wendung 女(-/-en) 言い回し, 決まり文句, 慣用句.

redlich [レートリヒ]((I))形 まじめな, 誠実な, 正直な. ((II))副 ❶まじめに, 誠実に. ❷非常に, 大いに.

Redlichkeit [..カイト]女(-/) まじめさ, 誠実さ.

Redner [レードナー]男(-s/-) ❶講演[演説]する人, 弁士. ❷雄弁[能弁]な人. ◇**Rednerin** 女(-/-nen).

redselig [レートゼーリヒ]形 話好きな, おしゃべりな.

reduzieren [レドゥツィーレン]((I))他 ❶⟨④ (auf ④)⟩⟨物⁴を(物⁴に)⟩制限する, 低下[減少]させる;⟨④ um ④⟩⟨物⁴を(物⁴だけ)⟩削減する, 縮小する. ❷⟨④ auf ④⟩⟨物⁴を物⁴に⟩還元する, 簡略化する. ((II))再 sich⁴⟨auf ④⟩⟨物⁴にまで⟩減る, 低下する.

Reeder [レーダー]男(-s/-) 船主, 海運業者. ◇**Reederin** 女(-/-nen).

Reederei [レーデライ]女(-/-en) 海運業, 船会社.

reell [レエル]形 ❶⟨副なし⟩(↔ imaginär)本当の, 現実の, 実際の. ❷手堅い, 堅実な, 信頼できる.

Reet [レート]中(-s/) 葦(ℓ)属.

Referat [レフェラート]中(-(e)s/-e) ❶⟨über ④⟩⟨人·物⁴についての⟩調査報告, 報道報告. ❷研究報告[レポート], 研究発表, 批評. ❸（官庁などの）担当部局, 課.

Referendar [レフェレンダーァ](-s/-e)（ドイツの）上級公務員の研修生[採用候補者], 試補見習, 司法修習生. ◇**Referendarin** 女(-/-nen).

Referenz [レフェレンツ]女(-/-en) ❶⟨複⟩推薦状, 紹介状. ❷照会先.

referieren [レフェリーレン]((I))他⟨(物⁴を)⟩報告する. ((II))自⟨über ④⟩⟨物⁴について⟩報告する, 講演する, 研究発表する.

reflektieren [レフレクティーレン]((I))他 ❶⟨(物⁴を)⟩反射する, 照り返す, はね返す. ❷⟨物⁴を⟩反映する, 映し出す. ((II))自 ❶⟨über ④⟩⟨物⁴について⟩熟考する, 反省する. ❷（口）⟨auf ④⟩⟨物⁴に⟩目をつける,⟨物⁴を⟩手に入れようとする.

Reflex [レフレクス]男(-es/-e) ❶（身

① 1格 ② 2格 ③ 3格 ④ 4格

体の)反射作用. ❷(光・熱などの)反射, 反映.

Reflexion [レフレクスィオーン]囡(–/–en) ❶反射, 反映. ❷省察, 熟慮.

reflexiv [レフレクスィーフ]形《言》再帰的な. ◆ein ~es Verb 再帰動詞.

Reflexiv·pronomen 中(–s/..mina)《言》再帰代名詞.

Reform [レフォルム]囡(–/–en) 改革, 革新, 改良, 刷新.

Reformation [レフォルマツィオーン]囡(–/) 宗教改革.

Reformations·fest 中(–(e)s/) (ルターの)宗教改革記念日(10月31日).

Reform·haus 中(–es/..häuser) 自然食[健康食]専門店.

reformieren [レフォルミーレン]他〈物⁴を〉改革する, 改良[改正]する, 刷新する.

Refrain [レフラン]男(–s/–s) (詩・楽曲の各節末の)折り返し, リフレイン.

Reg. 《略》Regierung, Regiment.

Regal [regá:l レガール]中(–s/–e) 棚, (特に)本棚.

rege [レーゲ]形(比較 reger; 最上 regst)活発な, 元気な, 生き生きした.

Regel [ré:gəl レーゲル]囡(–/–n) ❶規則;規定, 決まり, ルール. ❷《単》(↔Ausnahme)一般的なこと, 通例, 習慣. ❸《単》月経. ◆sich⁴ an eine ~ halten 規則に従う. in der [in aller] ~ 通例は, たいてい. [4級]

regel·mäßig [レーゲルメースィヒ]形 ❶規則的な, 規則正しい, 秩序のある. ❷[言]規則変化の. ❸均斉[調和]のとれた, 整然とした. ❹定期的な, 定例の, いつもの. ◆ein ~es Verb 規則動詞. [4級]

Regel·mäßigkeit [..カイト]囡(–/–en) 規則的なこと, 規則性.

regeln [レーゲルン]((I))他 ❶〈物⁴を〉規制する, 規則だてる, 整理する. ❷調節する, 制御する. ((II))再〈sich⁴ (von selbst)〉(ひとりでに)片付く, 整理される.

regel·recht (口) ((I))形《付加》正真正銘の, 全くの, 徹底的な. ((II))副 全く, すっかり.

Regelung [レーゲルング]囡(–/–en) ❶規制, 取り締まり, 制御, 調整. ❷規定.

regen [レーゲン]((I))他〈手足⁴などを〉動かす. ((II))再 sich⁴ ❶動く, 活動する, 働く. ❷〈(bei)〉〈(人³の心の中に)〉〈(ある感情が)目覚める, 呼び起こされる.

Regen [ré:gən レーゲン]男(–s/) 雨. ★複数回をいう場合はRegenfälleを用いる. ◆ein leichter [starker] ~ 小雨 [大雨]. ein ~ von ③ たくさんの物³. bei ~ 雨天の場合. Der ~ fällt [hört auf]. 雨が降る[やむ]. Wir werden ~ bekommen. 雨になるでしょう. Es [Himmel] sieht nach ~ aus. 雨になりそうです. [4] *im ~ stehen lassen* 人⁴を見捨てる, 見殺しにする. *vom [aus dem] ~ in die Traufe kommen* 小難を逃れて大難に出会う. [4級]

Regen·bogen 男(–s/–) 虹.
Regen·mantel 男レインコート.
Regen·schirm [レーゲンシルム]男(–(e)s/–e) 雨傘. [4級]
Regen·tag 男(–(e)s/–e) 雨天の日.
Regen·wald 男(–(e)s/..wälder) 雨林, 多雨林.
Regen·wasser 中雨水.
Regen·wetter 中雨天.
Regen·wolke 囡雨雲.
Regen·wurm 男ミミズ.
Regen·zeit 囡(熱帯や亜熱帯地方の)雨季.

Regie [レジー]囡(–/) ❶(演劇などの)演出, (映画の)監督. ❷管理. *in eigener ~* 自力[自分の責任]で. *unter* ② *~* 人²の演出[監督]のもとに.

regieren [regí:rən レギーレン] ((I))他 ❶〈人・物⁴を〉統治する, 支配する. ❷〈人・物⁴を〉意のままに操る, 制御する. ❸〖言〗(一定の格を)支配する. ((II))自〈**über** ④〉〈人・物⁴を〉統治する, 支配する. ❷支配力をもつ, 支配的である.

①1格 ②2格 ③3格 ④4格

regiert regieren の過去分詞.

Regierung [regíːroŋ レギールング] 囡 (-/-en) ❶ 政府, 内閣, 統治機構. ❷ 支配, 政治, 統治(権), 政権. 4級

Regierungs-chef 男 首相.

Regierungs-sitz 男 中央官庁, 政府所在地.

Regiment [レギメント] 中 ❶ (-(e)s/-er) 《軍》連隊. ❷ (-s/-e) 統治.

Region [レギオーン] 囡 (-/-en) ❶ 地域, 地方, 範囲, 層圏. ❷ 領域, 分野, 領分.

regional [レギオナール] 形 ❶ 特定地域[地方]の, 地域[地方]的な, 局地的な. ❷ 《医》局所の, 部位の.

Regisseur [レジセーァ] 男 (-s/-e) (舞台・テレビ番組・映画などの)監督, 演出家. ◇ **Regisseurin** 囡 (-/-nen).

Register [レギスター] 中 (-s/-) ❶ (書物などの)索引, インデックス. ❷ 記録簿, 登録簿, 戸籍簿. ❸ 《音楽》(パイプオルガンなどの)音栓[群]. *alle ~ ziehen* あらゆる手を尽くす.

registrieren [レギストリーレン] 他 ❶ 〈人・物⁴を〉記録する, 登記[登録]する. ❷ 〈物⁴を〉心にとめる, 気づく, 感じく. ❸ 〈物⁴を〉(記録計器が自動的に)記録する, 自記する.

Regler [レーグラァ] 男 (-s/-) (音量や温度などの)調節[調整]器.

reglos [レークロース] 形 = regungslos 動きのない.

regnen [réːɡnən レーグネン] 自 《非人称》❶ 雨が降る. ◆ Es regnet leicht [heftig]. 軽く[激しく]雨が降っています. ❷ 〈様態, 内容を示す複数 4 格と共に〉〈物⁴が〉(雨のように)降る, 降り注ぐ; (口) (非難や質問などを)浴びせられる. 5級

regnerisch [レグネリッシュ] 形 よく雨の降る, 雨模様の.

Regt. 《略》Regiment.

regulär [レグレーァ] 形 (↔ irregulär) 規定通りの, 規則的な, 正規の, 普通の, 通常の.

regulieren [レグリーレン] ((I)) 他 〈物⁴を〉調節[調整]する, 加減する, 規制する. ((II)) 再 sich⁴ (selbst) おのずと片づคく[整理される].

Regulierung [レグリールング] 囡 (-/-en) 調節, 調整, 規制.

Regung [レーグング] 囡 (-/-en) ❶ かすかな動き[身動き]. ❷ 感情[心]の動き.

regungs-los 形 ❶ (顔に)感情の動きが表われない. ❷ 動かない, 静止した.

Reh [レー] 中 (-(e)s/-e) ノロ(ジカ).

Rehabilitation [レハビリタツィオーン] 囡 (-/-en) ❶ 復権, 復職, 復位. ❷ リハビリテーション, 社会復帰.

rehabilitieren [レハビリティーレン] ((I)) 他 ❶ 〈人⁴を〉復権[復職, 復位]させる. ❷ 〈病人・障害者⁴などを〉社会復帰させる, リハビリさせる. ((II)) 再 sich⁴ 自分の名誉を回復する, 復権する.

Reh-bock 男 ノロの雄.

Reh-kitz 中 ノロの子.

Reibach [ライバハ] 男 (-s/) (特にくどい手段による)稼ぎ, ぼろもうけ.

Reibe [ライベ] 囡 (-/-n) (口) = Reibeisen.

Reib-eisen [ライブ..] 中 (-s/-) おろし金.

reiben* [ライベン] (過 rieb; 過分 gerieben) ((I)) 他 ❶ (an ③) 〈物³に〉物⁴をこすりつける, こする. ❷ 〈sich³ ④〉〈自分の体の一部⁴を〉手でこする, 摩擦する, さする. ❸ 磨く, ぬぐう. ❹ **aus [von]** 〈物³から物⁴をこすって取る, こすり落す. ❺ すりおろす, すりつぶす. ((II)) 自 こすれる, すれて痛い. ((III)) 再 (口) 〈sich⁴ (an ③)〉〈(人・物³に)自分の体⁴を〉こすりつける; 〈人³と〉摩擦を起こす, 不和になる.

Reib-fläche 囡 (-/-en) (マッチの)横付け, 摩擦面.

Reibung [ライブング] 囡 (-/-en) ❶ こすること, 摩擦. ❷ 《理》摩擦抵抗.

reibungs-los 形 《最上 ~est》摩擦のない, 支障のない.

reich [raɪç ライヒ] 形 (↔ arm) ❶ 《副なし》金持ちの, 裕福な, 富んだ. ❷ 豪華な, 見事な, 華美な. ❸ 豊富な, (内容の)豊かな, たくさんの. ◆ heiraten 金持ちと結婚する. an ③～ sein 物³に富んでいる, 物³が多い. Das Obst ist ～ an Vitamin C. その果物はビタミンCが豊富だ. **5級**

Reich [ライヒ] 匣⟨-(e)s/-e⟩ ❶国, 国家, 王国, 帝国. ❷⟨②⟩⟨物²の⟩領域, 分野, 世界. *das Deutsche ～* [史]ドイツ帝国 ((1806年以前の神聖ローマ帝国, または1871-1918年の第二帝国)). *das Dritte ～* (ナチス時代の)第三帝国 ((1933-45年)). *das tausendjährige ～* 千年帝国 (ナチ時代に国家社会主義者が自ら称した)).

reichen [ライヒェン] ⟨(I)⟩ 他 ❶⟨③④⟩⟨人³に物⁴を⟩差し出す, 手渡す, 与える. ❷⟨食べ物⁴などを⟩出す, 並べる, 給仕する. ⟨(II)⟩ 自 ❶⟨＋方向⟩⟨長さ・距離・大きさなどが⟩…まで達する, 届く, 及ぶする. ❷⟨《方向を示す語句と》…に手をのばす. ❸⟨③; *für* ④⟩⟨人³・⁴ [物⁴] に⟩足りる, 間に合う, 十分である. *Mir reichts! = Jetzt reichts mir (aber)!*⟨口⟩もうたくさんだ.

reich·haltig 形内容豊富な, 内容の充実した, 中身がたっぷりの, 盛り沢山の.

reichlich [..リヒ] ⟨(I)⟩ 形豊かな, 十分な, たくさんの, 余るほどの, 余裕のある. ⟨(II)⟩ 副 ❶豊富に, ふんだんに, たっぷりと. ❷⟨数量を示す語句⁴⟩優に, たっぷり, ...以上. ❸⟨口⟩かなり, 相当に.

Reichtum [..トゥーム] 匣⟨-(e)s/..tümer⟩ (↔ Armut) ❶富, 富裕. ❷⟨単⟩⟨*an* ③⟩⟨物³の⟩豊かさ, 多様性, 豊富, おびただしさ.

Reich·weite 囡⟨-/-n⟩ (手の)届く距離 [範囲], 到達距離 [範囲].

reif [ライフ] 形⟨無しが⟩ ❶⟨果物・穀物などが⟩熟した, 熟れた. ❷⟨チーズ・ワインなどが⟩熟成した, 食べ [飲み] ごろの. ❸⟨人³が⟩成熟した, 男 [女] 盛りの. ❹⟨判断・思想・仕事などが⟩円熟した. ❺⟨*für* ④⟩⟨物⁴への⟩機の熟した, 準備の整った.

Reif¹ [ライフ] 匣⟨-(e)s/⟩ 霜.

Reif² 匣⟨-(e)s/-e⟩ 輪状の装身具, 腕輪, 指輪.

Reife [ライフェ] 囡⟨-/⟩ ❶(肉体や精神などの)成熟, 円熟, 完成. ❷(果物・穀物などの)成熟, (チーズ・ワインなどの)熟成. ❸資格.

reifen [ライフェン] 自⑤ ❶⟨果物・穀物⁴などが⟩熟する, 熟れる;⟨チーズ・ワイン¹などが⟩熟成する. ❷⟨人間¹が⟩(肉体的・精神的に)成熟する, 円熟する. ❸⟨計画・決心¹などが⟩固まる, ⟨機¹が⟩熟する.

Reifen [ráifən ライフェン] 匣⟨-s/-⟩ ❶タイヤ. ◆～ *aufpumpen* タイヤに空気を入れる. *Der Reifen ist geplatzt.* タイヤがパンクしています. ❷(鉄・ゴム・木などでできた)輪, (樽の)たが.

Reifen·druck 匣 (タイヤの)空気圧.

Reifen·panne 囡⟨-/-n⟩ (タイヤの)パンク, 破損.

Reifen·wechsel 匣タイヤ交換.

Reif·glätte 囡 (路面に薄く張る)つるつるの氷, 路面凍結.

reiflich [..リヒ] 形⟨付加または副⟩じっくりとした, 慎重な, 念入りな.

Reifung [ライフング] 囡⟨-/⟩ 成熟, 熟成.

Reigen [ライゲン] 匣⟨-s/-⟩ (歌・音楽を伴う)輪舞.

Reihe [ráiə ライエ] 囡⟨-/-n⟩ ❶列, 行列, 並び. ❷一連, 連続, 相当数. ❸⟨複⟩戦列, 陣営, チーム. ❹(刊行物などの)双書, シリーズ. ❺順序, 順番. ◆*eine ～ von Häusern* 家の並び. *in der 3. ～ des 3列に*. *in ～ und Glied* 整然と. *an der ～ sein*⟨口⟩(順)番である. *an die ～ kommen*⟨口⟩(順)番がくる. *aus der ～ tanzen* (他の人と行動を共にせず)身勝手なふるまいをする. **4級**

reihen [ライエン] ⟨(I)⟩ 他⟨④ (*auf* ④)⟩⟨物⁴を(糸・ひも⁴に通して)⟩並べる, 並ばせる. ⟨(II)⟩ 再 *sich*⟨*an* ④⟩⟨物⁴に⟩並ぶ, 連なる, 続く.

Reihen·folge [ライエンフォルゲ] 囡⟨-/-n⟩ 順序, 順番, 序列.

Reihen·haus 中 (–es/..häuser) (同じ型の住宅が一列に並ぶ)列状住宅, テラスハウス.

Reiher [ライアー] 男 (–s/–) アオサギ, サギ.

Reim [ライム] 男 (–(e)s/–e) ❶ (押)韻, 脚韻. ❷ (韻をふんだ)短い詩. ❸ 句; 詩. *sich³ keinen ~ auf ③ machen können* (口) 物⁴がさっぱり理解できない.

reimen [ライメン] ((I)) 他 〈④ (auf ④)〉〈物⁴を(物⁴に)〉韻をふませる[合わせる], 押韻させる, 調子を合わせる. ((II)) 再 sich⁴ 〈(auf ④; mit ③)〉〈物³·⁴と〉韻が合う, 韻をふんでいる, 調和[一致]している.

rein¹ [ライン] ((I)) 形 ❶ 純粋な, まじりけのない; まがい物でない, 純度の高い; 澄んだ. ❷ (音程が)正確な, 正しく調律された. ❸ (言葉に)なまりがでのない. ❹ きれいな, 清潔な, 汚れていない. ❺ けがれのない, 清らかな, 潔白の. ❻《付加または副》(口) 全くの, 他ならぬ. ❼《最上級を用いて》(口, 強調) ほとんど…の, …と言ってよいほどの. ◆ ein Kleid aus ~er Seide 純絹の服. ein ~es Herz haben 清らかな心をもつ. Das ist der ~ste Wahnsinn. それはまさに狂気の沙汰だ. ④ *ins Reine bringen* 問題⁴などを整理する[片付ける]. *mit ③ ins Reine kommen* 人³と話し合いがつく, 物⁴について片[決着]がつく. ((II)) 副 純粋に; 清らかに; もっぱら; まったく, すっかり.

rein² [ライン] (口) = herein, hinein 中へ.

Rein·fall [..ファル] 男 (–(e)s/) (口) 失望, 幻滅, 期待はずれ.

rein|fallen* 自 (S) (口) ❶ 落ちる, 落ち込む. ❷ 〈auf ④〉〈計略⁴などに〉ひっかかる, 騙される.

Rein·gewinn 男 (–(e)s/) 純益.

Reinheit [..ハイト] 女 (–/) 純粋さ, きれいさ, 清潔, 清らかさ, 清純.

reinigen [ライニゲン] 他 きれいにする, 清める, 掃除する, クリーニングする, 浄化する.

Reinigung [ライニグング] 女 (–/–en) ❶《単》清掃, 洗浄, 浄化, クリーニング. ❷ 洗濯店, (ドライ)クリーニング店.

reinlich [..リヒ] 形 ❶《副なし》きれい好きな, 潔癖の. ❷ きれいな, 清潔な.

Reinlichkeit [..カイト] 女 (–/) きれい好き; 清潔.

rein·rassig 形《副なし》(特に犬・馬・猫などが)純血種の.

rein|reiten* ((I)) 自 (S) (馬で)入ってくる. ((II)) 他 (口)〈人⁴を〉危険[厄介, 不快]な目にあわせる.

Rein·schrift 女 (–/–en) 清書, 浄書.

rein|ziehen* ((I)) 他 ❶〈④ (in ④) (mit)〉〈人·物⁴を(物⁴の中へ)〉引き入れる, 引きずり込む, 巻き込む. ❷〈sich³ ④〉〈物⁴を〉消費する, 使い果たす. ((II)) 自 (S) 〈von ③ in ④〉〈所³から所⁴へ〉入って行く, 引っ越す.

Reis [rais ライス] 男 (–es/–e) ❶ 稲. ❷ (調理した)ライス, 米. 4級

Reis·brei 男 (–(e)s/–e) (砂糖(とシナモン)を加えて牛乳で煮た)米がゆ.

Reise [ráizə ライゼ] 女 (–/–n) 旅, 旅行. ◆ eine ~ nach Russland [in die Schweiz, um die Welt] ロシアへの[スイスへの, 世界をめぐる]旅. eine ~ auf ~n sein 旅行中である. *Glückliche [Gute] ~!* 行ってらっしゃい, どうかよい旅を. 5級

Reise·andenken 中 旅の記念(品).

Reise·büro [ライゼビューロー] 中 (–s/–s) 旅行(会)社. 4級

Reise·bus 男 団体旅行用バス.

Reise·freiheit 女 (–/) 旅行する自由.

Reise·führer 男 (–s/–) ❶ 旅行案内書, ガイドブック. ❷ 旅行ガイド. ◇ ..**führerin** 女 (–/–nen).

Reise·gepäck 中 (–(e)s/) 旅行手荷物.

Reise·kosten 複 旅費.

reise·krank 形 乗り物酔いした, 船酔いした.

Reise·krankheit 女 (–/–en) 乗物酔い, 船酔い.

Reise·leiter 男 (–s/–) 添乗員, 団体

① 1格 ② 2格 ③ 3格 ④ 4格

旅行の責任者. ◇**..leiterin** 女(−/−nen).

reisen [ráizən ライゼン] 自 S

現在	ich reise	wir reisen
	du **reist**	ihr reist
	er reist	sie reisen
過去	ich reiste	wir reisten
	du reistest	ihr reistet
	er reiste	sie reisten
過分	gereist	接II reiste

❶ 旅行する. ❷ 行商する, 外交[出張]販売する. ♦ ins Ausland ~ 外国へ旅行する. 5級

Reisende [ライゼンデ] 男 女《形容詞変化》❶ 旅行者, 旅人, 旅客. ❷(古)行商人, 外交[出張]販売員, セールスマン.

Reise·pass 男(−es/..pässe) 旅券, パスポート.

Reisepaß 旧 = Reisepass.

Reise·planung 女 旅行計画を立てること, 旅行計画案.

Reise·prospekt 男(−(e)s/−e) 旅行パンフレット[案内書].

Reise·route 女 旅行コース.

Reise·scheck 男(−s/−s) 旅行者用小切手, トラベラーズチェック.

Reise·tasche 女(−/−n) 旅行用かばん, スーツケース.

Reise·verkehr 男(−s/) 旅行者の往来[交通].

Reise·wetterbericht 男 旅行者用の天気予報.

Reise·ziel 中(−(e)s/−e) 旅行の目的地[行き先].

Reisig [ライズィヒ] 中(−s/)《集合的》(折れて地面に落ちた)木の小枝, 柴, 粗朶(そだ).

Reiß·brett [ライス..] 中(−(e)s/−er) 製図板.

reißen* [ráisən ライセン] (du reißt; 過 **riss**; 過分 **gerissen**) (I) 他 ❶〈(in 4)〉〈物4を(物4の状態に)〉引き裂く, (細かく)ちぎる, 破る. ♦ Papier in Stücke ~ 紙を細かく引き裂く. ❷〈(sich3) 4 in 4〉〈人3の)物4を〉引き裂いて〈裂け目・穴などを〉つくる[開ける]. ❸〈4 aus [von]〉〈人4を・物4から〉もぎ取る, 引きぬく, ひったくる, 引き離す, 引きずり出す. ♦ 3 4 aus der Hand [den Händen] ~ 人3の手から物4をもぎ取る. ❹(a)〈4方向〉〈人・物4を...へ〉強引に連れ去る, 引き上げる, 引きずり込む, 引き寄せる. (b)〈4 an sich4〉〈物4を〉強奪する, 強引に自分のものにする. ❺ (猛獣が他の動物を食べるために)食い殺す, 引き裂く. ❻《スポーツ》(高跳びなどで)〈(バー4を)〉落とす, (障害物競争などで)〈(ハードルを)〉倒す. ((II)) 自 ❶ S 切れる, 裂ける, 破れる, 割れる. ❷ b〈an 3〉〈物3を〉(強引に)引っぱる. ((III)) 再 sich4 (口)〈um 4〉〈人・物4を求めて〉奪い合う, 群がる, 争う.

reißend [..ト] (I) reißen の現在分詞形. ((II)) 形 (最上 ~st[..ツト]) (流れなどが)激しい, 急速な.

reißerisch [ライセリッシュ] 形 (軽蔑) (作品などが)俗受けする, (広告や見出しなどが)どぎつい.

Reiß·leine 女 パラシュートの開き綱.

Reiß·nagel 男 製図用ピン, 画鋲(がびょう).

reißt [ライスト] reißen の 2・3 人称単数現在形.

Reiß·verschluss 男 チャック, ジッパー, ファスナー.

Reißverschluß 旧 = Reißverschluss.

Reiß·zwecke 女(−/−n) 製図用ピン, 画鋲(がびょう).

reist [ライスト] reisen の 2・3 人称単数現在形.

reiten* [ライテン] (過 ritt; 過分 geritten) ((I)) 自 S ⓑ〈(auf 3)〉〈(動物, 特に馬3)〉乗る, 乗って行く, 騎乗する. ((II)) 他 ❶〈馬4などに〉乗る, 乗って行く. ❷〈競馬レース4などに〉参加して走る.

Reiten [ライテン] 中(−s/) 騎乗, 騎行, 馬術.

Reiter [ライター] 男(−s/−) (馬などの)

乗り手, 騎手, 騎士, 馬術家; [史]騎兵. ◇**Reiterin** 囡(–/–nen).

Reit·hose [ライト..] 囡(–/–n) 乗馬ズボン.

Reit·pferd 中(–(e)s/–e) 乗用馬.

Reit·stiefel 男(–s/–) 乗馬用長靴.

Reiz [ライツ] 男(–es/–e) ❶ 刺激, 魅力, 心を引き付ける力.

reizbar [..バーァ] 形《副なし》神経過敏な, 怒りっぽい.

Reizbarkeit [..カイト] 囡(–/) 神経過敏.

reizen [ライツェン] 他 ❶《人⁴の気持ちや欲望を》刺激する, そそる. ❷《人⁴や動物⁴を》挑発する, 興奮させる. ❸《(4) zu ③》《(人⁴を)》刺激して《物³を》誘う. ♦《(4) zum Husten ~ (人⁴を)刺激して咳をさせる. ❹《神経・器官⁴などを》刺激する.

reizend [..ト]《(I))reizen の現在分詞. ((II))形《最上～st[..ツト]》❶ 魅力的な, チャーミングな, すばらしい. ❷《口; 皮肉》結構な, ありがたい.

reiz·los 形《最上～est》❶ 魅力のない. ❷面白くない, 興味を引かない.

reiz·voll 形 ❶ 魅力[魅惑]的な. ❷ やりがいのある, 心をそそる.

rekeln [レーケルン] 再 sich⁴ 《口》《だらしなく》手足を伸ばす, 寝そべる.

Reklamation [レクラマツィオーン] 囡(–/–en) 《wegen ②》《物に関する》異議の[不服]申し立て, 苦情, クレーム.

Reklame [レクラーメ] 囡(–/–n) ❶ 《für ④》《物⁴の》《誇大》広告, 宣伝, 吹聴. ❷《口》広告ビラ, 宣伝用ポスター, 広告[宣伝]映画.

Reklame·schild 中(–(e)s/–er) 宣伝[広告]の看板.

Reklame·tafel 囡 = Reklameschild.

reklamieren [レクラミーレン] ((I)) 他《物⁴について》苦情を申し立てる, クレームをつける. ((II)) 自《bei ③ (wegen ②)》《人・物³に《物⁴に関して》》苦情を申し立てる.

rekonstruieren [レコンストルイーレン] 他 ❶《物⁴を》復元する, 再建する.

❷《事故⁴などを》再現する, 再構成する.

Rekord [レコルト] 男(–(e)s/–e) 【スポーツ】《最高》記録, レコード. ❷《一般的に》最高記録. *alle ~e brechen* [*schlagen*]《口》あらゆる物[人]を凌駕している.

Rekord·halter 男(–s/–)《最高》記録保持者.

Rekord·inhaber 男 = Rekordhalter. ◇ **..inhaberin** 囡(–/–nen).

Rekrut [レクルート] 男(–en/–en)《弱》新兵, 初年兵; 新参者, 新米.

Rektion [レクツィオーン] 囡(–/–en) 格支配.

Rektor [レクトァ] 男(–s/..toren[..トーレン]) ❶《ドイツの》学校長. ❷ 大学長, 総長. ◇ **Rektorin** [レクトーリン] 囡(–/–nen).

Relation [レラツィオーン] 囡(–/–en) 《zwischen ③ und ③》《物³と物⁴の》関係, 関連.

relativ [レラティーフ, レーラティーフ] 形 ❶ (← absolut) 比較[相対]的な, 制限された. ❷《形容詞を修飾する副詞として》比較的, 割合に.

relativieren [レラティヴィーレン] 他《(4) (durch ③)》《物⁴を《物に よって》》相対化する, 相対的なものにする.

Relativierung [レラティヴィールング] 囡(–/–en) 相対化.

Relativ·pronomen 中(–s/–, ..mina)【言】関係代名詞.

Relativ·satz 男(–es/..sätze)【言】関係文.

relaxed [リレックスト] 形 くつろいだ, リラックスした.

relevant [レレヴァント] 形《最上～est》《für ④》《人・物⁴にとって》重要な, 意義のある.

Relevanz [レレヴァンツ] 囡(–/) 《für ④》《人・物⁴にとっての》重要性, 意義.

Relief [リリエフ] 中(–s/–s, –e) ❶ 浮き彫り(の作品), レリーフ. ❷【地】(地表の)起伏, 高低. ❸ 地表の起伏を示した立体模型.

Religion [レリギオーン] 囡(–/–en) ❶

《単》宗教心, 信仰. ❷《特定の》宗教, 宗派. ❸《単》《無冠詞で》宗教の授業.

religiös [レリギエース]形 ❶宗教上の, 宗教的な, 宗教に関する. ❷信心深い, 敬虔な.

Religiosität [レリギオズィテート]女 (–/–) 宗教性; 信心深いこと, 敬虔.

Relikt [レリクト]中 (–(e)s/–e) 過去の時代の) 残存物, 遺物.

Reling [レーリング]女 (–/–s) (船の) 手すり.

Reliquie [レリクヴィエ]女 (–/–n) 【宗】聖遺物 ((聖人の遺骨・遺品など)).

Remis [レミー]中 (–/–, –en) (チェスなどの) 引き分け.

Ren [レーン]中 (–s/–e, –s) 【動】トナカイ.

Renaissance [レネサーンス]女 (–/–n) ❶ルネサンス, 文芸復興. ❷《単》ルネッサンス期. ❸(伝統・モードなどの) 復活, 復興, 再生.

Rendezvous [ランデヴー, ランデヴース]中 (–/–[..ヴース]) 《mit ③》《人³との》ランデブー, 待ち合わせ, デート.

Renn·bahn [レン..]女 (–/–en) (自動車・自転車・馬などの) 競走路, サーキット.

rennen* [rénən レンネン] (過 rannte; 過分 gerannt) (I) 自 S ❶《↔ gehen》走る, 駆ける, 疾走する. ♦mit ③ um die Wette ~ 人³と競走する. ❷《口; 軽蔑》繰返し出かける, しげしげ出向く. ❸《口》《gegen [an] ④》《物⁴に》走ってぶつかる. ❹《in ④》《不幸・危険などに》突き進む, 陥る. (II) 他 ❶《口》《+結果》走って突き当たる. ♦ sich³ ein Loch in ④ ~ 走りながらぶつかって物⁴(体の一部など)に傷をつくる. ❷《口》《とがった物⁴を》《体に》突き刺す. ♦③ ein Messer in die Rippen ~ ナイフを人³の肋骨の間に突き刺す. 5級

Rennen 中 (–s/–) 競走, レース, 競馬, 競輪, 競艇. Das ~ ist gelaufen. (口) (a)レースは終わっている. (b)もう手遅れだ. das ~ machen (口)

(a)レースに勝つ. (b)成功する. ein totes ~ 引き分け [同着] のレース.

Renner [レナー]男 (–s/–) (口) よく売れる商品, 人気商品.

Renn·fahrer 男 (–s/–) (自動車・自転車・オートバイなどの) レーサー. ◇..fahrerin (–/–nen).

Renn·pferd 中 (–(e)s/–e) 競走馬.

Renn·rad 中 (–(e)s/..räder) 競走用自転車.

rennte [レンテ] rennen の接続法Ⅱ式形.

Renn·wagen 男 (–s/–) 競走用自動車, レーシングカー; (子供用) ゴーカート; (古代の) 競走用馬車.

renommiert [レノミーァト]形《副なし》評判のよい, 大変有名な, 名高い.

renovieren [レノヴィーレン]他《(建⁴などを)》改装する, 改築する.

Renovierung [レノヴィールング]女 (–/–en) 改装, 改築.

rentabel [レンターベル]形《比較 rentabler》利子を生む, 採算の合う, もうかる; 割の合う, やりがいのある.

Rentabilität [レンタビリテート]女 (–/–) 経済性, 採算性, 収益率.

Rente [レンテ]女 (–/–n) ❶年金, 恩給. ❷年金生活. ❸(財産・投資などによる) 利子, 利息; 地代, 家賃.

Renten·alter 中 年金受給年齢.

Renten·empfänger 男 (–s/–) 年金受領者.

Renten·versicherung 女 (–/–en) 年金保険.

Rentier [レーンティーァ]中 (–(e)s/–e) = Ren.

rentieren [レンティーレン]再 sich⁴《(für ④)》《(人⁴にとって)》利益を生ずる, もうかる; 割に合う, やりがいがある.

Rentner [レントナー]男 (–s/–) 年金 [恩給, 金利] 生活者. ◇**Rentnerin** 女 (–/–nen).

Reparatur [レパラトゥーァ]女 (–/–en) 修理, 修繕, 復旧, 改修. 4級

Reparatur·werkstatt 女 修理 [整備] 工場.

reparieren [reparíːrən レパリーレ

ン]⸨物⁴を⸩修理する, 修繕する. **4級**

repariert reparieren の過去分詞.

Repertoire [レペルトアール]⊞(-s/-s)（音楽・演劇などの）レパートリー, 演目.

Report [レポルト]男(-(e)s/-e) 報告(書), レポート.

Reportage [レポルタージェ]女(-/-n)⟨**über** ④⟩⟨（人・物に関する）⟩報道, 報道記事, ルポルタージュ.

Reporter [レポルター]男(-s/-)（テレビ・ラジオ・新聞などの）報道記者, 報道員. ◇**Reporterin** 女(-/-nen).

Repräsentant [レプレゼンタント]男(-en/-en)《弱》代表者, 代理人, 代弁者. ◇**Repräsentantin** 女(-/-nen).

repräsentativ [レプレゼンタティーフ]形 ❶⟨**für** ④⟩⟨（特定の立場・グループなる）⟩代表する, 代表的な. ❷代表するにふさわしい, 立派な, 堂々とした. ❸代議制的, 代表制の.

repräsentieren [レプレゼンティーレン] ((I))他 ❶⟨特定の立場・グループなど⟩を代表する. ❷⟨価値⁴を⟩表わす, 意味する. ◆**einen Wert von drei Millionen Euro ~** 300万ユーロの値打ちがある. ((II))自 身分相応にふるまう, 堂々とした態度をとる.

Repressalie [レプレサーリェ]女(-/-n)《主に複》(⇨軽蔑) 報復措置, 対抗手段.

Reproduktion [レプロドゥクツィオーン]女(-/-en) ❶（↔ Original）複写(物), 複製(品), 翻刻(本). ❷再生, 再現.

reproduzieren [レプロドゥツィーレン]他⟨物⁴を⟩複写[複製, 翻刻]する, 再生[再現]させる.

Reptil [レプティール]⊞(-s/-ien) 爬虫類⦅⦆.

Republik [レプブリーク, レプブリック]女(-/-en) 共和国; 共和制. **4級**

republikanisch [レプブリカーニッシュ]形 ❶共和制の, 共和制支持の. ❷共和党の.

Reservat [レゼルヴァート]⊞(-(e)s/-e) ❶（北米先住民などの）特別居留地. ❷（動植物の）保護区域.

Reserve [レゼルヴェ]女(-/-n) ❶⟨**für** ④⟩⟨（物³の）⟩蓄え, 控え, 予備(品), 準備(金). ❷《単》《軍》予備軍[役]. ❸《単》《スポーツ》補欠チーム. ❹《単》控え目(な態度), 遠慮. ⸢**in ~ haben [halten]** 人・物を非常用に備えておく. **~n haben** 余裕がある, 余裕がある.

Reserve·rad ⊞(-(e)s/..räder) スペア[予備]車輪.

Reserve·reifen 男(-s/-) スペア[予備]タイヤ.

reservieren [レゼァヴィーレン]他⟨**für** ④⟩⟨人³[人⁴]のために物⁴を⟩残しておく, 予約する. **4級**

reserviert [レゼァヴィールト] ((I)) reservieren の過去分詞. ((II))形《最上 ~est》❶予約済みの. ❷控え目の; 打ち解けない, よそよそしい.

Reserviertheit [..ハイト]女(-/-) 控え目な[よそよそしい]こと.

Reservierung [レゼァヴィールング]女(-/-en) 予約, 確保.

Reservoir [レゼァヴォアール]⊞(-s/-e) ❶貯水池, 貯水槽⦅タンク⦆. ❷⟨**an** ③⟩⟨物³の⟩蓄え, ストック.

Residenz [レズィデンツ]女(-/-en) ❶（王侯・高位聖職者などの）居城, 宮殿, 邸宅, 官邸. ❷王宮所在地, 都(ミヤコ), 首都.

Resignation [レズィグナツィオーン]女(-/-en) 諦め, 諦念, 断念.

resignieren [レズィグニーレン]自 諦める, 断念する.

resigniert [レズィグニーァト] ((I)) resignieren の過去分詞. ((II))形 断念した, 諦めた, 覚悟した.

resolut [レゾルート]形 果敢な, 断固とした, 思い切った.

Resolution [レゾルツィオーン]女(-/-en) 決議(案), 決議書[文].

Resonanz [レゾナンツ]女(-/-en) ❶共鳴, 共振. ❷⟨**auf** ④⟩⟨人・物に対する⟩反響, 同感, 共感, 理解.

resozialisieren [レゾツィアリズィーレン]他⟨病人・犯罪者⁴などを⟩社会復帰させる.

① 1格 ② 2格 ③ 3格 ④ 4格

Resozialisierung [レゾツィアリズィールング] 女 (–/–en) (病人や犯罪者などの)社会復帰.

resp. 《略》respektive.

Respekt [レスペクト] 男 (–(e)s/) ❶ 《vor ③》〈人・物³に対する〉敬意, 尊敬(の念). ❷《vor ③》〈人・物³に対する〉畏怖, 恐れ. **~!** 〔口〕 立派なものだ!

respektabel [レスペクターベル] 形 (比較 ..tabler) 《主に付加または述語》❶ 尊敬に値する, 敬意を表すべき, 立派な. ❷ (大きさ・広さなどが)かなりの, 相当な.

respektieren [レスペクティーレン] 他 ❶〈人・物⁴を〉尊敬する, 敬う. ❷〈物⁴を〉尊重する, 認める. 顧慮[配慮]する.

respekt·los 形 敬意を払わない, 無遠慮な, 失礼な.

Respekt·losigkeit [..ローズィヒカイト] 女 (–/–en) 無礼, 失礼.

respekt·voll 形 敬意のこもった, うやうやしい, 丁重な.

Ressort [レソーァ] 中 (–s/–s) ❶ 管轄(範囲), 所管事項, 権限, 領分. ❷ 管轄部門, 部局.

Ressource [レスルセ] 女 (–/–n)《主に複》❶ (天然)資源. ❷ 資金, 財源.

Rest [rεst レスト] 男 (–(e)s/–e) ❶ 残り, 残余, 残金. ❷《単》(全体の一部としての)残りの部分. ❸《数》余り, 剰余. ◆ein ~ von ③〈物³の〉残り, 残った物. ③ *den ~ geben* 〔口〕人・物³を完全にだめにする, 人・物³の命とりになる.

Rest·alkohol 男 残留アルコール, 残ったアルコール.

Restaurant [rεstorá: レストラン] 中 (–s/–s) レストラン, 料理[飲食]店, 食堂. ◆eine Tisch im ~ reservieren lassen レストランにテーブルを予約する. **5級**

restaurieren [レスタオリーレン] 他〈美術品・建造物⁴などを〉修復する.

restlich [..リヒ] 形《付加》残りの, 余りの.

rest·los 形《主に副》❶ 完全な, 徹底的な. ❷ 余すところのない, 残りのない.

Rest·müll 男 リサイクルできない廃棄物, 再利用不可能なごみ.

Resultat [レズルタート] 中 (–(e)s/–e) ❶ 結果, 成果. ❷〈数〉解, 答.

resultieren [レズルティーレン] 自 ❶ 《aus ③》〈物³から〉結果として生じる, 起こる. ❷《in ③》〈物³という〉結果に終わる.

Retorte [レトルテ] 女 (–/–n)〖化〗レトルト. *aus der* ~ 人工の.

Retorten·baby 中〔口〕試験管ベビー.

Retrospektive [レトロスペクティーヴェ] 女 (–/–n) ❶ 回顧展. ❷ 回顧.

retten [rétən レッテン] ((I)) 他 ❶〈人・物⁴を〉救う, 助ける, 救助[救出]する. ❷〈人・物⁴を〉保存[維持]する, 守る. ◆④ aus einer Gefahr ~ 人⁴を危険から救う. ④ vor dem Ertrinken ~ 人⁴を溺死から救う. ((II)) 再 sich⁴ 助かる, わが身を救う. ③ *das Leben* ~ 人³の命を救う.

Retter [レッター] 男 (–s/–) 救い手, 救助者. ◇**Retterin** 女 (–/–nen).

Rettich [レッティヒ] 男 (–s/–e)〖植〗ダイコン.

Rettung [レットゥング] 女 (–/–en) ❶《単》救助, 救出; 避難, 脱出. ❷〔オーストリア〕救急車.

Rettungs·aktion 女 (–/–en) 救助[救援]活動.

Rettungs·boot 中 (–(e)s/–e) (船に備え付けられた)救命ボート.

Rettungs·hubschrauber 男 救急ヘリコプター.

rettungs·los ((I)) 形 救いようのない, 助かる見込みのない, 絶望的な. ((II)) 副〔口〕救いようのないくらいに, すっかり.

Rettungs·ring 男 (–(e)s/–e) 救命浮き輪.

Reue [ロイエ] 女 (–/)《über ④》《物⁴についての》後悔, 悔恨, 悔い改め, 改悛.

reuen [ロイエン] 他〈物¹が人⁴を〉後

① 1格 ② 2格 ③ 3格 ④ 4格

悔させる，⟨人⁴に⟩悔恨の念を起こさせる．

reumütig [ロイミューティヒ] 形 後悔している，懺悔(ぎ)の気持ちがある，改悛(ぽ)の情を抱いた．

Reuse [ロイゼ] 女 (-/-n) (魚・海老などを捕るための)かご，やな．

Revanche [レヴァ(ー)ンシェ] 女 (-/-n) ❶雪辱のチャンス，リターンマッチ．❷報復，復讐．

revanchieren [レヴァ(ー)ンシーレン] 再 sich⁴ ❶⟨an ③⟩⟨für ④⟩⟨⟨人³に⟩⟨物⁴に対して⟩⟩仕返しする，報復[復讐]する．❷(口)⟨bei ③⟩⟨für ④⟩⟨mit ③⟩⟨⟨人³に⟩⟨好意・贈物⁴に対して⟩⟨物³で⟩⟩お返しする，返礼する．

Revers [レヴェーァ] 中, (南ド) 男 (-/-) (上着やオーバーなどの襟の)折り返し．

reversibel [レヴェルズィーベル] 形 (比較 ..sibler) 逆にできる，裏返し可能な；原状に戻せる，可逆(性)の．

revidieren [レヴィディーレン] 他 ❶⟨物⁴を⟩検査する，検閲する，監査する，点検する．❷⟨物⁴を⟩(検討の後)変更する，修正する．

Revier [レヴィーァ] 中 (-s/-e) ❶区域，地区．❷(特定動植物の)生息区域．❸警察管区；警察署．❹(口；軽蔑)専門分野，なわばり，活動領域．

Revision [レヴィズィオーン] 女 (-/-en) ❶[法]上訴，上告．❷検査，検閲，監査，点検．

Revolte [レヴォルテ] 女 (-/-n) 反乱，暴動．

revoltieren [レヴォルティーレン] 自 ⟨gegen ④⟩⟨人・物⁴に対して⟩反乱[暴動]を起こす，反抗する．

Revolution [レヴォルツィオーン] 女 (-/-en) ❶(政治上の)革命，暴動．❷革命的な変化，変革，革新．

revolutionär [レヴォルツィオネーァ] 形 ❶革命の，革命に関する．❷革命的な．

Revolutionär [レヴォルツィオネーァ] 男 (-s/-e) 革命家，革命論者，革命主義者．◇**Revolutionärin** 女 (-/-nen)

Revolver [レヴォルヴァー] 男 (-s/-) 連発[回転式]ピストル，リボルバー．

Rezept [レツェプト] 中 (-(e)s/-e) ❶[医]処方箋(法)．❷(料理の)調理法，作り方，レシピ．❸⟨für ④⟩⟨(物⁴のための)⟩解決策，対策，方法，手段． **4級**

rezept-frei 形 ⟨副なし⟩(薬が)処方箋なしでも入手できる，処方箋不要の．

Rezeption [レツェプツィオーン] 女 (-/-en) ❶(ホテルの)受付，フロント．❷(単)(文化・芸術作品などの)受容．

rezept-pflichtig 形 ⟨副なし⟩(薬が)処方箋なしには入手できない，処方箋の必要な．

Rezession [レツェスィオーン] 女 (-/-en) [経](一時的な)景気後退，不景気．

R-Gespräch [エル..] 中 (-(e)s/-e) コレクトコール，料金受信人払い通話．((R < Rückfrage)).

Rhabarber [ラバルバー] 男 (-s/-) [植]ダイオウ(大黄)．

Rhein [ライン] 男 (-(e)s/) ⟨der ~⟩ライン河((アルプスからドイツ・オランダを流れて北海に注ぐ)).

Rhein-gau [..ガオ] 中 (-(e)s/s) ラインガウ((ドイツ中西部の，ライン河沿いにある丘陵地帯)).

rheinisch [ライニッシュ] 形 ライン河の，ライン地方の．

Rhein-land 中 (-(e)s/) ⟨das ~⟩ラインラント((旧プロイセンの州))．

Rheinland-Pfalz 中 (-/) ラインラント・プファルツ((ドイツ中西部の州))．

Rhetorik [レトーリック] 女 (-/) ❶雄弁術．❷レトリック，修辞学，修辞法．

Rheuma [ロイマ] 中 (-s/) [医]リューマチ．

rheumatisch [ロイマーティッシュ] 形 [医]リューマチ性の．

Rheumatismus [ロイマティスムス] 男 (-/..men) リューマチ．

Rhinozeros [リノーツェロス] 中 (-，-ses/-se) ❶サイ(犀)．❷(口)まぬけ，ばか．

Rhododendron [ロドデンドロン]

① 1格　② 2格　③ 3格　④ 4格

男(-s/..dren)〖植〗シャクナゲ属.

rhythmisch [リュトミッシュ]形 ❶リズミカルな,調子のよい. ❷《付加または副》リズムに関する,リズムの.

Rhythmus [リュトムス]男(-/..men) ❶リズム,律動. ❷《von ③》〈物³の〉〉周期的運動,周期的反復.

richten [リヒテン](I)他 ❶〈+方向〉〈物⁴を...へ〉向ける. ❷〈物⁴を〉調整[調節]する,〈曲がった[ゆがんだ]物⁴を〉まっすぐに直す. ❸〈④ (für ④); (③) ④〉〈食事・ベッド⁴などを〈人³・物⁴〉のために)〉整える,支度[用意]する. ❹《特に南ﾄﾞ､ｵｰｽﾄﾘｱ》〈(③ [sich³])④〉〈人³[自分³]の〉髪などを〉つくろう,整える;〈時計・車⁴などを〉修理[修復]する. ❺〈人⁴を〉裁く;処刑する,死刑にする. ((II))再 sich⁴〈an [auf; gegen]④〉〈人・物⁴の方へ〉向く,向けられる. ❷〈nach ③〉〈人・物⁴に〉従う,準拠する,依存する. ♦sich nach ② Wünschen ~ 人²の望みに従う. ((III))自 ⓑ〈über ④〉〈人・物⁴について〉裁く,判決を下す.

Richter [リヒター]男(-s/-) ❶裁判官,判事. ❷裁く人,判定[審判]者.
◇**Richterin** 女(-/-nen).

Richt·geschwindigkeit 女(ドイツのアウトバーンでの)標準最高速度.

richtig [ríçtiç リヒティヒ] ((I))形(↔ falsch) ❶(論理的・道徳的に)正しい,間違い[誤り]のない,正確な. ❷(状況に)適切[適当]な,相応しい,ぴったりな;(目的に)かなった,合っている. ❸《付加》本当[本物]の,実の,生粋の;本格的な,その名に値する,正真正銘の. ♦~es Gold 本物の金. ((II))副 ❶正しく,正確に. ❷適切[適当]に. ❸本格的に,まともに,ちゃんと,しっかりと. ❹実際(に),事実,本当に. ❺まったく,すごく,実に,本当に. ❻やっぱり,あきれたことに,案の定. ~ liegen ⇨richtigliegen. ~ stellen ⇨richtigstellen. **5級**

richtig·gehend [..ゲーエント]形 (時計が)合っている,正確な;(口)本当の,全くの.

Richtigkeit [..カイト]女(-/-)正しさ,正確,正当性,公正.

richtig|liegen 自《南ﾄﾞ･ｵｰｽﾄ･ｽｲｽ》❶(口)〈mit ③〉〈物³は〉間違っていない. ❷〈mit ③〉〈物³は〉人々の期待にそっている.

richtig|stellen 他〈物⁴を〉直す,正す,訂正する.

Richt·linie 女(-/-n)《主に複》方針,指導要綱,標準,原則.

Richt·schnur 女(-/-en)基準,規範,原則,方針.

Richtung [ríçtʊŋ リヒトゥング]女 (-/-en) ❶方向,方角,進行方向;方面,観点. ♦in die richtige ~ gehen 正しい方向へ行く. (in) ~ (auf) Berlin 進路をベルリンに向けて. ❷(政治・学問・芸術における)傾向,趨勢,流派,主義,意見. aus allen ~en 四方八方から. ① ist ein Schritt in die richtige ~. 対策¹などが適切に行われている. **4級**

richtung(s)·weisend [..ヴァイゼント]形方向[方針]を示す,指導的な.

rieb [リープ]reibenの過去形.

riechen* [リーヒェン](過 roch; 過分 gerochen) ((I))自 ❶におう;〈nach ③〉〈物³の〉)においがする,(口)〈物³になりそうな〉気配がする. ♦gut [schlecht, stark] ~ よい[いやな, 強い]においがする. ❷〈an ③〉〈物³の〉)においを嗅ぐ. ((II))他 ❶〈人・物⁴のにおいを嗅ぐ. ❷〈人・物⁴のにおいを感じる,においに気づく;悟る,予感する. ④ nicht ~ können (口)物⁴のにおいに耐えられない;物⁴を予測できない;人·物⁴が大嫌いである. **4級**

rief [リーフ]rufenの過去形.

Riegel [リーゲル]男(-s/-) ❶門(閂),掛金. ❷(同じ大きさに切れ目の入った)棒状のもの (チョコレートや石鹸など). ③ **einen ~ vorschieben** 物³に待ったをかける,物³を阻止する.

Riemen [リーメン]男(-s/-) (皮製の)ひも,帯,バンド,ベルト. sich⁴ am ~ reißen (口)がんばる,全力を尽くす.

Riese [リーゼ]男(-n/-n)《弱》❶(伝説や神話などの)巨人. ❷〈von ③〉す

ごく大きな[巨大な]〈人・物³〉. ❸ [史](ドイツの)千マルク札.

rieseln [リーゼルン] 自⑮Ⓢ〈砂・塩・砂糖¹などが〉さらさら落ちる,〈雨¹が〉しとしと降る,〈雪¹が〉さらさらと降る,〈小川¹などが〉さらさらと流れる.

Riesen.. [リーゼン..]《名詞②に付いて》「巨大な, 非常に, ものすごい」: Riesendummheit 大失策, Riesenspaß すごくすてきな楽しみ[冗談].

riesengroß [リーゼングロース]形(口)巨大な.

Riesenschritt [リーゼンシュリット] 男(-(e)s/-e)《複》(口) 大きな歩幅, 大股の歩み.

riesig [リーズィヒ](Ⅰ)形 ❶巨大な. ❷(口)すごい, すばらしい. (Ⅱ)副(口)非常に, すっかり, ものすごく.

Riesin [リーズィン]女(-/-nen) Riese②の女性形.

Riesling [リースリング]男(-s/-e) リースリング((白ワイン用ブドウの高級品種)).

riet [リート] raten の過去形.

Riff [リフ]中(-(e)s/-e) 岩礁, 暗礁, 浅瀬.

rigoros [リゴロース]形 厳格な, 厳しい, 徹底的な, 容赦のない, 苛酷な.

Rille [リレ]女(-/-n) 小さい溝, 刻み目, (皮膚の)しわ.

Rind [リント]中(-(e)s/-er) ❶牛. ❷《単》(口)牛肉. 4級

Rinde [リンデ]女(-/-n) ❶樹皮. ❷(パン・チーズなどの)皮.

Rinder·braten [リンダー..]男(-s/-) [料理]牛の焼肉, ローストビーフ.

Rinder·wahn(sinn) [リンダー..]男 狂牛病 ((BSE の名称で知られる)).

Rind·fleisch 中(-(e)s/-e) 牛肉. 4級

Rinds·braten [リンツ..]男(-s/-) (南ド・オーストリア) = Rinderbraten. ★オーストリアでは Rinder.. は一般に Rinds.. となる.

Rind·vieh 中(-(e)s/..viecher) ❶《単》《集合的に》飼い牛. ❷(軽蔑)ばか者, とんま.

Ring [リィᵑ リング]男(-(e)s/-e) ❶輪, 環, リング, 指輪. ♦einen ~ (am Finger) tragen (指に)指輪をしている. ❷(輪状[環状]のもの:)ゴム輪, 鼻輪, イヤリング. ❸環状道路, 環状線. ❹人の輪, サークル, グループ, 同好会. ❺[スポーツ](ボクシングなどの)リング. 4級

Ringelnatter [リンゲルナッター]女(-/-n)[動]ヨーロッパ・ヤマカガシ((環紋のある無毒のヘビ)).

ringen* [リンゲン](過 rang; 過分 gerungen) ((Ⅰ)) 自⑮Ⓢ ❶(a)〈mit ③〉(gegen ④と〉〈人⁴を相手に〉)格闘する,〈素手で〉戦う, もみ合う. (b) [スポーツ]〈mit ③〉〈人³と〉レスリングをする, 相撲をとる. ❷奮闘する, 努力する, 全力を尽くす. ((Ⅱ)) 他〈物⁴を〉絞る, ねじる. um ④ ~ 物⁴を獲得するために努力する.

Ringen 中(-s/) 格闘, レスリング, 相撲.

Ring·finger 男(-s/-) 薬指, 第 4 指, 無名指.

Ring·kampf 男(-(e)s/..kämpfe) ❶取っ組み合いのけんか. ❷《単》格闘, レスリング, 相撲.

rings [リングス]副 環状に, ぐるりと, 周りに;〈um ④〉〈人・物⁴を〉取り囲んで, 取り巻いて.

ringsherum [リングスヘルム]副 環状にぐるりと, 周りを囲んで; 周囲を取りまいて, (その)周りに.

Ring·straße 女(-/-n) 環状道路[線].

ringsum [リングスウム]副 (その)周りに, (その)周囲に, (その)あたりに.

ringsumher [リングスウムヘーァ]副 = ringsherum.

Rinne [リンネ]女(-/-n) ❶(水を流すための)細長い溝, 下水[排水]溝, 雨樋(とい). ❷(溝状のもの:)水路, しわ, 気圧の谷, 側溝, 畦(あぜ), (猛禽用の)おとり綱.

rinnen* [リンネン](過 rann; 過分 geronnen) 自⑮ ❶Ⓢ (ゆっくり, 少しずつ)流れる, したたる, しみ出る. ❷Ⓢ (砂・塩・砂糖などが〉さらさらと落ちる. ❸ⓑ (容器などから〉液体¹が〉漏る, 水気を通す.

Rinn·stein [リン..]男(-(e)s/-e) (道路わきの)下水溝, 側溝, どぶ.

Rippchen [リップヒェン]中(-s/-) 【料理】豚の骨付き(あばら)肉.

Rippe [リッペ]女(-/-n) ❶肋骨, あばら骨. ❷(肋骨状のもの:)(放熱機・冷却機の)ファン, グリル, 畝模様, 葉脈, (天井の)格縁(ごうぶち).

Rippen·bruch 男(-(e)s/..brüche) 【医】肋骨骨折.

Risiko [リーズィコ]中(-s/..ken) 危険, リスク, 損害の恐れ, 冒険, 賭け. *ein ~ eingehen* リスク[危険]を冒す. *ein ~ übernehmen* [*tragen*] 責任を引き受ける[取る].

Risiko·faktor 男危険因子.

riskant [リスカント]形危険な, 冒険的な, 損失[リスク]を伴う, 大胆な.

riskieren [リスキーレン]他❶〈命・名誉⁴を〉賭ける, 危険にさらす. ❷〈物⁴を〉(危険を冒して)敢えてする, 敢行する.

riss [リス]reißenの過去形.

riß 旧= riss.

Riss [リス]男(-es/-e) 割れ目, 裂け目, 亀裂, ひび, 隙間.

Riß 旧= Riss.

risse [リッセ]reißen の接続法II式形.

rissig [リッスィヒ]形ひびの入った, ひび割れした.

ritt [リット]reitenの過去形.

Ritt [リット]男(-(e)s/-e) 乗馬, 騎馬行, 騎行.

Ritter [リッター]男(-s/-)【史】(中世の)騎士, 騎士団員.

Ritter·sporn 男(-(e)s/-e)【植】ヒエンソウ(飛燕草).

rittlings [リットリングス]副馬乗りに, またがって.

Ritze [リッツェ]女(-/-n) 割れ目, 亀裂, 隙間.

ritzen [リッツェン]他〈④ (in ④)〉〈物⁴を(物³に)〉刻み付ける, 彫り込む;〈物⁴の表面に〉かき傷をつける, 裂け目を入れる.

Rivale [リヴァーレ]男(-n/-n)〈弱〉ライバル, 競争相手, 敵手. ◇**Rivalin** 女(-/-nen).

Rivalität [リヴァリテート]女(-/-en) 競争, 対抗(関係), 張り合い.

r.-k. 《略》römisch-katholisch.

Roastbeef [ロースト ビーフ]中(-s/-s)【料理】ローストビーフ.

Robbe [ロッベ]女(-/-n)【動】鰭脚(ききゃく)類 ((アザラシ・オットセイ・セイウチなど)).

Robe [ローベ]女(-/-n) ❶(裁判官や聖職者などの)職服, ガウン, ローブ. ❷(婦人用の)夜会服.

Roboter [ロボター]男(-s/-) ❶人造人間, ロボット. ❷《口:蔑軽蔑》ロボットのような人.

robust [ロブスト]形(最上 ~est) 強靭な, 頑丈な, たくましい;粗暴な, 荒々しい.

roch [ロホ]riechenの過去形.

Rochade [ロハーデ/ロシャーデ](-/-n)【チェス】キャッスリング ((キングをルークで守ること)).

röche riechen の接続法II式形.

röcheln [レッヒェルン]自(臨終の際などに)咽喉をゼイゼイ[ゴロゴロ]鳴らす, 息苦しそうにあえぐ.

Rock¹ [rɔk ロック]男(-(e)s/Röcke) ❶(婦人用の)スカート. ◆*einen ~ anziehen* [*ausziehen*] スカートをはく[脱ぐ]. ❷(古)(男性用の)上着, ジャケット. ❸(スイス)ワンピース. 4級

Rock² 男(-(s)/) ロックミュージック.

Rock·band 女ロックバンド.

Röcke [レッケ]履⇨Rock¹.

rocken [ロッケン]自ロックを演奏する, ロックで踊る.

rockig [ロッキヒ]形ロックの;(ジャズの音楽[ダンス]などが)すばらしい.

Rock·musik 女(-/-) ロックミュージック.

Rodel·bahn [ローデル..]女(-/-en) そりの滑走路.

rodeln [ローデルン]自(S)《南:オーストリア》そり滑りをする, そりで滑って行く.

roden [ローデン]他〈(荒地・森林⁴などを)〉開墾する,〈(樹木⁴を)〉伐採して根を掘り起こす.

Rogen [ローゲン]男(-s/-) 魚の腹

①1格 ②2格 ③3格 ④4格

Roggen [ロッゲン] 男 (-s/-) ライ麦 (属).

Roggen・brot 中 (-(e)s/-e) ライ麦パン.

Roggen・brötchen 中 小型のライ麦パン.

roh [ro: ロー] 形 ❶ (食品が) 生の, 調理されていない. ❷ 未加工の, 自然のままの, 荒削りの, おおざっぱな. ❸《軽蔑》粗野な, 粗暴な, 荒っぽい. ❹ 皮膚のむけた[はがれた]. 4級

Roh・bau 男 (-(e)s/-ten) 壁と屋根だけができた段階の建物.

Roh・kost 女 (-/-) 生の食物((特に野菜や果物)).

Roh・material 中 (-s/-ien) 原料.

Roh・öl 中 原油.

Rohr [ロ―ァ] 中 (-(e)s/-e) ❶ 管, パイプ, 筒, 管状のもの. ❷《単》《植》ヨシ, アシ, ダンチク(細長い管状の茎を持つ植物)). ❸《南・稀》オーブン.

Röhre [レーレ] 女 (-/-n) ❶ 管, パイプ, 筒, 管状のもの. ❷ 真空管, 電子管. ❸ オーブン. ❹ (口・古軽蔑)テレビ(受像機).

Roh・stoff 男 (-(e)s/-e) 原料, 未加工品.

Rokoko [ロココ, ロココ, 《稀》ロココー] 中 (-(s)/) ❶ ロココ様式(後期バロックより発展した18世紀ヨーロッパの芸術様式)). ❷ ロココ様式時代.

Rolladen [ロルラーデン] 男 = Rollladen.

Roll・bahn 女 (-/-en) (空港の)滑走路, 誘導路.

Rolle[1] [rɔ́lə ロレ] 女 (-/-n) ❶ (演劇や映画などの) 役. ❷ (社会の中での)役割, 役目, 任務. *eine* [*keine*] ~ *spielen* 重要である[ない], 問題になる[ならない].

Rolle[2] 女 (-/-n) ❶ (紙・糸・針金など)巻いてある物, (ドロップ・ビスケット・硬貨など)円筒状に包装してある物. ❷ (家具などの)脚輪, キャスター, 滑車. ❸《体操》(平行棒などでの)回転.

rollen [ロレン] (I) 他 ❶〈+方向〉〈物⁴を〉転がす, 〈キャスター付きの物⁴を〉転がして運ぶ. ❷〈④ (*zu* ③)〉〈物⁴を(物³の状態に)〉巻く, 丸める;〈④ (*in* ③)〉〈物⁴を(物に)〉巻き込む, くるむ. ❸〈物⁴を〉(舌先やのどびこなどの)ふるえ音で発音する. ❹〈目や頭などを〉(ぐるりと)回す. (II) 自 ⓈⓂ ❶ 転がる, 転がって行く;〈波⁴が〉押し寄せる, 〈涙¹が〉ぼろぼろと流れる. ❷〈車・列車¹などが〉走る, 動く, 進む. ❸〈*mit* ③〉〈体の部分³を〉回す. *ins Rollen kommen* 動き始める. (III) 再 *sich*⁴ 転がる, ごろりと横になる.

Roller [ロラー] 男 (-s/-) ❶ キックボード(子供の遊戯用の二輪車). ❷《略》Motorroller スクーター.

Roll・feld 中 (-(e)s/-er) (空港の)滑走路, 離着陸場.

Roll・kragen 男 タートルネック, とっくり襟.

Roll・laden 男 (-s/-, ..läden) 巻き上げブラインド[シャッター].

Roll・mops 男 (-es/..möpse)〔料理〕ロールモップス(ニシンの半身でキュウリや玉ネギなどを巻いたもの).

Roll・schuh 中 (-(e)s/-e) ローラースケート.

Roll・splitt 男 (道路などの修理に使う)豆砂利, 小砂利.

Roll・stuhl [ロルシュトゥール] 男 (-(e)s/..stühle) 車椅子.

Roll・treppe 女 (-/-n) エスカレーター.

Rom [ローム] 中 (-s/) ローマ((イタリアの首都)).

Roman [ロマーン] 男 (-(e)s/-e) (長編)小説. 4級

Romantik [ロマンティク] 女 (-/) ❶ ロマン派, ロマン主義. ❷ ロマン主義の時代. ❸ ロマンチックなもの, 空想的な傾向.

romantisch [ロマンティッシュ] 形 ❶ ロマン主義の, ロマン派の. ❷ ロマンチックな, 情緒に満ちた, 詩趣に富んだ;空想的な, 夢幻的な, 非現実的な.

Romanze [ロマンツェ] 女 (-/-n) ❶ (恋の)ロマンス. ❷〔文芸〕ロマンス((スペインから起こった抒情的物語詩)).

❸【音楽】ロマンス((甘美で感傷的な旋律を主体とする楽曲)).

Römer [レーマー] 男(-s/-) ❶ローマの市民. ❷【史】古代ローマ人((古代ローマ帝国の国民)). ◇**Römerin** 女(-/-nen)

römisch-katholisch 形【宗教】ローマカトリック(教会)の.

röntgen [レントゲン] 他〈人・物⁴を〉レントゲンで調べる[透視する, 検査する], 〈人・物⁴の〉レントゲン写真を撮る.

Röntgen·aufnahme 女(-/-n) X線[レントゲン]撮影, X線[レントゲン]写真.

Röntgen·bild 中(-(e)s/-er) X線像, レントゲン写真.

Röntgen·strahlen 複レントゲン線, X線.

rosa [ローザ] 形《無変化》❶バラ色の, 淡紅色の, ピンクの. ❷美しい, すばらしい. 4級

Rosa [ローザ] 中(-s/-, (口)-s) バラ色, 淡紅色, ピンク.

Rose [ローゼ] 女(-/-n) バラ(薔薇). *keine ~ ohne Dornen*(諺)とげのないバラはない, 楽あれば苦あり. 4級

rosé [ロゼー] 形《無変化》明るいバラ色の.

Rosé [ロゼー]((I))男(-s/-s) ロゼ(ワイン). ((II))中(-(s)/-(s)) バラ色.

Rosen·kohl 男(-(e)s/) 【植】コモチカンラン, 芽キャベツ.

Rosen·kranz 男(-es/..kränze) 【カトリック】❶ロザリオ. ❷ロザリオを繰りながら唱える祈り.

Rosenmontag [ローゼンモーンターク] 男(-(e)s/-e) 【キリスト教】ばらの月曜日((灰の水曜日直前の月曜日で謝肉祭の中心日)).

rosig [ローズィヒ] 形❶バラ色の, ピンクの. ❷希望に満ちた, 楽観的な.

Rosine [ロズィーネ] 女(-/-n) 干しブドウ. *(große) ~n im Kopf haben* (大きくて)実現不可能な夢を抱く.

Rosmarin [ローズマリーン, ロ(ー)ズマリーン] 男(-s/) 【植】ローズマリー, マンネンロウ.

Ross [ロス] 中(-es /-e, Rösser) ❶《複 Rosse》(血筋の良い)乗用馬. ❷《複 Rösser》(南ド・オーストリア・スイス)馬.

Roß 中= Ross.

Ross·haar 中(-(e)s/)《単》馬の(尾やたてがみの)毛.

Roßhaar 中= Rosshaar.

Ross·kastanie 女(-/-n) 【植】トチノキ属((マロニエなど)).

Roßkastanie 中= Rosskastanie.

Rost¹ [ロスト] 男(-(e)s/) ❶さび(錆). ❷【園芸】(植物の)サビ病.

Rost² 男(-es/-e) (木製・鉄製の)格子;(炉の)火格子;(肉・魚などの)焼き網, グリル.

Rost·braten 男(-s/-) 焼き[あぶり]肉, ロースト(ビーフ).

Rost·bratwurst 女焼き[あぶり]ソーセージ.

rosten [ロステン] 自(s)(h) さびる, 酸化する.

rösten [レーステン, (南ド)レステン] 他 ❶あぶる;(コーヒーを)いる. ❷焼く.

rost·frei 形《副なし》さびない, ステンレスの.

Rösti [レースティ] 女(-/-)(スイス) フライドポテトの一種.

rostig [ロスティヒ] 形さびた, さびついた.

rot [ro:t ロート] 形《比較 **röter, roter**; 最上 **rötest, rotest**》❶赤い, 赤色の, 赤銅色の. ❷(↔ **blass**)(肌などが)赤くなった, 赤みを帯びた, 紅潮した, 血色のよい. ❸(髪などが)赤い, 赤みを帯びた. ❹(口)(政治的・思想的に)赤の, 左翼の, 共産[社会]主義の. *~ sein [werden]* (恥ずかしさ, 当惑など)で赤くなっている[なる], 赤面している[する]. 5級

Rot [ロート] 中(-s/-, (口)-s) ❶赤(色), 赤色. ❷(↔ **Grün, Gelb**) 赤信号.

Rot·barsch 男(-(e)s/-e) 【魚】メバル属.

Rote(r) [ローテ(ター)] 男女《形容詞変化》左翼[派]の人.

Röte [レーテ] 女(-/) 赤さ, 赤味, 赤色.

röten [レーテン] **(I)** 他《物⁴を》赤くする, 赤く染める. **(II)** 再 sich⁴ 赤くなる, 赤面する, 赤らむ.

röter, rötest rot の比較級, 最上級.

rot·haarig 形 髪の毛の赤い, 赤毛の.

Rot·hirsch 男 (-(e)s/-e) 〖動〗アカシカ.

rotieren [ロティーレン] 自b ❶ 回転する, 自転する. ❷ (口) あたふたと動き回る, (興奮して)頭がおかしくなる. ❸〖政〗(役職を)順々に交代する, ローテーションする.

Rotkäppchen [ロートケップヒェン] 中 (-s/) 赤ずきん(ちゃん)((Grimm 童話に登場する少女の名)).

Rotkehlchen [ロートケールヒェン] 中 (-s/-) 〖鳥〗(ヨーロッパ)コマドリ.

Rot·kohl 男 (-(e)s/) 〖植〗ムラサキ[赤]キャベツ.

Rot·kraut 中 (-(e)s/) = Rotkohl.

rötlich [レートリヒ] 形 赤みがかった, 赤っぽい, 赤らんだ.

Rot·licht 中 (-(e)s/-er) ❶ 赤信号. ❷ 赤色光線, 赤色電球.

Rot·stift 男 (-(e)s/-e) 赤鉛筆.

Rötung [レートゥング] 女 (-/-en) 赤面すること, 赤くなること.

Rot·wein 男 (-(e)s/-e) 赤ワイン.

Rotz [ロッツ] 男 -es/) 鼻汁.

rotzen [ロッツェン] 自b (軽蔑) (音を立てて)鼻をかむ.

rotz·frech 形 (口) 小生意気な.

Rouge [ルージュ] 中 (-s/-s) ルージュ, 口紅, ほお紅.

Roulade [ルラーデ] 女 (-/-n) 〖料理〗ルラード((ベーコン・タマネギなどを薄切り牛肉で巻き, 焼いた料理)).

Route [ルーテ] 女 (-/-n) ルート, コース, 進路, 路線.

Routine [ルティーネ] 女 (-/-n) ❶ 熟練, 練達, 習熟. ❷ (主に軽蔑)機械的にすらすら運ぶ仕事, お決まりの仕事, 習慣の繰り返し.

routiniert [ルティニーァト] 形 熟達した, 経験を積んだ, ベテランの.

Rowdy [ラオディ] 男 (-s/-s) (軽蔑)フーリガン, 無法者, 無頼漢.

Rübe [リューベ] 女 (-/-n) ❶ 〖植〗カブ類. ❷ (口) 頭. *eine Gelbe* ~ (南ドイツ)ニンジン. *eine Rote* ~ 赤カブ, ビート.

rüber [リューバー] 副 (口) = herüber, hinüber.

Rubin [ルビーン] 男 (-s/-e) ルビー, 紅玉.

Rubrik [ルブリーク] 女 (-/-en) ❶ (新聞や目録などの)欄, コラム, 項目, 見出し. ❷ カテゴリー, 範疇.

Ruck [ルック] 男 (-(e)s/-e) 《主に単》 ❶ 瞬間的な動き, ぐいと急激に引く[押す]こと. ❷ (政治的な)突然の動き, 変化.

Rück·blick 男 (-(e)s/-e) 《auf +4》〈過去の物⁴を〉振り返ること, 回顧[回想]すること.

rücken [リュッケン] **(I)** 他《+方向》〈物⁴を〉(ぐいと)押す, 引く, 動かす, ずらす. **(II)** 自b《+方向》(ぐいと)動く, 移動する, 寄る.

Rücken [rýkən リュッケン] 男 (-s/-) ❶ (人間や動物の)背, 背中, 背面. ◆ einen runden ~ machen 背を丸める. den ~ gerade halten 背をまっすぐに伸ばす. auf dem ~ liegen 仰向けに横たわる. ❷ (背中に似たもの)手足の甲, 山の尾根, 刃物の峰, 本の背. *den ~ frei haben* 自由に行動できる. *einen breiten ~ haben* 1)肩幅が広い. 2)我慢強い. *hinter ③ ~* 人³の背後で, 人³に内密で. ③ *in den ~ fallen* 人³の背後を襲う, 突然人³を裏切る. *mit dem ~ zur Wand stehen [kämpfen]* 窮地に立たされている, 絶体絶命の状況に陥る. *mit ③ im ~* 人・物³に背を向けて. **4級**

Rücken·deckung 女 (-/) ❶ 〖軍〗背面援護. ❷ 後援, 後ろだて.

Rücken·lehne 女 (-/-n) (椅子の)背もたれ.

Rücken·mark 中 (-(e)s/) 脊髄(ずい).

Rücken·schmerzen 複 背中の痛み.

rücken·schwimmen 自b《不定詞のみ》背泳する.

Rücken·wind 男 (-(e)s/) (↔ Ge-

rück|erstatten 他《(zu)不定詞・過去分詞で》《④》〈人³に物⁴を〉払い戻す, 返済する, 還付する.

Rück·erstattung 囡 (–/–en)《(②[**von**③]**an**④)》〈(金銭²·³の人⁴への)〉返還, 払い戻し.

Rück·fahrkarte [リュックファーァカルテ] 囡 (–/–n) 往復乗車券[切符].

Rück·fahrschein 男 = Rück-fahrkarte.

Rück·fahrt [リュックファーァト] 囡 (–/–en) 帰路, 帰り道, 復路. **4級**

Rück·fall 男 (–(e)s/..fälle) ❶[医] (病気の)再発, ぶり返し. ❷《**in**④》〈もとの悪い状態⁴への〉逆戻り, 逆行.

rück·fällig 形 逆戻りの, 再発の, 累犯(るいはん)の.

Rück·flug 男 (–(e)s/..flüge) 帰り[帰路]の飛行.

Rück·frage 囡 (–/–n) 再尋問, 再度の問い合わせ, 再質問.

Rück·gabe 囡 (–/–n) ❶返還, 返却. ❷[球技] バックパス.

Rück·gang 男 (–(e)s/..gänge)《主に単》退却, 退化, 衰退, 減少, 下落.

rück·gängig 形 後戻りの, 逆行する, 減少の, 下落する.

Rück·grat 囡 (–(e)s/–e) ❶《主に単》背骨, 脊椎. ❷《単》大黒柱, 基盤, 不屈の精神.

Rück·halt 男 (–(e)s/–e) 支え, 支柱, 後ろだて.

rückhalt·los 形 遠慮[腹蔵]のない, 隠し立てのない, 無条件の.

Rückkehr [リュックケーア] 囡 (–/–) 帰還, 復路.

Rück·kopp(e)lung 囡 (–/–en) [電] フィードバック, 帰還, 反結合, 再生.

Rück·lage 囡 (–/–n)《複》(非常時のための)準備金, 蓄え, 貯金, 積立金.

rück·läufig 形 減少[低下, 下落]している, 衰える.

Rück·licht 囲 (–(e)s/–er) 尾灯, 後部灯, テールランプ.

rücklings [リュックリングス] 副 ❶後ろへ, 後ろさまに, 仰向けに. ❷後ろから, 背後から.

Rück·nahme [..ナーメ] 囡 (–/–n) ❶取り消し, 取り下げ, 撤回. ❷(商品の)回収, 引き取り.

Rück·reise 囡 (–/–n) 帰路, 帰りの旅, 帰途.

Rück·ruf 男 ❶返事の電話. ❷呼び戻し, 召還:(欠陥商品などの)回収.

Ruck·sack 男 (–(e)s/..säcke) リュックサック.

Rucksack·urlaub 男 (リュックサックを背負って)旅行して過ごす休暇.

Rück·schlag 男 (–(e)s/..schläge) ❶急激な悪化, 反動:ぶり返し. ❷(ざい)赤字, 欠損.

Rück·schritt 男 (–(e)s/) (↔ Fort-schritt) 退歩, 後退, 反動.

Rück·seite 囡 (–/–n) 裏(側), 後ろ側, 裏面, 背面.

Rück·sicht [リュックズィヒト] 囡 (–/–en) ❶《主に単》思いやり, 配慮, 気配り, 考慮. ♦ **auf**④ ~ **nehmen** 人・物⁴を顧慮[考慮]する, 人⁴の気持ちをいたわる. ❷《複のみ》(特別な事情に応じた)考慮, 事由.

Rücksicht·nahme [..ナーメ] 囡 (–/) 顧慮, 配慮, 留意.

rücksichts·los [..ズィヒツ..] 形《(**gegen**④)》〈(人・物⁴に対する)〉顧慮のない, 遠慮のない, 容赦のない;傍若無人の, わがままな.

Rücksichtslosigkeit [..ローズィヒカイト] 囡 (–/–en) 遠慮のなさ.

rücksichts·voll 形 思いやりのある, よく配慮している.

Rück·sitz 男 (–es/–e) (自動車などの)後部座席, (進行方向に向かって)後ろ向きの座席.

Rück·spiegel 男 (–s/–) バックミラー.

Rück·sprache 囡 (–/–n)《**mit**③》〈(人³との)〉相談, 話合い, 協議.

Rück·stand 男 (–(e)s/..stände) ❶残りかす, 残留物. ❷《**in**③》〈(物³の)〉未払金, 滞納金. ❸延滞, 遅延, [スポーツ]《**auf**④》〈(競争相手⁴に対する)〉遅れ.

rück·ständig 形 (↔ fortschrittlich) 進歩の遅れた, 時代遅れの, 古臭い.

Rück·strahler 男 (-s/-) (自転車・自動車などの)リフレクター, 後部反射板.

Rück·tritt 男 (-(e)s/-e) ❶ 辞職, 引退. ❷ (契約の)解除. ❸ 《単》(自転車ペダルの)逆踏みブレーキ, コースターブレーキ.

rückwärts [リュックヴェァツ] 副 ❶ (↔ vorwärts) 後方へ, 後ろへ, 背後へ; 逆方向に, 逆行して. ❷ 《南》《ロ》後ろに.

Rückwärts·gang 男 (-(e)s/..gänge) 後退, 後戻り; (自動車などの)逆進装置, バックギア.

Rück·weg 男 (-(e)s/-e) 帰路, 帰途, 帰り道.

rück·wirkend [..ト] 形 遡及力をもつ, 遡及的な, 逆行の.

Rück·zahlung 女 (-/-en) 払い戻し, 償還, 返済.

Rück·zug 男 (-(e)s/-e) ❶ 《軍》退却, 撤退. ❷ 〈aus ③〉〈物³からの〉引退. ❸ 《オ》銀行口座から金を下ろすこと.

Rüde [リューデ] 男 (-n/-n) 《弱》(犬・狐・狼の)雄.

Rudel [ルーデル] 中 (-s/-) ❶ (野生動物の)群れ. ❷ 《ロ; 軽蔑》徒党, 一団.

Ruder [ルーダー] 中 (-s/-) ❶ (ボートの)櫂(かい), オール. ❷ (船の)舵(かじ), 方向舵. **ans ~ kommen [gelangen]** 《ロ》権力を握る. **sich⁴ kräftig ins ~ legen** 《ロ》精いっぱい仕事をする.

Ruder·boot 中 (-(e)s/-e) ボート, 漕艇(そうてい).

Ruder·gänger 男 (-s/-) 舵手(だしゅ), 舵(かじ)取り手.

rudern [ルーダァン] 《(I)》他 〈人・物⁴をボートで運ぶ; (船やボートなどを)こぐ. 《(II)》 自 ❶ ⓢ ボートをこぐ, こいで行く. ❷ ⓢ ⓑ 〈gegen ④〉〈人⁴と〉競漕する, ボート競技に参加する. ❸ ⓑ 水をかく.

Ruderregatta [ルーダーレガッタ] 女 (-/..gatten) ボートレース, レガッタ.

Ruf [ルーフ] 男 (-(e)s/-e) ❶ 呼び声, 叫び声, (動物の)鳴き声. ❷ 《単》〈nach ③〉〈物³を求める〉呼びかけ, 要請の声, 訴え. ❸ 《単》評判, 名声. ❹ 《単》(ある役職への)招聘(しょうへい), 招き. □ **ist besser als sein ~.** (ロ; 軽蔑)〈人・物¹は〉評判ほど悪くない.

rufen* [rú:fən ルーフェン]

現在	ich rufe	wir rufen
	du rufst	ihr ruft
	er ruft	sie rufen

過去	ich rief	wir riefen
	du riefst	ihr rieft
	er rief	sie riefen

過分	gerufen	接II riefe

《(I)》他 ❶〈人・物⁴を〉呼び寄せる, (電話で)呼ぶ. ♦**die Polizei [die Feuerwehr, ein Taxi] ~** 警察[消防, タクシー]を呼ぶ. **Hilfe ~** 助けを呼ぶ. ❷〈...と〉叫ぶ, 大声で言う. ❸〈人⁴を〉(...という名前で)呼ぶ, (...と)呼ぶ. 《(II)》 自 ❶ 呼ぶ, 叫ぶ. ❷〈nach ③〉〈人・物³に〉呼びかける. ♦**nach der Bedienung ~** 給仕を呼ぶ. **nach dem Essen ~** 食事を命じる. ❸〈物・事¹が〈人⁴を〉〉呼ぶ, 招く, 誘う. ⛝ **wie gerufen kommen** (ロ) 人³にとって都合のいい時に来る. 《4級》

Ruf·mord 男 (-(e)s/-e) ひどい中傷, 重大な名誉毀損(きそん), 人身攻撃.

Rufmord·kampagne 女 (新聞記事などによる)組織的中傷[攻撃].

Ruf·name 男 (-ns/-n) (親しい間での)呼び名.

Ruf·nummer 女 (-/-n) 電話番号.

Rüge [リューゲ] 女 (-/-n) 叱責(しっせき), 咎め.

rügen [リューゲン] 他 〈④ **für** ④ [**wegen** ②]〉〈人⁴を物²・⁴のために〉叱責(しっせき)する, とがめる.

Ruhe [rú:ə ルーエ] 女 (-/) ❶ (↔ Bewegung) 静止, 停止. ❷ (↔ Lärm) 静けさ, 静寂, 沈黙. ❸ 休息,

① 1格 ② 2格 ③ 3格 ④ 4格

休養, 憩い, 眠り. ❹平穏, 安寧, 落ち着き, 安心. **die ewige ~**〘婉曲〙永眠, 永遠の眠り. **(die) ~ bewahren** 平静を保つ. **die ~ vor dem Sturm** 嵐の前の静けさ. **Immer mit der ~!**〘口〙慌ててはだめだ! **in (aller) ~** 平穏に, あわてずに, 落ち着き払って. **keine ~ lassen** 人³に安らぎを与えない. ❹**(mit** ③**) in ~ lassen**〘口〙〈物³で〉人⁴を困らせない. **sich⁴ nicht aus der ~ bringen lassen** 落ち着いている, 平然としている.
- **ruhe·los** 形 安らぎのない, 落ち着きのない, 不安な.
- **ruhen** [ルーエン] 自ⓑ ❶休む, 休息する, 動きのない, 休養する; 睡眠をとって休養する. ❷〈活動を〉停止している, 休止〔静止〕している, 失効中である. ❸〈+場所〉〈…に〉置いてある, 置かれている, のっている. ❹〘婉曲〙草葉の陰に憩う, 永眠している.
- **Ruhe·pause** 女 (-/-n) 休憩(時間).
- **Ruhe·stand** 男 (-(e)s/) 退職者[退役, 退官]の身分.
- **Ruhe·störung** 女 (-/-en) 静けさ[安息, 平和, 治安]を乱すこと, 安眠妨害.
- **Ruhe·tag** 男 (-(e)s/-e) 休日, 休業日.
- **ruhig** [rúːɪç ルーイヒ]〘比較 ruhiger [..ガー]〙((I)) 形 ❶(↔ unruhig) 静かな, 動きのない, 静止した. ❷(= laut) (部屋・住居などの場所¹が) 静かな, 騒がしくない, 閑静な; 〈子供・隣人などの人¹が〉静かな, うるさくない, 沈黙した. ❸(↔ hektisch) 妨害[邪魔]のない, 平穏な, 安らかな; のんびりした, 慌しくない, のどかな. ❹落ち着いた, 平静[冷静]な, 平気な; 〈色などが〉くすんだ. **Um ③ ist es ~ geworden.** 人・物³のことはもう誰も話題にしない. ((II)) 副 ❶静かに; 穏やかに, 平穏に; 落ち着いて, 冷静に; 平気で, 平然に. ❷〘口〙遠慮なく, 構わずに, 安心して, 気にせず. **ruhig stellen** [医] 〈骨折した手足⁴などを〉(動かないように)固定する.
4級

- **ruhig|stellen** 他 = ruhig stellen (⇨ruhig ■).
- **Ruhm** [ルーム] 男 (-(e)s/) 名声, 栄誉, 栄光, 賞賛, 誉れ.
- **rühmen** [リューメン] ((I)) 他 〈人・物⁴を〉賞賛する, 褒め称える. ((II)) 再 sich⁴ 〈②〉〈物²を〉誇る, 自慢する.
- **ruhm·reich** 形 名誉ある, 栄光に満ちた.
- **Ruhr** [ルーァ] 女 (-/) [医] 痢病, 赤痢.
- **Rührei** [リューァアイ] 中 (-(e)s/-er) [料理] スクランブルエッグ, 洋風いり卵.
- **rühren** [リューレン] ((I)) 他 ❶〈物⁴を〉かき混ぜる, かき回す, 攪拌(かくはん)する, こねまわす; 〈④ in ④〉〈物⁴の中へ〉かき混ぜながら加える. ❷〈手足⁴などを〉動かす. ❸〈人⁴を〉感動させる, 〈人⁴の〉心を動揺させる. ((II)) 自 ❶〈in ③〉〈物³をかき混ぜる, かき回す. ❷〈an ④〉〈物⁴に〉触れる, さわる, 言及する. ❸ 由来する, 原因がある. ((III)) 再 sich⁴ ❶動く, 身動きする, 活発になる. ❷〈口〉〈bei ③〉〈人³に〉連絡をとる. **Da rührt sich⁴ nichts.**〘口〙何の反応も無い.
- **rührend** [..ト] ((I)) rühren の現在分詞形. ((II)) 形〘最上 ~st[..ット]〙感動的な, 人の心を打つ, 涙くましい.
- **Ruhr·gebiet** 中 (-(e)s/) ルール地帯 ((ドイツ北西部の工業地帯)).
- **rühr·selig** 形〘ほぼ軽蔑〙❶(演劇・詩・映画などが)涙をそそる, センチメンタルな. ❷(人が)感動しやすい, 涙もろい, 感傷的な.
- **Rührseligkeit** [..カイト] 女 (-/) センチメンタルなこと, 傷感.
- **Rührung** [リュールング] 女 (-/-en) 感動, 感激, 同情; 動かすこと, 攪拌(かくはん).
- **Ruine** [ルイーネ] 女 (-/-n) 廃墟, 廃屋, 瓦礫の山; 破産した人, 廃人.
- **ruinieren** [ルイニーレン] 他 〈人・物⁴を〉破滅させる, 荒廃させる, 破産させる, 台なしにする.
- **rülpsen** [リュルプセン] 自 ⓑ〘口〙げっぷをする.
- **rum** [ルム] 副 〘口〙 = herum.
- **Rum** [ルム,〘オーストリア〙ルーム] 男 (-s/-s,

① 1格 ② 2格 ③ 3格 ④ 4格

Rumäne [ルメーネ] 男 (-n/-n)《弱》ルーマニア人. ◇**Rumänin** 女 (-/-nen).

Rumänien [ルメーニエン] 中 (-s/-) ルーマニア.

rumänisch [ルメーニッシュ] 形 ルーマニア(人[語])の.

Rummel [ルメル] 男 (-s/) ❶騒ぎ, にぎわい, 雑踏, 喧騒. ❷《北》年の市, 縁日. *der ~ um* ④ 人・物にまつわるセンセーショナルな出来事.

Rummel·platz 男 (-es/..plätze) (歳の市・縁日などの)移動遊園地.

Rumpel·kammer 女 (-/-n) (口) がらくた置き場, 物置.

rumpeln [ルンペルン] 自 (口)《非人称》Es rumpelt. ガタガタ[ゴトゴト]音を立てる.

Rumpf [ルンプフ] 男 (-(e)s/Rümpfe) ❶(人間の)胴(体). ❷(飛行機や船などの)機体, 船体.

rümpfen [リュンプフェン] 他〈顔の一部⁴を〉歪めてしわを寄せる, しかめる.

Rumpsteak [ルンプステーク] 中 (-s/-s) ランプステーキ, 牛のしり肉のステーキ.

rum|treiben* [ルム ルント] (I)(I) 再 sich⁴ あてもなく放浪する. ((II)) 他〈家畜⁴などを〉追い回す, 追い立てる. ((III)) 自 (S) (水上を)あちこち漂う;〈um ④〉〈物⁴のまわりを〉漂い回る.

rund [ront ルント] (I)(I) 形 ❶(↔ eckig) 丸い 円形[球形]の, 輪状[環状]の. ◆ein ~er Tisch 円卓. ~e Augen machen 目を丸くする. ❷ (↔ schlank)丸みをおびた, まるまるとした, 肉付きのよい, 太り気味の. ◆~e Arme 丸々した腕. einen ~en Bauch haben 腹がふくれている. ❸ (口)(数量に関して)端数のない, 切りのいい, ちょうどの, まとまっての; (↔ genau)端数を切り捨てた[切り上げた], 概数の. ((II)) 副 ❶丸く, 円形に. ❷スムーズに, 円滑に. ❸約, ほぼ. ❹〈um ④〉〈人⁴のまわりを〉ぐるっと, 一回りして. 5級

Rund·blick 男 (-(e)s/-e)《主に単》パノラマ, 全景, 四方の眺め.

Rund·brief 男 (-(e)s/-e) (公的な)回状, 通達;(私的な)回し状, 回覧文.

Runde [ルンデ] 女 (-/-n) ❶一周, 一巡, 巡回. ❷円, 周囲. ❸(小人数の)一団, グループ, 仲間. ❹一座の人々に行きわたる酒などの量[数]. ❺《スポーツ》(トラックの)一周, (ボクシングなどの)ラウンド, (ゴルフ・トランプなどの)一勝負, 回. ◆in die 3. ~ aufsteigen 3回戦に進む. *die ~ machen* (口) 1)次から次へと回される. 2)(噂などが)広まる. *über die ~n kommen* (口) 困難を切り抜ける.

Rund·fahrt 女 (-/-en) (乗り物による)一周, 周遊旅行, 遊覧.

Rundfunk [ルントフンク] 男 (-s/) ❶ラジオ放送. ❷ラジオ放送局. ❸ラジオ放送番組.

Rundfunk·anstalt 女 ラジオ放送局.

Rundfunk·gebühr 女 (-/-en) ラジオ受信料, 聴取料.

Rundfunk·gerät 中 (-(e)s/-e) ラジオ受信機.

Rundfunk·sendung 女 ラジオ放送.

Rundfunk·sprecher 男 (-s/-) (ラジオの)アナウンサー.

Rund·gang 男 (-(e)s/..gänge) ❶周遊, 一周, 巡回. ❷回廊, 巡回路.

rundherum [ルントヘルム] 副 ❶周囲に, ぐるりと. ❷完全に, すっかり.

rundlich [..リヒ] 形 (口) 丸みをおびた, やや円形の; 丸ぽちゃの, ふっくらした.

Rund·reise 女 (-/-n) 周遊旅行.

Rund·schreiben 中 (-s/-) 回状, 通知状, 告示.

runter [ルンター] 副 (口) = herunter, hinunter.

Runzel [ルンツェル] 女 (-/-n)《複》ひだ, (特に)顔のしわ.

runz(e)lig [ルンツ(ェ)リヒ] 形 しわのある, ひだの多い.

runzeln [ルンツェルン] 他〈物⁴に〉しわをよせる.

rupfen [ルプフェン] 他 ❶‹4› **von [aus]** ③‹物4を物3から›むしり取る, 引っ張って取る, 引き抜く. ❷‹鳥4の›羽毛をむしる. ❸《口》‹人4から›金銭を巻き上げる.

ruppig [ルッピヒ] 形《軽蔑》❶粗野な, 乱暴な, 不作法な. ❷(犬などの)毛がぼさぼさした, みすぼらしい.

Rüsche [リューシェ] 女‹–/–n›(婦人服などの)ひだ飾り, ルーシュ.

Ruß [ルース] 男‹–es/–e› 煤(ﾌﾞﾙ), カーボンブラック.

Russe [ルッセ] 男‹–n/–n›《弱》ロシア人.

Rüssel [リュッセル] 男‹–s/–›❶(象などの)長い鼻. ❷(豚などの)突き出た鼻. ❸(昆虫の)吻管(ﾌﾝｶﾝ). ❹《口;軽蔑》(人間の)大きい鼻.

rußen [ルーセン] 自(h)煤(ﾌﾞﾙ)を出す, (ランプ・ストーブなどが)煤ける.

Russin [ルスィン] 女‹–/–nen›(女性の)ロシア人.

russisch [ルスィッシュ] 形 ロシア(人 [語])の. ◆ die Russische Föderation ロシア連邦.

Russisch [ルスィッシュ] 中‹–(s)/› ロシア語.

Russland [ルスラント] 中‹–s/›ロシア.

Rußland 中= Russland.

rüsten [リュステン] ((I))他‹物4を›準備する, 用意する, 装備する. ((II)) 再 sich4 **für** ‹物4の›準備をする. ((III)) 自‹国家1が›軍備を整える.

rüstig [リュスティヒ] 形(高齢者について)達者な, 元気な, かくしゃくした.

rustikal [ルスティカール] 形いなか風の, ひなびた, 農民風の.

Rüstung [リュストゥング] 女‹–/–en›❶軍備, 武装. ❷【史】(中世騎士の)甲冑(ｶﾞｯﾁｭｳ), 武具.

Rüstungs·industrie 女‹–/..strien›軍需[兵器]産業.

Rüstungs·kontrolle 女‹–/–n›(国際的な)軍備管理.

Rüstungs·stopp 男 軍備制限[抑制].

Rüstungs·wettlauf 男 軍拡競争.

Rute [ルーテ] 女‹–/–n›❶(葉を落した長く細い)枝. ❷(数本の葉を落した枝を束ねた)むち. ❸釣り竿. ❹占い棒.

Rutsch [ルッチュ] 男‹–es/–e› 滑ること, 地滑り, 山くずれ.

Rutsch·bahn 女‹–/–en›(遊びのための)滑り台.

Rutsche [ルッチェ] 女‹–/–n›❶(石炭・貨物などを下へ滑り落すシュート, 山中の木材滑送路. ❷滑走路, 滑路, 滑り台.

rutschen [ルッチェン] 自(s)❶滑る, 滑ってころぶ, スリップする. ❷‹衣類1など身につけている物が›ずれる, 滑り落ちる, ずり落ちる. ❸《口》わきへ動く, (席を)つめる.

rutschig [ルッチヒ] 形(道路や床などが)滑りやすい, つるつるした.

rütteln [リュッテルン] ((I))他‹人・物4を›揺さぶる, 揺り動かす, 振動させる. ((II)) 自 ❶(激しく)揺れる, 揺れ動く. ❷‹an ③›‹物3を›揺さぶる, 揺り動かす, 動揺させる. *Daran ist nicht(s) zu ~.*《口》それは変えられない.

S

s, S [エス] 中‹–/–, (口)–s› アルファベットの第19字.
s《記号》Sekunde.
S《略》❶small(サイズ). ❷Süd(en).
s.《略》sieh(e)参照せよ.
S.《略》Seiteページ.
Sa.《略》❶Summa 総計. ❷Samstag. ❸Sachsen.
SA [エスアー] 女‹–/›《略》Sturmabteilung (ナチスの)突撃隊.
Saal [ザール] 男‹–(e)s/Säle› ホール, 大広間.
Saar [ザーァ] 女‹die ~›ザール川 ((Mosel の支流)).
Saarbrücken [ザーァブリュッケン] 中‹–s/›ザールブリュッケン ((Saarland 州の州都)).

□1格 □2格 □3格 □4格

Saarbrücker [ザーァブリュッカー] **((I))**男(-s/-) ザールブリュッケン市民. **((II))**形《無変化》ザールブリュッケンの. ◇~in 女(-/-nen).

Saar·gebiet 中(-(e)s/) ザール地方.

Saar·land 中(-(e)s/) ザールラント州 ((ドイツ中西部の州)).

Saar·länder 男(-s/-) ザールラント人. ◇~in 女(-/-nen).

saar·ländisch [..レンディッシュ] 形 ザールラントの.

Saat [ザート] 女(-/-en) ❶《主に単》穀物の種, 種子. ❷種まき, 播種(はしゅ). ❸発芽した種, 芽ばえ, 苗; 収穫. *Wie die ~, so die Ernte.* (諺) 因果応報.

Saat·gut 中(-(e)s/) 穀物の種, 種子.

Säbel [ゼーベル] 男(-s/-) サーベル.

Sabotage [ザボタージェ] 女(-/-n) サボタージュ ((妨害・破壊工作を意味し, 怠業・サボるという意味はない)).

Saboteur [ザボテーァ] 男(-s/-e) サボタージュをする人. ◇~in 女(-/-nen).

sabotieren [ザボティーレン] 他《過分 sabotiert》〈物⁴を〉妨害[破壊]する.

Saccharin [ザハリーン] 中(-s/)【化】サッカリン ((人工甘味料)).

Sach·bearbeiter [ザッハベアルバイター] 男(-s/-) (仕事の)担当者.

Sach·beschädigung 女(-/-en)【法】器物損壊, 物の毀損(きそん).

sach·bezogen [..ベツォーゲン] 形 事柄に即した; (事柄の)核心に関連する, (事柄の)核心を突く.

Sach·buch 中(-(e)s/..bücher) 実用[案内]書.

sach·dienlich 形《副なし》〈書〉役立つ, 有益な.

Sache [záxə ザッヘ] 女(-/-n) ❶《主に単》こと (事), 物事, 事柄, 問題, 一件; 事態, 状況; 事情, 実情, 真相. ❷《複》もの (物), 品物; 持ち物, 身の回りのもの; 衣服[類]; 食べ物, 飲み物. ❸《単》本題, 核心. ❹《単》なすべき事, 与えられた事, 仕事, 責務. ❺《複》(口) キロメートル時. ❻《主に複》【法】物件. ❼《複》作品. ❽ (訴訟)案件, 事案. ❾《最上級と》(口) 非常に, ♦*die schönste ~ der Welt* 世界で一番美しいこと[もの], *gute ~n zu essen* おいしい食べ物. *eine schöne ~!* すばらしいこと. *mit 200 ~n* 時速200キロで. ③ *aus den ~n helfen* 人³が服を脱ぐのを手伝う. *eine halbe ~* 中途半端なこと. *seine ~ gut [schlecht] machen* 自分の責務をよく果たす[果たさない], 与えられたことをちゃんとする[しない]. *eine andere ~ [eine ~ für sich⁴]*. それは別の事[別問題]です. *sich³ seiner ~ sicher [gewiss] sein* 自分の正しさに自信がある, 自分が正しいと思っている. *bei der ~ sein* 気持ちを(仕事に)集中している. *in eigener ~* 自分のための. *nichts zur ~ tun*〈話⁴が〉(話の内容にとって)重要でない, (本筋とは)無関係である. ② *~ sein* 人⁴の(解決すべき)問題である: nicht ② *~ sein* 人²には関係[かかわり]がない. **4類**

..sache 《名詞に付いて》「(...に)関すること, (...の)問題」: Geschmackssache 趣味の問題.

Sach·gebiet 中(-(e)s/-e) 専門分野.

sach·gemäß 形 適切な, (その場に)ふさわしい, (その対象に)合った.

sach·gerecht 形 = sachgemäß.

Sach·kenntnis 女(-/-se) 専門的な基礎知識, 造詣(ぞうけい).

sach·kundig 形 専門的知識のある, 造詣(ぞうけい)が深い.

Sach·lage 女(-/-n) 《主に単》「(書)今の状態[状況], 情勢.

sachlich [ザッハリヒ] 形 ❶事実に基づく[即した], 客観的な. ❷《付加または1肢》実質的な, 本質的な, 内容的な. ❸即物的な, 実用本位の, シンプルな.

sächlich [ゼヒリヒ] 形【言】中性の.

Sachlichkeit [..カイト] 女(-/) 客観性; 即物性; 実質的なこと.

Sach·register 中(-s/-) 事項索引, 内容目録.

Sachs [ザックス]《人名》ハンス・ザッ

① 1格 ② 2格 ③ 3格 ④ 4格

クス ((Hans ~; Nürnberg の靴屋で Meistersinger; 1494–1576)).

Sach·schaden 男 (‐s/‐..schäden) 〖法〗物的損害.

Sachse [ザクセ] 男 (‐n/‐n) 《弱》ザクセン人. ◇**Sächsin** 女 (‐/‐nen).

Sachsen [ザクセン] 中 (‐s/) ザクセン州 ((ドイツの東部の州)).

Sachsen-Anhalt [...アンハルト] 中 (‐s/) ザクセンアンハルト州 ((ドイツ中部の州)).

sächsisch [ゼクスィッシュ] 形 ❶ ザクセン(人[地方, 語])の. ❷〖言〗アングロサクソン語の.

sacht [ザハト] 形《最上 ~est》優しい, 穏やな, ソフトな, そっとした. ★副詞として用いる場合は sachte となる.

sachte [ザハテ] (I) 形 ⇨ sacht. (II) 副 ❶ 優しく, 穏かに, ソフトに, そっと. ❷(ロ)ゆっくり, あわてずに, 静かに. ❸ 用心して, 警戒して.

Sach·verhalt 男 (‐(e)s/‐e) 《主に単》事実関係, 実状, 事情, 状況. ◆ der genaue [wahre] ~ 正確な状況[真相]. ★ 犯罪の事実関係はTatbestand.

Sach·verstand 男 (‐(e)s/) 専門的知識.

Sach·verständige(r) 男女 《形容詞変化》専門家, エキスパート.

Sach·wert 男 (‐(e)s/‐e) ❶《単》物の価値; 真価. ❷《複》有体資産, 有価物.

Sack [ザック] 男 (‐(e)s/Säcke, (単位として)‐) ❶ (保存・運搬用の)大袋. ❷(軽蔑)やつ, 野郎. ❸(軽蔑)陰嚢(のう). ◆ mit ~ und Pack 一切合切(の持ち物)を持って. ④ im ~ haben (口)事⁴を掌中におさめている[ものにしている], 事⁴(の成功[勝利])を確信している.

Sack·bahnhof 男 (‐(e)s/..höfe) 終着駅, ターミナル.

sacken [ザッケン] 自 (s) 〈人¹が〉倒れ込む, くずおれる.

Sackerl [ザッカァル] 中 (‐s/‐(n)) (南ドイツ・オーストリア)(買い物)袋.

Sack·gasse 女 (‐/‐n) 袋小路, 行き止まり. in eine ~ geraten 行き詰まる, 窮地に陥る.

Sack·hüpfen 中 (‐s/) サックレース, 袋競走.

Sadismus [ザディスムス] 男 (‐/‐men) サディズム (↔ Masochismus).

Sadist [ザディスト] 男 (‐en/‐en)《弱》サディスト, 残虐好きの人. ◇ ~**in** 女 (‐/‐nen).

sadistisch [ザディスティッシュ] 形 サディズムの, 加虐性愛の, 加虐的な, サディスト的な.

säen [ゼーエン] (I) 自 種まきをする. (II) 他 ❶〈種などを〉まく, 〈穀物⁴の〉種をまく. ❷〈書〉〈事⁴の〉原因を作る. dünn gesät sein 少ない, まれである.

Safe [ゼーフ] 中 (‐s/‐s) 金庫, 貸し金庫. ④ im ~ aufbewahren 物⁴を金庫に保管する.

Saft [zaft ザフト] 男 (‐(e)s/**Säfte**) ❶ 汁, 液; ジュース, 果汁; 樹液, 液汁; 肉汁; 体液, 漿液(しょう). ❷(口)バッテリー液. ohne ~ und Kraft sein (口) 1) 活気がない. 2) 新鮮味のない. 4級

saftig [ザフティヒ] 形 ❶ 水分[水気]の多い, ジューシーな; みずみずしい. ❷(口)すさまじい; ひどい; (値段などが)ひどく高い.

Saft·laden 男 (‐s/ (まれ)..läden) (口; 軽蔑)うまくいっていない店[商売, 企業].

Sage [ザーゲ] 女 (‐/‐n) 伝説, 言い伝え, 口碑; 神話.

Säge [ゼーゲ] 女 (‐/‐n) のこぎり(鋸). ◆ mit der ~ のこぎりで.

Säge·blatt 中 (‐(e)s/..blätter) のこぎりの刃.

Säge·mehl 中 (‐(e)s/) おがくず.

sagen [záːɡən ザーゲン] 他 ❶ ((③) ④) 〈人³に事⁴を〉言う. ❷ (④ zu ⑤) 〈事⁴について事⁴を〉言う, 思う. ❸ (④ zu ⑤) 〈人・物³を物⁴と〉言う, 呼ぶ. ❹〈事⁴であると〉主張する. ❺〈事⁴が〉〈事⁴を〉表す, 意味する. ❻〈③ ④〉〈人³に事⁴をせよと〉命じる. ❼〈(③) ④〉〈(人³に)事⁴を〉告げる. ❽ 〈sich³〉④〈事⁴を〉(心の中で)考える,

④ 1格 ② 2格 ③ 3格 ④ 4格

Sagen

現在	ich sage	wir sagen
	du sagst	ihr sagt
	er sagt	sie sagen
過去	ich **sagte**	wir sagten
	du sagtest	ihr sagtet
	er sagte	sie sagten
過分	**gesagt**	接II sagte

思う. ❾〈etwas über ④〉〈人・事⁴について〉述べる[言う];〈nichts über ④〉〈人・事⁴について〉何も語っていない. ❿〈etwas von ③〉〈言葉³を〉使う[言う];〈nichts von ③〉〈言葉³を〉使っていない[言っていない]. ⓫〈etwas von ③〉〈事³(の可能性)について〉述べる[言う]. ⓬〈④ mit ③〉〈事⁴を言葉³で〉示す. ★sagen は直接・間接話法で用いられる: Er sagte: ,,Man muss von vorn anfangen." = Er sagte, dass man von vorn anfangen müsse. = Er sagte, man müsse von vorn anfangen. 彼は最初から始めなければならないと言った. ◆ja [Ja] ~ はい[イエス]と言う. nein [Nein] ~ いいえ[ノー]と言う. **Wie sagt man ④ auf Deutsch?** 事⁴をドイツ語で何と言うのですか. **Was sagen Sie zu ③?** 事³についてどう思いますか. **um nicht zu ~** こう言ってはなんですが、とは言わないまでも. **Man sagt, dass ...** …と世間がうわさする、…と言われている. **Sag mal = Sag Sie mal**《口》あのね. **Sag bloß! = Sag nur!**《口》何だって、まさか(信じられない)、本当なの? **sage und schreibe**《口》驚くなかれ、何と、実際、本当に. **~ wir (doch)...** 1)《提案して》…ではどうでしょう、どうですか. 2)たとえば、言ってみれば. **Du sagst es!** 君の言うとおりです. **Das sagst du so einfach!**《口》君が考えているより難しいよ. **Das sagt sich so einfach!**《口》言うのは簡単だよ(実行するのは難しいよ). **Wem sagst du das? = Wem sagen Sie das?**

《口》だれにものを言っているんだ、そんなこと言われなくても分かっているよ. **wie man (so schön) sagt** みんなが言っているように、世間が言うように、ことわざにもあるように. **offen gesagt** はっきり言って. **unter uns gesagt** ここだけの話だが. **(noch) nicht gesagt sein**《口》(まだ)確かではない. **sich³ nichts ~ lassen**《口》少しも人の言うことを聞かない[人の言うことに耳を貸さない]. 5級

Sagen [ザーゲン] 中 das ~ haben 実権[決定権]がある.

sägen [ゼーゲン] ((I))他 ❶〈物⁴をのこぎり(鋸)で挽(ひ)く[切る]. ❷〈物⁴をのこぎり(鋸)を使って作る. ((II))自 ❶のこぎりで挽く、のこぎりを挽いて仕事をする. ❷《口》いびきをかく.

sagenhaft [..ハフト] ((I))形 ❶《副なし》伝説の、伝説的な. ❷《口》信じられないような、とてつもない、途方もない. ((II))副 信じられないくらいに、とてつもなく、途方もなく.

Säge-späne 複 おがくず.

Säge・werk 中 (-(e)s/-e) 製材所[工場].

sah [ザー] sehen の過去形.

sähe [ゼーエ] sehen の接続法II式形.

Sahne [ザーネ] 女 (-/) ❶生クリーム、乳脂. ❷牛乳の上澄み. ❸ホイップクリーム. ◆saure ~ サワークリーム.

sahnig [ザーニヒ] 形 ❶クリームを多く含んだ、クリーミーな;クリームの味がする. ❷クリーム状の.

Saison [ゼゾ(ー)ン] 女 (-/-s, 南独・オーストリア -en) ❶〈観光・演劇・スポーツなどの〉シーズン. ❷〈für ④〉〈物⁴の〉季節, 時期. ◆während der ~ シーズン中.

saisonal [ゼゾナール] 形 季節的な.

Saite [ザイテ] 女 (-/-n) 〈楽器の〉弦, ストリング. **andere [strengere] ~n aufziehen**《口》以前より厳しい態度をとる、強攻策をとる.

Saiten・instrument 中 (-(e)s/-e) 弦楽器.

Sakko [ザッコ] 男 (-s/-s),《主にオーストリア・ザ

コー] 中(-s/-s) 背広の上着.
sakral [ザクラール] 形 宗教上の; 典礼に関する, 聖式の, 礼拝(のため)の;〔解〕仙骨(部)の.
Sakrament [ザクラメント] 中(-(e)s/-e) ❶〔宗〕秘蹟((カトリックでは, 洗礼, 堅信, 聖餐, 告解, 終油, 叙階, 婚姻の七秘跡));(聖)礼典(プロテスタントでは, 洗礼と聖餐の二秘跡));《単》聖餐(式), 聖晩餐式. ❷(俗)ちくしょう, いまいましい.
Sakristei [ザクリスタイ] 女(-/-en) 祭服室, 聖具室((普通, 祭壇近くにあり, 祭服を保管し, 着替えをする部屋)).
säkularisieren [ゼクラリジィーレン](過分 säkularisiert) 他 ❶〈教会財産などを〉国有化する. ❷〈思想・芸術⁴を〉世俗化する, 宗教から切り離す.
Salamander [ザラマンダー] 男(-s/-) 〔動〕サンショウウオ, イモリ, トカゲの類; (神話・伝説で火の中に住むという)火トカゲ; 火の精.
Salami [ザラーミ] 女(-/-(s)) サラミ.
Salami·taktik 女(-/-) サラミ戦術.
Salat [zaláːt ザラート] 男(-(e)s/-e) ❶〔料理〕サラダ. ❷〔植〕サラダ用の野菜; サラダ菜, チシャ(萵苣), レタス. ◆ ein gemischter ~ ミックスサラダ. ein ~ aus Tomaten und Gurken トマトとキュウリのサラダ. mit ~ サラダ付きの. *Da haben wir den ~.* (口)恐れていた[心配していた]ことになりました. 5級
Salat·besteck 中(-(e)s/-e) サラダ用サーバー((大きいスプーンとフォーク)).
Salat·soße 女(-/-en) サラダドレッシング.
Salbe [ザルベ] 女(-/-n) 〔医〕軟膏(なんこう), 膏薬(こうやく); 聖油. ◆ eine ~ dünn auftragen 軟膏を薄く塗る.
Salbei [ザルバイ] 男(-s/), 女(-/) 〔植〕セージ((シソ科アキギリ属の薬草)).
salben [ザルベン] 他 ❶〈⑶⁴〉〈(人³の)所⁴に〉軟膏(なんこう)を塗る;〈人⁴に〉軟膏(なんこう)を塗る. ❷〈⑷〔zu ⑶〕〉

〔宗〕聖油を注いで聖別する[清める], 塗油する.
salbungs·voll [ザルブングス..] 形 (軽蔑)大げさな, もったいぶった.
Saldo [ザルド] 男《Salden, -s/-s, Saldi》〔商〕(差引)残高, 差額.
Säle [ゼーレ] = Saalの複数形.
Salm [ザルム] 男(-(e)s/-e) サケ(鮭), サーモン.
Salmonelle [ザルモネレ] 女(-/-n) 《主に複》サルモネラ菌.
Salome [ザローメ, ザロメ] ((I))《女名》サロメ. ((II))《人名》[聖]サロメ ((ユダヤ王ヘロデの継娘; 王の誕生日の舞いのほうびに予言者ヨハネの首を望む; マタイ14, 8)).
Salomo [ザーロモ]《人名》(2格 ...mo(n)s, ...monis) ソロモン ((ダビデの次男で3代目のイスラエルの王(前961–922)); 賢者, 賢人, 明君.
Salomon [ザーロモン] (2格 -s, ..monis) ((I))《男名》ザーロモン. ((II))《人名》= Salomo.
salomonisch [ザロモーニッシュ] 形 ❶ ソロモンのような. ❷ 賢明な.
Salon [ザローン] 男(-s/-s) ❶ サロン,(美容・服装の)店. ❷(やや古)客間; 社交室; 大広間;(船の)大船室.
salon·fähig 形 上品な, 上流階級にふさわしい.
salopp [ザロップ] 形 ❶ くだけた, ぞんざいな. ❷(服が)カジュアルな.
Salpeter [ザルペーター] 男(-s/-) 〔化〕硝石, 硝酸カリウム.
salpet(e)rig [ザルペーテリヒ] 形 硝石の, 硝石[窒素]を含む; 亜硝酸の.
Salpeter·säure 女(-/-) 硝酸.
Salto [ザルト] 男(-s/-s, (書)Salti) 宙返り, とんぼ返り.
Salut [ザルート] 男(-(e)s/-e) 礼砲.
salutieren [ザルティーレン](過分 salutiert) 自〈vor ⑶〉〈人³に〉敬礼する;〈人³のために〉礼砲を発射する.
Salve [ザルヴェ] 女(-/-n) 一斉射撃, 祝砲, 祝砲;〔海〕片舷(げん)斉発.
Salz [zalts ザルツ] 中 (-es/-e) ❶《単》塩, 食塩. ❷〔化〕塩(えん), 塩類. ◆ eine Prise [Messerspit-

① 1格 ② 2格 ③ 3格 ④ 4格

ze] ~ an ④ geben ひとつまみ[ごく少量]の塩を物⁴にかける. ~ auf ④ streuen 塩をふりかける. ④ mit ~ würzen 物⁴を塩で味付けする. **~ auf [in] die Wunde streuen** 傷口に塩をふる, 痛手を受けた人にさらに追い討ちをかける. 4級

Salzburg [ザルツブルク] 中 (-s/-) ザルツブルク ((オーストリア中部の州およびその州都)).

Salzburger [ザルツブルガー] (I) 男 (-s/-) ザルツブルク市民. (II) 形 《無変化》 ザルツブルクの. ◇ **~in** 女 (-/-nen).

salzen(*) [ザルツェン] (過分 gesalzen, (まれ)gesalzt) 他 《食べ物⁴に》塩をかける, 塩で調味する.

salzig [ザルツィヒ] 形 塩を含む, 塩辛い; 塩(水)の.

Salz·kartoffel 女 (-/-n) 《主に複》(皮をむいた)塩ゆでのジャガイモ.

Salz·säule 女 《単》塩の柱 (創世記 19,26)).

Salz·säure 女 (-/-) 塩酸.

Salz·stange 女 (-/-n) (塩を振りかけた)巻き棒状の白いパン菓子 ((ビールなどのおつまみ)).

Salz·streuer [..シュトロイアー] 男 (-s/-) (振りかけ式の)塩入れ.

Salz·wasser 中 (-s/..wässer) ❶ 《単》料理用食塩水. ❷ 海水.

Same [ザーメ] 男 (-ns/-n) 《書》 = Samen.

Samen [ザーメン] 男 (-s/-) ❶ 種(植), 種子. ❷《単》精液, 精子;《魚》白子(植).

Samen·erguss 男 (-es/..güsse) 射精.

Samenerguß 旧 = Samenerguss.

Samen·korn 中 (-(e)s/..körner) 穀種.

Samen·zelle 女 (-/-n) 精子.

Sämerei [ゼーメライ] 女 (-/-en)《主に複》種物, 種子.

Sammel·büchse [ザンメル..] 女 (-/-n) 募金[献金]箱.

Sammel·mappe 女 (-/-n) ファイル, フォルダー, 書類綴じ.

sammeln [záməln ザメルン] (I) 他

❶《物⁴を》収集する, コレクションする; 蓄積する, 蓄える. ❷《物⁴を》集める;(口)《かき》集める. ❸(口) 収集[募金]活動をする. (III) 再 sich⁴ ❶ 集まる, 集合[参集]する. ❷ 精神を集中する, 心を落ち着ける. ◆ die gesammelten Werke eines Autors ある作家の全集. Pilze ~ キノコを採る. 4級

Sammler [ザムラー] 男 (-s/-) 収集家; 採集者. ◇ **~in** 女 (-/-nen).

Sammlung [ザムルング] 女 (-/-en) ❶ 収集, 採集; 蓄積; 募金(活動), 義援(♮)金募金. ❷ 収集物, コレクション; 収蔵品, 所蔵品; 編集物, 双書; (集まった)寄付金. ❸ 収集物コレクション; 収蔵物, 所蔵品] 室; 美術[博物]館, ミュージアム. ❹ 精神集中[統一].

Samstag [ザムスターク] 男 (-(e)s/-e) 土曜日 ((北ドイツでは Sonnabend; 略 Sa.)). ◆ am ~ 土曜日に. 5級

Samstagabend [ザムスタークアーベント, ザムスタークアーベント] 男 (-(e)s/-e) 土曜日の晩.

samstagabends [ザムスタークアーベンツ, ザムスタークアーベンツ] 副《毎》土曜日の晩に.

samstags [ザムスタークス] 副《毎週》土曜日に, 土曜日ごとに.

samt [ザムト] (I) 副 ~ **und sonders** 一人[一つ]残らず, 全員, だれもかもを; 何もかも, 全て, どれもこれも. (II) 前 《3格支配》...と一緒の, ...付きの, ...と共に.

Samt [ザムト] 男 (-(e)s/-e) ビロード, ベルベット.

samten [ザムテン] 形 ビロード(製)の; ビロードのように柔らかい[滑らかな].

Samt·handschuh 男 (-(e)s/-e) ビロードの手袋.

samtig [ザムティヒ] 形 (手ざわりがビロードのように)柔らかで滑らかな;(音や声が)低くて柔らかい.

sämtlich [ゼムトリヒ] (I) 形《付加; 主に sämtlich の前に冠詞はたたまず, また後続する形容詞は主に弱変化する》

① 1格 ② 2格 ③ 3格 ④ 4格

(例外なく)全ての,全体の,すべての. ♦ Schillers ~e Werke シラー全集. 《(II)》囲みな,全員,ことごとく,全て.

Sanatorium [ザナトーリウム] 中 《-s/..rien》療養所,サナトリウム；保養地.

Sand [ザント] 男《-(e)s/-e, Sände》❶《単》砂；砂場,砂地. ❷浅瀬. ♦im ~ spielen 砂場で遊ぶ. *wie ~ am Meer* (口) 無数の. *auf ~ gebaut haben* 不確かなものを頼りにしている,砂上の楼閣である. ④ *in den ~ setzen* (口) 1) お金⁴を失う. 2) 物⁴に失敗する,物⁴をしくじる. ③ *~ in die Augen streuen* 〈知られないように〉人³をごまかす[だます]. *im ~ verlaufen* 〈企て¹などが〉失敗に終わる.

Sandale [ザンダーレ] 女《-/-n》サンダル靴；サンダル. ♦~n tragen サンダル靴をはいている.

Sandalette [ザンダレッテ] 女《-/-n》(女性用のヒールのある)ヒールサンダル.

Sand·bank 女《-/..bänke》浅瀬.

Sand·dorn 男《-(e)s/-e》《植》西洋グミ (浜辺などの有刺灌木)).

sandig [ザンディヒ] 形 砂の(ような),砂地の；砂だらけの.

Sand·kasten 男《-s/..kästen》(子供が遊ぶための)砂場,砂箱.

Sand·kuchen 男《-s/-》パウンドケーキ.

Sand·mann 男《-(e)s/》⇨ Sandmännchen.

Sand·männchen 中《-s/-》眠りの精,睡魔 ((夜,子供たちの眼に砂を入れて眠らせるというおとぎ話の小人)).

Sand·papier 中《-s/-》サンドペーパー,紙やすり.

Sand·stein 男《-(e)s/》砂岩,砂石.

sandstrahlen [ザントシュトラーレン] 《過分 gesandstrahlt または sandgestrahlt》《主に不定詞·過去分詞で》他〈物⁴を〉砂吹きつけ機で加工する.

Sand·sturm 男《-(e)s/..stürme》(砂漠の)砂嵐.

sandte [ザンテ] senden の過去形.

Sand·uhr 女 砂時計.

Sandwich [ゼントヴィチ] 中男《-(e)s, -/-(e)s, -e》サンドイッチ.

sanft [ザンフト] 《最上 -est》形 ❶優しい,温厚な,穏やかな. ❷柔らかい,穏やかな,ソフトな,静かな. ❸ (傾斜·勢いの)緩⁵やかな,なだらかな. ❹安らかな.

Sänfte [ゼンフテ] 女《-/-n》いすかご；担架.

Sanft·mut 女《-/》優しさ,温厚,穏やかさ.

sanftmütig [ザンフトミューティヒ] 形 (心) 優しい,温厚な,穏やかな.

sang [ザング] singen の過去形.

sänge [ゼンゲ] singen の接続法 II 式形.

Sänger [ゼンガー] 男《-s/-》歌手,声楽家；オペラ歌手.

Sängerin [ゼンゲリン] 女《-/-nen》女性歌手,女性声楽家,歌姫.

sang·los 副 *sang- und klanglos* ひっそりと,こっそりと.

sanieren [ザニーレン]《過分 saniert》《(II)》他 ❶〈スラム街⁴などを〉再開発する；〈古い家⁴などを〉リフォームする. ❷〈体の悪いところ⁴を〉治す. ❸〈財政⁴などを〉健全化する. 《(II)》再 sich⁴ (口；軽蔑) 私腹を肥やす.

Sanierung [ザニールング] 女《-/-en》❶ (街区の) 再開発. ❷リフォーム. ❸治すこと. ❹健全化.

sanitär [ザニテーァ] 形《付加》衛生(上)の.

Sanitäter [ザニテーター] 男《-s/-》救急看護人；衛生[看護]兵. ◇~in 女《-/-nen》.

sank [ザンク] sinken の過去形.

sänke [ゼンケ] sinken の接続法 II 式形.

Sankt [ザンクト] 《無変化で；人名などに冠して》聖なる,聖 ((略: St.)).

Sankt Gallen [ザンクトガレン] 中《-s/》ザンクトガレン ((スイス北東部の州；及びその州都)).

Sanktion [ザンクツィオーン] 女《-/-en》❶《複》《gegen ④》〈人·物に対する〉制裁,懲罰. ❷《主に単》《書》裁

sanktionieren [ザンクツィオニーレン]（過分 sanktioniert）他《書》〈事⁴を〉裁可［批准, 承認, 認可］する.

San Marino [サンマリーノ]中 (-s/) サンマリノ（(イタリアの小共和国; 及びその首都)）.

sann [ザン] sinnen の過去形.

Sanskrit [ザンスクリット,（短短）ザンスクリット]中 (-s/) サンスクリット語, 梵(ﾎﾞﾝ)語（(古代インドで文学・宗教語)）.

sanskritisch [ザンスクリーティッシュ]形 サンスクリット(語)の, 梵語の.

Sanssouci [ザンススィ]中 (-s/) サンスーシー, 無憂宮（(ポツダムにあるフリードリヒ大王の離宮)）.

Saphir [ザーフィア,（短短）ザフィーア] (-s/-e)〔鉱〕サファイア, 青玉(ｾｲｷﾞｮｸ)（(九月の誕生石)）.

Sappho [ザプフォ, ザフォ]《人名》サッフォー（(古代ギリシアの女流叙情詩人; 前600年ごろ)）.

Sarajevo [ザラィエーヴォ,（短短）ザライェヴォ]中 (-s/) サラエボ（(ボスニア=ヘルツェゴビナ共和国の首都)）.

Sarazene [ザラツェーネ]男 (-n/-n)〔古〕《弱》サラセン人, 回教徒. ◇ **~in** 女 (-/-nen).

Sardelle [ザルデレ]女 (-/-n) アンチョビー, カタクチイワシ（(ﾆｼﾝ科)）.

Sardine [ザルディーネ]女 (-/-n) イワシ（(ﾆｼﾝ)）.

Sardinien [ザルディーニエン]中 (-s/) サルディニア（(地中海にあるイタリア領の島)）.

Sarg [ザルク]男 (-(e)s/Särge) 棺, ひつぎ.

Sarkasmus [ザルカスムス]男 (-/Sarkasmen)《書》❶《単》嫌味(ｲﾔﾐ), あてこすり, 嘲弄(ﾁｮｳﾛｳ). ❷ 嫌味(ｲﾔﾐ)な言葉.

sarkastisch [ザルカスティッシュ]形 嫌味な, あてこすりの, 皮肉な; 辛辣な.

saß [ザース] sitzen の過去形.

säße [ゼーセ] sitzen の接続法 II 式形.

SAT [ザット]〔略〕Satellit(en) 衛星.

Satan [ザータン]男 (-s/-e)《主に単》(Teufel) サタン, 悪魔, 魔王. ♦ **ein ~ sein**〔口〕悪魔のようなやつである.

satanisch [ザターニッシュ]形 サタンの, 悪魔［魔王］の(ような), 魔性の, 邪悪な.

Satellit [ザテリート, ザテリット]男 (-en/-en)《弱》❶ 人工衛星. ❷〔天〕衛星, 月. ❸《書》衛星国.

Satelliten·fernsehen [ザテリーテン..]中 衛星テレビ放送.

Satelliten·schüssel 女〔口〕衛星放送用［パラボラ］アンテナ.

Satelliten·stadt 女 (-/..städte) 衛星都市.

Satin [ザタン]男 (-s/-s) サテン, しゅす（(繻子)）.

Satire [ザティーレ]女 (-/-n)〈auf〉〈人・物⁴に対する〉風刺(詩［文］).

satirisch [ザティーリッシュ]形 風刺の, 風刺的な, 皮肉な.

satt [ザット]形 ❶ 満腹の, 腹いっぱいの;〔化〕飽和した. ❷《付加》（色などが）濃い, 深い, 濃厚な. ❸《主に付加》(軽蔑) 自己満足の, 悦に入った. 4級

Sattel [ザッテル]男 (-s/Sättel) ❶ 鞍(ｸﾗ). ❷（自転車などの）サドル. ❸（山の）鞍(ｱﾝ)部. **fest im ~ sitzen**〔口〕鞍にしっかり腰を据えている, 地位が安泰である.

sattel·fest 形《主に述語》精通した.

satteln [ザッテルン]他（⁴）〈動物⁴に〉鞍(ｸﾗ)を置く.

satt|haben* 他〔口〕〈人・物⁴に〉飽きあきしている, うんざりしている, 嫌気がさしている.

satt|hören 再 sich⁴〈an ³〉〈物³を〉聞き飽きる.

sättigen [ゼッティゲン]（(I)）自〈物¹で〉満腹になる. ((II)) 他《書》〈欲望⁴を〉満腹させる, 満たす. ((III)) 再 sich⁴〈mit [von, an]〉〈食べ物³で〉満腹になる;〔化〕飽和する.

sättigend [..ト]形 満腹になる.

Sattler [ザットラー]男 (-s/-) 鞍工, 馬具師［屋］.

sattsam [ザットザーム]副《書》(ｹｲﾍﾞﾂ) 十二分に, いやになるほど.

satt|sehen* 再 sich⁴〈物³を〉見飽きる.

Satz [ザッツ] 男 《-es/Sätze》 ❶ 文(章). ❷《主に単》定理, 法則, 公理;命題;教義. ❸【音楽】**(a)** 楽章, 楽節. **(b)** 声部;楽曲. ❹ [ﾃﾆｽ] (テニスなどの) 1セット, (卓球など) ゲーム. ❺ (道具などの) 一組, そろい, セット. ❻ (税金などの) 額, 料金;率, レート. ❼《主に単》沈澱物, 澱(<ruby>おり</ruby>);コーヒー滓(<ruby>かす</ruby>). ❽ 跳躍, 飛躍. ❾《単》[印] 組版.

Satz-äquivalent [..エクヴィヴァレント] 中《-(e)s/-e》【言】文相当語[句] ((ja, bitte など)).

Sätze [ゼッツェ] 複 ⇨Satz.

Satz·ergänzung 女《-/-en》【言】補足語.

Satz·gefüge 中《-s/-》【言】複合文.

Satz·glied 中《-(e)s/-er》【言】文成分, 文肢(<ruby>し</ruby>).

Satz·klammer 女《-/-n》【言】文の枠, 枠構造.

Satz·lehre 女【言】(Grammatik) 文法; (Syntax) 統語論, 文章論.

Satz·teil 男《-(e)s/-e》 = Satzglied.

Satzung [ザッツング] 女《-/-en》規約, 定款, 会則;規則, 規定;法令, 法規.

Satz·zeichen 中《-s/-》句読点((Punkt (.), Komma (,), Fragezeichen (?), Ausrufezeichen (!) など)).

Sau [ザオ] 女《-/Säue, -en》 ❶ 雌豚 ★ 豚はSchwein. ❷ (軽蔑) 豚みたいに汚い[下品な]やつ. ♦ **zur ~ machen** (軽蔑) 人・物をくそみそに言う.

sau.. [ザオ..]《形容詞・名詞に付く》「《強調》ひどい, 嫌な;すごい」: saukalt ひどく寒い.

sauber [záobər ザオバー]《比較 sauberer [ザオベラー], saubrer [ザオブラー]》形 ❶ きれいな, 清潔な;洗い立ての. ❷ きちんとした, 申し分のない. ❸ 《副なし》(道義的に) きれいな, 汚れのない;潔癖な;フェアな. ❹ ミス[誤り, 欠点]のない. ❺《付加または副》(口;軽蔑)《反語的に》ごりっぱな, 感心しない. ♦ ~ **machen** 物をきれいに洗う. ■ ~ **halten** 1)〈所⁴を〉清潔にしておく, 片付けておく. 2)〈森・水などを〉

れいに保つ. 3)《④ **von** ③》〈所⁴を物³から〉守る. ~ **machen** (《④》(**mit** ③》) (〈所⁴を〉〈物³で〉) きれいにする, 掃除する. **4級**

sauber|halten* 他 = sauber halten (⇨sauber■).

Sauberkeit [..カイト] 女《-/-》清潔, きれいさ;きちんとしていること.

säuberlich [ゾイバーリヒ] 形《付加または副》きちんとした, こぎれいな.

sauber|machen 他 = sauber machen (⇨sauber■).

säubern [ゾイバァン]《**(I)**》他 ❶〈物⁴を〉きれいにする;掃除[清掃]する. ❷《④ (**von** ③)》〈所⁴から〈人・物³を〉〉取り除く, 排除する. ─《**(II)**》物 sich⁴ (自分の体・服の) 汚れを落とす.

Säuberung [ゾイベルング] 女《-/-en》❶ きれいにすること, 掃除, 清掃. ❷ 粛清.

Sauce [ゾース (セ)] 女《-/-n》(主に[ｽｲｽ]) = Soße ソース.

Saudi-Arabien [ザオディアラービエン, ザオディアラービエン] 中《-s/》サウジアラビア ((アラビア半島の王国)).

sauer [záoər ザオアー]《比較 saurer [ザオラー]》形 ❶ (↔ süß) すっぱい, 酸味のある. ❷ 酢漬けの. ❸《**auf** ④》(口) 〈人⁴に対して〉ムッとする, 頭にきた, 腹を立てた. ❹ 骨の折れる, つらい. ❺【化】(↔ alkalisch, basisch) 酸性の. ♦ saure Milch (腐敗しかけて) すっぱいミルク. ein saurer Boden 酸性の土(壌). der saure Regen 酸性雨. ~ werden ムッとする. ~ schmecken 〈物¹が〉すっぱい味がする. **4級**

Sauer·braten 男《-s/-》酢漬けにした牛肉の焼き肉.

Sauerei [ザオエライ] 女《-/-en》(口; 軽蔑) ❶ 散らかし, 乱雑. ❷ いまいましい[腹立たしい] こと. ❸《複》卑猥(<ruby>ひわい</ruby>)な言行), 猥談.

Sauer·kirsche 女《-/-n》【植】スミノミザクラ.

Sauer·kohl 男《-(e)s/》(北ドイツ) = Sauerkraut.

Sauer·kraut 中《-(e)s/》ザウアークラウト ((発酵させた塩漬けキャベツ)).

① 1格 ② 2格 ③ 3格 ④ 4格

säuerlich [ゾイアーリヒ] 形 ❶ ややすっぱい, 少し酸味のある. ❷ 不機嫌な, 不満な.

Sauer·stoff 男 (-(e)s/) 〖化〗酸素.

Sauerstoff·gerät 中 (-(e)s/-e) 酸素吸入器.

Sauerstoff·mangel 男 (-s/) 酸欠.

Sauer·teig 男 (-(e)s/) 酵母, パン種.

saufen* [ザオフェン] (du säufst, er säuft; 過 soff; 過分 gesoffen) 他 〈飲物¹が〉〈水⁴を〉飲む; 〈人¹が〉〈酒⁴などを〉ガブ飲みする, 大酒を飲む, 鯨飲[暴飲]する.

Säufer [ゾイファー] 男 (-s/-) 暴飲者, 大酒家; 〖医〗飲酒狂. ◇**Säuferin** 女 (-/-nen).

säufst [ゾイフスト] saufen の2人称単数現在形.

säuft [ゾイフト] saufen の3人称単数現在形.

saugen(*) [ザオゲン] (過 sog, saugte; 過分 gesogen, gesaugt) (I) 他〈物⁴を〉吸う. (II) 自 (過 saugte; 過分 gesaugt) 他 (⟨⟨4⟩⟩) 〈所⁴に〉掃除機をかける, 掃除機できれいにする. (III) 自 〈an ³〉〈物³に口をつけて〉吸う. (IV) 再 sich ⁴ voll Flüssigkeit ～ たくさんの水分を吸収する[吸い取る].

säugen [ゾイゲン] 他 〈動物⁴に〉乳を飲ませる, 乳をやる, 授乳する.

Sauger [ザオガー] 男 (-s/-) (哺乳瓶の)乳首.

Säuge·tier [ゾイゲ..] 中 (-(e)s/-e) 哺乳動物.

saugfähig [ザオクフェーイヒ] 形《副なし》吸収力[性]のある.

Säugling [ゾイクリング] 男 (-s/-e) (満1歳位までの)乳児, 赤子, 乳飲み子.

Saugnapf [ザオクナプフ] 男 (-(e)s/..näpfe) 〖動〗吸盤.

Säule [ゾイレ] 女 (-/-n) ❶ 〖建〗円柱, (支)柱. ❷ (比) 大黒柱.

Saum [ザオム] 男 (-(e)s/Säume) ❶ (衣服などの)縁(ふち), へり. ❷ 〖書〗 (地域の)はずれ, 境.

säumen [ゾイメン] (I) 他 〈衣服⁴などに〉ヘリを付ける, 縁取る. ❷ 〈道⁴などに沿って〉並ぶ. (II) 自 〖書〗躊躇(ちゅうちょ)する.

säumig [ゾイミヒ] 形 〖書〗遅延[延滞, 遅滞]した.

saumselig [ザオムゼーリヒ] 形 《やや古》〖書〗遅い, 緩慢な, のろい.

Sauna [ザオナ] 女 (-/-s, Saunen) サウナ風呂[施設].

Säure [ゾイレ] 女 (-/-n) ❶ 《単》すっぱいこと, 酸味. ❷ 〖化〗酸.

säure·beständig 形《副なし》= säurefest.

säure·fest 形《副なし》酸に強い, 耐酸性の.

säure·frei 形《副なし》酸を含まない, 無酸性の.

Saure-Gurken-Zeit [ザオレグルケンツァイト] 女 (-/-en) (新聞が暇になる)夏枯れ時, 閑散期.

säure·haltig 形《副なし》酸を含む.

Saurier [ザオリアー] 男 (-s/-) 〖動〗恐竜.

Saus [ザオス] 男 *in ~ und Braus leben* (口) 贅沢三昧(ざんまい)に暮らす.

säuseln [ゾイゼルン] (I) 自〈風・木の葉¹などが〉サラサラ鳴る, そよぐ, よく. (II) 他 〈事⁴を〉ささやく, つぶやく.

sausen [ザオゼン] 自 ❶ 〈風・嵐¹などが〉ゴーゴーと鳴る, ヒューヒューなりを上げる, 〈木の葉¹などが〉ざわめく, 荒れ狂う. ❷ (s) うなりを上げて[ゴーゴー音を立てて]進む. ❸ (口) 大急ぎでいく. *~ lassen* 1) 〈物⁴を〉(あえて)見送る, やめにする. 2)〈人⁴との〉関係を絶つ, 〈人⁴と〉手を切る.

sausen∥lassen* = sausen lassen (⇨sausen❸).

Sau·stall 男 (-(e)s/..ställe) ❶ 豚小屋. ❷ (口;軽蔑) ひどく汚い雑然とした部屋[状態].

Sau·wetter 中 (-s/) ひどい悪天候.

Savanne [ザヴァンネ] 女 (-/-n) サヴァンナ.

Saxofon, Saxophon [ザクソフォーン] 中 (-s/-e) 〖音楽〗サクソフォーン.

SB《略》Selbstbedienung セルフサービス.

S-Bahn [エスバーン]女(–/–en)《略》Schnellbahn 都市高速鉄道, 近郊電車(大都市と近郊を結ぶ).

SBB《略》Schweizerische Bundesbahnen スイス連邦鉄道.

Sbg.《略》Salzburg ザルツブルク.

s. Br.[ズートリヒャーブライテ]《略》südlicher Breite《2桁形》南緯.

SB-Tankstelle女(–/–n)セルフサービスのガソリンスタンド.

SBZ《略》Sowjetische Besatzungszone (ドイツの)旧ソ連占領地区((1945–1949)).

Scanner[スケナー]男(–s/–)スキャナー.

sch[シー]画シッ, シー, 静かに.

Schabe[シャーベ]女(–/–n)〖昆〗❶ゴキブリ. ❷(ガ)蛾(がいこくのが衣服の).

schaben[シャーベン]他〈(④)〉〈ニンジンなどの〉皮を薄く切り取る〖むく〗. ❷〈(④)〉**(aus [von])**〉〈物⁴を〉〈物³から〉削る, 削り取る, そぎ落とす.

Schaber[シャーバー]男(–s/–)削り器, スクレーパー, きさげ.

Schaber·nack[..ナック]男(–(e)s/–e)《単》いたずら, 悪ふざけ, からかい.

schäbig[シェービヒ]形❶着古した, 使い古した, すり切れた(衣服など), ぼろぼろの, いたんだ. ❷卑劣な, 恥ずべき. ❸《副なし》(口)少々の, ほんの少し.

Schablone[シャブローネ]女(–/–n)❶(型抜きした)型, 型板, 型紙, 原紙. ❷(主に軽蔑)(月並みな)型.

Schach[シャハ]中(–s/–s)❶(単)チェス. ❷(王)王手, チェックメート. ♦~ spielen チェスをする. dem König ~ bieten 王手をかける. 中 **in [im] ~ halten** 人⁴の動きを封じておく, 押さえ込む.

Schach·brett中(–(e)s/–er)チェス盤.

schachern[シャッハァン]自(軽蔑)❶〈um ④〉〈物⁴のことで〉値切る. ❷〈mit ③〉〈物³で〉悪どい商売で取

引)をする, 暴利をむさぼる.

Schach·figur女(–/–en)チェスの駒.

schach·matt[シャハマット,(コウ)シャハマット]形❶王手詰めとなった; 行き詰まりになった. ❷(口)疲れきった.

Schach·spiel中(–(e)s/–e)❶(単)チェスをすること. ❷チェスの試合(対局). ❸チェスのセット((盤と駒)).

Schacht[シャハト]男(–(e)s/Schächte)縦穴; (エレベーター)シャフト; 〖鉱〗立坑.

Schachtel[シャハテル]女(–/–n)❶(主にふた付きの厚紙製の)箱. ❷(口; 軽蔑)ばばあ. ♦eine ~ Zigaretten 一箱のタバコ.

schade[ʃa:də シャーデ]形《無変化; 述語》残念な; もったいない. ♦(Es ist) ~. それは残念です. Oh, wie ~! 残念無念. **für** ④ **(viel) zu ~ sein** 人・物⁴にとってはもったいない, 良すぎる. **Es ist ~ um** ④. 人・物については残念です, 惜しい, 損失です. **4級**

Schädel[シェーデル]男(–s/–)❶頭蓋(がい)骨; 髑髏(どくろ). ❷頭.

Schädel·basis·bruch男(–(e)s/..brüche)〖医〗頭蓋底骨折.

Schädel·bruch男(–(e)s/..brüche)〖医〗頭蓋骨骨折.

schaden[シャーデン]過 schadete; 過分 geschadet)自〈③〉〈人・物³に〉悪い,〈人・物³を〉害する〖傷つける〗,〈人・物³の〈命の〉〉害になる,〈人・物³を〉損なう. ♦② Karriere ~ 人²のキャリアに傷を付ける. Es schadet ③, wenn [dass] ... …するのは人³にとって害になる事です. ③ **würde** ③ **nicht(s)**. (口) 人³にとって良いことです.

Schaden[シャーデン]男(–s/Schäden)❶害, 被害, 損害, 損傷. ❷(健康上・身体上の)障害, 負傷, けが. ❸不利(益), 損. ♦ein materieller ~ 物的損害. (einen) ~ (er)leiden [tragen] 損害(被害)を被る. ③ (einen) ~ zufügen 人³に損害を与える, ひどい仕打ちをする. den ~ ersetzen [gutmachen] 損失を埋め合わせる(補填する). Es ist kein ~, dass

□1格 □2格 □3格 □4格

……は損ではありません. *zu ~ kommen* 1) けがをする. 2) 損をする. *Durch ~ wird man klug.* (諺) 苦労が人を育てる, 失敗は成功のもと.

Schaden(s)·ersatz 男 (-es/) 損害賠償, 補償, 弁償.

Schaden·freude 女 (-/) 他人の不幸を見て喜ぶ気持ち, いい気味.

schaden·froh 形 いい気味だと思う.

schadhaft [シャートハフト] 形 《副なし》傷んだ, 破損した, 欠陥のある.

schädigen [シェーディゲン] 他 ❶ 〈名誉 4 など〉傷つける. ❷ 〈4 (um 4)〉〈物 4 に (金額の分だけ)〉損害を与える.

schädlich [シェートリヒ] 形 〈(für 4)〉〈人・物 4 にとって〉有害な, 有毒な, 悪い.

Schädling [シェートリング] 男 (-s/-e) 有害な動植物.

schadlos [シャートロース] 形 損害のない, 無害の.

Schadstoff [シャート..] 男 (-(e)s/-e) 〈特に複〉有害物質.

Schaf [シャーフ] 中 (-(e)s/-e) ❶ 羊. ❷ (口) お人好し. ❸ (口; 軽蔑) ばか, 愚者. *das schwarze ~ (in) der Familie* 家族の中の変わり者 [もてあまし者].

Schaf·bock 男 (-(e)s/..böcke) 雄羊.

Schäfchen [シェーフヒェン] 中 (-s/-) ❶ 子羊. ❷ 《複》かわい子ちゃん, ちびちゃん.

Schäfchen·wolke 女 (-/-n) 《主に複》ひつじ雲.

Schäfer [シェーファー] 男 (-s/-) 羊飼い, 牧羊者. ◇**Schäferin** [シェーフェリン] 女 (-/-nen).

Schäfer·hund 男 (-(e)s/-e) ❶ シェパード. ❷ 羊の番犬, 牧羊犬.

schaffen[1] [シャッフェン] (過 schaffte; 過分 geschafft) ((I)) 他 ❶ 〈事 4 を〉やり遂げる, 成就する, 達成する, 成功する. ❷ (口) 〈物 4 に〉(うまく)間に合う. ❸ (口) 〈人・物・事 4 を〉運ぶ, 連れて [持って] ゆく. ❹ (口) 〈事 1 で〉〈人 4 は〉疲れる. ((II)) 自 《南ドイツ・オーストリア・スイス》働く, 仕事をする. ◆ *die Prüfung ~* 試験に合格する. *den Bus ~* (口) バスに間に合う. *(es) schaffen, ... 〈zu+不定詞〉* …することに成功した, うまく…することができた. *mit 3 nichts zu ~ haben* 人・事 3 と何のかかわりもない. 3 (*viel [sehr]) zu ~ machen* 〈事 は〉人に苦労をかける, 〈事 1 で〉人は苦労する.

schaffen[*2] (過 schuf; 過分 geschaffen) 他 ❶ 〈物 4 を〉創作する, つくり [生み] 出す, 引き起こす, 創造する, 創設する. ❷ 〈書〉〈神 1 が〉〈物 4 を〉創造する.

Schaffen 中 (-s/) (芸術) 作品.

Schaffner [シャフナー] 男 (-s/-) 車掌. ◇**Schaffnerin** [シャフネリン] 女 (-/-nen).

Schafott [シャフォット] 中 (-(e)s/-e) 断頭 [絞首] 台.

Schaft [シャフト] 男 (-(e)s/Schäfte) ❶ (道具などの) 柄(え), 取っ手; シャフト; (銃の) 銃床. ❷ 長靴の (ひざを覆う) 胴部, すね部. ❸ (稀) 戸棚, 書棚.

Schaf·wolle 女 (-/-n) 羊毛.

Schakal [シャカール] 男 (-s/-e) [動] ジャッカル.

schäkern [シェーカァン] 自 〈*mit* 3〉 (口) 〈人 3 と〉ふざける; いちゃつく; からかう.

schal [シャール] 形 (飲み物が) 気の抜けた.

Schal [シャール] 男 (-s/-s, -e) 襟巻, マフラー.

Schale [シャーレ] 女 (-/-n) ((I)) (果物の) 皮(欧), 外皮; (卵・クルミなどの) 殻(②); (エビなどの) 甲羅(②); (亀の) 甲. *sich[4] in ~ werfen [schmeißen]* (口) 盛装する, めかし込む. *In einer rauen ~ steckt oft ein guter Kern.* (諺) 無骨な人はしばしば心は優しい. ((II)) ❶ (深めの) 皿, (浅い) 鉢, 椀; 酒杯; (茶腕の) 下受け; 天秤のはかり皿; (さじの) くぼみ. ❷ (特に) コーヒー [紅茶] 茶碗, カップ. ❸ (化) シャーレ.

schälen [シェーレン] 他 ❶ 〈果物・野菜などの〉皮 [殻] をむく [はぐ]; 〈樹皮 4 を〉はぐ. ❷ 〈4 (aus 3)〉〈物・物を 物 3 から〉むいて [はいで] 取り除く.

((II))再 sich⁴ (皮膚の)皮がむける.

Schall [シャル]男 (-(e)s/-e, Schälle) 音, 響き, 音響; 〖物〗音. **~ und Rauch sein** 空虚である, むなしい.

Schall-dämpfer 男 (-s/-) 消音器[装置], サイレンサー, マフラー;（楽器の）弱音器.

schall-dicht 形 消音[防音]の.

schallen(*) [シャレン] 過 schallte; 過分 geschallt; または 過 scholl; 過分 geschollen) 自〈物¹の〉音がする, 〈物¹が〉響く, 〈楽器¹が〉鳴る, 轟く.

schallend [..ト..] 形 ♦ ~ lachen 大声で笑う. ③ eine ~e Ohrfeige geben 人³に平手打ちをくらわせる.

Schall-geschwindigkeit 女 (-/-) 音速.

Schall-mauer 女 (-/-n) 音速の壁.

Schall-platte 女 (-/-n) レコード, 音盤.

Schalotte [シャロッテ] 女 (-/-n) 〖植〗❶ワケギ (小さい玉ネギ). ❷ワケギの球茎.

schalt [シャルト] schelten の過去形.

schalten [シャルテン] ((I))他〈物⁴を〉切り替える. ((II))自❶〈(auf ④)〉〈物⁴に〉入れる,〈〈スイッチ・ギア〉など)を〉切り替える. ❷(口)反応する, 理解する. ♦ aufs zweite Progrmm ~ 第二チャンネルにかえる[切り替える]. in [auf] den vierten Gang ~ ギア⁴を段に入れる[切り替える].

Schalter [シャルター シャルター] 男 (-s/-) ❶ (駅・銀行などの) 窓口;（鉄道）出札口;（劇場などの）切符売場. ❷〖電〗開閉器, スイッチ;（ガス器具の）点火ダイヤル. ♦ am ~ 窓口で. 4格

Schalt-hebel [シャルト..] 男 (-s/-) ❶ (車のギア) 変速[チェンジ]レバー. ❷レバー型スイッチ.

Schalt-jahr 中 (-(e)s/-e) 閏年(うるうどし).

Schalt-tag 男 (-(e)s/-e) 閏(うるう)日 ((2月29日)).

Schaltung [シャルトゥング] 女 (-/-en) ❶ (自転車などの)変速装置, ギヤチェンジ. ❷〖電〗接続, 配線, 回路, 配線図.

Scham [シャーム] 女 (-/) ❶恥ずかしさ, 羞恥(しゅうち)心, 恥じらい. ❷〖書〗恥部, 陰部.

Scham-bein 中 (-(e)s/-e) 〖解〗恥骨.

schämen [シェーメン] 再 sich⁴ 〈(wegen ②);(für ④)〉〈事²·⁴のために〉〈(良心の呵責などから)恥ずかしく思う;〈(②)〉〖書〗〈事²で〉恥じる;（裸になることが）恥ずかしい.

Scham-gefühl 中 (-s/) 羞恥心.

Scham-haar 中 (-(e)s/-e) 陰[恥]毛.

scham-haft 形 恥ずかしそうな, 恥ずかしがり(屋)の, 内気の, はにかんだ.

Scham-lippe 女 (-/-n)《複》〖解〗陰唇.

scham-los 形 羞恥心のない, 恥知らずの, あつかましい, ずうずうしい.

Schande [シャンデ] 女 (-/) 不名誉, 不面目, 恥. *Es ist eine ~, dass ...* ...なことは恥さらしである.

schänden [シェンデン] 他 ❶〈物⁴を〉侮辱する, 冒涜(ぼうとく)する. ❷〖書〗〈物⁴の〉名を汚す. ❸（やや古）〈人⁴を〉凌辱(りょうじょく)する, 辱める.

Schand-fleck [シャント..] 男 (-(e)s/-e(n)) 汚点, 目障りな[見苦しい]物.

schändlich [シェントリヒ] 形 ❶恥ずべき; 卑劣な. ❷(口) ひどい, 非常な.

Schand-tat 女 (-/-en) ❶破廉恥な行為. ❷(口) 軽はずみな[分別のない]行為.

Schanze [シャンツェ] 女 (-/-n) ❶〖..〗ジャンプ台, シャンツェ. ❷〖軍〗堡塁(ほうるい), 塹壕(ざんごう).

Schar [シャーア] 女 (-/-en) （人間・動物の）大群.

scharen [シャーレン] ((I)) 他〈④ um sich⁴〉〈人⁴を(周りに)〉群がらせる, 呼び[寄せ]集める. ((II)) 再 sich⁴ 〈um ④〉〈人・物⁴(の周りに)〉群がる, (呼び[寄せ]集まる.

scharen-weise [..ヴァイゼ] 副 群をなして, 大勢で, 大挙して.

scharf [シャルフ シャルフ] (比較 schärfer; 最上 schärfst) ((I)) 形 ❶鋭い;

① 1格 ② 2格 ③ 3格 ④ 4格

(刃物などが)鋭利な,よく切れる,切れ味のよい;(先端などが)とがった;鋭角な,(カーブなどが)急な. ❷(味が)辛い,ピリリとする,香辛料の利いた;(酒が)(アルコール度の)強い. ❸(薬品などが)刺激[腐食]性の強い;(臭いが)鼻をつく(ような),つんとする. ❹(光が)目に突き刺さるような,強烈な,まぶしい. ❺(音声などが)耳をつんざく(ような),けたたましい,甲高い. ❻(風・寒気などが)肌を刺す「身を切る」ような. ❼(感覚器官が)鋭い,鋭敏な;よく見える[聞こえる];(視線などが)鋭い. ❽(輪郭・映像などが)はっきり[くっきり]した,鮮明な;(発音などが)はっきりした. ❾(思考力などが)鋭い,鋭敏な,明晰な,頭の切れる. ❿激しい,猛烈な;容赦[仮借]ない,辛辣[痛烈]な;(手)厳しい;断固とした,強硬な. ⓫(車などが)ものすごく速い,猛スピードの. ⓬実弾[実包]の. ⓭(本・映画などが)エロチックな,官能的な,みだらな. ◆~er Senf よく利くカラシ. ④ ~ machen ナイフなどを研ぐ. ◆ein ~es Augen haben 目がいい[よく見える]. ~ auf ④ sein (口)物・人⁴をひどく欲しがっている,狙っている. ((II))副 ❶するどく,すぐそばで. ❷精神[注意力]を集中して,一心に,じっくりと. 4級

Scharf·blick 男(-(e)s/)洞察力,めざとさ.

Schärfe [シェルフェ] 女(-/-n) 鋭さ,鋭敏さ,鮮明さ,激しさ,厳しさ.

schärfen [シェルフェン] ((I))他 ❶〈物⁴を〉研ぐ,研ぎすます,とがらす. ❷〈事¹が〉感覚⁴などを〉鋭くする,鋭敏[敏感]にする;〈事¹で〉〈感覚⁴などが〉鋭くなる,研ぎすまされる,鋭敏[敏感]になる. ((II))再 sich⁴〈感覚¹などが〉鋭くなる,研ぎすまされる,鋭敏[敏感]になる.

scharf·kantig [..カンティヒ] 形(副なし)角(ど)のとがった.

Scharf·macher 男(-s/-)(軽蔑)扇動者,アジテーター.

Scharf·sinn 男(-(e)s/)明敏,聡明.

scharf·sinnig [..ズィニヒ] 形明敏な,聡明な.

Scharlach [シャルラハ] ((I))男,(まれ)田(-s/) 緋色(ひいろ),深紅色. ((II))男(-s/) 〔医〕猩紅熱(しょうこうねつ).

Scharlatan [シャルラタン] 男(-s/-e)(軽蔑) ペテン師,いかさま師. ◇~in 女(-/-nen).

Scharnier [シャルニーア] 田(-s/-e) 蝶番(ちょうつがい),ヒンジ.

scharren [シャレン] ((I))自〈動物¹が〉(足や蹄(ひづめ)で)ガリガリと引っかく,引っかいて掘る. ((II))他〈動物¹が〉〈穴⁴を〉かいて掘る.

Schaschlik [シャシュリク] 男,田(-s/-s)〔料理〕シシカバブ((タマネギ・ピーマンなどの付いた羊肉の串焼き)).

Schatten [ʃátən シャッテン] 男(-s/-) ❶(単)陰,日陰,物陰. ❷影;影法師,シルエット;幻影. ◆im ~ 日陰に[で]. einen ~ werfen 陰ができる,陰を作る. ③ wie ein ~ folgen 影のごとく人³に付きまとう. *nur noch ein ~ seiner selbst sein* 1) 昔の面影がない. 2)(やつれて)見る影もない. *über seinen (eigenen) ~ springen* 柄(がら)にもないことをする. *seinen ~ vorauswerfen* 前触れを示す.

schatten·haft [..ハフト] 形影のような,ぼやけた.

Schatten·kabinett 田(-s/-e)〔政〕影の内閣((野党が仮想的に作る内閣)).

Schatten·riss 男(-es/-e) 影絵.

Schatten·seite 女(-/-n) ❶日陰側. ❷(複)不利な側面,短所,陰の部分.

schattieren [シャティーレン](過分 schattiert) 他〈物⁴に〉明暗[陰影,濃淡]をつける.

Schattierung [シャティールング] 女(-/-en) ❶(単)明暗[陰影]をつけること. ❷微妙な差[違い],ニュアンス.

schattig [シャッティヒ] 形陰になっている,日陰の.

Schatz [シャッツ] 男(-es/Schätze) ❶宝,宝物,財宝;埋蔵物. ❷(an [von] ③)〈(思い出³などが)豊富な,豊かな,たくさんの. ❸大切[貴重]な

もの. ❹《口》《夫婦・自分の子供などへの呼びかけとして》ダーリン, ハニー, 愛する[最愛の]人. ❺大切な[大事]な人.

schätzen [シェッツェン] **(I)**他 〈④ **(auf** ④)〉〈人・物⁴を(数量⁴と)〉見積もる;〈専門家が〉鑑定[査定]する. ❷〈事⁴であろうと〉思う, 推測する. ❸〈人・物⁴を〉高く評価する, 好む. **(II)**值《口》そう思う. **(III)**再 sich⁴ glücklich ~, ... 《dass副文または zu 不定詞》《書》...をうれしく思う, 喜ぶ. *schätzen lernen* 〈人・物⁴を〉高く評価するようになる, 〈人・物⁴の〉よさ[価値]に気付く.

schätzen|lernen 動＝schätzen lernen (⇨schätzen).

Schätzer [シェッツァー] 男 (-s/-) 鑑定[査定]人. ◇**-in** 女 (-/-nen).

Schätzung [シェッツング] 女 (-/-en) 見積もり, 評価, 鑑定, 査定.

schätzungsweise [..ヴァイゼ] 副 ざっと見積もって, おおよそ.

Schätz·wert [シェッツヴェーアト] 男 (-(e)s/-e) 見積もり[査定, 鑑定]価格[価値].

Schau [シャオ] 女 (-/(まれ) -en) ❶展示[展覧, 品評]会;展示, 陳列. ❷ショー, 見物(ੰੈ). ❸《口》《軽蔑》大げさでおかしい, 誇示. ❹《口》すごい[いかす]やつ[もの]. ♦zur ~ stehen 展示[陳列, 出品]されている. nur ~ sein 《口》《軽蔑》〈物¹が〉注目させるだけのもの[ただの見せかけ]である. *eine [die (große)] ~ abziehen* 《口》《軽蔑》注目を引こうとする, 気取る, 格好をつける, (自己顕示のため)自分を大きく見せようとする. ⑤ *zur ~ tragen* 《軽蔑》1)服などを見せびらかす, ひけらかす. 2)意見などをはっきり示す, 人にわからせる.

Schauder [シャオダー] 男 (-s/-) 身震い;戦慄;寒気, 悪寒(ੳੈ).

schauderhaft [..ハフト] 形 《軽蔑》 ❶身震いする, 戦慄(⎈)的な;恐ろしい, 身の毛のよだつ;残酷な. ❷《口》いやな. ❸《口》ひどい, ものすごい.

schaudern [シャオダァン] 自 ぞっとする, 身震いする. ♦vor Kälte ~ 寒さ

でがたがた震える.

schauen [シャオエン] 自 ❶顔つき[目つき]をする. ❷《南ドイツ・オーストリア》見る, 眺める. ❸《南ドイツ・オーストリア》〈nach ③〉〈(事³を)〉調べて[確かめて]みる. ❹〈auf ④〉《口》〈事⁴を〉気にする, 〈事⁴に〉留意[配慮]する. ❺〈nach ③〉〈人・物³の〉世話をする, 面倒をみる. ❻《南ドイツ・オーストリア》〈事⁴を〉心がける, 〈事⁴になるように〉する, 〈事⁴になるかどうか〉試みる. ♦traurig [spöttisch] ~ 悲しげな[あざけるような]目つきをしている. *Schau (mal)!* = *Schauen Sie (mal)!* (あの)ねえ, ほら, 知ってる通り. 5級

Schauer [シャオアー] 男 (-s/-) ❶にわか雨, 夕立. ❷戦慄;悪寒(ੳੈ). ♦von einem ~ überrascht werden にわか雨にあう.

Schauer·geschichte 女 (-/-n) ❶ぞっとする話, 怪奇物語. ❷《複》大げさで信じがたい話.

schauerlich [シャオアーリヒ] 形 恐ろしい, ぞっとする, 身の毛のよだつ.

Schaufel [シャオフェル] 女 (-/-n) ❶シャベル, スコップ. ❷(水車・タービンの)水受け;羽根. ❸[狩]鹿の角の掌状をなす頂端部.

schaufeln [シャオフェルン] **(I)**他 ❶〈穴などを〉シャベル[スコップ]で掘る. ❷〈土などを〉シャベル[スコップ]ですくう[運ぶ]. **(II)**自 シャベル[スコップ]を使う.

Schaufenster [シャオフェンスター] 中 (-s/-) ショーウィンドー, 飾り窓.

Schaufenster·bummel 男 (-s/-) ウィンドーショッピング.

Schau·kasten 男 (-s/..kästen) 陳列箱, ショーケース.

Schaukel [シャオケル] 女 (-/-n) ❶ブランコ. ❷シーソー. ♦hin und her schwingen ブランコをする.

schaukeln [シャオケルン] **(I)**他 ❶〈人・物⁴を〉(前後[上下]に)揺り動かす, 揺する, 揺さぶる. ❷〈事⁴を〉うまく処理する. **(II)**自 ❶ぶらんこ[シーソー]をする. ❷〈auf ③〉〈木馬³などに〉乗る. ❸〈物¹が〉(前後[上下]に)揺れ

動く, 揺れる. ◆ mit der Schaukel [mit der Wippe] ~ ブランコ[シーソー]をする.

Schaukel•pferd 中(-(e)s/-e) (揺り)木馬.

Schaukel•stuhl 男(-(e)s/..stühle) ロッキングチェア.

Schaulustige(r) [シャオルスティゲ(ガー)] 男女《形容詞的変化》《主に軽蔑》野次馬.

Schaum [シャオム] 男(-(e)s/-schäume) 泡, あぶく. ◆ der ~ des Biers ビールの泡.

schäumen [ショイメン] 自 泡立つ.

Schaum•gummi 男(-s/-s) 気泡ゴム, フォームラバー.

schaumig [シャオミヒ] 形 泡でできた, 泡立った, 泡だらけの.

Schaum•schläger 男(-s/-) 《軽蔑》ほら吹き, はったり屋.

Schaum•stoff 男(-(e)s/-e) 発泡スチロール.

Schaum•wein 男(-(e)s/-e) (Sekt) スパークリングワイン, シャンパン.

Schau•platz 男(-es/..plätze) 舞台; (事件などの)現場.

schaurig [シャオリヒ] 形 ❶《書》ぞっとする, 戦慄を覚える, 不気味な. ❷(口)ひどい, ものすごい.

Schau•spiel 中(-s/-e) ❶演劇, 芝居; 戯曲, 脚本. ❷光景, 有様, 見物(みもの).

Schauspieler [シャオシュピーラー] 男(-s/-) 俳優, 役者; 偽善者. **4級**

Schau•spielerin 女(-/-nen) 女優.

Schau•steller 男(-s/-) (年の市などの)興行師, 見世物師.

Schau•stück 中(-(e)s/-e) 展示物, 陳列品.

Scheck [ʃɛk シェック] 男(-s/-s) 小切手. ◆ ein ungedeckter ~ 不渡り手形. einen ~ über 1000 Euro ausstellen [einlösen] 1000ユーロの小切手を振り出す[現金にかえる]. mit einem ~ bezahlen 物⁴を小切手で支払う. **4級**

Scheckheft 中(-(e)s/-e) 小切手帳.

scheel [シェール] 形 (口) 妬ましげに.

scheffeln [シェッフェルン] 他 (口; 軽蔑) 金⁴をがっぽりもうける.

Scheibe [シャイベ] 女(-/-n) ❶平円板, 円盤; 的(まと), 標的. ❷窓ガラス; ガラス板. ❸(パンなどの)スライス. ❹(口) レコード. sich³ von ③ eine ~ abschneiden (können) (口) 人•物³をお手本にする(ことができる).

Scheiben•bremse [シャイベン..] 女(-/-n) (自動車の)ディスクブレーキ.

Scheiben•waschanlage [..ヴァッシュアンラーゲ] 女(-/-n) (自動車のフロントガラスの)ウォッシャー(装置).

Scheiben•wischer [..ヴィッシャー] 男(-s/-) (自動車などのフロントガラスの)ワイパー.

Scheide [シャイデ] 女(-/-n) ❶ (刀・剣の) 鞘(さや), ケース. ❷ [解]腟. ❸ 境(さかい), 境界.

scheiden* [シャイデン] (du scheidest; 過 schied; 過分 geschieden) ((I)) 他 ❶《夫婦⁴を》離婚させる. ❷《von ③》〈物⁴を物³から〉分ける, 離す, 分離する; 仕切る, 隔てる. ❸《von ③》〈人⁴を人³から〉分ける, 区別する. ((II)) 自(S) ❶ 《aus ③》《書》〈職なとを〉去る, 退く. ❷《von ③》〈人³から〉別れる, 離れる. ((III)) 再 sich¹ 《書》〈意見¹などが〉分かれる. ◆ sich¹ von ③ ~ lassen 人³と離婚する.

Scheidung [シャイドゥング] 女(-/-en) [法]離婚, 離縁.

Schein [シャイン] 男(-(e)s/-e) ❶《単》明かり, 光, 日光, 輝き. ❷《単》見(せ)かけ; 虚構; [哲]仮象(けしょう). ❸外見, 様子, 外観, 外面. ❹証書, 証明書. ❺紙幣. ◆ beim ~ einer Lampe ランプの明かりの下で, 照らされて. im ~ 明かりの中で, 照らされて. zum ~ 表向きは, うわべは.

scheinbar [..バー] ((I)) 形 外見[表面]上の, 見かけ[うわべ]だけの, 見せかけの. ((II)) 副 ❶ (本当は違うが)外見[表面]上は, 見かけは, うわべは,

scheinen* [ʃáɪnən シャイネン] (過 schien; 過分 geschienen) 自 ❶ 〈月・太陽・星¹などが〉 輝く, 光る, 照る. ❷ 〈人³にとって〉 …のように見える, 思われる. ♦Die Sonne scheint (mir) direkt ins Gesicht. 太陽の光が直接私の顔に差し込んできます. Es scheint mir, dass [als ob]... …のような印象 [感じ] がします. **4級**

schein-heilig 形 (口/軽蔑) 誠実 [親切] ぶった, 何も知らないふりをした, 偽善的な.

schein-tot 形 [医] 仮死状態の.

Schein-werfer [..ヴェルファー] 男 (−s/−) サーチライト; スポットライト; ヘッドライト.

Scheinwerfer-licht 中 (−(e)s/) サーチライト [スポットライト, ヘッドライト] の光 [明かり].

Scheiß-dreck [シャイス..] 中 (−(e)s/) (俗/軽蔑) 糞, 糞便.

Scheiße [シャイセ] 女 (−/) (俗/軽蔑) ❶ 糞. ❷ いまいましい [ひどい] こと. (*So eine*) ~! (口) くそっ, ちくしょう.

scheißegal [シャイスエガール] 形 (俗/軽蔑) ③ ~ *sein* (口) 〈事¹が〉人³にとって知ったことではない.

scheißen* [シャイセン] (過 schiss; 過分 geschissen) 自 (俗/軽蔑) ❶ 糞をする. ❷〈auf ④ 〈人・物⁴のことは〉知ったことじゃない [くそくらえだ, どうでもいい, 知るもんか].

Scheißkerl [シャイスケール] 男 (−s/−e) (俗/軽蔑) くそったれ [げす] 野郎.

Scheitel [シャイテル] 男 (−s/−) ❶ 髪の分け目. ❷ てっぺん, 頂点. *vom ~ bis zur Sohle* 頭のてっぺんからつま先まで, 徹頭徹尾.

scheitern [シャイテァン] 自 Ⓢ (*mit* ③) (*an* ③) 〈物³が原因で〉) だめになる, 失敗する.

Schelle [シェレ] 女 (−/−n) ❶ 小さい鐘, 鈴. ❷ (南ゴ) (ドアの) 呼び鈴. ❸ 《無冠詞》《複》シェレン (ドイツ式トランプのダイヤ). ❹ (輪形の) 固定金具, 締め [締め] 金.

schellen [シェレン] 自 (南ゴ・ぶ) 〈鈴・ベルなどが〉 鳴る.

Schell-fisch [シェル..] 男 (−(e)s/−e) 【魚】 (北大西洋産の) ハドック, タラ (鱈).

Schelm [シェルム] 男 (−(e)s/−e) いたずらっ子.

schelmisch [シェルミッシュ] 形 いたずらっぽい.

Schelte [シェルテ] 女 (−/) 叱責 (しっせき), 叱咤 (しった).

schelten* [シェルテン] (du schiltst [シルツト], er schilt; 過 schalt; 過分 gescholten) ((I)) 他 ❶ 〈人⁴を〉しかる. ❷ 〈④ ＋ 様態〉〈人⁴を…と〉ののしる. ((II)) 自 (やゝ古) ❶ しかる. ❷ 〈auf ④〉 〈人⁴を〉; 〈*über* ④〉 〈事⁴を [で]〉 しかる, けなす, ののしる.

Schema [シェーマ] 中 (−s/−s, −ta, Schemen) ❶ 図, 図表, 図式, 図解. ❷ (判断・行動の) 型, 枠, パターン. *sich⁴ in kein ~ pressen lassen* どの枠にも当てはまらない.

Schemata [シェーマタ] 複 ⇨ Schema.

schematisch [シェマーティッシュ] 形 ❶ 図 [図表, 図式, 図解] の [による]. ❷ (軽蔑) 型どおりの, 型にはまった, 機械的な.

Schemel [シェーメル] 男 (−s/−) ❶ (ひじ掛け・背もたれのない) いす, 腰掛け. ❷ 足のせ台.

Schemen¹ [シェーメン] 複 ⇨ Schema.

Schemen² 中 (−s/−) 《複》シルエット, おぼろげな輪郭, 影.

schemen-haft 形 ぼんやりした, おぼろな.

Schenkel [シェンケル] 男 (−s/−) ❶ 足 (腰からくるぶしまで); 太股 (ふともも), 大腿 (だいたい); (食用動物の) 脚の肉. ❷ 【工】 (コンパスなどの) 脚; (はさみなどの) 柄; 【数】(角をはさむ) 辺.

schenken [ʃéŋkən シェンケン] 他 ❶ 〈③〉〈④〉 〈人³に〉 物⁴を 贈る 進呈する, 捧げる, プレゼントする. ❷ 〈*sich*³ ④〉 (口) 〈事⁴を〉 抜かす, 飛ばす, せずにすます. ♦*von* ③ ④ *geschenkt bekom-*

現在	ich schenke	wir schenken
	du schenkst	ihr schenkt
	er schenkt	sie schenken

過去	ich **schenkte**	wir schenkten
	du schenktest	ihr schenktet
	er schenkte	sie schenkten

過分	**geschenkt**	接II schenkte

men (人³から)物⁴をプレゼントしてもらう. ③ *nichts geschenkt haben* 人³に手加減しない. *(fast [halb]) geschenkt sein* (口)ただ同然である. **5級**

Schenkung [シェンクング] 囡(-/-en) (法)寄付, 寄贈, 贈与.

scheppern [シェパァン] 圓(口) ❶ 〈物¹が〉カチャカチャ[カチカチ, カラカラ, カタカタ]音を立てる. ❷〈**mit** ③〉〈人¹が〉〈物³を〉カチャカチャ[カチカチ, カラカラ, カタカタ]いわせる. 非人称.

Scherbe [シェァベ] 囡(-/-n) (ガラス・陶器類の)破片, 砕片, かけら. ~*n bringen Glück.* (諺)かけらは幸福をもたらす.

Scherben 男(-s/-) (南ド・オーストリア) = Scherbe.

Schere [シェーレ] 囡(-/-n) ❶はさみ (鋏). ❷(動)(カニ・エビなどの)はさみ. ❸〈**zwischen** ③〉〈物³との〉開き, 隔たり, 差.

scheren*¹ [シェーレン] (du scherst [schierst], er schert [schiert]; 過 schor; 過分 geschoren) 他〈人⁴の髪の毛[頭⁴の毛]を〉刈る, 切る;〈髪・毛⁴を〉刈る, 切る;〈羊⁴などの毛を〉刈る, 切る;〈生垣⁴などを〉刈る, 切る.

scheren² (過 scherte; 過分 geschert) (口) ((I))他〈人⁴を〉気にかける;〈人⁴に〉かかわりがある. ((II))再 sich⁴〈**um** ④〉〈人⁴・物⁴を〉気にかかる.

Schererei [シェーレライ] 囡(-/-en) 《主に複》(口)トラブル, やっかい事, もめごと.

Scherz [シェァツ] 男(-es/-e) 冗談, ジョーク, しゃれ; ひやかし, 悪ふざけ, からかい, いたずら. ◆*ein schlechter ~* 悪い冗談. *aus [im, zum] ~* 戯れに, 冗談に. *Mach keinen ~ [keine ~e]!* 冗談はよせよ, ふざけるな.

scherzen [シェァツェン] 圓(口) 冗談 [しゃれ]を言う, ふざける.

scherz-haft 形 冗談の[めいた], ふざけた, からかった.

scheu [ショイ] 形 ❶ものおじする, 内気な, 恥ずかしがりの. ❷(動物が)臆病な, 恐がる, 物に驚きやすい;〈馬¹が〉興奮する.

Scheu [ショイ] 囡(-/) 〈**vor** ③〉〈人・物³に対する〉❶臆病(さ), 畏怖(ひ). ❷ものおじ, 内気(さ), はにかみ, しりごみ. ❸嫌気, 嫌いなこと.

scheuchen [ショイヒェン] 他〈④〉〈**von** ③〉〈人・物⁴を(所³から)〉(脅して)追い払う, 追い出さる.

scheuen [ショイエン] ((I))他〈事⁴に〉しりごみする,〈事⁴を〉避ける, はばかる, 躊躇(ちゅうちょ)する. ((II))再 sich⁴ 〈**vor** ③〉〈事³に対して〉ひるむ, しりごみする,〈〈事³を〉〉はばかる, 躊躇(ちゅうちょ)する. ((III))圓〈**vor** ③〉〈馬¹が〉〈〈物³に対して〉〉おびえる,〈〈事³を〉〉恐れる.

scheuern [ショイアァン] ((I))他 ❶〈鍋・風呂・床⁴などを〉こすって磨く, ごしごし洗う. ❷〈④〉③〉④〉〈人⁴・³の体の一部⁴を〉こする. ((II))再 sich⁴〈**an** ③〉〈物³で〉体をこる, 皮膚をすりむく. ◆〈④〉③〉④〉*wund* ~〈人⁴・³の体の一部⁴をすりむく[に擦り傷を作る].

Scheuertuch [ショイアートゥーフ] 中(-(e)s/..tücher) 雑巾(ぞうきん).

Scheune [ショイネ] 囡(-/-n) 穀倉, (穀物・藁などのための)納屋.

Scheusal [ショイザール] 中(-s/-e, (口)..säler) (軽蔑) ❶嫌な動物 (ヘビ・鰐など); 化け物, 怪物, 怪獣. ❷極悪非道[粗暴残忍]な人, 醜怪な人.

scheußlich [ショイスリヒ] ((I))形 ❶恐ろしい, おぞましい, ぞっとする. ❷嫌な, いまわしい, 吐き気を催す(ほどの). ((II))圓 ❶おぞましく, 身の毛のよ

①1格 ②2格 ③3格 ④4格

だつほど、嫌悪するほど. ❷ひどく、恐らしく.

Scheußlichkeit [..カイト] 囡 (-/-en) ❶《単》おぞましさ；いまわしさ. ❷《主に複》おぞましい[いまわしい]もの.

Schi [シー] 男 (-s/-er) スキー(⇒Ski).

Schicht [シヒト] 囡 (-/-en) ❶層；[地]地層, 鉱層；外皮, 殻；薄皮, 膜. ❷社会層, 階層. ❸シフト, 交替制の勤務；シフトの労働[就業]時間；シフトの組[グループ]. **~ machen** (口) シフト(勤務)を終えて休憩する.

Schicht·arbeit 囡 (-/-) 交替制労働, シフト勤務.

schichten [シヒテン] 《過 schichtete；過分 geschichtet》他 《物4を》積み重ねる, 積む.

schick [シック] 形 シックな, おしゃれな.

Schick [シック] 男 (-(e)s/-) シックな[おしゃれ]なこと.

schicken [ʃikən シッケン]

現在	ich schicke	wir schicken
	du schickst	ihr schickt
	er schickt	sie schicken
過去	ich schickte	wir schickten
	du schicktest	ihr schicktet
	er schickte	sie schickten
過分	geschickt	接II schickte

((I)) 他 ❶<(3) 4>《人3に》郵便物・金4などを>；<4 (an 4)>《郵便物4・金4などを(人4宛てに)》送る, 発送する. ❷<人4>《人4を》行かせる, 派遣する. ★senden の方が schicken よりフォーマルな場で用いられる. ❸<(4) nach 3>；<(4) um 4>《人4に》人3·4[物3·4]を迎え[取り]にやる. ((II)) 再 sich4 ❶<書>《物4に》順応する, 従う. ❷<書>礼儀[作法]にかなう[ふさわしい]. ❸<南ド>急く. ♦einen Gruß nach Hause ~ 挨拶状を家に送る. die Kinder ins Bett [in die Schule] ~ 子供たちを寝かせる[学校へ通わせる]. ❹ zum Einkaufen ~ = 4 einkaufen

~ 人4を買い物に行かせる. ❹ nach einem [um einen] Arzt ~ 人4に医者を迎えに行かせる. **Schickeria** [シケリーア] 囡 (-/)《口；軽蔑》有閑上流階級.

schicklich [シックリヒ] 形 《書》礼儀[作法]にかなった, 適切な, しかるべき, ふさわしい.

Schicksal [シックザール] 中 (-s/-e) 運命, 宿命, 天命.

Schicksals·schlag [シックザールス..] 男 (-(e)s/..schläge) 運命の[宿命的]打撃[一撃], ショック.

Schiebe·dach [シーベ..] 中 (-(e)s/..dächer)《自動車の》サン[スライディング]ルーフ.

schieben＊ [シーベン] 《過 schob, 過分 geschoben》((I)) 他 ❶<4 + 方向><物4を...へ>押す, 押して行く, 押して(ずり)動かす, <人4を...へ>押す, 引っ張る. ❷<4 auf 4>《事4を人・物4に》押しつける, 転嫁する. ❸<口><物4を>密売[密輸]する, <物4の>闇商売する. ❹<4 (weit) von sich3><事4を>打ち消す, 否定する, <事4が>事実でないと言う. ♦einen Einkaufswagen ~ ショッピングカートを押す. ((II)) 自 <(mit 3)><(口)><(物3を)>密売[密輸]する, <(物3の)>闇商売する. ((III)) 再 sich4 ❶<物1が>ゆっくり進む. ❷<nach vorn><人1が>押し分けて[かき分けて]前へでる.

Schieber [シーバー] 男 (-s/-) ❶闇屋[商人]. ❷(引いて開け閉めするもの)：門(閂), スライダー, すべり弁. ◇**~in** 囡 (-/-nen).

Schiebe·tür 囡 (-/-en) 引き戸, 滑り戸.

Schiebung [シーブング] 囡 (-/-en)《主に単》(口) ❶不正取引, 闇取引. ❷ひいき, えこひいき.

schied [シート] scheiden の過去形.

schiede [シーデ] scheiden の接続法II式形.

Schieds·gericht [シーツ..] 中 (-(e)s/-e) [法]仲裁裁判所.

Schieds·richter 男 (-s/-) ❶〔競〕

1 1格　2 2格　3 3格　4 4格

審判員, レフェリー, ジャッジ, アンパイアー. ❷ [法] 仲裁裁判官. ❸ 仲裁 [調停] 者 [人].

schief [ʃiːf シーフ] 形 ❶ 斜めの, 傾いた, 斜めになった, 傾斜した. ❷ずれている, 的外れの, ピントのずれた. ♦ den Kopf ~ halten 首を傾けて[かしげて]いる. *ein ~es Bild von ③ haben* ③についてゆがんだイメージを抱く. ■ *~ gewickelt* ひどい思い違いをした, 誤解した. 4級

Schiefer [シーファー] 男 (-s/-) ❶ 粘板岩(ねんばんがん), スレート. ❷ (南ド・オーストリア) (木の) 破片, そぎ, とげ.

schief|gehen* [シーフゲーエン] 自 (ロ) 〈事³が〉うまく行かない, 失敗に終わる.

schief・gewickelt [..ゲヴィッケルト] 形 = schief gewickelt (⇨schief ■).

schief|lachen [シーフラヘン] 再 sich⁴ 〈**über** ④〉 〈(ロ) 〈(人・物⁴を)〉大笑いする, 〈(人・物⁴のことで)〉 笑いころげる.

schief|liegen* [シーフリーゲン] 自 (ロ) 〈**mit** ③〉 〈(事³に関して)〉 間違っている, 当たっていない.

schielen [シーレン] 自 ❶ 斜視である, やぶにらみである. ❷ 横目で見る, 盗み見る. ❸ 〈**nach** ③〉 〈物³を〉 欲しそうにしている, 狙っている.

schien [シーン] schienen の過去形.

Schien・bein [シーン..] 中 (-(e)s/-e) [解] 脛骨, すねの骨.

schiene [シーネ] schienen の接続法 II 式形.

Schiene [シーネ] 囡 (-/-n) ❶ レール. ❷ [医] (接骨用) 副木.

schießen* [シーセン] (du schießt; 過 schoss; 過分 geschossen) ((I)) 自 (h) ❶ 〈**mit** ③〉 〈**auf** ④〉 〈(ピストル³などで)〉〈人⁴に向けて〉撃つ; 〈(矢³を)〉射る; 射撃する, 発射する, 発砲する. ❷〈銃³などが〉調子がいい. ❸ ③ **in** ④ 〈人³の体の一部⁴に向かって〉撃つ. 〈+方向〉 〈...へ〉シュートする. ((II)) 他 ❶ 〈動物⁴を〉 射止める, 撃ち殺す, 射殺する. ❷ ③ **in** ④ 〈弾丸・矢⁴などを人³の体の部分⁴に向かって〉

撃つ; 射る. ❸ ④ **in** ④ 〈衛星⁴などを所⁴に向けて〉 発射する, 射ち出す [上げる, 入れる]. ❹〈④+ (ボール³を)...へ〉シュートする. ❺〈写真⁴を〉パチパチ撮る. ❻〈物⁴を〉 (射撃大会などで) 獲得する. ((III)) 自 (S) 〈+方向〉 (ロ) 〈...へ〉 〈人³が〉 (すばやく) 動く [走る, 飛ぶ]; 〈物¹が〉 (勢いよく) 飛び出す. ❷急に成長する; 〈植物¹が〉 芽を出す.

Schießerei [シーセライ] 囡 (-/-en) 撃ち合い.

Schiff [ʃɪf シフ] 中 (-(e)s/-e) ❶ 舟, 船, 船舶, 艦. ❷ [建] (教会の) 本陣, 身廊, ネーブ. 5級

Schifffahrt 囡 = Schifffahrt.

schiff・bar [..バァ] 形 航行可能な.

Schiff・bruch 男 (-(e)s/-e) 難船, 難破.

Schiffbrüchige(r) [シフブリュヒゲ(ガー)] 男 / 囡 《形容詞変化》 海難事故にあった人.

Schiffer [シッファー] 男 (-s/-) 船乗り, 船員. ❖ **~in** 囡 (-/-nen).

Schiff・fahrt 囡 (-/-en) 航海, 航行; 海 [水] 上交通; 水運, 海運.

Schiffs・arzt [シフス..] 男 (-(e)s/..ärzte) 船医.

Schiffs・junge (-n/-n) 《弱》 見習い船員 [水夫].

Schiffs・verkehr 男 (-s/) 船舶の交通 [往来].

Schikane [シカーネ] 囡 (-/-n) ❶ (権力をかさに着た) 嫌がらせ, 意地悪, いじめ. ❷ [競] (オートレースのコースの) 難所. *mit allen ~n* (ロ) あらゆる設備 [装置] の整った [付いた].

schikanieren [シカニーレン] 他《過分 schikaniert》〈人⁴に〉嫌がらせ [意地悪] をする, いじめる.

Schild [シルト] ((I)) 中 (-(e)s/-er) ❶ 表札, 標札, 看板; 〈道路 [交通] 標識〉, 道標, 表示板. ❷ラベル, タグ, 付け札. ((II)) 男 (-(e)s/-e) ❶ 楯(たて). ❷ [理] (放射線の) 遮蔽物, シールド. ❸ 〈*gegen* ④〉 *im ~e führen* 〈人・物⁴と反対の〉 事⁴をひそかに企む.

①1格 ②2格 ③3格 ④4格

Schild·drüse 囡(−/−n)〖解〗甲状腺(芯).

schildern [シルダァン]他❶⟨③⟩⟨④⟩⟨⟨人³⟩に⟩事⁴を⟩語る, 述べる. ❷⟨人⁴を⟩描写[叙述]する.

Schild·kröte 囡(−/−n) カメ（亀）.

Schilf [シルフ]匣(−(e)s/−e)《主に単》アシ, ヨシ（葦）. ❷《主に単》アシの茂み.

Schiller [シラー]《人名》シラー((Friedrich von ~ ドイツの詩人; 1759–1805)).

schillern [シラァン]自⟨物¹が⟩色々に色彩を変える, 玉虫色に光る.

schillernd [..ト](I)schillern の現在分詞. (II)形〖付加〗玉虫色の, 正体不明の, とらえどころのない.

Schilling [シリング]男(−s/−e, (単位を示して)−)❶シリング((オーストリアの貨幣単位; =100Groschen; 記号: S, öS, ATS; 2002年2月まで流通)). ❷Shilling (イギリスなどの貨幣単位)のドイツ語形.

schilt [シルト]schelten の 3 人称単数現在形.

schiltst [シルツト]schelten の 2 人称単数現在形.

Schimmel [シメル]匣(−s/−) (I)《単》かび（黴）. (II)白馬.

schimmelig [シメリヒ]形=schimmlig.

schimmeln [シメルン]自 h ⓢ かびが生える.

Schimmel·pilz 匣(−es/−e)《主に複》〖植〗糸状菌, かび.

Schimmer [シマー]匣(−s/−)❶かすかな光[輝き]; かすかな[またまた]光. ❷ほんのかすかな量.

schimmern [シマァン]自⟨ロウソク・月・ランプ¹などが⟩ほのかに[かすかに]光る, ⟨星¹などが⟩またたく.

schimmlig [シミルヒ]形かびの生えた; かび臭い.

Schimpanse [シンパンゼ]男(−n/−n)《弱》〖動〗チンパンジー.

schimpfen [ʃimpfən シンプフェン](I)自❶⟨mit ③⟩⟨⟨人³⟩を⟩ひどくしかる, 怒る. ❷⟨auf ④; über ④⟩⟨人・物⁴に向かって; 人・物⁴について⟩ののしる, 怒鳴る. ❸⟨人⁴を...⁴と⟩ののしって呼ぶ,(III)他⟨人⁴を⟩しかりつける, ⟨人⁴に⟩怒る. (III)再 sich⁴ ⟨ロ⟩⟨皮肉⟩⟨...と⟩自称する.

Schimpf·wort 匣(−(e)s/..worte, ..wörter)ののしりの言葉, 罵詈雑言(%); 口汚ない言葉.

schinden(*) [シンデン]過 schindete [schund]; 過分 geschunden) ((I))他❶⟨人⁴[動物⁴]を⟩こき使う, 酷使する; 虐待する, 搾取する. ❷⟨物⁴を⟩(不正に)かせぐ, せしめる. ((II))再 sich⁴ ⟨mit ③⟩⟨物³で⟩苦労する.

Schinderei [シンデライ]囡(−/−en)酷使; 虐待, 搾取; 苦役, 苦労, 重労働, 辛苦.

Schindluder [シントルーダー]匣 mit ③ ~ treiben ⟨軽蔑⟩人・物³を痛めつける, 酷使する.

Schinken [シンケン]匣(−s/−)❶(特に豚の)ハム. ❷(特に豚の)後脚の太腿. ❸⟨ロ⟩⟨皮肉⟩(豚革表紙の)大型本, 冊. ❹⟨ロ⟩⟨皮肉⟩愚作の演劇; くだらない長編大作映画. 4級

Schippe [シッペ]囡(−/−n)《特に北ド》シャベル, スコップ.

Schiri [シリ]匣(−s/−s) ⟨ロ⟩審判(Schiedsrichter).

Schirm [ʃirm シルム]匣(−(e)s/−e)❶(a)傘(%). (b)ランプの笠(%). (c)遮熱板. (d)帽子の庇(&). ❷映写幕, スクリーン, テレビの画面, (レントゲン装置の)透視用の)画面. ♦den ~ aufspannen [zusammenklappen] 傘を広げる[折りたたむ]. den ~ aufmachen [öffnen] 傘を開く. den ~ zumachen [schließen] 傘を閉じる. 4級

Schirm·herr 男(−(e)n/−en)保護者; パトロン.

Schirm·mütze 囡(−/−n)庇(&)のある帽子.

Schirm·ständer 匣(−s/−)傘立て.

Schirokko [シロッコ]匣(−s/−s)シロッコ((北アフリカからヨーロッパ沿岸に向かって吹く熱風)).

schiss [シス]scheißenの過去形.

schiß ⓑ=schiss.

Schiss [シス] 男 (-es/-e) (俗)(軽蔑) 脱糞(ﾀﾞ);糞(ｸ).

Schiß ⓑ=Schiss.

schisse [シセ]scheißenの接続法II式形.

schizophren [シツォフレーン, スピツォ..]形 統合失調症の.

Schizophrenie [シツォフレニー]女 (-/..nien)[精神医]統合失調症, 精神分裂病[症].

Schlacht [シュラハト]女 (-/-en) ❶ (局地)戦争, (大規模な)戦闘, 戦い, 会戦. ❷**um** ④(口)⟨物⁴の[をめぐる]⟩争奪戦.

schlachten [シュラハテン]他⟨家畜⁴を⟩(食用に)殺す.

Schlaf [シュラーフ]男 (-(e)s/) 眠り, 睡眠;眠気.

Schlaf·anzug 男 パジャマ, 寝巻き.

Schläfe [シュレーフェ]女 (-/-n) こめかみ.

schlafen* [ʃláːfən シュラーフェン]

現在	ich schlafe	wir schlafen
	du **schläfst**	ihr schlaft
	er **schläft**	sie schlafen

過去	ich schlief	wir schliefen
	du schliefst	ihr schlieft
	er schlief	sie schliefen

| 過分 | geschlafen | 接II schliefe |

((I))自 ❶眠る;泊まる, 寝る. ❷⟨mit ③⟩人³と⟩寝る, セックスする. ❸(口)ボーッとしている. ((II))再 sich⁴ gesund ~ 寝て元気を回復する. ◆fest ~ ぐっすり眠る, 熟睡する. im Hotel ~ ホテルに泊まる. bei ③ ~ 人³のところに泊まる. 5級

schlaff [シュラフ]形(筋肉などが)たるんだ, しまりのない, 気力[張り]のない, だらけた.

schläfrig [シュレーフリヒ]形 眠い, 眠そうな.

Schlaf·sack 男 寝袋.

schläfst [シュレーフスト]schlafenの2人称単数現在形.

schläft [シュレーフト]schlafenの3人称単数現在形.

Schlaf·zimmer 中 寝室.

Schlag [シュラーク]男 (-(e)s/Schläge) ❶打つ(たたく)こと, 一撃, 打撃, 打撃音. ❷⟨複⟩殴打. ❸(規則的に)打つこと;(時計・鐘などを)打つ音;鼓動;[音楽]拍. ❹衝撃, ショック;電撃, 落雷;不幸, 運命の打撃. ❺⟨単⟩(口)きっかり...時に, ちょうど...時に. ❻(口)脳溢血, 卒中(の発作). ❼(口)(玉じゃくしなどによる)一人前の飲食物. ❽⟨単⟩タイプ, 種類;集団. ❾⟨単⟩(ナイチンゲールなどの)鳴き声, さえずり. ❿(ﾀﾞ)泡立てた生クリーム. *auf einen ~* (口)一挙に, 一斉に, 一度に. *ein ~ ins Wasser sein* むだである, 徒労である. *ein ~ unter die Gürtellinie* (口)汚い[不正な]やり方. *mit einem ~(e)* (口)一挙に, たちまち, 一躍. *~ auf ~* 次々に[と], 続けざまに.

schlagen* [ʃláːgən シュラーゲン]

現在	ich schlage	wir schlagen
	du schlägst	ihr schlagt
	er schlägt	sie schlagen

過去	ich schlug	wir schlugen
	du schlugst	ihr schlugt
	er schlug	sie schlugen

| 過分 | geschlagen | 接II schlüge |

((I))他 ❶打つ, たたく, ⟨人⁴を⟩なぐる. ❷⟨③ ④ +方向⟩⟨物⁴を人³の...に⟩食らわす, 当てる. ❸(a)⟨④ +方向⟩⟨物⁴を...に⟩打ち込む. (b)⟨④ +方向+結果⟩打って作る, 打って...にする. ❹⟨楽器⁴を⟩打つ, たたく, 打ち鳴らす. ❺⟨卵・生クリーム⁴などを⟩強くかき混ぜる, 泡立てる. ❻⟨木・森⁴を⟩伐(ﾊ)る, 伐採する. ❼⟨人⁴を⟩倒す, 破る, 打ち負かす, ⟨人⁴に⟩打ち勝つ ❽⟨④ **zu**;④ **auf**⟩⟨物⁴を物³·に⟩算入する, 加算する, 上乗せする. ❾⟨④ (**mit** ③)⟩

①1格 ②2格 ③3格 ④4格

[⁺方向]⟨駒³を⟩取る. ❿⟨von ③⟩⟨物³から利益⁴を⟩得る. ((II))⾃ ❶⟨＋方向⟩に打つ,たたく. ❷⟨人³の体の部分³を⟩たたく,なぐる. ❸⟨S⟩⟨mit ③⟩⟨⟨体の部分³を⟩⟩ぶつける. ❹⟨時計¹が⟩時を打つ. ❺⟨物¹が⟩⟨風などで⟩ガタガタ音を立てる[激しく動く]. ❻(規則的に)打つ;⟨心臓¹が⟩鼓動する,(感動などで)動悸(⁼ᵘ)を打つ,高鳴る;⟨脈¹が⟩打つ. ❼⟨⁺方向⟩⟨雷¹が⟩落ちる. ❽⟨aus ③⟩⟨物³から⟩吹き出る. ❾⟨nach ③⟩⟨人³に⟩似ている. ❿⟨ヒバリなどが⟩さえずる,鳴く. ((III))再 sich⁴ ❶⟨mit ③⟩⟨人³と⟩打ち[なぐり]合う. ❷(試合などで)たたかう;⟨議論などで⟩自分を主張する. ❸(こっそりと)曲がる. ❹⟨③ auf ④⟩⟨事¹が⟩⟨人³の体の部分⁴に⟩打撃を与え⟨事¹で⟩⟨人³の体の部分⁴が⟩悪くなる. ❺⟨um ④⟩物⁴をめぐってけんかする. ■ ⑷ (mit der Faust) (ins Gesicht) ~ (拳骨で)人⁴の顔面をなぐる. ⑶ auf die Schulter ~ 人³の肩を(親しみをこめて)たたく. (mit der Faust) gegen die Tür [auf den Tisch] ~ (拳骨で)ドア[テーブル]をたたく. sich⁴ (gegenseitig) ~ お互いになぐりあう. einen Nagel in die Wand ~ 釘を壁に打ち込む. ⑷ in Stücke ~ 物⁴を粉々にする. sich⁴ nach rechts [links] ~ こっそり右[左]に曲がる. *sich⁴ geschlagen geben* 負けを認める,ギブアップする,降参する. 4級

schlagend [..ト] ((I))schlagen の現在分詞. ((II))形的確な,説得力のある.

Schlager [シュラーガー] 男⟨-s/-⟩流行歌,ヒット曲;ヒット作,ヒット商品.

Schlag·instrument 中打楽器.
Schlag·obers 中⟨-/(-ᵉ)⟩=Schlagsahne.
Schlag·sahne 女(泡立てた)生クリーム.

schlägst [シュレークスト]schlagen の2人称単数現在形.
schlägt [シュレークト]schlagen の3人称単数現在形.

Schlag·wort 中スローガン,標語,キャッチフレーズ.
Schlag·zeile [シュラークツァイレ] 女⟨-/-n⟩(新聞第1面の)大見出し. *~ machen = für ~n sorgen* (マスコミの)話題になる,マスコミをにぎわす.
Schlag·zeug 中打楽器.
Schlamm [シュラム] 男⟨-(e)s/-e, Schlämme⟩泥.
schlampen [シュランペン] 自(口;軽蔑)(仕事・服などが)だらしない,ずさんである.
schlang [シュラング] schlingen¹,² の過去形.
Schlange [シュランゲ] 女⟨-/-n⟩ ❶蛇. ❷悪賢い[邪悪な]女. ❸長蛇の列.
schlank [シュランク] 形ほっそりした,すらりとした,スリムな. ◆-e Beine [Arme] haben 足[腕]が小さな(伸びやかな)である. ◆~ machen ⟨衣服¹が⟩人⁴(の体の線)をスリムにみせる. 4級
Schlappe [シュラッペ] 女⟨-/-n⟩(口)敗北,失敗,挫折.
schlau [シュラオ] 形利口な,ずる賢い,抜け目のない.
Schlauch [シュラオホ] 男⟨-(e)s/Schläuche⟩(ゴム製などの)ホース,管;(タイヤの)チューブ.
schlecht [ʃlɛçt シュレヒト] ((I))形 (↔gut)悪い,よくない;少ない;問題のある;うまくいかない,不得手な. ◆ein ~es Gedächtnis haben 記憶力が悪い. ein ~es Gewissen haben 良心がとがめる. ⑶ ist ~. 人³は気分が悪い. ((II))副悪く;よく[うまく](...でき)ない;⟨können と⟩なかなか(...)できない, (...)しにくい,しづらい. ◆schlafen よく眠れない. ~ aussehen 顔色が悪い[悪そうな様子をしている]. ~ hören [sehen] 耳[目]が悪い. *nicht ~* (口) 1)なかなか(...で)ある,悪くない. 2)少なからず,大いに;少なくない,おびただしい. ■ *~ gehen* ⟪Es geht ③ schlecht. の形で⟫⟨人³は⟩健康[精神,経済]状態がよくない,調子が悪い,うまくいっていない. *~ gelaunt* 不機嫌な,機嫌の悪い. *~ machen* ⟨④

schlechterdings

(bei ③)〉〈(人³に)人・物⁴のことを〉悪く言う,〈(人³に)人・物⁴の〉悪口を言う. 5級

schlechterdings [シュレヒターディングス] 副《主に否定で》およそ,到底,全く,どうしても,絶対に.

schlecht|gehen* [シュレヒトゲーエン] 自 = schlecht gehen (⇨schlecht 囗).

schlecht·gelaunt 形 = schlecht gelaunt (⇨schlecht 囗).

schlechthin [シュレヒトヒン] 副 ❶《肯定で》全く,全て,どうしても,絶対に;《否定で》およそ,到底,絶対に. ❷《名詞の直後で》...そのもの,典型的な....

schlecht|machen 他 = schlecht machen (⇨schlecht 囗).

schlecken [シュレッケン] 他〈物⁴を〉なめる.

schleichen* [シュライヒェン] (過 schlich; 過分 geschlichen) 自 ⑤ 忍び足で歩く.

Schleier [シュライアー] 男 (-s/-) ヴェール.

Schleife [シュライフェ] 女 (-/-n) ❶ 蝶結び;(蝶結びの)リボン[ネクタイ]. ❷ (環状)カーブ.

schleifen¹* [シュライフェン] (過 schliff; 過分 schliffen) 他 磨く,研ぐ.

schleifen² ((I)) 自 垂れている. ((II)) 他〈物⁴を〉引きずって行く,引っ張って行く.

Schleim [シュライム] 男 (-(e)s/-e) ❶ 粘液. ❷ 粥(ゆ).

schlendern [シュレンダァン] 自 ⑤ ぶらつく,ぶらぶら歩く.

schleppen [シュレッペン] ((I)) 他 ❶〈重い物・人⁴を〉引きずって運ぶ. ❷〈車⁴を〉牽引する;〈船⁴を〉曳航する. ((II)) 再 sich⁴ 体を引きずるようにして歩く.

Schlesien [シュレーズィエン] 中 (-s/) シレージエン,シュレジア ((現在はポーランド領)).

Schleswig-Holstein 中 (-s/) シュレースヴィヒ・ホルシュタイン州 ((ドイツ北部の州)).

schleudern [シュロイダァン] ((I)) 他 投げる. ((II)) 自 ⑤ ⓗ〈車¹が〉スリップ[スピン]する.

schleunigst [シュロイニヒスト] 副 大至急,即座に.

schlich [シュリヒ] schleichen の過去形.

schlicht [シュリヒト] 形 (最上 ~est) 質素な;ありのままの.

schlichten [シュリヒテン] 他〈争い⁴を〉調停[仲裁]する.

schlief [シュリーフ] schlafen の過去形.

schliefe [シュリーフェ] schlafen の接続法II式形.

schließen* [ˈʃliːsən シュリーセン]

現在	ich schließe	wir schließen
	du schließt	ihr schließt
	er schließt	sie schließen
過去	ich schloss	wir schlossen
	du schlossest	ihr schlosst
	er schloss	sie schlossen
過去分	geschlossen	接II schlösse

((I)) 他 ❶〈ドア・窓⁴などを〉閉める,〈本⁴などを〉閉じる;〈口・目・唇・瞼⁴などを〉閉じる. ❷〈④ in ④〉〈人・物⁴を…³に〉閉じこめる,〈物⁴を所⁴に〉しまい込む. ❸〈学校・会社⁴などを〉閉める,閉鎖[休業,廃業]する;〈店⁴を〉(閉店時間で)閉める,閉店する. ④〈④ an ④〉〈人・物⁴を所⁴に〉(留め金で)つなぐ. ❺〈契約・友情⁴などを〉結ぶ. ❻〈会議・演説⁴などを〉終える. ❼〈④ aus ④〉〈事⁴を事³から〉推論する,〈事³から事⁴の〉結論を導き出す. ((II)) 自 ❶ (店を閉店時間で)閉める,閉店する. ❷〈窓・ドア⁴などが〉閉まる;〈鍵¹が〉かかる,合う. ❸〈④ (mit ④)〉〈(物³で)〉(演説などを)終える,〈物¹が〉〈(物³で)〉終わる. ❹〈von ④ auf ④〉〈人・物³から人・物⁴を〉推論する,推定する. ((III)) 再 sich⁴〈窓・ドア⁴などが〉閉まる;〈花・傷口⁴などが〉閉じる. ◆eine Flasche ~ ビン[ボトル]に栓をする. das Haus ~ 家の戸締りす

る．eine Lücke ~ 隙間をふさぐ．Wann schließt die Post? 郵便局は何時に閉まりますか．**5級**

Schließ·fach 甲 (コイン)ロッカー．

schließlich [シュリースリヒ] 副 ❶ (時間的に)最後に(は)，結局(のところ)(は)．❷《不変化詞》何て言ったって[なんたって](結局は...)だから．— **und endlich**《schließlichの強調》1)最後の最後は．2)とどのつまり(...)だから．**5級**

schliff [シュリフ] schleifenの過去形．

schlimm [ʃlɪm シュリム] 形 ❶悪い，ひどい，困った，ろくでもない，とんでもない．❷《付加》〔口〕(体の部分や器官が)炎症を起こした，腫れた，ただれた；けがをした，傷めた；痛む，痛みのある．◆ im schlimmsten Fall 最悪の場合には［でも］．auf das Schlimmste gefasst sein 最悪の事態［場合］を覚悟している．Es ist nicht (weiter) ~, wenn ...(...だとしても)別に大した［どうという］ことない．Ist nicht (so) ~! 大したことじゃ［なんでも］ありません，ご心配なく．**4級**

schlimmstenfalls [シュリムステンファルス] 副 最悪の場合に(は)；最悪の場合でも，どんなに悪くても．

Schlinge [シュリンゲ] 女 (–/–n)輪；三角巾，つり包帯．

schlingen¹ [シュリンゲン]《過 schlang; 過分 geschlungen》(I)他 ④ **um** ④《物⁴を人・物⁴の周りに》巻きつける．(II) 再 sich⁴ **um** ④《人・物⁴に》巻きつく．

schlingen²* 《過 schlang; 過分 geschlungen》他 く《物⁴を》)かきこむ，むさぼる．

Schlips [シュリップス] 男 (–es/–e)ネクタイ．

Schlitten [シュリッテン] 男 (–s/–) そり．

Schlitt·schuh [シュリット..] 男 スケート靴．

Schlitz [シュリッツ] 男 (–es/–e) ❶細長い隙間；投入口．❷(服の)スリット．

schloss [シュロス] schießenの過去

形．

schloß ⓑ = schloss．

Schloss [ʃlos シュロス] 中 (–es/ **Schlösser**) ❶錠，ロック，錠前．❷ 宮殿，王宮；城館，御殿．◆ den Schlüssel ins ~ stecken 鍵を錠に差し込む．den Schlüssel im ~ (her)umdrehen 鍵を錠に差し込んで回す．das ~ aufschließen [zuschließen] 錠を開ける，鍵を開ける，ロックを解除する．das ~ zuschließen 錠をおろす［掛ける］，鍵を閉める，ロックする．**5級**

Schloß 男 ⓑ = Schloss．

schlösse [シュレセ] schließenの接続法II式形．

Schlosser [シュロッサー] 男 (–s/–) ❶機械[修理]工．❷錠前師．

Schlösser [シュレサー] 複 ⇨ Schloss．

Schlot [シュロート] 男 (–(e)s/–e, Schlöte) (工場の)煙突．

schlottern [シュロッタァン] 自 ❶(体が)ガタガタ震える．❷(服が)だぶだぶである．

schluchzen [シュルフツェン] 自 すすり泣く．

Schluck [シュルック] 男 (–(e)s/–e, Schlücke)一飲み；一飲みの量．

schlucken [シュルッケン] 他 飲み込む．

schlug [シュルーク] schlagenの過去形．

schlüge [シュリューゲ] schlagenの接続法II式形．

schlummern [シュルマァン] 自 まどろむ．

schlüpfen [シュリュプフェン] 自 ❶ ⑤《＋方向》すりぬける．❷(a)《**in** ④《衣服⁴などを》さっと着る［身につける］．(b)《**aus** ③《衣類⁴などを》さっと脱ぐ．

schlüpfrig [シュリュプフリヒ] 形 ❶ (つるつる)滑る，滑りやすい．❷つかみにくい，つかみどころのない．

schlürfen [シュリュァフェン] 他《物⁴を》(音を立てて)すする．

Schluss [ʃlos シュルス] 男 (–es/

①1格 ②2格 ③3格 ④4格

Schlüsse ❶《単》終わり,最後;結末;(手紙,演説などの)結び;《音楽》終止.❷結論,推論.♦am ~ 終わりに;《終局》に.bis zum ~ 終わりまで.zum ~ 最後[結び]に,終わりに当たって,結局.**5級**

Schluß 男中= Schluss.

Schlüssel [ʃlýsəl シュリュッセル]男(-s/-).❶鍵,キー.❷ねじ回し,スパナ,レンチ.❸《音楽》音部記号;主(調)音.❹《zu》〈...への〉解決のかぎ,手がかり;秘訣.❺記号[コード]表.❻(分配)基準.❼解答(集),解答の手引き.♦der ~ für die [zur] Haustür 家の鍵.den ~ ins Schloss stecken 鍵を錠に差し込む.den ~ herumdrehen 鍵を回す.**5級**

Schlüssel-..《名詞に付いて》「キーとなる,重要な,基幹の,主の」:Schlüsselindustrie 基幹産業.

schlüssig [シュリュスィヒ]形 ❶筋の通った.❷(証拠が)決定的な,確実な.

schmächtig [シュメヒティヒ]形 きゃしゃな,ほっそりした;かよわい.

schmackhaft [シュマック..]形(最上 ~est) 風味のある,味の良い.

schmähen [シュメーエン]他〈人・物⁴を〉ののしる,そしる.

schmal [ʃmaːl シュマール]《比較 schmaler, schmäler; 最上 schmalst, (まれ)schmälst》形 ❶(幅が)狭い,細い;やせた,ほっそりした;貧弱な.❷《副なし》《書》乏しい,僅少の.♦ein ~es Einkommen《書》わずかな収入.~ sein やせている.**4級**

schmarotzen [シュマロツェン]自(過分 schmarotzt)〈人¹が〉居候する,〈動植物¹が〉寄生する.

schmatzen [シュマッツェン]他〈物⁴を〉音を立てて食べる.

schmecken [ʃmékən シュメッケン]((I))自 ❶〈(nach ③)〉〈食べ物⁴が〉〈(物³の)〉味がする.❷〈(③)〉〈(人³の)〉口に合う,〈人³に は〉おいしい.❸〈(nach ③)〉《南ド・オーストリア・ロ》〈物³が〉〈(物³の)〉におい がする.❹〈③ nicht〉〈町¹などが〉〈人³に〉気に入らない.

((II))他 ❶〈物⁴の〉味を感じる[味が分かる];味を見る.❷〈食べ物⁴を〉味わう.♦bitter [sauer] ~ 苦い[すっぱい]

現在	ich schmecke	wir schmecken
	du schmeckst	ihr schmeckt
	er schmeckt	sie schmecken

過去	ich schmeckte	wir schmeckten
	du schmecktest	ihr schmecktet
	er schmeckte	sie schmeckten

過分 **geschmeckt**	接II schmeckte

(味がする).Wie schmeckt (dir) der Wein? このワイン(の味)はどうだい.*Das schmeckt (gut)!* これはおいしいです[うまい].*Hat es (Ihnen) geschmeckt?* (レストランなどで)味はいかがでしたか《普通答えとしてはJa, danke.》.**5級**

schmeicheln [シュマイヒェルン]((I))自〈③〉〈人³に〉お世辞を言う;〈人³を〉うれしがらせる,〈虚栄心³を〉くすぐる.((II))他 sich⁴《zu不定詞と》〈(...であると)〉自負する.

schmeißen* [シュマイセン](過 schmiss; 過分 geschmissen)他 投げつける,投げ捨てる.

schmelzen* [シュメルツェン](du schmilzt, er schmilzt; 過 schmolz; 過分 geschmolzen)((I))自(熱で)溶ける.((II))他(熱で)溶かす.★他動詞として弱変化することもある.

Schmerz [ʃmɛrts シュメァツ]男(-es/-en)❶《主に単》(心身の)痛み,苦痛.★痛い場所が特定される場合は単数形を,広がりをもつ場合は複数形が用いられる.❷〈(über ④)〉〈(物について の)〉悲嘆,心痛,悲痛.♦ein Mittel gegen ~(en)痛み止め.

schmerzen [シュメァツェン]((I))自〈傷¹などが〉痛む.((II))他 苦痛[心痛]を与える.

schmerz-haft 形(最上 ~est)痛い;苦しい,つらい.

Schmetterling [シュメッターリング]男(-s/-e)チョウ(蝶).

schmettern [シュメッタァン]((I)) 他 投げつける, たたきつける. ((II)) 自 鳴り響く.

schmieden [シュミーデン] 他〈鉄⁴などを〉鍛える;〈計画⁴などを〉練る.

schmieren [シュミーレン]((I)) 他 ❶〈物⁴に〉油をさす. ❷〈④ auf ④〉〈物⁴を〈物に〉塗る. ❸〈口〉〈人⁴に〉賄賂を贈る. ((II)) 自 なぐり[走り]書きをする.

schmilzt [シュミルツト] schmelzen の2・3人称単数現在形.

schminken [シュミンケン] 他〈人・体の部分⁴に〉化粧をする.

schmiss [シュミス] schmeißen の過去形.

Schmöker [シュメーカァ] 男 (–es/–) 分厚いだけの本.

schmolz [シュモルツ] schmelzen の過去形.

schmölze [シュメルツェ] schmelzen の接続法II式形.

Schmuck [シュムック] 男 (–(e)s/ –e) 《主に単;集合的》装飾(品), 飾り, 装身具.

schmücken [シュミュッケン] 他〈人・物⁴を〉飾る, 飾り付けをする.

schmuddelig, schmuddlig [シュムッデ[ト]リヒ] 形 (口) 汚い, ウジのわいたような.

Schmuggel [シュムッゲル] 男 (–s/–) 《主に単》密輸, 密貿易.

schmunzeln [シュムンツェルン] 自〈über ④〉〈事⁴について〉にやりと笑う, にやりとする.

schmusen [シュムーゼン] 自 (口)〈mit ③〉〈人³を〉(やさしく)抱き締めてキスをする.

Schmutz [シュムッツ] 男 (–es/–) 汚れ(物), 不潔な物;泥(⅔), ちり, ほこり. ◆ **in [durch] den ~ ziehen** 人・物⁴のことをけなす, 悪く言う, 人・物⁴の悪口を言う.

schmutzig [シュムッツィヒ] 形 ❶汚い, 汚れた, 不潔な;汚れがつきやすい. ❷濁った, くすんだ(色). ❸いやらしい, 卑猥(%)な. ❹《副なし》汚い, 非合法の. ◆ ~e Hände haben 手が汚れている, sich⁴ ~ machen 汚れる.

Schnabel [シュナーベル] 男 (–s/ Schnäbel) (鳥の)くちばし;(人の)口.

Schnake [シュナーケ] 女 (–/–n) ガガンボ.

Schnalle [シュナレ] 女 (–/–n) 留め金, バックル.

schnallen [シュナレン] 他〈ベルト⁴などを〉締める.

schnappen [シュナッペン]((I)) 他 ぱっとつかむ; とっつかまえる; ぱくっとくわえる. ((II)) 自 ぱくっと食いつく.

Schnapp·schuss [シュナップ..] 男 スナップ写真.

Schnaps [シュナップス] 男 (–es/ Schnäpse) シュナップス, 火酒 ((強い蒸留酒)).

schnarchen [シュナルヒェン] 自 いびきをかく.

Schnauze [シュナオツェ] 女 (–/–en) (動物の)鼻づら;(口) (人間の)口.

Schnecke [シュネッケ] 女 (–/–n) カタツムリ.

Schnee [ʃneː シュネー] 男 (–s/) ❶雪;積雪;(一回の)降雪. ★複数形は Schneefälle. ❷《料理》泡立たせた卵白, 泡雪. ❸(口) 白い粉末状のコカイン[ヘロイン]. ◆ **Es fällt ~.** 雪が降る. **~ von gestern [vom letzten Jahr] sein** (口) 最近の関心事[重要なこと]ではない. 4級

schneiden* [ʃnáɪdən シュナイデン] 過 **schnitt**; 過分 **geschnitten** ((I)) 他 ❶〈物⁴を〉切る, 切断する, 刈る, 刻む;〈④ in ④〉〈食べ物⁴を物⁴に〉切り分ける;〈④ in ④〉〈像などを木⁴などに〉刻み込む, 彫る;〈④ von [aus] ③〉〈物⁴を物³から〉切り取る, 切り離す, 切り放す;〈④ zu ③〉〈物⁴を〉切って〈物³を〉を作る. ❷〈(③) ④〉〈(人³の)髪・爪⁴などを〉刈る, 刈り込む;〈(人³のために)茂み⁴を〉刈る, 刈り込む. ❸〈④ (mit ③) (in ④)〉〈(物³で) (人⁴の)物⁴を〉切る, 切り傷を付ける. ❹〈フィルム・テープ⁴を〉カットする. ❺(口)〈人⁴を〉無視する. ❻〈人・物⁴を〉横切る, 〈道路・線⁴などが〉〈道路・線⁴などと〉交わる, 交差する. ((II)) 自 ❶〈＋様態〉〈ナ

①1格 ②2格 ③3格 ④4格

schneidend

イフ¹などが》切れる, ...の切れ具合である. ❷《③ (mit ③) in ④》〈物³で〉人³の物¹を》切る, 切り傷を付ける. 〈(mit ③) in ④》〈物³で〉物³を》切る, 切り傷を付ける. 《(III)》再 sich⁴ ❶〈(mit ③) (in ④)》〈物³で〉自分⁴(の物¹)を》切る, 切り傷を負う. ❷《道路・線¹などが》交わる, 交差する. ◆den Apfel in zwei Hälften ~ リンゴを二つに切る. ④ in Stücke ~ ケーキ¹などを切り分ける. ④ in Scheiben ~ 物¹を切る. sich⁴ in den Finger ~ 指を切る. 4級

schneidend [..ト] 《(I)》schneiden の現在分詞. 《(II)》形《主に付加》❶《風が》身を切るような, 骨身にこたえる; 《痛みが》激しい. ❷辛辣な, 痛烈な, 手厳しい. ❸《声が》かん高い.

Schneider [シュナイダー] 男(-s/-) 仕立屋, 裁縫師. ◆~in 女(-/-nen).

schneien [ʃnáiən シュナイエン] ❶ⓑ《非人称》雪が降る. ❷⑪ 雪のように降る. ◆Es schneit heftig [stark]. 雪が激しく降っています. 4級

schnell [ʃnɛl シュネル] 《(I)》形 ❶速い, 迅速な, 急速な; すばやい; 急な, 即座の; スピードの出せる. 《(II)》副 ❶速く, 迅速に, 急速に; 急いで; すばやく; すぐに. ❷《口》簡単に, たやすく. ❸《不変化詞》《口》《度忘れして》ええと, ほら. 5級

Schnelle 女 auf die ~ 大急ぎで; 短時間で.

Schnell-zug 男 急行列車.

schnitt [シュニット] schneiden の過去形.

Schnitt [シュニット] 男 (-(e)s/-e) ❶切ること, 切り取り, 切断, 裁断; (傷の)切開; (外科の)手術; 刈ること. ❷切り込み, 切り目, 切り口; 切り傷. ❸(衣服の)型, スタイル, 型紙, パターン; (毛髪の)カット. ❹《映》カット, フィルムの編集. ❺切り口, 切断面. ❻《口》平均(値).

schnitte [シュニッテ] schneiden の接続法Ⅱ式形.

Schnitzel [シュニッツェル] 《(I)》中 (-s/-) 《料理》シュニッツェル (薄切り肉のカツレツ). Wiener ~ ヴィーナー [ウィーン風] シュニッツェル (子牛の肉のカツレツ). 《(II)》中男 (-s/-) (木・紙の)切片, 小片, 切れ端; 切り [削り, かんな] くず. 4級

schnitzen [シュニッツェン] 他 〈像¹などを〉彫る, 彫刻する.

schnorren [シュノレン] 他《口》〈物¹をせびる.

schnüffeln [シュニュッフェルン] 《(I)》自〈動物¹が〉(匂いを)嗅(ウ)ぐ. 《(II)》他〈物¹を〉嗅ぎ回る, コソコソ詮索する.

Shnuller [シュヌラー] 男 (-s/-) (乳児用の)おしゃぶり.

Schnupfen [シュヌプフェン] 男 (-s/-)《主に単》《医》鼻かぜ, 鼻づまり.

Schnuppe [シュヌッペ] 形《口》③ ~ sein 人³にとってどうでもよい, 気にならない.

schnuppen [シュヌッペン] 自《an ③》〈動物¹が〉〈物³の〉匂いをクンクン嗅(ウ)ぐ.

Schnur [シュヌーァ] 女 (-/Schnüre) ひも; (口) コード.

Schnurr·bart 男 口ひげ.

Schnür·senkel [シュニューァゼンケル] 男 (-s/-) 靴ひも.

schob [ショープ] schieben の過去形.

schöbe [シェーベ] schieben の接続法Ⅱ式形.

Schock [ショック] 男 (-(e)s/-e) ショック, 衝撃.

schockieren [ショッキーレン] 他〈人⁴に〉ショックを与える.

Schokolade [ʃokoláːdə ショコラーデ] 女 (-/-n) ❶ チョコレート. ❷ ココア (飲料). ◆zwei Tafeln ~ 板チョコ 2枚. eine Tasse ~ ココア1杯.

schon [ʃoːn ショーン] 副 《(I)》❶ すでに, もう. ❷ すぐに. 《(II)》《不変化詞》❶ 本当に. ❷ 確かに, 一応は ((aber, allein, doch, nur などと呼応することがある)); 《疑問文の答えとして (Das) ~》. それはそうですが, (それは)そうだけど. ❸ 《未来の確信》きっと, 必ず. ❹ 《要求文・接続法2式と》さっさと, 早く. ❺ 《名詞の前で》...だけ

① 1格 ② 2格 ③ 3格 ④ 4格

でもすでに、ただ…だけでも。❻《修辞疑問で否定的な答えを期待して》…と(でも)いうのか、…なものがものであろうか》、…というのだ。❼《補足疑問文の修辞疑問で》…かだって？(そんなこと聞くまでもないよ)。❽《wenn ... ~ ..., dann ...》どうせ…するのなら[以上は、からには]》いっそ(のこと)》。❾《否定文への反論として》…はあるじゃないか. **ob ... ~ ...** 確かに(…である)けれども[とはいえ]. **~ immer** 以前からずっと. **~ wieder** もうまた、またまた、またもや. 5級

schön [ʃøːn シェーン] (I) 形 ❶美しい、きれいな、麗しい；すてきな、すばらしい；みごとな、よい. ❷楽しい；心地よい、気持のよい、快適な；親切な、好意的な. ❸(口)(数量・程度などが)かなりの、相当な. ❹(口;皮肉)ひどい、とんでもない、結構な. ❺心からの. ◆eine ~e Frau 美しい女性、eine ~er Mann 美男子、ハンサムな男性. eine ~e Leistung 立派な業績[成績]. ~es Wetter haben 晴天である、天気がいい. (II) 副 ❶美しく、きれいに、麗しく；すてきに、すばらしく；みごとに；楽しく. ❷相当に、ひどく、ずいぶん. ❸《命令文で》ちゃんと、きちんと、しっかり. ❹《反語で》まんまと、みごとに. ❺心から. **Schön!** よろしい、結構です、わかりました. **(Na) ~!** まあいいでしょう、それでいいよ、しかたがない(分かったよ). **Bitte ~!** どういたしまして、すみませんが、さあどうぞ. **Danke ~ ! = Schönen [Schönsten] Dank!** どうもありがとう. **sich⁴ ~ machen** おめかしする、着飾る. 5級

Schöne [シェーネ] 女《形容詞変化》美しい女[娘]((知らない女性に対して)).

schonen [ショーネン] (I) 他 大事にする. (II) 再 sich⁴ 体をいたわる.

Schönheit [シェーンハイト] 女(–/–en) ❶(単)美しさ、美. ❷美人.

schön|machen 再 sich⁴ ⇒schön.

schöpfen [シェプフェン] 他 ❶〈4〉(**aus** 3)〈物⁴を(所³から)〉くむ、すく

い上げる、すく(み)取る. ❷(書)いだく；得る. 〈4 **aus** 3 **in** 4〉〈物⁴を所³から所⁴へ〉すくい上げて[くんで]入れる.

Schöpfer [シェプファー] 男(–s/–) 創造者、作者；造物主. ◇**~in** 女(–/–nen).

Schöpfung [シェプフンク] 女(–/–en) ❶(単)創造. ❷創造物、作品.

schor [ショーァ] scherenの過去形.

Schornstein [ショルン..] 男(–(e)s/–e)煙突.

schoss schießenの過去形.

schoß 旧= schoss.

Schoß [ショース] 男(–es/Schöße) ❶膝(ひざ) (座った姿勢で腰からひざがしらまで). ❷(詩)(書)懐(ふところ)；子宮、胎内. ❸ **in den ~ fallen** 〈物¹が〉労せずして人³の手に入る.

Schottland [ショットラント] 中 スコットランド.

schräg [シュレーク] 形 斜めの.

Schräge [シュレーゲ] 女(–/–n) 傾斜.

schrak [シュラーク] schreckenの過去形.

Schrank [ʃraŋk シュランク] 男(–(e)s/Schränke) (衣服・食器などの)戸棚. 4級

Schranke [シュランケ] 女(–/–n) ❶遮断棒、横木；遮断機、ゲート. ❷《主に複》一線、制限、制約. 4 **in ~n halten** 物⁴を抑制[制限]する. 4 **in die [seine] ~n weisen** 人⁴に分をわきまえさせる、節度を守らせる.

Schraube [シュラオベ] 女(–/–n) ❶ねじ、ボルト. ❷プロペラ、スクリュー.

Schreck [シュレック] 男(–(e)s/–e) 驚き、恐怖.

schrecken(*) [シュレッケン] (I) 他〈人⁴を〉ギョッとさせる、ゾッとさせる. (II) 自(S) (du schrickst; 過 schreckte, schrag; 過分 geschreckt) **aus dem Schlaf ~** (悪夢などで)飛び起きる.

Schrecken 男(–s/–) 驚き、恐怖.

schrecklich [ʃrɛklɪç シュレックリヒ] (I) 形 ❶恐ろしい、恐るべき；嫌な. ❷(口)ものすごい、猛烈な、ひどい. (II) 副 (口)《良い意味・悪い意味の

Schrei [シュライ]男(-(e)s/-e) 叫び, 悲鳴.

schreiben* [ʃráɪbən シュライベン]

現在	ich schreibe	wir schreiben
	du schreibst	ihr schreibt
	er schreibt	sie schreiben

過去	ich schrieb	wir schrieben
	du schriebst	ihr schriebt
	er schrieb	sie schrieben

| 過分 | geschrieben | 接II schriebe |

((I))自 ❶〈文字・数字などを〉書く;執筆する,著作[著述]する. ❷〈(③ [an ④])〉〈〈人³·⁴に〉〉手紙を書く. ❸〈an ③〉〈〈論文などまとまった長さの著作物⁴を〉〉執筆中である. ❹〈+様態〉〈筆記具¹が〉書ける,...な書き具合である. ♦Schreib mir doch mal! お便りくださいね. seinen [an seine] Eltern ～ 両親に手紙を書く. ((II))他 ❶〈文字・数字などを〉書く. ❷執筆する,著作[著述]する;作曲をする. ❸〈(③ [an ④])〉④〉〈〈人³·⁴に〉〉手紙を書く. ♦einen Brief ～ 人³に手紙を書く. Ich schreibe (ihr)(in meinem Brief), dass ... 私は(彼女に)...だと手紙で知らせます. ((III))再 sich⁴〈mit ③〉〈人³と〉文通する. ❷〈物¹を〉(ある文字で)綴る. ❸〈es を主語にして〉〈+様態〉書ける,...な書き具合である. 5級

Schreiben 中(-s/-) ❶〈書〉(公式の)手紙,書簡,文書,通知,通達,覚え書き. ❷書くこと,筆記,筆写,習字.

Schreib·machine [シュライブ..] 女タイプライター.

Schreib·tisch 男(-es/-e) (引出しのある)書き物[事務]机, 勉強机.

schreien* [シュライエン]過 schrie; 過分 geschrien[..シュリーエン] ((I))自 ❶〈(vor ③)〉〈事³のあまりに〉;〈(nach ③)〉〈人・物³を求めて〉叫ぶ,大声をあげる,声を張りあげる;〈赤ちゃん¹などが〉泣き叫ぶ. ❷〈nach ③〉〈物¹が〉〈人・物³を〉求めている,〈物¹には〉〈人・物³が〉(緊急に)必要である;〈人¹が〉〈事³を〉口々に要求して大声をあげる. ((II))他〈事⁴を〉叫ぶ,大声で言う,絶叫する. ((III))再 sich⁴《+結果》*zum Schreien sein* 〈口〉とても滑稽である[おもしろい].

schreiend [..ト] ((I))schreien の現在分詞. ((II))形 ❶泣き叫ぶ,わめく. ❷〈色が〉けばけばしい,どぎつい. ❸〈不正などが〉見過ごすことが出来ない,著しい.

Schreiner [シュライナー]男(-s/-)〈南ドイツ・スイス〉家具職人,指物師,建具屋.

schreiten* [シュライテン]過 schritt; 過分 geschritten⟩⑤ ❶(ゆったりと)歩む. ❷〈zu ③〉〈事³に〉とりかかる.

schrie [シュリー]schreien の過去形.

schrieb [シュリープ]schreiben の過去形.

schriebe [シュリーベ]schreiben の接続法II式形.

schriee [シュリーエ]schreien の接続法II式形.

Schrift [シュリフト]女(-/-en) ❶文字. ❷筆跡;書体;書法. ❸〈印〉活字,字体. ❹著書,著作;論文,論説. ♦die chinesische ～ 漢字.

schriftlich [シュリフトリヒ]形(= mündlich)文字[文書]の,書かれた;手紙による. *Das kann ich dir ～ geben. = Das kannst du ～ haben.* 〈口〉それは保証します,それは確かだと思っています.

Schrift·steller 男(-s/-) 作家. ◇..stellerin 女(-/-nen).

schrill [シュリル]形かん高い,けたたましい.

schritt schreiten の過去形.

Schritt [シュリット]男(-(e)s/-e) ❶一歩,歩み;ひと足. ❷〈単〉足音;足取り,歩き方. ❸〈馬の〉並み足. ❹歩幅. ❺同じ歩み,(同一)歩調[歩度]. ❻処置,措置;行動. ❼〈服〉ズボンの股上(誤). ♦mit leichten [schweren]

~en 軽い[重い]足取りで. einen ~ vortreten 一歩前に出る. einen ~ zurücktreten 一歩さがる. *der erste ~* 第一歩, 始まり. *einen ~ zu weit gehen* 限界を超える, 度を越す, 行きすぎる. *(im) ~ fahren* 〈車¹が〉徐行する. *mit* ③ *~ halten* 人·物³に遅れずについて行く, 人·物³と歩を合わせる[共同歩調をとる], 同じ水準を保っている. *~ für ~* 一歩一歩, 一歩ずつ, 次第に, 徐々に. *~ um [für] ~* 徐々に, 少しずつ.

schroff [シュロフ] 形 ❶〈崖¹などが〉険しい, 切り立った. ❷そっけない. ❸唐突な.

Schrott [シュロット] 男 (-(e)s/) ❶スクラップ, クズ鉄. ❷がらくた, くず.

shrumpfen [シュルンプフェン] 自(S) ❶〈リンゴが〉しなびる. ❷減少する.

Schublade [シューブラーデ] 女 (-/-n) 引き出し.

schüchtern [シュヒターン] 形 内気な, おどおどした.

schuf [シューフ] schaffenの過去形.

Schuh [ʃuː シュー] 男

格	単数	複数
1	der Schuh	die **Schuhe**
2	des Schuh(e)s	der Schuhe
3	dem Schuh	den Schuhen
4	den Schuh	die Schuhe

靴; 半[短]靴. ◆ein Paar neue ~e 一足の靴. ein enger ~ きつい靴. die ~e anprobieren その靴をはいてみる. ~e an[aus]ziehen 靴を履く[脱ぐ]. Der ~ passt [sitzt]. この靴はピッタリです. ③ *(die Schuld an)* ④ *in die ~e schieben* (口) 人³に事⁴の責任をなすりつける[押し付ける, 転嫁する]. *wissen, wo* ③ *der ~ drückt* (口) 人³·⁴の問題がどこにあるのか[心配の種]を知っている. **5級**

Schul-arbeit [シュール..] 女 (-/-en) 宿題, 課題.

schuld [シュルト] 形 *(an* ③*) ~ sein* (事³について)責任がある: Du bist daran, dass ... ...は君のせいだ.

Schuld [シュルト] ((I)) 女 (-/) ❶〈an ③; für ④〉〈(物)³についての; 物⁴の)〉責任, 責め. ❷〈法的·道徳的·宗教的的な〉罪の意識; 負い目; 恩義, 借り. ◆die ~ an ③ haben [tragen] 事³に責任がある. eine ~ auf sich⁴ nehmen 責任をとる, 泥をかぶる. ③ an ③ ~ geben 事³の責任を人·事³に負わせる, 事³を人·物³のせいにする. ((II)) 女 (-/-en)〈主に複〉借金, 借り, 負債, 債務. ◆bei ③ viele [große] ~en haben [machen] (人³に)多額の借金がある[をする]. seine ~en zurückzahlen 借金を返す. *(tief) in* ② *~ stehen [sein]* (書)人²に(たいへん)恩義がある.

schulden¹ [シュルデン] 他 ❶〈③ ④〉〈(人³に)金⁴を〉借りている. ❷〈③ ④〉〈人³に事⁴の〉借りがある; 恩を受けている, おかげをこうむる.

schulden² 複 ➪Schuld((II)).

schuldig [シュルディヒ] 形 ❶〈②〉〈犯罪²の〉罪のある, 有罪の. ❷借りのある, 借金(借債)のある. ◆*nicht ~* 無罪の. *sich⁴ ~ fühlen* 罪を感じている, 罪の意識がある. ④ *~ sprechen* 人⁴に有罪を宣告する. ③ *nichts ~ bleiben* 人³と対等に渡り合う[張り合う], 人³に対して一歩(⁰)ひかない.

Schuldig·keit [..カイト] 女 (-/) 義務, 責務; 責任.

schuldig|sprechen* 他〈裁判官¹が〉〈人⁴に〉有罪の判決を下す.

Schule [ʃúːlə シューレ] 女

格	単数	複数
1	die Schule	die **Schulen**
2	der Schule	der Schulen
3	der Schule	den Schulen
4	die Schule	die Schulen

❶(高等学校以下の)学校; 校舎; 授業, 全校(の教師及び生徒). ❷学派, 流派. ❸《単》(専門の)教育 ◆*in die [zur] ~ gehen* 学校に行く, 登校する. *die ~ wechseln* 学校をかえる, 転

schulen

校する. ~ haben 学校[授業]がある. Heute haben wir keine ~. きょうは授業がありません. *aus der ~ plaudern [schwatzen]* (口) 内々(發)のことを外部に漏らす, 口が軽い. 5級

schulen [シューレン] 他 教育[訓練]する, 鍛える;仕込む, 調教する.

Schüler [ʃyːlər シューラー] 男

格	単数	複数
1	der Schüler	die Schüler
2	des Schülers	der Schüler
3	dem Schüler	den Schülern
4	den Schüler	die Schüler

生徒, 児童, 学生;弟子, 門下生. 5級

Schülerin [シューレリン] 女 (–/–nen) 女生徒, 女学生;女弟子.

Schulter [シュルター] 女 (–/–n) 肩. *mit den ~n zucken* 肩をすくめる. ~ *an* ~ 1) 肩を接して. 2) 協力して, 一緒に. 4 *auf die leichte* ~ *nehmen* (口) 事 4 を軽く[気楽に]考える. 4 *die kalte* ~ *zeigen* (口) 人 3 に冷淡な態度を見せる, 冷たくあしらう. 4級

Schuppe [シュペ] 女 (–/–n) ❶うろこ. ❷ふけ.

Schuppen [シュペン] 男 (–s/–) 物置.

Schürze [シュルツェ] 女 (–/–n) 前掛け, エプロン.

Schuss [シュス] 男 (Schusses/Schüsse) ❶撃つこと, 射撃, 発射, 発砲;銃声, 砲声. ❷ (発射された) 弾丸, 銃弾, 砲弾. ❸ [球技] (サッカーなどの)シュート;シュートしたボール. ❹《*ein* ~ で》少量, 少し. ❺《単》(スキーの)直滑降;疾走, 疾駆. ❻ (口) (麻薬, 特にヘロインの) 注射. *ein* ~ *ins Schwarze* 命中(弾), 正中, 大当たり. *ein* ~ *vor den Bug* (口) 警告. (*gut*) *in [im]* ~ 良好な.

Schuß 男 (Schusses/Schüsse) 旧=Schuss.

Schüssel [シュッセル] 女 (–/–n) 深皿, 鉢, ボウル.

Schuster [シューステル] 男 (–s/–) 靴

屋, 靴職人.

Schutt [シュット] 男 (–(e)s/–) 瓦礫(ガi), 屑(口山), 塵芥(ダ).

schütteln [シュッテルン] ((I)) 他 〈人・物 4 を〉振る, ゆさぶる, ゆする, 振り動かす, 震動させる. ((II)) 再 *sich* 4 身震いする, (体全体が) 震える. *den Kopf* ~ = *mit dem Kopf* ~ 頭を横に振る (否定などの身ぶり).

schütten [シュッテン] ((I)) 他 〈液体などを〉注ぐ, 流し込む. ((II)) 自 〈非人称〉*Es schüttet.* 土砂降りです.

Schutz [シュッツ] 男 (–es/–e) ❶《単》〈*gegen* 4; *vor* 3〉〈人・物 4, 3 に対する〉保護, 援護, 庇護(ピ);防護, 防御, 防衛;避難所, 隠れ場. ❷保護するもの;防護[防御, 安全]装置. 4 *gegen* 4 *in* ~ *nehmen* = 4 *vor* 3 *in* ~ *nehmen* 人 4 を人・物 4, 3 から保護する[かばう, 守る]. *zum* ~ *gegen* [*vor* 3] 物 4, 3 に対する防御[防衛]のために, 物 4, 3 から身を守るために.

Schütze [シュッツェ] 男 (–n/–n) 《弱》❶射手. ❷射手座 (11月23日から12月21日まで). ❸得点者.

schützen [シュッツェン] ((I)) 他 〈*gegen* 4; *vor* 3〉〈人・物 4 を(人・物 4, 3 から)〉保護[防護, 防御, 防衛]する, 守る;《主に受動態で》〈動植物・著作権 4 などを〉(法的に) 保護する, 守る. ((II)) 再 *sich* 4 身を守る, 防護[防御, 防衛]する.

Schutz・impfung 女 予防接種.

Schwaben [シュヴァーベン] 中 (–s/) シュヴァーベン ((ドイツ南西部の地方)).

schwäbisch [シュヴェービッシュ] 形 シュヴァーベン(方言)の.

schwach [ʃvax シュヴァハ] (比較 *schwächer*; 最上 *schwächst*) 形 ❶ (↔ *stark*) 弱い, (器官が) 衰えた;(意志) 薄弱な, 気が弱い, 弱気の;(頭・能力が) 劣っている;(物の性能・根拠などが) 低い. ❷ (濃度が) 薄い, 希薄な. ❸ (数量が) 少ない, 乏しい (内容的に) 不出来な, おそまつな. ❹ [言] 弱変化の, (動詞が) 規則変化の. ♦ ~e *Augen* [*Nerven*] *haben* 視力が弱い[神経

① 1格 ② 2格 ③ 3格 ④ 4格

が細い]. sich⁴ ～ fühlen 体力[気力]の衰えを感じる. in Mathematik ～ sein 数学に弱い, 数学が苦手[不得意]である. 5級

Schwäche [シュヴェヒェ]女(-/-n)
❶(肉体的に)弱さ. ❷弱点.

Schwach·sinn 男(-(e)s/) ❶(軽蔑)ナンセンス, バカげたこと. ❷精神薄弱.

Schwager [シュヴァーガー]男(-s/ Schwäger)義理の兄[弟].

Schwägerin [シュヴェーゲリン]女(-/-nen)義理の姉[妹].

Schwalbe [シュヴァルベ]女(-/-n) ツバメ(燕). *Eine ～ macht noch keinen Sommer.* 早合点は禁物((ツバメが一羽来たからといって夏になるわけではない)).

schwamm [シュヴァム]schwimmenの過去形.

Schwamm [シュヴァム]男(-(e)s/ Schwämme) スポンジ, 海綿; 海綿動物.

schwämme [シュヴェメ]schwimmenの接続法II式形.

Schwammerl [シュヴァマァル]男中(-s/-(n))(南ドイツ)キノコ.

Schwan [シュヴァーン]男(-(e)s/ Schwäne[シュヴェーネ])白鳥.

schwand [シュヴァント]schwindenの過去形.

schwang [シュヴァング]schwingenの過去形.

schwanger [シュヴァンガー]形 妊娠している.

Schwangerschaft [..シャフト]女(-/-en)妊娠(状態).

schwanken [シュヴァンケン]自 ❶揺れる, よろめく. ❷⑤⟨+方向⟩よろよろ歩く. ❸⟨相場⁴などが⟩変動する. ❹気持ちが揺れる, 迷う.

Schwanz [シュヴァンツ]男(-(e)s/ Schwänze) (動物の)尾, しっぽ.

schwänzen [シュヴェンツェン]他 ⟨学校⁴を⟩サボる, ずる休みする.

Schwarm [シュヴァルム]男(-(e)s/ Schwärme) ❶群れ. ❷(若者の)アイドル; あこがれの人.

schwärmen [シュヴェァメン]自 ❶群がる; ⑤群がって行く. ❷⟨für ⁴⟩⟨人·物⁴に⟩熱狂する, 夢中になる.

schwarz [シュヴァルツ](比較 **schwärzer**; 最上 **schwärzest**)形 ❶(↔ weiß)黒い, 黒色の, ブラックの; 黒っぽい, 黒ずんだ; 真暗の, 暗い; 黒色人種の. ❷汚れている, きたない. ❸《主に述語》(口)《政》保守的な, カトリックの. ❹《付加または副》(口) 闇の, もぐりの, 非合法の, 違法の, 不正な. ❺《付加》不吉な, 大変悪い. ❻よからぬ, よこしまな, 邪悪な. ♦den Kaffee ～ trinken (口)コーヒーをブラックで飲む. *aus ～ weiß machen wollen* (口)黒を白と言いくるめようとする. ■～ *malen* (口)(軽蔑)将来を悲観的に描く[見る]. 5級

Schwarz·arbeit 女《単》不法労働, もぐりの仕事.

Schwarze(r) 男女《形容詞変化》❶ 黒人. ❷(口)保守的な[保守派の]人.

schwarz|fahren* 自⑤不正乗車する.

schwarz|malen 自 = schwarz malen (⇒schwarz■).

schwarz|sehen* 他⟨für ⁴⟩⟨(人·物⁴を)⟩悲観的に見る.

Schwarz·wald 男(-(e)s/)黒い森, シュヴァルツヴァルト((ドイツ南西部にある森林地帯)).

schwatzen [シュヴァッツェン]《(I)》自⟨mit ³⟩⟨(人³と)⟩ペチャクチャしゃべる. 《(II)》他⟨くだらないこと⁴を⟩しゃべる.

schwätzen [シュヴェッツェン]《南ドイツ·オーストリア》= schwatzen.

Schwebe [シュヴェーベ]女 *in der ～* 1)宙に浮かんでいる. 2)未決定の.

schweben [シュヴェーベン]自 ❶ (h) (南ドイツ·オーストリア·書) ⟨空中·水中·水面などに⟩漂っている, 浮かんでいる. ❷⑤ (空中などを)ふわふわと飛んで行く.

schwebend [..ト]《(I)》schweben の現在分詞. 《(II)》形《付加》未解決である, 未定の, 懸案の, 係争中である.

Schwede [シュヴェーデ]男(-n/-n)

Schweden 《弱》スウェーデン人. ◇**Schwedin** 囡(-/-nen).

Schweden [シュヴェーデン] 囲(-s/) スウェーデン((北欧の王国)).

schwedisch [シュヴェーディッシュ] 形 スウェーデン(人[語])の.

Schwefel [シュヴェーフェル] 男 (-s/) 硫黄((記号S)).

schweigen* [ʃváɪɡən シュヴァイゲン] (過 schwieg; 過分 geschwiegen) 自 **❶**《über 4; zu 3》〈事⁴³について〉黙る, 沈黙する. **❷**《書》〈物・事が〉音がしない;〈音楽¹などが〉やむ;〈嵐¹などが〉静まる. **4級**

Schweigen [シュヴァイゲン] 囲(-s/) 沈黙, 無言. ◆das ~ brechen 沈黙を破る.

Schwein [シュヴァイン] 囲(-(e)s/-e) **❶** ブタ(豚). **❷**《単》豚肉. **❸**《俗》下劣なやつ; 哀れなやつ. **4級**

Schweine·fleisch [シュヴァイネフライシュ] 囲(-(e)s/) 豚肉. **4級**

Schweiß [シュヴァイス] 男 (-(e)s/) 汗; 苦労.

Schweiz [シュヴァイツ] 囡(-/)《die ~》スイス ((中欧の連邦共和国; 略 CH)).

Schweizer [シュヴァイツァー] ((I)) 男(-s/-) スイス人. ◇**Schweizerin** 囡(-/-nen). ((II)) 形《無変化》スイスの.

schweizerisch [シュヴァイツェリッシュ] 形 スイスの.

Schwelle [シュヴェレ] 囡(-/-n) **❶** 敷居. **❷** 枕木. **❸**《心》閾(しき)い.

schwellen(*) [シュヴェレン] ((I)) 自 (du schwillst, er schwillt; 過 schwoll; 過分 geschwollen) 〈⁴〉腫れる, ふくれる. ((II)) 他《規則変化》ふくらます.

schwenken [シュヴェンケン] ((I)) 他 ⓗ **❶**〈手・ハンカチ⁴などを〉振る. **❷**〈食器⁴などを〉すすぎ洗いする. ((II)) 自 ⓢ〈+方向/…へ〉向きを変える.

schwer [veːɐ シュヴェーア] ((I)) 形 (比較 -er [シュヴェーラー] (↔ leicht) **❶** 重い, (...の) 重さ [目方, 重量] のある, 目方 [本重] の多い, 重さ [目方, 重量] が (...) の. **❷**(程度が) 強い, 大変な, 激しい;(病気・処置などが) 重い, 重大な;(香り・ワインなどが) 強い, きつい, 濃厚な;(食べ物などが) 消化しにくい;〔軍〕重装備 [武装] の. **❸**(schwierig)(内容などが) 難しい, 困難な, 難解な,《zu 不定詞と》...するのは難しい. **❹**(肉体的・精神的に) つらい, きつい, 骨の折れる. ((II)) 副 **❶** 重く, 強く, 深く. **❷**(schwierig)(内容などが) 難しく, 困難に, 難解に. **❸**(口) すごく, 大いに, 猛烈に. ♦ **❸** ~ im Magen liegen 〈食べ物¹が〉人³の胃にもたれている. ~ hören 耳が遠い, 難聴である. *Das will ich ~ hoffen.* (口) そのことを強く望みます, ぜひそうあって欲しいものです. ■~ *behindert* ⇒ schwerbehindert. ~ *beschädigt* ⇒ schwerbeschädigt. ~ *machen*〈3〉④;〈人³に対して事⁴を〉困難な [つらい] ものにする,〈人・物¹のせいで〉〈人³が事⁴をするのが〉なかなかできない: sich³ ④ ~ machen 事⁴で大いに苦労する. ~ *tun* ⇒ schwertun. ~ *wiegend* ⇒ schwerwiegend. **5級**

schwer·behindert 形 重い [重度の] 身体障害の.

schwer·beschädigt 形 負傷した, ひどく損傷した.

schwer|fallen* 自ⓢ〈人³にとって〉難しい, 困難である, つらい. ♦ Es fällt ihm ~, ...〈zu 不定詞〉...することは彼には難しいです.

schwer·hörig 形 耳の遠い, 難聴の.

schwerlich [シュヴェーアリヒ] 副《書》ほとんど [なかなか] ...ないだろう, ...はむずかしいだろう.

schwer|machen 他 = schwer machen (⇒schwer■).

schwer|nehmen* 他〈物⁴を〉重大視する, 重く考える.

Schwer·punkt 男 重心; 重点, 中心, 中核.

Schwert [シュヴェーァト] 囲(-(e)s/-er) 刀, 剣.

schwer|tun* sich⁴〈sich⁴ (mit [bei] 3)〉〈物³で〉ひどく苦労する.

schwer·wiegend [..ヴィーゲント]

形《比較 schwerwiegender; 最上 schwerwiegendst》《冠なし》重大な, 深刻な, ゆゆしき.

Schwester [ʃvéstər シュヴェスター]囡《略:Schw.》

格	単数	複数
1	die Schwester	die **Schwestern**
2	der Schwester	der Schwestern
3	der Schwester	den Schwestern
4	die Schwester	die Schwestern

❶姉妹, 姉, 妹. ❷(有資格)看護婦; 保母. ❸修道女, 尼僧, シスター. ♦meine große [ältere] ~ 姉. meine kleine [jüngere] ~ 妹. 5級

schwieg [シュヴィーク]schweigenの過去形.

schwiege [シュヴィーゲ]schweigenの接続法Ⅱ式形.

Schwieger·eltern [シュヴィーガー..]複夫[妻]の両親, 舅(しゅうと)姑(しゅうとめ).

Schwieger·mutter 囡姑(しゅうとめ).

Schwieger·sohn 男婿(むこ), 義理の息子.

Schwieger·tochter 囡嫁, 義理の娘.

Schwieger·vater 男舅(しゅうと).

schwierig [ʃvíːrɪç シュヴィーリヒ]形《比較 ~er[..]リガー》❶難しい, 困難な, 難解な. ❷気難しい, 手に負えない, 取り扱いにくい.♦Es ist ~, ...《zu 不定詞》...するのは難しいです. 5級

Schwierigkeit [シュヴィーリヒカイト]囡《-/-en》❶《単》難しさ, 困難さ. ❷《複》困難[面倒](なこと), 問題, 苦労, 障害.♦mit dem Lesen ~en haben 読むことに苦労している. ③ ~en machen [bereiten] 〈人¹が〉人³をてこずらせる, 〈人¹が〉人³とごたごたた[問題]を起こす;〈事¹が〉人³にとって困難である.

schwillst [シュヴィルスト]schwellenの2人称単数現在形.

schwillt [シュヴィルト]schwellenの3人称単数現在形.

Schwimm·bad [中(-es/..bäder)]

(大きなプールのある)水泳施設.

schwimmen* [ʃvímən シュヴィメン]

現在	ich schwimme	wir schwimmen
	du schwimmst	ihr schwimmt
	er schwimmt	sie schwimmen
過去	ich **schwamm**	wir schwammen
	du schwammst	ihr schwammt
	er schwamm	sie schwammen

過分 **geschwommen** 接Ⅱ schwömme

自(h, s)❶, (南¹·中¹·まれ·古) (s) 泳ぐ. ❷(s) 泳いで行く. ❸(s) 《4格の副詞(句)と》〈距離·種目·タイム⁴などで〉(競泳で)泳ぐ. ❹(h), (南¹·中¹·まれ·古) (s)〈物¹が〉(水に)浮く;漂う. ❺(s) (口)〈物¹が〉水浸しである, びしょ濡れである. ❻(s)〈in ③〉(口)〈物³を〉大量に持っている. ❼(s)〈物¹が〉〈人³には〉ぼやけて見える.♦~ gehen 泳ぎに行く. auf der Brust [dem Rücken] ~ 平泳ぎ[背泳ぎ]で泳ぐ. im Freistil [Schmetterlingsstil] ~ 自由形[バタフライ]で泳ぐ. 4級

Schwindel [シュヴィンデル]男《-s/》❶めまい. ❷詐欺.

schwindeln [シュヴィンデン]自❶《非人称》Es schwindelt mir. = Mir schwindelt. 私はめまいがする. ❷ごまかす, うそをつく.

schwinden* [シュヴィンデン]自(過 schwand; 過分 geschwunden)(s) (次第に)減る, 消え去る.

schwingen* [シュヴィンゲン]((I)) (過 schwang; 過分 geschwungen) ((I)) 他振る, 振るう. ((II)) 自揺れる;ふるえる. ((III)) 再 sich⁴ ひらりと飛ぶ[舞う].

Schwips [シュヴィップス]男《-es/-e》(口)ほろ酔い.

schwitzen [シュヴィッツェン]((I)) 自❶汗をかく, 汗ばむ. ❷〈窓·壁¹などが〉湿気を帯びる,〈窓·壁¹などが〉水滴がつく. ((II)) 他《④ nass》〈物⁴を〉汗でぬらす. ((III)) 再 sich⁴ ganz nass ~

① 1格 ② 2格 ③ 3格 ④ 4格

schwoll 全身汗びっしょりになる.

schwoll [シュヴォル] schwellen の過去形.

schwömme [シュヴェメ] schwimmen の接続法Ⅱ式形.

schwor [シュヴォーァ] schwören の過去形.

schwören* [シュヴェーレン] (過 schwor; 過分 geschworen) 《Ⅰ》自 (法廷などで)誓う, 宣誓する. 《Ⅱ》他 〈事⁴を〉誓う, 〈…と〉誓って言う.

schwul [シュヴール] 形 (特に男性の)同性愛(者)の, ホモの.

schwül [シュヴュール] 形 ❶ 蒸し暑い. ❷ 重苦しい, 不安な. ❸ 官能的な, むせかえるような.

Schwung [シュヴング] 男 (-(e)s/ Schwünge) ❶《単》勢い, はずみ; 活気, 高揚. ❷ (勢いよく弧を描いて)振る〔揺する〕こと. ❸《単》《口》《ein ~ で》たくさんの.

Schwur [シュヴーァ] 男 (-(e)s/ Schwüre [シュヴューレ]) 誓い, 誓約.

sechs [zɛks ゼクス] 数詞《基数》6. ♦ zu ~en 6人で. 5級

Sechs [ゼクス] 女 (-/-en) ❶ 6の数(字); 6点. ❷《略》6の札. (さいころの)6の目; (学校の成績評点の)6, 不可; 《口》《略》6の市電[バス] (アイスホッケー・バレーボールなどの)6人制チーム.

Sechs·eck 中 (-(e)s/-e) 6角形.

sechs·eckig 形 6角形の.

sechs·hundert 数詞《基数》600.

sechst 数詞《序数》第6の, 6番目の. 4級

sechs·tausend 数詞《基数》6000.

sechstel [ゼクステル] 形《無変化; 付加》6分の1の.

Sechstel [ゼクステル] 中, 《スイス》男 (-s/-) 6分の1.

sechstens [ゼクステンス] 副 第6 (番目)に.

sechzehn [ゼヒツェーン] 数詞《基数》16. 5級

sechzehnt 数詞《序数》第16の, 16番目の. 4級

sechzig [ゼヒツィヒ] 数詞《基数》60.

sechzigst 数詞《序数》第60の, 60番目の.

See [ze: ゼー] 《Ⅰ》男 (-s/-n [-(エ)ン]) 湖, 湖水. ♦ am ~ 湖畔で《Ⅱ》女 (-/-) (Meer) 海, 海洋. 5級

See·bad 中 (-(e)s/..bäder) 海水浴.

See·fahrt 女 (-/-en) ❶《単》航海. ❷船旅.

See·gang 男 (-(e)s/) 海の動き; 波立つこと; 海浪.

See·hund 男 (-(e)s/-e) ❶【動】アザラシ. ❷《単》アザラシの毛皮.

See·igel 男 (-s/-) 【動】ウニ.

See·kraft 女 (-/-) 視力.

see·krank 形 船に酔った.

See·krankheit 女 (-/-) 船酔い.

See·lachs 男 (-(e)s/..lächse) 【魚】ゼーラックス((北大西洋産のマダラの一種; 鮮魚商の呼称)).

Seele [ゼーレ] 女 (-/-n) ❶ 心, 心情, 精神. ❷ 魂, 霊魂. ❸ 人間; 精神的中心, 眼目, 推進力, 指導的人物. *aus ganzer* [*tiefster*] *~* 1)心から, 非常に. 2)心をこめて. ③ *auf der ~ liegen* 人³の気がかりとなっている. *sich*³ ④ *von der ~ reden* [*schreiben*] 《口》気がかりな事を話して[書いて]しまって心を軽くする.

seelen·ruhig 形 落ち着いた.

seelisch [ゼーリッシュ] 形 霊魂[心霊]の; 精神的な, 心的な.

Seel·sorge [ゼール..] 女 (-/-) 【宗】牧牧, 牧職.

Seel·sorger 男 (-s/-) 司牧者; 牧師, 司祭.

See·macht 女 (-/..mächte) ❶《単》《総称的に》海軍力; 海軍. ❷ 海軍国.

See·mann 男 (-(e)s/..leute) 船乗り, 海員, 水夫.

See·meile 女 (-/-n) 海里 ((=1852m)).

See·not 女 海難.

See·pferdchen 中 (-s/-) 【海】タツノオトシゴ.

See·räuber 男 (-s/-) 海賊.

See·reise 女 (-/-n) 船旅, 航海.

①1格 ②2格 ③3格 ④4格

See·rose 囡(-/-n) ❶[植]スイレン(睡蓮). ❷[動]イソギンチャク.

See·stern 男(-(e)s/-e)[動]ヒトデ.

see·tüchtig 形(外洋の)航海に適する,耐航性の強い.

See·zunge 囡(-/-n)[魚]シタビラメ.

Segel[ゼーゲル] 中(-s/-)帆.

Segel·boot 中(-(e)s/-e)小型帆船,ヨット.

Segel·flieger 男(-s/-)グライダーの操縦士.

Segel·flugzeug 中(-(e)s/-e)滑空機,グライダー.

segeln[ゼーゲルン] 自 ❶⦅s⦆〈船¹が〉帆走する. ❷⦅s⦆〈人¹が〉帆走する,帆船で行く. ❸⦅s⦆〈グライダー・,鳥¹などが〉滑空する,滑るように飛ぶ;〈雲¹などが〉漂い流れる.

Segel·schiff 中(-(e)s/-e)帆船.

Segel·tuch 中(-(e)s/-e)帆布,カンバス,ズック.

Segen[ゼーゲン] 男(-s/-)祝福,神の恵み,天恵; 同意. *seinen ~ zu* ③ *geben* 事³に同意する.

Segler[ゼーグラー] 男(-s/-)❶帆走者;ヨット乗り. ❷帆船. ❸滑空機,グライダー. ❹滑空をよくする鳥;[鳥]アマツバメ.

segnen[ゼーグネン] 他⦅宗⦆祝福する.

seh·behindert[ゼー..] 形⦅副なし⦆視力障害のある.

sehen* [zéːən ゼーエン]

現在	ich sehe	wir sehen
du **siehst**	ihr seht
er **sieht**	sie sehen

過去	ich **sah**	wir sahen
du sahst	ihr saht
er sah	sie sahen

| 過分 | **gesehen** | 接II sähe |

⦅I⦆ 他 ❶(a)〈人・物¹が〉見える,目に入る;〈人・物⁴を〉見かける. ♦ *auf dem linken Auge nichts ~* 左眼ではなにも見えない. (b)⦅４⦆＋zuのない不定詞〉〈人・物⁴が...するのを〉見る. ♦ *Ich habe ihn kommen sehen.* 私は彼がやって来るのを見ました. (c)⦅４⦆＋様態〉〈事⁴を...の〉見方で見る. ♦ *wie ich sehe* 私の見るところでは,明らかに. ❷〈物⁴を〉(意識して)見る,鑑賞する,見物する. ★受動なし. ♦ *einen Film [eine Oper] ~* 映画[オペラ]を見る. ❸〈人⁴と〉会う,会って話する. ★受動なし. ❹〈dass に導かれる副文や従属疑問文などと〉(...が見て)分かる, (...に)気付く. ★受動なし. ♦ *die Dinge ~, wie sie sind* 物事をありのままに見る. ❺⦅４⦆ **in** ③〉〈人・物⁴を・物⁴であると〉見ている,解釈する. ★受動なし. ♦ *Ich sehe darin meine Pflicht.* 私はそれを私の義務だと思っています. ❻⦅４⦆＋様態〉〈物⁴が〉(...であると見て)思う,評価する. ♦ *seine Wünsche erfüllt ~* 彼の願望が満たされたことが分かる. ❼⦅間接疑問で;~, ob [was, wie] ...⦆(...かどうか)見てみる,考えてみる,確かめてみる. *Siehe Seite...* ...ページ参照((略: s.S.)). *Siehe oben!* 上記の箇所参照((略: s. o.)). ⦅II⦆ 自 ❶目が見える. ❷(視線を向けて)見る. ❸⦅nach ④⦆〈人・物⁴の〉面倒をみる,〈人・物⁴を〉世話する;〈食べ物⁴の様子を〉見る. ♦ *gut [schlecht] ~* 目がいい[悪い]. ⦅III⦆ sich⁴⦅４⦆＋様態;(過分)と〉〈自分が(...された)と分かる[悟る]. ♦ *sich⁴ gezwungen [genötigt] ~, ...⦅zu 不定詞⦆⦅書⦆...せざるをえないと思う. *sich⁴ nicht imstande [in der Lage] ~, ...⦅zu 不定詞⦆⦅書⦆...する状態ではないと思う. *sich⁴ bei* ③ *~ lassen* ⦅口⦆人³のところに立ち寄る[顔を出す]. ⦅４⦆ *nicht mehr ~ können* ⦅口⦆〈人・物⁴を〉もう見るのも嫌である. *es nicht gern sehen, wenn* ... ...ということをよく思っていない[嫌だ]. *Siehst du! = Siehste! = Sehen Sie!* それ見ろ,言ったとおりだろう. ⦅5級⦆

sehen|lassen* ⇨sehen.

sehens·wert 形 見る価値のある.

Sehenswürdigkeit —一見に値する.

Sehens·wür·dig·keit [ゼーエンスヴュルディヒカイト] 囡 (–/–en) 名所.

Seher [ゼーアー] 男 (–s/–) ❶予言者; 透視者, 千里眼. ❷《主に複》《狩》(特に猛獣やウサギなどの)目;(口)目. ❸《俗》テレビ視聴者. ◆**Seherin** 囡 (–/–nen).

Seh·fehler 男 (–s/–) 視覚障害.

Sehne [ゼーネ] 囡 (–/–n) ❶《解》腱. ❷(弓などの)弦.

sehnen [ゼーネン] 再 sich⁴ ⟨nach ③⟩⟨人・物³を⟩あこがれる, 慕う, 渇望する.

sehnig [ゼーニヒ] 形 ❶腱[筋]の多い. ❷筋骨たくましい, ひきしまった.

Sehn·sucht [ゼーン..] 囡 (–/..süchte) あこがれ, 憧憬, 恋慕, 渇望.

sehn·süchtig 形 あこがれた, 恋しがる, 切望する.

sehr [ze:r ゼーア] (比較 mehr; 最上 am meisten) 副 とても, 非常に, たいへん, 大いに. ◆Danke ~! どうもありがとう. Bitte ~! どういたしまして. **~ wenig** ほんのわずかしか…ない. **~ gut** 優((成績の評点の最高)). **~ fein** 極上の((品質表示で; 記号:ff)). 5級

Seh·schärfe 囡 (–/–en) 視力.

Seh·vermögen 中 (–s/) 視力, 視覚能.

sei [ザイ] sein¹の命令法2人称単数形; 接続法Ⅰ式1・3人称単数形.

seicht [ザイヒト] 形 ❶《副なし》(水の)浅い;(徒歩で)渡れる. ❷《軽》浅薄な, 皮相な; 無内容の.

Seicht·heit [..ハイト] 囡 (–/(–en)) 浅いこと; 浅薄[皮相]な言行.

seid [ザイト] sein¹の2人称複数現在形, 命令法2人称複数形.

Seide [ザイデ] 囡 (–/–n) 生糸, 絹糸; 絹, 絹織物; 絹の着物.

Seidel [ザイデル] 中 (–s/–) ❶ジョッキ, ビール飲み器. ❷ザイデル((昔の液量単位; 0.3–0.35リットル)).

seiden [ザイデン] 形《付加》❶絹(製)の, 生糸の. ❷絹のような.

Seiden·papier 中 (–s/–e) 薄葉(うすよう)紙.

seidig [ザイディヒ] 形 絹のような光沢のある.

Seife [ザイフェ] 囡 (–/–n) ❶石鹸. ❷《主に複》《坑》(砂金・ダイヤモンドなどの)砂鉱床; 洗鉱(所).

Seifen·blase 囡 (–/–n) ❶《主に複》シャボン玉. ❷はかない空想[計画], 空中楼閣.

Seifen·schaum 男 (–(e)s/) 石鹸の泡.

Seil [ザイル] 中 (–(e)s/–e) ❶綱, 索, 縄, ロープ, ザイル. ❷《複》(ボクシングなどの)ロープ.

Seil·bahn 囡 (–/–en) ロープウェー; ケーブルカー.

Seilschaft [..シャフト] 囡 (–/–en) ❶《岩登り》ザイルパーティー((1本のザイルで結び合った一組)). ❷《軽蔑》政治の領域で協力するグループ.

seil·springen 自⑤《主に不定詞または過去分詞 seilgesprungen で》縄飛びをする.

Seil·tänzer 男 (–s/–) 綱渡り師.

Seil·winde 囡 (–/–n) ケーブルウィンチ.

sein¹ [zaɪn ザイン] (英 be)

現在	ich bin	wir sind
	du bist	ihr seid
	er ist	sie sind

過去	ich war	wir waren
	du warst	ihr wart
	er war	sie waren

| 過分 | **gewesen** | |
| 接Ⅰ | sei | 接Ⅱ wäre |

《(Ⅰ)》自⑤ ある, いる, 存在[実在]する; 《主に過去形で》生じる, 行われる. ★(1) 職業・国籍・宗教・身分などを表す1格の名詞は無冠詞: Ich bin Arzt [Japaner]. 私は医者[日本人]です. ★(2) 否定は kein でも nicht でも良い: Ich bin kein [nicht] Arzt. ★(3) 性質を強調する場合は不定冠詞がつく: Er ist ein guter Arzt. ◆Wo ist er? 彼はどこにいますか. 《es, das, dem, so など》Ich bin es [bin's]. 私です. Das bin ich. それは私です. Ich war bei ihr. 私は彼女のところにいました. Mir ist schwind(e)lig. 私はめまいがします. ((★心理・生理現象では, es の現れないことが多い)). (Das) kann ~. そうかもしれません, それは及ありうることです. (Das) mag ~. (そう)かもしれません. Was ~ muss, muss ~. 〈口〉必要なものは必要なのです, それは避けられないことです. wer ~ 〈口〉ひとかどの人である. Es ist nichts mit ③. 〈口〉事³は行われない. wie dem auch sei = sei es, wie es will それが[事情が]どうあれ. es sei denn, (dass) ... ...でない限りは, ...でなければ. sei es ... sei es ... 〈書〉...であれ...であれ. Das wärs. = Das wars. 〈口〉これで全部[終わり]です. ((II)) 回 《過去分詞とともに用いて状態を表す》《werden など状態の変化の動詞, gehen, kommen などの場所の移動を意味する動詞, sein, bleiben, begegnen, gelingen, glücken, geschehen, passieren などの動詞と》...した. ♦ Er ist krank geworden. 彼は病気になりました. ❷《過去分詞と》(a)《状態受動; 他動詞》(...されている). ♦ Das Fenster ist geöffnet. その窓は開いています. ★(1) 比較: Das Fenster ist geöffnet worden. その窓は開けられました ((受動の完了; 過去分詞＋worden＋sein)). ★(2) 自動詞の場合では helfen, dienen は例外: Ihm ist geholfen. 彼は手助けされています. (b)《再帰動詞》Er ist erkältet. 彼は風邪をひいています ((⇨ Er erkältet sich.)). ❸《主に他動詞の zu 不定詞と》(...)されうる, (...)することができる; (...)されねばならない, (...)する》必要がある. ♦ Die Uhr ist zu reparieren. その時計は修理できます. ❹《特定の現在分詞形と; 進行形を表さない; 状態(の強調)を表す》♦ Der Hut ist auffallend. その帽子は目立っています. 5級

sein² [zain ザイン] ((I)) 回《所有》《3人称単数 er, es の所有関係を

格	男性	女性	中性	複数
1	sein	seine	sein	seine
2	seines	seiner	seines	seiner
3	seinem	seiner	seinem	seinen
4	seinen	seine	sein	seine

表す; 不定代名詞 man の所有関係も sein で表す》❶《冠詞的用法》(㊥his, its) 彼の, その, それ[彼女]の. ♦ das Mädchen und sein Vater [seine Mutter, seine Eltern] 少女とその父親[母親, 両親]. ★意味関係を明確に示すために dessen が用いられる: Das ist Herr Müller, sein Sohn und dessen Tochter (=die Tochter des Sohnes). こちらはミュラーさんで, それに息子さんとそのお嬢さんです. Seine Majestät der König (略: S(e). M). 国王陛下. ❷《数量を表す語句と》〈口〉優に, 十分に, たっぷり. ♦ Das kostet seine 1000 Euro. それは1000ユーロもします. ((II)) 囲《所有》❶《冠詞を伴わずに; 形容詞的変化; 名詞と性・数を一致させる》彼のもの, それ[彼女]のもの. ♦ Wessen Bleistift ist das? – Das ist seiner. それは誰の鉛筆ですか—それは彼のものです. ★述語内容語となる場合は, しばしば無変化となる: Der Bleistift ist sein. その鉛筆は彼のものです. ❷《定冠詞を伴って; 形容詞的変化; 名詞と性・数を一致させる: der seine (男), die seine (女), das seine (中), die seinen (複)》彼のもの, それ[彼女]のもの. ♦ Wessen Bleistift ist das? – Das ist der seine. それは誰の鉛筆ですか—それは彼のものです. ❸《頭字を大文字にして名詞化》彼の[その, 彼女の]もの[人]. ♦ der Seine その夫. die Seine 彼の妻. das Seine 彼の財産[義務]. Jedem das Seine. 〈諺〉各人にそれ相応のものを. 5級

Sein [ザイン] 回 (-s/) あること, 有, 存在, 実在; 本質, 本体; 生存.

seiner [ザイナー] ((I)) 回《所有》

① 1格 ② 2格 ③ 3格 ④ 4格

⇨sein² 《女性単数2・3格形, 複数2格形》. ((II)) 代 《人称》⇨er, es 《2格形; 所有形容詞は表さない; 動詞・形容詞・前置詞と共に用いられる》 ◆Sie gedenkt oft ~. (書) 彼女はしばしば彼のことをしのぶ.

seiner·seits 副 彼の方[側]で, 彼自身としては.

seiner·zeit 副 以前は, 当時; (行く)のちに, いずれ.

seinesgleichen [ザイネスグライヒェン] 代《無変化》彼の[彼と同じ]ような人, 彼の同輩; それと同等の物.

seinet·wegen [ザイネットヴェーゲン] 副 彼のために.

Seismograf [ザイスモグラーフ] 男 (-en/-en) 《弱》地震計.

Seismologe [ザイスモローゲ] 男 (-n/-n) 《弱》地震学者. ◇**Seismologin** (-/-nen).

Seismologie [ザイスモロギー] 女 (-/) 地震学.

seit [zaɪt] zeit 前 ((I)) 副《3格支配》《状態または動作の継続のあることを示す》…して以来[以後, このかた], …してから(今[その時]までずっと). ◆Seit seiner Heirat ist er dick geworden. 結婚してから彼は太りました. Seit wann haben Sie ihn nicht mehr gesehen? いつから彼を見ていないのですか. ((II)) 接《従属》…して以来[以後, このかた], …してから(今[その時]までずっと). ◆Seit er verheiratet [verheiratet ist], ist er dick geworden. 結婚してから彼は太りました. **5級**

seitdem [ザイトデーム] ((I)) 副 それ以来[以後](ずっと), その後(ずっと). ◆Er hat sich in eine Deutsche verliebt. Und ~ lernt er Deutsch. 彼はあるドイツ人女性に恋をして, それ以来ドイツ語を勉強しています. ((II)) 接《従属》(…して)以来[以後, このかた], (…して)から(今[その時]までずっと). **4級**

Seite [záɪtə ザイテ] 女 (-/-n) ❶ (書物などの) **ページ** (略: S.); (便箋などの) 一枚. ❷面; 局面; [数] 辺. ❸側(ぐ), 側面, わき, 横, そば; わき腹, 横腹. ❹ (味方)(敵)側(ぐ), サイド. ◆**auf ~** fünf 5ページに. **auf die [linken]** ~ 右[左]側に. **auf die [zur]** ~ **gehen** 脇へ行く, よける, (道を)空ける. **zur** ~ **blicken** わきを見る. **auf** [2] ~ **sein [stehen]** 人²の側についている[立つ], 人²の味方である. [4] **auf die** ~ **legen** (口) 物⁴を蓄える. [4] **auf die ~schaffen** (口) 物⁴を取っておく. ③ (**mit Rat und Tat**) **zur** ~ **stehen** 人³を助ける. **sich⁴ von seiner guten [besten] ~ zeigen** (口) 良い面[最も良い面]を見せる. **5級**

Seiten·ansicht [ザイテン..] 女 (-/-en) 側面図; 横顔, 側面.

Seiten·hieb 男 (-(e)s/-e) (フェンシングの) 横面; 横を打つこと; (比) あてこすり.

Seiten·linie 女 ❶ [サッカー] タッチライン; [テニス] サイドライン. ❷ [鉄道] 支線; (家系などの) 傍系.

Seiten·ruder 中 (-s/-) [空] 方向舵.

seitens [ザイテンス] 前《2格支配》(書) …の側で[から].

Seiten·sprung 男 (-(e)s/..sprünge) ❶ 横飛び. ❷《婉曲》浮気. ❸ 寄り道.

Seiten·straße 女 (-/-n) 横町, 裏通り, わき道.

Seiten·wind 男 (-(e)s/) 横風.

Seiten·zahl 女 (-/-en) 全ページ数; ページの数字.

seither [ザイトヘーァ] 副 それ以来, それ以来(ずっと), その後, 従来.

seitlich [ザイトリヒ] ((I)) 形 わきの, 横の, 側面の; 横へ[から]の, 側面へ[から]の. ((II)) 副 わき[側面]へ, わき[側面]から. ((III)) 前《2格支配》…の側面に[わきに].

seitwärts [ザイトヴェァツ] ((I)) 副 わきに, 横に, 横から. ((II)) 前《2格支配》(まれ) …の横に[傍らに].

Sekretär [ゼクレテーァ] 男 (-s/-e) ❶ 秘書; 書記; (党・組合などの) 書記長. ❷ 書き物机, 書類棚.

Sekretariat [ゼクレタリアート] 中 (-(e)s/-e) ❶官房;書記局. ❷書記の職.

Sekretärin [ゼクレテーリン] 女 (-/-nen) 女性秘書. 4級

Sekt [ゼクト] 男 (-(e)s/(種類を表すとき)-e) スパークリングワイン, シャンパン.

Sekte [ゼクテ] 女 (-/-n)【宗】宗派, 分派.

Sektor [ゼクトァ] 男 (-s/..toren [ゼクトーレン]) ❶【数】(球)扇形. ❷専門分野, 領域. ❸(ベルリン, ウィーンの)第2次大戦後の4ケ国による占領地区(のひとつ).

sekundär [ゼクンデーァ] 形 第二の, 副の, 付随的の, 第二義の.

Sekunde [ゼクンデ] 女 (-/-n) ❶秒 ((略 Sek; 記号 s)). ❷(口)非常に短い時間. ❸【理】(角度の)秒. ♦ Ich bin in einer ~ wieder da [zurück]. (口)すぐ戻って来ます. 4級

Sekunden·zeiger 男 (-s/-) (時計の)秒針.

sel. 《略》selig.

selb [ゼルプ] 形 《付加用》《主に前置詞と定冠詞の融合形の後で用いられ, その他の場合は定冠詞と結合して1語となる; ⇨ derselbe, dieselbe, dasselbe》同じ, 同一の.

selber [ゼルバー] 代 《指示》《無変化》副 (口) (selbst) 自分(自身)(で), それ自体[自身]. ♦ ich ~ 私自身. **von ~** (口)自分から, みずから進んで, おのずから, ひとりでに, 自動的に. 5級

selbst [zεlpst ゼルプスト] ((I)) 代 《指示》《無変化》副 自分(自身)(で), それ自体[自身]. ♦ ich ~ 私自身. **von ~** 自分から, みずから進んで, おのずから, ひとりでに, 自動的に. ⓝ **~ sein** (口)物¹の化身である. **~ gemacht** 手製の, 手作りの. ((II)) 副 (sogar)...さえ(も), ...すら(も). **~ wenn** ... たとえ...としても. ★この意味では selber は用いられない. 5級

Selbst·achtung 女 (-/-) 自敬, 自尊.

selbständig [ゼルプシュテンディヒ] = selbstständig.

Selbständigkeit [..カイト] = Selbstständigkeit.

Selbst·auslöser 男 (-s/-)【写】セルフタイマー.

Selbst·bedienung 女 (-/-) (食堂などでの客の)自己給仕, セルフサービス.

Selbst·befriedigung 女 (-/-) ❶ = Selbstzufriedenheit. ❷オナニー.

Selbst·beherrschung 女 (-/-) 克己, 自制.

Selbst·bestätigung 女 (-/-)【心】自己肯定.

selbst·bewusst 形 (最上 ~est) 自覚した;うぬぼれた.

selbstbewußt 中 = selbstbewusst.

Selbst·bewusstsein 中 (-s/-) ❶自覚, 自意識. ❷自負, うぬぼれ.

Selbst·bewußtsein 中 = Selbstbewusstsein.

Selbst·erkenntnis 女 (-/-) 自分を知ること, 自知, 自覚.

selbst·gefällig 形 うぬぼれた, 高慢な.

Selbst·gefälligkeit 女 (-/-) うぬぼれ.

selbst·gemacht 形 《副なし》 ⇨ selbst.

Selbst·gespräch 中 (-(e)s/-e) 《主に複》独り言.

Selbst·hilfe 女 (-/-) 自助, 自力更生;自助会 ((団体的施設));【法】自力救済.

Selbsthilfe·gruppe 女 (-/-n) 自助[互助]グループ.

Selbst·laut 男 (-(e)s/-e) 母音.

selbst·los 形 無私の, 私欲のない.

Selbst·mord 男 (-(e)s/-e) 自殺.

Selbst·mörder 男 (-s/-) 自殺者.

selbst·sicher 形 自信のある.

Selbst·sicherheit 女 (-/-) 自信.

selbst·ständig [ゼルプストシュテンディヒ] 形 独立した;頼らない, 独立心の強い, 自主的な;自力の. *sich⁴ ~ machen* 1)〈人¹が〉独立する, 一本

Selbstständigkeit [..カイト] 囡 (-/-) 独立, 自立; 自治, 自主; 自力; 独創.

sélbst·süchtig 形 利己的な.

selbst·tätig 形 ❶自動(的)の, 自動式の. ❷自発的な.

selbst·verständlich [ゼルプストフェアシュテントリヒ] ((I)) 形 自明の, 当然の, もっともな. ♦ für ~ halten = ④ ~ finden 事⁴を当然[あたり前]だと思う. ((II)) 副 もちろん, 当然(のことながら), 言うまでもなく.

Selbstverständlichkeit [..カイト] 囡 (-/-en) 当然のこと, あたりまえのこと.

Selbst·vertrauen 匣 (-s/) 自信, 自恃(じじ).

Selbst·verwaltung 囡 (-/-en) 自治; 自主管理.

Selbst·zweck 男 (-(e)s/) 自己目的, 目的自体.

selektieren [ゼレクティーレン] 他 《書》選択する, 選抜する.

Selektion [ゼレクツィオーン] 囡 (-/-en) ❶《書》選択, 選抜. ❷《生》淘汰(とうた).

selektiv [ゼレクティーフ] 形 ❶選択の, 選択的. ❷《電》(受信機などの)選択度の高い.

selig [ゼーリヒ] 形 ❶至福の; 天国に上った; 歓喜にあふれた, 有頂天の; 《戯》一杯機嫌の, 陶然とした. ❷亡き, 故人となった, 故....

Seligkeit [..カイト] 囡 (-/-en) 至幸, 至福, 法悦.

Sellerie [ゼリー] 男 (-s/-(s)), 囡 (-/-) 《植》セロリ.

selten [zéltən ゼルテン] 形 (比較 -er [ゼルテナァ]) まれな, めったにない, 希少な, レアな, 珍しい. 副 ❶まれに, めったに[めったには](...し)ない, ときたま. ❷《形容詞・副詞を修飾して》めったにないほど, 珍しいほどに, みごとに. ♦ nicht ~ しばしば, まれではなく, 珍しくない. 5級

Seltenheit [..ハイト] 囡 (-/-en) ❶《単》まれなこと, 稀有(けう), 珍奇. ❷珍品, 稀有な[珍奇な]事物.

Seltenheits·wert [..ハイツ..] 男 (-(e)s/) 希少価値.

Selter(s)·wasser [ゼルター(ス)..] 匣 (-s/(種類を表すとき)..wässer) ❶《単》《商標》ゼルター水 (ゼルター産の鉱水)). ❷ (口) ミネラルウォーター.

seltsam [ゼルトザーム] 形 奇妙な, 変な, 風変わりな, 不思議な.

Semester [ゼメスター] 匣 (-s/-) (半年単位の大学の)学期. 4級

Semester·ferien 複 学期末休暇.

Semi·finale [ゼーミ..] 匣 (-s/-) 《ス》準決勝.

Semikolon [ゼミコーロン] 匣 (-s, ..la) (Strichpunkt) セミコロン ((;)).

Seminar [ゼミナァ] 匣 (-s/-e, (特殊また) ..rien) ❶ゼミナール, 演習. ❷ (ゼミナールの)研究室. ❸神学校. 4級

Semit [ゼミート] 男 (-(e)n/-en) 《弱》セム族(の人). ◇ ~in 囡 (-/-nen).

semitisch [ゼミーティッシュ] 形 セム族の, セム系の.

Semmel [ゼメル] 囡 (-/-n) (南ドイツ) ゼンメル ((小型の丸に近い形の白パン)). ① geht weg wie warme ~n. (口) 物が飛ぶようによく売れる.

Senat [ゼナート] 男 (-(e)s/-e) ❶ (古代ローマの)元老院. ❷ (リューベックなどの)市参事会. ❸ (大学の)評議員会. ❹ (アメリカ・ベルギーなどの)上院. ❺ (ハンブルク, ブレーメン, ベルリンの)州政府. ❻《法》裁判所の(刑事部民事部などの)部.

Senator [ゼナートァ] 男 (-s/Senatoren [ゼナトーレン]) 元老院議員; 上院議員; 評議員; 州政府大臣; (裁判所の)部の判事. ◇ **Senatorin** 囡 (-/-nen).

senden(*) [zéndən ゼンデン] 他 ((I)) 《弱変化》《強変化》《(④)》《(番組⁴を)》放送する. ((II)) 《強変化》 ⓐ 《(③)》《(④)》《(人³に)》物⁴を送る ⓑ 《+方向》《書》《人⁴を...に》送る, 派遣する. ♦ ihr Blumen ~ 彼女に花を送る. ⓒ Glückwünsche [einen Gruß] ~

Serie

現在	ich sende	wir senden
	du **sendest**	ihr **sendet**
	er **sendet**	sie senden

過去	ich **sendete,**	wir sendeten,
	sandte	sandten
	du sendetest,	ihr sendetet,
	sandtest	sandtet
	er sendete,	sie sendeten,
	sandte	sandten

過分 gesendet, gesandt	接II sendete

人³にお祝いの言葉[あいさつ状]を送る. 4級

Sender [ゼンダー] 男《-s/-》❶**(a)**放送局. **(b)**(無線電信の)送信機. ❷発送[発信]人.

Sende・reihe [ゼンデ..] 女《-/-n》[ラジオ]連続放送番組.

sendete [ゼンデテ] sendenの過去形・接続法II式形.

Sendung [ゼンドゥング] 女《-/-en》❶発送;派遣;[電]送信;[ラジオ]放送. ❷送付物;小包;放送番組;[商]送品.

Senf [ゼンフ] 男《-(e)s/-e》[植]カラシ(菜);(薬味用の)カラシ, マスタード;《俗》むだ話. *seinen ~ dazugeben* 《口》むやみに自分の意見をさしはさむ.

senil [ゼニール] 形 年老いた, 老衰した;老いぼれた, もうろくした;[医]老人性の.

senior [ゼーニオーァ] 形《無変化;名前の後に置かれる》(↔ junior)年長の;老... 大...

Senior [ゼーニオーァ] 男《-s/ Senioren[ゼニオーレン]》❶《複まれ》年長者, 父親, 大旦那. ❷[スポーツ]シニアクラスの選手. ❸《主に複》(年金受給年齢の)高齢者. ❹最長老, 議長, 座長.

Senke [ゼンケ] 女《-/-n》❶くぼみ, 低地. ❷(かぶとの)面頬[ほお].

senken [ゼンケン] 動《(I)》他 沈める;陥没[沈下]させる;下げる, 垂らす, (値段・税・温度などを)低くする;(声を)低める;かがめる. 《(II)》再 sich⁴ 沈む;〈声³などが〉低くなる;下がる;沈下する, 陥没する.

Senk・fuß 男《-es/..füße》扁平足.

senk・recht 形 垂直の;直立の.

Senk・rechte [..レヒテ] 女《形容詞変化, または《-/-n》》垂直線.

Sensation [ゼンザツィオーン] 女《-/-en》❶ 大評判, センセーション;センセーショナルな出来事. ❷[医]感覚, 知覚.

sensationell [ゼンザツィオネル] 形 耳目を驚かす, センセーショナルな;《口》すごい, すばらしい.

Sense [ゼンゼ] 女《-/-n》大鎌(かま).

sensibel [ゼンズィーベル] 形《比較..sibler》知覚しうる;感じやすい, 敏感[多感]な;感覚の, 知覚の.

sensibilisieren [ゼンズィビリズィーレン] 他 ❶(物事に対して)感じやすくさせる, 敏感にする. ❷[医]感作(かん)する. ❸[写](フィルムに)感光性を与える, 増感処理をする.

Sensibilität [ゼンズィビリテート] 女《-/-en》感受[感覚]力;感受性;感覚[知覚]能;敏感;[写]感光度;感度.

sentimental [ゼンティメンタール] 形 感傷的な, センチメンタルな;情念的な.

Sentimentalität [ゼンティメンタリテート] 女《-/-en》❶《単》感傷(性). ❷感傷的な言葉.

separat [ゼパラート] 形 ❶離れた, 分離された. ❷《副のみ》個々の, 単独の.

September [ゼプテンバー] 男《-(s)/-》 9月 ((略 Sept.)). ♦ im ~ 9月に. am 2. ~ 9月2日に. 5級

Serbe [ゼァベ] 男《-n/-n》《弱》セルビア人. ▷ **Serbin** 女《-/-nen》.

Serbien [ゼァビエン] 中《-s/》セルビア ((バルカン半島の共和国)).

serbisch [ゼァビッシュ] 形 セルビア(人[語])の.

Serenade [ゼレナーデ] 女《-/-n》セレナーデ.

Serie [ゼーリエ] 女《-/-n》連続, 系

①1格 ②2格 ③3格 ④4格

列;シリーズ,双書;(製造物の)ロット,組. ④ in ~ herstellen [fertigen] 物を量産する.

serien・mäßig [形] 組み立てライン[ロット生産]方式の[による];大量生産の.

seriös [ゼリエース] (最上 ‐est) [形] 厳(ゞ゚)かな,まじめな,真剣な;信頼できる;品位のある.

Seriosität [ゼリオズィテート] [女] (‐/) まじめ,真剣であること.

Serpentine [ゼルペンティーネ] [女] (‐/‐n) 蛇状曲線,(道の)曲がりくねり;(山道の)曲折路,つづら折り.

Serum [ゼールム] [中] (‐s/..ren, ..ra) [医] 血清,漿液(ｻﾞﾖｳ).

Service¹ [ゼアヴィース] [中] (‐, ‐s [..ヴィーセス]/‐[..ヴィーゼ]) 食器セット.

Service² [ゼァヴィス] [男] (‐/‐s) 《主に単》❶ (客への)サービス. ❷ サービスステーション. ❸ [球] サーブ;サービスしたボール.

servieren [ゼァヴィーレン] ((I))[自] ❶ 食事の給仕をする. ❷ [球] サーブをする. ((II))[他] ❶〈食事⁴を〉出す. ❷ (口)〈不愉快なこと⁴を〉持ち出す. ❸ [球技]〈ボール⁴を〉パスする.

Servierer [ゼァヴィーラー] [男] 給仕. ◇ ~in [女] (‐/‐nen).

Serviette [ゼァヴィエッテ] [女] (‐/‐n) ナプキン.

servus [ゼァヴス] [間] (南⁴・墺²) やあ,こんにちは;さようなら((親しい者同士のあいさつ)).

Sesam [ゼーザム] [男] (‐s/‐s) [植] ゴマ(の実). ~ öffne dich! 開けゴマ((開門または宝物獲得の呪文;千一夜物語から)).

Sessel [ゼセル] [男] (‐s/‐) (クッションのある)ひじ掛け椅子(ｲ゛),安楽椅子. ♦ sich³ in einen ~ setzen 安楽椅子に腰をおろす[座る]. ★ オーストリアでは一般的な椅子の意で用いる.

Sessel-lift [男] (‐(e)s/‐e, ‐s) (スキー場などの)リフト.

sesshaft [ゼスハフト] [形] (副なし) 居住している;定住している;(口)(客などが) 長っ尻の.

seßhaft [旧] = sesshaft.

Sesshaftigkeit [..ハフティヒカイト] [女] (‐/‐en) 居住,定住,土着.

Seßhaftigkeit [旧] = Sesshaftigkeit.

Set [ゼット] ((I)) [中] (‐(s)/) [印] 活字の幅. ((II)) [中][男] (‐(s)/‐s) ❶ 一組,セット. ❷《主に複》テーブルマット. ❸ [心理] 構え. ❹ [男] (劇の)セット.

setzen [zétsən ゼッツェン]

現在	ich setze	wir setzen
	du setzt	ihr setzt
	er setzt	sie setzen
過去	ich setzte	wir setzten
	du setztest	ihr setztet
	er setzte	sie setzten
過分	gesetzt	接II setzte

((I))[他] ❶〈④＋方向〉〈人⁴を...に〉座らせる,腰かけさせる,着席させる,乗せる. ❷〈④＋方向〉〈物⁴を...に〉置く,据える,載せる,下ろす;〈物⁴を...に〉あてがう,あてる,持ってくる;〈④＋方向〉〈動物⁴を...に〉移す,入れる,放つ. ❸〈④＋方向〉〈物⁴を...に〉書く,書き入れる,記入する. ❹〈(③)④〉〈(人³に)事⁴などを〉設定する,定める;〈(③)④〉〈(人³のために)物⁴を〉設ける,設置する. ❺〈④＋方向〉〈人⁴を...に〉追い出す,放り出す. ❻〈④ an ④〉〈金・時間・努力⁴などを物⁴に〉費やす,かける. ❼〈原稿⁴などを〉活字に組む. ❽〈(auf ④)〉〈金⁴を(人⁴に)〉賭(ｶ)ける. ❾〈④ auf ④〉〈感情⁴を人・物⁴に対して〉抱く. ❿〈植物⁴を〉植える. ♦ ein Kind auf seinen Schoß ~ 子供を膝の上に乗せる[座らせる]. ④ auf eine Liste ~ 人⁴[名前⁴]をリストに載せる[記入する]. sich³ ~ zum Ziel ~ 事⁴を目標とする. ④ in [außer] Betrieb ~ 機械⁴などを始動する[停止させる]. ((II))[再] sich⁴ ❶〈＋方向〉〈...に〉座る,腰かける,腰をおろす;(鳥などが)止まる. ❷〈物⁴が〉沈殿する,(ほこりなどが)積もる;〈水⁴など

が〕静まる.◆sich⁴ auf einen Stuhl [auf den Boden] ~ 椅子(⁶⁵)に腰かける[地面に腰をおろす]. sich⁴ in Bewegung ~ 動く,動き出す. ((III)) 自 ❶《auf ④》《人・物に》金を賭(⁶)ける. ❷《auf ④》《人・物⁴を》信頼する. ❸ⓢ《über ④》《川・などを》跳び越す. ❹ⓗⓢ《über ④》《川⁴など を》〔船で〕渡る. 5級

Setzer [ゼッツァー] 男 (-s/-) 〖印〗植字工. **~in** 女 (-/-nen).

Setzling [ゼッツリング] 男 (-s/-e) ❶挿枝(⁵³), 苗. ❷〔養殖中の〕コイ(鯉)の幼魚.

Seuche [ゾイヒェ] 女 (-/-n) 流行病, 伝染病, 悪疫;〖比〗害毒.

seufzen [ゾイフツェン] ((I)) 自 深い息をする;ため息をつく,嘆息する. ((II)) 他《引用と共に》〈…と〉ため息混じりに言う.

Seufzer [ゾイフツァー] 男 (-s/-) ため息,嘆息.

Sex [ゼクス, セクス] 男 (-(e)s/) ❶セックス,性. ❷性交. ❸セックスアピール. ❹〔性〕.

Sexismus [ゼクスィスムス] 男 (-/-) 性差別;〔特に〕女性差別.

Sexualität [ゼクスアリテート] 女 (-/-) 性;性欲〔行動〕.

Sexual・verbrechen [ゼクスアール..] 中 性犯罪.

Sexual・verbrecher 男 性犯罪者.

sexuell [ゼクスエル] 形 (性的な).

sezieren [ゼツィーレン] 他《テキストなどを》詳細に分析する;〖医〗〈遺体⁴を〉解剖する.

sfr, sFr. (略) Schweizer Franken スイスフラン.

s.g. (略) so genannt いわゆる.

Shampoo [シェンプー, (チトッ)シャンプー] 中 (-s/-s) シャンプー.

Sherry [シェリ] 男 (-s/-s) シェリー酒 ((スペイン産の強い白ワイン)).

Shorts [ショーツ] 複 半ズボン;ショーツ.

Show [ショー, ショウ] 女 (-/-s) 〔テレビなどの〕ショー.

Sibirien [ズィビーリエン] 中 (-s/) シベ

リア.

sich¹ [ズィヒ] 代 〈再帰〉《3 人称 単数(er, sie, es など), 複数(sie など), 再帰代名詞 3 格・4 格形, 同様 に 2 人称単数・複数 (Sie) でも, そのまま小文字の sich が用いられる;1 人称・2 人称では人称代名詞が用いられる》★再帰動詞が完了形を作る場合, 助動詞は haben. ((I)) 《sich 4 格》自身を. ❶(a)《sich⁴ を必ず伴う再帰動詞と》~ beeilen 急ぐ. ~ erkälten 風邪をひく. (b)《sich⁴ 再帰動詞として用いる他動詞と;自動詞化;再帰の意識を明示するのに selbst を添えることがある》◆~ legen [setzen, stellen] 横になる[座る, 立つ]. (c)《sich⁴ を用いても, 用いなくてもよい動詞と》◆(~⁴) verweilen とどまる. (d)《他動詞と》自分(自身)を. ◆~ lieben 我が身を愛する. ❷《結果を表す語句と;動詞〔多くの場合は自動詞〕が表す動作行為を通じて, その状態になる》◆~ satt essen お腹一杯に食べる(食べることによって満腹になる). ❸《lassen と;主語にその要因のあるとき》◆Der Apfel lässt ~ schlecht schälen. このリンゴはなかなか皮がむけません. ❹《特定の動詞と;gut, schlecht などの様態を表す語句を伴うことが多い》◆Der Apfel schält ~ schlecht. このリンゴはなかなか皮がむけません. ❺《非人称表現で;gut, schlecht などの様態を表す語句を伴うことが多い》◆Hier lebt es ~ gut. ここは住みごこちがいいです. ❻《慣用句・熟語》◆Es handelt ~ um ④ 事⁴が問題である. ((II))《sich 3 格》〔目)身に. ❶(a)《sich³ を必ず伴う再帰動詞と》◆~ ④ aneignen 物⁴を獲得[習得]する. (b)《再帰表現化》◆~ ④ versagen 事⁴を断念する. (c)《sich³ を用いても, 用いなくてもよい動詞と》《利害の 3 格》自分のために. ◆(sich³) ④ kaufen 物⁴を買う. ★この場合 für... に書きかえ可能:④ (für sich⁴) kaufen. ❷《所有の 3 格》自分の. ◆(sich³) die Hände waschen 自分の手⁴を洗う ((III))《前置詞と》◆④ für ~⁴ behalten 事⁴を自分だけの

胸にしまっておく. vor ~ gehen 〈事¹が〉起こる. **an ~** それ自体[元来, 本来]. **an und für ~⁴** それ自体;〔哲〕即自. **für ~** それ自体, それだけで, 自分のために, ひとりで. 【4級】

sich² 四《相互》〔主語が複数を〕(einander) 互いに[を]. ★相互関係を明示するのに miteinander, gegenseitig を添えることがある. (a)《sich を必ず伴う再帰動詞と》◆~⁴ balgen 取っ組み合いのけんかをする. (b)《再帰表現化》◆~⁴ versöhnen 仲直りする. (c)《sich を用いても, 用いなくてもよい動詞と》◆(~³) beraten 相談する. (d)《他動詞と》自分(自身)を. ◆~⁴ lieben 愛し合う. (e)《自動詞と》◆~³ begegnen 出会う.

Sichel [ズィッヒェル] 囡 (-/-n) ❶〔農〕(弓形刃の)鎌(☆), 利鎌(ﾘ̈). ❷新月, 三日月.

sicher [zíçɐr ズィッヒャー] (Ⅰ) 形 ❶ 安全な, 危険のない;安定した, 大丈夫な. ❷ 信頼できる, 確かな, 確実な. ❸ 確信している. ❹ 平然とした, 自信に満ちた. ◆ein ~es Urteil 狂いのない判断. vor ③ ~ sein 人・物³に対して安全である. ③ ~ sein 〈事¹が〉人³にとって確か[確実]である. Es ist ~, dass..... ということは確か[確実]です. **sich³** ③ **~ sein** 事²に確信[自信]がある. **Sicher ist ~.** 〔諺〕転ばぬ先の杖. 念には念を入れよ, 用心にしたことはない. (Ⅱ) 副 ❶ 安全に. ❷ 確かに, 確実に, 間違いなく, きっと;《疑問文に答えて》もちろん(ですとも). 【4級】

..sicher 《名詞と》❶「..に対し安全な:feuersicher 耐火の. ❷「..が確かな:treffsicher 命中確実な.

sicher|gehen* 自⑤ 危険を冒さない, 確実な方法をとる.

Sicherheit [ズィッヒャーハイト] 囡 (-/-en) ❶《単》安全;安全性;〔法〕安全保障. ❷《単》確かさ, 確実性;信頼性. ❸《単》自信;確信;能力. ❹ 保証, 担保. **mit ~** 確かに, 自信をもって.

Sicherheits·abstand [ズィッヒャーハイツ..] 囲 安全車間距離.

Sicherheits·gurt 囲 安全ベルト.

sicherheits·halber 副 安全[用心, 念]のために.

Sicherheits·nadel 囡 安全ピン.

Sicherheits·schloss 田 安全錠.

sicherlich [..リヒ] 副 確かに, きっと, もちろん.

sichern [ズィッヒャァン] (Ⅰ) 他 ❶〈(gegen ④)〉〈人・物⁴を(物⁴から)〉安全にする, 守る. ❷〈銃⁴などを〉ロックする, 〈銃⁴などに〉安全装置をかける. ❸〈安全・権利・移動⁴などを〉確保する, 確実にする. ❹〈データ⁴を〉保存[セーブ]する. ❺〈④ ④〉〈人³のために物⁴を〉手に入れる, 取っておく. (Ⅱ) 再 sich⁴ 〈vor ③ [gegen ④]〉〈事³⁴から〉身を安全[安定]にする, 守る.

sicher|stellen (Ⅰ) 他 安全にする, 守る;保証する, (に)担保を提供する. (Ⅱ) 再 sich⁴ 身を守る.

Sicherung [ズィッヒェルング] 囡 (-/-en) ❶《単》保安, 安全, 保証, 確保;〔軍〕防御手段・安全対策;現場検証. ❷(銃の)安全装置;〔工〕安全かみ;〔電〕避雷器[針];ヒューズ.

Sicht [ズィヒト] 囡 (-/-en と..(ｴ)en) ❶ 見える[見られる]こと, 視覚;視界;見通し, 見解, 見方. ❷〔商〕一覧, 提示. **auf lange ~** 長期的に(見て), 長い目で見れば.

sichtbar [..バァ] (Ⅰ) 形 ❶ 見える, 可視的な. ❷《付加》見てわかる, (見た目に)明らかな, すぐ目につく. (Ⅱ) 副 目に見えて, 明らかに, どう見ても, 見るからに;目に見えるように, 分かるように.

sichten [ズィヒテン] 他〔海〕〈遠方にあるもの⁴を〉見(つけ)る, 認める.

sichtlich [..リヒ] (Ⅰ) 形《付加》(心理的なことに対して)(心に)明らかな. (Ⅱ) 副 見るからに, (心に)明らかに, どうやら(...)らしい.

Sichtung [ズィヒトゥング] 囡 (-/-) ❶ 見つける[認める]こと. ❷ ふるい分け;〔比〕より分け, 精査.

Sicht·verhältnisse 複〔気〕視界

Sicht·vermerk 男《(-(e)s/-e》(旅券などの)査証,ビザ.
Sicht·weite 女(-/-n) 視界.
sickern [ズィッカァン] 自 ⑤ⓗしたたる, 漏る;染み出る;漏れる.
sie [zi: ズィー] (I) 代《人称》《3人称女性単数》彼女.

格	1	2	3	4	所有冠詞	再帰
	sie	ihrer	ihr	sie	ihr	sich

((II)) 代《人称》《3人称複数》彼ら;彼女ら;《無生物を受けて》それら.

格	1	2	3	4	所有冠詞	再帰
	sie	ihrer	ihnen	sie	ihr	sich

Sie [zi: ズィー] (I) 代《人称》

格	1	2	3	4	所有冠詞	再帰
	Sie	Ihrer	Ihnen	Sie	Ihr	sich

《2人称単数・複数の他人に対する呼称1格・4格形;身内(親子・夫婦・親戚・親友など)とは違なさない人に用いられる》あなた、あなた方.
((II)) 中 (-(s)/) Sie という呼びかけ.
((III)) 女 (-/-s) (口) 女(性); (↔ Er) (動物の)雌.
5級

Sieb [ズィープ] 中《-(e)s/-e》篩(ふるい);濾し器;濾過器;[印]絹紗スクリーン.
sieben¹ [zí:bən ズィーベン] 数詞《基数》7. **5級**
sieben² 他 ふるい分ける;濾(こ)す;(比)選抜する,ふるい落とす.
Sieben [ズィーベン] 女《-/-, -en》❶ 7の数(字);神聖「不吉」な数. ❷ 7という数が付くもの;(市電などの)7番線;[ズ]7の札.
sieben·hundert 数詞《基数》700.
Sieben·sachen 複 (口) 七つ道具,身の回りの品々.
siebent ⇨siebt.

siebt [ズィープト] 数詞《序数》第7の. **4級**
siebtel [ズィープテル] 形 7分の1の.
Siebtel 中 (スァ), 男《-s/-》7分の1.
siebtens [ズィープテンス] 副 第7(番目)に.
siebzehn [ズィープツェーン] 数詞《基数》17. **5級**
siebzehnt [ズィープツェーント] 数詞《序数》第17の,17番目の. **4級**
siebzig [ズィープツィヒ] 数詞《基数》70.
siebzigst 数詞《序数》第70の,70番目の.
siedeln [ズィーデルン] 自 移住する,入植する.
sieden(*) [ズィーデン] 《過 sott, siedete; 過分 gesotten, gesiedet; 接II sötte, siedete》(I) 自 ❶《主に弱変化》沸く,沸騰する. ❷《主に強変化》煮える. ❸ (感情が)わき立つ,激する. ((II)) 他 ❶《主に強変化》(書;方)煮る,沸かす,沸騰させる;(野菜・卵⁴などを)ゆでる. ❷ (古)(塩・石鹸⁴などを)煮て製造する.
Siede·punkt 男《-(e)s/-e》[理]沸騰点.
Siedler [ズィードラー] 男《-s/-》入植者,開拓民,移住者,移民. ◇~in 女 (-/-nen).
Siedlung [ズィードルング] 女 (-/-en) ❶《単》移民,植民,入植. ❷集落;村落,町,入植[開拓]地,移民村;住宅地,団地.
Sieg [ズィーク] 男《-(e)s/-e》《**über** ④》人⁴に対する勝ち,勝利;優勢.
Siegel [ズィーゲル] 中《-s/-》印,印章,封印.
siegen [ズィーゲン] 自 勝つ,勝利を得る.
Sieger [ズィーガー] 男《-s/-》(戦)勝者;優勝者. ◇Siegerin 女 (-/-nen).
Sieger·ehrung 女 (-/-en) (スポーツでの)優勝者表彰(式).
sieges·sicher [ズィーゲス..] 形 勝利を確信した.
sieg·reich 形 勝利した,勝った.
sieh(e) [ズィー(エ)] sehenの命令法2人称単数形.

siehst [ズィースト] sehen の2人称単数現在形.

sieht [ズィート] sehen の3人称単数現在形.

siezen [ズィーツェン] ((I)) 他〈人⁴に向かって〉Sie (あなた) で話す. ((II)) 再 sich⁴ mit 3 互いに Sie で話す.

Signal [ズィグナール] 中 (-s/-e) 信号, 合図, シグナル; [鉄道] 信号機.

signalisieren [ズィグナリズィーレン] 他 (③) (④) 〈人³に〉物⁴を信号で知らせる; (此) 示唆する.

Signatur [ズィグナトゥーァ] 女 (-/-en) ❶ 署名, サイン; 花押; 記号; 符号; (此) (時代などの) 特徴; [印] 全紙番号; 折り込みネッキ; [図書の] 分類番号; 地図記号. ❷ [医] 用法注意 (用法及び患者の氏名を記す部分).

signieren [ズィグニーレン] 他〈作品⁴に〉サインする;〈文書⁴などに〉署名[調印]する.

Silbe [ズィルベ] 女 (-/-n) [言] 綴り, 音節, シラブル, 音綴 (?).

Silber [ズィルバァ] 中 (-s/) ❶ 銀. ❷ 銀食器. ❸ (口) 銀メダル. **4級**

Silber·medaille 女 (-/-n) 銀メダル.

silbern [ズィルバァン] 形 ❶ (副なし) 銀の, 銀製の. ❷ 銀の; 銀色の, 銀色に輝く; 銀鈴のように澄んだ.

Silber·papier 中 (-s/) アルミホイル, 銀紙; 銀色薄葉紙; 錫箔 (**?**).

Silhouette [ズィルエッテ] 女 (-/-n) ❶ 影絵, 影像, シルエット. ❷ [服] シルエット. ❸ [美術] 切り絵; 影絵.

Silikon [ズィリコーン] 中 (-s/-e) 《主に複》シリコン ((高分子有機珪素化合物; 珪素樹脂・珪素ゴムなど)).

Silo [ズィーロ] 中 (-s/-s) ❶ [農] サイロ ((穀物・牧草などの貯蔵用の円筒形の大きな建物)). ❷ サイロ ((穀物石炭セメントなどの貯蔵用の円筒形の倉庫)).

Silvester [ズィルヴェスタァ] 男 中 (-s/-) 《主に無冠詞で》大みそか. ◆ zu [an] ~ 大みそかに. **4級**

Silvester·nacht 女 (-/..nächte) 大みそかの夜.

simpel [ズィンペル] 形 (比較 simpler)

❶ 単純な, 簡単な, シンプルな; 質素 [質朴] な. ❷ 愚直な, 単純な ((人)).

Simpel [ズィンペル] 男 (-s/-) 愚物, 愚直な人, 単純な人.

Sims [ズィムス] 男 中 (-es/-e) [建] 飾り縁, 蛇腹 (**?**).

Simulant [ズィムラント] 男 (-en/-en) [弱] 仮病使い. ◇~in 女 (-/-nen).

Simulation [ズィムラツィオーン] 女 (-/-en) ❶ 装うこと, 見せかけ. ❷ シミュレーション, 模擬実験. ❸ 仮病.

simulieren [ズィムリーレン] ((I)) 自 ❶ 似せる, 偽る, 装う, 見せかける. ❷ (やや古) 考える, 沈思する. ((II)) 他 ❶ 装う, ふりをする. ❷〈事⁴の〉シミュレーションをする.

simultan [ズィムルターン] 形 同時の; 共通 [共同] の.

sind [ズィント] sein¹ の 1・3 人称複数現在形.

Sinfonie [ズィンフォニー] 女 (-/..ニーエン) [音楽] シンフォニー, 交響曲.

Sinfonie·orchester 中 (-s/-) [音楽] 交響 (管弦) 楽団.

Sing. 《略》Singular 単数 (形).

singen* [zɪŋən ズィンゲン]

現在	ich singe	wir singen
	du singst	ihr singt
	er singt	sie singen
過去	ich sang	wir sangen
	du sangst	ihr sangt
	er sang	sie sangen
過分	gesungen	接II sänge

((I)) 自 ❶ 歌う. ❷ (口) 口を割る. ❸〈鳥などが〉さえずる, 鳴く. ((II)) 他 ❶〈歌・声域⁴を〉歌う. ❷〈④+結果〉歌って〈人⁴を...の状態に〉する. ◆ einen Schlager ~ 流行歌を歌う. sich⁴ heiser ~ 歌って声をからす. **5級**

Single [ズィングル] ((I)) 中 (-(s)/-(s)) [スポ] シングルス. ((II)) 女 (-/-s) (レコードの) シングル盤. ((III)) 男 (-(s)/-s) 独身者.

Singular [ズィングラール] 男《-s/-e》《主に単》【言】単数(形) ((略 Sing.)) (↔ Plural).

Sing·vogel 男《-s/..vögel》鳴禽(きん)類(の鳥).

sinken* [zíŋkən ズィンケン]《過 sank; 過分 gesunken》自⑤ ❶〈人¹が〉倒れる, くずおれる;〈物¹が〉落ちる. ❷〈船¹などが〉沈む. ❸《in ④》〈ぬかるみ⁴などに〉はまる, 埋まる. ❹下がる, 落ち込む, 減少する, 下落する, 低下する. ♦ins [auf des] Bett ~ ベッドに倒れこむ. in Ohnmacht ~ 失神する, 気を失う.

Sinn [zɪn ズィン] 男《-(e)s/-e》❶《主に単》感覚;正気, 正気. ❷《für ④》〈物⁴に対する〉センス. ❸《単》意義, 意味;目的, 意図;価値. ❹《単》考え, 意向, 意見;性格, 気質;気分, 気持ち;好み. ♦die fünf ~e 五感. keinen ~ geben〈事¹が〉意味をなさない[意味がわからない]. keinen [viel] ~ für ④ haben 物⁴に対するセンスがない[大いにある]. in diesem ~ この意味において. in ② ~(-e) 人²の意向に沿って, 人²の考えに即して. der sechste [ein sechster] ~ 第六感. ohne ~ und Verstand よく考えないで, 意味もなく. ♦im ~ haben 人・事⁴のことが心にある[ことを考えている]. bei ~en sein 正気である, 気は確かである.

Sinn·bild 中《-(e)s/-er》象徴, シンボル.

sinnen* [ズィネン]《過 sann; 過分 gesonnen》自❶《über ④》〈事⁴を〉思案する. ❷《auf ④》〈計画などをたくらむ, もくろむ.

Sinnes·organ [ズィネス..] 中《-s/-e》感覚[知覚]器(官).

Sinnes·täuschung 女《-/-en》錯覚, 幻覚.

sinn·gemäß 形 意味をくんだ, 意義にかなった, 適切の;首尾一貫した.

sinnlich [..リヒ] 形 ❶感覚の, 感覚による, 感性的な;感じられる. ❷官能的な;肉感的な.

Sinnlichkeit [..カイト] 女《-/》❶感覚, 感性. ❷肉欲.

sinn·los 形 ❶無意味な;無思慮な;無分別な;ばかげた. ❷無感覚の;正気を失った.

Sinnlosigkeit [..ローズィヒカイト] 女《-/》無意味(さ);ばかばかしさ.

sinn·voll 形 ❶意味[意義]のある. ❷巧みに考えた;目的にかなった.

Sint·flut 女《-/》大洪水;【聖】ノアの洪水. *Nach* [*Hinter*] *mir die ~!* (口) 後は野となれ山となれ.

Sinto [ズィント] 男《-/..ti》《主に複》(中央ヨーロッパ, 特にドイツに生活する)ロマ[ジプシー].

Sippe [ズィッペ] 女【民族】氏族, 部族. ❷《主に単》親類縁者, 一族. ❸【生】族, 類.

Sippschaft [ズィップシャフト] 女《-/-en》❶ = Sippe ②. ❷《軽蔑》徒党, 一味, などなど.

Sirene [ズィレーネ] 女《-/-n》❶サイレン. ❷《主に複》【ギ神】セイレン((上半身が女, 下半身が鳥の姿をした海の精;美しい歌声で人を惑わして殺したという));(比)妖婦.

Sirup [ズィールップ] 男《-s/(種類を示して)-e, -s》❶糖蜜. ❷シロップ. ❸【薬】シロップ剤.

Sitte [ズィッテ] 女《-/-n》❶風俗, 風習, 習慣, 慣習, 慣例. ❷道徳, 道義, 礼節. ❸《複》行儀, 礼儀作法.

sitten·widrig 形《特に法》公序良俗に反する.

sittlich [ズィットリヒ] 形 ❶《述語なし》風俗に関する. ❷道徳(上)の, 道徳にかなった, 倫理的な.

Sittlichkeit [..カイト] 女《-/》風紀;良俗;道徳(心), 徳義;人倫, 倫理(性).

Sittlichkeits·verbrechen [..カイツ..] 中《-s/-》性犯罪.

Sittlichkeits·verbrecher 男《-s/-》性犯罪者.

Situation [ズィトゥアツィオーン] 女《-/-en》状況, 形勢, 情勢, 事態;局面.

situiert [ズィトゥイーアト] 形《述語なし》(...の)地位にある, 経済状態にあ

① 1格 ② 2格 ③ 3格 ④ 4格

る.

Sitz [ズィッツ] 男 (-es/-e) ❶ (座)席; (椅子などの)座部;台(座). ❷議席. ❸ (官庁・会社などの)所在地.

sitzen* [zítsən ズィッツェン] 自(h), (南独・オーストリア・スイス) (s)

現在	ich sitze	wir sitzen
	du **sitzt**	ihr sitzt
	er sitzt	sie sitzen
過去	ich **saß**	wir saßen
	du saßest	ihr saßt
	er saß	sie saßen
過分	**gesessen**	接II **säße**

❶座っている,腰掛けている,席に着いている. ❷ (仕事などを)している. ❸ 〈鳥¹などが〉(止まっている). ❹ (ある期間)刑務所に入っている,服役している. ❺ 議員[メンバー]である. ❻ 〈**auf** ③〉(口;軽蔑)〈物³を〉手放そうとしない;〈事³に〉手をつけない,ほうっておく. ❼〈服・メガネ¹などが〉(サイズ・形が)合っている. ★gut ~ ぴったり合っている. schlecht ~ 合わない. ❽〈物¹が〉(くっついて[ささって])いる,〈tief ~〉〈心配・憎しみなどが〉(深く根を下ろしている). ❾ (口)〈**bei** ③〉〈習ったもの¹が〉〈人³に〉身についている. ❿ 《主に完了形で》(口)〈打撃・弾丸¹などが〉当たる. ◆ **eine ~de Arbeit** 座ってする仕事. **auf dem Stuhl ~** 椅子に座っている. **am Tisch ~** 机に向かって(勉強[仕事]をして)いる. **beim Frühstück ~** 朝食をとっている. **Sitz!** (犬に向かって)お座り. **einen sitzen haben** (口)酔っている.■**~ bleiben** 〈生徒¹が〉留年[落第]する. **~ lassen** (口) ❶〈人⁴を〉(見)捨てる, 置き去りにする. ❷〈人⁴に〉待ちぼうけを食わせる. **5級**

sitzen|bleiben* = sitzen bleiben (⇨sitzen ■).

sitzen|lassen* = sitzen lassen (⇨sitzen ■).

Sitz·platz 男 (-es/..plätze) 座席.

[劇]いす席.

Sitzung [ズィッツング] 女 (-/-en) ❶ 会議. ❷ (絵や彫刻の)モデルになること. ❸ (一回の)治療.

Sitzungs·saal 男 (-(e)s/..säle) 会議室,議場;法廷.

Skala [スカーラ] 女 (-/..len) 段階,階梯(ﾃｲ);序列;(計器の)目盛り;(ラジオ受信機の)指針面,ダイヤル;[音楽]音階.

Skalp [スカルプ] 男 (-s/-e) 頭皮 ((特に北米先住民が敵の頭からはぎ取った毛髪付きのもの)).

Skalpell [スカルペル] 中 (-s/-e) [医] 外科用メス.

skalpieren [スカルピーレン] 他〈人⁴の〉頭皮をはぎ取る.

Skandal [スカンダール] 男 (-s/-e) 〈**um** ④〉〈(人・物⁴をめぐる)〉スキャンダル.

skandalös [スカンダレース] 形 スキャンダラスな, けしからぬ, いまわしい, 破廉恥な;途方もない, 法外な.

Skandinavien [スカンディナーヴィエン] 中 (-s/) スカンジナビア.

Skandinavier [スカンディナーヴィアー] 男 (-s/-) スカンジナビア人. ◇**~in** 女 (-/-nen).

skandinavisch [スカンディナーヴィッシュ] 形 スカンジナビア(人[語])の.

Skat [スカート] 男 (-(e)s/-e, -s) [遊] ❶〈単〉スカート ((コントラクトブリッジに似たゲーム)). ❷ スカート ((配り残して場に伏せられた2枚のカード)).

Skateboard [スケートボート] 中 (-s/-s) スケートボード.

Skelett [スケレット] ((I)) 中 (-(e)s/-e) ❶骸骨,骨格. ❷ [建] 骨組み;(物の)骨子;(講演などの)梗概(ｺｳ), 要領. ❸ (動物の)硬皮, 甲殻. ((II)) 中 (-/) [印] スケレット ((細い字体)).

Skepsis [スケプスィス] 女 (-/) 懐疑.

skeptisch [スケプティッシュ] 形 懐疑的な;懐疑論の.

Ski [シー] 男 (-(s)/-er, -) スキー. ◆ **fahren [laufen]** スキーをする. **4級**

Ski·fahrer 男 (-s/-) スキーヤー.

① 1格 ② 2格 ③ 3格 ④ 4格

~in 女 (–/–nen).

Ski·läufer [男] (–s/–) スキーヤー. **~in** 女 (–/–nen).

Ski·lift 男 (–(e)s/–e, –s) スキーリフト.

Ski·springen 中 (–s/–) 《スキーの》ジャンプ.

Skizze [スキッツェ] 女 (–/–n) スケッチ, 写生図, 下絵；写生文, 小品, 短篇；下書き, 草案；見取り図, 略図；梗概(%).

skizzieren [スキツィーレン] 他 スケッチする；見取り図[略図]を描く；草案を書く；概略を記す.

Sklave [スクラーヴェ[フェ]] 男 (–n/–n) 《弱》奴隷. ◇**Sklavin** 女 (–/–nen).

Sklaverei [スクラーヴェ[フェ]ライ] 女 (–/–) ❶奴隷であること, 奴隷の身分；奴隷状態；奴隷制度. ❷奴隷的行為；奴隷根性.

sklavisch [スクラーヴィッ[フィッ]シュ] 形 奴隷の(ような), 奴隷根性の, 卑屈な, 自主性のない.

Skonto [スコント] 男 中 (–s/–s, ..ti) 〖商〗(即金払いに対する)割引.

Skorbut [スコルブート] 男 (–(e)s/) 〖医〗壊血病.

Skorpion [スコルピオーン] 男 (–s/–e) ❶〖動〗サソリ. ❷〖天〗サソリ座；〖占星〗サソリ座, 天蝎(%)宮；サソリ座生まれの人.

Skrupel [スクルーペル] 男 (–s/–) 《主に複》疑念, 狐疑；良心の呵責(%).

skrupel·los 形 《軽蔑》ためらわない, 思い惑わない；良心のない.

Skulptur [スクルプトゥーァ] 女 (–/–en) ❶《単》彫刻. ❷彫刻(品), 彫像.

skurril [スクリール] 形 《識》おどけた, 滑稽な, 奇抜な.

Slalom [スラーロム] 男 (–s/–s) スラローム, 回転滑降.

Slawe [スラーヴェ] 男 (–n/–n) 《弱》スラヴ人. ◇**Slawin** 女 (–/–nen).

slawisch [スラーヴィッシュ] 形 スラヴ人[民族, 語]の.

Slip [スリップ] 男 (–s/–s) 〖服〗(男性用下着)ブリーフ, パンツ；(女性用下着)ショーツ, パンティ.

Slogan [スローゲン] 男 (–s/–s) スローガン, (広告などの)標語.

Slowake [スロヴァーケ] 男 (–en/–en) 《弱》スロヴァキア人. ◇**Slowakin** 女 (–/–nen).

Slowakei [スロヴァカイ] 女 (–/) 《die ~》スロヴァキア 《ヨーロッパ東部の共和国》.

slowakisch 形 スロヴァキア(人[語])の.

Slowene [スロヴェーネ] 男 (–n/–n) 《弱》スロヴェニア人. ◇**Slowenin** 女 (–/–nen).

Slowenien [スロヴェーニエン] 中 (–s/) スロヴェニア 《旧ユーゴスラヴィア連邦から独立した共和国》.

slowenisch [スロヴェーニッシュ] 形 スロヴェニア(人[語])の.

Slum [スラム] 男 (–s/–s) 《主に複》スラム街, 貧民窟.

S.M. 《略》Seine Majestät 陛下.

Smaragd [スマラクト] 男 (–(e)s/–e) エメラルド.

Smartphone [スマートフォン] 中 (–s/–s) スマートフォン.

Smog [スモック] 男 (–(s)/–s) 《主に単》スモッグ.

Smoking [スモーキング] 男 (–s/–s, (また)–e) 〖服〗スモーキング 《タキシードの別名》.

SMS 女 (–/–) 《略》Short Message Service (携帯電話の)ショートメッセージサービス.

so [zo: ゾー] 《I》副 ❶その[この]ように, こんな[そんな]ふうに, こんな[そんな]やり方で；その[この]とおり, そのまま. ❷こんなに, それほど；とても, 大いに, 本当に；《nicht so》それほど[あまり](…)ない. ❸〖帰結〗(口) それで, そんなわけで, それゆえ；その場合には, それ[そう]なら；すると, そのとき. ❹(そんなわけで)例えば. ❺《概数》おおよそ, だいたい, ほぼ. ❻《不定冠詞 ein と；無冠詞の複数名詞などと》こんな, あんな, そんな, この[その], あの[その, あの]ような, この[その, あの]種の. ❼《所有冠詞と》その人のなりの. ♦So ist es. そういうことに

① 1格 ② 2格 ③ 3格 ④ 4格

なります。**So geht das nicht.** そう(いうわけに)は行きません。**oder [und] so**(口)それくらい。**(Na [Nein],) so (et)was!**(口)そんなことってあるか、なんということだ。((Ⅱ))副《不変化詞》❶《慣用句の疑問文で;話を促して》(それ)で(どうなの)。❷《文頭に立ち、doch と命令文で》(もういいかげん)はやく(...して下さい);さあ。❸《独立して文頭に立ち、独り言として》(満足して)よし、そうか;それじゃ。❹《返答として》(無関心に)そうかい;(驚いて)そう(なん)ですか。❺(口)(何もせず)ただなんとなく、そのままで。♦**So?** そう(なん)ですか。**Ach ~!** あっそう、ああそうか。((Ⅲ))《接続詞的に》❶**Er spricht so, wie ihn jeder versteht.** 誰でも分かるように話します。**so ..., wie ...** 《so+形容詞・副詞》1)《同等比較》...と同じくらい《同様に》...**:Er ist ~ groß wie ich.** 彼は私ぐらいの身長です。2)《限度》...な限り、... **~ schnell wie möglich** できるだけ速く。★**wie** が省略されることもある:**so schnell (wie) ich konnte** できるだけ速く。3)《程度》...なほど...、...のように...。...するほど...、...するように...。**so ..., so ...** 《so+形容詞・副詞で副文を導く》《譲歩・容認;auch (immer) と》いかに[どんなに、どれほど]...でも。**so ..., so ...** 《so+形容詞・副詞で副文を導く》1)《対比・比較》...ではあるが ...。2)《それだけにまた(いっそう)。**so ..., dass ...** 《so+形容詞・副詞》《結果》非常に...なので(その結果 ...)。**so dass** ⇨sodass. **so genannt** ⇨sogenannt. **so viel** 1)同じくらい(のこと)。2)(...する)だけ。**~ viel wie [als] möglich** できるだけ。**So viel für heute.**(口)今日はここまで(です)。**so weit** そこまでは、今のところは;大体のところ、全体的に見れば。**so wenig** 《wie とともに》...と同様にわずかに:**~ wenig wie [als] möglich** できるだけ少なく。**5級**

SO 《略》Südost(en) 南東。
So. 《略》Sonntag.

s. o. 《略》Sieh(e) oben! 上を見よ、上記参照。

sobald [ゾバルト] 接《従属》...したらすぐ、...しだい、...するやいなや、...したとたん(に)。**4級**

Socke [ゾッケ] 囡(–/–n)《主に複》短い靴下、ソックス。**sich⁴ auf die ~n machen**(口)出発する、出かける。**(glatt [ganz]) von den ~n sein**(口)びっくりしている。

sodass, so dass [ゾダス] 接《従属》(so dass)その結果、そのため。**4級**

sodaß (旧)=sodass.

Soda·wasser [ゾーダ..] 甲(–s/..wässer) ソーダ水。

Sod·brennen [ゾート..] 甲(–s/) [医]胸やけ。

soeben [ゾエーベン] 副今まさに、ちょうど今;たった今、つい今しがた。

Sofa [ゾーファ] 甲(–s/–s) 長椅子、ソファー。♦**auf dem ~ sitzen** ソファーに座っている。**4級**

sofern [ゾフェァン] 接《従属》...という条件で、...する限り、...ならば。

soff [ゾフ] saufen の過去形。

söffe [ゼフェ] saufen の接続法Ⅱ式形。

sofort [zofɔrt ゾフォルト] 副**直ちに**、すぐに、今すぐ、即座に。♦**ab ~** 今から直ちに、只今から、この瞬間から。**Ich komme ~.** すぐに参ります。**5級**

sofortig [ゾフォルティヒ] 形《付加》即時の、即座の。

Sofort·maßnahme 囡(–/–n) 応急処置。

Software [ゾフトヴェーァ] 囡(–/–s) [电]ソフトウェア。

sog [ゾーク] saugen の過去形。
sog. 《略》sogenannt いわゆる。

söge [ゼーゲ] saugen の接続法Ⅱ式形。

Sog [ゾーク] 男(–(e)s/–e) (船・自動車・飛行機の通った跡の)水[空気]の渦[航跡, 吸引通風];砕波[磯波]の吸引流(海の方への逆底流);吸引力;(比)魅力。

sogar [ゾガーァ] 副❶ ...でさえ(も)、...ですら;しかも、その上(...までも)。❷

① 1格 ② 2格 ③ 3格 ④ 4格

《更に強めて》それどころか(実に). **4級**

so·genannt [形](略:sog.)) ❶いわゆる,かの(有名な). ❷いうところの.

sogleich [ゾグライヒ][副]ただちに,即座に.

Sohle [ゾーレ][女](-/-n) ❶足裏,足底;靴(下)の底;靴の中敷. ❷(谷・河・坑道などの)底,底部,床. *auf leisen ~n* 秘かに,気付かれないように.

Sohn [zoːn ゾーン][男]

格	単数	複数
1	der Sohn	die Söhne
2	des Sohn(e)s	der Söhne
3	dem Sohn	den Söhnen
4	den Sohn	die Söhne

息子,せがれ. *ein verlorener ~* 放蕩息子;失踪した息子. **5級**

Soja [ゾーヤ][女](-/-jen), [中](-s/-jen) = Sojabohne.

Soja·bohne [女](-/-n) ❶〖植〗大豆(属). ❷大豆(の種).

solang [ゾラング] = solange.

solange [ゾランゲ] ((I))[接]《従属》…する限り[間](は). …でありさえすれば;《否定で》…しないうちは,…しないのであれば. ((II))[副]その間じゅう(ずっと);《bis ~》(…するまで)ずっと. **4級**

solar [ゾラー][形]太陽の.

Solarium [ゾラーリウム][中](-s/..rien) 太陽灯照射室.

Solar·zelle [女](-/-n)〖電〗太陽電池.

solch [ゾルヒ][代]《しばしば solch ein の形,その場合 solchは無変化》その[あの,この]ような;それ[あれ,これ]ほどの;《とても[非常に]》…な. ◆Ich habe ~ einen Durst. 私はこんなに[とても]のどが渇いています. 《不定冠詞なし;形容詞の前で》bei ~ schönem Wetter こんな良い天気の時に.

solche [ゾルヒェ]⇨solcher.

solchem ⇨solcher.

solchen ⇨solcher.

solcher [ゾルヒャー]

格	男性	女性	中性	複数
1	solcher	solche	solches	solche
2	solches	solcher	solches	solcher
3	solchem	solcher	solchem	solchen
4	solchen	solche	solches	solche

((I))[代]〈指示〉その[あの,この]ような;それ[あれ,これ]ほどの;とても[非常に] …な. ★2格形で形容詞がなく,-(e)sの語尾をもつ名詞を修飾する場合はsolchesとはならない(例:solchen Gastes). ◆solches herrliche Wetter こんなすばらしい天気. solches Schöne このように美しいもの. Ich habe solchen Durst. = Ich habe einen solchen Durst. 私はこんなに[とても]のどが渇いています. ★前者は solcher が dieser と同じ扱い,後者は形容詞と同じ扱いになっている. *solche(r) ... , dass* ... とても[非常に] …なので,(その結果)… . ★名詞の性によって変化する:Ich habe solchen Hunger, dass ich nicht einschlafen. 私はひどい空腹で寝つかれなかった.
((II))[代]〈不定〉《常に小文字で》その[あの,この]ようなもの. *als solche(r)* それ自体. ★名詞の性によって変化する:die Sache als solche 事柄それ自体. **5級**

solcherlei [..ライ][形]《無変化》《主に複数名詞を修飾して》そんな,その種の.

solches ⇨solcher.

Sold [ゾルト][男](-(e)s/-e)(兵士などの)給料,給金.

Soldat [ゾルダート][男](-en/-en)《弱》❶兵士,兵隊,軍人. ❷[将](Bauer)ポーン. ❸[昆]兵隊アリ.

soldatisch [ゾルダーティッシュ][形]兵士の;兵士[軍人]らしい.

Söldner [ゼルド(ト)ナー][男](-s/-) 傭兵.

solid [ゾリート][形](略) = solide.

solidarisch

solidarisch [ゾリダーリッシュ]形 ❶ 一致団結した, 連帯した. ❷ [法]連帯(責任)の.

solidarisieren [ゾリダリズィーレン] ((I)) 再 sich⁴ **mit** ③ 団結[連帯]する. ((II)) 他 連帯[団結]させる.

Solidarität [ゾリダリテート] 女 (-/) 連帯, 共同, 団結(心).

solide [ゾリーデ]形 堅牢な, じょうぶな; 堅実な, まじめな, 行儀のよい; [商]手堅い, 信用しうる.

Solidität [ゾリディテート] 女 (-/) 堅牢, 堅実.

Solist [ゾリスト] 男 (-en/-en) 弱 [音楽]独唱[独奏]者; バレエのソロを踊る人; (サッカーで)独走する人. ◇ **Solistin** 女 (-/-nen).

Soll [ゾル] 中 (-(s)/-(s)) ❶ [商]借り方, 負債. ❷ ノルマ, 割当量.

sollen [zɔ́lən ゾレン] (英shall)

現在	ich **soll**	wir sollen
	du sollst	ihr sollt
	er **soll**	sie sollen

過去	ich sollte	wir sollten
	du solltest	ihr solltet
	er sollte	sie sollten

| 過分 | **sollen**(不定詞を伴うとき), **gesollt**(不定詞を伴わないとき) |

| 接II | sollte |

((I)) 助《話法》《主語以外の意志を表す》★誰の意志であるかは文脈によるが, 「Ich soll Sie von Ihrem Vater grüßen. あなたのお父さんからよろしく伝えて下さいとのことです」のように von + 3格で表わされることがある. ❶ (a)《話し手の要求》(...して)もらいたい, (...して)ほしい;《du, ihr に対して》(...)しなさい;《聞き手に対して話し手自身の意志を第三者に伝えることを依頼する》...して くれるように言って(下さい). (b)《話し手自身の意志》...するつもりです. (c)《話し手の願望》...でありますように. ❷《第三者の要求》...するように[...して欲しいと]言われている, ...するよう指示[依頼]されている;《聞き手に対して話し手が第三者の意志を伝える》...して欲しい[くれ]と言っています[このことです]. ★命令法の間接引用; 接続法I式で: Er hat mir gesagt, ich solle nicht auf ihn warten. 自分のことは待たないように, と彼は私に言った (= Er hat mir gesagt: „Warte nicht auf mich!"). ❸《義務・忠告・助言》...すべきである;《否定で》...すべきでない, ...してはいけない, ...するものではない. ❹《主に現在形で》...というううわさ[話]である, ...だそうだ. ❺《主に現在形で》予定・計画・取り決め》...する予定[計画]である, ...することになっている, ...するはず[見込み]である.《接続法II式 hätte ... ~で》...すべき(ところ)だったのに, ...してほしかったのに; ...した方がよかったのに. ❼《疑問文で; 聞き手への反問》...とても思うのですが思うのでしょうか, お考えですか, ...でなければならないのですが, ...のつもりなのですか. ❽《疑問文で; 自問》(本当に)...なのだろうか, ...と言えるのだろうか, (いったい)...でいいのだろうか. ❾《話し手の無関心な要求》...するなら勝手にするがいい. ❿《目的・用途》...するためのものである. ⓫《取り決め》...ということにしておこう, (ひとまず)...とせよ. ◆Du sollst es bekommen. これを受け取って欲しいんだけど; それをあげるよ. Was soll das soll? それは何をするものですか; 用途は何ですか. Was soll das bedeuten [heißen]? それはどういう意味なんですか; それはどういうことなんですか; それは何のつもりなんですか. Woher soll ich das wissen? どうやったら分かるっていうの; そんなこと知ったこっちゃないよ. *Soll ich ...? = Sollen wir ...?* ...しましょうか. *Du sollst ... nicht ...* ...するべきではないよ, ...してはいけないよ, ...するものではないよ. *Es hat nicht sollen sein [sein sollen].* そうなる運命ではありませんでした. ((II)) 助《不定詞を伴わず, 本動詞として; 過去分詞は gesollt》★意味はIと同じである. 用法としては, (1) es, das を目的語とする場合,

①1格 ②2格 ③3格 ④4格

(2) 方向を示す語句と共に用いられる場合がある. **Was solls?**（口）しかたがないさ, それはどうでもいいさ. **Was soll das?** それはいったいどういうつもりなのですか, いったいどういうことなのですか. 4級

sollte [ゾルテ]（(I)）⇨sollen（過去形）《過去における未来》(…する)運命［さだめ］であった.（(II)）⇨sollen（接続法II式形）❶《本来は》…してほしいのですが. ❷《忠告・助言》…したほうがよい；《主語が2人称の場合は命令》…して下さい. ❸《当然》(本来は)…すべきところなのに(違ってしまった). ❹《推定》…せざるを得ない. ❺《疑問文で；聞き手への反問》…とても心配ですか［思うのでしょうか, お考えですか］, …でなければならないのですか, …のつもりなのですか. ❻《疑問文で；自問》(本当に)…なのだろうか, (本当に)…と言えるのだろうか, (本当に)…でいいのだろうか. ❼《wenn, fallsと》《ひょっとして［万一］》…という場合は, …ならば.
♦Sollte es regnen, (dann) komme ich nicht. 雨が降ったら来ませんからね. **auch** [**selbst**] **wenn … sollte, … = … , und wenn … sollte**（たとえ）…であっても.

Solo [ゾーロ]（中）(-s/-s, ..li) ❶【音楽】独唱, 独奏；独唱［独奏］曲. ❷【ス】ソロ. ❸【特】組を作らずに一人で全員を相手にするプレー. ❹【ス】(a)(球技での)個人プレー, 個人技. (b)ソロ(演技).

somit [ゾミット]（副）かくして, 従って, それゆえに；これをもって, これで.

Sommer [ゾマー]（男）(-s/-) 夏；夏季. ♦im ～ 夏に. **～ und** [**wie**] **Winter** 一年中. 5級

Sommer·ferien（複）(学校の)夏休み, 夏季休暇. ♦in den ～ 夏休みに. 4級

sommer·lich [..リヒ]（形）夏らしい, 夏向きの.

Sommer·schlussverkauf（男）(-(e)s/..käufe)【商】夏物一掃バーゲンセール.

Sommer·schlußverkauf（旧）=Sommerschlussverkauf.

Sommer·sprosse（女）(-/-n)《主に複》そばかす.

sommer·sprossig（形）《副なし》そばかすのある.

Sommer·zeit（女）(-/-) 夏季；サマータイム((夏季に時間を1時間繰り上げる)).

Sonate [ゾナーテ]（女）(-/-n)【音楽】ソナタ.

Sonde [ゾンデ]（女）(-/-n)❶【海】測深鉛；【空】測定気球, ラジオゾンデ；宇宙探測機. ❷【医】ゾンデ, さぐり, 消息子. ❸【坑】探鉱ボーリング(装置).

Sonder·angebot [ゾンダー..]（中）(-(e)s/-e)特別提供, 特売(品).

Sonder·ausgabe（女）(-/-n)❶特別号；特別(廉価)版.❷《主に複》(所得税控除の対象となる)特別支出.

sonderbar [..バー]（形）奇妙な, 風変わりな, 珍奇な, おかしい.

sonderbarerweise [..バーラーヴァイゼ]（副）奇妙にも.

Sonder·fall（男）(-(e)s/..fälle) 特殊なケース, 特例.

Sonder·genehmigung（女）(-/-en) 特別許可[認可].

sondergleichen [ゾンダーグライヒェン]（形）《名詞の後に置かれる》無比の, 無類の.

sonderlich [..リヒ]（形）❶変な, 奇妙な. ❷《否定詞を伴って》特別な, 格別な.

Sonderling [..リング]（男）(-s/-e) 変人, 奇人.

Sonder·müll（男）(有害物質を含む)特殊ゴミ.

sondern[1] [zɔ́ndərn ゾンダァン]（並列）《sondern の前には必ずコンマを置く》❶《先行の nicht と相関的に》…ではなくて. ❷《nicht nur …, sondern auch … で相関的に》…だけでなく…もまた. 5級

sondern[2] （(I)）（他）④ **von** ③《書》〈人・物[4]を人・物[3]から〉別にする, 分ける, 選り分ける.（(II)）（再） sich[4] 別れる, 離れる.

Sonder·nummer（女）(-/-n) (新聞・

□1格 □2格 □3格 □4格

雑誌の)特別号,臨時増刊号.

Sonder・preis [ゾンダープライス] 男 (-es/-e) 特価.

Sonder・schule 女 (-/-n) (視聴覚障害児のための)特殊学校,養護学校.

Sonder・wunsch 男 (-(e)s/..wünsche) 《主に複》(個人の)特別の要望.

Sonder・zug 男 (-(e)s/..züge) 〖鉄道〗特別[臨時]列車.

sondieren [ゾンディーレン] ((I)) 他 ❶(a) 調査する,〈物⁴に〉注意深く探りを入れる. (b) 意向を探る. ❷〖医〗ゾンデを使って検査する. ❸〈海〉水深⁴を〉測鉛で測る. ((II)) 自 探査する,探る.

Sonett [ゾネット] 中 (-(e)s/-e) 〖詩学〗ソネット,14行詩.

Sonn・abend [ゾンアーベント] (-s/-e) 《特に北部・中部で》土曜日 (⇒Samstag)(略:Sa). ◆ am ~ 土曜(日)に. 5級

sonn・abends 副 《毎週》土曜日に,土曜日ごとに.

Sonne [zónə ゾネ] 女 (-/-n) ❶(a)《単》太陽,日,(b) 恒星. ❷《単》日光;日向(ひなた). ◆ Die ~ geht auf [unter]. 日が上る[沈む]. 5級

sonnen [ゾネン] ((I)) 他 日に当てる[さらす,干す]. ((II)) 再 sich⁴ 日に当たる,日光浴をする.

Sonnen・aufgang 男 (-(e)s/..gänge) 日の出.

Sonnen・blume 女 (-/-n) 〖植〗ヒマワリ(向日葵).

Sonnen・brand 男 (-(e)s/..bränder) ❶ 太陽の灼熱. ❷ 日焼け.

Sonnen・energie 女 (-/) 〖理〗太陽エネルギー.

Sonnen・finsternis 女 (-/-se) 〖天〗日食.

Sonnen・hut 男 (-(e)s/..hüte) ❶ 日除け帽. ❷ 〖植〗オオハンゴンソウ属.

Sonnen・kraftwerk 中 (-(e)s/-e) 太陽熱発電所.

Sonnen・licht 中 (-(e)s/) 日光.

Sonnen・schein 男 (-(e)s/) ❶ 日光;《口;やや古》喜び,快活な気分. ❷

《親しみをこめて》(子供の)人気者;アイドル.

Sonnen・schirm 男 (-(e)s/-e) 日傘;日除け.

Sonnen・stich 男 (-(e)s/-e) 日射病.

Sonnen・strahl 男 (-(e)s/-en) 《主に複》日光,太陽光線.

Sonnen・uhr 女 (-/-en) 日時計.

Sonnen・untergang 男 (-(e)s/..gänge) 日没.

sonnig [ゾニヒ] 形 《副なし》日の照る,日当たりのよい;《比》朗らかな;《口;皮肉》めでたい.

Sonntag [ゾンターク] 男 (-(e)s/-e) 日曜日;安息日 ((略:So.)). 5級

sonntäglich [ゾンテークリヒ] 形 《述語なし》❶《毎》日曜日の. ❷ 日曜日らしい.

sonntags [ゾンタークス] 副 《毎週》日曜日に,日曜日ごとに.

sonst [zɔnst ゾンスト] 副 ❶ いつもは,ふだんは,これまでは;以前は,昔は. ❷ そのほかに,それ以外に[は],その他の点では,それは別として. ❸ そうでなければ,そうしないと,でないと,さもないと. ◆ ~ noch 他にまだ. ~ nichts 他に何でも(…)ない. ~ was その他[それ以外]何か,何か他に,それ以外なんでも. ~ wie その他[それ以外]のやり方[方法]で. ~ wo その他[それ以外]のどこかで,どこか他で. **Sonst noch (et)was?** 他にまだ何かご入用ですか. 4級

sonstig [ゾンスティヒ] 形 《付加》その他の,別種の;以前の,普段の.

sooft [ゾオフト] 接 《従属》...するたび(ごと)に,...するときはいつも;いつ...しても.

sophistisch [ゾフィスティッシュ] 形 ❶〖哲〗ソフィストの. ❷《軽蔑》詭弁的な.

Sopran [ゾプラーン] 男 (-s/-e) 〖音楽〗❶ ソプラノ(の女性最高声部). ❷ ソプラノ歌手. ❸《単》楽曲の最高音部. (b) 楽器の高音域.

Sopranistin [ゾプラニスティン] 女 (-/-nen) ソプラノ歌手.

① 1格 ② 2格 ③ 3格 ④ 4格

Sorbe [ゾルベ] 男 (-n/-n) 《弱》ゾルブ[ゾルビア]人 ((スラブ系でザクセンに住む少数民族)). ◇**Sorbin** (-/-nen).

Sorge [zɔ́rgə ゾルゲ] 女 (-/-n) ❶ (a)《単》心配, 不安(感). (b)《主に複》心配の種, 心配事, 懸念, 憂慮. ❷ 配慮, 世話, 保護. Keine ~! 心配しないで[ね]. 4級

sorgen [zɔ́rgən ゾルゲン] ((I)) 自 ❶ 〈für ④〉〈人・物⁴の〉面倒を見る, 世話をする, 〈人・物⁴に〉気を配る, 気を遣う. ❷〈für ④〉〈物⁴を〉手配する, 調達する. ❸〈für ④〉〈事が事⁴に〉引き起こす,〈事¹の結果が事⁴に〉なる. ((II)) 再 sich⁴〈um ④〉気遣う, 心配する.

sorgen·frei 形 心配のない, 気楽な.
Sorgen·kind 中 (-(e)s/-er) 心配の種になる子; 気がかりの種.
sorgen·voll 形 心配の多い, 不安でたまらない.
Sorgfalt [ゾルクファルト] 女 (-/) 注意深さ, 慎重, 入念, 綿密, 細心.
sorg·fältig 形 注意深い, 慎重な.
sorg·los 形 《最上 ~est》気配りしない, 無頓着な;のんきな;軽率な, 不注意な.
Sorglosigkeit [..ローズィヒカイト] 女 (-/) 無頓着;のんき;不注意.
sorgsam [ゾルクザーム] 形 注意深い, 入念な, 心を配った.
Sorte [ゾルテ] 女 (-/-n) ❶ (商品・栽培植物などの) 種類, 品種, 品質, 等級. ❷《複》《経》外貨. 4級
sortieren [ゾルティーレン] 他 分類する, 区分けする, より分ける, 整理する.
sosehr [ゾゼーァ] 接《従属》いくら[どれだけ, どんなに] ...しても[しようとも], どれほど ...であっても.
soso [ゾゾー] (口) 副 ❶ まあまあ(なんとか), どうにかこうにか. ❷《不変化詞》(a)《無関心に》そう, へえ. (b)《半信半疑で》そうなの, そうかね.
Soße [ゾーセ] 女 (-/-n) ❶ 《料理》ソース. ❷ (タバコの)芳香液. ❸《俗》汚水.
sott [ゾット] sieden の過去形.
Souffleur [ズフレァ] 男 (-s/-e) 《劇》プロンプター, 後見.
Souffleuse [ズフレーゼ[ス]] 女 (-/-n) (女性の)プロンプター.
soufflieren [ズフリーレン] 他 ❶ 〈③ ④〉そっと教える. ❷ プロンプターを務める.
soundso [ゾーウントゾー] (口) ((I)) 副 《修飾する語の前に置いて》これこれしかじか(のように). ((II)) 形 《修飾する語の後に置いて》これこれしかじかの.
Souvenir [ズヴェニーァ] 中 (-s/-s) (旅の)みやげ, 記念(品).
souverän [ズヴェレーン] 形 ❶《副なし》主権を有する. ❷ (やや古) 絶対的な, 専制的な;無制限の. ❸《文》卓越した, 悠然[平然]とした.
Souveränität [ズヴェレニテート] 女 (-/) ❶ 主権, 統治権. ❷ 独立. ❸ 卓越していること.
soviel [ゾフィール] 接《従属》《soviel に導かれる副文は主文に先行することが多い》❶ ...する限りでは, ...の範囲では. ❷《auch と》いくら[どんなに] ...しても[しようとも], どれほど ...であっても.
soweit [ゾヴァイト] 接《従属》《soviel に導かれる副文は主文に先行することが多い》...する限りでは, ...の範囲では. 4級
sowenig [ゾヴェーニヒ] 接《従属》《auch と》いくら[どんなに] ...ないにしても.
sowie [ゾヴィー] 接 ((I))《並列》《und の反復を避けて》及び, 並びに. ((II))《従属》(口) (sobald) ...するやいなや, ...したらすぐ.
sowieso [ゾヴィゾー] 副 どっちみち, いずれにせよ, どうせ.
sowjetisch [ゾヴィエティッシュ] 形《副まれ》ソビエトの.
Sowjet [..エット] 男 (-s/-s) ソビエト.
sowohl [zovóːl ゾヴォール] 接《並列》❶《~ ... als [wie] auch ... 》...も ...も (両方とも), ...と同様に ...も, ...と同様に ... . ❷《Sowohl als auch; 答えとして》両方です. ★単数も可能: Sowohl er als auch sie hört gern Rockmusik. 彼女と同様に彼もロックを聴くのが好きです. 4級

① 1格 ② 2格 ③ 3格 ④ 4格

sozial [ゾツィアール] 形 ❶社会の, 社会的な; 社会階層上の. ❷社会福祉のための, 公共の役に立つ. ❸[動]集団生活をする, 群居する.

Sozial·abgaben 複 社会保険分担金.

Sozial·arbeiter 男 (-s/-) ソーシャルケースワーカー.

Sozial·demokrat 男 (-en/-en)《弱》社会民主主義者, 社会民主党員.

sozial·demokratisch 形 社会民主主義の.

Sozialismus [ゾツィアリスムス] 男 (-/..men) ❶〔単〕(マルクス理論における共産主義の前段階の)社会主義. ❷〔主に単〕社会主義.

Sozialist [ゾツィアリスト] 男 (-en/-en)《弱》社会主義者, 社会党員. ◇ **Sozialistin** 女 (-/-nen).

sozialistisch [ゾツィアリスティッシュ] 形 ❶社会主義の. ❷ (略) = sozialdemokratisch.

Sozial·politik 女 (-/) 社会政策.

Sozial·produkt 中 (-(e)s/-e) 〔経〕国民総生産(高).

Soziologe [ゾツィオローゲ] 男 (-n/-n)《弱》社会学者. ◇ **Soziologin** 女 (-/-nen).

Soziologie [ゾツィオロギー] 女 (-/) 社会学.

soziologisch [ゾツィオローギッシュ] 形 社会学(上)の, 社会学的な.

Sozius [ゾーツィウス] 男 (-/..zien, ..zii, -se) ❶社員, 共同経営者. ❷同乗(者). ❸ (口) 仲間.

sozusagen [ゾーツザーゲン] 副 言わば, 言ってみれば, ほぼ…と言える.

Spachtel [シュパハテル] 男 (-s/-), (『ｵｰｽﾄﾘｱ』) 女 (-/-n) ❶へら, パテナイフ, パレットナイフ;(口)(医師の)舌圧子(ぜつ). ❷〔単〕パテ.

spachteln [シュパハテルン] ((I)) 自 へらを使用する;(口)盛んに食べる, 喰う. ((II)) 他 へらで平らにならす, へらで塗る.

Spagat [シュパガート] 男 中 (-(e)s/-e) 〔体操・ﾊﾞﾚｴ〕スプリット ((両脚を前後に一直線に開脚する姿勢)).

Spaghetti, Spagetti [シュパゲッティ, スパゲッティ] 複 スパゲッティ.

spähen [シュペーエン] 自〈+場所〉見張る, うかがう, 探偵する; 偵察する.

Späher [シュペーアー] 男 (-s/-) 見張り人, 探偵, スパイ;〔軍〕斥候. ◇~**in** 女 (-/-nen).

Spalier [シュパリーァ] 中 (-s/-e) ❶(果樹や蔓草をはわせる)格子垣. ❷(道の両側の)人垣.

Spalt [シュパルト] 男 (-(e)s/-e) ❶割れ目, 裂け目, 隙間, ひび, 亀裂. ❷分裂, 不和.

Spalte [シュパルテ] 女 (-/-n) ❶裂け目. ❷〔印〕(新聞などの)欄, 段, 切片.

spalten(*) [シュパルテン]《過 spaltete; 過分 gespaltet, 特に付加語的 gespalten》((I)) 他 (縦に)割る, 裂く;分裂させる; 分解する. ((II)) 再 sich⁴ 割れる, 裂ける;分裂する.

Spaltung [シュパルトゥング] 女 (-/-en) 割ること, 裂くこと;分裂(状態);不和;割れ目;〔化〕分解.

Span [シュパーン] 男 (-(e)s/Späne)《主に複》木屑, 木端(こっぱ), 鉋屑.

Span·ferkel 中 (-s/-) 授乳期の子豚.

Spange [シュパンゲ] 女 (-/-n) 留め金;ヘアクリップ;ブローチ;歯列矯正器, ブレース.

Spaniel [シュパーニエル, スパニエル] 男 (-s/-s) スパニエル ((猟犬の一種)).

Spanien [シュパーニエン] 中 (-s/) スペイン.

Spanier [シュパーニアー] 男 (-s/-) スペイン人. ◇ **Spanierin** 女 (-/-nen).

spanisch [シュパーニッシュ] 形 ❶スペイン(人[語])の, スペイン産の. ❷(口)奇妙な, 不可解な.

spann [シュパン] spinnenの過去形.

spannen [シュパネン] ((I)) 他 ❶張る, 引っぱる;広げる, 伸ばす. ❷〈+場所〉〈動物などを〉つなぐ. ❸緊張させる;(好奇心などを)刺激する. ❹(『南ﾄﾞ』)気付く, 感づく. ❺…の幅がある. ((II)) 自 ❶窮屈である, きっちりすぎ

① 1格 ② 2格 ③ 3格 ④ 4格

spannend [シュパネント] 形《最上 ~st[..ット]》はらはらさせる, 緊張させる, 刺激[興奮]させる.

Spannung [シュパヌング] 女《-/-en》緊張; 興奮, サスペンス; 伸張; 〔電〕電圧.

Spann・weite 女《-/-n》(鳥や昆虫の)翼[羽根]の広がり; 〔空〕翼幅; 〔建〕張間(はりま), 径間(けいかん).

Spar・buch [シュパーァ..] 中《-(e)s/..bücher》預金[貯金]通帳.

Spar・büchse 女《-/-n》貯金箱.

sparen [ʃpáːrən シュパーレン]《(I)》他 ❶ 節約する, 倹約する, 差し控える, 取っておく. ❷ 蓄える; 貯蓄する. ❸ 免じる, 省く.《(II)》自 ❶ 節約する, 惜しむ. ❷ 貯金する. 4級

Sparer [シュパーラー] 男《-s/-》預金者. ◇**Sparerin** 女《-/-nen》.

Spargel [シュパルゲル] 男《-s/-》, (_{スイス}) 女《-/-n》アスパラガス.

Spar・kasse 女《-/-n》貯蓄銀行.

Spar・konto 中《-s/..ten》普通預金口座.

spärlich [シュペーァリヒ] 形 乏しい, 不足な, 僅少な; まばらな, (頭髪の)薄い.

sparsam [シュパーァザーム] 形 ❶ 倹約な, 経済的な, 徳用な. ❷ 控え目な, わずかの, 最低限の.

Sparsamkeit [..カイト] 女《-/》倹約, 質素; 徳用.

Sparte [シュパルテ] 女《-/-n》❶ 部門, 分野, 専門; (スポーツの)種目. ❷ (新聞の)欄.

Spaß [ʃpaːs シュパース] 男《-es/Späße》❶ 冗談, ふざけ. ❷《単》楽しみ, 喜び. ◆ *Das macht mir ~.* それはおもしろいです. *keinen ~ verstehen* 冗談がわからない, ユーモアを解しない. 4 *aus [im, zum] ~ sagen* ほんの冗談で言う. *ein teurer ~ sein* 《口》高くつく楽しみである. *Viel ~!* 楽

しんで(きて)ね! 4級

spaßen [シュパーセン] 自 冗談[しゃれ]を言う; ふざける.

spaßeshalber [シュパーセスハルバー] 副《口》冗談に, おどけて; もの好きに, おもしろ半分に.

spaßig [シュパースィヒ] 形 おもしろい, おかしい, こっけいな; 冗談好きの, おどけた.

Spaß・macher 男《-s/-》冗談で人を楽しませる人, 道化(者).

spät [ʃpɛːt シュペート] 形《比較 ~er; 最上 ~est》(↔ früh) ❶ (ある期間の)末期の, (時間の)遅い ❷ (定刻または予定の時より)遅れた, 遅い. ❸《副のみ》晩に. ◆ *am ~en Abend = ~ am Abend* 夜遅くに. *zu ~ kommen* 遅れて来る, 遅刻する. *Wie ~ ist es?* 何時ですか. 5級

Spaten [シュパーテン] 男《-s/-》❶ シャベル, 鋤(すき). ❷ (トランプの)スペード.

später [シュペーター] 形 ❶ spät の比較級. ❷ (↔ früher) 後の, 将来の, これからの, 来るべき. ❸《副のみ》(ある時の)後に, 後で, 将来. *Bis ~!* 後で.

spätestens [シュペーテステンス] 副 遅くとも.

Spatz [シュパッツ] 男《-en, -es/-en》 ❶ スズメ (雀). ❷《親しみをこめて》おちびさん. *Das pfeifen die ~en von den [allen] Dächern.* 《口》そのことはもうだれもが知っている, 公然の秘密である. *Besser ein ~ in der Hand als eine Taube auf dem Dach.* 《諺》明日の百より今日の五十 ((屋根の上のハトより手の中のスズメが勝る)).

Spätzle [シュペッツレ] 複 〔料理〕シュペッツレ (小麦粉で作った短いヌードルを塩ゆでにしたもの; Schwaben 地方の食物).

spazieren [シュパツィーレン] 自《S》ぶらぶら歩く, そぞろ歩く. ■ *~ fahren* 1) 車で遠乗り[ドライブ]する; 船遊びする. 2)《人を》遠乗り[ドライブ]に連れて行く, 乗物で散歩させる. *~ gehen* 散歩する. 4級

spazieren|fahren* 他⑪＝spazieren fahren (⇨spazieren ■).

spazieren|gehen* 自⑪＝spazieren gehen (⇨spazieren ■).

Spazier·gang [シュパツィーアガング] 男(-(e)s/..gänge) 散步, 散策. 4級

Spazier·gänger [..ゲンガー] 男 (-s/-) 散歩者.

SPD [エスペーデー] 女 (-/-)《略》Sozialdemokratische Partei Deutschlands ドイツ社会民主党.

Specht [シュペヒト] 男 (-(e)s/-e) 〔鳥〕キツツキ (啄木鳥).

Speck [シュペック] 男 (-(e)s/-e) (ブタ・クジラ・アザラシなどの) 脂身(あぶらみ), ベーコン; (口) (人間の) 脂肪.

speckig [シュペッキヒ] 形 ❶ 脂こい; 脂じみた. ❷ 脂じみてテカテカ光った. ❸《軽蔑》太った, 脂肪の多い.

Spediteur [シュペディトゥーア] 男 (-s/-e) 運送業者. ◇**~in** [..ディトゥーリン] 女 (-/-nen).

Spedition [シュペディツィオーン] 女 (-/-en) 運送, 発送; (会社の) 発送部; 運送業〔会社〕.

Speer [シュペーア] 男 (-(e)s/-e) (武器, またはスポーツ用の) 槍(ヤリ), 投げ槍.

Speichel [シュパイヒェル] 男 (-s/) 唾液(ダエキ), つば, よだれ.

Speicher [シュパイヒャー] 男 (-s/-) ❶ 穀倉; 倉, 倉庫. ❷《南・西ドイツ》屋根裏. ❸ (a)〔工〕貯水タンク; 温水タンク. (b)〔電算〕記憶装置, メモリー.

speichern [シュパイヒェルン] 他 貯える, 貯蔵する, 保管する; 倉庫に入れる; (憎しみなどを) ためこむ; 〔電算〕記憶装置に入れる.

speien* [シュパイエン]《過 spie; 過分 gespien》《書》(I) 自 ❶ つばを吐く. ❷ 嘔吐する. (II) 他 吐く, 吐き出す.

Speise [シュパイゼ] 女 (-/-n) ❶《書》食物, 食料品. ❷ 料理. ❸《北ドイツ》食後のデザート.

Speise·eis 中 (-es/) アイスクリーム.

Speise·kammer 女 (-/-n) 食物貯蔵室.

Speise·karte [シュパイゼカルテ] 女 (-/-n) 献立表, メニュー. 4級

speisen [シュパイゼン] ((I)) 自《書》食事をする. ((II)) 他 ❶ 食べる, 摂る. ❷《書》(a)〈人³に〉食事をふるまう; ごちそうする. ❸《④ (mit ③)》〈物⁴に物³を〉供給する.

Speise·saal 男 (-(e)s/..säle) (ホテルなどの広い) 食堂.

Speise·wagen 男 (-s/-) 〔鉄道〕食堂車.

Speise·zettel 男 (-s/-) 献立計画表.

Spektakel [シュペクターケル] ((I)) 中 (-s/-) ❶ センセーショナルな出来事; 大仕掛けな見もの, スペクタクル. ❷《古》光景, (大がかりな) 芝居, 劇. ((II)) 男 (-s/(まれ)-) (口) 大騒ぎ, 騒動; 大げんか.

spektakulär [シュペクタクレーア] 形 センセーショナルな.

Spekulation [シュペクラツィオーン] 女 (-/-en) ❶ 投機, 相場. ❷ (a)〔哲〕思弁. (b) 考察, 推察, 憶測.

spekulieren [シュペクリーレン] 自 ❶ 投機する, 相場をやる. ❷《auf ④ [mit ③]》(口)〈人⁴·³を〉当てにする, 欲しがる. ❸《über ④》〈事⁴について〉思索〔推測〕する.

Spelunke [シュペルンケ] 女 (-/-n) 不潔な居室, あばら家; 怪しげな酒場.

Spelze [シュペルツェ] 女 (-/-n) ❶ (穀物の種子の) 殻. ❷ 穎(エイ), 苞(ホウ).

Spende [シュペンデ] 女 (-/-n) 施し, 喜捨, 贈り物, 施し物, 寄付金品.

spenden [シュペンデン] 他 ❶ 施す, 寄付する, 喜捨する. ❷《③ ④》〈人³に物⁴を〉与える, 授ける.

Spender [シュペンダー] 男 (-s/-) 施与者, 寄付者; 慈善家; (臓器・血液・精液などの) 提供者; ディスペンサー ((ティッシュペーパー・脱脂綿などを適量ずつ取り出せる容器)). ◇**Spenderin** 女 (-/-nen).

spendieren [シュペンディーレン] 他《(③) ④》(口)〈 (人³に) 物⁴を〉気前よく与える; おごる, ごちそうする.

Spengler [シュペングラー] 男 (-s/-) 《南ドイツ・オーストリア》ブリキ職人.

Sperling [シュペァリング] 男 (-s/-e)

① 1格 ② 2格 ③ 3格 ④ 4格

[鳥]スズメ(雀).

Sperma [シュペァマ, スペァマ] 中 (-s/..men, ..mata) [医] (Samen) 精液.

sperrangelweit [シュペルアンゲルヴァイト] 副《述語なし》(蝶番(ﾁｮｳﾂｶﾞｲ)が許す限り)いっぱいに(広く).

Sperre [シュペレ] 女 (-/-n) ❶(通行止めの)柵, 横木, バリケード, (交通の)遮断物; (駅の)改札口, (入場券を示して通る)入り口. ❷遮断, 通行止め, 封鎖, 閉鎖, ロックアウト; 停止, 禁止(措置). ❸[法] 出場停止処分.

sperren [シュペレン] (I) 他 ❶遮断する, 阻止する; 閉じる, 閉鎖する. ❷《4+場所》閉じこめる. ❸止める; 差し止める, 禁止[停止]する. ❹《3》妨害する, ブロックする. ❺[印]隔字体で[字間を空けて]印刷する. ❻《ｵｰｽﾄﾘｱ･南ﾄﾞｲﾂ》(schließen)閉める. (II) 自 ❶(ﾄﾞｱなどが)きちんと閉まらない. ❷(雛鳥が給餌を促すために)口を大きく開ける. (III) 再 sich⁴ 反抗する, 抵抗する.

Sperr·holz 中 (-es)s 合板, 合材.

sperrig [シュペリヒ] 形 かさばった, 場所をとる; (比) 扱いにくい, 手に余る.

Sperr·müll 男 (-(e)s/) 粗大ゴミ.

Sperr·sitz 男 (-es/-e) [劇場・サーカスなどの]前列の席, (映画館の)後方の席((かつては予約者のための特別席)).

Sperr·stunde 女 (-/(まれ)-n) [法] (飲食店などの)法定閉店時刻.

Sperrung [シュペルング] 女 (-/-en) ❶遮断, 閉鎖, 封鎖; 禁止. ❷柵, 門(扉), 横木. ❸[心理]阻害. ❹《ｵｰｽﾄﾘｱ･南ﾄﾞｲﾂ》(会社・店などの)閉店, 店仕舞.

Spesen [シュペーゼン] 複 (経営上の)経費, 雑費. *Außer ~ nichts gewesen.* (口)骨折り損のくたびれもうけ.

Spezi [シュペーツィ] 男 (-s/-(s)) 《ｵｰｽﾄﾘｱ･南ﾄﾞｲﾂ》親友.

spezialisieren [シュペツィアリズィーレン] 再 sich⁴ ⟨auf ④⟩《物⁴を》専門にする, 専攻する.

Spezialist [シュペツィアリスト] 男 (-en/-en) 弱 ❶専門家; 専門店, 専門業者. ❷専門医(通称). ◇ **Spezialistin** 女 (-/-nen).

Spezialität [シュペツィアリテート] 女 ❶(土地・店などの)特別な料理[食物], 名物; 好物; 得意な料理. ❷得意な事, 専門, 好きな事, 趣味.

speziell [シュペツィエル] (I) 形 ❶特別[特殊]の, 独特の. ❷個々の, 詳細にわたる, 専門の. (II) 副 特別に, とりわけ; (口)まさに, ほかならぬ.

spezifisch [シュペツィーフィッシュ] 形 特殊[特有]の, 独特の; 特異の.

Sphäre [スフェーレ] 女 (-/-n) ❶天球. ❷(作用などの)範囲, 領域.

spicken [シュピッケン] (I) 他 ❶[料理]《肉⁴に》脂身[ベーコン]の細片を差し込む. ❷(俗)《4 mit ③》〈物⁴に物³を〉たっぷりと詰め込む[挿入する]. ❸(俗)〈人⁴に〉賄賂(ﾜｲﾛ)を贈る. (II) 自 ❶《(bei [von] ③)》(方)カンニングする. ❷[S]《まれ》試験に落ちる.

spie [シュピー] speien の過去形.

Spiegel [ʃpíːɡəl シュピーゲル] 男 (-s/-) ❶鏡; 反射鏡; [医]内視鏡. ❷液体の表面, 水面. ❸[医](体液中の)含有量. ❹(a)(タキシードなどの)絹の襟. (b)(制服の)襟章. ❺[狩](a)(牛馬の額や鹿などの尻の)白斑, (b)(鴨などの羽の)玉虫色斑. ❻一覧表; 席次[着席]表. ❼[建](ドアの)鏡板. ❽シュピーゲル(週刊誌名). ◆in den ~ sehen 鏡を見る. ③ *den ~ vorhalten* 人³にその非を知らせる[欠点を指摘する]. [4級]

Spiegel·bild 中 (-(e)s/-er) 鏡に映った(左右逆の)像; [理]鏡像.

spiegel·blank 形 鏡のように輝く.

Spiegel·ei 中 (-(e)s/-er) [料理]目玉焼き.

spiegel·glatt 形 鏡のように滑らかな.

spiegeln [シュピーゲルン] (I) 自 鏡のように光る[輝く], 光を反射する. (II) 他 ❶反射する, 反映する; 如実に示す; 鏡に映す. ❷[医]内視鏡で検査する. (III) 再 sich⁴ ❶鏡に映る; 反映する, 現れる. ❷《まれ》自分の姿を

① 1格 ② 2格 ③ 3格 ④ 4格

鏡に映して見る, 鏡を見る.

Spiegel‧reflex‧kamera 囡(-/-s)
〖写〗レフレックスカメラ.

Spiegelung [シュピーゲルング] 囡(-/-en) ❶反射,反映;映像. ❷＝Spiegelbild. ❸蜃気楼.

Spiel [ʃpiːl シュピール] 囲(-(e)s/-e) ❶遊び. ❷(自由な)活動(の場). ❸〘単〙不規則な動き,たわむれるような動き・変化. ❸(a)競技,スポーツ;試合;(テニス・ビリヤードなどの個々の)ゲーム. (b)〘単〙プレー,試合のやり方. ❹賭け事,賭博. ❺(トランプやボウリングなどの)手. ❻(ゲームの道具などの)一そろい,セット. ❼(a)〘単〙演技,演奏. (b)芝居,演劇. (c)〘古〙〖軍〙楽隊. ❸やり方,ふるまい;軽率な危険な行為. *ein ~ mit dem Feuer sein* 火遊び〖危険な行為〗である. *auf dem ~ stehen* [sein] 賭けられている;危険にさらされている. ④ *aufs ~ setzen* 物⁴を賭ける;物⁴を軽率に危険にさらす. 5級

Spiel‧bank 囡(-/-en) (公認)賭博場,カジノ.

spielen [ʃpiːlən シュピーレン]

現在	ich spiele	wir spielen
	du spielst	ihr spielen
	er spielt	sie spielen

過去	ich **spielte**	wir spielten
	du spieltest	ihr spieltet
	er spielte	sie spielten

| 過分 | **gespielt** | 接Ⅱ spielte |

((Ⅰ)) 圓 ❶遊ぶ. ❷競技する,プレーする;ゲームをする. ❸演奏する. ❹〈＋場所・時間〉(小説・戯曲などの)舞台は…である. ❺〈＋場所〉(所が規則に,目的なしに,戯れるように)揺れ動く,戯れ動く. ❻〘um ④〙賭ける;賭け事をする. ❼出演している. ❸かすかに光る,玉虫色に輝く. ((Ⅱ)) 他 ❶遊ぶ;〈遊び・ゲームを〉する. ❷演奏する. ❸〈球技などを〉する,プレーする. ❹演じる. ❺上演[上映]する. ((Ⅲ)) 再 sich⁴ ❶〈＋結果〉遊んで[賭け事をして]…の状態になる. ❷〈＋方向〉演じながら…へ向って行く. 5級

spielend [..ト] 形〘述語なし〙戯れる;遊びながらの,容易な,造作ない.

Spieler [シュピーラー] 囲(-s/-) プレーヤー,競技者,選手;賭博者,博打(ばく)好き;〖音楽〗演奏者;〘まれ〙俳優.
Spielerin 囡(-/-nen).

Spielerei [シュピーレライ] 囡(-/-en) ❶〘単〙(主に蔑)いつまでも遊ぶこと,遊び,戯れ. ❷冗談;気晴らし;骨の折れない事. ❸がらくた;なくてもいい付属物.

spielerisch [シュピーレリッシュ] 形 ❶戯れの;遊びのような,遊び半分の;ふまじめな;手軽な,かわいい(装飾品など),小ぎれいな. ❷〘述語なし〙競技に関する.

Spiel‧feld 囲(-(e)s/-er) グラウンド,テニスコート.

Spiel‧film 囲(-(e)s/-e) 劇映画.

Spiel‧kamerad 囲(-en/-en)《遊び仲間.

Spiel‧karte 囡(-/-n) トランプのカード.

Spiel‧plan 囲(-(e)s/..pläne) 上演[演奏]予定表;(スポーツの)競技スケジュール.

Spiel‧platz 囲(-es/..plätze) (子供の)遊び場,遊園地.

Spiel‧raum 囲(-(e)s/..räume) 〖工〗間隙,遊び;(比)活動の余地;ゆとり.

Spiel‧regel 囡(-/-n)《主に複》遊戯[競技]の規則;慣行,ルール,規範.

Spiel‧sachen 複 おもちゃ,子供の遊び道具.

Spiel‧verderber 囲(-s/-) 興をそぐ人;(比)人の楽しみを壊す人.

Spiel‧waren 複 (商品としての)おもちゃ.

Spiel‧zeit 囡(-/-en) 演劇[音楽]のシーズン;映画の上映期間;(スポーツの規定の)試合時間.

Spiel‧zeug [シュピールツォイク] 囲(-(e)s/-e) ❶〘単〙《集合的》玩具,おもちゃ. ❷(個々の)おもちゃ;(比)玩弄(がん)物.

Spieß [シュピース] 男 (-es/-e) ❶槍(やり), 投げ槍. ❷焼き串. ❸[印]よこれ. ❹[軍]喜兵.

Spieß·bürger 男 (-s/-)[軽蔑]保守的で自主性のない人, 頑迷固陋な人. ◇..bürgerin 女 (-/-nen).

Spießer [シュピーサー] 男 (-s/-)(口) =Spießbürger.

spießig [シュピースィヒ] 形 (口;軽蔑) 偏狭で俗物的な.

Spinat [シュピナート] 男 (-(e)s/-e) [植]ホウレンソウ.

Spind [シュピント] 男 中 (-(e)s/-e) (兵舎などの)簡単な戸棚, ロッカー.

Spindel [シュピンデル] 女 (-/-n) ❶ [織]紡錘, 糸巻き棒;《昔は象徴的に》女性;[工]軸, 心棒;無限螺旋, 雄ねじ, スピンドル;[化]浮き秤;[建](螺旋階段の)親柱. ❷[生]紡錘体. ❸[園]紡錘形に刈り込んだ果樹.

Spinne [シュピネ] 女 (-/-n) ❶[動]クモ(蜘蛛). ❷[軽蔑]やせこけた意地悪女.

spinnen* [シュピネン] 《過 spann; 過分 gesponnen; 接 II spönne, spänne》 (I) 他 ❶ 紡ぐ, 紡績する, 糸に撚(よ)る. ❷ 考え出す, 想像する, でっちあげる. (II) 自 ❶ 糸を紡ぐ. ❷ (こまが) 回っている. ❸ 《an 3 格》《物 3》 を》 次々考え出す, でっちあげる. ❹ (方)(猫が) ゴロゴロとのどを鳴らす. ❺ (口) 頭がどうかしている, 変なことを口ばしる.

Spinnen·netz 中 (-es/-e) クモの巣.

Spinner [シュピナー] 男 (-s/-) ❶紡ぐ人, 紡績工. ❷[昆][俗称]繭を作る蛾(が)(蚕蛾など);[釣]用の水中で回転する)擬餌針, スピナー. ❸[軽蔑]頭のおかしなやつ.

Spinnerei [シュピネライ] 女 (-/-en) ❶(単)糸紡ぎ, 紡績. ❷紡績業, 紡績工場. ❸(口)変な考え, ばかげた考え.

Spinnerin [シュピネリン] 女 (-/-nen) ❶紡ぎ女;紡績女工. ❷[軽蔑]頭のおかしな女. ❸(口)クモ.

Spinn·rad [シュピン..] 中 (-(e)s/..räder)紡き車, 糸車.

Spinn·webe 女 (-/-n)《主に複》クモの巣.

Spion [シュピオーン] 男 (-s/-e) ❶密偵, 探偵;間諜(かんちょう), スパイ. ❷(口)(ドアなどの)のぞき穴.

Spionage [シュピオナージェ] 女 (-/-)スパイ活動.

spionieren [シュピオニーレン] 自 探偵する, スパイをする;ひそかに探る.

Spionin [シュピオーニン] 女 (-/-nen) (女性の)密偵, 探偵;間諜(かんちょう).

Spirale [シュピラーレ] 女 (-/-n) ❶ [数]螺線, 渦巻線. ❷ 螺旋, 渦巻曲線. ❸ 螺旋[渦巻]形のもの;螺旋ばね;(口)子宮内のペッサリー.

Spiral·feder 女 (-/-n) [工]渦巻ばね.

Spirituosen [シュピリトゥオーゼン] 複 強いアルコール飲料.

Spiritus [スピーリトゥス] 男 (-/-) ❶ 呼吸, 気息;精神, 霊;活気, 元気. ❷[言](ギリシア語の)気音(記号). ((II)) [シュピーリトゥス] 男 (-/-se) 酒精, (エチル)アルコール.

Spiritus·kocher [シュピーリトゥス..] 男 (-s/-) アルコール(を燃料に用いる)コンロ.

Spital [シュピタール] 中 (-s/Spitäler) [オース,スイス]病院.

spitz [ʃpɪts シュピッツ] 形 (最上 spitzest) ❶とがった;鋭利な. ❷辛辣な, 皮肉な. ❸(口)(顔が)やつれた, やせこけた. ❹(音が)鋭く甲高い. ❺(口)魅力的な;セクシーな. 5級

Spitz [シュピッツ] 男 (-es/-e) ❶スピッツ(犬). ❷(方)微酔. ❸(オース,スイス)尖端, 山の頂上. ❹(オース)葉巻用パイプ, ホルダー.

Spitz·bart 男 (-(e)s/..bärte) ❶先のとがったあごひげ. ❷(口)先のとがったあごひげの男.

Spitz·bube 男 (-n/-n)《弱》❶(やや古)(軽蔑)泥棒, すり;詐欺師;悪漢. ❷《親しみを込めて》生意気な子, いたずらっ子, わんぱく. ❸《主に複》(オース)ジャムサンドクッキー.

spitz·bübisch 形 ❶(古)盗賊[悪

漢,詐欺師](のような). ❷いたずら好きな,わんぱくな.

spitze [シュピッツェ] 形 (口)すばらしい,すごい.

Spitze [シュピッツェ] 囡 (-/-n) ❶先端,(とがった)先;(山などの)頂上;頂点;(紙巻タバコや葉巻の)吸い口,ホルダー. ❷《主に複》レース,笹縁(懿). ❸先頭,首位;(スポーツの)先頭集団,(球技の)前衛;指導的地位,トップ. ❹《俗》最高値,最大限,ピーク;(口)最高速度;(俗)最高のもの. ❺《商》余剰;端額. ❻皮肉,あてこすり. 囲 *auf die ~ treiben* 事を極端にまで押し進める. *Das ist nur die ~ des Eisberges.* 氷山の一角に過ぎない.

Spitzel [シュピッツェル] 男 (-s/-) スパイ,密偵.

spitzen [シュピッツェン] ((I))他とがらす,先を鋭くする. ((II)) 再 sich⁴ *auf* ④(ケ)(物)に期待をかけて待ち焦がれる. ((III))自(方)注意深く(のぞき)見る,よく気をつける,こっそりうかがう.

Spitzen・erzeugnis 匣 (-ses/-se) 最高級品,最優秀作品.

Spitzen・klasse 囡 (-/-n) 最高級(品),トップクラス(のもの).

Spitzen・reiter 男 (-s/-) ❶[馬]トップクラスの馬術選手;トップクラスのスポーツ選手. ❷(口)人気抜群の品,ヒット作.

Spitzen・sportler 男 (-s/-) [馬]トップクラスの選手,最優秀選手.

Spitzer [シュピッツァー] 男 (-s/-) (口)鉛筆削り器.

spitz・findig 形《軽蔑》細かいことにこだわる,むやみに細かい;理屈をこねる.

Spitzfindigkeit [..カイト] 囡 (-/-en) 些事へのこだわり;屁理屈.

Spitz・hacke 囡 (-/-n) 鶴嘴(認),ピッケル.

spitz|kriegen 他 (口)悟る,気付く,見抜く.

Spitz・maus 囡 (-/..mäuse) 〔動〕トガリネズミ (尖鼠).

Spitz・name 男 (-ns/-n) あだな.

Spleen [シュプリーン] 男 (-s/-e, -s)《主に単》気まぐれ,奇矯,妙な考え;風変りな性質.

Splitt [シュプリット] 男 (-(e)s/-e) (道路舗装用やコンクリートに混ぜる)砕石,小砂利.

Splitter [シュプリッター] 男 (-s/-) (材木や金属などの)破片,細片,片;とげ. (比)微細なもの.

splitterfasernackt [シュプリッターファーザーナックト] 形 (口) 一糸もまとわない,赤裸の.

splittern [シュプリッタァン] 自 ⓑⓈ 裂ける,割れる,砕ける,はげる.

splitternackt [シュプリッターナックト] 形 (口) = splitterfasernackt.

Splitter・partei 囡 (-/-en) 〔議会〕分派,小会派.

spontan [シュポンターン,スポンターン] 形 ❶自由意志の,自発的の;自然(発生)の. ❷無意識的な,とっさの.

Spontaneität, Spontanität [シュポンタネイ[ニ]テート] 囡 (-/-en) ❶《単》自発性. ❷自発的言動.

sporadisch [シュポラーディッシュ] 形 散在する,まばらな;散発的な,時折の;[医]散在[特発]性の.

Spore [シュポーレ] 囡 (-/-n)《主に複》[植]芽胞,胞子.

Sporn [シュポルン] 男 (-(e)s/Sporen, -e) ❶《主に複》拍車. ❷《単》(古)刺激;鼓舞;動機,誘因. ❸〔動〕(鳥の)蹴爪;(昆虫の脚の)剛毛,距状突起. ❹《複-e》[植]距(i). ❺《複-e》[空]尾橇(黛). ❼《複-e》登山靴のスパイク,靴釘.

Sport [シュポルト] 男 (-(e)s/Sportarten, (まれ)-e) ❶《単》《集合的に》スポーツ,運動,競技;《冠詞なしで》(授業課目としての)体育. ❷(個々の)スポーツ種目. ❸(口)趣味,道楽,気晴し;楽しみ. 5級

Sport・art 囡 (-/-en) 運動種目.

Sport・fest 匣 (-(e)s/-e) 運動[競技]会,体育祭.

Sport・halle 囡 (-/-n) 体育館,屋内競技場.

Sport・kleidung 囡 (-/) 運動服

① 1格 ② 2格 ③ 3格 ④ 4格

[着], スポーツウェア.

Sportler [シュポルトラー] 男 (-s/-) 運動家, スポーツマン. ◇ **Sportlerin** 女 (-/-nen). 5級

sportlich [シュポルトリヒ] 形 ❶ スポーツの, スポーツに関する. ❷ スポーツマンらしい, スポーツで鍛えられた. ❸ スポーツに適した, スポーティーな.

Sport·platz 男 (-es/..plätze) 運動[競技]場.

Sport·schuh 男 (-(e)s/-e) 運動靴, スポーツシューズ.

Sport·verein 男 (-(e)s/-e) スポーツクラブ.

Sport·wagen 男 (-s/-) ❶ スポーツカー. ❷ (腰掛け式の) ベビーカー.

Spot [スポット, シュポット] 男 (-s/-s) ❶ スポット CM. ❷ スポットライト.

Spott [シュポット] 男 (-(e)s/-e) 嘲笑, 嘲弄(ホウ); もの笑い (の種).

spottbillig [シュポットビリヒ] 形 (口) 非常に安い, 二束三文の.

spötteln [シュペッテルン] 自 «**über** ④〉〈人・物⁴を〉からかう, 皮肉る.

spotten [シュポッテン] 自 ((I)) ❶ 〈**über** ④〉; 〈②〉〈人・物⁴·²を〉嘲笑する, からかう, 皮肉る. ❷ 〈②〉(書)〈物²を〉問題にしない, ばかにする;〈物²から〉かけ離れている. ((II)) 他 (鳥が周囲の音声を)まねる.

Spötter [シュペッター] 男 (-s/-) 嘲笑家, からかう人, 皮肉屋. ◇ **~in** 女 (-/-nen).

spöttisch [シュペッティッシュ] 形 嘲笑的な, 風刺的な, 皮肉な; 嘲笑癖のある.

Spott·preis 男 (-es/-e) (口) 超安値, 見切り値段.

sprach [シュプラーハ] sprechen の過去形.

Sprache [ʃpráːxə シュプラーヘ] 女 (-/-n) ❶ 《単》言語, 言葉; 言語能力; 発話行為. ❷ (特定地域・分野の) 言語, 国語. ❸ 《単》言葉遣い, 語法, 語調; (Stil) 文体; (Aussprache) 発音, 声. ❹ 《単》話題, 発言. ¶ Er kann [spricht] mehrere ~n. 彼は何ヶ国語もできます. **die ~ auf** ④

bringen 話題を事⁴へ転ずる. **eine deutliche ~ (mit** ③) **sprechen [reden]** (人³に)自分の意思をはっきり言う. **zur ~ kommen** 話題になる, 話に出る. 5級

spräche [シュプレッヒェ] sprechen の接続法II式形.

Sprach·fehler 男 (-s/-) 言語規範からの小さい逸脱, 発音上の過ち.

Sprach·führer 男 (-s/-) 語学案内書, 外国語会話ハンドブック.

Sprach·kurs 男 語学講座.

Sprach·labor 中 (-s/-s, -e) ランゲージラボラトリー, LL教室.

sprachlich [..リヒ] 形 言葉の; 言語上の; 文法[文章]上の.

Sprach·los 形 無言の, 暗黙の; 口の利けない; 唖然とした.

Sprach·rohr 中 (-(e)s/-e) メガホン; (比) 代弁者.

Sprach·unterricht 男 (-(e)s/(まれ)-e) 語学の授業.

sprang [シュプラング] springen の過去形.

spränge [シュプレンゲ] springen の接続法II式形.

Spray [シュプレー, スプレー] 男 中 (-s/-s) スプレー; 噴霧器; 噴霧液.

sprayen [シュプレーエン, スプレーエン] 自 スプレー[噴霧]する.

Sprech·anlage 女 (-/-n) インターホン.

Sprech·chor 男 (-(e)s/..chöre) ❶ シュプレヒコール, 一斉唱和. ❷ シュプレヒコールをする人々.

sprechen* [ʃpréçən シュプレッヒェン]

現在	ich spreche	wir sprechen
	du **sprichst**	ihr sprecht
	er **spricht**	sie sprechen

過去	ich **sprach**	wir sprachen
	du **sprachst**	ihr sprecht
	er **sprach**	sie sprachen

| 過分 | **gesprochen** | 接II **spräche** |

((I)) 他 **(mit** ③**) (über** ④**)**〈人3と〉〈事4について〉**話す**, しゃべる, 論ずる;〈von ③〉〈事3について〉話す, 話し合う, 話題にする;〈言葉3を〉口にする,〈事3という〉言葉を使う[用いる];〈**(zu** ③**) (von** ③**) [über** ③**]**)〉〈人3に(対して)〉〈事3・4について〉〈人前で〉話す, 講演する. **((II))** 他 ❶〈事4を〉話す, 口に出す. ❷〈人4と〉面会する, 会って[電話で]話をする. ♦ Deutsch ~ ドイツ語を話す. kein Wort ~ ひとことも話さない. *auf* ④ *schlecht [nicht gut] zu ~ sein* 人・物4のことをよく言わない, 人・物4に怒っている. **5級**

Sprecher 男(-s/-)❶話す人, 話し手;語り手, ナレーター. ❷アナウンサー. ❸代弁者, 代表者;(英米の)下院議長;スポークスマン. ◇~in 女(-/-nen).

Sprech·stunde [シュプレヒシュトゥンデ] 女(-/-n) 診察時間, (弁護士・教授などの)面会時間, 執務時間.

Sprech·stunden·hilfe 女(-/-n)(女性の)診察助手, 看護婦.

Sprech·zimmer 中(-s/-) 診察室;面会室, 応接室.

spreizen [シュプライツェン] **((I))** 他 開く,〈脚・腕・翼4などを〉広げる, 伸ばす. **((II))** 再 sich4 ❶気取る, もったいぶる, 威張る. ❷もったいぶって[見せかけだけ]遠慮する, 断る, 反抗[抵抗]する.

Spreizfuß [シュプライツ..] 男(-es/..füße) [医] 開帳足.

sprengen [シュプレンゲン] **((I))** 他 ❶爆破する, 爆発させる. ❷(無理やり)こじ開ける, 押し破る;粉砕する. ❸追いはらう[散らす], (力ずくで)解散させる, 妨害する;[狩](獣を追い立てる. ❹(ホースやスプリンクラーで)〈水4を〉撒く, 注ぐ. **((II))** 自 ❶[書]〈馬で〉疾走する. ❷撒水する.

Spreng·stoff (-(e)s/-e) 爆薬.

Sprenkel [シュプレンケル] 男(-s/-) 斑点, 小さい染み.

sprenkeln [シュプレンケルン] 他〈物4に〉斑点を付ける, まだらにする;[製本](書物の縁に)大理石模様を付ける.

Spreu [シュプロイ] 女(-/-) 穀類の殻, もみ殻;芒(ぎ);(比)くず物;無価値の物.

sprich [シュプリヒ] sprechenの命令法2人称単数形.

sprichst [シュプリヒスト] sprechenの2人称単数現在形.

spricht [シュプリヒト] sprechenの3人称単数現在形.

Sprich·wort 中(-(e)s/..wörter) 諺, 格言.

sprießen* [シュプリーセン] 《過 spross;過分 gesprossen》 自(s) [書] 発芽する, 芽ぐむ;発生する;育つ.

Spring·brunnen [シュプリング..] 男(-s/-) 噴水.

springen* [ʃprɪŋən シュプリンゲン] 《過 sprang;過分 gesprungen》自(s)(h) ❶**(a)**(s) 跳ぶ, 跳ねる, 躍る.**(b)** [競] [駅舎]「ジャンプ]する. ❷(s) (悩。;口) 走る, 急ぐ;(仕事で)走り回る, (仕事などに)駆けつける. ❸ (ボールなどが)弾む, (液体が)わき[噴き]出る, 急激に動く, ぱっと移動する, 飛ぶ;(うわさなどが)ぱっと広まる. ❹破れる, 裂ける, 割れる, ひび割れする;(つぼみなどが)ぱっと開く. **4級**

Springer [シュプリンガー] 男(-s/-) ❶(陸上競技・スキーなどの)跳躍競技の選手;ダイバー. ❷[動]跳躍する動物 ((バッタなど)). ❸[農]種畜. ❹[将]ナイト. ❺(流れ作業での)非常交代要員. ◇~in 女(-/-nen).

spring·lebendig 形 元気いっぱいの.

Sprinkler [シュプリンクラー] 男(-s/-) スプリンクラー, 撒水器.

sprinten [シュプリンテン] 自(s)(h)[ロ]❶全力疾走する, 早く走る. ❷(s) (h)(ラスト)スパートする.

Sprinter [シュプリンター] 男(-s/-) スプリンター, 短距離競走者, 短距離自転車選手. ◇~in 女(-/-nen).

Sprit [シュプリット] 男(-(e)s/-e)(種類を表すとき)-e) ❶《主に単》(口)ガソリン. ❷**(a)**《主に単》(口)シュナップス, 火酒.**(b)**《単》エチルアルコール.

Spritze [シュプリッツェ] 女(-/-n) ❶

スプリンクラー, 撒水器;霧吹き, 噴霧器;(デコレーション用クリームなどの)絞り出し;注射器;浣腸器;消火ポンプ;(消火ホースの)ノズル, 筒先. 射, 注入, 散布. **(b)**(口)(経済的危機を救うための)資金投入. ❸【［スポ］](スカートで)ダブル.

spritzen [シュプリッツェン] **(I)**(自) ❶ Ⓢ〈+場所〉吹き[ほとばしり]出る, 射出する. ❷ⓗ 飛び散る, 〈水を〉はね散らす. ❸ Ⓢ(口) **(a)**(急いで, 用件で)走る. **(b)**〈+方向〉駆けて行く[来る]. ❹ⓗ 麻薬を打つ. ❺ⓗ(卑)射精する. ❻ⓗ〈非人称で〉霧雨が降る. **(II)**(他) ❶ 噴出させる, 射出させる;振りかける;はね散らす. ❷ 水をかける;〈自動車などに〉吹きつけ塗装をする. ❸ 注射する. **(III)**(再) sich⁴ 自分で注射する;(口)麻薬を打つ.

Spritzer [シュプリッツァー] (男)(-s/-) ❶ はね, 水しぶき; (［気］)にわか雨. ❷ (振りかけられた)少量の液体. ❸ 塗装工. ❹(口)麻薬常習者.

spritzig [シュプリッツィヒ] (形) ❶ (発泡性で)さわやかな口当たりの((特にワインについて)). ❷ 陽気な;才気あふれる. ❸ 敏捷な;(自動車の)加速性能の良い.

spröd [シュプレート] (形) = spröde.

spröde [シュプレーデ] (形) ❶ (金属などが)もろい;ひびの入った;(皮膚などが)カサカサした, しわがれた((声));加工にくい, 打ちのばしにくい, 扱いにくい((テーマなど)). ❷ (比)親しみにくい, そっけない, 取り澄ました((美人など)).

Sprödigkeit [シュプレーディヒカイト] (女)(-/-) spröde であること.

spross [シュプロス] sprießen の過去形.

sproß (旧) = spross.

Spross [シュプロス] (男)(Sprosses/Sprosse(n)) ❶ [植]新芽, ひこばえ((蘖));若枝. ❷[書]子孫,《特に》子息.

Sproß (旧) = Spross.

Sprosse [シュプロッセ] (女)(-/-n) はしごの段;窓枠の横木.

Sprössling [シュプレスリング] (男)(-s/-e) (口)(親子関係における)子,《特に》息子;(古)子孫.

Sprößling (旧) = Sprössling.

Sprotte [シュプロッテ] (女)(-/-n) [魚] スプラット(ニシン属の小魚).

Spruch [シュプルフ] (男)(-(e)s/Sprüche) ❶ 宣告, 判決;評決, 判定;託宣, 呪文. ❷ 格言, 金言, 箴言((箴言));標語, スローガン. ❸《主に複》(口)決まり文句;くだらないおしゃべり. ❹[文芸]格言詩, 教訓詩. *Sprüche machen [klopfen]* (口) ほらを吹く, 自慢する.

spruch-reif (形) 判決[決定]を下すまでになった.

Sprudel [シュプルーデル] (男)(-s/-) ❶ [古]湧出泉. ❷ 一種の清涼飲料;ソーダ水.

sprudeln [シュプルーデルン] **(I)**(自) ❶ⓗ 泡立つ, わきあふれる, 沸騰する;早口にしゃべる. ❷Ⓢ わき出る, ほとばしり出る. ❸Ⓢ〈**vor** ③〉〈喜び・感激などの感情³に〉満ちあふれる. **(II)**(他) (［料］) かき混ぜる.

sprühen [シュプリューエン] **(I)**(自) ❶〈火花・しぶきなどが〉飛び散る. ❷〈**vor** ③〉〈物³に〉あふれんばかりである. ❸〈非人称で〉霧雨が降る. ❹〈ダイヤモンド¹などが〉キラキラ輝く. **(II)**(他)〈+場所〉(火花などを)散らす, 飛ばす;吹き付ける.

Sprüh-regen [シュプリュー..] (男)(-s/-) 霧雨, こぬか雨.

Sprung [シュプルング] (男)(-(e)s/Sprünge) ❶ 跳ぶこと, 跳ねること, 跳躍, 飛躍;[スポ]ジャンプ;(水泳の)飛び込み. ❷《単》(口) 短い距離;短い時間. ❸ 中間の部分を飛ばすこと;突然の変化;飛躍的進歩;(台詞などを)飛ばすこと. ❹[地]断層. ❺ 亀裂, ひび割れ. ❻[畜]交尾((雄の動作)). ❼[狩] **(a)** ウサギの後足. **(b)**(鹿などの)群れ. *auf einen ~ ちょっと, 短時間. keine großen Sprünge machen können* (口)たいした収入がない, たいしたことはできない. *ein ~ ins kalte Wasser* (口)(準備なしの)敢行.

Sprung·brett (中)(-(e)s/-er) [体操]

Sprünge

踏み切り板, (水泳の) 飛び込み板; 好機への出発点, スプリングボード.

Sprünge [シュプリュンゲ] 複 ⇨ Sprung.

sprunghaft [..ハフト] 形 飛躍的な, 急激な; (比) 脈絡のない, とっぴな.

Sprung·tuch 中 (-(e)s/..tücher) ジャンピングシート, 救命布 ((火事からの避難で高い所から飛び降りるためのもの)).

Spucke [シュプッケ] 女 (-/) (口) つば (唾).

spucken [シュプッケン] (I) 自 ❶つばを吐く, 吐く. ❷(エンジンが)ノッキングする. (II) 他 吐く, 吐き出す; (ストーブなどが熱を)放射する.

Spuk [シュプーク] 男 (-(e)s/-e)《主に単》❶ 幽霊[怪奇] 現象; (やや古) 妖怪, 幽霊. ❷(やや古; 口) 喧騒, 騒音; ばか騒ぎ; ばからしい話[事].

spuken [シュプーケン] 自 ❶ⓢ〈+場所〉さまよう; 幽霊が出る; (比) つきまとう. ❷ⓢ 幽霊が[幽霊となって] 通って行く.

Spule [シュプーレ] 女 (-/-n) ❶ (鳥の)羽幹. ❷ [工] 糸巻き; [電] コイル; リール; ボビン.

Spüle [シュピューレ] 女 (-/-n) (台所の) 流し台.

spulen [シュプーレン] 他 糸巻きに巻く, (糸・テープなどを) 巻き取る.

spülen [シュピューレン] (I) 他 ❶ 洗う, すすぐ, 洗い流す; [医] 洗浄する. ❷《 auf [an]〉 ❸〈水を物に〉押し流す;〈波などが〉打ち上げる[寄せる]. (II) 自 ❶ (トイレの) 水を流す, 洗う. ❷〈+方向〉打ち寄せる, 漂着する.

Spül·maschine [シュピューレ..] 女 (-/-n) 自動食器洗い機.

Spül·mittel 中 (-s/-) (食洗機用) 洗剤.

Spül·wasser 中 (-s/..wässer) 洗う [すすぐ] ための水; すすいだ後の汚れ水.

Spund [シュプント] 男 (-(e)s/Spünde, -e) ❶《複 Spünde》(酒樽などの) 飲み口; 栓(セン); [工] さね ((板の接合部に設けた突起)). ❷《複 -e》青二才.

Spur [シュプーァ] 女 (-/-en) ❶ 跡, 痕跡; 足跡; 獣の足跡; 轍(ワダチ). ❷《主に複》痕跡, 徴候; (犯行の) 証拠. ❸ 少量. ❹ (道路の) 車線; (録音テープ・磁気テープの) トラック; [スキー] シュプール, 滑走コース. ❺ [工] 車の運行の軌跡. ❻ [鉄道] 軌道; 軌間. *keine* ~ = *nicht die* ~ (口) 全く...でない.

spürbar [シュピューァバァ] 形 感知しうる, 感じられる; 顕著な.

spüren [シュピューレン] 他 ❶ 感知する, 感じる, 認める. ❷〈体の一部に〉痛みを覚える.

spur·los 形《述語なし》痕跡[足跡] のない.

Spür·sinn [シュピューァ..] 男 (-(e)s/) かぎ出す能力, 鋭い嗅覚; 勘の鋭さ, 炯眼(ケイガン).

Spurt [シュプルト, (外来) スパート] 男 (-(e)s/-s, -e) 最後のひと頑張り, (ラスト) スパート; (口) 速く走ること.

spurten [シュプァテン, (外来) スパーテン] 自 ❶ⓢⓗ [スポ] (ラスト) スパートする. ❷ⓢ 速く走る.

St. 《略》❶ = Sankt, Saint. ❷ = Stück. ❸ = Stunde.

Staat [ʃtaːt シュタート] 男 (-(e)s/-en) ❶ 国, 国家; 州. ❷《単》(口; やや古) 盛装. ❸ [動] (昆虫などの) 社会. *mit* ③ ~ *machen* 物³を誇示する, 見せびらかす. 4級

staatlich [シュタートリヒ] 形 ❶ 国家の, 国家的な; 国家による. ❷ 国立[国有] の, 国営の.

Staats·angehörige(r) 男女《形容詞変化》国民.

Staats·angehörigkeit [シュターツアンゲヘーリヒカイト] 女 (-/-en) 国籍.

Staats·anwalt 男 (-(e)s/..wälte) 検事, 検察官.

Staats·bürger 男 (-s/-) 国民, 公民.

staats·bürgerlich 形 国民[公民, 市民] の.

Staats·gewalt 女 (-/(まれ)-en) 国家権力, 国権.

Staats·mann 男 (-(e)s/..männer) (書) (大) 政治家.

①1格 ②2格 ③3格 ④4格

Staats·oberhaupt 中(-(e)s/..häupter) 国家元首.
Saats·oper 女 国立[州立]歌劇場.
Staats·präsident 男(-en/-en) 《弱》大統領.
Stab [シュターブ] 男(-(e)s/Stäbe) ❶(a)棒;杖,ステッキ;権標(権力の象徴としての杖).(b)《書》指揮棒.❷(a)(会社・団体の)スタッフ,幹部団.(b)《軍》司令[参謀]部;幕僚(ばく).
den ~ über 4格 brechen《書》人⁴に有罪の判決を下す,人⁴を鋭く非難する.

Stäbchen [シュテープヒェン] 中(-s/-) ❶小さい棒[竿(ǎ)],杖]. ❷(口)巻きタバコ. ❸ [植]桿状(ǎ)菌. ❹箸. ❺[手芸]鎖編み.

stabil [シュタビール] 形 ❶安定した;(神経などが)強靱な;不変の;しっかりした,堅固な. ❸[理]安定性の.

stabilisieren [シュタビリズィーレン]((I))他 安定[固定]させる;頑丈にする.((II))再 sich⁴ 安定する.

Stabilität [シュタビリテート] 女 (-/-) 安定(性),固定,不変,頑丈[強靱]であること;[理]安定度;(船・航空機の)復原力.

Stabs·arzt [シュタープス..] 男(-es/..ärzte) 軍医大尉.

stach [シュターハ] stechenの過去形.

Stachel [シュターヘル] 男(-s/-n) ❶(とげ状の)針;とげ;(蜂・ハリネズミなどの)毒針;[音楽](チェロなどの)エンドピン. ❷《書》心痛,呵責;駆り立ててやまないもの.

Stachel·beere 女 スグリの実.

Stachel·draht 男(-(e)s/..drähte) ❶有刺鉄線,鉄条網. ❷《雅》乾燥野菜.

stachelig [シュタッヘリヒ], **stachlig** [シュタッハリヒ] 形 とげのある;とげ状の;辛辣な;鋭い,風刺的な.

Stadion [シュターディオン] 中(-s/..dien, -s) スタジアム,競技場. 4級

Stadium [シュターディウム] 中(-s/..dien) (発展などの)段階;時期.

Stadt [ʃtat シュタット] 女

格	単数	複数
1	die Stadt	die **Städte**
2	der Stadt	der Städte
3	der Stadt	den Städten
4	die Stadt	die Städte

❶(a)(↔Dorf)都市,都会,市;(田舎に対して)町. (b)都心,都市中心. ❷《単》《口》《集合的に》…都市の住民. ❸《単》市当局. ◆ *in der ~* 町(の中)で. *in die ~ gehen [fahren]* 町へ行く[乗り物で行く]. 5級

Stadt·bahn 女(-/-en) (市の中心と郊外を結ぶ)都市高速鉄道,近郊電車.

Städte [シュテーテ,シュテッテ] 複 ⇨ Stadt.

Städter [シュテーター,シュテッター] 男 (-s/-) 市民;都会人. ◇ **~in** 女(-/-nen).

Stadt·gespräch 中(-(e)s/-e) ❶市内通話. ❷市内の話題,町のうわさ,巷説.

städtisch [シュテーティッシュ,シュテッティッシュ] 形 市[町]の,市有の;市立の;都会風の.

Stadt·mauer 女(-/-n) (中世の)市の外壁.

Stadt·mitte 女(-/-) 市の中心部.

Stadt·park 男(-s/-s) 市立公園.

Stadt·plan [シュタットプラーン] 男 (-(e)s/..pläne) 市街地図. 4級

Stadt·präsident 男(-ﾞ) 市長.

Stadt·rand 男(-(e)s/..ränder) 市の周辺地域,郊外.

Stadt·teil 男(-(e)s/-e) 市区;(口)市区の住民.

Stadt·tor 中(-(e)s/-e) 市(の城)門.

Stadt·viertel 中(-s/-) 市区.

Staffel [シュタッフェル] 女(-/-n) ❶(はしごの)段;《南》階段;《比》段階,等級,程度. ❷《軍》梯隊;(飛行機や船などの)梯形編成;飛行中隊. ❸[スポーツ]リレーチーム,団体戦チーム.

Staffelei [シュタフェライ] 女(-/-en)

① 1格 ② 2格 ③ 3格 ④ 4格

〔絵〕画架, イーゼル.

staffeln [シュタッフェルン] (**I**) 他 ❶ 梯形にする, 段々に積み上げる, 等級別にする. ❷〔軍〕梯隊を作らせる, 梯列配置にする. (**II**) 再 sich ~ ❶ 梯形をなす. ❷〈nach〈物³に応じて〉段階付けされる, 等級別になる.

stahl [シュタール] stehlenの過去形.

Stahl [シュタール] 男(-(e)s/Stähle, (まれ) -e) 鋼鉄; 鋼鉄製品; 《詩》刃(は), 刀剣(けん), みがき鋼.

Stahl·beton 男(-s/-s, -e) 鉄筋コンクリート.

Stahl·blech 中(-(e)s/-e) 薄鋼板.

stähle [シュテーレ] stehlenの接続法II式形.

stählern [シュテーラァン] 形 ❶《付加》鋼鉄(製)の. ❷《副なし》〔書〕鋼のような, 堅固な.

stak [シュターク] steckenの過去形.

Stall [シュタル] 男(-(e)s/Ställe) ❶ 家畜小屋, 畜舎; 汚なくちらかった部屋. ❷(a)厩舎; 《集合的に》《ある厩舎所属の》競走馬. (b)レーシングチーム.

Stallung [シュタルング] 女(-/-en)《主に複》〔大きな〕家畜小屋, 厩舎(ハャ).

Stamm [シュタム] 男(-(e)s/Stämme) ❶〔木の〕幹, 樹幹; 丸太. ❷〔古〕種族, 部族; 一族. ❸〔生〕門; 系統, 血統. ❹《単》〔組織・集団の〕中核, レギュラーメンバー. ❺〔言〕語幹. ❻〔口〕おすすめ品(の料理).

Stamm·aktie 女(-/-n)〔商〕普通株.

Stamm·baum 男(-(e)s/..bäume) 家系図, 系図;〔動・植〕系統樹;〔言〕樹形図.

stammeln [シュタメルン] 他 ❶ どもる, どもりながら言う, 口ごもる. ❷〔医〕構音障害を起こす.

stammen [シュタメン] 自〈aus ③; von ③〉〈物・人³に〉由来する, 基づく, 〈所³の〉出である, ..産である.

Stamm·gast 男(-es/..gäste) 常客, 常連.

stämmig [シュテミヒ] 形 筋骨隆々の.

Stamm·tisch 男(-(e)s/-e)〔飲食店の〕常連用の食卓; 常連グループ; 〔定期的な〕常連の会合.

stampfen [シュタンプフェン] (**I**) 他 ❶ 力強く踏みつける; 足でリズムを取る; 足踏みをして〈雪・泥⁴などを〉落とす. ❷ 突き砕く, 〈ジャガイモ⁴などを〉つぶす. ❸(a)〈雪・土⁴などを〉踏み固める, 打ち固める. (b)〈⁴ in ③〉〈物⁴を物⁴の中に〉打ち込む. (**II**) 自 ❶(b)〔足やひづめで〕力強く踏みつける. ❷ⓢ 力強く踏みつけて歩いて行く. ❸〔b〕〈機械¹などが〉ドシンドシンと音を立てながら動く; 〔海〕〈船〉が〉縦揺れする.

stand [シュタント] stehenの過去形.

Stand [シュタント] 男(-(e)s/Stände) ❶《単》立って〔静止して〕いる状態, 起立, 直立. ❷(a)《単》〔狩〕〔獣が〕好んで立ち寄る場所. (b)射場, スタンド, 案内所; 売店; 運転台; 展示台, 見本市コーナー; タクシー乗り場〔駐車場〕. ❸ 現在高; 総計; 位置. ❹ 状態, 状況; 事情. ❺(a)身分, 地位; 階級; 職業; 職業による社会的な身分. (b)《複》身分〔職能〕代表議会《昔の代表制度》). ❻(スイスの)州. ❼〔植〕花序. *einen guten* [*schlechten*] *~ bei* ③ *haben*〔口〕人³に評判〔受け〕がよい〔悪い〕. *gegen einen schweren* [*keinen leichten*] *~ haben*〔口〕人⁴に対し苦境にある, 強く出られない. *in den (heiligen) ~ der Ehe treten*〔書; 戱〕結婚する.

Standard [シュ[ス]タンダルト] 男(-s/-s) 標準, 規格, スタンダード; 水準; 標準的設備; (度量衡の)原器; 貨幣の品位〔純分〕; 本位《貨幣制度の価値標準》.

standardisieren [シュ[ス]タンダルディズィーレン] 他 規格〔標準〕化する, 規格を統一する.

Standardisierung [シュ[ス]タンダルディズィールング] 女(-/-en)《単》規格〔標準〕化.

Ständchen [シュテントヒェン] 中(-s/-) ❶〔音楽〕セレナーデ. ❷ 小さな売店.

Ständer [シュテンダー] 男(-s/-) ❶ 台, 架, スタンド;〔建〕柱, 直柱. ❷〔電〕

固定子. ❸ 〖狩〗(水鳥以外の)野鳥の足; 〖話〗(大根)足. ❹《方》ミツバチの巣.

stände [シュテンデ]stehenの接続法II式形.

Stände・rat 男(~(e)s) 全州議会(の議員).

Standes・amt [シュタンデス..]田(-(e)s/..ämter) 戸籍課, 戸籍役場.

standes・amtlich 形《述語なし》戸籍課の; 戸籍上の.

Standes・beamte(r) 男《形容詞変化》戸籍課の職員, 戸籍係.

stand・fest 形 しっかりした, ぐらつかない(はしごなど).

standhaft [..ハフト] 形(最上 ~est)確固とした, 毅然とした; 強硬な.

Standhaftigkeit [..ハフティヒカイト] 女(-/) 確固[毅然]としていること.

stand|halten* 自《〈③〉》《(物³に)》耐える, 持ちこたえる, 固守する; 退かない.

ständig [シュテンディヒ] 形《述語なし》❶ ひっきりなしの, 絶え間ない. ❷ 固定した, 常設の; 不変の, 恒常的な, 永続的な. 4級

Stand・licht 田(-(e)s/) (自動車の)停止灯火, パーキングライト.

Stand・ort 男(-(e)s/-e) 現在地, 位置, 所在地; 〖軍〗衛成(ﾊﾟ)地; 〖経〗(工場施設などの)立地; 〖生〗(生物の生活環境としての)場所; (社会的・政治の問題に対する)立場.

Stand・punkt [シュタントプンクト] 男(-(e)s/-e) 見地, 立場; 見解, 観点, 意見; (立っている)場所, 位置.

Stand・uhr 女(-/-en) 箱型の大型置き時計.

Stange [シュタンゲ] 女(-/-n) 長い棒, さお; 支柱; (口) のっぽ; (やりの)柄; 止まり木; (口) (バレーの)バー; 〖海〗帆桁(ｹﾞﾀ); (車の)ながえ (轅). **bei der ~ bleiben** (口) 1)本題を離れない. 2)最後まであきらめない, 頑張る. ③ **die ~ halten** (口) 人³を支持する, 人³に味方する. **von der ~** (口) 既製の, レディーメードの, つるしの.

Stängel [シュテンゲル] 男(-s/-) 茎.

Stange・spargel 男(-s/-) 〖料理〗(カットしていない全体のままの)アスパラガス.

stank [シュタンク]stinkenの過去形.

stänke [シュテンケ]stinkenの接続法II式形.

Stapel [シュターペル] 男(-s/-) ❶ 〖海〗造船台, 進水台. ❷ (商品などが整然と積み上げられてできた)山; 〖商〗商品倉庫; 集散地. ❸ (羊の)毛房; 〖織〗繊維の長さ.

stapeln [シュターペルン] ((I)) 他 積み上げる, 積み重ねる. ((II)) 再 sich⁴ 山積みになる.

stapfen [シュタプフェン] 自⑤ 強く踏みしめて歩く.

Star¹ [シュターァ] 男(-(e)s/-e) 〖鳥〗ムクドリ(椋鳥).

Star² [シュターァ] 男(-(e)s/(まれ)-e) 〖医〗そこひ, 白内障.

Star³ [シュターァ, スターァ] 男(-s/-s) 人気役者, 花形, スター.

starb [シュタルプ]sterbenの過去形.

stark [tark シュタルク] (比較 **stärker**; 最上 **stärkst**) 形 (↔ schwach) ❶ (a) 《副なし》強い, 力強い, 体力のある, たくましい; (体・身体機器官が)抵抗力のある, 元気[健康]な; (身体機能などが)回復した. (b) 《副なし》(意志・性格などが)強い, 強剛[強固]な, 揺るぎない, しっかりした. (c) 力のこもった[入った], 強力[強烈]な. ❷《副なし》(a) (荷重に対して)丈夫[頑丈]な, しっかりした. (b) 厚い, 太い;《数量を示す 4 格を伴って》...の厚さ[太さ]の, 厚さ[太さ]が...の. (c)《婉曲》太った, 肥満した. ❸(a) 《副なし》(数量が)多い, 多数[大量]の, 人数の多い, 大勢[大人数]の; (数量的に)強力[優勢]な. (b) 《副なし》...の数[人数]の, 数[人数]が...の. (c)《付加》《まれ》たっぷり. ❹《副なし》(濃度が)濃い, こくのある; (効力・作用などが)強力な, きつい. ❺《副なし》(性能などが)高い, 強力な, 高性能の. ❻(a)《精神的・肉体的能力が)高い, 優秀[有能]な, 優れた, 優勢の. (b)《副なし》(内容的に)優れた, できのいい, 内容の濃い, すばらしい. ❼

Starkbier

(程度が)激しい, 甚だしい, きつい, ひどい, はっきりした. ❽影響力の強い[大きい], 重要な, 有力な. ❾[言]強変化の. ♦In Deutsch ist er nicht sehr ~. 彼はドイツ語がそれほど得意ではありません. Das ist meine ~e Seite. それは私の得意とするところです. *sich⁴ für* ④ ~ *machen* (口) 人・事⁴のために尽力する, 人⁴に肩入れする. 5級

Stark·bier 中(-(e)s/-e) シュタルクビール ((原麦汁エキス16%以上のもの)).

Stärke [シュテァケ] 女(-/-n) ❶《単》強いこと, 強さ; 強壮, 強健; 勢力, 権力; 剛毅; 激しさ. ❷厚さ; 太さ, 大きさ; 広がり. ❸能力; 長所; 効果. ❹数, 人数; 〔軍〕兵力, 兵員. ❺澱粉(でんぷん), 糊(のり).

stärken [シュテァケン] ((I)) 他 ❶強くする; 〈飲食物で〉元気をつける; 〔軍〕増員する. ❷〈洗濯物に〉糊(のり)を付ける. ((II)) 再 sich⁴ 強くなる; 飲食して元気がつく; 一杯やる.

stärker [シュテァカー] starkの比較級.

stark|machen ⇨ stark ❽.

stärkst [シュテァクスト] starkの最上級.

Stärkung [シュテァクング] 女(-/-en) 強くすること; (元気をつけるための)軽い食事[飲物].

starr [シュタル] 形 ❶硬直した, こわばった; (紙などが)ごわごわした; 堅い, 硬質の; 〔理〕剛性の; 〔工〕固定した. ❷柔軟性のない, 融通の利かない; 頑固な.

starren [シュタレン] 自 ❶《auf ④》〈人・物⁴を〉凝視する, にらむ. ❷《von [vor]》〈物³で〉いっぱいである, すっかり覆われている. ❸《+場所》険しくそびえる, 屹立(きつりつ)する.

Starr·sinn 男(-(e)s/) 頑固, 強情.

starr·sinnig 形 頑固な, 強情な.

Start [シュタルト] 男(-(e)s/-s, (まれ)-e) 〔競〕スタート; スタート地点; 〔空〕離陸, 離水; 発進; 滑走開始地点.

Start·bahn 女(-/-en) 離陸用の滑走路.

start·bereit 形 スタート[始動]の用意ができた; (口) 旅行[出発]の準備が整った.

starten [シュタルテン] (過 startete; 過分 gestartet) ((I)) 自 ❶〈飛行機¹などが〉発進する, 離陸する;〈エンジン¹が〉始動する. ❷[競]スタートする; 競技に出場する. ❸(口) 旅立つ, 出発する. ((II)) 他 ❶[競]〈レース⁴を〉スタートさせる. ❷〈飛行機·車⁴を〉発進させる;〈エンジン⁴を〉始動させる;〈ロケット⁴を〉発射する. ❸(口) 開始する, スタートさせる.

Stasi [シュターズィ] 男(-/-)《略》Saatssicherheitsdienst (旧東ドイツの)国家公安局.

Station [シュタツィオーン] 女(-/-en) ❶(比較的小さな)駅, 停車場, 停留所. ❷逗留(地), 滞在(地). ❸研究所, 観測所; 送信[受信]所, 放送局. ❹(病院の)科, 病棟. ❺(物事の)節目.

stationär [シュタツィオネーァ] 形 停止[停滞]している, 静止している; 常設の, 定置の; 〔医〕入院の.

stationieren [シュタツィオニーレン] 他 ❶据える; 配置する. ❷配置する; 駐留[駐屯]させる.

Stations·schwester 女(-/-n) 病棟の婦長.

statisch [シュ[ス]ターティッシュ] 形 ❶〔理〕静力学の. ❷静止している, 静的な. ❸〔建〕静(的)加重の. ❹〔医〕平衡の. ❺〔電〕静電(気)の.

Statistik [シュ[ス]タティスティック] 女(-/-en)《単》統計学. ❷統計. ❸(口) 総計.

statistisch [シュ[ス]タティスティッシュ] 形 統計(学)上の.

statt [tat シュタット] 前《2格 ((3格)) 支配》...の代わりに. *an* ② ~ *a²* の代わりに. *~ dass ...* = *~ dass ...* 〈zu不定詞〉...する代わりに, ...しないで: Statt dass er aufräumt, spielt er dort. = Statt aufzuräumen, spielt er dort. 片付けもしないで彼はあそこで遊んでいます. 5級

Statt 囡(まれ)代理;場所.

statt|finden* [ˈʃtatfɪndən シュタットフィンデン]圄〈催し物・行事¹などが〉行われる;催される,開催される. 4級

statt-haft 形《副なし》許された.

stattlich [シュタットリヒ]形 ❶りっぱな,壮麗な,堂々とした. ❷多大の,おびただしい(金額など)

Statue [シュ[ス]タートゥエ]囡(-/-n)立像,彫像.

Statur [シュタトゥーァ]囡(-/-en)体つき,姿,体格.

Status [シュ[ス]タートゥス]男(-/-シュタートゥース) ❶有様,状態,状況;身分,地位,ステータス;〖法〗資格,地位. ❷〖商〗財政状態. ❸〖医〗(身体・病気の)状態;体質.

Status quo [シュタートゥスクヴォー]男(-−/)現状.

Statut [シュタトゥート]中(-(e)s/-en)〖法〗定款,規約.

Stau [シュタオ]男(-(e)s/-e, -s) ❶《主に単》停滞,(液体などの)よどみ. ❷〖気〗(風の)滞留. ❸渋滞,停滞.

Staub [シュタオプ]男(-(e)s/Stäube, -e)ちり,ほこり;〖聖〗土. **~ aufwirbeln** (口)騒ぎを引き起こす. **sich⁴ aus dem ~(e) machen** (口)雲隠れする,一目散に逃げる. **~ saugen** ⇨staubsaugen.

stauben [シュタオベン]圄 ❶《非人称で》Es staubt. ちり[ほこり]が立つ. ❷ほこりを出す,ほこりを立てる.

staubig [シュタオビヒ]形 ❶《副なし》ちり[ほこり]だらけの;ちり[ほこり]をかぶった. ❷(方)酔っぱらった.

staub-saugen 他(過 staubsaugte; 過分 staubgesaugt)〈物⁴を〉電気掃除機で掃除する.

Staub-sauger 男(-s/-)(電気)掃除機;〖工〗吸塵機.

Staub-tuch 中(-(e)s/..tücher)ちりふき.

Stau-damm 男(-(e)s/..dämme)〖工〗堰(せき),ダム.

Staude [シュタオデ]囡(-/-n)〖植〗多年生草木;(方)レタスの球;灌木.

stauen [シュタオエン]《(I)》他 ❶(船や貨車に)〈貨物⁴を〉積む. ❷〈流れ⁴を〉せき止める. ❸〖戯〗食べる. 《(II)》圄 sich⁴〈水が〉せき止められる;〈交通⁴が〉滞留する;(比)〈怒り¹が〉鬱積する.

staunen [シュタオネン]圄〈über ⁴〉(人・物⁴に)驚き,感嘆する.

Staunen [シュタオネン]中(-s/)驚き,驚愕;驚嘆,感服.

Stau-see 男(-s/-n)流水をせき止めて作った貯水池[人造湖].

Stauung [シュタオウング]囡(-/-en)〖土木〗(水の)せき止め;(交通の)停滞;〖医〗鬱血.

Std. 〖略〗Stunde 時間.

Steak [ステーク]中(-s/-s)ステーキ.

stechen* [シュテッヒェン]《du stichst, er sticht; 過 stach; 過分 gestochen》《(I)》他 ❶刺す,突く. ❷《非人称で》チクチク痛い. ❸突き刺して取り出す. ❹彫りつける. ❺〖トランプ〗上位のカードで取る. ❻入れ墨をする. 《(II)》圄 ❶(a)〈+方向〉刺す,突く. ❷⟨b⟩〈鳥が〉舞うように飛ぶ,チクチクする. ❸⟨b⟩(色彩が)...がかっている. ❹⟨b⟩〖トランプ〗上位のカードで取る,切り札である. ❺⟨h⟩タイムレコーダーを押す. ❻⟨h⟩(特に馬術で)優勝決定戦を行う. 《(III)》圄 sich⁴⁺³ 〈an ⁴⟩〈とげのある植物³などに〉(誤って)刺す.

stechend [..ト]形《述語なし》刺すような,ピリッとする,ヒリヒリする;辛辣な.

Stech-mücke [シュテッヒ..]囡(-/-n)蚊(か).

Stech-uhr 囡(-/-en)タイムレコーダー.

Steck-brief [シュテック..]男(-(e)s/-e) ❶手配書,人相書. ❷(a)簡単な人物紹介書[略歴]. (b)製品などの簡単な案内[情報].

Steck-dose [シュテックドーゼ]囡(-/-n)〖電〗コンセント,ソケット.

stecken(*) [ˈʃtɛkən シュテッケン]《(I)》他(過 steckte, (書) stak; 過分 gesteckt)〈+場所〉❶刺さっている,差し込んである;潜んでいる,隠れてい

る;付着[固着]している. ❷ある, いる;…の状態でいる. **((II))**他 ❶差す, 差し込む, 挿入する;詰め込む, 入れる, 納める. ❷〈④+方向〉(a)入れる, 差し込む, 突っ込む. (b)(口) 投入する. (c)(口)(意志に反して無理に)入れる, ぶちこむ. ❸〈③ ④〉(口)〈人³に物⁴を〉(秘かに)伝える, 目配せする. **((III))** 再 sich⁴ 入り込む, はまり込む;隠れる. ■~ bleiben 付着した[刺さった]ままである, はまり込んでいる;立ち往生する, 行き詰まってしまう. ~ lassen〈物⁴を〉刺さったままにしておく.

stecken|bleiben* 自⑤ = stecken bleiben (⇨stecken ■).

stecken|lassen* 他 = stecken lassen (⇨stecken ■).

Stecken·pferd 中(-(e)s/-e) ❶春駒(棒の先に馬首を付けてあるおもちゃ). ❷(比) 道楽.

Stecker [シュテッカー] 男(-s/-) 〔電〕プラグ.

Steck·nadel 女 (-/-n) 留め針, ピン. *eine ~ im Heuhaufen [Heuschober] suchen* 全く見込みのないことをする. 4 *wie eine ~ suchen* (口) 物・人⁴を懸命に探す.

Steg [シュテーク] 男(-(e)s/-e) ❶狭い板橋, 小橋. ❷〔海〕小桟橋. ❸〔音楽〕(弦楽器の)こま;琴柱. ❹(ズボンの下部を縛る)皮ひも. ❺〔印〕締木(ば̣), 欄外余白. ❻(眼鏡の)ブリッジ. ❼〔工〕(圧延鋼型の)ウェブ.

Steg·reif 男 *aus dem ~* 即席に, 準備なく.

Steh·aufmännchen [シュテーアオフメンヒェン] 中(-s/-) ❶起き上がり小法師(おもちゃの一種). ❷(比) 陽気な楽天家.

stehen* [ʃtéːən シュテーエン] **((I))** 自(h, s) ❶〈+場所〉(…に)立っている. 直立している;(…に)位置している;〈グラス・本などが〉立ててある;〈食器・機械などが〉(機能できる状態で)置いてある;〈太陽・月・星などが〉(空に)出ている;〈人が〉立って活動[仕事]をしている.

♦*auf einem Bein ~* 片足で立っている. *an [in] der Tür ~* 戸口に立っている. ❷〈+様態〉(…の)状態[状況]である. ♦*Das Wasser steht ihm bis zu den Knien.* 水(位)が彼の膝まできている. *Wie steht's?* (口)〈非人称〉調子[具合, 状況, スコア]はどう? *Es steht schlecht [gut] mit ihm [um ihn].* 彼の調子[容態, 状況, 景気]は悪い[良い]. ❸〈時計・エンジン・列車・機械などが〉止まっている, 静止している, 機能していない. ♦*zum Stehen kommen* 停止[静止]する, 止まる. ❹(新聞・リストなどに)書いてある, 載っている. ♦*Was steht in der Zeitung [in dem Brief]?* 新聞に何が載っていますか[手紙に何と書いてありますか]. ❺(口)〈物²が〉完成[完了]している, 確定している,〈物¹の〉用意ができている. ❻〈③〉〈服・色などが〉〈人³に〉似合う, 合っている. ❼〈zu 不定詞句と;非人称で〉〈動〉(…)される[(…)する〕必要がある. ❽〈④+場所 ~ haben〉〈人が〉〈物⁴を…にある(状態に)〉している. ♦*Ich habe mein Auto vor der Tür.* 私の車は玄関の前に止めてあります. ❾〈前置詞と〉(a)〈*auf* ③〉(メーターなどが)〈物³を〉指している, 指し示している. ♦*Die Ampel steht auf Grün.* 信号は青です. (b)〈*auf* ④〉〈犯罪⁴に〉〈刑罰¹の〉罰が科せられる,〈犯罪⁴に〉〈刑罰¹が〉相当する. (c)〈*auf* ④〉〈人・物⁴に〉目がない,〈人・物⁴が〉好きである. (d)〈*bei* ③〉〈事³に〉次第である,〈人³に〉決定権がある. (e)〈*für* ④〉〈事⁴を〉代表する[保証する]. (f)

⟨(voll) **hinter** ③⟩⟨人・事³⟩(政治的に)支持[擁護]する,⟨人³の⟩味方をする. **(g)**⟨**mit** ③⟩⟨人³と⟩いい[悪い]関係である,うまくいっている[いない]. **(h)**⟨**über** ③⟩⟨人³の⟩上に位置している,⟨人³より⟩上である. **(i)**⟨**über** ③⟩⟨物³を⟩越えている,超越している. **(j)**⟨**unter** ③⟩⟨物³の⟩状況[状態]にある. **(k)**⟨**vor** ③⟩⟨問題・破産³などに⟩直面している. **(l)**⟨**zu** ③⟩⟨事³に⟩責任がある;⟨事³が⟩正しいと言える. **(m)**⟨**zu** ③⟩⟨困っている人³を⟩助ける[援助する],⟨人³の⟩味方である. **(n)**⟨(**zu**) ③⟩⟨人・物³に対して⟩(...の)意見である,態度をとる,立場である. **(o)**⟨機能動詞⟩♦**unter** ② Aufsicht ~ 人²の監督下にある,人²に監視されている. ③ zur Verfügung ~ 人³の意のまま[自由]になる. **（II）**再 sich⁴ **~** **gut** [**schlecht**]⟨人³と⟩いい[悪い]関係である,うまくいっている[いない]. ❷⟨+結果⟩: sich⁴ müde ~ 立ちくたびれる. ❸⟨+様態⟩(...の)状態である. **~ bleiben** 1)前進しない,停止している;進歩しない;(立ち)止まる,中止する. 2)(建物が壊れずに)残る,損傷がない. 3)(手がつけられずに)残される,置き忘れる. **~ lassen** ⑩ 1)⟨物⁴を⟩動かさない,そのままにしておく;置き忘れる. 2)⟨物⁴を⟩ほったらかしにしておく. **5級**

stehen|bleiben* 自⑤ = stehen bleiben (➪stehen ▎).

stehen|lassen* 他 = stehen lassen (➪stehen ▎).

Steh-lampe [シュテー..] 女(-/-n)フロアースタンド.

stehlen* [ʃtéːlən シュテーレン]⟨du stiehlst, er stiehlt; 過 stahl; 過分 gestohlen⟩ **（I）**他 盗む,泥棒する. **（II）**再 sich⁴ ⟨+場所⟩こっそり入る[出る]. ♦sich⁴ aus dem Haus ~ 家をこっそり抜け出す.

Steh-platz 男(-es/..plätze)(劇場などの)立ち見席.

Steiermark [シュタイアーマルク] (-/)⟨die ~⟩シュタイアマルク(オー

ストリア南東部の州)).

steif [ʃtaif シュタイフ]形 ❶硬い,曲がらない,たわまない,柔軟性のない,こわごわし. ❷**(a)**(関節・手足などが)硬い,硬直した,こわばった;(硬直して)動かし[曲がら]ない. **(b)**(口)(陰茎が)勃起した. **(c)**(動作・姿勢などが)固い,こわばった,柔軟さ[優美さ]を欠した,ぎこちない,ぎくしゃくした. ❸**(a)**(態度などが)堅苦しい,形式[四角]張った,改まった;不自然な. ❹〔副なし〕(液状・半液状の飲食物が)どろりとした[とろっと]した,固まった,凝固した,ゼリー[クリーム]状になった. ❺(海)(風などが)強い,激しい;荒れ模様の. ❻〔副なし〕(口)(コーヒーなどが)濃い,(酒などが)強い,きつい. **~ und fest** 頑強に,執拗に.

Steifheit [..ハイト] 女(-/-)❶堅いこと,こわばったこと,柔軟性(などの)濃いこと. ❷(比)武骨;無器用にわざとらしさ;堅苦しいこと;頑固,強情.

steigen* [ʃtáiɡən シュタイゲン]⟨過 stieg; 過分 gestiegen⟩自⑤ ❶**(a)** 昇る,上がる. **(b)**⟨③+場所⟩⟨人の...に⟩上がっていく. ⟨+場所⟩**(a)** 登る,上がる,乗る,乗車する. **(b)**降[下]りる,下る,下車する. **(c)**(...へ[から])動く,移動する. ❸**(a)**(水準・程度¹が)上がる,高まる,⟨数量¹が⟩増える. **(b)**⟨価値・価格・意義¹などが⟩増す,高まる,上がる. ❹(口)催される,行われる. ❺⟨馬¹が⟩後足で立つ,棹(さお)立ちになる. ❻⟨魚¹が⟩川を上る,(餌を食べに)水面に上がってくる. ♦**in den [aus dem] Zug ~** 列車に乗る[列車から降りる]. **4級**

Steiger [シュタイガー] 男(-s/-) ❶《まれ》登る人,登山者. ❷(坑)坑夫長. ❸はしごのそばに立つ消防夫. ❹(船客用の)桟橋.

steigern [シュタイガァン] **（I）**他 ❶⟨物⁴の程度を⟩上げる,高める,強める,増大させる. ❷(競売で)競り落とす. ❸[言](形容詞を)比較変化させる,比較級[最上級]にする. **（II）**再 sich⁴ ❶高まる,増す,強まる,上がる,(スポーツの成績が)向上する. ❷⟨**in**

① 1格　② 2格　③ 3格　④ 4格

④〈気持が高まって…の〉気分になる. ((III)) 自 (競売で)値を競り上げる.

Steigerung [シュタイゲルング] 囡 (-/-en) ❶ 増加, 上昇, 向上. ❷【言】比較(変化);【修辞学】漸層法.

Steigung [シュタイグング] 囡 (-/-en) ❶ (ねじの)ピッチ. ❷ 傾斜, 坂, 勾配.

steil [シュタイル] 形 ❶ 険しい, 急傾斜の;垂直な. ❷【球技, 特に蹴】前方に高々と上げた ((パス)). ❸【付加】(やや古)《特に若者の間で》いかす, すてきな. 4級

Steil·hang 男 (-(e)s/..hänge) 急坂, 急斜面.

Steil·küste 囡 (-/-n) 断崖をなす海岸, 切り立った海岸.

Stein [ʃtaɪn シュタイン] 男 (-(e)s/-e) ❶《主に単》石;鉱石. ❷ (建築用)石材;れんが. ❸ 岩, 岩山. ❹ 宝石, (時計の)石;墓石;記念碑;ひきうす;砥石(とぃし). ❺ (果実の)核, 芯(しん), 種. ❻ チェスの駒;ドミノのパイ. ❼【医】結石(病). ❽〈方〉(ビールの陶製の)ジョッキ. ❾ [比]カーリングの石. ◆Das ist nur ein Tropfen auf einen heißen ~. それは焼け石に水です. *ein ~ des Anstoßes*〔聖〕1)つまずきの石 ((イザヤ8, 14及びペテロ前2, 8)). 2)しゃくの種. *der ~ der Weisen*〔書〕1)(錬金術師の)賢者の石 ((普通の金属を金に変えるという)). 2)あらゆるなぞを解く知恵の象徴. 4級

Stein·bock 男 (-(e)s/..böcke) ❶【動】アイベックス ((アルプスの岩間に住む野生ヤギの一種)). ❷ (a)《単》【占星】摩羯(まか)宮;【天】山羊(やぎ)座. (b) (口)山羊座生まれの人.

Stein·bruch 男 (-(e)s/..brüche) 石切場, 採石場.

steinern [シュタイナァン] 形 ❶《付加》石の, 石造の. ❷《副なし》石のように冷たい[堅い].

Stein·gut 田 (-(e)s/-e) ❶ 陶土. ❷ 陶器.

stein·hart 形〈やや軽蔑〉石のように堅い ((クッキーなど)).

steinig [シュタイニヒ] 形《副なし》石だらけの, 石の多い.

steinigen [シュタイニゲン] 他〈人⁴を〉❶ 石で打ち殺す ((昔の処刑法)). ❷ [比] よってたかって破滅させる[弾劾する].

Stein·kohle 囡 (-/-n) (非常に硬い黒光りする良質の)石炭.

Stein·metz 男 (-en/-en, -e)《弱》石工, 石屋. ◇~in 囡 (-/-nen).

Stein·obst 田 (-(e)s/) 【植】石果, 核果.

Stein·pilz 男 (-es/-e) 【植】ヤマドリタケ (山鳥茸).

Stein·schlag 男 (-(e)s/..schläge) ❶ 落石;(高山の)岩石落下. ❷《単》砕石.

Stein·zeit 囡 (-/) 石器時代.

Steiß·bein [シュタイス..] 田 (-(e)s/-e) 【解】尾骨.

Stelle [ʃtélə シュテレ] 囡 (-/-n) ❶ (a) 場所, 位置;個所, 部分. (b)《単》立場, 状況, 地位. ❷ (本や記事・演説・楽曲などの)一部, 一節, 個所, 章句, 段落, パッセージ. ❸ 勤め口, 仕事, 職(場). ❹ (a) 順位, 順番. (b)【数】位, 桁. ❺ 役所, 官庁. ◆*an dieser ~* この場所で[に]. *an seine ~ treten* 彼の代理[後任]になる. *ein ~ suchen [verlieren]* 職を探す[失う]. *an ⟨²⟩* 人²の代わりに;⇒ *anstelle*. *auf der ~* その場で, すぐさま. *auf der ~ treten* その場で足踏みする;進歩しない. *nicht von der ~ kommen* (口)〈物¹が〉前進しない, 進展しない. 4級

stellen [ʃtélən シュテレン]

現在	ich stelle	wir stellen
	du stellst	ihr stellt
	er stellt	sie stellen

過去	ich **stellte**	wir stellten
	du stelltest	ihr stelltet
	er stellte	sie stellten

過分	gestellt	接II stellte

((I)) 他 ❶〈④+方向〉〈物⁴を…に〉立てる, 置く;〈④+方向〉〈人⁴を…に〉立た

せる;配置する. ❷《④＋形容詞》〈機器⁴を...の状態に〉（セット）する, 合わせる, 調節する, 調整する;設定する. ❸《④＋形容詞》〈飲食物⁴を...の状態に〉する. ❹〈犯人・猟獣などを〉追い詰める, 捜して見つけ出す. ❺《③》④〉〈（人³に）人・物⁴を〉用立てる, 使用に供する, 用意する;提供する;与える, 支給する. ◆das Buch ins Regal ~ 本を本棚に置く. ③ eine Frage ~ 人³に質問する. ((II)) 再 sich⁴ ❶《＋方向》（...に）立つ. ❷《③》〈物³に〉応じる;〈人³と〉対決[対戦]する. ❸《＋形容詞》（...の）ふりをする,〈...を〉装う. ❹〈zu ③＋形容詞〉〈人・物³に対して...の〉態度をとる,〈人・物³を...と〉思う. ◆sich⁴ ans Fenster ~ 窓際に立つ. sich⁴ schlafend ~ 眠っているふりをする. 5級

Stellen·angebot 中〈-(e)s/-e〉求人.

Stellen·gesuch 中〈-(e)s/-e〉求職.

Stellen·markt 男〈-(e)s/..märkte〉雇用市場.

stellen·weise 副《述語なし》所々に;部分的に.

Stellen·wert 男〈-(e)s/-e〉【数】ある位の数字が持つ価値（特定の秩序や組織における）価値, ランク.

Stellung [シュテルング] 女〈-/-en〉❶ 位置, 場所. ❷姿勢, ポーズ;身構え,（フェンシングの）構え. ❸（a）（官）職, 勤め口［先］.（b）〈単〉地位, 身分. ❹配置, 配備, 配列. ❺セット, 調整. ❻【軍】陣地.（略式）徴兵検査. **zu** ③ ~ **nehmen [beziehen]** 事³に対して態度を明らかにする.

Stellung·nahme 女〈-/-n〉❶《単》意見の発表;態度・立場の（決定表明）. ❷発表された意見.

stell·vertretend [...t..] 形 代理の, 代任［代役］の;代表の;副の.

Stell·vertreter 男〈-s/-〉代理人.

Stelze [シュテルツェ] 女〈-/-n〉❶《主に複》高足(たかあし), 竹馬. ❷【鳥】渉禽(しょうきん)類. ❸【工】支柱. ❹《主に複》（俗）細長い足. ❺棒義足. ❻(オーストリア)仔牛の脚;すね肉;【料理】アイスバイン.

stelzen [シュテルツェン] 自 ⑤ 竹馬[高足]に乗って行く;きこちない足取りで歩く;気取る.

stemmen [シュテメン] （(I)) 他 ❶（a）（高く）持ち上げる, 差し上げる.（b）《＋場所》〈手足⁴などを〉突っ張る, 支える. ❷〈比較的重いもの⁴を〉盗み出す. ❸（口）〈ビール⁴などを〉相当量飲む. ❹〈穴・溝⁴などを〉のみで彫る. ((II)) 再 sich⁴ ❶ **auf [gegen, in]** 〈物⁴に〉体を支える,〈物⁴に〉体を押しつけて支える, 突っ張る. ❷ **gegen** ④〈物⁴に〉抵抗する. ((III)) 自〔…〕シュテムする（（片方または両方のスキーの後端を開いて速度を制御すること））.

Stempel [シュテンペル] 男〈-s/-〉❶ スタンプ, 印鑑, ゴム印, 判, はんこ. ❷（a）（押された）スタンプ;（打）印, 捺印(なついん);印章;検印;印紙;【商】極印, 商標.（b）特徴, 証;日付け印;消印. 打ち抜きだがね;雄型;ピストン;【坑】支柱. ❹【植】めしべ.

stempeln [シュテンペルン] 他 ❶〈物⁴に〉印［スタンプ］を押す, 捺印する;〈貴金属⁴に〉保証マークを押す. ❷《④＋場所》〈物⁴に〉スタンプで日付や名前などを押す. ❸《④ zu ③》〈人⁴に物³の〉烙印を押す,〈人⁴を物³だと〉決めつける.

Stengel [シュテンゲル] 男〈-s/-〉 = Stängel.

Stenogramm [シュテノグラム] 中〈-(e)s/-e〉速記原稿.

Stenograf [シュテノグラーフ] 男〈-en/-en〉弱 速記者.

Stenografie [シュテノグラフィー] 女〈-/..fien〉速記（術）.

stenografieren [シュテノグラフィーレン] 他〈（物⁴を）〉速記する, 速記をとる.

Stenotypist [シュテノテュピスト] 男〈-en/-en〉弱 速記タイピスト.

Steppdecke [シュテップデッケ] 女〈-/-n〉（羽毛などの詰め物を入れて刺し縫いをした）掛け布団.

Steppe [シュテッペ] 女〈-/-n〉【地】ス

テップ((樹木の生えていない大草原)).

steppen¹ [シュ[ス]テッペン] 他 刺し縫い[キルティング]にする, 合わせ縫いにする.

steppen² 自《舞踏》ステップを踏む; ステップダンスをする.

Steppke [シュテプケ] 男(-(s)/-s) (口)小僧, ちび.

sterben* [ʃtérbən シュテァベン] 自 ⑤

現在	ich sterbe	wir sterben
	du **stirbst**	ihr sterbt
	er **stirbt**	sie sterben
過去	ich starb	wir starben
	du starbst	ihr starbt
	er starb	sie starben
過分	**gestorben**	接II stürbe

❶死ぬ. ❷死滅する, 消える;〈計画¹が〉潰れる;〈映画・テレビ〉〈シーン¹が〉終わる. ◆an Altersschwäche ~ 老衰で死ぬ. vor Hunger ~ 餓死する. fürs Vaterland ~ 祖国のために死ぬ. *im Sterben liegen* 死にそうである, 死に瀕している. *für ④ gestorben sein* 人にとって死んだも同然である. 5級

sterbenskrank [シュテァベンスクランク] 形 ❶危篤の, 重態の. ❷《付加なし》ひどく気分が悪い.

sterblich [シュテァプリヒ] ((I))形 ❶《副なし》死ぬべき. *die ~e Hülle = die ~en Überreste* (書) 亡きがら, 遺骸. ((II))副 (口)ひどく, 死ぬほどに.

Sterbliche(r) [シュテァプリヒェ[ヒャー]] 男《形容詞変化》《詩》人間((死すべき者)).

Sterbliche(s) [シュテァプリヒェ(ス)] 中《形容詞変化》肉体.

Sterblichkeit [..カイト] 女(-/) ❶死すべきこと, 死を免れないこと;はかなさ. ❷死亡者数. ❸《宗》俗世, 娑婆, 浮世.

Stereo [シュ[ス]テーレオ] 中(-s/-s) ❶〖印〗ステロ版. ❷《単;主に無冠詞》(口)ステレオ.

Stereo·anlage 女(-/-n) ステレオ装置.

steril [シュ[ス]テリール] 形 ❶不妊の, 不毛の, 実を結ばない;発芽力のない; 〖医〗無菌の. ❷(比) 殺風景な, 無内容の, 非生産的な.

sterilisieren [シュテリリズィーレン] 他 ❶殺菌[消毒]する. ❷不妊にする, 断種する.

Stern¹ [ʃtɛrn シュテァン] 男(-(s)/-e) ❶星;(比) 運命の星, 運勢. ❷星形のもの, 星に似たもの. (c)(馬や牛の)額の白斑, 星月;爪(の)の白斑. (d)放射形広場[交差点]. (e)星形菓子. (f)瞳孔(どう); 〖医〗白内障(けん). (g)〖印〗アステリスク((＊)). ❸スター, 花形. ❹《呼びかけ》大切な人. *unter einem glücklichen [guten, günstigen] ~ geboren sein*《書》幸運の[良い]星の下に生まれている. *in den ~en (geschrieben) stehen* どうなるかまだわからない. 4級

Sternchen [シュテァンヒェン] 中(-s/-) 小さな星;小さな星印;〖印〗アステリスク((＊));(比) スターの卵.

Stern·schnuppe 女(-/-n) 流星.

Stern·zeichen 中(-s/-) 黄道十二宮, 星座.

stets [シュテーツ] 副 常に, いつも.

Stethoskop [シュ[ス]テトスコープ] 中(-s/-e) 〖医〗聴診器.

Steuer¹ [ʃtɔʏər シュトイアー] 女(-/-n) (租)税, 税金;関税. ❷《単》(口)税務官庁. 4級

Steuer² 中(-s/-) ❶〖海〗かじ (舵), 舵機(き); (自動車などの)ハンドル; (飛行機の)操縦桿. ❷《単》指導, 指揮, 主宰. *das ~ führen [in der Hand haben]* かじを取る;(比) 指導する, 支配する, 政権を握る.

Steuer·berater 男(-s/-) 税理士.

Steuer·bord 中, ((まれ また))男(-(e)s/-e) 〖海〗右舷(けん).

Steuer·erklärung 女(-/-en) 納税申告(書).

Steuer·ermäßigung 女(-/-en) 税額軽減.

steuer·frei 形 免税の, 無税の.

steuerlich [..リヒ]形《述語なし》税金の, 税金上の.

Steuer·mann 男(-(e)s/..leute, (まれ)..männer) 舵手(は), 航海士;〔軍〕(旧海軍の)兵曹長;(現在は)一等兵曹;(辯)(ボート競技の)コックス.

steuern [シュトイァン]((I))他 ❶(a)操縦する, 運転する.(b)《コース·進路⁴を》取る. ❷《機械·システム⁴を》制御する. ❸導く, 操る. ((II))自 ❶ⓈⒽ《+方向》(a)(乗物が[で])(...)へ向かう進む, 針路を取る.(b)(口)突き進む. ❷ⓗ《書》(災厄·困難などを)阻止しようとする.

Steuerung [シュトイェルング]女(-/-en) ❶《単》操縦;操縦;(自動車の)運転;〔機〕調整, 制御;(蒸気などの)配分. ❷調整[配分]装置. ❸《単》《書》制止[防止]の努力.

Steward [ステューァト]男(-s/-s) スチュワード.

Stewardess [ステューァデス, ステューァデス]女(-/..dessen) スチュワーデス.

Stewardeß Ⓑ=Stewardess.

Stich [シュティヒ]男(-(e)s/-e) ❶(a)刺す[突く]こと, 針で突くこと;(緻の)突き. (b)刺し[突き]傷;刺すような痛み. ❷一縫い, 一針, 針みち, ステッチ. ❸(比)あてこすり, いやみ, 皮肉. ❹《単》色合い. ❺銅版彫刻術, 銅版画. ❻(鯨)相手の札を(切って)取ること, ポイント. ❼**im ~ lassen** 人⁴を見捨てる, 見殺しにする;物⁴を放棄する. **einen (leichten) ~ haben** (口) 少し気が触れている;(牛乳·肉など)傷みかけている, 味が変わっている.

Stichelei [シュティヒェライ]女(-/-en)(口) ❶《単》縫い物をすること. ❷(a)あてこすり, 嫌み, 皮肉.(b)《単》嫌みを言うこと.

sticheln [シュティヒェルン]自 ❶縫う, 縫い物をする. ❷あてこすり[皮肉]を言う.

Stich·flamme 女(-/-n)吹き出す炎.

stich·haltig 形確固とした, 確実[堅実]な, しっかりした.

Stich·haltigkeit 女(-/-)確実, 堅実.

Stichling [シュティヒリング]男(-s/-e)〔魚〕トゲウオ (棘魚).

Stich·probe 女(-/-n) ❶抜き取り検査, 任意抽出試験;(溶解金属の)試金. ❷任意に抽出したサンプル.

stichst [シュティヒスト] stechen の 2 人称単数現在形.

sticht [シュティヒト] stechen の 3 人称単数現在形.

Stich·tag 男(-(e)s/-e) 期日;(公けに定められた)施行日.

Stich·wort 中 ❶-(e)s/..wörter) 見出し語. ❷-(e)s/-e) キーワード.

Stich·wunde 女(-/-n) 刺し傷, 突き傷.

sticken [シュティッケン]((I))自 刺繍する. ((II))他《物⁴に》刺繍をほどこす.

Stickerei [シュティッケライ]女(-/-en) ❶《単》刺繍(すること). ❷刺繍品.

Stick·garn [シュティック..]中(-(e)s/-e) 刺繍糸.

stickig [シュティッキヒ]形《副なし》(空気や部屋に関して)息が詰まるような, むっとする.

Stick·oxid 中(-(e)s/-e)〔化〕酸化窒素.

Stick·oxyd = Stickoxid.

Stick·stoff 男(-(e)s/)〔化〕窒素(記号:N).

stieben* [シュティーベン](過 stob; 過分 gestoben)自 ❶Ⓢ《花火などが》飛び散る. ❷(びっくりして)四散する, 散り散りになる.

stief.. [シュティーフ..]《名詞などに付く》『異母(父)..., 継...』.

Stiefel [シュティーフェル]男(-s/-) ❶(くるぶしの上まで, また膝下までの)ブーツ, 長靴. ❷(ビールの)ブーツ型ジョッキ.

Stief·mutter 女(-/..mütter)継母.

Stiefmütterchen [シュティーフミュターヒェン]中(-s/-)〔植〕サンシキスミレ(三色菫), パンジー.

stiefmütterlich [シュティーフミュターリヒ]形継母の(ような);(比)愛情のない, 無愛想な.

Stief·vater 男 (-s/..väter) 継父.
stieg [シュティーク] steigen の過去形.
stiege [シュティーゲ] steigen の接続法Ⅱ式形.
Stiege [シュティーゲ] 女 (-/-n) 段ばしご.
Stieglitz [シュティーグリッツ] 男 (-es/-e)〔鳥〕ゴシキヒワ.
stiehl [シュティール] stehlen の命令法2人称単数形.
stiehlst [シュティールスト] stehlen の2人称単数現在形.
stiehlt [シュティールト] stehlen の3人称単数現在形.
Stiel [シュティール] 男 (-(e)s/-e) ❶ 取っ手, ハンドル, 柄(ぇ);(グラスの)脚;(アイスクリームなどの)棒. ❷〔植〕茎,花梗(こう);葉柄;花茎;〔動〕(カニの目などの)肉茎;〔医〕茎(けい). ❸〔建〕支柱,間柱(まばしら).
Stier [シュティーア] 男 (-(e)s/-e) ❶ 雄牛. ❷《単》〔天〕雄牛座;〔占星術〕金牛宮. ❸雄牛座生まれの人. *den ~ an [bei] den Hörnern fassen [packen]* 無鉄砲なことをする, 勇気をふるって危険に立ち向かう.
stieren [シュティーレン] 自 目を据えている, 見つめる.
Stier·kampf 男 (-(e)s/..kämpfe) 闘牛.
stieß [シュティース] stoßen の過去形.
Stift [シュティフト] 男 (-(e)s/-e) ❶ 無頭釘, びょう, ピン. ❷ (色)鉛筆, クレヨン, パステル. ❸〔口〕ちび; 徒弟, 小僧. ❹《主に複》女王蜂の卵.
stiften [シュティフテン] 他 ❶ 設立する. ❷ 寄付する, 寄贈する. ❸ 引き起こす, もたらす, 打ち立てる.
Stifter [シュティフター] 男 (-s/-) 創設[建設]者, 設立者, 設者, 発起人; 寄付[寄進]者. ◇ **Stifterin** 女 (-/-nen).
Stiftung [シュティフトゥング] 女 (-/-en) ❶《単》設立, 創立. ❷ 寄付(金), 基金, 喜捨, 献金. ❸〔法〕財団(法人);(財団により運営される)施設.
Stift·zahn 男 (-(e)s/..zähne)〔医〕継続歯, 差し歯.
stigmatisieren [シュティグマティズィーレン] 他《通例受動態で》烙印を押す;〔比〕汚名を着せる.
Stil [シュ(ス)ティール] 男 (-(e)s/-e) ❶ (話し方, 書き方の)スタイル, 文体. ❷ (芸術上の)様式, 方法, スタイル. ❸《単》方法, (独特の)やり方, 流儀;規模. ❹(スポーツの)型, 方法, スタイル. *im großen ~ = großen ~s* 大規模[大がかり, 大型]の.
stilistisch [シュティリスティッシュ]形《述語なし》文体(上)の, 様式(上)の.
still [シュティル] 形 ❶ 静かな, 物音のしない; ひっそりした. ❷ 閑静な, 騒がしくない; 沈黙した. ❸ 動き[変化]のない, 静止[停止]した, 穏やかな. ❹(緊張・興奮などがなく)平穏[平静]な, 落ち着いた, 安らかな. ❺もの静かな, 無口[寡黙]な, 内気な, 控えめな. ❻ (a) 無言の, 黙ったままの. (b) ひそかな, 人知れぬ, 隠された, 暗黙の. *im Stillen* 人知れず, ひそかに;心の中で. ■ *~ sitzen* 仕事をしていない, 遊んでいる. 4接
Stille [シュティレ] 女 (-/-n) 静寂, 閑静;沈黙;平安;静止;凪(なぎ);〔商〕不景気, 閑散.
stilllegen [シュティルレーゲン] 他 = stilllegen.
stillen [シュティレン] (Ⅰ) 他 ❶ 静止させる, 止める, 阻止する;静める, 沈黙させる; 鎮静する, 抑える; いやす, 満足させる. ❷(〈幼児4に〉) 授乳する, 母乳を与える.
still|**halten*** 自 ❶ 動かないでじっとしている; 〔比〕じっと我慢する. ❷ せきたてないで待つ, (借金返済の)催促をしない. ❸《③》〈人3の〉思うままにさせる.
Still·leben 中 (-s/-) 静物(画).
still|**legen** 他 (操業・運行4を)休止[停止]する;休業する.
still|**liegen*** 自 休止[停止]している;休業している.
still|**schweigen*** 自 黙っている, 沈黙する.
Still·schweigen 中 (-s/) 沈黙, 無口;秘匿.

①1格 ②2格 ③3格 ④4格

still·schweigend [..ト] 形《述語なし》沈黙している, 暗黙の.

still|sitzen* 自 = still sitzen (⇨still).

Still·stand 男 (-(e)s/-) 静止, 佇立(な); 休止, 中止; 停滞; [商]不景気.

still|stehen* 自 ❶ 静止する, 中止[休止, 停止]している;[軍]不動の姿勢をとっている. ❷ 進歩しない; [商]不景気である.

Stimm·bruch [シュティム..] 男 (-(e)s/-) 声変わり.

Stimme [シュティメ] 女 (-/-n) ❶ 声, 音声, 音質, 響き;(動物の)鳴き声. ❷[音楽]音部;声部;(オルガンなどの)音栓(ホホ). ❸(口)衝動, 叫び. ❹ 票;投票(権), 発言権. ❺ 意見;世論;(新聞の)論調, 評論. ♦seine ~ abgeben 投票する. **4級**

stimmen [シュティメン] ((I)) 自 ❶ (a) 〈報道・発言¹などが〉事実に合っている, 正しい. (b) 正常である, うまくいっている, (計算などが)正しい, 合っている. ❷〈auf ④; zu ③〉合う, 合致[調和]する. ❸〈gegen [für] ④〉の投票をする. ((II)) 他 ❶〈④+様態〉...の気持ちを起こさせる. ❷[音楽](楽器⁴を)調律する,〈楽器⁴の〉音を合わせる. **Das stimmt. = Stimmt.** その通りです. **Stimmt so!** これでいいです ((釣り銭はチップとして取っておいてください)).

Stimm·enthaltung 女 (-/-en) (投票の)棄権;白票(を投ずること).

Stimm·gabel 女 (-/-n) [音楽]音叉(ホル).

stimmig [シュティミヒ] 形 調和した, 矛盾のない.

Stimm·lage 女 (-/-n) [音楽]声域.

Stimm·recht 中 (-(e)s/-e) 投票[選挙]権, 議決権.

Stimmung [ʃtímʊŋ] シュティムング] 女 (-/-en) ❶ 気分, 気持ち. ❷ 雰囲気, ムード. ❸ 意見, 傾向, 心情. ❹[音楽]調律. ♦in ~ kommen 〈気分¹が〉盛りあがる, 上機嫌になる. in (guter) ~ sein〈気分¹が〉盛りあがっている, 上機嫌である.

stimmungs·voll 形 情緒豊かな, 情趣のあふれた;なごやかな, 和気あいあいとした.

Stimm·zettel 男 (-s/-) 投票用紙.

stimulieren [シュティムリーレン] 他 刺激する, 活発にする, 興奮させる, 鼓舞する.

Stink·bombe [シュティンク..] 女 (-/-n) [軍]悪臭弾.

stinken* [シュティンケン](過 stank; 過分 gestunken) 自 ❶〈くさい 悪臭を出す. ❷ (口) うさんくさい, 怪しい. ❸〈③〉(口)〈人³に〉不快感を起こさせる, 〈人³を〉うんざりさせる.

stinkfaul [シュティンクファオル] 形 〈口〉ぐうたらな.

stinkig [シュティンキヒ] 形《副なし》❶ (口) 臭い, 悪臭のある. ❷ (口) 嫌な, 不快にさせる. ❸《付加なし》(俗)腹立たしい, 怒っている.

Stipendium [シュティペンディウム] 中 (-s/..dien [..ディエン]) ❶ 奨学金, 育英資金, 学術補助金. ❷ [カトリ] 司祭維持基金;ミサの献祭謝礼.

stirb [シュティァプ] sterbenの命令法 2人称単数形.

stirbst [シュティァプスト] sterbenの 2人称単数現在形.

stirbt [シュティァプト] sterbenの 3人称単数現在形.

Stirn [シュティァン] 女 (-/-en) 額(空), おでこ. **die Stirn haben, ...**〈zu 不定詞〉ずうずうしくも...する.

Stirn·höhle 女 (-/-n)《主に複》[解]前頭洞.

Stirn·seite 女 (-/-n) 前面, 正面 ((特に建物の)).

stöbern [シュテーバァン] ((I)) 自 ❶ (a)〈雪¹などが〉舞う, 舞い上がる. (b)《非人称で》吹雪である. ❷〈in ③ nach ③〉〈物³の中を引っかき回して物³を〉探す, くまなく探し回る. ❸〈風¹が〉吹き抜ける. ((II)) 他 ❶〈南ドィ〉(部屋などを)大掃除する. ❷[狩]〈獣⁴を〉追い立てる, 狩り出す. ❸〈風¹が〉舞い上げる.

stochern [シュトッハァン] 自〈in ③〉〈物³の中を〉何度もつつく, つつき回す;

(火を)かき立てる.

Stock¹ [ʃtɔk シュトック] 男 (-(e)s/Stöcke) ❶(a)杖, ステッキ, 棒. (b)(スキーの)ストック; (ホッケーの)スティック; 指揮棒. ❷(a)切り株. (b)(草木の)株. **am ~ gehen** 1)松葉杖で歩く. 2)(口)体の調子がよくない, 大病である. 3)(口)懐具合がよくない, お金がなくて困っている. 5級

Stock² 男 (-(e)s/Stockwerke, (数を示す語の後ではまた)–) 家屋の階層, 階 (★1階はErdgeschossといい, 階層に数えない).

stock·dunkel [シュトックドゥンケル] 形《副なし》(口)真っ暗な.

Stöcke [シュテッケ]複 ⇨Stock¹.

stocken [シュトッケン] 自 ❶(a)〈物¹が〉(一時的に)止まる, 中断する, 停止する, 停滞する. (b)つかえる. ❷(h)(南·話)〈ミルクなどが〉どろっとする, 凝固する. ❸(h)〈木·紙¹に〉染みができる.

stockfinster [シュトックフィンスター] 形《副なし》(口)真っ暗な.

..stöckig [..シュテッキヒ] 形「…階の」: zweistöckig 3階の.

Stockung [シュトックング] 女 (-/-en) 停止, 停滞; [商]不況; [医]鬱血(うっけつ).

Stock·werk [シュトックヴェルク] 中 (-(e)s/-e) ❶ = Stock²; ❷[坑]丸太組, 鉱楼.

Stoff [ʃtɔf シュトフ] 男 (-(e)s/-e) ❶布地. ❷(a)物質. (b)[哲]質料. (c)《俗》(口)酒; 麻薬, ブツ. ❸材料, 素材. 4級

Stoff·wechsel 男 (-s/(まれ)–) [生医]新陳代謝.

stöhnen [シュテーネン] 自〈(...と)〉うめく, 呻吟する.

Stola [シュ[ス]トーラ] 女 (-/..len) ❶古代ローマ女性の長衣. ❷ストール ((毛皮または羽毛の婦人用肩かけ)). ❸[カト]ストラ, 頸垂帯 ((司教·司祭·助祭などの祭服用)).

Stollen [シュトレン] 男 (-s/–) ❶地下道; [坑]横坑, 導坑. ❷(靴底の)スパイク, いぼ; (水上競技の)すべり止め釘. ❸シュトレン ((干しブドウ·アーモンドなどが入った, クリスマスの長方形のパン菓子)).

stolpern [シュトルパァン] 自(s) ❶つまずく. ❷〈+方向〉よろめきながら歩いて行く.

stolz [ʃtɔlts シュトルツ] (最上 stolzest) 形 ❶(a)誇り高い, 自負心のある; 〈業績·成功などを〉誇らしく思っている; (態度などが)誇らしげな, 誇らしい. (b)(憎·軽蔑)気位の高い, 高慢な, 尊大な, うぬぼれた, 思い上がった, 威張った. ❷《付加》(a)(外観·大きさなどが)誇るに足る, 堂々とした, りっぱな. ❸(方)(服装·化粧などが)上品な, 洗練された, シックな.

Stolz [シュトルツ] 男 (-es/) ❶誇り, 自負(心), プライド; 尊大, 高慢, うぬぼれ; 不遜. ❷自慢の種, 誇るべき物, 誉れ.

stolzieren [シュトルツィーレン] 自(s) 威張って歩く, もったいぶった態度で歩く, (馬が)躍歩する.

stop [シュ[ス]トップ] 間 ❶止まれ. ❷《電報文を読み上げるとき》ピリオド.

stopfen [シュトプフェン] ((I)) 他 ❶〈衣類の穴·裂け目を〉繕う, かがる. ❷(a)詰める, 詰め込む. (b)[音楽]〈管楽器¹に〉弱音器を付ける. ❸〈穴⁴に〉ふさぐ. ❹〈⁴ in ⁴〉〈物⁴を物³に〉突っこむ. ((II)) 自 ❶(口) ガツガツ食べる. ❷(a)〈食物¹が〉満腹感を与える, 腹にもたれる. (b)便秘の原因となる.

Stopf·garn [シュトプフ..]中 (-(e)s/-e) 繕い糸, かがり糸.

Stopf·nadel 女 (-/-n) かがり針, つづり針.

Stopp [シュトップ] 男 (-s/-s) ❶停止, 中止. ❷《単》ヒッチハイク.

Stoppel [シュトッペル] 女 (-/-n) ❶(a)《主に複》[農]残り株, 刈り株, 切り株. (b)《単》刈り田. ❷《複》(羽をむしったあとに残る)羽茎. ❸《主に複》(口)無精ひげ.

stoppelig [シュトッペリヒ] 形 無精ひげの生えた.

stoppen [シュトッペン] ((I)) ❶他 止める, ストップさせる; [競](ボールをトラップする; [競]ブロックする; 〈攻撃⁴を〉阻む; 〈水⁴を〉せき止める. ❷ストッ

プウォッチで計る. ((II))自止まる.

Stopp·licht 中((–(e)s/–er))(自動車後尾の)停止灯, ストップライト.

Stopp·schild 中((–(e)s/–er))一時停止の標識.

Stopp·uhr 女((–/–en))ストップウォッチ.

Stöpsel [シュテプセル]男((–s/–)) ❶栓, ストッパー;〖電〗バナナプラグ. ❷((口))ちびでずんぐり太った男の子.

Stör [シュテーァ]男((–(e)s/–e))〖魚〗チョウザメ(蝶鮫).

Storch [シュトルヒ]男((–(e)s/Störche))〖鳥〗コウノトリ((赤ん坊を運んで来ると言い伝えられている)).

stören [ʃtø:rən シュテーレン] ((I))他 ❶(a)邪魔をする, 妨げる, 煩わせる. (b)妨げる, 阻止[妨害]する. ❷怒らせる, 不愉快にする, 気に入らない. ((II))再sich⁴ 〈an ③〉((口))〈人・事³が〉気に障る. ♦④ bei der Arbeit ~ 人⁴の仕事[勉強]を邪魔する. 4級

Stören·fried 男((–(e)s/–e))平和[治安]攪乱者;妨害者, 他人の邪魔ばかりする人.

störrisch [シュテリッシュ]形強情な, 頑固な, 御しがたい.

Störung [シュテールング]女((–/–en)) ❶邪魔, 妨害;攪乱(かくらん). ❷(a)中断. (b)故障, 混信. (c)障害;(磁針の)狂い.

Stoß [シュトース]男((–es/Stöße)) ❶(a)衝突;攻撃, 突撃. (b)突き, 押し, 打撃, 一撃, 蹴り. (c)(刃物で)突く[突き刺す]こと;〖フェンシング〗一突き. (d)激しい呼吸. (e)衝撃, 振動, 動揺, ショック, 激しい動き, (地震の)震動, (地震の)激しい揺れ. ❷堆積, 一束, 一重ね. ❸〖医〗(短期間の薬剤の)大量投与. ❹接ぎ目, 合わせ目. ❺〖軍〗砲尾, 銃尾.

stoßen* [シュトーセン]((du stößt; 過 stieß; 過分 gestoßen)) ((I))他 ❶突く, 押す, 蹴る. ❷突き動かす, 突きとばす, 突き離す. ❸つき砕く, 粉々にする. ❹(つき上げるように笑いなどの発作が)襲う. ❺((スイス)) (a)〈自転車・自動車⁴などを〉押して行く, 押して動かす. (b)《ドアの表示で》押す. (c)そっけなく[じゃけんに]扱う. ((II))自ⓗⓢ ❶〈＋方向〉(a)ⓗ(激しく)ぶつける, 押す, 蹴る. (b)ⓢ(偶然に)(激しく)ぶつかる. ❷ⓗ〈牛¹などが角や頭で〉突く, 攻撃する. ❸ⓗ(a)揺れる,〈車¹が〉がたつく,〈船¹が〉縦揺れする. (b)断続的に起こる. ❹(a)ⓢ〈auf ④〉ぶつかる, 遭遇する;(偶然に)発見する, 出くわす;出会う. (b)ⓗ接する, 隣接する. ❺ⓢ〈zu ③〉((口))加わる, 合流する, 仲間になる. ❻ⓗ((やや古))〈楽器⁴を〉吹く. ((III))再 ❶(a) sich³ 〈④ an ③〉〈頭⁴などを物³に〉激しくぶつける. (b)sich⁴ 〈an ③〉〈物³に〉ぶつかる. ❷sich⁴ 〈an ③〉〈物³を〉不快に思う, 迷惑に思う.

Stoß·seufzer 男((–s/–))深いため息, 長大息.

Stoß·stange 女((–/–n))(自動車の)バンパー.

stößt [シュテースト] stoßenの2・3人称単数現在形.

stoß·weise 副 ❶断続して;痙攣(けいれん)的に, ひくひく;突発的に, 突拍子もなく. ❷(書類などが)山積みにされて;一山ずつ.

Stoß·zahn 男((–(e)s/..zähne))(象・セイウチなどの)牙(きば).

Stoß·zeit 女((–/–en))ラッシュアワー;仕事[客]が殺到する時間帯.

Stotterer [シュトッテラー]男((–s/–))どもる人, どもり. ◇**~in** 女((–/–nen)).

stottern [シュトッタァン] ((I))自どもる, 口ごもる;((口))(エンジンが)ノッキングする. ((II))他どもりながら言う.

Str. 《略》Straße.

stracks [シュトラックス]副((やや古)) ❶まっすぐに, 一直線に, まっしぐらに. ❷直ちに, 即座[即刻]に. ❸きちんと, 厳密に.

strafbar [シュトラーフバーァ]形処罰すべき, 罪になる, 有罪の.

Strafe [シュトラーフェ]女((–/–n))刑罰;(懲)罰, 懲戒;罰金, 科料;〖法〗自由刑.

strafen [シュトラーフェン]他〈④ für ④ [wegen ②]〉〈人⁴を事⁴·²のために〉罰する, 処罰する;懲戒する. ***mit ③ gestraft sein*** ((口)) 人・事³にさんざん

S

straff [シュトラフ] 形 ❶ピンと張った, 引きしまった, 緊張した. ❷《比》厳格な, きちょうめんな;《文体が》簡潔な.

straf・fällig 形 ~ *werden* 犯罪を犯す, 違法行為をする.

straffen [シュトレーフェン] ((I)) 他 ピンと張る, 引きしめる;要点を絞る, 簡潔にする. ((II)) 再 sich⁴ 引きしまる, 緊張する, ピンと張る.

straf・frei 形 刑を免ぜられた.

Straf・freiheit 女 (-/) 免罪, 刑免除.

Straf・gefangene(r) 男 女《形容詞変化》囚人, 受刑者, 既決囚.

Straf・gericht 中 (-(e)s/-e) 刑事裁判所;《書》裁き.

Straf・gesetzbuch 中 (-(e)s/..bücher) 刑法典 ((略 StGB)).

sträflich [シュトレーフリヒ] 形 ❶処罰すべき;罪になる, 許し難い, 非難すべき. ❷ (口) 途方もない, 恐ろしい.

Sträfling [シュトレーフリング] 男 (-s/-e) 受刑者, 囚人.

straf・los = straffrei.

Straf・raum 男 【サッカー】ペナルティエリア.

straf・rechtlich 形《述語なし》【法】刑法上の.

Straf・stoß 男 【サッカー】ペナルティキック.

Straf・tat 女 (-/-en) 犯行, 違法行為.

Straf・täter 男 (-s/-) 犯罪者.

Straf・verfahren 中 (-s/-) 刑事訴訟手続き.

Straf・vollzug 男 (-(e)s/) 【法】行刑 ((個々の刑事判決の執行)).

Strahl [シュトラール] 男 (-(e)s/-en) ❶光線;電光, 稲妻. ❷《主に単》(特に水や蒸気の)噴射物, 水柱, 水流. ❸《複のみ》【理】放射線, 輻射線. ❹《数》半直線. ❺【獣医】馬蹄軟骨, 蹄叉(½).

strahlen [シュトラーレン] ((I)) 自 ❶(a)光(線)を放つ;輝く, キラキラする. (b)(放射能・輻射線)を出す. (c)うれしくて顔を輝かす, 満面に笑みを浮べる. ❷(+方向)(ある周波数で)放送[放映]する. ❸《馬¹などが》放尿する. ((II)) 他 ❶《書》(喜び・安らぎ⁴などを)周囲に与える. ❷《まれ》《番組⁴などを)放送[放映]する.

Strahlung [シュトラールング] 女 (-/-en) 放射, 輻射;ラジエーション;放射線, 放射エネルギー.

Strähne [シュトレーネ] 女 (-/-n) ((量目の単位としては無変化)) ❶(まっすぐたれた)毛髪の束. ❷糸束, かせ ((量目の単位としても用いる)). ❸人生の一時期.

strähnig [シュトレーニヒ] 形 ❶毛髪がまっすぐたれた;束状をなした. ❷かせになった.

stramm [シュトラム] 形 ❶ピンと張られた〔延びた〕, 張りきった, (服など)体に密着した. ❷《比》たくましい, 頑丈な;直立不動の, 規律正しい, 厳格な. ❸ (口) 猛烈な, 一所懸命の.

strampeln [シュトランペルン] 自 ❶ (k<人¹が)手足をばたばたさせる, もがく. ❷ (s) (口) (ある区間・距離を)自転車で行く. ❸ (k<+様態》 (口) 苦労する, 骨を折る. ❹ (s) (+方向》 (口) 自転車で行く.

Strand [シュトラント] 男 (-(e)s/Strände) 海浜, 砂浜, 磯(¾), 海辺. ♦ am ~ 海辺で.

Strand・bad 中 (-(e)s/..bäder) 海水浴場, (川辺・湖岸の)水泳場.

stranden [シュトランデン] 自 (s) 海岸に乗り上げる, 座礁する, 難破[難船]する;《書》挫折する.

Strand・korb 男 (-(e)s/..körbe) (海水浴場などで使う)屋根付きの籠(か)ご)型のいす (休憩脱衣用).

Strang [シュトラング] 男 (-(e)s/Stränge) ❶縄, 綱, ロープ;ひも;(電気の)コード;【鉄道】軌道, レール. ❷(馬車の)引き綱, 引き革. ❸絞刑索. ❹糸の束, かせ. ❺【解】(神経の)索. ❻(小説・映画などの)筋.

Strapaze [シュトラパーツェ] 女 (-/-n) 辛酸, 艱難(½);過労.

strapazieren [シュトラパツィーレン] ((I)) 他 酷使する;〈衣服・靴などを〉使

① 1格 ② 2格 ③ 3格 ④ 4格

い減らす. ((II))再 sich⁴ 辛酸をなめる; 働きすぎる.

strapazier·fähig [シュトラパツィーァ..]形《衣類・靴など》丈夫な, 酷使に耐える.

Straße [ʃtráːsə シュトラーセ]女

格	単数	複数
1	die Straße	die **Straßen**
2	der Straße	der Straßen
3	der Straße	den Straßen
4	die Straße	die Straßen

❶ **(a)** 道路, (大)通り, 街道, 街路; 市街, 街区;《名称として》(...)通り, 街道 ((略: Str.). **(b)** 町じゅうの人. ❷海峡, 水道.◆auf die ~ 路上で. in der ~ wohnen その通りに住んでいる. über die ~ gehen 道路を横断する. *auf der* ~ *liegen* [*sitzen, stehen*] (口) 1) 失業中である. 2) 路頭に迷う, 住む所がない. *der Mann auf [von] der* ~ ありきたりの人, 一般人, 普通の人. 5級

Straßen·bahn [シュトラーセンバーン]女(-/-en) 市街電車, 市電. 4級

Straßen·bahn·haltestelle 女(-/-n) 市街電車の停留所.

Straßen·ecke 女(-/-n) 街角.

Straßen·graben 男(-s/..gräben) 道路の側溝.

Straßen·kehrer 男(-s/-) (市職員である)道路清掃員.

Straßen·räuber 男(-s/-) 追いはぎ, 辻強盗.

Straßen·schild 中(-(e)s/-er) ❶街路名標示板. ❷道標. ❸(口) 道路交通標識.

Straßen·sperre 女(-/-n) 通行止めの柵[バリケード].

Straßen·verkehr 男(-s/-) 道路交通[輸送].

Strategie [シュトラテギー]女(-/..gien[..ギーエン])戦略, 兵法, 策略, 計画.

strategisch [シュトラテーギッシュ]形戦略(上)の, 兵法(上)の;戦略にか

なった.

Stratosphäre [シュトラトスフェーレ]女(-/-) [気] 成層圏.

sträuben [シュトロイベン] ((I))他〈毛・羽⁴などを〉逆立てる. ((II))再 sich⁴ 逆立つ, 逆らう.

Strauch [シュトラオホ]男(-(e)s/Sträucher)灌木, 低木;(口)やぶ.

straucheln [シュトラオヘルン]自(S)〖書〗〈**über** ④〉つまずく, 足を踏み外す;〖比〗失策する, 過ちを犯す, 堕落する, 身を持ち崩す;〖古〗敗れる.

Strauß¹ [シュトラオス]男(-es/Sträuße) 花束.

Strauß² 男(-es/-e)〖鳥〗ダチョウ(駝鳥).

Sträußchen [シュトロイスヒェン]中(-s/-)小さい花束.

streben [シュトレーベン]自 ❶ (h)〈**nach** ③〉〈物³を〉得ようと努力する, 励む. ❷ (S) (h)〈+方向〉(一心に)目指す, 向かう.

Streber [シュトレーバー]男(-s/-) 出世主義者, 野心家;ガリ勉家. ◊ **Streberin** 女(-/-nen).

strebsam [シュトレープザーム]形《副なし》努力する, 熱心な, 勤勉な;野心のある.

Strecke [ʃtrέkə シュトレッケ]女(-/-n) ❶ **(a)** 距離;道程, 航程, 長さ, 延長. **(b)** 区間;〖ﾊﾟﾝ〗コース;[鉄道]線路区間;[数]直線, 線分;(小説・映画などの)一節, 部分. **(c)**《複のみ》広さ, 地域, 区域. ❷(時の)隔たり, 期間. ❸ [坑]水平坑, 横坑. ❹ [狩]並べられた猟の獲物;獲物を並べる所. *auf der* ~ *bleiben* (口) 1) ついて行けなくなる, 落伍する. 2) 挫折する, 失敗する, だめになる.

strecken [シュトレッケン] ((I))他 ❶(まっすぐに)伸ばす;広げる. ❷〈+場所〉打ちのめす, 切り倒す. ❸ **(a)**〈スープやソースなどを〉薄める, 水で割る. **(b)**〈備蓄品⁴を〉節約してもたせる. ❹ 〖工〗〈金属⁴を〉打ち延ばす, 箔(髭)にする, 広げる. ❺ 〖狩〗〈獲物⁴を〉仕留める. ((II))再 sich⁴ ❶体を伸ばす, 背伸びする;寝そべる. ❷伸びる, 成長する.

□ 1格 ② 2格 ③ 3格 ④ 4格

strecken・weise 副 一区ごとに, 所々に, 部分的に, 所により; 時折.

Streich [シュトライヒ] 男 (-(e)s/-e) ❶いだずら, 悪さ. ❷《書》打つこと/打撃, 平手打ち; むち打ち; たたき. *auf einen ~* 《やや古》一打ちで, 一気[一挙]に.

streicheln [シュトライヒェルン] 他 なでる, さする; 愛撫する.

streichen* [シュトライヒェン] 《過 strich; 過分 gestrichen》((I)) 他 ❶(a) なでる, こする;〈マッチなど〉する;〈刃物など〉を研ぐ; マッサージする. (b) **von [aus]** ③〉(なでるような手つきで)〈物⁴を物³から〉動かす, 払いのける, 取り去る. (c)(こし器で)こす, 裏ごしする. (d)《過去分詞で》すりきりの, 縁までいっぱいの. ❷塗る, 塗りつける. ❸〈物⁴に〉線を引く, 線を引いて抹消[削除]する, 取り消す. ❹(オールを)逆方向に漕ぐ((ボートを停止したり方向転換するため)). ((II)) 自 ❶〈+方向〉軽くふれる, なでる,(表面を)かすめる. ❷⑤〈+場所〉放浪する, 俳徊する, うろつく. ❸《過去形・完了形では用いない》〈地〉(山脈などがある方向に)延びる, 広がる, 連なる.

Streicher [シュトライヒャー] 男 (-s/-)(オーケストラの)弦楽器奏者. ◇ **Streicherin** [-(/-nen).

Streich・holz 中 (-(e)s/..hölzer) マッチ(棒).

Streich・instrument 中 (-(e)s/-e)《音楽》弦楽器.

Streich・käse 男 (-s/-)(パンに塗る)ソフトチーズ.

Streife [シュトライフェ] 女 (-/-n) パトロール, 巡察, 巡回, 巡視; パトロール隊.

streifen [シュトライフェン] ((I)) 他 ❶軽く触れる, なでる, かする. ❷〈④+場所〉(軽く触れて[滑らせて])取る, 動かす. ((II)) 自⑤〈*durch* ④〉目的もなく歩き回る.

Streifen [シュトライフェン] 男 (-s/-) ❶縞, 条, 罫, 線; 条紋; 帯(状のもの). ❷(口)映画.

Streifen・wagen 男 (-s/-) パト(ロール)カー.

streifig [シュトライフィヒ] 形 線のある,(不規則な)条[縞]になった.

Streif・licht 中 (-(e)s/-er) 閃光.

Streik [シュトライク] 男 (-(e)s/-s) ストライキ, 同盟罷業.

Streik・brecher 男 (-s/-) スト破り(の労働者).

streiken [シュトライケン] 自 ❶ストライキ[罷業]をする. ❷(口)行動を共にしない, 協力しない;(口)動かない, 機能しない.

Streik・posten 男 (-s/-) スト破りに対する見張り人[監視員], ピケ(ット)隊.

Streit [trait シュトライト] 男 (-(e)s/-e) ❶口論;争い, けんか;競争;論戦, 係争. ❷《単》不和. ♦~ *mit* ③ *anfangen* 人³とけんかを始める. *mit* ③ *im ~ liegen* 人³と争っている. 5級

streiten* [trátan シュトライテン] 《過 stritt; 過分 gestritten》((I)) 自 ❶〈*mit* ③ *um* ④ [*wegen* ②]〉人³と事⁴·²で争う, けんかする. ❷〈(*sich*⁴) *über* ④〉〈事⁴に関して〉論争する, 議論する. ❸〈*für* [*gegen*] ④〉〈事⁴〉のために[に抗して]闘う. ((II)) 再 *sich*⁴ 争う, 戦う. *Wenn zwei sich ~, freut sich*⁴ *der Dritte.*《諺》漁夫の利を占める. 5級

Streiterei [シュトライテライ] 女 (-/-en)《軽蔑》絶えざる争い[けんか].

Streitigkeit [シュトライティヒカイト] 女 (-/-en)《主に 複》言い争い,(絶えざる)争い事. ❷訴訟沙汰.

Streit・kräfte 複 ❶兵力, 戦(闘)力. ❷(一国のまたは同盟国全体の)軍隊.

streng [シュトレング] 形 ❶厳しい, 容赦ない. ❷《述語なし》厳密な, 厳格な, 正確な. ❸《副なし》(顔つきなど)きつい感じがする. ❹(a)(衣服・髪型など)男っぽい, (b)(味・においなどが)きつい. ❺《副なし》(寒さが)厳しい. ❻(特に南*)つらい, 過酷な. 4級

Strenge [シュトレンゲ] 女 (-/-) 厳しさ;厳格, 厳重;謹厳;厳正, 厳密;(顔・裁方などの)きつい感じ,(味・においなどの)きつさ,(寒さなどの)厳し

さ.

Stress [シュ[ス]トレス]男(-es/(まれ)-e)[心]ストレス.

Streß 男(Stresses/(まれ) Stresse) = Stress.

Streu [シュトロイ]女(-/) (畜舎などの)敷きわら;わら布団.

streuen [シュトロイエン]((I))他 ❶撒(ま)く, 振りかける. ❷⟨通りʻに⟩砂をまく((滑り止めとして)). ❸ばらまく;(口)(情報を)広める. ((II))自 ❶⟨容器¹が⟩(中身を)振りまく, こぼす;漏らす. ❷(銃弾の)破片が飛び散る, 散弾する. ❸(a)[理]⟨粒子・光線¹が⟩散乱する. (b)[統計]⟨数値¹が⟩ばらつく. (c)[医]⟨病種¹が⟩播種(はしゅ)する. (d)弾道が定まらない.

streunen [シュトロイネン]自⑤(b)((軽蔑))うろつく, ほっつき歩く, ふらつく.

Streusel [シュトロイゼル]男中(-s/-)《主に複》[料理]シュトロイゼル(ケーキに振りかけるバター・砂糖などの粉)).

Streusel-kuchen 男(-s/-)シュトロイゼル(を振りかけた)ケーキ.

strich streichenの過去形.

Strich [シュトリヒ]男(-(e)s/-e) ❶線, 条, 罫(けい). ❷ダッシュ;[海](羅針盤の)ポイント;(計量器の)目盛り. ❸《主に複》抹消した箇所. ❹((まれ))地帯, 地域. ❺(単)なでる, ブラシをかけること;[音楽]運弓法;筆遣い, 筆法, タッチ. ❻(単)(織物の)毛足の向き;髪の毛の向き. ▣ *einen ~ durch die Rechnung machen* (口)人³の計画をだいなしにする. *keinen ~ tun [machen]* (口)全く何もしない, 全く働かない. *unter dem ~* 差し引き勘定をしてみると. *nach ~ und Faden* (口)徹底的に, したたかに.

stricheln [シュトリッヒェルン]他⟨物⁴に⟩短い[細い]線を引く, 短い[細い]線で描く;線影を付ける.

Strich·junge 男(-n/-n)《卑》(口)(街に立つ)ゲイボーイ.

Strich·mädchen 中(-s/-) (口)街娼.

Strich·punkt 男(-(e)s/-e)[言]セミコロン((;)).

Strick [シュトリック]男(-(e)s/-e) ❶綱, 縄, ロープ;絞首索. ❷(口)いたずらっ子, わんぱく((特に呼びかけで));ずるいやつ((親しみをこめて)).

stricken [シュトリッケン]((I))他 編む. ((II))自 ❶編み物をする. ❷⟨an ³⟩⟨物³を⟩編む;(口)気長に仕事をする.

Strick·jacke 女(-/-n) ニットのジャケット.

Strick·nadel 女(-/-n) 編み針, 編み棒.

Strick·zeug 中(-(e)s/) 編んでいる物;編み物用品((毛系・編み針・編み物の型紙など)).

striegeln [シュトリーゲルン]他 ❶(馬などに)ブラシをかける. ❷⟨髪⁴に⟩くしを入れる, ブラッシングする. ❸(口)虐待する;いやがらせをする.

strikt [シュ[ス]トリクト](最上 strik-test)形厳格[厳密]な;正確な.

Strippe [シュトリッペ]女(-/-n) (口) ❶(結び)ひも;(編上靴などの)引き手, (ぶーつ)電話線.

Striptease [シュ[ス]トリップティース]男中(-/) ストリップショー.

stritt [シュトリット]streitenの過去形.

stritte [シュトリッテ]streitenの接続法II式形.

strittig [シュトリッティヒ]形《副なし》議論の余地のある, 未解決の.

Stroh [シュトロー]中(-(e)s/-e) (脱穀した後の穀類・豆類の)茎;わら;麦わら;豆殻.

Stroh·blume 女(-/-n)[植]ムギワラギク.

Stroh·halm 男(-(e)s/-e) 麦わら, わら茎, わらしべ;ストロー.

Stroh·witwe 女(-/-n) (口)(夫が旅に出たため)一人で家を守る妻, 一時やもめ.

Stroh·witwer 男(-s/-) (口)(妻が旅に出たため)やもめ暮らしをしている夫, 一時的な男やもめ.

Strolch [シュトロルヒ]男(-(e)s/-e) 浮浪者, 宿なし;ごろつき;(口)わんぱく小僧.

Strom [シュトローム] 男 (-(e)s/Ströme) ❶ **(a)** 大河, (通例海に注ぐ)川. **(b)** 流れ, 潮流, 大水, 気流. **(c)** 一定の方向にゆっくり動いてゆくものの流れ. ❷ [電] 電流; 交流. *in Strömen* 滝のように. *mit dem ~* [*gegen den ~, wider den ~*] *schwimmen* 流れに従って[逆らって]泳ぐ; 時勢に順応[逆行]する.

strom-ab(wärts) 副 川を下って, 下流へ.

strom-auf(wärts) 副 川をさかのぼって, 上流へ.

Ströme [シュトレーメ] 複 ⇒Strom.

strömen [シュトレーメン] 自 ❶ ⟨ + 方向⟩ 滔々(ξ)と流れる; 大量に流れる. ❷ⓑ⟨非人称でも⟩(雨が)激しく降る; 雨が滝のように降る. ❸⟨ + 方向⟩ 群れをなして来る; なだれを打つ.

Strömung [シュトレームンク] 安 (-/-en) ❶ (水・空気の)流れ, 水流, 気流; 海流. ❷ 動向, 傾向, 思潮.

Strophe [シュトローフェ] 安 (-/-n) [詩学] 節, 段, 連 ((数行からなる詩の構成単位)).

strotzen [シュトロッツェン] 自 ⟨von [vor]³⟩⟨物³で⟩いっぱいである, 充満している.

strubbelig [シュトルッベリヒ] 形 (口) モジャモジャの, クシャクシャの, もつれた.

Strudel [シュトルーデル] 男 (-s/-) ❶ 渦(ミ), 渦巻き, 渦流; (比) めまぐるしいこと, 混乱, 雑踏; 騒動. ❷ (特に南バイエルン) [料理] シュトルーデル ((果物の砂糖煮を包んだパイケーキ)).

Struktur [シュ(トルクトゥーァ] 安 (-/-en) ❶ 構造; 構成. ❷ [織] 織り目の状態.

strukturieren [シュ(ス)トルクトゥリーレン] 他 (物³に)「構成」を与える.

Strumpf [ʃtrompf シュトルンプフ] 男 (-(e)s/Strümpfe) ❶ 靴下, 長靴下, ストッキング. ❷ ガスマントル. ❸ [馬術] (馬の膝下の)白い部分. ♦ *die Strümpfe anziehen [ausziehen]* ストッキングをはく[脱ぐ]. 5級

Strumpf·band 中 (-(e)s/..bänder)

靴下止め, ガーター.

Strümpfe [シュトリュンプフェ] 複 ⇒Strumpf.

Strumpf·hose 安 (-/-n) (パンティー)ストッキング, タイツ.

Strunk [シュトルンク] 男 (-(e)s/Strünke) ❶ (キャベツなどの)太くて短い茎. ❷ (枝のない)丸坊主の幹; 切り株.

struppig [シュトルッピヒ] 形 モジャモジャな, ボウボウの ((髪など)).

Stube [シュトゥーベ] 安 (-/-n) ❶ 部屋; 居間; (昔は特に暖炉のある)部屋. ❷ (兵舎・寄宿舎などの)居室; (口) その居住者全員.

Stuben·fliege 安 (-/-n) [昆] イエバエ (家蠅).

Stück [ʃtʏk シュテュック] 中 (-(e)s/-e, (まれ)-en) ❶ 一部分, 断片, かけら; 一片, 一切れ; 一たばね; ひとまとまり; 少量. ❷⟨物を数える単位; 複数でも主に無変化⟩(同種の個体の)一つ, 一個, 一品, 一匹. ❸ (短い)距離, 道程. ❹ **(a)** (楽)曲, 曲; 戯曲. ❺ 有価証券, 株券. ❻ (口) やつ. ❼ ⟨主に単⟩行為, いたずら. ♦ *ein ~ Brot* 一切れのパン. *ein ~ Arbeit* 相当な仕事. *in ~e gehen [fallen]* 粉々に砕ける, ばらばらになる. *große ~e auf*⁴ *halten* (口) 人⁴を高く評価している. *Das ist ein starkes [tolles] ~.* (口) それは無理な注文だ, あつかましい. 5級

stückeln [シュテュケルン] 他 ❶ 細かく切る, 寸断する, 刻む; [商] 多数の持株券に分ける. ❷ 継ぎ合わせる, 継ぎはぎする.

Student [ʃtudɛ́nt シュトゥデント] 男

格	単数	複数
1	der Student	die **Studenten**
2	des Studenten	der Studenten
3	dem Studenten	den Studenten
4	den Studenten	die Studenten

(大)学生. 5級

Studentin [ʃtudɛ́ntɪn シュトゥデン

Stümper

ティン」囡(–/–nen) 女子学生, 女子大生.

Studie [シュトゥーディエ]囡(–/–n) ❶習作；試作. ❷研究, 調査；予備研究.

Studien [シュトゥーディエン]複 ⇨ Studie, Studium.

Studien·aufenthalt 男(–(e)s/–e) 留学[研究]のための滞在.

Studien·freund 男(–(e)s/–e) 大学時代の友人.

Studien·platz 男(–es/..plätze) 正規学生としての席, 在籍権.

Studien·reise 囡(–/–n) 研究[修学]旅行.

studieren [ʃtudiːrən シュトゥディーレン]

現在	ich studiere	wir studieren
	du studierst	ihr studiert
	er studiert	sie studieren

過去	ich studierte	wir studierten
	du studiertest	ihr studiertet
	er studierte	sie studierten

過分	studiert	接II studierte

((I))自 大学に学んでいる, 大学生である. ((II))他 ❶学ぶ, 研究する, 勉強する. ❷(口)(研究しているみたいに)詳しく読む[練習する, 扱う]. ♦an der K Universität ~ K大学で勉強している, K大学の学生である. Jura [Medizin] ~ 法学[医学]を(大学で)勉強している. 5級

Studierende(r) [シュトゥディーレンデ[ダー]]男 囡 《形容詞変化》大学生.

Studio [シュトゥーディオ]中(–s/–s) ❶アトリエ, 制作室, 画室. ❷(ラジオ・映画などの)スタジオ, 放送室, 映画撮影所. ❸(放送局の)支局. ❹実験劇場. ❺ワンルームのマンション[アパート].

Studium [シュトゥーディウム]中(–s/..dien[..ディエン]) ❶《単》(大学での)研究, 勉学. ❷(専門的な)調査研究. ❸《単》(文献書類などの)詳細な検討. ❹《単》(舞台の役や楽曲などを)練習して覚え込むこと.

Stufe [シュトゥーフェ]囡(–/–n) ❶(階段などの)段. ❷程度, 段階, 等級；位階, 階級. ❸《服》フリル. ❹《音楽》度. ❺《エ》ステップ；(ロケットなどの)段. ❻《地理》断階崖.

Stuhl [ʃtuːl シュトゥール]男

格	単数	複数
1	der Stuhl	die **Stühle**
2	des Stuhl(e)s	der Stühle
3	dem Stuhl	den Stühlen
4	den Stuhl	die Stühle

❶(a)(背もたれのある)いす；(教会などの固定した)座席. (b)(役職の)座, いす, ポスト. ❷(a)治療いす. (b)寝室用便器. ❸便通；大便. *sich[4] zwischen zwei Stühle setzen* 二兎(と)を追う. 5級

Stuhl·gang 男(–(e)s/) 便通, 通じ.
Stuhl·lehne 囡(–/–n) 椅子の背(もたれ).

stülpen [シュテュルペン]他 ❶折り返す, 裏返す. ❷《④ *auf* [*über*]④》かぶせる.

stumm [シュトゥム]形 ❶(心身の障害などで)口の利けない；(一時的に)口の利けなくなった, ものが言えない. ❷(a)沈黙した, 黙ったままの, 押し黙った, 無口な. (俗)(b)(動物などが)音声[鳴き声]を発しない；(機器などが故障で)音の出ない[聞こえない]；〔言〕発音されない, 黙音[サイレント]の. (c)言葉を伴わない, 無言の. ❸《医》無症候[症状]の. ❹《付加》(地図などが)文字・記号による説明のない.

Stummel [シュトゥメル]男(–s/–) 残余, 切れ端.《特に》葉巻タバコの吸いさし, ろうそくの燃えさし.

Stumm·film 男(–(e)s/–e) 無声[サイレント]映画.

Stümper [シュテュンパー]男(–s/–) (軽蔑)無器用者；しろうと；能なし.

① 1格 ② 2格 ③ 3格 ④ 4格

stümper・haft 形《軽蔑》不器用な, 拙劣な, 未熟な.

stümpern [シュテュンパァン] 自 へたな仕事をする, 不器用に作る; 拙劣[未熟]である.

stumpf [シュトゥンプフ] 形 ❶ 鈍い, 鋭利でない, 切れない, なまくらの. ❷とがっていない, 尖頭(炭)のない. ❸ 鈍感な, 遅鈍な, 無感覚な. ❹ 輝きのない, 光沢のない; (表面が) さらさらした. 4級

Stumpf [シュトゥンプフ] 男 (-(e)s/Stümpfe) 残りの切れ端, 残部, 残片; 切り株; (手足を切断した後に残った) 断端.

Stumpf・sinn 男 (-(e)s/-e) ❶ 放心状態, 無関心, 無感動. ❷ 退屈. ❸《まれ》くだらないこと, ばかげたこと.

stumpf・sinnig 形 ❶ 放心状態にある, 無気力な; 無感心な, ぼんやりした. ❷ (物事が) 単調な, 退屈な, つまらない.

Stunde [シュトゥンデ] 女 (-/-n) ❶ 1時間 ((1日の24分の1)). ❷ (書) 時間, 瞬間, 時刻; 授業(時間); (口) レッスン. ❸ (やや古) 1時間の道程 ((4-5キロメートル)). 5級

stünde [シュテュンデ] stehen の接続法Ⅱ式形.

stunden [シュトゥンデン] 他 〈支払期限などを〉猶予する.

Stunden・kilometer 田 男 (-s/-) (口)《主に複》キロメートル時 ((記号:km/h)).

stunden・lang 形《述語なし》何時間(も)の ((時に誇張し非難をこめて)).

Stunden・lohn 男 (-(e)s/..löhne) 時間給.

Stunden・plan 男 (-(e)s/..pläne) 時間割り[表].

Stunden・zeiger 男 (-s/-) (時計の) 短針.

..stündig [..シュテュンディヒ] 形「...時間に及ぶ」:zweistündig 2時間の.

stündlich [シュテュントリヒ] (Ⅰ)形《述語なし》毎時の, 1時間ごとの. (Ⅱ)副 ❶ 毎時, 1時間ごとに. ❷ 今 か今かと; 今にも, 今すぐにも. ❸ いつでも, 絶えず, 刻々と.

..stündlich 形「..時間ごとの」: zweistündlich 2時間ごとの.

Stundung [シュトゥンドゥング] 女 (-/-en) 支払期間の延期[猶予].

Stups [シュトゥプス] 男 (-es/-e) (口) 軽く突く[押す]こと.

stupsen [シュトゥプセン] 他 (口) 軽く突く[押す].

Stups・nase 女 (-/-n) (口) しし[そり]鼻.

stur [シュトゥーァ] 形 (口) ❶ 動かない. ❷ 頑固な, 強情な, 偏屈な. ❸《まれ》単調な, 退屈な.

stürbe [シュテュァベ] sterben の接続法Ⅱ式形.

Sturheit [シュトゥーァハイト] 女 (-/) (口) 頑固, 強情.

Sturm [ʃturm シュトゥルム] 男 (-(e)s/Stürme) ❶ 嵐, 暴風. ❷ 殺到, 突進; 突撃. ❸ 激情, 熱狂, 興奮; 激怒, 不機嫌. ❹ {スポ} フォワード, 前衛. ❺《単》({酢}) シュトゥルム ((ワインになる前の段階の発酵ワイン)). ◆die Ruhe vor dem ~ 嵐の前の静けさ. *ein ~ im Wasserglas* つまらぬことで大騒ぎすること, コップの中の嵐. *gegen* ④ *~ laufen* 事に激しく反対する[抗議する]. 4級

stürmen [シュテュルメン] (Ⅰ)自 ❶ ⓗ 暴れ狂う, 吹きすさぶ. ❷ⓢ 突進する, 猛進する. ❸ ⓗ (軍) 突撃する; {スポ}(a)攻撃する. (b) フォワード[前衛] を務める. ❹〈ワインなどが〉発酵する. (Ⅱ)他《軍》〈要塞⁴を〉突撃して奪取する.

Stürmer [シュテュルマー] 男 (-s/-) ❶ 突進者; 無鉄砲者. ❷ {スポ} フォワード, 前衛. ❸ 発酵中のブドウ液. ❹ 学生帽. ◇~*in* 女 (-/-nen).

stürmisch [シュテュルミッシュ] 形 ❶ 嵐の, 暴風雨の; 嵐のような; 激しい, 猛烈な. ❷ 急速[急激]な.

Sturz [シュトゥルツ] 男 (-es/Stürze, (③のときまた)-e) ❶ (急激な)落下; 転落, 墜落; 倒壊; 転倒; (比) 破滅, 没落; 失脚; 瓦解; (価格の)暴落. ❷ (自

動車の車軸の)キャンバー. ❸《複‐e も》【建】(入口・窓などの)まぐさ. ❹《南ド》ガラス製鐘型覆い.

Sturz‧bach 男(‐(e)s/‥bäche) 奔流, 急流.

stürzen [シュテュルツェン] ((I)) 自(S) ❶(a)落ちる, 急激に下がる. (b)転倒する, 転覆する, 倒壊する. (c)〈＋場所〉墜落する. (d)≪まれ≫失脚する, 滅亡する. ❷突進する, あわてて走る. ((II)) 他 ❶〈４＋場所〉突き落とす, 突き倒す. ❷〈４ über 〉かぶせる, 〈容器４などを〉逆さにする;逆さにして落とす. ❸失脚[滅亡]させる. ((III)) 再 sich⁴ ❶〈＋方向〉身を投げる. ❷転ぶ. ❸〈auf ４〉〈人４に〉飛びかかる. ♦ von der Treppe [aus dem Fenster] ~ 階段[窓]から落ちる. in den Fluss ~ 川に落ちる.

Sturz‧flug 男(‐(e)s/‥flüge) (飛行機の)急降下.

Sturz‧helm 男(‐(e)s/‐e) (オートバイ用の)安全用ヘルメット.

Stuss [シュトゥス] 男(‐es/) 《口》愚か[ばかげた]こと, ナンセンス.

Stuß 男 (Stusses/) 《旧》= Stuss.

Stute [シュトゥーテ] 女(‐/‐n) 雌馬, (ロバ・ラクダなどの)雌.

Stuttgart [シュトゥットガルト] 中 シュトゥットガルト((ドイツ南西部の都市)).

Stütze [シュテュッツェ] 女(‐/‐n) ❶支え, 支柱. ❷支え, 助け(となるもの). ❸支持者, 援助者. ❹《口》失業保険金.

stutzen [シュトゥッツェン] ((I)) 他 短く切る;〈物４の〉端を切る, 刈り込む. ((II)) 自 ❶はっとして[ぎょっとして]立ち止まる;言葉がつかえる;《狩》(特に偶蹄類³が)立ちすくむ. ❷おやっと思う, 突然不審の念を抱く.

stützen [シュテュッツェン] ((I)) 他 (a)支える, 〈所４に〉支柱を立てる. (b)支持する, 力づける, 援助する, 味方する. (c)〈＋方向〉支える. ((II)) 再 ❶ sich⁴〈＋場所〉身を支える. ❷〈auf ４〉〈物４を〉よりどころにする.

stutzig [シュトゥッツィヒ] 形 びっくりした;あっけに取られた;仰天した.

s.u. 《略》sieh(e) unten! 下記参照.

Subjekt [ズプイェクト] 中(‐(e)s/‐e) ❶【言】主体, 主観. ❷【論】主辞. ❸【言】主語. ❹《口》やつ, 野郎. ❺【音楽】主題, テーマ.

subjektiv [ズプイェクティーフ] 形 ❶【哲】主体の, 主観の. ❷主観的である;個人的な, 一面的な.

Subjektivität [ズプイェクティヴィテート] 女(‐/‐) 【哲】主観性;主観的見方[考え方].

substantiell [ズプスタンツィエル] 形 実体(的)の, 本体の, 実在する;物質(的)の;本質的な, 実質的な;滋養に富む.

Substantiv [ズプスタンティーフ] 中 (‐s/‐e) 【言】(Hauptwort)名詞 ((略: Subst.)).

Substanz [ズプスタンツ] 女(‐/‐en) 【哲】実体, 本質, 実質;存在, 本体;【理】物質;【商】資産, 資本;【法】元物(⁵). ❶ **geht** ③ **an die ~.** 《口》物⁴は〈人³の〉体力[気力]を消耗させる.

subtil [ズプティール] 形 繊細な, 微妙な;綿密な;細心な;複雑な, こみ入った.

subtropisch [ズプトロービッシュ] 形 亜熱帯の.

Subvention [ズプヴェンツィオーン] 女(‐/‐en)《主に複》補助[助成]金.

Suche [ズーヘ] 女(‐/‐n) ❶《単》探すこと, 捜索, 探索. ❷《狩》(猟犬を使う)小獣猟.

suchen [zúːxən ズーヘン]

現在	ich suche	wir suchen
	du suchst	ihr sucht
	er sucht	sie suchen

過去	ich suchte	wir suchten
	du suchtest	ihr suchtet
	er suchte	sie suchten

過分	gesucht	接II suchte

((I)) 他 探す;求める. ((II)) 自〈nach ３〉探す, 探索する. ★具体的なものの場合は nach を用いた自動詞と他動詞は同

じ意味. ◆eine Stelle ~ 職(場)を探す. nach einer Antwort ~ 答えを探す. *Du hast [Das hat] hier nichts zu ~.* (口)ここは君の来るところじゃない[それはここには合わない, 場違いだ]. 5級

Sucht [ズフト]女(−/Süchte, −en)嗜癖; 病的欲望.

süchtig [ズヒティヒ]形嗜癖のある; 病的欲求を持つ.

Süd [ズュート]男(−(e)s/−e) ❶(単;無変化;無冠詞)南, 南部((略: S)). ❷(複まれ)(海)(詩)南風.

Süd-afrika 中(−s/) ❶アフリカ南部. ❷南アフリカ共和国.

Süd-amerika 中(−s/)南アメリカ.

Sudan [ズダーン]男(−(s)/)(der ~)スーダン((アフリカ北東部の共和国)).

süd-deutsch 形南ドイツの.

Süden [zýːdən ズューデン]男(−s/) ❶(主に無冠詞で)南, 南方((略:S)). ❷南部の;(特に)南欧;アジアの南部. ◆nach ~ 南へ. im ~ 南に. 4級

Süd-frucht 女(−/..früchte)(主に複)南方の果物, 熱帯果実.

Süd-korea 中 韓国((Republik Korea)).

Süd-länder 男(−s/−)南国人;(特に)南欧人.

süd-ländisch 形南国[南欧]の.

südlich [ズュートリヒ] (I)形 ❶南の. ❷南方[南部]の, 南国の, 南欧の. (II)副(2格支配) ...の南[南方]に. 4級

Süd-licht 中(−(e)s/−er)(天)南極光.

Süd-pol 男(−s/)南極.

Süd-see 女(−/)(die ~)南太平洋, 南洋.

südwärts [..ヴェツ]副南方へ.

Süd-wind 男(−(e)s/−e)南風.

Sues-kanal [ズーエス..]男(−s/)(der ~)スエズ運河.

Suffix [ズフィクス, (ﾂﾞﾌ)ズフィクス]中(−es/−e)後綴(ﾂﾞ), 接尾辞.

Sühne [ズューネ]女(−/−n)贖罪;罪の償い.

sühnen [ズューネン]他償う, 贖罪する

る.

Sultanine [ズルタニーネ]女(−/−n)サルタナ, スルタナ((トルコ国スミルナ地方産の大きな種なし干しブドウ)).

Sülze [ズュルツェ]女(−/−n)アスピック料理(肉・魚などの煮汁のゼリー, 煮こごり)).

sülzen [ズュルツェン] (I)(他)(物⁴を)アスピックにする. (II)(自)(俗)おしゃべりをする.

Summe [zóma ズメ]女(−/−n) ❶総数;合計, 合計, 総額, 全額;(計)和. ❷金額. ❸総和, 総体. ◆eine ~ von 100 Euro 総額100ユーロ. 4級

summen [ズメン] (I)(自) ❶(ミツバチなどが)ブンブンいう;(モーター・換気扇・ラジオなどが)ブーンという音を立てる. ❷(S)(虫¹が)ブーンと羽音を立てて飛んで行く. (II)(他)(sich³) *ein Liedchen ~* 鼻歌を歌う.

summieren [ズミーレン] (I)(他)合計する;総合する;総括する, 要約する. (II)(再)sich⁴ 増加する, かさむ, 累積する.

Sumpf [ズンプフ]男(−(e)s/Sümpfe) ❶沼沢(地);湿地;(比)泥沼;堕落, 腐敗. ❷(坑)サンプ, 集水坑.

sumpfig [ズンプフィヒ]形沼地の, 沼のような, 卑湿の, ぬかるみの.

Sund [ズント]男(−(e)s/−e)(特にスウェーデンとデンマーク間の)海峡.

Sünde [ズュンデ]女(−/−n) ❶罪, 罪悪;罪業;悪行;違反, 過失. ❷(単)罪の結果の生活[状態].

Sünden-bock 男(−(e)s/..böcke) (聖)贖罪(ｼｮｸ)山羊((人々の罪を負わせて放った山羊));(口)他人のために罪を負う人, スケープゴート.

Sünder [ズュンダー]男(−s/−)罪人, 罪びと. ◇**Sünderin** 女(−/−nen).

sündigen [ズュンディゲン]自 ❶(gegen [an] 4))罪を犯す. ❷違反する;過ちを犯す.

super [ズーパー]形(無変化)(口)すばらしい.

Super [ズーパー]中, (ﾂﾞﾌ)男(−s/)スーパー[ハイオクタン]ガソリン.

super.. (名詞・形容詞などに付く)

①1格 ②2格 ③3格 ④4格

「超…」:supermodern 超モダンの.

Superlativ [ズーパァラティーフ]男(-s/-e) ❶[言]最上級. ❷《主に複で》最高のもの;大げさな表現.

Super-markt [ズーパーマルクト]男(-(e)s/..märkte) スーパーマーケット. 4級

Suppe [zópə ズッペ]女(-/-n) ❶スープ. ❷《単》[口](濃い)霧;[口]汗. ◆eine klare ~ コンソメスープ. eine dicke [dünne] ~ essen 濃い[薄い]スープを(スプーンで)飲む. eine kochen スープを作る. *die ~ auslöffeln (, die man sich³ eingebrockt hat)*《口》まいた種を自分で刈る 5級

Suppen·löffel 男(-s/-) スープ用スプーン;スープ用ひしゃく.

Surf·brett [ザ[サ]ーァフ..]中 サーフボード.

surfen [ザ[サ]ーァフェン]自 サーフィンをする.

surren [ズレン]自(h) ❶(h)ブーンと音を立てる[鳴る]. ❷(s)《+方向》ブーンと飛んで行く[来る].

suspekt [ズスペクト]形 疑わしい,怪しい.

süß [zy:s ズュース]形《比較 ~er; 最上 ~est》❶(a)(↔ sauer, bitter)(味が)甘い,甘味の(ある),甘口の;(砂糖などで)甘くした. (b)(においが)甘い,いい. ❷(a)(特に子供・女性が)魅力的な,かわいい,愛くるしい. (b)(小さくてきれいな,きれいな;親切な,優しい,思いやりのある. ❸甘美な,心地よい,快い,好ましい. ❹《軽蔑》いやに愛想のいい. ◆~ schmecken 甘い味がする. *das ~e Leben*(ぜいたくで無為の)甘い生活;[口]自堕落な生活. 5級

Süße 女(-/) 甘さ,甘味;甘美さ.

süßen [ズューセン]他《(物⁴を)》甘くする.

Süßigkeit [ズュースィヒカイト]女(-/-en)《主に複》(菓子など)甘いもの, 菓子 ((キャンディー,チョコレートなど)).

süßlich [..リヒ]形 ❶やや甘い,甘味のある. ❷《軽蔑》センチメンタルな,甘ったるい;愛想の良すぎる,べたべたした;(widerlich)いやらしい.

süß-most 男(-(e)s/-e)(未発酵状態でアルコール分のない)果汁.

süß-sauer 形 甘ずっぱい;[口]愛想のいいような悪いような((表情など)).

Süß·speise 女(-/-n)(デザートとして出る)甘いもの.

Süß·stoff 男(-(e)s/-e)(サッカリンなど)人工甘味料.

Süß·wasser 中(-s/-) 淡水,真水.

SV [エスファオ]《略》Sportverein スポーツクラブ.

SW《略》Südwest(en) 南西.

Symbol [ズュンボール]中(-s/-e) シンボル,象徴,表徴,表象;記号,符号.

symbolisch [ズュンボーリッシュ]形 象徴的な;象徴となる;記号の.

Sympathie [ズュンパティー]女(-/..thien [..ティーエン]) 共感,同情;好意.

sympathisch [ズュンパーティッシュ]形 ❶共感できる, 感じのよい, 好感の持てる. ❷《述語なし》[医]交感性の,交感神経(性)の.

Symphonie [ズュンフォニー]女(-/..nien [..ニーエン]) = Sinfonie.

Symptom [ズュンプトーム]中(-s/-e)[医]徴候,症状;前兆,きざし.

symptomatisch [ズュンプトマーティッシュ]形 ❶前兆となる,徴候的な;典型的な. ❷[医](ある病気の)症候となる[を示す],症候の.

Synagoge [ズュナゴーゲ]女(-/-n) ❶ユダヤ教会堂. ❷(礼拝に参集した)ユダヤ会衆.

synchron [ズュンクローン]形 同時の;平行した.

Synchronisation [ズュンクロニザツィオーン]女(-/-en)[映]シンクロナイジング ((画面と音声を一致させること)), 吹き替え;同時録音;[工]同期化.

synchronisieren [ズュンクロニズィーレン]他[映]《映画⁴を》吹き替える;同時録音する.

Synchronisierung [ズュンクロニズィールング]女(-/-en) 吹き替え.

1 1格 2 2格 3 3格 4 4格

Synonym [ズュノニューム]⊕(-s/-e, -a) 同義語, 類義語 (↔ Antonym).

Syntax [ズュンタクス]⊕(-/-en) 統語[辞]論, シンタクス.

Synthese [ズュンテーゼ]⊕(-/-n) ❶(↔ Analyse)総合,統合;〖哲〗ジンテーゼ. ❷〖化〗合成.

synthetisch [ズュンテーティッシュ]形 総合[統合]の;〖化〗合成の.

Syrien [ズューリエン]⊕(-s/) シリア(中近東の共和国).

System [ズュステーム]⊕(-s/-e) ❶ (a)システム,体系. ❷系. ❸(政治・経済などの)体制, 制度. ◆⓵ nach einem ~ ordnen 物⁴をあるシステムに従って整理する. ⓸ in ein ~ bringen 事⁴を体系化する. *periodisches* ~〖化〗周期系. **4級**

systematisch [ズュステマーティッシュ]形 系統[体系]的な, 組織的な;計画的な;秩序のある;分類上の,分類学的な.

Szene [スツェーネ]⊕(-/-n) ❶(a) (映画・小説などの)場面, シーン;〖劇〗場. (b)(出来事の)舞台, 現場. ❷(a) (印象的な)光景, 情景. (b)(派手な) いさかい, けんか. ❸《主に単》(特定分野の)活動領域, 活動の舞台. ⓸ *in* ~ *setzen* 物⁴を上演する;舞台にかける, 仕組む. *sich*⁴ *in* ~ *setzen* 自分を引き立たせる. ⓷ *eine* ~ *machen* (公衆の面前で)人³をひどくののしる.

Szenen·wechsel 男(-s/-) 舞台の推移, 場面転換.

T

t, T ⊕[テー](-/-, (口)-s/) アルファベットの第20字.

t《略》Tonne.

Tabak [タバック, ターバック, (南独)タバク]男(-s/-e)《主に単》❶〖植〗タバコ(属). ❷(喫煙用の)タバコ. ◆~ rauchen [schnupfen, kauen] タバコを吸う[かぎタバコをかぐ, かみタバコをかむ]((★「タバコを吸う」は一般にrauchenだけで表現される)).

Tabaks·pfeife 囡(-/-n) きせる, パイプ.

Tabak·waren 複 タバコ(類)((葉巻, 紙巻タバコ, かぎタバコなどの総称)).

tabellarisch [タベラーリッシュ]形 表の形にまとめた.

Tabelle [タベレ]囡(-/-n) ❶(一覧)表, 索引, 目録. ❷〖ス〗順位表, 番付.

Tabellen·kalkulation 囡〖コン〗表計算(プログラム).

Tabernakel [タベルナーケル]⊕, (南独)男(-s/-)〖加〗(聖体を安置する)聖櫃(ひつ).

Tablett [タブレット]⊕(-(e)s/-s, -e) 盆.

Tablette [タブレッテ]囡(-/-n) 〖薬〗錠剤. ◆eine ~ einnehmen 錠剤を服用する.

tabletten·süchtig 形 錠剤を常習的に服用する.

tabu [タブー]形《述語または副》〈*für* ④〉人⁴にとって〉タブーの, 禁忌の, 触れて[口にして]はいけない.

Tabu [タブー]⊕(-s/-s) (未開社会における)タブー, 禁忌;(一般に)タブー, 禁制, 禁句.

tabuieren [タブイーレン]⇨tabuisieren.

tabuisieren [タブイズィーレン]他〈物⁴を〉タブーとする, 禁忌(鷹)する, タブー視する.

Tacheles [タヘレス]男⊕(*mit* ③) ~ *reden* (口)(人³と)腹蔵なく話す, 洗いざらい話す;(人³に)説教する.

Tacho [タホ]男(-s/-s)(口)《略》Tachometer.

Tachometer [タホメーター]男⊕(-s/-) タコメーター, 回転速度計.

Tachometer·stand 男 (距離計が示す)現在の総走行距離(表示).

Tadel [ターデル]男(-s/-) (↔ Lob) 叱責, 非難;(非難すべき)欠点.

tadel·los 形 非の打ちどころのない, 欠点のない, 立派な, 優れた.

tadeln [ターデルン]他 (↔ loben)〈④

①1格 ②2格 ③3格 ④4格

Tafel [ターフェル]女(-/-n) ❶黒板,石盤. ❷板,板状の物. ❸挿絵,図表,図版. ❹《(ごちそうの準備された)食卓. ♦eine ~ Schokolade 板チョコ一枚.

Täfelchen [テーフェルヒェン]中(-s/-)小さな板[黒板].

tafeln [ターフェルン]自(外で)ごちそうを食べる,食事をする.

täfeln [テーフェルン]他《物⁴に》板を張る.

Tafel·spitz 男(〈's〉)【料理】ボイルした牛のヒレ肉.

Tafel·wasser 中(-s/..wässer)(瓶入りの)ミネラルウォーター.

Tafel·wein 男食事用ワイン,テーブルワイン.

taff [タフ]形強い,丈夫な,タフな.

Taft [タフト]男(-(e)s/-e)タフタ,琥珀(こはく)織り.

Tag [ta:k タ―ク]男

格	単数	複数
1	der Tag	die **Tage**
2	des Tag(e)s	der Tage
3	dem Tag	den Tagen
4	den Tag	die Tage

❶(↔ Nacht)昼間,日中. ❷日,1日((24時間));特別な日,記念日;《複》(不特定の)日々;人生の日々. ♦ein heller [regnerischer, bewölkter] ~ 晴れ[雨,曇り]の日. an einem ~ 1日で,1日のうちに. an diesem ~ その日に. dreimal am ~ 日に3回. am folgenden ~ 翌日. auf [für] drei ~e 三日間の予定で. in ein paar [einigen] ~en 数日中に;数日後に. heute in [vor] acht [vierzehn] ~en 一[二]週間後[前]の今日. Welchen ~ haben wir heute? きょうは何曜日[何日]ですか. *am* ~(e) 昼に,昼間のうちに. *an den* ~ *kommen* 明るみに出る. ④ *an den* ~ *bringen* [*ziehen*] 物⁴を白日のもとにさらす,暴露する. *des* ~*s* = *unter* ~*s* 昼の間ずっと. *einen guten* [*schlechten*] ~ *haben* 機嫌や調子が良い[悪い]日である. *ein Unterschied wie* ~ *und Nacht*《口》とても大きな違い. ❷ (*großer*) ~ 人²にとって特別な日. *Guten* ~!＝《口》~!こんにちは,《まれに》さようなら. *jeden* ~ 毎日. *keinen guten* ~ *haben* 調子がよくない,不運である. *Man soll den* ~ *nicht vor dem Abend loben.*【諺】一寸先は闇((晩になる前にその日の良し悪しを言うことはできない)). *Morgen ist auch noch ein* ~! まだ明日という日もある. *Noch ist nicht aller* ~*e Abend.*【諺】まだ希望がもてる((まだすべての日々の終わりではない)). ~ *für* ~ 来る日も来る日も,毎日毎日. ~ *und Nacht* 昼も夜も,日夜. ❷ *e sind gezählt.* 人²の命運は尽きた,人²の命は長くない. *von einem* ~ *auf den anderen* 突然,不意に. *von* ~ *zu* ~ 日一日と,日ごとに. 5格

tagaus [タークアオス]副~, *tagein* 毎日毎日,来る日も来る日も,明けても暮れても.

Tage·buch [タ―ゲ..]中(-(e)s/..bücher)日記,日誌.

tagein [タークアイン]副⇨tagaus.

tage·lang 形《付加または副》数日にわたる,何日間もの.

tagen [タ―ゲン]自❶会議をする,〈会議・審議〉などが開かれ(ている).

tages·aktuell [タ―ゲス..]形現在の,時事の,今日の.

Tages·anbruch 男(-(e)s/)夜明け,黎明.

Tages·ausflug 男日帰り旅行.

Tages·karte 女(-/-n) ❶一日有効の入場券[乗車券]. ❷(レストランの)本日のサービスメニュー.

Tages·kasse 女(-/-n) ❶(↔ Abendkasse)(劇場などの)昼間切符売り場. ❷一日の売上高.

Tages·licht 中(-(e)s/)昼間の光,日光,自然光.

Tages·licht·projektor 男 オーバーヘッドプロジェクター ((投影機)).

Tages·zeit 女 (–/–en) ❶ 一日の時間区分 ((朝, 昼, 晩)). ❷ 昼間のある時刻.

Tages·zeitung 女 (–/–en) 日刊新聞.

..tägig [..テーギヒ] 形 《数詞などにつけて》「…日間にわたる」: dreitägig 3日間の. ❷「…の日の」: festtägig 祭日の.

täglich [テークリヒ] 形 毎日の, 日々の; 日の, 一日の; 日ごとの, 日増しの. ♦ zweimal ~ 1日2回. 5級

..täglich 形 《数詞などにつけて》「…日ごとの」: zweitägig 2日ごとの.

tags [タークス] 副 昼間に, 日中に.

tags·über 副 昼の間ずっと, 日中.

tagtäglich [タークテークリヒ] 形 毎日毎日の, 連日の, 毎日繰り返される.

Tagung [ターグング] 女 (–/–en) (大規模な)集会, 全国会議, 大会.

Taifun [タイフーン] 男 (–s/–e) 台風.

Taille [タリェ] 女 (–/–n) ウエスト ((胴の最もくびれた部分)).

Taiwan [タイヴァ(ー)ン, タイヴァ(ー)ン] 中 (–s/) 台湾.

Takt [タクト] 男 (–(e)s/–e) ❶ 〔単〕〔音楽〕拍子. ❷ 〔音楽〕小節. ❸ 〔単〕他人に対する思いやり, 礼儀感覚, 節度.

Takt·gefühl 中 (–(e)s/) = Takt ③.

taktieren [タクティーレン] 自 ⓗ 策略を用いる, 策を弄する.

Taktik [..ティーク] 女 (–/–en) 〔軍〕戦術; 作戦, 策略.

taktisch [タクティッシュ] 形 《付加または副》❶ 戦術に関する, 作戦上の. ❷ 策略的な, 駆け引きのうまい.

takt·los 形 思いやりに欠ける, 無神経な, 非常識な.

Takt·losigkeit [..ローズィヒカイト] 女 (–/–en) 無神経, 非常識(な言動).

takt·voll 形 思いやりのある, 礼儀正しい.

Tal [ta:l タール] 中 (–(e)s/Täler) 谷, 谷間, 峡谷. 4級

Talent [タレント] 中 (–(e)s/–e) 〈für ④; zu ③〉〈物3·4に対する〉才能, 能力, 資質. ❷ 才能〔資質〕を備えた人.

talentiert [タレンティーァト] 形 才能のある, 有能な.

Täler [テーラー] 複 ⇨ Tal.

Talg [タルク] 男 (–(e)s/–e) ❶ 獣脂 ((特に牛や羊, ヤギなどの)). ❷ 皮脂.

Talisman [ターリスマン] 男 (–s/–e) お守り, 護符, 魔除け.

Tampon [タンポン, タンポ(ー)ン] 男 (–s/–s) 〔医〕タンポン, 止血栓, 月経用綿棒.

Tamtam [タムタム, タムタム] 中 (–s/–s) 〔音楽〕ゴング, 銅鑼⑤; 大騒ぎ.

Tang [タング] 男 (–(e)s/–e) 海藻.

Tangente [タンゲンテ] 女 (–/–n) ❶ 〔数〕接線. ❷ (都市部などの)外縁に接する自動車道, バイパス.

Tank [タンク] 男 (–s/–s, –e) (ガソリン·ガスなどの)タンク, 貯蔵槽.

tanken [táŋkən タンケン] 〔(I)〕他 ❶ 〈燃料などを〉タンクに入れる, 〈車などに〉給油する. ❷ 〔口〕〈日光·空気などを〉補給する, 自分の中に取り込む. 〔(II)〕自 ⓐ ❶ 給油する. ❷ 〔口〕酒を飲む.

Tanker [タンカー] 男 (–s/–) タンカー, 油槽(–)船.

Tank·säule 女 (ガソリンスタンドの)給油ポンプ.

Tank·stelle [タンクシュテレ] 女 (–/–n) ガソリンスタンド.

Tank·wagen 男 (–s/–) タンクローリー, ガソリン輸送車.

Tank·wart 男 (–(e)s/–e) ガソリンスタンドの給油係員. ◇ **..wartin** 女 (–/–nen).

Tanne [タネ] 女 (–/–n) 〔植〕モミ ((樅)).

Tannen·baum 男 (–(e)s/..bäume) ❶ = Tanne. ❷ (特に北ヨ)クリスマスツリー.

Tannen·grün 中 (–s/) モミの小枝 ((部屋飾りや苗床の覆いなどに用いる)).

Tannen·zapfen 男 (–s/–) 〔植〕モミの毬果(きゅうか).

Tannen·zweig 男 モミの枝.

Tante [tántə タンテ] 女

格	単数	複数
1	die Tante	die **Tanten**
2	der Tante	der Tanten
3	der Tante	den Tanten
4	die Tante	die Tanten

❶ 伯母, 叔母. ❷《幼児語》おばさん((大人の女性全般)). ❸(口)《軽蔑的に》女.

Tanz [tants タンツ] 男 (-es/Tänze) ❶ ダンス, 踊り, 舞踏. ❷《単》ダンスパーティー, 舞踏会. ❸ 舞曲, 舞踏曲. ❹《俗》大騒ぎ, けんか, 口論. ◆④ zum ~ auffordern 人⁴にダンスの相手を申し込む. *einen (großen) ~ machen [aufführen]* (口) つまらぬことで興奮「大騒ぎ]する.

Tanz·abend 男 (-s/-e) ダンスの夕べ, 夜のダンスパーティー, 舞踏夜会.
Tanz·bar 女 (-/-s) ダンスのできるバー.
Tanz·café 中 ダンスのできる喫茶店.
Tänze [テンツェ] 複 ⇨ Tanz.
tanzen [tántsən タンツェン]

現在	ich tanze	wir tanzen
	du **tanzt**	ihr tanzt
	er tanzt	sie tanzen
過去	ich tanzte	wir tanzten
	du tanztest	ihr tanztet
	er tanzte	sie tanzten
過分	getanzt	接II tanzte

《(I)》自 踊る. 《(II)》他《④ (mit ③)》〈(人³と)タンゴ・ワルツ⁴などを〉踊る, 舞う, ダンスする. 5級

Tänzer [テンツァー] 男 (-s/-) 踊る人, (バレエ)ダンサー, 舞踏家. ◇ **Tänzerin** 女 (-/-nen).
Tanz·fläche 女 (-/-n) ダンスフロア.
Tanz·lokal 中 (-(e)s/-e) ダンスのできるレストラン[酒場].
Tanz·orchester 中 ダンス楽団[オーケストラ].
Tanz·stunde 女 (-/-n) ダンスのレッスン[けいこ].
Tapete [タペーテ] 女 (-/-n) 壁紙, 壁布.
Tapeten·wechsel 男 (-s/-) (口) 環境を変えること((転居, 転職など)).
tapezieren [タペツィーレン] 他 ⓗ 〈(壁・部屋⁴などに)〉壁紙を張る.
tapfer [タプファー] 形 ❶ 勇敢な, 勇ましい, 勇気のある. ❷《述語または副》毅然とした, 弱音を吐かない, したたかな.
Tapferkeit [..カイト] 女 (-/) 勇気, 勇敢さ, 勇ましさ.
tappen [タッペン] 自 ⓢ 〈+方向〉 ❶ 〈ゆっくりと, 慎重に, おぼつかなく〉歩く, 手探りで進む. ❷ ⓗ 〈**nach** ③〉〈物³を〉手探りでさがす.
Taps [タプス] 男 (-es/-e) ❶ 不器用な人, ❷ 軽くたたくこと[音].
Tarif [タリーフ] 男 (-s/-e) ❶ 料金[定価, 運賃](表), 税率(表). ❷ (労使協定で定められた)賃金(体系).
tarnen [タルネン] 《(I)》他〈人・物⁴を〉(遮蔽・迷彩などによって)見えなくする, 隠す, カモフラージュする. 《(II)》 再 sich⁴ 自分をカモフラージュする.
Tasche [táʃə タッシェ] 女 (-/-n) ❶ (衣服・鞄などの)ポケット. ◆ die Hände in die ~n stecken [aus den ~ nehmen] 両手をポケットに突っ込む [ポケットから出す]. ❷ かばん, バッグ; 財布. ④ *aus eigener [der eigenen] ~ bezahlen [finanzieren]* (口) 物⁴で自腹を切る. ④ *in die ~ stecken* (口) 人⁴に勝つ. ④ *schon in der ~ haben* (口) 物⁴をすでに手中におさめている. 5級

Taschen·buch 中 (-(e)s/..bücher) ポケット版の本, ペーパーバック, 小型本.
Taschen·dieb 男 (-(e)s/-e) すり((人)). ◇ **..diebin** 女 (-/-nen).
Taschen·geld 中 (-(e)s/) こづかい銭, ポケットマネー.
Taschen·lampe 女 (-/-n) 懐中電灯.
Taschen·messer 中 (-s/-) (折り

Taschenrechner

たたみ式の)ポケットナイフ,懐中ナイフ.
Taschen·rechner 男(–s/–)ポケット電卓.
Taschen·tuch 中(–(e)s/..tücher)ハンカチ, ◆ein ~ benutzen ハンカチを使う.
Taschen·uhr 女(–/–en)懐中時計.
Tasse [tasə タッセ]女

格	単数	複数
1	die Tasse	die **Tassen**
2	der Tasse	der Tassen
3	der Tasse	den Tassen
4	die Tasse	die Tassen

(コーヒー・紅茶用の)カップ, 茶碗. aus einer ~ trinken カップから飲む. eine ~ Kaffee [Tee] 1杯のコーヒー[紅茶]. *nicht alle ~n im Schrank [Spind] haben* (口;皮肉)少々頭がおかしい, どうかしている. **5級**
Tastatur [タスタトゥーァ]女(–/–en)(ピアノ・コンピュータなどの)キーボード, 鍵盤.
Taste [タステ]女(–/–n)(ピアノ・コンピュータなどの)キー, 鍵.
tasten [タステン]((Ⅰ))自〈nach 3〉〈物3を求めて〉手探りする, 探索[模索]する. ((Ⅱ))再 sich4 手探りで進む.
Tasten·telefon 中プッシュホン, 押しボタン式電話機.
tat [タート]tunの過去形.
Tat [ta:t タート]女(–/–en) ❶行い, 行為, 行動. ❷犯行. *in der ~* 事実, 実際, 本当に.
Tat·bestand 男(–(e)s/..stände) ❶事実, 事情, 事態. ❷[法](犯罪の)事実構成要件, 法律要件.
täte [テーテ]tunの接続法Ⅱ式形.
Täter [tɛ́:tər テーター]男(–s/–) 行為者;犯人. ◇**Täterin** 女(–/–nen).
tätig [テーティヒ]形(副なし) ❶〈主に述語〉働いている, 勤めている. ❷〈付加〉活動的な, 活発な, 積極的な. ❸(火山などが)活動中の.

tätigen [テーティゲン]他〈商行為4などを〉(実行)する,〈取引4などを〉結ぶ; (一般的에)行う.
Tätigkeit [テーティヒカイト]女(–/–en) ❶働き, 仕事, 活動. ❷(単)(機械, 装置などの)働き, 作動, 運転.
Tat·kraft 女(–/–)活動力, 行動力.
tat·kräftig 形活動[行動]力のある, 積極的な, 精力的な.
tätlich [テートリヒ]形力[腕]ずくの, 暴力[暴行]による.
Tat·ort 男(–(e)s/–e)犯行現場.
tätowieren [テトヴィーレン]他〈人4の体に[物4に]〉入れ墨をする,〈物4の模様を〉入れ墨する.
Tätowierung [テトヴィールング]女(–/–en)入れ墨.
Tat·sache 女(–/–n)事実, 本当のこと. ◆ *vor die vollendete ~ [vor vollendete ~n] stellen* 人4に既成事実を突きつける.
tatsächlich [tá:tzɛçlıç タートゼヒリヒ,タートゼヒリヒ] ((I))形〈付加〉事実の, 本当の, 実際の. ((Ⅱ))副事実, 本当に;実は, 本当は. *Tatsächlich?* (口;出版皮肉)本当ですか?
tätscheln [テッチェルン]他〈4;3 4〉〈人4を; 人3の物4を〉(愛撫するように)さする, 軽くたたく.
Tattoo [テトゥー]男中(–s/–s)タトゥー, 入れ墨.
tat·verdächtig 形犯罪の疑いのある, 犯行容疑をかけられた.
Tat·waffe 女犯行に使われた武器, 凶器.
Tatze [タッツェ]女(–/–n)(熊などの猛獣の)手, 前足.
Tat·zeit 女犯行時間.
Tau[1] [タオ]男(–(e)s/)露.
Tau[2] 中(–(e)s/–e)太綱, ロープ, ともずな.
taub [タオプ]形 ❶耳の聞こえない, 聾(う)の. ❷(副なし)麻痺している, しびれた. ❸(副なし)実の入ってない, 内容に乏しい, むなしい, 気の抜けた. *sich4 ~ stellen* 耳の聞こえないふりをする. **4級**
Taube [タオベ]女(–/–n)[鳥]ハト

（鳩）.

Taube(r) [タオベ[バー]] 男 女《形容詞変化》耳の聞こえない人.

Taubheit [..ハイト] 女《-/-》耳の聞こえないこと, 感覚麻痺；（植物が）実を結ばないこと.

taub·stumm 形 聾唖(ろうあ)の.

Taubstumme(r) [タオプシュトゥメ[マー]] 男 女《形容詞変化》聾唖(ろうあ)者.

tauchen [タオヘン] ((I)) 自 ❶ⓗⓢ〈+方向〉水中にもぐる, 潜水する, 沈む. ❷ⓢ浮かび上がる, 浮上する. ((II)) 他 ❶〈4 in 4〉〈物4を液体4に〉つける, 浸す. ❷〈4 (in 4)〉〈人4を〉（水4などに）沈める.

Taucher [タオハー] 男《-s/-》潜水夫, ダイバー. ◇ **~in** 女《-/-nen》.

Taucher·anzug 男《-(e)s/..züge》潜水服, ダイビングスーツ.

Taucher·brille 女《-/-n》水中めがね.

Tauchsieder [タオホズィーダー] 男《-s/-》投げ入れ式電熱湯沸し器（（ポットの中に直接入れて湯を沸かす電熱器）).

tauen [タオエン] 自《↔ frieren》❶ⓢ〈雪・氷1が〉溶ける. ❷ⓗ《非人称表現で》雪［氷］が解ける,（春になって）雪解けする.

Taufe [タオフェ] 女《-/-n》《キリスト教》洗礼(式). 4 *aus der ~ heben* 物4を立ち上げる, 創設する.

taufen [タオフェン] 他 ❶〈人4に〉洗礼を施す. ❷〈4 (auf den Namen ...)〉〈人・物4を (...と)〉命名する, 名前をつける.

taugen [タオゲン] 自 ❶〈zu 3; für 4〉〈物3・4に〉役に立つ, 適している, 向いている. ❷《特に南独, 墺で》〈人3にとって〉具合［都合］のいい. *nichts ~*（口; 軽蔑）何の役にも立たない.

tauglich [タオクリヒ] 形 ❶〈zu 3; für 4〉〈物3・4に〉役に立つ, 有用な, 適当な. ❷兵役に適格の, 徴兵検査に合格した.

Taumel [タオメル] 男《-s/》❶よろめき, めまい. ❷夢中の状態, 陶酔, 興奮.

taumelig [タオメリヒ] 形 よろめく, めまいがする；千鳥足の.

taumeln [タオメルン] 自 ❶ⓗⓢよろめく, 千鳥足で歩く. ❷ⓢ〈+方向〉よろめき［ふらつき］ながら歩いて行く.

taumlig [タオムリヒ] = taumelig.

Tausch [タオシュ] 男《-(e)s/-e》交換, 交易, 貿易. 4〈A〉 *im ~ gegen [für]* 4 (B) *erhalten* Bとの交換でAを手に入れる.

tauschen [タオシェン] ((I)) 他 ❶〈4 (mit 3)〉〈物4を〉交換する, 交易［貿易］する. ❷〈4 (A) gegen 4 (B)〉〈Aと交換にBを〉手に入れる. ((II)) 自 ⓗ〈mit 3〉〈物3を〉交換する；〈mit 3〉〈人3と〉（役割などを）交換する.

täuschen [トイシェン] ((I)) 他〈4 (durch 4)〉〈(物4によって)人4を〉だます, 欺く, 裏切る. ((II)) 自 実際とは異なる印象を与える, 間違えさせる. ◆ *Der Schein täuscht.* 外見にだまされる. ((III)) 再 sich4 ❶ 間違う, 勘違いをする. ❷〈in 3〉〈人3を〉見損なう, 見くびる.

täuschend [..ト] ((I)) täuschenの現在分詞. ((II)) 形 人を欺くような, 見間違うほど.

Täuschung [トイシュング] 女《-/-en》❶ 詐欺, 偽り. ❷ 思い違い, 錯覚.

tausend [タオゼント] 数詞《基数》1000；(口) 多数の, 無数の.

Tausend [タオゼント] ((I)) 中《-s/-e,(不定数詞のあとで) -》❶（単位としての）1000. ❷《複》何千, 多数. *~e von* 3 何千という人・物3. *in die ~e gehen* 〈物1が〉何千という数になる. ((II)) 女《-/-en》1000という数字. ((III)) 男《-/-》(古) 悪魔.

Tausender [タオゼンダー] 男《-s/-》❶1000の位の数；1000のつく数((2000, 3000など)). ❷1000マルク［シリング］紙幣；1000メートル級の山.

tausenderlei [..ライ] 形《無変化》(口) ❶1000種類の. ❷種々さまざまの.

tausend·mal 副 ❶1000回［倍］.

tausendst

❷(口)何千回となく,とても頻繁に;何千倍も,はるかに.

tausendst [タオゼントュ] 数詞〈序数〉第1000(番目)の.

tausendstel [タオゼンツテル] 形《無変化;付加》1000分の1の.

Tausendstel [タオゼンツテル] 中, ('ジ)男(-s/-) 1000分の1.

Tau・wetter 中(-s/) ❶雪解けの陽気,氷雪の解ける天気. ❷(政)(国際関係などの)雪解け,緊張緩和.

Tau・ziehen 中(-s/) ❶綱引き. ❷〈um ④〉〈(物⁴をめぐって)〉熾烈な競争,つばぜり合い.

Taxe [タクセ] 女(-/-n) ❶評価,価格査定. ❷公定価格,規定料金. ❸(北ド)タクシー.

Taxi [táksi タクスィ] 中, ('ジ)男

格	単数	複数
1	das Taxi	die **Taxis**
2	des Taxis	der Taxis
3	dem Taxi	den Taxis
4	das Taxi	die Taxis

タクシー. ♦ein ~ nehmen [bestellen] タクシーを利用する[呼ぶ]. 5級

taxieren [タクスィーレン] 他 ❶〈人・物⁴を〉(吟味するように)じろじろ見る,見定める. ❷〈④ (auf ④)〉〈物⁴の価値[価格]を(物⁴と)〉査定する,見当をつける,評価する.

Taxi・fahrer 男(-s/-) タクシー運転手.

Taxi・stand 男(-(e)s/-e) タクシー乗り場.

Tb (I)《略》Tuberkulose 結核. (II)《記号》Terbium [化]テルビウム.

Tbc 《略》Tuberkulose 結核.

Team [ティーム] 中(-s/-s) (競技などの)チーム;(専門家や研究などの)グループ,チーム,組.

Team・arbeit 女 チームワーク,グループによる仕事・業績.

Technik [テヒニク] 女(-/-en) ❶《単》(工業)技術,工学,工芸. ❷技巧,技能,手法. ❸《単》(器具や機械などの)機構,構造,メカニズム. ❹《単》技術陣,技術部門.

Techniker [テヒニカー] 男(-s/-) ❶技術者[家],工学者,技師. ❷技巧の優れた人,技巧家,くろうと. ◇~in 女(-/-nen). 4級

technisch [テヒニッシュ] 形 ❶技術の,工業技術の,工学の. ❷(技芸や職業において)技術的な,技巧上の. ❸専門的な,専門上の.

Techno [テクノ] 中, ('ジ)男(-s/) [音楽]テクノポップ,テクノミュージック.

Technologie [テヒノロギー] 女(-/..gien[..ギーエン]) ❶科学する[工業]技術,テクノロジー. ❷製造技術の知識,専門知識[経験].

technologisch [テヒノローギッシュ] 形テクノロジーの,科学[工業]技術上の.

Tee [te: テー] 男(-s/-s) ❶茶(の木・葉). ❷(飲み物としての)茶;紅茶,(花や果物,薬草などの)茶. ❸午後のお茶の会,ティーパーティー. ♦schwarzer ~ 紅茶. schwacher [starker] ~ 薄い[濃い]茶. heißen ~ mit Milch trinken 熱いミルク入りの茶を飲む. 5級

Tee・kanne 女(-/-n) ティーポット,きゅうす.

Tee・löffel 男(-s/-) 茶さじ,ティースプーン.

teeren [テーレン] 他〈(物⁴に)〉タールを塗る,タール舗装をする.

Tee・sieb 中(-(e)s/-e) 茶こし.

Tee・tasse 女(-/-n) 紅茶茶碗,ティーカップ.

Teich [タイヒ] 男(-(e)s/-e) 池,沼,貯水池.

Teig [タイク] 男(-(e)s/-e) ねり粉,こね粉,パン生地.

Teig・waren 複 ねり粉で作った食品((麺類,パイなど)).

Teil [tail タイル] (I)中(-(e)s/-e) (全体の)一部,部分,分. ♦der erste ~ des Buches 本の第1部. der fünfte ~ von ③ 物³の5分の1. ein

①1格 ②2格 ③3格 ④4格

Kuchen in zwei ~ schneiden ケーキを2つに切り分ける. *zum ~* 部分的に, 一部は ((略: z.T.)). *zum großen [größten] ~* 相当の部分[大部分]. ((II))中⟨(-e)s/-e⟩分け前, 割り当て分. ((III))中⟨(-e)s/-e⟩(機械などの)部品, パーツ. 4級

teilbar [..バール]形 ❶分けられる, 分割可能な. ❷〘数〙割り切れる, 整除できる.

Teilbarkeit [..カイト]女⟨-/-⟩分割可能なこと;〘数〙割り切れること.

Teilchen [..ヒェン]中⟨-s/-⟩小品;粒子.

teilen [táilən タイレン]((I))他 ❶⟨4 (in 4)⟩⟨物⁴を(数値の部分⁴に)⟩分ける, 区分する. ♦ein Kuchen in drei Stücke ~ ケーキを3つに分ける. ❷分け合う, 共有する. ♦sich³ mit ③ ④ ~ 人³と物⁴を分け合う. ⒜ Ansicht [Meinung] ~ 人²と同意見である. ⒝ Freude [Trauer] ~ 人²と喜び[悲しみ]を分かち合う. ❸〘数〙割る, 除する. ♦15 geteilt durch 5 ist 3. 15割る5は3. ((II))再sich⁴ ❶分かれる, (道などが)分岐する. ❷⟨in 4⟩⟨物⁴を⟩分かち合う.

Teiler [タイラー]男⟨-s/-⟩〘数〙除数, 約数.

teil|haben* 自(h)⟨an ③⟩⟨物³に⟩参加[関与]する,⟨物³の⟩分け前にあずかっている.

Teil·haber 男⟨-s/-⟩(会社などの)共同経営者[出資者], 組合員, 株主.

Teilnahme [タイルナーメ]女⟨-/-⟩ ❶⟨an ③⟩⟨物³への⟩参加, 出場, 加入. ❷関心, 興味;同情, 思いやり.

teilnahmslos [タイルナームス..]形 (周囲のことに)無関心な, 無情な, 冷淡な.

Teilnahms·losigkeit [..ローズィヒカイト]女⟨-/-⟩無関心, 冷淡.

teilnahms·voll 形同情深い, 思いやりのある.

teil|nehmen* [táilne:mən タイルネーメン]自(h)⟨an ③⟩ ❶⟨物³に⟩参加する, 出席する, 加入する. ❷⟨物³に⟩同情[共感]する, 関心を持つ. 4級

Teil·nehmer [タイルネーマー]男⟨-s/-⟩⟨物³への⟩参加者, 出席者, 加入者;〘スポ〙競技出場者.

teils [タイルス]副 一部は, 部分的に. *teils ..., teils ...* 一部は…で, 一部は…だ. *Teils, ~.* (口)まあまあだ. 4級

Teilung [タイルング]女⟨-/-en⟩ ❶分割, 分配, 分離. ❷分裂.

teil·weise 形《付加または副》部分的に[の], 一部の[に].

Teil·zeit 女 パートタイム.

Telefon [telefóːn, téːlǝfoːn テレフォーン, テーレフォーン]中⟨-s/-e⟩電話, 電話機 ((略: Tel.)). ♦ *für Sie* あなたへのお電話. *ans ~ gehen* 電話を掛けに行く. 4級

Telefon·anschluss 男⟨-es/..schlüsse⟩電話接続.

Telefonanschluß 中 = Telefonanschluss.

Telefonat [テレフォナート]中⟨-(e)s/-e⟩電話による会話, 通話.

Telefon·buch 中⟨-(e)s/..bücher⟩電話帳, 電話番号簿.

Telefon·gespräch 中⟨-(e)s/-e⟩電話による会話, 通話.

telefonieren [telefoníːrən テレフォニーレン]自(h) ❶⟨mit ③⟩⟨人³と⟩電話で話す. ❷(口)⟨+方向⟩(...に)電話をかける. ♦ *nach Japan ~* 日本へ電話する. 5級

telefoniert [テレフォニールト] telefonierenの3人称単数現在形, 2人称複数現在形, 過去分詞.

telefonisch [テレフォーニッシュ]形《付加または副》電話の, 電話による.

Telefonist [テレフォニスト]男⟨-en/-en⟩〘弱〙電話交換手. ◇ **Telefonistin** 女⟨-/-nen⟩.

Telefon·karte 女⟨-/-n⟩テレホンカード.

Telefon·nummer 女⟨-/-n⟩電話番号. 4級

Telefon·zelle 女⟨-/-n⟩電話ボックス.

Telefon·zentrale 女⟨-/-n⟩(大きな事務所や会社などの)電話交換室.

①1格 ②2格 ③3格 ④4格

Telegraf [テレグラーフ]男(-en/-en)《弱》電信機, 電信装置.

Telegrafie [テレグラフィー]女(-/-)(電信機による)遠隔通信, 電信(術).

telegrafieren [テレグラフィーレン]他〈③(④)〉〈人³に〉〈物⁴を〉電報で打つ.

telegrafisch [テレグラーフィッシュ]形 電信[電報]の, 電信[電報]による.

Telegramm [テレグラム]中(-s/-e)電報.◆③ ein ~ (nach Japan) schicken 人³に(日本へ)電報を打つ.

Tele·objektiv [テーレ..]中【写】望遠レンズ.

Teller [tέlər テラー]男(-s/-)(食事用の)皿.◆ein tiefer ~ 深皿. bunter ~ (キャンディーやクッキーなど)いろいろなものがのった皿. einen ~ Suppe essen スープを一皿飲む. ❷(スキーのストックの)リング.

Tempel [テンペル]男(-s/-)(キリスト教以外の宗教の)神殿, 寺院, 聖堂.

Temperament [テンペラメント]中(-(e)s/-e) ❶気質, 気性, 性格. ❷《単》情熱, 活力, 元気.

temperament·voll 形 気性の激しい, 個性の強い, 情熱的な.

Temperatur [テンペラトゥーァ]女(-/-en) ❶温度, 気温, 体温. ❷【音楽】平均律.◆die ~ messen 温度[体温]を計る. **4級**

Temperatur·anstieg 男(-(e)s/-e)温度上昇.

Tempo [テンポ]中(-s/-s, ..pi)❶《主に単》速度, スピード, 速力. ❷《主に単》(動き・変化などの)テンポ, ペース, 調子. ❸《複 ..pi》【音楽】(楽曲の)演奏速度, テンポ.

Tempus [テンプス]中(-/..pora)【言】時称, 時制.

Tendenz [テンデンツ]女(-/-en) ❶〈zu ③〉〈物³をしようとする〉傾向, 風潮;(個人的な)性向, 性癖. ❷意図, 目的. ❸《通例複》(芸術作品の指向する)潮流, 動向.

tendieren [テンディーレン]自ⓗ〈zu ③〉〈物³に〉傾いている,〈物³の〉傾向がある.

Tennis [テニス]中(-/-)テニス, 庭球.

Tennis·ball 男(-s/..bälle)テニスボール.

Tennis·platz 男(-es/..plätze)テニスコート.

Tennis·schläger 男(-s/-)テニスラケット.

Tennis·schuh 男(-(e)s/-e)テニスシューズ.

Tenor [テノァ]男(-s/Tenöre)【音楽】❶《主に単》テノール(男性の高音部). ❷テノール歌手.

Teppich [tέpiç テッピヒ]男(-s/-e)絨毯(じゅうたん), カーペット, 敷物.◆eine ~ knüpfen 絨毯を織る. ④ **unter den ~ kehren** (口)物をもみ消す.

Teppich·boden 男(-s/..böden)(床全体に敷きつめられた)カーペット.

Termin [テァミーン]男(-s/-e) ❶期日, 期限;予定日;(日時の)約束. ❷【法】召喚日, 開廷日.

Terminal [テーァミナル](I)男(-s/-s)【交通】(飛行場の)ターミナルビル. (II)中(-s/-s)【ビュータ】端末装置, 端末機.

Termin·geschäft 中(-(e)s/-e)【商】定期取引, 先物取引.

Termin·kalender 男(-s/-) ❶日程記入用カレンダー[手帳]. ❷【法】公判日程表.

Terminus [テァミヌス]男(-/..ni)術語, 専門用語.

Terpentin [テァペンティーン]中,《G'ch》(-s/-e)テルペンチン, 松やに;テレピン油.

Terpentin·öl 中(-(e)s/-e)テレピン油.

Terrain [テラン]中(-s/-s) ❶地形, 地域;領域, 分野. ❷敷地, 土地.

Terrasse [テラッセ]女(-/-n)テラス, バルコニー;段地, 台地.

Terrier [テリア]男(-s/-)テリア((イギリスの小型の猟犬)).

Terrine [テリーネ]女(-/-n)(特にスープ用の)深皿, 鉢.

Territorium [テリトリーウム]中(-s/..rien[..リエン]) ❶(国家の)領土, 領域;地方, 地域. ❷【生態学】なわばり,

テリトリー.

Terror [テローァ] 男 (–s/) 恐怖, テロ, 恐怖政治. **~ machen** (口) 怒らせる, 嫌がらせをする.

terrorisieren [テロリズィーレン] 他 ❶〈人・物⁴を〉恐怖に陥れる, 弾圧する, 威嚇する. ❷〈人・物⁴を〉困惑させる, 苦しめる.

Terrorismus [テロリスムス] 男 (–/) 恐怖政治, テロ行為.

Terrorist [テロリスト] 男 (–en/–en) 《弱》テロリスト. ◇**~in** 女 (–/–nen).

Terz [テァツ] 女 (–/–en) ❶ [音楽] 3度(音程). ❷ [スポ] チェルス ((剣の交差ポジションの第 3 の使い方)). ❸ [カト] (聖務日課の)第 3 時課.

Test [テスト] 男 (–(e)s/–s, –e) テスト, 試験; 適性検査, 知能[資格]検査.

Testament [テスタメント] 中 (–(e)s/–e) ❶ 遺言(状). ❷ [聖] (神と人との)契約. ***das Alte ~*** 旧約聖書. ***das Neue ~*** 新約聖書.

testen [テステン] 他 (④ (**auf** ④〉) 〈人・物⁴(の物⁴)を〉検査する, テストする.

teuer [tɔ́yɐr トイアー] 形 《比較 **teurer**; 最上 **teuerst**》 ❶ (↔ **billig**) 値段の高い, 高価な; 高くつく, 費用のかさむ. ★変化語尾が付くと teur..となる: ein teures Auto 高い車. ❷《副なし》〈書〉貴重な, かけがえのない, 親愛な. ④ **~ zu stehen kommen** 人⁴にとって高いものにつく, 人⁴にとって々代まてだたる. 5級

Teuerung [トイエルング] 女 (–/–en) 物価高, 商品の値上り.

Teufel [トイフェル] 男 (–s/–) ❶ [宗教] デーモン, 悪霊. ❷《単》[カト] 悪魔, サタン. ❸ (悪魔に憑かれたような)人. **den ~ an die Wand malen** (口) 縁起でもないことを言う. **Der ~ ist los.** 《口》大変だ, 大混乱だ. **Der ~ steckt im Detail.** 困難は細部にある. **ein armer [dummer] ~** あわれな[愚かな]やつ. **Pfui ~!** 《口》ちくしょうめ, きっぱらだ. **Wenn man vom ~ spricht, komnt er.** 噂をすれば影がさす.

teuflisch [トイフリッシュ] 形 悪魔

の(ような), 非人間的な, ひどい, 恐ろしい. ❷ものすごい, 非常な.

Text [tɛkst テクスト] 男 (–(e)s/–e) ❶ テキスト, 本文, 文章. ♦ **Weiter im ~!** 先を続けなさい. ❷ [音楽] (歌曲・歌劇などの)歌詞, (歌劇の)台本. ❸ (説教の基になる)聖書の章句.

texten [テクステン] 他 ❶〈(流行歌⁴などの)〉歌詞を書く, 〈(広告⁴などの)〉文句を作る. ❷〈物⁴に〉テキスト[説明文]を付ける.

Textilien [テクスティーリエン] 複 繊維製品.

Textil·industrie [テクスティール..] 女 (–/..dustrien) 繊維工業, 紡績工.

Text·verarbeitung 女 [コンピュ] テキスト処理.

Text(verarbeitungs)·programm 中 [コンピュ] ワープロソフト.

Tezett [テーツェット, テ(–)ツェット] 中 テーツェット ((tz は昔のドイツ語でアルファベット表の最後に書かれた)).

TH 女 (–/–s) technische Hochschule 工業[工科]大学.

Thai [タイ] 《(I)》男 (–(s)/–(s)) タイ人. 《(II)》中 (–(s)/) タイ語.

Thailand 中 (–s/–) タイ ((東南アジアの王国)).

Theater [teáːtar テアーター] 中 (–/–) ❶《単》演劇, 芝居; 芝居じみたこと. ♦ **vor [nach] dem ~** 劇が始まる前に[はねてから]. **~ spielen** (口) 芝居を上演する, (だますために)演技する, ふりをする. ③ **~ vormachen** (口) 人³に対して芝居をする. ❷ 劇場, 芝居小屋; 舞台. ♦ **ins ~ gehen** 観劇に行く. **zum ~ gehen (wollen)** 劇場へ出かける, 演劇界に入る. ❸《単》上演, 興行. **(ein) ~ (um** ④ [**wegen** ②]**) machen** (物⁴·²のことで)大騒ぎする. 5級

Theater·stück 中 (–(e)s/–e) 戯曲, 舞台作品, 脚本.

Theke [テーケ] 女 (–/–n) ❶ (居酒屋, バーなどの)カウンター. ❷ (店の)売り台.

Thema [テーマ] 中 (–s/..men, –ta) ❶ 主題, テーマ, 話題. ❷ [音楽] テーマ,

① 1格 ② 2格 ③ 3格 ④ 4格

主題.

Theologe [テオローゲ] 男 (-n/-n)《弱》神学者, 神学生. ◇**Theologin** 女 (-/-nen).

Theologie [テオロギー] 女 (-/..gien [..ギーエン]) 神学.

theologisch [テオローギッシュ] 形 神学(上)の, 神学的な.

theoretisch [テオレーティッシュ] 形 ❶理論(上)の, 理論的な. ❷理屈の上の, 仮定上の, 観念的な.

Theorie [テオリー] 女 (-/..rien [..リーエン]) ❶〈über ④; zu ③〉物³·⁴についての〉理論, 学理; 学説. ❷ (↔ Praxis) 理論, 空論. *Grau ist alle ~!* 机上の空論に過ぎない.

Therapeut [テラポイト] 男 (-en/-en)《弱》セラピスト, 療法師, 臨床医.

therapeutisch [テラポイティッシュ] 形 治療(上)の.

Therapie [テラピー] 女 (-/..pien [..ピーエン])(病気の)治療(法), 療法.

Thermometer [テルモメーター] 中 (南ド・オーストリア:男) (-s/-) 温度計, 寒暖計; 体温計.

Thermos·flasche [テルモス..] 女 (-/-n)【商標】テルモス瓶(=魔法瓶).

Thermostat [テルモスタート] 男 中 (-(e)s/-e; -en/-en) 調温装置, サーモスタット.

These [テーゼ] 女 (-/-n) テーゼ, 主張, (証明されるべき)命題, (弁証法における)定立.

Thomas [トーマス]《(I)》《男性名》トーマス.《(II)》《人名》【聖】トマス(十二使徒の一人).

Thron [トローン] 男 (-(e)s/-e) ❶玉座, 王位, 帝位. ❷支配権, 統治権. ◆ *~ wackelt.*《口》人²の地位が揺らぐ.

Thun·fisch [トゥーン..] 男 (-(e)s/-e)【魚】マグロ, ツナ.

Thüringen [テューリンゲン] 中 (-s/) テューリンゲン(ドイツ中東部の州).

Thymian [テューミアーン] 男 (-s/-e)【植】ジャコウソウ(香辛料に用いる).

Tic, Tick [ティック] 男 (-(e)s/-s) ❶《口; 主に軽蔑》妙な癖, 奇癖. ❷ニュアンス, 微妙な差異.

ticken [ティッケン] 自〈時計などが〉カチカチ[カタカタ]音を立てる. *Bei ③ tickt es nicht richtig.* = ① *tickt nicht mehr richtig.*《口》人¹·³は頭がおかしい.

Ticket [ティケット] 中 (-s/-s) (飛行機の)搭乗券, 乗船券. **4級**

tief [ti:f ティーフ] (比較 ~er; 最上 ~st) 形 ❶ (↔ flach) (地表から) 深い, 深さのある, (食器などが) 深い; 奥行きのある; 内部(深く)まで達する. ◆ *Das lässt ~ blicken.* それはいいヒントだ. (b)《数量を示す付加語と》...の深さの(ある);...の奥行きの(ある). ◆ *ein 20 Meter ~er See* 水深20メートルの湖. *Der Tisch ist 70 cm hoch und 75 cm ~.* 机は高さ70cm, 奥行き75cmです. ❷(a)(↔ hoch) (地表から) 離れていない, 低い. (b)(地表, 底へ向けて) 下方に向かった, 深くなった. ❸《述語なし》(時間的に) 深まった, ずっと進行した, まっただ中の. ◆ *im ~sten Winter* 冬のさなかに. *bis ~ in die Nacht* 深夜まで. ❹深刻な, 甚だしい, 重大な, 非常な. ◆ *bei ³に gehen* 人³に深い[印象]を与える. ① *ist ~ gesunken.* 人¹はひどく落ちぶれた. ❺《述語なし》深遠な, 内容豊かな, 思慮深い. ❻ (色などが) 濃い, 深い. ❼ (↔ hoch) (音声・音程などが) 低い, 低音の, 暗い. ■ *~ greifend* 深刻な, 徹底的な. **5級**

Tief 中 (-s/-s) ❶【気象】(↔ Hoch) 低気圧, 低圧帯. ❷最低の状態. *ein (seelisches) ~ haben* 気落ちしている.

tief·blau 形 紺色の, 濃い青色の.

Tief·druck 男 (-(e)s/-e)【気象】低気圧.

Tiefe [ティーフェ] 女 (-/-n) ❶深さ, 深み, 深淵. ❷奥行き. ❸(思想, 感情, 精神的な)深み, 深遠さ; (色の)濃さ; (音や声の)低さ. ◆ *die ~ der Liebe* 愛情の深さ.

Tief·garage 女 (-/-n) 地下ガレー

tief·greifend 形 = tief greifend (⇨tief❶).

tief·gründig 形 徹底的な, 深遠な; 地下の深いところまで達する.

tief|kühlen 他〈物⁴を〉冷凍保存する.

Tief·kühlfach 中(–(e)s/–..fächer) (冷蔵庫の)冷凍室, フリーザー.

Tief·punkt 男(–(e)s/–e) どん底, 最低点.

Tief·schlag 男(–(e)s/..schläge) ❶ 『ボクシング』ローブロー ((ベルトライン以下を打撃する反則行為)). ❷敗北, (不意の)打撃.

Tief·see 女(–/) 深海.

tief·sinnig 形 ❶深い意味を持った. ❷思慮深い, 瞑想的な; 憂鬱な.

Tiefst·temperatur [ティーフスト..] 女(–/–en) 最低温度 [気温].

Tiegel [ティーゲル] 男(–s/–) 平鍋, フライパン.

Tier [tiːr ティーア] 中(–(e)s/–e) ❶ 動物, 獣, 四足獣. ◆ein wildes [zahmes] ~ 野生動物[飼い馴らされた動物]. ein ~ in der Wohnung halten 動物を家で飼う. ❷人, やつ. *ein großes [hohes] ~* (口)大物, 有力者. 5級

Tier·arzt 男(–(e)s/..ärzte) 獣医. ◇**..ärztin** 女(–/–nen).

Tier·garten 男(–s/..gärten) (小)動物園 ((Zooよりも小規模)).

Tier·heim 中(–(e)s/–e) (野良犬・野良猫などの)動物保護施設.

tierisch [ティーリッシュ] 形《主に付加》❶動物の, 動物性の. ❷(人間の行為などに関して)動物的な, 野卑な. ❸(口)ものすごい.

Tier·kreis 男(–es/) 【天】獣帯, 黄道十二宮.

Tierkreis·zeichen 中(–s/–) 【天】獣帯記号.

Tier·park 男(–s/–s, (まれ)–e) (口)(大規模な)動物園.

Tier·quälerei 女(–/–) 動物虐待.

Tier·reich 中(–(e)s/) (総合的に)動物界.

Tiger [ティーガー] 男(–s/–) トラ (虎).

tilgen [ティルゲン] 他 ❶《4 (aus 3)》〈物⁴を(物³から)〉消し去る, 抹消する, 除去する. ❷(負債などを)償却する, 返済する.

Tilgung [ティルグング] 女(–/–en) ❶ 消去, 抹消, 除去. ❷償却, 返済.

Tinte [ティンテ] 女(–/–n) インク. *in der ~ sitzen* [sein] (口) 苦しい立場にある.

Tinten·fisch 男(–(e)s/–e) 【動】イカ.

Tip 中 = Tipp.

Tipp [ティップ] 男(–s/–s) ❶ヒント, 暗示, 助言. ❷(賭け, Lottoなどの)予想.

tippen¹ [ティッペン] (I)他〈物⁴を〉タイプライターで打つ. (II)自 タイプライターを打つ.

tippen² 自(指先や足先で)軽く触れる, 軽く叩く.

tippen³ 自 ❶(口)〈auf 4〉〈人・物⁴ だと〉推測する, 予想する. ❷(Lottoや Totoなどで)賭ける.

Tipp·fehler 男(–s/–) (タイプライターの)打ち間違い, タイプミス.

tipptopp [ティップトップ] 形《述語または副》(口) 最高の, すばらしい, 申し分のない.

Tirol [ティロール] 中(–s/) チロル ((オーストリア西部からイタリア北部にわたる地方; オーストリア連邦の一州)).

Tisch [tɪʃ ティッシュ] 男

格	単数	複数
1	der Tisch	die **Tische**
2	des Tisch(e)s	der Tische
3	dem Tisch	den Tischen
4	den Tisch	die Tische

❶**(a)**テーブル, 机, 食卓, 台. ◆ *am ~ sitzen* 机の前に座っている. **(b)**(口) 食卓を囲む人々, 一座の人々. ❷《冠詞なしで》食事. *am grünen ~ = vom grünen ~ aus* 机上の空論で, 実地の経験なしに. ④ *am runden ~*

①1格 ②2格 ③3格 ④4格

Tisch・dame 囡 (-/-n) (正式の宴席の)パートナーの女性((男性の右隣りに座る)).

Tisch・decke 囡 (-/-n) テーブルクロス, テーブルかけ.

Tisch・gebet 回 (-(e)s/-e) 食前[後]の祈り.

Tisch・herr 男 (-n/-en) (正式の宴席での)パートナーの男性 ((女性の左隣の席を割り当てられる)).

Tisch・kante 囡 (-/-n) テーブルの縁.

Tisch・lampe 囡 (-/-n) テーブル用ランプ, 卓上電気スタンド.

Tischler [ティッシュラー] 男 (-s/-) 指物(いれ)師, 家具職人. ◇ **Tischlerin** 囡 (-/-nen).

Tischlerei [ティシュレライ] 囡 (-/-en) ❶〔単〕指物業, 家具製作業. ❷ 指物師の仕事場, 家具製作所.

Tisch・nachbar 男 食卓での隣席者.

Tisch・platte 囡 (-/-n) テーブルの上板.

Tisch・tennis 回 (-/) 卓球, ピンポン.

Tisch・tuch 回 (-(e)s/..tücher) テーブルクロス, 食卓かけ.

Tisch・wäsche 囡 (-/) 食卓用布類, テーブルクロス, ナプキン類.

Tisch・wein 男 (-(e)s/-e) テーブルワイン, 食事用ワイン((辛口で軽い)).

Tisch・zeit 囡 (-/-en) (特に昼食のための)食事時間, (職場の)昼休み.

Titel [ティ(ー)テル] 男 (-s/-) ❶ 題名, 書名; 見出し; タイトルページ; 刊行作品. ❷ 称号, 肩書き, 学位; 〔競〕タイトル, 選手権. ❸ (法令などの)項, 章; (予算などの)費目.

Titel・bild 回 (-(e)s/-er) (書籍の)口絵, (雑誌の)表紙絵.

Titel・blatt 回 (-(e)s/..blätter) ❶ (書籍の)とびら, 表題紙. ❷ = Titelseite ①.

Titel・rolle 囡 (-/-n) (劇・オペラ・映画などでその名が題名となっている)主人公, タイトルロール.

Titel・seite 囡 (-/-n) ❶ (新聞・雑誌などの)第一面, タイトルページ. ❷ = Titelblatt ①.

titulieren [ティトゥリーレン] 他 ❶〈人⁴を〉称号[肩書]で呼ぶ. ❷ 〔口; 軽蔑気〕〈(**als...; mit** ③)〉〈物・人⁴を...[物・人³]と〉称[号]する, 呼ぶ. ❸〈物⁴に〉表題[題名]をつける.

tja [チャ(ー)] 間 〔口〕 さあて, そうだなあ, まあ ((ためらいや諦めなどの気持ちの表現)).

Toast [トースト] 男 (-(e)s/-e, -s) ❶ トースト, トースト用のパン. ❷ 乾杯の祝詞.

toasten [トーステン] 他〈パン⁴を〉トーストする.

Toaster [トースター] 男 (-s/-) トースター.

toben [トーベン] 自 ❶ⓑ (興奮や怒りなどで) 荒れ狂う, 熱狂する. ❷ (**a**) ⓓ (子供が) はしゃいで騒ぐ, 暴れる. (**b**) ⓢ にぎやかに暴れ回る, 大騒ぎして回る. ❸ ⓑ〈自然現象¹などが〉猛威をふるう, 荒れる.

Tochter [tóxtər トホター] 囡

格	単数	複数
1	die Tochter	die **Töchter**
2	der Tochter	der **Töchter**
3	der Tochter	den **Töchtern**
4	die Tochter	die **Töchter**

❶ (↔ **Sohn**) 娘 ((女の子供)). ♦ unsere älteste [jüngste, einzige] ~ 私たちの一番上の娘[一番下の娘, 一人娘]. ❷〔古〕良家のお嬢さん. ❸ = Tochtergesellschaft.

Tochter・gesellschaft 囡 (-/-en) 子会社.

Tod [to:t トート] 男 (-(e)s/(まれ)-e) ❶ 死, 死亡; 〔比〕終末, 終止, 衰滅. ♦ auf den ~ krank 致命的な病気にかかった. (bei ③) zu ~e kommen (事故³などで)命を落とす. ❷ (擬人

化された)死, 死神. **den ~ finden [erleiden]** 命を落とす. **der ~** [2] [~] **sein** 物³[人²]の死を意味する.

todernst [トートエァンスト] 形 とても真面目な, 真剣な, 深刻な.

Todes-anzeige [トーデス..] 女 (-/-n) (新聞などの)死亡広告, (書状の)死亡通知.

Todes·fall 男 (-(e)s/..fälle) (家族や仲間などの)死亡.

Todes-opfer 中 (-s/-) (事故や災害, 疫病などの)死亡犠牲者.

Todes·stoß 男 (-es/..stöße) 命取りな一撃, 最後のとどめ.

Todes·strafe 女 (-/-n) 死刑.

Todes·urteil 中 (-(e)s/-e) 死刑の宣告.

Todes·verachtung 女 (-/) 死を軽んずること.

tod·feind [トートファイント] 形 〈人³に〉激しい敵意を抱いている, 〈人³を〉仇敵(ポセッ)視している.

tod·krank [トートクランク] 形 重病の, 危篤の.

tödlich [テートリヒ] 形 ❶ 致命的な, 命取りとなる, 致死の. ❷《付加》(口) 極端な, 全くの, ひどい. ❸《副》(口) 非常に, 大いに, ひどく.

tod·müde [トートミューデ] 形 (口) 疲れきった, 疲労困憊(゚ミヒ)した.

tod·schick [トートシック] 形 (口) 非常に洗練された, とても粋な.

tod·sicher [トートズィッヒャー] 形 (口) 極めて確実な.

Tod·sünde [トート..] 女 (-/-n) ❶ [ホッ_] (神の恩恵を失う)罪悪, 大罪. ❷(口) 極めて愚かな言動.

tod·unglücklich [トートウングリュックリヒ] 形 極めて不幸な.

Toilette [toalέta トアレッテ] 女 (-/-n) ❶ トイレ, 便所, 化粧室; 便器. ❷《単》化粧, 身づくろい. ♦ **auf die ~ gehen** = **zur ~ gehen** トイレに行く. **auf der ~** トイレで. ★ 合成語の場合, ドイツではnを加え(Toilettenartikel トイレ用品), オーストリアでは加えない(Toiletteartikel). 5級

Toilette(n)·papier 中 (-s/) トイレットペーパー.

toi, toi, toi [トイトイトイ] 間 (口) ❶ (unberufen) ~! くわばらくわばら, お助けなお助け((何か好ましい状態について言った後で, 魔除けのまじないとして使う)). ❷ (成功を祈って) 頑張って, しっかり.

Tokio [トーキオ] 中 (-s/) 東京.

tolerant [トレラント] (最上 ~est) 形 〈**gegenüber** ③; **gegen** ④〉〈人・物³·⁴に対して〉寛容な, 寛大な; (性的に)開けた.

Toleranz [トレランツ] 女 (-/) 〈**gegenüber** ③; **gegen** ④〉〈人・物³·⁴に対する〉寛大, 寛容.

tolerieren [トレリーレン] 他〈人・物⁴を〉許容する, 黙認する, 大目に見る.

toll [トル] (比較 ~er; 最上 ~st) 形 ❶ (口) すごい, すばらしい, かっこいい. ❷《副》(口) 非常に, きわめて, 大変. ❸《古》気の触れた. 4級

Tolle [トレ] 女 (-/-n) (カールしていて額にかかった)前髪.

tollen [トレン] 自 (h)(s) (子供などが)騎ぎ回る, はしゃぎ回る.

toll·kühn 形《やや軽蔑》無謀な, 向こう見ずな.

Tollpatsch [トルパッチュ] 男 (-(e)s/-e) 不器用な人, 無骨者.

Toll·wut [トル..] 女 (-/) 〖医〗狂犬病, 恐水病.

toll·wütig 形 狂犬病の, 恐水病の.

Tölpel [テルペル] 男 (-s/-) 《軽蔑》のろま, ばか, 頭の切れない者.

tölpelhaft [..ハフト] 形《軽蔑》不器用な, とんまな, まぬけな.

Tomate [トマーテ] 女 (-/-n) 〖植〗トマト(の実). 4級

Tombola [トンボラ] 女 (-/-s, (まれ)..len) トンボラ, 福引き.

Ton¹ [トーン] 男 (-(e)s/Töne) ❶(a) 音, 音響; 音色, 音調; 〖音楽〗楽音. (b)(↔ Bild) 〖放送・映画〗音, 音声. ❷〖言〗強勢, アクセント. ❸《単》話し方, 語調, 口調; 文体. ❹《単》態度, 物腰. ❺(Farb ton) 色調. **keinen ~ sagen [herausbringen]** = **keinen ~ von sich³ geben** 何も言わない.

zum guten ~ gehören 礼儀[エチケット]にかなっている.

Ton² 男(-(e)s/(種類を示すとき)-e) 粘土, 陶土; 陶器.

ton·angebend 形 指導的な, 音頭取りの.

Ton·art 女(-/-en) [音楽]調((長調と短調)); (比)口調, 語調.

Ton·band 中(-(e)s/..bänder) ❶録音テープ. ❷テープレコーダー.

Tonband·gerät 中(-(e)s/-e) テープレコーダー.

Ton·fall 男 [言] ❶言葉の抑揚[調子]. ❷口調, 語り口.

Ton·höhe 女(-/-n) 音の高さ, ピッチ.

Ton·leiter 女(-/-n) [音楽]音階.

Tonne [トネ]女(-/-n) ❶円筒形の大きな容器, 大型の樽. ❷トン((重量単位; 1000キログラム; 記号:t)). ❸[海]浮標, ブイ.

Tönung [テーヌング]女(-/-en) ❶《単》ある色調を与えること, 彩色. ❷色調, ニュアンス.

Topf [topf トプフ]男(-(e)s/Töpfe) 深鍋;(食料品貯蔵用の)つぼ, 瓶, かめ; 植木鉢; 室内便器, おまる. ◆*ein ~ aus Porzellan* 陶製の鍋[つぼ]. *ein ~ mit Honig* ハチミツの入ったつぼ. *ein ~ Honig* つぼ一杯のハチミツ. *alles in einen ~ werfen* (口)何もかも一緒くたにする. 4級

Topf·blume 女(-/-n) 鉢植えの花.

Töpfchen [テプフヒェン]中(-s/-) Topfの縮小形;(口)(特に子供用の)おまる.

Topfen [トプフェン]男(-s/)(南ド・オーストリア)凝乳.

Töpfer [テプファー]男(-s/-) 陶芸家, 陶工.

Töpferei [テプフェライ]女(-/-en) 陶器[製陶]工場, かま場.

Topf·lappen 男(-s/-)(布製の)鍋つかみ.

Topf·pflanze 女(-/-n) 鉢植え植物, 鉢植, 盆栽.

Topp [トップ]男(-s/-e, -en, -s) ❶[海]マストの先端, 檣楼(しょうろう). ❷[劇]

最上階の安い席, 天井桟敷(さじき).

Tor¹ [トーァ]中(-(e)s/-e) ❶門, 出入口; 市門. ◆*vor den ~en* 町の外で. ❷[スキーツ]ゴール; 得点; シュート. ❸[スキー]旗門. ◆*ein ~ schießen* ゴールを決める. *das ~ hüten* = *im ~ stehen* ゴールキーパーを務めている. *auf ein ~ spielen* 敵陣でプレーする(攻勢である). *ins eigene ~ schießen* (口)オウンゴールを入れる;自殺行為をする. *mit 3:2 [drei zu zwei] ~ en siegen* 3対2で勝つ.

Tor² 男(-en/-en)《雅》ばか者.

Tor·differenz 女(-/-en) (ゴールの)得失点差.

Torf [トルフ]男(-(e)s/) 泥炭地.

Tor·heit 女(-/-en) ❶愚かさ, 愚鈍. ❷愚かな行為, 愚行.

Tor·hüter 男(-s/-) ❶門番, 守衛. ❷[スポーツ]ゴールキーパー.

töricht [テーリヒト]形 愚かな, 無思慮な, ばかげた.

Torin [トーリン]女(-/-nen) ばか女.

Tor·jäger 男(-s/-) ゴールゲッター, ポイントゲッター.

torkeln [トルケルン]自 ❶⦅sein⦆よろめく, 千鳥足で歩く. ❷〈+方向〉⦅sein⦆よろけながら行く, ふらふら歩いていく.

Tor·linie 女(-/-n) ゴールライン.

Tor·mann 男(-(e)s/..männer, ..leute) = Torwart.

Tornister [トルニスター]男(-s/-) ❶[軍]背嚢(はいのう). ❷(旧ド)ランドセル.

torpedieren [トルペディーレン]他 ❶〈(船舶などを)〉魚雷で撃沈[攻撃]する. ❷〈(計画などを)〉妨害する, 阻止する.

Torpedo [トルペード]男(-s/-s) 魚雷, 空雷.

Tor·pfosten 男(-s/-) ゴールポスト.

Tor·raum 男(-(e)s/..räume) ゴールエリア.

Törtchen [テルトヒェン]中(-s/-) 小さなトルテ.

Torte [トルテ]女(-/-n)[菓子]トルテ, タルト.

Torten·boden 男(-s/..böden) トルテの(カステラ)台.

Torten·heber [..ヘーバー] 男 (-s/-) ケーキサーバー.

Tortur [トルトゥーァ] 女 (-/-en) 辛労, 辛苦, 非常な苦しみ; 拷問.

Tor·wart 男 (-(e)s/-e) 《球技》ゴールキーパー. ◇ **..wartin** 女 (-/-nen).

Tor·weg [..ヴェーク] 男 (-(e)s/-e) (門から玄関までの)門道, アプローチ.

tosen [トーゼン] 自 (風・嵐・波などが)荒れ狂う, 立ち騒ぐ, 轟く.

tot [to:t トート] 形 ❶(a)死んだ, 死んでいる, 生命のない; (口) 疲れ果てた, 疲労困憊した. ◆ ~ umfallen 転倒して死ぬ. Er ist über ein Jahr ~. 彼が死んで一年以上になる. (b)(植物が)枯れた, しおれた. ❷(a)(目・顔色などに)元気のない, 生気に乏しい; (色や光が)鈍い, さえない. (b)人影[人通り]のない, 閑散とした, 活気のない. ◆ eine ~e Zeit シーズンオフ, 閑散期. (c)無機(物)の, 無生物の. (d)(これ以上先に)進まない, 行き止まりの, 流れない; 機能していない, (電話などが)通じない; 電流の通じていない. ◆ ~es Wissen 役に立たない知識. **mehr ~ als lebendig sein** 精も根も尽き果てている. ‖*sich*⁴ ~ *stellen* 死んだふりをする. ~ *geboren* 死んで生まれた, 死産の:ein ~ geborenes Kind 死産児; 最初から成功の見込みのない企て. 5級

total [トタール] ((I)) 形 ❶《主に付加》全体の, 完全な, 全面的な. ❷(´) 総額の, 総計の. ((II)) 副 全く, 完全に, すっかり. 4級

totalitär [トタリテーァ] 形 ❶全体主義の. ❷全体的な, 総体的な.

tot|ärgern 再 sich⁴ (über 4) 〈人・物⁴について〉ひどく[カンカンになって]怒る.

Tote(r) [トーテ(ター)] 男 女《形容詞変化》死者, 死人. **wie ein ~r schlafen** 死んだように眠っている.

töten [テーテン] 他〈人・動物⁴を〉殺す, 殺害する.

toten·blass [トーテンプラス] 形死人のように青ざめた, 真っ青な.

totenblaß 形 = totenblass.

totenbleich 形 = totenblass.

Toten·gräber [トーテングレーバー] 男 (-s/-) 墓掘り人; 墓地管理人, 墓守; 墓穴を掘る者.

Toten·kopf 男 (-(e)s/..köpfe) 死者の首, どくろ; (毒物を表示する)どくろマーク.

Toten·schädel 男 (-s/-) どくろ.

Toten·sonntag 男 (-(e)s/-e) 〔ブロテ〕 死者慰霊日((教会暦の最終日曜日)).

toten·still [トーテンシュティル] 形静まりかえった, 死のように静かな.

Toten·stille [トーテンシュティレ] 女 (-/-) 死のような静けさ, 深い静寂.

Toten·wache 女 (-/-n) 通夜.

tot|fahren* 他〈人・動物⁴を〉(車で)ひき殺す.

tot·geboren 形 = tot geboren (⇨tot■).

Tot·geburt 女 (-/-en) 死産; 死産児.

tot|lachen 再 sich⁴ 死ぬほど笑う, 笑いこける.

Toto [トート] 中 男 (-s/-s) トトカルチョ((サッカーなどの勝敗をめぐる公認のスポーツくじ)).

tot|schießen* (口) ((I)) 他〈人や動物⁴を〉射殺する. ((II)) 再 sich⁴ ピストル自殺する.

Tot·schlag 男 (-(e)s/-) 殺人, 殺害.

tot|schlagen* 他〈人・動物⁴を〉殴り殺す, 打ち殺す.

tot|stellen 再 sich⁴ ■ = tot stellen (⇨tot■).

tot|treten* 他〈人・動物⁴を〉踏み殺す.

Tötung [テートゥング] 女 (-/-) 〔法〕殺人, 殺害.

Toupet [トゥペー] 中 (-s/-s) ヘアピース, かもじ, (かつらの一部の)飾りの巻き毛.

toupieren [トゥピーレン] 他〈髪⁴を〉逆毛を立てて[巻き毛にして]ふくらませる.

Tour [トゥーァ] 女 (-/-en) ❶遠足, ドライブ, ツアー. ❷区間, 行路, 行程. ❸(口; 軽蔑) 方法, もくろみ, 手口, やり

Tourismus [トゥリスムス] 男 (-/) 観光, ツーリズム.

Tourist [turíst トゥリスト] 男《弱》

格	単数	複数
1	der Tourist	die Touristen
2	des Touristen	der Touristen
3	dem Touristen	den Touristen
4	den Touristen	die Touristen

観光客, 旅行者, ツーリスト. ◇**~in** 女 (-/-nen). **5級**

Touristen·klasse [トゥリステンクラセ] 女 (-/) ツーリストクラス.

Tournee [トゥルネー] 女 (-/-s, ..neen [..ネーエン]) (音楽家や劇団などの)巡業, 客演旅行.

Trab [トラープ] 男 (-(e)s/) (馬の)速歩(はやあし), だく足.

traben [トラーベン] 自 ⓗⓢ (馬が)速歩で駆ける, だく足を踏む. ❷ⓢ (口)(人が)駆け足で行く, 急ぎ足で行く.

Tracht [トラハト] 女 (-/-en) ❶ (民族)衣装, (地域・民族・職業などに特有な)服装. ❷(口)一担ぎ分の荷物, 一荷, 積み荷.

trachten [トラハテン] 自 ❶《zu不定詞と》(…しようと)努める, 試みる. ❷ 〈nach ③〉〈物³を得ようと〉努める, ねらう.

Tradition [トラディツィオーン] 女 (-/-en) 伝統, 伝承, 因襲, 慣習.

traditionell [トラディツィオネル] 形 伝統的な, 慣例に従った, しきたりによる.

traf [トラーフ] treffen の過去形.

träfe [トレーフェ] treffen の接続法II式形.

Trafik [トラフィック] 女 (-/-en) 《オーストリア》キオスク, タバコ屋.

träg [トレーク] 形 = träge.

Trag·bahre [トラーク..] 女 (-/-n) 担架.

tragbar [トラークバァ] 形 ❶ 持ち運びできる, 携帯用の, 携帯に便利な. ❷《副なし》(衣服などが)着ることのできる, 着ておかしくない, 着やすい. ❸《副なし》(a)(経済的に)負担できる. (b)我慢できる, 耐えられる.

Trage [トラーゲ] 女 (-/-n) = Tragbahre.

träge [トレーゲ] 形 (比較 träger; 最上trägst) ❶ 不精な, 怠惰な, 緩慢な. ❷ 〔理〕自動力の無い, 慣性の, 惰性の.

tragen* [trá:gən トラーゲン]

現在	ich trage	wir tragen
	du **trägst**	ihr tragt
	er **trägt**	sie tragen

過去	ich trug	wir trugen
	du trugst	ihr trugt
	er trug	sie trugen

| 過分 | getragen | 接II | trüge |

《I》他 ❶(a)〈物⁴を〉担う, 持つ, 支える. ◆④ in der Hand [unter dem Arm] ~ 物⁴を手に持つ[脇の下に抱える]. (b)〈④＋方向〉〈物⁴を〉持ち運ぶ, 持って行く[来る], 運び去る. ❷(a)〈衣類⁴などを〉**着ている**, 身に着けている. (b)〈④ (bei sich³)〉〈物⁴を〉携帯する, 携行する. ❸〈頭髪⁴などを〉...のかたちに整えている〈身体部位⁴を〉...の状態に保っている. ◆die Haare kurz ~ 髪を短くしている. ❹〈物⁴を〉支える;〈重量⁴に〉耐えられる. ◆Die Brücke trägt 15 Tonnen. その橋は15トンの重量まで耐える. ❺〈不幸・苦痛などに〉耐える. ❻〈費用・責任⁴などを〉負担する, 引き受ける. ❼〈タイトル・表題・銘⁴などを〉持っている. 《II》再 sich⁴ ❶(a)〈＋様態〉...に運べる[持てる];...に着られる. ◆Der Koffer trägt sich⁴ nicht gut. そのトランクは持ち運びにくい. Der Anzug trägt sich⁴ sehr angenehm. そのスーツはとても着心地がよい. (b)(商売などが)採算

がとれる, 引き合う. ❷〈mit ③〉〈物³を〉心に抱いている. ❸〈+結果〉運んで...になる. ♦sich⁴ müde ~ 運んで疲れる. ((III)) 自 ❶支える, 持ちこたえる. ❷(ある距離まで)届く, 達する. ❸(動物が)子をはらんでいる. *zum Tragen kommen* 効果を発揮する, 役に立つ. 5級

Träger [トレーガー] 男 (-s/-) ❶(荷物などを)運ぶ人, 運送業者, 郵便配達人, 赤帽. ❷担い手, 運営者, 代表者. ❸[建]梁(はり), 桁(けた). ❹サスペンダー, ズボン吊り. ❺(タイトルなどの)保持者, 受賞者. ❻[医]保菌者. ◇~in 女 (-/-nen).

Trag・fähigkeit 女 (-/) 負担能力, 支える力, 輸送容量, 積載量.

Trag・fläche 女 (-/-n) [空]主翼, 揚力面, 翼面.

Trägheit [トレークハイト] 女 (-/-en) ❶不活発, 怠惰, 無精. ❷[理]惰性, 慣性.

Tragik [トラーギック] 女 (-/) ❶悲運, 悲惨, 悲劇的な事態. ❷[文芸]悲劇性.

tragikomisch [トラギコーミッシュ, トラーギコーミッシュ] 形 悲喜劇の, 悲喜劇的な.

tragisch [トラーギッシュ] 形 ❶悲劇的な, 悲惨[悲壮]な. ❷[文芸]悲劇の, 悲劇に関する. *Nimm es nicht so ~!* (口)そんなに深刻になる必要はない. *Das ist nicht so ~!* (口)それは大した事ではない.

Tragödie [トラゲーディエ] 女 (-/-n) (↔ Komödie)悲劇(作品);悲劇的な出来事.

trägst [トレークスト] tragenの2人称単数現在形.

trägt [トレークト] tragenの3人称単数現在形.

Trag・weite 女 (-/) 影響力, 効果, 意義.

Trainer [トレーナー] 男 (-s/-) [スポ]監督, コーチ, トレーナー. ◇~in 女 (-/-nen).

trainieren [トレニーレン] ((I)) 他〈スポーツ選手⁴を〉訓練する, 鍛える, 〈動物⁴を〉調教する, 〈技や能力⁴などを〉磨く. ((II)) 自〈**für [auf]** ④〉〈物⁴に備えて〉トレーニングする, 練習する. ((III)) 再 sich⁴〈in ③〉〈物³の〉腕を磨く.

trainiert [トレニーァト] trainierenの過去分詞.

Training [トレーニング] 中 (-s/-s) 練習, トレーニング, 調教.

Trainings・anzug 男 (-(e)s/..züge) 練習着, トレーニングウェア.

Trainings・hose 女 (-/-n) トレーニングパンツ.

Trainings・lager 中 (-s/-) トレーニングキャンプ, 合宿練習所.

Trakt [トラクト] 男 (-(e)s/-e) [建](建物の横に張り出た)翼部, そで.

Traktor [トラクトァ] 男 (-s/-en[..トーレン]) トラクター, 牽引(けんいん)車.

trällern [トレレルン] ((I)) 他 ❶(楽しそうに)ラララとメロディーを口ずさむ. ❷(鳥が)さえずる. ((II)) 他〈歌⁴の〉メロディーだけをラララと口ずさむ.

Tram [トラム] 女 (-/-s), (ﾂｲｽ) 中 (-s/-s) (口)路面電車.

trampeln [トランペルン] 自 ❶ ⓑ 足踏みをする, 足をドンドンと踏みならす. ❷ ⓢ 〈**über [durch]** ④〉〈物⁴を〉乱暴に歩く, 踏み荒らす.

Trampel・pfad 中 (-(e)s/-e) (踏みならされて)自然にできた道.

trampen [トレンペン] 自 ⓢ ヒッチハイクする, 通りすがりの車に便乗させてもらう.

Trampolin [トランポリ(ー)ン, トランポリーン] 中 (-s/-e) [ｽﾎﾟ]トランポリン, 跳躍器具.

Tran [トラーン] 男 (-(e)s/-e) 魚油, 鯨油.

Trance [トランース] 女 (-/-n) 昏睡, 失神, 催眠状態, 恍惚.

tranchieren [トランシーレン] 他 焼いた肉⁴などを〉切る, (食卓で)切り分ける.

Träne [トレーネ] 女 (-/-n) 《主に複》涙. *~n lachen* 涙が出るほど笑いころげる. ③ *keine ~ nachweinen* 人・物³を失っても悲しまない. ① *ist keine*

tränen

~ wert. (口)人・物¹の件は悲しむに値しない.

tränen [トレーネン]自 涙を流す, 涙が出る.

Tränen・drüse 女(-/-n)[解]涙腺(るい).

tranig [トラーニヒ]形 ❶魚油[鯨油]の(ような). ❷(口;軽蔑)(人が)だらけた, 寝ぼけた, 退屈な.

trank [トランク] trinkenの過去形.

tränke [トレンケ] trinkenの接続法II式形.

Tränke [トレンケ]女(-/-n)(家畜の)水飲み場, (家畜用の)水おけ.

tränken [トレンケン]他 ❶〈家畜⁴に〉水を飲ませる. ❷〈⁴ mit 中〉〈物⁴に〉物³を〉しみこませる, 浸透させる.

tranchieren [トランシーレン] = tranchieren.

Transfer [トランスフェーァ]男(-s/-s) ❶[商]外国為替, 外貨の振替, 外国への支払い. ❷[ス](プロ選手の)移籍, トレード. ❸(情報・技術などの)交換, 取引. ❹(空港や駅からの旅行客の)移送, 連絡輸送, 乗り換え.

Transformator [トランスフォルマートァ]男(-s/..toren[..トーレン])[電]変圧器, トランス.

Transistor [トランズィストァ]男(-s/..sistoren[..ズィストーレン]) ❶[電]トランジスター. ❷トランジスターラジオ.

Transit [トランズィート, トランズィット] ((I))男(-s/-s)(貿易商品や海外旅行者の第三国における)通過. ((II))中(-s/-s)通過ビザ.

transitiv [トランズィティーフ]形[言]他動詞の, 4格目的語をとる (↔ intransitiv).

Transit・verkehr 男(-(e)s/)(商品や旅行者の)通過往来.

transparent [トランスパレント]形 ❶透明の[な], 透き通った, 透けて見える. ❷明瞭な, 理解しやすい, 明解な.

Transparent [トランスパレント]中(-(e)s/-e) ❶透かし絵, 透視画. ❷(スローガンなどを書いた)横断幕.

Transparenz [トランスパレンツ]女(-/)透明さ, 透明性[度], 明瞭さ.

Transport [トランスポルト]男(-(e)s/-e) ❶輸送, 運送, 持ち運び. ❷(輸送される)荷, 運搬物.

transportabel [トランスポルターベル]形《副なし》運送[輸送]可能な, 持ち運びのできる.

Transporteur [トランスポルテーァ]男(-s/-e) ❶運送業者. ❷分度器. ❸(ミシンの)送り金 ((布地を針へ送る装置)).

transport・fähig 《副なし》(けが人や病人などを)運送[移送]できる状態の.

transportieren [トランスポルティーレン]他 ❶〈物・人⁴を〉運送[輸送, 送送, 運搬]する, 運ぶ. ❷[商]繰り越す.

transportiert [トランスポルティーァト] transportierenの過去分詞.

Transport・kosten 複 運送費, 運賃.

Transvestit [トランスヴェスティート]男(-en/-en)[弱]服装倒錯者.

Trapez [トラペーツ]中(-es/-e) ❶[数]台形, 梯形(ホム). ❷空中ブランコ.

trappeln [トラッペルン]自ⓢⓈ(子供などが)ちょこちょこ歩く[歩いていく], (馬などが)パカパカと小走りする.

Trara [トララー]中(-s/)❶トランペットやホルンの音. ❷(口)騒ぎ, 喧嘩(ボム), 空騒ぎ.

Trasse [トラッセ]女(-/-n)(鉄道や道路などの)測量線, 予定路線, 設定路線.

trat [トラート] tretenの過去形.

träte [トレーテ] tretenの接続法II式形.

Tratsch [トラーチュ]男(-(e)s/)(口;軽蔑)おしゃべり, うわさ話, 陰口.

tratschen [トラーチェン]自(口;軽蔑)〈über ⁴〉〈人・物⁴について〉おしゃべりする, うわさ話をする, 陰口をたたく.

Trau・altar [トラオ..]男(-s/..altäre)婚礼の祭壇.

Traube [トラオベ]女(-/-n) ❶ブドウの房. ❷[植](果実や花などの)房; 総状花序. ❸密集したもの, 群れ. ◇ **hängen die ~n zu hoch.** = ◇ **sind die ~n zu sauer.** 人³は負け惜

しみを言う. 4級

trauen [トラオエン] ((I)) 自 〈3〉〈人・物3を〉信用する, 信頼する. ((II)) 他〈人4を〉結婚させる, 夫婦にする. ((III)) 再 sich4 ❶〈zu不定詞と〉…する勇気がある, あえて…する. ❷〈+方向〉あえて行く. *seinen Augen* [*Ohren*] *nicht ~* 〈口〉自分の目[耳]を疑う.

Trauer [トラオアー] 女 (-/) 〈*um* [*über*] 4〉〈人・物4を失った〉悲しみ, 悲痛, 悲嘆. ❷ 喪；喪服.

Trauer·fall 男 (-(e)s/..fälle) 死亡(例), (身内の)不幸.

Trauer·feier 女 (-/-n) 葬式, 葬儀.

Trauer·kleidung 女 (-/(まれ)-en) 喪服, 喪装.

trauern [トラオアァン] 自 〈*um* 4; *über* 4〉〈人・物4のことを〉嘆き悲しむ, 哀悼する; 喪に服している, 喪服を着ている.

Trauer·spiel 中 (-(e)s/-e) 悲劇; 〈口〉不幸, 惨めな出来事.

Trauer·weide 女 (-/-n)〈植〉シダレヤナギ (枝垂柳).

träufeln [トロイフェルン] 他〈+方向〉〈物4を〉(ポタポタ)したたらせる, 滴下する.

Traum [traom トラオム] 男 (-(e)s/**Träume** [トロイメ]) ❶〈睡眠中の〉夢. ◆*einen ~ haben* 夢を見る. *aus dem ~ erwachen* 夢から覚める. ❷ 願望, 幻想, 憧れ；夢のようなすばらしいもの. ◆*Ein ~ geht in Erfüllung. = Ein ~ wird wahr.* 夢が実現する. *ein ~ von* 3 〈物3の〉夢, 物3への憧れ. □ *fällt* 3 *im ~ nicht ein.* 事1が人3にとって夢にも思わない[思いもよらない]. *nicht im ~ daran denken, … zu不定詞*)…することは夢にも思わない[思いもよらない]. *Träume sind Schäume.*〈諺〉夢はうたかた. 4級

Trauma [トラオマ] 中 (-s/..men, -ta) トラウマ, 精神的外傷.

Traumata [トラオマータ] 複 ⇒ Trauma.

traumatisch [トラオマーティシュ] 形 トラウマ[精神的外傷](性)の.

Träume [トロイメ] 複 ⇒ Traum.

träumen [トロイメン] 自 ❶〈*von* 3〉〈人・物3のことを〉夢に見る, 夢を見る. ❷ (夢でも見ているように)ぼんやりしている, 呆然(ぼうぜん)としている. ❸〈*von* 3〉〈人・物3のことを〉夢想する, 夢見る, 夢に描く. *sich*3 4 *nicht* [*nie*] *~ lassen* 〈口〉物4のことを夢想だにしない, 夢にも思わない. 4級

Träumer [トロイマー] 男 (-s/-) ❶ 夢想家, 空想家. ❷ よく夢を見る人. ◇ **Träumerin** 女 (-/-nen).

träumerisch [トロイメリッシュ] 形 夢のような, 夢見心地の；空想好きの, 夢見がちの.

traum·haft 形 (最上 ~est) (口) ❶ 夢のような, 夢心地の. ❷《副のみ》すばらしく, 見事に.

traurig [traorɪç トラオリヒ] (比較 ~er; 最上 ~st) 形 ❶ (↔ froh, fröhlich) 〈*über* 4〉〈人・物4について〉悲しんでいる, 悲しい, 悲しみの；悲しげな, 憂いに沈んだ. ❷ (↔ lustig) 《副なし》悲しむべき, 悲しみを与える, 悲惨な, 不幸な. ❸ 同情すべき, 惨めな, 貧弱な；恥ずべき, 卑劣な. ◆ 4 ~ *machen* 人4を悲しませる. 4級

Traurigkeit [..カイト] 女 (-/) 悲しみ, 悲哀, 悲惨.

Trau·ring 男 (-(e)s/-e) 結婚指輪.

Trau·schein 男 (-(e)s/-e) 結婚証明書.

Trauung [トラオウング] 女 (-/-en) 結婚(式), 婚姻, 婚礼.

Trau·zeuge 男 (-n/-n)〈弱〉結婚立会人.

Trecker [トレッカー] 男 (-s/-) トラクター, 牽引(けんいん)車.

Treff[1] [トレフ] 中 (-s/-s), 〈カード〉 女 (-/-) (トランプの)クラブ.

Treff[2] 男 (-s/-s) ❶ 〈口〉会合, 会談；出合い；集合地点, 待ち合わせ場所. ❷〈カード〉飲食店.

treffen* [tréfən トレッフェン] ((I)) 他 ❶(a) (↔ verfehlen)〈人・物4に〉当てる, 命中させる；当たる, 命中する. (b)《非人称主語esと共に》〈人・物4の〉順番である. ❷〈人4と〉〈偶然

□ 1格 ② 2格 ③ 3格 ④ 4格

現在	ich treffe	wir treffen
	du **triffst**	ihr trefft
	er **trifft**	sie treffen
過去	ich traf	wir trafen
	du trafst	ihr traft
	er traf	sie trafen
過分	**getroffen**	接II träfe

に)出会う;(約束して)会う. ❸(a)〈人・物⁴に〉衝撃を与える,〈人⁴の〉感情を害する.(b)〈人⁴に〉〈非難¹などが〉向けられている,〈責任¹などが〉帰せられる. ◆❹ trifft keine [die] Schuld an ③ 人⁴に〔物³の〕責任がない[ある]. ❹〈物⁴を〉的確にとらえる,適切に表現する. ◆☐ ist gut [schlecht] getroffen.〈絵や写真などが〉実物通りだ. ❺《無意味のes⁴と》:es gut [schlecht] (mit ③) ~ 〈人・物³の件では〉運が良い[悪い]. ❻《機能動詞として》...する. ◆ein Abkommen ~ 協定する. eine Abmachung (mit ③) ~ 〈人³と〉協定を結ぶ. eine Absprache (mit ③) ~ 〈人³と〉談合する. eine Anordnung ~ 指令する. eine Entscheidung (über ④) ~ 〈人・物⁴について〉決定する. eine Verabredung ~ 会う約束をする. eine Vereinbarung (mit ③) ~ 〈人³と〉取り決めをする. Verfügungen (für ④ [zu ③]) ~ 〈物³⁴の〉準備をする. eine Wahl ~ どちらかに決断する. ((II))再sich⁴ ❶〈人⁴と〈人³と〉(約束して)会う. ❷《事柄を示すes, dasを主語にして;+様態》たまたま...ということになる,偶然...という結果になる. ((III)) 自 ⓢ 《auf ④〈人・物⁴に〉(偶然)出会う,ぶつかる; 【ः°】対戦する. **5級**

Treffen 中 (–s/–) ❶集まり,集会,会合. ❷【軍】〈古〉会戦,戦闘. ❸【ス°】対戦.

treffend [..ト] ((I))treffenの現在分詞. ((II))形適切な,的確な,的を射

た.

Treffer [トレッファー] 男 (–s/–) 命中弾;(↔ Niete)当たりくじ;【ス°】ゴール; ヒット,大当たり.

trefflich [トレフリヒ] 形〈やや古;書〉優秀な,立派な,すばらしい.

Treff·punkt 男 (–(e)s/–e) 集合地点,待ち合わせ場所.

treff·sicher 形 ❶命中確実の,的を外さない. ❷的確な,適切な.

Treff·sicherheit 女 (–/) ❶百発百中. ❷的確.

Treib·eis [トライプ..] 中 (–es/) (海や川の)流氷,浮氷.

treiben* [tráibən トライベン]《過 trieb; 過分 getrieben》((I)) 他 ❶《+方向》〈人・動物⁴などを〉移動させる,追い立てる,狩り立てる. ❷(a)《☐ zu ③》〈人⁴をある行動³へと〉(無理に)駆り立てる,せかす,促しである.(b)《+方向》〈人・物⁴を〉駆り立てる,追い詰める. ◆☐ zur Eile ~ 人⁴を急がせる. in den Tod ~ 死へと駆り立てる. ❸〈機械類⁴を〉動かす,運転する,駆動させる. ❹《☐ in [durch]》〈物⁴を物⁴の中へ〉打ち[押し]込む,通す,掘りぬく. ❺〈特定の状況・感情などが涙・汗⁴などを〉にじみ出させる. ❻〈価格⁴などを〉押し上げる,つりあげる. ◆die Preise in die Höhe ~ 値段を高騰させる. ❼《esを目的語にとって; +様態》:es zu weit ~ やりすぎる,悪乗りする. es (mit ③) ~ 〈口;婉曲〉〈人³と〉性的関係を持つ. ❽〈物⁴に〉従事する,行う,する. ❾(良からぬ事を)する;《機能動詞的に》行う,する. ◆Aufwand ~ ぜいたくをする. Unsinn ~ ばかげたことをする. Handel (mit ③) ~ 〈人³と〉取引する. Missbrauch (mit ③) ~ 〈人・物³を〉乱用する. Spionage ~ スパイを働く. seinen Spott mit ③ ~ 人³をからかう. ❿〈芽・葉・根⁴などを〉出す;〈つぼみ・花⁴などを〉つける. ⓫〈金属⁴などを〉たたいて延ばす,模様を打ち出す,(ある形に)加工する. ((II)) 自 ⓢ 《+場所》漂う,漂流する. ❷ⓢ《+方向》漂って[漂流して]行く. ❸〈植物¹が〉芽を

Treiben 中 (-s/-) ❶ 駆り立てること, 追うこと; (多くの人の)慌しい動き, 雑踏. ❷ (ある人の)行動(全般); 《軽蔑》陰謀, 煽動.

Treib·gas 中 (-es/-e) ❶ 燃料用(液体)ガス. ❷ (スプレー用の)圧縮ガス.

Treib·haus 中 (-es/..häuser) 温室.

Treibhaus·effekt 男 (-(e)s/) 温室効果.

Treib·stoff 男 (-(e)s/-e) (動力用)燃料 ((重油, ガソリンなど)).

Trenchcoat [トレンチコート] 男 (-(s)/-s) トレンチコート.

Trend [トレント] 男 (-s/-s) (長期的な)傾向, 動向, 趨勢(ホシ).

trennbar [トレンバーァ] 形 分離することのできる. ◆ein ~es Verb 分離動詞.

trennen [trénən トレンネン] ((I)) 他 ❶ 〈(一体をなしている)人·物⁴を〉分ける, 割る, 切り離す. ❷ (a) 〈④ **von [aus]** ③〉〈物⁴を物³から〉切り離す, 分離する. (b) 〈④ **von** ③〉〈人⁴を人³から〉引き離す, 遠ざける. ❸〈人·物⁴を〉(時間的に, 空間的に)分けている, 隔てている. ((II)) **sich**⁴ ❶〈**von** ③〉(a)〈人³と〉別れる. (b)〈(パートナーをなしていた)人³と〉別れる, 別居する, 離婚する. ❷〈**von** ③〉〈物³を〉手放す, 放擲する, やめる. ❸ [⁵韵] 引き分けになる.

Trennung [トレンヌング] 女 (-/-en) 分離, 決別, 分裂; 離別, 別居; 分綴.

Trennungs·strich 男 (-(e)s/-e) ハイフン, (行末の)分綴符, 分離[境界]線.

treppab [トレップアップ] 副 (階段を)下へ(降りて).

treppauf [トレップアオフ] 副 (階段を)上へ(のぼって).

Treppe [trépə トレッペ] 女 (-/-n) 階段, はしご段, (階段の)段. ◆auf der ~ stehen 階段に立っている. eine ~ hinaufgehen [herunterge-hen] 階段を上っていく[下りてくる]. eine ~ höher [tiefer] 一階上に[下

に]. 4級

Treppen·absatz 男 (-es/..sätze) (階段の)踊り場.

Treppen·geländer 中 (-s/-) (階段の)手すり, 欄干(ホミ).

Treppen·haus 中 (-es/..häuser) (階段の)吹きぬけ(の間).

Treppen·stufe 女 (-/-n) (階段の)段.

Tresen [トレーゼン] 男 (-s/-) 《北ド》(店の)売り台, カウンター.

Tresor [トレゾーァ] 男 (-s/-e) 金庫, (銀行などの)金庫室, 貴重品収納室.

treten* [trétən トレーテン]

現在	ich trete	wir treten
	du **trittst**	ihr tretet
	er **tritt**	sie treten

過去	ich trat	wir traten
	du trat(e)st	ihr tratet
	er trat	sie traten

| 過分 | **getreten** | 接II träte |

((I)) 自 ❶ ⑤〈+方向〉歩む, 移動する; 行く; 入る. ◆ins Zimmer ~ 部屋に踏み入る. in sein Bewusstsein ~ 意識にのぼる. über die Ufer ~ (川が)氾濫する. (b)《前置詞付きの名詞と》: in Aktion ~ 活動を始める. in Erscheinung ~ 姿を現す. mit ③ in Kontakt ~ 人³と連絡をつける. in [außer] Kraft ~ 発効[失効]する. in (den) Streik ~ ストライキに入る. mit ③ in Verbindung ~ 人³と(取引などの)関係を結ぶ. ❷〈+方向〉⑤ (h) (うっかり)踏む; (わざと)踏む, 踏みつける. ❸ (b)〈**nach** ③〉〈人·物³を〉蹴る. ((II)) 他 ❶ (a)〈ブレーキ·ペダルなどを〉足で踏む; (作業として)踏む. (b)〈④ **in** ④〉〈物⁴を物⁴に〉踏んでつき通す. (c)〈+結果〉踏んで作る. ❷ (a)〈人·物⁴を〉蹴る. (b) [⁵韵] キックする. 4級

treu [トロイ] (最上 ~ (e)st) 形 ❶ (a) 誠実な, 誠意のある, 忠実な, 義理堅い. (b) (↔ untreu) (夫婦が)貞節[貞潔]

Treue な, 操の固い. ❷(口) 純真な, 邪心のない, 相手を信じ切った:愚直な, おめでたい. ❸(書) (事実に)忠実な, 正確な. **~ und brav** 非常に従順な.

Treue [トロイエ] 囡(-/-) 誠実, 忠実, 忠誠, 節操;正確さ.

Treu·hand 囡(-/) 〚史〛信託(公社), 保管預り, 管理.

treu·herzig 形 純真な, 人を信じきった, 無邪気な.

Treu·herzigkeit 囡(-/-) 純真, 無邪気さ.

treu·los 形 不実な, 信義の無い;裏切りの;不貞な.

Tribunal [トリブナール] 匣(-s/-e) (古代ローマの)司令官[政務官, 裁判官]の席;法廷, (上級)裁判所.

Tribüne [トリビューネ] 囡(-/-n) 観覧[観客]席, 桟敷, (競技場などの)スタンド.

Tribut [トリブート] 男(-(e)s/-e) ❶〚史〛(戦勝者への)賠償, 貢物;(古代ローマの)直接税, 租税. ❷犠牲;(当然払うべき)尊敬, 敬意.

Trichter [トリヒター] 男(-s/-) ❶漏斗(ろうと), じょうご. ❷(漏斗状のもの:)(管楽器の)朝顔, メガホン, (砲弾の)弾孔, (火山の)噴火口, 河口.

Trick [トリック] 男(-s/-s) ❶(軽蔑)策略, ごまかし, たくらみ. ❷(手品などの)トリック, しかけ, たね. ❸こつ, 要領, 秘訣.

Trick·film 男(-(e)s/-e) 特撮映画. ◆Zeichentrickfilm アニメーション映画.

trieb [トリープ] treiben の過去形.

Trieb [トリープ] 男(-(e)s/-e) ❶衝動, 欲求, 本能;傾向, 性向. ❷〚植〛発芽[生長]力;若芽, 若枝.

triebe [トリーベ] treiben の接続法 II 式形.

Trieb·feder 囡(-/-n) (時計の)ぜんまい, ばね;(比)原動力, 動機.

trieb·haft 形 衝動的な, 本能に支配された.

Trieb·wagen 男(-s/-) 〚鉄道〛動力車((原動機付きの車両)).

Trieb·werk 匣(-(e)s/-e) 〚機〛(飛行機やロケットなどの)駆動装置, ジェットエンジン.

triefen(*) [トリーフェン] (過 triefte, 〚古〛troff; 過分 getrieft, 〚まれ〛getroffen) 自 S ❶〈液体が〉したたる, ポタポタ垂れる. ❷ⓗ〈von [vor]〉〈物³で〉びしょぬれである;(軽蔑)〈物³に〉満ちあふれている.

triff [トリフ] treffen の命令法 2 人称単数形.

triffst [トリフスト] treffen の 2 人称単数現在形.

trifft [トリフト] treffen の 3 人称単数現在形.

triftig [トリフティヒ] 形 十分に説得力[根拠]のある, 適切な, もっともな.

Trikot [トリコー, トリコ] 匣(-s/-s) トリコット地の衣類, スポーツウェア, レオタード, (ユニフォームとなっている)スポーツシャツ.

Triller [トリラー] 男(-s/-) ❶〚音楽〛トリル, 顫音(せんおん). ❷鳥のさえずり;(俗)狂気.

trillern [トリラァン] 自 ❶〈(物⁴を)〉(トリルのように)声を震わせて歌う[さえずる].

Triller·pfeife 囡(-/-n) 警笛, ホイッスル.

trimmen [トリンメン] ((I)) 他 ❶〈船や飛行機⁴を〉釣り合い[バランス]の取れた状態にする, 操作して安定させる. ❷〈犬⁴の〉毛を刈り込む, 〈犬⁴に〉ブラシをかけてその毛をすく. 〈④ **auf** ④ [**zu** ③]〉〈人・物を物³⁴の状態に〉(訓練, 調整, 整備などによって)仕上げる, 合わせる, 整える. ❹〈原子炉・共振回路 などを〉微調整する. ((II)) 再 sich⁴ コンディション[体調]を整える, 心身のバランスを取る, 体形を整える.

trinken* [トリンケン トリンケン] ((I)) 他 (容器に直接口をつけて)飲む. ((II)) 自 ⓑ ❶飲む. ❷酒類を飲む, 大酒を飲む. ❸〈**auf** ④〉〈人・物⁴のために[を祈って]〉乾杯する. ❹(口)飲む. Möchten Sie etwas trinken? 何かお飲みになりますか. aus der Flasche ~ ラッパ飲みをする. 《結果を表す形容詞を

①1格 ②2格 ③3格 ④4格

現在	ich trinke	wir trinken
	du trinkst	ihr trinkt
	er trinkt	sie trinken
過去	ich **trank**	wir tranken
	du trankst	ihr trankt
	er trank	sie tranken
過分	**getrunken**	接II **tränke**

伴って》das Glas leer ~ グラスを飲み干す. 5級

Trinker [トリンカー] 男《–s/–》酒飲み; アルコール中毒者.

Trink・geld [トリンクゲルト] 中《–(e)s/–er》チップ:酒手(ಕೆ).

Trink・halle 女《–/–n》❶（湯治場の）鉱泉水を飲む場所. ❷飲物の売店, キオスク.

Trink・wasser 中《–s/》飲み水, 飲料水.

Trio [トリーオ] 中《–s/–s》❶［音楽］三重奏(唱)(曲);三重奏(唱)団. ❷三人組み, トリオ.

Trip [トリップ] 男《–s/–s》❶〔口〕遠足, 小旅行. ❷(a)（陶酔感をもたらす）一服の麻薬. (b)（麻薬による）幻覚状態, 陶酔感.

trippeln [トリッペルン] 自Ⓢ ちょこちょこ歩く.

trist [トリスト] 形 もの悲しい, 悲惨な, わびしい, 荒涼とした;陰鬱な.

tritt [トリット] tretenの3人称単数現在形, 命令法2人称単数形.

Tritt [トリット] 男《–(e)s/–e》❶足で踏み出すこと, 歩み, 歩行. ❷〔単〕歩調, 足どり. ❸蹴ること, 足げり.

Tritt・brett 中《–(e)s/–er》（乗り物の昇降用の）タラップ, 踏み段.

tritte [トリッテ] tretenの接続法II式形.

trittst [トリットスト] tretenの2人称単数現在形.

Triumph [トリウムフ] 男《–(e)s/–e》❶大勝利, 大成功;凱旋, 戦勝. ❷〔単〕勝利の喜び, 勝利感.

triumphieren [トリウムフィーレン] 自❶〈**über** ④〉〈人・物⁴に対して〉勝利を収める, 打ち勝つ;凱旋する. ❷勝利[成功]を喜ぶ, 勝ち誇る.

trivial [トリヴィアール] 形〔書;主に蔑〕❶平凡な, ありふれた, 日常的な. ❷通俗的な, 陳腐な, くだらない.

trocken [トロッケン]〔比較trock(e)ner〕形 ❶(a)乾いた, 乾燥した, 水気の無い. (b)（気候・季節などが）雨の少ない, 乾燥性の. (c)《副なし》（植物などが）枯れた, 枯死した. (d)（肌・髪などが）乾性の, 油気[うるおい]のない. (e)《副なし》（パンなどに）何もつけていない, バターを塗らない;飲物（特にワイン）の付いていない, 飲物代を含めない. (f)グラスが空である. ❷《副なし》（酒類が）辛口の, 甘くない. ❸(a)無味乾燥な, 味気ない, 退屈な, 冷静な. (b)（ユーモアなど）皮肉の効いた. *auf dem trock(e)nen sitzen* [*sein*]〔口〕せっぱ詰まっている, 金に窮している. *~ sein*〔口〕（飲酒常習者¹が）酒を断っている. **l~ reiben**〈人・物⁴を〉〔布などで〕摩擦して[こすって]乾かす, 水分をきれいに拭き取る. 5級

Trocken・haube 女《–/–n》（ボンネット型の）ヘアドライヤー.

Trockenheit [..ハイト] 女《–/》❶乾燥状態;日照り, 旱魃(೧೦). ❷〔比〕無味乾燥, つまらないこと.

trocken|legen 他❶〈赤ん坊⁴の〉おむつを取り替える. ❷〈沼沢地⁴などを〉干拓する, 排水する.

Trocken・milch 女《–/》粉ミルク, 乾燥ミルク, 粉乳.

trocken|reiben* 他 = trocken reiben (⇨trocken❶).

trocknen [トロックネン] （(I)）自Ⓢ ❶乾く, 乾燥する, 干からびる. ((II))他〈物⁴を〉乾燥させる, 干す, ぬぐう, 脱水する. 4級

Troddel [トロッデル] 女《–/–n》総(ೞ)（飾り）.

Trödel [トレーデル] 男《–s/》〔軽蔑〕無価値な古物, 使い古し, がらくた.

trödeln [トレーデルン] 自〔軽蔑〕ぐずぐず[のろのろ, だらだら]（仕事を）する, 時をむだに過ごす, 道草を食う.

① 1格 ② 2格 ③ 3格 ④ 4格

troff [トロフ] triefenの過去形.

tröffe [トレッフェ] triefenの接続法II式形.

trog [トローク] trügenの過去形.

Trog 男 [トローク] 〘(-(e)s/Tröge〙(長方形の)槽(紫),(家畜用の)餌入れ.

tröge [トレーゲ] trügenの接続法II式形.

trollen [トロレン] 再 sich⁴ ⟨口⟩⟨+方向⟩すごすごと[おとなしく]立ち去る,赴く.

Trommel [トロンメル] 囡 ⟨-/-n⟩ ❶ 〖音楽〗太鼓,ドラム. ❷ (太鼓状のもの:)(洗濯機の)ドラム,(回転式拳銃の)回転弾倉など.

Trommel·fell 中 ⟨-(e)s/-e⟩ 鼓膜.

trommeln [トロメルン] ⟪(I)⟫ 自 ❶ 太鼓を打つ,ドラムをたたく. ❷ ⟨⟨mit ③⟩⟩⟨(物³で)⟩トントン[ドンドン,コツコツ]音を立てる. ⟪(II)⟫ 他 ⟨物⁴を⟩太鼓[ドラム]で奏する.

Trommel·wirbel 男 ⟨-s/-⟩ 太鼓の連打.

Trommler [トロムラー] 男 ⟨-s/-⟩ 太鼓のたたき手,ドラム奏者,ドラマー. ◇ **~in** 囡 ⟨-/-nen⟩.

Trompete [トロンペーテ] 囡 ⟨-/-n⟩ 〖音楽〗トランペット,らっぱ.

trompeten [トロンペーテン] ⟪過分 trompetet⟫ 自 ❶ ⟨口⟩トランペット[らっぱ]を吹く. ❷ (象などが)らっぱのような声でほえる.

Trompeter [トロンペーター] 男 ⟨-s/-⟩ トランペット奏者;らっぱ手. ◇**Trompeterin** 囡 ⟨-/-nen⟩.

Tropen [トローペン] 複 熱帯(地方).

Tropen·helm 男 ⟨-(e)s/-e⟩ ヘルメット帽,防暑帽.

Tropf [トロプフ] 男 ⟨-(e)s/-e⟩ 〘主に単〙〖医〗点滴装置,灌注(沈)器.

Tröpfchen [トレプフヒェン] 中 ⟨-s/-⟩ Tropfenの縮小形.

tröpfeln [トレプフェルン] ⟪(I)⟫ 自 ❶ ⓗ ⓢ (液状のものが)ポタポタしたたる,滴下する. ❷ ⟨⟨非人称で⟩⟩雨がポツポツ降る. ⟪(II)⟫ 他 ⟨液状のもの⁴を⟩ポタポタしたたらせる,滴下させる.

tropfen [トロプフェン] ⟪(I)⟫ 自 ❶ ⓢ ⟨+方向⟩(液状のものが)したたる,滴下する. ❷ ⓗ しずくを垂らす,ポタポタ漏る. ⟪(II)⟫ 他 ⟨+方向⟩したたらせる,滴下させる.

Tropfen [トロプフェン] 男 ⟨-s/-⟩ ❶ しずく,点滴;(液体の)少量. ❷ ⟨⟨複⟩⟩ 〖医〗滴剤. *(wie nur) ein ~ auf einen heißen Stein sein* ⟨口⟩焼け石に水である. *Steter ~ höhlt den Stein.* 〖諺〗点滴石をうがつ. 4級

Tropf·stein·höhle 囡 ⟨-/-n⟩ 鐘乳洞.

Trophäe [トロフェーエ] 囡 ⟨-/-n⟩ 戦勝記念物,戦利品;(競技の)トロフィー,優勝記念品;(狩猟の)記念物((獲物の角や皮など)).

tropisch [トローピッシュ] 形 熱帯[性]の,熱帯のような.

Tross [トロス] 男 ⟨-es/-e⟩ 〖史〗❶ 〘軍〙輜重(を)隊 (戦闘部隊の後にいて食料や弾薬類などを運ぶ);輜重の運送船. ❷ 従者,供\u3000, お付き.

Troß [トロス] 男 = Tross.

Trost [トロースト] 男 ⟨-(e)s/-⟩ 慰め,慰安,慰めとなる物,元気づけてくれる物. *ein schwacher ~* 大した慰めにもならない物.

trösten [トレーステン] ⟪(I)⟫ 他 ⟨人⁴を⟩慰める,元気づける. ⟪(II)⟫ 再 sich⁴ ⟨mit ③⟩⟨物・人³で⟩気をまぎらわせる,元気を取り戻す.

tröstlich [トレーストリヒ] 形 慰めになる,元気づけてくれる.

trost·los 形 ⟨最上 ~est⟩ ❶ 慰め[希望]のない,絶望した. ❷ 絶望的な,どうしようもない. ❸ 荒涼とした,殺風景な.

Trost·losigkeit [..ローズィヒカイト] 囡 ⟨-/⟩ 慰めのないこと,絶望的な状況[状態];殺風景.

Trost·preis 男 ⟨-es/-e⟩ 残念賞.

Tröstung [トレーストゥング] 囡 ⟨-/-en⟩ 慰めること;(言葉,贈物など)慰めになるもの.

Trott [トロット] 男 ⟨-(e)s/-e⟩ ❶ (馬の)だく足,トロット. ❷ 単調な流れ,千篇一律の[旧態依然とした]進行状況,退屈な進行.

Trottel [トロッテル] 男 (-s/-) (口；軽蔑) どじなやつ，まぬけ，とんま．

trottelig [トロッテリヒ] 形 (口；軽蔑) もうろくした，年をとってぼけた．

trotten [トロッテン] 自 (S) 〈+方向〉 (馬が)だく足で歩く，重い足どりで歩く．

Trottoir [トロトアーァ] 中 (-s/-e, -s) (南独・スイス)(口) 歩道．

trotz [trɔts トロッツ] 前《2格支配，(方言，冠詞のない場合，複数形であることを明示したい場合などで) 3格支配》…にもかかわらず，…を無視して，…に反して；…とはいえ． 5級

Trotz [トロッツ] 男 (-es/) 反抗(心)，強情，頑固．

trotzdem [trɔ́tsdeːm, trɔtsdéːm トロッツデーム，トロッツデーム] ((I)) 副 それにもかかわらず，それでもやはり． ((II)) [トロッツデーム] 接《従属》(口) …にもかかわらず，…であるのに． 4級

trotzen [トロッツェン] 自 ❶〈3〉〈人・物3に〉反抗する，逆らう，口答えする． ❷反抗的である，強情である．

trotzig [トロッツィヒ] 形 反抗的な，強情な，頑固な．

trüb [トリューブ] 形 = trübe．

trübe [トリューベ] 形《比較 trüber; 最上 trübst》❶(a)(液体などが)濁った，不透明な． (b) (透明な物が) 曇った，汚れた，光沢のない；(空が)どんよりした；(目が)虚ろな． ❷(気分が)暗い，沈んだ，陰気な；不快な，重苦しい． *im Trüben fischen* (口) 混乱に乗じて利益を得る．

Trubel [トルーベル] 男 (-s/) 騒ぎ，騒乱；雑踏，混雑．

trüben [トリューベン] ((I)) 他 ❶〈物4を〉濁らせる，不透明にする；光沢を鈍らせる，〈空4を〉どんより曇らせる． ❷気分を沈ませる，陰鬱にする． ((II)) 再 sich4 ～ (気分が)暗くなる，(良い状態が)悪化する，濁る，曇る．

Trübsal [トリューブザール] 女 (-/-e) 悲しみ，悲哀，憂愁．

trüb·selig 形 悲しい気分の，陰鬱な；哀れな，荒涼とした．

Trüb·seligkeit 女 (-/) 悲しみ，陰鬱．

Trüb·sinn 男 (-(e)s/) 憂鬱，ふさぎ込み，意気消沈；鬱病．

trüb·sinnig 形 憂鬱な，気持ちの沈んだ，意気消沈した．

Trübung [トリューブング] 女 (-/-en) 濁り，曇り，混濁；(レントゲン写真の)影．

trudeln [トルーデルン] 自 (S) 〈+方向〉 転がりながら落ちる，舞い落ちる；〈飛行機1が〉きりもみ状態で落下する；ぶらぶら歩く．

Trüffel [トリュッフェル] 女 (-/-n), (口) 男 (-s/-) ❶ [植] セイヨウショウロ，トリュフ． ❷ [菓子] トリュフ ((ショウロ形のチョコレート菓子))．

trug [トルーク] tragen の過去形．

trüge [トリューゲ] tragen の接続法II式形．

trügen* [トリューゲン] (過 trog; 過分 getrogen) 他 〈人4を〉欺く，だます；迷わす，惑わす．

trügerisch [トリューゲリッシュ] 形 詐偽[虚偽]の，偽りの，見せかけだけの，惑わす．

Truhe [トルーエ] 女 (-/-n) (ふた付きの) 長方形の大箱，長持，チェスト．

Trümmer [トリュマー] 複《単数は Trumm》破片，かけら，残骸，瓦礫，廃墟．

Trümmer·haufen 男 (-s/-) 瓦礫の山，廃墟．

Trumpf [トルンプフ] 男 (-(e)s/Trümpfe) (トランプの)切り札；(比) 奥の手．

trumpfen [トルンプフェン] ((I)) 自 切り札を出す，奥の手を出す． ((II)) 他 〈物4を〉切り札で切る，〈人4を〉しかりつける．

Trunk [トルンク] 男 (-(e)s/) ❶飲酒癖． ❷飲み物，飲料．

Trunkenheit [トルンケンハイト] 女 (-/) 酒酔い，酩酊；陶酔．

Trunk·sucht 女 (-/) 飲酒癖；アルコール中毒．

trunk·süchtig 形 飲酒癖のある，アルコール中毒の．

Trupp [トルップ] 男 (-s/-s) 一団，群

Truppe [トルッペ] 囡 (-/-n) ❶ 〔軍〕部隊, 隊;《複》軍隊, 兵力. ❷ (俳優・芸人などの)一団, 一座.

Trut·hahn [トルート..] 男 (-(e)s/..hähne) シチメンチョウ(の雄).

tschau [チャオ] 間 《口》バイバイ, じゃあね, さよなら.

Tscheche [チェッヒェ] 男 (-n/-n) 《弱》チェコ人. ◇**Tschechin** 囡 (-/-nen).

Tschechien [チェッヒエン] 中 (-s/) チェコ((東欧の共和国)).

tschechisch [チェヒッシュ] 形 チェコ(人〔語〕)の.

Tschechoslowakei [チェヒョスロヴァカイ] 囡 (-/) 《die ~》〔史〕チェコスロヴァキア.

tschechoslowakisch [チェヒョスロヴァーキッシュ] 形 〔史〕チェコスロヴァキア(人)の.

tschüs, tschüss [チュース, チュス] 間 《口》バイバイ, じゃあね, さよなら.

Tsd.〔略〕= Tausend.

tu [トゥー] tun の命令法2人称単数形.

TU 囡 (-/-(s)) 《略》technische Universität 工科大学.

Tube [トゥーベ] 囡 (-/-n) (練り歯磨きや絵の具, 塗り薬などの)チューブ. *auf die ~ drücken* 《口》促進する, 加速度をつける.

Tuberkulose [トゥベァクローゼ] 囡 (-/-n) 〔肺〕結核(症)((略: Tb, Tbc)).

Tuch [túːx トゥーフ] 中 (-(e)s/Tücher, -e) ❶ 《複 Tücher》(特定の用途に用いる)布(きれ) = 三角巾・スカーフ・マフラー・ダスター・ふきんなど)). ❷《複数 -e》布地, 生地, 織物. *ein rotes [das rote] ~ für ④ sein* = *wie ein rotes [das rote] ~ auf ④ wirken* 《口》人⁴を挑発する, 激怒させる.

Tuch·fühlung 囡 (-/) 袖と袖の触れ合い, (密接な)関係, 接触.

tüchtig [テュヒティヒ] 形 《副なし》有能な, 能力のある, 役に立つ;(仕事などに)立派な, 優れた, 質の高い. ❷《口》《付加または副》(量・大きさなどが)相当な, かなりの, すごい.

Tüchtigkeit [..カイト] 囡 (-/) 有能, 優秀.

Tücke [テュッケ] 囡 (-/-n) ❶ 策略, 悪だくみ, 奸計(かんけい). ❷ 悪意, 陰険.

tuckern [トゥッケルン] 自 ❶ (モーターやエンジンが)プルプル[カタカタ]音を立てる. ❷ⓈⓈ〈+方向〉プルプル音を立てながら進む.

tückisch [テュッキッシュ] 形 ❶ 悪意のある, 陰険な, 策略に満ちた. ❷ 危険をはらんだ, 油断のならない. 〔医〕悪性の.

tue [トゥーエ] tun の1人称単数現在形, 命令法2人称単数形, 接続法Ⅰ式形.

tuend [トゥーエント] tun の現在分詞形.

tüfteln [テュフテルン] 自《口》〈(an ③)〉〈(やっかいな問題 ³に)〉〈辛抱強く〉取り組む, こだわる, あれこれ思案する.

Tugend [トゥーゲント] 囡 (-/-en) 徳, 美徳;(道徳的な)長所, 美点.

tugendhaft [..ハフト] 形 有徳の, 高潔な;品行方正な;貞潔な.

Tüll [テュル] 男 (-s/-e) 〔織〕チュール((ベールなどに用いる網状の薄い布)).

Tülle [テュレ] 囡 (-/-n) (特に北ドイツ)短い管状のもの, (やかんなどの)注ぎ口, ノズル.

Tulpe [トゥルペ] 囡 (-/-n) ❶ 〔植〕チューリップ. ❷ (ビールの)チューリップ形グラス.

tummeln [トゥンメルン] 再 sich⁴ ❶〈+方向〉元気に走り回る, はしゃぎ回る. ❷《口》急ぐ.

Tummel·platz 男 (-es/..plätze) (子供の)遊び場, 運動場;場, 舞台.

Tumor [トゥーモァ] 男 (-s/Tumoren [トゥモーレン], Tumore) 〔医〕腫瘍(しゅよう), 腫瘤(しゅりゅう).

Tümpel [テュンペル] 男 (-s/-) (小さな)池, 水たまり.

Tumult [トゥムルト] 男 (-(e)s/-e) 雑踏, 騒ぎ, 混乱;暴動.

tun* [tuːn トゥーン]

Tür

現在	ich tue	wir tun
	du tust	ihr tut
	er tut	sie tun
過去	ich tat	wir taten
	du tat(e)st	ihr tatet
	er tat	sie taten
現分	tuend	命令 tu(e)!
過分	**getan**	接II täte

((I))他 ❶〈行動・仕事⁴などを〉する, なす, 行う. ◆ Was tust du da? そこで何してるの? Was kann ich für Sie ~? 何かあなたのためにできますか, 何かお役に立てますか. ❷〈効果・影響⁴などを〉もたらす, 発揮する. ❸(a)(口)〈+方向〉〈人⁴を〉入れる, 運ぶ, 置く, はめる. (b)〈+方向〉〈人⁴を〉入れる, 送り込む. ❹《③ ④》〈人³に良いこと⁴[悪いこと・危害⁴など]を〉する, もたらす. ❺《 **für** ③ ; ④ **gegen** ③》〈人・物⁴にとって役立つこと⁴を; 人・物⁴にとって妨げになること⁴を〉する. ❻《機能動詞として名詞と共に》…する:eine Äußerung ~ 述べる. einen Fall ~ 落ちる. eine Frage ~ 質問する. ① tut einen Knall. 物¹が破裂音をたてる. einen Schrei ~ 叫び声を上げる. einen Sprung ~ 跳躍する. ① tut (seine) Wirkung. 物¹が効果を現す. **((II))**自〈+様態〉行動する, 振舞う, ふりをする. **((III))**再 sich⁴ (口)(変化・動きなどが)起こる, 生じる. **((IV))**助《不定詞を強調するために用いられ, tunが人称変化する》:Kochen tut sie nie! 彼女は決して料理をしません. *Das tut man nicht.* (口) そんなことはしないものだ. *Damit ist es nicht getan.* それで事がすんだわけではない. *Tu (doch) nicht so!* (口)いい恰好をするな. *es mit ③ zu ~ haben* 人・物³を相手にしている. *(es) mit ③ zu ~ haben* (口)物³に苦しめられる. *(es) mit ③ zu ~ bekommen [kriegen]* (口)

人³から罰せられる; 人³とけんかになる. *(etwas) mit ③ zu ~ haben* 人・物³と関係がある. *mit ③ nichts zu ~ haben* 物³に関係[責任]がない. 5級

Tun [トゥーン]中(-s/) 行うこと; 行い, 振舞い.

Tünche [テュンヒェ]女(-/-n) (壁に塗装する)水漆喰(しっくい); 野呂(ぬり).

tünchen [テュンヒェン]他〈物⁴に〉水漆喰(しっくい)を塗る, 野呂(ぬり)引きをする.

Tunesien [トゥネーズィエン]中(-s/) チュニジア((アフリカ北部の共和国)).

Tun·fisch [–] = Thunfisch.

Tunke [トゥンケ]女(-/-n) (北ドイツ)(料理)ソース.

tunken [トゥンケン]他(北ドイツ)《**in** ④》〈物⁴を物⁴に〉浸す, つける.

tunlichst [トゥーンリヒスト]副 ❶できるだけ, 可能な限り. ❷必ず, ぜひ.

Tunnel [トゥンネル]男(-s/-, -s)トンネル; 地下道.

Tüpfelchen [テュプフェルヒェン]中(-s/-) 小さな点[斑点].

tupfen [トゥプフェン] **((I))**他 ❶《**auf** ④》〈薬⁴などを物⁴に〉軽く塗る. ❷《③ [sich³]》❶ **von** ③〉〈人³[自分³]の)物³から物⁴を〉ぬぐう; 軽く触れる[叩く, なでる]. **((II))**自〈③》**an** [**auf**] ④》〈人⁴の)物⁴を〉軽く叩く.

Tupfen [トゥプフェン]男(-s/-) 点, 斑点(はんてん), 水玉模様.

Tupfer [トゥプファー]男(-s/-) ❶〔医〕綿球, 綿棒. ❷斑点, 水玉模様.

Tür [týːr テューァ]女

格	単数	複数
1	die Tür	die **Türen**
2	der Tür	der Türen
3	der Tür	den Türen
4	die Tür	die Türen

ドア, 扉; 戸口, 玄関. ◆ die ~ öffnen [schließen] ドアを開ける[閉める]. *offene ~en einrennen* 無駄なことをする. *mit der ~ ins Haus fallen* (口)唐突に用件を切り出す. *vor der ~ stehen* 目前に迫っている[間近で

①1格 ②2格 ③3格 ④4格

ある). 5級

Turban [トゥルバ(ー)ン] 男 (-s/-e)(イスラム教徒やヒンズー教徒が頭に巻く)頭巾(ずきん), ターバン.

Turbine [トゥルビーネ] 女 (-/-n) [工]タービン.

turbulent [トゥルブレント] 形 荒れ狂った, 動揺した, 騒然とした.

Turbulenz [トゥルブレンツ] 女 (-/-en) ❶[気象]大気の乱れ, 乱気流. ❷騒乱, 大騒ぎ.

Tür-griff 男 (-(e)s/-e) ❶ドアの取っ手[ノブ]. ❷ドアの押し[引き]板.

Türke [テュルケ] 男 (-n/-n) 弱 ❶トルコ人. ❷(口)見せかけだけのもの, まやかし. | **Türkin** 女 (-/-nen)(女性の)トルコ人.

Türkei [テュルカイ] 女 (-/)(die ~)トルコ.

Türkis [テュルキース] ((I)) 男 (-es/-e) [鉱]トルコ玉[石]. ((II)) 中 (-/)(トルコ石のような青緑[碧青]色.

türkisch [テュルキッシュ] 形 トルコ(人語)の.

Tür-klinke 女 (-/-n) ドアの取っ手[ノブ].

Turm [トゥルム] 男 (-(e)s/Türme) ❶塔, 櫓(やぐら), タワー; (口)拘留所, 監獄. ❷[チェス]ルーク, 城. ❸[水泳](高飛び込み用の)飛び込み台. 4級

türmen[1] [テュルメン] 再 sich⁴《+場所》(塔のように)そびえ立つ, 積み重なる.

türmen[2] 自 ⑤(口)逃走する, ずらかる.

Turmfalke [トゥルムファルケ] 男 (-n/-n)《弱》[鳥]チョウゲンボウ(長元坊)((ハヤブサ属)).

turnen [トゥルネン] ((I)) 自 ⓑ《an ③》《物³で》(器械)体操をする. ⑤《+方向》敏捷な身のこなしで進む. ((II)) 他《体操の演目⁴などを》行う, (の)演技をする.

Turnen [トゥァネン] 中 (-s/) ❶[器械]体操. ❷(教科としての)体育.

Turner [トゥルナー] 男 (-s/-) 体操する人; 体操選手. ◇ **~in** 女 (-/-nen).

Turn-halle 女 (-/-n) 体育館, 屋内体操場.

Turn-hemd 中 (-(e)s/-en) 体操用シャツ, ランニングシャツ.

Turn-hose 女 (-/-n) トレーニングパンツ, 体操ズボン.

Turnier [トゥルニーァ] 中 (-s/-e) ❶(スポーツの)トーナメント, 競技大会, 試合. ❷[史](中世騎士の)馬上試合.

Turn-schuh 男 (-/-e) 運動靴, スポーツシューズ.

Turnus [トゥルヌス] 男 (-/-, (-ses/-se) 順番, 交替, 輪番, サイクル.

Turn-verein 男 (-(e)s/-e) (古)体操協会, 体育クラブ ((略: TV)).

Tür-öffner 男 (-s/-) ドアの自動開錠装置.

Tür-rahmen 男 (-s/-) ドア枠(わく), ドア框(かまち).

turteln [トゥルテルン] 自 (古)(鳩が)クークー鳴く; (口)仲むつまじい, いちゃつく.

Tusch [トゥッシュ] 男 (-(e)s/-e) [音楽](金管楽器と打楽器による華やかな)強奏, (短い)ファンファーレ (景気づけや祝意の表明のために用いる).

Tusche [トゥッシェ] 女 (-/-n) 墨(すみ), 墨汁; 製図用(黒)インク.

tuscheln [トゥッシェルン] 自 (さ軽蔑)《über ④》《人・物⁴について》ささやく, ひそひそ話をする, 密談する.

Tusch-kasten 男 (-s/..kästen) (方)絵の具箱, すずり箱.

Tussi [トゥスィ] 女 (-/-s) (口)軽蔑)(嫌な)女.

tut [トゥート] tunの3人称単数現在形, 2人称複数現在形, 2人称複数命令形.

Tüte [テューテ] 女 (-/-n) ❶袋, (円錐形の)紙袋. ❷(アイスクリームの)コーン. *Das kommt nicht in die ~.* (口)そんなことはまっぴら御免だ.

tuten [トゥーテン] 自 (角笛や警笛などを)プーと鳴らす.

Tutor [トゥートァ] 男 (-s/-en [トゥトーレン]) チューター, 助言者 (下級生や留学生を指導する上級生や助手など).

Tüttelchen [テュッテルヒェン] 中 (-s/-) ❶小点. ❷(比)微少, 細事.

Typ [テューブ] 男 (-s/-en) ❶(人や事

①1格 ②2格 ③3格 ④4格

物の)タイプ, 型, 類型; (機械や製品などの)型. ❷典型, 模範, 代表的人物. ❸(口) 人, やつ. *ist nicht der ~ dazu [dafür]*. 人¹はそんなことをするタイプの人間ではない. □ *ist* ②~. (口) 人¹は人²の好みのタイプだ. *ein kaputter ~* (アルコール中毒者など)社会に適応できない人. ② *~ wird verlangt*. (Ⅱ) 人²はお客さん[電話]だよ.

Type [テューペ] 囡 (-/-n) ❶活字. ❷(口) 変人, おかしなやつ. ❸(ﾀｲﾌﾟ) (機械や製品などの)型.

Typhus [テューフス] 男 (-/-) [医] (腸)チフス.

typisch [テューピッシュ] 形 **<für** ④> <人・物に>とって特徴的な, 特有の, **典型的な**.

Typografie [テュポグラフィー] 囡 (-/..fien[..フィーエン]) 活版印刷(術).

Tyrann [テュラン] 男 (-en/-en) ❶(軽蔑) 暴君. ❷専制君主, 独裁者; (古代ギリシャの) 僭主(ｾﾝｼｭ). ◇**-in** 囡 (-/-nen).

Tyrannei [テュラナイ] 囡 (-/-en) ❶暴虐(な行為). ❷(古代ギリシャの)僭主(ｾﾝｼｭ)政治; 専制政治, 暴政.

tyrannisch [テュラニッシュ] 形 専制的な, 暴君的な; 暴虐な, 残虐な.

tyrannisieren [テュランニズィーレン] 他 <人⁴に対して>暴君としてふるまう, 暴虐を加える.

U

u, U [ウー] 中 (-/-, (口)-s) アルファベットの第21字.

U (Ⅰ) 《略》Unterseeboot. (Ⅱ) 《記号》❶[化] Uran. ❷[交通機関] U-Bahn.

u. 《略》❶und ((★会社の名に用いられるときは&と書く)). ❷unter.

ü, Ü [ユー] 中 (-/-, (口)-s) u, Uの変音を表す文字. ★ue, Ueとも綴られる.

u.a. 《略》❶und and(e)re(n) 等々. ❷unter ander(e)m [ander(e)n] なかでも, とりわけ.

u.Ä. 《略》und Ähnliche(s) 等々.

U-Bahn [ウーバーン] 囡 (-/-en) 《略》Untergrundbahn 地下鉄. 5級

U-Bahn·hof 男 地下鉄の駅.

U-Bahn·station 囡 地下鉄の駅.

übel [ユーベル] (比較 übler) 形 ❶(a) (感覚・生理的に)嫌な, 不快な. (b) 《③ ist ~ の形で》<人³が>気持ちが悪い, 吐き気がする. ❷(道徳的・性格的に)悪い, 悪質な, ひどい. ❸(条件都合などが)悪い, 不利な, やっかいな. ◆*einen üblen Geschmack auf der Zunge haben* いやな味がする. *nicht ~*. (口) 悪くない, まあまあだ. ▪(③) ④ *~ nehmen* (人³の)物⁴を悪くとる, 物⁴に気を悪くする.

Übel [ユーベル] 中 (-s/-) ❶災い, 害(悪), 悪; (具体的な)災害, 災難, 不幸. ❷(書) 病気, 疾病. *ein notwendiges ~* 必要悪. *das kleinere ~n* (二つの可能性の内で) より悪くない方.

Übelkeit [..カイト] 囡 (-/-en) ❶(単) 気分が悪いこと. ❷吐き気, むかつき.

übel|nehmen* 他 = übel nehmen (⇨ übel▪).

Übel·täter 男 (-s/-) 悪事を働く人; (古) 犯罪人[者].

üben [ユーベン] (Ⅰ) 他 ❶**練習する**, けいこする. ❷鍛える, 訓練する, トレーニングする. ❸《機能動詞として》(書) する, 示す. ◆*Kritik ~* 批評する. (Ⅱ) 再 *sich ~* <**in** ③> 練習[けいこ]する. (Ⅲ) 自 練習[けいこ]する. 4級

über [ýːbɐr ユーバー] (英over) (Ⅰ) 前 《3格・4格支配》

Der Hubschrauber fliegt über die Stadt. そのヘリコプターは町の上空を飛んでいきます。

Der Hubschrauber kreist über der Stadt. そのヘリコプターは町の上空で[を]旋回しています。

A 《場所・位置を表す3格と; 融合形 überm = über dem》❶《空間的》(↔ unter) ...の上(方)に, ...の上(方)で[の], ...において. ◆*Der Ort liegt 100 Meter ~ dem Meeresspiegel*. その場所は海抜100メートルのところに

① 1格 ② 2格 ③ 3格 ④ 4格

あります. ~ der Straße wohnen 通りの向こうに住んでいる. ❷《従事》…するように. ~ der Arbeit その仕事の間に. ❸《優位》…より上(位)に[で], …を越えて. ◆~ dem Durchschnitt liegen 〈物¹が〉平均以上である.

B《運動の方向・行先・目標を表す4格と; übers = über das, übern = über den》❶《空間的》(↔ unter)…の上(方)へ[に]. ◆eine Decke ~ den Tisch legen テーブルクロスをテーブルにかける. ~ die Grenze fahren 国境を越える. ~ mein Vorstellungsvermögen (hinaus) gehen 〈事¹が〉私の想像を越えている. Fährt der Zug ~ Salzburg nach Wien? この列車はザルツブルク経由でウィーンに行きますか. ❷《時間的》(a)…の間に[で]. ◆~ Nacht 夜中に. ~ Weihnachten クリスマスの間に. (b)《~ (hinaus)で》…を過ぎて, 越えて. ◆über das Wochenende (hinaus) 週末明けまで(ずっと). ❸《対象》(a)…について. ◆~ 4 diskutieren 人・物⁴について議論する. sich⁴ über ④ ärgern 物・事⁴に腹を立てる. (b)…に対して. ◆über ④ herrschen 人・物⁴を支配する. ❹《仲介》…を経て[通して]. ◆~ das [~s] Fernsehen erfahren 事⁴をテレビで知る. ❺《金額》…の金額の. ◆eine Rechnung ~ 500 Euro 500ユーロの勘定書. ❻《累積; 名詞 + über + 名詞》たくさんの. ◆Briefe ~ Briefe たくさんの手紙. ((II))圖 ❶《~ + 数量》…を越えて[上回って], …以上. ❷《4格名詞で》…の間じゅう(ずっと). ❸上へ向かって, 上方へ. ◆~ die Hälfte 半分以上. seit ~ einer Stunde 一時間以上前から(ずっと). den ganzen Sommer ~ 夏の間じゅう(ずっと). die Nacht ~ 夜中じゅう(ずっと). **~ und ~** 全体に, 全く, すっかり. **~ alles** 何にもまして. ((III))形《口》《述語》❶上位に, 優れて, 勝って. ❷過ぎ去って, 終わって. ❸残って, 余って. ❹飽き飽きして, 嫌になって. ◆④ ~ haben《口》物⁴が残っ

て[余って]いる; 人・物⁴にうんざりである, 人・物⁴はもうたくさんである. (in ③) ③ ~ **sein**《口》(事³において)人³より上である[勝っている].

5級

über..¹ [ユーバー..]《前綴り》《非分離》❶「十分」. ❷「被覆・概観・襲撃・圧倒」. ❸「(限界などを)越えて」. ❹「優越, 凌駕」. ❺「移行, 委任」. ❻「無視, 省略」. ❼「転覆, 傾斜」. ★アクセントはüber..の次の音節.

über..² [ユーバー..]((I))《前綴り》《分離》❶「上部に, 覆って」. ❷「重なって, 転覆して」. ❸「横断して, 移行して」. ❹「残って」. ((II))《形容詞に付いて》「過度, 超過, 高程度」.

Über.. [ユーバー..]《名詞に付いて》❶「過度, 過剰, 特大」. ❷「オーバー, カバー, 上に越えて」.

überall [ýːbɐr-al, --́- ユーバーアル, ユーバーアル] 圖 至る所で, どこでも, そこらじゅう, あらゆる分野[領域]で; どんな場合でも. 4級

überall-her [ユーバーアルヘーァ] 圖 あらゆる所から, 四方八方から. ★von überall her 至る所から.

überall-hin [..ヒン] 圖 あらゆる所へ, 至る所へ, 四方八方へ.

Über-angebot 甲-(e)s/-e (需要に対する)過度の供給, 供給[生産]過剰.

über-anstrengen ((I)) 他 過度の努力を強いる, 無理をさせる; 酷使する, 使いすぎる. ((II)) 再 sich⁴ 一所懸命やりすぎて疲れる, 無理して働きすぎる, 過労になる.

über-arbeiten ((I)) 他 (原稿などの)仕上げをする, 手を入れる, 書き直す; 改訂する, 修正する. ((II)) 再 sich⁴ 働きすぎる, 過労になる.

über-aus [ユーバー..] 圖《書》きわめて, まことに; 過度に, 極度に[極端に].

über-backen⁽*⁾ 他 (料理の表面に軽くこげ目がつくように)強火でさっと焼く.

Über-bein 甲-(e)s/-e ❶《医》ガングリオン. ❷《獣医》(特に馬の)外骨

über|bekommen* 他(口) 飽きる, うんざりする.

überbelichten [ユーバーベリヒテン] (過分 überbelichtet; zu 不定詞 überzubelichten) 他 〖写真〗過度に露出する.

über·bezahlt [ユーバー..] 形 払いすぎた.

über·bieten* 他 ❶(競技で)〈人⁴より〉高い値を付ける. ❷しのぐ, 超える, 勝る.

Über·bleibsel 中 (-s/-) 残り, 残部.

Über·blick 男 (-(e)s/-e) ❶見晴らし, 展望. ❷概観, 概観. ❸概説, 通論. ❹《単》(大局を見通す)眼識; 洞察力, 判断(力).

über·blicken 他 ❶見晴らす, 見渡す, 展望する. ❷概観する, 見通す, 洞察する.

über·bringen* 他〈③ ④〉持って行く, 届ける, 持参[伝達]する.

über·brücken 他 ❶〈危機・困難などを〉(とりあえず)乗り切る, しのぐ, (一時的に)解決[解消]する. ❷〈所⁴に橋をかける.

Über·brückung [..ブリュックング] 女 (-/-en) 橋渡し; 調停, 和解.

über·denken* 他 よく考える, 熟考する.

überdies [ユーバーディース, ((強))ユーバー..] 副 それに加えて, その上, 更に, かつまた.

Über·dosis 女 (-/..sen) (薬物の)過量(投与).

Über·druck 男 (-(e)s/..drücke) 〖理〗ゲージ圧(力).

Überdruss [ユーバードルス] 男 (-es/) うんざりすること, 飽きあきすること; 飽満, 嫌悪, 不快.

Überdruß 田 = Überdruss.

überdrüssig [ユーバードリュスィヒ] 形《述語》〈②〉飽きあき[うんざり]した, 嫌になった.

über·eignen 他〈③ ④〉〈人³に家・店・土地⁴などを〉譲る, 譲渡する, 委ねる.

Über·eignung [..アイグヌング] 女 (-/-en) 譲渡, 譲与, 所有権移転.

über·eilen [..アイレン] ((I)) 他 あわててする, あせってする, よく考えないですぎる. ((II)) 再 sich⁴ 〈mit ③〉〈物³を〉あわてて[よく考えずに]する.

übereinander [ユーバーアイナンダー] 副 ❶ 重なり(合)って, 上下に. ❷ 互いに相手について[相手のことを].

übereinander|legen 他〈物⁴を〉重ねて置く, 重ね合わせる.

übereinander|schlagen* 他 die Beine ~〈足⁴を〉組む.

überein|kommen* [ユーバーアイン..] 自 〈mit ③〉《zu 不定詞と》《書》〈人³と〉…することに話がまとまる, 意見が一致する.

Überein·kommen 中 (-s/-) (意見・陳述などの)一致; 合意, 折り合い; 取り決め, 協定, 協定.

Überein·kunft 女 (-/..künfte) = Übereinkommen.

überein|stimmen 自 ❶〈mit ③〉 in ③〉〈(人³と)事³で〉同意見である, 同感である. ❷〈証言・見解⁴などが〉一致する, 合致する;〈人称・性・数・格¹が〉一致[呼応]する. ❸〈mit ③〉〈物³と〉よく合う, 調和する.

Überein·stimmung 女 (-/-en) 一致, 調和; 合意.

über·empfindlich 形 非常に敏感な, 過敏な; 〖医〗過敏症の, アレルギー性の.

Überempfindlichkeit [..カイト] 女 (-/-en) 過敏; 〖医〗アレルギー, 過敏症.

über|fahren* [ユーバーファーレン] ((I)) 自(S) (船で)渡る, 越える. ((II)) 他 船で川向こうに渡す[運搬する].

über·fahren* [ユーバーファーレン] 他 ❶〈乗り物で〉轢(ひ)く. ❷〈停止線・信号⁴などを無視して〉通過する, 越え出る. ❸(口)〈人⁴の〉意見を聞かずに無視する. ❹〈物⁴の〉上を越えて行く. ❺(口)〈うまく言いくるめる, (だまして)意見を変えさせる. ❻〈[スポ]〉〈人⁴に〉圧勝する.

□1格 ②2格 ③3格 ④4格

Über・fahrt 囡(-/-en)(船で)渡ること, 渡航.

Über・fall 男(-(e)s/..fälle) ❶ 襲撃, 奇襲, 不意打ち;(口)突然の訪問. ❷ (堤防などの)越流口;越流.

über・fallen* 他 ❶〈敵人など〉不意打ちする, 奇襲する, 襲う, 襲撃する;(口)不意に訪問する. ❷(④ mit ③)〈人を質問³などで〉攻める, 迫る, 悩ませる. ❸〈眠気・痛み³など〉襲う.

über・fällig 形(副なし) ❶(乗り物などが)到着予定時刻に[日]をオーバーして, 到着の遅れている. ❷(訪問などの)時機を逸した. ❸(商)(為替・手形などの)期限の過ぎた.

über・flügeln [..フリューゲルン] 他(軽く)しのぐ, 勝る, 凌駕(ﾘｮｳ)する.

Über・fluss 男(-es/)多すぎる[あり余る]こと, 過多, 過剰;余計[余分]な物.

Überfluß 男 = Überfluss.

über・flüssig 形 あり余るほどの, 余分の, 余計な, 不(必)要な, むだな.

über・fordern 他〈人・物⁴に〉能力以上の要求をする, 過大に求める.

über・fragt [..フラークト] 形〈述語〉答えられない. ♦ Da bin ich überfragt. それは私にはわかりません.

über・fremdet [..フレムデット] 形 強く外国の影響を受けた.

über|führen [ユーバーフューレン] 他 ❶〈+方向〉(別の場所へ)移す, 運ぶ, 渡す. ❷〈④ in ④〉〈物⁴を別の状態⁴へ〉移す, 変える.

überführen [ユーバーフューレン] 他 ❶ = über|führen. ❷(④ (②))〈人⁴の(事⁴について)〉有罪を立証する. ❸〈④〉〈橋などが物⁴の〉上にかけられる, 上に道を通す.

Über・führung [..フュールング] 囡(-/-en) ❶(別の場所へ)移すこと, 移送, 運搬. ❷(別の状態への)移行, 変化. ❸(有罪の)確定, 実証, 立証, 承服. ❹陸橋, 跨線橋, 高架橋.

über・füllt [..フュルト] 形 詰まりすぎた, 混み合った, 満員の.

Über・gabe 囡(-/-n) ❶ 手渡し, 引き渡し, 譲渡. ❷(敗戦による都市・要塞などの)明け渡し.

Über・gang 男(-(e)s/..gänge) ❶《単》(峠・国境・川などを)越えること. ❷(川・鉄道などを越える)道路橋, 横断歩道;踏切. ❸(他の状態への)移行, 変化;(理)遷移;(音楽)推移, 移行部, 経過部;(絵)色の濃淡の移り変わり, 渡さり具合. ❹《単》過渡期, 季節の変わり目;暫定的解決, 一時的なもの. ❺(鉄道)上級乗換補充乗車券.

über・geben* [..ゲーベン](I) 他〈③ ④;④ an ③〉〈人³・④に物⁴を〉手渡す, 引き渡す;任せる, 委託する;譲渡する, 譲り渡す. ❷〈③ ④〉〈人³に物⁴を〉明け渡す, 放棄する, 断念する.((II)) 再 sich ④ 嘔吐(ｵｳﾄ)する, 吐く.

über|gehen* [ユーバーゲーエン] 自(s) ❶(敵方に)移る, 寝返る. ❷〈所有権)に〉移る. ❸(④ in ④)〈ある状態④に〉移行する, 変わる, (徐々に)変化する. ❹〈auf [in] ④;zu ③〉〈物⁴・³に〉移る, 転じる. ❺(書)(水などが)流れる, あふれる.

übergehen* [ユーバーゲーエン] 他 ❶〈人・物⁴を〉無視する, 黙殺する, 考慮しない, 相手にしない;〈人⁴に〉知らん顔をする. ❷〈物⁴を〉省く, 飛ばす.

über・geordnet [..ゲオルドネット] 形(副なし)(役所・地位・概念など)上位の;(問題・意味などより)重要な.

Über・gewicht 中(-(e)s/) ❶ 標準を超えた体重, 太りすぎ. ❷ 超過重量, 重量オーバー, 過重. ❸ 優勢, 優越. (das) ~ bekommen [kriegen](口)平衡を失う, バランスをくずして転倒する.

über・glücklich 形 非常に[この上もなく]幸福な, 大喜びの, 有頂天の.

über|greifen* 自 ❶(ピアノ演奏・器械体操で)手を交差[クロス]させる. ❷〈auf ④〉〈場所⁴に〉〈火・伝染病⁴などが〉広がる.

Über・griff 男(-(e)s/-e) 不当な干渉;(権利などの)侵害.

Über・größe 囡(-/-n) (特に服などの)LL[特大]サイズ.

überhaupt [yːbɐrháupt ユーバーハ

Überlegung

オプト〕■ **(a)** 一般に, 総じて, そもそ も, だいたい. **(b)**《否定の強め》決して, 全く. **(c)**《強調の強め》そもそも, だいた い, いったい全体. ❷ 特に, とりわけ, ま してや. ❸《wenn と》そもそも…なら [すれば]; 《soweit と》そもそも…である 限り. ④級

über·heblich [..ヘープリヒ] 形《軽 蔑》思い上がった; 僭越な, 不遜な; 威 張りくさった, 横柄な.

Überheblichkeit [..カイト] 女 (-/ -en)《軽蔑》僭越, 横柄(な言動).

über·höht [..ヘート] 形 超過した, 過 度の.

überholen [ユーバーホーレン] 他 ❶ 〈人・車⁴を〉追い越す[越す]. ❷〈成績 などで〉〈人⁴を〉追い抜く, 〈人⁴に〉勝 る. ❸〈機械・車⁴を〉オーバーホールす る.

über·holt [..ホールト] ((I)) überho lenの過去分詞. ((II)) 形《副なし》古 くなった, 古臭い, 時代遅れの.

Über·holung [..ホールング] 女 (-/ -en) オーバーホール, 解体検査, 分解点検, 整備.

Überhol·verbot [ユーバーホール..] 中 (-(e)s/-e) 追い越し禁止.

über·irdisch 形 この世ならぬ, 天上 [天国]の; 神の(ような), 崇高な; 霊 (的)の; 超自然の.

über|kochen 自 (S) 沸騰し[煮え] こぼれる.

über·lassen* [..ラッセン] ((I)) 他 ❶ 〈③ ④〉〈人 ³ に物 ⁴ を〉譲る, 委ねる. ❷ 〈③ ④〉〈人 ³ に人・物 ⁴ を〉任せる, 委ね る. ❸〈③ ④〉〈人 ³ に事 ⁴ を〉任せる, 勝 手にやらせる. ❹〈③ ④〉〈事 ³ に, 人 ⁴ を〉任せる, 委ねる. ◆ei dem Zufall ~ 事 ⁴を偶然に委ねる. ((II)) 再 sich⁴ 〈③〉〈事 ³に〉身をささげる, 没入する, ふ ける.

über·lastet [..ラステット] 形《副な し》負担をかけすぎた; 働かせすぎる.

Über·lauf 男 (-(e)s/..läufe) ❶ 余分 な水の流出口, オーバーフロー. ❷ 〔コンピュ〕オーバーフロー.

über|laufen* [ユーバーラオフェン] 自 (S) ❶〈液体⁴が〉あふれる; 吹きこぼれ る. ❷〈容器⁴が〉あふれる. ❸〔軍〕脱 走する; 寝返る.

überlaufen* [ユーバーラオフェン] 他 ❶《特に》**(a)**〈障害物⁴などを〉跳び 越える. **(b)** 走り越す. **(c)**〈敵のディフェ ンス⁴を〉かわす, 突破する. ❷《主に受 動態で》〈人⁴のところへ〉しつこく押し かける, 殺到する; わずらわせる. ❸〈あ る感情が人⁴を〉襲う. ❹〈物⁴の〉上に 軽く色を付ける.

Über·läufer 男 (-s/-) 〔軍〕裏切り 者, (敵に)寝返った者.

über·leben [..レーベン] ((I)) 他 ❶ 〈人¹より〉長生きする. ❷ 生き残る, 生 き延びる. ((II)) 再 sich⁴ 老朽化する, 時代に合わなくなる, 役に立たなくなる.

Überlebende(r) [ユーバーレーベン デ[ダー]] 男 女 《形容詞変化》(事故な どの) 生存者; 遺族.

überlebens·groß [ユーバーレーベ ンス..] 形 実物より大きい.

über|legen [ユーバーレーゲン] ((I)) 他 ❶ **(a)** 上に置く, 掛ける. **(b)**《③ ④》 〈物⁴を人⁴のひざ・肩・肩などに〉掛ける. ❷ 《口》〈人⁴を〉ひざにのせて尻をたたく. ((II)) 再 sich⁴ ❶ 身を乗り出す. ❷ 〈海〉〈船が〉(大きく)傾く. ((III)) 自 〈船が〉(大きく)傾く.

überlegen¹ [ユーバーレーゲン] 他 〈(sich³) ④〉〈〈事⁴を〉熟考する, よ く考えてみる. *hin und her ~* ああで もないこうでもないと考える.

überlegen² [ユーバーレーゲン] 形 《主に述語》❶ **(a)**《③》(**an [in]** ③〉 〈(人³より)(事³において)〉優れた, 卓 越[傑出]した, 抜きん出た. **(b)**《口》 《明白》な, 圧倒的な. ❷《述語なし》 優越感に満ちた, 偉そう[尊大]な, 人 を見下した, 人を小ばかにした(よう な).

Überlegenheit [..レーゲンハイト] 女 (-/-) 優越, 優勢, 凌駕(りょうが), 卓越.

überlegt [..レークト] ((I)) überle gen¹の過去分詞. ((II)) 形 熟考され た; 思慮深い.

Über·legung [..レーグング] 女 (-/-en) ❶《単》熟慮, 勘考; 思慮深さ, 慎重さ.

① 1 格 ② 2 格 ③ 3 格 ④ 4 格

Überlieferung [..リーフェルング] 囡 (-/-en) ❶《単》伝達. ❷伝統, 慣習, しきたり.

über·listen [..リステン] 他《人⁴に》策略を用いて勝つ,《相手⁴を》出し抜く, 計略に乗せる.

überm [ユーバーム] (口) über と dem の融合形.

Über·macht 囡 (-/-) 優勢, 優位, 強大.

Über·maß 回 (-es/) 過量, 過多, 過剰; 過度, 過分, 余剰.

über·mäßig (I) 形 度を越した, 過度の, 法外な; おびただしい, ありあまるほどの. (II) 副 過度に, あまりにも, 法外に.

über·menschlich 形 超人の, 超人的な, 人間業でない; すばらしい, 偉大な.

über·mitteln [..ミッテルン] 他《③ ④》《人³に》事⁴を》伝える, 伝達する;(他人の言葉などを仲介して)伝える, 伝言する.

übermorgen [ýːbɐrmɔrɡən ユーバーモルゲン] 副 **あさって**, 明後日. ♦~ Früh あさっての朝に. **4級**

über·müdet [..ミューデット] 形 疲れ果てた, 過労した.

Über·müdung [..ミュードゥング] 囡 (-/-en) 疲労困憊.

Über·mut 男 (-(e)s/) 調子に乗ること, 大はしゃぎ, 悪ふざけ, 有頂天.

über·mütig [ユーバーミューティヒ] 形 調子に乗った, 大はしゃぎの, はめをはずした, 悪乗りした, 図に乗った.

über·nächst [ユーバー..] 形《付加》次の次の.

über·nachten [ユーバーナハテン] 自 夜を過ごす, 泊まる. **4級**

über·nächtigt [..ネヒティヒト] 形《副なし》寝不足[徹夜]でぼんやりした; 寝不足[徹夜]でくたびれた.

Über·nachtung [..ナハトゥング] 囡 (-/-en) 夜を過ごす[明かす]こと;(特に)宿泊.

Über·nahme [ユーバーナーメ] 囡 (-/-n) ❶《単》引き受け, 引き継ぎ, 担当, 請負; 踏襲, 就任;(商品の)受取, 受納. ❷引用, 借用.

über·natürlich 形 超自然的な, 不可思議な; 奇跡的な, 神業の.

übernehmen* [ユーバーネーメン] ((I)) 他 ❶ 引き受ける, 引き取る. ❷《会社・事業・備品⁴などを》引き継ぐ;《義務・責任⁴などを》引き受ける, 負う; 取り入れる, 転用する, 借用する. ((II)) 再 sich⁴ 無理をする; 度を過ごす.

Über·produktion 囡 (-/-en) 《経》過剰生産.

über·prüfen 他 ❶ 再検査する, 再考する, 吟味する, 点検する, チェックする;(再度)検討する,(もう一度)確かめる. ❷《④ auf ④》《人・物⁴の事⁴を》検査[点検]する.

Über·prüfung [..プリューフング] 囡 (-/-en) 再検査, 再考, チェック.

über·quer [..クヴェーァ] 副 斜めに, 横切って. ~ gehen《事¹が》うまく行かない, 失敗する. mit ③ ~ kommen 人³と意見が合わない.

über·queren [ユーバークヴェーレン] 他 ❶《物⁴を》横切る, 横断する. ❷《物⁴と》交差する.

überraschen [ユーバーラッシェン] 他 ❶《人⁴を》不意に襲う. ❷《人⁴を》驚かす, びっくりさせる. ❸(うしろめたいことをしているときに)不意打ちする. ❹《④ (mit ③)》《人⁴を(事³で)》思いがけず喜ばせる. Lassen wir uns ~. = Ich lasse mich ~. (口) (どうなるか)様子を見ることにしましょう.

Über·raschung [..ラッシュング] 囡 (-/-en) ❶《単》驚き. ❷驚くべきこと, 意外なこと, 番狂わせ; 思いがけずうれしいこと.

über·reden [ユーバーレーデン] 他《④ (zu ③)》《人⁴を(事³をするように)》説得する, 説き伏せる, 納得させる.

Über·redung [..レードゥング] 囡 (-/-) 説得, 説き勧め.

über·regional 形 特定の地方に限定されない, 全国的な.

über·reichen [..ライヒェン] 他《(③) ④》《人³に》物⁴を》(うやうやしく)手渡す, 手交する; 授ける, 授与する; 贈呈す

① 1格 ② 2格 ③ 3格 ④ 4格

る,献呈する.

Über·reichung [..ライヒュング]女(-/-en)授与,贈呈,進呈.

über·reif 形《副なし》❶熟しすぎた. ❷爛熟した.

Über·rest 男(-(e)s/-e)《主に複》(最後のわずかな)残り物.

über·runden [..ルンデン]他❶〘ﾄﾞｯ〙〈人⁴を〉(トラックで)1周以上引き離す. ❷〈人⁴に〉はるかに勝る.

übers [ユーバース](口) über と das の融合形.

über·sättigt [..ゼッティヒト]形《副なし》飽きあきした,うんざりした.

über·schätzen [..シェッツェン]((I)) 他 過大評価する,高く見積もりすぎる,買いかぶる. ((II))再 sich⁴ 自分の力を過大評価する,うぬぼれる.

Über·schlag 男(-(e)s/..schläge) ❶見積もり,評価,概算. ❷(体操)とんぼ返り,宙返り;(倒立)回転. ❸(航空)宙返り. ❹(電)フラッシュオーバー.

über|schlagen* [ユーバーシュラーゲン] ((I))自 Ⓢ❶〈火花¹が〉ぱっと飛ぶ;〈波¹が〉甲板を洗う. ❷〈声¹が〉(突然)かん高くなる,上ずる. ❸(音楽)〈歌声¹が〉急激に他の声域に変わる;(ピアノの運指法で)〈指¹が〉親指の上をまたぎ越す;(ピアノ演奏で)〈手¹が〉交差する. ❹〈in ④〉〈感情¹などが物⁴に〉急に変わる,転じる. ((II))他〈特に足⁴を〉組み重ねる.

überschlagen* [ユーバーシュラーゲン] ((I))他❶飛び越す;抜かす,省く,略す. ❷見積もる,概算する. ((II))再 sich⁴ ❶ひっくり返る,転覆する;とんぼ返りする,でんぐり返る;〈飛行機¹が〉宙返りする. ❷〈声¹が〉突然甲высокなる,上ずる. ❸〈出来事¹などが〉続いて起こる.

über|schnappen 自Ⓢⓗ❶Ⓢ〈声¹が〉上ずる. ❷Ⓢ(口)頭がおかしくなる,気が狂う. ❸Ⓢⓗ〈錠¹などが〉パチンと外れる[抜ける].

über·schneiden* [..シュナイデン] 再 sich⁴ ❶〈線・面¹が〉交差する,交わる. ❷〈テーマ・時間¹などが〉かち合う.

über·schreiben* [..シュライベン] 他〈④ (mit ③)〉〈物⁴に〈物³という〉〉表題を付ける;〈書状などに〉宛て名を書く;譲渡する.

über·schreiten* [..シュライテン] 他❶〈道路・境界などを〉歩み越す,越えて行く. ❷〈川などを〉渡る. ❸《完了形で》〈ある年齢⁴を〉越える. ❹〈能力・財力などを〉越える. ❺踏み越す,限度を越える,〈法規などを〉犯す,違反する.

Über·schrift [ユーバーシュリフト]女(-/-en) 表題,タイトル,題名;(新聞の)見出し;上書き.

Über·schuss 男(-es) ❶純益,利潤,剰余金. ❷過剰;余剰,余り,残り.

Überschuß 旧=Überschuss.

über·schüssig [ユーバーシュスィヒ]形《副なし》余った,残りの,剰余の;過剰の.

über·schütten 他❶〈④ mit ③〉〈人・物⁴に物³を〉注ぎかける. ❷〈④ mit ③〉〈人⁴に物³を〉たっぷり与える,浴びせる.

Über·schwang [..シュヴァング] 男(-(e)s/)(感情の)充溢(じゅう),熱狂.

über·schwänglich [ユーバーシュヴェングリヒ]形ひどく感情的な,オーバーな,感きわまった,熱狂的な,多感な;とっぴな.

über·schwemmen [..シュヴェンメン] 他❶〈物⁴を〉水浸しにする,〈物⁴に〉氾濫(はん)する. ❷〈④ mit ③〉〈人・物⁴を物³で〉満たす,あふれさせる;殺到させる.

Über·schwemmung [..シュヴェムング]女(-/-en) 氾濫,洪水;供給過剰.

über·schwenglich 旧= überschwänglich.

Über·see 女(-/)《冠詞なしで用いられる》海外(諸国) ((特にアメリカ)).

über·sehen* 他❶見渡す,展望する;概観する;見通す,見当をつける;大局的に考える. ❷見落とす,気付かない. ❸無視する;見逃す,大目に見る.

über·senden(*) 他〈(③) ④〉〈(人³

über|setzen [ユーバーゼッツェン] ((I)) 自(S) ⓗ 向こう岸に渡る. ((II)) 他 ❶ 向こう岸へ渡す〔運ぶ〕. ❷〈④〉【音楽】(ピアノで)〈指⁴を〉交差させる; (オルガンで)〈足⁴を〉交差させる.

übersetzen [y:bɐrzétsən ユーバーゼッツェン] 他 翻訳する; 通訳する. 4級

Übersetzer [ユーバーゼッツァー] 男 (-s/-) (翻)訳者, 通訳(者).

Übersetzung 女 (-/-en) ❶〈主に単〉翻訳. ❷ 翻訳文; 翻訳書. ❸【工】変速比.

Über·sicht 女 (-/-en) ❶〈単〉(大局・全体・連関を)見通す目, 展望, 洞察. ❷ 概要, 概観; (内容の)一覧(表).

übersichtlich 形 ❶ 見通しのきく, 見晴らしのよい. ❷ 一目瞭然の, わかりやすい, 明解な.

Übersichtlichkeit [..カイト] 女 (-/) 見通しのきくこと.

über|siedeln 自(S) 移転する, 引っ越す.

über·siedeln 自(S) (雅) = über|siedeln.

über·spannt [..シュパント] 形 行きすぎの, 極端な, 常軌を逸した, 風変わりな; 少しいかれた.

über·spielen 他 ❶〈④ (auf ④)〉〈テープ・レコードなどを(物⁴に)〉ダビングする;〈放送局で〉〈録音〔録画〕する. ❷ 巧みに隠す, うまくカバーする, 他人に気付かれないようにする. ❸〈人⁴の〉裏をかく,〈人⁴を〉うまくまるめ込む;【ｽﾎﾟ】圧勝する;【ｽﾎﾟ】〈相手のディフェンスを〉巧みにかわす.

über·spitzt [..シュピット] 形 極端な, 誇張した.

über|stehen* [ユーバーシュテーエン] 自(S) ⓗ 突出する, 突き出ている.

überstehen* [ユーバーシュテーエン] 他〈物⁴に〉屈しない, 耐え抜く, 切り抜ける, 克服する.

Überstunde [ユーバーシュトゥンデ] 女 (-/-n) 規定外労働時間; 時間外労働, 超過勤務, 残業.

über·stürzen [..シュテュァツェン] ((I)) 他 大急ぎで〔あわてて〕する. ((II)) 再〈事⁴ (よく急がずに)あわてて〔あせって〕する, 性急にふるまう; (演説で)早口にまくしたてる. ❷〈事件⁴などが〉次々と起こる; 押し〔突き〕合う.

Übertrag [ユーバートラーク] 男 (-(e)s/..träge) 【商】繰り越し; 繰越高.

übertragbar [ユーバートラークバァ] 形〈副なし〉❶ 転用できる. ❷ 譲渡できる. ❸【医】感染する, 伝染性の.

über·tragen¹ [ユーバートラーゲン] ((I)) 他 ❶ 中継〔放送〕する. ❷(a) 書き写す, 転記する. (b)〈録音テープなどを〉ダビングする. ❸(a) 翻訳する. (b)〈④ in ④〉〈物⁴を異なる形態⁴に〉移しかえる. ❹〈④ (auf ④)〉転用する. ❺ 転送する. ❻(a)〈④ (auf ④)〉〈病気などを(人⁴に)〉うつす. (b)〈④ auf ④〉〈感情・気持ちなどを人⁴に〉うつす. ❼〈③ ④〉〈人³に物⁴を〉任せる, 委ねる; 譲渡する. ((II)) 再 sich⁴〈④ (auf ④)〉〈病気などが(人⁴に)〉うつる, 伝染する. ❷〈auf ④〉〈気分・感情などが人⁴に〉うつる.

über·tragen² ((I)) übertragen¹の過去分詞. ((II)) 形 比喩的な. ♦ in ~er Bedeutung 比喩的な意味の〔で〕.

Übertragung [..トラーグング] 女 (-/-en) ❶ 転記; 中継放送; 転用; 転送; 翻訳; 【医】感染; 伝達;【医】標準妊娠期間超過. ❷〈単〉【工】動力伝達; 委任, 譲渡. ❸【精神分析】転移.

über·treffen* [..トレフェン] 他 ❶〈人・物⁴よりも〉すぐれている. ❷〈物⁴を〉超える, 上回る.

über·treiben* [..トライベン] 他 ❶〈(物⁴の)〉度を過ごす, やりすぎる, 極端に走る. ❷ 誇張する, 大げさに言う.

Über·treibung [..トライブング] 女 (-/-en) 極端な行動; 誇張.

über|treten* [ユーバートレーテン] 自 ⓢ ⓗ〈川³などが〉氾濫〔決ⁿ〕する. ❷ ⓢ ⓗ〔ｽﾎﾟ〕線を踏み越える, オーバーラインする. ❸ ⓢ〈zu ③〉〈他の党派・

① 1格 ② 2格 ③ 3格 ④ 4格

übertreten* [ユーバートレーテン] **((I))** 他 **①**〈法律・規則⁴を〉犯す, 破る, 違反する. **②**〈境界・敷居⁴などを〉越える, 踏み越す. **((II))** 再 sich³〈足を〉くじく.

Über·tretung [ユーバートレートゥング] 女 (–/–en) **①** 法律違反, 規則違反, 反則. **②** (ちょっとした)軽犯罪.

über·treiben [..トリーベン] **((I))** übertreibenの過去分詞. **((II))** 形 **①**《副なし》度を過ごした, 行きすぎた, 過度の; 途方もない. **②** 誇張した, 大げさ[オーバー]な. **((III))** 副 過度に, 極端[極度]に, あまりに(も), ひどく, ...すぎる, きわめて, 非常に, 途方もなく.

Über·tritt 男 (–(e)s/–e) **①** 改宗, 改党, 寝返え. **②** 入りこむこと. **③**(ちょっとした)人生のある時期などに入ること.

über·wachen [..ヴァッヘン] 他 監督する; 見張る, 監視する.

Über·wachung [..ヴァッフング] 女 (–/–en) 監督; 見張り, 監視.

über·wältigen [..ヴェルティゲン] 他 **①** 打ち負かす, 征服する. **②** 圧倒する, 深い印象を与える.

überwältigend [..ト] 形 圧倒的な, 優勢な, 非常な.

über·weisen* [ユーバーヴァイゼン] 他 **①**〈(③) ④〉〈人³に〉金銭⁴を〉振り込む, 振替する. **②**〈④+場所⁴〉〈医者が患者⁴を〉〈専門医・総合病院など〉に回す, 送る, 委ねる. **③**〈④ an ④〉〈物⁴を人⁴に〉回す. **④**(ちょっとした)〈人⁴に〉犯行を認めさせる.

Über·weisung [..ヴァイズング] 女 (–/–en) **①** 送金, 振込, 振替; (口) 振込金. **②**(患者の)移送; (書類などの)移送.

über·wiegend [..ヴィーゲント, ユーバー..] **((I))** 形 優勢な, 支配的な, 圧倒的な, 大部分の; 主要な. **((II))** 副 主として, 主に, たいてい, 大部分.

über·winden* [..ヴィンデン] **((I))** 他 打ち勝つ, 打ち破る, 克服する, 乗り越える;〈立場・見解⁴などに〉こだわらない, 捨て去る. **((II))** 再 sich⁴ 自制する, 我慢する, 克己する, 困難をおして行う.

Über·windung [..ヴィンドゥング] 女 (–/–) **①** 征服, 克服, 勝利. **②** 克己, 自制, 我慢.

Über·zahl 女 (–/–) 大多数.

über·zählig [..ツェーリヒ] 形 超過した; 余計な, 余分な; 定数[定員]外の.

überzeugen [ユーバーツォイゲン] **((I))** 他 〈④ (von ③)〉〈人⁴に〈事³を〉〉説き伏せる, 説得する, 納得[承服, 確信]させる. **((II))** 再 sich⁴ 〈(von ③)〉〈(事³を)〉確かめる, 確信する, 納得する; はっきりとわかる.

überzeugend [..ト] **((I))** überzeugenの現在分詞. **((II))** 形 納得のいく[させるような], 説得力のある, なるほどと思わせる, もっともと思える, 確信するに足る, 信用[信頼]できる[できそうな]; 明白な, 確かな.

über·zeugt [..ツォイクト] **((I))** überzeugenの過去分詞. **((II))** 形 **①**〈von ③〉〈事³を〉確信した, 信じて疑わない, 確信のある. **②**《付加》信念を持った, 自他共に認める, 本物[根っから]の.

Über·zeugung [ユーバーツォイグング] 女 (–/–en) **①**《単》(まれ) 説得. **②** 確信, 信念.

über|ziehen* 自 上に着る; 試着する.

über·zogen [..ツォーゲン] 形 誇張された.

Über·zug 男 (–(e)s/..züge) **①**(物の表面を覆う)層. **②** 覆い, カバー.

üblich [ýːplɪç ユープリヒ] 形《副なし》通例の, 普通[慣用, 通常]の, よくある[使われる]; ありふれた, ありきたりの; 慣習[慣行, 慣例, しきたり]の.

U-Boot [ウーボート] 中 (–(e)s/–e) 《略》= Unterseeboot Uボート.

übrig [ýːbrɪç ユープリヒ] 形《副なし》残り[余り, 残余]の, (まだ)残っている[余って]いる, 残った, 余った; (その)他[それ以外]の, 後の. *im ~en* その他[それ以外]の点では, その他[それ以

übrigbleiben

外]は; ついでに[ついでながら](言うと), ところで, それはそうと. ■ **~ bleiben** 1) 残って[余って]いる. 2)〈人³に〉いくらかの可能性が残っている: Es bleibt ③ nichts anderes ~, als … 人³は…するよりほかしかたがない. **~ lassen** 1)〈物⁴を〉残す, 余す. 2)〈人³に物⁴を〉残しておく: (in ③) nichts [viel, sehr] zu wünschen ~ lassen (事³において)全く期待どおりである[全く期待にそぐわない]. 4級

übrig|bleiben* 自(S)= übrig bleiben (⇨übrig■).

übrigens [ýːbrɪɡəns ユーブリゲンス] 副 ❶ところで, それはそうと, ついでに言うと, ちなみに. ❷その他の点では; その他[上]で, 更に. 4級

übrig|haben* 他 **für** et⁴was **[viel] ~** 人⁴が好きである[とても好きである], 人⁴に好感を抱いている[大いに好感を抱いている];物⁴に関心がある[とても関心がある].

übrig|lassen* 他 = übrig lassen (⇨übrig■).

Übung [ýːbʊŋ ユーブング] 女(–/–en) ❶《単》練習, 稽古. ❷訓練, トレーニング. ❸《単》熟練, 習熟; (習得した)技術. ❹練習問題, 課題; 【音楽】練習曲. ❺[ﾂﾊﾞ](体操などの)演技. ❻軍事演習. ❼(大学での)演習, ゼミナール. **~ macht den Meister.** (諺) 練習が名人をつくる, 名人も練習次第. 4級

Ufer [úːfɐ ウーファー] 中(–s/–) 岸, 海岸, 河岸, 湖岸, 浜, 浜辺.

ufer·los 形《副なし》はてしのない, 際限のない, 無限の.

Uhr [uːɐ ウーァ] 女

格	単数	複数
1	die Uhr	die Uhren
2	der Uhr	der Uhren
3	der Uhr	den Uhren
4	die Uhr	die Uhren

❶時計. ❷《無冠詞・無変化で; 単》(時刻を表して)…時. ♦ um 15 ~ 15 [午後3時]に. **rund um die ~** (口)まる一日中(休むまもなく). **Wie viel Uhr ist es?** 今何時ですか? **Es ist (jetzt) genau [Punkt] drei ~.** (今)ちょうど3時です. 5級

Uhr·armband 中(–(e)s/..bänder) 腕時計のバンド.

Uhr·kette 女(–/–n) (懐中)時計の鎖.

Uhr·macher 男(–s/–) 時計屋[職人, 修理工].

Uhr·werk 中(–(e)s/–e) 時計仕掛け, 時計のメカニズム, ぜんまい装置.

Uhr·zeiger 男(–s/–) 時計の針.

Uhrzeiger·sinn 男(–(e)s/) 時計回り.

Uhr·zeit 女(–/–en) 時計の示す時刻.

Uhu [úːhu ウーフ] 男(–s/–s) 【鳥】ワシミミズク.

Ukraine [ukraíːnə, úkraɪnə ウクライーネ, ウクライネ] 女(–/)《die ~》ウクライナ ((ヨーロッパ東部の国)).

Ukrainer [ukraíːnɐ ウクライーナー] 男(–s/–) ウクライナ人. ◇ **~in** 女(–/–nen).

UKW [uːkaːvéː ウーカーヴェー]《略》Ultrakurzwelle 超短波.

UKW-Sender 男(–s/–) 超短波を送信する放送局.

ulkig [ʊlkɪç ウルキヒ] 形 ❶ 滑稽な, おかしい, ひょうきんな. ❷変てこな, 奇妙な.

Ulme [ʊlmə ウルメ] 女(–/–n) ❶【植】ニレ (楡). ❷《単》(口)ニレ材.

Ulrich [ʊlrɪç ウルリヒ]《男名》ウルリヒ.

Ultimatum [ʊltimáːtʊm ウルティマートゥム] 中(–s/..maten) 最後通牒.

Ultra·kurzwelle [ʊltrakʊrtsvɛlə ウルトラクルツヴェレ] 女(–/–n) 【電】超短波.

Ultra·schall [ʊltra.. ウルトラ..] 男(–(e)s/) ❶ 超音波, 不可聴音波. ❷【医】超音波検査[療法].

ultra·violett 形【理】紫外線の.

um [ʊm ウム]《(I)》前《4格支配》❶ …の周りを[に], 周囲[周辺]を[に];…を回って;…を囲んで. ❷(a)《正確な時刻》…時に. ★ Es ist … の場合

umは用いられない. **(b)**...の頃に. ♦um 7.30 Uhr 七時半に.《sieben Uhr dreißig と読む》. um Ostern (herum) 復活祭の頃に. um den 9. Mai herum 5月9日頃に. um 730 730年頃に. ❸《差・幅》...の分だけ. ❹...をめぐって［求めて］,...のために［のことで］. ❺《金額》...の(値段・価格)で;〈物4と〉引き替えに. ❻《「名詞＋um＋名詞」または「名詞＋um＋冠詞 andere」で》: Tag ～ Tag 一日一日, 何日も. eine Woche ～ die andere 一週間また一週間が過ぎ, 何週間も. **～ sich**¹ 周囲［周辺］に(広がって). **～ willen** のために:～ Gottes willen お願いだから, どうか;～何と言うことだ. ～ (des) Himmels willen 何と言うことだ. **～+so**+比較級《「je＋比較級」と相関的に》(...すればするほど)ますます, それだけいっそう:Je mehr, um so besser. 多ければ多いほどよい. **((II))** 副《um＋die＋概数》ほぼ, だいたい. ♦Es sind um die 100 Leute. それは約100人くらいです. **～ und ～** 周り[そこら]じゅうに, 至る所に; くるくる回って: wenn es um und um kommt 回り回って結局は. **～ sein** 終わりである, 過ぎ去っている. **((III))** 接 ❶《「um ... 〈zu 不定詞〉」で; 目的》...するために. ♦Er rennt, ～ den Zug noch zu erreichen. 彼はその列車に間に合うように走ります. ★主語が主文とum ... zu 不定詞で異なる場合は, damit 副文を用いる. ❷《「形容詞・名詞＋genug, ...〈zu 不定詞〉」で; 理由》(十分...)なので...できる. ♦Er ist alt genug, ～ das zu begreifen. 彼はいい年ですからそれを理解することができます, 彼はそれを理解するには十分な年頃です. Ich habe genug Geld dabei, um die Rechnung zu bezahlen. 持ち合わせがあるのでその勘定を払えます, その勘定を払うのに十分な持ち合わせがあります. ❸《「zu+形容詞＋...〈zu 不定詞〉」で; 理由》...しすぎて...できない. ♦Er ist zu jung, um das zu verstehen. 彼は若すぎてそれを理解することができ

ません, 彼はそれを理解するには若すぎます. 5級

um|ändern 他変える, 変更する.

umarmen ［ウムアルメン］他抱きしめる, 抱擁する.

Umarmung ［ウムアルムング］女(-/-en) ❶抱擁. ❷［書］〈腕組〉交合.

Um-bau 男(-(e)s/-e, -ten) ❶《単》改築, 再建, 改造. ❷改築家屋［建築物］. ❸(ベッド・ソファーの)棚付き背板.

um|bauen 他 ❶改築［改造］する. ❷〈舞台装置4を〉換える,〈場面4を〉転換する.

um|benennen* 他〈人・物4の〉名前［名称］を変える.

um|biegen* **((I))** 他(折り)曲げる, たわめる, 反らす.《比》〈意味・事実などを〉曲げる, 歪曲する. **((II))** 再 sich4 〈＋様態〉曲がる, たわむ, 反らす. **((III))** 自⑤〈道4などが〉曲がっている; (角などを)曲がる.

um|binden* 他 ❶〈(③) ④〉〈人3に〉物4を〉巻きつける;〈ネクタイ・ベルト4を〉しめる,〈マフラー4などを〉巻く;〈エプロン4などを〉身に着ける. ❷【書籍】製本し直す, 綴じ直す.

um|blättern **((I))** 他〈本などのページ4を〉めくる. **((II))** 自〈③〉〈人3のために〉ページめくりをする.

um|blicken 再 sich4 ❶見回す. ❷ふり返る.

um|bringen* **((I))** 他殺す. **nicht umzubringen sein** 〈口〉強い, 持ちがよい;(布地などが)傷まない, 長持ちする. **((II))** 再 sich4 ❶自殺する. ❷〈口〉熱中する.

Um-bruch 男(-(e)s/..brüche) (特に政治上の根本的な)切り替え, 変革, 改革.

um|buchen 他 ❶［商］〈ある金額4を〉他の口座に振り替える. ❷〈旅行などの予約4を〉変更する.

um|denken 自考え(方)を改める.

um|drehen ［ウムドレーエン］**((I))** 他 ❶回す, 回転させる;逆さに向ける, 向きを変える, ひっくり返す;ねじる, ひねる. ❷〈口〉〈スパイなどを〉寝返らせる.

①1格 ②2格 ③3格 ④4格

Umdrehung

((II)) 再 sich⁴ ❶回る, 回転する. ❷〈(nach ③)〉〈(人・物⁴の方を)〉振り向く;ターンする. ((III)) 自 ⓗ ⓢ 引き返す, 逆戻りする, 〈車¹などが〉Uターンする.

Um・dre・hung [ウムドレーウング] 囡(-/-en) 一回転; 〔天〕自転.

umeinander [ウムアイナンダー] 副 お互いに相手のまわりを[こと]を.

um|fahren* [ウムファーレン] (I) 自 ⓢ (h;他) 〈車などが〉一回転[遠回り]をする. (II) 他 〈車などで〉轢(ひ)く[突き]倒す.

umfahren* [ウムファーレン] 他 ❶〈物⁴の〉周りを乗物で回る;〔海〕周航する. ❷〈物⁴の〉上を(手で)たどる.

um|fallen* 自 ⓢ ❶ 倒れる, 転倒する, 転覆する, ひっくり返る. ❷ 卒倒する;(口) 気を失う, 気絶する, 失神する. ❸ (口) 豹変する, 急変する.

Um・fang 男 (-(e)s/..fänge) ❶ 周囲(の長さ);〔数〕円周. ❷ 大きさ;広さ, 面積, 規模, 範囲;太さ, 厚さ;(総)ページ数;次元, 範囲;〔音楽〕音域, 声域. ❸ (総)量, (総)額.

umfang・reich 形 ❶ 広範囲にわたる[及ぶ], 範囲[周囲]の広い, 大規模の広い, 太い;容量[かさ]のある, 容積の大きい, 分量の多い, (分)厚い, 大部の, かさばった;該博な, 幅広い, 包括[網羅]的な;音域の広い;〈比〉張りのある, 大きな. ❷ (口;戯) 太った, でぶの.

um・fassen [..ファッセン] 他 ❶ 抱く, 抱擁する;握る. ❷〈④ mit ③〉〈物⁴を物³で〉囲む, 囲う. ❸〔軍〕〈陣地⁴などを〉包囲する. ❹ 含む, 包含する, 包括する.

umfassend [..ト] (I) umfassen の現在分詞. (II) 形 包括的な, 広範な, 全般にわたる, 偏らない;行き渡った.

Um・feld 囲 社会環境.

um|formen 他 形を変える, 変形させる;〔電〕変流する.

Um・frage 囡(-/-en) アンケート, 世論調査.

um|füllen 他 (別の容器・袋などに)詰め替える, 移し注ぐ[替える].

um|funktionieren 他 (本来の機能からは)別の用途に使う, 別の目的に利用する.

Um・gang 男 (-(e)s/..gänge) ❶《単》交際, 付き合い;交友, 友達;相手をすること. ❷〔建〕回廊. ❸ (教会での礼拝の)行列.

umgänglich [ウムゲングリヒ] 形《副なし》社交的な, 交際好きな;愛想のよい, 如才ない.

Umgangs・form 囡(-/-en)《主に複》社交の形式, 礼儀作法, エチケット.

Umgangs・sprache 囡(-/-n) 〔言〕日常語, 話し言葉, 口語, 俗語.

um・geben* (I) 他〈④ mit ③〉〈物⁴を物³で〉〈四方から〉囲む, 取り巻く,〈物⁴に物³を〉めぐらす. (II) 再 sich⁴〈mit ③〉〈物³で〉取り巻かれる.

Umgebung [ウムゲーブング] 囡(-/-en) ❶ 周囲, 近辺, 近傍. ❷ 環境, 境遇;周囲[周り]の人々;側近者.

um|gehen* [ウムゲーエン] 自 ⓢ ❶〈mit ③ ＋様態〉〈人・物³を〉取り扱う. ❷〈mit ③〉従事する, 取り組む, 企てる. ❸ 〈うわさ・病気¹などが〉広まっている, 流れている. ❹ (幽霊が)出る, 出没する, 徘徊する.

umgehen* 他 ❶〈物⁴の〉周囲を回る;迂回する. ❷〈比〉避ける, 回避する;ごまかす, すり抜ける.

umgehend (I) umgehen の現在分詞. (II) 形《述語なし》即刻の, ただちに;折り返しの.

Umgehung [ウムゲーウング] 囡(-/-en) ❶ 迂回;回避. ❷ = Umgehungsstraße.

Umgehungs・straße 囡(-/-n) バイパス, 自動車用迂回路.

umgekehrt (I) umkehren の過去分詞. (II) 形 逆の, 反対の, 逆さま[あべこべ]の;裏(返し)の.

um|gestalten 他 様子[形]を変える, 改造する;改革する.

um|graben* 他 掘り返す, 掘り起こす.

um|haben* 他(口)〈衣服・腕時計⁴などを〉身に着けている,まとっている.

Um·hang 男(-(e)s/..hänge) 肩掛け,ショール,ケープ.

um|hängen 他❶掛け替える.❷〈③④〉〈物⁴を人³の〉(肩に)掛ける,(首まわりに)つける,〈人³にコート⁴などを〉着せる.

um|hauen(*) 他(口)**(a)**(過 haute um, hieb um; 過分 umgehauen)〈木⁴を〉切り倒す.**(b)**(過分 umgehauen)(口)〈敵⁴などを〉倒す,打ち負かす; 卒倒させる.❷(過 haute um; 過分 umgehauen)手ひどいダメージを与える,〈人⁴を〉困惑させる;〈におい・酒¹などが〉参らせる,閉口させる.

umher [ウムヘーァ] 副(...の)周りに,あたりに,周囲に;四方八方に,あちこちに.

umher..《動詞の分離前綴;常にアクセントを持つ》❶「四方,ぐるりと」.❷《目標もなくあちこちへ動き回ることを示す》: umherlaufen(やみくもに)走り回る.

umhin|können* [ウムヒンケネン] 自 *nicht ~, ...* 〈+ zu不定詞〉...しないわけにはいかない,...するほかない.

um|hören 再 sich⁴ 〈nach ③〉〈事³を〉聞き回る,あちこち照会する[問い合わせる].

um|kehren ((I)) 他 ❶〈方向・順序・関係⁴などを〉逆にする,逆転する.❷〈物⁴の上下・表裏・内外などを〉逆にする,ひっくり返す,転倒させる,裏返す. ((II)) 再 sich⁴ ❶〈nach ③〉〈人・物³の方を〉振り向く,振り返る.❷逆になる. (III) 自 ⑤ ❶向きを変える,引き返す,後[逆]戻りする.❷〈比〉改心する,転向する.

um|kippen ((I)) 自 ⑤ ❶ひっくり返る,転倒する,転覆する.❷(口)(気を失って)倒れる;〈意見・態度¹などが〉がらりと変わる;〈声¹が〉ひっくり返る;〈雰囲気¹などが〉一変する;〈ワイン¹が〉変質してすっぱくなる.❸〈河川・湖などの水質¹が〉酸欠で生物の生息に適さなくなる. ((II)) 他 ひっくり返す,転覆させる.

um|klappen ((I)) 他〈折りたたみ式・開閉式のもの⁴を〉パタンと開ける[閉じる,引き出す],(上下に)折り返す,折りたたむ. ((II)) 自 ⑤ (口)(気を失って)倒れる,卒倒する.

um|knicken ((I)) 他 ポキンと折る,折り曲げる;くじく. ((II)) 自 ⑤ (足を)くじく;〈木¹などが〉ポキンと折れ曲がる.

um|kommen* 自 ⑤ ❶生命を失う,死ぬ.❷(口)耐えられない.❸〈食料品¹が〉悪くなる,腐る,腐敗する.

Um·kreis 男(-es/-e)❶《単》周囲,周辺(地域),(周辺の)郊外地区.❷《数》外接円.

um|kreisen [..クライゼン] 他〈人・物⁴の〉周りを回る[めぐる],周りを回転する;円運動する.

Um·lauf 男(-(e)s/..läufe)❶《単》円運動,回転,旋転;《天》(惑星の)運行.❷《単》《医》(血液の)循環.❸《単》《貨幣の》流通,(うわさなどの)流布.❹回覧状,回状.④ *in ~ bringen* [*setzen*] 〈物⁴を〉流通[流布]させる,はやらせる,広める. *in* [*im*] *~ sein* 流通[流布]している,はやっている,広まっている.

Umlauf·bahn 女(-/-en)(天体・人工衛星の)軌道.

Um·laut 男(-(e)s/-e)《言》ウムラウト,変母音((ä, ö, ü, äu));変音すること[させること].

um|legen 他 ❶横たえる,伏せる;倒す.❷〈カフス・襟⁴などを〉折り返す.❸〈③④〉〈衣類⁴を人³の体に〉まとわせる,着せる,巻き付ける.❹(場所⁴を)変更する,置き換える,移動する;〈電話⁴を〉回す.❺〈病人⁴を〉他の病室へ移す.❻(口)投げ倒す;(俗)射殺する;(軽蔑)〈女と〉交わる.❼割り当てる,配分する.

um|leiten 他 迂回させる,他の道[回り道]に導く.

Umleitung [ウムライトゥング] 女(-/-en) 迂回;迂回路,回り道.

um|lernen 自 ❶(仕事など)習得し直す.❷考え直す.

umliegend [ウムリーゲント] 形《付

加のみ)付近の, 周囲[周辺]の.

um|modeln [ウムモーデルン] 他 形を変える, あれこれ手を加える, 改造する, 改作する.

umnachtet [ウムナハテット] 形〔書〕精神錯乱の.

Umnachtung [ウムナハトゥング] 女 (-/-en)〔書〕精神錯乱, 狂気.

um|pflanzen 他 移植する, 植え直す[替える].

um|räumen 他 別の場所に移す[変える];〈中に置いてある物⁴の〉配置替えをする, 模様替えをする.

um|rechnen 他 換算する.

Um·rechnung 女 (-/-en) 換算.

um|reißen* [ウムライセン] 他 吹き倒[突き, 押し, 引き]倒す;くつがえす, 取り壊す;破壊する.

umreißen* [ウムライセン] 他〈物⁴の〉輪郭を描く, 見取り図を描く;〔比〕簡潔に述べる[紹介する].

um|rennen* 他 走っていて(ぶつかり)突き倒す.

um|ringen [..リンゲン] 他 囲む, 取り巻く;〔軍〕包囲する.

Um·riss 男 (-es/-e) 輪郭;スケッチ, 略図;梗概, 概略, 概要 ◆ 4 in Umrissen schildern 事⁴のあらまし[概略, 要点]を述べる.

Umriß 男 = Umriss.

um|rühren 他 かき混ぜる, かき回す, 撹拌(はく)する.

um|rüsten (Ⅰ)他 ❶〔軍〕〈物⁴の〉装備を換える, 兵器を入れ換える. ❷ 装備し直す,〈物⁴の〉装置を換える. (Ⅱ) 自 〈auf ④〉〔軍〕〈物⁴へ〉配備を転換する.

ums [ウムス] um と das の融合形.

um|satteln (Ⅰ)他 〈馬⁴の〉鞍(く)を取り替える. (Ⅱ) 自 別の鞍[馬]に乗り移る;〈口〉鞍替えする, 転職する, 商売[仕事, 職業]を替える;〈学生が〉専攻を変える, 転科する.

Um·satz 男 (-es/..sätze)〔商〕販売(高), 売り上げ(高), 売れ行き.

um|säumen 他 〈布の端を〉折り返してまつる.

um|schalten 他 〈電(auf ④)〉〈電流・ギヤなどを〉〈物⁴に〉切り替える, 転換する;〔ラジオ・テレビ〕〈番組・放送局⁴を(他の番組・局に)〉切り替える.

Um·schau 女 (-/-) 見回すこと;展望, 眺望;振り返って見る[顧る]こと, 回顧;〔軍〕探査, 偵察.

Um·schlag 男 (-(e)s/..schläge) ❶ 包み, 包み紙, 覆い,〈書物・ノートの〉紙カバー;封筒. ❷〔医〕湿布. ❸〔単〕急変, 激変, 変動, 変革. ❹ 折り返し.

um|schlagen* (Ⅰ)他 ❶ 巻きつける;包む, かける, まとう. ❷ 切り[打ち]倒す, ひっくり返す. ❸ 折り返す, 折り曲げる, まくる;〈本のページなどを〉めくる. ❹ 積み替える. (Ⅱ) 自 ⓢ ❶ 倒れる, ひっくり返る;〈船・車が〉転覆する. ❷ (正反対のものに)急に変わる, 急変[激変]する;悪化する;〈ワインなどが〉変質する.

um|schreiben* [ウムシュライベン] 他 ❶ 新たに書く, 書き換える[直す];清書する;書き写す. ❷ 移す, 換える, 譲渡する, 名義を書き換える[変更する].

um·schreiben* [ウムシュライベン] 他 ❶ 〈物⁴の〉周りに書く. ❷ 円で囲む;限定する;局限する. ❸ (他の語で)言い[書き]換える, 表現し直す, わかりやすく言い直す;〈言いにくいこと⁴を〉婉曲に表現する.

Umschreibung 女 (-/-en) (Ⅰ) [ウムシュライブング] 書き換え, 清書;〈名義〉書き換え;譲渡, 譲与;〔商〕振替. (Ⅱ) [ウムシュライブング] 言い換え;婉曲な言い回し, 回りくどい言い方.

Um·schrift 女 (-/-en) 書き換え, 清書, 書き写し;〈貨幣などの〉周囲の文字[刻銘].

um|schulen 他 ❶ 転校させる. ❷ (新しい職業などに就くため)再教育する,〈これまでとは別の〉職業訓練を受けさせる.

Umschulung [ウムシュールング] 女 (-/-en) ❶ 転校. ❷ (転職のための)再教育[訓練].

um|schütten 他 ❶ 〈液体⁴などを〉(容器から)こぼす, ぶちまける;ひっくり

返す. ❷《物⁴を》(他の容器に)注ぎ移す.

Umschweife [ウムシュヴァイフェ]複 回り道, 曲折;《比》回りくどいこと, 冗長, 多弁. ♦ohne ~ 単刀直入に, ざっくばらんに, スパッと.

Um·schwung 男(-(e)s/..schwünge) ❶(鉄棒などの)回転, 旋回. ❷(政情などの)急変, 激変. ❸《単》(ǎ)家の周囲の(敷地).

um|sehen* 再 sich⁴ ❶振り返って見る, 後ろを見る. ❷見回す;見渡す, 展望する, 眺望する;見て回る, 見物する. ❸《nach ③》〈人・物³を〉探し回る, 物色する.

Um·sehen 中 im ~ たちまち, ただちに, あっと言う間に.

umseitig [ウムザイティヒ]形 裏ページ[側]の[にある], このページの裏側の[にある].

um|setzen (I)他 ❶置き換える, (場所・座席⁴を)移す;移植する;[音楽]移調する. ❷(他の状態に)変える, 変換[転換]する, 転化する. ❸[商]売る. (II)再 sich⁴ (座席⁴を)移る;(他の状態に)変化する.

Um·sicht 女(-/) 思慮深さ, 慎重;用心;深い洞察力.

um·sichtig 形 慎重な, 用心[思慮]深い;洞察力のある, 明敏な;賢明な.

um|siedeln (I)自 移住[転居]する. (II)他 移住させる.

umso [ウムゾ](ǎ)副=um so (⇨so 成句).

umsonst [ɔmzɔnst ウムゾンスト]副 ❶(ǎ vergebens) むだに, いたずらに, むなしく. ❷ただで, 無料で, 無償で. ❸理由なく, いわれなしに. *nicht ~* 十分な理由があって, いわれ[理由]のないことではない. 4級

Um·stand 男(-(e)s/..stände) ❶事情, 事態, 状態, 都合;《主に複》(その時その時の)状況, 形勢;境遇, 資産状態. ❷《複》形式ばること, 面倒(くさい)こと, (よけいな)手間. *unter Umständen* 事情[都合]によっては, もしできれば. *unter allen Umständen* どんな事(情)があっても, 何が何でも, きっと, 万障繰り合わせて. *unter keinen Umständen* 決して[どんなことがあっても]...しない. *in andere Umstände sein* 妊娠している. *Machen Sie sich (meinetwegen) keine Umstände.* (私のことでしたら)どうぞお構いなく.

umstände·halber [ウムシュテンデハルバー]副 事情により, 事情のために, 都合上.

umständlich [ウムシュテントリヒ]形 きょうぎょうしい, 儀式[形式]ばった;回りくどい, 煩雑(ざつ)な, 込み入った.

Umstands·kleid [ウムシュタンツ..]中(-(e)s/-er) マタニティードレス, 妊婦服.

umstehend [ウムシュテーエント]形 ❶《付加》周囲に立っている, 周りを取り囲んでいる. ❷《述語なし》裏面の, 裏ページの. *die ~e Seite* 裏ページ, (ページの)裏面.

um|steigen* [ˈɔmʃtaɪɡən ウムシュタイゲン]自(S) ❶乗り換える. ❷〈auf ④〉(口)〈別な仕事・道具⁴などに〉変える. 4級

um|stellen [ウムシュテレン] (I)他 ❶置き換える, 移す, 〈位置⁴を〉転換する;〈スイッチ・レバー⁴などを〉切り換える;〈時計⁴を〉合わせる;[言]〈語順⁴を〉倒置する. ❷〈④ auf ④〉〈物⁴へ〉切り換える;合わせる, 適応させる. (II)再 sich⁴〈auf ④〉〈物⁴へ〉場所[立場]を移る;(境遇[環境]の変化に)順応[適応]する.

umstellen [ウムシュテレン]他 (逃げられないように)取り囲む, 包囲する.

um|stimmen 他 ❶(特に弦楽器の)調子[調律, チューニング]を変える. ❷〈人⁴の〉考え[意見]を変えさせる.

um|stoßen* 他 ❶突き倒す, 押し倒す, くつがえす. ❷〈決議⁴などを〉無効にする, 破棄する, 取り消す.

umstritten [ウムシュトリッテン]形 《副なし》論議の余地のある, 論争中の, いまだ評価の定まらない, 承認されない.

Um·sturz 男(-es/..stürze)(制度な

um|stürzen （I）⾃ ⑤ 転がり返る, 倒れる, 倒壊[瓦解]する, 転倒[転覆]する. （II）他 ひっくり返す, 転倒[転覆]させる, くつがえす, 打倒する.

umstürzlerisch [ウムシュテュルツレリッシュ] 形 （軽蔑）国家の転覆をはかる, 革命をくわだてる.

Um·tausch 男 (-(e)s/-) 交換, 取り替え; 両替; 貿易.

um|tauschen [ウムタオシェン] 他 取り替える, 交換する; 両替する; [商]交替[貿易]する.

Umtrunk [ウムトルンク] 男 (-(e)s/-e, ..trünke) 回し飲み.

um|tun* (口) （I）他 〈③ ④〉〈人³に〉衣類⁴などを〉身にまとわせる, かける, 着せる. （II）再 sich⁴ ❶〈知らない土地などを〉知ろうとする. ❷〈nach ③〉〈物³を〉手に入れようと努める, 探す, 物色する.

Umwälzung [ウムヴェルツング] 女 (-/-en) (根本的な) 変革, 改革; 転覆; 革命.

um|wandeln （I）他〈④ in ④ [zu ③]〉変える, 変化させる, 変更[変換, 転換, 転化, 変成]する; 改造[改装, 改築]する. （II）再 sich⁴ (全然別のものに) 変わる, 変化する.

um|wechseln 他 両替する.

Umweg [ウムヴェーク] 男 (-(e)s/-e) 回り道, 迂回路. ◆einen ~ machen 回り道[遠回り]をする.

Um·welt [ウムヴェルト] 女 (-/-e) ❶ 環境; 外界. ❷ 周りの人々. **4級**

umwelt·freundlich 形 環境を守る[保護する], 低[無]公害の, 環境保護に役立つ.

Umwelt·schutz 男 (-es/) 環境保護.

Umwelt·verschmutzung 女 (-/(まれ)-e) 環境汚染.

um|wenden(*) （I）他〈車⁴などを〉反対の方向へ向ける, 向きを変える; 〈ページなどを〉めくる, ひっくり返す; 〈衣服⁴などを〉裏返す. （II）再 sich⁴ 後ろを向く, 振り向く, 振り返る. （III）⾃《弱変化のみ》⑤ ⓑ 回れ右をする, 方向転換する, Ｕターンする.

um·werben* 他〈特に男性¹が女性⁴に〉言い寄る, くどく, 求婚する.

um|werfen* 他 ❶〈③ ④〉〈衣類などを〉さっと着せる, はおる, ひっかける. ❷ 突き[投げ]倒す; ひっくり返す; (口)〈計画などを〉くつがえす, だめにする, だいなしにする. ❸ (口)〈物¹が〉びっくり仰天させる, 〈人⁴の〉気を動転させる, 〈人⁴に〉衝撃を与える.

umwerfend [..t] 形 (口) 衝撃的な, びっくりさせる.

um|wickeln 他〈④ mit ③〉〈物⁴の周りに物³を〉巻く, 巻き付ける.

Umzäunung [ウムツォイヌング] 女 (-/-en) 垣をめぐらすこと; 垣, 囲い.

um|ziehen* [ómtsi:ən ウムツィーエン] （I）他 着替えさせる. （II）再 sich⁴ 着替える, 身じたくをする. （III）⾃ ⑤ ⓑ 引っ越す, 転居する. **4級**

um|zingeln [ウムツィンゲルン] 他〈敵⁴などを〉包囲する, 攻囲する.

Umzing(e)lung [ウムツィング[ゲル]ルング] 女 (-/-en) 包囲, 攻囲.

Um·zug 男 ❶ 引っ越し, 転居, 移転. ❷ 行列, パレード; デモ行進.

UN [ウーエン] 複《略》United Nations 国際連合, 国連, UNO.

un..., Un.. [ウン] [形容詞・副詞・名詞に付いて]「(否定・欠如・反対を示して) 非..., 不..., 反...」.

unabänderlich [ウンアプエンダーリヒ, ウン..] 形 変えられない, 変更できない; 取り消しがたい, どうにもできない.

un·abhängig [ウンアップヘンギヒ] 形 ❶(a)〈von ③〉〈人・物³から〉自立[独立]した, 依存[従属]していない, 拘束[束縛]されない, 独り立ちした, 自主[自律]的な. (b)《副なし》独立した, 主権[自治権]を有する, 自治(制)の. (c)《冠なし》〈新聞などが〉超党派の, 超党派的な. ❷左右[影響]されない, かかわりない, 無関係な. ~ *da·von, ob...* ...にかかわらず[におかまいなしに], ...とは関係ない.

Unabhängigkeit [..カイト] 女 (-/) 自立, 独立.

unabkömmlich [ウンアプケムリ

①1格　②2格　③3格　④4格

ヒ, ..ケミリヒ] 形《副なし》(仕事などに関して)不可欠の, どうしても抜けられない.

unablässig [ウアブレッスィヒ, ウン..] 形《述語なし》絶え間のない, 中絶しない, 途切れることのない.

un·absichtlich 形 故意でない; ついうっかりした, 偶然の.

unabwendbar [ウアブヴェントバーァ, ウン..] 形《副なし》不可避の, 逃げられない; 宿命的な.

unachtsam [ウンアハトザーム] 形 不注意な, 注意力の散漫な; そこつな; うっかりした, いい加減な; 軽率な.

un·angebracht 形 (その場に)ふさわしくない, 不適当[不適切]な, 不相応な, 不穏当な, 所[当]を得ない.

unangefochten [ウンアンゲフォホテン] 形 ❶ 異論のない, 争われない, 文句のつけようがない, 確実な. ❷ (だれにも)煩わされない, じゃまされない.

un·angemessen 形 節度を欠いた; 過度の, 極端な.

un·angenehm 形 ❶ 不(愉)快な, 嫌な; 好ましくない, ありがたくない, 都合[具合]の悪い, 困った, まずい. ❷ 困らせる, 当惑させる, とまどわせる, 気まずい思いにさせる, 煩わしい. ❸ (人が)好感の持てない, 感じの悪い, 嫌な.

unannehmbar [ウンアンネームバーァ, ..ネームバァ] 形《副なし》(提案など)受け入れがたい, 承認しがたい.

Unannehmlichkeit 女 (-/-en)《主に複》不愉快な[嫌な]事, 煩わしい[腹立たしい]事, トラブル.

un·ansehnlich 形《副なし》❶ 目立たない, 見ばえのしない, ぱっとしない. ❷ (数量が)取るに足りない, ほんのわずかの.

un·anständig ((I)) 形 (社会通念上)好ましくない, 不適当な; みだら[わいせつ, 卑猥]な, いやらしい, いかがわしい. ((II)) 副 ❶ 社会通念に反して; みだらに, いやらしく. ❷ ひどく, 過度[極度]に, 途方もなく.

Unanständigkeit [..カイト] 女 (-/-en) 無礼, 不作法(な言動).

un·appetitlich 形 ❶ 食欲をなくす, まずそうな; むかつくような, いやらしい, 嫌悪感[不快感]を与える. ❷ 汚らしい, 不潔な.

Un·art 女 (-/-en) 行儀の悪さ, 無作法, 無礼; (他人にとって迷惑な)悪習, 悪癖; (子どもの)いたずら, わんぱく.

un·artig 形 無作法な, 無礼な; しつけの悪い, いたずらな, わんぱくな.

un·ästhetisch 形 美的でない; 無趣味の, 俗悪の; 汚らしい, いやらしい, 不快な.

un·auffällig 形 目立たない; 控え目な, 地味な; だれにも気付かれない.

unauffindbar [ウンアオフフィントバーァ, ウン..] 形《副なし》見出せない, 見つからない.

unaufgefordert [ウンアオフゲフォァダァト] 形 要求[命令]されたのではない, 自発的な.

unaufhaltsam [ウンアオフハルトザーム] 形 阻止するすべもない, 制しがたい; 絶え間[間断]のない, とめどない.

unaufhörlich [ウンアオフヘーァリヒ, ウン..] 形 絶えることのない, ひっきりなしの.

un·aufmerksam 形 ❶ 不注意な, ぼんやりした, 不熱心な. ❷ 不親切な, 思いやりのない.

un·aufrichtig 形 不正直な, 不誠実な, ずるい, 策略の多い.

unausbleiblich [ウンアオスブライブリヒ, ウン..] 形《副なし》必ず生じる[起こる], 必然の; 避けがたい; 確かな.

unausgegoren [ウンアオスゲゴーレン] 形《副なし》《軽蔑》(計画・考えなどが)未熟な, 未完成の, まだ十分に考え尽くされていない.

unausgesetzt [ウンアオスゲゼッツト] 形 とぎれることのない.

unaussprechlich [ウンアオスシュプレッヒリヒ, ウン..] 形《副なし》口では言い表わせない, 言いようもない.

unausstehlich [ウンアオスシュテーリヒ, ウン..] 形《副なし》耐え[忍び]がたい, 我慢できない, 嫌な.

unausweichlich [ウンアオスヴァイヒリヒ, ウン..] 形 避けられない, 不可避

unbändig [ウンベンディヒ] **(I)** 形 ❶ 制御[抑制]しがたい、手に負えない、自由奔放な. ❷ 途方もない、過度の、すごい. **(II)** 副 途方もなく、すごく、はなはだ.

un･barmherzig 形 無慈悲な、残忍[冷酷]な、情け容赦のない；非常に激しい、厳しい.

unbeabsichtigt [ウンベアプズィヒティヒト] 形 故意でない、意図しない、うっかりした.

unbeachtet [ウンベアハテット] 形 注意[尊重]されない、顧みられない.

un･bedacht 形 無分別な、無思慮な、軽率な、軽はずみな.

un･bedenklich **(I)** 形《副なし》心配のいらない、考慮を要しない、問題のない、危険でない、無難な. **(II)** 副 考慮しないで、何も考えずに、ためらわずに.

un･bedeutend 形《副なし》❶ 重要でない；意味[内容]のない；価値のない、つまらない、どうでもいい；取るに足りない、些細な. ❷ (数量が)わずかな、ごく少ない[小さい]、ほんの少しの.

unbedingt [ウンベディングト, ウンベディングト] **(I)** 形《付加》無条件の、無制限の；絶対の、絶対的な；完全な、全く[全幅]の、全面的な. **(II)** 副 無条件に；絶対に、必ず、どうしても、ぜひ(とも)、なにがなんでも、どんなことがあっても. 4級

un･befangen 形 ❶ 先入観にとらわれない、偏見のない、公平無私な. ❷ 遠慮しない、頓着しない；のびのびとした、自然な；率直な、腹蔵[こだわり]のない；無邪気な.

un･befriedigend 形《副なし》不満足な、不十分な.

unbefriedigt [ウンベフリーディヒト] 形 満足することのない.

unbefugt [ウンベフークト] 形 権能[権限, 資格]のない.

un･begabt 形《副なし》才能のない.

unbegreiflich [ウンベグライフリヒ, ウン..] 形《副なし》理解しがたい、考えられない、不可解な、合点のゆかない.

unbegrenzt [ウンベグレンツト] 形 制限のない、無(制)限の、限りがない、果てしない.

Unbehagen [ウンベハーゲン] 中 (-s/) 不(愉)快な感じ；不安、落ち着かない気分、居心地悪さ.

un･behaglich 形 不(愉)快な；不安な、落ち着かない、居心地悪い.

un･beherrscht 形 自制(心)のない、慎みのない、我を忘れた.

unbeholfen [ウンベホルフェン] 形 へたな、まずい、不器用な；ぎこちない、ぎくしゃくした、鈍重な.

un･bekannt [ウンベカント] 形《副なし》❶ 知られていない、未知の、不明[未詳]の、はっきりしない；見知らぬ、面識のない、なじみでない、名前のわからない. ❷ (まだ)有名[著名]でない、名前の知られていない、無名の.

un･bekleidet 形 衣服を身に着けていない、裸の.

unbekümmert [ウンベキュマット, ウンベキュンマット] 形 ❶《um 4》〈物`に〉無頓着の、平気な、気にしない. ❷ 無邪気な、屈託のない.

un･beliebt 形《副なし》好かれていない、嫌われている；人気[人望]のない、不人気な、評判のよくない. *sich`* (*bei* ③) *~ machen* (人`に³)嫌われる.

unbemannt [ウンベマント] 形 ❶ 乗員のいない、無人の. ❷ (口)(女性が)結婚していない.

unbemerkt [ウンベメァクト] **(I)** 形 気付かれない、認められない. **(II)** 副 こっそりと、ひそかに.

unbenommen [ウンベノンメン, ウン..] 形 ~ *sein* [*bleiben*] 人`に禁じられていない、許可されている；人`に³委ねられている.

un･benutzt 形 利用[使用]されていない、未使用の.

un･bequem 形 ❶ 快適でない、楽でない、窮屈な、心地よくない、落ち着かない. ❷《副なし》煩わしい、やっかいな；具合[都合]の悪い、不愉快[面倒, 迷惑]な、耳の痛い、きつい；うるさい、しつこい.

unberechenbar [ウンベレッヒェン

バーァ, ウン..]❶計算にしにくい[できない], 予測のつかない. ❷移り気の, 当てにならない, 何をしでかすかわからない.

un·berechtigt 形 権利[資格]のない; 不当な; 根拠のない.

unberührt [ウンベリュールト] 形 ❶手でさわっていない, 手つかずの, 触れられていない; 自然のままの. ❷心を動かされない, 感動しない. ❸処女のままの, 純潔な.

un·bescheiden 形 不遜な; あつかましい, ずうずうしい; 無作法な; (要求など)過大な, 法外の.

unbeschrankt [ウンベシュランクト] 形 柵のない, 遮断機のない.

unbeschreiblich [ウンベシュライブリヒ, ウン..] ((I)) 形 言葉では表現できない[言い尽せない], 筆舌に尽くしがたい. ((II)) 副 言葉に表せないほど, ものすごく, 言いようもなく.

unbeschwert [ウンベシュヴェーァト] 形 心配[屈託]のない.

un·besorgt 形 心配しない, 気にかけない, 安心した.

un·beständig 形 気まぐれな, 移り気な; 変わりやすい, 不安定な, 長続きしない.

un·bestimmt 形 ❶《副なし》不定 [未定]の, はっきり決まっていない, 不確かな. ❷不明瞭な, あいまいな, はっきりしない, 漠然とした; [言]不定の.

unbestreitbar [ウンベシュトライトバーァ, ウン..] 形 議論の余地がない, 明らかな, 確実な, 明白な.

unbestritten [ウンベシュトリッテン, ウンベシュトリッテン] ((I)) 形 否定できない, 万人の認める, 異論の余地のない, 確実な. ((II)) 副 争う余地なく, 明らかに, 疑いもなく.

unbewacht [ウンベヴァハト] 形 見張られていない, 番人[監視, 見張り]のない.

un·bewaffnet 形 武装していない, 武器を持たない, 無防備の.

un·beweglich 形 ❶動か(せ)ない, 不動の, 固定した; 固定式の. ❷身動きしない, じっとした; (表情などが)全然変わらない; かたくなな, 頑固な; (祝祭日が)固定の((何月何日と決まっている)).

un·bewegt 形 ❶動かない, 動きのない. ❷無表情の.

unbewohnbar [ウンベヴォーンバーァ, ウン..] 形 (人間が)住めない, 住むのに適していない.

unbewohnt [ウンベヴォーント] 形 人の住んでいない; 荒廃した.

un·bewusst 形 ❶知られない, 未知の. ❷無意識の, 本能的な, 不随意の.

unbewußt 形 = unbewusst.

un·brauchbar 形 ❶使えない; 役に立たない, 無用の. ❷適していない, 向いていない.

und [ont ウント] 接 《く並列》❶(a)《語(句)を並列的に結ぶ》そして, また, ...と..., ...や..., 並びに, および ((略: u.)). ◆beim Ein- ～ Aussteigen 乗車および下車する場合. ★複数の語句を並べる場合は und を最後に語句の前に置く: Männer, Frauen ～ Kinder 男性, 女性そして子ども. (b)《文と文を並列的に結ぶ》そして; また(は); その間; それから; それで. ◆Ich höre Musik, ～ er liest. 私は音楽を聴き, 彼は読書をしています. (c)《逆説的に》それなのに, しかし. ◆Er kennt [weiß] die Wahrheit und sagt sie nicht. 彼は本当のことを知っているが言いません. (d)《同一の語句を繰り返して強調》◆Ich sehe nur Wasser ～ Wasser. 水しか見えません. Es regnete ～ regnete. 雨また雨でした. ★比較級の場合は「immer+比較級 ますます, だんだん」の意味に近い: Der Weg wird steiler ～ steiler. その道はますます急になります. (e)《足し算で》足す. ◆Drei ～ drei ist [macht, gibt] sechs. 3足す3は6. ❷(a)《命令文の後にきて》そうすれば. ◆Hilf mir, ～ ich helfe dir. 私を助けけば, そうすれば私も助けるよ. (b)《und wenn で》たとえ...であっても. ◆Ich gehe jetzt aus, ～ wenn es noch so regnet. 雨が強くても今から外出します. (c)《目的語として; dass 副文, zu 不定詞に対

応)(...する)こと. ♦Es fehlte nicht viel, ~ wir wären zusammengestoßen. 危うく衝突するところでした. (d)《(代)名詞＋und＋形容詞・副詞・不定詞》(...のくせに(...だ[...する])なんて).♦Ich ~ Ski laufen? わたしがスキーだって？ Die ~ schön! あの女が美しいだなんて(とんでもない). (e)《auch と》実際[事実]そうだ(った).♦Er versprach zu kommen und kam auch. 彼は来ると約束し、事実やって来ました. Er war sehr geachtet, und verdiente es auch. 彼は非常に尊敬されており事実それに値する人でした. (f)《疑問文の文頭で；相手の説明を促して》それじゃ、それで. Na, ~? それで？、それがどうしたというのだ？ Und ob! もちろん. ~, ~, ~ (口)...などなど. ~ so weiter [fort] ...など、等々 ((略：usw. [usf.])). ~ Ähnliche(s) [dergleichen] その他類似なこと[もの、人] ((略：u.Ä. [u.dgl.])). ~ anderes mehr などなど((略：u.a.m.)). ~ zwar 詳しく言うと、正確には、つまり、すなわち；しかも、それも 5級

Un·dank 男(–(e)s/–) 忘恩, 背恩. ~ ist der Welt Lohn.(諺)亡恩は世の習い.

un·dankbar 形 ❶感謝の気持ちのない、恩知らずな、忘恩の. ❷《副なし》(仕事などが)しがいのない、割に合わない、報いられることの少ない、もうからない；骨折り損の.

undenkbar [ウンデンクバァ]形 考えられない、想像もできない.

undenklich [ウンデンクリヒ]形 *seit ~er Zeit [~en Zeiten]* ずっと大昔から. *vor ~er Zeit [~en Zeiten]* ずっと昔に、大昔に.

un·deutlich 形 ❶はっきりしない、不明瞭な；(文字などが)読みにくい、わかりにくい；(輪郭などが)不鮮明な、ぼやけた、(写真などが)(ピントの)ぼけた. ❷(記憶・イメージなどが)ぼんやり[漠然]とした、あいまい[おぼろげ]な、確か[定か]でない.

un·dicht 形 《副なし》密でない；水[気体]の漏る.

Un·ding 中(–(e)s/–e) *ein ~ sein* ばかげている、無意味[無理]である.

undurchführbar [ウンドゥルヒフューァバァ, ウン..]形《副なし》実行[遂行]不可能な.

un·durchlässig 形 (水・空気などを)通さない、漏らさない.

un·eben 形 《副なし》平らでない、でこぼこの、起伏のある. *nicht ~* (口)かなりの、相当な、悪くない.

Unebenheit [..ハイト]女(–/–en) ❶《単》平らでないこと、でこぼこ. ❷平らでない[でこぼこの]場所.

un·echt 形 本物でない、偽の、偽造の.

un·ehelich 形 ❶庶出の、私生の. ❷未婚の.

un·ehrlich 形 ❶不誠実な、不正直な. ❷偽りの、信用のおけない.

un·eigennützig 形 利己的でない、私欲のない.

un·einig 形 《副なし》(考え・意見などが)不一致の、不和の.

Uneinigkeit [..カイト]女(–/–en) ❶《単》不一致, 不和. ❷意見の相違, 論争.

un·eins 形 《述語》＝ uneinig.

un·empfindlich 形 《副なし》❶無感覚な, 鈍感な；無頓着な. ❷病気にかからない, 抵抗力のある. ❸汚れにくい, 持ちのよい.

unendlich [ウンエントリッヒ] ((I))形 ❶《副なし》(a)無限の、果てしない、限り[終り、際限]のない、広大な、測り知れない；絶え間なく[果てしなく]続く、とどまるところのない[を知らない]. (b) (数) (→ endlich)無限(大)の. ❷《強調》非常な、極度の、途方もない、とんでもない. ((II))副 限りなく、果てしなく, 無限に；非常[極端, 極度]に.

unentbehrlich [ウンエントベーァリヒ, ..ベーァリヒ]形《副なし》無くてはならない, 欠かせない, (必要)不可欠な, 必須の.

unentgeltlich [ウンエントゲルトリヒ, ..ゲルトリヒ]形 無報酬の, 無料の, 無償の, ただの.

un·entschieden 形 ❶《副なし》決

定しない, 未決(定)の；はっきりしない, 疑わしい. ❷【[スポーツ]】勝負の決まらない, 引き分けの, 決着のつかない. ❸《まれ》決心のつかない, 優柔不断の.

Unentschieden [ウネントシーデン] 匣 (-s/-) 【[スポーツ]】引き分け.

unentwegt [ウネントヴェークト, ウン..] (I) 形《述語なし》❶倦(う)むことのない, (不撓)不屈の, ねばり強い. ❷絶え間のない, ひっきりなしの. (II) 副 ❶あくまで, ひたすら. ❷絶えず, ひっきりなしに, いつまでも.

unerbittlich [ウネアビットリヒ, ウン..] 形 願いをいれない, 泣き落としのきかない, 無情な；厳格な, 仮借のない.

un-erfahren 形 無経験の, 未熟な.

un-erfreulich 形 喜ばしくない, 嫌な, 不愉快な, 好ましくない, おもしろくない.

un-erheblich 形《副なし》取るに足りない, 些細な, つまらない.

unerhört [ウネァヘーァト] (I) 形 ❶《軽度》けしからぬ, 恥ずべき, 恥知らずな. ❷《副なし》これ[今]まで聞いたこともない, 前代未聞の, 空前絶後の, 信じられない；途方もない. ❸聞きとどけられない. (II) 副 前代未聞なくらい, いまだかつてないくらい, 途方もなくきわめて.

unerlässlich [ウネァレスリヒ, ウン..] 形 不可欠の, 絶対必要な. ♦eine ~e Bedingung 必要条件.

unerläßlich 匣 = unerlässlich.

unerlaubt [ウネァラオプト] 形 許されていない, 不許可の, 禁じられた；不法の.

un-erledigt 形 未決の, 片付いていない, 処分の済まない.

unermesslich [ウネァメスリヒ, ウン..] (I) 形《書》測り知れない；(測り知れないほど)大きい. (II) 副 測り知れないほど, 非常に. ♦ ~ still しーんと静かな.

unermeßlich [ウネァメスリヒ, ウン..] 匣 = unermesslich.

unermüdlich [ウネァミュートリヒ, ウン..] 形 疲れを知らない, たゆむことのない, 中断しない.

unerreichbar [ウネァライヒバーァ, ウン..] 形 (手が)届かない, 到達できない, 及びがたい, 得がたい.

unerreicht [ウネァライヒト] 形《副なし》到達されない(でいる)；及ぶもののない；無比[無双]の.

unersättlich [ウネァゼットリヒ, ウン..] 形 飽くことのない；欲の深い.

unerschöpflich [ウネァシェプフリヒ, ウン..] 《副なし》尽きることのない；無尽蔵の.

unersetzlich [ウネァゼッツリヒ] 形 代えることができない, 代用[補充]しがたい；かけがえのない；取り返しのつかない.

unerträglich [ウネァトレークリヒ, ウン..] (I) 形 耐えることができない, 忍びがたい, 我慢のできない. (II) 副 たまらなく, 余りにもひどく.

unerwartet [ウネァヴァルテット, ..ヴァルテット] 形 予期しない, 思いがけない, 意外な；不意[不慮]の, 突然[急]の.

un-erwünscht 形 望ましくない, 好ましくない, 都合[具合]の悪い.

UNESCO [ウネスコ] 囡 (-/)《略》United Nations Educational, Scientific and Cultural Organization ユネスコ.

un-fähig 形《副なし》才能[能力, 力量]のない, 無能な；適性のない. ♦zu ③ ~ 事³ができない, 事³の能力[素質, 資格]のない. ~ sein, ...〈zu 不定詞〉...することができない.

Un-fähigkeit 囡 (-/-) 無能力；不適任.

un-fair 形 無作法な, 不正[不当]な；公明正大でない；【[スポーツ]】フェアでない, スポーツマンシップに反する.

Unfall [ónfal ウンファル] 男 (-es/Unfälle) 事故；不幸, 災害, 災難. [4級]

Unfall-flucht 囡 (-/)《法》事故現場からの逃走.

Unfall-stelle 囡 (-/-n) 事故[災害]現場.

Unfall-versicherung 囡 (-/-en) 傷害[災害, 労災]保険.

unfassbar [ウンファスバーァ] 形 理

unfaßbar 解しがたい；想像できない，信じられない．

unfaßbar ⊕＝unfassbar.

unfehlbar ［ウンフェールバァ,ウン..］**((I))** 形《副なし》誤ることのない，過ちをおかさない，確かな；的を外さない；〔カトリック〕（教皇の）不謬(ふびゅう)の. **((II))** 副間違いなく，きっと，かならず；確実に．

Unfehlbarkeit ［..カイト］女《-/》誤りがないこと；〔カトリック〕（教皇の）不謬(びゅう)性．

un-flott 形 *nicht* ~ 〔口〕悪くない，なかなかである．

un-förmig 形 不格好な．

un-frei 形 ❶《副なし》**(a)**自由でない；拘束された．**(b)**〔史〕隷属した．❷窮屈な，（道徳・習慣などに）縛られた．❸〔郵〕郵税未納の，受取人払いの．

un-freiwillig 形 ❶自由意志でない，いやいやながらの，不本意な．❷意図［作意］的でない，うっかりした．

un-freundlich 形 ❶友情のない，友好［友誼］的でない，不親切な，無愛想な，愛想［感じ，もてなし］の悪い．❷《副なし》**(a)**快適でない，不快な；居心地［住み心地］の悪い．**(b)**（天候などが）じめじめして［湿っぽくて］寒い，陰鬱な．

unfrisiert ［ウンフリズィーァト］形 ❶整髪していない，セットしていない．❷〔口〕手を加えていない，（報告など）修正をねじていない．

un-fruchtbar 形 ❶《副なし》実りをもたらさない，不生産的，不毛の．❷実を結ばない，不妊の．❸実りのない，利益のない，無効の．

Unfruchtbarkeit ［..カイト］女《-/》不毛；不妊．

Unfug ［ウンフーク］男《-(e)s/》❶不正，不法；乱暴，非行．❷ばかげたこと，ナンセンス．

Ungar ［ウンガァ］男《-n/-n》《弱》ハンガリー人. ◇~**in** 女《-/-nen》.

ungarisch ［ウンガリッシュ］形 ハンガリー（人［語］）の．

Ungarn ［ウンガァン］中《-s/》ハンガリー（（中欧の国；略：H）．

ungeachtet ［ウンゲアハテット］前《2格支配》〈書〉…にもかかわらず．

un-gebildet 形〔やや軽蔑〕教養のない，無教育の，無学の．

un-gebräuchlich 形《副なし》もはや用いられない，不用の，すたれた．

un-gebrochen 形 ❶折れて［曲がって］いない，（光線など）屈折しない．❷（色などが）濁って［くすんで］いない．❸不屈の，くじけない，びくともしない．

ungedeckt ［ウンゲデックト］形 ❶覆われない，屋根のない，覆いのない；（食卓の）用意のできていない．❷援護のない；〔スポ〕無防備の，ノーマークの．❸〔商〕無担保の，保証のない．

Un-geduld 女《-/》短気，性急，焦燥．

un-geduldig 形 気の短い，根気のない，辛抱［我慢］強くない；せっかちな；いらいらした．

un-geeignet 形《副なし》不適当な，不適任の，不適切な，合わない，使えない．

ungefähr ［óngəfɛːr, ━━ ウンゲフェーァ,ウンゲフェーァ］**((I))** 副 おおよそ，約，大体，ほぼ，さっと．**((II))** 形《付加》おおよその，だいたいの，あらまし［概略］の. 5級

un-gefährlich 形《副なし》危険のない；危なくない，無害の．

ungeheizt ［ウンゲハイツト］形 暖められていない，暖房のない．

ungeheuer ［ウンゲホイアー,..ホイアー］（比較 ungeheurer）**((I))** 形《副なし》莫大な［膨大，甚大］な，途方［とてつ］もない，ものすごい，恐ろしい（ほどの），とんでもない，並外れた．**((II))** 副 途方［とてつ］もなく，ものすごく，恐ろしく．

Ungeheuer ［ウンゲホイアー］中《-s/-》❶怪獣，怪物；《比》残忍な人，人非人．❷巨大なもの．

ungeheuerlich ［ウンゲホイアーリヒ,ウン..］形 ❶《副なし》〔まれ〕巨大な，怪物のような．❷〔軽蔑〕奇怪な，途方もない，言語道断な．

Ungeheuerlichkeit ［..カイト］女《-/-en》❶《単》巨大，途方もないこと，

奇怪. ❷奇怪な[途方もない]事物[行為].

ungehindert [ウンゲヒンダァト] 形 《述語なし》妨げられない, 差し支えない, 障害のない.

un･gehörig 形 ふさわしくない, 不法の, 失礼な, あつかましい.

un･gehorsam 形 言うことを聞かない, 従順でない; [軍]服従しない, 命令拒否の.

Un･gehorsam 男 ⟨-s/⟩ 不従順; [軍]不服従, 命令拒否.

ungekürzt [ウンゲキュルツト] 形 カットされていない, 無削除の.

un･gelegen 形 不便な, 不都合な, 都合が悪い, 時間[時期]の悪い.

un･gelernt 形 《付加》《労働者などの》未熟(練)の.

un･gemein ⟨Ⅰ⟩形 並はずれた, 大変な. ⟨Ⅱ⟩副 並はずれて, 実に, まことに.

un･gemütlich 形 ❶(a)心地よくない, 居心地[住み心地]の悪い, 快適でない, くつろげない, 落ち着かない. (b)気づまり[窮屈]な, いたたまれない, なごやかでない, うちとけない. ❷不快な, 嫌な, 好ましくない; 苦しい, 困った, やっかいな. ❸不機嫌な, 無愛想[つっけんどん]な, つむじを曲げた.

un･genau 形 ❶不精密な, 不正確な. ❷厳密でない, いい加減の.

ungeniert [ウンジェニールト] 形 遠慮のない, くつろいだ, うちとけた; 平気な.

ungenießbar [ウンゲニースバァル, ..ニースバァル] 形 《副なし》❶食べられない, 飲めない, 飲食不可の; (口)(文芸作品などが)まずい, いただけない. ❷(口; 戯謔)(人などが)我慢のならない, 嫌な.

un･genügend 形 ❶不十分な, 不足した, 乏しい, 間に合わない, 満足させられない. ❷(成績で)不可の, 落第点の.

un･gepflegt 形 手入れされてない, だらしない.

un･gerade 形 (口) ❶[数]奇数の. ❷[狩](鹿の角の枝の)数が片方1本足りない[奇数になっている].

un･gerecht 形 (最上 ~est)正しくない, 不正な; 不公平な, 偏った, フェアでない; 不当な.

Un･gerechtigkeit [..カイト] 安 ⟨-/-en⟩ ❶⟨単⟩不正, 不当, 不公平. ❷不正行為[状態], 不公平な言動.

un･gern 副 好まずに, いやいや(ながら), 気が進まず. ◆nicht ~ きらいではない.

ungerührt [ウンゲリューァト] 形 心を動かさない, 冷淡な, 無感動な, 醒(゚)めた.

un･geschehen 形 ~ machen (事⁴を)なかったことにする, 元どおりにする, そのままにしておく.

Ungeschick [ウンゲシック] 中 ⟨-(e)s/⟩ 不器用, 不手際.

Ungeschicklichkeit [..リヒカイト] 安 ⟨-/-en⟩ ❶⟨単⟩不器用, 不手際. ❷不器用[不手際]な行動.

un･geschickt 形 (最上 ~est) ❶(a)不器用な, ぎこちない, 頼りない, ぎくしゃくした, おぼつかない. (b)へたな, まずい, 未熟な, 配慮[思慮]の欠けた, ふさわしくない. ❷《副なし》《特に南ドイツ》(a)(まれ)(実際の)役に立たない, 実用的でない, 使い[扱い]にくい. (b)都合[具合い, 時機]の悪い, 不都合な, 好ましくない.

ungeschminkt [ウンゲシュミンクト] 形 化粧[メーキャップ]のない; ありのままの.

un･geschrieben 形 書かれていない, 文章にはなっていない. *ein ~es Gesetz* 不文律.

un･gesetzlich 形 違法の, 不法の.

ungestempelt [ウンゲシュテンペルト] 形 スタンプが押されていない, 消印がない.

un･gestört 形 妨げられない, じゃまの入らない; 円滑[スムーズ, 順調]な, 絶え間[途切れ]ない.

un･gesund 形 《比較 ungesünder, ungesunder; 最上 ungesündest, ungesundest⟩ ❶健康でない, 不健康(そう)な; 病気[病身]の, 病気がち[病弱, 虚弱]な. ❷健康[体]によくない, 健康を損なう. ❸不健全な, 病的な.

Ungetüm [ウンゲテューム] 中 ⟨-(e)s/

ungewiss

—e) ❶ 巨大な(醜い)もの, 怪物, 奇怪な形のもの. ❷《やや古》巨大な怪獣.

un-gewiss 形《最上 ~est》❶《副なし》不確かな, 不確実な; 不確定[未決定]の, 不確定要素の多い; 疑わしい, あやふやな. ❷確信の持てない, はっきり知らない[わからない]; 決心のつかない; 確定していない. ❸《書》はっきりしない, 定かでない, はっきり決め[定め]がたい; あいまい[不明確]な, 漠(然)とした; 名状[形容]しがたい, 何とも言えない.

ungewiß 形 = ungewiss.

Ungewissheit [..ハイト] 女(-/) 不確実, 不確定.

Ungewißheit 形 = Ungewissheit.

ungewöhnlich [ウンゲヴェーンリヒ] ((Ⅰ))形 ❶普通でない, 異常な, 日常[通常]と違った; 珍しい, まれな, 一般的でない, 異例の; 並外れた. ❷《副なし》非凡な, 優れた, 抜きんでた, 目ざましい, すばらしい; 稀有(や)の, たぐいまれな. ((Ⅱ))副 ❶異常に, 珍しく. ❷並外れて, 非常に.

un-gewohnt 形《副なし》❶(まだ)慣れたていない, 不慣れ[不案内]な, なじみのない, よく知らない, 習熟[熟知]していない. ❷いつも[普段]と(は)違う.

un-gewollt 形《副なし》望んでいない, 意図していない, 心にもない.

Ungeziefer [ウンゲツィーファー] 中(-s/) 害虫, (ネズミなどの)有害小動物.

un-gezogen 形《特に子供が》しつけ[行儀]の悪い, 言いつけを守らない; 無作法[無礼, 粗野]な, ぶしつけ[無愛想, 無遠慮, 横柄]な, そっけない, 人を食った(ような).

un-gezwungen 形 強いられない, 任意の, 自由の; 自然の, わざとらしくない; 気どらない.

un-gläubig 形 ❶ 信じられない, 疑っている, 懐疑的な. ❷《副なし》不信心の, 無信仰の.

unglaublich [ウングラオプリヒ] ((Ⅰ))形 ❶《副なし》信じられない, 信じ難い, 思いもよらない; あり[起こり]得ない. ❷信じられないほど[くらい]の, 信じられないほどひどい, 途方もない, とんでもない. ((Ⅱ))副 信じられないほど, (もの)すごく.

un-glaubwürdig 形 信ずるに足りない, 当てにならない, 信頼できない, 信憑性のない.

un-gleich ((Ⅰ))形 ❶同じ[同一]でない, 等しくない, 不同[不整]の; 同等[対等]でない, 均等[均一]でない, 不ぞろい[まちまち]な; 不釣り合いな; 似ていない; 平等でない, 不平等[不公平]な. ((Ⅱ))副 ❶異なって, 不平等に. ❷《比較級を強調して》比較[比べもの]にならないほど, はるかに, ずっと, 断然, うんと.

un-gleichmäßig 形 ❶不規則な. ❷一様でない, 不つりあいの, 不ぞろいの, むらのある, でこぼこのある. ❸不均等の.

Unglück [ウングリュック] 中(-(e)s/-e) ❶(大)事故, 惨事, 災難, 災い. ❷《単》不幸. ❸《単》不運. *Ein ~ kommt selten allein.* (諺) 弱り目にたたり目, 泣きっ面に蜂. *ins ~ rennen* (知らずに)不幸に向かって突き進む.

un-glücklich 形 ❶不幸[不幸せ]な; 悲惨[哀れ]な; 打ちひしがれた, 悄然とした. ❷不幸をもたらす; 不運な, 運の悪い, 悲運の; 不首尾な, 不成功の; かんばしくない, 都合の悪い, 不都合[不利]な. ❸不器用[へた]な, へま[どじ]な, ぎこちない; (表現などが)不適切[不適当]な, まずい.

unglücklicherweise [ウングリュックリッヒャーヴァイゼ] 副 不運にも, 運悪く.

Unglücks-fall 男(-(e)s/..fälle) (大)事故, 不幸(な事件), 災難; 椿事(ちん).

Un-gnade 女(-/) 不興. *bei ③ in ~ fallen* 人³の寵愛(ちょう)を失う, 不興を買う.

un-gnädig 形 ❶《俗軽蔑》不興の, 不機嫌な. ❷《書》無慈悲な, 苛酷な.

un-gültig 形 無効の, 失効の, (法的)効力[拘束力]のない, 効力を持たない[失った]; 通用しない; 有効期限が切

Un・gunst 囡(-/-en)《書》不機嫌, 寵愛(ちょうあい)[好意]を失っていること;不都合, 不利. **zu** 〜**en** 人に不利益に, 不利[損]になることに.

un・günstig 形 ❶ 都合の悪い, 不利な;思わしくない, よくない. ❷《書》好意のない, 好意を持たない, 好意的でない, 冷たい.

un・gut 形 ❶ よくない, 悪い, 嫌な, 不快な. ❷ 都合の悪い, 好ましくない. *Nichts für 〜!* どうか悪しから(ﾈﾊﾞ)ず, 悪く思うなよ.

un・handlich 形 扱いにくい, 手ごろ[手軽]でない.

Un・heil 匣(-(e)s/)《書》災い, 災害, 害悪;不幸.

unheilbar [ウンハイルバーァ, ウンハイルバーァ] 形 治らない, 不治の;(損害などが) 取り返しのつかない, 回復の見込みのない;(口)(人が) 救いようのない, どうしようもない, 矯正[善導]できない.

unheil・voll 形《副なし》災いに満ちた, 有害な.

unheimlich [ウンハイムリヒ, ウン‥] 《(I)》形 ❶ 不気味な, 気味の悪い;恐ろしい, ぞっとする(ような). ❷ (口)非常に[途方もなく]大きい[多い], 巨大[莫大]な;(もの)すごい, ひどい. 《(II)》 副 ❶ 不気味に, 気味悪く. ❷ (口)(もの)すごく, 恐ろしく.

un・höflich 形 礼儀をわきまえない, 無作法な, 失礼な;不親切な.

Unhöflichkeit [..カイト] 囡(-/-en) 無礼, 不作法(な言動).

un・hygienisch 形 非衛生的な;汚ない.

Uni [ウニ] 囡(-/-s)(口) = Universität 大学.

Uniform [ウニフォルム, (南ｼﾞ･ｵｽﾄ) ウーニフォルム] 囡(-/-en)制服;《軍》軍服.

un・interessant 形 ❶ 興味をひかない, 関心をそそらない, おもしろくない;どうでもよい, 重要でない. ❷《副なし》《商》有利でない, 利益の少ない, 利益にならない, もうからない, 割の悪い.

Union [ウニオーン] 囡(-/-en) 連合, 合同;同盟, 連盟, 連邦.

Universität [univɛrzitɛ́ːt ウニヴェァズィテート] 囡(-/-en) ❶《総合》大学. ❷ 大学の教職員学生の全体. ◆ *Professor an der* 〜 大学教授. *auf die [zur]* 〜 *gehen* 大学に行く. 5級

Universum [ウニヴェァズム] 匣(-s/..sen) ❶ 宇宙, 天地万物, 森羅万象(しんらばんしょう). ❷ 無限の多様性.

un・kenntlich 形 識別できない, 見分けがつかない.

Un・kenntnis 囡(-/) (特定の事柄に関する)知識の欠如, 無知, 不案内.

un・klar 形 ❶ (a)(液体が)濁った, 不透明な, 澄んでいない;(空が)曇った, どんよりした. (b)(輪郭・像などが)はっきり[くっきり]しない, 不鮮明な, ぼやけた;ピントのぼけた[ぶれた]. ❷ (感じ・記憶などが) 漠(然)とした, ぼんやりした, あいまいな. ❸ (意味・言葉・文章が) わかりにくい, 不明瞭な. ❹ 不確かな, 不確実な, 不確定の;決まっていない, 未決定[未定]の;明らかに[解明]されていない. *sich³ über* ④ *im Unklaren sein.* 事⁴についてはっきりわかっていない.

un・konventionell 形《書》慣例に従わない, 因襲にとらわれない, 異例の. ❷ 型にはまらない, 形式ばらない.

Un・kosten 複 ❶ (不測の)支出, 出費, 費用;《特に》雑費, 冗費. ❷ (口)支出, 出費. *sich⁴ in* 〜 *stürzen* (口) 大金を使う.

Unkosten・beitrag 男(-(e)s/..träge) 費用の分担(金).

Un・kraut 匣(-(e)s/(種類を示して)..kräuter) 雑草. 〜 *vergeht [verdirbt] nicht.*《諺》憎まれっ子世にはばかる(雑草は生命力が強い).

un・kultiviert 形 ❶ (軽蔑)未開の, 野蛮な, 粗野な, 無教養な. ❷ 未開墾の.

un・längst 副 つい先ごろ, つい先日, 最近.

un・lauter 形 不純な;不公正な.

unleserlich [ウンレーザーリヒ, ウンレーザーリヒ] 形 (文字などが) 読みにくい, 読みづらい.

un・mäßig 《(I)》形 節制[節度]のな

Un・menge 囡(-/-n) 無数, 多数, 多量. *in ~m* ものすごい量の.

Un・mensch 男(-en/-en) 残酷[残忍]な人, 人でなし, 人非人. *kein ~ sein* 《口》話のわからない人間ではない.

unmenschlich [ウンメンシュリヒ, ウンメンシュリヒ] 《(I)》形 ❶(a) 人間味のない, 残忍な, 冷酷[冷血]な, 非情[無情]な. (b)(社会体制などが)非人間[非人道]的な. (c) 人間にふさわしくない, 不人情な, 苛酷[悲惨]な, つらい, 苦しい. ❷《副なし》ひどい, (もの)すごい, 途方もない[とてつもない], 猛烈な, 考えがたい. 《(II)》副 ❶冷酷に；非人間的に. ❷《口》ひどく, (もの)すごく, 途方もなく, 耐えられないほど.

unmißverständlich [ウンミスフェアシュテントリヒ,…シュテントリヒ]形 誤解のおそれのない, 明白な, 紛れもない.

unmissverständlich 形= unmissverständlich.

un・mittelbar 《(I)》形《述語なし》(道などが)遠回り[回り道, 寄り道]をしない, 直行[直通]の. ❷《述語なし》(a)(空間的に)すぐの, すぐ近く[そば, 隣]の, (じかに)接した, 接近[隣接]した. (b)(時間的に)間近な. ❸(a) 直接の, じか[じきじき]の；自身[本人]の. (b)(危険・需要などが)差し迫った, 切迫した. 《(II)》副 ❶すぐ(近くに), 間近に. ❷直接(的)に, じかに.

un・möbliert 形 (部屋が)家具付きでない.

un・modern 形 ❶流行遅れの, すたれた, 現代[当世]風でない. ❷(a)(科学技術の点で)時代遅れの, 現代[近代]的でない, 旧式の. (b)(考え方などが)時代に遅れた, 旧弊な, 古くさい, 現代[進歩]的でない.

unmöglich [ónmø:klɪç, ウンメークリヒ, ウンメークリヒ]形 ❶(a) 不可能な；実行[実現]できない. (b) あり得ない, 起こり[生じ]得ない；考えられない, 信じられない. ❷(口；主に軽蔑)(およそ)場違いな, (その場に)そぐわない, ふさわしくない, (ひどく)とつぴ[奇抜]な；とんでもない, どうしようもない, 常軌を逸した, ひどい. (b)《副なし》あろうはずもない；思いもよらない, 想像もつかない, 意外な, 予想外の；奇妙[珍奇]な, 珍しい. ❸《können と》(a)…は不可能である, 決して[全く, どんなことがあっても]…ない. (b)…のはずがない, …するわけにはゆかない. *sich⁴ ~ machen* 信用を落とす, 立場を失う[なくす], 恥をかく[さらす]. 4級

un・moralisch 形 不道徳な, 非道義的な.

unmündig 形《副なし》❶未成年の. ❷まだ一人前でない, 未熟な.

Un・mut 男(-(e)s/) 《書》不機嫌, 不満.

un・nachsichtig 形 寛大でない, 厳格な, 容赦しない.

unnahbar [ウンナーバーァ, ウン..]形 近づき[近寄り]がたい；よそよそしい, つんとした.

un・natürlich 形 不自然な, 自然の法則に反する；わざとらしい, 気取った.

un・nötig 形 ❶不必要な, 不要の. ❷余計な, むだ[無益]な, 無用の.

unnütz [ウンニュッツ]形 無用の, 無益[むだ]な, むなしい, 役に立たない；無意味な；つまらない, くだらない.

UNO, Uno [ウーノ] 囡(-/) 《略》United Nations Organization 国際連合.

un・ordentlich 形 ❶だらしない性格の, きちょうめんでない. ❷(a) きちんと整頓[整理]されていない, 片付いていない, 散らかった. (b) 乱雑な, 雑然とした, 無秩序な. ❸(服装などが)だらしない, 乱れた, 無頓着な；(行為が)ぞんざい[いいかげん]な. ❹(道徳的に)乱れた, ふしだらな.

Un・ordnung 囡(-/) 無秩序, 不整頓(ﾄﾝ)；乱雑, 混乱.

un・parteiisch 形 非党派的な, 中立の；公平な, 偏らない.

un・passend 形 ❶《副なし》(時間・時期などが)都合[具合]の悪い, 不都

合な. ❷適切［適当］でない, 不適切［不適当］な;（その場に）ふさわしくない［そぐわない］, 場違いな; 不穏当な.

unpässlich ［ウンペスリヒ］形《主に述語》不快な, 気分のすぐれない.

unpäßlich 旧= unpässlich.

un·persönlich 形個性のない, 没個性な; 個人的なものを排した, 個人的感情を交えない; 個人的でない, 非個人的な,（特定の）個人に関係しない, 一般的な;［言］非人称の.

un·praktisch 形 ❶非実用的な, 使いにくい［づらい］,（取り扱いに）不便な. ❷実務的でない, 実務にうとい, 手際の悪い; 経験に乏しい, 世間知らずの, 世事［実生活］にうとい.

un·produktiv 形非生産的な, 成果のない.

un·pünktlich 形 ❶（時間を）きちんと守らない, 時間にルーズな, きちょうめんでない. ❷（時間・時期に）遅れた.

Unpünktlichkeit ［..カイト］女(-/)時間のルーズさ; 遅刻, 遅延.

unrasiert ［ウンラズィーァト］形ひげをそっていない.

Un·rat 男(-(e)s/) ❶［書］ごみ, くず. ❷悪いこと.

un·recht 形 ❶（道徳的に）正しくない］, 誤った, 間違った, 不正［不当］な. ❷不適切［不適当, 不向き］な;（その場に）ふさわしくない［そぐわない］, 場違いな;（時間などが）都合［具合］の悪い, 不都合な, 折の悪い, 好ましくない. ❸《主に付加》間違った, 誤った, 正しくない, 見当外れの.〚③〛~ *tun* 人³に不当なこと［ひどい仕打ち］をする, 人³を不当に非難する.

Un·recht 中(-(e)s/) 不正, 不当; 不正行為. *im ~ sein*〈人¹が〉間違っている, 正しくない;〈言うことが〉間違っている, 正しくない. *zu ~* 1) 誤って. 2) 不当に（も）.

un·rechtmäßig 形法律に反する, 不法な, 違法の.

un·redlich 形不正直な, 不誠実な.

Unredlichkeit ［..カイト］女(-/-en)不正直, 不誠実（な行為）.

un·regelmäßig ［ウンレーゲルメースィヒ］形不規則な, ふぞろいの, 一様でない; 変則の, 異常な.

un·reif 形（果物などの）熟していない;（心や体が）未熟の; 機の熟さない.

un·rein 形 ❶純粋でない, 混ぜ物のある,（音・色などが）澄んでいない,（宝石などが）きずのある. ❷汚ない, 不潔な,（液体の濁った; 調子外れの. ❸［宗］不浄.

un·rentabel 形（比較 ..tabler）利益［収入］のない, もうからない.

Un·ruhe 女(-/-n) ❶［単］騒がしさ. ❷［単］落ち着かない状態, 落ち着きのなさ. ❸［単］不満, 不穏; 騒ぎ. ❹《単》不安, 心配, 胸騒ぎ. ❺《複》騒ぎ, 騒乱; 暴動.

un·ruhig 形 ❶(a)落ち着かない. (b) 騒々しい. (c)不安定な, 乱れた. (d)せわしない, 慌しい. ❷不安な, 気にかかる.

uns ［ウンス］代《人称》(⇨wir)《第1人称複数3格・4格の形（性別を問わず）》われわれに［を］. **5級**

un·sachlich 形事実に即しない, 客観的でない, 見当違いの.

unsagbar ［ウンザークバァ, ウン..］形言葉に言い表せない, 言語に絶する.

un·sauber 形 ❶不潔な, 汚れた, 汚ない. ❷いい加減な, 正確でない. ❸（音などが）澄んでいない. ❹汚ない, 不正な, フェアプレーでない.

un·schädlich 形 ❶害［毒］のない, 無害な, 無毒の, 危険でない. ❷健康に害のない, 健康を損なわない, 副作用のない.

un·scharf 形 ❶（輪郭・ピントが）ぼやけた, シャープでない. ❷（表現などが）厳密でない.

un·scheinbar 形目立たない, ぱっとしない; 見すぼらしい, 地味な.

Un·schuld 女(-/) ❶罪のないこと, 無実, 無罪, 潔白. ❷汚れのないこと, 清純; 無邪気, 素朴, あどけなさ. ❸純潔, 処女.

un·schuldig 形 ❶罪［とが, 責任］のない, 無罪の, 無実の, 潔白な. ❷(a)《副なし》（人が）（心の）汚れのない, 汚

れ[罪]を知らない,純真(無垢)な,清純な.**(b)**(表情などが)あどけない,無邪気「天真爛漫」な. ❸害にならない,無害の,当たり障りのない;悪意のない. ❹純潔[貞潔]な,汚されていない,処女[童貞]の,うぶな.

un-selbständig 形 = unselbstständig.

un-selbstständig 形 独立していない,自立[自活]できない,他に依存した.

un-selig 形 ❶非常に不幸な,不運な;不幸をまねく,運命[宿命]的な. ❷嘆かわしい,悲しむべき,残念な.

unser [ónzər ウンザー] ((I))冠〈所有〉

格	男性	女性	中性	複数
1	uns(e)er	uns(e)re	unser	uns(e)re
2	uns(e)res	uns(e)rer	uns(e)res	uns(e)rer
3	uns(e)rem	uns(e)rer	uns(e)rem	uns(e)ren unserm unsern
4	uns(e)ren unserm	uns(e)re	unser	uns(e)re

《1人称複数「私たち」の所有関係を表す》❶私たちの,われわれの. ❷《代名詞的用法》私たち[われわれ]のもの. ((II))代〈人称〉1人称複数 wir の2格. **5版**

unser-einer 代〈不定〉《無変化》(口)私たちのようなもの.

unser-eins 代〈不定〉《無変化》(口) = unsereiner.

unserer-seits [ウンゼラーザイツ] 副 われわれの方[側]では,われわれ自身としては[にとっては].

unseres-gleichen [ウンゼレスグライヒェン] 代《無変化》われわれのような人,われわれの同輩.

unsert-wegen [ウンゼァトヴェーゲン] 副 ❶われわれのために. ❷(まれ)われわれとしては.

un-sicher 形 ❶《副なし》不確かな;不確定の;あいまいな,漠然とした. ❷《副なし》信頼[信用]のおけない,あて[頼り]にならない. ❸自信がない,確信の持てない,はっきり知らない[わからない];決心のつかない. ❹自信[落ち着き]のない,うろたえた,おどおどした. ❺未熟[不慣れ]な,経験の乏しい[浅い];不器用[へた]な,ぎこちない;(足元が)危なげ[不安定]な,しっかりしていない,おぼつかない. ❻安全でない.

Unsicherheit [..ハイト] 女(-/-en) ❶《単》unsicher であること. ❷unsicher な言動;測りしれない[予測のつかない,不確定な]こと.

un-sichtbar 形 目に見えない.

Un-sinn 男(-(e)s/) 無意味なこと,ナンセンス;くだらない[ばかげた]こと,愚行.

un-sinnig 形 ❶無意味な,ナンセンスな;くだらない,ばかげた,狂気じみた. ❷(口)非常に大きい[高い,強い],とてつもない,法外な.

Un-sitte 女(-/-n) 悪習,悪癖.

un-sittlich 形 ❶不道徳な,背徳の;不倫な,卑猥な. ❷[法]公序良俗に反する.

unsrer-seits [ウンズラーザイツ] 副 = unsererseits.

unsterblich [ウンシュタァプリヒ,ウンシュテァプリヒ] ((I))形《副なし》不死の,永遠の;不滅[不朽]の. ((II))副 非常に,ものすごく.

Unsterblichkeit [..カイト] 女(-/) ❶不死;不滅. ❷[宗] 死後にも生き続ける[残る]こと.

Un-stern 男(-(e)s/)[書]凶星,悪い星,不運,厄. *unter einem ~ stehen* 不運な星の下に生まれている.

unstreitig [ウンシュトライティヒ,ウンシュトライティヒ] ((I))形 議論の余地のない,疑いのない,確かな,明らかな. ((II))副 議論の余地なく,疑いもなく,まちがいなく.

un-sympathisch 形 ❶(主に軽蔑)不快な,いやな. ❷性に合わない,気に入らない;感じが悪い.

Un-tat 女(-/-en) 凶行,犯行,犯罪,悪業.

un-tätig 形 何もしない,無為の,のらくらしている.

un-tauglich 形 役にたたない,無用の;

不適任の,不適格の;兵役に適さない.

unten [ӭntən ウンテン] 副 (↔ oben) ❶ 下に, 下方に, 下部に; 階下に; 底[奥]に. ❷ 下座に, 末席に. ❸ 下記に. ❹ (口) 南に. ❺ 下層に, 下級に, 下位に. ❻ (口) (身体の)下半身に, 下[股]の方に. **5級**

unter [ӭntɐr ウンター] ((I)) 前《3格・4格支配》

Er legt den Brief unter das Buch [unters Buch]. 彼は手紙を本の下に置きます.

Der Brief liegt unter dem Buch [unterm Buch]. 手紙は本の下にあります.

A《場所・位置を表す3格と; unterm = unter dem》❶《空間的》(↔ über)...の下(方)に[で]. ◆ die Zeitung ~ dem Arm tragen 新聞を腕に抱えている. ❷《混在・集合内》...の間[中]に[で]. ◆ Ich sehe ~ den Gästen einen Freund. ゲストの中に友達がいるのが見えます. ❸《所属・分類・区分》...の(表題・宛名の)もとに[で], ...の項のところで. ◆~ dem Namen von X X という名で. ❹《下位》...(の数値・程度)より下(位)に[で], ...を下回って, ...以下[未満]に[で]. ◆ eine Wohnung ~ 500 Euro monatlich 月500ユーロ以下のアパート. ~ dem Durchschnitt liegen〈物¹が〉平均以下である. ❺《支配・従属》...の支配下で, ...のもとで[に]. ◆~ ② Kommando stehen〈人²の〉指揮下にある. ❻《状況・状態・方法・条件》...の(状況・状態・方法・条件の)もとで[に]. ◆~ der Voraussetzung [der Bedingung], dass ... ...という前提[条件]の下で. ❼《付随状況》...をしながら, ...のうちに, ...中. ◆~ Tränen 泣きながら.

B《運動の方向・行先・目標を表す4格と; unters = unter das, untern = unter den》❶《空間的》(↔ über)...の下(方)へ[に]. ◆ eine Jacke ~ den Mantel ziehen コートの下に上着を着る. ❷《混在》...の間[中]へ[に]. ◆ Er mischte sich⁴ ~ die Gäs-

ste. 彼はゲストの中に紛れ込みました. ❸《所属・分類・区分》...の(表題・宛名の)もとへ[に], ...の(項の)ところへ[に]. ◆ ~ ein Motto stellen 事⁴をモットーにする. ❹《下位》...の(数値・程度より)下(位)へ[に], ...を下回って, ...以下[未満]へ[に]. ◆ Die Temperatur ist ~ Null gesunken. 気温が氷点下に下がりました. ❺《支配・従属; 状況・状態》...の支配下へ[に], ...のもとへ[に]. ◆~ ④ ~ ② Aufsicht stellen 人⁴を人²の監督下におく. **~ der Hand** 水面下で, 密かに, 人知れず. **~ der Woche** (その週の)平日に. **~ ander(e)m** そのうちの一つが, 数ある中で, なかでも ((略: u.a.)). **~ anderen**《人間について》そのうちの一人が, 数ある人の中で, なかでも ((略: u.a.)). **~ uns gesagt** ここだけの話だけど. ◆ **~ sich haben** 人・部署⁴を率いている [統括している]. *Das bleibt ~ uns.* これはここだけの話ですよ. *Wir wollen ~ uns sein.* 我々だけで[水入らずで]過ごしたい, 誰にも邪魔されたくありません. ((II)) 副《+数量》(...を)下回って, (...)以下[未満]. ◆ Er ist noch ~ 50. 彼はまだ50下です. ((III)) 形 (口)《付加; 副詞・述語としては unten; 比較級なし, 最上級は unterst》下の; 下流の; 下位[下層, 下級]の (↔ ober). **5級**

unter.. [ウンター..] ((I))《前綴り》《分離》❶「下に, 下へ, 下から」❷「収納, 収容」❸「混入, 介在」❹「従属」((II))《形容詞に付いて》❶「...下の」❷「...以下の, ...未満の, ...不足の, ...不良の, 低...の」.

Unter-arm 男 (–(e)s/–e) 前腕.

Unter·bewusstsein 中 (–s/)【心】潜在意識.

Unterbewußtsein 中 = Unterbewusstsein.

unter·bleiben* 自 S 起こらずにいる, なされずにある, 行われない, 中止される.

unter·brechen* 他 ❶ 中断する, 中絶する;〈交通・電気¹などを〉遮断する, 遮る, 妨げる. ❷〈人⁴の〉話を遮る.

Unter·brechung [..プレッヒュング]

女(−/−en)中断, 中絶;遮断;妨害.

unter|bringen* 他 ❶⟨④ in ③⟩⟨物⁴を物³に⟩収納する, 保管する, 入れる. ❷⟨④ in ③ [bei ③]⟩⟨人⁴を場所³に[人³の所に]⟩泊める, 収容する. ❸⟨④＋場所⟩(口)⟨人⁴を⟩就職させる, ❹⟨bei ③⟩(口)⟨原稿⁴を出版社³などに⟩採用してもらう.

Unterbringung [ウンターブリングング]女(−/−en) ❶⟨単⟩収納;宿泊させること, 収容. ❷宿, 宿泊所.

unterdessen [ウンターデッセン]副 その間に, そうこうするうちに.

unter·drücken 他 ❶⟨感情⁴などを⟩抑制する. ❷⟨情報⁴などを⟩押える, 差し止める. ❷⟨質問⁴などを⟩押える, 控える, ❸⟨暴動⁴などを⟩抑える, 未然に防ぐ. ❸力で抑える, 弾圧する.

Unter·drückung [..ドリュックング]女(−/−en)抑制;弾圧;抑制.

untereinander [ウンターアイナンダー]副 ❶上下に. ❷互いの間で, 相互間で, 自分たちの間で;いっしょくたに, ごちゃごちゃに. ❸互いに.

unterernährt [ウンターエァネーァト]形栄養不良の.

Unterernährung [ウンターエァネーァルング]女(−/−en)栄養不良.

Unter·führung [..フューアルング]女(−/−en) ❶低路交差, ガード下の道路[鉄道], アンダークロス. ❷[印]同語符号を付けること.

Unter·gang 男(−(e)s/..gänge) ❶(太陽・月・星が)沈むこと, 没すること. ❷(船が)沈むこと, 沈没. ❸ 没落, 滅亡, 破滅, 衰微;絶滅.

unter|gehen* 自S ❶⟨船³が⟩沈没する, (比)⟨姿¹が⟩見えなくなる, ⟨声¹などが⟩聞こえなくなる, かき消される. ❷⟨太陽⁴などが⟩沈む, 没する. ❸没落する, 滅亡する, 落ちぶれる.

unter·geordnet [..ゲオルドネット]((I))untergeordnen の過去分詞. ((II))形下位の, 従属的な, 副の, 第二義的な, 第二次の.

Unter·geschoss 中(−es/−e) ❶地階. ❷最下階;半地階.

Unter·geschoß(旧つづり)＝ Untergeschoss.

Unter·gewicht 中(−(e)s/) 重量不足;標準以下の重量.

Unter·grund 男(−(e)s) ❶[地]底層, ❷[建]地盤;(海などの)底;(まれ)基礎, 土台. ❸(絵画の)地(じ), 下塗り. ❹[政]地下組織;地下運動, 非合法活動.

Untergrund·bahn 女(−/−en)地下鉄道((略:U-Bahn)).

unter|haken 自再 sich⁴ ⟨bei ③⟩(口)⟨人³と⟩腕を組む.

unterhalb [ウンターハルプ] ((I))前⟪2格支配⟫...の下(方)に, 下部に, 下流に. ((II))副⟨~ von ③⟩⟨物³の⟩下方に, 下部に;南向に.

Unter·halt 男(−(e)s/) ❶生計;生計の維持, 生活費;[法]扶養(料). ❷(施設などの)維持, 補修, 運営;維持費.

unter|halten* [ウンターハルテン]他下に当てる, 下から支える.

unterhalten* [ontərháltən ウンターハルテン] ((I))他 ❶⟨家族⁴などを⟩扶養する, 養う, ⟨人⁴の⟩面倒をみる;⟨家畜⁴などを⟩飼養する. ❷⟨関係⁴などを⟩維持する, 保存する;⟨交際⁴などを⟩絶たない, 保つ;運営してゆく. ❸⟨人⁴と⟩くつろいだ楽しい時を過ごさせる;⟨人⁴を⟩歓待する, もてなす;楽しませる. ((II))再 sich⁴ ❶くつろいだ楽しい時を過ごす, 楽しむ. ❷⟨mit ③ über ④⟩⟨⟨人⁴と事⁴について⟩⟩楽しく語り合う, 歓談する. **4級**

unter·haltsam [..ハルトザーム]形楽しい, 愉快な;おもしろい.

Unterhaltung [ウンターハルトゥング]女(−/−en) ❶(愉快な)談話, 談笑, 歓談. ❷(主に単)楽しみ, 慰み, 娯楽. ❸(単)維持, 保存. ❹(単)(まれ)扶養, 養育.

Unter·händler 男(−s/−)交渉者.

Unter·hemd [ウンターヘームト]中(−(e)s/−en)アンダーシャツ.

Unter·holz 中(−es/)下生え, 下木.

Unter·hose [ウンターホーゼ]女(−/−n)⟪主に複⟫(アンダー)パンツ, ズボン下.

unter·irdisch 形 ❶地下の, 地中

の. ❷ひそかな, 秘密の. ❸【神話】冥府の;冥界の.

Unter·kiefer 男 (-s/-)【解】下顎(がく). ❖ **~ fällt [klappt] herunter.** (口)人²はびっくり仰天する.

unter|kommen* 自⑤ ❶〈+場所〉⋯に〉宿を見つける, 泊めてもらう, 受け入れられる; (口)雇われる, 採用される. ❷〈③〉(特に否定で)〈人³に〉出会う, 起こる, 生じる.

unter|kriegen 他 (口)やっつける; 押えつける. **sich⁴ nicht ~ lassen** 屈しない, 頑張る.

unterkühlt [ウンターキュールト] 形 冷静な, 冷めた.

Unterkunft [ウンタークンフト] 女 (-/..künfte) ❶ 宿, 宿泊所. ❷(単)宿泊.

Unter·lage 女 (-/-n) ❶下敷き, 敷物; 《比》基礎, 土台. ❷《複》資料, 証拠書類.

Unter·lass 男 ohne ~ 《書》間断なく, ひっきりなしに.

Unterlaß (В) = Unterlass.

unter|lassen* 他 ❶しない, やめる, 中止する. ❷(すべきことを)(しないで)(ないで)る, 怠る.

Unter·lassung [..ラッスング] 女 (-/-en) 中止; 怠ること.

Unterlassungs·sünde 女 (-/-n) (口)(するべきことをしなかった)怠慢の罪.

unter·laufen* ((I)) 他 ❶〈敵⁴の攻撃〉の下をかいくぐって攻めて行く. ❷〈物⁴の〉裏をかいてその効力をなくす. ((II)) 自⑤ ❶〈③〉〈誤りなどが人³に〉(知らないうちに)生じる, まぎれ込む. ❷〈③〉(口)〈人・事・物・人³に〉出会う. ❸《過去分詞の形で》: mit Blut unterlaufen sein 内出血を起こしている.

unter|legen [ウンターレーゲン] 他 〈③ ④〉 ❶〈物⁴を(人・物³の)〉下に置く[入れる, 敷く]. ❷〈(人・物³に)〉(本来のものとは違う)物⁴を〉付け加える. ♦ einem Wort einen anderen Sinn ~ ある語に他の意味を加える.

unterlegen [ウンターレーゲン] ((I)) unterliegen の過去分詞. ((II)) 形

《副なし》負かされた, 敗北した; 弱い, 劣った.

Unter·leib 男 (-(e)s/-er) 下腹部, 下腹((特に婦人の)).

unter·liegen* 自〈③〉❶⑤〈人³に〉敗れる, 負ける, 屈服する, 圧倒される. ❷〈物³に〉支配されている, 影響されている, さらされている.

Unter·lippe 女 (-/-n) 下唇.

unterm [ウンターム] unter と dem の融合形.

unter·malen 他 ❶〈絵⁴の〉下塗りをする. ❷〈④ mit ③〉〈物⁴のバックに音楽³を〉流す, 添える.

Unter·malung [..マールング] 女 (-/-) ❶絵の下塗り. ❷バックグラウンドミュージック, BGM.

unter·mauern 他 ❶〈物⁴の〉土台[基礎]を固める. ❷(理論などを)裏付ける.

Unter·miete 女 (-/-n) ❶《単》また借り, また貸し, 転貸借. ❷《主に単》転貸借料.

Unter·mieter 男 (-s/-) また借り人, 転借人, 下宿人.

untern [ウンターン] unter と den の融合形.

unter·nehmen* 他 ❶する, 行う, 企てる. ❷〈④ (gegen ④)〉〈(人・事に対して)措置⁴などを〉講ずる, 対処する.

Unter·nehmen [..ネーメン] 中 (-s/-) ❶企て, 企図, 計画. ❷【経】企業(体).

Unter·nehmer [..ネーマー] 男 (-s/-) 企業家, 事業家, 経営者. ◇ **~in** 女 (-/-nen).

unternehmungs·lustig [ウンターネームングス..] 形 進取の気象に富んだ, 意欲的な.

Unter·offizier 男 (-(e)s/-e)【軍】下士官.

unter|ordnen ((I)) 他 ❶〈③ ④〉〈物⁴を物³に〉従属させる. ❷【言】(文を)従属させる. ❸〈③ ④〉〈人⁴を人・物³の〉下におく, 部下にする. ❹〈③ ④〉〈物⁴を物³の〉下位に分類する. ((II)) 再 sich⁴ 〈(③)〉〈(人・物³の)〉意

① 1格 ② 2格 ③ 3格 ④ 4格

Unter·redung [..レードゥング] 囡 (–/–en) 話し合い, 協議.

Unterricht [ウンターリヒト] 男 (–(e)s/ 複 –e) 授業, 教授, レッスン; 講義. ♦ ~ in ③ nehmen 科目³の授業をとる.

unter|richten [ウンターリヒテン] (I) 自 教える, 教師をする. (II) 他 ❶〈人⁴に〖科目⁴を〗〉教える, 教授する. ❷〈④ (von ③〖über ④〗)〉〈人⁴に〈物³·⁴について〉〉知らせる, 報告する. (III) 再 sich⁴〈über ③〉〈物³について〉〉調べる; 知る. 4級

Unterrichts·stunde [ウンターリヒッ..] 囡 (–/–n) 授業時間.

Unter·rock [ウンターロック] 男 (–(e)s/ ..röcke) ❶〔女性用の〕下着; スリップ, ペチコート. ❷〖口〗女性; 少女.

unters [ウンタース] unter と das の融合形.

unter·sagen 他〈③〉④〉〈人³に〉事⁴を〉差し止める, 禁ずる, 厳禁する.

Unter·satz 男 (–es/..sätze) ❶ 敷き皿, 受け皿; 支え, 支柱; 台, 架, 脚. ❷〖論〗(三段論法の)小前提.

unter·schätzen 他 過小評価する; 低く[少なく]見積もる; けなす, 軽視[軽蔑]する.

unterscheiden* [ontərʃáidən ウンターシャイデン] (I) 他〈④ (von ③)〉〈物⁴を〈物³から〉〉区別する, 判別[識別, 鑑別]する, 類別する, 見分ける. (II) 再 sich⁴〈von ③〉〉〈人·物³と〉〉区別される, 相違する. (III) 自〈zwischen ③〉〈人·物³を〉区別する. 4級

Unter·scheidung [..シャイドゥング] 囡 (–/–en) 区別, 識別, 見分け.

Unter·schenkel 男 (–s/–)〖解〗すね, 下腿(かたい).

Unter·schicht 囡 (–/–en) ❶〖社〗下層階級. ❷ (まれ) 下層.

Unterschied [ウンターシート] 男 (–(e)s/–e) 相違, 違い, 差異; 区別. *ein ~ wie Tag und Nacht* 雲泥の差. *einen ~ zwischen ③ machen* 物³を区別する[区別をつける]. *ohne ~* 差別なく. *zum ~(e) von ③ = im*

~ zu ③ 人·物³と異なり, 物³に比して[反して], 物³と対照的に. 4級

unterschiedlich [ウンターシートリヒ] 形 いろいろの, 種々の, 異なった, 別の. 4級

unterschieds·los [ウンターシーツ..] 形 区別のない, 無差別な.

unter·schlagen* 他 ❶ 私用する, 横領する, 着服する, 使い込む. ❷〈④〉〈人³から〉物⁴を〉隠す; 公表しない.

unter|schlüpfen 自 (S) 〖ホォーホ〗入り込む, もぐり込む, 逃げ込む; 隠れる, 避難する.

unterschreiben* [ontərʃráibən ウンターシュライベン] 他 ❶〈文書⁴に〉署名する, サインする. ❷ (口) 無条件で同意する, 承認[賛成]する. 4級

Unter·schrift [ウンターシュリフト] 囡 (–/–en) ❶ 署名, サイン. ❷ (さし絵の下の)説明文, (写真のキャプション). *eine ~ leisten* (書) 署名する.

Unter·see·boot 中 (–(e)s/–e) 〖海〗潜航艇, 潜水艦 (略: U-Boot, U).

Unter·setzer 男 (–s/–) 受け皿, (植木鉢などの)台皿.

unter·setzt [..ゼッツト] 形 太く短い, がっしりした, ずんぐりした.

unterst [ウンタースト] 形《付加》1 番下の, 最下[最低]の. ♦ *das Unterste zuoberst kehren* ごちゃごちゃにする.

Unter·stand 男 (–(e)s/..stände) ❶ 〖軍〗掩蔽壕(えんぺいごう); 地下壕. ❷ 雨宿りなどのできる場所, 避難所. ❸ 〖ҳ〗宿, 宿泊所.

unter·stehen* (I) 自 ❶〈人³の〉下位にある, 監督[管轄]下にある,〈物³に〉従属している. ❷〈物³に〉支配[影響]されている, さらされている. (II) 再 sich⁴〈zu 不定詞と〉あつかましくも…する, あえて…する.

unter|stellen [ウンターシュテレン] (I) 他 ❶〈④〉④〉〉〈人·物⁴を〉屋根など遮蔽物の下へ入れておく. ❸〈④ + 場所〉しまう, 納める, 入れる. (II) 再 sich⁴ (屋根など遮蔽物の)下へ入る.

unterstellen [ウンターシュテレン] (I) 他 ❶〈④〉④〉〉〈人·物⁴を人·物³の管轄下におく,〈人³の〉部下にする,

(支)配下におく，〈人³に〉従属させる．❷《③④》〈事⁴を人³に〉帰する，転嫁する，〈人³に〉事⁴ありと誣(しい)いる．❸〈事⁴を〉本当のことと仮定する．《(II)》再 sich⁴〈屋根などの〉下へ入る．

Unter·stellung [..シュテルング]安(‒/‒en) ❶従属，命令下の服従；[軍]直轄，配属．❷誹謗(ひぼう)；(罪・責任などの)転嫁．

unter·streichen 他 ❶アンダーラインを引く．❷力説[強調]する．

Unter·streichung [..シュトライヒュング]安(‒/‒en) ❶アンダーラインを引くこと．❷力説，強調．

unter·stützen [ウンターシュテュッツェン]他 ❶支援する，援助する，後援する．❷支持する，促進する．

Unter·stützung [..シュテュッツング]安(‒/‒en) ❶《主に単》支援，援助，援助金．❷補助，補強．

untersuchen [ウンターズーヘン]他 調べる，調査する，検査する；研究する；試験する；[医]診察する；[化]分析する；[法]審理する．

Untersuchung [ウンターズーフング]安(‒/‒en) ❶調査，検査；研究；[医]診察；[化]分析；[法]審理．❷研究論文．

Untersuchungs·haft 安(‒/) 未決拘留(略 U-Haft)．

Unter·tasse 安(‒/‒n)〈茶碗の〉下皿，受け皿．*fliegende ~*《やや古》空飛ぶ円盤．

unter|tauchen《(I)》自⑤ ❶〈水中に〉もぐる，沈む；没する．❷〈人波などに〉姿をくらます，身を隠す．《(II)》他〈水中に〉もぐらせる，沈める．

Unter·teil 男/中(‒(e)s/‒e) 下部，底(部)．

unter·teilen 他 細分[細別]する，小区分に分ける，分割する；(統計などで)分類する．

Unter·titel 男(‒s/‒) ❶[印]副(表)題，小見出し，サブタイトル《書物の題または章の題を補うもの》．❷[映画]字幕，スーパーインポーズ．

unter·treiben* 自 過少[内輪，控え目]に言う．

Unter·treibung [..トライブング]安(‒/‒) ❶《単》過少[内輪，控え目]に言うこと．❷過少[内輪，控え目]な表現．

untervermieten [ウンターフェアミーテン]《過分 untervermietet》他〈住宅・部屋⁴などを〉転貸する，また貸しする．

unter·wandern 他 ❶〈民族⁴の中に〉移住民が入りこむ，浸透する．❷〈組織⁴などに〉徐々に潜入する．

Unter·wanderung [..ヴァンデルング]安(‒/‒en) (他民族への)浸透；(組織への)潜入．

Unter·wäsche [ウンターヴェシェ]安(‒/) 下着類，肌着．

unterwegs [ウンターヴェークス]副 途中で，旅先で；外出して；中途で．*Bei* ③ *ist (et)was ~.*《口;婉曲》人³は妊娠している．

unter·weisen* 他《④ in ③》〈人⁴に事³を〉教える，教授する，指導する．

Unter·welt 安(‒/) ❶[ギ神]冥界，タルタロス．❷(大都会などの)暗黒街，裏の世界．

unter·werfen* 《(I)》他 ❶〈ある民族・地域⁴などを〉征服する，支配下におく，屈服[服従，隷属]させる．❷《③④》〈人・物に事³を〉行う，〈人・物を事³(の支配)に〉委ねる，任せる．《(II)》再 sich⁴ ❶《③》〈征服者などに〉屈する，屈服[隷属]する．❷〈人³に〉従う．❸〈事³を〉される．

Unter·werfung [..ヴェルフング]安(‒/‒en) ❶屈服させること；征服．❷屈服[服従]すること；屈服，服従；[法](判決などの)受諾．

unterwürfig [ウンターヴュルフィヒ, ウンター..]形《軽蔑》ペコペコした，屈従した，卑下した，奴隷のような．

unter·zeichnen《(I)》他〈事⁴に〉署名する，サインする；調印する．《(II)》再 sich⁴《やや古》自分の名前を署名する．

unter|ziehen* [ウンターツィーエン]他 ❶〈下着⁴などを〉下に着る；〈角⁴などを〉下に引き入れる．❷[料理]〈泡立てた卵白⁴などを〉混ぜ入れる．

①1格 ②2格 ③3格 ④4格

unterziehen* [ウンターツィーエン]((I))他④③〈人・物〉に試験・分析³などを行う. ((II))sich⁴③〈事を〉引き受ける,受ける. ◆sich⁴ einer Operation ~ 手術を受ける.

untragbar [ウントラークバァ,ウン..]形《副なし》耐えられない,我慢できない;(経済的に)負担できない.

untrennbar [ウントレンバァ,ウン..]形非分離の. ◆ein ~es Verb 非分離動詞.

un·treu 形《副なし》誠意のない,不誠実な,不実な,不貞な.

Un·treue 女(-/-) 不誠実,不実,不貞;〔法〕着服,横領,背任.

untröstlich [ウントレーストリヒ,ウン..]形《副なし》慰められない,慰めにならない;非常に悲しい,途方にくれた.

Un·tugend 女(-/-en)悪徳,悪習,悪癖.

un·überlegt 形無思慮な,軽率な.

unübersehbar [ウニューバーゼーバァ,ウン..]((I))形 ❶見逃す[見落とす]ことのできない,明らかな. ❷見通しきれない,見通しがつかない(くらいの);限りなく広い;測り知れない,莫大な. ((II))副見渡すこともできないほど,非常に.

un·übersichtlich 形 ❶展望[見通し]のきかない. ❷一目でわからない,概要のつかめない,要領を得ない,雑然とした.

unübertrefflich [ウンユーバートレフリヒ,ウン..]形 凌駕(リョゥガ)できない,無比の,この上ない.

unübertroffen [ウンユーバートロッフェン,ウン..]形《副なし》凌駕(リョゥガ)されたことのない,無敵の,卓絶した.

unumgänglich [ウンウムゲングリヒ,ウン..]形 避け[免れ]られない;欠くことのできない,必須の.

unumwunden [ウンウムヴンデン,..ヴンデン]形《述語なし》包み隠しのない,あからさまな,あらわな,腹蔵のない.

ununterbrochen [ウンウンターブロッヘン,..ブロッヘン]形《述語なし》中断されない,絶え間のない,不断の,連続の.

unveränderlich [ウンフェアエンダーリヒ,ウン..]形《副なし》変えることのできない,変わらない,不変の,恒常の.

un·verändert [ウンフェアエンダァト,..エンダァト]形変わりない,変更なしの.

unverantwortlich [ウンフェアアントヴォルトリヒ,ウン..]形 ❶責任のない,無責任な. ❷(まれ)責任感のない.

unverbesserlich [ウンフェアベッサーリヒ,ウン..]形《副なし》手の施しようのない,矯正できない,改善できない,度しがたく頑固な.

unverbindlich [ウンフェアビントリヒ,..ビントリヒ]形 ❶拘束力のない,義務を負わせない. ❷不親切な,無愛想な.

unverblümt [ウンフェアブリュームト,ウン..]形あからさまな,率直な,言葉を飾らない,あけすけの.

unverdaut [ウンフェアダオト,..ダオト]形 ❶消化されない,未消化の. ❷(俗)十分理解されていない.

unverdorben 形 ❶傷んでいない,腐敗していない. ❷堕落していない,清廉[潔白]な.

unverdrossen [ウンフェアドロッセン,..ドロッセン]形 嫌気のささない,倦(ウ)まない,飽きない,疲れない,根気のよい.

unvereinbar [ウンフェアアインバァ,ウン..]形《副なし》一致しない,両立しない,矛盾する.

Unvereinbar·keit [..カイト]女(-/-en)《単》両立しないこと[もの],不一致.

unverfänglich [ウンフェアフェングリヒ,..フェングリヒ]形 危くない,警戒するに及ばない,無害な,無難な,他意のない.

unverfroren [ウンフェアフローレン,..フローレン]形とらわれない,平気な,思いきった,大胆な,あつかましい,ずうずうしい.

unvergänglich [ウンフェアゲングリヒ,..ゲングリヒ]形 不滅の,不死の,永遠の,不朽の.

unvergesslich [ウンフェアゲスリヒ,ウン..]形《副なし》忘れられない.

unvergeßlich 形 = unvergesslich.

unvergleichlich [ウンフェァグライヒリヒ, ウン..] ((I)) 形 たぐいまれな, たとえようもない, ユニークな, 際立った, 抜群の. ((II)) 副 比べものにならないほど, たぐいまれに, たとえようもなく.

unverheiratet [ウンフェァハイラーテト] 形 (ledig) 未婚の, 独身の.

unverhofft [ウンフェァホフト, ..ホフト] 形 予期[期待]しない, 思いがけない, 意外の;突然の, 不意の.

unverhohlen [ウンフェァホーレン, ..ホーレン] 形 隠さない, あからさまの, 露骨な.

unverkäuflich [ウンフェァコイフリヒ, ..コイフリヒ] 形《副なし》❶ 売りものにならない, 売るのに適さない. ❷ 売ることのできない, 非売品の.

unvermeidlich [ウンフェァマイトリヒ, ウン..] 形 ❶ 避けられない, 不可避の, 免れることのできない;やむをえない. ❷《皮肉》のけて考えられない, なしでは済まされない, お決まりの.

Un·vermögen 中《-s/》不能, 無能力, 無能.

unvermutet [ウンフェァムーテット] 形《述語なし》予想もしない, 推測[予知]されなかった, 思いがけない;突然の, 不意の.

un·vernünftig 形 理性[分別]のない, 愚かな.

unverrichtet [ウンフェァリヒテト] 形 ■~*er Dinge* [*Sache*] 目的を果たさないで, 成功しないで, むなしく.

unverrichteter·dinge 副 中 = unverrichteter Dinge (⇨unverrichtet■).

un·verschämt ((I)) 形《最上 ~est》❶ 恥知らずな, ずうずうしい. ❷ (口) 度外れな;(値段などが)法外な, 途方もない. ((II)) 副 恥知らずに, 臆面もなく;ものすごく, たいへん, ひどく.

Unverschämtheit [..ハイト] 女《-/-en》❶《単》恥知らず. ❷《厚顔》無恥[恥知らず]な言動.

unversehens [ウンフェァゼーエンス, ..ゼーエンス] 副 思いがけなく, 意外にも, いつのまにか, 知らないうちに.

unversehrt [ウンフェァゼーァト] 形 ❶ けがをしていない, 無傷の. ❷ 壊れていない.

un·verständlich 形 よく[はっきり]聞き取れない, 聞き取りにくい;(発音などが)不明瞭な, はっきりしない.

Un·verständnis 中《-ses/》無理解.

unversucht [ウンフェァズーフト, ..ズーフト] 形 *nichts ~ lassen* 全てを試みる, 八方手を尽くす.

unverträglich [ウンフェァトレークリヒ, ..トレークリヒ] 形《副なし》❶ 消化されにくい, 消化されない. ❷ 協調性のない, 付きあいの悪い, 社交性のない;[医] 不適合の. ❸ 相いれない, 矛盾する.

unverwechselbar [ウンフェァヴェクセルバァ, ウン..] 形 (他の人[物]と) 取り違えようのない, (その人[物]にのみ) 独特の.

unverwüstlich [ウンフェァヴューストリヒ, ウン..] 形 ❶ 破壊されることのない;(布地などが) 長持ちする, 全然傷まない. ❷ 動じない, 永続する, 頑健な.

unverzeihlich [ウンフェァツァイリヒ, ウン..] 形《副なし》許しがたい, 勘弁ならない.

unverzüglich [ウンフェァツューグリヒ, ウン..] 形《述語なし》遅滞のない, ぐずぐずしない, 即時の, 即座の.

un·vollkommen [ウンフォルコメン, ..コンメン] 形 ❶ 不完全な, 不備な, 欠陥のある. ❷ 全部がそろっているわけではない.

Unvollkommenheit [..ハイト] 女《-/-en》不完全(な事物).

unvollständig [ウンフォルシュテンディヒ, ..シュテンディヒ] 形 不十分な, 不備な, 不完全な, 全部がそろっているわけではない.

Unvollständigkeit [..カイト] 女《-/》不十分, 不備, 不完全.

unvorhergesehen [ウンフォーァヘーァゲゼーエン] 形 予見[予知, 予測] されていない, 思いがけない, 不測の.

un·vorsichtig 形 思慮のない, 慎重

① 1格 ② 2格 ③ 3格 ④ 4格

でない, 不注意な, 軽率な.
Un-vorsichtigkeit 女(-/-en)不注意, 軽率.
unvorstellbar [ウンフォーァシュテルバーァ, ウン..]形 とても想像できない, 想像を絶する.
unvorteilhaft 形 不利な, 都合の悪い, 損の, 利益のない.
un-wahr 形《副なし》❶真実ではない, 本当でない, 虚偽の. ❷虚構の.
Unwahrheit [..ハイト]女(-/-en) ❶《単》真実でないこと, 虚偽. ❷真実でない事柄, うそ.
un-wahrscheinlich 形 信じられない, 本当らしくない, ありそうもない, 起こりそうもない.
Unwahrscheinlichkeit [..カイト]女(-/-en)❶《単》本当らしくないこと. ❷ありそうもない事柄.
unwegsam [ウンヴェークザーム]形《副なし》通れない, 道のない.
un-weiblich 形《比較度》女らしくない; 男まさりの.
unweigerlich [ウンヴァイガーァリヒ, ウン..]形《述語なし》拒む[避ける]ことのできない, 否応なしの, 必然的な; 無条件の.
un-wesentlich ((I))形 ❶本質的でない. ❷ほんの少しの, わずかの. ((II))副《比較級を修飾して》ほんの少し, わずかに. ♦nicht ~ 少なからず.
Un-wetter 中(-s/-)荒天, 暴風雨.
un-wichtig 形 重要でない, たいしたことはない.
Unwichtigkeit [..カイト]女(-/-en)❶《単》重要でない[些末な]こと. ❷些事.
unwiderruflich [ウンヴィーダールーフリヒ, ウン..]形 取り消せない, 取り返しのつかない; 最終的な.
unwiderstehlich [ウンヴィーダーシュテーリヒ, ウン..]形 ❶反抗[抵抗]しがたい, 抑えきれない, 拒めない. ❷抗しがたい, 圧倒的な.
unwiederbringlich [ウンヴィーダーブリングリヒ, ウン..]形《書》取り返しのつかない, 挽回[回収]できない, 回復不能の.

un-willig 形 ❶不機嫌な, 立腹した. ❷不承不承の, いやいやの. ❸《まれ》欲しない, ...するつもりがない.
unwillkürlich [ウンヴィルキューァリヒ, ..キューァリヒ]形《述語なし》自らの意志によらない, 意図的[故意]でない, 無意識の, 思わず知らずの, 何気ない; 意志によって制御[コントロール]されない, 不随意の, 自律的な.
un-wirklich 形《書》事実でない, 非現実(的)の, 架空の.
un-wirksam 形《副なし》効力[効果, 効験]のない, 無効の.
Unwirksamkeit [..カイト]女(-/) 無効.
unwirsch [ウンヴィァシュ]形《最上~(e)st》機嫌の悪い, 無愛想な, つっけんどんな.
un-wirtschaftlich 形 ❶不経済(的)な, 倹約しない, 浪費的な. ❷家計の切り盛りの才のない.
Unwissenheit [ウンヴィセンハイト]女(-/)無知, 無学; 経験不足.
un-wissentlich 形(そうとは)知らないで, 気付かずに, 心ならずも.
un-wohl 形《述語》❶気分が悪い, 不快な, 病気の. ❷居心地がよくない, 不愉快な.
Unwohlsein [ウンヴォールザイン]中(-s/)気分のすぐれないこと, 不快; 《古; 婉曲》月経中.
un-würdig 形《述語》❶体面を汚す, 品位を落とす. ❷《②》《物²に》値しない, ふさわしくない.
unzählig [ウンツェーリヒ, ウン..] ((I))形 数えきれない, 無数の. ((II))副 数えきれないほど, 非常に.
Unze [ウンツェ]女(-/-n) オンス ((1) 英国の重量単位; 28.35グラム. 2) 昔の薬量単位; 約30グラム)).
Un-zeit 女 zur ~ 折あしく, 都合の悪い時に.
un-zeitgemäß 形 ❶時代に合わない, 流行遅れの; 当世風でない, 非近代的な. ❷季節に合わない, 季節外れの.
un-zerbrechlich [ウンツェァブレッヒリヒ, ..ブレッヒリヒ]形《副なし》壊れにくい, 砕けない, 割れない.

unzertrennlich [ウンツェァトレンリヒ, ウン..] 形《副なし》離れられない, 常に一緒の.

Un-zucht 女(-/-) 淫猥(**), わいせつ.

un-züchtig 形 わいせつな; ふしだらな.

un-zufrieden 形 不満な, 不平な.

Unzufriedenheit [..ハイト] 女(-/) 不満, 不平.

un-zugänglich 形 ❶ 通れない, 近寄れない, 到達できない. ❷ 近寄りがたい, 親しみにくい. ❸《願いなどを》聞き入れない.

unzulänglich [ウンツーレングリヒ] 形 不十分な, 不足(がち)な.

unzumutbar [ウンツームートバァ] 形 要求できない, 不当[法外]な, 受けいられない.

un-zurechnungsfähig 形《副なし》責任能力のない.

un-zutreffend 形 適切[的確]でない, 当たらない, 該当しない.

un-zuverlässig 形 信頼できない, 頼み[当て]にならない, 不確実な, 疑わしい.

Unzuverlässigkeit [..カイト] 女(-/) 信頼できない[当てにならない]こと.

un-zweckmäßig 形 目的にかなわない, 役に立たない, 不適当な.

üppig [ユッピヒ] 形 ❶(a) 非常に豊か[豊富]な, たくさんの, おびただしい, (あり)余るほどの;《植物などが》繁茂した, 鬱蒼(ミミ゙)とした;《髪の毛が》ふさふさした. (b)《暮しぶりが》ぜいたくで「ゴージャス」な, 豪華[豪華, 豪勢]な, (c)《色彩などが》華やかな, 絢爛たる;《想像力などが》豊か[旺盛]な, あふれるばかりの. ❷ 肉づきのよい, 豊満[ふくよか, グラマー]な.

ur.., Ur.. [ウーァ] 接頭 ❶《名詞などに付いて》「原始の, 最初の; 一代前の, 曾...」. ❷《形容詞に付いて》「非常に, 全く」.

Urabstimmung [ウーァアプシュティムング] 女(-/-en) ❶ 直接投票 (特にストライキに関して組合員全員によって行われる)). ❷(²) 書面によるアンケート.

Ural [ウラール] 男(-(s)/) ❶《der ~》ウラ

ル山脈. ❷《der ~》ウラル河.

uralt [ウーァアルト] 形 きわめて古い, 太古の, 大昔の; 非常に年老いた, 高齢の.

Uran [ウラーン] 中(-s/) 〖化〗ウラン, ウラニウム ((放射性元素; 記号: U)).

urauf|führen [ウーァアオフ..] 他 初演する.

Ur-aufführung 女(-/-en) 初演, 初興行;(映画の)封切り, プレミア(ショー).

urbar [ウーァバァ] 形 4 *~ machen* 物⁴を開拓[開墾]する.

Ur-einwohner 男(-s/-) 先[原]住民, 土着の人.

Ur-enkel 男(-s/-) ❶ ひまご, 曾孫. ❷ 子孫, 末裔.

Ur-großeltern 複 曾祖父母.

Ur-großmutter 女 曾祖母.

Ur-großvater 男 曾祖父.

Ur-heber 男(-s/-) ❶ 創始者, 創立者; 発起人; 張本人, 首謀者. ❷ (原)著作者, 原作者. ◇~in 女(-/-nen).

Urheber·recht 中(-(e)s/-e) 〖法〗 ❶ 著作権. ❷《単》著作権法.

urig [ウーリヒ] 形《主に付加》変な, 奇人の(ような).

Urin [ウリーン] 男(-s/-e)《主に単》〖医〗尿, 小便.

urinieren [ウリニーレン] 自 小便する.

Urkunde [ウーァクンデ] 女(-/-n) (物事の証明となる)文書, 公記録; 証書, 証券, 証拠書類; 証明書, 特許[免許]状 ((広義には例えば境界石のような文書によらない証明物件も含む)).

Urlaub [úːrlaop ウーァラオプ] 男(-(e)s/-e) (勤め人の有給)休暇, 帰休. ♦(*sich*³) ~ *nehmen* 休暇を取る. ~ *haben* 休暇を取っている. 5級

Urlaubs·geld [ウーァラオプス..] 中(-(e)s/-er) ❶ 休暇旅行手当. ❷ 休暇のために貯えた金銭.

Urlaubs·reise 女(-/-n) 休暇旅行.

Urlaubs·zeit 女(-/-en) ❶ 休暇期間. ❷ 休暇シーズン.

Urne [ウルネ] 女(-/-n) ❶ (土製・金

製の)骨壺(㊟),(昔の副葬品を納める)かめ,つぼ. ❷投票箱. ❸抽籤(㊟)箱. ❹《スイス》投票所.

Ur・sache [ウーアザッヘ]囡(−/−n) (↔ Wirkung)原因;理由,わけ,いわれ;動機,きっかけ,起因. *Keine ~ (zum Danken)!* どういたしまして,お礼には及びません. 4級

Ur・sprung 男(−(e)s/..sprünge) ❶源,源泉;起源,根源,出所;原産(地);原因,理由. ❷《数》原点.

ursprünglich [ウーアシュプリュングリヒ,ウーアスプリュングリヒ]((I))形《述語なし》起源[根源]の,最初[初め]の,本来[元来]の,元々の,当初の. ❷太古以来,初め[大昔,元]からの,自然[原始,大昔,元]のままの,原始的な. ((II))副最初[初め](は),本来[元来,本当](は),元々(は),初めのうちに.

Urteil [ウルタイル]匣(−s/−e) 〔法〕判決. ❷判断;意見;説;判定. ❸判断力. ❹〔論理〕判断;命題(⇒Satz).

urteilen [ウルタイレン]自判断する.

urteils・fähig [ウルタイルス..]形《副なし》判断力のある.

Urteils・fähigkeit 囡(−/) 判断力.

Urteils・vermögen 匣(−s/) 判断力.

Ur・wald 男(−(e)s/..wälder)原生林,原始林,処女林.

urwüchsig [ウーアヴュークスィヒ]形自然のままの,元からの,素朴な,生粋の.

Urwüchsigkeit [..カイト]囡(−/−en)自然のままなこと.

Ur・zeit [ウーアツァイト]囡(−/−en)太古. *seit ~en* 大昔から. *in [vor, zu] ~en* 太古に.

US(A) [ウーエス(アー)]穏《die ~》《略》United States of America アメリカ合衆国(⇒Vereinigte Staaten von Amerika).

usw. 《略》und so weiter 以下これに同じ,云々,等々.

Utensil [ウテンズィール]匣(−s/−ien) 《主に複》用具,器具,家庭用日用具,調度,什器(㊟).

Utopie [ウトピー]囡(−/..pien[..ピーエン])❶理想郷;(空想上の)理想社会(形態). ❷夢想,空想,絵空事.

utopisch [ウトーピッシュ]形ユートピア(的)の,空想[架空]の.

u. U. 《略》unter Umständen 事情によっては.

UV [ウーファオ]《略》Ultraviolett 紫外線.

V

v, V [ファオ]匣(−/−, (口)−s) アルファベットの第22字.

v. 《略》von, vom; vor.

V 《記号》❶ローマ数字の5 ((ローマ数字の10を表すXという文字の半分)). ❷〔理〕Volt ボルト.

v.a. 《略》vor allem とりわけ.

vag(e) [ヴァーゲ]形漠然とした,はっきりしない,あいまいな.

vakant [ヴァカント]形空いた,空の,空席の,欠員の.

Valentinstag [ヴァーレンティーンスターク]男(−(e)s/−e) 聖ヴァレンティヌス祭,バレンタインデー((2月14日)).

Valenz [ヴァレンツ]囡(−/−en)〔化〕原子価;〔言〕(動詞・形容詞などの)結合価.

Vandale [ヴァンダーレ]男(−n/−n) 《弱》= Wandale.

Vanille [ヴァニリェ,ヴァニル]囡(−/) ❶〔植〕バニラ. ❷バニラエッセンス.

Vanille・eis 匣(−es/) バニラ(入り)アイスクリーム.

Vanille・zucker 男(−s/−) バニラ(入り)砂糖((パンや菓子を焼くときなどに用いる)).

variabel [ヴァリアーベル]形((比較..abler))変じうる,変わりやすい,可変の,不定の.

Variante [ヴァリアンテ]囡(−/−n) (同種の中でわずかな相違を見せる)変体,変形,変種;(ことばの)異形;(写本の)異文.

variieren [ヴァリイーレン]((I))他変化させる,変える;〔音楽〕変奏する,変奏曲を作る. ((II))自異なる,変化す

る, 変わる.

Vase [ヴァーゼ] 囡 (-/-n) 花瓶, 飾りつぼ. 4級

Vater [fáːtər ファーター] 男

格	単数	複数
1	der Vater	die **Väter**
2	des Vaters	der Väter
3	dem Vater	den Vätern
4	den Vater	die Väter

❶ (↔ Mutter) 父, お父さん, 父親. ❷ 父のような人；創始者, 保護者；[宗] 神, 神父；長老. ❸《複》祖先. *der Heilige ~* (*in Rom*) 〔カト〕ローマ教皇. 5級

Vater.land 甲 (-(e)s/..länder) 祖国, 故国, 本国.

väterlich [フェーターリヒ] 形 ❶《付加》父親の, 父方の. ❷ 父親らしい；父性的な.

Vater.unser [..ウンザー] 甲 (-s/-) 主の祈り.

Vati [ファーティ] 男 (-s/-s) パパ《幼児語》.

Vatikan [ヴァティカーン] 男 (-s/) バチカン宮殿；教皇庁；教皇政治.

v.Chr.《略》vor Christo [Christus] 西暦紀元前.

Vegetarier [ヴェゲターリアー] 男 (-s/-) 菜食(主義)者. ◇ ~**in** 囡 (-/-nen).

vegetarisch [ヴェゲターリッシュ] 形 菜食(主義)の.

Vegetation [ヴェゲタツィオーン] 囡 (-/-en)《総称的》草木, 植物；(特定地域の)植生.

vegetieren [ヴェゲティーレン] 自 ❶《軽蔑》無為[無気力]に暮らす；かろうじて暮らしてゆく. ❷〔植〕栄養生殖だけで繁殖してゆく.

Veilchen [ファイルヒェン] 甲 (-s/-) ❶〔植〕スミレ. ❷〔口〕(打撲で出来た)目の周りの青あざ.

Velo [ヴェーロ] 甲 (-s/-s)〔スイス〕自転車.

Vene [ヴェーネ] 囡 (-/-n)〔解〕静脈.

Venedig [ヴェーネーディヒ] 甲 (-s/) ヴェニス, ヴェネツィア((イタリア北東部の都市)).

Venezuela [ヴェネツエーラ] 甲 (-s/) ベネズエラ((南米北部の共和国)).

Ventil [ヴェンティール] 甲 (-s/-e) ❶〔工〕(ガスや水の)バルブ, 弁, 活栓；[音楽] (金管楽器の)ピストン, 音栓. ❷安全弁, (不満などの)はけ口.

Ventilator [ヴェンティラートァ] 男 (-s/..latoren [..ラトーレン]) 扇風機, 通風[送風]機, 換気装置, 換気扇, ベンチレーター.

Venus [ヴェーヌス] 囡 (-/) ❶〔ロ神〕ウェヌス, ヴィーナス((恋愛と美の女神))；[転] 性愛. ❷〔天〕金星.

ver.. [フェァ]《前綴り》《非分離》❶《形容詞から動詞を造る》：verdeutlichen (< deutlich) はっきりさせる. ❷《名詞から動詞を造る》：verfilmen (< Film) 映画化する. ❸《自動詞から他動詞を造る》：verschweigen (< schweigen) 口外しない.

★ ver.. で始まる動詞は過去分詞に ge..を付けない. ver.. はアクセントを持たない.

verabreden [フェアアップレーデン] (du verabredest, er verabredet; 過 **verabredete**；過分 **verabredet**)《(I)》他 申し合わせる, 取り決める, 協定する.《(II)》再 sich⁴〈mit ③〉〈人³と〉申し合わせる, 会う約束をする.

Verabredung [フェアアップレードゥング] 囡 (-/-en) 申し合わせ, 協定；(会う)約束, 待ち合わせ.

verabscheuen [フェアアップショイエン] (過 verabscheute；過分 verabscheut) 他 憎む, 嫌う, 吐き気を催す.

verabschieden [フェアアップシーデン] (du verabschiedest, er verabschiedet；過 **verabschiedet**)《(I)》他〈人⁴に〉別れを告げる, 別れのあいさつをする. ❷〈人⁴を〉(労をねぎらって)退職[退官]させる,〈人⁴に〉ねぎらいの言葉をかける. ❸〈法案などを〉可決する.《(II)》再 sich⁴ 別れのあいさつをする.

Verabschiedung [フェアアップシー

ドゥング］女(−/−en) ❶免職, 退職, 退官. ❷いとまごい. ❸〈法案などの〉可決, 議決.

ver·achten 他軽蔑する, 侮る, 軽んずる, みくびる; 〈危険⁴などを〉ものともしない. *nicht zu ~ sein* (口)思ったより良い, ばかにできない.

verächt·lich ［フェアエヒトリヒ］形 ❶軽蔑的な, 侮った, みくびった. ❷軽蔑すべき, 劣等な, 下品な.

Ver·achtung 女(−/) 軽蔑, 軽視.

verallgemeinern ［フェアアルゲマイナァン,..アルゲマイナァン］他一般化する, 普遍化する.

Verallgemeinerung ［フェアアルゲマイネルング,..アルゲマイネルング］女(−/−en) 一般化, 普遍化.

ver·alten ［..アルテン］自Ⓢ古くなる, 役に立たなくなる, すたれる.

Veranda ［ヴェランダ］女(−/..den) 【建】ベランダ((屋根付き)).

veränder·lich ［フェアエンダーリヒ］形変わる, 変わりやすい; 不安定な.

verändern ［fɛr-ɛndərn フェアエンダァン］((I))他変える, 変化させる. ((II))再sich⁴ ❶変わる, 変化する. ❷(a)(口)職業を変える. (b)(古)結婚する

Veränderung ［フェアエンデルング］女(−/−en) 変化; 変更; (人事の)異動; 変動; 変質. 4級

ver·ängstigen 他おびえさせる, 怖がらせる, 不安に陥れる.

ver·ankern 他 ❶〈舟⁴を〉錨(いかり)で止める, 係留する. ❷固定する; 〈比〉(法律などにして)定着させる, 規定[制定]する.

veranlagen ［フェアアンラーゲン］(過veranlagte; 過分 veranlagt)他〈人・物⁴の税額を〉査定する.

veranlagt ［フェアアンラークト］((I)) veranlagen の過去分詞. ((II))形《副なし》(...の)素質[才能]のある; (...の)性分[体質]の.

Veranlagung ［フェアアンラーグング］女(−/−en) ❶(税額の)査定. ❷素質, 才能; 性分, 体質.

veranlassen ［フェアアンラセン］(du veranlasst, er veranlasst; 過 veranlasste; 過分 veranlasst)他 ❶(a)〈物⁴を〉引き起こす, 誘発する. (b)《zu ③》〈人⁴が事³をするように〉きっかけを作る, しむける. 〈事³をさせる. ❷〈物⁴を〉(他人の依頼や指図の下に)指示する, 取り計らう, 手配する.

Veranlassung ［フェアアンラスング］女(−/−en) ❶《単数》誘因, 動機, きっかけ. ❷指示, 発起, 勧め, そそのかし. ❸(指図の下にする)処置, 手配.

veranschaulichen ［フェアアンシャオリヒェン］(過 veranschaulichte; 過分 veranschaulicht)他〈③ ④〉具体的に(わかりやすく)説明する, 実物[実例, 図解]で示す.

veranschlagen ［フェアアンシュラーゲン］(過 veranschlagte; 過分 veranschlagt)他見積もる, 評価する.

veranstalten ［フェアアンシュタルテン］(du veranstaltest, er veranstaltet; 過 veranstaltete; 過分 veranstaltet)他 ❶(主催[責任]者として)催す, 実施する, 手はずを整える. ❷(口)する, 行う, やらかす.

Veranstalter ［フェアアンシュタルター］男(−s/−) 発起人, 主催者; (宴会などの)主人役.

Veranstaltung ［フェアアンシュタルトゥング］女(−/−en) ❶開催, 挙行, 実施. ❷催し, 興行; 放映, 放送; (スポーツの)試合, 競技会.

ver·antworten 《多くは助動詞を伴って》((I))他〈物⁴の〉責任を負う, 保証する. ((II))再sich⁴ 弁明する, 申し開きをする.

verantwortlich ［フェアアントヴォァトリヒ］形 ❶(a)責任ある. (b)《副なし》弁明する義務のある. ❷《副なし》責任の重い. ❸《述語なし》責任を自覚した, 慎重な.

Verantwortung ［フェアアントヴォァトゥング］女(−/) 責任(を引き受けること); 責任感. ♦ *für* ④ *zur ~ ziehen* 人に事⁴の責任を問う.

verantwortungs·bewusst 《最上〜est》形責任を自覚した.

verantwortungs·los 形責任感

verantwortungs・voll 形 ❶〈副なし〉(地位, 職務などが)責任のある, 責任の重い. ❷責任感のある.

ver・arbeiten ((I))他 ❶〈物⁴を〉素材[材料]として使う. ❷〈④ zu ③〉加工する, 細工する. ❸〈物⁴を〉製作に費やする. ❹(a)〈食物⁴を〉消化する. (b)(知識・情報として)〈物⁴を〉消化(吸収)する. ((II))再 sich⁴〈＋様態〉加工される.

Verarbeitung [フェアアルバイトゥング] 女(-/-en) 加工, 細工; 消化; 摂取;(情報)処理.

ver・ärgern 他 怒らせる,〈人⁴の〉機嫌を損ねる.

verarmen [フェアアルメン] 自(S) 貧しくなる, 落ちぶれる.

verarzten [フェアアーァツテン] 他(口) ❶〈人⁴の〉応急手当をする. ❷〈傷⁴などの〉世話[手当]をする.

verausgaben [フェアアオスガーベン] ((I))他(書) 支出する,〈金⁴を〉費やす. ((II))再 sich⁴ 金[力]を使い果たす.

ver・äußern 他(法) ❶〈物⁴を〉売却する, 譲渡する. ❷〈④ an ④〉〈〈人⁴に〉権利⁴などを〉委ねる.

Verb [ヴェァプ] 中(-s/-en) 〔言〕動詞.

verbal [ヴェァバール] 形 ❶口頭の, 言葉による. ❷〔言〕動詞の.

verband [フェアバント] verbinden の過去形.

Ver・band 男(-(e)s/..bände) ❶包帯. ❷結合, 団結; 団体, 集団;〔軍〕部隊, 兵団, 艦隊, 船隊. ❸連合(会), 組合, 同盟, 連盟, 協会, クラブ.

verbände [フェアベンデ] verbinden の接続法Ⅱ式形.

Verband(s)・kasten 男(-s/..kästen) 包帯箱, 救急箱.

Verband(s)・zeug 中(-(e)s/-) 包帯材料.

Verbannung [フェアバンヌング] 女(-/-en) 追放; 流刑(の地); 放逐.

ver・bergen* ((I))他 隠す. ((II))再 sich⁴ 身を隠す, 潜む, 秘められている.

verbessern [フェアベッサァン](過 verbesserte; 過分 verbessert) ((I))他 ❶〈物⁴を〉良くする, 改良[改正, 改善]する; 訂正[修正]する. ❷〈人⁴の〉言ったことを直す[正す]. ((II))再 sich⁴ ❶生活が良い状態になる. ❷前より良くなる, 改善[改良]される. ❸(自分の)発言[文]を訂正する.

Verbesserung [フェアベッセルング] 女(-/-en) 改良, 改正, 改革, 改訂; 修正, 訂正.

ver・beugen 再 sich⁴ お辞儀する, 身をかがめる.

Ver・beugung 女(-/-en) お辞儀, 会釈.

verbeulen [フェアボイレン] 他 ❶〈物⁴を〉でこぼこにする, へこませる. ❷〈頭⁴などに〉こぶができる.

ver・biegen* (過 verbog; 過分 verbogen) ((I))他 曲げる. ((II))再 sich⁴ 曲がる, たわむ.

verbieten* [fɛrbíːtən フェアビーテン](過 verbot; 過分 verboten) ((I))他〈③ ④〉〈人³に物⁴を〉禁止する, 差し止める. ◆〈人³ …が, …〈"zu 不定詞"⁴ …するのを禁ずる. ((II))再 sich⁴〈①〉禁じられて(てい)る; 不可能である, ありえない.

verbinden* [fɛrbíndən フェアビンデン](過 verband; 過分 verbunden) ((I))他 ❶(a)〈人・傷⁴などに〉包帯をする. (b)〈③ ④〉結んでふさぐ,(縛って)覆う. ❷〈④ mit ③; ④ durch ④〉〈物⁴を物³・⁴と〉(a)つなぐ, 結び付ける, 結合する, 接合する. (b)結び付けて考える, 連想する. ◆zwei Blätter durch Bolzen [mit Leim] ～ 2枚の板をボルト[にかわ]でくっつける. ❸(a)〈④ mit ③〉〈人⁴と人³を〉結束させる. (b)〈〈④ mit ③〉〈人⁴から人³に〉電話をつなぐ. ◆Verbinden Sie mich bitte mit Herrn Schmidt! シュミットさんに(電話を)つないでください. ❹〈④ und ④ zu ③〉〈物⁴と物⁴を〉結び合わせて〈物³に〉する;〔化〕化合させる. ❺〈④ ③〉(書)〈人⁴に人³への〉感謝の義務を負わせる, 感謝の念を抱かせる. ((II))再 sich⁴ ❶〈mit ③〉(a)〈物³と〉

verbindlich

結び付く. (b)〈物³が〉連想される. ❷〈mit ③〉〈人³と〉一緒に行動する, 結束する; 結婚する. ❸〈mit ③(A) zu ③(B)〉〈物³(A)と〉結合して〈物(B)と〉なる;[化]化合する.

verbindlich [フェアビントリヒ]形 ❶ 愛想のよい, 友好的な, 丁重な. ❷ 拘束力のある; 義務のある.

Verbindung [ferbíndəŋ フェアビンドゥング]女(-/-en) ❶ 結合, 接合, 混合;[化]化合物;(場所間の)連絡, 連結. ❸〈人と人との〉結び付き, 連絡, 結束;結婚;(組織された)会, 組合, 団体, 結社;学生組合. ❹[電話]接続. ❺〈物事との〉結び付き, 関連, 連想. ❻[法]付合, 併合. *in ~ (mit ③)* 1)〈人³と〉一緒になって, 組んで. 2)〈人³と〉協力して, 連携して.

verbissen [フェアビッセン]形 ❶ しぶとい, 不屈の, (歯を食いしばって)頑張る, 強情な. ❷にがりきった. ❸くそまじめな.

ver・bitten* 再 sich³〈物⁴を〉しないでほしいと断る, 願い下げる, 謝絶する.

verbittern [フェアビッタァン] ((I))他 ❶〈人⁴を〉不愉快にする, つらくする, 苦い思いをさせる, ひねくれさせる. ❷〈③に〉〈人³の物⁴を〉[つらい]ものにする. ((II))自⑤ 不機嫌になる, ひねくれる, 人間嫌いになる.

Verbitterung [フェアビッテルング]女(-/-en) 不機嫌, 失意, 不満, ひねくれていること.

verblassen [フェアブラッセン]自⑤〈色・輝き¹などが〉あせる; 薄れる.

Verbleib [フェアブライプ]男(-(e)s/) (書) ❶所在, ありか, ゆくえ. ❷滞在, 逗留.

ver・bleiben* 自⑤ ❶(同じ状態・場所に)留まる, 居続ける;固執する. ❷残存している. ❸〈意見¹が〉一致する, 決まる.

verbleit [フェアブライト]形 有鉛の.

Verblendung [フェアブレンドゥング]女(-/-en) ❶目をくらますこと;眩惑(げんわく)(状態), 瞞着(まんちゃく). ❷隠蔽, [建]被覆, 化粧張り.

verblüffen [フェアブリュッフェン]他 (口も利けないほど)あきれさせる, 唖然(あぜん)とさせる.

Verblüffung [フェアブリュッフング]女(-/) びっくり仰天すること, 唖然(あぜん)とすること.

ver・blühen 自⑤ ❶〈花¹が〉しぼむ;〈容色⁵が〉衰える. ❷ (こっそりすばやく)立ち去る, 姿をくらます.

ver・bluten ((I)) 自⑤ 失血死する. ((II)) 再 sich⁴ 失血死する;全てを失う.

verbohrt [フェアボールト]形 (口;軽蔑) 頑迷な, 依怙地(いこじ)な.

verborgen [フェアボルゲン] ((I)) verbergen の過去分詞. ((II)) 形 目につかない, 秘密の. *im Verborgenen* ひそかに, 人に知られずに.

verbot [フェアボート] verbieten の過去形.

Verbot [フェアボート]中(-(e)s/-e) 禁止, 禁圧, 禁令, 禁制.

verböte [フェアベーテ] verbieten の接続法II式形.

verboten [フェアボーテン] ((I)) verbieten の過去分詞. ◆*Es ist verboten, ...* 〈zu不定詞〉...することは禁じられている. *Betreten ~!* 立入禁止. ((II)) 形 ひどい.

Verbots・schild [フェアボーツ..]中(-(e)s/-er) [交通] ❶ 禁止標識. ❷ 禁止表示板, 禁札.

verbracht [フェアブラハト] verbringen の過去分詞.

Ver・brauch 男(-(e)s/(まれ)..bräuche) ❶〈単〉消費, 消耗. ❷[経] 消費量.

verbrauchen [フェアブラオヘン] ((I)) 他 ❶ 消費する, 消耗する. ❷使い古す[果たす]. ((II)) 再 sich⁴ (精)力を使い果たす, 消耗する.

Verbraucher [フェアブラオハー] (-s/-) 消費者. ◇*~in* 女(-/-nen).

ver・brechen* [フェアブレッヒェン] (du verbrichst; 過 verbrach; 過分 verbrochen) 他〈悪事⁴を〉犯す, 行う.

Verbrechen [フェアブレッヒェン]中(-s/-) 犯罪, 犯行;非難すべき行為.

① 1格　② 2格　③ 3格　④ 4格

【法】（1 年以上の刑になる）重罪. ♦ ein ~ begehen (犯)罪を犯す. **4級**

Verbrecher [フェアブレッヒャー]男 (-s/-) 犯人, 犯罪者. ◇ **~in** 女(-/-nen). **4級**

verbrecherisch [フェアブレッヒェリッシュ]形 犯罪(者)的な, 不法の, 非難すべき.

ver・breiten ((I))他 ❶〈物⁴を〉(世間に)広める, 広げる, 伝播(%)させる, 流布する. ❷〈熱・光⁴などを〉放射する. ((II))再 ❶広まる, 普及［流布, 蔓延(災)］する. ❷〈über ④〉《軽蔑》詳しく説明する, 長々と話す［論じる］.

Verbreitung [フェアブライトゥング]女(-/) 広げる［広まる］こと；流布, 伝播(%), 普及；蔓延(災)；分布.

ver・brennen* ((I))自 ⑤ ❶燃えて(だめになる)，焼けて(だめになる)る. ❷焦げる；(熱や暑さで)枯れる. ❸(口)(肌などが)日焼けする. ❹焼死する. ❺〔生・化〕燃焼する. ((II))他 ❶〈物⁴を〉燃やす, 焼く. ❷〈物⁴を〉焦がす；〈植物⁴を〉(熱や暑さで)枯らす. ❸〈物・人⁴の〉〈肌などを〉日に焼く. ❹〈人⁴を〉火葬にする；焼き殺す. ❺〔生・化〕燃焼させる. ((III))再 sich³・⁴ やけどをする.

Verbrennung [フェアブレンヌング]女(-/-en) ❶《単》焼く［燃やす］こと, 焼却；火葬；火刑；〔化〕燃焼. ❷やけど.

verbringen* [フェアブリンゲン](過 verbrachte; 過分 verbracht)他 ❶〈時⁴を〉過ごす. ❷(方)〈金・時⁴を〉浪費する. ❸(④＋方向〈書〉…へ)連れて行く, 運ぶ. **4級**

ver・bummeln (口) ((I))他 ❶〈金・時⁴を〉浪費［空費］する. ❷〈物⁴を〉おろかにする, 怠る；うっかり忘れる, 置き忘れる. ((II))自 ⑤ 怠惰のために落ちぶれる, 身を持ちくずす.

verbünden [フェアビュンデン]再 sich¹〈mit ③〉〈国³などと〉連合［同盟］する.

Verbündete(r) [フェアビュンデテ(ター)]男 女《形容詞変化》盟友, 同盟者, 連合［同盟］国, 連合［同盟］軍.

ver・büßen 他〈刑期⁴を〉勤め上げる；〈刑⁴に〉服する.

Verdacht [フェアダハト]男(-(e)s/-e, Verdächte)《主に単》疑惑, 容疑. **auf ~**〈口〉よく確かめないで, 見込みだけで, よかろうと思って.

verdächtig [フェアデヒティヒ]形 ❶疑惑のある, 嫌疑のかかっている. ❷不審な, おかしい, うさんくさい.

verdächtigen [フェアデヒティゲン]他〈人⁴に〉嫌疑をかける.

Verdächtigung [フェアデヒティグング]女(-/-en) 嫌疑をかける［受ける］こと.

verdammt [フェアダムト]形 ❶《付加のみ》(口；軽蔑)いまいましい. ❷《付加；副》(口)すごい, ひどい.

ver・dampfen ((I))自 ⑤ 気化［蒸発］する；(此)〈怒り〉などが〉和らぐ, 消えて行く. ((II))他 気化［蒸発］させる.

ver・danken ((I))他 ❶〈③ ④〉〈事⁴は人・事³の〉おかげである,〈物⁴について人・物³の〉おかげをこうむっている. ❷(㍍・䞸；口)〈物⁴を〉感謝する,〈事⁴に対して〉お礼を言う. ((II))再 sich⁴〈物³に〉基づいている.

verdarb [フェアダルブ] verderben の過去形.

verdauen [フェアダオエン]他 ❶〈(食物⁴を)〉消化する, こなす. ❷(口)(事柄を)理解する, のみ込む.

verdaulich [フェアダオリヒ]形《副なし》消化のよい；(口)理解のできる.

Verdauung [フェアダオウング]女(-/) 消化；(口)理解.

Verdeck [フェアデック]中(-(e)s/-e) 覆い；車蓋(%)，幌(%)；〔海〕上甲板.

ver・decken 他 覆う, 見えないようにする, 隠す.

verderben* [フェアデァベン](du verdirbst, er verdirbt; 命 verdirb; 過 verdarb; 過分 verdorben; 接 II verdürbe) ((I))自 ⑤ ❶傷む, 腐る；だめになる, 損われる. ❷堕落する. ((II))他 ❶〈(③) ④〉〈(人³の)物⁴を〉だいなしにする, 損ねる. ❷〈人⁴を〉堕落させる. **es mit ③ ~** 人³との関係を損

① 1 格 ② 2 格 ③ 3 格 ④ 4 格

Verderben

なう，人³と仲たがいをする．
Verderben 回(-s/-)❶だめになること；腐敗．❷《書》破滅，堕落．
verderblich [フェアデァプリヒ]形❶傷み［壊れ，腐敗し］やすい，すぐだめになる．❷破滅の基となる；有害な；危険な．
verdeutlichen [フェアドイトリヒェン]他〈(3) 回〉〈(人³に)物⁴を〉明らかにする，明確に(説明)する．
verdichten [フェアディヒテン] ((I))他〈物⁴を〉❶濃密にする；濃くする．❷密にする，強化する．❸《理工》縮圧［圧搾］する．((II))再 sich⁴ 濃くなる，濃厚になる，密になる；(疑いなどが)強まる，高まる．
verdienen [fɛrdi:nən フェアディーネン]他❶(働いて)得る，稼ぐ；(仕事・商売などで)もうける．❷〈事⁴に〉値する，相当する．♦es nicht besser [nicht anders] ~〈人⁴が〉当然の報いを受ける［こんな目にあうのは当然である］．Ich habe das nicht um ihn verdient. 私は彼からそうされる覚えがない．4級
Verdiener [フェアディーナー]男(-s/-)❶(a)働いて収入を得る人．(b)(やや古)〈一家の〉稼ぎ手．❷(軽蔑)うまく金をもうける人．
Verdienst [フェアディーンスト] ((I))男(-(e)s/-e)(働いて得た)収入，稼ぎ，所得；賃け，利得．((II))中(-(e)s/-e)功績，功労，勲功，手柄．
verdienst·voll 形❶賞賛を受けるに十分な．❷(付加)功績の多い．
verdient [フェアディーント] ((I))verdienen の過去分詞．((II))形❶功労によって得た；しかるべき，当然の．❷功労のある．
verdientermaßen [フェアディーンターマーセン]副功労に応じて，応分に．
verdoppeln [フェアドッペルン] ((I))他〈物⁴を〉倍にする，倍加する；重複させる；(比)強める，増大する．((II))再 sich⁴ 倍になる，倍加される．
verdorben [フェアドルベン] ((I))verderben の過去分詞．((II))形❶破滅した；だめになった，台なしになった；いたんだ，損傷した；腐敗した，堕落した，下劣な．
verdorren [フェアドレン]自⑤〈植物¹が〉干からびる，枯れる，枯死する．
ver·drängen 他❶押しのける，排除する．❷《心》抑圧する．
ver·drehen 他❶ねじる，ねじ曲げる．❷(口；軽蔑)こじつける；(意味などを)曲解［歪曲(ﾜｲｷｮｸ)］する．❸(口)〈一定量のフィルム⁴を〉消費する．
verdrießen* [フェアドリーセン](過 verdross; 過分 verdrossen)他不愉快にする，不機嫌にする；怒らせる．
verdrießlich [フェアドリースリヒ]形❶不愉快な；《書》しゃくにさわる，腹立たしい，不愉快な，やっかいな．
verdross [フェアドロス]verdrießen の過去形．
verdroß 回= verdross.
verdrossen [フェアドロッセン] ((I))verdrießen の過去分詞．((II))形不機嫌な，気乗りのしない，いやいやながらの．
Verdruss [フェアドルス]男(-es/-e)不機嫌；立腹，不愉快．
Verdruß 回= Verdruss.
ver·dunkeln ((I))他暗くする，曇らせる；遮光する．((II))再 sich⁴ 暗くなる，曇る．
Verdunkelung [フェアドゥンケルング]女(-/-en)❶《単》暗くする［なる］こと．❷(灯火管制用の)暗幕．❸《単》《法》証拠隠滅．
verdünnen [フェアデュネン]他〈液体⁴を〉薄める；(化)希釈する．
Verdünnung [フェアデュヌング]女(-/-en)❶《単》薄くする［なる］こと，希薄化；(化)希釈．❷希釈剤；(油絵の具の)溶き油．
verdunsten [フェアドゥンステン] ((I))自⑤(ゆっくり)蒸発する，気化する．((II))他(ゆっくり)蒸発させる，気化させる．
Verdunstung [フェアドゥンストゥング]女(-/-)蒸発，気化．
verdursten [フェアドゥアステン]自⑤❶のどが渇いて死ぬ．❷(口)死ぬほどのどが渇いている．
verdutzt [フェアドゥッツト]形あきれ

ver·ehren 他 ❶尊敬する,崇拝する;敬慕する,思慕[恋慕]する. ❷〔4格〕〈人 3格に物 4格を〉贈呈する.

Verehrer [フェアエーラー] 男〈-s/-〉尊敬[崇拝]者;信奉者;思慕[恋慕]者. ◇**~in**〈-/-nen〉.

Verehrung [フェアエールング] 女〈-/-en〉尊敬, 崇拝.

vereidigen [フェアアイディゲン] 他〈人 4格に〉宣誓させる.

Vereidigung [フェアアイディグング] 女〈-/-en〉宣誓.

Verein [fer-áin フェアアイン] 男〈-(e)s/-e〉(個人加盟の)団体, クラブ, (協)会;同盟. ★クラブの意味では主に〔フェライン〕と発音される. *im ~ mit* 3格 人・物 3格と協同で[一緒に, 力を合わせて].

verein·bar [フェアアインバーア] 形《述語》〈*mit* 3格〉〈事 3格と〉一致[調和]しうる.

vereinbaren [フェアアインバーレン] 他 ❶〈*mit* 3格〉〈物 4格を人 3格と〉協定する, 取り決める. ❷〔4格 *mit* 3格〕〈物 4格と物 3格を〉一致させる, 調和させる.

Vereinbarung [フェアアインバールング] 女〈-/-en〉一致, 調和;協定, 取り決め, 申し合わせ.

vereinen [フェアアイネン] 他 一つにする;併せ持つ. ◆*die Vereinten Nationen* 国際連合.

vereinfachen [フェアアインファヘン] 他 簡単にする, 単純[簡易]化する.

Vereinfachung [フェアアインファフング] 女〈-/-en〉単純化, 簡易化.

vereinheitlichen [フェアアインハイトリッヒェン] 他 単一化する, 統一する;〔工〕〈物 4格の〉規格を統一する.

Vereinheitlichung [フェアアインハイトリッヒゥング] 女〈-/-en〉単一化, 統一;〔工〕規格統一.

ver·einigen (I) 他 ❶一つにまとめる, 合一させる, 統合[合併]する. ❷〔4格 *in* 3格〕〈物 4格を物 3格に〉併せ持つ, 兼ね備える. ❸〔4格 *mit* 3格〉〈物 4格を物 3格と〉一致させる. ◆*die Vereinigten Staaten (von Amerika)* (アメリカ)合衆国. (II) 再 *sich*4 ❶一つになる, 一体となる, 合一する;〈川 3格などが〉合流する. ❷〈*mit* 3格〉〈物 3格と〉一つになる, 一致する;一体になる, 合流する. ❸〔書〕合体する.

vereinigt [フェアアイニヒト] *vereinigen* の過去分詞.

Vereinigung [フェアアイニグング] 女〈-/-en〉❶合一, 結合;一体化;合同, 統合, 連合, 合併;同盟;(河の)合流;(鉄道の)接続;一致, 協調;和解. ❷団体, 組合, 結社, クラブ;(企業などの)連合体.

vereinsamen [フェアアインザーメン] 自⑤ 孤独になる.

Vereinsamung [フェアアインザームング] 女〈-/-〉孤独になること.

vereinzelt [フェアアインツェルト] 形《述語なし》時たまの;散発的な;ばらばらの.

vereisen [フェアアイゼン] (I) 自⑤ 氷結[凍結]する. (II) 他〔医〕寒冷麻酔をかける.

vereiteln [フェアアイテルン] 他〈計画 4格などを〉挫折させる.

vereitern [フェアアイタァン] 自⑤ 〔医〕化膿(か。)する.

ver·enden 自⑤〈動物 1格が〉死ぬ, 〈人間 1格が〉苦しみぬいて死ぬ.

verengen [フェアエンゲン] (I) 他〈物 4格の〉幅を狭める, 狭くする. (II) 再 *sich*4 狭まる, 狭くなる.

ver·erben (I) 他 ❶〔3格 *an* 4格〕〈人 3・4格に物 4格を〉(**a**) 遺産として残す, 遺産相続させる, 遺贈する. (**b**) 贈る, あげる. ❷〈人 3格に素質・病気 4格などを〉遺伝させる, 伝える. (II) 再 *sich*4 伝わる, 遺伝する.

Vererbung [フェアエァプング] 女〈-/-en〉《主に単》遺伝.

verewigen [フェアエーヴィゲン] (I) 他 ❶永遠に伝える, 不朽[不滅]のものにする. ❷永続させる. (II) 再 *sich*4 ❶不朽[不滅]のものになる. ❷〔口〕(観光などの記念で)名前[しるし]を残す.

verfahren [フェアファーレン] (I) 形

①1格 ②2格 ③3格 ④4格

《副なし》行き詰まった((状況など)). ((II))圏 sich⁴ 道に迷う. ((III))((c)〈ガソリンなどを〉消費する. ((III))圓⑤ふるまう, 行動する;態度をとる.

Ver·fahren [フェアファーレン] 匣 (-s/-) ❶〔取り扱いの〕**方法**, やり方, 手順, 処置;態度. ❷〔法〕手続き;訴訟手続き.

Verfall [フェアファル] 男/(-(e)s/) ❶衰え,滅亡, 没落;崩壊;〔道徳の〕退廃, 堕落;衰弱. ❷〔商〕〔手形などの〕満期;〔期限切れによる入場券などの〕失効. ❸〔法〕〔犯罪利得の国庫への〕帰属.

ver·fallen* 圓⑤ ❶〈建物¹が〉崩壊[倒壊]する, 腐朽する;〈人¹が〉衰弱する;〈国家権力¹が〉衰亡[衰微, 没落]する;〈文化¹が〉衰退する;〈道徳・風紀¹が〉頽廃[荒廃]する. ❷〈in ④〉〈ある状態¹に〉陥る. ❸〈in ④〉〈ある動き[話し]方¹に〉移行する. ❹〈auf ④〉〈物⁴を〉思いつく. ❺〈人³の〉言いなりになる;〈酒³などに〉頼るようになる;〈人・物³の〉とりこになる. ❻〈人³の〉所有に帰する, 〈人³に〉帰属する. ❼〔商〕〈手形³などが〉満期になる;〔有効〕期限が切れる, 失効する. ❽〔旧〕〔書〕〈物³に〉さらされる;〈物³の〉扱いになる.

Verfalls·datum 匣 賞味期限.

ver·fälschen ⑯ ❶〈食品⁴などの〉品質を落とす. ❷〈歴史・真実⁴などを〉歪曲する. ❸〔法〕〈文書⁴などを〉偽造する.

Verfälschung [フェアフェルシュング] 囡 (-/-en) ❶〔単〕偽造;改竄(ざん), 歪曲する. ❷歪曲された記述.

ver·färben ((I))⑯〈物⁴に〉色つやりする. ((II))圏 sich⁴ 変色する.

ver·fassen ⑯〈文書⁴などを〉書く, 起草する;〈詩文⁴を〉作る, 著作する.

Verfasser [フェアファッサー] 男 (-s/-) 著者, 執筆者, (辞書の)編者;〔法〕起草者. ◇~in 囡 (-/-nen).

Verfassung [フェアファッスング] 囡 (-/-en) ❶著作[著述](すること);起草. ❷〔単〕〔心身の〕状態;具合, 気分, 調子, コンディション. ❸**(a)**憲法. **(b)**定款. **(c)**体制. **(d)**規則.

ver·faulen 圓⑤〈肉・果物¹などが〉腐る, 腐敗[腐朽]する.

ver·fehlen ((I))⑯ ❶〈目標に〉当て損なう, 逸する, 失する, 外す, 誤る, しそこなう. ❷〈物⁴を〉怠る, なおざりにする. ((II))圏 sich⁴〈相互的〉〈人と〉行き違いになる. ❸〈gegen ④〉〈事⁴を〉犯す.

Verfehlung [フェアフェールング] 囡 (-/-en) 過ち, 過失;〔法〕過誤;〔少年の〕非行.

ver·feinden [フェアファインデン] 圏 sich⁴〈mit ③〉〈人³と〉仲たがいする, 不和になる.

ver·feinern [フェアファイナン] ((I))⑯〈物⁴を〉洗練する. ((II))圏 sich⁴ 洗練される.

Verfeinerung 囡 (-/-en) ❶洗練する[される]こと. ❷洗練されたもの.

ver·fertigen [フェアフェアティゲン] ⑯作(り上)げる, 作成する, 製作する;調整する.

ver·filmen [フェアフィルメン] ⑯ ❶〈小説・戯曲⁴などを〉映画化する. ❷〔マイクロ〕フィルムに収める.

Verfilmung [フェアフィルムング] 囡 (-/-en) ❶映画化. ❷映画化した作品.

ver·finstern [フェアフィンスタン] ((I))⑯〈物⁴を〉暗くする, 曇らせる;〔天〕食する. ((II))圏 sich⁴〈空・顔¹が〉暗くなる, 曇る;〔天〕食となる.

verflixt [フェアフリクスト](口) ((I))厖不愉快な, 腹立たしい, いまいましい. ((II))圖 いまいましいほど, やけに, べらぼうに. ((III))圓 いまいましい.

ver·fluchen ⑯ ❶〈人⁴を〉のろう, 呪咀(じゅそ)する. ❷(口) ののしる.

verflucht [フェアフルーフト] ((I)) verfluchen の過去分詞. ((I))厖(口) ❶〔軽蔑〕いまいましい;途方もない, 非常な. ❷〔付加〕ものすごい. ((III))圖(口) いまいましいほど, やけに, べらぼうに, ひどく, すごく. ((IV))圓(口) いまいましい, ちくしょう.

ver·flüchtigen [フェアフリュヒティゲン] ((I))⑯〈液体⁴などを〉気化[蒸発,

揮発]させる. **(II)** 再 sich⁴ ❶⟨①⟩気化[蒸発, 揮発]する. ❷(口) 消え去る;(人が)いつのまにかいなくなる.

ver・folgen 他 ❶⟨人⁴を⟩追う, 追跡する. ❷(a)⟨人⁴を⟩追いかける. (b)⟨人⁴を⟩悩ます. ❸⟨人⁴を⟩迫害する. ❹(特に法)訴追する. ❺⟨事の成り行き・政治の動向⁴などを⟩見守る. ❻⟨目的・目標⁴などを⟩追求する.

Verfolgung [フェアフォルグング] 女 (–/–en) 追跡, 追求;追撃;迫害;[法] 訴追.

Verfolgungs・jagd 女 (–/–en) (長・遠距離にわたる)追跡行.

Verfolgungs・wahn 男 (–(e)s/–) [心] 追跡妄想, 迫害妄想.

ver・fügen **(I)** 他 (職権で)指令[指示]する, 命じる. **(II)** 自 ⟨**über** ④⟩⟨物・人⁴を⟩自由に使える, 意のままにする;⟨物⁴を⟩駆使できる. **(III)** 再 sich⁴ 〔書〕行く, 赴く.

Verfügung [フェアフューグング] 女 (–/–en) ❶(官庁の)指令, 指示, 命令;[法]処分. ❷《単》(人物を意のままにできること, 自由な使用. *ein Amt zur ~ stellen* 辞任を申し出る. ③ *zur ~ stehen* ⟨物¹が⟩人³には自由に使える. ④ 4 *zur ~ stellen* 物⁴を人³の自由に任せる[好きなように使わせる], 人³に用立てる.

ver・führen 他 ❶⟨④ (**zu** ③)⟩⟨人⁴を⟩(事³に)誘惑する. ❷⟨人⁴を⟩(性的に)誘惑する.

Verführer [フェアフューラー] 男 (–s/–) 誘惑者;女たらし.

verführerisch [フェアフューレリッシュ] 形 誘惑[魅惑]的な.

Verführung [フェアフュールング] 女 (–/–en) 誘惑;魅力.

vergangen [フェアガンゲン] **(I)** vergehen の過去分詞. **(II)** 形 過ぎた, 過去の.

Vergangenheit [フェアガンゲンハイト] 女 (–/–en) ❶《単》過去. ❷[言]過去時称(過去・現在完了・過去完了の3種類を含む). ♦ *in der ~* 過去に.

vergänglich [フェアゲングリヒ] 形 《副なし》過ぎ去りやすい, うつろいやすい, 束の間の, はかない, 無常の.

Vergänglichkeit [..カイト] 女 (–/) はかなさこと, 無常.

Vergaser [フェアガーザー] 男 (–s/–) [工] 気化器, キャブレター.

vergaß [フェアガース] vergessen の過去形.

vergäße [フェアゲーセ] vergessen の接続法Ⅱ式形.

ver・geben* **(I)** 他 ❶⟨③⟩ ④⟩⟨書⟩⟨(人³の)罪⁴などを⟩許す. ❷ 与える. ❸⟨⟩⟨カード⁴を⟩配り違える. ❹⟨機会⁴などを⟩逸する. ❺⟨サ⟩⟨ペナルティキックなどに⟩失敗する. **(II)** 再 sich⁴ [トランプ]カードを配り違える.

vergebens [フェアゲーベンス] 副 無益に, むだに, いたずらに, むなしく.

vergeblich [フェアゲープリヒ] 形 無益な, むだな, いたずらな, むなしい.

Vergebung [フェアゲーベンス] 女 (–/–en) ❶ 与えること, 授与. ❷ 許すこと, 容赦, 勘弁;[宗] 赦免. (*Um*) *~!* ごめんなさい, 失礼.

vergegenwärtigen [フェアゲーゲンヴェァティゲン, フェアゲーゲンヴェァティゲン] 再 sich⁴ ⟨物⁴を⟩心中に描き出す, ありありと思い浮かべる.

ver・gehen* **(I)** 自 Ⓢ ❶⟨時¹が⟩過ぎ去る, 経過する. ❷ 消えうせる, 無くなる;滅びる;⟨植物¹が⟩枯死する;(詩) 世を去る, 死ぬ. **(II)** 再 sich⁴ ❶間違ったことをする, 不正を行う. ❷ 道に迷う. ♦ *sich⁴ gegen das Gesetz ~* 法を犯す.

Vergehen [フェアゲーエン] 中 (–s/–) ❶《単》なくなること, 消失. ❷ 違反;[法] 軽罪.

ver・gelten* 他⟨③ ④⟩⟨人³に事⁴の⟩お返しをする;仕返し[報復]をする.

vergessen* [fɛrɡésən フェアゲッセン] **(I)** 他 忘れる. ★ dass副文, zu不定詞もとる. ♦ *Das habe ich ganz [völlig, total] ~.* そのことをすっかり忘れていました. *Das werde ich dir nie ~.* この恩は決して忘れないからね. **(II)** 再 sich⁴ 我を忘れる, 逆上する. **(III)** 自 ⟨②⟩⟨書⟩⟨人・物²を⟩忘れる. *Das*

	現在	ich vergesse	wir vergessen
		du vergisst	ihr vergesst
		er vergisst	sie vergessen
	過去	ich vergaß	wir vergaßen
		du vergaßest	ihr vergaßt
		er vergaß	sie vergaßen
	過分	vergessen	接II vergäße

kannst du vergessen! (大切なことじゃないから)それは忘れていいよ. *Vergess es!* 忘れなさい. 5級

Vergessenheit [フェアゲッセンハイト] 囡 (-/) 忘却. ♦ in ~ geraten 忘れ去られる.

vergesslich [フェアゲスリヒ] 形《副なし》忘れっぽい, 健忘の.

vergeßlich 旧= vergesslich.

vergeuden [フェアゴイデン] 他 浪費する, むだに使う.

Vergeudung [フェアゴイドゥング] 囡 (-/-en) 浪費, 蕩尽(とうじん).

vergewaltigen [フェアゲヴァルティゲン] 他 ❶〈人⁴を〉強姦(ごうかん)する. ❷力で押さえ付ける, 弾圧する.

Vergewaltigung [フェアゲヴァルティグング] 囡 (-/-en) 強姦.

vergewissern [フェアゲヴィッサァン] 再 sich⁴ 〈②〉❶〈事²を〉確かめる, 念を入れる. ❷〈人²が〉信用できるかどうかを確かめる.

ver-gießen* 他 ❶〈液体⁴を〉注ぎそこなう, こぼす. ❷〈血・涙⁴などを〉流す, そそぐ. ♦ Es wurde viel Blut vergossen. たくさんの血が流された. ❸〔冶〕(a)鋳型に注ぐ. (b)鋳回(いまわ)する.

vergiften [フェアギフテン] ((I)) 他 〈物⁴に〉毒を入れる[盛る, 塗る], 有毒にする;(比)悪い影響を与える, 毒する. ❷毒殺する. ((II)) 再 sich⁴ ~ 服毒自殺する.
sich⁴ mit Tabletten ~ 服毒自殺する.

Vergiftung [フェアギフトゥング] 囡 (-/-en) ❶毒を入れること;毒殺. ❷中毒.

vergiss [フェアギス] vergessen の命令法2人称単数形.

vergiß 旧= vergiss.

Vergiss·mein·nicht 中 (-(e)s/-e) 〔植〕ワスレナグサ (勿忘草).

vergisst [フェアギスト] vergessen の 2・3人称単数現在形.

vergißt 旧= vergisst.

verglasen [フェアグラーゼン] ((I)) 他 〈窓⁴などに〉ガラスをはめる. ((II)) 自 (S) 〈目が〉うつろになる, すわる.

Vergleich [フェアグライヒ] 男 (-(e)s/-e) ❶比較, 対照, 対比;参照;〔修辞学〕直喩(ちょくゆ). ❷〔法〕和解;和議. ❸〔言〕比較変化. ❹(スポ)(他チームとの)練習試合. 4級

vergleichbar [..バー] 形 比較[対照]しうる;匹敵[比肩]する.

vergleichen* [fɛrgláıçən フェアグライヒェン] (過 verglich; 過分 verglichen) ((I)) 他 ❶〈④ mit ③〉〈人・物⁴を人・物³と〉比較する. ❷〈④ mit ③〉〈人・物⁴を人・物³に〉たとえる. ((II)) 再 sich⁴ 〈mit ③〉❶〈人³と〉優劣を競う. ❷〔法〕〈人³と〉和解する, 和議を結ぶ.

ver-glühen 自 (S) ❶〈隕石・ロケット¹などが〉白熱して燃え尽きる. ❷〈炎¹などが〉焼けて赤く光りながら次第に消えていく.

vergnügen [フェアグニューゲン] ((I)) 再 sich⁴ 〈mit ③〉〈物³を〉楽しむ. ((II)) 他 〈人⁴を〉楽しませる.

Vergnügen [フェアグニューゲン] 中 (-s/-) ❶《単》楽しみ, 慰み;喜び;満足. ❷《主に単》楽しみ(ごと);ダンスパーティー. *Viel ~!* ((遊びにでかける人に))大いに楽しんでいらっしゃい.

vergnüglich [フェアグニュークリヒ] 形 ❶満足させる, 楽しませる. ❷= vergnügt ((II)) ①.

vergnügt [フェアグニュークト] ((I)) vergnügen の過去分詞. ((II)) 形 ❶愉快な, 楽しそうな, 陽気な. ❷= vergnüglich ①.

vergolden [フェアゴルデン] 他 ❶〈物⁴に〉金をきせる, 金めっきする;金色にする. ❷〔書〕(実際よりも)美しく見せる, 美化する.

ver-graben* ((I)) 他 〈物⁴を〉❶埋

① 1格 ② 2格 ③ 3格 ④ 4格

め隠す, 埋蔵する. ❷隠す. ((II)) 再 sich⁴ ❶《ハツカネズミなどが》穴を掘って隠れる, 地中にもぐり込む. ❷《比》引きこもる;《仕事などに》没頭する.

vergrämt [フェアグレームト] 形 悲しみに満ちた, 悲しみ[心配]でやつれた.

vergraulen [フェアグラウレン] 他 ((口)) 怒らせて[無愛想な態度をとって]追い払う.

ver·greifen* 再 sich⁴ ❶つかみそこなう;楽器を弾き誤る. ❷**(a)**〈in [bei] ③〉〈物³において〉間違ったものを選ぶ. **(b)**〈an ③〉〈他人の財産³などを〉横領する;《口》利用[使用]する,〈機械³などを〉いじくり回す. **(c)**〈an ③〉〈人³に〉暴力を振るう;〈女性³に〉暴行する.

vergriffen [フェアグリッフェン] ((I)) vergreifen の過去分詞. ((II)) 形 《副なし》《品物が》売り切れの, 品切れの;《書物が》絶版の.

vergrößern [フェアグレーサーン] ((I)) 他 大きくする;増大する;広げる, 拡張する;(レンズなどで)拡大する;[写]引き伸ばす;《比》誇張する. ((II)) 再 sich⁴ 大きくなる, 増大[拡大]する;肥大する;広がる;《口》より大きな住居[店舗]に引っ越す.

Vergrößerung [フェアグレーセルング] 女 (-/-en) ❶《主に単》増大, 増加, 拡大, 拡張;誇張;[写]引き伸ばし;[理]倍率. ❷引き伸ばし写真.

Vergrößerungs·glas 中 (-es/..gläser) 拡大鏡, 虫めがね.

Vergünstigung [フェアギュンスティグング] 女 (-/-en) 恩惠, 恩典, 優待, 特典, 特權;割引.

vergüten [フェアギューテン] 他 ❶〈③〉〈人³に物⁴を〉償う, 弁償[補償]する. ❷《特に書》報酬を支払う. ❸【冶】〈鋼鉄⁴に〉焼きを入れる;〈レンズ⁴に〉コーティング加工をする.

Vergütung [フェアギュートゥング] 女 (-/-en) ❶弁償, 補償. ❷弁償金;謝礼金, 報酬;(立て替えの)返金.

verh.《略》verheiratet 既婚の.

verhaften [フェアハフテン] (du verhaftest, er verhaftet; 過 verhaftete; 過分 verhaftet) 他〈人⁴を〉**逮捕する**,

拘禁する.

Verhaftung [フェアハフトゥング] 女 (-/-en) 逮捕, 拘禁.

ver·halten* [フェアハルテン] (du verhältst; er verhält; 過 verhielt; 過分 verhalten) ((I)) 再 sich⁴ ❶《人が主語》ふるまう, ...の態度をとる. ❷...の状態である, ...の事情にある. ❸〈zu ③〉〈物³と〉ある関係にある. ((II)) 他《書》〈物⁴を〉抑える, 抑制[我慢]する, 口外しない.

Verhalten [フェアハルテン] 中 (-s/) ふるまい, 挙動, 態度.

Verhaltens·weise 女 (-/-n) 行動様式[パターン].

Verhältnis [フェアヘルトニス] 中 (-ses/-se) ❶**関係**, 間柄, 仲. ❷《口》恋愛関係, 情事;恋人, 愛人. ❸《主に単》状態, 状況, 事情;身分;身上, 境遇, 生活状態, 割合;【数】比, 比例. **in ~ zu** ③ 物³に比べて. **in ~ mit [zu]** ③ **stehen** 物³に比例する, 物³と比例関係にある. 4級

verhältnis·mäßig ((I)) 副 比較的(に), 割合(に). ((II)) 形 一定の比率による.

Verhältnis·wort 中 (-(e)s/..wörter) [言] 前置詞.

ver·handeln ((I)) 自 ❶〈mit ③ über ④〉〈人³と事⁴について〉討議[交渉, 折衝]する. ❷【法】**über** ④〈人⁴に対する[事⁴に関する]》審理を行う. ((II)) 他 ❶〈mit (3)〉〈事⁴について人³と〉交渉[折衝]する. ❷【法】〈事件⁴を〉審理する. ❸《やや古;軽蔑》売り払う;(高く)売り付ける.

Verhandlung [フェアハンドルング] 女 (-/-en) ❶《主に複》討議, 交渉, 折衝, 談判;議事. ❷【法】審理;弁論. ♦ in ~en (ein)treten 交渉に入る. zu ~en bereit sein 話し合いに応ずる用意がある.

ver·hängen 他 ❶掛けて覆う, 覆い隠す. ❷〈罰⁴を〉課する,〈ある措置⁴をとる, 実施する.

Verhängnis [フェアヘングニス] 中 (-ses/-se) 不幸な運命, 宿命;《特に》悲運, 悪運, 災難.

① 1格 ② 2格 ③ 3格 ④ 4格

verhängnis·voll 形 重大な(結果を引き起こす), 命取りとなる.

verharmlosen [フェアハルムローゼン] 他 〈危険 など〉を軽視する, 実際よりも些細なように見せる.

verhärmt [フェアヘァルムト] 形 悲しみ [心痛]にやつれた.

verharren [フェアハレン] 自 ❶〈auf [bei, in] 3〉〈同じ姿勢 などを〉とり続ける. ❷〈+場所〉いつまでもとどまる.

verhärten [フェアヘァテン] ((I)) 自S 再 sich⁴ 堅くなる, 硬化する; (比) 無情 [冷酷]になる. ((II)) 他 堅くする; 無情 [冷酷]にする.

verhaßt 形 = verhasst.

verhasst [フェアハスト] 形《副なし》嫌われた.

ver·hätscheln 他 (口) 甘やかす, 甘やかして悪くする (特に子供を)).

ver·hauen(*) (口) 過 verhaute, 過分 verhauen ★ バイエルン, オーストリアでは過去分詞はverhautのみ. ((I)) 他 ❶〈人⁴を〉さんざんになぐる. ❷〈作文・計算問題 などを〉ひどく間違える. ❸〈金⁴を〉浪費する. ((II)) 再 sich⁴ ❶ひどい間違いをする. ❷ (タイプライターで)打ち違える.

ver·heben* 再 sich⁴ 重い物を持ち上げてけがをする[体を痛める].

verheeren [フェアヘーレン] 他 〈戦争・災害 などが国土⁴を〉荒らす, 荒廃させる, 壊滅させる.

verheerend [..ト] 形 (口) ひどい, 耐えがたい, 恐るべき.

ver·heilen 自S 〈傷 ¹が〉直る; 〈傷口が〉ふさがる.

verheimlichen [フェアハイムリヒェン] 他 〈人³に〉物⁴を〉秘密にする[しておく], 知らせずにおく, 隠しておく.

Verheimlichung [フェアハイムリヒュング] 女 (-/-en) 隠しだて.

ver·heiraten ((I)) 再 sich⁴《mit 3》〈人³と〉結婚する. ((II)) 他 〈4⁴ 《mit 3 [an 4]》〉(やや古)〈人⁴を人³·⁴と〉結婚させる.

verheiratet [フェアハイラーテット] 形 《副なし》既婚の. 4級

Verheiratete(r) [フェアハイラーテテ[ター-]] 男女《形容詞変化》既婚者.

Verheiratung 女 (-/-en) 結婚, 婚姻.

ver·heizen 他 ❶〈薪・石炭などを〉暖房に用いる. ❷ (口)〈酷使して人⁴の〉精力を消耗させる.

ver·helfen* 自S 〈zu 3〉〈人・物³を助けて物³を〉得させる, 達成させる.

verhielt [フェアヒールト] verhalten の過去形.

verhindern [フェアヒンダァン] 他 妨げる, 起きないようにする, はばむ, 阻止する, 妨害する, 避ける.

Verhinderung [フェアヒンデルング] 女 (-/-en) 妨げ, 妨害, 阻止; 支障, 差し支え.

Verhinderungs·fall 男 im ~(e) (書) 支障のある場合は.

ver·höhnen 他 あざける, 嘲笑する, 嘲弄(ちょうろう)する.

Verhöhnung [フェアヘーヌング] 女 (-/-en) あざけり, 嘲笑.

Verhör [フェアヘーァ] 中 (-(e)s/-e) [法] 尋問, 審問.

ver·hören ((I)) 他 (a) [法]〈人⁴を〉尋問 [審問] する. (b) (口)〈人⁴に〉厳しく詳しく尋ねる. ((II)) 再 sich⁴ 聞き違いをする.

ver·hüllen ((I)) 他 覆う, 包む, 覆い[包み]隠す; 隠蔽する. ((II)) 再 sich⁴ 体を覆う, 顔を隠す.

Verhüllung 女 (-/-en) ❶覆うこと, 隠蔽. ❷覆うもの, 覆い, 外被, 遮蔽物, 梱包.

ver·hungern 自S 餓死する; 飢餓に苦しむ, 飢えやつれる.

verhunzen [フェアフンツェン] 他 (口) 台なしにする, めちゃめちゃにする.

ver·hüten 他 防止する, 予防する.

Verhütung [フェアヒュートゥング] 女 (-/-en) 防止, 予防.

Verhütungs·mittel 中 (-s/-) 避妊薬.

ver·irren 再 sich⁴ ❶道に迷う, はぐれる; (比) 惑う, 正道を踏み外す; 常軌を逸する. ❷〈+方向〉迷い込む.

ver·jagen 他 追い払う, 吹き払う, 駆逐する, 払いのける.

①1格 ②2格 ③3格 ④4格

verjüngen [フェァユンゲン] **(I)** 他 ❶若返らせる, 若々しくする. ❷〔製図〕縮尺する. **(II)** 再 sich⁴ ❶若返る, 若々しくなる. ❷〔建〕〈柱³などが〉先が細る, 次第にとがる.

ver·kalken 自 ⑤ ❶石灰質になる; 〔医〕〈動脈¹などが〉硬化する. ❷弾力性を失う, 硬化する; 老衰する. ❸〈洗濯機¹などが〉石灰の沈着で機能低下する.

Ver·kauf 男〈-(e)s/Verkäufe〉❶売ること, 売り, 売却, 販売. ❷《単》《商店の》販売部. **4級**

verkaufen [fɛrkáofən フェァカオフェン] **(I)** 他〈④〉(↔ kaufen) 売る, 売却[販売]する. ❷身を売る, 売春する. **(II)** 再 sich⁴ ❶売れる. ❷《方;口》へたな買い物をする. ♦❸ ein Auto billig ~ 車を安く売る. **5級**

Verkäufer [フェァコイファァ] 男〈-s/-〉❶《商店・デパートなどの》《男性》店員, 販売員, 売り子; セールスマン. ❷売り主, 売り手. ◇ **Verkäuferin** 女〈-/-nen〉. **4級**

verkaüflich [フェァコイフリヒ] 形《副なし》❶売ることのできる. ❷金で自由になる, 買収しうる.

verkaufs·offen 形《副なし》《通例の販売時間・曜日など以外に》店が開いている.

Verkaufs·preis 男〈-es/-e〉販売価格, 売り値.

Verkehr [fɛrkéːɐ フェァケーァ] 男〈-s, (まれ) -es/-〉《専門用語として》-e〉 ❶交通, 往来, 運輸; 《貨物などの》流通; 商取引, 通商, 貿易. ♦ Hier herrscht starker [reger] ~. ここは交通が激しい. ❷(a)交際; 通信; 文通. (b)《婉曲; また書》性交. ④ *aus dem ~ ziehen* 物⁴を使用不可にする; 物⁴を使用[流通]停止にする, 回収する;《口》人⁴を活動禁止にする. ⑤ *in (den) ~ bringen* 物⁴を流通させる. **4級**

ver·kehren **(I)** 自 ❶ ⓢ ⓗ 〈バス・船・列車などが〉運行する. ❷ 〈bei [in]③〉《客として》〈場所³に》出入りする. ❸〈mit③〉〈人³と〉(a)交際する.

(b)《婉曲; 書》性交渉を持つ. **(II)** 他 逆にする, 転転する. **(III)** 再 sich⁴ 逆になる, 反対のものに変わる.

Verkehrs·ampel 女〈-/-n〉《街路の》交通信号灯.

Verkehrs·amt 中〈-(e)s/..ämter〉❶《市や郡の》交通課. ❷観光協会.

Verkehrs·hindernis 中〈-ses/-se〉交通障害.

Verkehrs·mittel 中〈-s/-〉交通[運輸]機関.

Verkehrs·polizist 男〈-en/-en〉《弱》交通警察官.

Verkehrs·schild 中〈-(e)s/-er〉交通[道路]標識板.

verkehrs·sicher 形《副なし》交通安全を保証する《タイヤなど》.

Verkehrs·teilnehmer 男〈-s/-〉道路利用者, 通行者《歩行者・ドライバーなど》.

Verkehrs·unfall 男〈-(e)s/..fälle〉交通事故.

Verkehrs·weg 男〈-(e)s/-e〉❶交通路《街路・鉄道・航路など》. ❷《複まれ》《会社などの》通達経路.

Verkehrs·zeichen 中〈-s/-〉交通[道路]標識.

verkehrt [フェァケーァト] **(I)** verkehren の過去分詞. **(II)** 形 ❶逆の, さかさの, あべこべの. ❷誤った, 間違った.

ver·kennen* 他 見そこなう, 見違える, 誤解する; 〈真価どおりに〉評価しない.

ver·klagen 他 ❶〈人⁴を〉〔法〕告訴[告発]する. ❷〈④ bei ③〉《方》〈人⁴のことを人³に〉告げ口する, 苦情を言う.

ver·kleben **(I)** 他 ❶〈物⁴を〉貼りふさぐ. ❷〈べとべとしたもの⁴を〉くっつけ合わせる. ❸〈タイル⁴などを〉貼りつける. **(II)** 自 ⓢ 〈べたべたしたもの⁴が〉くっつき合う, 貼りつく.

ver·kleiden **(I)** 他 ❶〈人⁴を〉扮装[変装, 仮装]させる. ❷〈④ (mit③)〉〈物⁴を《物³で》〉覆う. ❸〈事実⁴を〉美化して描く, 粉飾する. **(II)** 再 sich⁴ 扮装[変装, 仮装]する.

Verkleidung [フェァクライドゥング]

verkleinern

囡 (-/-en) 扮装, 変装, 仮装; 被覆; [建] 表装, 板張り.

ver·kleinern [フェァクライナァン] **((I))** 他 ❶小さくする, 縮小する. ❷〈数量⁴を〉減少させる. ❸〈物⁴に〉けちをつける, けなす. ❹〈光学レンズ¹などが〉実物より小さく見せる. **((II))** 再 sich⁴ ❶小さくする, 縮小する; 少なくなる. ❷〈口〉小さな住まい[店] に移る. **((III))** 自〈光学レンズなどが〉物を実物より小さく見せる.

Verkleinerungs·form [フェァクライネルングス..] 囡 (-/-en) 【言】縮小[指小] 形.

verklemmt [フェァクレムト] 形〈心理的に〉抑圧された, 自由に振舞えない.

ver·knallen **((I))** 他 ❶〈口〉〈火薬⁴を〉消費する, 〈弾丸⁴を〉やたらに撃つ, 撃ち尽くす. ❷〈口; やや古〉〈人⁴に〉有罪の判決を下す. **((II))** 再 sich⁴〈in ④〉〈口〉〈人⁴に〉ぞっこんほれ込む. **((III))** 自 ドカンと爆発する.

ver·knoten **((I))** 他〈④ (an ③; mit ③)〉〈物⁴を〈物³に; 物³で〉結ぶ, 結びつける, 結び合わせる. **((II))** 再 sich⁴ (ひもなどが) もつれて結び目ができる.

ver·knüpfen **((I))** 他〈④ (mit ③)〉〈物⁴を〈物³と〉結びつける, 結び合わせ, (内容的に) 関連づける; ついでに片付ける, 兼ねて行う. **((II))** 再 sich⁴〈mit ③〉〈物³と〉結び付く, 関連がある.

ver·kohlen [フェァコーレン] **((I))** 自 ⓢ 炭になる, 炭化する. **((II))** 他〈焼いて〉炭にする, 炭化する.

ver·kommen* 自 ⓢ ❶落ちぶれる, 零落する; 堕落する. ❷〈食物¹が〉腐る, 傷む. ❸〈建物¹などが〉荒廃する. ❹〈古〉意見が一致する. ❺〈古̇; 口〉逃げる.

verkörpern [フェァケァパァン] 他 具現[体現] する, 具体化する.

verköstigen [フェァケスティゲン] **((I))** 他 賄う, 下宿させる. **((II))** 再 sich⁴ 自炊する.

verkracht [フェァクラハト] 形〈口〉挫折した.

---

ver·kraften [フェァクラフテン] 他 ❶〈困難⁴などを〉克服する, 〈仕事⁴を〉やり遂げる; (口̇) 〈食べ物⁴を〉平らげる. ❷【鉄道】〈鉄道のある区間⁴を〉自動車 [バス] 運輸に切り換える.

ver·krampfen [フェァクランプフェン] **((I))** 再 sich⁴ ❶痙攣を起こす, 引きつる. ❷〈in ④〉〈物⁴を〉痙攣したようにつかむ. ❸〈心理的に〉硬直する, こわばる. **((II))** 他 痙攣させる, 引きつらせる.

Verkrampfung [フェァクランプフング] 囡 (-/-en) ❶痙攣(ホン). ❷〈心理的な〉硬直.

ver·kriechen* 再 sich⁴ はい [もぐり] 込む, 忍び込む, 隠れる.

ver·krümeln [フェァクリューメルン] **((I))** 他〈パンくずなどを〉〈食事の際に〉ぽろぽろまき散らす. **((II))** 再 sich⁴ (口̇) こっそり姿を消す;〈物¹が〉消えうせる.

Verkrümmung [フェァクリュンムング] 囡 (-/-en) 屈曲, 湾曲.

ver·krüppeln [フェァクリュッペルン] **((I))** 自 ⓢ 不具になる; 奇形になる. **((II))** 他 不具にする.

ver·kühlen 他 sich⁴ (南̇·オーストリア·スイス) 風邪をひく.

ver·kümmern 自 ⓢ ❶〈動植物¹が〉次第に生存能力を失う, 衰える; (比̇) 〈才能¹などが〉伸びなくなる. ❷〈器官¹が〉萎縮する. ❸気力をなくす.

ver·künden [フェァキュンデン] 他〈書〉❶知らせる, 告げる [公表, 公示] する. ❷表明する, 宣言 [明言] する. ❸〈災い¹などを〉予告する.

ver·kündigen 他〈書〉❶〈おごそかに〉告げる, 伝える. ❷ = verkünden.

Verkünd(ig)ung [フェァキュンドゥング [ディグング]] 囡 (-/-en) 告知, 公布; 予告.

verkürzen [フェァキュルツェン] **((I))** 他〈物⁴を〉短くする, 縮める, 詰める, 簡約 [要約] する; 減らす; 制限する. **((II))** 再 sich⁴ 短くなる, 縮まる. **((III))** 自【球技】点差を縮める. 4級

ver·laden* 他 ❶積み込む, 積載する, 荷積みする. ❷〈人⁴を〉〈口〉だます, 欺く.

Verlag [フェアラーク]男(-(e)s/-e) ❶ 出版社, 発行所. ❷〖商〗卸売商, 問屋.

ver・lagern ((I))他〈物⁴を〉移す, 置き変える;移動させる. ((II))再 sich⁴ 移る, 移動する.

Verlagerung [フェアラーゲルング]女(-/-en) 移動.

verlangen [フェアランゲン] ((I))他 ❶〈④ (**von** ③; **für** ④)〉〈物⁴を〈人³から;物⁴と引き換えに〉〉求める, 要求する, 要請[要望, 請求]する. ★ dass副文, zu不定詞もとる. ❷必要とする, 要する. ❸〈人⁴と〉話をすることを求める. ◆Sie werden am Telefon verlangt. あなたにお電話です. 〈非人称で〉④ verlangt es nach ③. 人は物³を欲しがる;人⁴は人³に会いたがる. ((II))自 ❶〈**nach** ③〉〈物³を〉欲しがる, 熱望する. ❷〈**nach** ③〉〈人³に〉恋しがる, 〈人³に〉会いたがる, 来てもらいたがる. *Das ist doch nicht zu viel verlangt!* (口)それは過大な要求というわけではありません.

Verlangen 中(-s/) ❶要求, 請求. ❷〈**nach** ③〉〈物³への〉欲求, 願望;〈**nach** ③〉〈人³(の体)への〉性的欲望.

verlängern [フェアレンガァン] ((I))他 ❶長くする, 伸ばす;延長する. ❷《時間的》延期する;継続する. ❸〖料理〗〈スープ⁴などを〉水で薄めて増やす. ❹〈手形⁴などの期限を〉書き替える, 更新する. ❺〖球技〗〈ボール⁴を〉つなぐ. ((II))再 sich⁴ 長くなる, 延びる, 延長[延期]される.

Verlängerung [フェアレンゲルング]女(-/-en) ❶延長, 伸長;延期;継続. ❷延長部. ❸〈手形・証書の〉書き替え, 更新.

Verlängerungs・schnur 女(-/..schnüre)〖電〗延長コード.

verlangsamen [フェアラングザーメン] ((I))他〈物⁴を〉ゆるめる, 遅くする. ((II))再 sich⁴ のろくなる, 遅くなる.

Verlass [フェアラス]男 *Auf* ④ *ist* ~ [*kein* ~]. 人・物は信用できる[信用がおけない].

Verlaß 旧= Verlass.

verlassen¹* [フェアラッセン] (du verlässt, er verlässt; 過 **verließ**; 過分 **verlassen**) ((I))他 ❶〈所⁴から〉(立ち)去る. ❷〈人⁴の〉もとを離れる;〈人⁴を〉見捨てる. ((II))再 sich⁴ **auf** ④〈人・物⁴を〉当てにする, 頼りにする, 信頼[信用]する. *Er hat uns für immer verlassen.* 彼は私たちを残して亡くなりました. *Verlass dich drauf!* 任せなさい.

verlassen² [フェアラッセン] ((I)) verlassen¹ の過去分詞. ((II))形 見捨てられた, 頼りない;寄るべない, 孤独の, 寂しい;人の住まない;人里離れた.

verläss・lich [フェアレスリヒ]形 信頼[信用]しうる, 頼りになる.

verläßlich 《略》verlässlich.

Verlaub [フェアラオプ]男 *mit ~*〈書〉失礼ながら, 失礼ですが.

Ver・lauf [フェアラオフ]男(-(e)s/..läufe)《主に単》❶《時間の》経過;進行, 成り行き. ❷〈川などの〉延び具合, 延長方向. *im ~* ② 物³の間.

ver・laufen* ((I))自 Ⓢ ❶〈+様態〉経過する, 経過をたどる. ❷〈川・道¹などが〉延びている, 走っている ❸〈バター¹などが〉溶ける;〈インク・絵の具¹などが〉にじむ. ❹〈+場所〉〈sich⁴を伴うことがある〉〈足跡¹などが〉途絶える, 消える. ((II))再 sich⁴ ❶道に迷う. ❷〈群衆¹などが〉散りぢりになる. ❸〈出水¹などが〉引く.

verlautbaren [フェアラオトバーレン] ((I))他 (公式に)発表する, 公表する. ((II))自 Ⓢ〈書〉= verlauten.

Verlautbarung [フェアラオトバールング]女(-/-en) (公式の)発表, 公表.

ver・lauten ((I))自 Ⓢ〈秘密・うわさなどが〉漏れる, 知れ(渡)る. ((II))他 公表する, 発表する.

ver・leben [フェアレーベン]他 ❶〈ある時⁴を〉過ごす, 暮らす. ❷(口)生活費に使う.

verlebt [フェアレープト] ((I)) verleben の過去分詞. ((II))形 (放縦な生活で)(顔などが)年以上に老けた.

ver・legen¹ [フェアレーゲン] ((I))他 ❶移す, 移転する;〈会議⁴などを〉延期

verlegen する；〈レール⁴などを〉敷設する． ❷置き違える，置き忘れる． ❸〈書籍・新聞⁴などを〉出版[発行]する． ❹〈道⁴などを〉ふさぐ．((II)) 再 sich⁴ **auf** ④〉〈物に〉方針を切り替える．

verlegen² [フェアレーゲン] 形 困惑[当惑]した，狼狽した．

Verlegen-heit [..ハイト] 女 (-/-en) ❶《単》困惑，当惑，狼狽． ❷困った状態，窮地．

Verleger [フェアレーガー] 男 (-s/-) ❶出版[発行]者． ❷卸売商(人)，問屋．

Verleih [フェアライ] 中 (-(e)s/-e) ❶《単》貸すこと，賃貸． ❷賃貸業．

ver·leihen* [フェアライエン] 他 ④ **(an** ④) 〈物⁴を(人⁴に)〉貸す，賃貸しする． ❷〈人³に官職・称号・勲章⁴などを〉授ける，授与する． ❸〈③ ④〉〈人³に物⁴を〉付与する，与える．

Verleihung [フェアライウング] 女 (-/-en) ❶貸すこと，《特に》賃貸． ❷授与，賦与．

ver·leiten 他 ④ **zu** ③〉〈人⁴をそそのかして[誘惑して]事³を〉させる．

ver·lernen 他 〈習得したこと⁴を〉忘れる．

ver·lesen* ((I)) 他 ❶〈発表⁴などを〉読み上げる． ❷〈野菜⁴などを〉より分ける，選別する．((II)) 再 sich⁴ 読み違いをする．

verletzen [フェアレッツェン] (du verletzt) ((I)) 他 ❶(a)〈④ (mit ③)〉〈人⁴を物³で〉傷つける．(b) 〈sich³ ④〉〈(誤って)自分の体の部分⁴を〉傷つける． ❷〈人⁴の〉(自尊心・気持ちを)傷つける． ❸〈法律・規則⁴などを〉犯す，〈義務⁴などに〉反する． ❹〈領空・国境⁴などを〉侵犯する．((II)) 再 sich⁴ 負傷する，けがをする．

verletzlich [フェアレッツリヒ] 形 傷つきやすい，感情を害しやすい，繊細な．

Verletzte [フェアレッツテ] 男 女 《形容詞変化》負傷者，けが人．

Verletzung [フェアレッツング] 女 (-/-en) ❶負傷，けが；毀損(ﾞ),侵害． ❷(自尊心などを)傷つけること． ❸(法律・規則などに対する)違反． ❹(領空・国境などの)侵犯．

ver·leugnen ((I)) 他 ❶〈物⁴を〉否認する，否定する． ❷〈人⁴を〉知らないと言う，いないと言う．((II)) 再 sich⁴自分を捨てる．◆ sich⁴ ~ lassen 居留守(ﾞｽ)を使う．

Verleugnung [フェアロイグヌング] 女 (-/-en) 否認，否定．

verleumden [フェアロイムデン] 他 誹謗(ﾎﾞｳ)する，中傷する．

verlieben [フェアリーベン] 再 sich⁴ **(in** ④) 〈人⁴に〉恋する，ほれ込む．

Verliebte(r) 男 女 《形容詞変化》恋をして[ほれて]いる人．

verlieren* [fɛrliːrən フェアリーレン]

現在	ich verliere	wir verlieren
	du verlierst	ihr verliert
	er verliert	sie verlieren

過去	ich verlor	wir verloren
	du verlorst	ihr verlort
	er verlor	sie verloren

| 過分 | verloren | 接II | verlöre |

((I)) 他 ❶失う；〈物⁴を〉なくす，紛失する；(どこかに)置き忘れる．〈地位・職・身体部分・機能などを〉失う；〈人⁴を〉見失う；〈人⁴を〉(離別・死別によって)なくす． ❷〈物³が〉〈水・空気などを〉失う，漏らす；〈色・香り・味などを〉失う． ❸〈勝負・賭け・戦い・訴訟などに〉負ける，敗れる，〈ゲームなどを〉失う．◆ die Beherrschung [Kontrolle] ~ 自制心を失う．die Sprache ~ 言葉を失う，口が利けなくなる．keine Zeit [Minute] zu ~ haben 一刻の猶予もできない．nichts (mehr) zu ~ haben (もう)失うものは何もない，何も怖くない．④ verloren geben 人・事⁴をあきらめる，断念する．((II)) 自 ❶〈an ③〉〈物³を〉(一部)失う，〈物³が〉減る，維持できなくなる．◆ an Fahrt ~〈乗り物³が〉スピードが落ちる．an Farbe ~ 色があせる． ❷負ける，敗れる．((III)) 再 sich⁴ ❶はぐれる． ❷〈物⁴が〉(次第に)失われる，なくなる，消え去る；見え

なくなる；消え失せる. ❸⟨in ③⟩⟨物³に⟩没頭する，夢中になる. ♦*sich*⁴ in Erinnerungen [Träumen] ~ 思い出［夢想］にふける. *sich*⁴ in Einzelheiten ~ 瑣事($_{({\dot s}{\dot u})}$)にこだわる. ***Du hast hier nichts verloren.*** (口)こんなところでうろちょろするなよ，君には用はないよ. 5級

Verlierer ［フェァリーラー］男(–s/–) ❶(物を)なくした人. ❷(スポーツなどの)敗者. ◇~**in** (–/–nen).

ver·loben ［フェァローベン］((I))再 *sich*⁴ ⟨**mit** ③⟩⟨(人³と)⟩婚約する. ((II))他⟨④ (**mit** ③⟩⟨人⁴を人³と⟩婚約させる.

Verlobte(r) ［フェァローブテ［ター］］男女⟨形容詞変化⟩婚約者, フィアンセ, いいなずけ.

Verlockung ［フェァロックング］女(–/–en) 誘惑.

verlogen ［フェァローゲン］形 ❶うそつきの，偽りの，虚偽の.

verlor ［フェァローァ］verlieren の過去形.

verlöre ［フェァレーレ］verlieren の接続法II式形.

verloren ［フェァローレン］((I)) verlieren の過去分詞. ((II))形 ❶なくなった，紛失した. ❷むだな. ❸見捨てられた，孤独の，救いようのない，絶望的な，どうしようもない；破滅［堕落］した. ❹没頭した，夢中になった. ❺負けた，敗北した. ■**~ gehen** 1)なくなる，失われる. 2)(戦争などが)敗北となる.

verloren|gehen* ［フェァローレンゲーエン］自(S) = verloren gehen (⇒verloren ■).

verlosen ［フェァローゼン］他 抽選で決定［分配］する.

Verlosung ［フェァローズング］女(–/–en) 抽選；抽選による分配.

verlottern ［フェァロッタァン］((I))他⟨金・財産⁴などを⟩だらしなく浪費する,⟨財産⁴などを⟩使い果たす. ((II))自(S) 放蕩($_{({\dot と}{\dot う})}$)して零落［堕落］する；台なしになる.

Verlust ［フェァルスト］男(–es/–e) ❶失うこと，紛失. ❷失うこと，喪失；(人の)死. ❸損失，損害，不利益. ❹⟨商⟩

欠損，赤字. ❺敗北.

verlustig ［フェァルスティヒ］形 **~ gehen** 事²を失う.

ver·machen ［フェァマッヘン］他⟨③ ④⟩⟨人³に物⁴を⟩(遺言して)与える，遺贈する.

ver·mählen ［フェァメーレン］(書) *sich*⁴ 再⟨(**mit** ③)⟩⟨(人³と)⟩結婚する.

ver·mehren ［フェァメーレン］((I))他 増やす，増加させる. ((II))再 *sich*⁴ 増殖［繁殖］する，増える.

Vermehrung ［フェァメールング］女(–/–en) 増加，増大，増殖，繁殖.

ver·meiden* ［フェァマイデン］他 避ける，逃れる，免れる；はばかる；忌避する.

Vermeidung ［フェァマイドゥング］女(–/–en) 回避.

vermeintlich ［フェァマイントリヒ］形《述語なし》誤って…と思われている，虚偽の，自称の，世にいわゆる.

Vermerk ［フェァメァク］男(–(e)s/–e) 覚え書き，手控え，メモ；注.

ver·merken 他 ❶認める，気付く；受け取る. ❷書き留める，控えておく，メモする.

ver·messen*¹ ((I))他 計る，測量する. ((II))再 *sich*⁴ ❶測り間違える. ❷《zu 不定詞と》あえて…する，僭越($_{({\dot せ}{\dot ん}{\dot え}{\dot つ})}$)にも…する.

vermessen² ((I))vermessen¹ の過去分詞. ((II))形 大胆な；僭越不遜な；厚顔な，ずうずうしい.

vermieten ［フェァミーテン］他⟨③ [**an** ④] ④⟩⟨人³·⁴に物⁴を⟩(ある条件で)貸す，賃貸する. ***Zimmer zu ~*** (広告などで)貸間あり. 4級

Vermieter ［フェァミーター］男(–s/–) 貸し手［主］；家主. ◇~**in** (–/–nen).

Vermietung ［フェァミートゥング］女(–/–en) 賃貸し.

vermindern ［フェァミンダン］((I))他⟨物⁴を⟩減らす；弱める；低下させる；⟨物価⁴を⟩引き下げる. ((II))再 *sich*⁴ 減る；⟨物価¹が⟩下がる；⟨激情・苦痛¹などが⟩和らぐ.

Verminderung ［フェァ–/–en)］減少，縮小，(物価の)下落.

verminen ［フェァミーネン］他⟨所⁴

ver・mischen (I) 他 ❶《④ (mit ③)》〈物⁴を(物³と)〉混ぜる,混ぜ合せる. ❷〈概念⁴などを〉混同する,ごちゃまぜにする. (II) 再 sich⁴《mit ③》〈(物³と)〉混ざる.

Vermischung 女 (-/-en) 混合;交配;合金;混合物.

ver・missen 他 ❶〈人・物⁴が〉いない[ない]ことに気付く,〈人・物⁴を〉見失う. ❷〈人・物⁴が〉いなくて[なくて]寂しい,いれば[あれば]いいと思う,恋しがる.

vermisst [フェァミスト] vermessen, vermissen の3人称単数現在形.

Vermisste(r) [フェァミステ[ター]] 男女《形容詞変化》行方[生死]不明者.

Vermißte 旧 = Vermisste.

vermitteln [フェァミッテルン] (I) 自 調停[仲裁]する. (II) 他 ❶〈③に〉〈(人³に)物・人⁴を〉斡旋(ホッセン)する,世話をする,仲介する;取り持つ. ◆③ eine stelle ~ 人³に職場を世話する. ④ an eine Firma ~ 人⁴をある会社に斡旋する. ❷〈④〉〈(人³に)知識⁴などを〉伝える.

Vermittler [フェァミットラー] 男 (-s/-) 仲介者,周旋者;調停者;媒酌人,仲人;〔商〕仲買人.

Vermittlung [フェァミットルング] 女 (-/-en) 斡旋,仲介,周旋;仲裁,調停;《集》仲介業[料],電話交換局[室];交換手.

vermöbeln [フェァメーベルン] 他〔口〕打ちのめす,さんざんになぐる.

ver・mögen* 他 ❶《zu 不定詞と》…する能力がある,…できる. ❷〈物⁴を〉成し遂げる,実現する.

Vermögen [フェァメーゲン] 中 (-s/-) ❶ 財産,資力,富. ❷《口》大金. ❸《単》〔書〕力,能力;才能. ◆ zu ~ kommen 金持になる.

vermögend [フェァメーゲント] 形《副なし》財産[資産]のある,富んだ.

Vermögen(s)・steuer 女 (-/-n) 財産[資本]税.

vermummen [フェァムンメン] (I) 他 すっぽり包む;仮装[変装]させる. (II) 再 sich⁴ すっぽり包む;仮装[変装]する.

vermurksen [フェァムルクセン] 他〔口〕やり損なう,台なしにする.

vermuten [fɛrmúːtən フェァムーテン](du vermutest, er vermutet; 過 **vermutete**, 過分 **vermutet**) 他 ❶〈物⁴を〉推測する,できる[ありうる]ことと思う. ❷《④+場所》〈人⁴が…にいると〉推測する,思う.

vermutlich [フェァムートリヒ] (I) 副 たぶん,推察するに,どうやら,恐らく. (II) 形《付加》推量しうる,想像上の;真実らしい.

Vermutung [フェァムートゥング] 女 (-/-en) 推測,推量,予想;想像.

vernachlässigen [フェァナーハレスィゲン] 他 ❶ 放置する,放っておく. ❷〈物⁴を〉おろそかにする,なおざりにする,怠る;軽視する,無視する;〈土地⁴を〉荒廃させる.

Vernachlässigung [フェァナーハレスィグング] 女 (-/-) おろそかにすること,なおざり,ほったらかし.

vernarben [フェァナルベン] 自 (S) 〔医〕〈傷口¹に〉瘢痕(ハン)ができる,〈傷¹が〉癒合する.

vernehmbar [フェァネームバァ] 形 知覚できる;(耳で)聞こえる,はっきり聞きとれる.

ver・nehmen* 他 ❶〔書〕(a) 聞く,聞き取る,聞き分ける. (b) 聞き知る,聞きおよぶ. ❷〈人⁴を〉尋問[審問]する.

Vernehmen [フェァネーメン] 中 (-s/-) 知覚,識別;消息,うわさ. *dem ~ nach* 聞くところによれば.

vernehmlich [..リヒ] 形 ❶ = vernehmbar. ❷ はっきりした,明瞭な.

Vernehmung [フェァネームング] 女 (-/-en) 〔法〕尋問,審問.

ver・neigen 再 sich⁴《vor ③》〈人³に〉お辞儀をする,腰をかがめる,頭を下げる.

verneinen [フェァナイネン] 他 ❶〈問い⁴に対して〉否定する,否と答える. ❷〈物事⁴を〉否定する,否認する;拒絶する.

①1格 ②2格 ③3格 ④4格

Verneinung [フェアナイヌング]女 (-/-en) 否定, 否認.

vernichten [フェアニヒテン]他 (完全に)破壊する, 破棄[廃棄]する, 滅ぼす, 絶滅[根絶]する; くじく, 取り消す. ~

vernichtend [..ト]形 圧倒的な, 有無を言わせない, 痛烈な, 容赦のない.

Vernichtung [フェアニヒトゥング]女 (-/-en) 破壊, 絶滅; 取消; 破棄.

Vernunft [フェアヌンフト]女 (-/) 理性, 理解力; 認識力; 思考力; 判断力; 分別. ~ *annehmen* = *zur* ~ *kommen* 理性を取り戻す. 4 *zur* ~ *bringen* 人に分別を取り戻させる.

vernünftig [fɛrnýnftɪç フェアニュンフティヒ]形 ❶ 理性のある, 理性的な; 合理的な. ❷ もっともな, 妥当な; 分別のある, 理解のある, もののわかった, 賢明な. ❸ (口)ちゃんとした, ちょうどよい.

veröffentlichen [フェアエッフェントリヒェン]他 公にする, 公表[広告, 公布, 発布]する; 出版する, 発行する, 掲載する.

Veröffentlichung [フェアエッフェントリヒュング]女 (-/-en) ❶ 公告, 公示, 公布. ❷ 出版, 発行, 掲載; 出版[発行]物.

ver·ordnen 他 ❶〈物⁴を〉(やや古)命令する, 指令する;制定[規定]する. ❷[医]〈3 4〉〈人³に薬などを〉処方する, 〈休息・散歩などを〉指示する.

Verordnung [フェアオルドヌング]女 (-/-en) ❶命令, 指令;規定, 法令. ❷ (医師による)処方, 指示.

verpachten [フェアパハテン]他〈3 4〉〈人³に〉土地などを〉賃貸しする, 小作にする.

ver·packen 他 ❶包装する, 荷造りする. ❷(口)〈人⁴を〉(暖かく)つつみこむ.

Ver·packung 女 (-/-en) ❶(単)包装. ❷包装材料;包装紙;風袋(ふうたい).

verpassen [フェアパッセン]他 ❶ 逃する, 逃す. ❷〈3 4〉(口)〈嫌なもの⁴を人³に〉やる, くれる, 食らわす.

verpesten [フェアペステン]他 (悪臭や毒で)汚染する.

ver·pflanzen 他〈樹木・臓器などを〉移植する;(比)〈民族⁴を〉移す;〈思想⁴などを〉伝える.

Verpflanzung [フェアプフランツング]女 (-/-en) 移植, [医](臓器の)移植.

ver·pflegen 他〈人⁴に〉食事の世話をする, 賄(まかな)いをする.

Verpflegung [フェアプフレーグング]女 (-/-en) ❶(単)食事の世話, 賄(まかな)い. ❷〈主に単〉食事.

verpflichten [フェアプフリヒテン] ((I))他〈4 zu 3〉〈人⁴に事³をするように〉義務づける, 余儀なくさせる. ❷〈人⁴に〉誓わせる;約束させる. ❸〈(口)〈(4)) zu 3〉〈事³が〈人⁴に〉事³を〉義務づける, 要求する. ❹〈俳優などに出演などを〉契約させる. ((II)) 再 sich⁴ ❶〈zu 3〉〈事³をする〉義務を負う, 約束する. ❷契約で縛られる.

Verpflichtung [フェアプフリヒトゥング]女 (-/-en) ❶ 義務を負わせること. ❷義務, 責任. ❸〈主に複〉[法]債務.

verpfuschen [フェアプフッシェン]他 (口)へまなやり方をする, しくじる, やりそこなう, 台なしにする.

verpichen [フェアピッヒェン]他〈物⁴に〉ピッチ[瀝青(れきせい), チャン]を塗る. *auf 4 verpicht sein* 物⁴を熱望している, 物⁴に執心している, ふけっている.

verpönt [フェアペーント]形《最上~est》《書》厳禁された, タブーの.

verprassen [フェアプラッセン]他 (口)浪費[散財]する.

ver·prügeln 他さんざん打ちのめす, なぐり散らす.

Verputz [フェアプッツ]男 (-es/)[建]しっくい(を塗ること), 上[荒]塗り.

ver·putzen 他 ❶[建]〈物⁴に〉しっくいを塗る, 上[荒]塗りをする. ❷(口)〈金⁴を〉またたくまに浪費する, 〈金や飲み物⁴を〉歓楽[放蕩(ほうとう)]に費やす. ❸(口)〈食物⁴を〉さっさと平らげる. ❹《スポーツ》〈相手⁴に〉楽勝する.

ver·quer ((I))形 (口)おかしな, 変な, 変わった; 都合の悪い. ((II))副 斜めに, 曲がって. ❶ *geht* 1 [*alles*] ~ 一事[万事]が人³にうまくゆかない. ❸ ~

kommen 人³に都合の悪いことになる.

Verrat [フェラート]男(-(e)s/) 裏切り, 謀反(ﾑﾎﾝ); 背信; 漏洩.

verraten* [フェラーテン](du verrätst, er verrät; 過 verriet; 過分 verraten) ((I))他❶〈友人・祖国⁴などを〉裏切る;〈真実・目的⁴などに〉そむく. ❷〈秘密⁴などを〉漏らす. ❸〈③④〉(口; 比皮肉)〈人³に事⁴を〉打ち明ける. ❹〈気持ち・能力⁴などを〉表す, 示す, わからせる. ((II))再 sich⁴ ❶自分の秘密を漏らす; 意中を見破られる; 正体が知られてしまう. ❷現れる, 示される.
verraten und verkauft sein 人に見放されて途方に暮れている.

Verräter [フェレーター]男(-s/-) 裏切り者, 謀反人; 密告者. ◇~in 女(-/-nen).

verräterisch [フェレーテリッシュ]形 裏切りの; 謀叛の; 背信的な;〈本心などが〉おのずと表に出てくるような.

ver·rechnen ((I))他〈物⁴を〉差引勘定する, 精算する. ((II))再 sich⁴ ❶計算違いをする. ❷誤算をする, 当てが外れる.

Verrechnungs·scheck 男(-s/-s) 計算[銀行渡り]小切手.

ver·recken 自(S)〈動物¹が〉倒れて死ぬ;(俗)〈人¹が〉くたばる, 惨めな死に方をする;(俗; 軽蔑)〈物¹が〉壊れる; ぶちこわしになる.

ver·regnen ((I))自(S) 雨で台なしになる, 雨にたたられる. ((II))他〈水⁴を〉散水器で撒(ﾏ)く.

ver·reiben* 他 すりこむ;〈汚れを⁴〉こすり落とす.

verreisen [フェライゼン] ((I))自(S) 旅行に出る, 出発する. ((II))他〈金・時間⁴を〉旅行に費す.

ver·renken [フェレンケン] ((I))他〈③④〉〈人³の手足⁴などを〉脱臼(ﾀﾞｯｷｭｳ)させる. ((II))再 sich⁴ 無理やり体を曲げる.

Verrenkung [フェレンクング]女(-/-en) 脱臼; 無理やり体を曲げること; 無理な姿勢(をとること).

ver·richten 他 行う, なす; 実行[遂行]する, 成就する, 果たす, 履行する.

verriegeln [フェリーゲルン]他〈物⁴に〉閂(ｶﾝﾇｷ)を下ろす, 閉鎖する.

verringern [フェリンガァン] ((I))他〈物⁴を〉減らす,〈貨幣⁴の価値などを〉下落させる;〈テンポ・速度⁴を〉落とす. ((II))再 sich⁴ 減る,〈貨幣¹の価値などが〉下落する,〈テンポ・速度¹が〉落ちる.

Verringerung [フェリンゲルング]女(-/-en) 減少, 縮小, 削減, 減量.

Verriss [フェリス]男(-es/-e) 酷評.

Verriß ⊕ = Verriss.

ver·rosten 自(S) 錆(ｻ)びる, 錆びつく.

verrückt [fɛrýkt フェリュックト]形(最上 ~est)❶《副なし》(口)気が変な. ❷(口)(a) 狂ったような. (b)《副のみ; 形容詞を強めて》(口)途方もなく, 非常に. *auf* ④ *~ sein* 物⁴が欲しくてたまらない, 物⁴に目がない. *auf* ④ [*nach* ③] *~ sein* 人³·⁴にぞっこんほれている. *wie ~* (口) 狂ったように, 非常に速く, 激しく.

Verrückte(r) [フェリュックテ(ター)]男女《形容詞変化》狂人.

Verruf [フェァルーフ]男(-(e)s/) 悪評; 排斥. *in ~ kommen* [*geraten*] 不評を買う, 評判を落とす. ④ *in ~ bringen* 人⁴の評判を落とす, 人⁴に社会の信用を失わせる.

ver·rufen 形《副なし》不評な, 信用を失墜した, 評判の悪い.

ver·rühren 他〈④ *mit* ③〉〈物⁴を物³と〉かき混ぜる.

ver·rutschen 自(S) ずり落ちる, 滑って位置がずれる.

Vers [フェァス, (ﾗﾃﾝ)ヴェァス]男(-es/-e) ❶詩句, 詩行;《複》韻文. ❷(a)(口)詩節, 章, 段. (b)(聖書の)節.

ver·sagen ((I))他〈③④〉〈人³に物⁴を〉拒む, 拒絶する, 与えない, 許さない. ((II))再 ❶ sich⁴〈④〉(書)断念する, 思いとどまる. ❷ sich⁴〈③〉(書)〈人³の〉意のままにならない, 言いなりにならない,〈人⁴に〉身を任せない. ((III))自 失敗する, 役に立たない, 機能しない, 言

①1格 ②2格 ③3格 ④4格

うことをきかない,自由がきかない;〈声¹などが〉出ない;〈銃・マッチ¹が〉発火しない;〈エンジン¹が〉動かない.

Versager [フェアザーガー] 男 (-s/-)
❶ 期待外れの人,役立たずの人. ❷ 期待外れの物;当たらない商品;売れない本;不良品;不発弾. ❸ 故障.

ver·salzen(*) ((I))他 ❶〈過分 versalzen, versalzt〉〈食物⁴に〉塩を入れすぎる,塩辛くしすぎる. ❷〈過分 versalzen〉(口) 台なしにする. ((II))自(S)〈過分 versalzt〉〈土地や湖⁴が〉塩分を帯びる,塩分が濃くなる,塩で覆われる.

ver·sammeln ((I))他〈人⁴を〉集める,集合させる,招集する. ((II))再 sich⁴ 集まる,集合[会合]する.

Versammlung [フェアザムルング] 女 (-/-en) ❶〈単〉集まること,集合;召集;集中. ❷ (集)会,会合,会議. ❸ 会衆,聴衆.

Versand [フェアザント] 男 (-(e)s/-) ❶ 発送,出荷;輸出. ❷ 発送担当部. ❸ = Versandhaus.

Versand·handel 男 (-s/-) 通信販売(業).

Versand·haus 中 (-es/..häuser) 通信販売会社.

ver·säumen [フェアゾイメン] ((I))他 ❶〈機会⁴などを〉逸する,失する,外す. ❷〈義務⁴などを〉怠る,なおざりにする;忘れる;欠席する,欠かす. ❸(方)〈人⁴を〉引き留める,遅刻させる. ((II))再 sich⁴ (だ) 手間どる,遅れる.

ver·schaffen ((I))他〈③ ④〉〈人³に〉物⁴を〉調達する,手に入れてやる;世話してやる,斡旋する. ((II))再 sich³〈物⁴を〉入手する,獲得する.

verschämt [フェアシェームト] 形 恥ずかしそうな;内気な,はにかみやの.

ver·schenken ((I))他 ❶〈④ an ④〉寄贈する,プレゼントする. ❷〈勝利・得点⁴などを〉(みすみす)やってしまう. ((II))再 sich⁴〈③ an ④〉〈書〉〈女性が人³・④に〉身を許す.

ver·scheuchen 他〈人・動物⁴を〉脅かして逃げ去らせる[追い払う];〈比〉〈憂い・疑念⁴などを〉払いのける.

ver·schicken 他 ❶〈商品⁴などを〉送り出す,発送する. ❷〈病人・子供⁴を〉(保養などのために)送り出す,転地する.

verschieben [フェアシーベン] ((I))他〈物⁴を〉❶ (押して)位置を変える,押しやる,ずらす. ❷ 延期する. ❸〈品物⁴を〉密売する,闇取引する. ((II))再 sich⁴ ❶ ずれる,位置が変わる. ❷ 延期される. 4級

Verschiebung [フェアシーブング] 女 (-/-en) ❶ ずらすこと;ずれ,移動;変位. ❷ 延期. ❸ 闇取引,密売. ❹ 操車.

verschieden [fɛrˈʃiːdən フェアシーデン] 形 ❶ 異なった,違う;様々な,いろいろな. ❷《複数形の独立的用法でも》幾つ[幾人]かの,若干の. ♦ Verschiedenes 幾つかのこと[もの],様々なもの[こと]. 4級

verschieden·artig 形 異種の,別種[別様]の;種々の,雑多の.

Verschiedenheit [..ハイト] 女 (-/-en) 相違;不一致;差異;多種多様.

verschiedentlich [フェアシーデントリヒ] 副 たびたび,何度か.

ver·schießen* ((I))他 ❶〈弾⁴を〉撃ち尽くす. ❷〈フリーキック・ペナルティーキック⁴などを〉はずす. ((II))自(S) 色あせる,光沢を失う.

ver·schimmeln 自(S) かびる,かびが生える.

ver·schlafen¹ ((I))自再 sich⁴ 寝すごす. ((II))他 ❶〈時⁴を〉寝すごしてしまう;(口)〈期限⁴などを〉うっかり過ごす,忘れる. ❷〈ある時間⁴を〉寝て過ごす. ❸〈嫌なこと⁴などを〉眠って忘れる[治す].

verschlafen² ((I))verschlafen¹ の過去分詞. ((II))形 ❶ 寝ぼけた. ❷ 眠たい,眠そうな;ものうげな;平穏で退屈な.

Ver·schlag 男 (-(e)s/..schläge) (板)仕切り;隔室,仕切り部屋.

ver·schlagen*¹ 他 ❶〈板を打ちつけて〉仕切る,ふさぐ,(板で)囲う. ❷〈ページ⁴を〉間違えてめくる. ❸〈ボー

① 1格 ② 2格 ③ 3格 ④ 4格

ル⁴を)打ち損じる. ❹〈人³から物⁴を〉奪う. ❺〈風・波¹が〉押し流す. ❻[料理]かきまぜる. ❼〈人⁴を〉さんざんなぐる. ❽[狩]〈犬⁴を〉ひどくなぐっておびえさせる. ❾(方)〈⟨物⁴の⟩〉役に立つ, 効く. ((II))自 役に立つ, 効く.

verschlagen² ((I)) verschlagen¹ の過去分詞. ((II))形 ❶《副なし》生ぬるい, 冷めた. ❷ずるい, 悪がしこい.

verschlampen [フェァシュランペン] 他 (口) 置き忘れる.

verschlechtern [フェァシュレヒテァン] ((I))他〈物⁴を〉(いっそう)悪くする, 改悪する;損ずる, 損なう, 傷つける;堕落させる. ((II))再 sich⁴ 悪くなる, 悪化する;〈価値¹が〉下がる;〈質¹が〉落ちる;損ずる;〈人¹の〉収入が減る;堕落する.

Verschlechterung [フェァシュレヒテルング] 女 (–/–en) 悪化, 改悪;損傷, 堕落;[商](品質の)低下.

Verschleiß [フェァシュライス] 男 (–es/–e) ❶消耗, 破損, 磨耗, 損耗. ❷(オス) 小売り.

verschleißen*¹ [フェァシュライセン](過 verschliss; 過分 verschlissen) ((I))自 ⑤ 再 sich⁴〈衣類¹などが〉すり切れる, 消耗[損耗]する. ((II))他〈衣類⁴などを〉使い古す;使い減らす, 着古す.

verschleißen*² 他 (オス) 小売りする.

ver·schleppen 他 ❶引きずって行く, 無理やり連れ去る;持ち[運び]去る;〈病気⁴を〉持ち込む[伝染させる]. ❷〈物⁴を〉こっそり持ち去る, くすねる, 持ち逃げする. ❸長引かせる.

ver·schleudern 他 ❶浪費[濫費]する. ❷[商]投げ[捨て]売りする.

verschließ·bar 形《副なし》閉鎖することのできる, 錠付きの, 鍵のある.

ver·schließen* 他 ❶〈物⁴の〉鍵を閉める, 〈ドア⁴などに〉錠をかける, ふた[栓]をする. ❷〈鍵をかけて〉しまい込む, 閉じ込める;隠す;幽閉[監禁]する. ❸再 sich⁴〈人³に〉〈人⁴の〉心を閉ざす. ❹⟨③⟩〈物・事³を〉受け付けない, 〈提案³などに〉留意しない,

耳を貸さない.

verschlimmern [フェァシュリマァン] ((I))他〈物⁴を〉悪くする;〈病気・罪⁴を〉悪化[重く]させる, 堕落させる;邪悪にする. ((II)) 再 sich⁴ 悪くなる;〈病気などが〉悪化する;堕落する, 邪悪になる.

Verschlimmerung [フェァシュリンメルング] 女 (–/–en) 悪化.

verschlingen* [フェァシュリンゲン] 他 ❶〈物⁴を〉飲み込む, 丸飲みする, 嚥下(カン)する;むさぼり食う;食い尽くす. ❷〈莫大な金額⁴を〉食う, 費用がかさむ.

verschlossen [フェァシュロッセン] ((I)) verschließen の過去分詞. ((II)) 形 内にこもった, うちとけない, 寡黙な;表に出さない;〈色の〉うすれた.

Verschlossenheit [..ハイト] 女 (–/) 閉鎖, 閉塞;うちとけないこと, 無口, 非社交的なこと.

ver·schlucken ((I))他 ❶〈物⁴を〉飲み込む, 丸飲みする;吸い込む, 吸収する;〈たくさんの金・費用などが〉かかる. ❷〈闇などが〉吸収する, 飲み込む, 〈人⁴が〉消える. ((II)) 再 sich⁴ (飲み込みそこなって) 気管に物が詰まる, むせる.

Verschluss [フェァシュルス] 男 (–es/–e) ❶(a)〈閉じる器具〉:錠, ロック, 留め金, 締め金, ふた, 栓. (b)(しっかりとした) 保管. ❷(カメラの) シャッター. ❸[医]閉塞.

Verschluß 男 = Verschluss.

verschmähen [フェァシュメーエン] 他 しりぞける, はねつける.

ver·schmerzen 他〈事⁴の悲しみや苦しみを〉忘れる, あきらめる, 耐える, 打ち勝つ.

ver·schmieren 他 塗りつぶす, 塗ってあふれる.

verschmitzt [フェァシュミット] 形 ちゃっかりした;いたずらっぽい;ずるい.

verschmutzen [フェァシュムッツェン] ((I))他〈物⁴を〉汚す, 汚して台なしにする. ((II))自 ⑤ 汚れる, 汚れて台なしになる.

Verschmutzung [フェァシュムッツ

ング] 女(-/-) 汚すこと; 汚なくなること; 汚染.

verschnaufen [フェアシュナオフェン] 自h ⑤ 再 sich⁴ 息を継ぐ, 一休みする.

verschneit [フェアシュナイト] 形 雪に埋もれた[覆われた].

verschnörkelt [フェアシュネルケルト] 形 渦巻き[唐草]模様の; ごてごて飾った.

verschnupft [フェアシュヌプフト] 形 ❶ 鼻風邪をひいた. ❷〔口〕むっとした, むかついた.

verschnüren [フェアシュニューレン] 他 ❶〈物⁴に〉ひも[レース]を付ける, レースで飾る. ❷〈小包⁴を〉ひもで縛る[くくる].

verschollen [フェアショレン] 形 忘れられた, 消息[行方]不明の;〔法〕失踪した.

ver･schonen 他 ❶いたわる,〈人⁴に〉損害[危害]を与えない; 容赦する. ❷〈④ mit ③〉〈人⁴に事³を〉免除する,〈事³で〉煩わさない.

verschränken [フェアシュレンケン] 他 交差させる, 組み合わせる.

verschreiben* [フェアシュライベン] (過 verschrieb; 過分 verschrieben) ((I)) 他 ❶〈紙・鉛筆⁴などを〉書いて消費する. ❷〈③〉④〈〈人³に〉物⁴を〉処方する. ❸〈③〉〈人³に物⁴を〉(証書で)譲渡[委託]する. ((II)) 再 sich⁴ ❶ 書き間違いをする. ❷〈③〉〈物³に〉没頭する, 専心する.

verschrien [フェアシュリーン] 形〔副なし〕評判が悪い, 悪名が高い.

verschroben [フェアシュローベン] 形 変わった, 風変わりな; 偏屈な, つむじ曲がりの; 常軌を逸した, 奇矯な.

verschrotten [フェアシュロッテン] 他 スクラップにする, くずにする;〈機械・大砲⁴などを〉くず鉄にする,〈船⁴などを〉解体する, ばらばらにする.

verschuldet [フェアシュルデット] 形 借金[負債]のある.

ver･schütten 他 ❶うっかりこぼす, 注ぎそこなう. ❷(土砂で)埋める, (土砂で)ふさぐ.

verschwägert [フェアシュヴェーガァト] 形 姻戚関係のある.

ver･schweigen* 他〈③ ④〉〈〈人³に〉物⁴を〉言わずにおく, 秘密にする, 隠す, 口外しない.

verschwenden [フェアシュヴェンデン] 他 浪費する.

Verschwender [フェアシュヴェンダー] 男(-s/-) 浪費家, 放蕩(ほう)者.

verschwenderisch [フェアシュヴェンデリッシュ] 形 ❶ 浪費[濫費]する, 金使いの荒い. ❷(a)ぜいたくな, 豪奢な, 気前のよい. (b)あり余るほどの, おびただしい.

Verschwendung [フェアシュヴェンドゥング] 女(-/-en) ❶ 浪費, 濫費. ❷ ぜいたく, 奢侈(しゃ).

verschwiegen [フェアシュヴィーゲン] ((I))verschweigen の過去分詞. ((II)) 形 秘密を守る, 口の堅い; 人目につかない; 秘められた; 静寂な.

Verschwiegenheit [..ハイト] 女(-/) 秘密を守ること; 隠されていること.

ver･schwimmen* 自 ⑤〈輪郭¹が〉ぼやける, ぼんやりする, 溶け合う, 漠然となる;〈色彩¹などが〉あせる, 薄れる;〈音¹などが〉かすかになる, 消えていく.

ver･schwinden* 自 ⑤ ❶ 消える, 消滅する; 過ぎ去る; 姿を消す, 去る; 逃げ失せる; 失踪(そう)する. ❷ なくなる, 盗まれる.

verschwommen [フェアシュヴォメン] ((I))verschwimmen の過去分詞. ((II)) 形 ぼやけた, 不明瞭[不分明]な, 朦朧(ろう)とした.

ver･sehen* ((I)) 他 ❶〈職務⁴などを〉果たす, つかさどる; 世話をする. ❷(a)〈④ mit ③〉〈人⁴に必要な物⁴を〉与える; 供給する. (b)〈④ mit ③〉〈物⁴に物³を〉取り付ける, 備え付ける. ❸〈人⁴に〉臨終の秘跡を授ける. ((II)) 再 sich⁴ ❶ うっかり間違える. ❷〈mit ③〉〈物³を〉備える, 持っている, 用意する.

Versehen [フェアゼーエン] 中(-s/-) 見落とし, 見誤り; 過失, 間違い. *aus*

Versehen 誤って,間違って.

versehentlich [フェァゼーエントリヒ] 副 誤って,間違って.

Versehrte(r) [フェァゼーァテ[ター]] 男 女《形容詞変化》(書) 身体障害者.

ver・senden(*) 他 (一度に多数の人に) 発送[送付]する.

Versenkung [フェァゼンクング] 女 (-/-en) ❶ 沈下;沈没;(比) 沈潜,没頭. ❷[劇] 舞台のせり出し,奈落(らく).

versessen [フェァゼッセン] 形 auf⁴~ sein 物・人⁴に夢中である,物⁴がどうしても欲しいと思う.

ver・setzen ((I)) 他 ❶ 移す,置き変える;〈樹木⁴を〉移植する;〈官吏⁴を〉転任させる,配置換えする;〈生徒⁴を〉進級させる;順序を変える. ❷〈4 in ④〉〈人・物⁴を状態・位置⁴に〉おく. ❸〈③〈4〉〈人⁴に〉物⁴をくらわす,加える. ❹〈4 mit ③〉混合する,混ぜる. ❺(a) 質に入れる,売りに出す. (b)〈人⁴に〉待ちぼうけをくわせる. ❻ (物を置いて)ふさぐ,《...と》答える,返事する. ((II)) 再 sich⁴《in ④》〈人⁴の〉立場から考える.

Versetzung [フェァゼッツング] 女 (-/-en) ❶ 置き変え,置換,移植,移転;(生徒の)及第,進級;(官吏の)転任,配置変え,異動;[音楽] 転換;[医] 転移. ❷ 入質;換金. ❸ 混合.

verseuchen [フェァゾイヒェン] 他 (病原菌や有害物質で)汚染する,(伝染病に)感染させる;(比)〈人⁴などに〉有害な影響を及ぼす,汚染する.

Verseuchung [フェァゾイヒュング] 女 (-/-en) 伝染,感染;(道徳上の)悪感化,悪風.

versichern [フェァズィッヒャァン] ((I)) 他 ❶〈③〉〈4〉〈人³に〉物⁴を保証する. ❷〈②〉〈書〉請け合う. ❸〈4《gegen ④》〉(a)〈人・物⁴に (物⁴に対する)〉保険をかける. (b) (保険会社が)保障する. ((II)) 再 sich⁴ ❶〈②〉〈書〉(人・物⁴を)確かめる. ❷《《gegen ④》》〈物⁴に対する〉保険に加入する. ❸〈②〉〈物²を〉手に入れる,捕える. ♦ Versicherten Karte 保険者カード.

Versicherung [フェァズィッヒェルング] 女 (-/-en) ❶ 保険(契約);保険会社;保険料. ❷ 保証,断言,請け合い,約束.

Versicherungs・beitrag 男 保険料.

Versicherungs・betrug 男 保険詐欺.

Versicherungs・gesellschaft 女 (-/-en) 保険会社.

Versicherungs・nehmer 女 (-s/-) 保険契約者. ◇ ~in 女 (-/-nen).

Versicherungs・police [..ポリーセ] 女 (-/-n) 保険証券.

ver・sickern 自 (S) (特に大地に)浸み込む,吸いとられる,漏ってなくなる.

versieben [フェァズィーベン] 他 (口) ❶ うっかり置き忘れる[なくす]. ❷ 台なしにする.

versiegeln [フェァズィーゲルン] 他〈物³に〉封をする;[法] 差し押える;表面に合成樹脂を塗る.

versiegen [フェァズィーゲン] 自 (S) (書) 干上がる,枯渇する;(比) 尽きる.

ver・sinken* 自 (S) ❶(a) (表面下へ)沈む;(沈んで次第に)見えなくなる;没没する. (b) (ある深さまで)沈む,埋まる. ❷《in ④》〈物⁴に〉没頭する,ふける.

versoffen [フェァゾッフェン] 形 (口;軽蔑) 大酒飲みの,飲んだくれの.

versöhnen [フェァゼーネン] ((I)) 他〈人⁴を〉和解させる,調停する,なだめる. ((II)) 再 sich⁴《mit ③》〈人³と〉和解する,仲直りする.

Versöhnung [フェァゼーヌング] 女 (-/-en) 宥和,和解,調停.

versonnen [フェァゾンネン] 形 冥想[空想]にふけっている.

ver・sorgen ((I)) 他 ❶《mit ③》〈人⁴に物³を〉供給する,補給する,備えてやる. ❷ 世話[管理]する,〈人⁴の〉面倒をみる;扶養する,養う. ❸(特に②)(a) 保管する. (b)〈人⁴を〉収容する. ((II)) 再 sich⁴ ❶ 自活[自炊]する. ❷《mit ③》〈物⁴を〉備える,整える.

Versorger 男 (-s/-) 供給者,扶養

者, (一家の)稼ぎ手; 補給船. ◇~in 囡(-/-nen).

Versorgung [フェァゾルグング] 囡(-/) 供給; 世話, 援護, 扶助, 補給.

verspäten [フェァシュペーテン] (du verspätest, er verspätet; 過 **verspätete**; 過分 **verspätet**) 再 sich⁴ 遅れる, 遅刻する;〔鉄道〕延着する.

Verspätung [フェァシュペートゥング] 囡(-/-en) 遅れ, 遅刻, 遅滞, 延着; 遅延.

ver·sperren 他 ❶〈道路⁴などを〉閉鎖する; 遮断する, 遮る. ❷〈特に南ド〉〈物⁴に〉鍵をかける.

ver·spielen ((I)) 他 ❶〈時間⁴を〉遊び暮らす, 賭博に明け暮れる. ❷賭博に負けて失う. ❸〈勝機・幸運⁴を〉みすみす失う. ((II)) 自 bei ❸ **verspielt haben**〔口〕人³の信用を失う, 人³に嫌われる. ((III)) 再 sich⁴〈楽器を〉弾き間違える.

verspielt [フェァシュピールト] ((I)) verspielen の過去分詞. ((II)) 形 ❶遊びの好きな. ❷ふざけた; 戯れているような.

ver·spotten 他 嘲弄(ちょう)[嘲笑]する, からかう.

Verspottung 囡(-/-en) 嘲笑, 嘲弄(ちょう).

versprechen* [フェァシュプレッヒェン] (du versprichst, er verspricht; 過 **versprach**; 過分 **versprochen**) ((I)) 他 ❶〈③に〉〈(人³に) 事⁴を〉約束する. ❷期待させる, 有望である, 見込みがある. ((II)) 再 sich⁴ 言い間違いをする. ❷ sich³〔④ **von** ③〕〈人・事³に事⁴を〉期待する. ❸ sich⁴〔mit ③〕〈古〉婚約する. ◆Ich verspreche mir nicht viel von ③. 私は人³にあまり期待していません.

Versprechen [フェァシュプレッヒェン] 中(-s/-) ❶約束. ❷言い間違い.

Versprechung [フェァシュプレッヒュング] 囡(-/-en)〈主に複〉約束, 確約; 確言.

ver·spüren 他 感じる; 認める.

verstaatlichen [フェァシュタートリヒェン] 他 国有[官有]化する, 国営[官営]にする, 国立[官立]にする.

Verstaatlichung [フェァシュタートリヒュング] 囡(-/-en) 国有[国営]化.

verstand [フェァシュタント] verstehen の過去形.

Verstand [フェァシュタント] 男(-(e)s/) ❶理解(力), 思考力, 知力; 理性; 思慮, 分別, 判断力;〔哲〕悟性. ❷〈書〉意味. ◆keinen ~ haben 頭が悪い. den ~ verlieren 分別[正気]を失う. Nimm doch ~ an! ばかなまねはよせ. ④ um den ~ bringen 人⁴の分別を失わせる. zu ~(e) kommen 分別づく; 正気に返る. ④ zu ~ bringen〈書〉人⁴に理性を取り戻させる, 正気に戻らせる. wieder zu ~(e) kommen 正気に戻る.

verständig [フェァシュテンディヒ] 形 理解力のある, 知的な, 理性的な; 聡明な, 思慮のある, 分別のある, 常識のある.

verständigen [フェァシュテンディゲン] ((I)) 他〔④ **von** ③ [**über** ④]〕〈人⁴に事³·⁴を〉知らせる, 通知[通報]する, 教える. ((II)) 再 sich⁴ ❶〔mit ③〕〈人³と〉意思を疎通させる. ❷〔mit ③ **über** ④〕〈人³と事⁴について〉了解し合う, 合意する, 協調する.

Verständigkeit [..カイト] 囡(-/) 聡明, 利口; 思慮, 分別.

Verständigung [フェァシュテンディグング] 囡(-/-en) 意志の疎通; 合意; 通知.

verständlich [フェァシュテントリヒ] 形 ❶(言葉・発音などが)よく聞き取れる, 聞き取りやすい. ❷(文章・講演などが)わかりやすい, 理解しやすい. ❸〔副なし〕(態度・事情などが)納得できる, もっともな, 当然と思われる. ◆sich⁴ ~ machen 自分のことを理解してもらう.

Verständlichkeit [..カイト] 囡(-/) 聞き取れること; わかりやすさ.

Verständnis [フェァシュテントニス] 中(-ses/-se) ❶〈書〉理解. ❷〈単〉〔**für** ④〕〈人・物⁴に対する〉理解力. ❸〈古〉了解.

verständnis·los 形 理解のない, 無理解な.

1 1格 2 2格 3 3格 4 4格

verständnis・voll 形 理解のある, ものわかりのよい; 聡明な.

ver・stärken [フェアシュテルケン] ((I)) 他 ❶ 強める, 強化[補強]する. ❷〈チーム・部隊⁴などの人数を〉増やす; 増強する, 増員(して強化)する. ❸〈音・圧力・電圧⁴などを〉強める, 増幅させる, 増大させる;〈物⁴の〉度を増す, 濃くする. ((II)) 再 sich⁴ 強まる, 強化される, 増大する, 増幅される; 激しくなる.

Ver・stärker [フェアシュテルカー] 男 (-s/-) ❶ (ラジオの)増幅器, 増音器. ❷〔写〕補力液, 増度液.

Ver・stärkung [フェアシュテルクング] 女 (-/-en) 強化(物), 補強(材); 増強; 増幅;〔軍〕増援; 援軍.

ver・stauben 自⑤ ほこりだらけになる, ほこりをかぶっている.

verstaubt [フェアシュタオプト] ((I)) verstauben の過去分詞. ((II)) 形《副なし》(軽蔑)ほこりだらけの, ほこりをかぶった; 時代遅れの, 古くさい.

ver・stauchen [フェアシュタオヘン] 他 筋を違える, 捻挫(ねんざ)する, 不全脱臼(きゅう)させる.

Ver・stauchung 女 (-/-en) 転192, 捻挫(ねんざ), 不全脱臼.

ver・stauen 他〈荷物⁴などを〉きちんと積み込む, 順序よく載せる.

Ver・steck [フェアシュテック] 中 (-(e)s/-e) ❶ 隠し場所; 隠れ場, 潜伏所. ❷〔単〕隠す[隠れる]こと. ~ spielen 隠れ事をする; 隠れんぼをする.

verstecken [フェアシュテッケン] ((I)) 他 隠す. ((II)) 再 sich⁴ 隠れる. *sich⁴ (vor ③) nicht ~ müssen* (人³には)劣っていない.

versteckt [フェアシュテックト] ((I)) verstecken の過去分詞. ((II)) 形 ❶ 隠された, 隠れての, 陰険な. ❷

verstehen* [fɛrˈʃteːən フェアシュテーエン]
((I)) 他 ❶ (a) 理解する,〈事⁴が〉わかる. (b)〈+様態〉...と)理解[解釈]する. (c)〈事⁴に〉精通[習熟]している;《zu 不定詞句と》…する術(すべ)を心得ている. ❷〈はっきり〉聞き取れる, 聞こえる. ❸

現在	ich verstehe	wir verstehen
	du verstehst	ihr versteht
	er versteht	sie verstehen
過去	ich verstand	wir verstanden
	du verstand(e)st	ihr verstandet
	er verstand	sie verstanden
過分 verstanden		接II verstünde

(口) 立ったまま過ごす. ((II)) 再 sich⁴ ❶ 自明である. ❷〈als...〉〈...と〉自認する. ❸〈auf ④〉〈物⁴に〉精通[習熟]している;〈物⁴を〉扱う術(すべ)を心得ている. ❹〈mit ③〉(口) 〈人³と〉理解し合っている, 気[意見]が合う. *Das versteht sich von selbst.* それはあたり前だ[言うまでもない]. ③ ④ *zu verstehen geben* 人³に遠回しに事⁴を伝える[ほのめかす] 5版

ver・steigen* 再 sich⁴ ❶ 登山で道に迷う. ❷〈zu ③〉(書)〈事⁴を〉思い上がってする.

ver・steigern 他 競売[オークション]にかける.

Ver・steigerung [フェアシュタイゲルング] 女 (-/-en) 競売, オークション.

versteinern [フェアシュタイナーン] 自⑤ sich⁴ 石になる, 化石化する.

Ver・steinerung [フェアシュタイネルング] 女 (-/-en) 石化; 化石(物).

verstellbar [フェアシュテルバー] 形 動かしうる, 可動性の, 調整できる, 加減できる.

ver・stellen 他 ❶〈物を置いて〉ふさぐ, さえぎる. ❷ 置き変える, 動かす, 移す; 調整する. ❸ 置き違える, 置き場所をまちがえる. ❹ 変える, 偽る, 変装させる. ((II)) 再 sich⁴ 偽る, 装う, 偽装する, しらを切る, とぼける;〔劇〕扮(ふん)する.

Ver・stellung [フェアシュテルング] 女 (-/-en) ❶ 偽装, 変装; 偽り, しらばくれ. ❷ 転置, 移動; 調節. ❸ 閉塞, 阻害.

versteuern [フェアシュトイアァン] 他〈物⁴の〉税を納める.

①1格 ②2格 ③3格 ④4格

ver·stimmen [フェァシュティメン] ((I))他 ❶ 〔音楽〕〈楽器⁴の〉調子を狂わせる. ❷〈人⁴の〉機嫌を損ずる. ((II))再 sich⁴ 調子が狂う;〔比〕不機嫌になる. ((III))自(S) 調子が狂う.

verstimmt [フェァシュティムト] ((I)) verstimmen の過去分詞. ((II))形 調子の狂った;不機嫌な;〔商〕不景気な.

Verstimmung [フェァシュティムング] 女 (-/-en) ❶〔音楽〕調子を外すこと, 狂った調子. ❷不機嫌;〔商〕不景気.

verstockt [フェァシュトックト] 形 強情[頑迷]な;度し難い.

Verstocktheit [..ハイト] 女 (-/) 強情, 頑固.

verstohlen [フェァシュトーレン] 形 ひそかな, 人目を忍んだ, 内々の, 内密の.

ver·stopfen ((I))他 ❶〈物⁴に〉栓をする, ふさぐ;〈配水管⁴などを〉詰まらせる;〈道路⁴を〉渋滞させる. ❷〔医〕秘結させる. ((II))自 詰まる.

Verstopfung [フェァシュトプフング] 女 (-/-en) ❶ 詰まること;渋滞. ❷〔医〕秘結, 便秘.

verstorben [フェァシュトァベン] 形 死去した, 亡くなった.

Verstorbene(r) [フェァシュトァベネ[ナー]] 男女〔形容詞変化〕故人.

ver·stören 他〈人⁴の〉気を動転させる, あわてさせる, 乱心させる.

Verstoß [フェァシュトース] 男 (-es/..stöße) (法律・義務・慣習などの)違反.

ver·stoßen* ((I))他〈人⁴を〉(共同体, 特に家族から)追放する. ((II))自〈gegen ④〉〈規則⁴などに〉違反する, もとる.

verstrahlt [フェァシュトラールト] 形 放射能に汚染された.

ver·streichen* ((I))他 ❶〈穴⁴などを〉塗りふさぐ, 塗りつぶす. ❷塗って消費する((塗料・バターなどを)). ❸塗り広げる. ((II))自(S)〔書〕〈時¹が〉経過する.

ver·streuen 他 まく, まき散らす, ばらまく.

ver·stricken ((I))他 ❶〈毛糸¹など を〉編み物に使う. ❷〈④ in ④〉〔書〕〈人⁴を事⁴に〉巻き込む, かかり合いにする. ((II))再 sich⁴ ❶編み方を間違える. ❷〈in ④〉〈事⁴に〉巻き込まれる, かかり合いになる.

verstümmeln [フェァシュテュメルン] 他 ❶〈人⁴の〉体を切断する. ❷〔医〕断節する.

verstummen [フェァシュトゥメン] 自(S)〔書〕❶黙り込む;〈音¹が〉鳴りやむ. ❷〈うわさなどが〉やむ.

verstünde [フェァシュテュンデ] verstehen の接続法II式形.

Versuch [フェァズーフ] 男 (-(e)s/-e) ❶ 試み, 企て. ❷ 実験, 試験. ❸〔文芸〕試論, 習作. ❹ [⁴⁴⁴]試技;〔ラグビー〕トライ. ❺〔法〕未遂. ◆ein ~ machen 試みる.

versuchen [fɛrzúːxən フェァズーヘン] ((I))他 ❶〈物⁴を〉(敢えて)試みる;試してみる;企てる;努力する;試験[実験]する. ❷ 試食[試飲]する. ❸〈人⁴を〉誘惑する, そそのかす;試練にかける. ((II))再 sich⁴〈an [in] ③〉〈事³で〉自分の力を試してみる. ◆Er hat sich⁴ viel [in der Welt] versucht. 彼はよく世間を知っている, 経験に富んでいる. **4版**

Versuchung [フェァズーフング] 女 (-/-en) 誘惑. ◆in ~ kommen [geraten, fallen], ...〈zu不定詞〉...したい誘惑に駆られる.

ver·süßen 他〈つらい事・不快な事⁴などを〉楽しいものにする.

ver·tauschen 他 ❶〈④ gegen ④ [mit ③]〉〈物⁴を物⁴·³と〉交換する, 取り替える. ❷誤って持って行く, 取り違える.

verteidigen [フェァタイディゲン] ((I))他 ❶ 守る, 防衛[防御]する, 防ぐ. ❷ 擁護[弁護]する, 正当性を主張する. ❸〈被告⁴を〉弁護する. ❹ [⁴⁴⁴]〈タイトル・記録・ゴールなどを〉守る. ((II))再 sich⁴ ❶身を守る. ❷自己弁護する, 弁明する.

Verteidiger [フェァタイディガー] 男 (-s/-) ❶防御者;守備兵;(サッカーな

Verteidigung どの)後衛,ディフェンダー,バック. ❷弁護[弁明]する人;〖法〗(刑事事件における)弁護人. ◇~in 囡(-/-nen).

Verteidigung [フェァタイディグング] 囡(-/-en) ❶防御,防衛. ❷擁護;弁護,弁明;弁護側. ❸〖スポ〗《総称的に》後衛,ディフェンス,バックス.

Verteidigungs-minister 男 (-s/-) 国防大臣[相].

verteilen [フェァタイレン] ((I)) 他 ❶〈④ an [unter] ④〉〈物⁴を〉(人⁴の間で)分ける.❷配る,分配する.❸〈物⁴を〉(均等に)配分する;配置[分布]する.((II)) 再 sich⁴ ❶分配される,割り当てられる.❷(個々に,または少数のグループをなして)散らばる,分散[拡散]する,配置される.

Verteilung [フェァタイルング] 囡(-/-en) ❶分配,配分,配布;振り当て;割り当て;配置.❷分散;分布.

verteuern [フェァトイァン] ((I)) 他 〈物⁴の〉値段を高くする. ((II)) 再 sich⁴ 値段が高くなる.

verteufeln [フェァトイフェルン] 他 (軽蔑) 〈政敵⁴などを〉悪者に仕立て上げる.

vertiefen [フェァティーフェン] ((I)) 他 ❶〈堀・穴⁴などを〉深める,深くする,掘り下げる;〈知識⁴などを〉深める.❷〖音楽〗〈音程⁴を〉下げる. ((II)) 再 sich⁴ ❶〈しわ⁴などが〉深くなる.❷〈程度⁴が〉深まる,強まる.❸〈in ④〉〈物⁴に〉没頭する,ふける.

Vertiefung [フェァティーフング] 囡(-/-en) ❶深くすること,くぼめること,掘ること.❷へこみ,くぼみ,割(ぐ)り穴;みぞ,条溝;陰影;壁龕(がん),壁凹.❸没頭,熱中.

vertikal [ヴェァティカール] 形 垂直な (↔ horizontal).

Vertikale [ヴェァティカーレ] 囡(-/-n) 《形容詞変化に従うことが多い》垂直線;〖理〗鉛直.

ver·tilgen 他 根絶する,絶やす,殲滅(せん)する;抹殺する.

vertonen [フェァトーネン] 他〈詩·台本⁴に〉曲をつける,作曲する.

Vertonung [フェァトーヌング] 囡(-/-en) 作曲.

Vertrag [フェァトラーク] 男(-(e)s/Verträge) 契約,契約書;条約;〖宗〗聖約. 4級

vertragen* [フェァトラーゲン] ((I)) 他 ❶〈物⁴に〉耐える,耐えられる;〈飲食物⁴を〉飲める,食べられる,受けつける.❷〈物⁴を〉(口) 我慢する,受容できる.❸(ボ) 〈新聞⁴などを〉配達する.❹(方)〈服⁴などを〉着古す. ((II)) 再 sich⁴ ❶〈(mit ③)〉〈人³と〉仲良くする.❷〈mit ③〉〈物³と〉よく合う,一致する.

vertraglich [..リヒ] 形 〈述なし〉契約による,契約[条約]上の.

verträglich [フェァトレークリヒ] 形 ❶人付き合いのよい.❷(飲食物が)体に合った,消化の良い.

vertrat [フェァトラート] vertretenの過去形.

verträte [フェァトレーテ] vertretenの接続法II式形.

ver·trauen ((I)) 自 〈③; auf ④〉〈人³·⁴を〉信頼する,信用する,頼る.当てにする. ((II)) 他 〈③ ④〉〈古〉〈人³に事⁴を〉打ち明ける.

Vertrauen [フェァトラオエン] 中(-s/) 信用,信頼.

vertrauenerweckend [フェァトラオエンエァヴェッケント] 形 《最上 ~st [..ッスト]》信頼の念を起こさせる,頼もしい.

Vertrauens·bruch 男 (-(e)s/..brüche) 背任(行為).

Vertrauens·sache 囡(-/-n) ❶《主に単》信頼の問題.❷機密事項.

vertrauens·selig 形 人を信用しすぎる,盲信の.

vertrauens·voll 形 ❶信頼[信賴]しきった.❷=vertrauensselig.

vertrauens·würdig 形 信用[信任]に値する.

vertraulich [フェァトラオリヒ] 形 ❶親しい,親密な,心安い;なれなれしい.❷内々の,機密の,内証の.

Vertraulichkeit [..カイト] 囡(-/-en) ❶親密,なれなれしさ.❷《単》機密,内密.

ver·traut [フェアトラオト] (I) vertrauen の過去分詞. (II) 形《最上~est》❶《(mit》〈人³と〉》親しい, 懇意な, 仲のよい; 見なれた, 聞きなれた. ❷《(mit》〈物³に〉》熟知した, 精通している.

Ver·traute(r) [フェアトラオテ[ター]] 男女《形容詞変化》親友, 腹心の者.

ver·treiben* [フェアトライベン] 他 ❶追い払う, 追い出す, 追放[駆逐]する. ❷《③④》〈人³から物⁴を〉取り除く. ❸〈物⁴を〉(商人として)販売する.

vertreten* [フェアトレーテン] (du vertrittst, er vertritt; 過 vertrat; 過分 vertreten) (I)他 ❶〈人⁴の〉代理をする ❷〈人・物の権利・利益など〉代表する, 主張する. ❸弁護[擁護, 支持]する. ❹〈国民・団体⁴などを〉代表する. ❺〈会社⁴の〉販売外交員[セールスマン]を務める. ❻《方》(a)〈絨毯・階段⁴の段々を〉踏み減らす. (b)〈靴⁴などをはきつぶす. (II)再 sich⁴ ❶捻挫(ねんざ)する, 筋を違える. ❷歩きほぐす.

Vertreter [フェアトレーター] 男《-s/-》❶(a)《法的な》代理人. ❷販売外交員, 訪問販売員, セールスマン. ❷代表者. ❸代表的人物; 主唱者. ❹擁護者; 弁護者. ❺《口; 軽蔑》やつ. ◇~in 女《-/-nen》.

Vertretung [フェアトレートゥング] 女《-/-en》❶代理, 代表; 弁護. ❷代表団体, 代理業; 代理店. ❸主唱, 信奉, 支持. ❹《スポ》選抜[代表]チーム.

ver·trocknen [フェアトロクネン] 自⑤干からびる, 枯死する; 〈泉などが〉涸(か)れる; 《比》やせる; 《口》生気を失う.

ver·trödeln [フェアトレーデルン] 他《口; 軽蔑》❶〈時間⁴などを〉むだに費やす. ❷〈期限・約束⁴などを〉すっぽかす.

ver·trösten 他《④ auf ④》〈人⁴に事⁴について〉希望をつなげる, 〈人⁴を事⁴で〉希望で慰める, (約束・甘言で)釣ってある.

ver·tun* (I)他《口》〈金・時⁴などを〉むだに費やす. (II)再 sich⁴ 《口》間違いをする, 思い違いをする.

vertuschen [フェアトゥッシェン] 他《口》〈悪事⁴などを〉隠蔽(いんぺい)する, 〈スキャンダルなどを〉もみ消す.

ver·übeln [フェアユーベルン] 他《③④》〈人³の事⁴を〉悪くとる, 〈人³の事⁴で〉感情を害する.

ver·üben 他《悪事⁴などを〉行う.

ver·unglücken [フェアウングリュッケン] 自⑤ ❶事故[災難]に遭う, 遭難する. ❷《口》〈演説⁴などが〉失敗する.

ver·unreinigen [フェアウンライニゲン] 他汚なくする, 汚す; 〈水・大気⁴などを〉汚染する.

ver·unsichern [フェアウンズィヒャーン] 他〈人⁴の〉考え方[信念]をぐらつかせる.

verunstalten [フェアウンシュタルテン] 他醜くする, 見栄えなくする.

veruntreuen [フェアウントロイエン] 他《法》横領する.

verursachen [フェアウーァザヘン] 他引き起こす, 惹起(じゃっき)する, 生ぜしめる, 〈事⁴の〉原因となる.

verurteilen [フェアウルタイレン] 他 ❶《④ (zu ③)》〈人⁴に罪³の〉判決を下す; 〈刑罰を〉決定する, 科する. ❷拒絶할しる, 厳しく批判する.

Verurteilung [フェアウルタイルング] 女《-/-en》❶(有罪)判決. ❷厳しい批判.

vervielfältigen [フェアフィールフェルティゲン] 他〈物⁴の〉写し[コピー]を作る, 〈物⁴を〉複写[複製]する.

vervollkommnen [フェアフォルコムネン] (過 ..nete; 過分 ..net) (I)他 ❶より完全にする. (II)再 sich⁴ より完全になる, 熟達[習熟]する.

vervollständigen [フェアフォルシュテンディゲン] (I)他 ❶(補って)完全なものにする, 全部そろえる. (II)再 sich⁴ 完璧になる, 全てそろう, うまくなる.

ver·wachsen*¹ 自⑤〈傷¹などが〉治る, ふさがる. ♦mit ④ ~ sein 人・物³と一つになっている[一体化している].

verwachsen² (I) verwachsen¹ の過去分詞. (II) 形《副なし》〈四肢・背甲などが〉異常湾曲した, 奇形の.

ver·wählen 再 sich⁴ 《口》(電話の)ダイヤルをかけ間違える.

verwahren [フェァヴァーレン] ((I)) 他《物⁴を》❶ 安全にしまっておく, 保管する. ❷《方》後のために取って[残しておく(甘いものなどを)). ((II)) 再 sich⁴《gegen ④《非難・疑いなどに対して》抗議する, 異議を申し立てる.

verwahrlosen [フェァヴァーロゼン] 自(S)《庭・建物などが》荒れる, 荒廃する;《服装などが》だらしなくなる;(放任されて)《青少年が》不良化する, ぐれる.

Verwahrlosung [フェァヴァーローズング] 囡(-/-) 荒廃.

verwaist [フェァヴァイスト] 形《副なし》❶ 孤児になった, 両親[片親]をなくした. ❷ だれもいなくなった, だれも住まない.

ver·walten 他 管理する; つかさどる; 運営する.

Verwalter [フェァヴァルター] 男(-s/-) 管理人[者]; 執事. ◇ **~in** 囡(-/-nen).

Verwaltung [フェァヴァルトゥング] 囡(-/-en) ❶《単》管理, 運営; 行政. ❷ 管理[行政]機構[部門], 行政官庁; 当局. ❸ 管理室[棟].

ver·wandeln ((I)) 他 ❶(a)(すっかり)変える, 一変させる. (b)《in ④》〈物⁴を物⁴に〉変える. ❷《サッカー》〈(コーナーキック・フリーキックなどを)〉得点に結び付ける. ((II)) 再 sich⁴《in ④》《(物⁴に)》(すっかり)変わる.

Verwandlung [フェァヴァンドルング] 囡(-/-en) 変化, 変換, 変形, 変態;《カトリック》全質変化, 体化;《法》減刑;《劇》場面の転換.

verwandt [フェァヴァント] ((I)) ver·wenden の過去分詞. ((II)) 形 ❶《mit ③》〈(人³と)〉親類の, 近親の, 血縁の, 親戚の; 姻戚関係の. ❷《副なし》類似の, 近似の;〈言語が〉同系の, 同類の, 同族の;〈意志の, 気の合った; 親しい;《化》親和性の.

verwandte [フェァヴァンテ] ver·wenden の過去形.

Verwandte(r) [fɛrvánta(r) フェァヴァンテ[ター]] 男囡《形容詞変化》親戚, 親類, 近親者, 同族の者, 血縁者.

4級
Verwandtschaft [..シャフト] 囡(-/-en) ❶ 近親[同族]であること, 親類[姻戚]関係; 家柄, 家系. ❷ 類似; 同質, 同類; 親近性; 相性;《化》親和性. ❸ 親戚一同, 一族.

verwandtschaftlich [..リヒ] 形《述語なし》親戚の, 血縁の.

ver·warnen 他〈人⁴に〉警告する;《法》戒告する.

Verwarnung [フェァヴァルヌング] 囡(-/-en) 警告;《法》戒告.

verwechseln [フェァヴェクセルン] 他《④ mit ③》〈物⁴を物⁴と〉取り違える, 混同する, 誤って換える, 思い違える.

Verwechselung, (㊑) **Ver·wechslung** [フェァヴェクセ[ス]ルング] 囡(-/-en) 混同, 取り違い; 誤り, 錯誤.

verwegen [フェァヴェーゲン] 形 向こう見ずな, 大胆不敵な, 無鉄砲な.

ver·wehren 他《③ ④》〈人³に物⁴を〉禁ずる, 妨げる, 拒む.

verweichlichen [フェァヴァイヒリヒェン] ((I)) 自(S) ひ弱になる. ((II)) 他〈人⁴を〉ひ弱にする, 甘やかす.

ver·weigern ((I)) 他《③ ④》〈(人³に)物⁴を〉拒む, はねつける, 断る. ((II)) 再 sich⁴《書》〈女性¹が男³に〉身を任せることを拒む.

Ver·weigerung 囡(-/-en) 拒絶, 拒否.

Verweis [フェァヴァイス] 男(-es/-e) ❶ (書物などの)参照, 指示. ❷ 叱責(しっせき).

ver·weisen* 他 ❶《④ auf ④》〈人⁴に物⁴を〉参照するよう指示する. ❷《④ an ④》〈人⁴に人・物⁴に〉相談するよう指示する. ❸《④ von [aus] ③; ④ ②》〈人⁴に場所²·³から〉出て行くよう命じる. ❹《+場所》《方》〈相手⁴を〉退ける.

ver·welken 自(S)《花¹などが》しぼむ, しおれる;《詩》容色が衰える.

verwendbar [フェァヴェントバーァ] 形《副なし》役立てうる, 使用しうる, 利用できる, 有用な.

────
①1格 ②2格 ③3格 ④4格

Verwendbarkeit [..カイト] 囡(-/) 有用.

verwenden(*) [フェァヴェンデン]《過 verwendete, verwandte; 過分 verwendet, verwandt》 ((I))他(a)用いる, 使う, 使用する, 利用する, 役立てる. (b)《4格 auf 4格》〈労力・努力などを事4格に〉傾注する. (c)〈人を〉活用する, 配する. ((II))再 sich4〈für 4格〉《書》〈人・事4格のために〉尽力する.

Verwendung [フェァヴェンドゥング] 囡(-/-en) 使用, 利用, 応用; 用途.

ver·werfen* ((I))他 ❶ 退ける, はねつける, 拒否する;〔法〕〈上告を〉棄却する ❷〈ボール4格などを〉投げ損ねて見失う. ((II))自〈家畜4格が〉流産する. ((III))再 sich4 ❶(トランプで) 間違った札を出す. ❷〈板1格などが〉反る, ゆがむ. ❸〔地〕断層を生ずる.

verwerflich [フェァヴェルフリヒ] 形 《書》退けるべき, 非難すべき; いまわしい.

verwertbar [フェァヴェーァトバーァ] 形《副なし》活用[利用]できる.

verwerten [フェァヴェーァテン] 他 活用する, 利用する.

verwesen [フェァヴェーゼン] 自⑤〈死体1格などが〉腐敗する, 分解する; 死滅する.

Verwesung [フェァヴェーズング] 囡(-/) 腐敗, 分解, 死滅.

ver·wickeln ((I))他 ❶〈糸4格などを〉もつれさせる. ❷《4格 in 4格》〈人を事4格に〉巻き込む. ((II))再 sich4 ❶ もつれる, 絡まる. ❷〈in 4格〉〈事4格に〉巻き込まれる, かかり合いになる.

Verwickelung, (新つづり)**Verwicklung** [フェァヴィックルング] 囡(-/-en) ❶ もつれること. ❷《主に複》紛糾, 錯綜, 混乱; 困難, 面倒;〔葛藤(%)の展開 (戯曲・小説などにおける)〕.

verwildern [フェァヴィルダァン] 自⑤ ❶〈庭1格などが〉荒れる. ❷《書》〈人1格が〉粗野[粗暴]になる;〈行儀1格が〉悪くなる. ❸〔生〕〈動植物1格が〉野生化する.

verwirklichen [フェァヴィァクリヒェン] ((I))他〈計画4格などを〉実現する; 実行する. ((II))再 sich4 ❶ 実現される,

現実化される. ❷ 自分の能力を発揮する.

Verwirklichung [フェァヴィァクリヒュング] 囡(-/-en) 実現, 現実化; 自己実現.

verwirren(*) [フェァヴィレン]《過 verwirrte; 過分 verwirrt, verworren》((I))他 ❶〈糸4格などを〉もつれさせる;〈髪4格を〉しゃくしゃにする. ❷(a)〈人の〉頭を混乱させる, 狼狽(35)させる, うろたえさせる. (b)〈頭・思考・感覚4格を〉混乱させる. ((II))再 sich4 ❶〈糸1格などが〉もつれる;〈髪1格などが〉乱れる. ❷〈頭・思考などが〉混乱する.

Verwirrung [フェァヴィルング] 囡 (-/-en) ❶ 混乱, 紛糾. ❷ (思考などの)混乱. ◆4格 in ～ bringen 人4格を混乱させる.

ver·wischen ((I))他 ❶〈物4格を〉こすってぼやけさせる. ❷〈印象4格などを〉消す. ((II))再 sich4〈印象1格などが〉ぼやける.

verwittern [フェァヴィッタァン] 自⑤〈岩石・塀1格などが〉風化する.

Verwitterung [フェァヴィッテルング] 囡(-/-en) 風化.

verwitwet [フェァヴィトヴェト] 形《副なし》夫[妻]を亡くした, やもめの.

verwöhnen [フェァヴェーネン] ((I))他〈人4格を〉甘やかす, わがままに育てる. ((II))再 sich4 甘やかされる.

verworren [フェァヴォレン] ((I)) verwirren の過去分詞. ((II)) 形 混乱した, 紛糾した.

verwunden [フェァヴンデン] 他 ❶ 傷つける,〈人4格に〉傷を負わせる, 負傷させる. ❷〈人4格の〉心を傷つける, 感情を害する.

Verwundete(r) [フェァヴンデテ[ター]] 男 囡《形容詞変化》負傷者; 負傷兵, 傷痍(い⁶)軍人.

Verwundung [フェァヴンドゥング] 囡(-/-en) 負傷, けが; 戦傷.

verwüsten [フェァヴューステン] 他 荒らす, 荒廃させる, 破壊する.

Verwüstung [フェァヴューストゥング] 囡(-/-en) 荒廃.

Verz.《略》Verzeichnis リスト.

verzagen [フェァツァーゲン] 自⑤ 気後れする, ひるむ, 弱気になる.

Verzagtheit [フェァツァークトハイト] 女(-/-) 気後れ, ひるんでいること, 弱気, 意気消沈.

ver·zählen 再 sich⁴ 数え誤る, 誤算する.

ver·zanken 再 sich⁴ 〈mit ③〉〈(口)〈(人³と)〉けんか(別れ)する.

ver·zaubern 他 ❶〈人⁴に〉魔法をかける, たぶらかす, 化かす. ❷〈人⁴を〉魅する, 魅惑する.

Verzehr [フェァツェーァ] ((I)) 男 (-(e)s/) 飲食. ((II)) 男 中 (-(e)s/) 飲食した物.

ver·zehren ((I)) 他〈飲食物⁴を〉平らげる. ❷〈やや古〉(a)〈財産⁴などを〉消費する, 使い果たす. (b)〈体力⁴を〉消耗する. ((II)) 再 sich⁴ 衰弱する, やつれる.

Verzeichnis [フェァツァイヒニス] 中 (-ses/-se) 目録, 目次, 一覧表, リスト; 名簿; 索引.

verzeihen* [fɛrtsáiən フェァツァイエン] 過分 **verzieh**; 過分 **verziehen**) 他 〈(③) ④〉〈(人³に対して)事⁴を〉許す, 容赦する, 勘弁してやる, 大目に見る. *Verzeihen Sie bitte.* すみません(が). 5級

Verzeihung [fɛrtsáiʊŋ フェァツァイウング] 女(-/-) 許し, 容赦; 〈宗〉免罪. **~!** 1) 失礼. 2) すみません ((うっかり他人のじゃまをしたり, 足を踏んだりしてぶつかったりしたときの詫びの言葉)). **~?** 何とおっしゃいましたか (相手の言ったことがわからなかったり, 聞き取れなかったときに聞き返す言葉)). 5級

ver·zerren ((I)) 他 ❶〈物⁴を〉ゆがめる. ❷〈事実⁴などを〉歪曲する. ((II)) 再 ❶ sich⁴〈顔⁴などが〉ゆがむ; しかめ面になる. ❷ sich³〈腱(けん)などを〉誤ってねじる.

Verzicht [フェァツィヒト] 男 (-(e)s/-e) (権利などの)放棄, 断念; 棄権.

verzichten [フェァツィヒテン] 自 〈auf ④〉〈物⁴を〉放棄[断念]する, 棄権する, 譲る.

verzieh [フェァツィー] verzeihen の

過去形.

ver·ziehen¹* ((I)) 他 ❶〈口⁴などを〉ゆがめる. ❷〈子供⁴を〉甘やかして[わがままに]育てる. ❸〈農〉〈苗木⁴などを〉間引く. ❹〈球技〉〈ボール⁴を〉蹴り[打ち]損なう. ((II)) 自 ❶⑤引っ越す, 移転する, 転居する. ❷〈古〉(a) 遅れる, 遅滞[遅延]する. (b)〈ぐずぐずする, ためらう. (c)滞在する, とどまる. ((III)) 再 sich⁴ ❶〈口⁴などが〉ゆがむ. ❷ (ぬれたり縮んだりして)型がくずれる;〈板⁴などが〉そり返る. ❸〈雲⁴などが〉次第に消える. ❹〈口〉〈人⁴が〉(こっそり)姿を消す.

ver·ziehen² [フェァツィーエン] verzeihen の過去分詞.

ver·zieren 他 〈物⁴を(物³で)〉飾る, 装飾する; 美化する.

Verzierung [フェァツィールング] 女 (-/-en) ❶ 装飾; 美化. ❷ 飾り, 装飾物. ❸〈音楽〉装飾音.

ver·zögern [フェァツェーゲルン] 他 〈物⁴を〉❶ (a) 〈出発⁴などを〉延ばす. (b) 〈収穫・時期などを〉遅らせる. ❷〈物⁴の〉速度を落とす, 遅くする. ((II)) 再 sich⁴ 遅くなる, 遅れる, 延びる, 延期になる.

Verzögerung [フェァツェーゲルング] 女 (-/-en) 遅延, 延滞; 延期, 繰り延べ, 猶予.

verzollen [フェァツォレン] 他〈物⁴の〉関税を払う. ♦ Haben Sie etwas zu ~? 申告するものがありますか. ((税関で)).

Verzug [フェァツーク] 男 (-(e)s/) 遅滞, 遅延; 繰り延べ, 延期.

ver·zweifeln 自 ⑤ 〈an ③; über ④〉〈物⁴³に〉絶望する; すてばちになる, 自暴自棄になる.

verzweifelt [フェァツヴァイフェルト] ((I)) verzweifeln の過去分詞. ((II)) 形 ❶ 絶望した; 自暴自棄の, すてばちの; 絶望的な; 必死の, 死にもの狂いの. ❷ いまいましい, 言語道断の. ❸〈副のみ〉恐ろしく, 非常に.

Verzweiflung [フェァツヴァイフルング] 女 (-/-en) 絶望; 自暴自棄.

verzweigen [フェァツヴァイゲン] 再 sich⁴ ❶ 枝を出す. ❷ 分枝[分岐]す

Veteran [ヴェテラーン]男(-en/-en)《弱》❶(a)(歴戦の)古参兵, 古兵(うろつわもの). (b)(比)古株, ベテラン. ❷旧型の乗り物((特に自動車)). ◇~in 女(-/-nen).

Vetter [フェッター]男(-s/-n)従兄弟(いとこ).

vgl. 《略》vergleich(e)! 参照せよ.

v.H. 《略》vom Hundert 100分の..., ...パーセント.

VHS 《略》Volkshochschule.

via [ヴィーア]前《4格支配》❶...を経由して. ❷(口)...を通じて.

Viadukt [ヴィアドゥクト]男中(-(e)s/-e)陸橋, 高架橋[道];[鉄道]跨線橋(こせんきょう).

vibrieren [ヴィブリーレン]自振動する, 震える.

Video [ヴィーデオ]中(-s/-s) (口) ❶《単》ビデオ ((技術)). ❷(a)ビデオテープ. (b)ビデオ映画.

Videothek [ヴィーデオテーク]女(-/-en)❶ビデオのコレクション. ❷貸しビデオ店.

Vieh [fiː フィー]中(-(e)s/) ❶(a)家畜. (b)(飼っている)牛((全体)). ❷(口)動物, 獣;(俗)粗野[粗暴]な人. ◆5 stück = 牛5頭.

Vieh·zucht 女(-/) 畜産, 牧畜.

viel [fiːl フィール] ((I))形《比較 **mehr**; 最上 **meist**)たくさんの, 多くの, 多量の. ★特に単数名詞と1・4格の複数名詞にかかるとき, 無変化となることがある. ((II))代《不定》多くの物[事, 人]. ((III))副たくさん, たっぷり, よく; 何回も;《比較級を強めて》ずっと, はるかに. ∎**~ sagend** ⇒vielsagend. 5級

vielerlei [フィーラーライ]形《無変化》多種多様の, 種種の, いろいろの.

viel·fach ❶形《多種の, 様々の;幾倍[幾重]もの;反復された, しばしばの. ((II))副(口)頻繁に, しばしば.

Vielfache(s) [フィールファッヘ(ス)]中《形容詞変化》倍数.

Vielfalt [フィールファルト]女(-/) 多様, 多彩.

vielfältig [フィールフェルティヒ]形多種の, 様々の, 種々の.

vielleicht [filáɪçt フィライヒト]副 ❶ひょっとすると, もしかすると. ❷《疑問文で遠慮がちなことを示して》(口)もしよかったら, もしや, ひょっとして. ❸《感嘆文を否定的に強調して》(口)全く, 本当に. 5級

vielmals [フィールマールス]副 ❶《感謝・詫びなどの動詞と共に用いてその意を強める》幾重にも, くれぐれも;心から, とても. ❷(まれ)幾度も, 何回も.

vielmehr [フィールメーァ, フィールメァ]副 ❶《主に否定の内容の前文に続く文の文頭(または文中)に置かれて》(反対に)むしろ, (そうではなくて)反対に, それどころか. ❷《前の発言を明確にして》(というよりは)むしろ, もっと正確に言うと.

viel·sagend [..ザーゲント]形《表情・態度などが》意味深長な.

vielseitig [フィールザイティヒ]形 ❶《副なし》多くの事に精通した[関心がある];多方面の. ❷多くの領域を含む[に関する]. ❸《数》多辺形の.

vier [fiːr フィーァ]数詞《基数》4. ◆ die ~ Jahreszeiten 四季. unter ~ Augen 二人だけで, 内密に. *alle viere von sich³ strecken* (口)(ぐったり疲れて)手足を広げて寝る, 大の字になって寝る. *auf alle vieren* (口)四つんばいになって. 5級

Vier [フィーァ]女(-/-en) ❶4の数(字). ❷4という数が付くもの, 特に: (a)(さいころの)4の目. (b)(学校の成績評点の)4, 可 (⇨Note).

Vierbeiner [フィーァバイナー]男(-s/-)(口)四つ脚の動物((特に犬)).

vier·beinig 形 4本足の, 4脚の.

Viereck [フィーァエック]中(-(e)s/-e)〔数〕4角(形).

viereckig [フィーァエッキヒ]形 4角(形)の.

vier·fach 形《述語なし》4重の, 4倍の.

Vierer [フィーラー]男(-s/-) 《ケシ》= Vier.

vier·hundert 数詞《基数》400.

Vierling [フィーァリング]男(-s/-e) ❶

①1格 ②2格 ③3格 ④4格

viermal [フィーアマール] 副 4度〔回〕.

vier·stellig 形《副なし》4桁の((数・額など)).

viert [フィーアト, (古)フィアト] 数詞〈序数〉第4の. **4級**

vier·tausend 数詞〈基数〉4000.

Viertel [フィテル] 中, (ﾄﾞｲﾂ)男 (-s/-) ❶ 4分の1. ❷ 4分の1時間, 15分. ❸ 〖音楽〗4分音符. ❹ 弦((月の周期の4分の1)). ❺ 市区.

viertel 形《無変化》4分の1の.

Viertel·finale 中(-s/-)〖ｽﾎﾟｰﾂ〗準々決勝.

Viertel·jahr 中(-(e)s/-e)四半期, 1季(節), 3カ月.

viertel·jährlich 形 四半期ごとの, 3ヵ月ごとの.

Viertel·liter 男 中(-s/-) 4分の1リットル.

Viertel·note 女(-/-n)〖音楽〗4分音符.

Viertel·pfund 中(-(e)s/-e) 4分の1ポンド.

Viertel·stunde 女(-/-n) 15分.

viertel·stündig 形《付加》15分間の.

viertel·stündlich 形《述語なし》15分ごとの.

viertens [フィーテンス, (古)フィアテンス] 副 第4(番目)に.

vierzehn [フィアツェーン] 数詞〈基数〉14. **5級**

vierzehnt [フィアツェーント] 数詞〈序数〉14番目の, 第14の. **4級**

vierzig [フィアツィヒ] 数詞〈基数〉40.

vierzigst [フィアツィヒスト] 数詞〈序数〉第40の.

Vietnam [ヴィエトナ(ー)ム] 中(-s/)ベトナム((東南アジアの国)).

Vikar [ヴィカーァ] 男(-s/-e) ❶(a)(高位の)代理. (b)助任司祭. ❷〖新教〗(a)副牧師. (b)牧師見習((一定の神学教育課程を修了した者)). ❸(ｵｰｽﾄ)代用教員. ◇~**in** 女(-/-nen).

Villa [ヴィラ] 女(-/Villen) ❶(田舎・郊外にある)別荘, 別邸. ❷(庭園をめぐらした)邸宅, 屋敷, 一戸建(高級)住宅.

violett [ヴィオレット] 形すみれ色の; 紫色の. **4級**

Violine [ヴィオリーネ] 女(-/-n) 〖音楽〗(Geige)バイオリン.

Viper [ヴィーパー] 女(-/-n) 〖動〗クサリヘビ((マムシに似た毒蛇)).

Viren [ヴィーレン] 複 ⇨Virus.

virtuell [ヴィルトゥエル] 形 潜在的な, 可能な, 仮の.

virtuos [ヴィルトゥオース] 形 (芸術家, 特に音楽家について)技量の卓越した, 名人芸の.

Virtuose [ヴィルトゥオーゼ] 男(-n/-n)《弱》巨匠, 大家; 名人, (特に音楽の)名手. ◇**Virtuosin** 女(-/-nen).

Virtuosität [ヴィルトゥオズィテート] 女(-/) 老練, 巧妙; 名人[名手]であること.

Virus [ヴィールス] 中 男 (-/Viren) 〖生医〗ビールス, ウイルス.

Visa [ヴィーザ] 複 ⇨Visum.

Visage [ヴィザージェ] 女(-/-n) (口;軽蔑)つら, 顔.

Visen [ヴィーゼン] 複 ⇨Visum.

Visier [ヴィズィーァ] 中(-s/-e) ❶(中世のかぶとの)面頬(めんぼお). ❷(銃の)照尺. ❸(オートレーサーの)ヘルメットの)風防.

Vision [ヴィズィオーン] 女(-/-en) ❶幻覚, 幻視, まぼろし; 幻影, 幻想. ❷ビジョン, 未来像.

Visite [ヴィズィ(-)テ] 女(-/-n) ❶〖医〗(医員・看護婦を伴った主治医などの)回診. ❷回診の医師と看護婦.

Visitenkarte [ヴィズィーテンカルテ] 女(-/-n) 名刺; 特徴を示すもの.

Visit·karte [ヴィズィート..](ｵｰｽﾄ)=Visitenkarte.

Visum [ヴィーズム] 中(-s/..sa, ..sen) ❶ビザ, (旅券の)査証. ❷(ある国への)出入国許可.

vital [ヴィタール] 形 ❶〖生・医〗生命の, 生体の; 生活の. ❷《付加》生活上重要な((事柄など)). ❸活力[バイタリティー]のある(人など).

Vitalität [ヴィタリテート] 女(-/) 生命[生活]力, 活力, 活気, バイタリティ.

①1格 ②2格 ③3格 ④4格

Vitamin [ヴィタミーン] 中 (-s/-e)〔生化〕ビタミン.

Vitamin·mangel 男 (-s/) ビタミン欠乏.

vitamin·reich 形 ビタミンの豊富な((食物など)).

Vitrine [ヴィトリーネ] 女 (-/-n) ガラス製ショーケース;ガラス戸棚.

Vize.. [フィーツェ,ヴィーツェ]《名詞に付いて》「代理…, 副…」.

Vize [フィーツェ,ヴィーツェ] 男 (-(s)/-s)〔口〕代理.

Vogel [foːgəl フォーゲル] 男 (-s/Vögel) ❶ 鳥. ❷〔口〕やつ. ❸ (飛行機乗りの間で) 飛行機. ③ *den* [*einen*] *~ zeigen* ((自分の額を軽く指でつついて) 人³に「お前は頭がおかしい」と示してやる. *einen ~ haben*〔口;軽蔑〕頭がおかしい, 奇妙なことを考えている. 5級

vögeln [フェーゲルン] 他, 自《(*mit* ③)》〔俗〕人⁴・³と〉性交する.

Vogel·grippe 女 (-/) 鳥感染症, 鳥インフルエンザ.

Vogel·nest 中 (-(e)s/-er) ❶ 鳥の巣. ❷〔植〕サカネラン.

Vogel·perspektive 女 (-/) 鳥瞰(かん)図.

Vogel·scheuche 女 (-/-n) ❶ かかし. ❷〔口;軽蔑〕かかし(のように醜くやせた人).

Vokabel [ヴォカーベル] 女 (-/-n), 〔オーストリア〕中 (-s/-) ❶ 単語 ((特に外国語の)). ❷ 表現, 言葉.

Vokal [ヴォカール] 男 (-s/-e)〔言〕母音.

Volk [fɔlk フォルク] 中 (-(e)s/Völker) ❶ 民族 ((人種的・文化的・歴史的に一つのまとまりをなすものとして)). ❷〔単〕国民. ❸〔単〕民衆, 庶民. ❹〔単〕〔口〕人々, 群集. ❺ (ミツバチなどの) 群れ. *das auserwählte ~*〔旧約〕選ばれた民 (ユダヤ民族). 4級

Volks·abstimmung 女 (-/-en)〔法政〕国民[人民]投票.

volks·eigen 形《副なし》(旧東独) 国営の, 人民の所有する.

Volks·entscheid 男 (-(e)s/-e)〔政〕国民表決, 国民[一般]投票.

Volks·fest 中 (-(e)s/-e) 民間の祝祭, 地方の祭り.

Volks·hochschule 女 (-/-n) (正規の学校以外の主として成人を対象とした) 公開講座, 市民大学.

Volks·kunde 女 (-/) 民俗学.

Volks·lied 中 (-(e)s/-er) 民謡, 俗謡.

Volks·polizei 女 (-/) (旧東独の) 人民警察.

Volks·republik 女 (-/-en) 人民共和国.

Volks·schule 女 国民学校 ((Grundschule と Hauptschule をいう)).

Volks·stamm 男 (-(e)s/..stämme) 種族, 民族, 人種.

Volks·tanz 男 (-es/..tänze) 民族舞踊.

Volks·tracht 女 (-/-en) 民族[民俗]衣裳;地方独特の服装.

Volks·trauertag 男 (-(e)s/-e) 国民哀悼の日 ((待降節の第一日曜日の2週間前の日曜日;第一次・第二次世界大戦とナチスによる犠牲者を追悼するためのドイツの祭日)).

volkstümlich [フォルクステュームリヒ] 形 ❶ 民族的な, 民族固有の. ❷ 民衆[大衆]的な, 通俗な, 庶民的な;人気のある, 人望のある, 一般受けする, わかりやすい.

Volks·vertreter 男 (-s/-) 代議士, 国会議員.

Volks·wagen 男 (-s/-)〔商標〕フォルクスワーゲン ((自動車)).

Volks·wirt 男 (-(e)s/-e) (国民) 経済学者.

volks·wirtschaftlich 形 (国民) 経済の.

Volks·zählung 女 (-/-en) 国勢調査, 人口調査.

voll [fɔl フォル] (比較 ~er; 最上 ~st) 形 ❶ いっぱいの, 満ちた;満員の. ♦ *~ von* ③ 物³でいっぱいの, 物³に満ちている. ❷ まるまる(全部)の, 完全な, 全き. ❸《副なし》丸々した, ふっくらした. ❹《副なし》豊富な, 十分な. ❺ 力強い, よく響く. ❻ 正時の. ❼《副のみ》〔口〕完

① 1格 ② 2格 ③ 3格 ④ 4格

全に, 非常に. *aus dem Vollen schöpfen (können)* (金や物を)ふんだんに使える, たっぷり持っている. *nicht für voll nehmen* 人⁴を一人前に扱わない; まともに相手にしない. *voll sein* (口)完全に酔っぱらっている. *voll und ganz* 十分に, 完全に. **5級**

voll|auf [フォルアオフ, フォラオフ] 副 たくさん, 豊富に, 充分に; 完全に, 全く.

voll|automatisch 形 全自動の.

vollaufen [フォラオフェン] 自 = vollaufen.

Voll·bad 中 (-(e)s/..bäder) 全身浴.

Voll·bart 男 (-(e)s/..bärte) 顔一面のひげ((顔ひげ・あごひげ・口ひげ全てを伸ばした状態)).

vollbringen* [フォルブリンゲン] 他 (書)〈何か特別の事⁴を〉成し遂げる, 成就する, 完成する, 完了する; 実行[遂行]する, 貫徹する, 果たす.

Voll·dampf 男 (-(e)s/) (汽罐(ホッ)の)全蒸気圧, (汽船の)全速力. *mit ~* (口)全速力で, 大急ぎで, 馬力をかけて, 張りきって. *~ hinter ④ machen* (口)物⁴をせき立てる, 急きに急がせる.

vollenden [フォルエンデン, フォレンデン] 他 完了する, 完結する, 仕上げる, 完成する, 成就する.

vollendet [フォルエンデット, フォレンデット] ((I))vollenden の過去分詞. ((II))形 完全な, 完璧な, 完成した, 究極的な.

vollends [フォレンツ] 副 ❶ 十分に, 全く, 完全に, 徹頭徹尾. ❷ その上に, さらに; いっそう, ましてや, (...なのだから)なおさら.

Vollendung [フォルエンドゥング, フォレンドゥング] 女 (-/-en) ❶ 完了, 完結, 仕上げ; 完成, 成就. ❷〈単〉完璧, 完全なこと.

voller [フォラー] 《元来男性単数1格の形で無変化で用いる》形 ...でいっぱいの, ...に満ちた. ★ 無冠詞の名詞を目的語とするが, 名詞が形容詞など付加語規定を伴っていれば2格, まれには3格となる.

Volleyball [ヴォリバル] 男 (-(e)s/ ..bälle) バレーボール(用のボール).

vollführen [フォルフューレン] 他 遂行する; 実施する, 行う, やって見せる[聞かせる], しでかす.

voll|füllen [フォルフュレン] 他 いっぱいに満たす. ★ 修飾されると ganz voll füllen となる.

Voll·gas 中 (-es/) エンジン全開.

voll|gießen* 他 〈物に〉いっぱいに注ぐ, 〈物⁴を〉満たす. ★ 修飾されると zu voll gießen となる.

völlig [fœliç フェリヒ] 形《述語なし》十分な, 完全な; 絶対的な, 徹底的な. ★ 副詞としては ganz と同じように用いられるが, gut, schön などの肯定的な意味の形容詞を修飾することはできない. **4級**

voll·jährig 形《副なし》成年の.

Volljährigkeit [..カイト] 女 (-/) 成年((ドイツ・オーストリアでは18歳以上)).

vollkommen [フォルコンメン, フォルコメン] 形 ❶ 完全(無欠)な, 完璧な, 理想[模範]的な. ❷《述語なし》全くの, 十分な, すっかりの. **4級**

Voll·korn·brot 中 (-(e)s/-e) (ふすまを取り去らない)全粒粉のパン.

voll|laufen* 自 ⑤ あふれるほど満ちる, いっぱいになる.

voll|machen 他 〈4 (mit 3)〉〈物⁴を〉〈物³で〉❶ (口)いっぱいにする, 満たす. ❷ (口)すっかり汚す. ★ 修飾されると zu voll machen となる.

Voll·macht 女 (-/-en) ❶ 全権; 代理権, 委任. ❷ 委任状.

Voll·milch 女 (-/) 全乳((脱脂していない牛乳)).

Vollmilch·schokolade 女 (-/-n) 全乳チョコレート.

Voll·mond 男 (-(e)s/) 満月(時).

Voll·pension 女 (-/) 三食付きのペンション.

voll·ständig ((I))形 ❶ 全部そろっている, 完結した. ❷ 完全な, 全くの. ((II))副 全てで; すっかり. **4級**

Vollständigkeit [..カイト] 女 (-/) 完備; 完全.

vollstrecken [フォルシュトレッケン] 他 執行する.

①1格 ②2格 ③3格 ④4格

voll|tanken [フォルタンケン]《車⁴などを》満タンにする. ★修飾されるとziemlich voll tankenとなる.

Volltreffer [フォルトレファー] 男 《-s/-》標的の真中への直撃;《比》大当たり,大ヒット.

Voll·verb 中《-(e)s/-en》本動詞(↔ Hilfsverb).

Voll·versammlung 女《-/-en》大会,総会,全委員会.

voll·zählig 形 全数の,全部そろった,欠員のない.

voll·ziehen* 《(I)》他 ❶ 実行[実施]する,遂行する;執行する;成就[完成]する. ❷ 承認[是認]する,批准(ᵭⁿ)する. 《(II)》sich⁴ 起こる,生ずる;完成される,実現される.

Voll·zug 男《-(e)s/》執行,実施.

Volontär [ヴォロンテーァ,ヴォロンテーァ] 男《-s/-e》見習(生),実習生.
◇**~rin** 女《-/-nen》.

Volt [ヴォルト] 中《-, -(e)s/-》〔電〕ボルト((電圧の単位;略:V)).

Volumen [ヴォルーメン] 中《-s/-, ..mina》❶ 体積,容積,嵩(ポ). ❷ 巻,冊((略:vol.)).

vom [フォム] 前置詞 von と定冠詞 dem の融合形.

von [fɔn フォン] 前《3格支配》❶ 《空間的・時間的起点》...から. ◆ vorn [hinten, rechts, links, oben, unten] 前[後ろ,右,左,上,下]から. ~ hier ab [an] ここから. ~ jetzt [heute, morgen] an [ab] 今[きょう,あす]から. ~ Jugend ab [auf] 若いときから. ~ nun an [ab] これから先,今後;その時から,それ以来. ~ hier aus ここから(出て). ~ dort her あそこから(こちらへ). ~ der Zeit her その時から(今までずっと). rechts ~ der Tür ドアの右に[で]. Er kommt gerade von Arzt. 彼はちょうどお医者さんのところから帰ってくるところです.《終点と》~ oben bis unten 上から下まで(全部);すっかり. ~ morgens bis abends 朝から晩まで. ~ 8 bis 10 Uhr 8時から10時まで. Der Zug fährt von Berlin nach [bis] Wien. その列車はベルリンからウィーンへ[まで]行きます.《名詞を重複させて》~ Land zu Land 国から国へ. ~ Jahr zu Jahr 年々,年を経るごとに. ~ Tag zu Tag 日ごとに,日が経つにつれて;来る日も来る日も,毎日. ~ Stunde zu Stunde 刻々,時間が経つにつれて. *von sich³ aus* 自分から(進んで),自分のほうから(自発的に):von mir aus 私の方から;私から言えば,私としては. ❷ ...から, ...によって. **(a)**《出所・出典・起源・由来・作者》...から, ...の(出身の), ...作の;《貴族名の一部として;英語のof,フランス語の de;元来は出身を表す》フォン. ◆ Er ist ~ hier. 彼はここの出身です. Otto von Bismarck オットー・フォン・ビスマルク. **(b)**《受動態などにおける動作主》...から, ...に(よって). ◆ Er ist ~ seinem Lehrer gelobt worden. 彼は先生にほめられました. **(c)**《原因》...によって, ...で, ...のために, ...がもとで. ◆ ~ dem Lärm erwachen 騒ぎで目が覚める. **(d)**《手段》...によって, ...で. ◆ ~ seinem Einkommen leben 自分の収入で暮らす. ❸ ...の. **(a)**《数量》...の(量の). ◆ eine Reise ~ drei Tagen 三日間の旅行. **(b)**《性質:無冠詞の抽象名詞と》...の(性質を持つ). ◆ eine Frau ~ großer Schönheit 非常に美しい女性. Der Wein ist ~ bester Qualität. このワインは極上物です. **(c)**《部分》...の(うちの[で]). ◆ einige Freunde ~ meinen Freunden 私の友達の幾人か. jeder ~ uns 我々の内のだれもが. **(d)**《所属・所有;2格と同じ用法で,特に口語では固有名詞と複数名詞でよく用いられる》...の;《同格的》...という. ◆ ein Freund ~ mir 私の友達.《素材》から, ...(製)の. ein Kleid ~ Seide 絹のドレス. Die Kette ist ~ Silber. このネックレスは銀製です. **(f)**《動作名詞の意味上の目的語》...の. ◆ der Verkauf ~ Obst 果物の販売. ❹《特定の形容詞の属性の主体》:Das ist sehr nett [liebenswürdig] ~ Ihnen. それはど

voneinander [フォンアインアンダー] 副 互いに(相手から離れて), 相互から;お互いについて. 4級

vonnöten [フォンネーテン] 形 **~ sein** 必要である.

vonstatten|gehen* [フォンシュタッテン..] 自(S) ❶行われる, 催される. ❷進行[進捗(ちょく)]する, 栄える, 繁盛する.

vor [fo:r フォーァ] ((I))前《3格・4格支配》

> Das Mädchen stellte sich⁴ vor dem Spiegel. 少女は鏡の前へと立ちました。
>
> Das Mädchen stand vor dem Spiegel. 少女は鏡の前に立っていました。

A《3格と》❶《空間的・時間的》...の前に;《順序》...に先んじて, ...より先に;...に先んじて[勝って];《場所》...の手前で;《前面・向かい側の面》(↔ hinter)...の正面[前面]で[に];...(のいる)場で[に], ...の目の前で[に]. ◆~ mir 私の前に. heute ~ zwei Jahren 二年前の今日. ~ dem Essen 食事前に. ~ den Mahlzeiten 毎食前に. **~ ... her** ...の先頭[前]を(一定の間隔を保って). **~ allem** とりわけ, 特に((略:v. a.)). **~ allen Dingen** 何よりも, とりわけ, 特に. **~ Kurzem [kurzem]** その少し前に;つい先しがた;つい最近. **~ langem** そのずっと前に, ずいぶん前に, その昔. ❷《原因・障害；無冠詞の名詞と》...のあまり, ...のために[ゆえに], ...のせいで. ◆~ Freude 喜びのあまり. ~ Angst 怖くて. ~ lauter Lärm 大きな騒音のせいで. ❸《敬意・羞恥心・恐怖感などの対象》...に対して, ...を前にして. ◆Angst ~ 3 haben 人・事³に不安がある.

B《4格と》《空間的》...の前へ;《前面・向かい側の面》(↔ hinter)...の正面[前面]へ;...(のいる)場を, ...の目の前へ;...の先頭に(出て), ...の先[前]へ. ◆~ sein Publikum treten 聴衆の前へ出る. **vor sich⁴ hin** 独りひそかに, ぼんやりと(前方に);当てもなく;~ sich⁴ hin sprechen だれにともなく独り言を言う. ((II))副 ❶《時間的》《号令などで》前へ. ◆Zwei Schritte ~! 二歩前へ! einen Schritt ~ machen 一歩前へ出る. ❷《時間的》...時前. ◆Es ist fünf Minuten ~. 5分前です. **nach wie ~** 相変わらず, 依然として. 5級

Vor-abend 男(-(e)s/-e)《祭日・大事件などの》前夜, 前日;《重大事件などの起こる》少し前, 間際.

Vor-ahnung 女(-/-en)(悪い)予感, 胸さわぎ, 虫の知らせ.

voran [フォラン] 副 ❶先(頭)に立って, 真っ先に. ❷(口)向かって.

voran|gehen* 自(S) ❶先に[先頭に]立って行く. ❷はかどる, 進行[進歩]する. ❸《3》《物³に》先立つ, 先立って行われる.

voran|kommen* 自(S)先に立って来る, 目標に近づく;(比)進歩する.

voran|treiben* 他 促進する.

Vor-arbeiter [フォーァアルバイター] 男(-s/-) 職工長, 人夫頭.

Vorarlberg [フォーァアルベァク] 中 (-s/) フォーアアルルベルク州((オーストリア最西端の州)).

voraus [foráos フォラオス] 副 先に(出て), 先立って;前触れとして. ◆3 ~ sein 人³より抜きんでている, 人³に勝っている. **im [zum] Voraus** 前もって, あらかじめ, かねてより. 4級

voraus|gehen* 自(S) 先に(立って)行く, 先発する.

voraus-gesetzt 形 **~, dass ... ...** という前提[条件]で.

Voraussage [フォラオスザーゲ] 女 (-/-n) 予言, 予告;予報.

voraus|sagen 他 予言[予告, 予報]する.

voraus|sehen* 他 先見[予知]する, 予見する.

voraus|setzen 他 前提とする, 自

Voraus・setzung [フォラオスゼッツング] 囡 (-/-en) 前提(条件), 仮定; 仮説.

Voraus・sicht 囡 (-/) 先見(の明), 洞察; 先の見通し; 見込み, 希望, 期待. *aller ~ nach* = *nach menschlicher ~* 十中八九は, まず確実に. *in weiser ~* (戯) そうなるという見通しで, 先見の明でもって.

voraussichtlich [..リヒ] ((I)) 形 《述語なし》予想される, 予測[期待]しうる, 見込みのある; ありそうな. ((II)) 副 多分, おそらく.

Vor・bau 男 (-(e)s/-ten) ❶ [建] 突出部; 車寄せ; 玄関; (屋根のある)柱廊玄関; 張り出し窓, 出窓. ❷ (単)(俗) 豊満な胸.

Vor・bedacht 男 *mit [aus, in]* ~ あらかじめ考慮して, 計画的に, 故意に. *ohne* ~ よく考えずに.

Vor・behalt 男 (-(e)s/-e) ⟨*gegen* 4⟩ ⟨人・事4に対する⟩留保; 制限; 例外.

vor|behalten* 他 *sich*³ ⟨権利・決定・可能性4などを⟩留保する. ③ *vorbehalten sein* [*bleiben*] ⟨権利などが⟩人³に確保されている.

vorbehaltlos [..ロース] 形 《述語なし》留保なしの, 無条件な.

vorbei [fo(:)rbái フォ(一)ーバイ] 副 ❶ 《空間的》そばを通って, 通り過ぎて. ❷ 《時間的》過ぎ(去って). 5級

vorbei|fahren 自 (S) ⟨*an* ③⟩ ❶ ⟨人・物3のそばを⟩⟨乗り物が[乗り物で]⟩通り過ぎる. ❷ (乗り物で)立ち寄る.

vorbei|gehen* 自 (S) ❶ (a)⟨⟨*an* ③⟩⟩⟨⟨人・物3のそばを⟩⟩通りかかる. (b)⟨*an* ③⟩気にとめずに⟨物3の⟩そばを通り過ぎる. ❷ ⟨*bei* ③⟩(口)⟨人³の所に⟩立ち寄る. ❸ 過ぎ去る. ❹ 的を外す.

vorbei|kommen* 自 (S) ❶ ⟨⟨*an* ③⟩⟩⟨⟨物3の⟩⟩そばを通り過ぎる, 通りかかる. ❷ ⟨*an* ③⟩⟨⟨物3の⟩⟩そばを通ることができる, 通行可能である. ❸ ⟨*bei* ③⟩(口)⟨⟨人³の所に⟩⟩立ち寄る.

vorbei|reden 自 ⟨*an* ③⟩⟨肝心な点³などに⟩言及しない, 触れない. *an-einander* ~ 互いに話がかみ合わない.

vorbei|schießen* 自 ❶ (S) ⟨*an* ③⟩(口)⟨物3の⟩かたわらを矢のように通り過ぎる. ❷ (h) 射撃で的を外す.

vor・belastet [..ベラステット] 形 《副なし》(前科・遺伝・素質などの)重荷[ハンディキャップ]を背負った.

vor|bereiten [フォーアベライテン] (du *bereitest* ... vor, er *bereitet* ... vor; 過 *bereitete* ... vor; 過分 *vorbereitet*) ((I)) 他 ❶ ⟨物4の⟩準備[用意]をする. ❷ ⟨*auf* ④⟩⟨人・物4に事4の⟩準備をさせる, ⟨人4に事4の⟩心構えをさせる. ((II)) 再 *sich*⁴ ❶ 兆しがある. ❷ ⟨*auf* ④⟩⟨物4の⟩用意[準備]をする, 覚悟する.

Vor・bereitung [..ベライトゥング] 囡 (-/-en) 準備, 用意, 支度.

vor|bestellen 他 予約(注文)する.

Vor・bestellung 囡 (-/-en) 予約(注文).

vorbestraft [フォーアベシュトラーフト] 形 《副なし》前科のある.

vor|beugen ((I)) 他 ⟨体の一部4を⟩前方に曲げる, かがめる. ((II)) 自 ⟨物³を⟩予防する, 避ける. ((III)) 再 *sich*⁴ 前かがみになる, かがむ.

Vor・beugung 囡 (-/) [医] 予防.

Vor・bild 囡 (-(e)s/-er) 模範, 手本, 典型; 範例. *sich*³ ④ *zum* ~ *nehmen* 人⁴を手本とする.

vorbildlich [..リヒ] 形 模範的な; 典型的な; 理想的な.

vor|bringen* 他 ❶ ⟨希望・苦情4などを⟩持ち出す, 述べる, 申し立てる. ❷ ⟨音声・言葉4などを⟩発する. ❸ (口)前へ持って行く.

vor・christlich 形 《付加》(↔ *nachchristlich*) 西暦紀元前の.

vor|datieren 他 ⟨文書4などに⟩(実際の日付より前の日付を記入する.

vorder [フォルダー] (比較級なし; 最上 ~st) 形 《付加》❶ (↔ *hinter*) 前に在る, 前(方)の. ❷ = *früher*.

Vorder・grund 男 (-(e)s/) (絵画の)前景; (舞台の)前面. *im* ~ *stehen*

Vorder·mann 男(-(e)s/..männer, ..leute) ❶[商]前裏書き人. ❷前に並んで[座っている]人;[軍]前列兵.

Vorder·seite 女(-/-n) 前面, 正面.

vor|drängen 再sich⁴ 人を押しのけて[突き]進む;(比)でしゃばる.

vor|dringen* 自⑤ ❶〈+方向〉(障害を乗り越えて)前方へ押し[突き]進む, 〈...に〉進出する. ❷〈宗教·方法〉などが広まる.

vor·dringlich 形(書)特に切迫した[緊急の], 最優先の, 焦眉(レボ)の.

Vor·druck 男(-(e)s/-e)(印刷してある)書式用紙.

vor·eilig 形 早まった, 性急な, 軽率な.

vor·einander 副 互いの前に, 互いに(対して).

voreingenommen [フォーァアインゲノメン] 形(書)先入観にとらわれた, 偏見を持った.

Voreingenommenheit [..ハイト] 女(-/) 先入観, 偏見.

vor|enthalten* 他〈③ ④〉〈人³に物⁴を〉不法に渡さない[与えない](でおく);教えない, 知らせない.

vorerst [フォーァエーァスト] 副 最初に, まず第一に;差し当たり, 当分の間.

Vorfahr [フォーァファール] 男(-en/-en), **Vorfahre** [..ファーレ] 男(-n/-n) (弱) (↔ Nachkomme)(直系の)先祖((父母·祖父母など)). ◇**Vorfahrin** 女(-/-nen).

vor|fahren* 自⑤ ❶(乗り物で[乗り物が])**(a)**〈**(bis zu** ③)〉〈ある³まで〉前へ進む. **(b)**先に行く. **(c)**玄関先に乗りつける. ❷(通例不定詞で)(交差点などで)〈車両¹が〉優先的に通行する.

Vor·fahrt 女(-/) ❶(交通)❶(交差点などでの)車両の優先通行. ❷優先通行権.

Vor·fall 男(-(e)s/..fälle) ❶(不意突然の)出来事, (突発的)事件. ❷[医]〈子宮·直腸の〉脱出(症).

vor|fallen* 自⑤ ❶〈悪い出来事などが〉(不意に)起こる. ❷(口)前へ落ちる. ❸[医]〈子宮·直腸¹が〉脱(出)する.

vor|finden* **(I)**他〈前に, 手もとに〉見出す, 見つける;〈人⁴に〉出会う. **(II)**再 sich⁴ 見いだされる, 存在する, いる.

Vor·freude 女(-/-n) (楽しみにしている事を)待つ喜び.

vor|führen 他 ❶上演[上映]する. ❷〈③ ④〉〈人³に物⁴を〉実演する, 実地に見せる[説明する]. ❸〈④ 〈③〉〉〈人⁴を(人³の)〉前へ連れて行く. ❹〈人⁴を〉(口)前の方へ連れて行く.

Vor·führung 女(-/-en) ❶〈単〉前へ連れて行くこと. ❷実演, 展示, 披露;実演, 上演;[法]拘引.

Vor·gang 男(-(e)s/..gänge) ❶出来事, 事件;(出来事の)経過, 成り行き. ❷(書)(恒久的な形に留められた)関係書類.

Vorgänger [フォーァゲンガー] 男(-s/-) 前任者. ◇**~in** 女(-/-nen).

Vorgangs·passiv 中(-(e)s/) 動作受動.

Vor·garten 男(-s/..gärten) 前庭.

vor|geben* 他 ❶〈物⁴を〉(口)前へ渡す, 差し出す. ❷〈③ ④〉〈人³に有利な条件[ハンディキャップ]⁴を〉前もって与える[定める]. ❸〈またはzu不定詞と〉申し立てる, 称する, 詐称する.

Vor·gebirge 中(-s/-) ❶(山脈の手前の)前山(綗). ❷岬(綗).

vorgefasst [フォーァゲファスト] 形《付加》(考え·計画などについて)あらかじめ抱かれた.

vorgefaßt 旧=vorgefasst.

vor|gehen* 自⑤ ❶前へ(進み)出る, 前進する. ❷(口)先に行く. ❸(時計が)進む. ❹起こる, 生ずる. ❺〈+様態〉〈...に〉対(処)する, 処理する, 〈...の〉措置をとる. ❻優先する.

vorgekommen vorkommenの過去分詞.

vorgeschlagen vorschlagenの過去分詞.

Vor·geschmack 男(-(e)s/) 事前に味わい楽しむこと;予兆.

Vorgesetzte(r) [フォーァゲゼッツテ

[ターｌ] 男 女《形容詞変化》上司, 上役, 上官.

vorgestern [fóːrɡɛstərn フォーァゲスタァン] 副 **一昨日**. 4級

vorgezogen vorziehen の過去分詞.

vor|greifen* 自 ❶〈③〉〈物³を〉先取りする. ❷〈③〉〈人・物³の〉行動[決定]を先取りする. ❸前へ伸ばす.

vor|haben* [fóːrhaːbən フォーァハーベン] 他 **予定する**, 意図する, もくろむ, 計画する.

Vor·haben 中 (-s/-) 予定, 意図, 企て, もくろみ, 計画. 4級

Vor·halle 女 (-/-n)【建】❶ (古代ギリシア神殿などの)柱廊玄関. ❷ (劇場の入口などの)玄関ホール. ❸ポーチ.

vor|halten* ((I)) 他 ❶〈③〉④〈物⁴を〈人³の)〉**(a)**前に差し出して持つ. **(b)**前に当てる. ❷〈③〉④〈人³の事⁴を指摘して〉非難する. ((II)) 自 ❶ (一口) (一定期間)持ちこたえる; 続く. ❷【軍】(移動目標の速度を計算して)目標より前をねらう.

Vor·haltung 女 (-/-en)《主に複》とがめ.

vor·handen [..ハンデン] 形《副なし》手もとにある, 持ち合わせの; 現存の.

Vorhang [フォーァハング] 男 (-(e)s/Vorhänge](比較的厚地の) カーテン; 【劇】幕, 緞帳(どんちょう). *Der ~ fällt.* 舞台が終わる. *Der ~ geht auf.* 幕が上がる, 舞台台が始まる. *der Eiserne ~* 【史】鉄のカーテン ((旧ソ連・東欧圏と西側との境界)).

Vorhänge·schloss [フォーァヘンゲ..] 中南京(なんきん)錠, えび錠.

Vorhänge·schloß 中 = Vorhängeschloss.

Vor·haut 女 (-/..häute)【解】(陰茎の)包皮.

vorher [fóːrhɛːr, -ˈ- フォーァヘーァ, フォーァヘーァ] 副 **その先に**, それ以前に; 前もって, あらかじめ, 事前に. ♦ einige Tage [Jahre] ~ その数日[数年]前に. am Abend ~ その前の晩に. 4級

vorher|gehen* [フォーァヘーァ..] 自

⑤〈物³に〉先行する.

Vor·herrschaft 女 (-/-) 優勢, 優越, 主導権.

vor|herrschen 自 優勢[有力]である, 広く行われている, 支配的である, 重きをなす.

Vorhersage [フォーァヘーァザーゲ] 女 (-/-n) 予測して言うこと, 予言; 予報.

vorher|sagen [フォーァヘーァ..] 他 予測して言う, 予言する; 予報する.

vorher|sehen* [フォーァヘーァ..] 他 先見[予見]する, 予知する.

vorhin [フォーァヒン, フォーァヒン] 副 ❶ **少し前に**, たった今, ついさっき. ❷ 以前に, 昔の話だが.

vor·hinein [フォーァヒナイン] 副 *im Vorhinein* 前もって, あらかじめ.

vorig [fóːriç フォーリヒ] 形 ❶《付加》**以前の**; すぐ前の, 昨(口;さく) **(a)** かつての, 残りの. **(b)**《述語》余計な, 過剰な.

Vor·jahr 中 (-(e)s/-e) 前年, 昨年.

vor·jährig 形《付加》前年の, 昨年の.

Vor·kämpfer 男 (-s/-) 先駆者, パイオニア.

Vor·kehrung [..ケールング] 女 (-/-en) 事前の措置, 予防措置.

Vor·kenntnis 女 (-/-se)《主に複》予備知識; 素養.

vor|kommen* [フォーァコメン] 自 ⑤ ❶〈嫌な事¹などが〉**起こる**, 現れる, 生じる. ❷ (口;²) 〈人³に[自分³が]...と〉思われる, 見える. ❸ (口) 前へ出てくる, 現れ出る. ❹ 存在する, 見られる. *Wie kommst du mir eigentlich vor?*《口》何様だと思っているんだ.

Vorkommnis [フォーァコムニス] 中 (-ses/-se) 出来事, 事件.

vor|laden* 他【法】呼び出す, 召喚する.

Vor·ladung 女 (-/-en)【法】召喚; 召喚状.

Vor·lage 女 (-/-n) ❶《単》(証明書などの)提示. ❷法案. ❸ (書画の)手本; 見本, 模範. ❹【サッカー】(ゴールに結び付く)有効なパス. ❺【スキー】

Vorlage

① 1格 ② 2格 ③ 3格 ④ 4格

前傾姿勢. ❻立て替え金.

Vor·lauf 男 (-(e)s/..läufe) ❶ [スポーツ] (特に陸上競技・自動車競技の) 1次予選. ❷ (テープ・フィルムなどの) 前送り. ❸ (蒸留の際の) 前留出物.

Vor·laüfer 男 (-s/-) ❶ 先駆者; [医] 前駆症; 先駆け, 前身. ❷ 前触れ, 前兆.

vorläufig [fóːrlɔyfɪç フォーァロイフィヒ] 形 ❶ 差し当たりの, 暫定的な, 仮の, 一時[臨時]の. ❷《副のみ》仮に, 暫時, 差し当たり, 一時. 4級

vor·laut 形 (最上 ~est) でしゃばりの, 生意気な.

vor|legen ((I)) 他 ❶ 前へ置く; 提出する. ❷〈③ ④〉人³に食物⁴を (皿に) 取り分ける. ❸〈③ ④〉(a)〈人³の前に〉物⁴を差し出す, 提示する, 並べて置く. (b)公刊する, 公表する. ❹ [錠など] パスを出す. ❺〈金⁴を〉立て替える. ❻ (口)(酒を飲む前に)〈食べ物⁴を〉食べておく. ((II)) 再 sich⁴ 前屈みになる, 身を乗り出す.

vor|lesen* 他《③ ④》〈(人³に)物⁴を〉読んで聞かせる; 朗読する.

Vor·lesung 女 (-/-en) ❶ [単] 朗読. ❷ (大学での) 講義.

vor·letzt 形《付加》❶ 最後から2番目の. ❷ この前の, 前の前の. ❸ 最後のものを除いて二つ残った.

Vor·liebe 女 (-/-n) 偏愛, ひいき, 特に愛好[寵愛(ちょうあい)]すること.

vorlieb|nehmen* [フォーァリープネーメン, (旧) フォーァリープ..] 自 《mit ③》〈物³で〉満足する, 我慢する,〈物³に〉甘んずる.

vor|liegen* 自 (h, (南ドイツ・オーストリア・スイス) s) ❶〈②〉存在する, ある. ❷〈③〉〈人³の目の前・手もとなどに〉ある. ❸ (口)〈チェーン・門¹などが〉掛かっている. ❹ (①) 出版されている.

vor|lügen* 他《③ ④》(口) うそをつく.

vorm [フォーァム] (口) vor と dem の融合形.

vorm. 《略》vormals; vormittags.

vor|machen 他《③ ④》❶〈人³に事⁴を〉やって見せる, 範を示す. ❷〈人³に事⁴が〉本当であるかのように見せかける.

vormalig [フォーァマーリヒ] 形《付加》以前の.

vormals [フォーァマールス] 副 以前に.

Vor·marsch 男 (-(e)s/..märsche) [軍] 進軍.

vor|merken 他 ❶〈予約注文⁴などを〉(受け付けて) 書き留めておく. ❷ [法] 仮登記する.

Vormittag [フォーァミッターク] 男 (-(e)s/-e) 午前, 朝. ◆am ~ 午前(中)に. 5級

vor·mittags [(毎日) 午前に. 4級

Vor·mund 男 (-(e)s/-e, ..münder) [法] 後見人.

vorn¹ [forn フォルン] 副 (↔ hinten) 前に, 前方に, 前面[前部]に; 先(頭)に; 初めに. nach ~ 前へ. von ~ 前から, 初めから, 新たに, もう一度: von ~ anfangen 最初からやる, 初めからやり直す. von ~ bis hinten (口) 前から後まで全部, すっかり, 徹底徹尾. 5級

vorn² [フォルン] (口) vor と den の融合形.

Vor·name [フォーァナーメ] 男 (-ns/-n) (↔ Familienname) (姓の前の) 名; 呼び名, 通称, 洗礼名. 4級

vorne [フォルネ] 副 (口) = vorn¹.

vornehm [フォーァネーム] 形 ❶ 上品な, 気品のある. ❷ 身分の高い, 高貴な, 上流階級の; 高級の. ❸ 高潔な, 気高い. ❹《付加; 通例最上級で》(やや古: 稀) 非常に重要な, 大切な.

vor|nehmen* ((I)) 他《書》行う, 執行する. ◆eine Änderung ~ 変更を加える. ((II)) 再 sich³ ❶ (a)〈物⁴を〉くろむ, 企てる. (b)《zu 不定詞と》...しようと決心する. ❷〈人⁴を〉(口) 呼び付けてしかる. ❸〈④〉〈物⁴に〉取りかかる.

vorn·herein [フォルンヘライン, フォルンヘライン] 副 von ~ 最初から; 初めから.

vorn·über [フォルンユーバー] 副 前方へ, 前へ覆いかぶさって, 前のめりに.

Vor·ort [フォーァオァト] 男 (-(e)s/-e) ❶ 町はずれ, 近郊の町, 郊外. ❷ [史] (都市同盟の) 盟主都市 ((ハンザ同盟

Vor·rang 男(-(e)s/) ❶ 上位, 優位, 上席;優先(権). ❷(👤)= Vorfahrt.
Vor·rat [..ラート]男(-(e)s/..räte) 蓄え, ストック, 在庫. ◆einen ~ an [von] Lebensmitteln haben 食料の蓄えがある.
vor·rätig [..レーティヒ]形 蓄えた, 貯蔵の;持ち合わせの.
Vorrats·raum [フォーァラーツ..] 男(-(e)s/..räume) (食糧)貯蔵室.
vor|rechnen 他 ⟨3 4⟩⟨人³の前で事⁴を⟩計算して[数え上げて]みせる.
Vor·recht 中(-(e)s/-e) 優先権;特権, 特典.
Vor·redner 男(-s/-) ❶ 前口上を述べる人. ❷ 先立って演説[スピーチ]をした[する]人.
Vor·richtung 女(-/-en) 装置, 仕掛け, 設備.
vor|rücken ((Ⅰ))他⟨物⁴を⟩(押して)前へ動かす[ずらす]. ((Ⅱ))自⑤ ❶ 前へ出る[進む];⟨時計の針³が⟩進む;(軍)進軍する. ❷⟨時⟩がたつ.
vors [フォーァス] (口) vor と das の融合形.
Vors. (略) Vorsitzende(r).
vor|sagen ((Ⅰ))他 ⟨3 4⟩⟨人³に事⁴を後について言わせるために⟩言ってみせる. ❷⟨生徒等⟩⟨3 (4)⟩ささやいてこっそり教える. ((Ⅱ))再 sich³ ❶ 暗記するために口に出して言う. ❷ 自分に言い聞かせる.
Vor·saison 女 季節[シーズン]初め.
Vor·satz 男(-es/..sätze) ❶ 決意, 抱負. ❷⟨法⟩故意. ❸(製本)見返し.
vorsätzlich [フォーァゼッツリヒ]形 故意の.
Vor·schau 女(-/-en) ❶(映画・テレビなどの)予告編. ❷⟨主に単⟩予見.
Vor·schein 男[s] *zum ~ bringen* 物⁴を出現させる. *zum ~ kommen* 出現する, 現れる.
vor|schieben* ((Ⅰ))他 ❶⟨物⁴を⟩(a)前へ押しやる, 前方へ押し出す. (b) 口実にする. ❷⟨人⁴を⟩前面に押し立てる. ((Ⅱ))再 sich⁴ 前へ(押し分けて)進む.

vor|schießen* ((Ⅰ))自⑤ (口) 勢いよく飛び[走り]出る. ((Ⅱ))他⟨3 4⟩⟨人³に金銭⁴を⟩前払い[前渡し]する.
Vor·schlag [フォーァシュラーク] 男(-(e)s/..**schläge**) 提案, 提議. ◆einen ~ machen 提案する.
vor|schlagen* [フォーァシュラーゲン] ❶⟨3 4⟩⟨人³に事⁴を⟩提案する, 提議する. ❷⟨人⁴を⟩推薦する.
vor|schreiben* 他 ❶⟨3 4⟩⟨人³に物⁴を⟩手本として書いてみせる. ❷⟨3 4⟩⟨人³に事⁴を⟩指図する, 命ずる. ❸⟨規則・方針⟩などを⟩定める, 規定する.
Vorschrift [フォーァシュリフト] 女(-/-en) 規則;規定;指図, 指令, 命令, 訓令;(医)処方(書).
vorschrifts·mäßig [..シュリフツ..] 形 規定[規則]どおりの, 正規の.
Vor·schub [..シューブ] 男(-(e)s/..schübe) (工)(送り). ❸ *~ leisten* 人³に助勢する;事³を助長する.
Vor·schuss 男(-es/..schüsse) 前払い, 前貸し, 前金;立て替え金;貸付(金).
Vorschuß 男= Vorschuss.
vor|schwärmen ((Ⅰ))自⟨3 *von* 3⟩⟨人³に事³[人³のこと]を⟩夢中になって話す. ((Ⅱ))他⟨3 4⟩⟨*dass*副文などをとって⟩⟨人³に ...と⟩夢中になって話す.
vor|schweben 自⟨3⟩⟨人³の⟩念頭に浮かぶ.
vor|sehen* ((Ⅰ))他(書)⟨物⁴を⟩あらかじめ考慮に入れる, 予定する. ((Ⅱ))再 sich⁴ ❶ 用心する. ❷⟨*mit* 3⟩⟨物³を⟩備えておく, 用意する.
vor|setzen 他 ❶ 前に置く[付ける]. ❷⟨人⁴を⟩前の方に座らせる, ⟨物⁴を⟩さらに前へ置く. ❸⟨3 4⟩⟨人³に飲食物⁴などを⟩出す;(口;軽蔑)⟨人³に安っぽい出し物⁴などを⟩提供する. ❹⟨3 4⟩⟨人⁴を人³の⟩上位に置く.
Vorsicht [fóːɐ̯zɪçt フォーァズィヒト] 女(-/-) 用心, 注意, 慎重. ◆*aus* ~ 用心のために. *mit* ~ 慎重に. **4版**
vorsichtig [フォーァズィヒティヒ] 形

1 1格 2 2格 3 3格 4 4格

vorsichtshalber [フォーアズィヒツハルバー] 副 用心のため, 念のため.

Vor·silbe 女 (-/-n) [言] 前綴, 接頭辞 (例 ge-, ver-)). (↔ Nachsilbe)

vor|singen* ((I)) 他 ③ ④ 〈人³に事⁴を〉歌って聞かせる, 〈物⁴の〉歌い方を教える. ((II)) 自 ❶ 初めに歌う, 首唱する, 音頭をとる.

Vor·sitz 男 (-es/-e) 座長[議長]の職[地位].

Vorsitzende(r) [フォーアズィッツェンデ[ダー]] 男女 《形容詞変化》議長, 座長.

Vor·sorge 女 (-/) あらかじめの配慮, 備え; 用心.

vor|sorgen 自 〈für ④〉〈事⁴に対して〉あらかじめ配慮する, 〈将来の事⁴に〉備える.

Vorsorge|untersuchung 女 (-/-en) 《主に複》予防検診.

vorsorglich [フォーアゾルクリヒ] 形 《述語なし》あらかじめ配慮する, 用意周到な, 用心のための.

Vorspann [フォーアシュパン] 男 (-(e)s/-e) ❶ [映画・テレビ] 冒頭のクレジットタイトル. ❷ (新聞・雑誌記事の)前書き, リード. ❸ (牽引のための)車, 船, 家畜.

Vor·speise 女 (-/-n) [料理] 前菜, オードブル.

Vor·spiel 中 (-(e)s/-e) ❶ [音楽] プレリュード, 前奏曲, 序曲; [劇] 序幕, プロローグ. (比)序の口. ❷ (性交の)前戯. ❸ [スポーツ] 前座試合.

vor|spielen ((I)) 他 (a) 演奏する, 演じる. (b) 演技によって見せかける. ((II)) 自 (オーディションなどで) 演奏する, 演じる.

vor|sprechen* ((I)) 他 ❶ ③ ④ 〈人³に物⁴を〉発音してみせる. ❷ ③ ④ 〈人³に物⁴を〉朗読[朗誦]する ((オーディションなどで)). ((II)) 自 ❶ 朗読[朗誦]して聞かせる ((オーディションなどで)). ❷ 〈+場所〉(請願・相談などに)訪れる.

Vor·sprung 男 (-(e)s/..sprünge) ❶ 飛び[進み]出た距離; (競走での)リード; (比)優位, 優越. ❷ 突出部; [建] 張り出し, (軒) 蛇腹(ヒョウ).

Vor·stadt 女 (-/..städte) 郊外; (昔の)町の外縁地域.

Vor·stand 男 (-(e)s/..stände) ❶ (団体の)幹部, 首脳部, 幹事 [重役, 理事] 会, 取締役会. ❷ 幹部 [重役会, 取締役会, 理事会] のメンバー. ❸ (所属)長, 統轄者, 責任者.

vor|stehen* [フォーアシュテーエン] 自 ❶ 〈(比)〉突き出ている. ❷ 〈(書)〉〈③〉〈人・物³の〉長である, 〈人・物³を〉支配する, 管理する, 主宰する. ❸ [狩] (猟犬が)ポイントの姿勢をとる ((野獣の前に立ち止まってその存在を知らせる)).

vorstellbar 形 《副なし》想像しうる, 考えられる.

vor|stellen [fóːrʃtɛlən フォーアシュテレン]

現在	ich stelle ... vor	wir stellen ... vor
	du stellst ... vor	ihr stellt ... vor
	er stellt ... vor	sie stellen ... vor

過去	ich stellte .. vor	wir stellten ... vor
	du stelltest ... vor	ihr stelltet ... vor
	er stellte ... vor	sie stellten ... vor

過分 **vorgestellt** 接II **stellte ... vor**

((I)) 他 ❶ 〈スクリーン⁴などを〉前に立てる[置く]. ❷ (a) 前へ動かす[ずらす]. (b) 〈時計⁴の針を〉進める. ❸ 〈③ ④〉〈人³に人⁴を〉紹介する, 引き合わせる. ❹ 〈④ ③〉〈人⁴を(医者³に)〉診察してもらう. ❺ 意味する. ❻ (a) (絵画などの中で)表現する. (b) 〈役⁴などを〉演じる; 〈芝居⁴を〉上演する. ((II)) 再 ❶ sich⁴ 〈人³に〉自己紹介をする, 名乗る. ❷ sich³ 思い浮かべる, 想像する. ❸ sich⁴ 診察してもらう. **4級**

vorstellig [フォーアシュテリヒ] 形 **bei** ③ **~ werden** (抗議・陳情などのために)人・物³のところに赴く.

Vorstellung [フォーアシュテルング] 女 (-/-en) ❶ (a) 紹介, 引き合わせ. (b) 面接. (c) (新製品などの)発表, 公開.

❷上演, 上映, 興行. ❸イメージ, 心像, 想像, 観念, 表象. ❹《主に複》《書》小言, 非難, 異議, 抗議. 4級

Vor·stoß 男〈-es/..stöße〉❶突進, 進撃, 突撃, 進出. ❷《衣服の》ささべり, へり飾り, ひもべり飾り. ❸《フェンシング》突き.

vor|stoßen* ((I)) 他 前へ押し[突き]出す, 押し進める. ((II)) 自⑤ 突進[進撃]する, 進出する.

Vor·strafe 女〈-/-n〉《法》前科.

vor·strecken 他 ❶〈腕・脚⁴などを〉前に伸ばす. ❷〈③ ④〉〈人³に金⁴を〉貸してやる.

Vortag [フォーァターク] 男〈-(e)s/-e〉前日.

vor|täuschen 他〈(③) ④〉〈人³に対して〉事⁴を〉装う,〈(人³に)物⁴の〉ふりをする.

Vorteil [fórtail フォータイル, (ﾃﾞｨｱ) フォーァタイル] 男〈-(e)s/-e〉❶利益, もうけ; 長所, 優越, 卓越. ❷《テニス》アドバンテージ.

vorteilhaft [..ハフト] 形 ❶有利な, 利益のある 《〈取り引きなど〉). ❷効果を発揮させる.

Vortrag [fó:rtra:k フォートラーク] 男〈-(e)s/Vorträge〉❶講演. ❷(a)《詩などの》朗読; (ﾃﾞｨｱ)演読; 《音楽》演奏. (b)《単》朗読法, (ﾃﾞｨｱ)演奏の仕方; 演奏法. ❸具申, 上申. ❹《商》繰り越し.

vor|tragen* 他 ❶〈物⁴を〉前へ運ぶ[持って行く]. ❷〈旗⁴などを〉先頭に掲げて進む. ❸〈詩⁴などを〉朗読する; (ﾃﾞｨｱ)演技する; 〔音楽〕演奏する. ❹《書》〈③ ④〉〈人³に物⁴を〉具申する, 上申する.

Vortrefflichkeit [..カイト] 女〈-/〉卓越していること.

Vor·tritt 男〈-(e)s/〉 den ~ lassen 人³を先に行かせる.

vorüber [フォリューバー] 副《書》❶《空間的; しばしば3格支配の前置詞 an を伴って》通り過ぎて. ❷《時間的》過ぎ去って, 経過して; 済んで, 終わって.

vorüber|gehen* 自⑤ ❶(a)〈an ③〉〈物³のそばを〉通り過ぎる. (b)〈an ③〉《比》見過ごす. ❷過ぎ去る.

vorübergehend [..ト] 形 一時的な, 暫時の; 当座の, 仮の.

Vor·urteil [フォーァウルタイル] 中〈-s/-e〉先入観, 偏見.

Vor·vergangenheit 女〈-/〉《言》過去完了.

Vor·verkauf 女〈-(e)s/〉《劇場などの》切符の前売り.

vor|verlegen 他 ❶〈期限⁴などを〉繰り上げする, 早める. ❷前の方へ移す; 〔軍〕〈着弾距離を〉縮める.

Vorwahl [フォーァヴァール] 女〈-/-en〉❶予備選挙. ❷《電話》市外局番.

Vorwahl·nummer 女 (ﾃﾞｨｱ) = Vor-wählnummer.

Vorwähl·nummer [フォーァヴェール..] 女〈-/-n〉《電話の》市外局番.

Vor·wand 女〈-(e)s/..wände〉言いわけ.

vor|warnen 他〈人⁴に〉あらかじめ警告する.

Vor·warnung 女〈-/-en〉❶あらかじめの警告. ❷《第2次大戦中の》警戒警報.

vorwärts [フォーァヴェツ] 副 (↔ rückwärts) ❶(a)前の方へ, 前へ. (b)前向きで. ❷(a)順方向に. (b)未来に[発展の方向に]向かって.

vorwärts|kommen* 自⑤ ❶成果をあげる, 成功を収める; 出世する. ❷〈(mit ③)〉はかどる.

vorweg [フォーァヴェック] 副 ❶《時間的》(a)その前に, それ以前に. (b)〈口〉始めから. ❷《空間的》先に立って, 先頭に. ❸なかんずく, 殊に.

vorweg|nehmen* 他 ❶〈物⁴を〉先取りする, 前もってやり終える[行なう, 言う]. ❷〈③ ④〉〈人³の物⁴を〉先取りする.

vor|weisen* 他 ❶《書》〈旅券・証明書⁴などを〉提示する. ❷〈知識・能力⁴などを〉示す, 見せる.

vor|werfen* 他 ❶〈③ ④〉〈人³の事⁴を〉非難する, 責める. ❷〈動物³の前に投げる〉〈足⁴などを〉前に投げ出す.

vorwiegend [フォーァヴィーゲント]

vorwitzig

囲(書)主として, 主に, おおむね, だいたい.

vor·witzig 形 ❶(書)(主に子供が)むやみに好奇心の強い, 出しゃばりの. ❷(子供などについて)小生意気な, おしゃまな.

Vor·wort 中(-(e)s/-e, ..wörter) ❶(複 -e)(本などの)序文, 緒言. ❷(複 ..wörter)[言](ﾋﾞﾌﾞ)前置詞.

Vor·wurf 男(-(e)s/..würfe) ❶非難, 文句. ❷(まれ)(作品などの)題材, テーマ.

vorwurfs·voll 形非難をこめた, とがめるような.

Vor·zeichen 中(-s/-) ❶前兆, 兆し, 徴候. ❷[数](プラスとマイナスの)符号((例: +, -)). ❸[音楽]調(子記)号, 変化記号.

vor|zeigen 他(切符・証明書などを)出して見せる; 提示する.

Vor·zeit 囡(-/-en) ❶《一般に》大昔, 太古. ❷(単)先史時代.

vor·zeitig 形予定(時期)より早い.

vor|ziehen* [フォーァツィーエン] 他(④ ③)❶〈物³より物⁴を〉好む, ひいきする. ❷〈物⁴を〉前の方へ引く. ❸〈物⁴を〉(口)引っぱり出す. ❹〈物⁴を〉(覆い隠すためにカーテンなどを)前に引く. ❺(時間的に)予定より早く扱う[取り組む, 始める]. ❻[園](移植前に)育苗(びょう)する.

Vor·zimmer 中(-s/-) ❶(上司の部屋に通じる)次の間, 控えの間; 秘書室(の部屋); 秘書室 ❷(ｽｲｽ)玄関の間.

Vor·zug 男(-(e)s/..züge) ❶長所, 美点, 利点. ❷(単)優先, 優位. ❸特典, 恩典. ❹(ﾏﾚ)優等賞. ❺[鉄道](定刻列車の前の臨時の)先発列車.

vor·züglich [フォーァツューグリヒ, (ﾏﾚ)フォーアツューグリヒ] ((I))形(書)優秀な, ひいでた, 卓越した. ((II))副(やや古)主として, おもに, 特に.

vs. 《略》versus 対.

v.u. 《略》von unten 下から.

vulgär [ヴルゲーァ] 形(書)❶卑俗な, 下品な. ❷通俗的な.

Vulkan [ヴルカーン] 男(-s/-e) 火山.

vulkanisch [ヴルカーニッシュ] 形[地]火山の; 火山作用による.

vulkanisieren [ヴルカニズィーレン] 他[工](生ゴムなどを)加硫処理する.

VW [ファオヴェー] 男(-(s)/-(s)) [商標]《略》Volkswagen フォルクスワーゲン((自動車)).

W

w, W [ヴェー] 中(-/-, (口)-s) アルファベットの第23字.

W ((I))《記号》Watt ワット((電力の実用[SI]単位, 仕事率のSI単位)). ((II))《略》West(en) 西, 西風.

Waage [ヴァーゲ] 囡(-/-n) ❶(a)秤(はかり), 天秤(びん); 天秤皿. (b)均衡, 釣り合い. ❷レベル, 水準器. ❸[体操]水平(保持). ❹(a)《単》[天]天秤座, (b)[占星]《単》天秤宮. (c)天秤座生まれの人.

waagerecht [ヴァーゲレヒト] 形(↔senkrecht)水平の.

Waagerechte [ヴァーゲレヒテ] 囡(-n/-n)《形容詞変化》水平線.

waag·recht [ヴァーク..] (南ﾄﾞ・ｵｰｽﾄﾘｱ) = waagerecht.

Waag·rechte (南ﾄﾞ・ｵｰｽﾄﾘｱ) = Waagerechte.

Waagschale [ヴァークシャーレ] 囡(-/-n) 天秤皿(ﾋﾞﾝ).

Wabe [ヴァーベ] 囡(-/-n) ハチの巣, 蜂房, 蜂窩(ﾎｳ).

wach [vax ヴァハ] 形 ❶目覚めている, 眠っていない. ❷(精神的に)活発な, しっかりとした, 鋭敏な.

Wache [ヴァッヘ] 囡(-/-n) ❶見張り, 警戒; 通夜; [軍]衛兵勤務, 歩哨(ｼｮｳ)勤務. ❷[軍]衛兵, 歩哨; 番人, 見張り人; 守衛. ❸[軍]衛兵所, 哨所; (一般に)番所, 見張り所; 交番.

wachen [ヴァッヘン] 自 ❶(書)目覚めている, 眠らずにいる, 起きている. ❷(a)〈bei ③〉〈人³を〉看護する. 〈an [vor, bei] ③〉〈人³に〉つきそっている. ❸〈über ④〉〈人⁴を〉見張る, 見守る,

① 1格 ② 2格 ③ 3格 ④ 4格

注意している, 〈人 ⁴に〉気を付ける, 監視[監督]する.
Wach·hund [男]〈-(e)s/-e〉番犬.
Wacholder [ヴァホルダー][男]〈-s/-〉 ❶[植]ビャクシン. ❷[酒]ジン.
Wach·posten [男]〈-s/-〉歩哨;衛所.
Wachs [ヴァクス][中]〈-es/(種類)-e〉ワックス, 蠟(ろう).
wachsam [ヴァハザーム][形][副なし] 注意[用心]深い, 油断のない, 警戒[監視]する.
Wachsamkeit [..カイト][女]〈-/-〉注意深さ, ぬかりなさ.

wachsen¹* [váksən ヴァクセン]

現在	ich wachse	wir wachsen
	du **wächst**	ihr wachst
	er **wächst**	sie wachsen
過去	ich **wuchs**	wir wuchsen
	du wuchsest	ihr wuchst
	er wuchs	sie wuchsen
過分	gewachsen	接II wüchse

[自][S] ❶〈動植物・人間 ¹が〉大きくなる, 成長[生長]する, 伸びる, 育つ, 生える. ❷増す, 増大する;〈程度 ¹が〉強まる;〈月 ¹が〉満ちる;〈仕事 ¹などが〉はかどる. **4級**

wachsen² [他]〈du wachst〉〈物 ⁴に〉ワックスを塗る[引く].

Wachs·figur [ヴァクス..][女]〈-/-en〉蠟(ろう)人形, 蠟細工.

wächst [ヴェクスト] wachsen¹ の 2・3 人称単数現在形.

Wachs·tuch [中]〈-(e)s/-e,..tücher〉 ❶〈複 -e〉蠟布(ろうふ), 亜麻仁油ワニスに浸した厚手の裏地の布. ❷〈複..tücher〉蠟布製テーブルクロス.

Wachstum [ヴァクストゥーム][中]〈-s/〉 ❶成長, 発育;増大. ❷生長したもの;植物, (農)作物. ❸生長[発展]過程.

Wachtel [ヴァハテル][女]〈-/-n〉[鳥]ウズラ(鶉).

Wächter [ヴェヒター][男]〈-s/-〉見張り, 番人;夜回り, 夜警, 守衛, 警備員, ガードマン. ◇**~in** [女]〈-/-nen〉.

Wacht·turm [ヴァハト..][男]〈-(e)s/..türme〉望楼, 監視塔.

wackelig [ヴァッケリヒ][形] ❶ぐらぐらする, 揺れる, よろよろする, 不安定な. ❷[口]〈足もとの〉不安定な, 弱った. ❸[口]不確かな, 危い.

Wackelkontakt [ヴァッケルコンタクト][男]〈-(e)s/-e〉[電]接触不良.

wackeln [ヴァッケルン][自] ❶[h]動揺する, ぐらぐら, よろめく, 揺れる. ❷〈an ³〉[口]〈物 ³を〉揺する, 揺さぶる. ❸[h]〈mit ³〉[口]〈物 ³を〉揺らす. ❹[s][口]よろめきながら歩く. ❺[h][口]危い状態にある.

wacker [ヴァッカー][形] ❶〈やや古〉けなげな, 殊勝な, 感心な, しっかりした. ❷強壮な, 実直な;勇敢な;力いっぱい, しっかり.

Wade [ヴァーデ][女]〈-/-n〉こむら, ふくらはぎ.

Waden·krampf [男]〈-(e)s/..krämpfe〉[医]こむらがえり.

Waffe [váfə ヴァッフェ][女]〈-/-n〉武器;兵器. *die ~n ruhen* 休戦している. *die ~n strecken [niederlegen]*《書》武器を横たえる, 降服する.

Waffel [ヴァッフェル][女]〈-/-n〉[料理]ワッフル.

Waffen·gewalt [女]〈-/〉武力, 兵力.

Waffen·schein [男]〈-(e)s/-e〉武器携帯許可証.

Waffen·stillstand [男]〈-(e)s/..stände〉(政府間の協定による)停戦, 休戦.

Wagemut [ヴァーゲムート][男]〈-(e)s/〉大胆, 向こうみず, 無鉄砲.

wagemutig [ヴァーゲムーティヒ][形] 大胆な, 向こうみずの, 無鉄砲な.

wagen [ヴァーゲン]《**(I)**》[他] ❶賭(か)けする. ❷あえてする, 危険を冒してやる, 思いきってする;...する勇気がある.《**(II)**》[再] sich⁴〈+場所〉あえて〈...へ〉行く[出向く]. *Wer (nicht) wagt, (der nicht) gewinnt.*《諺》虎穴に入らずんば虎児を得ず.

①1格 ②2格 ③3格 ④4格

Wagen

Wagen [vá:gən ヴァーゲン] 男

格	単数	複数
1	der Wagen	die **Wagen**
2	des Wagens	der Wagen
3	dem Wagen	den Wagen
4	den Wagen	die Wagen

❶ 自動車, 自家用車. ❷ (荷)車; 手押し車. ❸ (列車の)車両. ❹ [エ]フィーダー部分; (タイプライターの)ペーパーフィーダー(キャリッジ). 5級

Wägen 複 (南独) ⇨ Wagen.

Wagen·heber 男 (-s/-) ジャッキ.

Waggon [ヴァゴーン] 男 (-s/-s, (南ドイツ・オーストリアまた)-s/-e) [鉄道]車両; (特に)貨車.

waghalsig [ヴァークハルズィヒ] 形 向こうみずな.

Wagnis [ヴァークニス] 中 (-ses/-se) ❶ 思いきってやること, 冒険, 向こうみず(な行為). ❷ (損失・不利益などの)リスク.

Wagon [ヴァゴーン] 男 (-s/-s, -e) ((ワゴン)) = Waggon.

Wahl [va:l ヴァール] 女 (-/-en) ❶ 《主に単》選択(すること); 選択の余地. ❷ (a)選挙. (b)《単》選挙で選出されること. keine andere ~ haben 選択の余地がない. 4級

wahl·berechtigt 形 《副なし》選挙権のある.

Wahl·beteiligung 女 (-/-) 選挙参加, 投票すること.

wählen [vé:lən ヴェーレン] ((I)) 他 ❶ 選ぶ, 選択する, 選抜する. ❷ 選挙する. ❸ 《また目的語なしでも》(番号・ダイヤルを)回す, 回して電話を掛ける. ((II)) 自 ❶ 選ぶ, 決める. ❷ 投票する, 選挙する. 4級

Wähler [ヴェーラー] 男 (-s/-) 選挙人, 投票人.

Wahlergebnis [ヴァールエァゲープニス] 中 (-ses/-se)選挙結果.

wählerisch [ヴェーレリッシュ] 形 えり好みする, 細々と注文の多い, 気むずかしい.

---

achthundertachtzehn 818

Wähler·schaft [ヴェーラーシャフト] 女 (-/-en) ❶ 選挙資格, 選挙権. ❷ 選挙人.

Wahl·fach 中 (-(e)s/..fächer) (学校の)選択科目.

Wahl·gang 男 (-(e)s/..gänge) 選挙, 投票.

Wahl·geheimnis 中 (-ses/) 投票の秘密.

Wahl·kampf 男 (-(e)s/..kämpfe) 選挙戦.

Wahl·kreis 男 (-es/-e) 選挙区.
Wahl·lokal 中 (-(e)s/-e) 投票所.

wahllos [ヴァールロース] 形 《述語なし》無選択の, 手当たり次第の, 見境なしの.

Wahl·recht 中 (-(e)s/) ❶ (das aktive ~)選挙権; (das passive ~)被選挙権. ★ドイツは共に18歳から. ❷ 選挙法.

Wahl·sieg 男 (-(e)s/-e) 選挙での勝利.

Wahl·spruch 男 (-(e)s/..sprüche) 標語, モットー, (選挙用)スローガン.

Wahl·urne 女 (-/-n) 投票箱.

Wahn [ヴァーン] 男 (-(e)s/) ❶ 迷妄, 妄想; 幻想, 空想; 錯覚, 思い違い. ❷ [特に医] 狂気, 精神錯乱.

Wahn·sinn 男 (-(e)s/) ❶ 精神錯乱, 狂気; 妄想, 狂乱. ❷ (口) ナンセンス, 愚行.

wahnsinnig [ヴァーンズィニヒ] ((I)) 形 ❶《副なし》狂気の, 精神錯乱の. ❷《副なし》(口) ナンセンスな, 愚かな. ❸《副なし》(口) 非常に大きい, 非常に烈しい. ((II)) 副 (口) 非常に, めちゃくちゃに.

wahr [va:r ヴァー] 形 ❶ 真実の, 真の, 事実に即した, 現実の, 実際の. ❷《付加》本当の, 真の, 本物の. ♦..., nicht ~ ? (念を入れて)...じゃないか? Das darf doch nicht ~ sein! = Das ist nicht ~! (口) まさかそんなことが! 4級

wahren [ヴァーレン] 他 ❶〈権利・利益などを〉守る. ❷ 維持する,〈状態などを〉変化させない, 保つ.

währen [ヴェーレン] 自 (書) 続く, 存

---

①1格 ②2格 ③3格 ④4格

続する, 継続する, 時間がかかる.

während [vέ:rənt ヴェーレント] **((I))**前《2格支配》(口)(2格の語尾が不明瞭な場合)3格支配も》...**の間に**, ...中(に). **((II))**接〈従属〉❶《時間的な並行関係》(...している)間(ずっと), (...している)うちに. ❷《対比・対立;後続の方が強調される》(...である)一方(で), 他方;(...である)のに(反して[対して, ひきかえ]). 5級

wahrhaben [ヴァーァハーベン]他④ **[es]** *nicht ~ wollen* 事⁴[それ]を本当にしない, 納得しない, 認めようとしない.

wahr·haft **((I))**形 真の, まことの, 実際の. **((II))**副《強めとして》真に, 本当に. 実際, ありのまま.

wahrhaftig [ヴァーァハフティヒ] **((I))**形《副なし》《書》誠実な, 正直な;実際の. **((II))**副《強めとして》真に, 本当に, 実際に.

Wahrheit [vá:rhait ヴァーァハイト] 囡 (–/–en) ❶《単》真実, 真理. ❷事実, 実際, 真相. *bei der ~ bleiben* うそをつかない. *in ~* 実は, 実際(に)は, 本当は. 4級

wahrheits·getreu [ヴァーァハイツ..] 形 真実どおりの, ありのままの.

wahr|nehmen* [ヴァーァネーメン] 他 ❶《感覚器官によって》気付く, 認める, 知覚する. ❷**(a)** 気を付ける, 注意する, 心がける;〈物⁴の〉心配[世話]をする;利用する, 使用する. **(b)**〈期限¹などを〉守る. **(c)**〈任務・責任・職⁴などを〉引き受ける.

Wahrnehmung [ヴァーァネームング] 囡 (–/–en) ❶知覚. ❷注意;世話, 心配;利用;代理, 代表;占有.

wahrsagen [ヴァーァザーゲン] 他《wahr.. は, 分離・非分離どちらもある》(報酬を取って)予言する, 占う.

Wahrsager [ヴァーァザーガー] 男 (–s/–) 占い師, 予言者. ◇ *~in* 囡 (–/–nen).

wahrscheinlich [va:rʃáinlɪç ヴァーァシャインリヒ] **((I))**形《副なし》本当らしい, もっともらしい, ありそうな. **((II))**副 推測するに, 恐らく, たぶん...だろう. 4級

Wahrscheinlichkeit [..カイト] 囡 (–/–en) ❶《単》真実らしいこと;ありそうなこと;(哲)蓋然性. ❷可能な度合;(数)確率. *aller ~ nach* 多分, おそらくは.

Währung [ヴェールング] 囡 (–/–en) ❶(経)貨幣の本位;通貨. ❷通貨単位;(実際の)通貨, 貨幣.

Währungs·reform 囡 (–/–en) 通貨改革.

Wahr·zeichen 中 (–s/–) 目標, 特徴, シンボルマーク(町などの));記念物, 記念のしるし.

Waise [ヴァイゼ] 囡 (–/–n) 片親または両親のいない子供, 孤児, みなしご.

Waisen·haus 中 (–es/..häuser) 孤児院.

Waisen·kind 中 (–(e)s/–er) 孤児.

Waisen·knabe 男 (–n/–n)《弱》(書)(男の)孤児.

Wal [ヴァール] 男 (–(e)s/–e) (動) クジラ(鯨).

Wald [valt ヴァルト] 男 (–(e)s/Wälder) 森, 森林;《しばしば固有名詞として》森林地帯, 森林山脈. 群. *den ~ vor (lauter) Bäumen nicht sehen* 木を見て森を見ず, 些事に気をとられて全体を理解しない. 5級

Wald·brand 男 (–(e)s/..brände) 森林火災, 山火事.

Wäldchen [ヴェルトヒェン] 中 (–s/–) 小さい森.

Wälder 複 ⇒ Wald.

Wald·meister 男 (–s/–) (植) クルマバソウ.

Wald·sterben 中 (–s/) 森林破壊.

Wal·fang 男 (–(e)s/..fänge) 捕鯨.

Wall¹ [ヴァル] 男 (–(e)s/Wälle) ❶ (軍) 塁壁, 城壁. ❷ 囲い;堤防, 土手;(海) 波止場;岸, 海岸.

Wall·fahrer 男 (–s/–) 巡礼者, 霊場[聖地]参詣人.

Wall·fahrt 囡 (–/–en) 聖地参り, 巡礼.

Wall·ort 男 (–(e)s/–e) 巡礼地, 聖地.

Wallung [ヴァルング] 囡 (–/–en)《書》❶ 波動, 荒れ狂うこと, 激動;沸騰;

1 1格 2 2格 3 3格 4 4格

(感情の)激動, 激昂, 興奮. ❷ [医]充血, 鬱血.

Wal·nuss [女] (-/..nüsse) [植]クルミ(胡桃)((その実または木)).

Wal·nuß [女] = Walnuss.

Wal·ross [中] (..rosses/-se, ..rösser) ❶ [動] ⓐ セイウチ(海象). ❷ [口] 鈍い人, 愚鈍な者.

Wal·roß [中] = Walross.

walten [ヴァルテン] [自] ❶〈物¹が〉作用している, 存在している. ❷〈+副詞〉支配している, 掌握している, 管理している. ❸〈²〉〈職務²などを〉つかさどる, 果たす.

Walze [ヴァルツェ] [女] (-/-n) ❶ 円筒; ローラー; 円筒形部品.

walzen [ヴァルツェン] [他] ローラーで圧延する, 展(の)ばす; 地ならしする.

wälzen [ヴェルツェン] ((I)) [他] ❶〈4+方向〉転がす, 回転させながら移動する. ❷〈口〉〈文書⁴などを〉調べる; 〈問題⁴などを〉討議する. ((II)) [再] sich⁴〈+場所〉転がる, 回転する, 転がりながら進む; 転げ回る.

Walzer [ヴァルツァー] [男] (-s/-) ❶ ワルツ((ダンス)). ❷ ワルツの曲.

Wams [ヴァムス] [中] (-es/Wämser) ❶ (13-14世紀頃の)鎧(よろい)の下に着用した木綿製の長袖のシャツ. ❷ (15-17世紀, 及び今日でも民族衣裳で)ぴったりとした裾付のジャケット, 胴着.

wand [ヴァント] winden の過去形.

Wand [vant ヴァント] [女] (-/Wände) ❶ 壁. ❷ (a)仕切り, 囲い(板), (タンスなどの)裏板. (b)(管状の物の)内壁. ❸ [登山] 切り立った岩壁; [坑] 大きな岩壁の塊. *die (eigenen) vier Wände* [口] わが家, 自宅. *Die Wände haben Ohren.* [諺] 壁に耳あり. *gegen eine ~ reden* 壁と話しているみたいである, 話がつうじてもらえない. 5級

Wandale [ヴァンダーレ] [男] (-n/-n) ❶《歴》ヴァンダル人((ゲルマン民族の一種族の名)). ❷〈軽蔑〉(文化)破壊者. ★ V を用いて表記する方が良い.

Wandalismus [ヴァンダリスムス] [男] (-/) (芸術作品などに対する)野蛮な破壊行為.

Wände [ヴェンデ] [複] ⇨ Wand.

Wandel [ヴァンデル] [男] (-s/) 変化, 変更, 変遷.

wandeln [ヴァンデルン] ((I)) [他] 変える, 変化させる. ♦ *die Liebe in Hass ~* 愛を憎しみに変える. ((II)) [再] sich⁴ 変化する, 変わる. ♦ *in* [4] [zu [3]] *~* 物⁴·³へに変わる, 変わって物⁴·³になる. ((III)) [自] ⓢ さまよう; 散歩する.

Wanderer [ヴァンデラー] [男] (-s/-) 旅人; さすらい人; 巡礼者.

Wander·karte [ヴァンダー..] [女] (-/-n) 徒歩道地図, ハイキング用地図.

wandern [vándərn ヴァンダァン] [自] ⓢ ❶ 徒歩旅行する, 歩く; さすらう, 放浪する. ❷〈+場所〉〈目的地なしに〉動く, 散歩する. ❸ 移動する, 移住する, 移り変わる; 〈渡り鳥などが〉渡る. ❹〈+方向〉[口] (...に)運ばれる, 入れられる. 4級

Wanderung [ヴァンデルング] [女] (-/-en) ❶ 徒歩旅行, 旅; 遠足, ハイキング. ❷ (民族·動物の)移動, 移住; [動]渡り, 移棲(せい).

Wand·gemälde [中] (-s/-) 壁画.

Wandlung [ヴァンドルング] [女] (-/-en)《書》変化.

Wand·malerei [..マーレライ] [女] (-/-en) ❶〈単〉壁に描くこと. ❷ 壁画.

Wand·schrank [男] (-(e)s/..schränke) (作り付けの)戸棚, 押し入れ.

wandte [ヴァンテ] wenden の過去形.

Wange [ヴァンゲ] [女] (-/-n) ❶ [詩]頬(ほお). ❷ (丸天井の)中腹部; (器具·機械·ハンマーなどの)側面; (階段の)側板(がわいた); [坑] (坑道の)側壁; 斧(おの)の刃の腹.

Wankelmut [ヴァンケルムート] [男] (-(e)s/)《書》移り気, 気まぐれ, 無定見; 気の迷い, 逡巡(しゅんじゅん).

wankelmütig [ヴァンケルミューティヒ] [形]《副なし》移り気, 気まぐれ, 無定見の, (思想的に)節操のない.

wanken [ヴァンケン] [自] ❶ ⓗ 動揺す

る、ぐらつく、ゆらめく；よろめく. ❷ⓢ〈+方向〉よろめき歩いて行く. ❸ⓗ〈心・気分ⁱが〉動揺する、決心がつかない、逡巡(しゅんじゅん)する；臆する；気が変わる、移り気である.

wann [van ヴァン] (㊎when) 副 ❶〈疑問詞〉いつ、何時に；どんな（条件の）〔どういう〕場合に；♦Wann kommst du wieder? 今度いつ来るの. bis ～ いつまで. seit ～ いつから（今まで）. von ～ an いつから、von ～ bis ～ いつからいつまで. ❷〈間接疑問文で；副文を導いて〉♦Ich weiß nicht, ～ der Zug eintrifft. 列車の到着時刻は知りません. ❸〈認容文で；副文を導いて〉♦Wann auch immer …, (たとえいつ…しようと〔しても〕). ～ Sie wollen いつでもお好きなときに. **5級**

Wanne [ヴァンネ] 囡(-/-n)（楕円形の）おけ、たらい；浴槽(よくそう)；洗濯だらい；オイルパン.

Wanze [ヴァンツェ] 囡(-/-n) ❶〘昆〙ナンキンムシ. ❷〘俗〙嫌なやつ、ダニ（人をけなして）. ❸〘隠〙（小型の）盗聴器. ❹〘口〙画鋲.

Wappen [ヴァッペン] 中(-s/-) ❶紋章、紋、ワッペン. ❷（本来は）紋章のある武具；（特に）楯(たて).

wappnen [ヴァップネン] ((I)) 他〘書〙武装させる. ((II)) 再 sich⁴ ❶〈gegen ④〈嫌な〔恐ろしい〕もの⁴に対し〉身構える、心の準備をする、覚悟する. ❷辛抱する、こらえる、我慢する.

war [ヴァール] sein の過去形.

warb [ヴァルプ] werben の過去形.

ward [ヴァルト] werden の過去形 wurde の別形.

Ware [váːrə ヴァーレ] 囡(-/-n) ❶品物、物品；商品、貨物. ❷〘単〙〘商〙製品. **4級**

wäre [ヴェーレ] sein の接続法第Ⅱ式形.

Waren·angebot [ヴァーレン..] 中(-(e)s/-e) 商品の提供、供給.

Waren·haus 中(-es/..häuser) 百貨店、デパート.

Waren·lager 中(-s/-) 仕入れ商品、ストック；商品倉庫.

Waren·muster 中(-s/-)〘経〙商品見本.

Waren·probe 囡(-/-n) ❶商品見本. ❷〘郵〙商品見本（としての差し出し）.

Waren·zeichen 中(-s/-) 商標、トレードマーク.

warf [ヴァルフ] werfen の過去形.

warm [varm ヴァルム]〈比較 wärmer；最上 wärmst〉形 ❶(a)(↔ kalt)（人間にとって適度に）暖かい、温暖な；暑い. (b)体が暖かい、体温が少し高めの、熱っぽい. ❷熱心な、温かい、心からの；思いやりのある；快い. ❸〘口〙ホモの. ❹暖房費込みの. ❺（色などが）暖かみのある. mit ③ ～ werden〈人³と〉なじむ；〈人³と〉親しくなる. ～ halten ⇨warmhalten. **5級**

Wärme [ヴェルメ] 囡(-/) ❶(↔ Kälte) 暖かさ、温暖；〘医〙体温；〘理〙熱. ❷思いやり、厚意；熱意；温情.

wärmen [ヴェルメン] ((I)) 他〈④；③④〉〈人⁴を；〈人³の〉物⁴を〉暖める、温める、暖かくする. ((II)) 再 sich⁴ 温まる、暖まる. ((III)) 自 暖まる、温かくなる、（部屋全体が）暖かくなる.

Wärme·pumpe 囡(-/-n)〘工〙ヒートポンプ.

Warm·front 囡(-/-en)〘気〙温暖前線.

warm|halten* 他〈sich³ ④〉〘口〙〈人⁴の〉機嫌を取る、おぼえめでたい状態を保っておく.

Warm·miete 囡(-/-n) 光熱費込みの家賃.

Warm·wasser·bereiter 男(-s/-) 湯わかし機、（小型の）ボイラー.

Warm·wasser·heizung 囡(-/-en) 熱湯暖房、温水暖房.

Warn·dreieck [ヴァルン..] 中(-(e)s/-e) 三角形警告標識（（自動車に積んでおいて故障したときなどに車の後方の路上に置く））.

warnen [várnən ヴァルネン] 他〈④〉vor ③〈人⁴に〉人・物³に気をつけるよう〉警告する、注意する、〈（人⁴に〉人・物³を〉警戒〔用心〕せよと言う.

Warn·schild 中(-(e)s/-er) ❶（警

報を内容とする)表示,警告板. ❷(交通標識のうちの)警戒標識.

Warn·schuss 男(..schusses/..schüsse) 警告の発砲((天に向けて撃つ)).

Warn·schuß 男旧= Warnschuss.

Warn·signal 中(-s/-e) 危険信号,警報警報,注意信号.

Warn·streik 男(-(e)s/-s,(まれ)-e) (警告の意味の)(時限)ストライキ.

Warnung [ヴァルヌング] 女(-/-en) 警告,注意を促すこと,忠告,訓戒;暗示,(体験から学ぶ)教訓.

Warschau [ヴァルシャオ] 中(-s/)ワルシャワ((ポーランドの首都)).

Warte [ヴァルテ] 女(-/-n) (書)見張り所;(特に)望楼,監視塔;観測所,天文台.

Warte·halle 女(-/-n) (駅の)待合室.

Warte·liste 女(-/-n) ウェイティングリスト,順番待ちのリスト.

warten [várten ヴァルテン]

現在	ich warte	wir warten
	du **wartest**	ihr **wartet**
	er **wartet**	sie warten

過去	ich wartete	wir warteten
	du wartetest	ihr wartetet
	er wartete	sie warten

過分	gewartet	接II wartete

((I))自〈(auf ④)〉待つ:留まる. ((II))他 ❶(やや古)〈子供・病人・動物・植物⁴の〉世話をする,看護する. ❷〈機械などを〉手入れする,保守保全する. ◆mit ③ (auf ④) ~ 〈人⁴が来るまで〉事³を控える,待っておく. 🗐 **lässt lange auf sich warten.** 人・事³が長く待たせる,なかなかやってこない. *Darauf habe ich schon gewartet.* それをずっと待っていた;ちょうどいいときに来た. *Warte mal!* (口)ちょっと待て. 5級

Wärter [ヴェルター] 男(-s/-) 看護人,番人;看守;付添人,給仕人. ◇

Wärterin [ヴェルテリン] 女(-/-nen).

Warte·saal 男(-(e)s/..säle) (駅の)待合室.

Warte·zimmer 中(-s/-) (医院などの)待合室.

Wartung [ヴァルトゥング] 女(-/-en) (機械設備などの)保守;(病人の)看護,(子供の)お守り;(花の)栽培;(馬の)手入れ.

warum [varóm ヴァルム] ((I))副(愛why)〈疑問〉❶なぜ,どうして,どういうわけで,何のために. ◆*Warum hat er das gemacht?* なぜ彼はそんなことをしたのですか. *Warum denn?* いったいぜんたいなぜ? *Warum nicht?* もちろん,いいんじゃない,かまわないよ. ❷〈間接疑問文で;副文を導いて〉:Ich weiß nicht, ~ er das getan hat. 彼がなぜそんなことをしたのか分かりません. ((II))副〈関係〉《副文を導いて;理由・原因を表す先行詞と》: der Grund, ~ er das getan hat 彼がそれをやった理由. 5級

Warze [ヴァルツェ] 女(-/-n) (医)いぼ;(植)乳頭(突起);乳頭,乳首(ぴ).

was [vas ヴァス] (愛what)

格	1	2	3	4	複数
	was	wessen	なし	was	なし

((I))代〈疑問〉❶何が,何を;どれほど,いくら. ◆*Was ist los?* どうしたのですか,何が起こったのですか. *Was kostet das?* それはいくらですか. *Was ist er (von Beruf)?* 彼の職業は何ですか. *Was dann?* 次は何? *Was nun?* さて何をしようか. ❷〈間接疑問文で;副文を導いて〉◆*Weiß du, ~ passiert ist?* 何が起きたのか知ってる? ❸〈認容文で;副文を導いて〉◆*Was auch immer...,* (たとえ)何が...しても[しようと]. *Was?* もう一度(言ってください). ◆*Wie bitte?* の方がよい. *Ach ~!* なんだ(くだらない),冗談じゃない,まさかな,これはした

り，ああなんということだ．**…, was?**《文末で；nicht wahr の意味で》《口》(ですよ)ね．**was für ein**《für は格支配をしない》**1)** どのような(種類・性質の)，どんな，なんという．**2)**《感嘆文》なんたる，なんと．**3)**《認容文》どんな…も：Was für (einen) Wein trinken Sie am liebsten? どんなワインが一番お好みですか． **((II))** 代《関係》《副文を導いて》**(a)**《不定関係代名詞；先行詞なし》およそ…するもの［こと］．**(b)**《alles, etwas, vieles, nichts などの代名詞・形容詞の最上級の名詞化したものを先行詞として》◆ alles, ~ ich weiß 私の知っていること全て．das Neueste, ~ ich höre 私が今聞いた最新のニュース．**(c)**《前文の内容を受けて》それ［そのこと］は．**((III))** 代《不定》《文脈には現れない》《口》何かある物［事］；かなりの物［人］．**so** ～ そんな物［事］．**((IV))** 副《口》**❶** (warum, wozu, wie)なぜ，なにを，どうして．**❷**《驚き・感嘆を表して；nicht を伴うことがある》《口》なんだって，なんだと，なに；なんと． 5級

Wasch·becken [ヴァッシュ..] 中 (–s/–) (壁に作り付けの)洗面台．

Wäsche [véʃə ヴェッシェ] 女 (–/–n) **❶** 洗うこと，洗濯．[医] 洗浄．**❷**《単》《集合的に》洗濯物，下着，肌着；シーツ類．◆ schmutzige ~ 汚れ物；汚らわしい事件，醜い争い．(**seine**) **schmutzige ~ (vor anderen Leuten) waschen** (人前で)恥をさらす． 4級

wasch·echt 形 **❶** 洗って色のさめない，洗いのきく．**❷**《比》本物の，生粋(きっすい)の．

Wäsche·klammer 女 (–/–n) 洗濯ばさみ．

Wäsche·korb 男 (–(e)s/..körbe) 洗濯物かご．

Wäsche·leine 女 (–/–n) 洗濯ロープ，干し物用ロープ．

waschen* [váʃən ヴァッシェン] **((I))** 他 **❶ (a)** 洗う；洗濯する．**(b)**《③ ④ **von** [**aus**] ③》《人③の》物④から物④を洗い落とす．**(c)**《④＋様態》洗って

現在	ich wasche	wir waschen
	du **wäschst**	ihr wascht
	er **wäscht**	sie waschen
過去	ich **wusch**	wir wuschen
	du wuschest	ihr wuscht
	er wusch	sie wuschen
過分	gewaschen	接II wüsche

て…にする．**❷ (a)** 洗って汚れを落とす，洗浄する．**(b)**《④ (**aus** ③)》《物③から》物④を》洗い流す．**❸** [工]《必要なもの［成分］を》洗って選別する．**((II))** 再 sich⁴《自分の》体を洗う．**sich⁴ gewaschen haben**《口》(罰・試験などが)とても厳しい，とても難しい． 5級

Wäscherei [ヴェシェライ] 女 (–/–en) **❶**《単》洗濯．**❷** 洗濯屋，クリーニング店．

Wäsche·schleuder 女 (–/–n) (遠心)脱水機．

Wasch·küche 女 (–/–n) 洗濯場［室］．

Wasch·lappen 男 (–s/–) **❶** 布巾(ふきん)；入浴［洗面］用のタオル．**❷**《口》弱虫；臆病者；実行力のない人．

Wasch·maschine 女 (–/–n) 洗濯機． 4級

Wasch·mittel 中 (–s/–) 洗剤；洗濯用粉石鹸．

Wasch·pulver 中 (–s/–) 洗濯用粉石鹸．

Wasch·raum 男 (–(e)s/..räume) (寮・駅などの)洗面所．

Wasch·schüssel 女 (–/–n) 洗面器，たらい，洗いおけ．

wäschst [ヴェッシュスト] waschen の2人称単数現在形．

wäscht [ヴェッシュト] waschen の3人称単数現在形．

Wasch·wasser 中 (–s/) 洗濯水；食器を洗った汚れ水；香水，化粧水；[薬] 洗(洗浄)剤．

Wasser [vásər ヴァッサー] 中 (–s/–, Wässer) **❶**《単》(物質としての)水．**❷** (河川・湖沼・海などの)水．**❸**《複

Wässer も) 河川, 湖沼, 海. ❹(複 Wässer) 蒸留酒;化粧水. ❺《単》体よりの分泌液;汗, 涙, 尿, つば, よだれ; リンパ液, 皮下や体内にたまった水. ❻(特に宝石の)光沢, 透明度, 純度;純粋, 生粋. *ein stilles ~ sein* (口)もの静かな(何を考えているのかわからない)人である. *Hier [Dort] wird auch nur mit ~ gekocht.* = *Der kocht [Die kochen] auch nur mit ~.* = *Es wird überall nur mit ~ gekocht.* どこでも同じ要領だ, 変わらない. *ins ~ fallen* (口)失敗する, 実行に移されない. *ins ~ gehen* 入水(自殺)する. *mit allen ~n gewaschen sein* (口)海千山千である, すれっからしである. *zur ~ werden* 水の泡となる. 5級

Wasser·ball 男(-(e)s/..bälle) ❶《単》《運》水球, ウォーターポロ. ❷水球用のボール;水遊び用のボール.

Wasser·dampf 男(-(e)s/..dämpfe) 水蒸気, 湯気;水煙.

wasser·dicht 形水を通さない, 水の漏れない, 水密の, 防水の;耐水性の.

Wasser·fall 男(-(e)s/..fälle) 水の落下;滝, 瀑布.

Wasser·farbe 女(-/-n)【絵】水彩絵の具.

Wasser·hahn 男(-(e)s/..hähne, -en) (水道などの)蛇口.

wässerig [ヴェッセリヒ]形= wässrig.

Wasser·kessel 男(-s/-) 湯わかし, やかん;【工】ボイラー.

Wasser·leitung 女(-/-en) 水道(設備);水道管.

Wasser·mann 男(-(e)s/..männer) ❶(a)《単》【天】水がめ座. (b)水がめ座の人. ❷【伝説】水の精.

wassern [ヴァッサン]自 Ⓢⓑ〈鳥・飛行機¹などが〉着水する.

wässern [ヴェッサン]他 ⓈⒷ❶〈食品⁴を〉水に漬ける[浸す], 塩抜きをする. ❷「写」〈フィルム⁴を〉水洗する. ❸〈植物⁴に〉水をやる, 〈地面⁴に〉水をまく.

Wasser·pflanze 女(-/-n)【植】水生植物, 水草.

Wasser·rohr 中(-(e)s/-e) 水管, 水道管.

wasser·scheu 形〖副なし〗水を恐れる, 水に入りたがらない;〖医〗恐水病の.

Wasser·schlauch 男(-(e)s/..schläuche) ❶水用のホース. ❷〖植〗タヌキモ(属).

Wasser·ski ((I))男(-(s)/-er, -) 水上スキー((道具)). ((II))中(-(s)/) 水上スキー((スポーツの種類)).

Wasser·spiegel 男(-s/-) ❶(鏡のような)水面. ❷水高, 水位.

Wasser·sport 男(-(e)s/) 水上競技(水泳・水球など).

Wasser·spülung 女(-/-en) 水洗, (水による)洗浄.

Wasser·stoff 男(-(e)s/)【化】水素((記号:H)).

Wasserstoff·bombe 女(-/-n) 水素爆弾.

Wasserstoff·peroxid, ..peroxyd [..ペァオクスィート,..ペァオクスュート]中(-(e)s/-e)【化】過酸化水素.

Wasser·strahl 男(-(e)s/(まれ)-en) ほとばしり出る水, 水柱, 噴水.

Wasser·straße 女(-/-n) 水路;運河.

Wasser·tropfen 男(-s/-) 水滴.

Wasser·turm 男(-(e)s/..türme) 貯水[給水]塔.

Wasser·werfer 男(-s/-) ❶放水器. ❷(警察などの)放水車.

Wasser·werk 中(-(e)s/-e)〈主に複〉給水工場[設備];(上)水道局の設備一式);(町の)中央給水所.

Wasser·zeichen 中(-s/-) 透かし, (紙幣などの)透かし模様.

wässrig [ヴェスリヒ]形❶水っぽい, 水分の多い, 薄めな, 味気のない. ❷(状態が)水のような. ❸涙の出た, うるんだ;唾液のわいてくる.

wäßrig [ヴェスリヒ]形= wässrig.

waten [ヴァーテン]自 Ⓢ〈+場所〉(水・ぬかるみ・湿地などを)歩いて渡る, 徒渉する.

watscheln [ヴァーチェルン, ヴァッチェルン]自 Ⓢ(口)〈水鳥¹などが〉よろよろ

歩く;よちよち歩く,千鳥足で歩く.
Watt¹ [ヴァット] 中 (-s/-) 〖理〗ワット〖電力[仕事率]単位〗.
Watt² 中 (-(e)s/-en) (特に北海で)満潮時に水没する砂州(ホ),(北海の)浅瀬.
Watte [ヴァッテ] 女 (-/-n) 綿,中綿;脱脂綿.
Watte·bausch 男 (-(e)s/..bäusche) 綿の詰め物,パッド;〖医〗綿球,タンポン.
Watten·meer 中 (-(e)s/(まれ) -e) (特に北海沿岸で)満潮時に水没する砂州(ホ)のある海.
WC [ヴェーツェー] 中 (-(s)/-(s)) 《略》Wasserklosett 水洗トイレ〖便所〗.
weben* [ヴェーベン] 他 (過 webte, wob;過分 gewebt, gewoben) 《(I)》他 ❶ 織る,編む;(クモが)巣を張る.❷〖詩〗織りなす,創造する,作り出す. 《(II)》自 機(ヘタ)を織る.
Weber¹ [ヴェーバー] 男 (-s/-) 織工,織子,織り物屋.
Weber² [ヴェーバー] 〖人名〗ウェーバー 《(1) Carl Maria von ~ ドイツの作曲家(1786–1826). (2) Max ~ ドイツの社会学者(1864–1920)》.
Weber·stuhl 男 (-(e)s/..stühle) 織機,機織機(ホダ).
Wechsel [ヴェクセル] 男 (-s/-) ❶《複 まれ》交替,交換;変化,変革,変動,変遷;転変,(運命の)盛衰;(公務員などの)更迭;代謝,推移,循環;〖スポ〗選手交替;(リレーの)引き継ぎ,バトンタッチ;月の盈虚(チスキ). ❷〖法·経〗 (a)手形,為替. (b)両親の月々の送金,学資金.
Wechsel·geld 中 (-(e)s/-er) ❶《主に単》釣り銭. ❷《単》小銭.
wechselhaft 形 (最上 ~est)《副なし》変わりやすい,不安定な.
Wechsel·jahre 複〖医〗(女性の)更年期;(男性の)45–60才の頃の性的·精神的能力の低下期.
Wechsel·kurs 男 (-es/-e) 為替レート.
wechseln [véksəln ヴェクセルン] 《(I)》他 ❶ 替える,取り替える;変える;

変更する,改める. ❷《4 (mit ③)》《物⁴を(人³と)》交換する,取り交わす. ❸ 両替する;小銭にくずす. 《(II)》自 ❶ ⓑ〖ェ〗バトンを渡す,タッチする. ❷ ⓒ《+場所》場所を替える,引き移る,移る. ❸ ⓓ《様子·状態·外観·考え·意見·心境¹などが》変わる,変化する;《月¹が》盈虚(ホス)する.
wechselseitig [ヴェクセルザイティヒ] 形 相互の,交互の.
Wechsel·strom 男 (-(e)s/..ströme) 〖電〗交流.
Wechsel·stube 女 (-/-n) (駅·空港などにある)(通貨)両替所.
Wechsel·wirkung 女 (-/-en) 相互作用.
wecken [vékən ヴェッケン] 他 ❶《眠っている者⁴を》起こす,目を覚まさせる;電話[ベル]で起こす. ❷《4 (in ③)》《(人³に)》注意·興味⁴などを》呼び起こす,喚起する.
Wecker [ヴェッカー] 男 (-s/-) ❶ 目覚まし時計. ❷ (口) ばかでかい腕時計,懐中時計. ③ auf den ~ fallen [gehen] (口) (人³の)気に障る.
wedeln [ヴェーデルン] 《(I)》自 ❶《mit ③》《物³で》パタパタあおぐ,揺り動かす. ❷〖スキー〗ウェーデルンをする. 《(II)》他 振って取る,取り除く,吹き飛ばす.
weder [ヴェーダー] 接《weder ... noch ... (noch ...) の形で;noch ... は重複することができる》...でもなく...でもない,...のいずれでもない. ★ かつては weder ... noch ... の代わりに weder ... weder ... も用いられた. 4級
weg [vεk ヴェック] 副 ❶ (消え)去って;離れて;不在で. ❷ なくなって,終わって,済んで. ♦ Hände ~! 手を離せ. ~ sein (口) 1) ぼんやりしている;意識を失っている. 2) 《von ③》《事³に》熱中して〖夢中になって,有頂天になって〗いる. 5級
Weg [ve:k ヴェーク] 男 (-(e)s/-e) ❶ 道,道路,小径;通路 (Straße とは異なり,舗装されているとは限らない);人生,人が歩んだ道,一生. ❷ (ある目標に達する)道のり,行程. ❸ (ある方向

へ)行く[歩く]こと, 移動, 道中;(口) 用足し. ❹方法, 手段, 決まり. **auf dem ~** 囲〈事²を〉手段として,〈事²の〉方法で. **sich⁴ auf den ~ machen** 出発する. ③ **aus dem ~(e) gehen**〈人³に〉道を譲る,〈人³の〉じゃまをしない;〈人³を〉避ける. ③ **im ~ stehen [sein]**〈人・事³の〉じゃまをする;〈人・事³の〉じゃまになっている. **Wo ein Wille ist, ist auch ein ~.**(諺) 意志あるところ必ず道あり. 5級

weg|blasen 他 吹き払う, 吹き消す.

weg|bleiben* 自(S) ❶〈**von** ③〉〈所³に〉来ない, 現れない, 欠席する. ❷〈活動・運動しているもの¹が〉突然に停止する.

weg|bringen* 他 ❶持ち[運び]去る, 移す. ❷〈④ **(von** ③〉〉(口)〈人・物⁴を〉〈物³から〉移す. ❸除去する.

Wege·lagerer [ヴェーゲラーゲラー] 男 (–s/–) 追いはぎ. ◇ **~in** 女 (–/–nen).

wegen [véːgən ヴェーゲン]((略:wg.)). ((I))前〈2格支配;(口;方)3格支配〉❶...のゆえ[ため]に;...の結果, ...によって, ...の理由で. ★**~ mir**(口)= **meinetwegen**. ❷...のためを思って, ...の利益を図って. ❸(口)...について, ...に関して.〈**von** と〉**von ~, dass du heute ausgehen willst** 君がきょう外出しようとしている点について. **Von ~!**(口)決してそんなことはない, とんでもない; そんなことを言ってもだめだ((拒絶の表現)). ((II))❶〈2格に後続して〉(書)...のために. ❷〈**von ... wegen** の形で〉...の側から, ...に関して, ...からして, ...上, ...により. ❸〈..**wegen** の形で; 2格の人称代名詞(meiner, unser, ihrer など)と結ぶ代わりに〉⇒ **meinetwegen, unsertwegen, ihretwegen**. 5級

weg|fahren* ((I))自(S)〈車または船で〉去る, 出発[発車, 出帆]する, 出かける. ((II))他〈車または船などで〉運び去る,〈人⁴を〉連れて行く.

weg|fallen* 自(S) 脱落する.

weg|fliegen* 自(S) ❶飛び去る, 飛ばされる. ❷(飛行機で)出発する.

weggegangen weggehen の過去分詞.

weg|gehen* [ヴェックゲーエン] 自(S) ❶〈**von** ③〉〈人³のもとから〉立ち去る, 離れる, 遠ざかる, 出発する;(口)外出する. ❷(口)(痛みなどが)消える, (染みなどが)とれる. ❸(口)(商品が)売れる, 捌ける. ❹〈**über** ④〉〈人・物⁴を〉軽視する, 気にかけない.

weggelassen weglassen の過去分詞.

weggenommen wegnehmen の過去分詞.

weggeworfen wegwerfen の過去分詞.

weg|haben* 他(口) ❶よそへやってしまう, 追い出してしまう, 取り除いてしまう. ❷うまくやる, わかる,〈コツ⁴を〉飲み込む.

weg|jagen 他 追い出す, 追放する.

weg|kommen* 自(S)(口) ❶なくなる; 置き忘れられる. ❷(場所・地位・職から)去る, 離れる. ❸〈**von** ③〉〈物³と〉手を切る,〈物³を〉やめる. ❹切り抜ける.

weg|kriegen 他(口) ❶〈染み・汚れ⁴を〉落とす. ❷どかせる. ❸〈悪いもの⁴を〉背負いこむ, 被る, 受ける.

weg|lassen* [ヴェックラセン] 他(口) ❶去らせる, 逃がす; 釈放[放免]する. ❷抜かす, 省略する, 落とす.

weg|laufen* 自(S)(口) ❶〈③〉〈人³のもとから〉走り[急ぎ]去る; 逃走[出奔]する. ❷(液体が)流れ去る, 流出する.

weg|legen 他 片付ける, わきへのける.

weg|machen 他(口) = **entfernen**.

weg|nehmen* [ヴェックネーメン] 他 ❶取[奪]り去る, どける, 除去する, 押し去る. ❷〈③ ④〉〈人³から人・物⁴を〉奪い去る, 没収[押収]する. ❸〈仕事⁴などに〉〈時間・場所⁴を〉取られる.

weg|schicken 他 ❶〈手紙などを〉送る, 発する. ❷使いに出す, 派遣する, 送り出す, 追い出す.

weg|schmeißen* 他(口)(投げ)

weg|schnappen 他《口》〈③ ④〉〈人³から物⁴を〉ひったくる, 横取りする.

weg|sehen* 自 ❶目をそらす[そむける], よそを見る. ❷〈über ④〉《口》〈物・人⁴を〉見落とす, 看過する, 見逃す.

weg|stoßen* 他 押しのける, 突きのける;はねつける.

weg|treten* ((I)) 自 ⑤ ❶わきへ退く. ❷歩み去る. ((II)) 他 足でわきへどかす.

Weg·weiser [ヴェーク..] 男 〈–s/–〉❶道標, 道しるべ. ❷旅行案内書.

weg|werfen* [ヴェックヴェァフェン] 他 (投げ)捨てる, 廃棄処分にする;〈金⁴を〉浪費する;捨て去る.

weg|wischen 他〈インク・水滴・染み・文字などを〉ふき取る[去る].

weg|ziehen* ((I)) 他 引きのける, 引き離す, 引き抜く. ((II)) 自 ⑤ 去る, 出発する;引っ越す, 移住する;〈渡り鳥¹などが〉飛び去る.

weh [ヴェー] ((I)) 間《主にO ~!または Ach ~!で》ああ, 何ということだ, (ああ)悲しい, (おお)痛い. ⇨ wehe, weh-tun. ((II)) 形《付加》痛い, 傷ついている.

Weh [ヴェー] 中〈–(e)s/(まれ–)e〉❶《書》苦痛[悲嘆]の叫び声, 悲しみ. ❷(肉体的)苦痛, 痛み;病気.

wehe [ヴェーエ] 間〈③〉〈(人³に)〉災いあれ, ただじゃおかないよ(よ).

Wehe [ヴェーエ] 女〈–/–n〉❶《主に複》[医]陣痛, 産の苦しみ. ❷〈雪・砂などの〉吹きだまり.

wehen [ヴェーエン] ((I)) 自 ❶ (h)〈風¹が〉吹く. ❷ ⑤〈旗・髪などが〉(風に)吹かれる, 翻る, 揺れる. ❸ ⑤ 〈+ 方向〉〈歌・香・雪片などが〉風に運ばれて来る[ゆく]. ((II)) 他〈④ +方向〉〈風¹が〉〈物⁴を〉吹きつける, 吹き寄せる, 吹き運ぶ, 吹き飛ばす, 吹き流す.

wehleidig [ヴェーライディヒ] 形《軽蔑》❶哀れっぽい, ぐちっぽい, (痛み・悲しみに対して)おおげさな, 剣呑症の.

Wehmut [ヴェームート] 女〈–/–〉悲哀, 哀傷;哀愁, 憂愁.

wehmütig [ヴェーミューティヒ] 形《書》哀れな, 悲しい, 悲しみに満ちた.

Wehr¹ [ヴェーァ] 女〈–/–en〉❶《単》防御, 抵抗. ❷《Feuerwehr の短縮形として》消防(隊).

Wehr² 中〈–(e)s/–e〉堤防, 防波堤;堰堤(えんてい);堰(せき).

Wehr·dienst 男〈–(e)s/–〉兵役(義務).

Wehrdienst·verweigerer 男〈–s/–〉兵役義務拒否者.

wehren [ヴェーレン] ((I)) 他〈③ ④〉《書》〈人³が事⁴をするのを〉阻止[制止]する. ((II)) 再 sich⁴〈(gegen ④)〉〈(物⁴に)対して〉抵抗する, 逆らう, 防御する, 身を守る.

wehrlos [ヴェーァロース] 形 防御力のない, 抵抗力のない;無防備な;武器のない, 武装しない.

Wehrlosigkeit [..ローズィヒカイト] 女〈–/–〉無防備.

Wehr·pflicht 女〈–/–〉兵役義務.

wehr·pflichtig 形《副なし》兵役義務のある;徴兵適齢の.

Wehr·sold 男〈–(e)s/–e〉兵隊給与金.

weh|tun* [ヴェートゥーン] 自〈③〉〈事¹が〉〈人³にとって〉痛い, 辛い, 悲しい;〈人³の[は]〉〈体の部分¹が〉痛い;〈人³が〉〈人³に〉肉体的苦痛を与える, 痛い目にあわせる.

Weib [ヴァイプ] 中〈–(e)s/–er〉❶(やや古)(成人した)女性, 婦人. ❷(軽蔑)あま, 女. ❸(古)妻, 女房.

Weibchen [ヴァイプヒェン] 中〈–s/–〉❶(古)小さい[愛らしい]女;小さい妻;愛妻. ❷(複→)[動]雌.

weibisch [ヴァイビッシュ] 形 女々しい.

weiblich [ヴァイプリヒ] ❶《副なし》(性別としての)女(子)の, 女性の;[生]雌の. ❷女性に属する. ❸女性的な, 女らしい. ◆~es Geschlecht [言]女性.

Weiblichkeit [..カイト] 女〈–/–en〉

❶《単》女であること；女性らしさ. ❷《戯》(a)《単》《集合的》女たち. (b)《まれ》〈Frau〉女の人.

Weibs·bild [ヴァイプス..] 匣（-(e)s/-er）❶《俗·軽蔑》女, 女性. ❷《軽蔑》女, あま, めす.

weich [vaiç ヴァイヒ] 形（↔ hart）柔らかい, 柔軟な；しなやかな；（表面が）滑らかである, ソフトな；弱い. ❷感じやすい, 心のやさしい, 情にもろい；柔和な, 温和な. ▪~ **gekocht**《付（のみ）》柔らかく煮た, 半熟の（卵）. 4級

Weiche¹ [ヴァイヒェ] 囡（-/-n）❶《単》柔[軟]らかいこと；柔軟（さ）；柔弱, 軟弱；優柔；柔和. ❷横腹, 脇腹.

Weiche² 囡（-/-n）〖鉄道〗転轍（ﾃﾝﾃﾂ）器, ポイント. **die ~n für** ④ **stellen** 事⁴のために態勢を整える.

weichen* [ヴァイヒェン] 過 wich; 過分 gewichen) 直⑤ ❶ (a)《von ③》《主に否定表現で》〈人・物³から〉離れる. (b)〈von [aus] ③〉〈人・物³から〉消え去る, なくなる. ❷〈③〉〈〈人・物³から〉〉退く, 後退する；〈〈人・物³に〉〉屈する；場所を空ける, 避ける, 譲る.

weichgekocht [ヴァイヒゲコホト] 形 ⇨weich ▪.

weichlich [ヴァイヒリヒ] 形 ❶〈否定的な意味で〉柔らかめの, 柔らかすぎる；ぐにゃぐにゃした. ❷《副なし》《軽蔑》弱気な, 芯の無い, いくじのない, 気力のないらしな人；柔弱な, めめしい.

Weide¹ [ヴァイデ] 囡（-/-n）❶〈草食動物の〉食物, えさ；牧草；《比》楽しみ, 慰安. ❷牧場, 放牧場, 草場.

Weide² 囡（-/-n）❶〖植〗シダレヤナギ. ❷ヤナギで編んだもの.

weiden [ヴァイデン] (I) 直〈家畜¹が〉牧場へ草を食いに出る；〈牧場の〉草を食う. (II) 再 sich⁴ **an** ③〈書〉〈物³を〉楽しむ；《軽蔑》〈他人の失敗・驚き・不幸³を〉小気味よさそうに見る, おもしろがる.

Weiden·kätzchen 匣（-s/-）《主に複》柳の穂状花序, ネコヤナギ〔の花[穂状花序]〕.

weigern [ヴァイガァン] 再 sich⁴〈(+ zu 不定詞)〉〈〔…することを〕拒む, 好まない, 欲しない.

Weigerung [ヴァイゲルング] 囡（-/-en）拒絶, 拒否；辞退, 謝絶.

Weih·bischof [ヴァイ..] 男（-s/..bi-schöfe）〖カトリック〗助司教.

Weihe [ヴァイエ] 囡（-/-n）❶ (a)神聖にすること, 清祓（ｷﾖﾊﾞﾗｲ）（式）；奉献（式）；〖カトリック〗聖別（式）. (b)僧職授与（式）；〖カトリック〗叙階式. ❷《書》神聖さ, 尊厳.

weihen [ヴァイエン] ((I)) 他 ❶〈(zu ③)〉〖カトリック〗〈人⁴に〈物³の〉〉聖職を与える；〈人⁴を物³の〉聖職位に叙任する. ❷〖カトリック〗清める, 神聖にする, 祓（ﾊﾗ）う, 聖別する. ❸〈③〉〈人・物⁴を〉捧（ｻｻ）げる. ((II)) 再 sich⁴〈③〉〈物³に〉身を捧げる.

Weiher [ヴァイアー] 男（-s/-）池, 小沼；養魚池.

Weihnachten [ヴァイナハテン] 匣（-/-）★ 複数として用いられることがある. ❶〖キリスト教〗クリスマス, 聖誕節, キリスト降誕祭（12月25日）. ❷《口》クリスマスの贈り物, クリスマスプレゼント. **Frohe ~!** メリークリスマス. **weiße [grüne] ~** ホワイトクリスマス［雪のないクリスマス］. 5級

weihnachtlich [ヴァイナハトリヒ] 形 クリスマスの, クリスマスらしい.

Weihnachts·baum [ヴァイナハッ..] 男（-(e)s/..bäume）クリスマスツリー.

Weihnachts·feiertage 複 クリスマスの祝日（12月25・26日を指す）.

Weihnachts·fest 匣（-(e)s/-e）クリスマス, キリスト降誕祭.

Weihnachts·geschenk 匣（-(e)s/-e）クリスマスプレゼント.

Weihnachts·lied 匣（-(e)s/-er）クリスマス祝歌.

Weihnachts·mann 男（-(e)s/..männer）❶《比》サンタクロース. ❷《俗》単細胞, まぬけ.

Weihnachts·markt 男（-(e)s/..märkte）クリスマスの時期にその用品を売る）クリスマスの市.

Weihnachts·tag 男（-(e)s/-e）クリスマスの祝日（単数では12月25日,

複数では普通25, 26日を指す)). ♦ der erste ～ 12月25日.

Weih·nachts·zeit 囡(-/) クリスマスの季節((第1 Advent から年末まで));(特に)クリスマスイヴとクリスマスの祝日((12月24, 25, 26日)).

Weih·rauch 男(-(e)s/) ❶ 香, 抹香, 燻香, 乳香;香煙. ❷ 賛美, へつらい, 追従(ﾂｲｼｮｳ), おせじ.

Weih·wasser 中(-s/)〖カトリック〗聖水.

weil [vaɪl ヴァイル] 接《従属》《理由・原因》…であるから, …であるので, …という理由で, …のゆえに. ♦ Ich kann nicht kommen, ～ ich stark erkältet bin. ひどい風邪をひいているので行けません. ＊相関語句と呼応することがある:Ich kann darum [deshalb, deswegen] nicht kommen, ～ ich erkältet bin. 4級

Weilchen [ヴァイルヒェン] 中(-s/) 少しの間.

Weile [ヴァイレ] 囡(-/) (一定の)時, しばらくの間(ｱｲﾀﾞ).

weilen [ヴァイレン] 自《書》とどまる, 止まる;滞在[逗留]する;ぐずぐずする, ためらう.

Weimar [ヴァイマーァ] 中(-s/) ヴァイマール((ドイツ中部の都市)).

Wein [vaɪn ヴァイン] 男(-(e)s/《種類-e》 ❶ ワイン, ブドウ酒. ❷《単》ブドウ(の木);ブドウの房[実]. ❸ (ブドウ以外の)果実で造った酒. ◨ *reinen ～ einschenken* 人³に本当の事を打ち明ける. 5級

Wein·berg 男(-(e)s/-e) ブドウ栽培の斜面;ブドウ畑.

Weinberg·schnecke 囡(-/-n)〖動〗エスカルゴ((食用カタツムリ)).

Wein·brand 男(ブドウ酒を蒸留して作るドイツ製の)グレープブランデー.

weinen [vaɪnən ヴァイネン] ((I)) 自(↔ lachen) ❶ (悲しみのため)泣く, むせび泣く. ❷《動詞本来の目的語ではない4格と》♦ *bittere Tränen ～* むせび泣く. *sich³ die Augen rot ～* 目を真っ赤に泣きはらす. ((II)) 再 sich⁴《＋結果》♦ sich⁴

tot [zu Tode] ～ 死ぬほど泣く. *Das ist zum Weinen!* 泣きたいくらいです. 4級

weinerlich [ヴァイナーリヒ] 形 泣きやすい, 泣き虫の, 涙もろい;泣き出しそうな.

Wein·essig 男 ブドウ酢, ワインビネガー.

Wein·flasche 囡 ワインボトル.

Wein·glas 中 ワイングラス.

Wein·karte 囡(-/-n) ワインリスト.

Wein·krampf 男 しゃくり泣き.

Wein·lokal 中(-(e)s/-e) ワインを中心とする飲み屋, ワイン酒場.

Wein·probe 囡(-/-n) ❶ ワイン試飲. ❷ ワインの見本.

Wein·rebe 囡(-/-n) ❶〖植〗ブドウ属. ❷ ワイン生産に用いられるブドウの房;ブドウの小枝.

wein·rot 形 ワインレッドの.

Wein·stock 中(-(e)s/..stöcke) (一本一本の)ブドウの木.

Wein·stube [ヴァインシュトゥーベ] 囡 小さなワイン酒場.

Wein·traube 囡 ブドウの房.

weise [ヴァイゼ] 形《比較 weiser》賢い, 賢明な;悟った;思慮のある, 分別のある.

Weise [ヴァイゼ] 囡(-/-n) ❶ やり方, 流儀, 習慣, 風習;くせ;流行;状態, 様子;態度. ❷〖音楽〗旋律, メロディー;歌. *auf diese ～* このやり方で, このようにして.

Weise(r) [ヴァイゼ(ザー)] 男 囡《形容詞的変化》賢者, 賢人.

weisen* [ヴァイゼン] 過 wies;過分 gewiesen) ((I)) 他 ❶〈③〉 ④〉 〈(人³

① 1格 ② 2格 ③ 3格 ④ 4格

に)物⁴を示す, 教える, 見せる, 指示する. ❷《④＋場所》〈人⁴を…に〉行かせる, 送る;〈人⁴を…から〉追い出す, 出ていくよう指示する. ♦ aus dem Lande ～ 人を国外に追放する. 《(II)》自《＋場所》示す, 指す.

Weisheit [ヴァイスハイト] 囡(-/-en) ❶《単》賢いこと, 知恵のあること;賢明(さ), 聡明, 知恵;思慮, 分別. ❷《単》知識, 学識. ❸ 教訓, 教え;格言, 金言;真理. *mit seiner ～ am* [*zu*] *Ende sein* (口) 途方にくれる, 万策尽きる.

Weisheits·zahn [ヴァスハイツ..] 男 (-(e)s/..zähne) 知恵歯, 親知らず.

weis|machen [ヴァイスマヘン] 他《③ ④》〈人³に事⁴を〉もっともらしく話す, 〈人³をだまして事⁴を〉信じさせる.

weiß¹ [ヴァイス] 形 ❶ 白い, 白色の;白っぽい;蒼白の;無色の;無垢な, 潔白な. ❷ 白人種の. *~ wie die Wand* とても白い, 蒼白である. 5級

weiß² [ヴァイス] wissen の 1・3 人称単数現在形.

Weiß [ヴァイス] 中 (-(e)s/-) ❶ 白. ❷ 白衣.

weissagen [ヴァイスザーゲン]《過分 geweissagt》他《③》《④》〈人³に〉物⁴を〉予言する;予知する, 徴候を示す.

Weis·sagung [..ザーグング] 囡(-/-en) 予言;予知.

Weiß·bier 中(-(e)s/-e 白ビール((ベルリン名物)).

Weiß·brot 中(-(e)s/-e) (小麦粉製の)白パン.

Weiß·dorn 男(-(e)s/-e) 〔植〕サンザシ属, (特に)セイヨウサンザシ.

weißen [ヴァイセン] 他 白くする, 白く塗る;〈物⁴に〉白ペンキを塗る.

Weiß·glut 囡(-/) (金属の)白熱(状態).

weiß·haarig 形《副なし》白髪の.

Weiß·herbst 男(-(e)s/-e) 《唯》ロゼワイン.

Weiß·kohl 男(-(e)s/) 〔植〕〔北部〕白キャベツ.

Weiß·kraut 中(-(e)s/) 〔南部, オーストリア〕＝ Weißkohl.

weißlich [ヴァイスリヒ] 形 白っぽい, 白味がかった, 白味を帯びた.

weißt [ヴァイスト] wissen の 2 人称単数現在形.

Weiß·wein 男(-(e)s/-e) 白ワイン.

Weiß·wurst 囡(-/..würste) 白ソーセージ (バイエルン産が有名).

Weisung [ヴァイズング] 囡(-/-en) (書) 指示, 指図, 表示;命令, 訓令.

weit [vait ヴァイト]《比較 -er; 最上 -est》《(I)》形 ❶《空間的・平面的の》 広い, 広大な;幅の広い;(＋→ eng) 広い, 広大な;幅の広い;(衣服が) ゆったりした;範囲の広い. ❷《距離的・時間的の》(↔ kurz) 長い, 隔たった;遠い, はるかな. ❸《程度》進んだ. *bei Weitem* [*~em*] はるかに, ずっと, 格段に. *Das führt zu ~*. それは行きすぎです, 本題からはずれています. *es ～ bringen* 成功[出世]する, 進歩[熟達]する. *So ～, so gut.* ここまではそれでいい. *von Weitem* [*~em*] 遠方から, 遠くから. *(mit ③) zu ～ gehen* (事³について)度を越している, 極端だ「やりすぎだ, 大げさすぎる」. *Das geht zu weit!* それは何でもひどすぎる. 《(II)》副 広く;遠く;はるかに, ずっと. *~ reichend* ⇒ weitreichend. *~ verbreitet* ⇒ weitverbreitet. 5級

Weit·blick 男(-(e)s/) ❶ 先見の明, 将来への見通し. ❷ 展望, 見晴らし.

Weite [ヴァイテ] 囡(-/-n) ❶ 広いこと;広さ, 広がり;幅;(管などの)直径;(銃の)口径;〔工〕(歯車の歯・ねじ山などの間の)ピッチ;〔理〕振幅;(船体の)最大幅, 容積;〔服〕サイズ, 寸法;余地;(概念などの)広さ;広い場所. ❷ 遠いこと;遠さ, 距離;遠い所, 遠方;(スキー・ジャンプなどの)到達距離.

weiten [ヴァイテン]《(I)》他〈靴などを〉広くする, 広げる. 《(II)》sich⁴ 広くなる, 広がる.

weiter [vátər ヴァイター]《weit の比較級》《(I)》形 ❶ より広い, より遠い. ❷ その外の, それ以外の;これ以上の. *nichts ～ (als...)* もう他に「もうこれ以上」何も…ない;それ以外の何物でもない. *ohne Weiteres* [*~es*] 1) 無造作に, 苦もなく. 2) 躊躇(ちゅうちょ)なく,

あっさりと. *bis auf Weiteres* [~es] さしあたり, 当分のあいだ. 《(II)副》❶より広く, より遠く. ❷さらに続けて[続いて], 引き続き. ❸その外に, それ以外;これ以上. *und so ~* 等々(略:usw.). 4級

weiter.. [ヴァイター..]《前綴》《分離》❶「移動の継続」: weiterfahren. ❷「行為・状態の継続」: weiterarbeiten. ❸「次の人・第三者へ回す」: weitersagen.

weiter|bilden [ヴァイタービルデン] 《(I)》他〈人⁴に〉さらに(上級の)教育訓練を施す. 《(II)》再 sich⁴ さらに勉強[修業, 訓練]を続ける.

Weiter-bildung 女(–/) さらに勉強する[教育を受ける]こと.

weiter|bringen* [ヴァイターブリンゲン] 他 進める, 先へやる, 促進[助成]する.

weiter|erzählen 他 語り伝える.

weiter|fahren* 自 ❶ⓢ さらに[引き続き]乗り物で[乗り物が]行く. ❷ⓑⓢ《南ド・ﾃﾞ》引き続き…する, …を引き続き行う.

weiter|führen 《(I)》他 ❶〈路線などを〉さらに先へ延ばす. ❷さらに続ける. ❸さらに前進[進歩]させる. 《(II)》自〈道¹などが〉さらに先へ延びている.

weiter|geben* [ヴァイターゲーベン] 他 〈順を追って〉次へ渡す[回す];〈効果・影響などを〉次へ回す[及ぼす]; 《ｽﾎﾟ》〈ボール⁴などを〉パスする.

weitergegeben weitergeben の過去分詞.

weiter|gehen* 自ⓢ ❶先に進む, 進展する;〈進行を〉続ける;〈道¹などが〉続く. ❷《非人称で》その調子でよい.

weiterhin [ヴァイターヒン] 副 ❶今後も, 引き続き. ❷その上, さらに.

weiter|kommen* 自ⓢ ❶さらに先へ進む[前進する]. ❷《ｽﾎﾟ》勝ち進む.

weiter|machen [ヴァイターマッヘン] 自〈mit ³〉〈事³を〉続行する, 再開する. *Mach nur so weiter!* そうしていればいいさ(きっと悪い結果になるよ).

weiter|sagen 他〈人から聞いたこと⁴を〉さらに他の人に伝える.

Weiterung [ヴァイテルング] 女(–/–en)《主に複》《書》不都合(な結果).

weiter|verbreiten 《(I)》他 言い広める. 《(II)》再 sich⁴ さらに広まる(ニュース・伝染病など).

weit·gehend, weit gehend (比較 weiter gehend, weitergehender, (まれ) weitergehend;最上 weitestgehend, am weitesten gehend) ❶《付加》広い, 広大な, (効果・影響などが)広範囲に及ぶ, 遠くに及ぶ. ❷《副のみ》相当に, 大分, かなり.

weithin [ヴァイトヒン] 副 ❶遠くまで. ❷広く, 一般に. ❸相当に, 高度に.

weitläufig [ヴァイトロイフィヒ] 形 ❶広い, 広大な, ゆったりとした(空間の)((庭・建物など)). ❷遠縁の. ❸非常に詳しい;だらだらした, 冗長な.

weit·reichend 形《副なし》❶(効果・影響などが)遠くまで及ぶ, 遠くに達する;遠大な. ❷射程の長い((大砲など)).

weit·sichtig 形(↔ kurzsichtig) ❶《副なし》遠視の. ❷先見の明のある, 達見の.

Weitsichtigkeit [..カイト] 女(–/) ❶遠視. ❷(まれ) 先を見越した考え[行動], 先見の明.

Weit·sprung 男(–(e)s/..sprünge)《陸上競技》❶《単》走り幅跳び. ❷走り幅跳びの試技.

weit·verbreitet [ヴァイトフェァブライテット] 形《付加》広まった, 普及した, 広く分布した((植物など)).

Weitwinkel·objektiv 中(–s/–e)《写》広角レンズ.

Weizen [ヴァイツェン] 男(–s/–)《植》コムギ(小麦)((植物または実)).

welch [ヴェルヒ] 副《感嘆文で;主に不定冠詞 ein, 形容詞を伴い, 無変化で》なんと, なんたる. ♦ *Welch (ein) schöner Tag!* なんて美しい日でしょう.

welche [ヴェルヒェ]⇨welcher.

welchem [ヴェルヒェム]⇨welcher.

welchen [ヴェルヒェン]⇨welcher.

welcher [vέlçɐr ヴェルヒャー]

格	男性	女性	中性
1	welcher	welche	welches
2	welches	welcher	welches
3	welchem	welcher	welchem
4	welchen	welche	welches

| 複数1 welche | 複数3 welchen |
| 複数2 welcher | 複数4 welche |

((I)) 代〈疑問〉(英 which) ❶ どちら, どれ. ◆ Welches Auto gehört dir? 君の車はどれですか. ~ der beiden 両者のうちのどちら[どれ]が. ❷〈間接疑問文で;副文を導いて〉◆ Ich weiß nicht, aus welchem Grund er das getan hat. 彼がどんな理由でそれをしたのか分かりません. ((II)) 代〈関係〉〈副文を導いて〉◆ das Buch, welches ich lese 私が読んでいる本. ((III)) 代〈不定〉〈文頭には現れない〉❶〈複数形で〉いくつか;何人か. ❷〈単数形で〉いくらか **5級**

welches [ヴェルヒェス] ⇨welcher.

welk [ヴェルク] 形〈副なし〉❶しおれた, しぼんだ ((花・葉など)). ❷しなびた ((皮膚など)).

welken [ヴェルケン] 自(S) ❶〈花・葉¹などが〉枯れしぼむ, しおれる. ❷〈皮膚¹などが〉しなびる.

Well·blech [ヴェル..] 回 (-(e)s/-e) 波形鉄板, 波形ブリキ板.

Welle [ヴェレ] 囡 (-/-n) ❶波, 波浪, 波濤(とう);起伏, うねり;(髪の)ウェーブ. ❷〔理〕波, 波動;周波数;[ラジオ]電波, 波長. ❸〔工〕回転軸, 軸, 心棒, シャフト. ❹〔体操〕(鉄棒で)回転すること, 車輪. ❺(新しい)動き, 動向, 運動;流行. hohe ~n schlagen 大反響を巻き起こす, 大きな波紋を広げる.

Wellen·bad 回 (-(e)s/..bäder) 人工波のあるプール.

Wellen·bereich 男 (-(e)s/-e) 〔理〕周波数帯.

Wellen·brecher 男 (-s/-) ❶防波堤. ❷船舶の波よけ.

Wellen·gang 男 (-(e)s/) (海での)波(浪)の動き.

Wellen·länge 囡 (-/-n) ❶〔理〕波長. ❷(口)考え方.

Wellen·sittich 男 (-s/-e) 〔鳥〕セキセイインコ.

Well·fleisch 回 (-(e)s/) 〔料理〕畜殺したての豚のバラ肉を煮たもの.

wellig [ヴェリヒ] 形 波立つ;波動する;波状の;ウェーブした(髪).

Wellpappe [ヴェルパッペ] 囡 (-/-n) 段ボール.

Wels [ヴェルス] 男 (-es/-e) 〔魚〕ナマズ(科);(特に)ヨーロッパナマズ, ダニューブナマズ.

Welt [velt ヴェルト] 囡 (-/-en) ❶《単》全宇宙, 天地. ❷《単》地球, 地上;この世;(人間の生活の場としての)世界. ❸《単》世間, 世の中, 世人, (世間の)人々. ❹ヴェルト(日刊紙). auf der ~ この世で[に]. in der ganzen ~ 世界中で[に]. auf die ~ kommen = zur ~ kommen (この世に)生まれてくる. ④ zur ~ bringen 子供³を生む. aus der ~ gehen [scheiden] この世を去る. ④ aus der ~ schaffen 物⁴をこの世からなくす. die Neue ~ 新世界((アメリカ)). die Alte ~ 旧世界((ヨーロッパ)). die Dritte ~ 第三世界, 発展途上国. die Vierte ~ 第四世界((最も貧しい発展途上国)). in einer anderen Welt leben 浮世ばなれしている. **5級**

Welt·all 回 (-s/) 天地万物, 宇宙, 万有.

Welt·anschauung 囡 (-/-en) 世界観.

Welt·ausstellung 囡 (-/-en) 万国博覧会.

welt·berühmt 形〈副なし〉天下に名高い, 世界的名声のある.

weltfremd [ヴェルトフレムト] 形 実情を知らない, 世事にうとい, 世間離れした ((学者・夢想家など)).

Welt·friede(n) 男 (-s/) 世界平和.
Welt·geschichte 囡 (-/) 世界史.
Welt·karte 囡 (-/-n) 世界地図.
Welt·krieg 男 (-(e)s/-e) 世界大

①1格 ②2格 ③3格 ④4格

戦.

weltlich [ヴェルトリヒ]形 ❶世界の. ❷この世の, 現世の; 俗世の; 世俗的な. ❸《主に付加》世俗の, 非宗教[非教会]的な, 聖職に関係しない; 実生活に適した.

Welt·literatur 女(-/-) 世界文学.

Welt·macht 女(-/..mächte) 世界の強国, 世界の覇権国.

Welt·markt 男(-(e)s/-) 世界市場.

Welt·meister 男(-s/-)【スポ】世界チャンピオン, 世界選手権保持者.

Welt·meisterschaft 女(-/-en)【スポ】(略: WM) ❶世界選手権, ワールドカップ. ❷世界選手権試合[大会].

Welt·politik 女(-/-) ❶世界政策, 対外[対世界]政策. ❷世界の政治情勢.

Welt·raum [ヴェルトラオム]男(-(e)s/-) 宇宙(空間).

Welt·reise 女(-/-n) ❶世界(一周)旅行. ❷(口)大旅行, 大変な旅.

Welt·rekord 男(-(e)s/-e)【スポ】世界(的)記録.

Welt·religion 女(-/-en) 世界宗教((キリスト教・仏教・イスラム教など)).

Weltsicherheitsrat [ヴェルトズィヒャーハイツラート]男(-(e)s/-) (国連の)安全保障理事会.

Welt·sprache 女(-/-n) 世界に広く通用する言語, 国際語.

Welt·stadt 女(-/..städte) 世界的大都市 ((人口百万人以上の)); (いわゆる)国際都市.

weltweit [ヴェルトヴァイト]形《述語なし》世界的な, 世界規模の.

Welt·wirtschaft 女(-/-) 世界経済.

Welt·wunder 中(-s/-)(口) 世にも不思議な物. *die Sieben ~* 世界の七不思議.

wem [ヴェーム] wer の3格.

wen [ヴェーン] wer の4格.

Wende [ヴェンデ]女(-/-n) ❶(主義・主張・政策などの)変更, 転回; 時(節)の変わり目, 転換期. ❷【スポ】回転, 転回; 方向転換.(水泳などの)ターン.

Wende·kreis 男(-es/-e) ❶回帰線. ❷【工】(車などの)回転半径.

Wendel·treppe [ヴェンデル..]女(-/-n)【建】回り階段, 螺旋階段.

wenden* [ヴェンデン](過 wandte, wendete; 過分 gewandt, gewendet) ((I))他《弱変化》❶ひっくり返す, 振り向ける, 裏返しにする,〈ページ〉などをめくる. ❷〈+場所〉(何度も)向ける, 向け直す. ❸〈車〉などの〉向きを変える, ターンさせる. ((II))他《強変化》❹〈an 4〉〈物⁴を事⁴に〉用いる, 費やす. ((III))再 sich⁴ ❶〈物¹がひっくり返る;人¹が〉(体の)向きを変える, 振り返る. ❷(質的に)変わる, 転じる. ❸(a)〈an 4〉〈人⁴に〉相談する, 助言などを求める, 頼る. (b)〈書物〉などが〉〈人⁴に〉向いている. ❹〈(gegen 4)〉〈(人・物⁴に)〉反対[反論]する. ❺〈von 3〉(書)〈人³と〉疎遠になる, 没交渉になる. ♦ sich⁴ zum Gehen [zur Flucht] ~ 出かけよう[逃げよう]とする. ((IV))自《弱変化》〈車・帆船¹などの〉向きを変える; (陸上・水泳競技などで)折り返す, ターンする. *Bitte ~!* 裏返してください, 裏面もごらんください.

Wende·punkt 男(-(e)s/-e) 転回点; 転回期, 変わり目, 分岐点; 危機;【天】回帰点(夏至点・冬至点));【数】変曲点.

wendig [ヴェンディヒ]形 ❶操縦[運転]しやすい((車など)). ❷機転の利く, 機敏な.

Wendig·keit [..カイト]女(-/-) 操縦しやすさ; 機転.

Wendung [ヴェンドゥング]女(-/-en) ❶転回, 転向; 方向転換;【海】風向順転. ❷屈折, 湾曲. ❸言い回し, 成句, 熟語, 表現法.

wenig [véːnɪç ヴェーニヒ](比較 **weniger, minder**; 最上 **wenigst, mindest**) ((I))形《付加》❶〈単数の物質名詞・抽象名詞と共に用いられた場合は語形変化しない(量・程度が)わずかな, わずかし[ほとんど]ない, 少ない; (ほんの)少しの, 少量の. ❷《複数名詞》(数が)わずかな, (ほんの)少しの, 少数の, わずかし[ほとん

①1格 ②2格 ③3格 ④4格

weniger [ヴェーニガー](wenig の比較級;⇒ minder) (**I**)《不変化》形 より少ない, よりわずかの, より少数[少量]の. ◆mehr oder ~ 多かれ少なかれ, 程度の差こそあれ, 多少とも. ~ ..., sondern mehr als ... = ~ ..., als ... ではなく, むしろ ... である. nicht ~ als ... ... を下らない. nicht ~ als ... ... 以外のなにものでもない, まさに ... である. (**II**)代《不変化》より少ない人[事, 物]. (**III**)副より少なく. ◆mehr oder ~ 多かれ少なかれ, 程度の差こそあれ, 多少とも. ~ ... als ...《劣等比較》... というよりは, むしろ .... ~ ..., sondern mehr als ... (または) ~ ..., als (vielmehr) ... ではなく, むしろ ... である. (nicht ...,) viel ~ ... いわんや ... ない, まして ... ない. nicht ~ ... (als ...) (... に) 劣らず[同様に] ... である. (**IV**)接(口)《引き算で》引く, マイナス.

wenigst [ヴェーニヒスト](wenig の最上級;⇒ mindest) (**I**)形《付加;定冠詞類と》最も少ない, (**II**)形《独立的用法;定冠詞類と》最も少ない人々[事, 物]. *am wenigsten* 最も少なく. *zum wenigsten* せめて, 少なくとも.

wenigstens [véːnɪçstəns ヴェーニヒステンス]副 少なくとも, せめて. **4級**

wenn [vɛn ヴェン]《後続の主文の先頭に so,dann を置くことがある》接《従属》❶《時に関して》(英 when) (a)《時点》... するとき, ... する場合. (b)《同時》... するとすぐに. (c)《反復; immer, jedesmal と共に》... するときにはいつも, ... するたびに. ★als を用いると, 過去に1度の出来事を表す. (d)《条件;否定文を伴って》... しない限り[うちは]. *erst ~ ...,* ... して初めて. *nur ~ ...,* ... するときだけ, ... する場合にだけ[のみ]. ❷《条件》(英 if) (...する)場合には. (a)《条件;実現可能》... であれば, ... すれば;《前提的事実》... である以上は[からには]. (b)《条件; sollte (接Ⅱ)と共に;主文の定形は直説法現在か接続法Ⅱ式》(万が一) ... であれば[... すれば]. (c)《仮定;接続法Ⅱ式と共に;非現実表現》(仮に)...するならば. ★接続の後続の主文の語順には影響を及ぼさない;主文の先頭に so または doch がある場合は別 (a)《auch [schon, gleich] と共に》(事実)...ではあるが, ...であっても. (b)《auch [selbst, sogar, und] wenn と共に》たとえ ... しても. ❹《願望;bloß, doch, nur と共に;接続法Ⅱ式で》結論部(よい[よかった]のに)の省略》... であればなあ, ... であったらなあ. ❺《非現実の比較;als, wie と共に;接続法Ⅱ式で;⇒ als ob》(口) あたかも ... であるかのように. ❻《ほとんど dass の意》. ❼《対立;während (dagegen) の意》... であるのに(反して), ... する一方では. **4級**

wenngleich [ヴェングライヒ]接《従属》たとえ ... するとも[しても], ... ではあるが.

wennschon [ヴェンショーン]接 (Na) ~! (口) たとえそうだったとしても(どうということはない). *Wennshon, denn schon!* 毒を食らわば皿まで.

wer [veːr ヴェーァ](英 who)

格	1	2	3	4	複数
	wer	wessen	wem	wen	なし

《性・数にかかわらず人について》(**I**)代《疑問》❶だれが. ◆~ von euch 君たちのうちのだれか. *Wer weiß?* だれが知っていようか(だれも知らない). ❷《間接疑問文で;副文を導いて》◆*Wessen Auto ist das?* それは誰の車ですか. ★*Wem gehört das Auto?* の方が普通. *Sage mir, ~ das getan hat!* 誰がそれをしたか言いなさい. ❸《許容文で;副文を導いて》◆*Wer auch immer ...,* (たとえ)誰が ... にせ

[と]しても. 《(II)の〈関係〉副文を導いて》《不定関係代名詞;先行詞なしにおよそ…する人[者]. 《(II)の〈不定〉》(口) ❶だれか. ((★jemandを用いるほうが良い)). ❷ひとかどの[りっぱな]人. 5級

Werbe·abteilung [ヴェァベ..]囡(企業内の)広告担当部門, PR部.

Werbe·agentur 囡 広告代理店.

Werbe·fernsehen 匣(-s/) テレビのコマーシャル放送.

Werbe·funk 男(-s/) ラジオのコマーシャル(担当部門).

werben* [ヴェァベン] 過 warb; 過分 geworben)《(I)⑩》❶《für ④》〈物⁴を〉宣伝する;《事⁴のために〉運動する. ❷《um ④》〈人·物⁴を〉得ようと努める. 《(II)他》勧誘する, 募る, 募集する.

Werbe·trommel 囡 *für* ④ *die ~ rühren* [*schlagen*]〈人·物⁴を〉鳴り物入りで宣伝する.

Werbung [ヴェァブング] 囡(-/-en) ❶《単》(a)広告, 宣伝, プロパガンダ. (b)(会社などの)広告宣伝部. ❷《書》(a)求愛;求婚, プロポーズ. (b)(予約購読者などの)募集.

Werde·gang [ヴェァーデ..] 男(-(e)s/..gänge) ❶発展の過程;成長の過程, 経歴. ❷(工業製品などの)製造工程.

werden* [véːrdən ヴェーァデン]

現在	ich werde	wir werden
	du wirst	ihr werdet
	er wird	sie werden

過去	ich wurde	wir wurden
	du wurdest	ihr wurdet
	er wurde	sie wurden

| 過分 | geworden | 接II würde |

★《書》過去形でwardもある. 《(I)⑩》⑤ ❶〈…の状態に〉なる. ❷(a)生ずる, 起こる;生まれる, 生長する. (b)(口)できあがる;ものになる;良くなる. 《(II)⑩》《受動;過去分詞と;受動の命令にはseinを用いる》…れる, …られる. 《動作受動》◆*Er wird von dem Mädchen gelobt.* 彼はその女の子からほめられます. ❷《命令表現として》◆*Jetzt wird (aber) gearbeitet!* (口) さあ仕事だ. 《(III)⑩》《未来推量;不定詞と》(…)だろう ❶(a)《主に3人称で;未来推量》…するだろう. (b)《主に1人称で;意図》…するつもりだ. …してあげる. (c)《主に2人称で;命令》…するようにしなさい. ❷推量;主に完了不定詞と)(a)《過去に対する現在からの推量》…したのだろう. (b)《未来に完了する事柄に対する推量》…してしまっているだろう. ❸《接続法II式で;非現実, または非現実であるにせよ述べる控え目な表現》◆*Ich würde an deiner Stelle, …* 私が君の立場なら…だろうに. 5級

werfen* [vérfən ヴェァフェン]

現在	ich werfe	wir werfen
	du wirfst	ihr werft
	er wirft	sie werfen

過去	ich warf	wir warfen
	du warfst	ihr warft
	er warf	sie warfen

| 過分 | geworfen | 接II würfe |

《(I)他》❶(手で)投げる. ❷《④ +場所》投げ入れる, 投げこむ, 投げ出す, 投げかける. ❸〈影·泡〉などを生じる, 成す. ❹(哺乳動物が)〈子⁴を〉生む. 《(II)⑩》sich⁴《+場所》❶(a)体を投げ出す事, 投げる. (b)《auf ④》〈物⁴に〉没頭する, 熱中する. ❷〈木材·ドア〉などが〉(乾燥などにより)反り返る. 《(III)⑩》〈mit ③〉〈(物³を)〉投げる. 5級

Werft [ヴェァフト] 囡(-/-en) ❶造船所, ドック. ❷航空機の整備工場.

Werk [vɛrk ヴェァク] 匣(-(e)s/-e) ❶(a)(学問·芸術などの)作品;所産. (b)著作, 論文, 文書, 書籍. (c)(一人の芸術家の)全作品. 《単》仕事, 作業. ❸行為, 行動. ❹堡塁(ほうるい). ❺工場, 工業施設. ❻(機械などの)装置,

Werkbank

仕掛け. *sich⁴ ans ~ machen* 仕事に取りかかる. *ein gutes ~ machen* 善行をなす. *am ~ sein* 働いている. **4級**

Werk·bank 囡 (–/..bänke) 作業[仕事, 細工]台.

werken [ヴェァケン] 圓 (手足を使って)働く.

Werk·statt 囡 (–/..stätten) (自動車などの)修理工場; (芸術家の)工房, スタジオ, アトリエ.

Werk·stoff 男 (–(e)s/–e) (加工用)材料 ((鋼板・丸棒・材木などの)).

Werk·tag 男 (–(e)s/–e) 仕事日, 平日.

werk·tags 副 仕事日に, 平日に.

werk·tätig 厖 《副なし》仕事を持っている, 職に就いている.

Werktätige(r) [ヴェァクテーティガー] 男/囡《形容詞変化》就労者.

Werkzeug [ヴェァクツォイク] 史 (–(e)s/–e) ❶ 道具, 工具. ❷《単》道具一式. ❸傀儡(炊), 操り人形. **5級**

Werkzeug·kasten 男 (–s/..kästen) 道具[工具]箱.

Wer·mut [ヴェーァ..] 男 (–(e)s/–s) ❶〔植〕ニガヨモギ. ❷苦汁, 苦い経験.

wert [veːrt ヴェーァト] 厖 ❶《⁴を》〈物²に〉値する, ふさわしい. ❷《②; ③ ④》〈物²の; 人³に〉物⁴の〕値打ち[価値]がある. ❸《副なし》(やや古) (特に呼びかけて) 親愛なる, 敬愛する; 大切な, 貴重な. **4級**

Wert [veːrt ヴェーァト] 男 (–(e)s/–e) ❶《単》**(a)** 価格, 値段. **(b)** 価値. ❷《複》**(a)** 高価なもの, 高額品. **(b)** 価値あるもの. ❸数値. ❹ (それぞれの値段の)郵便切手. ❺《複》有価証券. *auf ④ ~ legen* 物⁴に重きをおく, 物⁴を重視する. *Das hat (doch) keinen ~.* それは無価値だ, 何の役にも立たない.

wert·beständig 厖《副なし》(通貨の)価値の安定した.

werten [ヴェーァテン] 画 評価する; 〔斑〕 (演技・試技に対し) 点数を出す, 採点する.

Wert·gegen·stand 男 (–(e)s/..stände) 値打ちのある品物, 貴重品.

---

achthundertsechsunddreißig 836

wertlos [ヴェーァトロース] 厖 (最上 ~est) 価値のない, つまらない.

Wert·papier 史 (–(e)s/–e)《主に複》有価証券.

Wert·sache 囡 (–/–n)《主に複》有価物, 貴重品 ((特に装身具類)).

Wert·sendung 囡 (–/–en)〔郵〕価格表記郵便物.

Wertung [ヴェーァトゥング] 囡 (–/–en) ❶《単》価値を認めること. ❷ 評価, 判定; 〔斑〕 (点数) 評価, 採点.

Wert·urteil 史 (–(e)s/–e) 価値判断, 評価.

wertvoll [ヴェーァトフォル] 厖《副なし》(大いに) 価値のある, 有用な, 重要な, 貴重な; 高価な; りっぱな ((人間など)). **4級**

Wesen [ヴェーゼン] 史 (–s/–) ❶《単》本質. ❷《単》(人間の)本性, 人柄, 性質, 態度. ❸ **(a)** 存在. **(b)** (―・人間. **(c)** 生き物. ❹《単》(古) 営み, 活動. ❺《単》制度, 組織.

wesentlich [ヴェーゼントリヒ]《(I)》厖《副なし》本質的な; 主要な, 重要[重大]な. *im Wesentlichen* 1) 本質的には, 概して, 大体 [大筋] においては. 2) まず第一に, 主として. 《(II)》副《強調的に》❶ とても, 全く. ❷《比較級の前で》ずっと.

weshalb [ヴェスハルプ, ヴェスハルプ]《(I)》副《疑問を示して》何ゆえに, 何のために. 《(II)》接《従属》《結果》そのために, それゆえに. **5級**

Wespe [ヴェスペ] 囡 (–/–n)〔昆〕スズメバチ.

Wespen·nest 史 (–(e)s/–er) スズメバチの巣.

wessen [ヴェッセン] wer 及び was の2格形.

West [ヴェスト] 男 (–(e)s/–e) ❶《単; 無冠詞》**(a)** 西 ((略: W)). **(b)**《都市名の後に付けて》西部 ((略: W)). ❷《主に単》〔海・詩〕西風.

west·deutsch 厖 ❶ ドイツ西部の. ❷ (再統一以前の)西ドイツの.

West·deutschland 史 (–s/)《主に無冠詞》〔史〕西ドイツ ((ドイツ連邦共和国)).

---

1 1格 2 2格 3 3格 4 4格

Weste [ヴェステ] 囡(–/–n)《服》ベスト, チョッキ, 胴着.

Westen [véstən ヴェステン] 男(–s/)《無冠詞で》❶《方角》西 (略:W). ❷《政》西側(諸国);(統一以前の 東独から見た)西ドイツ. 4級

Westen·tasche 囡(–/–n) チョッキのポケット.

Western [ヴェスタァン] 男(–(s)/–)西部劇, ウェスタン((映画・小説)).

West·europa 中(–s/) 西ヨーロッパ.

Westfalen [ヴェストファーレン] 中(–s/) ヴェストファーレン ((Nordrhein-Westfalen 州の北東部)).

westfälisch [ヴェストフェーリッシュ] 形 ヴェストファーレンの.

westlich [ヴェストリヒ] ((I)) 形 西の, 西方の, 西方からの, 西方への. ((II)) 副《2格支配》…の西方に[へ]. ★冠詞のない名詞の場合は~ von ③を用いる. 4級

westwärts [ヴェストヴェァツ] 副 西方へ.

West·wind 男(–(e)s/–e) 西風.

weswegen [ヴェスヴェーゲン] 副 なぜ.

Wett·bewerb [ヴェットベヴェァプ] 男(–(e)s/–e) ❶競争;(学校の)展覧会, コンクール, コンテスト. ❷《単》(企業間での)競争.

Wette [ヴェッテ] 囡(–/–n) ❶賭け, 賭け事. ❷競馬での賭け. *um die* ~ 1) 競って. 2) 争って, 負けじと.

Wett·eifer 男(–s/) 競争(心), 負けん気.

wetten [ヴェッテン] ((I)) 自 賭けをする, 賭ける. ((II)) 他〈物⁴を〉賭ける, 賭けに出す.

Wetter [vétər ヴェッター] 中(–s/) 天気, 天候. 5級

Wetter·bericht 男(天気予報を含む)気象通報.

Wetter·dienst 男(–(e)s/–e) 気象台測候所;気象観測業務(全体) ((観測・研究・予報など)).

Wetter·fahne 囡 風信旗;《比》日和見(ﾐ)主義者, 無定見の人.

Wetter·karte 囡 天気[気象]図.
Wetter·lage 囡(–/–n) 気象状況.
Wetter·vorhersage 囡 天気予報.
Wetter·warte 囡 気象台, 測候所.

Wett·kampf 男(–(e)s/..kämpfe) ❶試合, 闘技. ❷= Wettstreit.

Wett·lauf 男(–(e)s/..läufe) 競走.

wett|machen [ヴェットマヘン] 他清算[決算]する,〈損失⁴を〉償う, 回復する.

Wett·rennen 中(–s/–) 競走;レース;競馬.

Wett·rüsten 中(–s/) 軍備(拡張)競争.

Wett·streit 男(–(e)s/) 競争, 抗争.

wetzen [ヴェッツェン] ((I)) 他 研ぐ, 磨く. ((II)) 自 ⑤ (口) 走る, 駆ける.

WEZ 囡(–/)《略》westeuropäische Zeit 西ヨーロッパ標準時.

Whisky [ヴィスキ, ウィスキ] 男(–s/–s) (スコッチ)ウイスキー. ★バーボン, アイリッシュは Whiskey.

wich [ヴィヒ] weichen の過去形.

Wichse [ヴィクセ] 囡(–/–n) ❶靴墨;ワックス. ❷《単》殴打.

wichsen [ヴィクセン] 他 ❶〈靴⁴に〉靴墨を塗る,〈靴⁴を〉磨く;〈物⁴に〉ワックスを塗る. ❷なぐる.

wichtig [víçtıç ヴィヒティヒ] 形 ❶重要な, 重大な, 主要な, 大切な. ❷有力な, 勢力のある. ❸偉ぶった, もったいぶった. ④ ~ *nehmen* 事⁴を重要視する. *sich*⁴ ~ *mit* ~ *machen* 物³で自分を偉そうにみせる, 物³をもったいぶる. 5級

Wichtigkeit [..カイト] 囡(–/–en) ❶重要[重大](性), 主要. ❷重要[重大]な事物.

Wicke [ヴィッケ] 囡(–/–n) ソラマメ(属).

Wickel [ヴィッケル] 男(–s/–) ❶巻いたもの;巻きつけるもの;(髪の)カーラー;糸巻き. ❷おむつ. ❸湿布.

wickeln [ヴィッケルン] ((I)) 他 ❶巻く. ❷ um [auf] ④〈物⁴を物⁴に〉巻き付ける. ❸ in ④〈物⁴を物⁴に〉巻きこむ, 包みこむ. ④〈 von ③〈巻

いたもの⁴を物³から〉ほどく. ❺《④ aus ③》〈巻いたもの⁴を物³から〉解く, 取り出す, 〈物⁴の包み³を〉開く. ((II)) 再 sich⁴ くるまる, 包まれる.

Widder [ヴィダー] 男〈-s/-〉❶《動》雄ヒツジ. ❷(a)《単》《天》牡羊座:〔占星〕白羊宮. (b)〔占星〕牡羊座生まれの人.

wider [ヴィーダー] 前《4 格支配》❶《主に書》《主に抽象名詞と》…に逆らって, …に反対[反抗, 違反, 対立]して. ❷(方)…に対抗して, …に向かって.

wider・fahren* [..ファーレン] (er widerfährt; 過 widerfuhr; 過分 widerfahren) 自 ⑤《書》(運命的に)〈人³の身に〉起こる, 振りかかる;〈人³は〉…の目にあう, …に見舞われる;〈人³に〉与えられる.

Wider・hall 男〈-(e)s/(まれ) -e〉反響, こだま, 山彦.

wider・legen [..レーゲン] (過分 widerlegt) 他〈人⁴の言動が誤っていること, 理論・考え・主張⁴などの正しくないことを〉(証拠を示して)反証[反論]する, 論駁する, 誤り[不当]を証明する.

widerlich [ヴィーダーリヒ] ((I)) 形 いとわしい, 嫌な, 吐き気を催させるような. ((II)) 副 (口)(不快になるほど)ひどく, 嫌に, 非常に.

Widerlichkeit [..カイト] 女〈-/-en〉不快, 嫌悪, そっとすること, 嫌悪の情を起こさせること.

Wider・rede 女〈-/-n〉抗弁, 反駁; 否定, 否認;異議, 反対, 反論.

Wider・ruf 男〈-(e)s/-e〉❶取り消し, 撤回;(法律などの)無効の宣告, 廃止;(判決の)破棄;〔法〕放棄, 棄権;相殺. ❷(方) 反響.

wider・rufen* [..ルーフェン] (過 widerrief; 過分 widerrufen) 他 取り消す, 撤回する, 〈法律⁴など〉無効の宣告をする, 廃止する;〈判決⁴を〉破棄する.

wider・setzen* [..ゼッツェン] (過分 widersetzt) 再 sich⁴ 〈③〉〈物³に〉反抗[抵抗]する, 逆らう, 抗争する, 違反する.

wider・spenstig 形 反抗的な, 強

情な, 不従順な, 御しがたい, 片意地な.

wider|spiegeln ((I)) 他 反射[反映]する. ((II)) 再 sich⁴ (鏡などに)映る.

widersprechen* [ヴィーダーシュプレッヒェン] (er widerspricht; 過 widersprach; 過分 widersprochen) ((I)) 自〈③〉❶〈人³に〉反対[反論]する, 反駁する, 抗言する. ❷〈物³に〉反する, 矛盾する. ((II)) 再 sich³ 矛盾したことを言う.

Wider・spruch 男〈-(e)s/..sprüche〉❶《単》反論, 反駁, 抗言;異論. ❷矛盾, 撞着;衝突. ❸〔法〕異議.

Wider・stand 男〈-(e)s/..stände〉❶抵抗(力), 反抗, 反対, 阻止. ❷《空》抗力;《電》抵抗(器).

widerstands・fähig [ヴィーダーシュタンツフェーイヒ] 形《副なし》抵抗力のある.

Widerstandsfähigkeit [..カイト] 女〈-/-〉抵抗力(のあること), 抵抗度.

widerstands・los 形 抵抗力のない, 無抵抗の.

wider・stehen* [..シュテーエン] (過 widerstand; 過分 widerstanden) 自〈③〉❶〈人・物³に〉抵抗する, 逆らう, 反対する, 屈しない, 譲歩しない. ❷〈人⁴を〉不快にする, 嫌悪させる.

wider・streben [..シュトレーベン] (過分 widerstrebt) 自〈人³の〉性分に合わない,〈人³に〉抵抗感がある.

widerwärtig [ヴィーダーヴェァティヒ] 形 嫌悪感を起こさせる, 吐き気を催す, 大変いやな.

Wider・wille 男〈-ns/(まれ) -n〉避けたい気持ち, 嫌悪, 反感.

widerwillig [ヴィーダーヴィリヒ] ((I)) 形《述語なし》心ならずの, いやいやながらの, 不賛不承の;嫌な, 不快な. ((II)) 副 いやいや, 不賛不承, しぶしぶ.

widmen [ヴィトメン] (er widmet; 過 widmete; 過分 gewidmet) ((I)) 他〈人³に物⁴を〉捧げる, 奉納[献呈]する, 寄せる. ((II)) 再 sich⁴〈事³に〉身を捧げる, 没頭[専心]する.

Widmung [ヴィトムング] 囡 (-/-en) 捧(ささ)げること; 奉納, 献呈; 献呈の辞; [法] 公物に指定すること.

widrig [ヴィードリヒ] 形《雅》反対の; 逆の; 反抗する, 敵対的な; 不利な, 不幸[不運]な.

Widrigkeit [..カイト] 囡 (-/-en) 嫌なこと, 嫌悪; やっかい, 面倒; 不幸なこと.

wie [vi: ヴィー] ((I)) 副《疑問》(奧 how) ❶《方法・手段・様態》**(a)**《どのように(して)》いかに(して), どうやって, どんな方法で, どんなふうに. ◆Wie kommt man zum Bahnhof? 駅へはどうやっていくのです. Aber ~? しかし, どうやって. **(b)**《程度; 形容詞・副詞と》どれくらい, どれほどに, いかほど. ◆Wie alt bist du? 年はいくつ? Wie spät ist es? 何時ですか. **(c)**《状態》どんな状態[具合]で. ◆Wie geht es Ihnen? ご機嫌いかがですか. **(d)**《理由・原因》どうして, どういうわけで. ◆Wie kommt es, dass ...? どうして...なのですか. ❷《間接疑問文で; 副文を導いて》◆Können Sie mir sagen, wie man zum Bahnhof kommt? 駅へはどうやっていくのか教えてください. ❸《感嘆文で; 形容詞などと》なんと, なんて, どんなに. ◆Wie schön! 何て美しい[すてき]でしょう. ❹《認容文で; 副文を導いて》◆Wie auch immer ..., (たとえ)どれほど[いかに] ....でも[としても]. *Wie bitte?* なんですって; もう一度おっしゃって下さい. *Und wie!* ((II))《肯定して; 程度を強調して》もちろん(すごくそうしたい)? 《事実を肯定して》もちろん(そうです). ■ ~ viel《主に無変化であるが, 複数の1・4格の場合は ~ viele となることもある》1) いくつの, いくらの, 幾人の, どれぐらいの. 2)《名詞的に》どれくらい, どれほど. 3)《認容文で; auch (immer) と》どれほど(...であろうとも): Wie viel kostet das? それはいくらです か. ((II))副《関係》《副文を導いて; die Art (und Weise) のような特定の名詞句を先行詞として; 先行詞を受ける人称代名詞を添えることが多い》(...する)ような. ((III)) 接 (奧 as) ❶《比較・同様を示す》soと》...と同じくらいに, ...と同じような. ◆Er ist so alt ~ ich. 彼は私と同い年です. so ... ~ möglich できるだけ, 可能な限り .... so gut ~ ... ...同然(である). sowohl ... ~ auch ......も...も同様に, 同じように. ❷**(a)**《類似; 同格で》...のように, ...みたいに. **(b)**《副文を導入して》(...する)ように. ◆Er war ~ ein Bruder zu mir. 彼は私にとって兄弟も同然でした. Er behandelt mich ~ seinen Bruder. 彼は私を兄弟のように扱ってくれます. ❸《例を示して》例えば...のような. ❹《知覚動詞と》...するさまを, ...するのを, ...するところを. ❺...すると, ...する時. 5級

Wiedehopf [ヴィーデホプフ] 男 (-(e)s/-e) [鳥] ヤツガシラ (渡り鳥).

wieder [vi:dər ヴィーダー] 副 ❶《反復》もう一度, また, 再び; 新たに. ❷《復元》元どおり, 元に戻って. ❸《同時に》一方[他方]ではまた. ❹ ((II)) 同様に, また. ❺《疑問詞と; 非難して》また. 5級

Wiederaufbau [ヴィーダーアオフバオ] 男 (-(e)s/) 再建, 復興.

wieder|bekommen* 他 取り戻す[返す].

wieder|beleben 他 ❶ 生き返らせる, 蘇生させる. ❷ 復興させる.

Wiederbelebungs·versuch [..ベレーブングス..] 男 (-(e)s/-e)《主に複》蘇生術.

wieder|erkennen* 他 同じ物[人] だとわかる, 再認する.

wieder|finden* 他 再 ❶ 〈見失った人・物⁴を〉再び見つける. ❷〈sich⁴〉(思わぬ場所で)気がつく.

wieder|geben* 他《③ ④》〈人³に物⁴を〉返す, 返却する, 返還する. ❷ 再現する, 描写[描出]する; 翻訳する, 引用する; 演奏する, 上演する; 複製[模写]する, 〈音などを〉再生する.

Wieder·geburt 囡 (-/-en) ❶ 生まれ変わること; [宗] (この世の新しい生きものへの)転生, 再生. ❷《書》復興,

復活.

wieder·gekommen wiederkommenの過去分詞.

wiedergut|machen [ヴィーダーグートマヘン] 他償う, 補償[賠償]する; 回復[復旧]させる. ★主文ではWir machen es wieder gut.となる.

wieder|haben* 他再び手にする, 取り戻す[戻す]; 返してもらう.

wieder|her|stellen [ヴィーダーヘーァシュテレン] ((I)) 他 ❶元に戻す, 回復[復元]させる, 再興[修復, 更新]する. ❷回復させる, 治癒させる. ((II)) 再 sich⁴ 回復する, 復元する, 回復する.

wieder|holen 他〈(sich³) ④〉取り返す, 取り戻す.

wiederholen [vi:dərhó:lən ヴィーダーホーレン] ((I)) 他 ❶繰り返す, 反復する; 復習する, 読み返す. ((II)) 再 sich⁴ 繰り返される, 繰り返し[何度も]起こる. **4級**

wiederholt [ヴィーダーホールト] ((I)) wiederholenの過去分詞. ((II)) 形 《述語なし》繰り返された, しばしばの, たびたびの, 再三再四の.

Wiederholung [ヴィーダーホールング] 女 (−/−en) 繰り返し, 反復; 繰り返されること;〔音楽〕(客席からの)アンコールの叫び;〔映〕カットバック.

Wiederholungs·fall 男 *im* ∼〔書〕繰り返された場合には.

Wieder·hören 中 (−s/) (*Auf*) ∼! さようなら《ラジオ・電話の終わりのあいさつ》).

Wieder·kehr 女 (−/) 〔書〕❶反復, 回帰, 循環, 再起, 再発. ❷回還.

wieder|kehren 自 (S) ❶帰ってくる, 帰還する. ❷繰り返される, 反復する; 再起[再発]する; 回帰する.

wieder|kommen [ヴィーダーコメン] 自 (S) ❶ (a)帰って来る, 帰還する. (b)もう一度来る. ❷再現[再起, 再発]する.

Wieder·schauen 中 (−s/) (*Auf*) ∼! 《南·オーストリア》 さようなら.

wieder|sehen* 他〈人⁴に〉再会する; 再び目にする.

Wiedersehen [ví:dərze:ən ヴィーダーゼーエン] 中 (−s/(まれ) −) 再会. (*Auf*) ∼! さようなら. **5級**

wiederum [ヴィーデルム] 副 ❶《wieder より強意》再び, いま一度, さらにまた. ❷他方では, それに対して[反して].

Wieder·wahl 女 (−/−en) 再選.

wieder|wählen 他再選する, 改選する.

Wiege [ヴィーゲ] 女 (−/−n) ❶(幼児の)ゆりかご; 発祥地, 起源, 発端. ❷ゆりかご状のもの.

wiegen¹ [ví:gən ヴィーゲン] ((I)) 他 ❶揺する, 揺り動かす. ❷〔料理〕〈野菜・肉⁴を〉こま切れにする. ((II)) 再 sich⁴ 体を揺する.

wiegen²* (過 wog; 過分 gewogen) ((I)) 他〈物⁴の〉重さを計る. ((II)) 自 …の重さがある.

Wiegen·lied 中 (−(e)s/−er) 子守歌.

wiehern [ヴィーァァン] 自 ❶〈馬¹が〉いななく;〈口〉〈人⁴が〉かん高く笑う. ❷〈口〉どっと笑う, 大笑いする.

Wien [ヴィーン] 中 (−s/) ウィーン《オーストリアの首都》).

Wiener [ヴィーナー] ((I)) 男 (−s/−) ウィーン人. ((II)) 形《無変化》ウィーンの. ((III)) 女 (−/−) 《主に複》ウィンナーソーセージ. ∼ *Schnitzel* ヴィーナーシュニッツェル《子牛肉のカツレツ》).

Wienerin [ヴィーネリン] 女 (−/−nen)(女性の)ウィーン人.

wienerisch [ヴィーネリッシュ] 形 ウィーンの(人・方言)の.

wies [ヴィース] weisenの過去形.

Wiese [ví:zə ヴィーゼ] 女 (−/−n) 干し草刈り場, 牧草地; 草原, 草地, 牧場. ♦ *auf der* ∼ 牧草地で.

wieso [vi:zó: ヴィーゾー] 副 〈口〉❶〈疑問〉どんな方法で; なぜ, どうして. ❷〈関係〉なぜ…かということ. **5級**

wieviel [ヴィ(−)フィール, (強調) ヴィーフィール] 副 疑 = wie viel (⇨**wie Ⅰ**).

wievielmal [ヴィフィールマール, (強調) ヴィーフィールマール] 副 何度か, 何倍に.

wievielt [ヴィ(−)フィールト, ヴィー

フィールト]形《疑問;付加語的に》❶何番目の. ❷《zu wievielt で》何人で(連れ立って). ♦ Den Wievielten haben wir heute? (または) Der Wievielte ist heute? 今日は何日ですか.

wieweit [ヴィーヴァイト] 副《疑問》どの程度, どれだけ. ★距離を示す場合は wie weit.

wild [ヴィルト] 形《最上 ~est》❶野生の. ❷(a)《述語なし》未開の, 文明化されていない, 野蛮な. (b)《軽蔑》粗野な, 不作法な. ❸人の手の加わっていない, 未開拓の. ❹手入れしていない;伸び放題の. ❺統制のとれていない, 不法[無法, 違法]の, 許されていない. ❻荒々しい, 激しい;暴力的な;怒り狂った. ❼過度の, ひどい, 極端な. ~ auf 4 sein 〈口〉人・物⁴に夢中である, 人・物⁴がどうしても欲しい. halb [nicht] so ~ 〈口〉それほどひどくない. wie ~ 〈口〉がむしゃらに, 猛烈に, 激しく.

Wild [ヴィルト] 中《(-(e)s/-》❶猟獣((総称または子;此))(雌); 獲物. ❷獣類の肉;シカ肉. ❸〈古〉野獣.

Wild·bahn 女《狩》狩猟区, 猟場.

Wild·bret 中《-s/-》〈特に狩〉野獣[野鳥]の肉.

Wilderer [ヴィルデラー] 男《-s/-》密猟者. ◇ ~in 女《-/-nen》.

wildfremd [ヴィルトフレムト] 形《副なし》〈口〉全く見知らぬ, 見ず知らずの.

Wild·gans 女《-/..gänse》〔鳥〕野生のガチョウ.

Wildheit [..ハイト] 女《-/-en》❶《単》自然のままなこと, 野生;未開, 野蛮;粗野, 粗暴, 乱暴;荒涼, 荒廃. ❷粗暴[乱暴]な言動.

Wild·katze 女《-/-n》〔動〕ヨーロッパヤマネコ.

Wild·leder 中《-s/-》(シカ・カモシカ・山羊などの)野生動物のなめし革;バックスキン, スエード.

Wildnis [ヴィルトニス] 女《-/-se》荒地, 荒野, 荒廃した[不毛の]地;砂漠;人の手の入れられていない地域[場所], 密林.

Wild·schwein 中《-(e)s/-e》❶〔動〕イノシシ. ❷《単》イノシシの肉.

Wild·tier 中《-(e)s/-e》野生動物.

Wild·wasser 中《-s/-》急流, 奔流.

Wild·wechsel 男《-s/-》❶獣道(ﾐﾁ). ❷〈口〉動物が道路を横切ること.

Wildwestfilm [ヴィルトヴェストフィルム] 男《-(e)s/-e》西部劇, ウェスタン映画.

Wilhelm [ヴィルヘルム] 《男名》ヴィルヘルム.

will [ヴィル] wollen の 1・3 人称単数現在形.

Wille [ヴィレ] 男《-ns/(まれ)-n》意志;意志の力, 実行力;決意. ★単数3・4格形は Willen. der guter ~ 好意, 善意. der Letzte ~ 遺言. wider [gegen] ~n 意志に反し, 意図したのとは異なって. ③ zu ~n sein 人³の言いなり[意のまま]になっている. Wo ein ~ ist, ist auch ein Weg. (諺)意志あるところに道あり.

willen [ヴィレン] 《2格支配の um ... ~ の形で》...のために, ...を思って.

Willen [ヴィレン] 男《-s/-》= Wille.

willenlos [..ロース] 形 自発的な意志に欠ける;他人の意のままになる;意志薄弱な;不決断の.

willens [ヴィレンス] 形《副なし》 ~ sein, ... 〈zu 不定詞〉《書》...するつもりでいる.

willens·schwach 形《副なし》(↔ willensstark)意志の弱い.

Willens·schwäche 女《-/-》意志薄弱.

willens·stark 形《副なし》(↔ willensschwach)意志の強い.

Willens·stärke 女《-/-》意志の強さ.

willentlich [ヴィレントリヒ] 形《書》故意の, 自発的な.

willig [ヴィリヒ] 形 喜んで[進んで, 快く]...する, 乗り気の;従順な.

willkommen [ヴィルコメン] 形《副なし》歓迎される, 喜び迎えられる;喜ばしい, 好ましい;好都合な;願わしい. ♦ Herzlich ~ (bei uns!) よくいらっしゃいました. 4級

Willkür [ヴィルキューア] 女《-/-》任意, 随意, 自由選択[裁量];恣意, わがま

ま, 気まま, 勝手; 専横.

willkürlich [..リヒ] 形 ❶任意の, 随意な. ❷気ままな, わがままな, 勝手な; 横暴な; 独裁的な, 専制的な. ❸意のままに制御できる, 意志で動かせる.

willst [ヴィルスト] wollen の2人称単数現在形.

wimmeln [ヴィンメルン] 自 ❶〈生物¹が〉群がる, 密集する, 蠢動(しゅんどう)する. ❷〈① von ③〉〈物¹に人・物³が〉大勢いる, たくさんある, いっぱいである, うようよする. ❸《非人称で》〈von ③〉〈人・物³が〉大勢いる, たくさんある, いっぱいである.

wimmern [ヴィンマァン] ((I)) 自 ❶めそめそ泣く, しくしく泣く, 哀泣する; うめく; 〈動物, 特に猫¹が〉悲しそうに鳴く. ❷(ヴァイオリンが)すすり泣くような音を立てる. ♦um Gnade [Mitgefühl] ~ 哀願する. ((II)) 他 しくしく泣きながら言う.

Wimpel [ヴィンペル] 男 (–s/–) ペナント ((3角形の細長い旗)); 〔空〕吹き流し; (3角形の) 小旗; 〔海〕長旗.

Wimper [ヴィンパー] 女 (–/–n) ❶まつげ. ❷〔植〕(葉などにある) 細毛; 〔生〕繊毛 ((原生動物体などにある微細な毛)); 鞭毛(べんもう)細胞. ***ohne mit der ~ zu zucken*** まゆ一つ動かさずに, 冷静に.

Wind [vɪnt ヴィント] 男 (–(e)s/–e) ❶風. ❷屁, おなら. ***in [bei] ~ und Wetter*** 悪天候でも, 風雨をついて. ④ ***in den ~ schlagen*** (口) 事⁴を聞き流す, 事⁴はどこ吹く風である. ***~ von*** ③ ***bekommen*** (口) 事³について情報を得る, 事³をかぎつける. ***wissen [spüren, merken], woher der ~ weht*** (口) 風向きがわかる[に気付く], 状況がわかる. 5級

Wind·beutel 男 (–s/–) シュークリーム.

Winde [ヴィンデ] 女 (–/–n) ❶〔工〕巻き上げ機, ウインチ; ジャッキ. ❷〔植〕サンシキヒルガオ.

Windel [ヴィンデル] 女 (–/–n) おむつ, おしめ, 紙おむつ.

windelweich [ヴィンデルヴァイヒ] 形《副なし》(口; しばしば軽蔑) 軟弱な, 人の言いなりの.

winden* [ヴィンデン] (過 wand; 過分 gewunden) ((I)) 他 ❶(書) 編む; 編んで作る. ❷〈④ um ④〉(書)〈物⁴を物⁴に〉巻く, 巻きつける. ❸〈③ ④ aus ③〉(書)〈物⁴を人³の物³から〉もぎ取る, ひったくる. ❹〈④ +場所〉巻き揚げ機で巻き上げる. ((II)) 再 sich⁴ ❶〈um ④〉(書)〈物⁴の周りに〉巻きつく, からみつく. ❷体をくねらせる, 体をくねらせて進む. ❸身をくねらせる, 身もだえする. ❹〈+ 場所〉〈道¹などが〉曲がりくねっている. ❺〈① durch ④〉(書)〈物¹が物⁴の中を〉巧みにくぐり抜ける.

Windeseile [ヴィンデスアイレ] 女 ***mit [in] ~*** あっと言う間に, 風のように.

Wind·hose 女 (–/–n) 〔気〕(陸上での) 旋風, 竜巻(たつまき).

Wind·hund 男 (–(e)s/–e) ❶グレーハウンド ((猟犬の一種)). ❷(口; 軽蔑) 軽率なやつ; おっちょこちょい.

windig [ヴィンディヒ] 形《副なし》❶風の吹く, 風の多い[強い], 風の当たる, 風にさらされた; 風[空気]を入れた. ❷(口) ほら吹きの, 軽薄な; 実質[内容]のない, 空虚な; 不確実な, 疑わしい.

Wind·kanal 男 (–(e)s/..näle) ❶〔空〕風洞(ふうどう). ❷〔音楽〕(オルガンの) 送風管.

Wind·mühle 女 (–/–n) 風車.

Windmühlen·flügel 男 (–s/–) 風車の羽根[翼].

Wind·pocken 複〔医〕風痘, 水痘.

Wind·schatten 男 (–s/–) 風の当たらない物陰; (山の) 風下, 風隠れ; 大型車の陰.

Wind·schutz·scheibe 女 (–/–n) (自動車などの) 風防ガラス.

Wind·stärke 女 (–/–n) 風の強さ, 風力.

wind·still 形《副なし》無風の, 凪(なぎ)の.

Wind·stoß 男 (–es/..stöße) 突風.

Wind·surfing 中 (–s/) ウィンドサーフィン.

Windung [ヴィンドゥング] 女 (–/–en)

W

旋回, ねじれ; うねり, 屈曲, 曲折; (道の)つづら折り; 〔植〕纏繞(てんじょう), まきつき; 〔動〕(蛇のとぐろ; (貝殻の)渦巻き, 螺条; 〔工〕螺旋, ターン.

Wink [ヴィンク]男(-(e)s/-e)(目・手・首などを動かしての)合図.

Winkel [ヴィンケル]男(-s/-)❶角(かど); 〔数〕角(かく), 角度. ◆ein spitzer [rechter, stumpfer] ~ 鋭角[直角, 鈍角]. ❷片隅, 静かな場所, 奥まった所; 僻地, 片いなか; 小部屋, 私室; 隠れ場; 抜け穴.

winkelig [ヴィンケリヒ]形角(かど)のある, 隅のある; (町などが)小路の多い, (家などが)奥まった所の多い; 直角に曲がった; 屈曲した.

Winkel·messer 男 分度器.

winken(*) [víŋkən ヴィンケン](過 winkte, 過分 gewinkt, gewunken) ((I)) 自 ❶ 〈(③)〉〈(人³に)〉知らせる, 合図する. ❷〈(③)〉〈賞金¹などが人³に〉見込みがある, 約束される. ((II)) 他 ❶〈④ + 方向〉〈人・物⁴に〉合図をして...へ行かせる. ❷〈③④〉〈人³に〉合図して〈事⁴を〉させる.

winklig [ヴィンクリヒ]形 = winkelig.

winseln [ヴィンゼルン]自 ❶〈犬¹が〉クンクン鳴く. ❷〈(um ④)〉〈(軽蔑)〈物⁴を欲しがって)〉ヒーヒー泣く, しくしく泣く, 哀泣する; 〈(物⁴を)〉泣いて乞い求める.

Winter [ヴィンター]男(-s/-) 冬, 冬季. ◆im ~ 冬に. 5級

Winter·anfang 男(-(e)s/..fänge) 冬の始まり, 冬至の日((12月21[22]日)).

Winter·ferien 複 冬休み.

Winter·garten 男(-s/..gärten) 冬園((熱帯植物などを植えたガラス張りの遊歩庭園)); (趣味的)温室.

winterlich [..リヒ]形 冬の, 冬季の, 冬らしい.

Winter·reifen 男(-s/-) スノータイヤ.

Winter·schlaf 男 冬眠.

Winter·schluss·verkauf 男(-(e)s/..käufe) 冬物一掃バーゲンセール.

Winter·schlußverkauf ⓐ = Winterschlussverkauf.

Winter·sport 男(-(e)s/) ウインタースポーツ.

Winters·zeit 女(-/-) 冬季.

Winter·zeit 女(-/-) ❶冬季, 冬期. ❷冬時間.

Winzer [ヴィンツァー]男(-s/-) ❶ブドウ園主. ❷ブドウ園職人((栽培と摘取りの労働者)).

winzig [ヴィンツィヒ]形 ごく少ない, 僅少な; ごく小さい, 微細な; 些細な; ごく乏しい.

Winzigkeit [..カイト]女(-/-en) ❶《単》僅少; 微細; 些細なこと. ❷(口)ちっぽけなもの, 小量.

Wipfel [ヴィプフェル]男(-s/-) こずえ; 《Gipfel と混同して》頂, 頂上.

Wippe [ヴィッペ]女(-/-n) ❶はね板, シーソー. ❷二本アームのてこ.

wippen [ヴィッペン]自 ⓗ ⓢ ❶シーソーで上がり下がりする. ❷上下に揺れる[揺れ動く].

wir [vi:r ヴィーァ]代《人称》

格	1	2	3	4	所有冠詞
	wir	unser	uns	uns	unser

(英we) ❶私たち, われわれ, 自分たち. ❷《編集者・筆者・講演者などが読者・聴衆を含めて》私(たち), 筆者, 講師. ❸《頭字を大書して; 君主の自称》余, わし, 朕(ちん).

Wirbel [ヴィルベル]男(-s/-) ❶(水・空気などの)渦, 旋回, 旋転. ❷旋風; (引き続く)混乱, 混雑, 紛糾, センセーション, 大騒ぎ. ❸つむじ. ❹〔解〕脊椎(せきつい)骨, 椎骨. ❺弦楽器の糸巻き. ❻(太鼓の)すり打ち, 連打.

wirbeln [ヴィルベルン] ((I)) 自 ❶ ⓢ 〈+副詞〉旋回する, 旋転する, くるくる回る, 渦を巻く, 渦を巻きながら動く[流れる]. ❷ ⓗ〈(③)〉(口)〈人³の物⁴が〉くるくる回る. ❸ ⓗ 太鼓を連打する; 太鼓が連打される. ((II)) 他〈④ + 方向〉〈物⁴を〉旋回させながら押しやる

[動かす].
Wirbel・säule 囡(−/−n)[解]脊柱(誌).
Wirbel・sturm 男(−(e)s/..stürme) (特に熱帯地方の)竜巻, (ハリケーン・台風のような)大旋風.
Wirbel・tier 中 脊椎動物.
Wirbel・wind 男(−(e)s/−e) ❶つむじ風. ❷(口)旋風を巻き起こす人, にぎやかに話題を提供する者.
wirbst [ヴィァプスト] werben の2人称単数現在形.
wirbt [ヴィァプト] werben の3人称単数現在形.
wird [ヴィァト] werden の3人称単数現在形.
wirfst [ヴィァフスト] werfen の2人称単数現在形.
wirft [ヴィァフト] werfen の3人称単数現在形.
wirken [ヴィァケン] ((I))自 ❶働く, 活動[行動]する. ❷〈+様態〉働きを及ぼす, 影響する, 作用する. ❸(a)〈auf 4〉〈人・物に〉作用する, 影響を及ぼす. (b)〈auf 4〉〈人に〉印象を与える. ❹〈+様態〉印象を与える. ❺〈+場所〉効果がある, 効く. ((II))他〈布・織物4を〉織る, 編む.
wirklich [vírklɪç ヴィァクリヒ] ((I))形 ❶現実の, 実際の, 実在の. ❷本当の, 真実の; 本物の, 真正の. ((II))副 実際に, 真に, 本当に, 全く. 4級
Wirklichkeit [ヴィァクリヒカイト] 囡(−/−en) ❶(単)現実(性), 実在. ❷実際, 実人生, 実生活, 現実界; 実在物, 実物; 事実. ◆in ~ 実は.
wirksam [ヴィァクザーム] 形 ❶効果のある, 効き目のある. ❷法的効力のある.
Wirksamkeit [..カイト] 囡(−/) 活動, 働き, 効力, 効果, 効き目.
Wirk・stoff 男[生]作用物質((酵素・ビタミン・ホルモンなどの総称)).
Wirkung [ヴィァクング] 囡(−/−en) 働き, 活動; 作用, 影響, (勢)力; 効果, 効験, 成果, 効き目; 結果; 印象; 効力の発生. 4級
Wirkungs・grad 男(−(e)s/−e) 作用(効果)の程度; [理]効率; (大型装置などの)稼動率.
wirkungs・los 形 作用[影響, 効能]のない; 不成功の; 効力のない.
Wirkungslosigkeit [..ローズィヒカイト] 囡(−/) 効果[効用]の無いこと.
wirkungsvoll [..フォル] 形 影響[作用]の多い; 効果の著しい, 有効な.
wirr [ヴィル] 形 ❶乱れた, 乱雑な, もつれた; 錯綜(努)した, 紛糾した; 混乱した; (精神の)錯乱した. ❷判然としない, わかりにくい; 混乱した.
Wirren [ヴィレン] 複 乱れ, もつれ, 混乱, 紛糾, 葛藤(鷙), 悶着.
Wirrwarr [ヴィルヴァル] 男(−s/) 混乱, 乱雑, 紛糾; (比)混沌(悠); 喧騒, 騒動.
Wirsing [ヴィァズィング] 男(−s/)[植]サボイキャベツ((ムース状にして食べる)).
wirst [ヴィァスト] werden の2人称単数現在形.
Wirt [ヴィァト] 男(−(e)s/−e) ❶(旅館・飲食店などの)主人, 亭主. ❷世帯主, 家長, 主人, 主人. ❸家主(宓), 大家(蠏); (下宿の)主人. ❹(客を)もてなす人. ❺[生](寄生動植物の)宿主. ◇**Wirtin** [ヴィァティン] 囡(−/−nen).
Wirtschaft [vírtʃaft ヴィァトシャフト] 囡(−/−en) ❶(主に単)経済. ❷家計, 家政, 家事, 世帯, 家族. ❸(方)農場経営, 農業, 農場. ❹料理[飲食]店, レストラン, 食堂; バー; 居酒屋. ❺(単)(a)経営, (金の)管理. (b)(口)大騒ぎ, 騒動, 混乱. (c)(やや古)手数, 仕事.
wirtschaften 自 ❶家政を切り回す[つかさどる]. ❷〈+様態〉経営する, 管理する. ❸〈mit 3〉〈物3を〉上手に使う. ❹〈+場所〉立ち働く.
wirtschaftlich 形 ❶経済上の, 経済に関する. ❷金銭に関する, 財政上の. ❸経済性の高い, 経済的な, 節約の; やりくりのうまい.
Wirtschaftlichkeit [..カイト] 囡(−/) 経済性; 収益性; コストパフォーマンス; 節約, 倹約; やりくりじょうず.
Wirtschafts・hilfe [ヴィァトシャフツ..] 囡(−/) 経済援助.

Wirtschafts·krieg 男(-(e)s/-e) 経済戦.

Wirtschafts·krise 女(-/-n) 経済的危機, 経済恐慌.

Wirtschafts·minister 男(-s/-) 経済大臣.

Wirtschafts·politik 女(-/) 経済政策.

Wirtschafts·wunder 中(-s/-) 《口》奇跡の経済復興.

Wirts·haus [ヴィァツ..] 中(-es/..häuser) 飲食店;(特に)居酒屋,ビヤホール;旅館.

Wirts·leute 複 主人夫婦;亭主とおかみ;家主夫婦.

Wisch [ヴィッシュ] 男(-(e)s/-e) 《口》反故(ほご);同然の[くだらない]書き物.

wischen [ヴィッシェン] 《(I)》他 ❶〈**von** ③〉〈物³から物⁴を〉ふく,ぬぐう;ふき取る. ❷〈③ ④〉〈人³の物⁴を〉ふく,ぬぐう. ❸〈(④)〉〈方〉〈床⁴などを〉きれいにふく. 《(II)》自 ❶〈**über** ④〉〈物⁴の上を〉さっと払う,軽くこする. ❷⟨+方向⟩するっと[さっと]逃げる,さっと去る.

wispern [ヴィスパァン] 《(I)》自 ❶ひそひそ語る,ささやく. ❷《詩》〈風・葉¹などが〉サワサワ[サラサラ]鳴る. 《(II)》他〈③ ④〉〈人³に〉物⁴をささやく.

Wissbegier(de) [ヴィスベギーァ(デ)] 女(-/) 知識欲;好奇心.

wissbegierig [ヴィスベギーリヒ] 形 知識欲のある,知識欲[好奇心]に燃えた.

wissen* [vísən ヴィッセン]

現在	ich **weiß**	wir wissen
	du **weißt**	ihr wisst
	er **weiß**	sie wissen
過去	ich **wusste**	wir wussten
	du **wusstest**	ihr wusstet
	er **wusste**	sie wussten
過分	**gewusst**	接II **wüsste**

《(I)》他 ❶知っている;わかっている,心得ている;覚えている. ★**kennen** は主に人を知っている時に用い,副文はとらない. **wissen** は事柄を知っている時に用い, dass [ob] 副文をとる. ❷《**zu** 不定詞句と》...することを心得ている, ...する仕方[やり方]をわかっている. ❸〈人・物⁴が...であると〉知っている. **von** ③ **nichts (mehr) wollen**〈人・物⁴には〉かかわりたくない. **Weißt du [Wissen Sie] (was), ...**ところでねえ[いいですが,実はねえ] .... **Was ich nichts weiß, macht mich nicht heiß.**《諺》知らぬが仏. 《(II)》自〈**von** ③ [**um** ④]〉〈物³⁴について〉知っている, 知識を持っている, 通じている. 5級

Wissen [ヴィッセン] 中(-s/) ❶(学問的)知識, 見聞;学識, 学問. ❷知識,(見聞きして)知(っている)こと;承知, 関知, 了承, 了解. ④ **gegen [wider] sein besseres ~** 悪い[間違っている]と知りながら. **meines ~s** 私の知る限りでは. **nach bestem ~ und Gewissen** 誠意を尽して,誠心誠意. **~ ist Macht.** 知は力なり.

Wissenschaft [ヴィッセンシャフト] 女(-/-en) ❶《単》《総称的》学問, 学術;(自然)科学. ❷ 知識;学識;博識, 博学, 造詣(ぞうけい);(特定の)学問領域. ❸ = Wissen 2.

Wissenschafter 男(-s/-) 《オーストリア》= Wissenschaftler.

Wissenschaftler [ヴィッセンシャフトラァ] 男(-s/-) 学者,科学者. ◇**~in** 女(-/-nen).

wissenschaftlich [..トリヒ] 形 学術[学問]上の,科学(上)の;学的な,科学的な.

wissens·wert [ヴィッセンス..] 形 《副なし》知る[学ぶ]価値のある;教訓的な, ためになる;注目すべき, 重要な;興味深い.

wissentlich [ヴィッセントリヒ] 形 《述語なし》承知の上の, 意識している;故意の.

wittern [ヴィッタァン] 《(I)》他 ❶〈動物³が〉かぐ,かぎ出す. ❷かぎつける,感づく,〈物⁴の〉気配を感じる, 推測[邪推]する. 《(II)》自〈動物³が〉かぎつける, においで気配を感じとる.

Witterung [ヴィッテルング] 囡 (-/-en) ❶ (ある期間内の)天気(模様), 天候, 天気, 気象. ❷ (動物の)嗅覚; (獣の)におい. ❸《主に単》(ある出来事・事情を)かぎつけること, 勘.

Witwe [ヴィトヴェ] 囡 (-/-n) (↔ Witwer)寡婦, 未亡人, やもめ, 後家(ごけ). *grüne* ~ 寡外やもめ ((郊外の自宅で市内に通勤に出た夫の留守を寂しく過ごす妻)).

Witwen·rente 囡 (-/-n) 〖法〗寡婦定期金.

Witwer [ヴィトヴァー] 男 (-s/-) (↔ Witwe)男やもめ.

Witz [ヴィッツ] 男 (-es/-e) ❶ 機知に富んだ言葉; しゃれ, 冗談, ジョーク. ❷《単》(口)(話・説での)もっとも肝心な点, 要(よう). ❸《単》機知, 頓知(とんち), 才気. *ohne* ~《口》冗談ぬきで. *Das ist doch ein* ~! 冗談でしょ, ありえないよ.

Witz·blatt 中 (-(e)s/..blätter) 滑稽新聞, 漫画雑誌.

Witz·bold 男 (-(e)s/-e) (口) 冗談ばかり言う人, ひょうきん者.

Witzelei [ヴィッツェライ] 囡 (-/-en) ❶《単》害のないしゃれ[だじゃれ]を言うこと. ❷《主に複》ジョーク, だじゃれ, 冗談, 悪のり; 茶化し, からかい, ひやかし.

witzeln [ヴィッツェルン] 自《über 4》〈人・物について〉わざとらしいしゃれ[だじゃれ]を言う, 冗談を言う,〈人・物を〉茶化する, からかう.

witzig [ヴィッツィヒ] 形 ❶(人が)機知に富んだ; 気の利いた; しゃれの好きな[じょうずな]. ❷おもしろい, おどけた, 滑稽な. ❸(口)冗談めかした; 奇妙な, 変な.

witzlos [ヴィッツロース] 形 ❶機知のない; 気の抜けた, つまらない. ❷《副な》無意味な, 無駄な.

w.L. (略)westlicher Länge 西経の.

WM 囡 (-/-(s)) (略) Weltmeisterschaft 世界選手権, ワールドカップ.

wo [vo: ヴォー] 副《(I)疑問》❶どこに[に[で]]. ♦ ~ *anders* どこか他の(違う)場所に[で]. *von* ~ どこから. ~ *doch* ... ((知ってのとお)

り)...であるというのに; ...であるのだから. ❷《間接疑問文で; 副文を導いて》*Ich weiß nicht*, ~ *er jetzt wohnt*. 彼が今どこに住んでいるのか知りません. ❸《認容文で; 副文を導いて》*Wo auch immer ...*, (たとえ)どこで...であれても[...にしても]. 《(II)》関係》《副文を導いて》❶《先行詞がない場合》(...の)場所に[で]. ♦ *Wo ..., da ...* するところで[で]. ~ *immer ...* する場合[時]はいつでも[どこでも]. ❷《先行詞がある場合》(a)《場所を表す語句を》♦ *das Haus*, ~ *er wohnt* 彼が住んでいる部屋. (★ この場合 wo is in dem に置き換えられる). (b)《時を表す語句を》♦ *zu der Zeit*, ~ *wir uns kennen lernten* 我々が知り合った時に. (★ この場合 wo は als に置き換えられる). 5級

w.o. (略) wie oben 上記の通り, 上と同様.

woanders [ヴォ(-)アンダース] 副 (どこか)ほか[別]の所で.

wobei [ヴォ(-)バイ] 副 ❶《疑問副詞》何の際[とき]に. ❷《関係副詞》その際[ときに].

Woche [ヴォッヘ] 囡 (-/-n) ❶ 週, 1週間 ((従来の教会暦では日曜に始まり土曜に終わるが, 日常的には月曜に始まり日曜に終わる)). ❷週日 ((日曜日を除く)); 平日, 仕事日. ❸《複》(口; やや古) 産褥(さんじょく). ♦ *diese* ~ 今週(に). *während* [*in*] *der* ~ = *die* ~ *über* 平日に. 5級

Wochen·bett 中 (-(e)s/-en) 産褥(さんじょく).

Wochen·ende [ヴォッヘンエンデ] 中 (-s/-n) 週末(の土・日曜日). ♦ *am* ~ 週末に. 4級

wochenlang [ヴォッヘンラング] 副 数週間, 何週間も.

Wochentag [ヴォッヘンターク] 男 (-(e)s/-e) ❶週日. ❷仕事日, 平日 ((日曜を除く)), ウィークデー. 4級

wochentags [ヴォッヘンタークス] 副 仕事日に, 平日に.

wöchentlich [ヴェッヒェントリヒ] 形《述語なし》毎週の, 1週間ごとの. 4級

Wochenzeitung [ヴォッヘンツァイトゥング]女(–/–en)❶週刊新聞,週刊紙.❷週刊誌.

..wöchig [..ヴェヒヒ]形《...週間の》.

Wöchnerin [ヴェヒネリン]女(–/–nen)分娩を済ませたばかりの産婦,褥婦(じょく).

Wodka [ヴォトカ]男(–s/–s)ウオトカ,ウォッカ.

wodurch [ヴォ(–)ドゥルヒ]副 ❶《疑問副詞》何によって,何を通じて;どんな手段で;どこ[何]を通って.❷《関係副詞》それによって;それを通じて.

wofür [ヴォ(–)フューァ]副 ❶《疑問副詞》何に対して,何のために.❷《関係副詞》そのために.

wog [ヴォーク]wägen, wiegenの過去形.

Woge [ヴォーゲ]女(–/–n)《書》❶波浪,大波《主に海の大波をいう》.❷大波のようなたかぶり.

wogegen [ヴォ(–)ゲーゲン] ((I))副 ❶《疑問副詞》何に対して,何に逆らって,何の代わりに.❷《関係副詞》それに対して,それに反(対)して.((II))接《従属》...なのに,ところが,...なのにもかかわらず.

wogen [ヴォーゲン]自《書》《海が主語で》大波が立つ,波動する,波打つ.❷波打つ,(前後に)大きく揺れる,(上下に)激動する.

woher [vohéːr ヴォヘーァ]副 ❶《疑問副詞》どこから,どのようにして.❷《関係副詞》そこから.❸どこからか. 5級

wohin [vohín ヴォヒン]副 ❶《疑問副詞》どこへ,どの方向へ.❷《関係副詞》そこへ.❸どこかへ. *Ich muss mal wohin.*(トイレへ行く時などに)ちょっと失礼します. 5級

wohingegen [ヴォ(–)ヒンゲーゲン]接《従属》それに反して,しかるに.

wohl [voːl ヴォール]副 A ❶《比較 wohler;最上 am wohlsten》(気分・調子・具合・気持ちが)よく,快適に,良好に.❷《比較 besser;最上 am besten》よく,充分に,大いに.❸(a)《aber と》(確かに...ではあるが)だがしかし.(b)《zwar の意》;aber, allein, doch などで呼応して)なるほど,もちろん...だが.(c)《間投詞的に》(やや古)《肯定的に》よろしい;承知しました,かしこまりました;そうです;さて,よし.(d)《間投詞的に》〈③〉(やや古;書)(↔weh)〈人・物³は〉幸いだ. ~ *oder übel* 好むと好まざるとにかかわらず,いやおうなしに. B《不変化詞》《アクセントなしで》(a)おそらく,たぶん.(b)《疑問文で不確実さを表して》いったい,もしかすると,ひょっとして.(c)《命令文で強い要求を表して》さあ,すぐ.(d)《肯定の答えを予期する平叙文の語順をもつ疑問文の中で》きっと.(e)《数詞と共に》およそ,約,ほぼ.(f)《ob と共に;認容表現》...ではあるが,...にもかかわらず. 5級

Wohl [ヴォール]中(–(e)s/)幸福;健康;福祉;繁栄. *Zum ~!* 乾杯.

wohlauf [ヴォールアオフ,ヴォ(–)ラオフ]《書》((I))副 無事で,健康で.((II))間(やや古)さあさあ,いざ.

Wohl·befinden 中(–s/)健在,無事息災,健康;健全;快適さ.

Wohl·behagen 中(–s/)快感,愉快,満足,安楽.

wohl·behalten 形よく保存された;無傷の,無病の,無事な.

Wohl·fahrt 女(–/)《書》福祉(事業).

Wohlfahrts·staat [..ファーァツ..]男(–(e)s/–en)《政》《旺復覆》福祉国家.

wohl│fühlen 再 sich⁴ 体の調子がいい;気分がいい.

Wohlgefallen [ヴォールゲファレン]中(–s/)意にかなうこと,満足,満悦. *sich⁴ in ~ auflösen*《口》円満に終わる[解決する].

wohl·gemerkt [ヴォールゲメァクト]副《口》《文頭・文末に単独に置かれる》注意(せよ).

Wohl·geruch 中(–(e)s/..gerüche)《書》芳香,香気.

wohl·getan 形 *~ sein*《書》よくやった,上出来だ.

wohl·habend 形裕福な,富裕な.

Wohlhabenheit [..ハイト] 囡〈-/〉 裕福.

wohlig [ヴォーリヒ] 形《述語なし》快い, 快適な, 気持ちよい, 安楽な.

Wohl·klang 男〈-(e)s/〉《書》心地良い音, 心地良い響き.

wohl·schmeckend, wohl schmeckend 形《副なし》美味な, おいしい.

Wohl·stand 男〈-(e)s/〉高い生活水準, 裕福.

Wohl·tat 囡〈-/-en〉❶《書》善行, 善事, 親切 (な行い); 恩恵, ありがたいもの; 慈善; 愉快なもの. ❷《単》ほっとさせること [もの], 慰め [気晴らし] となるもの.

wohltätig [ヴォールテーティヒ] 形 善行をなす, 慈善を施す, 慈善の.

wohltuend [ヴォールトゥーエント] 形 気持ちのよい, 快い, 心地よい.

wohl|tun [ヴォールトゥーン] 自〈《③》〉〈(人³に)〉気持ちよい, 快い, 慰め [晴らし] となる;〈(人³の健康などの)〉ためになる.

wohl·verdient 形《副なし》相応 [相当] の; 至当の, 当然の, 自業自得の.

wohlweislich [ヴォールヴァイスリヒ] 副 賢明にも; 慎重に; 相応の理由で.

Wohlwollen [ヴォールヴォレン] 中〈-s/〉好意, 親切, 善意; 愛顧, ひいき.

wohlwollend [ヴォールヴォレント] 形 好意のある, 親切な.

Wohn·block 男〈-(e)s/-s, ..blöcke〉(団地などの) ブロック, 棟.

wohnen [vó:nən ヴォーネン] 自

現在	ich wohne	wir wohnen
	du wohnst	ihr wohnt
	er wohnt	sie wohnen
過去	ich wohnte	wir wohnten
	du wohntest	ihr wohntet
	er wohnte	sie wohnten
過分	gewohnt	接II wohnte

❶〈+場所〉住む, 居住する; 居る, あ

る; 宿る. ❷ (短期間) 住む, 泊まる, 宿泊する. ♦ bei ③ ~〈人³の家に〉同居している. 5級

Wohn·gemeinschaft 囡〈-/-en〉 シェアハウス, 住居共同体 (略: WG).

wohnhaft [ヴォーンハフト] 形《副なし》《書》居住 [定住] している.

Wohn·heim 中 寮, 寄宿舎.

wohnlich [ヴォーンリヒ] 形 住み心地のよい.

Wohn·mobil 中 キャンピングカー.

Wohn·ort 男 居住地; 住所.

Wohn·sitz 男〈-es/-e〉《書》住所, 居住地.

Wohnung [vó:nʊŋ ヴォーヌング] 囡〈-/-en〉住まい, 住居; フラット, アパート [マンション] (の一戸分). 5級

Wohnungs·not 囡〈-/〉住宅難.

Wohn·wagen 男〈-s/-〉(居間・寝室・炊事設備のある) トレーラーハウス; サーカスの (馬)車.

Wohnzimmer [ヴォーンツィマー] 中〈-s/-〉居室, 居間, 茶の間. 4級

wölben [ヴェルベン] ❶他 アーチ形にする, 湾曲させる, 反 (そ)らす. (II) 再 sich⁴ アーチ形になる; 湾曲する, 反る.

Wölbung [ヴェルブング] 囡〈-/-en〉アーチ形; 湾曲, 反り.

Wolf [ヴォルフ] 男〈-(e)s/Wölfe〉オオカミ (狼); 狼のような人. *ein ~ in Schafskleidern* [*im Schafspelz*] 羊の皮をかぶった狼 (表面は優しげだが実は残忍な人). *hungrig wie ein ~* ひどく空腹である. *mit den Wölfen heulen* (口) 付和雷同する.

Wolke [vɔ́lkə ヴォルケ] 囡〈-/-n〉雲. *auf ~ [in den ~n, über den ~n] schweben*《書》夢を見ている, 全く現実離れしている. *aus allen ~n fallen* (口) めんくらう, 仰天する. 4級

Wolken·bruch 男〈-(e)s/..brüche〉猛烈な驟雨 (㉓), 突然の豪雨.

Wolken·decke 囡〈-/-n〉【気】曇った空; 空を覆っている雲の層.

Wolken·kratzer 男〈-s/-〉【建】摩天楼.

wolken·los 形 雲のない.

wolkig [ヴォルキヒ] 形 ❶《副なし》

woraus

曇った, 曇天の. ❷雲のような, 雲のような格好をした.

Wolle [vɔ́lə ヴォレ] 囡 –/(品種)–n)
❶ 羊毛, ウール; 毛糸. ❷《単》毛織物. *sich⁴ in die ~ haben* [*kriegen*]《口》(互いに)いがみ合う. 4級

wollen¹* [vɔ́lən ヴォレン]

現在	ich **will**	wir wollen
	du **willst**	ihr wollt
	er **will**	sie wollen

過去	ich **wollte**	wir wollten
	du **wolltest**	ihr wolltet
	er **wollte**	sie wollten

過分 **wollen**(不定詞を伴うとき)
　　　gewollt(不定詞を伴わないとき)

接Ⅱ　wollte

《(Ⅰ)》 他《話法》《不定詞を伴って》❶ **(a)**《主語の意志・意図》…するつもりだ;…したい;…する意向だ,…しようと思う. **(b)**《勧誘;1人称で;接続法Ⅰ式で》…しよう. **(c)**《勧誘疑問;1人称で;接続法Ⅰ式で》…しようか. **(d)**《要求;2人称で;接続法Ⅰ式で》…しなさい;《要求;3人称で;接続法Ⅰ式で》…されたし. ❷ **(a)**《主に1人称で》…しておきたい. **(b)**《話者があり得ないと見ている主張;1人称以外で》(…と)言っている, (…と)言い張る. **(c)**…したことにしたい;…したふりをする. ❸《過去形で;gerade, eben などと》(ちょうど)…するところだった, (まさに)…しようとしていた. ❹《主語が人間以外で》…しかけている;…しようとする. ❺《主語が人間以外で》**(a)**《受動と》…されなければ[…されていなければ]ならない, (…される必要がある. **(b)**…しようとするものである, (…を)目的とする. **(c)**…することを必要とする.

《(Ⅱ)》《不定詞を伴わず, 本動詞的に;過去分詞は gewollt;独立動詞として受動態 (例: Das wird gewollt. それは望まれる)も命令法 (例: Wolle nur! ひたすら望め)もある》❶ **(a)**《名詞句と》(…が)欲しい; (…を)欲しがる;欲する,望む;願う;《③ ④》《口》《人³に対して悪い事⁴を》企む, もくろむ. **(b)**《*dass* …と》(…と)望む,…して欲しいと思う. **(c)**《4格目的語なしで;本動詞省略の結果と考えられる》したい. ❷《接続法Ⅱ式で;副文《接続法Ⅱ式》をとって》…して欲しいのだけれども,…してもらいたいものだが. ❸《主語が人間以外;主に nicht (mehr) ~ で》《口》(どうしても)…しそうにない. ❹《認容文で;本来は接続法Ⅰ式で》《やや古》《*ob* と》♦ Du musst kommen, ob du willst oder nicht.= Ob du willst oder nicht, du musst kommen. 君が望もうと望むまいと,来なければならないよ. ❺《主語が人間以外》必要とする. 5級

wollen² [ヴォレン] 形 羊毛(製)の;毛織の, ウールの.

wollte [ヴォルテ] wollen の過去形・接続法Ⅱ式形.

womit [ヴォ(ー)ミット] 副 ❶《疑問副詞》何をもって, 何によって. ❷《関係副詞》それをもって, それによって.

womöglich [ヴォ(ー)メークリヒ] 副 ❶《口》ひょっとすると, 恐らくは, 多分. ❷ 可能ならば.

wonach [ヴォ(ー)ナーハ] 副 ❶《疑問副詞》何の方へ;何の後に;何を求めて. ❷《関係副詞》その方へ;その後に;それに従って.

Wonne [ヴォンネ]《書》囡 (–/–n) 至福(の喜び).

wonnig [ヴォニヒ] 形 かわいらしい, 愛らしい, 思わず抱きしめたいような. ♦ein ~es Kind かわいい子供.

woran [ヴォ(ー)ラン] 副 ❶《疑問副詞》何において, 何の方へ, 何によって, 何について. ❷《関係副詞》それにおいて, それへ;それによって, それについて.

worauf [ヴォ(ー)ラオフ] 副 ❶《疑問副詞》何の上に[で], 何の上へ;何に向かって. ❷《関係副詞》その上に[で], その上へ;それに向かって.

woraus [ヴォ(ー)ラオス] 副 ❶《疑問副詞》何の中から, どこから, 何から. ❷《関係副詞》その中から, そこから.

① 1格　② 2格　③ 3格　④ 4格

worden [ヴォァデン] werdenの過去分詞.

worin [ヴォ(ー)リン] 副 ❶《疑問副詞》何の中に, 何において. ❷《関係副詞》その中に[で].

Wort [vɔrt ヴォァト] 匣 (-(e)s/Wörter, -e) ❶(複 Wörter) (個々の)語, 単語. ❷(複 -e) (意味をなす)語, 言葉. ❸(単) 発言, 発話. ❹(複 -e) 格言, 金言. ❺(単) 約束(の言葉), 言質(げんち), 確言. ❻(単)《キリスト教》(神の)言葉; ロゴス; (三位一体の第二位の)キリスト. sein ~ halten [brechen] 約束を守る[破る]. ③ sein ~ geben 人³に約束する. aufs ~ gehorchen (ためらわずに)言うことに従う. ③ das ~ erteilen [geben] 人³に発言を許す. das ~ haben 発言権を持つ, 発言の番である. ein gutes ~ für ④ einlegen 人⁴のために取りなす. geflügelte ~e 人口に膾炙(かいしゃ)した言葉, よく引用される名言. in ~en 文字で(書いて). das letzte ~ haben [behalten] 最終決定を下す. ③ ins ~ fallen 人³の話に口をはさむ, 人³の言葉を遮る. ums ~ bitten = sich⁴ zu(m) ~ melden 発言を求める. mit anderen ~ 別の言葉で言えば. mit einem ~ 一言で言えば. ~ für ~ 一語一語, 逐語的に, 言葉どおりに. 5級

Wort-art 囡 (-/-en)《言》品詞.

Wort-bildung 囡 (-/-en) 造語(法).

Wort-bruch 男 (-(e)s/(まれ)..brüche) 違約, 食言, 裏切り, 不信.

wort-brüchig 形《副なし》約束を守らない, 口先だけの.

Wörtchen [ヴェァトヒェン] 匣 (-s/-) 小語, 短言, ちょっとした言葉.

Wörterbuch [vœ́rtərbuːx ヴェァターブーフ] 匣 (-(e)s/..bücher) 辞書, 辞典, 字引き. ④ *in einem ~ nachschlangen* 単語⁴などを辞書で調べる. 5級

wort-getreu 形語に忠実な, 文字どおりの, 逐語的な.

wort-karg 形 ❶無口な, むっつりした. ❷そっけない, あっさりした, 簡潔な.

Wortkargheit [..ハイト] 囡 (-/) 無口さ; そっけなさ.

Wortlaut [ヴォァトラオト] 男 (-(e)s/) 文面, 文言(もんごん); 本文, 原文, テキスト.

wörtlich [ヴェァトリヒ] 形 ❶言葉の, 語の; 言葉の上の, 口頭の. ❷文字どおりの, 逐語的な.

wortlos [ヴォァトロース] 形無言の, ものを言わぬ, 暗黙の.

Wortmeldung [ヴォァトメルドゥング] 囡 (-/-en) 発言要請, 発言申し込み (《会議・討論などで》).

Wortschatz [ヴォァトシャッツ] 男 (-es/..schätze) 語彙(ごい), ボキャブラリー.

Wort-spiel 匣 (-(e)s/-e) 語をもてあそぶこと, 語呂(ごろ)合わせ, 地口(じぐち), しゃれ.

Wort-stellung 囡 (-/-en) 語順, 配語法.

Wort-wechsel 男 (-s/-) ❶口論, 論争. ❷(やや古) 会話.《通常の》おしゃべり.

wortwörtlich [ヴォァトヴェァトリヒ] 形《wörtlich の強調》全く逐語的な, 全く文字[字義]どおりの.

worüber [ヴォ(ー)リューバー] 副 ❶《疑問副詞》何の上に, 何について, 何を越えて. ❷《関係副詞》その上に, それについて, それを越えて.

worum [ヴォ(ー)ルム] 副 ❶《疑問副詞》何を回って, 何のために. ❷《関係副詞》それを回って, そのために.

worunter [ヴォ(ー)ルンター] 副 ❶《疑問副詞》何の下に, 何の中に. ❷《関係副詞》その下に[中に].

wovon [ヴォ(ー)フォン] 副 ❶《疑問副詞》何から; 何について. ❷《関係副詞》それから; それについて.

wovor [ヴォ(ー)フォーァ] 副 ❶《疑問副詞》何の前に, 何に対して, 何のために. ❷《関係副詞》それの前に, それに対し.

wozu [ヴォ(ー)ツー] 副 ❶《疑問副詞》何の方に, 何(のため)に. ❷《関係副詞》その方に, そのために.

Wrack [ヴラック] 匣 (-(e)s/-s, (まれ) -e) ❶難破船, 廃船, 老朽船. ❷(口)

くず, 廃物(のような人).
wrang [ヴラング] wringen の過去形.
wringen* [ヴリンゲン] (過 wrang; 過分 gewrungen) 他 ❶〈洗濯物4などを〉絞る. ❷〈4 aus ③〉〈水4などを物3から〉絞り出す.
Wucher [ヴーハー] 男 (-s/) (軽蔑) 高利, 暴利; 不当利得(行為), 高利貸し.
wuchern [ヴーハァン] 自 ❶ⓢ ⓑ (植物などが)繁茂する, はびこる; (組織が)増殖する. ❷ ⓗ〈mit ③〉〈物3について〉高利を取る, 暴利をむさぼる.
Wucherung [ヴーヘルング] 女 (-/-en) 〖生〗 ❶〈単〉(病的な)増殖, 肥大. ❷(①によってできた)肉瘤(ヒミヒョ); (木の)こぶ.
Wunder-kerze 女 (-/-n) (火薬を針金に塗り付けた)線香花火.
Wunder-kind 中 (-(e)s/-er) 神童.
wunderlich [ヴンダーリヒ] 形 いぶかしい, 奇怪な, 奇妙な.
wuchs [ヴークス] wachsen の過去形.
Wuchs [ヴークス] 男 (-es/) ❶生長, 発育. ❷体つき, 容姿; 身長, 背丈.
wüchse [ヴュークセ] wachsen の接続法 II 式形.
Wucht [ヴフト] 女 (-/) ❶〈単〉力, 勢い, 重み, 重圧. ❷〈単〉〈力〉一発激しくなぐること. *eine ~ sein* (俗) すごい, すばらしい, かっこいい.
wuchtig [ヴフティヒ] 形 ❶〈副なし〉重みのある, 重い, どっしりした. ❷ものすごい, 激しい; 力強い.
wühlen [ヴューレン] ((I)) 自 ❶〈+場所〉〈...を〉掘る, 掘り返す. ❷〈+副詞〉〈中で〉掘って探しまわる, ひっかき回して探す. ❸〈自〉せっせと働く, 力いっぱい働く. ❹(軽蔑)扇動する. ((II)) 他 ❶掘って作る. ❷掘り返して[ひっかき回して]探し出す. ((III)) sich4 〈in [durch]〉〈物4を〉掘り返してもぐりこむ, 身を埋める; かき分けて進む.
wulstig [ヴルスティヒ] 形 丸くふくらんだ, 突き出た, ひも状に隆起している.
wund [ヴント] 形 (最上 ~est)〈副なし〉傷ついた, すりむけた; 痛む. ■ *sich4 ~ liegen* 床ずれができる.
Wunde [ヴンデ] 女 (-/-n) ❶傷, 負傷, 外傷, けが; 痛手, 傷害. ❷ (書) (精神的の)傷, ショック, 心の傷.
Wunder [ヴンダー] 中 (-s/-) 驚くべきこと; 不思議なこと; 奇跡. *Es ist kein ~, dass...* (...ということは)何ら驚くにはあたらない. *Kein ~!* 何ら驚くにはあたらない, ちっとも不思議じゃない. *~ wirken* (口) 不思議なほど [驚くほど] 良く効く.
wunderbar [ヴンダァバー ヴンダーバー] 形 ❶驚くべき, 驚嘆すべき; 奇跡的な. ❷すばらしい, 美しい, すてきな. ❸〈副のみ; 強意〉(口) とても, 大変. **4級**
wundern [ヴンダァン ヴンダーン] ((I)) 他 ❶驚かせる, 不審に思わせる, 不思議がらせる. ❷(ジ゙)〈人4の〉好奇心をそそる. ((II)) 再 sich4〈über ④〉〈物4に〉驚く. *sich4 (darüber) ~, dass ...* ...ということにびっくりする. 📖 *wird sich4 noch wundern.* 人1にはもっと驚く[「悪い」]ことが待っている. **4級**
wunderschön [ヴンダーシェーン] 形 何ともいえないほど美しい.
wundervoll [ヴンダーフォル] 形 = wunderbar ❷
wund|liegen* [ヴントリーゲン] 再 sich4 = wund liegen ⇒wund ■.
Wund-starrkrampf 男 (-(e)s/) 〖医〗 創傷性破傷風.
Wunsch [von] ヴンシュ] 男 (-(e)s/ Wünsche) ❶願い, 望み; 願望, 希望, 願いごと. ❷〈複〉祝福の言葉, 祝賀の気持. *auf ~* お望みにより. *nach ~ verlaufen* 望み通りになる. **4級**
Wünschelrute [ヴュンシェルルーテ] 女 (-/-n) 魔法の杖; (水鉱脈を探る)占い枝.
wünschen [ヴュンシェン ヴュンシェン] 他 ❶〈(sich3) ④〉(自分に)〈物・事4を〉願う, 望む. ❷〈③ ④〉〈人3に物4を〉祈願する. 📖 *lässt zu ~ übrig.* 物1はまだ十分ではありません. *Was ~ Sie?* ご用は何でしょうか, 何がお望みですか. **5級**

現在	ich wünsche	wir wünschen
	du wünschst	ihr wünscht
	er wünscht	sie wünschen

過去	ich wünschte	wir wünschten
	du wünschtest	ihr wünschtet
	er wünschte	sie wünschten

過分	gewünscht	接Ⅱ	wünschte

Wunsch·kind 甲(-(e)s/-er)(口)待望された子供.

Wunsch·konzert 甲(-(e)s/-e)(ラジオ・テレビでのリクエストによる)希望音楽会.

Wunsch·zettel 男(-s/-)(子供たちが)願い事を書いた短冊((クリスマスツリーなどに付ける;クリスマスや誕生日に欲しいものを書く)).

wurde [ヴルデ] werden 過去形.
würde [ヴュルデ] werden の接続法Ⅱ式形. ★用法 (1)動詞の接続法Ⅱ式形の書きかえ. (2) 間接話法で接続法Ⅰ式と直説法現在の形が同形の場合. (3) 丁寧に頼む場合：Würdest du den Fernseher bitte etwas leiser stellen? テレビの音を少し小さくしてくれないかなあ.

Würde [ヴュルデ] 女(-/-n) ❶〈単〉(人の)品位, 気品;尊厳, 威厳, 貴禄, 価値, 真価. ❷位;高位, 高官, 顕職. unter ② ~ sein 人²の品位〔沽券(こけん)〕にかかわる.

würdelos [ヴュルデロース] 形 品位〔威厳〕のない.

Würden·träger 男(-s/-) 高位高官の人, 学位のある人.

würdevoll [ヴュルデフォル] 形 品位のある, 高貴な.

würdig [ヴュルディヒ] 形 ❶品位のある, 威厳のある, 尊敬すべき;ふさわしい. ❷〈(②)〉〈(事²に)〉値する, ふさわしい,〈(事²の)〉価値のある.

würdigen [ヴュルディゲン] 他 ❶〈人·物⁴の〉価値を認める;相応に評価する. ❷〈④ ②〉〈人⁴に物²の〉価値を認める.

Wurf [ヴルフ] 男(-(e)s/Würfe) ❶(a) 投げること,(槍·ハンマー·円盤などの)投擲(とうてき), 射出,(柔道などの)投げ業;(ボーリングで)一投;〔理〕放物運動,(さいを)振ること;投げたもの. (b) (投げの)勢い. ❷特別うまくいった作品. ❸(着物の)ひだ, ひだのとり方. ❹(犬·猫·豚などの)一腹の子.

würfe [ヴュルフェ] werfenの接続法Ⅱ式形.

Würfel [ヴュルフェル] 男(-s/-) ❶賽(さい),さいころ. ❷(a)〔数〕立方体,正6面体;立方, 3乗. (b)立方体に似たもの. Der ~ ist [Die ~ sind] gefallen [geworfen]. 賽は投げられた, 事は決した.

Würfel·becher 男(-s/-) 賽(さい)を入れて振り出す円筒, ダイスカップ.

würfeln [ヴュルフェルン]((Ⅰ)) 自 ❶賽(さい)ころを転がす, さいころ遊びをする, ばくちを打つ. ❷〈um ④〉〈物⁴を〉賭けてサイコロを振る. ((Ⅱ)) 他 ❶サイコロを振って〈ある数⁴の〉目を出す. ❷真四角(賽の目)に切る.

Würfel·spiel 甲(-(e)s/-e) さいころ遊び, ダイスゲーム, すごろく, ばくち.

Würfel·zucker 男(-s/-) 角砂糖.

Wurf·geschoss 甲(-es/..geschösse)〔軍〕投擲弾(弾丸ロケット, 手榴(しゅりゅう)弾など).

Wurf·geschoß (南ドイツ·オーストリア) = Wurfgeschoss.

würgen [ヴュルゲン]((Ⅰ)) 他 ❶〈人⁴の〉のどを絞めつける;窒息させる, 絞め殺す. ❷〈人⁴に〉吐き気を催させる. ((Ⅱ)) 自 ❶苦しんで(目を白黒させて)飲み込む;飲み込んでむせたものを吐こうとする. ❷〈an ③〉〈物³を〉無理に飲み込んでのどに詰まらせる.

Wurm [ヴルム]((Ⅰ)) 男(-(e)s/Würmer) 虫;蠕虫(ぜんちゅう);(条虫·環虫·扁虫類など);寄生虫. Da sitzt [ist] der ~ drin! 何かがおかしい, 合っていない. ((Ⅱ)) 甲(-(e)s/Würmer)(口)小さい子供, 小児;幼児.

wurmig [ヴルミヒ] 形《副なし》虫のついた, 虫に食われた.

wurm·stichig 形《副なし》虫穴のある.

① 1格 ② 2格 ③ 3格 ④ 4格

ある, 虫の食った.

Wurst [ヴォルスト ヴルスト]囡(―/Würste) ❶腸詰め, ソーセージ. ❷ソーセージに似た形のもの. *Es geht jetzt um die ~!* (口) 今が大事な[決断の]時だ. ③ *~ sein* (口) 人³にとってどうでもいい. 5級

Würstchen [ヴュルストヒェン]中(―s/―) ❶小さなソーセージ, ウィンナー. ❷(口) くだらないやつ.

wursteln [ヴァステルン]自(口) だらだらと[漫然と]仕事をする.

Würze [ヴュルツェ]囡(―/―n) 薬味, 香料; (比) 興を添えるもの. *~ des Bieres* [醸] 未発酵のビール, 発酵剤の麦芽汁.

Wurzel [ヴルツェル]囡(―/―n) ❶[植] 根. ❷土台, 根底, 基礎, 根源. ❸人体部分のつけ根; 歯根; 毛根. ❹[言] 語根. ❺(数) 根. *~n schlagen* 根をおろす. *das Übel an der ~ packen [fassen]* 悪の根を断つ.

wurzeln [ヴルツェルン]自 ❶〈植物¹が〉根がつく, 根づいている. ❷〈in ③〉〈物³に〉根底[基礎]を持つ, 基因[由来]する.

würzen [ヴュルツェン]他 ❶〈物⁴に〉調味料[薬味]を入れる, 香料を加える. ❷〈作品・文などを〉気の利いたものにする, 引き締める.

würzig [ヴュルツィヒ]形 ❶薬味[香料]入りの, 風味のよい, スパイシーな. ❷(話などが) 気の利いた, 趣のある, 味のある. ❸きわどい.

wusch [ヴーシュ] waschen の過去形.

wüsche [ヴューシェ] waschen の接続法II式形.

wusste [ヴステ] wissen の過去形.

wußte [ヴステ]旧= wusste.

wüsste [ヴュステ] wissen の接続法II式形.

wüßte [ヴュステ]旧= wüsste.

Wust [ヴースト]男(―(e)s/) 雑然とした[乱雑な]状態のもの; 混沌; がらくた.

wüst [ヴュースト]形 (最上 ~est) ❶《副なし》荒れ果てた, 荒涼たる, 寂寥(せきりょう)たる; 空(むな)しい, 無人の, 人の住まない. ❷乱雑な, 無秩序な, 混沌たる. めちゃくちゃな. ❸《軽蔑》乱暴な, 粗野[粗暴]な, 野卑な, 荒くれた; わがままな, 放埓(ほうらつ)な, だらしない. ❹ (悪いことの) 程度がはなはだしい, すごい, すさまじい.

Wüste [ヴューステ]囡(―/―n) 荒野, 荒地; 砂漠.

Wut [ヴート]囡(―/) ❶激情, 興奮; 激怒, 激昂; 憤怒, 憤慨. ❷[医] 狂犬大病. ❸激しさ. *in ~* 激怒して.

wüten [ヴューテン]自 ❶(a) 暴れる. (b)〈auf ④; über ④〉〈人⁴に対して; 事⁴について〉怒り狂う, 激怒する. ❷荒れ狂う, 暴威を奮う; 〈悪疫¹が〉猖獗(しょうけつ)をきわめる.

wütend [ヴューテント]形 (最上 ~st [..ット]) ❶激怒した; 荒れ狂う, 暴れ回る, 狂暴な. ❷《述語なし》烈しい, 猛烈な.

X

x¹, X¹ [イクス]中(―/―, (口)―s) アルファベットの第24字.

x² 《記号》❶[数] (方程式での第1の) 未知数[量]. ❷(口) かなりの多数, 相当な数.

X² 《記号》❶エックス ((名がわからない[正体を知らされていない, 名指しを控えたい] 人間[事物])). ❷ローマ数字の10.

x-Achse 囡(―/―n) [数] X軸.

X-Beine 複 [医] X脚, 外反膝(ひざ).

X-beinig 形《副なし》[医] X脚[外反膝(ひざ)]の.

x-beliebig 形《述語なし》(口) 任意の, 好き勝手な.

X-Chromosom 男(―s/―en) [遺伝] X染色体.

x-fach 形 (口) 数えきれないほど何回も, 繰り返しての.

x-mal 副 (口) 幾度も, 何回も.

X-Strahlen 複 X線.

x-t [イクスト]形《付加のみ》(口) 何番目[何度目]かの. ♦ *zum x-ten Mal(e)*

今までに何度も.

Xylofon [クスュロフォーン] 中 (-s/-e) [音楽]木琴, シロフォン.

Y

y, Y [ユプスィロン] 中 (-/-, (ロ)-s) アルファベットの第25字.

y 《記号》[数] (方程式でxに次ぐ第2の未知数)量.

y-Achse 女 (-/-n) [数] Y軸.

Yacht [ヤハト] 女 (-/-en) = Jacht.

Y-Chromosom 中 (-s/-e) [遺伝] Y染色体.

Yen [イェン] 男 (-(s)/-(s)) 円 ((日本の通貨単位; 記号:¥)). ♦in ~ zahlen 円で支払う.

Yoga [ヨーガ] 中 (-(s)/) ヨガ.

Ypsilon [ユプスィロン] 中 (-(s)/-s) イプシロン (((1) ドイツ語アルファベットの Y, y. (2) ギリシア語アルファベットの第20字 Υ, υ))

Z

z, Z [ツェット] 中 (-/-, (ロ)-s) アルファベットの第26字.

Zacke [ツァッケ] 女 (-/-n) とがった先端, 尖端; (のこぎり・くしの)歯, (葉・切手などの)きざきざ, (フォークの)又(禁), (王冠などの)突起.

Zacken [ツァッケン] 男 (-s/-) (南バ イエ) = Zacke.

zackig [ツァッキヒ] 形 ❶《副なし》きざきざのある; のこぎりの歯のような. ❷ (口)(行動などが)てきぱきした, きびきびした.

zaghaft [ツァークハフト] 形 びくびくした, おどおどした.

Zaghaftigkeit [ツァークハフティヒカイト] 女 (-/) びくびくしていること; 小心.

zäh [ツェー] (最上 ~(e)st) 形 ❶ (a)《副なし》強靭(*²*²)な, 折れ[切れ]にくい; (肉などが)堅い. (b)《副なし》ねばねば[ねっとり]した, 粘っこい, どろっとし

た; 粘(液)性の. (c)(口調などが)だらだらした. ❷(a)《副なし》頑丈[頑健]な, たくましい; 抵抗力のある. (b)辛抱[粘り]強い; 強情な; 執拗(¾)な. (c) (交渉・仕事などが)はかどらない, 進展しない.

Zähigkeit [ツェーイヒカイト] 女 (-/) ❶強靭(*²*²); ねばねばしていること, 粘性. ❷頑強; 強情; 執拗; けち.

Zahl [tsa:l ツァール] 女 (-/-en) ❶数; 数値(略:Z.). ❷《単》数量. ❸ (Ziffer)数字. ♦eine hohe [große] ~ 桁(児)の多い[大きい]数. eine niedrige [kleine] ~ 桁の少ない[小さい]数. in großer ~ たくさんの[で]. ohne ~ 無数の. *in den roten [schwarzen]* ~ *sein* 赤字[黒字]である. 4級

zahlbar [ツァールバー] 形《副なし》 [商]支払うべき; 支払い期限のきた; (手形などが)満期の.

zahlen [tsá:lən ツァーレン]

現在	ich zahle	wir zahlen
	du zahlst	ihr zahlt
	er zahlt	sie zahlen

過去	ich zahlte	wir zahlten
	du zahltest	ihr zahltet
	er zahlte	sie zahlten

| 過分 **gezahlt** | 接II **zahlte** |

((I)) 他 ❶〈金額・値⁴を〉払う. ❷〈物⁴の〉支払いをする; 〈物⁴の〉料金を支払う; 〈人⁴に〉報酬[料金]を払う. ♦ 100 Euro für die Ware その商品に100ユーロ支払う. ((II)) 自 支払いをする, 勘定を済ませる. ♦ in Euro ~ ユーロで払う. bar ~ 現金で払う. mit einem Scheck ~ 小切手で払う. *Bitte zahlen!* = *Zahlen bitte!* お勘定をお願いします. 5級

zählen [tsé:lən ツェーレン] ((I)) 他 ❶〈人・物⁴を〉数える. ❷《書》〈ある数の人・物⁴を〉持つ, 示す, 数える. ♦Die Stadt zählt 5 Millionen Einwohner. その都市の人口は500万人を数

え. ❸《④ zu》;《まれ》unter ④《物⁴を物³·⁴に》数え入れる, 含める. ❹《物⁴を物⁴の》値打ちがある,《物⁴に》換算できる, 相当する.(**II**)圓❶数を数える. ❷《nach ③》《書》《ある数値³に》達する. ♦Die Opfer der Katastrophe zählten nach Tausenden. その災害の犠牲者は数千人を数えた. ❸《zu ③》《物⁴に》数え入れられる, 含められる, 属する. ♦Er zählt meinen besten Freunden. 彼は仏の親友の一人だ. ❹数に入る, 数えるに足る, 有効である, 重要である. ♦Das zählt nicht. それはものの数ではない. ❺《auf ④》《書》《人·物⁴を》当てにする. **4級**

Zahler [ツァーラー]男《–s/–》支払人.

Zähler [ツェーラー]男《–s/–》❶カウンター, メーター. ❷[数]分子. ❸(スポーツの)ポイント.

Zahl·karte 女《–/–n》郵便為替(ﾄｶﾞﾜ)払い込み用紙.

zahl·los 形《副なし》無数の, 数えきれないほど《多数の》.

zahl·reich 形《副なし》多数の, たくさんの; 多人数の, 大勢の.

Zahlung [ツァールング]女《–/–en》支払い; 支払金. ④ in ~ geben [nehmen] 物⁴を下取りに出す[下取りする].

Zählung [ツェールング]女《–/–en》数えること.

Zahlungs·bilanz 女《–/–en》[経]国際収支.

zahlungsfähig 形《副なし》支払い能力のある.

Zahlungsfähigkeit [..ｶｲﾄ]女《–/》支払い能力.

Zahlungs·mittel 中《–s/–》支払い手段; 通貨.

zahlungs·unfähig 形《副なし》支払い能力のない; 破産した.

Zahlungs·unfähigkeit 女《–/》支払い不能; 破産.

Zahl·wort 中《–(e)s/..wörter》[言]数詞 (Numerale).

zahm [ツァーム]形 ❶飼い馴らされた. ❷(口)(人が)おとなしい, 温和《従順》な; 言いなりになる, 扱いやすい. ❸(口)(発言·批判などが)穏やかな, 控え目な.

zähmen [ツェーメン](**I**)他❶馴らす, てなずける;《自然の力⁴などを》制御する. ❷《感情⁴などを》抑える, 静める. (**II**)sich⁴ 自制[克己]する.

Zahn [tsa:n ツァーン]男《–(e)s/Zähne》❶歯, 歯牙(ｶﾞ). ❷(歯状の物):のこぎり歯;(歯車·くしなどの)歯;(切手の)目打ち. ❸(口)猛スピード. ♦ein fauler [kranker] ~ 虫歯. sich³ die Zähne putzen 歯を磨く. Ein ~ schmerzt. 歯が1本痛む. *die dritte Zähne*(口)入れ歯. *die Zähne zusammenbeißen*(口)歯をくいしばる. ③ *die Zähne zeigen*(口)《人⁴に》牙をむく, 頑として抵抗する. ③ *auf den ~ fühlen*(口)人³(の能力など)を厳しく吟味する, 人³の胸の内を探る. *sich³ an* ③ *die Zähne ausbeißen*(口)事³に歯が立たない, 事³に苦労の末挫折する. *bis an die Zähne bewaffnet*(口)完全武装して. **5級**

Zahn·arzt [ツァーンアーァット]男《–es/..ärzte》歯医者, 歯科医. ♦zum ~ gehen 歯医者に行く. ◇**..ärztin** 女《–/–nen》. **4級**

Zahn·bürste 女《–/–n》歯ブラシ.

Zähne [ツェーネ]複⇒Zahn.

zähne·knirschend [..ｸﾆｰｼｪﾝﾄ]形(不本意なことに)歯ぎしりしている.

zahnen [ツァーネン]自《赤ん坊¹に》乳歯が生える.

Zahn·ersatz 男《–es/(まれ)..sätze》義歯, 入れ歯.

Zahn·fleisch 中《–(e)s/》歯ぐき.

zahnlos [..ﾛｰｽ]形《副なし》❶歯のない, 歯の抜けた. ❷[動]貧歯類の.

Zahn·lücke 女《–/–n》歯の抜けた隙間.

Zahn·pasta 女《–/–s, ..pasten》(ねり)歯磨き.

Zahn·pflege 女《–/》歯の手入れ, 歯の衛生.

Zahn·prothese 女《–/–n》義歯.

①1格 ②2格 ③3格 ④4格

Zahn･rad 中 歯車, ギア.
Zahn･schmerz 男 (-(e)s/-en)《主に複》歯痛. ◆ ~en haben 歯が痛い.
Zahn･stein 男 (-(e)s) [医]歯石.
Zahn･stocher 男 (-s/-) つまようじ.
Zahn･weh 中 (-s/) 歯痛.
Zange [ツァンゲ] 女 (-/-n) ❶ペンチ, やっとこ; 鉗子(ホメ). ❷ (口) (クワガタムシの)大あご; (ザリガニの)はさみ. ③ *in die ~ nehmen* 1) (口) 人³を締めあげる[問いつめる]. 2) 〔軍〕人³を両サイドからはさみ込む.
Zank [ツァンク] 男 (-(e)s/) 口論, 口げんか.
zanken [ツァンケン] ((Ⅰ)) 再 sich ⟨mit ③; um [über] ④⟩ (特に子供¹が) ⟨人³と; 物³·⁴のことで⟩言い争う, 口論する. ((Ⅱ)) 自 ⟨mit ③⟩ / 他 ⟨⟨人³を⟩しかる, ⟨⟨人³に)ガミガミ言う.
zänkisch [ツェンキッシュ] 形 (副なし)(軽蔑) けんか早い.
Zäpfchen [ツェプフヒェン] 中 (-s/-) ❶小さな栓. ❷ [解] 口蓋垂, のどひこ. ❸ [医] 座薬.
zapfen [ツァプフェン] 他 〈酒 ⁴などの〉栓を抜いてつぐ.
Zapfen [ツァプフェン] 男 (-s/-) ❶〔植〕(針葉樹の)毬果(キョ). ❷(樽やビンなどの)栓; (ビン)コルク栓. ❸ [建] ほぞ; [工] 軸の先端の部分, ジャーナル, ピボット.
Zapf･säule 女 (-/-n) (ガソリンスタンドの)給油装置, (計量)給油器.
zappeln [ツァッペルン] 自 手足を揺り動かす, じたばたする, もじもじする, せかせかする. ④ *~ lassen* (口) 人⁴をじらす.
zappen [ツァペン, ゼペン] 自 (口) (テレビで)チャンネルをカチャカチャ変える.
Zar [ツァール] 男 (-en/-en) 《弱》(称号として用いるとき複なし)ツァー ((旧ロシア皇帝などの称号およびその保持者)).
Zarin [ツァーリン] 女 (-/-nen) ❶女性のツァー. ❷ツァーの妻.
zart [ツァールト] 形 (最上 ~est) ❶ (副なし)

(a) 柔らかい, 繊細な, デリケートな; きゃしゃな; もろい. **(b)** 弱い, ひ弱な, か弱い; 病弱な. ❷ 感じやすい, 繊細な. ❷ (副なし)(食べ物などが)柔らかい. ❸ (色調などが)淡い, 目にやさしい; (音色などが)ソフトな, 柔らかい. ❹ **(a)** 思いやりのある, 人を驚かせない. **(b)** (やや古)愛情のこもった, 優しい. ❺ 控え目な, かすかな.
Zartheit [..ハイト] 女 (-/-en) ❶《単》やさしさ, もの柔らかなこと; 繊細, きゃしゃ; 感じやすいこと, 傷つきやすいこと; 思いやり. ❷思いやりのある言行.
zärtlich [ツェートリヒ] 形 ❶やさしい, 愛情[心]のこもった, 情愛[愛情]の深い. ❷思いやり[配慮]のある, 細かな心遣いをする.
Zärtlichkeit [..カイト] 女 (-/-en) ❶《単》愛情, 好意. ❷愛撫(ヤィ). ❸行き届いた配慮[心遣い].
Zauber [ツォバー] 男 (-s/-) ❶《主に単》魔法, 魔術; 魔力; まじない; 呪文. ❷《単》魅力, ひきつける力. ❸《単》(口) **(a)** (軽蔑)大げさな騒ぎ[出来事]. **(b)** くだらないもの; *(ein) fauler ~* (口) いんちき.
zaubern [ツォバァン] ((Ⅰ)) 他 ❶ 〈物⁴を〉魔法[手品]で出す[作る]. ❷〈食事⁴などを〉手早く用意する. ((Ⅱ)) 自 魔法を使う.
zaudern [ツォダァン] 自 ためらう, 決しかねる.
Zaum [ツォム] 男 (-(e)s/Zäume) 勒(ロク).
zäumen [ツォイメン] 他 〈馬 ⁴に〉勒を付ける.
Zaum･zeug 中 (-(e)s/-e) 勒(ロク).
Zaun [ツォウン] 男 (-(e)s/Zäune) フェンス, 垣(ホキ), 生け垣, 柵. *einen Streit vom ~(e) brechen* けんかをふっかける.
Zaun･könig 男 (-(e)s/-e) [鳥] ミソサザイ (鷦鷯).
z.B. 《略》*zum Beispiel* たとえば.
ZDF [ツェットデーエフ] 中 (-(s)/) 《略》*Zweites Deutsches Fernsehen* ドイツ第二テレビ放送.

Zebra [ツェーブラ]田(-s/-s) シマウマ, ゼブラ.

Zebra-streifen 男(-s/-)《主に複》横断歩道.

Zeche [ツェッヒェ]女(-/-n) ❶宴会の会費, 飲食代, 酒代;宴会, 酒宴. ❷〔坑〕鉱山;鉱山会社.

zechen [ツェッヒェン]自(口) 大いに飲む, 大酒を飲む, 酒宴をはる.

Zecke [ツェッケ]女(-/-n)〔動〕ダニ.

Zeder [ツェーダー]女(-/-n) ❶〔植〕ヒマラヤスギ(属). ❷《単》ヒマラヤスギ材.

Zedern-holz 田ヒマラヤスギ材.

Zeh [ツェー]男(-s/-en) = Zehe.

Zehe [ツェーエ]女(-/-n) ❶足指. ❷ニンニクの小鱗茎.

Zehen-spitze 女(-/-n) つま先.

zehn [tse:n ツェーン] 数詞《基数》10. 5級

Zehn [ツェーン]女(-/-en) ❶10の数(字). ❷10という数字が付くもの;(市電・バスなどの)10番系統;トランプの10.

Zehner [ツェーナー]男(-s/-) ❶《主に複》(100未満の)10の倍数. ❷《南》(電車・バスなどの)10番線[系統]. ❸10の位(の数). ❹(a)10セント硬貨. (b)10ユーロ紙幣.

Zehn-kampf 男10種競技.

zehnt [ツェーント] 数詞《序数》第10の, 10番目の. 4級

zehntausend [ツェーンタオゼント] 数詞《基数》1万.

zehntel [ツェーンテル]形《不変化》10分の1の.

Zehntel [ツェーンテル]田(女) 男(-s/-) 10分の1.

zehntens [ツェーンテンス]副 第10に, 10番目に.

zehren [ツェーレン]自(書) ❶〈von ③〉〈物³を〉食って(生きて)いく,〈物³で〉暮らす;〈事⁴の〉思い出にひたる. ❷〈環境¹などが〉〈体力〉を〉消耗させる, やせさせる, 弱める. ❸〈an ③〉〈心労・熱¹などが〉〈体⁴などを〉衰弱させる, 参らせる, やつれさせる.

Zeichen [ツァイヒェン]田(-s/-) ❶し

るし;合図, 信号;(道路)標識. ❷記号, 象徴;句読点. ❸徴候, 前兆. ❹〔天〕星座;星位, 星回り. *die ~ der Zeit erkennen* 時代の兆候を読む. *ein ~ setzen* (将来のために)布石を打つ.

Zeichen-setzung 女(-/)〔言〕句読(ポ)法.

Zeichen-sprache 女(-/)-n Zeichen) (合図・しるし)を用いた伝達方法, 記号[合図]言語.

Zeichen-trickfilm 男アニメーション映画.

zeichnen [ツァイヒネン](er zeichnet; 過 zeichnete; 過分 gezeichnet) ((I)) 他 ❶(a)(線で)描く, デッサンする;図を引く. (b)(文学・映画・戯曲などで)描き出す, 描写する. ❷〈物³に〉しるしを付ける, 記号を入れる. ❸〔商〕署名して〈事⁴に〉責任を持つ;〈寄付⁴などに〉〈署名して〉申し込む[応募する]. ((II))自 ❶(絵・図面などを)描く, スケッチする. ❷〔書〕責任を負う.

Zeichner [ツァイヒナー]男(-s/-) 製図家, デザイナー. ◇~in 女(-/-nen).

Zeichnung [ツァイヒヌング]女(-/-en) ❶(a)図, 図案, 図面;スケッチ, 素描. (b)(文学・映画などの)描写. (c)〔スケート〕(規定演技の)図形. ❷(動植物の)紋様, 模様. ❸署名;寄付の申し込み, 醵金(ポ);(株式などの)応募.

Zeige-finger 男(-s/-) 人指し指.

zeigen [tsáɪɡən ツァイゲン]

現在	ich zeige	wir zeigen
	du zeigst	ihr zeigt
	er zeigt	sie zeigen

過去	ich zeigte	wir zeigten
	du zeigtest	ihr zeigtet
	er zeigte	sie zeigten

| 過分 | gezeigt | 接II zeigte |

((I))他 ❶〈計器類³の針が数値⁴を〉指し示す. ❷〈人³に物・人⁴を〉示す, 見

Zeiger […]する; 指示する, 教える. ❸《書》見せている, 表している, 現す. ❹《気持ち・能力なども》示す, 表す. ❺明らかにする. 《(II)》自《auf ④; +方向》《物・人⁴を:…を》指さす, 指し示す. 《(III)》再 sich⁴ ❶(a)姿を見せる, 現れる. (b)《③》〈人³の前に〉姿を見せる. (c)《+様態》〈…の〉姿を見せる. ❷《+様態》〈自らが...であることを〉示す, 証明する. **es ③ ~** 〔口〕1) 人³に自説を懸命に言い立てる. 2) 人³に目にもの見せる, 人³に力を見せつける. **es zeigt sich⁴, dass ...** ...であることが明らかになる. 5級

Zeiger [ツァイガー] 男 (-s/-) 《各種の計測器時計などの》針, 指針.

Zeile [ツァイレ] 女 (-/-n) ❶《書物の》行 ((略: Z.)). ❷列. ❸《複》短い手紙. **zwischen den ~n lesen** 行間の意味を読み取る, 眼光紙背に徹する.

Zeit [tsaıt ツァイト] 女 (-/-en) ❶《単》時, 時間; 暇. ❷《主に単》期間, 間(ま). ❸《特定の》時代; 時期; 時機. ❹《単》時刻. ❺紀元. ❻《言》時制, 時称. ❼《die ~》ツァイト((週刊新聞)). ♦ **die ~ der Renaissance** ルネサンス時代. **keine ~ haben** 暇[時間]がない. **(viel) ~ brauchen [kosten, erfordern]** 《事¹には》《多くの》時間を要する[必要とする], 《たくさん》時間がかかる. 《前置詞と》**auf ~** 期限付きで. **für alle ~en** 永久に, 永遠に. **für einige [eine kurze] ~** しばらく(の間). **in der ~** その間に. **in (ganz) kurzer ~** 間もなく, じきに. **in letzter ~** 最近. **in nächster [der nächsten] ~** 近いうちに. **mit der ~** 時と共に, 次第に, だんだんと. **nach einiger ~** 少し後に. **seit einiger [kurzer] ~** ここしばらく[少し]前から. **um diese ~** この時間[時期]に. **von ~ zu ~** 時折, 時たま. **vor kurzer ~** 少し前に. **vor langer ~** ずっと以前に. **zu allen Zeiten** いつでも. **zu der ~ (, als ...)** (...の)時代に, 当時. **zu meiner ~** 私が若い頃(に). **zur gleichen ~** 同時に. **eine ganze ~** 〔口〕比較的長い時間(で), しばらくの間. **auf einige ~** しばらくの間, 一時.

im Laufe der ~ 時のたつうちに, そのうちに. **in jüngster ~** 先日[週], この前. **mit der ~ gehen** 時代[流行]に遅れない. **zur ~** ⑩=zurzeit. **zu gegebener ~** 適切な時に, 折をみて. **zu jeder ~** いつでも. **(Ach) du liebe ~!** 〔口〕おや, まあ. ③ **~ lassen** 人³に猶予を与える. **sich³ für ④ ~ nehmen** 事⁴に《じっくり》時間をかける. **Das hat ~.** まだ時間があります, 急がなくていいです. **Die ~ drängt.** 時間が迫っています. **Die ~ heilt Wunden.** 《諺》時は全てのことをいやす. **Kommt ~, kommt Rat.** 《諺》待てば海路の日和あり. **Spare in der ~, dann hast du in der Not.** 《諺》備えあれば憂いなし. **Es wird ~ [Es ist höchste ~, Es ist an der ~], dass ...** 《dass副文の代わりにzu不定詞もある》もう...しなくてはならない時だ. ■**eine ~ lang** 〔口〕比較的短い時間(で), 少しの間, しばらくの間. 5級

Zeit-alter 中 (-s/-) ❶《ある潮流・変革・業績・人物などによって特徴づけられた》時代. ❷ 世代.

Zeit-druck 男 (-(e)s/) 時間的プレッシャー((時間が不足の場合)).

Zeit-geist 男 (-(e)s/) 時代精神.

zeit-gemäß 形 時流にかなった; 現代式[風]の.

Zeit-genosse 男 (-n/-n)《弱》❶ 同時代の人. ❷《口; 皮肉》人間, やつ.

zeit-genössisch 形《副なし》同時代の.

Zeit-geschichte 女 (-/) 現代史.

zeitig [ツァイティヒ] 形 ❶ 早目の, 早期の. ❷《副なし》熟した.

Zeit-karte 女 (-/-n) 《特定期間有効な》定期券, パス.

Zeit-lang 女 **eine ~** = eine Zeit lang (⇒Zeit■).

zeit-lebens [ツァイトレーベンス, 《強》ツァイトレーベンス] 副 一生(涯), 終身.

zeitlich [..リヒ] 形 ❶《述語なし》時間的な, 時間(上)の. ❷ 移ろいやすい, 一時の, 仮の, 無常の, はかない; 現世[この世, 世俗]の. ❸《強》=zeitig.

zeit-los 形 ❶ 時代に無関係な, 時流

［流行］にとらわれない。❷［時］［時間］を超越した。

Zeit·lupe 囡(-/-n)【映】❶《単》スローモーション撮影。❷高速度カメラ。❸《口》スローモーションシーン。

Zeit·mangel 男(-s/)時間の不足。

Zeit·punkt 男(-(e)s/-e)時点, 時機。

zeit·raubend [..ラオベント] 形《副なし》時間［手間］をとる, 暇のかかる。

Zeit·raum 男(-(e)s/..räume)(ある長さの)時間；時期, 時代；期間。

Zeit·schrift [ツァイトシュリフト] 囡(-/-en) ❶(日刊以外の)定期刊行物, 雑誌(略：Zs., Zschr.))。❷定期刊行物編集部, 雑誌社。

Zeit·spanne 囡(-/-n)時間(の幅), 期間。

Zeitung [tsáıtoŋ ツァイトゥング] 囡

格	単数	複数
1	die Zeitung	die **Zeitungen**
2	der Zeitung	der Zeitungen
3	der Zeitung	den Zeitungen
4	die Zeitung	die Zeitungen

❶新聞, 官報。❷新聞社。◆4 in der ~ lesen 事⁴を新聞で読む。eine ~ abonnieren 新聞を予約購読する。Sie arbeitet [ist] bei der ~. 彼女は新聞社に勤めている。**5級**

Zeitungs·ausschnitt 男(-(e)s/-e)新聞の切り抜き。

Zeitungs·notiz 囡(-/-en)新聞の小記事［短信］。

Zeit·verschwendung 囡(-/)時間の浪費。

Zeit·vertreib 男(-(e)s/(まれ)-e)時間つぶし, 暇つぶし。

zeit·weilig 形❶《述語なし》一時的な, 暫時の。❷時々の。

zeit·weise 副一時, 時折, 時々；当分, 仮に, しばらくの間。

Zeit·wort 田(-(e)s/..wörter)【言】動詞(Verb)。

Zeit·zünder 男(-s/-)時限発火装置。

Zelle [ツェレ] 囡(-/-n) ❶小室, セル, 小房；(僧院の)小さい独居室；(隠遁者の)小さな庵；(刑務所の)独房, 監房；電話ボックス；更衣室。❷【生】細胞。❸(ハチの巣の)巣房, 巣室。❹《ﾋﾞｭｰﾀ》セル((記憶素子))。

Zelluloid [ツェルロイト, ツェルロイート] 田(-(e)s/) ❶セルロイド。❷ピンポン玉。❸《口》(写真の)ロールフィルム。

Zelt [ツェルト] 田(-(e)s/-e)テント, 天幕；[詩](高く広い)天蓋 (笠)。*die* [*seine*] *~ abbrechen* (どこかへ)引き移る, その場を引きはらう。

zelten [ツェルテン] 自 テントでキャンプする, テントに泊まる。

Zelt·lager 田(-s/-)キャンプ場, 野営地。

Zement [ツェメント] 男田(-(e)s/-e) ❶セメント。❷【歯】歯科用セメント。❸【生】歯のセメント質。

zensieren [ツェンズィーレン] 他 ❶〈人・物⁴を〉採点する, 評価する。❷検閲する。

Zensur [ツェンスーァ] 囡(-/-en) ❶(学校の)成績(表), 評点。❷《単》検閲。

Zentimeter [ツェンティメーター, ツェンティメーター] 男田(-s/) センチメートル((記号：cm))。**4級**

Zentimeter·maß 田(-es/-e)センチメートル尺。

Zentner [ツェントナー] 男(-s/) ❶ツェントナー (100ポンド(ドイツの1ポンドは500g), 50kg 相当の重量単位；略：Z., Ztr.))。❷《ｵｰｽﾄ・ｽｲｽ》ツェントナー((100kg 相当の重量単位；略：q))。

zentral [ツェントラール] 形 ❶中心の, 中央の。❷主要な, 重要な, 本質的な。❸《述語なし》中央からの。

Zentrale [ツェントラーレ] 囡(-/-n) ❶中心点, 中央。❷本店, 本社。❸電話交換室。❹【数】2 個の円の中心を結ぶ線, 中心線。

Zentral·heizung 囡(-/-en) ❶集中暖房, セントラルヒーティング。❷集中暖房によるラジエーター。

Zentren [ツェントレン] 複⇨Zentrum.

Zentrifuge [ツェントリフーゲ]女(-/-n)遠心(分離)機.

Zentrum [ツェントルム]中(-s/..tren)
❶(円球の)中心. ❷(事物の)中心(部),中央,中核,中枢. ❸総合施設,センター. ❹【生理】中枢.

Zeppelin [ツェッペリーン]男(-s/-e)ツェッペリン飛行船((ドイツ退役軍人の Ferdinand von Zeppelin が20世紀前半に建造した一連の飛行船)).

Zepter [ツェプター]中男(-s/-)王笏(しゃく).

zer.. [ツェァ..]《前綴り》《非分離》「分離・分解・破壊」. ★ zer..にアクセントはない. zer..で始まる動詞の過去分詞にはge..を付けない.

zer-beißen* 他 ❶かみ破る,かみ砕く. ❷(昆虫などが)かむ,刺す.

zer-brechen* ((I))他 ❶壊す,割る,砕く,破る,折る. ((II))自(S) ❶壊れる,割れる,砕ける,破れる. ❷《an 3》〈事3が原因で〉(精神的に)ボロボロになる.

zerbrechlich [ツェァブレヒリヒ]形《副なし》❶壊れ[砕け]やすい,もろい. ❷(書)きゃしゃな.

Zerbrechlichkeit [..カイト]女(-/-)壊れやすいこと.

zerbröckeln [ツェァブレッケルン]((I))他砕く,細片にする. ((II))自(S)砕ける;崩壊する.

zer-drücken 他 ❶押しつぶす[砕く]. ❷〈衣服4などを〉しわくちゃにする.

Zeremonie [ツェレモニー,(特に)ツェレモニーエ]女(-/-n)儀式,セレモニー;作法.

zeremoniell [ツェレモニエル]形儀式的な,礼式に適った.

zer-fallen* 自(S) ❶崩れ落ちる,崩れる,壊れる;崩壊する;(国・組織などが)瓦解する,滅亡する. ❷《in 4》〈部分4に〉分かれる. ❸【核物理】〈原子核1が〉崩壊する.

zerfetzen [ツェァフェッツェン]他 ❶ずたずたに裂く,寸断する. ❷酷評する.

zerfleischen [ツェァフライシェン]((I))他ずたずたに裂く. ((II))再 sich⁴

(書)苦しむ,わが身を責めさいなむ.

zer-fressen* 他 ❶食い破る. ❷侵食[腐食]する. ❸(ある感情が)苦しめる.

zer-gehen* 自(S) 溶ける,溶けてなくなる.

zerkleinern [ツェァクライナーン]他(切って割って)小さくする,砕く.

zerknirscht [ツェァクニァシュト]形《副なし》悔いている.

zer-knittern 他(紙・衣服などを)しわにする,(紙を)くしゃくしゃに丸める.

zer-kratzen ❶引っかいて傷をつける. ❷《(I) 4》〈(人3の)皮膚4などを〉ひっかいて傷にする.

zer-krümeln 他(パンなどを)ボロボロにこぼす,崩す,細かくする.

zer-legen 他 ❶(構成部品に)分ける,解体する. ❷〈食肉用動物4を〉解体する. ❸〈現象・事柄4を〉分析する,分解する.

zerlumpt [ツェァルンプト]形 ❶《副なし》(口)ぼろぼろの. ❷ぼろを着た.

zer-platzen 自(S) ❶破裂する,(ビリビリに)裂ける,破れる,みじんに砕ける. ❷〈怒り・感情4が〉破裂する.

Zerr-bild [ツェル..]中(-(e)s/-er) ❶風刺画. ❷〈一般に〉ゆがめられた描写.

zer-reißen* ((I))他 ❶引き裂く,引きちぎる;〈交友関係4などを〉断ち切る. ❷(口)大いに笑わせる. ((II))再 sich⁴ (口)全力を尽くす,力をふりしぼる. ((III))自(S) 切れぎれに裂ける;ちぎれる. *Ich kann mich doch nicht ~!* (口)同時にたくさんのことはできない.

zerren [ツェレン]((I))他《4 +方向》無理やり引っぱる[引っぱって動かす]. ((II))再《sich³ 4》〈筋肉4などを〉(力を入れすぎて)傷(い)める. ((III))自《an 3》〈物3を〉無理やり引っぱる;引きずる.

Zerrung [ツェルング]女(-/-en)【医】(腱・筋肉・靱帯などの)過伸展.

zer-rütten 他 ❶(精神的・肉体的に)害する,損なう. ❷〈国家・家庭・財政4などを〉破壊する,だめにする.

zer□t, zer□te ⇒ zer□en

zer·schellen 自⑤ 衝突で粉々に砕かれる, 粉みじんになる.

zer·schlagen* ((I)) 他 ❶ 打ち砕く, 粉砕する; 打ちのめす; 損傷する. ❷〈人・組織⁴などを〉潰滅する. ((II)) 再 sich⁴ 壊れる, 失敗する, 水泡に帰す.

zer·schmettern 他 打ち砕く, 粉砕する.

zer·schneiden 他 ❶ 細かく切る, 切り刻む, 寸断する. ❷〈③ ④〉〈人³の物⁴に〉(切り)傷を創る.

zer·setzen ((I)) 他 ❶(化学的に)分解する. ❷〈秩序・モラル⁴などを〉破壊する, 崩壊させる. ((II)) 再 sich⁴ (化学的に)分解する.

zersplittern [ツェアシュプリッタァン] 自⑤ ずたずたに裂ける, 粉々に砕ける, 分散[散乱]する.

zer·springen* 自⑤ ❶(粉々になって)飛散する; 破裂する;〈コップ¹などが〉割れる. ❷(書)〈弦¹が〉ぷっつり切れる.

zerstäuben [ツェァシュトイベン] 他〈粉末・液体⁴などを〉飛散させる, スプレーする.

zerstören [ツェァシュテーレン] 他 ❶ 破壊する, 粉砕する. ❷〈人生・幸福・名声⁴などを〉台なしにする, 壊す, めちゃめちゃにする.

zerstört zerstörenの過去分詞.

Zer·störung 女(–/–en) 破壊; 破滅; 滅亡.

zer·streuen ((I)) 他 ❶(a)ばらまく, まき散らす;〈光線⁴などを〉拡散する. (b)〈群衆⁴などを〉追い散らす, 分散させる. ❷〈心・注意力⁴などを〉そらす,〈人⁴の〉気を紛らす. ❸〈疑い⁴などを〉取り除く, 晴らす. ((II)) 再 sich⁴ ❶ ちりぢりになる, 四散する. ❷ 気を紛らす, うさ晴らし[気晴らし]をする.

zerstreut [ツェァシュトロイト] ((I)) zerstreuenの過去分詞. ((II)) 形 散漫な, 気の散った, 放心[ぼんやり]した, うわのそらの; 不注意な.

Zerstreuung [ツェァシュトロイウング] 女(–/–en) ❶(単)分散, 四散, 離散; 拡散. ❷ 気晴らし, うさ晴らし, 気休め; 娯楽.

zer·stückeln 他 細かく分ける, 切り刻む;〈土地⁴などを〉細かく分割する.

zer·teilen ((I)) 他 ❶ 分ける, 分割する. ((II)) 再 sich⁴ 分かれる, 分解する;〈霧・雲¹などが〉(徐々に)散る.

Zertifikat [ツェァティフィカート] 中 (–(e)s/–e) ❶(官庁の)証明書. ❷ 修了証, 免状, 免許状. ❸(経)投資証書.

zer·treten* 他 踏みつぶす, 踏みにじる.

zertrümmern [ツェァトゥリュマァン] 他 (完全に)破壊する, 粉砕する.

Zerwürfnis [ツェァヴュルフニス] 中 (–ses/–se)(書)不和, 反目; 争い, けんか.

zerzausen [ツェァツァオゼン] 他〈(③ ④)〉〈人³の髪⁴を〉かき[引き]むしる, かき乱す.

zetern [ツェータァン] 自(口) わめき散らす.

Zettel [tsétəl ツェッテル] 男 (–s/–) 紙片; ちらし, ビラ; メモ用紙.

Zeug [ツォイク] 中 (–(e)s/–e)(単)(口; 軽蔑)❶〈くだらないもの; しろもの, がらくた. ❷ ナンセンスなこと. ❸ ((et)was) am ~ flicken.(口)人³にけちをつける. ▯ hat das ~ zu ③ [für ④]. 人が物³·⁴の才能をもちあわせている. sich³ (für ④) ins ~ legen (事⁴のために)力を尽くす.

Zeuge [ツォイゲ] 男 (–n/–n)(弱)❶ 目撃者, 聞いた人, 居合わせた人. ❷ (法)証人. ◇ **Zeugin** [ツォイギン] 女 (–/–nen).

zeugen [ツォイゲン] ❶〈④ (mit ③)〉〈男が(人³との間に)子供⁴を〉つくる, もうける. ❷(書)生み出す.

Zeugen·aussage 女 (–/–n) 証人の供述.

Zeugnis [ツォイクニス] 中 (–ses/–se) ❶ 証明書;(学校の)成績証明書;(職場の)勤務証明書. ❷ 鑑定(書). ❸(やや古)証言, 証人の陳述. ❹(書)証明するもの, 証拠.

Zeugung [ツォイグング] 女 (–/–en) (男が)子をつくる[もうける]こと.

zeugungs·fähig 形《副なし》(男性について)生殖能力のある.

Zickzack [ツィックツァック, ツィクサァク] 男 (-(e)s/-e) ジグザグ.

Ziege [ツィーゲ] 女 (-/-n) ❶ 動 ヤギ;雌ヤギ. ❷ (口) 愚かな女.

Ziegel [ツィーゲル] 男 (-s/-) れんが;かわら.

Ziegel·stein 男 (-(e)s/-e) れんが.
Ziegen·bock 男 雄ヤギ.
Ziegen·käse 男 (-s/-) ヤギの乳から造ったチーズ.

ziehen* [tsíːən ツィーエン]

現在	ich ziehe	wir ziehen
	du ziehst	ihr zieht
	er zieht	sie ziehen
過去	ich zog	wir zogen
	du zogst	ihr zogt
	er zog	sie zogen
過分	gezogen	接II zöge

((I)) 他 ❶ (a) 引く,引っぱる.♦ die Gardinen vor das Fenster ~ 窓にカーテンを引く;Ziehen! 引く((ドアの表示)). (b) ④ nach sich³〈災厄⁴などを〉引き寄せる,結果として招く[もたらす]. (c) 引いて作動させる.♦ die Notbremse ~ 非常ブレーキを引く. (d) ④ an ③〈人の手などを〉引っぱる. ❷ (a) ④ +方向〉引いて入れる;(穴などに)通す;〈衣類⁴などを〉身に着ける;〈ワイン⁴を〉瓶に詰める. (b) ④ aus [von] ③;③ ④〈物⁴を〈物·人³から〉抜く,取り去る;脱ぐ.♦ einen Nagel aus der Wand ~ 壁から釘を抜く;einen Zahn ~ 人³の歯を抜く. (c) ④ (aus ③) 取り出す,引き出す,得る.♦ ein Hemd aus der Schublade ~ 引き出しからシャツを出す. einen Vorteil aus ③ ~ 物³から利益を引き出す. ❸ (チェス) (まれ)〈駒⁴を〉動かす. ❹ ④ auf sich⁴〈注意·視線⁴などを〉自分の方へ向ける,引きつける. ❺ 引っぱって延ばす;〈ひも⁴などを〉張る;〈針金⁴などを〉引いて作る. ❻〈線⁴などを〉引く,描く;〈溝⁴などを〉掘る;〈うね⁴など

を〉作る;〈軌道⁴などを〉画く. ❼〈顔の表情⁴を〉作る. ❽ (a)〈植物⁴を〉栽培する,〈動物⁴を〉飼育する,育てる. (b) 教育する,養育する. ((II)) 自 ❶ ⓗ 〈an ③〉〈物³を〉引く. ❷ ⓢ〈+場所·方向〉動く,進む,行く,旅する,移動する,入る,染み込む. ❸ ⓢ〈+場所〉引っ越す,転宅する. ❹〈チェス〉(a) ⓗ 駒を進める. (b) ⓢ〈駒¹が〉進む. ❺ ⓗ〈空気¹が〉通る;〈非人称で〉隙間風が通る. ❻ ⓗ〈+様態〉〈機械¹などが〉動く. ❼ ⓗ〈an ③〉〈物³を〉吸う. ❽ ⓗ〈お茶·コーヒー¹などが〉出る,引き出される. ❾ ⓗ〈料理〉弱火でゆっくり煮る. ❿〈bei ③〉(口) 人を引きつける効果がある. ⓫ ⓗ〈非人称で〉〈(①+場所)〉〈人³の...に〉痛みが走る. ⓬ ⓗ 吸引力がある. ((III)) 再 sich⁴ ❶〈道¹などが〉延びる. ❷〈会議¹などが〉長引く. 4級

Zieh·harmonika 女 (-/-s, ...ken) コンツェルティーナ,アコーディオン.

Ziehung [ツィーウング] 女 (-/-en) (富くじの) 抽籤(ちゅうせん).

Ziel [tsiːl ツィール] 中 (-(e)s/-e) ❶ (a) 目的地;(競技) ゴール,決勝点. (b) 目標,目的,意図. ❷ 標的,的(まと),目標. ❸ (a) (商) (やや古) 支払期限,期日. (b) (まれ) 限度,限界. ♦ (weit) über das ~ (hinaus)schießen (口) (はるかに) 度を過ぎる,(ひどく) 見当外れなことをする. 4級

ziel·bewusst 形 目的を意識した[忘れない],目的意識を持った.

zielen [ツィーレン] 自〈auf ④〉〈(人·物⁴を)〉(銃などで)ねらう;標的にする,目指す.

ziel·los 形 目標[目的]のない,あてのない.

Ziel·scheibe 女 (-/-n) (弓·射撃などの) 標的;(比) 嘲笑などの対象[的].

ziel·strebig 形 ❶ 一心に目標を目指している. ❷ 目標[目的]にかなった[からそれない].

ziemlich [tsíːmlɪç ツィームリヒ] ((I)) 形 《付加》 ❶ かなりの,ある程度の,なかなかの. ❷ (書) 礼儀にかなった

[ふさわしい]. **((II))** 副 ❶《決して程度が低くはないことを強調して》かなり, 相当に, ずいぶん. ❷《しばしば so を伴って》(口) ほとんど;およそ, だいたい. 4級

Zierde [ツィーアデ] 安 (-/-n) ❶飾り, 装飾;装飾品. ❷誇り[誉れ]となるもの.

zieren [ツィーレン] **((I))** 他 ❶(書) 飾る, 装飾する. ❷〈物⁴の〉飾りとなる;〈人⁴の〉誇り[誉れ]となる. **((II))** 再 sich⁴ ❶身を飾る, めかす, 盛装する. ❷(軽蔑) 気どる, 取り澄ます;淑女ぶる;気どって遠慮する.

zierlich [ツィーァリヒ] 形 繊細でかわいらしい, きゃしゃな, 優美な, 優雅な.

Zier-pflanze 安 (-/-n) 観賞植物.

Ziffer [ツィッファー] 安 (-/-n) ❶数字;数字で表した数. ❷ (条文の)項 ((略:Ziff.)).

Ziffer-blatt 中 (-(e)s/..blätter) (時計の)文字盤.

zig [ツィヒ] 形 《無変化;付加》(口) たくさんの.

Zigarette [tsigaréta ツィガレッテ] 安 (-/-n) 紙巻きタバコ. 4級

Zigarillo [ツィガリロ] 男中 (-s/-s), (口) 中 (-s/-s) シガリロ, 小さい葉巻タバコ.

Zigarre [ツィガレ] 安 (-/-n) ❶葉巻タバコ. ❷(口)どなりつけること;小言.

Zigeuner [ツィゴイナー] 男 (-s/-) ❶ジプシー. ❷(口)(ジプシーのように)放浪好きの人, ボヘミアン. ◇ **Zigeunerin** 安 (-/-nen). ★ 差別語. 現在では Sinti und Roma と表現される.

Zimmer [tsímər ツィマー] 中

格	単数	複数
1	das Zimmer	die **Zimmer**
2	des Zimmers	der Zimmer
3	dem Zimmer	den Zimmern
4	das Zimmer	die Zimmer

❶部屋, 室;寝室. ❷家具調度, 室内設備. 5級

Zimmer-mädchen 中 (-s/-) (ホテ

ルなどの)部屋係のメード.

zimmern [ツィマァン] 他〈物⁴を〉木材で作る.

zimper·lich [ツィンパーリヒ] 形 ひどく神経過敏な.

Zimt [ツィムト] 男 (-(e)s/-e) シナモン, 肉桂(旧), 桂皮.

Zink [ツィンク] 中 (-(e)s/) (化) 亜鉛 (記号:Zn).

Zinke [ツィンケ] 安 (-/-n) (フォーク・熊手などのとがった)先.

Zinn [ツィン] 中 (-(e)s/-e) ❶(化) 錫(サ) ((記号:Sn)). ❷(総称的に)錫(食)器.

Zins [ツィンス] 男 (-es/-en) 《主に複》利子, 利息. 4級

zinsen·los 形 (パラッ)= zinslos.

Zinses·zins [ツィンゼス..] 男 (-es/-en) 《主に複》複利.

zins·frei 形 = zinslos.

zins·los 形《副なし》無利子の;無税の.

Zins·satz 男 (財政) 利率.

Zipfel [ツィプフェル] 男 (-s/-) (特に布・衣服などの)先, 端, 角.

Zipfel·mütze 安 (-/-n) (毛糸編の子供スポーツ用の)先のとがった帽子.

zirka [ツィルカ] 副 約, おおよそ ((circa; 記号 ca.)).

Zirkel [ツィルケル] 男 (-s/-) ❶コンパス. ❷サークル.

Zirkulation [ツィルクラツィオーン] 安 (-/-en) 循環, 流通.

zirkulieren [ツィルクリーレン] 自 ⑤ ⓗ ❶循環する. ❷流通する;〈うわさ¹などが〉広まる.

Zirkus [ツィルクス] 男 (-/-se) ❶ (a) サーカス(一座). (b) サーカスの興業 [観客]. (c) サーカスのテント. ❷ (口) 大混乱, 大騒ぎ. ❸ (古代ローマの)円形競技場.

zirpen [ツィアペン] 自〈セミ・コオロギ¹などが〉鳴く.

zischen [ツィッシェン] **((I))** 自 ❶シューッ[ジュッ]と音を立てる. ❷ ⑤ ビューッと飛ぶ[疾走する]. **((II))** 他 怒った口調で言う.

Zitat [ツィタート] 中 (-(e)s/-e) 引用

zitieren

文, 引用句;(しばしば引用される)言葉, 名言.

zitieren [ツィティーレン] 他 ❶〈事⁴[人⁴の言うこと〉を]引用する. ❷(口)呼び出す, 召喚する.

Zitronat [ツィトロナート] 田 (-(e)s/-e)(ケーキ材料用)レモンの皮の砂糖漬け.

Zitrone [ツィトローネ] 女 (-/-n)【植】レモン((木及び果実)).

Zitronen·limonade 女 (-/-n) レモネード.

Zitronen·presse 女 (-/-n) レモン搾り器.

Zitronen·saft 男 (-(e)s/(まれ)..säfte) レモン汁, レモンジュース.

Zitrus·frucht [ツィートルス..] 女 (-/..früchte) 柑橘類(の果実).

zittern [ツィッタァン] 自 ❶(小刻みに)震える, 戦慄(せんりつ)する;震動する. ❷(a)〈vor ³〉(口)〈物³を〉恐れる, 怖がってびくびくする. (b)〈für [um]⁴〉〈人⁴のことを〉ひどく心配する.

Zitze [ツィッツェ] 女 (-/-n)(哺乳動物の)乳首, 乳頭.

Zivi [ツィーヴィ] 男 (-s/-s), 女 (-/-s)(口)民間役務の若者(⇨Zivildienst).

zivil [ツィヴィール] 形 ❶《付加》市民の, 一般人の;民間の, 文民の;【法】民事の. ❷庶民的な, 廉価な, 妥当[適当]な.

Zivil [ツィヴィール] 田 (-s/) ❶平服, 私服. ❷(話)(家族内の)戸籍上の身分.

Zivil·bevölkerung 女 (-/-en) 非戦闘員, 民間人, 一般市民.

Zivil·dienst 男 民間役務((兵役拒否者の社会奉仕)).

Zivilisation [ツィヴィリザツィオーン] 女 (-/-en) ❶文明. ❷《主に単》文明化すること.

zivilisieren [ツィヴィリズィーレン] 他 ❶文明化する. ❷(まれ)教化する, 洗練させる.

zivilisiert [ツィヴィリズィーアト] ((I)) zivilisierenの過去分詞. ((II)) 形 《副なし》文明化した;洗練された, 教養のある.

Zivilist [ツィヴィリスト] 男 (-en/-en)《弱》❶(非戦闘員の)民間人, 一般人民. ❷私服を着用した者.

Zivil·kleidung 女 (-/-en) 平服, 私服.

zog [ツォーク] ziehenの過去形.

zöge [ツェーゲ] ziehenの接続法II式形.

zögern [ツェーガァン] 自 ためらう, 躊躇(ちゅうちょ)する, ぐずぐずする;遅滞する.

Zoll [ツォル] 男 (-(e)s/Zölle) ❶関税. ❷《単》税関. ◆~ zahlen 関税を払う.

Zoll·amt 田 (-(e)s/..ämter) 税関.

Zoll·beamte 男《形容詞変化》税関職員.

zoll·frei 形 関税免除の, 免税の.

Zoll·kontrolle 女 税関検査.

Zoll·stock 男 折り尺.

Zone [ツォーネ] 女 (-/-n) ❶(a)ゾーン, 地帯, 地域. (b)(鉄道・電話などの)同一料金区域, 同一運賃区域. ❷占領地区.

Zoo [ツォー] 男 (-s/-s)《略》zoologischer Garten 動物園. 5級

Zoologe [ツォオローゲ] 男 (-n/-n)《弱》動物学者. ◇**Zoologin** 女 (-/-nen).

Zoologie [ツォオロギー] 女 (-/) 動物学.

zoologisch [ツォオローギッシュ] 形 《述語なし》動物(学)の[に関する].

Zopf [ツォプフ] 男 (-(e)s/Zöpfe) ❶(女の)編んだ髪, (少女の)お下げ. ❷巻きパン. *ein alter* ~ (口)ありふれたもの.

Zorn [ツォァン] 男 (-(e)s/) 怒り, 立腹, 憤怒, 憤激. 4級

zornig [ツォァニヒ] 形 怒った, 立腹[激怒]した, 怒りに満ちた.

Zote [ツォーテ] 女 (-/-n)(軽蔑)わいせつな言葉[冗談], 猥談(わいだん).

zotig [ツォーティヒ] 形(軽蔑)わいせつな, きわどい, みだらな.

Zottel [ツォッテル] 女 (-/-n)《主に複》モジャモジャ髪.

zottig [ツォッティヒ] 形《副なし》❶(毛などが)もじゃもじゃな. ❷(軽蔑)(髪などが)もじゃもじゃでたれ下がった.

Zs. 《略》Zeitschrift 雑誌.

z.T. 《略》zum Teil 部分的に, 一部に

zu [tsu: ツー] 《(I)》前《3格支配》❶《空間的》(a)《目標点・目的地》(↔ von)…(のところ)に[へ]. ★人のところへ行く場合はzuを用いる:~ mir 私の所に. (b)《所在・位置》…に[で]. (c)《動作の通過点を表す; hinaus, herausなどと》…を, …から(外[中]へ). ◆~ Haus(e) sein [bleiben] 家にいる, 在宅している. zur Tür hinausgehen 戸口を出て行く. ❷《時間的》《時点・期間; Zeit, Stundeなど特定の名詞と》…(の時)に. ◆Ostern [Weihnachten] 復活祭[クリスマス](のために). ★zuは目的を強調する. ~ Beginn [Anfang] des Jahres [der Ferien] 年[休暇]の初めに. ★「冒頭」を明示する場合はam Beginn のようにanを用いる. bis zur letzten Minute 最後の瞬間まで. ❸《目的; 動作名詞と》…のために[の]. ◆~m Wachwerden 起きているときに(眠らないように). ❹《対象》…に合わせて; …について[関して, 対して]. ◆Zum deutschen Essen trinke ich am liebsten Bier vom Fass. ドイツ料理には生ビールが一番いいです. ❺《比較・比率》…に(対して), …対…. ◆im Vergleich ~ ③ 人³[物³]と比べて. ❻《結果》…に(なる). ◆④ ~ Asche verbrennen 物⁴を燃やして灰にする. ❼《移動などの手段; 特定の名詞と; zuと共に用いられる名詞は無冠詞》…で. ◆~ Fuß 徒歩で. ❽《分量》《人数・数量・価格などを表す語と》…, …だけ. ◆zum halben Preis 半額で. ~ zweien [zweit] 二人ずつ[二人で]. ❾《陳述内容に由来する判断を示す》…したことに. ◆zu meiner Überraschung 驚いたことに. ★この場合 meinerがないと mit Überraschungとなる. ④ ~ Recht [Unrecht] verdächtigen 人⁴を疑うのは当然[不当]である.

《(II)》前《不定詞と zu 不定詞をつくる》(a)《主語・目的語・補足語など名詞と同じように用いられる》…すること. ◆Es ist schwer, Deutsch ~ lernen. ドイツ語を学ぶことはむずかしいです. (b)《形容詞と同じように付加語として》…するという, …するための. ◆der Plan, nach Deutschland ~ gehen ドイツへ行く計画. (c)《副詞と同じように》: ohne … zu … …しないで; (an) statt … zu … …する代わりに; um … zu … …するために. ★結果の意味でも um … zu …の形を用いることがある: Er ging in die Heimat zurück, um dort ~ sterben. 彼は郷里へ帰ってそこで死にました. (d)《断り書きのような挿入句として》: (um) die Wahrheit ~ gestehen 実[本当のこと]を言うと. (e)《seinと》…されうる; …されねばならない. (f)《habenと》…しなければならない. (g)《zu 不定詞＋d》を付加語として用いる; 未来(受動)分詞とも呼ばれる; sein と共にも用いられる zu 不定詞の表現に対応する》: ein ~ verbessernder Fehler 訂正されるべき誤り.

《(III)》副 ❶《方向》…の方に, …に向かう. ◆dem Eingang ~ gehen 入り口に向かって歩いて行く. ★目標点の場合は zum Eingang となる. ❷《命令文で; 開始・継続の要求》《口》どんどん, 続けて(やれ). ◆Immer ~! さあどんどんやれ. ❸《bis zu の形で》…(の数)まで, …に達するまで. ◆Städte bis ~ 1000 000 Einwohner(n) 人口100万人までの都市. ❹(↔ auf)《口》閉じて, 閉まって. ◆Tür ~! ドアを閉めて. ❺《過度》(愈too) あまりにも…, …すぎる. ◆Das ist ~ schwer für dich. それは君にはむずかしすぎる. Das ist ~ schön, um wahr zu sein. 《口》あまりに美しすぎて本当とは思えません. Er ist ~ klug, als da er so etwas täte. 彼はとても賢いからそんなことはしないよ. ∎~ **sein** 《口》1)《扉・窓・店¹などが》閉じている, 閉まっている.《鼻¹が》詰まっている. 2)《口》酔っている. **~ viel** 多すぎる, あまりに多い. **~ wenig** 少なすぎる, あまりに少ない. 5級

Zubehör [ツーベヘーァ] 中 –(e)s/–e, (〝) –den (主に単) ❶付属物, 付属

zu|bereiten 佃❶〈食物⁴を〉調理する,用意[準備]する. ❷〈薬⁴を〉調製[調合]する.

zu|billigen 佃〈③ ④〉〈人³に物⁴を〉認める,承認する,是認する.

zu|binden* 佃❶〈物⁴の〉ひもを結ぶ,〈物⁴を〉結んで締める[閉じる].

zu|blinzeln [ツーブリンツェルン] 自〈③〉〈人³に〉目配せする.

zu|bringen* 佃❶〈④+場所〉〈時⁴を〉(不本意に)過ごす. ❷(口)〈ドア・トランク⁴などを〉閉める.

Zubringer [ツーブリンガー] 男 (-s/-) ❶(高速道路への)連絡道路. ❷(主要交通中心地へ)旅客貨物を運ぶ)連絡交通機関((バス・鉄道など)).

Zucht [ツフト] 囡 (-/-en) ❶《単》(植物の)栽培,培養;(家畜の)飼育,育種,繁殖,養殖. ❷品種. ❸《単》(やや古)しつけ.

züchten [ツュヒテン] 佃〈植物⁴などを〉栽培[培養]する;〈家畜⁴などを〉飼育する,育種する;〈牡蠣⁴などを〉養殖する,繁殖させる.

Züchter [ツュヒター] 男 (-s/-) 栽培[培養]者,飼育者,育種者,養殖者.

züchtigen [ツュヒティゲン] 佃(書)〈人⁴を〉折檻(_せっ_)する,(打って)懲戒[罰]する,〈人⁴に〉体罰を加える.

Züchtigung [ツュヒティグング] 囡 (-/-en) (書)折檻(_せっ_),(打って)懲戒[罰]すること,体罰.

Züchtung [ツュヒトゥング] 囡 (-/-en) ❶(植物などの)栽培,培養;(家畜などの)飼育,育養. ❷育種された品種.

zucken [ツッケン] ((I))自❶ⓑ(体の一部が)急激に動く,ひきつる,ピクピク動く,ピクッとする. ❷〈光¹などが〉ピカッと光る〈炎¹などが〉めらめらする. ❸《非人称で》〈+場所〉さっと動く[走る];〈痛み¹などが〉走る,急に襲う. ((II)) 佃〈肩¹を〉すくめる.

zücken [ツュッケン] 佃❶(書)〈剣を〉抜く. ❷(口)さっと取り出す.

Zucker [tsukər ツッカー] 男 (-s/〈種類を表すとき〉-) ❶砂糖. ❷《化》糖. ❸《単》(口) 糖尿病. 5級

Zucker-dose 囡 (-/-n) (食卓用の)砂糖入れ(つぼ).

Zucker-hut 男 (-(e)s/..hüte) スティック状に固めた砂糖.

zucker-krank 形《副なし》糖尿病の.

zuckern [ツッカァン] 佃❶〈物⁴に〉砂糖を入れて甘くする. ❷〈菓子⁴に〉砂糖をまぶす.

Zucker-wasser 囲 (-s/) 砂糖水.

Zuckung [ツックング] 囡 (-/-en) 急激に[ピクピク]動くこと,けいれん.

zu|decken ((I)) 佃❶〈④ (mit ③)〉〈物⁴を(物³で)〉覆う,かぶせる;〈物⁴に〉ふた[覆い]をする. ❷〈④ (mit ③)〉〈人⁴に(物³を)〉かける,〈(物⁴で)〉身を包む. ((II)) 再 sich⁴〈(mit ③)〉〈(物³で)〉自分の身を包む.

zudem [ツーデーム] 副 (書) = außerdem.

zu|drehen ((I)) 佃❶(a)〈ガス・水道の栓³などを〉回して閉める. (b)(口)〈水・ガス³などの〉栓をひねって止める. (c)〈ねじ・ナット³などを〉回して固く締める. ❷〈③ ④〉〈人・物³に物⁴を〉向ける. ((II)) 再 sich⁴〈③〉〈人³の方を〉向く,振り向く.

zu-dringlich 形 押しつけがましい,あつかましい;しつこくつきまとう.

Zudringlichkeit [..カイト] 囡 (-/-en) ❶《単》押しつけがましいこと. ❷ 押しつけがましい行動.

zu|drücken ((I)) 佃 押して閉める. ((II)) 自 力を入れて押す.

zu-einander [ツーアイナンダー] 副 互いに,向かい合って.

zuerst [tsu-é:rst ツエーアスト] 副 ❶ 真っ先に;最初に;何はさておき,まず第一に. ❷ 始めは,最初は. ❸(書)初めて. 5級

Zu-fahrt 囡 (-/-en) アクセス道路,進入路.

Zufall [ツーファル] 男 (-(e)s/..fälle) 偶然(の事),不意の出来事;運.

zu|fallen 自〈③〉❶〈ドア・窓¹が〉(落ちて)閉まる,急に(ひとりでに)閉まる[閉じる]. ❷〈③〉(a)(偶然に)〈人³の

ものになる; 楽に手に入る, 簡単にできる. **(b)**〈仕事・責任¹などが〉〈人³に〉課される, 割り当てられる.

zufällig [ツーフェリヒ] **((I))**形 偶然の, 不意[不慮]の, 思いがけない, ふとした. **((II))**副 **(口)** ひょっとして.

Zufalls|treffer 男〈-s/-〉偶然の命中[的中], まぐれ.

zu|fassen 自 ❶ つかむ, 握りしめる. ❷ **(口)** 手を貸す, 手をたずさえる.

zu|fliegen* 自⑤❶〈③〉〈人³のところへ〉飛んで来る; 楽に手に入る, たやすくすとできる. ❷〈**auf** ④〉〈人・物¹に向かって〉飛んで行く. ❸ **(口)**〈窓・戸¹などが〉(風で)バタンと閉まる.

Zu·flucht 囡〈-/-〉避難所, 逃げ場, 隠れ家; 保護(者).

Zufluchts·ort 男〈-(e)s/-e〉避難所, 隠れ場.

Zu·fluss 男〈...flusses/...flüsse〉❶〈単〉(川などの)流入; (資本・人間の)流入. ❷ 流入する川, 支流.

Zufluß 旧=Zufluss.

zu|flüstern 他〈③④〉〈人³に事⁴を〉ささやく.

zufolge [ツフォルゲ]前〈名詞の後で3格を支配; (やや古)名詞の前で2格を支配〉...に従って; ...によれば.

zufrieden [tsufríːdən ツフリーデン] 形 満足した, 満足している; 満ち足りた, 心安らかな, 平和な. ♦ **mit** ③ ~ **sein** 物³に満足している. ■ ⇨ zufriedenstellen. 5級

zufrieden|geben* 再 sich⁴ **mit** ③〉物³に満足する.

Zufriedenheit [ツフリーデンハイト] 囡〈-/-〉満足, 足るを知っていること.

zufrieden|stellen 他〈人⁴を〉満足させる.

zu|frieren* 自⑤〈海・川¹などが〉氷結する; **(口)**〈水道・蛇口¹などが〉凍りつく, 凍結する.

zu|fügen 他 ❶〈③④〉〈物³に物⁴を〉加える, 添える. ❷〈③④〉〈人³に苦痛・危害¹などを〉与える, 加える.

Zufuhr [ツーフーァ]囡〈-/-en〉❶〈単〉供給, 補給; (空気などの)流入. ❷ 供給品, 補給品.

zu|führen **((I))**他 供給する;〈ガス・水道⁴を〉引く; 連れて行く, 導く; 紹介する. **((II))**自〈**auf** ④〉〈道¹などが〉〈場所⁴に〉続いて[通して]いる.

Zug [tsuːk ツーク]男

格	単数	複数
1	der Zug	die **Züge**
2	des Zug(e)s	der **Züge**
3	dem Zug	den **Zügen**
4	den Zug	die **Züge**

❶**(a)** 列車, 電車. ♦ **Wann fährt der nächste ~ nach Wien ab?** 次のウィーン行きの列車は何時ですか. **(b)** トレーラートラック. **(c)** 車につないだ2頭以上の牛馬. ❷**(a)**(行進や移動をする)列, 隊, 群れ, 行列. **(b)**〔軍〕小隊. ❸《単》(ある方向への)行進, 移動, 旅; (山などの)渡り; 出征, 遠征; 泥棒に行くこと, 略奪行. ❹《単》**(a)** 引くこと, 引っぱること, 牽引(ﾘ). **(b)**〔理〕引張応力. **(c)** 引かれる気持ち, 傾向, 性向. ❺**(a)** 引くもの((ひも・綱・てこ・取っ手など)). **(b)**〔音楽〕トロンボーンのスライド((U字型の管)). **(c)**〈方〉引き出し. ❻《単》動き, 活気, 勢い. ❼〔チェス〕動かすこと, 差し手. ❽**(a)** ひと飲み. **(b)** (タバコの)一服. **(c)** 呼吸. ❾ (水泳の)一かき, (オールの)一漕ぎ. ❿《単》**(a)** 隙間風. **(b)** (ストーブなどの)通風, 通風. ⓫ (かまどなどの)煙道. ⓬ 一筆, 筆使い, 筆跡. ⓭ 顔立ち, 目鼻立ち; 表情. ⓮ (本質的な)特徴, 特性, 性格. **am ~ sein** (チェスで)〈人¹の〉番である;〈人¹が〉行動すべき時である. **Der ~ ist abgefahren.** 手遅れである. **im ~** ② 事²の関連[結果]で. **im den letzten Zügen liegen** **(口)** もうおしまいである. **in [mit] einem ~e** = **auf einen ~** **(口)** 一気に, 休まずに. **in großen [groben] Zügen** 大ざっぱに, 大まかに. ④ **in vollen Zügen genießen** 事⁴を十分に楽しむ. **~ um ~** 次々に. **zum ~(e) kommen**〈人¹の〉出番である,〈人¹が〉活発に行動する. 5級

①1格 ②2格 ③3格 ④4格

Zugabe [ツーガーベ] 囡⟨-/-n⟩ ❶おまけ,景品;付録. ❷アンコール(曲). ❸《単》付け加えること.

Zu-gang 男⟨-(e)s/..gänge⟩ ❶通路,出入口. ❷《単》アクセス,出入り,立ち入り;入場. ❸《単》接近,理解. ❹新入り,新入荷品.

zugänglich [ツーゲングリヒ] 形 ❶(場所・建物などが)行く[近づく]ことができる,入ることができる,開放されている. ❷(本・資料・情報などが)自由に利用できる. ❸(内容などが)理解しやすい,親しみやすい. ❹⟨3 **für** 4⟩⟨物³·⁴に⟩理解がある,⟨物³·⁴を⟩素直に受け入れる.

Züge [ツューゲ] 閥 ⇨ Zug.

zu|geben 他 ❶付け加える;おまけ[景品]にする;(アンコールに応じて)付け加えて歌う[演奏する]. ❷⟨事実や自分の非⁴などを⟩認める,承認する,告白する.

zugegen [ツゲーゲン] 形《述語》《書》出席している,居合わせている.

zu|gehen* 自⑤ ❶⟨**auf** 4⟩⟨人・物¹に⟩歩み寄る. ❷⟨3⟩[**auf** 4]⟨ある時点³·⁴などに⟩近づく. ❸⟨3⟩⟨人³のもとに⟩届く⟨達する⟩,配達される,⟨人³の⟩手に入る. ❹⟨+様態⟩(先端が)ある形になっている. ❺《非人称で》⟨+様態⟩起こる,生ずる,進行する,成り行く. ❻(口)閉まる,閉じる,ふさがる. ❼(口)ひたむきに進む.

zu-gehörig 形《副なし》⟨3⟩⟨物³に⟩所属する,⟨物³の⟩一員[一部]を成す.

Zugehörigkeit [..カイト] 囡⟨-/⟩所属,一員[一部]であること.

Zügel [ツューゲル] 男⟨-s/-⟩ ❶手綱(たづな). ❷制御,統制,抑制,拘束,束縛,支配.

zügel·los 形《最上 ~est》抑制されない,気ままな.

zügeln [ツューゲルン] ((I))他 ❶⟨馬⁴の⟩手綱をとる,⟨馬⁴を⟩御する. ❷⟨人・物⁴を⟩抑制[制御]する. ((II)) 再 sich ~ 自制する,我慢する. ((III)) 自 ⟨ス⟩引っ越す.

zugemacht zumachen の過去分詞.

zugenommen zunehmen の過去分詞.

Zu-geständnis 中⟨...nisses/...nisse⟩(他人の言い分・権利などの)承認,容認,譲歩.

zu|gestehen* 他⟨3 4⟩⟨人³に物⁴を⟩是認[容認,譲歩]する,認める.

zu-getan 形③ ~ *sein* ⟨人³に⟩好意を持っている,⟨物³を⟩愛好している.

zugig [ツーギヒ] 形 隙間風の入る[ある].

zügig [ツューギヒ] 形 ❶さっと一息での,スムーズな. ❷⟨ス⟩⟨牛・馬・馬などが⟩引く力の強い.

zu-gleich [ツグライヒ] 副 ❶同時に. ❷その上,さらに,それと同時にまた. ❸一緒に.

Zug·luft 囡⟨-/⟩隙間風.

Zug·maschine 囡⟨-/-n⟩牽引(けんいん)車,トラクター.

zu|greifen* 自 手を伸ばしてつかむ;(供されたものに)手を出す,手に取る;とびつく,すぐ買う;[電算](メモリーから)呼び出す.

Zu-griff 男⟨-(e)s/-e⟩ ❶《単》手を伸ばすこと,つかみかかること;(警察などの)介入. ❷[電算](記憶の)呼び出し,アクセス.

zugrunde, zu Grunde [ツグルンデ] 副 ~ *gehen* 滅びる,破壊される,壊れる,だめになる,死ぬ. ③④ ~ *legen* 物⁴を物³の基礎にする. ③ ~ *liegen* 物⁴が物³の基礎になっている. ④ ~ *richten* 物⁴を滅ぼす,破壊する,倒産させる.

zu|gucken 自(口)(わきから)眺める,見物する;(興味深く)見る.

zugunsten, zu Gunsten [ツグンステン] ((I)) 前《2格支配;3格の後に置かれることもある》...の利益[有利]になる,...のために. ((II)) 副《**von** を伴って》...

zugute|halten* [ツグーテ..] 他(書) ⟨人³の事⁴を⟩大目に見る,酌量(しゃくりょう)する.

zugute|kommen* 自⟨人・物³の⟩利益になる,⟨人・物³に⟩役立つ.

zu|haben* ((I)) 他(口)⟨ドア・店・

zu|halten* ((I)) 他 ❶〈ドア・門¹などを〉閉めておく. ❷〈④〉〈ドア⁴などを〉開かないように押さえている. ❸〈③ ④〉〈人³の〉物⁴を手で覆う, ふさぐ. ((II)) 自 〈書〉〈auf ④〉〈物⁴に〉向かって進む.

zu|hängen 他 (カーテンなどで) 覆う, 隠す.

Zuhause [ツハオゼ] 中 (-s/) わが家, 故郷, 郷里.

Zuhilfenahme [ツヒルフェナーメ] 女 *unter ~ von* ③ 物³の助けを借りて.

zu|hören [ツーヘーレン] 自 他〈人³の言葉[事³]に〉注意深く耳を傾ける, 傾聴する. *Jetzt hört mir mal gut zu!* ((口)) さあよく聞けよ.

Zu·hörer 男 (-s/-) 聞き手, 傾聴者, 傍聴者, 聴衆, 聴取者.

zu|kleben 他 ❶糊付けして封をする. ❷貼り付けてふさぐ.

zu|knallen ((I)) 他 ((口))〈ドア⁴などをバタンと閉める. ((II)) 自 S ((口))〈ドア¹などが〉バタンと閉まる.

zu|knöpfen 他〈物⁴に〉ボタンをかけて締める;〈物⁴の〉ボタンをかける.

zu|kommen* 自 S ❶ *auf* ④ **(a)**〈人・物⁴の方に向かって〉近づいて来る,〈人・物⁴に〉接近する. **(b)** *auf* ④〈人⁴の〉前途に横たわっている. **(c)** *auf* ④〈人⁴に〉頼る, 従う;〈人⁴と〉連絡をとる. ❷ **(a)**〈③〉〈人³に〉当然与えられる, ふさわしい,〈人³の〉義務[権利]である. **(b)**〈③〉〈ある性質¹などが〉〈物³に〉認められる. ❸〈③〉〈書〉〈人³のもとに〉届く, 手に入る;〈知らせ¹などを〉人³が〉受け取る. ④ *auf sich⁴ ~ lassen* 事⁴を成り行きに任せて待つ.

Zukunft [tsúːkʊnft ツークンフト] 女 (-/(まれ)..künfte) ❶未来, 将来. ❷将来(の生活), 前途. ❸〈言〉未来時制[形]. ③ *gehört die ~.* 人³は前途洋々たるものである. *in ~* 将来において, 今後, これから先. *~ [keine ~] haben* 将来性がある[ない]. 4級

zukünftig [ツーキュンフティヒ] 形《付加または副》未来の, 将来の. 4級

Zu·lage 女 (-/-n) ❶ (本給以外の)手当, 追加手当. ❷増俸.

zu|lassen* 他 ❶許す, 認める;(資格・入場・参加などを)許可する, 認める. ❷ ((口))閉じた[閉めた]ままにしておく. ♦ *zum Studium ~* 人⁴に大学入学を許可する. *♦ als Anwalt ~* 人⁴に弁護士の資格を与える.

zu·lässig 形《副なし》許容しうる, 許された, 差し支えない.

Zulassung [ツーラスング] 女 (-/-en) ❶〈単〉許可, 認可, 承認. ❷ ((口)) (車の)登録証.

Zu·lauf 男 (-(e)s/..läufe) ❶〈単〉(人が)殺到する[押しかける]こと. ❷流入する川, 支流. ❸ [工]流入[流水]量;流入口.

zu|laufen* 自 S ❶ *auf* ④;〈③〉〈人・物⁴に;物³に〉向かって走る, 走り寄る. ❷〈③〉〈人³の方へ〉殺到する, 押しかける;〈犬などが人³のところへ〉迷い込む. ❸〈+様態〉先割ガ...である. ❹ ((口)) 速く走る;走り続ける.

zu|legen 他 ❶ *sich³* ① 買い入れる, 手に入れる;〈ひげ⁴が〉生える. ❷付け加える, 付け足す.

zuleid(e), zu Leid(e) [ツライト[デ]] 副 *etwas* [*nichts*] ~ *tun* 〈人・動物³を傷つける[傷つけない], 苦しめる[苦しめない].

zuletzt [tsulétst ツレッツト] 副 (↔ *zuerst*) ❶最後に, 終わりに;ついに;結局. ❷一番最後に, しんがりに, びりに. ❸ ((口)) この前に, 前回に, 最後に. *bis ~* ((口)) 最後の瞬間まで. *nicht ~* とりわけ, 特に.

zulieb(e) [ツリーブ[ベ]] 副《南+· ˙ˑˑ·》〈③〉〈人³の〉ために,〈人³の〉ためを思って.

zum [ツム] *zu* と *dem* の融合形. 5級

zu|machen [tsúːmaxən ツーマヘン] ((口)) (↔ *aufmachen*) ((I)) 他 閉める, 閉じる, ふさぐ, 閉鎖する. ((II)) 自〈店¹などが〉閉じる, 閉店[閉館]する. 4級

zumal [ツマール] ((I)) 副〈書〉特に, ことに, わけても. ((II)) 接〈書〉ことに...だから.

zumeist [ツマイスト] 副《書》= meistens.

zumindest [ツミンデスト] 副 少なくとも, せめて; ともかく, いずれにせよ. 4級

zumute, zu Mute [ツムーテ] 副 ~ sein [werden] 人³は…の気持ちである[になる].

zu|muten [ツームーテン] 他《③ ④》〈人³に物⁴を〉(不当に)要求する, (過大に)期待する.

Zumutung [ツームートゥング] 女 (−/−en) (不当な)要求, (過度の)期待, 押しつけ; 迷惑.

zunächst [ツネーヒスト]《(I)》副 ❶ まず第一に, 真っ先に. ❷ 差し当たり, 当初は.《(II)》前《3格支配; 後置されることもある》《書》…のすぐ近くに, …の次に. 4級

Zunahme [ツーナーメ] 女 (−/−n) (↔ Abnahme) ❶ 増加, 増大, 増進, 増殖. ❷[手芸] 編み目を増やすこと, 増し目.

Zuname [ツーナーメ] 男 (−ns/−n) ❶ 姓, 名字(なう), 家名. ❷《やや古》あだ名, 異名.

zünden [ツュンデン]《(I)》自 ❶ 燃え始める, 火がつく, 着火[点火]する;〈火薬¹が〉爆発する;〈落ちて〉火事を起こす;〈エンジン¹が〉始動する. ❷ 感動を呼び起こす, 賛同を得る.《(II)》他〈物⁴に〉火をつける, 点火する; 燃やす. Bei ③ hat es gezündet. 《口》人³がやっと理解した.

Zünder [ツュンダー] 男 (−s/−) ❶ 点火器, ライター. ❷ 導火線, 起爆装置, 信管. ❸ マッチ(棒).

Zünd·holz [ツュント..] 中 (−es/..hölzer) 《南独・オーストリア》(Streichholz) マッチ.

Zünd·schlüssel 男 (−s/−) (自動車の)イグニッションキー, エンジンキー.

Zündung [ツュンドゥング] 女 (−/−en) ❶ 点火, 発火; 燃焼. ❷ 点火装置, 車の点火系[装置].

zu|nehmen* [ツーネーメン] (↔ abnehmen) 自 ❶ 増える, 増す, 増加[増大]する; 成長する; 体重が増える, 太る;〈日や夜¹が〉長くなる;〈月¹が〉満ちる. ❷〈an ③〉〈物³が〉増す, 増える, 強まる. im zunehmenden Maße ますます. mit zunehmendem Alter 年齢とともに. 4級

Zu·neigung 女 (−/(まれ)−en) 愛情, 好意, 愛着, 愛慕.

Zunge [ツンゲ] 女 (−/−n) ❶ 舌. ❷ (話す器官としての)舌; 話しぶり. ❸《単》(牛などの)舌(肉), タン. ❹[詩] 言語, 言葉. ❺《主に複》舌びら. ❻ (舌状のもの:)(靴の)舌革;(管楽器などの)リード;(計測器の)指針. böse ~n 口さがない人たち. sich³ auf die ~ beißen して口を閉ざす, 口外しない. eine spitze [boshafte] ~ haben 口が悪い. eine schwere ~ haben ろれつが回らない. ① liegt [《書》schwebt] ③ auf der ~ 1)事¹が人³の口まで出かかっているが, 思い出せない. 2)人³が事¹をあやうく口に出すところだ. ④ auf der ~ haben 1)事⁴が口まで出かかっているが, 思い出せない. 2)事⁴をあやうく口に出すところだ.

zunichte [ツニヒテ] 副④ ~ machen 〈物⁴を〉ぶち壊す, 台なしにする, めちゃめちゃにする. werden [sein] ぶち壊される[されている], 台なしになる[なっている], めちゃめちゃになる[なっている].

zuoberst [ツオーバースト] 副 (↔ zuunterst) (積み上げたものなどの)一番上に; 上端に; 上座に.

zupass|kommen [ツパス..] 自⑤ ③《書》折りよく[都合よく]来る, よい時に来る.

zupfen [ツプフェン] 他 ❶ つまんで引っぱる, むしる, 解きほぐす, ほどく;〈弦楽器⁴の〉弦をはじく, かき鳴らす. ❷《④ an ③》〈人の物³を〉引っぱる.

zur [ツ(−ァ)] zu と der の融合形. 5級

zurechnungs·fähig [ツーレヒヌングス..] 形《副なし》精神の健全な, 判断力[常識]のある, 責任能力のある.

zurecht|finden* [ツレヒト..] 再 sich⁴ 行くべき道がわかる. ❷ 勝手がわかる, 通じている.

zurecht|kommen* 自⑤ ❶ 調子よく行く, うまく行く, 成功する. ❷ (ま

zurecht|legen ((I)) 他 〈(③) ④〉〈人³のために〉物⁴を整えておく，準備する．((II)) 再 sich³〈物⁴を〉考える，心積もりをする．

zurecht|machen 他 (口) ❶整える，準備する；〈食物⁴を〉調理する；〈部屋⁴を〉整備する．❷〈人⁴の〉身なりを整える，身じたくする．

zurecht|weisen* 〈人⁴をしかって[小言を言って]考え違い[態度]を改めさせる，しかりつける．

zu|reden 自〈人³に〉勧める，勧告する，説得する，励ます．

Zürich [tsuryˊk ツュリック，(仏) ツュリヒ] 中 (-s/) チューリヒ ((スイス北部の州及び都市名)).

zurück [tsurýk ツュリュック] 副 ❶ (a)元へ，逆戻りに．♦Berlin hin und ~! ベルリン往復で ((駅で乗車券を買うとき))．(b)帰って，戻って．♦Er ist noch nicht ~. 彼はまだ帰って来ていない．❷後ろへ，後方へ．♦Einen Schritt ~! 一歩後ろへ！ ❸後に，後ろに．♦einen Meter ~ folgen 1メートル後からついて来る．❹〈時間的〉(方) 以前にさかのぼって．❺ (口) (進歩・発達が)遅い **5級**

zurück.. 〈前綴〉〈分離〉❶「元へ[出発点へ]戻る」．❷「旧状態のまま残る」．

zurück|behalten* 他 ❶手放さない，手元に留める，返さずにおく．❷後遺症として残す．

zurück|bekommen* [ツュリュックベコメン] 他 ❶(a)返してもらう，取り戻す．(b)釣り銭を受ける．❷ (口)〈レバー・ファスナー⁴などを〉元の位置に戻す．

zurück|bleiben 自 (S) ❶後にとどまる，残る．❷〈von ③〉〈人³から〉下って[離れて]いる．❸ (他人に)遅れる．❹ (進歩発達が)遅れる，劣る．❺跡として残る；後遺症として残る．

zurück|blicken 自 ❶後ろを見る．❷〈auf ④〉〈過去⁴などを〉顧みる，回顧する．

zurück|erstatten 他 返済する，払い戻す．

zurück|fahren* [ツュリュックファーレン] ((I)) 自 (S) ❶(a)(乗り物で)帰る．(b)車をバックさせる．❷飛びのく；しりごみする，ひるむ．((II)) 他 ❶(乗り物で)送り[運び]返す，❷〔工〕〈製造物⁴を〉生産調整する，減産する．

zurück|fallen* 自 (S) ❶後ろに倒れる[落ちる]；〈カーテンなどが〉下りる．❷順位・成績⁴などが下がる，落ちる．❸ (a)〈an ④〉〈人³に〉〈財産⁴などが〉帰属する，〈人⁴の〉所有に帰する．(b)〈auf ④〉〈人⁴の身の上に〉戻って[はね返って]くる．(c)〈in ④〉〈元の状態⁴などに〉戻る．

zurück|fliegen* ((I)) 自 (S) ❶飛行機で帰る．❷ (口)〈ボール・弾丸⁴などが〉はねる，はじける．((II)) 他 飛行機で戻す[送り返す]．

zurück|führen ((I)) 他 ❶連れ戻す，連れ帰る．❷〈レバー⁴などを〉元の位置に戻す．❸〈④ auf ④〉(a)〈物⁴の〉原因を〈物⁴に〉帰する．(b)〈物⁴を物⁴に〉還元する．((II)) 自 (道)が元の場所[出発点]まで続いている．

zurück|geben* [ツュリュックゲーベン] 他 ❶〈(③) ④〉〈(人³に)物⁴を〉返す，戻す，返還[返却]する；回復させる．❷〔球技〕〈ボール・パック⁴などを〉(a)リターンパスする．(b)バックパスする．❸ (書)〈発言・質問にその場ですぐに〉(...と)答える．

zurückgefahren zurückfahrenの過去分詞．

zurückgegeben zurückgebenの過去分詞．

zurück|gehen* 自 (S) ❶(a)(元の場所・位置などに)戻る，引き返す；(元の職業などに)戻る；(口) (もと住んでいた所に)帰る．(b)後ろへさがる．❷〈熱¹が〉下がる，〈炎症¹が〉おさまる；〈腫れ¹などが〉引く；〈価格¹が〉下る；〈あふれた水¹が〉引く；〈景気¹が〉後退する；〈商売¹が〉不振になる；〈数¹が〉減少する．❸〈auf ④〉〈物⁴に〉さかのぼる，起源がある，由来する．❹返品される．

zurückgekehrt zurückkehrenの

過去分詞.

zurück|greifen* 圓〈auf ④〉〈人・物⁴に〉頼る, 手を出す, 〈物⁴を〉ついに当てにする[用いる], 〈物⁴に〉手をつける.

zurück|halten* [ツリュックハルテン] ((I)) 他 ❶ 引きとめる, 押しとどめる; 制止[抑制]する. ❷〈④ **von** [**vor**] ③〉〈人⁴が事³をするのを〉制止する, 妨げる. ❸ 押さえる, 差し止める. ❹〈感情⁴などを〉抑える. ((II)) 再 sich⁴〈**mit** [**bei**] ③〉〈物³を〉抑える, 自制する. ❷ でしゃばらない, 控え目にする. ((III)) 圓〈**mit** ③〉〈物³を〉差し控える.

zurückhaltend [..ト] ((I)) zurückhaltenの現在分詞形. ((II)) 形 ❶ 控え目な, 遠慮がちの, 慎み深い;《比》〈色・模様などが〉地味[控え目]な. ❷ 冷静な, 慎重な;〈数の〉わずかな;弱含みの.

Zurück·haltung 女(-/-) ❶《まれ》抑えること, 自制. ❷ 控え目, 遠慮, 慎み深さ. ❸ 慎重さ.

zurück|kehren [ツリュックケーレン] 圓(S)《書》❶ 元の位置・場所に 戻る, 帰る, 帰還する. ❷〈ある状態¹に〉戻る, 回帰する.

zurück|kommen* [ツリュックコメン] 圓(S) ❶ 帰って来る, 帰る, 戻る;(元の場所に)戻って来る. ❷〈**auf** ④〉〈人・事・物の話に〉戻る, 立ち戻って話す;〈申し出⁴などを〉受け入れる, 〈申し出⁴などに〉応ずる. ❸ (ロ) **(a)**〈ある状態¹が〉戻る, 取り戻される. **(b)**戻される, 返される.

zurück|lassen* 他 ❶ 後に残す, 置き忘れる;〈病気・けがなどの〉後遺症として]残す. ❷ 帰るのを許す, 帰らせる.

zurück|legen ((I)) 他 ❶〈元の場所に〉戻す. ❷ 取って[除いて]しまっておく;〈金⁴を〉ためる, 貯蓄する. ❸〈身体の部分⁴を〉後ろへ曲げる[倒す]. ❹〈かんぬき⁴などを〉外す. ❺〈ある道程⁴を〉後にする, 進む. ((II)) 再 sich⁴ 後ろに寄り[もたれ]かかる.

zurück|liegen* 圓 ❶〈事¹が〉以前のことである. ❷ (スポーツで)負けている, リードされている.

zurück|nehmen* 他 ❶ (返品として)引き取る. ❷〈発言・訴え・約束などを〉取り消す, 撤回する. ❸《軍》撤収する;[競](守りを固めるために)〈選手⁴を〉後ろへ下げる. ❹〈身体の部分⁴を〉後ろへ倒す[回す]. ❺〈音量・アクセル⁴などを〉少量にする, 弱める, 落とす.

zurück|rufen* ((I)) 他 ❶ **(a)** 呼び戻す. **(b)**〈大使⁴などを〉召還する. ❷〈③ **in** ④〉〈事⁴を人³の意識・記憶⁴に〉呼び戻す. ❸〈人⁴に〉折り返し電話をする. ((II)) 圓 ❶〈発言の内容を表す文と共に〉(行きかけながら後ろに向かって)...と大声で返事をする. ❷ こちらから折り返し電話をする.

zurück|schlagen* ((I)) 他 ❶〈ボール⁴などを〉打ち[蹴り]返す. ❷〈ふた⁴などを〉パタンと開ける, 〈掛け布団⁴などを〉はねのける, 〈袖・襟⁴を〉折り返す, 〈カーテン⁴などを〉開ける. ❸ 撃退する. ❹ なぐり返す. ((II)) 圓 ❶ (S)〈振り子¹が〉振れて戻る;〈波¹が〉打ち返す. ❷ (h)なぐり返す, 反撃する[に出る].

zurück|schrecken(*) [ツリュックシュレッケン]《強変化または弱変化》圓(S) ❶ 恐れて[驚いて]飛びのく. ❷〈**vor** ③〉〈物³に〉しりごみする, ひるむ.

zurück|setzen ((I)) 他 ❶〈人⁴を〉元の場所に座らせる. ❷〈物⁴を〉後ろへ下げる. ❸〈人⁴を〉(他の人より)後回しにする, 冷遇する. ((II)) 圓 車をバックさせる.

zurück|stecken ((I)) 他〈物⁴を〉元の位置へ差す, 差し戻す. ((II)) (ロ)控えめにする;控え目で満足する.

zurück|stehen* 圓 ❶ 後ろに引っ込んでいる. ❷〈**hinter** ③〉〈人・物⁴に〉遅れをとっている, 劣っている;〈人・物³より〉優先権がない, 優先されない.

zurück|stellen 他 ❶〈物⁴を〉〈元の場所に〉戻す. ❷〈商品⁴などを〉(売らずに)とっておく. ❸〈時計⁴の針を〉戻す;〈暖房⁴などの目盛りを〉下げる. ❹〈事⁴を〉(一時的に)見合わせる.

zurück|treten* 圓(S) ❶ 後ろへ下がる, 後退する. ❷ 退職する, 辞任する. ❸〈**von** ③〉〈事³を〉取り消

① 1格 ② 2格 ③ 3格 ④ 4格

zurück|weisen* 他 ❶元の所に戻るように命ずる[指示する]. ❷拒否する、はねつける. ❸正当でない[根拠がない]と言明する[宣する]、反論する.

zurück|werfen* 他 ❶〈ボールなどを〉投げ返す. ❷〈景気などを〉後退させる. ❸〈光などを〉反射する、映す.

zurück|zahlen 他 ❶〈(3)(4)〉〈人³に〉借金を⁴〉返済する. ❷〈人⁴に事⁴の〉仕返しをする、〈人³への恩・恨み⁴に〉報いる.

zurück|ziehen* (I)他 ❶〈元の場所へ〉引き戻す. ❷後へ引く、引っ込める. ❸〔軍〕撤退させる、撤収する. ❹〈約束・提案⁴などを〉撤回する、取り消す;〈告示⁴などを〉取り下げる;〈商品⁴などを〉回収する. (II)再sich ❶〈軍隊⁴などが〉撤退[撤収]する. ❷引きこもる、引っ込む;退く. ❸〈von ③〉〈人³と〉交際[関係]を絶つ. ❹〈von [aus] ③〉〈職業³などから〉引退する. (III)自 ⓢ〈元の場所へ〉引き返す、帰る、戻る.

Zu·ruf 男〈-(e)s/-e〉 ❶〈主に単〉呼びかけ(ること);声による賛成の表決. ❷喝采(かっさい)、歓呼.

zu|rufen* 他〈③④〉呼びかける、大声で伝える.

zur·zeit [ツァツァイト] 副 目下、今のところ (略: zz., zzt.).

Zusage 女〈-/-n〉 ❶約束. ❷(↔ Absage) 同意、承諾.

zu|sagen (I)他 ❶〈③④〉〈人³に〉物⁴を〉約束する. ❷明言する、はっきり言う. (II)自 ❶(招待などを)承諾する、受諾する. ❷〈③〉〈人³に〉適する、〈人³の〉性に合う、気に入る.

zusammen [tsuzámən ツザンメン] 副 ❶共に、一緒に;共同で、協力して;同時に. ❷合わせて、ひっくるめて、皆で. ♦(Zahlen Sie) getrennt oder (geht alles) ~? お支払いは別々ですか、ごいっしょですか. Zusammen, bitte. 一緒です. **5級**

zusammen..〈前綴〉〈分離〉「総括・凝縮・共同・協力・瓦解・崩壊」.

Zusammen·arbeit 女〈-/-〉共同制作、共同作業;チームワーク.

zusammen|arbeiten* [ツザンメンアルバイテン] 自 共に[一致協力して]働く、共同作[制作]をする.

zusammen|binden* 他 結び[縛り]合わせる、たばねる.

zusammen|brechen* 自 ⓢ ❶崩れ落ちる、崩壊[瓦解]する. ❷破綻を来す;〈交通¹が〉麻痺する;〈会社¹が〉倒産する. ❸崩れるように倒れる.

zusammen|bringen* [ツザンメンブリンゲン] 他 ❶調達する、工面する. ❷〈口〉行える;言うことができる. ❸〈mit ③〉〈人⁴を人³に〉引き合わせる、紹介する.

Zusammen·bruch 男〈-(e)s/..brüche〉 ❶崩れるように倒れること;健康障害. ❷崩壊、瓦解;麻痺;破産.

zusammen|drücken 他 圧縮[圧搾]する、押しつぶす、押してペチャンコにする.

zusammen|fahren* (I)自 ⓢ ❶〈船・車¹などが〉衝突する. ❷(びっくりして)縮み上がる. (II)他〈口〉〈物⁴を〉〈船・車などで〉衝突させて壊す;〈人⁴を〉轢(ひ)く.

zusammen|fallen* 自 ⓢ ❶〈建築物¹が〉倒壊[崩壊]する;〈比〉〈計画¹などが〉水泡に帰す、〈希望¹が〉ついえる、〈うそ¹が〉ばれる. ❷〈ふくらんだもの¹が〉しぼむ、収縮する;〈火勢¹が〉衰える. ❸やせ衰える、衰弱する. ❹〈mit ③〉〈事³と〉〈出来事¹が〉同時に起こる、時を同じくする、重なる.

zusammen|fassen [ツザンメンファッセン] 他 ❶要約する、まとめる. ❷一箇所に集める、まとめる、統合する.

Zusammen·fassung 女〈-/-en〉 ❶要約、まとめ、レジュメ. ❷《単》統合すること.

zusammengearbeitet zusammenarbeitenの過去分詞.

zusammengefasst zusammenfassenの過去分詞.

zusammen|gehören 自 共に一つの全体を成す、一体である、一組であ

る.

zusammen-gehörig 形 共に全体を成している, 一体を成す, 組[ペア]になっている; 連帯している.

Zusammengehörigkeit [..カイト] 囡 (-/) 一体性, 連帯.

Zusammengehörigkeits-gefühl 中 (-(e)s/) 同族[同胞]意識, 連帯感.

zusammengestoßen zusammenstoßenの過去分詞.

Zusammenhang [ツザンメンハング] 男 (-(e)s/..hänge) 関連, つながり.

zusammen|hängen* 自 《mit ③》❶〈物³と〉つながり(合)っている, 結びついている. ❷〈物³と〉関係[関連]がある, 関連している.

zusammen|klappbar 形 《副なし》折りたためる, 折りたたみ式の.

zusammen|klappen ((I)) 他 ❶〈傘・椅子などを〉折りたたむ. ❷打ち合わせる. ((II)) 自 (S)(ロ)(疲れ果てて)折れるように倒れる.

zusammen|kommen* 自 (S) ❶集まる, 会合する. ❷〈mit ③〉〈出来事¹が事³と〉同時に起こる, 〈悪いこと¹が〉重なる. ❸(ロ)〈金銭・贈り物などが〉集まる.

Zusammenkunft [ツザンメンクンフト] 囡 (-/..künfte) 会うこと; 集まること, 集合, 会合, 集会; 会議; 会見.

zusammen|laufen* 自 ❶〈人が〉集まる, 群がる. ❷〈+場所〉〈水・道路¹などが〉集まる; 〈河¹などが〉合流する. ❸(ロ)〈色彩¹などが〉融合する.

zusammen|leben ((I)) 自 一緒に暮らす, 共同生活をする; 同棲する. ((II)) 再 sich⁴ (お互いに)生活して行くうちにウマが合う; 気持ちよく共同生活する.

Zusammen·leben 中 (-s/) 一緒に暮らすこと, 共同生活, 同棲.

zusammen|legen [ツザンメンレーゲン] 他 ❶折り重ねる, 折りたたむ. ❷一緒に[まとめて, 一箇所に]置く[入れる]. ❸一箇所に集める. ❹ひとまとめにする; 〈学級⁴などを〉合併する; 〈株式・地所⁴などを〉併合する. ❺《für

④》〈金⁴を(物⁴に)〉出し合う. ❻〈手や腕⁴を〉組む. ❼〈催し⁴などの〉開催を同時期に決める.

zusammen|nehmen* [ツザンメンネーメン] ((I)) 他 ❶〈力・考え⁴などを〉集中する. ❷まとめる, ひっくるめる. ((II)) 再 sich⁴ 気を落ち着ける[取り直す].

zusammen|passen 自 〈色・柄¹などが〉合う, 適合する, 調和している.

Zusammen·prall 男 (-(e)s/-e) 衝突, 激突.

zusammen|prallen 自 (S)(相当な勢いで)ぶつかる, 衝突する, 激突する.

zusammen|reißen* 再 sich⁴ (ロ) 落ち着く.

zusammen|schlagen* 他 ❶打ち合わせる. ❷(ロ) 打ち砕く, たたき壊す. ❸打ちのめす.

Zusammen·sein 中 (-s/) 一緒にいること, 集まり, 集合.

zusammen|setzen [ツザンメンゼッツェン] ((I)) 他 〈部分・部品⁴などを〉組み立てる; 組み立てて作る. ((II)) 再 sich⁴ ❶一緒に座る; (協議などのために)会う, 集まる. ❷〈aus ③〉〈人・物³から〉成り立つ, 構成される.

Zusammen·setzung [..ゼッツング] 囡 (-/-en) ❶〈単〉組み立てること. ❷構成, 組成. ❸〔言〕複合[合成]語.

Zusammen·spiel 中 (-(e)s/) ❶チームワーク, 共演. ❷協同, 相互作用.

zusammen|stehen 自 ❶一緒に[並んで]立っている. ❷団結[結束]している.

zusammen|stellen 他 ❶一緒に[まとめて立てて]置く, 並べる, 集める. ❷まとめる, 組み立てる, 組成[構成]する, 編集[編成, 作成]する.

Zusammen·stoß 男 (-es/..stöße) ❶(車などの)衝突. ❷(人の)衝突, 論争.

zusammen|stoßen* [ツザンメンシュトーセン] 自 (S) ❶〈mit ③〉(a) 〈(人・物³と〉激しくぶつかり合う, 衝

① 1格 ② 2格 ③ 3格 ④ 4格

zusammen|treffen* 自⑤〈mit ③〉❶〈人³と〉出会う。❷〈出来事¹が事³と〉同時に起こる、重なる。

zusammen|wachsen* 自⑤ ❶（ゆっくり）一体になる、癒着する。❷精神的に一体化する、親しくなる。

zusammen|zählen 他 合算する、合計する。

zusammen|ziehen* ((I)) 他 ❶（引き）縮める、収縮させる；〈物⁴に〉ひだを付ける；〈眉⁴などに〉しわを寄せる；〈唇⁴・口⁴を〉すぼめる。❷〈人⁴・物⁴を〉一箇所に集める、集結する。❸加算［合算］する、集計する。((II)) 再 sich⁴ ((I)) ❶縮まる、収縮［収斂］する。❷集まる、集中［集結］する、ひとかたまりになる。❸〈雲¹など〉が生ずる；〈災厄¹が〉発生する。((III)) 自⑤ 同じ家に移る。

zusammen|zucken 自⑤（驚き・痛みなどで）ピクッとする、体を瞬間的に収縮する。

Zusatz [ツーザッツ] 男 (-es/..sätz) ❶《単》付け加えること、付加、添加。❷添加物。❸付録、補遺；追伸。

zusätzlich [ツーゼッツリヒ] 形 付加の、追加の、補足の；余分の。**4級**

zu|schauen 自（南ｼﾞ・ｵｽﾄﾘｱ・ｽｲｽ）＝ zusehen.

Zuschauer [ツーシャオアー] 男 (-s/-) 見物人、観客。◇ **Zuschauerin** 女 (-/-nen).

zu|schicken 他〈③ ④〉〈人³に物⁴を〉送る、送付する。

zu|schieben* 他 ❶〈かんぬき・引き出し⁴などを〉押して閉じる。❷〈③ ④〉〈人³に物⁴を〉押しやる；〈罪・責任⁴などを〉押しつける、転嫁する。

zu|schießen* ((I)) 他〈人³に〉金銭⁴などを〉支援［援助］する。((II)) 自〈auf ④〉〈物⁴へと〉突き進む。

Zu·schlag 男 (-(e)s/..schläge) ❶割増料金、特別手当。❷[鉄道]特急［急行］券。❸（競売での）落札、受注。❹[建]（モルタル・コンクリートなどに混ぜる）骨材；[冶] 媒溶剤。❺（方）殴打（分）。

zu|schlagen* ((I)) 他 ❶(← aufschlagen)バタンと閉める［閉じる］。❷釘付けにする、たたいて閉める。❸〈③ ④〉〈ボール⁴などを人³に向かって〉打つ。❹〈④ (auf ④ [zu ③])〉〈物⁴·³に〉ある額⁴を〉割り増しする、加算する。❺〈③ ④〉(競売で)〈物⁴を人³の〉落札をする；〈物⁴を人³の物と〉宣言する、〈人³に物⁴の〉所有権を与える。❻〈④ (für ④)〉〈石⁴などを〉打って〈物⁴のために〉形を整える。❼[建]〈モルタル⁴などに〉骨材を加える。((II)) 自⑤〈ドア¹などが〉バタンと閉まる。❷ⓗ 打ちかかる、なぐりかかる；〈軍隊・運命¹などが〉襲いかかる。❸ⓗ (口) 手に取る、買う。

zu|schließen* 他 (← aufschließen) 錠で閉ざす、〈物⁴に〉錠を下ろす；閉鎖する。

zu|schnüren [ツーシュニューレン] 他 ひもで締める、ひもでくくる。

zu|schrauben [ツーシュラオベン] 他〈物⁴を〉ねじで締める；〈ねじ式のもの⁴を〉ねじって締める。

Zu·schrift 女 (-/-en) 投書。

Zu·schuss 男 (..schusses/..schüsse) ❶補助金、手当。❷[法]補助金。

Zuschuß ®＝Zuschuss.

zu|sehen* 自 ❶〈（③） (bei ③)〉〈（人³が）(事³をしているのを)〉じっと見る、よく見る。❷傍観する。❸心がける、（必ず）行うようにする。

zu|sein* 自⑤＝zu sein（⇨zu■）.

zu|senden(*) 他〈③ ④〉＝zuschicken.

zu|spitzen ((I)) 他 ❶とがらせる、鋭くする；薄くげる。❷尖鋭［極端］化する、緊迫させる。((II)) 再 sich⁴ ❶とがる、鋭くなる。❷先鋭［極端］化する、緊迫する。

zu|sprechen* ((I)) 他 ❶〈③ ④〉（言葉をかけて）〈人³に勇気・慰め⁴などを〉与える。❷(a)〈③ ④〉〈人³に権利・財産⁴などを〉与えると判決する。(b)〈③ ④〉〈人・物³に権利・能力⁴などがあると〉認める。((II)) 自〈③ (+様態)〉〈人³に...ふうに〉言葉をかける。❷〈③〉[書]〈物³を〉大いに飲む［食う］。

Zustand [tsúːʃtant ツーシュタント] 男 (-(e)s/*Zustände*) 状態, 状況, 有様, 情勢; 容態. *Zustände bekommen* [*kriegen*] (口) カッとなる, びっくりする. *Das ist doch kein ~!* それはないだろう, そんな状況ではだめだ.

zustande, zu Stande [ツシュタンデ] 副④ ～ *bringen* (やっとのことで) 〈事⁴を〉成就する, 仕上げる, 完成する. ～ *kommen* 成就される, 出来上がる, 成立[実現]する, 行われる, (法律案が)通過する.

zuständig [ツーシュテンディヒ] 形《副なし》❶ 決定権のある; 権限のある, 所轄の. ❷ (ᵒsᵗʳ) 居住権のある.

Zuständigkeit [..カイト] 女 (-/-en) 権限, 管轄(権).

zu|stehen* 自③〈人³に〉当然帰属する, 〈人³の〉権利である.

zu|steigen* 自 (乗り物・停留所で)〈乗客¹が〉乗り込む, 乗車する.

zu|stellen 他 ❶〈物を置いて〉〈物⁴を〉ふさぐ[閉じる]. ❷〈③〉④〉〈人³に〉手紙などを〉配達する, 【法】訴状などを送達する.

zu|stimmen 自 ❶〈③〉〈人³の〉言い分を(正しいと)認める, 〈人³と〉意見が一致する. ❷〈③〉〈人・事³に〉賛成[同意]する.

Zu·stimmung 女 (-/(まれ)-en) ❶ 意見の一致. ❷ 賛成, 同意.

zu|stoßen* ((I)) 他〈ドア⁴などを〉突いて[押して]バタンと閉める. ((II)) 自 ⓗ ⓢ ⓐ ⓑ 突きかかる, 襲いかかる. ⓢ〈③〉〈災厄¹が人³の〉身の上に起きる, ふりかかる.

Zu·tat 女 (-/-en)《主に複》(必要な)添加材料.

zuteil [ツタイル] 副 ④ ～ *werden*《書》人³に与えられる[分配される].

zu|teilen 他〈③〉④〉〈人³に物⁴を〉分配[配当]する, 配給する, 割り当てる.

zu|tragen* ((I)) 他〈③〉④〉〈人³に物⁴を〉運んで行く; (此)(ひそかに)伝える, 知らせる, 密告[告げ口]する, 耳打ちする. ((II)) 再 sich ~《書》起こる, 生ずる.

zuträglich [ツートレークリヒ] 形《副なし》《書》有益[有利]な, 役に立つ, 効果の多い.

zu|trauen ((I)) 他〈③〉④〉〈人³に物⁴の〉能力[性向]があると信じる. ((II)) 再 sich ~〈事⁴をする〉自信がある.

Zu·trauen 中 (-s/) 信頼, 信用.

zutraulich [ツートラオリヒ] 形 信用[信頼]している; 人なつっこい, 人になれた.

Zutraulichkeit [..カイト] 女 (-/) 自信[信頼]のあること, 人になついていること.

zu|treffen* 自 ❶ 当たっている, 適合している, 正しい. ❷〈*für* [*auf*] ④〉〈物⁴に〉当てはまる, 該当する.

zutreffend [..ト] ((I)) zutreffenの現在分詞形. ((II)) 形 ❶ 当たっている, 適合している, 正しい. ❷ 該当する.

zu|trinken* 自〈③〉〈人³の〉健康を祝して飲む, 乾杯する.

Zu·tritt 男 (-(e)s/) 入る(のを許されている)こと, 入場(許可).

Zu·tun 中 (-s/) 助力, 協力, 援助.

zu·unterst [ツウンタースト] 副 最も下に, ずっと下に.

zuverlässig [ツーフェァレスィヒ] 形 信頼[信用]できる; 確か[確実]な, 任せてあり, 頼りになる; (機械などの) 信頼性が高い, 正確な.

Zuverlässigkeit [..カイト] 女 (-/) 確実なこと, 頼りになること.

Zuversicht [ツーフェァズィヒト] 女 (-/) 必ず事がうまく行くと思うこと, 確かな期待, 確信.

zuversichtlich [..リヒ] 形 期待している, 確信している.

zuviel [ツフィール] 形 中 = zu viel (⇨ zu Ⅱ).

zuvor [ツフォーァ] 副 (時間的に)それより前に, 以前に; 前もって, あらかじめ; まず初めに ((★副詞 vor(her)の強調形)).

zuvor|kommen* 自 ⓢ〈③〉 ❶〈人³に〉先んじる, 〈人³を〉出し抜く. ❷〈物³の〉機先を制する, 〈物³を〉予防する, 未然に防ぐ.

zuvorkommend [..ト] ((I)) zuvorkommenの現在分詞形. ((II))

① 1格 ② 2格 ③ 3格 ④ 4格

形《最上～st[..ツト]》親切な, 好意のある, 愛想のよい; ていねいな.

Zuvorkommenheit [..ハイト] 女 (-/) 親切なこと, 愛想のよい行動.

Zuwachs [ツーヴァクス] 男 (-es/(専門語で)..wächse) ❶増加, 増大, 増殖. ❷成長, 成育; (口)ベビー.

Zuwachs·rate 女 (-/-n) 成長[増加]率.

zuweilen [ツヴァイレン] 副《書》時々; 時折.

zu|weisen* [..] 他 ③ ④《人 ³に物 ⁴を》あてがう, 割り当てる, 指定する.

zu|wenden(*) [ツーヴェンデン] ((I)) 他 ❶ ③ ④《人 ³に物 ⁴を》向ける. ❷《強変化まれ》③ ④《人 ³に金銭などを》得させる, 与える, 寄付する. ((II)) 再 sich⁴ ❶ ③《人・物 ³の方へ》向かう, 向く. ❷ ③《物 ³に》取り組む, 従事する.

zuwenig [ツヴェーニヒ] 形《無変化》
副 = zu wenig (⇒zu Ⅲ).

zuwider [ツヴィーダー] ((I)) 形《述語のみ》③《人 ³にとって》嫌である, 気に入らない, いとわしい. ((II)) 前《3格支配》《名詞の後で》...に反して, 逆らって, そむいて.

zu|winken 自 ③《人 ³に》(手を振るなどして遠くから)あいさつをする.

zu|zahlen 他《ある金額 ⁴を》払い足す, 追加払いする.

zu|ziehen* ((I)) 他 ❶《戸・カーテンなどを》引いて閉める. ❷《結び目・袋の口のひも・ネクタイなどを》引いて締める. ❷《人 ⁴を》《意見を求めるために》招く, 呼ぶ. ((II)) 再 ❶ sich⁴《傷などが》閉じる, ふさがる. ❷ sich³《病気 ⁴に》かかる, 《けが ⁴を》負う, 《批難 ⁴などを》受ける, こうむる. ❸ sich⁴《非人称で》(方)空が曇る. ((III)) 自 ⑤ ❶移住する. ❷ ③ [auf ④]《物 ³・⁴の方に》〈集団で〉移って行く.

Zu·zug 男 (-(e)s/..züge) 移住.

zuzüglich [ツーツュークリヒ] 前《2格支配; 修飾語を伴わない単数名詞は無変化に; 2格と同形の3格を持つ複数名詞の場合には3格も》〖商〗...を加算して.

zwang [ツヴァング] zwingen の過去形.

Zwang [ツヴァング] 男 (-(e)s/Zwänge) ❶強制, 拘束, 束縛. ❷強い衝動. ❸抑制, 圧迫. ❹強い影響力. ❺義務. ❻〖心〗強迫.

zwänge zwingen の接続法Ⅱ式形.

zwängen [ツヴェンゲン] ((I)) 他 ④ 〈+場所〉《人・物 ⁴を...へ》無理やり押しつける[押し込む]. ((II)) 再 sich⁴ 〈+場所〉無理やり〈...に〉押し入る[入り込む].

zwanghaft [..ハフト] 形 強制的な, やむにやまれぬ, 強迫的な.

zwang·los 形 強制されていない, 拘束[束縛]のない; 自由[自然]な, 形式ばらない, くつろいだ, くだけた.

Zwang·losigkeit [..ローズィヒカイト] 女 (-/) 形式などにとらわれないこと, うちとけていること.

Zwangs·lage 女 (-/-n) 逼迫した状態, 追いつめられた状態.

zwangs·läufig 形 必然的な, 不可避な, 避けられない.

zwanzig [ツヴァンツィヒ] 数詞《基数》20. 5級

zwanziger [ツヴァンツィガー] 形《付加; 無変化》20年代[歳]の.

Zwanziger 男 (-s/-) ❶二十歳. ❷20ユーロ紙幣, 20セントコイン.

zwanzigst [ツヴァンツィヒスト] 数詞《序数》20番目の, 第20の. 5級

zwar [tsvaːr ツヴァーァ] 副《後ろの文に aber, allein, doch などを伴って譲歩を示す》なるほど(...ではあるが). **und ~**《前の文を強調・敷衍する》しかも, すなわち. 4級

Zweck [tsvɛk ツヴェック] 男 (-(e)s/-e) ❶目的, 目標; 意図. ❷用途, 使いみち. ❸《単》意味. ◆einen ~ erreichen 目的を達する. **Der ~ heilt die Mittel.** 目的が手段を正当化する. 4級

zweck·los 形 無意味な, むだな, 役に立たない, 効果のない.

zweck·mäßig 形 目的にかなった, 合目的的な; 適切な; 役に立つ, 実用[機能]的な; 当を得た, 得策の.

zwecks [ツヴェックス] 前《2格支配》《書》...の目的で, ...のために.

zwei [tsvar ツヴァイ] 数詞《基数》2. *für* ~ 人一倍. 6級

Zwei [ツヴァイ] 囡 (−/−en) ❶ 2の数(字). ❷ 2という数が付くもの;(トランプの)2の札;(さいころの)2の目;(学校の成績評点の)2, 優;(口)(バス・市電などの)2番系統.

Zwei·bett·zimmer 中 (−s/−) ツインルーム.

zweideutig [ツヴァイドイティヒ] 形 ❶両義のある, 二通りに解釈できる, あいまいな. ❷いかがわしい, きわどい, わいせつな.

Zweideutigkeit [..カイト] 囡 (−/−en) ❶《単》二義性. ❷あいまいな[いかがわしい]表現.

zweidimensional [ツヴァイディメンズィオナール] 形 2次元の.

zwei·einhalb [ツヴァイアインハルプ] 形 二つ半の.

Zweier [ツヴァイアー] 男 (−s/−)《略》= Zwei.

zweier·lei [ツヴァイアーライ] 形《無変化》❶《付加》2種類の, 2様の. ❷《付加なし》異なった, 別物の.

zwei·fach 形《述語無し》2重[倍]の.

Zweifel [tsváɪfəl ツヴァイフェル] 男 (−s/−) 疑い, 疑念;ためらい, 不決断, 迷い;懐疑. ◆*an* ③ ~ *haben* ③に疑いをもっている. *außer* (*allem*) ~ *stehen* 全く疑問の余地がない. (*über* ④) *im* ~ *sein* 1)事⁴について決心がつかない. 2)事⁴を疑っている. *in* ~ *ziehen* 事⁴を疑う, 事⁴に疑念を持つ. *ohne* ~ 疑いもなく, 確かに.

zweifelhaft [..ハフト] 形《最上~est》❶不確かな, 疑わしい;はっきりしない, あいまいな, おぼつかない. ❷不審な, 怪しい;いかがわしい, うさん臭い, 評判のよくない.

zweifel·los 副 疑いなく, 確かに, 明らかに.

zweifeln [tsváɪfəln ツヴァイフェルン] 自《an ③》《〈人・物³を〉》疑う, いぶかしく思う, 信じない.

Zweifels·fall 男 (−(e)s/..fälle) 疑わしい場合.

zweifelsohne [ツヴァイフェルスオーネ] 副 疑いなく, 確かに.

Zweig [ツヴァイク] 男 (−(e)s/−e) ❶小枝, 細枝 ((Ast から分かれ, Reis より大きい)). ❷分家;分派, (支)部,部門;支店, 支流;[鉄道]支線;(学問などの)分科. *auf keinen grünen* ~ *kommen* (口) 暮らし向きがよくならない, 出世しない, 成功しない.

zwei·hundert [ツヴァイフンダート] 数詞《基数》200(の).

zwei·mal [ツヴァイマール] 副 ❶ 2度, 2回. ❷ 2倍(に). 4級

Zwei·reiher [ツヴァイライアー] 男 (−s/−) ダブル仕立ての上着.

zwei·schneidig 形 両刃の;(比)便利だが危険な;諸刃(もろは)の剣の.

zwei·sprachig 形 2ケ国語を使用する;バイリンガルの;2ケ国語で書かれた.

zwei·spurig 形 ❶(鉄道が)複線の. ❷(道路が)2車線の. ❸ 2本の車輪の跡がある.

zwei·stöckig 形 3階建ての.

zweit [ツヴァイト] 数詞《序数》2番目の, 第2の. ◆*zu* ~ 二人で.

zweit..《形容詞の前に付いて2番目を表す》: zweitgrößt 2番目に大きい.

zwei·tägig 形《付加》2日たった;2日間の.

zweitausend [ツヴァイタオゼント] 数詞《基数》2000(の).

zweitbest [ツヴァイトベスト] 形《付加》第2番目に良い.

zweitens [ツヴァイテンス] 副 第2に, 2番目に ((略:2.)).

zweit·rangig [..トランギヒ] 形《副なし》❶あまり重要ではない. ❷(軽蔑)二流の.

Zwei·stimme 囡 (−/−en) [法] (↔ Erststimme) 連邦議会議員選挙の第2番目の政党選定用の票.

Zweit·wagen 男 (−s/−) セカンドカー.

Zweit·wohnung 囡 (−/−en) セカン

ドハウス.
Zwerchfell [ツヴェァヒフェル] 甲 (-(e)s/-e) 〖解〗横隔膜.
Zwerg [ツヴェァク] 男 (-(e)s/-e) ❶ 小人. ❷ 小さなもの. ❸ 〖天〗矮星.
Zwetsche [ツヴェッチェ] 女 (-/-n) 〖植〗プラム, セイヨウスモモ.
Zwetschge [ツヴェッチュゲ] 女 (-/-n) 《南ド・ｵｰｽ》=Zwetsche.
Zwetschke [ツヴェッチュケ] 女 (-/-n) 《ｵｰｽ》=Zwetsche.
Zwieback [ツヴィーバック] 男 (-(e)s/..bäcke, -e) ラスク, クラッカー, 乾パン.
Zwiebel [ツヴィーベル] 女 (-/-n) ❶ 〖植〗 **(a)** タマネギ. **(b)** タマネギ (玉葱) の球茎; 鱗茎. ❷ タマネギ形の屋根.
Zwie·gespräch 甲 (-(e)s/-e) 〖書〗対話, 対談.
Zwie·spalt 男 (-(e)s/-e, ..spälte) 《複 稀》❶ 迷ってどちらにも態度を決められないこと, (心の) 葛藤 (かっとう), 分裂. ❷ 不和, 軋轢 (あつれき).
zwie·spältig 形 〘態度が〙決まらない, 自己矛盾している, 迷っている.
Zwilling [ツヴィリング] 男 (-s/-e) ❶ ふたご (の一人), 双生児. ❷ 《複》〖天〗双子座. ❸ 〖占星〗双子宮; 双子座生まれの人 (5月21日から6月20日).
Zwillings·bruder 男 (-s/..brüder) ふたごの兄弟 (の一人).
Zwillings·paar 甲 (-(e)s/-e) 〘性別の異なる〙双生児.
zwingen* [tsvíŋən ツヴィンゲン] (過 zwang; 過分 gezwungen) 《(I)》他 ❶ 《4 (zu 3)》〈人4 に〈事3 を〉無理やりさせる, 強制[強要]する. ❷ 《4 + 方向》〘書〙無理やり押し込む [連れて行く]. ❸ 《4 zu 3》〈人4 に〉事3 を〉余儀なくさせる. 《(II)》再 sich4 自分に強いる, 自制[克己]する, 無理をする, 努めて…する.
zwingend [..ト] 《(I)》 zwingen の現在分詞. 《(II)》 形《副なし》❶ やむをえない, 不可抗力の. ❷ 信服させるに足る, 確信すべき, 異論の余地のない. ❸ 強制的な.
zwinkern [ツヴィンカァン] 自 まばたきする, まぶたをパチパチさせる.

Zwirn [ツヴィァン] 男 (-(e)s/-e, 〘種類を示して〙 -e) より糸.

zwischen [tsvíʃən ツヴィッシェン] 前《3格・4格支配》
Er setzt sich⁴ ~ meinen Vater und mich. 彼は私の父と私の間に座ります.
Er sitzt ~ meinem Vater und mir. 彼は私の父と私の間に座っています.

A 《3格と》《空間・時間・関係について》(…と)…の間で[に]. ★ 二者の場合と三者以上の多数の場合がある. ♦ Er sitzt ~ die Kindern. 彼は子供たちに取り囲まれて座っています. Das geschah ~ fünf und neun Uhr [~ dem fünften und neunten Mai]. それは 5 時から 9 時 [5月5日から9日] の間に起こりました. Gibt es häufig Streit ~ dir und ihm? 君と彼との間でしばしば争いが起こるのですか? das gute Verhältnis ~ ihnen 彼らの間の良好な関係. ~ dem Original und der Fälschung unterscheiden オリジナルと模造品を区別する.

B 《4格と》《空間・時間について》(…と)…の間へ. ★ 二者の場合と三者以上の多数の場合がある. ♦ Er mischt sich⁴ ~ die Gäste. 彼はゲストのなかに紛れ込みます. 5級

zwischen·durch [..ドゥァヒ] 副 ❶ 〘口〙〘時間的〙(前後の二つの行為・時点の) その間に, その合間に; (その間に) 時々, 時折. ❷ 〘空間的〙**(a)** その間に; 所々に. **(b)** その間を通り抜けて.

Zwischen·fall 男 (-(e)s/..fälle) ❶ 偶発[突発]事件, 事件. ❷ 《主に複》騒動, 騒乱.

Zwischen·mahlzeit 女 (-/-en) 中間の[手軽な] 食事, 間食, 小昼 (こびる), おやつ.

zwischen·menschlich 形 《付加のみ》個人間の, 人間相互間の.

Zwischen·raum 男 (-(e)s/..räume) ❶ 《空間的》間隙, 隙間; 間隔, 距離; 〖印〗中間の余白, 行間, 字間. ❷ 《時間的》間隔, 合間.

① 1格 ② 2格 ③ 3格 ④ 4格

Zwischen-ruf 男《-(e)s/-e》人の話を遮る叫び, やじ.

Zwischen-wand 女《-/..wände》(部屋などを分割使用するための)間仕切り, 隔壁.

Zwischen-zeit 女《-/-en》❶間の時間, 合間. ❷[スポ]途中の時間, ラップタイム.

Zwist [ツヴィスト] 男《-(e)s/(まれ)-e》(書)意見の分裂, 疎隔, 不和, 争い, 紛争;悶着.

Zwistigkeit [ツヴィスティヒカイト] 女《-/-en》《主に複》(書)争い事, 紛争.

zwitschern [ツヴィッチャァン]((I))自《鳥¹が》さえずる.((II))他《鳥¹が歌⁴を》さえずる.

Zwitter [ツヴィッター] 男《-s/-》[生]両性具有体, 半陰陽;雌雄同体(動物);両性個体.

zwo [ツヴォー] 数詞《基数》(口) = zwei ((★区別しやすいように特に電話において用いる)).

zwölf [tsvœlf ツヴェルフ] 数詞《基数》12. *Es ist kurz [fünf] vor ~.* (都合の悪いことを隠すには)もう手遅れだ. 5級

Zwölf 女《-/-en》❶12の数(字). ❷12という数が付くもの.

Zwölfer 男《-s/-》(方話) = Zwölf.

zwölft [ツヴェルフト] 数詞《序数》12番目の, 第12の. 4級

zwölft.. 《形容詞などに付いて12番目を表す》: das zwölftgrößte Land 第12番目に広い国[州].

zwölftel [ツヴェルフテル] 形《付加》12分の1の.

Zwölftel 中《-s(ﾇ)/-》(-s/-)12分の1.

zwot [ツヴォート] 数詞《序数》(口) = zweit ((★区別しやすいように特に電話において用いる)).

Zyklus [ツューケルス] 男《-/Zyklen》❶循環;周期. ❷連続演奏会;曲集. ❸月経(周期). ❹景気循環.

Zylinder [ツィリンダー, ツュリンダー] 男《-s/-》❶[数]円柱, 円筒. ❷[工]気筒, シリンダー. ❸ほや(火屋). ❹山高帽. ❺[コンピュ](ハードディスクなどの)シリンダー.

zylindrisch [ツィリンドリッシュ, ツュリンド..] 形 円柱状の, 円筒形の.

Zyniker [ツューニカー] 男《-s/-》冷笑家, 皮肉屋;ひねくれ者. ◇**Zynikerin** 女《-/-nen》.

zynisch [ツューニッシュ] 形 冷笑的な, 皮肉屋の;ひねくれた.

Zynismus [ツュニスムス] 男《-/..men》❶《単》嘲笑, 冷評, 皮肉. ❷嘲笑的[冷評的, 皮肉]な言行.

Zypern [ツューパーン] 中《-s/-》キプロス((地中海東部の島名及び国名)).

Zypresse [ツュプレッセ] 女《-/-n》[植]イトスギ(属).

zyprisch [ツューブリッシュ] 形 キプロスの.

Zyste [ツュステ] 女《-/-n》❶[医]囊胞. ❷[生]包囊.

zz., zzt. 《略》zurzeit 目下.

z.Z., z.Zt. 《略》zur Zeit (その)時代に.

付録

和独小辞典 882
不規則動詞変化表 932

和独小辞典

♦ 用例の開始を表す
▶ 会話用例の開始を表す
■ 複合語の開始を表す

■ あ ■

あい 愛 *die* Liebe.
あいさつ 挨拶 *der* Gruß. ♦挨拶する grüßen.
あいず 合図 *das* Zeichen; *der* Wink. ♦合図する winken; ein Zeichen geben.
アイスクリーム *das* Eis.
あいする 愛する lieben.
あいだ 間に（空間的）unter; zwischen;（時間的）während.
あいて 相手（敵）*der* Gegner;（仲間）*der* Partner.
アイディア *die* Idee.
あいにく 生憎 leider.
あいまい 曖昧な unklar; zweideutig.
アイロン *das* Bügeleisen. ♦アイロンをかける bügeln.
あう 会う begegnen; sehen; (*sich*⁴) treffen.
あう 合う passen; sitzen; stimmen.
あおい 青い blau.
あか 垢 *der* Schmutz.
あかい 赤い rot.
あかじ 赤字 *das* Defizit.
あかり 明り *das* Licht.
あがる 上がる steigen; aufgehen.
あかるい 明るい hell; heiter.
あかんぼう 赤ん坊 *das* Baby.
あき 秋 *der* Herbst.
あきらか 明らかな klar.
あきらめる 諦める verzichten; aufgeben.
あきる 飽きる satt bekommen.
あきれる 呆れる verblüfft sein.
あく 開く (*sich*⁴) öffnen.
あく 空く frei [leer] werden.
あくしつ 悪質の schlecht.
あける 空ける (aus)leeren.
あける 明ける ♦夜が明ける Der Tag bricht an.
あける 開ける öffnen; eröffnen; aufschließen.
あげる 上げる heben; aufziehen; steigern.
あこがれる 憧れる sehnen.
あさ 朝 *der* Morgen.
あさい 浅い seicht; flach.
あざやか 鮮やかな klar; hell; frisch.
あし 足 *der* Fuß;（脚）*das* Bein.
あじ 味 *der* Geschmack. ♦味が良い gut schmecken.
アジア (*das*) Asien.
あした 明日 morgen.
あじわう 味わう schmecken; genießen.
あずかる 預かる aufbewahren.
あずける 預ける anvertrauen; deponieren; abgeben.
あせ 汗 *der* Schweiß. ♦汗をかく schwitzen.
あせる 焦る ungeduldig werden.
あそび 遊び *das* Spiel.
あそぶ 遊ぶ spielen.
あたえる 与える geben; verleihen; schenken.
あたたかい 暖[温]かい warm.
あたためる 暖める heizen; wärmen.
あたま 頭 *der* Kopf; *das* Haupt.
あたらしい 新しい neu; frisch.
あたり 辺り *die* Gegend; ungefähr.

あたる 当たる treffen; entsprechen.
あつい 厚い dick.
あつい 熱[暑]い heiß.
あつかう 扱う behandeln; handhaben.
あっせん 斡旋する vermitteln.
あっとう 圧倒する überwältigen. ♦圧倒的な überwältigend.
あっぱく 圧迫する drücken.
あつまる 集まる *sich*⁴ versammeln.
あつめる 集める versammeln; sammeln.
あつらえる 誂える bestellen.
あつりょく 圧力 *der* Druck.
あてる 当てる treffen; erraten.
あと 跡 *die* Spur.
あと 後で nachher; später.
あな 穴 *das* Loch; *die* Höhle.
あなどる 侮る verachten.
あに 兄 *der* (ältere) Bruder.
アニメ *der* Anime. ■アニメ映画 *der* Zeichentrickfilm.
あね 姉 *die* (ältere) Schwester.
アパート（建物）*das* Mietshaus;（部屋）*die* Mietswohnung.
あばれる 暴れる rasen; toben; wüten.
あびる 浴びる baden.
あぶない 危ない gefährlich.
あぶら 油 *das* Öl;（脂）*das* Fett.
あふれる 溢れる überfließen.
あまい 甘い süß.
あまり 余り *der* Rest
あまる 余る übrig bleiben.
あみ 網 *das* Netz.
あむ 編む stricken; flechten.
あめ 雨 *der* Regen. ♦雨が降る Es regnet.
アメリカ (*das*) Amerika.
あやしい 怪しい verdächtig; zweifelhaft.
あやしむ 怪しむ zweifeln.
あやまる 誤る *sich*⁴ irren.
あやまる 謝る *sich*⁴ entschuldigen.
あらい 荒い wild; heftig; grob; rau.
あらう 洗う waschen.

あらし 嵐 *der* Sturm.
あらす 荒す verwüsten.
あらそう 争う streiten: kämpfen.
あらたまる 改まる *sich*⁴ (ver)ändern.
あらためる 改める (ver)ändern; (ver)bessern.
あらわす 著す schreiben; verfassen.
あらわす 表す zeigen; ausdrücken.
あらわす 現す *sich*⁴ zeigen.
あらわれる 現れる erscheinen.
ありがたい 有り難い günstig; dankenswert; dankbar.
ありがとう Danke (schön)!
ある 在る sein.
あるく 歩く (zu Fuß) gehen.
アルバイト *der* Job.
あれた 荒れた stürmisch; rau.
アレルギー *die* Allergie.
あわ 泡 *der* Schaum.
あわせる 合わせる （一つにする）vereinigen;（適合させる）anpassen;（照合する）vergleichen.
あわただしい 慌ただしい hastig.
あわてる 慌てる *sich*⁴ überstürzen.
あわれな 哀れな arm.
あん 案 *der* Plan.
あんがい 案外の unerwartet.
あんしょうばんごう 暗証番号 *die* Geheimnummer.
あんしん 安心させる beruhigen. ♦安心して ruhig.
あんぜん 安全な sicher.
あんてい 安定した stabil.
あんない 案内する führen. ■案内者［書］*der* Führer. 案内所 *die* Auskunft.

■ い

い 胃 *der* Magen.
イースター *das* Ostern.
いいえ nein.
いいん 委員 *das* Ausschussmitglied. ■委員会 *der* Ausschuss.
いう 言う sagen; reden; meinen. ▶

私は…といいますIch heiße … これはドイツ語で何と言いますかWie heißt das auf Deutsch?
いえ 家 die Wohnung.
いかす 生かす wiederbeleben; anwenden.
いき 息 der Atem;（吐く息）der Hauch.
いきおい 勢いのよい kräftig.
いきもの 生き物 das Lebewesen.
イギリス (das) England.
いきる 生きる leben.
いく 行く gehen;（乗り物で）fahren.
いくじ 育児 die Kinderpflege.
いくら ▶それはいくらですか Wie viel [Was] kostet das? 空港までいくらですか? Was kostet es zum Flughafen?
いけ 池 der Teich.
いけん 意見 die Meinung; die Ansicht.
いこう 意向 die Absicht.
いざかや 居酒屋 die Kneipe.
いさましい 勇ましい tapfer; mutig.
いし 石 der Stein.
いし 意志 der Wille. ♦意志の強い willensstark.
いじ 維持 die Erhaltung.
いしき 意識する[している] bewusst werden [sein].
いじめる 苛める quälen; misshandeln.
いしゃ 医者 der Arzt.
いじょう 異常な ungewöhnlich; abnorm.
いす 椅子（背もたれはあるがクッションはない）der Stuhl;（クッションのついた安楽いす）der Sessel;（背もたれのない腰掛け）der Hocker;（長いす）das Sofa;（ベンチ）die Bank.
いそがしい 忙しい beschäftigt.
いそぐ 急ぐ eilen.
いた 板 das Brett.
いたい 痛い ③ wehtun. ▶ここが痛いですIch habe Schmerzen hier. 頭[歯]が痛い Ich habe Kopfschmerzen [Zahnschmerzen].
いたく 委託する auftragen.
いたずらに 徒らに vergebens.
いただきます（良い食欲を）Guten Appetit !
いたむ 痛む schmerzen.
イタリア (das) Italien.
いたわる 労わる trösten; besorgen.
いち 位置 die Lage;（場所）die Stelle;（地位）die Stellung.
いちがつ 一月 der Januar.
いちご 苺 die Erdbeere.
いちじるしい 著しい beträchtlich.
いちど 一度 einmal. ♦一度にauf einmal.
いちば 市場 der Markt.
いちばん 一番（最初の）erst;（最良の）best.
いちぶ 一部 ein Teil.
いちりゅう 一流の erstklassig.
いつ wann.
いっかい 一階 das Erdgeschoss.
いっしょ 一緒に mit, zusammen;（同時に）gleichzeitig.
いっち 一致する übereinstimmen.
いっぱい 一杯（ビール）ein Glas Bier;（コーヒー）eine Tasse Kaffee;（たくさんの）voll.
いっぱん 一般の allgemein; gewöhnlich.
いつわる 偽る lügen; betrügen.
いと 糸 der Faden.
いど 井戸 der Brunnen.
いとこ（男）der Vetter;（女）die Kusine.
いとなむ 営む tun;（営業する）betreiben.
いなか 田舎 das Land;（郷里）die Heimat.
いぬ 犬 der Hund.
いね 稲 die Reispflanze.
いのち 命 das Leben.
いのる 祈る beten.
いはん 違反する sich⁴ vergehen.
いま 今 jetzt, nun.
いましめる 戒める warnen.
いみ 意味 die Bedeutung. ♦意味する bedeuten.

イメージ *die* Vorstellung.
いも 芋 (ジャガイモ) die Kartoffel.
いもうと 妹 *die* (jüngere) Schwester.
いや 嫌な unangenehm.
いやす 癒す heilen.
いよく 意欲 *die* Lust.
いらい 依頼する bitten.
いりぐち 入口 *der* Eingang; (乗り物の) *die* Einfahrt.
いりょく 威力 *die* Macht.
いる 居る (da)sein; *sich*⁴ befinden.
いる 要る nötig sein; brauchen.
いる 射る schießen.
いるい 衣類 *die* Kleidung.
いれもの 入れ物 (大きな) *der* Behälter. (小さな) *das* Gefäß.
いれる 入れる tun; (突っ込む) stecken; (仕込む) einlegen.
いろ 色 *die* Farbe.
いわ 岩 *der* Fels.
いわい 祝い *die* Feier; (祝詞) *der* Glückwunsch.
いわう 祝う feiern; (お祝いを述べる) gratulieren.
いん 印 *das* Siegel; *der* Stempel.
いんさつ 印刷する drucken. ■印刷物 *die* Drucksache.
いんしょう 印象 *der* Eindruck. ◆印象的な eindrucksvoll.
インストール ◆インストールする installieren.
インターネット *das* Internet.
インフルエンザ *die* Grippe.

う

ウイルス *der* Virus.
うえ 上の ober; (より高い) höher; (年上の) älter.
ウェイター *der* Kellner.
ウェイトレス *die* Kellnerin.
うえる 飢える Hunger haben.
うえる 植える pflanzen.
うかい 迂回する einen Umweg machen. ■迂回路 *die* Umleitung.
うかぶ 浮ぶ (空中に) schweben; (水上に) schwimmen.
うく 浮く auftauchen.
うけいれる 受け入れる aufnehmen.
うけおう 請負う im Akkord übernehmen.
うけつけ 受付 *der* Empfang; (受理) *die* Annahme; (ホテルの) *die* Rezeption.
うけつける 受け付ける annehmen.
うけとる 受取る erhalten.
うける 受ける bekommen; annehmen; leiden.
うごかす 動かす bewegen.
うごき 動き *die* Bewegung.
うごく 動く *sich*⁴ bewegen; laufen; funktionieren.
ウサギ 兎 *das* Kaninchen; *der* Hase.
ウシ 牛 (雌) *die* Kuh; (雄) *der* Ochse.
うしなう 失う verlieren.
うしろ 後ろの hinter. ◆後ろに hinten.
うず 渦 *der* Wirbel.
うすい 薄い dünn; (色が) hell; (水っぽい) schwach.
うずめる 埋める begraben.
うそ 嘘 *die* Lüge. ◆うそをつく lügen.
うた 歌 *der* Gesang; (歌曲) *das* Lied.
うたう 歌う singen.
うたがう 疑う zweifeln.
うち 内で innen, in; innerhalb.
うちあわせる 打ち合せる *sich*⁴ im Voraus besprechen.
うちけす 打消す verneinen.
うちゅう 宇宙 *der* Weltraum. ■宇宙船 *das* Raumschiff.
うつ 打つ schlagen; klopfen.
うつくしい 美しい schön.
うつす 写す kopieren; (模写) nachzeichnen; (撮影) photographieren; (映写) vorführen; (反射) spiegeln.
うつす 移す versetzen.
うったえる 訴える klagen; anklagen; appellieren.
うつる 移る übergehen; (感染) *sich*⁴

うつる 映る *sich*⁴ widerspiegeln.
うで 腕 *der* Arm. ■腕時計 *die* Armbanduhr.
うばう 奪う rauben.
うまい (味が) köstlich; (上手な) gut; (器用な) geschickt.
うま 馬 *das* Pferd.
うみ 海 *das* Meer, *die* See; (大洋) *der* Ozean.
うむ 生[産]む (女性が) gebären; (動物が) werfen; (卵を) ein Ei legen; (作り出す) schaffen.
うめる 埋める vergraben; (埋葬) begraben.
うやまう 敬う ehren.
うら 裏 *die* Rückseite.
うらぎる 裏切る verraten.
うらなう 占う wahrsagen.
うらむ 恨[怨]む grollen.
うらやましい 羨ましい beneidenswert.
うらやむ 羨む beneiden.
うる 売る verkaufen.
うるおう 潤う feucht werden.
うるさい 煩い lästig; (音が) lärmend; laut.
うれしい 嬉しい froh;fröhlich.
うわぎ 上着[衣] *die* Jacke.
うわさ 噂 *das* Gerücht.
うん 運 ◆運の良い glücklich. 運の悪い unglücklich.
うんちん ◆運賃はいくらですか Was kostet die Fahrt?
うんてん 運転する fahren; lenken; steuern. ■運転手 *der* Fahrer. 運転免許証 *der* Führerschein.
うんどう 運動 *die* Bewegung; (体操) *das* Turnen. ■運動会 *das* Sportfest.
うんめい 運命 *das* Schicksal.

■ え ■

え 柄 *der* Griff; *der* Stiel.
え 絵 *das* Bild. ◆絵をかく (色で) malen; (鉛筆等で) zeichnen.

エアコン *die* Klimaanlage.
エアメール ◆エアメールで per Luftpost.
えいが 映画 *der* Film. ◆映画を見に行く ins Kino gehen. ■映画館 *das* Kino.
えいきゅう 永久に (auf) ewig.
えいきょう 影響 *der* Einfluss.
えいぎょう 営業する ein Geschäft betreiben. ◆営業中 (Wir haben) geöffnet.
えいご 英語 Englisch. ▶英語で話してもいいですか Darf ich auf Englisch sprechen?
えいせい 衛生的な hygienisch.
えいゆう 英雄 *der* Held.
えいよう 栄養のある nahrhaft.
えがく 描く (色で) malen; (鉛筆等で) zeichnen; (描写) beschreiben.
えき 駅 *der* Bahnhof.
えきしょう ◆液晶パネル[ディスプレイ] *der* Flüssigkristall-Bildschirm.
えきたい 液体 *die* Flüssigkeit.
えぐる 抉る (aus)bohren.
エスカレーター *die* Rolltreppe.
えだ 枝 *der* Zweig; *der* Ast.
エチケット *die* Etikette.
えらい 偉い groß; hervorragend.
えらぶ 選ぶ wählen.
えり 襟 *der* Kragen. ■襟巻き *der* Schal.
える 得る gewinnen.
エレベーター *der* Fahrstuhl; *der* Aufzug.
えん 円 *der* Kreis; (通貨) *der* Yen.
えんがん 沿岸 *die* Küste.
えんき 延期する verschieben.
えんぎ 演技 *die* Darstellung; *das* Spiel.
えんげい 園芸 *der* Gartenbau.
えんげき 演劇 *das* Schauspiel.
えんじょ 援助 *die* Hilfe.
エンジン *der* Motor.
えんずる 演ずる spielen.
えんぜつ 演説 *die* Rede; *der* Vortrag.
えんそう 演奏 *das* Spiel. ◆演奏する

spielen. ■演奏会 das Konzert.
えんちょう 延長 die Verlängerung.
えんとつ 煙突 der Schornstein; der Schlot.
えんぴつ 鉛筆 der Bleistift.
えんまん 円満な harmonisch.
えんりょ 遠慮する sich⁴ zurückhalten; (差し控える) sich⁴ enthalten.

お

お 尾 der Schwanz.
おいしい 美味しい lecker. ▶これは大変おいしい Das schmeckt (mir) sehr gut.
おう 負う tragen.
おう 追う verfolgen; folgen.
おうえん 応援する (手助け) helfen; (味方する) beistehen; (声援) anfeuern.
おうだん 横断する durchqueren; überqueren.
おうふく 往復 der Hin- und Rückweg; die Hin- und Rückfahrt. ■往復切符 die Rückfahrkarte. 往復はがき die Postkarte mit Rückantwort. ▶ウィーンまで往復切符を1枚お願いします Bitte einmal Wien hin und zurück!
おうよう 応用する anwenden.
おえる 終える beenden; abschließen.
おおい 多い viel; zahlreich.
おおう 覆う bedecken.
オーガニック (製品) das Bio.
おおきい 大きい groß; riesig; (声などが) laut.
オーストリア (das) Österreich.
おおぜい 大勢で in großer Menge.
オードブル die Vorspeise.
おおやけ 公の öffentlich; offiziell.
おか 丘 der Hügel.
おかげ お陰で dank; wegen.
おかしい 可笑しい komisch; drollig.
おかす 犯す begehen; (女性を) vergewaltigen.
おかす 侵す verletzen; eingreifen.

おき 沖 die hohe See. ♦沖で auf hoher See.
おぎなう 補う ersetzen; ergänzen.
おきる 起きる aufstehen; (目覚める) aufwachen; (事件が) geschehen.
おく 奥の hinter. ♦奥に hinten.
おく 置く setzen; legen; stellen.
おくやみ ♦お悔やみ申し上げます Herzliches Beileid.
おくゆき 奥行き die Tiefe.
おくる 送る schicken; senden.
おくる 贈る schenken.
おくれる 後[遅]れる sich⁴ verspäten; (時計が) nachgehen.
おけ 桶 der Kübel.
おこす 起こす wecken; aufrichten.
おこたる 怠る vernachlässigen.
おこなう 行う tun; handeln; durchführen.
おこる 起こる・興る geschehen; sich⁴ ereignen; passieren; vorkommen.
おこる 怒る sich⁴ ärgern.
おさえる 押[抑]える festhalten; unterdrücken; zurückhalten.
おさまる 収[治]まる zur Ruhe kommen; (整う) in Ordnung kommen; (静まる) (sich⁴) legen.
おさめる 治める regieren; herrschen.
おさめる 納[収]める (金を) bezahlen; (品物を) liefern; (保管する) aufbewahren.
おじ 叔父・伯父 der Onkel.
おしい 惜しい bedauerlich; (残念な) schade.
おしえる 教える lehren; unterrichten; beibringen.
おじぎ お辞儀する sich⁴ verbeugen.
おしむ 吝む geizen; sparen.
おしむ 惜しむ bedauern.
おす 雄・牡 das Männchen.
おす 押[圧]す schieben; drücken.
おそい 遅い (時刻が) spät; (速度が) langsam.
おそう 襲う angreifen; überfallen.
おそれる 恐[畏]れる sich⁴ fürchten.

おそろしい 恐ろしい furchtbar; fürchterlich.

おだやかな 穏やかな mild; ruhig.

おちつく 落ち着く *sich*⁴ beruhigen.

おちる 落ちる fallen; stürzen; (試験に) durchfallen.

おっと 夫 *der* Ehemann; *der* Mann.

おと 音 *der* Schall; *der* Klang; *der* Ton; *der* Laut.

おとうと 弟 *der* (jüngere) Bruder.

おとこ 男 *der* Mann.

おとす 落とす fallen lassen.

おととい vorgestern.

おとな 大人 *der* [*die*] Erwachsene.

おどり 踊り *der* Tanz.

おとる 劣る nachstehen.

おどる 踊る tanzen.

おとろえる 衰える abnehmen; nachlassen.

おどろかす 驚かす erschrecken; überraschen.

おどろく 驚く überrascht werden; erschrecken.

おなじ 同じ gleich; ähnlich.

おば 叔母・伯母 *die* Tante.

おはよう Guten Morgen!

おび 帯 *der* (Kimono-)Gürtel.

おびやかす 脅かす drohen.

オフィス *das* Büro.

オフサイド *das* Abseits.

オペラ *die* Oper.

おぼえる 覚える (習う) lernen; (暗記) auswendig lernen; (記憶) *sich*³ merken.

おぼれる 溺れる ertrinken.

おめでとう ◆おめでとうを言う gratulieren.

おもい 重い schwer.

おもい 思い *der* Gedanke.

思い出す *sich*⁴ erinnern.

おもう 思う glauben; meinen; denken.

おもさ 重さ *das* Gewicht. ◆重さがある wiegen.

おもしろい 面白い interessant.

おもちゃ 玩具 *das* Spielzeug.

おもて 表・面 *die* Vorderseite.

おもな 主な hauptsächlich.

おもわず 思わず unwillkürlich.

おや 親 Eltern.

おやすみなさい Gute Nacht!

およぐ 泳ぐ schwimmen.

およぶ 及ぶ (er)reichen.

おり 檻 *der* Käfig.

おりもの 織物 *das* Gewebe.

おりる 下[降]りる (乗り物から) aussteigen.

オリンピック *die* Olympischen Spiele; *die* Olympiade.

おる 織る weben.

おる 折る (ab)brechen; (たたむ) (zusammen)falten.

オレンジ *die* Orange.

おろす 下ろす absetzen; (貯金を) abheben.

おわり 終わり *das* Ende; *der* Schluss.

おわる 終わる enden; abschließen.

おん 恩 ◆恩に着る dankbar sein.

おんがく 音楽 *die* Musik. ■音楽祭 Musikfestspiele.

おんせん 温泉 *die* heiße Quelle.

◆温泉に行く einen Badeort besuchen.

おんど 温度 *die* Temperatur. ■温度計 *das* Thermometer.

おんな 女 *die* Frau. ■女の子 *das* Mädchen.

■ カ ■

カーテン *der* Vorhang; (薄手の) *die* Gardine.

カード *die* Karte.

かい 貝 *die* Muschel. ■貝殻 *die* (Muschel)schale.

かい 会 (会合) *die* Versammlung; (会議) *die* Sitzung; (団体) *der* Verein.

かい 階 *der* Stock; *die* Etage.

がい 害 ◆害のある schädlich. 害のない unschädlich.

かいがい 海外 Übersee.

かいかく 改革 die Reform.
かいがん 海岸 die Küste.
かいぎ 会議 die Konferenz; die Sitzung.
かいきゅう 階級 die Klasse.
かいけい 会計 die Rechnung. ▶会計をしてください Die Rechnung, bitte!
かいけつ 解決する lösen; beseitigen.
がいこう 外交 die Diplomatie.
がいこく 外国 das Ausland. ■外国人 der Ausländer. 外国語 die Fremdsprache.
かいさい 開催する veranstalten.
かいさん 解散する (議会などを) auflösen; (参集者が) auseinander gehen.
かいしゃ 会社 die Gesellschaft; die Firma. ■会社員 der [die] Angestellte.
かいじょ 解除する aufheben; entlassen; entheben.
がいしょく 外食する auswärts essen.
かいせい 改正する verbessern; revidieren.
かいせつ 解説する erläutern. ■解説者 der Erklärer; (テレビ等の) der Kommentator.
かいぜん 改善する (ver)bessern.
かいだん 階段 die Treppe; (段) die Stufe.
かいてき 快適な angenehm.
かいてん 回転する sich⁴ (im Kreise) drehen.
かいてん ♦いつ開店しますか Wann öffnet das Geschäft?
かいとう 回答 die Antwort. ♦回答する antworten.
ガイドブック (旅行ガイド) der Reiseführer; (都市ガイド) der Stadtführer.
かいはつ 開発する erschließen; entwickeln.
かいふく 回復する wiederherstellen; (病から) genesen; (疲れから) sich⁴ erholen.

かいほう 解放する befreien; freilassen; emanzipieren.
かいもの 買い物をする einkaufen.
かう 買う kaufen.
かえす 孵す ausbrüten.
かえす 返す zurückgeben; (金を) zurückzahlen.
かえる 帰る zurückkommen; zurückgehen; (帰宅する) heimkehren. ♦家に帰る nach Hause gehen [kommen].
かえる 変える (ver)ändern; verwandeln.
かえる 換[替]える wechseln; (aus)tauschen.
カエル 蛙 der Frosch.
かお 顔 das Gesicht.
かおり 薫り der Geruch; der Duft.
かかえる 抱える (腕に) in die Arme [unter dem Arm] nehmen.
かかく 価格 der Preis.
かがく 科学 die Wissenschaft. ■科学者 der Wissenschaftler.
かかげる 掲げる aushängen; anschlagen.
かがみ 鏡 der Spiegel.
かがやく 輝く strahlen; scheinen; leuchten.
かかり 係 ♦係の者 der [die] Zuständige; der [die] Verantwortliche.
かかる 掛[懸]かる hängen; (金が) kosten; (時間が) dauern.
かぎ 鍵 der Schlüssel.
かく 掻く kratzen.
かく 書く schreiben.
かく 欠く fehlen. ♦欠くべからざる unentbehrlich.
かぐ 家具 das Möbel. ♦家具付きの部屋[貸家] das möblierte Zimmer.
かくご 覚悟 der Entschluss. ♦覚悟する〈sich⁴ auf ④〉gefasst machen; sich⁴ entschließen. 覚悟している〈auf ④〉gefasst sein.
かくじつ 確実な gewiss; (確かな) sicher; (確定的な) bestimmt. ♦確実に sicherlich.

がくしゅう 学習する lernen.
かくしん 確信 die Uberzeugung. ◆確信する 〈sich⁴ von ④〉 überzeugen. 確信している〈von ④〉 überzeugt sein.
かくしん 革新 die Reform. ◆革新する reformieren.
かくす 隠す verbergen.
かくせい 学生 der Student.
かくだい 拡大 die Vergrößerung. ◆拡大する vergrößern. ■拡大鏡 das Vergrößerungsglas.
かくてい 確定 die Festsetzung. ◆確定する festsetzen.
かくど 角度 der Winkel.
かくとく 獲得 die Erwerbung. ◆獲得する erwerben.
かくにん 確認 die Bestätigung. ◆確認する bestätigen.
がくふ 楽譜 die Noten《複》.
がくぶ 学部 die Fakultät.
かくほ 確保する sichern.
かくめい 革命 die Revolution. ◆革命的な revolutionär.
がくもん 学問 die Wissenschaft.
かくりつ 確立する aufstellen.
がくりょく 学力 die Gelehrsamkeit.
かくれる 隠れる sich⁴ verstecken. ◆隠れた verborgen.
かげ 陰[影] der Schatten.
がけ 崖 der Absturz; (海の) die Klippe; (岩壁) die Felsenwand.
かける 駆ける rennen; (馬が) galoppieren.
かける 掛[架]ける (auf)hängen; (注ぐ) gießen; (数を) multiplizieren.
かげん 加減する (er)mäßigen.
かこ 過去 die Vergangenheit. ◆過去の vergangen.
かご 篭 der Korb; (鳥篭) der Käfig.
かこう 加工する bearbeiten.
かこむ 囲む umgeben.
かさ 傘 der Schirm.
かさい 火災 das Feuer. ■火災報知器 der Feuermelder.

かさなる 重なる sich⁴ häufen.
かさねる 重ねる häufen; (積み上げる) aufeinander legen.
かざり 飾り die Verzierung; (装身具) der Schmuck.
かし 菓子 Süßigkeiten; der Kuchen. ■菓子屋 die Konditorei.
かじ 家事 die Hausarbeit.
かじ 舵 das Steuer.
かじ 火事 das Feuer; der Brand.
かしつ 過失 das Versehen; der Fehler.
かじる 齧る nagen.
かす 貸す leihen; borgen; verleihen; vermieten.
かず 数 die Zahl.
ガス das Gas.
かすか 微かな leise; schwach.
かぜ 風邪 die Erkältung; (流感) die Grippe. ◆風邪をひく sich⁴ erkälten.
かぜ 風 der Wind.
かせぐ 稼ぐ verdienen.
かぞえる 数える zählen; (計算する) rechnen.
かぞく 家族 die Familie; (一員) das Familienmitglied. ▶ご家族はいかがお過しですか Wie geht es Ihrer Familie?
ガソリン das Benzin. ◆ガソリンを入れる tanken. ■ガソリンスタンド die Tankstelle.
かた 型 der Typus; (モデル) das Modell.
かた 肩 die Schulter.
かたい 堅[固,硬]い hart; fest; steif; (肉が) zäh.
かたち 形 die Form; (姿) die Gestalt.
かたづける 片付ける aufräumen; erledigen.
かたな 刀 das Schwert.
かたまり 塊り der Klumpen; (大量) die Masse.
かたまる 固まる hart [fest] werden; (凝固する) gerinnen.
かたみち ◆(切符を)片道でお願いしま

す Einfach, bitte.
かたむく 傾く sich⁴ neigen. ◆傾いた schief.
かたむける 傾ける neigen.
かためる 固める hart [fest] machen.
かたる 語る reden;（話す）sprechen;（物語る）erzählen.
かち 価値 der Wert. ◆価値のある wertvoll.
かちく 家畜 das Haustier; das Vieh.
かつ 勝つ siegen; gewinnen; besiegen.
がっかりする sich⁴ enttäuscht fühlen. ◆がっかりしている enttäuscht.
がっき 楽器 das (Musik)instrument.
かっこ 括弧 die Klammer.
かっこう 格好（形）die Form;（姿）die Gestalt. ◆格好の良い wohlgestaltet. 格好の悪い unförmig; plump.
がっこう 学校 die Schule.
かつじ 活字 die Letter.
かって 勝手な selbstsüchtig.
かつどう 活動 ◆活動している tätig sein. 活動的な aktiv.
かっぱつ 活発な lebhaft; lebendig.
カップ die Tasse.
がっぺい 合併 die Vereinigung. ◆合併する vereinigen; sich⁴ vereinigen.
かつやく 活躍する eine wichtige Rolle spielen.
かつよう 活用する praktisch anwenden;（語形変化）flektieren.
かてい 仮定 die Annahme; die Voraussetzung.
かてい 家庭（家族）die Familie;（家）das Haus.
かてい 過程 der Prozess.
かど 角（街角）die Ecke;（端）die Kante.
かなう 敵う gleichkommen.
かなう 適う entsprechen.
かなう 叶う sich⁴ erfüllen.
かなぐ 金具 der Beschlag.

かなしい 悲しい traurig.
かなしむ 悲しむ trauern.
かならず 必ず bestimmt; sicher; immer; unbedingt.
かなりの ziemlich; beträchtlich. ◆かなり良い ganz gut.
かね 鐘 die Glocke.
かね 金（金属）das Metall;（金銭）das Geld.
かのう 可能な möglich. ■可能性 die Möglichkeit.
カバー die Decke;（ベッド・まくらなどの）der Bezug;（家具・寝具の）der Überzug;（本の）der Umschlag.
かばう 庇う schützen.
かばん 鞄（ブリーフケース）die Mappe;（手提げ）die (Hand)tasche;（旅行用）der (Reise)koffer.
かび 黴 der Schimmel.
かぶ 株 der Stock; der Stumpf;（株券）die Aktie.
かぶる 被る（帽子を）aufsetzen.
かふんしょう ◆花粉症です Ich habe Pollenallergie.
かべ 壁 die Wand;（屋外の）die Mauer.
かへい 貨幣 die Münze.
がまん 我慢する Geduld haben;（耐える）ertragen.
かみ 髪 das Haar.
かみ 紙 das Papier.
かみ 神 (der) Gott.
かみなり 雷 der Donner.
かむ 咬[噛]む beißen;（咀嚼）kauen.
カメラ die Kamera. ■カメラマン（写真家）der Fotograf;（映画・テレビ）der Kameramann.
かもつ 貨物 Güter.
かゆい 痒い jucken.
かようび 火曜日 der Dienstag.
から 殻 die Hülse;（皮）die Schale.
から 空の leer.
がら 柄 das Muster.
からい 辛い scharf;（塩辛い）salzig.
からし 辛子 der Senf.

ガラス *das* Glas.
からだ 体 *der* Körper.
かり 仮の vorläufig; vorgänglich.
かりる 借りる leihen; borgen;（有料で）mieten.
かるい 軽い leicht.
かれる 枯れる（川・水が）trocken werden;（植物に）(ver)welken.
ガレージ *die* Garage.
カレンダー *der* Kalender.
かわ 川・河 *der* Fluss;（大河）*der* Strom.
かわ 革 *das* Leder. ♦革製の ledern.
かわいい 可愛い lieb(lich); süß; hübsch;（小さくて）niedlich.
かわいそう 可哀想な arm(selig).
かわく 乾く trocknen.
かわる 変わる *sich*⁴ ändern; *sich*⁴ verändern.
かん 缶 *die* Büchse; *die* Dose.
がん 癌 *der* Krebs.
かんがえ 考え *die* Idee;（見解）*die* Meinung.
かんがえる 考える denken; nachdenken.
かんかく 間隔 *der* Abstand.
かんきょう 環境 *die* Umwelt; *die* Umgebung.
かんげい 歓迎する willkommen heißen.
かんげき 感激する begeistern.
かんけつ 簡潔な knapp; kurz und bündig.
がんこ 頑固な hartnäckig.
かんこう 観光 ■観光客 *der* Tourist.
かんごし 看護師 *der* Krankenpfleger.
かんさつ 観察 *die* Beobachtung.
かんじ 漢字 *das* chinesische Schriftzeichen.
かんしゃ 感謝する danken;（礼を言う）danksagen.
かんじゃ 患者 *der* Patient.
かんしょう 干渉する eingreifen.
かんしょう 鑑賞する genießen.
かんじょう 勘定する（計算する）rechnen;（支払う）zahlen. ♦勘定を済ませる *die* Rechnung bezahlen. ▶お勘定をお願いします Bitte zahlen!
かんじょう 感情 *das* Gefühl.
かんじる 感じる fühlen; empfinden; spüren.
かんしん 関心 *das* Interesse.
かんせい 完成する vollenden.
かんぜい 関税 *der* Zoll.
かんせつ 間接の［に］indirekt.
かんせん 感染する anstecken.
かんぜん 完全な vollständig; vollkommen.
かんそう 乾燥した trocken.
かんそく 観測する beobachten.
かんたん 簡単な einfach; leicht.
かんちょう 官庁 *die* Behörde.
かんとく 監督 *die* Aufsicht;（映画・演劇）*die* Regie;（スポーツ）*der* Trainer.
かんぱい 乾杯 Prost!; Prosit!
がんばる 頑張る standhalten;（主張する）〈auf ③〉bestehen.
かんばん 看板 *das* Schild.
かんびょう 看病する pflegen; betreuen.
かんぶ 幹部 *der* Vorstand.
かんゆう 勧誘する werben.
かんり 管理 *die* Verwaltung. ■管理人 *der* Verwalter.
かんれん 関連 *der* Zusammenhang.

■ き ■

き 木 *der* Baum;（木材）*das* Holz.
き 気 ♦気が付く auf ④ aufmerksam werden. 気に入る gefallen. 気を付ける Acht geben; aufpassen. ▶気を付けて Vorsicht(ig)!
きいろ 黄色の gelb.
きえる 消える（見えなくなる）verschwinden;（火などが）erlöschen.
きおく 記憶 *das* Gedächtnis.
きおん 気温 *die* Temperatur.
きかい 機械 *die* Maschine. ♦機械的な mechanisch.
きかい 機会 *die* Gelegenheit.

ぎかい 議会 *das* Parlament.
きがえる 着替える um|ziehen; um|kleiden.
きかく 企画 *der* Plan. ◆企画する planen.
きかん 期間 *der* Zeitraum; *die* Frist; *die* Dauer.
きかん 器官 *das* Organ.
きき 危機 *die* Krise.
きぎょう 企業 *das* Unternehmen.
きく 利く・効く wirken. ◆よく利く wirksam.
きく 聞く hören.
きけん 危険な gefährlich.
きげん 期限 *die* Frist; *der* Termin.
きげん 機嫌 ◆機嫌のよい[悪い] in guter [schlechter] Laune sein.
きげん 起源 *der* Ursprung.
きこう 気候 *das* Klima.
きごう 記号 *das* Zeichen.
きこえる 聞こえる hören.
きし 岸 *das* Ufer.
きじ 記事 *der* Artikel.
ぎし 技師 *der* Ingenieur.
きじつ 期日 *der* Termin.
ぎじゅつ 技術 *die* Technik.
きじゅん 基準 *der* Maßstab.
キス *der* Kuss.
きず 傷 *die* Wunde.
きず 瑕 (欠点) *der* Fehler; (汚点) *der* Fleck; (汚名) *der* Makel.
きずつける 傷つける verletzen; beschädigen.
ぎせい 犠牲 *das* Opfer.
きせつ 季節 *die* Jahreszeit.
きそ 基礎 *die* Grundlage.
きそく 規則 *die* Regel. ◆規則的な regelmäßig.
きた 北 *der* Norden. ◆北の nördlich. ■北回帰線 *der* nördliche Wendekreis.
きたい 期待 *die* Erwartung. ◆期待する erwarten.
きたい 気体 *das* Gas.
きたえる 鍛える (鉄など) schmieden; (心や体を) stählen.
きたない 汚い schmutzig.

きちょうひん 貴重品 *die* Wertsachen.
きちんと ◆きちんとしている ordentlich; anständig.
きづく 気付く merken.
きつね 狐 *der* Fuchs.
キッチン *die* Küche.
きって 切手 *die* (Brief)marke.
きっと bestimmt; sicher.
きっぷ 切符 *die* Fahrkarte; *der* Fahrschein.
きどう 軌道 (天体の) *die* Bahn; (鉄道の) *das* Gleis.
きにゅう 記入する eintragen; (用紙に) ein Formular ausfüllen.
きねん 記念 *das* Andenken.
きのう 昨日 gestern.
きのう 機能 *die* Funktion. ◆機能的な funktionell.
きのこ *der* Pilz.
きのどく 気の毒な bedauernswert.
きびしい 厳しい streng; hart.
きふ 寄付 *der* Beitrag.
きぶん 気分 *die* Stimmung; *die* Laune.
きぼう 希望 *die* Hoffnung. ◆希望する hoffen.
きほん 基本 *der* Grund. ◆基本的な grundlegend.
きまる 決まる festgesetzt [bestimmt] werden.
きみょう 奇妙な seltsam; (独特な) merkwürdig.
ぎむ 義務 *die* Pflicht.
きめる 決める entscheiden.
きもち 気持ち *das* Gefühl.
ぎもん 疑問 (質問) *die* Frage; (疑念) *der* Zweifel.
きゃく 客 *der* Gast; *der* Kunde.
ぎゃく 逆の umgekehrt; verkehrt.
キャッシュカード *die* Geldkarte.
キャベツ *der* Kohl.
キャンセル *die* Absage. ◆キャンセルする ab|sagen.
きゅう 急な plötzlich; (けわしい) steil.
きゅうか 休暇 *der* Urlaub; *die* Ferien.

きゅうくつ 窮屈な eng; knapp.
きゅうけい 休憩 die Rast. ◆休憩する rasten; ruhen.
きゅうこう 急行 ■急行列車 der D-Zug; der Schnellzug.
きゅうじつ 休日 der Feiertag.
きゅうしゅう 吸収する absorbieren; aufsaugen.
きゅうじょ 救助 die Rettung.
ぎゅうにく 牛肉 das Rindfleisch.
ぎゅうにゅう 牛乳 die Milch.
きゅうよう 休養 die Erholung.
きゅうりょう 給料 das Gehalt.
きょういく 教育 die Erziehung. ◆教育する erziehen.
きょうか 強化する verstärken.
きょうかい 教会 die Kirche.
きょうかい 境界 die Grenze.
きょうぎ 競技 der Wettkampf; das Wettspiel. ■競技場 das Stadion.
ぎょうぎ 行儀 ◆行儀のよい artig. 行儀の悪い unartig.
きょうきゅう 供給 das Angebot.
きょうし 教師 der Lehrer; (女性) die Lehrerin.
ぎょうじ 行事 die Veranstaltung.
きょうしつ 教室 das Klassenzimmer.
きょうせい 強制 ◆強制する zwingen. 強制的に mit Zwang.
ぎょうせき 業績 die Leistung.
きょうそう 競走 das Wettlaufen; der Wettlauf.
きょうそう 競争 der Wettbewerb.
きょうだい 兄弟 der Bruder. ■兄弟姉妹 die Geschwister.
きょうちょう 強調する betonen.
きょうつう 共通の gemeinsam.
きょうどう 共同の gemeinschaftlich.
きょうはく 脅迫する drohen. ■脅迫状 der Drohbrief.
きょうみ 興味ある interessant.
きょうよう 教養 die Bildung. ◆教養ある gebildet.
きょうりょく 協力する mitwirken; mitarbeiten.

ぎょうれつ 行列 der Zug.
きょか 許可 die Erlaubnis. ◆許可する erlauben.
きょく 曲 (楽曲) das (Musik-)stück.
きょくたん 極端な extrem.
きょひ 拒否する ablehnen; verweigern.
きょり 距離 die Entfernung.
きらい 嫌いな unangenehm; verhasst.
きらう 嫌う nicht mögen; hassen.
きり 霧 der Nebel.
ギリシャ (das) Griechenland.
キリスト (der) Christus. ■キリスト教徒 der Christ.
きる 切る schneiden; (スイッチを) ausschalten.
きる 着る anziehen; tragen.
きれいな (美しい) schön; (かわいい) hübsch; (清潔な) sauber; (濁りのない) rein; (公明な) ehrlich.
きろく 記録 das Dokument; (競技の) der Rekord.
ぎろん 議論する erörtern; diskutieren.
きん 金 das Gold. ◆金(製)の golden. 金色の goldfarbig.
ぎん 銀 das Silber. ◆銀(色)の silbern.
きんえん 禁煙 das Rauchverbot. ■禁煙車[室] der Nichtraucher.
きんがく 金額 der Betrag.
きんきゅう 緊急の dringend.
ぎんこう 銀行 die Bank.
きんし 禁止する verbieten. ◆立入り禁止 Betreten verboten!
きんじょ 近所 die Nachbarschaft.
きんずる 禁ずる verbieten.
きんぞく 金属 das Metall.
きんちょう 緊張 die Spannung.
きんにく 筋肉 der Muskel.
きんゆう 金融 die Finanz; (貨幣の流通) der Geldumlauf. ■金融機関 das Geldinstitut. 金融恐慌 die Finanzkrise.
きんようび 金曜日 der Freitag.

■ く ■

くうかん 空間 *der* Raum.
くうき 空気 *die* Luft.
くうこう 空港 *der* Flughafen.
ぐうぜん 偶然 *der* Zufall.
くうちゅう 空中で in der Luft.
くうふく 空腹 *der* Hunger.
くがつ 九月 *der* September.
くき 茎 *der* Stiel.
くぎ 釘 *der* Nagel.
くぎる 区切る interpunktieren.
ぐぐる 潜る durchgehen; tauchen.
くさ 草 *das* Gras.
くさい 臭い stinken.
くさり 鎖 *die* Kette; *die* Fessel.
くさる 腐る verfaulen; verderben. ♦腐った faul.
くし 櫛 *der* Kamm. ♦櫛でとかす kämmen.
くじ 籤 *das* Los; (宝くじ) *die* Lotterie; (ナンバーくじ) *das* Lotto.
くしん 苦心する *sich*[4] bemühen.
くず 屑 *der* Müll; *die* Abfälle.
くずす 崩す zerstören.
くすり 薬 *das* Medikament; *die* Arznei; (錠剤) *die* Tablette.
くずれる 崩れる zerfallen.
くせ 癖 *die* Gewohnheit.
ぐたい 具体的な konkret.
くだく 砕く zerbrechen.
くだもの 果物 *das* Obst; *die* Frucht.
くち 口 *der* Mund; (動物の) *das* Maul.
くつ 靴 *der* Schuh.
くつう 苦痛 *der* Schmerz.
クッキー *das* Gebäck.
くつした 靴下 (短い) *die* Socke; (長い) *der* Strumpf.
くに 国 *das* Land; *der* Staat.
くばる 配る verteilen; (トランプを) geben; (配達) austragen; abliefern.
くび 首 (頚) *der* Hals; (うなじ) *der* Nacken.

くべつ 区別 (差異) *der* Unterschied. ♦区別する unterscheiden.
くぼんだ 窪んだ vertieft.
くみあわせる 組み合わせる verbinden; zusammenstellen; (対にする) paaren.
くみたてる 組み立てる zusammensetzen; zusammenbauen.
くむ 汲む schöpfen.
くむ 組む ♦腕を組む die Arme verschränken [kreuzen]. 脚を組む die Beine kreuzen.
くも 雲 *die* Wolke.
くもる 曇る (空が) *sich*[4] bewölken.
くやしい 悔しい ärgerlich; bedauerlich.
くやむ 悔む bereuen.
くらい 暗い dunkel.
クラシック *die* Klassik.
くらす 暮らす leben.
クラス *die* Klasse.
グラス *das* Glas.
グラフ *das* Diagramm.
くらべる 比べる vergleichen.
くらやみ 暗闇 *die* Finsternis.
クリーニング *die* Reinigung.
クリーム (食用) *die* Sahne; (美容) *die* Creme.
くりかえす 繰り返す wiederholen.
クリスマス *das* Weihnachten.
くる 来る kommen.
くるった 狂った (気が) verrückt; irrsinnig; (時計など) falsch.
グループ *die* Gruppe.
くるしい 苦しい (痛みを惹き起こす) schmerzhaft; (悲痛な) schmerzlich; (具合の悪い) peinlich; (困難な) schwierig; schwer.
くるしむ 苦しむ leiden.
くるま 車 *der* Wagen; (自動車) *das* Auto.
くるまいす 車椅子 *der* Rollstuhl.
クレジットカード *die* Kreditkarte.
くれる geben; (プレゼントする) schenken.
くろい 黒い schwarz.
くろう 苦労 *die* Mühe. ♦苦労して

くわえる unter großen Mühen. 苦労のない sorgenfrei; (骨の折れない) mühelos.

くわえる 加える (加算する) addieren; (付加する) (hin)zufügen.

くわしい 詳しい ausführlich.

くわわる 加わる teilnehmen; beteiligen.

くんしょう 勲章 der Orden.

ぐんたい 軍隊 das Militär; die Armee.

くんれん 訓練する schulen; (トレーニング) trainieren; (調教) einüben.

け

け 毛 (毛髪) das Haar.
けいえい 経営 der Betrieb.
けいかく 計画 der Plan.
けいかん 警官 der Polizist.
けいき 景気 die Konjunktur. ◆景気のよい gedeihlich.
けいけん 経験 das Erlebnis. ◆経験する erfahren; erleben.
けいこう 傾向 die Neigung; die Tendenz.
けいざい 経済 die Wirtschaft. ◆経済的な ökonomisch. ■経済学 die Wirtschaftswissenschaft.
けいさつ 警察 die Polizei.
けいさん 計算 die Rechnung. ◆計算する rechnen.
けいしき 形式 die Form. ◆形式的な förmlich.
げいじゅつ 芸術 die Kunst. ■芸術家 der Künstler.
けいそつ 軽率な leichtsinnig.
けいたいでんわ 携帯電話 das Handy.
けいひ 経費 die Kosten.
けいべつ 軽蔑 die Verachtung. ◆軽蔑する verachten.
けいやく 契約 der Vertrag.
けいれき 経歴 der Lebenslauf.
ケーキ der Kuchen.
ケース das Etui; (場合) der Fall.
ゲーム das Spiel.

けが 怪我 die Verletzung; (傷) die Wunde.
げき 劇 das Schauspiel; das Drama.
げきじょう 劇場 das Theater.
けしき 景色 die Landschaft.
けしょう 化粧する sich⁴ schminken.
けす 消す löschen; ausmachen.
けずる 削る (ab)schaben; (やすりで) feilen; (かんなで) (ab)hobeln; (鉛筆等を) spitzen; (削除) wegstreichen; (費用を) kürzen.
けちな geizig.
けっかん 欠陥 der Mangel; der Fehler.
けっきょく 結局 schließlich.
けっこう 結構 ▶それは結構ですDas ist fein.; (断り) Nein, danke. それで結構です Das genügt!; (かまわない) Gut!; (同意) Einverstanden!
けっこん 結婚 die Heirat; die Ehe. ◆結婚する heiraten. 結婚している verheiratet. ■結婚式 die Hochzeit.
けっして 決して…ない nie(mals).
けっしょう 結晶 (作用) die Kristallisation; (結晶体) der Kristall. ◆結晶(性)の kristallinisch. 結晶する ⟨sich⁴⟩ kristallisieren.
けっしょう 決勝 ■決勝戦 der Endkampf; das Endspiel.
けっしん 決心 der Entschluss. ◆決心する sich⁴ entschließen.
けっせき 欠席 die Abwesenheit. ◆欠席する fehlen; abwesend sein.
けってい 決定 die Entscheidung. ◆決定する entscheiden.
けってん 欠点 der Fehler.
けつぼう 欠乏 der Mangel.
げつようび 月曜日 der Montag.
けつろん 結論 der Schluss.
けむり 煙 der Rauch.
ける 蹴る (ボールなど) kicken; (ボール・人等を) ⟨mit dem Fuß⟩ stoßen; treten.
けん 券 die Karte.
けんい 権威 die Autorität.

げんいん 原因 die Ursache.
けんか 喧嘩 der Streit.
げんかい 限界 die Grenze.
けんがく 見学する besichtigen.
げんかん 玄関 die Diele; der (Haus-)flur.
げんき 元気な frisch; munter. ▶お元気で(さようなら) Leben Sie wohl!
けんきゅう 研究 das Studium; die Forschung. ◆研究する forschen; studieren. ■研究所 das (Forschungs)institut.
けんきょ 謙虚な bescheiden.
げんきん 現金 das Bargeld. ◆現金の bar.
げんご 言語 die Sprache. ■言語学 die Sprachwissenschaft.
けんこう 健康 die Gesundhei. ◆健康な gesund.
げんこう 原稿 das Manuskript.
けんさ 検査 die Untersuchung; die Prüfung; die Kontrolle.
げんざい 現在 die Gegenwart. ◆現在の gegenwärtig; jetzig.
げんし 原子 das Atom. ■原子力 die Atomkraft.
げんじつ 現実 die Wirklichkeit; die Realität. ◆現実的な realistisch; wirklich.
げんしょう 減少する abnehmen; (低下する) sich^4 vermindern; sich^4 verringern.
けんせつ 建設 der Bau; der Aufbau.
けんぜん 健全な gesund.
げんだい 現代 die Gegenwart. ◆現代の gegenwärtig; modern.
けんちく 建築 die Architektur.
げんてい 限定する beschränken.
げんど 限度 die Grenze.
けんぽう 憲法 die Verfassung.
げんみつ 厳密な streng; genau.
けんやく 倹約 die Sparsamkeit. ◆倹約する (er)sparen.
けんり 権利 das Recht.
げんり 原理 das Prinzip.
げんりょう 原料 der (Roh)stoff; das (Roh)material.
けんりょく 権力 die Macht.

こ

こい 故意に absichtlich.
こい 濃い (色が) dunkel; (茶・コーヒーが) stark.
コインロッカー der Schließfach.
こうい 好意 das Wohlwollen.
こうえん 公園 der Park.
こうえん 講演 der Vortrag.
こうか 効果的な effektiv.
こうかい 後悔する bereuen.
こうかい 公開の öffentlich.
こうがい 公害 die Umweltschäden.
ごうかく 合格する bestehen.
こうか 高価な teuer.
こうかん 交換 der Austausch. ◆交換する tauschen; austauschen; umtauschen.
こうぎ 抗議 der Protest. ◆抗議する protestieren.
こうきょう 公共の öffentlich.
こうぎょう 工業 die Industrie.
こうくう 航空 ■航空会社 die Fluggesellschaft. 航空機 das Flugzeug. 航空券 das Flugticket. 航空便 die Luftpost.
ごうけい 合計 (総額) die Summe. ▶合計でいくらですか Wie viel [Was] macht das zusammen?
こうげき 攻撃 der Angriff. ◆攻撃する angreifen.
こうけん 貢献する beitragen.
こうご 交互に wechselweise.
こうこく 広告 (宣伝) die Reklame; (新聞等の) die Anzeige; die Werbung.
こうざ 口座 das Konto.
こうさてん 交差点 die Kreuzung.
こうしき 公式の offiziell.
こうしょう 交渉する verhandeln.
こうじょう 工場 die Fabrik.
ごうじょう 強情な starrsinnig.
こうたい 交替する abwechseln; ab-

こうちゃ 紅茶 der Tee.
こうつう 交通 der Verkehr.
こうてい 肯定する bejahen. ♦肯定的な positiv.
こうてい 皇帝 der Kaiser.
こうどう 行動 die Handlung; das Benehmen.
こうどう 講堂 die Aula.
こうにん 公認する offiziell [öffentlich] anerkennen.
こうはい 後輩 der Jüngere.
こうはん 後半 die zweite Halbzeit.
こうばん 交番 die (Polizei)wache.
こうひょう 公表する veröffentlichen.
こうふく 幸福 das Glück. ♦幸福な glücklich.
こうふん 興奮する sich⁴ aufregen [erregen]. ♦興奮した aufgeregt.
こうむいん 公務員 der Beamte.
こうりょ 考慮する berücksichtigen.
こえ 声 die Stimme.
こえる 越える über ④ gehen; überschreiten.
コース der Kurs; (競技の) die Bahn; (学科課程) der Kursus; (食事の) der Gang.
コート der Mantel; (競技の) das Spielfeld; (テニスの) der Tennisplatz.
コーナーキック der Eckball.
コーヒー der Kaffee.
こおり 氷 das Eis.
こおる 凍る gefrieren; frieren.
ゴール das Tor.
ごがつ 五月 der Mai.
こきゅう 呼吸 der Atem. ♦呼吸する atmen.
こきょう 故郷 die Heimat.
こぐ 漕ぐ (船を)rudern.
こくさい 国際的な international. ■国際連合 die Vereinten Nationen [略:die UN]. 国際電話 ♦国際電話をかける ein Auslandsgespräch führen.
こくみん 国民 die Nation; das Volk.
ここ hier.
ごご 午後 der Nachmittag.
こころ 心 die Seele; das Herz.
こころみる 試みる versuchen.
こころよい 快い angenehm.
こし 腰 die Hüfte.
こしょう 故障 die Panne. ♦故障した defekt.
コショウ 胡椒 der Pfeffer.
こじん 個人 das Individuum. ♦個人の persönlich; privat.
こする 擦る reiben.
こせい 個性 die Individualität.
ごぜん 午前 der Vormittag.
こたえ 答え die Antwort; (解答) die Lösung.
こたえる 答える antworten.
こたえる 応える (期待に) entsprechen. ♦身に応える〈日〉(tief) treffen.
こっか 国家 der Staatn; die Nation.
コック der Koch.
こづつみ 小包 das Paket.
コップ das Glas.
こてい 固定する fest; fix.
こてん 古典 die Klassik.
こと 事 das Ding; die Sache.
こどく 孤独な einsam.
ことなる 異なる sich⁴ unterscheiden; verschieden sein.
ことば 言葉 das Wort; (言語) die Sprache.
こども 子供 das Kind.
ことわざ 諺 das Sprichwort.
ことわる 断る ablehnen; verweigern.
こな 粉 das Pulver.
このむ 好む mögen; lieben.
こばむ 拒む ablehnen; verweigern.
ごはん (食事)das Essen; (米)der Reis.
コピー die Kopie. ♦コピーする kopieren.
こぼれる 零れる (水等が)überlaufen.

こまかい 細かい fein; klein(lich); winzig; ausführlich.
こまる 困る in Not sein; verlegen sein.
ごみ der Müll; der Abfall. ■ごみ箱 der Mülleimer. ◆ゴミを分別する den Müll sortieren.
こむ 込む ◆込んでいる voll sein; (道路が) verstopft sein.
こむぎ 小麦 der Weizen. ■小麦粉 das Mehl.
ゴム der Gummi.
こめ 米 der Reis.
こめる 込める legen; (包含する) einschließen; (装填する) laden.
ごめんなさい Entschuldigen Sie!; Entschuldigung!
こもる 篭る sich⁴ zurückziehen; sich⁴ verschließen.
こや 小屋 die Hütte.
ごらく 娯楽 das Vergnügen.
ころ …頃 um; gegen.
ころがす 転がす rollen; wälzen.
ころがる 転がる rollen.
ころす 殺す töten; umbringen.
こわい 怖い furchtbar; schrecklich.
こわす 壊す kaputtmachen; zerstören.
こわれる 壊れる kaputtgehen; zerbrechen. ◆壊れた kaputt.
こんきょ 根拠 der Grund.
こんご 今後 von nun [jetzt] an. ◆今後の(zu)künftig; kommend.
こんざつ 混雑した überfüllt.
コンサート das Konzert.
コンタクトレンズ die Kontaktlinse.
こんど 今度 diesmal; (この次の) nächstes Mal. ◆今度の diesmalig; (次の) nächst; (来たる) kommend; (以下の) folgend; (この前の) letzt. 今度の先生 der neue Lehrer. 今度の日曜日 diesen Sonntag. ▶今度は君の番だ Nun bist du an der Reihe.
こんどう 混同する verwechseln.
こんなん 困難な schwer.
こんにち 今日 heute.

こんにちは Guten Tag!
こんばん 今晩 heute Abend.
こんばんは Guten Abend!
コンピューター der Computer.
こんぽん 根本 der Grund. ◆根本的な grundlegend.
こんやく 婚約する sich⁴ verloben.
こんらん 混乱した verwirrt; verworren.

さ

さ 差 der Unterschied; die Differenz.
サービス die Bedienung. ■顧客サービス der Kundendienst.
さいがい 災害 das Unglück.
さいきん 最近 kürzlich; neuerdings. ◆最近の letzt.
サイクリング radeln.
さいご 最後 das Ende; der Schluss. ◆最後の letzt.
さいこう 最高の höchst; oberst; meist.
ざいさん 財産 das Vermögen.
さいじつ 祭日 der Feiertag.
さいしゅう 採集する sammeln.
さいしょ 最初 der Anfang; der Beginn. ◆最初の erst; anfänglich.
サイズ ◆48のサイズの in Größ 48. ★48は身長172～76cm用.
さいぜん 最善 das Beste. ◆最善の best.
さいそく 催促する mahnen.
さいちゅう 最中に mitten.
さいなん 災難 das Unglück.
さいのう 才能 das Talent; die Begabung. ◆才能ある begabt.
さいばい 栽培する bauen; züchten.
さいばん 裁判 das Gericht; der Prozess. ■裁判官 der Richter.
さいふ 財布 das Portemonnaie.
さいほう 裁縫 die Näherei.
ざいもく 材木 das Holz.
さいよう 採用する aufnehmen; anstellen.
ざいりょう 材料 das Material.

サイン (合図) das Zeichen; (署名) die Unterschrift; (有名人のサイン) das Autogramm. ▶ここの右にサイン(署名)して下さい Unterschreiben Sie bitte hier rechts! (有名人に対して)サインして下さい Kann ich Ihr Autogramm haben?
さえぎる 遮る sperren; versperren.
さお 竿 die Stange; (釣りの) die Angelrute.
さか 坂 (傾斜) der Abhang; (坂道) der Steig.
さかい 境 die Grenze.
さかえる 栄える gedeihen; blühen.
さかさ 逆さの[に] umgekehrt; verkehrt.
さがす 捜[探]す suchen.
さかな 魚 der Fisch.
さかのぼる 遡る zurückgehen.
さからう 逆らう sich⁴ widersetzen.
さがる 下がる sinken; fallen.
さき 先 (尖端) die Spitze; (将来) die Zukunft.
さぎょう 作業 die Arbeit.
さく 裂く (zer)reißen.
さく 咲く aufblühen.
さくひん 作品 das Werk.
さくら 桜 die Kirsche.
さぐる 探る (探究する) erforschen; (中をくまなく捜す)〈④〉 durchstöbern; (内情などを) sondieren; (探り出す) erkunden; (探索する) auskundschaften; (偵察する) aufklären; (手で)〈nach ③〉 tasten; 〈nach ③〉 tappen.
さけ 酒 (ワイン) der Wein; (日本酒) der Reiswein.
サケ 鮭 der Lachs.
さけぶ 叫ぶ schreien.
さける 裂ける (zer)reißen.
さける 避ける meiden; vermeiden.
さげる 下げる senken.
ささえ 支え die Stütze.
ささえる 支える stützen; (支持する) unterstützen.
ささげる 捧げる widmen; opfern.
ささやく 囁く flüstern.

さしず 指図する anweisen.
さす 刺す stechen.
さす 指す zeigen.
さずける 授ける (勲章等を) verleihen.
ざせき 座席 der (Sitz)platz.
さそう 誘う einladen; locken.
さだめる 定める bestimmen.
さつ 札 (紙幣) die Banknote.
さつえい 撮影する fotografieren; filmen; aufnehmen.
さっか 作家 der Schriftsteller.
サッカー der Fußball.
さっきょく 作曲する komponieren. ■作曲家 der Komponist.
ざっし 雑誌 die Zeitschrift.
さっそく 早速 sofort.
さとう 砂糖 der Zucker.
さとる 悟る begreifen; erkennen.
さばく 砂漠 die (Sand)wüste.
さび 錆 ♦錆びた rostig.
さびしい 寂しい einsam.
さべつ 差別する diskriminieren.
さます 覚ます (他人の目を) wecken; (眠りから) aufwecken; (酔いを) ernüchtern.
さまたげる 妨げる hindern; verhindern.
さむい 寒い kalt.
さめる 覚[醒]める (目が) aufwachen; (酔いが) sich⁴ ernüchtern.
さようなら Auf Wiedersehen!
さら 皿 der Teller.
さらす 晒す bleichen. ♦恥をさらす〈sich⁴〉 bloßstellen.
サラダ der Salat.
さらに 更に noch; (その上) außerdem.
サラリーマン der [die] Angestellte.
さる 去る verlassen.
さわがしい 騒がしい lärmend.
さわぐ 騒ぐ lärmen.
さわやか 爽やかな frisch.
さわる 触る berühren; anfassen.
さんか 参加する teilnehmen.
さんかく 三角の dreieckig. ■三角形 das Dreieck.

さんがつ 三月 *der* März.
さんぎょう 産業 *die* Industrie.
さんこう 参考 ◆参考になる nützlich sein. ■参考書 *das* Nachschlagewerk.
ざんこく 残酷な grausam.
さんしょう 参照する nachsehen.
さんせい 賛成する zustimmen. ▶私は賛成だ Ich bin dafür.
ざんねん 残念な bedauerlich. ◆残念ながら leider. ▶残念だ Wie schade!
さんふじんか 産婦人科 *der* Frauenarzt.
さんぶつ 産物 *das* Produkt.
さんぽ 散歩 *der* Spaziergang. ◆散歩する spazieren gehen.

し

し 死 *der* Tod.
し 詩 *das* Gedicht.
しあい 試合 *das* Spiel; (競技) *der* Wettkampf.
しあわせ 幸せ *das* Glück. ◆幸せな glücklich.
シーズン *die* Saison.
しいる 強いる zwingen.
しいれる 仕入れる einkaufen.
しお 塩 *das* Salz.
しかく 四角の viereckig. ■四角形 *das* Viereck.
しかく 資格 *die* Qualifikation. ◆資格がある qualifiziert.
しがつ 四月 *der* April.
しかる 叱る tadeln.
じかん 時間 *die* Zeit. ◆時間どおりに pünktlich.
しき 指揮する führen; leiten; (音楽) dirigieren. ■指揮者 *der* Führer; *der* Leiter; (音楽の) *der* Dirigent.
しきさい 色彩 *die* Farbe.
しきゅう 支給する versorgen.
じぎょう 事業 *das* Unternehmen. ■事業年度 *das* Geschäftsjahr.
しきん 資金 *das* Kapital.
しく 敷く legen.

じく 軸 *die* Achse.
しくじる einen Fehler machen.
しげき 刺激 *der* Reiz. ◆刺激する (an)reizen.
しけん 試験 *die* Prüfung; *das* Examen. ◆試験をする prüfen.
じけん 事件 *der* Fall; *das* Ereignis.
じこ 事故 *der* Unfall.
じこくひょう 時刻表 *der* Fahrplan.
しごと 仕事 *die* Arbeit.
しじ 支持 *die* Unterstützung. ◆支持する unterstützen. ■支持者 *der* Anhänger.
しじ 指示する hinweisen; anweisen.
じじつ 事実 *die* Tatsache.
ししゅつ 支出 *die* Ausgaben. ◆支出する ausgeben.
じしょ 辞書 *das* Wörterbuch.
しじょう 市場 *der* Markt.
じしん 自信 *das* Selbstvertrauen.
じしん 地震 *das* Erdbeben.
しずかな 静かな still; ruhig.
しずく 雫 *der* Tropfen.
しずむ 沈む untergehen; sinken.
しせい 姿勢 *die* Haltung.
しせつ 施設 (公共施設) *die* Anstalt.
しぜん 自然 *die* Natur. ◆自然の natürlich.
しそう 思想 *das* Denken; *der* Gedanke.
じぞく 持続的な dauernd.
した 下 ◆下に unten; unter. 下の unter; nieder.
した 舌 *die* Zunge.
じたい 辞退する ausschlagen.
じだい 時代 *die* Zeit.
したう 慕う verehren.
したがう 従う folgen; gehorchen.
したぎ 下着 *die* Unterwäsche; *das* Unterkleid.
したく 支度 *die* Vorbereitung.
したしい 親しい vertraut.
しちがつ 七月 *der* Juli.
しちゃく ◆試着してもいいですか Darf ich das anprobieren?

しつ 質 *die* Qualität.
しっかりした fest.
しつけ 躾 ◆躾が良い wohlerzogen. 躾の悪い ungezogen.
しっけ 湿気のある feucht.
じっけん 実験 *das* Experiment; *der* Versuch.
じつげん 実現する verwirklichen.
じっこう 実行する ausführen.
じっさい 実際の wirklich; (実地の) praktisch.
じっし 実施する durchführen.
しっそ 質素な einfach.
しっと 嫉妬 *die* Eifersucht. ◆嫉妬深い eifersüchtig.
しつど 湿度 *die* Feuchtigkeit.
しっぱい 失敗 *der* Misserfolg.
じつぶつ 実物 (写真・コピーに対して) *das* Original; (具体的の) *die* Sache.
しつぼう 失望させる enttäuschen.
しつもん 質問 *die* Frage. ◆質問する fragen.
じつよう 実用の praktisch.
じつりょく 実力 *die* (wirkliche) Fähigkeit. ◆実力のある fähig; tüchtig.
しつれい 失礼な unhöflich. ▶失礼ですが Verzeihen Sie!; Entschuldigen Sie!
してい 指定する bestimmen. ■指定席 *der* reservierte Platz. 指定券 (鉄道の) *die* Platzkarte.
してき 指摘 *der* Hinweis. ◆指摘する ⟨④ auf ④⟩ hinweisen.
してつ 私鉄 *die* Privatbahn.
しでん 市電 *die* Straßenbahn.
じてんしゃ 自転車 *das* Fahrrad.
しどう 指導する anführen; anleiten. ■指導者 *der* Führer; *der* Leiter.
じどうしゃ 自動車 *das* Auto; (車) *der* (Kraft)wagen.
じどうてき 自動的の automatisch.
じどうはんばいき 自動販売機 *der* (Waren)automat.
しな 品 *die* Ware; Sachen.
しなもの 品物 *die* Ware.

しぬ 死ぬ sterben.
しはい 支配する herrschen; beherrschen. ■支配人 *der* Manager.
しばふ 芝生 *der* Rasen.
しはらう 支払う (be)zahlen.
しばらく 暫くして nach einer Weile. ▶しばらくぶりですね Wir haben uns lange nicht gesehen.
しばる 縛る binden.
しびれる 痺れる einschlafen.
しぶい 渋い dezent; schlicht; (味・声が) herb.
じぶん 自分で selber; selbst. ◆自分勝手な egozentrisch.
しへい 紙幣 *der* (Geld)schein.
しぼう 死亡 *der* Tod. ■死亡者 *der* [*die*] Tote.
しぼう 志望する wünschen. ■志望者 *der* Bewerber.
しぼう 脂肪 *das* Fett.
しぼる 絞る (ぬれた物を) wringen.
しほん 資本 *das* Kapital. ■資本主義 *der* Kapitalismus.
しま 島 *die* Insel.
しま 縞 *der* Streifen. ◆縞のある gestreift.
しまる 閉まる schließen.
じみな 地味な schlicht; (目立たない) unauffällig.
しみる 染みる (染み通る) durchdringen; (目・舌に) in den Augen [auf der Zunge] beißen.
じむ 事務 (デスクワーク) *die* Büroarbeit. ■事務員 *der* [*die*] (Büro)angestellte. 事務所 *das* Büro.
しめい 使命 *die* Aufgabe.
しめす 示す zeigen.
しめる 湿る feucht werden.
しめる 占める einnehmen.
しめる 締める (ネクタイ・ネジ等を) anziehen; (シートベルト等を) anlegen; (帯等を) umbinden.
しめる 閉める schließen.
じめん 地面 *der* Boden; *die* Erde.
しも 霜 *der* Reif.
しや 視野 *das* Gesichtsfeld.

しゃいん 社員 der [die] Angestellte.
しゃかい 社会 die Gesellschaft.
ジャガイモ die Kartoffel.
ジャケット die Jacke.
しゃしん 写真 das Foto; (身分証明書用の) das Lichtbild. ♦写真を撮る fotografieren.
シャツ das Hemd.
しゃっきん 借金 die Schulden.
じゃま 邪魔な hinderlich.
ジャム die Marmelade.
しゃりん 車輪 das Rad.
シャワー die Dusche. ♦シャワーを浴びる duschen.
シャンプー das Shampoo.
しゅう 週 die Woche. ♦週の wöchentlich.
しゅう 州 das Land; (アメリカの) der Staat.
じゆう 自由 die Freiheit. ♦自由な[に] frei.
しゅうい 周囲 die Umgebung.
じゅういちがつ 十一月 der November.
しゅうかい 集会 die Versammlung.
しゅうかく 収穫 die Ernte; (成果) die Frucht.
じゅうがつ 十月 der Oktober.
しゅうかん 習慣 die Gewohnheit.
しゅうき 周期 die Periode.
しゅうきょう 宗教 die Religion. ♦宗教的の religiös.
じゅうじつ 充実した erfüllt; (内容の豊かな) inhaltsreich.
じゅうしょ 住所 die Adresse; (宛名) die Anschrift.
ジュース der Saft.
じゅうだい 重大な wichtig; ernst.
じゅうたく 住宅 die Wohnung.
しゅうだん 集団 die Gruppe.
しゅうちゅう 集中する sich⁴ konzentrieren. ♦集中的な intensiv.
じゅうにがつ 十二月 der Dezember.
しゅうにゅう 収入 das Einkommen.
じゅうぶん 十分な genug.
しゅうへん 周辺 die Gegend.

しゅうみん 住民 der Einwohner; die Bevölkerung.
しゅうよう 収容する aufnehmen.
じゅうよう 重要な wichtig; bedeutend.
じゅうらい 従来の bisherig. ♦従来どおりに wie bisher.
しゅうり 修理 die Reparatur. ♦修理する reparieren.
しゅくさいじつ 祝祭日 der Feiertag.
しゅくしょう 縮小する verkleinern. ■軍備縮小 die Abrüstung.
じゅくする 熟する reifen.
しゅくだい 宿題 die Aufgabe.
しゅくはく 宿泊する übernachten.
しゅじゅつ 手術 die Operation. ♦手術をする operieren.
しゅじん 主人 (ホスト) der Gastgeber; (一家の) der Hausherr.
しゅだい 主題 das Thema.
しゅだん 手段 das Mittel.
しゅちょう 主張 die Behauptung. ♦主張する (意見を) behaupten.
しゅつえん 出演 das Auftreten. ♦出演する (演じる) spielen; (舞台にあがる) auftreten. ■出演者 der Darsteller.
しゅつげん 出現する erscheinen.
しゅっしん 出身 ♦…出身である aus... kommen [stammen]. ■出身地 der Heimatort. 出身校 die Alma Mater.
しゅっせき 出席 die Anwesenheit. ♦出席している anwesend sein.
しゅっちょう 出張 die Dienstreise.
しゅっぱつ 出発 (旅立ち) die Abreise; (発車) die Abfahrt. ♦出発する abreisen; abfahren.
しゅっぱん 出版する herausgeben; verlegen. ■出版社 der Verlag.
しゅと 首都 die Hauptstadt.
しゅび 守備 der Schutz; (防衛) die Verteidigung.
しゅふ 主婦 die Hausfrau.
しゅみ 趣味 das Hobby; (好み) der Geschmack.
じゅみょう 寿命 die Lebensdauer.

しゅやく 主役 die Hauptrolle.
しゅよう 主要な hauptsächlich.
じゅよう 需要 der Bedarf; die Nachfrage.
しゅるい 種類 die Art.
じゅん 順 die Reihe.
しゅんかん 瞬間 der Augenblick; der Moment.
じゅんかん 循環 der Kreislauf. ♦循環する umlaufen.
じゅんじょ 順序 die Reihenfolge.
じゅんしん 純真な treuherzig; naiv.
じゅんすい 純粋な rein; (本物の) echt.
じゅんちょう 順調に glatt.
じゅんのう 順応する sich⁴ anpassen. ♦順応性のある anpassungsfähig.
じゅんばん 順番 die Reihe.
じゅんび 準備 die Vorbereitung. ♦準備する vorbereiten. 準備ができている bereit sein.
しょう 賞 der Preis.
しよう 使用する gebrauchen; verwenden; (利用する) benutzen. ■使用料 die Benutzungsgebühr.
じょうえん 上演 die Aufführung. ♦上演する aufführen.
しょうか 消化する verdauen. ♦消化の悪い[消化しやすい] schwer [leicht] verdaulich.
しょうかい 紹介 die Vorstellung. ♦紹介する vorstellen.
しょうがい 障害 das Hindernis. ♦障害になる hinderlich sein.
じょうぎ 定規 das Lineal; (三角) das Dreieck.
しょうぎょう 商業 der Handel; (商売) das Geschäft.
じょうきょう 状況 die Situation.
しょうきょくてき 消極的 zurückhaltend.
じょうけん 条件 die Bedingung.
しょうこ 証拠 der Beweis.
しょうじき 正直な ehrlich; redlich; aufrichtig.
じょうしゃ 乗車する besteigen. ■乗車券 die Fahrkarte; (市電・バスの) der Fahrschein. 乗車料金 der Fahrpreis.
しょうじる 生じる sich⁴ ergeben.
じょうず 上手な geschickt.
じょうせい 情勢 die Zustände.
しょうせつ 小説 (長編) der Roman; (短編) die Novelle.
しょうたい 招待 die Einladung. ♦招待する einladen.
じょうたい 状態 der Zustand.
しょうだく 承諾する einwilligen.
じょうたつ 上達 der Fortschritt.
じょうだん 冗談 der Scherz.
しょうち 承知する einwilligen. ▶承知した! Einverstanden!
しょうちょう 象徴 das Symbol.
しょうてん 商店 der Laden; das Geschäft.
しょうてん 焦点 der Brennpunkt; der Fokus.
じょうとう 上等の vorzüglich; von guter Qualität.
しょうどく 消毒 die Desinfektion. ♦消毒する desinfizieren.
しょうとつ 衝突 der Zusammenstoß. ♦衝突する zusammenstoßen.
しょうにか 小児科医 der Kinderarzt.
しょうにん 承認 die Anerkennung. ♦承認する anerkennen.
しょうにん 商人 der Kaufmann.
しょうにん 証人 der Zeuge.
じょうねつ 情熱 die Leidenschaft. ♦情熱的な leidenschaftlich.
しょうねん 少年 der Junge.
しょうばい 商売 das Geschäft.
じょうはつ 蒸発 die Verdampfung.
しょうひ 消費 der Verbrauch; der Konsum. ♦消費する verbrauchen. ■消費者 der Konsument.
しょうひん 商品 die Ware.
じょうひん 上品な vornehm.
じょうぶ 丈夫な (健康な) gesund; (堅牢な) solide; (頑丈な) fest.
じょうほ 譲歩 das Zugeständnis.
じょうほう 情報 die Information.
しょうみきげん 賞味期限 …(表示で)

(Mindestens) haltbar bis:...
しょうめい 証明 der Beweis. ♦証明する beweisen. ■証明書(身分証明書) der (Personal)ausweis.
しょうめん 正面 die Front; die Fassade. ♦正面の frontal.
じょうやく 条約 der Vertrag.
しょうらい 将来 die Zukunft.
しょうり 勝利 der Sieg.
しょうりゃく 省略する auslassen; (短縮する) abkürzen.
しょうれい 奨励する fördern.
じょおう 女王 die Königin.
じょがい 除外する ausschließen; ausnehmen.
しょくぎょう 職業 der Beruf; das Gewerbe. ▶ご職業は何ですか？ Was sind Sie von Beruf?
しょくじ 食事 das Essen.
しょくどう 食堂 das Esszimmer; (ホテル等の) der Speisesaal.
しょくにん 職人 der Handwerker.
しょくば 職場 der Arbeitsplatz.
しょくひん 食品 die Lebensmittel.
しょくぶつ 植物 die Pflanze.
しょくりょう 食料 die Lebensmittel.
じょせい 女性 die Frau.
しょち 処置 die Maßnahme.
しょっき 食器 das Geschirr.
ジョッキ der Krug.
ショック der Schock.
ショッピングセンター das Einkaufszentrum.
しょとく 所得 das Einkommen.
しょゆう 所有 der Besitz; (所有権) das Eigentum. ♦所有する besitzen.
しょり 処理する (片付ける) erledigen; (データなど) verarbeiten; (取り扱う) behandeln.
しょるい 書類 die Papiere.
しらせ 知らせ die Nachricht.
しらせる 知らせる mitteilen.
しらべる 調べる untersuchen; analysieren; (辞書など) nachschlagen.
しり 尻 das Gesäß.
しりあい 知り合い der [die] Be-
kannte. ♦知り合いになる kennen lernen.
しりょう 資料 das Material.
しる 知る kennen; erfahren.
しるし 印 das Zeichen.
しろ 城 (山城) die Burg; (平地に造られた宮殿) das Schloss.
しろ 白い weiß.
しろうと 素人 der Laie; der Amateur.
しわ 皺 die Falte; (顔の) die Runzeln. ♦しわだらけの faltig; runzelig.
シングル(ルーム) das Einzelzimmer.
しんけい 神経 der Nerv. ♦神経質な nervös.
しんけん 真剣な ernst; ernsthaft.
しんこう 信仰 der Glaube.
しんこう 進行 der Fortgang; (経過) der Gang.
しんごう 信号 (信号(機)) die Ampel; das Signal.
じんこう 人工の künstlich.
じんこう 人口 die Bevölkerung; die Einwohnerzahl.
しんこく 申告する erklären; (申請する) anmelden.
しんこく 深刻な ernst.
しんさ 審査 die Prüfung.
しんさつ 診察 die Untersuchung. ♦診察する untersuchen.
しんじつ 真実 die Wahrheit. ♦真実の wahr.
じんしゅ 人種 die Rasse.
しんじる 信じる glauben.
じんせい 人生 das Leben.
しんせつ 親切な nett; freundlich. ▶ご親切もありがとうございます Das ist sehr nett von Ihnen. / Vielen Dank für Ihre Freundlichkeit.
しんせん 新鮮な frisch.
しんぞう 心臓 das Herz.
しんだん 診断 die Diagnose. ♦診断する diagnostizieren.
しんちょう 慎重な vorsichtig.
しんどう 振動 die Schwingung.
しんにゅう 侵入する einbrechen.

しんぱい 心配 die Sorge. ♦心配する sich¹ sorgen.
しんぱん 審判 die Entscheidung. ■審判員 der Schiedsrichter.
しんぶん 新聞 die Zeitung.
しんぽ 進歩 der Fortschritt. ♦進歩的な fortschrittlich.
しんよう 信用 das Vertrauen. ♦信用する vertrauen.
しんらい 信頼 das Vertrauen. ♦信頼する vertrauen. 信頼できる zuverlässig.
しんり 心理 die Psyche. ■心理学 die Psychologie. 心理学者 der Psychologe.
しんり 真理 die Wahrheit.
しんりゃく 侵略 die Invasion. ♦侵略する erobern. ■侵略者 die Invasoren.
しんりん 森林 der Wald.
しんるい 親類 der [die] Verwandte; (集合的に) die Verwandtschaft.
じんるい 人類 die Menschheit.

す

す 巣 (鳥などの) das Nest; (獣の) der Bau.
ず 図 die Zeichnung.
すいじ 炊事 das Kochen.
すいじゃく 衰弱する schwach werden. ♦衰弱した geschwächt.
すいじゅん 水準 das Niveau.
すいしん 推進する fördern.
スイス die Schweiz.
すいせん 推薦 die Empfehlung. ♦推薦する empfehlen.
すいそく 推測 die Vermutung. ♦推測する vermuten.
すいちょく 垂直の senkrecht.
スイッチ der Schalter. ♦スイッチを入れる einschalten. スイッチを切る ausschalten.
すいてい 推定する vermuten.
すいどう 水道 das fließende Wasser; (設備全体) das Wasserwerk.
♦水道の水 die Leitungswasser.
ずいひつ 随筆 der Essay.
すいへい 水平の waagerecht. ■水平線 der Horizont.
すいみん 睡眠 der Schlaf.
すう 吸う (液体を) saugen; (タバコを) rauchen.
すうじ 数字 die Ziffer.
すえる 据える setzen; aufstellen.
スーツ der Anzug.
スーツケース der Koffer.
スーパーマーケット der Supermarkt.
スープ die Suppe.
スカート der Rock.
すがた 姿 die Gestalt; die Figur.
すき 好き ♦好きである mögen.
スキー der Ski.
すきま 隙間 die Lücke.
すぎる 過ぎる (過ぎ去る) vorübergehen; (通り過ぎる) vorbeigehen.
すぐ gleich; sofort.
すくう 救う retten.
すくない 少ない wenig.
すぐれる 優れる übertreffen.
すこし 少し ein wenig; ein bisschen.
すごす 過ごす verbringen.
すじ 筋 (筋肉) der Muskel; (腱) die Sehne; (繊維) die Faser; (線) die Linie; (梗概) die Handlung. ♦筋の通った folgerichtig.
すずしい 涼しい kühl.
すすむ 進む (前へ進む) vorwärtsgehen; (はかどる) vorankommen; (時計が) vorgehen.
すすめる 進める vorantreiben; (推進する) (be)fördern; (時計を) vorstellen.
すすめる 勧める empfehlen.
すそ 裾 der Saum.
スタート ♦スタートする starten.
スタイル der Stil.
スタジアム das Stadion.
すっかり völlig; ganz; voll(kommen).
すっぱい 酸っぱい sauer.

すでに 既に schon; bereits.
すてる 捨てる（投げ捨てる）wegwerfen.
ストーブ der Ofen.
ストッキング der Strumpf.
ストライキ der Streik.
すな 砂 der Sand.
すなお 素直な brav; gehorsam.
すばらしい wunderbar; großartig.
スピード die Geschwindigkeit.
スプーン der Löffel.
すべて all.
すべる 滑る rutschen;（滑って進む）gleiten.
スポーツ der Sport. ◆スポーツの sportlich.
ズボン die Hose.
スマートフォン das Smartphone.
すます 済ます erledigen.
すみ 隅（片隅）der Winkel;（角）die Ecke.
すむ 住む wohnen.
すむ 済む（終わる）enden;（片付く）erledigt werden.
すむ 澄む ◆澄んだ klar.
スリッパ der Pantoffel.
する tun; machen.
する 擦る reiben.
する 刷る drucken.
ずるい 狡い schlau.
するどい 鋭い scharf.
すれちがう すれ違う vorbeigehen; vorbeifahren.
すわる 座る sich⁴ setzen. ◆座っている sitzen.

■ せ ■

せ 背 der Rücken.
せい 性 das Geschlecht.
せいい 誠意 ◆誠意のある aufrichtig; redlich; treu.
せいかく 性格 der Charakter.
せいかく 正確な genau.
せいかつ 生活 das Leben. ◆生活する leben.
ぜいかん ◆税関を通る durch den Zoll gehen.
せいき 世紀 das Jahrhundert. ◆21世紀に im 21. Jahrhundert.
せいきゅう 請求する anfordern. ■請求書 die Rechnung.
ぜいきん 税金 die Steuer.
せいけつ 清潔な sauber; rein.
せいげん 制限 die Einschränkung; die Schranken. ◆制限する beschränken.
せいこう 成功 der Erfolg. ◆成功する gelingen. 成功した erfolgreich.
せいさい 制裁 die Sanktionen.
せいさく 政策 die Politik.
せいさく 製作（芸術・工芸品）die Anfertigung;（製造）die Herstellung; die Fabrikation.
せいさん 生産 die Produktion; die Herstellung. ■生産物 das Produkt.
せいじ 政治 die Politik. ◆政治の politisch. ■政治家 der Politiker.
せいしき 正式な förmlich; formell; offiziell.
せいしつ 性質 die Eigenschaft.
せいじつ 誠実な treu.
せいじょう 正常な ehrlich; normal.
せいしん 精神 der Geist;（魂）die Seele. ◆精神的な geistig; seelisch.
せいせき 成績 die Note;（業績）die Leistung.
せいぞう 製造 die Produktion; die Fabrikation.
せいだい 盛大な großartig; stattlich.
ぜいたく 贅沢 der Luxus. ◆贅沢な luxuriös.
せいちょう 成長 das Wachstum. ◆成長する wachsen.
せいと 生徒 der Schüler.
せいど 制度 das System; die Einrichtung.
せいとう 政党 die (politische) Partei.
せいねん 青年 der junge Mann;（集合的に）die Jugend.
せいのう 性能 die Leistung.

せいび 整備する warten.
せいひん 製品 das Produkt.
せいふ 政府 die Regierung.
せいぶつ 生物 das Lebewesen. ■生物学 die Biologie.
せいみつ 精密な präzis; genau; exakt.
せいめい 生命 das Leben.
せいり 整理 die Ordnung. ◆整理する ordnen.
セーター der Pullover.
せおう 背負う auf dem Rücken tragen; (罪・責任などを) auf $sich^4$ nehmen.
せかい 世界 die Welt.
せき 席 der Platz.
せきたん 石炭 die (Stein)kohle.
せきにん 責任 die Verantwortung. ◆責任ある verantwortlich.
せきゆ 石油 das (Erd)öl.
せけん 世間 die Welt; die Offentlichkeit.
せだい 世代 die Generation.
せっきょくてき 積極的な positiv; aktiv.
せっけい 設計(図) der Entwurf; der Plan. ◆設計する entwerfen; planen.
せっけん 石鹸 die Seife.
せっしょく 接触する Kontakt aufnehmen; berühren.
ぜったい 絶対の absolut; unbedingt.
セット (1組) der Satz; (映画の) die Bauten; (食器の) das Service.
せっとく 説得 die Uberredung. ◆説得力のある überzeugend.
せつび 設備 die Einrichtung.
ぜつぼう 絶望する verzweifeln. ◆絶望的な hoffnungslos.
せつめい 説明 die Erklärung. ◆説明する erklären.
ぜつめつ 絶滅する aussterben; vernichten.
せつやく 節約する sparen; einsparen.
せつりつ 設立する errichten; (創立する) gründen.
せなか 背中 der Rücken.
ぜひ 是非 unbedingt.
せまい 狭い eng; schmal.
せまる 迫る (近づく) nahen; (強いる) dringen.
ゼミ das Seminar.
せめる 攻める angreifen.
ゼロ null; (名詞) die Null.
せわ 世話 die Pflege. ◆世話をする pflegen; sorgen.
せん 栓 der Verschluss; (円形の) der Stöpsel; (瓶の) der Pfropfen; (水道やガスの) der Hahn.
せん 線 die Linie.
せんい 繊維 die Faser; die Fiber.
せんきょ 選挙 die Wahl. ◆選挙する wählen.
せんげん 宣言する proklamieren.
せんしゅ 選手 der Spieler. ■選手権 die Meisterschaft.
せんせい 先生 der Lehrer.
ぜんぜん 全然 total; völlig; (否定) (ganz und) gar nicht; durchaus nicht; überhaupt nicht.
せんぞ 先祖 der Vorfahr; die Ahnen.
せんそう 戦争 der Krieg.
ぜんたい 全体の ganz; sämtlich.
せんたく 選択 die (Aus)wahl.
せんたく 洗濯 die Wäsche. ◆洗濯する waschen. ■洗濯物 die Wäsche.
ぜんちょう 前兆 das Vorzeichen; (しるし) das Anzeichen; (前触れ) die Vorbedeutung; (病気の) das Symptom.
せんでん 宣伝 (広告) die Reklame; (主義・主張の) die Werbung. ◆宣伝する werben.
ぜんはん 前半 (試合の) die erste Halbzeit.
ぜんぶ 全部の ganz; all. ▶これ全部でいくらですか Was macht das alles zusammen?
せんもん 専門 das Fach. ■専門家 der Spezialist; der Fachmann.
せんろ 線路 das Gleis; (レール) die

そ

ぞうか 増加 *die* Zunahme. ♦増加するzunehmen.
そうご 相互の gegenseitig.
そうさ 操作する behandeln;（機械などを）handhaben.
そうさく 捜索する suchen.
そうさく 創作する schaffen;（詩作する）dichten.
そうじ 掃除する sauber machen;（拭く、こする、磨く、払う）putzen.
そうしき 葬式 *das* Begräbnis.
そうしょく 装飾 *der* Schmuck; *die* Dekoration.
そうぞう 想像する $sich^3$ vorstellen.
そうぞく 相続する erben; beerben. ■相続人 *der* Erbe. 相続財産 *das* Erbe; *die* Erbschaft.
そうだん 相談する $sich^4$ besprechen [beraten].
そうち 装置 *die* Vorrichtung.
そうとう 相当な beträchtlich. ♦相当するentsprechen.
そうどう 騒動 *die* Unruhen.
そうなん 遭難 *das* Unglück. ♦遭難するverunglücken.
そえる 添える（付け加える）beifügen; hinzufügen;（同封する）beilegen.
ソース *die* Soße.
ソーセージ *die* Wurst.
そくしん 促進する fördern; befördern.
ぞくする 属する gehören.
そくてい 測定 *die* Messung. ♦測定するmessen.
そくど 速度 *die* Geschwindigkeit.
そくばく 束縛する binden.
そこ 底（バケツなどの）*der* Boden;（海などの）*der* Grund.
そこなう 損う schaden; schädigen.
そし 阻止する verhindern.
そしき 組織 *die* Organisation.
そしょう 訴訟 *der* Prozess.
そそぐ 注ぐ gießen.
そだつ 育つ wachsen.
そだてる 育てる（育て上げる）großziehen;（動植物を）züchten.
そつぎょう 卒業 *der* Schulabschluss. ♦卒業する eine Schule durchmachen [absolvieren];（大学）sein Studium abschließen. ■卒業論文 *die* Diplomarbeit.
そっちょく 率直な offen.
そで 袖 *der* Armel. ■袖口（シャツなどの）*die* Manschette.
そと 外 ♦外の（外部の）äußer;（外面の）äußerlich. 外に außerhalb;（外部に）außen.
そなえる 備える vorsorgen.
そば an; bei; neben.
そびえる 聳える emporragen; $sich^4$ erheben.
そふ 祖父 *der* Großvater.
そぼ 祖母 *die* Großmutter.
そぼく 素朴な naiv; einfach; schlicht.
そまつ 粗末な dürftig.
そむく 背く verraten.
そめる 染める färben;（頬を）$sich^4$ röten.
そら 空 *der* Himmel.
そらす 逸らす ablenken; abwenden.
そろう 揃う（一様になる）gleich[mäßig] werden;（集まる）$sich^4$ sammeln. ♦揃って（全員）allesamt;（一緒に）gemeinsam; zusammen. ▶みんなそろっています Alle sind da.
そろえる 揃える（本などを）komplett haben;（整える）ordnen;（集める）zusammenstellen.
そん 損（損失）*der* Verlust;（損害）*der* Schaden. ♦損な（不利な）nachteilig.
そんがい 損害 *der* Schaden.
そんけい 尊敬 *die* Achtung. ♦尊敬するachten.
そんざい 存在 *die* Existenz. ♦存在するexistieren.
ぞんざいな grob; roh.

そんしつ 損失 der Verlust.

■ た ■

た 他 ◆他の ander

だい 台 (物を置くもの) das Gestell; (スタンド) der Ständer.

だい 題 (主題) das Thema; (表題) der Titel.

たいおん 体温 die Körperwärme. ■体温計 das Fieberthermometer.

だいがく 大学 die Universität; die Hochschule. ■大学生 (男) der Student; (女) die Studentin.

たいくつ 退屈 退屈な langweilig. 退屈する sich⁴ langweilen.

たいけい 体系 das System.

たいけん 体験 das Erlebnis. ◆体験する erleben.

たいこ 太鼓 die Trommel.

たいざい 滞在 der Aufenthalt.

たいさく 対策 (措置) die Maßnahme.

だいじ 大事な wichtig; bedeutend.

たいしかん 大使館 die Botschaft.

だいじん 大臣 der Minister.

たいしゅう 大衆的な volkstümlich; populär.

たいしょう 対象 der Gegenstand.

たいしょう 対照的に im Gegensatz 〈zu ③〉.

だいじょうぶ 大丈夫な gewiss; sicher. ▶大丈夫ですか Geht es?; Alles in Ordnung? 大丈夫ですよ Keine Sorge [Angst]!

たいせつ 大切な wichtig.

たいそう 体操 das Turnen; die Gymnastik. ◆体操をする turnen.

たいてい 大抵 meistens. ◆大抵の meist.

たいど 態度 die Haltung.

だいとうりょう 大統領 der Präsident.

だいどころ 台所 die Küche.

だいひょう 代表 (代表団) die Vertretung; (代表者) der Vertreter. ◆代表する vertreten. ■代表番号 die Sammelnummer.

だいぶ 大分 ziemlich.

たいふう 台風 der Taifun.

たいへん 大変な schrecklich; ernst; wichtig.

たいまん 怠慢な nachlässig; (軽率な) fahrlässig; (不注意な) unachtsam.

タイヤ der Reifen.

ダイヤ(モンド) der Diamant.

たいよう 太陽 die Sonne.

たいら 平らな flach; eben.

だいり 代理 ■代理店 die Agentur.

たいりく 大陸 der Kontinent.

たいりつ 対立する gegenüberstehen.

たいわ 対話 das Gespräch; der Dialog.

たえる 耐[堪]える ertragen.

たえる 絶える aufhören.

たおす 倒す umwerfen; umstoßen.

タオル das Handtuch.

たおれる 倒れる fallen; stürzen.

たかい 高い hoch; (値段が) teuer; (背丈が) groß.

たがい 互い ◆互いに einander. 互いの gegenseitig.

たかさ 高さ die Höhe.

たかまる 高まる steigen.

たから 宝 der Schatz.

たき 滝 der Wasserfall.

だきょう 妥協 der Kompromiss.

たく 焚く (ver)brennen; (火を) Feuer machen; (ストーブなどを) heizen.

だく 抱く (子供などを) auf den Arm nehmen.

たくさん 沢山の[に] viel. ▶もうたくさんいただきました Vielen Dank, ich habe genug!

タクシー das Taxi. ◆タクシーを拾う ein Taxi nehmen.

たくましい 逞しい kräftig; stark.

たくわえる 貯える speichern.

たけ 竹 der Bambus.

だげき 打撃 der Schlag.

たしか 確かな sicher.

たしかめる 確かめる feststellen.
だす 出す（取り出す）herausnehmen.
たすける 助ける helfen.
たずねる 尋ねる fragen.
ただ 只（無料の）kostenlos.
たたかう 戦う kämpfen.
たたく 叩く schlagen;（ノックする）klopfen;（手を）in die Hände klatschen.
ただしい 正しい richtig; korrekt.
たたみ 畳 die (Tatami)matte.
たたむ 畳む zusammenfalten.
たちば 立場 der Standpunkt.
たつ 立つ aufstehen; stehen.
たつ 経つ vergehen.
たっする 達する gelangen; erreichen.
たて 縦 die Länge. ◆縦に längs; der Länge nach.
たてもの 建物 das Gebäude.
たてる 立てる stellen; aufstellen.
たてる 建てる bauen; errichten.
だとう 妥当な angemessen; passend.
たとえる 譬える vergleichen.
たな 棚 das Regal.
たに 谷 das Tal.
たにん 他人 der [die] Fremde.
たね 種 der Samen;（果実のさね）der Kern.
たのしい 楽しい fröhlich.
たのしみ 楽しみ das Vergnügen; der Spaß.
たのしむ 楽しむ vergnügen; genießen.
たのむ 頼む bitten.
たば 束 das Bündel;（単位として）das Bund.
たばこ 煙草（紙巻）die Zigarette. ◆タバコを吸う rauchen. ▶タバコを吸ってもいいですか Darf ich rauchen?
たび 旅 die Reise.
たびたび 度々 oft.
たぶん vermutlich; wahrscheinlich; wohl.
たべもの 食べ物 das Essen.
たべる 食べる（人間が）essen;（動物が）fressen.
たま（ボール）der Ball.
たまご 卵 das Ei.
だます 騙す täuschen; betrügen.
たまに selten;（折りにふれて）gelegentlich.
たまねぎ der Zwiebel.
だまる 黙る verstummen. ▶黙れ Sei still!; Schweig!
ためす 試す versuchen; probieren.
ためらう zögern.
ためる 貯める (er)sparen.
たもつ 保つ halten.
たよる 頼る $sich^4$ verlassen.
たりる 足りる genügen; (aus)reichen.
たる 樽 das Fass.
たるむ 弛む schlaff werden.
たれる 垂れる hängen.
だん 段 die Stufe.
だん 壇 das Podium.
たんい 単位 die Einheit.
だんかい 段階 die Stufe.
タンク der Tank.
だんけつ 団結する $sich^4$ vereinigen.
たんじゅん 単純な einfach.
たんじょう 誕生する geboren werden. ■誕生日 der Geburtstag. ▶お誕生日おめでとう Herzlichen Glückwunsch zum Geburtstag! 私の誕生日は5月9日です Ich habe am neunten Mai Geburtstag.
たんす 箪笥（洋服）der (Kleider-)schrank.
だんたい 団体（グループ）die Gruppe;（クラブ）der Verein.
だんだん allmählich.

■ ち ■

ち 血 das Blut.
ちい 地位 die Stellung.
ちいき 地域 das Gebiet; die Gegend.
ちいさい 小さい klein;（小声の）leise.

チーズ der Käse.
チーム die Mannschaft.
ちえ 知恵 die Weisheit.
チェックイン das Check-in
チェックアウト das Check-out
ちか 地下の unterirdisch.
ちかい 近い（距離）nahe. ◆近いうちに bald. 近くに in der Nähe.
ちがい 違い der Unterschied.
ちかう 誓う schwören.
ちがう 違う verschieden sein.
ちかづく 近付く $sich^4$ nähern.
ちかてつ 地下鉄 die U-Bahn.
ちから 力 die Kraft; die Macht.
ちきゅう 地球 die Erde.
チケット（航空券・乗船券）das Ticket;（入場券・乗車券）die Karte. ▶ハンブルガーSVとバイエルン・ミュンヘンの7月7日の試合のチケットはありますか？ Haben Sie Karten für den Hamburger SV gegen den FC Bayern München am 7. Juli?
ちこく 遅刻する $sich^4$ verspäten.
ちしき 知識 das Wissen; die Kenntnisse.
ちじょう 地上で auf der Erde.
ちず 地図 die (Land)karte;（市内地図）der Stadtplan.
ちち 父 der Vater.
ちちむ 縮む schrumpfen.
ちちめる 縮める verkürzen; abkürzen.
ちつじょ 秩序 die Ordnung.
チップ das Trinkgeld.
ちほう 地方 die Gegend.
ちゃ 茶 der Tee.
ちゃいろ 茶色の braun.
ちゃわん 茶碗 die Tasse; die Schale.
チャンス die Chance.
ちゃんと ordentlich.
ちゅうい 注意 die Aufmerksamkeit. ◆注意する aufpassen; achten; Acht geben. 注意深い aufmerksam.
ちゅうおう 中央 die Mitte. ◆中央の zentral.

neunhundertzwölf 912

ちゅうかん 中間 ◆…の中間の zwischen. ■中間試験 die Zwischenprüfung.
ちゅうこく 忠告 der Rat. ◆忠告する raten.
ちゅうごく 中国 China.
ちゅうさい 仲裁 die Vermittlung.
ちゅうし 中止になる ausfallen.
ちゅうじつ 忠実な treu; getreu.
ちゅうしゃ 駐車する parken. ■駐車場 der Parkplatz.
ちゅうしょう 抽象的 abstrakt.
ちゅうしん 中心 das Zentrum;（円などの）der Mittelpunkt. ◆中心の zentral.
ちゅうせん 抽籤 die Ziehung;（くじ）das Los. ◆抽籤で決める durch das Los entscheiden.
ちゅうちょ 躊躇する zögern.
ちゅうどく 中毒 die Vergiftung. ◆中毒する vergiften.
ちゅうもく 注目する seine Aufmerksamkeit richten. ◆注目すべき bemerkenswert.
ちゅうもん 注文する bestellen.
ちゅうりつ 中立の neutral.
ちょう 腸 der Darm.
ちょうか 超過 ■超過料金 die Extragebühr.
ちょうこく 彫刻 die Bildhauerei;（作品）die Skulptur.
ちょうさ 調査 die Untersuchung. ◆調査する untersuchen.
ちょうし 調子 ◆調子が悪い（機械の調子が）nicht in Ordnung sein;（コンディションが）nicht gut in Form sein. ▶仕事の調子はどうですか Wie geht das Geschäft?
ちょうしょ 長所 der Vorteil.
ちょうじょう 頂上 der Gipfel.
ちょうせつ 調節する regulieren; einstellen.
ちょうせん 挑戦する (zum Kampf) herausfordern. ■挑戦者 der Herausforderer.
ちょうど 丁度 gerade; eben.
ちょうわ 調和 die Harmonie.

ちょきん 貯金 die Ersparnisse; das Spargeld. ■貯金通帳 das Sparbuch.
ちょくせつ 直接 direkt; unmittelbar.
チョコレート die Schokolade.
ちょっかく 直角の rechtwinklig.
ちょっかん 直観 die Intuition; die Anschauung.
ちょっと (呼びかけ) Bitte!; Hör mal! ▶ちょっとお待ちください Bitte, warten Sie einen Augenblick!
ちり 地理 die Geographie.
ちりょう 治療する heilen; behandeln.
ちんぎん 賃金 der (Arbeits)lohn.

■ つ ■

ついか 追加する zusetzen; nachtragen. ◆追加注文をする nachbestellen.
ついきゅう 追求する nachjagen; verfolgen.
ついに endlich; schließlich.
ツイン(ルーム) das Doppelzimmer; das Zweibettzimmer.
つうこう 通行 der Verkehr. ■通行止め(表示) Keine Durchfahrt!
つうしん 通信 die Korrespondenz; (伝達) die Kommunikation.
つうち 通知する mitteilen; (報告する) berichten.
つうよう 通用する gültig sein; gelten.
つえ 杖 der Stock.
つかう 使う gebrauchen; benutzen; verwenden.
つかまえる 捉[捕]まえる fangen.
つかむ 掴む greifen; fassen.
つかれる 疲れる müde werden.
つき 月 (天体) der Mond; (暦の) der Monat.
つぎ 次の nächst; folgend.
つきあう 付き合う umgehen.
つきる 尽きる erschöpft werden; ausgehen.
つく 突く stoßen; (刺す) stechen.

つく 付く (付着する) haften; (粘着する) kleben.
つく 点く (火が) angehen; (燃える) brennen.
つく 着く ankommen.
つくえ 机 der Tisch.
つくる 作る machen; produzieren.
つける 付ける (身に着ける) anziehen; (タバコなどに火を) anzünden; (スイッチを) einschalten.
つげる 告げる (言う) sagen; (公表する) bekannt machen; (予告する) ankündigen; (伝える) mitteilen; (公告する) verkünden. ◆鐘が真夜中を告げる Die Glocke schlägt Mitternacht.
つごう 都合 ◆都合の良い passend; günstig. 都合の悪い unbequem; ungelegen. ▶日曜日はご都合いかがですか Passt es Ihnen am Sonntag?
つたえる 伝える mitteilen.
つち 土 die Erde.
つづく 続く dauern; folgen.
つづける 続ける fortsetzen.
つつしむ 慎む enthalten; beherrschen.
つつむ 包む (くるむ) einwickeln; (包装する) verpacken.
つとめる 勤める arbeiten. ▶どちらにお勤めですか Wo arbeiten Sie?
つな 綱 die Leine; (索) das Seil.
つなぐ (an)binden; verbinden.
つの 角 das Horn; (鹿の) das Geweih.
つばさ 翼 der Flügel.
つぶ 粒 das Korn.
つぼ 壷 der Krug.
つぼみ 蕾 die Knospe.
つま 妻 die (Ehe)frau.
つまづく 躓く stolpern.
つまむ 摘む kneifen.
つまらない (価値のない) wertlos; (退屈な) langweilig; (面白くない) uninteressant.
つまる 詰まる stocken; verstopft sein.

つみ 罪（責任）die Schuld;（宗教上の）die Sünde.
つむ 摘む (ab)pflücken.
つむ 積む laden.
つめ 爪 der Nagel.
つめたい 冷たい kalt; kühl.
つめる 詰める (ein)packen.
つもる 積もる ◆雪がたくさん積もっている Es liegt hoher Schnee.
つや 艶 der Glanz.
つゆ 露 der Tau.
つゆ 梅雨 die Regenzeit.
つよい 強い stark.
つらい 辛い hart.
つらぬく 貫く（意志を）durchsetzen;（刺し通す）durchstechen.
つりあい 釣合（バランス）das Gleichgewicht;（調和）die Harmonie.
つる 蔓 die Ranke.
つる 釣る angeln.

■ て ■

て 手 die Hand.
であう 出会う begegnen; treffen.
ていあん 提案 der Vorschlag. ◆提案する vorschlagen.
ていか 低下する fallen; sinken.
ていきょう 提供する (an)bieten.
ていこう 抵抗 der Widerstand. ◆抵抗する widerstehen.
ていし 停止する（止める）einstellen;（止まる）(an)halten. ■停止信号 das Haltesignal.
ていしゅつ 提出する vorlegen; abgeben.
ていど 程度 der Grad.
ていねい 丁寧な höflich.
ディフェンス die Abwehr.
ディフェンダー der Verteidiger.
ていぼう 堤防 der Deich; der Damm.
テープ das Band.
テーブル der Tisch.
てがかり 手掛かり der Anhaltspunkt.
でかける 出かける ausgehen.

てがみ 手紙 der Brief.
てき 敵 der Feind; der Gegner.
できごと 出来事 das Ereignis.
てきせつ 適切な passend; geeignet.
てきとう 適当な passend;（適する）geeignet.
てきよう 適用される Anwendung finden.
できる 出来る können. ◆出来るだけ möglichst.
デザート der Nachtisch.
てすう 手数 ■手数料 die Gebühr. ◆お手数ですが Wenn ich Sie damit bemühen darf. ▶お手数をお掛けしました Vielen Dank für Ihre Bemühungen!
テスト der Test;（検査）die Prüfung.
てつ 鉄 das Eisen. ◆鉄製の eisern.
てっかい 撤回する widerrufen; zurückziehen.
てつだう 手伝う helfen.
てつづき 手続き die Formalität;（訴訟手続）das Verfahren.
てってい 徹底的な gründlich; vollständig.
てつどう 鉄道 die Eisenbahn.
デパート das Kaufhaus.
てぶくろ 手袋 die Handschuhe《複》.
てほん 手本 das Vorbild; das Muster.
てら 寺 der Tempel.
でる 出る（外出する）ausgehen;（現れる・出版される）erscheinen.
テレビ das Fernsehen. ◆テレビを見る fernsehen. ■テレビ受像機 der Fernseher.
てん 天 der Himmel.
てん 点 der Punkt.
てんき 天気 das Wetter. ▶あすの天気はどうでしょうか Was werden wir morgen für Wetter haben?
でんき 伝記 die Biographie.
でんき 電気 die Elektrizität;（電流）der Strom. ◆電気の elektrisch.
てんけん 点検する überprüfen.

てんさい 天才 *das* Genie.
てんし 天使 *der* Engel.
てんじ 展示する ausstellen. ■展示会 *die* Ausstellung.
でんし 電子 *das* Elektron. ■電子レンジ *die* Mikrowelle; *der* Mikrowellenherd.
でんしゃ 電車 ◆電車で行く mit der Bahn fahren. 電車に乗る in die Bahn einsteigen. 電車から降りる aus der Bahn aussteigen. ■電車賃 *das* Fahrgeld.
てんじょう 天井 *die* Decke.
でんせつ 伝説 *die* Sage.
でんせん 伝染する anstecken. ■伝染性の ansteckend. ■伝染病 *die* Infektionskrankheit.
でんち 電池 *die* Batterie.
でんとう 伝統 *die* Tradition.
でんとう 電灯 ◆電灯をつける[消す] die Lampe einschalten [ausschalten].
でんぱ 電波 *die* elektrischen Wellen.
てんぼう 展望する überblicken. ■展望台 *der* Aussichtsturm.
でんぽう 電報 *das* Telegramm. ▶日本へ電報を打ちたいのですが Ich möchte ein Telegramm nach Japan schicken.
てんらんかい 展覧会 *die* Ausstellung.
でんりゅう 電流 *der* (elektrische) Strom.
でんわ 電話 *das* Telefon. ◆電話する anrufen; telefonieren. 電話で呼び出すanklingeln; anrufen. ■電話番号 *die* Telefonnummer. ▶日本に電話を掛けたいのですが Ich möchte nach Japan telefonieren.

■ と ■

と 戸 *die* Tür.
ドア *die* Tür.
ドイツ (*das*) Deutschland. ◆ドイツの deutsch. ■ドイツ人 *der* [*die*] Deutsche. ドイツ語 (das) Deutsch. ◆ドイツ語で auf Deutsch. ▶ドイツ語は少し話せます Ich spreche ein wenig Deutsch.
トイレ *die* Toilette.
とう 問う fragen.
とう 塔 *der* Turm.
どう 胴 *der* Rumpf.
どう 銅 *das* Kupfer.
どうい 同意する zustimmen.
どういたしまして Bitte sehr!
とういつ 統一する (一つにする) vereinigen; (書式・規格など) vereinheitlichen. ■統一の einheitlich.
とうき 陶器 *das* Porzellan; *die* Keramik.
どうぐ 道具 *das* Werkzeug.
とうげ 峠 *der* Pass.
とうけい 統計 *die* Statistik. ◆統計の statistisch.
とうごう 統合 *die* Integration; *die* Vereinigung.
とうし 投資 *die* Investition.
どうじ 同時の gleichzeitig.
とうじょう 登場する auftreten. ■登場人物 *die* Personen.
どうじょう 同情 *das* Mitleid.
とうせん 当選する gewählt werden.
とうぜん 当然の (自明の) selbstverständlich; (自然の) natürlich.
どうとく 道徳 *die* Moral. ◆道徳的な moralisch.
とうひょう 投票 *die* Abstimmung; (票) *die* Stimme. ◆投票する stimmen.
どうぶつ 動物 *das* Tier. ■動物園 *der* Zoo.
とうめい 透明な durchsichtig.
どうめい 同盟 *der* Bund; *das* Bündnis.
どうよう 同様に ebenfalls; gleichfalls.
どうろ 道路 *die* Straße.
とうろく 登録する eintragen; registrieren.
とうろん 討論 *die* Diskussion; *die* Debatte. ◆討論する diskutieren.

とおい 遠い weit; fern.
とおり 通り die Straße.
とおる 通る gehen; (乗り物が)fahren; (透る)durchdringen.
とかす 溶かす (液体に)auflösen; (氷などを)schmelzen.
とき 時 die Zeit.
ときどき 時々 manchmal.
とく 得 nützlich; vorteilhaft.
とく 解く (auf)lösen.
どく 毒 das Gift.
とくい 特異 besonder; speziell.
とくちょう 特徴 das Merkmal. ◆特徴のある charakteristisch.
どくとく 独特の eigenartig.
とくに 特に besonders; insbesondere.
とくべつ 特別の speziell; besonder.
どくりつ 独立の unabhängig; selbständig.
とげ 棘 der Stachel; (植物の)der Dorn.
とけい 時計 die Uhr. ◆時計が進んでいる[遅れている] Die Uhr geht vor [nach].
とける 溶ける schmelzen.
とける 解ける $sich^4$ (auf)lösen; (ほどける)aufgehen.
とし 年 das Jahr; (年齢)das Alter. ◆年とった alt.
とし 都市 die Stadt.
としょ 図書 ▌図書館 die Bibliothek.
とじる 閉じる schließen; zumachen.
どだい 土台 der Grund; das Fundament.
とち 土地 das Land; (地所)das Grundstück.
とちゅう 途中で unterwegs.
とつぜん 突然 plötzlich.
とても sehr.
とどく 届く (到着する)ankommen; (達する)erreichen.
とどける 届ける (送り届ける)zuschicken; (届け出る)melden.
とどまる 留まる bleiben.

となり 隣り nebenan. ◆隣りの人 der Nachbar. ▶隣りに座ってもよろしいですか Darf ich mich zu Ihnen [neben Sie] setzen?
とぶ 飛ぶ fliegen.
とぼしい 乏しい knapp.
とまる 止まる halten; stoppen.
とめる 止める、留める anhalten; stoppen; abstellen.
ともだち 友達 der Freund. ▌女友達 die Freundin.
どようび 土曜日 der Samstag; der Sonnabend.
とらえる 捕[捉]える fassen.
トラック der Lastkraftwagen.
ドラッグストア die Drogerie.
トランク der Koffer.
トランプ die (Spiel)karte.
とり 鳥 der Vogel.
とりあつかう 取り扱う behandeln.
とりかえる 取り替える wechseln; umtauschen.
とりけす 取り消す zurücknehmen; widerrufen.
とりしまり 取り締まり ◆取り締まる kontrollieren; beaufsichtigen.
とりひき 取引 das Geschäft; der Handel.
どりょく 努力 die Bemühung.
とる 取る (手に取る)nehmen; (行って取ってくる;買ってくる)holen.
ドレス das Kleid.
ドレッシング die Salatsoß.
どろ 泥 der Schlamm.
トンネル der Tunnel.

■ な ■

ない 無い kein; nicht.
ナイフ das Messer.
ないよう 内容 der Inhalt.
なおす 直[治]す (修理する)reparieren; (誤りを)verbessern; korrigieren; (病気を)heilen.
なか 中 ◆…の中に in. 中で innen.
ながい 長い lang. ◆長い間 lange.
ながさ 長さ die Länge.

なかま 仲間 der Kamerad. ♦仲間になる sich⁴ gesellen.
ながめる 眺める ansehen.
ながれる 流れる fließen; strömen.
なく 泣く（人が）weinen.
なぐさめる 慰める trösten.
なげく 嘆く klagen; jammern.
なげる 投げる werfen.
なごやか 和やかな sanft.
なぜ warum.
なつ 夏 der Sommer. ■夏休み die Sommerferien.
なっとく 納得 die Uberzeugung.
なでる 撫でる streichen;（優しく）streicheln.
ななめ 斜めの schräg; schief.
なべ 鍋 der Topf.
なま 生の roh.
なまえ 名前 der Name;（姓）der Familienname;（個人名）der Vorname.
なみ 波 die Welle.
なみだ 涙 die Träne.
なめらか 滑らかな glatt;（平らな）eben.
なめる 舐める (be)lecken.
なやむ 悩む leiden.
ならう 習う (er)lernen.
ならす 鳴らす（鐘を）läuten.
ならべる 並べる（一列に）in eine Reihe stellen;（配列する）anordnen;（品物を）aufstellen.
なる 成る werden.
なる 鳴る klingen.
なれる 慣れる gewöhnen.
なわ 縄 das Seil; der Strick.
なんじ 何時 ▶何時ですか Wie spät ist es?
なんにち 何日 ▶きょうは何日ですか Welches Datum haben wir heute?

■　に　■

におう 似合う（服が）stehen.
におい 匂［臭］い der Geruch.
におう 匂う riechen;（悪臭が）stinken.
にがい 苦い bitter.
にがつ 二月 der Februar.
にぎやか 賑やかな lebhaft; belebt.
にぎる 握る (er)greifen; fassen.
にく 肉 das Fleisch. ■肉屋 der Fleischer.
にくむ 憎む hassen.
にげる 逃げる fliehen; flüchten.
にごる 濁る sich⁴ trüben. ♦濁った trüb.
にし 西 (der) West(en). ♦西の westlich.
にじ 虹 der Regenbogen.
にじむ 滲む durchdringen.
にせ 偽の falsch.
にちようび 日曜日 der Sonntag.
にっき 日記 das Tagebuch.
にっこう 日光 der Sonnenschein. ■日光浴 das Sonnenbad.
になう 担う auf sich⁴ nehmen.
にぶい 鈍い（刃物などが）stumpf;（ぼんやりした）dumpf.
にほん 日本 (das) Japan. ■日本語 (das) Japanisch. 日本人（男）der Japaner;（女）die Japanerin.
にもつ 荷物（積み荷）die Last;（手荷物）das Gepäck.
にゅうがく 入学 der Eintritt in die Schule;（大学の）die Immatrikulation. ♦入学する in die Schule eintreten. ♦小学校に入学する auf die Grundschule kommen.
にゅうじょう 入場 der Eintritt. ■入場券 die Eintrittskarte. 入場料 das Eintrittsgeld.
ニュース（報道）die Nachricht.
にゅうよく 入浴 das Bad.
にる 似る ähnlich sein.
にる 煮る kochen.
にわ 庭 der Garten.
にわとり 鶏 das Huhn.
にんき 人気 ♦人気のある（大衆に）populär;（特定の人に）beliebt.
にんぎょう 人形 die Puppe.
にんげん 人間 der Mensch. ♦人間の menschlich.

にんしき 認識 die Erkenntnis.
にんしん 妊娠 ♦妊娠している schwanger.
にんたい 忍耐 die Geduld. ♦忍耐強い geduldig.
にんむ 任務 die Aufgabe; die Pflicht.

■ ぬ ■

ぬう 縫う nähen.
ぬく 抜く ziehen.
ぬぐ 脱ぐ ablegen;（帽子を）abnehmen;（着物を）ausziehen.
ぬぐう 拭う wischen.
ぬすむ 盗む (be)stehlen.
ぬの 布 das Tuch.
ぬま 沼 der Sumpf.
ぬらす 濡らす nass machen.
ぬる 塗る streichen.
ぬるい lau(warm).
ぬれる 濡れる nass werden.

■ ね ■

ね 根 die Wurzel.
ねあがり 値上がり der Preisanstieg.
ねがい 願い der Wunsch; die Bitte.
ねがう 願う wünschen.
ネクタイ die Krawatte.
ねこ 猫 die Katze.
ねさげ 値下げ die Preissenkung.
ねじ die Schraube.
ねじる 捩る schrauben;（回転させる）(um)drehen.
ねずみ 鼠 die Maus;（大型の）die Ratte.
ねたむ 妬む beneiden.
ねだん 値段 der Preis.
ねつ 熱 die Wärme;（病気の）das Fieber.
ねっしん 熱心な eifrig; fleißig.
ねっする 熱する erhitzen; heiß machen.
ねっちゅう 熱中する schwärmen; begeistern.
ねばる 粘る（ねばねばする）klebrig

sein;（粘り強い）zäh sein.
ねむい 眠い müde.
ねむる 眠る schlafen;（寝入る）einschlafen.
ねらう 狙う zielen.
ねる 寝る（就寝する）ins [zu] Bett gehen; schlafen gehen.
ねんきん 年金 die Rente.
ねんりょう 燃料 der Brennstoff.
ねんれい 年齢 das Alter.

■ の ■

のう 脳 das Gehirn.
のうぎょう 農業 die Landwirtschaft.
のうみん 農民 der Bauer.
のうりょく 能力 die Fähigkeit.
ノート das Heft.
のこす 残す zurücklassen; hinterlassen.
のこり 残り der Rest. ♦残りの übrig bleibend.
のこる 残る（余る）übrig bleiben;（居残る）bleiben.
のせる 乗せる setzen; (ein)steigen lassen. ▶駅まで乗せて下さい Bitte nehmen Sie mich zum Bahnhof mit!
のぞく 除く ausschließen.
のぞむ 望む wünschen;（希望する）hoffen.
のぞむ 臨む（面する）gegenüber sein;（臨席する）beiwohnen.
のち 後に später.
ノック ♦ノックする klopfen.
のど 喉 die Kehle. ♦喉が渇いた durstig; Durst haben.
のばす 伸ばす（広げる）ausdehnen;（四肢などを）ausstrecken;（延長する）verlängern;（延期する）verschieben.
のはら 野原 das Feld.
のべる 述べる äußern; aussprechen.
のぼる 上［昇, 登］る steigen;（太陽などが）aufgehen.
のみもの 飲物 das Getränk.

のむ 飲む trinken;（薬を）(ein)nehmen.
のり 糊（接着剤）der Klebestoff;（液状の）der Kleister;（洗濯用）die Stärke.
のりかえる 乗り換える umsteigen.
のりもの 乗物 das Fahrzeug.
のる 乗る einsteigen.

■ は ■

は 刃 die Klinge.
は 歯 der Zahn. ♦歯を磨く die Zähne putzen. 歯が痛む Zahnschmerzen haben. ■歯医者 der Zahnarzt. 歯磨き die Zahnpasta. 歯ブラシ die Zahnbürste.
は 葉 das Blatt.
ばあい 場合 der Fall.
ハーフタイム die Halbzeit.
ハーフウェイライン die Mittellinie.
はい 灰 die Asche.
はい 肺 die Lunge.
ばい 倍の doppelt; zweifach; zweimal. ♦…倍の …fach; …mal.
バイオリン die Geige.
バイキング die Ausflug; die Wangerung.
はいけい 背景 der Hintergrund. ♦背景に im Hintergrund.
はいし 廃止 die Abschaffung.
はいたつ 配達する liefern;（郵便・新聞の）austragen.
ばいてん 売店 der Kiosk.
はいぼく 敗北 die Niederlage. ♦敗北する eine Niederlage erleiden.
はいゆう 俳優（男）der Schauspieler;（女）die Schauspielerin.
はいる 入る eintreten; betreten.
はう 這う kriechen;（幼児が）krabbeln.
はえる 生える wachsen.
はか 墓 das Grab.
ばか 馬鹿な dumm.
はかい 破壊する zerstören.
はがき 葉書 die Postkarte.
はかせ 博士 der Doktor.

はかり 秤 die Waage.
はかる 計[測]る (ab)messen;（量る）(ab)wiegen.
はかる 図る（企てる）unternehmen;（計画する）planen.
はく 履く（靴を）anziehen;（履いている）tragen.
はく 吐く（つばを）spucken;（息を）aushauchen.
はくしゅ 拍手 der Beifall.
ばくだん 爆弾 die Bombe.
ばくはつ 爆発する explodieren.
はくぶつかん 博物館 das Museum.
はけ 刷毛 der Pinsel;（ブラシ）die Bürste.
はげしい 激しい heftig.
はげます 励ます ermutigen.
はけん 派遣する（使者を）absenden;（代表として）delegieren.
はこ 箱 der Kasten;（ふた付きの）die Schachtel;（大型の木箱）die Kiste;（ダンボールの）der Karton.
はこぶ 運ぶ tragen; transportieren.
はさみ 鋏 die Schere.
はさむ 挟む (ein)klemmen.
はし 端 das Ende.
はし 箸 die Essstäbchen.
はし 橋 die Brücke.
はじ 恥 die Schande.
はじく 弾く schnellen.
はしご 梯子 die Leiter.
はじまる 始まる anfangen; beginnen.
はじめ 初[始]め der Anfang.
はじめまして 初めまして ▶初めまして（どうぞよろしく）Sehr angenehm. (Es freut mich, Sie kennen zu lernen.)
ばしょ 場所 der Platz; die Stelle; der Ort.
はしら 柱 der Pfeiler; der Pfosten.
はしる 走る laufen; rennen;（車・船が）fahren.
バス der Bus.
パスポート der Pass.
はずかしい 恥ずかしい sich[4] schämen.

はずす 外す abnehmen; (メガネを) absetzen.

はずむ 弾む aufspringen.

はずれる 外れる (当たらない) verfehlen; (それる) abkommen.

はた 旗 die Fahne; (特に船の) die Flagge.

はだ 肌 die Haut.

バター die Butter.

はだか 裸の nackt; bloß.

はたけ 畑 der Acker; das Feld.

はたらく 働く arbeiten.

はちがつ 八月 der August.

はちみつ 蜂蜜 der Honig.

ばつ 罰 die Strafe. ◆罰する (be)strafen.

はっきり klar; deutlich.

ばっきん 罰金 ◆罰金を払う Strafe zahlen.

はっけん 発見する entdecken.

はっこう 発行する (証明書を) ausstellen; (本を) verlegen.

はったつ 発達する sich⁴ entwickeln.

はってん 発展 die Entwicklung. ◆発展する sich⁴ entwickeln.

はっぴょう 発表する veröffentlichen.

はつめい 発明 die Erfindung. ◆発明する erfinden.

はで 派手な auffällig; (華やかな) prächtig.

はな 花 die Blume.

はな 鼻 die Nase.

はな 洟 der Rotz. ◆はなが出ている③ läuft die Nase.

はなし 話 (会話) das Gespräch; die Geschichte.

はなす 話す sprechen; reden; erzählen.

はなす 離す trennen.

はなたば 花束 der Strauß.

はなむこ 花婿 der Bräutigam.

はなよめ 花嫁 die Braut.

はなれる 離れる sich⁴ entfernen; (去る) verlassen.

はね 羽 die Feder; (総称) das Gefieder.

ばね die Feder; (スプリング) die Sprungfeder.

はねる 跳ねる springen.

はは 母 die Mutter.

はば 幅 die Weite; die Breite.

はぶく 省く auslassen; weglassen.

はまべ 浜辺 der Strand.

ハム der Schinken.

はめる 嵌める (手袋を) anziehen; (指輪を) anstecken; (ボタンを) zuknöpfen.

ばめん 場面 die Szene.

はやい 早い früh.

はやい 速い schnell.

はやし 林 das Wäldchen.

はやる 流行る (流行している) (in) Mode sein; (病気が) herrschen.

はら 腹 der Bauch.

バラ 薔薇 die Rose.

はらう 払う (金を) bezahlen.

はり 針 die Nadel; (時計の) der Zeiger.

はる 春 der Frühling.

はる 張る spannen.

はる 貼る kleben.

はれる 晴れる (空が) sich⁴ aufklären.

ばん 晩 der Abend.

パン das Brot. ▮パン屋 (店) die Bäckerei; (人) der Bäcker.

はんい 範囲 der Bereich; der Umfang.

ハンカチ das Taschentuch.

はんかん 反感 die Abneigung; die Antipathie.

はんけつ 判決 das Urteil.

ばんごう 番号 die Nummer.

はんしゃ 反射する reflektieren.

はんせい 反省する nachdenken; reflektieren.

はんたい 反対 das Gegenteil.

はんだん 判断 das Urteil. ◆判断する urteilen; beurteilen.

ハンド (サッカーの) das Handspiel.

はんとう 半島 die Halbinsel.

はんどう 反動 die Reaktion. ◆反動的な reaktionär.

ハンドル (取っ手) der Griff; (自動車の) das Steuer.
はんにん 犯人 der Täter.
はんのう 反応 die Reaktion. ◆反応する reagieren.
パンフレット die Broschüre; (宣伝用などの) der Prospekt.
はんぶん 半分 die Hälfte. ◆半分の halb.

■ ひ

ひ 日 der Tag.
ひ 火 das Feuer. ◆火をつける Feuer anzünden.
ビアガーデン der Biergarten.
ピアノ das Klavier.
ピーケー PK der Elfmeter. ■PK戦 der Elfmeterschießen.
ビール das Bier.
ひえる 冷える kalt [kühl] werden; erkalten. ◆冷えたビールはありますか Ist gekühltes Bier da?
ひがい 被害 der Schaden. ■被害者 der [die] Geschädigte.
ひかく 比較 der Vergleich. ◆比較する vergleichen.
ひかげ 日陰 der Schatten.
ひがし 東 der Ost(en). ◆東の östlich.
ひかり 光 das Licht.
ひかる 光る leuchten; glänzen.
ひかん 悲観的な pessimistisch.
ひきいる 率いる (an)führen; (兵を) befehligen; kommandieren.
ひきうける 引き受ける übernehmen.
ひきおこす 惹き起す verursachen.
ひきかえす 引き返す umkehren.
ひきだし 引き出し die Schublade.
ひきょう 卑怯な feig(e).
ひきわけ 引き分け das Unentschieden. ◆引き分けになる unentschieden bleiben.
ひく 引く ziehen.
ひくい 低い niedrig; (背の) klein.
ひげ 髭 der Bart. ◆髭をそる rasieren.

ひこうき 飛行機 das Flugzeug.
ひざ 膝 das Knie.
ビザ das Visum.
ひさしい 久しい ◆久しぶりで nach langer Zeit. ◆久しぶりですね Wir haben uns lange nicht gesehen.
ひさん 悲惨な elend.
びじゅつ 美術 die Kunst. ■美術館 das Museum.
ひじょう 非常に sehr. ■非常時 der Notfall. 非常口 der Notausgang.
ひたい 額 die Stirn.
ひたす 浸す (ein)tauchen; einweichen; tränken.
ひだり 左の link. ◆左へ nach links.
びっくりする erschrecken.
ひつじ 羊 das Schaf.
ひつぜん 必然の notwendig. ■必然性 die Notwendigkeit.
ひっぱる 引っ張る ziehen.
ひつよう 必要な nötig; notwendig.
ひてい 否定的な negativ.
ひと 人 (人間) der Mensch; (個人) die Person.
ひどい 酷い furchtbar; fürchterlich; (悪い) schlimm.
ひとがら 人柄 die Persönlichkeit; der Charakter.
ひとしい 等しい gleich; 〈3〉 gleichen.
ひとり 独り (独身) ledig; (一人当たり) pro Person. ◆独りで allein.
ひなた 日向で in der Sonne.
ひなん 非難 der Tadel; der Vorwurf.
ひなん 避難する seine Zuflucht suchen.
ひはん 批判 die Kritik. ◆批判的な kritisch.
ひびく 響く klingen; schallen.
ひひょう 批評 die Kritik. ■批評家 der Kritiker.
ひふ 皮膚 die Haut.
ひま 暇 die Zeit.
ひみつ 秘密 das Geheimnis.
ひも 紐 die Schnur.

ひやく 飛躍 der Sprung. ◆飛躍的な sprunghaft.
ひやす 冷やす (ab)kühlen.
ひゆ 比喩 das Gleichnis.
ひょう 表 die Tabelle; (リスト) die Liste.
ひよう 費用 die Kosten.
びょういん 病院 das Krankenhaus.
ひょうか 評価 die Einschätzung; die Würdigung.
びょうき 病気 die Krankheit. ◆病気のkrank; leidend.
ひょうげん 表現 der Ausdruck. ◆表現するausdrücken.
ひょうじゅん 標準の normal.
ひょうしょう 表彰する auszeichnen.
■表彰台 das Siegerpodest.
ひょうじょう 表情 der (Gesichts)ausdruck; (顔つき) die Miene.
びょうどう 平等 die Gleichheit. ◆平等のgleich.
びょうにん 病人 der [die] Kranke.
ひょうばん 評判 der Ruf.
ひょうめん 表面 die Oberfläche. ◆表面のoberflächlich.
ひらく 開く öffnen; aufmachen; (会議・店などを) eröffnen.
ひる 昼 der Tag; (正午) der Mittag.
ビル das Gebäude; (高層ビル) das Hochhaus.
ひれい 比例する im Verhältnis stehen. ■比例代表制 das Verhältniswahlsystem.
ひろい 広い breit; weit; groß.
ひろう 拾う (拾い上げる) aufheben; (拾い集める) auflesen.
ひろう 疲労 die Müdigkeit.
ひろがる 広がる sich⁴ ausbreiten; sich⁴ verbreiten.
ひろば 広場 der Platz.
ひろまる 広まる (普及する) sich⁴ verbreiten.
びん 瓶 die Flasche.
ピン die (Steck)nadel; (ヘアピン) die Haarnadel.
びんかん 敏感な empfindlich; reizbar.
びんぼう 貧乏 die Armut. ◆貧乏な arm.

ふ

ふあん 不安 die Angst. ◆不安な unruhig; ängstlich.
ふあんてい 不安定な unbeständig; unsicher; instabil.
ふうけい 風景 die Landschaft.
ふうとう 封筒 der (Brief)umschlag.
ふうふ 夫婦 das Ehepaar.
プール das Schwimmbad; das Schwimmbecken.
ふえ 笛 die Flöte.
ふえる 増える zunehmen; sich⁴ vermehren.
フォーク die Gabel.
フォワード der Stürmer.
ふかい 深い tief.
ふかい 不快な unangenehm.
ふかのう 不可能な unmöglich.
ふかんぜん 不完全な unvollkommen; unvollständig.
ぶき 武器 die Waffe.
ふきゅう 普及 die Verbreitung.
ふく 服 die Kleidung; die Kleider 《複》.
ふく 吹く (風が) blasen; wehen; (吹奏する) spielen.
ふく 拭く (拭き取る) (ab)wischen.
ふくざつ 複雑な kompliziert.
ふくし 福祉 (社会扶助) die Sozialhilfe.
ふくそう 服装 die Tracht; die Kleidung.
ふくむ 含む enthalten.
ふくめる 含める einschließen.
ふくらむ 膨らむ (sich⁴) bauschen.
ふくろ 袋 der Sack; der Beutel; (手提げ袋) die Tüte.
ふけいき 不景気 (景気後退) die Rezession. ◆不景気のflau.
ふけつ 不潔な unrein; unsauber.
ふこう 不幸 das Unglück. ◆不幸な

ふこうへい 不公平な ungerecht.
ふさがっている (席が) besetzt.
ふさわしい 相応しい passend; entsprechend.
ぶじ 無事な glücklich. ▶ご無事をお祈りしていますIch wünsche Ihnen alles Gute.
ふしぎ 不思議 das Wunder.
ぶじょく 侮辱 die Beleidigung. ♦侮辱する beleidigen.
ふせぐ 防ぐ abwehren.
ふせる 伏せる (裏返す) umkehren; (隠す) verdecken.
ふそく 不足 der Mangel.
ふた 蓋 der Deckel.
ぶた 豚 das Schwein.
ぶたい 舞台 die Bühne.
ふたたび 再び wieder.
ふたん 負担 die Last. ♦負担する(費用を)die Kosten tragen.
ふち 縁 der Rand; (着物の) der Saum.
ふちゅうい 不注意な unachtsam; unvorsichtig.
ふつう 普通の gewöhnlich; (正常の) normal.
ぶっか 物価 die Preise.
ふっかつ 復活 die Auferstehung. ■復活祭 Ostern.
ぶつかる (出会う) stoßen.
ぶっしつ 物質 der Stoff. ♦物質的な materiell.
ふっとう 沸騰する sieden; kochen.
ふで 筆 der Pinsel.
ふとい 太い dick.
ぶどう 葡萄 die Traube.
ふとる 太る dick(er) [fett] werden.
ふとん 布団 (掛け布団) die Bettdecke; (敷き布団) die Matratze.
ふね 船 das Schiff.
ぶぶん 部分 der Teil. ♦部分的な teilweise.
ふべん 不便な unbequem.

ふむ 踏む treten.
ふめい 不明の unklar; (未知の) unbekannt.
ふもと 麓 ♦山の麓に am Fuß(e) des Berges.
ふやす 増やす vermehren.
ふゆ 冬 der Winter. ■冬休み (クリスマス休暇) die Weihnachtsferien.
ふゆかい 不愉快な unbehaglich; unangenehm.
ふよう 不用の unnütz; unnötig.
ブラウス die Bluse.
ブラシ die Bürste.
プラス plus.
フランス (das) Frankreich. ■フランス語 das Französisch.
フリーキック der Freistoß. ♦フリーキックを蹴る einen Freistoß treten.
ふりかえる 振り返る $sich^4$ umdrehen; zurückblicken.
ふる 降る fallen; (雨が) es regnet; (雪が) es schneit.
ふる 振る schütteln.
ふるい 古い alt; (時代遅れの) altmodisch.
ふるえる 震える zittern.
ふるまう 振舞う benehmen; verhalten.
ブレーキ die Bremse. ♦ブレーキをかける bremsen.
ふれる 触れる berühren.
ふろ 風呂 das Bad. ♦風呂に入る baden; ein Bad nehmen.
ふろく 付録 der Anhang.
ふんいき 雰囲気 die Atmosphäre; die Stimmung.
ぶんか 文化 die Kultur.
ぶんかい 分解する zerlegen; zersetzen.
ぶんがく 文学 die Literatur.
ふんしつ 紛失する verlieren.
ぶんせき 分析 die Analyse.
ふんそう 紛争 der Konflikt.
ブンデスリーガ die Bundesliga.
ぶんたん 分担する teilen.
ぶんぼうぐ 文房具 die Schreibwaren.

ぶんめい 文明 *die* Zivilisation.
ぶんや 分野 *das* Gebiet.
ぶんり 分離 *die* Trennung.
ぶんりょう 分量 *die* Menge;（薬の）*die* Dosis.
ぶんるい 分類 *die* Klassifikation.
ぶんれつ 分裂 *die* Spaltung. ♦分裂する *sich*⁴ spalten.

■ へ ■

へい 塀 *die* Mauer.
へいき 平気な（落ち着いた）ruhig;（無関心な）gleichgültig.
へいきん 平均 *der* Durchschnitt. ♦平均して（平均すると）im Durchschnitt;（平均的な）durchschnittlich.
へいこう 平行の parallel; gleichlaufend.
へいぼん 平凡な alltäglich;（並みの）mittelmäßig.
へいや 平野 *die* Ebene.
へいわ 平和 *der* Frieden. ♦平和な friedlich.
ページ 頁 *die* Seite.
へた 下手な（不器用な）ungeschickt;（不良の）schlecht.
へだたる 隔たる entfernt sein.
べつ 別の ander.
ベッド *das* Bett.
ヘディング *der* Kopfball.
ペナルティエリア *der* Strafraum.
ペナルティキック *der* Elfmeter.
へや 部屋 *das* Zimmer. ♦空いている部屋はありますか Haben Sie Zimmer frei?
へる 減る vermindern;（体重が）abnehmen.
ベルト *der* Gürtel.
へん 変な seltsam; sonderbar.
ペン *die* Feder.
へんか 変化 *die* Veränderung.
べんかい 弁解する *sich*⁴ entschuldigen.
べんきょう 勉強 *die* Arbeit;（大学での勉学）*das* Studium.

べんご 弁護 *die* Verteidigung. ♦弁護する verteidigen.
へんこう 変更する abändern; ändern.
へんじ 返事 *die* Antwort.
へんしゅう 編集する redigieren. ■編集者 *der* Redakteur.
べんしょう 弁償する ersetzen; vergüten.
ベンチ *die* Bank.
べんり 便利な bequem; nützlich.

■ ほ ■

ほ 帆 *das* Segel.
ぼうえい 防衛 *die* Verteidigung.
ぼうえき 貿易 *der* (Außen)handel.
ぼうがい 妨害する stören; hindern.
ほうき 箒 *der* Besen.
ほうき 放棄 *die* Aufgabe; *die* Verzicht.
ぼうけん 冒険 *das* Abenteuer.
ほうこう 方向 *die* Richtung.
ほうこく 報告 *der* Bericht. ♦報告する berichten.
ほうし 奉仕 *der* Dienst.
ぼうし 防止する verhüten.
ぼうし 帽子（つばのあるもの）*der* Hut;（つばのないもの、ひさしのあるもの）*die* Mütze.
ほうしゅう 報酬 *die* Belohnung;（精神労働に対する謝礼）*das* Honorar.
ほうそう 放送 *die* Sendung. ♦放送する senden. ■放送局 *der* Sender.
ほうてい 法廷 *das* Gericht.
ほうどう 報道 *die* Meldung; *die* Nachricht; *der* Bericht.
ほうほう 方法 *die* Methode.
ほうむる 葬る begraben; bestatten.
ほうもん 訪問 *der* Besuch. ♦訪問する besuchen.
ほうりつ 法律 *das* Gesetz.
ぼうりょく 暴力 *die* Gewalt.
ほえる 吠える bellen.
ボーイ *der* Kellner.
ボート *das* Boot.
ホームゲーム *das* Heimspiel.
ホール *die* Halle; *der* Saal.

ボール *der* Ball.
ボールペン *der* Kugelschreiber.
ほか 外の (他の) ander; (そのほかの) sonstig; (それ以上の) weiter.
ほがらか 朗らかな heiter; fröhlich.
ほきゅう 補給 *die* Ergänzung.
ほきょう 補強する verstärken.
ぼくじょう 牧場 *die* Weide; *die* Wiese.
ぼくちく 牧畜 *die* Viehzucht.
ポケット *die* Tasche.
ほけん 保険 *die* Versicherung.
ほご 保護 *der* Schutz.
ほこり 埃 *der* Staub.
ほこり 誇り *der* Stolz.
ほし 星 *der* Stern.
ほしい 欲しい möchte; hoffen; wollen.
ほしゅ 保守的な konservativ.
ぼしゅう 募集 *die* Werbung; *die* Anwerbung.
ほじょ 補助 *die* Hilfe.
ほしょう 保証 *die* Garantie.
ほしょう 補償 *die* Entschädigung.
ほす 干す trocknen; (杯を) leeren; (洗濯物を) aufhängen.
ポスター *das* Plakat.
ポスト (郵便) *der* Briefkasten; (地位) *der* Posten.
ほそい 細い (やせた) dünn; (すらりとした) schlank; (狭い) schmal.
ほぞん 保存する erhalten; aufbewahren.
ボタン *der* Knopf.
ホテル *das* Hotel.
ほとんど 殆ど fast; (危うく) beinahe.
ほね 骨 *der* Knochen. ♦骨の折れる mühsam.
ほのお 炎 *die* Flamme.
ほめる 褒める loben.
ほりゅう 保留する vorbehalten.
ほる 掘る graben.
ほろびる 滅びる zugrunde gehen; untergehen.
ほん 本 *das* Buch. ■本棚 *das* Bücherregal. 本屋 *die* Buchhandlung.
ぼん 盆 *das* Tablett.
ほんとう 本当の (真実の) wahr; wahrhaft; (現実の) wirklich; (正しい) richtig; (本物の) echt.
ほんのう 本能 *der* Instinkt.
ポンプ *die* Pumpe.
ほんやく 翻訳 *die* Übersetzung. ♦翻訳する übersetzen.

ま

まい 毎… ♦毎回 jedes Mal. 毎日 jeden Tag. 毎日の täglich. 毎週 jede Woche. 毎週の wöchentlich. 毎月 jeden Monat. 毎月の monatlich. 毎年 jedes Jahr. 毎年の jährlich.
マイナス minus.
まえ 前 (…の)前で vor ... 前に vorn. 前へ nach vorn. 前もって vorher.
まかせる 任せる überlassen; anvertrauen.
まがる 曲がる *sich*⁴ biegen.
まく 幕 *der* Vorhang.
まく 巻く wickeln.
まく 撒く streuen; (ビラなどを) verteilen; (水を) sprengen.
まくら 枕 *das* Kopfkissen.
まける 負ける verlieren; (割引をする) Rabatt geben. ▶もう少しまけて下さい Machen Sie es bitte noch ein bisschen [etwas] billiger?
まげる 曲げる biegen; (体を) beugen.
まご 孫 *der* Enkel; (女) *die* Enkelin.
まさつ 摩擦 *die* Reibung.
まじめ 真面目な ernst.
まじる 混じる *sich*⁴ mischen.
ます 増す zunehmen.
まず 先ず zuerst.
まずい (味) nicht schmecken; (へたな) schlecht. ♦この料理はまずいです Das Gericht schmeckt scheußlich.
まずしい 貧しい arm.
まぜる 混ぜる mischen.

また 又（再び）wieder.
まだ 未だ noch.
まち 町 die Stadt.
まちがい 間違い der Fehler.
まつ 待つ warten.
まつり 祭 das Fest.
まっすぐ 真直ぐな gerade.
まったく 全く ganz; völlig.
マッチ das Streichholz.
まつり 祭り das Fest.
まと 的 das Ziel.
まど 窓 das Fenster.
まどぐち 窓口 der Schalter.
まとめる zusammenfassen.
まなぶ 学ぶ lernen;（大学で）studieren.
まにあう 間に合う（時間に）rechtzeitig kommen; zurechtkommen;（乗り物に）erreichen;（十分である）genug sein.
まぬがれる 免れる entgehen.
まね 真似（模倣）die Nachahmung;（物真似）die Mimik.
まねく 招く einladen.
まひ 麻痺した lahm; gelähmt.
まほう 魔法 der Zauber.
まめ 豆（大豆形の）die Bohne;（えんどう）die Erbse.
まもなく 間もなく bald.
まもる 守る schützen; verteidigen;（約束を）halten.
まよう 迷う（道に）$sich^4$ verirren.
まる 丸 der Kreis.
まるい 丸い rund.
まわす 回す drehen.
まわる 回る〈$sich^4$ um ④〉drehen.
まんが 漫画 der Comic;（諷刺画）die Karikatur.
まんぞく 満足 ♦満足のいく befriedigend;（十分な）genügend. 満足しているzufrieden.
まんなか 真中 die Mitte.

み

み 実（果実）die Frucht;（堅果）die Nuss;（スープの）die Einlage.
みおくる 見送る nachsehen;（送っていく）begleiten.
みがく 磨く putzen.
みかた 味方 der Freund.
みき 幹 der Stamm.
みぎ 右の recht. ♦右に rechts.
みごと 見事な ganz schön; ausgezeichnet.
みこみ 見込み die Aussicht.
みこん 未婚の ledig.
みじかい 短い kurz.
みじめ 惨めな elend.
みじゅく 未熟な unreif; unerfahren.
みず 水 das Wasser.
みずうみ 湖 der See.
みすぼらしい schäbig; ärmlich.
みせ 店（小さい）der Laden;（大きい）das Geschäft.
みせる 見せる zeigen.
みぞ 溝 der Graben; die Rille.
みたす 満たす füllen;（希望を）befriedigen.
みち 道 der Weg; der Straße.
みちびく 導く leiten; führen.
みつける 見つける finden.
みっせつ 密接な eng.
みつど 密度 die Dichte.
ミッドフィルダー der Mittelfeldspieler.
みつめる 見つめる anblicken.
みてい 未定の unbestimmt; unentschieden.
みとおし 見通し die Aussicht.
みどり 緑 das Grün. ♦緑の grün.
みとめる 認める（評価する）anerkennen;（気付く）erkennen; bemerken;（認可する）erlauben.
みなと 港 der Hafen.
みなみ 南 der Süd(en). ♦南の südlich.
みにくい 醜い hässlich.
ミネラルウォーター das Mineralwasser. ★炭酸なしの場合は ohne Kohlensäure と付け加える.
みのがす 見逃す übersehen;（映画などを）verpassen.
みのる 実る fruchten.

みぶり 身振り *die* Geste.
みほん 見本 *das* Muster.
みまい ♦人^のお見舞いに行く ④ im Krankenhaus besuchen.
みまう 見舞う besuchen.
みみ 耳 *das* Ohr.
みゃく 脈 *der* Puls.
みやげ 土産 (手土産) *das* Mitbringsel; (旅の) *das* Souvenir.
みょうじ 名字 *der* Familienname.
みらい 未来 *die* Zukunft. ♦未来の (zu)künftig.
みりょく 魅力 *der* Reiz. ♦魅力ある reizend.
みる 見る sehen.
みんぞく 民族 *das* Volk.

■ む ■

むいしき 無意識の unbewusst.
むがい 無害の harmlos.
むかう 向かう nach ④ gehen [fahren]; sich⁴ richten; (向かい合う) gegenüber stehen.
むかえる 迎える empfangen. ♦迎えに行く abholen.
むかし 昔 ♦昔に früher. 昔の alt.
むかんしん 無関心な teilnahmslos; gleichgültig.
むぎ 麦 (小麦) *der* Weizen; (大麦) *die* Gerste.
むく 向く sich⁴ (zu)wenden.
むく 剥く (ab)schälen.
むける 向ける (zu)wenden; richten.
むこう 向こう(側)に drüben.
むこう 無効の ungültig.
むし 虫 (昆虫) *das* Insekt; (ミミズなど) *der* Wurm.
むし 無視する ignorieren.
むしあつい 蒸し暑い schwül.
むじゅん 矛盾 *der* Widerspruch. ♦矛盾するwidersprechen.
むずかしい 難しい schwer; schwierig.
むすこ 息子 *der* Sohn.
むすぶ 結ぶ binden; verbinden.
むすめ 娘 (息女) *die* Tochter.

むせきにん 無責任な unverantwortlich.
むだ 無駄な vergeblich.
むだん 無断で(届け出なしに)ohne Meldung; (許可なしに) ohne Erlaubnis.
むね 胸 *die* Brust.
むら 村 *das* Dorf.
むらさきいろ 紫色の violett.
むり 無理な unmöglich.
むれ 群れ *die* Gruppe; *die* Schar.

■ め ■

め 目 (眼) *das* Auge.
め 芽 *der* Keim; (つぼみ) *die* Knospe.
めいし 名刺 *die* Visitenkarte.
めいじん 名人 *der* Meister.
めいずる 命ずる befehlen; gebieten.
めいはく 明白な deutlich.
めいよ 名誉 *die* Ehre.
めいれい 命令 *der* Befehl.
めいわく 迷惑な lästig.
メール *die* [*das*] (E-)Mail.
めがね 眼鏡 *die* Brille.
めくる 捲る (ページを) umblättern; umschlagen.
めざましどけい 目覚まし時計 *der* Wecker.
めす 雌 *das* Weibchen. ♦雌の weiblich.
めずらしい 珍しい selten.
めだつ 目立つ auffallen.
メニュー *die* Speisekarte.
メモ *die* Notiz. ♦メモをとる Notizen machen.
めん 面 *die* Fläche.
めんえき 免疫 *die* Immunität.
めんかい 面会 (会見) *das* Interview; (訪問) *der* Besuch.
めんせき 面積 *der* Flächeninhalt.
めんどう 面倒な umständlich; lästig.
メンバー *das* Mitglied.
めんみつ 綿密な genau; sorgfältig.

■ も ■

もうける 儲ける（稼ぐ）verdienen;（勝つ）gewinnen.
もうしこむ 申し込む sich⁴ bewerben; anmelden.
もうふ 毛布 die Decke.
もえる 燃える brennen.
モーター der Motor.
もくげきしゃ 目撃者 der Zeuge.
もくてき 目的 der Zweck.
もくひょう 目標 das Ziel.
もぐる 潜る tauchen.
もくようび 木曜日 der Donnerstag.
もじ 文字 die Schrift; der Buchstabe.
もしもし Hallo!
もちいる 用いる gebrauchen;（利用する）benutzen.
もちろん natürlich; selbstverständlich.
もつ 持つ haben; halten; besitzen; tragen.
もっぱら 専ら（排他的に）ausschließlich;（主として）hauptsächlich.
もつれる 縺れる sich⁴ verwirren.
モデル das Modell;（ファッションモデル）das Mannequin.
もとづく 基づく beruhen; sich⁴ gründen.
もとめる 求める verlangen.
もどる 戻る（戻って来る）zurückkommen;（戻って行く）zurückgehen;（帰還する）zurückkehren.
もの 物（事物）das Ding;（物件）die Sache.
もはん 模範 das Vorbild.
もむ 揉む（しわくちゃに）zerknittern;（マッサージ）massieren.
もやす 燃やす brennen; verbrennen.
もよう 模様 das Muster.
もよおし 催し die Veranstaltung.
もよおす 催す veranstalten.
もらう bekommen.
もり 森 der Wald.
もれる 漏れる（器などから）lecken.
もろい 脆い zerbrechlich; fragil.
もん 門 das Tor.
もんだい 問題 das Problem;（疑問）die Frage.

■ や ■

や 矢 der Pfeil.
やかましい laut.
やかん 薬缶 der Kessel.
やく 役 die Rolle;（任務）die Aufgabe.
やく 約 ungefähr; etwa.
やく 焼く（肉などを）braten;（パンなどを）backen.
やくいん 役員 der Vorstand.
やくしょ 役所 die Behörde; das Amt.
やくそく 約束 das Versprechen.
◆約束する versprechen.
やくめ 役目 die Aufgabe.
やくわり 役割 die Rolle.
やける 焼ける (ab)brennen;（食物が焼けている）fertig [gar] sein;（日に）bräunen.
やさい 野菜 das Gemüse.
やさしい 易しい leicht; einfach.
やさしい 優しい（愛情のこもった）zärtlich;（親切な）freundlich.
やしなう 養う（扶養する）ernähren.
やすい 安い billig.
やすみ 休み（祝祭日）der Feiertag;（休日）der Ruhetag;（学校・公共機関の）die Ferien.
やすむ 休む ruhen; ausruhen.
やせる 痩せる abnehmen.
やちん 家賃 die Miete.
やっかい 厄介な lästig.
やっきょく 薬局 die Apotheke.
やっと（ついに）endlich.
やとう 雇う anstellen.
やね 屋根 das Dach.
やぶる 破る reißen; zerreißen;（約束・記録などを）brechen.
やま 山 der Berg;（連山）das Ge-

birge.
やむ 止む aufhören.
やめる 止める aufhören.
やめる 辞める zurücktreten.

■ ゆ ■

ゆ 湯 das warme Wasser.
ゆううつ 憂鬱な melancholisch.
ゆうえき 有益な nützlich.
ゆうがい 有害な schädlich.
ゆうがた 夕方 der Abend.
ゆうかん 勇敢な tapfer; mutig.
ゆうき 勇気 der Mut.
ゆうこう 有効な gültig. ◆有効である gelten.
ゆうしゅう 優秀な ausgezeichnet.
ゆうしょう 優勝する（勝つ）siegen;（選手権をとる）die Meisterschaft erringen. ■優勝者 der Meister.
ゆうじょう 友情 die Freundschaft.
ユースホステル die Jugendherberge.
ゆうせん 優先する den Vorrang haben. ◆優先的な vorrangig.
ゆうどう 誘導する führen; leiten.
ゆうびん 郵便 die Post. ■郵便切手 die Briefmarke. 郵便局 die Post.
ゆうぼう 有望な hoffnungsvoll; vielversprechend.
ゆうめい 有名な berühmt; bekannt.
ユーモア der Humor.
ユーロ der Euro.
ゆうり 有利な vorteilhaft; günstig.
ゆうわく 誘惑する verführen.
ゆか 床 der Fußboden.
ゆかい 愉快な lustig.
ゆがめる 歪める（顔を）verziehen;（事実を）verdrehen.
ゆき 雪 der Schnee. ◆雪が降る Es schneit.
ゆき …行き nach ...
ゆしゅつ 輸出 der Export. ◆輸出する exportieren.
ゆずる 譲る（与える）geben;（委任する）abtreten;（譲歩する）nachgeben.
ゆたか 豊かな reich.
ゆだん 油断する unvorsichtig sein.
ゆっくり langsam.
ユニフォーム（サッカーなどの）das Trikot.
ゆにゅう 輸入 der Import. ◆輸入する importieren.
ゆび 指（手の）der Finger;（足の）die Zehe.
ゆみ 弓 der Bogen.
ゆめ 夢 der Traum. ◆夢みる träumen.
ゆるい 緩い（ぐらぐらの）locker;（たるんだ）lose.
ゆるす 許す erlauben; zulassen; entschuldigen.
ゆるむ 緩む locker werden.
ゆれる 揺れる beben.

■ よ ■

よい 良い gut.
よう 酔う sich⁴ betrinken. ◆酔った betrunken.
ようい 用意 die Vorbereitung.
ようい 容易な leicht; einfach.
ようきゅう 要求 die Forderung;（請求権）der Anspruch.
ようじん 用心 die Vorsicht.
ようす 様子（状態）der Zustand;（外見）das Aussehen.
ようせき 容積 das Volumen; der Rauminhalt.
ようそ 要素 das Element.
ようてん 要点 der Hauptpunkt.
ようび 曜日 der Wochentag. ◆きょうは何曜日ですか Welchen Tag haben wir heute?
ようふく 洋服（男の）der Anzug;（女の）das Kleid.
ようやく（やっと）erst;（ついに）endlich.
ヨーロッパ Europa.
よきん 預金 die Depositen; die Einlage.
よく 欲 die Gier; die Begierde.
よけい 余計な überflüssig.

よける 避ける vermeiden.
よこ 横（側面）die Seite;（幅）die Breite. ♦横のseitlich. 横になる sich⁴ hinlegen.
よこぎる 横切る überqueren.
よごす 汚す beschmutzen.
よさん 予算（国・自治体の）der Haushalt;（予算案）das Budget.
よせる 寄せる rücken.
よそ ♦よその（見知らぬ）fremd.
よそう 予想 die Voraussicht; die Erwartung.
よてい 予定 der Plan. ♦予定する vorhaben;（計画する）planen.
よび 予備の vorrätig.
よぶ 呼ぶ rufen.
よほう 予報 die Prognose.
よぼう 予防する vorbeugen.
よむ 読む lesen.
よる 夜 die Nacht.
よろこぶ 喜ぶ sich⁴ freuen. ♦喜んでいる froh sein.
よわい 弱い schwach.

■ ら

ライオン der Löwe.
らく 楽な leicht;（快適な）bequem.
ラジオ das Radio.
らっかん 楽観的な optimistisch.
らんぼう 乱暴な rau.

■ り

りえき 利益 der Gewinn.
りかい 理解 das Verständnis.
りく 陸 das Land.
りこう 利口な klug.
りこん 離婚 die Scheidung.
リズム der Rhythmus.
りそく 利息 die Zinsen.
りそう 理想 das Ideal.
リベロ der Libero.
リボン das Band.
りゆう 理由 der Grund.
りゅうこう 流行 die Mode.
リュックサック der Rucksack.
りょう 量 die Quantität;（分量）die Menge.
りょう 寮（大学の）das Studentenheim.
りよう 利用する benutzen.
りょうかい 了解 das Verständnis.
りょうきん 料金 die Gebühr.
りょうしん 良心 das Gewissen.
りょうしん 両親 die Eltern.
りょうよう 療養 die Kur.
りょうり 料理 das Gericht.
りょこう 旅行 die Reise. ■旅行代理店 das Reisebüro.
りろん 理論 die Theorie. ♦理論的な theoretisch.
りんかく 輪郭 der Umriss.
りんじ 臨時の（一時的の）vorübergehend;（暫定的な）vorläufig.

■ る

るす 留守 die Abwesenheit. ♦私の留守中に in meiner Abwesenheit. ■留守番電話 der Anrufbeantworter.
ルビー der Rubin.

■ れ

れい 礼（感謝）der Dank;（報酬）das Honorar.
れい 例 das Beispiel.
れいぎ 礼儀 ♦礼儀正しい höflich; anständig.
れいせい 冷静な nüchtern.
れいぞうこ 冷蔵庫 der Kühlschrank.
レール die Schiene.
れきし 歴史 die Geschichte. ♦歴史の historisch.
レコード（音盤）die Schallplatte.
レストラン das Restaurant.
れつ 列 die Reihe.
れっしゃ 列車 der Zug.
レッドカード die Rote Karte.
れんあい 恋愛 die Liebe.
れんしゅう 練習 die Übung. ♦練習す

るüben.
レンズ *die* Linse.
れんぞく 連続の fortlaufend; ununterbrochen.
れんらく 連絡 *die* Verbindung;（接続）*der* Anschluss.

■ ろ ■

ろうか 廊下（通廊）*der* Korridor;（屋内の）*der* Flur.
ろうじん 老人 *der [die]* Alte.
ろうそく 蝋燭 *die* Kerze.
ろうどう 労働 *die* Arbeit.
ロープウェイ *die* Seilbahn.
ろくおん 録音 *die* (Ton)aufnahme.
ろくがつ 六月 *der* Juni.
ロケット *die* Rakete.
ロシア Russland.
ロスタイム *die* Nachspielzeit.
ろんぶん 論文 *die* Abhandlung.
ろんり 論理 *die* Logik. ◆論理的な logisch.

■ わ ■

わ 輪 *der* Ring; *der* Kreis.
ワールドカップ *die* Weltmeisterschaft.
ワイシャツ *das* Hemd.
ワイン *der* Wein.
わかい 若い jung.

わかす 沸かす kochen.
わがまま ◆わがままな eigensinnig.
わかる verstehen.
わかれ 別れ *der* Abschied.
わかれる 分かれる *sich*⁴ teilen.
わかれる 別れる *sich*⁴ trennen;（別れを告げる）*sich*⁴ verabschieden.
わき 脇 *die* Seite.
わく 枠 *der* Rahmen.
わく 沸く kochen.
わけ 訳（意味）*die* Bedeutung;（根拠）*der* Grund.
わける 分ける teilen.
わざわざ（余分に）extra.
わずかな 僅かな wenig.
わずらわしい 煩わしい lästig.
わすれる 忘れる vergessen.
わた 綿（木綿）*die* Baumwolle;（詰綿）*die* Watte.
わたす 渡す geben.
わびる 詫びる *sich*⁴ entschuldigen.
わらう 笑う lachen.
わりあい 割合 *das* Verhältnis.
わりびき 割引 *die* Ermäßigung; *der* Rabatt. ■割引券 *die* ermäßigte Karte.
わる 割る（ガラスなどを）zerbrechen;（数を）teilen.
わるい 悪い schlecht; schlimm; böse.
わん 湾 *die* Bucht;（大きな）*der* Golf.

不規則動詞変化表

・別形のあるものは「,」で併記した
・命令形はduに対するものを示した

不定詞	直説法現在	直説法過去 接続法Ⅱ式	過去分詞	命　令
backen (パンなどを)焼く	*du* bäckst, backst *er* bäckt, backt	**backte** backte	**gebacken**	back(e)!
befehlen 命令する	*du* befiehlst *er* befiehlt	**befahl** befähle, beföhle	**befohlen**	befiehl!
beginnen 始める,始まる		**begann** begänne, begönne	**begonnen**	beginn(e)!
beißen かむ	*du* beißt	**biss** bisse	**gebissen**	beiß(e)!
bergen 救助する	*du* birgst *er* birgt	**barg** bärge	**geborgen**	birg!
bersten 張り裂ける	*du* birst *er* birst	**barst** bärste	**geborsten**	birst!
bewegen (…する)気にさせる		**bewog** bewöge	**bewogen**	beweg(e)!
biegen 曲げる		**bog** böge	**gebogen**	bieg(e)!
bieten 提供する	*du* bietest *er* bietet	**bot** böte	**geboten**	biet(e)!
binden 結ぶ	*du* bindest *er* bindet	**band** bände	**gebunden**	bind(e)!
bitten 頼む	*du* bittest *er* bittet	**bat** bäte	**gebeten**	bitt(e)!
blasen (強く)吹く	*du* bläst *er* bläst	**blies** bliese	**geblasen**	blas(e)!
bleiben 留まる		**blieb** bliebe	**geblieben**	bleib(e)!
bleichen 色あせる		**bleichte,** 古:**blich** bliche	**gebleicht,** 古:**geblichen**	bleich(e)!
braten 焼く	*du* brätst *er* brät	**briet** briete	**gebraten**	brat(e)!
brechen 折る	*du* brichst *er* bricht	**brach** bräche	**gebrochen**	brich!

不規則動詞変化表

不定詞	直説法現在	直説法過去 接続法Ⅱ式	過去分詞	命　令
brennen 燃える		**brannte** brennte	**gebrannt**	brenn(e)!
bringen 持って来る		**brachte** brächte	**gebracht**	bring(e)!
denken 考える		**dachte** dächte	**gedacht**	denk(e)!
dreschen 脱穀する	*du* drischst *er* drischt	**drosch** drösche	**gedroschen**	drisch!
dringen 突き進む		**drang** dränge	**gedrungen**	dring(e)!
dürfen …してもよい	*ich* darf *du* darfst *er* darf *wir* dürfen *ihr* dürft *sie* dürfen	**durfte** dürfte	**dürfen, gedurft**	
empfangen 受け取る	*du* empfängst *er* empfängt	**empfing** empfinge	**empfangen**	empfang(e)!
empfehlen 推薦する	*du* empfiehlst *er* empfiehlt	**empfahl** empföhle, empfähle	**empfohlen**	empfiehl!
empfinden 感じる	*du* empfindest *er* empfindet	**empfand** empfände	**empfunden**	empfind(e)!
erlöschen 消える	*du* erlischst *er* erlischt	**erlosch** erlösche	**erloschen**	erlisch!
erschrecken ぎょっとする	*du* erschrickst *er* erschrickt	**erschrak** erschräke	**erschrocken**	erschrick!
essen 食べる	*du* isst *er* isst	**aß** äße	**gegessen**	iss!
fahren (乗り物で)行く	*du* fährst *er* fährt	**fuhr** führe	**gefahren**	fahr(e)!
fallen 落ちる	*du* fällst *er* fällt	**fiel** fiele	**gefallen**	fall(e)!
fangen 捕らえる	*du* fängst *er* fängt	**fing** finge	**gefangen**	fang(e)!
fechten フェンシングをする	*du* fichtst *er* ficht	**focht** föchte	**gefochten**	ficht!
finden 見つける	*du* findest *er* findet	**fand** fände	**gefunden**	find(e)!
flechten 編む	*du* flichtst *er* flicht	**flocht** flöchte	**geflochten**	flicht!
fliegen 飛ぶ		**flog** flöge	**geflogen**	flieg(e)!
fliehen 逃げる		**floh** flöhe	**geflohen**	flieh(e)!

不規則動詞変化表

不定詞	直説法現在	直説法過去 接続法Ⅱ式	過去分詞	命　令
fließen 流れる	du fließt	**floss** flösse	**geflossen**	fließ(e)!
fressen 食べる	du frisst er frisst	**fraß** fräße	**gefressen**	friss!
frieren 寒い		**fror** fröre	**gefroren**	frier(e)!
gären 発酵する		**gor,** gärte göre	**gegoren** gegärt	gär(e)!
gebären 産む	du gebärst, やや古:gebierst sie gebärt, やや古:gebiert	**gebar** gebäre	**geboren**	gebär(e)!
geben 与える	du gibst er gibt	**gab** gäbe	**gegeben**	gib!
gedeihen 繁茂する		**gedieh** gediehe	**gediehen**	gedeih(e)!
gehen 行く		**ging** ginge	**gegangen**	geh(e)!
gelingen うまくいく		**gelang** gelänge	**gelungen**	gelinge!
gelten 有効である	du giltst er gilt	**galt** gälte, gölte	**gegolten**	gilt!
genesen 治る	du genest	**genas** genäse	**genesen**	genes(e)!
genießen 楽しむ	du genießt	**genoss** genösse	**genossen**	genieß(e)!
geschehen 起こる	es geschieht	**geschah** geschähe	**geschehen**	
gewinnen 勝つ		**gewann** gewönne, gewänne	**gewonnen**	gewinn(e)!
gießen 注ぐ	du gießt	**goss** gösse	**gegossen**	gieß(e)!
gleichen 同じである		**glich** gliche	**geglichen**	gleich(e)!
gleiten 滑る		**glitt** glitte	**geglitten**	gleit(e)!
glimmen くすぶる		**glimmte,** 書:**glomm** glömme	**geglimmt,** 書:**geglommen**	glimm(e)!
graben 掘る	du gräbst er gräbt	**grub** grübe	**gegraben**	grab(e)!
greifen つかむ		**griff** griffe	**gegriffen**	greif(e)!

不定詞	直説法現在	直説法過去 接続法Ⅱ式	過去分詞	命　令
haben 持っている	*du* hast *er* hat	**hatte** hätte	**gehabt**	hab(e)!
halten つかんでいる	*du* hältst *er* hält	**hielt** hielte	**gehalten**	halt(e)!
hängen 掛かっている		**hing** hinge	**gehangen**	häng(e)!
hauen なぐる		**haute, hieb** haute, hiebe	**gehauen**	hau(e)!
heben 上げる		**hob** höbe	**gehoben**	heb(e)!
heißen …という名である	*du* heißt	**hieß** hieße	**geheißen**	heiß(e)!
helfen 手助けする	*du* hilfst *er* hilft	**half** hülfe	**geholfen**	hilf!
kennen 知っている		**kannte** kennte	**gekannt**	kenn(e)!
klingen 鳴る		**klang** klänge	**geklungen**	kling(e)!
kneifen つねる		**kniff** kniffe	**gekniffen**	kneif(e)!
kommen 来る		**kam** käme	**gekommen**	komm(e)!
können …できる	*ich* kann *du* kannst *er* kann *wir* können *ihr* könnt *sie* können	**konnte** könnte	**können,** **gekonnt**	
kreischen 金切り声で叫ぶ	*du* kreischst	**kreischte,** 方:**krisch** krische	**gekreischt,** 方:**gekrischen**	kreisch(e)!
kriechen はう		**kroch** kröche	**gekrochen**	kriech(e)!
laden 積む	*du* lädst *er* lädt	**lud** lüde	**geladen**	lad(e)!
lassen …させる	*du* lässt *er* lässt	**ließ** ließe	**gelassen** **lassen**	lass(e)!
laufen 走る	*du* läufst *er* läuft	**lief** liefe	**gelaufen**	lauf(e)!
leiden 苦しむ	*du* leidest *er* leidet	**litt** litte	**gelitten**	leid(e)!
leihen 貸す		**lieh** liehe	**geliehen**	leih(e)!
lesen 読む	*du* liest *er* liest	**las** läse	**gelesen**	lies!

不規則動詞変化表

不定詞	直説法現在	直説法過去 接続法Ⅱ式	過去分詞	命　令
liegen 横になっている		**lag** läge	**gelegen**	lieg(e)!
lügen うそをつく		**log** löge	**gelogen**	lüg(e)!
mahlen (穀物などを)ひく		**mahlte** mahlte	**gemahlen**	mahl(e)!
meiden 避ける	*du* meidest *er* meidet	**mied** miede	**gemieden**	meid(e)!
melken 乳を搾る	*du* melkst, 古:milkst *er* melkt, 古:milkt	**melkte**, やや古:**molk** melkte, やや古:mölke	**gemolken**, **gemelkt**	melk(e)!
messen 計る	*du* misst *er* misst	**maß** mäße	**gemessen**	miss!
misslingen 失敗する		**misslang** misslänge	**misslungen**	
mögen …したい	*ich* mag *du* magst *er* mag *wir* mögen *ihr* mögt *sie* mögen	**mochte** möchte	**mögen**, **gemocht**	
müssen …せねばならない	*ich* muss *du* musst *er* muss *wir* müssen *ihr* müsst *sie* müssen	**musste** müsste	**müssen**, **gemusst**	müsse!
nehmen 取る	*du* nimmst *er* nimmt	**nahm** nähme	**genommen**	nimm!
nennen 名付ける		**nannte** nennte	**genannt**	nenn(e)!
pfeifen 口笛を吹く		**pfiff** pfiffe	**gepfiffen**	pfeif(e)!
pflegen 世話をする		**pflegte**, **pflog** pflegte, pflöge	**gepflegt**, **gepflogen**	pfleg(e)!
preisen 称賛する	*du* preist	**pries** priese	**gepriesen**	preis(e)!
quellen 湧き出る	*du* quillst *er* quillt	**quoll** quölle	**gequollen**	quill!
raten 助言する	*du* rätst *er* rät	**riet** riete	**geraten**	rat(e)!
reiben こする		**rieb** riebe	**gerieben**	reib(e)!

不定詞	直説法現在	直説法過去 接続法II式	過去分詞	命　令
reißen 引き裂く	*du* reißt	**riss** risse	**gerissen**	reiß(e)!
reiten 乗る	*du* reitest *er* reitet	**ritt** ritte	**geritten**	reit(e)!
rennen 走る		**rannte** rennte	**gerannt**	renn(e)!
riechen におう		**roch** röche	**gerochen**	riech(e)!
ringen 格闘する		**rang** ränge	**gerungen**	ring(e)!
rinnen 流れる		**rann** ränne	**geronnen**	rinn(e)!
rufen 呼び寄せる		**rief** riefe	**gerufen**	ruf(e)!
salzen 塩をかける	*du* salzt	**salzte** salzte	**gesalzen**, まれ:**gesalzt**	salz(e)!
saufen 飲む	*du* säufst *er* säuft	**soff** söffe	**gesoffen**	sauf(e)!
saugen 吸う		**sog,** **saugte** söge, saugte	**gesogen,** **gesaugt**	saug(e)!
schaffen 創造する		**schuf** schüfe	**geschaffen**	schaff(e)!
schallen 響く		**schallte, scholl** schallte, schölle	**geschallt**	schall(e)!
scheiden 離婚させる	*du* scheidest *er* scheidet	**schied** schiede	**geschieden**	scheid(e)!
scheinen 輝く		**schien** schiene	**geschienen**	schein(e)!
scheißen くそをする	*du* scheißt	**schiss** schisse	**geschissen**	scheiß(e)!
schelten しかる	*du* schiltst *er* schilt	**schalt** schölte	**gescholten**	schilt!
scheren 刈る		**schor** schöre	**geschoren**	scher(e)!
schieben 押す		**schob** schöbe	**geschoben**	schieb(e)!
schießen 撃つ	*du* schießt	**schoss** schösse	**geschossen**	schieß(e)!
schinden こき使う	*du* schindest *er* schindet	**schindete** schünde	**geschunden**	schind(e)!
schlafen 眠る	*du* schläfst *er* schläft	**schlief** schliefe	**geschlafen**	schlaf(e)!
schlagen 打つ	*du* schlägst *er* schlägt	**schlug** schlüge	**geschlagen**	schlag(e)!

不規則動詞変化表

不定詞	直説法現在	直説法過去 接続法Ⅱ式	過去分詞	命　令
schleifen 研ぐ		**schliff** schliffe	**geschliffen**	schlief(e)!
schließen 閉める	*du* schließt	**schloss** schlösse	**geschlossen**	schließ(e)!
schlingen 巻きつける		**schlang** schlänge	**geschlungen**	schling(e)!
schmeißen 投げつける	*du* schmeißt	**schmiss** schmisse	**geschmissen**	schmeiß!
schmelzen 溶ける	*du* schmilzt *er* schmilzt	**schmolz** schmölze	**geschmolzen**	schmilz!
schneiden 切る	*du* schneidest *er* schneidet	**schnitt** schnitte	**geschnitten**	schneid(e)!
schreiben 書く		**schrieb** schriebe	**geschrieben**	schreib(e)!
schreien 叫ぶ		**schrie** schriee	**geschrie(e)n**	schrei(e)!
schreiten 歩む	*du* schreitest *er* schreitet	**schritt** schtritte	**geschritten**	schreit(e)!
schweigen 黙る		**schwieg** schwiege	**geschwiegen**	schweig(e)!
schwellen ふくれる	*du* schwillst *er* schwillt	**schwoll** schwölle	**geschwollen**	schwill!
schwimmen 泳ぐ		**schwamm** schwömme	**geschwommen**	schwimm(e)!
schwinden (次第に)減る	*du* schwindest *er* schwindet	**schwand** schwände	**geschwunden**	schwind(e)!
schwingen 振る		**schwang** schwänge	**geschwungen**	schwing(e)!
schwören 誓う		**schwor** schwüre	**geschworen**	schwör(e)!
sehen 見える	*du* siehst *er* sieht	**sah** sähe	**gesehen**	sieh(e)!
sein …である	*ich* bin *du* bist *er* ist *wir* sind *ihr* seid *sie* sind	**war** wäre	**gewesen**	sei! seid!
senden 放送する	*du* sendest *er* sendet	**sendete,** **sandte** sendete	**gesendet,** **gesandt**	send(e)!
sieden 沸く	*du* siedest *er* siedet	**sott,** **siedete** sötte, siedete	**gesotten,** **gesiedet**	sied(e)!

不規則動詞変化表

不定詞	直説法現在	直説法過去 接続法Ⅱ式	過去分詞	命　令
singen 歌う		**sang** sänge	**gesungen**	sing(e)!
sinken 倒れる		**sank** sänke	**gesunken**	sink(e)!
sinnen 思案する		**sann** sänne	**gesonnen**	sinn(e)!
sitzen 座っている	*du* sitzt	**saß** säße	**gesessen**	sitz(e)!
sollen …してもらいたい	*ich* soll *du* sollst *er* soll *wir* sollen *ihr* sollt *sie* sollen	**sollte** sollte	**sollen,** **gesollt**	
spalten 割る	*du* spaltest *er* spaltet	**spaltete** spaltete	**gespaltet,** **gespalten**	spalt(e)!
speien 吐く		**spie** spiee	**gespien**	spei(e)!
spinnen 紡ぐ		**spann** spönne, spänne	**gesponnen**	spinn(e)!
sprechen 話す	*du* sprichst *er* spricht	**sprach** spräche	**gesprochen**	sprich!
sprießen 発芽する	*es* sprießt	**spross** sprösse	**gesprossen**	sprieß(e)!
springen 跳ぶ		**sprang** spränge	**gesprungen**	spring(e)!
stechen 刺す	*du* stichst *er* sticht	**stach** stäche	**gestochen**	stich!
stecken 刺さっている		**steckte, stak** steckte, stäke	**gesteckt**	steck(e)!
stehen 立っている		**stand** stünde, stände	**gestanden**	steh(e)!
stehlen 盗む	*du* stiehlst *er* stiehlt	**stahl** stähle	**gestohlen**	stiehl!
steigen のぼる		**stieg** stiege	**gestiegen**	steig(e)!
sterben 死ぬ	*du* stirbst *er* stirbt	**starb** stürbe	**gestorben**	stirb!
stieben 飛び散る		**stiebte,** **stob** stiebte, stöbe	**gestoben** **gestiebt**	stieb(e)!
stinken 臭い		**stank** stänke	**gestunken**	stink(e)!
stoßen 突く	*du* stößt *er* stößt	**stieß** stieße	**gestoßen**	stoß(e)!

付

不規則動詞変化表

不定詞	直説法現在	直説法過去 接続法Ⅱ式	過去分詞	命　令
streichen なでる		**strich** striche	**gestrichen**	streich(e)!
streiten 争う	*du* streitest *er* streitet	**stritt** stritte	**gestritten**	streit(e)!
tragen 担う	*du* trägst *er* trägt	**trug** trüge	**getragen**	trag(e)!
treffen 当てる	*du* triffst *er* trifft	**traf** träfe	**getroffen**	triff!
treiben 追い立てる		**trieb** triebe	**getrieben**	treib(e)!
treten 入る	*du* trittst *er* tritt	**trat** träte	**getreten**	tritt!
triefen したたる		**triefte,** 書:**troff** 書:**tröffe**	**getrieft,** まれ:**getroffen**	**trief(e)!**
trinken 飲む		**trank** tränke	**getrunken**	trink(e)!
trügen 欺く		**trog** tröge	**getrogen**	trüg(e)!
tun する	*ich* tue *du* tust *er* tut *wir* tun *ihr* tut *sie* tun	**tat** täte	**getan**	tu(e)!
verderben 傷む	*du* verdirbst *er* verdirbt	**verdarb** verdürbe	**verdorben**	verdirb!
verdrießen 不愉快にする	*du* verdriess(es)t	**verdross** verdrösse	**verdrossen**	verdrieß(e)!
vergessen 忘れる	*du* vergisst *er* vergisst	**vergaß** vergäße	**vergessen**	vergiss!
verlieren 失う		**verlor** verlöre	**verloren**	verlier(e)!
wachsen 成長する	*du* wächst *er* wächst	**wuchs** wüchse	**gewachsen**	wachs(e)!
wägen じっくり考える		**wog, wäge** wöge, wägte	**gewogen, gewägt**	wäg(e)!
waschen 洗う	*du* wäschst *er* wäscht	**wusch** wüsche	**gewaschen**	wasch(e)!
weben 織る		**webte, wob** webte, wöbe	**gewebt, gewoben**	web(e)!
weichen 屈する		**wich** wiche	**gewichen**	weich(e)!
weisen 示す	*du* weist	**wies** wiese	**gewiesen**	weis(e)!

不規則動詞変化表

不定詞	直説法現在	直説法過去 接続法Ⅱ式	過去分詞	命　令
wenden 向ける		**wandte,** **wendete** wendete	**gewandt,** **gewendet**	wend(e)!
werben 宣伝する	*du* wirbst *er* wirbt	**warb** würbe	**geworben**	wirb!
werden (…の状態に)なる	*ich* werde *du* wirst *er* wird *wir* werden *ihr* werdet *sie* werden	**wurde,** 書:**ward** würde	**geworden** 助動詞:**worden**	werde!
werfen 投げる	*du* wirfst *er* wirft	**warf** würfe	**geworfen**	wirf!
wiegen 重さを量る		**wog** wöge	**gewogen**	wieg(e)!
winden 編む		**wand** wände	**gewunden**	wind(e)!
wissen 知っている	*ich* weiß *du* weißt *er* weiß *wir* wissen *ihr* wisst *sie* wissen	**wusste** wüsste	**gewusst**	wisse!
wollen …するつもりだ	*ich* will *du* willst *er* will *wir* wollen *ihr* wollt *sie* wollen	**wollte** wollte	**wollen,** **gewollt**	wolle!
wringen 絞る		**wrang** wränge	**gewrungen**	wring(e)!
ziehen 引く		**zog** zöge	**gezogen**	zieh(e)!
zwingen 強いる		**zwang** zwänge	**gezwungen**	zwing(e)!

付

KENKYUSHA
Taschenwörterbuch
Deutsch-Japanisch
Japanisch-Deutsch

初 版　　　　2005年4月
改訂版　第1刷　2013年9月

ドイツ語ポケット辞典　改訂版

著　者　　兒玉彦一郎
編　者　　研究社辞書編集部
発行者　　関戸雅男
発行所　　株式会社 研究社
　　　　　〒102-8152 東京都千代田区富士見2-11-3
　　電話　編集 03(3288)7711
　　　　　営業 03(3288)7777
　　振替　00150-9-26710
　　http://www.kenkyusha.co.jp/

装　丁　　Malpu Design（宮崎萌美）
組　版　　株式会社 アイワード
印　刷　　研究社印刷株式会社
製　本　　株式会社 ブロケード

ISBN978-4-7674-4017-0 C0584　　PRINTED IN JAPAN

KENKYUSHA
Taschenwörterbuch
Deutsch-Japanisch
Japanisch-Deutsch

ドイツ語ポケット辞典

ISBN978-4-7674-4077-0 C0584 PRINTED IN JAPAN

Map of Germany and Surrounding Countries

DÄNEMARK
- Sonderburg (Sonderborg)
- Flensburg
- Niebüll
- Schleswig
- Husum
- Eckernförde
- Rendsburg
- Kiel
- *Kieler Bucht*
- Helgoland
- *Helgoländer Bucht*
- *Mecklenburger Bucht*
- Stralsund
- **Schleswig-Holstein**
- Cuxhaven
- Itzehoe
- Neumünster
- Lübeck
- Wismar
- Rostock
- *Nordsee*
- *Ostfriesische Inseln*
- Elmshorn
- Ratzeburg
- **Mecklenburg-Vorpom**
- Westfriesische Inseln
- Wilhelmshaven
- Stade
- Hamburg
- Schwerin
- Güstrow
- Auric
- Bremerhaven
- Groningen
- Emden
- Leer
- Oldenburg
- Bremen
- Lüneburg
- Ludwigslust
- Plau
- **NIEDERLANDE**
- Delmenhorst
- **Niedersachsen**
- Soltau
- Uelzen
- Wittenberge
- Neu
- Amsterdam
- Meppen
- Diepholz
- Nienburg
- Celle
- Salzwedel
- Neurupp
- Eberswalde-Fin
- **Branden**
- Utrecht
- Enschede
- Osnabrück
- Minden
- Hannover
- Wolfsburg
- Stendal
- Brandenburg
- Rathenow
- Arnhem
- Rheine
- Greven
- Herford
- Hameln
- Braunschweig
- Burg
- Potsd
- Nijmegen
- Bocholt
- Münster
- Bielefeld
- Hildesheim
- Magdeburg
- Frankf
- Eise
- Gelsenkirchen
- Hagen
- Detmold
- Salzgitter
- Gütersloh
- Goslar
- Halberstadt
- Dessau
- Wittenberg
- Eindhoven
- Duisburg
- Essen
- Dortmund
- Paderborn
- Brocken
- Wernigerode
- **Sachsen Anhalt**
- Krefeld
- **Harz**
- Mönchengladbach
- Düsseldorf
- Arnsberg
- Göttingen
- Nordhausen
- Eisleben
- Halle
- Bitterfeld
- Wuppertal
- Solingen
- Kassel
- Mühlhausen
- Merseburg
- Weissenfels
- Leipzig
- Ries
- Maastricht
- Leverkusen
- **Nordrhein-Westfalen**
- Naumburg
- **Sachsen**
- Liège
- Aachen
- Köln
- Siegburg
- Siegen
- Marburg
- Eisenach
- Gotha
- Erfurt
- Weimar
- Jena
- Gera
- Dresde
- **BELGIEN**
- Bonn
- Wetzlar
- **Hessen**
- Fulda
- Suhl
- **Thüringen**
- Saalfeld
- Freit
- Chemnitz
- Prüm
- Koblenz
- Giessen
- Meiningen
- *Saale*
- Plauen
- Zwickau
- **Rheinland-Pfalz**
- Wiesbaden
- **DEUTSCHLAND**
- Hof
- *Ergebirge*
- **LUXEMBURG**
- Trier
- Bingen
- Frankfurt am Main
- Offenbach
- Coburg
- Selb
- **TSCHECHI**
- Luxembourg
- Oldar-Oberstein
- Mainz
- Aschaffenburg
- Schweinfurt
- Metz
- Worms
- Darmstadt
- Würzburg
- Bamberg
- Bayreuth
- Saarlouis
- **Saarland**
- Kaiserslautern
- Mannheim
- Rothenburg
- Erlangen
- Weiden
- Pilse
- Saarbrücken
- Homburg
- Ludwigshafen
- Heidelberg
- Ansbach
- Fürth
- Nürnberg
- Amberg
- (Plz
- Landau
- Speyer
- Heilbronn
- Karlsruhe
- Schwäbisch Hall
- Cham
- Pforzheim
- **Baden-Württemberg**
- Ludwigsburg
- **Bayern**
- Regensburg
- *Böhmerwald*
- Straßburg (Strasbourg)
- Baden-Baden
- Stuttgart
- Nördlingen
- Straubing
- Kehl
- Offenburg
- Tübingen
- Ingolstadt
- Donauwörth
- Deggendo
- **FRANKREICH**
- Reutlingen
- *Isar*
- Passa
- Ulm
- Neu-Ulm
- *Donau*
- Landshut
- Mülhausen (Mulhouse)
- Freiburg
- Biberach
- Augsburg
- Freising
- Braunau
- Dachau
- München
- **Ober-Öste**
- Lörrach
- *Schwarzwald*
- Tuttlingen
- Singen
- Memmingen
- Rosenheim
- Gmünden
- Schaffhausen
- Konstanz
- Ravensburg
- *Chiemsee*
- Salzburg
- Besançon
- Delsberg
- Basel
- Liestal
- Baden
- Frauenfeld
- Kempten
- Berchtesga
- Neuenburg
- Biel
- Aarau
- Zürich
- *Zürichsee*
- Bregenz
- Füssen
- Garmisch-Partenkirchen
- B
- *Jura*
- Solothurn
- **Vorarlberg**
- Feldkirch
- *Zugspitze*
- Kitzbühel
- Freiburg
- Luzern
- Zug
- Schwyz
- Vaduz
- Landeck
- Hall in Tirol
- Innsbruck
- **Salzburg**
- Bern
- Thun
- Glarus
- **SCHWEIZ**
- **Tirol**
- *Neuenburger See*
- Altdorf
- Chur
- Grassglockner
- Lausanne
- Interlaken
- Davos
- **LIECHTENSTEIN**
- Lienz
- Tirol
- Vevey
- Grindelwald
- Spitt
- Montreux
- Brig
- *Rhône*
- St. Moritz
- *Drau*
- Sion
- Genf
- Martigny
- Zermatt
- Bellinzona
- Locarno
- Poschiavo
- Bolzano
- En
- Matterhorn
- Lugano
- **ALPEN**
- **ITALIEN**
- Trento